དཔལ་ལྡན་ཚོགས་གཉིས་ཆུ་གཏེར་བསྒྲུབས་པ་ལས། །མཁྱེན་བརྩེའི་འོད་དཀར་རེས་གསང་གྲུ་ཆར་འབེབས། །
གངས་ཅན་མཁས་གྲུབ་ཡོངས་ཀྱི་གཙུག་རྒྱན་མཆོག །མཚོ་སྐྱེས་རྡོ་རྗེ་འགྲོ་བའི་བླ་མར་འདུད། །

མངའ་རིས་པཎ་ཆེན་པདྨ་དབང་རྒྱལ་གྱིས།

གངས་ཅན་རིག་མཛོད། ༡༥

༄༅། །གསང་ཆེན་སྔ་འགྱུར་བའི་སྡོམ་གསུམ་ཕྱོགས་བསྒྲིགས་བཞུགས་སོ།།

པོད་ལྔ་པ།

སློབ་དཔོན་སྒིག་པའི་རྡོ་རྗེ་སོགས་ཀྱིས་མཛད།

སི་ཁྲོན་བོད་ཡིག་དཔེ་རྙིང་བསྡུ་སྒྲིག་ཁང་གིས་བསྒྲིགས།

རྒྱལ་ཁབ་དཔེ་མཛོད་དཔེ་སྐྲུན་ཁང་།

དཀར་ཆག

༄༅། །དམ་ཚིག་གསལ་བཀྲ་ཞེས་བྱ་བ་བཞུགས་སོ། །

སློབ་དཔོན་སློག་པའི་རྡོ་རྗེ།

བཅོམ་ལྡན་འདས་བྱང་ཆུབ་ཀྱི་སེམས་རྡོ་རྗེ་ཀུན་ཏུ་བཟང་པོ་ལ་ཕྱག་འཚལ་ལོ། །དད་པའི་ལྷ་ལ་ཕྱག་འཚལ་ནས། །ཐམས་ཅད་མཁྱེན་ཉིད་མངོན་དད་པའི། །རྣལ་འབྱོར་ཆེན་པོ་རྣམས་དོན་ཕྱིར། །སེམས་བསྐྱེད་ཚིག་བཤད་པར་བྱ། །བརྗོམ་པའི་དང་པོ་མེད་པས་ན། །དཔག་ཏུ་མེད་པའི་སྤྲོ་སྤྱོད་ཀྱང་། །ས་བོན་རྒྱ་མཚོ་འདི་མེད་པས། །མཐར་ཕྱིན་འབྲས་བུ་མི་སྣང་སྟེ། །དེ་ཉིད་སྡུག་བསྔལ་ས་བོན་འགྱུར། །དེ་བས་གཞི་འདི་གོམས་པར་བྱོས། །

དེ་ལ་སངས་རྒྱས་དང་བྱང་ཆུབ་སེམས་དཔའ་ཐམས་ཅད་ཀྱི་ཡོན་ཏན། འབྱུང་ཁུངས་ཀྱི་རྩ་བར་ངེས་པ་ནི་སེམས་ཡིན་ཏེ། གཞུང་ལས། དེ་བཞིན་གཤེགས་པ་རྣམས་ཀྱི་ཡང་དག་པར་རྫོགས་པའི་བྱང་ཆུབ་ཀྱི་རྒྱུ་ནི་བྱང་ཆུབ་ཀྱི་སེམས་སོ། །རྩ་བ་ནི་སྙིང་རྗེ་ཆེན་པོ་ལས་བྱུང་བའོ། །ཐབས་ཀྱི་མཐར་ཕྱིན་པའོ། །ཞེས་འབྱུང་བ་དང་། རིགས་ཀྱི་བུ་བྱང་ཆུབ་ཀྱི་སེམས་ནི་སངས་རྒྱས་ཀྱི་ཆོས་བྱང་ཆུབ་སེམས་ཀྱི་ས་བོན་ལྟ་བུའོ། །ཞེས་པ་དང་། ཆོས་རྣམས་ཀུན་གྱི་ཡོ་བྱད་ནི། །སྙིང་རྗེ་བྱང་ཆུབ་སེམས་ཡིན་ཏེ། །ཡོ་བྱད་དེ་དང་མ་ལྡན་ན། །དོན་རྣམས་གྲུབ་པར་མི་འགྱུར་རོ། །ཚད་མེད་སྙིང་རྗེ་བསྐྱེད་པ་དང་། །བྱང་ཆུབ་སེམས་ལ་དགའ་བ་ནི། །སྔོན་དུ་འགྲོ་བའི་མཆོག་ཡིན་ཏེ། །བསྒྲུབ་པ་པོས་ནི་ནན་ཏན་བྱ། །རྩ་བ་བྱང་ཆུབ་སེམས་ཉིད་རྫོགས། །ཐབས་ཀྱི་ཕ་རོལ་ཕྱིན་པར་སྤྱོད། །སྙིང་རྗེས་ཆུད་མ་ཟོས་པར་ཟུང་། །གདོན་མི་ཟ་བར་འགྲུབ་ཅེས་གསུངས། །ཞེས་པ་ལ་སོགས་པ་རྒྱས་པར་གསུངས་སོ། །དེ་དག་གི་ཁྱད་པར་ནི། དཔེར་ན་ས་ཆེན་པོ་ནི་སེམས་ཅན་ཐམས་ཅད་ཀྱི་འཚོ་བ་སྟེ། འགྱུར་བ་མེད་ཅིང་ལན་དུ་ཕན་འདོགས་པ་ལ་རེ་བ་མེད་དོ། །དེ་བཞིན་དུ་སེམས་དང་པོ་སྐྱེད་པ་ཡང་། །སྙིང་པོ་བྱང་ཆུབ་ལ་ཐུག་གི་བར་དུ། །སེམས་ཅན་ཐམས་ཅད་ཀྱི་

འཚོ་བ་སྟེ། །འགྱུར་བ་མེད་ཅིང་ལན་དུ་ཕན་འདོགས་པ་ལ་རེ་བ་མེད་པའོ། །དཔེར་ན། རྡོ་རྗེ་རིན་པོ་ཆེ་ཆག་ཀྱང་གསེར་གྱི་རྒྱན་ཁྱད་པར་ཅན་ཐམས་ཅད་ཟིལ་གྱིས་གནོན་པ་སྟེ། རྡོ་རྗེ་རིན་པོ་ཆེའི་མིང་ཡང་མི་དོར་ལ། དབུལ་བ་ཐམས་ཅད་ཀྱང་བཟློག་གི། དེ་བཞིན་དུ་ཐམས་ཅད་མཁྱེན་པ་ཉིད་དུ་སྐྱེད་པའི་སེམས་རིན་པོ་ཆེ་བསྒྲུབ་པ་དང་མ་ལྡན་ཡང་། ཉན་ཐོས་དང་རང་སངས་རྒྱས་ཐམས་ཅད་ཟིལ་གྱིས་གནོན་ཏེ། བྱང་ཆུབ་སེམས་དཔའི་མིང་ཡང་མི་འདོར་ལ། འཁོར་བའི་དབུལ་བ་ལས་ཀྱང་བཟློག་གོ། །དཔེར་ན་སེང་གེའི་ཕྲུ་གུའི་དྲི་མ་སྣམ་པའི་རྫི་ཕྱོགས་ན་གནས་པའི་གཅན་ཟན་ཐམས་ཅད་ཀྱང་འབྲོས་པར་འགྱུར་རོ། །དེ་བཞིན་དུ་སེམས་བསྐྱེད་པའི་བྱང་ཆུབ་སེམས་དཔའ་གང་དུ་ཕྱིན་པའི་ས་ཕྱོགས་ན་གནས་པའི་ལོག་པར་སྤྱོད་པའི་སེམས་ཅན་ཐམས་ཅད་སྐྲག་པར་འགྱུར་རོ། །གནས་འདིར་བསྐྱེད་པ་ཙམ་གྱིས་འཇིག་རྟེན་གསུམ་པོ་བླ་མར་བཅས་པའོ། །མཆོད་གནས་ཉན་ཐོས་བདུད་ཀྱི་སྡེ་རྣམས་ཟིལ་གྱིས་གནོན་ཞེས་གསུངས་སོ། །ཐབས་ཆེན་བྱང་ཆུབ་སེམས་དཔའི་གསང་བའི་སྤྱོད་པའང་འདི་ཉིད་དེ། འདི་མེད་རྒྱལ་བ་རྣམ་པར་སྣང་མཛད་ཐེག་པ་གསུམ་སྟོན་མི་སྲིད་དོ། །སྐད་ཅིག་ཙམ་ཡང་དད་པའི་ཤུགས་སྐྱེད་དེ་ཡང་མྱུར་དུ་འཛམ་དཔལ་གཞོན་ནུར་འགྱུར། །དཀྱིལ་འཁོར་གསང་བར་ཞུགས་ཤིང་ཐེག་ཆེན་དམ་ཚིག་མཆོག་ཀྱང་སྲུང་བ་ཡིན། །ཚུལ་ཁྲིམས་སྡོམ་པ་ཀུན་ཀྱང་བསྲུངས་ཤིང་སྦྱིན་གནས་དམ་པར་རབ་ཏུ་བསྔགས། །གང་དག་འདིར་ནི་མངོན་སྤྱོད་ལ། །དགའ་བའི་ཡིད་ཀྱིས་ཕྱོགས་བྱེད་པ། །དེ་ནི་དངོས་དང་འདྲ་བ་སྟེ། །འབྲས་བུ་ལ་ཡང་མཐའ་དམན་མེད། །བྱང་ཆུབ་སེམས་ཀྱི་བསོད་ནམས་གང་། །དེ་ལ་གལ་ཏེ་གཟུགས་ཡོད་ན། །ནམ་མཁའི་ཁམས་ནི་ཀུན་གང་སྟེ། །དེ་ནི་དེ་ལས་ལྷག་པར་འགྱུར། །ཅེས་པ་ལ་སོགས་པ་རྒྱས་པར་གསུངས་སོ། །

དེ་ལ་སེམས་བསྐྱེད་མདོར་བསྟན་ཏེ། །དངོས་པོ་གཉིས་དང་རིམ་པ་བཞི། །གཞི་དང་དབང་པོ་ཡོ་བྱད་དང་། །ཚིག་རིམས་སེམས་བསྐྱེད་སྡོམ་པའི་དངོས། །སྒོ་གསུམ་ལས་ཀྱིས་སྤྱོད་པ་དང་། །ཤེས་བཞིན་བཤགས་པ་རྣམ་བཅུ་གཅིག །ལས་ཀྱི་གཙོ་བོར་གང་ལེན་པ། །དེ་ནི་ལྡོག་པར་མ་གསུངས་ཏེ། །ཚུང་ཟད་ཙམ་གྱི་ལས་རྣམས་ཀྱང་། །རྒྱ་མཚོ་བཞིན་དུ་མི་སྐམ་ཞིང་། །འབྲས་བུ་བདག་གཞན་གཉིས་ལ་སྣང་། །དེ་བས་ནན་ཏན་སྙིང་པོར་གྱིས། །ཀུན་རྫོབ་སེམས་ནི་སྙིང་རྗེའི་མཆོག །

སྡུག་བསྔལ་བཅུ་གཅིག་ཡུལ་བྱས་ཏེ། །གདུང་བས་བསྐྱབ་པའི་སེམས་བཅས་པས། །མགོན་སྐྱབས་
བདག་པོར་ཡིད་ལ་བྱེད། །བདག་བདེ་རྗེ་དང་དོན་འདོར་བ། །དེ་ནི་ལོག་པ་མ་གསུངས་སོ། །
འཁོར་ལོས་དབྱུང་གི་ཚོགས་འདྲེན་བཞིན། །དེ་ནི་སངས་རྒྱས་ཆོས་རྣམས་འདྲེན། །ས་དང་རྒྱ་མཚོ་
ནོར་བུ་བཞིན། །ཡོན་ཏན་དོན་དང་སྣང་བ་རྣམས། །སྙིང་རྗེ་ཆེན་པོ་ཉིད་ལས་བྱུང་། །མེ་ལོང་ཆུ་
བཞིན་བསྒྲིབ་བྱས་པ། །དངོས་གྲུབ་གེགས་སུ་བྲལ་གསུངས་སོ། །བུ་དང་ཞེ་འགྲས་སྤྱོད་པ་ཡིས། །
བྱང་ཆུབ་སེམས་དཔའི་མིང་མེད་ན། །སངས་རྒྱས་ཁས་ཆེས་རྣལ་འབྱོར་ཅིག །དོན་དམ་ངེས་པར་
རབ་བཤད་པ། །མ་གཡོས་ཀུན་གཞིའི་ངང་དུ་བཤད། །རང་བཞིན་སྣང་བའི་གསེར་ཚུལ་ལྟར། །
གཉིས་སུ་མེད་པར་རྒྱལ་བས་བཤད། །ཏྲི་དང་ག་བུར་ནུས་པ་བཞིན། །མཚན་མ་མེད་པར་སེམས་
མི་དམིགས། །སེམས་ཉིད་གང་ཡིན་ཆོས་ཉིད་དེ། །ཆོས་ཉིད་ཀྱང་ནི་དེ་བཞིན་ནོ། །ཆོས་སེམས་གཉིས་
མེད་ལྷུན་གྲུབ་པས། །བླ་མེད་བྱང་ཆུབ་ཆེན་པོར་བཤད། །ནམ་མཁས་གར་ཁྱབ་ཆོས་ཀྱིས་ཁྱབ། །
ཆོས་ཉིད་གར་ཁྱབ་སེམས་ཡིན་པས། །ཕྱི་ནང་གཉིས་མེད་སེམས་སུ་གསལ། །མོས་དང་རྒྱུན་དྲན་
མངོན་འགྱུར་བར། །ཡིད་ལ་བྱེད་པའི་སེམས་དག་གིས། །དོན་འདི་ཡོངས་སུ་རྫོགས་པར་བརྗོད། །
གཡོ་ཞིང་སྨོན་པར་བྱེད་པ་ནི། །རང་བཞིན་མཚུངས་པར་ལྡན་པ་དང་། །ཞར་བྱུང་ལྷན་ཅིག་བྱེད་པ་
དང་། །ཡོན་ཏེན་མཐོང་ཐོས་རྗེས་འཇུག་དང་། །བྱིན་རླབས་ཤུགས་ཀྱིས་འབྲེལ་པ་བཞི། །རྐྱེན་གྱི་
རྣམ་པ་འདུས་པ་ཡིན། །སྐད་ཅིག་ཙུང་ཟད་ས་བོན་ལས། །བཙའ་བ་བཞིན་དུ་སྐྱེ་བར་གསུངས། །
ལྷག་པར་འཕེལ་བའི་གང་ཟག་གིས། །སྙིང་རྗེ་སྐྱེ་དང་ལྟར་ལྡན་པས། །དོན་གཉིས་རྒྱུ་རུ་འདིར་
ཤེས་ནས། །གོམས་པ་མང་དུ་བྱས་པ་ཡིས། །ཟླ་བ་ཡར་གྱི་ངོ་བཞིན་དུ། །ཇི་ཆེ་ཇི་མང་མངོན
འཕེལ་བར། །དམ་བཅའ་འཇུག་པར་བྱ་བ་ཡིན། །ལྷག་པའི་བསམ་པ་མངོན་བྱས་ཏེ། །འགྱུར་བ་
མེད་པར་གནས་པར་བྱའོ། །དངོས་གཞི་གཉིས་ལ་རབ་བརྟན་པ། །འཇུག་པའི་སྐྱེས་བུར་དེ་
བཤད་དོ། །ཕྱིས་འབྱུང་སྡོམ་པའི་དངོས་པོ་ལ། །རྒྱུན་དང་དུམ་བུར་གང་གནས་པ། །གནས་པའི་
སེམས་སུ་རབ་ཏུ་བརྟན། །དེ་ཉམས་གསུམ་དུ་ཤེས་པར་བྱ། །གནས་པ་མང་པོའི་མཐུ་རྫོགས་པས། །
མངོན་བྱས་རྐྱེན་གྱིས་མི་འཕྲོགས་ཤིང་། །བསྐྱབ་བྱ་རྐྱེན་གྱིས་མཐར་ཕྱིན་པ། །གླིང་ཡངས་ནམ་

མཁའི་དཀྱིལ་འཁོར་ལ། །སྤྲིན་མེད་ཉི་མ་འབུམ་གྱིས་བརྡལ། །མི་སྐྱེ་མི་འགག་ངོ་བོ་ལས། །ཧི་ལྷར་བལྷས་དགུའི་དེར་སྣང་བས། །དོན་གཉིས་ལྷུན་གྲུབ་རྟོག་བྲལ་བ། །མཐར་རྫོགས་སེམས་སུ་ཀྱུལ་བས་གསུངས། །བསྔོ་གཞི་སྒྲིབ་བྲལ་ཉིད་དུ་བསྟན། །ཡུལ་ཉིད་ལྔ་ཡི་དབང་པོ་ནི། །རིམ་པ་གསུམ་གྱི་མཚན་ཉིད་ཅན། །སྙིང་རྗེ་ཆེན་པོ་བརྟན་ལྡན་པས། །ཁ་གྲགས་འདོད་པའི་སེམས་གསུམ་སྤངས། །ཤེས་བྱ་བར་མ་ཀུན་མཁྱེན་པས། །མ་འདྲེས་དོན་གྱི་ཐ་སྙད་རྣམས། །ནད་དང་སྨན་གྱི་རིམ་བཞིན་བྱེད། །སྟོན་པའི་མཆོག་ཏུ་འདི་གསུངས་པས། །དང་པོའི་རིམ་ལ་གནས་པའི་མིས། །བརྩོན་འགྲུས་དཀའ་བའི་ལས་རྣམས་ཀྱིས། །འདུ་ཤེས་སྟོན་པར་བཞག་སྟེ་བླང་། །ཕུང་ཟད་འགག་ལ་བའི་སེམས་མེད་པར། །རྟག་པ་གདུང་བས་རྨོངས་བྱེད་པ། །དེ་འདྲ་བྲལ་བས་མ་གསུངས་སོ། །དབང་འགྱུར་རྡོ་རྗེ་དམ་ཅན་རྣམས། །བྱིན་རླབས་གཉེན་པའི་སེམས་དག་གིས། །ལས་ཀྱི་སྟོངས་སུ་འགྱུར་བའི་ཕྱིར། །ཞིང་ཁམས་བྱེ་བའི་རྟུལ་འདས་པའི། །སངས་རྒྱས་འཁོར་བཅས་བཞུགས་པར་བྱ། །དེ་དག་རྟག་ཏུ་མངོན་བསམ་སྟེ། །ཤེས་བཞིན་རང་གི་སྨམ་པ་བསྒོ། །སྨོན་ལམ་དབང་གིས་གཟིགས་པར་འགྱུར། །མཎྜལ་བདུད་རྩིའི་དྲིས་བྱུགས་པ། །ཙན་དན་བདུད་རྩིའི་ཆུས་སྦྱངས་པ། །དྲི་ཞིམ་ཆས་ཀྱིས་རབ་བརྒྱན་ཏེ། །རིན་ཆེན་འཁྱོར་པ་ལག་ཐོགས་བྱ། །སྣ་ཚོགས་ཡོལ་བའི་ཕྱི་རོལ་འདུག །ཁ་སྦྱོར་བན་ཌའི་བུམ་ཆུ་སྦྱིན། །དྲིལ་བུས་རྡོ་རྗེའི་མིང་བཏགས་བྱ། །སངས་རྒྱས་འཁོར་བཅས་གཟུགས་བརྙན་དགྲམ། །སྣ་ཚོགས་མཆོད་པ་རྒྱས་པ་དག །འཁོར་གསུམ་དག་པའི་སེམས་གྱིས་དབུལ། །ཁ་གསིལ་རོལ་མོ་རྒྱས་པར་སྦྱིན། །འབྱུང་པོ་ཀུན་གྱི་གཏོར་མ་དང་། །འགྲོ་དྲུག་སྦྱིན་པ་ཆེན་པོའི་དང་། །དུག་གསུམ་སྤངས་པའི་སེམས་ཀྱིས་གཏང་། །སེམས་སྐྱེད་མཆོད་པའི་རྡོ་རྗེ་ཡང་། །རྟག་ཏུ་བཅང་བར་བྱ་བ་ཡིན། །དང་པོ་འདས་དང་འཇུག་འདོད་དང་། །གཡོ་བར་མཁན་པོས་གསལ་བཏབ་པས། །མཁན་པོས་གསོལ་བ་བཏབ་ནས་ནི། །དད་པའི་སེམས་ལ་གནས་སུ་གཞུག །དགོས་པའི་ཡོ་བྱད་རང་འབྱོར་ནས། །དགེ་བའི་བར་ཆད་བཟློག་པའི་ཕྱིར། །རྡོ་རྗེ་མི་ཤིགས་གུར་བཅིང་བྱ། །བུམ་ཆུ་གསུམ་པོ་བྱིན་བརླབ་ཕྱིར། །བདུད་རྩི་འཁྱིལ་པའི་དྲན་པ་ཡིས། །བགེགས་བསྐྲད་པ་ཡི་རང་བཞིན་དུ། །འབྲུ་ལྔ་ཡེ་ཤེས་ཆུ་རྒྱུན་དགུག །མ་ལུས་འདུས་པའི་ཁྲོམ་

བཞིན་ཚོགས། །བསྐྱེད་དང་སྤྱན་དྲངས་མཆོད་ཚོགས་སྤྲུར། །ཕྱོགས་བཟློས་གསོལ་བཏབ་བྱ་བྱིན་བརླབ། །བྲུས་བྱས་དྲི་ཞིམ་རྒྱན་ལྡན་བུ། །ཡོལ་ཕྱིར་ཕྱག་བྱས་ཐལ་སྦྱར་ཏེ། །དཔལ་ལྡན་རྡོ་རྗེ་འཛིན་པའི་བདག །འཁོར་བ་འདོན་པའི་དེད་དཔོན་ཆེ། །ཕྱུག་བསྔལ་ཚུ་བོ་རྒྱུན་བཟློག་དང་། །དོན་གཉིས་བདག་གིས་མཛོན་བྱེད་པའི། །ཐབས་ཀྱི་ལས་མཐའ་གང་ལགས་པ། །རིམ་པ་ཡང་དག་བསྟན་པའི་ཕྱིར། །ཐུགས་རྗེ་ཉེ་བར་སྐྱེད་མཛད་དེ། །དེ་རིང་གནང་བ་མཛད་པར་རིགས། །མ་ལུས་ཕྱོགས་བཅུར་བཞུགས་པའི། །སྟོན་གྱི་དབང་པོ་ཧེ་སྐེད་པ། །རྒྱས་པར་སྤྱན་དྲངས་མཆོད་པར་བྱ། །སངས་རྒྱས་ལྔ་པའི་མོས་བྱས་པས། །ལག་བཟུང་ནང་དུ་གནས་པར་བྱ། །ཐལ་སྦྱར་ཞིང་ལ་ལུས་དབུལ་བྱ། །པི་ཤུད་རྡེ་དང་སྦྱོར་ཕྱགས་ཀྱི། །ཙན་དན་བདུད་རྩི་ཆུ་སྦྱར་དེ། །དད་པའི་ལྷར་སྐྱེད་བྱིན་གྱིས་བརླབ། །རིན་ཆེན་བསྐྱེན་པས་གསོལ་བཏབ་པས། །རྒྱལ་བ་སྲས་དང་བཅས་རྣམས་ཀྱིས། །ཐུགས་རྗེ་ཉེ་བར་བསྐྱེད་མཛད་དེ། །དམ་ཚིག་དམ་བཅས་རིམ་པ་བཞིན། །བདག་ལ་བྱིན་གྱིས་བརླབས་པར་རིགས། །རབ་ཏུ་གཏོར་ཏེ་འབྲེལ་བ་བརྟག །རྡོ་རྗེའི་མིང་ཡང་སྦྱིན་པར་བྱ། །དེང་ཁྱོད་སངས་རྒྱས་དཀྱིལ་འཁོར་གྱིས། །རིམ་པར་རབ་བཞུགས་ངེས་པ་ཡིན། །དམ་ཚིག་འདོད་པའི་སེམས་སྐྱེད་ཅིང་། །གཞན་དོན་རབ་དགའི་སེམས་ལྡན་པས། །བཤགས་པའི་མཆོག་གིས་རབ་ཤོགས་ཏེ། །དག་པའི་སེམས་ཀྱིས་བརླབ་པར་གྱིས། །འདབ་བརྒྱད་པདྨའི་དཀྱིལ་འཁོར་ལ། །བརྟན་ནས་སྐྲུད་ཅིང་མོས་བྱེད་དེ། །མཐའ་རྣམས་བྲལ་བའི་བྱང་ཆུབ་སེམས། །མི་རྟོག་མི་གནས་ནམ་མཁའ་ཉིད། །ཆོས་རྣམས་དེ་འདྲར་མོས་པ་དང་། །མཐོང་སྒོམ་ལམ་ལ་གནས་པ་དང་། །མཐར་ཕྱིན་ཐམས་ཅད་མཉམ་སྦྱོར་བས། །དམ་བཅས་ཡིད་ཀྱིས་བརྟན་པར་བྱ། །རྒྱུན་ཡང་དེ་བཞིན་བསྟན་པར་གསུངས། །དེ་ཡི་ཡོན་ཏན་དཔེ་རྣམས་ཀྱི། །ངེས་པར་མཚོན་པ་བཞི་རུ་བཤད། །བརྟན་པའི་བྱང་ཆུབ་སེམས་བསྐྱེད་དོ། །མ་རིག་ཞི་དང་བཅས་པའི་སེམས། །སྐད་ཅིག་རྒྱུན་གྱི་ལས་ཉོན་མོངས། །མཐུན་པར་སྣང་བའི་བསློས་པའི་ཆོས། །རྨི་ལམ་བཞིན་དུ་ཉམས་ཐག་རྣམས། །དྲན་པའི་སྙིང་རྗེ་གདུང་སེམས་ཀྱིས། །ཁྱད་པར་ཞིང་དུ་མཛོན་བྱས་པ། །ཕྱུག་བསྔལ་རྒྱ་མཚོ་བཟློག་པའི་ཕྱིར། །ཆོ་འཕྲུལ་ལས་དང་སྐུ་དོན་རྣམས། །རྒྱལ་བས་གྲངས་མཐའ་མི་རྗོགས་སོ། །མཛོན་འདོད་

བྱ་བའི་མོས་པ་དག །བརྟན་པར་བསྐྱེད་ཅིང་རྒྱུན་གནས་པ། །སེམས་ཀྱིས་སྔོན་བཞིན་གནས་
པར་བྱ། །ཐལ་སྦྱར་གུས་པའི་ལུས་གནས་ཏེ། །དང་པོར་གསོལ་བའི་ཚིག་བཤད་བཞི། །སྔོན་དུ་
བཏང་ནས་གཏམ་པར་བྱ། །དཀྱིལ་འཁོར་མཆོད་པ་སྦྱིན་སྲེག་སོགས། །གཞན་དོན་གྲངས་མང་ཧེ་
སྙེད་པ། །ཚེ་འདི་གནས་ཙམ་མཐར་ཐུག་པར། །ནམ་ཡང་རྒྱུན་ཆད་མ་གྱུར་ཅིག །ཐུན་མོང་ཐབས་
ཀྱིས་སྤྱོད་དྲུག་དང་། །མི་མཐུན་འདུལ་བའི་སྤྱོད་པ་རྣམས། །དེ་བཞིན་བསྟན་པར་བསྒྲུབ་པ་ཡིས། །
འགྲོ་བ་མི་འདུལ་མེད་པར་ཤོག །དམ་བཅས་རིམ་པའི་སྡོམ་པ་རྣམས། །ཚིགས་བཤད་བཞིན་དུ་
སེམས་ཀྱིས་བསྒྲུབ། །དོན་གཉིས་འགྱུར་བའི་ལུས་སྤྱོད་དག །ལུས་ཀྱི་ལེ་ལོ་སྤངས་པས་བྱས། །
དོན་མེད་སྤྱོད་པ་སེམས་ཀྱིས་མནན། །སྙིང་པོ་བཤད་དང་ཕན་པའི་གཏམ། །མ་གཏོགས་པ་ཡི་
རྒྱུན་བཅད་དེ། །ལེ་ལོ་སྤངས་པས་གསུམ་བསྒྲུབ་བྱ། །ཙ་ཙོ་ནམ་ཡང་མ་ཡིན་པ། །སངས་རྒྱས་ཆོས་
སུ་དེ་བཤད་དོ། །བསམ་གཏན་ཤེས་རབ་རབ་མ་དང་། །སྙིང་རྗེ་སྡོམ་པ་བསྒོམས་པའི་སེམས། །གཡེང་
དང་བྱིང་རྨུགས་རྣམས་སྤངས་པས། །བསམ་བྱ་རྟག་པར་གང་དྲན་པ། །སངས་རྒྱས་ཆོས་བཞིན་འདི་
བཤད་དོ། །སྒོ་གསུམ་ཆུང་བར་མོས་གྲུབ་པས། །རྟག་ཏུ་རང་ཉམས་སྨོད་བྱེད་པ། །དམ་ཚིག་སྡོམ་
པའི་གཞིར་ཤེས་བྱ། །སངས་རྒྱས་སྐུ་གསུང་ཐུགས་ཐོབ་འགྱུར། །རྒྱས་པར་ཡོན་ཏན་བརྗོད་མི་ལང་། །
ཁྱད་པའི་ཞིང་དུ་གྱུར་རྣམས་ལ། །སྡུག་བསྔལ་ཡིན་ཡང་མཐར་ཕན་སྤྱོད། །བསྟོད་ཅིང་མཐོ་སེམས་
རབ་སྤངས་པས། །འཕྲུལ་པ་རྗེ་སྙེད་བརྗོད་མི་ལང་། །འདི་འདྲ་བ་ཡང་སྟོད་མ་སྨྲ། །རྒན་པོ་བླ་
མའི་འདུ་ཤེས་བྱེད། །ཕྲག་དོག་ཅན་ལ་སེམས་ངན་མེད། །དཔག་ཚད་དུ་མའི་མཐར་གནས་བྱ། །
མན་ངག་ཟང་ཟིང་ལན་སྤངས་སྦྱིན། །འགྲོན་གཉེར་ཁྲོས་མེད་དབང་དུ་བྱ། །དོན་ཡོད་སྡིག་པ་དང་
དུ་བླང་། །མ་བསྒོས་འཚོ་བ་རྟག་ཏུ་སྤང་། །གྲགས་དང་འགྲན་ནོར་དགེ་བ་དོར། །ཉམས་ལ་སྙིང་
རྗེ་གཏང་སྙོམས་སྤང་། །དོན་འགྱུར་ཕྱིར་ན་བདག་དགེ་སྤང་། །དེ་ནི་ལྡོག་པར་མ་གསུངས་སོ། །

འཛིན་པ་སྤངས་པའི་སྦྱིན་པ་བཞི། །འཆད་པས་སྦྱིན་པ་བཟློག་པར་བྱ། །ལུས་འདོད་དུམ་
བུའི་སེམས་དག་གིས། །སྤྲུལ་སྐུ་ཐོབ་ཕྱིར་སྦྱིན་པར་བྱ། །ཉམ་སོད་ལོག་ལྟ་སུན་དབྱུང་ཕྱིར། །སྐལ་
པའི་སྦྱིན་པས་བཟློག་པར་བྱ། །བསམ་གཏན་རོ་མཆོག་གླུང་གནས་ཀྱང་། །ཐེག་དམན་སྤྱོད་པ

དོར་བ་མེད། །འདོད་པའི་སེམས་ཀྱིས་གྲང་མི་གཉེར། །བཟློག་པའི་སེམས་ཀྱིས་གྲོང་རྒྱུ་བ། །ཆོས
ཀྱི་སྐྱེས་ཀྱིས་འགྲོ་བར་བྱའོ། །ནད་དང་སྡུག་བསྔལ་ཅན་གསོས་བྱེད། །ཚུལ་ཁྲིམས་བསམ་སྤྱོད་ལྷུར
མི་འཛིན། །མཉེས་དང་བྲལ་ན་དག་པར་གསུངས། །རྩོད་པའི་རྩ་བ་སེམས་དྲན་དང་། །རྣམ་སྨིན
དྲན་པས་བཟློག་པར་བྱ། །ཁོང་ཁྲོ་ཉེས་ཆེན་བྲལ་འགྱུར་བ། །འདི་ལྡན་བྱང་ཆུབ་སེམས་དཔའ
མེད། །ཆོས་སྤྱོད་བཅུ་ལ་དམ་བཅས་ནས། །ཐུན་མོང་ཞེན་པ་བཟློག་པར་བྱ། །སྡུག་བསྔལ་བསམ
པ་ནམ་མི་འདོར། །སྡོད་མ་བལྟས་ལ་སེམས་མི་བརྟན། །དེ་ལ་དོན་འགྱུར་སྤང་མི་བྱ། །ཕན་བྱེད
རྣམས་ལ་ལ་མི་གླན། །སྒྱུ་ངན་ཅི་ཡང་བསད་པར་བྱ། །སྒྲོ་སྐུར་སྤངས་ཏེ་ཡོན་ཏན་བརྗོད། །ངན་བྱེད
མཐོང་བ་མི་སྨོན་དང་། །སྡོས་ངན་མཐོང་བ་དེ་བཞིན་སྟེ། །སྨོན་ལམ་བདག་གི་ཞིང་དུ་བཏབ། །བཟང
པོར་སྤྱོད་དང་དངོས་པོ་བཟང་། །མཆོད་རྫས་མཐོང་བ་ཇི་སྙེད་པ། །བདག་ཞིང་ཀུན་གྱིས་སྤྱོད་པར
སྨོན། །གདུག་པ་སངས་ཞིང་གནས་དང་། །འགྲོ་བ་སྤྲུལ་པས་དོན་བྱེད་དང་། །བྱིན་པ་བསམ་གཏན
བདེན་པ་རྣམས་དང་། །བསམ་རྩིས་ཆོས་ཀྱི་བསམ་པ་དང་། །འགྲེང་བ་སེམས་ཅན་དོན་བསྟན་དང་། །
དཔའ་བོ་བདུད་བཞི་གཡུལ་འཛོམས་དང་། །ཐམས་ཅད་སྤྱོད་བཞིན་མ་གོས་དང་། །སྲོག་གཅོད་ཁྲོ
བོའི་ཕྲིན་ལས་དང་། །འདོད་ཆགས་མཉམ་པར་སྦྱོར་བ་དང་། །རྐུ་བྱེད་དངོས་གྲུབ་ལེན་པ་དང་། །
རི་བོ་རྡོག་པས་མི་ཕྲོགས་དང་། །ཆུ་རྒྱུན་ཆོས་སྤྱོད་རྒྱུན་ལྡན་དང་། །འབྲས་བུ་སྐུ་དང་ཡེ་ཤེས་དང་། །
མི་རྟོག་རྣམ་གྲོལ་ཕྱུང་པོ་དང་། །ཡུལ་ཁམས་རྣམ་དག་འཇིག་རྟེན་དང་། །ཁ་ཟས་ཏིང་འཛིན་རོ
མཆོག་དང་། །སྙོམ་དང་སྙིང་རྗེ་ཆུ་འཐུང་སོགས། །ཁམས་གསུམ་གནས་པའི་སེམས་ཅན་ལ། །
སྨོན་ལམ་ཡིད་ཀྱིས་ཟིན་པར་བྱ། །གཞན་ཕྱིར་བདག་ཀྱང་དེ་བཞིན་སྨོན། །རྩ་བའི་སྤྱོད་པ་གསུམ
སོགས་པ། །སེམས་སྐྱེད་སྡོམ་པ་བླངས་ནས་མཐོང་། །ཉམས་མེད་བསམ་པའི་དྲན་པ་དང་། །ཤེས
བཞིན་ལྷ་བས་བརྟག་དངོས་ཏེ། །གང་ཞིག་སྔོན་གོམས་དབང་ཉམས་པ། །འཁྲིད་དང་བཅས་པས
སོར་གཞུག་བྱ། །ཡི་གེ་ལ་སོགས་བཟོ་མཐའ་རྣམས། །རྩོལ་བས་རྒྱུན་དུ་འཇུག་བྱེད་པ། །གོམས
ཏེ་སླ་བར་མ་གྱུར་པའི། །དངོས་དེ་གང་ཡང་ཡོད་མ་ཡིན། །སྤྱོད་ལམ་རྣམ་གསུམ་དྲན་བྱ་བ། །བྱང
ཆུབ་སེམས་དཔའི་མིང་ཐོབ་སྟེ། །དེ་ནི་ལྡོག་པར་མི་འགྱུར་རོ། །དཔེར་ན་ཕྱུག་པོ་ནོར་སྡོད་པ། །

མེད་པར་གྱུར་པ་སོར་འཇུག་བཞིན། །སྤྱོད་པ་མཉམ་པའི་རྣལ་འབྱོར་པས། །ཞིག་པ་བཞིན་དུ་མི་གནས་ཏེ། །གཞི་འམ་འོན་ཏེ་གཞན་དག་གམ། །དབང་པོར་གྱུར་པའི་རྟེན་དག་ལ། །སྟོན་དུ་མཆོད་སྦྱར་ནས། །མི་རྟོག་ཕྱག་འཚལ་ལུས་གུས་པས། །འགྱོད་སེམས་དངོས་པོ་གང་གིས་བཤགས། །དེ་བཞིན་སླར་ཡང་བླང་བར་བྱ། །བདག་དང་དངོས་པོ་འབྲས་བུ་རྣམས། །མི་དམིགས་སེམས་ཀྱི་བཤགས་བྱ་བར། །དེ་ནི་ཉེས་པར་མ་གསུངས་སོ། །འདི་ནི་ཤིན་ཏུ་གསང་བའི་ཆོས། །བདག་གཞན་གཉིས་ཀའི་དོན་འགྱུར་ཕྱིར། །སྡོམ་པ་རྣམ་གྲངས་འཕེལ་མི་བྱ། །འདོད་པ་སྨིན་པའང་དེ་བཞིན་ནོ། །ཐུན་མོང་རབ་ཏུ་ཞེན་པ་བཟློག་པ་དང་། །བསླབ་པ་མཐར་ཕྱུང་དེ་ལས་གྲོལ་བའི་ཕྱིར། །ལས་མཐའ་སེམས་བསྐྱེད་ཚིག་མདོར་བཤད་པས། །འགྲོ་བ་མཐའ་དག་བྱང་ཆུབ་སེམས་ལྡན་ཤོག །སེམས་བསྐྱེད་པའི་ཚིག་མདོར་བཤད་པ་རྫོགས་སོ།། །།

རྡོ་རྗེ་འཛིན་ལ་ཕྱག་འཚལ་ལོ། །དེ་ལྟར་སྟོན་པ་མཆོད་བྱས་ནས། །ལམ་གྱི་རྣལ་འབྱོར་རྣམས་དོན་ཕྱིར། །རྒྱུད་གསུམ་ངེས་པར་གསལ་བྱེད་ཅིང་། །དམ་ཚིག་ཆེན་པོ་མདོར་བཤད་པ། །ལམ་གྱི་རྒྱུད་ལ་ཞུགས་པ་རྣམས། །བསླབ་པ་གསུམ་ལ་གནས་བྱས་ནས། །དོན་གཉིས་མངོན་དུ་བྱེད་པ་ཡང་། །ནང་རིས་ལ་ལ་མུན་སྣང་ཕྱིར། །གཅིག་གིས་འཐད་པ་མ་ཡིན་ལ། །ལ་ལ་ཆ་མཐུན་སྤྱོད་པའི་རིགས། །གདུལ་བྱ་སྐབས་ཀྱིས་རིམ་སྤྱོད་པ། །སངས་རྒྱས་མཛད་པ་འདི་གསུངས་སོ། །གཉེར་འདི་ལུང་གིས་ལུས་བཞག་ན། །ངོ་བོ་རྣམ་གྲངས་བསྡུང་ཐབས་དང་། །ཉམས་རྒྱུ་སྡེ་རྟགས་སྐྱོན་ཡོན་གཉིས། །སྐྱོང་ཐབས་དཔེ་དང་མདོ་བཅུར་བཅད། །ངོ་བོ་རྩ་བ་བཞི་དག་ནི། །ཐུན་མིན་ཐུན་མོང་ཡན་ལག་གཉིས། །རྩ་བ་ཆེན་པོ་མདོར་འབྲེལ་ལོ། །དམ་ཚིག་རྣམ་པའི་གྲངས་དག་ནི། །སེམས་ཅན་གྲངས་དང་ལོག་རྟོག་གྲངས། །སངས་རྒྱས་ཉིད་ཀྱིས་མི་མཁྱེན་ཕྱིར། །རྟོག་འདུལ་གཉེན་པོ་དམ་ཚིག་གྲངས། །རྒྱལ་བ་ཉིད་ཀྱིས་བརྗོད་ལས་འདས། །འོན་ཀྱང་རྫོངས་ལ་མདོར་གཟུང་བ། །བྱང་སེམས་རྣམ་གཉིས་སློབ་དཔོན་དྲུག །མཆེད་བཞི་ཐུགས་གསུམ་ཕྱག་རྒྱ་བཞི། །གསང་བཅུ་རྩ་བར་ཤེས་པར་བྱ། །སྤྱད་པ་ལྔ་དང་མི་སྤང་ལྔ། །དང་དུ་བླང་དང་བསྒྲུབ་དེ་བཞིན། །ཤེས་བྱ་ལྔ་རྣམས་ཐུན་མིན་བཤད། །ཡན་ལག་སྐབས་སུ་ཤེས་པར་བྱ། །ཐུན་མོང་དམ་ཚིག་མདོར

བཤད་པ། །མདོར་བསྡུས་བདག་གཞན་དོན་གཉིས་སོ། །རྣམ་གྲངས་སྐབས་སུ་ཤེས་པར་བྱ། ། བསྲུང་བའི་ཐབས་ནི་འདི་ལྟ་སྟེ། །རང་ལུས་རྒྱལ་བའི་ཕྱག་རྒྱ་ཆེ། །སེམས་ཅན་ཁམས་ཀུན་དེར་ཤེས་ཤིང་། །སྣང་སྟོང་གཉིས་མེད་ཡེ་ཤེས་སྐུ། །བྱས་མཐོང་ཐོས་པ་ཐམས་ཅད་ལ། །སེམས་ཕྱིར་གང་ཡང་བྱས་སྣང་མེད། །དྲན་དང་ཤེས་བཞིན་མདོན་བསྟེན་ལ། །དུས་གསུམ་རྒྱུན་དུ་མ་དྲན་ན། ། ཐེག་ཆེན་བསྡུགས་པར་ཅི་ཞིག་རྩུད། །ལྟ་སྤྱོད་དམ་ཚིག་འབྲེལ་པ་ཡི། །སྤྱི་དང་འདྲེན་དང་དམ་ཚིག་དབང་། །ཉམས་ཆག་སྐོང་དང་ཤེས་རྒྱུད་འགྲོལ། །མན་ངག་ལུང་གི་སློབ་དཔོན་རྣམས། ། ཡུལ་ལ་དབང་བའི་རྒྱལ་པོ་དང་། །ཁུ་བོ་མ་དང་ཕ་དང་མིག །སྙིང་བས་ལྷག་པའི་ཚུལ་བལྟས་ཏེ། ། སྒོ་གསུམ་ཐོལ་སྐྱུ་མེད་པ་ནི། །ཡི་དམ་ལྷ་ལྟར་རྒྱུན་དུ་བསམ། །བསྲུང་རིམ་འཆད་བཞིན་ཤེས་པར་བྱ། །མཐའ་ཡས་སེམས་ཅན་རང་རིག་ཕྱིར། །གང་ཡང་བདག་ལས་གཞན་མིན་དང་། །བདེ་གཤེགས་སྙིང་པོ་སྤྱུན་རིང་ཕྱིར། །མ་འོངས་སངས་རྒྱས་རང་བཞིན་ཡིན། །སྤྱི་ཡི་མཆེད་དེ་ཕ་ཚན་བཞིན། །སངས་རྒྱས་ཆོས་ཞུགས་རིང་བ་དང་། །ལྟ་སྤྱོད་མཐུན་པས་ཉེ་བར་བཤད། །ཕ་གཅིག་དམ་ཚིག་ནང་འདྲེས་པ། །ཞང་ཚན་ཕ་སྤྱུན་སྤྱུན་པས་ཀྱང་། །ལྷག་པར་བལྟས་ཏེ་བསྲུང་བ་ནི། ། ལུས་ཀྱི་ཟས་ནོར་མཉེས་བྱ་བ། །སྦྱར་མ་ལྟ་བུར་འཕངས་པ་མེད། །གདན་བཏིང་ཁུར་སོགས་ལས་བྱ་བ། །བྲན་བཞིན་དེས་པར་དང་དུ་བླང་། །བླ་མའི་རིགས་འཁོར་དེ་བཞིན་དུ། །ནོར་ཟས་བླངས་པ་རྣམ་སྨིན་ཕྱིར། །ཏིལ་ཕུབ་ཙམ་ཡང་མི་འབག་ཅིང་། །མལ་གོས་ཆགས་སོགས་འགོང་མི་བྱ། ། མཆོད་རྟེན་བཤིག་དང་འདྲ་བར་གསུངས། །བརྡེག་བསད་རྐུ་འཕྲོག་སྤྱོད་པ་ནི། །དངོས་སུ་བྱ་བ་ཅི་སྨོས་ཀྱི། །རྩེད་མོ་ལས་སུ་བྱ་བ་མིན། །ངག་གིས་སྐྱོན་སྨྲས་ཡོན་ཏན་བསྒྲགས། །ཚུལ་བཟོད་པ་ནི་ཉམས་པར་འགྱུར། །སྐྱོན་སྐུར་ལ་སོགས་མཚན་ཉིད་དག །བྲེ་མོ་གཏམ་དུ་ཟུར་མི་བྱའོ། །ཡིད་ཀྱིས་གཡོ་རྒྱུ་ཕྲག་དོག་དང་། །ངན་སེམས་དཔྱ་སེམས་ནོར་ལ་བརྙམ། །སེ་གོལ་ཡུན་དུའང་བྱ་བ་མིན། །ཤིན་ཏུ་གདུང་ཞིང་བརྩེ་བར་བྱ། །སྤྱོད་ལམ་ཅིས་ཀྱང་མཉེས་བྱེད་ཅིང་། །བཀའ་ཡི་ཟུར་ཡང་མི་བཅག་པ། །དེ་ནི་ལྡོག་པར་མ་གསུངས་སོ། །རྩ་བ་བསྐྱེད་དང་ལས་སྤྱགས་ཀྱིས། །དམ་ཚིག་ལས་དང་ཆོས་དང་ནི། །སྐུ་ཉིད་ཕྱག་རྒྱ་ཆེན་པོ་བཞི། །རང་གི་སྒོ་གསུམ་ཡི་དམ་གྱི། །སྐུ་

གསུང་ཐུགས་སུ་མངོན་སྦྱར་ལ། །རྟག་ཏུ་བཟླས་པ་བྱེད་པ་ནི། །བྱང་ཆུབ་གཟུང་ལ་ཞུགས་པ་ནི། །
རབ་ཀྱིས་ཆུ་བོའི་རྒྱུན་བཞིན་ནས། །ཉིན་གསུམ་མཚན་གསུམ་ཉིན་ཅིག་དུ། །མ་ཡེངས་པ་ཡི་ངག་
གིས་བཟླས། །འབྲིང་གི་ཟླ་གཅིག་དུས་དྲུག་ཏུ། །དུས་བཞིའི་བར་དུ་མི་བཅད་ཅིང་། །ཐ་མ་བྱ་བའི་
རྣལ་འབྱོར་པས། །ཟླ་རེ་འམ་ར་བའི་དུས་དག་ཏུ། །བསྔོན་པས་འབད་དེ་མི་བྱེད་པ། །བྱང་ཆུབ་ས་
བོན་བརླག་པ་ཡིན། །ཚོགས་དང་གཏོར་མ་དེ་བཞིན་ཏེ། །ཐ་མ་ལོ་ཟླ་མི་འདའ་འོ། །ལྷ་ཟབ་སྤྱོད་
པ་བརླང་པོ་དང་། །ལྷ་མིང་གཟུངས་དང་གྲུབ་རྟགས་རྣམས། །སྤྱི་གསང་རྣམ་པ་བཞིར་བཤད་དོ། །
སྒྲུབ་པའི་གནས་དུས་གྲོགས་དང་རྫས། །བར་དུ་གསང་ལ་བསྒྲུབ་པར་བྱ། །གསང་བར་འོས་ལ་
མདོར་བསྟུ་ན། །ཞུད་དང་གཏོར་མ་ཚོགས་དག་དང་། །རླན་རྡུ་ཞུར་པ་མར་མེ་སྟོད། །རྫས་དང་
ལག་ཆ་དཀྱིལ་འཁོར་རྣམས། །སྐྱེ་བོས་མཐོན་བར་ཡོད་མི་བྱ། །དྲིལ་བུ་ཌ་རུ་ལ་སོགས་སྒྲ། །སྐྱེ་
བོས་ཐོས་པར་ཡོང་མི་བཏུང་། །གྲོགས་པོའི་སྤྱོད་དང་མཚན་རྣམས་དང་། །སེམས་ཅན་ཀུན་ཀྱང་
ངན་སྤྱོད་དང་། །ཀུན་ལ་གནོད་པའི་སྤྱོད་པ་རྣམས། །ཤིན་ཏུ་གསང་ན་བྱང་ཆུབ་རྒྱུ། །གཉེར་གཏད་
པ་ནི་གདམ་ངག་སྟེ། །སྔར་བཤད་སློབ་དཔོན་རྣམས་ཀྱིས་སོ། །གསང་སྔགས་སྐྱོན་ཡོད་མ་ཡིན་ཏེ། །
སེམས་ཅན་དོན་ཕྱིར་རབ་ཏུ་གསང་། །གསང་ཐུབ་དངོས་གྲུབ་མི་ཡལ་བས། །ཤིན་ཏུ་གསང་ན་བྱང་
ཆུབ་རྒྱུ། །གསང་ཕྱིར་གདམ་ངག་སྣ་ཚོགས་གསུངས། །དམ་ཉམས་དམ་ལས་ལོག་པ་དང་། །དམ་
མེད་དཀྱིལ་འཁོར་མ་མཐོང་ཞིང་། །འདྲེས་དང་མ་འདྲེས་ཐམས་ཅད་ལ། །སེམས་ཀྱིས་བསྟན་པ་
མི་བསམ་ཞིང་། །ལུས་ཀྱིས་ཐམས་ཅད་སྟབས་ལ་སྤྱོད། །ངག་གི་རྡོ་རྗེ་ལྡེ་ཡོད་ཀྱང་། །བརྗོད་པ་དག་
ཏུ་བྱ་བ་མེད། །དེ་དག་རྩ་བ་བཞིར་བཤད་དོ། །ཐུན་མིན་ཡན་ལག་བཤད་བྱ་བ། །སྦྱོར་སྒྲོལ་མ་
བྱིན་ལེན་པ་དང་། །རྫུན་སྨྲ་ངག་བརླང་སྤྱད་བྱ་ལྔ། །རང་བཞིན་གྱི་ནི་སྦྱོར་སྒྲོལ་དང་། །དབང་པོ་
ཡུལ་གྱི་སྦྱོར་སྒྲོལ་དང་། །ཏིང་ངེ་འཛིན་གྱི་སྦྱོར་སྒྲོལ་དང་། །མངོན་དུ་ཕྱུང་བའི་སྦྱོར་སྒྲོལ་ལྔའོ། །
གཉིས་ནི་ཤེས་བྱ་ཐུན་མིན་བཤད། །ཏིང་འཛིན་བསླབ་པ་ཐུན་མོང་གསུངས། །མངོན་ཕྱུང་དམ་ཚིག་
ཆེན་པོ་ལ། །བྱེད་པའི་ཚིག་ལྔ་ཤེས་པར་བྱ། །ལྷ་སྤྱོད་ཏིང་འཛིན་འབྲེལ་གོམས་པས། །དཀོན་མཆོག་
སློབ་དཔོན་སྐུ་དགྲ་གཉིས། །དམ་ཉམས་ལོག་དང་འཁྲུས་པ་དང་། །འདུ་བར་འོངས་དང་ཡོངས་ལ

གནོད། །དམ་དགྲ་ངན་པའི་ངང་ཚུལ་ཅན། །ངན་སོང་གསུམ་དང་བཙུ་པོ་ནི། །རྣལ་འབྱོར་ཀུན་
གྱིས་དང་དུ་བླང་། །གྲངས་ཀྱིས་རྩ་བ་བཙུ་བཞིའོ། །ཏིང་འཛིན་སྔགས་དང་ཕྱག་རྒྱ་རྣམས། །ཤིན་
ཏུ་གོམས་པས་དབང་བསྒྱུར་རོ། །བྱང་ཆུབ་ཞིང་དུ་དགོད་པར་བྱ། །ཏིང་འཛིན་སྔགས་རྒྱས་བག་
ཆགས་སྦྱངས། །རྣམ་ཤེས་ལྷར་སྐྱེད་འོག་མིན་འཕང་། །ཡེ་ཤེས་ཚོགས་ཀྱང་རྫོགས་པར་འགྱུར། །
ཕུར་པོ་བྱིན་བརླབས་མཆོད་པར་བསྒོ། །བསོད་ནམས་མཆོག་ཏུ་འདིས་འགྱུར་རོ། །དེ་ལྟར་བསྒྲལ་
བའི་དགོས་ཆེད་ཀྱང་། །བྱང་ཆུབ་སྤྱོད་འཕེལ་སེམས་ཅན་བདེ། །ལྷ་མཉེས་བདག་གིས་དམ་
བསྒྲོངས་ཤིང་། །ལས་ངན་བར་ཆད་སྡུག་ཡུན་ཐུང་། །རང་གིས་བསགས་མེད་ངན་སོང་ལས། །
བདེ་ལམ་འདི་ལས་གཞན་མེད་དོ། །ཐབས་ཀྱི་སྤྱོད་པས་འཆིང་འགྱུར་ན། །བྱང་ཆུབ་སེམས་དང་
འདུལ་དབང་གིས། །བརྫོན་དང་སྨད་འཚོང་སྟོན་ཡང་ལྟུང་། །ཁེ་དང་སྤྱོད་པས་དེ་མིན་ཕྱིར། །
ཐབས་ཆེན་ལམ་ལ་གནས་པ་ཡི། །སྐྱེ་བོ་ཀུན་གྱིས་བྱ་བར་འབྱུང་། །ག་ནའི་དམ་ཚིག་ཆེན་པོ་ནི། །
ལོག་ཆགས་ཡིད་འོངས་སྤྱངས་པ་ཡི། །དོན་གཉིས་མངོན་དུ་བྱེད་པ་ཡི། །པད་ཅན་དུང་ཅན་རི་མོ་
ཅན། །བན་གླང་ཅན་དང་ལྷུག་ཕྲན་ཅན། །སྟོང་གཅིག་མེ་རེག་ཕྱུལ་བ་བརྒྱད། །མཉེན་དྲང་སྐད་
རིང་སྟོད་སྨད་ཕྱེད། །ཡན་ལག་འཕྲ་འཇམ་ཚིགས་དམིག་བླུམ། །དཔྲལ་བའི་དབྱེས་ཆེ་སྨིན་ཁྱུགས
རིང་། །མིག་ཕྲ་དཀྱིལ་ནས་ཨུཏྤལ་མདོག །ཆུ་ཞིང་གཉིས་ཀ་འབྲིང་དུ་བཤད། །ལུས་དང་ཆུ་རླུང་
ག་བུར་དྲི། །གསང་ཐུབ་ཤེས་རབ་སྤྱོད་པ་དལ། །དད་ལྡན་འགྲོགས་ཤིང་དད་ཆེ་བ། །གསང་བའི་
གནས་སུ་སྤྱད་པར་བྱ། །དབང་བསྒྱུར་དམ་ཚིག་ཆོས་གསུམ་བཤད། །ལུས་ལ་རིགས་ལྔའི་རྡུལ་ཚོན་
དབྱེ། །ཐབས་ལ་མཁས་པས་སྐབས་ཀྱིས་སྦྱར། །དམ་ཚིག་རྣམ་གྲངས་བཅུ་གཉིས་ཀྱི། །དངོས་
གྲུབ་ཡོན་ཏན་བསམ་མི་ཁྱབ། །སློབ་བུ་སྨིན་ཅིང་ལས་རྣམས་འགྲུབ། །སྐྱེ་གནས་ངན་འགྲོ་རིས་དྲུག་
དེས། །ཐབས་ཀྱི་ཐེག་པ་འདི་བཤད་དོ། །མཚན་ཉིད་ཆད་དང་རྣམ་གྲངས་དང་། །ལྟོས་པའི་ཀུན་
བརྟག་རྣམ་པ་གསུམ། །དངོས་པོ་དེ་ཉིད་ལ་རྫུན་ཤེས། །ཐམས་ཅད་རང་གི་སྣང་ཕྱིར་བདེན། །
ཤེས་ནས་ཀུན་སྒྲ་སྐྱེས་བུའི་ཡུལ། །དཀོན་མཆོག་གསུམ་དང་སློབ་དཔོན་མཆེད། །སེམས་ཅན་
གནོད་པར་འོངས་པ་ལ། །རྫུན་དུ་སྨྲ་བའི་དམ་ཚིག་བྱ། །གང་ལ་གསང་བར་བྱ་བ་རྣམས། །གསང་

བཅུ་ལས་འདི་རྫུན་བཅུ་སྨྲ། །བསྲུང་བ་བཅུ་བདུན་ཉམས་སུ་བླངས། །ཉིང་བཅུར་གྱུར་པའི་དོན་བཅུ་དང་། །མཚན་ལྡན་གཟུངས་དང་བཀྲ་ཤིས་རྫས། །སྲས་ཆོས་ཕལ་འཆང་བྱིན་ཅན་རྫས། ། བསྲུང་བ་ཡོན་དམ་མེད་པའི་དོན། །ཕྱུག་པོ་སེར་སྣས་བཅིངས་པའི་དོན། །མིང་གིས་བླངས་ལ་ཚོགས་སུ་བསྒོ། །དམ་ཚིག་བཅུ་བདུན་སྤྱད་པར་བྱ། །ཉིང་བཅུར་གྱུར་པའི་སེམས་ཅན་ལ། །བརླང་ཚིག་བཅུ་ཡི་ཞེ་བཅད་ཅིང་། །དྲག་ཤུལ་སྤྱོད་པ་སྔགས་དག་དང་། །གཟུངས་ལ་བརླང་པོར་སྦྱོར་བའི་ཚིག །གློབ་བུ་སྟོད་བཙོས་ཞེ་གཅོད་དང་། །འབྱུང་པོ་ཞེ་གཅོད་ཟམ་པའི་སྨྲ། །སྟོད་ལྡན་བུ་ལ་ཟམ་ཆོས་བཤད། །ངག་གི་དམ་ཚིག་བཅོ་ལྔ་བསྲུང་། །མི་སྤྱང་དམ་ཚིག་བཤད་པར་བྱ། །ཡང་དག་དྲུག་ལྔ་ལོག་དྲུག་ལྔ། །བཤད་པའི་ཐབས་མཁས་འདོད་ཆགས་དང་། །འདོད་སྤྱོད་སེམས་ཀྱི་རྒྱུན་ཤེས་ནས། །ཤིན་ཏུ་ཞེན་པ་ལམ་དུ་གསུངས། །ཉིང་བཅུ་བསྣག་བྱེད་ཞེ་སྡང་མཆོག །ལྷ་དན་འཛོམས་པ་དེ་བཞིན་ཏེ། །ཐབས་ལ་མཁས་པའི་སྤྱོད་པ་ཡིན། །མངོན་པར་མཐོ་བའི་ལྷ་བ་དང་། །ཏིང་འཛིན་ངེས་པར་སྦྲན་ཚུགས་པ། །ཤིན་ཏུ་རྒྱལ་བའི་མཆོག་ཏུ་གསུངས། །ལྟ་བས་ཕྱོགས་རིས་མི་ཕྱེད་དང་། །སྤྱོད་པ་བླང་དོར་མི་བྱེད་པ། །ཐེག་པ་ཆེན་པོའི་གཏི་མུག་གོ། །ལྟ་སྤྱོད་དམན་ལ་ཕྲག་དོག་ཅིང་། །དམ་འབྲེས་ལ་སོགས་སྤྱོང་བྱེད་པ། །ཕྲག་དོག་དམ་ཚིག་བསྲུང་བའོ། །ལོག་དུས་སེམས་ཅན་ཀུན་ལྡན་པ། །དུག་ལྔར་རང་རིག་རང་སྣང་ཕྱིར། །དྲན་པ་ཐམས་ཅད་ཤེས་པ་ལ། ། ཤེས་པ་ཐམས་ཅད་རྩོལ་བ་ཡིན། །རྩོལ་བ་སེམས་ཕྱིར་ཐབས་མཁས་པ། །ཐབས་མཁས་རང་རིག་ཡེ་ཤེས་ཏེ། །ཉི་མའི་དཀྱིལ་ན་མུན་མེད་ལྟར། །ཡེ་ཤེས་རང་སྣང་མ་རྟོགས་པ། །ཉོན་མོངས་འཁོར་བ་ངང་གིས་མེད། །དེ་ཤེས་རང་རིག་ཡེ་ཤེས་ལ། །སྤྱང་བར་བྱ་བ་དམིགས་མི་འགྱུར། །དམ་ཚིག་བཅོ་ལྔ་ལ་གནས་པའི། །རྣལ་འབྱོར་ཆེན་པོ་དོན་གཉིས་རྫོགས། །ཀུན་གྱིས་བླང་བའི་དམ་ཚིག་ལྔ། ། །དྲི་ཆེན་དྲི་ཆུ་མཾ་ས་དང་། །ཟིལ་མ་ལྷག་པའི་སེམས་རྣམས་ལ། །གྲུབ་པ་བཞི་ཡིས་བརྒྱན་པའི་ཕྱིར། །ནད་ལྔ་བསལ་ཕྱིར་བླང་བ་དང་། །གཙོག་དམེ་རྟོག་སྦྱང་ཕྱིར་བླང་དང་། །ཐུན་མོང་དགོས་པ་ལྔ་ཕྱིར་དང་། །རིགས་ལྔ་འགྲུབ་པའི་ཡོན་ཏན་ནོ། །སྡུག་བསྔལ་གྲོལ་བའི་ཡོན་ཏན་ནི། ། བཅུད་ལྔ་བཏུང་དབང་ལམ་གྱི་མཆོག །ཐབས་ཀྱི་ལུས་ལ་བརྟན་ཤེས་ན། །ཡོན་ཏན་བརྗོད་ལས་

འདས་པར་གསུངས། །ཕྱེ་བའི་དམ་ཚིག་སུམ་ཅུ་ཉིད། །སྐབས་ཀྱིས་དང་དུ་བླང་བར་བྱ། །བསྒྲུབ་པར་བྱ་བ་ལྷ་རྣམས་ལ། །རིག་དང་ཡེ་ཤེས་ཡབ་ཡུམ་ལྷ། །གཅིག་ལ་ལྷ་ལྷར་ཤེས་པར་བྱ། །སྐུ་གསུང་ཐུགས་དང་ཡོན་ཏན་ལས། །གཅིག་ཀྱང་ལྷ་ལྷར་ཕྱེ་བས་ན། །བཞི་བཅུ་ལྷ་ཡི་བྱེ་བྲག་རྣམས། །མཚན་ཉིད་ཤེས་ནས་བསྒྲུབ་པར་བྱའོ། །ཤེས་བྱ་ལྔ་ལ་བྱེ་བྲག་དང་། །ཕུང་པོ་ལྔ་དང་འབྱུང་བ་ལྔ་དང་། །དབང་པོ་ཡུལ་དང་ཡན་ལག་སར། །ཉོན་མོངས་དམ་རྫས་ཤ་དང་ནི། །ཕྱོགས་དང་ཁ་དོག་འགྲོ་བ་དང་། །སྙིགས་མ་བག་ཆགས་ལྔ་ལྔ་པོ། །བདུན་ཅུ་ལ་སོགས་འཁོར་བའི་ཆོས། །ཡེ་ཤེས་སྐུ་རིགས་ཡབ་ཡུམ་སོགས། །རང་བཞིན་དང་གིས་ཀར་དག་པ། །བློ་ལ་ཉམས་སུ་ལོན་པ་ནི། །སྤྱོད་ཡུལ་ཡོངས་དག་རྣལ་འབྱོར་བའོ། །ཐུན་མོང་དམ་ཚིག་མདོར་བསྡུས་ན། །བདག་གཞན་དོན་ཏུ་ཤེས་པར་བྱ། །རྒྱན་འགྲེད་ལུས་མཛེས་འདུས་ལྷང་དང་། །ཚང་དང་དྲེགས་སྤྱོད་ཁེང་སེམས་དང་། །རྡོ་རྗེ་གསུམ་ཕོག་ཕྲུག་བྱེད་དང་། །ཚེ་དག་དགེ་སློང་སྡིག་བསྐྱོད་དང་། །ལེ་ལོ་སེར་སྣ་གཉིད་གཡེང་དང་། །ཁྲོ་གཏུམ་ཤེས་བཞིན་སྟོན་མི་བཏང་། །བཀའ་གཅག་སྡིག་པའི་གྲོགས་བསྟེན་དང་། །བག་མེད་སྤྱོད་དང་དམ་བཅའ་འདོར། །ཚིག་མི་ཤེས་དང་ངོམ་ལ་དགའ། །སྤྱང་བྱ་ཉི་ཤུ་གཅིག་བཟློག་པ། །བདག་དོན་མཆོག་ཏུ་གྱུར་པ་སྟེ། །ཀུན་གྱིས་བདག་ཉིད་ཁུར་བར་འགྱུར། །ཕ་རོལ་ཕྱིན་དྲུག་ཆོས་སྤྱོད་བཅུ། །རྣམ་བཞི་ལས་ཀྱི་སྤྱོད་པ་དང་། །མཐུན་འཇུག་ཐབས་ཀྱི་སྤྱོད་པ་ནི། །ཐེག་པ་དགུ་དང་མུ་སྟེགས་དགུ། །འགྲོ་བ་དྲུག་གི་སྤྱོད་པ་རྣམས། །འཛིན་དང་ཉམ་པ་མེད་པར་སྤྱོད། །དོན་འགྱུར་ཅི་ཡང་ཉམས་སུ་བླང་། །བཞི་བཅུ་བཞི་ལ་སོགས་པ་ཡིས། །གདུལ་བྱ་མ་ལུས་དོར་མི་བྱ། །བསྲུང་བྱ་དེ་དག་གྲངས་བརྟབ་ལ། །དྲན་དང་ཤེས་བཞིན་གྱིས་སྡོད་པ། །རྣལ་འབྱོར་དབང་ཕྱུག་ཆེན་པོར་གསུངས། །ཉམས་པར་གྱུར་པའི་རྒྱུ་དག་ནི། །མི་ཆོས་བླུན་པོའི་ལས་བྱེད་དང་། །བདག་བསྟོད་གཞན་སྨོད་ཟུར་འཛིན་མཁས། །ཁེ་དྲགས་ཉིད་ཀྱིས་འདུ་སྟེ་བརྣབ། །རྫས་ལ་ཆགས་སེམས་རང་ཕྱོགས་ཆེ། །ཚང་དང་རང་མཐོང་ལྷ་སྤྱོད་སྙེམས། །ཆོས་ལ་ཕྱོགས་རིས་ངོམས་རྒྱན་དང་། །གསང་ཆུང་ལེ་ལོ་གཙང་དམེ་བྱེད། །སྒྲོ་བསྐུར་གྲོགས་ཀྱི་ཉམས་ལེན་དང་། །འཁོར་བའི་རིགས་རྒྱུད་སྤེལ་འདོད་ཅིང་། །གཅིག་པུར་མི་གནས་འདུ་ལ་དགའ། །ཉི་ཤུ་ཉམས

པའི་རྒྱུར་འགྱུར་རོ། །སྤྱི་རྟགས་སྟོན་དུ་འབྱུང་བ་ནི། །ཉམ་ང་བ་ཡི་ནད་རྣམས་རུང་། །དགྲར་བགེགས་གཉིས་ལ་བདེན་མི་འཇུག །འཁོར་དང་ལོངས་སྤྱོད་ཡིད་འོང་བྲལ། །ཡ་ཁ་མ་ཉེས་ཁ་ཡོགས་འབྱུང་། །བརྩམས་པའི་ལས་ལ་འབྲས་མེད་ཅིང་། །ཡིད་དུ་མི་འོང་སྣ་ཚོགས་འབྱུང་། །གལ་ཏེ་ཉམས་ལ་རྟགས་མེད་པར། །ལེགས་པར་སྣང་ན་མི་རུང་སྟེ། །བདེ་བ་ཟད་བྱས་གཏན་དུ་སྡུག །གལ་ཏེ་མ་ཉམས་རྟགས་བྱུང་ན། །སྔོན་གྱི་རྣམ་སྨིན་ཟད་འགྱུར་ཕྱིར། །སྐོང་གསོའི་ལས་ལ་བརྩོན་བྱས་ན། །ངན་སོང་སྡུག་བསྔལ་མྱོང་མི་འགྱུར། །ཉམས་པར་གྱུར་པའི་སྐྱོན་རྣམས་ནི། །བྱང་སེམས་དམ་ཚིག་སྤྱངས་པར་འགྱུར། །སྐལ་བར་དགེ་བ་ཅི་བསགས་ཀྱང་། །གཞི་རྟེན་མེད་པར་འགྱུར་བ་ཡིན། །འཁོར་བའི་ཁམས་སུ་ཟག་པར་འགྱུར། །སྐུ་ཡི་དམ་ཚིག་ཉམས་གྱུར་ན། །ཡ་ངའི་ནད་སོགས་སྡུག་བསྔལ་ཆེ། །དུས་མིན་ཚེ་ཟད་བར་ཆད་མང་། །སྐལ་བར་རྡོ་རྗེ་དམྱལ་བར་ལྟུང་། །བདེ་བས་རབ་ཏུ་བྲེལ་བར་འགྱུར། །གསུང་གི་དམ་ཚིག་ཉམས་གྱུར་ན། །བགེགས་རྣམས་ཐོགས་མེད་འོང་བ་དང་། །རྐྱེན་དང་ཡེ་འདྲོག་མང་བ་དང་། །ཆོས་ལ་བྱིན་རླབས་མེད་འགྱུར་ཞིང་། །སྐལ་པ་གཉིས་སུ་དམྱལ་བར་ལྟུང་། །བསྒྲུབ་པའི་ཐབས་ལས་འགྲངས་བར་འགྱུར། །ཐུགས་ཀྱི་དམ་ཚིག་ཉམས་གྱུར་ན། །སྨྱོ་འབོག་དབང་པོ་ཉམས་དག་བཅལ། །སྨྱོས་ཤིང་ལྐུགས་པའི་གནས་སུ་འགྱུར། །གང་ཡང་བསྒྲུབ་པ་རྟགས་མེད་ཅིང་། །ལྟེ་ལ་ཞིང་རྨོད་ལ་སོགས་པའི། །དམྱལ་བར་སྐལ་པ་གསུམ་དུ་གནས། །རྩ་བ་ཀུན་ཉམས་ཕྱལ་བ་དག །གསོ་བ་ཉེ་བར་མི་བརྩོན་ན། །རྡོ་རྗེ་དམྱལ་བར་དེ་ལྟུང་སྟེ། །དམྱལ་བ་ཕལ་པ་ཐམས་ཅད་ཀྱི། །སྡུག་བསྔལ་གཅིག་ཏུ་བསྡོམས་པས་ནི། །དེ་ཡིས་འབུམ་གྱི་ཆར་མི་ཕོད། །སངས་རྒྱས་སྟོང་གི་འོད་ཟེར་དང་། །བྱང་ཆུབ་སེམས་དཔའི་འཕྲིན་ལས་ཀུན། །རྒྱུན་དུ་མཛད་ཀྱང་ཕན་མི་འགྱུར། །བསྐལ་པ་ཐེར་འབུམ་ལ་སོགས་སུ། །དེ་ནི་ཐོན་པར་མི་འགྱུར་ཏེ། །འཇིག་རྟེན་འཇིག་ན་གཞན་དུ་འཕོ། །སེ་གོལ་གཅིག་གིས་ཕྱིན་པར་བྱེད། །དེ་བས་ཤིན་ཏུ་ནན་ཏན་གྱིས། །ཡན་ལག་དམ་ཚིག་ཉམས་གྱུར་ན། །ལོངས་སྤྱོད་མང་དུ་འཕེལ་མེད་དང་། །ཐེག་པ་ཆེ་ལ་འཕྲུས་འདོགས་ཤིང་། །ཐུན་མོང་མཆོག་གི་དངོས་གྲུབ་རྣམས། །ཤིན་ཏུ་རིང་བར་གྱུར་བ་དང་། །གདུལ་བྱའི་དོན་རྣམས་ཡལ་བར་འགྱུར། །ལྟ་སྤྱོད་ཡ་ཆར་གྱུར་པ་ཡིས། །ཐེག་པ་ཕྱི་ནང་

འདྲེས་པ་ཉིད། །བཀའ་ཡི་ཕྲིན་ཉམས་གྲུབ་པར་དཀའ། །བསྲུང་བའི་ལྷ་རྣམས་གཡེལ་བ་དང་། །
ཟབ་མོའི་ཆོས་ལས་རིང་འགྱུར་ཞིང་། །སྐལ་པར་ངན་སོང་སྡུག་བསྔལ་སྤྱོད། །རྣལ་འབྱོར་སྔོ་སྐམས་
ཉིད་དུ་གྱུར། །རྣལ་འབྱོར་སྐྱེས་བུ་ཆེན་པོ་དེས། །དམ་ཚིག་མ་ཉམས་གཞུང་ཐུབ་ན། །ལུས་ལ་ནད་
ཉུང་མཚན་ལྡན་ཞིང་། །འཁོར་དང་ལོངས་སྤྱོད་འཕེལ་བ་དང་། །ཐུན་མོང་ཉེས་བྱས་དག་གྱུར་
དང་། །སྲིད་པ་གསུམ་ལ་དབང་སྒྱུར་ཞིང་། །ཐེག་ཆེན་ཟབ་མོ་དོན་ཐོབ་འགྱུར། །གསུང་གིས་ལྷ་
མཉེས་དོན་ཐོབ་འགྱུར། །མཐུ་དང་བྱིན་རླབས་བསམ་མི་ཁྱབ། །ལས་རྣམས་དུས་སུ་འགྲུབ་པར་
འགྱུར། །བསམ་པ་ཐམས་ཅད་ཡོངས་སུ་འགྲུབ། །ཐུགས་ཀྱིས་སྐྱོ་དུབ་མེད་པ་དང་། །མན་ངག་
སྟོད་གྱུར་དངོས་གྲུབ་ཉེ། །དགོངས་ཟབ་དོན་ལ་མཁས་པ་དང་། །ལྷ་རྣམས་ཀུན་གྱིས་དབང་བསྐུར་
འགྱུར། །ཡན་ལག་དམ་ཚིག་མ་ཉམས་ན། །རྣལ་འབྱོར་སྐྱེས་བུ་ཆེན་པོ་ཡིས། །སྐྱོན་བཟློག་པ་ཉིད་
ཡོན་ཏན་ཏེ། །བདུད་བཞི་འཇོམས་ཤིང་ངན་སོང་སྦྱོང་། །ཐེག་ཆེན་ལྷ་སྤྱོད་གཞུང་སྲང་བས། །ལྷ་
རྣམས་འགོ་ཞིང་བསམ་པ་འགྲུབ། །དོན་གཉིས་ཡོངས་སུ་རྫོགས་པར་འགྱུར། །ཐེག་ཆེན་དམ་ཚིག་
ལ་གནས་ཤིང་། །འོག་མའི་འདུལ་སྡོམ་དམ་ཚིག་གསུམ། །བསྲུངས་པ་མེད་པར་ཐུབ་པས་ན། །
དགེ་སློང་བྱང་ཆུབ་སེམས་དཔའ་དང་། །དེ་ནི་རྣལ་འབྱོར་ཆེན་པོ་ཡིན། །ཉམས་ན་བསྐང་བའི་ཐབས་
རྣམས་ནི། །བྱང་ཆུབ་སེམས་ཀྱི་དམ་ཉམས་པ། །མཁས་ལ་བླངས་ཏེ་གནས་པར་བྱའོ། །སྔགས་ཡི་དམ་
ཚིག་ཉམས་འགྱུར་ན། །གང་ལ་ཉམས་པ་དེར་སོང་ལ། །ནོར་ཟས་འབྱོར་པ་མཉེས་ཕུལ་ནས། །
གང་ཉེས་ཚིག་ཏུ་བཤགས་བྱས་ལ། །ཕྱིན་ཆད་སྡོམ་པ་ལེགས་པར་བཅའ། །གལ་ཏེ་གྲོངས་ཆད་གྱུར་
པས་ན། །དེ་ཡི་སློབ་དཔོན་བཞུགས་པ་ལ། །དེ་ཚེ་གོང་མ་བཞིན་དུ་བཤགས། །མེད་ན་མཉམ་པ་
བརྒྱ་ལ་བཤགས། །དེ་ཡང་རྙེད་པར་མ་གྱུར་ན། །དེ་དང་མཉམ་པ་གསུམ་བཞུག་ལ། །སྦྱིན་སྲེག་
མེ་ཐབ་རབ་བརྩིགས་ལ། །དཀྱིལ་འཁོར་ལྷ་ལ་མཆོད་རྫས་སུ། །སྨན་དྲང་གསང་མཚན་ལ་སོགས་
མཆོད། །གོང་དུ་སྨོས་པའི་ཡོན་རྣམས་ནི། །དཔང་པོ་གསུམ་ལ་དབུལ་བར་བྱའོ། །གལ་ཏེ་གུས་
པས་མི་ལེན་ན། །གཉིས་ཀ་རྡོ་རྗེ་དམྱལ་བར་ལྟུང་། །དེ་བས་མྱུར་དུ་ཚངས་པར་བྱ། །གསུང་གི་དམ་
ཚིག་ཉམས་གྱུར་ན། །སྒོ་གསུམ་སྐུ་གསུང་ཐུགས་ཉིད་དུ། །ངེས་པར་ཤེས་ན་སྐོངས་པར་འགྱུར། །

བཟླས་པ་བཞུབ་ཀྱིས་བསབ་པ་དང་། །བསྒྲུབ་པ་ཆེན་པོ་གསུམ་གྱིས་བསྐྱོང་། །ཐུགས་ཀྱི་དམ་
ཚིག་ཉམས་གྱུར་ན། །འགྲོ་དྲུག་སེམས་སུ་གསལ་རྟོགས་ན། །བདག་ཉིད་བདག་ལ་གསང་བ་
མེད། །མི་རྟོག་ཏིང་འཛིན་ཀློང་ཞུགས་ཏེ། །མ་ཡེངས་བློ་ལ་འདྲིས་པར་བྱ། །ཡན་ལག་དམ་ཚིག་
ཉམས་གྱུར་ན། །གང་འདས་དེ་ཉིད་སོར་བཅུག་ལ། །བརྒྱ་རྩ་བརྒྱད་ཀྱིས་ཚོགས་ཀྱིས་བསྐང་། །
དེ་ལྟར་ཉམས་སུ་བླངས་ན་འགྲུབ། །སྔ་རྟགས་སྡུག་བསྔལ་འབྱུང་མི་འགྱུར། །དམ་ཚིག་ཆེན་པོའི་
དཔེ་བསྟན་པ། །ས་གཞི་ལྟ་བུའི་རང་བཞིན་པས། །ལས་དང་འབྲས་བུའི་ཆོས་རྣམས་ཀུན། །དམ་
ཚིག་མེད་པར་འབྱུང་བ་མིན། །སོ་མཚམས་དག་གི་རང་བཞིན་པས། །བསྲུང་བ་ཐུབ་དང་མ་ཐུབ་
ལས། །ཉེས་ལེགས་སྟོབས་ཆེན་འབྱེད་པའོ། །རིན་ཆེན་ལྟ་བུའི་རང་བཞིན་པས། །དངོས་གྲུབ་
དགོས་འདོད་ཐམས་ཅད་འབྱུང་། །ནམ་མཁའ་ལྟ་བུའི་རང་བཞིན་པས། །འདི་ཡོད་ཐམས་ཅད་ཤོང་
བར་འགྱུར། །རྡོ་ཐལ་མཆོན་གྱི་རང་བཞིན་པས། །འཁོར་བའི་དྲྭ་བ་མ་ལུས་གཅོད། །ཕ་མ་ལྟ་བུའི་
རང་བཞིན་པས། །དུས་གསུམ་སངས་རྒྱས་མ་ལུས་བསྐྱེད། །རྒྱ་མཚོ་ལྟ་བུའི་རང་བཞིན་པས། །
བརླབས་ཆེན་དུས་སུ་འབྱུང་བར་བྱེད། །མེ་དཔུང་ལྟ་བུའི་རང་བཞིན་པས། །གང་མཚོངས་ཐམས་
ཅད་ཚིག་པར་བྱེད། །དེ་བཞིན་རྩི་སྨན་རང་བཞིན་པས། །འཁོར་བའི་གཅོང་རྙིང་མ་ལུས་འབྱིན། །
རྒྱལ་པོ་ལྟ་བུའི་རང་བཞིན་པས། །ཕྱོགས་འགལ་བསྟན་པས་རིམ་གྱིས་འཚོ། །རྒྱ་མཚོར་ནོར་ལེན་
ཚོང་དཔོན་བཞིན། །ཐོག་མ་ནས་མཐར་འདི་ཕྱིན་པས། །འདི་ལ་ཤིན་ཏུ་ནན་ཏན་བྱོས། །དམ་ཚིག་
དམ་ཚིག་ཞེས་བྱ་བ། །གུད་ན་ཡོད་པ་མ་ཡིན་ཏེ། །རང་གི་སེམས་ཉིད་དམ་ཚིག་ཡིན། །ཇི་སྙེད་
སྣང་བའི་ཆོས་རྣམས་སུ། །རང་རིག་རྐྱེན་འབྲས་ཉིད་སྣང་བས། །ཅིར་སྣང་ཅིར་སྲིད་རང་རིག་ཉིད། །
འགྲེ་ལོག་སྤྱི་གཙུག་གར་འགྲོ་ཡང་། །སྙིང་པོའི་དོན་ལས་འདའ་མི་སྲིད། །རང་བཞིན་དམ་ཚིག་ཆེན་
པོར་བཤད། །རང་བཞིན་ལྷུན་གྲུབ་དམ་ཚིག་ལ། །རིག་པས་ཕྱིན་ཅི་མ་ལོག་ན། །སྟོན་སྣང་བརྟག་
པའི་ཆོས་མེད་པས། །ལྟ་བའི་དམ་ཚིག་ཆེན་པོར་བཤད། །དེ་དོན་བློ་ལ་འདྲིས་པ་ཡིས། །སྤྱོད་ལམ་
ཀུན་ཏུ་མ་ཉམས་པར། །ཏིང་འཛིན་རྒྱུན་གྱི་དམ་ཚིག་སྟེ། །སངས་རྒྱས་ཉིད་དང་སྤྱོད་ཡུལ་ཅིག །
འདི་ལ་བསྲུང་བ་ཅི་ཡང་མེད། །ཉམས་པ་རྡུལ་ཙམ་འབྱུང་མི་སྲིད། །ནམ་མཁའི་སྤྱོད་པ་འཛིན་

མེད་པས། །ལྷག་པའི་དམ་ཚིག་རྣམ་བཞིར་ལྡན། །སྲུང་བྱ་མ་ལུས་འདིར་འདུས་ཕྱིར། །དམ་ཚིག་ཀུན་གྱི་མདོ་ཞེས་བྱ། །སྒྱུ་འཕྲུལ་རྣམ་བཀོད་གཏོར་ཚོགས་རྒྱ་མཚོའི་རྒྱུད་ཆེན་ལས། །ལམ་འབྲས་སྙིང་པོ་མེ་ལོང་བཅུ་གཅིག་གིས་མཚོན་པ། །འཁོར་ལོ་དང་མཆུའི་ཚུལ་གྱིས་སྤྲིགས་པའི་བློས་བསྡུས་པའི། །དགེ་རྩས་ཀུན་ཀྱང་དམ་གནས་འགྲོ་ཀུན་བྱང་ཆུབ་མྱུར་ཐོབ་ཤོག །དམ་ཚིག་གསལ་བཀྲ་ཞེས་བྱ་བ། །སློབ་དཔོན་ཆེན་པོ་སྤྲིག་པ་རྡོ་རྗེས་མཛད་པའོ། །རྫོགས་སོ། །

བཅོམ་ལྡན་འདས་ཐུགས་རྡོ་རྗེ་ལ་ཕྱག་འཚལ་ལོ། །རང་གི་ལྷ་ལ་ཕྱག་བཙལ་ནས། །ལམ་བཞི་དག་ཡོད་བྱ་བའི་ཕྱིར། །ལས་སྤྱོད་སྐལ་བས་གནས་གྱུར་པ། །དམ་ཚིག་ཕྲ་རྒྱས་གསུངས་པ་དེ། །ཐུན་མོང་མཆོག་གི་སྲུང་བྱ་རྣམས། །རྣལ་འབྱོར་ཆ་ལ་གནས་པ་ཡི། །བདག་དང་གཞན་དང་ཆོས་ཀྱི་ཕྱིར། །གཞུང་ཚུལ་སྲུང་བ་འདི་མི་བྱ། །ལྟ་མ་སྲུང་བར་བྱ་བ་ནི། །མཐའ་ཡས་གསུངས་པ་མདོ་ཙམ་དུ། །ངེས་འབྱུང་བཞི་ཡིས་བཞི་རྣམས་དང་། །དཀའ་ཐུབ་འཛིན་མེད་སེམས་ཀྱིས་བསྲུང་། །གཞི་ཕྱིར་གཞན་ཡང་ལུས་ངག་གི། །རྒྱན་པོ་འགྱེད་རྣམས་དོར་བ་དང་། །མཆོན་ཐོགས་འཕྱོང་རྩེད་མཆོང་རྒྱུག་དང་། །མ་རབས་ཐོར་བུའི་སྤྱོད་ཀུན་དོར། །ངག་གི་བཞི་དང་གྲོལ་ངག་རྣམས། །ནམ་ཡང་སྨྲ་བར་བྱ་བ་མིན། །ཉོན་མོངས་དྲུག་དང་ཁྲིང་རྐྱོད་སོགས། །སྐྱོན་སེམས་བྱེ་བྲག་བསམ་མི་ཁྱབ། །གང་དག་དོན་མེད་དེ་ལེན་པ། །ཁ་ན་མ་ཐོ་འཕེལ་བ་དང་། །སྐྱེ་བོའི་གནས་སུ་མི་འགྱུར་པས། །འཁོར་བའི་མཐའ་མར་སྤྱོད་ཐག་ཡིན། །བྱང་ཆུབ་ཆེད་ཕྱིར་གང་ཡང་སྤྱད། །དེ་དག་ལས་ལོག་སྤྱོད་པ་གསུམ། །སེམས་ཀྱིས་ཟིན་པར་གང་སྤྱོད་པ། །སངས་རྒྱས་སྐུ་གསུང་ཐོབ་པར་འགྱུར། །ཕྱི་མ་རྩ་ལ་ཡན་ལག་པས། །ལྔ་བཅུའི་བརྒྱ་དང་དྲུག་ཅུ་དང་། །ཉིས་བརྒྱའི་སྲུང་བྱ་མ་ལུས་པ། །བཀའ་ལུང་གཉིས་ཀྱི་རྗེས་སུ་སྙེགས། །པན་ཙི་ཉིང་ལག་ཞེས་བྱ་བའང་། །དང་པོ་ཉིད་ནས་ཐབས་སྤྱོད་དང་། །ཤེས་རབ་ཉིད་ཀྱིས་ཉིས་འགྱུར་ཡིན། །དེ་དེས་སྲུང་བྱ་སུམ་བཅུ་སྟེ། །བྱང་ཆུབ་སེམས་ནི་བླ་མེད་ལྷ༔ ༔ཞི་ཁྲོའི་ལྷ་དགུ་ཉིད་དང་བཅུ། །བཅུ་གཉིས་བསམ་ལས་མི་འདའ་ཞིང་། །ཐུན་མོང་མཆོག་གིས་ཚད་མེད་བརྒྱད། །བདེན་གཉིད་བྱང་ཆུབ་རྣམ་པ་བཅུ། །བླ་མེད་གསལ་བས་ཉམས་མི་བྱ། །ལྷ་སྔགས་དགེ་སྤྱད་དོན་མེད་འགྱུར། །བདག་ཉིད་ལྷ་དང་མཉམ་སྦྱོར་ན། །ཡོན་ཏན་ཆུང་ཡང་འགྲུབ་

པར་འགྱུར། །དེ་ཕྱིར་དུས་གསུམ་འདའ་མི་བྱ། །བླ་མ་བཀུར་བའང་སྒོ་གསུམ་གྱིས། །ལུས་ཀྱི་སྲུང་བའང་བརྗེག་སོགས་ལས། །ཐིང་སླད་ཙམ་དུའང་བྱ་བ་མིན། །འདོད་ཡོན་ལྔ་ཡི་མཆོད་པ་དང་། །གསང་བའི་སྣོད་དུ་དུག་མི་སྤྱོད། །འགྲོ་བ་དྲང་པོའི་ཕྱོགས་སྤང་དང་། །གདན་ས་གདན་སོགས་མི་བརླམ་དང་། །འཁྲིང་འདུག་ངན་སྤྱོད་ལ་སོགས་སྤང་། །རྒྱན་འདོགས་ཟེ་ལྡིར་དེ་བཞིན་ཏེ། །མ་རབས་སྤྱོད་པ་ཀུན་སྤངས་ལ། །སྤྱོད་ལམ་ཟོན་ཆག་བསྒྱི་མི་གནས་བྱ། །རྫུན་དང་ཕྲ་མ་ངག་རྩུབ་དང་། །འཁྱལ་བ་ནམ་ཡང་མི་བྱ་སྟེ། །བེ་ཡོགས་མ་ཡིན་ཏ་བཀད་དོར། །སྙིག་ཏུ་ཚུལ་བརྗོད་ཉམས་པར་འགྱུར། །ཡོན་ཏན་བརྗོད་ཅིང་སྔན་པར་སྨྲ། །ཙ་ཙོ་ལ་སོགས་མ་ཡིན་པས། །སངས་རྒྱས་རྡོ་རྗེ་གསུང་ཐོབ་འགྱུར། །དམ་པ་སྟོན་པའི་བླ་མ་ལ། །ཆགས་སྡང་གཏི་མུག་ང་རྒྱལ་དང་། །ཕྲག་དོག་དུག་ལྔའི་སེམས་མི་བྱ། །ངན་དུ་མི་སེམས་ལྷ་བར་སེམས། །ཕ་མ་ཡི་དམ་འདྲ་བར་བསམ། །རྟག་ཏུ་གདུང་བ་རྒྱུན་མི་བཅད། །བྱང་ཆུབ་གཟུངས་ལ་ཞུགས་པ་ཡིན། །སྔགས་དང་ཕྱག་རྒྱ་རྒྱུན་མི་བཅད། །ཞི་ཁྲོའི་ཕྱག་རྒྱ་བདུན་གཉིས་དང་། །ཕྱོགས་བཅིང་རྟེན་དང་ཁང་པའི་སྔགས། །རྩ་སྙིང་ལས་རྣམས་བཞི་ཡི་སྔགས། །དབང་བསྐུར་བྱིན་བརླ་གསང་སྔགས་དང་། །སྤྱན་དྲངས་སྐྱིམ་བརྟན་ཕྱག་འཚལ་མཆོད། །དུས་གསུམ་རྒྱུན་དུ་གཞི་ཡིན་ཕྱིར། །ནམ་ཡང་རྒྱུན་བཅད་སྤང་མི་བྱ། །ཡང་དག་ལམ་དུ་ཞུགས་པའི་གྲོགས། །བསྙུན་དང་མ་བྱིན་བླང་མི་བྱ། །ཟླ་ཟེར་མ་ཡིན་གཟུངས་མི་བྱ། །ལྷ་སྤྱོད་མཐོ་བའི་གོང་མི་བཅད། །དབང་དང་དམ་ཚིག་དེ་བཞིན་སྟེ། །ཀུན་ཏུ་ཡངས་བག་ཟོན་ཕྲེག་ཅན། །བཀུར་སྟིས་མཆོད་བྱེད་དགའ་བར་སྤྱོད། །རྫུན་སོགས་རྣམ་བཞི་སྤང་བ་དང་། །གསང་བྱ་མི་སྨྲ་ཚུལ་མི་བརྗོད། །སྐན་སྨྲ་ཞེ་ས་གསོང་པོར་སྨྲ། །བདེན་ཚིག་སྲི་ཞུ་སྨྲ་བྱེད་པའོ། །སེམས་ཀྱི་སྔོན་བཞིན་དུག་ལྔ་དོར། །མངོན་དང་དཔྱད་སེམས་སྤང་བ་དང་། །མིག་འདྲར་ལྷ་ཞིང་གདུང་བར་བྱ༑ ༑གནོད་སེམས་སྤང་དང་རྣམ་བཅུའོ། །གསང་བའི་དོན་ཕྱིར་མི་སྨྲ་བ། །སྤྱི་དང་བར་གསང་བཞི་བཞི་དང་། །ངེས་དང་གཉེན་གཏད་རྣམ་པ་བཅུ། །སེམས་ཀྱིས་བསྟན་པར་མི་བསམ་ཞིང་། །ངག་གིས་བརྗོད་པར་ཡོངས་མི་བྱ། །ལུས་བརྟས་བསྟན་མིན་སུམ་ཅུའོ། །ཡན་ལག་དམ་ཚིག་ལྔ་གཉིས་ལ། །གཅིག་ལ་བཅུ་ཕྲག་གཉིས་སུ་དབྱེ། །དང་དུ་བླང་བའི་དམ་བསྒྲུབ་རྫས། །བསྒྲུབ་རྫས

ལྷ་ཡང་རྩ་བ་བརྒྱད། །བརྒྱད་ཆ་རེ་ཞིང་དང་སྐྱེགས་ལྷ། །རེ་རེའང་རྣམ་པ་བཅུ་རུ་འགྱུར། །ཞིང་བཅུའི་བདུད་རྩིའི་དེ་བཞིན་པས། །རྣམ་པར་དབྱེ་བ་ཉི་ཤུའོ། །

བདག་གཞན་རང་བཞིན་ཞིང་དང་གཉིས། །རྫས་བཅུ་ཐབས་སྦྱོད་ཤེས་རབ་སྦྱོད། །བཅུ་གཉིས་ཉི་ཤུར་འགྱུར་བའང་རིགས། །མི་སྣང་ལྷ་ལ་བཅུ་གཉིས་ཏེ། །ཞིང་བཅུ་ཐབས་ཀྱི་མཛད་པས་འཇོམས། །ཤེས་རབ་རང་བཞིན་མེད་པར་གྲོལ། །ཐབས་དང་ཤེས་རབ་ཞེ་སྡང་གིས། །བདག་གཞན་དོན་རྣམས་རྫོགས་པར་བྱེད། །ཡན་ལག་བཅུ་ཡི་དམ་ཚིག་ལ། །ཐབས་ཀྱི་མཛད་པ་མི་འབྱེད་ཅིང་། །ཤེས་རབ་གཉིས་མེད་མི་འབྱེད་པའི། །གཏི་མུག་བཅུ་གཉིས་འདའ་མི་བྱ། །དེ་ལྟར་ཐབས་དང་ཤེས་རབ་བཅུ། །གཉིས་ནི་གདེང་དུ་གྱུར་པ་ཡི། །ལྷག་པའི་ང་རྒྱལ་མི་འདའ་བ། །ང་རྒྱལ་ཆེན་པོའི་དམ་ཚིག་གོ། །ཞིང་བཅུ་ཐུགས་རྗེས་མི་གཏོང་བ། །རིགས་ལྔའི་ཡུམ་ལ་ཐབས་ཀྱིས་རོལ། །ཉིང་འཛིན་ཐབས་དབང་རང་བཞིན་སྒྱུར། །ཤེས་རབ་དོན་དང་འདུ་འབྲལ་མེད། །མ་རྟོགས་གཉིས་དང་ལོག་རྟོགས་གཉིས། །ཉན་ཐོས་རང་རྒྱལ་བྱང་ཆུབ་སེམས། །གསང་སྔགས་ཕྱི་པའི་ཐེག་པ་གསུམ། །གསང་སྒྲོར་མཛད་པས་མི་ཚུད་ཅིང་། །ཤེས་རབ་ལྷ་དང་མི་ཆུད་པ། །ཕྲག་དོག་ཆེན་པོའི་དམ་ཚིག་གོ། །དེ་ལྟར་སུམ་བརྒྱ་དྲུག་ཅུ་རྣམས། །བདག་གི་རྡོ་རྗེ་མཆོག་གསུམ་པོས། །ལོག་པར་མི་སྤྱོད་སྤོམ་པའི་དངོས། །ས་གཞི་ལྷ་བུར་སྲུང་བ་ཡིན། །རྒྱས་འབྲིང་སྡོང་རྩ་བརྒྱད་དང་ནི། །ས་ཡ་འབུམ་སྡེ་བདག་གཞན་ཕྱིར། །སྲུང་བའི་རྒྱུད་དག་ལས་གྲགས་པ། །གསུམ་གྱི་སྲུང་པ་སྟོན་བཞིན་ནོ། །དམ་ཚིག་འདི་ནི་རྡོ་རྗེ་ཆེ། །སྐུ་གསུང་ཐུགས་ཀྱི་རྡོ་རྗེའི་བདག །འགྲུབ་འགྱུར་འདིར་བདེ་རྟག་པ་ཡི། །དབང་ཕྱུག་ཆེན་པོ་ཉིད་དུ་འགྱུར། །བྱིན་རླབས་གསུམ་གྱིས་མཛད་པ་དང་། །ཉི་འདུ་ལས་བྱང་རྟག་ཏུ་སྲུང་། །ཡིད་འོང་གཏེར་འདོད་བསམ་འགྲུབ་ཅིང་། །ཕུན་སུམ་ཚོགས་ཡོན་རྒྱུད་ལས་འབྱུང་། །མྱོང་ལ་དམ་ཚིག་རྡོ་རྗེ་རྒྱུ། །བཞག་ཅིང་གོ་བས་བསྒྲགས་བྱས་ནས། །རྒྱུད་ལྷ་ཐ་ཚིགས་བྲལ་འགྱུར་ན། །རག་ཤ་ཡག་ཤར་གྱུར་ནས་ཀྱང་། །བསད་ནས་དམྱལ་བ་ཆེན་པོ་བརྒྱུད། །དེ་ཡི་སྡུག་བསྔལ་བཟོད་གླགས་ཆད། །ས་མ་ཡ་བི་ཏཏྟ་ལས། །ཉེས་གསུམ་ཐོས་པའང་ཉམ་ང་ན། །འདི་ཕྱིས་མཐོང་མྱོང་སློས་ཅི་དགོས། །དེ་བས་རྒྱུན་དུ་མདོ་བཤགས་བསྒོ། །གང་དག་ས་གཞི་མེད་པ་དག །

ཚུལ་འཆོས་ཕྱིར་ན་ཡོན་ཏན་བརྗོད། །ཉེས་སྨྲ་ཧོ་རྡོའི་དམ་ལྡན་མིན། །ལྷག་པར་བདག་ལྡན་སྨྲོས་ཕྱིར་རོ། །རྣལ་འབྱོར་ལམ་མཐར་ཕྱིན་བྱ་ཞིང་། །བདག་གཞན་དོན་ཕྱིར་ཕྲ་རྒྱས་བསྡུས། །ངལ་བའི་དགེ་རྩ་གང་ཡོད་པས། །མཐའ་ཡས་རྡོ་རྗེ་གསུམ་ཐོབ་ཤོག །དམ་ཚིག་ཕྲ་རྒྱས་བསྟན་པ་རྫོགས་སོ།། །།

༢ །སྐྱུ་འཕྲུལ་དམ་ཚིག་གསལ་བྱེད་སྤྲར། །བསྟན་གཉིས་དར་གླིང་ཆོས་གྲྭར་བསྒྲུན། །དགེ་བས་བདག་གཞན་འབྲེལ་བཅས་འགྲོ། །སྐྱེ་ཀུན་དམ་ཚིག་རྣམ་དག་ཤོག །དགེའོ། །དགེའོ། །དགེའོ། །

བྱེ་སྤྲར་ལྷར་བྲིས་པའོ།།

༄༅། །ཀཿཐོག་པ་ཆོས་རྗེ་གཙང་སྟོན་རིན་པོ་ཆེའི་གསུངས། དམ་ཚིག་གསལ་བཀྲའི་འགྲེལ་ རྣལ་འབྱོར་མིག་གི་སྒྲོན་མ་ཞེས་བྱ་བ་ བཞུགས་སོ། །

གཙང་སྟོན་རྡོ་རྗེ་རྒྱལ་མཚན།

བླ་མ་དམ་པའི་ཞབས་ལ་གུས་པས་ཕྱག་འཚལ་ལོ། །རིག་བདག་མཉམ་ཉིད་རང་བྱུང་རིན་པོ་ཆེ། །ཅིར་ཡང་སྣང་བ་གདུལ་བྱའི་གྲངས་བཞིན་ཏེ། །ཡོངས་སུ་རྫོགས་པ་ཀུན་ཏུ་བཟང་པོའི་ངང་། །མཁའ་བཞིན་འདའ་བ་མེད་ལ་གུས་པར་འདུད། །ལམ་དང་འབྲས་བུའི་བདག་ཉིད་རྡོ་རྗེ་ཆེ། །མཆོག་གི་སྤྱོད་ཡུལ་མཐར་ཐུག་ཐེག་པ་ཡི། །གཞི་ཉིད་དམ་པའི་དོན་གྱིས་གསལ་བ་ལས། །དོན་གྱི་ནུས་ཚུང་ཚིག་གི་བརྗོད་བྱང་བྲི། །

སྤྱིར་ཤེས་བྱ་ཐམས་ཅད་བསྡུ་ན་གཉིས་ཏེ། བརྗོད་བྱ་དོན་དང་། རྗོད་བྱེད་ཚིག་གོ། །དང་པོ་ལ་ཡང་གཉིས་ཏེ། ཀུན་ནས་ཉོན་མོངས་པ་རྟེན་འབྲེལ་རྒྱུ་འབྲས་དང་། །རྣམ་པར་བྱང་བ་རྟེན་འབྲེལ་རྒྱུ་འབྲས་སོ། །དང་པོ་ནི། གསང་བའི་སྙིང་པོ་ལས། སྲིད་རྩེའི་ཉེས་དམིགས་བདག་ཏུ་རྟོག་ལས་འཕྲོས། །རྒྱུ་དྲུག་སྐྱེ་འགག་ལུས་དང་ལོངས་སྤྱོད་དང་། །གནས་དང་སྡུག་བསྔལ་འཁྲུལ་འཁོར་ལ་སོགས་པ། །ལོག་རྟོག་ཉིད་ལས་གཞན་དུ་ཅི་ཡང་མེད། །ཅེས་སོ། །རྣམ་པར་བྱང་བ་ལ་ཡང་གཉིས་ཏེ། །ལམ་དང་། འབྲས་བུའོ། །དེ་ལས་འབྲས་བུ་ནི། བསྐལ་པ་གྲངས་མེད་པར་ཚོགས་བསགས་པའི་སྐྱེས་བུས་གྲོན་ཚགས་མེད་པར་ལམ་ཉམས་སུ་བླང་སྟེ། ལམ་གྱི་རྩོལ་བ་ཟད་ནས། གཞི་ཅི་བཞིན་པར་སོན་པ་ཉིད་འབྲས་བུ་སྟེ། དེ་ཚེ་སྐུ་ལྔ་ཀུན་ཀྱང་རྫོགས། །ཞེས་པའོ། །ལམ་ནི། ཐམས་ཅད་མཁྱེན་པ་གཉིས་སུ་མེད་པའི་ཐུགས་རྗེས་གདུལ་བྱ་འགྲོ་དྲུག་ལ་ཆོས་ཀྱི་སྒོ་མོ་དཔག་ཏུ་མེད་པར་གསུངས་སྟེ། གསང་སྙིང་ལས། ཉོན་མོངས་སྟོང་ཕྲག་བརྒྱད་ཅུ་རྩ་བཞིའི་གཉེན་པོར། ཆོས་

སྟོང་ཕྲག་བརྒྱད་ཅུ་རྩ་བཞི་གསུངས་སོ། །གསུང་ངོ་། །གསུང་བར་འགྱུར་ཞེས་པ་དང་། །ཐེག་པ་བཞིའི་ངེས་འབྱུང་ལ། །ཐེག་པ་ཅིག་གི་འབྲས་བུར་གནས། །ཞེས་པས། རྒྱུ་དང་འབྲས་བུའི་ཐེག་པ་གཉིས་ཏེ། དེ་དག་ནི་ལམ་པ་རྣམས་ཀྱིས་ཉམས་སུ་བླངས་ནས་འབྲས་བུ་ལ་སྦྱོར་བར་བྱེད་པས་ན་ལམ་མོ། །བརྗོད་བྱེད་ཚིག་ནི་གསང་བའི་སྙིང་པོ་ལས། མ་རྟོགས་པ་དང་ལོག་པར་རྟོགས། །ཕྱོགས་རྟོགས་ཡང་དག་ཉིད་མ་རྟོགས། །འདུལ་བ་དགོངས་པ་གསང་བ་དང་། །རང་བཞིན་གསང་བའི་དོན་རྣམས་ནི། །ཡི་གེ་སྒྲ་བཏགས་མིང་ཚོགས་ལས། །བརྟེན་པའི་ཚིག་གི་རབ་མཆོན་ཏེ། །ཞེས་པས། དངོས་སམ་བརྒྱུད་ནས་ཕན་པ་མ་ཡིན་ཏེ། མ་རྟོགས་པ་དང་ལོག་པར་རྟོགས་པ་མུ་རྟོགས་ཀྱི་ཚོགས་སོ། །དངོས་སམ་བརྒྱུད་ནས་ཕན་པར་བྱེད་པ་སྡེ་ཐེག་པ་དགུའོ། །དེ་ཡང་རྒྱུ་ཡི་ཐེག་པའི་སྡེ་སྣོད་རིན་པོ་ཆེ་གསུམ། སྣོད་དག་པར་བྱས་པར་ལྟ་བུ་སྟེ། ཕྱི་པ་རྣམས་གསུམ་བཅུད་བླུགས་པ་ལྟ་བུ་དང་། ནང་པ་རྣམས་གསུམ་རོ་མྱོང་བ་ལྟ་བུ་སྟེ། གསང་སྔགས་སྡེ་སྣོད་གསུམ་དུ་བསྡུ་བ་ནི་རྒྱལ་པོ་འབངས་སུ་བསྡུ་བ་ལྟ་བུའོ། །ཞེས་བདག་གི་བླ་མ་དམ་པའི་གསུངས་སོ། །སྐབས་སུ་མ་བབ་ཅིང་ཡི་གེས་འཇིགས་པས་ཞིབ་པར་མི་སྤྲོའོ། །

འདིར་བརྗོད་བྱའི་ངོ་བོ་རྒྱུ་དང་འབྲས་བུ་གཉིས་ལ། འབྲས་བུའི་ཐེག་པའོ་དེ་ཡང་ཕྱི་ནང་གཉིས་ལས་ནང་པ་ལ་གསུམ་སྟེ། བསྐྱེད་པ་དང་། རྫོགས་པ་དང་། རྫོགས་པ་ཆེན་པོའོ། །དེ་ཡང་བདུད་རྩི་ལས། རྒྱུད་དང་ལུང་དང་མན་ངག་ཀྱང་། །འབངས་དང་རྗེ་དང་རྒྱལ་པོའི་ཚུལ། །ཞེས་པས། གསུམ་པོ་རེ་རེའི་ནང་ན་ཡང་གསུམ་ག་ཚང་བར་སྟོན་པ་དང་། འདིར་ཡང་རྩ་བའི་རྩ་བ་མཉམ་པའི་དམ་ཚིག་ཉིད། ཨ་ཏི་ཡོ་གའི་དམ་ཚིག་བཞི་སྟོན་པའོ། །ཤས་ཆེ་བར་བསྐྱེད་པ་དང་རྫོགས་པ་གཉིས་སྟོན་ཏེ་སྤྱོད་པ་སྲུང་བ་ལ་ཁྱད་མེད་པའིཕྱིར་རོ། །དེ་ལྟར་སྟོན་ཡང་འདིར་རྒྱུད་ཀྱི་ཁུངས་ཤས་ཆེ་བ་མ་ཧཱ་ཡོ་ག་ཡིན་པའི་ཕྱིར་རོ། །དེ་ལ་ཡང་བདེ་བར་གཤེགས་པས་ཞལ་ནས་གསུངས་པའི་རྒྱུད་སྡེ་བཅོ་བརྒྱད་དང་། དེ་ལ་བརྟེན་ཏེ་མཛད་པའི་ཆོས་རྣམས་སོ། །དེ་ལ་གཉིས་ཏེ། མངོན་པར་རྟོགས་པའི་མན་ངག་དང་། །བསླབ་ཅིང་ཉམས་སུ་བླང་བའི་མན་ངག་གོ། །

དང་པོ་ནི། རྒྱུད་ཀྱི་དོན་མངོན་པར་རྟོགས་པའི་ཐབས་ཏེ། ཁོག་འབུབ་པ་དང་། འགྲེལ་པ་

ལ་སོགས་པའོ། །

གཉིས་པ་ནི། བཅུ་འམ་བདུན་གྱིས་སྟོན་སྟེ། སློབ་དཔོན་སྙིག་པའི་རྡོ་རྗེས། །ལྷ་སྦྱོར་དཀྱིལ་འཁོར་དབང་དམ་དང་། །འཕྲིན་ལས་བསྒྲུབ་པའི་ལས་རིམས་ཀྱིས། །གསང་སྔགས་རྒྱུད་ཀྱི་དབྱེ་བ་བྱ། །ཞེས་གསུངས་པས། བདུན་ལས་འདི་ནི་མི་འདའ་བ་དམ་ཚིག་གི་མན་ངག་གོ། །དེ་ནས་གང་ཟག་འཇུག་ངོ་ཤེས་པར་བྱ་བའི་ཕྱིར་དམ་པའི་ཆོས་ཀྱི་ངོས་བཟུང་བའོ། །

དེ་ལ་བཤད་པའི་ཐབས་བསྟན་པ་ནི། བཀའ་དང་བསྟན་བཅོས་གཉིས་ལས། འདིར་བསྟན་ཆོས་ཡིན་པས་རྩིས་འགོ་ཀླད་ནས་གཞོམ་ཞེས་པས། དོན་གསུམ་སྟེ། རྩིས་མགོ་ལྤགས་བཤད་པ་དང་། ལྤ་བོ་དེ་དཀྲུས་ནས་སྐད་དུས་འབྲིན་ངོས་བཟུང་བ་དང་། སྤྱིའི་དབུ་ཞབས་ཀྱི་རྫོད་བྱ་མདོར་བསྡུས་སྟེ་བློ་ལ་བླང་ན་ཚིག་གང་གིས་དོན་གང་སྟོན་པའོ། །དེ་ལ་དང་པོ་ནི། ཁྱུང་བཙུན་ཅིང་ཡིད་ཆེས་པར་བྱ་བའི་ཕྱིར་སློབ་དཔོན་གང་གིས་མཛད་ན་སྙིག་པའི་རྡོ་རྗེས་སོ། །དེ་ལའང་རྒྱ་གར་དང་བལ་པོ་གཉིས་ཡོད་པ་ལས་འདི་རྒྱ་གར་རོ། །དེ་ལ་ཡང་སྐྲ་ཕྱི་གསུམ་ཡོད་པ་ལས་འདི་དང་པོའོ། །དེ་ལ་སྤྱིར་བསྟན་ཆོས་རྩོམ་པ་ལ་རབ་ཆོས་ཉིད་བདེན་པའི་དོན་མཐོང་བ། འབྲིང་ཡི་དམ་ལྷ་ཡི་ཞལ་མཐོང་བ། ཐ་མ་རིག་པའི་གནས་ལྔ་ལ་མཁས་པ་ཅིག་གིས་མཛད་པ་ཡིན་པ་ལ། སློབ་དཔོན་འདི་ནི་གསུམ་ཀ་འཛོམ་པ་སྟེ། ཆོས་ཉིད་བདེན་པའི་དོན་མཐོང་ཞིང་། རྡོ་རྗེ་སེམས་དཔའི་ཞལ་མཐོང་སྟེ། རིག་པའི་གནས་ལྔ་ལ་མཁས་པའི་སློབ་དཔོན་དེས་མཛད་དེ་སྐད་ཁབ་མཁན་པོ་དང་མཐུན་ནོ་གསུངས། བསྟན་པ་ལ་མཚན་ངེས་ཤིང་དཔེ་དོན་གྱི་མདོ་རྩམ་ཞིག་རྟོགས་པར་བྱ་བའི་ཕྱིར་རོ། །མཚན་ཅི་ལས་བཏགས་ནས་འདོག་ལུགས་ལྔ་སྟེ། དཔེར་ལས་བཏགས་པ་དང་། རྣམ་གྲངས་ལས་བཏགས་པ་དང་། གང་ཟག་ལས་བཏགས་པ་དང་། ཡུལ་ལས་བཏགས་པ་དང་། དོན་ལས་བཏགས་པ་ལས། འདིར་ཐ་མའོ། །དེ་རང་ལ་བཞི་སྟེ། དོན་གྱི་གཙོ་བོ་ལས་བཏགས་པ། རྡོ་རྗེ་སེམས་དཔའི་ཞུས་ལན་དང་། ཀུ་གཉེར་ལྔ་བུ། དོན་གྱི་རྣམ་གྲངས་ལས་བཏགས་པ་ནི། རིམ་དྲུག་དང་། རིམ་གསུམ་ལྟ་བུ། དོན་མདོར་བསྡུས་པ་ལས་བཏགས་པ་སྐྱོལ་མདོ་ལྟ་བུ་ལ། འདིར་ནི་དོན་རང་གི་ངོ་བོ་ལས་བཏགས་པ་སྟེ། དམ་ཚིག་རྡོ་རྗེ་གསལ་བཀྲ་ཞེས་པ་དང་། དམ་ཚིག་ཆེན་པོ་

མདོར་བཤད་བྱ། །ཞེས་པས་སོ། །དེ་ཡང་དམ་པ་ནི་ཆོས་ཉིད་ལ་བྱ་སྟེ་དེས་ཐམས་ཅད་ལ་ཁྱབ་ཅིང་མི་འདའ་བས་ན་དམ་པའོ། །དེ་རྟོགས་ན་འཁོར་བའི་སྡུག་བསྔལ་འཇིག་ལ་མ་རྟོགས་པ་ན་རྣམ་བྱང་གི་བདེ་བ་ཚིག་པའོ། །དེ་ཉིད་དུས་གསུམ་དུ་མི་འགྱུར་བས་ན་རྡོ་རྗེའོ། །མ་འདྲེས་ལ་ཡོངས་སུ་རྫོགས་པའི་ངོས་ནས་སྐལ་ལྡན་གྱི་རིག་པ་ལ་གསལ་ཞིང་བཀྲ་བའོ། །ཡང་ན་རྡོ་རྗེ་སློབ་དཔོན་གྱི་སྨིན་སྨར་དབང་གི་དུས་སུ་བཅས་པའི་རྩ་བ་དང་ཡན་ལག་གི་རྣམ་གྲངས་རྣམས་ཏེ་བསྲུངས་མ་སྲུངས་ཀྱིས་འཁོར་འདས་ཚིག་པའི་ཕྱིར་རོ། །རྡོ་རྗེ་ནི་སྐུ་གསུང་ཐུགས་རྡོ་རྗེ་ལྷ་བུ་རྣམ་གསུམ་ད་ལྟ་ཉིད་ནས་རྣལ་འབྱོར་པའི་རྒྱུད་ལ་གསལ་ཞིང་བཀྲ་བར་བྱེད་པའོ། །ཡང་ན་རྡོ་རྗེ་ནི་དཔེ་ལྟར་གཞོམ་དུ་མེད་ཅིང་འདའ་བར་དཀའ་བ་སྟེ། འདི་ནས་འབྱུང་བའི་དམ་ཚིག་རྣམས་སོ། །གསལ་བཀྲ་བ་ནི། རྩ་བ་སོ་སོར་མ་འདྲེས་ཤིང་གསལ་བ་དང་། ཡན་ལག་སོ་སོར་མ་འདྲེས་ཤིང་བཀྲ་བའམ། ཡང་ན་རྩ་བའི་རྩ་བ་མ་འདྲེས་པས་གསལ་བ་དང་དེ་ཉིད་ཀྱི་ཡན་ལག་བཀྲ་བའོ། །ཡན་ལག་གི་རྩ་བ་རྣམས་གསལ་ཞིང་ཉིང་ལག་རྣམས་མ་འདྲེས་པར་བཀྲ་བའོ། །ཡང་ན་རྩ་བ་དང་ཡན་ལག་རྣམས་རྒྱུད་ནས་འཐོར་ཏེ་མི་གསལ་བ་རྣམས་འདིར་ཡོད་ཚད་ཀུན་ཕྱོགས་གཅིག་ཏུ་བཀོད་པས་གསལ་ལ་མ་འདྲེས་པས་སོ་སོའི་བཀྲ་བའོ། །དོན་དེས་ན། དམ་ཚིག་རྣམས་ནི་རྡོ་རྗེ་ཆེ་ཞེས་པས་རྡོ་རྗེ་ལྷ་བུ་གསུམ་འམ་ལྷ་མངོན་དུ་གྱུར་པའི་དཔལ་རྡོ་རྗེ་སེམས་དཔའ་ནི་དུས་གསུམ་གྱི་སངས་རྒྱས་ཀྱི་ངོ་བོ་ཉིད་ཡིན་ལ། དེའི་ཐུགས་མཁྱེན་པའི་ཡེ་ཤེས་དེ་ཉིད་གདུལ་བྱ་བློ་རབ་འབྲིང་ལ་རིམ་པ་བཞིན་དམ་ཚིག་གི་ཚོགས་སུ་སྣང་བ་སྟེ། དེས་ན་དབྱེར་མེད་པས་རྡོ་རྗེ་ཞེས་སྨོས་སོ། །དམ་ཚིག་དེ་དག་བསྲུངས་པ་ལ་བཟོད་གཅིག་རྡོ་རྗེ་འཆང་དུ་སྣང་ཞེས་བྱ་བ་ནི། དྲང་བའི་དོན་ཏེ་བློ་དམན་གྱི་ངོར་ངེས་སོ། །བཀའ་དང་མི་འགལ་ཞིང་ཐེག་པའི་གཞུང་ལུགས་པར་བྱ་བའི་ཕྱིར་ན་རྒྱུད་གང་ནས་བཏུས་ཤིང་ཕྱོགས་གར་གཏོགས་ན་གསང་བའི་སྙིང་པོ་ལ་སོགས་པ་རྒྱུད་གསུམ་ནས་བཏུགས་ཤིང་ཕྱོགས་མ་ཧཱ་གར་གཏོགས་ཏེ། དེ་ལང་རྒྱུད་གསུམ་ངེས་པར་གསལ་བྱེད་པ། །ཞེས་དང་། སྒྱུ་འཕྲུལ་རྣམ་བཀོད་ཅེས་པ་ལ་སོགས་པས་རྒྱུད་ཀྱི་ཁུངས་བསྟན་ཕྱོགས་ཀྱང་རྒྱུད་གསུམ་དང་འདི་ཉིད་ཀྱི་གཞུང་གིས་བརྗོད་བྱའི་དོན་ཐམས་ཅད་མ་ཧཱ་ཡོ་ག་ཁོ་ན་ཡིན་པའི་དེ་ཉིད་དོ། །

བརྩམ་པ་ལ་དོན་ཡོད་པར་བྱ་བའི་ཕྱིར་གང་ཟག་གི་དོན་དུ་མཛད་ན་ཕྱི་རབས་ཀྱི་གང་ཟག་ལམ་པ་རྣམས་ཀྱི་དོན་དུ་མཛད་དེ་ལམ་གྱི་རྣལ་འབྱོར་རྣམས་དོན་ཕྱིར་ཞེས་པ་དང་། ལམ་གྱི་རྒྱུད་ལ་ཞུགས་པ་རྣམས་ཀྱིས་ཞེས་པ་དང་། ལྷ་སྤྱོད་ཏིང་འཛིན་འབྲེལ་དགོས་པས་ཞེས་པ་ལ་སོགས་པས་སོ། །ཤེས་ཤིང་ཁོང་དུ་ཆུད་པར་བྱ་བའི་ཕྱིར། དབུ་ནས་ཞབས་ཀྱི་བར་དུ་དོན་དུས་བསྟན་ན་གསུམ་སྟེ། ཀླད་ཀྱི་དོན་ལ་སོགས་པའོ། །དེ་ལྟར་དེ་དག་གིས་ནི་རྩིས་འགོ་ལྟ་དང་། དེ་དཀྱུས་ནས་སྐད་དུས་འབྱོན་ངོས་བཟུང་བའོ། །བཤད་ཐབས་ཀྱི་གསུམ་པ། བརྗོད་བྱའི་དོན་བསྡུས་ཏེ་ཀློ་ལ་བླང་ན་དཀྱུས་ནས། ངོ་བོ་རྣམ་གྲངས་བསྡུངས་ཐབས་དང་། །ཞེས་པ་ལ་སོགས་པ་ལ་བརྗོད་བྱའི་དོན་བཙུ་བོ་དེ་ཉིད། གཞུང་བརྗོད་བྱེད་འདི་ཉིད་ཀྱིས་སྟོན་པ་ལ་སྦྱོན་བསྐུར་བྲལ་བར་སྟོན་པའོ། །དོན་དེ་གསུམ་གྱིས་བཤད་པའི་ཐབས་བསྟན་པའོ། །དེ་ཡི་གོང་མས་དམ་པའི་ཆོས་ངོས་གཟུང་ལ་དེ་གཉིས་སྟོམ་པས་དགོས་པའི་དོན་གྱི་ཁོག་དབུབ་པའོ། །

སྤྱི་དོན་གཉིས་པ། དཀྱུས་ཀྱིས་ས་བཅད་པ། གསུམ་པ། ཚིག་གི་འབྲུ་ནོན་པ་གཉིས་ཐུན་མོང་དུ་འབྲེལ་དུ་སྟོན་ཏེ། དོན་གསུམ་གྱིས་ས་གཅོད་པ་ས་གཅོད་ཀྱི་གཞུང་དང་མཐུན་ཏེ། ཀླད་དང་། གཞུང་དང་། ཞབས་སོ། །

ཀླད་ལ་གཉིས་ཀྱི་དང་པོ་ཕྱག་འཚལ་བའི་གནས་ཚིག་དོན་དུ་བསྟན་པ་ནི། རྡོ་རྗེ་འཛིན་ལ་ཞེས་པ་སྟེ་ཕྱག་འཚལ་བའི་ཡུལ་རྡོ་རྗེ་སེམས་དཔའ་ནི་གསང་སྔགས་མ་ཧཱ་ཡོ་གའི་སྟོན་པ་ཡང་ཡིན། ཆོས་ཐམས་ཅད་ཀྱི་ངོ་བོ་ཉིད་ཀྱང་ཡིན། སངས་རྒྱས་ཐམས་ཅད་ཀྱི་སྤྱི་གཟུགས་ཀྱང་ཡིན་ཏེ། དོན་ལ་འཁོར་འདས་དབྱེར་མེད་ཀུན་ཏུ་བཟང་པོའོ། །རྡོ་རྗེ་ནི་མཚོན་པ་དཔེ་དང་མཚོན་བྱ་དོན་གཉིས་ལས། མཚོན་པ་ལ་ཡང་གཉིས་ཀྱི་དང་པོ་རྣམ་གྲངས་མཚོན་པ་ནི། ཆོས་ཐམས་ཅད་རང་བྱུང་ཡེ་ཤེས་གཅིག་གི་བདར་རྡོ་རྗེ་རྩེ་གཅིག་པར་བསྟན་པ་དང་། དེ་བཞིན་དུ་རང་བྱུང་ཡེ་ཤེས་སྐུ་གསུང་ཐུགས་གསུམ་དང་ལྡན་པའི་རྟགས་སུ་རྡོ་རྗེ་རྩེ་གསུམ་པ་དང་། དེ་ཉིད་ཡེ་ཤེས་ལྔའི་རྟགས་སུ་རྡོ་རྗེ་རྩེ་ལྔ་པ་དང་། ཡེ་ཤེས་དགུའི་རྟགས་སུ་རྩེ་དགུ་བསྟན་པའོ། །ནུས་པ་མཚོན་པ་ནི་རྡོ་རྗེའི་ཐ་ལམ་ཏེ། དེ་ཉིད་ཀྱིས་ཀྱང་གཞོམ་དུ་མེད་པ་དང་། རིན་པོ་ཆེ་གཞན་ཐམས་ཅད་ཀྱི་འཇོམས

བྱེད་དུ་གནས་པ་དང་། རང་གི་ངོ་བོ་མི་ཕྱེད་པ་གསུམ་གྱིས་མཚོན་པས། དོན་གྱི་རྡོ་རྗེ་ཆོས་ཀྱི་དབྱིངས་དངོས་པོ་ཐམས་ཅད་དང་བྲལ་ཞིང་ནམ་མཁའ་ལྟ་བུ་སྟེ། དངོས་པོ་གང་གིས་ཀྱང་འགྱུར་དུ་མི་བཏུབ་པ་དང་། དེ་ཉིད་མ་འགགས་པར་གསལ་བ་རིག་པའི་ཡེ་ཤེས། ཆོས་ཐམས་ཅད་ཀྱི་དབྱིངས་སུ་འདོམ་པའི་བདག་ཉིད་དུ་བཞུགས་པ་དང་། དབྱིངས་ཉིད་མི་འགག་པར་གསལ་བ་ནི་རིག་པའི་ཡེ་ཤེས་སོ། །ཡེ་ཤེས་དངོས་པོ་ཐམས་ཅད་དང་བྲལ་བ་ནི་ཆོས་ཀྱི་དབྱིངས་ཏེ། ནམ་མཁའ་དང་སྟོང་གསལ་མི་ཕྱེད་པ་ལྟ་བུ་ནི་མི་ཕྱེད་པའོ། །དོན་དེ་ནི་ཆོས་ཀྱི་སྐུ་སྤྲོས་པ་ཐམས་ཅད་དང་བྲལ་གཞིའི་དོན་ནོ། །རྡོ་རྗེ་ལྟ་བུ་ལྟ་ནི། རྡོ་རྗེ་སེམས་དཔའ་ནི་དོན་དམ་པའི་ཆོས་ཉིད་སྤྲོས་པ་དང་བྲལ་བའོ། །ངོ་བོ་ནི་འདུས་མ་བྱས་པའི་ཆོས་ཉིད་དོ། །རང་བཞིན་ནི་དབྱེར་མི་ཕྱེད་དེ་ནམ་མཁའ་བཞིན་ནོ། །དེ་ཡི་མཚན་ཉིད་ནི་སྐྱེ་འཇིག་མེད་པའོ། །ཡོན་ཏན་ནི་རྒྱལ་མི་དགོས་པར་སྣང་བའོ། །འཕྲིན་ལས་ནི་བདག་གཞན་གཉིས་འཛིན་ཐམས་ཅད་འཇོམས་པའོ། །འཛིན་ཞེས་པ་ནི་མི་གཏོང་བའམ་བདེ་བླག་ཏུ་གྱུར་པ་ཏེ། གོང་མའི་དོན་དེ་ཉིད་རང་རིག་པའི་མངོན་གསུམ་དུ་རང་བཞིན་གྱིས་འོད་གསལ་ཞིང་སྒྲིབ་གཡོགས་ཐམས་ཅད་དང་བྲལ་བ་ལྷུན་གྱིས་གྲུབ་པའོ། །དོན་དེ་ཉིད་ཀྱི་ཞར་ལ་དཔའ་བའང་གྲུབ་སྟེ་རིག་པའི་ཡེ་ཤེས་ཅིར་ཡང་མི་འགགས་པས་མྱ་ངན་ལས་འདས་པའི་མཐའ་ལས་དཔའ་བ་ལ། ཆོས་ཀྱི་དབྱིངས་གང་དུའང་མ་གྲུབ་པས་འཁོར་བའི་མཐའ་ལ་དཔའ་བའོ། །གོང་མ་ལྟ་བུའི་རྟགས་མི་འགག་པར་སྣང་བ་གཟུགས་ཀྱི་སྐུར་བཅོམ་ལྡན་འདས་དཔལ་རྡོ་རྗེ་སེམས་དཔའ། སངས་རྒྱས་ཐམས་ཅད་ཀྱི་ངོ་བོ་ཉིད་དཀྱིལ་འཁོར་ཐམས་ཅད་ཀྱི་གཙོ་བོ། རྒྱུད་ཀྱི་སྟོན་པ་ནི་ཕྱག་གི་ཡུལ་ལོ། །དོན་དེས་ན་བརྗོད་བྱ་དམ་ཚིག་གི་ཚོགས་ཐམས་ཅད་རྡོ་རྗེ་སེམས་དཔའི་སྐུ་གསུང་ཐུགས་དང་དབྱེར་མེད་པས་ཕྱག་འཚལ་བ་ཆོས་ཀྱི་ཁ་བྱང་དུ་གསལ་ཏེ། དམ་ཚིག་འཆད་པར་མངོན་ནོ། །ཡན་ཅིས་པ་གཞིའི་དོན་སྟེ་ཕྱག་གི་ཡུལ་ལོ། །ངེས་ཚིག་གི་དོན་བསྟན་ནས། ངོ་བོ་སྤྱི་དོན་དུ་བསྟན་པ་ནི་ཕྱག་འཚལ་ཞེས་པ་སྟེ། དེ་ལ་བཞི་སྟེ། དང་པོ་གང་གིས་འཚལ་ན་སློབ་དཔོན་སློགས་པའི་རྡོ་རྗེས། རྗེས་འཇུག་དུ་རྣལ་འབྱོར་འདི་ཡི་སློར་ཞུགས་པ་ཐམས་ཅད་ཀྱིས་སོ། །གང་ལ་འཚལ་ན་དོན་རྟགས་རྣམ་པ་གཉིས་དང་ལྡན་པའི་རྡོ་རྗེ་སེམས་དཔའ་ལའོ། །ཚུལ་ཅི་ལྟར

འཚལ་ན་གསུམ་སྟེ། མི་ཕྱེད་འདྲེས་པའི་ཕྱག་ནི་རྡོ་རྗེ་སེམས་དཔའ་དང་རྣལ་འབྱོར་པ་རང་བཞིན་ཡེ་ནས་དབྱེར་མེད་པར་རྟོགས་ནས་དེ་ལ་དེར་འཛིན་ཡང་མ་དམིགས་པ་སྟེ་ལྟ་བའི་གདེང་གིས་ཚོད་པའོ། །དེ་ཡང་ཞི་ཁྲོ་གལ་འཕྲེང་ལས། ཆུ་ལ་ཆུ་དང་མར་ལ་མར། གཉིས་མེད་རིག་པ་དང་འདྲེས་ཕྱག་འཚལ་ཅེས་སོ། །

གཉིས་པ་བསྒྲུབ་པ་ཐབས་ཀྱི་ཕྱག་ནི། འདི་ན་སློབ་པའི་དམ་ཚིག་རྣམས་དྲན་པ་དང་ཤེས་བཞིན་གྱིས་མི་ཉམས་པར་བསྲུང་ཚུལ་གཉིས་ཀྱི་སྒོ་ནས་བསྲུང་བ་ནི་བསྒྲུབ་པའི་ངོ་བོའོ། །དེ་ནས་གང་ཞིག་བསྒྲུབ་པ་འཛལ་བའི་ཕྱག་ཅེས་བྱའོ། །སྤྱོད་པ་ཡ་རབས་ཀྱི་ཕྱག་ནི་ལུས་ངག་ཡིད་གསུམ་གུས་པ་དང་བཅས་པས་འོག་མ་དང་མཐུན་པར་ཕྱག་འཚལ་བའོ། །ཅི་ཡི་ཕྱིར་ཕྱག་འཚལ་བའི་དགོས་པ་ནི་གཉིས་ཏེ། སྤྱིར་བཙལ་བའི་དགོས་པ་དང་། ཁྱད་པར་དུ་བཙལ་བའི་དགོས་པའོ། །དང་པོ་ལ་གཉིས་ཏེ། དངོས་སུ་སློབ་དཔོན་ཉིད་ཀྱི་ཕྱག་དང་དེ་ཉིད་ཡི་གེའི་དཀྱུས་སུ་བཀོད་པའོ། །སློབ་དཔོན་ཉིད་ཀྱི་ཕྱག་གི་དགོས་པ་ལ་གཉིས་ཀྱི་དང་པོ་འཇིག་རྟེན་པ་དང་ཚུལ་མཐུན་པར་མོས་པ་ཅན་དྲངས་པའི་དགོས་པ་ནི། དཔེར་ན་འཇིག་རྟེན་ན་ཡང་རབས་དམ་པ་དག་འཇིག་རྟེན་གྱི་བྱ་བ་གང་བསྒྲུབ་པའི་སྔོན་དུ། རང་གྲུབ་པའི་ལྷ་ལ་ཕྱག་འཚལ་ན་བྱས་པ་ཆུད་མི་ཟ་བ་བཞིན་ནོ། །འདིར་སློབ་དཔོན་ཉིད་ཀྱིས་བསྟན་ཆོས་འདི་མཛད་པའི་སྔོན་དུ། ཡི་དམ་གྱི་ལྷ་ལ་ཕྱག་འཚལ་བས་སློབ་དཔོན་ཉིད་ཡ་རབས་དམ་པར་ངེས་པས། གང་ཟག་གང་ཟག་གི་རྗེས་སུ་འབྲང་བ་རྣམས་འཇུག་པ་དང་། རྡོ་རྗེ་སེམས་དཔའ་ནི་དུས་གསུམ་གྱི་སངས་རྒྱས་ཐམས་ཅད་ཀྱི་ངོ་བོ་ཉིད་ཡིན་པས་སློབ་དཔོན་ཉིད་མཁྱེན་པ་རྒྱ་ཆེ་བར་མངོན་པས། གང་ཟག་ཆོས་ཀྱི་རྗེས་སུ་འབྲང་བ་རྣམས་འཇུག་པའི་དགོས་པའོ། །

གཉིས་པ་བར་ཆད་མེད་ཅིང་ཐུགས་དགོངས་མཐར་ཕྱིན་པའི་དགོས་པ་ནི། ཕྱག་འཚལ་བས་ཚོགས་རྫོགས་ཤིང་སྒྲིབ་པ་བྱང་སྟེ། བར་ཆད་ཞི་བ་སྣང་མུན་ལྟ་བུ་ཡིན་ལ། དེ་ལ་རྟོགས་པའི་ཕྱག་གིས་ཤེས་བྱའི་སྒྲིབ་པ་བྱང་ཞིང་། ཡེ་ཤེས་ཀྱི་ཚོགས་རྫོགས། སྒྲུབ་པའི་ཕྱག་གི་ཉོན་མོངས་པའི་སྒྲིབ་པ་བྱང་ཞིང་། སྤྱོད་པ་ཡ་རབས་ཀྱི་ཕྱག་གིས་ལས་སྒྲིབ་བྱང་ཞིང་བསོད་ནམས་ཀྱི་ཚོགས་

རྫོགས་ཞེས་འཆད་ན། འདིར་སློབ་དཔོན་ཆེན་པོ་ལྟ་བུ་སྐལ་པ་ཡ་རབས་ཀྱིས། རྡོ་རྗེ་སེམས་དཔའ་དང་དམ་ཚིག་དབྱེར་མེད་ཉིད་རང་རིག་པའི་གདེང་དུ་ཆུད་ནས། རིམ་པར་བསགས་སྦྱངས་མེད་དེ་ཉི་མ་ཤར་ནས་མུན་པ་དག་པ་བཞིན། སྐད་ཅིག་མ་གཅིག་ལ་ཚོགས་རྫོགས་པ་དང་སྒྲིབ་པ་དག་པ་དུས་གཅིག་གོ། །དོན་དེས་བར་ཆོད་རྒྱུ་ནས་དག་སྟེ་ཅི་བརྩམ་པ་ཐམས་ཅད་མཐར་ཕྱིན་ལ། ཁྱད་པར་དུ་ཆོས་འདི་ཉིད་བརྩམ་པ་མཐར་ཕྱིན་པས་མ་འོངས་པའི་གང་ཟག་འདི་ཡི་སྒོར་ཞུགས་པ་རྣམས། མཐར་འབྲས་བུ་ལ་སྦྱོར་བ་ནི་སློབ་དཔོན་ཉིད་ཀྱི་ཐུགས་དགོངས་མཐར་ཕྱིན་པའི་དགོས་པའོ། །ཡི་གེའི་དཀྱུས་སུ་བཀོད་པའི་དགོས་པ་ལ་གཉིས་ཏེ། སློབ་དཔོན་ཡ་རབས་ཀྱི་ཚུལ་ཅན་དུ་ཤེས་པར་བྱ་བ་གོང་དུ་བསྟན་པ་ལྟར་གོ་བས། དེས་མོས་གུས་ཀྱི་དད་པ་བསྐྱེད་པས་འབྲས་བུ་ལ་སྦྱོར་བ་དང་། ཕྱི་རབས་ཀྱི་ཉན་བཤད་མཁན་རྣམས་མོས་གུས་ཉམས་སུ་བླངས་པས་སྒྲ་ཚད་ལྟ་བུ་མ་ཡིན་སྟེ། ཚོགས་དགོས་པ་ཉིད་ལམ་གྱི་ངོ་བོར་བསྟན་པས་བསྒྲུབ་པ་ཉམས་སུ་བླང་བའི་དགོས་པའོ། །དེས་སྤྱིར་ཕྱག་འཚལ་བ་ལ་བསྟན་ནས། ཁྱད་པར་དུ་རྡོ་རྗེ་སེམས་དཔའ་ཁོ་ན་ལ་བཙལ་བའི་དགོས་ཆེད་ནི་དཀྱིལ་འཁོར་ཐམས་ཅད་ཀྱི་གཙོ་བོ་ཡིན་པའི་ཕྱིར་ཕྱག་འཚལ་ཏེ། ཤེས་རབ་སྒྲུན་འབྱེད་ལས། དཀྱིལ་འཁོར་གཙོ་བོ་སྐྱེས་བུ་མཆོག །དམ་པའི་ལྷ་ཕྱིར་ཕྱག་འཚལ་ནས་ཞེས་པ་དང་། རྒྱུས་པ་ལས། རྡོ་རྗེ་སེམས་དཔའི་དཀྱིལ་འཁོར་ཉིད་དེ་རིགས་བཞི་ལྷ་དང་ལྷ་མོ་འཁོར་ཅེས་པས་སོ། །འཆད་པའི་སྐྱེས་བུ་ཡིན་པ་དང་། དམ་ཚིག་ཐམས་ཅད་ཀྱི་རང་བཞིན་ཡིན་པའི་ཕྱིར་ཕྱག་འཚལ་བ་ནི། རྡོ་རྗེ་སེམས་དཔའི་བཀས་བཤད་པའོ། །སྡོམ་པའི་རྩ་བ་མ་ལུས་ཀུན། །ཞེས་རྒྱུས་པ་ལས་འབྱུང་བས་སོ། །ཐུགས་དམ་གྱི་ལྷ་ཡིན་པའི་ཕྱིར་ཕྱག་འཚལ་བ་ནི། རྒྱལ་པོ་ཛས་རྡོ་རྗེ་སེམས་དཔའ་ཞལ་མཐོང་བའི་དུས་སུ། སྔོན་ཆེ་གོང་ནས་འབྲེལ་བའི་ལས་ཀྱིས་མཇལ་བའི་ལྷ་མཆོག་གོ། །བསྐལ་པ་བརྒྱར་ཡང་མི་གཏོང་ངོ་། །ཞེས་པས་སོ། །

གླད་དོན་གྱི་གཉིས་པ་བཤད་པར་དམ་བཅའ་བ་ནི། དེ་ལྟར་སྟོན་པ་མཆོད་བྱས་ནས། །ཞེས་པ་ལ་སོགས་པ་སྟེ། དེ་ལྟར་ཕྱག་འཚལ་ནས་ཅི་བྱེད་ཅེ་ན་བཤད་པར་བྱ་ཅེས་པས་འབྲེལ་ལོ། །གང་བཤད་དམ་ཚིག་ཆེན་པོ་ཅེས་པ་སྟེ། རང་བཟོས་མ་ལགས་སམ་ཞེ་ན་རྒྱུད་གསུམ་ཞེས་པས

ལུང་བསྟན་རྒྱུད་ནས་ཡོད་པ་བལྟབས་པས་ཅི་དགོས་ཤེ་ན། རྒྱུད་ན་འཐོར་བ་གོ་བདེ་བའི་དོན་དུ་བསྡུས་ནས་བསྒྲིགས་ཏེ་བཀོད་པས་མདོར་ཅེས་བྱའོ། །འོ་ན་ལྷག་ཆད་དུ་མ་གྱུར་རམ་ཞེ་ན་ངེས་པར་གསལ་བྱེད་པའི་ཅེས་པས། ཚིག་བསྡུས་ལ་དོན་རྒྱས་པའོ། །གང་གི་ཕྱིར་ཅེ་ན་ལམ་གྱི་རྣལ་འབྱོར་རྣམས་དོན་ཕྱིར། ཞེས་པ་སྟེ། གསང་སྔགས་པ་རྣམས་ཀྱི་དོན་དུའོ། །འོ་ན་གསང་སྔགས་བྱིན་རླབས་ཀྱི་ལམ་པ་ཡིན་པས་སྔོན་དུ་བླ་མ་དང་ཡི་དམ་ལ་དབང་མི་ཟ་བ་དགོས་ན་དེ་ཡོད་དམ་ཅེ་ན། དེ་ལྟར་སྔོན་པ་མཆོད་བྱས་ནས། ཞེས་པས་སྔོན་པ་གཉིས་ལ་མཆོད་པ་བྱས་ནས་གསང་སྔགས་ཀྱི་གཞུང་དང་མི་འགལ་བར་བསྟན་ཏོ། །དམ་བཅའ་བ་སློབ་དཔོན་ཉིད་ཀྱིས་མཛད་པས་ཚིག །དཀྱུས་སུ་དགོད་པ་ཅི་དགོས་ཞེ་ན། དྲ་མ་རྣམས་དམ་བཅའ་བ་སྔོན་དུ་སོང་ནས་བརྩམ་པ་མཐར་ཕྱིན་པའི་ཕྱིར། སློབ་དཔོན་ཉིད་ཀྱང་དེ་ལྟར་བསྟན་པ་དང་། ཕྱི་རབས་པ་ལའང་གདམ་པ་སྟེ། དེ་ནས་ཕྱུག་གི་སྐབས་སུ་བསྟན་པ་བཞིན་ནོ། །དེས་དཀྱུས་སུ་བཀོད་པའི་དགོས་པ་སྟེ་ལོག་དོན་ནོ། །ཚིག་གི་དོན་ནི་དེ་ལྟར་སྔོན་པ་མཆོད་བྱས་ནས། ཞེས་པ་སྟེ། གོང་དུ་ཕྱུག་གི་སྐབས་སུ་བློ་རབ་འབྲིང་རྣམ་པ་གསུམ་གྱི་ཐབས་ཀྱིས་བསྟོད་པ་བྱས་པ་དེ་ལྟར་སྔོན་པ་ནི་གཉིས་ཏེ། ཆོས་ཐམས་ཅད་ཀྱི་ཁོ་ན་གབ་པ་གསང་བ་བཞིས་ཚོད་པའི་རང་བཞིན་གྱི་རྒྱུད་ནི་རྡོ་རྗེ་སེམས་དཔས་སྟོན་ལ། གཟུ་ལུམ་རས་ཚོད་ཅན་གྱི་ཆེད་དུ་ཡི་གེའི་རྒྱུད་ལ་གབ་པ། སྦས་པ་དང་མི་བསྟན་པའི་གསང་བ་རྣམས་ནི་རྡོ་རྗེ་སློབ་དཔོན་གྱིས་སྟོན་པའི་གཉིས་པོ་དེ་ཐབས་ཅིའི་སྒོ་ནས་ཀྱང་མཉེས་པ་ནི་མཆོད་པ་ཞེས་བྱ་སྟེ། དོན་དེ་ཉིད་སྔོན་དུ་སོང་བ་ལ་ནི་བྱས་ཞེས་སོ། །ལྷ་རྗེ་གླན་གྱིས་དེ་ལྟར་ཅེས་པ་རང་བཞིན་རྒྱུད་ལ་འདོད་སྐད། སྤྱིར་རྣལ་འབྱོར་པ་གཞི་ལམ་འབྲས་བུ་གསུམ་ཀ་ལ་འཇུག་ཀྱང་། འདིར་ལམ་བཀར་ནས་སྔོན་པ་ནི་གང་ཞིག་ལམ་གྱི་བགྲོད་པ་དོན་དུ་གཉེར་ནས་ཡུལ་དུ་ཕྱིར་ནས་དོན་ཉམས་སུ་མྱོང་བ་བཞིན། འདིར་འབྲས་བུ་བསྒྲུབ་པའི་ཐབས་ལྟ་སྒྱིད་སྒོམ་གསུམ་དབྱེར་མེད་པ་ཉིད་ཆུ་ཡི་རྒྱུན་ལྟར་མི་འབྲལ་བ་ནི་འབྲས་བུ་ཐོབ་པའི་ཐབས་མ་ནོར་བ་སྟེ། རྣལ་འབྱོར་ཞེས་པའང་དོན་དེ་ཉིད་ཉམས་སུ་ལོན་པའི་རྟེན་ཀྱི་གང་ཟག་གོ། །རྣམས་ནི་དབྱེ་བསྒོལ་མེད་པར་བསྒྲུབ་པ་པོ་ཐམས་ཅད་དོན་ནི་ལམ་ཉམས་སུ་བླང་བ་ཉིད་གནས་སྐབས་ཀྱི་དོན་ལ། འབྲས་བུ་མངོན་དུ་གྱུར་པ་མཐར་

ཐུག་གི་དོན་སྟེ། དེ་དག་ཐམས་ཅད་བར་མ་དོར་ཆུད་མི་ཟ་ཞིང་མཐར་ཕྱིན་པར་བྱེད་པ་ནི་ས་གཞིའམ་རེད་དཔོན་དང་འདྲ་བའི་དམ་ཚིག་ཡིན་པས་དེ་དག་དགོས་ཆེད་དེའི་ཕྱིར་རོ། །རྒྱུད་གསུམ་ནི་གསང་བའི་སྙིང་པོ་དང་། གཏོར་རྒྱུད་དང་ས་མ་ཡ་བཀོད་པ་སྟེ། གསལ་བྱེད་ཅེས་པ་ནི་རྒྱུད་ན་འཁོར་བ་རྣམས་སྙིགས་མའི་དུས་ཀྱི་གང་ཟག་གིས་རྟོགས་སླ་བའི་ཕྱིར། གསང་བའི་སྙིང་པོ་ནས་རྩ་བའི་དམ་ཚིག་བཅོ་ལྔ་སྟོན་པ། འདིར་ཡན་ལག་ཉིང་ལག་དང་བཅས་པ་གསལ་བར་སྟོན་པར་བྱེད་པ་དང་། ས་མ་ཡ་བཀོད་པ་ནས་བསྲུང་ཐབས་ཉམས་ཆག་ལ་སོགས་པ་རྣམས་འཁོར་ནས་ཡོད་པ་རྣམས་འདིར་ཕྱོགས་ཕྱོགས་སུ་བསྡེབ་ནས་གསལ་བར་བྱེད་པ་དང་། གཏོར་རྒྱུད་ནས་ལུས་རྣམ་པར་བཞག་པ་བཅུར་སྟོན་པ་ཉིད་དེ། ཉུང་ན་མི་ཚོག་ཅིང་མང་ན་མི་དགོས་པས་དེ་ཉིད་གསལ་བར་བྱས་པའོ། །ངེས་པར། ཅེས་པར་སྒྲོ་སྐུར་དང་བྲལ་བའི་རྒྱུད་གསུམ་གྱི་དོན་ལྷག་ཆད་མེད་པར་སྐལ་ལྡན་ཚེ་གཅིག་གིས་འབྲས་བུ་ལ་སྦྱོར་བའི་ངོ་བོ་མངོན་གསུམ་དུ་སྣང་བར་བྱས་པ་ལ་གསལ་བྱེད་ཅེས་བྱའོ། །

ཡང་ན་རྒྱུད་གསུམ་ཅེས་པས་དམ་ཚིག་གི་ཆེ་བའང་ཡིན་སྟེ། གཞན་གཞུང་གི་དམ་ཚིག་རྣམས་ནི་ལམ་གྱི་ནང་ནའང་སྲུང་བའི་ངོ་བོ་ཙམ་གཅིག་སྟོན་ལ། འདི་ནི་གཞི་དམ་ཚིག་འདི་ཉིད་སྟོན་པས། གཞི་ལམ་འབྲས་བུ་གསུམ་ཀ་སྐལ་ལྡན་གྱི་བློ་ལ་ངེས་པར་གསལ་བར་བྱེད་པ་སྟེ། དེ་ཡང་སྤྱི་དང་བྱེ་བྲག་གཉིས་ལས་འདིའི་བརྗོད་བྱའི་དོན་དང་ཚིག་གི་རྣམ་གྲངས་མ་ལུས་པ་སེམས་ཉིད་ངང་ལ་སྣང་ཞིང་དེ་དང་གཉིས་སུ་མེད་པ་གཞི་ཡིན་ལ་ལམ་དུ་རྟོགས་ནས་རྟོགས་པའི་དོན་ལས་མི་འདའ་བ་སྐྱེད་དུ་བྱ་བ་དང་བཅས་པ་ཉིད་ནས་ལམ་སྟེ། དེ་ཉིད་མཐར་ཕྱིན་ནས་དམ་ཚིག་ཐམས་ཅད་དབྱེར་མེད་པའི་ངོ་བོ་རྡོ་རྗེ་སེམས་དཔའ་ཉིད་འབྲས་བུའོ། །དེ་དག་ངེས་པར་གསལ་བྱེད། ཅེས་བྱའོ། །བྱེ་བྲག་ན་བྱང་ཆུབ་སེམས་ཀྱི་དམ་ཚིག་དང་། ཤེས་པར་བྱ་བ་དང་། མཉམ་པའི་དམ་ཚིག་དང་། ལྟ་བ་ཤེས་ཆེར་སྟོན་པ་ཐམས་ཅད་གཞིའོ། །རྩ་བ་དང་ཡན་ལག་གི་དམ་ཚིག་རྣམས་ཉམས་སུ་བླངས་པའི་ངོས་ནས་ལམ་ཤེས་པ་དང་བསྒྲུབ་པའམ་དམ་ཚིག་མཐར་ཕྱིན་པ་འབྲས་བུ་སྟེ། དེ་དག་སྐལ་ལྡན་གྱི་ངོ་ལ་ངེས་པར་གསལ་བྱེད་ཅེས་བྱའོ། །དེས་ན་དམ་ཚིག་ཆེན་པོ་ཞེས་པ་དམ་ཚིག་གི་

འབྲས་བུའང་མཚན་དང་མཐུན། ཆེན་པོ་ཅེས་པ་ཡོ་ག་ཕྱི་ནང་ཀུན་ལ་དཔགས་པ་སྟེ། བདུན་གྱིས་སོ། །དེ་ཡང་གསང་བའི་སྙིང་པོ་ལས། རྒྱལ་བའི་རིགས་མཆོག་འཛིན་པ་དེ། །འཇིག་རྟེན་གཙོ་དང་འཁོར་གྱིས་བཀུར། །དམ་པ་མཆོག་དང་དམ་པ་ཡིས། །སྲས་དང་སྤྱུན་དགོངས་བྱིན་གྱིས་རློབས། །བདེར་གཤེགས་ཉིད་ཀྱི་ཡུལ་ལ་བཞུགས། །འཇིགས་མེད་ཀུན་ཏུ་བཟང་པོར་སྤྱོར། །ཅི་བཞིན་ཉིད་དང་འདུལ་བའི་ཐབས། །ཅི་སྙེད་སྟོམ་པ་བསམ་ཡས་པ། །མ་ལུས་རྣམ་དག་ལྷུན་གྱིས་གྲུབ། །ཉམས་ན་བསྐང་བས་རྫོགས་པ་དང་། །དེ་ལ་སོགས་པ་མཐའ་ཡས་མཆོག །ཅེས་པ་སྟེ། འཇིག་རྟེན་གྱི་གཙོ་བོ་ལྷ་ཆེན་པོ་བརྒྱད་དང་། །དེའི་འཁོར་རྣམས་ཀྱིས་བཀུལ་བ་དང་། དམ་པ་མཆོག་སངས་རྒྱས་ཀྱིས་སྲས་སུ་དགོངས་ཤིང་། བྱང་ཆུབ་སེམས་དཔའ་རྣམས་ཀྱིས་སྤྱུན་དུ་དགོངས་ཏེ་ཉིན་མཚན་དུས་དྲུག་ཏུ་བྱིན་གྱིས་རློབ་པ་དང་། ཚེ་འདི་ཉིད་ལ་ད་ལྟ་ནས་བདེ་བར་གཤེགས་པའི་དགོངས་སྤྱོད་ལ་འཇུག་སྟེ་ཡུལ་གཅིག་ལ་རོལ་བ་དང་། དེས་ཁམས་གསུམ་གྱི་རྩ་བ་ཟད་སྟེ། ཤན་མོ་ལ་བུ་ནད་མི་སྡིག་པ་ལྟར། གཟུང་འཛིན་གྱི་ཉེས་པ་དང་བྲལ་བ་དང་། ད་ལྟ་ཉིད་ཀུན་ཏུ་བཟང་པོའི་སྐུ་གསུང་ཐུགས་སུ་གསེར་གླིང་ལྟར་དངོས་སུ་སྤྱོར་བ་དང་། འོག་མའི་འདུལ་སྟོམ་མ་ལུས་པ་རིལ་ཆེད་དུ་བསྲུངས་པ་མེད་པར་ཉེས་པ་རྡུལ་ཕྲ་རབ་ཀྱང་མ་དམིགས་པར་དག་པའི་ངང་དུ་ལྷུན་གྱིས་གྲུབ་པ་དང་། ཉན་ཐོས་ནི་ཞིག་ན་གསོར་མེད། བྱང་སེམས་ནི་ཉམས་ནས་གསོས་ན་འཕྲོ་སོབས་ལ། འདིར་གསང་སྔགས་ནི་ཉམས་ནས་བསྐངས་ན་འཕྲོ་སོབས་པའི་སྟེང་དུ་བསྐྱུབ་པར་འགྱུར་ཏེ་འབྲས་བུ་ཆེ་བར་འབྱིན་པའོ། །མདོར་ཞེས་པ་རྒྱུད་གསུམ་ན་འཐོར་བས་འདུས་དཀའ་བ་དེ་བརྗོད་བྱེད་འདིའི་དོན་རྒྱས་ལ་ཚིག་མདོར་བསྡུས་ཞེས་པའོ། །ཡང་ན་སློབ་དཔོན་སླེགས་པའི་རྡོ་རྗེ་ཉིད་ཀྱིས་བཤད་པའི་དམ་ཚིག་མདོ་རྒྱས་འབྲིང་དགུ་ལས་གོང་མ་རྣམས་ལ་བལྟོས་ན་འདིས་ཉུང་བས་མདོར་ཞེས་བྱའོ། །བཤད་བྱ་ཅེས་པ་ཐུགས་ཀྱི་དགོངས་པ་དམ་བཅས་པ་ཉིད་ཞལ་དུ་ཕྱུངས་པའོ། །དམ་ཚིག་སྟོད་ཀྱི་བྱེ་བྲག་དང་སྦྱར་བའི་དགོས་པ་ལ་གསུམ་གྱི་དང་པོ། རྟེན་གྱི་གང་ཟག་གི་མཚན་ཉིད་ནི་ལམ་གྱི་རྒྱུད་པ་ཞུགས་པ་རྣམས་ཀྱིས། ཞེས་པ་ལ་སོགས་པ་སྟེ། གང་ཞིག་ཉམས་སུ་བླངས་ནས་འབྲས་བུ་མངོན་དུ་སྣང་བར་བྱེད་པའི་ནུས་པ་དང་ལྡན་པ་ནི་ལམ་སྟེ་འདིར་ཁྱད་པར་གསང་སྔགས

བླ་ན་མེད་པའི་ལམ་མོ། །ཁྱིང་ཞེས་པ་རྒྱ་གཉིས་རྐྱེན་བཞི་སྟེ་དྲུག་གིས་རྟ་མེ་བཞིན་དུ་ཡུལ་མཆེད་ནས་སྐད་ཅིག་མས་སྟོབས་ཞུགས་ཏེ་ཐབས་ཤེས་རབ་ཀྱི་ལམ་དང་། བསྐྱེད་རྫོགས་གཉིས་ལ་དགོངས་པས་ཟག་བཅས་ཀྱི་ལམ་ཆེ་འབྲིང་རྣམས་དང་། ཟག་མེད་རྣམས་སྟོབས་ཞུགས་སྟེ་གོང་ནས་གོང་དུ་འཕོ་བ་ལ་ནི་རྒྱུད་ཅེས་བྱའོ། །ལ་ནི་དེ་ཉིད་གཞིར་བསྟན་པའོ། །ཡུལ་དེ་ཉིད་ལ་ཞུགས་པའི་སྐྱེས་བུ་སྐལ་པ་མཆོག་དང་ལྡན་པ་རྣམས་ཀྱིས། བསླབ་པ་གསུམ་ལ་གནས་བྱས་ནས། །ཞེས་པས་སྤྱིའི་སླབ་པ་གསུམ་སྟེ། ལྷག་པ་ཚུལ་ཁྲིམས་གཙོ་བོར་སྟོན་པ། འདུལ་བ་དང་། ཏིང་ངེ་འཛིན་གཙོ་བོར་སྟོན་པ། མདོ་སྡེ་དང་། ཤེས་རབ་གཙོ་བོར་སྟོན་པ་མངོན་པ་སྟེ། སྡེ་སྣོད་གསུམ་ལ་མཁས་པ་ལ་ནི་གནས་པ་ཞེས་བྱའོ། །

ཐེག་པས་དམ་སྡོམ་པའི་བསླབ་པ་གསུམ་ནི། ཉན་ཐོས་ཀྱི་ཚུལ་ཁྲིམས་དང་། བྱང་སེམས་ཀྱི་སྡོམ་པ་དང་། གསང་སྔགས་ཀྱི་དམ་ཚིག་སྟེ། གོང་མ་ལ་འོག་མ་རྫོགས་པ་དང་། འོག་མ་གོང་མ་གནས་གྱུར་པའི་ཚུལ་གྱིས་མི་འགྲལ་བ་ལ་གནས་བྱས་ནས་ཞེས་སོ། །ཁྱད་པར་གསང་སྔགས་ཀྱི་བསླབ་པ་གསུམ་ནི་ལྟ་སྤྱོད་སྒོམ་གསུམ་སྟེ། དཔེར་ན་སེམས་ཅན་གཅིག་གི་ལུས་ཀྱི་ཡན་ལག་ཚང་བ་དང་འདྲ་བར་འབྲས་བུ་མངོན་དུ་སྣང་བའི་ནུས་པ་ཅན་སྟེ་གནས་བྱས་ནས་ཞེས་པ་མ་འབྲལ་གཅིག་པའོ། །དེ་ནས་ཅི་བྱེད་ཅེ་ན་དོན་གཉིས་མངོན་དུ་བྱེད་པ་ཡང་ཞེས་པ་བསྒྲུབ་པ་ངོ་བོའི་ངོས་ནས་མཆོག་དང་ཐུན་མོང་རྣམ་པ་གཉིས་སམ། ཡོན་ཏན་གྱི་ངོས་ནས་བདག་དོན་དང་གཞན་དོན་རྣམ་པ་གཉིས་སོ། །

འོ་ན་དེ་ཚོ་ནི་ཐེག་པ་ཐུན་མོང་པ་ལ་ཡང་ཡོད་ཅེ་ན་འདིར་རྒྱ་མངོན་དུའང་ཞེས་པས་དབང་པོའི་མངོན་གསུམ་དུ་ཚེ་གཅིག་གིས་བྱེད་པ་བྱའོ། །དེས་ན་ཐེག་པ་མཆོག་གི་ལམ་པས་སངས་རྒྱས་ཀྱི་མཛད་པ་ད་ལྟ་ཉིད་བྱེད་པ་ཅེས་ཡང་། གཅིག་གིས་ཀུན་འདུལ་བ་མ་ཡིན་པར་བསྟན་ཏེ་གང་ཞེ་ན་ཐེག་པ་བྱེ་བྲག་ཏུ་བསྟན་པའི་དགོས་པ་ནི་ནང་རིས་ལ་ལ་མུན་སྣང་ཕྱིར། ཞེས་པ་ལ་སོགས་པ་སྟེ། འདིར་ཕྱི་པ་ལས་དཀར་བས་ནང་པ་ཞེས་སློས་ལ་དེའི་ནང་ཚན་གྱིས་རིས་མི་མཐུན་པས་ན་ལ་ལ་ཞེས་བྱ་བ་ལ་སློས་ཏེ་ཐེག་པ་དགུའོ། །དེ་དག་ཀྱང་མུན་པ་དང་། འདིར་མ་དཔེ་མི་གསལ་མ་དཔེ་རྙེད་ན་གསབ

དགོས། ཐེག་པ་ལ་ལའི་ངོ་བོ་ལ་ལའི་འགལ་ཅན་དུ་ཤར་སྟེ། འུག་པའི་སྣང་བ་གཞན་གྱི་མུན་པ་དང་མཚུངས་པ་དང་འདྲ་བར་ཐེག་པ་ཆེན་པོའི་བླང་བྱ་རྣམས་ཐེག་ཆུང་གི་སྤང་བྱར་གྱུར་པ་དང་། གསང་སྔགས་དང་བྱང་ཆུབ་སེམས་དཔའ་དེ་དང་མཚུངས་པས། སྣང་བ་དང་གདུལ་བྱའི་བློ་རྟོག་བཞིན་ཏེ། དེས་གདུལ་བྱ་ཀུན་གྱི་རྒྱུད་ལ་ཐེག་པ་གཅིག་གིས་འདུལ་བར་འཐད་པ་མ་ཡིན་ཏེ། ཉན་ཐོས་དང་གསང་སྔགས་བཞིན་ནོ། །གཞི་དེ་ལྟ་བུ་ལ་གདུལ་བྱ་གང་དང་གང་ལ་ཐེག་པ་གང་དང་གིས་གདུལ་བྱའི་བློ་དང་ཆ་མཐུན་པས་འདུལ་བའི་སྤྱོད་པ་དེ་དང་དེས་འདུལ་བ་རིག་ཏེ། ཐེག་པ་ཆུང་དུ་གཉིས་དང་ཆ་མཐུན་པའི་སྤྱོད་པ་དེས་རྟེན་གྱི་གང་ཟག་དེ་དག་གི་དོན་སྤྱོད་པའི་རིགས་ཏེ་ཐེག་པ་ཆེན་པོ་དང་གསང་སྔགས་ཀྱང་དེ་དང་མཚུངས་སོ། །གདུལ་བྱའི་བློ་དང་འཚམ་པར་བསྟན་པའི་ཡོན་ཏན་ནི་གདུལ་བྱའི་སྐབས་ཀྱི་རིམ་སྤྱོད་པ། ཞེས་པ་ལ་སོགས་པ་སྟེ། ཐེག་པ་རིམ་པ་དགུའི་གདུལ་བྱའི་སྐབས་དང་སྦྱར་ནས་ཐེག་པའང་དེ་བཞིན་དུ་སྟོན་ཏེ། ཉན་ཐོས་ཀྱི་ཐེག་པའི་གདུལ་བྱའི་སྐབས་དང་སྦྱར་ནས་དེའི་ཐེག་པའི་སྐབས་ཀྱིས་རིམས་ཀྱིས་དོན་སྤྱོད་པ་དང་། བྱང་ཆུབ་སེམས་དཔའི་གདུལ་བྱ་དང་སྦྱར་ནས་དེའི་ཐེག་པའི་སྐབས་ཀྱིས་རིམས་ཀྱིས་དོན་སྤྱོད་པ་དང་། གསང་སྔགས་ཕྱི་ནང་དྲུག་ཀྱང་དེ་དང་མཚུངས་པར་སྤྱོད་པ་དེ་ནི་སངས་རྒྱས་ཀྱི་མཛད་པ་དངོས་ཡིན་ཏེ་གདུལ་བྱའི་བློ་ཚད་བཞིན་དུ་ཤར་བ་རིན་པོ་ཆེ་དབང་གི་རྒྱལ་པོ་ལྟ་བུའོ། །དེ་གསུངས་སོ། །

ཞེས་པ་དོན་དེ་ལྟ་བུ་དང་ལྡན་པའི་རྣལ་འབྱོར་པ་ནི་ལུས་མི་ཡིན་ཡང་སེམས་སངས་རྒྱས་སུ་བཞུགས་ཏེ་འགྲོ་བའི་ལུས་ལ་དག་པའི་དགོངས་པ་ཅན་ཞེས་ཆོས་ཀྱི་མེ་ལོང་ལས་གསུངས་སོ། །

དེས་ན་ཐེག་པ་མཆོག་གི་ལམ་པས་བདག་གཞན་གྱི་དོན་ཐམས་ཅད་ལྷུན་གྲུབ་དུ་ཕྱོགས་ཀུན་ལ་མཁས་ན་དོན་ངོ་བོས་རྫོགས་པ་ནི། ལྟ་འཕྲེང་ལས་བདེན་པས་ན། རྡོ་རྗེ་སློབ་དཔོན་ཀྱང་ཕྱི་ནང་ཕྱོགས་ཐམས་ཅད་ལ་མཁས་པར་བྱ་བ་ཡིན་གྱི་ཕྱོགས་འགའ་ཙམ་ཤེས་པར་སློབ་དཔོན་གྱིས་ས་བཟུང་དུ་མི་རུང་ཞེས་གསུངས་སོ། །དོན་བྱེད་ཚུལ་ཡང་གཉིས་ཏེ། གནས་སྐབས་དེ་ཉིད་དུ་ཐེག་པ་གང་གི་སྣོད་དང་ལྡན་ནས་དེ་ཉིད་ཀྱི་བློ་ཆེམ་པར་བྱ་བ་དང་། རིམ་པར་བརྒྱུད་ནས་མཆོག་ལ་སྦྱོར་བ་ནི་མཐར་ཐུག་གི་དོན་ནོ། །

དེ་ལྟར་ཀླད་ཀྱི་དོན་བསྟན་ནས་གཞུང་ལ་གཉིས་ཀྱི་མདོར་བསྟན་པ་ནི་གཉེར་འདི་ལུང་གི་ལུས་བཞག་ན། ཞེས་པ་ལ་སོགས་པ་སྟེ་གཉེར་ནི་རྟེན་གྱི་གང་ཟག་གིས་ཁས་བླང་ནས་མི་འདའ་བ་སྟེ། རྩ་བ་དང་ཡན་ལག་རྣམས་སོ། །འདི་ལ་ཁ་ཅིག་གིས་འབྲས་བུ་བསྒྲུབ་པའི་ཐབས་སམ་ཉམས་སུ་བླང་བའི་ཡན་ལག་རྒྱུད་ཀྱི་དངོས་པོ་བཅུ་ལས་དམ་ཚིག་དགར་བས་སོ་གསུང་སྐད། འདི་ཞེས་པ་དངོས་པོ་ཉེ་བར་སྟོན་པ་སྟེ། བརྗོད་བྱ་དེ་ཉིད་སྟོན་པར་བྱེད་པའི་བརྗོད་བྱེད་གཞུང་འདི་འོ། །ལུང་གིས། ཞེས་པ་ཀུན་ཏུ་བཟང་པོ་བརྗོད་བྱ་ཚད་མས་གསུངས་པའི་ལུང་གཏེར་རྒྱུད་ཀྱིས་བསྟན་ཆོས་ཀྱི་དོན་མདོར་བསྡུས་ཏེ་ལུས་རྣམ་པར་བཞག་པར། ངོ་བོ་རྣམ་གྲངས་ལ་སོགས་པ་བཅུ་སྟེ་འདི་ཡང་གོང་དམ་བཅའི་སྐབས་སུ་ངེས་པར་གསལ་བྱེད་ཅེས་པས་མདོ་རྒྱས་སུ་བསྟན་པའི་ཕྱི་རབས་པ་བློ་ཞན་པ་རྣམས་ཀྱིས་གོ་སླ་བའི་ཕྱིར་རོ། །དེ་ཡང་གོ་རིམས་རྣམ་པར་བཞག་པ་ནི་རྟེན་གྱི་གང་ཟག་རྣམས་ཀྱིས་དམ་ཚིག་ཅི་ལྟ་བུ་ཡིན་པ་དོན་སྤྱི་ཡིད་ཀྱི་ཡུལ་དུ་ཤེས་པར་བྱ་བའི་ཕྱིར། ཐོག་མར་དམ་ཚིག་གི་དོན་གྱི་ངོ་བོ་བསྟན་ཏེ་ཙམ་དུ་བཞག་ན་ལམ་གྱིས་རིམ་དུ་སོང་བས་དོན་བློ་དངོས་འཕྲོད་དཀའ་བས་དེ་བསལ་བའི་ཕྱིར་རྣམ་གྲངས་རྣམ་པར་ཕྱེ་སྟེ་བློ་ལ་བརྟའ་མཐལ་བར་བྱ་རྣམ་གྲངས་ཙམ་ཤེས་ཀྱང་བསྲུངས་བ་ཉམས་སུ་མ་བླངས་ན་དབུལ་མོའི་ཁྱིམ་ན་གཏེར་ཡོད་པ་དང་འདྲ་བར་ཡོན་ཏན་མི་སྣང་སྟེ། དེས་ན་བསྲུང་ཐབས་འཆད་པ་བཞིན་རྣམ་པ་གཉིས་ཀྱི་སྒོ་ནས་རྒྱས་པར་བཤད། དེ་ལྟར་ཉམས་སུ་བླངས་ཀྱང་སེམས་ཅན་ལོག་རྟོག་གི་རང་བཞིན་བས་མི་མཐུན་པ་ཉམས་པ་འོང་བས། དེའི་རྒྱུ་བཀག་ནས་འབྲས་བུ་ཉམ་པ་མི་འབྱུང་བར་བྱ་བའི་ཕྱིར་ཉམས་པའི་རྒྱུ་བསྟན། རྒྱུ་ལ་ཉམས་ན། དེའི་སྐྱོན་ཚེ་འདི་ལ་འབྱུང་བ་ནི་ཚེ་ཕྱི་མ་ལ་ངན་སོང་དུ་འགྲོ་བའི་སྔ་རྟགས་ཡིན་པས་དེ་ཉིད་དུ་སྔ་རྟགས་བསྟན། ཉམས་པའི་སྐྱོན་ནི་ཕྱི་ནང་མ་ལ་ངན་སོང་དུ་ཁ་འཁོར་བ་སྟེ། དུག་འཐུངས་པའི་སྡུག་བསྔལ་ཤེས་ན་རྒྱུ་ལ་དུག་མི་འཐུང་བ་བཞིན་དུ་ངན་སོང་གསུམ་གྱི་སྡུག་བསྔལ་གྱིས་སྐྲོ་ནས་སྐྱོན་སྤོང་བར་བསྟན། ཡོན་ཏན་ནི་གནས་སྐབས་དང་མཐར་ཐུག་གི་འབྲས་བུ་སྟེ། དེ་ལ་བྲོད་པ་བསྐྱེད་པས་བསྲུང་བ་ལ་ནན་ཏན་དུ་འཇུག་པས་དེའི་རྗེས་ལ་བསྟན། བསྐང་ཐབས་ནི་རྒྱུ་ལ་ཉམས་ན་ཐེག་དམན་དང་མི་འདྲ་བས་ཆེ་བ་བདུན་དུ་བཤད་

པ་བཞིན་བས་དེ་ཉིད་དུ་བསྐྲང་ཐབས་བསྟན། དཔེ་ནི་ཐེག་པ་མཆོག་གི་དམ་ཚིག་ཉིད་ལམ་གྱི་དངོས་གཞི་ཡིན་པ་དང་། འབྲས་བུ་བསྐྱེད་པའི་གཞི་ཡིན་པ་དང་། དེ་ལ་སོགས་ཏེ་ཤིན་ཏུ་གལ་ཆེ་བས་དེ་མཚོན་པའི་དཔེ་བསྟན་པའོ། །ཞེས་པ་དཔེར་ན་ཟ་འོག་ཡུག་ལ་རི་མོ་གཟུགས་ཅི་ལྟར་སྣང་ཡང་ཟ་འོག་ཏུ་གཅིག་པ་བཞིན། འདིར་རྣམ་གྲངས་དགུ་པོའི་བསམ་བརྗོད་ཅི་ལྟར་སྣང་ཡང་། མཉམ་པ་ཉིད་སེམས་ཉིད་ཀྱི་ངང་ལ་སྣང་ཞིང་། དེ་ལས་མ་གཡོས་ཤིང་དེར་གཉིས་སུ་མེད་པ་ནི་མཉམ་པའི་དམ་ཚིག་ཅེས་བྱ་ལ། མདོར་བསྡུས་པ་ཞེས་ཀྱང་བྱ་སྟེ། དམ་ཚིག་ཐམས་ཅད་དེ་ལ་སྣང་ཞིང་དེར་མི་གཉིས་པས་རྩ་བའི་རྩ་བ་ཞེས་བཤད་དོ། །གྲངས་ངེས་པ་ནི་དཔེར་ན་ཕྱོགས་ཐམས་ཅད་ཕྱོགས་བཅུའི་ཞིང་ནང་དུ་འདུས་ཤིང་དེ་བས་ལྷག་པའང་མི་དགོས་ལ། བཅུ་ལ་སོགས་པ་བྱས་ཀྱང་གཅིག་ལ་སོགས་པས་མ་ཚང་བ་སྟེ། དེ་བཞིན་དུ་གཞུང་འདིའི་བརྗོད་བྱའི་དོན་རྟེན་གྱི་གང་ཟག་གིས་ཉམས་སུ་བླངས་པ་ཡང་ཕལ་ཆེར་ལས་དང་པོ་པའི་ངོས་ནས་བཅུ་བས་མང་ན་འང་ལྷག་ལ་དེ་བས་ཉུང་ན་ཡང་མ་ཆོག་པ་སྟེ། འདིར་མ་དཔེར་ལྡེབ་གཅིག་ཆད་ཡོད་པས་རྗེས་སུ་རྙེད་ན་གསབ་དགོས་ཞུ། སེམས་རྒྱུད་ཀྱི་ལོག་རྟོག་ཀུན་གྲངས་མེད་དེ་སངས་རྒྱས་ཉིད་ཀྱིས་མི་མཁྱེན་ཕྱིར། ཞེས་པ་ལ་དོར་བའི་ཚིག་སྟེ་གོང་གི་གྲངས་གཉིས་པོ་སངས་རྒྱས་ཉིད་ཀྱིས་བརྗོད་པ་ལས་དབང་ཐོབ་པས་ཀྱང་བརྗོད་པ་མི་རྫོགས་པའི་ཕྱིར་མི་མཁྱེན་ཕྱིར། ཞེས་བྱའོ། །དེ་བས་ནི་སེམས་ཅན་ཐམས་ཅད་སངས་རྒྱས་སུ་གྱུར་ནས་བརྗོད་ནའང་མི་ལང་ཞེས་བྱའོ། །རྟོག་འདུལ་གཉེན་པོར་དམ་ཚིག་གྲངས། །ཞེས་པ་གདུལ་བྱའི་རྟོག་པ་འདུལ་བའི་གཉེན་པོར་དམ་ཚིག །སྣང་བ་ཡིན་པས་རྟོག་པ་བརྗོད་ལས་འདས་པའི་དབང་གིས་དམ་ཚིག་གི་གྲངས་ཀྱང་དུས་གསུམ་གྱི་རྒྱལ་བ་ཉིད་ཀྱིས་ཀྱང་བརྗོད་པ་ལས་འདས་ཏེ་བརྗོད་ཀྱི་མི་ལང་ཞེས་བྱའོ། །དོན་དེ་ཉིད་གསང་བའི་སྙིང་པོ་ལས། དམ་ཚིག་འདི་ནས་རྨད་པོ་ཆེ། །འཇིག་རྟེན་དྲུག་གི་ཕྱོགས་བཅུ་ན། །སྲིད་གསུམ་འགྲོ་བ་ཅི་སྙེད་པའི། །རྟོག་འདུལ་དམ་ཚིག་དེ་སྙེད་སྲིས། །ཞེས་པས། རྟོག་པ་འདུལ་བའི་ཐབས་ནི་གཉེན་པོས་འདུལ་བ་ལྔ་དང་མི་ཡི་ཐེག་པ་དགེ་བཅུ་དང་། ཉན་ཐོས་དང་རང་རྒྱལ་བའོ། །སྦྱངས་པས་འདུལ་བ་རྒྱུ་ཡི་ཐེག་པ་ཆེན་པོའོ། །བསྒྱུར་བས་འདུལ་བ་ནི་ཕྱི་པ་གསུམ་མོ། །མ་སྤྱངས་གནས་སུ་དག་པ་ནི་ནང་པ་རྣམ་པ་གཉིས་ཏེ། ངོ་ཤེས

པས་འདུལ་བ་ནི་ཨ་ཏི་ཡོ་གའོ། །དེས་ན་ཐེག་པ་རིམ་དགུའང་དམ་ཚིག་གི་རྣམ་གྲངས་སྟེ། དམ་ཚིག་རྒྱས་པར་ས་མ་ཡ་འབུམ་སྡེ་ལ་སོགས་པའོ། །སློབ་དཔོན་ཉིད་ཀྱིས་ཀྱང་། ཐེག་པ་མཆོག་གི་དམ་ཚིག་རྣམས་ནི་འཁོར་ལོས་སྒྱུར་བའི་རྒྱལ་ཁྲིམས་དང་འདྲ་སྟེ། གདུལ་བྱའི་དབང་གིས་རྒྱ་ཆད་པ་མེད་དེ་གྲངས་མ་ངེས་པ་ཁོ་ནའོ། །ཞེས་གསུངས་པ་དང་། དམ་ཚིག་བཀོད་པ་ལས་ཀྱང་། ས་མ་ཡ་འབུམ་སྡེའི་བསྡུད་བའི་རིམ་པ་ནི། ཅི་སྙེད་དུ་བརྗོད་ཀྱང་བརྗོད་པའི་མཐའ་ལས་འདས་སྟེ་ཆུ་ཐམས་ཅད་ཐིགས་པ་ནས་བགྲང་བར་ནུས་ཀྱི། དམ་ཚིག་གི་གྲངས་འདི་བརྗོད་པར་དཀའ་སྟེ། བསྐལ་པ་དཔག་ཏུ་མེད་པར་བརྗོད་ཀྱང་མཐའ་མེད་དོ། །ཅེས་སོ། །དེ་ནི་དམ་ཚིག་རྣམ་གྲངས་རྒྱས་པའི་རྒྱས་པར་བསྟན་ཏོ། །

སུ་གྲངས་ དངོས་ ལ་ གསུམ་ གྱི་ དང་ པོ་ རྩ་ བའི་ གྲངས་ ནི་ བྱང་ སེམས་ རྣམ་ གཉིས་ སློབ་དཔོན་དྲུག་ཅེས་པ་ལ་སོགས་པ་སྟེ་བྱང་ཆུབ་ཀྱི་སེམས་རྣམ་པ་གཉིས་དོན་དམ་དང་ཀུན་རྫོབ་སྟེ་འོག་མ་དག་གིས་སྟོང་པ་དང་སྙིང་རྗེ་ཞེས་འདོགས་ལ། ཤེས་རབ་གཙོ་བོར་སྟོན་པ་རྣམས་ཀྱིས་ཀུན་རྫོབ་ཁམས་ཀྱི་དྭངས་མ་དང་གཉིས་སུ་བྱས་ཀྱང་། འདིར་ནི་ཀུན་རྫོབ་མ་འགག་པར་སྣང་བ་ཕུང་པོ་དང་ཁམས་དང་སྐྱེ་མཆེད་རྣམས་གསེར་གྱི་རྫས་ལྷར་ལྷ་དང་ལྷ་མོའི་དཀྱིལ་འཁོར་དུ་ཡེ་ནས་དག་པའོ། །དོན་དམ་ནི་དེ་ཉིད་སེམས་ཉིད་རང་བྱུང་གི་ཡེ་ཤེས་སུ་ཡུལ་ཡུལ་ཅན་མ་དམིགས་པ་ནི་བྱང་ཆུབ་སེམས་ཞེས་བྱའོ། །དེས་ན་རྒྱས་པ་ལས། དོན་དམ་དུ་ནི་ནོར་བདུན་ལ། །ཀུན་རྫོབ་དུ་ནི་ཉམས་རྫོགས་སྟེ། །ལྷ་བ་མཐོ་དམན་དེ་ཙམ་མོ། །ཞེས་གསུངས་སོ། །སློབ་དཔོན་དྲུག་ཅེས་པ་གཞན་དག་ལ་གསུམ་ལྡན་ཞེས་འཆད་ཀྱང་། འདིར་སྤྱི་ཡི་སློབ་དཔོན་དང་། འདྲེན་པ་དང་། དབང་དང་། ཆག་ཉམས་སྐོང་བ་དང་། ཤེས་རྒྱུད་དགྲོལ་བ་དང་། མན་ངག་ལུང་སྟེ་དྲུག་གོ། །འདིར་རྣམ་གྲངས་བསྟན་ པའི་ སྐབས་ ཡིན་ པས་ ཞིབ་ པར་ བསྡུད་ ཐབས་ ཀྱི་ སྐབས་ སུ་ བསྟན་ པར་ བཤད་ པ་ དང་། འཆད་པ་ཀུན་ལས་ཤེས་པར་བྱའོ། །མཆེད་བཞི། ཞེས་པ་སྤྱི་ཡི་མཆེད་ཁམས་གསུམ་གྱི་སེམས་ཅན་དང་། མཐོས་པའི་མཆེད་ནང་པ་སངས་རྒྱས་པ་དང་། ཉེ་བའི་མཆེད་གསང་སྔགས་སུ་ཞུགས་པ་ཙམ་དང་། འབྲེལ་པའི་མཆེད་དཀྱིལ་འཁོར་གཅིག་ཏུ་དུས་གཅིག་དབང་ཐོབ་པ་དང་བཞི་སྟེ་གོང་

མ་དྲུག་དང་བཅུ་སྐྲུའོ། ། སྡོམ་གསུམ་ནི་རྒྱུ་མ་ནོར་བ་རྩ་བའི་སྡོམ་དང་། བསྐྱེད་པ་རྐྱེན་གྱི་སྡོམ་དང་། བསྐུལ་བ་ལས་ཀྱི་སྡོམ་གསུམ་མོ། །ཕྱག་རྒྱ་བཞི་ནི་སྐུ་ཕྱག་རྒྱ་ཆེན་པོ། གསུང་ཆོས་ཀྱི་ཕྱག་རྒྱ། ཐུགས་དམ་ཚིག་ཕྱག་རྒྱ། འཕྲོ་འདུ་ཕྲིན་ལས་ཀྱི་ཕྱག་རྒྱ་བཞི་དང་བདུན་ནི་གསུང་ངོ་། །གསང་བཅུ་ཞེས་པ་སྤྱིར་གསང་བཞི། བར་གསང་བཞི། འོས་པ་དང་གཉེར་གཏད་པ་གཉིས་དང་བཅུ་ནི་ཐུགས་སོ། །རྩ་བར་ཞེས་པ་གོང་གི་ཡན་ལག་བཞི་ལས་ཉིད་ལག་ཉི་ཤུ་རྩ་དགུར་ཕྱེས་པ་ནི་ཐུབ་མ་ཐུབ་ཀྱིས་ལེགས་ཉེས་ཀྱི་རྩ་བར་གྱུར་པ་དང་འབུམ་སྡེ་ཐམས་ཅད་འདི་ཉིད་ལས་འཕྲོས་པས་ཤེས་པར་བྱ་ཞེས་གདམས་པ་བརྗོད་པའོ། །

ཐུན་མོང་མ་ཡིན་པའི་ཡན་ལག་གི་གྲངས་ནི་སྤྱད་བྱ་ལྔ་དང་མི་སྤང་ལྔ། ཞེས་པ་ལ་སོགས་པ་སྟེ་སྤྱད་པ་ལྔ་ནི་སྦྱོར་གྲོལ་མ་བྱིན་ལེན་པ། རྫུན་སྨྲ་ངག་བཅྭངས་ལྔ་ཡུལ་དང་ཕྲད་ནས་འོག་མ་དང་མི་འདྲ་བས་སྤྱད་པ་ཉིད་ཀྱི་དོན་གཉིས་གྲུབ་ཅིང་ཚོགས་གཉིས་རྫོགས་པ་ལ་ནི་སྤྱད་པ་ལྔ་ཞེ་བྱའོ། །མ་སྤངས་པ་ལྔ་ནི་འོག་མ་དག་གི་འཆིང་བྱེད་ཀྱི་དངོས་པོ་དུག་ལྔ་སྟེ། འདིར་ཡང་དག་པ་དང་ལོག་པའི་དབང་གིས་ལྔ་སྙོམ་གྱི་གདེང་དང་ལྡན་པ་ཆོས་མཐུན་པ་ཙམ་ལས་བརྗོད་པ་དང་། ལོག་དུག་ལྔ་རང་རིག་རང་སྣང་དུ་ཤེས་པས་སྤང་རྒྱུ་ཡུལ་དུ་མ་གྲུབ་པས་མི་སྤང་ལྔ་ཞེས་བྱའོ། །དང་དུ་བླང་དང་། ཞེས་པ་བདུད་རྩི་ལྔ་སྟེ་གྲུབ་པ་བཞིས་བརྒྱན་པ་ལས་མཆོག་ཐུན་ཐམས་ཅད་སྣང་བའི་སྒྲུབ་པའི་དངོས་པོའོ། །བསྒྲུབ་ཅེས་པས་རིགས་ལྔ་ཡེ་ཤེས་ལྔ་ཡབ་ཡུམ་ལ་སོགས་པ་འབྲས་བུའི་ངོ་བོ་ཉིད་ལ་ད་ལྟ་ཉིད་ནས་བསྒྲུབ་པ་ཉམས་སུ་བླངས་པས་འབྲས་བུའི་ཐེག་པ་ཞེས་བྱའོ། །དེ་བཞིན་ཞེས་པ་གོང་མ་ཉིད་དཔེར་བླང་སྟེ་བསྒྲུབ་པ་ལྔ་ཡོད་པ་དེ་བཞིན་དུ་བསྒྲུབ་པའི་སྔོན་དུ་འགྲོ་བའི་ལྔ་བ་ལའང་འཁོར་བའི་ཆོས་ཀྱི་ལྔ་ཚན་རྣམས་སྤངས་པ་མེད་པར་ཡེ་ཤེས་ལྔ་ལ་སོགས་པའི་ངང་དུ་སྣང་བ་ལ་ནི་གྲངས་མང་ཡང་ལྔ་ཚན་དུ་བསྡུས་པས་ཤེས་བྱ་ལྔ་རྣམས་ཞེས་བྱ་སྟེ། འདི་དག་ནི་ཐེག་པ་འདི་ཉིད་ཁོ་ནའི་སྤྱོད་ཡུལ་ཏེ། ཡོ་ག་མན་ཆད་ཀྱིས་དབེན་པས་ཐུན་མོང་མ་ཡིན་པའི་ཡན་ལག་ཅེས་སྟོན་པ་ཀུན་ཏུ་བཟང་པོའི་རྒྱུད་དུ་བཤད་དེ། ཡན་ལག་དམ་ཚིག་ལྔ་གཉིས་ལའང་ཞེས་པ་དང་། དམ་ཚིག་བཀོད་པ་ལས་ཀྱང་། ཡན་ལག་གི་དམ་ཚིག་འདི་དག་ནི། སྔོད་དུ

མ་གྱུར་པ་རྣམས་ལ་བསྟོན་ན་ཞེས་གསུངས་པས་སོ། །ཡན་ལག་སྐབས་སུ་ཤེས་པར་བྱ། །ཞེས་པ་ཡན་ལག་ནི་གོང་དུ་ལྔ་ཚོམས་སུ་བསྟན་པ་རྣམས་ཡིན་ལ། འདིར་ནི་ཉིང་ལག་ཡིན་ཏེ། ལྔ་ཚོམ་རེ་རེ་ཡང་ཞིབ་ཏུ་གསེས་པའི་བྱེ་བྲག་རྣམས་བསྲུངས་ཐབས་བརྗོད་པའི་སྐབས་སུ་ཤེས་པར་བྱ་ཞེས་སོ། །ཐུན་མོང་གི་ཡན་ལག་གི་གྲངས་ནི་ཐུན་མོང་དམ་ཚིག་མཐའ་ཡས་པ། ཞེས་པ་ལ་སོགས་པ་སྟེ་ཡོ་ག་ཕྱིས་ཆོད་ནས་ཉན་ཐོས་ཀྱི་བར་སྟེ་ཐམས་ཅད་ཀྱི་བསྲུང་བྱ་ཐུན་མོང་དུ་གྱུར་པའི་དམ་ཚིག་ནི་མཐའ་ཡས་པ་སྟེ། གོང་དུ་རྣམ་གྲངས་ཀྱི་སྐབས་སུ་བསྟན་པ་ལྟར་ཡིན་ལ། འདིར་དེ་དག་གལ་ཆེ་བ་དང་ཐག་ཉེ་བ་རྣམས་མདོར་བསྡུས་ན་བདག་དོན་ཉི་ཤུ་རྩ་གཅིག་དང་གཞན་དོན་བཞི་བཅུ་རྩ་གཉིས་ཏེ། རྣམ་གྲངས་སྐབས་སུ་ཤེས་པར་བྱ། །ཞེས་པ་ཉིད་ལག་གི་རྣམ་གྲངས་ནི་བསྲུང་ཐབས་རྒྱས་པར་བསྟན་པའི་སྐབས་སུ་འོག་ཏུ་ཤེས་པར་བྱ་ཞེས་སོ། །

སྤྱི་དོན་གསུམ་པ་བསྲུངས་བའི་ཐབས་ལ་གསུམ་ཀྱི་དང་པོ་མདོར་བསྟན་པ་ནི། བསྲུང་བའི་ཐབས་ནི་འདི་ལྟ་སྟེ། །ཞེས་པ་གོང་དུ་རྣམ་གྲངས་ཉིད་ཤེས་པར་བྱས་ཀྱང་བསྲུང་བ་ཉམས་སུ་མ་བླངས་ན་མི་ཕན་ཏེ་ལྷ་ཡུལ་གྱི་བདུད་རྩི་བརྗོད་པ་དང་མཚུངས་པས་དེ་ཉམས་སུ་ལེན་པའི་ཐབས་ནི་འདི་ཉིད་དུ་བསྟན་པས་ན་འདི་ལྟ་སྟེ། ཞེས་བྱའོ། །འདི་དག་ལ་ཡང་རྟེན་གྱི་གང་ཟག་གང་གི་སྲུངས་བ་དང་། ཡུལ་གང་ལ་བསྲུང་བ་དང་། ཚུལ་ཇི་ལྟར་བསྲུང་བ་དང་། བསྲུང་བའི་ངོ་བོ་དང་། རྒྱུད་མཐོ་དམན་གང་གི་ཚེ་ངོ་བོ་གང་དང་ལྡན་པ་དང་། དུས་དང་དྲུག་གིས་སྟོན་ལ། སྐྱོན་ཡོན་ལ་སོགས་པའི་ཡན་ལག་རྣམས་ནི་ལུས་རྣམ་བཞག་གིས་བསྟན་པ་ཉིད་དོ། །དེ་ལ་རྟེན་གྱི་གང་ཟག་ནི་ལྟ་སྤྱོད་དམ་ཚིག་འབྲེལ་བ་ཡིན་ཞེས་པས་ཐམས་ཅད་དུ་མཐུན་ནོ། །ཡུལ་ལ་སོགས་པ་རྣམས་ནི་གློ་བུར་སྦྱར་བར་བྱའོ། །རྒྱས་པར་དབྱེ་བ་ལ་གཉིས་ཀྱི་རྩ་བའི་དམ་ཚིག །དེ་ལ་ལྔར་དབྱེ་བའི་དང་པོ་བྱང་ཆུབ་སེམས་དཔའ་དེ་ལ་གསུམ་དུ་དབྱེ་བའི་ཀུན་རྫོབ་བྱང་སེམས་སྟོན་ཏེ། རང་ལུགས་རྒྱལ་བའི་ཕྱག་རྒྱ་ཆེ་ཞེས་པ་རང་ནི་རྟེན་གྱི་གང་ཟག་སྐྱེ་མཚན་ཉིད་སྨོས་པ་དེ་ཉིད་དོ། །ལུས་ནི་རྒྱུ་རྐྱེན་གྱི་གཅིག་ཏུ་འདུས་པའི་ཕུང་པོ་ལྔ་སྟེ། གཟུགས་ཀྱི་ཕུང་པོ་ལ་གཟུགས་ཆེན་བཅོ་ལྔ། ཚོར་བ་ལ་བདེ་སྡུག་བཏང་སྙོམས་གསུམ་ལ་དུས་གསུམ་གྱིས་བཅོ་བརྒྱད། འདུ་ཤེས་རྒྱ་ཆེ་ཆུང་ཚད་མེད་པ

གསུམ། འདུ་བྱེད་ལ་ལྔ་བཅུ་གཅིག །ཕྱི་ནང་གི་ཆོས་ཐམས་ཅད་ལ་དེ་ཉིད་དུ་མ་འདུས་པ་རྡུལ་ཕྲ་རབ་ཙམ་ཡང་མེད་པ་ལ་ནི་ཕུང་པོ་ཁམས་དང་སྐྱེ་མཆེད་ཅེས་བྱའོ། །དེ་ཉིད་མ་རྟོགས་པའི་དུས་སུ་ལོག་རྟོགས་རང་སྣང་ངོ་། །སྐལ་ལྡན་གྱིས་རྟོགས་པའི་ངོ་ལ་ཡེ་ཤེས་རང་སྣང་སྟེ། རྣམ་པར་མི་འགག་པ་སྟོང་པའི་མཐའ་ལས་རྒྱལ་ལ། ངོ་བོ་མ་དམིགས་པས་རྟག་པའི་མཐའ་ལས་རྒྱལ་སྟེ། དེ་ཉིད་སྣང་བ་དང་གྲགས་པ་དང་། དྲན་རིག་གསུམ་སྐུ་གསུང་ཐུགས་ཀྱི་ཕྱག་རྒྱ་ཡིན་ལ་རྒྱལ་པོའི་ཕྱག་རྒྱ་དང་མཚུངས་སྟེ། དེའི་རྒྱུས་ཐེབས་པ་དང་། དེ་ལས་མི་འདའ་བས་ཀྱང་ཕྱག་རྒྱའོ། །ཆེ་ཞེས་པ་དོན་དེ་ཉིད་མ་འདྲེས་ལ་ཡོངས་སུ་རྫོགས་པ་ཉིད་ཡོ་ག་ཕྱིན་ཆད་ཀྱི་སྤྱོད་ཡུལ་དུ་མ་གྱུར་བས་སོ། །

དེ་ཉིད་རྒྱས་པར་བཤད་པ་ནི། གསང་བའི་སྙིང་པོ་ལས། ཨེ་མའོ་རྡོ་རྗེ་ཕུང་པོའི་ཡན་ལག་ནི། །རྫོགས་པའི་སངས་རྒྱས་ལྔ་རུ་གྲགས། །སྐྱེ་མཆེད་ཁམས་རྣམས་མང་པོ་ཀུན། །བྱང་ཆུབ་སེམས་པའི་དཀྱིལ་འཁོར་ཉིད། །ས་ཆུ་སྤྱན་དང་མ་མ་ཀི། །མེ་རླུང་གོས་དཀར་སྒྲོལ་མ་སྟེ། །ནམ་མཁའ་དབྱིངས་ཀྱི་དབང་ཕྱུག་མ། །ཞེས་པ་དང་ཕུང་པོ་ལྔ་ནི་རིགས་ལྔའི་སངས་རྒྱས། དེ་ཉིད་བསྐྱེད་པར་བྱེད་པའི་བདག་ཉིད་འབྱུང་བ་ལྔ་ཕུང་པོ་དང་དབྱེར་མེད་པ་ནི་ཡུམ་ལྔའི་བདག་ཉིད་མིག་ནས་ལྕེ་ཡི་བར་གྱི་རྣམ་ཤེས་བཞི་ནི་ཐུགས་ཀྱི་རང་བཞིན། ས་ཡི་སྙིང་པོ་དང་། ནམ་མཁའི་སྙིང་པོ་དང་། སྤྱན་རས་གཟིགས་དང་། ཕྱག་ན་རྡོ་རྗེ་བཞི། རྣམ་ཤེས་ཀྱི་ཡུལ་དུ་གྱུར་པའི་གཟུགས་སྒྲ་དྲི་རོ་བཞི་བསྒོས་པའི་དབང་གི་མཚུངས་པར་གྲུབ་པ་དབྱེར་མེད་པ་ཉིད་སྒེག་མོ་ལ་སོགས་པ་བཞིའོ། །མིག་ལ་སོགས་པའི་དབང་པོ་བཞི་མ་འགགས་པར་སྣང་བ་སྐུའི་རང་བཞིན། བྱང་ཆུབ་སེམས་དཔའ་བྱམས་པ་དང་། སྒྲིབ་སེལ་དང་། ཀུན་བཟང་འཇམ་དཔལ་དང་བཞི་དབང་པོ་ལ་བརྟེན་ཏེ་དུས་སུ་སྣང་བས། གསུམ་མཐུན་པ་ལས་ཕྱིས་འབྱུང་བ་དང་བཞི་སྟེ། ཡོན་ཏན་གྱི་བདག་ཉིད་བདུག་སྤོས་མ་ལ་སོགས་པའི་ལྷ་མོ་བཞིའོ། །ལུས་ཀྱི་ཆོས་དབང་པོ་དང་། རྣམ་ཤེས་དང་། ཡུལ་དང་། རེག་ཤེས་བཞི་ནི་གཤིན་རྗེ་གཤེད་ལ་སོགས་པའི་ཁྲོ་བོ་བཞི། ལྟ་བའི་ནང་ན་དམན་པ་དང་། རྟེ་བ་དང་། སྟོབས་ཆེ་བའི་རྟག་ལྟ་ཆད་ལྟ། བདག་ལྟ་མཚན་ལྟ་བཞི། ཁྲོ་མོ་ལྕགས་ཀྱུ་མ་ལ་སོགས་པ་བཞིའོ། །དེ་དག་ཀྱང་ལུས་དང་ཆོས་ལ་མཐུན་པས་ཡབ་ཡུམ་དུ་བཞུགས་སོ། །དེ་ལྟར་བཤད་པའི་རྟོག་པ་

སུམ་བཅུ་རྩ་བཞི་ཉིད། ཡིད་ཀྱི་ཤེས་པའི་རྩལ་ཉིད་སྣང་ལ། ཡིད་རང་བྱུང་ཡེ་ཤེས་སུ་དག་ནས་རྒྱལ་བ་སུམ་ཅུ་རྩ་བཞིར་གསལ་བས། ཐམས་ཅད་རང་རིག་ཡེ་ཤེས་སུ་གཅིག་པ་ཉིད། དྲུག་པ་ཀུན་ཏུ་བཟང་པོའོ། །དེ་ཉིད་ན་ཡིད་དང་ཀུན་གཞི་དབྱེར་མེད་དེ། རྣལ་མ་དོན་གྱི་ཀུན་གཞི་ཉིད། དུས་གསུམ་སངས་རྒྱས་བསྐྱེད་པའི་བདག་ཉིད་ལས་ཆོས་ཀྱི་དབྱིངས་ཞེས་སློས་ལ། གཟུང་འཛིན་ཕྲ་བའང་མི་གནས་པའི་བཟང་མོའོ། །དེ་ལྟ་བུའང་གཞན་པ་དག་གིས་དཔེར་ན་འཇིམ་པ་ལ་འདེར་སོའི་རྒྱུ་གནས་པ་དང་འདྲ་བར། ཕུང་ཁམས་སྐྱེ་མཆེད་ལ་བྱིན་རླབས་ཀྱིས་བསྲུངས་ན་དེ་ལྟར་ཡིན་གྱིས། མེད་ན་རང་རྒྱུད་སྨྲ་བ་ནི། ཁྲི་འབྲུ་ཐུ་བས་ས་གཞི་ཆེན་པོ་མི་མཐོང་བ་བཞིན་ནོ། །དངོས་པོའི་ཆོས་གཅིག་ལ་མཐོང་སྣང་དྲུག་སྐད་ཅིག་ལ་རྫོགས་པས་ཀྱང་གསལ་ལོ། །རྟེན་གྱིས་གང་ཟག་ཉིད་དེ་ལྟར་ཡིན་པ་མ་ཟད་དེ་སེམས་ཅན་ཁམས་ཀྱང་དེར་ཤེས་ཤིང་། ཞེས་པ་སེམས་ཅན་གྱི་ཁམས་མཐའ་ཐུག་པ་མེད་པ་རྣམས་ཀྱང་ལོག་རྟོགས་རང་སྣང་གི་རྟོག་ཚོགས་རྣམས་གོང་དུ་བསྟན་པའི་ལྷ་དང་ལྷ་མོའི་དཀྱིལ་འཁོར་དེར་ཤེས་ཤིང་སྣང་སྟོང་གཉིས་མེད་ཡེ་ཤེས་སྐུ། ཞེས་པ་འཇའ་དང་ནམ་མཁའ་ལྟར་ལྷ་ཡི་སྐུར་མ་འགག་པར་སྣང་ཡང་ངོ་བོ་ཆོས་ཀྱི་དབྱིངས་ལས་མ་གཡོས་པས་སྟོང་། དེ་ཉིད་ལྷ་ཡི་མ་འགག་པས་སྣང་། དེ་གཉིས་སུ་མེད་པ་རྟོགས་པ་གདེང་དུ་གྱུར་པ་ནི་ཡེ་ཤེས་ཏེ། ཡི་གེ་འཁོར་ལོ་ཚོགས་ཆེན་གྱི་ས་སྟེ། དེ་ཉིད་ཆོས་ཐམས་ཅད་ལ་ཁྱབ་ཅིང་། དུས་གསུམ་དུ་མི་འགྱུར་ལ་ཡོན་ཏན་གྱི་འབྱུང་གནས་སུ་གྱུར་པས་སྐུའོ། །རྒྱུ་རྐྱེན་གྱིས་བསྐྱེད་པ་ལྟར་སྣང་བའི་མ་འགག་པ་ནི་ཀུན་རྫོབ་པོ། །དེ་ཉིད་སེམས་སུ་གསལ་བས་སྤྲོས་པ་མི་མངའ་བས་བྱང་ཆུའི་གཟུགས་བརྙན་ལྟར་མི་གཉིས་ཅིང་སེམས་ལས་མ་གཡོས་པས་ཆུབ། གསལ་ལ་མི་འགག་ངོས་བཟུང་མེད་པས་སེམས་སོ། །

དོན་དམ་བྱང་ཆུབ་སེམས་ནི་བྱས་མཐོང་ཐོས་པ་ཐམས་ཅད་ལ། ཞེས་པ་དབང་པོ་དྲུག་གི་ཡུལ་དུ་གྱུར་པ་ཐམས་ཅད་རང་བྱུང་གི་ཡེ་ཤེས་སུ་ཤར་བས་ཡུལ་ཡུལ་ཅན་མ་གྲུབ་སྟེ། དེ་ལ་གཟུང་འཛིན་རང་རྒྱུད་མི་མངའ་བས། དེ་ཉིད་དུས་ན་དུས་གསུམ་དུ་མི་འགྱུར་བར་བསྟན་ཏེ། བྱས་པ་ནི་ལུས་ཀྱི་ཆ། མཐོང་བ་མིག །ཐོས་པ་ལྟེ། ཐམས་ཅད་ཀྱི་ཁོངས་སུ་རྣ་བ་དང་སྣ་སྟེ་དབང་པོ་ལྔ་

དང་། དེའི་ཡུལ་གཟུགས་ལ་སོགས་པ་ལྔ་དང་། སྤྱོད་པའི་རྣམ་ཤེས་ལྔའོ། །ལ་ནི་དེ་དག་ལྔ་གཞིར་བསྟན་པའོ། །དེ་ཡང་ཐབས་ཀྱི་ཞགས་པ་ལས། མཐོང་བ་མེད་པའི་ཚུལ་དུ་མཐོང་བ་དང་། ཐོས་པ་མེད་པའི་ཚུལ་གྱིས་ཐོས་པ་དང་། དྲི་མ་ཐམས་ཅད་དང་བྲལ་བའི་ཚུལ་གྱིས་སྣོམ་པ་དང་། རོ་ཐམས་ཅད་དང་བྲལ་བའི་ཚུལ་གྱིས་མྱོང་བ་དང་། རེག་ཐམས་ཅད་བྲལ་བའི་ཚུལ་གྱིས་རེག་པ་དང་། ཞེས་པ་བྱས་པ་ལུས་ཀྱི་དབང་པོ་དང་། ཡུལ་དང་འཛོམ་ནས་རྣམ་ཤེས་ཀྱིས་ཉམས་སུ་མྱོང་བ་ལྟར་སྣང་ཡང་། གསུམ་པོ་སེམས་ཉིད་ལས་མ་གཡོས་པའི་ཕྱིར། བྱས་གཟུང་འཛིན་དུ་སྣང་བ་མེད་པ་དང་། མཐོང་བ་མིག་གི་དབང་པོ་དང་། ཡུལ་གཟུགས་སུ་གྲུབ་ནས་རྣམ་ཤེས་ཀྱིས་མྱོང་བ་ལྟར་སྣང་ཡང་། སེམས་ཉིད་དང་ལས་མ་གཡོས་པའི་ཕྱིར་ཡུལ་དང་ཡུལ་ཅན་དུ་སྣང་བ་མེད་པ་དང་། ཐོས་པ་ལྕེ་ཡི་དབང་པོ་དང་ཡུལ་ལྟར་སྣང་བ་དང་། རྣམ་ཤེས་ཀྱིས་མྱོང་བ་དང་སེམས་ཀྱི་ཕྱིར། ཡུལ་ཡུལ་ཅན་མ་གྲུབ་པས། གང་ཡང་མྱོང་བ་མེད་པ་དང་། ཐོས་པ་རྣ་བའི་དབང་པོ་ལྟར་སྣང་ནས་ཡུལ་དང་འཛོམ་སྟེ་རྣམ་ཤེས་ཀྱིས་མྱོང་ཡང་སེམས་ཉིད་ཀྱི་ཕྱིར། ཡུལ་ཡུལ་ཅན་མ་བྲལ་བས་ཐོས་པ་མ་གྲུབ་པ་དང་། སྣོམ་པ་སྣ་ཡི་དབང་པོ་ཡུལ་ལྟར་སྣང་ལ། རྣམ་ཤེས་ཀྱི་མྱོང་ཡང་སེམས་ཉིད་ཕྱིར། ཡུལ་ཡུལ་ཅན་དུ་མ་གྲུབ་པས་མྱོང་བ་མེད་དེ། རང་བྱུང་ལ་གི་ཡེ་ཤེས་ཉི་མའི་སྙིང་པོ་ལྟར། གཟུང་འཛིན་ཀ་ནས་དག་པ་ནི་རིག་པ་བྱང་ཆུབ་སེམས་ཞེས་བྱ་སྟེ། དེ་བས་བཅུད་དམ་པ་ཉིད་ཆ་ཤས་དང་བྲལ་བས་དོན་དམ་པ་བྱང་ཆུབ་ཀྱི་སེམས་ཏེ། སེམས་ཉིད་སྤྲོས་པ་དང་གི་བྲལ་བ་ཉིད་ཤེས་སྒྲིབ་ཀྱི་དོན་ལ་ཆ་ཤས་དང་བྲལ་ཞིང་མི་འགྱུར་བས་དམ། གཟུང་འཛིན་མི་མངའ་བས་བྱང་། ཆོས་ཐམས་ཅད་འདུས་པས་ཆུབ། དངོས་གཞི་དང་བྲལ་ཞིང་གསལ་ལ་མི་འགག་པས་སེམས་སོ། །

དེ་ཡང་རྟེན་གྱི་གང་ཟག་གོང་དུ་སྨོས་པས་ཀུན་རྫོབ་མ་འགག་པར་སྣང་བ་ལྷའི་དཀྱིལ་འཁོར་བྱང་ཆུབ་ཀྱི་སེམས། དོན་དམ་པ་རིག་པ་རང་གསལ་གྱི་ཡེ་ཤེས། འོག་མའི་སྤྱོད་ཡུལ་དུ་མ་གྱུར་པས་ན་ལྷག་པའི་བྱང་སེམས་རྣམ་པ་གཉིས་ཞེས་བྱའོ། །ཚུལ་ཅི་ལྟར་བསྲུང་ན་དྲན་དང་ཤེས་བཞིན་སྟོན་བཏང་ན། ཞེས་པས་དྲན་པས་མ་ཡེང་པར་བྱ། ཤེས་བཞིན་གྱིས་དེའི་བྱ་ར་བྱས་ནས་དེ་

ཉིད་སྟོན་དུ་སོང་བས་བྱང་སེམས་རྣམ་གཉིས་ལྟ་བའི་ངོ་བོ་ལ་དུས་གསུམ་རྒྱུན་དུ་མ་དྲན་ན། ཞེས་པ་དུས་གསུམ་སྤྱོད་ལམ་བཞིར་མ་ཉམས་པས་ན་བསྲུང་ཚུལ་བསྲུང་བའི་ངོ་བོ་དང་བཅས་པའོ། །རྒྱུད་ལ་ཅི་ལྟར་ལྡན་པ་ནི་ལས་དང་པོ་པས་སྐབས་སུ་དྲན་པ་དང་ཤེས་བཞིན་གྱིས་ཚིག་གིས་མོས་པའི་དབང་གིས་མ་ཡེང་བར་བྱ་བའོ། །དེ་ཉིད་རིག་པ་ལ་ཉམས་སུ་ལེན་ནས་ཡུལ་དག་ཡུལ་ཅན་མེད་པ་ལྟར་སྣང་ཡང་ཆེད་འཛིན་དང་བཅས་པ་ནི་ཟག་བཅས་ཀྱི་མཐོང་ལམ་ཞེས་བྱ་སྟེ། སྔ་ན་མ་མཐོང་བ་མཐོང་ཡང་ཆེད་འཛིན་གྱི་དབང་གི་ཟག་བཅས་སོ། །དེ་ཉིད་བསྙུས་པ་མེད་པར་རང་སྤྱིའི་ཚོས། དབྱེར་མེད་ཕྱོགས་ལྟའི་འདོད་བྲལ་བའོ། །ཅེས་སོ། །རྟོགས་པ་མངོན་སུམ་དུ་གྱུར་ཏེ་ཆེད་འཛིན་ཕྲ་བའང་མི་གནས་པས། ཟག་མེད་རང་གི་མཚན་ཉིད་དེ་མཐོང་ལམ་མོ། །དེ་ཉིད་རིམ་པར་སྟོབས་སུ་གྱུར་ནས་བྱང་སེམས་གཉིས་པོ་མ་འདྲེས་ལ་ཡོངས་སུ་རྫོགས་པ་ཉིད་ནམ་མཁའ་བཞིན་མཐའ་ཐུག་པ་མེད་པ་རང་བྱུང་གི་ཡེ་ཤེས་གསལ་བ་ཉིད་ཐར་ལམ་པ་རྒྱལ་ཆེན་རྫོགས་པའི་སྐྱེས་བུའོ། །དེས་འབྲས་བུ་མངོན་དུ་གྱུར་པའི་ཚེ་ལམ་གྱི་རྣམས་སྤྱང་བྱར་བརྟགས་པ་ནི་འཛིན་པ་གཏིང་ནས་མ་གྲོལ་བས་བློ་ཕེབས་པའོ། །ཆུ་བོ་བརྒྱལ་བའི་གྲུ་བཞིར་འདོར། །ཞེས་པ་ནི་འཛིན་པ་ཟད་པ་ཙམ་དང་བློ་ཞན་ཞེས་པའི་ཐབས་སོ། །དེས་ན་དམ་ཚིག་རྣམས་ནི་རྫོ་རྗེ་ཞེས་གསུངས་སོ། །དེ་དག་དང་མི་ལྡན་པའི་ཉེས་དམིགས་ནི། དུས་གསུམ་བཅས་པ་ལ་གོང་མའི་དོན་ཉིད་དུས་འདས་པ་ལ་སོགས་པ་གསུམ་དང་། རྒྱུན་ཞེས་པ་སྤྱོད་ལམ་རྣམ་པ་བཞིར་མི་བརྗེད་པར་བྱ་རྒྱུ་ཡིན་པ་ལ། དེ་ལས་གཞན་པ་མ་དྲན་ན་རྟེན་དེ་ལས་རང་སེམས་རྟོག་པ་མེད་པས་ཐེག་མཆོག་སྨྲགས་པར་ཅི་ཞིག་ཆུད་ཅེས་པ་ཐེག་པ་རྣམས་ཀྱི་མཆོག་ངོ་བོ་མེད་བཞིན་ཡོན་ཏན་ཕུན་སུམ་ཚོགས་པའི་བདག་ཉིད་དུ་ཅི་ཞིག་ཆུད་དེ་མི་ཆུད་ཅེས་བྱའོ། །དུས་ནི་ད་ལྟ་ནས་ཐར་ལམ་བར་རོ། །གཞན་ལས་ཀྱང་རྣལ་འབྱོར་ཡེ་ཤེས་མི་ཤེས་པར། ང་ནི་སྔགས་པ་ཡིན་ཟེར་བ་ཞེས་གསུངས་སོ། །སྐུ་ལ་གསུམ་གྱིས་བསྟན་པའི་རྟེན་གྱི་གང་ཟག་གི་ལྟ་སྤྱོད་དམ་ཚིག་འགྲེལ་པ་ཡིས། ཞེས་པས་ལྟ་བའི་ཆོས་ཐམས་ཅད་ཀྱི་དེ་ཁོ་ན་ཉིད་རྟོགས་པ་མན་ངག་གི་དོན་དང་། ཕྱུང་ཁམས་ལྷར་རྟོགས་པ་རྒྱུད་ཀྱི་དོན་གཉིས་དང་ལྡན་པ་དང་། སྤྱོད་པས་ཟག་བཅས་ཟག་མེད་ཀྱིས་སྤྱོད་པ་རྣམས་མ་ནོར་བར་གནས་

སྐབས་འབྱོར་བ་དང་། དམ་ཚིག་སྡེ་ཚ་བ་དང་ཡན་ལག་རྣམས་མ་ཚང་བ་མེད་པར་རྫོགས་པའོ། །འོ་ན་བྱང་ཆུབ་སེམས་ཀྱི་དམ་ཚིག་དང་། ལྟ་བ་ལ་ཁྱད་ཅི་ཡོད་ཞེ་ན། ངོ་བོ་ལ་ཁྱད་མེད་ཀྱང་རྟོགས་པ་ཉིད་གཅེས་པས་དམ་པར་འཛིན་པའི་ངོས་ནས་མི་འབྲལ་བས་དམ་ཚིག་ཅེས་བརྗོད་ལ། དེ་ཉིད་ཡུལ་ཡུལ་ཅན་མེད་པར་རང་གསལ་གྱི་ངོས་ནས་ལྟ་བ་ཞེས་བརྗོད་དེ། དབྱེར་མེད་པར་འབྲེལ་བ་དང་། སྤྱོད་པ་ཡང་བློ་དམན་གྱི་ཆེད་དུ་བདག་དོན་གཞན་དོན་ཏེ་ཐུན་མོང་གི་ཡན་ལག་དང་། ཐུན་མོང་མ་ཡིན་པའི་ཡན་ལག་ཉེར་ལྔ་ལས་མ་གཏོགས་པའི་སྤྱོད་པ་ལ་ལོགས་སུ་མེད་པས། སྤྱོད་པའི་ངོ་བོ་གང་ལ་བགྱི་ཞེ་ན། ཡན་ལག་གཉིས་པོ་ཡུལ་དང་ཁྲད་ནས་བསྲུང་བ་ལས་མི་འདའ་བ་ལ་ནི་དམ་ཚིག་ཅེས་བྱ་ལ། མི་འགོགས་པར་ཉམས་སུ་བླང་བའི་ངོས་ནས་སྤྱོད་པ་ཞེས་བྱའོ། །དེ་དག་ཀྱང་དབྱེར་མེད་པས་ན་འབྲེལ་བ་རྣམ་པ་གཉིས་ལྡན་གྱིས་གྲུབ་པའི་རྟེན་གྱི་གང་ཟག་ལ་ནི་འབྲེལ་པ་ཡིས་ཞེས་སོ། །ལྟ་སྤྱོད་སྒོམ་གསུམ་ཅེས་ཀུན་ལ་བཤད་ན། འདིར་སྒོམ་པ་མ་སྨོས་པ་ནི་སྐུའི་སྐབས་སུ་སྤྱོད་པ་གཙོ་ཆེ་བས་སོ། །འོན་ལྟ་བ་སྨོས་པ་ཅི་ཞེ་ན། སྒྲུབ་པའི་དམ་ཚིག་བསྲུང་བའི་ཕྱིར་ཞེས་པས་ལྟ་བའི་རྣལ་གྱིས་སྤྱོད་པའི་སྲོག་ཏུ་འགྱུར་བས་སོ། །འོན་ཀྱང་འདིར་སྐུ་ལ་ཁ་ཐག་ཉེ་ཡང་གསུམ་ཀའི་རྟེན་གྱི་གང་ཟག་དུ་ཡང་སྨོས་སོ། །

བསྲུང་བའི་ཐབས་ལ་གཉིས་ཀྱི་དང་པོ་ཡུལ་སློབ་དཔོན་བསྟན། དེ་ལ་བཞི་ཡི་དང་པོ་གྲངས་བསྟན་པ་ནི། སྤྱི་དང་འདྲེན་དང་དམ་ཚིག་དབང་། །ཉམས་ཆག་སྐོང་དང་ཤེས་རྒྱུད་གྲོལ། །མན་ངག་ལུང་གི་སློབ་དཔོན་རྣམས། །ཞེས་པ་དྲུག་གོ། །དང་པོ་སྤྱིའི་ནི་ཐེག་པ་ཐམས་ཅད་སྤྱི་གཞི་རྒྱུ་ཡི་ཐེག་པའོ། །དེའི་སློབ་དཔོན་ནི་སྐྱབས་སུ་འགྲོ་བ་ཐུན་མོང་ཡན་ཆད་ནས་སེམས་བསྐྱེད་པ་དང་སྡེ་སྣོད་གསུམ་གྱི་ཐོས་བསམ་བགྱིས་པའི་བར་ཆེ་འབྲིང་ཐམས་ཅད་དོ། །འདི་ལ་ཁ་ཅིག་སློབ་དཔོན་ཞེས་འཆད་ན། དམ་པ་བདེ་བར་གཤེགས་པའི་ཞལ་ནས། བླ་མའི་བླ་མ་ནི་ཉིད་དང་ཁྱད་མེད་ཏེ་ཉམས་པ་བྱུང་ན་ཡང་བླ་མ་དངོས་མི་བཞུགས་དེ་ལ་བཤགས་པར་བཤད་པ་དང་། དེ་མ་རྙེད་ན་མཉེས་པ་གསུམ་འམ་བརྒྱ་ལ་སོགས་པ་འགྱུར་ལྟབ་དུ་བརྩིས་པས་དང་། སློབ་དཔོན་དྲུག་ཡོན་ཏན་གྱི་གྲལ་རིམས་ཀྱིས་བཞག་པ་ལ་བར་དུ་འདྲེན་སློབ་བྱུང་བས་ཀྱང་མི་འཐད་པས་སོ། །དེ་

བས་ན་དམ་ཚིག་བཀོད་པ་ལས་ཀྱང་མཁན་པོ་སློབ་དཔོན་ཞེས་གསུངས་པ་དང་། ཡང་དེ་ཉིད་ལས་སྤྱི་ཡི་སློབ་དཔོན་སྟོན་པའི་སྐབས་སུ་མཁྱེན་པ་ཅན་ཐ་དག་དང་ཐ་ན་ཚིག་གི་ལེའུ་གསུམ་གསུངས་པ་ཡན་ཆད་ཅེས་གསུངས་པ་དང་། གསང་བའི་སྙིང་པོ་ལས་ཀྱང་། ཐེག་པ་བཞི་ཡི་ངེས་འབྱུང་ལ། །ཐེག་པ་གཅིག་གི་འབྲས་བུར་གནས་ཞེས་པ་དང་། དཔེའི་སྐབས་སུ་ཡང་ཡུལ་ལ་དབང་བའི་རྒྱལ་པོ་དང་ཞེས་པས། མཚན་ཉིད་ཀྱི་སློབ་དཔོན་ཡིན་པར་ཤིན་དུའང་འཐད་དོ་གསུངས། གཞན་ལས་ཀྱང་གསུམ་ལ་སྐྱབས་འགྲོ་ནས་བརྩམས་ཏེ། བྱང་ཆུབ་སེམས་སོགས་སྡོམ་པ་ནི། །གལ་ཏེ་བདག་ལ་ཕན་འདོད་ན། །སྔགས་པས་འབད་དེ་གཟུང་བར་བྱ་ཞེས་པས་སོ། །འོན་ཀྱང་གོང་མ་ཡེ་ཕྱོགས་སྔ་མར་བཞག་པའང་མ་ཡིན་ཏེ། དམ་པ་གོང་མ་རྣམས་ཀྱི་བཞེད་པ་ཡིན་པས་བློ་སྐྱོ་བོར་བཞག་གོ། །འདྲེན་ཞེས་པར་འདྲེན་པའི་སློབ་དཔོན་སྟེ་དབང་བསྐུར་བའི་དུས་སུ་རྡོ་རྗེ་སློབ་དཔོན་གྱི་དྲུང་དུ་ཁྲིད་པའི་ལས་ཀྱི་སློབ་དཔོན་ཏེ། འཁོར་བའི་ཁམས་ནས་འདས་པར་ཁྲིད་པའི་བརྡའ་ཡིན་པའོ། །འདི་ལའང་ཁ་ཅིག་གིས་མ་རིག་སྒོ་འདྲེན་འདྲི་ཀློག་སློབ་པའི་སློབ་དཔོན་ལ་གསུང་ན། འདྲི་ཀློང་ནི་ཐུན་མོང་ཡིན་སྟེ། ནང་པ་དང་། ཕྱི་རོལ་པ་དང་། འཇིག་རྟེན་པ་ཐམས་ཅད་ལ་ཡོད་པས་གང་དུའང་མ་ངེས་པ་དང་། འདིར་སྤྱིའི་སློབ་དཔོན་གྱི་སྟེང་ལ་བྱུང་བས་དེ་སྤྱངས་མི་རིགས་པ་དང་། ཡི་གེ་མཁན་ལ་སློབ་དཔོན་གྱི་སྒྲ་མི་འཇུག་སྟེ། མཁན་པོ་ཞེས་རྒྱ་ཆེར་རོལ་པ་ལས་བཤད་པས་སོ། །

དམ་ཚིག་བཀོད་པ་ལས། སྐུ་ཡི་དམ་ཚིག་ཕ[༡]མ་[༢]དང་[༣]། །ལུས་སྲོག་སྐྱིད་དང་འཇིག་རྟེན་སྟོན། །མཁན་པོ་སློབ་དཔོན་རྡོ་རྗེ་མཆེད་ཅེས་པ་ནི། ཕ་མས་བྱིས་པ་མ་རིག་པ་འཇིག་རྟེན་གྱི་བྱ་བ་ལ་དབང་པོའི་སྒོ་འདྲེན་པ་དང་། མཁན་པོ་སློབ་དཔོན་གྱིས་འདས་པའི་བྱ་བ་མ་རིག་པ་ལ་དབང་པོའི་སྒོ་འདྲེན་པ་གཉིས་འཆར་དུ་བསྟོན་ཏོ། །དམ་ཚིག་དབང་ཞེས་པས་དབང་གི་བླ་མས་ཕྱི་ནང་གི་དམ་ཚིག་རྣམས་རིམ་པ་བཞིན་དུ་ཕོགས་ནས་རྒྱུད་ལ་ཐེག་ཚད་ཀྱི་དབང་རྣམས་བསྐུར་བའོ། །ཆགས་ཉམས་བསྐོང་བ་ནི་དམ་ཚིག་སྲུང་བ་ལས་འདས་ཏེ་ཉམས་ན་ཆག་ཉམས་ཞེས་བྱ་སྟེ། བྱང་ཆུབ་སེམས་དང་གསུང་གི་དམ་ཚིག་དུས་ལས་འདས་ན་ཆགས་པ་དང་། དམ་ཚིག་གཞན་མ་

རྣམས་གཞུང་དུ་མ་སྨྲོངས་པ་ལ་ནི་ཉམས་པ་ཞེས་བྱ་སྟེ། འདིར་ཐེག་པ་མཆོག་གི་དམ་ཚིག་གི་ཡོན་ཏན་ནི་ཉམས་ན་བསྐང་བས་རྫོགས་པ་དང་ཞེས་པས། དེ་སྐོང་བའི་དཔང་པོའི་མདུན་དུ་བཤགས་དགོས་པས་ཉམས་ཆག་བསྐང་བའི་སློབ་དཔོན་ཞེས་བྱའོ། །ཤེས་རྒྱུད་གྲོལ་བ་ནི་ལུང་ཟབ་མོའི་གཞུང་ཉན་ནས་ཕྱི་ནང་གི་ཆོས་ལ་རིག་པ་བདེ་བླག་ཏུ་དབང་བསྒྱུར་བ་ལ་ནི་རྒྱུད་གྲོལ་ཞེས་བྱ་སྟེ། ཐ་མལ་བས་ཤེས་རྒྱུད་རྩ་བ་ནས་དག་པའོ། །མན་ངག་ལུང་ཞེས་པ་བསྐྱེད་རྫོགས་གཉིས་ཀྱི་དགོངས་པ་སྟེ་ཐུངས་ཆུང་ལ་དོན་ཆེ། ཐབས་སླ་ལ་དཔག་དཀའ་བའི་མན་ངག་གི་དོན་ཟབ་མོ་བདེ་བར་གཤེགས་པའི་ལུང་ཟབ་མོས་ཟིན་པའོ། །དེ་ལྟར་བུའི་དོན་སྟོན་པ་ལ་ནི་སློབ་པའི་ཁྲིད་མཁན་དུ་གྱུར་པས་ན་སློབ་དཔོན་ཞེས་བྱའོ། །རྣམས་ནི་གོང་མ་ལྟ་བོ་ལ་ཡང་སྦྱར་ཏེ་དྲུག་གོ། །ཚུལ་མཆོན་པ་དཔེའི་གྲངས་ནི། ཡུལ་ལ་དབང་བའི་རྒྱལ་པོ་དང་། །ཕུ་བོ་མ་དང་ཕ་དང་མིག །སྙིང་བས་ལྷག་པའི་ཚུལ་ལྟ་སྟེ། །ཅེས་སྟེ་སྤྱིའི་སློབ་དཔོན་བཀུར་བའི་དཔེ་ནི། དཔེར་ན་རྒྱལ་པོའི་མངའ་རིས་ལ་ལོངས་སྤྱོད་པའི་འབངས་སམ་འཁོར་གྱིས་ཁྲིམས་དང་འགལ་བ་མི་བྱེད་ཅིང་ཁྲིམས་བཙའ་བ་དང་། དུས་གསུམ་དུ་ཕྱག་དང་མཆོད་པ་འབུལ་བའོ། །དེ་བཞིན་དུ་རྒྱུ་ཡི་ཐེག་པའི་སློབ་དཔོན་ཡང་ཁྲིམ་དང་འདྲ་བའི་དཀོན་མཆོག་གསུམ་གྱི་བསླབ་པ་དང་འགལ་བ་མི་བྱ་བ་དང་། དགེ་བ་བཅུ་དང་ཚངས་པའི་གནས་པ་བཞི་ལས་མི་འདའ་བ་དང་། ཁས་བླངས་པའི་སྡོམ་པ་གཉིས་བསྲུང་བ་དང་། འགྲོ་བ་ལ་བྱམས་པ་དང་སྙིང་རྗེའི་སྒོ་ནས་ཕན་འདོགས་པ་དང་། དུས་དུས་ཀྱི་ཕྱག་དང་མཆོད་པ་ལས་མི་འདའ་བའོ། །ཕུ་བོ་ཞེས་པ་འདྲེན་པའི་སློབ་དཔོན་གྱི་དཔེ་སྟེ། རྒྱལ་ཁྲིམས་ཅན་གྱི་ཡུལ་ན་རྒྱལ་སར་ཕྱུང་བ་ལ་ཁྲིད་མཁན་ཕུ་བོས་བྱེད་པ་དང་དོན་དེས་ན་གུས་པ་དང་། གདན་གཏིང་བ་དང་། བསྙེན་བསྐུར་བྱ་བ་དང་། ཕྱག་དང་ཞེ་ས་རྣམས་རྒྱལ་ཁྲིམས་དང་མི་འགལ་བར་བྱ་བ་བཞིན། འདིར་འདྲེན་པའི་སློབ་དཔོན་ལ་ཡང་རྒྱལ་ཁྲིམས་དང་འདྲ་བའི་དམ་ཚིག་གི་གཞུང་ནས་སློས་པ་བཞིན་ལུས་ངག་ཡིད་གསུམ་གྱིས་མཉེས་པར་བྱ་བའོ། །

མ་ནི་དབང་གི་སློབ་དཔོན་གྱི་དཔེ་སྟེ་རྒྱལ་ཁྲིམས་ཅན་གྱི་མ་མ་རྣམས་འཚོགས་ནས་རྒྱལ་བུའི་ལུས་བརྟན་པ་དང་ཤེད་སྐྱེ་བ་དང་སྟོབས་དང་ལྡན་ནས་རྒྱལ་ཁྲིམས་ཀྱི་རྟེན་དུ་རུང་བ་བཞིན་

དམ་ཚིག་དབང་གི་སློབ་དཔོན་གྱིས་དམ་ཚིག་དང་དབང་རྣམས་རིམ་པ་བཞིན་ཕོག་ཅིང་བསྐྱུར་ནས་སྣོད་དང་རྟེན་དག་པར་བྱས་ཏེ་རྒྱལ་ཁྲིམས་དང་འདྲ་བའི་ཐམས་ཅད་མཁྱེན་པའི་བསྐྱེད་རྫོགས་གཉིས་ཀྱི་སྣོད་དུ་རུང་བར་བྱས་པའོ། །ཕ་ཞེས་པ་ཉམས་པ་སྐོང་བའི་སློབ་དཔོན་གྱི་དཔེ་སྟེ། རྒྱལ་ཁྲིམས་དང་འགལ་ནས་ཆད་པ་བྱུང་ན་དེ་ལས་བསླུ་བའི་ཐབས་ནི་ཕས་བྱེད་དེ། ནོར་ལ་སོགས་པས་རྒྱལ་པོ་མཉེས་པར་བྱས་ནས་ཉེས་པ་སོབས་ཏེ། སླར་རྒྱལ་ཁྲིམས་དང་མཐུན་པའོ། །དེས་ན་ཕ་ལ་རིམ་འགྲོ་ཆེ་བར་བྱེད་པ་འདི་བཞིན་དུ་ཉམས་ཆག་སྐོང་བ་ཡང་བཤགས་པས་སྐོང་སྟེ། རྒྱལ་ཁྲིམས་དང་འདྲ་བའི་ཐེག་པ་མཆོག་གི་རིགས་སུ་ངེས་པར་བྱེད་དོ། །དེ་བཀུར་བ་ཡང་འཆད་པ་རྣམས་ཀྱིས་མཉེས་པར་བྱ་བའོ། །མིག་ཅེས་པས་ཤེས་རྒྱུད་གྲོལ་བའི་སློབ་དཔོན་གྱི་དཔེ་སྟེ་མིག་ལ་བརྟེན་ཏེ་ཕྱི་ནང་གི་ལག་ཉེས་ཐམས་ཅད་བརྟའ་སྤྱོད་པ་དང་འདྲ་བར། ཤེས་རྒྱུད་དགྲོལ་བས་ཀུང་འཁོར་འདས་ཀྱི་སྣང་བླང་དང་ལམ་གྱི་རྩོལ་སྒྲུབ་དང་། འབྲས་བུའི་དངོས་གཞི་རྣམས་རིག་དང་འཇལ་བར་བྱེད་པའོ། །དེས་ན་མིག་ནི་ཤིན་དུ་གཅེས་ཏེ། བསྲུང་བ་དང་མི་འབྲལ་བ་བཞིན། སློབ་དཔོན་ལ་གདུང་བ་དང་མི་འབྲལ་ཅིང་བསྲུང་ཐབས་རྣམས་ཉམས་སུ་བླང་ངོ་། །སྙིང་ནི་མན་ངག་གི་སློབ་དཔོན་གྱི་དཔེ་སྟེ། དགོངས་འདུས་ལས། སྐྱེས་བུ་རྐང་ལག་བཅད་དེ་ཉམས་ཀྱང་འཚོ། །ཅི་ལྟར་སྙིང་ཕྱུགས་འཚོ་བའི་གླགས་མེད་ལྟར། །ཞེས་པས་ཡན་ལག་གང་ཉམས་ཀྱང་འཚོར་བཏུབ་ལ་སྙིང་ཕྱུང་ན་འཚོ་བའི་གླག་མེད་པ་ལྟར། བསྐྱེད་རྫོགས་རྣམ་པ་གཉིས་ཀྱི་མན་ངག་མེད་ན། ལྷ་པོ་ཅི་ལྟར་བྱས་ཀྱང་བརྗོད་བྱེད་ཚིག་གི་ཐ་སྙད་དུ་བབ་སྟེ། བུ་རམ་མངར་བའི་ཡོ་རྒྱུས་བརྗོད་པ་དང་མཚུངས་པས་འབྲས་བུ་མངོན་དུ་མན་ངག་གི་སྟོབས་ཏེ། དེས་ན་སྙིང་དང་འདྲ་བས་བཀུར་བར་བྱའོ། །ལྷག་པའི་ཚུལ་བལྟ་སྟེ་ཞེས་པ་བཤད་པའི་སློབ་དཔོན་དྲུག་ཉིད་སོ་སོའི་དཔེས་དྲུག་པས་ཀྱང་ལྷག་པའི་ཚུལ་དུ་བླ་མ་རྣམས་ལ་བལྟའོ་ཞེས་པའོ། །སྟེ་ཞེས་པ་ལྷག་མ་སྟེ་གང་ཞེན་བཀུར་ཐབས་འཆད་པ་བཞིན་ནོ། །སློབ་དཔོན་དྲུག་རྒྱུད་གཅིག་ལ་ལྡན་པའི་ཚུལ་ནི་སློབ་དཔོན་གཅིག་གིས་དབང་བསྐུར་ན་དེས་རྒྱུའི་ཐེག་པ་སེམས་བསྐྱེད་སྐྱབས་འགྲོ་བྱས་པ་སྤྱིའི་སློབ་དཔོན། ཉམས་པ་བྱུང་ན་སྐོང་བའི་ཡུལ་ཡིན་ན་དེ་ཉིད་ཚང་། རྒྱུད་ཞུས་ན་ཤེས་རྒྱུད་དགྲོལ་བ་ཚང་། མན་ངག་ཞུས་ན་དེ་ཉིད་ཚང་།

འདྲེན་སློབ་གཞན་ལ་རག་སྟེ་ཡུལ་ལ་གང་ལྡན་རྣམས་བརྩི་བ་སོ་སོའི་སྣང་བ་ཡང་ཡོད་དེ་དཔྱད་དོ། ། བསྲུང་ཐབས་དངོས་ནི། སྒོ་གསུམ་ཐོལ་སྒྱུ་མེད་པར་ནི། །ཡི་དམ་ལྷ་ལྟར་རྒྱུན་དུ་བསམ། །ཞེས་པས་སྒོ་ནི་ལུས་ངག་ཡིད་གསུམ་སྟེ་ཡུལ་ལ་འགྲོ་བ་དང་། བག་ཆག་ལན་པ་དང་། ཡོན་ཏན་མ་སྨྱོར་བའི་སྒོར་གྱུར་ལ། གསུམ་ནི་གྲངས་སོ། །ཐོལ་སྒྱུ་ཞེས་པ་ལུས་ཀྱི་སྒོ་ནས་ཐོལ་ནི་ནོར་གཏོང་ཡང་ལྡུད་བཙུག་པ་དང་། ལུས་གཏོང་ཡང་མི་ན་པ་ན་བར་བཙོས་པ་ལྟ་བུའོ། །སྒྱུ་ནི་ནོར་མི་ཤོར་བའི་ཐབས་ལྟ་བུ་དང་། ལུས་ཀྱང་ཉམ་སྟོབས་ཆེ་ཡང་ཆུང་བ་ལྟར་བཙོས་པའོ། །ངག་གི་སྒོ་ནས་ཐོལ་ནི་རྫུན་སྨྲོད་པ་དང་། ཤེས་རྫུན་པ་ལྟ་བུ་ལ་ནི་སྒྱུ་ཞེས་བྱའོ། །དེ་དག་ཀྱང་ལུས་ངག་གི་རྗེས་སུ་འགྲོ་བ་ལ་ནི་ཐོལ་སྒྱུ་ཞེས་བྱའོ། །དེ་དག་གིས་མ་གོས་པ་ནི་མེད་པ་སྟེ། ཡིད་དམ་ཞེས་པ་ལྷ་རྒྱུན་དུ་བསྒོམ་པ་དང་། དད་མོས་མི་ཕྱེད་པ་དང་གཉན་པ་དང་། ཡོན་ཏན་ཐམས་ཅད་ཀྱི་བྱུང་ཁུངས་སུ་གྱུར་པ་ལྟར། དུས་གསུམ་སྤྱོད་ལམ་བཞིར་བླ་མ་ལ་ཡང་དེ་ལྟར་བྱ་བས་ན་རྒྱུན་དུ་བསམ་ཞེས་བྱའོ། །སྐུ་ཡི་དམ་ཚིག་སྤྱིར་བསྟན་པ་ནི། བསྲུང་རིམ་འཆད་བཞིན་ཤེས་པར་བྱ། །ཞེས་པ་སྟེ་གོང་དུ་བསྲུང་ཐབས་མདོར་བསྟན་ནས། བསྲུང་བའི་རིམ་པ་རྒྱས་པར་བཤད་པ་ནི་གྲོགས་པོ་དང་མཚུངས་པར་འོག་ནས་འཆད་པ་བཞིན་ཤེས་པར་བྱ་ཞེས་གདམ་པའོ། །

མཆེད་ཀྱི་དམ་ཚིག་ལ་གཉིས་ཀྱི་མཆེད་དུ་འབྲེལ་བའི་བྱེ་བྲག་ལ་ལྔའི་དང་པོ། སྤྱིའི་མཆེད་ནི། མཐའ་ཡས་སེམས་ཅན་རང་རིག་ཕྱིར། །ཞེས་པ་སྟེ་འཇིག་རྟེན་གྱི་ཁམས་དང་ནང་བཅུད་ཀྱི་སེམས་ཅན་ལ་མཐར་ཐུག་པ་མེད་པས་མཐའ་ཡས་ཞེས་བྱ། སེམས་དངོས་པོ་དང་བྲལ་བ་རང་བཞིན་གྱིས་འོད་གསལ་བ་ལས་འཁྲུལ་པས་གཅིག་ལ་གཉིས་སུ་མཐོང་སྟེ་བརྟགས་པ་ལ་ཅན་ཞེས་བྱའོ། །དེ་དག་རྟེན་གྱི་གང་ཟག་གི་མཆེད་དུ་གྱུར་པའི་རིག་པ་ནི་གཉིས་སྟེ་དང་པོ་གསང་སྔགས་ལྟར་ན་རང་རིག་ཕྱིར། གང་ཡང་བདག་ལས་གཞན་མིན་དང་། །ཅེས་པ་དྲུག་གི་འགྲོ་བ་ཐམས་ཅད་རང་རིག་ཉིད་མ་འགགས་པ་དེ་དག་དུ་སྣང་ཞིང་རང་རིག་ཉིད་དུ་གཅིག་པའི་ཕྱིར། གང་ཡང་ཞེས་པ་འགྲོ་བ་དྲུག་ཐམས་ཅད་རང་གི་སེམས་རང་རིག་ལས་མ་གཏོགས་པ་གཞན་དུ་གྲུབ་པ་རྡུལ་ཕྲ་རབ་ཙམ་ཡང་མེད་པས་བདག་ཉིད་གཅིག་པའི་འབྲེལ་བ་སྟེ། མན་ངག་ལས་ཀྱང་།

བདག་གི་ལུས་ནི་མཐའ་ཡས་ཤིང་། སྐྱེ་བོའི་ལུས་སུ་རབ་སྣང་ཡང་ཞེས་པའོ། །རྒྱུ་ཡི་ཐེག་པའི་གདན་ཚོགས་ནི་བདེར་གཤེགས་སྙིང་པོར་སྤྱན་ཡིན་ཕྱིར་ཞེས་པས་ཁམས་གསུམ་པ་ཐམས་ཅད་ལ་བདེ་བར་གཤེགས་པའི་སྙིང་པོ་ཆོས་ཉིད་ཀྱིས་མ་ཁྱབ་པ་མེད་པ་སྟེ། འགྲོ་བའི་འདི་དག་ཐམས་ཅད་སངས་རྒྱས་རྒྱུ། །ཞེས་པ་དང་། བདེ་གཤེགས་སྙིང་པོས་འགྲོ་ཀུན་ཡོངས་ལ་ཁྱབ་ཅེས་པས་སོ། །དེས་ན་འགྲོ་བ་གང་ཡང་སངས་རྒྱས་སུ་རུང་བར་བསྟན་ཏོ། །གདན་ཚོགས་གཉིས་ཀྱིས་འགྲོ་བ་ཐམས་ཅད་རང་བཞིན་མཚུངས་པས་སྤྱན་ཡིན་པའི་ཕྱིར། མ་འོང་སངས་རྒྱས་རང་བཞིན་ནོ། །ཞེས་པས་མ་འོངས་པའི་དུས་ན་འགྲོ་བ་ཐམས་ཅད་སངས་རྒྱས་པའི་རང་བཞིན་དུ་བསྟན་པ་ཡིན་ནོ། །དོན་དེ་ཉིད་ལ་ནི་སྤྱིའི་མཆེད་ཅེས་བྱ་སྟེ་བྱམས་པ་དང་སྙིང་རྗེའི་ཡུལ་ལོ། །རིང་བའི་མཆེད་ནི། སངས་རྒྱས་ཆོས་ཞུགས་རིང་བ་དང་། །ཞེས་པས། ནང་པ་སངས་རྒྱས་པའི་བསྟན་པའི་ཆོས་ཀྱིས་སྒོར་ཞུགས་པ་སྟེ། དེ་ནས་སྐྱབས་གནས་དམ་པ་གཅིག་པ་དང་། སེམས་ཀྱི་ཕྱོགས་བདག་མེད་ལ་བཅའ་བ་དང་། འཁོར་འདས་གཉིས་སྤང་བསྒྲུབ་ཀྱི་བསམ་པ་ཅན་དུ་མཐུན་པས་མཆེད་ཡིན་ཡང་། གསང་སྔགས་ལ་བལྟོས་པས་རིང་བ་ཞེས་བྱའོ། །

ཉེ་བའི་མཆེད་ནི། ལྟ་སྤྱོད་མཐུན་པར་ཉེ་བར་བཤད། །ཅེས་པ་ལྟ་བས་མཉམ་པ་ཉིད་ཀྱི་དོན་སྟོན་པར་མཐུན་པ་དང་། སྤྱོད་པ་བླང་དོར་མེད་པར་མཐུན་པ་ནི་གསང་སྔགས་ཆུད་པ་སྟེ་གོང་གི་རིང་བ་ལ་བལྟོས་ན་འདིར་ཉེ་བའི་མཆེད་དེ། དམ་ཚིག་བཀོད་པའི་རྒྱུད་ནས་དང་པོ་འཇུག་པའི་སྒོ་དང་། བར་དུ་བསྒྲུབ་པའི་ཐབས་དང་། ཐ་མ་གྲུབ་པའི་འབྲས་བུ་ཐམས་ཅད་གཅིག་པས་ཞེས་པས་སོ། །འདྲེས་པའི་མཆེད་ནི། ཕ་གཅིག་དམ་ཚིག་གང་འདྲེས་ན། །ཞེས་པས་ཕ་ནི་དོན་སྟོན་པར་བྱེད་པའི་རྡོ་རྗེ་སློབ་དཔོན་ཏེ་གཅིག་གི་སྤྱན་སྔར་དབང་དང་རྒྱུད་བཤད་པ་དང་། མན་ངག་འབོགས་པ་གསུམ་གྱི་གནས་སྐབས་ཀྱིས་དཀྱིལ་འཁོར་གཅིག་དམ་ཚིག་དུས་གཅིག་ཐོབ་པས་ནང་འདྲེས་ན། ཚེ་སྐབས་ཀྱི་དོན་སྟེ་དེ་དག་གི་དུས་སྐབས་ན་ཚུལ་མཐོན་པའི་དཔེ་བསྟན་པ་ནི། སྤྱིའི་མཆེད་དེ་ནང་མཚན་བཞིན་ཞེས་པ་སྤྱིའི་མཆེད་ཀྱི་དཔེས་ནི་རྒྱུས་གཅིག་གི་མཚན་ན་ནང་མཚན་བཟང་པོ་བཞིན་དུ་བསྐྱུར་སྟེ་བྱམས་པ་དང་སྙིང་རྗེའི་གཞི་བཟུང་བ་དང་། ཚད་མེད་བཞིས་

དོན་བྱ་བ་དང་། ཐ་ན་སྡུག་བསྔལ་དང་བྲལ་ཞིང་བདེན་པ་དང་ལྡན་པའི་སྨོན་ལམ་འདེབས་པ་ལ་སོགས་པའོ། །དེ་ཡང་དམ་ཚིག་བཀོད་པ་ལས། ཐམས་ཅད་བདག་ཉིད་ཀྱི་བུ་དང་འདྲ་བར་ཉེས་ན་བཙོས་པ་དང་། ལེགས་པའི་ལམ་བསྟན་པ་དང་། བྱས་པ་ཐམས་ཅད་བར་ཆད་མེད་པར་འགྲུབ་ཅིང་མཐར་ཕྱིན་པར་གྱུར་ཅིག་ཅེས་སྨོན་ལམ་གདབ་པོ་ཞེས་སོ། །ཞང་ཚན་ཞེས་པ་རིང་བའི་མཆེད་ཀྱི་དཔེ་སྟེ་ཡང་མྱེས་སྤུན་ལྷ་བུ་ལ་སོགས་པའི་ཞང་ཚན་བཟང་པོ་བདུན་མ་གཅིག་པར་བྱ་བ་དང་། སྲོག་སྲིད་རྒྱ་སྐྱོང་སྟེ་ཐམས་ཅད་དང་མཐུན་ཅིང་འཛམ་བར་བྱ་བ་ལྟར་འདིར་ཆོས་སྐོར་ཞུགས་པ་ཙམ་ལ་ཆོས་དང་འགལ་བའི་ལས་མི་བྱ་ཞིང་བསྟན་པ་གཅིག་དུ་སྐྱོབ་སྟེ། དེ་ཡང་དམ་ཚིག་བཀོད་པ་ལས། སངས་རྒྱས་ཀྱི་བསྟན་པ་ཙམ་ལ་གནས་པ་ལ་ནང་མཐུན་པ་ལ་དབྱེན་མི་བསླུ། མི་མཐུན་པ་ལ་རིས་མི་གཟུང་། རྩོད་པ་ཅན་ལ་ཟུར་མི་གསོས་ཞེས་པ་ལ་སོགས་པ་གསུང་བ་བཞིན་ནོ། ། ཕ་སྤུན་ཞེས་པ་ཉེ་བའི་མཆེད་ཀྱི་དཔེ་ཉེ་བ་སྤུན་བཟང་པོ་ནི་དགྲ་ཕྱོགས་གཅིག་ན་བཀུལ་གཉེན་ཕྱོགས་གཅིག་ན་སྐྱོང་བ་དང་འདྲ་བར། འདིར་ལྟ་སྤྱོད་མཐུན་པའི་རྣལ་འབྱོར་པ་རྣམས་ཀྱིས་གསང་སྔགས་ཀྱི་དམ་ཚིག་དང་མི་འགལ་བར་བྱས་ན་འཁོར་བའི་དམག་དཔུང་ཚོགས་ཤིང་འདས་པའི་ཕྱོགས་དར་བ་སྟེ། དམ་ཚིག་བཀོད་པ་ལས། དགོངས་པ་ཅན་ལ་འཕྲུས་མི་གདགས། །དགེ་བ་ཅན་གྱི་ཐུགས་མི་དཀྲུག་ཅེས་སོ། །སྤུན་བས་ཀྱང་ཞེས་པ་འདྲེས་པའི་མཆེད་ཀྱི་དཔེ་སྟེ། དཔེར་ན་ཕ་གཅིག་གི་བུ་ནི་གཅིག་གི་དགྲ་ཀུན་བཀུལ་བ་དང་། རྒྱུན་ཀུན་གྱིས་བསྐྱང་བ་དང་ཡོ་བྱད་ཐུན་མོང་དུ་བྱེད་པ་ལྟར། རྡོ་རྗེ་སློབ་དཔོན་གཅིག་ལ་དམ་ཚིག་དུས་གཅིག་ཏུ་མནོས་པ་ནི། ད་ནི་བཟུང་སྟེ་སངས་རྒྱས་པའི་བར་དུ་མི་འབྲལ་བས་གྲོགས་པོ་དམ་པ་ཡིན་ཏེ། དེས་ན་དགོས་པ་ལ་བབ་ན་སྲོག་གིས་ཀྱང་འཐུད་པར་ལྟ་བུར་བྱའོ། །

དེ་ཡང་དམ་ཚིག་བཀོད་པ་ལས། མཆེད་ལྕམ་ལ་ཁྱད་པར་དུ་བརྩེ་གདུང་གི་གཞི་བཟུང་སྟེ་མི་འབྲལ་ཅིང་ལོག་པའི་ལམ་བཀག་ཅིང་པའི་ལམ་བཀག་ཅིང་དགེ་བ་ལ་བསྐུལ་བ་དང་། འབྲས་བུ་དུས་གཅིག་ཐོབ་པའི་སྨོན་ལམ་གདབ་ཅེས་སོ། །བསྔུང་ཐབས་ཐུན་མོང་བ་ལ་གསུམ་གྱི་ལུས་ཀྱི་སྒོ་ནས་དྲུག་གི་དང་པོ་མཆོད་སྦྱིན་གྱི་སྒོ་ནས་མཉེས་པར་བྱ་བ་ནི་ལུས་ཀྱི་ཟས་ནོར་མཉེས་བྱ་ལ།

སྤྱུར་མ་ལྷ་བུར་འཕང་བ་མེད། །ཅེས་པ་སྟེ། འདི་ཡང་རྟེན་གྱི་གང་ཟག་སྟོན་དུ་བསྟན་ལ། སློབ་དཔོན་མཆེད་གཉིས་སྐུའི་དམ་ཚིག་སྟེ་ལུས་ཀྱི་བསྲུང་བ་ཤེས་ཆེ་ལ། ངག་ཡིད་གཉིས་ཀྱི་དེའི་གྲོགས་སུ་བསྟན་པས་སྐུའི་དམ་ཚིག་སྟེ་དེ་ནི་ཡུལ་ལོ། །བསྲུང་བའི་ཚུལ་ནི་ལུས་ངག་ཡིད་གསུམ་གྱི་སྒོ་ནས་འཆད་པ་བཞིན་ཏེ། རྟེན་ལུས་ཀྱི་ཁ་ཟས་ཀྱི་བྱེ་བྲག་དང་། ནོར་གྱི་བྱེ་བྲག་རྣམས་ཀྱིས་ཡུལ་མཉེས་པའི་ཐབས་གང་ཡིན་པ་བྱས་པ་ལ་ནི་མཉེས་བྱས་ཞེས་སོ། །གསང་བའི་སྙིང་པོ་ལས། རྒྱལ་སྲིད་དང་ནི་རང་གི་ལུས། །བུ་དང་ཆུང་མ་ནོར་གྱི་དབྱིག །རབ་ཏུ་གཅེས་དང་ཡིད་འཐད་འབུལ་ཞེས་པ་ལ་སོགས་པ་རྒྱུད་ཐམས་ཅད་ལ་གྲུས་པར་འབྱུང་ངོ་། །དེ་དག་ཀྱང་སེར་སྣས་མ་གོས་པ། ཁྲོ་ལེན་ནས་སྤྱུར་མ་ལྷ་བུར་འཕངས་མེད་པའི་སེམས་ཀྱིས་དབུལ་བར་བྱའོ། །

གཉིས་པ་ཞབས་འབྲིང་བྱ་བའི་ཚུལ་ཡང་། གདན་བཏིང་ཞེས་པ་ལ་སོགས་པ་སྟེ། བླ་མ་དང་གྲོགས་དམ་པ་ལ་བཞུགས་ས་གར་དགོས་ལ་གདན་བཏིང་བ་དང་། འདམ་རྫབ་དང་ཆུ་འཕྲང་ལ་ཁུར་བ་དང་། བཙོགས་ཁོང་སུ་ཞབས་འབྲིང་ཐམས་ཅད་བསྟུས་ཏེ་གཟིམ་མལ་དང་། རྟ་ལ་བཅིབས་གཤེགས་དང་། གཤེགས་བཞུད་ཀྱི་གྲོགས་དང་ན་བཟའ་གསོལ་གཤེགས་ལ་སོགས་པ་ཐམས་ཅད་དོ། །དེ་ལྟ་བུའི་ལས་ཀྱི་བྱ་བ་ཅི་བྱེད་ཀྱང་། རང་དོན་གྱི་སྒོ་ནས་བླ་མ་མཉེས་པའི་ཐབས་གཅིག་པུ་ལས་མ་གཏོགས་པ་བསྒོམ་པ་དང་འཁེངས་སེམས་གཏན་མེད་པ་ནི་སྟན་གྱི་ཐ་མ་བཞིན་ནོ། །དང་དུ་བླང་བར་བྱ་ཞེས་པ་ངོ་སོའམ་དྲིན་ཆེ་བ་ལྟ་བུ་མ་ཡིན་པར་ཡུལ་གཉིས་ཀྱི་ཞབས་འབྲིང་རྣམས་ཞེ་ཐག་པ་ནས་རང་གཉེར་གྱིས་དང་དུ་བླང་པའོ། །

བླ་མའི་ཉེ་འཁོར་ལ་བལྟ་ཚུལ་ནི། བླ་མའི་ཉེ་འཁོར་ཞེས་པ་ཁྱིམ་པ་ལྟ་བུ་ནི་བུ་ཚའི་རིགས་རྒྱུད་དང་ཁྱིམ་བྲལ་ན་ཕྱུགས་གཉེན་ལ་སོགས་པའི་འཁོར་རྣམས། དེ་བཞིན་ཞེས་པས་བླ་མ་བཞིན་ནམ་ཡང་ན་གྲོགས་པོ་དེ་བཞིན་དུ་ཞེས་སོ། །གནང་བ་མེད་པའི་ནོར་རྫས་མི་བླང་བ་ནི། ནོར་རྫས་བླང་བ་ཞེས་པ་ལ་སོགས་པ་སྟེ། བླ་མས་མ་གནང་བར་ནོར་རྫས་ཀྱི་བྱེ་བྲག་རྣམས་འདོད་ཞེན་གྱིས་བླང་ན། རྟེན་གཉེན་པས་རྣམ་སྨིན་ཤིན་ཏུ་ཆེ་སྟེ། ངན་སོང་ཁ་བརྒྱུད་པའི་ཕྱིར་ཐ་ན་ཏིལ་འབྲུ་ཙམ་ལ་ཡང་མི་འབབ་སྟེ། གྲོགས་ལའང་དེ་དང་མཚུངས་སོ། །བླ་མའི་གདན་ལ་སོགས་ལ་སྤྱོད་པའི་

ཉེས་པ་ནི་མལ་གོས་ཞེས་པ་ལ་སོགས་པ་སྟེ། གཟིམས་བཞུགས་གཉིས་ཀྱི་ཆས་དང་། གོས་ཀྱི་ཁྲི་ཐྲག་དང་། ཆས་སྟེ་གདུགས་དུང་ལ་སོགས་པ་ལྟ་བུ་དང་། ཡང་ན་ཆགས་ཞེས་པས། ཆགས་ལྟམ་དང་། བཙོགས་ཀྱིས་བཞོན་པ་དང་། རྟ་དང་བཙུན་མོ་ལྟ་བུའོ། །དེ་དག་བགོམ་པར་མི་བྱ་བ་ནི་བསྲུང་ཚུལ་ལོ། །བགོམས་ན་ཅི་ཉེས་ཤེ་ན་མཆོད་རྟེན་བཤིགས་པ་དང་འདྲ་བར་གསུངས། ཞེས་པས་དེ་ཉིད་ཉེ་བ་ལྔ་ཡི་གཅིག་སྟེ་དེ་དང་ཉེས་པ་མཉམ་ཞེའོ། །གར་གསུངས་ན་དགོངས་པ་འདུས་པ་དང་གསང་བའི་སྤྱི་རྒྱུད་ལས་སོ། །དམན་པའི་སྤྱོད་པ་ལྔ་ཡང་སྤང་བར་བསྟན་པ་ནི། བརྡེག་བསད་རྐུ་འཕྲོག་སྤྱོད་པ་ནི། །ཞེས་པ་ལ་སོགས་པ་སྟེ། བརྡེག་པ་ནི་མཚོན་ཆ་དང་ཚིག་དབྱུག་དང་ཐལ་མོ་དང་ཁུ་ཚུར་ལྟ་བུའོ། །བསད་པ་ནི་སྲོག་གི་འཚོ་བ་དང་ཕྲལ་བའོ། །རྐུ་བ་ནི་ལྐོག་དུའོ། །འཕྲོག་པ་ནི་དངོས་སུ་བཙན་ཐབས་སོ། །སྤྱོད་པ་ནི་འདོད་ལོག་སྟེ། ལས་དག་དངོས་སུ་བྱ་བ་ནི་ཅི་སྨོས་ཀྱི་རྩེ་མོའམ་ཀུ་རེ་ཙམ་གྱི་ལས་སུ་བྱ་བ་མིན་སྟེ་ཤིན་དུ་སྤངས་བར་བྱ་སྟེ། གྲོགས་པོ་ལ་ཡང་མཚུངས་སོ། །ལུས་ཀྱི་ལས་དེ་དག་ཀུང་སློབ་དཔོན་ཉིད་ཀྱི་འཕྲ་རྒྱས་སུ་གསལ་བ་སྟེ། ལུས་ཀྱི་བསྲུང་བའང་བརྡེག་སོགས་ལས། མཐོང་སྣང་ཙམ་དུ་བྱ་བ་མིན། འདོད་ཡོན་ལྔའི་མཆོད་པ་དང་། གསང་བའི་སྟོད་དུ་དུག་མི་སྤྱོད། །ཅེས་པ་སྟེ་ཡུམ་ལ་བརྙམ་པ་དང་། འགྲོ་བ་དྲང་པོའི་ཕྱོགས་སྤངས་ཞེས་པས་རྒྱབ་ཀྱི་གཡོན་ཕྱོགས་སུ་འགྲོ་བ་དང་། གདན་ས་གདན་སོགས་མི་བརྙམ་པ་དང་། འགྲོ་འདུག་ཅེས་པས་བླ་མ་བཞེངས་ན་རང་འདུག་པ་མ་ཡིན་པ་དང་། ངན་སྤྱོད་སྤང་ཞེས་པས་སྣབས་ལུད་དང་གཤང་ཅི་ལ་སོགས་པ་བླ་མས་གཟིགས་སར་མི་བྱ་བ་དང་། བླ་མའི་སྤྱན་སྔར་རྒྱན་འཆེད་པ་སྟེ་སྙིག་ཆོས་སྤང་བ་དང་། ཟེའུ་ལྡེར་སྟེ་གདུགས་མི་དབུབ་པ་དང་། སྐྱེ་བོ་མ་རབས་ཀྱི་སྤྱོད་པ་ཀུན་སྤང་བ་དང་། སྤྱོད་ལམ་ཐམས་ཅད་དུ་བླ་མ་ལ་བག་ཟོན་ཆེ་བར་བྱ་བ་དང་། བཀུར་སྟིའི་མཆོག་བྱ་བར་བསྟན་ཏོ། །དོན་དེ་ཉིད་དམ་ཚིག་བཀོད་པ་ལས་ཀུང་བླ་མ་མཉེས་པའི་ཐབས་སྒོ་གསུམ་གྱི་བྱ་བ་རྒྱས་པར་གསུངས་པས་དེ་ལྟར་བལྟ་བར་བྱའོ། །ངག་གི་སྒོ་ནས་བསྲུངས་ཐབས་ནི་ངག་གིས་སྐྱོན་སྨྲ་ཞེས་པ་ལ་སོགས་པ་སྟེ། བརྟེན་ངག་གི་སྒོ་ནས་བླ་མ་དང་མཆེད་ལ་སྐྱོན་ཡོད་ན་ཐབས་ཅིས་ཀུང་སྦ་བ་དང་། ཡོན་ཏན་གཞན་ལ་བསྒྲག་པར་བྱའོ། །བླ་མ་དང་གྲོགས་པོའི་ཚུལ་ཞེས་པ་འདྲ་སྣང་སྟེ། གཟིགས

པ་དང་བཞུད་པ་དང་གསུང་བ་དང་། མཛད་སྤྱོད་ཀྱི་སྟོངས་དང་། སྐྱོན་གྱི་ཚོགས་མངོན་ནམ་སྣགས་སུ་བརྗོད་པ་ནི་ཉམས་པར་འགྱུར་བས་སྤང་བར་བྱའོ། །སྐྱོན་མེད་པ་ལ་བཏགས་པའི་སྒྲོ་དང་། ཡོན་ཏན་ཡོད་ཀྱང་བཅས་པའི་བསྐུར་བ་དང་། སོགས་ཁོངས་སུ་སྐྱོན་བརྗོད་པའི་བྱེ་བྲག་ཐམས་ཅད་བརྗོད་པའི་མཚན་ཉིད་དག་དངོས་སུ་བྱ་བ་ལྟ་ཅི་སློས་ཀྱི་བྲེ་མོའམ་ཀུ་རེ་ཙམ་དུ་ཡང་མི་བརྗོད་པ་དང་། ཡང་ཐེལ་གྱིས་བརྗོད་པ་ལྟ་ཅི་སློས་ཏེ་ཟུར་ཙམ་ཡང་མི་བྱ་བ་ནི་ངག་གིས་བསྲུང་བའི་ཚུལ་ལོ། །དེ་ཉིད་ཀྱང་འཕྲ་རྒྱས་འབྲེད་པ་ལས། རྫུན་དང་འཕྲ་མ་ངག་རྩུབ་དང་། །འཁྱལ་པ་ནམ་ཡང་མི་བྱ་སྟེ། །བེ་ཕོག་མ་ཡིན་ཧ་གད་དོར། །ཆོག་ཏུ་ཚུལ་བརྗོད་ཉམས་པར་འགྱུར། །ཡོན་ཏན་བརྗོད་ཅིང་སྔན་པར་སྨྲ། །ཙ་ཅོ་ལ་སོགས་མ་ཡིན་པ་ཞེས་སོ། །

ཡིད་ཀྱི་བསྲུང་བ་ནི་ཡིད་ཀྱིས་གཡོ་སྒྱུ་འཕྲག་དོག་དང་ཞེས་པ་ལ་སོགས་པ་སྟེ། རྟེན་ཡིད་ཀྱི་སློ་ནས་བླ་མ་དང་གྲོགས་ལ་གཡོ་དང་སྒྱུ་དང་བདག་འཐོབ་པར་འདོད་པའི་འཕྲག་དོག་དང་། ཡུལ་གཉིས་དམན་པར་འདོད་པའི་ཧན་སེམས་དང་དཔྱུས་གདག་པའི་སེམས་དང་། ནོར་ལ་སྐམ་ཆགས་ཀྱི་སེམས་རྣམས་ཐ་ན་ཡུན་ཐུང་བ་སེ་གོལ་ཙམ་གྱི་ཡུན་དུའང་མི་བྱ་སྟེ། མདོར་བསྡུས་ན། དད་པས་མི་ཕྱེད་པས་ཤིན་ཏུ་གདུང་ཞིང་ཕན་འདོགས་པའི་ངོས་ནས་བརྩེ་བར་བྱ་ཞེས་པས་སེམས་ཀྱིས་བསྲུང་ཚུལ་ལོ། །དེ་ཡང་ཕྲ་རྒྱས་ལས། ཆགས་སྡང་གཏི་མུག་ང་རྒྱལ་དང་། །ཕྲག་དོག་དུག་ལྔའི་སེམས་མི་བྱ། །ངན་དུ་མི་སེམས་ལྷི་བར་སེམས། །ཕ་མ་ཡི་དམ་འདྲ་བར་སེམས། །རྟག་ཏུ་གདུང་བ་རྒྱུན་མི་བཅད། །བྱང་ཆུབ་གཟུངས་ལ་ཞུགས་པ་ཡིན། །ཞེས་སོ། །དེ་དག་དྲན་པ་དང་ཤེས་བཞིན་གྱིས་མི་ཉམས་པར་བསྲུང་བ་ནི་རང་གི་ངོ་བོའོ། །འདི་དག་དུས་སྐབས་གང་གི་ཚེ་རྒྱུད་ལ་ཅི་ལྟར་ལྡན་པ་ནི། ཟག་བཅས་དང་པོའི་དུས་སུ་གཉེན་པོ་གོ་ཆ་བགོས་ནས་བསྲུང་བའོ། །སྦྱོར་ལམ་ལ་ཉེ་ནས་ཆུ་གཞོལ་ཕྱོགས་སུ་འབབ་པ་བཞིན་བརྩོན་འགྲུས་ཀྱི་ངོ་བོ་ཉིད་དུ་ཞུགས་སོ། །ཟག་མེད་ནས་མཐར་ལམ་གྱི་བར་དུ་སེམས་ཉིད་དུ་རྟོགས་ལ། ཉེས་པས་མ་གོས་པ་ཉིད་གང་ནས་གང་དུ་སྟོབས་སུ་གྱུར་པའོ། །དུས་ནི་དགོངས་འདུས་ལས། འདུན་པ་ནས་བཟུང་ལས་རྫུང་བའི་བར་དུ་དེ་ལས་ལྡོས་དགོས་སོ་ཞེས་པ་དང་། བླ་མེད་སྙིང་པོར་འགྲོ་བའི་གྲོགས་ཞེས་པས་ལས་དང་

པོ་ནས་མཐའ་ལམ་གྱི་བར་དུའོ། །ཡོན་ཏན་གྱི་ངོས་ནས་ཞབས་བསྟུ་བ་ནི་སྦྱོད་ལམ་ཞེས་པ་ལ་སོགས་པ་སྟེ། བླ་མ་དང་གྲོགས་པོ་མཉེས་པའི་ཐབས་ཀྱི་སྦྱོད་ལམ་གྱིས་དངོས་པོ་རྣམས་དེ་བཞིན་དུ་ཉམས་སུ་བླང་བ་དང་། གཞན་ཡང་མཉེས་པའི་ཐབས་ཟས་དང་ནོར་དང་ལུས་འབུལ་བ་དང་། དད་པ་དང་ཤེས་རབ་དང་བསྒྲུབ་པ་ལ་སོགས་སུ་ཅི་བྱས་ཀྱང་བླ་མ་དང་གྲོགས་མཉེས་པར་བྱེད་ཅིང་བཀའི་ཐིལ་གཙོག་པ་ལྷ་བུ་ག་ལའང་སྲིད་དེ། ཟུར་ཙམ་ཡང་མི་གཙོག་པའི་རྣལ་འབྱོར་དེ་ནི་སངས་རྒྱས་ཀྱི་སའི་རྒྱུད་ལ་ཞུགས་པ་ལས་འཁོར་བར་ཕྱིར་ལྡོག་པར་རྒྱལ་བ་ཀུན་དུ་བཟང་པོས་མ་གསུངས་སོ། །

དེ་ཡང་དམ་ཚིག་བཀོད་པ་ལས། དམ་ཚིག་མ་ཉམས་པར་བསྲུངས་ན་ཀུན་དུ་བཟང་པོ་དང་སྐལ་པ་མཉམ་པ་ཡིན་ནོ་ཞེས་པ་དང་། གསང་བའི་སྙིང་པོ་ལས། བདེར་གཤེགས་ཉིད་ཀྱི་ཡུལ་ལ་བཞུགས། །ཞེས་པས་སོ། །འོན་ཀྱང་ཐེག་པ་ཆེན་པོ་ནི་གནང་བཀག་གི་བྱེ་བྲག་གིས་བསྲུང་བ་ཡིན་པས། བཀའ་བཅག་ཀྱང་མི་སྐྱོ་བའི་སྐབས་ནི་དམ་ཚིག་བཀོད་པ་ལས། བདུད་དང་བར་ཆོད་སློབ་དཔོན་གྱི་ཆ་བྱད་དུ་བྱུང་བ་དང་། སློབ་དཔོན་སྨྱོས་པ་དང་། ཆང་དབང་དང་། གདོན་དབང་དུ་སོང་བ་དང་། ལེགས་པའི་ལམ་ལ་འགོག་ཅིང་དགེ་བའི་གེགས་བྱེད་དེ་སྡིག་པའི་ལས་ལ་བསྐུལ་བ་དང་། བཀའ་བདེན་པར་མི་སྟོན་ཅིང་མུ་སྟེགས་དང་ལོག་པའི་ཕྱོགས་སྟོན་པར་བྱེད་ན་བཀའ་བཅག་པ་མི་སྐྱོ་སྟེ་གནས་སྐབས་བཞིའོ། །གྲོགས་པོ་ཡང་དཀར་པོ་ལ་སྨད་ཅིང་ནག་པོ་ལ་བསྟོད་པ་དང་། དད་པ་ཅན་གྱི་ཚོགས་གཙོག་ཅིང་། དགེ་བ་ཅན་གྱི་ཐུགས་དཀྲུག་པ་དང་། བཀའ་དང་དམ་ཚིག་ལས་འགལ་ཞིང་མཆེད་ལ་བརྩེ་གདུང་མེད་ཅིང་འཐབ་པ་དང་། ཆོས་ལ་མི་དད་ཅིང་དགེ་བ་ལ་མི་གུས་ན་བཀའ་བཅག་པ་མི་སྐྱོ་བའོ། །དོན་དེས་ན་བླ་མ་ནི་ཡོན་ཏན་ཐམས་ཅད་ཀྱི་རྩ་བའམ་གཞི་ཡིན་གྱི། གྲོགས་པོ་ནི་ཡོན་ཏན་ཐམས་ཅད་བསྒྲུབ་པའི་གྲོགས་ཡིན་པས་སྐུ་ཡི་དམ་ཚིག་གལ་ཆེ་སྟེ། སྒྱུ་འཕྲུལ་རྒྱས་པ་ལས། རྡོ་རྗེ་སློབ་དཔོན་སྨད་མི་བྱ། །བྱང་ཆུབ་སྟོན་པའི་འདྲེན་པ་པོ། །ལོང་བའི་དམིག་བུ་འདྲེན་དང་འདྲ། །ཉོན་མོངས་སྡུག་བསྔལ་མཚོ་སྐེམ་ཡིན་ཞེས་པ་དང་། མཆེད་ཀྱང་རྡོ་རྗེ་མཆེད་དང་ལྕམ་དྲལ་ནི། བླ་མེད་བྱང་ཆུབ་འགྲོ་བའི་སྤྱུན། །ཆོས་ཉིད་དམ་ཚིག་སློན་ལམ་མཐུན། །

བྱང་ཆུབ་རིག་འཛིན་སར་ངེས་པས། །ཞེས་པས་སོ། །མན་ངག་ལས་ཀྱང་། སློབ་མ་གོ་འཕང་མཆོག་བརྟེས་ཀྱང་། །སེམས་ཅན་གནས་པའི་བླ་མ་བཀུར། །ལྷ་ཡི་སྐུ་འབུམ་སྒོམ་པས་ཀྱང་། །བླ་མ་མཆོད་པའི་ཆར་མི་ཉེ། །ཞེས་གལ་ཆེ་བར་གདམ་པའོ། །གསུང་གི་དམ་ཚིག་ལ་བཞིས་བསྟན་པའི་དང་པོ་སྔགས་གསུམ་ནི་འཆད་བསྐྱེད་དང་། ཞེས་པ་ལ་སོགས་པ་སྟེ། འདིར་ཡི་དམ་གྱི་ལྷ་ཡི་སྐུ་ལ་བརྟེན་ཏེ་ངག་གི་ལས་ལ་ཤེས་ཆེ་བས་ནི་གསུང་དམ་པར་ཞེས་སྨོས་སྟེ། དེ་ཡང་རྟེན་གྱི་གང་ཟག་ནི་གོང་དུ་སྟོན་ལ། ཡུལ་སྔགས་གསུམ་དང་ཕྱག་རྒྱ་བཞི་འཆེད་པ་འདི་ཉིད་དོ། །རྩ་བ་ནི་རྒྱུ་མཚོན་བ་རྩ་བའི་སྔགས་སྟེ་གཞིའི་སྙིང་པོའོ། །འབྲུ་བརྒྱད་དམ། འབྲུ་དགུ་ལྷ་བུ་དང་། ལྷ་རྣམས་ཀྱི་མི་སྔགས་སོ། །བསྐྱེད་དང་ཞེས་པ་སྔགས་བཛྙོད་པའི་རྐྱེན་གྱིས་ལྷའི་སྐུ་བསྐྱེད་པ་སྟེ་འདིར་ན་ཧཱུྃ་ཏ་ཏེ་ཕཊ་དང་སྔགས་བཛྙོད་པ་ཉིད་ཀྱིས་ལྷའི་སྐུ་བསྐྱེད་པ་ཐམས་ཅད་དོ། །ལས་སྔགས་ནི་ཐུགས་དམ་བསྐུལ་བས་འཕྲིན་ལས་སུ་གྱུར་པ་སྟེ་ དྷཱི་ཤ་བཛྲ་ཀྲོ་དྷས་ཁྲོ་བོ་འཚོལ་བ་སྦྱོར་པ་དང་ཏ་ཀ་ཏ་ན་ད་ཏ་པ་ཙ་ལ་སོགས་གཞན་ཡང་ཐུགས་དམ་བསྐུལ་བའི་ཚིག་ཐམས་ཅད་ཀྱིས་ནི་བྱེད་པའི་ཚིག་དེ་གང་ཞེ་ན། ཕྱག་རྒྱ་བཞིའོ། །

དེ་ཉིད་བསྟན་པའི་དམ་ཚིག་ལས་དང་ཞེས་པ་ལ་སོགས་པ་སྟེ། གཞུང་འདི་ཉིད་ཀྱི་ཕྱག་རྒྱ་བཞི་ནི་ཐུགས་དམ་ཚིག་གི་ཕྱག་རྒྱ་དང་། ལས་ཞེས་པ་འཕྲོ་འདུ་ལས་ཀྱི་ཕྱག་རྒྱ་དང་། ཆོས་ནི་གསུང་ཆོས་ཀྱི་ཕྱག་རྒྱ་དང་བསྡུས་པའི་དོན་ནི་སྐུ་ཉིད་ཕྱག་རྒྱ་ཆེན་པོ་དང་བཞིའོ། །དེ་ལ་སྐུའི་ཕྱག་རྒྱ་བཤད་པ་ལའང་བཞི་སྟེ། མ་སྐྱེས་པ་ཆོས་ཀྱི་སྐུ་དང་། མ་འགག་པ་གཟུགས་ཀྱི་སྐུའོ། །དེ་ལ་མ་སྐྱེས་པ་ནི་ཆོས་ཀྱི་སྐུ་མཚན་མའི་སྤྲོས་པ་ཐམས་ཅད་དང་བྲལ་བ་སྟེ། དེ་ཡང་ཆོས་ཐམས་ཅད་ལ་རྒྱས་ཐེབ་ཤིང་མི་འདའ་བས་ཕྱག་རྒྱའོ། །མ་འགག་པ་གཟུགས་ཀྱི་སྐུ་ལ་གཉིས་ཏེ། འབྲས་བུ་ལྷུན་གྲུབ་བདེར་གཤེགས་ཀྱི་སྐུ་དང་། ལམ་པས་བསྒྲུབ་བྱེད་ཀྱི་གཟུགས་སྐུའོ། །དེ་ལ་འབྲས་བུ་ལྷུན་གྲུབ་ནི་ལོངས་སྐུ་དང་སྤྲུལ་སྐུའི་བྱེ་བྲག་ཞི་ཁྲོ་མཐའ་ཡས་པ་སྐུ་ཕྱག་རྒྱའི་རྣམ་པར་སྣང་བའོ། །ལམ་ལ་གཉིས་ཏེ། ཏིང་འཛིན་དག་པའི་གཟུགས་སྐུ་རྣལ་འབྱོར་པའི་ཏིང་ངེ་འཛིན་ལ་སྣང་བ་དང་། མཚོན་པར་བྱེད་པའི་གཟུགས་བརྙན་གྱི་སྐུའོ། །དེ་ལ་བཞི་སྟེ། འབུར་དུ་བཏོད་པ་དང་། ལུགས་སུ

བླུགས་པ་དང་། རིས་སུ་བྲིས་པ་དང་། རྡུལ་མཚོན་གྱི་དཀྱིལ་འཁོར་རྣམས་སོ། །གསུང་ཆོས་ཀྱི་ཕྱག་རྒྱ་ལ་གཉིས་ཏེ། མ་སྐྱེས་པ་གསུང་ཆོས་ཀྱི་ཕྱག་རྒྱ་དང་། མི་འགག་པའི་གསུང་ངོ་། །མ་སྐྱེས་པ་ནི་སངས་རྒྱས་ཐམས་ཅད་ཀྱི་ངོ་བོ་ཉིད་ཆོས་སྐུ་སྤྲོས་པ་དང་བྲལ་བ་ཉིད་འཛལ་དུ་བཏུབ་པས་སོ། །མ་འགག་པ་ལ་གཉིས་ཏེ། བརྗོད་བྱ་དོན་གྱི་གསུང་དང་། བརྗོད་བྱེད་ཚིག་གི་གསུང་ངོ་། །དོན་ནི་ཕྱི་ནང་གི་ཆོས་ཐམས་ཅད་བརྡའ་སྤྲོད་པར་བྱེད་པ་ཡི་གེ་འཁོར་ལོའི་འཕྲེང་བར་གནས་པའི་ཕྱིར་མིང་གི་མཚན་ཉིད་ཀྱིས་སོ་སོའི་ནུས་པ་མི་འགག་པར་བརྡའ་སྤྲོད་པར་བྱེད་པའི་ཕྱིར་གསུང་ཆོས་ཀྱི་ཕྱག་རྒྱ་ཞེས་བསྟད་དོ། །བརྗོད་བྱེད་ལ་གཉིས་ཏེ། ལྷུན་འགྲུབ་འབྲས་བུའི་གསུང་དང་། སྦྱོང་བྱེད་ལམ་གྱི་གསུང་ངོ་། །འབྲས་བུའི་གསུང་ནི་ཆོས་ཀྱི་སྐུའི་གསུང་ནམ་མཁའ་ལྟ་བུ་ལ་སོགས་པ་ལྟའོ། །

སྦྱོང་བྱེད་ལ་གཉིས་ཏེ། བསམ་པ་ཆོས་ཀྱི་ཕྱག་རྒྱ་ཡིག་འབྲུ་བསྒོམ་པ་སྟེ། རྒྱུ་ཡི་ཡི་གེ་དང་ཐུགས་ཀ་ནས་སྒོམ་པ་རྣམས་སོ། །བརྗོད་པ་ཆོས་ཀྱི་ཕྱག་རྒྱ་ངག་གི་ལས་ཐམས་ཅད་དེ་སྔགས་བརྗོད་པ་དང་། བཟློད་པ་དང་། བསྐུལ་བ་རྣམས་སོ། །དེ་ནི་སྔགས་གསུམ་གྱི་ཁོངས་སུ་ཡང་འགྲོ་བས་སྔགས་དང་ཕྱག་རྒྱ་འབྲེལ་བ་ཉིད་གསུང་གི་དམ་མོ། །ཐུགས་དམ་ཚིག་ལ་གཉིས་ཏེ། ལྷུན་གྲུབ་འབྲས་བུའི་ཐུགས་དང་། སྦྱོང་བྱེད་ལམ་གྱི་ཐུགས་སོ། །

དང་པོ་ལ་གསུམ་སྟེ། མ་སྐྱེས་པ་དང་། མ་འགག་པ་དང་། དབྱེར་མེད་པའོ། །དེ་ལ་མ་སྐྱེས་པ་ནི་ཆོས་ཀྱི་དབྱིངས་རྣམ་པར་དག་པའི་ཡེ་ཤེས་སོ། །མ་འགག་པ་ནི་མེ་ལོང་ལྟ་བུ་དང་། སོ་སོ་ཀུན་རྟོག་དང་། བྱ་བ་གྲུབ་པའོ། །དབྱེར་མེད་པ་མཉམ་པ་ཉིད་ཀྱི་ཡེ་ཤེས་སོ། །ལམ་ལ་གསུམ་སྟེ། བསམ་པ་དམ་ཚིག་གི་ཕྱག་རྒྱ་དང་བཅའ་བ་དམ་ཚིག་གི་ཕྱག་རྒྱ་དང་། མཚོན་བྱེད་དམ་ཚིག་གི་ཕྱག་རྒྱའོ། །བསམ་པ་ནི་ཐུགས་ཡེ་ཤེས་སེམས་དཔའ་དང་། ཐུགས་མཚན་བསྒོམ་པའོ། །བཅའ་བ་ནི་འཁོར་ལོ་ལ་སོགས་པ་གང་དང་གང་བཅའ་བའི་དངོས་གཞི་ཉིད་དོ། །མཚོན་བྱེད་ནི། རྡོ་རྗེ་དྲིལ་བུ་དང་ཕུར་བུ་ལ་སོགས་པ་བཅང་བ་རྣམས་སོ། །གོང་དུ་དེ་ལྟར་མ་སྐྱེས་པ་ལ་སྐུ་གསུང་ཐུགས་ཀྱི་དབྱེ་བར་བསྟན་པ་ནི་མཐའ་དང་བྲལ་བའི་ངོ་བོ་ཆོས་ཐམས་ཅད་ཀྱི་དངོས་གཞི་རང་བཞིན་དུ

གནས་པའི་ངོས་ནས་ཆོས་སྐུ་དེ་ཉིད་གོ་མི་འགག་པའི་ངོས་ནས་ནམ་མཁའ་ལྟ་བུའི་གསུང་རིག་པ་ཡུལ་བྲལ་རང་བྱུང་ཡེ་ཤེས་སུ་སྣང་བའི་ངོས་ནས་རྣམ་ཀུན་མཆོག་ལྡན་གྱི་སྟོང་ཆེན་སྟེ་ཆོས་དབྱིངས་ཡེ་ཤེས་སོ། །འཕྲོ་འདུ་འཕྲིན་ལས་ཀྱི་ཕྱག་རྒྱ་ནི་མི་འགག་པ་བོ་ན་ཡིན་པའི་ཕྱིར་མ་སྐྱེས་པ་དང་མི་སྣྲར་ཏེ། དེ་ཡང་འབྲས་བུ་ལྷུན་གྱིས་གྲུབ་པའི་ལས་ཀྱི་ཕྱག་རྒྱ་དང་། གདུལ་བྱ་ལམ་པའི་ལས་ཀྱི་ཕྱག་རྒྱའོ། །

དང་པོ་ལ་བཞི་སྟེ། རྟག་པ་རྒྱུན་དུ་ཐུགས་རྗེ་སྐྱེ་བ་དང་། རང་བཞིན་ཤུགས་ཀྱིས་སྐྱེ་བ་དང་། ཡུལ་དང་ཕྲད་ན་སྐྱེ་བ་དང་། བསྐུལ་ཞིང་གསོལ་བ་བཏབ་པས་ཐུགས་རྗེས་སྐྱེ་བའོ། །གདུལ་བྱའི་ཕྱག་རྒྱ་ལ་གཉིས་ཏེ། བསམ་པ་ལས་ཀྱི་ཕྱག་རྒྱ་དང་། བཅའ་བ་ལས་ཀྱི་རྒྱའོ། །བསམ་པ་ནི་ཏིང་ངེ་འཛིན་གྱི་འཕྲོ་འདུ་སྟེ། ས་བོན་དང་། ཐུགས་མཚན་དང་། སྐུ་དང་། བཟླས་པའི་འཕྲེང་བ་ལས་འོད་འཕྲོས་པས་འཕགས་པའི་ཐུགས་རྒྱུད་བསྐུལ། སེམས་ཅན་གྱི་དོན་བྱས་པ་ལ་སོགས་པ་རྣམས་སོ། །བཅའ་བ་ནི་དངོས་སུ་ལུས་ཀྱི་འགྱུར་སྟངས་དང་། ལག་པའི་བཅའ་བར་ཕྱག་རྒྱ་གང་དང་གང་བཅའ་བའི་དུས་སུ་གཡས་སུ་གསུམ་བསྐོར། གཡོན་དུ་གསུམ་སྐོར། ཐུགས་ཀར་གསུམ་ཐད་དོ། །དེ་ནས་དངོས་པོ་བཅིང་མཁའ་ལ་དཀྱིལ། སྙིང་ཁར་བསྟུ་བ་དང་བཞི། དང་པོ་འབྱུང་བའི་གཞི་དང་། འཕྱོ་བའི་ཚུལ་དང་དྲུག་འཕྲུགས་སུ་བྱས་པ་རྣམས་སོ། །དེ་དག་གི་འཕྲོ་འདུས་བདག་གཞན་གྱི་དོན་ཐམས་ཅད་བསྒྲུབ་པ་ནི་ལས་སོ། །དེ་ཡང་ཕྲིན་ལས་བཞི་ལྷུན་གྲུབ་དང་ལྔ། གནས་སྐབས་ཀུན་ཏུ་སྦྱར་བར་བྱའོ། །དེ་ལྟར་གཞི་ལམ་འབྲས་བུའི་ཆོས་ཐམས་ཅད་ཕྱག་རྒྱ་བཞིར་བསྡུ། དེ་རང་རིག་དང་དབྱེར་མེད་པར་རྟོགས་པར་བྱ་བ་དང་། དེ་དག་ལས་མི་འདའ་བར་བྱ་བ་ནི་བསྒྲུབ་པ་དམ་པ་ཡིན་པའི་ཕྱིར་གསུང་གི་དམ་ཚིག་བསྒྲུབ་པ་ཞེས་བྱའོ། །སྤྱིར་ཕྱག་རྒྱའི་ངེས་ཚིག་ནི་མི་འགྱུར་བའི་དོན་དང་། མི་འདའ་བའི་དོན་དང་། བཅའ་བའི་དོན་དང་། འཆང་བའི་དོན་དུ་ཤེས་པར་བྱའོ། །ཡང་སྣང་བ་ཐམས་ཅད་སྐུ་ཕྱག་རྒྱ་ཆེན་པོ། རང་བཞིན་མེད་པའི་གསུང་ཆོས་ཀྱི་ཕྱག་རྒྱ། དབྱེར་མེད་པ་ཐུགས་དམ་ཚིག་གི་ཕྱག་རྒྱ། བྱ་བ་བྱེད་པ་ལས་ཀྱི་ཕྱག་རྒྱའོ། །དེ་ལྟར་རྣལ་འབྱོར་པའི་རིགས་པ་ལས་གསལ་བ་ནི་ཕྱག་རྒྱ་བཞི་དབྱེར་མེད་པའོ། །དེ་ཡང་འདིར་ཉིན་ཞམས་སུ་ལེན་ན།

རྟོག་པའི་བློ་ཅན་གྱིས་ཏིང་ངེ་འཛིན་གྱི་སྐབས་སུ་ལྷ་ཡི་སྐུ་བསྒོམ་པ་ཕྱག་རྒྱ་ཆེན་པོ་ཡིག་འབྲུ་བསྒོམ་པ་དང་སྔགས་བརྗོད་པ་གསུང་ཆོས་ཀྱི་ཕྱག་རྒྱ། ཐུགས་མཚན་བསྒོམ་པ་དང་ཐུགས་ཀ་ན་བསྒོམ་པ་ཐུགས་དམ་ཚིག་གི་ཕྱག་རྒྱ་ཏིང་ངེ་འཛིན་གྱི་འཕྲོ་འདུ་ཐམས་ཅད་འཕྲིན་ལས་ཀྱི་ཕྱག་རྒྱའོ། །

དེ་དག་གི་བསྒྲུབ་ཚུལ་ནི་རང་གི་སྒོ་གསུམ་ཡི་དམ་གྱི་ཞེས་པ་ལ་སོགས་པ་སྟེ། རྣལ་འབྱོར་པ་རང་གི་ལུས་ངག་ཡིད་གསུམ་ཡི་དམ་གྱི་ལྷ་ཡི་སྐུ་གསུང་ཐུགས་སུ་སྔགས་གསུམ་དང་ཕྱག་རྒྱ་བཞིར་དབྱེར་མེད་པར་སྦྱར་ལ། དུས་གསུམ་དུ་སྤྱོད་ལམ་བཞིར་རྟག་ཏུ་ཡང་དང་ཡང་དུ་ཏིང་ངེ་འཛིན་གྱི་བཟླས་པ་བྱེད་པ་དང་། སྔགས་ཀྱི་བཟླས་པ་བྱེད་པ་ནི་བླ་ན་མེད་པའི་འབྲས་བུའི་གཟུངས་ཀྱིས་ཟིན་པ་ཡིན་ལ། ཕྱིར་མི་ལྡོག་ངེས་པས་ཞུགས་པའི་ཡིན་ཞེས་བྱའོ། །ཐུན་གྱི་ཚད་བསྟན་པ་ནི། རབ་ཀྱིས་ཞེས་པ་ལ་སོགས་པ་སྟེ། རབ་ཀྱི་ཡ་རབ་ཀྱིས་ཆུ་བོའི་གཞུང་བཞིན་བར་འཆམས་མེད་པར་བསྒྲུབ་པའམ། རབ་ཀྱི་འབྲིང་གིས་ཉིན་གསུམ་མཚན་གསུམ་སྟེ་ཐུན་དྲུག་གམ། རབ་ཀྱི་ཐ་མས་ཉིན་གཅིག་སྟེ་ཞལ་གཅིག་ལ་ལན་གཅིག་བསྒོམ་པའོ། །དེ་ཡང་ཡིད་ཏིང་ངེ་འཛིན་ལ་མ་ཡེངས་པ་ཙམ་གྱིས་ངང་གིས་བཟླས་ཞེས་པས་རྒྱུན་དུ་མ་ཡེངས་པར་བྱ་བ་དམ་ཚིག་གི་མན་ངག་གོ། །འབྲིང་གིས་ཞེས་པ་འབྲིང་གི་རབ་ཀྱིས་ཟླ་བ་གཅིག་ལ་དུས་དྲུག་སྟེ་གསུམ་གྱི་ཐོག་ཏུ་བཅུ་བཞི་བཅོ་བརྒྱད། ཉི་ཤུ་དགུ་བསྟན་པའོ། །ཡང་ན་ཆོས་གཅིག་གནམ་སྟོང་ཉི་ཤུ་དགུ་ཞེས་འཆད་དོ། །འབྲིང་གི་ཐ་མས་དུས་བཞི་ཞེས་པས། གསུམ་གྱི་ཐོག་ཏུ་ཉི་ཤུ་དགུའམ་ཆོས་གཅིག་བསྟན་པས་གནས་སྐབས་དེར་བསྒྲུབ་པ་ལ་བར་ཆད་པར་མི་བྱ་བ་ལ་ཅི་ཞེས་བྱའོ། །རྣལ་འབྱོར་པ་ཐ་མ་ནི་བརྩོན་འགྲུས་ལ་སོགས་པ་གོང་མ་གཉིས་ལས་ཞན་པས། ལོ་ཟླ་དང་ང་རྒྱལ་ཚུང་བ་ལ་དཔྱའ་བ་ཞེས་བྱ་སྟེ། དེ་ཉིད་བསྒྲུབ་པ་ལ་ཞན་པས་གཞན་གྱིས་དཔྱའ་བར་ཡང་གྱུར་པས་སོ། །དེ་ལྟར་བུའི་རྣལ་འབྱོར་པས་ཟླ་རེ་འམ་ཞེས་པ་ཐ་མའི་རབ་ཀྱིས་ཟླ་བ་རེ་རེ་ལ་ལན་རེའམ། ཡང་ན་ཐ་མའི་འབྲིང་གིས་རབ་བཞི་སྟེ་ལོ་གཅིག་ལ་ལན་བཞིའོ། །དེ་ལྟ་བུའི་དུས་ཚིགས་དག་ཏུ་ཡི་དམ་གྱི་སྒོམ་བསྒྲུབ་ལ་བརྩོན་པར་འབད་པ་ནི་གསུང་གི་དམ་ཚིག་བསྲུང་བའི་ཐབས་སོ། །དེ་ལྟར་མི་

བྱེད་ནས་ཁས་བླངས་ནས་འཕྲུལ་བར་བོར་བ་ནི་བྱང་ཆུབ་ས་བོན་བརླན་པ་ཡིན། ཞེས་པ་རང་གི་བྱང་ཆུབ་ས་བོན་རང་གིས་བརླག་པ་ཡིན་ཏེ། ཁས་བླངས་ནས་འདས་པའི་ཉེས་པ་རང་རྒྱུད་གཏན་བརླག་པ་སྟེ། དཔེར་ན་ས་བོན་བཏབ་ནས་ལད་ཡུར་དང་བསྲུང་བྲན་མ་བྱས་པ་མེས་བསྲེག་པ་དང་མཚུངས་སོ། །

འོན་བསྲུང་དམ་ལ་སྟུགས་དང་ཕྲུག་རྒྱ་མིན་པ་གཞན་ཅི་ཡང་མི་དགོས་སམ་ཞེ་ན། འགྲུབ་བྱེད་ཀྱི་ཡན་ལག་དུ་དགོས་ཏེ། གང་ཞེན་ཚོགས་དང་ཞེས་པ་ཚོགས་ཀྱི་མཆོད་པ་ཡན་ལག་དང་བཅས། དེ་བཞིན་དུ་ཞེས་པའང་ཕྱི་ནང་གི་མཆོད་པ་ཐམས་ཅད་བསྡུས་ཏེ། དེ་ཡང་བསྐྱེགས་པ་ཉིད་དཔེར་བླངས་པས་བསྒོམ་བཟླས་རབ་ཆུ་བོའི་རྒྱུན་ལ་སོགས་པ་དུས་བཞག་རྣམས་སློས་པ་དེ་བཞིན་དུ་ཚོགས་གཏོར་ཡང་བྱ་བའོ། །

གཞན་ཡང་ཐ་མའི་ཐ་མས་ཀྱང་ལོ་ཟླ་མི་འདའོ། །ཞེས་པས་རྣལ་འབྱོར་པ་གཡེང་བ་ཅན་གྱིས་ལོ་རེ་ལ་ཟླ་བ་རེ་ལ་ཞག་བདུན་ལ་སོགས་པ་དམ་ཚིག་གི་རྒྱུད་ནས་སློས་པ་བཞིན་དུ་འབད་པ་དང་། ཚོགས་དང་གཏོར་མའང་དེ་དང་མཚུང་པས་སོ། །ཡང་ན་ཐ་མ་ནི་འབྱོར་པ་ཆུང་བའི་གང་ཟག་གིས་བསྒྲུབ་པ་གོང་གི་རབ་འབྲིང་སློས་པ་རྣམས་ཅི་ལྟར་ཉམས་སུ་བླངས་ཀྱང་ཚོགས་ལོ་མི་འདའ་སྟེ། ལོ་གཅིག་ལ་ལན་རེ། གཏོར་མ་ཟླ་བ་རེ་ལ་ཡང་མི་འདའ་བ་ཞེས་བྱའོ། །སྤྱིར་གསུང་གི་དམ་ཚིག་འགྲུབ་བྱེད་ཀྱི་ཡན་ལག་ལ་ཚོགས་དང་སྦྱིན་སྲེག་གཏོར་མ་གསུམ་སློས་པས་དེ་གསུམ་འཚོགས་པར་བྱའོ། །གསུམ་དང་བསྲུང་བ་རང་གི་ངོ་བོ་ནི། དུས་ཚོད་སློས་པ་རྣམས་ལས་མ་འདས་པའོ། །རྟེན་གྱི་རྒྱུད་ལ་ལྡན་པའི་ཚད་ནི་ཟག་བཅས་ཀྱི་དུས་སུ་བརྟེན་འགྲུས་དང་གོ་ཆས་ཆེད་དུ་ཉམས་སུ་བླངས་ལ། ཟག་མེད་མི་གཏོང་ངོ་བོ་ཉིད་ཀྱིས་རྒྱུད་ལ་ལྡན་ཏེ། ཆུ་དང་གཤེར་མི་གཏོང་བ་བཞིན་ཡིན་ཀྱང་། ན་འཕར་ཞིང་སྟོབས་སུ་གྱུར་པའོ། །དུས་ནི་ལས་དང་པོ་ནས་མཐར་ལམ་གྱི་བར་དུའོ། །དེ་དག་གི་བྱ་བ་དང་དུས་ཚིག་རྣམས་ཀྱང་། དམ་ཚིག་བཀོད་པ་ལས་སློས་ཏེ། རབ་ཀྱིས་ཆུ་བོ་གཞུང་བཞིན་དུ་བྱ་བ་དང་། ཉིན་མཚན་དུས་དྲུག་ཏུ་བྱ་བ་དང་། ཡང་དུས་བཞི་ཞེས་པ་དང་། ཐ་མ་ཞག་གྲངས་བདུན་ནམ། ཡང་ན་ཉི་ཤུ་རྩ་གཅིག་གམ་ཞེས་པས་རྒྱས་པར་སྟོན་ཏོ། །དོན་དེ་ཉིད་ནི་

འབྲས་བུ་བསྒྲུབ་པའི་ལམ་གྱི་རྩ་གཞི་ཡིན་ཏེ། བདག་ཉིད་ལྷ་དང་མཉམ་སྦྱར་ན། ཡོན་ཏན་ཆུང་ཡང་འགྲུབ་པར་འགྱུར་ཞེས་པ་དང་། ལྷ་སྤང་དགེ་སྦྱད་དོན་མེད་འགྱུར་ཞེས་པ་ལ་སོགས་པ་རྒྱས་པ་བརྒྱད་ཅུ་བ་ལས་གསུངས་སོ། །ཐུགས་ཀྱི་དམ་ཚིག་ལ་གཉིས་ཀྱིས་གསང་བྱའི་ངོ་བོའི་དང་པོ། སྤྱིར་གསང་བཞི་ནས་ལྷ་ཟབ་ཞེས་པ་ལ་སོགས་སྟེ་ལྷ་བ་ཟབ་མོ་ནི་ཆོས་མཉམ་པ་ཉིད་ཀྱི་དོན་ཐེག་པ་འོག་མའི་ཡུལ་དུ་མ་གྱུར་པ། ནམ་མཁའ་ཆེ་ལས་བསམ་བརྗོད་ལས་འདས་པར་བསྟན་པ་ལྟ་བུ་དང་། སྤྱོད་པ་ནི་བདག་གཞན་གྱི་དོན་དུ་མི་འགག་པ་སྟེ། བརྟུང་པོ་ནི་མོ་རིགས་སྦྱོར་བ་དང་། ཕོ་རིགས་སྒྲོལ་བ་ལ་སོགས་པ་ནང་པའི་ལྷ་སྒོམ་གྱིས་བདག་གཞན་གྱི་དོན་དུ་འགྱུར་ཞིང་། དེ་ཐེག་དོན་བློ་ལ་མི་ཤོང་བས་མི་མོས་པ་འདི་ཡི་དཀྱུས་སུ་འཆད་པ་རྣམས་སོ། །

དེ་ཡང་དམ་ཚིག་བཀོད་པ་ལས། རྣལ་འབྱོར་སྔགས་ཀྱི་སྤྱོད་པ་དག །ཆོས་མ་མཐོང་བ་ལྟ་ཅི་སྨོས། །དམ་མ་འབྲེས་པ་རྣམས་ལ་ཡང་། །ཟུར་ཡང་བསྟན་པར་མི་བྱ་ཞིང་། །དངོས་སུ་བསྟན་པ་ཅི་སྨོས་ཀྱི། །ཚིག་གི་ཟུར་དུའང་གླེང་མི་བྱ། །ཞེས་སོ། །ལྷ་ཞེས་པ་ཡི་དམ་གྱི་ལྷ་སྟེ། དེ་ཡང་གསུང་དམ་ནི་ཉམས་སུ་བླང་བའི་ངོས་ཡིན་ལ། འདིར་ནི་དེ་གསང་བྱའི་ཡུལ་གྱི་གྲངས་སོ། །དེ་གསུམ་ལྷ་སྦྱོད་སྒོམ་གསུམ་བཅུ་བ་དང་། མིང་ཅེས་པ་གསང་མཚན་དང་། དབང་དང་བསྒྲུབ་པའི་དུས་ཀྱི་ཡུམ་གཟུགས་མ་དང་། བསྒྲུབ་པའི་དུས་ཀྱི་རྫི་ལམ་དང་། དངོས་སུ་སྣང་བའི་གྲུབ་རྟགས་རྣམས་ཏེ་བཞིའོ། །འདི་ལ་གོང་མ་ལ་ལ་དག་ལྷ་བ་ཟབ་མོ་དང་། སྤྱོད་པ་བརྟུངས་པོ་དང་། ཡི་དམ་གྱི་ལྷ་ཡི་མིང་དང་། གཟུངས་དང་གྲུབ་རྟགས་གཉིས་གཅིག་དུ་བརྩིས་པ་དང་བཞིར་བཞེད་སྐད་དེ། ལུང་རྒྱུད་ཀྱི་དབྱེ་བ་སོ་སོ་བས་འགལ་བ་མི་བསམ་མོ། །དེས་ནི་སྤྱིར་གསང་སྔགས་སུ་ཞུགས་པ་ཐམས་ཅད་ཀྱིས་དུས་སྐབས་ཐམས་ཅད་དུ་གསང་བར་བྱ་བའི་རྣམ་པའི་གྲངས་བཞི་ཞེས་སྟོན་པ་རྡོ་རྗེ་འཆང་གིས་ལུང་རྒྱུད་ཐམས་ཅད་དུ་བཤད་དོ། །ཁྱད་པར་གསང་བ་བཞི་ནི་བསྒྲུབ་པའི་གནས་དུས་ཞེས་པ་ལ་སོགས་པ་སྟེ། མཆོག་གི་བསྒྲུབ་པ་དཔལ་ཡང་དག་དང་། ཐུན་མོང་གི་བསྒྲུབ་པ་བདུད་རྩི་དང་། དེ་ལ་སོགས་པའི་ཆེ་འབྲུ་གང་ལ་ཡང་། གནས་གང་ཡིན་པ་དང་། དུས་ནམ་གྱི་ཚོད་དང་། གྲོགས་གང་དང་གང་ཡིན་པ་དང་། རྫས་གང་དགོས་པ་དང་བཞི་སྟེ། དེ་ཡང་གསང་སྔགས་གསང་

བས་འགྲུབ་པ་དང་། གསང་བ་དམ་ཚིག་ཡིན་པ་དང་། མི་དང་མི་མ་ཡིན་པའི་བར་ཆད་དགོས་པའི་ངོས་ནས་གསང་སྟེ། སྟོན་འབྱུང་མ་གསང་པས་བར་ཆོད་གནས་སུ་ཞུགས་པ་དང་། དུས་འཇོལ་བར་བྱས་པ་དང་། གྲོགས་དང་དབྱེ་བ་དང་། རྫས་མ་གྲུབ་པ་ལ་སོགས་པའི་ལོ་རྒྱུས་ཀྱང་དུ་མ་གསུངས། དེས་ན་བརྩོན་འགྲུས་དྲག་པོས་བཞི་པོ་རབ་ཏུ་གསང་ལ་བསྒྲུབ་པ་བསྒྲུར་བར་བྱའོ། །དེ་བཞིས་ནི་བསྒྲུབ་པ་བརྩམ་ནས་མ་ཚར་གྱི་བར་དུ་གསང་བའི་བར་གསང་ཞེས་བྱའོ། །ཚར་ནས་མ་ཞུགས་ཀྱི་བར་དུ་གསང་བའི་གཞི་མེད་པས་རང་གསང་ཞེས་བྱའོ། །གསང་བ་འོས་པའི་རྣམ་གྲངས་ནི། གསང་བར་འོས་པ་ཞེས་པ་ལ་སོགས་པ་སྟེ། དེ་ཡང་མཐོང་ཐོས་ཀྱི་ཆོས་རྣམས་དང་པོ་ནི། འདིར་གྲོགས་དང་སློབ་དཔོན་ཉིད་ཀྱིས་གཉེར་གཏད་པའི་གསུང་མེད་ཀྱང་། གསང་སྔགས་སུ་ཞུགས་ནས་གསང་བར་འོས་པའི་རྣམ་གྲངས་རྣམས་ཡང་ཡང་འདིར་མདོར་བསྡུས་ཏེ་བསྟན་ན་དཀྱིལ་འཁོར་དང་ནང་གི་མཆོད་པ་ལྔ་ལ་བསྔོས་པའི་བཟའ་བཏུང་གི་བྱེ་བྲག་རྣམས་ཀྱི་ཕུད་དེ་རྒྱུ་ལྷ་བུ་དང་གཏོར་མ་ནི་འབྲས་བུ་སྟེ་དཀྱིལ་འཁོར་ལ་བསྔོས་པ་དང་། ཁྱད་པར་གྱི་གཏོར་མ་ལ་བསྔོས་པ་དང་། ཚོགས་དག་ཞེས་པས་ཚོགས་ཀྱི་ཡོ་བྱད་ཚོགས་བཅའ་བ་དང་བཅས་པ་དང་། བསྒྲུབ་པ་ལ་བསྔོས་པའམ་གོ་ཆ་བཞིས་བསྒྲལ་བའི་ཞིང་ཚོགས་དང་། མཚན་དང་ལྡན་ཞིང་ཡོན་ཏན་འབྱུང་ནུས་པའི་རྣན་རྫ་དང་། ལྷ་ཡི་ཐུགས་ཀྱི་རྟེན་དཀྱིལ་འཁོར་ལ་བཀོད་པའི་ཕུར་པ་དང་། མར་མེའི་སྡོང་ནི་ཡང་དག་གི་བསྒྲུབ་པ་ལ་བཀོད་པའི་སྙིང་བུ་དང་། རྫས་ནི་བསྒྲུབ་པའི་དམ་རྫས་སྟེ་བམ་གྱི་དབང་པོ་ལྔ་ལ་སོགས་པ་ལྔ་བུའོ། །ལག་ཆ་ནི་བསྒྲུབ་པའི་དུས་སུ་དགོས་པའི་རྡོ་རྗེ་དྲིལ་བུ་དང་། འཚམས་ལ་དགོས་པའི་ཕུར་བུ། ཉིལ་ལེ་བཟློག་པའི་ཞིང་ལྤགས་དང་། གཏོར་མ་གཏོང་བའི་རྟེའུ་ཆུང་དང་དེ་ལ་སོགས་པ་ཐམས་ཅད་དོ། །འོ་ན་དྲིལ་བུ་དང་རྟེའུ་ཆུང་གཉིས་འོག་ཏུ་ཡང་སྨོས་ལ། འདིར་ཡང་སྨོས་པ་ཅི་ཞེ་ན། འདིར་ནི་མཐོང་བྱའི་དབྱིབས་གསང་ལ། འོག་ཏུ་ནི་ཐོབ་བྱའི་སྒྲ་གསང་བས་ལས་གཉིས་སྨོས་པའོ། །དཀྱིལ་འཁོར་ནི་བྲིས་པ་དང་བསྐྱེད་པའོ། །རྣམས་ཀྱིས་ནི་གོང་མ་རྣམས་བསྡུས་པའོ། །ཡུལ་ནི་ལས་ཀྱི་ཁ་ལོ་བསྒྱུར་བའི་ས་པ་བས་དེ་ཉིད་སོ་སོ་ལས་སྐྱེས་པའི་སྐྱེ་བོ་སྟེ་འཆད་པའི་གསང་བའི་ཡུལ་རྣམས་སོ། །དེས་རྣམ་པ་ཐམས་ཅད་དུ་མཐོང་

བར་ལོངས་སུ་མ་བྱ་ཞེས་སོ། །སྒྲ་ནི་ནང་གི་བསྒྲུབ་པ་ལ་བསྒོས་པའི་དྲིལ་བུ་དང་། བན་རྡེའི་རྔེའུ་ཆུང་སོགས་ཁོང་དུ་རྐང་པའི་དུང་དང་། གླིང་བུ་དང་། ཐོད་པའི་ཆ་ལང་ལ་སོགས་ཏེ། སྒྲ་ཐམས་ཅད་སྒྲེ་བོ་ཞེས་པ་ཡུལ་འོག་མ་ཉིད་ཀྱིས་ཐོས་པ་ཡོངས་སུ་མི་བཏུང་སྟེ། དེས་ན་དགོན་པ་ཡང་གྲོངས་ཡུལ་ལས་དཔག་ཚད་དང་རྒྱང་གྲགས་ཀྱིས་དབེན་པར་གསུངས་སོ། །

དེ་ཡང་དམ་ཚིག་བཀོད་པ་ལས། རྫས་དང་ལག་ཆ་ལ་སོགས་དང་། །ཕུད་དང་གཏོར་མ་ཚོགས་རྣམས་དང་། །ཕུར་པ་མེ་མར་སྣོད་ལ་སོགས། །དེ་དག་མཐོང་བར་མི་བྱའོ། །ཛ་དང་དྲིལ་བུ་ལ་སོགས་སྒྲ། །སྐྱེ་བོས་ཐོས་པར་ཡོང་མི་བྱ། །གང་ཞིག་ཉན་ཅིང་ལྟ་འདོད་པའི། །རྟུལ་ཕྲུག་སྐྱེས་བུའི་ཕྲུག་གོ་ཞེས་སོ། །གཉེན་གཏད་པ་ནི་གྲོགས་པོ་ཞེས་པ་ལ་སོགས་པ་སྟེ། འདིར་ཐེག་པ་མཆོག་ལ་ཞུགས་པའི་དུས་སུ་དབང་ལ་སོགས་པ་དུས་གཅིག་བླངས་པས་ཀུང་གྲོགས་པོ་ལ་སངས་རྒྱས་ཀྱི་བར་དུ་མི་འབྲལ་བའི་ཀུང་གྲོགས་པོ་སྟེ། དེ་དག་གི་སྤྱོད་ལམ་ངན་པ་གཞན་གྱི་ཚོར་ན་མི་མོས་པ་རྣམས་དང་། གཞན་ཡང་སྨྲིན་དང་འཚངས་གཞན་གྱིས་ཚོར་ན། ཡུལ་དེ་ཉིད་ལ་གནོད་པར་གྱུར་པ་རྣམས་དང་། སྤྱིར་སེམས་ཅན་ཀུན་གྱི་སྤྱོད་ཚུལ་ངན་པ་དང་། འཚངས་སྨྲིན་ངན་པ་རྣམས་དང་། ཀུན་ལ་གནོད་པའི་ངན་སྤྱོད་ཅེས་པ། འགྲོ་བ་རིགས་གང་ལའང་གནོད་པར་འགྱུར་བའི་ལས་ཏེ། རྔོན་གྱི་བྱེ་བྲག་རླུབས་དང་། ཐུ་དང་སླེ་དང་ས་མདའ་ལ་སོགས་པ་སྟེ། སེམས་ཅན་གྱི་རིགས་གང་དང་གང་བསད་པའི་ཐབས་ཀྱི་སྦྱོར་བ་རྣམས་ནི་འཇིག་རྟེན་འདིར་ཡང་རིགས་ངན་གྱི་སྤྱོད་པ་ཡིན་ལ། ཕྱི་མ་ངན་སོང་དུ་འགྲོ་བའི་སྤྱོད་པ་ཡིན་པས་དེ་དག་ཤིན་ཏུ་གསང་བ་ནི་བླ་ན་མེད་པའི་རྒྱུ་ཡིན་པའི་ཕྱིར་གསང་བ་དང་། གཉེར་གཏད་པ་ནི་ཞེས་པ་སྤྱིར་གསང་བ་བཅུ་སྤྱི་ཡང་ཡིན་ལ། སྙོམས་སུ་བཤད་པའི་ཐ་མ་གཉིས་ཏེ། གཞན་ཡང་སླུས་པའི་གལ་མེད་དེ་གཞན་གནོད་པར་མི་འགྱུར་ཡང་། བླ་མ་དང་མཆེད་ཀྱིས་མ་སླ་གསུངས་ན་དེ་གཉེར་གཏད་པའི་དམ་ཚིག་དམ་པ་ཡིན་ཏེ། སྔར་སློ་ཡི་དམ་ཚིག་སྐབས་སུ་བཤད་པའི་སློབ་དཔོན་དང་མཆེད་རྣམས་ཀྱིས་མཉེས་གཏད་པའི་བསྒྲུང་བ་ལ་ནི་རྣམས་ཀྱིས་ཞེས་སོ། །གསང་བའི་ཐབས་ལ་གསུམ་གྱི་དང་པོ། གསང་ཐུགས་སྨྲིན་ཡོད་མ་ཡིན་ཏེ། །ཞེས་པ་ལ་སོགས་པ་ཐེག་པ་མཆོག་ལ་སྨྲིན་ཡོད་ན་གཞན་གྱིས་མཐོང་ཐོས་མི་རུང་

བས། གསང་བ་ལྟ་བུ་མ་ཡིན་ཏེ། འགྲོ་བ་སེམས་ཅན་རྣམས་སྦྱངས་བ་ཆུང་བློ་ཞན་དེའི་དབང་གིས་གསང་སྔགས་ཀྱི་སྤྱོད་པ་བརླང་པོ་རྣམས་མཐོང་ན་རང་གི་བློ་ལ་མི་ཤོང་བས་མི་མོས། དེ་ཙམ་དུ་མ་ཟད་དེ་བཀུར་བ་བཏབ་སྟེ་ཡུལ་ཁྱད་པར་ཅན་ལ་བསྐུར་བ་བཏབ་པས་རྣམ་སྨིན་ཤིན་ཏུ་ཆེ་བས་དབྱུང་ཐག་ཆད་པ་བཞིན་དུ་ངན་སོང་དུ་ལྟུང་བའི་ཕྱིར། དེ་ལྟ་བུའི་སེམས་ཀྱི་དོན་གྱི་ཕྱིར་རབ་ཏུ་གསང་ཞེས་པ་སྟེ་གཞན་དོན་ནོ། །བདག་དོན་དུ་གསང་ཐུབ་ན་གསང་བའི་དམ་ཚིག་ལ་གནས་པས་དངོས་གྲུབ་མི་ཡལ་བའི་དུས་སུ་འགྲུབ་པའི་ཕྱིར་དང་། ཡང་དངོས་གྲུབ་ཡལ་བའི་རྒྱུ་ནི་གཉིས་ཏེ། ཕྱི་བག་ཆགས་རྡུལ་གྱི་གོས་པ་དང་། ནང་མཚན་མའི་འཛིན་རྟོགས་སྐྱེས་པའོ། །དེ་ལ་གསང་བྱ་རྣམས་ཡུལ་རྣམས་ཀྱི་མངོན་དུ་གྱུར་ལ། དེ་དག་ལ་དཔྱད་ར་དང་འཕྱ་སྨོན་དང་། ཐ་སྙད་མང་པོ་འདག་པ་དང་། ཀུན་ལ་མ་ཡོད་པའི་བརྙས་སེམས་དང་འཕྱ་སེམས་བྱས་པ་ནི། དཔེར་ན་མཛོད་གཏིང་ན་ཡོད་པའི་ནོར་མཆོག་ཕྱི་རོལ་དུ་ཕྱུངས་པས་དྲི་མ་དང་། དུ་བ་དང་། རྡུལ་གྱིས་གོས་པ་ལྟ་བུའོ། །ནང་མཚན་མའི་འཛིན་རྟོག་སྐྱེས་པ་ནི་བསྒྲུབ་པ་པོ་ཉིད་བློ་ཐག་མ་ཆོད་ནས། ཐེ་ཚོམ་དང་སོམ་ཉིས་གསང་གྲམ་པའི་རྒྱུ་བྱས་སྟེ་དེ་ཉིད་ཀྱིས་དངོས་གྲུབ་ཡལ་བས་དེ་ལས་བཟློག་པའི་ཕྱིར་གསང་བར་གསུངས་པས་དགོས་པ་དེའི་ཕྱིར་གདམ་ངག་ཞེས་ཀྱང་བྱ། བརྡའ་དག་ཞེས་ཀྱང་བྱ་སྟེ། གསང་བའི་གདམ་ངག་གི་ཕྱིར་ལུས་བརྡའ་དང་ངག་བརྡའ་ལ་མི་འདྲ་བ་སྣ་ཚོགས། གློག་གི་འཁོར་ལོ་ལ་སོགས་པའི་རྒྱུད་རྣམས་སུ་སྟོན་པས་གསུངས་སོ། །ཡུལ་ནི་ངམ་ཉམས་ཞེས་པ་ལ་སོགས་པ་སྟེ། སྔགས་པ་གར་མནོས་ཏེ་ནང་ན་འདུག་ཀྱང་རྩ་བ་དང་ཡན་ལག་སྤྱི་ཉམས་པ་དང་རྩ་བ་ཉམས་པ་དང་། ཡན་ལག་ཉམས་པ་དང་། བླས་ཉམས་ཏེ་ཉམས་པ་དང་འགྲོགས་པ་དང་། ཞར་ཉམས་ཏེ་ཉམས་པའི་མགོན་བྱས་པའོ། །དམ་ལས་ལོག་ཞེས་པ་གང་དང་གང་ཉམས་ནས་ཀྱང་སྔགས་པའི་ཚུལ་ནས་ཀྱང་ལོག་སྐྱེ་སྐྱེ་བོ་དང་ལྡན་ཅིག་པ་དང་། དམ་མེད་དེ་དམ་ཚིག་མ་བླངས་པ་དང་། དེས་དཀྱིལ་འཁོར་མ་མཐོང་ཞིང་དབང་མ་ཐོབ་སྐྱེ་སྐྱེ་བོ་ནི་རྒྱུ་ཡི་ཐེག་པ་ཆེན་པོའི་བར་གྱི་གང་ཟག་གོ། །འདྲིས་དང་ཞེས་པ་ཐོབ་ཅིང་མ་ཉམས་པ་དང་དབང་དང་དམ་ཚིག་དུས་གཅིག་མནོས་པའོ། །མ་འདྲིས་ནས་དམ་ཚིག་དང་ལྡན་ཡང་རང་དང་དུས་གཅིག་དབང་ཐོབ་པ་མ་ཡིན་པ་ལྟ་བུའོ། །

ཐམས་ཅད་ནི་གསང་བྱའི་ཡུལ་ཙམ་བསྟུས་པས་ལ་ཞེས་བྱའོ། །འདི་ལ་ལྷ་རྗེ་ཡང་ཁེང་ན་རེ། དམ་ཚིག་མ་ཉམས་ན་རྣམ་པ་ཐམས་ཅད་དུ་གསང་བ་མ་ཡིན་སྟེ། འཆད་པའི་གསང་ཐབས་ཀྱི་ནང་གས་འདྲེས་ནས་ཉམས་པ་དང་། ཡང་རྗེས་ནས་ཉམས་པའོ་གསུང་སྐད་དོ། །འོན་ཀྱང་དེ་གཉིས་ནས་གོང་གི་དམ་ཉམས་ཀྱི་ཁོངས་སུ་འདུས་པས་དེས་ན་དཔྱད་པ་རིགས་སོ། །ཐབས་ནི་སེམས་ཀྱིས་བསྟན་པ་ཞེས་པ་ལ་སོགས་པ་སྟེ། གསང་བྱའི་ངོ་བོ་རྣམས་སེམས་ཀྱི་སྒོ་ནས་ཡུལ་གང་ལ་ཡང་བསྟན་པར་མི་བསམ་ཞིང་། ལུས་ཀྱི་སྒོ་ནས་དངོས་པོ་ཐམས་ཅད་ཡུལ་གང་ལའང་ཐབས་སྣ་ཚོགས་ཀྱི་སྒོ་ནས་སྦ་བ་ལ་འབད་ནས་ཀྱང་ངག་གི་ཧཱུཾ་རྗེ་ལྡེ་ཡོད་ཀྱང་། ཞེས་པ་ཐམས་ཅད་མཁྱེན་པ་ལ་མངའ་སྟེ། འཁོར་བའི་ཆོས་ཅི་ལྟར་བརྗོད་ཀྱང་ཡེ་ཤེས་སུ་ཤར་བས་ཉེས་པས་མི་གོས་པ་ནི་ཧཱུཾ་རྗེའི་ལྡེ་སྟེ། དེ་ལྟ་བུའི་དགོངས་པ་ཡོད་ཀྱང་གསང་བྱ་རྣམས་བརྗོད་པར་བྱ་བ་དག་དུ་མིན་སྟེ་མི་བརྗོད་ན། རྟོག་པའི་རྣལ་འབྱོར་རྣམས་ཀྱིས་ལྷ་ག་ལ་བརྗོད་ཅེས་ལ་དོར་བའོ། །དེ་ཡང་རྟེན་ཐུན་མོང་བ་གོང་དུ་བསྟན་པ་དེས་ཡུལ་གསང་བ་བཅུ་ལ་ཚུལ་སྤྱིར་གསང་བ་དང་། གནས་སྐབས་སུ་གསང་བ་ཉིད་ཀྱིས་ཉམས་སུ་ལེན་པ་ངོ་བོའོ། །དུས་ལས་དང་པོ་ནས་མཐར་ལམ་གྱི་བར་དུའོ། །རྒྱུད་ལ་ལྡན་པའི་ཚུལ་ནི། དང་པོའི་རྣལ་འབྱོར་རྣམས་ཀྱིས་བསྙེན་པའི་སྒོ་ནས་བསྲུང་བ་ཉིད་ཉམས་པ་དང་བཅས་ལས་ཐོབ་ནས་ཆེད་བྱས་མེད་པར་བསྲུང་བ་ལས་ངོ་བོ་ཉིད་ཀྱིས་མི་འདའ་སྟེ། ཉམས་པ་གཞི་བྲལ་བ་ཉིད་རྒྱལ་ཆེན་རྫོགས་པའི་བར་དུ་སྟོབས་སུ་གྱུར་པའོ། །འདི་ཡང་དམ་ཚིག་བསྐོད་པ་ལས། ཀུན་བཟང་བཀའ་དང་ངེས་པའི་ལུང་། །གསང་བ་ཆེན་པོ་བཅུ་པོ་དག །མན་ངག་གཞན་ལས་མི་སྤེལ་བ། །དེ་ཡང་ངག་ལུས་སེམས་རྣམས་ཏེ། །ལུས་ཀྱི་སྤྱོད་པ་བརྣང་པོ་གསང་། །ངག་གིས་ཧཱུཾ་རྗེའི་ལྡེ་ཡོད་ཀྱང་། །བརྗོད་པ་དག་ཏུ་བྱ་བ་མིན་ཞེས་སོ། །འོ་ན་ཡེ་མི་བཤད་དམ་ཞེ་ན། ཡང་དེ་ཉིད་ལས། དབང་བསྐུར་གནང་བ་གང་ཐོབ་ནས། །སྨོད་དང་ལྡན་པའི་སྐྱེས་བུ་ལ། །ཐབས་ཀྱིས་སྦྲ་བ་གང་བྱེད་པ། །དེ་ནི་བསྲུངས་པའི་རིམ་པ་སྟེ། །དངོས་གྲུབ་འབྲས་བུ་རྒྱུད་མི་ཟ་ཞེས་སོ། །རྩ་བ་གསུམ་གྱི་ཡི་ཞབས་བསྡུ་བ་ནི། དེ་དག་རྩ་བ་བཞིར་བཤད་དེ། །ཞེས་པ་གང་དུ་སྨོས་པའི་བཞི་པོ་དེ་དག་རྩ་བ་བཅས་པ་འབྲུ་གང་དུ་བཤད་པ་བཞིན་པས་གྲངས་བཞིར་གང་གིས་ན་ཀུན་དུ་བཟང་པོས་སོ། །གང་

དུ་ན་རྒྱུད་གཞུང་རྣམས་ཏེ། གསང་སྙིང་ལས་ཀྱང་རྩ་བ་ཞེས་སྨོས་པ་དང་། དམ་ཚིག་བཀོད་པ་ལས་ཀྱང་། འདི་དག་ནི་རྩ་བ་སྟེ། འདི་མ་ཉམས་ན་ཡན་ལག་རྣམས་ཤུགས་ཀྱིས་ཚང་སྟེ་གལ་ཏེ་སྒྲོས་སུ་ཉམས་པ་ཡོད་ཀྱང་རྩ་བའི་སྟོབས་ཀྱིས་ཤུགས་ཀྱིས་བསྐྱངས་པར་འགྱུར་རོ་ཞེས་འཆད་དོ། །དེ་ལྟར་རྩ་བའི་བསྲུང་ཐབས་རྒྱས་པར་བརྟེན་ནས་ཡན་ལག་ལ་གཉིས་ཀྱི་ཁྱད་པར་ལ་མདོར་བསྟན་པའི་ཚུལ་གྱིས་དམ་བཅའ་བ་ནི་ཐུན་མིན་ཡན་ལག་བཤད་བྱ་བ་ཞེས་པས་ཉན་ཐོས་དང་ཡོ་གའི་བར་གྱི་ཐེག་པ་རྣམས་ཀྱིས་སྤྱོད་ཡུལ་དུ་མ་གྱུར་ཅིང་ནང་པ་འབའ་ཞིག་གི་སྒྲིན་པས་ཐུན་མིན་སྟེ། ཚིག་ཉིད་དངོས་སུ་བསྟན་པ་ཡང་ཐུན་མོང་གི་ཡན་ལག་རྣམས་འཆད་པ་དང་། ཐེག་པ་མཆོག་ཐལ་གྱི་སྤྱོད་ཡུལ་མ་ཡིན་པས། བདེ་བར་གཤེགས་པའི་དགོངས་མཛད་ཉིད་དངོས་སུ་སྣང་བ་སྟེ་སྟོད་དཀོན་པར་བསྟན་ནོ། །

ཡན་ལག་ནི་རྩ་བའི་ཤུགས་ལ་འདི་ཉིད་གྲུབ་པ་དང་། རྩ་བ་མ་གྲུབ་ན་མེད་པ་དང་། བསྲུང་ཐུབ་མ་ཐུབ་ཀྱིས་ཡག་ཉེས་སྟོབས་ཆུང་བ་དང་། ཉམས་ཀྱང་བསྐང་སླ་བས་ན་ཡན་ལག་གོ། །དེ་ཉིད་འཆད་པའི་ཉིད་ལག་དང་བཅས་པའི་སྔར་བྱུང་བ་ལ་ཡང་ཡན་ལག་ཅེས་བྱ་སྟེ་དེ་བཤད་པ་དམ་བཅའ་བའོ། །རྒྱས་པ་ལ་ལྔ་ཡི་སྤྱད་པའི་དམ་ཚིག་སྟེ། དེ་ལ་ཡང་མདོར་བསྟན་པ་ནི་སྒྲོར་སྒྲོལ་མ་བྱིན་ལེན་པ་དང་། རྫུན་སྨྲ་ངག་བརྐྱང་སྤྱོད་པ་ལྔ། །ཞེས་པ་ཐེག་པ་མཆོག་གི་ལུགས་ཀྱིས་ཐབས་དང་ཤེས་རབ་གཉིས་སུ་མེད་པའི་དོན་ཉིད་རྟགས་སུ་སྦྱོར་བ་དང་། ཞིང་བཅུ་ཐུགས་རྗེའི་ཞིང་དུ་བྱས་ནས་ཧེ་ང་དེ་འཛིན་གྱི་ཐར་པའི་ས་ལ་སྒྲོལ་བ་དང་། ཐུགས་རྗེས་ཀུན་ནས་བསླང་སྟེ་ཞིང་བཅུའི་ནོར་དང་། གསང་སྔགས་ཀྱི་གྲུབ་རྫས་རྣམས་གཞན་གྱིས་མ་བྱིན་པར་ཐབས་ཀྱིས་འཕྲིན་ལས་ཀྱིས་ལེན་པ་དང་། གསང་བ་བཅུ་སྦྱིད་པའི་ཐབས་ཀྱི་རྫུན་དང་། ལོག་བརྟགས་ཅན་ལ་མི་བདེན་པའི་རང་རིགས་གང་དུའང་མ་གྲུབ་ཅིང་ཅིར་ཡང་སྣང་བའི་རྫུན་སྨྲ་བ་དང་། བསྟན་པའི་དགྲ་དང་། སློབ་དཔོན་གྱི་སྐུ་དགྲ་དང་། འཁོར་དང་སློབ་མ་རྣམས་ཞི་དེས་ཀྱིས་མི་འདུལ་ན་ངག་བརྐྱང་པའི་འཚོས་པ་དང་། ལྔ་ནི་འཚོམས་ཀྱི་ཡུལ་ལྔ་དང་ཕྲད་པའི་དུས་སུ་དངོས་སུ་ཉམས་སུ་བླངས་ནས་དོན་བཞིའི་ཕྱིར་སྤྱད་པའི་གྲངས་ལྔའོ། །

དེ་ཡང་དམ་ཚིག་བཀོད་པ་ལས། ཞིང་བཅུ་ཐུགས་རྗེས་བཟུང་ནས། གནས་ཧིང་ངེས་སྦྱོར་བ་ནི་སྒྲོལ་བའི་དམ་ཚིག་གོ། །དེ་མ་ཡིན་པ་སྲོག་ལ་མི་འཛེམ་པ་དང་། སྙིང་རྗེ་དང་བྲལ་བ་ནི་དམ་ཉམས་པའོ། །ཞེས་པ་ལ་སོགས་པ་རྒྱས་བཤད་སྒྲོལ་བའི་དམ་ཚིག་ལ་བདུན་གྱི་དང་པོ། རང་བཞིན་ལྷ་བུའི་སྒྲོལ་བ་ནི་རང་བཞིན་གྱི་ནི་སྦྱོར་སྒྲོལ་དང་། ཞེས་པ་སྟེ། རང་བཞིན་ནི་སེམས་ཀྱི་ཆོས་ཉིད་རྒྱུ་རྐྱེན་དང་བྲལ་ཞིང་དུ་མ་མེད་པ་གཞན་པ་ངང་གིས་མ་དམིགས་པ་ལ་ནི་རང་ཞེས་སྟེ། དོན་དེ་ཉིད་བྱས་ཆོས་དང་བྲལ་བ་གནས་ཚུལ་ཉིད་དབྱེ་བསྟན་བྲལ་བར་རིགས་པ་ལ་ལྷུན་གྱིས་གྲུབ་པ་ནི་བཞིན་ཞེས་བྱའོ། །གྱི་ནི་ཞེས་པ་བྱེད་པའི་ཚིག་སྟེ་ལྡུགས་ཀྱི་སྒྲ་རེ་ཞེས་པ་སྟེ་རང་བཞིན་ཞེས་པས་ངོ་བོ་སྟོན་ལ། སྦྱོར་སྒྲོལ་ནི་དེ་ཉིད་ཀྱི་ལས་སོ། །འདིར་ཨ་ཧིའི་སྦྱོར་སྒྲོལ་ཡང་ཡིན་ལ། ལྷ་བའང་ཡིན་ཏེ་སྣང་སྲིད་ཀྱི་ཆོས་ཐམས་ཅད་རྟོགས་པའི་ངོ་ལ་རང་བཞིན་ཆོས་ཀྱི་དབྱིངས་སུ་སྦྱོར་ཞིང་། དོན་དེ་ཉིད་ཀྱིས་རྟོགས་པའི་ངོ་ལ་གཟུང་འཛིན་ཀ་ནས་དག་པ་ལ་ནི་སྒྲོལ་བ་ཞེས་བྱའོ། །དོན་དེ་ཉིད་ནི་སྤྱོད་པ་ལྟ་ཡི་གཞི་ཡིན་ཏེ་དེ་ཡང་བརྒྱ་སྦྱུ་བ་ལས། སྦྱོར་བ་ཉིད་ལ་སྒྲོལ་བ་སྟེ། །སྒྲོལ་བ་ཉིད་ན་སྦྱོར་བ་རྫོགས་ཞེས་པས། གང་ལྟར་ན་ཡང་སྦྱོར་སྒྲོལ་དབྱེར་མེད་པར་བསྟན་ཏོ། །གོམས་པའི་སྒྲོལ་བ་ནི་ཧིང་ངེ་འཛིན་གྱི་སྦྱོར་སྒྲོལ་དང་། ཞེས་པ་ཧིང་ངེ་འཛིན་ནི་གཡོས་བྱེད་ལམ་གྱི་ངོ་བོ་ཡིན་ཏེ། གཞལ་བྱ་སྣང་སྲིད་ཐུན་མོངས་མ་ཡིན་པའི་ཚད་མས་གཞལ་བས། ལྷ་དང་ཆོས་ཉིད་ཀྱི་ཧིང་ངེ་འཛིན་མངོན་དུ་གྱུར་ཏེ་བསྒོམ་པས། དགོངས་པ་ཉིད་ལ་སྦྱོར་བའི་གནས་སྐབས་ན་ཐ་མལ་གྱི་ཞེན་པ་མི་གནས་པ་ལ་སྒྲོལ་བ་ཞེས་བྱའོ། །

ཐབས་དང་ཤེས་རབ་ཀྱི་སྦྱོར་བ་ནི་དབང་པོ་ཡུལ་གྱི་སྦྱོར་སྒྲོལ་དང་། ཞེས་པ་འདིར་མ་ཧཱ་ཡོ་ག་རང་གཞུང་གི་ལྟ་བ་རྟོགས། ཚོགས་ལྟར་ཤེས་པ་སྟེ་ཕུང་པོ་ལྔ་ཡབ་ལྔ། འབྱུང་བ་ལྔ་ཡུམ་ལྔ། དབང་པོ་ལྔ་སེམས་དཔའ་དང་ཁྲོ་བོ་ཡབ། ཡུལ་ལྔ་སེམས་མ་ཡུམ་འཁམ། ཡང་ན་དབང་པོ་ལྔ་རིགས་ལྔ། དེའི་ཡུལ་ལྔ་ཡུམ་སྟེ། ཀུན་རྫོབ་བྱང་སེམས་ཀྱི་སྐབས་སུ་བཤད་པ་བཞིན་ལ། དེ་ལྟར་དབང་ཡུལ་ཐབས་དང་ཤེས་རབ་དུ་ལྡན་པའི་དགོངས་པ་དང་ལྡན་པའི་དུས་སུ་ཐ་མལ་པའི་དབང་ཡུལ་གཏན་ནས་དག་པ་ལ་སྒྲོལ་བ་ཞེས་བྱའོ། །རྫུ་འཕྲུལ་སྒྲོལ་བ་ནི། ཐབས་ཆེན་པོའི་སྦྱོར་སྒྲོལ་དང་།

ཞེས་པ་ཐབས་ཆེ་བ་ནི། རུ་དྲ་ནག་པོ་ལས་ངན་པ་སྤྱོབས་ཀྱིས་པས་ངན་སོང་ཁ་བརྒྱད་པ་ལས་ཐར་ཡང་། ཁམས་གསུམ་ལོག་པའི་ལམ་དུ་བཙུད་པའི་ནུས་པ་དང་ལྡན་པ་དེ། རང་ལ་བསགས་པ་མེད་པས་ཞི་རྒྱས་དབང་གིས་ཀྱང་མི་འདུལ་བ་ཉིད་དཔལ་ཆེན་པོས་དྲག་པོའི་སྒོ་ནས་བསྒྲལ་ཏེ། ལུས་སེམས་ཚར་གཅོད་པ་ཉིད་འོག་མའི་སྤྱོད་ཡུལ་མིན་ཏེ། ཐབས་ལ་དེ་བས་ཆེ་བ་མེད་པའི་དེ་ལྟ་བུའི་སྤྱོད་པའི་སྒོ་ནས་རུ་དྲ་རང་གི་བསགས་པ་མེད་པར་ཤེས་པ་ཟག་མེད་ལ་སྦྱོར་བ་དང་། ཕུང་པོ་དུས་གསུམ་གྱི་མཆོད་པ་དཔལ་ཆེན་པོས་གསོལ་བ་ལ་ནི་སྦྱོར་སྒྲོལ་ཞེས་བྱ་སྟེ། ཡང་ན་མོ་རྣམས་སྦྱོར་བས་འདུལ་བ་དང་། ཕོ་རྣམས་སྒྲོལ་བས་འདུལ་བའོ། །སྤྱོད་པའི་ཚིག་རྣམས་ནི་དོན་ལྔ་ལ་སོ་སོར་བཞི་པོ་རྣམས་འདུལ་བའོ། །འཕྲིན་ལས་ཀྱི་སྒྲོལ་བ་ནི་མངོན་དུ་ཕྱུང་བའི་སྦྱོར་སྒྲོལ་ལྔའོ། །ཞེས་པ་སྟོན་བྱུང་སངས་རྒྱས་ཀྱི་མཛད་པ་ཉིད་རྗེས་འཇུག་རྣལ་འབྱོར་པའི་ལམ་སྟེ། བསྒྲལ་བའི་ཞིང་བཅུ་ལྟ་བུ་ལ། རྫས་དང་སྔགས་དང་འཕྲུལ་འཁོར་དང་ཏིང་ངེ་འཛིན་གྱིས་དབང་པོའི་མངོན་གསུམ་དུ་སྣང་བའི་ལུས་སེམས་དབྱལ་བའི་ཚོ་ག་ནས་ཕྱུང་ཞེས་བྱ་སྟེ། ལུས་སེམས་དབྱལ་བའི་ཚོ་གས་བསྒྲལ་ནས་ར་མ་ནའི་མདའ་བཞིན་ཤེས་པ་ཟག་མེད་དུ་སྦྱོར་ནུས་པའོ། །ལྟ་བ་གཉིས་ཤེས་བྱའི་ཡུལ་ཐུན་མོང་དུ་བསྟན་པ་ནི་གཉིས་ནི་ཤེས་བྱ་ཐུན་མོང་། ཞེས་པ་བཤད་པའི་གྲངས་ལྔ་ལས། རང་བཞིན་དང་དབང་ཡུལ་གཉིས་ཤེས་པར་བྱ་བའི་ཡུལ་ལྟ་བ་ཡིན་ཏེ། དེ་ནི་ལམ་པ་རྣམས་ཀྱི་གཞི་ཐུན་མོང་ཡིན་པ་དང་། སྦྱོར་སྒྲོལ་ལྔ་པོ་ཡང་དེ་ཉིད་ཀྱི་ངང་དུ་རྫོགས་པས་རྣལ་འབྱོར་པས་བྱ་བ་གང་བྱེད་ཀྱང་ཐམས་ཅད་ཀྱི་སྔོན་དུ་གཞི་ལྟ་བ་དགོས་པས་བཤད་ཅེས་བྱའོ། །འདི་ལའང་ལྟ་རྗེ་ཡང་ཁོང་གི་ཞལ་ནས། སྤྱོད་པ་ལྔ་ཡི་སྐབས་སུ་ལྟ་བ་ཐུན་མོང་དུ་བཤད་པ་ལ་དགོས་པ་མེད་དེ་ཡི་གེ་མང་བར་འགྱུར་བས་སོ། །གཉིས་ནི་ཤེས་བྱ། ཞེས་པ་མཐུན་པ་ལས་རྩ་བ་དང་ཡན་ལག་གི་ཐུན་མོང་སྟེ། བྱང་སེམས་ལྟ་དང་གཉིས་མཐུན་པའི་ཕྱིར་རོ་ཅེའོ། །འོ་ན་མཚོན་ཚུལ་མ་འདྲེས་པས་མ་ངེས་སོ་ཞེ་ན་མ་འདྲེས་སྟེ། གོང་དུ་ནི་ཤེས་བྱའི་ཡུལ་ལྟ་བ་བཞིར་བསྟན་ནས། འདི་འབྲས་བུའམ་ནུས་པ་སྟེ། སྦྱོར་སྒྲོལ་གྱི་ངོ་བོ་ཉིད་ཙམ་དུ་བཤད་པས་སོ། །ཏིང་འཛིན་ལམ་ལ་ཀུན་གྱི་ཐུན་མོང་དུ་གསུངས་པ་ནི། ཏིང་འཛིན་ཞེས་པ་ལ་སོགས་པ་སྟེ། ཏིང་འཛིན་ནི་དོན་དང་ཡི་གེ་གཉིས་སྟེ།

བསླབ་པ་ནི་གཉིས་པོ་ལམ་གྱི་ངོ་བོ་ཡིན་པས་འདྲིས་གོམས་སུ་བྱ་བ་སྟེ། ཐུན་མོང་གི་དེ་ཉིད་འདུན་པའི་རྣལ་འབྱོར་ད་ལྟ་ནས་རྒྱལ་ཆེན་རྫོགས་པ་ལྟར་ལམ་གྱི་བར་དུ་ལམ་པ་མགོ་དམན་ཀུན་གྱི་ཐུན་མོང་སྟེ། ལམ་མཐར་ཕྱིན་པ་ཉིད་འབྲས་བུའི་ངོ་བོའོ། །འདི་ལ་ཡང་གོང་ལྟར་གསུང་གི་དམ་ཚིག་རྒྱ་བ་དང་ཡན་ལག་ཐུན་མོང་ངོ་ཞེས་གསུང་སྟེ། དེ་ལྟར་ནའང་མཚོན་ཚུལ་མ་འདྲེས་པ་ནི། གསུང་དམ་ནི་ཉམས་སུ་བླང་བའི་ངོས་ནས་བཞག་ལ། འདི་ཉིད་ནས་ནུས་པ་ཙམ་གྱི་ངོས་ནས་འཛོག་སྟེ། རིག་པ་ཧྲིང་ངེ་འཛིན་གཉིས་པོ་ལ་སྦྱོར་ཞིང་ཐ་མལ་ལས་སློྲལ་ཞེས་བྱའོ། །མངོན་ཕྱུང་ལ་གཉིས་ཀྱི་མདོ་ནི། མངོན་ཕྱུང་ཞེས་པ་ལ་སོགས་པ་སྟེ། དེ་ཡང་མངོན་ཕྱུང་ནི་བཤད་པར་བས་ལ། དམ་ཚིག་ནི་ཡུལ་དང་ཕྲད་ན་དེ་ལས་འདའ་བར་མི་བྱའོ། །ཆེན་པོ་ནི་ཐེག་པ་མཆོག་གི་དོན། སྐལ་པ་ཡང་རབ་ཀྱི་ཡུལ། བརྟང་བའི་ལས་ཀྱིས་ཚོགས་གཉིས་གཅིག་ཆར་དུ་རྫོགས་པའོ། །གཞི་དེ་ཉིད་ལ་འཁྲིན་ལས་ཀྱི་ངོ་བོ་མངོན་དུ་སྣང་བའི་ཚིག་ལྷ་ཏེ། གང་གི་གང་ལ་ཅི་ལྟར་ཅིའི་ཕྱིར། རྟོད་པ་སྤྱང་བར་འཆད་པ་བཞིན་ཤེས་པར་བྱ་ཞེས་གདམས་པ་བརྗོད་པའོ། །ལྟ་སྤྱོད་ཧྲིང་འཛིན་འབྲེལ་གོམས་པས། །ཞེས་པས་རྟེན་གྱི་གང་ཟག་བསྟན་ཏེ། དེ་ཡང་ཀུན་གྱི་གཞི་ལྟ་བ་ནི། རྒྱུ་གཅིག་པ་དང་ཡིག་འབྲུའི་ཚུལ་ཞེས་པ་མྱ་ངན་ལས་འདས་པ་རང་སྣང་གི་ཆོས་ཐམས་ཅད་ནི་རང་བྱུང་གི་ཡེ་ཤེས་སུ་རྒྱུ་གཅིག་ལ། ཕྱིན་གྱི་ལོག་གི་རྒྱུན་ལས་སྣང་བའི་འཁོར་བའི་ཆོས་ནི་མ་རིགས་པ་རྒྱུ་གཅིག་དེ་གཉིས་ཀྱང་ཞེན་པ་དང་བསམ་པས་ཐ་དད་ཀྱང་། སྨན་ག་བུར་བཞིན་ངོ་བོ་དབྱེར་མེད་སྟེ། རྒྱས་པ་ལས། ཕྱིན་ཅི་ལོག་ཉིད་ཡང་དག་སྟེ། །མ་རིག་པ་ཉིད་ཡེ་ཤེས་གསལ། །ཉོན་མོངས་སྡུག་བསྔལ་བྱང་ཆུབ་མཆོག །ཞེས་པས། ལོག་རྟོག་ཉིད་དུ་སྣང་ནའང་རིག་པ་རང་སྣང་བས་གསེར་གྱི་དཔེས་རང་བྱུང་གི་ཡེ་ཤེས་ཁོ་ན་སྟེ་དེ་ཉིད་ཀྱི་ངོ་བོ་བསྟན་དུ་མེད་དེ། ཡུལ་དང་བྲལ་བ་ཉིད། གསལ་ལ་འགག་པ་མེད་པ་ནི་མཉམ་པའི་དབྱིངས་སུ་གསལ་བས། གཏན་ཚིག་དང་གྲུབ་མཐའ་ཐུན་མོང་པ་སྟེ་རྒྱུ་གཅིག་པའོ། །ཡིག་འབྲུ་ནི་དོན་དེ་ཉིད་དཔེ་ཏེ། བཤད་པའི་རྒྱུ་ཉིད་ཀྱི་ཕྱིར། འཁོར་འདས་ཐམས་ཅད་སེམས་ཉིད་ཁོ་ན་བས་དེ་ཉིད་ལས་དངོས་གང་དུའང་མ་གྲུབ་པ་དང་། སེམས་ཉིད་ཀྱི་སྣང་སྟོང་གི་ཕྱོགས་གང་དུ་ཡང་མ་ངེས་པ་ནི་ཨ་ཉིད་ཡི་གེ་ཐམས་ཅད་དུ་སྣང་ཡང་། ཨ་ཉིད་ལ་གྲུབ་པ་མེད་

པ་དང༌། ཨ་ཉིད་ཡི་གེ་གང་དུ་ཡང་མ་ངེས་པས་ཡི་གེ་ཐམས་ཅད་མི་འགག་པར་སྣང་བ་སྟེ་གསུང་གི་རང་བཞིན་ནོ། །སེམས་ངོ་བོ་ཉིད་དུ་གྲུབ་པ་མེད་པ་ཉིད་རྟོགས་མ་རྟོགས་ཀྱིས་རིག་པ་ཉིད་འཁོར་འདས་ཀྱི་ཆོས་ཅིར་ཡང་སྣང་བ་ནི་ཨ་ལ་ན་རོ་སྣང་བ་ལྟ་བུ་སྟེ་སྐུའི་རང་བཞིན་དང་བཤད་པའི་སྣང་སྟོང་གཉིས་ཚིག་ལ་སྤྲོ་ཕྱི་སྣང་ཡང་དོན་དབྱེར་མེད་པར་རྟོགས་པའི་རིག་པ་ཉིད་ཡེ་ཤེས་ལྷུར་གསལ་བ་ནི་ཧཱུྃ་གྱིས་མཚོན་པ་སྟེ་ཐུགས་ཀྱི་ནའོ། །བྱིན་གྱིས་བརླབས་དང་མངོན་གསུམ་པ་ཞེས་པ། འདིར་བྱིན་གྱིས་བརླབས་པ་ནི་བརླབས་བྱ་དང་རློབ་བྱེད་སྟེ། ཡུལ་ནི་ཕུང་ཁམས་དང་སྐྱེ་མཆེད་ཀྱི་དངོས་པོའོ། །བརློབ་བྱེད་ནི་བཤད་པའི་གཏན་ཚིག་གཉིས་ཀྱིས་ཀུན་རྫོབ་བྱང་ཆུབ་སེམས་སུ་བཤད་པ་ལྟར་བྱིན་གྱིས་བརླབས་པའི་དོན་རྟོགས་པའོ། །མངོན་གསུམ་པར་ཞེས་པ་མངོན་གསུམ་བཞི་ལས་ཐེག་པ་མཆོག་གི་རང་རིག་པའི་མངོན་གསུམ་སྟེ། དོན་ཅི་ལྟ་བ་ཉིད་རིག་པ་ལ་གདེང་དུ་གྱུར་ནས་ཡུལ་དང་ཡུལ་ཅན་མེད་དེ་ནམ་མཁས་ལ་ནམ་མཁའ་མི་སེམས་པ་ལྟ་བུའོ། །དེ་ལྟ་བུའི་དོན་རྟོགས་པ་ལ་ནི་ལྟ་བྱ་ལྟ་བྱེད་མེད་པར་རང་གསལ་བ་ནི་ལྟ་བ་ཞེས་བརྗོད་དོ། །བལྟས་པ་མེད་པར་རང་སྒྲོ་ཆོས། དབྱེར་མེད་ཕྱོགས་ལྟའི་འདོད་བྲལ་བ་ཞེས་པས་སོ། །དེ་ལྟ་བུ་མིན་པའི་ལྟ་བ་ཐ་སྙད་ལེགས་པ་ནི་ལྟ་ཡུལ་གྱི་བདུད་རྩི་བརྗོད་པ་དང་མཚུངས་ཏེ། འོན་ཀྱང་གཏན་འགོག་པའང་མ་ཡིན་ཏེ་བརྒྱུད་པའི་ཐབས་སོ། །སྤྱོད་ཅེས་པ་སྤྱིར་ལམ་མཐོ་དམན་གྱི་བྱེ་བྲག་གིས་སྤྱོད་པའི་གྲངས་མང་ཡང་འདིར་སྤྱོད་པ་ལྔའི་དོན་ཡུལ་དང་ཕྲད་ནས་ཉམས་སུ་བླངས་ཀྱང་བདག་གཞན་གྱི་དོན་རྣམས་པ་གཉིས་སུ་འགྱུར་བ་དང༌། སྣོས་སུ་སྒྲོལ་བ་འཕྲིན་ལས་ཀྱི་སྤྱོད་པ་རྣམས་བྱས་ལ་མི་བཙོག་པ་སྟེ། འབྲས་བུའི་ནུས་པ་དང་ལྡན་པའོ། །གསང་སྙིང་ལས། བྱས་པ་མི་བགོས་སྡོམ་པ་རྫོགས། །ཞེས་པས་སོ། །ཏིང་འཛིན་གཉིས་ལས་དམིགས་སུ་མེད་པའི་ཏིང་འཛིན་གྱིས་རིག་པ་གླང་པོ། སྨྲོན་པ་དང་འདྲ་བ་བཏུལ་ཏེ་སྣང་སྟོང་གང་དུ་ཡང་དབང་ཐོབ་པ་ལ་བྱ་སྟེ། ཕྲིན་ལས་ཀྱི་སྐབས་འདིར་དེ་ཉིད་གལ་ཆེ་བས་རབ་ཏིང་ངེ་འཛིན་གྱིས་གསོ་བསད་ལ་དབང་བ་དང༌། འབྲིང་ཏིང་ངེ་འཛིན་དང་སྔགས་གཉིས། ཐ་མ་ཏིང་ངེ་འཛིན་དང་འཕྲུལ་འཁོར་གསུམ་གྱི་དུས་སུ་ཡང་ཏིང་ངེ་འཛིན་གཙོ་ཆེ་བ་དང༌། ཏིང་ངེ་འཛིན་འབའ་ཞིག་གི་འཕྲོ་འདུས་སྤྱང་བ་རྣམས

གྱིས་ཏིང་ངེ་འཛིན་གཙོར་སྒོམས་སོ། །འབྲེལ་ཞེས་པ་དེ་དག་ཀྱང་ཡ་ཆ་མ་ཡིན་ཏེ་གཅིག་ལ་གཉིས་ཚང་བས། ལྷུན་གྱིས་གྲུབ་པའི་དེའི་ཁོངས་སུ་དམ་ཚིག་ཀྱང་འདུས་པས་སོ། །གོམ་ཞེས་པ་རབ་ནི་ཏིང་ངེ་འཛིན་ནུས་པ་གཞན་སྣང་དུ་གསལ་བ་སྟེ་ཟག་མེད་ཀྱི་ལམ་པའོ། །འབྲིང་ནི་སྟགས་དང་ཏིང་ངེ་འཛིན་གྱིས་ལུས་སེམས་ཕྲལ་ནུས་པའོ། །ཐ་མ་ནི་སེམས་ཏིང་ངེ་འཛིན། ལུས་ཕྱག་རྒྱ། ངག་ཚིག་བཅད། གཅིག་ལ་གཅིག་མི་སྒྲིབ་པར་འབྲས་བུ་མངོན་དུ་སྣང་བའོ། །ཡུལ་གང་ལ་ན་བཅུ་སྟེ། དཀོན་མཆོག་ཞེས་པ་ལ་སོགས་པ་དཀོན་མཆོག་གསུམ་ལ་འགལ་བར་བྱེད་པའི་སྐུ་དགྲ་དང་། རྡོ་རྗེ་སློབ་དཔོན་གྱི་འཚོ་བ་གསུམ་འཕྲོག་པ་དང་། གཉིས་ཞེས་པ་བཤད་པའི་ཡུལ་གྱི་ངོས་ནས་སོ། །དམ་ལས་ལོགས་ཞེས་པ་དམ་ཚིག་མནོས་ཀྱང་དེའི་ནང་ན་མི་གནས་ནས་ཉམས་ཏེ་ལོག་པའོ། །འཁྲུས་པ་ནི་ཚུར་ལ་གནོད་པ་བྱེད་པ་སྟེ་ཤེས་ཆེ་བར་བླ་མ་དང་གྲོགས་པོ་ལའོ། །འདུས་པ་འོང་ཞེས་པ་ཕྱི་ནང་གཉིས་ཏེ་ཕྱི་ནང་ཆོས་ཉན་པ་དང་། རབ་ཏུ་བྱུང་བ་དང་། དབང་བསྐུར་བ་དང་། ཐར་པ་ལ་གཞོལ་བའི་ཕྱོགས་སུ་འོང་བ་རྣམས་ལ་གནོད་དེ་བར་བཅད་ནས་མི་འགྲུབ་པར་བྱེད་པའོ། །ནང་ནི་བསྒྲུབ་པ་ཆེན་པོ་ལ་འདུས་པའི་སར་འོང་བ་སྟེ་བླ་མའི་ཞལ་ལས་ཤེས་སོ། །ཡོངས་ལ་གནོད་ཅེས་པར་སྤྱིར་སེམས་ཅན་ཆེ་འཕྲ་གང་ལའང་སྲོག་དང་བདེ་བའི་བར་དུ་གཙོད་པའི་ཐབས་སྣ་ཚོགས་བྱེད་པའོ། །དམ་དགྲ་ནི་དམ་ཚིག་ཅན་གཅིག་པུའི་དགྲ་ཤ་སྟག་བྱེད་པ་སྟེ། གོང་དུ་ནི་སློབ་དཔོན་དང་། གྲོགས་པོ་ལ་ཤས་ཆེར་ཡིན་ལ་འདིར་ནི་དམ་ཚིག་ཅན་ཐམས་ཅད་ཀྱི་དགྲ་བྱེད་པའོ། །ངན་པའི་ངང་ཚུལ་ཅན་ཞེས་པ་ཞི་རྒྱས་གང་གིས་ཀྱང་། འདུལ་བར་མི་འགྱུར་བའི་སྟོན་གྱི་ཆེབས་བྱ་རོག་དང་། སྟགས་རྗེ་ལ་སྒྲོག་ལྷ་བུ་ནུས་སྟོབས་དང་ལྡན་པ་ལུས་ཀྱི་རྩལ་འབྲས་བུ་ངན་པར་སོང་བའི་གྲངས་དང་ལྡན་པ་ཞི་བའི་ཆོས་བཤད་ཀྱང་དེ་ཉིད་སྟུག་བསྔལ་ལས་སྒྲོར་བ་སྟེ། དེ་དང་བདུན་པ་ནི་རྒྱུ་ལ་སྒྲོལ་བ་བདུན་ཞེས་བྱའོ། །འབྲས་བུ་གསུམ་ནི་ངན་སོང་གསུམ་དང་ཞེས་པ་ལ་སོགས་པ་སྟེ། དེ་ཡང་རྒྱུ་མི་དགེ་བ་ལས་ངན་པས་དམྱལ་བ་ཡི་དྭགས་བྱོལ་སོང་གསུམ་དང་། གོང་གི་བདུན་དང་བཅུ་པ་ནི་རྣལ་འབྱོར་ཞེས་པར་བཤད་པའི་ལྷ་སྦྱིད་སྒོམ་གསུམ་རིགས་ལ་ལྷུན་གྱིས་འགྲུབ་པའི་གསང་སྔགས་པ་ཀུན་གྱིས་ཡུལ་དང་ཕྲད་པའི་ཐད་སོང་ཡལ་བར་མི་དོར་བར་བྱ

བའི་ཕྱིར་དང་དུ་བླང་ཞེའོ། །འོན་ཞིང་བཅུ་ཡང་ཁམས་གསུམ་སེམས་ཅན་གྱི་ཁོངས་སུ་གཏོགས་ལ་དེ་དག་བསྒྲལ་ན་སྤྱིའི་མཆེད་ཡིན་པའི་གྲོགས་ཀྱི་དམ་ཚིག་དང་འགལ་བར་མི་འགྱུར་རམ་ཞེ་ན་བསྒྲལ་བའི་ཡོན་ཏན་འཆད་པ་བཞིན་ཡིན་པས་འགལ་བར་མི་འགྱུར་ཏེ། ཕན་འདོགས་པས་དམ་ཚིག་རྫོགས་སྟེ། དཔེར་ན་མི་ནག་མདུང་ཐུང་ཅན་བསད་པ་ལྟ་བུའོ། །གྲངས་ནི་རྩ་བ་བཅུ་བཞིའོ། །ཞེས་པ་སྤྱི་གྲངས་བསྟན་སྟེ། སྒྲོལ་བའི་གྲངས་ཀྱི་རྩ་བ་ཡུལ་བཅུ་གོང་མ་ལ་བཞི་དང་བཅུ་བཞིའོ། །འདི་ལ་ལྷ་རྗེ་ཡང་ཁོང་གིས། དཀོན་མཆོག་གསུམ་གྱི་གསུམ། སློབ་དཔོན་སྐུ་དགྲ་དང་བཞི། དམ་ལས་ལོགས་པ་དང་ལྡ་འཁྲུས་པ་དང་དྲུག །འདུས་པ་འོང་བ་ལ་གནོད་པ་དང་བདུན། ཡོངས་ལ་གནོད་པ་དང་བརྒྱད། དམ་དགྲ་ངན་པའི་ངང་ཚུལ་ཅན་གཉིས་དང་བཅུ། ངན་སོང་གསུམ་དང་བཅུ་གསུམ། སྐུ་དགྲ་གཉིས་ཞེས་པས་གྲོགས་པོའི་སྐུ་དགྲ་དང་བཅུ་བཞི་སྟེ། མཐོན་ཕྱུང་གཅིག་པུའི་གྲངས་སུ་བཞེད་སྐད་དོ། །བསྒྲལ་བའི་ཐབས་ཀྱང་། ཏིང་འཛིན་ཕྱགས་དང་ཕྱག་རྒྱ་རྣམས། །ཞེས་པ་ལ་སོགས་པ་སྟེ། ཏིང་འཛིན་སེམས་ཀྱི་ལས་དང་། ཐུགས་ངག་གི་ལས། ཕྱག་རྒྱ་ལུས་ཀྱི་ལས་རྣམས་ཤིན་དུ་གོམས་ཏེ་རིག་པ་ལ་དབང་ཐོབ་པ་ནི་རྟོགས་པས་བདག་བསྒྲལ་བ་ཡིན་ལ། དེ་ཉིད་ཀྱི་བྱིན་བརླབས་གཞན་ལ་སྣང་དུ་རུང་སྟེ། ཤིན་དུ་གོམས་པས་བསྒྲལ་བྱ་ཉིད་དབང་བསྒྱུར་ཏེ་རྣམ་པར་ཤེས་པ་བྱང་ཆུབ་ཀྱི་ཞིང་དུ་དགོད་པར་བྱ་ཞེས་མདོར་བསྟན་ནས། རྒྱས་པར་བཤད་པ་ནི། ཏིང་འཛིན་ཐུགས་རྒྱས། ཞེས་པ་འདི་ཏེ་ཐམས་ཅད་ཡང་བློ་རབ་འབྲིང་གི་བྱེ་བྲག་སྟེ་རབ་ཏིང་ངེ་འཛིན་གཅིག་པུ་ལ་དབང་ཐོབ་ནས་བསྒྲལ་བྱའི་དངོས་པོ་ལ་སྙིང་ག་ཆོས་ཀྱི་འཁོར་ལོ་རྩ་བདྨ་འདབ་བརྒྱད་ལ་ཐུགས་ཞེས་བྱ་སྟེ་དག་པའི་ས་བོན་སྐུ་གསུང་ཐུགས་ཨོཾ་ཨཱཿཧཱུྃ་གསུམ་གནས་པ་དང་། མ་དག་པའི་ས་བོན་རིགས་དྲུག་སྟེ་ཨ་ནྲྀ་སུ་ཏྲེ་པྲེ་དུ་གནས་པ་དང་། དབུས་ན་སྲོག་མི་ཤིགས་པའི་ཐིག་ལེའི་ངོ་བོ་ཡེ་ཤེས་ལྔ་ཡི་བདག་ཉིད་ཧཱུྃ་གནས་པས་ཧཱུྃ་ལས་འོད་ཟེར་འཕྲོས་པས་རིགས་དྲུག་གི་ས་བོན་བསྲེགས་ནས། ཨོཾ་ཨཿཧཱུྃ་གསུམ་ལ་ཐིམ་དེ་ཉིད་ཀྱང་སྲོག་མི་ཤིགས་པའི་ཐིག་ལེ་ཧཱུྃ་ལ་ཐིམ་པ་ལ་ནི་བག་ཆགས་སྦྱངས་ཞེས་བྱ་ལ། རྒྱས་ཞེས་པས་བདག་ཉིད་ལས་ཀྱི་ལྷ་ཡི་ཏིང་ངེ་འཛིན་གསལ་བའི་ཐུགས་ལས་འོད་ཟེར་སྤྲོས་པས་བག་ཆགས་སྦྱང་སྟེ་དག་ནས་ཉི་མའི་སྙིང་པོ་ལྟ་

ཐུར་ཐུར་ཏེ་ཡེ་ཤེས་ལྔའི་ངོ་བོ་རྩ་ལྔའི་ཧཱུྃ་ལས་རྣམ་ཤེས་ལྷར་བསྐྱེད་ཅེས་པས་ཧཱུྃ་རྣམ་པར་ཤེས་པ་ལས་སེམས་ཀྱི་ཆོས་ཉིད་རང་སྣང་བའི་བརྡའ་རྡོ་རྗེ་སེམས་དཔར་བསྐྱེད་དེ་ཡེ་ཤེས་ལྔས་དབང་བསྐུར་བ་དང་། སྐུ་གསུང་ཐུགས་བྱིན་གྱིས་བརླབ་པ་མན་ངག་ལྟར་བྱས་ནས་འོག་མིན་རྣམ་པར་སྣང་མཛད་ཀྱི་ཕོ་བྲང་དུ་འཕང་སྟེ་རྒྱལ་བའི་སྲས་སུ་བྱ་བ་ནི་ཏིང་ངེ་འཛིན་འབའ་ཞིག་གི་ལས་སྟེ་དབང་པོ་རབ་ཀྱི་སྤྱོད་ཡུལ་ལོ། །དབང་པོ་འབྲིང་གིས་ སྔགས་དང་ཏིང་ངེ་འཛིན་དང་འབྲུལ་འཁོར་གསུམ་ཀ་ལ་བརྟེན་ཏེ་གསང་སྔགས་ཀྱི་ཚེ་བ་རྟེན་འབྲེལ་གྱི་སྟོབས་ལ་སྣང་བས་རྒྱུད་ཀྱི་གཞུང་ན་སྨོས་པའི་རྒྱུ་རྣམས་ལ་གཟུགས་བཅའ་བ་དང་མཚོན་ཆ་ཕུར་པ་མཚན་ཉིད་དང་ལྡན་པ་དང་། གཟུགས་ཀྱི་སྣོད་བྲུ་གསུམ་ཨེའི་སྣོད་དང་། ཡེ་ཤེས་ཀྱི་ལྷ་མཉེས་པའི་ཡན་ལག་ནང་གི་མཆོད་པ་རྣམ་པ་གསུམ་དང་། རྒྱུ་རྐྱེན་རྣམས་འཚོགས་ནས། རྣལ་འབྱོར་པ་རང་ཉིད་ལས་ཀྱི་ལྷའི་ཏིང་ངེ་འཛིན་གསལ་བ་དང་། དཔལ་གསང་བ་འདུས་པ་ནས་སྨོས་པ་བཞིན་དུ་ཉེས་པ་བསྒོ་བ་དང་། བསྒྲག་པ་དང་། ཁ་སྦྱོར་དབྱེ་བ་རྣམས་བྱ་སྟེ་གཟུགས་དང་མི་གཉིས་པར་ཏིང་ངེ་འཛིན་གྱིས་གསལ་བར་བྱས་ནས། ལུས་སེམས་དབྲལ་བའི་མཚོན་ཆ་བྱིན་གྱིས་བརླབ་པའི་ཕུར་པས་གདབ་སྟེ། སེམས་གདབ་པའི་ཏིང་ངེ་འཛིན་དང་། ངག་དེ་ཉིད་ཀྱི་སྔགས་དང་། ལུས་ཀྱི་ཕྱག་རྒྱ་དང་། རྣམ་པ་གསུམ་གྱི་འཕྲོ་འདུས་བསྒྲལ་ཞིང་གི་ལུས་ལ་ཡོད་པའི་འགྲོ་དྲུག་གི་ས་བོན་བསྲེག་པ་དང་། ཕུར་པས་ཡེ་ཤེས་ཀྱི་འོད་ཟེར་གྱིས་ཉོན་མོངས་པའི་བག་ཆགས་མེད་པར་བྱས་པ་ལ་ནི་སྦྱངས་ཞེས་སོ། །རྣམ་པར་ཤེས་པ་ཨའི་ངོ་བོ་ཕུར་པའི་རྩེ་མོས་བླངས་ནས་ལས་ཀྱི་ལྷ་ཡི་ཐུགས་ཀར་བསྟིམ་སྟེ། སྐུ་ལ་བརྒྱུད་ནས་ཡུམ་གྱི་མཁར་ཧཱུྃ་ལས་རྡོ་རྗེ་སེམས་མ་དཀར་པོ་མཆོན་གང་བར་བསྒོམ་པ་ལ་ནི་རྣམ་ཤེས་ལྷར་བསྐྱེད་ཞེས་བྱ་སྟེ། དེ་ཉིད་ལ་ནི་ཡེ་ཤེས་ལྔས་དབང་བསྐུར་དང་སྐུ་གསུང་ཐུགས་བྱིན་གྱིས་བརླབ་སྟེ་འཕང་ཞེས་པས། ཤེས་རབ་ཟླ་བའི་སྙིང་དུ་བཞག་ནས། ཐབས་མཆོག་ཉི་མས་བཀབ་སྟེ། སཾ་མ་ར་ན་ཕཊ་ཀྱིས་འོག་མིན་དུ་འཕང་བ་སྤྲུ་མ་ལྟར་རོ། །དེ་ལས་གཞན་པ་བསྒྲུབ་པ་ཆེན་པོའི་ལུགས་ནི་ཞལ་ལས་བླང་ངོ་། །དེའི་ཕན་ཡོན་ནི་བསྒྲལ་ཞིང་སྣང་བ་སྟེ་ཡེ་ཤེས་ཚོགས་ཀྱང་རྫོགས་པར་འགྱུར་ཞེས་པ་ཁོས་བསོད་ནམས་ཀྱི་བསགས་པ་མེད་པར་གསང་སྔགས་ཀྱི་རྟེན་

སྟོབས་ཀྱིས་ཤེས་པ་ཟག་མེད་ཀྱིས་ལ་མ་སྦྱོར་བ་ནི། ཡེ་ཤེས་ཚོགས་ཀྱི་འབྲས་བུ་སྣང་བ་སྟེ། ཀྱང་ནི་མ་བསགས་པར་རང་རྫོགས་པར་འགྱུར་བས་སོ། །འོན་བསོད་ནམས་ཀྱི་ཚོགས་རྫོགས་སམ་ཞེ་ན་དེ་ཉིད་བསྟན་པ་ནི། འབྱུང་བའི་ཕུང་པོ་ཤ་ཁྲག་རུས་པ་གསུམ་དུག་གསུམ་དུ་བྱིན་གྱིས་བརླབ་ནས་རྒྱལ་བའི་དཀྱིལ་འཁོར་ལ་མཆོད་པར་བསྔོས་པ་ནི་ཁོ་ཉིད་ཀྱིས་བསོད་ནམས་ཀྱི་ཚོགས་སུ་གཅིག་ཅར་དུ་རྫོགས་པས་འདི་འགྱུར་རོ་ཞེས་སོ། །དེས་ན་ཐབས་ཀྱི་ཞགས་པ་ར་མ་ནའི་མདའ་དང་མཚུངས་སོ་ཞེས་པས། རྒྱལ་པོ་ར་མ་ནས་མདའ་གང་འཕང་འཕོག་ཤི་ནས་ལྟར་སྐྱེ་བ་ལས་མི་འདའ་བ་བཞིན་འདིར་གསང་སྔགས་རྟེན་འབྲེལ་འཚོགས་པའི་སྟོབས་ཀྱིས་འཕྲིན་ལས་གྲུབ་ནས་གནས་སྒྱུར་ནུས་པའང་དཔེ་དེ་བཞིན་ནོ། །འོན་ཀྱང་ཕྱི་རོལ་བ་ཐུན་མོང་གི་རིགས་སྔགས་རྣམས་ནི་མ་གཏོགས་སོ། །དེ་ལྟར་བསྒྲལ་བྱའི་ཚོགས་གཉིས་སུ་འགྱུར་བས། དོན་དེས་རྣལ་འབྱོར་པའི་ཡང་ཚོགས་གཉིས་གཅིག་ཅར་ལ་རྫོགས་སྐྱེ་མ་བཀག་པ་དང་མི་འཛིག་པ་གཉིས་ཀྱིས་དམ་ཚིག་གི་འོད་པོ་ལྡན་གྱིས་གྲུབ་པའོ། །

རྒྱུ་ལ་གྲུབ་པ་བདུན་པོ་སྦྱོད་ཡུལ་དུ་གྱུར་པས་བཤད་པ་ལྟར་ཡིན་ཀྱང་འབྲས་བུ་ལ་བསྒྲལ་བ་ངན་སོང་གསུམ་པོ་ཡུལ་དུ་མ་གྱུར་པས་ཅི་ལྟར་ཞེ་ན། དེ་ནི་རྣལ་འབྱོར་པ་རྣམས་ཀྱིས་ལྷག་པ་ཏིང་ངེ་འཛིན་གྱི་སྒོ་ནས་ཏེ། རྣལ་འབྱོར་པ་ལས་ཀྱི་ལྟར་གསལ་བའི་ཐུགས་ཀ་ནས་རཾ་སྦྱིས་པ་ལས་ཡེ་ཤེས་ཀྱི་མེ་བྱུང་བས་ངན་སོང་གསུམ་གྱི་སྡུག་བསྔལ་བསྲེགས་ནས་སེམས་རྣམ་པར་དག་པ། གྲངས་ཀྱི་ཨར་གྱུར་པ་ཉིད་ཨ་གཅིག་དུ་འདུས་ནས་འོག་མིན་དུ་འཕང་བའོ། །སྐྱོག་གྱུར་གྱིས་དོན་ཅི་ལྟར་འགྱུར་ཞེ་ན་ལུང་གིས་བསྟན་ཏེ། གདོས་བཅས་ཡུལ་ན་མི་སྣང་ཡང་། ཆུ་ཁམས་བལྟས་པ་བཞིན་དུ་སྣང་། ཡིད་གཟུགས་མངོན་ཤེས་ཅན་གྱིས་མཐོང་ཞེས་དགོངས་འདུས་ནས་གསུངས་སོ། །

དེ་ནི་རྒྱས་པ་ལས། རཾ་སྲིད་གསུམ་བསྲེགས་པའི་མེ་ཡིན་ཏེ། །ཡིད་ཀྱི་ཡེ་ཤེས་མེ་རུ་འབར། །རཾ་དབང་པོ་དྭངས་བའི་དཀྱིལ་འཁོར་དུ། །སྦྱོད་ཡུལ་རྫས་རྣམས་བསྲུས་ནས་སུ། །ལྷན་ནེ་ལྷང་ངེ་དོན་དུ་ནི། །ཨ་ཞེས་པས་སོ། །དགོས་ཆེད་ནི་དེ་ལྟར་ཞེས་པ་ལ་སོགས་པ་སྟེ། གོང་དུ་བསྟན་པའི་དོན་དེ་ཁོ་ན་བཞིན་ཡུལ་དང་ཕྲད་ནས་ལུས་སེམས་དང་བྲལ་ཏེ་ཤེས་པ་ཟག་མེད་ཀྱིས་ལ་དགོད་པའི་

དགོས་ཆེད་ཀྱང་། བྱང་ཆུབ་སྤྱོད་འཕེལ་ཞེས་པས། སྤྱི་བརྟན་དུ་བསྒྲལ་བའི་ཞིང་བཅུ་བསྟན་པ་ལ་གནོད་པ་རྣམས་བསྒྲལ་བས་བློ་དམན་རྣམས་ཆོས་བདེན་པར་ཡིད་ཆེས་ནས་བྱང་ཆུབ་སྤྱོད་པ་འཕེལ་བ་དང་། དམ་ཚིག་ཅན་ལ་གནོད་པ་མེད་པས་བྱང་ཆུབ་བསྒྲུབ་པའི་བར་ཆེད་ཉུང་བས་ཀྱང་སྤྱོད་པ་འཕེལ་བ་དང་། སེམས་ཅན་ཡོངས་ལ་གནོད་པ་དང་། ངན་པའི་ངང་ཚུལ་ཅན་བསྒྲལ་བས་སེམས་ཅན་ཐམས་ཅད་བདེ་བ་སྐྱེ་སྤྱིའི་དོན་ནོ། །དགོས་ཀྱི་བདག་དོན་ལ་ལྷ་མཉེས་ཞེས་པས་བསྒྲལ་བ་དེ་ཉིད་ཀྱིས་དམ་ཚིག་རྫོགས་པས་ལྷ་མཉེས་པ་དང་། ཡུལ་གྱིས་བསགས་པ་མེད་པར་ཟག་མེད་ལ་སྦྱོར་བའི་ཉེས་པ་དང་། ཕུང་པོ་དུག་གསུམ་གྱིས་མཆོད་པར་ཕུལ་བའི་མཉེས་པ་དང་གསུམ་མོ། །རྣལ་འབྱོར་པ་བདག་ལ་དམ་ཚིག་གི་ཆག་ཉམས་ཡོད་ཀྱང་དེ་ཉིད་ཀྱིས་སྐོངས་པར་འགྱུར་བས་སོ། །གཞན་དོན་དུ་ལས་ངན་བར་ཆད་སྡུག་ཡུན་ཐུང་ཞེས་པ་ཆེ་འདིར་ཡུལ་གྱི་གོང་དུ་སྨོས་པའི་ལས་ངན་པ་རྣམས་བསགས་པའི་བར་ཆད་ནས་ཆེ་ཕྱི་མ་ལ་སྡུག་ཡུན་ཐུང་ནི་རྣལ་འབྱོར་ཐ་མའི་ཚད་དེ། ཕུར་པ་བཅུ་གཉིས་ཀྱི་རྒྱུད་ལས། ཐབས་ཀྱི་ཐ་མའི་ཐ་མ་ནི། །ཏིང་ངེ་འཛིན་གྱི་རྩལ་ཆུང་ཡང་། །དམྱལ་བའི་གནས་སུ་ཡུན་ཐུང་འགྱུར་ཞེས་སོ། །རྣལ་འབྱོར་རབ་དང་འབྲིང་གིས་ནི། ཚོགས་གཉིས་རྫོགས་པར་བཤད་པ་བཞིན་དང་། འཆད་པའི་གདན་ཚོགས་ཉིད་ཀྱིས་གསལ་ལོ། །འཆད་པ་ཉིད་གང་ཞེ་ན། རང་གིས་བསགས་མེད་ཅེས་པ་ལ་སོགས་པ་སྟེ། བསྒྲལ་ཞིང་ཁོ་རང་གིས་ཤེས་པའི་རྒྱུད་ལ་བསོད་ནམས་ཀྱི་བསགས་པ་འཕྲ་བ་ཡང་མེད་དེ། སྡིག་པ་ཆེ་འཕྲ་ཐེར་སླང་གི་རག་པ་བཞིན་དུ་བསགས་པས་ངན་སོང་གསུམ་དུ་འགྲོ་བ་ལས་མ་ཏོགས་པ་གཞན་མེད་པ་ལས་གསང་སྔགས་ཀྱི་གདུལ་བྱར་གྱུར་པས་ཟག་མེད་ཀྱིས་ལ་དགོད་པའི་བདེ་བའི་ཐབས་ཀྱི་ལམ་ཐེག་པ་འདི་ཉིད་ལས་མ་གཏོགས་གཞན་མེད་ཅེའོ། །

རྗོད་པ་སྤོང་བ་ནི་གསུམ་སྟེ་ཐབས་ཀྱི་སྤྱོད་པས་མི་འཆིང་བ་ནི། ཐབས་ཀྱིས་སྤྱོད་པས་འཆིང་འགྱུར་ན་ཞེས་པ་ལ་སོགས་པ་སྟེ། འོག་མ་དག་གིས་འདིར་འགྲོ་བའི་ལུས་སེམས་དང་དབྲལ་ན་ཞེས་པས་མཆོག་དེ་དབྲལ་བས་ལྟུང་བར་འགྱུར་ཞེས་པ་ལ། འདིར་ཐབས་ནི་བཙན་དུག་སྲོག་གཅོད་པའི་བདག་ཉིད་ཡིན་ཡང་། སྔགས་དང་སྨན་གྱིས་བསྒྱུར་བས་བཅུད་ལེན་གྱི་མཆོག་ཏུ་འགྱུར་

པ་བཞིན་འོག་མ་དག་གི་སྣང་བྱའི་ལས་བརྣང་བའི་སྤྱོད་པ་སྦྱོར་སྒྲོལ་ལྟ་བུ་བཙན་དུག་དང་འདྲ་བ་ཉིད། ཐུགས་སྙན་དང་འདྲ་བའི་ལྟ་བ་དང་ཏིང་ངེ་འཛིན་གྱི་སྟེང་དུ་གྱུར་ནས། བཙུད་ལེན་དང་འདྲ་བ་བདག་གཞན་གྱི་དོན་གཉིས་སུ་འགྱུར་ཏེ། འབྲས་བུ་རྫོགས་ན་འོག་མ་བཞིན་དེས་འཆི་བར་འགྱུར་ན། རྒྱུའི་བྱང་ཆུབ་སེམས་དཔའི་ཐེག་པས་གཞན་དོན་སྙིང་རྗེ་ཙམ་གྱིས་བསླང་ནས་གདུལ་བྱ་འདུལ་བའི་དབང་གིས་བཅོམ་ལྡན་འདས་ཀྱིས་རྫོན་པ་བྱ་བ་དཀར་པོར་སྤྲུལ་པ་དང་། སྨད་འཚོང་མ་ནང་པ་ལ་མི་དགའ་ཕྱི་རོལ་པ་ལ་དགའ་བ་འདུལ་བའི་ཆེད་དུ་སྟོན་པས་སྐྱེས་བུར་སྤྲུལ་ནས་འདུལ་བ་མདོ་སྡེ་ནས་བཤད་པ་ཀུན་ཡང་ལྟུང་བར་འགྱུར་ཏེ། དེ་དག་ཀུང་མི་ལྟུང་སྟེ། བདག་གཞན་ གྱི་ དོན་རྫོགས་ ན་ འདིར་ ལྟ་ སྒོམ་ གྱི་ གདེང་ གིས་ཟིན་ པ་ ནི་ ཅི་ སྨོས་ ཞེས་ བསྟན་ པ་ དང་། དམན་སྤྱོད་ཀྱི་དབང་དུ་མི་གཏང་བ་ནི་ཁེ་དང་ཆེས་པས། གོང་མའི་འཕྲིན་ལས་དེ་ཡང་བདག་གཞན་མཉམ་པ་ཉིད་དུ་རྟོགས་པས་ཁེ་གྲགས་ཀྱིས་མ་ཡིན་པ་དང་། སྤྱོད་པས་ཞེས་པས་དུག་གསུམ་ གྱིས་ ཀུན་ ནས་བསླངས་ པའི་ རང་ག་ མའི་ སྤྱོད་ པའི་ འཕྲིན་ ལས་ དེ་ ཆེད་ དུ་ བླངས་ པ་ མེད་པའི་ཕྱིར་ཐབས་མཁས་ཀྱི་ལྟ་བས་ཟིན་པ་ནི་ཐབས་ཆེན་ཞེས་ཏེ། རྟོགས་པ་དང་བདག་བསྒྲལ་ནས་ཐུགས་རྗེས་གཞན་པའི་ཐུགས་རྗེ་ཆེན་པོ་དང་ལྡན་པ་གཞན་དོན་གྱི་ཐབས་ལ་དེ་བས་ཆེ་བ་མེད་པས་ཡོ་ག་མན་ཆད་ཀྱི་སྤྱོད་ཡུལ་དུ་མ་གྱུར་པས་ན་ཆེན་པོ་སྟེ། གསང་སྔགས་ཀྱི་ལམ་ལ་གནས་པ་ནི་རྟེན་གྱི་གང་ཟག་གི་བློ་ཚད་ཀྱི་མཐོ་དམན་གྱི་བྱེ་བྲག་སྟེ། འདུན་པ་སེམས་པའི་རྣལ་འབྱོར་པ་ཚོགས་ལམ་པ་རྣམས་ལ་སྐྱེ་བོ་ཞེས་བྱ་སྟེ། དབང་ཐོབ་ལ་མ་ཉམས་པ་ཀུན་གྱིས་ཏིང་ངེ་འཛིན་དང་། ཐུགས་དང་འབྲུལ་འཁོར་རྣམ་པ་གསུམ་ལ་བརྟེན་ཏེ་བྱ་བར་འགྱུར། རིགས་ཆེན་འབྱེད་པ་དང་། དབུགས་ཆེན་ འབྱིན་ པའི་ རྣལ་ འབྱོར་ མཐོང་ ལམ་ ལ་ གནས་ པའི་ རྟེན་ གྱི་ སྐྱེ་ བོ་ ཀུན་ གྱི་ ཏིང་ ངེ་ འཛིན་ དང་ ཐུགས་ཀྱིས་བྱ་བར་འགྱུར། ལུང་ཆེན་ཐོབ་པའི་རྣལ་འབྱོར་བསྒོམ་ལམ་པས་ཏིང་ངེ་འཛིན་གྱི་འཕྲོ་འདུས་བྱ་བར་འགྱུར་ངོ་། །དོན་དེས་གསང་སྔགས་ཀྱི་ཐུན་མོང་མ་ཡིན་པའི་སྤྱོད་པ་འོག་མའི་གཞལ་བྱ་མིན་པར་བསྟན་ནོ། །

སྦྱོར་བའི་དམ་ཚིག་ལ་གཉིས་ཀྱི་དང་པོ་མདོར་བསྟན་པ་ནི་ག་ནའི་དམ་ཚིག་ཅེས་པ་ལ་

སོགས་པ་སྟེ། དེ་ཡང་སྤྱིར་གོང་དུ་སྦྱོར་སྒྲོལ་དབྱེར་མེད་པར་བསྟན་ཀྱང་འདིར་སྐད་ཅིག་སྟ་ཕྱི་དབང་གིས་ཞིང་བཅུ་སྒྲོལ་བ་ལས་འབྲས་བུ་ཟབ་མེད་ལ་སྦྱོར་བ་འབྱུང་བས་སྒྲོལ་བར་བརྗེ། འདིར་ཐབས་དང་ཤེས་རབ་དབྱེར་མེད་པར་སྦྱོར་བ་ལས་ཐ་མལ་པའི་གཟུང་འཛིན་ལས་སྒྲོལ་བ་སྣང་བས་སྦྱོར་བ་བརྗེའོ། །ག་ནའི་ཞེས་ཏེ་ཐབས་དང་ཤེས་རབ་དབྱེར་མེད་པར་འཚོགས་པའམ། ཡང་ན་ར་ག་ན་ཟེར་ལ་ལར་ར་ག་ཅེས་པ་ཆགས་པ་ཞེས་བྱ་སྟེ། གསང་བའི་སྙིང་པོ་ལས། མ་ཆགས་པ་ལ་ཆགས་པ་དང་། །ཆགས་པ་ཉིད་ནའང་ཆགས་པ་མེད། །དེ་ཉིད་ཚངས་མཆོག་རྒྱལ་པོ་ཡིན། །ཅེས་པས་ཡུལ་དང་ཡུལ་ཅན་ཆགས་བྱ་ཆགས་བྱེད་ལྟར་སྣང་ཡང་། སེམས་ཉིད་ཀྱི་དབྱིངས་སུ་གསལ་བས། གཉིས་པ་དང་གི་མི་གནས་པ་ལ་ནི། ཡུལ་ཡུལ་ཅན་གཏན་ནས་བྲལ་བས་ཉི་མའི་སྙིང་པོ་ལྟར་ཏེ། མཐའ་གཉིས་པས་རྒྱལ་བས་རྒྱལ་པོ་ཞེས་བྱའོ། །དོན་དེ་ལྟ་བུ་དང་ལྡན་པའི་རྣལ་འབྱོར་པས་འཆད་པ་བཞིན་ཡུལ་གཉིས་འཛོམ་པའི་དུས་སུ་ཉམས་བླང་བ་ལས་མི་འདའ་བས་དམ་ཚིག་སྟེ། ཡོ་ག་མན་ཆད་ཀྱིས་དབེན་པས་ཆེན་པོའོ། །

རྒྱས་པ་ལ་བཞིའི་དང་པོ་རྟེན་གྱི་གང་ཟག་ནི་ཆོས་གཉིས་སྟེ། སྤྱང་བ་ནི། ལོག་པར་ཆགས་ཡིད་གཡོས་སྤྱང་བ་ཞེས་པ། ཕ་ལ་དགྲར་མཐོང་བ་ལ་ནི་ལོགས་པ་ཞེས་བྱ་སྟེ། ཐམས་ཅད་སེམས་ཉིད་ཀྱི་དབྱིངས་སུ་གཅིག་པ་ལ་ཡུལ་ཡུལ་ཅན་རང་རྒྱུད་པ་འཛིན་པས་ཆགས་བྱ་དང་ཆགས་བྱེད་དུ་སྣང་བའོ། །ཡིད་གཡོ་ཞེས་པ་བར་སྐབས་ཀྱི་ཚིག་སྟེ་མཉམ་པ་ཉིད་གདེང་དུ་གྱུར་ནས། ནམ་མཁའ་དངོས་པོར་མི་སྣང་བ་ལྟར། ཡིད་གཡོ་བ་བཙལ་གྱིས་མི་རྙེད་པ་ལ་སྤྱངས་པ་ཞེས་བྱ་ལ། དང་པོ་རྣལ་འབྱོར་དེང་ངེ་འཛིན་ལས་སུ་རུང་བས་ཀྱང་ཐ་མལ་བའི་ཤེས་པ་ཕྲ་བའང་མི་གནས་པར་བྱ་བ་ལ་གཡོས་སྤང་ཞེས་བྱ་སྟེ། སློབ་དཔོན་སངས་རྒྱས་གསང་བས། །ཆགས་པ་ཁམས་འགྲུབ་གཅིག་ཤོས་ཀྱིས། །རང་བྱུང་ཡེ་ཤེས་འགྲུབ་བྱེད་པའོ། །ཞེས་སོ། །ལྡན་པ་ནི་དོན་གཉིས་ཞེས་ཏེ་བསྒྲུབ་པའི་དུས་སུ་བདག་དོན་ལ། དབང་གི་དུས་སུ་གཞན་དོན་ནོ། །བདག་དོན་ལ་ཡང་མཆོག་དང་ཐུན་མོང་གཉིས་ཏེ། ཐེག་པ་འོག་མ་དག་གིས་བརྒྱུད་ནས་བསྒྲུབ་ལ། ཁྱད་པར་གྱི་ཐེག་པ་འདི་ཉིད་ཀྱིས་ཐབས་ཁྱད་པར་ཅན་འདི་ཉིད་ལ་བརྟེན་ནས་ཚེ་གཅིག་གིས་དབང་པོའི་མངོན་གསུམ་དུ

སྣང་བར་འདོད་པའི་རྟེན་གྱི་གང་ཟག་ལ་མི་ཞེས་བྱའོ། །ཡུལ་ལ་གཉིས་ཀྱིས་བསྟན་པའི་རིག་པ་ནི་བད་ཅན་དྲུང་ཅན་ཞེས་པ་ལ་སོགས་པ་སྟེ། དེ་ཡང་རིགས་དང་མཚན་ཉིད་རྣམ་པ་གཉིས་ལས་བད་ཅན་ཞེས་དེར་ཁ་དོག་ནི་དམར་པོ་མཚོན་པ་དང་། འཕྲིན་ལས་བཞི་ལ་ན་དབང་གི་ཡུམ་ཡིན་ཏེ། དེ་ཡང་ཆོས་གང་དང་ལྡན་ན། བཞིན་མདོག་དམར་མོ་སོགས་ཀ་ལ། །མིག་རིང་ཐགས་དམ་སོ་ཚོ་ཆག །སྐྱེད་འཕྲ་ལུས་ལ་དྲི་ཞིམ་འབྱུང་། །བད་མ་ཅན་གྱི་བུད་མེད་དོ། །ཅེས་སོ། །དྲུང་ཅན་ཞེས་པ་དབྱིབས་ནི་དཀར་པོ། འཕྲིན་ལས་ན་ཞི་བ་སྟེ། བོང་ཆུང་ལུས་མཛེས་ཟླ་བའི་མདོག །གཡས་འཁྱིལ་ལུས་ཀྱང་དེ་བཞིན་ཤེས། །སྐད་གསལ་སྤུགས་བློས་ཡིད་མི་སྐྱོ། །འགྲོ་སྤྲངས་པ་དེ་ཞི་བར་སྦྱར་ཞེས་སོ། །རི་མོ་ཅན་ཞེས་པ་ཕྲིན་ལས་ན་དྲག་པོ། ལུས་ལ་ཁྲོ་གཉེར་མང་བ་ལྟ་བུ་སྟེ། །བཞིན་མདོག་ནག་པོ་གྲུ་གསུམ་ལ། །ཁྲོ་གཉེར་ཅན་ལ་གེར་བག་ཆགས། །རྩིད་མགོའི་རི་མོ་ཅན་དུ་བཤད་ཞེས་སོ། །བན་གླང་ཅན་ཞེས་པ་ཁ་དོག་ན་སེར་བ་འཕྲིན་ལས་ན་རྒྱས་པ་སྟེ། །བན་གླང་སེར་པོ་གྲུ་བཞི་ལ། །སྐྲ་ཁམས་སྨིན་ཚོགས་ཆེ་མིག་འབུར། །འགྲམ་སྤྱང་རྣ་བ་རིང་ཤ་རྒྱས། །སྐྲ་འཚམས་དམའ་བ་བན་གླང་ཅན་ཞེས་སོ། །དེ་ཚེ་རིགས་བསྟན་ནས་མཚན་ཉིད་བཞི་ནི་འདི་དག་མངོན་རྟོགས་ཀྱི་ལེའུ་གཉིས་པ་ན་གསལ་ལོ། །ལྟུག་ཐྲན་ཅན་ཞེས་པ་ཞི་བས་ཡུམ་སྟེ། ཟླའམ་ཞེས་པས་རིགས་རྒྱུད་འཕན་པའོ། །སྟོང་གཅིག་ཅེས་པས་མེས་ཚོག་འདྲ་ཞེས་ཞེས་སྟེ། ཡན་ལག་མེད་པ་ན་དབང་གི་ལས་ལ་ཤེས་སོ། །མེ་རིག་ཅེས་པ་ཟླ་ཐལ་མུ་ངན་གྱིས་གདུངས་པ་ནི་དྲག་པོའི་ཡུམ་མོ། །ཕྱུལ་བ་ནི་རང་བཞིན་གྱིས་མི་སྡོམ་པ་སྟེ་རྒྱས་པའི་ཡུམ་མོ། །བརྒྱད་ཅེས་པ་རིགས་བཞི་མཚན་ཉིད་བཞི་དང་བརྒྱད་དོ། །མཚན་བསྟན་པ་ནི། མཉེན་དྲང་ཞེས་པ་ལ་སོགས་པ་སྟེ། ལུས་ཀྱི་མཚན་ཉིད་རྐེད་པ་དང་ཡན་ལག་རྣམས་དང་མཉེན་པས་ཅིར་ཡང་བསྒྱུར་དུ་བཏུབ་པ་དང་དྲང་ཞེས་པ་མདུན་ནས་བལྟས་ན་དགེ་བ། རྒྱབ་ནས་བལྟས་ན་དགུར་བའོ། །རྐེད་རིང་ཞེས་པ་གཞུའི་འཆང་གཟུང་ལྟ་བུ་སྟེ་དཔྱི་དང་རྩིས་བུ་ཐུང་གི་བར་ན་སོར་བཞི་ཡོད་པའོ། །འདི་ལ་སྙེ་རིང་ཞེས་པས་མགྲིན་པ་བྱ་དང་པ་ལྟར་རིང་ལ་སྒྲུ་བ། སྐད་དང་བའི་སྐད་ལྟ་བུ་ཞེས་ཀྱང་འཆད་དོ། །སྟོད་སྨད་ཕྱེད་ནི་མཚན་ཉིད་སོ་སོར་རྟོགས་ནས་འཆི་གུའམ་གྲོད་པ་ལྟ་བུམ་ཡིན་པའོ། །འདི་ལ་ཡང་གོང་མ་དག་གིས་བད་མའི་མཚན་ཉིད་རྟོགས་པའོ་

གསུང་། ཡན་ལག་འཕྲ་འཇམ་ཞེས་པ་ཡན་ལག་དང་ཉིང་ལག་རྣམས་རྩ་འཇག་བཞིན་སོང་བ་ལ་ནི་མི་བྱ་སྟེ་སོ་སོར་བཤན་ལ་འབྱེད་པའོ། །འཇམ་པ་ནི་མཐོང་བྱ་དང་རེག་བྱ་གཉིས་ཀྱི་ངོས་ནས་སོ། །གང་དུ་ཡན་ལག་གི་ཆོས་བཤད་པ་ཉིད་ཀྱིས་སོར་མོ་རྣམས་ཀྱི་ཚིག་པ་མི་མངོན་པ་ལ་ནི་མིག་ཀླུམ་ཞེས་བྱའོ། །འཕྲུལ་བ་ནི་གླད་པ་བདེ་ཆེན་གྱི་འཁོར་ལོ་སྟེ་དབྱེས་ཆེ་བ་ཟླ་བ་གམ་པ་ལྟ་བུའོ། །དམིག་དཀྱུས་རིང་ཞེས་པ་དམིགས་འཕྲུལ་རིང་བ་སྟེ། ཤེས་རབ་ཆེ་བའི་རྟགས་སོ། །དཔེ་ལ་ལས་མིག་དཀྱུས་རིང་ཞེས་པས་སྨིན་མ་འདྲེས་པ་ལ་བཞེད་དོ། །དམིག་དཔྲལ་དཀྱིལ་ན་ཞེས་པ་མིག་གཉིས་ཀྱི་སྟེ། དཔྲལ་བའི་དཀྱིལ་ན་སྨིན་མ་འདྲེས་པ་ཉིད་ཁ་དོག་ནག་པས་ཨུཏྤལ་མདོག་ཅེས་བྱའོ། །ལ་ཤན་ལས་དམིག་འཕྲ་དཀྱིལ་ནག་ཨུད་པལ་མདོག་ཅེས་པ། མིག་འཕྲ་བ་ནི་རིང་ལ་འཇུམ་པ་སྟེ་དཀྱིལ་ནག་པ་ནི་ན་ཡུད་མཆོག་གི་མིག་ཅེས་པ་དང་མཚུངས་ལ། ཁ་དོག་དེ་ཉིད་ཨུད་པལ་གྱི་མདོག་ལྟ་བུའོ། །ཀུ་ཞེང་གཉིས་ཀ་འབྲིང་དུ་བཤད་ཅེས་པ་བོང་མཐོན་དམན་དང་འཕྲ་སྦོམ་སྟེ། དེ་གཉིས་ཀ་འབྲིང་བ་ནི་གནས་སྐབས་དེ་ཉིད་ན་ཀུན་གྱི་ཡིད་ལ་རན་པ་སྟེ། ཧ་ཅང་རིང་མིན་ཐུང་བའང་མིན། །དེ་བཞིན་སྦོམ་མིན་འཕྲ་བའང་མིན། །ཞེས་སྟོན་པས་གསང་བའི་རྒྱུད་རྣམས་སུ་བཤད་པའོ། །ལུས་ལ་ཀུ་ཀླུང་ག་བུར་དྲི། །ཞེས་པ་ཀུ་ལ་ངོ་བོ་ཉིད་ཀྱིས་དྲི་མ་མེད་པ་དང་འདྲ་བར་ལུས་ལ་དྲི་མ་མི་ཆགས་པ་ཀུ་ཀླུང་ལྟ་བུ་དང་། ག་བུར་གྱི་དྲི་ཞིམ་པོ་བྲོ་བའོ། །ཡང་ལུས་ལ་ཀུ་ཀླུང་ག་བུར་དྲི་ཞེས་པས་ཀུ་ནི་རྡུལ་ཡིན་ལ། ཀླུང་ནི་ཁའི་དབུགས་ཏེ་དེ་གཉིས་དྲི་ཞིམ་པོ་ག་བུར་ལྟ་བུ་བྲོ་བའོ། །གསང་ཐུབ་པའི་གསང་བྱའི་དངོས་པོ་རྣམས་ཀུ་འཇག་སུ་མི་འགྲོ་བ་དང་། ཤེས་རབ་ཆེ་བས་མཉམ་པ་ཉིད་ཀྱི་དོན་རྟོགས་ཏེ། དོན་དེས་རྟོག་འཛིན་གྱི་ཤེས་ཆུང་བ་དང་། སྤྱོད་པ་དལ་ཏེ་བརྟབས་བག་ཏུ་མ་ཡིན་པས་ཡིད་དུ་འོང་བའོ། །དད་པ་དང་ལྡན་ཏེ་ལས་དང་ལྷ་དང་བླ་མ་ལ་ཡིད་ཆེས་ཞིང་མི་ཕྱེད་པའི་དད་པ་དང་ལྡན་པ་དང་། དམ་ཚིག་ཅན་བླ་མ་དང་གྲོགས་པོ་དང་འགྲོགས་ཤིང་བཤད་པའི་ཤེས་རབ་ཀྱི་དབང་གིས་གསང་སྔགས་ལ་མི་ཕྱེད་པའི་དད་པ་དང་ལྡན་པ་གསང་བའི་གནས་སུ་བཤད་པར་བྱ་ཞེས་པ་ཕྱིའི་གསང་བའི་གནས་ནི་ཐུགས་ཀྱི་དམ་ཚིག་ཏུ་བཤད་པ་བཞིན་རྣལ་འབྱོར་པས་གནས་ཡིན་པས་སོ། །དེ་ཡོ་ག་མན་ཆད་ཀྱི་ཡུལ་མ་ཡིན་པས་གསང་བའི་ཐེག་

པ་མཆོག་གི་གནས་སུ་གྱུར་པས་དབང་དང་བསྒྲུབ་པའི་དུས་སུ་སྤྱད་པར་བྱ་ཞེས་སོ། །དེ་བྱིན་གྱིས་བརླབས་པའི་ཐབས་ནི་དབང་བསྐུར་དམ་ཡིག་ཅེས་པ་ལ་སོགས་པ་སྟེ། དང་པོ་མ་སྨིན་པ་སྨིན་པར་བྱ་ཞིང་སྟོང་རུང་བའི་ཕྱིར་དབང་རྣམས་རིམ་པ་བཞིན་དུ་བསྐུར། དམ་འབོག་སྟེ་རྩ་བ་དང་ཡན་ལག་གི་དམ་ཚིག་རྣམས་དབོག །ལུས་ངག་ཡིད་གསུམ་གྱི་ཆོས་བཤད་དེ་ལུས་སྦྱོར་ཐབ་ཀ་ར་ནའི་བསྟན་ཆོས་ཤེས་པར་བྱ། ངག་ཐ་མལ་པ་ལས་འདས་པའི་ཕྱིར་མཆོད་པ་ཐམས་ཅད་བསྟབ། སེམས་ལྡན་ཅིག་སྐྱེས་པའི་ཏིང་ངེ་འཛིན་སྣང་བར་བྱ་བའི་ཕྱིར་ལྷའི་སྐུ་འཇའ་ཚོན་ལྟ་བུ་དང་། སྐྱེས་པའི་ཡེ་ཤེས་ཉིད་གཡོ་བ་དང་ཐོབ་པ་དང་། གོམས་པ་དང་། བརྟན་པ་དང་། མཐར་ཕྱིན་པ་རྣམས་ཤེས་པར་བྱའོ། །

ཡང་ན་ཆོས་གསུམ་སྟེ། ཕྱི་འདོད་པའི་བསྟན་ཆོས། ནང་ལྷ་ཡི་ཏིང་ངེ་འཛིན། གསང་བ་བདེ་སྟོང་གི་ཡེ་ཤེས་གསུམ་བརྡའ་ཁྲིད་པར་བཤད་དོ། །ལུས་ལ་རིགས་ལྔའི་རྟུལ་མཆོད་དབྱེ་ཞེས་པ་ཐ་མལ་པའི་ལུས་ཉིད་རྒྱལ་བའི་ཡུམ་དུ་བྱིན་གྱིས་བརླབས་པ་ལས་རིགས་ལྔ་དང་ཞེས་པས་ཡུལ་ལྔ་དང་ཁྲོ་མོ་བཞི་བཀོད་པ་ནི་བདུད་རྩི་ཆེན་པོ་རྒྱུད་ལྟར་ཤེས་པར་བྱས་ལ་ཉམས་སུ་བླང་བ་ནི་དཔེར་ན་ས་སྟེགས་ལ་མཆོད་གྱིས་བསྒྲུར་ན་དཀྱིལ་འཁོར་སྣང་བ་བཞིན། ཕུང་པོ་ཉིད་ལྷར་སྣང་བས་ན་རྟུལ་མཆོད་དབྱེ་ཞེས་བྱའོ། །ཐབས་ལ་མཁས་པས་ཞེས་པ་ཀུན་གྱི་སྤྱང་བྱའི་བཙན་དུག་ཟློས་པས་སྲུ་སྟུག་ལ་བཀྲག་གསལ་བ་རྨ་བྱ་ལྟ་བུ་སྟེ། དཔེ་དེ་བཞིན་ཐེག་པ་འོག་མ་པ་ཀུན་གྱི་སྤང་བྱ་ཉམས་སུ་བླངས་པས་འབྲས་བུའི་ངོ་བོར་གྲུབ་པ་ནི་ཐབས་ཏེ། གཞི་དེ་ཉིད་ཉམས་སུ་ལེན་པ་ལ་མཁས་པ་ཞེས་བྱའོ། །སྐབས་ཀྱིས་ཞེས་པ་གཞན་དོན་དབང་དང་། བདག་དོན་བསྒྲུབ་པའི་དང་། གསང་མཆོག་གི་སྐབས་ཀྱི་ཉམས་སུ་བླང་བ་ལ་སྦྱར་ཞེས་བྱའོ། །རྣམ་གྲངས་ཕན་ཡོན་དང་བཅས་པ་ནི། དམ་ཚིག་རྣམ་གྲངས་ཞེས་པ་ལ་སོགས་པ་སྟེ། སྐབས་སུ་བབ་ན་ཉམས་སུ་བླངས་བ་ལས་མི་འདའ་བའི་དམ་ཚིག །དབྱེ་བའི་རྣམ་པའི་གྲངས་བཅུ་གཉིས་ནི་སང་གྱི་ཧྲིའི་སྐད་དེ་ཉི་ཤུ་སྟེ། གོང་གི་རིགས་དང་མཚན་ཉིད་སྡོམས་པའི་ཆོས་སོ། །

ཡང་ན་ཚིག་བཅུ་གཉིས་དང་པོ་སྟེ། གོང་དུ་རིགས་མའི་མཚན་ཉིད་བརྒྱད། མཉེན་སྲང་ལ་

སོགས་པ་རྣམས་སྤྱི་ཡི་ཆོས་སུ་བཞག་ནས། དབང་བསྐུར་དམ་འབོག་ཆོས་གསུམ་བཤད་པའི་གསུམ། ཡུལ་ལ་ལྔ་བཀོད་པ་དང་བཅུ་གཉིས་སམ། ཡང་ན་ཉི་ཤུ་རང་དུ་བྱེད་ན་ཡང་མཉེན་དྲང་ནས་རྟུལ་མཚོན་དབྱེ་བའི་བར་ལ་ཚང་སྟེ། དེ་ལྟར་དབྱེ་ལུགས་གསུམ་སློབ་དཔོན་ཀུན་གྱི་ཐུགས་དགོངས་ལ་སོ་སོ་ནའང་། དམ་པ་བདེ་བར་གཤེགས་པས་གོང་མ་ཉིད་བཞེད་དོ། །དེ་ལྟར་ཉི་ཤུ་དང་ལྡན་པའི་ལས་དེ་ཉིད་ཀྱིས། དངོས་གྲུབ་ཡོན་ཏན་བསམ་མི་ཁྱབ་ཅེས་པ་སྤྲོ་ན་དངོས་པོ་མེད་པའི་ངོ་བོ་ཉིད་མངོན་གསུམ་དུ་གྲུབ་པ་མཆོག་དང་། དངོས་པོ་མེད་ཀྱང་ལྟར་སྣང་བ་ཐུན་མོང་དང་གྲུབ་ན་བཞི་ཡན་ཆད་གོང་མ་ཉིད་ཉམས་སུ་བླངས་པའི་ཡོན་ཏན་རང་སྣང་བས་རགས་ཕྲ་བསམ་གྱིས་མི་ཁྱབ་པ་ཉིད་མདོར་བསྟན་ན། སློབ་བུ་སྨིན་ཅིང་ཞེས་པ་དབང་གི་དུས་སུ་སློབ་མའི་རྒྱུད་སྨིན་ཅིང་རྟུལ་ཞུགས་གསུམ་པོ་ལ་སོགས་པ་ཟག་མེད་ཀྱི་ལམ་ཉམས་སུ་བླང་བར་ནུས་པ་དང་། ཞི་རྒྱས་ལ་སོགས་པའི་ལས་རྣམས་མྱུར་དུ་འགྲུབ་པ་དང་། བསྒྲུབ་པ་ཉིད་ཁམས་གསུམ་ལས་འདས་པས་འཁོར་བའི་ཆོས་ཀྱིས་མ་གོས་ཏེ། སྐྱེ་གནས་ལས་གྲོལ་བ་དང་། དོན་དེ་ཉིད་ཀྱིས་དབུགས་ཆེན་ཕྱིན་ཏེ། བསྒོམ་ལམ་ལུང་ཆེན་ཐོབ་པའི་རྣལ་འབྱོར་དུ་ལུང་བསྟན་ནས་རྩལ་ཆེན་རྫོགས་པ་མཐར་ལམ་གྱི་འབྲས་བུ་ལ་སྦྱོར་བ་ནི་ཕྱིར་མི་ལྡོག་ཅེས་པས་རིགས་སུ་ངེས་ཞེས་བྱའོ། །དེ་ལྟ་བུའི་ལམ་དེ་ཐབས་ཆེན་པོ་གསང་སྔགས་ནང་པའི་ཐེག་པ་འདི་ཉིད་དུ་བཤད་པ་ལས་གཞན་པ་རྣམ་པར་བཅད་དོ། །ཡང་སྐྱེ་གནས་ལས་གྲོལ་ཞེས་པ་རིགས་མའི་མཚན་ཉིད་དེ་གོང་དུ་བསྟན་པའི་མཚན་ཉིད་རྣམས་དང་ལྡན་པ་ནི་སྦྱངས་ལས་བྱུང་བས་ངན་སོང་གི་སྐྱེ་གནས་ལས་གྲོལ་ཞིང་གསང་སྔགས་ཀྱི་རིགས་སུ་ངེས་པ་སྟེ། དེ་ཉིད་ཐེག་པ་འདི་ཉིད་ཡིན་པ་ནི་བཤད་པ་མཐུན་ནོ། །

སྤྱོད་པའི་གསུམ་པ་རྫུན་དུ་སྨྲ་བ་ལ་བཞི་ཡི་དང་པོ་ལྟ་བའི་རྫུན་གསུམ་ནི། མཚན་ཉིད་འཆད་དང་ཞེས་པ་ལ་སོགས་པ་སྟེ། མཚན་ཉིད་རྒྱ་ཆད་པའི་ཀུན་བཏགས་ཞེས་བཤད་སྟེ། འདི་ལྟར་སྣང་བ་ཀུན་རྫོབ་ཀྱི་དངོས་པོ་བརྟགས་པ་དཔེན། མཐུན་པར་སྣང་། རྒྱུ་རྐྱེན་གྱིས་བསྐྱེད། དོན་བྱེད་ནུས་པ་གཞིའི་མཚན་ཉིད་ཅན་འདི་དཔེར་ན་རི་བོང་གི་རྭ་དང་འདྲ་སྟེ་དེ་ཉིད་ཚིག་ཏུ་གྲུབ་ལ་དོན་ལ་མ་གྲུབ་པ་བཞིན་དུ། ཡུལ་ཅན་སོ་སོ་སྐྱེ་བོའི་ངོ་ལ་འཁྲུལ་པའི་བློས་བརྟགས། སྨིག་སྒྱུ

བཞིན་སྣང་ཡང་ཆོག་ཙམ་སྟེ་ངོ་བོ་ལ་མ་གྲུབ་པའོ། །དེས་ན་ཕྱི་ནང་གི་ཆོས་ཐམས་ཅད་སོ་སོ་སྐྱེ་བོ་ལ་འཁྲུལ་སྣང་གི་མཚན་ཉིད་དུ་རྒྱུ་ཆད་ལ། རྣལ་འབྱོར་པའི་བློ་ལ་སེམས་ཉིད་རང་གསལ་ལས་མ་གཏོགས་པ། དངོས་པོའི་ཆོས་རྡུལ་ཕྲ་རབ་ཙམ་ལ་ཡང་མ་དམིགས་པས་རྒྱུ་ཆད་ཅེས་བྱའོ། །དོན་དེ་ཉིད་རྣལ་འབྱོར་པ་ལ་དེ་ལྟར་མཚན་ཉིད་ཆད་ཀྱང་སོ་སོ་སྐྱེ་བོ་ལ་འཁྲུལ་སྣང་གི་མཚན་ཉིད་མི་འགོག་པས་རྒྱུ་མ་ཆད། སོ་སོ་སྐྱེ་བོ་ལ་ཀུན་བརྟགས་ཀྱི་མཚན་ཉིད་སྣང་བདོ་ན་ཡང་། རྣལ་འབྱོར་པ་ལ་སེམས་ཉིད་རང་གསལ་གྱི་ངང་ལས་མ་གཡོས་པས་རྒྱུ་མ་ཆད་ཅེས་བྱའོ། །དོན་དེ་ཉིད་འཁོར་འདས་གཉིས་གཞི་གཅིག་ཏུ་བསྟན་ལ། མི་མཐུན་པའི་ནང་རིས་གཅིག་ལ་གཅིག་རྫུན་པའོ། །རྣམ་གྲངས་ཀྱི་ཀུན་བརྟགས་ནི་དངོས་པོ་གཅིག་ལ་འགྲོ་དྲུག་གི་མཐོང་སྣང་ལྟུན་གྲུབ་ཏུ་བསྟན་ཏེ་ཆུ་ལྟ་བུ་གཅིག་ལ་ཡང་དམྱལ་བས་བཙོ་བསྲེག་གི་ཆུར་མཐོང་བ་དང་། ཡི་དྭགས་ཀྱིས་རྣག་ཁྲག་ཏུ་མཐོང་བ་དང་། བྱོལ་སོང་གིས་རྙོམ་པ་སེལ་བ་ཙམ་དུ་མཐོང་བ་དང་། མིས་ལོངས་སྤྱོད་ཀྱི་གཞིར་མཐོང་བ་དང་། ལྷས་བདུད་རྩི་མཐོང་བ་དང་། ལྷ་མིན་གྱིས་རྩོད་པའི་གཞི་ལྟ་བུར་མཐོང་བའོ། །དེ་རྣམས་སྐད་ཅིག་མ་ལ་འཛོམ་ཡང་འགྲོ་དྲུག་སོ་སོ་རང་སྣང་གཅིག་ཉིད་བདེན་ལ་ལྔ་པོ་རྫུན་ཏེ། བདེན་རྫུན་བསྒྲོལ་མར་ཤར་བའི་དོན་གྱིས་གང་ཡང་བདེན་པར་མ་གྲུབ་སྟེ་ཀུན་རྫུན་པའོ། །དོན་དེ་ཉིད་ཐེག་པ་དགུའི་གཞལ་བྱའི་སྣང་བ་དགུ་ཡང་རང་ངོ་ཐམས་ཅད་བདེན་ཞིང་གཞན་ཐམས་ཅད་རྫུན་པས་མང་ཡང་ཕྱོགས་གཅིག་པར་མ་གྲུབ་པའོ། །དེས་ན་མུ་སྟེགས་རྟག་ཆད་ཀྱི་ལྟ་བའང་དེ་དང་མཚུངས་པས། རྣམ་གྲངས་མཐོང་སྣང་བཅུ་བདུན་ཡང་སོ་སོ་རང་རང་གི་ཀུན་བརྟགས་ཡིན་པས་སོ། ། བལྟོས་པའི་ཀུན་བརྟགས་ནི་འཁོར་བ་ལས་ལྡོག་པའི་མྱ་ངན་ལས་འདས་པ་ཞེས་ཀུན་ཏུ་བརྟགས་པ་དང་དོན་དེས་རིང་ཐུང་དང་ཆེ་ཆུང་དང་། བཟང་ངན་ལ་སོགས་པ་རྣམས་གཅིག་ལ་བརྟེན་ཏེ་གཅིག་བྱུང་བས་ཀུན་ཏུ་བཏགས་པའི་སྣང་བ་སྟེ། བལྟོས་པའི་གཞི་མ་གྲུབ་ན་སྣང་ཡང་མི་གྲུབ་པའི་རྫུན་ཞེས་བྱའོ། །རྣམ་པ་གསུམ་ཞེས་བཤད་པའི་ཀུན་བརྟགས་རྣམ་པ་གསུམ་སྟེ། སྣང་གྲགས་ཀྱི་ཆོས་ཐམས་ཅད་ངོ་བོ་ཉིད་ཐ་སྙད་དེ་དག་ཏུ་འདུས་པས་སོ། །

དངོས་པོ་དེ་ཉིད་ལ་རྫུན་ཞེས་པ་མཚན་ཉིད་རྒྱུ་ཆད་པའི་ཀུན་བརྟགས་སོ་སོ་སྐྱེ་བོའི་ཡུལ་

ལ་དངོས་པོ་དེ་ཉིད་དུ་སྣང་ཙམ་ན་དེས་ངེས་པར་བཏགས་མི་ཚུགས་ཏེ། མི་རྟག་ཅིང་མི་བརྟན་ལ་འགྱུར་བའི་ཆོས་ཅན་བས་རྫུན་ཞེས་པ་དང་། རྣམ་གྲངས་ཀྱི་ཀུན་བཏགས་མཐུན་པར་བདེན་པ་མེད་པས་རྫུན་ཁ་སྤྲོད་ཉིད་རང་རང་གི་དངོས་པོ་ལ་སྣང་ཙམ་དེ་ཉིད་ན་གཞན་ངོ་ལ་མི་བདེན་པས་རྫུན་ཞེས་བྱའོ། །བལྟོས་པའང་རིང་ཐུང་ལ་སོགས་པའི་དངོས་པོ་དེ་ཉིད་སྣང་ཙམ་ན་རིང་བ་མ་གྲུབ་པས་ཐུང་བའམ་མི་འགྲུབ་པ་བཞིན་དུ། བལྟོས་པ་ཐམས་ཅད་ལ་དེ་དང་མཚུངས་པས་རྫུན་ཞེས་བྱའོ། །

འོ་ན་རྣམ་པ་ཐམས་ཅད་དུ་བདེན་མེད་དམ་ཞེ་ན་མ་ཡིན་ཏེ། ཐམས་ཅད་རང་རིག་སྣང་ཕྱིར་བདེན་ཞེས་པ། ཀུན་བཏགས་རྣམ་པ་གསུམ་ལ་སོགས་པ་ཐམས་ཅད་མ་འགགས་ཀྱང་། སེམས་རང་རིག་པ་ཉིད་དུ་དབྱེར་མེད་ཅིང་རང་རིག་པ་ཉིད་ཆོས་ཐམས་ཅད་དུ་མ་འགགས་པར་སྣང་བའི་ཕྱིར་དུས་གསུམ་དུ་མི་འགྱུར་བས་བདེན་པ་ཆེན་པོའོ། །དེས་ན་ཆོས་ཐམས་ཅད་བྱང་ཆུབ་སེམས་བདེན་པ་གསུམ་དབྱེར་མེད་པའི་ངང་དུ་ཤེས་ནས་ཀུན་སླུ་སྟེ། ཡོད་མེད་ལ་སོགས་པའི་ཐ་སྙད་ཀྱི་བྱེ་བྲག་ཚིག་ཏུ་ཅི་ལྟར་སྨྲས་ཀྱང་འཛིན་པ་བྲལ་བས་ཉེས་པས་མི་གོས་པ་དང་། ཞེ་ལ་འཛིན་པ་མི་མངའ་བས་བསགས་པ་དང་སྤྱངས་པ་གཉིས་སྣང་བའི་འབྲས་བུ་ཐེག་པ་མཆོག་གི་རྟེན་གྱི་གང་ཟག་གི་སྐྱེས་བུའི་ཡུལ་དུ་བསྟན་ཏོ། །

གནོད་པའི་རྫུན་བཞི་ནས་དཀོན་མཆོག་གསུམ་དང་ཞེས་པ་ལ་སོགས་པ་སྟེ། སངས་རྒྱས་དཀོན་མཆོག་ལ་གནོད་པ་སྟེ། གཟུགས་བརྙན་གྱི་བྱེ་བྲག་རྣམས་བཤིག་པ་དང་། ཆོས་དཀོན་མཆོག་བརྟན་པའི་གླེགས་བམ་ལ་གནོད་པ་དང་། དགེ་འདུན་དཀོན་མཆོག་སྟེ་གཉིས་གནོད་པར་འོངས་པ་དང་། རྡོ་རྗེ་སློབ་དཔོན་དང་གྲོགས་མཆེད་ལ་གནོད་པ་བྱེད་དུ་འོངས་པ་དང་། སྤྱིར་སེམས་ཅན་ཆེ་འཕྲ་གང་དང་གང་ལ་གནོད་པ་བྱེད་དུ་འོངས་པའི་སྡིག་ཅན་གང་དང་གང་ཡིན་པ་དེ་ལ་གནོད་པས་མི་ཐེངས་པའི་ཐབས་ཀྱི་རྫུན་གང་དང་གང་ཡིན་པ་བྱ་སྟེ། དཔེར་ན་དམགས་མང་པོ་ཡོད་བྱ་བའམ། མི་འདུག་བྱ་བའམ། ཕྱིར་བཟློག་པའི་ཐབས་ཀྱི་སྒྱུར་བ་བྱེད་བྱ་བ་ལ་སོགས་པ་སྨྲ་བ་ནི་གོང་མ་གསུམ་པོ་ལའོ། །སེམས་ཅན་ཡོང་ལ་གནོད་པ་ནི་མི་དང་རི་དྭགས་ལ་སོགས་པ་ཐམས་ཅད་དེ་མི་འདུག་བྱ་བ་དང་། གནས་པའི་ལུང་པ་ལས་གཞན་བསྟན་པ་དང་། ཕྱུ་མདའ་གཉིས་ཀྱང

སོ་སོ་ཡོག་པར་སླུ་བ་སྟེ། ཐེག་པ་འདི་ཡི་སྐབས་སུ་དེ་ལྟ་བུ་ནི་དམ་ཚིག་ཡིན་པས་བྱ་ཞེའོ། །

གསང་བའི་རྫུན་བཅུ་ནི། གང་ལ་གསང་བར་བྱ་བ་ཞེས་པ་སྟེ། ཡུལ་གང་ལ་ནི། དམ་ཉམས་དམ་མེད་ལ་སོགས་པ་ཐུགས་ཀྱིས་དམ་ཚིག་གི་སྐབས་སུ་བཤད་པ་དེ་དག་གོ། །དངོས་གང་ན་གསང་བར་བྱ་བ་ཐུགས་ཀྱི་དམ་ཚིག་གི་རྣམ་གྲངས་རྣམས་ཏེ། ཉེ་བར་བསྡུ་བ་གསང་བ་བཅུའོ། །གཞི་དེ་ཉིད་ལ་ཡུལ་རྣམས་ཀྱིས་དྲི་ན་གསང་བྱའི་ངོས་ནས་བཅུ་ཡོད་པ་ལས་དེ་དག་མི་འདྲ་བའི་རྫུན་བཅུ་སླུ་བའོ། །

དེ་ཡང་ལྟ་སྤྱོད་སྒོམ་གསུམ་དང་། གསང་མཚན་དང་། གཟུགས་དང་། གྲུབ་རྟགས་བཞི་ལ་གང་དང་གང་དྲི་ན་ཡང་། དངོས་པོ་མིན་པའི་གང་དང་གང་སླུ་བ་སྟེ། བསྒྱུར་བ་བཅུ་ག་ལ་དེ་བཞིན་དུ་སྦྱར་རོ། །བསྒྱུར་བ་བཅུ་བདུན་ཉམས་སུ་བླང་ཞེས་པ་ཞབས་བསྡུ་བ་སྟེ། འཆད་པའི་བསྒྱུར་ཐབས་གཉིས་པོའི་སྒོ་ནས་བསྒྱུར་བའི་རྣམ་གྲངས་བཅུ་བདུན་ཏེ། ལྟ་བའི་རྫུན་གསུམ། གནོད་པའི་རྫུན་བཞི། གསང་བའི་རྫུན་བཅུའོ། །དོན་དེ་ཉིད་ལམ་པའི་ཉམས་སུ་བླང་བྱའི་དངོས་པོའོ། །དེ་ཡང་དམ་ཚིག་བཀོད་པ་ལས། གསང་བའི་དོན་དྲང་པོ་སླུ་བ་མ་ཡིན་ཅིང་ཕན་པའི་ཆོས་སུ་འགྱུར་བའི་རྫུན་སླུ་བ་ནི་དམ་ཚིག་སྟེ། གསང་སྐབས་མེད་པར་རང་རྒྱལ་བྱ་བ་དང་། གཞན་ལ་གནོད་པར་སླུ་བ་ནི་ཉམས་པ་ཞེས་པའོ། །མ་བྱིན་པར་ལེན་པ་ལ་གཉིས་ཀྱི་རྒྱས་པ་ནི། ཞིང་བཅུ་གྱུར་པའི་ནོར་བཅུ་དང་ཞེས་པ་ལ་སོགས་པ་སྟེ། ཐུགས་རྗེས་བསྒྲལ་བའི་ཞིང་དུ་གྱུར་པའི་བཤད་པའི་བཅུ་པོ་ནི་ཐབས་ཅིའི་སྒོ་ནས་ཀྱང་འདུལ་ཏེ། གྲངས་བཅུ་པོ་དེ་ཉིད་ཀྱི་ལོངས་སྤྱོད་ཀྱི་ཡོ་བྱད་རྣམས་ཀྱང་ཕྲོགས་ལ་འཆད་པ་བཞིན་ཚོགས་སུ་འབུལ་བའོ། །འོ་ན་རྒྱུ་ལ་སློབ་པ་བདུན་ལ་ལྷ་བཏུབ་ན་འབྲས་བུ་ངན་སོང་གསུམ་ལ་ཅི་ལྟར་བྱ་ཞེ་ན། དེ་ནི་གོང་དུ་བསྟན་པ་ལྟར་ཏིང་ངེ་འཛིན་གྱི་འཕྲོ་འདུས་སྦྱངས་ནས་སྡུག་བསྔལ་ཐམས་ཅད་བསྲེག་པ་ནི་ནོར་འཕྲོག་པ་ཡིན་ནོ། །

དེ་ཉིད་མི་གནས་པར་བྱས་པ་ནི། ཚོགས་སུ་ཕུལ་བ་འབྲས་བུ་དང་བཅས་པའོ། །མཚན་ལྡན་གཟུངས་ཞེས་པ་བཤད་པའི་རིགས་དང་མཚན་ཉིད་དང་ལྡན་པ་བཅུ་གཉིས་དང་བཅུ་དྲུག་ལ་སོགས་པ་ལོའི་ཆོས་རྫོགས་པ་གཉེན་དྲང་ལ་སོགས་པའི་མཚན་ཉིད་དང་ལྡན་པ་ཐབས་དང་ཤེས

རབ་ཡ་མ་བྲལ་བའི་རྟགས་སུ་གཟུངས་སུ་གྱུར་པ་སྟེ། དེ་ལྟ་བུ་ལ་བརྟེན་ནས་ཐབས་ཀྱི་ལམ་གྱིས་མཆོག་ཐུན་གྱི་འབྲས་བུ་སྣང་བས་བརྐྱུས་དང་ཕྲོགས་ཀྱང་དམ་ཚིག་གི་ངོ་བོ། བཀྲ་ཤིས་རྫས་ཞེས་པ་དེ་ལ་བརྟེན་ནས་དངོས་གྲུབ་སྣང་བ་སྟེ། པཾ་སྐྱེ་བ་བདུན་པ་ལྟ་བུའོ། །སྦྱས་ཆོས་ཐལ་འཆང་ནི། སྦྱ་བར་བྱ་བའི་ཆོས་ཀྱི་ངོ་བོ་དམ་རྫས་ རྟེན་རྟ་མཚན་ལྡན་དང་། ཐུགས་ཀྱི་སྐབས་སུ་བཤད་པའི་གསང་བར་འོས་པའི་རྣམ་གྲངས་རྣམས་སོ་སོ་སྐྱེ་བོ་ཐ་མལ་བས་འཆང་བ་རྣམས་སོ། །བྱིན་ཅན་རྫས་ནི་གོང་མ་རྣམས་ཀྱི་བྱིན་རླབས་དང་ལྡན་པ་ རྟེན་རྟ་མཚན་ལྡན་དང་རྟེའུ་ཆུང་དང་རྡོ་རྗེ་དྲིལ་བུ་ལ་སོགས་པ་སྟེ། དེ་ཉིད་བསྟེན་པ་ཙམ་གྱིས་བྱིན་རླབས་འབྱུང་བའི་དམ་རྫས་སློབ་དཔོན་པདྨའི་དུང་གྲགས་ཆེན་གྲགས་ཆུང་ལྟ་བུའོ། །བསྲུང་བ་ཡོད་དམ་ཞེས་པ་ས་འོག་གི་གཏེར་འདྲེས་བདག་པ་མེད་པའི་གཏེར་ནི་འདྲེ་མེད་པའོ། །ཕྱུག་པོ་ནི་མི་ཡོ་བྱད་མང་པོ་ཅན་ལ། སེར་སྣས་བཅིངས་པ་ནི་ཡོག་ལྟ་ཅན་དཀོན་མཆོག་དང་ཆོས་ཕྱོགས་སུ་ཡོ་བྱད་གཏོང་མི་ཕོད་པའོ། །དེ་དག་མིང་གིས་བླང་ཞེས་དང་། ཞིང་བཅུར་གྱུར་པའི་ནོར་བཅུ་དང་གཏེར་གཉིས་དང་། ཕྱུག་པོ་སེར་སྣས་བཅིངས་པའི་ནོར་རྣམས་ནི་ཆགས་ཞེན་གྱིས་བསླང་པ་མ་ཡིན་པར་ཡུལ་རྣམས་ཀྱི་དོན་དུ་གྱུར་པས་མིང་གིས་ཞེས་བྱ་སྟེ་མངོན་གསུམ་དུ་བླངས་ལ་ལྷ་དཀོན་མཆོག་དང་བླ་མ་ལ་རྣལ་འབྱོར་པ་དང་ཡུལ་གྱི་ཚོགས་སུ་འགྱུར་བར་བྱ་བའི་ཕྱིར་ཡུལ་ལ་བསོད་ནམས་ཀྱང་དེ་ལྟར་བསྔོའོ། །བདག་མེད་ཀྱི་གཏེར་ནི་བླང་སྟེ་དེ་ལྟར་བྱས་པས་བསོད་ནམས་ཡོང་ལ་བསྔོ་བར་མཐུན་ནོ། །མཚན་ལྡན་གཟུགས་ལ་སོགས་པ་རྣམས་ནི་འཇིག་རྟེན་གྱི་ཆགས་ཞེན་སྤངས་ཏེ་དངོས་གྲུབ་ཀྱི་རྟེན་བྱ་བའི་ཕྱིར་མིང་གིས་མངོན་དུ་བླངས་ལ་ཚོགས་སུ་འགྱུར་བས་བར་པ་ལ་འབུལ་ཞེས་བྱའོ། །

ཞབས་བསྡུ་བ་ནི། དམ་ཚིག་བཅུ་བདུན་ཞེས་པ་བསྲུང་བ་ལས་མི་འདའ་བའི་དམ་ཚིག །ཞིང་བཅུར་གྱུར་པའི་ནོར་བཅུ་དང་། མཚན་ལྡན་གཟུངས་ལ་སོགས་པ་བདུན་དང་བཅུ་བདུན་ནི་རྟེན་གྱིས་སྒྲུད་པར་བྱ་བའི་དམ་ཚིག་ཡིན་པས་བྱ་ཞེས་གདམས་པའོ། །དོན་དེ་ཉིད་ཀྱང་དམ་ཚིག་བཀོད་པ་ལས། སེར་སྣས་བཅིངས་པའི་ཡོ་བྱད་དང་། དངོས་གྲུབ་ཀྱི་རྫས་ཐ་མལ་པས་འཆད་པ་རྣམས་བླངས་ཏེ་བྱིན་རླབས་ཀྱི་རྟེན་དུ་བྱ་བ་ནི་དམ་ཚིག་གོ། །རང་རྒྱལ་དུ་གཞན་གྱི་ཡོ་བྱད་ཕྲོགས་

པ་ནི་ཉམས་པའོ་ཞེས་སོ། །ངག་བསླང་པོ་ལ་གསུམ་གྱི་དང་པོ་ནི་བཞི་བཅུ་ཞེས་པ་ལ་སོགས་པ་སྟེ། དེ་ཡང་ཞིང་ཐ་བ་ལ་ས་བོན་བཏབ་སྟེ་རྨོས་ནས་ཆུ་ལུད་ཀྱིས་བྲན་ཏེ་འབྲས་བུ་སྨིན་ནས་ཡང་གསོས་སུ་གྱུར་པ་བཞིན། བསྒྲལ་བའི་ཞིང་བཅུའི་རྒྱུད་ཉོན་མོངས་པའི་ཐ་གྲོད་ལ་གསང་སྔགས་ཀྱི་འཕྲིན་ལས་ཀྱིས་བཤད་པ་བཞིན་ཚོགས་གཉིས་སུ་བྱས་ནས་འབྲས་བུ་ལྷུན་གྱིས་གྲུབ་པས་སོ། །ཡང་ན་ཞིང་དེ་དག་ཐེག་པ་མཆོག་གི་རྟེན་གྱི་གང་ཟག་གིས་ཡལ་བར་མི་འདོར་བས་སོ། །བཅུ་ནི་རྒྱུ་འབྲས་ཀྱི་གྲངས་ཏེ་བཤད་པ་ཉིད་དོ། །གདུལ་བྱ་གྱུར་པའི་སེམས་ཅན་ནི་ཞིང་ཉིད་ཁམས་གསུམ་པ་ཡིན་པས་སོ། །ཡུལ་དེ་ཉིད་ལ་བསླང་ཚིག་བཅུ་ཡི་ཞེས་པ་ཡུལ་ཉིད་ཁོང་ནས་སྐྲག་པར་བྱེད་པ་ལ་ནི་བསླང་ཚིག་ཅེས་བྱ་སྟེ། གྲངས་ངེས་པ་མེད་ཀྱང་ཡུལ་གྱིས་ཕྱེ་བས་བཅུ་ཞེས་བྱའོ། །ཞི་བཅད་པ་ནི་བཤད་པའི་ཚིག་ཉིད་ཀྱིས་གདུགས་སེམས་ཁོང་ནས་ཞི་སྟེ་ཞི་སྡང་ཆགས་པ་ལྟ་བུའོ། །ཅི་ནི་དེ་ཉིད་ཀྱི་སར་མི་འཇོག་པ་སྟེ་དོན་ལ་སྦྱོར་བའོ། །གསང་སྔགས་སྤྱོད་པའི་ཚིག་ནི་དྲག་ཤུལ་སྤྱོད་པའི་ཞེས་པ་ལ་སོགས་པ་སྟེ། དེ་ཡང་དྲག་ཤུལ་ནི་དངོས་སུ་སེམས་ཚར་གཅོད་པར་བྱེད་པར་བྱེད་པ་སྤྱོད་པ་བསླང་མོ་ཉིད་དེ། དེ་ཉིད་མ་བསྒྲུལ་བ་ལས་ཀྱི་སྔགས་ད་ཧ་དད་པ་ཙ་ལྟ་བུ་སྟེ། སྒྲ་ཡི་སྒྲོ་ནས་སོད་ཅིག་དང་། ཀྲོབ་ཅིག་དང་ཆོས་ཤིག་ཆིངས་ཤིག་ལ་སོགས་པས་དྲག་སྔགས་རྣམས་སོ། །དེ་གཉིས་ནི་བསྒྲལ་བའི་ཞིང་བཅུ་ལ་ཤེས་ཆ་བའོ། །འོན་གོང་དུའང་བསླང་ཚིག་སྨོས་ལ། འདིར་ཡང་དྲག་ཤུལ་སྤྱོད་པའི་སྔགས་ཞེས་པས་མ་བལྡབས་སམ་ཞེ་ན། མ་བལྡབས་ཏེ། གོང་མ་ནི་འཇིག་རྟེན་གྱི་གཏམ་གྱི་ངོས་ནས་ཡིན་ལ། འདིར་ནས་འཕྲིན་ལས་ཀྱི་དུས་ཀྱི་དྲག་སྔགས་སོ། །ཡང་ན་བསྒྲལ་ཞིང་གང་ཡིན་པ་དེ་རྟེན་གྱི་གང་ཟག་ཏིང་ངེ་འཛིན་ལ་དབང་བས། དང་པོ་ངག་གི་སྒྲོ་བརྒྱུད་ཀྱིས་ཞི་བཅད་ནས་ང་རྒྱལ་ཆག་སྟེ་སེམས་རྣལ་མར་གནས་པ་སྟེ། ཏིང་ངེ་འཛིན་དང་དྲག་སྔགས་ཀྱིས་ལུས་སེམས་ཕྲལ་བ་ལ་ནི་དྲག་ཤུལ་སྤྱོད་པའི་སྔགས་དག་ཅེས་གསུང་སྟེ། ཚིག་འཚམས་ཀྱི་ཅིང་ཞེས་པས་ཀྱང་གསལ་ལོ། །

གཟུངས་ལ་ཞེས་པ་བཤད་པ་བཞིན་དུ་དབང་དང་བསྒྲུབ་པའི་སྐབས་སུ་ཐབས་དང་ཤེས་རབ་དབྱེར་མེད་པར་དངོས་སུ་ཉམས་སུ་བླང་བའི་ཚེ་ཐེག་པ་འོག་མའི་སྤང་བྱ་བསླང་པོར་སྦྱོར་བའི་

དུས་སུ་ས་མ་ཡ་ཧོ་ལ་སོགས་པ་བརྡའ་ཚིག་རྣམས་ཏེ་རྒྱུད་ལས་ཀྱང་། ས་མ་ཡ་ཧོ་ལ་སོགས་སྒྲ། འཇིག་རྟེན་བསྟན་ཆོས་ལ་མེད་ཅིང་། །དེ་བཞིན་གཤེགས་པའི་བརྡར་གྱུར་པ། །ཞེས་སོ། །དང་ནི་རིམ་པ་བཞིན་འཆད་པ་རྣམས་སྤྱད་པའོ། །ཆོས་ཀྱི་སྣོད་དུ་རུང་བའི་སློབ་མ་རྣམས་ཀྱི་སྣོད་བཅོས་པ་སྟེ། ཐོས་བསམ་གྱི་དུས་སུ་བརྟོན་འགྲུས་ལ་བསྐུལ་བ་དང་། བསླབ་པ་ལ་ནན་ཏན་བྱེད་པའི་ཐབས་དང་། དམ་ཚིག་བསྲུང་བའི་ཕྱིར་དང་། ཆོས་དང་མི་མཐུན་པ་བྱེད་པ་རྣམས་སྤང་བ་དང་། ཕྱིས་མི་འབྱུང་བའི་ཕྱིར་མི་ཆོས་དང་ལྷ་དམ་གྱི་འཚང་ནས་བྲུ་བ་ཡན་ཆད་ཀྱི་བཀའ་བཀྱོན་དྲག་པོས་ཞེ་བཅད་དེ། སེམས་མེད་དམའ་བར་བྱས་ནས། དེ་ཉིད་ཀྱིས་དོན་ལ་སྦྱོར་བ་དང་། འབྱུང་པོ་ཞེས་པ་མི་མ་ཡིན་པས་བར་ཆོད་ཀྱི་ཚོགས་ཏེ་བསླབ་པ་དང་། ཐ་མལ་པའི་སྐབས་སུ་འབྱུང་པོའི་ཚོ་འཕྲུལ་ཅི་ལྟར་བྱུང་ཡང་གདོང་ཐུག་ལ་ལྷ་སྒོམ་སྦྱོད་པའི་གདིང་དང་ལྡན་པར་བྱས་ནས་ཡུལ་དེ་དག་ཞི་གཙོད་པར་བྱེད་པའི་དྲག་པོའི་ཕྲིན་ལས་ཀྱི་གཞུང་ཉམས་སུ་བླངས་ཏེ་སྟགས་དང་ཕྱེར་མོ་རྣམ་པ་གཉིས། སེམས་རྫམ་པ་ཏིང་ངེ་འཛིན་འཕང་མཐོ་བ། ལུས་རྫམ་པ་སྟངས་སྟབས་དང་ཕྱག་རྒྱ། ངག་རྫམ་པ་གད་པ་ངར་གྱི་སྒྲ་དང་བཅས་པ་བྱའོ། །སྣོད་ལྡན་ཞེས་པ་རྒྱུད་ནས་སློས་པའི་སྣོད་ཀྱི་མཚན་ཉིད་རྣམས་དང་ལྡན་ཏེ། བཤད་པའི་བཅོས་པའང་མི་དགོས་པ་ལྷ་བུ་ལ་བསྡུང་ཆོས་ཏེ། ལྷ་བ་བསྡུང་བར་ཆོས་མཉམ་པ་ཉིད་གཅིག་ཚད་དུ་བསྟན་པ་དང་། སྤྱོད་པ་བསྡུང་བ་སྟན་འགན་ལ་སོགས་པ་རྣམས་དངོས་སུ་བཤད་པ་དང་། བསྒོམ་པ་བསྡུང་པ་ཚེ་གཅིག་གིས་འབྲས་བུ་ལ་སྦྱོར་བའི་ཏིང་ངེ་འཛིན་རྣམས་ཡེ་བཤད་པའོ། །ཞབས་བསྒྲུབ་ནི་ངག་གི་ཞེས་པ་སྟེ། ངག་གི་ལས་ཡིན་པ་ཉིད་ཉམས་སུ་བླང་བ་ལས་མི་འདའ་བས་ན་དམ་ཚིག་ཏེ། ཞིང་བཅུ་ཡུལ་གྱིས་ཕྱེ་བས་བཅུ། ཕྱིན་ཆད་ལ་ལྔ་དང་བཅོ་ལྔ། དེ་ཉམས་སུ་བླངས་བ་ལས་མི་འདའ་བ་ལ་བསྲུང་ཞེས་འཆད་དོ། །

དེ་ཡང་དམ་ཚིག་བཀོད་པ་ལས། བཀའ་ལས་འགལ་ཞིང་མཆེད་ལ་འཕྲུས་པ་དང་། དཔོན་དང་མཆེད་དང་འཁོར་དང་གཉེན་དང་འདུལ་བའི་དུས་ལ་བབ་པ་རྣམས། ལོག་ཅིང་འགལ་བར་བྱེད་པ་ལ་ཞིབ་དང་ངེས་པས་འདུལ་ན་ངག་བསྡུང་པོས་འཚོས་པ་དམ་ཚིག་གོ། །འགལ་བ་མེད་པ་དང་ཐུབ་ཚད་ལ་ངང་བསྡུང་པོར་སྨྲ་བ་ནི་ཉམས་པའོ་ཞེས་སོ། །དེས་ན་སྤྱད་པའི་དམ་ཚིག་ལྔ་པོ་

ཡང་རྟེན་གྱི་གང་ཟག་ནི་སྨོས་པ་ཉིད་དོ། །ཡུལ་ནི་སྒྲོལ་བ་ལ་སོགས་པ་ལྔ་པོ་ཉིད་དོ། །བསྲུང་ཚུལ་ནི་ཉམས་སུ་བླང་བའི་ཐབས་རྣམས་སོ། །དེ་ཉིད་ཉམས་སུ་བླངས་ནས་མ་འདས་པ་ནི་བསྲུང་བ་རང་གི་ངོ་བོའོ། །རྒྱུད་ཚོད་མཐོན་དམན་གྱི་བྱེ་བྲག་ནི་ལས་དང་པོའི་དུས་སུ་མོས་པས་ཉམས་སུ་བླང་ལ། རིགས་ཆེན་འབྱེད་པའི་སྐབས་སུ་ནི་ཏིང་ངེ་འཛིན་དང་དངོས་འཛོམ་པས་ཉམས་སུ་བླང་ལ། ཟག་མེད་མངོན་དུ་གྱུར་ནས་ཏིང་ངེ་འཛིན་གྱིས་གཞན་སྣང་ཉམས་སུ་སྨྱོང་བའོ། །ཡུལ་ལྔ་པོ་ཉིད་ལ་རྩིང་ཞིབ་ཀྱི་བྱེ་བྲག་ནི་དཔྱད་པར་བྱའོ། །

དུས་ནི་དམ་ཚིག་བཀོད་པ་ལས། སྤྱོད་པར་བྱ་བའི་དམ་ཚིག་ལྔ་ནི་དུས་ལ་བབ་པ་རིམ་པར་ཤེས་ནས་བསྲུང་ཞེས་པས། ཡུལ་ལྔ་པོ་ཉིད་ཐད་སོ་གང་བབ་ཀྱི་སྐབས་སུ་ཉམས་སུ་བླང་སྟེ་བསྲུང་བ་ལས་མི་འདའ་བའོ། །མི་སྤང་བའི་དམ་ཚིག་ལ་མདོར་བསྟན་པ་ནི་མི་སྤང་ཞེས་པ་ལ་སོགས་པ་སྟེ་འདོད་ཆགས་ལ་སོགས་པའི་དུག་ལྔ་ཉིད་ཡོ་ག་མན་ཆད་ཀྱི་ཐེག་པ་རྣམས་ཀྱི་སྤང་བྱ་ཡིན་པ་ལས་ཐེག་པ་འདི་ཉིད་ཀྱིས་མ་སྤང་སྟེ་ལམ་གྱི་ངོ་བོར་བྱས་ནས་དེ་ལས་མི་འདའ་བས་དམ་ཚིག་སྟེ། དེ་བཤད་པར་དམ་བཅའ་བ་ནི། ཡང་དག་དུག་ལྔ་ཞེས་པ་བཤད་པའི་ལྟ་བ་ལྔ་དང་། སྤྱོད་པ་ལྔ་སྟེ། དེ་ཉིད་ནི་འབྲས་བུའི་ཐབས་ཀྱི་ངོ་བོ་ཉིད་ཡིན་པས་ཡང་དག་ཅེས་ཏེ་ལོག་པ་དང་ཆོས་མཐུན་པ་ཡོད་པས་དུག་ལྔ་ཞེས་སྨོས་ཀྱང་འདིར་མཚོན་པའི་ཕྱིར་ན་ཐ་སྙད་ཙམ་མོ། །ཡང་ན་ལོག་དུག་ཉིད་གོང་མའི་སྟོབས་ཀྱིས་བཅུད་ལེན་བདུད་རྩིར་བསྒྱུར་བ་ལྟ་བུའོ། །ལོག་དུག་ལྔ་ཞེས་པ་འདོད་ཆགས་ལ་སོགས་ལྷུས་ཐར་པའི་འབྲས་བུ་གཅོད་ཅིང་། འཁོར་བ་ལ་ལོག་པར་མཆེད་པས་དུག་ཅེས་བྱ་སྟེ། དུག་ཁོང་དུ་སོང་ན་སྡུག་བསྔལ་བསྐྱེད་ཅིང་སྲོག་གཅོད་པ་དང་འདྲ་བར་འཁོར་བའི་སྡུག་བསྔལ་བསྐྱེད་ཅིང་ཐར་པའི་བདེ་བ་གཅོད་པས་སོ། །ཆུང་ཡང་འཕེལ་བ་དང་འདྲ་བར་ཉོན་མོངས་པ་རྒྱ་འབྲས་སྟོབས་སུ་གྱུར་ནས་འཁོར་བ་འབའ་ཞིག་ཏུ་སྣང་བའོ། །

རྒྱས་པ་ལ་གཉིས་ཀྱི་དང་པོ་ཡང་དག་དུག་ལྔ་བསྟེན་ཏེ། དེ་ལ་ལྔ་ལས་ཐབས་ཀྱིས་ཟིན་པའི་འདོད་ཆགས་ནི་བཤད་པའི་ཐབས་མཁས་ཞེས་པ་ལ་སོགས་པ་སྟེ། གནའི་དམ་ཚིག་ཏུ་བཤད་པ་བཞིན་ཐབས་མཁས་པ་ནི་བཙན་དུག་སྲོག་གཅོད་པའི་བདག་ཉིད་ཡིན་ཡང་སྨན་དང་སྔགས

ཀྱིས་བཅུད་ལེན་དུ་བྱས་ཏེ་ཚེའི་རིག་འཛིན་གྲུབ་པ་དང་འདྲ་བར་འདོད་ཆགས་ཉིད་ཁམས་གསུམ་འགྲུབ་བྱེད་ཀྱི་རྩ་བ་ཡིན་ཡང་། ཐེག་པ་མཆོག་གི་ལུགས་ཀྱིས་ལྷ་སྦྱོད་སྒོམ་གསུམ་ལྡན་པས་ཉམས་སུ་བླངས་ཏེ་དེ་ཉིད་ཀྱིས་འབྲས་བུ་མངོན་དུ་སྣང་སྟེ་ཉོན་མོངས་པ་མིང་ཡང་མ་དམིགས་པ་ནི་ཐབས་མཁས་པའོ། །འདོད་ཆགས་ནི་སྦྱོར་ཐབས་སུམ་བརྒྱ་དྲུག་བཅུའི་སྒོ་ནས་རང་བྱུང་གི་ཡེ་ཤེས་སྣང་བ་སྟེ་ཆོས་མཐུན་པ་ཙམ་ཕས་སྤྱོད་པའོ། །ལྷ་བ་ནི་འདོད་སྤྱོད་ཅེས་པས་འདོད་པའི་ཡོན་ཏན་རྣམ་པ་ལྔ་དབང་པོའི་སྤྱོད་ཡུལ་དུ་གྱུར་པ་ཐམས་ཅད་དོན་དམ་བྱང་སེམས་སུ་བཤད་པ་བཞིན་སེམས་ཉིད་ཀྱི་ངང་དུ་གསལ་ཏེ། མི་འགག་པའི་རྒྱན་ཐམས་ཅད་རང་བྱུང་ཡེ་ཤེས་སུ་གསལ་བའི་དེ་ཉིད་ཤེས་ཏེ་གོམས་ལྡན་གྱིས་གྲུབ་ན། གནས་སྐབས་དེའི་ཚེ་ན་ཤིན་ཏུ་ཞེན་པ་ཞེས་པ་འོག་མ་དག་གི་ཡུལ་དང་ཡུལ་ཅན་དུ་ཞེན་པ་ཡིན་ལ། འདིར་བཤད་པའི་ལྷ་སྤྱོད་གཉིས་ལ་ཡུལ་དང་ཡུལ་ཅན་མེད་དེ་ཆུ་དང་བཤེར་བ་བཞིན་ཆེད་གཉེར་མེད་པ་ལ་ནི་ཤིན་ཏུ་ཞེན་པ་ཞེས་བྱ་སྟེ། དེ་ཉིད་ནི་ཐེག་པ་མཆོག་གི་མ་ནོར་བའི་ལམ་དུ་གསུངས་ཏེ། སྒྱུ་འཕྲུལ་རྒྱས་པ་ལས་དུག་ལྔ་ཞེས་བྱ་བའི་དམ་ཚིག་ནི་ཞེས་པས་ལ་སོགས་པ་རྒྱས་པར་གསུངས་སོ། །འོ་ན་རྩ་བ་དང་ཡན་ལག་ཁྱད་མེད་པར་འགྱུར་རོ་ཞེ་ན། རྩ་བ་ནི་ལྷ་བ་ཉིད་ཤེས་བྱའི་ཡུལ་དུ་བསྟན་ལ་འདིར་ནི་དེ་ཉིད་ཡུལ་དང་ཡུལ་ཅན་མེད་པར་མི་འབྱེད་པར་ཉིད་འདོད་ཆགས་ཞེས་བྱ་སྟེ་ཡན་ལག་གི་ཆ་ལྔ་བུའོ། །

དེ་ཡང་དམ་ཚིག་བཀོད་པ་ལས། འདོད་ཆགས་ཆོས་ཉིད་ལ་ཏིང་ངེ་འཛིན་ཆགས་པ་དམ་པའོ། །འདོད་པ་དངོས་པོ་ལ་ཆགས་པ་ཉམས་པའོ། །ཞེ་སྡང་ནི་ཞིང་བཅུ་ཞེས་པ་ལ་སོགས་པ་སྟེ། དེ་ཡང་བཤད་པའི་ཞིང་བཅུ་ཉིད་ཡུལ་དང་ཕྲད་པའི་ཚེ་ཡམ་བར་མི་འདོར་ནས་ལུས་སེམས་ཕྲལ་བ་བྱེད་པ་ནི་བརླག་བྱེད་ཅེས་བྱ་སྟེ། འཇིག་རྟེན་པ་དང་མཐུན་པར་ཞེ་སྡང་ལྷ་བུར་སྣང་ཡང་། འདིར་ཐེག་པ་མཆོག་གི་སྙིང་རྗེས་གཞི་བཟུང་སྟེ་ཞིང་བཅུ་རྒྱུ་འབྲས་སྡུག་བསྔལ་བསྐྱེད་པའི་ངོས་ནས་སྙིང་རྗེ་བ་དང་། ཉམས་སུ་བླངས་པ་ཉིད་ཀྱིས་དམ་ཚིག་རྫོགས་པ་དང་། ཡུལ་ཉིད་བསགས་པ་མེད་པར་འབྲས་བུ་ལ་སྦྱོར་བ་དང་། དེ་རྣམས་ཀྱིས་མཆོག་ཅེས་བྱའོ། །དེ་ནས་གཞན་ལས་ཀྱང་གདུག་ལ་རྟག་ཏུ་བྱམས་ལྡན་པ་ཞེས་པ་ལྔ་བུའོ། །དེ་ཉིད་ནི་སྤྱོད་པའི་ངོས་ནས་ཡིན་ཏེ། གོང་དུ

བཤད་པའི་ནི་ངོ་བོ་དངོས་ཡིན་ལ། འདི་ཉིད་ནི་ཞི་སྣང་གི་ཆོས་མཐུན་ཙམ་མོ། །ལྷ་ངན་ཞེས་པ་ཉན་ཐོས་དང་རང་རྒྱལ་བ་སྟེ་ཐེག་དམན་གཉིས། རྟུལ་ཕྲ་རབ་སྐད་ཅིག་མ་དོན་དམ་འདོད་པ་ལྷ་བུ་དང་། ཐེག་ཆེན་པ་དག་བདེན་པ་རེས་འཛོག་ཏུ་བྱེད་པ་དང་། ཀྱཻ་ཡ་བ་དག་ཀུན་རྫོབ་རིགས་གསུམ་དུ་བརྟླབ་བྱ་རློབ་བྱེད་དུ་འདོད་པ་དང་། ཡེ་ཤེས་སེམས་དཔའ་གྲོགས་སུ་བསྟན་ནས་དངོས་གྲུབ་རེ་བ་བཞིན་ནི་རེ་འཛིན་དང་བཅས་པ་ཉིད་དུ་སྒྲིབ་བྱེད་དུ་གྱུར་པས་ལྷ་ངན་ཞེས་བྱ་སྟེ། འདི་ཉིད་དུ་དེ་རྣམས་བསལ་སྤྲངས་མེད་པར་རྟོགས་པ་བཞིན་དང་། དག་པ་གསུམ་དང་། མཉམ་པ་བཞིའི་གཏན་ཚིགས་ཀྱིས་སེམས་ཉིད་སྣང་སྟོང་དང་བྲལ་བ་བདེན་པ་གསུམ་པའི་ངང་དུ་འཛེམས་པས་ཆད་འཛིན་ཐམས་ཅད་དང་བྲལ་བ་ནི་ལྷ་བ་སྟེ། དེ་བཞིན་ཏེ་ཞེས་པ་བཤད་པ་བཞིན་ཞི་སྣང་ཡིན་ཀྱང་གཏན་ཚིག་གོང་མའི་མཆོག་སྟེ། ཐབས་ལ་མཁས་པས་ཞེས་པ་འདིའི་སྒོར་ཞུགས་པའི་རྣལ་འབྱོར་པ་ནི་བཤད་པ་བཞིན་ཐབས་ལ་མཁས་པ་ཡིན་པས་ཉམས་སུ་བླང་བ་ལས་མི་འདའ་བས་ན་སྤྱོད་པ་ཡིན་ཞེས་བྱའོ། །དེ་ཡང་དམ་ཚིག་བཀོད་ལས་ཞི་སྣང་ལོག་པ་དང་གོལ་བ་ལ་སྣང་བ་དམ་པའོ། །མ་ཉེས་པ་དང་ཐུབ་པ་ལ་སྣང་བ་ཉམས་པའོ། །ང་རྒྱལ་ནི་མངོན་པར་མཐོང་བའི་ཞེས་པ་ལ་སོགས་པ་སྟེ། རང་རིག་པའི་མངོན་གསུམ་དུ་གྱུར་པའི་ཆོས་བྱང་ཆུབ་སེམས་ཀྱི་དམ་ཚིག་ཏུ་བཤད་པ་བཞིན་ནི་གསང་སྔགས་ཡོ་ག་མན་ཆད་གང་གི་ཡང་སྤྱོད་ཡུལ་དུ་མ་གྱུར་པ་དང་སྣང་སྟོང་ལ་སོགས་པ་གང་གི་ཡང་མཐས་མ་རེག་པའི་ཕྱིར་རི་རབ་དང་ཆོས་མཐུན་པས་མཐོ་བ་ཞེས་བྱ་སྟེ། དོན་དེ་ཉིད་ལ་ལྟ་བ་མེད་པའི་ལྟ་བ་ནི། འདི་ནི་ལྟ་བའི་དམ་པའོ། །ཞེས་པ་དང་མཚུངས་པས་ཡུལ་བྲལ་གྱི་ཡེ་ཤེས་ཉིད་དོ། །འོན་ཀྱང་འདི་ནི་ལྟ་བའི་ངང་ལས་མི་འགྱུར་བ་ཙམ་ལ་བརྗོད་དོ། །ཏིང་ངེ་འཛིན་ཞེས་པ་དོན་སྐྱེ་བ་མེད་པ་དང་། ཡི་གེ་ལྔའི་རྣལ་འབྱོར་གཉིས་ཏེ། ངེས་པ་ནི་ཡིད་ཀྱིས་འདྲིས་གོམས་སུ་གྱུར་པའོ། །དེ་ཉིད་འགལ་རྐྱེན་གང་གིས་ཀྱང་མི་ཤིགས་པ་དང་། ནམ་མཁའ་བཞིན་ལྷུན་གྱིས་གྲུབ་པས་གཉེན་པོ་དང་བྲལ་བ་དང་། ཡུལ་ཡུལ་ཅན་མེད་པས་མི་འགྱུར་བ་སྟེ། དོན་དེས་བསྟན་ཚུགས་པ་ནི་ཤིན་དུ་རྒྱལ་བ་ཞེས་པ་འོག་མ་རྣམས་ནི་ཡུལ་དང་ཡུལ་ཅན་ཡོད་པས་འགྱུར་བ་དང་བཅས་ལ། འདི་ཉིད་རིགས་པ་ལ་གདེང་དུ་ཐོན་ཏེ་ནམ་མཁའ་སྟོང་གསལ་ལས་མི་

འགྱུར་བ་བཞིན་པས་ཤིན་ཏུ་རྒྱལ་བའི་ཞེས་བྱའོ། །མཆོག་ནི་དོན་དེ་ཉིད་མཐར་ཐུག་པ་དང་འབྲས་བུ་ཉིད་ཡིན་པས་སོ། །དེ་ཉིད་གསུང་པ་ནི། ང་རྒྱལ་བསྒོམས་པའི་དགོངས་པ་ཡིས། དབྱེ་གསལ་མི་མཛད་ངེས་པའི་ཐུགས་ཞེས་ལྷ་མོ་སྒྱུ་འཕྲུལ་ལས་གསུངས་སོ། །དམ་ཚིག་བཀོད་པ་ལས་ཀྱང་། ང་རྒྱལ་བདུད་ཀྱིས་བསླུས་པའི་མི་ཚུགས་ཤིང་། རྡོ་རྗེ་ཐེག་པ་ལ་བསྲན་ཚུགས་པ་དམ་པའོ། །བདེན་པ་མེད་པར་ལོག་པའི་ཕྱོགས་ལ་འཚོལ་ཞིང་ཆེ་བ་ཉམས་པའོ། །ཞེས་པའོ། །གཏི་མུག་ནི་ལྟ་བ་དང་ཞེས་པ་ལ་སོགས་པ་སྟེ་ཐོས་བསམ་གྱིས་དོན་ཐག་ཆད་དེ། ལྟ་བ་བློ་དངོས་འཕྲོད་ནས་རིག་པ་ལ་འཇལ་བས་ཕྱོགས་རིས་མི་ཕྱེད་ཅེས་པས་འཁོར་འདས་ཀྱི་ཆོས་ཐམས་ཅད་སེམས་ཉིད་ཀྱི་ངང་དུ་གསལ་བས་གསེར་ལས་བྱས་པའི་རྒྱས་རྣམས་གསེར་དུ་གཅིག་པ་བཞིན། འཁོར་བ་ངན་པ་བྱས་པའི་ཕྱོགས་རིས་དང་། འདས་པ་བཟང་པོ་བྱས་པའི་མི་ཕྱེད་པ་དང་། སྣང་གྲགས་ཀྱི་ཆོས་ལ་ཡུལ་དང་དབང་པོའི་ཕྱོགས་རིས་མི་ཕྱེད་པ་དང་། ཆེ་ཆུང་ལ་སོགས་པའི་ཕྱོགས་རིས་མི་ཕྱེད་དེ། གཟུང་འཛིན་གཞི་དག་པ་ནི་འབྱེད་པ་མེད་པ་ཐེག་པ་ཆེན་པོའི་གཏི་མུག་གོ། །གདིང་དེ་མངའ་ནས་དེ་དག་དང་མཐུན་པའི་སྤྱོད་པ་དམ་རྫས་ལྔ་དང་ཤ་ལྔ་ལ་སོགས་པ་ལ་གཙང་མ་བླང་བ་དང་། མི་གཙང་བ་དོར་བའི་སྤྱོད་མི་བྱ་སྟེ། བླང་དོར་མེད་པ་ཉིད་ཉམས་སུ་ལེན་པར་བྱ་བ་ནི་ལྟ་སྤྱོད་ཡ་མ་བྲལ་བ་སྟེ། ཐེག་པ་ཆེན་པོ་ཞེས་པ་བཤད་པའི་ལྟ་སྤྱོད་གཉིས་དང་ལྡན་པའི་དོན་གྱིས་ཚེ་གཅིག་གིས་འབྲས་བུ་ལ་སྦྱོར་བ་ནི་ཀུན་ཤོང་ཀུན་འཇུག་འདིར་བདེ་བས། ཐེག་པ་ཆེ་ཞེས་བརྗོད་པ་ཡིན། ཞེས་སོ། །གཏི་མུག་ནི་ཐམས་ཅད་ལ་འབྱེད་པ་མེད་པ་བཤད་པ་ལྟར་རོ། །དེས་ན་དམ་ཚིག་བཀོད་པ་ལས། གཏི་མུག་ཕྱོགས་རིས་མེད་ཅིང་ཅི་ལ་ཡང་མི་རྟོག་པ་དམ་པའོ། །བསྟན་པ་ཉན་མི་ཤེས་དགེ་སྡིག་ལ་འཛེམ་པ་མེད་པ་ཉམས་པའོ། །འཕྲག་དོག་ནི་ལྟ་སྤྱོད་ཅེས་པ་ལ་སོགས་པ་སྟེ། ལྟ་བས་ལྟ་སྤྱོད་དམན་པ་སྟེ། ཡོ་ག་མན་ཆད་ལྟ་དམན་ཡིན་ཏེ་ཕྱོགས་འཛིན་དང་བཅས་པ་སྤྱོད་པ་དམན་ཏེ་སྤང་བླང་དང་བཅས་ཐེག་པ་སོ་སོ་རྣམས། འདི་ཉིད་ཀྱི་དོན་མཐོང་བར་མི་ནུས་པས་ན་དམན་པ་ཞེས་བྱ་སྟེ། ཡུལ་དེ་དག་ལ་འཕྲག་དོག་པ་ནི་དེ་དག་དང་མི་གཅིག་ཅིང་དེར་མི་གནས་པ་སྟེ། རང་གི་ལྟ་སྤྱོད་ལས་མི་འགྱུར་བའོ། །སྤྱོད་པའི་ངོས་ནས་དམ་མ་འདྲེས་པ་དམ་ཚིག་མ་འདྲེས་པའི་

སྡིགས་སུ་ཞུགས་པ་ལྟ་བུའམ། ཐུགས་ཀྱི་དམ་ཚིག་གི་སྐབས་སུ་བཤད་པའི་ཡུལ་རྣམས་དང་ལྡན་གཅིག་ཏུ་མི་གནས་ཏེ། བསྙུབ་པ་ལ་སོགས་པའི་སྐབས་སུ་སྤྱོང་བར་བྱེད་པ་ནི་བཤད་པ་གཉིས་པོ་དང་ལྡན་པས་འཕྲུག་དོག་ཅེས་བྱ་སྟེ། དེ་ལས་མི་འདའ་བས་དམ་ཚིག་ཉམས་སུ་བླངས་པ་ནི། བསྲུང་བ་ཡིན་ཞེས་བྱའོ། །

དེ་ཡང་དམ་ཚིག་བཀོད་པ་ལས། ཕྲག་དོག་ཆོས་ཉིད་ལས་གཡལ་མི་འཇུག་ཅིང་ཡང་དག་པ་ལ་འཛིན་རྟོག་མིང་ཡང་མེད་པར་གནས་པ་ནི་དམ་པའོ། །གཞན་ཉམས་པ་མེད་པར་གྲོགས་མཆེད་ལ་འཕྲུག་དོག་པ་ཉམས་པའོ། །ཞེས་སོ། །ཡོག་དྲུག་ལྔ་ལ་བཞིའི་བསྟན་པའི་དང་པོ་འགྲོ་བ་ལ་རང་ཆས་སུ་ལྡན་པར་བསྟན་པ་ནི་ཡོག་པའི་ལམ་དུ་ཁྲིད་པར་བྱེད་པའི་བདག་ཉིད་ཉོན་མོངས་པ་ལྔ་ནི་མདོར་བསྟན་དུ་བཤད་པ་བཞིན་པས་ཁམས་གསུམ་གྱི་སེམས་ཅན་ཀུན་ལ་རང་ཆས་སུ་ལྡན་ཏེ་རྒྱུ་དེ་ཡི་ལས་སྣང་ཞིང་དེ་དང་མི་གཉིས་ཤིང་དེ་ལ་ལོངས་སྤྱོད་པས་སོ། །འཕྲོ་ཆོལ་བ་ནི་དེ་ཉིད་རང་རྒྱུད་དུ་གྲུབ་པ་མེད་དེ་དུག་ལྔ་སེམས་ཡིན་པར་བསྟན་པ་ནི་དུག་ལྔ་རང་རིག་རང་སྣང་ཕྱིར་ཞེས་པ་ལ་སོགས་པ་སྟེ། དེ་ཡང་ཞེ་སྡང་མནར་སེམས་དགུ་དང་ལྡན་པའི་མཚན་ཉིད་ལྟར་སྣང་ཡང་། རང་རིག་པ་ཉིད་སྣང་བ་ལས་མ་རྟོགས་པ་ཡུལ་དུ་གྲུབ་པ་མེད་པ་དང་། འདོད་ཆགས་ཡུལ་དང་ཡུལ་ཅན་ཆགས་ཤིང་ཞེན་པའི་མཚན་ཉིད་ཅན་དང་། གཏི་མུག་འབྱེད་པ་མེད་པའི་མཚན་ཉིད་ཅན་དང་། ང་རྒྱལ་རང་གི་ངོ་བོ་ལ་མི་འགྱུར་བ་དང་། ཕྲག་དོག་ཡུལ་མི་འཇུག་པ་སྟེ་ཞེ་སྡང་གི་སྐབས་སུ་བཤད་པ་དང་མཐུན་པར་སེམས་ཉིད་རང་སྣང་བའི་གཏན་ཚིགས་ཀྱིས་དྲན་པ་ནི་ཡུལ་དུ་གྱུར་པ་སྟེ། མིག་གི་ཡུལ་དུ་གྱུར་པ་གཟུགས་སྣང་ཡང་། ཤེས་པ་ཞེས་པས་ཡིད་ཀྱི་ཤེས་པ་ཡང་འགགས་པར་སྣང་བར་གཟུགས་སུ་སྣང་བ་ལས་མ་གཏོགས་པ་ཡུལ་དུ་གྱུར་པ་ཕྲ་རབ་ཀྱང་མེད་པ་དང་། ཐམས་ཅད་ཀྱི་སྒྲས་དབང་པོ་ལྔའི་ཡུལ་ལྔ་སྟེ་གཟུགས་སྒྲ་དྲི་རོ་རེག་བྱ་ལྔ་ཅི་ལྟར་སྣང་ཡང་གསལ་བ་མ་འགགས་པ་ཡིད་ཀྱི་ཡུལ་དུ་གྱུར་པ་ལ་ནི་དྲན་པ་ཞེས་བྱ་སྟེ་གསལ་བའི་ཆ་ཙམ་མོ། །དོན་དེ་ཉིད་ལ་བཟང་བ་ལ་འདོད་ཆགས་ངན་པ་ལ་ཞེ་སྡང་། བར་པ་ལ་གཏི་མུག །རང་གི་ངོ་བོ་ཉིད་ལས་མི་འགྱུར་ཞིང་དོན་དེ་ཉིད་ཀྱིས་གཞན་པ་དམའ་བར་འདོད་པ་ནི་ང་རྒྱལ་དང་ཕྲག་དོག་དུས

གཅིག་སྟེ། དེ་ཐམས་ཅད་དྲན་པར་འདུས་སོ། །དྲན་པ་ཉིད་གང་ཞེ་ན་ཡིད་ཀྱིས་ཤེས་པ་མ་འགགས་པར་གསལ་བ་སྣང་བ་སྟེ། ཡིད་ཀྱི་ཤེས་པའི་ལམ་མིག་གི་དབང་ལ་ཕྱུངས་ནས་ཡུལ་གཟུགས་ལ་དྲུག་ལྡར་བསགས་དང་དེ་བཞིན་དུ་སྣང་བ་ལ་ཤུལ་ཕྱུངས་ཏེ་སྒྲ་དང་། སྣ་ལ་ཤུལ་ཕྱུངས་ཏེ་དྲི་དང་། ལྕེའི་ལམ་ལས་རོ་དང་། ལུས་ཀྱི་ལམ་ལས་རེག་བྱ་ནི་ཡིད་ཀྱི་ཤེས་པ་གཅིག་པུ་སྣང་བར་བྱེད་པའི་གཞི་ལ། འཁོར་བ་དང་མྱ་ངན་ལས་འདས་པ་ཐམས་ཅད་ཀྱང་ཡིད་ཀྱི་ཤེས་པ་ཉིད་ལས་སྣང་བ་ཡིན་པས་ཤེས་པ་ཐམས་ཅད་ཅེས་བྱ་སྟེ། རྩོལ་བ་ནི་ཡིད་ཀྱི་ཤེས་པ། གཡོ་བྱེད་ཀྱི་རླུང་སྟེ། དེ་ཡིད་ཀྱི་ཤེས་པ་སྐད་ཅིག་མ་ཉིད་ཡུལ་ལ་གཡོ་བར་བྱས་པ་སྟེ། འོན་ཀྱང་ཐ་སྙད་ཙམ་དུ་བརྗོད་ཀྱང་སྐད་ཅིག་ཙམ་གྱི་སྔ་ཕྱི་དང་བྲལ་བའོ། །གཡོ་བྱེད་ཀྱི་རྩོལ་བ་ཉིད་སེམས་ཕྱིར་ཞེས་པ་ཡུལ་དང་དབང་པོ་ཐམས་ཅད་རང་བཞིན་རྣལ་མ་དོན་གྱི་ཀུན་གཞི་སྟེ། ངོ་བོ་ཉིད་འཛིན་པ་ཐམས་ཅད་དང་བྲལ་ཞིང་དུས་གསུམ་དུ་མི་འགྱུར་ལ་འབྱུང་གཞིར་གྱུར་པ་སྟེ་དགོངས་པ་འདུས་ལས་སེམས་ཞེས་པ་ནི་མ་བྱས་པ་མ་བཅོས་པ། ཡོན་ཏན་ཐམས་ཅད་ཀྱི་འབྱུང་གནས་སུ་གྱུར་པ་ལ་བྱའོ་ཞེས་པ་དང་། གསང་བའི་སྙིང་པོ་ལས། བྱང་ཆུབ་སེམས་ཀྱི་རང་བཞིན་ནི། །ཕོ་མོ་མ་ཡིན་མ་ནིང་མིན། །ཁ་དོག་མ་ཡིན་དབྱིབས་མ་ཡིན། །ཞེས་པ་ལ་སོགས་རྒྱས་པ་གསུངས་སོ། །དེས་ན་འཁོར་འདས་ཐམས་ཅད་སེམས་ཉིད་ལ་དབྱེར་མེད་པའི་གཏན་ཚིགས་ཀྱིས། ཐབས་མཁས་ཞེས་པས་ནམ་མཁའ་ནི་མེད་ལ་ཟད་མི་ཤེས། སྟོང་ལ་ཐམས་ཅད་འབྱུང་བས་ཐབས་མཁས་པ་སྟེ་སེམས་ཀྱི་ཆོས་ཉིད་དཔེ་བཞིན་གར་ཡང་མ་གྲུབ་པ་ཉིད་ཅིར་ཡང་མི་འགགས་པས་ཐབས་མཁས་པས་དྲུག་ལྡ་རང་རྒྱུད་མེད་པར་བསྟན་ཏོ། །

དེ་ཉིད་ཡེ་ཤེས་སུ་ལྷུན་གྱིས་གྲུབ་པ་ནི། ཐབས་མཁས་ཞེས་པ་ལ་སོགས་པ་སྟེ་འཁོར་འདས་ཀྱི་ངོ་བོ་ཉིད་སེམས་ཉིད་ཐབས་མཁས་པའི་བདག་ཉིད་ནི་རྒྱུ་རྐྱེན་དང་བྲལ་བ་དང་། ཡུལ་མེད་དེ་ཐམས་ཅད་བདག་ཉིད་ཆེན་པོར་ལྷུན་གྱིས་གྲུབ་པ་ལ་ནི་རང་ཞེས་བྱ་སྟེ། སྟོང་པ་ཕྱོགས་གཅིག་པའམ་བེམ་པོ་ལྟ་བུ་མ་ཡིན་ཏེ་གསལ་ལ་འགག་པ་མེད་པས་རིག་ཅེས་ཏེ། དེ་ཉིད་བྱས་པ་པོས་མ་བྱས་ཤིང་བློ་བུར་དུ་བྱུང་པར་མ་ཡིན་པས་ཡེ་ཤེས་ཞེས་པ་སྟེ་ཡེ་ནས་གནས་པའི་དོན

གསལ་ལ་འགག་པ་མེད་པའོ། །དེ་ཉིད་དཔེས་མཚོན་ན་ཉི་མའི་དཀྱིལ་འཁོར་ལ་མུན་པ་གདན་ནས་གྲུབ་མ་མྱོང་སྟེ། གསལ་ནས་དག་པ་མ་ཡིན་ལ་འགྲོ་བ་ལ་འགྲིབ་པ་ལྟར་སྣང་ཡང་ཉི་མ་རང་ངོ་ལ་འགྲིབ་མ་མྱོང་བ་ལྟར། སྣང་གྲགས་ཀྱི་ཆོས་ཐམས་ཅད་བཤད་པའི་གདན་ཚིགས་ཀྱིས་རང་བྱུང་ཡེ་ཤེས་རང་སྣང་བ་ལས་མ་གཏོགས་པ་ཉོན་མོངས་པ་ལྔ་དང་། ཁམས་གསུམ་འཁོར་བའི་ཆོས་སྤྱང་བར་བྱ་བ་དངགིས་མེད་དེ། གོང་དུ་དྲུག་ལྔའི་མཚན་ཉིད་བཤད་པ་ལྟར་ལྟུན་གྱིས་གྲུབ་པས་མ་འགགས་པ་ཙམ་སྣང་ཡང་ཡུལ་ཡུལ་ཅན་མེད་པ་དང་། གཞི་ལ་མ་གྲུབ་པར་བསྟན་ཏོ། །

དེ་ཡང་དམ་ཚིག་བཀོད་པ་ལས། དྲན་པ་ཐམས་ཅད་ཤེས་པ། ཤེས་པ་ཐམས་ཅད་རྩོལ་བ། རྩོལ་བ་ཐམས་ཅད་ཐབས་མཁས་པ། ཐབས་མཁས་ཐམས་ཅད་རང་རིག་པའི་ཡེ་ཤེས་ཏེ། ཡེ་ཤེས་རང་སྣང་བ་ལས་མ་གཏོགས་པ་རྟོག་པ་རང་རྒྱུད་ཀྱིས་མེད་ལ། ཐབས་རང་སྣང་བ་ལས་མ་གཏོགས་པ་ཉོན་མོངས་པ་རང་རྒྱུད་ཀྱིས་མེད་དོ་ཞེས་སོ། །དེས་ན་ཕྱི་ནང་གི་ཆོས་ཐམས་ཅད་ཡེ་ཤེས་རང་སྣང་ཞེས་པས་ལྔར་བཏའ་སྤྲད་དོ། །ཁམས་གསུམ་ན་ཡང་སྤྱང་བྱ་མ་གྲུབ་པར་བསྟན་པ་ནི། དེ་ཤེས་རང་རིག་ཅེས་པ་ལ་སོགས་པ་སྟེ། བསྟོད་པ་བཤད་པའི་དོན་ཉིད་རིགས་པ་ལ་གདེང་དུ་སོན་པ་ལ་ནི་ཤེས་ཞེས་བྱ་སྟེ་ངོ་བོ་རང་རིག་པ་རང་བྱུང་གི་ཡེ་ཤེས་ཆེན་པོའོ། །དོན་དེ་ཉིད་ལས་མ་གཏོགས་པའི་སྤྱང་བྱའི་ཁམས་གསུམ་ནི་གཟུགས་བསྟན་ཐ་སྙད་དུའང་མ་གྲུབ་པས་དམིགས་མི་འགྱུར་ཞེས་སོ། །

ཞབས་བསྒྱུ་བ་ཡོན་ཏན་དང་བཅས་པ་ནི། དམ་ཚིག་བཅོ་ལྔ་ལ་ཞེས་པ་ལ་སོགས་པ་སྟེ། བཤད་པ་བཞིན་ཉམས་སུ་བླང་བ་ལས་མི་འདའ་བའི་རྣམ་གྲངས་ཡང་དག་དྲུག་ལྔ་ལ་བཅུ་དྲུག་ལྔ་དང་བཅོ་ལྔ་སྟེ། དེ་བསྲུང་བ་ལ་རྒྱུན་དུ་གནས་པའི་རྣལ་འབྱོར་ཆེན་པོའང་ཐེག་པ་འདི་ཉིད་ཀྱི་ལམ་པ་ལ་དོན་གཉིས་རྫོགས་ནི་མཆོག་དང་ཐུན་མོང་དམ་བདག་གཞན་གཉིས་ཀྱི་དོན་ཏེ་མཐར་ཕྱིན་པ་དམ་ཚིག་གི་འབྲས་བུའོ། །འདི་ཡང་རྟེན་གྱི་གང་ཟག་མཐུན་པ་ལས་ཡུལ་ནས་སློས་པའི་བཅོ་ལྔ་པོ་ཉིད་བསྲུང་ཚུལ་ནི། ལྔ་བའི་ཤེས་པ་དང་། སྤྱོད་པས་ཉམས་སུ་བླང་སྟེ་མི་འགལ་བར་བྱའོ། །རང་གི་ངོ་བོ་ཉིད་ཉམས་སུ་ལེན་པའོ། །རྒྱུད་ཚོད་མཐོན་དམན་དང་ལྡན་པའི་ཚུལ་ནི་ཟག་བཅས་ཀྱི་

དུས་སུ་མོས་པས་ཉམས་སུ་ལེན་ལ། ཟག་མེད་ནས་ཅི་བཞིན་པར་ཉམས་སུ་ལེན་པའོ། །དུས་ནི་དམ་ཚིག་བཀོད་པ་ལས། ཉིན་མཚན་མེད་པར་བསྲུང་ཞེས་པས་རྒྱུལ་གཉིས་པོས་དེ་ལྟར་ཉམས་སུ་བླང་ངོ་། །དང་དུ་བླང་བ་ལ་གསུམ་གྱི་མདོར་བསྟན་པ་ནི། ཀུན་གྱིས་བླང་བའི་ཞེས་པ་ལ་སོགས་པ་སྟེ་ཡོ་ག་མན་ཆོད་ཀྱིས་སྤྱང་བར་འདོད་ཀྱང་ཟག་བཅས་ཀྱི་སྐབས་སུ་ཀུན་ལ་རང་ཆས་སུ་ལྡན་པས་བླང་ཞེས་པ་དང་། འདིར་གསང་སྔགས་ནང་པར་ཞུགས་འཚལ་ཀུན་གྱིས་ཆེད་དུ་བླང་བ་ལས་མི་འདའ་བའི་དམ་ཚིག་སྟེ་འཆད་པའི་ལྔ་པོའོ། །རྒྱས་པ་ལ་གསུམ་གྱི་དང་པོ་རྫས་ཀྱི་ངོ་བོ་ནི་དྲི་ཆེན་ཞེས་པ་ལ་སོགས་པ་སྟེ། རྡོ་རྗེ་དྲི་ཆེན་དང་། དྲི་ཆུ་དངོས་དང་། མངས་ས་ཤ་ཆེན་པོ་དང་། ཟིལ་པ་སྟེ། དངས་མར་གྱུར་པ་པད་མ་རཀ་ཏ་དང་། ལྷག་པའི་བྱང་ཆུབ་སེམས་གོང་མ་རྣམས་བསྡུས་ཏེ། གཞི་དེ་ལ་ཡོན་ཏན་འབྱུང་བའི་གཏན་ཚིགས་ནི། གྲུབ་པ་བཞི་ཡིས་བརྒྱན་པའི་ཕྱིར་ཞེས་པ་ལ་སོགས་པ་མདོར་བསྟན་ཡང་ཡིན་ཏེ་འཆད་པའི་རང་བཞིན་གྱིས་གྲུབ་པ་དང་། ངོ་བོས་གྲུབ་པ་དང་། མཐུས་གྲུབ་པ་དང་། བྱིན་རླབས་ཀྱིས་གྲུབ་པ་བཞི་སྟེ། དེ་ཉིད་ཀྱིས་བདུད་རྩི་རྣམ་པ་ལྔ་ལ་མཚན་དཔེ་དང་འདྲ་བར་བརྒྱན་ཏེ། ཡོན་ཏན་དེ་དག་རང་སྣང་བའི་ཕྱིར་གཏན་ཚིགས་སམ་དགོས་པའོ། །གྲུབ་པ་བཞིའི་དང་པོ་མཐུས་གྲུབ་པ་བསྟན་ཏེ། ནད་ལྔ་བསལ་ཕྱིར་བླངས་པ་དང་ཞེས་པ་དྲི་ཆེན་གྱིས་དུག་ནད་སེལ་ཏེ། དེ་ཡང་སྦྱོར་བའི་དུག་རྣམས་ཀྱང་ཡིན་ལ་ཁྱད་པར་དུ་གླུ་ཡི་བསམ་པའི་དུག་ཁད་པའི་རྣམ་པ་སེལ་ཏོ། །དྲི་ཆུས་གྲང་ནད་སེལ་ཏེ་ཁྱད་པར་དུ་ཡང་ཕོ་བ་ལ་ཞེན་པའི་གྲང་ནད་སེལ་ཏོ། །ཤ་ཆེན་གྱིས་མཛེ་ནད་ཐམས་ཅད་སེལ་ཏེ། ཁྱད་པར་དུ་ཡང་ཆུ་སེར་གྱི་ནད་སེལ་ཏོ། །རཀ་ཏས་འབྲུམ་བུའི་ནད་ཐམས་ཅད་སེལ་ཏེ། ཁྱད་པར་དུ་ཡང་འབྲུམ་ནག་དང་ཁྲི་འབྲུམ་སེལ་ཏོ། །བྱང་ཆུབ་སེམས་ཀྱི་ཚ་ནད་སེལ་ཏེ་ཁྱད་པར་དུ་ཡང་ཚ་བ་གནག་པ་སེལ་བས་ག་བུར་ཞེས་ཀྱང་བཤད་དོ། །ཆོས་ཅན་ལྔ་ཡི་མཐུན་ལྔས་ནད་ལྔ་བསལ་བའི་ཕྱིར་རྣལ་འབྱོར་པས་ཉམས་སུ་བླང་བ་ཞེས་པ་དང་། བྱིན་རླབས་ཀྱིས་གྲུབ་པ་ནི་གཙང་སྨེ་སྡིག་སྤྱང་ཞེས་པ་ལ་སོགས་པ་སྟེ། མི་གཙང་བར་འཛིན་པའི་རྟོགས་པ་ཆོས་ཅན་ལྔ་དངོས་སུ་བཤད་པས་ནུས་ཏེ། དོན་དེས་ན་གཙང་བ་སྨེད་འཛིན་པ་ནི་ཉེས་པའང་ཆེ་ལ་གཟུང་འཛིན་སྤང་ཡང་དཀའ་སྟེ། བདུད་རྩི་ལྔ་བླངས་པས་དེ་དག

དག་པར་བྱས་ནས་འཛིན་པ་ཞི་ནས་བློ་མཉམ་པ་ཉིད་དུ་གྱུར་པ་ནི་སྡིག་པ་སྤྱོང་སྟེ་བྱ་བའང་ཡིན་པས་དགོས་ཆེད་དེ་ཡི་ཕྱིར་ཉམས་སུ་བླང་བའང་གཅེས་སོ། །དེ་ནི་བདུད་རྩི་རྣམ་ལྔའི་ངོ་བོའི་བྱིན་རླབས་ཡིན་པར་བསྟན་ཏོ། །

ཐུན་མོང་དགོས་པ་ལྔ་ཕྱིར་དང་བཅས་པ་ངོ་བོས་གྲུབ་པ་སྣང་བ་བསྟན་པ་སྟེ། ཡོན་ཏན་ལྔ་པོ་འདི་དག་འཇིག་རྟེན་པ་དང་ཐུན་མོང་དུ་གྱུར་པས་ན་ཐུན་མོངས་ཞེས་བྱ་སྟེ་དེ་དག་གྲུབ་པའི་དགོས་པ་ཆོས་ཅན་གྱི་ངོས་ནས་ལྔ་མཚོན་པ་སྟེ། དེས་ན་ཉམས་སུ་བླང་བའང་དྲི་ཆེན་བསྟེན་པས་བཅུད་ལེན་གྱིས་ཚེ་རིང་བ་དང་། དྲི་ཆུས་སྐད་སྙན་པ་དང་། ཚངས་པའི་སྐད་དུ་སྒྲོག་ནུས་པ་དང་། ཤ་ཆེན་བསྟེན་པས་མཐུ་ཆེ་སྟེ་མི་མ་ཡིན་པ་ཐམས་ཅད་ངོ་བོ་ཉིད་ཀྱིས་འཁོལ་བ་དང་། རཀྟས་བཀྲག་གསལ་སྟེ་འགྲོ་བ་གཞན་ལ་འཕགས་པ་དང་། བྱང་ཆུབ་སེམས་ཀྱིས་བརྗིད་པའི་གཟུགས་ཐོབ་སྟེ་འགྲོ་བ་གཞན་ཐམས་ཅད་ཟིལ་གྱིས་གནོན་པའོ། །རང་བཞིན་གྱི་གྲུབ་པ་ནི། རིགས་ལྔར་གྲུབ་ཅེས་པ་བྱང་ཆུབ་སེམས་ཀྱིས་རྡོ་རྗེ་སེམས་དཔར་སྣང་ལ། དྲི་ཆེན་རྣམ་པར་སྣང་མཛད། མང་ས་རིན་ཆེན་འབྱུང་ལྡན། རཀྟ་སྣང་བ་མཐའ་ཡས། དྲི་ཆུ་དོན་ཡོད་གྲུབ་པ་སྟེ། བདུད་རྩི་རྩ་བརྒྱུད་ལས། བྱང་སེམས་རྡོ་རྗེ་སེམས་དཔའ་དཀར། དྲི་ཆེན་གསེར་མདོག་རྣམ་སྣང་མཛད། མང་ས་རིན་ཆེན་འབྱུང་ལྡན་སྔོ། རཀྟ་སྣང་བ་མཐའ་ཡས་དམར། དྲི་ཆུ་དོན་ཡོད་གྲུབ་པ་ལྗང་ཞེས་པ་ཆོས་ཅན་ལྔ་ཉིད་རིགས་ལྔར་གྲུབ་པའི་ཡོན་ཏན་དང་ལྡན་ནོ། །དོན་དེས་ཁམས་གསུམ་གྱི་སྡུག་བསྔལ་རྒྱུ་དང་འབྲས་བུར་བཅས་པ་ལས་གྲོལ་ཞིང་མཆོག་དང་ཐུན་མོང་གི་དངོས་གྲུབ་ཐམས་ཅད་སྣང་བ་ལ་ཐོབ་ཅེས་བྱའོ། །

ལམ་གྱི་ངོ་བོར་བསྟན་པ་ནི། བཅུད་ལྔ་བཏུང་དབང་ལམ་གྱི་མཆོག་ཅེས་པ་ལ་སོགས་པ་སྟེ། བཅུད་ལྔ་ནི་བདུད་རྩི་ལྔ་སྟེ། དེ་ཡང་སྟོད་གང་གི་བཅུད་ཞེ་ན། ལྟེ་བའི་རྩ་ནས་ཤ་ཆེན་གྱི་བཅུད། ལོང་ཀའི་རྩ་ནས་དྲི་ཆེན་གྱི་བཅུད་རོ་མ་ནས་དྲི་ཆུ། རྐྱང་མ་ནས་རཀྟ། ཀུན་ཧྲར་མ་ནས་བྱང་སེམས་ཀྱི་བཅུད་ལ་ལྔ་པོ་བཏུང་བ་སྟེ། ཉམས་སུ་བླང་བ་ལ་དབང་ཐབས་ན་ལམ་གྱི་མཆོག་ཅེས་པ་ཐབས་ལམ་ལ་བྱ་སྟེ་སྨད་པར་བྱ་བའི་རྫས་ཀྱིས་འབྲས་བུ་མངོན་གསུམ་དུ་སྣང་བས་སོ། །འོན་

དུད་འགྲོ་ལ་སོགས་པས་ཉམས་སུ་བླང་བ་ལ་ཡོན་ཏན་མེད་པར་མངོན་གསུམ་གྱིས་གསལ་ཞེ་ན། ཐབས་ཀྱི་ལུང་ལ་བསྟེན་ཤེས་ན། ཞེས་པ་གྲུབ་པ་བཞིས་བརྒྱན་པའི་ཐབས་ཆེན་པོ་གསང་སྔགས་ཀྱི་ལུང་ལ་བསྟེན་ཤེས་པ་ནི་ལྕ་སྤྱོད་སྒོམ་གསུམ་ལ་མ་ཆ་བའོ། །དུས་སྐབས་དེ་ཡི་ཚེ་ན་དེ་ཉིད་ཀྱི་ཡོན་ཏན་གྲུབ་པ་བཞི་ལ་སོགས་པའི་ཡོན་ཏན་བཤད་པ་རྣམས་དང་། གཞན་ཡང་ཡོན་ཏན་བསམ་གྱིས་མི་ཁྱབ་པ་རྣམས་བདུད་རྩིའི་རྒྱུད་དུ་ཀུན་དུ་བཟང་པོས་རྡོ་རྗེ་ཆོས་ལ་གསུངས་སོ། །

ཞབས་བསྡུ་བ་ནི། ཕྱི་བའི་དམ་ཚིག་ཅེས་པ་རྣམ་གྲངས་བཤད་བཞིན་གྱི་ཉམས་སུ་བླངས་བ་ལས་མི་འདའ་བའི་དམ་ཚིག་གོང་གི་ལྔ་བཞི་ཉི་ཤུ་དང་། རྒྱ་ཆེ་བ་ནི་རིགས་ལྔ། ཟབ་པ་ཡེ་ཤེས་ལྔ་དང་སུམ་བཅུ་ཅེའམ། ཡང་ན་གོང་གི་ཉི་ཤུའི་ཐོག་དུ་ཟབ་པ་ཡེ་ཤེས་ལྔ། རྩ་བ་བདུད་རྩི་ལྔ་དང་སུམ་བཅུ་ཉིད་སྐབས་ཀྱིས་ཞེས་པ་མཆོག་དང་ཐུན་མོང་གི་བསྒྲུབ་པ་གཉིས་དང་། དབང་གི་སྐབས་སུ་དང་དུ་བླང་བར་གསུངས་ཞེས་པ་ཀུན་ཏུ་བཟང་པོས་ནང་པའི་རྒྱུད་ཐ་དག་དུའོ། །

དེ་ཡང་དམ་ཚིག་བཀོད་པ་ལས། དང་དུ་བླང་བ་ལྔ་སྟེ། དམ་རྫས་ལྔ་པོ་ཉིད་ཆོས་ཉིད་ལ་རྟོགས་པ་མེད་པ་དང་། རང་བཞིན་གྲུབ་པའི་མཐུ་ཡོད་པ་དང་། ཡེ་ནས་བདུད་རྩི་ཡིན་པ་དང་། སྨྲོན་ཡོན་གྱིས་དུག་དང་བདུད་རྩི་ཡིན་པ་དང་། དེ་ཉིད་དངོས་གྲུབ་ཆེན་པོའི་རྒྱུ་དང་རྐྱེན་ཡིན་པས་གསང་སྔགས་བསྒྲུབ་པའི་ཐབས་དམ་པར་སྤྱོད་པ་ནི་དམ་ཚིག་གོ། །རྟོགས་པ་དང་ཧྲིང་ངེ་འཛིན་དུ་མི་ལྡན་ཞིང་གསང་མེད་པར་ཁྲོལ་སོང་བཞིན་དུ་བབ་ཆོལ་དུ་སྤྱོད་པ་ནི་ཉམས་པའོ་ཞེས་སོ། །འདི་ཡང་རྟེན་གྱི་གང་ཟག་སྨོས་པ་ཉིད་ཀྱིས་ཡུལ་དང་དུ་བླང་བ་ལྔ་ལ་རྩུལ་ལྕ་དགོངས་དང་ལྡན་པས་ངོ་བོ་ཉམས་སུ་བླང་བ་ཉིད་དུ་ཆུད་པའོ། །རྒྱུད་ལ་ལྡན་པ་ནི་ཟག་བཅས་མཐོན་དམན་གྱི་བྱེ་བྲག་གིས་མོས་པ་དང་དངོས་སུ་སྤྱོད་ལ། ཟག་མེད་ཡན་ཆད་ནས་སྤང་བླང་ཐམས་ཅད་དང་བྲལ་བའོ། །དུས་ནི་དམ་ཚིག་བཀོད་པ་ལས་དང་དུ་བླང་པ་ལྔ་ནི་དུས་བཞི་དང་། དུས་དྲུག་དུ་བསྲུང་ཞེས་པས། དངོས་སུ་ཉམས་སུ་བླང་བ་ནི་གསུང་གི་དམ་ཚིག་ཉམས་སུ་བླང་བའི་སྐབས་དང་འཛོམ་ལ་རྒྱུན་དུའང་མོས་པས་མི་འབྲལ་བའོ། །

བསྒྲུབ་པར་བྱ་བ་ལ་གསུམ་གྱི་མདོར་བསྟན་པ་ནི། བསྒྲུབ་པས་ན་བསྒྲུབ་པ་སྟེ། ལམ་གྱི་

ཆོས་རྣམས་དང་བསྒྲུབ་པར་བྱ་བས་ན་སྟེ། འབྲས་བུ་སྐུ་གསུམ་ཡེ་ཤེས་ལྔའི་བདག་ཉིད་དོ། །དེ་ཉིད་ཀྱང་རྒྱུ་ཡི་ཐེག་པ་ལྟར་མི་འདྲ་བས་མི་འདྲ་བ་བསྒྲུབས་པ་ལྟ་བུ་མ་ཡིན་ཏེ་ཡི་གེ་སློབ་པ་ལྟར་འབྲས་བུ་ཉིད་ལ་ད་ལྟ་ཉིད་ནས་སྦྱང་བས་ན་བསྒྲུབ་པ་བྱ་བ་སྟེ། ལྔ་ནི་རེ་རེ་ལ་ཡང་ལྔ་ལྔ་རྫོགས་པས་སོ། །

འཆད་པ་རྣམས་ཡོ་ལ་ཞེས་བྱ་སྟེ། མདོར་བསྟན་པ་ཉིད་གཞིའི་ངོ་བོ་ལ། རྒྱས་པ་དབྱེ་བ་ནི། རིགས་ལྔ་ཡེ་ཤེས་ཡབ་ཡུམ་ལས། གཅིག་ལ་ལྔ་ལྔར་ཤེས་པར་བྱ་ཞེས་པས། རིགས་ནི་རིགས་ལྔ་སྟེ། ལྔར་བྱུང་ལྔར་སྣང་ལྔས་འདུལ་སྒྲོལ་ཅེས་པ་དང་། འཆད་པ་བཞིན་པས་གདུལ་བྱ་འདུལ་བྱེད་ཐམས་ཅད་རིགས་ལྔ་སྟེ། ཐུགས་རྡོ་རྗེའི་རིགས་དང་། སྐུ་དེ་བཞིན་གཤེགས་པའི་རིགས་དང་། ཡོན་ཏན་རིན་པོ་ཆེའི་རིགས་དང་། གསུང་པད་མའི་རིགས་དང་། འཕྲིན་ལས་ལས་ཀྱི་རིགས་ཏེ། ཉོན་མོངས་པ་ལྔ་ལས་སྣང་བ་དང་། དེ་ཉིད་གདུལ་བྱའི་ཕྱིར་ངེས་ཏེ། རྒྱ་ཆེ་བ་ན་དེ་ལྟར་ཡིན་ཡང་། ཟབ་པའི་དབང་དུ་ཡེ་ཤེས་ལྔ་སྟེ། ཐུགས་རྡོ་རྗེ་འགྱུར་བ་མེད་པ་ཆོས་ཀྱི་དབྱིངས་ཤིན་ཏུ་རྣམས་པར་དག་པའི་ཡེ་ཤེས་དང་། དེ་ཉིད་ཅིར་ཡང་མི་འགག་པ་འཆར་བ་ཆོས་ཀྱི་དབྱིངས་ལས་གདུལ་བྱ་ལྟར་གཤེགས་པ་གསལ་བ་འགག་པ་མེད་པ་མེ་ལོང་ལྟ་བུའི་ཡེ་ཤེས་དང་། དེ་ཉིད་གདུལ་བྱ་དང་མཐུན་པར་སྣང་ཡང་སྐྱོན་མི་གོས་པ་གསུང་པད་མའི་རིགས་སོ་སོའི་རྟོག་པའི་ཡེ་ཤེས་དང་། དེ་ཉིད་ཅིར་ཡང་སྣང་ཡང་ཆོས་ཀྱི་དབྱིངས་ལས་དུས་གསུམ་དུ་མི་འགྱུར་བ་རྟོག་པ་མེད་ཀྱང་དགོས་འདོད་སྐོང་བ་མཉམ་པ་ཉིད་ཀྱི་ཡེ་ཤེས་དང་། གསུང་པད་མའི་རིགས་ཅི་ལྟར་སྣང་བའི་འགྲོ་བའི་དོན་ལ་ཡིན་བཞིན་དུ་རོལ་ཅིང་ལྷུན་གྱིས་གྲུབ་པ་ལས་ཀྱི་རིགས་ཏེ་གཅིག་ཆར་དུ་ལྷུན་གྱིས་གྲུབ་པས་སྐད་ཅིག་མ་སྤྲ་ཕྲིའི་རྒྱུ་འབྲས་ནི་ངང་གིས་མི་དམིགས་ཏེ་དབང་གི་རྒྱལ་པོའི་ཡོན་ཏན་ཆོས་སྣ་ཚོགས་ཀྱིས་མཚོན་པ་བཞིན་ནོ། །

ཡབ་ལྔ་ནི་མི་སྐྱོད་པ་ལ་སོགས་པ་ལྔ་སྟེ། དོན་ཉིད་ཚིག་གིས་མཚོན་པའི་སྒོ་ནས་བརྗོད་པ་སྟེ། ཆོས་ཀྱི་དབྱིངས་ཡེ་ཤེས་མཐའ་གང་གིས་ཀྱང་མི་སྐྱོད་པ་དང་། མེ་ལོང་ཡེ་ཤེས་གསལ་ལ་འགག་པ་མེད་པ་རྣམ་པར་སྣང་མཛད་མཉམ་པ་ཉིད་ཡེ་ཤེས་སྣང་སྟོང་གི་མཐའ་དང་བྲལ་བ་ཉིད་ཡོན་

ཏན་གྱི་འབྱུང་གནས་སུ་གྱུར་པའི་རིན་ཆེན་འབྱུང་ལྡན་དང་། སོ་སོར་རྟོག་པ་གདུལ་བྱའི་བསམ་པ་བཞིན་མཐར་ཐུག་པ་མེད་པས་སྣང་བ་མཐའ་ཡས་དང་། བྱ་གྲུབ་ཡེ་ཤེས་འཁོར་བ་མ་སྟོང་གྱི་བར་དུ་འཕྲིན་ལས་མི་ཟད་པ་དང་། བར་མ་དོར་ཆུད་མི་ཟ་ཞིང་འབྲས་བུ་ལ་སྦྱོར་བར་བྱེད་པ་དོན་ཡོད་གྲུབ་པའོ། །དེ་ལྔ་ནི་མ་འགག་པ་ལ་སྣང་བའི་ཆ་འཛིན་པས་ཡབ་ཅེས་བྱའོ། །

ཡུམ་ལྔ་ནི་རྒྱུའི་དུས་ནས་འབྱུང་བ་ལྔ་ཆོས་ཐམས་ཅད་ཀྱི་སྐྱེ་བྱེད་དུ་གནས་པ་ཡིན་ལ། དེ་གནས་སུ་དག་པ་ཆོས་ཀྱི་དབྱིངས་ལྔ་སྟེ། དེ་ཡང་ཆོས་ཀྱི་དབྱིངས་ནམ་མཁའ་དང་འདྲ་སྟེ་དུ་མ་མེད་ཀྱང་ཡུལ་ཅན་གྱི་ངོས་ནས་བརྗོད་དེ་ཡེ་ཤེས་ལྔ་ཡི་རང་བཞིན་དང་། སྤྱོད་པར་བྱ་བ་དང་། གཟིགས་པར་བྱ་བ་དང་། དབྱེར་མི་ཕྱེད་པར་བཞུགས་ཞེས་བྱ་སྟེ། མཚོན་པའི་ཐ་སྙད་ཡིན་ཡང་དོན་ལ་དབྱེར་མེད་དེ་བརྗོད་གཞི་དང་བྲལ་བའོ། །དེ་ཉིད་མ་འགག་པའི་རྟགས་ཙམ་དུ་མི་སྤྱོད་པའི་ཡུམ་ཀུན་ཏུ་བཟང་མོ་སྟེ་ཆོས་དབྱིངས་ཡེ་ཤེས་ལ་གཟུང་འཛིན་གྱི་ཆ་ཕན་སེམས་ཕྲ་བའང་མི་གནས་པས་ཐ་སྙད་དུ་བཟང་ཞེས་བྱ་ལ། རང་བཞིན་དང་ཡུལ་གྱི་ཆ་འཛིན་པའི་ངོས་ནས་མོའོ། །མེ་ལོང་ཡེ་ཤེས་གསལ་ལ་འགག་པ་མེད་པ་རང་བཞིན་སངས་རྒྱས་སྤྱན་མ་སྟེ་མི་འགག་པར་གསལ་བའི་བདག་ཉིད་དོ། །ཕྱི་མ་བཤད་པ་བཞིན་འཆད་པ་ཀུན་ལའང་སྦྱར་རོ། །མཉམ་པ་ཉིད་ཀྱི་ཡེ་ཤེས་མ་འགག་པར་སྣང་བ་རིན་ཆེན་འབྱུང་ལྡན་ནི་རྟོག་པ་མེད་ཀྱང་དགོས་འདོད་སྐོང་བའི་བདག་ཉིད་དུ་ཞུགས་ཏེ། དེ་ཡི་ཡུམ་མ་མ་ཀི་ལ་ཡོན་ཏན་ཐམས་ཅད་ཀྱི་སྐྱེད་བྱེད་དམ་གཞིར་གྱུར་པས་མ་མ་ཀི་སྟེ་དོན་དང་མཐུན་པའི་མིང་ངོ་། །ལྷན་གྱིས་ཐམས་ཅད་བསྐྱེད་དུ་གནས་པས་ཆོས་མཐུན་པའང་ཡིན་ལ། འབྱུང་བ་དེ་ཉིད་གནས་སུ་དག་པའང་ཡིན་ནོ། །སྣང་བ་མཐའ་ཡས་ཀྱི་ཡུམ་ན་བཟའ་དཀར་མོ་ནི་སོ་སོར་རྟོགས་པའི་ཡེ་ཤེས་ཀྱི་ཆོས་སྤྱི་དང་རང་གི་མཚན་ཉིད་མཁྱེན་པའི་གཏན་ཚིགས་དེས་འཁོར་འདས་ཀྱི་སྐྱོན་གཏན་ནས་དག་པ་དང་། གདུལ་བྱ་དང་ཡུལ་གཅིག་ལ་རོལ་ཀྱང་དེའི་སྐྱོན་གྱིས་མི་གོས་པ་ནི་དཔེར་ན་དཀར་པོ་ལ་མཚོན་གཞན་གྱིས་མ་གོས་པ་དང་འདྲ་བར་ན་བཟའ་དཀར་མོ་ཞེས་བྱ་སྟེ་གོས་ཀྱི་ལྷགས་པ་ལས་སྐྱོབས་པ་དང་འདྲ་བར་མཁྱེན་པ་གཉིས་ཀྱིས་འཁོར་འདས་ཀྱི་མཐའ་ལས་སྐྱོབ་པ་དང་། དོན་དེས་སྐྱོན་གྱིས་མ་གོས་པས་དཀར་མོ་ཞེས་

བྱའོ། །འབྱུང་བ་མེས་དངོས་པོ་ཐམས་ཅད་བསྲེག་པར་བྱེད་པ་ཡང་ཆོས་མཐུན་ནོ། །དོན་ཡོད་གྲུབ་པའི་ཡུམ་དམ་ཚིག་སྒྲོལ་མ་སྟེ། བྱ་བ་གྲུབ་པའི་ཡེ་ཤེས་ཀྱིས་འཁོར་བ་ནས་ཐར་པ་སྒྲོལ་མ་ལས་མི་འདའ་བས་དམ་ཚིག་སྟེ། དོན་དེ་ཉིད་དམ་ཚིག་སྒྲོལ་མ་ཞེས་བྱ་ལ། མཐར་སངས་རྒྱས་ཀྱི་ས་ལ་སྒྲོལ་བར་བྱེད་པ་ནི་སྒྲོལ་མའོ། །དེ་ནི་འབྱུང་བ་རླུང་གནས་སུ་དག་པའང་ཡིན་ཏེ་ཆོས་མཐུན་མའང་སྦྱར་རོ། །ལས་ནི་རིགས་པ་ལ་སོགས་པ་ཐམས་ཅད་དབྱེ་བའི་གཞིར་བཞུགས་པའོ། །གཅིག་ལའང་ལྔ་ལྔར་ཞེས་པ་གོང་གི་རིགས་ལ་སོགས་པ་གཅིག་ལ་ཡང་རྡོ་རྗེ་ལ་སོགས་པ་ལྔ་ལྔ་སྟེ་བཤད་པ་རྣམས་སོ། །ཤེས་པ་བྱ་ཞེས་པས་ཤེས་པའི་དམ་ཚིག་ལྟ་བ་བསྒྲུབ་པའི་སྔོན་དུ་འགྲོ་བར་ཁས་བླངས་པའོ། །སྐུ་དང་གསུང་ཐུགས་ཡོན་ཏན་ལས་ཞེས་པ་ལ་སོགས་པ་སྐུ་ལྔ་སྟེ་ཆོས་ཐམས་ཅད་དེ་ཁོ་ན་ཉིད་རྟོགས་པ་མཐར་ཕྱིན་པ་དུས་གསུམ་དུ་མི་འགྱུར་ཅིང་དངོས་གཞི་ཐམས་ཅད་བྲལ་བ་ཉིད་ཡོན་ཏན་ཐམས་ཅད་ཀྱི་འབྱུང་ཁུངས་སུ་གྱུར་པ་དང༌། འོག་མིན་གྱི་གནས་ན་བཞུགས་པ་ལོངས་སྤྱོད་ཐམས་ཅད་ལ་རོལ་པ་རྣམ་པར་སྣང་མཛད་ལྟ་བུ་ས་བཅུའི་བྱང་ཆུབ་སེམས་དཔའ་རྣམས་ཀྱི་ཤེས་བྱའི་སྒྲིབ་པ་སྦྱོང་བར་བྱེད་པའི་སྟོན་པར་གྱུར་པ་དང༌། དངོས་གཞི་མ་གྲུབ་ཀྱང་གདུལ་བྱ་འགྲོ་དྲུག་གི་སྟོན་པ་སྤྱི་དང་བྱེ་བྲག་གི་དབང་གིས་གྲངས་བསམ་གྱིས་མི་ཁྱབ་པ་ཆུ་ཟླ་དང་མེ་ལོང་བཞིན་སྣང་བ་ཐ་དད་པ་རྣམས་དང་རྡོ་རྗེ་སྐུ་ཞེས་ཏེ་སྤྲུལ་པའི་སྐུའི་ཆ་ལག་སྟེ་རྡོ་རྗེ་གཞོམ་དུ་མེད་པ་བཞིན་སྤྲུལ་པའི་སྐུས་གདུལ་བྱ་དང་འཁོར་བ་ལ་མཐུན་སྣང་དུ་རོལ་ཀྱང་སྐྱོན་གྱིས་མི་གོས་པའི་རྡོ་རྗེའི་སྐུ་དང༌། མངོན་པར་བྱང་ཆུབ་པའི་སྐུ་ཞེས་བྱ་སྟེ་སྐུ་གསུམ་དབྱེར་མེད་ཀྱི་ཡོན་ཏན་གྱི་ཆ་རང་རིག་པའི་ཡེ་ཤེས་ལ་མ་སྐྱེས་པ་དང་མ་འགག་པ་གཉིས་ཀྱིས་མཐའ་གཉིས་ལས་རྒྱལ་བར་མངོན་ཞིང་དོན་དེ་ཉིད་ཀྱིས་མཐའ་གཉིས་མ་དམིགས་པས་བྱ་བ་གཉིས་དང༌། ཡོངས་སུ་རྫོགས་པས་ཆུབ་པ་གཉིས་ལྡན་གྱིས་གྲུབ་པའོ། །ལྔ་པོ་ལ་སྐུ་ཞེས་བརྗོད་པ་ནི་ཆོས་སྐུའི་སྐབས་སུ་བརྗོད་པ་བཞིན་ནོ། །གསུང་ཞེས་པ་ལྔ་སྟེ། ཆོས་ཀྱི་སྐུ་ཡི་གསུང་དཔེ་ནམ་མཁའ་ལ་ལྟ་བུ་སྟེ་ངོ་བོ་མ་གྲུབ། དུས་གསུམ་དུ་མི་འགྱུར། འབྱུང་བའི་གཞིར་གྱུར་ཐམས་ཅད་ལ་ཁྱབ་ཅིང་མཐའ་མེད་པའོ། །དོན་དེ་ཉིད་མཐར་ལམ་པའི་རིག་པ་ལ་གོ་ཞིང་རྟོགས་ཏེ་བརྡ་འཛལ་དུ་བཏུབ

པས་ཀྱང་གསུང་ཞེས་བརྗོད་ལ། བདེར་གཤེགས་ཐམས་ཅད་དགོངས་པ་མཐུན་པར་དེ་ཉིད་ལས་མི་གཞན་པས་ཀྱང་གསུང་ཞེས་བྱའོ། །ལོངས་སྐུ་མེ་ལོང་ལྟ་བུའི་གསུང་སྟེ། དཔེར་ན་མེ་ལོང་ལ་བརྟེན་ཏེ་བཞིན་གྱི་དྲི་ཁེབས་རྫོགས་པ་བཞིན་སྟོན་པའི་སྐུ་ལ་བལྟས་པས་འཁོར་གྱི་སེམས་དཔའ་རྣམས་ཀྱི་ཤེས་བྱའི་སྒྲིབ་པ་སྦྱོང་ཞིང་དག་པར་བྱེད་པ་ནི་བརྡ་འཕྲོད་ཅིང་འཛུལ་བའི་གསུང་ཞེས་བྱའོ། །སྤྲུལ་པའི་སྐུ་ཡི་གསུང་ནི་གསུང་དབྱངས་མེས་པོའི་ངག་ལྟ་བུ་ཞེས་པས་འཇིག་རྟེན་གྱི་མེས་པོ་ཚངས་པས་གསུང་གཅིག་གིས་སྟོང་ཆེན་པའི་འཇིག་རྟེན་གྱི་སེམས་ཅན་ཐམས་ཅད་ཀྱི་སྐད་དང་མཐུན་པར་སོ་སོར་ཐོས་པ་བཞིན། སྟོན་པས་གསུང་གཅིག་བསྒྲགས་པ་ལྟར་སྣང་བས་འཁོར་འགྲོ་དྲུག་གིས་རང་རང་གི་སྐད་དུ་བརྡ་འཛུལ་བ་སྟེ། ལྷ་ཡི་སྐད་དང་ཀླུ་དང་གནོད་སྦྱིན་སྐད། ཅེས་པས་སོ། །དེ་ཡང་ཡན་ལག་སུམ་བརྒྱ་དྲུག་བཅུ་ཞེས་པས་རྒྱ་བ་འབྲ་བ་དྲུག་གི་སྐད་དྲུག་ལས་རེ་རེ་ལ་ཡང་ཡན་ལག་བཅུ་བཅུར་ཕྱེ་བ་ལ་སོགས་པའོ། །དེ་ལ་ནི་སྤྲུལ་སྐུ་ཚིག་སྡེབ་སྦྱོར་ལེགས་པའི་གསུང་ཞེས་བྱའོ། །རྡོ་རྗེའི་གསུང་རྡོ་རྗེ་ལྟ་བུ་སྟེ། སྤྲུལ་པའི་སྐུས་འཁོར་བའི་ཆོས་ཀྱི་མཚན་ཉིད་ཅི་ལྟར་བརྗོད་ཀྱང་འཛིན་པ་རྒྱ་བ་ནས་དག་པས་བྲག་ཆ་དང་མཚུངས་ཏེ་ཉེས་པའི་གཞི་བྲལ་བའོ། །དེ་ཉིད་རིག་པ་ལ་འཛུལ་ཏེ་གོ་རྟོགས་སུ་གཏུབ་པས་གསུང་ཞེས་བྱའོ། །མངོན་པར་བྱང་ཆུབ་པའི་སྐུའི་གསུང་གི་དཔེ་ཉི་མའི་སྙིང་པོ་ལྟ་བུ་སྟེ། ཉི་མ་ནས་མུན་པ་བསལ་ནས་དག་པ་མ་ཡིན་གཏན་ནས་གྲུབ་མ་སྨྱོང་། དཔེ་དེ་བཞིན་དུ་འཁོར་འདས་ཐམས་ཅད་ཀྱི་རང་བཞིན། རང་རིག་པའི་ཡེ་ཤེས་ལ་གཟུང་འཛིན་གསལ་ལམ་སྤྱངས་ནས་དག་པ་མ་ཡིན་ཏེ། གཏན་ནས་གྲུབ་མ་སྨྱོང་བའོ། །དེ་ཉིད་ལ་ཕྱོགས་འཛིན་ཅན་དག་འཁོར་བ་ནི་གློ་བུར་བའོ་ཞེས་སྨྲའོ། །དེ་ཉིད་གོ་ཞིང་རྟོགས་སུ་བཏུབ་པས་ན་གསུང་ཞེས་སྨོས་སོ། །ཐུགས་ནི་ཡེ་ཤེས་ལྔ་སྟེ། ཅིར་ཡང་མི་དམིགས་པ་བདེ་བ་ཆེན་པོའི་ཐུགས་དང་། ཅིར་ཡང་མ་འགགས་པ་མེ་ལོང་ལྟ་བུའི་ཐུགས་དང་། ཅིར་ཡང་མི་དམིགས་པ་མཉམ་པ་ཉིད་ཀྱི་ཐུགས་དང་། ཅིར་ཡང་སྣང་བ་སོ་སོར་རྟོགས་པའི་ཐུགས་དང་། ཅིར་ཡང་མ་འགགས་པ་འགྲོ་བ་སྒྲོལ་ཐུགས་སོ། །དེ་དག་ཀྱང་དུ་མའི་ཆ་ནས་བརྗོད་པ་མ་ཡིན་ཏེ་ཡོན་ཏན་ཆ་ནས་སོ་སོར་བརྗོད་ཀྱང་ངོ་བོ་དབྱེར་མེད་པ་དབང་གི་རྒྱལ་པོ་བཞིན་ནོ། །ཡོན་ཏན་ལྔ་ནི་ལོངས

སྤྱོད་རྫོགས་པའི་སྐུ་ལས་སྣང་སྟེ་ཞིང་ཁམས་རྣམ་པར་དག་པ་འོག་མིན་དང་བདེ་བ་ཅན་ལྟ་བུ་དང་། ཕོ་བྲང་རྣམ་པར་དག་པ་རིན་པོ་ཆེ་ལས་གྲུབ་པའི་གཞལ་ཡས་ཁང་གསང་བའི་སྙིང་པོའི་གླིང་གཞིའི་ལེའུ་ལྟ་བ་དང་། གདན་ཁྲི་ཕུན་གསུམ་ཚོགས་པ་ཐུགས་མི་འཇིགས་པ་བཞི་དང་ལྡན་པའི་རྟགས་སུ་སེངྒེའི་ཁྲི་དང་། སྐུ་སྟོབས་བཅུ་དང་ལྡན་པའི་རྟགས་སུ་གླང་པོའི་ཁྲི་དང་། ཡོན་ཏན་རྫུ་འཕྲུལ་གྱི་སྐང་བ་བཞི་དང་ལྡན་པའི་རྟགས་སུ་རྟའི་ཁྲི་དང་། གསུང་དབང་བཅུ་དང་ལྡན་པའི་རྟགས་སུ་རྨ་བྱའི་ཁྲི་དང་། འཕྲིན་ལས་བཞི་དང་ལྡན་པའི་རྟགས་སུ་ཤང་ཤང་གི་ཁྲིའོ། །ཐབས་དང་ཤེས་རབ་ཉི་ཟླའི་གདན་དང་། མ་ཆགས་པདྨའི་གདན་དང་། རེ་བ་སྐོང་བ་རིན་པོ་ཆེའི་གདན་ནོ། །འོད་ཟེར་རྣམ་པར་དག་པ་ནི་སྐུ་ཡི་བ་སྤུའི་བུ་ག་རེ་རེ་ནས་ཀྱང་འགྲོ་བ་དྲུག་འདུལ་བའི་འོད་ཟེར་ཁ་དོག་དྲུག་ཕྱོགས་བཅུར་གདུལ་བྱའི་གནས་སུ་སྤྲོས་པས་དྲུག་བཅུ་དྲུག་བཅུ་ཞེས་བརྗོད་དོ། །

ཆེ་བའི་རྒྱན་ཕུན་སུམ་ཚོགས་པ་ནི། བྱང་ཆུབ་ཀྱི་ཡན་ལག་བདུན་གྱི་རྟགས་སྙན་ཆ་དང་། འགུར་ཆུ་དང་། དོ་ཤལ་ལ་སོགས་པ་སྟེ། དེ་དག་ཀྱང་རྒྱན་དང་རྒྱན་ཅན་ལྟ་བུ་ནི་མ་ཡིན་ཏེ། རིག་པ་ཉིད་རྒྱན་དང་རྒྱན་ཅན་གྱི་ཚོགས་སུ་སྣང་བ་ཐ་སྙད་དུ་སེམས་ཉིད་དུ་གཅིག་ཅེས་བརྗོད་དོ། ། ལས་ནི་ལྔ་སྟེ། ཞི་བ་དང་། རྒྱས་པ་དང་། དབང་དང་། དྲག་པོ་དང་། ལྷུན་གྱིས་གྲུབ་པའོ། །སྤྱིར་མཛད་པ་མ་འགག་པ་ཐམས་ཅད་འཕྲིན་ལས་བཞིའི་ངོ་བོ་ཡིན་པ་ནི་ཞིབ་པར་མི་སྤྲོ་སྟེ་ཡི་གེས་འཇིགས་པས་སོ། །ཡོངས་གྲགས་ཀྱིས་སྦྱིན་སྲེག་བཞི་ནི། རྒྱ་མཚོ་ལས་ཆུ་ཡི་ཐིག་པ་བཞིན་ནོ། ། བཤད་པའི་སྐུ་ལ་སོགས་པ་གཅིག་ལ་ཡང་སྐུ་ལྔ་ཕྱེ་བ་དང་། ལྔ་གཉིས་ཀྱི་སྒྲས་གསུང་ལ་སོགས་པ་བཞི་ཡང་ལྔ་ལྔར་ཕྱེ་བའི་དུས་སྐབས་ན། ཞབས་བསྟུ་བ་ནི། བཅུ་ལྔའི་བྱེ་བྲག་རྣམས་ཞེས་པ་བཤད་བའི་གྲངས་ཏེ། ལྔ་ཚན་བཅུ་གཅིག་གི་བྱེ་བྲག་རྣམས་ཀྱི་མཚན་ཉིད་དང་། རང་བཞིན་ཙི་ལྟ་བ་ཤེས་པར་བྱས་ནས་ལྟ་བ་རྟོག་པ་དང་། དེ་ཉམས་སུ་ལེན་པ་ལ་བསྒྲུབ་པ་ཞེས་བྱའོ། །དེས་ན་བསྒྲུབ་བསྙེན་པའི་སྐབས་སུ་ཤེས་པའི་ཚིག་ཉིས་ཀྱིས་བསྒྲུབ་པའི་སྟོན་དུ་ལྟ་བ་གལ་ཆེ་བར་གདམས་པའོ། །འདི་རྟེན་ཀྱི་གང་ཟག་སློས་པ་ཉིད་ཀྱིས་ཡུལ་བསྒྲུབ་པར་བྱ་བ་ཉིད་བསྲུང་བའི་ཚུལ་དུ་དྲུག་གམ་དུས་བཞིའམ། ཆུ་བོ་ལྟར་རྒྱུན་ཆད་མེད་པར་ཉམས་སུ་བླངས་ནས་མ་འདས་པ་ནི་བསྲུང་བ་རང་གི་ངོ་

བོའོ། །རྒྱུད་ལ་ལྡན་ཚུལ་ནི་ཟག་བཅས་ཀྱི་དུས་སུ་རྟོགས་པའི་རྣལ་འབྱོར་ཅེས་བྱ་སྟེ་མོས་པའི་ང་རྒྱལ་གྱིས་གནས་པའོ། །ཟག་མེད་ནི་རང་གི་མཚན་ཉིད་ལྡན་ནས་མཐར་ལམ་ལ་ལྷུན་གྱིས་གྲུབ་པའོ། ། དུས་ནི་དམ་ཚིག་བཀོད་པ་ལས། དུས་དང་རྒྱུན་ཆད་མེད་པར་བསྲུང་ཞེས་པས། ཟག་བཅས་ཟག་མེད་ཀྱི་ཏིང་ངེ་འཛིན་གྱི་བྱེ་བྲག་གིས་མཐར་ལམ་གྱི་བར་དུའོ། །

ཁས་བླངས་པའི་ལྷ་བ་ལ་གསུམ་གྱི་མདོར་བསྟན་པ་ནི། ཞེས་པ་ལྔ་ལས་བྱེ་བྲག་ཏུ་ཞེས་པ་བསྒྲུབ་པའི་གཞི་གཞལ་བྱ་ཕྱི་ནང་གི་ཆོས་ལ་གྲུབ་མཐའ་ཡེ་ཤེས་སྐུ་རིགས་ལ་སོགས་པ་ཉམས་སུ་ལེན་པའོ། །ལྔ་ཞེས་པ་གཞལ་བྱའི་ཆོས་ཐམས་ཅད་ཀྱང་ལྔ་ཚན་དུ་འདུས་ལ། དེའི་འབྲས་བུའང་ལྔ་མཚན་དུ་སྣང་བས་སོ། །ལམ་ཞེས་པ་ལའང་ཞེས་པར་བསྒྱུར་ཏེ། མན་ངག་ལྔ་ཚན་དེ་ཉིད་ལ་བྱེ་བྲག་ཏུ་ཞེས་པ་ཉིང་ལག་བསྟན་པའི་ཚིག་གོ། །དེ་ཉིད་རྒྱས་པར་བཤད་པ་ལ་གཞལ་བྱ་འཁོར་བའི་ཆོས་ནི་ཕུང་པོ་ལྔ་ཞེས་པ་ལ་སོགས་པ། གཟུགས་ཀྱི་ཕུང་པོ་ལ་སོགས་པ་ལྔ་ནི་ཤེས་ཟད་དོ། །དེ་ཉིད་མ་སྤྱང་པར་གནས་སུ་དག་པ་རྡོ་རྗེ་སེམས་དཔའ་ལ་སོགས་ཡབ་ལྔའི་རང་བཞིན་ཏེ། གསང་བའི་སྙིང་པོ་ལས། ཨེ་མའོ་རྡོ་རྗེ་ཕུང་པོའི་ཡན་ལག་ནི། རྫོགས་པའི་སངས་རྒྱས་ལྔ་རུ་གྲགས། །ཞེས་སོ། །འབྱུང་བ་ལྔ་ནི་ནམ་མཁའ་ལ་སོགས་པ་ལྔ་སྟེ། དེ་ཉིད་ལས། ས་ཆུ་སྤྱན་དང་མ་མ་ཀཱི། །མེ་རླུང་གོས་དཀར་སྒྲོལ་མ་སྟེ། །ནམ་མཁའ་དབྱིངས་ཀྱི་དབང་ཕྱུག་མ་ཞེས་པས་སོ། ། དབང་པོ་ཞེས་པ་མིག་གི་དབང་པོ་ནས་ལུས་ཀྱི་དབང་པོའི་བར་ལྔ་སྟེ། ཡུལ་ལ་ཤེས་པར་མཆེད་པའི་བྱ་བ་བྱེད་པ་དང་བཅས་པའོ། །དེ་ནི་ཡབ་ལྔ་སྟེ། ཐབས་ཀྱི་ཞགས་པ་ལས། དབང་པོ་ལྔ་ནི་ཡབ་ལྔའི་རང་བཞིན་ཞེས་པས་སོ། །ཡུལ་ལྔ་ནི་གཟུགས་ནས་རེག་བྱའི་བར་ལྔ་སྟེ་ཡུམ་ལྔའོ། །དེ་ཡང་དེ་ཉིད་ལས་ཡུལ་ལྔ་ནི་ཡུམ་ལྔའི་དེ་ཉིད་ཅེས་སོ། །ཡན་ལག་ཅེས་པ་བཞི་མགོ་དང་ལྔ་སྟེ། དེ་ཡང་རིགས་ལྔའི་རང་བཞིན་ཏེ། ཐབས་ཀྱི་ཞགས་པ་ལས་དབུ་དེ་བཞིན་གཤེགས་པའི་རིགས། ལག་པ་གཡས་པ་རྡོ་རྗེའི་རིགས། །གཡོན་པ་རིན་པོ་ཆེའི་རིགས། །རྐང་པ་གཡས་པ་ལས་ཀྱི་རིགས། ། གཡོན་པ་པདྨའི་རིགས་ཞེས་རྒྱས་པར་བཤད་དོ། །སོར་ཞེས་པ་སོར་མོ་ལྔ་སྟེ། དེ་ཡང་གཡས་པ་རྣམས་ལ་ཡབ་བཀོད་པ་དང་། གཡོན་པ་རྣམས་ལ་ཡུམ་བཀོད་པ་གསང་བའི་སྙིང་པོའི་ཕྲུག་རྒྱའི་

ལེའུ་བཞིན་ནོ། །ཡན་ལག་གི་དབང་གིས་ལྔ་བཞི་ཉི་ཤུ་ནི་གྲངས་སོ། །ཉོན་མོངས་ཞེས་པ་འདོད་ཆགས་ལ་སོགས་པ་ལྔ་སྟེ། དེ་ཡང་ཐབས་ཀྱི་ཞགས་པ་ལས། ཞེ་སྡང་ནི་རྡོ་རྗེའི་རིགས་ཀྱི་དམ་ཚིག་གོ། །འདོད་ཆགས་ནི་པདྨའི་རིགས་ཀྱི་དམ་ཚིག །གཏི་མུག་ནི་དེ་བཞིན་གཤེགས་པའི་རིགས་ཀྱི་དམ་ཚིག །ང་རྒྱལ་རིན་ཆེན་རིགས་ཀྱི་དམ་ཚིག །འཕྲག་དོག་ལས་ཀྱི་རིགས་ཀྱི་དམ་ཚིག་ཅེས་སྨོས་སོ། །དམ་རྫས་ནི་དམ་ཚིག་ཉམས་སུ་བླང་བའི་རྫས་ཏེ་བདུད་རྩི་ལྔའོ། །དེ་ཉིད་ཀྱང་བཤད་པའི་བདུད་རྩིའི་ལུང་གི་རིགས་ལྔའི་ངོ་བོའོ། །

ཤ་ནི་ཤ་ཆེན་ལ་སོགས་པ་ལྔ་སྟེ། འདི་ཉིད་ཀྱི་གཞུང་གིས་ཤ་ཆེན་ནི་ལས་ཀུན་བསགས་གཞིའི་བདག་ཉིད་ལས། ཐུགས་རྡོ་རྗེའི་རིགས་གླང་པོ་ཆེ་ནི་འདེགས་སྟོབས་ཆེ་བས་སྟོབས་བཅུ་དང་ལྡན་པ་སྐུ་དེ་བཞིན་གཤེགས་པའི་རིགས། རྟ་ནི་རྐང་ལག་བཞི་མགྱོགས་པའི་ཤུགས་དང་ལྡན་པ། རྫུ་འཕྲུལ་གྱི་རྐང་པ་བཞི་ཡོན་ཏན་རིན་པོ་ཆེའི་རིགས། ཁྱི་ནི་རྨ་ཁྱི་སྟེ་སྤྱི་སྤྱུག་ཅིང་སྐད་སྙན་པ་འགྲོ་བ་དབང་དུ་སྡུད་པ། གསུང་དབང་བཅུ་དང་ལྡན་པ། པདྨའི་རིགས་སྣང་བ་མཐའ་ཡས། ཁྱི་ནི་འཕྲག་དོག་གི་བདག་ཉིད་དེ་འདིར་འཕྲག་དོག་གནས་སུ་དག་སྟེ། བདག་གཞན་མཉམ་པ་ཉིད་དུ་རྟོགས་པ་ལས་ཀྱི་རིགས་དོན་ཡོད་གྲུབ་པའོ། །ནི་ཞེས་པ་རྣམ་གྲངས་གཞན་ཡང་སྤྱད་པ་སྟེ། གང་ཞེ་ན། ཕྱོགས་དང་ཞེས་པ། ཕྱོགས་བཞི་དབུས་དང་ལྔ་སྟེ་རྒྱས་པའི་དམ་ཚིག་གི་ལེའུ་བཞིན་རིགས་ལྔའི་ངོ་བོའོ། །ཁ་དོག་ཅེས་པ་སྔོ་ནག་ཕྱོགས་གཅིག་པས་ལྔ་སྟེ། དེ་ཡང་རིགས་ལྔའི་ངོ་བོ་ཉིད་ནི་དམ་ཚིག་རྒྱས་པར་བཤད་པའི་ལེའུ་བཞིའོ། །འགྲོ་བ་ཞེས་པ་སྤྱིར་དྲུག་ཡིན་ཀྱང་ཉོན་མོངས་པ་ལས་སྣང་བས་རྒྱུ་ལྔ་ངེས་པ་དང་། འབྲས་བུའང་མི་ལ་བརྟེན་ཏེ་འགྲོ་བ་རྣམས་ཀྱིས་བོན་སོག་པའི་བཞི་ཡིན་པས། རྒྱུ་སྤྱི་དཀར་བཏང་བ་མི་མ་རྟོགས་པ་ལྔ་དང་། ཡང་ན་ལྷ་མ་ཡིན་སྟོད་རིས་ལྷར་བསྡུ། སྨད་རིས་དུད་འགྲོར་བསྡུ་བས་འབྲས་བུ་སྤྱི་ཀར་བཏང་བ་སྟེ་ལྔར་བསྡུ་བའོ། །དེ་ཡང་རྒྱུ་ཉོན་མོངས་པ་ལྔ་ལས་སྣང་བས་རྒྱུ་མཚོར་གཤེར་ན་རླབས་གཤེར་བ་བཞིན། རིགས་ལྔའི་ངོ་བོ་ཉིད་དོ། །སྐྱིགས་མ་ཞེས་པ་བསྐལ་པའི་དངས་མ་འགྲིབ་ནས་སྙིགས་མའི་དུས་ལ་བབ་པ་ད་ལྟ་ལྟ་བུ་སྟེ། དེ་ཡང་ཚེའི་དངས་མ་བརྒྱད་ཁྲི་ལས་འགྲིབ་ནས་བཅུ་པ་འགྱུར་པ་ལྟ་བུ་དང་། དུས་ཏེ་

བདུད་རྩི་ལ་ལོངས་སྤྱོད་ཅིང་ལོངས་སྤྱོད་ཐམས་ཅད་འགྲུབ་སླ་བ་ལས། ད་ལྟ་གྱི་དུས་སུ་ལོངས་སྤྱོད་ཀྱི་ཆེད་དུ་སྲོག་འདོར་བ་དང་། ཁ་ཟས་ཀྱི་ཆེད་དུ་མི་གསོད་པ་ལ་སོགས་པ་ནི་དུས་ཀྱི་སྙིགས་མ། དངས་མའི་དུས་སུ་དགེ་བཅུ་དང་རང་བཞིན་གྱིས་ལྡན་ཀྱང་། མི་དགེ་བ་བཅུའི་རྒྱུན་ཆགས་སུ་གནས་པ་ནི་ལས་ཀྱི་སྙིགས་མ། ཞི་བ་དང་དེས་པ་དང་འཇམ་པ་ལ་སོགས་པ་ལས། རང་བཞིན་གྱིས་འཁྲོ་བ་དང་། གཏུམ་པ་དང་བསད་བཅད་ལ་དགའ་བ་ནི་རང་བཞིན་གྱི་སྙིགས་མའོ། །ཉོན་མོངས་པ་ལྔ་སྐྱེ་བར་དཀའ་ལ་ཡལ་བར་སླ་བ་ལས་སྐྱེས་པ་རྒྱུན་རྟག་ནས་ཡལ་བ་ནི་ཉོན་མོངས་པའི་སྙིགས་མའོ། །དེ་ཉིད་ཀྱང་བསལ་སྤངས་མེད་པར་སྐུ་དང་ཡེ་ཤེས་སུ་ལྷུན་གྱིས་གྲུབ་སྟེ། གསང་བའི་སྙིང་པོ་ལས། སྙིགས་མ་ལྔ་ཉིད་བདེ་ལྡན་གནས་ཞེས་སོ། །བག་ཆགས་ཞེས་པ་རྣལ་མ་དོན་གྱི་ཀུན་གཞི་མ་རྟོགས་པའི་དབང་གིས། བདག་འཛིན་ཉོན་མོངས་པ་ཅན་གྱི་ཡིད། དྲི་མ་ཅན་གྱི་འཁོར་བཞི་སྟེ། བདག་ཏུ་འཛིན་པ་དང་བདག་ལ་ཆགས་པ་དང་། བདག་ཏུ་རློམ་པ་དང་། བདག་ལ་ང་རྒྱལ་བའོ། །དེས་ན་ལྔའོ། །ཡང་ན་འགྲོ་བ་རིགས་དྲུག་གི་ས་བོན་ལྔར་བསྡུས་བ་ཉིད་བཤད་པ་ལྟར་ཀུན་གཞི་ལ་གནས་པའོ། །བཅུ་བདུན་ལ་སོགས་ཞེས་པ་བཤད་པའི་གྲངས་རྣམ་པ་བདུན་ཅུ་ཐམ་པ་སྟེ། སོགས་ཁོངས་སུ་འཁོར་བའི་ཆོས་ཐ་སྙེད་ཀྱི་ཡན་ལག་མ་ལུས་པ་ཐམས་ཅད་བསྡུས་པའོ། །དེ་ཉིད་ལོགས་རྟོག་རང་སྣང་གཟུང་འཛིན་འཁྲུལ་ཆོས་ཐུག་པ་མེད་པས་སྣང་བ་ལ་ནི་འཁོར་བ་ཞེས་བྱ་ལ། དོན་དེ་བྱེད་པ་མེད་ཀྱང་མཚན་ཉིད་འཛིན་པ་ལས་མི་འདའ་བ་ནི་ཆོས་སོ། །དེ་ནི་གཞལ་བྱ་སྟེ་ལམ་པ་རྣམས་ཀྱི་འཇུག་པའི་སྒོའོ། །

གཏན་ཚིགས་གང་གིས་གཞལ་ན་ཐུན་མོང་གི་གཏན་ཚིགས་ཀྱིས་གཏན་མི་ཕེབས་ཏེ། འདིར་གསང་སྔགས་རང་གི་ཐུན་མོང་མ་ཡིན་པའི་གཏན་ཚིགས་རྟོགས་པ་བཞིན། དག་པ་གསུམ་དང་། མཉམ་པ་བཞིའི་གཏན་ཚིགས་བཞིས་གཞལ་བས། བྱིས་པ་ཡི་གེ་ལོབས་པ་མཐར་ཕྱིན་པ་བཞིན་ཉིད་མཐར་ཕྱིན་པ་གྲུབ་མཐར་མངོན་དུ་སྣང་སྟེ། གང་ཞེ་ན། སྤྱོད་ཡུལ་ཀ་དག་པར་བསྟན་པ་ནི། ཡེ་ཤེས་སྐུའི་རིགས་ཞེས་པ་ལ་སོགས་པ་སྟེ། བཤད་པ་བཞིན་ཡེ་ཤེས་ལྔ་དང་སྐུ་ལྔ་དང་། རིགས་ལྔ་དང་། ཡབ་ལྔ་དང་། ཡུམ་ལྔ་སྟེ། འཁོར་བའི་ཆོས་བཤད་པ་ཉིད་ཀྱི་དོན་གྱི་སྐབས་སུ་

སྦྱར་བ་བཞིན་ནོ། །བསྡུས་པའི་སྒྲ་ནི། གསང་བའི་སྙིང་པོ་ལས། སྐྱེ་མཆེད་ཁམས་རྣམས་མང་པོ་ཀུན། །བྱང་ཆུབ་སེམས་ཀྱི་དཀྱིལ་འཁོར་ཉིད་ཅེས་སོ། །དོན་དེ་ཉིད་བྱས་པ་མེད་པར་རང་བཞིན་ནམ། ངོ་བོ་ཉིད་ཀྱིས་འཁོར་བ་གཟུང་འཛིན་གྱི་དྲི་མ་འཕྲ་རགས་རྣམས་དང་གིས་མ་གྲུབ་སྟེ་གོང་དུ་བཤད་པ་བཞིན། ཉོན་མོངས་པ་དང་གིས་ཀ་དག་པའི་དོན་ཐོས་པའི་ཤེས་རབ་ཀྱིས་དོན་སྤྱི་ཡིད་ཀྱི་ཡུལ་དུ་བྱས། བསམ་པའི་ཤེས་རབ་ཀྱིས་རིག་པ་ལ་ཉམས་སུ་ལེན་ཏེ་ཡུལ་དང་ཡུལ་ཅན་མེད་པར་རིག་པ་རང་གསལ་རང་སྣང་ཤར་ཆེད་བྱས་ཕྲ་བའང་མེད་པ་ནི་ལྟ་བ་བློ་དངོས་འཕྲོད་ཅེས་བྱ་སྟེ། ལ་ལ་དག་གིས་དུ་མ་རོ་གཅིག་ཅེས་ཀྱང་འཆད་དོ། །དེ་ལྟ་བུའི་རྟེན་གྱི་གང་ཟག་ནི་སྤྱོད་པ་ནི་དབང་པོ་ལ། དེ་ཡུལ་དུ་གྱུར་པའི་ཆོས་ཐམས་ཅད་ལྟ་བའི་ངང་དུ་ལྷུན་གྱིས་གྲུབ་པས་ལྟ་བ་ལ་དམ་པ་འཛིན་པ་དང་ཡང་བྲལ་ཏེ་བློ་མཉམ་པ་ཉིད་ནམ་མཁའ་ལྟར་གྱུར་ནས་ཞེ་འདོད་ཕྲ་བ་མ་དམིགས་པ་ནི་ཡོངས་སུ་དག་པ་ཞེས་བྱ་སྟེ། དེ་ལྟ་བུའི་དགོངས་པ་མངའ་བ་ལ་ནི། ཤེས་བྱའི་ཡུལ་གཞིའི་དོན་གྱི་རྣལ་མ་ལ་རིག་པ་རྟོགས་པའི་བློ་འགྱུར་བའོ། །དེ་ལྟ་བུ་ལ་ནི་ལྟ་བ་ཞེས་བྱ་སྟེ་སྔར་མ་མཐོང་བའི་དོན་མཐོང་བ་ཡིན་ཀྱང་ད་རུང་བསྒོམ་པ་ལ་རག་ལས་པས་ཟག་བཅས་ཀྱི་མཐོང་ལམ་ཞེས་བྱའོ། །འདི་ཡང་རྟེན་གྱི་གང་ཟག་གོང་དུ་སྨོས་པ་ཉིད་ཀྱིས་ཡུལ་ཤེས་པར་བྱ་བ་ལྟ་བའི་ངོ་བོ་ལ་རྩོལ་ཐོས་བསམ་གྱིས་རྟོགས་པའི་ཐབས་ལ་འབད་པའོ། །ལྟ་བ་རྟོགས་པའི་དོན་ལས་མི་འདའ་བའོ། །རྒྱུད་ལ་ལྡན་པའི་ཚུལ་ནི་ལས་དང་པོ་པོའི་དུས་སུ་མོས་པས་བསྒྲུབ། ཟག་མེད་ནས་རང་གི་མཚན་ཉིད་ཅི་བཞིན་པར་ལྡན། མཐར་ལམ་ལ་ལྷུན་གྱིས་གྲུབ་པའོ། །དུས་ནི་ཐོག་མ་འཇུག་པའི་དུས་ནས་མཐར་ལམ་གྱི་བར་དུ་མི་འདའ་བའོ། །

ཡན་ལག་ནི་གཉིས་པ་ཐུན་མོང་གི་མདོར་བསྟན་པ་ནི། ཐུན་མོང་གི་དམ་ཚིག་མདོར་བསྡུས་ན་ཞེས་པ། འཆད་པ་འདི་དག་ཐེག་པ་དགུ་ཀུན་གྱི་བསྲུང་བྱ་ཐུན་མོང་པ་ཡིན་པ་དང་། ཕྱི་རོལ་པ་རྣམས་དང་འཇིག་རྟེན་པ་ཡ་རབས་རྣམས་ཀྱི་འང་བསྲུང་བྱ་མང་བས་སོ། །དེ་ཉིད་གསང་སྔགས་ལ་གནས་པ་རྣམས་ཀྱིས་བསྲུང་བས་དམ་ཚིག་ཅེས་བྱ་སྟེ། རྒྱས་པར་བཤད་ན་འབུམ་སྡེའི་གྲངས་མི་རྗོགས་པས་ཉུང་དུ་མདོར་བསྡུས་ན་འཆད་པའི་བདག་དོན་དུ་བསྲུང་བ་དང་། གཞན་དོན་ལ་སྤྱོར་

བ་རྣམ་པ་གཉིས་སུ་ཤེས་པར་བྱ་ཅེས་སོ། །དང་པོ་བདག་དོན་ལ་གཉིས་ཀྱིས་སྲུང་བྱའི་སྐྱོན་བསྟན་པ་ནི་རྒྱུན་འབྱེད་ཅེས་པ་ལ་སོགས་པ་སྟེ། རྒྱུན་བཅུག་ནས་དེ་ཐོབ་པའི་ཐབས་ཀྱི་འབྱེད་པ་ནི་གང་ཞེ་ན། ཤ་དང་། ཆོ་ལོ་དང་། མིག་མང་དང་། ཁྲས་འབྱེད་པ་ལ་སོགས་པའོ། །ལུས་མཛེས་ཞེས་ཏེ་ལུས་མཛེས་པར་བྱེད་པའི་ཐབས་ཀྱི་ཡན་ལག་རྣམས་འཆང་བས་སོ། །འདུས་པ་ཞེས་པ་དམག་དང་། འཐབ་མོ་དང་། སྟོན་མོ་དང་། ཚོང་ཁང་ལ་སོགས་པ་མི་མང་པོ་འདུ་བའི་སར་འགྲོ་བ་སྲུང་སྟེ། དགྲ་སྡང་སྡིག་འཕེལ་མ་བསྡུགས་འཚེ་ཉེན་ཅན། །དེ་ཕྱིར་མཁས་པས་འཁྲུག་པའི་ལྟད་མོ་སྲུང་། །ཞེས་སོ། །ཆང་དང་བཅས་པ་གསང་སྔགས་ཕྱི་ནང་རང་ས་སྲུང་སྟེ། ཀྲི་ཡ་ལས་ཤ་ཆང་སྒོག་ཙོང་སྲུང་ཞེས་རྩ་བའི་དམ་ཚིག་ཏུ་བྱས་པ་དང་། ཡོ་ག་རྡོ་རྗེ་རྩེ་མོ་ལས། ཕུང་ཁྲོལ་ཀུན་གྱི་རྩ་བའི། །ཆང་ནི་རྣམ་པར་སྲུང་བར་བྱ། །ཞེས་དམ་ཚིག་དུ་ཕོག་པ་དང་། མ་ཧཱ་ཡོ་གའི་མ་རྒྱུད་དགྱེས་པའི་རྡོ་རྗེ་ལས། དེར་ནི་ཆང་ཡང་བཏུང་བར་བྱ་ཞེས་པ་ཚོགས་ཀྱི་སྐབས་སུ་གནང་ལ། དེར་ནིའི་སྐབས་གཞན་དུས་ཐམས་ཅད་དུ་སྲུང་བར་བསྟན་པ་དང་། བདེ་མཆོག་སྡོམ་པ་འབྱུང་བ་ལས། ཚོགས་ཀྱི་འཁོར་ལོའི་སྐབས་སུ་ཆང་དགོས་པས་དེའི་ཐབས་སུ་ཡབ་ཀྱི་སྦྱོར་བ་རྣམས་བཤད་ཀྱང་། བྱིན་གྱིས་མ་རླབས་པའི་ཆང་འཐུངས་ན་དམྱལ་བ་དུ་འབོད་དུ་སྐྱེ་བར་གསུང་པ་ཕ་རྒྱུད་ཀྱི་བཤད་རྒྱུད་གདོང་དྲུག་པ་ལས། ཉེས་པ་ཐམས་ཅད་སྐྱེད་པའི་ཆང་ནི་སྔགས་པས་སྲུང་བར་བྱ་ཞེས་པ་དང་། དཔལ་ཡང་དག་གྲུབ་པ་ལས། བསྒྲུབ་པོ་རྣམས་ཀྱིས་ཏིང་ངེ་འཛིན་གྱི་འགལ་རྐྱེན་ཆང་སྲུང་བར་གསུངས་པ་དང་། མདོ་དགོངས་པ་འདུས་པ་ལས། ཐུགས་ཐུབ་རས་ཆོད་ང་རྒྱལ་རི། །དྲེགས་བྱེད་དབང་པོ་ཉམས་པའི་བཙུད། །སྐྱོམས་ལས་ལེ་ལོའི་གཞིར་གྱུར་པ། །དཔའ་བྱེད་རྐྱེན་ཡང་རྣམས་པར་བསྟུམ། །ཞེས་པས་རྣམ་པ་ཐམས་ཅད་དུ་སྲུང་བྱའོ། །དྲེགས་སྤྱོད་ནི་ལུས་ངག་ཡིད་གསུམ་གྱི་ཆོས་ཏེ། ལུས་ཀྱི་སྒོ་ནས་མཆོང་བ་དང་། རྒྱུག་པ་དང་། གྱད་འདེགས་པ་དང་། སྟོབས་འདེགས་པ་དང་། མ་ཞི་བས་སྤྱོད་པ་རྣམས་སོ། །ངག་གི་སྒོ་ནས། ཚིག་རྩུབ་དང་། གཞན་གྱི་ཞེ་བཀལ་ཞིང་རང་སྤྲངས་མཐོ་བའི་ཚིག་ཐམས་ཅད་དོ། །སེམས་ཀྱི་སྒོ་ནས་ཁེང་སེམས་ཞེས་པས་མཐོ་བ་བླ་མ་ལྟ་བུ་དང་། བར་མ་གྲོགས་པོ་ལྟ་བུ་དང་། དམའ་བ་སེམས་ཅན་ཐ་མལ་བ་ལ་མི་གུས་ཤིང་ང་རྒྱལ

དང་ལྡན་པའོ། །

རྡོ་རྗེ་གསུམ་པོས་ཕྱག་བྱེད་ནི། ལུས་ངག་ཡིད་གསུམ་སྐུ་གསུང་ཐུགས་རྡོ་རྗེ་ལྟ་བུར་བྱིན་གྱིས་རླབས་ནས་དེ་མ་ཡིན་པ་ལ་ཕྱག་བྱེད་པའོ། །དེ་ཡང་ཞར་ལ་དགོངས་པ་མཐོན་པོས་དམའ་བ་ལ་ཕྱག་བྱེད་པ་དང་། དབང་གྲངས་མང་བས་ཉུང་བ་ལ་ཕྱག་བྱེད་པ་དང་། དབང་ཟབ་པས་མི་ཟབ་པ་ལ་ཕྱག་བྱེད་པ་དང་། ཕྱི་རོལ་དང་བསྟུན་ནས་སློབ་དཔོན་གྱིས་ཕྱག་བྱེད་པ་དང་། ཞར་ལ་ཉན་ཐོས་ཀྱི་སྡོམ་པ་མཐོ་དམན་དང་། ཚང་མི་ཚང་རྣམས་ཀྱང་ཤེས་པར་བྱའོ། །ཆེ་ངག་ནི་རང་དེ་ཙམ་མིན་པར་གོང་མ་མཆེད་པོ་རྣམས་ཀྱི་གསུང་གི་ཚུལ་དང་། སྐད་ཀྱི་གདངས་ལྷར་བཅོས་པའོ། །

དགེ་སློང་ནི། གཞན་གྱིས་དགེ་བ་ཆེ་ཕྲའི་བྱེ་བྲག་གང་བྱས་ཀྱང་། ཁོ་ཁེ་གྲགས་འདོད་པ་ཡིན་བྱ་བ་ལྟ་བུའམ། ཚུལ་འཆོས་བྱེད་པ་ཡིན། ཁོ་ལ་དེ་ཙམ་མ་བབ། ཁོ་ལ་དེ་ཙམ་མི་འོང་ཟེར་བ་ལྟ་བུའོ། །ཕྱིག་བསྟོད་ནི་གཞན་གྱི་རྣམས་པར་བརླང་བའི་ལས་ཆེ་འཕྲ་ཅི་བྱས་ཀྱང་ཁོ་དཔའ་བོ་ཡིན། རྒོད་པོ་ཡིན། རེམ་པ་ཡིན། ཕྱུང་འཛལ་ནུས་ཞེས་བསྟོད་ར་གཏོང་བ་ལྟ་བུའོ། །ལེ་ལོ་ནི་གཞན་བསྒྲུབ་རྒྱུ་མེད་པར་ཡེངས་མ་ཤོར་བ་སྟེ། བསྒྲུབ་པ་ལ་མི་འགྲུབ་པའོ། །

སེར་སྣ་ནི། བླ་མ་དང་དཀོན་མཆོག་དང་གྲོགས་པོ་དང་བསླབས་པའི་ཕྱོགས་སུ་ཟས་ནོར་གཏོང་མི་ནུས་པ་སྟེ་འཆི་བའོ། །གཉིད་ནི་དགེ་བ་སྒྲོག་དང་འདྲ་བའི་དགྲ་སྟེ་རང་དབང་མེད་པར་སེམས་ནང་དུ་སྡུད་ནས་འཐིབ་པའོ། །གཡེང་བ་ནི་འཇིག་རྟེན་གྱི་བྱ་བས་ཁྲིད་ནས་དགེ་བ་ལ་མི་བརྩོན་པ་སྟེ་ཟུར་ཀའི་འཇག་མ་ལྟ་བུ་བློ་ཕྱོགས་གཅིག་ཏུ་མི་གནས་པའོ། །འཁྲོ་གཏུམ་ནི་ལུས་འཁྲོ་ཞིང་སེམས་གཏུམ་པ་སྟེ། ཞེ་སྡང་གིས་བསླང་བའི་ལས་མངོན་དུ་སྣང་བའོ། །ཡེ་ཤེས་སྟོན་མི་གཏོང་ཞེས་དཔེར་ན་རང་བྱུང་གི་ཡེ་ཤེས་ཡེ་ནས་རང་ཆས་སུ་ལྡན་པ་དང་འདྲ་བར་རང་རྒྱུད་ངན་པ་སྟེ་ཉོན་མོངས་པ་ལྦུ་གང་དང་གང་ཤེས་ཆེ་བ་དང་། མཚན་ཉིད་གྱོང་བ་ལྟ་བུ་བླ་མ་དང་གྲོགས་པོས་བསྟན་ཅིང་བཅོས་ཀྱང་རང་གི་སྟོན་གྱི་རྒྱུད་མི་གཏོང་བའོ། །བཀའ་ཅོག་ནི་བླ་མ་དང་གྲོགས་པོའི་འོ། །སྡིག་པའི་གྲོགས་བསྟེན་ནི་མི་དགེ་བ་ལ་ཞུགས་པའི་གང་ཟག་གཉིས་པོ་དང་རྫོན་པ་ལྟ་བུ་དང་ཆོས་དོན་དུ་མི་གཉེར་བ་དང་འགྲོགས་པ་ལྟ་བུའོ། །བག་མེད་སྤྱོད་ནི་ཞིང་དག་པ་རྣམས་ཀྱི་ཐུགས་ཀྱིས

མ་བབས་པའི་སྤྱོད་པ་དང་། བར་པ་རྣམས་ཀྱི་ཡིད་ལ་གནོད་པ་དང་། དམན་པ་རྣམས་ལ་དངོས་སུ་སྤྱོད་པའོ། །

དམ་བཅས་འདོར་ནི། དགེ་བ་དང་། བསླབ་པ་དང་། བསོད་ནམས་ཀྱི་ཕྱོགས་བྱེད་པར་དམ་བཅས་ནས་གཞུང་དུ་མི་བཙུད་དེ་འདོར་བའོ། །ཚིག་མི་ཤེས་པ་ནི་འདོད་པའི་འདོད་ཆགས་ཟས་ནོར་གྱི་བྱེ་བྲག་ཡོད་ཀྱང་ཚིག་མི་ཤེས་ཏེ་སྲིད་པ་མེ་འདྲ་བ་དང་། འདོད་ཆགས་གཉིས་པའང་དེ་དང་མཚུངས་སོ། །དམ་པོ་དགའ་ཞེས་པ། དགེ་བ་དང་ཆོས་ཀྱི་དོན་དང་། ཡོ་བྱད་རྣམས་གཞན་གྱིས་མཐོང་ཞིང་ཚོར་བའི་ཕྱིར་དམ་པོ་ལ་དགའ་བའོ། །

སྤང་བྱ་ནི། གོང་གི་རྣམས་གྲངས། དགེ་བ་བཅུ་ཤེས་པ་དང་མཚུངས་པས་སྤངས་པ་ཉིད་ཀྱིས་དམ་ཚིག་རྫོགས་པའོ། །ཉི་ཤུ་གཅིག་ནས། བཤད་པ་ཉིད་ཀྱི་གྲངས་སོ། །བཟློག་ཅེས་པ་ཡང་ཏེ་མི་གནས་པར་བྱས་པའོ། །དེས་ཅིར་འགྱུར་ཞེ་ན། བདག་དོན་མཆོག་ཏུ་འགྱུར་པ་སྟེ་ཞེས་པ། བདག་གི་དོན་དུ་འགྱུར་ཏེ། དམ་ཚིག་རྫོགས་པ་དང་། དེ་ཉིད་ལ་གཞན་ཐམས་ཅད་དགའ་བ་བས། གཞན་གྱི་དོན་དུ་འགྱུར་བ་དང་། དོན་དེས་བདག་གཞན་གཉིས་ཀ་འབྲས་བུ་ལ་སྦྱོར་བའི་དོན་དང་། དེ་ཉིད་ཀྱིས་ཆོས་ཀྱི་དོན་དུའང་འགྱུར་བ་དང་། མཆོག་ཏུ་འགྱུར་བ་སྟེ་ཆེའོ། །ཀུན་ཀྱིས་ཞེས་པ། སྐྱེ་བོ་དང་གསང་སྔགས་ཀྱི་བར་ཀུན་གྱིས་ཉམས་སུ་བླངས་པའི་སྦྱོར་བ་བདག་ཉིད་ཁུར་བ་ནི་བཀུར་བ་སྟེ་དོན་འགྱུར་བཞིའི་འབྲས་བུའང་ཡིན་ལ། དམ་ཚིག་བསྲུངས་བའི་འབྲས་བུའོ། །

གཞན་དོན་ལ་གཉིས་ཀྱི་ངོ་བོ་ཉམས་སུ་བླངས་པ་ནི། ཕ་རོལ་ཕྱིན་དྲུག་ཅེས་པ། སྦྱིན་པ་ལ་སོགས་པ་དྲུག་དང་། ཆོས་སྤྱོད་བཅུ་ནི། ཡི་གེ་འབྲི་དང་མཆོད་སྦྱིན་དང་། །ཉན་དང་ཀློག་དང་འཛིན་པ་དང་། །འཆད་དང་ཁ་ཐོན་བྱེད་པ་དང་། །དེ་སེམས་པ་དང་བསྒོམ་པའོ། །ཞེས་སོ། །རྣམས་བཞི་ལས་ཀྱི་སྤྱོད་པ་ནི། ཞི་རྒྱས་དབང་དྲག་བཞི་ལས་ཀྱི་སྤྱོད་པའམ། ཡང་ན་འདིར་ཐུན་མོང་གི་ཐེག་པའི་སྒོ་ནས། གཞན་དོན་བྱེད་པའི་སྐབས་ཡིན་པས། སྦྱིན་པ་དང་། སྙན་པར་སྨྲ་བ་དང་། དོན་སྤྱོད་པ་དང་། དོན་མཐུན་པ་རྣམས་པ་བཞིའི་འཕྲིན་ལས་ཀྱི་སྒོ་ནས་གཞན་དོན་སྤྱོད་པའི་གསུངས་སོ། །གཞན་ཡང་གདུལ་བྱ་དང་མཐུན་པར་དོན་ལ་འཇུག་པའི་ཐབས་མ་འགག་པའི་སྤྱོད་

པ་ནི་གང་ཞེ་ན། ཉན་ཐོས་ལ་སོགས་པའི་ཐེག་པ་དགུ་དང་། གཞི་དེ་ལས་གོལ་བའི་མུ་སྟེགས་དགུ་སྟེ། མདོ་ཆོས་ཀྱི་མེ་ལོང་ལས་བཤད་པ་བཞིན་ནོ། །གཞན་ཡང་གདུལ་བྱ་འགྲོ་བ་དྲུག་རང་འཐད་ཀྱི་སྤྱོད་པ་རྣམས་ཀྱང་། གང་ལ་གང་འདུལ་དེ་ལ་སྣང་བ་ཉམས་བླང་སྟེ། འདི་ཉིད་ཀྱི་གླང་དུའང་ནང་རིག་ལ་ལ་མུན་པ་སྣང་ཕྱིར་དང་། ཞེས་པ་དང་། གཅིག་གིས་འཐད་པ་མ་ཡིན་ལ། ལ་ལ་ཆ་མཐུན་སྤྱོད་པའི་རིགས་ཞེས་སོ། །དེ་དག་ཞིབ་པར་དབྱེ་བ་ནི། གཞན་དུ་ཤེས་པར་བྱའོ། །འཛིན་དང་ཉམ་ང་མེད་པར་སྤྱད་ཅེས་པ། གོང་མ་ལྟ་བུར་གདུལ་བྱའི་དོན་ཅི་ལྟར་བཤད་ཀྱང་སེམས་ཉིད་ཀྱི་ངང་དུ་ཤེས་པས། ཡུལ་དང་ཡུལ་ཅན་མེད་དེ། སྤྱོད་ལ་མི་འཛིན་པ་དང་། ཐེག་པ་འོག་མ་པ་དང་། མུ་སྟེགས་དང་། འགྲོ་དྲུག་གི་སྤྱོད་པ་རྣམས་གདུལ་བྱ་དང་མཐུན་པར་སྤྱོད་ཀྱང་། བཤད་པའི་གཏན་ཚིགས་ཀྱིས་ལྟུང་དོགས་ཀྱི་ཉམས་ང་བ་དང་བག་ཚ་བ་མེད་དེ། དོན་དེས་ཉམ་ང་མེད་པར་སྤྱད་ཅེའོ། །དེའང་གླད་དོན་དུ། སངས་རྒྱས་མཛད་པར་དེ་གསུངས་སོ་ཞེས་གདམས་སོ། །བསྲུང་ཐབས་ཀྱི་སྒོ་ནས་ཞབས་བསྡུ་བ་ནི་གཉིས་ལས། ཕྱུག་པོའི་ལུག་རྫིའི་ལུས་རྒྱུ་བ་དང་མཐུན་པར་བསྲུང་བ་ནི། བསྲུངས་བ་དེ་དག་གྲངས་བཏབས་ནས། །ཞེས་པ། དཔེར་ན་ཕྱུག་པོའི་ལུག་མང་པོ་རྫི་བུས་འཚོ་བ་ནི། གྲངས་མང་བ་དག་གལ་ཆེ་མ་གཏོར་ན་བུ་དགའ་འཐོབ་གཏོར་ན་ཆད་པའོ། །བའི་ངོས་ནས། གོ་ཆ་ཆེན་པོ་དང་ལྡན་ཏེ། ཉིན་གཅིག་ལན་གསུམ་ཚང་མི་ཚང་བརྩི་བ་དང་། མ་ཚང་ན་ཚོར་བའི་ཐབས་ལ་འབད་པ་དང་། མཚན་པ་དེ་བཞིན་དུ་བརྩོན་འགྲུས་བྱ་བ་བཞིན་དུ། མཆོག་གི་ཐེག་པ་ལ་ཞུགས་པའི་རྟེན་གྱི་གང་ཟག་འཇུག་པའི་སྒོ་དབང་གི་དུས་སུ་དམ་ཚིག་རྣམས་ཐོབ་ནས། དེ་ཉིད་རྒྱ་བ་ཡན་ལག་རྒྱས་པར་ཤེས་པར་བྱ་སྟེ། མཆོག་དང་ཐུན་མོང་གི་ཡོན་ཏན་ཐམས་ཅད་ཀྱི་གཞིའི་ཕྱིར་གལ་ཆེ་བས་ཉིན་ལན་གསུམ་མཚན་ལན་གསུམ་བསྐོ་བགྲང་བྱ་སྟེ་མ་ཚང་ན་བསྐང་བའི་ཐབས་ལ་འབད་པ་དང་ནས་ཞེས་པས། དེ་ཙམ་གྱི་སར་བཞག་པས་མི་ཆོག་སྟེ། རྒྱུན་དུ་མི་ཡེང་པར་བྱས་པ། རྒྱལ་པོའི་མཛོད་སྒོ་བསྲུང་བའི་ཚུལ་དུ་ཉམས་སུ་བླང་བ་ནི། དྲན་དང་ཤེས་བཞིན་གྱི་སྤྱོད་པ་ཞེས་པ་སྟེ། རྒྱལ་པོའི་མཛོད་སྒོ་བསྲུང་བ་ནི་བསྲུང་ཐུབ་ན་ཡིག་ཚང་ཐོབ་ལ། བསྲུང་མ་ཐུབ་ན་ཆད་པས་ཕོག་པས། རྒྱུན་གྱི་དྲན་པ་དང་ཤེས་བཞིན་གྱིས་མ་ཡེངས་པར་གནས་པ་བཞིན། འདིར

ཡང་བསྲུང་ཐུབ་ཀྱི་སྐྱོན་ཡོན་འཆད་པ་བཞིན་འགྱུར་བས། ཉིན་མཚན་དུས་དྲུག་གི་བསྔོ་བ་བགྲངས་བྱས་ནས། དེ་དག་གི་བར་སྐབས་སུ་ཕྱུལ་བར་འདུག་པ་ལྟ་བུ་མ་ཡིན་ཏེ། དྲན་པས་མ་ཡེང་བར་བྱས་ནས། ཤེས་བཞིན་གྱིས་ཡེངས་མ་ཡེངས་ཀྱི་བྱ་ར་བྱས་ཏེ། དེ་ལྟ་བུ་རྒྱུན་པར་གནས་པ་ཉམས་སུ་བླང་བ་ལ་ནི། སྤྱོད་པ་ཞེས་བྱ་སྟེ། ཉེས་པའི་གཏན་ནས་མི་གོས་ཏེ། དམ་ཚིག་གི་ངོ་བོ་ལྷུན་གྱིས་གྲུབ་པ་ལ་ནི། ལམ་ཉམས་སུ་ལེན་པ་ལས་མི་འདའ་བས་རྣལ་འབྱོར་ཏེ། ལམ་དང་འབྲས་བུའི་ཡོན་ཏན་ཐམས་ཅད་ལས་རང་དབང་དུ་བསྒྱུར་བས་དབང་ཕྱུག་ཅེས་བྱའོ། །ཆེན་པོ་ནི། ཐེག་པ་མཆོག་འདི་ཉིད་འབའ་ཞིག་ལས་མ་གཏོགས་པ། གཞན་རྣམས་པར་བཅད་པའོ། །ཞེས་དཔལ་ཀུན་དུ་བཟང་པོའི་རྒྱུད་དུ་གསུངས་སོ། །ཀུན་ཏུ་བཟང་པོ་དང་སྐལ་བ་མཉམ་ཞེས་སོ། །

༄ སྤྱི་དོན་བཞི་པ་ཉམས་པར་གྱུར་པའི་རྒྱུ་བསྟེན་པ་ནི། གསུམ་ལས། མདོར་བསྟན་པ་ནི། ཉམས་པ་གྱུར་པའི་རྒྱུ་དག་ནི། །ཞེས་པ། སྤྱིར་ནི་ཉམས་པའི་རྒྱུ་བག་ལ་ཉལ་ཉོན་མོངས་པ་ལྔ་ཡིན་ཀྱང་། ཐེག་པ་མཆོག་འདིར་འོག་མ་དང་མི་འདྲ་བས། རྒྱུ་ཉོན་མོངས་པ་ལྔ་ཉིད་སྤྱངས་པ་མེད་པར་ཡེ་ཤེས་སུ་དག་སྟེ། དོན་དམ་བྱང་ཆུབ་སེམས་སུ་བཤད་པ་དང་། ཡན་ལག་གི་མི་སྤྱངས་པ་ལྔ་དང་། ཤེས་པའི་དམ་ཚིག་དུ་བཤད་པ་ལྟར། ཡེ་ཤེས་སུ་རྟོགས་ཏེ། ཉོན་མོངས་པ་དང་གིས་མི་གནས་པ། ཉི་མའི་སྙིང་པོའི་དཔེས་བསྟན་པ་ལྟར་རོ། །འོན་དེས་ན་འདིར་ནི་ཉི་མ་ལ་བལྟ་བ་པོའི་ངོ་ལ་གློ་བུར་སྤྲིན་གྱི་སྒྲིབས་པ་ལྟར། མངོན་དུ་རྒྱུ་བའི་ཚོགས་རྣམས། བསྐྱལ་བྱེད་ཀྱི་རྐྱེན་ཡང་ཡིན་ལ། དེ་ཉིད་ཀྱི་སྟོབས་ཀྱིས་སྣང་བས་རྒྱུ་ཞེས་འདོགས་སོ། །དེ་དག་ཀྱང་གང་ཡིན་ཞེ་ན། མི་ཆོས་བླུན་པོའོ་ལས་བྱེད་པ་དང་ཞེས་པ་ལ་སོགས་པ་སྟེ། ལྷ་ཆོས་ལ་དགར་བའི་མི་ཆོས་སློས་ཏེ། བླུན་པོ་ནི་འཇིག་རྟེན་གྱི་རང་ཡན་ཆོད་པས་བཀུར་བ་དང་། མན་ཆོད་པ་བསྐྱང་པ་གཉིས་ཀྱི་ལས་ཀྱིས། འཇིག་རྟེན་གྱི་འདུན་མ་བྱེད་པ་སྟེ། དེའང་རང་ཕྱོགས་རྒྱལ་བ་དང་གཞན་ཕྱོགས་ཕམ་པའི་ཐབས་སོ། །དེ་དག་གལ་ཆེ་བས་ཞིབ་པར་བཤད་ན། ལས་དེ་ཉིད་ཀྱི་ཆགས་སྡང་བསགས་པའི་དབང་གིས། སློབ་དཔོན་གྲངས་ཀྱི་ཐུགས་དང་འགལ་བ་དང་། གྲོགས་ཀྱི་ཐུགས་དང་འགལ་བ་དག །ཁྲིད་པ་དང་། བླུན་པོའི་ལས་གཡེང་བའི་དབང་གིས། གསུང་གི་དམ་ཚིག་ལས་གཡེལ་བར་

འགྱུར་བ་དང་། དེ་དག་གིས་དབང་གིས་ཐུགས་ཀྱི་དམ་ཚིག་གསང་ཆ་འཛིགས་སུ་ཤོར་བ་དང་། སྤྱོད་པར་ལྟ་ཡུལ་དང་འཕྲོད་ཀྱང་ཡལ་བར་དོར་བ་དང་། མི་སྤྱང་བ་ལྔའི་དགོངས་པ་ཉམས་སུ་མ་ལེན་པ་དང་། དང་དུ་བླང་བ་ལྔ་དུས་ལས་འདས་པ་དང་། ཤེས་པ་ལྔ་ཚིག་གི་ལྟ་བ་ལ་ཤོར་བ་དང་། བསྒྲུབ་པ་ལྔ་ཡལ་བར་བོར་བའོ། །ཕྱིན་མོང་གི་ཡན་ལག་རྣམས་ཀྱང་། ལོ་ཟླ་དང་གཡེང་བས་དུས་འདས་པ་སྟེ། ཕྲོན་པོའི་ལས་ནི་དམ་ཚིག་ཉམས་པའི་རྒྱུ་ཆེ་བས་ཆེ་བའོ། །བདག་བསྟོད་ནི་ཆོས་དང་འཇིག་རྟེན་པའི་སྒོ་ནས་བདག་བསྟོད་པ་སྟེ། དེའང་སྐུ་ཡི་དམ་ཚིག་ལས་ཉམས་པ་ལས་ཁ་ཐག་ཉེ་བ་དང་། ཆོས་ཀྱི་སྒོ་ནས་ཐུགས་དམ་ཉམས་པ་ལས་ཁ་ཐག་ཉེ་བའོ། །

གཞན་སྨོད་ནི། བདག་བསྟོད་དང་། འགྲོགས་ཀྱང་། བདག་གཞན་གཉིས་ཀྱི་ངོས་ནས་གཉིས་སུ་བརྩིས་ཏེ། ཡུལ་གྱི་སྒོ་ནས། སྐུ་དམ་ཉམས་པ་ལ་ཁ་ཐག་ཉེའོ། །ཟུར་ཟ་མཁན་ནི། བླ་མ་དང་གྲོགས་པོ་སྟེ། འདིའང་སྐུ་དམ་ཚིག་ལས་ཁ་ཐག་ཉེ་ལ། གཞན་མའང་ཞིབ་པར་དཔྱད་པར་བྱའོ། །ཟས་ནོར་ཁེ་འདོད་པ་དང་། འཇིག་རྟེན་གྱི་གྲགས་པ་འདོད་པ་ཉིད་ཀྱི་ཕྱིར་འདུ་བའི་ཚོགས་ཉམས་སུ་ལེན་ཅིང་བརྟེན་པ་ནི། འཇིག་རྟེན་གྱི་ཤིང་དང་། རྟ་རྒྱུག་དང་། འབུལ་འབྱེད་ཆེན་པོ་བྱེད་པ་ལྟ་བུ་སྟེ། དེ་ནི་ཕྲོན་པོའི་ལས་བྱེད་པ་དང་མཚུངས་པར་ཤེས་པར་བྱའོ། །རྫས་ནི་ཟས་ནོར་གྱི་ཕྱོགས་ལ་ཆགས་སེམས་ནི་གཏོང་མི་ཕོད་པ་སྟེ། དེའང་སྐུ་དམ་ལ་ཁ་ཐག་ཉེ་ལ། གཞན་མའང་ཆ་འཕྲ་བར་ཡོད་པར་ཤེས་པར་བྱའོ། །རང་ཕྱོགས་ཆེ་ཞིང་རང་ཉིད་གཅིག་པུའི་ཕྱོགས་བསྐྱོད་ཅིང་། གཞན་པ་ཡལ་བར་བོར་བ་སྟེ། དེའང་སྐུ་དམ་ལ་ཁ་ཐག་ཉེ་ལ། གཞན་པ་ཆ་འཕྲ་བར་ཤེས་སོ། །ཆང་དང་ནི་དེ་གཅིག་པུ་ལ་དགའ་བ་དང་། དེའང་མི་ཆོས་ཕྲོན་པོའི་ལས་དང་མཚུངས་པས། རྩ་བ་དང་ཡན་ལག་ཀུན་གྱི་ཉམས་པའི་གཞིའོ། །རང་མཐོང་ཆེ་བ་ནི། རང་ཉིད་མཐོ་བ་དང་། བཟང་བ་དང་། ཡོན་ཏན་ཆེ་བར་རློམ་པ་སྟེ། དེའི་དབང་གིས་གཞན་ལ་བརྙས་པ་ཤས་ཆེར་སྐུ་དམ་ལ་ཁ་ཐག་ཉེ་ལ། གཞན་འཕྲ་བར་བརྩིའོ། །ལྟ་སྤྱོད་སྒོམས་ལས་སུ་བཏང་ནས་གཡེལ་བ་ནི། བྱང་ཆུབ་སེམས་ཀྱི་དམ་ཚིག་དང་འགལ་བ་དང་། གསུང་དུས་ལས་འདས་པ་དང་། ཐུགས་དམ་ནན་ཏན་ཆུང་བ་དང་། ཡན་ལག་གི་དམ་ཚིག་ཡོ་ཉམས་པའི་རྒྱུ་འགྱུར་པ་དང་། དོན་དེ་ཉིད་ཀྱི་སློབ་དཔོན་

དང་གྲོགས་པོའི་ཐུགས་དང་འགལ་བའི་རྒྱུའོ། །

ལྟ་སྤྱོད་སྒོམས་ལས་སུ་འགྲོ་བ་ནི། གདན་ཡིད་ཆེས་པའི་དད་པ་མེད་པས། བརྩོན་འགྲུས་ཀྱི་ལྷུགས་དང་བྲལ་ཏེ། སྒོམས་པ་ནི་མ་རྟོགས་པའི་བཏང་སྒོམས་ཏེ། ལྟ་བ་སྒོམས་ལས་སུ་གྱུར་པས། བྱང་ཆུབ་སེམས་ཀྱི་དམ་ཚིག་ཉམས་པའི་རྒྱུ་དང་། སྤྱོད་པ་སྒོམས་ལས་སུ་སོང་བས། གསུང་གི་དམ་ཚིག་ཉམས་པའི་རྒྱུ་དང་། གསང་བའི་དམ་ཚིག་སྒོམས་ལས་སུ་སོང་བས། ཐུགས་དམ་ཉམས་པ་དང་། ངེས་ཡུལ་དང་ཕྲད་པའི་སྤྱོད་པའི་དམ་ཚིག་སྒོམས་ལས་སུ་སོང་བ་དང་། མི་སྲུང་བ་ཉམས་སུ་མ་ལོན་པ་དང་། དང་དུ་བླང་བར་ཡལ་བར་འགྱུར་བ་དང་། ཤེས་བསྒྲུབས་ཉམས་པ་གཉིས། ལྟ་སྒྲོམ་ལས་གཡེལ་བ་དང་། ཐུན་མོང་གི་ཡན་ལག་རྣམས་ཡལ་བར་དོར་བའོ། །ཆོས་ལ་ཕྱོགས་རིས་ཞེས་པ། རང་ཕྱོགས་ལ་བསྟོད་ཅིང་གཞན་ཕྱོགས་ལ་འཐབ་པ་དང་། ཆགས་སྡང་དང་བཅས་པས་བྱང་ཆུབ་སེམས་དང་འགལ་བ་དང་། དོན་དེ་ཉིད་ཀྱིས་སྐུ་དམ་དང་འགལ་བའི་རྒྱུ་དང་། ཕྱོགས་རིས་ཀྱི་བསྟོད་སྨད་ཀྱིས་ཐུགས་ཀྱི་དམ་ཚིག་དང་འགལ་བ་དང་། ཡན་ལག་རྣམས་ཀྱང་ཤེས་རབ་ཞིབ་མོའི་ཤེས་པར་བྱ་སྟེ། བརྗོད་ཀྱིས་མི་ལང་ངོ་། །ཕྱོགས་རིས་དང་བཅས་པ་ནི་དམ་ཚིག་ཐམས་ཅད་ཉམས་པའི་རྒྱུ་ཡིན་ལ་ཕྱོགས་རིས་དང་བྲལ་བའི་མཉམ་པ་ཉིད་ལ། ཉམས་པ་གདན་མི་འབྱུང་ངོ་། །ངོམ་སྙེན་ཞེས་པ། ཆོས་དང་འཇིག་རྟེན་གྱི་བྱ་བ་གཉིས་ལ་ངོམ་པོ་ལ་དགའ་བ་སྟེ། ཐུགས་ཀྱི་དམ་ཚིག་ཉམས་པའི་རྒྱུ་དང་། དོན་དེས་སྐུ་དམ་པའི་ཡུལ་གཉིས་དང་འགལ་བའང་སྲིད་པས། དེའི་འང་རྒྱུའོ། །གསང་ཆུང་བ་ནི་གསང་མི་ཐུབ་པ་སྟེ། ཐུགས་ཀྱི་དམ་ཚིག་ཉམས་རྒྱུའོ། །ངོམ་སྙེན་པ་དང་། གསང་ཆུང་བ་ཐེ་གི་མཚུངས་ཀྱང་། ངོམ་སྙེན་པ་ནི། ཡོན་ཏན་ཉློམ་པ་དང་བཅས་པའི་ངོས་ནས་ཡིན་ལ། སྙེན་ཡོན་གང་གིའང་དམིགས་པར་མེད་པ་སླུ་བ་ནི། གསང་ཆུང་བ་སྟེ། སྣོད་ཟབ་པ་ལྟ་བུའོ། །ལེ་ལོ་ཆེ་ན་ནི་བསྒྲུབ་པ་ལ་མི་གུས་པ་སྟེ། གསུང་དང་ཉམས་རྒྱུ་ཁ་ཐག་ཉེ་ལ། སྐུ་དམ་ཡང་སྣང་འཕྲིང་གི་ངོས་ནས་རྗེ་མི་ཐོབ་པའོ། །བྱང་ཆུབ་སེམས་ཀྱང་ལེ་ལོ་ལ་ཤོར་བས་ཉེས་པའི་རྒྱུའོ། །ཤེས་ཆེ་ཆུང་ཙམ་སློས་ཀྱང་། སྤྱིར་རྩ་བ་ཡན་ལག་ཀུན་ཉེས་པའི་རྒྱུའོ། །གཙང་སླེ་ཆེ་བ་ནི། ཆས་ཆེར་དང་དུ་བླང་བའི་དམ་ཚིག་ཉམས་པའི་རྒྱུ་ཁ་ཐག་ཉེ་ལ། ཀུན་ལའང་ཕྲ་རགས་སུ

སྒྱུར་རོ། །སྒྲོ་བསྐུར་ནི་སྐྱོན་བཏགས་པ་དང་། ཡོན་ཏན་བཅད་པ་སྟེ། བྱང་ཆུབ་སེམས་ལ་མཚན་མའི་སྒྲོ་བསྐུར་བརྗོད་པ་དང་། སློབ་དཔོན་དང་གྲོགས་པོ་ལ་སྐྱོན་ཡོན་གྱི་སྒྲོ་སྐུར་དང་། སྤྱོད་པའི་དམ་ཚིག་ཡིན་མིན་གྱི་སྒྲོ་སྐུར་དང་། སྤྱིར་ཕྲ་རགས་ཀྱིས་ཀུན་ལ་ཡིན་མིན་གྱི་སྒྲོ་སྐུར་བརྗོད་པ་ཉམས་པའི་རྒྱུའོ། །གྲོགས་པོ་རྣམས་ཀྱི་ཉམས་ཅི་འདྲ་བ་ལེན་པའི་ཕྱིར། ཡ་ཏ་མ་ཏའི་གཏམ་བརྗོད་པ་ནི། ཉམས་པའི་རྒྱུའོ། །དེ་ཉིད་ནི་ཤེས་ཆེ་བར་གྲོགས་པོའི་དབང་ངོ་། །འཁོར་བའི་རིགས་རྒྱུད་ནི། བུ་དང་། ཚ་བོ་དང་། དེ་དག་གི་ཟས་ནོར་འཕེལ་བར་འདོད་པ་ལ་ཆགས་ཤིང་ཞེན་པ་སྟེ། ངོ་བོ་དང་ཉེས་པ་མི་ཆོས་བློན་པོ་དང་མཐུན་ཀྱང་། གོང་མ་ནི་སྤྱིར་བསྟན་ལ། འདི་ཉིད་ནི་གཉིས་རིགས་རྒྱུད་ཀྱི་སྒོས་སུ་བསྟན་པའོ། །ཅིག་ཤུར་མི་གནས་ནི། དགོན་པ་ན་མི་འདུག་པ་སྟེ། ཉེས་པ་མི་ཆོས་བློན་པོ་དང་མཚུངས་སོ། །འདུ་ལ་དགའ་བ་ནི། ཚོགས་པ་ལ་དགའ་བ་སྟེ། སེམས་ནི་རྣམས་པར་གཡེང་བའི་མི། །ཉོན་མོངས་ཆེ་བའི་ཕྲག་ན་གནས། །ཞེས་པས། ཉམས་པའི་རྒྱུར་གྱུར་པ་མི་ཆོས་བློན་པོའི་ལས་དང་མཚུངས་སོ། །ཉི་ཤུས་བཅས་པ་གོང་དུ་བསྟན་པའི་གྲངས་ཏེ། དེ་དག་ནི་དམ་ཚིག་ཉམས་པའི་རྒྱུ་འགྱུར་པ་ཡིན་པས། ཤེས་ནས་སྤངས་ན། རྒྱུ་མེད་ན་འབྲས་བུ་ཉམས་པ་མི་འོང་སྟེ། དེས་སྡུག་བསྔལ་མི་མྱོང་བར་བསྟན་ནོ། །འདི་དག་ནི་འདུན་པས་སེམས་པའི་རྣལ་འབྱོར་འབབ་ཞིག་གི་ཡུལ་ཏེ། རིགས་ཆེན་འབྲིན་པ་དང་། དབུགས་ཆེན་འབྲིན་ནས་མཐོང་ལམ་གྱི་སྐབས་སུ། ཐན་མོ་ལ་བུ་ནད་མི་སྡིག་པ་ལྟར་གཏན་ནས་དགག་གོ། །

ཀ སྤྱི་དོན་ལྔ་པ་ཉམས་པའི་སྣ་རྟགས་ཀྱི་མདོར་བསྟན་ནི། སྔ་རྟགས་སྔོན་དུ་འབྱུང་བ་ནི། །ཞེས་པ་ལས་དང་པོའི་གང་ཟག་ཤེས་པ་བེམ་པོ་ལྟ་བུས་དམ་ཚིག་ཉམས་པ་མ་ཚོར་ཡང་། རྩ་བ་དང་ཡན་ལག་གི་དམ་ཚིག་གང་དང་གང་ཉམས་ཏེ། ཕྱི་མ་ལ་ངན་སོང་དུ་འགྲོ་བའི་སྔ་རྟགས། སྔོན་ནི་རྩ་བའི་སྐད་དེ། ཚེ་འདི་ལ་དབང་པོའི་མངོན་གསུམ་དུ་འབྱུང་བའམ། ཡང་ན་ཕྱི་མར་སྡུག་བསྔལ་བའི་སྔ་རྟགས། སྔོན་དུ་ཚེ་འདི་ཉིད་ལ་འབྱུང་བ་ནི་གང་ཞེ་ན། གསུམ་གྱི་དང་པོ་སྐྱོན་འདི་ལ་སྣང་བས་ཕྱི་མ་ལ་ངན་སོང་དུ་འགྲོ་བའི་སྔ་རྟགས་ནི། ཉམས་ང་བའི་ནད་རྣམས་དང་ཞེས་པ་ལ་སོགས་ཏེ། དེ་ཡང་སྡུག་བསྔལ་ཆེ་བས་བཟོད་གླགས་མེད་པ་དང་། ནུས་པ་ཤོར་བ་དང་། ཁྲེལ་

འཇོམ་མེད་པ་དང་། མཚན་ཉིད་འགྱུར་བ་དང་། བདག་ཉམས་ང་བ་དང་། གང་གིས་མཐོང་ཞིང་ཐོས་པ་རྣམས་སྐྲི་གཡའ་བ་དང་། གང་ཡང་ཉེར་མི་བཏུབ་པའི་རིགས་རྒྱུད་རྣམས་འཕྲེར་བ་དང་། ཀུན་གྱིས་གླེས་ལ་བོར་ནས་སེམས་ཀྱི་རྒྱབ་ཏུ་བསྐུར་བ་ནི་གཞན་ཉམས་ང་བའོ། །དེ་ལྟ་བའི་ནད་རྣམས་ནི་གང་ཞེ་ན། འབྲུམ་ནད་དང་། མཛེའི་ནད་རྣམས་དང་། ལྐོག་པའི་རིགས་རྣམས་དང་། རིམ་གྱི་བྲེ་བྲག་དང་ཚར་པ་དམར་བཤལ་ཡི་རིགས་རྣམས་སོ། །ཡུལ་དགྲ་བགེགས་གཉིས་ལ་དབེན་པ་མི་འཇུག་སྟེ། དགྲ་ལ་མཐུ་མེད། བགེགས་ལ་བྱིན་རླབས་མེད་པ་སྟེ། ཆོས་སྐྱོང་དམ་ཅན་རྣམས་མི་ཉེ་བས་སོ། །འཁོར་ཡིད་དུ་འོང་བ་དང་། ལོངས་སྤྱོད་ཡིད་དུ་འོང་བ་དང་འབྲལ་ཏེ། ཁྱིམ་པ་ལྷ་བུ་ན། བུ་ཚ་བོ་དང་། རབ་ཏུ་བྱུང་བ་ན་འཁོར་དང་ཉེ་གནས་རྣམས་གང་བཟང་བ་དང་། ཡིད་དུ་འོང་བ་རྣམས་དང་བྲལ་ཏེ། ཤི་བའམ་འབྲེ་བའོ། །ལོངས་སྤྱོད་ཡིད་དུ་འོང་བ་སྙིང་ལ་སྡུག་པ་རྣམས་དང་འབྲེ་སྟེ། སྲོག་ཆགས་ཀྱི་ཚོགས་རྣམས་ཤི་བ་དང་། བོར་བ་དང་། གོས་ཟས་ཀྱི་ཚོགས་ཀུང་ངོ་བོ་ཉིད་ཀྱིས་འབྲལ་བའོ། །རང་གི་མ་ཉེས་པའི་ཡ་ཁ་གློ་བུར་དུ་ཐོག་པ་སྟེ། ཆོས་ལ་མི་གནས་པ་དང་། རྣམ་སྨིན་ལ་མི་འཇོམ་པ་དང་། མཐུ་མེད་པ་ལ་སོགས་པའི་མ་ཚངས་ཀྱི་ཡ་ཁ་ཐོག་པ་དང་། རང་མ་ཉེས་པའི་ཁ་ཡོགས་ཆེན་པོ་ཐོག་སྟེ། སྟོང་དང་ལེ་ལན་དང་། ལྐོད་ལ་སོགས་པའི་མང་པོ་འཇལ་དགོས་པ་དང་འཕྲད་དོ། །ཅི་དང་ཅི་བརྩམ་པའི་ལས་ལ་འབྲས་བུ་མེད་དེ། འཇིག་རྟེན་མི་བྱ་བ་དང་ཆོས་གཉིས་ཏེ། ཆོས་ལའང་མཐུ་དང་བྱང་ཆུབ་བསྒྲུབ་པ་རྣམ་པ་གཉིས་ལ། འབྲས་བུ་མི་འབྱུང་སྟེ། ས་བོན་ཚིག་པའམ། གཞི་མེད་པའི་ནམ་མཁའ་ལ་མེ་ཏོག་རྨོ་བ་བཞིན་ནོ། །མདོར་བསྡུས་ན་ཡིད་དུ་མི་འོང་སྣ་ཚོགས་འབྱུང་། ཞེས་ཏེ། བཤད་པ་རྣམས་དང་། གཞན་ཡང་ལོ་ཉེས་པ་དང་། དགྲ་མང་བ་དང་། བརྩེ་བ་ཉུང་བ་དང་། ངོ་བོ་ཉིད་ཀྱིས་ཀུན་གྱི་ཡིད་དུ་མི་འོང་བར་ཡང་འགྱུར་རོ། །

དོན་དེ་ཉིད་དམ་ཚིག་བཀོད་པ་ལས། སྐུ་ཡི་དམ་ཚིག་ཉམས་པའི་སྔ་རྟགས་ནི། འཇིག་རྟེན་འདིར་ཡང་མཛེ་དང་ཤུ་བ་ལ་སོགས་པའི་ནད་ངན་སྣ་ཚོགས་བྱུང་ནས། སྐྱེ་བོ་ཡོངས་ཀྱིས་སྨད་པ་དང་། ཉེ་དུ་ལ་སོགས་པ་རྣམས་ཀྱིས་འགྲོགས་ཤིང་བརྟེན་པའི་དབང་མེད་དོ། །གཞན་ཡང་མི་རྣམས་ཀྱིས་སྨད་པར་འགྱུར་ནས། དུས་མ་ཡིན་པར་འཆི་ཞེའོ། །

གསུང་གི་དམ་ཚིག་ཉམས་པའི་སྔ་རྟགས་ནི། འཇིག་རྟེན་གྱི་ཁམས་འདིར་ཡང་། བགེགས་སྟོང་ཕྲག་བརྒྱད་བཅུ་རྩ་བཞིས་གླག་ཚོལ་བ་དང་། ནད་བཞི་བརྒྱ་རྩ་བཞིས་སྐབས་ཚོལ་བ་དང་། ཡི་འདྲོག་སུམ་བརྒྱ་དྲུག་ཅུས་བར་དུ་གཅོད་པ་དང་། ལྐུག་ཤིང་དབང་པོ་རྨོང་བ་ལ་སོགས་པའི་ནད་སྣ་ཚོགས་བྱུང་ནས། གསང་བའི་བཀའ་ནུབ་པ་དང་བར་ཆོད་ཀྱི་བགེགས་ཀྱིས་གློ་བུར་དུ་འཆི་ཞེའོ། ། ཐུགས་ཀྱི་དམ་ཚིག་ཉམས་པ་ཡང་། འཇིག་རྟེན་གྱི་ཁམས་འདིར་ཡང་མཐུ་དང་རྫུ་འཕྲུལ་ཆུང་ཞིང་། སྨྲོ་བ་དང་། འབོག་པ་དང་། ལྐུ་བ་དང་། དབང་པོ་ཉམས་མི་གསལ་ཞེའོ། །

ཉམས་པ་ལ་རྟགས་མེད་ན་ཕྱི་མར་ལྟུང་ཚབས་ཆེ་བར་བསྟན་པ་ནི། གལ་ཏེ་ཉམས་ལ་རྟགས་མེད་པར། །ཞེས་པ་ལ་སོགས་པ། གལ་ཏེ་འམ། བརྒྱ་ལ་ནི་དམ་ཚིག་ཉམས་པར་བདག་གཞན་ཀུན་གྱིས་ཤེས་བཞིན་གཞི་དེ་ལས་ཉམས་པའི་རྟགས་བཤད་པ་རྣམས་ལྔ་བར། གཏོར་རྒྱུད་ལས་སྔ་རྟགས་སྨྲོས་པ་རྣམས་བྱུང་སྟ་མ་ལ་ཉམས་པ་འདིར་བསྟེན་པས་བསྐང་གསོལ་ལ་འབད་ཅེས་སོ། །ཡོན་ཏན་གྱི་ལེགས་པ་སྣང་བ་ནི། དེ་ཉིད་མི་རུང་བ་ཆེན་པོ་ཡིན་ཏེ། བདེ་བ་ཟད་བྱེད་ཅེས་པ། ཚེ་སྔ་མའི་བསགས་པའི་ལས་ཀྱི་རྣམ་སྨིན་བཟང་པོ་བདེ་བ་སྟེ། ཚེ་འདི་ཉིད་ལ་ཟད་པར་བྱས་ནས། ཕྱི་མར་ངན་སོང་གསུམ་དང་རྡོ་རྗེ་དམྱལ་བ་ཁ་བརྒྱུད་ནས། འཆད་པ་བཞིན་འཐོན་པར་དཀའ་བས་གཏན་དུ་སྡུག་ཅེས་སོ། །

མ་ཉམས་པར་རྟགས་བྱུང་ན་བཟང་བར་བསྟན་པ་ནི། གལ་ཏེ་མ་ཉམས་པ་ཞེས་པ་ལ་སོགས་པ་གལ་ཏེ་འམ། བརྒྱ་ལ་ན་དམ་ཚིག་རྣམས་མ་ཉམས་པར་བདག་གཞན་ཀུན་གྱིས་ཤེས་བཞིན། བཤད་པའི་རྟགས་རྣམས་བྱུང་ན་དེ་ནི་བཟང་བ་སྟེ། འདིར་དམ་ཚིག་ལ་ནན་ཏན་བྱས་པའི་སྟོབས་ཀྱིས། ཚེ་རབས་སྔོན་ནས་བསགས་པའི་རྣམ་སྨིན་རྩུབ་མོ་རྣམས་གསང་སྔགས་ཟབ་མོའི་བྱིན་རླབས་ཀྱིས། གཏན་ནས་ཟད་པར་འགྱུར་བའི་ཕྱིར། འདིར་ཡང་བསྐང་གསོ་ཞེས་པ། དབང་དང་བསྒྲུབ་པ་དང་། ཚོགས་དང་། གཏོར་མ་རྒྱ་ཆེན་པོས། རྒྱལ་བའི་ཐུགས་དམ་བསྐང་ཞིང་ཉམས་པ་རྣམས་སླར་གསོ་བའི་ལས་བཤད་མ་ཐག་པ་ཉིད་ལ། བརྩོན་པར་བྱས་ན། ལས་ཀྱི་སྒྲིབ་པ་གཏན་ནས་དག་སྟེ། ཕྱི་མ་ལ་ངན་སོང་གསུམ་དང་རྡོ་རྗེ་དམྱལ་བའི་སྡུག་བསྔལ་མྱོང་བར་མི་འགྱུར་

ཞེས་བསྟན་ཏོ། །

༈ སྤྱི་དོན་དྲུག་པ་ཉམས་པའི་སྐྱོན་བསྟན་པའི་མདོ་ནི། ཉམས་པར་གྱུར་པའི་སྐྱོན་བཤད་པ། །ཞེས་པ་ཉམས་པ་ལྔ་ལས། ཟློས་ཉམ་ཞར་ཉམས་གཉིས་ཤུགས་ཀྱིས་བཤད་ལ། གསུམ་པོ་དངོས་སུ་བཤད་པའོ། །དེའང་རྩ་བ་ཉམས་པ་དང་། ཡན་ལག་ཉམས་པ་ནི་དངོས་སུ་བཤད་ལ། སྤྱི་ཉམས་པ་ཤུགས་ལ་བཤད་འདིར་དངོས་སུ་བཤད་པའི་རྩ་བ་དང་ཡན་ལག་གཉིས་དང་། ཞར་ལ་བཤད་པ་གསུམ་དང་ལྔ། གང་དང་གང་ཉམས་པ་ཤས་ཆེ་བ་ཚེ་ཕྱི་མ་ལ་བསྙེན་པ་ནི། སྐྱོན་ཞེས་བྱ་སྟེ། དེ་བཤད་པ་ཞལ་གྱིས་བཞེས་པའོ། །

དང་པོ་བྱང་ཆུབ་སེམས་ཉམས་པའི་སྐྱོན་ནི། བྱང་སེམས་དམ་ཚིག་ནི། ཀུན་རྫོབ་དང་དོན་དམ་བཤད་པ་ཉིད་དོ། །སྤྱང་བ་ནི། མ་མོས་པ་དང་མི་དད་པའི་དབང་གིས་སློད་བསྐུར། སྤྱངས་པ་གྱུར་ན་སྐལ་པ་ཆེན་པོའི་བར་དུ། དགེ་བའི་རྩ་བ་སྟོབས་པོ་ཆེ་ཙེ་བསགས་ཀྱང་། བྱང་སེམས་དམ་ཚིག་སྤྱངས་པས། དགེ་བའི་གཞིར་རྟེན་མེད་དེ། ནམ་མཁའི་མེ་ཏོག་བཞིན་པས། འབྲས་བུ་སངས་རྒྱས་པར་མི་འགྱུར་ཏེ། རྒྱུ་འབྲས་མི་བསླུ་བ་ཙམ་ཉིད་འཁོར་བས་ཁམས་སུ་སྨིན་ནས། ཟག་ཅིང་ཟད་པར་འགྱུར་ཏེ། རྣམ་བྱང་གི་ས་བོན་གཏན་མེད་དོ། །དེས་ན་རྟོགས་པ་ཆུང་བ་ལ་ནི། སྤྱངས་ཞེས་མི་བྱ་སྟེ། དམ་ཚིག་བཀོད་པ་ལས། གཏན་ནས་མ་ལོག་ཅིང་། བཤགས་སེམས་དང་ལྡན་ན། ཉམས་ཀྱང་སླར་སོབ་པ། གཏན་ནས་བཤགས་སེམས་མེད་པ་ནི། བསྐང་བའི་ཚད་ལས་འདས་པའོ། །ཞེས་སོ། །

སྐུ་ཉམས་པའི་སྐྱོན་ནི། སྐུ་ཡི་དམ་ཚིག་ཅེས་པ་ལ་སོགས་ཏེ། བཤད་པའི་སློབ་དཔོན་དང་གྲོགས་པོ་ལ། རྟེན་གསུམ་གང་གི་སྒོ་ནས་ཉམས་པར་འགྱུར་ན། ལ་ངའི་ནད་སོགས་སྡུག་བསྔལ་ཆེ་ཞེས་པས། གོང་དུ་བཤད་པ་བཞིན་གྱི་ནད་རྣམས་འབྱུང་བ་དང་། སོགས་ཁོངས་སུ་མི་བདེ་བ་ཐམས་ཅད་བསྡུས་ཏེ། དོན་དེས་ལུས་སྡུག་ཅིང་སེམས་ཟུག་ཟེར་གྱི་སྡུག་བསྔལ་ཆེན་པོས་གཙེས་ཏེ། དུས་མིན་ཞེས་པ། དུས་ལ་མ་བབ་པ་ཚེ་ཟད་དེ། ཚེ་འཕོས་པའང་། བར་ཆོད་མང་བར་ཏེ། རྒྱུ་དམ་ཚིག་ཉམས་པས་བསྲུང་བྱའི་ལྷ་གཡེར་ནས་ཤི་ནས་ཅི་འགྱུར་ཞེ་ན། གཏོར་རྒྱུད་ལས་གསུམ་ཉམས་ན།

ས་བོན་མེས་ཚིག་པ་དང་འདྲ་སྟེ་བསྐལ་པ་གཉིས། ཐུགས་དམ་ཉམས་ན་བསྐལ་པ་གསུམ་སྟེ། མི་ཧོག་སད་ཀྱིས་ཁྱེར་བ་འདྲ། དགེ་བ་ཅི་བྱས་པས་མི་ཕན་ཅེའོ། །གསུམ་ཀ་ཉམས་ན། གཞི་འཇིག་པ་དང་འདྲ་སྟེ། བསྐལ་པ་དཔག་མེད་དམྱལ་བར་སྐྱེ་ཞེས་སོ། །ཡན་ལག་ཉམས་ན་ཤིང་ཏ་ལའི་འགོ་བཅད་པ་དང་འདྲ་སྟེ། བསྐལ་པ་བཅོ་བརྒྱད་དུ་སྡུག་བསྔལ་མྱོང་ཅེའོ། །བསྐལ་པ་རྡོ་རྗེ་དམྱལ་བར་ལྟུང་ཞེས་པ་བསྐལ་པའི་ཚད་ནི་བརྗོད་དཀའ་སྟེ། རྒྱུད་འགའ་ཞིག་ལས། རྒྱ་མཚོ་ཆེན་པོའི་སྐྲའི་ཉག་མས་བླངས་ཏེ་གཏོར་ན་ཟད་པ་ཉིད་དོ། །གསུང་ལ་ལ་དག་གིས་ཚད་སྨོས་པ་མེད་པས། དེ་ཉིད་ལ་བསྐལ་པའོ་གསུང་། ལུགས་ཀྱི་རི་རབ་ཚད་ལྡན་བརྒྱད་རིམ་པ་བཞིན་བྱ་རིགས་འཇམ་གྱི་པགས་པས་དྲུད་ན་ཟད་པ་ནི། རྡོ་རྗེ་དམྱལ་བའི་ཚེ་ཚད་དོ་ཅེས་སོ། །དེའི་རྒྱུ་ནི་ལྟ་བའི་དོན་མ་རྟོགས་པས་ཆགས་སྡང་གིས་རྡོ་རྗེ་སློབ་དཔོན་ལ་སོགས་པ་ལ་ཉེས་པའི་བྱེ་བྲག་རྣམས་སོ་ཅེས་སོ། །གཏོར་རྒྱུད་ལས་བླ་མ་ལ་ཉམས་ན་སོལ་བ་ལ་ལྦོན་པ་མི་སྐྱེ་བ་དང་འདྲ་སྟེ། སྐལ་པ་གཅིག་ཕྱུ་དམྱལ་བར་གནས་པ་ལ་དགེ་བ་ཅི་བྱས་ཀྱང་ཕན་མེད་ཅེའོ། །དེ་ནི་དམ་ཚིག་བཀོད་པའི་ལུང་གིས་འདི་ཉིད་དུའང་། བསྐལ་པ་ཐེར་འབུམ་ལ་སོགས་སུ་དེ་ནས་ཐོན་པར་མི་འགྱུར་རོ། །ཞེས་སོ། །རྡོ་རྗེ་དམྱལ་བའི་གནས་ནི། དྲང་བ་དག་གིས་མཐར་མེད་དང་མཉམ་པའི་ཕྱོགས་གཅིག་ན། དགོན་པའི་ཚུལ་དུ་ཡོད་དོ་གསུངས། ངེས་པར་ནི། སེམས་ཉིད་དེ་དང་དེར་སྣང་བ་ལས། གནས་ཀྱི་ངེས་པ་ཕྱོགས་གཅིག་ཏུ་སྨྲ་བ་མ་མཆིས་སོ་གསུང་། བདེ་བས་རབ་ཏུ་བྲེལ་བར་འགྱུར། །ཅེས་པས། བདེ་བའི་གནས་སྐབས་རྟུལ་ཕྲ་རབ་ཙམ་ཡང་མེད་དེ། དུས་རྒྱུན་དུ་སྡུག་བསྔལ་གྱིས་ལུས་སེམས་གཡེན་གཡོས་པ་ནི་བར་འཚམས་མེད་པས། འབྲེལ་བར་འགྱུར་ཅེས་བྱའོ། །

དེ་བས་ན་དམ་ཚིག་བཀོད་པ་ལས། རྡོ་རྗེ་དམྱལ་བ་དེ་ལ་ནི་ཚེའི་ཚོད་ཀྱང་མེད་དེ། ཐམས་ཅད་དུ་ཐོན་མི་སྲིད་པའི་ཕྱིར་རོ་ཅེས་སོ། །གསུང་དམ་ཉམས་པའི་སྐྱོན་ནི། གསུང་གི་དམ་ཚིག་ཅེས་པ། བཤད་པའི་སྔགས་གསུམ་ཕྱག་རྒྱ་བཞིའོ། །དེ་དག་ཉམས་པར་འགྱུར་བ་ནི། གཏན་ནས་ལོག་པ་དང་། མ་ལོག་ཀྱང་ལེ་ལོའི་དབང་གིས། ལོ་ཟླ་འདས་པ་ནི་ཉམས་པ་འགྱུར་ན་ཞེས་སོ། །དེའི་སྐྱོན་ནི་གསུང་དམ་ཉམས་པའི་ཆོས་སྐྱོང་གཡེལ་ཏེ། ངེས་པར་དུ་གཅོད་པའི་བགེགས་རྣམས

ཐོགས་བབས་འོང་བ་དང་། དེས་ལུས་ལ་ནད་རིམས་ཀྱི་གནོད་པ་མང་བ་དང་། དགྲ་བགེགས་གཉིས་ཀྱི་གློ་བུར་དུ་བར་ཆད་ཀྱི་རྐྱེན་གྱིས་དགྲ་དང་ནད་དྲག་པོས་བཏབ་པའི་ཡི་འདྲོག་མང་བ་དང་། གསུང་དམ་ཉམས་པའི་དབང་གིས། གང་བསྒྲུབ་པའི་ཆོས་ལ་བྱིན་རླབས་མེད་པར་འགྱུར་ཞིང་། རྒྱུ་དེས་བཤད་པ་བཞིན་ཤི་ནས་བསྐལ་པ་ཆེན་པོ་གཉིས་སུ་རྡོ་རྗེ་དམྱལ་བར་ལྟུང་ངོ་། །ཡར་གསུང་དམ་ཉམས་ནས། ཐུན་མོང་དང་མཆོག་གི་བསྒྲུབ་པ་གང་བརྩམ་ཀྱང་འབྲས་བུ་དུས་ཚོད་ལ་མི་འབྱུང་བས་འགྱུར་བར་གསུང་ཞེས་སོ། །དམ་ཚིག་བཀོད་པ་ལས་ནི་རྡོ་རྗེ་དམྱལ་བའི་ཚེ་ཚད་མཉམ་པར་གསུངས་སོ། །

ཐུགས་ཀྱི་དམ་ཚིག་ཉམས་པ་ནི། ཐུགས་ཀྱི་དམ་ཚིག་ཅེས་པ་དང་། གསང་བ་རྣམ་པ་བཅུ་སྟེ། དེ་ཉིད་སྟོང་མིན་པ་ལ་བསྟན་པ་དང་། སྟོད་ཡོད་ཀྱང་རང་ལ་བསྟན་པའི་ལུང་མེད་པ་དང་། འདུ་འཛིའི་དབང་གིས་རྒྱུ་འཛགས་སུ་ཟག་པར་འགྱུར་ན། སྨྲོ་འབོག་དབང་པོ་ཉམས་དང་འཆལ་ཞེས་པ། སྨྲོ་བ་ནི་སེམས་ཀྱི་དྲན་པ་མེད་པའོ། །འབོག་པ་ནི། ངག་ངེས་པ་མེད་པར་སྨྲ་བའོ། །དབང་པོ་ཉམས་པ་ནི། མིག་གིས་གཟུགས་མི་འཛིན་པ་ལ་སོགས་པ་སྟེ། དེ་ཉིད་ལ་ཉམས་པ་ཞེས་བྱའོ། །འཆལ་བ་ནི། ཁ་ན་མི་སྨྲ་དགུ་སྨྲ་བའོ། །མྱོས་པ་ནི་སེམས་འཕྱིབ་པའོ། །ལྐུག་པ་ནི་ཚིག་མེད་པའོ། །དེ་རྣམས་མངོན་དུ་སྣང་བ་ལ། གནས་སུ་འགྱུར་ཅེས་བྱའོ། །ཐུགས་ཀྱི་དམ་ཚིག་གསང་བ་གཞན་ལ་འཕེལ་བས། མཆོག་དང་ཐུན་མོང་གི་བསྒྲུབ་པ་གང་བསྒྲུབ་ཀྱང་། རྟགས་དང་འབྲས་བུ་མེད་ཅེས་སོ། །སྤྱིར་གང་ཡང་རུང་སྟེ། རང་གིས་མ་བསྒྲུབ་པར་གཞན་ལ་བསྟེན་ན། དེ་ཉིད་ཕྱིས་རང་གི་བསྒྲུབ་པར་དཀའོ་གསུང་། བར་ཆོད་ཀྱིས་དུས་མ་ཡིན་པར་འཆི་ནས། རྡོ་རྗེ་དམྱལ་བར་བསྐལ་པ་གསུམ་དུ་གནས་ཏེ། སྔར་གསང་བ་ཉམས་པ་ལྟེའི་ལས་ཡིན་པས། དམྱལ་བའི་སྐབས་སུ་ཡང་སྡུག་བསྔལ་གཞན་དང་མཐུན་པར་ལྷག་པོ་ལྟེ་ལ་ཞིང་རྨོ་བ་དང་། སོགས་ཁོངས་སུ་དྲ་བ་དང་། བཏུབ་པ་དང་། ཕྱེ་མར་བཏང་བ་ལ་སོགས་པའོ། །

སྤྱི་ཉམས་པ་ལ་ལྔ། དང་པོ། སློབ་དཔོན་ནི། རྩ་བ་ཀུན་ཉམས་ཞེས་པ་ལ་སོགས་པ་སྟེ། བྱང་ཆུབ་སེམས་དང་སྐུ་གསུང་ཐུགས་ཉམས་པ་ནི། རྩ་བ་ཀུན་ཉམས་པས། གཟུང་བཙང་འཕྲ་

བའང་མེད་པས། ཐུལ་བ་ཞེས་བྱ་སྟེ། དེ་ལྟ་བུའི་རྟེན་གྱི་གང་ཟག་གིས་གསོལ་བ་ལ་ཉེ་བར་མི་བརྟེན་ནས་ཐ་མལ་པ་འདུག་ན། ཆོ་ཕྱི་མ་ལ་རྡོ་རྗེ་དམྱལ་བ་ལྟུང་ཅེའོ། །

རྡོ་རྗེ་དམྱལ་བའི་སྡུག་བསྔལ་ཡི་ཚེ་ཚད་ནི། དམྱལ་བ་ཕལ་པ་ཐམས་ཅད་ཅེས་པ་ལ་སོགས་པ་དམྱལ་ཁམས་བཅོ་བརྒྱད་ནི། ཐེག་པ་ཐུན་མོང་ལས་ཉམས་པའི་འབྲས་བུ་ཡིན་པས། ཕལ་པ་ཞེས་བྱ་ལ། དེ་དག་ཐམས་ཅད་མ་ལུས་པ་ཀུན་གྱི་སྡུག་བསྔལ་གཅིག་ཏུ་བསྡོམས་པ་ནི། རྡོ་རྗེ་དམྱལ་བ་དེའི་འབུམ་གྱི་ཆར་ཡང་མི་ཕོད་ཞེའོ། །དམྱལ་བ་ཕལ་པའི་སྡུག་བསྔལ་ནང་གི་ཆུང་བའི་ཚད་ནི། ཡང་སོས་ཀྱི་སྡུག་བསྔལ་ཏེ། སློབ་དཔོན་ཀླུ་སྒྲུབ་ཀྱིས། འདི་ནས་ཉིན་གཅིག་མདུང་ཐུང་སུམ་བརྒྱ་ཡི། །རབ་ཏུ་དྲག་གཏབས་སྡུག་བསྔལ་གང་ཡིན་ཏེ། །དེས་ནི་དམྱལ་བའི་སྡུག་བསྔལ་ཆུང་ངུའི་ཀྱང་། །འོལ་ཡང་མི་བྱའི་ཆར་ཡང་མི་ཕོད་དོ། །ཅེས་སོ། །འོ་ན་སངས་རྒྱས་དང་བྱང་ཆུབ་སེམས་དཔའ་རྣམས་ནི། ཐུགས་རྗེའི་བདག་ཉིད་ཅན་ཡིན་ན། དེ་ལྟ་བུའི་སྡུག་བསྔལ་ལས་ཅིའི་ཕྱིར་མི་སྐྱོངས་ཞེ་ན། སྤྱར་སངས་རྒྱས་ཀྱི་དགོངས་པ་ལས་ཉམས་པའི་དབང་གིས། དཔྱང་ཐག་ཆད་པས་ཐུགས་རྗེའི་སྐྱོངས་མེད་པར་བསྟན་ཏེ། སྐལ་པ་བཟང་པོ་འདི་ཉིད་ཀྱི་བརྒྱ་སྟོང་གི་འོད་ཟེར་མ་ལུས་པ་དང་འཇིག་རྟེན་གྱི་ཁམས་གཞན་ན་བཞུགས་པའི་རྒྱལ་བ་རྣམས་ཀྱི་འོད་ཟེར་དང་། ཐབས་མཁས་པའི་བྱང་ཆུབ་སེམས་དཔའ་མ་ལུས་པའི་འཕྲིན་ལས། རྒྱུན་དུ་མཛད་ཀྱང་། རྡོ་རྗེ་དམྱལ་བ་ལས་ཕན་པར་མི་འགྱུར་བའི་ཕྱོག་ཏུ། སླར་སྡུག་བསྔལ་གྱི་སྣོད་དུ་སྣང་བའི་གཏན་ཚིགས་ནི། སྨན་མ་ཞུབ་དང་འདྲ་སྟེ་སླར་གནོད་པ་ནི། སྤྱར་དཔྱང་ཐག་ཆད་པའི་སྐབས་སོ། །དེ་ཉིད་ཀྱི་ཡུན་ནི། སྐལ་པ་ཐེར་འབུམ། ཞེས་པ་ལ་སོགས་པ། སྐལ་པ་ཆེན་པོའི་གྲངས་ཐེར་འབུམ་མོ། །སོགས་ཁོངས་སུ་གྲངས་མེད་པའོ། །ཡུན་རིང་པོ་རྡོ་རྗེ་དམྱལ་བ་དེ་ནི། སྡུག་བསྔལ་ལས་ཐར་བར་མི་འགྱུར་ཞེའོ། །འོ་ན་སྐལ་པ་ཆེན་པོ་གཅིག་ན། འཇིག་རྟེན་གྱི་ཁམས་འཇིག་ན། རྡོ་རྗེ་དམྱལ་བ་དེ་ཅི་ལྟར་འགྱུར་ཞེ་ན། འཇིག་རྟེན་ཁམས་དེ་ཉིད་ཞིག་པའི་དུས་ལ་བབ་པའི་ཚེ་སྐབས་ན། མ་ཞིག་པའི་འཇིག་རྟེན་གྱི་ཁམས་གཞན་དུ་འཕོའོ། །འོ་ན་འཕོ་བའི་བར་ན་སྡུག་བསྔལ་ལ་ངལ་བསོར་ཡོད་དམ་ཞེ་ན། མེད་དེ། ཡུན་ཐུང་བ་ནི་སེ་གོལ་གཅིག་གིས་ཕྱིན་པར་བྱེད་ཅེས

སོ༔ ༔ཉེན་ཆེ་བས་ནན་ཏན་དུ་གདམས་པ་ནི། གོང་མ་རྣམས་སྡུག་བསྔལ་ཤིན་ཏུ་ཆེ་བས་གཏན་ཚིག་དེ་བས་ན། ལུས་ངག་ཡིད་གསུམ་གྱིས་བསྲུང་བ་ལ་ཤིན་ཏུ་ནན་ཏན་གྱིས་ཤིག་པའོ། །དེ་བས་ན་དམ་ཚིག་བཀོད་པ་ལས། རྡོ་རྗེ་དམྱལ་བ་ལས་བརྒྱ་ལ་ཐར་ན་ཡང་། དམྱལ་ཁམས་བཅུ་དྲུག་རིམ་པ་བཞིན་དམའ་བ་ནས་བརྒྱུད་དེ། སོ་སོའི་ཚེ་ཚད་ཀྱིས་སྡུག་བསྔལ་ཉམས་སུ་མྱོང་བ་དང་། དེ་ལས་ཐར་ནས་ཀྱང་། ཡི་དྭགས་རིམ་བཞིན་བརྒྱུད་པ་དང་། དེ་ལས་ཐར་ནས་བྱོལ་སོང་དུ་བརྒྱུད་པ་དང་། དེ་ལས་ཐར་ན་ཟུ་ཏྲ་ནག་པོར་སྐྱེ་བ། ལེའུ་དྲུག་པ་ལས་རྒྱས་པར་གསུངས་སོ། །

ཡན་ལག་ཉམས་པའི་སྐྱོན་ལ་གཉིས་ཀྱི་མདོ་ནི། རྩ་བ་མ་ཉམས་ནས། ཡན་ལག་གི་དམ་ཚིག་ལྔ་ཚོ་ལྔ་སྟེ། གང་དང་གང་ཉམས་ནས་བསྲུང་བ་གཞུང་དུ་མ་སྦྱོངས་ན་ལོངས་སྤྱོད་ནི་ཡོ་བྱད་ཀྱི་ཚོགས་ཡིན་ལ། མང་དུ་འཕེལ་བ་སྨྲས་ནི། ཞུངས་པ་སྟེ་དབུལ་བའོ། །ཐེག་པ་ཆེ་ལ་འཕྲོ་འདོགས་ཅིང་། ཞེས་པ། ཐེག་པ་ཆེན་པོ་གསང་ཞུགས་སུ་ཞུགས་ནས། ལྟ་བ་དེ་ཉིད་འཛིན་ཅིང་སྤྱོད་པ་ལན་ལག་གི་དམ་ཚིག་རྣམས་ཡལ་བར་དོར་བ་ནི། དོན་ལ་འཕྲོ་འདོགས་པ་ཡིན་པས། དོན་དེས་ཐུན་མོང་དང་མཆོག་གིས་དངོས་གྲུབ་རྣམས་བསྒྲུབས་ཀྱང་མྱུར་བར་མི་འགྲུབ་སྟེ། ཤིན་ཏུ་རིང་བར་འགྱུར་བ་དང་། །ཞེས་པས། གཏན་མེད་པ་མ་ཡིན་ཞེས་པ་དང་། ཡང་དང་ཡང་དུ་བླང་བ་ལས་ཉམས་ཐུན་མོང་གི་དངོས་གྲུབ་རྣམས་རིང་བ་དང་། མི་སྲུང་བ་དང་ཤེས་བསྒྲུབ་རྣམས་ཡལ་བར་དོར་བས། མཆོག་གི་དངོས་གྲུབ་རིང་བར་འགྱུར་བ་དང་། སྤྱད་པར་ལྟ་དོར་བས་དེ་ཉིད་ཀྱི་གདུལ་བྱ་རྣམས་ཀྱི་དོན་རྣམས་མི་འགྲུབ་སྟེ། ཡལ་བར་འགྱུར་ཞིང་། ལྟ་སྤྱོད་ཡ་ཆར་འགྱུར་བ་ཉིད། །ཅེས་པ། ལྟ་བ་ནང་པ་ལྟར་སྤྱད་ཅིང་སྤྱོད་པ་ཕྱི་པར་གྱུར་པ་ཉིད་ཀྱིས་ཐེག་པ་ཕྱི་ནང་སྟེ། སྤྱོད་པ་ཕྱི་པ་ལྟར་བྱས་ནས། ལྟ་བ་ནང་པ་ལྟར་བྱས་པ་ཉིད་ཀྱིས། གསང་སྔགས་ཕྱི་ནང་འདྲེས་པ་དང་། རྒྱུ་དང་འབྲས་བུའི་ཐེག་པ་འདྲེས་པས། དཔེར་ན་མར་དང་སྤྱིན་དུ་བསྲེས་ན་མར་གྱི་མདོག་བསྒྱུར་པ་དང་། སྤྱིན་གྱི་ནུང་གཉིས་སོ་སོར་ཉམས་པའམ། ནས་དང་བྲ་བོ་འདྲེས་ན་སོ་སོར་ལོངས་སྤྱོད་མི་བདེ་བ་བཞིན། དོན་དེས་བཀའི་བྱིན་རླབས་འགྲུབས་པར་དཀའ་སྟེ། གསང་སྔགས་ཀྱི་བཀའ་ཟབ་མོ་ནི་བྱིན་རླབས་མངོན་གསུམ་དུ་མི་སྣང་བའོ། །ཡན་ལག་གི་དམ་ཚིག་ཉམས་པའི་དབང་གིས།

ཚོས་སྐྱོང་མ་དགའ་བ་ནི། བསྲུང་བའི་ལྷ་རྣམས་གཡེལ་བའོ། །བོང་བུ་ལ་སེང་གེ་མི་འཕྱུགས་པ་ལྟར། གཉིས་འཛིན་ལ་མཉམ་པ་ཉིད་ཀྱི་དོན་མི་སྣང་བས། ཟབ་མོའི་དོན་མྱུར་བར། མི་རྟོགས་པ། རིང་འགྱུར་ཅིང་ཞེས་བྱའོ། །སྐལ་པ་ཆེན་པོར་ངན་སོང་གསུམ་གྱི་ཁ་བརྒྱུད་པས། དེ་དག་གི་སྡུག་བསྔལ་ཉམས་སུ་མྱོང་ཅེའོ། །རྣལ་འབྱོར་དངོས་སློམས་ཉིད་དུ་འགྱུར། ཅེས་པ། སྤྱོད་པ་ནི་ལྟ་སློམ་གཉིས་ཀྱི་འབྲས་བུ་མངོན་དུ་སྣང་བ་དང་། ཟག་བཅས་ཟག་མེད་དུ་སྦྱོར་བའི་གསོས་སམ་བཅུད་ཀྱི་ལྡན་དང་མཚུངས་པ་ལས། ཡན་ལག་གི་དམ་ཚིག་ཉམས་པའི་རྣལ་འབྱོར་པ་ལ་སྤྱོད་པའི་ལྡན་མེད་པས། དངོས་སྐམས་ཉིད་དུ་འགྱུར། ཅེའོ། །

སྤྱི་དོན་བདུན་པ་མ་ཉམས་པའི་ཡོན་ཏན་ལ་གསུམ་གྱི་མདོ་ནི། རྣལ་འབྱོར་སྐྱེས་བུ་ཆེན་པོ་ཡིས། །ཞེས་པ། གཞིའི་རྣལ་འབྱོར་དང་། ལམ་གྱི་རྣལ་འབྱོར་དང་། འབྲས་བུའི་རྣལ་འབྱོར་དང་གསུམ་ལས། འདིར་ལམ་མོ། །ལམ་ལ་ཡང་ཟག་བཅས་ཟག་མེད་གཉིས་ལས། འདིར་ཟག་བཅས་འདུན་པས་སེམས་པའི་རྣལ་འབྱོར་རོ། །དེ་ནི་ལྟ་བའི་ངོས་ནས། ཆོས་ཐམས་ཅད་ཀྱི་རང་བཞིན་མ་བཅོས་པའི་རྣལ་མ་ལ། རིག་པའི་བློ་འབྱོར་བ་དང་། དེ་ཉིད་ཏིང་ངེ་འཛིན་དུ་འབྱོར་བ་དང་། དམ་ཚིག་གི་གཞུང་ཚུགས་པའོ། །སྐྱེས་བུ་ནི་ཚོགས་བསགས་པ་ལས་སྣང་བ་སྟེ། ཚེ་གཅིག་གིས་ཟག་པ་པའི་ལམ་མངོན་དུ་བྱ་བ་དང་ལྡན་པའོ། །ཆེན་པོ་ནས་འོག་མའི་སྤྱོད་ཡུལ་མ་ཡིན་པ་དང་། འཇིག་རྟེན་གྱི་དཔའ་རྒྱལ་ཅན་ལྷ་བུ་ལས་སླར་གྱུར་པའོ། །དེ་ལྟ་བུའི་རྐྱེན་གྱི་གང་ཟག་གིས་ཅེས་པས་རྟེན་བསྟན་ཏོ། །རྒྱས་པ་གཉིས་ཀྱི། རྫ་བའི་དམ་ཚིག་ལ་བྱང་ཆུབ་སེམས་ཀྱི་དམ་ཚིག་དང་། སྐུ་དམ་ཐུན་མོང་དུ་བསྟན་པ་ནི། དམ་ཚིག་མ་ཉམས་གཞུང་ཐོབ་ན། །ཞེས་པ། བྱང་ཆུབ་སེམས་གཉིས་དང་། སྐུ་ཡི་དམ་ཚིག་གཉིས་མ་ཉམས་ཏེ་གཞུང་ཐོབ་པ་ནི། ཉམས་སུ་ལེན་པ་པོ་ནའོ། །དུས་སྐབས་དེའི་ཚེ་ན། ལུས་ལ་འབྱུང་བ་དང་གདོན་གྱི་ནད་མེད་པ་དང་མཚན་ལྡན་ཞེས་པ། འཁོར་ལོ་བསྒྱུར་བ་ལ་ཡོད་པ་ལྟ་བུ་དག་འབྱུང་ཟེར་བའང་མ་ཡིན་ཏེ། འགྲོ་བ་ཀུན་གྱི་ཡིད་དུ་འོང་བའི་སྐུར་སྣང་བ་དང་འཁོར་རྣམ་པ་གཉིས་དང་ལོངས་སྤྱོད་ཀྱི་ཚོགས་ཐམས་ཅད་མ་བརྩལ་ཡང་རང་འཕེལ་བ་དང་། དོན་དེས་སྐལ་པ་ངན་སོང་མྱོང་མི་འགྱུར་ཅེས་སོ། །ཉམས་པའི་སྐྱོན་དོ་རྗེ

དཔྱལ་བ་ལས་བཟློག་པས། དེ་ལ་སོགས་པ་ངན་སོང་གསུམ་པོའི་སྡུག་བསྔལ་ཉམས་སུ་མྱོང་བར་མི་འགྱུར་ཅེས་པ་དང་། ཐེག་པ་ཐུན་མོང་གི་སྒོ་ནས། ཉེས་བྱས་ཐམས་ཅད་འབྲས་བུ་བྱིན་པར་མི་ནུས་པས་ན། དག་པར་འགྱུར་ཅེས་བྱ་སྟེ། ཉི་མ་དང་སྤྲིན་བུ་མེ་ཁྱེར་བཞིན་པས་རག་མ་ལུས་པར་བསྟན་ཏོ། །སྲིད་པ་གསུམ་དུ་དབང་བསྒྱུར་ཞིང་ཞེས་པ། དམ་ཚིག་གི་ཡོན་ཏན་ཆེན་པོ་བདུན་ཉིད་དེ། འཇིག་རྟེན་གཙོ་དང་འཁོར་གྱིས་བཀུར། །དམ་པ་མཆོག་དང་དམ་པ་ཡིས། །སྲས་དང་སྤྱན་དགོངས་བྱིན་གྱིས་རློབས། །ཞེས་པས་དོན་གྱིས་འཇིག་རྟེན་པ་ཀུན་ཀྱིས་བཀུར་གནས་སུ་བྱེད་པས་དབང་བྱེད་པ་དང་། འདས་པ་རྣམས་ཀྱིས་བྱིན་གྱིས་རློབས་པས་དབང་བསྒྱུར་བའོ། །འགྱུར་ནི་ཡོན་ཏན་བརྗོད་པའི་ཚིག་གི་འཕྲོད་དོ། །ཐེག་པ་ཆེན་པོའི་དོན་ཐོབ་འགྱུར། །ཅེས་པ། སྐུའི་དམ་ཚིག་མ་ཉམས་པ་རྡོ་རྗེ་སློབ་དཔོན་གྱི་ཐུགས་ཟིན་ནས། ཐེག་པ་ཆེན་པོའི་གཞུང་གི་དོན་དང་གདམ་ངག་རྣམས་ཐོབ་པར་འགྱུར་བ་དང་། བྱང་ཆུབ་སེམས་ཀྱི་དམ་ཚིག་མ་ཉམས་པས་ཐེག་པ་ཆེན་པོའི་དོན་ནི་ལྷ་བ་དངོས་ཏེ། དེ་ཉིད་ཉམས་སུ་ལེན་པར་འགྱུར་བའོ། །དེས་ན་དམ་ཚིག་བཀོད་པ་ལས་ཀྱང་།

སྐུ་ཡི་ཡོན་ཏན་ནི། ལུས་མཚན་དང་དཔེ་བྱད་ཀྱིས་བརྒྱན་པ་དང་། ནད་མེད་པ་དང་། གཞོན་ཞིང་ཡང་ཙ་ལ་བབ་པ་དང་། ཡན་ལག་ལྷག་ཆད་མེད་པ་དང་། དབང་པོ་མ་ཉམས་པ་རྣམས་དང་། ཚེ་རིང་བ་དང་། ལོངས་སྤྱོད་དང་འབྱོར་པ་འཕེལ་བ་དང་། འཁོར་མ་མོ་དང་མཁའ་འགྲོ་བཀའ་བཞིན་ཉན་པ་དང་། སྲིད་པ་གསུམ་ལ་དབང་བསྒྱུར་བ་དང་། མཐུ་དང་རྫུ་འཕྲུལ་གཞན་གྱིས་དཔག་གིས་མི་ལང་བ་དང་། མན་ངག་ལུང་གི་དོན་རྟོགས་པར་འགྱུར་བ་དང་། རིག་འཛིན་རྣམ་གསུམ་གྱི་དངོས་གྲུབ་ཐོབ་པ་དང་། ཀུན་ཏུ་བཟང་པོ་དང་སྐལ་བ་མཉམ་པ། ཞེས་སོ། །

གསུང་གི་ཡོན་ཏན་ནི། གསུང་གི་ལྷ་མཉེས་ཞེས་པ་ལ་སོགས་སྟེ། གསུང་གི་དམ་ཚིག་སྲུགས་བཟླ། ཕྱག་རྒྱ་བཞི་མ་ཉམས་པར་བསྲུང་བའི་ཡོན་ཏན་ནི། ཡེ་ཤེས་ཀྱི་ལྷ་མཉེས་པ་དང་། དེས་བར་ཆད་དང་བྲལ་བས། རིགས་རྒྱུད་གཉིས་འཕེལ་བ་དང་། གསུང་གི་དམ་ཚིག་རྒྱུན་མི་ཆད་པར་ཉམས་སུ་བླངས་པའི་སྟོབས་ཀྱིས། འཕྲིན་ལས་བཞི་ལ་སོགས་པ་ཐམས་ཅད་ལྷུན་གྱིས་གྲུབ་པའི་མཐུ་དང་ལྡན་པ་དང་། དེའི་ཕྱིན་རླབས་བསམ་གྱིས་མི་ཁྱབ་པ་གཞན་ལ་སྣང་བས། གཞན་

དོན་གྱི་ལས་རྣམ་བཞི་ཡང་། གང་བསྒྲུབས་པའི་དུས་སུ། ཐོགས་པ་མེད་པར་འགྲུབ་པར་འགྱུར་བ་དང་། མདོར་བསྡུས་ན་ཅི་དང་ཅི་བསམ་པའི་དངོས་པོ་ཐམས་ཅད་མྱུར་བར་འགྲུབ་པར་འགྱུར་རོ། །དེས་ན་དམ་ཚིག་མཐར་ཕྱིན་པའི་རྒྱུ་རྟགས་རྣམ་པ་བཞི་སྟེ། མང་པོས་བཀུར་ཞིང་གྲགས་པ་ཐོབ་པ་དང་། ཡིད་འོང་འབྱུང་ཞིང་འདོད་པ་གྲུབ་པ་དང་། དམ་ཅན་འདུ་ཞིང་མཐུ་རྩལ་ཆེ་བ་དང་། མངོན་ཤེས་འབྱུང་ཞིང་རིག་པ་འཆར་བ་རྣམས་རྫོགས་པའོ། །དེ་ཡང་དམ་ཚིག་བཀོད་པ་ལས། གསུང་གི་ཡོན་ཏན་ལྔ་ནི་བ་དང་། རིགས་རྒྱུད་འཕེལ་བ་དང་། དུས་སུ་འགྲུབ་པ་དང་། བཀའ་ཉན་པ་དང་ཞེས་པ་ལ་སོགས་པ་སྟེ། ཀུན་ཏུ་བཟང་པོ་ང་དང་སྤྱོད་པ་མཉམ་པར་འགྱུར་རོ། །ཞེས་སོ། །

ཐུགས་ཀྱི་དམ་ཚིག་ནི། ཐུགས་ཀྱིས་སྐྱོ་དུབ་མེད་པ་དང་། །ཞེས་པ་ལ་སོགས་པ། གསང་བ་བཅུ་མ་ཉམས་པའི་ཡོན་ཏན་ནི། ཐུགས་ཀྱི་སྒོ་ནས་ཡིན་པས། ཐོས་བསམ་བསྒོམ་གསུམ་དང་། བསྒོམ་པའང་མཆོག་དང་ཐུན་མོང་གཉིས་དང་། བླ་མའི་བྱ་བ་ལ་བྲལ་འདོད་པའི་སྐྱོ་བ་མེད་པ་དང་། ངལ་ཞིང་དུབ་པ་མེད་པ་དང་། དོན་དེ་ཉིད་ཀྱིས། བསྐྱེད་རྫོགས་རྣམ་པ་གཉིས་ཀྱི་མན་ངག་སྣོད་དུ་འགྱུར་བས། བླ་མས་གནང་བ་དང་། ངོ་བོ་ཉིད་ཀྱི་འཕྲད་པའོ། །མཆོག་ཐུན་གྱི་དངོས་གྲུབ་གང་བསྒྲུབས་ཀྱང་ཉེ་བར་འགྲུབ་པ་དང་། ཐུགས་དམ་མ་ཉམས་པའི་སྟོབས་ཀྱིས། དགོངས་པ་ཟབ་མོ་རྟོགས་དཀའ་བ་མཉམ་པ་ཉིད་ཀྱི་དོན་མཁས་པའི་གདེང་དུ་འགྱུར་པ་དང་། ཡེ་ཤེས་ཀྱི་ལྷ་རྣམས་ཀྱིས་དབང་བསྐུར་བར་འགྱུར་བ་སྐུའི་སྐབས་སུ་བཤད་པ་བཞིན་ནོ། །དེ་ཡང་དམ་ཚིག་བཀོད་ལས། ཐུགས་ཀྱི་ཡོན་ཏན་ནི། དོན་མཐུན་པ་དང་། སྐྱོ་དུབ་མེད་པ་དང་། མན་ངག་གི་སྣོད་དུ་འགྱུར་པ་ལ་སོགས་པ་རྒྱས་པ་དང་། ཀུན་ཏུ་བཟང་པོ་ང་དང་རྟོགས་པ་མཉམ་པར་འགྱུར་ཅེའོ། །

ཡན་ལག་གི་ཡོན་ཏན་ནི། ཡན་ལག་དམ་ཚིག་མ་ཉམས་ན། །ཞེས་པ། ཡན་ལག་ཡང་ཉེ་ཤུ་རྩ་ལྔའི་དམ་ཚིག་མ་ཉམས་ཏེ་ཉམས་སུ་ལོན་ན། སྐྱོན་བཟློག་པ་ཉིད་ཅེས་པ། གོང་གི་སྐྱོན་ལས་བཟློག་པ་སྟེ། ལོངས་སྤྱོད་མང་དུ་འཕེལ་བ་དང་། ཐེག་པ་ཆེ་ལ་དབྱུ་མ་འདོགས་ཏེ་ལྷ་སྤྱོད་མཐུན་པས། མཆོག་ཐུན་མོང་གི་དངོས་གྲུབ་རྣམས་ཤིན་ཏུ་ཉེ་བར་འགྱུར་བ་དང་། འདུལ་བྱའི་དོན་རྣམས་དུས་སུ་འགྲུབ་པ་དང་ལྷ་སྤྱོད་ཡ་ཆར་མ་གྱུར་ཏེ། གསང་སྔགས་ནང་པར་ཆུད་པས། ཐེག་པ་ཕྱི་ནང་མ་

འདྲེས་པས། བཀའི་བྱིན་རླབས་དུས་སུ་འགྲུབ་པ་དང་། བསྲུང་བའི་ལྷ་རྣམས་ཀྱིས་སྐྱོབ་པ་དང་། ཟབ་མོའི་ཆོས་མྱུར་བར་རྟོགས་ཤིང་། བསྐལ་པར་ངན་སོང་གི་སྡུག་བསྔལ་མི་མྱོང་བ་དང་། རྣལ་འབྱོར་པ་སྐྱོང་པའི་རླན་གྱིས་ཟིན་པའོ། །གཞན་ཡང་། བདུད་བཞི་འཇོམས་ཤིང་ཞེས་པ། སྤྱོད་པ་ལྟས་ལྷ་ཡི་བུའི་བདུད་བཅོམ། མི་སྤྱང་བ་ལྟས་ཉོན་མོངས་པ་བདུད་བཅོམ། དང་དུ་བླང་བ་ལྟས་འཆི་བདག་གི་བདུད་བཅོམ། ཤེས་པ་ལྟས་ཕུང་པོའི་བདུད་བཅོམ། བསྒྲུབ་པ་ལྟ་སྤྱི་ལྟར་རྟེའོ། །ངན་སོང་སྦྱོང་ཞེས་པ། རྒྱུ་ས་བོན་གཏིང་ནས་དག་པ་སྟེ། མཛད་པར་ཡང་སྦྱར་ཏེ། ཐེག་སྤྱོད་པར་བྱ་བ་ལྟ་པོས། ཐེག་ཆེན་ལྟ་སྤྱོད་གཞུང་སྲོངས་ཞེས་པ། ཐེག་པ་མཆོག་གསང་སྔགས་ཀྱི་ལྟ་བ་དང་སྤྱོད་པ་ཡ་མ་ཆ་བས་གཞུང་སྲོངས་པས། འཇིག་རྟེན་དང་འཇིག་རྟེན་ལས་འདས་པའི་ལྷ་རྣམས་འགོ་བས། ཅི་བསམ་པ་ཐམས་ཅད་འགྲུབ་ལ། མདོར་ཚིག་དང་ཐུན་མོང་འམ། བདག་གཞན་གྱི་དོན་གཉིས་ཡོངས་སུ་རྫོགས་པར་འགྱུར་རོ། །

འོག་མའི་འདུལ་སྡོམ་རྣམས་འདིར་འདུས་པ་ནི། ཐེག་ཆེན་དམ་ཚིག་ལ་གནས་པས། །ཞེས་པ་ལ་སོགས་པ། ཐེག་ཆེན་འདི་ཉིད་ཀྱི་རྩ་བ་དང་ཡན་ལག་གི་དམ་ཚིག་མ་ཉམས་པར་གནས་པས། ཐུན་མོང་གི་ཡན་ལག་གི་སྐབས་སུ། ཐེག་པ་འོག་མའི་ཉན་ཐོས་ཀྱི་འདུལ་ཁྲིམས་དང་། བྱང་ཆུབ་སེམས་དཔའི་སྡོམ་པ་རྫོགས་ལ། གསང་སྔགས་ཕྱི་ནང་གི་དམ་ཚིག་རྣམས། ཆེད་དུ་བསྲུང་བ་མེད་པར། དོན་རྣམས་ཡོངས་སུ་རྫོགས་ཏེ། ཐུབ་པས་ན་ཞེས་པ། དཔེར་ན་ཤིང་གི་ཕུང་པོ་ཆེན་པོ་ལ་ཡན་ལག་ཕྲ་བའི་ཕྲ་བའང་མ་ཉམས་པ་ལྟ་བུའོ། །དེ་ཡང་རྟེན་གྱི་གང་ཟག་དེ་ལ་འདུལ་བའི་ངོས་ནི་ཉན་ཐོས་དང་རང་རྒྱལ་བའི་དགེ་སློང་ཞེས་བྱ་བ་དང་། སྡོམ་པའི་ངོས་ནས་བྱང་ཆུབ་སེམས་དཔའ་ཞེས་བྱ་བ་དང་། གསང་སྔགས་ཕྱི་པའི་ངོས་ནས་རྣལ་འབྱོར་དང་། ནང་པ་གསུམ་གྱི་ངོས་ནས། རྣལ་འབྱོར་ཆེན་པོ་ཡིན་ཞེས་བྱའོ། །དོན་ལ་མ་འདྲེས་ཡོངས་སུ་རྫོགས་པའོ། །

སྤྱི་དོན་བརྒྱད་པ། ཉམས་པ་བསྐང་བའི་ཐབས་ལ་གསུམ་གྱི་དང་པོ་མདོར་བསྟན་པ་ནི། ཉམས་ན་ཞེས་པ་ལ་སོགས་པ་ཏེ། དེ་ཡང་རྩ་བ་དང་ཡན་ལག་གི་དམ་ཚིག་ཉམས་ན། སྐྱེས་བུ་ཡ་རབ་ཀྱིས་ཉམས་པའི་སར་མི་འཇོག་སྟེ། ཉམས་པ་ཉིད་བསྐང་བའི་ཐབས། རྩ་བའི་བསྐང་ཐབས

སོ་སོ་དང༌། ཡན་ལག་སོ་སོ་རྣམས་ནི། འཆད་པ་བཞིན་ཡོད་དེ། དེ་ཡང་དམ་ཚིག་བཀོད་པ་ལས། འདི་དག་ཉམས་པ་ལས་སླར་གསོ་བའི་ཐབས་ནི་ཅི་མཆིའ། གསོས་ན་སྐྱོངས་པར་འགྱུར་རམ། མི་འགྱུར་བདེ་བར་གཤེགས་པས་ལུང་བསྟན་དུ་གསོལ། དེ་སྐད་ཅེས་གསོལ་བ་དང༌། བཅོམ་ལྡན་འདས་ཀྱིས་བཀའ་རྩལ་པ། འདི་དག་གསོ་བའི་ཐབས་ནི་མཆིའ་སྟེ། དཔེར་ན་མར་མེ་དང་འདྲའོ། །ཤི་ཞིང་ཉམས་ཀྱང་གསོ་བའི་ཐབས་མངའོ། །གསེར་སྣོད་དབྱུལ་སྣོད་དང་འདྲ་སྟེ། ཞོམས་ཡང་བསྲུང་བའི་ཐབས་མངའོ། །དཔེར་ན་མཆོན་གྱི་རི་མོ་དང་འདྲ་སྟེ། ཡལ་ཡང་གསོ་བའི་ཐབས་མངའོ། །ཞེས་པ་དང༌། ཡང་ཞུས་པ། སྐུའི་དམ་ཚིག་ཉམས་ན་སླར་གསོ་ཞིང་བསྐང་པའི་ཚོ་ག་གང་ལགས། ཞེས་པ་ལ་སོགས་པ་གསུངས་སོ། །

རྒྱས་པ་ལ་གཉིས་ཀྱི། རྩ་བ་ལ་བཞི་ནི། བྱང་ཆུབ་སེམས་ཀྱི་བསྐང་ཐབས་ནི། །བྱང་ཆུབ་སེམས་ཀྱི་དམ་ཉམས་ན། །ཞེས་པ་ལ་སོགས་པ་གོང་དུ་བཤད་པ་བཞིན་ཀུན་རྫོབ་དང་དོན་དམ་གཉིས་ལ་མ་མོས་པ་དང༌། ཉམས་སུམ་བླང་སྟེ། ཕྱལ་བར་སོང་བར་རྣམས་ནི་དམ་ཉམས་པ་སྟེ། དེ་ལྟ་བུ་གྱུར་ན། བླ་མ་རྒྱུད་ཀྱི་གཞུང་དང་དགོངས་པའི་ཉམས་ལ་མཁས་པ་ལ། སྔོན་དུ་དད་པ་དང་ཡོ་བྱད་ཀྱིས་མཉེས་པར་བྱས་ནས། དགོངས་པའི་དོན་བླངས་ཏེ། དེའི་ངང་ལ་དུས་གསུམ་དུ་གནས་པར་བྱ་བ་ལས་མ་གཏོགས་པ། ཐབས་ཀྱི་བརྩལ་བ་གཞན་གང་གིས་ཀྱང་མི་སྐྱོངས་སོ། །གཏོར་རྒྱུད་ལས་སྐུའི་ཉམས་ན་ག་ལ་ཉམས་པའི་གནས་སུ་བསྐང་ངོ་། །གསུང་བདུད་རྩི་འདི་ལ་བསྒྲུབ་པ་གསུམ་གྱིས་བསྐང་ངོ་། །ཐུགས་ནི་པ་ཏི་ལས་སུ་རུང་བས་བསྐང་ངོ་། །ཡན་ལག་ནི་ཚོགས་གཏོར་བརྒྱ་རྩ་བརྒྱད་ཀྱིས་བསྐང་ངོ་ཞེའོ། །

དེ་ཡང་དམ་ཚིག་བཀོད་པ་ལས། སེམས་དཔའ་ཆེན་པོ། ཆོས་ཐམས་ཅད་དངོས་པོ་དང་རང་བཞིན་མེད་པར་ཤེས་ན། དམ་ཚིག་མི་ཉམས་སོ། །དེ་ཅིའི་ཕྱིར་ཞེ་ན། འཛིན་པ་དང་ཆགས་པ་མེད་པས་སོ། །དེ་བས་ཀྱང་ཆོས་ཐམས་ཅད་གཉིས་སུ་མེད་ཅིང་མཉམ་པ་ཉིད་དུ་ཤེས་ན། དམ་ཚིག་ལ་ཉམས་པའི་དུས་མེད་དོ། །དེ་ཅིའི་ཕྱིར་ཞེ་ན། རྣམ་རྟོག་གི་ཕྱོགས་རིས་མིང་ཡང་མེད་པས། ཉམས་པའི་དུས་མེད་དོ། །ཅེས་ཏེ། སྐོང་བའི་ཚད་དོ། །སྐུའི་བསྐང་ཐབས་ལ་ལྔའི་དང་པོ། བསྐང་ཐབས

དངོས་ནི། སྐུའི་དམ་ཚིག་ཉམས་གྱུར་ན། །ཞེས་པ་ལ་སོགས་པ་སྟེ། དེ་ཡང་སྐུ་དམ་བླ་མ་དང་གྲོགས་པོ་གཉིས་ཏེ། ལུས་ངག་ཡིད་གསུམ་གྱིས་བཤད་པ་ལྟར་ཉམས་སུ་ལེན་ནས། འཚོ་བ་གསུམ་ཕྲོགས་པ་སྟེ། སྲོག་གི་འཚོ་བ་སྟེ། ཐུགས་མི་བདེ་བར་བྱས་པ་དང་། ལོངས་སྤྱོད་ཀྱིས་འཚོ་བ་སྟེ། ཡོ་བྱད་ཕྲོགས་པའོ། །དེ་གསུམ་ཡང་གོང་མ་དང་འོག་མ་དང་བར་མའི་རིགས་ཀྱིས། ཉེས་པ་ཆེ་ཆུང་གི་བྱེ་བྲག་སྟེ། ཡང་གསུམ་ཚོགས་པ་དང་། གཉིས་དང་། གཅིག་གི་ཁྱད་ཀྱང་ཤེས་པར་བྱའོ། །ཡུལ་སློབ་དཔོན་དྲུག་ཀྱང་། མན་ངག་ལ་སོགས་པ་རིམ་པ་བཞིན་དུ་གནས་ལ། གྲོགས་པོ་བཞི་འང་འཚོ་བ་གསུམ་ཕྲོགས་པ་སྔར་དང་འདྲ་བ་ལས། འདྲེས་པ་དང་ཉེ་བའི་རིམ་པ་ཉེས་ཆེ་ཆུང་ཤེས་པར་བྱ་སྟེ། དེ་ཡང་དམ་ཚིག་བཀོད་པ་ལས། རྡོ་རྗེ་སློབ་དཔོན་གྱི་སྐབས་ན། །སྐུ་ལ་བསྡོས་དང་ཐགས་ཐུབ་སྤྱད། །མ་རིགས་ཀ་མ་ལི་མ་བརྙམས། །ངན་དུ་བརྗོད་དང་ལོག་པར་སྨྲས། །སྐུ་ལ་སྨད་ཅིང་ཐུགས་ལ་བསྡོས། །བཀའ་རྒྱུན་ལུང་མེད་ཡོངས་སུ་བསླད། །ཅེས་པ་དང་། གྲོགས་པོ་ལ་ཡང་། རྣལ་འབྱོར་འཐབ་རྩོད་སྐྱེས་པ་ལ། །གཅིག་ལན་གཅིག་གིས་བྱེད་པ་ནི། །བེའུ་སྤྲེལ་གཡང་དུ་ལྟུང་བ་བཞིན། །གཉིས་ཀ་དམྱལ་བར་ལྟུང་བར་འགྱུར། །གང་གིས་བསྲིང་པ་དེ་རྒྱལ་བས། །གཉིས་ཀས་བསྲིང་ན་རྒྱལ་བ་དེས། །རྩོད་པ་རྒྱལ་ཡང་ཕམ་པ་བཞིན། །ཅེས་སོ། །དེས་ན་ཉམས་པའི་དངོས་པོ་ད་ལྟ་བུ་མངོན་དུ་བྱུང་བར་གྱུར་ན། གང་ལ་ཉམས་པ་དེར་སོང་ནས། ཞེས་པ། སློབ་དཔོན་དྲུག་གང་ལ་ཉམས་པ་འམ། གྲོགས་མཆེད་གང་ལ་ཉམས་པའི་ཡུལ་དེའི་སྤྱན་སྔར་སོང་ལ། བཤགས་པའི་ཐབས་ནི། ནོར་ཟས་འབྱོར་བ་མཉེས་ཕུལ་ནས། །ཞེས་པ། ཀུན་འདུས་རིག་པ་ནས་སྨོས་པའི་རིན་ཆེ་ལྟ་བུའམ། གསང་བའི་སྙིང་པོ་ནས་སྨོས་པས། རྒྱལ་སྲིད་དང་ནི་རང་གི་ལུས། །ཞེས་པ་ལ་སོགས་པ་དང་། ཟས་ཀྱི་བྱེ་བྲག་རང་གི་འབྱོར་ཚད་དམ། ཡང་ན་ཡུལ་མཉེས་པའི་ཚད་དུ་ཕྱིན་པར་ཕུལ་ནས། གང་ཉེས་ཚིག་ཏུ་བཤགས་བྱས་ལ། །ཞེས་པ། རང་གིས་ཉམས་པའི་དངོས་པོ་གང་ཉེས་པ་སྟེ། སེམས་གནོང་བ་དང་བཅས་པས། ཚིག་ཏུ་ཟུར་ཕྱིན་པར་བཤགས་པར་བྱ་སྟེ། མ་མོས་ཤིང་མི་དད་པ་ལྟ་བུ་མ་ཡིན་པར་བསྟན་ཏོ། །དེས་ན། ད་ཉེས་ནི་མ་ཉེས་སྟེ། བཤགས་པ་ནི་བྱེད་ཟེར་བ་ལྟ་བུ་ནི་མི་དག་པར་གསུངས་སོ། །དེ་ལྟར་བཤགས་པ་བྱས་པའི་རྗེད་ལ། ཕྱིན་ཆད་

དེ་ལས་མི་འདའ་བའི་སྡོམ་པ་ལེགས་པར་བཅའོ། །

དེ་ཡང་དམ་ཚིག་བཀོད་པ་ལས། རྣམ་པར་དག་པའི་བསམ་པས་མཐོལ། །དོན་གྱིས་མི་གནས་ཚིག་འདིས་གཤེགས། །རང་བཞིན་མེད་པར་བཟོད་པར་གསོལ། །ཅེས་སོ། །ཡུལ་དེ་མེད་ན་དེའི་སློབ་དཔོན་ལ་སྐོངས་ཐབས་ནི། །གལ་ཏེ་གྲོངས་ཆད་གྱུར་པ་ན། །ཞེས་པ། གལ་ཏེའམ་རྒྱུ་ལ་ན། ཡུལ་གཉིས་གང་ཡིན་པ་དེ། གྲོངས་ཏེ་འདས་པའམ། ཆད་སྐྱེ་བར་དུ་རྩ་ཆེན་པོའི་བཅད་པ་དང་། གཅན་ཟན་གཏུམ་པོས་བཅད་པ་དང་། རྒྱལ་ཁམས་མི་གཅིག་པས་ཆོད་དེ། བགྲོད་ཐབས་མེད་པར་གྱུར་པ་ན། ཡུལ་གཉིས་པོ་དེའི་སློབ་དཔོན་གང་ཡིན་པར་ཁུགས་པར་གྱུར་ན། གནས་སྐབས་དེའི་ཚེ་གོང་མ་བཞིན་ཅེས་པ། ཡུལ་གང་ཡིན་པར་དེར་སོང་ལ། སྔོན་དུ་ནོར་ཟས་ཀྱིས་མཉེས་པར་བྱས་ནས། ཉེས་པ་གང་ཡིན་པ་དེ་ཚིག་ཏུ་དག་པར་བཤགས་ལ། ཕྱིན་ཆད་སྡོམ་པ་ལེགས་པར་བཅང་བ་ལ་ནི་བཤགས་ཞེས་བྱའོ། །ཡུལ་གང་གིས་ཀྱང་མྱུར་དུ་ཚངས་པ་སྦྱིན་པར་བྱ་སྟེ། དེ་མ་བྱས་ན་གཉིས་ཀ་ལྟུང་བ་ནི། དམ་ཚིག་བཀོད་པ་ལས། དེ་ལྟར་བཤགས་པ་བྱེད་ན་ཡང་། །སློབ་དཔོན་ལ་སོགས་མཆེད་རྣམས་ཀྱིས། །གང་ཞིག་ནོངས་པར་དྲན་པ་དང་། །རྗེས་སུ་འགྱོད་པ་སྐྱེས་ནས་སུ། །སླན་ཆད་སྡོམ་པར་འཚལ་བ་དང་། །ཚངས་པ་འཕྲལ་དུ་གསོལ་བར་བྱ། །ཞེས་སོ། །དེ་ཡང་དམ་ཚིག་གི་རྒྱུད་ལས། གལ་ཏེ་ཉམས་པ་མ་བསྐངས་པར། །བླ་མ་སློབ་དཔོན་མཆེད་ལྕམ་དྲལ། །རྐྱེན་གྱིས་གྲོངས་ཆད་གྱུར་པས་ན། །དེའི་སློབ་དཔོན་བཞུགས་པ་ལ། །གོང་མ་བཞིན་དུ་བཤགས་པར་བྱ། །ཞེས་སོ། །མཉམ་པ་བརྒྱ་ལ་བཤགས་པ་ནི། །མེད་ན་མཉམ་པ་བརྒྱ་ལ་གཤགས། །ཞེས་པ། སློབ་དཔོན་དེ་ཡང་གྲོངས་ཆད་དུ་གྱུར་ནས་མེད་ན། ཡུལ་གཉིས་པོ་གང་རུང་དང་། དགོངས་པ་མཉམ་པ་བརྒྱ་བཙལ་ཏེ། དངོས་འདྲ་བ་བརྒྱ་མ་རྙེད་ཀྱང་དོད་བརྩི་བ་ནི། ཉན་ཐོས་ཀྱི་ཚོགས་སུ་བཅད་པ་འབུམ། བྱང་ཆུབ་སེམས་དཔའི་ཐེག་པའི་ཚོགས་སུ་བཅད་པ་གཅིག་དང་མཉམ་ལ། དེ་ཉིད་ཀྱི་འབུམ། གསང་སྔགས་ཕྱི་པའི་ཚོགས་གཅིག་དང་མཉམ་ལ། དེ་ཉིད་ཀྱི་ཚོགས་བཅད་འབུམ། གསང་སྔགས་ནང་པའི་ཚོགས་སུ་བཅད་པ་གཅིག་དང་མཉམ། དེ་ལྟ་བུའི་བརྒྱ་ཚང་བ་ལ་བཤགས་པའི་ཐབས་དང་། དངོས་གཞི་དང་། རྗེས་ཀྱི་བྱ་བ་རྣམས་བཤད་པ་ལྟར

ཉམས་སུ་བླང་སྟེ་གཤེགས་སོ། །

དེ་ཡང་དམ་ཚིག་བཀོད་པ་ལས། དེའི་སློབ་དཔོན་མི་བཞུགས་ན། །དེ་དང་མཉམ་པ་བརྒྱ་རྣམས་ལ། །དེ་ཚེ་གོང་མ་བཞིན་དུ་གཤེགས། །ཞེས་སོ། །དེ་མ་རྙེད་ན་སྦྱིན་སྲེག་བྱ་བ་ནི། དེ་ཡང་རྙེད་པ་མ་གྱུར་ན། །ཞེས་པ་ལ་སོགས་པ་སྟེ། མཉམ་པ་བརྒྱ་པོ་དེ་ཡང་རྙེད་པར་མ་གྱུར་ན། ཉམས་པའི་ཡུལ་གང་ཡིན་པ་དེ་དང་། ལྷ་སྒྲུབ་བསྒོམ་གསུམ་མཉམ་པ་གསུམ། བཀུག་པ་དེ་ནས་སྤྱན་དྲངས་པའོ། །གསུམ་གྱི་དགོས་པ་ནི། གཅིག་རྡོ་རྗེ་རྒྱལ་པོ་སྟེ། ཏིང་ངེ་འཛིན་འཕྲོ་འདུ་གཅིག་པུའི་ལས་བྱེད། གཅིག་རྡོ་རྗེ་རྒྱལ་ཚབ་སྟེ། ཏིང་ངེ་འཛིན་དང་ཕྲིན་ལས་གཉིས་ཀྱི་གཞུང་བསྲང་། གཅིག་ལས་མཁན་ཏེ། འཕྲིན་ལས་དང་ལས་བསྒྲིགས་ཐམས་ཅད་བྱ་བའོ། །སྦྱིན་སྲེག་མེ་ཐབ་ཅེས་པ། ལས་ཐམས་ཅད་འགྲུབ་པར་བྱེད་པའི་སྦྱིན་སྲེག་སྟེ། དེ་ཡང་མེ་ལྷ་དྲང་སྲོང་ལ་སྦྱིན་པ་དང་། དཀྱིལ་འཁོར་ཡི་དྭགས་གཞི་ལ་བསྲེག་པ་སྟེ། གཞི་མེད་ལ་བརྟེན་པའི་གཞི་ལས། འདིར་ཞི་བའི་ཐབས་ཟླུམ་པོ་དང་། ཁ་དོག་དཀར་པོ་ལ་སོགས་པ་མཚན་ཉིད་དང་མཐུན་པ་བརྩིགས་ནས། ཞི་བའི་ཁྱད་པར་གྱི་ཆོས་རྣམས་དང་། མཐུན་པའི་མཆོད་རྫས་དང་། བསྲེགས་རྫས་རྣམས་ལྷ་གོན་དུ་གནས་པ་དང་། ཞི་བར་སྨོས་པས་ཤིང་བརྩིག་པ་དང་། རང་ཉིད་ལས་ཀྱི་ལྷ་ཡི་རྣལ་འབྱོར་སྔ་གོན་བྱས་ནས། མཚན་ཉིད་དང་མཐུན་པའི་མེ་སྦྱར་སྟེ། ཞི་བའི་མེ་ལྷ་སྐྱེད་དེ། ཡེ་ཤེས་པ་བསྐྱིམས་ནས། དང་པོར་མཆོད་པ་འབུལ། དེ་ནས་བསྲེག་རྫས་འབུལ་བའང་། ཞི་བའི་སྟགས་ཀྱིས་སོ། །དེར་མེ་ལྷ་མེའི་རང་བཞིན་དུ་བྱས་པའི་ནང་དུ་དཀྱིལ་འཁོར་ལྷ་ཞེས་པ། ཡུལ་བླ་མ་ཡིན་ན། དབང་བསྐུར་ཞུས་པའི་དཀྱིལ་འཁོར་འམ། ཡི་དམ་ཁོགས་པའི་དཔལ་འམ། ཡང་ན་བླ་མ་ཉིད་ཀྱི་ཐུགས་དམ་གང་ཡིན་པའོ། །གྲོགས་པོ་ལྷ་བུ་ན། དབང་མནོས་པའི་དཔལ་ཐུན་མོང་གང་ཡིན་པའམ། ཡང་ན་གྲོགས་པོའི་ཡི་དམ་མོ། །དེ་དག་མེའི་ནང་དུ་དམ་ཚིག་གི་དཀྱིལ་འཁོར་བསྐྱེད། སྤྱན་དྲངས་ཞེས་པ། ཡེ་ཤེས་པ་སྤྱན་དྲངས་ཏེ་བསྟིམ། དེ་ནས་མཆོད་པ་རྣམས་གཞུང་དང་མཐུན་པར་འབུལ་བའོ། །ཡང་སྤྱན་དྲངས་ཞེས་པ་ཉམས་པའི་ཡུལ་གང་ཡིན་པའང་། ཡང་ནས་ཡང་དུ་སྤྱན་དྲངས་ཤིང་དཀྱིལ་འཁོར་ལ་བསྟིམ། རྫས་སུ་ཞེས་པས་བསྲེག་རྫས་རྣམས་མངོན་པར་རྟོགས་པའི་གྲལ་རིམ་པ་བཞིན་འབུལ་

ཏེ། འབུལ་བའི་ཕྱགས་ནི། གསང་མཚན་ལ་སོགས་ཞེས་པས། ཡེ་ཤེས་ལྷ་ཕྱགས་ཀྱི་རྫིང་ལ་བདག་ཆེ་གེ་མོ་ཞེས་པའི་གསང་མཚན་དང་། དམ་ཚིག་ཉམས་པ་ཤིཀྵ་ཀུ་རུ་སྭཱ་ཧཱ། ཞེས་པ་ནི། བསྡུས་པའི་དོན་ཏེ་རིམ་པར་མཆོད་དོ། །ཡང་ན་སྦྱིན་སྲེག་གི་དུས་སུ་བླ་མ་དང་གྲོགས་པོ་གང་ཡིན་པ་དེ་སྤྱན་དྲངས་ཏེ། ཚུལ་ཅི་ལྟར་ན་གསང་མཚན་གྱི་སྒོ་ནས་སམ་སོགས་ཁོངས་སུ། འཇིག་རྟེན་པ་ལ་གྲགས་པའི་མཚན་ནོ། །མཆོད་ཅེས་པས། དེ་ལ་སྦྱིན་སྲེག་གི་མཆོད་པ་གཞུང་བཞིན་དུ་བྱའོ། །དེ་ཡང་ཚར་ནས་མེ་ལྷའི་ཚོགས་རྣམས་ཀྱང་བྱས་ཏེ། སྦྱིར་སྦྱིན་སྲེག་བདུན་ནམ་ཉི་ཤུ་རྩ་གཅིག་ལ་སོགས་པ་ཚར་ནས་གོང་དུ་སྨོས་པའི་ཡོ་བྱད་རྣམས། ཞེས་པ། བཤགས་ཐབས་དང་པོའི་སྐབས་སུ་སྨོས་པའི་ནོར་ཟས་འགྱུར་པ་རྣམས་སོ། །

དང་པོ་གསུམ་ནི། ཀླད་དུ་སྨོས་པའི་མཉམ་པ་གསུམ་མོ། །ཡང་ན་དབང་པོ་ཞེས་བྱ་བ་ནི། བཤགས་པའི་དབང་པོ་བཤད་མ་ཐག་པའི་སློབ་དཔོན་གསུམ་མོ། །དེ་དག་མཉེས་པའི་ཐབས་སུ་འབུལ་བར་བྱ། ཞེས་སོ། །དེ་ཡང་དམ་ཚིག་བཀོད་པ་ལས། དེ་ཡང་རྙེད་པར་མ་གྱུར་ན། །སྦྱིན་སྲེག་མེ་ཐབ་རབ་བརྩིགས་ནས། །དེ་དང་མཉམ་པ་གསུམ་བཀུག་ནས། །མཆོད་རྫས་སྣ་ཚོགས་བཤམ་པར་བྱ། །གསུམ་པོ་དེ་ཡང་དབང་པོར་བཞག །བླ་མ་ལ་སོགས་མཆེད་རྣམས་ཀྱི། །གསང་མཚན་ལ་སོགས་སྤྱན་དྲངས་ཏེ། །སྦྱིན་སྲེག་མཆོད་པ་གཞུང་བཞིན་བྱ། །དཀྱིལ་འཁོར་ལྷ་ལ་ཚུལ་བཞིན་བྱ། །བཞུགས་ལ་གཤེགས་པའི་ཚོ་ག་གདགས། །དེ་ཚེ་ཟིན་པར་གྱུར་པའི་ཚེ། །གོང་དུ་སྨོས་པའི་ཡོན་རྣམས་ཀྱང་། །དབང་པོ་གསུམ་ལ་དབུལ་བར་བྱ། །དེས་ཀྱང་ཡོངས་སུ་བཤད་པར་གདང་། །དེ་བཞིན་ལན་གྲངས་བདུན་དུ་བྱ། །དེ་ལྟར་བྱས་ན་སྐོངས་པར་འགྱུར། །མཆེད་ལ་སོགས་པའང་དེ་བཞིན་ནོ། །ཞེས་སོ། །དབང་པོ་གསུམ་གྱིས་ཀྱང་ཚངས་རྒྱ་སྦྱིན་པ་གལ་ཆེའོ། །ཡུལ་གྱིས་མྱུར་དུ་ཚངས་པ་སྦྱིན་པ་ནི། གལ་ཏེ་གུས་པས་མི་ལེན་ན། །ཞེས་པ། གལ་ཏེ་ཉམས་པ་ཅན་གྱིས་དེ་ལྟར་གདུང་བའི་སེམས་ཀྱིས་བཤགས་པ་དང་དུ་བླངས་ཀྱང་། ཡུལ་གང་ཡིན་པས། ཡུས་བཤད་པའི་དབང་གིས། གུས་པས་བཤགས་པ་མི་ལེན་ན། བརྣག་སེམས་ཆེ་བར་གྱུར་ན། ཉེས་པ་ཤིན་ཏུ་ཆེ་སྟེ། སྤྱིར་ཐེག་པ་ཆེན་པོའི་ལུགས་ཀྱིས་སེམས་ཅན་ཆུད་མི་གསོན་ཅིང་། བྱམས་

པ་དང་སྙིང་རྗེས་བཟུང་ལ། གསང་སྔགས་ནི་དེ་བས་ཀྱང་ཐབས་ལ་མཁས་པ་ཡིན་པས། ཐབས་ཅིའི་སྒོ་ནས་ཀྱང་གཞན་དོན་འབའ་ཞིག་ཉམས་སུ་ལེན་པའོ། །དེས་ན་གཉིས་ཀ་ཞེས་པ། ཡུལ་གྱིས་བཤགས་པ་མ་བླངས་པ་དང་། དེ་ཉིད་ཀྱིས་ཡུལ་ཅན་གྱི་དྲི་མ་མ་དག་པས་ཉེས་པ་མཉམ་པས། གཉིས་ཀ་རྡོ་རྗེ་དམྱལ་བར་ལྟུང་ཞེའོ། །ཉེས་པ་ཆེ་བ་དེ་བས་ཡུལ་གྱིས་ཀྱང་མྱུར་བ་སྒྱུར་ཏེ། རང་ངོ་ནས་ཚངས་པར་བྱས་ལ། གཞན་ངོར་ཚངས་པ་བཅོལ་བར་ཡང་བྱའོ། །

དེ་ཡང་དམ་ཚིག་བཀོད་པ་ལས། དེ་ལ་ཚངས་པ་མ་བཅོལ་ན། །གཉིས་ཀ་རྡོ་རྗེ་དམྱལ་བར་སྐྱེ། །དེ་ལ་སྡུག་བསྔལ་བཟློད་གླགས་མེད། །དེ་བས་ཚངས་པ་རྩལ་བར་བྱ། །ཞེས་སོ། །དེ་ལྟར་ཉེས་པ་དག་པར་སྒྱུར་ནས་ཀྱང་། ད་ཉེས་པ་དག་ཟིན། དེ་ཕྱིར་མི་གཏོགས་ཟེར་བ་ལྟ་བུ་མ་ཡིན་ཏེ། སྔ་བས་ཀྱང་ཉེ་བ་དང་གདུང་སེམས་དང་། ཞབས་འབྲིང་ལས་འབད་པར་བྱ་བ་ནི། རྒྱུད་ལས། དེ་ལྟར་ཚངས་པ་ཐོབ་ནས་ཀྱང་། །གཤེགས་པར་འདོད་པ་གང་ཡིན་པས། །ཞབས་ལ་སྤྱི་བོས་བླང་བར་བྱ། །སླད་ཆད་མི་གཉིས་གཅིག་པར་བྱ་ཞེས་སོ། །

གསུང་གི་བསྐང་ཐབས་ནི། གསུང་གི་དམ་ཚིག་ཅེས་པ་ལ་སོགས་པ་སྟེ། དེ་ཡང་གསུང་གི་དམ་ཚིག་ནི། སྔགས་གསུམ་ཕྱག་རྒྱ་བཞི་སྟེ། རྣལ་འབྱོར་རབ་འབྲིང་གིས་དུས་ཚོད་ལས་འདས་པ་ནི། ཉམས་པ་འགྱུར་ཏེ། དེ་ལྟ་བུར་འགྱུར་བ་ནི། ཡིད་ཀྱི་ཤེས་པ་འཛིན་རྟོག་གི་དབང་དུ་སོང་བས་ཏེ། སློབ་དཔོན་ལུང་མེད་ཅིང་མན་ངག་ལ་མི་མཁས་པ་ན། དོན་དེས་རྣལ་འབྱོར་པ་རྟོགས་པ་དང་ལྟ་བ་ཆུང་ཞིང་། གསུང་གི་དམ་ཚིག་གཞུང་དུ་མ་བསྒྲགས་པས་སོ། །དེ་བསྐངས་པའི་ཐབས་ནི། ཡག་ཉེས་ཐམས་ཅད་འབྱུང་བའི་སྒོར་གྱུར་པ་ལུས་ངག་ཡིད་གསུམ། ལྷ་ཡི་སྐུ་གསུང་ཐུགས་ཉིད་དུ་གསལ་བ་སྟེ། ལུས་ལྷ་ཡི་དཀྱིལ་འཁོར། ངག་ཡི་དམ་གྱི་གསུང་གི་རང་བཞིན། སེམས་མཉམ་པ་ཉིད་བདེ་བར་གཤེགས་པ་ཐམས་ཅད་ཀྱི་ཐུགས་སུ་ཚིག་ཙམ་མ་ཡིན་པ་དག་རིག་པ་ལ་གདིང་ཆུད་པ་ཉིད། ངེས་པར་ཤེས་ཅེས་བྱ་སྟེ། དེ་ལྟ་བུའི་དོན་མངོན་དུ་གྱུར་པ་དང་། ཉམས་པ་སྐོངས་བ་དུས་གཅིག་པ་སྟེ། དེས་ན་ལམ་གྱི་རྩོལ་བ་ཟད་པ་ཉིད་འབྲས་བུ་དང་མཚུངས་སོ། །རྟོགས་པའི་འབྲས་བུ་ལས་སྣང་བས་འགྱུར་ཅེས་བྱ་སྟེ། དམ་ཚིག་བཀོད་པ་ལས། ལུས་ཀྱི་བསྒྲུབ་སྐྱོད་ཟེ་ནི་ཕྱག་རྒྱ

ཆེན་པོའི་རང་བཞིན་ཡིན་ལ། ངག་གི་བཟླས་བརྗོད་ནི། བཟླས་པར་བྱ་བའི་སྙིང་པོ་ཡིན་ལ། སེམས་ཀྱི་དྲན་རྟོག་ཐམས་ཅད་ཐུགས་ཏིང་ངེ་འཛིན་གྱི་རང་བཞིན་ཡིན་ཞེས་སོ། །དེ་ནི་ཉམས་པ་ཉིད་ལྔ་བའི་བསྐང་ཐབས་སོ། །སྤྱོད་པའི་བསྐངས་ཐབས་ནི། བཟླས་པ་བལྟབ་ཀྱིས་བསབ་པ་དང་། །ཞེས་པ། གསུང་གི་དམ་ཚིག་ཕྲུག་རྒྱ་བཞི་ལ་བརྟེན་ཏེ། སྔགས་གསུམ་བཟླ་བ་ཡང་། བརྒྱུས་འགྲུབ་ན། ཉིས་བརྒྱ་བཏང་བ་ལྔ་བུའམ། ཡང་ན་སྔོན་འཇུག་པས། དེ་ཞི་བའི་ཕྱིར་ཕྱུར་པའི་བསྐྲུབ་པ་དང་། ཉམས་པ་བསྐང་པའི་ཕྱིར། བདུད་རྩི་སྨན་གྱི་བསྒྲུབ་པ་དང་གསུམ་གྱིས་བསྐང་བའོ། །ཐུགས་ཀྱི་བསྐང་ཐབས་ནི། ཐུགས་ཀྱི་དམ་ཚིག་ཅེས་པ་ལ་སོགས་པ་སྟེ། གསང་བ་བཅུའི་དམ་ཚིག་མ་གསང་ནས་སྣོད་མིན་ལ་བསྒྲགས་ཏེ། སྐྱེ་བོ་ཀུན་གྱིས་ཤེས་པར་གྱུར་པ་ནི། ཉམས་པ་སྟེ། དེ་ལྟར་གྱུར་ན། དེ་བསྐངས་པའི་ཐབས་ནི། འགྲོ་དྲུག་སེམས་སུ་གསལ་རྟོགས་ན་ཞེས་པ་དྲུག་གིས་འགྲོ་བ་ཐམས་ཅད་དོན་དམ་པའི་བྱང་ཆུབ་སེམས་སུ་བཤད་པ་ལྟར་སེམས་ཉིད་དུ་དབྱེར་མེད་པར་ཁ་ཙམ་ཚིག་ཙམ་མ་ཡིན་པར་རིག་པ་ལ་འབྱོར་པ་ལ་ནི། གསལ་རྟོགས་ཞེས་བྱའོ། །དེ་ལྟ་བུའི་དོན་མངོན་དུ་གྱུར་ན། ཆོས་ཐམས་ཅད་སེམས་ཉིད་དུ་གཅིག་པས། ཡུལ་ཡུལ་ཅན་མ་གྲུབ་པའི་དབང་གིས། རྣལ་འབྱོར་པ་བདག་ཉིད་ལྟ་བུའི་ཡུལ་དུ་སྣང་བའང་བདག་ཉིད་ལས་མི་གཞན་པས། བདག་ལ་གསང་བ་མེད་ཅེས་བྱ་བ་སྟེ། གཉིས་ཅན་མ་གྲུབ་པས་སོ། །དོན་དེའི་ངང་ལས་ཐམས་ཅད་བདག་ཉིད་ཆེན་པོར་རྟོགས་པས་ཡོད་མེད་དང་སྣང་སྟོང་ལ་སོགས་པའི་མཐའ་གང་དུའང་མི་རྟོགས་པའི་བློ་ཏིང་ངེ་འཛིན་ལ་གླུང་ཞུགས། ཞེས་བྱ་སྟེ། བར་ཆོད་མེད་པ་དང་ཐམས་ཅད་དེ་ཉིད་དུ་ཤེས་པ་ནི། ཏིང་ངེ་འཛིན་མི་ཉམས་སོ། །

གདམས་པ་བརྗོད་པ་ནི། མ་ཡེང་བློ་ལ་འདྲིས་པར་བྱ། །ཞེས་པ། གོང་མའི་དོན་དེ་ཉིད་ལས། དུས་གསུམ་དུ་སྤྱོད་ལམ་རྣམ་པར་གཡེང་བ་དྲུག་གི་དབང་དུ་མ་སོང་བར། བློ་ལ་འདྲིས་གོམས་སུ་བྱ། ཞེས་གདམས་པའོ། །དེ་ལྟར་མ་ཡིན་པ་སྐྱོངས་པའི་ཐབས་རྣམ་པར་བསྟན་ཏོ། །དེ་ཡང་དམ་ཚིག་བཀོད་པ་ལས། ནམ་མཁའ་ལ་ཡང་དོག་མེད་པ་བཞིན། བློ་ཆོས་ཉིད་དུ་གྱུར་པ་ལས། འཇིག་རྟེན་གྱི་བག་ཆགས་སྤྱངས་པས། གང་ཞིག་སྨྲས་ཤིང་བརྗོད་ན་ཡང་། སྣོད་དང་མི་ལྡན་པ

རྣམ་པར་ཤེས་པར་བྱས་ལ། བསྒྱུར་དུ་མེད་པའི་ངོ་བོ་རང་བཞིན་གྱི་རྣལ་འབྱོར་པས། ཆོས་ཉིད་ཚིག་དང་ཡི་གེ་ལས་འདས། ཞེས་པ་དང་། ཡང་དེ་ཉིད་ལས། ནམ་མཁའ་ལ་ཡང་དོག་རྣམས་བཞི། སེམས་དཔའ་ཆེན་པོ་འདི་ལྟ་བུའི་མན་ངག་ནོས་ལ། ཁོངས་སུ་ཆུས་པར་གྱིས་ཤིག །ཐུགས་ཀྱི་དམ་ཚིག་སྐྱོངས་པའོ། །འདི་ལྟ་བུ་ལ་ཡིངས་པ་རྣམ་པར་གྱིས་ཤིག །ཐུགས་ཀྱི་དམ་ཚིག་མི་ཉམས་པའོ། །འདིའི་དོན་ལ་འགྱུར་བ་མེད་པར་གྱིས་ཤིག །ཐུགས་ཀྱི་དམ་ཚིག་མི་འདའ་བའོ། །ཡན་ལག་གི་བསྐྱང་ཐབས་ནི། ཡན་ལག་དམ་ཚིག་ཅེས་པ་ལ་སོགས་ཏེ། འདིར་ཐུན་མོང་མ་ཡིན་པའི་ཡན་ལག་གི་དམ་ཚིག་གྲངས་ཉི་ཤུ་རྩ་ལྔ་པོའི་གང་དང་གང་ཉམས་པར་གྱུར་ན། གང་ཉམས་པ་དེའི་སྟེ་སོར་བཅུག་སྟེ་བསྡམས་པ་ལ། གཞན་ཡང་ཚོགས་ཆེན་ཞེས་པ། ཡི་དམ་གྱི་སྒོ་ནས་ཚོགས་ཀྱི་འཁོར་ལོ་བརྒྱ་རྩ་བརྒྱད་ཀྱིས་བསྐང་ངོ་། །ཐུན་མོང་རྣམས་ནི། བསྡམ་པ་ཉིད་ཀྱིས་ཆོག་གོ། །དེ་ཉིད་ཀྱི་སྐྱོངས་པའི་ཐབས་ཀྱང་། དམ་ཆེན་པོ་ལས་དཔེལ་ན་ཤིང་ཏ་ལ་རྩ་བ་མྱུ་གུ་བྱུང་ན་ཡན་ལག་ཤུགས་ཀྱིས་སྐྱེ་བ་བཞིན། རྩ་བ་རྣམས་ན་ཡན་ལག་ཤུགས་ཀྱིས་སྐྱོངས་པར་འགྱུར་ལ། གལ་ཏེ་ཉམས་པར་ཚོར་ན་ཡང་། སྤྱད་པར་བྱ་བའི་དམ་ཚིག་ཉམས་ན། དཀྱིལ་འཁོར་གཅིག་པའི་ཕྲིན་ལས་ཀྱིས་བསྐང་། ཞེས་པ་ལ་སོགས་པ་གསུངས་སོ། །

ཞབས་བསྡུ་བ་ནི། དེ་ལྟར་ཞེས་པ་ལ་སོགས་པ། རྩ་བ་བཞི་དང་ཡན་ལག་བཤད་པ་དེ་ལྟར་རྣལ་འབྱོར་པས་ཉམས་སུ་བླངས་ན་སྐྱོངས་པར་འགྱུར་ཏེ། དེའི་ཡོན་ཏན་ནི་སྔ་རྟགས་སྡུག་བསྔལ་འབྱུང་མི་འགྱུར། ཅེས་པ། བཤད་པའི་སྔ་རྟགས། ཚེ་འདི་ལ་སྨིན་པའི་སྡུག་བསྔལ་རྣམས་འབྱུང་བ་མི་འགྱུར་ལ། དོན་དེས་ཕྱི་མ་ལ་སྨིན་པའི་འབྲས་བུ་ངན་པ་མི་སྣང་ཞེས་བརྗོད་དོ། །

སྤྱི་དོན་དགུ་པ། དཔེ་ལ་གསུམ་གྱི་མདོར་བསྟན་པ། དམ་ཚིག་ཆེན་པོ་ཞེས་པ་ལ་སོགས་ཏེ། དམ་ཚིག་ནི་རྩ་བ་དང་ཡན་ལག་རྣམས་སོ། །ཆེན་པོ་ནི་ཡོ་ག་ཕྱིན་ཆོད་ཀྱི་སྤྱོད་ཡུལ་དུ་མ་གྱུར་པས་བཤད་པ་རྣམས་སོ། །དཔེ་ཞེས་པ། ཐེག་པ་མཆོག་གི་དམ་ཚིག་ནི། རིན་པོ་ཆེ་དབང་གི་རྒྱལ་པོ་དང་འདྲ་སྟེ། དོན་ཐམས་ཅད་ལྷུན་གྱིས་གྲུབ་པས། དེ་ཉིད་ཀྱི་དབང་གིས་དཔེས་མཚོན་ལ། དཔེ་རེས་དོན་རེ་ཙམ་མཚོན་ནུས་པའི་དབང་གིས། ཡོན་ཏན་ལྷུན་གྱིས་གྲུབ་པའི་ཚེ་རེའི་ངོས་ནས། དཔེ་

རེ་རེ་སྟེ་གྲངས་བཅུ་གཅིག་གི་སྒོ་ནས་བསྟན་པ་གང་ཞེ་ན། གཞི་ཡི་དཔེ་ནི། ས་གཞི་ལྟ་བུའི་རང་བཞིན་ལ། །ཞེས་པ་ལ་སོགས་པ་སྟེ། དཔེར་ན་ས་གཞི་ཆེན་པོ་ནི། ནང་བཅུད་ཀྱི་འགྲོ་བ་དང་། དེའི་ཕྱོགས་སྤྱོད་དུ་གྱུར་པ། ས་བོན་ལས་འབྲས་བུ་སྨིན་པའི་བར་ཐམས་ཅད་ས་གཞི་ལ་བརྟེན་ཏེ། སྐྱེ་ཞིང་སྣང་སྟེ་སྨིན་པར་བྱེད་ལ། ས་གཞི་རྣམ་གང་ཡང་སྣང་བ་ལྟར། གསང་སྔགས་ཀྱི་དམ་ཚིག་ཀྱང་། དཔེ་དེ་ལྟ་བུའི་རང་བཞིན་བས་ལམ་གྱི་སྔོན་དུ་འགྲོ་བའི་གཞི་ལྟ་བ་དང་། ཉམས་སུ་བླངས་པའི་ངོ་བོ། ཏིང་ངེ་འཛིན་བསྐྱེད་རྫོགས་ཀྱི་གཉིས་དང་། དེ་ལས་སྣང་བའི་འབྲས་བུ་སྐུ་ལྔ་རྒྱན་གྱི་འཁོར་ལོས། སོ་སོའི་མཚན་ཉིད་པའི་ཆོས་རྣམས་ཀུན། ས་གཞི་དང་འདྲ་བའི་དམ་ཚིག་མེད་ན། ལས་འབྲས་གང་ཡང་འབྱུང་བར་མི་འགྱུར་ཏེ། ཐམས་ཅད་དམ་ཚིག་ལ་སྣང་བར་བསྟན་ནོ། །བསྲུང་ཐུབ་མ་ཐུབ་ཀྱིས་ལེགས་ཉེས་སུ་འགྱུར་བའི་དཔེ་ནི། སོ་མཚམས་མཁར་གྱི་ཞེས་པ་ལ་སོགས་ཏེ། དཔེར་ན། སོ་འཚམས་ཆེ་བའི་ས་ན་མཁར་བཙན་པོ་གཅིག་ཡོད་ན་དེ་བསྲུང་ཐུབ་སྟེ་དགྲ་ལ་མ་ཤོར་ན། བདག་ཕྱོགས་རྒྱལ་ཞིང་དགྲ་ཕྱོགས་ཕམ་ལ། བསྲུང་མ་ཐུབ་ན་མཁར་དགྲ་ལ་ཤོར་བས། དགྲ་ཕྱོགས་རྒྱལ་ཞིང་བདག་ཕྱོགས་གཏན་ཕམ་པ་བཞིན། འདིར་དམ་ཚིག་ཀྱང་དེའི་རང་བཞིན་པས། སོ་འཚམས་དང་འདྲ་བས་འཁོར་འདས་གཉིས་ཀྱི་བར་ན་མཁར་དང་འདྲ་བའི་དམ་ཚིག་ནི། བསྲུང་བ་ཐུབ་སྟེ་རྩ་བ་དང་ཡན་ལག་རྣམས་མ་ཉམས་ན་ལེགས་པ་སྟོབས་ཆེན་པོ་བྱེད་དེ། འཇིག་རྟེན་གྱི་བདེ་ལེགས་ཀྱིས་ཀྱང་མི་ཉེ་བས་ལམ་དང་འབྲས་བུའི་ཡོན་ཏན་ཐམས་ཅད་སྣང་བའོ། །བསྲུང་བ་མ་ཐུབ་སྟེ། རྩ་བ་དང་ཡན་ལག་རྣམས་ཉམས་པ་ལས་ཉེས་པ་སྟོབས་པོ་ཆེ་སྣང་སྟེ། རྡོ་རྗེ་དམྱལ་བར་འཆེད་ནས་ཐར་པའི་བྱང་ཆུབ་གཏན་ཆད་པའོ། །བསྲུངས་པས་དགོས་འདོད་སྐྱང་བའི་དཔེ་ནི། རིན་ཆེན་ཞེས་པ་ལ་སོགས་པ་སྟེ། དཔེར་ན་ཡིད་བཞིན་གྱི་ནོར་བུ་རིན་པོ་ཆེ་འདམ་ཁྲོད་དུ་བསྣུབས་ན་ཡོན་ཏན་མི་སྣང་ལ། རྒྱལ་མཚན་གྱི་རྩེ་མོ་ལ་བཏགས་ཏེ། མཆོད་པའི་ཚོགས་ཀྱིས་མཆོད་ན། གསོལ་བ་བཏབས་ན། དགོས་འདོད་ཆར་བཞིན་དུ་འབབ་པོ། དམ་ཚིག་ཀྱང་དེ་ལྟ་བུའི་རང་བཞིན་པས། རྒྱལ་མཚན་གྱི་རྩེ་མོ་ལ་བཏགས་ཏེ། མཆོད་པ་དང་འདྲ་བའི་མ་ཉམས་པར་བསྲུང་ན། དངོས་གྲུབ་ནི་སངས་རྒྱས་ཀྱི་ས་དང་། ལམ་རིག་འཛིན་རྣམས་སྣང་ལ་དགོས་འདོད་ནི

རྣལ་འབྱོར་པའི་བློའི་དགོས་པ་སྐྱོང་སྟེ། བཤད་པའི་ཡོན་ཏན་གྱི་ཚོགས་རྣམས་དང་། རྒྱུ་རྟགས་རྣམ་པ་བཞི་དང་། དེ་ལ་སོགས་ཏེ། རི་བ་ཐམས་ཅད་དམ་ཚིག་ལ་སྣང་ངོ་། །ཆོས་ཐམས་ཅད་དམ་ཚིག་ཏུ་འདུས་པའི་དཔེ་ནི། ནམ་མཁའ་ལྟ་བུའི་ཞེས་པ་ལ་སོགས་ཏེ། དཔེར་ན། ནམ་མཁའ་ནི་དངོས་པོ་རྣམས་ཀྱང་། སྣང་སྲིད་ཀྱི་ཆོས་ཐམས་ཅད་ནམ་མཁའ་ལས་སྣང་ཞིང་། ནམ་མཁའ་དང་མི་གཉིས་ཤིང་དབྱེར་མེད་ལ། ཕྱོགས་འཛིན་དང་བྲལ་བ་སྟེ། དམ་ཚིག་ཀྱང་དེ་ལྟ་བུའི་རང་བཞིན་པས། དེ་མ་ཉམས་པར་ཡོད་ན། ཡོན་ཏན་གྱི་རྩལ་ཕྲིན་ལས་བཞི་ནས་སངས་རྒྱས་པའི་བར་ཐམས་ཅད་དམ་ཚིག་ལས་སྣང་ཞིང་། དེ་དང་མི་གཉིས་ཤིང་དབྱེར་མེད་པ་ལ་ཤོང་བར་འགྱུར། ཞེས་བྱའོ། །འཁོར་བའི་དྲྭ་བ་གཅོད་པའི་དཔེ་ནི། རྣོ་དབལ་ཞེས་པ་ལ་སོགས་པ་སྟེ། དཔེར་ན། བྱ་ལ་སོགས་པའི་སྲོག་ཆགས་གང་རུང་ཅིག་དྲྭ་བར་བཅུག་ན། འཕུར་བ་ལ་སོགས་པའི་བདེ་བླག་མེད་དེ། འཆིང་བ་མཚོན་རྣོན་པོ་དབལ་དངར་མ་དང་། ཆས་པས་དྲྭ་བ་བཅད་ན། འཆིང་བྱེད་མེད་པས་ནམ་མཁའ་ལ་སོགས་པ་ལ་ལོངས་སྤྱོད་བཞིན། དམ་ཚིག་ཀྱང་དེ་ལྟ་བུའི་རང་བཞིན་པས། ཁམས་གསུམ་འཁོར་བས་འཆིང་སྟེ། ཐར་པའི་བདེ་བླག་མེད་པ་དང་འདྲ་བས་ཉོན་མོངས་པའི་དྲྭ་བ་མ་ལུས་པ་གཅོད་དེ། ཐར་པའི་བདེ་བླག་ལོངས་སྤྱོད་པའོ། །དུས་གསུམ་གྱི་རྒྱལ་བ་བསྐྱེད་པའི་དཔེ་ནི། ཕ་མ་ཞེས་པ་ལ་སོགས་པ་སྟེ། དཔེར་ན་སེམས་ཅན་རྣམས་ཕ་མ་ལ་སྐྱེ་ཞིང་། དེས་བསྐྱེད་དེ་སྣང་བ་ལྟར། དམ་ཚིག་ཀྱང་དེ་ལྟ་བུའི་རང་བཞིན་པས། འདས་པ་ལ་སོགས་དུས་གསུམ་གྱི་མཐའ་གཉིས་ལས་རྒྱལ་བའི་རྒྱལ་བ་མ་ལུས་པ་ཐམས་ཅད། དམ་ཚིག་བསྐྱེད་ཅིང་དེ་ལས་སྣང་བའོ། །དངོས་གྲུབ་ཀྱི་རླབས་འབྱུང་བའི་དཔེ་ནི། རྒྱ་མཚོ་ཞེས་པ་ལ་སོགས་ཏེ། དཔེར་ན་མཐའི་རྒྱ་མཚོ་ལས། རིན་པོ་ཆེ་ལ་སོགས་པའི་རླབས་འབྱུང་བ་ཡང་། དུས་སུ་འབྱུང་ཞིང་དུས་ལས་མི་འདའ། དམ་ཚིག་ཀྱང་དེ་ལྟ་བུའི་རང་བཞིན་པས་ཡོན་ཏན་གྱི་རླབས་ཆེ་བ་ནི། དཔེ་ལས་ཁྱད་པར་དུ་གྱུར་པ་སྟེ། རྟེན་གྱི་གང་ཟག་གི་རྟོགས་པ་དང་། ས་ཚོད་ཀྱི་གནས་སྐབས་ཀྱིས་དུས་སུ་འབྱུང་བར་འགྱུར་ཏེ། ཚེ་རིང་བ་དང་། ནད་མེད་པ་དང་། ལོངས་སྤྱོད་ཆེ་བ་དང་། འགྲོ་བས་བཀུར་བ་དང་། འཕྲིན་ལས་གང་ཡང་ཐོགས་པ་མེད་པར་འགྲུབ་པ་དང་། མངོན་ཤེས་དང་ཡེ་ཤེས་རྣམས་དམ་ཚིག་ལས་འབྱུང་བར་འགྱུར་རོ། །ཁྱད

དུ་མི་གསོད་ཅིང་བགས་དང་ལྡན་པའི་དཔེ་ནི། མེ་དཔུང་ཞེས་པ་ལ་སོགས་པ་སྟེ། དཔེར་ན་མེ་ཡི་ཕུང་པོ་ཆེན་པོ་ལ་བཙའ་ཞིང་བསྟེན་ན་ཡོན་ཏན་ཐམས་ཅད་སྣང་ལ་མ་བཙས་ཏེ་ཆས་འཚལ་ན། གང་རེག་པ་ཐམས་ཅད་འཚིག་པ་བཞིན། དམ་ཚིག་ཀྱང་དེ་ལྟ་བུའི་རང་བཞིན་བས། མི་བཙའ་བ་དང་འདྲ་བས་དམ་ཚིག་བསྲུང་བ་ལ་མ་འདས་ན། ཡོན་ཏན་ཐམས་ཅད་སྣང་ལ། ཆབ་འཚལ་ཏེ་མ་བསྲུང་ན། གང་མཚོངས་ཞེས་ཏེ། དམ་ཚིག་དང་འགལ་བ་ཐམས་ཅད་ཐར་པའི་ས་བོན་འཇིག་པར་འགྱུར་ཞེས་བྱའོ། །འཁོར་བའི་སྡུག་བསྔལ་སེལ་བའི་དཔེ་ནི། དེ་བཞིན་རྩི་སྨན་ཞེས་པ་སྟེ་བཤད་པ་བཞིན་གཞན་ཡང་དམ་ཚིག་གི་རྩི་སྨན་གྱི་རང་བཞིན་འདྲ་སྟེ། ཚ་གྲངས་གི་ནད་གང་ལ་ནད་དང་མཐུན་པའི་ཁ་ཟས་ཏེ། རྩི་ཞེས་བྱ་བ་དང་། མ་ནོར་བའི་བསིལ་དྲོད་རྣམས་པ་གཉིས་ཀྱི་སྨན་གྱིས་ནད་དང་མཐུན་པར་བསྟེན་ཅིང་བཏང་ན། ནད་གཏན་ནས་བྱང་བར་བྱེད་པ་དང་འདྲ་བར་དམ་ཚིག་ཀྱང་དེ་ལྟ་བའི་རང་བཞིན་པས། མ་ཉམས་ན་ཁམས་གསུམ་འཁོར་བའི་ཐོག་མ་མེད་པའི་མུ་ནས་ལྷས་པའི། གཟུང་འཛིན་གཉིས་སྡུག་བསྔལ་བསྐྱེད་ཅིང་ཐོན་དཀའ་བའི་རོང་ལྟ་བུ། ཆེ་ཕྲ་མ་ལུས་པ་ཐམས་ཅད་འཕྲིན་ཅིང་མི་གནས་པ་མཛད་དོ། །བྱས་པ་ཆུད་མི་ཟ་བའི་དཔེ་ནི། རྒྱལ་པོ་ལྟ་བུ་ཞེས་པ་ལ་སོགས་ཏེ། དཔེར་ན་རྒྱལ་ཁྲིམས་ཡོད་པའི་རྒྱལ་པོ། མངའ་འོག་དུ་ཚུད་དེ། རྒྱལ་ཁྲིམས་ལ་གནས་ནས་རྒྱལ་པོའི་སྲིད་བཙའ་ཤེས་ན། ལེན་པ་ཅི་བྱས་ཐམས་ཅད་ཆུད་མི་ཟ་སྟེ། འབངས་ངན་པ་ལས་བཟང་པོར་འགྱུར་ལ། དེ་ལས་ཀྱང་མཐར་བློན་པོར་འགྱུར་པ་དང་། ཁྲིམས་དང་འགལ་ན། ཉེས་པའི་གྲལ་རིམ་བཞིན་ཁྲིམས་ཐོག་ལ། ཉེས་ཆེན་མགོ་གཅོད་པ་སྟེ། དམ་ཚིག་ཀྱང་དེ་ལྟ་བུའི་རང་བཞིན་པས། ཕྱོགས་འགའ་བརྟེན་པའི་ཞེས་པ་ཟག་བཅས་ཀྱི་དུས་སུ་མོས་པས་བསྲུང་བ་ཙམ་གྱིས་ཕྱོགས་པས། དེའི་ཡོན་ཏན་རྣམས་སྣང་ལ། དེ་ཉིད་རིམ་གྱིས་སྟོབས་སུ་གྱུར་ནས། ཟག་མེད་ཀྱི་གནས་སྐབས་སུ། སྟོབས་སུ་གྱུར་པའི་ཕྱོགས་ཉིད་ཀྱིས། རིམ་གྱིས་མཐར་ལམ་དང་། འབྲས་བུ་སྒྲུབ་བས་འཚོ་ཞེས་བྱའོ། །དམ་ཚིག་དང་འགལ་ན་མགོ་གཅོད་པ་དང་འདྲ་བས་ཐར་པའི་ས་བོན་ཚིག་གོ། །དེ་ན་སློབ་དཔོན་ཨ་རོ་ཡེ་ཤེས་འབྱུང་གནས་ཀྱིས། གསང་སྔགས་སྐྱེ་བ་གཉིས་ཡིན་ཏེ། །ཇོ་རྗེ་དཔལ་དང་སངས་རྒྱས་པ། །ཞེས་གསུངས་སོ། །ལས་དང་པོ་ནས་སངས

རྒྱས་ཀྱི་བར་དུ་མི་འབྲལ་བའི་དཔེ་ནི། རྒྱ་མཚོ་ནོར་ལེན་ཞེས་པ་ལ་སོགས་ཏེ། རྒྱ་མཚོའི་གླིང་ནས་ནོར་བུ་རིན་པོ་ཆེ་ལེན་པ་དང་། གསང་སྔགས་ཀྱི་འབྲས་བུ་བསྒྲུབ་པ་དོན་མཐུན་ཏེ། མཚོ་དང་འདྲ་བའི་ཁམས་གསུམ་འཁོར་བ་ལས་བརྒལ་བ་ལ། གཟིངས་དང་འདྲ་བའི་གསང་སྔགས་ཀྱི་ཐེག་པར་ཞུགས་ནས་ཆུ་སྲིན་དང་འདྲ་བའི་ཉོན་མོངས་པའི་ཚོགས་ལམ་གྱི་བར་ཆད་རྣམས་ཡོད་པ་དང་། ཆུ་སྲིན་བསལ་བའི་ཐབས་སུ། དུང་འདྲ་བའི་ཐབས་འོ་མ་ཡིན་ལ། དེ་བ་ལས་སྣང་བས། བ་ཡར་མ་གཉིས་ཏེ། གཅིག་ནི་ཤི་ཐེབ་ཡིན་པ་ནི། ལམ་གྱི་བདེན་པ་གཉིས་སོ། །སྐམ་ས་ཉུལ་བའི་ཕྱིར། བྱ་རོག་གཉིས་གསོ་བ་ནི། དྲན་དང་ཤེས་བཞིན་གྱི་བྱ་ར་བས་ལམ་པའི་རྒྱུད་ལ་བརྟགས་པའོ། །རྒྱ་མཚོའི་ཕྱོགས་སུ་བརྟགས་པའི་ཚེ། བྲག་དམར་པོའི་རི་ཆེན་གྱི་གོང་ན་ཚུར་ཉི་ཟླ་འཆར་བ་ལྟ་བུ་ཡོད། ཆུ་སྲིན་ཁ་ལའང་དེ་བུ་ཡོད་པས། ཆུ་སྲིན་ཡིན་ན་གཟིངས་གསོན་པོ་གྲི་བར་ནུབ་པས། དེ་ཡིན་མིན་བརྟག་པའི་ཕྱིར། ཕུག་རོན་ཏེ། ཁྱུ་ཆགས་པའི་ཕྱིར་བདུན་ནོ། །དེ་ཡང་ཆུ་སྲིན་ཡིན་ན་ཚུར་ལོག་ལ། ཆུ་སྲིན་མིན་ན་དེ་ཉིད་ལ་བབ་སྟེ། དེའི་ཆོས་མཐུན་བྱང་ཆུབ་ཀྱི་ཡན་ལག་བདུན་ནོ། །ཟུར་བཞི་གདན་བཞི་བཙུགས་ཏེ། མཐུན་པའི་རླུང་དང་འཕྲད་ན་ཕ་བོང་སྟེང་དུ་བཞག་པ་དང་། བ་དན་བསྒྲེང་ནས་འགྲོ་བ་དང་མཐུན་པའི་རྫུ་འཕྲུལ་གྱི་རྐང་པ་བཞི་དང་། མི་མཐུན་པའི་རླུང་བྱུང་ན། བ་དན་དྲིལ་ཏེ་བསྡད་པའི་ཕྱིར། བྲོ་ཆུའི་ཕ་བོང་ལ། ལྕགས་ཐག་འདོམ་དགུས་བཏགས་ཆུ་ནང་དུ་དཔྱངས་པས། རྒྱ་མཚོ་འཛིངས་འདོམ་དགུའི་སོ་ན་གཡོ་བ་མེད་པས་གཟིངས་གང་དུའང་མི་འགྱུར་བ་སྟེ། ཕ་བོང་བཞི་དང་འདྲ་བའི་ཚད་མེད་པ་བཞིའོ། །དེ་ལྟ་བུའི་གཟིངས་ལ་བརྟེན་ཏེ། རིན་པོ་ཆེའི་གླིང་ནས། དེ་ཉིད་ཀྱི་ཚོགས་ལེན་ཏེ། འགྲོ་བ་དབུལ་འཕོངས་རྣམས་ལ་སྦྱིན་པ་བཏང་བ་བཞིན། ཐེག་པའི་སྒོར་འཇུག་སྟེ་ཉམས་སུ་བླངས་ནས། འབྲས་བུ་ཐམས་ཅད་མཁྱེན་པའི་ཡེ་ཤེས་མངོན་དུ་གྱུར་ནས། གཞན་དོན་གྱི་མཛད་པས་གདུལ་བྱ་རྣམས་ཀྱིས་དགོས་པ་སྐོང་བར་བྱེད་པའོ། །དེ་ནས་གཟིངས་ཀྱི་དགོས་པའི་བྱ་བ་ཐམས་ཅད་ཚང་ཡང་། ཚོང་དཔོན་ལན་མང་པོ་སོང་བ་རྒན་པ་ཉིད་གཟིངས་ལ་དང་པོ་ཞུགས་ནས་མཐར་ཡུལ་དུ་མ་ཕྱིན་པའི་བར་དུ། དེ་ཉིད་མེད་ཀ་མེད་པ་དང་འདྲ་བར། ཐོག་མ་ནས་མཐར་འདྲིས་ཕྱིན་པས། ཞེས་པ་འདིར་འབྲས་བུ་བསྒྲུབ་པའི་རྟེན་གྱི་གང་ཟག

མཐར་སངས་མ་རྒྱས་བར་དུ། ཚོང་དཔོན་དང་འདྲ་བའི་དམ་ཚིག་ལ་རག་ལས་ཏེ། རྟེན་པ་དང་འདྲ་བའི་ཐོག་མེད་པའི་སངས་རྒྱས་པ་ཐམས་ཅད་ཀྱང་དམ་ཚིག་ལས་སྣང་ལ། ལན་མང་སོང་བ་དང་འདྲ་བའི་དུས་གསུམ་གྱི་སངས་རྒྱས་དང་། བྱང་ཆུབ་སེམས་དཔའ་རེ་ལ་ཡང་། མཐར་དམ་ཚིག་འདིས་ཕྱིན་པར་བྱེད་པས། འདི་ཉིད་བསྲུངས་བ་ལ་བཤད་པ་བཞིན་ནན་ཏན་ཆེ་བར་བྱའོ། །

སྤྱི་དོན་བཅུ་པ་མདོ་བཞིས་བརྗོད་བྱའི་ཞབས་བསྐྱ་བ་ལ་དབུ་ནས་བརྟེན་པའི་རང་བཞིན་གྱི་མདོ་ལ་གསུམ་གྱི། རང་བཞིན་གྱི་དམ་ཚིག་བསྟན་པ་ནི། དམ་ཚིག་དམ་ཚིག་ཅེས་པ་ལ་སོགས་པ་སྟེ། གསང་སྔགས་ཕྱི་བ་དང་ནང་པའི་གཉིས་སམ། ཡང་ན་རྩ་བ་དང་ཡན་ལག་གམ། དོན་དམ་དང་ཀུན་རྫོབ་རྣམ་པ་གཉིས་སོ། །བསྲུང་བྱའི་རྣམ་གྲངས་དེ་དག་སེམས་ཉིད་ལས་མ་གཏོགས་པའིབདུད་ཅིག་ན། ལོགས་སུ་ཡོད་པ་མ་ཡིན་ཏེ། འོན་ཅི་ལྟར་ཡིན་ཞེ་ན། རྣམ་གྲངས་སུ་བཅས་པའི་དམ་ཚིག་མ་ལུས་པ་ཐམས་ཅད་རང་གི་སེམས་ཉིད་དུ་འདུས་ལ། རང་གི་སེམས་ཉིད་དམ་ཚིག་ཏུ་སྣང་བ་ནི། ཆོས་ཐམས་ཅད་རང་བཞིན་གྱིས་དེ་ལྟར་ཡིན་པའོ། །ཆོས་ཐམས་ཅད་ཀྱི་རང་བཞིན་བསྟན་པ་ནི། ཅི་སྙེད་ཅེས་པ་ལ་སོགས་པ་སྟེ། རྣམ་གྲངས་མང་པོའི་ཆོས་དབང་པོ་དྲུག་གི་ཡུལ་དུ་སྣང་བའི་ཀུན་རྫོབ་ཀྱི་ཆོས་རྣམས་མ་ལུས་པ་ཀུན་ཡུལ་ལས་གཞན་པ་གཅིག་མ་ཡིན་ཏེ། སེམས་རང་རིག་ཁ་དོག་གི་ཆོས་ཀྱིས་མ་རེག །དབྱིངས་ཀྱི་ཆོས་ཀྱིས་མ་རེག །རིགས་དང་གནས་ཀྱིས་མ་རེག་པས་ཀུན་བྲལ་ལ། དེ་ཉིད་འགྱུར་བ་མེད་ཅིང་ཐམས་ཅད་དབྱེར་མེད་པས་གཞན་པ་མ་དམིགས་པ་ཉིད། མི་འགག་པར་རང་སྣང་བའི་གཏན་ཚིགས་ཀྱིས། ཅི་ལྟར་སྣང་སྟེ། དབང་པོའི་ཡུལ་དུ་གྱུར་པ་ཐམས་ཅད་ཅི་སྲིད་དེ། དབང་པོའི་སྤྱོད་ཡུལ་དུ་མ་གྱུར་ཀྱང་། གླིང་གསུམ་དང་རི་རབ་ལྷ་བུར་ཡོད་ངེས་པ་རྣམས། འོངས་བསྐྱུས་མེད་པར་རང་རིག་པ་ཉིད་དུ་འདུས་ལ། རང་རིག་པ་ཉིད་དེ་དག་ཏུ་གསལ་བས། དེ་ལྟ་བུའི་གདེངས་མངའ་བའི་སྐྱེས་བུ་ལ། འགྲོ་ལྡོག་ཀྱང་རུང་། སྤྱི་ཚུགས་ཀྱང་རུང་། སྤྱོད་ལམ་རྣམ་བཞིར་གར་སོང་ཡང་། སྙིང་པོ་ནི་གསུམ་སྟེ། ཆོས་ཐམས་ཅད་ཀྱི་དྭངས་བཅུད་དང་། ཆོས་ཐམས་ཅད་ཀྱི་འབྱུང་བའི་གཞི་དང་། མཐར་ཕྱིན་པའི་དོན་ཏེ། སེམས་ཀྱི་ཆོས་ཉིད་ཀྱི་དོན་ལ། སྐད་ཅིག་ཀྱང་འདའ་མི་སྲིད་དེ། ཆུ་དང་གཤེར་བ་ལྟ་བུའོ། །དོན་དེ་ཉིད།

རྒྱུ་ལས་མ་བྱུང་། རྐྱེན་གྱིས་མ་བསྐྱོད། བྱེད་པ་པོས་མ་བྱས་པས་རང་བཞིན། དུས་རྒྱུན་དུ་དེ་ལས་མི་འདའ་བས་དམ་ཚིག །ཡོ་ག་ཕྱིས་ཆོད་ཀྱི་སྤྱོད་ཡུལ་མ་ཡིན་པས་ན་ཆེན་པོའོ། །དེ་ཉིད་ནི་ངོ་བོ་ཉིད་ཀྱིས་འདའ་བ་མེད་པར་བསྟན་ཏེ། གཞི་གནས་པའི་ཚུལ་ལོ། །

དེ་ཉིད་ཤེས་པར་བྱ་བ་ལྟ་བའི་མདོ་ནི། རང་བཞིན་ཞེས་པ་ལ་སོགས་པ་སྟེ། ནམ་མཁའ་སྟོང་གསལ་བྱས་པ་རྣམས་བཞིན། བཤད་པའི་དམ་ཚིག་རྒྱུ་རྐྱེན་དང་བྲལ་ཏེ། དེ་ཉིད་མ་འདྲེས་ལ་ཡོངས་སུ་རྫོགས་པ་ལྷུན་འགྲུབ། དུས་རྒྱུན་དུ་དེ་ལས་མི་འདའ་བའི་དམ་ཚིག །ལས་ཞེས་པ། ཐ་སྙད་ཙམ་དུ་རྟོགས་བྱའི་ཡུལ་ལོ། །རིག་པ་ཞེས་པ། ཡིད་ཀྱི་ཤེས་པའི་རང་བཞིན་རྟོགས་ནས། ཡུལ་དང་ཡུལ་ཅན་མེད་པར་རང་གསལ་བ་ཉིད་ཀྱིས་བཤད་པའི་རང་བཞིན་གྱི་དམ་ཚིག །ཕྱིན་ཅི་མ་ལོག་པར་རང་གི་ངོ་བོ་ཅི་ལྟ་བར་རྟོགས་པའི་ཚེ། སྟོན་སྣང་ཞེས་པས། མངོན་གསུམ་དུ་སྣང་བ་གཟུགས་ཀྱི་ཆ་གཞི་ལ་མ་གྲུབ་སྟེ། གཏན་མ་དམིགས་པ་དང་། དེར་མ་ཟད་བཏགས་པ་ཐ་སྙད་ཙམ་གྱི་ཆོས་སུ་འཛིན་པའང་མེད་པས། དོན་དེ་ཉིད་ཡུལ་དང་ཡུལ་ཅན་མེད་དེ་རང་གསལ་བ་ནི་ལྟ་བ་ཞེས་བརྗོད་ལ། དེ་ལ་དུས་གསུམ་དུ་མི་འགྱུར་བའི་དམ་ཚིག་བསྲུང་འཚམས་རིས་སུ་འཆད་པ་རྣམས་ཀྱི་ངོ་བོ་ཉིད་ཡིན་ཀྱང་། དེ་དག་གིས་མ་གོས་པས་ཆེན་པོར། བཤད་ཅེས་པ་དམ་ཚིག་བཀོད་པའི་རྒྱུད་ལས་སོ། །གསང་སྙིང་ལས་ཀྱང་མཉམ་ལ་མཉམ་པ་སྦྱོར་བ་ཡི། མཉམ་པའི་དམ་ཚིག་ལ་གནས་ན། མཉམ་རྫོགས་ཆེན་པོ་ཐོབ་འགྱུར་བས། །འདས་ནས་སངས་རྒྱས་མ་ཡིན་ནོ། །ཞེས་སོ། །

བསམས་བྱེད་ཏིང་ངེ་འཛིན་གྱི་མདོ་ནི། དེ་དོན་ཞེས་པ་ལ་སོགས་པ། ལྟ་བའི་དམ་ཚིག་དེའི་དོན་བཤད་པ་ཉིད། བསམས་པ་ཏིང་ངེ་འཛིན་ལམ་གྱི་ངོ་བོ་ཡིན་པས། རྣལ་འབྱོར་པའི་བློ་ལ་འདྲེས་པར་གྱིས། །ཞེས་གདམས་པའོ། །དེ་ཡང་ཐུན་དུ་བཅད་པ་ཙམ་གྱིས་དམ་ཚིག་ལྷུན་གྱིས་གྲུབ་པར་མི་འོང་བས། སྤྱོད་ལམ་བཞི་པོ་ཀུན་ཏུ་མཉམས་པ་སྟེ། གཉིད་ལོག་ཀྱང་མི་འདའ་བའོ། །དེ་ཉིད་དུས་གསུམ་དུ་ཡེངས་པ་མེད་པའི་ཏིང་ངེ་འཛིན་ཏེ། རྒྱུན་ཆད་མེད་པས་ཆུ་བོའི་རྒྱུན་ལྟ་བུར། ཏིང་ངེ་འཛིན་གྱི་དམ་ཚིག་ལས་མི་འདའ་བ་སྟེ། དེ་ནས་དུས་གསུམ་གྱི་སངས་རྒྱས་ཉིད་དང་། དགོངས་པ་སྤྱོད་ཡུལ་གཅིག་ལ་རོལ་བས། ལུས་མི་ཡང་སེམས་སངས་རྒྱས་ཏེ། དམན་པའི་ལུས་ལ་དམ་པའི

དགོངས་པ་ཅན། ཞེས་སོ། །

སྤྱོད་པའི་ངོ་བོ་ནི། འདི་ལ་བསྲུང་བ་གཅིག་ཀྱང་མེད། །ཅེས་པ། དངོས་པོ་ཉེ་བར་མཚོན་པ་ནི། ལྟ་སྒོམ་དབྱེར་མེད་པར་བཤད་མ་ཐག་པ་ཉིད་དོ། གཞི་དེ་ཉིད་ལས། གོང་དུ་མངོན་སྣང་བཏགས་པའི་ཆོས་མེད། ཅེས་པས། དངོས་པོ་གཟུང་འཛིན་གྱིས་བསྡུས་པའི་རྣམ་གྲངས་ཀྱི་ཆོས། ཕྲ་བ་གཅིག་ཀྱང་མེད་པས། དེ་འདུལ་བའི་གཉེན་པོ་རིས་སུ་བཅད་པའི་བསྲུང་བ་སྣ་གཅིག་ཙམ་ཡང་མེད་ཅེས་བྱའོ། །འོ་ན་བསྲུང་བ་དང་བྲལ་བས། ཉམས་པ་མི་འགྱུར་རམ་ཅེ་ན། མི་འགྱུར་བའི་གཏན་ཚིགས་ནི། ཉེས་པ་རྡུལ་ཙམ་འབྱུང་མི་སྲིད་ཅེས་པ། དམ་ཚིག་ཉམས་པའི་ཉེས་པ་ནི། རྩ་བ་གཟུང་འཛིན་ལས་སྣང་བས་ན། འདིར་གཟུང་འཛིན་གཏན་ནས་དག་པས། དེས་བསྐྱེད་པའི་ཉམས་པའི་ཉེས་པ། རྒྱུ་འབྲས་བུ་རྡུལ་ཕྲ་རབ་ཙམ་ཡང་འབྱུང་བར་མི་སྲིད་དེ། ནམ་མཁའ་དངོས་པོ་མི་སྣང་བ་བཞིན་ནོ། །ཉམས་པ་ཅིའི་ཕྱིར་མི་འབྱུང་ཞེ་ན། མ་བཀག་སྤྱོད་ལ། ཞེས་པ། ཡུལ་དྲུག་གི་ཆོས་ཉན་ཐོས་བཞིན་དུ་མ་བཀག་སྟེ། རང་ལ་རང་རོལ་པས་སྤྱོད་པས། དེ་ཉིད་ཀྱིས་མི་འཆིང་བས། སོ་སོ་སྐྱེ་བོའི་མཐའ་བསལ་བ་ནི། གཟུང་འཛིན་རང་རྒྱུད་གཏན་ནས་མ་གྲུབ་པས་སོ། །

ཁྱད་པར་གྱི་དམ་ཚིག་བཞིན་ཞབས་བསྟུས་པ་ནི། ལྷག་པའི་དམ་ཚིག་ཅེས་པ་ལ་སོགས་པ་སྟེ། ལྷག་པ་ནི་ལུས་མན་ཆད་ཀྱི་སྤྱོད་ཡུལ་མ་ཡིན་པའོ། །དེ་ནི་དམ་ཚིག་རྣམ་པ་བཞི་སྟེ། གོང་གི་མ་བཀག་སྤྱོད་ལ་འཛིན་མེད་པའི། མཉམ་པ་ཉིད་ཀྱི་ངང་ལ་ལུང་མན་ཆད་རྣམས་རྩ་བ་དང་ཡན་ལག་གི་དམ་ཚིག་སོ་སོར་རིས་སུ་བཅད་ལ། བསྲུང་དུ་མེད་པ་དང་། རྩ་བ་དང་ཡན་ལག་རྣམས་ལ་འདི་ནས་རྩ་བའོ། །འདི་ནི་ཡན་ལག་གོ་ཞེས་པའི་གཟའ་གཏད་མེད་པའི་ཕྱལ་བ་དང་། བསྲུང་བའི་རྣམ་གྲངས་ཅི་ལྟར་སྣང་ཀྱང་། མཉམ་པ་ཆེན་པོ་འབྱེད་པ་མེད་པའི་ངང་ལས། མི་འདའ་བའི་གཅིག་པུ་དང་། ཐེག་པ་མང་པོའི་བསྲུང་བྱ་ཐམས་ཅད་མཉམ་པའི་ངང་ཆེན་པོར་མ་འདྲེས་པ་ཡོངས་སུ་རྫོགས་པའི་ལྷུན་གྱིས་གྲུབ་པ་དང་། ཡི་ནས་ལྷུན་ཞེས་སོ། །ཡང་ན་བཞི་ནས། བཤད་པའི་རང་བཞིན་མདོ་ལ་སོགས་པ་བཞིའོ། །བསྲུང་བ་མ་ལུས་འདིར་འདུས་ཕྱིར། ཞེས་པ། ཐེག་པ་དགུའི་བསྲུང་བྱ་མ་ལུས་པ་རྣམས། དམ་ཚིག་གི་མདོར་འདུས་པ་དང་། དེའང་བཞི་པོ་འདིར་འདུས

པ་དང་། དེ་ལ་སེམས་ཉིད་དུ་འདུས་པའི་ཕྱིར། དམ་ཚིག་སྨོས་པས་རྩ་བ་དང་ཡན་ལག་ཀུན་གྱི་མདོ་འདི་ཉིད་དུ་འདུས་པ་སྟེ། ལམ་གྱི་སྤྱི་གྲོང་གིས་བསྡུས་པ་ལྟ་བུའོ། །དེ་ལ་ནི། ཡན་ལག་རྣམས་ནི་རྩ་བ་ལས་བྱུང་ལ། རྩ་བའང་འདི་ཉིད་དུ་འདུས་པས། རྩ་བའི་རྩ་བ་དང་། རྩ་བ་ཆེན་པོ་ཞེས་སྨོས་པའོ། །དེས་དཀྱུས་ཚར་ནས། ཞབས་ཀྱི་དོན་ནི། སྒྱུ་འཕྲུལ་ཅེས་པ་ལ་སོགས་པ་སྟེ། རྒྱུད་ཀྱི་ཁུངས་བསྟན་ཏེ། སྒྱུ་འཕྲུལ་རྩ་བ་གསང་བའི་སྙིང་པོ་དང་། དམ་ཚིག་བཀོད་པའི་རྒྱུད་དང་། གཏོར་རྒྱུད་ཆེན་པོ་དང་། སོགས་ཁོངས་སུ་གོང་མ་གཉིས་བསྡུས་ལ། ཟབ་མོའི་རྒྱུད་རྣམས་ལ་དམ་ཚིག་ཤས་རེ་ཤས་རེ་མི་སྟོན་པ་མེད་པས་དེ་དག་ཡོངས་བསྡུས་པའོ། །

རྒྱ་མཚོ་ནི། རྒྱ་ཆེ་ལ་གཏིང་དཔག་དཀའ་བའི་དཔེ་སྟེ། བཤད་རྒྱུད་ཆེན་པོ་རྣམས་ལས། བསྟན་ཆོས་ཀྱི་ངོ་བོ་ནི། ལམ་འབྲས་སྙིང་པོ། ཞེས་པ་ལ་སོགས་ཏེ། ལམ་གྱི་སྙིང་པོ་སྟེ། འདིས་མཚོན་པའི་དམ་ཚིག་རྣམས་ཏེ། དེའི་ཡོན་ཏན་གྱི་རྒྱལ་ལས། བསྒྲུབ་བྱེད་ཀྱི་ལམ་ཐམས་ཅད་སྣང་བའོ། །དེ་ཡང་། རྟོག་འདུལ་གཉེན་པོ་དམ་ཚིག་གྲངས། །ཞེས་པས་གསལ་ལོ། །འབྲས་བུའི་སྙིང་པོ་ནི། དམ་ཚིག་དང་འབྲས་བུ་རྒྱུ་འབྲས་ལྟ་བུ་མ་ཡིན་ཏེ། དམ་ཚིག་མཐར་ཕྱིན་པ་ཉིད་འབྲས་བུར་སྣང་བས། དམ་ཚིག་རྣམས་ནི་རྡོ་རྗེ་ཆེ། །ཞེས་པས་སོ། །མེ་ལོང་ནི་དཔེ་སྟེ། གྲངས་བཅུ་གཅིག་གི་དོན་ལ་དམ་ཚིག་མཚོན་པའོ། །འཁོར་ལོ། །གཞི་ལམ་འབྲས་བུ་གསུམ་དབྱེར་མེད་པའི་དཔེ་སྟེ། འཁོར་ལོ་རྩིབ་གཅིག་འཁོར་ན་ཀུན་འཁོར་བ་ལྟར། འདི་ཉིད་དུ་གཞི་བསྟན་པའི་སྐབས་སུ་ཡང་། གནས་པ་གཞི། ཤེས་པ་ལམ། མཐར་ཕྱིན་པ་འབྲས་བུ་སྟེ། ལམ་དང་འབྲས་བུ་ལ་ཡང་། ཚུལ་དེ་ལྟར་ཤེས་པར་བྱའོ། །ངང་ཆུའི་ཚུལ་གྱིས་ཞེས་པ། དཔེར་ན་མཚོན་དུ་ཆུ་དང་འོ་མ་འདྲེས་ན། ངང་པའི་རྒྱལ་པོ་རབ་ཀྲའི་མཆུ་ལ་སྐྱུར་རྩི་ཡོད་པས། ཆུ་དང་འོ་མ་འབྱེད་ཅིང་འོ་མ་སྟུད་པའི་ཚུལ་གྱིས། རྒྱ་མཚོ་དང་འདྲ་བའི་རྒྱུད་ཀྱི་གཞུང་སྨོས་པ་རྣམས་ལ། འོ་མ་དང་འདྲ་བའི་དམ་ཚིག་རྣམས། ངང་པའི་མཆུ་དང་འདྲ་བའི་སློབ་དཔོན་ཆེན་པོ་སྙེག་པའི་རྡོ་རྗེའི་བློས་བཀྲུད་ནས་འཐོར་བ་བསྡུས་ཏེ། གཞུང་ཉིད་དུ་སྣང་བ་འདི་ལ། ཕྱི་རབས་ལ་ཕན་པའི་སེམས་ཀྱིས་ཀུན་ནས་བསླངས་ཏེ། སྒོ་གསུམ་དུབ་པའི་དགེ་བའི་རྩ་བས་ཀུན་ཀྱང་སྟེ། སྤྱི་བཙན་དུ་འགྲོ་བ། སྒོས་བཙན་དུ་དམ་ཚིག་ལ་གནས་

པའི་རྣལ་འབྱོར་པ་རྣམས་འདམ་ནས་ཞེས་པ། ཁམས་གསུམ་འཁོར་བ་ནས། འགྲོ་བ་ཀུན་བྱང་ཆུབ་ཐོབ་པར་ཤོག །ཞེས་པའོ། ཡང་ན་དགེ་བའི་རྩ་བས་ཀུན་ཀྱང་ཞེས་པ་གསང་སྔགས་སུ་ཞུགས་པ་དེས་ལུས་ཞེས་པ་དམ་ཚིག་ལ་གནས་ཏེ། སློབ་དཔོན་ཉིད་ཀྱིས་བསྟན་ཚོས་བརྩམས་པའི་དགེ་བའི་རྩ་བའི་རྣལ་འབྱོར་པ་རྣམས་དམ་ཚིག་ལ་གནས་ནས། དེའི་དགེ་བའི་རྩ་བས་འགྲོ་བ་ཀུན་བྱང་ཆུབ་ཐོབ་པར་ཤོག་ཅེས་པ། སློབ་དཔོན་ཉིད་ཀྱི་ཐུགས་དགོངས་མཐར་ཕྱིན་པའོ། །དམ་ཚིག་རྡོ་རྗེ་གསལ་བཀྲ་ཞེས་བྱ་བ། བཤད་ཟིན་ཏོ། །

གསང་སྔགས་སྤྱིའི་དམ་ཚིག །རྒྱུད་ན་འཕོར་བ་འདིར་མདོར་བསྡུས་པའམ། ཡང་ན་རྒྱས་པ་འབུམ་སྟེ། དེ་ལས་བསྡུས་པ་སྟོང་རྩ་བརྒྱད། དེ་ལས་བསྡུས་པ་སུམ་བརྒྱ་དྲུག་བཅུ། དེ་ལས་བསྡུས་པ་བརྒྱ་རྩ་བརྒྱད། དེ་ལས་བསྡུས་པ་འདི་ཉིད་དོ། །འདི་ལའང་བརྒྱ་དྲུག་བཅུར་དབྱེར་བཏུབ་བོ། །རྡོ་རྗེ་བཞད་པ་ནི། སློབ་དཔོན་སྙིགས་པའི་རྡོ་རྗེའི་འགྱུར་རོ། །ཟབ་ཅིང་བརྟག་དཀའ་མཆོག་གི་སྐྱེ་བའི་ཡུལ། །རྟོག་གེའི་དྲི་མས་མ་གོས་ལམ་མཆོག་ཉིད། །ཀུན་གྱི་བདག་ཉིད་བསྒྲུང་བའི་ངོ་བོ་ཉིད། །མོས་པའི་ཆེད་དུ་གསལ་བར་བྱས་པ་ཡིས། །རྣལ་འབྱོར་མཆོག་རྣམས་དམ་དང་མི་འབྲལ་ཞིང་། །མཐར་ཐུག་འགྲོ་བ་མ་ལུས་སྒྲོལ་བར་ཤོག །གསང་སྔགས་སྤྱི་ཡི་དམ་ཚིག་གི་བཤད་པའང་། །རྣལ་འབྱོར་མིག་གི་སྒྲོན་མ་ཞེ་བྱ་བའི། །བན་རྡེ་རྡོ་རྗེ་རྒྱལ་མཚན་གྱིས། །བརྗེད་བྱང་ཙམ་དུ་བྲིས་པའོ།། །།རྫོགས་སོ།། །།

བླ་མ་ཀཿཐོག་པ་ཤཱཀྱའི་དགེ་སློང་བཛྲ་ཀེ་ཏུས་མཛད་པ་འདི་ཉིད་ལེགས་པར་ཡོངས་སུ་རྫོགས་སོ།། །།ལེགས་སོ། །ཤྲཱི་སིདྡྷི།

༄། །གང་ཞིག་སྟོན་སྤྱང་ལས་ཅན་དག །ཐར་པའི་གྲོང་མཆོག་སྙེགས་འདོད་ན། །རིག་པ་རང་བྱུང་རྟ་ཕོ་ལ། །དབང་དང་དམ་ཚིག་སྒ་སྟན་ཐོབ། །ཤེས་རབ་གསུམ་གྱི་འཁོར་གསུམ་ཐོགས། །བསྐྱེད་རྫོགས་རྣམ་གཉིས་གོ་ཆ་གོན། །བསོད་ནམས་བསགས་པའི་སྐྱེས་བུས་ཞོན། །བྱམས་དང་སྙིང་རྗེའི་ཁ་ཁྲིད་གཙོ། །དད་དང་བརྩོན་འགྲུས་ལྕགས་ཀྱིས་བྲབ། །དམ་པ་རིན་ཆེན་ལམ་མཁན་བསྙོ། །དྲན་དང་ཤེས་བཞིན་སོ་པ་མངག །ཐབས་ལམ་ཟབ་མོ་སྲུང་མ་ཁྲིད། །རྣམ་རྟོག་དགྲ་དང་

གཟུང་འཛིན་དམག །རི་དྭགས་ཀྱི་ཧག་པའང་སྐྱིངས་ནས་ཐལ། །ལམ་གོལ་ས་མེད་དེ་དྲང་ནས་གདའ། །འཇིགས་པ་མེད་དེ་ལམ་གྲོགས་བཟང་། །ཁོང་འགྲོས་ཆུང་གི་ཉིན་ལམ་དཔག་མེད་ལ། །ཉིན་གཅིག་གི་འགྲོས་ཀྱིས་སླེབས་སྐྱེ་མཆི། །ད་རེས་དོན་གཉེར་ཡགས་པ་ཡིན། །ཕྱིན་ཆད་ལམ་ལ་འཁྲིམ་དོན་མེད། །ཏེ་ཏེ།།

༄༅། །དམ་ཚིག་གསལ་བཀྲའི་བསྡུས་དོན་གསལ་བྱེད་མེ་ལོང་བཞུགས་སོ། །

པྲ་ཛྙཱ་ཤྲཱི།

ཨོཾ་སྭ་སྟི། ཐབས་ཀྱི་ཐེག་པ་སྤྱིའི་དམ་ཚིག་གི་མདོར་བསྡུས་པ་སློབ་དཔོན་ཆེན་པོ་སྦྲག་པའི་རྡོ་རྗེས་མཛད་པ་འདི་ལ།

སྤྱི་དོན་གསུམ་སྟེ། ཀླད་ཀྱི་དོན་དང་། གཞུང་དང་། ཞབས་དགེ་བའི་རྩ་བ་བསྔོ་བའོ། །དང་པོ་ལ་གསུམ་སྟེ། ཕྱག་འཚལ་བ་རྡོ་རྗེ་འཛིན་དང་། བཤད་པར་དམ་བཅའ་བ་དེ་ལ་དང་། དམ་ཚིག་གི་སྡོད་ཀྱི་བྱེ་བྲག་དང་སྦྱར་བའི་དགོས་པའོ། །སྤྱི་འཕྲུལ་དེ་ལ་གསུམ་སྟེ། གསང་ལམ་གྱི་སྔགས་ཀྱི་སྒོར་འཇུག་པའི་རྣལ་འབྱོར་བའི་མཚན་ཉིད་དང་། ནང་རིམས་ལ་ལ་བྱེ་བྲག་ཏུ་བསྟན་པའི་དགོས་པ་དང་། གདུལ་བྱའི་ཤེས་བློ་དང་འཚམས་པར་སྦྱར་བའི་ཡོན་ཏན་ནོ། །

གཞུང་ལ་གཉིས་ཏེ། མདོར་བསྟན་པ་གཉེར་འདི་དང་། རྒྱས་པར་བཤད་པའོ། །དེ་ལ་བཅུ་སྟེ། ངོ་བོ་དང་། རྣམ་གྲངས་དང་། སྲུང་བའི་ཐབས་དང་། ཉམས་པའི་རྒྱུ་དང་། ཉམས་པའི་སྐྱ་རྟགས་ཚེ་འདི་ལ་འབྱུང་བར་བསྟན་པ་དང་། ཉམས་པའི་སྐྱོན་ཕྱི་མར་འབྱུང་བ་དང་། བསྲུངས་པའི་ཡོན་ཏན་དང་། ཉམས་ན་བསྐང་བའི་ཐབས་དང་། མཚོན་པའི་དཔེ་དང་། མདོར་བསྡུས་པའོ། །

ངོ་བོ་ལ་གསུམ་སྟེ། རྩ་བ་ངོ་བོ་དང་། ཡན་ལག་ཐུན་མིན་དང་། རྩ་བའི་རྩ་བ་ཆེན་པོ་རྩ་བའོ། །རྣམ་གྲངས་ལ་གཉིས་ཏེ། མདོ་དམ་ཚིག་པ་རྣམ་པའི་དང་། རྒྱས་པའོ། །དེ་ལ་གཉིས་ཏེ། གྲངས་སེམས་ཅན་བསྟན་པའི་དགོས་པ་དང་། གྲངས། དང་པོ། དེ་ལ་གསུམ་སྟེ། རྩ་བའི་བྱང་སེམས་གྲངས་དང་། ཐུན་མོང་སྤྱོད་པ་མ་ཡིན་པའི་ཡན་ལག་གི་གྲངས་དང་། ཐུན་མོང་གི་གྲངས་སོ། །སྲུང་བའི་ཐབས་ལ་གསུམ་སྟེ། མདོར་བསྡུང་བསྟན་པ་དང་རྒྱས་པར་བཤད་པ་དང་། སྲུང་བའི་སྲུང་བ་ཐབས་ཀྱི་མན་ངག

ཕན་ཡོན་དང་བཅས་པའི་སྒོ་ནས་ཞབས་བསྡུ་བའོ། །རྒྱས་པར་དབྱེ་བ་ལ་གཉིས་ཏེ། རྩ་བའི་དམ་ཚིག་དང་། ཡན་ལག་གི་སྲུང་ཐབས་སོ། །དང་པོ་ལ་ལྔ་སྟེ། བྱང་ཆུབ་སེམས་ཀྱི་དམ་ཚིག་ཐུན་མོང་དང་། སྐུའི་དམ་ཚིག་དང་། གསུང་གི་དམ་ཚིག་དང་། ཐུགས་ཀྱི་དམ་ཚིག་དང་། ཞབས་དེ་དག་རྩ་བ་བསྡུ་བའོ། །དང་པོ་ལ་གསུམ་སྟེ། ཀུན་རང་ལུས་རྫོབ་བྱང་ཆུབ་ཀྱི་སེམས་དང་། དོན་དམ་བྱང་ཆུབ་ཀྱི་སེམས་དང་། དེ་དག་དུས་གསུམ་རྒྱུན་དུ་དང་མི་ལྡན་པའི་ཉེས་དམིགས་སོ། །སྐུའི་དམ་ཚིག་ལ་གསུམ་སྟེ། གང་ལྷ་སྤྱོད་གིས་སྲུང་བའི་རྣལ་འབྱོར་པ་དང་། སྲུང་བའི་ཐབས་དང་། ཡོན་ཏན་སྤྱོད་ལམ་ཉེས་ཀྱི་སྒོ་ནས་ཞབས་བསྡུ་བའོ། །སྲུང་བའི་ཐབས་ལ་གཉིས་ཏེ། བསྲུང་བའི་ཡུལ་སློབ་དཔོན་དང་། མཆེད་དོ། །དང་པོ་ལ་བཞི་སྟེ། སློབ་དཔོན་སྤྱི་དང་བསྲུང་བའི་ཡུལ་གྱི་གྲངས་དང་། ཚུལ་མཚོན་པ་དཔེ་གྲངས་དང་། སྲུང་སྒོ་གསུམ་བའི་ཐབས་དང་། ལྷག་བསྲུང་རིམ་མ་སྐྱུའི། དམ་ཚིག་གི་སྤྱིར་བསྟན་པ་ལས་ཤེས་པར་བྱའོ། །མཆེད་ཀྱི་དམ་ཚིག་ལ་གཉིས་ཏེ། མཆེད་དུ་འབྲེལ་བའི་བྱེ་བྲག་དང་། སྐུའི་དམ་ཚིག་སྲུང་ཐབས་ཐུན་མོང་དུ་བསྟན་པའོ། །དང་པོ་ལ་ལྔ་སྟེ། མཐའ་ཡས་པ་བྱམས་དང་སྙིང་རྗེའི་ཡུལ་དུ་གྱུར་པ་སྤྱིའི་མཆེད་དང་། སངས་རྒྱས་ཆོས་བསྟན་པ་ལ་ཞུགས་པ་རིང་བའི་མཆེད་དང་། སྔགས་ལྷ་སྤྱོད། སུ་ཞུགས་པ་ཉེ་བའི་མཆེད་དང་། དཀྱིལ་ཕ་གཅིག་འཁོར་གཅིག་ཏུ་ཞུགས་པས་འདྲེས་པའི་མཆེད་དང་། དེ་དག་ནང་ཚན་གིས་མཚོན་ཚུལ་དཔེ་བསྟན་པའོ། །སྲུང་ཐབས་ལ་གསུམ་སྟེ། ལུས་ཀྱི་སྒོ་ནས་སྲུང་བའི་ཐབས་དང་། ངག་གིས་ངག་དང་། ཡིད་ཀྱི་སྒོ་ནས་བསྲུང་བའོ། །དང་པོ་ལ་དྲུག་སྟེ། མཆོད་ལུས་ཀྱི་སྦྱིན་གྱི་སྒོ་ནས་མཉེས་པར་བྱས་པ་དང་། ཞབས་གདན་བཏིང་འབྲིང་བྱ་བའི་ཚུལ་དང་། བླ་བླའི་རིག་མའི་ཉེ་འཁོར་ལ་ཡང་གྲོགས་ལྟར་བྱས་པ་དང་། གནང་བ་ནོར་ཟས་མེད་པའི་ནོར་རྫས་བླང་བ་སྤངས་པ་དང་། བླ་མའི་མལ་གོས་གདན་ལ་སོགས་པ་བག་མེད་དུ་སྤྱོད་པའི་ཉེས་པ་དང་དམན་པའི་སྤྱོད་ལམ་ལྷ་རྩེད་མོར་ཡང་སྤང་བའོ། །གསུང་གི་དམ་ཚིག་ལ་བཞི་སྟེ། སྔགས་ཙ་བ་བསྐྱེད་དང་གསུམ་བསྟན་པ་དང་། ཕྱག་རྒྱ་དམ་ཚིག་བཞིའི་སྒོམ་པ་དང་། དེ་དག་གི་རང་གི་སྒོ་གསུམ་བསྒྲུབ་ཚུལ་དང་། ཡུན་གྱི་རས་ཀྱི་ཚད་བསྟན་པའོ། །ཐུགས་ཀྱི་དམ་ཚིག་ལ་གཉིས་ཏེ། གསང་བའི་ངོ་བོ་དང་། གསང་བའི་ཐབས་སོ། །ངོ་བོ་ལ་བཞི་སྟེ། སྤྱིར་ལྷ་ཟབ་གསང་སྔགས་སུ་ཞུགས་ནས

གསང་དགོས་པ་དང་། ཁྱད་པར་སྒྲུབ་པའི་སྒྲུབ་པའི་དུས་ཀྱི་གསང་བ་བཞི་དང་། གསང་བར་འོས་པོས་པའི་རྣམ་གྲངས་མདོར་བསྡུས་པ་དང་། གཉེར་གཏད་ཅེས་པའི་དམ་ཚིག་གོ། །གསང་བའི་ཐབས་ལ་གསུམ་སྟེ། གསང་སྔགས་བའི་དགོས་པ་དང་། གསང་དམ་ཉམས་པ་ལ། བའི་ཡུལ་དང་། སྒོ་སེམས་ཉིད་གསུམ་གྱི་གསང་བའི་ཐབས་སོ། །

ཡན་ལག་གི་དམ་ཚིག་སྲུང་ཐབས་ལ་གཉིས་ཏེ། ཁྱད་པར་གྱི་ཡན་ལག་དང་། ཐུན་མོང་གི་ཡན་ལག་གོ། །དང་པོ་ལ་གཉིས་ཏེ། དམ་ཐུན་མིན་བཅའ་བའི་ངོས་ནས་མདོར་བསྟན་པ་དང་། རྒྱས་པར་བཤད་པའོ། །དེ་ལ་ལྔ་སྟེ། སྤྱོད་པའི་དམ་ཚིག་དང་། མི་སྤང་བའི་དམ་ཚིག་དང་། དང་དུ་བླངས་པའི་དམ་ཚིག་དང་། བསྒྲུབ་པར་བྱ་བའི་དམ་ཚིག་དང་། ཤེས་པར་བྱ་བ་ལྔ་བའི་དམ་ཚིག་གོ། །སྤྱོད་པ་ལ་གཉིས་ཏེ། མདོར་སྤྱོར་སྒྲོལ་བསྟན་པ་དང་། རྒྱས་པར་བཤད་པའོ། །དེ་ལ་ལྔ་སྟེ། སྒྲོལ་བའི་དམ་ཚིག་དང་། སྦྱོར་བའི་དམ་ཚིག་དང་། རྫུན་དུ་སྨྲ་བའི་དམ་ཚིག་དང་། མ་བྱིན་པར་ལེན་པའི་དམ་ཚིག་དང་། ངག་བརླང་པོའི་དམ་ཚིག་གོ། །སྒྲོལ་བ་ལ་བདུན་ཏེ། རང་བཞིན་ཅེས་ལྔ་བའི་སྒྲོལ་བ་དང་། ཏིང་ངེ་འཛིན་ཅེས་གོམས་པའི་སྒྲོལ་བ་དང་། དབང་དབང་པོ། ཡུལ་ཐབས་དང་ཤེས་རབ་ཀྱིས་སྒྲོལ་བ་དང་། ཐབས་ཀྱིས་ཞེས་རྡུ་ཧྲ་སྒྲོལ་བ་དང་། །མངོན་སྤྱོད་འཕྲིན་ལས་ཀྱི་སྒྲོལ་བ་དང་། རྒྱུད་གཉིས་ཀྱི་དང་མན་ངག་གི་ལྔ་བ་གཉིས་ཤེས་བྱ་ཡིན་པའི་ཕྱིར་ཐུན་མོང་དུ་བསྟན་པ་དང་། ཏིང་ངེ་འཛིན་ཅེས་གོམས་པས་བསྐྱེད་རྫོགས་ཀུན་གྱི་ཐུན་མོང་དུ་བསྟན་པའོ། །

མངོན་སྤྱོད་འཕྲིན་ལས་ཀྱི་སྒྲོལ་བ་ལ་གཉིས་ཏེ། མདོར་བསྟན་པ་དང་། རྒྱས་པར་བཤད་པའོ། །དེ་ལ་གཉིས་ཏེ། རྣམ་གྲངས་མདོར་མངོན་སྤྱོད་བསྟན་པ་དང་། དེ་དག་རྒྱས་པར་བཤད་པའོ། །དེ་ལ་ལྔ་སྟེ་ལྔ་སྤྱོད་གང་གིས་སྒྲོལ་བའི་རྣལ་འབྱོར་པ་དང་། གང་བསྒྲལ་བའི་ཞིང་དང་། བསྒྲལ་ཏིང་ངེ་འཛིན་པའི་ཐབས་དང་། དེའི་དེ་ལྟར་དགོས་ཆེད་དང་། ཞར་ལ་ཐེག་པ་འོག་མའི་རྩོད་པ་སྤང་བའོ། །ཞིང་ལ་གཉིས་ཏེ། རྒྱུ་དཀོན་མཆོག་ལས་བསྒྲོལ་བ་བདུན་དང་། འབྲས་བུ་ལས་བསྒྲལ་བ་གསུམ་སྟེ་སྤྱིའི་རྣམ་གྲངས་དང་བཅས་པའོ། །ཐེག་པ་འོག་མའི་རྩོད་པ་སྤང་བ་ལ་གསུམ་སྟེ། ཐབས་ཀྱི་ཞེས་པ་སྤྱོད་པས་བྱང་ཆུབ་སེམས་དཔའི་སྤྱོད་པ་དང་འགོ་བགྲེ་བ་དང་། དམན་གྱི་ཁམས་དང་སྤྱོད་ཀྱི་དབང་དུ་

མི་བཏང་བ་དང་། ཐབས་ཐབས་ཆེན་མཁས་པའི་ལྷ་བས་ཟིན་པའོ། །སྦྱོར་བའི་དམ་ཚིག་ལ་གཉིས་ཏེ། མདོར་སྟན་བསྟན་པ་དང་། རྒྱས་པར་བཤད་པའོ། །དེ་ལ་བཞི་སྟེ། གང་ཡོག་པར་གིས་བྱ་བའི་རྣལ་འབྱོར་པ་དང་། གཟུངས་ཀྱི་མཚན་ཉིད་དང་། བྱིན་དབང་བསྐུར་གྱིས་བརླབ་པའི་ཐབས་དང་། རྣམ་དམ་ཚིག་གྲངས་ཀྱི་སྒོ་ནས་སྦྱོར་བའི་ཕན་ཡོན་བསྟན་པའོ། །མཚན་ཉིད་ལ་གཉིས་ཏེ། རིགས་པད་ཅན་བསྟན་པ་དང་། མཚན་མཉེན་དྲང་བསྟན་པའོ། །རྫུན་དུ་སྨྲ་བའི་དམ་ཚིག་ལ་བཞི་སྟེ། ལྷ་བའི་མཚན་ཉིད་རྫུན་གསུམ་དང་། སྤྱོད་པའི་དཀོན་མཆོག་རྫུན་བཞི་དང་། གསང་བའི་རྫུན་བཅུ་དང་། རྣམ་བསྲུང་པ་གྲངས་བསྟན་པའི་སྒོ་ནས་ཞབས་བསྡུ་བའོ། །མ་བྱིན་པར་ལེན་པའི་དམ་ཚིག་ལ་གསུམ་སྟེ། མདོར་ཞིང་བཅུ་བསྟན་པ་དང་། རྒྱས་མཚན་པར་བཤད་པ་དང་། རྣམ་དམ་ཚིག་གི་གྲངས་དང་འབྲས་བུར་བཅས་པའི་སྒོ་ནས་ཞབས་བསྡུ་བའོ། །ངག་བརླང་པོའི་དམ་ཚིག་ལ་གསུམ་སྟེ། ཚར་ཞིང་བཅུ་བཅད་པའི་ཚིག་དང་། གསང་དྲག་ཤུལ་སྔགས་སྤྱོད་པའི་བརླང་ཚིག་དང་། རྣམ་ངག་གི་གྲངས་ཀྱི་སྒོ་ནས་ཞབས་བསྡུ་བའོ། །མི་སྨྲང་བའི་དམ་ཚིག་ལ་གསུམ་སྟེ། མདོར་མི་སྨྲང་བསྟན་པ་དང་། རྒྱས་པར་བཤད་པ་དང་། རྣམ་དེ་དག་གི་གྲངས་དང་འབྲས་བུར་བཅས་པའི་སྒོ་ནས་ཞབས་བསྡུ་བའོ། །

རྒྱས་པ་ལ་གཉིས་ཏེ། ཆོས་མཐུན་པ་ཡོད་པའི་ཕྱིར་ཡང་དག་པའི་དུག་ལྔ་དང་། ལྷ་སྒོམ་ཟིལ་གྱིས་ནོན་པའི་ཕྱིར་ལོགས་པའི་དུག་ལྔའོ། །དང་པོ་ལ་ལྔ་སྟེ། ཐབས་བཤད་པའི་གྱིས་ཟིན་པའི་འདོད་ཆགས་དང་། སྙིང་རྗེ་ཞིང་བཅུ། དང་ཤེས་རབ་ཀྱིས་ཟིན་པའི་ཞེ་སྡང་དང་། མང་དོར་ཡང་དག་པའི་ལྷ་སྒོམ་ལ་བཟོད་པ་ཐོབ་པའི་ང་རྒྱལ་དང་། ཕྱོགས་ལྷ་བའི་འཛིན་དང་བྲལ་བའི་གཏི་མུག་དང་། སྣོད་སྤྱོད་དམན་དང་མི་ལྡན་པའི་ཕྲག་དོག་གོ། །

ལྷ་བས་ཟིལ་གྱིས་ནོན་པའི་དུག་ལྔ་ཡེ་ཤེས་སུ་ཤར་བ་ལ་བཞི་སྟེ། ཁམས་ཡོག་དུག་གསུམ་དུག་ལྔ་རང་ཆས་སུ་ལྡན་པ་ཡིན་པར་བསྟན་པ་དང་། དུག་ལྔ་ཞེས་སེམས་ཡིན་ལ་སེམས་མ་སྐྱེས་པས་དུག་ཀྱང་མ་བསྐྱེས་པར་བསྟན་པ་དང་། དེ་ཐབས་མཁས་ལྷར་ཐབས་མཁས་པའི་སྐྱེས་བུ་ལ་ཡེ་ཤེས་ལྔ་ལས་མ་གཏོགས་པའི་དུག་ལྔ་རང་རྒྱུད་པ་མེད་པར་བསྟན་པ་དཔེ་དང་བཅས་པ་དང་། དེ་དེ་ཤི་བ་ལྷ་བུར་རིག་པ་ན་ཁམས་གསུམ་ལས་ཡེ་ཤེས་མ་གཏོགས་པའི་སྤང་བྱ་མེད་པར་བསྟན་

པའོ། །དང་དུ་བླང་བའི་དམ་ཚིག་ལ་གསུམ་སྟེ། མདོ་དང་ཀུན་གྱིས་རྒྱས་པ་དང་། རྣམ་གྲངས་ཀྱི་ངོས་ནས་ཞབས་བསྐྱུ་བའོ། །རྒྱས་པ་ལ་གཉིས། རྫས་དྲི་ཆེན་གྱི་ངོ་བོ་དང་། ཡོན་གྲུབ་པ་ཏན་འབྱུང་བའི་གཏན་ཚིགས་དང་། ཤེས་བཅུད་ལྔ་རབ་དང་། ཉིང་དེ་འཛིན་གྱིས་ཟིན་པར་སྤྱད་ན་ལམ་གྱི་མཆོག་ཡོན་ཏན་དཔག་ཏུ་མེད་པར་བསྟན་པའོ། །བསྲུབ་པར་བྱ་བ་ལ་གསུམ་སྟེ། མདོར་སྲུབ་པ་བསྟན་པ་དང་། རྒྱས་རིགས་ལྔ་པར་དབྱེ་བ་དང་། རྣམ་གྲངས་བཞི་བཅུ་ལྔ་ཀྱི་ངོས་ནས་ཞབས་བསྐྱུ་བའོ། །ཤེས་པར་བྱ་བའི་དམ་ཚིག་ལ་གསུམ་སྟེ། མདོར་ཤེས་པ་བསྟན་པ་དང་། རྒྱས་པར་དབྱེ་བ་དང་། ལྔ་བ་བློ་ལ་གདིང་ཆུད་པའི་ངོས་ནས་ཞབས་བསྐྱུ་བའོ། །རྒྱས་པ་ལ་གཉིས་ཏེ། ཁམས་ཕུང་པོ་ལྔ་གསུམ་གྱི་ཆོས་ཐམས་ཅད་བསྐྱུ་ན་གྲངས་བདུན་ཅུར་འདུས་པ་དང་། དེ་ཡེ་ཤེས་ཉིད་ཀྱི་དོན་རྟོགས་པའི་གདིང་དང་ལྡན་ན་མུ་ངན་ལས་འདས་པའི་ཆོས་ཀྱང་དེ་ལས་ལོགས་ན་མེད་པས་སྤྱོད་ཡུལ་ཐམས་ཅད་ཡེ་ཤེས་སུ་ཀ་དག་པར་བསྟན་པའོ། །ཐུན་མོང་གི་ཡན་ལག་ལ་གཉིས་ཏེ། མདོ་ཐུན་མོང་དང་། རྒྱས་པའོ། །དེ་ལ་གཉིས་ཏེ། བདག་དོན་དུ་སྲུང་བ་དང་། གཞན་དོན་དུ་སྦྱོར་བའོ། །དང་པོ་ལ་གཉིས་ཏེ། སྲུང་རྒྱུན་འཁྱེད་བྱའི་སྐྱོན་རྣམས་བསྟན་པ་དང་། དེ་སྲུང་བྱ་ལས་བཟློག་པའི་ཡོན་ཏན་བསྟན་པའོ། །གཞན་དོན་དུ་སྦྱོར་བ་ལ་གཉིས་ཕ་རོལ་ཕྱིན་དྲུག་ཏེ། ཐུགས་རྗེའི་སྤྱོད་པའི་ངོས་ནས་གཞན་དོན་དུ་ཉམས་སུ་བླང་བ་དང་། རྣམ་བཞི་བཅུ་གྲངས་ཀྱིས་ངོས་ནས་གདུལ་བྱ་མི་སྤང་བར་གདམས་པའོ། །

སྤྱི་དོན་བཞི་པ་དམ་ཚིག་ཉམས་པའི་རྒྱུ་བསྟན་པ་ལ་གསུམ་སྟེ། མདོ་ཉམས་པར་དང་། ཉམས་མི་ཚོས་སློབ་དཔོན་རྒྱུའི་རྣམ་གྲངས་རྒྱས་པར་བཤད་པ་དང་། མ་སྤངས་ཉི་ཤུ་ཉམས་ན་ཉམས་པར་འགྱུར་བའོ། །

སྤྱི་དོན་ལྔ་པ་ཉམས་པའི་རྒྱུ་བསྟན་པ་ལ་གཉིས་ཏེ། མདོ་དང་རྒྱས་པའོ། །དེ་ལ་གསུམ་སྟེ། ཉམས་ཞེས་པའི་སྐྱོན་ཚེ་འདི་ལས་འབྱུང་བར་ཕྱི་མར་ངན་སོང་དུ་འགྲོ་བའི་སྔ་རྟགས་དང་། ཉམས་གལ་ཏེ་ཉམས་ན་རྟགས་མེད་ཀྱང་། ཕྱི་མར་སྡུག་བསྔལ་ཚབ་ཆེ་བས་སྡུག་བསྔལ་ཡུན་རིང་བར་བསྟན་པ་དང་། མ་ཉམས་གལ་ལྟེ་ཉམས་པར་རྟགས་བྱུང་ན་ཚེ་སྔ་མ་ཕན་ཆད་ཀྱི་རྣམ་སྨིན་རྒྱུ་མོ་སྟོབས་ཆེ་བས་འདིར་བསོད་ནམས་དང་ཡེ་ཤེས་ཀྱི་སྟོབས་ཀྱིས་ཟད་ནས་སླར་བསྐང་གསོ་ལ་བཙོན་པར

བྱས་ན་ཕྱིན་ཆད་ངན་སོང་མི་སྐྱོང་བར་བསྟན་པའོ། །

སྤྱི་དོན་དྲུག་པ་ཉམས་པའི་སྐྱོན་བསྟན་པ་ལ་གཉིས་ཏེ། མདོ་དང་། རྒྱས་པའོ། །དེ་ལ་གཉིས་ཏེ། རྩ་བ་ཉམས་པའི་སྐྱོན་དང་། ཡན་ལག་ཉམས་པའི་སྐྱོན་ནོ། །དང་པོ་ལ་གཉིས་ཏེ། བྱེ་བྲག་ཉམས་པའི་སྐྱོན་དང་། སྤྱིར་ཉམས་པའི་སྐྱོན་ནོ། །དང་པོ་ལ་བཞི་སྟེ། བྱང་སེམས་ཞེས་དམ་ཚིག་ཉམས་པའི་སྐྱོན་དང་། སྐུ་ཞེས་དང་། གསུང་ཞེས་དང་། ཐུགས་ཞེས་ཀྱི་དམ་ཚིག་ཉམས་པའི་སྐྱོན་ནོ། །སྤྱིར་ཉམས་པ་ལ་ལྔ་སྟེ། སྐྱོན་དངོས་དང་། རྡོ་རྗེ་དམྱལ་བའི་སྡུག་བསྔལ་གྱི་ཚད་དང་། སྔར་སངས་རྒྱས་སྟོང་ཉམས་པའི་དབང་གིས་ཐུགས་རྗེའི་སྟོབས་མེད་པ་དང་། རྡོ་རྗེ་དམྱལ་བཀལ་བ་བར་གནས་པའི་ཡུན་དང་། དེ་དེ་བས་ལྷར་ཉེས་ཆེ་བས་བསྲུང་བ་ལ་ནན་ཏན་བྱ་བར་གདམས་པའོ། །ཡན་ལག་ཉམས་པའི་སྐྱོན་ལ་གཉིས་ཏེ། མདོ་ཡན་ལག་དང་། རྒྱས་ཡོངས་སྤྱོད་པའོ། །

སྤྱི་དོན་བདུན་པ་མ་ཉམས་ཡོན་ཏན་ལ་གསུམ་སྟེ། མདོ་རྣལ་འབྱོར་དང་། རྒྱས་པ་དང་། ཐེག་ཆེན་ཐེག་པ་གསུམ་གྱི་སྡོམ་པ་ཐམས་ཅད་འདིའི་ཡན་ལག་ཏུ་འདུས་པས་ཕན་ཡོན་དང་བཅས་པར་བསྟན་པའོ། །རྒྱས་པ་ལ་གཉིས་ཏེ། རྩ་བའི་ཡོན་ཏན་དང་། ཡན་ལག་གི་ཡན་ལག་ཡོན་ཏན་ནོ། །རྩ་བ་ལ་གསུམ་སྟེ། བྱང་ཆུབ་ཀྱི་ལུས་ནད་ཀྱང་དམ་ཚིག་དང་། སྐུའི་དམ་ཚིག་ཡོན་ཏན་ཐུན་མོང་དུ་བསྟན་པ་དང་། གསུང་ཞེས་གི་ཡོན་ཏན་དང་། ཐུགས་ཞེས་ཀྱི་ཡོན་ཏན་ནོ། །

སྤྱི་དོན་བརྒྱད་པ་ཉམས་ན་བསྐང་བའི་ཐབས་ལ་གསུམ་སྟེ། མདོ་ཉམས་ན་དང་། རྒྱས་པ་དང་། བསྐངས་པའི་དེ་ལྟར་ཉམས་སུ་ཡོན་ཏན་གྱི་སྒོ་ནས་ཞབས་བསྟུ་བའོ། །རྒྱས་པ་ལ་གཉིས་ཏེ། རྩ་བའི་བསྐང་སྐོང་། ཐབས་དང་། ཡན་ལག་གི་བསྐང་ཐབས་སོ། །རྩ་བའི་བསྐང་ཐབས་ལ་བཞི་སྟེ། བྱང་ཆུབ་སེམས་ཀྱི་ཞེས་བསྐང་ཐབས་དང་། སྐུ་ཡི་བསྐང་ཐབས་དང་། གསུང་གི་ཞེས་བསྐང་ཐབས་དང་། ཐུགས་ཀྱི་ཞེས་བསྐང་ཐབས་སོ། །སྐུའི་བསྐང་ཐབས་ལ་ལྔ་སྟེ། བསྐངས་ཐབས་དངོས་སྐུ་ཡི་དང་། ཡུལ་དེ་མེད་ན་དེའི་སློབ་དཔོན་ལ་བསྐང་བའི་ཐབས་གལ་ཏེ་དང་། དེ་ཡང་མེད་ན་མཉམ་པ་བརྒྱ་ལ་མཆོད་སྦྱིན་གྱིས་བསྐང་བ་མེད་ན་དང་། བརྒྱ་མ་རྙེད་ན་མཉམ་པ་གསུམ་ལ་སྦྱིན་སྲེག་གིས་བསྐང་དེ་ཡང་བ་དང་། ཞར་ལ་བཤགས་པའི་ཡུལ་དངོས་ཀྱིས་ཀྱང་སྐུར་དུ་ཚངས་པར་མ་བྱས་པའི་

ཉེས་དམིགས་བསྟན་གལ་ཏེ་པའོ། །

སྤྱི་དོན་དགུ་པ་མཚོན་པ་དཔེ་ལ་གསུམ་སྟེ། མདོ་དམ་ཚིག་དང་། རྒྱུས་པ་དང་། གདམས་པའོ། །རྒྱུས་པ་ལ་བཅུ་གཅིག་སྟེ། ཡོན་ཏན་ཐམས་ཅད་ཀྱི་གཞི་དམ་ཚིག་གིས་བཟུང་བའི་དཔེ་ས་གཞི་དང་། བསྲུང་ཐུབ་མ་ཐུབ་ཀྱིས་ལེགས་ཉེས་གང་དུ་གྱུར་པའི་དཔེ་སོ་མཚམས་དང་། བསྲུངས་པའི་ཡོན་ཏན་ལམ་འབྲས་བུའི་དགོས་པ་སྐྱོང་བའི་དཔེ་རིན་ཆེན་དང་། ཆོས་ཐམས་ཅད་དམ་ཚིག་ཏུ་འདུས་པའི་དཔེ་ནམ་མཁའ་དང་། བསྲུངས་ན་འཁོར་བའི་སྡུག་བསྔལ་གྱིས་འཆིང་བ་གཅོད་པའི་དཔེ་རྡོ་དཔལ་དང་། དུས་གསུམ་རྒྱལ་བ་དམ་ཚིག་ལས་འབྱུང་བའི་དཔེ་ཕ་མས་དང་། བསྲུང་ན་དངོས་གྲུབ་ཀྱི་བྱིན་རླབས་འབྱུང་བའི་དཔེ་རྒྱ་མཚོ་དང་། ཁྱད་དུ་མི་གསད་ཅིང་བག་དང་ལྡན་པའི་དཔེ་མེ་དཔུང་དང་། འཁོར་བའི་སྡུག་བསྔལ་སེལ་བའི་དཔེ་དེ་བཞིན་དང་། དམ་ཚིག་དང་ལྡན་པའི་བྱ་བ་ཐམས་ཅད་ཆུད་མི་ཟད་པའི་དཔེ་རྒྱལ་པོ་དང་། དང་པོ་བྱང་ཆུབ་མཆོག་ཏུ་སེམས་བསྐྱེད་ནས་མཐར་མངོན་པར་རྫོགས་པར་སངས་མ་རྒྱས་ཀྱི་བར་དུ་སྐད་ཅིག་ཙམ་ཡང་འབྲལ་མི་རུང་བའི་རྒྱ་མཚོའི་ནོར་དཔེའོ། །

སྤྱི་དོན་བཅུ་པ་མདོ་བཞིའི་བརྗོད་བྱའི་ཞབས་བསྡུ་བ་ལ་བཞི་སྟེ། རང་བཞིན་གྱི་མདོ་དང་། ཤེས་བྱ་ལྟ་བའི་མདོ་རང་བཞིན་དང་། གོམས་བྱེད་ཏིང་ངེ་འཛིན་གྱི་མདོ་དེ་དོན་དང་། བླང་དོར་མེད་པ་སྤྱོད་པའི་མདོའོ། །རང་བཞིན་ལ་གསུམ་སྟེ། ཅེས་དམ་ཚིག་རང་བཞིན་དང་། ཆོས་ཇི་སྙེད་ཐམས་ཅད་ཀྱི་རང་བཞིན་བསྟན་པ་དང་དུས་ཐམས་ཅི་སྣང་ཅད་དུ་དེ་ལས་འདའ་བ་མེད་པར་བསྟན་པའོ། །སྤྱོད་པའི་མདོ་ལ་གསུམ་སྟེ། སྤྱོད་པའི་ངོ་བོ་འདི་ལ་དང་། ཉེས་པར་མི་འགྱུར་བའི་གཏན་ཚིགས་མ་བཤགས་དང་། དཔེའི་ཁྱད་པར་གྱིས་དམ་ཚིག་བཞིའི་ཞབས་བསྡུ་སྤྲུ་འཕྲུལ་བའོ། །དམ་ཚིག་རྡོ་རྗེ་གསལ་བཀྲའི་བསྡུས་དོན་གསལ་བྱེད་མེ་ལོང་ཞེ་བྱ་བ་བླ་མ་རིན་པོ་ཆེ་པྲ་ཛྙཱ་སིདྡྷས་མཛད་པ་རྫོགས་སོ།། །།ཤུ་བྷཾ།

༄། །སམཡབཛྲདྷིཔྲཤྭེཏཾཝྲིཏྟཾཤུཀླཱིཀཱཤཱཡནྟྲཾནཱམབིཧརཏིསྨ།

༄། །དམ་ཚིག་རྡོ་རྗེ་གསལ་བཀྲའི་འགྲེལ་པ་དག་ལྡན་གསལ་བའི་མེ་ལོང་ཞེས་བྱ་བ་བཞུགས་སོ། །

ཡེ་ཤེས་རྒྱལ་མཚན།

ཨོཾ་སྭ་སྟི་སིདྡྷི། བླ་མ་དང་མགོན་པོ་འཇམ་པའི་དབྱངས་ལ་ཕྱག་འཚལ་ལོ། །གནས་ལུགས་ཆོས་དབྱིངས་ནམ་མཁའ་ཡངས་པ་ལ། །མཁྱེན་བརྩེ་ཡེ་ཤེས་འོད་དཀར་ཟླ་བ་ཅན། །མཛད་པའི་འཕྲིན་ལས་བསིལ་ཟེར་ཀུན་འཕྲོ་བ། །ཀུན་མཁྱེན་ཀུ་མུད་གཉེན་ལ་མི་ཕྱེད་འདུད། །རྒྱ་གར་རྒྱ་བཞིའི་མཁས་མཆོག་རྡོར་འཛིན་དེས། །གསང་སྔགས་རྨད་བྱུང་ཐེག་མཆོག་ཁོང་རྒྱུད་དོན། །ཅི་བཞིན་མ་ནོར་བསྲུང་བྱའི་དོན་སྟོན་པ། །སྙིག་པའི་རྡོ་རྗེའི་ཞབས་ལ་ཕྱག་འཚལ་ལོ། །སྙིག་པའི་དགོངས་པ་དཔྱལ་དཀར་མེ་ལོང་ལ། །སུམ་བརྒྱ་དྲུག་ཅུའི་གཟུགས་བརྙན་གསལ་བ་ནི། །གང་ཟག་ལོག་རྟོག་གཡའ་ཡིས་གཡོགས་པ་ལ། །བདག་གིས་ཚད་མ་གསུམ་གྱིས་གསལ་བར་ཕྱེ། །དེ་ཉིད་ཀྱིས་མཛད་པའི་དམ་ཚིག་རྡོ་རྗེ་གསལ་བཀྲ་འདི་ལ་སྤྱི་དོན་གསུམ་སྟེ། འཆད་ཉན་ཇི་ལྟར་བྱ་བའི་ཚུལ་དང་། གང་འཆད་ཉན་བྱེད་པ་དམ་ཆོས་ཀྱི་རྣམ་བཞག །འཆད་ཉན་མཐར་ཕྱིན་པའི་རྒྱུ་མཚན་དང་གསུམ། དང་པོ་ལ་གཉིས་ཏེ། འཆད་པ་པོ་སློབ་དཔོན་གྱི་མཚན་ཉིད་དང་། ཉན་པ་པོ་སློབ་མའི་མཚན་ཉིད་དོ། །

དང་པོ་སློབ་དཔོན་དེའི་མཚན་ཉིད། དེས་ཆོས་བཤད་ཚུལ། བཤད་པའི་ཕན་ཡོན་དང་གསུམ། གཉིས་པ་ཉན་པ་པོ་སློབ་མའི་མཚན་ཉིད། དེས་ཆོས་ཉན་ཚུལ་དང་། ཆོས་ཉན་པའི་ཕན་ཡོན་དང་གསུམ། དེ་རྣམས་ནི་ཞིབ་པར་ཐེག་པ་སྤྱིའི་བཅིང་གི་ཁོག་དབུབ་ནང་དུ་གཟིགས་མཛོད།

གཉིས་པ་གང་འཆད་ཉན་བྱེད་པ་དམ་ཆོས་ཀྱི་རྣམ་བཞག་ལ་གསུམ་སྟེ། གང་ཟག་འཇུག་ངོར་ཤེས་པར་བྱ་བའི་ཕྱིར། དམ་པའི་ཆོས་ངོས་བཟུང་བ་དང་། དོན་མ་ནོར་བར་ཤེས་པར་བྱ་བའི་ཕྱིར། བཤད་པའི་ཐབས་བསྟན་པ་དང་། བཤད་བྱ་གཞུང་དོན་དངོས་ཀྱི་སྐབས་དང་གསུམ་དུ་གནས་པ་ལ། དང་པོ་དམ་པའི་ཆོས་ངོས་བཟུང་བ་ལ་འདས་ཆོས་དང་། འཁོར་ཆོས་གཉིས། འདས་ཆོས་ལ་ཡང་། རྟོགས་ཆོས་དང་། ལུང་ཆོས་གཉིས། ལུང་ཆོས་ལ་ཡང་། སྡེ་སྣོད་དང་། རྒྱུད་སྡེ་གཉིས། རྒྱུད་སྡེ་ལ་ཡང་། ཕྱི་ནང་གཉིས། ནང་པ་ལ་ཡང་གསུམ་ཡོད་པའི་འདིར་མ་ཧཱ་ཡོ་ག །དེ་ལ་བདེ་བར་གཤེགས་པའི་ཞལ་ནས་གསུངས་པའི་རྒྱུད། དེ་ལ་བརྟེན་པའི་མན་ངག་གཉིས་ལས་འདི་མན་ངག །དེ་ལ་རྒྱུད་ཀྱི་དོན་མངོན་པར་རྟོགས་པའི་མན་ངག་དང་། བསླབ་ཅིང་ཉམས་སུ་བྱུང་བའི་མན་ངག་གཉིས་ལས་འདི་བསླབ་ཅིང་ཉམས་སུ་བླང་བའི་མན་ངག །དེ་ལ་རྒྱུད་དོན་དངོས་པོ་བཅུ་ཡོད་པ་ལས། འདི་ནི་བསྲུང་བྱ་དམ་ཚིག་ཆོས་སོ། །

གཉིས་པ་དོན་མ་ནོར་བར་ཤེས་པར་བྱ་བའི་ཕྱིར་བཤད་པའི་ཐབས་བསྟན་པ་ལ། བཀའ་ཐམས་ཅད་ཕུན་སུམ་ཚོགས་པ་ལྔའི་སྒོ་ནས་འཆད། བསྟན་བཅོས་མན་ངག་ཐམས་ཅད་རྟེས་འགྲོ་ལྔས་འཆད་པ་ལས། འདི་མན་ངག་ཡིན་པས་རྗེས་འགྲོ་ལྔས་འཆད་པར་བྱ་སྟེ། ལུང་མཆོག་བླ་མ་ལས། ཐོས་ཆུང་གསར་བུ་ཡིད་ཆེས་བསྐྱེད་པའི་ཕྱིར། །མན་ངག་སྤྱི་དོན་རྗེས་འགྲོས་ཀླད་ནས་གཞོམ། །ཞེས་གསུངས་པས། ཁུངས་བཙུན་ཞིང་ཡིད་ཆེས་པར་བྱ་བའི་ཕྱིར། སློབ་དཔོན་གང་གིས་མཛད་པ་དང་། བཀའ་དང་མི་འགལ་ཞིང་ཐེག་པའི་གཞུང་ཚུགས་པར་བྱ་བའི་ཕྱིར། རྒྱུད་གང་ནས་བཏུས་ཤིང་ཕྱོགས་གར་གཏོགས་པ་དང་། བསྟན་པ་མཚན་ངེས་ཤིང་དོན་གྱི་མདོ་ཙམ་ཞིག་རྟོགས་པར་བྱ་བའི་ཕྱིར་མཚན་ཅི་ལ་བཏགས་པ་དང་། བརྩམ་པ་ལ་དོན་ཡོད་པར་བྱ་བའི་ཕྱིར་དགོས་ཆེད་གང་གི་དོན་དུ་མཛད་པ་དང་། ཤེས་ཤིང་ཁོང་དུ་ཆུད་པར་བྱ་བའི་ཕྱིར། དགུ་ཞབས་སུ་དོན་དུ་བསྟན་པ་དང་ལྔ་ལས། དང་པོ་ནི། སྤྱིར་བསྟན་བཅོས་བརྩམ་པའི་ཚད་ལ། རབ་ཆོས་ཉིད་ཀྱི་བདེན་པའི་དོན་མཐོང་བ། འབྲིང་ཡི་དམ་ལྷའི་ཞལ་གཟིགས་ཤིང་ལུང་བསྟན་ཐོབ་པ། ཐ་མ་བཀའི་དགོངས་དོན་ཁྲོལ་ཞིང་ཐེག་པའི་ཤན་འབྱེད་ཅིང་ལ་བློས་པ་ཚིག་དོན་ལ་མཁས་ཤིང་

ཁྲི་ཕྲག་ཕྱེད་པ་ཞིག་གིས་བཅུམ་དགོས་ཏེ། རྫོགས་ཆེན་རྒྱན་ལས། ཆོས་ཉིད་མངོན་སུམ་རྟོགས་པ་རབ། །བླ་མ་ཡི་དམ་མཁའ་འགྲོ་ཡི། །ལུང་བསྟན་ཐོབ་པ་འབྲིང་པོ་ཡིན། །ལ་ཤན་བཀའ་ལུང་ཚིག་ལ་མཁས། །ཁྲི་ཕྲག་ཕྱེད་པ་ཐ་མ་ཡིན། །ཅེས་གསུངས་པས། གཞུང་འདི་ཉིད་རྩོམ་པའི་སློབ་དཔོན་སྒེག་རྡོར་ནི། བལ་པོ་སྒེག་རྡོར་དང་། རྒྱ་གར་སྒེག་རྡོར་གཉིས་ལས། འདི་རྒྱ་གར་བ། དེ་ཡང་ཐོག་མཐར་བར་གསུམ་ཡོད་པ་ལ། འདི་དང་པོའི་སྒེག་རྡོར་ཡིན་ལ། གོང་གི་བཅུམ་ཚད་རབ་འབྲིང་ཐ་མ་གསུམ་ཀ་དང་ལྡན་པ་ཡིན་ནོ། །

གཉིས་པ་ནི། གཞུང་འདི་ཉིད་ལས། རྒྱུད་གསུམ་ཞེས་པ། གཏོར་རྒྱུད་ཀྱིས་ཁོག་ཕུབ། གསང་སྙིང་གིས་གཞུང་བསྲང་། ས་མ་བགོད་པས་རྒྱས་པར་བཤད་པའི་དོན་རྣམས་འདིར་བསྡུས་ཤིང་ཕྱོགས་མ་ཧཱ་ཡོ་གར་གཏོགས།

གསུམ་པ་ནི། སྦྱོར་མཚན་གྱི་འདོགས་ལུགས་ལ། ཡུལ་ལ་བཏགས་པ་དང་། ཞུ་བ་པོ་ལ། དཔེ་ལ། རྣམ་གྲངས་ལ། དོན་ལ་བཏགས་པ་དང་ལྔ་ལས། འདིར་ནི་དམ་ཚིག་རྡོ་རྗེ་གསལ་བཀྲ་ཞེས་པས་དོན་རང་གི་ངོ་བོ་ལ་འདོགས་པ་སྟེ། མཚན་དོན་གྱི་བཤད་ལུགས་མང་ཡང་། འདིར་ཕྱོགས་གཅིག་ཉེ་བར་མཚོན་ན། མི་འདའ་བས་དམ་ཚིག །གང་ལས་མི་འདའ་ན། སྣང་སྟོང་དབྱེར་མེད་མཚོན་པའི་རྡོ་རྗེ་དེ་ཉིད་འདའ་ཉམས་མེད་པར་སྲུང་བའི་ཐབས་རྣམས་རྒྱུད་ཀྱི་ནང་ནས་འཐོར་བ། གཞུང་འདིར་རྩ་བ་དང་ཡན་ལག་གི་སྲུང་བྱ་རྣམས་ཕྱོགས་གཅིག་ཏུ་བསྡེབས་ནས་གསལ་ཞིང་བཀྲ་བར་བྱེད་པའོ། །

བཞི་པ་ནི་འདི་ཉིད་ལས། ལམ་གྱི་རྣལ་འབྱོར་རྣམས་དོན་ཕྱིར། །ཞེས་པས། གསང་སྔགས་མ་ཧཱ་ཡོ་གའི་ལམ་ལ་ཞུགས་པའི་རྣལ་འབྱོར་པ་རྣམས་ཀྱི་དོན་བྱ་བའི་མཛད་པའོ། །

ལྔ་པ་ནི། ཀླད་དོན་དང་། གཞུང་དོན་དང་། ཞབས་དོན་དང་གསུམ་དུ་གནས་པ་ལ། གཞུང་དོན་ལའང་། ངོ་བོ་རྣམ་གྲངས་སྲུང་ཐབས་དང་། །ཉམས་རྒྱུ་སྔ་རྟགས་སྐྱོན་ཡོན་གཉིས། །སྐོང་ཐབས་དཔེ་དང་མདོར་བསྡུར་བཤད། །ཅེས་གསུངས་གཞུང་དོན་རྒྱས་པར་བཤད་དོ། །དེས་སྤྱི་དོན་གྱིས་ཁོག་དབུབ་པ་བསྡུས་པ་ཙམ་ཞིག་སོང་ནས། གཞུང་དོན་ས་བཅད་པ་དང་། ཚིག་དོན

ཀྱི་འབྲུ་གཉེར་བ་གཉིས་ནི་བཤད་བྱ་གཞུང་དོན་དང་འབྲེལ་བ་ཡིན་ནོ། །སྤྱིར་བཤད་བྱ་རང་ལ་ཡང་། འདུལ་བ་གླེང་བཞིས་བཤད་མདོ་སྡེ་དཔེ་ཡིས་བཤད། མངོན་པ་རྟེས་ཀྱིས་བཤད། གསང་སྔགས་རྟགས་ཀྱིས་བཤད། ལྟ་བ་གཞལ་འགག་གིས་བཤད། འཕྲིན་ལས་ཚིག་འགྲིག་གིས་བཤད། དམ་ཚིག་རྣམ་གྲངས་ཀྱིས་བཤད། དེ་ལའང་དགོས་བསྡུས་ཚིག་གསུམ་བརྒྱལ་ལན་མཚམས་སྦྱོར་ལྔས་འཆད་དགོས་ཏེ། དབྱིག་གཉེན་གྱི་རྣམ་བཤད་རིག་པ་ལས། དགོས་པ་བསྡུས་པའི་དོན་བཅས་དང་། །ཚིག་དོན་བཅས་དང་བརྒྱལ་ལན་བཅས། །མཚམས་སྦྱོར་བསྟན་དེ་བཤད་པར་བྱ། །ཞེས་གསུངས་པས། གཞུང་གང་བཤད་ནའང་། དགོས་ཆེད་ཀྱི་དོན་དང་། བསྡུས་པའི་དོན་དང་། ཚིག་གི་དོན་དང་། བརྒྱལ་ལེན་གྱི་དོན་དང་། མཚམས་སྦྱོར་གྱི་དོན་དང་ལྔའི་སྒོ་ནས་འཆད་པར་བྱའོ། །

༈ སྤྱི་དོན་གསུམ་པ་བཤད་བྱ་གཞུང་གི་དོན་དངོས་ལ་གསུམ་སྟེ། ཀླད་དོན་དང་། གཞུང་དོན། ཞབས་དགེ་བའི་རྒྱ་བ་བསྔོ་བའོ། །དང་པོ་ལ་གཉིས་ཡོད་པའི་དང་པོ་ཕྱག་འཚལ་བ་ནི། རྡོ་རྗེ་འཛིན་ལ་ཕྱག་འཚལ་ལོ། །ཞེས་པ་བཤད་པའི་གཞིར་བྲང་། དེའི་ཁྱད་པར་གྱི་ཆོས་ལ་ལྔ། གང་གིས་ན་སློབ་དཔོན་སྙིག་པའི་རྡོ་རྗེས། རྗེས་འཇུག་འཆད་ཉན་པ་རྣམས་ཀྱིས། གང་ལ་ན་རྡོ་རྗེ་འཛིན་པ་ལ། དེ་ཡང་དཔེ་དོན་རྟགས་གསུམ་གྱིས་འཆད་དེ། དཔེར་ན་རིན་པོ་ཆེ་རྡོ་རྗེ་ཕ་ལམ་གྱིས་ཕར་ལ་རིན་པོ་ཆེ་གཞན་རྣམས་འཇོམས་ཚུར་ལ་མི་ཚུགས་པ་བཞིན་དུ། དོན་རྡོ་རྗེ་ཆོས་ཉིད་ཀྱིས་ཀྱང་ཕར་ལ་དངོས་པོ་མཚན་མ་ཐམས་ཅད་འཇོམས་ཤིང་ཚུར་ལ་མི་ཚུགས་པ་དེ་ལ་ལྔ་སྟེ་རྡོ་རྗེ་སེམས་དཔའ་རང་བཞིན་ཆོས་ཉིད་འདུས་མ་བྱས་པའི་རྡོ་རྗེ། ངོ་བོ་དབྱིངས་ཡེ་ཤེས་དབྱེར་མི་ཕྱེད་པའི་རྡོ་རྗེ། མཚན་ཉིད་ནི་རྒྱུ་རྐྱེན་དང་བྲལ་ཞིང་གཉེན་པོས་མི་ཤིགས་པས་སྐྱེ་འཇིག་དང་བྲལ་བའི་རྡོ་རྗེ། ཡོན་ཏན་ནི་སྐུ་གསུང་ཐུགས་ཡོན་ཏན་འཕྲིན་ལས་ལྔ་ལྡན་གྱིས་གྲུབ་པས་གཞན་དུ་བཙལ་བ་མེད་པའི་རྡོ་རྗེ། འཕྲིན་ལས་ཀྱིས་རང་ལས་གཞན་དུ་འཛིན་པའི་རྟོག་པ་ཐམས་ཅད་འཇོམས་པའི་རྡོ་རྗེའོ། །དེ་ལྟར་ཆོས་ཉིད་རང་བྱུང་གི་ཡེ་ཤེས་སུ་འདུས་པའི་བདར་རྡོ་རྗེ་རྩེ་གཅིག །དེ་ལ་ཧེ་ལྟ་ཧེ་སྙིང་དབྱེར་མེད་ཀྱི་ཡེ་ཤེས་གསུམ་དང་ལྡན་པའི་རྟགས་སུ་རྡོ་རྗེ་རྩེ་གསུམ། དེའང་བྱེད་ལས་ཀྱི་ཆ་ལས་ཡེ་ཤེས་ལྔར་སྣང་བའི་རྟགས་སུ་རྡོ་རྗེ་རྩེ་ལྔ། དེ་ལྟར་ཡེ་ཤེས་དགུ་པོ་ལྡན་

གྱིས་གྲུབ་པ་མཆོན་པའི་རྟགས་སུ་རྡོ་རྗེ་རྩེ་དགུ་བསྟན་པའི་དོན་དེ་ཉིད་རྒྱུན་དུ་མི་གཏོང་བས་ན་འཛིན༷་པ་དེ་ལ༷་ཕྱག༷་འཚལ༷་བའོ། །དུས་ནམ་འཚལ་ན། སྔོན་བྱུང་དུ་སློབ་དཔོན་སྙེག་རྡོར་གྱིས། བསྟན་བཅོས་འདི་ཉིད་བརྩམ་པའི་ཐོག་མར་འཚལ། རྗེས་འཇུག་ཏུ་འཆད་ཉན་པ་རྣམས་ཀྱིས་ཉན་བཤད་བྱེད་པའི་ཐོག་མར་འཚལ། ཚུལ་ཇི་ལྟར་དུ་འཚལ་ན། མི་ཕྱེད་འདྲེས་པ། སྒྲུབ་པ་ཐབས། སྤྱོད་པ་ཡ་རབས་དང་གསུམ་ལས། དང་པོ་ནི་རྡོ་རྗེ་སེམས་དཔའི་དགོངས་པ་དང་། སློབ་དཔོན་སྙེག་རྡོར་གྱི་དགོངས་པ་གཉིས་ཤར་ནུབ་ཀྱི་ནམ་མཁའ་ལྟར་དབྱེར་མེད་ཀྱི་ངང་དུ་རྟོགས་པ་ནི་མི་ཕྱེད་འདྲེས་པའི་ཕྱག་ཅེས་བྱའོ། །གཞུང་འདི་ཉིད་ཀྱི་དོན་རྣམས་བདེ་བླག་ཏུ་རྟོགས་ཤིང་ཉམས་སུ་ལེན་པ་མཐར་ཕྱིན་པ་ནི་སྒྲུབ་པ་ཐབས་སོ། །སྤྱོད་པ་ཡ་རབས་ཀྱི་ཕྱག་ནི། ལུས་གུས་པ་དང་བཅས་ནས་སྨད་ལྤ་ས་ལ་གཏུགས། ངག་དྭང་བ་དད་པས་བསྟོད་པ་དང་དབྱངས་སུ་བཅས། ཡིད་ཧིང་ངེ་འཛིན་གྱི་སྒོ་ནས་ཕྱག་འཚལ་བའོ། །དགོས་ཆེད་ཅིའི་ཕྱིར་འཚལ་ན། སྔོན་བྱུང་དུ་སྙེག་རྡོར་གྱིས་བསྟན་བཅོས་བརྩམ་པའི་ཐོག་མར་སྟོན་པ་ཁྱད་པར་ཅན་ལ་མཆོད་པར་བརྗོད་པས། སྒྲིབ་པ་བྱང་། ཚོགས་རྫོགས། བར་ཆད་རྒྱུད་ནས་དག་སྟེ། བརྩམ་པ་མཐར་ཕྱིན་པའི་དགོས་པ་དང་། གཞུང་མཛེས་པའི་དགོས་པ་རྣམས་ཡོད་དོ། །

གཉིས་པ་བཤད་པར་དམ་བཅའ་བ་ལ་གཉིས་ཡོད་པའི་དང་པོ་དམ་བཅའ་དངོས་ནི། དེ༷་ལྟར༷་རྒྱལ་ཚབ་རྒྱུད་ཀྱི་སྟོན༷་པ༷་རྡོ་རྗེ་སེམས་དཔའ་ལ་མཆོད༷་བརྗོད་བྱས༷་ནས༷་ཅི་བྱེད་ན། བཤད་པར་བྱ། གང་བཤད་ན། དམ་ཚིག་ཆེན་པོ། གང་གི་དོན་དང་བཤད་ན། ལམ་གྱི་རྣལ་འབྱོར་རྣམས་དོན་ཕྱིར། འོ་ན་རང་བཟོ་མ་ཡིན་ནམ་ཞེ་ན། རྒྱུད་གསུམ་བལྟབ་པར་མི་འགྱུར་རམ་ཞེ་ན། རྒྱུད་ནས་འཐོར་བ་རྣམས་མདོར་བསྡུས་ནས་བཤད་པར་བྱ། འོ་ན་ལྷག་ཆད་ཅན་དུ་མ་སོང་ངམ་ཞེ་ན། ངེས་པར་གསལ་བྱེད་ཅེས་པས་ནི་ཁོག་བསྟེབ་སྟེ་བཤད་པའོ། །

ཚིག་དོན་རྒྱས་པར་བཤད་པ་ནི། གསང་སྔགས་མ་ཧཱ་ཡོ་གའི་སྒོར་འཇུག་ཅིང་བགྲོད་པས་ལམ༷་གྱི་རྒྱུད་ལ་ཞུགས་པའི་སྣང་སེམས་དབྱེར་མེད་རྣལ༷་མ་ལ་བློ་འགྱུར༷་པའི་གང་ཟག་དུ་མ་རྣམས་ཀྱི་དོན༷་བྱ་བའི་ཕྱིར༷། གསང་སྙིང་། གཏེར་རྒྱུད་ས་མ་ཡ་བཀོད་པའི་རྒྱུད༷་དང་གསུམ༷་གྱི་དོན་

རྣམས་ལུང་རིག་མན་ངག་གསུམ་དང་མི་འགལ་བར་ངེས་པར་གསལ་བར་བྱེད་པའི། མི་འདའ་བས་དམ་ཚིག་གསང་སྔགས་བླ་མེད་ཀྱི་བསྲུང་བྱ་ཡིན་པས་ཆེན་པོ་རྒྱུད་ནས་ཚིག་དོན་འཐོར་བ་རྣམས་གཞུང་འདིར་མདོར་བསྡུས་ཏེ། སློབ་དཔོན་སླེག་རྗོར་གྱི་ཐུགས་ཀྱིས་དགོངས་པ་ཞལ་དུ་མ་འདྲེས་པར་སངས་རྒྱས་ཀྱིས་ཕྱུང་ནས་བཤད་པར་བྱའོ། །

གཉིས་པ་དམ་ཚིག་སྔོད་ཀྱི་བྱེ་བྲག་དང་སྦྱར་བའི་དགོས་པ་ལ་གསུམ་ཡོད་པའི་དང་པོ་གསང་སྔགས་ཀྱི་སྒོར་འཇུག་པའི་རྣལ་འབྱོར་པའི་མཚན་ཉིད་ནི། གསང་སྔགས་མ་ཧཱ་ཡོ་གའི་ལམ་གྱི་རྒྱུད་ལ་ཞུགས་པའི་རྣལ་འབྱོར་བ་ལམ་གྱིས་བསླབ་པ་གསུམ་ལ་གནས་པར་བྱས་ནས་ཉམས་སུ་ལེན་དགོས་ཏེ། ལས་དང་པོ་པས་ཐུན་མོང་པ་དང་སྤྱིའི་བསླབ་པ་ལ་འཇུག་དགོས་ཏེ། གསང་སྙིང་ལས། ས་རྣམས་ཁྱད་པར་བཀོད་པ་ཡང་། །གསང་བའི་སྙིང་པོ་འགྲོ་བའི་ལམ། །ཞེས་པ་དང་། བརྟག་གཉིས་ལས། དང་པོ་གསོ་སྦྱོང་སྡོམ་པ་བླང་། །དེ་རྗེས་ཀྱི་ཡི་རྡོ་རྗེ་བསྟན། །ཅེས་གསུངས་པས། ལྷག་པ་ཚུལ་ཁྲིམས་ཀྱི་བསླབ་པ་འདུལ་བ། ལྷག་པ་ཏིང་ངེ་འཛིན་གྱི་བསླབ་པ་མདོ་སྡེ། ལྷག་པ་ཤེས་རབ་ཀྱི་བསླབ་པ་མངོན་པ། ལྷག་པའི་དོན་ནི་འཇིགས་སྐྱོབ་ཀྱི་ཚུལ་ཁྲིམས། ལེགས་སྨོན་གྱི་ཚུལ་ཁྲིམས། ངེས་འབྱུང་གི་ཚུལ་ཁྲིམས་དང་གསུམ་དུ་ཡོད་པ་ལས། འདིར་སངས་རྒྱས་བསྟན་པའི་རྨང་གཞི་ཡིན་པས། ངེས་འབྱུང་གི་ཚུལ་ཁྲིམས་ལ་བསླབ་དགོས། ཏིང་ངེ་འཛིན་ལ་ཞི་གནས་ཀྱི་ཏིང་ངེ་འཛིན་དང་། ལྷག་མཐོང་གི་ཏིང་ངེ་འཛིན་གཉིས་ཡོད་པ་ལས། ལྷག་མཐོང་གི་ཏིང་འཛིན་ལྷག་པའི་བསླབ་པ་ཡིན་ནོ། །ཤེས་རབ་ལ་ཐོས་བསམ་སྒོམ་གསུམ་ཡོད་པ་ལ་སྒོམ་པའི་ཤེས་རབ་ལ་བསླབ་དགོས། ཡང་ཐེག་པའི་སྡོམ་པའི་བསླབ་པ་ནི། ཉན་ཐོས་ཀྱི་འདུལ་ཁྲིམས། བྱང་ཆུབ་སེམས་དཔའི་སེམས་བསྐྱེད་ཀྱི་བསླབ་བྱ། གསང་སྔགས་ཀྱི་སྡོམ་པ། གསང་སྔགས་རང་ལའང་ཁྱད་པར་བླ་མེད་རང་གཞུང་གི་ལྟ་སྤྱོད་སྒོམ་གསུམ་གྱི་བསླབ་པ་གསུམ་ལ་བློ་གནས་པར་བྱས་ནས་གོམས་ན། འབྲས་བུ་བདག་དོན་ཆོས་སྐུ་དང་གཞན་དོན་གཟུགས་སྐུ་གཉིས་ཚེ་འདི་ལ་མངོན་སུམ་དུ་བྱེད་པ་ཡིན་ཡང་། ཡང་ན་དོན་གཉིས་ནི་མཆོག་ཐུན་མོང་གཉིས་སམ། བདག་གཞན་གཉིས་ཀྱི་དོན་ལ་འབྲུ་གནོན་པ་ཡང་འདུག །

གཉིས་པ་བྱེ་བྲག་ཏུ་བསྟན་པའི་དགོས་པ་ནི་ནང་པ་སངས་རྒྱས་པའི་རིས་ནང་ཚན་མི་འདྲ་བ་ལུ་ལུ་ཐེག་ཆུང་གི་གང་ཟག་གིས་ཉོན་མོངས་པ་སྤང་བྱ་མུན་པ་དང་འདྲ་བ་དེ། ཐེག་ཆེན་གྱི་གང་ཟག་གིས་སྤང་བྱ་སྣང་བ་དང་འདྲ་བའི་ཕྱིར། གཏན་ཚིགས་དེ་བས་ན་ཐེག་པ་གཅིག་གིས་གདུལ་བྱའི་བློ་མཐོ་དམན་ཀུན་འདུལ་བར་འཐད་པ་མ་ཡིན་ལ། གདུལ་བྱ་ལུ་ལུ་སྟེ་བློ་མཐོན་དམན་རང་རང་གིས་ཆ་དང་མཐུན་པར་ཐེག་པ་ཆེ་ཆུང་ཡང་དེ་ལྟར་དུ་སྤྱོད་ཅིང་ཉམས་སུ་ལེན་བཅུག་པས་རང་སའི་འབྲས་བུ་ཐོབ་པས་ན་རིགས་ཏེ་འཐད་པའོ། །

གསུམ་པ་སྟོན་པ་བྱུང་སངས་རྒྱས་ཀྱིས་ཀྱང་གདུལ་བྱའི་དོན་མཛད་པ་ཡང་རང་རང་གི་བློ་དང་འཚམས་པར་དེ་ལྟར་དུ་བསྟན་པ་ནི། དེ་ལྟར་གདུལ་བློ་བྱའི་ཆེ་ཆུང་གི་སྐབས་ཀྱི་རིམ་པ་མཐོན་དམན་དང་སྦྱར་ནས་ཐེག་པ་དགུ་ལ་སོགས་པ་ལ་ལ་སྤྱོད་བཅུག་པ་ནི། སྟོན་བྱུང་དུ་སངས་རྒྱས་ཀྱིས་སེམས་ཅན་གྱི་དོན་མཛད་པའི་དུས་སུའང་དེ་ལྟར་དུ་གསུངས་སོ། །

༄ གཞུང་ལ་གཉིས་ཡོད་པའི་ཐོག་མར་མདོར་བསྟན་ནི། གསང་སྔགས་བླ་མེད་ཀྱི་སྒོར་འཇུག་པའི་གང་ཟག་རྣམས་ཀྱིས་གཉེར་བྱའི་དམ་ཚིག་རྡོ་རྗེ་གསལ་བཀྲ་འདི་ཉིད་གཏེར་རྒྱུད་ཀྱི་ལུང་གིས་ལུས་རྣམ་པར་བཞག་ན་བཅུ་པོ་འདི་རྣམས་ཡིན་ནོ། །དམ་ཚིག་གི་ངོ་བོ་དང་། དམ་ཚིག་གི་རྣམ་གྲངས་དང་། དམ་ཚིག་གི་སྲུང་ཐབས་དང་། དམ་ཚིག་ཉམས་པའི་རྒྱུ་དང་། དམ་ཚིག་ཉམས་པའི་སྔ་རྟགས་ཚེ་འདི་ལ་འབྱུང་བ་དང་། དམ་ཚིག་ཉམས་པའི་སྐྱོན་ཚེ་ཕྱི་མ་ལ་འབྱུང་ལུགས་དང་། དམ་ཚིག་མ་ཉམས་པའི་ཡོན་ཏན་དང་གཉིས་སོ། །དམ་ཚིག་ཉམས་ན་སྐོང་བའི་ཐབས་རྣམས་དང་། ལེགས་ཉེས་ཆེ་བའི་དཔེ་མེ་ལོང་བཅུ་གཅིག་གིས་མཚོན་པ་དང་། མདོ་བཞི་བརྗོད་བྱའི་དོན་ལ་བསྡུ་བ་དང་བཅུར་བཤད་པ་ནི་འདི་ལྟ་སྟེ། དེ་ལ་ངོ་བོ་མ་བསྟན་ན་ངོས་མི་ཟིན། རྣམ་གྲངས་མ་བསྟན་ན་དབྱེ་མི་ཤེས། སྲུང་ཐབས་མ་བསྟན་ན་སྲུང་བྱ་ཉམས་སུ་མི་ལོན། ཉམས་རྒྱུ་མ་བསྟན་ན་བསྲུང་མི་ཐུབ། སྔ་རྟགས་མ་བསྟན་ན་ཡིད་མི་ཆེས། སྐྱོན་མ་བསྟན་ན་བསྲུང་བྱ་ལ་མི་འཛེམ། ཡོན་ཏན་མ་བསྟན་ན་དགེ་བ་ལ་བྲོད་པ་མི་སྐྱེ། སྐོང་ཐབས་མ་བསྟན་ན་གསང་སྔགས་ཐབས་མང་ཞེས་བྱ་བ་དང་འགལ། དཔེ་མ་བསྟན་ན་ལེགས་ཉེས་ཀྱི་དོན་མི་རིག །མདོ་བཞི་བརྗོད

བྱའི་དོན་རྣམས་གཅིག་ཏུ་བསྡུ་མི་ཤེས་ན་ཕྲ་ཡས་སུ་འགྲོ་བས་དེས་ན་བཅུ་བས་ཉུང་ན་མི་ཚོག ། མང་ན་ལྷག་པའོ། །གཉིས་པ་གཞུང་རྒྱས་པར་བཤད་པ་ལ་བཅུ་ཡོད་པའི་ཐོག་མར་ངོ་བོ། དེ་ལ་གསུམ་ཡོད་པའི་དང་པོ་རྩ་བ་ནི། དམ་ཚིག་གི་ངོ་བོ་ངོས་བཟུང་ན་རྩ་བའི་དམ་ཚིག་ལ་བྱང་ཆུབ་སེམས་དང་། སྐུ་གསུང་ཐུགས་གསུམ་དང་བཞི་ནི་རྩ་བའོ། །གཉིས་པ་ཡན་ལག་ནི། ཐུན་མོང་མིན་པ་ལ་སྤྱོད་པ་ལྔ། མི་སྤང་བ་ལྔ། དང་དུ་བླང་ལྔ། བསྒྲུབ་བྱ་ལྔ། ཤེས་བྱ་ལྔའོ། །ཐུན་མོང་ལ་བདག་དོན་དང་དོན་གཞན་ཏེ་དེ་ལྟར་ཡན་ལག་གི་དམ་ཚིག་གཉིས་སོ། །གསུམ་པ་རྩ་བའི་རྩ་བ་ནི། རྩ་བ་བཞིའི་ནང་ནས་ཆེན་པོ་ནི་བྱང་ཆུབ་སེམས་ཀྱི་དམ་ཚིག་མདོ་བཞི་དང་འབྲེལ་བ་འདི་ཉིད་བསྲུང་ན་སུམ་བརྒྱ་དྲུག་ཅུའི་བསྲུང་བྱ་ལྷག་མ་རྣམས་མདོར་དེ་ཉིད་ལ་འདུས་ཤིང་སུམ་བརྒྱ་དྲུག་ཅུར་བྱུང་བ་ཡང་དེ་ཉིད་མི་ཉམས་པའི་ཐབས་སུ་འབྲེལ་བའོ། །

གཉིས་པ་རྣམ་གྲངས་ལ་གཉིས་ཡོད་པའི་དང་པོ་མདོར་བསྟན་ནི། རྩ་བ་ཡན་ལག་གི་དམ་ཚིག་རྣམ་པའི་གྲངས་དག་རྒྱས་པར་བཤད་ཅིང་གསལ་བར་བསྟན་པ་ནི་འདི་ལྟ་སྟེ། གཉིས་པ་རྒྱས་བཤད་ལ་གཉིས་ཡོད་པའི་ཐོག་མར་སྤྱིར་དམ་ཚིག་གི་རྣམ་གྲངས་ལ་མཐའ་ཡས་ལུགས་ནི། སྤྱིར་རིགས་དྲུག་གི་སེམས་ཅན་གྱི་གྲངས་ལ་མཐའ་ཡས་པ་དང་། སེམས་ཅན་རེ་རེའི་ཤེས་རྒྱུད་ཀྱི་ལོག་རྟོག་གི་རྣམས་གྲངས་ལ་མཐའ་ཡས་ཤིང་གྲངས་མེད་པར་འགྱུར་བ་ནི། ཐམས་ཅད་མཁྱེན་པའི་སངས་རྒྱས་དེ་ཉིད་ཀྱིས་ཀྱང་གངས་ཅན་དུ་བགྲང་བར་མི་མཁྱེན་པའི་ཕྱིར་གཏན་ཚིག་དེ་བས་ན། རྣམ་རྟོག་རེ་རེ་འདུལ་བའི་གཉེན་པོ་དམ་ཚིག་གི་རྣམས་གྲངས་རེ་རེ་གསུངས་དགོས་པ་ལ། རྣམ་རྟོག་ལ་མཐའ་ཡས་ལ་དེའི་གཉེན་པོར་དམ་ཚིག་རྣམ་གྲངས་ཡང་མཐའ་ཡས་པའི་ཕྱིར་རྒྱལ་བ་སངས་རྒྱས་ཉིད་ཀྱིས་ཀྱང་བརྗོད་པ་ལས་འདས་པའོ། །གཉིས་པ་བསྡུ་ན་སུམ་བརྒྱ་དྲུག་ཅུ་ལ་འདུས་པའོ། །དེ་ལ་གཉིས་ཡོད་པའི་ཐོག་མར་གྲངས་འོང་བའི་རྒྱུ་མཚན་ནི། འོན་ཀྱང་སེམས་ཅན་བློ་སྨོངས་པ་རྣམས་ཀྱི་དོན་ལ་དགོངས་ནས་མདོར་བསྡུས་ཙམ་ཞིག་ངོས་བཟུང་ན་འདི་ལྟ་སྟེ། གཉིས་པ་རྣམ་གྲངས་དངོས་ལ་གསུམ་ཡོད་པའི་ཐོག་མར་རྩ་བའི་རྣམ་གྲངས་ནི། བྱང་ཆུབ་སེམས་ཀྱི་དམ་ཚིག་ལ་དོན་དམ་ཀུན་རྫོབ་རྣམ་པ་གཉིས་དང་། སྐུའི་དམ་ཚིག་ལ། སྤྱིའི་སློབ་དཔོན།

འདྲེན་པའི་སློབ་དཔོན། དབང་བསྐུར་བའི་སློབ་དཔོན། ཆག་ཉམས་བསྐོང་བའི་སློབ་དཔོན། ཤེས་རྒྱུད་གྲོལ་བའི་སློབ་དཔོན། མན་ངག་ལུང་གི་སློབ་དཔོན་དང་དྲུག །སྤྱིའི་མཆེད། རིང་བའི་མཆེད། ཉེ་བའི་མཆེད། འདྲེས་པའི་མཆེད་དང་བཞི་སྟེ་སྡོམས་པས་བཅུའོ། །གསུང་གི་དམ་ཚིག་ལ། རྒྱུ་མ་ནོར་རྩ་བའི་སྔགས། བསྙེད་པ་རྐྱེན་གྱི་སྔགས། བསྒྲུབ་པ་ལས་ཀྱི་སྔགས་ཏེ་གསུམ་དང་། སྐུ་ཕྱག་རྒྱ་ཆེན་པོ། གསུང་ཆོས་ཀྱི་ཕྱག་རྒྱ། ཐུགས་དམ་ཚིག་གི་ཕྱག་རྒྱ། འཕྲོ་འདུ་འཕྲིན་ལས་ཀྱི་ཕྱག་རྒྱ་སྟེ་བཞི་དང་བསྡོམས་པས་བདུན་ནོ། །ཐུགས་ཀྱི་དམ་ཚིག་ལ། ཕྱིར་གསང་བཞི། ནང་གསང་བཞི། གསང་བར་འོས་པ་གཉེན་གཏད་པ་གཉིས་དང་གསང་བ་བཅུའོ། །དེ་ལྟར་ཉི་ཤུ་རྩ་དགུ་ནི་རྩ་བའི་དམ་ཚིག་རྣམ་གྲངས་ཡིན་པར་ཤེས་པར་བྱའོ། །

གཉིས་པ་ཐུན་མོང་མ་ཡིན་པའི་ཡན་ལག་གི་གྲངས་ནི། སྤྱོད་པ་ལྔ་ལ་ནང་ཚན་དབྱེ་ན། སྦྱོར་བ་ལ་ཉི་ཤུ། སྒྲོལ་བ་ལ་བཅུ་བཞི། མ་བྱིན་པ་ལེན་པ་ལ་བཅུ་བདུན། རྫུན་དུ་སྨྲ་བ་ལ་བཅུ་བདུན། ངག་བརླང་པོ་ལ་བཅོ་ལྔ་དང་། སྤྱིར་བརྒྱད་ཅུ་རྩ་གསུམ་ཡོད། མི་སྤོང་བ་ལྔ་ལ། ཡང་དག་པའི་དྲུག་ལྔ་ལ་ལྔ་སྤྱོད་གཉིས་གཉིས་སུ་ཕྱེ་བས་བཅུ། ལོག་དུས་ལྔ་དང་བཅོ་ལྔ་ཡོད། དང་དུ་བླང་བ་ལ་རྩ་བའི་བདུད་རྩི་ལྔ་དང་། མཐུས་གྲུབ་པ། བྱིན་རླབས་ཀྱིས་གྲུབ་པ། ངོ་བོས་གྲུབ་པ་རེ་རེ་ལ་ལྔ་ལྔ། རང་བཞིན་གྱིས་གྲུབ་པ་ལ་རིག་ལྔ་ཡེ་ཤེས་ལྔ་དང་སུམ་ཅུ་ཡོད། བསྒྲུབ་པར་བྱ་བ་ལའང་དེ་བཞིན་དུ་ལྔ་ལས་དབྱེ་ན་བཞི་ཅུ་ཞེ་ལྔ་ཡོད། ཤེས་པར་བྱ་བ་ལྔ་ལ་བདུན་ཅུ་སྟེ། དེ་རྣམས་ནི་ཡོ་ག་མན་ཆད་དང་ཐུན་མོང་མིན་པར་བཤད་དེ། རྣམ་གྲངས་ཀྱི་ཡན་ལག་རྒྱས་བཤད་ནི་འོག་སྤྱང་ཐབས་ཀྱི་སྐབས་སུ་ཤེས་པར་བྱའོ། །

གསུམ་པ་ཐུན་མོང་ཡན་ལག་གི་རྣམས་གྲངས་ནི། ཐུན་མོང་གི་དམ་ཚིག་གི་རྣམ་གྲངས་ལ་མཐའ་ཡས་པ་ཞིག་ཡོད་ཀྱང་། མདོར་བསྡུས་ན་བདག་དོན་དང་གཞན་དོན་གཉིས་པོ་ལ་འདུས་ཏེ། དེ་ལ་བདག་དོན་ཉེར་གཅིག་གཞན་དོན་ཞེ་བཞིའི་རྣམ་གྲངས་རྒྱས་བཤད་ནི་འོག་སྤྱང་ཐབས་ཀྱི་སྐབས་སུ་ཤེས་པར་བྱའོ། །གཞན་ཡང་ཉམས་རྒྱུ་ཉི་ཤུ། རང་བཞིན་གཞིའི་མདོ་མིན་པ་མདོ་གསུམ་བརྩིས་པས་སུམ་བརྒྱ་དྲུག་ཅུ་ཡོད་དོ། །གསུམ་པ་སྤྱང་ཐབས་ལ་གསུམ་ཡོད་པའི་དང

པོ་མདོར་བསྟན་ནི། དམ་ཚིག་སྲུང་བའི་ཐབས་རྣམས་རྒྱས་པར་བཤད་ཅིང་གསལ་བར་བསྟན་པ་ནི་འདི་ལྟ་སྟེ། དེ་ལ་ཕ་དམ་པས། བསྲུང་ཞེས་པའི་དོན་ནི་བྲན་མོ་ཆུ་ཁུར་བ་ལྟ་བུ་ཞིག་དགོས། དེའི་གཏན་རྒྱུད་ནི་དཔེར་ན་རྒྱལ་པོ་གཏུམ་ལ་མགུ་དཀའ་བ་ཞིག་གི་འཁོར་ཤིན་ཏུ་དམན་པ་བྲན་མོ་གཅིག་གིས་འབྲི་མར་གྱི་མར་ཁུ་སྐྱོགས་གང་བཟུང་ནས་འདམ་པའི་ཁྲོད་ཅིག་ལ་འགྲོ་སྟེ། རྒྱབ་ན་རལ་གྲི་རྣོན་པོ་ཅན་ཅིག་འགྲོ་ནས། གལ་ཏེ་ཐིགས་པ་གཅིག་བོ་ན་མགོ་བྲེག་པར་བྱེད་ལ། གནས་སུ་སྐྱོལ་ནས་ནི་བུ་དགའ་ཆེན་པོ་སྦྱིན་ཞེས་པའི་ཕྱི་རོལ་དུ་གླུ་གར་དང་རོལ་མོ་ལ་སོགས་པའི་ལྟས་མོའི་རྣམ་པ་ཅི་ཡོད་ཀྱང་། དེ་ལ་དབང་པོ་མི་ཡེང་ཁོ་རང་གིས་དེ་ལ་བསྒྲིམས་པ་ལྟར་འབད་དང་འདྲ་བའི་རྣལ་འབྱོར་པ་རྣམས་ཀྱིས། རྒྱལ་པོ་དང་འདྲ་བའི་སློབ་དཔོན་གྱིས་ཕོང་བའི་མར་ཁུ་དང་འདྲ་བའི་དམ་ཚིག་ཤིན་ཏུ་བསྲུང་དཀའ་བ་དེ། མགོ་བྲེག་པ་དང་འདྲ་བར་གལ་ཏེ་ཉམས་ན་ངན་སོང་གསུམ་དུ་སྡུག་བསྔལ་ལ། ལེགས་པར་བསྲུང་ཐུབ་ན། བུ་དགའ་དང་འདྲ་བའི་མཆོག་དང་ཐུན་མོང་གི་དངོས་གྲུབ་རྣམས་མངོན་དུ་འགྱུར་བས། ལྟས་མོ་དང་འདྲ་བའི་འཇིག་རྟེན་རྣམ་གཡེང་གི་དབང་དུ་མི་གཏང་བར་རང་གིས་དམ་ཚིག་ལ་ནན་ཏན་དུ་བྱའོ། །གཉིས་པ་སྲུང་ཐབས་རྒྱས་བཤད་ལ་གཉིས་ཡོད་པའི་དང་པོ་རྩ་བའི་དམ་ཚིག །དེ་ལ་ལྔ་ཡོད་པའི་དང་པོ་བྱང་ཆུབ་སེམས་ཀྱི་དམ་ཚིག །དེ་ལ་བཞི་ཡོད་པའི་དང་པོ་ཀུན་རྫོབ་བྱང་ཆུབ་སེམས་ཀྱི་དམ་ཚིག་ནི། རང་གི་ལུས་ཀྱི་ཕུང་ཁམས་དང་སྐྱེ་མཆེད་ཐམས་ཅད་ཡེ་གདོད་མ་ནས་རྒྱལ་བའི་དཔལ་བཞི་བཅུ་རྩ་གཉིས་ཀྱི་སྐུ་ཕྱག་རྒྱ་ཆེན་པོ་ཡིན་ནོ། །དེ་ཡང་ཕུང་པོ་ལྔ་རིགས་ལྔ། འབྱུང་བ་ལྔ་ཡུམ་ལྔ། དབང་ཤེས་བཞི་ནི་ནང་གི་སེམས་དཔའ་བཞི། དེའི་ཡུལ་བཞི་ཡུམ་བཞི། དབང་པོ་བཞི་ཕྱིའི་སེམས་དཔའ་བཞིའི། དུས་བཞི་དེའི་ཡུམ་བཞི། ལུས་ཀྱི་དབང་པོ་རྣམ་ཤེས་དབང་ཡུལ་གསུམ་འདུས་ཀྱི་རེག་པ་དང་བཞི་ནི་ཁྲོ་བོ་བཞི། རྟག་ཆད་བདག་ལྟ་མཚན་མར་ལྟ་བ་བཞི་ཁྲོ་མོ་བཞི། ཉོན་མོངས་དྲུག་ཐུབ་པ་དྲུག །ཡིད་བྱེད་པ་པོ་ཀུན་ཏུ་བཟང་པོ། ཆོས་བྱ་བ་མོ་ཀུན་ཏུ་བཟང་མོར་བསྟན་པ་དེ་བཞིན་དུ་རིགས་དྲུག་གི་སེམས་ཅན་ཐམས་ཅད་ཀྱི་ཕུང་པོ་ཁམས་དང་སྐྱེ་མཆེད་ཐམས་ཅད་ཀྱང་རྒྱལ་བའི་དཀྱིལ་འཁོར་དུ་གནས་པ་དེ་ལྟར་དུ་ཤེས་ཤིང་རྟོགས་པར་བྱའོ། །འོ་ན་དེ་ལྟར་དུ་སྣང་

བ་རྣམས་གདོས་བཅས་མ་ཡིན་ནམ་ཞེ་ན། མ་ཡིན་ཏེ་སྣང་སྟོང་གཉིས་སུ་མེད་པའི་ཡེ་ཤེས་ཀྱི་སྒྱུ་ཕྲུག་རྒྱ་ཆེན་པོ་ཡིན་ནོ། །གཉིས་པ་དོན་དམ་པའི་བྱང་ཆུབ་ཀྱི་སེམས་ནི། རང་ལུས་ཀྱིས་བྱས་པ་མིག་གིས་གཟུགས་མཐོང་བ་ལྟེས་རོ་ཞོས་པ་ལ་སོགས་ཚོགས་དྲུག་གི་སྣང་བ་ཐམས་ཅད་ལ་ཤར་དུས་སེམས་རང་ཡིན་པའི་ཕྱིར་སེམས་དངོས་པོ་གང་དུ་ཡང་མ་གྲུབ་པས་ན་ལུས་ཀྱིས་བྱ་བ་བྱས་པ། མིག་གིས་གཟུགས་སྣང་བ་ལ་སོགས་ཚོགས་དྲུག་གི་སྣང་བ་རང་རྒྱུད་དུ་གྲུབ་པ་མེད་དེ་སྟོང་། སྟོང་བཞིན་དུ་ཤེས་བྱ་སྣ་ཚོགས་ལ་ཤར་བའོ། །དེ་ལྟར་བསྐྱེད་རྫོགས་ཀྱི་དོན་དེ་ཉིད་དྲན་པ་དང་ཤེས་བཞིན་གྱི་བྱ་ར་བ་སྟོན་དུ་བཏང་ལ་དུས་གསུམ་རྒྱུན་ཆད་མེད་པར་རང་གིས་རྒྱུད་ལ་འགྱོར་དགོས་པ་ལས། གསུམ་པ་དེ་དག་དང་མི་ལྡན་པའི་ཉེས་དམིགས་ནི། དེ་ལྟར་བསྐྱེད་རྫོགས་ཀྱི་དོན་དེ་ཉིད་དུས་གསུམ་རྒྱུན་དུ་མ་དྲན་ན། ཐེག་པ་མཆོག་གསང་སྔགས་པའི་རྣལ་འབྱོར་པར་ཅི་ཞིག་ཚུད་དེ་མི་ཚུད་དོ། །བཞི་པ་གང་གི་སྲུང་བའི་རྣལ་འབྱོར་པའི་མཚན་ཉིད་ནི། ལྟ་བ་བདེན་གཉིས་དབྱེར་མེད་རྟོགས། སྤྱོད་པ་དེ་དང་ཡ་མི་འབྲལ་བར་ཁྱེར། དམ་ཚིག་དེ་དང་འདའ་ཉམས་མེད་ཅིང་ཏིང་ངེ་འཛིན་འབྲེལ་བའི་རྣལ་འབྱོར་པ་ཞིག་དགོས་སོ། །གཉིས་པ་སྐུའི་དམ་ཚིག་ལ་སྲུང་བའི་ཐབས་ལ་གཉིས་ཡོད་པའི་དང་པོ་སློབ་དཔོན་གྱི་དམ་ཚིག །དེ་ལ་བཞི་ཡོད་པའི་དང་པོ་སྟོན་དུ་བསྲུང་བའི་ཡུལ་གྱི་གྲངས་ནི། ཐུན་མོང་གི་སྐབས་སྡོམ་ཞུས་པ་ཡན་ཆད་ནི་སྤྱིའི་སློབ་དཔོན་དང་། དབང་ཞུ་བའི་ནུབ་མོ་རྡོ་རྗེ་སློབ་དཔོན་གྱི་མདུན་ཁྲིད་མི་ནི་འདྲེན་པའི་སློབ་དཔོན་དང་། དམ་ཚིག་དབོག་ཅིང་དབང་བསྐུར་མཁན་ནི་དམ་ཚིག་དབང་གི་སློབ་དཔོན་དང་། གསང་སྔགས་ཀྱི་རྒྱུད་གཞུང་ཞུས་པ་ནི་རང་གི་ཤེས་རྒྱུད་གྲོལ་བར་བྱེད་པའི་སློབ་དཔོན་ཡིན་ལ། བསྐྱེད་རྫོགས་ཀྱི་ཁྲིད་རིམ་ཀྱི་ངོ་སྤྲོད་མཁན་ནི་མན་ངག་ལུང་གི་སློབ་དཔོན་ཡིན་པ་དེ་རྣམས་ལ། གཉིས་པ་བསྲུང་བའི་ཚུལ་མཚོན་པ་དཔེའི་གྲངས་ནི། སྤྱིའི་སློབ་དཔོན་ཡུལ་ལ་དབང་བའི་རྒྱལ་པོའི་བཀའ་འོག་ན་ཆུད་པ་རྣམས་ཀྱིས་དེ་ཉིད་ཁྲིམས་དང་མི་འགལ་བར་བྱེད་དགོས་པས་དེ་ཙམ་དུ་བསྐུར་བ་དང་། འདྲེན་པའི་སློབ་དཔོན་ནི་རྒྱལ་བུ་གདན་ས་ཕ་ཁུ་བོས་བཞག་དགོས་པས་དེ་ཙམ་དུ་བསྐུར་བ་དང་། དམ་ཚིག་དབང་གིས་སློབ་དཔོན་ནི་མས་རང་གི་ལུས་བསྐྱེད་པས་དེ་ཙམ་དུ་བསྐུར

བ་དང་། ཆག་ཉམས་སྐྱོང་བའི་སློབ་དཔོན་ནི་ཕས་རང་ལ་ཉེས་པ་འོང་ན་བསལ་བས་དེ་ཙམ་དུ་བསྐུར་བ་དང་། ཤེས་རྒྱུད་གྲོལ་བའི་སློབ་དཔོན་ནི་མིག་གིས་མཐོང་བར་བྱེད་པས་དེ་ཙམ་དུ་བསྐུར་བ་དང་། མན་ངག་ལུང་གི་སློབ་དཔོན་ནི་སྙིང་མེད་ན་ལུས་པོ་གཞན་ཡོད་པ་དོན་མེད་པས་དེ་ཙམ་དུ་བསྐུར་དགོས་པ་དེ་བས། སློབ་དཔོན་ནི་རྣམ་མཁྱེན་གྱི་འབྲས་བུ་བསྐྱེད་པའི་ལམ་སྟོན་མཁན་ཡིན་པས་གོང་གི་དཔེ་དེ་རྣམས་པས་ལྷག་པའི་ཚུལ་དུ་ལྷ་སྟེ་བསྐུར་བར་བྱའོ། །གསུམ་པ་སྲུང་ཐབས་ནི། རང་གི་ལུས་ངག་ཡིད་གསུམ་གྱི་སྒོ་གསུམ་དུ་ཐིམ་ལ་ཏེ་རྫུན་དང་། རྒྱུ་ནི་ནུས་པ་ལ་མི་ནུས་པའི་ཚུལ་དུ་བྱེད་པ་དེ་རྣམས་མེད་པར་བསྲུང་བ་ནི། དཔེར་ན་ཡི་དམ་གྱི་ལྷ་རྒྱུན་དུ་བསྒོམ་པ་ལྟར་སློབ་དཔོན་ལ་དད་མོས་རྒྱུན་དུ་བསམ་ཞིང་སྤྱོད་ལམ་ཐམས་ཅད་དུ་ཅི་ལྟར་མཉེས་པ་ལྟར་བྱའོ། །བཞི་པ་ལྷག་མ་སྐུའི་དམ་ཚིག་སྤྱིར་བསྟན་པ་ལ་ཤེས་པར་བྱ་བ་ནི། སྲུང་ཐབས་ཀྱི་རིམ་པ་རྒྱས་བཤད་ནི་འོག་མཆེད་དང་ཐུན་མོང་དུ་འཆད་པ་བཞིན་དུ་ཤེས་པར་བྱའོ། །གཉིས་པ་མཆེད་ཀྱི་དམ་ཚིག་ལ་གཉིས་ཡོད་པའི་དང་པོ་མཆེད་དུ་འབྲེལ་བའི་བྱེ་བྲག །དེ་དག་ལ་ལྔ་ཡོད་པའི་དང་པོ་བྱམས་པ་དང་སྙིང་རྗེའི་ཡུལ་དུ་གྱུར་པ་སྤྱིའི་མཆེད་ནི། ཐེག་པ་ཆེན་པོའི་ལུགས་ཀྱི་ཁམས་གསུམ་ཐམས་ཅད་སྤྱིའི་མཆེད་ཡིན་གསུངས་ཀྱང་། འདིར་གཞུང་རང་དང་གསང་སྔགས་ཀྱི་ལུགས་ཀྱི་གཞི་ལམ་འབྲས་གསུམ་གྱི་སྒོ་ནས་བསྒྲུབ་ན་འཐད་པར་མཐོང་ངོ་། །

དེ་ལ་སྤྱིར་ནམ་མཁའ་ལ་མཐའ་ཡས། དེས་ཁྱབ་པའི་འཇིག་རྟེན་གྱི་ཁམས་ལ་མཐའ་ཡས། དེ་ལ་གནས་པའི་སེམས་ཅན་མཐའ་ཡས་པ་རྣམས་ནི། རང་རིག་པའི་ཡེ་ཤེས་ཀྱི་འཆར་སྒོ་ལས་སྣང་བའི་ཕྱིར། ལམ་རྣལ་འབྱོར་པའི་དུས་སུ། སྣོད་བཅུད་གང་ལྟར་སྣང་ཡང་། བསྐྱེད་རིམ་གྱི་སྒོ་ནས་ལྷའི་སྐུ་གསུང་ཐུགས་ཡིན་པ་དང་། རྫོགས་རིམ་གྱི་སྒོ་ནས་རིག་པ་བདག་ཉིད་ཆེན་པོ། །རང་སྣང་ལས་མ་གཏོགས་པའི་ཡུལ་གཞན་རང་རྒྱུད་དུ་གྲུབ་པ་མིན་པའི་ཕྱིར་སྤུན་ཡིན་པ་དང་། གཞིའི་དུས་སུ་ཁམས་བདེར་གཤེགས་སྙིང་པོར་གཅིག་པའི་སྤུན་ཡིན་པའི་ཕྱིར་དང་། མ་འོངས་པ་འབྲས་བུའི་དུས་སུ། གང་ཟག་སྨོས་བཙན་སངས་རྒྱས་པའི་རང་བཞིན་ཅན་ཡིན་པའི་ཕྱིར་སྤུན་ཡིན་ནོ། །དེས་ན་གདན་ཚོགས་གསུམ་གྱིས་ཁམས་གསུམ་སེམས་ཅན་ཐམས་ཅད་མཆེད་ཡིན་ནོ། །

སྤྱི་ཡི་མཆོད་སེམས་ཅན་དེ་རྣམས་ལ་ཕ་ཚན་བཟང་པོ་བཞིན་དུ་བསྲུང་བར་བྱའོ། །གཉིས་པ་བསྟན་པ་ལ་ཞུགས་པ་རིང་བའི་མཆེད་ནི། ནང་པ་སངས་རྒྱས་པའི་ཆོས་སྒོར་ཞུགས་པ་ནི། ཉེ་བའི་མཆེད་ལྟོས་ན་རིང་བའི་མཆེད་ཡིན་པ་དང་། གསུམ་པ་སྔགས་སུ་ཞེས་པ་ཉེ་བའི་མཆེད་ནི། གསང་སྔགས་ཀྱི་སྒོར་ཞུགས་པའི་ལྷ་སྤྱོད་མཐུན་པ་ནི་ཉེ་བའི་མཆེད་ཡིན་པར་བཤད་དོ། །བཞི་པ་དལ་གཅིག་ཏུ་ཞུགས་པ་འདྲེས་པའི་མཆེད་ནི། ཕ་བླ་མ་གཅིག་ལ་དཀྱིལ་འཁོར་གཅིག་ལ་བརྟེན་ནས་དབང་ཐོབ་དམ་ཚིག་གི་ནང་འདྲེས་ན་འདྲེས་པའི་མཆེད་ཡིན་ནོ། །ལྔ་པ་དེ་དག་ལ་བསྲུང་ལུགས་མཚོན་ཚུལ་གྱི་དཔེ་བསྟན་པ་ནི། རིང་བའི་མཆེད་ལ་ཕ་སྤེ་གཅིག་གི་ནང་ཚན་བཟང་པོ་བཞིན་དུ་བསྲུང་། ཉེ་བའི་མཆེད་ལ་ཕ་སྤུན་བཟང་པོ་བཞིན་དུ་བསྲུང་། འདྲེས་པའི་མཆེད་ལ་སྤུན་བཟང་པོ་བཞིན་དུ་བསྲུང་དགོས་སོ། །མཆེད་ནི་བྱང་ཆུབ་སྒྲུབ་པའི་གྲོགས་ཡིན་པས་དེ་བས་ཀྱང་ལྷག་པར་ལྷ་སྟེ་བསྲུང་བའི་ཚུལ་ནི། གསུམ་པ་སྐུའི་དམ་ཚིག་བསྲུང་ཐབས་ཐུན་མོང་དུ་བསྟན་པ་ལ་བཞི་ཡོད་པའི་དང་པོ་ལུས་ཀྱི་སྒོ་ནས་བསྲུང་ཐབས། དེ་ལ་དྲུག་ཡོད་པའི་དང་པོ་མཆོད་སྦྱིན་གྱི་སྒོ་ནས་མཉེས་པར་བྱ་བ་ནི། ལུས་ཀྱི་སྒོ་ནས་ཟས་ནོར་ཅི་འབྱོར་པ་ཕུལ་ནས་མན་ངག་དང་གྲོགས་གོང་མ་མཉེས་པར་བྱས་པ་ལྟ། དཔེར་ན་སྦྲུར་མ་ལྷ་བུར་སེར་སྣ་ཕངས་པ་མེད་པའི་སྒོ་ནས་མཉེས་པར་བྱའོ། །

གཉིས་པ་ཞབས་འབྲིང་བྱ་བའི་ཚུལ་ནི། བླ་མ་དང་གྲོགས་གོང་མ་ལ་གར་བཞུགས་པའི་སར་གདན་གདིང་བ་དང་། བྱོན་དུས་ལ་འདམ་རྫབ་དང་ཆུ་ལ་ཁུར་བའམ། ཁུར་པོ་ཁུར་རོགས་བྱེད་པ་དང་། སོགས་ཀྱི་སྒྲུས་གཟིམ་མལ་དང་། བཅིབ་ཁ་དང་། ན་བཟའ་བསྙོན་པ་ལ་སོགས་ཞབས་འབྲིང་གི་ལས་བྱ་བ་ནི། མི་མོས་མི་དད་མེད་པར་རང་གཉེར་གྱིས་བྲན་བཞིན་དུ་བླང་བར་བྱའོ། །གསུམ་པ་བླ་མའི་ཉེ་འཁོར་ལ་ཡང་གྲོགས་ལྟར་བྱ་བ་ནི། བླ་མའི་རིགས་རྒྱུད་དང་། ཉེ་འཁོར་ལ་ཡང་མཆེད་ལ་བསྲུང་བ་དེ་བཞིན་དུ་བསྲུང་དགོས་པ་ཡིན་ནོ། །བཞི་པ་གནང་བ་མེད་པའི་ནོར་རྫས་བླང་བ་སྤང་བ་ནི། བླ་མས་མ་གནང་བའི་ནོར་དང་ཟས་ལ་འདོད་ཞེན་གྱི་སྒོ་ནས་བླང་བ་ནི་རྣམ་སྨིན་ཤིན་ཏུ་ཆེ་བས་ངན་སོང་ཁ་བརྒྱུད་པའི་ཕྱིར་ན། ཐ་མ་ཏིལ་འབྲུ་ཙམ་ཡང་མི་འབག་ཅིང་བསྲུང་བར་བྱའོ། །ལྔ་པ་བླ་མའི་གདན་ལ་སོགས་པ་ལ་བག་མེད་དུ་སྤྱོད་པའི་ཉེས་པ་ནི།

མལུ་སྣན་དང་གོས་དང་ཆས་ཀྱི་བྲེ་བྲག་གདུགས་ལ་སོགས་པ་རྣམས་དང་། སོགས་ཀྱི་སྒྲས་ཞབས་འབྲིང་མིན་པ་སྐུའི་གྲིབ་མ་དང་། བཞོན་པ་མ་གནང་བར་ཞོན་པ་དང་། བཅིབ་སྒ་དང་། ཆགས་ལམ་པ་ཡིན་ན་བཙུན་མོ་དང་དེ་རྣམས་བགོམ་པར་མི་བྱའོ། །གལ་ཏེ་བགོམ་ན་མཆོད་རྟེན་བཞིག་པ་ནི་ཉེ་བ་ལྔའི་གཅིག་ཡིན་པ་དེ་དང་འདྲ་བར་དགོངས་འདུས་དང་གསང་བ་སྤྱི་རྒྱུད་ལས་གསུངས་སོ། །དྲུག་པ་དམན་པའི་སྤྱོད་པ་བཞི་རྩེ་མོར་ཡང་སྤང་བ་ནི། བརྡེག་པ་དང་། བསད་པ་དང་། རྐུ་བ་དང་། ཕྲོགས་པ་དེ་དག་གི་སྤྱོད་པ་རྣམས་ནི། དངོས་སུ་བྱ་བ་ལྟ་ཅི་སྨོས་ཀྱི། རྩེ་མོའི་ལས་སུ་བྱ་བའང་མིན་ཏེ་མི་བྱའོ། །

གཉིས་པ་ངག་གི་སྒོ་ནས་སྲུང་ཐབས་ནི། ངག་གི་སྒོ་ནས་བླ་མ་དང་གྲོགས་ཀྱི་སྐྱོན་རྣམས་སྨྲ་ཞིང་ཡོན་ཏན་ཐམས་ཅད་བསྒྲག་པར་བྱའོ། །ཕྲོག་ཏུ་འདྲ་ཚུལ་བརྗོད་པ་ནི་དམ་ཚིག་ཉམས་པར་འགྱུར་བས་སྤང་ལ། སྐྱོན་མེད་པ་ལ་ཡོད་ཟེར་ནས་སྒྲོ་བཏགས་པ་དང་། ཡོན་ཏན་ཡོད་པ་ལ་མེད་ཟེར་ནས་སྐུར་པ་བཏབ་པའི་རྫུན་ལ་སོགས་ཕྲ་མ། ཚིག་རྩུབ། ངག་འཁྱལ། དཔེ་ཕོག །རྟ་བགད་ངན་པའི་མཚན་ཉིད་དེ་དག །ཀུ་རེའམ་བྲེ་མོའི་དལ་གཏམ་དུ་ཡང་ཟུར་ཙམ་ཡང་བརྗོད་པར་མི་བྱའོ། །བླ་མ་དང་གྲོགས་ཀྱིས་ཟེར་ན་ཉེས་པ་མེད་དོ། །གསུམ་པ་ཡིད་ཀྱི་སྒོ་ནས་སྲུང་ཐབས་ནི། ཡིད་ཀྱི་སྒོ་ནས་བླ་མ་དང་གྲོགས་པོ་ལ་དངོས་སུ་ཉེས་པ་ཁས་མི་ལེན་པས་གཡོ་དང་། རང་ལ་ཡོན་ཏན་ཡོད་པ་ལྟར་བྱེད་པས་སྒྱུ་དང་། གཞན་ལ་ཡོན་ཏན་ཡོད་པ་ལ་མི་འདོད་པ་འཕྲག་དོག་དང་། རང་བས་དམའ་བའི་ཐབས་ཀྱིས་རྫུན་བརྫུང་བའི་སེམས། བླ་མ་དང་གྲོགས་པོའི་སྤྱོད་པ་མི་ལེགས་པ་དཔྱད་པའི་སེམས་དང་། བླ་མ་དང་གྲོགས་པོ་ལ་ནོར་རྫས་སྣང་བ་ལ་བརྐམ་ཆགས་འདོད་སེམས་ཀྱིས་བརྣབ་པ་རྣམས་ནི། སེ་གོལ་གཅིག་གི་ཡུན་དུའང་བསམ་པར་མི་བྱ་སྟེ། སློབ་དཔོན་དང་གྲོགས་པོ་ལ་དང་པ་ཤིན་ཏུ་ཡིད་གདུང་ཞིང་སེམས་བརྩེ་བར་བྱའོ། །བཞི་པ་སྲུངས་བའི་ཡོན་ཏན་ནི། དེ་ལྟར་སྤྱོད་ལམ་འགྲོ་ཉལ་འདུག་སྡོད་ལ་ཅིས་ཀྱང་སློབ་དཔོན་དང་གྲོགས་པོ་མཉེས་པར་བྱེད་ཅིང་། གསུང་གི་བཀའ་ཚིག་ཟུར་ཙམ་ཡང་མི་གཅོད་པའི་རྣལ་འབྱོར་པ་དེ་ནི་འཁོར་བ་ལ་ཕྱིར་ལྡོག་པར་རྒྱལ་བ་ཀུན་བཟང་གིས་མ་གསུངས་ཏེ། དམ་ཚིག་བཀོད་པའི་རྒྱུད་ལས། དམ་

ཚིག་མ་ཉམས་པར་བསྲུང་ན། །ཀུན་ཏུ་བཟང་དང་སྐལ་པ་མཉམ་པ་ཡིན་ནོ། །ཞེས་གསུངས་སོ། །དེ་ཡང་གནང་བཀག་གི་བྱེ་བྲག་གིས་བསྲུང་བ་ཡིན་པས། བཀའ་བཅག་ཀྱང་མི་སྟོ་བ་ནི། དེ་ཉིད་ལས། བདུད་དང་བར་ཆད་སློབ་དཔོན་གྱི་ཆ་བྱད་དུ་བྱུང་བ་དང་། སློབ་དཔོན་སྨྱོས་པ་དང་། ཆང་དབང་གདོན་དབང་དུ་སོང་བ་དང་། ལེགས་པའི་ལམ་ལ་འགོག་ཅིང་། དགེ་བའི་གེགས་བྱེད་དེ། སྡིག་པའི་ལས་ལ་བསྐུལ་བ་དང་། བཀའ་བདེན་པ་མི་སྟོན་ཞིང་། མུ་སྟེགས་དང་ལོག་པའི་ཕྱོགས་སྟོན་པར་བྱེད་ན་བཀའ་བཅག་པར་མི་སྟོ་སྟེ། གནས་སྐབས་བཞིའོ། །གྲོགས་པོ་ཡང་དཀར་པོ་ལ་སྨད་ཅིང་ནག་པོ་ལ་བསྟོད་པ་དང་། དད་པ་ཅན་གྱི་ཚིག་བཅག་ཅིང་། དགེ་བ་ཅན་གྱི་ཐུགས་དཀྲུགས་པ་དང་། བཀའ་དང་དམ་ཚིག་ལས་འགལ་ཞིང་། མཆེད་ལ་བརྩེ་གདུང་མེད་ཅིང་འཁྲུ་བ་དང་། ཆོས་ལ་མི་དད་ཅིང་དགེ་བ་ལ་མི་གུས་ན། བཀའ་བཅག་པར་མི་སྟོའོ། །ཞེས་གསུངས་སོ། །

གཉིས་པ་གསུང་གི་དམ་ཚིག་བསྲུང་བ་ལ་བཞི་ཡོད་པའི་དང་པོ་སྔགས་གསུམ་བསྟན་པ་ནི། ཞི་བ་ལྟར་ན་ཧཱུྃ་ནི་རྒྱུ་མ་ནོར་རྩ༷་བའི༷་སྔགས་དང་། བཛྲ་ཧྲི་ཀ་ནི་རྡོ་རྗེ་སེམས་དཔའི་བསྙེད༷་པའི་སྙིང་སྔགས་ཡིན་པ་དང༷། རྩ་སྔགས་དང་བསྙེད་སྔགས་དྲིལ་བ་ནི་བསྐུལ་པ་ལས༷་སྔགས༷་དང༷་གསུམ་མོ། །ཁྲོ་བོ་ལྟར་ན། ཨོཾ་རྩ་སྔགས། བཛྲ་མ་ཧཱ་ཤྲཱི་ཧེ་རུ་ཀ་བསྙེད་སྔགས། མ་ཧཱ་ཙཎྜ་སརྦ་དུཥྚཱན་ཏ་ཀ་ཧ་ན་ད་ཧ་པཱ་ཙ་ཧཱུྃ་ཧཱུྃ་ཧཱུྃ་ཕཊ་ནི་ལས་སྔགས་སོ། །གཉིས་པ་ཕྱག་རྒྱ་བཞི་བསྟན་པ་ནི། ཐུགས་དམ༷་ཚིག༷་གི་ཕྱག་རྒྱ་ལ་གུང་མོ་ལ་སོགས་པའི་རྩེ་མོ་དང་ཐུགས་ཀར་རྡོ་རྗེ་ལ་སོགས་པ་རང་རང་གི་ཕྱག་མཚན་བསམ་པ་ནི། བསམ་པ་དམ་ཚིག་ཕྱག་རྒྱའོ། །འབྲུ་བཞི་སྦྲས་ནས་གུང་མོ་ལ་སོགས་པ་ལྷ་རིམ་པ་ལྟར་གྱེན་དུ་བགྲེང་བ་ཐུགས་ཀར་བཀན་ཐབས་སུ་བཅའ་བ་ནི། བཅའ་བ་དམ་ཚིག་གི་ཕྱག་རྒྱའོ། །འཕྲོ་འདུ་འཕྲིན་ལས་ཀྱི་ཕྱག༷་རྒྱ་ལ། ཡུམ་ལ་འཁྱུད་པར་བསམ་པ་ནི། བསམ་པ་ལས་ཀྱི་ཕྱག་རྒྱའོ། །ཡུམ་ལ་འཁྲིལ་བའི་ཚུལ་གྱི་བཟླ་གཡོན་པ་ཆོས་ཀྱི་རིག་ལ་བརྟེན་པའི་ཕྱག་རྒྱ་དངོས་སུ་བཅའ་བ་ནི། བཅའ་བ་ལས་རྒྱ་ཡིན་པ་དང༷། གསུང་ཆོས༷་ཀྱི་ཕྱག་རྒྱ་ལ། སྔགས་བརྗོད་པ་ནི་བཟླས་པ་ཆོས་ཀྱི་ཕྱག་དང༷། ཕྱག་རྒྱའི་རྩེ་མོ་དང་ཐུགས་ཀར་ཡིག་འབྲུ་བསྒོམ་པ་ནི༷་བསམ་པ་ཆོས་ཀྱི་ཕྱག་རྒྱ་ཡིན། སྐུ༷་ཉིད༷་ཕྱག༷་རྒྱ༷་ཆེན་པོ༷་ནི་ལྷའི་སྐུ་དབུའི་གཙུག་ཏོར་ནས་འོག་གི་གདན

ཁྲིའི་བར་གསལ་བར་བསྒོམ་པ་དང་བཞིའོ། །གསུམ་པ་ཕྱག་རྒྱ་བཞི་པོ་དེ་དག་བསྒོམ་ཞིང་སྦྱགས་གསུམ་བཟླས་པའི་ཡོན་ཏན་ནི། རྣལ་འབྱོར་པ་རང་གི་ལུས་ངག་ཡིད་གསུམ་གྱི་སྒོ་གསུམ་ནི། ཡི་དམ་གྱི་ལྷའི་སྐུ་གསུང་ཐུགས་ཀྱི་ཕྱག་རྒྱ་བཞི་ཡིན་པ་ལ་ལྷ་བས་རྫོགས་ཤིང་ཏིང་ངེ་འཛིན་གྱིས་རབ་ཏུ་སྦྱོར་ལ་སྒོམ་པ་དང་། སྦྱགས་གསུམ་དུས་རྟག་ཏུ་བཟླས་པ་བྱེད་པའི་ཡོན་ཏན་ནི། བྱང་བ་སྟོང་པ་དང་། ཆུབ་པ་སྣང་བ་དབྱེར་མེད་པའི་དོན་གྱིས་བཟུང་བས་ན་འཁོར་བ་ལ་མི་ལྡོག་ཅིང་སངས་རྒྱས་ཀྱི་ས་ལ་ཞུགས་པ་ཡིན་ནོ། །ཀུན་སློང་ཉོན་མོངས་པ་དུག་གསུམ་གྱིས་བསླང་བའི་སྒོ་ནས་བཟླས་བསྒོམ་བྱེད་ན། དེ་ལྟར་མ་ཡིན་ཏེ་ཕལ་ཆེར་ངན་སོང་དུ་གནོལ་ཅེས་དགོངས་འདུས་ལས་གསུངས་སོ། །བཞི་པ་ཡུན་གྱི་ཚད་བསྟན་པ་ལ་གཉིས་ཡོད་པའི་དང་པོ་ཡུན་གྱི་ཚད་བསྟན་ཅིང་དེ་དག་དང་མི་ལྡན་པའི་ཉེས་དམིགས་ནི། རྣལ་འབྱོར་པ་རབ་ཀྱིས་རྒྱུན་ཆད་མེད་པ་རྒྱུ་བོའི་གཞུང་བཞིན་ནམ། རབ་ཀྱི་འབྲིང་གིས་ཉིན་ཐུན་གསུམ་མཚན་ཐུན་གསུམ་སྟེ་ཐུན་དྲུག་གམ། རབ་ཀྱི་ཐ་མས་ཉིན་གཅིག་ལ་ལྔ་ལན་གཅིག་ཏུ་སྒོམ་ཞིང་སེམས་ཏིང་ངེ་འཛིན་མ་ཡེངས་པ་ཙམ་གྱི་ངང་ནས་ངག་གིས་སྦྱགས་བཟླས། རྣལ་འབྱོར་པ་འབྲིང་གིས་རབ་ཀྱི་ཟླ་བ་གཅིག་ལ་དུས་དྲུག་ཏུ་ཕྱེས་ཏེ། ཚེས་བརྒྱད། བཅུ་བཞི། བཅོ་ལྔ། བཅོ་བརྒྱད། ཉི་ཤུ། དགུ། གནམ་སྟོང་དང་དྲུག་གོ། །འབྲིང་གི་འབྲིང་ཟླ་བ་གཅིག་ལ་དུས་བཞི་སྟེ་ཉ་སྟོང་གསུམ་ཉི་ཤུ་དགུ་དང་བཞི། འབྲིང་གི་ཐ་མའི་ཟླ་བ་གཅིག་ལ་དུས་བཟང་གསུམ་གྱི་བར་བར་དུ་ལྷ་སྒོམ་ཞིང་སྦྱགས་རྒྱུན་མི་བཅད་ཅིང་བཟླའོ། །ཐ་མ་བརྩོན་འགྲུས་ཞན་ཅིང་གཞན་གྱིས་དཔྱད་པའི་རྣལ་འབྱོར་པས་ཀྱང་། ཟླ་རེའི་ནང་དུ་ལྷ་ལན་རེ་སྒོམ་པའམ། ཐ་མའི་འབྲིང་གིས་ལོ་གཅིག་ལ་ར་བ་བཞིའི་དུས་དག་ཏུ་སྒོམ་བཟླས་བྱེད་དགོས་སོ། །ཐ་མའི་ཐ་མར་གྱུར་པ་དེས་ལོ་གཅིག་ལ་ཐང་གཅིག་གི་དུས་སུ་བསྒོམ་བཟླས་བྱེད་དགོས། དེ་ལྟར་སྒོམ་བཟླས་ལ་བརྩོན་པར་འབད་དེ་མི་བྱེད་པ་ན། བྱང་ཆུབ་ཐོབ་པའི་ས་བོན་བཏགས་པ་ཡིན་པས་སངས་རྒྱས་མི་ཐོབ་བོ། །

གཉིས་པ་ཚོགས་གཏོར་ཡང་ཡུན་དེ་དང་འདྲ་བ་ནི། ཚོགས་དང་གཏོར་མའི་ཡུན་ཡང་གང་གི་རབ་འབྲིང་ཐ་མའི་དེ་བཞིན་དུ་བྱེད་པ་ཡིན་ལ། ཐ་མ་ཡང་ཚོགས་ལོ་མི་བཟླ། གཏོར་མ

ཟླ་མི་བཟླ་འོ། །དུས་འདི་རྣམས་ནི་ལས་དང་པོ་མོས་པ་ལམ་ཁྱེར་ནས་བཟུང་སྟེ་མཐར་མངོན་དུ་མ་གྱུར་པར་དུ་ཤེས་པར་བྱའོ། །འོན་གསུང་གི་དམ་ཚིག་གི་སྐབས་སུ་སྒོམ་པ་ཉིད་དེ་འཛིན་བྱུང་ཞེ་ན། སྒོམ་བཟླས་གཉིས་འབྲེལ་པའི་ཕྱིར་རོ། །

གསུམ་པ་ཐུགས་ཀྱི་དམ་ཚིག་ལ་གཉིས་ཡོད་པའི་དང་པོ་གསང་བྱའི་ངོ་བོ། དེ་ལ་བཞི་ཡོད་པའི་དང་པོ་སྤྱིར་ཐུགས་སུ་ཞུགས་ནས་གསང་དགོས་པ་ནི། ལྟ་བ་ཟབ་མོ་བདེན་གཉིས་དབྱེར་མེད་མི་རྟོགས། སྤྱོད་པ་སྤྲོ་སྤྲོལ་ལ་སོགས་བརླང་མོ་རང་ཁར་བྱེད་པ་དང་། ཡི་དམ་གྱི་ལྷ་མ་གསང་ན་དངོས་གྲུབ་ཡལ་བས་ལྟ་སྤྱོད་སྒོམ་གསུམ་གཅིག་ཏུ་བསྐྱེའོ། །དབང་གི་གསང་མཚན་གྱི་མིང་བཤད་ན་བར་དུ་གཅོད། དབང་བསྐུར་དུས་ཀྱི་གཟུངས་མ་བཤད་ན་གཞན་མི་དད་པ་དང་། སྒྲུབ་པ་བྱེད་དུས་ཀྱི་གྲུབ་རྟགས་རྣམས་བཤད་ན་མི་གྲུབ་པས། སྤྱིར་དུས་ཀུན་ཏུ་གསང་བྱ་རྣམ་པ་བཞི་ཡིན་པར་སྟོན་པ་རྡོ་རྗེ་འཆང་གིས་རྒྱུད་ཐམས་ཅད་དུ་བཤད་དོ། །

གཉིས་པ་ཁྱད་པར་སྒྲུབ་པའི་དུས་ཀྱི་གསང་བ་བཞི་ནི། སྒྲུབ་པ་བྱེད་པའི་གནས་འདི་འདྲ། དུས་ཚོད་འདི་ལ་གྲོགས་དང་། རྫས་འདི་དགོས་ཞེས་སྒྲུབ་པ་མ་ཚར་བར་བུ་རབ་ཏུ་གསང་ལ་བསྒྲུབ་པར་བྱའོ། །

གསུམ་པ་གསང་བར་འོས་པའི་རྣམ་གྲངས་མདོར་བསྡུས་པ་ནི། སྤྱིར་གསང་ཐུགས་སུ་ཞུགས་ནས་གསང་བར་འོས་པ་མང་དུ་ཡོད་ཀྱང་མདོར་བསྡུས་ན་འདི་ལྟ་སྟེ། མཐོང་བྱ་གསང་བ་ནི། ནང་མཆོད་རྣམས་ལྷ་ལ་མགོ་བའི་ཤ་ཁྲག་གི་ཕུད་དང་། དམ་རྫས་ལྔ་ལ་སོགས་པའི་གཏོར་མའི་རྒྱུ་དང་། ཚོགས་དག་གི་ཡོ་བྱད་ཤ་ཆང་རྣམས་དང་། སྨན་བསྒྲུབ་པའི་རྟེན་ཡོན་ཏན་འབྱུང་ནུས་པའི་ཧཀྐ་མཚན་ལྡན་དང་། ཕུར་བུ་བསྒྲུབ་པའི་རྟེན་རབ་གནས་ཅན་གྱི་ཕུར་པ་དང་། ཡང་དག་བསྒྲུབ་པའི་རྟེན་མར་མེའི་སྡོང་ཟླ་གམ་བང་རིམ་གསུམ་དང་ལྡན་པ་དང་། དེ་ཡང་མར་མེ་དགུ་པ་ལ་དེ་འདྲ་དགུ་དང་། གཅིག་པ་ལ་དེ་འདྲ་བ་གཅིག་དང་། རྩིབ་མའི་རལ་གྲི། མཆོག་ཕུར་བཞིའི་ཕུར་བུ་དང་། ཞིང་རྒྱུས་ཀྱི་མཆོད་དུ། བམ་གྱི་རྣམ་ལྷ། སྐལ་ཚོགས་གསར་རྙིང་ལ་སོགས་པའི་བསྒྲུབ་རྫས་རྣམས་དང་། གསང་ཐུགས་ནང་པའི་རྡོར་དྲིལ། ཐོད་ཁྲ། གསང་བའི་རྡེལ་ཚུང་། ཀང

གི་དུང་དང་གླིང་བུ་ལ་སོགས་པའི་ལག་ཆ་དང་། དཀྱིལ་འཁོར་བྲི་ཞིང་རྒྱན་དགོད་པ་དེ་རྣམས་སྐྱེ་བོ་ཐ་མལ་པས་མཐོང་བར་མི་བྱའོ། །ཐོས་བྱ་གསང་བ་ནི། ནང་གི་དྲིལ་བུ་དང་གསང་བའི་རྡོ་རྗེ་ལ་ཆུང་ལ་སོགས་པ་ལྷ་ཚའི་སྒྲ་རྣམས་ནི། སྐྱེ་བོ་ཐ་མལ་པས་ཐོས་པར་ཡང་མི་བཏུབ་བོ། །འོན་དྲིལ་བུ་རྡོ་རྗེ་ལ་ཆུང་གཉིས་ཐང་གཉིས་བྱུང་ཞེ་ན། མཐོང་ཐོས་ཀྱི་ཁྱད་པར་ཡིན་ནོ། །ངན་པའི་སྤྱོད་པ་རྣམས་གསང་བ་ནི་བྱང་ཆུབ་ཀྱི་རྒྱུ་ཡིན་པས་རང་གིས་གྲོགས་པོའི་སྤྱོད་པ་ངན་པ་བྱེད་པ་དང་། གཞན་ཡང་ངན་པའི་མཚང་རྣམས་དང་། སེམས་ཅན་ཀུན་གྱི་རྐུ་བ་ལ་སོགས་ངན་པའི་སྤྱོད་པ་རྣམས་དང་། སེམས་ཅན་ཀུན་ལ་གནོད་པའི་ཐབས་ལ་དུག་སྦྱོར། རྒྱ་སྐྱི་ལ་སོགས་པ་ངན་པའི་སྤྱོད་པ་རྣམས་རང་གི་ཤེས་པ་དེ་དག །གཞན་ལ་ཤིན་ཏུ་གསང་བ་ནི་བྱང་ཆུབ་ཐོབ་པའི་ཐབས་ཀྱི་རྒྱུ་ཡིན་ནོ། །

བཞི་པ་གཉེར་གཏད་པའི་དམ་ཚིག་ནི། དེ་ལྟར་སྐྱོན་མི་ཆེ་ན་ཡང་གཞན་གྱིས་གསང་ཞེས་གཉེར་གཏད་པ་ནི་དམ་པ་ཡིན་ཏེ། གང་གིས་གཉེར་གཏད་ན་སྔར་སྨྲའི་དམ་ཚིག་གི་སྐབས་སུ་བཤད་པའི་སློབ་དཔོན་དང་མཆེད་རྣམས་ཀྱིས་གསང་ཟེར་ན་གསང་དགོས་སོ། །

གཉིས་པ་གསང་ཐབས་གསུམ་ཡོད་པའི་དང་པོ་གསང་བའི་དགོས་ཆེད་ནི། གསང་སྔགས་རང་ལ་སྐྱོན་ཡོད་ནས་གསང་དགོས་པ་མ་ཡིན་ཏེ། སེམས་ཅན་གཞན་གྱི་དོན་བྱ་བའི་ཕྱིར་རབ་ཏུ་གསང་དགོས་ཏེ། མ་གསང་ན་གསང་སྔགས་ཀྱི་ལྟ་བ་ཟབ་མོ་མི་རྟོགས་སྤྱོད་པ་བརླང་མོ་རང་ཁར་སྤྱོད་པའམ། གང་གི་རྫས་ཟབ་མོ་རྣམས་མཐོང་ན་མི་དད་པས་གསང་སྔགས་ལ་སྐུར་པ་བཏབ་པས་ངན་སོང་དུ་འགྲོའོ། །རང་དོན་དུ་གསང་ཐུབ་ན་བསྒྲུབ་པའི་དངོས་གྲུབ་མི་ཡལ་ན་འབྲས་བུ་ཐོབ་པས་ན་གཞན་ལ་གསང་བའི་ཕྱིར་ལུས་ཀྱི་བརྡ་དང་ངག་གི་བརྡ་མི་འདྲ་བ་སྣ་ཚོགས་ཤིག་རྨ་གློག་ལ་སོགས་པའི་རྒྱུད་སྡེ་རྣམས་སུ་གསུངས་སོ། །བརྡ་འདིའི་དོན་ནི། རྒྱ་གར་ན་བརྡ་དང་བརྡའི་ལན་ལ་མ་མཁས་ན། གསང་སྔགས་ཀྱི་ཚོགས་འཁོར་ལ་འདུག་ར་མེད། རྒྱ་གར་ན་རྣལ་འབྱོར་པ་གཅིག་གིས་གདན་བཞིའི་བརྡ་ཤེས་གཅིག་གིས་དགྱེས་རྡོར་གྱི་བརྡ་ཤེས་པས་ཁོང་གཉིས་བརྡ་མ་མཐུན་པས་རྡོ་རྗེ་སྤུན་དུ་མ་གྱུར། རྣལ་འབྱོར་ཕོ་མོ་གཉིས་ཀྱིས་དགྱེས་རྡོར་གྱི་བརྡ་ཤེས་པ་འདྲ

འདྲ་གཉིས་འཛོམ་པས་རྡོ་རྗེ་མཆེད་དང་ལྷམ་བྲལ་དུ་འགྱུར་རོ། །ཞེས་གསུངས་སོ། །བརྡ་ལ་གཉིས། ལུས་བརྡའ་དང་། ངག་བརྡ་གཉིས། བརྡའ་བྱེད་པ་ལ་དགོས་ཆེད་ཅི་ཡོད་ཅེ་ན། བཟླས་བསྒོམ་གྱི་ཐུན་མཚམས་སུ་ནུས་པ་མི་ཡལ་བ་དང་། སོ་སོ་སྐྱེ་བོ་ཐ་མལ་པ་དང་ཐེག་པ་འོག་མ་རྣམས་ཀྱི་སྔོན་དུ་གསང་དོན་བརྗོད་དུ་མི་རུང་བའི་ཕྱིར་རོ། །

གཉིས་པ་གསང་བའི་ཡུལ་ནི། གང་ལ་གསང་ན་དང་པོ་དམ་ཚིག་མནོས་ཀྱང་ཕྱོགས་རེ་ཉམས་པས་དམ་ཉམས་ཀུན་ཉམས་པས་དམ་ཚིག་ལས་ལོག་པ་དང་། དམ་ཚིག་མ་མནོས་པའི་དམ་མེད་དཀྱིལ་འཁོར་མ་མཐོང་ཞིང་དབང་མ་ཐོབ་པའི་སྐྱེ་བོ་ཐ་མལ་པ་དང་། དེ་ལྟར་རང་དང་འདྲེས་པའི་མཆེད་ཡིན་ཀྱང་ཉམས་པ་ཅན་དང་། རང་དང་མ་འདྲེས་པའི་ཉམས་པ་ཅན་ཐམས་ཅད་ལ་གསང་ངོ་། །ཡང་ན། རང་དང་འདྲེས་པའི་མཆེད་དམ་ཚིག་མ་ཉམས་པ་དང་། མ་འདྲེས་པའི་མཆེད་དམ་ཚིག་མ་ཉམས་པ་གང་ཡིན་ཀྱང་། བསྒྲུབ་རོགས་མིན་ན་སྒྲུབ་པ་མ་ཚར་བར་དུ་གསང་བར་བྱའོ། །

གསུམ་པ་སྒོ་གསུམ་གྱིས་གསང་བའི་ཐབས་ནི། དེ་ལྟར་གསང་བྱའི་ཡུལ་རྣམས་ལ་གསང་དགོས་ཏེ། དེ་དག་ལ་སེམས་ཀྱིས་སྒོ་ནས་བསྟན་པར་མི་བསམ་ཞིང་། ལུས་ཀྱི་སྒོ་ནས་གསང་དགོས་ཀྱི་རྫས་རྣམས་ཐམས་ཅད་སྦས་ནས་ཀྱང་། ངག་གི་སྒོ་ནས་གསང་སྔགས་རྡོ་རྗེ་ཐེག་པའི་དོན་སྣང་སྟོང་གཉིས་མེད་རྟོགས་ནས་སླ་ནུས་པའི་ལྟེ་ཡོད་ཀྱང་གསང་དགོས་རྣམས་བརྗོད་པ་དག་ཏུ་བྱ་བ་མིན་ཏེ་མི་བརྗོད་དོ། །

ལྔ་པ་ཞབས་བསྡུ་བ་ནི། དཔེར་ན་ཤིང་རྩ་བ་ཆད་ན་ཡན་ལག་དོན་མེད་པ་བཞིན་བྱང་ཆུབ་སེམས་སྐུ་གསུང་ཐུགས་ཀྱི་དམ་ཚིག་མ་བསྲུངས་ན་བསྲུང་བྱ་གཞན་རྣམས་དོན་མེད་པས་ན། དེ་དག་རྩ་བའི་དམ་ཚིག་བཞི་ཡིན་པར་ཀུན་བཟང་གིས་བཤད་དོ། །

གཉིས་པ་ཡན་ལག་གི་དམ་ཚིག་ལ་གཉིས་ཡོད་པའི་དང་པོ་ཁྱད་པར་གྱི་ཡན་ལག །དེ་ལ་གཉིས་ཡོད་པའི་དང་པོ་དམ་བཅའ་བའི་ངོས་ནས་མདོར་བསྟན་པ་ནི། ཡོ་ག་མན་ཆད་དང་ཐུན་མོང་མ་ཡིན་པའི་ཡན་ལག་བཤད་པར་བྱ་བ་ནི་འདི་ལྟ་སྟེ།

གཉིས་པ་རྒྱས་བཤད་ལ་ལྔ་ཡོད་པའི་དང་པོ་སྐྱིད་པར་བྱ་བའི་དམ་ཚིག །དེ་ལ་གཉིས་ཡོད་པའི་དང་པོ་མདོར་བསྟན་ནི། སྦྱོར་བ་དང་། སྒྲོལ་བ་དང་། མ་བྱིན་པ་ལེན་པ་དང་། རྫུན་དུ་སྨྲ་བ་དང་། ངག་བཀླུང་པོ་སྐྱེ་སྐྱིད་པ་ལྔའོ། །

གཉིས་པ་རྒྱས་བཤད་ལ་བཞི་ཡོད་པའི་དང་པོ་སྦྱོར་སྒྲོལ་ཐུན་མོང་དུ་བསྟན་པ། དེ་ལ་གཉིས་ཡོད་པའི་དང་པོ་སྦྱོར་སྒྲོལ་དབྱེ་བ་སྤྱིར་བསྟན་པ། དེ་ལ་བདུན་ཡོད་པའི་དང་པོ་རང་བཞིན་ལྟ་བའི་སྦྱོར་སྒྲོལ་ནི། དོན་དམ་པ་རང་བཞིན་མ་བཅོས་པའི་སེམས་ཀྱི་གནས་ལུགས་སྐྱེ་མེད་མངོན་སུམ་དུ་རྟོགས་པ་ནི་ལྟ་བ། དེ་ལ་བློ་སྦྱོར་བས་གཟུང་འཛིན་གྱི་དྲི་མ་དག་པས་སྒྲོལ་བ་དང་།

གཉིས་པ་ཏིང་ངེ་འཛིན་གོམས་པའི་སྦྱོར་སྒྲོལ་ནི། ཏིང་ངེ་འཛིན་སྣང་སྟོང་དབྱེར་མེད་ཀྱི་དོན་ལ་བློ་སྦྱོར་བས་རྗེས་ཤེས་ཀྱི་མཚན་མ་ལས་སྒྲོལ་བ་དང་།

གསུམ་པ་དབང་ཡུལ་ཐབས་ཤེས་རབ་ཀྱི་སྦྱོར་སྒྲོལ་ནི། ཀུན་རྫོབ་ཏུ་དབང་པོ་ཡུལ་དུས་ཕུང་པོ་ཁམས་སྐྱེ་མཆེད་ཐམས་ཅད་རྒྱལ་བའི་དཀྱིལ་འཁོར་གྱི་ངང་དུ་ཤར་བ་ལ་སྦྱོར་བས། རྟོག་ཚོགས་རང་ཁ་མར་འཛིན་པ་ལས་སྒྲོལ་བ་དང་།

བཞི་པ་སྟོན་བྱུང་དུ་སྤྱོད་པ་ཐབས་ཀྱིས་སྦྱོར་སྒྲོལ་བྱེད་ལུགས་ནི། སྟོན་དཔལ་ཆེན་པོས་རུ་ཏྲ་འཁོར་བཅས་ཀྱི་ལམ་མ་བགྲོད་པ་ཐབས་ཆེན་པོའི་སྒོ་ནས། མོ་ཐམས་ཅད་སྦྱོར་བས་སྦྱོར་ལམ་ལ་བཀོད། ཕོ་ཐམས་ཅད་སྒྲོལ་ནས་མཐོང་ལམ་ལ་བཀོད་པ་དང་།

ལྔ་པ་རྗེས་འཇུག་ཏུ་མངོན་ཕྱུང་འཕྲིན་ལས་ཀྱི་སྦྱོར་སྒྲོལ་ནི། དེ་དང་རྗེས་སུ་མཐུན་པའི་དལྷའི་རྣལ་འབྱོར་པ་རྣམས་ཀྱི་དབང་པོའི་མངོན་སུམ་དུ་ཕྱུང་བའི། རིག་མ་མཚན་ཉིད་དང་ལྡན་པ་ལ་སྦྱོར་ཞིང་བསྒྲལ་བའི་ཞིང་བཅུ་སྒྲོལ་ལོ། །

དྲུག་པ་རྒྱུད་དང་མན་ངག་གི་ལྟ་བ་གཉིས་ཤེས་བྱ་ཡིན་པའི་ཕྱིར་ཐུན་མོང་དུ་བསྟན་པ་ནི། རང་བཞིན་གྱི་སྦྱོར་སྒྲོལ་དང་དབང་པོ་ཡུལ་གྱི་སྦྱོར་སྒྲོལ་གཉིས་ནི་ཤེས་བྱ་ལྟ་བ་ཡིན་པས་བླ་མེད་ཀྱི་ལམ་ལ་འཇུག་གོ་ལྟོག་ཀུན་གྱི་ཐུན་མོང་དུ་ཉམས་སུ་ལེན་རྒྱུ་ཡིན་པར་རྒྱུད་ནས་བཤད།

བདུན་པ་ནི་ཏིང་ངེ་འཛིན་གོམས་པ་བསྐྱེད་རྫོགས་ཀུན་གྱི་ཐུན་མོང་དུ་བསྟན་པ་ནི། ཏིང་

ངེ་འཛིན་བསྒོམ་པར་བྱ་བའི་བསླབ་པ་ནི་བླ་མེད་ཀྱི་ལམ་པ་ཀུན་གྱི་ཐུན་མོང་ཡིན་པར་ཀུན་བཟང་གིས་གསུངས་སོ། །

གཉིས་པ་མངོན་ཕྱུང་བྱེ་བྲག་ཏུ་བཤད་པ་ལ་གཉིས་ཡོད་པའི་དང་པོ་མདོར་བསྟན་པ་ནི། ད་ལྟ་རྣལ་འབྱོར་པས་དབང་པོའི་མངོན་སུམ་དུ་ཕྱུང་བའི་སྦྱོར་སྒྲོལ་ལས་མི་འདའ་བས་དམ་ཚིག །གསང་སྔགས་བླ་མེད་ཀྱི་དྲོད་ཐོབ་པ་མིན་པ་ཐེག་པ་འོག་མའི་སྤྱོད་ཡུལ་མིན་པས་ཆེན་པོ་དེ་ལ་སྦྱོར་སྒྲོལ་བྱེད་པའི་ཐབས་ལ་གདན་ཚིགས་ལྔར་ཤེས་པར་བྱ་སྟེ། གང་གིས་སྦྱོར་སྒྲོལ་བྱེད་པའི་རྣལ་འབྱོར་པའི་མཚན་ཉིད། གང་སྦྱོར་སྒྲོལ་བྱ་བའི་ཡུལ་གྱི་མཚན་ཉིད། སྦྱོར་སྒྲོལ་བྱེད་པའི་ཐབས། སྦྱོར་སྒྲོལ་གྱི་དགོས་ཆེད། ཐེག་འོག་གི་རྩོད་པ་སྤང་བའོ། །

གཉིས་པ་རྒྱས་བཤད་ལ་གཉིས་ཡོད་པའི་དང་པོ་སྒྲོལ་བའི་དམ་ཚིག །དེ་ལ་ལྔ་ཡོད་པའི་དང་པོ་གང་གིས་སྒྲོལ་བའི་རྣལ་འབྱོར་པ་ནི། སྒྲོལ་མཁན་གྱི་རྣལ་འབྱོར་པ་རང་གིས་ལྟ་བ་བདེན་པ་དབྱེར་མེད་རྟོགས་ཤིང་སྤྱོད་པ་དེ་དང་ཡ་མི་བྲལ་བ། ཏིང་ངེ་འཛིན་དང་མགོ་འབྲེལ་ཞིང་གོམས་པས་ན། རྟོགས་པས་བདག་བསྒྲལ་ཞིང་། དེ་ནས་ཐུགས་རྗེས་གཞན་བསྒྲལ་བ་ལ། གཉིས་པ་བསྒྲལ་བའི་ཞིང་ལ་གཉིས་ཡོད་པའི་དང་པའི་རྒྱུ་ལས་བསྒྲལ་བྱ་བདུན་ནི། སངས་རྒྱས་ཆོས་དགེ་འདུན་ཏེ་དཀོན་མཆོག་གསུམ་ལ་གནོད་བྱེད་དང་གཅིག །རྡོ་རྗེ་སློབ་དཔོན་གྱི་སྐུ་དགྲ་དང་གཉིས། སློབ་མ་ལ་དམ་ཚིག་མནོས་ཀྱང་དམ་ལས་ལོག་པ་དང་གསུམ། བླ་མ་གྲོགས་པོ་ལ་ཚུར་ལ་གནོད་པ་བྱེད་པས་ན་འབྲུས་ཞེས་པ་དང་བཞི། སྤྱིར་ཆོས་ཉན་བཤད་ཀྱི་སར་འདུས་པར་འོང་བ་རྣམས་ལ་གནོད་པ་བྱེད་པ་དང་། ཁྱད་པར་དུ་སྔགས་ཀྱི་དབང་དང་སྒྲུབ་པ་བྱེད་པར་འདུས་པར་འོང་བ་རྣམས་གནོད་པ་བྱེད་པ་དང་ལྔ། སྤྱིར་བདག་གཞན་སེམས་ཅན་ཡོངས་ལ་གནོད་པའི་གང་ཟག་དང་དྲུག །ཁྱད་པར་དུ་ཆོས་བྱེད་པའི་དམ་ཚིག་ཅན་ལ་དགྲ་བྱེད་པས་ངན་པའི་ངང་ཚུལ་བཟུང་བ་ཅན་དང་བདུན་ནོ། །ངང་ཚུལ་ཅན་འདི་ནི་ཞི་རྒྱས་གང་གིས་ཀྱང་མི་འདུལ་བ་སྔོན་གྱི་མཆིམས་བྱ་རོག་དང་། རྡོག་དགེ་ལ་སྟོན་པ་ལྟ་བུའོ། །

གཉིས་པ་སྤྱིར་འབྲས་བུ་ལ་བསྒྲལ་བྱ་གསུམ་དང་སྤྱིར་གྲངས་དང་བཅས་པ་ནི། ཉམས་

པའི་འབྲས་བུ་དམྱལ་བ་ཡི་དྭགས་བྱོལ་སོང་སྟེ་ངན་སོང་གསུམ་དུ་སྐྱེས་པ་དང་། དེ་ལྟར་བསྒྲལ་ཞིང་བཅུ་པོ་ནི། བླ་མེད་མ་ཧཱའི་ཚོགས་ལམ་ཆེན་པོ་དང་སྦྱོར་ལམ་པའི་རྣལ་འབྱོར་པ་ཀུན་གྱིས་དང་དུ་བླང་ངོ་། །སྦྱོར་བསྒྲལ་བའི་རྣམ་གྲངས་ནི། ཛུ་བ་བྱེད་པའི་ཚིག་ལྔ་ལ། བསྒྲལ་ཞིང་ལ་བཅུ། སྒྲོལ་མཁན། བསྒྲལ་ཐབས། དགོས་ཆེད། ཐེག་འོག་གི་རྩོད་པ་སྤང་བ་དང་། བཞི་སྟེ་དེ་ལྟར་བཅུ་བཞིའོ། །ཡང་ན་ལྷ་རྗེ་ཡང་ཁེངས་བླ་མའི་བཞེད་ཀྱི། དཀོན་མཆོག་གསུམ་གྱི་གསུམ། སློབ་དཔོན་དང་མཆེད་ཀྱི་སྐུ་དགྲ་གཉིས་དང་ལྔ། དམ་ལས་ལོག་པ་དང་དྲུག །འཁྲུས་པ་དང་འདུན། འདུས་པར་འོང་པ་ལ་གནོད་པ་དང་བརྒྱད། ཡོངས་ལ་གནོད་པ་དང་དགུ། དམ་དགྲ་དང་བཅུ། ངན་པའི་ངང་ཚུལ་ཅན་དང་བཅུ་གཅིག །ངན་སོང་གསུམ་དང་བཅུ་བཞིའོ། །ཡང་ན་ཧེ་རུ་ཀ་གསྦྱོ་ལས་ནི། མཁའ་ལ་རླུང་ལྟར་འཕྱོ་བ་དང་། །བཅུ་དྲུག་ཚང་ལ་འཁྲིལ་བ་དང་། །ཟུ་མ་ཚང་ལ་ཉལ་བ་དང་། ། རྫམ་པའི་དྲག་ཤུལ་སྤྱོད་པ་དང་། །བདག་དང་སྤུན་ཕྱིར་གནོད་པ་དང་། །སྐྱེ་བོ་ཡོངས་ལ་གནོད་པ་དང་། །སྙིང་རྗེ་ལམ་ནས་ལོག་པ་དང་། །ཐེག་ལེའི་སྤྱོད་པ་ཉམས་པ་དང་། །དམྱལ་བའི་རྡོ་རྗེ་བྱེད་པ་དང་། །གཞན་གྱི་སྲོག་གཅོད་རྫམ་པ་དང་། །འདི་བཅུ་བསྒྲལ་བའི་ཞིང་བཅུ་སྟེ། །ཞེས་གསུངས་སོ། །

གསུམ་པ་བསྒྲལ་བའི་ཐབས་ལ་གཉིས་ཡོད་པའི་དང་པོ་བསྒྲལ་ཐབས་ཡོན་ཏན་དང་བཅས་པ་སྦྱོར་བསྟན་པ་ནི། ཏིང་ངེ་འཛིན་དང་སྔགས་དང་ཕྱག་རྒྱ་རྣམས་ལ་ཤིན་ཏུ་གོམས་པའི་རྣལ་འབྱོར་པ་དེས། བསྒྲལ་ཞིང་དེའི་སྒྲིབ་པ་སྦྱངས་དབང་བསྐུར་ཏེ། སེམས་ཟག་མེད་བྱང་ཆུབ་ཀྱི་ཞིང་དུ་དགོད་པ་བྱ་དགོས་པ་ལ།

གཉིས་པ་བྱེ་བྲག་རྒྱས་བཤད་ནི། རྣལ་འབྱོར་པ་རང་གི་ཡིད་ཏིང་ངེ་འཛིན། ངག་སྔགས་ལུས་ལྷའི་ཕྱག་རྒྱ་དཔལ་ཆེན་པོའི་ང་རྒྱལ་དང་ལྡན་པས། སྒྲོལ་མཁན་གྱི་ཏཱ་ཀི་ནཱ་ཛ་བསྒོམ། ལག་པ་གཡས་པའི་སོར་མོ་ལ་དཔའ་བོ་འབྲུ་ལྔ། གྲི་འཛམ་དཔལ། བསྒྲལ་ཞིང་རུ་ཏྲ་བསམ་ལ་བྲང་དེ་ཤགས་སེ་བཀས། སྙིང་རྩེ་ར་གྱིས་བཟུང་བས། ལག་པའི་དཔའ་བོ་འབྲུ་ལྔའི་འོད་ཟེར་གྱིས་བསྒྲལ་ཞིང་གི་སྙིང་ནང་དུ་རིགས་དྲུག་དུ་སྐྱེ་བའི་བག་ཆགས་ཀྱི་ས་བོན་ཨ་ནྲྀ་སུ་ཏྲི་པྲེ་དུ་ཡོད་པ་དེ་སྦྱངས་ནས། རྣམ་ཤེས་དེ་ཧཱུྃ་དུ་བསྒྱུར་ནས་ཡུམ་གྱི་མཁའ་གསང་ཉི་ཟླའི་སྟེང་དུ་བཞག །ཧཱུྃ་འོད་དུ

ཞུ་བ་ལས་རྡོ་རྗེ་རྩེ་ལྔ་པ། དེ་ལས་ཐུགས་ཀྱི་ལྷ་རྡོ་རྗེ་སེམས་དཔར་བསྐྱེད་ལ། གཙུག་ཏུ་རྣམ་པར་རྒྱལ་བ་སྟེ་ཀུན་བཟང་བསྒོམས་ནས་དབང་བསྐུར་ལ། ཡཾ་སྦྱ་ར་ཏ་ཕཊ་ཀྱིས་འོག་མིན་རྣམ་སྣང་གིས་ཐུགས་ཀར་འཕང་བས། འབྲས་བུ་ཡེ་ཤེས་ཀྱི་ཚོགས་ཀྱང་རྫོགས་པ་ནི་ཆོས་སྐུའི་རྒྱུར་འགྱུར་བ་དང་། བསྒྲལ་བའི་ཕུང་པོ་ཤ་ཁྲག་རུས་གསུམ་བྱིན་གྱིས་བརླབས་ནས་དཀྱིལ་འཁོར་ལྷ་ཚོགས་རྣམས་ལ་མཆོད་པར་བསྔོས་པས་རྒྱུ་བསོད་ནམས་ཀྱི་ཚོགས་རྫོགས་པར་གྱུར་པ་འདི་གཟུགས་སྐུ་གཉིས་ཀྱི་རྒྱུར་འགྱུར་རོ། །འབྲས་བུའི་བསྒྲལ་བྱ་ངན་སོང་གསུམ་ཚུལ་ཇི་ལྟར་དུ་བསྒྲལ་ན། རྣལ་འབྱོར་པའི་ཏིང་ངེ་འཛིན་གྱི་སྒོ་ནས་ལས་ཀྱི་ལྟར་གསལ་བའི་ཐུགས་ཀ་ནས་ཧཱུཾ་སྤྲོས་པས་ཡེ་ཤེས་ཀྱི་མེས་ངན་སོང་གསུམ་གྱི་སྡུག་བསྔལ་རྣམས་བསྲེགས། རྣམ་ཤེས་ཨར་གྱུར་ནས་འོག་མིན་དུ་འཕང་ངོ། །

བཞི་པ་དགོས་ཆེད་ནི། དེ་ལྟར་བསྒྲལ་བའི་དགོས་ཆེད་ནི། སློབ་དཔོན་མཆེད་ལ་སོགས་རང་གཞན་རྣམས་ཀྱིས་དམ་ཆོས་བྱེད་པ་ལ་བར་ཆད་བྱེད་མི་མེད་པས་བྱང་ཆུབ་བསྒྲུབ་པའི་སྤྱོད་པ་འཕེལ་ཞིང་སེམས་ཅན་ཡོངས་ལ་གནོད་པ་དང་བྲལ་བས་བདེ་བ་དང་། ཕུང་པོ་མཆོད་པར་བསྔོས་པས་ལྷ་མཉེས་པས་རྣལ་འབྱོར་པ་བདག་གི་དམ་ཚིག་ཆག་ཉམས་སྐོང་ཞིང་། རྣལ་འབྱོར་པ་རབ་ཀྱིས་ཟག་མེད་ལ་བཀོད་པར་བྱེད། འབྲིང་གིས་ལས་ངན་པའི་བར་ཆད་ཅིང་ངན་སོང་གསུམ་གྱི་སྒོ་འགག་པར་བྱེད། ཐ་མས་ངན་སོང་དུ་སོང་ཡང་སྡུག་བསྔལ་ཡུན་ཐུང་བར་བྱེད་དོ། །ཞིང་རང་གིས་དགེ་བའི་ལས་བསགས་པ་མེད་པ་ལ། དེ་ལྟ་བུ་ངན་སོང་ལས་ཐར་ཞིང་ཟག་མེད་བདེ་བའི་ལམ་ལ་བཀོད་པ་ལ་བསྒྲལ་བ་འདི་བྱེད་པ་ལས་མ་གཏོགས་པ་གཞན་ཐབས་མེད་དོ། །

ལྔ་པ་ཐེག་པ་འོག་མ་དང་རྩོད་པ་སྤང་བ་ལ་གསུམ་ཡོད་པའི་དང་པོ་ཐབས་ཀྱི་སྤྱོད་པས་མི་འཆིང་བའི་གཏན་ཚིགས་བྱང་ཆུབ་སེམས་དཔའི་སྤྱོད་པ་དང་མགོ་བསྒྲེ་བ་ནི། གསང་སྔགས་ཀྱི་རྣལ་འབྱོར་པས་དང་པོ་རྟོགས་པས་བདག་བསྒྲལ་ཞིང་། དེ་ནས་ཐུགས་རྗེས་གཞན་བསྒྲལ་བའི་ཐབས་ཀྱི་སྤྱོད་པས་འཆིང་བར་འགྱུར་ན། ཐུབ་པའི་དབང་པོས་འདི་ཉིད་སྔར་བྱང་ཆུབ་སེམས་དཔའི་ལམ་ལ་ཞུགས་པའི་དུས་སུ་སེམས་བསྐྱེད་སྙིང་རྗེ་བསྒོམས་ནས་གདུལ་བྱ་འདུལ་ཐབས་ཀྱི་

དབང་གིས། རྫོན་པས་འདུལ་བའི་ཆེད་དུ་རྫོན་པ་བྱ་དཀར་པོ་སྣང་ནས་སེམས་ཅན་སྒྲོལ་བ་དང་། སྨད་འཚོང་མས་འདུལ་བའི་ཆེད་དུ་སྤྲུར་བས་སྟོན་པ་ཐུབ་པའི་དབང་པོའང་ངན་སོང་དུ་ལྟུང་དགོས་ཀྱང་མི་ལྟུང་ནས་སངས་རྒྱས་པའོ། །ཐེག་པ་ཆེན་པོའི་ལུགས་ལ་མི་དགེ་བ་བཅུ་འདི་ཡིད་ཀྱི་གསུམ་ནི་དུས་དང་རྣམ་པ་ཐམས་ཅད་དུ་དགག །དོན་འགྱུར་སྣང་ན་ལུས་ངག་གི་བདུན་པོ་འདི་ལྟ་བ་མ་རྟོགས་ཀྱང་སྤྱོད་པའི་སྐབས་ལ་གནང་བར་བཤད། དེ་ཡང་སྲོག་གཅོད་པ་ལ་དེད་དཔོན་སྙིང་རྗེ་ཆེར་སེམས་ལྟ་བུ་ཞིག་དགོས། མི་ཚངས་པར་སྤྱོད་པ་ལ་ཁྱེའུ་སྐར་མ་ལྟ་བུ་ཞིག་དགོས། མ་བྱིན་པ་ལེན་པ་རྒྱལ་པོ་གསེར་མདོག་ལྟ་བུ་ཞིག་དགོས། རྫུན་དུ་སྨྲ་བ་ལ་བྲམ་ཟེ་ཀུན་རྒྱལ་ལྟ་བུ་ཞིག་དགོས།

གཉིས་པ་དམན་སྤྱོད་ཀྱི་དབང་དུ་མི་གཏོང་བ་ནི། འཇིག་རྟེན་གྱི་ཁྲ་དང་གྲགས་པའི་སྤྱོད་པ་ཀུན་ནས་ཉོན་མོངས་པས་བསླངས་པའི་སྤྱོར་སྒྲོལ་བྱས་ན་དེ་ལྟར་ཕྱིན་ཏེ་ངན་སོང་དུ་ལྟུང་བའི་ཕྱིར་རང་ཁར་མི་སྤྱོད་དོ། །

གསུམ་པ་ཐབས་མཁས་པའི་ལྟ་བས་ཟིན་པ་ནི། ཉོན་མོངས་མ་སྤངས་ཡེ་ཤེས་སུ་ཤར་བས་ཐབས་ཆེན་གསང་སྔགས་བླ་མེད་ཀྱི་ལམ་ལ་གནས་པ་ཡི། སྐྱེ་བོ་ཚོགས་སྦྱོར་བ་ཀུན་གྱིས་སྦྱོར་སྒྲོལ་བྱ་བར་བླ་མེད་ཀྱི་རྒྱུད་སྡེ་ཀུན་ནས་འབྱུང་ངོ་། །

གཉིས་པ་སྦྱོར་བའི་དམ་ཚིག་ལ་གཉིས་ཡོད་པའི། དང་པོ་ཉེར་བསྟན་ནི། སྐྱ་ན་ནི་སྦྱོར་བ་དེའི་དོན་ལ་མི་འདའ་བ་དམ་ཚིག་ཡོ་ག་མན་ཆད་ཀྱི་ཐུན་མོང་མིན་པས་ཆེན་པོ་དེའི་དོན་རྣམས་རྒྱས་པར་བཤད་ཅིང་གསལ་བར་བསྟན་པ་ནི་འདི་ལྟ་སྟེ། གཉིས་པ་རྒྱས་བཤད་ལ་བཞི། དང་པོ་གང་གིས་སྦྱོར་བའི་རྣལ་འབྱོར་པའི་མཚན་ཉིད་ནི། ལོག་པར་འདོད་སྲེད་ཀྱི་ཆགས་པའི་ཡིད་ཤིན་ཏུ་གཡོས་པའི་ཉོན་མོངས་པ་རང་ཁ་མ་དེ་སྤངས་པའི་རྣལ་འབྱོར་པ་བདེ་སྟོང་གི་ཡེ་ཤེས་ཉམས་སུ་མྱོང་བའམ། འབྲས་བུ་བདག་དོན་ཆོས་སྐུ་དང་། གཞན་དོན་ལ་གཟུགས་སྐུ་གཉིས་ཚེ་གཅིག་ལུས་གཅིག་ལ་མངོན་དུ་བྱེད་འདོད་པའི་མི་དེས་སྦྱོར།

གཉིས་པ་གང་ལ་སྦྱོར་བའི་གཟུངས་མའི་མཚན་ཉིད་ལ་གཉིས། དང་པོ་རིགས་བསྟན་པ་ནི།

པདྨ་ཅན་ནི་དབང་གི་ཡུམ་སྟེ། བཞིན་མདོག་དམར་བ། དབྱིབས་སོགས་ཁ་མིག་དཀྱུས་རིང་སོ་ཚགས་དམ་ལ་སོ་ཞོ་ཆགས་པ། རྐེད་པ་ཕྲ་ལ་ལུས་ལ་དྲི་ཞིམ་འབྱུང་བའོ། །དེ་སྒྱུ་འཕྲུལ་ཐལ་བ་ལས། བཞིན་མདོག་དམར་པོ་སོག་ཁ་མ། །པདྨ་ཅན་གྱི་བུད་མེད་དེ། །དབང་གི་དུས་སུ་ཤེས་པར་བྱ། །ཞེས་སོ། །དུང་ཅན་མ་ནི་ཞི་བའི་ཡུམ་སྟེ། བོང་ཀ་ཆུང་ལ་ལུས་མཛེས་པ་བཞིན་དཀར་ལ་ཟླ་བའི་མདོག་འདྲ་ཞིང་སྤུ་གཙུག་གཡས་སུ་འཁྱིལ་བ། ངོ་དང་རི་མོའི་དབྱིབས་ཟླུམ་པོ་ཡོད་པ། སྐད་གསལ་སྤུགས་ཟློས་ལ་ཡིད་མི་སྐྱོ་བ་ནི་ཞི་བའི་རིགས་ཏེ། བོང་ཆུང་ལུས་མཛེས་ཟླ་བའི་མདོག །གཡས་འཁྱིལ་སྐད་སྙན་ཁྲོ་སྤང་བ། །ཞི་བའི་དུས་སུ་ཤེས་པར་བྱ། །ཞེས་སོ། །རི་མོ་ཅན་ནི་དྲག་པོའི་ཡུམ་ཏེ། བཞིན་མདོག་ནག་ལ་དབྱིབས་གྲུ་གསུམ་པ། ངོ་ལ་ཁྲོ་གཉེར་ཡོད་པ། གེལ་བག་ཆེ་བ། རྩེད་མགོ་རི་མོ་ཅན་དུ་བཤད་དོ། །བཞིན་མདོག་ནག་མ་གྲུ་གསུམ་པ། །དྲག་པོའི་དུས་སུ་ཤེས་པར་བྱ། །ཞེས་སོ། །བ་གླང་ཅན་ནི་རྒྱས་པའི་ཡུམ་སྟེ། བཞིན་མདོག་སེར་པོ་དབྱིབས་གྲུ་བཞི་པ། སྐྲ་ཁམས་པ། སྨིན་ཚོས་ཆེ་བ། མིག་འབུར་བ། འགྲམ་པ་ཡངས་པ། རྣ་བ་རིང་བ། ཤ་རྒྱས་པ། སྐྲ་མཚམས་དམའ་བ་ནི་བ་གླང་ཅན་ཡིན་པ་དང་། བ་གླང་སེར་པོ་གྲུ་བཞི་པ། རྒྱས་པའི་དུས་སུ་ཤེས་པར་བྱ། ལྐུག་ཕྲན་ཅན་ནི་ཞི་བའི་ཡུམ་སྟེ། སྤྱན་ཟླ་མང་ཞིང་རིགས་རྒྱུད་འཕེལ་བའོ། །སྟོང་རྩིག་ནི་དབང་གི་ཡུམ་སྟེ་བུ་མོ་གཅིག་སྐྱེས་སོ། །མེ་ཏོག་ནི་དྲག་པོའི་ཡུམ་སྟེ། ཟླ་བྲལ་མྱ་ངན་གྱིས་གདུང་བའོ། །ཕྲུལ་བུ་ནི་རྒྱས་པའི་ཡུམ་སྟེ་རང་བཞིན་མི་སྡོམ་པ་སྟེ། དེ་ལྟར་རིགས་བརྟག་པ་བརྒྱད་དོ། །

གཉིས་པ་མཚན་བསྟན་པ་ནི། ལུས་ཀྱི་མཚན་ཉིད་མཉེན་ཞིང་དྲང་བ་དང་གཅིག །དབྱི་དང་རྩིབ་ཐུང་བར་སོར་བཞི་ཡོད་པས་རྐེད་པ་རིང་བ་སྟེ། གཞུའི་ཆང་ཟུར་ལྟར་དུ་སྟོད་སྨད་ཕྱེད་པ་དང་གཉིས། ཡན་ལག་འཕྲ་ལ་འཇམ་ཞིང་ཚིགས་མིག་ཟླུམ་པ་སྟེ་མི་འབུར་བ་དང་གསུམ། དཔྲལ་བའི་དབྱེས་ཆེ་བ་དང་བཞི། མིག་གི་དཀྱུས་ལྷའི་སྤྱན་ལྟར་དུ་རིང་བ་དང་ལྔ། མིག་ཐོག་གི་སྨིན་མ་དཔྲལ་བའི་དཀྱིལ་ན་འཕྲེལ་ཞིང་ཁོགས་ནག་ཨུཏྤལ་མདོག་ལྟ་བུ་དང་དྲུག །ལུས་ཀྱང་ཡར་མར་གྱི་ཆུ་རིང་ཐུང་། ཕར་ཚུར་གྱི་ཞེང་སྟོམ་ཕྲ་གཉིས་ཀ་གཞན་གྱི་སྣང་ངོར་ལ་རན་ཏེ་འབྲིང་ཙམ་དུ

བཤད་པ་དང་བདུན། ལུས་ལ་དྲི་མ་མི་ཆགས་པས་ན་ཆུ་གློང་ལྟར་དུ་དག་ཅིང་། དབུགས་ལ་སྨན་ག་བུར་གྱི་དྲི་བྲོ་བ་དང་བརྒྱད་དོ། །གསང་བྱའི་དམ་ཚིག་རྣམས་གསང་ཐུབ་ཅིང་ཡང་དག་པའི་དོན་ལ་ཤེས་རབ་ཆེ་བ། གཤིས་བཟང་ལ་སྤྱོད་པ་དལ་ལ་ཡིད་དུ་འོང་བ། བླ་མ་དང་མཆེད་གྲོགས་ལ་དང་པོ་དད་པ་དང་ལྡན་ཞིང་འགྲོགས་ཤིང་མི་ཡལ་ནས་དད་པ་ཤིན་ཏུ་ཆེ་བ་དང་། དེ་ལྟར་སྤྱོད་ལམ་གྱི་མཚན་ཉིད་བཞི་དང་ཉི་ཤུའོ། །དེ་ལྟ་བུའི་རིག་མ་མཚན་ཉིད་དང་ལྡན་པ་དེ་ཉིད་གསང་བ་བླ་མེད་ཀྱི་དོན་རྣམས་ཉམས་སུ་ལེན་པ་དབང་དང་བསྒྲུབ་པའི་གནས་སུ་སྤྱད་པར་བྱའོ། །

གསུམ་པ་བྱིན་གྱིས་བརླབས་པ་ནི། དེ་ཡང་དང་པོ་རྒྱུད་མ་སྨིན་པ་སྨིན་པར་བྱེད་པའི་དབང་བསྐུར་ཞིང་རྩ་བ་དང་ཡན་ལག་གི་དམ་ཚིག་དབོག་ལ། དེ་ནས་ལུས་སྦྱོར་ཐབས་ངག་བཟླ་བྱེད་ཐབས། སེམས་ཏིང་ངེ་འཛིན་སྒོམ་ཐབས་ཀྱི་ཆོས་གསུམ་བཤད་དོ། །ཡང་ན་ཕྱི་འདོད་པའི་བསྟན་བཅོས། ནང་ལྷའི་ཏིང་ངེ་འཛིན། གསང་བ་བདེ་སྟོང་གི་ཡེ་ཤེས་ཀྱི་ཆོས་གསུམ་བཤད་ལ། ལུས་ཀྱི་ཡན་ལག་ལྔ་ལ་རིགས་ཀྱི་ཡུམ་ལྔའི་སྐུ་ལ་སོགས་པ་རྣམས་བསྒོམ་པ་ནི། ཕུང་པོ་ཉིད་ལྷར་སྣང་བས་དྲུལ་ཚོན་འགྱེད་པ་སྟེ། གསང་སྔགས་ཐབས་ལ་མཁས་པའི་ལྟ་བས་ཟིན་པའི་རྣལ་འབྱོར་པ་རང་དོན་དུ་བསྒྲུབ་པ་དང་། གཞན་དོན་དུ་དབང་བསྐུར་བའི་སྐབས་ཀྱི་དུས་སུ་སྦྱོར་བར་བྱའོ། །

བཞི་པ་རྣམ་གྲངས་ཀྱི་ངོས་ནས་སྦྱོར་བའི་ཕན་ཡོན་བསྟན་པ་ནི། སྦྱོར་བའི་དམ་ཚིག་གི་རྣམ་གྲངས་ལ་རིགས་བརྟགས་པ་ལ་བརྒྱད། མཚན་བརྟགས་པ་ལ་བརྒྱད། སྤྱོད་ལམ་གྱི་ཆོས་བཞི་དང་བཅུ་གཉིས་ཏེ་ཉི་ཤུའི་དོན་དེ་རྣམས་རྣལ་འབྱོར་པ་རྣམས་ཀྱིས་ཉམས་སུ་བླངས་ན། རང་དོན་དུ་མཆོག་གི་དངོས་གྲུབ་ཚེ་རྣམས་ཐོབ་པ་ལ་སོགས་ཡོན་ཏན་བསམ་གྱིས་མི་ཁྱབ་པ་དང་། གཞན་དོན་དུ་ཟབ་མོའི་དབང་དོན་གྱིས་སློབ་བུའི་རྒྱུད་སྨིན་ཅིང་ཐུན་མོང་ལས་བཞི་གང་བསྒྲུབ་པ་རྣམས་འགྲུབ་པ་དང་། ཁམས་གསུམ་འཁོར་བའི་སྐྱེ་གནས་ལས་གྲོལ་ཐར་ཞིང་། སངས་རྒྱས་པའི་རིགས་སུ་ངེས་ཏེ་རིག་འཛིན་ཐོབ་པས། དེ་བས་གསང་སྔགས་ཐབས་ཀྱི་ཐེག་པ་ཞེས་བྱ་བའི་དོན་ནི་འདིར་བཤད་པ་སྦྱོར་བས་སངས་རྒྱས་པར་བྱེད་པ་འདི་ཉིད་དོ། །

གཉིས་པ་རྫུན་དུ་སྨྲ་བའི་དམ་ཚིག་ལ་བཞི། དང་པོ་ལྟ་བའི་རྫུན་གསུམ་ནི། ཡུལ་སྣང་འདི་རྣམས་རང་རྒྱུད་དུ་མ་གྲུབ་སྟེ་མཚན་ཉིད་རྒྱུ་ཆད་ནས་མིང་འདོགས་སྣ་ཚོགས་འབྱུང་བ་ཡང་སེམས་ཀྱིས་ཀུན་བརྟགས་པས་མཚན་ཉིད་རྒྱུ་ཆད་པ་རང་མ་གྲུབ་པ་ནི་རི་བོང་གི་རྭ་དང་འདྲ་བ་དང་། རྣམ་གྲངས་མི་འདྲ་བ་དུ་མ་སྣང་ཡང་སེམས་ཀྱིས་ཀུན་བརྟགས་པའི་བསམ་གཟུགས་ཡིན་ཏེ་ཆུ་ལ་རིགས་དྲུག་གི་མཐོང་སྣང་དྲུག་ཏུ་ཤར་བ་དང་། རིང་པོ་ལ་ལྟོས་པའི་ཐུང་ངུར་སྣང་བ་ལ་སོགས་པ་ཡང་སེམས་ཀྱིས་ཀུན་བརྟགས་པ་ཡིན་པ་དང་རྣམ་པ་གསུམ་གྱི་སྒོ་ནས་གཏན་ལ་ཕབ་པས། ཀུན་རྫོབ་དངོས་པོ་དེ་ཉིད་སྣང་བ་ལ་རང་རྒྱུད་དུ་མ་གྲུབ་པས་རྫུན་ཞེས་བྱ་སྟེ། དེ་ལ་ཤེས་བྱ་ཇི་ལྟར་སྣང་བ་ཐམས་ཅད་རང་རིག་པའི་རྩལ་ལས་གྲུབ་ནས། སྣང་བའི་ཕྱིར་རོ། །ཀུན་རྫོབ་བདེན་པ་འདི་ཉིད་ཡེ་གདོད་མ་ནས་ལྷའི་དཀྱིལ་འཁོར་དུ་ཤེས་ནས་གཞན་ཀུན་ལ་དེ་ལྟར་དུ་སྨྲ་བ་ལ་ཉེས་པ་མེད་དེ་སྐྱེས་བུ་རྟོགས་ཟིན་དེའི་སྤྱོད་ཡུལ་དུ་གྱུར་པས་ན་ལྟ་བའི་རྫུན་གསུམ་ལ་སྤྱོད་ཅེས་བྱའོ། །ཡང་ན་ལྟ་བའི་རྫུན་གསུམ་གྱི་སྐབས་འདི་ལྟར་དུ་ལ་འདོད་པ་ཡང་སྣང་། རི་བོང་གི་རྭ། མོ་གཤམ་གྱི་བུ་ནམ་མཁའི་མེ་ཏོག་ལ་སོགས་པའི་མཚན་ནི་ཚིག་ཏུ་གྲུབ་ལ་དོན་ལ་མ་གྲུབ་པས་མཚན་ཉིད་ཆད་པའི་ཀུན་བརྟགས་དང་། ཆུ་ལ་རིགས་དྲུག་གི་མཐོང་སྣང་དྲུག་ལ་སོགས་པ་རྣམ་གྲངས་ཀྱི་ཀུན་བརྟགས་དང་། ཐུང་ངུ་ལ་ལྟོས་པའི་ཕར་ཀ་ལ་སོགས་པའི་ཀུན་བརྟགས་དང་རྣམ་པ་གསུམ་གྱི་དངོས་པོ་དེ་ཉིད་ལ་བདེན་པ་མེད་ཅིང་རྫུན་པར་ཞེས་དམ་བཅའ། འོ་ན་གང་བདེན་ཞེ་ན། སྣང་སྲིད་ཐམས་ཅད་རང་རིག་པ་ཉིད་རང་སྣང་བའི་གཏན་ཚིགས་དེའི་ཕྱིར་ཐམས་ཅད་རང་རིག་པ་ཉིད་བདེན་པར་ཐག་ཆོད། དེ་གང་གི་སྤྱོད་ཡུལ་ཡིན་ན། ཐོས་པས་ཤེས་ཤིང་། བསམ་པས་གཞལ་ནས་ཚོགས་དྲུག་གི་སྣང་བ་ཀུན་སྨྲ་བསམ་གཞལ་བྱའི་ཡུལ་ལས་འདས་པར་གང་གིས་རྟོགས་པའི་སྐྱེས་བུ་དེས་དོན་ཉམས་སུ་ལེན་ཅིང་སྤྱོད་པའི་ཡུལ་ཡིན་པར་བཤད་དོ། །མ་རྟོགས་པར་སྨྲས་ན་དགོངས་འདུས་ལས། ཁམས་གསུམས་སེམས་ཅན་སྲོག་གཅོད་པས། །མ་ངེས་ཆོས་བཤད་དེ་བས་ལྕི། །ཞེས་གསུངས་སོ། །རྟོགས་ནས་སྨྲ་བ་ནི། གསང་སྙིང་ལས། རྟོགས་ནས་སྨྲ་བ་གང་བྱེད་པ། །དེ་ཉིད་ང་ཡིན་དབང་ཡང་རྫོགས། །ཞེས་སོ། །

གཉིས་པ་སྤྱོད་པའི་ཇུན་བཞི་ནི། སངས་རྒྱས་ཆོས་དགེ་འདུན་ཏེ་དཀོན་མཆོག་གསུམ་དང་། སློབ་དཔོན་དང་། མཆེད་གྲོགས་དང་། སེམས་ཅན་ཡོངས་ལ་གནོད་པར་བྱེད་འོང་བ་ལ། གནོད་པ་མི་འོང་བའི་ཐབས་ཇུན་དུ་སྨྲ་བའི་དོན་དེ་ལ་མི་འདའ་བས་དམ་ཚིག་བྱའོ། །

གསུམ་པ་གསང་བའི་ཇུན་བཅུ་ནི། གསང་བྱའི་ཡུལ་གང་ལ་གང་གསང་བར་བྱ་བའི་དོན་རྣམས། གསང་ཚུལ་གསང་བ་བཅུ་གང་ལ་འདྲིས་པ་ལ་མི་རིག་པའི་ཐབས་ཀྱི་ཇུན་བཅུ་སྨྲ་བའོ། །

བཞི་པ་རྣམ་གྲངས་ཀྱི་སྒོ་ནས་ཞབས་བསྡུ་བ་ནི། ཇུན་གྱི་དམ་ཚིག་གསུང་བ་ལྔ་བའི་ཇུན་གསུམ་སྤྱོད་པའི་ཇུན་བཞི་གསང་བའི་ཇུན་བཅུ་དང་བཅུ་བདུན་ཉམས་སུ་བླང་བར་བྱའོ། །དེ་ཡང་དམ་ཚིག་བཀོད་པ་ལས། གསང་བའི་དོན་དྲང་པོར་སྨྲ་བ་མ་ཡིན་ཅིང་། ཕན་པའི་ཆོས་སུ་འགྱུར་བས་ཇུན་སྨྲ་བ་ནི་དམ་ཚིག་གོ། །གསང་གབ་མེད་པར་རང་རྒྱལ་བྱ་བ་དང་། གཞན་ལ་གནོད་པར་སྨྲ་བ་རྣམ་པ་རྣམས་ནི་ཉམས་སོ། །ཞེས་སོ། །

གསུམ་པ་མ་བྱིན་པར་ལེན་པའི་དམ་ཚིག་ལ་གསུམ། དང་པོ་ཚར་གཅོད་པའི་སྒོ་ནས་བླང་བ་ནི། བསྒྲལ་བའི་ཞིང་བཅུར་གྱུར་པའི་ནོར་བཅུ་བླང་བ་དང་། འོན་དན་སོང་གསུམ་གྱི་ནོར་ཇི་ལྟར་བླང་ན་དན་སོང་གི་ནོར་དེ་སྡུག་བསྔལ་ཡིན་པ་དེ་ཉིད་དེ་འཛིན་གྱི་འགྲོ་འདུ་ཡིས་དེ་དང་བྲལ་བར་བྱེད་པའོ། །

གཉིས་པ་དངོས་གྲུབ་ཀྱི་སྒོ་ནས་བླང་བ་ནི། གོང་དུ་བཤད་པའི་མཚན་ཉིད་དང་ལྡན་པའི་གཟུངས་མ་གཞན་ལ་སྣང་བ་དང་། བཀྲ་ཤིས་པའི་རྫས་སམ་སྐྱེ་བ་བདུན་པ་ལྔ་བུ་དང་། སན་སྤྲས་པའི་ཆོས་ཟབ་མོ་དང་། སྐྱེ་བོ་ཕལ་པས་འཆང་བའི་བྱིན་རླབས་ཆེན་པོ་ཡོད་པའི་རྫས་ཧཱུྃ་མཚན་ཉིད་དང་ལྡན་པ། སློབ་དཔོན་པདྨའི་དུང་གྲག་ཆེན་གྲག་ཆུང་དང་། དུང་གཡས་འཁྱིལ། རྡུལ་ཆུང་རྫོར་དྲིལ་ལ་སོགས་པ་རྣམས་དང་། ལྷ་འདྲེས་བསྲུང་བ་ཡོད་པའི་གཏེར་དང་། བསྲུང་བ་མེད་པའི་གཏེར་དང་། ལོག་ལྟ་ཅན་གྱི་ཕྱུག་པོ་སེར་སྣས་བཅིངས་པའི་ནོར་རྣམས་ཆོས་ཕྱིར་གཏོང་མི་ནུས་པ་དང་། གོང་དུ་སོང་བའི་བླང་བྱའི་མིང་གི་རྣམ་གྲངས་དེ་རྣམས་ཐབས་སྣ་ཚོགས་ཀྱི་སྒོ་ནས་བླངས་ལ་དཀོན་མཆོག་གསུམ་གྱི་ཕྱོགས་ལ་ཚོགས་སུ་འབུལ་བར་བྱའོ། །

གསུམ་པ་རྣམ་གྲངས་བསྟན་པའི་སྒོ་ནས་ཞབས་བསྐྱུ་བ་ནི། མ་བྱིན་པ་ལེན་པ་ལ་མི་འདའ་བས་དམ་ཚིག་ལ་ཞིང་བཅུའི་ནོར་བཅུ། གཟུངས་མ། བཀྲ་ཤིས་རྫས། སྨན་ཚོས། བྱིན་ཆེན་རྫས། བསྲུང་བ་ཡོད་པ་དང་། མེད་པ་དང་། ཕྱུག་པོ་སེར་སྣས་བཅིངས་པའི་ནོར་དང་བཅུ་བདུན་ལ་སྤྱོད་པར་བྱའོ། །དམ་ཚིག་བཀོད་པ་ལས། སེར་སྣས་བཅིངས་པའི་སྤྱད་པ་དང་། དངོས་གྲུབ་ཀྱི་རྫས་ཐ་མལ་པས་འཆང་བ་རྣམས་བླངས་ནས་བྱིན་རླབས་ཀྱི་རྟེན་དུ་བྱ་བ་ནི་དམ་ཚིག་གོ། །རང་རྒྱལ་དུ་གཞན་གྱི་སྤྱད་ཕྲོག་པ་རྣམས་ཉམས་པའོ། །ཞེས་སོ། །

བཞི་པ་ངག་བསླང་པོའི་དམ་ཚིག་ལ་གསུམ། དང་པོ་ཞིང་བཅུ་ཚར་གཅོད་པའི་དམ་ཚིག་ནི། བསྒྲལ་བའི་ཞིང་བཅུར་གྱུར་པའི་སེམས་ཅན་རྣམས་ལ། ཁོང་ནས་སྒྲག་ཅིང་ཚར་བཅད་པའི་ངག་བསླང་པོའི་ཚིག་བཅུ་ཡིས་ཁོའི་ཞེ་གཅོད་ཅིང་སྨྱོས་པས་ཁོ་ཡིས་ལས་ངན་རང་གིས་བྱས་པ་དྲན་ནས་ལས་ལ་འགྱོད་པའི་དགོས་པ་ཡོད།

གཉིས་པ་གསང་སྔགས་སྤྱོད་པའི་བསླང་ཚིག་ནི། སློབ་དཔོན་ཆེན་པོ་བཛྲ་ཧེ་རུ་ཀའི་ཕྲིན་ལས་དྲག་པོའི་སྒོ་ནས་རུ་ཏྲ་འཁོར་བཅས་བསྒྲལ་བའི་ཞལ་དུ་རྣལ་འབྱོར་པ་རྣམས་ཀྱིས་སྤྱོད་པ་དེ་དང་ཚུལ་མཐུན་པར་དྲག་པོའི་ཕྱག་རྒྱ་ལ་བརྟེན་པ་ཐོབ་ཅིང་སྔགས་བརྗོད་པས་དགྲ་བགེགས་ཀྱི་གདུག་རྩུབ་དག་ཅིང་མི་གནས་པར་བྱེད་པ་དང་། ཐེག་པ་འོག་མའི་སྐྱང་བྱ་གཟུངས་མ་ལ་བསླང་པོར་སྦྱོར་བའི་དུས་སུ་ས་མ་ཡ་ཧོ། ས་མ་ཡ་སྟྭམ། ཞེས་རྒྱུད་ནས་གསུངས་པ་བཞིན་བརྗོད་པའི་དུས་སུ་འདོད་པའི་བསྟན་བཅོས་བཤད་པས་བདེ་བ་རྒྱས་པ་དང་། སློབ་བུ་སྨོད་བཅོས་པའི་ཕྱིར་ཞེ་གཅོད་པའི་ཚིག་སྣ་ཚོགས་བྱས་པས་ཆོས་ཀྱི་སྣོད་དུ་རུང་བ་དང་འབྱུང་པོའི་གདུག་རྩུབ་བཟློག་པའི་ཕྱིར་དུ་ཞེ་གཅོད་པའི་ཐབས་དྲག་པོའི་ཕྲིན་ལས་ཀྱི་གདངས་ཆེ་ལ་རྣམ་པའི་སྒྲ་དང་བཅས་པའི་གྲེར་མོ་བྱེད་པས་བགེགས་རྣམས་བྱེར་བ་དང་། བཅོས་མི་དགོས་པའི་སྣོད་ཀྱིས་མཚན་ཉིད་དང་ལྡན་པའི་བུ་ལ་བསླང་པོ་སྦྱོར་སྒྲོལ་ལ་སོགས་པའི་ཆོས་བཤད་པས་གསང་སྔགས་གཉིས་མེད་ཀྱི་དོན་ཁོང་དུ་ཆུད་པའོ། །

གསུམ་པ་རྣམ་གྲངས་ཀྱི་སྒོ་ནས་ཞབས་བསྐྱུ་བ་ནི། ངག་བསླང་པོ་དག་གི་དོན་ལ་མི་འདའ་

བས་དམ་ཚིག །ཞིང་བཅུ་ལ་བསླང་ཚིག་བཅུ། དྲག་ཤུལ་གྱི་སྔགས། གཟུངས་ལ་བསླང་པོར་སྒྱུར་བ་དང་། སློབ་བུའི་ཞེ་གཅོད་པ། འབྱུང་པོའི་ཞེ་གཅོད་པ། སྟོད་ལྡན་བུ་ལ་བསླང་ཚོས་བཤད་པ་སྟེ། ལྔ་དང་བཅོ་ལྔ་བསྡུང་བའོ། །

གཉིས་པ་མི་སྤྱང་བའི་དམ་ཚིག་ལ་གསུམ། དང་པོ་མདོར་བསྟན་པ་ནི། ཐེག་འོག་གི་སྤྱང་བྱ་འདིར་མི་སྤྱང་ལམ་དུ་འཁྱེར་བར་བྱེད་པའི་དམ་ཚིག་བཤད་པར་བྱ་བ་ལ་ཡང་དག་པའི་དུག་ལྔ་དང་། ལོག་པའི་དུག་ལྔ་འདིར་མདོར་བསྟན་པ་ཡིན་ནོ། །

གཉིས་པ་རྒྱས་བཤད་ལ་གཉིས། དང་པོ་ལ་ལྔ་ཡོད་པའི་དང་པོ་ཐབས་ཀྱིས་ཟིན་པའི་འདོད་ཆགས་ནི། གོང་དུ་སྨྲ་ནའི་དམ་ཚིག་གི་སྐབས་སུ་ཞིབ་པར་བཤད་པའི་ཐབས་མཁས་པའི་སྒོ་ནས་སྦྱོར་བ་དངོས་སྤྱོད་པའི་འདོད་ཆགས་དང་། དེ་ལྟར་འདོད་ཆགས་ལ་སྤྱོད་དུས་བདེ་བ་རང་ཡེ་ཤེས་སུ་ཤར་བས་སེམས་ཉིད་ཀྱི་རྒྱུན་དུ་ཤེས་ནས་རྟོགས་པ་ན། ཤིན་ཏུ་ཞེན་པའི་འདོད་ཆགས་ནི་ཡང་དག་པའི་ལམ་དུ་འགྱུར་ཞེས་ཀུན་བཟང་གིས་གསུངས་སོ། །འདོད་ཆགས་ཆོས་ཉིད་ལ་ཏིང་ངེ་འཛིན་ཆགས་པ་དམ་པའོ། །འདོད་པ་དངོས་པོ་ལ་ཆགས་པ་ཉམས་པའོ། །ཞེས་སོ། །

གཉིས་པ་སྙིང་རྗེ་དང་ཤེས་རབ་ཀྱིས་ཟིན་པའི་ཞེ་སྡང་ནི། བསྒྲལ་བའི་ཞིང་བཅུ་བསྟག་ནས་ཐར་པའི་ཞིང་ལ་བཀོད་པར་བྱེད་པ་ནི་ཞེ་སྡང་གི་སྤྱོད་པ་རང་ཀ་མ་ལས་དཔག་པས་ན་མཆོག་ཡིན་པ་དང་། ཞིང་བཅུ་བསྒྲལ་བ་ལ་བརྟེན་ནས་ནང་དུ་སྙིང་རྗེའི་རྩལ་རྫོགས་པས་ཕྱི་རོལ་གྱི་ཡུལ་སྣང་སེམས་ཟུང་འཇུག་ཏུ་རྟོགས་པས་འོག་མའི་ཕྱོགས་འཛིན་གྱི་ལྟ་བ་ངན་པ་འཛོམས་པ་དེ་བཞིན་དུ་ཞེ་སྡང་གི་ལྟ་བ་ཡིན་ཏེ། དེ་བས་བསྒྲལ་བ་ལ་བརྟེན་ནས་སྙིང་རྗེའི་རྩལ་རྫོགས་ནས་སྣང་སེམས་ཟུང་འཇུག་རྟོགས་པས་ན་ཐབས་མཁས་པའི་ཞེ་སྡང་གི་སྤྱོད་པ་ཡིན་ནོ། །

གསུམ་པ་ཡང་དག་པའི་ལྟ་བ་ལ་བཟོད་པ་ཐོབ་པའི་ང་རྒྱལ་ནི། ཐེག་པ་འོག་མ་ལས་མཐོན་པར་མཐོལ་བའི་ལྟ་བ་བདེན་གཉིས་དབྱེར་མེད་མ་འདྲེས་ཡོངས་རྫོགས་རྟོགས་པ་དང་། དེའི་དོན་སྤྱོད་པས་ཏིང་ངེ་འཛིན་ལ་གནས་པའི་ཚེ་རྣམ་རྟོག་གིས་མི་གཡོ་བས་ངེས་པར་སྲུན་ཚུགས་པ་དང་། དེ་གཉིས་པོ་ནི་ཤིན་ཏུ་ང་རྒྱལ་བའི་ལྟ་སྤྱོད་ཀྱི་མཆོག་ཏུ་གྱུར་ཅེས་ཀུན་བཟང་གིས

གསུང་ས་སོ། །ང་རྒྱལ་བདུད་ཀྱིས་བསླུ་བས་མི་ཚུགས་ཤིང་། རྡོ་རྗེ་ཐེག་པ་ལ་སྲན་ཚུགས་པས་དམ་པའོ། །བདེན་པ་མེད་པར་ལོག་པའི་ཕྱོགས་ལ་འཆལ་ཞིང་ཆེ་བ་ཉམས་པའོ། །ཞེས་སོ། །བཞི་པ་ཕྱོགས་འཛིན་དང་བྲལ་བའི་གཏི་མུག་ནི། གསང་སྔགས་བླ་མེད་ཀྱི་ལྟ་བ་རྫོགས་པའི་ངོ་བོ་ལ་འཁོར་འདས་ཀྱི་ཆོས་ཐམས་ཅད་མ་འདྲེས་པར་ཆོས་ཉིད་རང་དུ་གསལ་བས་ཕྱོགས་དང་རིས་སུ་མི་ཕྱེད་པ་དང་། ལྟ་བ་དེ་ལྟར་དུ་རྟོགས་པ་ལ་སྤྱོད་པས་ན་བླང་དོར་མེད་དེ་མི་བྱེད་པ་ནི་ཐེག་པ་ཆེན་པོ་གསང་སྔགས་པའི་གཏི་མུག་གི་ལྟ་སྤྱོད་གོ། །གཏི་མུག་ཕྱོགས་རིས་མེད་ཅིང་ཅི་ཡང་མི་རྟོགས་པ་དམ་པའོ། །བསྟན་པ་ཉན་མི་ཤེས་དགེ་སྡིག་ལ་འཛེམས་བག་མེད་པ་ཉམས་པའོ། །ཞེས་སོ། །

ལྟ་བ་སྟོང་དང་མི་ལྡན་པ་སྤྱང་བའི་ཕྲག་དོག་ནི། ཐེག་པ་འོག་མའི་ཕྱོགས་རེ་བའི་ལྟ་སྤྱོད་དམན་པ་རྣམས་ལ་ནི་འདིར་གསང་སྔགས་བླ་མེད་ཀྱི་ལྟ་བ་བདེན་པ་དབྱེར་མེད་ཀྱི་ཕྲག་ཏུ་མི་ཤོང་བས་དོག་ཅིང་དམ་ཚིག་མ་འདྲེས་པའི་ཉམས་པ་ཅན་སྤོང་བར་བྱེད་པའི་སྤྱོད་པ་ནི་ཕྲག་དོག་དེ་ལས་མི་འདའ་བས་དམ་ཚིག་བསྲུང་བ་ཡིན་ནོ། །ཕྲག་དོག་ཆོས་ཉིད་ལ་གཡལ་མི་འཇུག་ཅིང་། ཡང་དག་པ་ལ་འཛིན་རྟོག་མིང་ཡང་མེད་པར་གནས་པ་ནི་དམ་པའོ། །གཞན་ཉམས་པ་མེད་པར་གྲོགས་མཆེད་ལ་ཕྲག་དོག་པ་ནི་ཉམས་པའོ། །ཞེས་སོ། །

གཉིས་པ་ལོག་པའི་དུས་ལྔ་མི་སྤང་བ་ལ་ལྔ། དང་པོ་ལོག་པའི་དུག་ལྔ་གང་ནས་ལྡན་པ་ངོས་བཟུང་བ་ནི། ལོག་པའི་དུག་ལྔ་ནི་ཁམས་གསུམ་གྱི་སེམས་ཅན་ཀུན་ལ་རང་ཆས་སུ་ལྡན་པ་འདི་ཉིད་ཡིན་ཏེ།

གཉིས་པ་དུག་ལྔ་སེམས་ཡིན་པ་ལ་སེམས་རང་གཟུགས་འཛིན་དང་བྲལ་བས་དུག་ལྔ་སྤང་མི་དགོས་པར་ཡེ་ཤེས་ཡིན་པར་བསྟན་པ་ནི། དུག་ལྔ་དེ་ཉིད་རང་རིག་རང་སྣང་ཡིན་པའི་ཕྱིར། གཏན་ཚིག་དེ་བས་ན། དང་པོ་དྲན་པའི་ཡུལ་བཟང་ངན་བར་གསུམ་ཐམས་ཅད་ཤེས་པ་ལ། ཤེས་པའི་ཡུལ་བཟང་ངན་བར་གསུམ་ཐམས་ཅད་ལ་བཟང་པོ་ལ་འདོད་ཆགས། ངན་པ་ལ་ཞེ་སྡང་། བར་པ་ལ་གཏི་མུག །བདག་ཏུ་ང་རྒྱལ། ཞིང་གཞན་དུ་ཕྲག་དོག་པའི་རྩོལ་བ་བྱུང་བ་ནི་དུག་ལྔ་

ཡིན་ཏེ། རྩོལ་བ་བྱུང་དུས་སེམས་རང་གིས་བཙལ་བའི་ཕྱིར། སེམས་ནི་དངོས་པོ་མེད་འོད་གསལ་བའི་དུག་ལྔ་སྤང་དུ་མེད་པའི་ཐབས་མཁས་པས་ཐབས་མཁས་དེ་ཉིད་རང་རིག་པའི་ཡེ་ཤེས་ཡིན་ཏེ། དུག་ལྔ་རང་རིག་རང་སྣང་འདི་ལ། ཀུན་གཞི་ནས་ཕར་ངོ་སྤྲོད་ལུགས་དང་། སྒོ་ལྔ་ནས་ཚུར་ལ་ངོ་སྤྲོད་ལུགས་གཉིས། ཕྱི་མ་ལྟར་ན། དྲན་པ་སྒོ་ལྔ། ཤེས་པ་ཡིད། རྩོལ་བ་ཉོན་ཡིད། སེམས་ཀུན་གཞི། ཀུན་གཞི་རང་སྟོང་དུ་སོང་བས་རྣལ་མ་དོན་གྱི་ཀུན་གཞི། ཚོགས་དགུ་དྲི་མ་མེད་པ་ལ་ངོ་སྤྲད། དེའི་དུས་སུ་ཕྱི་ནང་གི་ཆོས་ཐམས་ཅད་རང་རིག་པའི་ཡེ་ཤེས་སུ་ཤར་བས་ཐབས་མཁས་ཞེས་བྱའོ། །གསང་སྔགས་ཀྱི་ལུགས་ཀྱིས་སྤྲོ་བསྡུ་དང་དགག་བསྒྲུབ་མེད་པར་རྩོལ་བ་བྱུང་དུས་རང་རིག་པའི་ཡེ་ཤེས་སུ་ཤར་དགོས། དེའི་དོན་གྱིས་སྔ་མ་ལྟར་འཐད་པར་མཚོན་ནོ། །

གསུམ་པ་དེ་ཡང་གསར་དུ་མ་ཡིན་ཞིང་ཡེ་གདོད་མ་ནས་དུག་ལྔ་ཡེ་ཤེས་ཡིན་པའི་དཔེ་དང་བཅས་པ་ནི། དཔེར་ན་ཉི་མའི་དཀྱིལ་ན་མུན་པ་གཏན་ནས་མེད་པ་ལྟར་ཡེའམ་ཐོག་མེད་དུས་ནས་སེམས་ཉིད་ངོ་བོ་ལ་ཡེ་ཤེས་རང་སྣང་མ་གཏོགས་པ་རྒྱུ་ཉོན་མོངས་དུག་ལྔ་བྱུང་དུས་ངོས་བཟུང་མེད་པས་ན་འབྲས་བུ་འཁོར་བའི་སེམས་ཅན་བྱུང་དུས་རང་རྒྱུད་དུ་གྲུབ་པ་དང་གིས་མེད་པའོ། །

བཞི་པ་དེ་ལྟ་བའི་དོན་རིག་ན་ཡེ་ཤེས་ཉིད་མ་གཏོགས་པ་སྤང་བྱ་མེད་དེ་མི་སྤང་བའི་དོན་བསྟན་པ་ནི། གང་གི་དོན་དེ་རྣམས་ཤེས་ཤིང་རྟོགས་པའི་ངོ་བོ་ལ་རང་རིག་ཡེ་ཤེས་སུ་ཤར་བ་ལས་མ་གཏོགས་པ་སྤང་བར་བྱ་བའི་ཉོན་མོངས་པའང་རང་རྒྱུད་དུ་མ་གྲུབ་པས་དམིགས་མི་འགྱུར་བའི་རིན་པོ་ཆེའི་གླིང་དུ་ཕྱིན་པས་ས་རྡོ་མེད་པ་བཞིན་ནོ། །

ལྔ་པ་རྣམ་གྲངས་ཀྱི་སྒོ་ནས་འབྲས་བུ་ཐོབ་ཚུལ་གྱི་ཞབས་བསྡུ་བ་ནི། དེ་ལྟར་མི་སྤང་བའི་དམ་ཚིག་ལ་ཡང་དག་པའི་དུག་ལྔ་ལ་ལྟ་སྤྱོད་གཉིས་སུ་ཕྱེ་བས་བཅུ། ལོག་དུག་ལྔ་དང་བཅོ་ལྔ་ལ་གནས་པའི་གང་ཟག་གི་སྣང་ངོའི་སྤྱོད་ཡུལ་ཐམས་ཅད་ཡེ་ཤེས་སུ་ཤར་བས་ན། རྣལ་འབྱོར་གྱི་དབང་ཕྱུག་ཆེན་པོ་ཡིན་པའི་མཐར་ཐུག་གི་འབྲས་བུ་དོན་གཉིས་རྫོགས་པའོ། །འོན་ལོག་པའི་དུག་ལྔ་མི་སྤང་བར་བཤད་པ་འདི་གསང་བ་ཡིན་ནམ། བསྒྲགས་པ་ཡིན། དྲང་དོན་ཡིན་ནམ། ངེས་དོན

ཡིན། མི་སྤྱང་བའི་རྒྱུ་མཚན་ནམ་གདན་ཚིགས་གང་ཡིན་མི་སྤྱང་བ་ལ་དགོས་ཆེད་ཅི་ཡོད། ལམ་དུ་བྱེད་ན་ཚུལ་ཇི་ལྟར་བྱེད། ཅེ་ན། དྲི་བ་དང་པོའི་ལན་ནི། བློ་ཆུང་གསང་སྔགས་སྒྲ་ཅི་བཞིན་པར་སྤྱོད་པ་ལ་གསང་ཞིང་། བློ་ལྡན་ཡང་དག་པའི་ལམ་ལ་ཞུགས་པ་ལ་བསྒྲགས་པ་ཡིན་ནོ། །དྲི་བ་གཉིས་པའི་ལན་ནི། ཉོན་མོངས་པའི་ཏིང་ངེ་འཛིན་དང་ཡེ་ཤེས་གཉིས། སྤྱང་གཉེན་གྱི་ལྟ་བ་དྲང་དོན་ཡིན་ལ། གཉིས་མེད་ཀྱི་ལྟ་བ་ངེས་དོན་ཏེ། རྒྱུད་པ་ལས། རྣམ་རྟོག་ཉིད་ན་རང་བྱུང་ཡེ་ཤེས་ཏེ། །རྣམ་རྟོག་མི་སྐྱེ་ཡེ་ཤེས་བརྗོད་དུ་མེད། །ཅེས་པ་ལ་སོགས་པ་གསུངས་པས་མངོན་ནོ། །དྲི་བ་གསུམ་པའི་ལན་ནི། ལོག་པའི་དུག་ལྔ་མི་སྤྱང་བའི་གདན་ཚིགས་ལ་ལྔ་སྟེ། སྤྱང་བར་བྱ་བའི་གཞི་མ་གྲུབ་པ་དང་། རྣམ་པར་བྱང་བའི་ལམ་ཡིན་པ་དང་། སྐུ་གསུང་ཐུགས་ཀྱི་དཀྱིལ་གྲུབ་ཡིན་པ་དང་། ཐབས་དང་ཤེས་རབ་ཀྱི་རང་བཞིན་ཡིན་པ་དང་། རིགས་ལྔ་ཡེ་ཤེས་ལྔའི་བདག་ཉིད་ཡིན་པས་ན་མི་སྤྱང་ངོ་། །དེ་ལ་དང་པོ་ནི། ལོག་པའི་དུག་ལྔ་ཆོས་ཅན། སྤྱང་བར་བྱ་བའི་གཞི་མ་གྲུབ་སྟེ། ཤེས་བྱའི་གཤིས་ལ་ཉོན་མོངས་པ་རང་ཁ་མ་མེད་པའི་ཕྱིར། དཔེར་ན་ཐག་ཁྲ་སྦྲུལ་དུ་སྣང་ཡང་གཤིས་ལ་སྦྲུལ་མེད་པ་བཞིན་ནོ། །དེ་ཡང་རྒྱུད་པ་ལས། མ་རིག་པ་ཉིད་སྤྱང་དུ་མེད། །རིག་པ་ཡེ་ཤེས་བསྒྲུབ་ཏུ་མེད། །ཅེས་པས་མངོན་ནོ། །

གཉིས་པ་ནི། ལོག་པའི་དུག་ལྔ་ཆོས་ཅན། ཐབས་ཀྱིས་ཟིན་ན་རྣམ་པར་བྱང་བའི་ལམ་ཡིན་ཏེ། དུག་ལྔ་སྤྱི་དང་རང་གི་མཚན་ཉིད་རྟོགས་པ་ལས་གཞན་པའི་འབྲས་བུ་བསྒྲུབ་བྱ་མེད་པའི་ཕྱིར། དཔེར་ན་དུག་གི་སྨན་མར་གྱིས་དུག་ནད་འཇོམས་ཤིང་བདུད་རྩིའི་མཆོག་ཏུ་འགྱུར་བ་བཞིན་ནོ། །དེ་ཡང་རྒྱུད་པ་ལས། ཉོན་མོངས་རང་དང་སྤྱིར་བསྟན་པ། །མཚན་ཉིད་མ་ནོར་དོན་རྟོགས་ན། །རྣམ་པར་བྱང་བའི་ལམ་དུ་འགྱུར། །ཞེས་པ་དང་། ཀུན་བྱེད་ལས་ཀྱང་། འདོད་ཆགས་ཞེ་སྡང་གཏི་མུག་ཀྱང་། །བྱང་ཆུབ་ཆེན་པོའི་ལམ་ལས་བྱུང་། །ཀུན་སྤྱོད་ཡོན་ཏན་ལྔ་རྣམས་ཀྱང་། །ཆོས་ཉིད་དབྱིངས་ཀྱི་རྒྱན་ཞེས་བྱ། །ཞེས་གསུངས་སོ། །

གསུམ་པ་ནི་ལོག་པའི་དུག་ལྔ་ཆོས་ཅན། སྐུ་གསུང་ཐུགས་ཀྱི་དངོས་གྲུབ་ཏུ་འགྱུར་ཏེ། དུག་ལྔ་ཡི་གེ་ཨོཾ་གྱིས་མཚོན་ནས་སྐུ། ཨཱཿཡིས་མཚོན་ནས་གསུང་། ཧཱུྃ་གིས་མཚོན་ནས་ཐུགས་སུ

བརྡ་སྤྲོད་པས། སྒོ་གསུམ་ལྷའི་སྐུ་གསུང་ཐུགས་ལས་མི་འདའ་བའི་ཕྱིར་རོ། །དཔེར་ན་དུག་ལ་སྔགས་ཀྱིས་བཏབ་པ་བཞིན་ནོ། །དེ་ཡང་སྤྱི་མདོ་ལས། ཉོན་མོངས་དུག་ལྔར་སྣང་བའི་རང་བཞིན་རྣམས། །རྣམ་གྲོལ་ཡེ་ཤེས་ལྔ་ཡི་ངང་དུ་སྣང་། །ཞེས་གསུངས་སོ། །

བཞི་པ་ནི། ལོག་པའི་དུག་ལྔ་ཆོས་ཅན། ཐབས་དང་ཤེས་རབ་ཀྱི་རང་བཞིན་ཡིན་ཏེ། དུག་ལྔར་སྣང་བ་ཐབས་དང་། དེ་ལས་རང་བཞིན་མེད་པ་ཤེས་རབ་ཡིན། དེ་གཉིས་ཡེ་ནས་དབྱེར་མི་ཕྱེད་པའི་ཕྱིར་རོ། །དཔེར་ན་ཚ་ནད་ཅན་དང་རླུང་ནད་ཅན་ལ་ག་བུར་སྨན་དང་དུག་ཏུ་སྣང་ཡང་། ག་བུར་སྨན་དུག་དབྱེར་མེད་པ་བཞིན་ནོ། །དེ་ཡང་རྒྱས་པ་ལས། མ་འགགས་སྣང་བ་ཐབས་ཡིན་ཏེ། །རང་བཞིན་མེད་པ་ཤེས་རབ་ཡིན། །ཞེས་གསུངས་སོ། །

ལྔ་པ་ནི་ལོག་པའི་དུག་ལྔ་ཆོས་ཅན་རིགས་ལྔ་ཡེ་ཤེས་ལྔའི་བདག་ཉིད་ཡིན་ཏེ། ཞེ་སྡང་མི་བསྐྱོད་པ་རྡོ་རྗེའི་རིགས་དང་། སྟོང་པ་ཉིད་ཀྱི་ཡེ་ཤེས། དེ་བཞིན་ཏུ་གཏི་མུག་དེ་བཞིན་གཤེགས་པའི་རིགས་དང་། མེ་ལོང་ལྟ་བུ། ང་རྒྱལ་རིན་ཆེན་རིགས་དང་། མཉམ་པ་ཉིད། འདོད་ཆགས་པདྨའི་རིགས་དང་། སོ་སོར་རྟོག །ཕྲག་དོག་ལས་ཀྱི་རིགས་དང་། བྱ་བ་གྲུབ་པའི་ཡེ་ཤེས་ཡིན་པའི་ཕྱིར་རོ། །དཔེར་ན་འཁྲུག་པའི་བདག་ཉིད་ཆུ་ཡིན་པ་བཞིན་ནོ། །ཀུན་བྱེད་ལས། ཞེ་སྡང་རང་བྱུང་ཡེ་ཤེས་ཆེན་པོ་དང་། །ཞེས་པ་ལ་སོགས་པ་གསུངས་སོ། །དྲི་བ་བཞི་པའི་ལན་ནི། ལོག་པའི་དུག་ལྔ་མ་སྤངས་པའི་དགོས་ཆེད་ལ་དོན་གཉེར་དང་། གཞན་སེལ་གཉིས་ལས། དང་པོ་ལ་ལྔ་སྟེ། དང་པོ་བློ་ཞེན་པ་ལྡོག་པའི། སྤྲོས་པའི་བག་ཆགས་ཉེ་བར་ཞི་བའི། ཆོས་ཉིད་ཀྱི་དོན་ལ་བློ་སྨྱུར་བའི་བཀའ་ཟབ་མོ་ལ་གུས་པ་སྐྱེ་བའི། སྤྱོད་ལམ་ཚོགས་སུ་འགྱུར་བའི་དགོས་ཆེད་ཡོད་དོ། །དེ་ལ་དགོས་པ་དང་པོ་ནི། ཕ་མེས་ཐམས་ཅད་མེས་ཚིག་ནས་ཤི་བའི་མི་ཞིག་གིས་བསམ་པ་ལ། མེ་ནི་ཚ་ཞིང་སྲེག་པ་ཁོ་ནའོ་སྙམས་དུ་མངོན་པར་ཞེན་པ། དུས་ནམ་ཞིག་གི་ཚེ་འབྲོག་དགོན་པ་གཅིག་ཏུ་ཕྱིན་པས་དེ་ནས་དྲང་སྲོང་མའི་གཙང་སྒྲ་ཅན་དང་། རི་དྭགས་མེ་བྱི་དཀར་པོ་བྱ་བ། མེ་ལ་གནས་བཅས་ནས་ཟས་སུ་མེ་ཟ་བ་སྙོམ་དུ་མི་འཐུང་བ་ཞིག་མཐོང་ནས་འོ་ན་མེ་འདི་ཚ་ཞིང་སྲེག་པ་ཁོ་ནར་འདུག་སྙམ་པའི་མངོན་པར་ཞེན་པ་ལོག་གོ། །དཔེ་དེ་བཞིན་དུ་ཐེག་པ་འོག་མ་པས།

ཉོན་མོངས་པ་འཁོར་བའི་ཆོས་ཁོ་ནར་བཟུང་སྟེ། སྤོང་འགོགས་སྤྱོད་བསྒྱུར་བྱེད་པ་ལ། གསང་སྔགས་པས་ཉོན་མོངས་པ་ཉིད་རང་རིག་པ་བྱུང་ཆུབ་སེམས་ཡིན་པས། མ་སྤངས་པར་ལམ་དུ་བྱས་ན་སངས་རྒྱས་ཀྱི་འབྲས་བུ་ཚེ་གཅིག་ལུས་གཅིག་ལ་ཐོབ་བོ་ཞེས་བརྗོད་པས། ཐེག་པ་འོག་མ་པས་དུག་ལྔ་འཁོར་བའི་ཆོས་ཁོ་ན་ཡིན་སྙམ་པའི་མངོན་པར་ཞེན་པ་ལས་གྲོལ་ལོ། །གཉིས་པ་ནི། སྤྱང་བླང་ལ་སོགས་པ་གཉིས་བྱུང་ཕན་ཆད་སྤྲོས་པ་སྟེ། གཉིས་སུ་ཞེན་པ་ལས་ལོག་ཙ་ན། སྤྲོས་པའི་བག་ཆགས་ཞི་བའོ། །གསུམ་པ་ནི། ཉོན་མོངས་པ་ཉིད་ཆོས་ཉིད་ཡིན་པས་དེ་ལྟར་རྟོགས་ན་ལམ་དང་འབྲས་བུ་གཞན་ན་ཚོལ་མི་དགོས་པར་ཐག་ཆོད་པས། ཆོས་ཉིད་ལ་བློ་མྱུར་བའོ། །བཞི་པ་ནི། ཉོན་མོངས་པ་མ་སྤངས་པར་བྱང་ཆུབ་ཐོབ་པའི་ཐབས་ཁྱད་པར་ཅན་དང་ལྡན་པ་སྔགས་ཀྱི་བཀའ་རྒྱུད་འདི་ནི། ཐེག་པ་གཞན་ལས་ཁྱད་པར་འཕགས་པས་ཤིན་ཏུ་ཟབ་པོའོ་སྙམ་པའི་གུས་པ་སྐྱེའོ། །ལྔ་པ་ནི། ལུས་ངག་ཡིད་གསུམ་གྱི་བྱ་སྤྱོད་ཐམས་ཅད་ལ་མ་འགགས་པར་ཤེས་པས་རྒྱུ་བསོད་ནམས་ཀྱི་ཚོགས་རྫོགས་ཏེ། དེའི་གནད་ཀྱིས་ཉོན་མོངས་པ་དང་རྣམ་རྟོག་ཡེ་ཤེས་སུ་ཤར་བའོ། །

གཉིས་པ་གཞན་སེལ་གྱི་དགོས་ཆེད་ནི། ཞེ་སྡང་མེད་ན། རང་བྱུང་གི་ཡེ་ཤེས་སྐྱེ་མི་ཐུབ། འདོད་ཆགས་མེད་ན་བདེ་བའི་ཡེ་ཤེས་རྒྱུད་ལ་མི་སྐྱེ་གཏི་མུག་མེད་ན་རྣམ་པར་མི་རྟོག་པའི་ངང་ལ་བློ་མི་གནས། ང་རྒྱལ་མེད་ན་ཆོས་ཉིད་དུ་ལ་མི་བཟློས། ཕྲག་དོག་མེད་ན་མཉམ་པ་ཉིད་དུ་ཁོང་མ་སློམས་པའོ། །དྲི་བ་ལྔ་པའི་ལན་ནི། དུག་ལྔ་ལམ་དུ་བྱེད་ཚུལ་ལ་བརྟག་པ་བཞི་སྟེ། དེའང་ཆོས་ཅན་ཞེ་སྡང་ལྟ་བུ་གཅིག་ལ་སྦྱར་ན། རྒྱུད་ལ་ཞེ་སྡང་དྲག་པོ་ཀམ་གྱིས་སྐྱེས་པའི་རང་ལྟོག་དེ་ག་ལམ་དུ་བྱེད་དམ། དེ་གཏན་ཚིགས་ཀྱིས་གཞིག་པས་རང་བཞིན་མ་གྲུབ་པ་དེ་ལམ་དུ་བྱེད་དམ། ཞེ་སྡང་ལ་བརྟེན་ནས་གཉེན་པོ་བྱམས་པ་བསྒོམས་པ་དེ་ལམ་དུ་བྱེད་དམ། ཞེ་སྡང་འགགས་པའི་རྗེས་ཐོབ་ཀྱི་ཤེས་པ་གསལ་ལ་རྟོག་མེད་ལམ་དུ་བྱེད་དམ། དང་པོ་ལྟར་ན། ཕ་བསད་ཀྱི་བུ་མཚམས་མེད་ཀྱི་ལས་ཀྱིས་མི་གོས་པར་རྣམ་གྲོལ་ཐོབ་པར་ཐལ། གཉིས་པ་ལྟར་ན། རྒྱུ་མཚན་ཉིད་ཀྱི་ཐེག་པ་དང་ཁྱད་མེད་པར་ཐལ། གསུམ་པ་ལྟར་ན། འདོད་ཉོན་མོངས་ལམ་བྱེད་དུ་འདོད་

ཀྱང་། གཉེན་པོ་ལམ་བྱེད་དུ་ཐལ། བཞི་པ་ལྟར་ན། མ་རིག་པ་ཡེ་ཤེས་ཐ་དད་དུ་ཐལ། དེ་ཐམས་ཅད་རྟགས་ཁས་བླངས་ཁྱབ་པ་ཚད་མས་གྲུབ་འདོད་པར་ནུས་པ་མ་ཡིན་ཏེ། ལུང་རིགས་ཀྱིས་གསལ་ལོ་ཞེ་ན། འདི་ཡིན་མིན་ནི། རྗེ་གོང་བུ་སྐྱོ་སྟོན་ཤཱཀྱ་ཡེ་ཤེས་ཀྱིས་ཞལ་ནས། སྐད་གཅིག་མ་དང་པོ་ལ་ཉོན་མོངས་པ་ཀུལ་གྱིས་སྐྱེས་པ་ལ། སྐད་ཅིག་གཉིས་པར་ཆོས་ཉིད་དུ་ཤེས་པ་ལམ་དུ་བྱེད་གསུངས་ཏེ། དེས་ཀྱང་བརྟག་པ་ཐ་མའི་སྐྱོན་མི་སྤང་ངོ་། །རྗེ་སྒྲོལ་ཕུག་པའི་བཞེད་ཀྱིས་ཉོན་མོངས་པ་ཀམ་གྱིས་སྐྱེ་བ་ལམ་དུ་བྱེད་དེ། དེ་ཡང་དག་པའི་ལྟ་བས་ཟིན་ཟིན་པ། རང་རྒྱུད་དུ་མ་ནོར་བ་ཉོན་མོངས་པ་རང་གི་མཐའ་ལ་མ་ཞེན་པ་དང་ཆོས་སུམ་ལྡན་གཅིག་ལ་ལམ་དུ་བྱེད་གསུང་ཡོད་ཀྱང་། དེ་ལྟར་ན། ཆོས་གསུམ་ལྡན་དང་ཀམ་གྱིས་སྐྱེས་པ་ལ་ཁྱད་ཡོད་དམ་མེད། ཡོད་ན་ལམ་དུ་བྱེད་རྒྱུ་དེ་ཉོན་མོངས་པ་ཀམ་སྐྱེས་མ་ཡིན་པར་ཐལ། ཆོས་གསུམ་ལྡན་ཡིན་པའི་ཕྱིར། ཀམ་སྐྱེས་ཡིན་ཀྱང་། ཆོས་སུམ་ལྡན་ཡིན་ན། ཐ་དད་པའི་དམ་བཅའ་བུད། འོན་ཏེ་ཁྱད་མེད་ན། བརྟག་པ་དང་པོའི་སྐྱོན་གྱིས་གནོད། དེས་ན་ཁོ་བོས་ནི་འདི་ལྟར་བསམ་ཏེ། ཉོན་མོངས་པ་ཀམ་སྐྱེས་ལ་ལམ་དུ་བྱེད་ལ། འོན་ཕ་བསད་ཀྱི་བུ་རང་གྲོལ་བར་ཐལ་ཞེ་ན། དེ་ལ་བརྟག་སྟེ། མ་ཧཱ་ཡོ་གའི་ལམ་ཚང་ལ་མ་ནོར་བ་ལམ་དུ་བྱེད་པའི་ཕ་བསད་ཀྱི་བུ་ལ་ཟེར་རམ། དེ་ལས་གཞན་པའི་ཕ་བསད་ཀྱི་བུ་ལ་ཟེར། སྔ་མ་ལྟར་ན་འདོད་ཐོག །ཕྱི་མ་ལྟར་ན་ཁྱབ་པ་མེད་དེ། ཕ་བསད་ཀྱི་བུ་དེ་ལ། ཞེ་སྡང་ཀམ་སྐྱེས་ཡོད་ཀྱང་མ་ཧཱ་ཡོ་གའི་ལམ་པ་མ་ཡིན་པའི་ཕྱིར་རོ། །འོ་ན་མ་ཧཱ་ཡོ་གའི་ལམ་ཚང་ལ་མ་ནོར་བ་གང་ཡིན་སྙམ་ན། རྒྱུ་ཤེས་པའི་མཚན་ཉིད་ལྔ་བའི་གདིང་དང་ལྡན་པས། རྐྱེན་འཇུག་པའི་མཚན་ཉིད་ཏིང་ངེ་འཛིན་སྒོམ་པའི་ཐབས་ཀྱིས་ཉོན་མོངས་པ་སྤྱོད་ཀྱང་མི་འཆིང་བ། རྨ་བྱ་དུག་གིས་འཚོ་བ་ལྟ་བུའི་རྣལ་འབྱོར་པས། ཉོན་མོངས་པ་ཀམ་གྱིས་སྐྱེས་པའི་དུས་ན། སྐྱེ་བོ་ཐ་མལ་པ་ལྟར་ཉོན་མོངས་པའི་རྗེས་སུ་མི་གཏོང་། ཉན་ཐོས་ལྟར་མི་སྤོང་། རང་རྒྱལ་ལྟར་མི་འགོག་ས། བྱང་ཆུབ་སེམས་དཔའ་ལྟར་མི་སྦྱོང་། སྔགས་ཕྱི་རྒྱུད་ལྟར་མི་སྒྱུར་བར་དཔེར་ན་ཉ་ལམ་དུ་ཆུ་བདེ་བ་ལྟ་བུ་ནི། མ་ཧཱ་ཡོ་གའི་ལམ་པ་མཚན་ཉིད་ལྡན་པ་ཡིན་ནོ། །དེ་ལྟར་མ་ཡིན་པའི་གསང་སྔགས་པར་ཁས་འཆེས་པས། གབ་པའི་གསང་བ་ཆོས་ཉིད་ཇི་བཞིན་པའི་དོན་

མ་རྟོགས་ཤིང་། སྦྲས་པའི་གསང་བ་ཏ་ན་དང་ཀྲ་ན་ལ་སོགས་པ་ལ། མངོན་པར་འཆལ་ནས། གསང་སྔགས་སྦྲ་ཧེ་བཞིན་པ་ལྟར་སྤྱོད་པ་རྣམས་ནི། མནར་མེད་པའི་སེམས་ཅན་དམྱལ་བ་ཆེན་པོར་སྐྱེ་བ་གསང་སྔགས་གསར་རྙིང་གི་རྒྱུད་སྡེ་དུ་མར་གསུངས་སོ། །

གསུམ་པ་དང་དུ་བླང་བའི་དམ་ཚིག་ལ་གསུམ། དང་པོ་མདོར་བསྟན་ནི། གསང་སྔགས་བླ་མེད་ཀྱི་སྒོར་འཇུག་པའི་རྣལ་འབྱོར་པ་ཀུན་གྱིས་མོས་པ་དང་ནུས་པའི་སྒོ་ནས་དང་དུ་བླང་བའི་དམ་ཚིག་ལ་ལྔ་སྟེ། གཉིས་པ་རྒྱས་བཤད་ལ་གསུམ། དང་པོ་རྫས་ཀྱི་ངོ་བོ་ནི། དྲི་ཆེན་དང་། དྲི་ཆུ་དང་། མཾ་ས་སྟེ་ཤ་ཆེན་དང་། ཐིལ་པ་སྟེ་པདྨ་རཀྟ་དང་། ལྷག་པའི་བྱང་སེམས་དང་རྣམ་པ་ལྔ་ལ། གཉིས་པ་ཡོན་ཏན་འབྱུང་བས་དང་དུ་བླང་བའི་གཏན་ཚིགས་ནི། རང་བཞིན་དང་། ངོ་བོ་དང་། མཐུ་དང་། བྱིན་རླབས་ཀྱིས་གྲུབ་པ་དང་བཞི་ཡིས་བརྒྱན་པའི་ཕྱིར་དང་དུ་བླང་སྟེ། སེམས་དངོས་པོ་མེད་བཞིན་ལུས་སུ་སྣང་བ་ལ་དམ་རྫས་ལྔ་གནས་པ་ཡང་སྣང་བཞིན་ངོ་བོ་མ་གྲུབ་པ་ནི་ཆོས་ཉིད་རང་གི་རང་བཞིན་གྱིས་གྲུབ་པ། དམ་རྫས་ལྔ་ངོ་བོ་མ་གྲུབ་བདེ་བའི་ཡེ་ཤེས་བསྐྱེད་པ་ནི་ཆོས་ཅན་རང་གི་ངོ་བོས་གྲུབ་པ། དེ་ལྟ་སྒོམ་གྱིས་ཉམས་སུ་ལེན་པས་མཆོག་དང་ཐུན་མོང་གི་དངོས་གྲུབ་འབྱུང་བ་ནི་མཐུས་གྲུབ་པ། དམ་རྫས་དང་དུ་བླངས་པའི་རྣལ་འབྱོར་པ་ལ་སངས་རྒྱས་བྱང་སེམས་མ་དང་མཁའ་འགྲོ་ཐམས་ཅད་ཀྱིས་བྱིན་གྱིས་བརླབས་པ་ནི་བྱིན་རླབས་ཀྱིས་གྲུབ་པའོ། །དེ་ཡང་ཐལ་བའི་རྒྱུད་ལས། དངོས་པོ་མ་ལུས་སེམས་ཉིད་ཕྱིར། །མཚན་ཉིད་བྲལ་བ་ཆོས་ཀྱི་དབྱིངས། །རང་བཞིན་ཡེ་ཤེས་བདེ་བ་ལྟ། །བྱེད་པ་མེད་པར་སྣང་བའོ། །ཤེས་རབ་ཏིང་འཛིན་ཐབས་དག་གིས། །ནུས་མཐུ་ངེས་པར་འབྱུང་བར་འགྱུར། །འདི་ལྟའི་ལམ་ལ་གང་གནས་པ། །ཕྱོགས་དུས་ཀུན་ནས་བྱིན་གྱིས་རློབ། །ཅེས་སོ། །གཞན་ཡང་། ནད་ལྡ་བསལ་ཕྱིར་བླང་བ་དང་། །གཙང་སྨེ་རྟོག་སྤྱང་ཕྱིར་བླང་དང་། །ཐུན་མོང་དགོས་པ་ལྔ་ཕྱིར་དང་། །རིགས་ལྔར་གྲུབ་པའི་ཡོན་ཏན་ནོ། །སྡུག་བསྔལ་ལས་དགྲོལ་དངོས་གྲུབ་ཐོབ་པའི་ཕྱིར་དང་དུ་བླང་བའོ། །ཡང་ན་སྔར་གྱི་བཤད་སྒྲོལ་ལྟར་ན། དང་པོ་མཐུས་གྲུབ་པ་ནི། ནད་ལྡ་བསལ་བའི་ཕྱིར་དང་དུ་བླང་སྟེ། དྲི་ཆེན་གྱི་དུག་ནད་སེལ། དྲི་ཆུས་གྲང་ནད། ཤ་ཆེན་གྱིས་མཛེ་ནད། རཀྟས་འབྲུམ་ནད། བྱང་སེམས་ཀྱི་ཚ་ནད་སེལ་

བ་དང་། བྱིན་རླབས་ཀྱིས་སྒྲུབ་པ་ནི། གཙང་བ་དང་སླེ་བ་སྤེ་བཙོག་པ་གཉིས་འཛིན་གྱི་རྟོག་སྒྲིབ་སྦྱང་བའི་ཕྱིར་ལྔ་པོ་དང་དུ་བླང་བས་ཆོས་ཉིད་མཉམ་པ་ཉིད་དུ་རྟོགས་པ་དང་། ངོ་བོས་གྲུབ་པ་ནི། ཀུན་དང་ཐུན་མོང་གི་དགོས་པ་ལྔ་ཡོད་པའི་ཕྱིར་དང་དུ་བླང་སྟེ་དྲི་ཆེན་བསྟེན་པས་ཚེ་རིང་། དྲི་ཆུས་སྐད་སྙན། ཤ་ཆེན་གྱི་མཐུ་ཆེ། རཀྟས་བཀྲག་གསལ། བྱང་སེམས་ཀྱིས་མི་བརྗེད་པའི་གཟུངས་ཐོབ་པས་གཞན་ཟིལ་གྱིས་གནོན་པས་བརྗིད་ཆེ་བ་དང་། རང་བཞིན་གྱིས་གྲུབ་པ་ནི། རྒྱུ་ཆེ་བའི་ངོས་ནས་རིགས་ལྔ་དང་། ཟབ་པའི་ངོས་ནས་ཡེ་ཤེས་ལྔར་གྲུབ་པའི་ཡོན་ཏན་ཡོད་དེ། ཕའི་བྱང་སེམས་ཀྱིས་ཞེ་སྡང་སྐྱེ་བས་དེ་ཉིད་རྡོ་རྗེ་སེམས་དཔའ། དྲི་ཆེན་གྱི་རྩ་ཁ་འགགས་པས་གཏི་མུག་བསྐྱེད་པ་དེ་ཉིད་རྣམ་སྣང་། ལུས་ཀྱིས་ཤ་ཡིས་སྟོབས་རྫོགས་པས་ང་རྒྱལ་བསྐྱེད་པས་དེ་ཉིད་རིན་ཆེན་འབྱུང་ལྡན། མའི་རཀྟས་འདོད་ཆགས་བསྐྱེད་པས་དེ་ཉིད་སྣང་བ་མཐའ་ཡས། ཆུ་ཡིས་རླུང་། རླུང་གིས་འདུ་བྱེད་ཀྱི་ལས་བྱེད་པས་ཕྲག་དོག་བྱུང་བས་དེ་ཉིད་དོན་གྲུབ་གཏི་མུག་གི་རྨུག་པ་དག་ནས་མི་འབྱེད་པ་རང་ཆོས་དབྱིངས་ཡེ་ཤེས། ཞེ་སྡང་གི་རྩུབ་ཟེར་དག་ནས་གསང་བ་རང་མེ་ལོང་ཡེ་ཤེས། ང་རྒྱལ་གྱི་མི་ཉམས་པ་དག་ནས་རང་མཉམ་ཉིད་ཡེ་ཤེས། འདོད་ཆགས་ཀྱིས་ཞེན་པ་དག་ནས་སོ་སོར་འབྱེད་པ་རང་སོར་རྟོག་ཡེ་ཤེས། ཕྲག་དོག་གི་གཞན་གྱི་ཡོན་ཏན་རང་གི་ཕྲག་ལ་མི་ཤོང་བ་དག་ནས་རང་བྱ་བ་གྲུབ་པའི་ཡེ་ཤེས་ཡིན། ཡང་ན་ཁ་དོག་ལྔའི་སྒོ་ནས་རིགས་ལྔ་ངོ་སྤྲོད་པ་ཡིན་ཏེ་བདུད་རྩི་བམ་བརྒྱད་ལས། བྱང་སེམས་རྡོ་རྗེ་སེམས་དཔའ་དཀར། །དྲི་ཆེན་གསེར་མདོག་རྣམ་སྣང་མཛད། །མཱཾ་ས་རིན་ཆེན་འབྱུང་ལྡན་སྔོ། །རཀྟ་སྣང་བ་མཐའ་ཡས་དམར། །དྲི་ཆུ་དོན་ཡོད་གྲུབ་པ་ལྗང་། །ཞེས་གསུངས་སོ། །དེའི་དོན་གྱིས་ཁམས་གསུམ་འཁོར་བའི་སྡུག་བསྔལ་ལས་གྲོལ་ནས་མཆོག་ཐུན་མོང་བསྒྲུབ་པའི་དངོས་གྲུབ་རྣམས་ཐོབ་པའོ། །གསུམ་པ་ལྔ་སྦྱོད་ཀྱི་རྫས་ཡིས་ཟིན་ནས་སྤྱད་ན་ལམ་གྱི་མཆོག་གི་ཡོན་ཏན་དཔག་མེད་ཡོད་པ་ནི་ལྔ་བའི་རྫ་ནི་ཤ་ཆེན་གྱི་བཅུད། ལོང་རྩ་ན་རིན་ཆེན། རོ་མ་ན་དྲི་ཆུ། རྐྱང་མ་ན་རཀྟ་ཀུན་འདར་མ་ནི་བྱང་སེམས་ཀྱི་བཅུད་དང་ལྔ་པོ་བཏུང་བ་སྟེ་ཉམས་སུ་བླང་བ་ལ་དབང་ཐོབ་ན་གཉིས་འཛིན་ལས་གྲོལ་ནས་མཉམ་པ་ཉིད་ཀྱི་དོན་རྟོགས་པ་ན་ལམ་གྱི་མཆོག་ཡིན་ནོ། །

འོ་ན་བདུད་རྩི་ལྔ་ལ་གང་སྤྱོད་གྲོལ་ལམ་ཞེ་ན། གསང་སྔགས་ཐབས་མཁས་པའི་ལྟ་སྤྱོད་ཀྱི་རྩི་ཡིས་ཟིན་ཅིང་ལུང་བམ་བརྒྱད་ལ་བཤད་པ་ལྟར་བསྟེན་ཤེས་ན། གོང་དུ་གྲུབ་པ་བཞིའི་སྐབས་སུ་བཤད་པ་ལ་སོགས། ཡོན་ཏན་བརྗོད་པ་ལས་འདས་པར་ཀུན་བཟང་གིས་གསུངས་སོ། །ཐབས་ཀྱིས་མ་ཟིན་ན་མི་གྲོལ་ཏེ་ཁྱི་ཕག་བཞིན་ནོ། །

གསུམ་པ་རྣམ་གྲངས་ཀྱི་ངོས་ནས་ཞབས་བསྡུ་བ་ནི། གྲངས་སུ་ཕྱེ་བས་དོན་ལ། མི་འདའ་བས་དམ་ཚིག །དེ་ལ་རྩ་བའི་བདུད་རྩི་ལྔ། རང་བཞིན་གྱིས་གྲུབ་པ་ལ་རིགས་ལྔ་ཡེ་ཤེས་ལྔ་སྟེ་བཅོ་ལྔ། གྲུབ་པ་གསུམ་པོ་ལ་ལྔ་ལྔ་སྟེ་བཅོ་ལྔ་དང་སུམ་ཅུ་དེ་ཉིད། ལམ་ཟག་བཅས་ཀྱི་ཏིང་ངེ་འཛིན་མཐོན་དམན་གྱི་སྐབས་ཀྱི་ཕྱེ་བས་དང་པོ་མོས་པ་ལམ་དུ་བྱེད། དེ་ནས་ཚོགས་ལམ་ཆེན་པོ་དང་སྦྱོར་ལམ་ལ་དངོས་སུ་དང་དུ་བླང་བར་ཀུན་བཟང་གིས་གསུངས་སོ། །ཡང་ན་དབང་དང་སྒྲུབ་པའི་སྐབས་སུ་དང་དུ་བླང་བར་བྱ་གསུངས་ཞེས་ཟེར་རོ། །དམ་ཚིག་བཀོད་པ་ལས། དང་དུ་བླང་བ་ལ་ལྔ་སྟེ། རྣམ་རྫས་ལྔ་པོ་ཉིད། ཆོས་ཐམས་ཅད་ལ་རྟག་པ་མེད་པ་དང་། རང་བཞིན་གྲུབ་པའི་མཐུ་ཡོད་པ་དང་། ཡེ་ནས་བདུད་རྩི་ཡིན་པ་དང་། སྐྱོན་ཡོན་གྱིས་དུག་དང་བདུད་རྩི་ཡིན་པ་དང་། དེ་ཉིད་དངོས་གྲུབ་ཆེན་པོའི་རྒྱུ་དང་རྐྱེན་ཡིན་པས། གསང་སྔགས་བསྒྲུབ་པའི་ཐབས་དམ་པར་སྤྱོད་པའི་དམ་ཚིག་གོ། །རྟོགས་པ་དང་ཏིང་ངེ་འཛིན་མི་ལྡན་ཞིང་། གསང་མེད་པར་ཁྱོལ་སོང་བཞིན་དུ་བབ་ཅོལ་དུ་སྤྱོད་པ་ནི་ཉམས་པའོ། །ཞེས་སོ། །

བཞི་པ་བསྒྲུབ་པར་བྱ་བའི་དམ་ཚིག་ལ་གསུམ། དང་པོ་མདོར་བསྟན་ནི། གསང་སྔགས་ནང་པའི་རྣལ་འབྱོར་རྣམས་ཀྱི་ལམ་གྱི་རྩོལ་བས་འབྲས་བུ་བསྒྲུབ་པར་བྱ་བ་ལ་ལྔ་ཡོད་པ་རྣམས་ལའང་། གཉིས་པ་རྒྱས་པར་དབྱེ་བ་ནི། ཐུགས་སྐྱེ་འཛིག་དང་བྲལ་བ་རྡོ་རྗེའི་རིགས། །སྐུ་དྲི་མ་དང་བྲལ་བ་དེ་པའི་རིགས། །ཡོན་ཏན་དགོས་འདོད་འབྱུང་བ་རིན་ཆེན་རིགས། །གསུང་ཉེས་སྐྱོན་གྱིས་མ་གོས་པ་པདྨའི་རིགས། ཕྲིན་ལས་ལྷུན་གྱིས་གྲུབ་པ་ལས་ཀྱི་རིགས་དང་ལྔའོ། །སྟོང་པ་ནི་ཆོས་དབྱིངས་ཡེ་ཤེས། གསལ་བ་ནི་མེ་ལོང་། གསལ་སྟོང་དབྱེར་མེད་ནི་མཉམ་ཉིད། དེ་ཉིད་ཤེས་བྱ་མ་འདྲེས་པར་སོ་སོར་གསལ་བ་ནི་སོར་རྟོག །མ་འདྲེས་པར་སྣང་དུས་རིག་པ་རང་སྣང་དུ་དོན་

གཉིས་ལྷུན་གྱིས་གྲུབ་པ་ནི་བྱ་གྲུབ་ཡེ་ཤེས་དང་ལྡ། ཆོས་དབྱིངས་སྣང་སྟོང་མཐའ་གང་དུ་ཡང་མ་བསྐྱོད་པས་མི་བསྐྱོད་པ་དང་། དེ་ཉིད་རང་གསལ་བ་ལས་ཅིར་ཡང་གསལ་བས་རྣམ་པར་སྣང་མཛད། གསལ་སྟོང་དབྱེར་མེད་པ་ལས་སངས་རྒྱས་ཀྱི་ཡོན་ཏན་ཀུན་འབྱུང་བས་རིན་ཆེན་འབྱུང་ལྡན། དབྱེར་མེད་དེ་ཉིད་ཤེས་བྱ་སོ་སོར་མ་འདྲེས་པར་ཞིང་ཁམས་མཐར་ཐུག་པ་མེད་པར་གསལ་བས་ན་སྣང་བ་མཐའ་ཡས། ཆོས་ཉིད་གསལ་བ་ལས་མ་གཡོས་པ་བཞིན་དུ་འཁོར་བ་མ་སྟོངས་བར་དུ་གཞན་དོན་གྱི་ཕྲིན་ལས་རྒྱུན་མི་འཆད་ཅིང་ལམ་བར་མ་དོར་ཆུད་མི་ཟ་བར་འབྲས་བུ་ལ་སྦྱོར་བས་ན་དོན་ཡོད་གྲུབ་པ་སྟེ་སྣང་བའི་ཆ་འཛིན་པས་ཡབ་ལྔ། སྟོང་པས་རྣམ་ཤེས་བསྐྱེད་ཅིང་ཆོས་ཉིད་ཀྱི་འབྱུང་གཞིར་གྱུར་པས་ན་ནམ་མཁའ་དབྱིངས་ཕྱུག་མ། ས་ཡིས་གཟུགས་སྣང་བསྐྱོད་ཅིང་རང་ལ་བཟང་ངན་གྱི་རྟོགས་པ་དང་བྲལ་ཞིང་སྣང་དུས་སྟོང་པས་སངས་རྒྱས་སྤྱན་མ། ཆུས་ཚོར་བ་བསྐྱེད་ཅིང་ཚོར་བས་ཆོས་ཐམས་ཅད་བསྐྱེད་པས་ན་མ་མ་ཀཱི། མེ་གསལ་བས་འདུ་ཤེས་བསྐྱེད་ཅིང་རྟོགས་ན་གཟུང་འཛིན་གྱི་ལྷག་པ་ལས་སྐྱོབ་པ་དང་། སྲིད་པའི་ལྡེན་ལྡིན་སྐམ་པར་བྱེད་པས་ན་གོས་དཀར་མོ། རླུང་གིས་འདུ་བྱེད་ཀྱི་ལས་བསྐྱེད་ཅིང་ཕྲིན་ལས་ཀྱིས་སེམས་ཅན་སངས་རྒྱས་ཀྱི་སར་སྒྲོལ་བ་ལས་མི་འདའ་བས་དམ་ཚིག་སྒྲོལ་མ་སྟེ། སྟོང་པའི་ཆ་འཛིན་པས་ན་ཡུམ་ལྔ་དང་། དེ་ལྟར་ཡེ་ཤེས་ཡབ་ཡུམ་ལ། གཅིག་ལ་འདང་ལྔ་ལྔ་ཤེས་པར་བྱའོ། །སྐུ་ལྔ་ནི་འཁོར་འདས་ཀྱི་ཆོས་ཀུན་སྣང་ལ་རང་བཞིན་མེད་པར་ཤར་བ་ནི། རྣམ་ཀུན་མཆོག་ལྡན་གྱི་སྟོང་པ་ཆོས་སྐུའོ། །ཐམས་ཅད་དུ་རིགས་པ་རང་སྣང་བ་ནི་མངོན་པར་བྱང་ཆུབ་པའི་སྐུའོ། །སྣང་སྟོང་དབྱེར་མེད་པས་འཁོར་འདས་ལ་ལོངས་སྤྱོད་པས་ལོངས་སྐུའོ། །རིག་རྩལ་འགག་མེད་དུ་ཤར་བའི་ངོ་བོ་ལ་ཐམས་ཅད་ལྷུན་གྱིས་གྲུབ་པས་དགོངས་པ་ལ་འགྲོ་འོང་མེད་ཀྱང་སྤྲུལ་པ་སྣ་ཚོགས་ཀྱིས་འགྲོ་བའི་དོན་བྱེད་པ་ནི་སྤྲུལ་སྐུའོ། །དགོངས་པ་སྐྱེ་འཇིག་དང་བྲལ་བ་ནི་རྡོ་རྗེའི་སྐུ་དང་ལྔ། གསུང་ལྔ་ནི། ཆོས་སྐུ་སྐྱེ་མེད་དོནགྱི་གསུང་ནི། ཆོས་ཉིད་རྒྱ་ཆད་ཕྱོགས་ལྷུང་དང་བྲལ་བ་ལམ་པས་བརྡ་མཇལ་ནས་གྲོལ་བ་ལ་བྱའོ། །མངོན་བྱང་རིག་པ་བྱིན་རླབས་ཀྱི་གསུང་ནི་ཡེ་ཤེས་ལྔ་རང་ལ་གནས་པ་དང་། རྟོགས་བྱེད་ཀྱི་བློའི་ཤེས་རབ་གཉིས་འབྲེལ་བའི་བྱིན་རླབས་ཀྱི་དཔེ་ཉི་མ་ཤར་བ་དང་ཐམས་ཅད་གསལ་

བ་བཞིན་དུ། འཁོར་འདས་ཐམས་ཅད་རིག་པ་རང་གསལ་བ་ལ་ལམ་པས་བརྡ་མཛལ་བའོ། །ཡོངས་སྐུ་དགོངས་པ་བརྡའི་གསུང་ནི། དཔེ་མེ་ལོང་ལ་བལྟས་ན་བྱད་ལ་དྲི་མ་གང་ཡོད་གསལ་ནས་རིག་པ་བཞིན་དུ། ལོངས་སྐུ་ལ་བལྟས་པས་ཤེས་བྱའི་དྲི་མ་རིག་ཅིང་སྣང་སྟོང་དབྱེར་མེད་ལམ་པས་བརྡའ་མཛལ་བའོ། །སྤྲུལ་སྐུ་ཚིག་གི་གསུང་ནི། ཚངས་པའི་གསུང་གཅིག་གིས་རིགས་དྲུག་སོ་སོར་གོ་བ་ལྟར། སྤྲུལ་སྐུའི་གསུང་གཅིག་ལ་ཡན་ལག་དྲུག་ཅུ་དང་ལྡན་ཞིང་། སོ་སོར་རང་རང་དང་མཐུན་པར་གོ་བའོ། །རྡོ་རྗེའི་གསུང་གྲག་སྟོང་དབྱེར་མེད་ནི། དཔེ་བྲག་ཆ་ལྟ་བུའོ། །ཐུགས་ལྔ་ནི་ཡེ་ཤེས་ལྔ་སྟེ། ཅིར་ཡང་མི་དམིགས་པ་བདེ་བ་ཆེན་པོ་ཆོས་སྐུའི་ཐུགས། ཅིར་ཡང་མ་འགགས་པ་མེ་ལོང་ལྟ་བུ་མངོན་བྱང་གི་ཐུགས། དབྱེར་མེད་མཉམ་པ་ཉིད་ལོངས་སྐུའི་ཐུགས། རིག་པ་རང་སྣང་དུ་རང་གཞན་གྱི་བྱ་བ་ལྷུན་གྱིས་གྲུབ་པས་འགྲོ་བ་སྒྲོལ་བ་སྤྲུལ་སྐུའི་ཐུགས། ཅིར་ཡང་སྣང་བ་སོ་སོར་རྟོགས་པ་རྡོ་རྗེའི་སྐུའི་ཐུགས་སོ། །

ཡོན་ཏན་ལྔ་ནི། སྤྱིར་གཟུགས་ཡུལ་གནས་སུ་དག་ཅིང་། རིག་པ་རང་སྣང་བས། སངས་རྒྱས་ཀྱི་ཞིང་ཁམས་སུ་ཤར་བ་ནི། ཞིང་ཁམས་ཡོན་ཏན་དང་། སྣང་བ་གནས་སུ་དག་ནས་འབྲས་བུའི་ཆོས་ཉིད་ལྷུན་གྲུབ་ཏུ་རྫོགས་པར་རིག་པ་རང་སྣང་བ་ནི་གཞལ་ཡས་ཁང་ངོ་། །འདོད་ཡོན་ལྔ་ལ་སོགས་མ་སྤངས་པར་ལོངས་སྤྱོད་ཅིང་རང་རིག་པའི་ཡེ་ཤེས་སུ་ལྷུན་གྱིས་རྫོགས་པའི་ཕྱིར། དབུ་རྒྱན་ལ་སོགས་རྒྱན་དུ་མས་བརྒྱན་ཆ། སྙིང་རྗེས་མཐར་ཕྱིན་ནས་ཆོས་ཉིད་མ་བསྒྲིབ་པར་ཡེ་ཤེས་རང་གསལ་བའི་ཕྱིར། འོད་ཟེར་ཁ་དོག་དྲུག་ལྡན་སྣ་ཚོགས་སུ་འཕྲོ་བས་རིགས་དྲུག་གི་དོན་བྱེད་པ་ནི་འོད་ཟེར། མི་འཇིགས་སེང་གེ། སྟོབས་གླང་ཆེན། རྫུ་འཕྲུལ་རྟ། དབང་རྨ་བྱ། ཕྲིན་ལས་ཤང་ཤང་། རེ་བ་བསྐང་བ་རིན་པོ་ཆེའི་ཁྲི། མ་ཆགས་པད་མའི་གདན། ཐབས་ཤེས་ཉི་ཟླའི་གདན་ནི། གདན་ཁྲི་ཡོན་ཏན་ཅན་ནོ། །

ཕྲིན་ལས་ལྔ་ནི། ནད་གདོན་སྡིག་སྒྲིབ་གཟུང་འཛིན་གྱིས་མཚན་མ་ཞི་བ། ཚེ་དང་བསོད་ནམས་སྐུ་དང་ཡེ་ཤེས་རྒྱས་པ། ལྷ་འདྲེ་མི་གསུམ་མཐའ་གཉིས་དབང་དུ་བསྡུ་བ། དགྲ་བགེགས་ཉོན་མོངས་འཛོམས་པའི་དྲག་ལས་བྱ་བ། དེ་བཞི་ལྷུན་གྱིས་གྲུབ་པ་དང་ལྔའོ། །དེ་ལྟར་སྐུ་གསུང

ཐུགས་ཡོན་ཏན་ཕྲིན་ལས་གཅིག་ཀྱང་ལྔ་ལྔར་ཕྱེ་བས་ན། གསུམ་པ་རྣམ་གྲངས་ཀྱི་ངོས་ནས་གདམས་པ་དང་བཅས་པ་ནི། དེ་ལྟར་གོང་གི་ལྔ་རྣམས་བརྩིས་པས་བཞི་བཅུ་རྩ་ལྔ་ཡི་བྱེ་བྲག་རྣམས་ཀྱི་མཚན་ཉིད་ཐོས་བསམ་གྱིས་ཤེས་ཤིང་རྟོགས་ནས་སྒོམ་པ་ཏིང་ངེ་འཛིན་གྱིས་བསྒྲུབ་ཅིང་ཉམས་སུ་བླང་བར་བྱའོ། །

ལྔ་པ་ཤེས་པར་བྱ་བའི་དམ་ཚིག་ལ་གསུམ་གྱི་དང་པོ་མདོར་བསྟན། རྣམ་པར་ཤེས་པ་ལ་ཚོགས་བརྒྱད། གཟུགས་ལ་གཟུགས་ཆེན་བཅོ་ལྔ། ཚོར་བ་ལ་དྲུག་གསུམ་བཅོ་བརྒྱད། འདུ་ཤེས་ལ་ཟབ་པ་རྒྱ་ཆེ་ཆུང་གསུམ། འདུ་བྱེད་ལ་ཚོར་བ་འདུ་ཤེས་གཉིས་གོང་དུ་སོང་ནས་བཞི་བཅུ་རྩ་དགུ་སྤྱང་བས་ཕུང་པོ་ལྔ་དང་། ས་ཆུ་མེ་རླུང་ནམ་མཁའ་སྟེ་ཐམས་ཅད་ཀྱི་འབྱུང་གཞིར་གྱུར་པས་འབྱུང་བ་ལྔ་དང་། མིག་གི་དབང་པོ་ཟར་མའི་མེ་ཏོག་ལྟ་བུ་དང་། རྣ་བའི་དབང་པོ་གྲོ་ག་བཙུས་པ་ལྟ་བུ། སྣའི་དབང་པོ་ཟངས་ཁབ་གཤིབ་པ་ལྟ་བུ། ལྕེའི་དབང་པོ་ཟླ་བ་བཀས་པ་ལྟ་བུ། ལུས་ཀྱི་དབང་པོ་བྱ་རེག་འཇམ་གྱི་པགས་པ་ལྟ་བུ་སྟེ་ཚོར་བ་བསྐྱེད་ནུས་པས་དབང་པོ་ལྔ་དང་། མིག་གི་ཡུལ་གཟུགས་ལ་ཁ་དོག་དང་དབྱིབས་གཉིས། རྣ་བའི་ཡུལ་སྒྲ་ལ་ཟིན་མ་ཟིན་གཉིས། སྣའི་ཡུལ་དྲི་ལ་བཟང་ངན་གཉིས། ལྕེའི་ཡུལ་རོ་ལ་དྲུག །ལུས་ཀྱི་ཡུལ་རེག་བྱ་ལ་འཇམ་རྩུབ་གཉིས་ཏེ་དབང་ཤེས་སྐྱའི་སྐྱེ་ནུས་པའི་ཡུལ་ལྔ་དང་། རྐང་ལག་བཞི་མགོ་དང་ལྔ་ནི་ལུས་ལས་གྱེས་པའི་ཡན་ལག་ལྔ་དང་། ཡན་ལག་ལས་གྱེས་པའི་ཉིང་ལག་སོར་མོ་ལྔ་དང་། བཟང་པོ་ལ་འདོད་ཆགས། ངན་པ་ལ་ཞེ་སྡང་། བར་པ་ལ་གཏི་མུག །བདག་ཏུ་ང་རྒྱལ། གཞན་ལ་ཕྲག་དོག་སྟེ་ལུས་སེམས་སྡུག་པར་བྱེད་པའི་ཉོན་མོངས་ལྔ་དང་། དྲི་ཆེན། དྲི་ཆུ། ཤ་ཆེན། རཀྟ། བྱང་སེམས་ཏེ་དམ་རྫས་ལྔ་དང་། མི་ཞེ་སྡང་། གླང་ཆེན་གཏི་མུག །རྟ་ང་རྒྱལ། རྨ་བྱ་འདོད་ཆགས། ཁྱི་ཕྲག་དོག་སྟེ་ཤ་ལྔ་དང་མི། ཤར་ལྷོ་ནུབ་བྱང་དབུས་དང་ཕྱོགས་ལྔ་དང་། མཐིང་དཀར་སེར་དམར་ལྗང་སྟེ་ཁ་དོག་ལྔ་དང་། རིགས་དྲུག་ལ་ལྷ་མ་ཡིན་ལྷར་བརྩིས་པས་འགྲོ་བ་ལྔ་དང་། དུས་ཀྱི་སྙིགས་མ་དུས་ངན་རྩོད་པའི་དུས། ཚེའི་སྙིགས་མ་ཚེ་ལོ་བརྒྱ་པ་མན་ཆད། ལས་ཀྱི་སྙིགས་མ་མི་དགེ་བ་བཅུ་ལ་སྤྱོད་པ། སེམས་ཅན་གྱི་སྙིགས་མ་དུས་དེར་སྐྱེ་བའི་སེམས་ཅན། ཉོན་མོངས་པའི་སྙིགས་མ་སྐྱེ་

སླ་ལ་འཛིག་དཀའ་བ་སྟེ་སྙིགས་མ་ལྔ་དང་། ཉོན་མོངས་པ་ཅན་གྱི་ཡིད་ལ་དྲི་མ་ཅན་གྱི་འཁོར་བཞི་སྟེ། བདག་ཏུ་སློམ་པ། བདག་ཏུ་འཛིན་པ། བདག་ཏུ་ཆགས་པ། བདག་ཏུ་ང་རྒྱལ་བ་སྟེ། དེ་ཡང་རྫས་ཅན་གསེར་ལྟ་བུ་གཅིག་ལ། དང་པོ་གསེར་གྱི་འཁོར་ལ་ཡོད་ན་གསེར་འདི་བྱེ་བྲག་ཏུ་ང་ཡིས་ཤེ་ཡོན་བསམ་པ་ནི་བདག་ཏུ་སློམ་པ། ཡོན་ནས་གསེར་འདི་ངའི་གསེར་ཞེས་བདག་ཏུ་འཛིན་པ། གསེར་འདི་གཅེས་པའི་ཆ་ནས་བདག་ཏུ་ཆགས་པ། གསེར་འདི་ང་ལ་ཡོད་གཞན་ལ་མེད་བསམ་པས་བདག་ཏུ་ང་རྒྱལ་བ་དང་བཞིས་བསྐོར་བས་བག་ཆགས་ལྔ་དང་། ཡང་ན་བདག་ཏུ་འཛིན་པ། བདག་ཏུ་ཆགས་པ། བདག་ཏུ་སློམ་པ། བདག་ཏུ་ང་རྒྱལ་བ་སྟེ། དེ་ཡང་རྫས་ཅན་གསེར་ལྟ་བུ་གཅིག་ལ། དང་པོ་གསེར་དུ་འཛིན། དེ་ནས་འདོད་སེམས་ཀྱིས་ཆགས། དེ་ནས་ངས་ཡོན་པར་བྱེད་བསམ་ནས་སློམ། ཡོན་པ་ལ་འདི་ཡོད་བསམ་པའི་ང་རྒྱལ་དུ་འདོད་པ་ཡང་སྣང་། དེ་རྣམས་རེ་རེ་ལ་ལྔ་ལྔ་པོ་དག་ཏུ་ཕྱེས་པས། གྲངས་བདུན་ཅུ་ཡོད་པ་ལ་སོགས་འཁོར་བའི་ཆོས་ཐམས་ཅད་ནི། གཉིས་པ་འཁོར་བའི་ཆོས་ཐམས་ཅད་ཡེ་ནས་རིག་སྐུ་ཡེ་ཤེས་ཀྱི་དཀྱིལ་འཁོར་གྱི་རང་བཞིན་དུ་ཀ་ནས་དག་པ་ཡིན་པ་ནི། ཡེ་ཤེས་ལྔ། སྐུ་ལྔ། རིགས་ལྔ། ཡབ་ལྔ། ཡུམ་ལྔ། ལ་སོགས་རྟོག་ཚོགས་རྒྱལ་བའི་དཀྱིལ་འཁོར་གྱི་རང་བཞིན་དུ་དང་གིས་ཀ་ནས་དག་པ་ཡིན་ཏེ། ཕུང་པོ་ལྔ་རིགས་ལྔ། འབྱུང་བ་ལྔ་ཡུམ་ལྔ། དབང་པོ་ལྔ་རིགས་ལྔ། དེའི་ཡུལ་ལྔ་ཡུམ་ལྔ། ཡན་ལག་ལྔ་རིགས་ལྔ། གཡས་ཀྱི་སོར་མོ་ལྔ་རིགས་ལྔ། གཡོན་གྱི་སོར་མོ་ལྔ་ཡུམ་ལྔ། ཉོན་མོངས་པ་ལྔ་ཡེ་ཤེས་ལྔ། དམ་རྫས་ལྔ་རིགས་ལྔ། ཤ་ལྔ་ཡུམ་ལྔ། ཕྱོགས་ལྔ་རིགས་ལྔ། ཁ་དོག་ལྔ་ནི་ཡེ་ཤེས་ལྔའི་རང་འོད་རིག་ལྔའི་ཁ་དོག །འགྲོ་བ་རྒྱུད་ལྔའི་ལམ་ནི། དུག་ལྔ་ཡིན་པ་ནི་ཡེ་ཤེས་ལྔ། སྙིགས་མ་ལྔ་ཉིད་བདེ་བ་དང་ལྡན་པས་ན། སྐུ་ལྔ་ཡེ་ཤེས་ལྔའི་བདག་ཉིད། བག་ཆགས་ལྔ་ནི་ཉོན་མོངས་པ་སྟེ་ཡེ་ཤེས་སོ། །

གསུམ་པ་དེའི་དོན་རྟོགས་པ་ནི་ལྟ་བའི་གདིང་དང་ལྡན་པ་ནི། དོན་དེ་རྣམས་རང་གིས་ཐོས་ཤིང་བསམ་པས་བློ་ལ་ཉམས་སུ་བླངས་པས་དོན་རྟོགས་པའི་ངོ་བོ་ནི། བསམ་པའི་བློའི་སྤྱོད་ཡུལ་དང་བྲལ་ཞིང་ཡང་དག་པའི་སྣང་སྟོང་དབྱེར་མེད་ཀྱི་དོན་རྣལ་མ་ལ་རིག་པ་འགྲོ་བའོ། །

གཉིས་ཐུན་མོང་གི་ཡན་ལག་ལ་གཉིས་ཀྱི་དང་པོ་མདོར་བསྟན་ནི། ཐེག་པ་རིམ་པ་དགུའི་

ཐུན་མོང་གི་བསྲུང་བྱའི་དམ་ཚིག་ལ་མཐའ་ཡས་ཀྱང་མདོར་བསྡུས་ན། བདག་དོན་ཉི་ཤུ་རྩ་གཅིག །གཞན་དོན་དུ་བཞི་བཅུ་ཞེ་བཞིར་ཤེས་པར་བྱ། གཉིས་པ་རྒྱས་བཤད་དེ་ལ་གཉིས་ཡོད་པའི་དང་པོ། བདག་དོན་དུ་བསྲུང་བ་ལ་གཉིས་ཀྱི་ཐོག་མར། སྤང་བྱའི་སྐྱོན་རྣམས་བསྟན་པ་ནི། སྐུགས་བཅུག་ནས། ཤ་དང་མིག་མང་ལ་སོགས་རྒྱུན་འགྱེད་པར་བྱེད་པ་དང་། ཆོས་དང་མི་མཐུན་པའི་ལུས་མཛེས་པར་བྱེད་པའི་ཐབས་ཀྱི་སྣེག་ཆོས་རྣམས་དང་གཅིག །དམག་དང་སྟོན་མོ་ཚོང་དུས་ལ་སོགས་པའི་མི་མང་པོ་འདུས་པའི་སར་འགྲོ་འདོད་པ་དང་གཉིས། དགྲ་སྡང་སྡིག་འཕེལ་མི་བསྡུགས་འཆི་ཉེས་ཅན། །དེ་ཕྱིར་མཁས་པས་འཁྲུགས་པའི་ལྟད་མོ་སྤང་། །ཞེས་སོ། །ཚད་དང་ཆེ་བ་དང་གསུམ། དེ་ལ་སྐྱོན་ཅི་ཡོད་ན། ཡོ་གཱ་རྡོ་རྗེ་རྩེ་མོ་ལས། ཕུང་ཁྲོལ་ཀུན་གྱི་རྩ་བ་ཡི། །ཆང་ནི་རྣམ་པར་སྤང་བར་བྱ། །ཞེས་དང་། གདོང་དྲུག་ལས། ཉེས་པ་ཐམས་ཅད་བསྐྱེད་བྱེད་པའི། །ཆང་ནི་སྡུགས་པས་སྤང་བར་བྱ། །ཞེས་དང་། དཔལ་ཡང་དག་གི་སྒྲུབ་པ་ལས། སྒྲུབ་པ་པོ་རྣམས་ཉིང་ངེ་འཛིན་གྱི་འགལ་རྐྱེན་ཆང་སྤང་བར་བྱའོ། །ཞེས་དང་། དགོངས་འདུས་ལས། ཐུག་ཐུབ་ར་ཚོད་ང་རྒྱལ་རིས། །དྲག་བྱེད་དབང་པོ་ཉམས་པའི་བཅུད། །སྐྱོམ་ལས་ལེ་ལོའི་གཞིར་གྱུར་པ། །དཔའ་བྱེད་རྐྱེན་ཡང་རྣམ་པར་བསྒོམ། །ཞེས་སོ། །

གནང་བ་ནི། དགྱེས་རྡོར་ལས། དེར་ནི་ཆང་ནི་བཏུང་བར་བྱ། །ཞེས་པས། ཚོགས་ཀྱི་སྐབས་སུ་གནང་ལ། བྱིན་གྱིས་མ་བརླབས་པའི་ཆང་བཏུང་བར་མི་བྱ་སྟེ། བདེ་མཆོག་ལས། བྱིན་གྱིས་མ་བརླབས་ཆང་བཏུང་ན། །དམྱལ་བ་དུ་འབོད་གནས་སུ་སྐྱེ། །ཞེས་གསུངས་སོ། །ང་རྒྱལ་གྱི་དྲེགས་པས་ལུས་ཀྱི་སྒོ་ནས་མཆོང་རྒྱུག་གྱད་འདེགས་ལ་སོགས་པ་མ་ཞི་བའི་སྤྱོད་པས་གཞན་ཟིལ་གྱིས་གནོན་པར་བྱེད་པ་རྣམས་དང་། ངག་གི་སྒོ་ནས་ཚིག་རྩུབ་ཀྱིས་གཞན་གྱི་ཞེ་གཅོད་ཅིང་རང་མཐོ་བའི་ཚིག་འདོན་པ་དང་བཞི། སེམས་ཀྱི་སྒོ་ནས་ཁེངས་སེམས་ཀྱིས་བླ་མ་དང་མཆེད་ལ་མི་གུས་ཤིང་སེམས་ཅན་གཞན་ལ་སྙིང་རྗེ་དང་མི་ལྡན་པ་དང་ལྔ། རང་གི་ལུས་ངག་ཡིད་གསུམ་ལྷའི་སྐུ་གསུང་ཐུགས་རྡོ་རྗེ་གསུམ་པོར་བྱིན་གྱིས་བརླབས་ནས། རང་བས་ཡུལ་དམའ་བ་རྣམས་ལ་ཕྱག་མི་བྱེད་པ་དང་དྲུག །ཞར་ལ་སྔགས་ལ་དགོངས་པ་མཐོ་དམན། དབང་གྲངས་མང་ཉུང་། དབང་

ཟབ་མི་ཟབ་ཉན་ཐོས་ལ་སྡོམ་པ་ཚང་མི་ཚང་། བྱང་ཆུབ་སེམས་དཔའ་ལ་སེམས་བསྐྱེད་ཡོད་མེད་རྣམས་ཤེས་པར་བྱའོ། །རང་དེ་ཙམ་མིན་ཡང་གོང་མ་ཆེན་པོ་རྣམས་ཀྱི་གསུངས་ཚུལ་གྱི་ངག་ལྟར་བྱེད་པ་དང་བདུན། གཞན་གྱིས་དགེ་བའི་བྱེ་བྲག་གང་བྱེད་ལ་ཁེ་བྲག་ཆེ་ལ་འཚོས་ཡིན་བྱས་པས་སྨོད་པ་དང་བརྒྱད། གཞན་གྱིས་སྡིག་ལས་བྱེད་པ་ལ་དཔའ་བོ་ཕོ་རྒོད་ཟེར་ནས་བསྟོད་པ་དང་དགུ། ཆོས་བསྒྲུབ་པ་ལ་བརྩོན་འགྲུས་མི་བྱེད་ནས་ལེ་ལོ་བྱེད་པ་དང་བཅུ། དཀོན་མཆོག་གསུམ་དང་བླ་མ་དང་གྲོགས་པོ་ཆོས་བསྒྲུབ་པའི་ཕྱོགས་སུ་ནོར་གཏོང་མི་ནུས་པའི་སེར་སྣ་ཆེ་བ་དང་བཅུ་གཅིག །དགེ་སྦྱོར་བྱེད་དུས་གཏི་མུག་དབང་དུ་བཏང་ནས་གཉིད་ལ་དགའ་བ་དང་བཅུ་གཉིས་འཇིག་རྟེན་གྱི་བྱ་བས་གཡེང་ནས་དགེ་བ་མི་བྱེད་པ་དང་བཅུ་གསུམ། སེམས་ཁྲོ་ཤིང་ལུས་ངག་གཏུམ་པའི་སྤྱོད་པས་ཞེ་སྡང་གི་སྡིག་ལས་བྱེད་པ་དང་བཅུ་བཞི། ལས་གང་བྱེད་ལ་ལེགས་ཉེས་ཡི་སྨིན་ཡོན་ཤེས་པའི་བསམ་པ་སྔོན་དུ་མི་གཏོང་ཞིང་གཞན་གྱིས་བཅོས་ཀྱང་མི་ཉན་པ་དང་བཅོ་ལྔ། བླ་མ་དང་གྲོགས་པོའི་བཀའ་གཅོག་པ་དང་བཅུ་དྲུག །ཆོས་དོན་དུ་མི་གཉེར་ཞིང་ཚེ་འདིར་དོན་དུ་གཉེར་བ་ལ་ཉ་པ་རྔོན་པ་ལ་སོགས་མི་དགེ་བ་སྡིག་པའི་གྲོགས་པོ་བརྟེན་པ་དང་བཅུ་བདུན། གོང་མ་རྣམས་ཀྱི་ཐུགས་དཀྲུགས། བར་མ་རྣམས་ཀྱི་ཞེ་གཅོད། དམན་པ་རྣམས་ལ་དངོས་སུ་གནོད་པའི་བག་མེད་པའི་སྤྱོད་པ་དང་བཅོ་བརྒྱད། དགེ་བ་བསྒྲུབ་པར་དམ་བཅས་པ་མི་བྱེད་ནས་དོར་བ་དང་བཅུ་དགུ། ལོངས་སྤྱོད་རང་ལ་ཕུན་སུམ་ཚོགས་ཀྱང་ཆོག་མི་ཤེས་ཏེ་སྣོན་པ་བཙལ་བའི་བསམ་པས་སྲིད་པ་ཕྱིར་ཕྱིར་ཆེ་བ་དང་ཉི་ཤུ། འཇིག་རྟེན་ཁེ་དྲག་གི་སྒོ་ནས་ཆོས་ཀྱི་དོན་དང་སྤྱོད་ལམ་གྱིས་དོན་གང་ཡང་གཞན་ལ་ངོམ་པ་ལ་དགའ་བ་དང་ཉེར་གཅིག་གོ། །

གཉིས་པ་དེ་ལས་བཟློག་པའི་ཡོན་ཏན་བསྟན་པ་ནི། གོང་དུ་བསྟན་པའི་སྤང་བྱ་ཉི་ཤུ་རྩ་གཅིག་པོ་དེ་ལས་བཟློག་སྟེ་སྤངས་པ་ནི། རྣལ་འབྱོར་པ་བདག་གི་དོན་མཆོག་ཏུ་འགྱུར་བ་ཡིན་ཏེ། མཁའ་འགྲོ་ཆོས་སྐྱོང་ལ་སོགས་འཇིག་རྟེན་ལྷ་མི་ཀུན་གྱིས་བདག་ཉིད་གཙུག་ཏུ་ཁུར་ཞིང་བསྐུར་བར་འགྱུར།

གཉིས་པ་གཞན་དོན་ལ་གཉིས་ཀྱི་དང་པོ་ཐུགས་རྗེས་སྤྱོད་པའི་ངོས་ནས་གཞན་དོན

ཉམས་སུ་བླང་བ་ནི། སྲིད་ཞིའི་ཕ་རོལ་ཏུ་ཕྱིན་པའི་ཐབས་ཀྱི་སྤྱོད་པ་ནི། སྦྱིན་པ་གཏང་། ཚུལ་ཁྲིམས་བསྲུང་། བཟོད་པ་བསྒོམ་བརྩོན་འགྲུས་བརྩམ། བསམ་གཏན་ལ་མཉམ་པར་བཞག །ཤེས་རབ་བསྐྱེད་པ་སྟེ་དྲུག་དང་། ཡི་གེ་བྲི། དཀོན་མཆོག་མཆོད། སེམས་ཅན་ལ་སྦྱིན་པ་གཏོང་བ་དང་། ཆོས་ཉན་པ་དང་། ཀློག་པ་དང་། ཆོག་འཛིན་པ་དང་། གཞན་ལ་འཆད་པ་དང་། རང་གིས་ཁ་ཐོན་བྱེད་པ་དང་། དེའི་དོན་ལ་སེམས་ནས་བསམ་པ་དང་། བསྒོམ་པ་སྟེ་དགེ་འདུན་གྱི་ཆོས་སྤྱོད་བཅུ་ལ་སྤྱོད་པ་དང་། འོན་ཕར་ཕྱིན་དྲུག་ཆོས་སྤྱོད་བཅུ་པོ་འདི་རྣམས་རང་གཞན་གཉིས་ཀའི་དོན་དུ་སྤྱད་དགོས་ཟེར་ན། སེམས་བསྐྱེད་ཀྱིས་ཟིན་ན་རང་དོན་ཡང་གཞན་དོན་ཡིན་ལ། སེམས་བསྐྱེད་ཀྱིས་མ་ཟིན་ན་གཞན་དོན་བྱེད་པ་ལྟར་དུ་སྣང་ཡང་རང་དོན་ཡིན་ནོ། །ཟང་ཟིང་སྦྱིན་པས་ཆོས་ལ་འཛུད། སྙན་པར་སྨྲ་བས་ཆོས་ལེགས་པར་སྟོན། དོན་སྤྱོད་པས་ཆོས་ཉམས་སུ་ལེན་བཅུག །དོན་དང་མཐུན་པས་རང་གཞན་གཉིས་ཀའི་ཆོས་དང་མཐུན་པར་བྱས་ཏེ། བསྡུ་བའི་དངོས་པོ་རྣམ་པ་བཞིའི་འཕྲིན་ལས་ཀྱི་སྤྱོད་པ་དང་། ཡང་ན་འཕྲིན་ལས་རྣམ་པ་བཞི་ཡང་ཟེར། གདུལ་བྱ་རང་རང་དང་དོན་མཐུན་པར་འཇུག་པའི་ཐབས་ཀྱི་སྤྱོད་པ་ནི། ཐེག་པ་དགུ་ཡིས་འདུལ་བ་ལ། དབང་པོ་རབ་འབྲིང་རང་རང་གི་བློ་དང་མཐུན་པར་ཉན་ཐོས་རང་རྒྱལ་བྱང་སེམས་གསུམ། བྱ་བ་སྤྱོད་པ་རྣལ་འབྱོར་གསུམ། བསྐྱེད་དང་རྫོགས་དང་རྫོགས་ཆེན་གསུམ་དང་དགུ་སྟོན་པ་དང་། མུ་སྟེགས་འདུལ་བ་ལ་བྱེ་བྲག་པ་དང་ཐ་སྙད་པ་གཉིས་ནི་ཉན་ཐོས་ཀྱི་མུ་སྟེགས་པ་སྟེ་གཅིག །རང་སྣང་ཕྱོགས་གཅིག་པ་ནི་རང་སངས་རྒྱས་ཀྱི་མུ་སྟེགས་པ་དང་གཉིས། ཕྲ་བ་རྣམ་བདེན། ཟབ་པ་རྣམ་རྫུན། རྒྱ་ཆེར་ཡངས་པ་དབུ་མ་དང་གསུམ་བྱང་ཆུབ་སེམས་དཔའི་མུ་སྟེགས་པ་དང་གསུམ། རིག་བྱེད་པ། རིག་སྤྱོད་པ། རིག་སྦྱོར་བ་གསུམ་ནི་སྔགས་ཕྱི་རྒྱུད་གསུམ་གྱི་མུ་སྟེགས་པ་གསུམ་དང་དྲུག །བརྟུལ་ཞུགས་ཆེར་སྤྱོད་པ་དང་། རྒྱལ་ཐབས་དང་། རྒྱལ་དཔོག་པ་དང་གསུམ་སྟེ་ནང་པ་རྣམ་གསུམ་གྱི་མུ་སྟེགས་པ་དགུ་པོ་རང་རང་གི་ཚུལ་དང་བསྟུན་ཅིང་མཐར་ནང་པ་ལ་བཙུད་པ་དང་། འགྲོ་བ་རིགས་དྲུག་གི་དོན་བྱེད་པ་ལ་རང་རང་གི་སྤྱོད་པ་རྣམས་དང་མཐུན་པའི་སྒོ་ནས་དོན་བྱེད་དགོས་པ་ལ། སྤྱོད་པ་དེ་རྣམས་རང་རྒྱུད་དུ་འཛིན་པ་དང་དེར་ལྟུང་དགོས་ཀྱི་རྣམ་གྲངས་མེད་པར་སྤྱད་

ཅིང་དོན་འགྱུར་ཅི་ལྟར་སྣང་བ་དེ་ཡང་ཉམས་སུ་བླང་སྟེ། རྗོན་པ་འདུལ་བ་ལ་རྗོན་པ། སྨད་འཚོང་མ་འདུལ་བ་ལ་སྨད་འཚོང་མ་ལ་སོགས་གང་ལ་གང་འདུལ་གྱི་དོན་བྱ་བའོ། །

གཉིས་པ་རྣམ་གྲངས་ཀྱི་ངོས་ནས་གདུལ་བྱ་མི་སྤྱང་བར་གདམས་པ་ནི། ཕར་ཕྱིན་དྲུག་ཆོས་སྤྱོད་བཅུ་བསྡུ་དངོས་བཞི་ཐེག་པ་དགུ་མུ་སྟེགས་དགུ་འགྲོ་བ་རིགས་དྲུག་སྟེ་གཞན་དོན་བཞི་བཅུ་རྩ་བཞི་ལ་སོགས་པ་ཡི། གདུལ་བྱ་གང་ཡང་གང་ལ་གང་འདུལ་གྱི་དོན་བྱ་ཞིང་། དོར་བར་མི་བྱའོ། །

གཉིས་པ་བསྲུང་བའི་མན་ངག་ཕན་ཡོན་དང་བཅས་པའི་སྒོ་ནས་ཞབས་བསྡུ་བ་ནི། གོང་གི་རྩ་བ་དང་ཡན་ལག་གི་བསྲུང་བར་བྱ་བ་དེ་དག་བསྲུང་ཚུལ་ནི། དཔེར་ན་བྱང་བའི་ལུག་རྫི་ཡིས་ལུག་སྐྱོང་བ་ལ་ཚང་བ་སྐྱོང་ཞིང་མ་ཚང་བ་རྣམས་གཞུག་པ་བཞིན་དུ། རྣམ་གྲངས་སུམ་བརྒྱ་དྲུག་ཅུ་བཏབ་ནས་ཉིན་མཚན་དུས་དྲུག་ཏུ་དྲན་པ་དང་ཤེས་བཞིན་གྱིས་བྱ་ར་བ་བཏང་ནས་ལས་དང་པོ་པས་རྡེའུ་དཀར་ནག་བགྲང་སྟེ། སུམ་བརྒྱ་དྲུག་བཅུའི་རྣམ་གྲངས་ཚང་བ་བསྲུང་། མ་ཚང་ན་བཤགས་སྡོམ་བྱས་ནས་གཞུགས་ཅིང་། དང་པོ་ཐུན་མོང་གི་ཡན་ལག་ནུས་ལྡན་དུ་བསྲུངས་ལ། ཁྱད་པར་གྱི་ཡན་ལག་མོས་བསྲུང་བྱེད་ཅིང་། མཐར་ཐུན་མོང་གི་དམ་ཚིག་གཞན་དོན་དུ་བསྲུངས་ལ། ཁྱད་པར་གྱི་དམ་ཚིག་ནུས་ལྡན་དུ་བསྲུང་བ་ལ་སྤྱོད་པའི་ཡོན་ཏན་ནི། སྣང་སྟོང་དབྱེར་མེད་ཀྱི་དོན་རྣལ་མ་ལ་རང་རིག་པའི་བློ་འཁོར་ཞིང་སྤྱོད་ཡུལ་ཐམས་ཅད་ཡེ་ཤེས་སུ་ཤར་བའི་དབང་ཕྱུག་ཆེན་པོར་འགྱུར་ཞེས་རྒྱལ་བ་ཀུན་བཟང་གིས་གསུངས་སོ། །

༈ སྤྱི་དོན་བཞི་པ་དམ་ཚིག་ཉམས་པའི་རྒྱུ་བསྟན་པ་ལ་གསུམ་གྱི་དང་པོ་མདོར་བསྟན་ནི། གོང་དུ་སོང་བའི་དམ་ཚིག་དེ་རྣམས་ཉམས་པར་གྱུར་པའི་རྒྱུ་དག་རྒྱས་པར་བཤད་ཅིང་གསལ་བར་བསྟན་པ་ནི་འདི་ལྟ་སྟེ།

གཉིས་པ་ཉམས་རྒྱུའི་རྣམ་གྲངས་རྒྱས་བཤད་ནི། ལྷ་ཆོས་དང་འདྲ་བའི་མི་ཆོས་རྒྱལ་པོའི་བློན་པོ་ལྟ་བུའི་ལས་གཞན་ཕྱོགས་ཕམ་ཞིང་རང་ཕྱོགས་རྒྱལ་བར་བྱེད་པའི་ཐབས་ལ་འབད་པ་ལ་ཡིངས་པས་ཀུན་ཉམས་ཀྱང་ཁྱད་པར་དུ་སྐུའི་དམ་ཚིག་ཉམས་པའི་རྒྱུ་དང་གཅིག །བདག་གི་སྐྱོན་

རྣམས་སྨྲ་ཞིང་ཡོན་ཏན་གང་ཡོད་ཚིག་གིས་བརྒྱན་ནས་བསྟོད་པ་དང་གཉིས། གཞན་གྱི་ཡོན་ཏན་ཐམས་ཅད་བསྐྱུང་ཞིང་སྐྱོན་གང་ཡོད་ཚིག་གིས་བརྒྱན་ནས་སྨད་པ་དང་གསུམ། གཏམ་ཅི་སྨྲས་ན་ཡང་གཞན་ལ་ཕྲག་དོག་པའི་ངོར་ནས་ཟུར་ཟ་ནས་ཐབས་མཁས་པའི་སྒོ་ནས་བསྟོད་ཚུལ་གྱིས་སྨོད་པ་དང་བཞི། དེ་རྣམས་སྐུའི་དམ་ཚིག་ཉམས་པའི་རྒྱུར་འགྲོའོ། །ཟས་ནོར་གྱི་ཁེ་འདོད་པ་དང་། འཇིག་རྟེན་གྱི་གྲགས་པ་ཉིད་འདོད་པའི་ཕྱིར་འཁོར་དང་ཟས་ནོར་འདུ་བའི་ཐབས་འཛིན་ཞེན་གྱིས་ཧ་རྒྱུག་ཅིང་འབྱུལ་འགྱེད་ལ་སོགས་པ་དུ་མ་བསྟན་པ་དང་ལྔ། དེ་ན་ཀུན་ཉམས་པའི་རྒྱུ་ཡིན་ནོ། །ནོར་རྫས་ཀྱི་དངོས་པོ་རྣམས་ལ་ཆགས་སེམས་ཆེ་བས་ངག་གིས་གཡམ་པ་ལྷུར་བྱེད་ནས་སེམས་ཀྱིས་བྱི་ལའི་སྤྱར་མོ་ལྟར་བསྡམས་པ་དང་དྲུག །བྱ་བ་ཅི་ལ་ཡང་རང་ཕྱོགས་ཆེ་ནས་གཞན་བློས་དོར་བ་དང་བདུན། དེ་གཉིས་ནི་སྐུའི་དམཚིག་ཉམས་པའི་རྒྱུ་ཡིན་ལ་གཞན་རྣམས་ཆ་ཕྲ་མོ་ཙམ་ཡོད་ཚད་དད་ཆེ་བ་ནི་ཀུན་ཉམས་པའི་རྒྱུ་ཡིན་པ་དང་བརྒྱད། རང་རིགས་མཐོ་སྒོ་བཟང་། ཡོན་ཏན་ཆེ་བར་རློམས་ནས་རང་མཐོང་ཆེ་བ་ནི་སྐུའི་དམ་ཚིག་ཉམས་པའི་རྒྱུར་འགྲོ་བ་དང་དགུ། ལྟ་སྒོམ་སྤྱོད་གསུམ་སྡོམ་ལས་སུ་བཏང་ནས་ཡལ་བ་ནི་བྱང་སེམས་སྐུ་གསུང་ཐུགས་ཁྱད་པར་གྱི་ཡན་ལག་ཉམས་པའི་རྒྱུར་འགྲོ་བ་དང་བཅུ། ཆོས་ལ་ཕྱོགས་རིས་བྱེད་ནས་ཆགས་སྡང་ཆེ་བ་ནི་བྱང་ཆུབ་སེམས་ཀྱི་དམ་ཚིག་ཉམས་པའི་རྒྱུ་ཡིན་པ་དང་བཅུ་གཅིག །ཆོས་དང་འཇིག་རྟེན་གྱི་བྱ་བའི་ཡོན་ཏན་གཉིས་ཀ་གཞན་ལ་ངོམ་སྐྱེན་པ་ནི་ཐུགས་ཀྱི་དམ་ཚིག་ཉམས་པའི་རྒྱུར་འགྲོ་བ་དང་བཅུ་གཉིས། གསང་བར་གདམ་པ་ལ་སོགས་པ་སྐྱོན་ཡོན་གང་ཡང་གསང་ཆུང་བ་ནི་ཐུགས་ཀྱི་དམ་ཚིག་ཉམས་པའི་རྒྱུར་འགྲོ་བ་དང་བཅུ་གསུམ། བརྩོན་འགྲུས་ཆུང་ཞིང་ལེ་ལོ་ཆེ་བ་ནི་གསུང་སྐུ་བྱང་སེམས་ཉམས་པའི་རྒྱུར་ཉེ་བ་དང་བཅུ་བཞི། གཙང་སྦྲེ་ཆེ་བ་ནི་དང་བླང་ཉམས་པའི་རྒྱུར་འགྲོ་བ་དང་བཅོ་ལྔ། བླ་མ་དང་མཆེད་ལ་སོགས་པ་རྣམས་ལ་སྐྱོན་མེད་པ་ལ་སྐྱོན་ཡོད་ཟེར་ནས་སྒྲོ་བཏགས་པ་དང་། ཡོན་ཏན་ཡོད་པ་ལ་མེད་ཅེས་སྐུར་པས་བཏབ་པ་ནི། སྐུའི་དམ་ཚིག་ཉམས་ཉེ་བ་དང་བཅུ་དྲུག །ཐབས་ཀྱིས་གྲོགས་པོ་རྣམས་ཀྱི་ཁ་ཚོད་ཉུལ་ནས་ཅི་འདྲ་ཉམས་ལེན་བྱེད་ཅིང་སྐྱོན་གང་ཡོད་གཞན་ལ་སྒྲོགས་པ་ནི་སྐུ་ཉམ་པའི་རྒྱུ་ཡིན་པ་དང་བཅུ་བདུན། འཁོར་བའི་

རང་གི་རིགས་རྒྱུད་བུ་དང་ཚ་བོ་ནོར་རྣམས་འཕེལ་བར་འདོད་ཅིང་དེ་ལ་བརྩོན་པ་ནི་ཀུན་ཉམས་པའི་རྒྱུར་འགྲོ་བ་དང་བཅོ་བརྒྱད། རང་གཅིག་པུར་དགོན་པར་མི་གནས་པ་ནི་ཀུན་ཉམས་པའི་རྒྱུ་ཡིན་པ་དང་བཅུ་དགུ། འདུས་ཚོགས་གར་ཆེ་ས་ལ་དགའ་བ་ནི་ཀུན་ཉམས་པའི་རྒྱུར་འགྲོ་བ་དང་ཉི་ཤུའོ། །གསུམ་པ་མ་སྤངས་ན་ཉམས་པར་འགྱུར་བ་ནི། དེ་ལྟར་གྲངས་ཉི་ཤུ་མ་སྤངས་ན་རྩ་བ་དང་ཡན་ལག་གི་དམ་ཚིག་ཀུན་ཉམས་པའི་རྒྱུར་འགྱུར་རོ། །

༄ སྤྱི་དོན་ལྔ་པ་ཉམས་པའི་སྔ་རྟགས་ལ་གཉིས་ཀྱི་དང་པོ་མདོར་བསྟན་ནི། དམ་ཚིག་ཉམས་པའི་སྔ་རྟགས་ཚེ་འདིར་སྨིན་དུ་འབྱུང་བ་ནི་འདི་ལྟ་སྟེ། རྒྱས་བཤད་ལ་གསུམ་གྱི་དང་པོ་ཉམས་པའི་སྨིན་ཚེ་འདི་ལ་འབྱུང་བས་ཕྱི་མར་ངན་སོང་དུ་འགྲོ་བའི་སྔ་རྟགས་ནི། སྐུ་ཉམས་པའི་སྔ་རྟགས་ནི་ལུས་ལ་གཞན་ཉམས་ང་བའི་ནད་མཛེ་དང་ཡོལ་མིག་འབྲུམ་བུ་ལ་སོགས་པ་རྣམས་དང་། གསུང་ཉམས་པའི་སྔ་རྟགས་ལ་ངག་གིས་དགྲ་བགེགས་གཉིས་ལ་བདེན་པ་བདར་བས་དོན་མི་འཇུག་སྟེ་དགྲ་ལ་མཐུ་མེད། བགེགས་ལ་བྱིན་རླབས་མེད་ཅིང་འཁོར་དང་ལོངས་སྤྱོད་ཡིད་དུ་འོང་བ་རྣམས་དང་བྲལ་ཞིང་། གཞན་གྱི་ཡ་ཁས་རང་མ་ཉེས་ཀྱང་གཏམ་ངན་པའི་ཁ་གཡོགས་འབྱུང་ལ། ཐུགས་ཉམས་པའི་སྔ་རྟགས་ལ་བརྩམ་པའི་ལས་ལ་འབྲས་བུ་མེད་ཅིང་མི་གྲུབ་པའི་སྟེང་དུ་ཡིད་དུ་མི་འོང་བའི་ལས་སྣ་ཚོགས་འབྱུང་བའོ། །

གཉིས་པ་ཉམས་ཀྱང་རྟགས་མེད་ན་ཕྱི་མར་ལྷུང་ཚབ་ཆེ་བས་སྡུག་བསྔལ་ཡུན་རིང་བར་བསྟན་པ་ནི། གལ་ཏེ་དམ་ཚིག་ཉམས་པ་ཅན་ལ་ཉམས་པའི་སྔ་རྟགས་རྣམས་ཚེ་འདི་ལ་མེད་པར་ལེགས་པ་ལྟར་སྣང་བ་ནི་མི་རུང་བ་ཡིན་ཏེ། སྔར་གྱི་བདེ་བའི་ལས་འབྲས་ཀྱི་རྟེན་ལ་ཚེ་འདིར་ཟད་པར་བྱས་ནས་ཕྱི་མ་ལ་གཏན་དུ་སྡུག་བསྔལ་བའི་ངན་སོང་ལས་ཐོན་དཀའོ། །

གསུམ་པ་མ་ཉམས་པར་རྟགས་བྱུང་ན་ཚེ་སྔ་མའི་ལས་ངན་གྱི་རྟེན་པ་འདི་དགེ་སྦྱོར་བྱེད་པའི་སྟོབས་ཀྱིས་སྦྱོང་བས་བསྐང་གསོ་ལ་བརྩོན་ན་ཕྱི་མ་ངན་སོང་དུ་མི་སྐྱོང་བ་ནི། གལ་ཏེ་དམ་ཚིག་མ་ཉམས་པ་ལ་ཉམས་པའི་རྟགས་གོང་ལྟར་དུ་བྱུང་ན། ཚེ་རབས་སྔོན་གྱི་དམ་ཚིག་ཉམས་པའི་རྣམ་སྨིན་གྱི་ལས་རྟེན་ཡོད་པ་དེ་འདིར་དམ་ཚིག་ལ་ནན་ཏན་དུ་བསྲུངས་པའི་སྟོབས་ཀྱིས

ལས་ངན་ཟད་པར་འགྱུར་བའི་ལུས་ཡིན་པས་ཉམས་པ་བསྐྱང་བ་དང་། དམ་ཚིག་གསོ་བའི་ལས་ལ་བརྩོན་པར་བྱས་ན། ཕྱི་མར་ངན་སོང་གསུམ་གྱིས་སྡུག་བསྔལ་རྣམས་མྱོང་བར་མི་འགྱུར་རོ། །

༄ སྤྱི་དོན་དྲུག་པ་ཉམས་པའི་སྐྱོན་བསྟན་པ་ལ་གཉིས་ཀྱི་དང་པོ་མདོར་བསྟན་པ་ནི། དམ་ཚིག་ཉམས་པར་གྱུར་པའི་སྐྱོན་རྣམས་རྒྱས་པར་བཤད་པ་ནི་འདི་ལྟ་སྟེ།

གཉིས་པ་རྒྱས་བཤད་ལ་གཉིས་ཀྱི་དང་པོ་རྩ་བ་ཉམས་པའི་སྐྱོན་ལ་གཉིས་ཀྱི་དང་པོ་བྱེ་བྲག་ཉམས་པའི་སྐྱོན་བཞིའི། དང་པོ་བྱང་སེམས་དམ་ཚིག་ཉམས་པའི་སྐྱོན་ནི། བྱང་ཆུབ་སེམས་ཀྱི་དམ་ཚིག་བསྐྱེད་རྫོགས་ཀྱི་དོན་ཉམས་པར་འགྱུར་ན། བསྐལ་པར་འདུས་བྱས་ཀྱི་དགེ་བ་བཙུ་ཅི་བསགས་ཀྱང་ལྷ་མིའི་བདེ་འབྲས་ཐོབ་པ་མ་གཏོགས་པ། བསྐྱེད་རྫོགས་ཀྱི་དོན་ཉམས་སུ་མི་བླང་ཞིང་། སྐུར་པས་བཏབ་ན་རྣམ་མཁྱེན་སངས་རྒྱས་ཐོབ་པའི་གཞི་རྟེན་མེད་པར་འགྱུར་བ་ཡིན་པས་ན། ཕྱི་མ་ཁམས་གསུམ་འཁོར་བའི་ཁམས་སུ་ཟག་པར་འགྱུར་ཞིང་འབྲས་བུ་སངས་རྒྱས་མི་ཐོབ་བོ། །དམ་ཚིག་བཀོད་པ་ལས། གདན་ནས་མ་ལོག་ཅིང་བཞགས་སེམས་དང་ལྡན་ན་ཉམས་ཀྱང་སླར་འཚོ་བ་ལ། གཏིང་ནས་བཞགས་སེམས་མེད་པ་ནི་བསྐང་བའི་ཚད་ལས་འདས་པའོ། །ཞེས་སོ། །

གཉིས་པ་སྐུའི་དམ་ཚིག་ནི། སྐུའི་དམ་ཚིག་སློབ་དཔོན་དང་མཆེད་ལ་ཉམས་པར་གྱུར་ན། ཕྱི་མར་གཞན་ཡ་ང་བའི་ནད་མཛེ་དང་ཕོལ་མིག་འབྲུམ་བུ་ལ་སོགས་སྡུག་བསྔལ་ཆེ་ཞིང་། འཆི་བའི་དུས་མིན་པར་ཚེ་ཟད་ན་འཆི་བ་ལ་སོགས་གློ་བུར་གྱི་བར་ཆད་མང་བ་དང་། ལྷུང་ཚབ་ཆེན་བསྐལ་པར་རྡོ་རྗེ་དམྱལ་བར་ལྷུང་བས་བདེ་བ་སྐད་ཅིག་ཀྱང་མི་མྱོང་བས་རབ་ཏུ་བྲལ་བར་འགྱུར་རོ། །རྡོ་རྗེ་དམྱལ་བ་ནི་མནར་མེད་དམྱལ་བ་དང་གྲོང་དང་དགོན་དུ་འདོད་དོ། །

གསུམ་པ་གསུང་ནི། གསུང་གི་དམ་ཚིག་སྔགས་གསུམ་དང་ཕྱག་རྒྱ་བཞི་ཉམས་པར་གྱུར་ན། ཕྱི་མར་བགེགས་རྣམས་ཐོགས་པ་མེད་པར་འོང་བས་བར་ཆད་སྣ་ཚོགས་བྱེད་པ་དང་། གློ་བུར་དུ་དགྲ་དང་ནད་ཀྱི་རྐྱེན་མང་བ་དང་། ཡུལ་ཞུགས་བུད་དང་ཤི་ཆད་ཀྱི་ཡི་འགྲོགས་མང་བ་དང་། གང་བསྒྲུབ་པའི་ཆོས་ལ་བྱིན་རླབས་མེད་པར་འགྱུར་ཞིང་ལྷུང་ཚབ་ཆེན་བསྐལ་པ་གཉིས་སུ་རྡོ་རྗེ་དམྱལ

བར་ལྟུང་ངོ་། །འོ་ན་མཚན་ཉིད་སྡེ་གསུམ་གྱིས་སྡུགས་གསུམ་དང་ཕྱག་རྒྱ་བཞི་མི་བསྒོམ་པས་ཉམས་པ་དེ་རྣམས་འབྱུང་ཞེ་ན། གསུང་གི་དམ་ཚིག་ཉམས་པའི་སྐྱེང་ནས་ལས་མི་དགེ་བ་སྣ་ཚོགས་བྱས་ན་ཚེ་འདི་ཕྱིའི་སྡུག་བསྔལ་མྱོང་ལ། གསུང་གི་དམ་ཚིག་ཉམས་པ་ཙམ་གྱིས་མཆོག་ཐུན་མོང་གི་སྒྲུབ་པའི་ཐབས་གང་བསྒྲུབ་པ་ལས། འབྲས་བུ་དུས་ཚོད་ལ་མི་འབྱུང་བས་འགྱུར་བར་རྒྱལ་བ་ཀུན་བཟང་གིས་གསུངས་སོ། །

བཞི་པ་ཐུགས་ཀྱི་དམ་ཚིག་ཉམས་པའི་སྐྱོན་ནི། ཐུགས་ཀྱི་དམ་ཚིག་གསང་བ་བཅུ་ལས་ཉམས་པར་གྱུར་ན་ཕྱི་མ་སེམས་ཀྱི་དྲན་པ་མེད་པས་སྨྱོ་བ་དང་། ངག་འདི་ཡིན་འདི་མིན་མེད་པའི་འབགས་འབོགས་གཏམ་པ་དང་། དབང་པོའི་སྒོ་ལྔ་ཉམས་པས་ཡུལ་ལ་འཇུག་མི་ནུས་པ་དང་། གཞན་ཡང་ལུས་ངག་གི་སྤྱོད་པ་འཆལ་བ་དང་། སེམས་མྱོས་ཤིང་འཐིབ་པ་དང་། ངག་སྨྲ་མི་ཤེས་ནས་ལྐུགས་པའི་གནས་སུ་སྐྱེ་བར་འགྱུར་ཞིང་། གལ་ཏེ་མིར་སྐྱེས་ནས་མཆོག་ཐུན་མོང་གི་དངོས་གྲུབ་གང་ཡིན་ཡང་གསང་བར་སྨྲ་བའི་སྐྱོན་གྱིས་བསྒྲུབ་པ་ལ་རྟགས་མེད་ཅིང་ཕྱི་མ་ལྟུང་ཚབ་ཆེ་ན་ཁྲིད་པར་དུ་ལྕེ་དཔག་ཚད་ལྔ་བརྒྱ་པར་གྱུར་པ་ལ་ལྕགས་ཀྱི་ཐོང་གཤོལ་མེ་འབར་བ་ལྔ་བརྒྱས་ཞིང་རྨོ་བ་ལ་སོགས་པའི་རྡོ་རྗེ་དམྱལ་བར་བསྐལ་པ་ཆེན་པོ་གསུམ་དུ་གནས་པར་བཤད་དོ། །

གཉིས་པ་སྤྱིར་རྩ་བ་ཀུན་ཉམས་པ་ལ་རྡོ་རྗེ་དམྱལ་བར་ལྟུང་བའི་སྐྱོན་ལ་ལྔ་ཡི་དང་པོ་སྐྱོན་དངོས་ནི། སྤྱིར་རྩ་བའི་དམ་ཚིག་ཀུན་ཉམས་ཏེ་སྣ་གཅིག་ཙམ་ཡང་བསྲུང་རྒྱུ་མེད་པའི་ཕྲལ་བ་དེ་དག །ཚུར་གསོ་བའི་ཐབས་ལ་ཉེ་བར་མི་བརྟེན་ན། ཕྱི་མར་རྡོ་རྗེ་དམྱལ་བར་དམ་ཉམས་དེ་ལྟུང་ངོ་། །གསང་སྔགས་རྡོ་རྗེ་ཐེག་པ་ལས་ལོག་པ་རྣམས་དེར་སྐྱེ་བས་ན་རྡོ་རྗེ་དམྱལ་བ་ཞེས་བྱའོ། །རིན་པོ་ཆེའི་ཞལ་ནས། བླ་མ་རྡོ་རྗེ་སློབ་དཔོན། གསང་སྔགས་རྡོ་རྗེ་ཐེག་པ། དེའི་དོན་ལ་གོལ་ཞིང་ལོག་པ་ནི་རྡོ་རྗེ་དམྱལ་བ་ཞེས་གསུངས་སོ། །ཆོས་རྗེས་དམ་ཚིག་རྒྱ་མཚོ་ལས། གསུམ་ལྡན་རྩ་བའི་བླ་མ་ལ། སྦྱོར་བ་གཉིས་ལྡན་གྱི་སྒོ་ནས་དམ་ཚིག་ཉམས། རྡོ་རྗེ་དམྱལ་བར་ལྟུང་བ་ནི། དེ་ལ་བླ་མ་དང་སློབ་མའི་འབྲེལ་བ་ཐོབ་ནས་བསམ་པ་དང་སྦྱོར་བའི་དབང་གིས་ཉམས་པ་ལྟ་ཡང་དཀར་འགྱུར་ཏེ། གཅིག་གཉིས་གསུམ་དང་ལྡན་པས་ཉི་ཤུ་རྩ་བདུན་ནོ། །

དེ་ཡང་རྡོ་རྗེ་ཐེག་དགུ་འབྱུང་བའི་རྒྱུད་ལས། བླ་མ་ལ་ནི་དགུར་ཤེས་བྱ། །ལྟུང་བའི་མཚན་ཉིད་ཤེས་བྱ་སྟེ། །ལུས་ཀྱིས་མ་སྤྱད་ཆུང་བ་སྟེ། །ཟིན་ཀྱང་མ་ཤེས་འབྲིང་དུ་བཤད། །ཟིན་ཀྱང་མ་བཤགས་ཆེན་པོ་ཡིན། །ངག་གིས་སྤྱོར་བའི་རྣམ་པ་ཡང་། །མ་རྟགས་འབྲུལ་ན་ཆུང་བ་སྟེ། །བརྟགས་བྱེད་ཉེས་པ་འབྲིང་དུ་བཤད། །ཚོད་འདས་ཆེན་པོའི་སྤྱོར་བའོ། །རྣལ་འབྱོར་སེམས་ཀྱི་མཚན་ཉིད་ནི། །ཤིན་ཏུ་ལྕི་བའི་རིམ་པ་ཡིན། །སེམས་ཀྱི་ལས་གསུམ་བརྟག་པར་བྱ། །ཞེས་པས་ལུས་དང་ངག་དང་ཡིད་ཀྱི་དབྱེ་བ་དང་གསུམ་པོ་ལ། སྦྱོར་བ་དངོས་གཞི་རྗེས་རྫོགས་མ་རྫོགས་ལས་དབྱེ་བ་དུ་མར་འགྱུར་རོ། །དེ་བཞིན་དུ་དབང་གིས་དབྱེ་བས་ཀྱང་ལྕི་ཡང་དུ་གསུངས་ཏེ། ཐུམ་པ་གསང་བ་ཤེས་རབ་དང་། །བཞི་པའི་རིམ་པ་ཤེས་པར་བྱ། །ཞེས་རྒྱུད་ལས་བྱུང་ཞིང་རྒྱུད་ཐོས་པ་དང་མན་ངག་ཀྱང་རིམ་པ་དེ་ཉིད་དུ་འགྱུར་བས་མང་དུ་འགྱུར་རོ། །དེ་ན་ལྕི་ཡང་གི་དབྱེ་བ་བརྗོད་དེ། ཕམ་ལྟུང་དང་། ལྟུང་བ་ཉིད། སྦོམ་པོ་དང་། ཉེས་བྱས་དང་ཉེས་མེད་སྣང་བ་དེ་ལྔའོ། །

དང་པོ་གཉིས་ཀྱི་དབྱེ་བ་དང་བཅས་ཏེ་དེའི་མཚན་ཉིད་བརྗོད་པ་ནི། འཇམ་དཔལ་གྲོགས་པས། གསུམ་གཅིག་ལ་ལྡན་པ་སྦྱོར་བ་བདུན་དང་ལྡན་ནས་ལྟུང་བ་སྟེ། ཉོན་མོངས་པས་ཀུན་ནས་བསླངས་པའི་བསམ་པ་དང་། དེ་ལ་དེར་ཤེས་པ་དང་། ལུས་ངག་གི་སྦྱོར་བ་མ་བསྒོམས་པ་དང་། འཆི་བ་བྲལ་བ་དང་། ཤེས་ཤིང་འགྱོད་པ་མེད་པ་དང་། དེ་ལ་ཡིད་རངས་པ་དང་། བདག་ཉིད་མ་འབྲུལ་བའོ། །དེ་ལྟར་བདུན་པོས་དངོས་ཀྱི་འཆི་བ་དང་བྲལ་ནས་དུས་འདས་ཤིང་མ་བཤགས་པ་ནི་ཕམ་པ་སྟེ་ཚད་ལས་འདས་པའོ། །འོག་ནས་བྱུང་བའི་བཤགས་པ་མ་བྱས་ན་ལྟུང་བའོ། །འཆི་བ་མ་བྲལ་བའི་བསམ་སྦྱོར་དང་པོ་གསུམ་དང་ལྡན་ན་སྦོམ་པོའོ། །ཡན་ལག་གཞན་དྲུག་མེད་པའི་ལུས་སེམས་ངག་གིས་སྦྱོར་བ་བརྩམ་པ་ནི་ཉེས་བྱས་སོ། །ཞེས་གསུངས་སོ། །ཅིའི་ཕྱིར་འདིར་ཉན་ཐོས་དང་། མཐུན་པར་ཕམ་པ་བཤད་ཅེ་ན། ལོག་སྲེད་ཅན་ཚུལ་མ་ཡིན་པ་ལ་ཞུགས་ནས་མི་བཤགས་པ་དང་། ཕྱི་རོལ་ཆོས་ལ་ཞུགས་ནས་རྒྱབ་ཀྱིས་ཕྱོགས་པ་སྟེ། དེ་ནི་ངེས་པར་རྡོ་རྗེ་དམྱལ་བར་སྐྱོང་བ་ཡིན་ནོ། །ཞེས་སོ། །དེའི་ངེས་པ་ཡང་རྣལ་འབྱོར་གྱི་རྒྱུད་དུ་མ་ནས། སློབ་དཔོན་སྨད་པར་མི་བྱ་སྟེ། །འདི་ནི་སངས་རྒྱས་ཀུན་དང་འདྲ། །སངས་རྒྱས་ཚུལ་མཚུངས་བླ་མ་ཡི། །སློབ་

དཔོན་ལ་ནི་གང་སླད་པ། །དེས་ན་སངས་རྒྱས་ཀུན་སླད་པས། །ཧག་ཏུ་སྡུག་བསྔལ་ཐོབ་འགྱུར་ཏེ། །རིམས་དང་དུག་དང་དབྱིག་དུག་དང་། །མཁའ་འགྲོ་རྣམས་ཀྱིས་འཚེ་བ་དང་། །གདོན་དང་ལོག་འདྲེན་གཏུམ་པོ་ཡིས། །བསད་ནས་སེམས་ཅན་དམྱལ་བར་ལྟུང་། །དེ་བས་ནན་ཏན་ཐམས་ཅད་ཀྱིས། །རྡོ་རྗེ་སློབ་དཔོན་བློ་གྲོས་ཆེ། །དགེ་བ་རབ་ཏུ་མི་སྐྱོལ་བས། །བླ་མ་ལ་ནི་གུས་བཅས་ཡོན། །རྗེས་མཐུན་ཁྱོད་ཀྱིས་སྤྲིན་པར་བྱ། །ཞེས་པ་དང་། རྒྱུད་བླ་མའི་འགྲེལ་པར། ཆོས་ལ་སྨྲང་བ་ཉིད་ལོག་སྲེད་ཅན་གྱི་རྒྱུ་ཡིན་པའི་ཕྱིར། ལོག་སྲེད་ཅན་གཏན་ནས་མྱ་ངན་ལས་མི་འདའ་བའི་ལས་ཅན་ཞེས་གསུངས་པ་ཡིན་ནོ། །བླ་མའི་ཡོན་ཏན་བཟུང་བའི་རྒྱུད་ལས། བླ་མ་ལ་ཁྲོས་སྐད་ཅིག་གྲངས། །བསྐལ་པར་བསགས་པའི་དགེ་བཅོམ་ནས། །དེ་སྙེད་བསྐལ་པར་དམྱལ་སོགས་ཀྱི། །སྡུག་བསྔལ་ཆེར་བ་དྲག་པོར་བསྐྱེད། །ཅེས་འབྱུང་བས་ཕམ་པ་དང་འདྲ་བར་བཞག་པ་ཡིན་ནོ། །

གཉིས་པ་རྡོ་རྗེ་དམྱལ་བའི་སྡུག་བསྔལ་གྱི་ཚད་ནི། དམྱལ་བ་ཕལ་པ་བཅོ་བརྒྱད་པོ་དེ་དག་ཐམས་ཅད་ཀྱི་སྡུག་བསྔལ་གཅིག་ཏུ་བསྡོམས་པས་ནི། རྡོ་རྗེ་དམྱལ་བའི་སྡུག་བསྔལ་དེ་ཡི་འབུམ་གྱིས་ཆར་ཡང་མི་ཕོད་དེ་མི་ནུས་པ་ཡིན་ནོ། །

གསུམ་པ་སྔར་སངས་རྒྱས་པའི་བསྟན་པ་ལ་ཉམས་པའི་དབང་གིས་ཐུགས་རྗེས་ཕན་པར་མི་འགྱུར་བ་ནི། དེ་ལ་བསྐལ་བཟང་གི་སངས་རྒྱས་སྟོང་གི་འོད་ཟེར་དང་། ས་དང་ལམ་ལ་གནས་པའི་བྱང་ཆུབ་སེམས་དཔས། ཁོའི་སྡུག་བསྔལ་བསལ་ཐབས་ཀྱི་ཕྲིན་ལས་ནི། དུས་རྒྱུན་དུ་མཛད་ཀྱང་ཁོ་ལ་ཕན་ཐོགས་པར་མི་འགྱུར་ཏེ་སྔར་སངས་རྒྱས་ཀྱི་བསྟན་པ་ལ་ལོག་པའི་ཕྱིར་དོན་ཅི་མཛད་གནོད་པ་ལྟར་དུ་སྣང་ངོ་། །

བཞི་པ་རྡོ་རྗེ་དམྱལ་བར་གནས་པའི་ཡུན་ནི། བསྐལ་པ་ཐེར་འབུམ་ལ་སོགས་གྲངས་མེད་དུ་ཉམས་པ་ཅན་དེ་ཉིད་སྡུག་བསྔལ་ལས་ཐོན་ཏེ་ཐར་བར་མི་འགྱུར་རོ། །དེའང་དམྱལ་བའི་འཇིག་རྟེན་དེ་ཞིག་ནས་འཇིག་རྟེན་གཞན་གྱི་དམྱལ་བའི་ནང་དུ་འཕོ་སྟེ། འཕོ་བའི་སྐབས་འདིར་ཡང་བདེ་བ་མི་འབྱུང་སྟེ་ཡུན་སེ་གོལ་གདབ་པ་ཙམ་གཅིག་གིས་ཕྱིན་པར་འགྱུར་རོ། །ཡང་ན་རྡོ་རྗེ་དམྱལ་བའི་ཚེ་ཚད་ནི། ཆོས་རྗེའི་དམ་ཚིག་རྒྱ་མཚོ་ལས། གང་དམ་ཚིག་ཉམས་པ་ཅན་དེ་རྡོ་རྗེ་དམྱལ་

བར་འགྲོ་ཞེས་བྱ་བ་ནི། བྱང་ཆུབ་སེམས་དཔའི་འགྲེལ་པར་རྡོ་རྗེ་དམྱལ་བ་ནི་འོག་རླུང་གི་དཀྱིལ་འཁོར་ནམ་མཁའི་རླུང་རྡོ་རྗེའི་རང་བཞིན་གྱིས་ཆར་གནས་པར་བཤད། དེ་ལ་འཇམ་དཔལ་རྩ་འཕྲུལ་དྲྭ་བ་ལས། དབང་བསྐུར་རྫོགས་ཐོབ་སློབ་དཔོན་ལ། །སྨོད་པར་གྱུར་པའི་སློབ་མ་ཡིས། །སྤྱོར་བ་དངོས་ཀྱི་རབ་རྫོགས་པས། །རྩ་བ་ཡན་ལག་ཉམས་གྱུར་ན། །བློ་ལྡན་སློབ་མས་བཤགས་པར་བྱ། །གལ་ཏེ་མ་བཤགས་དུས་འདས་ན། །ཕྱི་ཡི་རྒྱ་མཚོ་ཆེན་པོ་ཡི། །ཆུ་དེ་སྐྲ་ཡིས་གཏོར་ནུས་པ། །དེ་ཡི་ཚད་ནི་སྡུག་བསྔལ་མྱོང་། །རྡོ་རྗེ་དམྱལ་བར་གྲགས་པ་ཡིན། །ཅེས་གསུངས་སོ། །

ལྔ་པ་དེ་ལྟར་ཉེན་ཆེ་བས་བསྲུང་བ་ལ་ནན་ཏན་ཁྱད་པར་དུ་གདམས་པ་ནི་དམ་ཚིག་ཉམས་ནི་ཉེས་པ་ཆེ་བས་དེ་བས་བསྲུང་བྱ་རྣམས་ལ་ཤིན་ཏུ་ནན་ཏན་གྱིས་ལ་བསྲུང་བར་བྱའོ། །

གཉིས་པ་ལ་ཡན་ལག་གི་དམ་ཚིག་ཉམས་པའི་སྐྱོན་ལ་གཉིས་ཀྱི་དང་པོ་མདོར་བསྟན་ནི། ཐུན་མོང་དང་ཐུན་མོང་མ་ཡིན་པའི་ཡན་ལག་གི་དམ་ཚིག་ཉམས་པར་གྱུར་ན་སྐྱོན་ནི། གཉིས་པ་རྒྱས་བཤད་ལ་གསུམ་གྱི་དང་པོ་སྤྱོད་པ་མ་བྱས་པའི་སྐྱོན་ནི་ཐུན་མོང་གི་ཡན་ལག་ཉམས་སུ་མ་བླངས་ན་ཟས་ནོར་ལོངས་སྤྱོད་རྣམས་མང་དུ་འཕེལ་བ་མེད་དེ་ཀུན་གྱིས་མི་བཀུར་ཞིང་དབུལ་བ་དང་། ཁྱད་པར་གྱི་ཡན་ལག་གི་དམ་ཚིག་མ་བསྲུངས་པས་ཐེག་པ་ཆེན་པོ་གསང་སྔགས་ཡིན་པར་འདོད་ནས་དེ་ལ་ཀུན་གྱིས་དཔྱ་བློས་འདོགས་ཤིང་། རང་དོན་དུ་དྭང་བླང་མི་སྲུང་ཤེས་བསྒྲུབ་རྣམས་ཡལ་བར་དོར་བས་ཐུན་མོང་དང་མཆོག་གི་དངོས་གྲུབ་རྣམས་ཆེད་དུ་བསྒྲུབ་ཀྱང་མྱུར་དུ་མི་འགྲུབ་སྟེ། གྲུབ་ཐག་ཤིན་ཏུ་ཡུན་རིང་བར་འགྱུར་བ་དང་། གཞན་དོན་དུ་སྤྱོད་པ་ལྟ་དོར་བས་གདུལ་བྱའི་དོན་བྱེད་ལུགས་རང་རང་གི་སྐབས་རྣམས་སུ་བཤད་པ་བཞིན་མི་འགྲུབ་པས་ཡལ་བར་གྱུར་ཅིང་། གཉིས་པ་ལྟ་སྤྱོད་མི་འཚམས་པའི་སྐྱོན་ནི། ལྟ་བ་བདེན་པ་དབྱེར་མེད་མ་རྟོགས་ཤིང་སྤྱོད་པ་སྤྱོར་སྒྲོལ་ལ་སོགས་པ་བྱས་ཀྱང་ཡ་ཆར་གྱུར་པ་དེ་ཉིད་ངན་སོང་དུ་འགྲོ་ལ། སྤྱོད་པ་ཐེག་པ་ཕྱི་པའི་སྤྱོད་པ་གནས་ནས་རྩལ་སྤྱུག་མ་ནུས། ལྟ་བ་ནང་པའི་ལྟ་བ་རྟོགས་ཤིང་ལྟ་སྤྱོད་མ་འདྲེས་པའི་སྐྱོན་གྱིས། གསང་སྔགས་གང་གིས་བཀའ་ཡི་བྱིན་བརླབས་ཀྱི་དངོས་གྲུབ་རྣམས་ཚེ་འདིར་འགྲུབ་པར་དཀའ་སྟེ་བསྐལ་པ་གྲངས་མེད་ཐོགས་སོ། །གསུམ་པ་སྤྱི་ཉམས་པའི་སྐྱོན་ནི།

སྦྱོར་ཡན་ལག་གི་དམ་ཚིག་ཉམས་པས་སྲུང་བའི་ལྷ་ཆོས་སྐྱོང་རྣམས་གསལ་ཅིང་མི་བསྲུང་བ་དང་། ཁྱད་པར་གྱི་ཡན་ལག་ཉམས་པས་ཟབ་མོའི་ཆོས་ཉིད་མཉམ་པ་ཉིད་ལ་རིང་བར་འགྱུར་ཞིང་། སྦྱོར་སྒྲོལ་ལ་སོགས་རང་ཁར་སྤྱད་ན་བསྐལ་པར་དན་སོང་གསུམ་གྱི་སྡུག་བསྔལ་མྱོང་ལ། ཡན་ལག་གི་དམ་ཚིག་མ་བསྲུངས་པའི་རྣལ་འབྱོར་པ་ནི་སྤྱོད་པའི་ལྡན་མེད་པས་དངོས་སྐམ་ཉིད་དུ་འགྱུར་ཏེ་འབྲས་བུ་མི་ཐོབ་བོ། །

༄ སྤྱི་དོན་བདུན་པ་མ་ཉམས་པའི་ཡོན་ཏན་ལ་གསུམ་གྱི་དང་པོ་མདོར་བསྟན་ནི། ཆོས་ཉིད་རང་བཞིན་མ་བཅོས་པའི་རྣལ་མ་ལ་རང་རིག་པའི་བློ་འབྱོར་པའི་སྐྱེས་བུ་འོག་མ་ལས་དཔགས་པས་ཆེན་པོ་དེ་ཡིས།

གཉིས་པ་རྒྱས་བཤད་ལ་གཉིས་ཀྱི་དང་པོ་རྒྱ་བའི་ཡོན་ཏན། དེ་ལ་གསུམ་གྱི་དང་པོ་བྱང་ཆུབ་སེམས་དང་སྐུའི་ཡོན་ཏན་ཐུན་མོང་དུ་བསྟན་པ་ནི། བྱང་སེམས་དང་སྐུའི་དམ་ཚིག་མ་ཉམས་པར་གཞུང་ནས་བཤད་པ་བཞིན་བསྲུང་ཐུབ་ན། ལུས་ལ་ནད་ཉུང་ལ་ཀུན་གྱི་ཡིད་ལ་འོང་བའི་མཚན་ཉིད་དང་ལྡན་ཞིང་། བསྐལ་པར་ངན་སོང་གསུམ་གྱི་སྡུག་བསྔལ་མྱོང་བར་མི་འགྱུར་བ་དང་། བསྐྱེད་རྫོགས་ཀྱི་དོན་ལ་བློ་གནས་ན་ཐུན་མོང་གི་བསྲུང་བའི་ཉེས་བྱས་ཐམས་ཅད་མ་བསྲུངས་ཀྱང་དག་པར་འགྱུར་བ་དང་། སྲིད་པ་ཁམས་གསུམ་དུ་དབང་བའི་འཇིག་རྟེན་པའི་གཙོ་འཁོར་ཐམས་ཅད་ཀྱིས་རང་བསྐུར་ཞིང་སངས་རྒྱས་ཀྱིས་སྲས་སུ་དགོངས། བྱང་ཆུབ་སེམས་དཔའི་སྤྱན་དུ་དགོངས་ནས་བྱིན་གྱིས་བརླབས་པ་དང་། ཚེ་རབས་སྐྱེ་བ་ཐམས་ཅད་དུ་ཐེག་པ་ཆེན་པོའི་གཞུང་གི་དོན་རྣམས་ལ་དབང་ཐོབས་ཅིང་དེའི་བདག་པོར་འགྱུར་རོ། །

གཉིས་པ་གསུང་གི་ཡོན་ཏན་ནི། གསུང་གི་དམ་ཚིག་མ་ཉམས་པའི་ཡོན་ཏན་ནི་ཡེ་ཤེས་ཀྱི་ལྷ་མཉེས་པས་བར་ཆད་བྲལ་བས་རང་གི་རིགས་རྒྱུད་འཕེལ་ཞིང་སྔགས་ཕྱག་རྒྱ་སྒོམ་བཟླས་བྱེད་པ་རང་ནུས་མཐུ་དང་ལྡན་པ་དེའི་བྱིན་རླབས་བསམ་གྱིས་མི་ཁྱབ་པ་བྱུང་ནས་གཞན་དོན་གྱི་འཕྲིན་ལས་རྣམ་པ་བཞི་གང་ཡང་བསྒྲུབ་པའི་དུས་སུ་ཐོགས་པ་མེད་པར་འགྲུབ་པར་འགྱུར་བ་དང་། མདོར་བསྡུ་ན་ཅི་བསམ་པ་ཐམས་ཅད་འབད་མེད་དུ་འགྲུབ་པར་འགྱུར་བའོ། །གཞན་ཡང་

དམ་ཚིག་མཐར་ཕྱིན་པའི་རྒྱུ་རྟགས་རྣམ་པ་བཞི་སྟེ། མང་པོས་བསྐུར་ཞིང་གྲགས་པ་ཐོབ་པ་དང་། ཡིད་འོང་འབྱུང་ཞིང་འདོད་པ་འགྲུབ་པ་དང་། དམ་ཅན་འདུ་ཞིང་མཐུ་རྩལ་ཆེ་བ་དང་། མངོན་ཤེས་འབྱུང་ཞིང་རིག་པ་འཆར་བ་རྣམས་རྗོགས་པའོ། །གསུམ་པ་ཐུགས་ཀྱི་ཡོན་ཏན་ནི། ཐུགས་ཀྱི་དམ་ཚིག་མ་ཉམས་པའི་ཡོན་ཏན་ནི་ཆོས་ཀྱི་ཕྱོགས་ལ་མི་འདོད་ནས་སྐྱོ་བ་དང་ངལ་ཞིང་དུབ་པ་མེད་པ་དང་། གསང་ཐུབ་པས་བསྐྱེད་རྫོགས་གཉིས་ཀྱི་མན་ངག་གི་སྣོད་དུ་གྱུར་ཅིང་མཆོག་ཐུན་མོང་གི་དངོས་གྲུབ་ཐོབ་པ་ལ་བར་ཆད་མེད་ཅིང་མྱུར་བས་ཉེ་བ་དང་། སངས་རྒྱས་ཀྱི་དགོངས་པ་ཟབ་མོ་རྟོགས་དཀའ་བའི་དོན་མཉམ་པ་ཉིད་ལ་མཁས་པའི་གདིང་ལྡན་དུ་གྱུར་པ་དང་། འཇིག་རྟེན་དང་འཇིག་རྟེན་ལས་འདས་པའི་ལྷ་རྣམས་ཀུན་གྱིས་དབང་བསྐུར་བར་འགྱུར་རོ། །དམ་ཚིག་བཀོད་པ་ལས། ཐུགས་དམ་བསྲུངས་པའི་ཡོན་ཏན་ནི། དོན་མཐུན་སྐྱོ་དུབ་མེད་པ་དང་། །མན་ངག་སྣོད་གྱུར་ལ་སོགས་པ། །ཀུན་བཟང་ང་དང་མཉམ་པར་འགྱུར། །ཞེས་གསུངས་སོ། །

གཉིས་པ་ཡན་ལག་གི་དམ་ཚིག་ནི། ཡན་ལག་གི་དམ་ཚིག་མ་ཉམས་པར་བསྲུངས་ན་ཡོན་ཏན་གོང་གི་མ་བསྲུངས་པའི་སྐྱོན་ལས་བཟློག་པ་དེ་ཉིད་ཡོན་ཏན་ཡིན་ཏེ། ལོངས་སྤྱོད་འཕེལ། ཁྱད་པར་གྱི་སྤྱོད་པ་བྱས་པས་ཐེག་པ་ཆེན་པོར་འགྱུར་ཞིང་མཆོག་ཐུན་མོང་གི་དངོས་གྲུབ་འགྲུབ་པ་ལ་ཉེ། གདུལ་བྱའི་དོན་དུ་འགྱུར། ལྟ་སྤྱོད་འཚམས་པས་བཀའི་བྱིན་རླབས་འགྲུབ། སྲུང་བའི་ལྷ་མི་ཡལ་ཟབ་མོའི་ཆོས་ཉིད་ཉམས་སུ་ལེན། བསྐལ་པར་ངན་སོང་དུ་མི་འགྲོ། རྣལ་འབྱོར་པའི་སྤྱོད་པའི་རླན་གྱིས་ཟིན་པས་ས་ལམ་གྱི་ཡོན་ཏན་འཕེལ་ལོ། །གཞན་ཡང་སྤྱད་པ་ལྟས་མཉམ་པ་ཉིད་ཀྱི་དོན་རོ་རེ་དོགས་དང་བྲལ་བ་མངོན་དུ་བྱས་པས་ལྷའི་བུའི་བདུད། མི་སྤང་བ་ལྟས་ཉོན་མོངས་ཡེ་ཤེས་སུ་ཤར་བས་ཉོན་མོངས་པའི་བདུད། དང་བླང་ལྟས་གཙང་སྨེ་གཉིས་འཛིན་སྐྱེ་འཆི་དང་བྲལ་བའི་དོན་མངོན་དུ་བྱས་པས་འཆི་བདག་གི། ཤེས་བྱས་ལྟས་ཕུང་པོ་ཁམས་སྐྱེ་མཆེད་སྐྱུ་དང་ཡེ་ཤེས་སུ་ཤར་བས་ཕུང་པོའི་བདུད་དང་བཞི་འཇོམས་ཤིང་བསྒྲུབ་བྱ་ལྟ་ནི་ཤེས་བྱའི་དོན་ཉིད་བསྒོམ་པའོ། །དེ་ལྟར་དན་སོང་གསུམ་གྱི་རྒྱུ་ཉོན་མོངས་པ་རང་ཡེ་ཤེས་སུ་ཤར་བས་སྤྱངས་ཏེ་མི་སྤྱོང་བ་དང་། ཐེག་ཆེན་གྱི་ལྟ་སྤྱོད་ཡ་མ་བྲལ་བའི་གཞུང་བསྲངས་ནས་ཉམས་སུ་ལོན་པའི་ཕྱིན་

ལྷབས་ལས། འཇིག་རྟེན་དང་འཇིག་རྟེན་ལས་འདས་པའི་ལྷ་རྣམས་བདག་ལ་འགྲོ་ཞིང་བསམ་པ་ཐམས་ཅད་འགྲུབ་པ་དང་། མཐར་ཐུག་བདག་གཞན་གྱི་དོན་གཉིས་ཡོངས་སུ་རྫོགས་པར་འགྱུར་རོ། །

གསུམ་པ་ཐེག་གསུམ་གྱི་སྡོམ་པ་ཐམས་ཅད་འདིར་ཡར་ལྡན་གྱི་ཚུལ་དུ་རྫོགས་པ་ནི། ཐེག་ཆེན་གསང་སྔགས་བླ་མེད་ཀྱི་དམ་ཚིག་རྩ་བ་དང་ཡན་ལག་གི་བསྲུང་བྱ་ལ་གནས་པ་ཡི་རྣལ་འབྱོར་པ་ལ། ཐེག་པ་འོག་མའི་བསྲུང་བྱ་ཉན་ཐོས་འདུལ་བའི་ཚུལ་ཁྲིམས་ཀྱིས་ཉོན་མོངས་པ་སྤང་བ་དང་། བྱང་སེམས་ཀྱི་སྡོམ་པས་སྤྱང་བ་དང་། སྔགས་ཕྱི་རྒྱུད་ཀྱི་དམ་ཚིག་གིས་བསྒྱུར་བ་དང་གསུམ་པོ་དེ་དག་ཆེད་དུ་བསྲུང་བ་མེད་པར་བླ་མེད་ཀྱིས་ཉོན་མོངས་པ་རང་ཡེ་ཤེས་སུ་ཤར་བས་འོག་མའི་བསྲུང་བྱ་ཡར་ལྡན་གྱི་ཚུལ་དུ་བསྲུང་ཐུབ་པས་ན། དཔེར་ན་ཤིང་གི་ཕུང་པོ་ལ་ཡལ་ག་རང་ཤུགས་ཀྱིས་རྫོགས་པ་བཞིན་དུ་ཚུལ་ཁྲིམས་རྫོགས་པས་དགེ་སློང་ཡིན་པ་དང་། སེམས་བསྐྱེད་ཀྱི་སྡོམ་པ་རྫོགས་པས་བྱང་ཆུབ་སེམས་དཔའ་ཡིན་པ་དང་། སྔགས་ཕྱི་རྒྱུད་ཀྱི་དམ་ཚིག་རྫོགས་པས་རྣལ་འབྱོར་ཡིན་པ་དང་། བླ་མེད་ཀྱི་བསྲུང་བྱ་མ་ལུས་པ་རྫོགས་པས་རྣལ་འབྱོར་ཆེན་པོ་ཡིན་ནོ། །

༈ སྤྱི་དོན་བརྒྱད་པ་ཉམས་ན་བསྐང་བའི་ཐབས་ལ་གསུམ་གྱི་དང་པོ་ཉེར་བསྟན་ནི། སྐྱེས་བུ་ཡང་རབས་པ་རྣམས་ཀྱིས་དམ་ཚིག་ཉམས་ཀྱང་དེའི་སར་མི་འཇོག་སྟེ། སྐོང་བའི་ཐབས་ཡོད་པ་ནི། དམ་ཚིག་བཀོད་པ་ལས། འདི་དག་དམ་ཚིག་ཉམས་གྱུར་ན། །སླར་གསོ་བ་ཡི་ཐབས་ཅི་མངའ། །གསོས་ནས་སྐོང་བར་མི་འགྱུར་རམ། །བདེ་བར་གཤེགས་པས་བསྟན་དུ་གསོལ། །དེ་སྐད་ཅེས་གསོལ་བ་དང་། བཅོམ་ལྡན་འདས་ཀྱིས་བཀའ་སྩལ་པ། འདི་དག་གསོ་བའི་ཐབས་ནི་མང་སྟེ། དཔེར་ན་མར་མེ་འདྲ། ཤི་ཤིང་ཉམས་ཀྱང་གསོ་བའི་ཐབས་མངའོ། །ཞེས་གསུངས་པས། གོང་གི་རྩ་བ་དང་ཡན་ལག་གི་དམ་ཚིག་དེ་རྣམས་ཉམས་ན་སླར་བསྐང་བའི་ཐབས་རྣམས་རྒྱས་པར་བཤད་ཅིང་གསལ་བར་བསྟན་པ་ནི་འདི་ལྟ་སྟེ། རྒྱས་བཤད་ལ་གཉིས་ཏེ། དང་པོ་རྩ་བ་ཉམས་པའི་བསྐང་ཐབས། དེ་ལ་བཞིའི་ཐོག་མར་བྱང་ཆུབ་སེམས་ཀྱི་བསྐང་ཐབས་ནི། ཀུན་རྫོབ་

དང་དོན་དམ་པའི་བྱང་ཆུབ་ཀྱི་སེམས་བསྐྱེད་རྫོགས་ཀྱི་དོན་ལ་མི་མོས་ཤིང་ཉམས་སུ་བླང་བས་དམ་ཉམས་པ་དང་དོན་མ་རྟོགས་ནའང་ཉམས་པས་ན། དེ་བསྐང་བའི་ཐབས་ནི་བླ་མ་རྒྱུད་གཞུང་མན་ངག་ལ་མཁས་པ་ལ། དང་པོ་ཟས་ནོར་ལོངས་སྤྱོད་ཀྱིས་མཉེས་པར་བྱས་ལ། བསྐྱེད་རྫོགས་ཀྱི་དགོངས་དོན་ངོ་སྤྲད་རྣམས་རང་གི་ཉེར་ལེན་གྱི་ཤེས་རབ་ཀྱིས་བླངས་ཏེ་རྟོགས་པ་དེ་ཉིད་ལ་བློ་གནས་པར་བྱ་བ་མ་གཏོགས་པ་ཐབས་གཞན་གྱིས་མི་སྐོང་སྟེ། དམ་ཚིག་བཀོད་པ་ལས། སེམས་དཔའ་ཆེན་པོ་ཆོས་ཉིད་དངོས་པོ་རང་བཞིན་མེད་པར་ཤེས་ན། དམ་ཚིག་མི་ཉམས་སོ། ། ཅིའི་ཕྱིར་ཞེ་ན། འཛིན་པ་དང་ཆགས་པ་མེད་པའོ། །དེ་བས་ཀྱང་ཆོས་ཐམས་ཅད་གཉིས་སུ་མེད་ཅིང་མཉམ་པ་ཉིད་དུ་ཤེས་ན། དམ་ལ་ཉམས་པའི་དུས་མེད་དོ། །དེ་ཅིའི་ཕྱིར་ཞེ་ན། རྣམ་རྟོག་གི་ཕྱོགས་ཀྱི་མིང་ཡང་མེད་པས་ཉམ་པའི་དུས་མེད་དོ། །ཞེས་སོ། །

གཉིས་པ་སྐུའི་བསྐང་ཐབས་ལ་ལྔའི་དང་པོ་བསྐང་ཐབས་དངོས་ནི། ས་མ་ཡ་བཀོད་པ་ལས། སྐུ་ལ་བསྙོས་དང་ཐུགས་ཐུབ་སྤྱད། མ་རིག་ཀ་མ་ལི་ལ་བརྟླབས། །ལན་དུ་བརྗོད་དང་ལོག་པར་སྨྲས། །སྐུ་ལ་སྨད་ཅིང་ཐུགས་ལ་བསྙོས། །བཀའ་རྐུ་ལུང་མེད་ཡོངས་སུ་བསླད། །ཅེས་སློབ་དཔོན་དང་གྲོགས་ལ་འཐབས་རྩོད་སྐྱེས་པ་ལ་གཅིག་ལན་གཅིག་གིས་བྱེད་པ་ནི། ཐལ་སྦྲིལ་གཡང་དུ་ལྟུང་བ་བཞིན། གཉིས་ཀ་དམྱལ་བར་ལྟུང་བར་འགྱུར་རོ། །གང་གིས་བཟློང་བ་དེ་རྒྱལ་བས། །གཉིས་ཀ་བཟློང་ན་རྒྱལ་བར་ངེས། །རྩོད་པ་རྒྱལ་ཡང་ཕམ་པར་འགྱུར། །ཞེས་དེ་ལྟར་དུ་བྱས་ནས་སྐུ་ཡི་དམ་ཚིག་ཉམས་པར་གྱུར་ན་བསྐང་བའི་ཐབས་ནི། སློབ་དཔོན་དང་གྲོགས་པོ་གང་ལ་ཆགས་ཉམས་བྱས་པའི་དུང་དེར་སོང་ལ། ཟས་ནོར་རང་གིས་འབྱོར་བ་ཅམ་ཞིག་ཕུལ་བའམ། བཤགས་བྱ་ཡུལ་མཉེས་པ་ཞིག་ཕུལ་ནས། ཤིན་ཏུ་འགྱོད་པའི་སེམས་ཀྱིས་གང་ཉེས་པ་བྱས་པ་དེ་ཚིག་ཏུ་བརྗོད་ལ་བཤགས་པར་བྱས་ལ། དེ་ཕྱིན་ཆད་དམ་ལས་མི་འདའ་བས་ལེགས་པར་བཅའ་བའོ། །དེ་ཡང་དམ་ཚིག་བཀོད་པ་ལས། རྣམ་པར་དག་པའི་བསམ་པས་མཐོལ། ། དོན་གྱིས་མི་གནས་ཚིག་འདིས་བཤགས། །རང་བཞིན་མེད་པས་བཟོད་པར་གསོལ། །ཅེས་གསུངས་སོ། །

གཉིས་པ་ཡུལ་དེ་མེད་ན་དེའི་སློབ་དཔོན་ལ་བསྟང་བའི་ཐབས་ནི། གལ་ཏེ་བཞུགས་ཡུལ་སློབ་དཔོན་དང་གྲོགས་པོ་གང་ཡིན་དེ་གྲོངས་ཏེ་འདས་སམ་ཡུལ་མི་གཅིག་པས་ས་ལམ་ལ་བར་ཆད་མང་ནས་བགྲོད་ཐབས་མེད་པར་འགྱུར་བས་ན། གང་ཉམས་པ་དེ་ཡི་སློབ་དཔོན་བཞུགས་པ་ལ་བཤགས་པ་བྱེད་པ་དེའི་ཚེ། རྩལ་གོང་མ་བཞིན་དུ་བཤགས་ཏེ་ཟས་ནོར་འབྱོར་པ་མཉེས་པར་ཕུལ་ནས་ཉེས་པ་གང་བྱས་ཚིག་ཏུ་བརྗོད་ནས་བཤགས། ཕྱིན་ཆད་མི་བྱེད་པ་དམ་བཅའོ། །

དེ་ཡང་དམ་ཚིག་བཀོད་པ་ལས། དེ་ལྟར་བཤགས་པ་བྱེད་ན་ཡང་། །སློབ་དཔོན་ལ་སོགས་མཆེད་རྣམས་ཀྱིས། །གང་ཞིག་ནོངས་པ་དྲན་པ་དང་། །རྗེས་སུ་འགྱོད་པ་སྐྱེས་ནས་སུ། །སླན་ཆད་སྡོམ་པར་འཚལ་བ་དང་། །ཚངས་པ་ཕྲལ་དུ་སེལ་བར་བྱ། །ཞེས་སོ། །

གསུམ་པ་དེ་ཡང་མེད་ན་མཉམ་པ་བརྒྱ་ལ་མཆོད་སྦྱིན་གྱི་སྒོ་ནས་བསྟང་བ་ནི། དེའི་སློབ་དཔོན་གྲོངས་འདས་སུ་གྱུར་ནས་མེད་ན་གང་ལ་ཉམས་པ་དེ་དང་དགོངས་པ་མཉམ་པ་བརྒྱ་ལ་བཤགས་པ་བྱའོ། །དེ་ཡང་དམ་ཚིག་བཀོད་པ་ལས། དེ་ཡི་སློབ་དཔོན་མི་བཞུགས་ན། །དེ་དང་མཉམ་པ་བརྒྱ་རྣམས་ལ། །དེ་ཚེ་གོང་མ་བཞིན་དུ་བཤགས། །ཞེས་གསུངས་སོ། །

བཞི་པ་དེ་ཡང་མ་རྙེད་ན་མཉམ་པ་གསུམ་ལ་སྦྱིན་སྲེག་གིས་བསྟང་བ་ནི། བརྒྱ་པོ་དེ་ཡང་རྙེད་པར་མ་གྱུར་ན། གང་ལ་ཉམས་པ་དེ་དང་ལྷ་སྒྲོད་བསྒོམ་གསུམ་གྱི་དགོངས་པ་མཉམ་པ་རྡོ་རྗེ་རྒྱལ་པོ་རྒྱལ་ཐེབས། ལས་མཁན་གསུམ་བཀུག་ལ། ཞི་བའི་སྦྱིན་སྲེག་གི་མེ་ཐབས་རབ་ཏུ་བརྩིགས་ནས། དང་པོ་རྒྱ་དཀྱིལ་ལ་མཆོད་བསྟོད་བསླེན་པ་ཚོགས་མཆོད་ཡན་ཆད་ཚར་ནས། དེ་ནས་ཐབས་བསང་བ་ལ་སོགས་མཆོད་པ་བྱིན་གྱིས་བརླབས་པར་བྱས་ནས། མེ་ཐབ་ཀྱི་དབུས་སུ་སྦྱིན་ལྷ་དེའི་ལྟོ་བའི་ནང་དུ་སྲེག་ལྷ་གང་ལ་ཉམས་པ་དེ་དང་ཡིད་ཀྱིས་དཀྱིལ་འཁོར་གྱི་ལྷ་དང་དབྱེར་མེད་དུ་བསྐྱེད་ལ་ཟས་ནོར་འབྱོར་བ་ཐམས་ཅད་སྔ་གོན་དུ་རྫོགས་པར་བྱས་ལ་མཆོད་རྫས་སུ་འབུལ་ཏེ། དེ་ཡང་སྟོན་དུ་ཡེ་ཤེས་པ་སྤྱན་དྲངས་ལ་གཉིས་སུ་མེད་པར་བསྒོམ་ཞིང་། སྦྱི་མཆོད་ཚར་ནས་ཞི་བའི་མཆོད་རྫས་ཕུལ་བ་དང་། ལྷ་གང་ཡིན་པའི་སྔགས་རྙིང་དང་པོ་རང་གི་གསང་མཚན་ལ་སོགས་མིང་བཏགས་ལ་དེ་དང་དམ་ཚིག་ཉམས་པ་རྣམས་ཤཱནྟིཾ་ཀུ་རུ་ཡེ་སྭཱ་ཧཱ། ཞེས

བཟོད་ལ་དཀྱིལ་འཁོར་ལྷ་ཚོགས་རྣམས་ལ་རིམ་བཞིན་བསྲེག་རྫས་ཀྱི་མཆོད་པ་འབུལ་ལ་བསྟོད་པ་ལ་སོགས་རྒྱས་པར་རྒྱུད་ནས་གསུངས་པ་བཞིན་ལག་ལེན་ལ་བདུན་ནམ་ཉེར་གཅིག །ཡང་ན་ཆགས་ཉམས་སྐོང་བའི་རྟགས་མ་བྱུང་བར་དུ་བྱའོ། །རྟགས་ཐོབ་པ་དང་གོང་དུ་སྨོས་པའི་སྡོམ་པ་རྣམས། བཤགས་པའི་དབང་པོའི་སློབ་དཔོན་གསུམ་ལ་འབུལ་བར་བྱའོ། །དེ་ཡང་དམ་ཚིག་བཀོད་པ་ལས། དེ་ཡང་རྙེད་པར་མ་གྱུར་ན། སྦྱིན་སྲེག་མི་ཐབ་རབ་བརྩེགས་ནས། །དེ་དང་མཉམ་པ་གསུམ་བཀུག་ལ། །མཆོད་རྫས་སྣ་ཚོགས་བཤམ་པར་བྱ། །གསུམ་པོ་དེ་ཡང་དབང་པོ་བཞག །བླ་མ་ལ་སོགས་མཆེད་རྣམས་ཀྱིས། །གསང་མཚན་ལ་སོགས་སྤྱན་དྲངས་ཏེ། །སྦྱིན་སྲེག་མཆོད་པ་གཞུང་བཞིན་བྱ། །དཀྱིལ་འཁོར་ལྷ་ལ་ཚུལ་བཞིན་བྱ། །གཞུང་ལ་གཤེགས་པའི་ཚིག་གདགས། །དེ་ཚེ་ཟིན་པ་གྱུར་པའི་ཚེ། །གོང་དུ་སྨོས་པའི་ཡོན་རྣམས་ཀྱང་། །དབང་པོ་གསུམ་ལ་འབུལ་བར་བྱ། །དེས་ཀྱང་ཡོངས་སུ་བཤད་པ་བཏང་། །དེ་བཞིན་ལན་གྲངས་བདུན་དུ་བྱ། །དེ་ལྟར་བྱས་ན་བསྐང་བར་འགྱུར། །མཆེད་ལ་སོགས་པ་དེ་བཞིན་ནོ། །ཞེས་སོ། །ཆོས་རྗེའི་དམ་ཚིག་རྒྱ་མཚོ་ལས། ཉམས་པ་བཤགས་པའི་ཐབས་ནི། འཇམ་དཔལ་སྒྱུ་འཕྲུལ་དྲྭ་བ་ལས། །རྡོ་རྗེ་འཛིན་པ་རབ་ཏུ་ཉོན། །བསྐང་བའི་ཚིག་བཤད་པར་བྱ། །གཅིག་ལ་སློབ་དཔོན་གསུམ་རྫོགས་ལ། །སྦྱོར་བ་བདུན་དང་ལྡན་པ་ཡི། །རྩ་བའི་ལྟུང་བ་བྱུང་གྱུར་ན། །སྡུག་བསྔལ་བསྐྱེད་པའི་རྩ་བ་ཡིན། །རང་གི་བསམ་པ་རྫོགས་བྱས་ཀྱང་། །སློབ་དཔོན་གནང་བར་མ་གྱུར་ན། །དང་པོ་སྡུག་བསྔལ་དཀའ་སྤྱོད་དེ། །དེ་ནས་བདོག་པ་ཐམས་ཅད་ཕུལ། །རྗེས་སུ་གནང་བ་བསྒྲུབ་པར་འགྱུར། །དབང་བསྐུར་ཚིག་ལན་བདུན་བྱ། །ཆོས་ཀྱི་འཁོར་ལོ་ཉི་ཤུ་གཅིག །སྦྱིན་སྲེག་གིས་ནི་འབུམ་ཕྲག་བདུན། །གསང་སྔགས་བྱེ་བ་ལྔ་ཡིས་སོ། །

ལྔ་པ་ཞར་ལ་བཤགས་ཡུལ་རང་གིས་ཀྱང་བཤགས་པ་མི་བླང་ན་ལྟུང་བར་བསྟན་པ་ནི། གལ་ཏེ་བཤགས་ཡུལ་གང་ཡིན་པ་དེ་ལ། ཉམས་པ་ཅན་དེས་ལུས་ངག་ཡིད་གསུམ་གྱུར་པའི་སྒོ་ནས་བཤགས་ཀྱང་མི་ལེན་ན་ཉེས་པ་ཤིན་ཏུ་ཆེ་སྟེ། གཉིས་ཀ་རྡོ་རྗེ་དམྱལ་བར་ལྟུང་བས་དེ་བས་བཤགས་ཡུལ་བཤགས་མཁན་གཉིས་ཀས་བསྐུལ་ཏེ་མྱུར་དུ་ཉེས་པ་དག་པས་ཚངས་པར་སེལ་

བར་བྱའོ། །དེ་ཡང་དམ་ཚིག་བཀོད་པ་ལས། དེ་ལས་ཚངས་པར་མ་སེལ་ན། །གཉིས་ཀ་རྡོ་རྗེ་དམྱལ་བར་སྐྱེ། །དེ་ལ་སྡུག་བསྔལ་བཟློད་བླག་མེད། །དེ་བས་ཚངས་པར་སེལ་བར་བྱ། །ཞེས་སོ། །དེ་ལྟར་ཉེས་པ་དག་པར་གྱུར་ཀྱང་། ད་ཕྱིན་ཆད་མི་སྟོང་ཟེར་བ་ནི་མ་ཡིན་ནོ། །དེ་ལྟར་ཚང་པ་ཐོན་ནས་ཀྱང་། །བཤགས་པར་འདོད་པ་གང་ཡིན་པའི། །ཞབས་ནི་སྤྱི་བོས་བླང་བར་བྱ། །སླན་ཆད་མི་གཉིས་གཅིག་པར་བྱ། །ཞེས་གསུངས་སོ། །

གསུམ་པ་གསུང་གི་བསྐང་ཐབས་ནི། གསུང་གི་དམ་ཚིག་ལ་སྔགས་གསུམ་ཕྱག་རྒྱ་བཞི་སྒོམ་བཟླས་མ་བྱས་ནས་ཉམས་པར་གྱུར་ན་བསྐང་ཐབས་ནི། རང་གི་ལུས་ངག་ཡིད་ཀྱི་སྒོ་གསུམ་ནི༑ ལུས་ཡི་དམ་ལྷའི་སྐུ། ངག་གསུང་། ཡིད་ཐུགས། དེ་ཉིད་དུ། ཚིག་ཙམ་མ་ཡིན་པར་ངེས་པར་ལྟ་བས་ཤེས་ཤིང་སྒོམ་པས་བློ་འབྱོར་ན། ཕྱག་རྒྱ་ཉམས་པ་དེ་དག་སྐོང་བར་འགྱུར་རོ། །དམ་ཚིག་བཀོད་པ་ལས། ལུས་ཀྱི་བསྐྱུལ་བསྐྱོད་ནི་ཕྱག་རྒྱ་ཆེན་པོའི་རང་བཞིན་ཡིན་ལ། ངག་གི་བཟླས་བརྗོད་ནི་བཟླས་པར་བྱེད་པའི་སྙིང་པོ་ཡིན་ལ། སེམས་ཀྱི་དྲན་རྟོག་ཐམས་ཅད་ཏིང་ངེ་འཛིན་གྱི་རང་བཞིན་ཡིན་ནོ། །ཞེས་གསུངས་སོ། །སྔགས་གསུམ་ཉམས་པ་བསྐང་བ་ནི། བཟླས་པ་སངས་རྒྱས་འགྲུབ་པ་ཙམ་ལ་གཉིས་བརྒྱ་བཟླས་པ་ལྟ་བུ་ལོག་པོ་གཅིག་བལྟབ་པ་ཙམ་གྱིས་ཉམས་པ་བསལ་བ་དང་། གཞན་ཡང་ཡང་ཕྱུར་སྨན་གསུམ་གྱི་བསྒྲུབ་པ་ཆེན་པོ་གསུམ་གྱིས་སྔགས་ཕྱག་རྒྱ་ཉམས་པ་ཐམས་ཅད་བསྐངས་སོ། །

བཞི་པ་ཐུགས་ཀྱི་བསྐང་ཐབས་ནི། ཐུགས་ཀྱི་དམ་ཚིག་གསང་བ་བཅུ་ལ་ཉམས་པར་གྱུར་ན་བསྐང་ཐབས་ནི། ལྟ་བས་འགྲོ་དྲུག་གི་སེམས་ཅན་ཇི་ལྟར་སྣང་དུས་སེམས་ཉིད་རང་སྣང་དུ་གསལ་ཞིང་རྟོགས་ན། བདག་ཉིད་ཀྱི་བདག་ཉིད་ལ་གསུང་བ་མེད་ཅིང་དེ་ལྟ་བུ་སྣང་སེམས་ཐ་དད་དུ་མི་རྟོག་ཅིང་དབྱེར་མེད་དུ་རྟོགས་པའི་དོན་ལ་འདའ་ཉམས་མེད་པས་ཏིང་ངེ་འཛིན་གྱི་ཀློང་དུ་ཞུགས་ཏེ་བསྒོམས་པས་མ་ཡེངས་པར་བློ་ལ་གོམས་ཤིང་འདྲིས་པར་བྱ་བས་སྐོང་སྟེ། དམ་ཚིག་བཀོད་པ་ལས། ནམ་མཁའ་ལ་ཡངས་དོགས་མེད་པ་བཞིན། བློ་ཆོས་ཉིད་དུ་གྱུར་པ་ལ། འཇིག་རྟེན་གྱི་བག་ཆགས་སྤྱངས་པས་གང་ཞིག་བརྗོད་ན་ཡང་། སྟོད་དང་མི་ལྡན་པ་མེད་པར་ཤེས་པར

བྱས་ལ། བསྒྱུར་དུ་མེད་པའི་ངོ་བོའི་རང་བཞིན་གྱི་རྣལ་འབྱོར་པས་ཆོས་ཉིད་ཚིག་དང་ཡི་གེ་ལས་འདས་པ། ཞེས་དང་། སེམས་དཔའ་ཆེན་པོ་འདི་ལྷ་བུའི་མན་ངག་ནོས་ལ། ཁོང་དུ་ཆུད་པར་གྱིས་ཤིག །ཐུགས་ཀྱི་དམ་ཚིག་སྐྱོང་བའོ། །འདི་ལྟ་བུ་ལ་ཡིངས་པ་མེད་པར་གྱིས་ཤིག །ཐུགས་ཀྱི་དམ་ཚིག་མི་ཉམས་པའོ། །འདིའི་དོན་ལ་འགྱུར་བ་མེད་པར་གྱིས་ཤིག །ཐུགས་ཀྱི་དམ་ཚིག་མི་འདའོ། །ཞེས་སོ། །

གཉིས་པ་ཡན་ལག་གི་བསྐང་ཐབས་ནི། ཐུན་མོང་དང་ཐུན་མོང་མ་ཡིན་པའི་ཡན་ལག་གི་དམ་ཚིག་ཉམས་པར་གྱུར་ན་བསྐང་བའི་ཐབས་ནི། རྩ་བ་བསྐང་བ་ལ་ཡན་ལག་ཤུགས་ཀྱིས་ཚང་ཡང་། ཁྱད་པར་དུ་སྤྱོད་པ་ལྔ་ལ་སོགས་པའི་གང་ཉམས་པ་དེ་ཡི་དོན་ཉམས་སུ་བླངས་ནས་སོར་ཆུད་ལ། ཚོགས་ཀྱི་འཁོར་ལོ་ཆེན་པོ་བརྒྱ་རྩ་བརྒྱད་ཀྱིས་ཉམས་པ་བསྐངས་སོ། །གསུམ་པ་བསྐངས་པའི་ཡོན་ཏན་གྱི་ངོས་ནས་ཞབས་བསྟུ་བ་ནི། རྩ་བ་ཡན་ལག་གི་དམ་ཚིག་ཉམས་པའི་བསྐང་ཐབས་གོང་དུ་བཤད་པ་དེ་ལྟར་དུ་ཉམས་སུ་བླང་ན་སྐོང་བར་འགྱུར་རོ། །ཡོན་ཏན་ནི་སྔ་རྟགས་ཆེ་འདི་ལ་སྡུག་བསྔལ་རྣམས་འབྱུང་བར་མི་འགྱུར་ཞིང་། དེས་ནི་ཕྱི་མ་ལ་སྨིན་པའི་འབྲས་བུ་ངན་སོང་གཏན་ནས་མེད་དོ། །

༼ སྤྱི་དོན་དགུ་པ་མཚོན་པ་དཔེ་ལ་གཉིས་ཀྱི་དང་པོ་ཉེར་བསྟན་ནི། བླ་མེད་མ་ཧཱའི་བསྒྱུར་བྱ་རྣམས་ལ་མི་འདའ་བས་དམ་ཚིག་ཡོ་ག་མན་ཆད་ལ་དཔགས་པས་ཆེན་པོ་དེའི་ལེགས་ཉེས་ཆེ་བའི་དཔེ་བསྟན་པ་ནི་འདི་ལྟ་སྟེ།

གཉིས་པ་རྒྱས་བཤད་ལ་བཅུ་གཅིག་གི་དང་པོ་ཡོན་ཏན་ཐམས་ཅད་ཀྱི་གཞི་དམ་ཚིག་གིས་བཟུང་བའི་དཔེ་ནི། དཔེར་ན་ས་གཞི་ལ་སྐྱེས་འགྲོ་རྩི་ཤིང་ལ་སོགས་པ་ཀུན་དེ་ལ་བརྟེན་ནས་འབྱུང་བ་ལྟ་བུའི་དམ་ཚིག་གི་རང་བཞིན་ཀྱང་དེ་དང་འདྲ་བས་ལམ་ལྔ་དང་། དེ་ལས་བྱུང་བའི་འབྲས་བུའི་ཆོས་རྣམས་ཀུན་གྱི་ཡོན་ཏན་ནི། དམ་ཚིག་འདི་མེད་པར་ལོག་ཤིག་ནས་མི་འགྱུར་རོ། །

གཉིས་པ་བསྒྱུར་ཐུབ་མ་ཐུབ་ཀྱི་ལེགས་ཉེས་ཆེ་བའི་དཔེ་ནི། དཔེར་ན་དགྲ་དང་རང་གི་ས་མཚམས་ན་རྫོང་མཁར་བཙན་པོ་ཞིག་ཡོད་ན་རང་ཕྱོགས་ཀྱིས་ཐོབ་ན་ཁེ་ཆེ་ལ། དགྲ་ལ་ཤོར་ན

ཉེན་ཆེ་བས་དམ་ཚིག་གི་རང་བཞིན་ཀྱང་དེ་དང་འདྲ་ལ། དམ་ཚིག་འདི་ཉིད་བསྲུང་བ་ཐུབ་དང་མི་ཐུབ་པ་ལས་བསྲུངས་ན་ལེགས་པའི་ཡོན་ཏན་ཆེ་འདི་ཉིད་ལ་འབྲས་བུ་སངས་རྒྱས་ཐོབ་ལ། མ་བསྲུངས་ན་ཉེས་པའི་སྟོབས་ཆེན་པོ་རྡོ་རྗེ་དམྱལ་བ་ལ་འགྲོ་བར་བྱེད་པའོ། །

གསུམ་པ་བསྲུངས་པའི་ཡོན་ཏན་མཆོག་ཐུན་མོང་གི་དངོས་གྲུབ་འབྱུང་བའི་དཔེ་ནི། དཔེར་ན་ནོར་བུ་རིན་པོ་ཆེ་ལ་གསོལ་བ་བཏབ་ན་དགོས་འདོད་འབྱུང་བ་ལྟ་བུའི་དམ་ཚིག་གི་རང་བཞིན་ཀྱང་དེ་དང་འདྲ་བས། དམ་ཚིག་ཚུལ་བཞིན་དུ་བསྲུངས་ན་མཆོག་དང་ཐུན་མོང་གི་དངོས་གྲུབ་ཀྱི་དགོས་འདོད་ཐམས་ཅད་འབྱུང་ངོ་། །

བཞི་པ་ཆོས་ཉིད་དམ་ཚིག་ཏུ་འདུས་པའི་དཔེ་ནི། དཔེར་ན་ནམ་མཁའ་རང་གི་ནང་དུ་འབྱུང་བཞི་ཀུན་ཤོང་བ་ལྟ་བུའི་དམ་ཚིག་གི་རང་བཞིན་ཀྱང་དེ་དང་འདྲ་བས་ཆོས་ཉིད་མཉམ་པའི་དམ་ཚིག་འདི་རང་གི་རྒྱུད་ཐོག་ལ་འདའ་ཉམས་མེད་པར་ཡོད་ན་མྱང་འདས་ཀྱི་ཆོས་ཐམས་ཅད་འདིར་འདུས་ཤིང་ཤོང་བར་འགྱུར་རོ། །

ལྔ་པ་བསྲུངས་ན་འཁོར་བ་མངོན་དུ་གྱུར་པའི་སྡུག་བསྔལ་གྱི་འཆིང་བ་གཅོད་པའི་དཔེ་ནི། དཔེར་ན་རྣོ་ངལ་དཔལ་དང་ལྡན་པའི་མཚོན་གྱིས་དངོས་པོ་གང་གཅོད་པས་དམ་ཚིག་གི་རང་བཞིན་ཀྱང་དེ་དང་འདྲ་བས། དམ་ཚིག་བསྲུང་བས་ཉོན་མོངས་འཁོར་བ་གཟུང་འཛིན་གྱིས་འབྲེལ་བའི་དྲྭ་བ་མ་ལུས་པ་གཅོད་དོ། །

དྲུག་པ་དུས་གསུམ་གྱི་རྒྱལ་བ་ཡང་དམ་ཚིག་འདིས་བསྐྱེད་པའི་དཔེ་ནི། དཔེར་ན་ཕ་མས་བུ་ཚ་བསྐྱེད་པ་ལྟ་བུའི་དམ་ཚིག་གི་རང་བཞིན་ཀྱང་དེ་དང་འདྲ་བས། འདས་མ་འོངས་ད་ལྟ་དུས་གསུམ་གྱི་སངས་རྒྱས་མཐའ་གཉིས་དང་བདུད་བཞི་ལས་རྒྱལ་བ་མ་ལུས་པ་རྣམས་ཀྱང་དམ་ཚིག་འདིས་བསྐྱེད་ཅིང་ནར་སོན་ནོ། །

བདུན་པ་བསྲུང་བའི་བྱིན་རླབས་ལ་ཡོན་ཏན་འབྱུང་བའི་དཔེ་ནི། དཔེར་ན་རྒྱ་མཚོའི་རླབས་ལས་རིན་པོ་ཆེ་སྣ་ཚོགས་འབྱུང་བ་ལྟ་བུའི་དམ་ཚིག་གི་རང་བཞིན་ཀྱང་དེ་དང་འདྲ་བས། དམ་ཚིག་བསྲུངས་པའི་བྱིན་རླབས་ལས་གཞན་དོན་ཆེན་པོ་འཕྲིན་ལས་རྣམ་བཞིས་གདུལ་བྱའི་

དོན་བྱེད་པའི་དུས་སུ་ཐོགས་པ་མེད་པ་འབྱུང་བར་འགྱུར་རོ། །

བརྒྱད་པ་ཁྱད་པར་དུ་བཤད་ཅིང་བག་མེད་དུ་སྤྱོད་ན་མྱང་འདས་ཀྱི་རྒྱུ་འབྲས་འཇིག་པའི་དཔེ་ནི། དཔེར་ན་མེ་འདི་ཉིད་བཙའ་ཤེས་ན་མཐུན་པའི་གྲོགས་ཡིན། བཙའ་མ་ཤེས་ནས་བག་མེད་དུ་བྱས་ན། མེ་དཔུང་དུ་གྱུར་ནས་རང་དང་གནས་ཁང་དང་བཅས་པ་བསྲེགས་པ་ལྟ་བུའི་དམ་ཚིག་གི་རང་བཞིན་ཀྱང་དེ་དང་འདྲ་བས། ཁྱད་པར་དུ་ཡན་ལག་གི་དམ་ཚིག་ཉོན་མོངས་པ་འདི་ཐབས་མཁས་པའི་ལྟ་བས་ཟིན་ན། འབྲས་བུ་སངས་རྒྱས་ཐོབ་ལ། རང་ཁར་བག་མེད་དུ་སྤྱོད་པའི་ཕྱོགས་སུ་གང་མཆོངས་པ་ཐམས་ཅད་ཀྱི་རྒྱུད་ལ་མྱང་འདས་ཀྱི་རྒྱུ་འབྲས་འཇིག་པར་འགྱུར་རོ། །

དགུ་པ་བག་ཡོད་དུ་སྤྱོད་ན་ཉོན་མོངས་པའི་ས་བོན་དྲངས་འབྱིན་པའི་དཔེ་ནི། ཉོན་མོངས་པའི་དམ་ཚིག་ལ་ཐབས་མཁས་པའི་ལྟ་བའི་རྩེ་ཡིས་ཟིན་པའི་སྒོ་ནས་བག་ཡོད་དུ་སྤྱོད་ན་འབྲས་བུ་སངས་རྒྱས་ཐོབ་པ་དེ་བཞིན་དུ། དཔེ་ན་གཙོང་ནད་ཅན་གྱིས་རྩེ་དང་། སྨན་བྱས་པས་ནད་རོ་དྲངས་ནས་འབྱིན་པ་ལྟ་བུའི། དམ་ཚིག་གི་རང་བཞིན་ཀྱང་དེ་དང་འདྲ་བས། འཁོར་བའི་གཙོང་རོ་ཉོན་མོངས་པའི་ས་བོན་དང་བཅས་པ་མ་ལུས་པ་དྲངས་ནས་འབྱིན་ནོ། །

བཅུ་པ་རང་དང་འཚམས་པར་བག་ཡོད་དུ་བསྲུངས་པར་བྱས་པས་ཐམས་ཅད་ཆུད་མི་ཟ་བའི་དཔེ་ནི། དཔེར་ན་རྒྱལ་པོ་ཁྲིམས་ཡོད་པའི་མངའ་འོག་ཏུ་ཚུད་པའི་མི་སྡེ་དེས་དང་པོ་རྒྱལ་ཁྲིམས་དང་མི་འགལ་བར་བྱེད་ཅིང་ཐབས་མཁས་ན་མཐར་བློན་པོར་གྱུར་པ་ལྟ་བུའི་དམ་ཚིག་གི་རང་བཞིན་ཀྱང་དེ་དང་འདྲ་བས། ཚོགས་ལམ་དང་པོར་ཐུན་མོང་གི་བསྲུང་བྱ་དང་རྩ་བའི་དམ་ཚིག །ཕྱོགས་འགའ་ཙམ་བསྲུང་བ་ལ་བརྟེན་པའི་རིམ་གྱིས་ཁྱད་པར་གྱི་བསྲུང་བྱ་རྣམས་ཚོགས་ལམ་ཆེན་པོ་དང་སྦྱོར་ལམ་ལ་རྫོགས་པས་མཐོང་ལམ་ཟག་མེད་ཀྱི་ཆོས་ཉིད་རྟོགས་པས་འཁོར་བར་འཆིང་བས་འཚོ་བ་འམ། ཡང་ན་སངས་རྒྱས་ཐོབ་པའི་འཚོ་ཡང་ཟེར་རོ། །

བཅུ་གཅིག་པ་དང་པོ་བྱང་ཆུབ་མཆོག་ཏུ་སེམས་བསྐྱེད་པ་ནས་མཐར་སངས་མ་རྒྱས་ཀྱི་བར་དུ་སྐད་ཅིག་ཙམ་ཡང་བྲལ་མི་རུང་བའི་དཔེ་ནི། དཔེར་ན་རྒྱ་མཚོ་ལ་ནོར་བུ་ལེན་འགྲོ་བའི་ཚོང་དཔོན་བཞིན་དུ། ཐོག་མ་ཚོགས་ལམ་ནས་བཟུང་སྟེ་ལམ་མཐར་མ་ཕྱིན་གྱི་བར་དུ་ཚོང་དཔོན་

གྱིས་དང་པོ་འགྲོ་བ་ནས་བཟུང་སྟེ་མཐར་ཁྱིམ་འདིར༷་མ་ཕྱིན་གྱི་བར༷་དུ་ལེགས་ཉེས་ཀྱི་སྤྱང་བླང་ལ་མཁས་ཤིང་བསྲུངས་པ་ལྟར། འདི་ནས་བཟུང་སྟེ་སངས་མ་རྒྱས་ཀྱི་བར་དུ་དམ་ཆོས་གི་བསྲུང་བྱ་འདི༷་རྣམས་ལ༷་ཤིན༷་ཏུ་མཁས་ཤིང་ནན་ཏན༷་དུ་བསྲུང་བར་བྱའོ༷། །དེ་ཡང་དང་པོ་ཚོགས་ལམ་ཆུང་ངུ་ལ་ཐུན་མོང་གི་དམ་ཚིག་རྣམས་ནུས་བསྲུང་བྱེད་ལ། ཁྱད་པར་མོས་བསྲུང་། ཚོགས་ལམ་ཆེན་པོ་དང་སྦྱོར་ལམ་ལ་ཐུན་མོང་གཞན་དོན་དུ་བསྲུང་ལ། ཁྱད་པར་གྱི་བསྲུང་བྱ་རྣམས་ནུས་བསྲུང་བྱེད་ལ་མཐོང་ལམ་ཕྱིན་ཆད་ལྷུན་གྲུབ་ཡིན་ནོ། །ཡང་ན་རྒྱ་མཚོ་ནོར་ལེན་འདིའི་དཔེ་དོན་ནི། རྒྱ་མཚོའི་གླིང་དུ་ནོར་བུ་རིན་པོ་ཆེ་ལེན་འགྲོ་བ་ལ་མཐའི་རྒྱ་མཚོ་ལ་བརྒལ་དགོས་ཏེ། དེ་ཡང་གཟིང་ལ་བརྟེན་ནས་འགྲོ་བ་ཡིན་པས་དེའི་ཐབས་ནི། མཐུན་པའི་རླུང་འོང་བའི་ཚེ། གཟིང་འགྲོ་བའི་རྐྱེན་དུ་ཟུར་བཞི་བ་དན་བཞི། མི་མཐུན་པའི་རྐྱེན་བྱུང་དུས་མལ་དུ་བསྡད་པའི་རྐྱེན་ཁྲི་ཆུའི་ཕ་བོང་བཞི། ལྕགས་ཐག་འདོམ་པ་དགུ་པ་བཞིས་ཟུར་བཞིར་བཏགས་པ་དང་། ཆུ་སྲིན་གྱི་ཁ་ལ་གཟིངས་འགྲོ་དོགས་པས། བྲག་དང་ཆུ་སྲིན་བརྟག་པའི་ཆེད་དུ་ཕྱུག་རོན། དེ་ཡང་ཆུ་ཆགས་པའི་ཆེད་དུ་བདུན། ཆུ་སྲིན་ཡིན་ན་དེའི་གཉེན་པོ་དུང་། དེ་འོ་མས་འཚོ་བར་བྱེད་པ་ལ་བ། དེ་ཡང་ཤི་ཐེབ་དང་བཅས་པ་ཡར་དྲུས་གཉིས། སྐོམ་ས་ཐང་ཤིང་དང་ཉ་ནག་མདུང་གཉིས་ཤན་ཕྱེ་བ་ལ་བྱ་རོག །དེ་ཡང་ཁྲུ་ཆགས་པར་བྱ་བའི་ཕྱིར་གཉིས། དེ་རྣམས་ཀུན་ཚོགས་ཀྱང་ཚོང་དཔོན་རྒན་པོ་སྟོན་ནས་ལན་མང་དུ་འགྲོ་མྱོང་བ་ཞིག་དགོས། དེ་རྣམས་བརྟེན་ནས་ནོར་བུའི་གླིང་དུ་ཕྱིན་པར་བྱེད་ཅིང་གཟིངས་མི་བྱིང་བའི་ཚད་དང་བསྟུན་ནས་ནོར་བུ་ཁྱེར་ཏེ། སླར་རང་ཡུལ་དུ་འོང་སྟེ། མི་སྡེ་ཐམས་ཅད་ལ་ཕན་པར་བྱེད་པ་བཞིན༷་འདིར་ཡང་ཐར་པ་སྒྲུབ་པར་བྱེད་པ་ལ། རྒྱ་མཚོ་དང་འདྲ་བའི་ཁམས་གསུམ་འཁོར་བའི་སྡུག་བསྔལ་ལས་བརྒལ་བར་བྱ་བ་ལ། གཟིང་དང་འདྲ་བའི་གསང་སྔགས་ཀྱི་ཐེག་པར་འཇུག་ཅིང་། བ་དན་དང་འདྲ་བའི་བསྒྲོད་པར་བྱེད་པ་རྫུ་འཕྲུལ་གྱི་རྐང་པ་བཞི། ཁྲི་ཆུ་ཕ་བོང་དང་འདྲ་བའི་ཚད་མེད་པ་བཞིའི་སྟོབས་དང་ལྡན་དགོས། ཆུ་སྲིན་དང་འདྲ་བའི་ལམ་གྱི་བར་ཆད་ཉོན་མོངས་པའི་ཚོགས། དེ་བསལ་བའི་ཐབས་སུ་དུང་དང་འདྲ་བའི་གནས་ལུགས་ཀྱི་དོན་རྟོགས་པའི་གདིང་དང་ལྡན་པ་ཞིག་དགོས། བ་གཉིས་དང་འདྲ་བའི་ཐབས་ཤེས་ཀྱི་

བདེན་པ་གཉིས་ལ་བརྟེན་དགོས། བྱ་རོག་དང་འདྲ་བའི་ལམ་མཐོན་དམན་གྱི་ཚོད་འཛིན་ཅིང་ཉམས་སུ་ལེན་དགོས། ཕུག་རོན་དང་འདྲ་བའི་བྱང་ཆུབ་ཀྱི་ཡན་ལག་བདུན་ཤུགས་ལ་ལྡན་པ་ཞིག་སླར་རང་ཡུལ་དུ་ཕེབས་ནས་རིན་པོ་ཆེས་གཞན་གྱི་དབུལ་ཕོངས་བསལ་བ་དང་འདྲ་བར། རང་དོན་ཆོས་སྐུ་ཐོབ་ཅིང་གཞན་དོན་གཟུགས་སྐུ་གཉིས་ཀྱིས་གང་ལ་གང་འདུལ་གྱི་དོན་རྒྱུན་ཆད་མེད་པར་མཛད་པ་ཡང་། ཚོང་དཔོན་ལན་མང་དུ་སོང་བ་དང་འདྲ་བའི་དུས་གསུམ་གྱི་སངས་རྒྱས་ཐམས་ཅད་ཀྱང་། དམ་ཚིག་འདི་ལ་བརྟེན་ནས་འབྱུང་དགོས་པའོ། །

༈ སྤྱི་དོན་བཅུ་པ་མདོ་བཞི་བརྗོད་བྱའི་ཞབས་བསྡུ་བ་ལ་གཉིས་ཏེ། དང་པོ་ལ་བཞིའི། དང་པོ་རང་བཞིན་གཞིའི་མདོ་ནི། རྩ་བའི་དམ་ཚིག་དང་ཡན་ལག་གི་དམ་ཚིག་ཅེས་བྱ་བ་རྣམས་ནི། གུད་དམ་ལོགས་ཤིག་ན་ཡོད་པ་མ་ཡིན་ཏེ་རྣལ་འབྱོར་པ་རང་གི་སེམས་ཉིད་འདི་དམ་ཚིག་ཡིན་ཏེ། གཏན་ཚིགས་ཅིའི་ཕྱིར་ཡིན་ཞེ་ན། ཀུན་རྫོབ་ཏུ་ཤེས་བྱ་ཇི་སྙེད་དུ་སྣང་བའི་ཆོས་རྣམས་མ་ལུས་པ་ཀུན་ཀྱང་སྣང་དུས་རང་རྒྱུད་དུ་གྲུབ་པ་མེད་པ་དེ། རང་གི་རིག་པ་འདི་ཉིད་ལས་དབྱིབས་ཁ་དོག་ལ་སོགས་ངོས་བཟུང་ཀུན་དང་བྲལ་བས་སྟོང་པ་དེ་ཉིད་ཡུལ་སྣ་ཚོགས་སུ་ཤར་ནས་སྣང་བ་སྟོང་དུས་སྣང་ལ། དངོས་པོའི་ཡུལ་དུ་ཅི་ལྟར་དུ་སྣང་བ་དང་། ཤེས་བྱ་ཅི་སྙེད་ཐམས་ཅད་རང་རིག་པ་དེ་ཉིད་ཀྱི་འཆར་སྒོ་ཡིན་པས་ན་སྣང་དུས་སྟོང་ལ། དེ་ལྟར་ཀུན་རྫོབ་དང་དོན་དམ་པ་བྱང་ཆུབ་ཀྱི་སེམས་དབྱེར་མེད་དེ་ཁམས་གསུམ་གྱི་སེམས་ཅན་འགྲེང་བུར་འགྲོ་བ། ལ་ལ་ལྟོག་སྟེ་སྤྱི་གཙུག་གིས་འགྲོ་བ་ལ་སོགས་སྐྱེ་གནས་གར་སུ་ཡང་བྱང་ཆུབ་ཀྱི་སེམས་བདེར་གཤེགས་སྙིང་པོའི་དོན་ལ་སྐད་ཅིག་ཙམ་ཡང་འདའ་མི་སྲིད་དེ་ཆུ་དང་གཤེར་བ་བཞིན་ནོ། །དོན་དེ་ཉིད་རྒྱུ་ལས་མ་བྱུང་། རྐྱེན་གྱིས་མ་བསྐྱེད། བྱེད་པ་པོས་མ་བྱས་པས་རང་བཞིན་དེ་ལས་མི་འདའ་བས་དམ་ཚིག་འོག་མའི་སྤྱོད་ཡུལ་མིན་པས་ཆེན་པོའོ། །

གཉིས་པ་ཤེས་བྱ་ལྟ་བའི་མདོ་ནི། དེ་ལྟར་གཞི་རང་བཞིན་ལྷུན་གྱིས་གྲུབ་པའི་དམ་ཚིག་རང་ལ་གནས་པ་དེ་ལ་བརྟག་ཅིང་དཔྱད། གཞིག་ཅིང་གཞལ་བས་དོན་དེ་རིག་པའི་ཚེ་ཡུལ་ཡུལ་ཅན་གྱི་འཛིན་པ་དང་བྲལ་ཞིང་། ཡུལ་བྲལ་གཉིས་མེད་ཀྱི་དོན་ཕྱིན་ཅི་མ་ལོག་པར་ཤར་ནས་སྣང

བས། མངོན་སུམ་དུ་སྣང་བའི་ཞེན་བརྟགས་འཁྲུལ་པའི་ཆོས་རང་རྒྱུད་དུ་མེད་པས་དག་ཅིང་ཞེས་བྱའི་ཆོས་མ་འདྲེས་པར་སྣང་བ་རང་གི་རིག་པ་ཉིད་ལ་ཡོངས་སུ་རྫོགས་པས་ལྟ་བ་དེ་ལས་མི་འདའ་བའི་དམ་ཚིག་འོག་མའི་སྤྱོད་ཡུལ་མིན་པས་ཆེན་པོ་ཡིན་པར་རྒྱུད་ནས་བཤད་དོ། །

གསུམ་པ་གོམས་བྱེད་ཏིང་ངེ་འཛིན་གྱི་མདོ་ནི། ལྟ་བ་རྟོགས་པའི་དོན་རྣལ་འབྱོར་པ་རང་གི་བློ་ལ་འདྲེས་ཤིང་གོམས་པར་གྱིས་ལ། འགྲོ་ཉལ་འདུག་སྡོད་ཀྱི་སྤྱོད་ལམ་རྣམ་བཞི་ཀུན་ཏུ་སྐད་ཅིག་ཀྱང་མ་ཡེངས་པར་འདའ་ཉམས་མེད་པར་ཏིང་ངེ་འཛིན་རྒྱུན་གྱིས་སྒོམ་པ་ལ་མི་འདའ་བས་དམ་ཚིག་ཡིན་ཏེ། དེ་ལྟ་བུའི་ཏིང་ངེ་འཛིན་དང་ལྡན་ན་མཐར་ཕྱིན་སངས་རྒྱས་དེ་ཉིད་དང་། ད་ལྟའི་རྣལ་འབྱོར་པ་གཉིས་སྤྱོད་ཡུལ་གཅིག་སྟེ། སངས་རྒྱས་ཀྱིས་ཀྱང་ཏིང་ངེ་འཛིན་འདི་ལ་འདའ་ཉམས་མེད་པ་ཡིན་ནོ། །

བཞི་པ་བླང་དོར་མེད་པ་སྤྱོད་པའི་མདོ་ནི། ཏིང་ངེ་འཛིན་རྒྱུན་ཆད་མེད་པ་འདི་ལ་བློ་གནས་ན་གཞན་བསྲུང་བར་བྱ་བ་གཅིག་ཀྱང་བསྲུང་དུ་མེད་དེ། མ་བསྲུངས་པའི་ཉེས་པ་རྡུལ་ཕྲན་ཙམ་ཡང་འབྱུང་མི་སྲིད་དེ། གཏན་ཚིགས་ཅིའི་ཕྱིར་མི་འབྱུང་ན་ཚོགས་དྲུག་གི་སྣང་བ་མ་བཤགས་སྤྱོད་པ་ལ་རང་རྒྱུད་དུ་འཛིན་པའི་བློ་དང་བྲལ་ཏེ་མེད་པས་དཔེར་ན་མཁའ་སྟོང་པ་ལ་རྡུལ་མི་ཆགས་པ་དང་འདྲ་བས། ཐམས་ཅད་ཆོས་ཉིད་ཀྱི་ཐ་གློང་དུ་གྱུར་པས་ཉམས་པ་ནི་གཟུང་འཛིན་གྱི་དྲི་མ་དེ་གཏན་ནས་མེད་དོ། །

གཉིས་པ་དམ་ཚིག་ཐམས་ཅད་མདོ་བཞིར་འདུས་པ་ནི། སུམ་བརྒྱ་དྲུག་ཅུའི་ནང་ནས་ལྷག་པའི་དམ་ཚིག་མདོ་རྣམ་པ་བཞིར་འདུས་པ་འདི་དང་ལྡན་ན། སུམ་བརྒྱ་དྲུག་ཅུའི་བསྲུང་བར་བྱ་བ་མ་ལུས་པ་རྣམས་ཀུན་རྫོབ་དང་དོན་དམ་བྱང་ཆུབ་སེམས་བསྐྱེད་རྫོགས་ཀྱི་དོན་ལ་མི་ཉམས་པའི་ཐབས་ཡིན་པས་དེ་བས་བསྲུང་བྱ་མ་ལུས་པ་མདོ་བཞི་འདིར་འདུས་པའི་ཕྱིར་ན། དམ་ཚིག་ཀུན་གྱི་མདོར་བསྡུས་པ་ཞེས་གསུངས་པའོ། །ཡང་ན་ལྷག་པའི་དམ་ཚིག་རྣམ་བཞིར་ལྡན་ཞེས་པ་འདི། འོག་མ་ཆེད་འཛིན་ཅན་རྣམས་ལས་ལྷག་པའི་རྫོགས་པ་ཆེན་པོའི་དམ་ཚིག་གི་མདོ་རྣམས་པ་བཞིར་འདུས་པ་ཡིན་ཏེ། ཞེས་བྱ་གཞིའི་འདུག་ཚུལ་ཐམས་ཅད་རང་བཞིན་གཞིའི་མདོར

འདུས་ལྔ་བའི་བྱེ་བྲག་ཐམས་ཅད་ཤེས་བྱ་ལྔ་བའི་མདོར་འདུས་སྒོམ་པ་ཉིད་དེ་འཛིན་གྱི་བྱེ་བྲག་ཐམས་ཅད་གོམས་བྱེད་ཉིད་དེ་འཛིན་གྱི་མདོར་འདུས། སྤྱོད་པའི་བྱེ་བྲག་ཐམས་ཅད་བླང་དོར་མེད་པར་སྤྱོད་པའི་མདོར་འདུས་པ་དང་རྣམ་བཞིར་ལྡན་པས། ཐེག་པ་ཐམས་ཅད་ཀྱིས་བསྒྲུབ་པར་བྱ་བའི་དམ་ཚིག་མ་ལུས་པ་ཀུན་རྫོགས་པ་ཆེན་པོ་འདིར་འདུས་པའི་ཕྱིར་རྩ་བ་དང་ཡན་ལག་གི་དམ་ཚིག་ཀུན་གྱི་མདོ། ལྟ་བ་ཆེད་འཛིན་དང་བྲལ་བས་མེད་པ། །སྤྱོད་པ་ཆེད་བྱས་དང་བྲལ་བས་ཁྱལ་བ། །སྒོམ་པ་ཡུལ་འཛིན་དང་བྲལ་བས་གཅིག་པུ། །འབྲས་བུ་རེ་དོགས་དང་བྲལ་བས་ལྷུན་གྲུབ་དང་བཞིར་འདུས་པའོ། །ཞེས་དམ་ཚིག་བྱེ་བྲག་ཐམས་ཅད་མདོ་བཞིར་བརྗོད་བྱར་འདུས་པས། རྫོགས་པ་ཆེན་པོའི་དོན་ནོ། །དེ་རྣམས་ཀུན་གྱིས་གཞུང་གི་དོན་དེ་སོང་ནས། །

༄། གསུམ་པ་ཞབས་དགེ་བའི་རྩ་བ་བསྔོ་བ་ནི། སྒྲུ་འཕྲུལ་གསང་སྙིང་གིས་གཞུང་བསྡུས། དམ་ཚིག་རྣམ་པར་བཀོད་པའི་རྒྱས་པར་བཤད། གཉེར་རྒྱུད་ཀྱིས་ཁོག་དབུབ་པའི་དེ་ལ་སོགས་པ་གསང་སྔགས་བླ་མེད་ཀྱི་ཐེག་པ་ཟབ་ལ་རྒྱ་ཆེ་བ་རྒྱ་མཚོ་དང་འདྲ་བའི་རྒྱུད་སྡེ་ཆེན་པོ་རྣམས་ལས། ལམ་དེ་ལས་བྱུང་བའི་འབྲས་བུ་ཐམས་ཅད་ཀྱི་སྙིང་པོ་དཔེ་མེ་ལོང་བཅུ་གཅིག་གིས་མཚོན་པ། རྩ་བ་དང་ཡན་ལག་གི་དམ་ཚིག་རྣམས་གཅིག་ཐོག་ན་གཅིག་འོང་བས་འཁོར་ལོ་དང་འདྲ་བའི་གཞུང་འདི་ཉིད། དཔེར་ན་བྱ་དང་པའི་མཆུ་ལ་སྒྲུ་རྩི་ཡོད་པ་ཡིས་རྒྱ་མཚོའི་ནང་ནས་འོ་མ་ཐིམ་གཅིག་ཡོད་ན་བླང་བའི་ཚུལ་གྱིས། སློབ་དཔོན་སྒེག་པའི་རྡོ་རྗེའི་བློ་ཡི་ཉེར་ལེན་གྱི་ཤེས་རབ་སྒྲུར་རྩི་དང་འདྲ་བས། རྒྱུད་སྡེ་རྒྱ་མཚོ་དང་འདྲ་བའི་ནང་ནས། འོ་མ་དང་འདྲ་བའི་གཞུང་འདི་བསྡུས་པས། དགེ་རྩ་དེས་ཀུན་ཀྱང་དམ་ཚིག་ལ་གནས་ནས་འགྲོ་ཀུན་བྱང་ཆུབ་ཐོབ་པར་ཤོག །

དེས་ཞབས་དགེ་བའི་རྩ་བ་བསྔོ་བ། དེའི་གོང་དུ་གཞུང་། དེའི་གོང་དུ་གླུད་དོན། དེ་གསུམ་གྱི་བཤད་བྱ་གཞུང་དོན། དེའི་གོང་དུ་དོན་མཐོར་བའི་བཤད་ཐབས། དེའི་གོང་དུ་འཇུག་ངོ་ཤེས་པའི་ཆོས་ངོས་བཟུང་། དེ་གསུམ་གྱི་གོང་འཆད་ཉན་བྱེད་པ་དམ་ཆོས་ཀྱི་རྣམ་བཞག་དེ་སོང་ནས། གསུམ་པ་འཆད་ཉན་མཐར་ཕྱིན་པའི་རྒྱུ་མཚན་ནི། དམ་ཚིག་རྡོ་རྗེའི་གསལ་བཀྲ་ཞེས་བྱ་བ་བླ་མེད་སྤྱིའི་བསྡུས་པའི་དམ་ཚིག་རྒྱུད་ནས་འཐོར་བའི་དོན་རྣམས་མདོར་བསྡུས་པ། རྡོ་རྗེ་བཞད་པ་ནི་སྒེག་མོ

ལ་མི་ཏོག་ཕོག་པའི་གསང་མཚན་ཡིན་པས། སློབ་དཔོན་ཆེན་པོ་སྒེག་པའི་རྡོ་རྗེ་གསུང༷ས་སོ༷། ། རྫོག༷ས་སོ༷་ནི་ཚིག་དོན་ལྷག་མ་མ་ལུས་པའི་ཐ་ཚིག་གམ། གནས་སྐབས་རེ་ཞིག་རྫོགས་ནས་བཤད་དུ་མ་མཆིས་པའི་དོན་དུ་གདའོ། །ཚུལ་འདི་ནི་སྔར་འགྲེལ་པ་ཐབས་ཅད་ལ་གཞི་བླངས་ནས། གཞུང་ལུགས་མ་ནོར་བའི་དགོངས་པ་དག་ལྡན་གསལ་བའི་མེ་ལོང་ཞེས་བྱ་བ་འདི་གསང་སྔགས་རྡོ་རྗེ་འཛིན་པ་ཡེ་ཤེས་རྒྱལ་མཚན་གྱིས་སྦྱར་སོ།། །

༄ ཡེ་ནས་གནས་པའི་ཆོས་ཉིད་ལྷུན་གྲུབ་དེ། །ཤེས་རབ་སྤྱན་གྱིས་མ་ལུས་དབྱིངས་སུ་གཟིགས། །རྒྱལ་བ་ཀུན་དང་དགོངས་པ་དབྱེར་མེད་བཞུགས། །མཚན་མཆོག་དོན་ལྡན་དེ་ཡི་ཞབས་ལ་འདུད། །གསུངས་རབ་རྒྱུད་སྡེ་ཆུ་གཏེར་ཆེན་པོ་ལས། །དེད་དཔོན་ཆེན་པོ་སྒེག་པའི་རྡོ་རྗེ་ཡིས། །ཤེས་བྱ་འབྱེད་པའི་ཤེས་རབ་གྲུ་གཟིངས་ཐོག །བསྲུང་བའི་དོན་མཆོག་རིན་ཆེན་རྒྱལ་པོ་ལེན། །ལྷ་སྐྱེས་དབང་པོ་ཧཱུྃ་ནའི་མཚན་ཅན་གྱིས། །ལུང་རིགས་དུ་མས་ཕྱི་དོར་བྱས་ནས་ཀྱང་། །གངས་ཆེན་ཁྲོད་འདིར་རྒྱལ་མཚན་རྩེ་ལ་ཕྱུར། །དད་ལྡན་ནོར་འདོད་གསང་སྔགས་རིགས་ཅན་དེས། །ཐོས་བསམ་སྒོམ་པས་ཡིངས་མེད་གསོལ་བ་ཐོབ། །སྐུ་ལྷ་ལྷུན་གྲུབ་ནོར་གྱིས་ཕྱུག་གོ་སྐམ། །འདི་ཕྲིས་དྲི་མེད་གང་གཱའི་ཆུ་རྒྱུན་དེས། །འགྲོ་མང་གཟུང་འཛིན་དྲི་མ་ཀུན་བཀྲུ་བས། །ཅི་བཞིན་མ་ནོར་འདི་ཉིད་དོན་རྟོགས་ནས། །དོན་གཉིས་ལྷུན་གྲུབ་ཆུ་གཏེར་འཇུག་པར་ཤོག །

༄ བདག་ནི་ཚེ་རབས་སྐྱེ་བ་ཐམས་ཅད་དུ། །ལུང་བསྟན་ཐོབ་པ་འཕགས་པའི་ཞབས་དྲུང་དུ། །གནས་ལུགས་རྟོགས་པའི་དོན་དང་རབ་ལྡན་ནས། །བྱང་ཆུབ་མིང་ཅན་བྱང་ཆུབ་ཐོབ་པར་ཤོག །བླ་མའི་ཞབས་རྡུལ་སྤྱི་བོས་ལེན་ཅིང་འབངས་ཐམས་ཅད་ཀྱི་ཐ་མར་གྱུར་པ་བྱང་ཆུབ་བཟང་གིས། བདག་དང་མཚུངས་པའི་གྲོགས་མཆེད་འགའ་འགའི་དོན་དུ་ཞུ་བ་ཡང་ཡང་ཕུལ་བས། བླ་མའི་ཐུགས་རྗེ་གདུལ་བྱ་ལ་ཉེ་བར་དགོངས་ནས། བདེ་བར་གཤེགས་པ་ཐམས་ཅད་ཀྱི་གསང་བའི་མཛོད་བརྗོལ་ནས། མན་ངག་སྙིང་ཁུ་ཡང་ཞུན་གྱི་ཐིགས་པ་དག་ལྡན་གསལ་བའི་མེ་ལོང་ཞེས་བྱ་བའི་ཡི་གེའི་རིས་སུ་ཕྲིས་པ་འདི་རེ་ཞིག་རྫོགས་སོ།། །།

བཀྲ་ཤིས་པར་གྱུར་ཅིག །མངྒ་ལཾ་བྷ་བ་ཏུ། དགེའོ། །དགེའོ། །དགེའོ།། །།

༄༅། །གསང་བ་སྔགས་ཀྱི་དམ་ཚིག་གི་རིམ་པ་མདོར་བསྡུས་པ་ཆོས་རྗེ་གཙང་སྟོན་པས་མཛད་པ་བཞུགས་སོ། །

གཙང་སྟོན་དོ་རྗེ་རྒྱལ་མཚན།

ཨོཾ་སྭ་སྟི། རང་བྱུང་ཡེ་ཤེས་མཐའ་བྲལ་ནམ་མཁའ་ལ། །ཡོན་ཏན་ཟད་མེད་ཡིད་བཞིན་རིན་ཆེན་བཞིན། །འཛིན་པ་བྲལ་བའི་ཐུགས་རྗེ་ཆེན་པོ་ཡིས། །འགྲོ་རྣམས་སྒྲོལ་མཛད་རྗེ་བཙུན་རྣམས་ལ་འདུད། །

སྤྱིར་གསང་སྔགས་ཀྱི་དམ་ཚིག་ལ་བསམ་གྱིས་མི་ཁྱབ་ཀྱང་མདོར་བསྡུ་ན་དོན་བཅུ་སྟེ། ངོ་བོ་དང་རྣམ་གྲངས་དང་། བསྲུང་ཐབས་དང་། ཉམས་རྒྱུ་དང་། ཉམས་པའི་སྔ་རྟགས་ཚེ་འདི་ལ་འབྱུང་བ་དང་། ཉམས་པའི་སྐྱོན་དང་། མ་ཉམས་པའི་ཡོན་ཏན་དང་། ཉམས་ན་བསྐང་བའི་ཐབས་དང་། དམ་ཚིག་གི་དཔེ་དང་། མདོ་ཆོས་ཉིད་དུ་བསྡུ་བ་དང་བཅུའོ། །

དེ་ལ་དང་པོ་ངོ་བོ་ནི། དམ་ཚིག་དཔག་ཏུ་མེད་ཀྱང་རྩ་བ་ཡན་ལག་གཉིས་སུ་འདུས་དེ་ལ་ཡན་ལག་གི་དམ་ཚིག་ཀྱང་རྩ་བའི་དམ་ཚིག་བཞིར་འདུས། དཔེར་ན་འབྱུང་བཞི་ནམ་མཁའི་ཁོང་དུ་འདུས་པ་དང་འདྲ་བར། རྩ་བ་བཞི་ལ་སོགས་པ་ཀུན་ཀྱང་སེམས་ཉིད་མཉམ་པ་ཉིད་ཆོས་སྐུའི་ངང་དུ་ཆུ་ནང་གི་རླབ་ལྟར་དབྱེར་མེད་པར་རྟོགས་པ་ནི་དམ་ཚིག་གི་ངོ་བོའོ། །

གཉིས་པ་རྣམ་གྲངས་ནི། བསྲུང་བའི་ཐབས་སུ་བཤད་པས་འདིར་མ་བརྗོད་དོ། །

གསུམ་པ་བསྲུང་བའི་ཐབས་ལ། རྩ་བ་དང་། ཡན་ལག་གི་དམ་ཚིག་གཉིས་སོ། །དེ་ཡང་རྩ་བའི་དམ་ཚིག་ལ་བཞི་སྟེ། བྱང་ཆུབ་སེམས་དང་སྐུ་གསུང་ཐུགས་སོ། །བྱང་ཆུབ་སེམས་ལ་གཉིས་ཏེ༑ ཀུན་རྫོབ་བྱང་ཆུབ་ཀྱི་སེམས་ནི། ཕུང་པོ་ཁམས་ཐམས་ཅད་རྒྱལ་བའི་དཀྱིལ་འཁོར་དུ་ལྷུན་

གྱིས་གྲུབ་པར་རྟོགས་ནས། དེ་ཡང་སེམས་ཉིད་དང་དབྱེར་མེད་པ་ནི། ཀུན་རྫོབ་བྱང་ཆུབ་ཀྱི་སེམས་སོ། །དོན་དམ་པ་བྱང་ཆུབ་སེམས་ནི། སྣང་སྲིད་ཀྱི་ཆོས་ཐམས་ཅད་རང་བྱུང་གི་ཡེ་ཤེས་ཆོས་ཀྱི་སྐུར་གྲུབ་པར་རྟོགས་པ་ནི། དོན་དམ་པ་བྱང་ཆུབ་ཀྱི་སེམས་སོ། །དེ་ལྟར་མ་རྟོགས་ཤིང་བསྐུར་རམ་མ་མོས་ན་ཉམས་པའོ། །སྐུ་ཡི་དམ་ཚིག་ལ་གཉིས་ཀྱི། དང་པོ་སློབ་དཔོན་དྲུག་ནི། སྤྱིའི་སློབ་དཔོན། སྐྱབས་འགྲོ་ཐུན་མོང་བ་ཡན་ཆད་རྒྱུ་མཚན་ཉིད་ཀྱི་ཆོས་ཞུས་པའོ། །དེ་ནི་དཔེར་ན་སྤྱིར་རྒྱལ་ཁྲིམས་ལ་གནས་པའི་རྒྱལ་པོ་ཙམ་དུ་བཀུར་རོ། །འདྲེན་པའི་སློབ་དཔོན་ནི། དཔེར་ན་རྒྱལ་བུ་རྒྱལ་སར་བཏོན་པས་དྲིན་ཆེན་གྱི་ཁུར་བ་ཙམ་དུ་བཀུར་རོ། །དམ་ཚིག་དབོག་པ་དང་དབང་བསྐུར་བའི་སློབ་དཔོན་ནི། མས་བུ་བསྐྱེད་པ་དང་འདྲ་བར་བུ་གཅིག་པའི་མ་ཙམ་དུ་བཀུར་རོ། །ཆག་ཉམས་སྐོང་བའི་སློབ་དཔོན་ནི། རྒྱལ་བུ་རྒྱལ་ཁྲིམས་ལ་ཐུགས་ནས་ཕས་བཏོན་པ་དང་འདྲ་བར་ཕ་བཟང་པོ་ཙམ་དུ་བཀུར་རོ། །ཤེས་རྒྱུད་གྲོལ་བའི་སློབ་དཔོན་ནི། ཐོས་པས་རང་རྒྱུད་བགྲོལ་བ་ཡིན་ཏེ། མིག་གིས་ཕྱི་ནང་མཐོང་བ་དང་འདྲ་བར་མིག་ཙམ་དུ་བཀུར་རོ། །མན་ངག་གི་སློབ་དཔོན་ནི། བསྐྱེད་རྫོགས་ཀྱི་གདམས་ངག་དབོག་པ་ཡིན་ཏེ། གདམས་ངག་མེད་ན། ཆོས་ཤེས་ཀྱང་འབྲས་བུ་མི་ཐོབ་པས་སྙིང་དང་འདྲ་སྟེ་ཡན་ལག་གང་གིས་ཀྱང་འཆི་བར་མི་ནུས་པས་སྙིང་ཙམ་དུ་བཀུར་རོ། །

གཉིས་པ་མཆེད་ལ་རྣམ་པ་བཞི་སྟེ། སྤྱི་ཡི་མཆེད་ནི། སེམས་ཅན་ཐམས་ཅད་ལ་སངས་རྒྱས་ཀྱི་རྒྱུ་ཡོད་པས་སྤྱི་ཚན་བཟང་པོ་ཙམ་དུ་བཀུར་རོ། །རིང་བའི་མཆེད་ནི་ཆོས་སྒོར་ཞུགས་པ་ཐམས་ཅད་ཡིན་ཏེ་ནང་ཚན་བཟང་པོ་ཙམ་དུ་བཀུར་རོ། །ཉེ་བའི་མཆེད་ནི། གསང་སྔགས་ཀྱི་སྒོར་ཞུགས་པ་ཐམས་ཅད་ཡིན་ཏེ་ཕ་སྤུན་མཐུན་པོ་ཙམ་དུ་བཀུར་རོ། །འདྲིས་པའི་མཆེད་ནི། སློབ་དཔོན་གཅིག་ལ་དབང་དང་གདམས་ངག་ལྷན་གཅིག་ཏུ་ཞུས་པ་ཡིན་ཏེ། སྤུན་མཐུན་པོ་ཙམ་དུ་བཀུར་རོ། །སློབ་དཔོན་དང་མཆེད་ཀྱི་དཔེ་བཅུ་པོ་དེ་ཡང་འཇིག་རྟེན་གྱི་དམན་པ་དང་ཆ་ཞེན་པ་ལྟར་མ་ཡིན་པར། དེ་བས་ལྷག་པར་བཟང་བར་བལྟ་ཞིང་བཀུར་རོ། །

སློབ་དཔོན་དག་མཆེད་ཀྱི་དམ་ཚིག་ཐུན་མོང་དུ་བསྲུང་བའི་ཐབས་ནི། ལུས་ངག་ཡིད་

གསུམ་གྱི་སྒོ་ནས་བསྲུང་སྟེ། ལུས་ཀྱི་སྒོ་ནས་ཟས་དང་ནོར་ལོངས་སྤྱོད་ཐམས་ཅད་འབུལ་བ་ཡང་། གསང་བའི་སྙིང་པོ་ལས། རྒྱལ་སྲིད་དང་ནི་རང་གི་ལུས། །བུ་དང་ཆུང་མ་ནོར་གྱི་དབྱིག །རབ་ཏུ་གཅེས་དང་ཡིད་འཐད་འབུལ། །ཞེས་དང་། དགོངས་པ་འདུས་པ་ལས་ཀྱང་། དམ་པའི་རིགས་སུ་གྱུར་པ་ན། །རྫེས་ཀྱི་རིགས་དང་འཐད་པའི་ཡོན། །ནོར་གྱི་དབྱིགས་དང་ན་བཟའི་མཆོག །རྟ་མཆོག་འཚོ་བའི་ཟས་མཆོག་རྣམས། །འབུལ་ལ་གསོལ་བས་མཉེས་པར་བྱ། །དེས་ནི་ནད་དང་དབུལ་ལ་སོགས། །བཀྲེས་དང་ཚ་བའི་སྡུག་བསྔལ་གྱིས། །ནམ་ཡང་འདེབས་པར་མི་འགྱུར་རོ། །ཞེས་གསུངས་སོ། །ཟས་ནོར་ལ་སོགས་པ་ཐམས་ཅད་ཀྱང་སྤྱིར་མ་ལྟར་འཕང་བ་མེད་པར་འབུལ་ལོ། །ཞབས་འབྲིང་ཡང་གཤེགས་བཞུད་ལ་སོགས་པ་བླ་མ་ཅི་ལྟར་མཉེས་པར་ལྟར་བྲན་གྱི་ཐ་མལ་ལྟར་བྱའོ། །ངོ་བོའི་མ་དྲིན་ཆེ་བ་ལྟར་མི་བསམ། བླ་མའི་རིགས་དང་འཁོར་ལ་སོགས་པ་ཀུན་ཀྱང་དེ་དང་མཚུངས་ཏེ། ཟས་ནོར་ལ་སོགས་པ་མི་བླང་བ་དང་། ཤིན་ཏུ་གདུང་བར་བྱའོ། །ངག་གི་སྒོ་ནས་བླ་མ་དང་གྲོགས་པོའི་སྐྱོན་སྨྲ་བ་དང་། ཡོན་ཏན་བསྒྲག་པ་དང་། རྒྱུ་མཚན་འདི་འདྲ་ཞེས་ཚུལ་ཡང་བསྒྲགས་པ་མ་ཡིན་ན། སྐྱོན་དང་བསྐུར་པ་ལ་སོགས་པ་ནི་འཛིག་རྟེན་བྲེ་མོའི་གཏམ་དུ་ཡང་བརྗོད་པར་མི་བྱའོ། །ཡིད་ཀྱི་སྒོ་ནས་གཡོ་སྒྱུ་དང་ཕྲག་དོག་དང་། ངན་དང་། དཔྱ་སེམས་དང་། ནོར་ལ་བརླམ་པ་ལ་སོགས་པ་སེ་གོལ་ཙམ་གྱི་ཡུན་དུའང་བྱ་བ་མ་ཡིན་ནོ། །དེ་ཡང་ཕྲ་རྒྱུས་ལས། ཆགས་སྡང་གཏི་མུག་ང་རྒྱལ་དང་། །ཕྲག་དོག་དུག་ལྔའི་སེམས་མི་བྱ། །ངན་དུ་མི་སེམས་ཅི་བར་སེམས། །ཕ་མ་ཡི་དམ་འདྲ་བར་སེམས། །རྟག་ཏུ་གདུང་བ་རྒྱུན་མི་བཅད། །བྱང་ཆུབ་གཟུངས་ལ་ཞུགས་པ་ཡིན། །ཞེས་གསུངས་པས་མཉེས་པའི་ཐབས་སུ་ཟས་ནོར་དང་ལུས་འབུལ་བ་དང་། དད་པ་དང་ཤེས་རབ་དང་སྒྲུབ་པ་ལ་སོགས་པ་ཅི་བྱས་ཀྱང་བླ་མ་དང་གྲོགས་པོ་མཉེས་པར་བྱེད་ཅིང་། བཀའི་མཐིལ་གཅིག་པ་ལྟ་ཅི་སྨྲོས། ཟུར་ཡང་མི་གཅིག་པའི་རྣལ་འབྱོར་བ་ནི་སངས་རྒྱས་ཀུན་གྱི་རྒྱུན་ལ་ཞུགས་པས་འཁོར་བར་མི་ལྡོག་པར་རྒྱལ་བ་ཀུན་ཏུ་བཟང་པོས་གསུངས་སོ། །དེ་ཡང་དམ་ཚིག་བཀོད་པ་ལས། དམ་ཚིག་མ་ཉམས་པར་སྲུང་ན། །ཀུན་བཟང་ང་དང་སྐལ་པ་མཉམ། །ཞེས་གསུངས་སོ། །བཀའ་བཅག་ཀྱང་མི་སྡོ་བའི་སྐབས་ནི། གདུང་བར་

ཆད་སློབ་དཔོན་གྱི་ཆ་བྱད་དུ་བྱུང་བ་དང་། སློབ་དཔོན་སྨྱོས་པ་དང་། ཆང་དང་གདོན་དབང་དུ་སོང་བ་དང་། ལོག་པའི་ལམ་ལ་འགོད་ཅིང་དགེ་བའི་གེགས་བྱེད་ནས་སྡིག་པའི་ལས་ལ་བསྐུལ་བ་དང་། བཀའ་བདེན་པ་མི་སྟོན་ཅིང་མུ་སྟེགས་དང་ལོག་པའི་ཆོས་སྟོན་པར་བྱེད་ན་བཀའ་བཅག་པ་ནི་མི་སྡོ་སྟེ་གནས་སྐབས་བཞིའོ། །གྲོགས་པོ་ཡང་དཀར་པོ་ལ་སྨོད་ཅིང་ནག་པོ་ལ་བསྟོད་པ་དང་། བཀའ་དང་དམ་ཚིག་ལ་འགལ་ཞིང་མཆེད་ལ་བརྩེ་གདུང་མེད་ཅིང་འཁྲུ་བ་དང་། དད་པ་ཅན་གྱི་ཚོགས་གཙོག་ཅིང་། དགེ་བ་ཅན་གྱི་ཐུགས་དཀྲུགས་པ་དང་། ཆོས་ལ་མི་དད་ཅིང་དགེ་འདུན་ལ་མི་མོས་ན་བཀའ་བཅག་ཀྱང་མི་སྡོ། དེ་བས་ཞིབ་པར་བླ་མ་ལྔ་བཅུ་ལ་སོགས་གཞུང་གཞན་དུ་རྒྱས་པར་བལྟའོ། །དེས་སྐུའི་དམ་ཚིག་བསྲུང་ཐབས་སོ། །གསུང་གི་དམ་ཚིག་ལ་སྔགས་གསུམ་མུ་དྲ་རྣམ་པ་བཞི་སྟེ། རྒྱ་མཚོར་བརྒྱ་བའི་སྔགས་ཡི་དམ་ལྷའི་སྙིང་པོ་དང་། བསྐྱེད་པ་རྐྱེན་གྱི་སྔགས་ལྷའི་སྐུ་བསྐྱེད་པའི་སྔགས་དང་། བསྐུལ་བ་ལས་ཀྱི་སྔགས་ཕྲིན་ལས་ཀྱི་སྔགས་ཐམས་ཅད་དོ། །ཕྱག་རྒྱ་རྣམ་པ་བཞི་ནི། སྐུ་ཕྱག་རྒྱ་ཆེན་པོ་ཡི་དམ་གྱི་ལྷ་བསྒོམ་པ་དང་། གསུང་ཆོས་ཀྱི་ཕྱག་རྒྱ་སྔགས་དང་བཟླས་བརྗོད་ལ་སོགས་པ་ཐམས་ཅད་དང་། ཐུགས་དམ་ཚིག་གི་ཕྱག་རྒྱ་ཐུགས་ཀར་བསྒོམ་པ་དང་། འཕྲོ་འདུ་ཕྲིན་ལས་ཀྱི་ཕྱག་རྒྱ་ཏིང་ངེ་འཛིན་གྱི་འགྲོ་དོན་བྱེད་པ་ལ་སོགས་པ་ཐམས་ཅད་དོ། །རྫོགས་རིམ་ལྟར་ན། སྣང་བ་ཐམས་ཅད་སྐུ་ཕྱག་རྒྱ་ཆེན་པོ། དེ་རང་བཞིན་མེད་པ་གསུང་ཆོས་ཀྱི་ཕྱག་རྒྱ། དེ་དབྱེར་མེད་ཐུགས་དམ་ཚིག་གི་ཕྱག་རྒྱ། དེའི་ངང་ལ་བྱ་བ་བྱེད་པ་མི་འགགས་པ་ལས་ཀྱི་ཕྱག་རྒྱའོ། །

དེ་ལྟར་རང་གི་ལུས་ངག་ཡིད་གསུམ་ཡི་དམ་ལྷའི་སྔགས་གསུམ་དང་། དབྱེར་མེད་པ་དུས་གསུམ་དང་སྤྱོད་ལམ་བཞིར་ཡང་དང་ཡང་དུ་ཏིང་ངེ་འཛིན་དང་སྔགས་ཀྱི་བཟླས་པ་བྱེད་པ་ནི། བླ་ན་མེད་པའི་བྱང་ཆུབ་ཀྱི་གཟུངས་ཀྱིས་ཟིན་པ་ཡིན་པས། བྱང་ཆུབ་ཀྱི་གཟུངས་ལ་ཞུགས་ཅེས་བྱའོ། །དེ་ལྟ་བུ་ལ་རབ་རྒྱུན་ཆད་མེད་པ། འབྲིང་ཉིན་དུས་དྲུག་དང་མཚན་དུས་དྲུག་དང་། ཐུན་བཞི་དང་། ཐུན་གསུམ་དང་། ཐ་མ་ཉིན་ལན་གཅིག་མཚན་ལན་གཅིག་ལ་སོགས་པར་བརྩོན་འགྲུས་བསྐྱེད་དེ་འབད་ལ་ཉམས་སུ་བླང་ངོ་། །གཞན་ཡང་དེའི་ཡན་ལག་ཏུ་ཚོགས་དང་། གཏོར

མ་ལ་སོགས་པ་ཡང་ཅི་ལྟར་འབྱུངས་ལ་གཞུང་བཞིན་དུ་བགྱིའོ། །དེ་ལྟར་མི་བྱེད་པར་ཡལ་བར་དོར་ནས་གཡེངས་པ་ལ་ཤོར་ན་བྱང་ཆུབ་ཀྱི་ས་བོན་བརླག་པ་ཡིན་ནོ། །དེ་ནི་གསུང་གི་དམ་ཚིག་གོ། ཐུགས་ཀྱི་དམ་ཚིག་ནི། གསང་བའི་མན་ངག་གི་དོན་རྣམ་པ་བཅུའོ། །ལྟ་བ་ཟབ་མོ་མན་ངག་གི་དོན་གསང་བ་དེའི་རྗེས་སུ་ཞུགས་པའི་སྤྱོད་པ་ཟབ་མོ་གསང་བ་དང་། ཡི་དམ་གྱི་ལྷ་དང་། གསང་མཚན་དང་། དབང་དང་སྒྲུབ་པའི་དུས་ཀྱི་གཟུངས་མ་དང་། རྨི་ལམ་དང་། ཡོན་ཏན་དང་། གྲུབ་རྟགས་ལ་སོགས་པ་ཅི་བྱུང་བ་ཐམས་ཅད་གསང་ངོ་། །

གཞན་ཡང་སྒྲུབ་པའི་གནས་དང་། ནམ་སྒྲུབ་པའི་དུས་དང་། རྫས་དང་ལག་ཆ་ཅི་དགོས་ཐམས་ཅད་ཤིན་ཏུ་གསང་ངོ་། །གཞན་ཡང་གསང་བར་འོས་པ་ནི། དཀོན་མཆོག་ལ་བསྔོས་པའི་ཕུད་དང་། ནང་བའི་གཏོར་མ་དང་། ཚོགས་མཆོད་དང་། བྷནྡྷ་མཚན་དང་། ལྷའི་རྟེན་གྱི་ཕུར་པ་དང་། ཡང་དག་གི་བསྒྲུབ་པ་ལ་དགོས་པའི་རྐྱང་བུ་དང་། བམ་གྱི་དབང་པོ་ལྔ་དང་། གསང་སྔགས་ལ་དགོས་པའི་དམ་རྫས་ལ་སོགས་པ་ཀུན་གསང་ངོ་། །གསང་བར་གཉེར་གཏད་པ་ནི། གྲོགས་པོའི་སྤྱོད་པ་ངན་པ་དང་། མཚང་དང་། སེམས་ཅན་གྱིས་ངན་སྤྱོད་དང་། སེམས་ཅན་ལ་གནོད་པའི་སྤྱོད་རིགས་རྒྱུ་དང་རྙིར་དང་ས་མདའ་ལ་སོགས་པ་ཐམས་ཅད་ནི་གསང་བ་བླ་ན་མེད་པ་བྱང་ཆུབ་ཀྱི་རྒྱུ་ཡིན་ནོ། །

གཞན་ཡང་སློབ་དཔོན་དང་། གྲོགས་པོའི་གསུང་གསང་བ་ཐམས་ཅད་ཀྱང་གསང་ངོ་། །དེ་ལྟར་མ་གསང་ནས་བཟླས་ན་སེམས་ཅན་གསང་སྔགས་ལ་མི་མོས་ཏེ། ལོག་ལྟ་སྐྱེ་སྟེ་སྡིག་ཆེའོ། །དེ་བས་གསང་སྔགས་སྐྱོན་ཡོད་མ་ཡིན་ཏེ། སེམས་ཅན་དོན་ཕྱིར་རབ་ཏུ་གསང་། །གསང་ཐུབ་དངོས་གྲུབ་མི་ཉམས་པས། །གསང་ཕྱིར་མན་ངག་སྣ་ཚོགས་གསང་། །ཞེས་གསུངས་པ་དང་། གསང་ན་དངོས་གྲུབ་མི་ཉམས་པ་དང་། རང་གཞན་གྱི་དོན་ཐམས་ཅད་འགྲུབ་བོ། །གསང་བའི་ཡུལ་ཡང་། བསྒྲལ་བའི་ཞིང་བཅུ་དང་། མ་སྨིན་པ་དང་། དམ་མ་འདྲེས་པ་དང་། དམ་འདྲེས་ཀྱང་ཉམས་པ་དང་། འཚོགས་པ་ལ་གསང་ངོ་། །དེ་ཡང་ལུས་ཀྱི་སྒྲ་བ་དང་། ངག་གིས་རྡོ་རྗེའི་ཚེ་ཡོད་ཀྱང་མི་བརྗོད་པ་དང་། སེམས་ཀྱིས་བསྟན་པར་མི་བསམ་པ་དང་། དེ་ལྟ་བུས་ཤིན་ཏུ་གསང་བར་གདམས

པའོ། །དེ་ཡང་ས་མ་ཡ་བཀོད་པ་ལས། །ཀུན་བཟང་བཀའ་དང་ངེས་པའི་ལུང་། །གསང་བ་བཅུ་པོ་བཅུ་པོ་དག །མན་ངག་གཞན་ལ་མི་སྤེལ་བ། །དེ་ཡང་ལུས་ངག་སེམས་རྣམས་ཏེ། །ལུས་ཀྱི་སྤྱོད་པ་བརླངས་པོ་སྣང་། །ངག་གིས་རྡོ་རྗེའི་ལྡེ་ཡོད་ཀྱང་། །བརྗོད་པ་དག་ཏུ་བྱ་བ་མིན། །ཞེས་སོ། །འོ་ན་ཡེ་མི་བཤད་དམ་ཅེ་ན། ཡང་དེ་ཉིད་ལས། དབང་བསྐུར་གནང་བ་གང་ཐོབ་པ། །སྣོད་དང་ལྡན་པའི་སྐྱེས་བུ་ལ། །ཐབས་ཀྱིས་སླ་བ་གང་བྱེད་པ། །འདི་ནི་བསྲུང་བའི་རིམ་པ་སྟེ། །དངོས་གྲུབ་འབྲས་བུ་ཆུད་མི་ཟ། །ཞེས་གསུངས་སོ། །དེ་ནི་རྩ་བའི་དམ་ཚིག་གི་རྣམ་པ་བཞིའོ། །

ཡན་ལག་གི་དམ་ཚིག་རྣམ་པ་གཉིས་ཏེ། ཐུན་མོང་དང་། ཁྱད་པར་ལ་རྣམ་པ་ལྔ་སྟེ། སྤྱོད་པའི་དམ་ཚིག་ལྔ་དང་། མི་སྤང་བའི་དམ་ཚིག་ལྔ་དང་། དང་དུ་བླང་བའི་དམ་ཚིག་ལྔ་དང་། ཤེས་པར་བྱ་བའི་དམ་ཚིག་ལྔ་དང་། བསྒྲུབ་པར་བྱ་བའི་དམ་ཚིག་ལྔའོ། །སྤྱོད་པར་བྱ་བའི་དམ་ཚིག་ལྔ་ནི། སྒྲོལ་བ་དང་། སྦྱོར་བ་དང་། མ་བྱིན་པར་བླངས་པ་དང་། རྫུན་སྨྲ་བ་དང་། ངག་བརླངས་པའོ། །སྒྲོལ་བ་ལ་བདུན་ནི། རང་བཞིན་ལྟ་བའི་སྦྱོར་སྒྲོལ་ནི། སྣང་སྲིད་ཀྱི་ཆོས་ཐམས་ཅད་ཆོས་ཉིད་སྐྱེ་བ་མེད་པ་རྟོགས་པ་ནི་སྦྱོར་བ་སྟེ། དངོས་པོ་དང་མཚན་མར་མི་གནས་པས་སྒྲོལ་བའོ། །ཏིང་ངེ་འཛིན་གྱི་སྦྱོར་སྒྲོལ་ནི། དེ་ལྟ་བུ་དོན་རྣམས་འགྱུར་བའི་བློ་ལ་སྦྱོར་ཙམ། རྣམ་རྟོག་དང་དངོས་འཛིན་མི་གནས་པས་སྒྲོལ་བའོ། །དབང་པོ་ཡུལ་གྱི་སྦྱོར་སྒྲོལ་ནི། ཕུང་པོ་ཁམས་དང་སྐྱེ་མཆེད་རྒྱལ་བའི་དཀྱིལ་འཁོར་དུ་སྦྱོར་བས་འཇིག་རྟེན་གྱི་དངོས་འཛིན་མི་གནས་པས་ན་སྒྲོལ་བའོ། །

ཐབས་ཆེན་པོའི་སྦྱོར་སྒྲོལ་ནི། སྟོན་དཔའ་ཆེན་པོའི་རྡུ་ཏྲ་བསྒྲལ་ནས་སེམས་ཉིད་ཟག་མེད་དུ་སྦྱོར་བའོ། །མངོན་སྤྱོད་ཕྲིན་ལས་ཀྱིས་སྒྲོལ་བ་ནི། དེང་སང་རྣལ་འབྱོར་པ་ལྟ་སྤྱོད་སྒོམ་གསུམ་ཚང་དུ་ཕྱིན་ནས་ཡུལ་བསྒྲལ་བའི་ཞིང་བཅུ་ལ་གསང་སྔགས་ཀྱི་ཕྲིན་ལས་བྱེད་ནས་ཕུང་པོ་གདོས་པོ་ཅན་དུ་བསྒྲལ་ནས་སེམས་ཟག་པ་མེད་པ་ལ་སྦྱོར་བའོ། །དེ་ཡང་ཡུལ་བསྒྲལ་བའི་ཞིང་བཅུ་ལྟ་བུ་ལ་བྱེད་པ་དང་། སེམས་ཀྱི་གཞན་ལ་སྙིང་བརྩེ་བ་དང་། བསྟན་པའི་ཆེད་དུ་བྱེད་པ་དང་། དངོས་པོ་ཡེ་ཤེས་ཀྱི་དཀྱིལ་འཁོར་ཚད་དུ་སྐྱོལ་བས་བྱེད་པ་དང་། དེ་ལྟར་བྱེད་ན་སྒྲོལ་བའི་དམ་ཚིག་སྟེ། དེ་བསྒྲལ་བས་ཁོའི་འབྲས་བུ་རྫོགས་པ་དང་། སེམས་བདེ་བ་དང་། བསྟན་པ་རྒྱས་པ་དང་།

བྱང་ཆུབ་འཕེལ་བར་འགྱུར་རོ། །དེ་ལྟར་བསྔལ་བའི་དགོས་ཆེད་ཀྱང་། །ལྷ་མཉེས་བདག་གི་དམ་སྐོངས་ཤིང་། །ལས་ངན་བར་ཆད་སྟུག་ཡུན་ཐུང་། །རང་གིས་བསགས་མེད་ངན་སོང་ལ། །བདེ་ལམ་འདི་ལས་གཞན་མེད་དོ། །ཐབས་ཀྱི་སྤྱོད་པས་འཆིང་གྱུར་ན། །བྱང་ཆུབ་སེམས་དཔའ་འདུལ་དབང་གིས། །ཇོན་དང་སླད་འཚོང་སྟོན་པའང་ལྟུང་། །ཁེ་དང་སྤྱོད་པ་དེ་མེད་ཕྱིར། །ཐབས་ཆེན་ལམ་ལ་གནས་པ་ཡི། །སྐྱེས་བུ་ཀུན་གྱིས་བྱ་བར་འབྱུང་། །ཞེས་གསུངས་པས་རེ་ཚ་དང་ཁེ་དང་ཟས་ནོར་དང་། འདོད་པའི་ཕྱིར་བྱས་ན་ཉམས་པའོ། །མུ་སྟེགས་དང་ཕྲ་མེན་གྱིས་སྦྱོར་བར་མི་ནུས་སོ། ། དེ་ལྟ་བུ་ཀུན་ཀྱང་རྒྱུད་ལུང་གི་དོན་གོ་བས་ཏིང་ངེ་འཛིན་གྱིས་ཉམས་སུ་ལེན་པ་གལ་ཆེའོ། །སྦྱོར་བའི་དམ་ཚིག་ནི། དབང་དང་སྒྲུབ་པའི་དུས་ཀྱི་ཕྱག་རྒྱ་ལམ་དུ་ཁྱེར་བའོ། །དེ་ཡང་ཞེན་པ་དང་དངོས་འཛིན་གྱིས་བྱས་ན་ཉམས་པའོ། །

རྫུན་དུ་སྨྲ་བའི་དམ་ཚིག་ལ་བཅུ་བདུན་ཏེ། ལྟ་བའི་རྫུན་གསུམ་ནི། ལུས་ངག་ཡིད་གསུམ་རང་བཞིན་གྱིས་མ་གྲུབ་པར་རྟོགས་ཙཾ། དངོས་པོ་ཐམས་ཅད་རྫུན་དུ་སོང་བའོ། །གནོད་པའི་རྫུན་བཞི་ནི། ཡུལ་དཀོན་མཆོག་གསུམ་ལ་གནོད་པ་དང་། སློབ་དཔོན་དང་གྲོགས་པོ་དང་། སེམས་ཅན་ཐམས་ཅད་གནོད་པ་སྤོང་བའི་ཐབས་སུ་རྫུན་གྱི་རྣམ་པ་ཅི་སྨྲས་ཀྱང་དམ་ཚིག་དང་ལྡན་པར་འགྱུར་རོ། །གསང་བའི་རྫུན་བཅུ་ནི། གསང་བའི་མན་ངག་རྣམ་པ་བཅུ་ལ་སོགས་པ་ཐུགས་ཀྱི་དམ་ཚིག་གི་སྐབས་སུ་བཤད་པ་ཐམས་ཅད་དང་། གསང་བའི་དོན་ཐམས་ཅད་ལ་གསང་བའི་ཕྱིར་རོ། ། རྫུན་དུ་སྨྲ་བ་ནི་རྫུན་དུ་སྨྲ་བའི་དམ་ཚིག་ཅེས་བྱའོ། །དེ་ལྟར་མ་ཡིན་པར་གཞན་གནོད་པར་སྨྲ་ན་ཉམས་པའོ། །མ་བྱིན་པ་ལེན་པའི་དམ་ཚིག་ནི། བསྒྲལ་བའི་ཞིང་བཅུ་ལ་མ་བྱིན་པར་ལེན་ཐབས་ནི་ཚར་གཅོད་པའོ། །གཞན་ཡང་གཟུངས་མ་མཚན་དང་ལྡན་པ་དང་། རྙན་རྣ་མཚན་དང་ལྡན་པ་དང་། གསང་སྔགས་བྱིན་རླབས་ཅན་གྱི་རྫས་དང་། ཆོས་ཟབ་མོ་དང་། དེ་ཀུན་ཞིང་ངན་པའི་སྟོད་དུ་འདུག་ན་བླང་ངོ་། །གཞན་ཡང་ས་འོག་གི་གཏེར་དང་། ཕྱུག་པོ་སེར་སྣ་ཅན་གྱི་ནོར་ཡང་བླངས་བླ་མ་དཀོན་མཆོག་གི་ཕྱོགས་སུ་བཏང་ངོ་དེ་ཡང་དམ་ཚིག་བཀོད་པ་ལས་སེར་སྣས་བཅིངས་པའི་ཡོ་བྱད་དང་། དངོས་གྲུབ་ཀྱི་རྫས་ཐ་མལ་པས་འཆང་བ་རྣམ་པ་རྣམས་བླངས་ལ་བྱིན་རླབས་ཀྱི་

རྗེན་དུ་བྱ་བ་ནི་དམ་ཚིག་གོ། །རང་རྒྱལ་དུ་གཞན་གྱི་ཡོ་བྱད་འཕྲོག་པ་ནི་ཉམས་པའོ། །ཞེས་པས། རང་འདོད་ཀྱི་ཆེད་དུ་བྱ་ན་ཉམས་པའོ། །ངག་བརླངས་པོའི་དམ་ཚིག་ནི། བརྒྱལ་བའི་ཞིང་བཅུ་ལ་ཐབ་པ་ནི་ཚར་གཅོད་པའི་དམ་ཚིག་གོ། །སློབ་བུའི་སྣོད་བཅོས་པ་དང་། གཞན་དག་ཆོས་ལ་གཟུད་པའི་སླད་དུ་གཤེ་བ་དང་། གསང་སྔགས་ཀྱི་བར་དུ་གཅོད་པའི་འབྱུང་པོ་ལ་ཕྲིན་ལས་བྱེད་པ་ནི་ངག་བརླང་པོའི་དམ་ཚིག་གོ། །དེ་ལྟ་བུའི་དམ་ཚིག་ནི་སྤྱོད་པའི་དམ་ཚིག་ལྔའོ། །མི་སྤང་བའི་དམ་ཚིག་ལ་ཡང་དག་པའི་དུག་ལྔ་དང་། ལོག་པའི་དུག་ལྔའོ། །ཡང་དག་པའི་དུག་ལྔ་ནི། གོང་གི་སྤྱོར་བའི་དམ་ཚིག་དང་། འདོད་ཡོན་རང་རིག་ཡེ་ཤེས་སུ་ཤར་བས་མི་སྤང་བ་དང་། ཞེ་སྡང་ཞིང་བཅུ་ཐུགས་རྗེས་བསྒྲལ་བས་མི་སྤང་བ་དང་། ཐེག་པ་འོག་མ་ལ་མི་འཐབ་ཅིང་ནང་དུ་ཞུགས་པའི་ཕྲག་དོག་དང་། ཡང་དག་པའི་དོན་རྟོགས་པའི་ང་རྒྱལ་དང་། ཕྱི་ནང་གི་ཆོས་ཐམས་ཅད་རིས་སུ་མི་ཕྱེད་པའི་གཏི་མུག་གོ། །ལོག་པའི་དུག་ལྔ་ནི། ཉོན་མོངས་པའི་དུག་ལྔ་སེམས་ཀྱི་ཆོས་ཉིད་རྟོགས་པའི་མི་སྤོང་བའོ། །དེ་ལྟར་མ་བྱས་ནས་རང་རྒྱལ་དུ་བྱས་ན་ཉམས་པའོ། །དང་དུ་བླང་བའི་དམ་ཚིག་ལྔ་ནི། བདུད་རྩི་རྣམ་པ་ལྔ་ཐབས་ཁྱད་པར་ཅན་གྱིས་ཉམས་སུ་ལེན་པའོ། །དེ་ལྟར་མི་བྱེད་ནས་བབ་ཅོལ་དུ་སྤྱད་ན་ཉམས་པའོ། །ཤེས་པར་བྱ་བའི་དམ་ཚིག་ལྔ་ནི། ཕུང་པོ་ལྔ་ལ་སོགས་པ་ཐམས་ཅད་རྒྱལ་བའི་དཀྱིལ་འཁོར་དུ་རྟོགས་ནས་ཉམས་སུ་ལེན་པའོ། །བསྒྲུབ་པར་བྱ་བའི་དམ་ཚིག་ལྔ་ནི། དེ་ལྟ་བུའི་དོན་རྟོགས་ཤིང་ཉམས་སུ་བླངས་པས་སྤྱོད་ཡུལ་ཡེ་ཤེས་སུ་ཀ་ནས་དག་པའོ། །དེ་དག་ནི་ཐུན་མོང་མ་ཡིན་པའི་དམ་ཚིག་བསྲུང་བའི་ཐབས་སོ། །

ཐུན་མོང་གི་དམ་ཚིག་ལ་གཉིས་ཏེ། བདག་དོན་ཉི་ཤུ་རྩ་གཅིག་སྟེ། རྒྱན་འཇིད་པ་དང་། ལུས་མཛེས་པར་བྱེད་པ་དང་། དམག་དང་ཚོང་ལ་སོགས་པའི་འཚོགས་པར་འགྲོ་བ་དང་། ཆང་དང་། ལུས་ངག་ཡིད་གསུམ་གྱི་བྱེད་སྤྱོད་སྣ་ཚོགས་ཀྱི་སེམས་ཀྱི་ཁེངས་པ་དང་། རྟོགས་པ་མཐོ་དམན་དང་། དབང་གྲངས་མང་ཉུང་དང་། བསླབ་པ་མཐོ་དམན་གྱི་ཕྱག་ལེན་པ་དང་། ཚེ་དགུ་དང་། དགེ་བ་ལ་སྨོད་པ་དང་། སྡིག་པ་ལ་བསྟོད་པ་དང་། ལེ་ལོ་ཆེ་བ་དང་། སེར་སྣ་ཆེ་བ་དང་། གཉིད་དང་གཡེངས་པ་དང་། ཁྲོ་གཏུམ་ཆེ་བ་དང་། རང་རྒྱུད་ཞེ་སྡང་ཆེ་བས་གཤིས་བསྒྱུར་དཀའ་བ་དང་།

བླ་མ་དང་གྲོགས་པོའི་བཀའ་གཅོག་པ་དང་། བག་མེད་པའི་སྤྱོད་པ་དང་། དམ་བཅའ་དོར་བ་དང་། ཚིག་མི་ཤེས་པ་དང་། ཆོས་དང་འཇིག་རྟེན་གྱི་ངོ་བོ་ལ་དགའ་བའོ། །གཞན་དོན་ནི། ཕ་རོལ་ཏུ་ཕྱིན་པ་དྲུག་དང་། ཕྱིའི་ཆོས་སྤྱོད་བཅུ་དང་། ཕྲིན་ལས་བཞི་དང་། བསྡུ་བའི་དངོས་པོ་བཞི་དང་། ཐེག་པ་རིམ་པ་དགུ་ལ་སོགས་པས་སེམས་ཅན་གྱི་དོན་དུ་ཇི་ལྟར་འགྲོ་བར་ཉམས་སུ་བླང་ངོ་། །དེ་ལས་གོལ་བའི་མུ་སྟེགས་དགུ་དང་། དེ་ལ་སོགས་ཏེ་སེམས་ཅན་གྱི་དོན་དུ་ཇི་ལྟར་འགྱུར་བར་ཉམས་སུ་བླང་ངོ་། །དེ་ནི་ཐེག་པ་ཕྱི་ནང་ཐུན་མོང་གི་དམ་ཚིག་གོ། །དེ་ལྟར་རྩ་བ་དང་ཡན་ལག་གི་དམ་ཚིག་རྣམས་རྣལ་འབྱོར་པས་དྲན་པ་དང་། ཤེས་བཞིན་མ་ཡེངས་པར་ཉམས་སུ་བླང་བར་བྱའོ། །མཐོང་ལམ་ཕྱིན་ཆད་ནས་ངོ་བོ་ཉིད་ཀྱི་རྒྱུད་ལ་རང་ལྡན་ནོ། །རྩལ་ཆེན་རྫོགས་པའི་མཐར་ལམ་པ་ལ་མཐར་ཕྱིན་པའོ། །དེ་ནི་བསྲུངས་ཐབས་ཀྱི་རིམ་པའོ། །

བཞི་པ་དེ་དག་གི་ཉམས་རྒྱུ་ནི། མི་ཆོས་བློན་པོའི་ལས་བྱེད་པ་དང་། བདག་ལ་བསྟོད་པ་དང་། གཞན་ལ་སྨོད་པ་དང་། ཆོས་བྱེད་གཞན་ལ་ཟུར་ཟ་བ་དང་། ཁེ་དང་དྲིགས་པའི་འདུ་བ་བསྟན་པ་དང་། ཟས་ནོར་ལ་ཆགས་སེམས་ཆེ་བ་དང་། རང་གཞན་གྱི་ཕྱིར་ཕྱོགས་རིས་ཆེ་བ་དང་། ཆང་དད་ཆེ་བ་དང་། ར་མཐོང་དང་། ལྟ་སྤྱོད་སྟོམས་ལས་སུ་གཏོང་ནས་ང་རྒྱལ་བ་དང་། ཆོས་ལ་ཕྱོགས་རིས་ཆེ་བ་དང་། ངོམ་སྐྱེན་པ་དང་། གསང་མི་ཐུབ་པ་དང་། ལེ་ལོ་ཆེ་བས་བསྒྲུབས་མི་ནུས་པ་དང་། གཙང་སྦྲ་ཆེ་བ་དང་། སྒྲོ་བསྐུར་ལ་དགའ་བ་དང་། གྲོང་གི་ཉམས་ལེན་ལ་དགའ་བ་དང་། འཁོར་བའི་རིགས་རྒྱུད་དང་བསོད་ནམས་འཕེལ་ན་དགའ་བ་དང་། གཅིག་པུར་གནས་མི་ཚུགས་ཤིང་མང་པོ་འཕེལ་ན་དགའ་བའོ། །དེ་དག་ནི་དམ་ཚིག་ཉམས་པའི་རྒྱུ་སྟེ་སྤང་ན་ཉམས་པ་མི་འོང་ངོ་། །

ལྔ་པ་ཉམས་པའི་སྔ་རྟགས་ཆེ་འདི་ལ་འབྱུང་བ་ནི། ཡ་ངའི་འགོ་ནད་སྣ་ཚོགས་དང་། དགྲ་ལ་མཐུ་མི་འབྱུང་བ་དང་། བགེགས་ལ་བྱིན་རླབས་བྱེད་པ་དང་། འཁོར་དང་ལོངས་སྤྱོད་ཡིད་དུ་འོང་བ་དང་བྲལ་བ་དང་། རང་ལ་ཉེས་པ་མེད་པར་གཞན་གྱི་ཁས་ཕོག་པ་དང་། ཅི་བསམ་པའི་ལས་ལ་འབྲས་བུ་མེད་པ་དང་། ཡིད་དུ་མི་འོང་བ་སྣ་ཚོགས་འབྱུང་ངོ་། །སྐུའི་དམ་ཚིག་ཉམས་པའི་རྟགས་སུ། འཇིག་རྟེན་འདིར་ཡང་མཛེ་ཤུ་དང་ནད་སྣ་ཚོགས་འབྱུང་ནས་སྐྱེ་བོ་ཡོངས་དང་ཉེ་

དུ་ལ་སོགས་པ་ཀུན་གྱིས་སྨྲང་ནས་འགྲོགས་པའི་དབང་མེད་དོ། མི་རྣམས་ཀྱི་སྨྲང་ནས་དུས་མ་ཡིན་པར་འཆིའོ། །གསུང་གི་དམ་ཚིག་ཉམས་པའི་སྔ་རྟགས་ཆེ་འདི་ལ་འབྱུང་བ་ནི། བགེག་རིགས་སྟོང་ཕྲག་བརྒྱད་ཅུ་རྩ་བཞིས་གླག་ཚོལ་བ་དང་། ནད་བཞི་བརྒྱ་རྩ་བཞིས་སྐབས་ཚོལ་བ་དང་། ཡེ་འགྲོགས་སུམ་བརྒྱ་དྲུག་ཅུས་བར་དུ་གཅོད་པ་དང་། ལྐུགས་ཤིང་དབང་པོ་ཉམས་ནས་ནད་སྣ་ཚོགས་འབྱུང་ཞིང་གསང་བའི་བཀའ་མི་ཐུབ་པ་དང་། བར་ཆོད་ཀྱི་བགེགས་ཀྱིས་གློ་བུར་དུ་འཆིའོ། །ཐུགས་ཀྱི་དམ་ཚིག་ཉམས་པའི་སྔ་རྟགས་ནི། ཚེ་འདིར་ཡང་མཐུ་དང་རྫུ་འཕྲུལ་ཆུང་ཞིང་སྨྱོ་བ་དང་། འབོག་པ་དང་། གླལ་པ་དང་། དབང་པོའི་ཉམས་མི་གསལ་བའོ། །ཅེས་ས་མ་ཡ་བཀོད་པ་ལས་བྱུང་ངོ་། །དམ་ཚིག་ཉམས་པའི་སྔ་རྟགས་ཆེ་འདིར་མ་བྱུང་ན། གལ་ཏེ་ཉམས་པའི་རྟགས་མེད་ན། །ལེགས་པར་སྣང་བ་མི་རུང་སྟེ། །བདེ་བ་ཟད་བྱས་གཏན་དུ་སྡུག་ཅེས་སོ། །གལ་ཏེ་མ་ཉམས་པ་ལ་ཉམས་པའི་རྟག་བྱུང་ན། སྔོན་གྱི་རྣམ་སྨིན་ཟད་གྱུར་ནས། བསྙང་གསོའི་ལས་ལ་བརྩོན་པར་བྱ། །ཅེས་གསུངས་པས་རྩོན་པར་བྱ། དྲུག་ཉམས་པའི་སྨྱོན་ཆེ་ཕྱི་མ་ལ་འབྱུང་བ་ནི། བྱང་ཆུབ་སེམས་ཀྱི་དམ་ཉམས་ན། བསྐལ་པར་དགེ་བ་ཅི་བསགས་ཀྱང་། གཞི་རྟེན་མེད་ནས་འཁོར་བ་ལས་ཐོན་མེད་དོ། །སྐུའི་དམ་ཚིག་ཉམས་ན་གོང་དུ་གསུངས་པའི་སྡུག་བསྔལ་རྣམ་འབྱུང་ནས་བསྐལ་པ་ཆེན་པོ་གཅིག་ཏུ་དམྱལ་བར་སྐྱེའོ། །གསུང་གི་དམ་ཚིག་ཉམས་ན། གོང་དུ་གསུངས་པའི་སྡུག་བསྔལ་རྣམས་བྱུང་ནས་ལྷ་དང་མཁའ་འགྲོ་གཡེལ་ནས་བསྐལ་པ་ཆེན་པོ་གཉིས་སུ་དམྱལ་བར་སྐྱེའོ། །ཐུགས་ཀྱི་དམ་ཚིག་ཉམས་ན། སྨྱོ་འབོག་ལ་སོགས་པའི་སྡུག་བསྔལ་འབྱུང་ནས་ཚེ་ཐུང་བསྐལ་པ་ཆེན་པོ་གསུམ་དུ་དམྱལ་བར་སྐྱེའོ། །ཡན་ལག་གི་དམ་ཚིག་ཉམས་ན། འཁོར་དང་ལོངས་སྤྱོད་ཡིད་དུ་འོང་བ་དང་བྲལ་བ་དང་། དངོས་གྲུབ་ལ་སོགས་པ་གཏན་དུ་མི་འབྱུང་བ་དང་། ངན་སོང་རྣམ་པ་གསུམ་དུ་སྐྱེ་བར་འགྱུར་རོ། །རྩ་བ་དང་ཡན་ལག་ཀུན་ཉམས་ན། རྡོ་རྗེ་དམྱལ་བར་སྐྱེ་སྟེ་སྡུག་བསྔལ་ནི་དམྱལ་ཁམ་བཅོ་བརྒྱད་གཞན་དུས་གཅིག་ཏུ་བསྡོངས་ཀྱང་རྡོ་རྗེ་དམྱལ་བའི་ཆར་མི་ཕོད། བསྐལ་པ་ཆེན་པོ་ཐེར་འབུམ་དུ་གནས་ཏེ། དེ་ཡང་གཏོར་རྒྱུད་ལས། ལྕགས་ཀྱི་རི་རབ་ཆེན་པོ་ཚད་ལྡན་བརྒྱ་རེག་པ་བཞིན་དུ་བྱ་རེག་འཛམ་གྱི་ལྤགས་པས་དྲུད་ནས་ཟད་ན་རྡོ་རྗེ་དམྱལ་བའི

ཚེ་ཚད་དོ། །ཅེས་གསུངས་སོ། །

དེ་ཡང་འཕགས་པའི་ཐུགས་རྗེ་ལས། །གོལ་བས་བསྒོང་བླ་མེད་པ་ནི། །སངས་རྒྱས་སྟོང་གི་འོད་ཟེར་དང་། །བྱང་ཆུབ་སངས་རྒྱས་ཕྱིན་ལས་ནི། །རྒྱུད་དུ་མཛད་ཀྱང་ཕན་མི་འགྱུར། །ཅེས་གསུངས་པས་ཐོན་ཤིན་ཏུ་དཀའོ། །བདུན་པ་མ་ཉམས་པའི་ཡོན་ཏན་ནི། སྐུའི་དམ་ཚིག་མ་ཉམས་ན། ལུས་ལ་མཚན་དང་དཔེ་བྱད་ཀྱིས་བརྒྱན་པ་དང་། ནད་མེད་པ་དང་། གཞོན་ཤིང་ལང་ཚོ་དར་ལ་བབས་པ་དང་། ཡན་ལག་ལྷག་ཆད་མེད་པ་དང་། དབང་པོ་ཉམས་པ་མེད་པ་དང་། ཚེ་རིང་བ་དང་། ལོངས་སྤྱོད་དང་འབྱོར་བ་འཕེལ་བ་དང་། འཁོར་མ་མོ་དང་མཁའ་འགྲོས་བཀའ་བཞིན་བྱེད་པ་དང་། སྲིད་པ་གསུམ་དུ་དབང་བསྒྱུར་བ་དང་། མཐུ་དང་རྫུ་འཕྲུལ་དཔག་གིས་མི་ལང་བ་དང་། མན་ངག་གི་དོན་རྟོགས་པར་འགྱུར་བ་དང་། རིག་འཛིན་རྣམ་པ་གསུམ་གྱི་དངོས་གྲུབ་ཐོབ་པ་དང་། ཀུན་ཏུ་བཟང་པོ་དང་སྐལ་པ་མཉམ་མོ་གསུངས་སོ། །ཞེས་གསུངས་གསུང་གི་དམ་ཚིག་བསྲུང་བའི་ཡོན་ཏན་ནི། ཡེ་ཤེས་ཀྱི་ལྷ་མཉེས་པ་དང་། ངེས་བར་ཆད་བྲལ་ནས་རིག་རྒྱུད་འཕེལ་བ་དང་། བྱིན་རླབས་བསམ་གྱིས་མི་ཁྱབ་པས་གཞན་དོན་ཕྲིན་ལས་རྣམ་པ་བཞི་ཐོགས་པ་མེད་པར་འགྲུབ་པར་འགྱུར་བ་དང་མདོར་ན་ཅི་དང་ཅི་བསམ་པའི་དོན་ཐམས་ཅད་ལྷུན་གྱིས་གྲུབ་པར་འགྱུར་རོ། །ཐུགས་ཀྱི་དམ་ཚིག་མ་ཉམས་ན། ཐོས་བསམ་སྒོམ་གསུམ་མཐར་ཕྱིན་ནས་སྒྲོ་དྭབ་མེད་པ་དང་། དོན་དེ་ཉིད་ཀྱིས་བསྐྱེད་རྫོགས་ཀྱི་དོན་མཐར་ཕྱིན་པ་དང་། དགོངས་པ་དེ་ཉིད་ཀྱིས་མངོན་དུ་གྱུར་ཏེ། ཡེ་ཤེས་ཀྱི་ལྷ་རྣམས་ཀྱིས་དབང་བསྐུར་བར་འགྱུར་རོ། །ཡན་ལག་གི་དམ་ཚིག་མ་ཉམས་ན། ཐེག་པའི་དོན་རྟོགས་པ་དང་། དངོས་གྲུབ་རྣམ་གཉིས་གྲུབ་པ་དང་། སེམས་ཅན་གདུལ་བྱའི་དོན་རྣམས་གྲུབ་པ་དང་། ལྷ་སྤྱོད་ཡ་ཆར་མ་གྱུར་ཏེ་གསང་སྔགས་ནང་པར་ཆུད་པ་དང་། ཐེག་པ་ཕྱི་ནང་མ་འདྲེས་པས་བཀའི་བྱིན་རླབས་དུས་སུ་འགྲུབ་པ་དང་། བསྲུང་བའི་ལྷ་རྣམས་ཀྱིས་སྐྱོབས་པ་དང་། ཟབ་མོའི་ཆོས་མྱུར་དུ་རྟོགས་ཤིང་རྣལ་འབྱོར་སྤྱོད་པ་ལྡན་གྱིས་ཟིན་ནས་རང་བཞིན་གྱི་དོན་ལྷུན་གྱིས་གྲུབ་པར་འགྱུར་རོ། །ཉན་ཐོས་ཀྱི་འདུལ་ཁྲིམས་དང་། བྱང་ཆུབ་སེམས་དཔའི་སྡོམ་པ་དང་། གསང་སྔགས་ཀྱི་དམ་ཚིག་ཀུན་ཀྱང་དེ་ལྟར་བསྲུང་ན་ཡོངས་སུ་རྫོགས་པར་འགྱུར་རོ། །

བརྒྱད་པ་ཉམས་ན་བསྐང་བའི་ཐབས་ནི། བྱང་ཆུབ་སེམས་ཀྱི་དམ་ཚིག་ཉམས་ན། བླ་མ་དགོངས་ཉམས་དང་ལྡན་པ་ལས་དབང་བླངས་ལ་ཉམས་སུ་བླང་བྱའོ། །སྐུའི་དམ་ཚིག་ཉམས་ན། བླ་མ་དང་གྲོགས་པོ་གང་ལ་ཉམས་པ་དེ་ལ་ཟས་ནོར་དང་བདོག་པ་ཐམས་ཅད་འབུལ་ནས་ཞེ་ཐག་པ་ནས་བཤགས་པ་བྱའོ། །བླ་མས་ཀྱང་གནང་བར་བྱའོ། །མ་རྙེད་ན་དེ་དང་མཉམ་པ་བརྒྱ་ལ་བཤགས་པར་བྱའོ། །དེ་ཡང་མ་རྙེད་ནས་དེ་དང་མཉམ་པ་གསུམ་ལ་སྦྱིན་བསྲེགས་དང་། ཚོགས་མཆོད་དང་། བསྐང་བ་ལ་སོགས་ནུས་ཚད་དུ་བྱའོ། །ཚེ་གཅིག་ཏུ་དཀའ་བ་སྤྱོད། བདོག་པ་ཐམས་ཅད་འབུལ་ལོ། །དེ་ན་དཔང་པོས་ཀྱང་ཚངས་པ་སྦྱིན་པར་བྱའོ། །ཚིག་ཏུ་བཤགས་དོན་དུ་མི་བཤགས་ན་མི་བྱང་བར་བཤད་དོ། །གསུང་གི་དམ་ཚིག་ཉམས་ན། བཟླས་པ་བལྟབ་ཏུ་བྱ། བསྒྲུབ་པ་ཆེན་པོ་གསུམ་གྱི་བསྐང་བར་བྱའོ། །ཐུགས་ཀྱི་དམ་ཚིག་ཉམས་ན། ཐམས་ཅད་སེམས་ཉིད་ཀྱི་རང་བཞིན་དུ་རྟོགས་ན་སྐོང་བར་འགྱུར་རོ། །ཡན་ལག་གི་དམ་ཚིག་ཉམས་ན་གང་ཉམས་པ་དེ་སོར་ཆུད་པར་བྱའོ། །གལ་ཏེ་སློབ་དཔོན་དང་གྲོགས་ཀྱི་བཤགས་པ་མི་གནང་ན། གལ་ཏེ་གུས་པས་མི་ལེན་ན། །གཉིས་ཀ་རྡོ་རྗེའི་དམྱལ་བར་སྐྱེ། །ཞེས་གསུངས་སོ། །

དགུ་པ་དཔེ་བསྟན་པ་ནི། དམ་ཚིག་ཐམས་ཅད་ས་གཞི་བཟང་པོ་ལྟ་བུ་དང་། བསྲུང་ཐུབ་མ་ཐུབ་པའི་དཔེ་སོ་མཚམས་ཀྱི་མཁར་བཙུང་བ་དང་། བསྲུང་བ་ལ་ཡོན་ཏན་འབྱུང་བའི་དཔེ་ཡིད་བཞིན་ནོར་བུ་ལྟ་བུ་དང་། ཆོས་ཐམས་ཅད་དམ་ཚིག་ཏུ་འདུས་པའི་དཔེ་ནམ་མཁའ་ལྟ་བུ་དང་། བསྲུང་ན་འཁོར་བའི་སྡུག་བསྔལ་ཐམས་ཅད་གཅོད་པའི་དཔེ་མཚོན་རྣོན་པོ་ལྟ་བུ་དང་། དུས་གསུམ་རྒྱལ་བའང་དམ་ཚིག་ལ་འབྱུང་བའི་དཔེ་ཕ་མ་ལྟ་བུ་དང་། བསྲུང་ན་དངོས་གྲུབ་འབྱུང་བའི་དཔེ་རྒྱ་མཚོའི་རླབས་ལས་ནོར་བུ་འབྱུང་བ་ལྟ་བུ་དང་། ཁྱད་པར་དུ་མི་གསོད་པར་བག་དང་ལྡན་པར་བསྲུང་དགོས་པའི་དཔེ་མེ་དཔུང་ལྟ་བུ་དང་། བསྲུང་ན་འཁོར་བའི་སྡུག་བསྔལ་སེལ་བའི་དཔེ་རྩི་སྨན་ལྟ་བུ་དང་། བསྲུང་བ་ལ་ལེགས་ཉེས་ཤིན་ཏུ་ཆེ་བའི་དཔེ་རྒྱལ་པོའི་ཁྲིམས་ལྟ་བུ་དང་། དང་པོ་བྱང་ཆུབ་མཆོག་ཏུ་སེམས་བསྐྱེད་ནས་མཐར་མ་ཕྱིན་གྱི་བར་དམ་ཚིག་མ་ཉམས་པར་བསྲུང་བའི་དཔེ་རྒྱ་མཚོ་ནོར་ལེན་ཚོང་དཔོན་ལྟ་བུའོ། །

བཅུ་པ་དམ་ཚིག་གི་མདོ་ཆོས་ཉིད་དུ་བསྡུ་བ་ནི། དམ་ཚིག་དམ་ཚིག་ཅེས་བྱ་བ། །གུད་ན་ཡོད་པ་མ་ཡིན་ཏེ། །རང་གི་སེམས་ཉིད་དམ་ཚིག་ཡིན། །ཞེས་གསུངས་པས། དམ་ཚིག་ཐམས་ཅད་ཀྱི་དཔེ་རྒྱ་མཚོ་ནང་གི་གཟའ་སྐར་དང་འདྲ་བར་སེམས་ཉིད་དབྱེར་མེད་པར་ལྷུན་གྱིས་གྲུབ་པར་རྟོགས་ན་དམ་ཚིག་ཐམས་ཅད་དེར་འདུས་སོ། །དེ་ནི་ཆོས་ཉིད་ཀྱི་སྲོག་དམ་ཚིག །དམ་ཚིག་གི་སྲོག་ལུང་། ལུང་གི་སྲོག་མན་ངག་ཅེས་གསུངས་སོ། །མན་ངག་གི་སྲོག་ནི་བསྒོམ་པ་ཡིན་ཏེ། བསྒོམ་པའི་སྲོག་ནི་མ་ཡེངས་པ་ཡིན་པས་སྤྱོད་ལམ་དུས་རྒྱུན་ཆད་མེད་པར་བསྒོམ་ན། དགོངས་པ་ཀློང་དུ་གྱུར་ནས་མངོན་པར་སངས་རྒྱས་སོ། །དེ་ནི་མདོ་ཆོས་ཉིད་དུ་བསྡུ་བའོ། །དམ་ཚིག་དེ་རྣམས་རྒྱུད་ལ་ལྡན་ཚུལ་ནི། དང་པོ་རྣལ་འབྱོར་པ་རྣམས་ཀྱིས་གཉེན་པོའི་སྒོ་ནས་སྲུང་ཞིང་མ་ཉམས་པ་དང་བཅས་པས་ནན་ཏན་དུ་བྱའོ། །ས་ཐོབ་ནས་ཆེད་བྱས་མེད་པར་བསྲུང་བ་ལ་ངོ་བོ་ཉིད་ཀྱིས་མི་ལྡ་བ་སྟེ་ངོ་བོ་ཉིད་ཀྱིས་བསྟན་ནོ། །ཉམས་པ་དང་བྲལ་བ་ནི། རྡུལ་ཆེན་རྫོགས་པའི་མཐར་ལམ་བར་དུ་ངོ་བོ་ཉིད་ཀྱིས་སྟོབས་སུ་འགྱུར་རོ། །གསང་སྔགས་དམ་ཚིག་བསྡུས་པའི་དོན། །ཅུང་ཟད་བྲིས་པའི་བསོད་ནམས་དེས། །རྣལ་འབྱོར་དམ་དང་ལྡན་གྱུར་ཏེ། །འགྲོ་རྣམས་སངས་རྒྱས་ཐོབ་པར་ཤོག །

༈ ཤཱཀྱའི་དགེ་སློང་ཆེན་པོ་ཀཿཐོག་པ་རྡོ་རྗེ་རྒྱལ་མཚན་གྱིས་ཡི་གེར་བཀོད་པ་རྫོགས་སོ།། །།དགེའོ།། །།

༄༅། །རྡོ་རྗེའི་དམ་ཚིག་གི་རྣམ་བཞག་གོ་བདེར་བརྗོད་པ་སྤྱང་ལེན་གསལ་བའི་མེ་ལོང་ ཞེས་བྱ་བ་བཞུགས་སོ། །

འཕྲིན་ལས་བསྟན་འཛིན།

གདོད་ནས་ཀུན་ཁྱབ་བདེ་ཆེན་རྡོ་རྗེའི་སྐུར། །སྣང་སྟོང་ཟུང་འཇུག་ཟག་བྲལ་ཆོས་ཉིད་ཆེ། །རྡོ་རྗེ་སློབ་དཔོན་མཆོག་གི་རྣམ་རོལ་ཅན། །ཀུན་མཁྱེན་ཆོ་དབང་ནོར་བུ་སྙིང་དབུས་མགོན། །དབང་བསྐུར་རྒྱུད་བཤད་དཔག་དཀའི་གནད་དོན་བཀྲོལ། །རིག་པའི་གནས་སྟོན་ཐེག་གསུམ་ཆོས་ལ་སྤྱོར། །མདོར་ན་ཚིགས་སུ་བཅད་པ་གཅིག་ཙམ་གྱིས། །ལམ་སྟོན་ཡོངས་འཛིན་ཀུན་ལ་འདང་དྭངས་བས་འདུད། །གང་ཞིག་རྡོ་རྗེ་ཐེག་པའི་ཉམས་ལེན་མཐིལ། །སྨིན་གྲོལ་ལམ་ཡིན་དེ་ཡི་བསྲུང་སྡོམ་སྒོ། །འདད་ཉམས་བཀའ་བ་རྡོ་རྗེའི་དམ་ཚིག་གིས། །རྣམ་བཞག་གོ་བདེར་བཀྲོལ་ཏེ་འདིར་བཤད་བྱ། །

དེ་ལ་རབ་འབྱམས་རྒྱུད་སྡེ་རྒྱ་མཚོའི་སྙིང་པོ་ནི་སྨིན་གྲོལ་གྱི་ལམ་ཉིད་དང་། དེའི་རྩ་བ་ནི་རྡོ་རྗེའི་དམ་ཚིག་སྟེ། དེ་དོན་གྱི་གནད་འགག་ཙམ་བཀྲོལ་ཏེ་འཆད་ན། བསྲུང་བྱ་དམ་ཚིག་གི་ངོ་བོ། ངེས་ཚིག །དབྱེ་བ། བསྲུང་ཚུལ་མ་བསྲུང་བའི་ཉེས་དམིགས། བསྲུང་བའི་ཕན་ཡོན། ཉམས་ན་ཕྱིར་བཅོས་བྱ་ཚུལ་དང་བདུན་ལས།

དང་པོ་ནི། གསང་སྙིང་གི་རྒྱུད་ཕྱི་མ་ལས། གང་ཞིག་ནན་ཏན་ལས་མི་འགོས། །རྨི་ལམ་དུའང་དམ་ཚིག་བརྗོད། །དམ་བཅའ་བ་ནི་སྡོམ་པར་འདོད། །ཅེས་བླ་མ་དང་དཀྱིལ་འཁོར་མདུན་པར་ཁས་བླངས་པའི་སྡོམ་པ་གང་ཞིག །བསྲུང་བྱའི་དོན་ཁྱད་པར་ཅན་ལས་རྨི་ལམ་ཙམ་དུའང་འདའ་རུ་མེད་པའི་སེམས་པ་ས་བོན་དང་བཅས་པ་སྟེ། ཐུགས་ཐིག་ལས། གསང་སྔགས་ཞུགས་པ་ཐམས་

ཅད་ཀྱིས། །སྒོ་གསུམ་རང་གི་བསྲུང་བྱ་ལ། །རྒྱལ་པོའི་བཀའ་རྟགས་ཇི་ལྟར་བར། །མི་འབྲལ་སྡོམ་པ་དེ་ངོ་བོ། །ཞེས་སོ། །

གཉིས་པ་ནི་ས་མ་ཡཱའི་སྒྲ་ལས། ཡལ་གམ་བཅས་པའི་ཐ་ཚིག་དང་། མནའ་དང་། སྡོམ་པ་ལ་འཇུག་པས། དོན་ཇི་ལྟར་བཅས་པ་ལས་འདའ་བར་བྱ་བ་མ་ཡིན་པའི་ཕྱིར་ན་དམ་ཚིག་སྟེ། ཀུན་འདུས་ལས། འདའ་དཀའ་རྡོ་རྗེ་དམ་ཚིག་གཏན་གྱི་གཉེར། །ཞེས་སོ། །དེ་ཡང་ཕོག་གཞུང་ལས། ངེས་ཚིག་སྒྲོན་ཡོན་སྐབས་ཀྱི་བསྒྱུར། །ཞེས་པ་བཞིན་ཏེ། རྡོ་རྗེ་ལས། དམ་པ་རྣམས་ཀྱི་དགོངས་པ་ལས། །དབང་དང་བྱིན་རླབས་ཐོབ་པ་ཡིན། །དམ་པའི་ཚུལ་བཞིན་ངེས་སྐྱོད་ན། །མི་མཐུན་ཚོགས་རྣམས་ཆིག་པར་འགྱུར། །ཞེས་གསུངས་པའི་ཕན་ཡོན་གྱི་དམ་ཚིག་ཏུ་བཞག་པ་དང་། ཡང་། དེ་ལས། དམ་པ་འདི་ལས་གང་འདས་པ། །རྡོ་རྗེ་ཅན་ཡང་ཆིག་པར་འགྱུར། །ཞེས་དང་། ཧེ་རུ་ཀ་འདུས་པ་ལས། མི་འདའ་དམ་པ་མཆོག་གྱུར་པ། །འདབ་པར་གྱུར་ན་ཆིག་པར་བཤད། །ཅེས་ཉེས་དམིགས་ཀྱི་དམ་ཚིག་ཏུ་བཞག་པ་སྟེ། དེ་ཡང་ས་གཞི་དང་ལྷོན་ཤིང་བཞིན་བསྲུང་ན་དགེ་ལེགས་ཀྱི་ཡོན་ཏན་ཐ་དག་བསྐྱེད་པར་བྱེད་པའི་གཞི་དང་། མ་བསྲུང་ནས་ཐར་འབྲས་ཀྱི་བསྐྱེད་བྱ་ཐབས་བཅས་ཡལ་བའི་ཕྱིར་དང་། དམ་པའི་ཚུལ་བཞིན་སྐྱོད་ན་མི་མཐུན་ཕྱོགས་ཀྱི་ཉེས་པ་ཆིག་པ་དང་། ནམ་ཡང་འདའ་རུ་མེད་པའི་དམ་ཞིང་། གལ་ཏེ་དེ་ལས་འདས་ནས་ཐར་པའི་ས་བོན་ཆ་བཅས་ཆིག་པའི་འབྲས་བུ་རྒྱུབ་མོས་མནར་བའམ་ཕྱིར་དེ་སྐད་ཅེས་བྱ་སྟེ། དམ་ཚིག་རྣམ་པར་བཀོད་པའི་རྒྱུད་ལས་ས་ཞེས་བྱ་བ་བསྐྱེད་པ་ལ། མ་ཞེས་བྱ་བ་མཉམས་ན། དངོས་གྲུབ་ཐམས་ཅད་སྟེར་བ་ཉིད། །ཡ་ཞེས་ཉམས་ན་ཡས་པར་འགྱུར། །དམ་ཞེས་བྱ་བ་བཅིངས་པ་ཉོས། །དེ་ཉིད་གྲོལ་ན་ཉམས་པ་ཉིད། །ཚིག་ཅེས་བྱ་བ་དེ་འདས་ན། །མི་ཡི་སྡུག་བསྔལ་མྱོང་བའོ། །ཞེས་སོ། །

གསུམ་པ་ནི། རྒྱུད་སྡེའི་རྣམ་བཞག་བཞི་ལ་ལྟོས་ཏེ་སོ་སོའི་དམ་ཚིག་དང་། སྤྱིའི་རྣམ་བཞག་རྒྱས་པར་སྟོན་པ་སོགས་ཡི་གེས་འཇིགས་པར་མི་ཟད། བློ་དམན་རྣམས་ཀྱི་རྟོགས་དཀའ་ཞིང་མང་ཐོས་མཁན་དག་རྒྱུད་འགྲེལ་བཤད་དང་། སྡོམ་གསུམ་དང་རྩ་འགྲེལ་སོགས་སྔགས་སྡོམ་སྟོན་བྱེད་ཀྱི་གཞུང་ཉམས་སུ་བལྟ་བར་བྱོས་ལ། འདིར་ཉམས་སུ་བླང་བྱའི་འགག་དོན་ཆེ་ལོང

ཅམ་ཞིག་ཏུ་སྟོན་པ་ལ་དབང་བཞིའི་དམ་ཚིག་སོ་སོར་བྱ་བ་དང་། སྤྱི་སྡོམ་གྱི་ཉམས་བཞག་སྟོན་པའོ། །

དང་པོ་ལའང་། ཕྱུང་ཁམས་ལྷ་རུ་སྨིན་པ་བུམ་དབང་གི་དམ་ཚིག་ནི། བསྐྱེད་རིམས་གསལ་སྟོང་ཆུ་ཟླའི་རང་བཞིན་ཅན་དུ་སྒོམས་པ་མཉམ་བཞག་གི་དམ་ཚིག །ཤེས་པ་ཐ་མལ་དུ་མི་འཕྲུལ་ཞིང་རྟག་ཏུ་ལྷའི་འདུ་ཤེས་དང་མ་བྲལ་བ་རྗེས་ཐོབ་ཀྱི་དམ་ཚིག །ཤ་ལྔ་བདུད་རྩི་ལྔ་ལ་གཙང་སྨེའི་བློ་གཏོངས་མི་འཇུག་པར་ལོངས་སྤྱོད་པ་བཟའ་བའི་དམ་ཚིག །རྡོ་རྗེ་དང་དྲིལ་བུ་ཚད་ལྡན་འབྲས་བུ་ཚད་ལྡན་འབྲལ་མེད་ཀྱི་རྟེན་དུ་འཆང་བ་བཅངས་པའི་དམ་ཚིག །སྣོད་གཞལ་ཡས་ཁང་དང་བཅུད་ལྷའི་དཀྱིལ་འཁོར་དུ་ཤེས་པས་འབྱུང་ལྔ་སྐྱེ་འགྲོ་ཀུན་ལ་ལོག་ལྟ་སྤང་བ་བསྲུངས་པའི་དམ་ཚིག་སྟེ་ལ་དང་། རླུང་འཁྲིན་འཇུག་གནས་གསུམ་དང་བརྗོད་ཚིག་ཐ་དག་སྔགས་སུ་སྨིན་པ་གསང་དབང་གི་དམ་ཚིག་ནི། གཏུམ་མོའི་མེ་བསྒོམས་པ་མཉམས་བཞག་གི་དམ་ཚིག །ལྟེ་འོག་ཨ་ཐུང་གི་མི་མི་བརྗེད་པ་རྗེས་ཐོབ་ཀྱི་དམ་ཚིག །བཟའ་བཏུང་གི་ཚོགས་ལ་ཟས་ཀྱི་འདུ་ཤེས་རང་ཁ་མར་མི་འཇུག་པར་ཐམས་ཅད་ཡེ་ཤེས་ཀྱི་བདུད་རྩིར་བྱིན་རླབས་ཏེ་རོལ་བ་གཟའ་བའི་དམ་ཚིག །ཉི་ཞགས་ཕྱུག་གཅིག་རླུང་ཁ་སྦྱོར་ཉེར་གཅིག་མི་ཆད་པར་བྱེད་པ་བཅངས་པའི་དམ་ཚིག །ཀུན་རྫོབ་རྒྱུའི་ཐིག་ལེ་མི་ཉམས་པ་བྱེད་པ་བསྲུང་བའི་དམ་ཚིག་སྟེ་ལྔ། ཁམས་ཐིག་ལེ་བདེ་བ་ཆེན་པ་དང་ཚོར་བ་ཐ་དག་ལྷན་སྐྱེས་ཀྱིས་ཡེ་ཤེས་སུ་ཤར་དབང་གི་དམ་ཚིག་ནི། བརྟན་པ་ཐོབ་མ་ཐོབ་ཀྱི་དབྱེ་བས་དངོས་ལམ་གྱི་ཕྱག་རྒྱ་བརྟེན་པ་ཉམས་བཞག་གི་དམ་ཚིག །བདེ་སྟོང་ཡེ་ཤེས་ཆེན་པོའི་ཉམས་དང་མ་བྲལ་བ་རྗེས་ཐོབ་ཀྱི་དམ་ཚིག །ལྷན་སྐྱེས་སྙོམས་འཇུག་གི་ཚུལ་དུ་རོལ་བ་བཀའ་བའི་དམ་ཚིག །ཀུན་དང་བྱང་ཆུབ་ཀྱི་སེམས་ལ་གཅེས་སྤྲས་སུ་བྱ་བ་བཅངས་བའི་དམ་ཚིག །ཤེས་རབ་ཀྱི་རང་བཞིན་བུད་མེད་ཀྱི་རིགས་ལ་མི་སྨོད་ཅིང་ལོག་ལྟ་སྤང་བ་བསྲུང་བའི་དམ་ཚིག་སྟེ་ལྔ། སྣང་སྲིད་དག་པ་རབ་འབྱམས་ཁྱབ་གདལ་ཆེན་པོར་སྨིན་པ་ཚིག་དབང་རིན་པོའི་དམ་ཚིག་ནི། ཟུང་དག་བློ་འདས་ཆོས་ཉིད་ཆེན་པོའི་དོན་རྩེ་གཅིག་ཏུ་སྒོམ་པ་མཉམ་བཞག་གི་དམ་ཚིག །ཡེངས་འཁྲུལ་གྱི་རྟོགས་པས་མ་བསླད་པར་ཟུང་འཇུག་གི་ཉམས་དང་མ་བྲལ་བ་རྗེས་ཐོབ་ཀྱི་དམ་

ཚིག །ཆོས་ཉིད་ལ་ཆོས་ཉིད་ཀྱི་རོལ་པ་བཟའ་བའི་དམ་ཚིག །ལྷ་སྒོམ་གྱི་གནད་ལ་དུས་རྟག་ཏུ་མ་གཡོས་པར་བྱ་བ་བཅངས་པའི་དམ་ཚིག་བཟང་ངན་གྱི་རྟོག་ཚོགས་གང་ལྟར་འཆར་ཡང་དགག་སྒྲུབ་ཞེན་འཛིན་གྱི་བློས་མ་བསླད་པ་བསྲུང་བའི་དམ་ཚིག་སྟེ་ལྔའོ། །

གཉིས་པ་སྤྱི་སྡོམ་གྱི་རྣམ་བཞག་སྟོན་པ་ལ། རྩ་བ་དང་། ཡན་ལག་གི་དབྱེ་གཉིས་སོ། །དང་པོ་ནི། སྒྱུ་འཕྲུལ་རྩ་རྒྱུད་ལས། བླ་མེད་མི་སྤང་བླ་མ་བཀུར། །སྔགས་དང་ཕྱག་རྒྱ་རྒྱུན་མི་བཅད། །ཡང་དག་ལམ་དུ་ཞུགས་ལ་བྱམས། །གསང་བའི་དོན་ཕྱིར་སྨྲ་མི་བྱ། །འདི་ནི་རྩ་བ་ལྔ་རྣམས་ཏེ། །བསྒྲུབ་དང་བསྲུང་བའི་དམ་ཚིག་གོ། །ཞེས་པ་སྟེ། འདི་ཉིད་འབྲུ་གནོན་གྱིས་འཆད་པ་ལ་སྦྱིར་བླ་ན་མེད་ཅེས་པ་དེའི་སྐབས་གོང་ན་གཞན་མེད་པའི་དོན་ཡིན་ཏེ། འདིར་བསྟན་གྱི་བླ་མེད་ནི་དཀོན་མཆོག་རིན་ཆེན་རྣམ་པ་གསུམ་གྱི་དེ་ཡང་ཕྱི་ལྟར་མཆོད་ཡུལ་གྱི་དཀོན་མཆོག་གསུམ་དང་། ནང་སེམས་ཀྱི་ཆོས་ཉིད་དོན་དམ་པའི་གནས་ལུགས་སྟོང་ཉིད་སྤྲོས་བྲལ་གྱི་ངོ་བོ་ཆོས་སྐུ། རང་བཞིན་གསལ་ལ་འགག་མེད་ལོངས་སྤྱོད་སྐུ། ཐུགས་རྗེའི་རྩལ་ཅིར་ཡང་མ་འགག་ཅིང་ཕྱོགས་ལྷུང་བྲལ་བ་སྤྲུལ་སྐུ་སྟེ། ངོ་བོ་གཅིག་ལ་ལྡོག་ཆ་ཐ་དད་པའི་རང་བཞིན། བདེན་པ་དབྱེར་མེད་ལྷག་པའི་ཆོས་སྐུ་ཆེན་པོ་ཟུང་འཇུག་དོན་དམ་པའི་ཡེ་ཤེས་ལ་མཉམས་པར་བཞག་པའི་དོན་ཏེ། དེ་ཉིད་དམ་ཚིག་ཀུན་གྱི་རྩ་བའི་གཞི་ལྟ་བུར་གྱུར་པས་དེ་དོན་རྩེ་གཅིག་ཏུ་ཉམས་སུ་ལེན་དགོས་པའི་དོན་གྱི་མི་སྤང་བའོ། །དེ་ཡང་གསལ་བཀྲ་ལས། བྱང་སེམས་རྣམ་གཉིས་སློབ་དཔོན་དུག །མཆེད་བཞི་སྤུར་གསུམ་ཕྱག་རྒྱ་བཞི། །ཞེས་གསུངས་པའི་དང་པོ་དང་གནད་གཅིག་པ་སྟེ། ཡུལ་ལྷག་པ་དོན་དམ་ལྷག་པ་ཀུན་རྫོབ་ཀྱི་བདེན་པ་གཉིས་མི་སྤྲངས་པར་བཤད་པའང་བདེན་གཉིས་དབྱེར་མེད་དུ་རྟོགས་པ་ལྟ་བའི་དམ་ཚིག་ཏེ། གསང་སྙིང་ལས། མཉམ་ལ་མཉམ་པར་སྦྱོར་བ་ཡིས། །མཉམ་པའི་དམ་ཚིག་ལ་གནས་ན། །མཉམ་རྫོགས་ཆེན་པོ་ཐོབ་པར་འགྱུར། །ཞེས་པས་དེ་མངོན་གྱུར་འབྲས་བུ་ལ་དམིགས་པ་སྨོན་པ་དང་། དེ་སྒྲུབ་པའི་ཕྱིར་རང་ལ་གནས་པའི་ཡེ་ཤེས་དང་རྗེས་མཐུན་པར་སྒོ་གསུམ་སྤྱོད་ཡུལ་དང་བཅས་པའི་སྣང་བ་ཐ་དག་ལྷའི་སྐུ་གསུང་ཐུགས་ཀྱི་ཕྱག་རྒྱ་ལས་མི་འདའ་བས་ནང་བཤད་དག་པའི་སྣང་བར་ལམ་ཁྱེར་དུ་སྤྱོད་པ་འཇུག

སེམས་ལ་བསླབ་པ་སྟེ། གསལ་བཀྲ་ལས། རང་ལུས་རྒྱལ་བའི་ཕྱག་རྒྱ་ཆེ། །སེམས་ཅན་ཁམས་ཀུང་དེར་ཤེས་ཤིང་། །སྣང་སྟོང་གཉིས་མེད་རྡོ་རྗེའི་སྐུ། །བྱུས་མཐོང་ཐོས་པ་ཐམས་ཅད་ཀུང་། །སེམས་ཕྱིར་གང་ཡང་བྱུས་སྣང་མེད། །དྲན་དང་ཤེས་བཞིན་སྟོན་བདང་ལ། །དུས་གསུམ་རྒྱུན་དུ་མ་དྲན་ན། །ཐེག་ཆེན་སྡུགས་པར་ཅིའི་ཕྱིར་ཆུད། །ཅེས་སོ། །གཞན་ཡང་ཀུན་མཁྱེན་ཆོས་ཀྱི་རྒྱལ་པོ་དྲི་མེད་འོད་ཟེར་ཞབས་ཀྱིས། གཞི་སེམས་ཅན་ཐམས་ཅད་ཡེ་དཀོན་མཆོག་གསུམ་དུ་གནས་པས་མི་སྤྱང་བ་དང་། ལམ་བསྐྱེད་རྫོགས་དང་གཉིས་སུ་མེད་པའི་རང་བཞིན་དོན་དམ་པ་དང་ཀུན་རྫོབ་བྱང་ཆུབ་ཀྱི་སེམས་གཉིས་མི་སྤྱང་བ་དང་། འབྲས་བུ་བླ་ན་མེད་པའི་སངས་རྒྱས་སྐུ་གསུམ། དེའི་གསུང་མདོ་རྒྱུད་ལུང་དང་རྟོགས་པའི་ཆོས། དེའི་དོན་ལ་སློབ་པའི་དགེ་བའི་དགེ་འདུན་དཀོན་མཆོག་གསུམ་མི་སྤྱང་བའོ། །ཞེས་དང་། དཀོན་མཆོག་འགྲེལ། འདི་ལྟར་སངས་རྒྱས་དང་དགེ་འདུན་ནི་ཡེ་ཤེས་ཀྱི་དབྱིངས་ཡིན་ལ། ཆོས་དེའི་ཆོས་ཉིད་ཡིན་པས། དེ་བས་ན་ཡེ་ཤེས་དང་ཆོས་ཉིད་ནི་ཀུན་རྫོབ་ཙམ་དུ་ཆོས་དང་ཆོས་ནི་བདག་ཉིད་གཅིག་པ་ཡིན་པ་དང་། དོན་དམ་པར་སྤྲོས་པ་ཞི་བའི་ཕྱིར་གཉིས་སུ་མེད་དེ། དེ་ལྟ་བུའི་དོན་གྱི་བྱང་ཆུབ་ཀྱི་སེམས་ཡིན་ནོ། །དེའི་རྟགས་ཀྱི་ཕྱག་རྒྱ་ནི་ལྷའི་སྐུ་སྟེ། དེ་བས་ན་ལྷའི་སྐུ་གཅིག་པུ་བསྒོམས་པས་གཞུང་ལས། དཀོན་མཆོག་གསུམ་དང་བྱང་ཆུབ་སེམས། །ལྷ་དང་བླ་མ་དེ་བཞིན་ཏེ། །ཞེས་གང་གསུངས་པའི་བླ་མ་གདོགས་པ་གསུམ་འདུས་པར་གྱུར་པ་ཡིན་ནོ། །ཞེས་སོ། །བླ་མ་བཀུར་ཞེས་པ་ལ་གཉིས་ཏེ། བླ་མའི་དབྱེ་བ་དང་། དེ་ཇི་ལྟར་བཀུར་ཚུལ་དངོས་པོ། དང་པོ་ནི། གསལ་བཀྲ་ལས། སྤྱི་དང་འདྲེན་དང་དམ་ཚིག་དབང་། །ཉམས་པ་སྐོང་དང་ཤེས་རྒྱུད་དགྲོལ། །མན་ངག་ལུང་གི་སློབ་དཔོན་དྲུག །ཅེས་པས་ཀུན་གྱི་དམ་པས་བཀུར་ཞིང་མཆོད་འོས་དུ་གྱུར་པ་ནི་སྤྱིའི་བླ་མ། ཐོག་མར་ཆོས་སྒོར་འདྲེན་བྱེད་རབ་བྱུང་གི་མཁན་པོ་ལྟ་བུ་ནི་འདྲེན་པའི་བླ་མ། ཐུན་མོང་གི་རིག་གནས་ཕྲ་མོ་ནས་གསུངས་རབ་ཀྱི་དགོངས་དོན་འགྲོལ་བའི་བར་གྱི་ཆོས་འཆད་པོ་ནི་ཤེས་རྒྱུད་དགྲོལ་བའི་སློབ་དཔོན། སྔར་ཉམས་ཆགས་བྱུང་བའི་བཤགས་འཚམས་སྦྱར་བ་ནས་ཉེས་ལྟུང་ཅི་རིག་པ་དག་བཤགས་ཡུལ་དུ་གྱུར་པ་ནི་ཉམས་ཆག་སྐོང་བའི་སློབ་དཔོན། དཀྱིལ་འཁོར་དུ་བཙུག་ཅིང་དབང་བསྐུར་ཏེ་དམ་ཚིག

འབོགས་པ་པོ་ནི་དམ་ཚིག་དབང་གི་སློབ་དཔོན། རང་བྱུང་གི་གནས་ལུགས་ཟབ་མོའི་དོན་མངོན་སུམ་དུ་སྟོན་པའི་ཟབ་ཁྲིད་ཀྱི་གདམས་པ་སྟོན་པ་ནི་མན་ངག་ལུང་གི་སློབ་དཔོན་ནོ། །

གཉིས་པ་ནི། སྔ་མ་ལས། ཡུལ་ལས་དབང་བའི་རྒྱལ་པོ་དང་། །ཁུ་བོ་ཕ་དང་མ་དང་མིག །སྙིང་ལས་ལྷག་པའི་ཚུལ་བལྟ་སྟེ། །ཞེས་པས་སྤྱིའི་བླ་མ་ཡུལ་ལ་དབང་བའི་རྒྱལ་པོ་དང་། ཆོས་སྒོར་བཙུག་པའི་སློབ་དཔོན་ཁུ་བོ་དང་། ཉམས་ཆག་སྐོང་བའི་སློབ་དཔོན་ཕ་དང་། ཤེས་རྒྱུད་འགྲོལ་བའི་སློབ་དཔོན་མ་དང་། དམ་ཚིག་དབང་གི་སློབ་དཔོན་མིག་དང་། མན་ངག་ལུང་གི་སློབ་དཔོན་སྙིང་ལས་ལྷག་པའི་ཚུལ་དུ་བཀུར་ཞིང་། དེ་ཡང་འདུལ་བ་ལས། མཁན་པོ་མཐོང་མ་ཐག་ཏུ་སྟན་ལས་ལྡང་བར་བྱའོ། །ཞེས་དང་། ཀཱུ་རི་ཀ་ལས་བླ་མ་གནས་པའི་སྒོ་གླེགས་ལ། ལག་པས་དལ་གྱི་བརྡུང་བར་བྱ། །ནང་ཞུགས་གུས་པས་བླ་མ་ལ། །ཁམས་བདེ་མི་བདེ་ལ་སོགས་དྲི། །ཅེས་སོ། །གཞན་ཡང་འདུལ་བ་རང་གཞུང་ལས་ནི་རབ་བྱུང་གི་མཁན་པོ་ཕ་ལྟར་དུ་བཀུར་བར་གསུང་སྟེ་ཇི་སྐད་དུ། ཁྱོད་ཀྱི་མཁན་པོ་ལ་ཕའི་འདུ་ཤེས་བཞག་པར་བྱའོ། །མཁན་པོས་ཁྱོད་ལ་བུའི་འདུ་ཤེས་བཞག་པར་བྱའོ། །ཞེས་གསུངས་སོ། །ཤེས་རབ་རྒྱུད་ཀྱི་སློབ་དཔོན་ཡང་། མདོ་སྡེ་ཐར་པ་ཆེན་པོ་ལས། ཆོས་སྨྲ་བའི་དགེ་སློང་ལ་གུས་པར་བླ་མར་བྱ་སྟེ། ཞེས་དང་། དཀོན་བརྩེགས་ལས། ཆོས་སྨྲ་བ་ནི་བླ་མའི་མཆོག་རབ་སྟེ། རྒྱལ་བའི་མཆོད་སྡོང་ཆེན་པོ་དེ་བཀུར་རོ། །ཞེས་སོ། །གཞན་པ་སེམས་བསྐྱེད་ཀྱི་དགེ་བའི་བཤེས་ལྟ་བུའང་། སྡོང་པོ་བཀོད་པ་ལས། དེ་ནི་བདག་གིས་ཐོག་མེད་པ་ན་སེམས་བསྐྱེད་པའི་དགེ་བའི་བཤེས་ཏེ། ཞེས་དང་། ཉམས་ཆག་བཤགས་པའི་སློབ་དཔོན་ཡང་། སུ་པི་ཧི་ཀ་རིའི་རྒྱུད་ལས། བཤགས་པའི་ཡུལ་དུ་གང་གྱུར་པ། །དེ་ཡང་དེ་ཡི་བླ་མ་ཡིན། །ཞེས་པས་དེ་དང་རྗེས་མཐུན་གྱི་བཀུར་བའོ། །དེ་ལས་ཁྱད་པར་དུ་དབང་བསྐུར། བརྒྱུད་བཤད། དེ་ཉིད་སྟོན་པ་སྟེ་མན་ངག་ཤོད་པ་གསུམ་ནི་ལྷག་པར་ཡང་བཀུར་བའི་ཡུལ་ཡིན་པར། བདེ་འདུས་ཞིང་རྒྱུད་ལས། དབང་བསྐུར་རྒྱུད་གྲོལ་དེ་ཉིད་བསྟན་ནས། ཞེས་གསུངས་ཤིང་། དེ་ཡང་ཡུལ་གཅིག་ལ་གསུམ་ཀ་ཚོགས་ན་བཀའ་དྲིན་གསུམ་ལྡན་དང་། གཉིས་ཚོགས་ན་གཉིས་ལྡན། གཅིག་ཚོགས་ན་ཅིག་ལྡན་ནོ། །གོང་གི་གསལ་བཀྲའི་ལུང་ལས་བཀུར་ཚུལ་རིམ་ཅན་ལྟ་བུར་གསུང་ཤིང་

མཁས་པ་འགའ་ཞིག་ཚུལ་དེ་ལྟར་བུ་འགྲེལ་ཀྱང་། འདིར་གོ་བརྗེས་པ་ནི་དོན་འགྲེལ་ཏེ་མཁས་གྲུབ་དུ་མའི་བཞེད་པ་ལྟར་འཐད་པ་དང་བཅས་པའོ། །དེ་ཡང་རྒྱ་མཚོ་ལས། དབང་བསྐུར་མཆོག་ཐོབ་རྡོ་རྗེ་ཡི། །བླ་མ་ལ་ནི་དེ་བཞིན་གཤེགས། །ཞེས་སོ། །དེ་ལྟར་ན་གསང་ལྟར་སྔགས་རྡོ་རྗེ་ཐེག་པའི་ལམ་གྱི་མཆོག་ནི་དབང་རྒྱུད་མན་ངག་གསུམ་གྱི། དེ་སྟོན་པའི་བླ་མ་ནི་སངས་རྒྱས་ལས་མཉམ་པའམ། ལྷག་པ་དཀོན་མཆོག་བཞི་པར་བལྟ་བ་གང་ཟུང་གི་སྒོ་ནས་སྒོ་གསུམ་གཡོ་ཟོལ་མེད་པར་ཐུགས་ཅི་མཉེས་དང་བཀའ་ཅི་གསུང་བསྒྲུབ་པའི་སྒོ་ནས་བཀུར་བ་སྟེ། རྣམ་སྣང་རྒྱུད་དྭ་ལས། བླ་མ་སངས་རྒྱས་ཀུན་དང་མཉམ། །ཞེས་དང་། གསང་བ་འདུས་པ་ལས། ཕྱོགས་བཅུའི་སངས་རྒྱས་ཐམས་ཅད་པས། །བླ་མའི་བ་སྤུ་ཁུང་གཅིག་མཆོག །ཅེས་དང་། རྡོ་རྗེ་རྩེ་མོ་ལས། སངས་རྒྱས་ཆོས་དང་དགེ་འདུན་དང་། །བླ་མ་ཡང་ནི་བཞི་པ་ཡིན་ཅེས་སོ། །དེ་ཡང་མིག་ལ་རྡུལ་ཕྲ་མོ་ཚུད་ནའང་སྐད་ཅིག་ཀྱང་བཟོད་བླག་མེད་པ་དང་། སྙིང་མཚོན་ཕྲ་མོ་ཞིག་ཟུག་ན་དབང་པོ་གཞན་ཡོད་ཀྱང་འཆི་བ་ལས་མ་འདའ་བ་བཞིན་དུ་དབང་བསྐུར་བ་དང་། དེ་ཉིད་སྟོན་པ་གཉིས་ལྷག་པར་བཀུར་བས་མཚོན་ལྟི་རིམ་ཤེས་པར་བྱའོ། །སྔགས་དང་ཕྱག་རྒྱ་རྒྱུན་མི་བཅད། །ཅེས་པའི་དོན་ནི། ཡུལ་སྔགས་གསུམ་དང་ཕྱག་རྒྱ་བཞི་སྟེ། གསལ་བཀྲ་ལས། རྩ་བ་བསྐྱེད་དང་ལས་སྔགས་དང་། །དམ་ཚིག་ལས་དང་ཆོས་དང་ནི། །སྐུ་ཉིད་ཕྱག་རྒྱ་ཆེན་པོ་བཞི། །ཞེས་པ། སྔགས་ལ་རྒྱུ་མ་ནོར་བ་རྩ་བའི་སྔགས། བསྐྱེད་པ་རྐྱེན་གྱི་སྔགས། བཟླས་པ་ལས་ཀྱི་སྔགས་དང་། ཐབས་ཤེས་ཀྱི་བདག་ཉིད། དེའི་སྒོ་ཡིག་འབྲས་བུར་སྣང་བས་གསང་སྟེ་ངག་ཏུ་བརྗོད་པར་བྱེད་པ་དང་བཅས་ཤིང་ཤེས་སྒྲིབ་ཀྱི་ལས་ཀྱི་ལོག་རྟོག་གི་གཉེན་པོར་གྱུར་པ་ནི་གསང་སྔགས། ཤེས་རབ་དང་ཡེ་ཤེས་ཀྱི་བདག་ཉིད་དངོས་དོན་རིག་པར་བྱེད་པའི་ལས་ཀྱི་མ་རྟོག་པའི་གཉེན་པོར་གྱུར་པ་ནི་རིགས་སྔགས། དྲན་ཤེས་ཀྱི་བདག་ཉིད་ཆོས་ཀྱི་ཚིག་དོན་མི་བརྗེད་པར་འཛིན་པའི་ལས་ཀྱི་དྲན་ཉམས་ཀྱི་གཉེན་པོར་གྱུར་པ་ནི་གཟུངས་སྔགས་སུ་བཤད་པ་དང་། ཕྱག་རྒྱ་ལ་དམ་ཚིག་གི་ཕྱག་རྒྱ། ལས་ཀྱི་ཕྱག་རྒྱ། ཆོས་ཀྱི་ཕྱག་རྒྱ། ཕྱག་རྒྱ་ཆེན་པོ་དང་བཞིར་གསུངས་ཤིང་། དེ་ཉིད་ལ་བཅའ་བ་དང་། བསམ་པ་གཉིས་གཉིས་སུ་དབྱེ་བ་སོགས་དབྱེ་བསྡུའི་གྲངས་མང་ཡང་རྒྱས་པར

རྒྱུད་འགྲེལ་རྣམས་སུ་གསལ་ཞིང་། འདིར་བསྡུས་དོན་གྱི་སྙིང་པོ་ནི། དག་རྫོགས་སྨིན་གསུམ་གྱི་འཇུག་པས་ཡི་དམ་ལྷའི་བསྐྱེད་རིམ་ལ་བློ་སྦྱངས་ཤིང་། དེ་ཉིད་ཀྱི་སྐུའི་ཕྱག་རྒྱ་སྣང་ལ་རང་བཞིན་མེད་པ། གསལ་ལ་དེར་འཛིན་མེད་པ་སྟེ་དམིགས་གཏད་ཀྱི་བློ་དང་བྲལ་བར་ཆུ་ཟླའི་གཟུགས་བརྙན་བཞིན་རྣམ་པ་གསལ་བ། ང་རྒྱལ་བསྟན་པ་དག་པ་དྲན་པ་གསུམ་གྱི་སྟེང་དུ་བཅུར་ནས་གཡོ་འགྱུལ་མེད་པར་བསྒོམ་པས་གོམས་པ་དང་། ལམ་ཞུགས་དག་རིམ་གྱིས་བློ་སྦྱངས་པའི་མོས་པས་སྤྱོད་དང་དུ་ཉམས་སུ་ལེན་པའོ། །དེ་ཡང་རིག་པ་ཕྱག་རྒྱ་བཞི་རྫོགས་ཀྱི་ལྷའི་སྐུར་གསལ་བ་ཉིད་ཀྱིས་འདི་ཉིད་ཀྱི་ཁོངས་སུ་ཕྱག་རྒྱ་བཞི་པོའི་དོན་ཚངས་པ་ཉིད་དེ། ཐུགས་ཐིག་ལས་བཞི་རྫོགས་ཉིད་ལས་མི་འདའ་བ། གང་ལ་སྣང་བ་དེ་ངོ་བོ། ཞེས་གསུངས་པའི་ཕྱིར་རོ། །སྔགས་ཀྱང་འདིར་བཟླས་བྱའི་སྔགས་ལྷ་གང་ཡིན་པ་དེའི་ས་བོན་དང་བསྐྱེད་སྔགས་སྤྲེལ་བའི་སྙིང་པོ་བཟླ་བ་ཉིད་དོ། །

རྒྱུན་མི་བཅད་པའི་ཚུལ་ནི། བརྗོད་པ་རབ་ཀྱི་ཆུ་བོའི་རྒྱུན་བཞིན་ནམ། ཉིན་ཞག་གཅིག་གི་ནང་དུ་ཐུན་བཞིའི་དྲུག་གི་རྣལ་འབྱོར་དུ་བྱ་བ་དང་། འབྲིང་གི་ཟླ་བ་རེ་ལ་དུས་ཚིག་དྲུག་གམ། དུས་བཟང་པོ་བཞིའམ། ཉ་སྟོང་གཉིས་ཙམ་དང་། ཐ་མས་ཀྱང་ཟླ་དུས་དང་ལོ་དུས་ཀྱི་མཆོད་པ་རྒྱུན་མི་བཅད་པ་འབད་པར་བྱ་བ་སྟེ། རྣམ་གྲོལ་ལས། རང་གི་སྒོ་གསུམ་ཡི་དམ་གྱི། །སྐུ་གསུང་ཐུགས་སུ་མངོན་སྦྱར་ལ། །རྟག་ཏུ་བཟླས་པ་བྱེད་པ་ནི། །བྱང་ཆུབ་གཟུངས་ལ་ཞུགས་པ་ཡིན། །རབ་ཀྱི་ཆུ་བོའི་རྒྱུན་བཞིན་ནི། །ཉིན་གསུམ་མཚན་གསུམ་གཉིས་གཅིག་ཏུ། །མ་ཡེངས་པ་ཡི་ངག་གི་བཟླ། །འབྲིང་གི་ཟླ་གཅིག་དུས་དྲུག་དང་། །དུས་བཞིའི་བར་དུ་མི་བཅད་ཅིང་། །ཐ་མར་བརྗོན་པའི་རྣལ་འབྱོར་པས། །ཟླ་རེའི་མ་ར་བའི་དུས་དག་ཏུ། །བརྗོན་པས་འབད་དེ་མི་བྱེད་པར། །བྱང་ཆུབ་ས་བོན་བརླག་པ་ཡིན། །ཚོགས་དང་གཏོར་མའང་དེ་བཞིན་ཏེ། །ཐ་མས་ལོ་ཟླ་མ་འདའོ། །ཞེས་སོ། །ཡང་དག་ལམས་སུ་ཞུགས་ལ་བྱམས། །ཞེས་པ་འདིས་རྡོ་རྗེ་མཆེད་ཀྱི་དམ་ཚིག་བསྟན་ཏེ། དེ་ཡང་མཆེད་ཀྱི་དབྱེ་བ་དང་། དེ་ལ་དམ་བསྲུང་བའི་ཚུལ་ལོ། །

དང་པོ་ནི། འགྲོ་བ་ཐ་དག་གཞི་རྒྱུད་བདེ་གཤེགས་སྙིང་པོས་རྒྱུན་ཆགས་སུ་ཁྱབ་པའི་དོན་གྱིས་ཡེ་གཞི་གདོད་མའི་སྤུན་ཏེ་སྤྱིའི་མཆེད། བྱེ་བྲག་ཏུ་ཡང་དག་གི་ལམ་དུ་ཞུགས་པ་སྟེ་སངས

རྒྱུས་ཀྱི་ཆོས་ཀྱི་བསྡུས་པ་སྟེ་བསྟན་པ་གཅིག་པའི་མཆེད་ཡིན་པས་རིང་བའི་མཆེད། ཁྱད་པར་རྡོ་རྗེ་ཐེག་པ་སྔགས་ཀྱི་ལམ་ལ་ཞུགས་པ་རྣམས་རྡོ་རྗེའི་དམ་ཚིག་གི་བསྡུས་པ་སྟེ་ལྟ་སྤྱོད་གཅིག་ཏུ་མཐུན་པས་ཉེ་བའི་མཆེད། དེ་ལས་བླ་མ་དང་དཀྱིལ་འཁོར་གཅིག་གི་བསྡུས་པ་ནི་ལྷག་པར་དམ་འདྲེས་པས་འདྲེས་པའི་མཆེད། དེ་ཡང་བླ་མ་གཅིག་གི་བསྡུས་པ་ནི་ཕ་གཅིག་པའི་སྤུན་དང་དེའི་ཤུགས་ཀྱི་དཀྱིལ་འཁོར་གཅིག་གི་བསྡུས་པ་ནི་མ་གཅིག་པའི་སྤུན་ཏེ། དེ་དག་སྤྱི་མ་ལས་ཕྱི་མ་ཉེ་ཞིང་། ཁྱད་པར་ནང་འདྲེས་ལའང་ཕ་གཅིག་པ་ལ་མ་གཅིག་པ་དང་། དེ་གཉིས་ཀ་གཅིག་པ་ལའང་དབང་ཐོབ་པའི་དུས་སྔ་ཕྱི་ཡོད་ན་སྤུན་རྒན་གཞོན་དང་། དུས་གཅིག་པ་ནི་མཚེ་མ་ལྟ་བུ་སྟེ་དེ་དག་ཀྱང་ཕྱི་རིམ་གྱི་ཉེ་ལ། དེ་ཡང་དབང་བཞི་ཀ་རྫོགས་པར་ལྷན་གཅིག་ཏུ་ཐོབ་པའི་སྤུན་རྣམས་ནི་ལྷག་པར་ཡང་ཤིན་ཏུ་ཉེ་བ་ཡིན་ནོ། །འདི་དག་ལ་ཀུན་མཁྱེན་ཆོས་རྗེས་སེམས་ཅན་ཐམས་ཅད་ཡེ་གདོད་མ་ནས་བདག་གིས་སྤུན་ཡིན་པའི་ཕྱིར་སྤྱིའི་མཆེད་དོ། །སངས་རྒྱས་ཀྱི་ཆོས་ལ་ཞུགས་སོ་ཅོག་ནི་བསྟན་པ་གཅིག་པའི་མཆེད་དོ། །ལྟ་སྤྱོད་གཅིག་པ་ནི་མཐུན་པའི་མཆེད་དོ། །བླ་མ་གཅིག་པ་ནི་མཛེས་པའི་མཆེད་དོ། །ཆོས་ལྷན་ཅིག་ཏུ་ཉན་པ་ནི་ཉེ་བའི་མཆེད་དོ། །དབང་ལྷན་ཅིག་ཏུ་ཞུགས་པ་ནི་འདྲེས་པའི་མཆེད་དེ་རྡོ་རྗེའི་སྤུན་ནོ། །ཞེས་གསུངས་པའང་དོན་མཐུན་ཅིང་། གཞན་ཡང་གསལ་བཀྲ་ལས། མཐའ་ཡས་སེམས་ཅན་རང་རིག་ཕྱིར། །གང་ཡང་བདག་ལས་གཞན་མེད་ཅིང་། །བདེ་གཤེགས་སྙིང་པོའི་སྤུན་ཡིན་ཕྱིར། །མ་འོངས་སངས་རྒྱས་རང་བཞིན་ནོ། །སྤྱི་ཡི་མཆེད་དེ་ཕ་མཚན་བཞིན། །སངས་རྒྱས་ཆོས་ཞུགས་རིང་བ་དང་། །ལྟ་སྤྱོད་མཐུན་པ་ཉེ་བར་བཤད། །ཕ་གཅིག་དམ་ཚིག་ནང་འདྲེས་པ། །ཞེས་དང་། སངས་རྒྱས་ཡེ་ཤེས་ཞབས་ཀྱི་རིམ་པ་རྣམ་པར་བཞག་པ་ལས། བསྟན་དང་རྡོ་རྗེའི་ཐེག་པ་ལ། །ཞུགས་པ་ཐམས་ཅད་སྤུན་དུ་བརྗོད། །ཀུན་ཀྱང་ཡེ་ཤེས་ལྡན་པ་ལ། །རྡོ་རྗེ་སེམས་དཔའི་རྡོ་རྗེ་སྤུན། །དཀྱིལ་འཁོར་སློབ་དཔོན་རིག་མ་གཅིག །དབང་བཞི་དག་གི་བྱེ་བྲག་གིས། །ཉེ་དབང་ཁྱད་པར་བྱེ་བྲག་གོ། །ཞེས་སོ། །

གཉིས་པ་ནི། དེ་དག་ལ་རྟག་ཏུ་མི་འབྲལ་ཞིང་ཕན་འདོགས་པའི་ལྷག་བསམ་གྱིས་བརྩེ་བ་རྒྱུན་མི་ཆད་པས་བྱམས་པར་བྱ་བ་སྟེ། ཡེ་ཤེས་གྲུབ་པ་ལས། སེམས་ཅན་ཀུན་གྱི་ཡིད་ཁྱབ

པར། །རྡོ་རྗེ་སེམས་དཔའ་རང་ཉིད་བཞུགས། །དེ་ལྟར་བསམ་ནས་རྒྱལ་འབྱོར་གྱི། །དབང་པོས་གང་ལ་བརྙན་མི་བྱ། །ཞེས་དང་། དཔལ་འཕྲེང་གི་མདོ་ལས། བྱང་ཆུབ་སེམས་བརྟེན་ཐེག་ཆེན་ཞུགས་ལ་བྱམས། །ཞེས་གསུངས་པས་སྔར་བཤད་པ་ལྟར་སྤྱི་རིང་ཉེ་བ་འབྲེས་པའི་མཆེད་བཞི་དང་དེ་ལས་ཀྱང་བསྟན་ཞུགས་ཀྱི་མཆེད་ཕྱི་མ་གསུམ་དང་། དེའི་ནང་ནས་འབྲེས་པའི་མཆེད་ལྷག་པར་གཞན་པར་ཤེས་པའི་རིམ་པས་རྟག་ཏུ་མི་འབྲལ་ཞིང་། ཕན་འདོགས་ཀྱི་བརྩེ་གདུང་ལ་འབད་པས་བསྒོན་པ་སྟེ། རྨ་གློག་ལས། རྡོ་རྗེ་སྤུན་ལ་གདུང་སེམས་ཀྱང་། །འབྲེས་དང་མ་འབྲེས་ཡོངས་ཀྱི་སྤུན། །ཡང་དག་ལམ་དུ་ཞུགས་པ་ལ། །རྫན་དང་བཅས་པའི་སེམས་ཅམ་ཡང་། །རྟག་ཏུ་སྤང་བར་བྱ་བ་ཡིན། །བརྩེ་ཞིང་གདུང་བའི་ཤུགས་ཕྱུངས་ལ། །གཅིག་ལ་གཅིག་ནི་མིག་བཞིན་བལྟས། །མདོར་ན་སྲོག་ལའང་མི་ཆགས་པར། །སྤུན་དང་མིང་སྲིང་དགོས་པ་བསྒྲུབ། །ཅིའི་ཕྱིར་རྡོ་རྗེ་སྤུན་རྣམས་ནི། །འདི་ནས་བྱང་ཆུབ་བར་དག་ཏུ། །མི་འབྲལ་འགྲོགས་པའི་གྲོགས་མཆོག་སྟེ། །མར་མེའི་འོད་དང་སྡོང་བུ་འདྲ། །ཞེས་སོ། །དེ་ཡང་མཆེད་ཀྱི་དམ་ཚིག་སྙིང་ཕྱེད་གཤག་ཅེས་ཁ་གདམ་དུ་གྲགས་པ་བཞིན་ཕན་ཚུན་གཉིས་ཀས་མཉམ་པར་བསྲུངས་དགོས་རྒྱུའི་དོན་གོང་གི་ལུང་ཚིག་གིས་ཟིན་ཞིང་། འོན་ཀྱང་གཅིག་ཤོས་ནས་ཡལ་བར་བོར་ཀྱང་རང་ཉིད་ཀྱི་ཅི་ནུས་བསྲུང་བྱར་རིག་པ་ཉིད་དོ་མཚོང་བ་ཁ་ཅིག་དམ་ཚིག་སྙིང་ཕྱེད་གཤག །ཕྱེད་བླ་མས་བསྲུང་། ཕྱེད་སློབ་མས་བསྲུང་། ཞེས་བླ་མ་ལ་སྦྱར་ཏེ་སླུ་བ་ནི་དོན་མ་གོ་བའི་འཆལ་གཏམ་དུ་ཟད་དོ། །བླ་མས་སློབ་མ་ལ་བསྲུང་དགོས་པ་ཡང་། དམ་ཚིག་གི་རྣམ་དབྱེ་ལན་གསུམ་དུ་སྦྲོས་ཏེ་མ་བཤད་པ་དང་། འོན་ཀྱང་གཅིག་སློབ་མ་སྙིང་ནས་ཆོས་རྗེ་གཅིག་ཏུ་འདོད་ཅིང་གདམས་ངག་དོན་དུ་གཉེར་བ་ཞིག་ལ་གདམས་པ་དཔེ་འཁྱུད་ཀྱི་སྒོ་ནས་མི་སྟོན་ཅིང་དེའི་བློ་ཁ་ཆོས་ལ་འཇུག་པ་དེ་ལས་བཟློག་སྟེ་སྡིག་ལ་སྦྱོར་བ། སྟོན་དམ་འགལ་བྱུང་བ་བཤགས་ཚིག་ལས་ལ་འདས་པའི་ནང་ཁོངས་སུ་གཞུང་བཞིན་སྙིང་ནས་མཐོལ་ཏེ་བཤགས་པ་མ་བླང་བ་གསུམ་ཡོད་ཅེས་བདག་གི་རྗེ་བླ་མ་ཐམས་ཅད་མཁྱེན་པས་གསུངས་པར་ཐོས། གསང་བའི་དོན་ཕྱིར་སླུ་མི་བྱ། ཞེས་པས་གསང་བ་མི་སྨྲ་བར་བསྟན་ཞིང་། དེ་ལ་དབྱེ་ན། ཐ་རྒྱས་ལས། སྤྱི་དང་བར་གསང་བཞི་བཞི་དང་། །འོས་དང་གཏེར་གཏད་རྣམ་པ་

བཅུ། །ཞེས་པ་ལྟར་བཅུ་སྟེ། དེའི་དང་པོ་སྤྱིར་གསང་བཞི་ནི། དེ་ལས། ལྟ་ཟབ་སྤྱོད་པ་བརླང་པོ་དང་། །ལྷ་མིང་གཟུངས་དང་གྲུབ་རྟགས་རྣམས། །སྤྱིར་གསང་རྣམ་པ་བཞི་ཡིན་ནོ། །ཞེས་པ་སྟེ། ལྟ་བ་ཟབ་མོ་ཆོས་ཉིད་དོན་དམ་པའི་གནས་ལུགས་དང་། སྤྱོད་པ་ནི་བརླང་སྤྱོད་དེ། དེ་ཡང་འཇིག་རྟེན་ན་སྤྱུད་བྱར་མ་གྱུར་པ་ཞིག་ལ་སྤྱོད་པ་དེ་ལ་བརླང་པོ་ཞེས་བྱ་ཞིང་། དེ་ཇི་ལྟར་ན་ཏ་ན་ག་ན་སྟེ་སྦྱོར་དང་སྒྲོལ་བ་གཉིས་ཡིན་ལ་དེ་སྤྱུད་པའི་ནུས་པ་རྙེད་ཀྱང་གསང་སྟེ་སྤྱོད་དགོས་པ་དང་། ལྷ་མིང་ནི་རང་ཉིད་ཡི་དམ་ལྷག་པའི་ལྷ་ལ་གང་བྱེད་པ་དེའི་མཚན་དང་། དེའི་གཟུངས་སྔགས་དང་། དེ་གྲུབ་པའི་རྟག་མཚན་རྣམས་སོ། །དེ་ཡང་དགོངས་དོན་ཁྱད་པར་ཅན་མཐོང་ན་མ་གཏོགས་སྤྱིར་ནམ་ཡང་གསང་དགོས་པས་ན་སྤྱིར་གསང་ཞེས་བྱའོ། །བར་གསང་བཞི་ནི་དེ་ལས། སྒྲུབ་པའི་གནས་དུས་གྲོགས་དང་རྫས། །བར་དུ་གསང་ལ་བསྒྲུབ་པར་བྱ། །ཞེས་པས། གང་དུ་བསྒྲུབ་པའི་གནས། ནམ་གྱི་ཚེ་བསྒྲུབ་པའི་དུས། བརྟེན་པར་འོས་པའི་གྲོགས། ཇི་ལྟར་མཁོ་བའི་སྒྲུབ་རྫས་རྣམས་བསྒྲུབ་པ་ནམ་གྲོལ་དང་། གསང་བའི་སྤྱོད་པ་ལ་ཞུགས་པའི་བར་དེ་སྲིད་དུ་སྐབས་དོན་དཔག་པའི་སྒོ་ནས་གསང་དགོས་པའི་དོན་གྱིས་ན་བར་གསང་ཞེས་བྱའོ། །

གསང་བར་འོས་པ་ནི། ཕུད་དང་གཏོར་མ་སོགས་གསང་སྔགས་ཀྱི་ཐུན་མོང་མ་ཡིན་པ་དམ་རྫས་ཀྱི་ཡོ་བྱད་དང་། བླ་མའི་མཛད་སྤྱོད་གདུལ་བྱ་མ་དག་པའི་བློ་མི་ཤོངས་པ་རྣམས་དང་། མཆེད་ཀྱི་ངན་སྤྱོད་སོགས་མཐོང་ཐོས་སུ་མི་རུང་བ་རྣམས་སོ། །

གཉེར་གཏད་པ་ནི། བླ་མ་དང་མཆེད་ལྕམ་གྱི་འདི་ཉིད་གཞན་ལ་མ་སྟོན་ནམ་མ་སྨྲ་ཞེས་གསང་ཚིག་གི་གཉེར་གཏད་པ་རྣམས་ཏེ། སྡོམ་ལས། གསང་བར་འོས་པའི་དམ་ཚིག་ནི། །ཕུང་དང་གཏོར་མ་ཚོགས་དག་དང་། །ཧྲཀྐ་ཕུར་པ་མར་མེའི་སྣོད། །རྫས་དང་ལག་ཆ་དཀྱིལ་འཁོར་རྣམས། །སྐྱེ་བོས་མཐོང་བས་ཡོངས་མི་བྱ། །དྲིལ་བུ་རྫ་ཆུང་ལ་སོགས་སྦྲ། །སྐྱེ་བོས་ཐོས་པར་ཡོངས་མི་རུང་། །གྲོགས་ཀྱི་སྐྱོན་དང་མཚངས་རྣམས་དང་། །སེམས་ཅན་ཀུན་གྱིས་ངན་སྤྱོད་ཀྱི། །ཀུན་ལ་གནོད་པའི་སྤྱོད་པ་རྣམས། །ཤིན་ཏུ་གསང་ན་བྱང་ཆུབ་རྒྱུ། །གཉེར་གཏད་པ་ནི་གདམས་པ་སྟེ། །སྔར་བཤད་སློབ་དཔོན་མཆེད་ཀྱི་སོ། །ཞེས་དང་། ཞི་རྒྱུད་ལས། གཞན་ཡང་སློབ་དཔོན་མཆེད

ལྟུམ་གྱིས། །གསང་བར་བསྒྲགས་དང་གནས་སྐབས་སུ། །དེ་ལྟར་འོས་པ་ཤིན་ཏུ་གསང་། །ཞེས་སོ། །དེ་ཉིད་གསང་བའི་ཡུལ་ནི། ཕྲ་རྒྱས་ལས། དམ་ཉམས་དམ་ལས་ལོག་པ་དང་། །དམ་མེད་དཀྱིལ་འཁོར་མ་མཐོང་དང་། །འདྲེས་དང་མ་འདྲེས་ཐམས་ཅད་ལ། །ཞེས་དང་། རྡམ་གློག་ལས། སྣོད་མ་ཡིན་པའི་གང་ཟག་ལ། །དུས་དང་གནས་སྐབས་ཀུན་ཏུ་གསང་། །སྣོད་དང་ལྡན་པ་རྣམས་ལ་ཡང་། །དབང་མ་ཐོབ་པར་བཤད་པ་མིན། །ཞེས་པ་སྟེ། ལྟ་སྤྱོད་ནི་ཉན་ཐོས་སོགས་ཐེག་པ་འོག་མ་པ་རྣམས་དང་སོ་སོའི་སྐྱེ་བོ་ལོག་སྲེད་ཅན་སོགས་སྣོད་མ་སྨིན་པའི་གང་ཟག་རྣམས་ལ་སྟེ། དེ་དག་གི་བློར་མི་ཤོང་ཞིང་ལོག་རྟོག་གི་སྐྱོན་འཕེལ་བའི་ཕྱིར་རོ། །ལྷ་མིང་གཟུངས་སྔགས་གྲུབ་རྟགས་སོགས་ཐེམ་ཚོས་འཕྱུར་གཡེམས་ཀྱི་སླུ་བར་མི་བྱ་སྟེ། གསང་སྒྲོག་གི་ཉེས་པས་འདོད་འབྲས་ལས་རིང་ཞིང་ངན་སོང་གི་རྒྱུ་འགྲུབ་པའི་ཕྱིར་བླ་མ་དང་དམ་གཙང་གི་མཆེད་མ་གཏོགས་གཞན་ལ་མི་སླུ་བའོ། །དེ་ཡང་མ་འདྲེས་པ་ལ་བསྟན་ནས་དམ་ཚིག་ཉམས་ལ། འདྲེས་པ་ལའང་རང་གར་བསྟན་ན་དངོས་གྲུབ་ཉམས་པའི་དོན་གྱིས་ཤིན་ཏུ་གསང་དགོས་ཏེ། གསལ་བཀྲ་ལས། གསང་སྔགས་སྐྱོན་ཡོད་མ་ཡིན་ཏེ། །སེམས་ཅན་དོན་ཕྱིར་རབ་ཏུ་གསང་། །གསང་ཐུབ་དངོས་གྲུབ་མི་ཡལ་བས། །གསང་ཕྱིར་བརྡ་དག་སྣ་ཚོགས་གསུངས། །ཞེས་སོ། །ཇི་ལྟར་གསང་ན། ཕྲ་རྒྱས་ལས། སེམས་ཀྱི་བསྟན་པར་མི་བསམ་ཞིང་། །ལུས་ཀྱི་ཐམས་ཅད་སྦས་ལ་སྦྱད། །ངག་གི་རྡོ་རྗེའི་ལྟེ་ཡོད་ཀྱང་། །བརྗོད་པར་བྱ་བ་མ་ཡིན་ནོ། །ཞེས་ཡུལ་དུས་ཀྱི་དམིགས་ཕྱེད་པས་གསང་ཚུལ་ཤིན་ཏུ་དམ་པར་བྱའོ། །འདི་ནི་རྩ་བ་ལྔ་རྣམས་ཏེ། ཞེས་པས་ལྔ་པོ་འདི་ནི་རྩ་བའི་དམ་ཚིག་ཅེས་བྱ་སྟེ། དཔེར་ན་ལྗོན་ཤིང་གི་རྩ་བ་རུལ་ན་ཡལ་ག་ལོ་མ་སོགས་ཡན་ལག་གཞན་རྣམས་ཡོད་ཀྱང་སྙིང་པོ་སྟོང་པས་ཕན་མི་ཐོག་པ་བཞིན་རྩ་བ་འདི་ལྔ་གང་རུང་དང་འགལ་ཕྱིན་ཆད་སོ་བྱང་སྔགས་ཀྱི་བསྲུང་བྱ་ཕྲ་མོ་གཞན་རྣམས་མ་ཉམས་ཀྱང་འདོད་འབྲས་འགྲུབ་པ་ལྟ་ཞོག །ངན་སོང་གི་གནས་མཐར་ཐུག་ལ་འགོད་པའི་ཕྱིར་ཏེ་དེ་སྐད་དུ་སྟེ། ཁོ་བོའི་བླ་མ་རྡོ་རྗེ་འཆང་ཆེན་པོས་བླ་སྒྲུབ་ཏུ། རྩ་བའི་དམ་ཚིག་སྟོང་པོ་མི་འབྲས་འདྲ། དེ་ཉམས་ཐར་པའི་ས་བོན་ངེས་པར་ཚིག །ཅེས་གསུངས་སོ། །བསྒྲུབ་དང་བསྲུང་བའི་དམ་ཚིག་མཆོག །ཅེས་པ་འདི་ལ་བཤད་ཚུལ་མི་མཐུན་པ་གཉིས་ཏེ། རོང་ཟོམ་པ་ཆེན་པོ་དང་

ཟུར་ལུགས་ཀྱི་བཀའ་སྲོལ་འཆད་པ་པོ་རྣམས། བླ་མེད་མི་སྤྱོང་བ་དང་སྔགས་རྒྱ་རྒྱུན་མི་བཅད་པ་གཉིས་ཡོན་ཏན་ཁྱད་པར་ཅན་བསྒྲུབ་པའི་དམ་ཚིག་དང་། བླ་མ་བཀུར་ཞིང་མཆེད་ལ་བྱམས་པ་གཉིས་ཐུགས་འགལ་བསྲུང་བ་དང་། གསང་སྒྲོག་དེའི་གྲོགས་སུ་སྲུངས་བྱ་གཙོ་ཆེ་བས་བསྲུང་བའི་དམ་ཚིག་ཏུ་བཞེད། ཀུན་མཁྱེན་ཆེན་པོས་ནི། ལྷ་མི་སྤང་བ་དང་། དངོས་གྲུབ་ཀྱི་འབྱུང་གནས་བླ་མ་བཀུར་བ། སྔགས་རྒྱ་རྒྱུན་མི་བཅད་པ་ནི་ཡོན་ཏན་ཁྱད་པར་ཅན་སྒྲུབ་པའི་དམ་ཚིག་ཡིན་ལ། དེའི་ཡན་ལག་ཏུ་ཡང་དག་པའི་ལམ་དུ་ཞུགས་པ་དང་མཆེད་ལྕམ་ལ་བྱམས་པ་ནི་བླ་མའི་ཐུགས་འགལ་བསྲུང་ཞིང་། གསང་བ་གཞན་ལ་མི་སྨྲ་བ་ལྷ་དང་སྔགས་དང་ཕྱག་རྒྱའི་དེ་ཉིད་དང་འགལ་བ་བསྲུང་བ་སྟེ་བསྲུང་བའི་དམ་ཚིག་ཏུ་བཞེད་ཅིང་། མཉམ་སྦྱོར་ལས། སྒྲུབ་པའི་དམ་ཚིག་ཆེན་པོ་ནི། །ལྷ་དང་བླ་མ་མི་སྤང་ཞིང་། །སྔགས་དང་ཕྱག་རྒྱ་རྒྱུན་མི་བཅད། །ཅེས་འདྲེན་པར་མཛད་ཅིང་གང་ལྟར་ལྔ་པོ་དམ་ཚིག་ཀུན་གྱི་མཆོག་ཏུ་གསང་སྔགས་པའོ། །དེ་དག་སྐུ་གསུང་ཐུགས་ཀྱི་དམ་ཚིག །གསུམ་གསུམ་དུ་གྱུར་ཏེ་དཔེར་ན་བླ་མེད་མི་སྤང་བ་ལྷ་བུའི་འང་ལུས་ཀྱིས་བཀུར། ངག་གིས་བསྟོད། ཡིད་ཀྱིས་གུས་པར་བྱ་བ་དང་། ཚུལ་དེས་བླ་མ་དང་མཆེད་ལའང་སྒོ་གསུམ་གུས་པ་དང་། སྔགས་རྒྱའི་དམ་ཚིག་ཡང་སྒོ་གསུམ་ཚང་བ་དང་། གསང་བ་ཡང་སྒོ་གསུམ་གྱི་བྱ་བས་གསང་ཞིང་སྒྲིད་པ་སོགས་ཀུན་ལས་རིགས་འགྲེ་བའི་ཕྱིར་རོ། །དམིགས་བསལ་གྱི་ཕྱེ་ན། བླ་མ་དང་མཆེད་ལ་བསྲུང་བ་ནི་ཕན་འདོགས་ཞིང་གནོད་པ་སྤང་བའི་གཞིའི་གཙོ་བོ་ལུས་ཡིན་པས་སྐུའི་དམ་ཚིག་སྟེ། ཞི་རྒྱུད་ལས། བླ་མ་ཉིད་དང་ལྷན་གྲོགས་ལ། །ལུས་ངག་ཡིད་ཀྱི་བཀུར་བ་ནི། །རྡོ་རྗེ་སྐུ་ཡི་དམ་ཚིག་གོ། །ཞེས་སོ། །སྔགས་རྒྱ་རྒྱུན་མི་བཅད་པ་ནི་བཟླས་བརྗོད་ཀྱི་ཡན་ལག་ཏུ་གཏོགས་པས་ངག་གཙོ་བོར་ཡིན་པའི་ཕྱིར་གསུང་གི་དམ་ཚིག་སྟེ། དེ་ལས། རང་གི་ཡིད་དམ་ལྷ་མཆོག་གི། །སྔགས་དང་ཕྱག་རྒྱ་རབ་འཛིན་པས། །དུས་ཀུན་ཏུ་ནི་རྒྱུན་མི་གཅོད། །རྡོ་རྗེ་གསུང་གི་དམ་ཚིག་ཡིན། །ཞེས་སོ། །གསང་བཅུ་ནི་ཟུར་པའི་བཤད་སྲོལ་འཛིན་པ་རྣམས་མི་སྨྲ་བ་ངག་ཡིན་ཀྱང་གང་གསང་བ་ནི་ཐུགས་ལ་གནས་པས་གཙོ་བོ་སེམས་ཀྱི་ཆོས་ཉིད་ཡིན་ཞེས་ཐུགས་སུ་བསྟུ་ནའང་། སྒྲ་མ་ལས། གསང་བར་བྱ་བ་འདི་རྣམས་ནི། །སྐུ་གསུང་ཐུགས་ཀྱི་དམ་ཚིག་གོ། །ཞེས

གསུམ་ཀས་བསྡུས་པར་གསུངས་ཤིང་། བླ་མེད་མི་སྤྱང་བ་ནི་ཐུགས་ཀྱི་དམ་ཚིག་སྟེ། དེ་ལས། བྱང་ཆུབ་སེམས་གསུམ་བསྒོམ་པ་ནི། །རྡོ་རྗེ་ཐུགས་ཀྱི་དམ་ཚིག་གོ། །ཞེས་གསུངས་སོ། །འདི་ལ་ཀུན་མཁྱེན་ཆོས་རྗེས། ཁ་ཅིག་བླ་མ་དང་མཆེད་ལྕམ་ལ་གུས་པ་ནི་གཞི་མ་ལུས་ཀྱི་བྱ་བ་ཡིན་པས་སྐུའི་དམ་ཚིག །ལྷ་མི་སྤྱང་ཞིང་སྔགས་དང་ཕྱག་རྒྱ་རྒྱུན་མི་བཅད་པ་ནི་བཟླས་བརྗོད་ཀྱི་ཡན་ལག་སྟེ་གསུང་གི་དམ་ཚིག །གསང་བ་མི་སྨྲ་བ་ནི་ཡིད་ལ་གནག་པར་བྱ་བ་སྟེ་ཐུགས་ཀྱི་དམ་ཚིག་གོ་ཟེར་བ་དེ་ཡང་རིག་མ་མཐོང་སྟེ་འདོན་པ་བསྒྱུར་ན་མཚུངས་པའི་ཕྱིར་རོ། །ཞེས་གསུངས་ཤིང་། ལོ་ཆེན་དྷརྨ་ཤྲཱིས། འདིར་བྱང་སེམས་དང་གསང་བ་མི་སྨྲ་བ་གཉིས་ཐུགས་ཀྱི་དམ་ཚིག་ཏུ་བསྡུས་ན་བདེ་སྟེ། རྩ་བའི་དམ་ཚིག་གསུམ་དུ་བསྡུ་བའི་སྐབས་ཡིན་པའི་ཕྱིར་རོ། །ཞེས་གསུངས་ལ། འདི་དང་མཐུན་པར་དྲི་མེད་རྒྱལ་པོ་བཤགས་པའི་རྒྱུད་ཀྱི་དམ་ཚིག་ཉི་ཤུ་རྩ་བརྒྱད་པའི་བཤགས་པའི་ལེའུ། གསང་བཅུ་ལ་སོགས་མན་ངག་རབ་སྟེར་དང་། ཞེས་ཐུགས་ཀྱི་དམ་ཚིག་ཏུ་བསྡུས་པར་བཤད་ཅིང་། ཁོ་བོ་ནི་གོང་དུ་གྲངས་པའི་བདེར་འདུས་ཞི་རྒྱུད་ཀྱི་ལུང་ལྟར་གསང་བཅུ་ནི་སྐུ་གསུང་ཐུགས་གསུམ་ཀས་བསྡུས་པ་ཉིད་འཐད་དམ་སྙམ། གཉིས་པ་ཡན་ལག་གི་དམ་ཚིག་བཅུ་བཤད་པ་ལ་གཉིས་ཏེ། མི་སྤྱང་བ་ལྔ་དང་། མི་དོར་བ་ལྔའོ། །དང་པོ་ནི། གསལ་བཀྲ་ལས། དེ་དག་དུག་ལྔ་ལོག་དུག་ལྔ། ཞེས་ཡང་ལོག་གཉིས་སུ་གསུངས་ཤིང་། དེ་ཡང་ལོག་པའི་དུག་ལྔ་ནི་དུག་ལྔ་རང་མཚན་པ་རྣམས་ཡིན་ལ། དེ་ཉིད་ཉན་ཐོས་ལུང་བཞིན་དགྲར་བལྟས་ཏེ་མི་སྤྱང་ཞིང་། ཅིའི་ཕྱིར་ཞེ་ན་ཆོས་ཐམས་ཅད་རང་གི་ངོ་བོ་སྟོང་པས་སྤྱང་བྱའི་རྫས་མ་གྲུབ་སྟེ། སླིག་རྒྱུའི་ཆུ་ལ་རགས་མི་དགོས་པ་བཞིན་ནོ། །

དེ་ཡང་ཇི་སྐད་དུ་རྡོ་རྗེ་ལས། ཉོན་མོངས་རྣམས་ནི་སྒྱུ་འདྲ་ངོ་བོས་སྟོང་། །རང་གི་མི་རྟག་རང་བཞིན་ཤེས་པས་གྲོལ། །ཞེས་སོ། །དེ་ར་མ་ཟད་ཐབས་ཀྱིས་ཟིན་ན་སྤྱད་ཀྱང་མི་འཆིང་ཞིང་ལམ་གྱི་གྲོགས་སུ་འགྱུར་བས་ཡང་མི་སྤྱང་སྟེ། རྒྱ་མཚོ་ལས། ཉོན་མོངས་ལམ་ནི་དག་པ་ཆེ། །ཐབས་ཀྱི་འདོད་ཡོན་རྒྱན་གྱི་མཆོག །ཐམས་ཅད་ཐམས་ཅད་རོལ་བ་ཡིས། །སྒྱུར་དུ་ཧེ་རུ་ཀ་དཔལ་འགྱུར། །ཞེས་གསུངས་ཤིང་། ཚུལ་འདི་དང་མཐུན་པར་མདོ་སྡེ་ལས་ཀྱང་གསུངས་པ་ཡོད་དེ།

དཀོན་བརྩེགས་ལས། ཇི་ལྟར་གྲོང་ཁྱེར་རྣམས་ཀྱི་མི་གཙང་ལུད། །དེ་ནི་བུ་རམ་ཤིང་པའི་ཞིང་ལ་ཕན། །དེ་བཞིན་བྱང་ཆུབ་སེམས་དཔའི་མི་གཙང་ལུད། །དེ་ནི་རྒྱལ་བའི་ཆོས་ཀྱི་ཞིང་ལ་ཕན། ། ཞེས་དང་། ཐེག་བསྡུས་ལས། ཐབས་ཆེན་རྣམས་དང་ལྡན་པ་ལ། །ཉོན་མོངས་བྱང་ཆུབ་ཡན་ལག་འགྱུར། །ཞེས་སོ། །རིགས་ལྔ་ཡེ་ཤེས་ལྔའི་རང་བཞིན་ཡིན་པས་ཀྱང་མ་སྤྱངས་ཏེ། དམ་ཚིག་ཉེར་བརྒྱད་པ་ལས། ཕྲག་དོག་ལ་སོགས་ཉོན་མོངས་རྣམས་ལྔ་ནི། །ཡེ་ནས་རིག་ལྔའི་རང་བཞིན་ཡིན་པའི་ཕྱིར། །ཞེས་དང་། ཐབས་ཞགས་ལས། གཏི་མུག་ཞེ་སྡང་ང་རྒྱལ་དང་། །འདོད་ཆགས་ཕྲག་དོག་ཆེན་པོ་ནི། །བསྒྱུར་བ་མེད་པའི་སྡོམ་པ་ཅན། །དེ་ནི་དམ་ཚིག་རྡོ་རྗེ་ཡིན། །ཞེས་པའི་འགྲེལ་པར་སློབ་དཔོན་ཆེན་པོ་པདྨས། གཏི་མུག་གི་རྣམ་པར་སྣང་མཛད་ཀྱི་དམ་ཚིག་སྟེ། ཅིའི་ཕྱིར་ཞེ་ན་མ་རིག་པ་ནི་སྤྱང་དུ་མེད། རིག་པ་ནི་སྒྲུབ་ཏུ་མེད་དེ། ཆོས་ཀྱི་དབྱིངས་སུ་རོ་གཅིག་པའི་ཕྱིར་རོ། ། ཞེས་དང་། ཞི་རྒྱུད་ལས་ཀྱང་། རང་བཞིན་ཤེས་པས་མི་སྤང་སྟེ། །རང་རིག་ཡེ་ཤེས་ཉིད་ཡིན་ནོ། ། ཞེས་སོ། །སྦྲས་དོན་དུ་ཡང་དག་དུག་ལྔ་ཞེས་བཤད་དེ། དེ་ཡང་ཆོས་ཐམས་ཅད་མཉམ་པ་ཉིད་དུ་རྟོགས་པས་ལྟ་བ་ལ་ཕྱོགས་རིས་དང་སྤྱོད་པ་ལ་བླང་དོར་གྱི་འབྱེད་པ་མེད་པའི་གཏི་མུག །དེ་ལྟར་མ་རྟོགས་པ་ལ་དམིགས་པ་མེད་པའི་སྙིང་རྗེ་ཆེན་པོ་ནས་རྗེས་སུ་ཆགས་པའི་འདོད་ཆགས། རང་རིག་པའི་ཡེ་ཤེས་ཀྱི་ལོག་རྟོག་འཇོམས་པའི་ཞེ་སྡང་། ཉམས་ཉིད་རྟོགས་པའི་ལྟ་བ་ཤོངས་སུ་མི་འབེབས་པའི་ང་རྒྱལ། གཉིས་འཛིན་གྱི་ལྟ་སྤྱོད་མཉམ་ཉིད་ཀྱི་ཀློང་དུ་མི་ཤོང་བའི་ཕྲག་དོག་རྣམས་ཏེ། དེ་ཉིད་རྟོགས་གོམས་ཐབས་ཀྱི་བྱེད་རྩོལ་གྱིས་མི་སྤང་བའོ། །

གཉིས་པ་མི་འདོར་བ་ལྔ་ནི། གསང་སྙིང་ལས། དཀར་རྩི་དམར་རྩི་དྲི་ཤ་ཆེན། དག་པའི་སྟོད་ཆུ་ནི་དྲི་ཆུ་སྟེ་ལྔ་པོ་ཡེ་ནས་བདུད་རྩི་ལྔའི་རང་བཞིན་ཡིན་པས་ན་མི་དོར་ཏེ། ལེ་ལག་ལས། བདུད་རྩི་ཡེ་ནས་དག་པའི་ཆོས། །བླང་དོར་མེད་པ་ཀུན་ལས་འདས། །ཡེ་བསྒྱུར་ཆེན་པོའི་དམ་ཚིག་ཏུ། །མཁས་པས་དང་དུ་བླང་བར་བྱ། །ཞེས་སོ། །རིགས་ལྔ་ཡེ་ཤེས་ལྔའི་རང་བཞིན་ཡིན་པས་ཀྱང་མི་དོར་ཏེ། དེ་ཡང་བྱང་སེམས་ནི་རྡོ་རྗེ་རིགས། མེ་ལོང་ལྟ་བུའི་ཡེ་ཤེས། དྲི་ཆེན་དེ་བཞིན་གཤེགས་པའི་རིགས་ཆོས་དབྱིངས་ཡེ་ཤེས། ཤ་ཆེན་ནི་རིན་ཆེན་རིགས། མཉམ་ཉིད་ཡེ་ཤེས།

རཀྟ་ནི་པདྨའི་རིགས། སོར་རྟོགས་ཡེ་ཤེས། ཏྲི་ཙུ་ནི་ལས་ཀྱི་རིགས། བྱ་གྲུབ་ཡེ་ཤེས་ཏེ། ཐལ་བ་ལས། བདུད་རྩི་ལྔ་ནི་རིགས་ལྔའི་དངོས། །ཏྲི་ཆེན་ཏྲི་ཙུ་བྱང་ཆུབ་སེམས། །ཞེས་སོ། །གཞན་ཡང་ནད་ལྔ་སེལ་ཞིང་རང་བཞིན་གྱི་མཐུ་ལྔ་ཡོད་པའི་ཕྱིར་ཡང་མི་སྤང་སྟེ། བྱང་སེམས་ཀྱི་ཚད་པའི་ནད་རྣམས་སེལ་ཞིང་མི་བརྗེད་པའི་གཟུངས་ཐོབ་པ་དང་། དེ་བཞིན་དུ་རཀྟས་གྲང་བའི་ནད་སེལ་བཀྲག་མདངས་གསལ་བ་དང་། ཏྲི་ཙུའི་དུག་ནད་སེལ་ཚེ་རིང་བ་དང་། །གཙང་སྨེའི་རྟོགས་པ་སྦྲུངས་ཕྱིར་དང་། །ཐུན་མོང་དགོས་པ་ལྔ་ཕྱིར་དང་། །རིགས་ལྔ་འགྲུབ་པའི་ཡོན་ཏན་དང་། །སྡུག་བསྔལ་ལས་གྲོལ་དངོས་གྲུབ་ཐོབ། །ཞེས་དང་། མཁའ་འགྲོ་མ་རྡོ་རྗེ་གུར་ལས། མི་བསྐྱོད་རྟེན་པའི་རྣལ་འབྱོར་པས། །ནད་ཀུན་རྣམས་པར་སྤང་བར་འགྱུར། །རྟག་པ་ཡིས་ནི་མདངས་ཆེན་འགྱུར། །ཞེས་སོགས་གསུངས་སོ། །དངོས་གྲུབ་སྒྲུབ་པའི་རྫས་ཡིན་པས་ཀྱང་བླང་སྟེ། གསང་འདུས་ལས། ཤ་ཆེན་དམ་ཚིག་མཆོག་གིས་ནི། །རྡོ་རྗེ་གསུམ་མཆོག་བསྒྲུབ་པར་བྱ། །གཤང་གཅིའི་དམ་ཚིག་མཆོག་གིས་ནི༔ ༔རིག་པ་འཛིན་པའི་གཙོ་བོར་འགྱུར། །ཞེས་སོ། །དེ་དང་མཐུན་པར་ཤ་ལྔ་པོ་ཡང་བསྟེན་ན་མཁའ་འགྲོ་འདུ་ཞིང་དངོས་གྲུབ་ཉེ་བ་སོགས་ཀྱི་ཡོན་ཏན་ཁྱད་པར་དུ་མངའ་བ་སྟེ། དེ་ལས། གླང་པོའི་ཤ་ཡི་དམ་ཚིག་གིས་མངོན་ཤེས་ལྔ་དག་ཐོབ་པར་འགྱུར། རྟ་ཤ་དག་གི་དམ་ཚིག་གིས། །མི་སྣང་བ་ཡི་བདག་པོར་འགྱུར། །ཁྱི་ཤ་དག་གིས་དམ་ཚིག་པ། །དངོས་གྲུབ་ཐམས་ཅད་འགྲུབ་པར་འགྱུར། །བ་ལང་ཤ་ཡི་དམ་ཚིག་གི། །རྡོ་རྗེ་འགུག་པའི་མཆོག་ཏུ་འགྱུར། །ཞེས་སོ་དང་། སྤྱི་མདོ་ལས། བ་གླང་ཁྱི་དང་རྟ་ཤ་དང་། །མི་ཤ་གླང་ཆེན་ཤ་ལ་སོགས། །ཟོས་ན་ཡོན་ཏན་ཐམས་ཅད་འགྲུབ། །བདག་ཅག་རྣམས་ཀྱི་དམ་ཚིག་ལགས། །ཞེས་དང་། སྟོན་གྱི་རྒྱལ་བ་གྲངས་མེད་ཀྱང་། །བརྟུལ་ཞུགས་འདི་ལྔ་གཙོར་སྤྱོད་ནས། །དམ་ཚིག་དམ་པ་བཟུང་བས་ན། །སྟོན་གྱི་དམ་ཚིག་ཡིན་པར་གྲགས་ཞེས་པས་བརྟུལ་ཞུགས་སྤྱོད་པའི་གྲོགས་སུ་གྱུར་པས་ཀྱང་དང་དུ་བླང་བར་བྱ་བ་ཡིན་ནོ། །དེ་དག་ལ་ཡན་ལག་གི་དམ་ཚིག་ཅེས་བྱ་སྟེ། རྩ་བའི་གྲོགས་སམ་ཐབས་སུ་གྱུར་བའི་ཡན་ལག་ཡིན་པའི་ཕྱིར་རོ། །སྔར་འགྱུར་བླ་མེད་ཀྱི་ཡང་རྩེ་མན་ངག་སྡེའི་དགོངས་དོན་ལྟར་ན། དམ་ཚིག་རྣམ་པར་བཀོད་པ་ལས། །འགྲོ་བའི་སྒྲིན་སོ་གསུམ་དག་ལས། །སྔགས་ཀྱི་དམ་ཚིག

གསུམ་དུ་བཤད། །དེ་ལ་ཁྱད་པར་ངེས་ཕྱེ་བ། །སྐུ་དང་གསུང་དང་ཐུགས་དག་ལས། །རེ་རེ་ལའང་དགུ་དགུ་སྟེ། །འཇུག་དང་ལས་ཀྱི་རྣམ་པས་ཤེས། །ཞེས་རྩ་བ་སྐུ་གསུང་ཐུགས་གསུམ་ལ་ཕྱི་ནང་གསང་གསུམ་དང་། དེ་རེ་རེ་ལའང་གསུམ་གསུམ་དུ་ཕྱེ་བས་ཉི་ཤུ་རྩ་བདུན་དུ་གསུངས་ཏེ། དེ་ཡང་དང་པོ་ལུས་ཀྱི་བསྲུང་བར་བྱ་བ་སྐུའི་དམ་ཚིག་ལ་ཕྱི་ནང་གསང་བ་གསུམ་ལས།

དང་པོ་ཕྱིའི་ཕྱི་ནང་གསང་གསུམ་ནི། རིམ་པར་མ་བྱིན་ལེན། མི་ཚངས་སྤྱོད། སྲོག་གཅོད་གསུམ་སྤང་བ་སྟེ། རྡོ་རྗེ་སྙིང་པོ་ཁོང་བུ་བརྩེགས་པའི་རྒྱུད་ལས། སྐུ་ཡི་ཕྱི་ཡི་དམ་ཚིག་ལས། །རྣམ་པ་གསུམ་དུ་རབ་ཕྱེ་སྟེ། །མ་བྱིན་བླངས་པ་ཕྱི་ཡི་ཡང་། །སྐུ་ཡི་དམ་ཚིག་ཉམས་པར་འགྱུར། །དེ་ཡི་རྟགས་སུ་ཡན་ལག་ནི། །མི་བཟད་སྣ་ཚོགས་ལུས་ལ་འབྱུང་། །མི་ཚངས་སྤྱད་པ་ནང་ཡིན་ཏེ། །རྟགས་སུ་དབང་པོའི་ནད་རྣམས་སོ། །སྲོག་བཅད་པ་ནི་གསང་བ་སྟེ། །དེ་ཡི་རྟགས་སུ་དོན་སྙིང་ན། །རྣལ་འབྱོར་པ་ཡི་མགྲོན་བའོ། །ཞེས་སོ། །

ནང་གི་གསུམ་ནི། ཕ་མ་རྡོ་རྗེ་སྤུན་སྲིང་དང་རང་ལུས་ལ་སྨོད་པ། ཆོས་དང་གང་ཟག་ལ་སྨོད་པ། རང་ལུས་ལ་བརྡེག་འཚོག་དང་བཀའ་ཐུབ་ཀྱི་བརྙས་ཤིང་གདུང་བ་རྣམས་སྤང་བ་སྟེ། གསེར་གྱི་ཁང་བུ་བརྩེགས་པའི་རྒྱུད་ལས། ནང་གི་ཕྱི་ནི་སྤུན་དང་ཡང་། །གང་གི་ཕ་དང་མ་ཉིད་དང་། །རང་གི་ལུས་ལ་མི་སྨད་དོ། །ནང་གི་ནང་ཉིད་སྤྱི་ན་ཡང་། །ཐེག་པ་ཆེ་ཆུང་ཆོས་རྣམས་ལ། །འཇུག་པར་འདོད་དང་ཞུགས་པ་དང་། །ཞུགས་ཏེ་གཟུགས་བརྙན་འཛིན་པའི་ལུས། །སྨད་ཅིང་མཐོ་བཙམས་རྒྱན་སླད་ན། །སངས་རྒྱས་སྐུ་ནི་བརྒྱ་ཕྲག་བསྣུས། །ནང་གི་གསང་བ་རང་གི་ལུས། །ལྷ་ཡི་དཀྱིལ་འཁོར་ཡིན་པའི་ཕྱིར། །སྨད་དང་ཟས་ལ་དུག་འདྲེས་ཟོས། །གལ་ཏེ་མཚོན་གྱིས་བཏབ་ན་ཡང་། །ཟག་པའི་ལམ་མེད་ལུས་བརྒྱ་བླངས། །དེ་འོག་ཚ་བའི་དམྱལ་བ་མྱོང་། །ཞེས་སོ། །

གསང་བའི་གསུམ་ནི། རྡོ་རྗེ་སྤུན་སྲིང་གི་ལུས་ལ་བརྡེག་པར་གཟས་ཤིང་རྒྱན་ལ་སྨོད་པ། རྡོ་རྗེ་མཆེད་ལྕམ་ལ་བརྡེག་པ་དང་བླ་མའི་ཡུམ་ལ་གཅེས་པ། བླ་མའི་གྲིབ་མར་འགོངས་པ་དང་སྤུན་སྲིང་ལུས་ངག་གི་སྤྱོད་པ་བག་མེད་རྣམས་སྤང་བ་སྟེ། དཔལ་ཉི་ཟླ་བརྩེགས་པའི་རྒྱུད་ལས། རྡོ་རྗེ་སྤུན་ནམ་སྲིང་མོ་ཡི། །ལུས་ཀྱི་རྒྱན་ལ་དཔྱས་པ་དང་། །མཐོ་བཙམས་ལག་གིས་བརྡེག་པའི་ཚུལ། །

གལ་ཏེ་གཞན་གྱི་བྱེད་བཅུད་ན། །འདི་ཡང་མནར་མེད་རྒྱུད་འཕེལ་འགྱུར། །ནང་གི་ཤིན་ཏུ་འདྲེས་པའི་མཆེད། །ཀུ་རེ་རྩེད་མོའི་ཚུལ་ཙམ་དུའང་། །བརྙེག་གམ་བརྙེག་པར་བཙམས་པའམ། །རྨི་ལམ་ནའང་ཡུམ་ལ་བཅོས། །དེ་མ་ཐག་ཏུ་མ་བཤགས་ན། །འདི་ཡང་སྟར་དང་སྡིག་མཉམ་མོ། །གསང་བའི་གསང་བ་བླ་མ་ཡི། །སྐུ་ཡི་གྲིབ་མར་མི་འགོང་ལ། །བླ་མའི་སྤྱན་ལམ་དག་ཏུ་ཡང་། །མཆོན་ཆ་བཟུང་བར་མི་བྱའོ། །རྐང་ལག་བརྐྱང་དང་ཉལ་མི་བྱ། །སྐྱིལ་ཀྲུང་འདུག་དང་རྒྱབ་མི་བསྟན། །ལྷམ་དང་སྟན་དང་བཞོན་པ་དང་། །གདུག་སོགས་སྒེག་པའི་རྒྱན་རྣམས་སྤང་། །བླ་མའི་གཟིམས་ཁང་དག་ལ་ཡང་། །ལག་པས་མཆོན་ནམ་རྡོ་དག་གི། །བཙོག་པར་བྱ་བ་མ་ཡིན་ནོ། །དེ་དག་ལས་ནི་འབུམ་འགྱུར་དུ། །བླ་མའི་གནས་ཁང་བཤིག་པ་དང་། །སྐུ་ལ་བཙམས་པའི་སྡིག་བྱས་པས། །འདི་ཡི་སྡིག་པ་ཕ་མཐའ་ཡས། །གལ་ཏེ་བླ་མར་བག་མེད་པས། །མ་དཔྱད་བསྙོངས་ནའང་ཕ་མཐའ་ཡས། །མཆོག་ཏུ་སྐུ་ལ་བརྙས་བྱས་ན། །འདི་ཡི་རྣམ་སྨིན་བརྗོད་མི་ལོང་། །ཞེས་སོ། །

གཉིས་པ་གསུང་གི་དམ་ཚིག་ཡང་ཕྱི་ནང་གསང་བ་གསུམ་ལས། ཕྱིའི་གསུམ་ནི། བརྫུན་ཚིག །ཕྲ་མ། གཞན་གྱི་ཞོར་འདེབས་ཀྱི་ཚིག་སྨྲ་བ་རྣམས་སྤང་བ་སྟེ། འཁོར་རྣམ་པར་བརྩེགས་པའི་རྒྱུད་ལས། སྔགས་ཀྱི་མོས་པ་སྤྱོད་པ་ཡིས། །འགྲོ་བ་ཕལ་པ་དག་ལ་ཡང་། །བརྫུན་པའི་ཚིག་ནི་རང་འདོད་ཀྱི། །སྨྲ་ལ་རྟག་ཏུ་དགའ་བ་ལ། །སྔགས་བཟླས་ནུས་པ་མི་འབྱུང་ཞིང་། །གཞན་ལ་སླུས་པ་བཙུན་པ་མིན། །རང་གི་ངག་ཉིད་ཉམས་པ་ཡིས། །འགྲོ་བ་གཞན་གྱི་ལྕེ་འབབ་འགྱུར། །མ་འོངས་དུས་ན་མེ་ཤའི་ལུས། །བྱང་གི་ཕྱོགས་སུ་སྐྱོང་བར་འགྱུར། །དེ་འོག་ངན་སོང་སྡུག་བསྔལ་ཡང་། །རྣམ་པ་སྣ་ཚོགས་མྱོང་བར་འགྱུར། །ཞེས་དང་། སྔགས་ལ་ཞུགས་པའི་གང་ཟག་གང་། །གཞན་གཉིས་དབྱེར་འཇུག་ཕྲ་མ་སྨྲ། །ཆོས་སླུས་འཁོར་རྣམས་མི་འདུ་དང་། །ཅི་བྱས་ལོག་པར་འགྱུར་བ་དང་། །མ་དཔྱད་པ་རྣམས་དགྲ་འགྱུར་དང་། །ལུས་ལ་མཆོན་གྱིས་འདེབས་པ་དང་། །ཤི་འཕོས་ནས་ནི་སྡེར་ཅན་ལུས། །དེ་ནས་ངན་སོང་རིམ་གྱིས་སྤྱོད། །ཞེས་དང་། རྟག་ཏུ་ཞེ་གཅོད་ཚིག་སྨྲ་བ། །སྔ་མའི་ལས་དང་ཕྱི་མའི་རྟགས། །འགྲོ་བ་བྱམས་བྲལ་བཤེས་ཀྱང་ལྡང་། །ཆོས་ཀྱི་ཚིག་ཀྱང་འཚོལ་བར་འགྱུར། །ཤི་འཕོས་རབ་ཏུ་དྲེགས་པའི་ལུས། །དེ་ནས་ངན་སོང་གསུམ་དུ

འཁོར། །ཞེས་སོ། །

ནང་གི་གསུམ་ནི། ཆོས་ཀྱི་ཚིག་སླུ་བ། དོན་ཡིད་ལ་བསམ་པ། གནས་ལུགས་སྒོམ་པར་བྱེད་པ་རྣམས་ལ་གཤེ་སྐུར་འདེབས་པ་རྣམ་སྤང་བ་སྟེ། དམ་ཚིག་རྣམ་པར་བཀོད་པའི་རྒྱུད་ལས། །སྔགས་པ་སྒོམ་ལ་གནས་པ་ཡིས། །ཆོས་སླ་རྣམས་དང་ཆོས་སྒྲུབ་དང་། །ཆོས་ནི་བསྒོམ་པའི་གང་ཟག་ལ། །སྒྲོ་ཞིང་བསྐུར་པ་བཏབ་པ་དང་། །གཤེ་ཞིང་སྨོད་པའི་ཚིག་སླས་ན། །གཞན་གྱི་མོས་པ་ཉམས་པ་དང་། །རང་གི་བདག་པ་ཉམས་པ་དང་། །རང་གི་ཆོས་རྣམས་བརྗོད་ངས་ཏེ། །ཡིད་དབྱོད་འདྲ་མིན་འཚོལ་བར་འགྱུར། །ངན་སོང་སྡུག་བསྔལ་ཚད་མེད་མྱོང་། །ཞེས་སོ། །

གསང་བའི་གསུམ་ནི། རྡོ་རྗེ་སྤུན་སྲིང་གི་ཚིག །བླ་མའི་ཕྱག་རྒྱ་དང་ཉེ་འཁོར་གྱི་ཚིག །བླ་མའི་གསུང་རྣམས་ལ་བརྙས་ཤིང་གཅོག་པ་སོགས་སྤང་བ་སྟེ། ཕྱག་རྒྱ་གཉིས་སྦྱོར་གྱི་རྒྱུད་ལས། རྡོ་རྗེའི་མཆེད་དང་ལྕམ་དྲལ་ལ། །ཚིག་གིས་སླུས་དང་ངག་བཅག་ན། །བསྐལ་པ་བརྒྱ་ཕྲག་བྱེ་བར་ནི། །ཁྲིད་པར་ངན་སོང་གསུམ་པོ་ཡི། །སྡུག་བསྔལ་མི་བཟད་དྲག་པོ་ཉིད། །གང་ཟག་དེ་ཡིས་མྱོང་བར་འགྱུར། །སྔོ་མར་བྱས་དང་དཔའ་བོའི་རྟགས། །རིམ་པར་མྱོང་བར་འགྱུར་བ་ནི། །སྔོ་མར་བྱས་པ་ཚེ་འདི་ལ་; ;བར་ནས་ཐ་མར་མྱོང་བ་ལ། །ཡང་སྔ་ཚེ་སྟོད་ལ་བྱས་ཏེ། །སྐྱེས་མ་ཐག་ཏུ་མྱོང་བར་འགྱུར། །འདི་ལ་བྱས་པའི་ལས་མཐའ་ནི། །ཚེ་ཡི་ཞབས་ལ་ངག་གི་ལས། །འཁོར་དང་གཞན་གྱིས་ལྟོ་འབབ་དང་། །གློ་བུར་དག་ཏུ་སླ་རྒྱུན་འགག །བླ་མའི་བུ་དང་ཆུང་མ་དང་། །གང་དག་ཉེ་གནས་དག་ཀྱང་རུང་། །བཀའ་ལས་འདས་ཤིང་ངག་བཅག་ན། །སྔོ་མ་ལས་ནི་ཉིས་འགྱུར་རོ། །ཡང་ན་བླ་མའི་བྱེ་བྲག་གིས། །རྩ་བ་དང་ནི་ཡན་ལག་གི། །ངག་འདས་ངག་ཏུ་སླས་པ་དང་། །སྒྲོ་སྐུར་འདོད་ཚིག་སླས་བྱས་ན། །སྔོ་མ་ལས་ནི་སྟོང་ཕྲག་འགྱུར། །རྣམ་པར་སྨིན་པ་མི་བཟད་པ། །རིམ་པས་བླ་མའི་ཁྲིད་ཀྱིས་ཡང་། །དེ་མ་ཐག་ཏུ་མྱོང་བར་འགྱུར། །ཞེས་སོ། །

གསུམ་པ་ཐུགས་ཀྱི་དམ་ཚིག་ལའང་ཕྱི་ནང་གསང་གསུམ་ལས། ཕྱིའི་གསུམ་ནི། གནོད་སེམས་བརྣབ་སེམས་ལོག་ལྟ་གསུམ་སྤང་བ་སྟེ། སྙིང་པོའི་དོན་རྣམས་པར་ལེན་པའི་རྒྱུད་ལས། གང་དག་སྔགས་པ་རྡོ་རྗེ་འཛིན། །སེམས་ཅན་གཞན་ནམ་རང་ཡང་རུང་། །གནོད་པར་བྱ་བའི

ལས་འཆད་ན། །འདི་ནི་དུ་བ་ཅན་གྱི་ལུས། །གྲང་བའི་རིག་པར་ལྡན་པ་ཡི། །ལུས་ནི་སྟོང་ཕྲག་ལྔ་བླང་ནས། །གྲང་བའི་དམྱལ་བར་ངེས་པར་སྐྱེ། །ཞེས་དང་། གནམ་ལྕགས་མེ་ལྷར་འབར་བའི་རྒྱུད་ལས། གལ་ཏེ་སེམས་ཅན་ཕལ་པ་ལ། །ཡུལ་དུར་གནོད་པའི་སེམས་སྐྱེད་ནས། །འགྲོ་བ་ཐུན་མོང་ལུས་ཅན་ནི། །བརྒྱ་ཕྲག་གསུམ་གྱི་སྲོག་བཅད་པ། །འདི་ཡི་སྡིག་པའི་ཆ་དང་མཉམ། །གལ་ཏེ་བརྟན་པའི་རྟགས་འཛིན་པའི། །གཟུགས་ཅན་རྣམས་ལ་ལོག་འགྱུར་རོ། །སྔགས་ལ་ཞུགས་པས་བརྒྱ་ཕྲག་འགྱུར། །རྡོ་རྗེའི་སྤུན་སྲིང་བདུན་ཕྲག་གོ། །བརྒྱུད་པའི་བླ་མ་བརྒྱ་ཕྲག་གོ། །རྩ་བའི་བླ་མ་འབུམ་ཕྲག་འགྱུར། །ཞེས་དང་། བཀོད་པ་ཆེན་པོ་ལས། རང་ངམ་གཞན་གྱི་གྲུབ་མཐའ་ཡི། །ཆོས་ལ་སྨོད་པ་ལོག་པའི་ལམ། །རྩ་བའི་དམ་ཚིག་ལས་འདས་ན། །ས་སྤྱོད་མེ་ཡི་སྡུག་བསྔལ་ལས། །ཡུན་རིང་བར་དུ་གནས་པར་འགྱུར། །རང་ནི་གྲུབ་མཐའ་ལོག་ལྟ་སྐྱེས། །དམྱལ་བ་ཉིད་ལས་ཐར་སྐབས་མེད། །ཅེས་སོ། །

ནང་གི་གསུམ་ནི། སྤྱོད་པ་ལོག་པ་བག་མེད། སྒོམ་པ་ལོག་པ་བྱིང་རྒོད་དང་གོལ་སྒྲིབ། ལྟ་བ་ལོག་པ་རྟག་ཆད་མཐར་འཛིན་རྣམས་སྤང་བ་སྟེ། ཞལ་གྱི་ཁང་བུ་བརྩེགས་པའི་རྒྱུད་ལས། ལྟ་དང་སྒོམ་དང་སྤྱོད་པ་ལོག །འདི་ནི་ལམ་ལོག་ཆེན་པོ་སྟེ། །སེམས་ཅན་ཀུན་གྱི་སྡུག་བསྔལ་གང་། །འདི་ཡི་སེམས་ལ་སྨིན་པར་ངེས། །ཞེས་སོ། །

གསང་བའི་གསུམ་ནི། ཉིན་ཞག་ཐུན་རེ་རེ་བཞིན་ལྟ་སྒོམ་སྤྱོད་གསུམ་ཡིད་ལ་མ་བྱས་པ། ཡི་དམ་གྱི་ལྷ་ཡིད་ལ་མ་བྱས་པ། བླ་མའི་རྣལ་འབྱོར་དང་མཆོད་ལྷུམ་ལ་བརྩེ་གདུང་ཡིད་ལ་མ་བྱས་པ་སྤང་བ་སྟེ། པདྨ་གླིང་ཡངས་ལས། སུ་ཡི་ཡིད་ཀྱི་ལས་འཆལ་ཏེ། །ཡིད་ལ་བྱ་བའི་ཆོས་རྣམས་ལས། །ཡིད་ལ་མ་བྱས་ཉམས་པ་དང་། །འདས་དང་ཞིག་པའི་ལས་ཀྱི་མཐའ། །མནར་མེད་སྡུག་བསྔལ་མྱོང་བའོ། །ཞེས་སོ། །གཞན་ཡང་ཡན་ལག་གི་དམ་ཚིག་ལྔ་ཚན་ལྔར་དབྱེ་བ་སོགས་མཐའ་ཡས་པ་ཞིག་ཡོད་ནའང་སྤྲར་བཤད་པ་རྣམས་སུ་དངོས་ཤུགས་གང་བྱུང་གི་སྒོ་ནས་འདུས་ཤིང་ཡི་གེའི་ལུས་སུ་ཆེ་བར་ཞིབ་པར་གཞན་དུ་རྟོག་པར་བྱའོ། །

མདོར་བསྡུ་ན། གང་སྤྱོད་ན་སྔགས་སྡོམ་གཏོང་བའི་རིགས་དང་། མི་གཏོང་ནའང་ཡན་

ལག་ཉམས་པར་བྱེད་པའི་རིགས་གཉིས་སུ་འདུས་ཤིང་དེ་ཡང་རང་སེམས་ལ་སྐྱོན་མེད་པར་གཙང་མར་བྱེད་པ་ནི་དམ་ཚིག་གཙོ་བོ་ཡིན་པས་དེ་ལ་བསླབ་སྟེ། དམ་ཚིག་བཀོད་པའི་རྒྱུད་ལས། དམ་ཚིག་དམ་ཚིག་ཅེས་བྱ་བ། །མདོར་ན་རང་སེམས་གཙང་མར་བསྲུང་། །འདི་ནི་དམ་ཚིག་སྨད་པོ་ཆེ། །སངས་རྒྱས་ཀུན་གྱིས་བསྟན་པར་མཛད། །ཅེས་གསུངས་ཤིང་ཚངས་པས་ཞུས་པའི་མདོ་ལས་ཀྱང་། སེམས་ཀྱི་སྐྱོན་རྣམས་རབ་ཤེས་ན། སེམས་ཡོད་སྐྱོན་རྣམས་མི་བརྟེན་ནོ། །སེམས་ལ་དྲན་པ་ལོད་གནས་ན། སྐྱོན་མེད་ཞི་བའི་གནས་ཐོབ་བོ། །ཞེས་དང་། སྤྱོད་འཇུག་ལས། སེམས་འདི་བསྲུང་བར་མ་བྱུས་ན། །བསླབ་པ་སྲུང་བར་ཡང་མི་ནུས། །ཞེས་དང་། སེམས་བསྲུང་བརྟུལ་ཞུགས་མ་གཏོགས་པ། །བརྟུལ་ཞུགས་མང་པོས་ཅི་ཞིག་བྱ། །ཞེས་གསུངས་པའི་ཕྱིར་རོ། །གཞན་ཡང་། གསལ་བཀྲ་ལས། རང་ལུས་རྒྱལ་བའི་ཕྱག་རྒྱ་ཆེ། །ཞེས་གསུངས་པ་བཞིན་རང་གི་ལུས་གཞུག་མའི་རྩ་རླུང་ཐིག་ལེའི་རང་བཞིན་ཡེ་ཤེས་དང་བཅས་པ་གདོད་ནས་སྐུ་གསུང་ཐུགས་དབྱེར་མེད་ཡེ་ཤེས་རྡོ་རྗེའི་བདག་ཉིད་དུ་བཞུགས་པ་གང་ཞིག་ཐོས་བསམ་སྒོམ་པའི་ཤེས་རབ་ཀྱི་སྒྲོ་འདོགས་ཆོད་ཅིང་མངོན་གྱུར་དུ་རྟོགས་པར་གྱུར་ན་དམ་ཚིག་ཐམས་ཅད་དེར་འདུ་བ་སྟེ། གནས་ལྔ་རིག་པ་པཎ་ཆེན་པདྨ་དབང་གི་རྒྱལ་པོས། མདོར་ན་རང་ལུས་རྡོ་རྗེ་གསུམ་ཤེས་ན། །ཐུགས་ཀྱི་དམ་ཚིག་ས་ཡ་འབུམ་སྡེ་འདུས། །ཞེས་གསུངས་ཤིང་། གསང་སྙིང་ལས་ཀྱང་། དམ་ཚིག་དམ་ཚིག་ཅེས་བྱ་བ། །གྲུད་ན་ཡོད་པ་མ་ཡིན་ཏེ། །རང་གི་སེམས་ཉིད་དམ་ཚིག་ཡིན། །ཞེས་དང་། ཀུན་བྱེད་ལས། ཀྱེ་ཀུན་བྱེད་རྒྱལ་པོ་ང་ཡི་དམ་ཚིག་ནི། སྐྱེ་མེད་ནམ་མཁའ་ལྟ་བུར་ཕྱོགས་འདས་པས། །བསྲུང་དང་མི་བསྲུང་གཉིས་སུ་མེད་པ་སྟེ། །ཀུན་བྱེད་རྒྱལ་པོའི་དམ་ཚིག་རྟོགས་པ་ཡིན། །ཞེས་སོ། །

བཞི་པ་བསྲུང་ཚུལ་ནི། སྤྱིར་མདོ་སྔགས་ཐུན་མོང་ཉེས་ལྟུང་འབྱུང་བའི་སྒོ་བཞིར་བཤད་པ་སྟེ། དེ་ཡང་འདུལ་བ་བསྡུ་བ་ལས། ལྟུང་བའི་རྒྱུ་ཡང་རྣམ་བཞི་སྟེ། མི་ཤེས་པ་དང་བག་མེད་དང་། ཉོན་མོངས་མང་དང་མ་གུས་པའོ། །ཞེས་གསུངས་པ་ལྟར། སྤང་བླང་ལ་སློབ་པར་འདོད་ཀྱང་ལྟུང་བ་སོ་སོའི་བླང་དོར་གྱི་མཚམས་མི་ཤེས་པ་དང་། ཤེས་ཀྱང་བླ་མ་དང་རིམ་འདོམས་པའི

བསླབ་བྱའི་གནས་ལ་ཡིད་མི་བརྟོན་ཞིང་མ་གུས་པས་འཕྲོག་སྟེ་དེར་འཇུག་པར་མི་བྱེད་པ་དང་། སྤྱིར་མོས་གུས་ཀྱི་བློ་ཡོད་ཀྱང་ཉེས་དམིགས་ཀྱི་གནས་མ་མཐོང་བའམ་མཐོང་ནའང་དྲན་ཤེས་ཀྱི་གཉེན་པོ་མི་བརྟེན་པ་བག་མེད་ཀྱི་དབང་དུ་ཤོར་ནས་འཛེམས་བག་ལས་གཡེལ་བ་དང་། འཛེམ་བློ་ཙུང་ཟད་སྐྱེས་ཀྱང་དུག་གསུམ་ཤས་ཆེ་བས་སེམས་ཉོན་མོངས་པའི་དབང་དུ་ཐལ་བས་ཉོན་མོངས་མང་བ་སྟེ་བཞི་དང་། དེའི་སྟེང་དུ་བསྲུང་བྱའི་དོན་ཡིད་ལ་མི་འཛོག་པའི་བརྗེད་ངས་པ་དང་། བློ་རྨོངས་པས་དྲན་དུ་མེད་པའི་དྲན་པ་མི་གསལ་བ་གཉིས་བསྣན་པས་དམ་ཚིག་ཉམས་པའི་རྒྱུ་དྲུག་ཏུ་བཞེད་ཅིང་། མཁའ་འགྲོ་སྡོམ་པའི་རྒྱུད་ལས། མི་ཤེས་པ་དང་བག་མེད་དང་། ཉོན་མོངས་མང་དང་མ་གུས་པའོ། །ཞེས་གསུངས་པ་ལྟར་སྤང་བླང་ལ་སློབ་པར་འདོད་ཀྱང་ལྟུང་བ་སོ་སོའི་བླང་དོར་གྱི་མཚམས་མི་ཤེས་པ་དང་། ཤེས་ཀྱང་བླ་མ་དང་དེས་འདོམས་པའི་བསླབ་བྱའི་གནས་ལ་ཡིད་མི་སྟོན་ཞིང་མ་གུས་པས་འཕྲོག་སྟེ་དེར་འཇུག་པར་མི་བྱེད་པ་དང་། སྤྱིར་མོས་གུས་ཀྱི་བློ་ཡོད་ཀྱང་ཉེས་དམིགས་ཀྱི་གནས་མ་མཐོང་བའམ་མཐོང་ནའང་དྲེན་ཤེས་ཀྱི་གཉེན་པོ་མི་བརྟེན་པར་བག་མེད་ཀྱི་དབང་དུ་ཤོར་ནས་འཛེམས་བག་ལས་གཡེལ་བ་དང་། འཛེམ་བློ་ཙུང་ཟད་སྐྱེས་ཀྱང་དུག་གསུམ་ཤས་ཆེ་བས་སེམས་ཉོན་མོངས་མང་པའི་དབང་ཐལ་བས་ཉོན་མོངས་མང་བ་སྟེ་བཞི་དང་། དེའི་སྟེང་དུ་བསྲུང་བྱའི་དོན་ཡིད་ལ་མི་འཛོག་པའི་བརྗེད་ངས་པ་དང་། བློ་རྨོངས་པས་དྲན་དུ་མེད་པའི་དྲན་པ་མི་གསལ་བ་གཉིས་བསྣན་པས་དམ་ཚིག་ཉམས་པའི་རྒྱུ་དྲུག་ཏུ་བཞེད་ཅིང་མཁའ་འགྲོ་སྡོམ་པའི་རྒྱུད་ལས། མི་ཤེས་པ་དང་བག་མེད་དང་། །ཉོན་མོངས་མང་དང་མ་གུས་དང་། །བརྗེད་ངས་དྲན་པ་མི་གསལ་བ། །འདི་དྲུག་དམ་ཚིག་ཉམས་པའི་རྒྱུ། །ཞེས་པ་སྟེ། དེ་ལྟར་ལྟུང་བ་འབྱུང་བ་སྒོ་དེ་དང་དེ་ལ་ལྟོས་པའི་གཉེན་པོ་བརྟེན་པས་བསྲུང་བར་བྱ་དགོས་ཤིང་། དེ་ཡང་ལྟུང་བའི་འཚམས་སྤང་ལེན་མི་ཤེས་པའི་གཉེན་པོར་བསླབ་བྱ་རྣམས་ལེགས་པར་བསླབ་པས་བླང་དོར་ཤེས་པར་བྱ་བ་དང་། མ་གུས་པའི་གཉེན་པོར་བླ་མ་དང་དེས་འདོམས་ཤིང་གཞུང་ལུགས་ལས་སྟོན་པའི་བསླབ་བྱ་ཐ་དག་ལ་བློས་བརྟག་ཅིང་གཞིག་ཏེ་ཕན་ཡོན་ལ་བྲོད་པ་སོགས་ཀྱིས་གུས་པ་བསྐྱེད་པ་དང་། བག་མེད་ཀྱི་གཉེན་པོར་དགྲ་ཉེན་ཆེ་སར་ཟོན་བྱེད་པ་བཞིན་ཉེས་དམིགས་ལ་འཇིགས

པའི་སྒོ་ནས་སེམས་བསྒྲིམ་སྟེ་རྟག་ཏུ་བག་ཡོད་པར་བྱ་བ་དང་། ཉོན་མོངས་ཀྱི་གཉེན་པོར་བཟོད་པ་བསྒོམ་པ་སོགས་ཐང་སྐྱེས་དེའི་གཉེན་པོ་དེ་དག་དེ་བརྟེན་པ་སོགས་ཀྱི་སྦྱངས་ཤིང་ཀུན་ཀྱང་གཞི་མེད་རྩ་བྲལ་དུ་ལ་བཟླ་བ་དང་། བརྗེད་ངས་ཀྱི་གཉེན་པོར་དྲན་པའི་ལྕུགས་ཀྱིས་བསྐུལ་ཏེ་གནང་བཀག་གི་རྣམ་དབྱེ་ཉིན་དང་མཚན་དུ་མི་བརྗེད་ཅིང་ཡིད་ལ་བྱེད་པས་འགལ་བ་རྣམས་འཕྲུལ་ལར་བཤགས་སྡོམ་ལ་བརྩོན་པ་དང་། དྲན་པ་མི་གསལ་བའི་གཉེན་པོར་དྲན་ཤེས་ཀྱི་བྱ་རས་རྟོགས་ཤིང་དཔྱོད་པའི་བླང་དོར་ལ་རྒྱུན་དུ་བརྩོན་པས་དམ་ཚིག་ལས་འདས་མ་འདས་བརྟགས་པ་སོགས་ཀྱི་སྒོ་ནས་རང་རང་གི་གཉེན་པོ་ལ་བརྩོན་པས་ཞུགས་ཅིང་མདོར་ན་སྒོ་གསུམ་གྱི་སྤྱོད་པ་ཐ་དག་དམ་ཚིག་དང་འགལ་ན་སྤོང་། མི་འགལ་ན་སྒྲུབ་པའི་སྒོ་ནས་རྟག་ཏུ་བསྲུངས་སེམས་ལ་འབད་པ་ཉིད་ཁོ་ནའོ། །དེ་ཡང་དམ་ཚིག་ལས་ཉམས་ན་བདག་ངན་ནོ་སྙམ་པ་རང་ལ་བརྟེན་ནས་རྩ་བ་དང་ཡན་ལག་གི་ཉེས་ལྟུང་ཅུང་ཟད་ལའང་འཛེམ་པ་སྟེ་ངོ་ཚ་ཤེས་པ་དང་། བླ་མ་དང་ཡི་དམ་མཁའ་འགྲོ་ཟག་མེད་མཁྱེན་པའི་སྤྱན་མངའ་བ་རྣམས་ལྷོགས་གྱུར་སྒྲིབ་མེད་དུ་གཟིགས་ཏེ་ཁྲེལ་བ་དང་། སྐྱེ་བོ་རྨོངས་པ་དག་གིས་ཀྱང་སྤྱོད་ལམ་གྱི་ཚུལ་མཐོང་ཐོས་དོགས་གསུམ་ལ་བརྟེན་ཏེ་ཁྲེལ་ནས་སྨད་པའི་གནས་སུ་འགྱུར་རོ་སྙམ་པས་གཞན་ལ་བརྟེན་ནས་བསྲུངས་པ་སྟེ་ཁྲེལ་ཡོད་པས་ཉམས་པའི་ཉེས་དམིགས་ལ་འཇིགས་པ་དང་། བསྲུང་བའི་ཕན་ཡོན་ལ་བྲོད་པའི་སྒོ་ནས་སྲོག་ལ་བབ་ཀྱང་རྟག་ཏུ་དམ་ཚིག་གི་བསྲུང་བ་ལ་བརྩོན་པར་བྱ་བ་སྟེ། སྡོམ་འབྱུང་ལས། ཅི་སྟེ་དངོས་གྲུབ་མཆོག་འདོད་ན། །སྲོག་ནི་ཡོངས་སུ་བཏང་ཀྱང་སླ། །འཆི་བའི་དུས་ལ་བབས་ཀྱང་སླའི་རྟག་ཏུ་དམ་ཚིག་གི་བསྲུང་བར་བྱ། ཞེས་དང་། རྒྱལ་པོ་ལ་གདམས་པའི་མདོ་ལས། །བདག་གིས་ནོར་ནི་བཏང་ལ་ལུས་བསྲུང་ངོ་། །ནོར་དང་ལུས་ཀྱང་བཏང་ལ་སྲོག་བསྲུང་སྟེ། །ནོར་དང་ལུས་དང་དེ་བཞིན་སྲོག་རྣམས་ཀྱང་། །ཐམས་ཅད་བཏང་ལ་འདིར་ནི་ཆོས་བསྲུང་ངོ་། །ཞེས་གསུངས་པ་ལྟར་རོ། །

དེ་ཡང་སྤྱིར་སོ་ཐར་གྱི་སྡོམ་པ་ནི་ཕྲ་ཞིབ་ནས་སྲུང་དཀའ་བའི་ཚུལ་དང་། དེ་ལས་ཀྱང་བྱང་སེམས། དེ་ལས་ཀྱང་སྔགས་སྡོམ་ནི་ཤིན་ཏུ་ཟོར་ཡངས་པའི་དབང་དུ་བྱེད་པ་སྔགས་སྡོམ་སྟོན་

འཁོར་གྱི་བླ་མ་ཕལ་ཆེར་ཡང་ཐུགས་ལ་བཞེད་འདྲ་ཞིང་། རྒྱུ་མཚན་གསང་སྔགས་ཀྱི་དབང་བསྐུར་ལ་ནི་ཞུ་མཁན་དང་། གནང་མཁན་གཉིས་ཀས་ཧར་འཚངས་དང་། བསྐུར་བ་གང་རྙེད་བྱེད་པ་ཞིག་འདུག་ཀྱང་འདི་དག་ནི་ཐེག་པ་གསུམ་གྱི་གནད་ཤིན་ཏུ་མགོ་བར་ཟད་དེ། པན་ཆེན་ཇོ་བོ་རྗེས། བདག་ལ་སོ་ཐར་གྱི་སྡོམ་པའི་ཉེས་ལྟུང་ནི་ཡེ་ནས་གོས་མ་མྱོང་ཞིང་། བྱང་ཆུབ་སེམས་དཔའི་སྡོམ་པའི་ཉེས་ལྟུང་ནི་རྟ་རེ་ཙམ་ཕོག །དེ་ལས་ཀྱང་རིག་འཛིན་སྔགས་ཀྱི་སྡོམ་པའི་ཉེས་ལྟུང་ནི་ཅ་རེ་ཉ་རེ་ཙམ་ཕོག །ཅེས་དང་། ཇོར་བྲག་མཆོག་སྤྲུལ་དམ་པ་རིག་འཛིན་པདྨ་འཕྲིན་ལས་ཀྱི་རྣམ་ཐར་ཞལ་གསུངས་མར་སོ་ཐར་ལ། ཕམ་ལྷག་སྤང་ལྟུང་ཉེས་བྱས་ཀྱི་རིགས་ཆེ་བས་མ་གོས་པ་རང་རྒྱུད་ལ་ལེགས་པར་རྟོགས་ཤིང་དཔྱོད་པའི་ལུགས་ཡིན་ལ། དེ་ཡང་ཚུལ་ཁྲིམས་བརྟུལ་ཞུགས་མཆོག་འཛིན་ལྷ་བུའི་རློམ་སེམས་མེད་པ་དང་། དེ་བས་ཀྱང་ཐེག་ཆེན་བྱང་ཆུབ་སེམས་དཔའི་བསླབ་བྱ་རྣམས་དཀའ་ཚེགས་ཆེ་བས་ནམ་མཁའི་སྙིང་པོའི་མདོ་དང་སྡོམ་པ་ཉི་ཤུ་པ་སོགས་ནས་བཤད་པའི་བླང་དོར་རྣམས་ལ་འབད་རྩོལ་བྱེད་ཁུལ་དང་། གཙོ་བོར་རྡོ་རྗེ་ཐེག་པའི་ཉེས་ལྟུང་རྣམས་ཕྲ་ཞིང་ཟབ་པས་དམ་ཚིག་གི་ཉེས་བ་ཆར་ལྟར་འབབ་པ་ཞིག་འདུག་པས་འཕྲལ་མར་བཤགས་སྡོམ་འདྲ་བྱེད་ཁུལ་ཡིན་ཀྱང་། དེང་སང་ཐུམ་དབང་གཅིག་པོའི་མཉམ་རྗེས་བཀའ་བཙའམ་དམ་ཚིག་ཙམ་བསྲུང་སྡོམ་ཡང་མི་ནུས་ན་གཞན་རྣམས་དགོངས་པ་རྟ་ཁྲོལ་གྱི་རང་བཞིན་དུ་འདུག །འོན་ཀྱང་ལ་ལ་དག་འདུལ་བ་ཁོན་དཀའ་བའི་ཁུལ་དང་། བྱང་སྡོམ་དང་གསང་སྔགས་གཉིས་ལ་མཆོང་རྒྱུང་གནང་མཁན་རང་མང་བར་འདུག་པས། གུ་རུ་པདྨས། གསང་སྔགས་ཟབ་མོའི་ལས་སྐལ་རྣམས་མི་བྱེད་ཟས་སྐལ་རྣམས་ཟ་ཞེས་གསུངས་པ་རྡོ་རྗེའི་གསུང་ཁོ་ནར་ངེས་པ་རྙེད། ལས་སྐལ་ཅི་ཡིན་ན་ཐོག་མར་དབང་བཞིའི་དམ་ཚིག་ནས་བཟུང་གསར་རྙིང་རང་རང་གི་གཞུང་ལྟར་བསྲུངས་བ་ལྟ་ཅི་སྨོས། སྲུངས་སེམས་ཀྱི་རྣམ་རྟོག་ཙམ་ཡང་མི་འདུག་པས་ལས་སྐལ་རྣམས་མི་བྱེད་གསུངས་པ་དེ་ཡིན། ཟས་སྐལ་ཚོགས་འཁོར་གྱི་མཆོད་བཅས་ལྷན་དགེ་སློང་ཡང་སྔགས་མ་གྲུས་མི་གྲུས། དམ་ཚིག་གི་རྫས་ཡིན་མིན། ལོངས་མ་སྤྱད་པའི་ཉེས་དམིགས། སྤྱོད་པའི་གནང་བཀག་སོགས་ཅི་བསམ་རྒྱུ་མེད་པར་ཚོགས་འཁོར་ཡིན་ན་ཟ་དགོས་པས་ཁྱབ་པར་ལྟ་བུར་སྣང་། ཞེས་དམ་པའི་

གསུངས་དེ་དག་སྙིང་ལ་འབབ་པས་ཐལ་མོ་སྙིང་གར་ལན་བརྒྱར་སྦྱོར་རིག་གོ། །དེའི་རྒྱུ་མཚན་ཡང་། གོང་དུ་བཤད་པའི་དམ་ཚིག་ཉེར་བདུན་པོའི་ནང་དུ་སོ་ཐར་གྱི་སྡོང་བདུན་དག་བཤད་ཅིང་། ལྷག་རྣམས་སྔགས་སྡོམ་གྱི་ཁྱད་ཆོས་སུ་གསུངས་པས་སྔགས་སྡོམ་བསྲུང་སླ་ཞིང་གུ་ཡངས་བར་འགྲོ་ཨེ་འདུག་རྣམས་དཔྱོད་ཀྱི་སྐྱོན་རྒྱང་མཐོན་པོས་གསུང་རབ་མཐའ་དག་གི་དོན་ལ་ཐུགས་རྟོགས་ལེགས་པར་བརྟག་སྟེ་དེ་དང་རྗེས་མཐུན་གྱི་སྒྲུང་ལེན་རང་གི་སྤྱོད་པ་དང་། གཞན་ལ་དོན་དེ་དག་ཆུ་ཤིང་གི་འབྲས་བུ་བཞིན་བསྟན་དོན་དུ་འགྱུར་པ་ཞིག་དཀའ་ནའང་། སླ་མཁན་བདག་ལྟ་བུའི་རིས་ཅན་གྱི་འདི་ལྟར་དུ་སླས་ཀྱང་ཆེ་ཕྲ་མང་པོའི་ཐུགས་དང་འགལ་བས་རང་ཉིད་ཀུན་གྱི་ཁྲུ་རྟ་མི་ཚུད་པའི་རྒྱུར་མཐོང་སྟེ། ཀུན་མཁྱེན་དམ་པ་བུ་སྟོན་གྱིས། །མང་དུ་སླས་ན་དགྲ་རུ་སྡང་། །མ་སླས་ལག་ལེན་འཆོལ་བར་སྤྱོད། །ཅེས་གསུངས་པ་ཉིད་ཁོ་ན་ཐུགས་བདེན་པར་ཟད་དོ། །ལྔ་པ་མ་སྲུང་བའི་ཉེས་དམིགས་ལ་ཉེས་དམིགས་སྤྱིར་བསྟན་པ་དང་། བྱེ་བྲག་ཏུ་བསྟན་པ། ལྷི་ཡང་གི་ཚད་བསྟན་པའོ། །

དང་པོ་ལ་སྤྱིར་དམ་ཚིག་ཉམས་པའི་ཉེས་པ་ནི་བརྗོད་ཀྱི་མི་ལངས་བ་སྟེ། དམ་ཚིག་བཀོད་པའི་རྒྱུད་ལས། །དམ་ཚིག་ལས་ནི་འདས་གྱུར་ན། །འདི་ཕྱིར་བདེ་ལེགས་ཉམས་པ་དང་། །ཡིད་དུ་མི་འོང་སྣ་ཚོགས་མྱོང་། །ས་སྤྱོད་མེ་ཡི་སྡུག་བསྔལ་ལ། །བསྐལ་པ་བྱེ་བ་གྲངས་མེད་གནས། །ཞེས་དང་། སྤྱི་མདོ་ལས། གལ་ཏེ་ཉམས་པར་གྱུར་པ་ན། །ཚད་པའི་སྐྱེ་གནས་བསྐལ་ཆེན་བརྒྱད། །མི་བཟད་སྡུག་བསྔལ་དྲག་པོ་ཡིས། །མཚོན་ཆའི་འཁོར་ལོ་བཞིན་དུ་འཁོར། །ཞེས་དང་། བརྟག་གཉིས་ལས། མ་གསངས་སྦྲུལ་དང་ཆོམ་རྐུན་དང་། །ས་སྤྱོད་མེ་ཡི་སྡུག་བསྔལ་བསྐྱེད། །ཅེས་དང་། གཞན་ཡང་། ཡམས་དང་འཆི་བའི་ནད་རྣམས་དང་། །རྒྱལ་པོ་མེ་དང་སྦྲུལ་གདུག་དང་། །ཆུ་དང་མཁའ་འགྲོ་རྐུན་པ་དང་། །གདོན་དང་ལོག་འདྲེན་ཉམས་ཀྱིས་ཀྱང་། །བསད་ནས་སེམས་ཅན་དམྱལ་བར་ལྟུང་། །ཞེས་སོ། །

གཉིས་པ་ནི་སྤྱི་མདོ་ལས། ལང་ཉིད་བདག་པོ་གང་འདི་ལས། །ཉམས་པར་གྱུར་པ་གང་ཞེ་ན། །ཀུན་ཏུ་ཉམས་པ་ཆེན་པོ་དང་། །རྩ་བ་ཉམས་དང་ཡན་ལག་ཉམས། །དེ་བཞིན་ལྷས་ཉམས

ཞར་ཉམས་ལྔ། །ཞེས་པ་ལྔར་ཉམས་པ་ནི་ཡུལ་ཆེས་གཉེན་པ་ལ་ཀུན་དཀྲིས་དྲག་པོས་སྤྱད་པའི་ལན་གྲངས་དུ་མར་བྱུང་བ་དུས་འདས་རལ་ལ་སོགས་ཡིན་ལ། རྩ་ཉམས་པ་ནི་རྩ་བའི་དམ་ཚིག་ལས་ཉམས་པར་གྱུར་ན་ཚེ་འདིར་ཡང་དབང་སྟོད་བསྒྲུབ་པས་ཡུལ་ཁམས་དགྲར་སྟང་བ་བཞིན་སྒྲུབ་པ་ཐམས་ཅད་འདོད་འབྲས་ཕྱིན་ཅི་ལོག་ཏུ་འགྱུར་བ་སོགས་མི་འདོད་པ་ཐ་དག་ཆར་བཞིན་དུ་འབེབས་པ་དང་། ཕྱི་མའི་ཚེ་ཕྱི་དབུགས་དང་བྲལ་མ་ཐག་རྡོ་རྗེ་དམྱལ་བའི་སྐྱེས་གནས་སུ་ལྟུང་བར་བཤད་དེ། གསང་སྙིང་ལས། རྩ་བའི་དམ་ཚིག་ཉམས་གྱུར་ན། །བསྒྲུབ་པ་ཐམས་ཅད་ལོག་པར་འགྱུར། །ཡིད་དུ་མི་འོངས་སྣ་ཚོགས་པའི། །འབྲས་བུ་མི་འདོད་བཞིན་དུ་འདུ། །ཞེས་དང་། གསལ་བཀྲ་ལས། རྩ་ཀུན་ཉམས་པའི་འཆལ་པ་དག །གསོལ་ཉེ་བར་མི་བརྟེན་པ་རྡོ་རྗེ་དམྱལ་བར་དེ་ལྟུང་སྟེ། དམྱལ་བ་ཕལ་པ་ཐམས་ཅད་ཀྱི། །སྡུག་བསྔལ་གཅིག་ཏུ་བསྡོམ་པ་ནི། །དེ་ཡི་འབུམ་གྱི་ཆར་མི་ཕོད། །སངས་རྒྱས་སྟོང་གི་འོད་ཟེར་དང་། །བྱང་ཆུབ་སེམས་དཔའི་ཕྲིན་ལས་ཀུན། །རྒྱུན་དུ་འཛད་ཀྱང་ཕན་མི་འགྱུར། །བསྐལ་པ་ཐེར་འབུམ་ལ་སོགས་སུ། །དེ་ནི་འཐོན་པར་མི་འགྱུར་རོ། །འཇིག་རྟེན་འཇིག་ན་གཞན་དུ་འཕོ། །སེ་གོལ་གཅིག་གིས་ཕྱིན་པར་བྱེད། །དེ་བས་ཤིན་ཏུ་ནན་ཏན་གྱིས་ཞེས་དང་། རྩ་ལྟུང་གི་གཞུང་ལས། གཞན་དུ་དམ་ཚིག་ལས་ཉམས་ན། །ཉམས་པ་བདུད་ཀྱིས་བཟུང་བར་འགྱུར། །དེ་ནས་སྡུག་བསྔལ་མྱོང་འགྱུར་ཞིང་། །ཐུར་དུ་བལྟས་ཏེ་དམྱལ་བར་འགྲོ། །ཞེས་སོ། །དེ་ཡང་ཚིག་གི་ཟུར་དང་བཟླ་ཙམ་གྱི་ཀྱང་བརྗོད་མི་རུང་ཞིང་། རྨི་ལམ་ཙམ་དུ་ཉེས་པ་བྱུང་ཀྱང་བཤགས་དགོས་པ་ཡང་། བཀོད་པ་ཆེན་པོ་ལས། བླ་མ་དང་ནི་ཉེ་བའི་འཁོར། །རྡོ་རྗེ་སྤུན་དང་སྲིང་མོ་ལ། །ངན་སྨྲ་ཚིག་གི་ཟུར་ཙམ་ཡང་། །བཟླའི་དངོས་པོར་བརྗོད་མི་བྱ། །གལ་ཏེ་རྨི་ལམ་དག་ཏུ་ཡང་། །བྱུང་ན་ཡིད་ཀྱི་བཤགས་པར་བྱ། །དངོས་དང་ཞེ་ཡི་བྱས་པ་དང་། །གལ་ཏེ་དྲན་པས་མ་ཟིན་པར། །ཐལ་བར་གྱུར་ཀྱང་མ་བཤགས་ན། །ཐུར་དུ་བལྟས་ཏེ་དམྱལ་བར་འགྲོ། །ཞེས་སོ། །

ཡན་ལག་གཉིས་པ་ནི། ཡན་ལག་གི་དམ་ཚིག་ཉམས་པར་གྱུར་པས་ཀྱང་ཚེ་འདིར་དངོས་གྲུབ་མི་འགྲུབ་ཅིང་ཕྱི་མ་ངན་སོང་དུ་ལྟུང་བ་སྟེ། རྩ་རྒྱུད་གསང་སྙིང་ལས། ཡན་ལག་དམ་ཚིག

ཉམས་གྱུར་ན། །འབྲས་བུ་མེད་ཅིང་ངན་སོང་ལྟུང་། །ཞེས་པས་གོང་གི་རྩ་བ་ཉམས་པ་དང་སྡུག་བསྔལ་ཆེ་ཆུང་དང་མནར་ཡུན་རིང་ཐུང་གི་ཁྱད་པར་ཆེ་བ་ལས་གཞན་འདྲ་བར་ཡང་། རྡོ་རྗེ་སྙིང་པོ་རྒྱན་ལས། དེ་ལས་སྡུགས་པས་ཡོངས་འདས་ན། །ངེས་པར་བདུད་དང་འཕྲད་པར་འགྱུར། །ནད་དང་སྡུག་བསྔལ་འཕེལ་འགྱུར་ཏེ། །བསྲིད་མེད་སྲྀའུ་ཚུགས་དམྱལ་བར་འགྲོ། །སྡོམ་པོ་ལྟུང་བྱེད་ཉེས་དམིགས་ཀྱང་། །དེ་དང་འདྲ་བར་ཤེས་པར་བྱ། །ཞེས་སོ། །བརླས་ཉམས་ནི་སྐམ་པ་དང་འགྲོད་པའི་ཉེས་པ་སྟེ། གསང་སྙིང་ལས། རྩ་བ་ཉམས་པའི་འཆབ་པ་དག །གསོ་ལ་ཉེ་བར་མི་བསྙེན་དང་། །སྐད་ཅིག་ཡུད་ཙམ་སླུ་བ་བྱེད། །ཉེས་གྱུར་ཉེས་པ་བརྗོད་མི་ལོངས། །ཞེས་དང་། ཀུན་འདུས་ལས་ཇི་ལྟར་འོ་མ་རུལ་པ་དག །རུལ་བས་འོ་མ་ཀུན་རུལ་ལྟར། །རྣལ་འབྱོར་ཉམས་གྱུར་གཅིག་གིས་ནི། །རྣལ་འབྱོར་ཅན་ཀུན་མ་རུངས་བྱེད། །ཅེས་སོ། །ཞར་ཉམས་ནི་གཞན་ཅི་ཟེར་བརྟག་པའི་གཞན་གྱི་ངོ་གར་ཐལ་བའི་ཉེས་བྱས་སོ། །

གསུམ་པ་ལ། ངོ་བོ་ལ་ལྟོས་པ་དང་། དུས་ལ་ལྟོས་པའོ། །དང་པོ་ནི། སློབ་དཔོན་མཚོ་སྐྱེས་ཀྱི་རྣམ་ཐར་བསྡུས་པ་ལས། དངོས་གྲུབ་ཐམས་ཅད་གཞིར་གྱུར་པ། །རྩ་བ་དང་ནི་ཡན་ལག་གོ། །རྩ་བ་དུས་འདས་ཕམ་པ་འདྲ། །ཚད་ལྡན་ལྟུང་བར་བཤད་པ་ཡིན། །ཡན་ལག་གཙོ་བོ་དུས་འདས་པ༑ ༑ལྕི་བ་ཞེས་ནི་བཤད་པ་སྟེ། །སྦྱོར་བ་མ་རྫོགས་སྦོམ་པོའོ། །ཡན་ལག་ཕྲ་བ་ཉེས་བྱས་སོ། །ཞེས་པས། ལྟུང་བ་ཀུན་ལ་གང་ལ་བརྟེན་ནས་ལྟུང་བ་འབྱུང་བའི་གཞི་དང་། ཡུལ་དེ་ལ་དེར་ཤེས་ཤིང་ཉེས་སྤྱོད་པའི་ལས་ལམ་རྫོགས་པར་གྲུབ་པ་མཐར་ཐུག་ཏེ་ཡན་ལག་བཞི་ལྡན་ནམ། ཡང་རྩ་ལྟུང་གི་བཤགས་པའི་སྐབས། །ཉོན་མོངས་ཀུན་སློང་དེར་ཤེས་ལྡན། །ལུས་ངག་སྦྱོར་བསྟན་བར་ཆད་དང་། །མ་འབྲུལ་འགྲོད་མེད་ཚད་ལས་འདས། །ཞེས་བདུན་ལྡན་གསུང་པས། བདུན་པོ་དེའི་ངོ་བོ་ཇི་ལྟར་ཞེ་ན། ཡུལ་རྡོ་རྗེ་སློབ་དཔོན་སོགས་གང་ཡིན་དེ་ལ་སྙིང་ནས་ཁྲོ་ཞིང་ཞེ་སྡང་དང་ཕྲག་དོག་སོགས་ཉོན་མོངས་པས་ཀུན་ནས་བསླང་བའི་བསམ་པ་མ་རུངས་པའི་ངོ་བོ་སྟེ་འདི་ལ་ཀུན་དཀྲིས་ཀྱང་ཟེར། ཡུལ་དེ་ལ་དེར་ཤེས་པས་ཡུལ་གཞན་དང་ནོར་བ་སོགས་མ་ཡིན་པ་དང་། གནོད་པའི་སྦྱོར་བ་དེ་ལུས་ངག་ཡིད་གསུམ་གང་གི་སྒོ་ནས་སྤྱོད་ཀྱང་དངོས་སུ་བཀལ་བས་གྲུབ་པ་དང་

སྤྱོད་པའི་བྱ་བ་དེས་ཡུལ་དེ་ལ་བར་ཆད་དུ་གྱུར་པའམ་ཉིན་མཚན་གྱི་དུག་ཆའི་ནང་དུ་གཉེན་པོས་མ་སླེབ་པར་ཐུན་ཚོད་ཀྱི་བར་ཆོད་པ་དང་། རང་ཉིད་གདོན་གྱིས་བརླམ་སྟེ་སྨྱོ་བ་སོགས་ཀྱི་འདུ་ཤེས་འཁྲུལ་པ་མ་ཡིན་པར་ཞེ་ཐག་པ་ནས་བསམ་བཞིན་པར་སྤྱོད་པ་དང་། དེ་ལྟ་བུར་བྱས་པ་ཟིན་ནས་འགྱོད་པ་མ་སྐྱེས་པར་དེས་མགུ་སྟེ་ཡིད་ཆེམ་པ་དང་། བཤགས་ཚད་རང་རང་གི་དུས་ལས་འདས་པ་སྟེ་ཡན་ལག་བདུན་པོ་དངོས་གཞི་གཅིག་གི་སྟེང་དུ་ཚངས་ན་ཤིན་ཏུ་ལྕི་བས་སྡོམ་པའི་མཐུན་ཕྱོགས་བཅོམ་ཞིང་སྟུགས་སྡོམ་གཏོང་བས་ཕམ་པ་ཞེས་བརྗོད་དོ། །ཡང་རྩ་ལྟུང་གང་རུང་གཉེན་པོ་དང་སྤྲེལ་ནས་སྐྱེས་པ་ལྟ་བུ་དངོས་གཞི་རྒྱུ་ཚོགས་མ་ཚང་ཞིང་མ་བཤགས་པར་ཐུན་ཚོད་འདས་ནས་ལྟུང་བ་ཞེས་བརྗོད་དེ་ཕམ་པའི་འོག་ནས་ལྕི་བའི་ལྟུང་བ་སྟེ་སོ་ཐར་གྱི་དགེ་འདུན་ལྷག་མ་བཞིན་ནོ། །བསམ་སྦྱོར་དངོས་གསུམ་བྱས་ཀྱང་དེ་མ་གྲུབ་པས་ཡན་ལག་མི་ཚངས་པ་ནི་སྦོམ་པོ་དང་། ཡན་ལག་གི་ལྟུང་བ་གཞན་རྣམས་ནི་སྟུང་བྱེད་དང་ཐུན་ཚོད་ལས་འདས་པར་བཤགས་ན་ལྟུང་བ་ཞེས་པའི་མིང་ཙམ་དང་། ལུས་ངག་གི་རྣམ་འགྱུར་ཙམ་རྩེད་མོའི་ཕྱིར་བྱས་པ་སོགས་ཀྱི་ཕྱོགས་མཐུན་གྱིས་ཉེས་པ་ཕྲ་མོ་ཉེས་བྱས་དང་། གལ་ཏེ་རྡོ་རྗེའི་མཆེད་ལ་ཕན་པའི་སེམས་ཀྱི་ཁྲོས་པ་ལྟ་བུ་ནི་ལྟུང་བའི་གཟུགས་བརྙན་ཏེ་དོན་ལ་ལྟུང་མེད་དེ། པཎ་ཆེན་པདྨ་དབང་རྒྱལ་གྱིས། །ཀུན་ལ་ཡུལ་བསམ་སྦྱོར་བ་མཐར་ཐུག་གམ། །ཀུན་སློང་ཉོན་མོངས་གང་འགལ་དེར་ཤེས་དང་། །ལུས་ངག་སྦྱོར་བྱས་དངོས་གཞིའི་བར་ཆོད་དང་། །མ་འཁྲུལ་སྤྱོད་དང་འགྱོད་མེད་བཤགས་ཚད་འདས། །ཕམ་པ་ཞེས་བརྗོད་དངོས་གཞི་མ་ཚང་ན། །ཐུན་འདས་ལྟུང་བ་ཞེས་བརྗོད་ལྷག་མ་ལྟར། །རིམ་པས་དམན་ན་སྦོམ་པོ་ལྟུང་བྱེད་དང་། །ཉེས་བྱས་ལྟུང་བའི་གཟུགས་བརྙན་ཤེས་པར་བྱ། །ཞེས་གསུངས་པ་ལྟར་རོ། །

གཉིས་པ་ནི། ཉིན་མོ་ལ་སྔ་གྲོ། ཉིན་གུང་། ཕྱི་དྲོ་སྟེ་ཐུན་གསུམ་དང་། མཚན་མོ་ལ་སྲོད། ནམ་གུང་། ཐོ་རངས་སྟེ་ཐུན་གསུམ་གྱི་དུག་ཆའི་ནང་དུ་འགལ་ཉམས་བྱུང་མ་བྱུང་ལེགས་པར་བརྟགས་ཏེ་སྤང་ལེན་ལ་བློ་སྦྲིམས་ཤིང་དཔྱད་པས་ཐུན་རེ་རེ་དེ་དག་གང་རུང་གཅིག་གི་ནང་དུ་ཉེས་པ་དེ་བྱས་ནས་ཐུན་དེ་གའི་ནང་དུ་བཤགས་པ་གཡེངས་པར་གྱུར་ན་ཐུན་ཚོད་ལ་འདས་པ་ཞེས་བྱ་བ

དང་། ཉིན་ཞག་ཕྲུག་གཅིག་གི་བར་ཆོད་ན་དམ་ལས་འགལ་བ་དང་། ཟླ་བ་གཅིག་གིས་བར་མ་ཆོད་པ་ཀྱུན་ཆད་ནི་ཉམས་པ་དང་། ལོ་གཅིག་ཀྱུན་ཆད་ནི་འདས་པ་དང་། ལོ་གཉིས་སམ་ཀྱུན་ཆད་ནི་རལ་བ་ཞེས་ཉེས་ཕྱིན་རིམ་བཞིན་དུ་ལྕི་བར་འགྱུར་ཞིང་དེ་དག་ལོ་གསུམ་ཀྱུན་དུ་སྙིང་ཐག་པའི་སྒོ་ནས་བསྐྱོན་པ་ཆེན་པོ་ནས་བཤགས་ན་གསོ་བར་རུང་བ་དང་། ལོ་གསུམ་འདས་ཕན་ཆོད་ནི་ནམ་ཡང་གསོར་རུང་བར་མ་གསུངས་ཏེ། དམ་ཚིག་བཀོད་པའི་རྒྱུད་ལས། སྤྱི་དང་ཁྱད་པར་དམ་ཚིག་ལས། །དུས་ལས་ཁྱད་པར་ངེས་ཕྱེ་བས། །དམ་ལས་འགལ་ཞེས་ཉེས་བྱས་གང་། །ཞག་གི་བར་མ་ཆོད་པར་ནི། །དམིགས་པའི་ཡུལ་ལ་བཤགས་བྱས་ནས། །དེས་ནི་སོར་ཡང་ཆུད་པའོ། །ཉེས་ཞེས་ཟླ་བར་ཆོད་པ་ལ། །འགྱོད་པ་དྲག་པོས་བཤགས་པས་སོ། །ངན་ལ་འདས་པ་ལོ་དག་གིས། །བར་དུ་མ་ཆོད་བཤགས་པས་སོ། །ལོ་ནི་གཉིས་དང་གསུམ་དག་ལས། །དམ་ཚིག་རལ་བ་ཞེས་བྱ་སྟེ། །མཆོག་ཏུ་རག་ན་གསོ་རུ་རུང་། །ལོ་གསུམ་དག་ལས་འདས་པ་ནི། །དེ་ནས་གསོ་རུ་མི་རུང་སྟེ། །གལ་ཏེ་བླང་ན་གཉིས་ཀ་ཚིག །ངེས་པར་ས་སྐྱོད་སྡུག་བསྔལ་ལ། །རྒྱུན་དུ་སྤྱོད་པ་ཁོ་ནའོ། །ཞེས་དང་། གཞན་ཡང་ཉེས་ལྟུང་ལན་གྲངས་བཅུ་གཉིས་པར་སྤྱད་པའི་ཉམས་པ་ཆེན་པོའི་རིགས་ནི་གསོར་མི་རུང་བར་ཡང་གསུངས་སྟེ། ཇི་སྐད་དུ། རང་ལོ་འདས་ནས་བཤགས་པའི་ཡུལ། རྡོ་རྗེ་སེམས་དཔའ་མ་གནང་ངོ་། །ཞེས་གསུངས་སོ། །དེ་དག་སྤྱད་ཀྱང་ཉེས་མེད་དུ་བསྟན་པ་ཡང་། རང་ཉིད་འབྱུང་ཁམས་འཁྲུགས་པས་གདུང་སྟེ་ན་བ་དང་། རང་དབང་མ་ཐོབ་པ་སྟེ་རང་དབང་ཉམས་པ་དང་། དེ་ཉིད་སྤྱད་ན་གཞན་དོན་དུ་འགྱུར་ཆེ་བར་འབྱུང་བ་དང་། དོན་རླབས་ཆེན་པོའི་རྒྱུར་མཐོང་བ་དང་། སྐྱེ་བ་མེད་པའི་དོན་བརྟེན་པ་དང་། གཞན་དྲངས་བ་སོགས་ཀྱི་དགོས་ཁྱད་དང་ལྡན་པ་དང་། རྟོགས་གོམས་རྨད་དུ་བྱུང་བའི་ནུས་པ་ཁྱད་པར་ཅན་རྙེད་པ་དང་། ལྷག་པའི་ལྷ་ལྷ་བུ་ཡུལ་ཁྱད་པར་ཅན་གྱིས་གནང་བ་ཐོབ་པ་དང་། བླ་མ་བཀའ་བསྒོ་བས་སྤྱོད་ཅིག་པའི་ལུང་ནོད་པ་དང་། སྲོག་གི་བར་ཆད་དུ་འགྱུར་བ་སོགས་ལས་ཏེ། སྙིང་པོ་རྒྱན་ལས། ན་དང་དབང་ཉམས་བྱ་བ་དང་། །གཞན་གྱི་དོན་དང་དོན་ཆེན་དང་། །སྐྱོན་མེད་བརྟན་པ་དགོས་ལྡན་དང་། །ནུས་པ་ཉིད་དང་གནང་བ་དང་། །བཀའ་བསྒོ་བ་དང་བར་ཆད་ལས། །ཉེས་པ་མེད་པར་ཤེས་པར་བྱ། །ཞེས་སོ། །

དྲུག་པ་བསྲུང་བའི་ཕན་ཡོན་ནི། །སྤྲོ་ལོ་ཏོག་བསྐྱེད་ཅིང་འབྲས་བུ་སྨིན་པའི་གཞི་རྟེན་ས་གཞི་ཡིན་པ་ལྟར་དམ་ཚིག་ནི་དགེ་ལེགས་ཀྱི་ཡོན་ཏན་ཐ་དག་སྐྱེ་བ་དང་གནས་པའི་གཞི་རྟེན་དུ་གྱུར་པ་སྟེ། སྤྱི་མདོ་ལས། ཇི་ལྟར་ས་གཞི་གཤིན་པོ་ལས། །བརྟེན་ནས་ས་བོན་བཏབ་པ་ལ། །འབྲས་བུ་སྨིན་པར་གྱུར་པ་ཡིས། །གང་དག་འཚོ་བའི་སྲོག་འཛིན་ལྟར། །ཆོས་རྣམས་ཀུན་གྱི་གཞིར་གྱུར་པ། །དམ་ཚིག་འདི་ལ་གནས་པ་ན། །བླ་མེད་བྱང་ཆུབ་རྣམ་སྨིན་པས། །དགེ་བའི་སྲོག་འཛིན་དམ་པའོ། །ཞེས་སོ། །ཁྱད་པར་གནས་སྐབས་སུ་ཡིད་ལ་བསམ་པའི་དོན་རྣམས་གེགས་མེད་དུ་འགྲུབ་པ་དང་། སྐྱེ་འགྲོ་ཀུན་གྱི་ཡིད་དུ་འོང་བ་དང་། འཇིག་རྟེན་གྱི་གཙོ་བོ་ལྷ་ཆེན་པོ་རྣམས་ཀྱི་བཀུར་གནས་སུ་འགྱུར་པ་དང་། རྒྱལ་བ་དེ་སྲས་དཔའ་བོ་རྣལ་འབྱོར་མ་རྣམས་ཀྱིས་སྲས་དང་སྤྱན་དུ་དགོངས་ནས་རྒྱུད་བྱིན་གྱིས་བརླབས་པ་དང་། དེའི་མཐུས་དེ་བཞིན་གཤེགས་པའི་སྤྱོད་ཡུལ་ལ་ཞུགས་ཏེ་རིག་པ་འཛིན་པའི་ལས་སྦྱོར་བར་བྱེད་པ་སྟེ། རྩ་རྒྱུད་གསང་སྙིང་ལས། རྒྱལ་བའི་རིག་པ་འཛིན་པ་དེ། །འཇིག་རྟེན་གཙོ་དང་འཁོར་གྱིས་བཀུར། །དམ་པ་མཆོག་དང་དམ་པ་ཡིས། །སྲས་དང་སྤྱན་དགོངས་བྱིན་གྱིས་རླབས། །བདེ་གཤེགས་ཉིད་ཀྱི་ཡུལ་ལ་ཞུགས། །འཇིགས་མེད་ཀུན་ཏུ་བཟང་པོར་སྤྱོར། །ཞེས་དང་། དམ་ཚིག་གསུམ་བཀོད་ལས། གསང་སྔགས་རྡོ་རྗེའི་དམ་ལ་གནས། །དེ་ཡིས་སྨོན་པ་ཀུན་འགྲུབ་ཅིང་། །ལྷ་རྣམས་ཀྱིས་ཀྱང་རྟག་ཏུ་བསྲུང་། །རྒྱལ་བ་རྒྱལ་མཆོག་སྲས་བཅས་ཀྱིས། །བུ་བཞིན་དགོངས་པ་དམ་པ་མཛད། །ཏིང་འཛིན་ཡོན་ཏན་དཔག་ཡས་ཤིང་། །ཀུན་བཟང་རིགས་ཀྱི་དམ་པ་འགྲུབ། །ཅེས་སོ། །གལ་ཏེ་ཚེ་འདིར་ལམ་རིམ་པ་གཉིས་ལ་འབད་པར་མ་བྱས་ཀྱང་རྡོ་རྗེ་ཐེག་པའི་དམ་ཚིག་ལ་གནས་ན། དེ་སྐྱེ་བ་ཕྱི་མའམ། བདུན་ནམ། ཇི་ལྟར་འགོར་ཀྱང་སྐྱེ་བ་བཅུ་དྲུག་ལས་མི་འགྱངས་བར་མྱང་འདས་ཀྱི་འབྲས་བུ་ཐོབ་པ་སྟེ། རྒྱུད་གསང་བའི་མཛོད་ལས། དབང་བསྐུར་ཡང་དག་སྨིན་ལྡན་ན། །སྐྱེ་དང་སྐྱེ་བར་དབང་བསྐུར་འགྱུར། །དེ་ཡི་སྐྱེ་བ་བདུན་ལ་ནི། །མ་སྒོམས་པར་ཡང་དངོས་གྲུབ་ཐོབ། །གལ་ཏེ་དམ་ཚིག་སྡོམ་ལ་གནས། །སྐྱེ་འདིར་ལས་དབང་གི་མ་འགྲུབ། །སྐྱེ་བ་གཞན་དུ་དངོས་གྲུབ་ཐོབ། །ཅེས་དང་། པདྨ་བཛྲ་གྱིས་དམ་ཚིག་ལྔ་པ་ལས། གལ་ཏེ་ལྷུང་བ་མེད་གྱུར་ན། །སྐྱེ་བ་བཅུ་དྲུག་དག་ལ་འགྲུབ། །

ཅེས་དང་། སྙིང་པོ་ལས། མཉམ་པའི་དམ་ཚིག་ལ་གནས་ན། །མཉམ་རྫོགས་ཆེན་པོ་ཐོབ་པར་འགྱུར། །ཞེས་གསུངས་སོ། །བདུན་པ་ཉམས་ན་ཕྱིར་བཅོས་བྱ་ཚུལ་ལ། དབང་བཞིའི་དབྱེ་བས་གོས་ཚུལ་དང་དུས་འདས་ལ་ལྟོས་པའི་གོས་ཐབས། གསོ་ཐབས་ཀྱི་རིམ་པ་གཞན་སྟོན་པའོ། །

དང་པོ་ནི། ཇི་ལྟར་བུམ་དབང་འདི་ཉིད་དུས་ཀྱི་འཁོར་ལོའི་བྱིས་འཇུག་གི་དབང་བདུན་པོའི་རྣམ་དབྱེའོ། །བདུན་ཅམ་ཐོབ་པས་ཉམས་ན་དཀྱིལ་འཁོར་གྱི་ལྷ་གྲངས་རེ་རེ་འམ་གཙོ་བོའི་བཟླས་པ་སུམ་ཁྲི་དྲུག་སྟོང་སྟེ་སྟོང་ཕྲག་སུམ་ཅུ་རྩ་དྲུག་བཟླས་པ་སྦྱངས་ཤིང་། བུམ་དབང་ཐོབ་པས་ནི་དེའི་སྟེང་དུ་སློབ་དཔོན་གྱིས་གསུངས་པའི་ཚད་ལས་ཀྱི་བརྟུལ་ཞུགས་སྤྱད་པས་སྦྱོང་། ཤེར་དབང་ཚིག་དབང་ཐོབ་པས་ནི་དབེན་པའི་གནས་སུ་མཚན་བཅས་པ་བསྐྱེད་པའི་རིམ་པ་དང་མཚན་མེད་རྫོགས་པའི་རིམ་པ་བསྒོམ་པ་འབའ་ཞིག་གིས་རང་རྒྱུད་བྱིན་གྱིས་བརླབས་པས་སྦྱང་སྟེ། དེ་ལྟར་སྦྱངས་པས་དག་པའི་མཚན་མ་མཐོང་ན་སླར་དཀྱིལ་འཁོར་དུ་ཞུགས་ཏེ་སྡོམ་པ་བཟུང་ཞིང་དབང་བླང་བར་བྱ་དགོས་པ་ཡིན་ལ། དེའི་ཚེ་སྔར་དབང་ཐོབ་པའི་བསླབ་གྲལ་དང་རྙེད་པ་ཀུན་ལེན་པ་སོགས་མི་བྱ་བར་གསུངས་སོ། །

གཉིས་པ་ནི། གོང་དུ་བཤད་པའི་འགལ་ཉམས་འདས་རལ་ལ་ལྟོས་ཏེ་བཤགས་ཚུལ་ཐ་དད་པར་གསུངས་པ་སྟེ། དེ་ལྟར་ཡང་། དམ་ཚིག་རྣམ་བཀོད་ལས། འགལ་ན་ཚོགས་ཀྱི་འཁོར་ལོས་བཤགས། །ཉམས་ན་རང་གི་བདོག་པས་བསྐང་། །འདས་ན་བུ་དང་ཆུང་མ་དང་། །ཉེ་འཁོར་ལུས་དང་ངག་དག་དང་། །ཡིད་དང་བདོག་པར་བཅས་པས་བསྐང་། །རལ་ན་རང་གི་སྲོག་གིས་བསྐང་། །ཞེས་གསུངས་པའི་གཞན་གོ་སླ་ལ། རལ་པ་སྲོག་གིས་བསྐང་བ་ནི། བླ་མ་དང་སངས་རྒྱས་བསྟན་གྱི་ཆེད་དུ་རང་སྲོག་བློས་བཏང་བའི་བརྩོན་པ་དྲག་པོས་བསྐང་ཞིང་། གང་ལྟར་ཐམས་ཅད་ཀྱི་རྗེས་སུ་ཚོགས་འཁོར་དང་རྗེས་སུ་འབྲེལ་བར་སྤྱི་བླ་མའི་སྤྱན་ལས་ཉམས་ན་གང་ལས་ཉམས་པ་དེའི་དྲུང་དུའམ་དེ་དག་མེད་ན་སྐུ་གཟུགས་ལ་སོགས་པའི་མདུན་དུ་གནོང་ཞིང་འགྱོད་པའི་སེམས་ཀྱི་བཤགས་ཤིང་ཕྱིས་སྡོམ་པའི་བརྟུལ་ཞུགས་ཉིད་ལ་གནས་པར་བྱ་ཞིང་། ཁྱད་པར་བླ་མ་ལ་བརྙེན་པའི་སྡིག་པ་ནི་གཞན་ལས་འབུམ་འགྱུར་གྱིས་ལྷི་བར་བཤད་པ་བཞིན། བཞུགས་ན་དེ

ཉིད་ལ་ཉིན་ཞག་གི་བར་མ་ཆོད་པར་བཤགས། མི་བཞུགས་ན་སྐུ་འབགས་ལ་སོགས་པའི་དྲུང་དུ་བཤགས་སྡོམ་བྱ་བའོ། །གཞན་ཡང་སྤྱི་མདོ་ལས། ལས་དང་རྫས་དང་འདུན་པ་དང་། །ཏིང་ངེ་འཛིན་དང་དེ་ཉིད་དོ། །ཞེས་བསྟན་ཐབས་ལྔར་བཤད་པའི་ལས་ཀྱིས་བསྟན་པ་ནི། སྦྱིན་བསྲེག་དང་བཟླས་བརྗོད་ཀྱིས་ཏེ། དེ་ཡང་ཀུན་ཏུ་ཉམས་པ་ལ་ཁྲི་ཕྲག་བཅུ་གསུམ་སྟེ་འབུམ་ཕྲག་གཅིག་དང་ཁྲི་གསུམ། རྩ་བ་ཉམས་པ་ལ་ཁྲི་ཕྲག་ལྔ་དང་སྟོང་ཕྲག་གསུམ། ཡན་ལག་ཉམས་པ་ལ་སྟོང་ཕྲག་ལྔ་དང་བརྒྱ་ཕྲག་གསུམ། ཟླས་ཉམས་ལ་བརྒྱ་ཕྲག་ལྔ་དང་བཅུ་ཕྲག་གསུམ། ཞལ་ཉམས་ལ་ལྔ་བཅུ་རྩ་གསུམ་གྱིས་གྲངས་ཀྱིའོ། །

རྫས་ཀྱིས་བསྟན་པ་ནི། རིགས་ལྔ་གང་གིས་དམ་ཚིག་གི་ཁྱད་པར་ལ་ལྟོས་ཏེ། རྙེད་ན་དམང་གདོལ་སོ་སོར་ཕྱེ་བའི་ཡུལ་མི་རིགས་ལྔའི་བླ་མ་དངོས་དང་། མ་རྙེད་ན་ཡིད་ཀྱི་མོས་པས་དེ་བཞིན་གཤེགས་པ་ལྔའི་རང་བཞིན་དུ་བསམ་སྟེ་རྫས་རིན་པོ་ཆེ་ལྔ་ལས་རིགས་མཐུན་པའི་དངོས་པོས་ཡོངས་སེམས་ཆགས་འཛིན་མེད་པར་སྟོབ་པའོ། །

འདུན་པས་བསྟན་པ་ནི། ཡིད་རབ་ཏུ་དྭངས་བ་དང་ཉམས་ཆག་བྱུང་ཞིང་དངོས་གྲུབ་ཐོབ་འདོད་ཀྱི་དད་པས་ཉེས་བྱས་བསགས་པ་ལ་གནོང་འགྱོད་ཀྱི་བློས་གདུང་ཤུགས་དྲག་པོའི་ང་རོས་བཤགས་པར་བྱ་སྟེ། གལ་ཆེ་ལས། མི་དགེ་སྡིག་པའི་བག་ཆགས་རྣམས། །གདུང་བའི་གླུ་དང་བཅས་ཏེ་བཤགས། །ཞེས་སོ། །ཏིང་ངེ་འཛིན་གྱི་བསྟན་པ་ནི། སྟོབས་བཞི་ཚང་བའི་སྒོ་ནས་བཤགས་པས་བཤགས་ཡུལ་གྱི་གནས་གསུམ་ལས་དཀར་དམར་མཐིང་བའི་འོད་ཟེར་རང་ཉིད་ལ་ཐིམ་པས་སྡིག་སྒྲིབ་ཉམས་ཆག་ཐམས་ཅད་དག་པར་བསམ་པའོ། །དེ་ཁོ་ན་ཉིད་ཀྱི་བསྟན་པ་ནི། ཀུན་འདུས་ལས། ཤེས་རབ་ཆེན་པོས་རྒྱུད་ཀྱི་བག་ཆགས་ཐམས་ཅད་རང་བཞིན་མེད་པར་ཤེས་པ་དང་། ཞེས་པས་སྦྱངས་བྱ་སྡིག་པ། སྦྱང་བྱེད་གཉེན་པོ། བྱེད་པོ་རང་ཉིད་སོགས་ཐ་དག་རྨི་ལམ་སྒྱུ་མ་ལྟ་བུའི་རང་བཞིན་གྱིས་འཁོར་གསུམ་རྣམ་པར་མི་རྟོག་པའི་ཤེས་པ་བསྒོམ་པ་ནི་སྡིག་སྦྱངས་རྣམས་ཀྱི་ནང་ན་ཕུལ་དུ་བྱུང་བ་སྟེ། ལུང་ལས། གང་ཞིག་འགྱོད་ཚངས་བྱེད་འདོད་ན། །རང་སོར་འདུག་ལ་ཡང་དག་ལྟོས། །ཡང་དག་མཐོང་ན་རྣམ་པར་གྲོལ། །འདི་ནི་འགྱོད་ཚངས་མཆོག་ཡིན་ནོ། །

ཞེས་གསུངས་སོ། །ཁྱད་པར་རྩ་བ་ཡན་ལག་གི་དམ་ཚིག་སོ་སོའི་བསྲུང་ཐབས་ཀྱང་བཤད་དེ། རྫམ་གློག་ལས། དམ་ཚིག་ཉམས་པར་གྱུར་པ་ན། །མགོན་བཙུན་མཉམ་པའི་དོན་རྟོགས་ན། །དེ་ཉིད་སྐང་བའི་གནས་སུ་འགྱུར། །བླ་མ་སྤྱུན་ལ་སྨད་གྱུར་ན། །ཚེ་འདི་ཉིད་ལ་མཉེས་བྱས་ཏེ། །མཐོལ་བཤགས་དྲག་པོས་འགྱོད་བྱས་ན། །དེ་ནི་སྐང་བའི་མཆོག་ཏུ་འགྱུར། །གལ་ཏེ་བདག་གི་བླ་མ་སྤྱུན། །མ་བསྐང་བར་དུ་ཚེ་འཕོས་ན། །དེ་ནི་བསྐང་བའི་ཚད་ལས་འདས། །གསུང་གི་ཐ་ཚིག་རལ་གྱུར་ན། །རྡོ་རྗེ་ཚོས་སུ་བདག་བསྒོམས་ཏེ། །ཐ་ཚིག་གང་བཀླུགས་འབུམ་འབུམ་འདོན། །ཐུགས་ཀྱི་དམ་ཚིག་རལ་གྱུར་ན། །རྡོ་རྗེ་སེམས་དཔར་བདག་བསྒོམ་ན། །ལོ་གསུམ་བར་དུ་མི་སླུ་བར། །བསམ་གཏན་སྦྱོར་བ་རབ་ཏུ་བྱ། །ཡན་ལག་ཐ་ཚིག་རལ་གྱུར་ནས། །སོ་སོར་རང་རང་རིགས་ཀྱིས་བསྐང་། །ཞེས་རང་གི་སྒོ་གསུམ་གྱི་གཞི་ལས་སྐུ་གསུང་ཐུགས་ཀྱི་དམ་ཚིག་ཉམས་པ་བསྐང་བར་གསུངས་པའོ། །

གསུམ་པ་ནི། རྟེན་གསུམ་ཁྱད་པར་ཅན་ནམ་སངས་རྒྱས་བྱང་སེམས་བླ་མ་སོགས་ཚོགས་ཞིང་ཡིད་ཀྱི་སྤྱན་དྲངས་པའི་མདུན་དུ་སྔར་གྱི་ཉམས་ཆག་བཤགས་ཤིང་ཕྱིན་ཆད་སྲོག་ལ་བབ་ཀྱང་མི་འགལ་བའི་སྡོམ་སེམས་བྱ་བ་དང་། གཏོར་ཚོགས་སྦྱིན་སྲེག་སོགས་རྒྱུན་གྱིས་རྣལ་འབྱོར་ལ་འབད་པ་དང་། སྒོ་གསུམ་གཡོ་ཟོལ་མེད་པས་བླ་མའི་ཞབས་ཏོག་ལ་འབད་པ་དང་། ཉིན་དང་མཚན་གྱི་ཆ་དྲུག་ཏུ་བདག་འཇུག་གི་དབང་བཞི་ལེན་པ་དང་། ལུས་དང་ལོངས་སྤྱོད་དགེ་ཚོགས་ཀྱི་དངོས་པོ་ཐམས་ཅད་དངོས་ཡིད་ཀྱི་སྒོ་ནས་མཎྜལ་འབུལ་ལ་བཤགས་པ་དང་། སྲོག་བསླུ་དང་ཉེའུ་འདོན་སྦྱིན་བཏང་སོགས་ཀྱི་དགེ་རྩ་ཅི་འགྲུབ་ལ་འབད་པ་དང་། མཆོད་རྟེན་ཚད་ལྡན་དུ་བཞེངས་པའི་སྣ་ཚྭ་གདབ་པ་དང་། དབང་བསྐུར་ཞུ་བ་དང་། མདོ་རྒྱུད་ཟབ་མོ་ལ་ཀློག་འདོན་བགྱིད་པ་དང་། བྱམས་སོགས་ཚད་མེད་བཞི་བསྒོམ་པ་དང་། ཞི་བའི་སྲེག་བླུག་རྒྱས་པའི་ཟ་བྱེད་རྡོ་རྗེ་མཁའ་འགྲོའི་སྦྱིན་བསྲེག་ལ་བརྩོན་པའི་མེས་སྦྱངས་པ་དང་། གཞན་གྱི་ཡོན་ཏན་བརྗོད་ཅིང་། གང་ལ་ཉེས་པ་དེ་ལ་བསྟུགས་པ་ཕྱོགས་བཅུར་བརྗོད་ཅིང་ཡོན་ཏན་བསམ་པ་དང་། དེ་གང་ལ་དགའ་བས་མཉེས་པར་བྱ་བ་དང་། རྟེན་གསུམ་བྱིན་ཅན་མང་པོར་ཕྱག་དང་བསྐོར་བ་ལ་བརྩོན་པ

དང་། ཡིད་དམ་ལྷག་པའི་ལྷའི་གསང་སྔགས་བཟླ་བ་དང་། འབྲུ་གསུམ་གྱི་བར་དུ་བླ་མའི་མཚན་སྔགས་བཅུག་སྟེ་བཟླ་བ་དང་། ཟབ་མོའི་བསམ་གཏན་ཞི་ལྷག་གི་ཏིང་ངེ་འཛིན་བསྒོམ་པ་དང་། ཕུང་པོ་གསུམ་པའི་མདོ་ཉིན་མཚན་དུས་དྲུག་ཏུ་གདོན་པ་དང་། སྒྲིབ་སྦྱོངས་ཀྱི་གཟུངས་སྔགས་བྱིན་ཅན་མང་པོར་ཁ་ཐོན་ལ་འབད་པ་དང་། ཁྱད་པར་སྤྱི་བོར་བླ་མ་རྡོ་རྗེ་སེམས་དཔའ་བསྒོམ་ནས་དམིགས་པའི་སྒྲོ་བསྡུས་གསལ་བས་ཡི་གེ་བརྒྱ་པ་བརྒྱ་རྩ་བརྒྱད་རེ་མི་ཆགས་པར་བསྒྲངས་ཤིང་སྟོབས་བཞིའི་ཡན་ལག་ཚངས་བ་བཤགས་པ་དང་། ན་རག་དོང་སྤྲུག་གི་ཆོ་གའི་གཞུང་སམ། ཉམས་ཆག་བཤགས་པའི་རྒྱུད་ཀྱི་རྒྱལ་པོ་དྲི་མེད་བཤགས་པའི་རྒྱུད་ལ་རྒྱུན་དུ་ཁ་ཏོན་འབད་པ་ནི་བཤགས་པའི་ནང་ནས་མཆོག་ཏུ་བསྔགས་པ་སྟེ། བཀའ་བརྒྱད་རང་ཤར་རྩ་རྒྱུད་ལས། འདི་ཉིད་དག་པར་དུས་གཅིག་ལ། །བརྒྱ་རྩ་བརྒྱད་བརྗོད་མ་ཡེངས་ན། །དུས་གསུམ་རྒྱལ་བའི་སྲས་སུ་འགྱུར། །ཞེས་དང་། ཇི་སྐད་དུ། གང་གིས་སྒྱུ་འཕྲུལ་ཞི་ཁྲོ་ཡིས། དཀྱིལ་འཁོར་ལྷ་ལ་ཕྱག་འཚལ་ན། །ཉམས་ཆག་ཀུན་ཀྱང་བྱང་གྱུར་ཏེ། །མཚམས་མེད་ལྔ་ཡི་སྡིག་ཀྱང་བྱང་། །ན་རག་གནས་ཀྱང་དོང་སྤྲུག་ཏེ། །རིག་འཛིན་རྒྱལ་བའི་ཞིང་དུ་གྲགས། །ཞེས་གསུངས་ཤིང་། དཀྱིལ་འཁོར་གྱི་ལྷ་དེ་རྣམས་ཀྱི་མཚན་ཐོས་པ་ཀྱང་ཉམས་ཆག་དག་ཅིང་ངན་སོང་ལས་ཐར་བ་ཡང་། དྲི་མེད་རྒྱལ་པོ་བཤགས་པའི་རྒྱུད་ལས། དཀྱིལ་འཁོར་གྱི་ལྷ་དེ་རྣམས་ཀྱི་མཚན་རྣལ་འབྱོར་ཕོ་མོ་རྣམས་ཀྱི་ཐོས་པ་ཙམ་གྱིས་རྩ་བ་དང་ཡན་ལག་གི་དམ་ཚིག་ཉམས་ཆག་ཐམས་ཅད་སྐོངས་ཏེ། ཞེས་གསུངས་ཤིང་། དེའི་ཕྱིར་དུ་པཎ་ཆེན་པདྨ་དབང་གི་རྒྱལ་པོས། གླང་ཆེན་རབ་འབོགས་རྒྱུད་ནས་གསུངས་པ་ཡིས། །རྣལ་འབྱོར་སྤྱི་ཁྲུས་འགྲོད་ཚངས་དོང་སྤྲུལ་གི། །བཤགས་པས་མི་འདག་མེད་ཕྱིར་ཉམས་སུ་བླངས། །ཞེས་གསུངས་སོ། །

གཞན་ཡང་ཚོགས་གཉིས་རྫོགས་ཤིང་བར་ཆད་ཐམས་ཅད་ཞི་བ་དང་། དངོས་གྲུབ་བསྒྲུབ་ཅིང་ཉམས་ཆག་ཐམས་ཅད་བསྐང་བའི་ཕྱིར་ཟླ་བ་བྱུང་ངོ་ཚོག་གི་ཉ་དང་གནམ་སྟོང་དང་། ཚེས་བརྒྱད་དང་། ཉི་ཤུ་ལྔ་དང་། ཚེ་བཅུ་དང་། ཉི་ཤུ་དགུ་སྟེ། འདི་དག་ལ་ཕྱི་རུ་མཁའ་འགྲོ་རྣམས་རྒྱུ་ཞིང་། ནང་དུ་རྩ་རླུང་ཁྱད་པར་ཅན་འདུ་བས་ཉེ་བའི་འདུ་བ་དང་། ཁྱད་པར་དུ་ཡར་ངོའི་ཚེས

བཅུའི་ཉིན་མོ་དང་། མར་ངོའི་ཚེས་བཅུ་སྟེ་ཉི་ཤུ་ལྔའི་མཚན་མོ་བསྒྲུབ་པ་པོའི་གནས་སུ་མཁའ་
འགྲོ་གྲུབ་པ་ཅན་འདུ་བས་ལས་གང་ཡང་འགྲུབ་པའི་ཕྱིར་བསྙེན་སྒྲུབ་རྣམ་པ་བཞི་དང་། ཕྱི་ཡོ་
བྱད་ཚོགས་ཀྱི། ནང་ཕུང་པོ་རྟེན་གྱི། གསང་བ་བྱང་ཆུབ་སེམས་ཀྱི་བསྐང་བཤགས་སོགས་ཚོགས་
མཆོད་དང་བསྐང་བཤགས་ལ་འབད་པར་བྱ་སྟེ། ཀུན་མཁྱེན་ཆེན་པོས། ཉ་དང་གནམ་སྟོང་ཚེས་
བརྒྱད་ཉི་ཤུ་དགུ། །ཚེས་བཅུ་ཡར་ངོ་མར་ངོའི་ཉིན་དང་མཚན། །བསྙེན་བསྒྲུབ་ཚོགས་མཆོད་
བསྐང་བཤགས་འབད་པར་བྱ། །ཞེས་གསུངས་ཤིང་། དེས་ཟླ་བ་དེའི་རིང་ལ་ཉམས་པ་ཐམས་
ཅད་སོས་པ་དང་། མཆོག་ཐུན་མོང་གི་དངོས་གྲུབ་ཐམས་ཅད་མྱུར་དུ་འགྲུབ་པར་བཤད་དོ། །ཁྱད་
པར་གོང་དུ་བཤད་པ་བཞིན་ལས་དང་པོ་པ་རྣམས་ཀྱི་བསྒྲུབ་ཟླ་ལ་ཕན་ཡོན་ཆེ་བ་ཡིག་བརྒྱའི་
བཟླས་བསྒོམ་ཉིད་གཙོ་བོར་བསྟུགས་ཏེ། དེའི་ཚུལ་ཡང་། རང་ཐ་མལ་གྱི་སྤྱི་བོར་པད་དཀར་ཟླ་
བའི་གདན་ལ་ཧཱུྃ་ཡིག་དཀར་པོའི་འཕྲོ་འདུ་ཡོངས་སུ་གྱུར་པ་ལས་རྩ་བའི་བླ་མ་དང་གཉིས་སུ་མེད་
པའི་བཅོམ་ལྡན་འདས་དཔལ་རྡོ་རྗེ་སེམས་དཔའ་སྐུ་མདོག་སྟོན་ཟླ་ལྟར་དཀར་ཞིང་ཞབས་སེམས་
དཔའི་སྐྱིལ་ཀྲུང་ཅན་ཐུགས་ཀར་ཟླ་དཀྱིལ་ལ་གནས་པའི་རྡོ་རྗེ་དཀར་པོ་རྩེ་ལྔ་པའི་ལྟེ་བར་ས་
བོན་དང་། དེའི་མཐར་ཡིག་བརྒྱ་བཀླག་ཐབས་སུ་འཁོར་བར་དམིགས་ཤིང་། སྡིག་སྒྲིབ་ཉེས་ལྟུང་
གི་ཚོགས་ལ་འགྱོད་སྡོམ་དྲག་པོས་ཡིག་བརྒྱ་སྔགས་དོན་དང་མཐུན་པར་གསོལ་འདེབས་ཀྱི་ཚུལ་
དུ་བཟླས་པས་སྐུའི་ཆ་དང་ཐུགས་ཀའི་ས་བོན་སྔགས་འཕྲེང་དང་བཅས་པ་ལས་བདུད་རྩིའི་རྒྱུ་
རྒྱུན་བྱུང་བས། རང་གི་སྤྱི་བོ་ནས་ཞུགས་ལུས་ཐམས་ཅད་སྡིག་སྒྲིབ་རྣམས་དུད་སོལ་གྱི་ཁུ་བ་དང་།
ནད་རྣམས་ཁྲག་རྣག་ཆུ་སེར། གདོན་རྣམས་ཤིག་སྦྲོ་སྦལ་སྦྲུལ་སོགས་སྲོག་ཆགས་ཀྱི་རྣམ་པར་
ཤེལ་རྫོམ་ཆུའི་བཏགས་པ་བཞིན་རྩ་ལམ་ཆུ་ལམ་བ་སྤུའི་ཁུངས་བུ་སོགས་ནས་ཐོན་པར་བསམ་པ་
སྡིག་སྒྲིབ་བཀྲུ་བའི་དམིགས་གནད་དང་སྦྱར་ཞིང་། སླར་རང་ལུས་ཤེལ་ལྟར་དྭངས་པའི་རང་
བཞིན་དུ་གྱུར་པ་བདུད་རྩིའི་ཐིམ་གྱི་གང་བས་ཤེལ་སྡོང་འོ་མས་གང་བ་ལྟར་དམིགས་པ་སྟེ་
དམིགས་པའི་རྟེན་འབྲེལ་གྱི་སྒོ་ཁོ་ནས་ཀྱང་སྡིག་སྒྲིབ་སྦྱངས་བ་ལ་མཆོག་ཏུ་བསྟུགས་སོ། །

མཛུག་ཏུ་མགོན་པོ་ཞེས་གདུང་ཡུས་དྲག་པོས་མཚན་ནས་བོས་ཏེ། བདག་ནི་མི་ཤེས

རྨོངས་པ་ཡིས། །ཞེས་སོ། །གནོད་ཚིག་གིས་བཤགས་མཐར་ཇོར་སེམས་འོད་ཞུས་རང་ལ་བསྐྱིམ་སྟེ་འཁོར་གསུམ་མི་དམིགས་པའི་ངང་ལ་མཉམ་པར་འཛོག་གོ། །དེ་ཡང་སྡིག་སྒྲིབ་སྦྱང་བར་བྱེད་པའི་གཉེན་པོ་ནི་མཐོལ་བཤགས་ཏེ། ཉེས་པ་ལ་བསགས་པ་གསང་ཞིང་སྦས་ན། སྡིག་པའི་ས་བོན་བཏབ་པ་ལ་གཡོ་རྒྱུའུ་ཆུ་ལུད་འཛོམ་པ་སྟེ་ཧེ་འཕེལ་ཉིད་དུ་འགྲོ། སྐྱོན་དུ་མཐོང་ཞིང་མ་སྦེད་པར་བསྒྲག་ན་ཅུང་ཞིག་སྟོབས་འཕྲ་ལ་ནམ་ཡང་འཕེལ་བར་མི་འགྱུར་ཞིང་། དེའི་ཕྱིར་བཤགས་ཡུལ་གྱི་སྤྱན་སྔར་མ་གསང་བར་བརྗོད་པ་ནི་མཐོལ་བ་ཡིན་ལ། ལས་བསགས་པ་དེ་འགྱོད་སེམས་དྲག་པོས་སྐྱོན་དུ་ཁས་བླང་བ་བཤགས་པ་སྟེ། རང་ཉིད་ཉེས་སྐྱོན་དང་བཅས་པས་གནོང་ཞིང་ངོ་ཚ་བ་དོར་ནས་དྲང་པོར་སྨྲ་བའི་སྒོ་ནས་དག་ཚངས་མཛད་པར་སྙིང་ནས་གསོལ་བ་ནི་བཤགས་པའི་དོན་གྱི་སྙིང་པོའོ། །

དེ་ཡང་བཤགས་པ་ཐམས་ཅད་ལ་སྟོབས་བཞི་ཚངས་དགོས་ཏེ། ཆོས་བཞི་བསྟན་པའི་མདོ་ལས། བྱམས་པ། བྱང་ཆུབ་སེམས་དཔའ་ཆོས་བཞི་དང་ལྡན་ན་སྡིག་པ་བྱས་ཤིང་བསགས་པ་ཐམས་ཅད་ཟིལ་གྱིས་གནོན་པར་འགྱུར་རོ། །

བཞི་གང་ཞེ་ན་འདི་ལྟ་སྟེ། རྣམ་པར་སུན་འབྱིན་པ་ཀུན་ཏུ་སྤྱོད་པའི་སྟོབས་དང་། གཉེན་པོ་ཀུན་ཏུ་སྤྱོད་པའི་སྟོབས་དང་། སོར་ཆུད་པའི་སྟོབས་དང་། རྟེན་གྱིས་སྟོབས་སོ། །ཞེས་གསུངས་པའི་དོན་འདི་ཡང་ཚངས་པ་སྟེ། རྟེན་གྱི་སྟོབས་ནི་གཉིས་ལས། བཤགས་ཡུལ་གྱི་རྟེན་སངས་རྒྱས་ཀུན་འདུས་བླ་མ་རྡོ་རྗེ་སེམས་དཔའ། རང་རྒྱུད་ཀྱི་རྟེན་སྐྱབས་སེམས་དང་། རང་གཞན་གྱི་སྡིག་སྒྲིབ་དག་པར་གསོལ་བ་སྔགས་དོན་རྣམས་ལ་ཚངས། གཉེན་པོ་ཀུན་ཏུ་སྤྱོད་པའི་སྟོབས་ནི། ལྷ་བསྒོམ་ཞིང་སྔགས་བཟླ་བ་དང་སྡིག་སྒྲིབ་བཀྲུ་བའི་དམིགས་པ་རྣམས་དང་། སུན་འབྱིན་གྱི་སྟོབས་ནི། དུག་ཁོང་དུ་སོང་བ་ལྟར་ཉེས་བྱས་ལ་འགྱོད་པ་དྲག་པོའི་བློ་སྐྱེས་པ་དང་། སོར་ཆུད་པའི་སླར་ལྡོག་པའི་སྟོབས་ནི། ཕྱིན་ཆད་སྲོག་ལ་བབས་ཀྱང་མི་བགྱིད་པར་སྡོམ་པའི་སེམས་སོ། །དེ་ཡང་གནོང་འགྱོད་མེད་ན་བཤགས་བློ་ཡང་མི་སྐྱེ་ལ། འགྱོད་པ་ཤ་མ་ཞིག་སྐྱེས་ཕྱིན་ཆད་སྡོམ་སེམས་ཀྱང་ཤུགས་ལས་འབྱུང་བ་ཡིན་ནོ། །དེ་ལྟར་སྡིག་སྒྲིབ་དག་པའི་རྟགས་མ་བྱུང་བར་དུ་བཤགས་པ་ལ

འབད་པར་བྱ་སྟེ། རྟགས་ནི། ནམ་མཁའ་ལ་འཕུར་བ། ཁྲུས་བྱས་པ། ཆུ་བོ་ཆེན་པོ་བརྒལ་བ། གོས་དཀར་གྱོན་པ། ལུས་ལས་རྣག་ཁྲག་ཟག་པ། འབྲུ་སྐྱུགས་བྱས་པ་སོགས་ཉམས་ལམ་དུ་ལན་ཁ་ཡར་དུ་བྱུང་བ་དང་། དངོས་སུ་རིག་པ་སྤྲར་ལས་དངས་ཤིང་དམིགས་པ་གསལ་བ་དང་། ལུས་སྤྱངས་བ། དད་དང་ངེས་འབྱུང་སྙིང་རྗེ་སོགས་རྩོལ་མེད་དུ་རྒྱུད་ལ་སྐྱེ་བ་དང་། ལེ་ལོ་གཉིད་རྨུགས་ཆགས་སྡང་སོགས་ཆུང་དུ་སོང་ན་སྡིག་སྒྲིབ་དག་པའི་རྟགས་མཆོག་གོ། །དེ་ལྟར་བཟླས་ལ་བརྩོན་པའི་ཡོན་ཏན་ཡང་བཀའ་བརྒྱུད་རང་ཤར་གྱི་ལུང་གོང་དུ་དྲངས་བ་དང་། དྲི་མེད་བཤགས་རྒྱུད་ལས་ཀྱང་། འདི་དག་དུས་གཅིག་ལ་ལན་བརྒྱ་རྩ་བརྒྱད་བཟླས་ན་ཉམས་ཆག་ཐམས་ཅད་བསྐོང་སྟེ། ངན་སོང་ལྟུང་བའི་ལས་ཀྱི་སྒྲིབ་པ་ལས་ཐར་བར་འགྱུར་རོ། །ཚེ་འདི་ལའང་དེ་བཞིན་གཤེགས་པ་རྣམས་ཀྱི་ཐུགས་ཀྱི་དམ་པར་དགོངས་ནས་བསྲུང་ཞིང་སྐྱོབས་པར་མཛད་ལ། ཤི་འཕོས་ནས་ཀྱང་བདེ་བར་གཤེགས་པ་རྣམས་ཀྱི་ཐུགས་ཀྱི་ཐུ་བོར་གྱུར་བར་གདོན་མི་ཟའོ། །ཞེས་དང་།

ཕན་ཡོན་གཞན་ཡང་། མདོ་ལས། གང་ཞིག་སྡིག་པའི་ལས་བྱས་པ། །དགེ་བས་འགེབས་པར་བྱེད་པ་སྟེ། །སྤྲིན་བྲལ་ཉི་མ་ཟླ་བ་ལྟར། །འཇིག་རྟེན་འདི་ནས་ཀུན་ཏུ་གསལ། །ཞེས་སོ། །དེ་ལྟ་བུའི་དམ་ཚིག་རིམ་པ་ནི་ཕྲ་ཞིང་ཟབ་ལ། གང་ཟག་རང་རྒྱུད་པ་རྣམས་གནས་སྐབས་སུ་ཡུད་ཙམ་ལའང་ཉོན་མོངས་པའི་ཀུན་རྟོག་ནི་ཕ་མཐའ་ཡས་ཤིང་། ཉེས་ལྟུང་ཡང་དེའི་རྗེས་འགྲོ་བཞིན་བསགས་པ་ཆོས་ཉིད་བཤགས་སྦྱོངས་ལ་རྒྱུན་དུ་བརྩོན་དགོས་ཏེ། ཚོར་ཏེ་ཉམས་པ་དང་མ་ཚོར་ཏེ་ཉམས་པའི་སྡིག་ལྟུང་མཐའ་ཡས་པའི་ཕྱིར་རོ། །འོན་ཀྱང་ཡིག་བརྒྱ་བཤགས་རྒྱུད་སོགས་ལ་ཁ་ཏོན་དུ་བྱེད་པ་ན། མུ་ཅོར་སྨྲ་བ་དག །བཤགས་རྒྱུ་ཅི་ཡོད་ཟེར་བ་སོགས་ཀྱི་འཕྱ་ཁྲེལ་གྱི་གནས་སུ་བྱེད་པ་མཐོང་སྟེ། དེ་དག་ནི་རྡོ་རྗེ་ཐེག་པའི་ལམ་གྱི་ཆ་ཤས་རྟོགས་པ་ཅི་ལྟ། དགེ་སྡིག་གི་ཕན་ཉེས་ཙུང་ཟད་ཀྱང་མ་གོ་བའི་སྐྱོན་ཟད་དེ། མགོན་པོ་བྱམས་པས། ལོག་པའི་ལམ་ལ་མཐའ་མེད་ཕྱིར། །དེ་དག་འདིར་ནི་སྤྲོ་བྱ་མིན། །ཞེས་གསུངས་པ་ཉིད་དོ། །ཚུལ་འདིར་ལ་ལ་དག་བློ་རྨོང་གཏི་མུག་གི་མུན་པས་སྒྲིབ་ཏེ་དམ་ཚིག་ཅེས་པ་ཅི་ཡིན་འདི་ཡིན་ཆ་མ་འཚལ་བ་དང་། ལ་ལས་དམ་ཚིག་ཅེས་པ་བསྲུང་དགོས་རྒྱུ་ཙམ་གོ་རུང་བསྲུང་ཡུལ། བསྲུང་བྱ། བསྲུང་བྱེད། བསྲུང་ཚུལ། ཁེ་

ཉེན་སོགས་ཀྱི་རྣམ་བཞག་གང་ཡང་མི་ཤེས་པར་སྨྲས་ཡོང་ཐང་དུ་འཁྲམས་པ་ལྟ་བུ་དང༌། ལ་ལ་བསྒྲུང་བྱའི་རྣམས་བཞག་ཆ་ཙམ་བློ་ཡུལ་དུ་ཡོང་ཀྱང་སྲུང་ལེན་ཇི་བཞིན་པར་ལག་ཏུ་མ་ལེན་པའི་བག་མེད་ཀྱི་གཡེང་བ་དང་ཤེས་བཞིན་ཁྱད་གསོད་ཀྱི་འདོར་བ་སྟེ་རྒྱུ་འབྲས་ལ་རྩི་བཞག་མི་བྱེད་པ་དང༌། ཉམས་ཤིང་ཆགས་པ་བྱུང་བ་དག་ཀྱང་དངོས་བརྒྱུད་ཐབས་ཀྱི་བརྩོན་པས་བཤགས་བློ་ལྟ་ཅི་འགྱོད་སེམས་ཙམ་ཡང་མེད་པར་ཅི་དགར་བཏང་སྐྱོམས་ཀྱི་བོར་བ་དང༌། འགའ་ཞིག་རང་ལ་བཀའ་དྲིན་ཆེ་ཆུང་གི་རྗེ་འགྲོ་བཞིན་དམ་བསྒྲུང་བ་མ་ཡིན་པར་བླ་མའི་སྟོབས་དང་མདའ་ཐང་ལ་དཔག་སྟེ་དེ་དང་བསྟུན་འཇུག་གི་སྒོ་ནས་དམ་བསྲུང་ཚུལ་སོགས་མདོར་ན་ཚུལ་མཐུན་གྱི་སྤྱོད་པ་ནི་ཉུང་ས་ཞིང༌། གང་ལྟར་བླ་མ་དམ་ཚིག་གི་གནང་བཀག་གི་རྣམ་དབྱེ་སྟོན་མཁན་དང༌། སློབ་མ་དམ་ཚིག་གི་བསྲུང་སེམས་ཅན་ཡོད་པ་གཉིས་ཀ་ཉེན་མོའི་སྐར་མ་ལྟ་བུར་མཐོང་བས་ཡིད་སྐྱོ་བ་ལས་ཀྱང་ཆེས་སྐྱོ་བའི་གནས་ཉིད་དོ། །དེའི་རྒྱུ་མཚན་གསང་སྔགས་ཀྱི་རྩ་བ་དབང་དང༌། དབང་གི་རྩ་བ་དམ་ཚིག་ཅེས་དབང་དཔེ་ལག་ཏུ་བསྣམས་ཚད་ཀྱི་ཞལ་ནས་ཆུ་རྒྱུག་པ་ལྟར་གསུངས་ཀྱང་དེའི་དོན་ཤེས་མཁན་དང༌། ཉམས་སུ་བླང་མཁན་ཇི་ཙམ་དུ་མཆིས། གཟུར་གནས་མཁྱེན་ལྡན་རྣམས་དགོངས་པས་གཟིགས་ཆེ། ཁོ་བོས་ཀུན་སློང་ཕྲག་དོག་ང་རྒྱལ་རང་མཐོ་ཁྱད་གསོད་འཁྲུག་སེམས་ཀྱིས་ཟུར་ཟ་ཡིན་མིན་དེས་རྟོགས་ཤིང༌། དེ་ཡང་ཐོག་མར་རྟོག་གཞིབ་གང་ཡང་མེད་པར་གྲགས་པ་ཁོ་ན་ཡིད་བསྐྱོད་པའམ་དབང་ལུང་དགོས་པའི་རྒྱུ་མཚན། ཐོབ་པའི་ཕན་ཡོན། མ་ཐོབ་པའི་ཉེས་དམིགས་སོགས་ཀྱི་རྣམ་དབྱེ་གང་ཡང་མི་ཤེས་པར་བུམ་པ་ཕྱག་ཏུ་བཟུང་ཚད་ཀྱི་ཕྱག་ཞབས་སུ་མགོ་རྒྱུ་ས་སླེབ་ན་མ་སླེབ་དང༌། གླེགས་བམ་གློག་ཚད་ཀྱི་གྲལ་དུ་རྣ་བ་གཏོད་རྒྱུ་བྱུང་ན་མ་བྱུང་ན་བྱེད་པར་སྣང་ཡང༌། ཕྱིན་ཆད་ཅི་མཛད་ལེགས་མཐོང༌། ཅི་གསུངས་ཚད་མར་བྱེད་པས་མཉེས་པ་གསུམ་གྱིས་ཞབས་ཏོག་སྒྲུབ་པ་ལྟ་ཞིག །རྗེས་སུ་དཔྱད་པ་སྣ་ཚོགས་སུ་ཞུགས་པ་དང༌། ལོག་ལྟ་བཏང་སྙོམས་སོགས་ཀྱི་དབང་དུ་ཐལ་ཏེ་དམ་ཉམས་ཀྱིས་སྙིང་གང་བའི་ཚུལ་འདི་ལྟ་བུའི་ཤན་གྱིས་ཡུལ་ཁམས་ཀུན་ཏུའང་ནད་ཡམས་འཁྲུགས་རྩོད་སད་སེར་བཙའ་ཐན་སོགས་མི་འདོད་པའི་ཉེས་ཚོགས་ཆར་བཞིན་དུ་འབབ་པ་ཚད་མས་གྲུབ་མདོན་ནོ། །

ཡང་འགའ་ཞིག་བླ་མའི་མཚན་ཉིད་བརྟགས་པའང་མ་ཡིན། དམ་ཚིག་གི་ཁེ་ཉེན་ཤེས་པ་ཡང་མ་ཡིན་པར་དེ་དང་གོ་ས་མཉམ་པའོ། །འདྲ་མཉམ་དུ་ཡོད་རེ་བ་ཞིག་གིས་རང་གིས་ལྟག་ཚུགས་ཁོ་ན་གཙོ་བོར་འཛིན་པའང་། མཐོང་མེད་སྣང་ཚུལ་ལ་ཚད་བཟུང་ཅི་ཡོད་ཏེ་བཏང་སྙོམས་འགའ་ཞིག་གིས་གནས་སོ། །སྔར་གྱི་སྐྱེས་བུ་དམ་པ་རྣམས་ཀྱིས་རང་རང་གི་བླ་མ་དམ་ཚིག་བསྲུང་བའི་ཚུལ་དང་། ད་ལྟ་ཡང་ཁོ་བོའི་སྐྱབས་གཅིག་ཕྱུ་དེས་པ་དོན་གྱི་རྡོ་རྗེ་འཆང་ཆེན་པོ་རིག་འཛིན་རྒྱལ་བའི་དབང་པོ་ཚེ་དབང་ནོར་བུ་སོགས་སྐྱེས་ཆེན་འགའི་རང་གི་བླ་མར་བརྟེན་ཕྱིན་གོ་ས་མཐོ་དམན་ལ་མ་ལྟོས་ཕྱག་དང་ལྟང་བ་ཞེས་བཀུར་བསྟི་ཡོན་ཏན་བརྗོད་པ་སོགས་ཀྱི་རྣམ་ཐར་ནི་བློའི་ར་བས་གཞལ་བའི་ཡུལ་ལས་འདས་ཀྱང་། དབང་བསྐུར་ཆོས་འཆད་ཀྱི་དང་ཚུལ་ཇི་སྙེད་པས་འགྲོ་བློ་བསྒྱུར་ཞིང་ཕྱུགས་ཡུལ་བླ་མི་རྣམ་ཐར་ལ་བློ་མི་གཏོད་ཅིང་ཡིད་མི་བསྟོན་པ་འགའ་ལ་དཔག་ན། རང་བཞིན་ཤུགས་ཀྱི་དམ་ཚིག་ལ་འགལ་ཉམས་བྱུང་ན་མ་གཏོགས་བླ་མ་དང་རྒྱུ་འབྲས་ལ་བརྙེ་བཞག་དོར་བའི་བཏང་སྙོམས་མེད་ཁྱུལ་དང་། བླ་མའི་རྣམ་ཐར་དྲན་པས་དད་པའི་སྤྱི་ལོང་གཡོ་ཞིང་གདུང་ཤུགས་ཀྱི་མཆི་མ་འཁྲུགས་པ་སྐབས་རེས་འགའ་མ་ཡིན་པར་འཆར་ཞིང་བློ་སྙིང་བྲང་གསུམ་གཏོད་པའི་བསམ་པ་ནི་རྒྱུན་དུ་ཡོད་པ་བཅས་དང་དམ་ཚུང་ཟད་ཡོད་གྲས་སུ་ཆུད་དམ་སྙམས་པ་ཡང་རང་བློ་ཕྱོགས་སུ་མ་གྱུར་པ་རྒྱལ་བ་སྲས་བཅས་ཀྱི་མཁྱེན་པའི་ཡུལ་ཏེ་དེ་ཡང་གང་གི་ཚད་མེད་པའི་བཀའ་དྲིན་དང་རྒྱུད་བྱིན་གྱིས་རླབས་པའི་ཐུགས་རྗེ་ཁོ་ན་ལས་བྱུང་བར་སེམས་ཏེ་རང་གི་གནས་ཚུལ་ཞར་བྱུང་དུ་སྨོས་ལ་འདིར་མཐོང་ཡུལ་གྱི་ཁ་དོག་བཞིན། དྲང་པོའི་གཏམ་གྱི་བརྗོད་ཚིག་སྣ་ཚོགས་སུ་སོང་ཡང་གཅིག་ཤོས་དག་རང་སྐྱོན་ལ་བརྟགས་པའི་བློ་སེམས་ནང་དུ་ཁ་བཟློག་ལ་ཐུག་རྒྱུའི་རྐྱེན་དུ་མི་འགྱུར་བ་ཞིག་གསོལ་བ་སྟེང་ནས་འདེབས་པ་མཆོག་དམན་ཀུན་གྱིས་དགོངས་འཚལ་ལོ། །དེ་ལྟར་དམ་ཚིག་རྣམ་གྲངས་རྒྱ་མཚོའི་གཏེར། །ཇི་སྙེད་དོན་ཟབ་ཇི་བཞིན་རྟོགས་དཀའ་ཡང་། །རྒྱུད་དང་དེ་འགྲེལ་བླ་མའི་མན་ངག་གིས། །བདག་རྒྱུད་བསླན་མཐུས་ཅུང་ཟད་ཙམ་འདི་གླེང་། །འོན་ཀྱང་དེངས་སྐབས་སྙིགས་མའི་རྣལ་འབྱོར་གྱི། །བླ་མ་ཕལ་ཆེར་འདུ་འཛིའི་གཡེངས་བས་ཁྱེར། །གཞན་སྣང་བློ་འབྲིད་སྒྱུ་མའི་འཁྲུལ་འཁོར་གྱིས། །

ཚེ་འདིའི་འདོད་ཞེན་ཁེ་གྲགས་དོན་དུ་གཉེར། །རྒྱུད་དང་གདམས་པའི་གནད་རྣམས་ཐོས་བསམ་
གྱིས། །གཏན་ལ་མ་ཕེབས་ལག་ལེན་འཆོལ་ཉོག་སྤྱོད། །དམ་ཚིག་ལྟ་བ་སྔགས་དང་ཕྱི་རྒྱུ་རྣམས། །
གནད་དུ་མ་སོང་ལྷ་སྔགས་རྟག་ཆད་འཛིན། །བླ་མ་རྒྱང་བོར་རང་ཆེ་ཐབས་ཀྱིས་འདོན། །རྒྱུད་
པའི་སྐད་ཚུགས་མི་ཟིན་རིས་མེད་རློམ། །ཁ་བསགས་ཚུལ་ཆོས་གཡོ་རྒྱུའི་ཡོ་ལངས་དེས། །བླུན་
རྣམས་མགུ་ལ་རང་ཡང་གཟེངས་སུ་མཐོ། །སློབ་མ་ཕལ་ཆེར་ངན་རྟོག་དུག་ལྔའི་མྱོས། །མཛད་
པའི་ཆ་ཤས་ཙམ་ལའང་རྟོགས་དཔྱོད་ཞུགས། །ཡོན་ཏན་མི་མཐོང་སྐྱོན་ལ་མཛུབ་རིས་བཙུག །
མཉམ་འགྲོགས་སྤྱོད་པས་ཉེས་ལྟུང་ཞར་དུ་བསགས། །ཟས་ནོར་འབག་པ་ཚེ་འདིའི་སྐྱོང་བྲན་ལ། །
བཀའ་དྲིན་སྙིང་པོ་ཡིན་པའི་ངེས་ཤེས་ཀྱིས། །དད་པའི་རྣམ་འགྱུར་དེ་ཡིས་རང་གཟུགས་བསྟན། །
ཕྱི་མའི་དོན་ལ་བསམ་གཞིག་རྒྱང་དུ་བསྲིངས། །དཔོན་སློབ་ཕལ་ཆེར་འར་འུར་མཛེས་སྤྱོད་ཀྱི། །
ཀུན་རྟོགས་ཚོན་རིས་འཇའ་ལ་ཞེན་ཅིང་འཐས། །གཅིག་ཤོས་གཉིས་དྲན་ཀུན་སྤྱོད་མང་པོ་ཡིས། །
ཟ་ཟའི་གཡེངས་བས་རང་སྣང་བསླུ་ཞིང་བྲིད། །ཚུལ་དེས་གང་ནས་སེམས་ཀྱང་ཆེ་ཕྲ་ཀུན། །
བཟང་པོའི་བསླབ་བྱར་ཡིད་བསྟོན་མི་འཇུག་པས། །གཡོ་འཕྲུལ་གཙོ་བོར་འདོན་པའི་ཐབས་
མཁས་ན། །རྟ་མཆོག་དུལ་བ་བཞིན་དུ་གར་ཡང་བྲིན། །འཕྲུལ་ཕྱུགས་ཆོས་ལ་དགྲི་བའི་བསམ་
སྤྱོད་གང་། །སྨྱུགས་ནད་ཅན་ལ་རོ་བཅུའི་ཁ་ཟས་བཞིན། །དྲི་ཙམ་བསྟན་ཀྱང་སེམས་ལ་མི་
འབབས་པས། །མི་སླུ་བ་ཉིད་ཡང་ཟབ་གནད་དུ་གོ། །དེ་ཕྱིར་སྙིགས་དུས་མི་ལ་ཕན་སེམས་ཀྱིས། །
ཉེས་ལས་ལྡོག་ཀྱང་ཡོན་ཏན་སྐྱོན་མཐོང་ཆོས། །མངའ་ཐང་ཕོངས་པ་བདག་འདྲའི་ལེགས་བཤད་རྩ། །
དྲེགས་པས་བརྒྱུག་པའི་ནོར་སྐྱོང་སྤྱོད་སྙམས་མེད། །འོན་ཀྱང་རང་དང་རིས་མཐུན་སྐལ་ལྡན་འགར། །
ཕན་ཕྱིར་ཙམ་འདི་དྲངས་པས་ཉེས་ལོངས་ལགས། །སྨིན་གྲོལ་ལམ་སྟོན་རྡོ་རྗེའི་སློབ་དཔོན་མཆོག །
གཙུག་གི་ནོར་ལྟར་བརྟེན་ལ་གསོལ་བ་ཐོབ། །དེ་ཡང་རྩ་ལག་བླ་མའི་རྣམ་དབྱེ་བཞད། །བཀུར་
ཚུལ་རིམ་པས་གཡོ་ཟོལ་མེད་པ་ཡིས། །སྒོ་གསུམ་དང་བརྟེན་ཁྱད་པར་སྐུ་གསུམ་སེམས། །ངོ་སྤྲོད་
མཆོག་དེ་སྙིང་ལྟར་བཀུར་བར་མཛོད། །ལྷ་སྔགས་ཏིང་འཛིན་ཡེ་ཤེས་རོལ་པ་ཡིས། །སྣང་གྲགས་
རྟོགས་ཚོགས་ཆོས་སྐུར་རྟོགས་དཀའ་ཡང་། །མོས་སྤྱོད་ཀྱིས་ཞུགས་ལྷ་བསྒོམ་སྔགས་བཟླ་ཞིང་། །

རྗེས་དཔག་ཚད་མས་གཏན་ལ་ཕེབ་པར་མཛོད། །གསང་སྔགས་ལམ་ནི་གསང་བས་གྲུབ་པས་ན། །གསང་བ་བཙུ་པོ་ཚུལ་བཞིན་བསྟན་སྲུངས་ཏེ། །ཉམས་ལེན་ཐུག་ཚད་ཁ་ཆོས་མ་ཁྱེར་བར། །མཆོག་ཐུན་དངོས་གྲུབ་རིང་མིན་བསྙེས་པས་འབད། །མཆེད་ཀྱི་དམ་ཚིག་སྤྱིར་བཏང་དམིགས་གསལ་གྱིས། །རྣམ་དབྱེ་མང་ཡང་ཁྱད་པར་ནང་འདྲེས་སྤུན། །བླ་མ་དཀྱིལ་འཁོར་གཅིག་གི་བསྟུས་གྱུར་གང་། །བརྩེ་དུངས་རྒྱུན་ཆད་མེད་པས་སྐྱོངས་པར་མཛོད། །སྤྱིར་ན་དམ་ཚིག་རྒྱ་ཆེ་གྲངས་མང་ཞིང་། །སེམས་ཀྱི་རྒྱུན་ཙམ་ལའང་ཐུག་ཁྱབ་པས། །ཉེས་བྱས་ལྟུང་བ་ཞལ་དུ་འབྱུང་བའི་ཕྱིར། །བཤགས་པའི་ལས་ལ་རྟག་ཏུ་བརྩོན་པ་གནད། །གཞན་ཡང་དལ་འབྱོར་རྟེན་འདི་རྙེད་དཀའ་ཞིང་། །ལན་གཅིག་ཐོབ་པའང་སྙེས་དབང་མ་ཡིན་པས། །གསེར་གླིང་སྟོང་ལོག་གྱུར་ན་ཨ་རེ་འགྱོད། །སྒོ་གསུམ་ཆོས་ཀྱི་ཕྱོགས་སུ་འབད་འབུང་ཐོན། །དོ་ནུབ་ཙམ་ཞིག་མི་འཆིའི་གདེངས་མེད་ནས། །ཡུན་རིང་སྡོད་པའི་གྲབ་སྲོམ་མང་པོ་ཡིས། །རང་གི་རང་ཉིད་བསླུ་ན་ཕུང་ཚབས་ཆེ། །དེ་བས་བློ་སྣ་ནང་དུ་སྐྱིལ་བར་གྱིས། །དཔེར་ན་རང་ལུས་ལས་བྱུང་གྲིབ་མ་བཞིན། །དཀར་ནག་ལས་བསགས་འབྲས་བུ་རང་ཉིད་དང་། །ལྷན་ཅིག་འབྲེལ་བས་སྡིག་སྤངས་དགེ་བསྒྲུབ་ལ། །ནན་ཏན་འབད་ནས་ཐར་པའི་ལམ་སྣེགས་འཚལ། །མདོར་ན་ཆོས་ཀུན་ཉམས་ལེན་སྙིང་པོ་ནི། །སྡོམ་པ་གསུམ་གྱི་ལམ་ཡིན་དེ་ལས་ཀྱང་། །སྔགས་ཀྱི་དམ་ཚིག་ཡང་སྙིང་ཐུན་པ་སྟེ། །ལུས་སྲོག་ལྟོས་མེད་འབད་པས་བསྲུང་འཚལ་གྱི། །དེ་སྐད་སྨྲས་པ་གྲོང་ཚིག་རྟོགས་མ་ལ། །ལེགས་བཤད་ཡན་ལག་བརྒྱད་ཀྱིས་ཕོངས་ན་ཡང་། །ལྷག་བསམ་དཀར་པོས་ཆེད་དུ་སྤེལ་བ་གང་། །ཡིད་ཀྱི་ཡོལ་གོར་སློན་ན་དོན་ཆེན་གྲུབ། །འོན་ཀྱང་བློ་མིག་དག་པ་འཕངས་པའི་ས། །རྙེད་པ་ལྟར་ཅི་ཚིགས་སྦྱོར་ལམ་སྣེ་ཙམ། །མ་རུང་སྨོང་བློའི་སྐྱོན་གྱི་ཆ་ཤས་ཀུན། །བླ་མ་ལྷ་དང་མཁའ་འགྲོར་སྙིང་ནས་བཤགས། །འདིར་འབད་རབ་དཀར་ལེགས་བྱས་བསོད་ནམས་མཐུས། །མ་ནོར་དམ་ཚིག་སྤང་ལེན་རྟག་སྐྱོད་ཅིང་། །སེལ་མེད་རྒྱུད་པ་འཛིན་པའི་བུ་སློབ་ཀྱིས། །ཕྱོགས་ཀུན་ཡོངས་ཁེངས་ཆོས་དཀར་འཕྲིན་ལས་རླབས། །ཆེས་འཕྲོའི་བསྟན་འཛིན་ཚོགས་ཀུན་སྐུ་ཚེ་བརྟན། །བཞེད་པ་གཅིག་མཐུན་མདོ་རྒྱུད་མན་ངག་གིས། །དགོངས་དོན་ཟབ་མོའི་ཤིང་རྟས་རྒྱ་ཆེན་འགྲོ། །སྲིད་མཚོ་ལས

སྒྲོལ་གདན་བདེའི་སར་སྐྱོལ་ཤོག །ཁྱད་པར་རིས་གསང་ཆོས་ཀུན་སྙིང་པོའི་བཅུད། །རྡོ་རྗེ་སྙིང་པོའི་བསྟན་པ་ཀུན་ནས་ཀུན། །གསལ་ཞིང་གང་བས་ཡོག་སླ་བདུད་སྡེའི་དཔུང་། །མ་ལུས་ལམ་འདིའི་གྲོམ་ལ་རྒྱལ་ཀུན་གྱིས། །འཕྲིན་ལས་བྱེད་པོར་སྐྱེས་དང་ཚེ་རབས་ཀུན། །བདག་ཉིད་གྱུར་ཏེ་སྤྱངས་རྟོགས་མཐར་ཕྱིན་པའི། །མགོན་པོ་སྐུ་གསུམ་ངོ་བོ་མྱུར་འགྲུབ་ཅིང་། །སྲིད་པའི་གནས་ཀུན་གདན་ནས་སྟོང་བྱེད་ཤོག །

ཞེས་དམ་ཚིག་གི་རིམ་པ་འདི་ལྟ་བུ་ཞིག་དགོས་ཞེས་ཞར་རྒྱལ་མོ་རོང་གི་བླ་མ་བསོད་ནམས་ཡེ་ཤེས་ཀྱི་ནན་ཏན་ཆེན་པོ་གསུང་གིས་བསྐུལ་བར་མཛད་ཅིང་། དེའི་རྗེས་འབྲུད་དུ་གྲོགས་དམ་པ་འགས་ཀྱང་བསྐུལ་མཛད་ནའང་། ཇི་ལྟར་དེངས་སང་དུས་དབང་གིས་གལ་ཆུང་ཆོས་ལ་བྱེད་པའི་རྣམ་ཐར་ཤ་སྟག་གིས་སྟོན་གྱིས་མཁས་གྲུབ་དུ་མའི་ལེགས་བཤད་རྣམས་ཀྱང་ཉིན་གཅིག་གི་ཁ་ཕྱེ་བའི་རྟོགས་དཔྱོད་ཙམ་ལ་བློ་འཇུག་མཁན་མེད་པར་དེད་ཀྱི་སྐྱེ་བ་གོང་མའམ། བླ་མ་གོང་མ་ཕྱུག་དཔེ་ཡིན་ཞེས་ཁྲིམ་སླྒགས་སུ་བརྩེགས་པ་ཁོ་ན་གཙོ་བོར་བཟུང་བ་ལས། རང་ཉིད་ཀྱི་ཐོས་བསམ་བྱེད་ཅིང་གཞན་དེ་ལ་སྐྱོར་བ་སོགས་མེད་པ་དང་། གལ་སྲིད་སྐྱོར་ཀྱང་བློ་ཡིད་ཆོས་ལ་འཇུག་པ་དང་བྲལ་ཆེ། ངན་པ་བདག་ལྟ་བུའི་རྩོམ་པས་གཞན་ཕན་གྱི་ནུས་པ་ཟད་ཀྱང་། རེ་ཟུང་ཙམ་གྱིས་ཉམས་སུ་ལེན་པ་སྲིད་མཐའ་མ་བཀག་ཕྱིར་དང་། བསྐུལ་བ་པོའི་གསུང་མི་གཅོག་ཆེད་དུ་གྲུབ་དབང་ནམ་མཁའི་སྙིང་པོའི་སྐྱེ་བ་གོང་འོག་གི་ཐུགས་རྗེས་རྒྱུད་བརླན་རྗེས་སུ་འཇུག་པ་སྟེ། ས་ལ་ཀྱི་ཉེར་ལེན་ལ་སྤྲུལ་སྐུའི་མིང་གི་སྒྲོ་འདོགས་འཕྲིན་ལས་བསྟན་འཛིན་པས་ཀཿཐོག་རྡོ་རྗེ་གདན་གྱི་བླ་བྲང་གི་ཡང་རྩེར་གྲུབ་པར་སྦྱར་བའི་ཡི་གེ་རང་ཉིད་ཀྱི་སུག་ལས་སུ་བསྟར་བ་སྟེ་དགེ་བས་རང་གཞན་ལམ་ཞུགས་རྣམས་དམ་ཚིག་སྲུང་ལེན་འདོར་མེད་དུ་བརྩོན་པའི་འབྲས་བུ་མཉམ་རྗོགས་ཆེན་པོའི་དམ་ཚིག་གི་དོན་མངོན་སུམ་དུ་རྟོགས་པའི་རྒྱུར་གྱུར་ཅིག། སརྦ་མངྒ་ལམ།། །།

༄༅། །བླ་མ་དམ་པ་རྣམས་ལ་ཕྱག་འཚལ་ལོ། །སློབ་དཔོན་འཇམ་དཔལ་
གྲགས་པས་མཛད་པའི་དམ་ཚིག་འགྲེལ་པ།

པན་དི་ཏ་ཨུ་པ་ཤི་ལ་དང་ལོ་ཙ་བ་རྒྱ་བརྩོན་སེང་གིས་བསྒྱུར་བ་འདི་ནི། མི་མཁས་པ་ཞིག་གིས་བཀླགས་བཤད་ཙམ་བྱས་པས་ཀྱང་། ཉན་པ་པོ་ལ་ཕན་པ་འབྱུང་ལ། མཁས་པ་ཞིག་གིས་འཆད་ན་ཡང་ག་དར་བྱ་ས་ཆེ་བ་ཡོད་གསུང་ངོ་། །ཆོས་འདི་ལ་ཁ་གཅིག་ན་རེ་བོད་ཀྱིས་བྱས་པའི་ཆོས་ཡིན་ཟེར་བ་ཡོད་དེ། དེའི་རྒྱུ་མཚན་བཤད་ན། སྤྱིར་རྒྱ་གར་གྱི་ཆོས་དཔེ་ཐམས་ཅད་ཀྱི་མཚན་སྐད་ནས་འབྱུང་བ་ཡིན་པ་ལ། བོད་ཀྱི་རྒྱལ་བློན་དང་ལོ་ཙ་བས་གྲོས་བྱས་ནས་མཚན་སྟོད་དུ་བསྟོན་པ་ཡིན། དེས་ན་འདིའི་རྩ་བ་མཚན་དང་མཚན་བཤད་སྟོད་ན་འདུག་པས་བོད་ཀྱིས་བྱས་པ་ཡིན་བྱ་བ་དང་། ཡང་ཆོས་འདི་གསང་སྔགས་གསར་པ་དང་། སྙིང་པ་འདྲེས་པ་ཅིག་འདུག་སྟེ། འདྲེས་ལུགས་ཀྱང་། རྩ་བའི་བཤད་པར་དམ་བཅའ་བའི་སྐབས་ན། ཡང་ན་རྩ་བ་ནི་ཡན་ལག་བརྒྱད་དང་། ཉི་ཤུ་རྩ་བརྒྱད་དང་། གསང་བ་ཆེན་པོའི་གཞུང་ལས། འབུམ་སྡེར་བཞུགས་པའི་གཞིར་གྱུར་པས་ན་རྩ་བའོ། །ཞེས་གསུངས་ཏེ། དེ་ལ་ཉི་ཤུ་རྩ་བརྒྱད་བྱ་བའི་དམ་ཚིག་ནི་གསང་སྔགས་གསར་པ་ལ་སྐད་མེད་ལ། སྙིང་པ་བ་ལ་དམ་ཚིག་ཉི་ཤུ་རྩ་བརྒྱད་པ་བྱ་བ་ཡོད་པས། དེས་ན་དམ་ཚིག་ཉི་ཤུ་རྩ་བརྒྱད་པ་བྱ་བའི་ཚིག་འདིར་ཞུགས་པ་དང་། ཡང་ལྟུང་བ་བཅུ་པའི་སྐབས་ན་ཆར་ལ། ཤིན་ཏུ་འཁྲོ་ཞིང་གཏུམ་པ་ལ། །ཞི་བས་ཕན་པར་མི་འགྱུར་ཏེ། །ཤེས་རབ་ཐབས་ཀྱི་སྦྱོར་བ་ཡིས། །ཁྲོ་བོ་དེ་བཞིན་གཤེགས་ཀུན་མཛད། །ཞེས་བདེ་མཆོག་གི་རྒྱུད་ནས་འབྱུང་བར་གསུངས་པ་ལ། འདི་བདེའ་མཆོག་གི་རྒྱུད་ག་ན་ཡང་མེད་དོ། །གསང་སྔགས་སྙིང་པའི་རྒྱུད་ཀི་ལ་ཡ་ནམ་མཁའ་མཛོད་ཀྱི་ཏན་ཏན་ཡོད་དོ། །དེས་ན་ཚིག་དེ་ཆོས་འདིའི་བསེབ་ཏུ་བཞུགས་པས་ན་གསར་སྙིང་འདྲེས་པའོ། །

འོ་ན་གསར་པ་དང་སྙིང་པ་འདྲེས་པ་ཅིས་ཧོ་ན། གསང་སྔགས་སྙིང་པའི་ཆོས་འདི་རྣམས་རྒྱ་གར་ན་མ་གྲགས་བོད་ན་གྲགས་པ་ཡིན། དེས་ན་བོད་ཀྱིས་སྤྱོབས་པར་གསལ་ཟེར་རོ། །དེ་ལ་

དང་པོ་མཚན་སྟོད་དུ་བྱུང་བས་བོད་མ་ཡིན་ཟེར་བ་ལ། མ་ངེས་པའི་ལན་འདི་ལྟར་གདབ་སྟེ། འོ་ན་དཀྱིལ་ཛོར་རྟག་གཉིས་ཀྱི་རྒྱུད་འདི་ཡང་། སྙིང་པོ་ཀྱེའི་རྡོ་རྗེ་ཞེས་པ་ཉོན་ཅིག །ཞེས་པ་དང་། མིང་བསྟུས་པ་ནི་འདི་ལྟ་བུ། །གང་གིས་ཀྱེའི་རྡོ་རྗེ་ལགས། །ཞེས་པ་ལོ་རྒྱུད་ཀྱི་མཚན་དང་། མཚན་བཤད་དྲིས་ལན་དང་བཅས་པ་སྟོད་དུ་བྱུང་བས་བོད་དུ་བྱས་པ་ཡིན་དགོས་ཏེ། དེས་ན་དཀྱིལ་ཛོར་གྱི་རྒྱུད་ལ་བོད་མ་ཡིན་པའི་བརྟད་པ་མེད་དོ། །འདི་ཡང་དེ་དང་འདྲའོ། །

ཡང་གསར་རྙིང་འདྲེས་ཟེར་བ་ལ་མ་འདྲེས་པའི་ལན་འདི་ལྟར་གདབ་སྟེ། དམ་ཚིག་ཉི་ཤུ་རྩ་བརྒྱད་ཞེས་པ་ནི་རྙིང་པ་ལ་གྲགས་པ་དེ་མིན་ཏེ། གཞུང་འདིའང་ནས་གསུངས་པའི་བཅུ་ལྔ་པ་ཡན་ལག་དང་བཅས་པ་རྣམས་ཡིན་ནོ། །དེ་ཡང་རྩ་བ་ལ་བཅུ་ལྔ་ཡན་ལག་ལ་བཅུ་གསུམ་སྟེ། ཉི་ཤུ་རྩ་བརྒྱད་ཡོད་པས་སོ། །ཤིན་ཏུ་འཁྲོ་ཞིང་གཏུམ་པ་ལ། ཞེས་པ་ལ་སོགས་པ་རྣམས་བདེའ་མཆོག་ནས་འབྱུང་བར་གསུངས་པ་ལ་མེད་པ་ནི། སྤྱིར་བདེའ་མཆོག་ལ་གཉིས་ཡོད་དེ། འཁོར་ལོ་བདེའ་མཆོག་དང་། སྒྱུ་མ་བདེ་མཆོག་གོ། །དེ་ལ་འདི་ནི་སྒྱུ་མ་བདེའ་མཆོག་ཞེས་བྱ་སྟེ། སངས་རྒྱས་མཉམ་སྦྱོར་ན་བཞུགས་པ་ཡིན་ནོ། །དེ་རྣམས་ཀྱིས་གཞན་གྱི་ངག་དགག་པའོ། །

ད་ནི་རང་གི་འདོད་པ་བསྒྲུབ་པ་ལ། ཁྱིས་པན་དི་ཏ་ར་ས་བཛྲ་དང་ལོ་ཚ་བ་ཁྲུང་ཞབས་ཉི་མ་རྡོ་རྗེས་བསྒྱུར་བའི་རྒྱ་ཆེར་འགྲོལ་པ་འགྱུར་གསར་པ་སྙིང་པོ་བརྒྱན་དང་བཅས་པ་བྱུང་བས་ཀྱང་རྒྱ་གར་བ་ཡིན་པར་ཐག་ཆོད་དོ། །ཐིག་ལེ་མཉམ་གནས་ལ་སོགས་པ་བོད་དུ་མ་འགྱུར་བའི་རྒྱུད་སྡེ་བཅུ་བཞི་ནས་དྲངས་པའི་ལུང་བཞུགས་པས་ཀྱང་རྒྱ་གར་མ་ཡིན་པར་ཐག་ཆོད་དོ། །ཁྲུས་དང་གཙང་སྦྲ་འདིར་མི་དགོས། དཀའ་ཐུབ་དཀའ་སྤྱད་འདིར་མི་དགོས། ཞེས་པ་ལ་སོགས་པ་རྡོ་རྗེ་རྩེ་མོའི་རྒྱུད་ནས་དྲངས་པའི་ཁུ་ས་འདི། བོད་ཀྱི་རྡོ་རྗེ་རྩེ་མོ་ན་མི་བཞུགས་པར་རྒྱ་དཔེའ་ན་བཞུགས་པས་ཀྱང་རྒྱ་གར་མ་ཡིན་བར་ཐག་ཆོད་དོ། །ཨ་མཚན་ཉིད་དང་ལྡན་པའི་སློབ་དཔོན་ཞེས་པ་སྟེ།

དེ་ཡང་སྤྱིར་སློབ་དཔོན་རྣམ་པ་བཞི་ཡོད་དེ། ཡང་རབ་དང་། རབ་དང་། འབྲིང་དང་། ཐ་མའོ། །ཡང་རབ་ནི་ཡང་དག་པའི་ཡེ་ཤེས་ལ་དམ་པའོ། །རབ་ནི་ཡེ་ཤེས་དངོས་ལ་དབང་བའོ། །

འབྲིང་ནི་ཡེ་ཤེས་ཚུང་ཟད་ལ་དབང་བའོ། །ཐ་མ་ནི་ལས་དང་པོ་པ་དེ་ཉིད་བཅུ་དང་ལྡན་པའོ། །དེ་ལ་ཡང་དག་པའི་ཡེ་ཤེས་ལ་དབང་བ་ནི་རང་གི་ཡེ་ཤེས་ཀྱི་དཀྱིལ་འཁོར་སྤྲུལ་ནུས་ཤིང་། དེ་ཉིད་གཞན་ལ་ཡང་སྟོན་ནུས་པ་རྣམས་སོ། །ཡེ་ཤེས་དངོས་ལ་དབང་བ་ནི་དེ་ཙམ་མི་ནུས་ཀྱང་། རང་ཉིད་ལ་མཉམ་བཞག་དང་མཉམ་ལངས་ཀྱི་ཚེ་དཀྱིལ་འཁོར་གྱི་ལྷ་གསལ་བསྣམས་སོ། །ཡེ་ཤེས་ཚུང་ཟད་ལ་དབང་བ་ནི་མཉམ་ལངས་ལ་མི་གསལ་ཡང་། མཉམ་བཞག་ལ་དཀྱིལ་འཁོར་གྱི་ལྷ་རྣམས་གསལ་བ་རྣམས་སོ། །ལས་དང་པོ་བཞི་ལྷ་གསལ་བར་མ་གྱུར་ཀྱང་རིགས་དང་ལྡན་པ་ལ་སོགས་པ་ཆོས་བདུན་ལྡན་རྣམས་སོ།། །།

༄ བླ་མ་དམ་པ་རྣམས་ལ་ཕྱག་འཚལ་ལོ། །ཕམ་ལྟུང་ལ་སོགས་འདི་རྣམས་ལ། བཤད་པ་རྒྱ་མཚོ་ལྟར་གསུངས་ཏེ། གཞུང་འདི་ཉིད་དང་བསྟུན་གྱུར་པའི། དོན་གོ་ཐིགས་པ་ལྟ་བུ་བྲི།

དབང་དང་འབྲེལ་པའི་དམ་ཚིག་ནི། སློབ་དཔོན་གྱིས་རྩ་བའི་དམ་ཚིག་ཞེས་པ་ལ་སོགས་པ་སྟེ། སྤྱིར་རྩ་ལྟུང་རྒྱ་ཆེ་འགྲེལ་འདི་ལ་འགྱུར་གསུམ་ཡོད་པ་ལས། འགྱུར་སྔ་མ་རྒྱ་བཙན་སེང་མའི་དབང་དུ་བྱས་ནས་སྟོན་པ་ལ། ཕམ་པ་ནི་གཉིས་ཏེ། ཚད་ལས་འདས་པའི་ཕམ་པ་དང་། ཕྱོགས་སུ་བསྟུ་བའི་ཕམ་པའོ། །དེ་ལ་དང་པོ་ནི་སྦྱོར་བ་བདུན་དང་ལྡན་པར་རྡོ་རྗེ་སློབ་དཔོན་འཚོ་བ་དང་ཕྲལ་ནས། མ་བཤགས་པར་ལོ་གསུམ་འདས་པ་ན་ཕམ་པར་གྱུར་པའོ། །དེ་ལྟར་ཡང་ལྟུང་བ་དང་པོ་སྟོན་པའི་གཞུང་ལས། གལ་ཏེ་སྦྱོར་བ་དེ་དག་དང་ལྡན་པས་འཚོ་བ་དང་ཕྲལ་ནས་ཚད་ལས་འདས་པ་དང་ཕམ་པའོ་ཞེས་གསུངས་སོ། །ཚད་ལས་འདས་ཞེས་པ་ཡང་ལོ་གསུམ་འདས་པ་ཡིན་པར་འོག་ན་གསལ་ལོ། །དེ་ལ་གཞན་དག་ནི་བཤགས་པ་དུས་འདས་པའི་ཕམ་པ་བྱ་བར་མི་འདོགས་ཟེར་ཏེ། དེ་ལེགས་སོ། །ཕྱོགས་སུ་བསྟུ་བའི་ཕམ་པ་ནི་གཉིས་ཏེ། ལྟུང་བ་གསུམ་པའི་དབང་དུ་བྱས་པ་དང་། ལྟུང་བ་བཞི་པའི་དབང་དུ་བྱས་པའོ། །དེ་ལ་དང་པོ་ནི་སྦྱོར་བ་བདུན་དང་ལྡན་པར་རྡོ་རྗེ་སྤུན་འཚོ་བ་དང་ཕྲལ་ནས། མ་བཤགས་པར་ལོ་གསུམ་འདས་ནས་ཕམ་པའོ། །འདིའི་ཕམ་པ་ནི་ཕྱོགས་དང་པོ་དང་མཐུན་ནོ་ཞེས་པ་དང་། རྩ་བ་དུས་འདས་ཕམ་པ་འདྲ་ཞེས་གསུངས་སོ། །ལྟུང་བ་བཞི་པའི་དབང་དུ་བྱས་ན། ཡུལ་སེམས་ཅན་གཞན་ལ་རང་གིས་སྦྱོར་བ

དང་། དངོས་གཞི་སྐྱེས་ནས། དེ་མ་བཤགས་པར་ཤི་ན་ཕམ་པ་ཞེས་བྱ་ལ། ཡང་རང་ལ་གཞན་གྱིས་བཤགས་པ་ཚུལ་བཞིན་དུ་བྱེད་པ་ལ། རང་གིས་མ་བླངས་པར་རང་ཤི་བར་གྱུར་ན་ཕམ་པ་ཞེས་བྱ་བ་ཡིན་ནོ། །དེ་ལྟར་ཡང་ལྟུང་བ་བཞི་པའི་གཞུང་ལས། གཞན་ལ་སྦྱོར་བ་དངོས་གཞི་སྐྱེས་པ་མ་བཤགས་པར་ཞེས་པ་ལ་སོགས་པ་གསུངས་སོ། །ལྟུང་བ་གཞན་རྣམས་ལ་ནི་ཕམ་པར་འགྱུར་བ་བཤད་པ་མེད་དོ། །

ལྟུང་བ་ནི་གསུམ་སྟེ། སྦྱོར་བ་ཡོངས་སུ་རྫོགས་པའི་ལྟུང་བ་དང་། གོང་མ་ན་སྨད་པའི་ལྟུང་བ་དང་། ཕྱོགས་སུ་བསྟུ་བའི་ལྟུང་བའོ། །དེ་ལ་དང་པོ་ནི་ལྟུང་བ་དང་པོའི་དབང་དུ་བྱས་ན། སྦྱོར་བ་བདུན་གྱི་སྒོ་ནས་རྡོ་རྗེའི་སློབ་དཔོན་འཚོ་བ་དང་བྲལ་ནས་ལོ་གསུམ་འདས་པའོ། །དེ་ལྟར་ཡང་། གསུམ་གཅིག་མ་ལྡན་པ་ལ་བདུན་གྱི་སྦྱོར་བ་དང་ལྡན་པས་ལྟུང་བར་འགྱུར་ཏེ། ཞེས་གསུངས་སོ། །རྩ་ལྟུང་གཉིས་པ་ལ་སོགས་པའི་སྦྱོར་བ་རྫོགས་པའི་ལྟུང་བ་ཡང་སྦྱོར་བ་བདུན་ལྡན་ཡིན་ནོ། །གོང་མ་ན་སྨད་པའི་ལྟུང་བ་ནི་ཕམ་པ་གཤགས་ཚད་ཀྱི་བཤགས་པའི་ཤུལ་ན། ལྟུང་བ་ཚད་ལྡན་དུ་གནས་པ་དེའོ། །དེ་ལྟར་ཡང་། ཕྱིས་ཚད་དུ་བཤགས་ན་ལྟུང་བར་འགྱུར་རོ་ཞེས་པ་དང་། ལྟུང་བ་ནི་འཚོ་བ་དང་བྲལ་ནས་བཤགས་པའི་ཚད་འོག་ནས་འབྱུང་བ་བྱས་པའོ། །ཞེས་གསུངས་སོ། །ལྟུང་བ་འདི་ནི་རྩ་ལྟུང་དང་པོ་ལ་འབྱུང་གི་གཞན་ལ་སྦྱད་པར་བྱའོ། །ཕྱོགས་སུ་བསྡུ་བ་ནི་སྦྱོར་བ་བདུན་དང་ལྡན་པས་ཐ་མལ་གྱི་མི་བསད་པ་སྟེ། དེ་ལྟར་ཡང་། མི་ནི་ལྟུང་བའི་ཕྱོགས་སུ་བསྡུའོ་ཞེས་སོ། །ཕྱི་བ་ཞེས་པ་ནི་ཕལ་ཆེར་སྦོམ་པོ་མ་བཤགས་པར་ལོ་གསུམ་འདས་པ་ལ་བཤད་དོ། །སྦོམ་པོ་ཞེས་པ་ནི་བརྒྱད་དེ། སྦྱོར་བ་མ་རྫོགས་པའི་སྦོམ་པོ་དང་། ཡན་ལག་གཙོ་བོའི་སྦོམ་པོ་དང་། ཉོན་མོངས་པ་འཁྲིད་གིས་བསླང་བའི་སྦོམ་པོ་དང་། ཡུལ་འཁྲིད་ལ་རྟེན་ནས་སྐྱེས་པའི་སྦོམ་པོ་དང་། ཡུལ་མ་དག་པ་ལ་བསམ་པ་དག་པས་བསྐྱེད་པའི་སྦོམ་པོ་དང་། ཡན་ལག་མ་ཚང་བའི་སྦོམ་པོ་དང་། ཡན་ལག་སྦོམ་པོ་དང་། སྦོམ་པོའི་སྦོམ་པོའོ། །དེ་ལ་དང་པོ་ནི་འགའ་ཞིག་གིས་སྦྱོར་བ་བདུན་གྱི་སྒོ་ནས་རྡོ་རྗེ་སློབ་དཔོན་ནམ་རྡོ་རྗེ་ཡུན་འཚོ་བ་དང་དབྲལ་བའི་ལས་བྱས་ཀྱང་། དེ་འཚོ་བ་དང་བྲལ་བར་མ་གྱུར་ན་དོན་དེ་མ་གྲུབ་པས་སྦྱོར་བ་མ་རྫོགས་པ་བྱ་བ་ཡིན་ཏེ་སྦོམ་པོའོ། །འདི་

ནི་ལྟུང་བ་དང་པོ་དང་གསུམ་པ་ལ་འབྱུང་བ་ཡིན་ནོ། །དེ་ལྟར་ཡང་ལྟུང་བ་དང་པོ་ལས། འཚོ་བ་དང་མ་བྲལ་ན་ལྟུང་བར་མི་འགྱུར་ཏེ་སྡོམ་པོའོ། །ཞེས་གསུངས་སོ། །ལྟུང་བ་གསུམ་པ་ལས། སྦྱོར་བ་མ་རྫོགས་སྡོམ་པོའོ་ཞེས་གསུངས་སོ། །ཡན་ལག་གི་གཙོ་བོའི་སྡོམ་པོ་ནི་ཉོན་མོངས་པས་ཀུན་ནས་བསླང་བའི་བསམ་པ་ཙམ་ཞིག་སྐྱེས་པ་སྟེ། འདི་ནི་ལྟུང་བ་གཉིས་པའི་ཐད་ཀར། ཡན་ལག་གི་གཙོ་བོ་ནི་སྡོམ་པོའོ། །ཞེས་བཤད་དེ། འབྱུང་ཉེ་བ་བཅུ་བཞི་པ་དང་བཅོ་ལྔ་པ་ཀུན་ལ་འབྱུང་གསུངས་སོ། །ཉོན་མོངས་པ་འཁྲིང་གིས་བསླང་བའི་སྡོམ་པོ་ནི་མནར་སེམས་དགུ་དང་མི་ལྡན་པར། ཡུལ་སེམས་ཅན་གཞན་ལ་ཞེ་སྡང་བློ་བུར་དུ་ཧྲལ་གྱིས་སྐྱེས་པ་སྟེ། འདི་ནི་ལྟུང་བ་བཞི་པ་ལ་འབྱུང་བའོ། །དེ་ཡང་། སེམས་ཁོང་ནས་འཁྲུག་པ་ནི་སྡོམ་པོའོ། །ཞེས་གསུངས་སོ། །ཡུལ་འཁྲིང་ལ་རྟེན་ནས་སྐྱེས་པའི་སྡོམ་པོ་ནི། ཐེག་པ་ཆེན་པོའི་མདོ་སྡེ་ལ་སྨད་པ་སྟེ། འདི་ནི་ལྟུང་བ་དྲུག་པ་ལ་འབྱུང་བའོ། །དེ་ལྟར་ཡང་། ཐེག་པ་ཆེན་པོའི་མདོ་སྡེ་ལ་སྡོམ་པོའོ་ཞེས་གསུངས་སོ། །

ཡུལ་མ་དག་པ་ལ་བསམ་པ་དག་པས་ཀུན་ནས་བསླང་ནས་སྐྱེས་པའི་སྡོམ་པོ་ནི། མ་སྨིན་པའི་སེམས་ཅན་ལ་སྙིང་རྗེའི་བསམ་པས་གསང་བའི་ཆོས་བསྟན་པ་སྟེ། འདི་ནི་ལྟུང་བ་བདུན་པ་ལས་འབྱུང་བའོ། །དེ་ལྟར་ཡང་། སྙིང་རྗེས་ཁྲུགས་ན་སྡོམ་པོའོ། །ཞེས་གསུངས་སོ། །ཡན་ལག་མ་ཚང་བའི་སྡོམ་པོ་ནི་ཡན་ལག་གཞན་འཚོགས་པ་ལ། རྗེས་ཀྱི་ཡན་ལག་གང་ཡང་རུང་བ་མ་ཚང་བ་སྟེ༑ འདི་ནི་བཅུ་བཞི་པོ་དང་བཅྭ་ལྔ་པོ་ཀུན་ལ་འབྱུང་སྟེ། ཡན་ལག་སྡོམ་པོ་ནི་འོག་ནས་འཆད་པའི་ཡན་ལག་བརྒྱད་པ་དང་བཅུ་གསུམ་པའོ། །སྡོམ་པོའི་སྡོམ་པོ་ནི་ཡན་ལག་དེ་དག་ཀུན་ནས་སློང་བའི་བསམ་པ་སྐྱེས་པ་དེའོ། །དེ་ལྟར་ཡང་། ཡན་ལག་གི་ཉེས་པའི་སྐབས་ནས། ཡན་ལག་གི་གཙོ་བོ་ཙམ་ཡོད་པ་ནི་སྡོམ་པོའོ་ཞེས་གསུངས་སོ། །ཡན་ལག་ཞེས་པ་ནི་བརྒྱད་པོ་དང་བཅུ་གསུམ་པོའོ། ། ཉེས་བྱས་ཞེས་པ་ནི་རྩ་ལྟུང་དང་པོའི་ལྟར་ན་ཉོན་མོངས་པའི་བསམ་པ་ལ་སོགས་པ་མེད་པར། ལོང་རྡོ་སྐྱུར་བས་བླ་མ་ལ་ཕོག་ནས་དྲེངས་པ་ལྟ་བུའོ། །དེ་ལྟར་ཡང་། ཡན་ལག་དྲུག་དང་མི་ལྡན་པར་དངོས་གཞི་རྫོགས་ན་ཉེས་བྱས་སོ། །ཞེས་གསུངས་སོ། །ལྟུང་བ་གཞན་རྣམས་ཀྱི་ཉེས་བྱས་ཀྱང་ཐད་ཀ་ཐད་ཀར་གོ་བར་བྱའོ། །ཕྲ་མོ་ཞེས་པ་ནི་རྩ་ལྟུང་དང་པོའི་དབང་དུ་བྱས་ན་འགོང་བར་བྱ་བ

མ་ཡིན་པ་ལ་འགོངས་པ་ལ་སོགས་པའོ། །ལྟུང་བ་གཞན་རྣམས་ཀྱི་ཕྲ་མོ་ནི་ཐད་ཀ་ཐད་ཀར་གོ་བར་བྱའོ། །ཤེས་པ་མེད་པ་ཞེས་པ་ནི་ཤེས་པ་བྱས་ཀྱང་ཤེས་པར་མི་འགྱུར་བའི་གཟུགས་བརྙན་དེ། སྐྱེ་བ་མེད་པར་རྟོགས་པ་ལ་སོགས་པའི་དུས་སུའོ། །ཨི་ཏི།། །།

སྡོམ་པོ་བརྒྱད་པོ་དེ་ལས་འཕྲ་བར་བརྩིས་ན་སྡོམ་པོ་བརྒྱ་རྩ་ལྔ་ཡོད་དོ། །བརྩི་ལུགས་ནི་རྩ་ལྟུང་བཅུ་བཞི་པོ་དང་བཅུ་ལྔ་པོ་ཕྱོགས་གཅིག་དུ་བསྡྲངས་ན་ཉི་ཤུ་རྩ་དགུ་ཡོད། ཉི་ཤུ་རྩ་དགུ་པོ་ལ་ཡན་ལག་གི་གཙོ་བོའི་སྡོམ་པོ་རེ་རེ། ཡན་ལག་མ་ཚང་བའི་སྡོམ་པོ་རེ་རེ་སྟེ། ཕྱོགས་གཅིག་དུ་བསྡྲངས་ན་སྡོམ་པོ་ལྔ་བཅུ་རྩ་བརྒྱད། དེ་ནས་ལྟུང་བ་དང་པོ་ལ་སྦྱོར་བ་མ་རྫོགས་པའི་སྡོམ་པོ་ཡོད་པ་དང་ང་དགུ། ལྟུང་བ་གསུམ་པ་ལ་ཡང་སྦྱོར་བ་མ་རྫོགས་པའི་སྡོམ་པོ་ཡོད་པ་དང་དྲུག་བཅུ། བཞི་པ་ལ་ཉོན་མོངས་པ་འཁྲིང་གིས་བསླང་བའི་སྡོམ་པོ་ཡོད་པ་དང་རེ་གཅིག །དྲུག་པ་ལ་ཡུལ་འཁྲིང་ལ་བརྟེན་ནས་སྐྱེས་པའི་སྡོམ་པོ་ཡོད་པ་དང་རེ་གཉིས། བདུན་པ་ལ་ཡུལ་མ་དག་པ་མ་བསམ་པ་དག་པས་ཀུན་ནས་བསླང་བའི་སྡོམ་པོ་ཡོད་པ་དང་རེ་གསུམ་སྟེ། དེ་ལྟར་རྩ་ལྟུང་གི་ཕྱོགས་ནས་སྡོམ་པོ་དྲུག་བཅུ་རྩ་གསུམ་ཡོད་དོ། །ཡན་ལག་གི་ཤེས་པའི་དབང་དུ་བྱས་ན་བརྒྱད་པོ་དང་བདུན་པོ་དྲུག་པོ་རྣམས་ཕྱོགས་གཅིག་དུ་བགྲངས་ན་ཉི་ཤུ་རྩ་གཅིག་ཡོད་དོ། །ཉི་ཤུ་རྩ་གཅིག་པ་དེ་རྣམས་ནི་ཡན་ལག་གི་སྡོམ་པོ་ཞེས་བྱ་བ་སྡོམ་པོ་དངོས་ཡིན་ནོ། །དེ་རྣམས་རེ་རེ་ལ་ཡང་སྡོམ་པོའི་སྡོམ་པོ་ཞེས་བྱ་བ་རེ་རེ་ཡོད་པས་སྤྱི་ཕྱི་སྡོབས་ནས་བགྲངས་ན་བཞི་བཅུ་རྩ་གཉིས་ཡོད་དོ། །དེ་ལྟར་རྩ་ལྟུང་གི་ཕྱོགས་ནས་སྡོམ་པོ་དྲུག་བཅུ་རྩ་གསུམ་དང་། ཡན་ལག་གི་ཕྱོགས་ཀྱི་སྡོམ་པོ་བཞི་བཅུ་རྩ་གཉིས་རིམ་པར་བགྲངས་པས་སྡོམ་པོ་བརྒྱ་རྩ་ལྔ་ཡོད་དོ། །གོང་དུ་སྨོས་པའི་ལྕི་བ་ཞེས་པ་དེ་ལ་ཡང་ཕྲ་བར་བརྩིས་ན་བརྒྱ་རྩ་དྲུག་ཡོད་དོ། །བརྩི་ལུགས་ནི་སྡོམ་པོ་བརྒྱ་རྩ་ལྔ་པོ་དེ་གྱུར་པའི་ལྕི་བ་བརྒྱ་རྩ་ལྔ་དང་། ལྟུང་བ་བདུན་པ་ལས་འོག་མའི་ཆོ་ག་བྱས་པ་ལ་གོང་མའི་ཆོས་བསྟན་པ་ལྕི་བར་བཤད་པ་དང་བརྒྱ་རྩ་དྲུག་ཡོད་དོ། །ཨི་ཏི།། །།

ཞིང་ལས་སྐྱེས་པའི་མཁའ་འགྲོ་མ་ནི་སྔོན་བྱད་མེད་དག་གིས་གསང་སྔགས་ལ་ཞུགས་ནས་བསྐྱེད་རྫོགས་ལ་འབད་པ་ལས་བྱུང་མཐར་མཐོན་པར་ཆེའི་དུས་བྱས་པ་རྣམས། ཨུ་བརྒྱན་ལ་

སོགས་པ་ཡུལ་ཉེ་ཤུ་རྩ་བཞིའི་མཁའ་འགྲོར་སྐྱེས་ནས། གསང་སྔགས་སྤྱོད་ཅིང་བསྒྲུབ་པ་པོ་རྣམས་ལ་བྱིན་གྱིས་བརླབ་པར་མཛད་པ་འདི་རྣམས་ཡིན་ནོ། །

སྔགས་ལས་སྐྱེས་པའི་མཁའ་འགྲོ་མ་ནི་བུད་མེད་ཀྱིས་གསང་སྔགས་ཀྱི་བསྒོམ་བཟླས་ལ་འབད་པས། སེམས་བསམ་གཏན་གྱི་ཡེ་ཤེས་ཐོབ་ལ། ལུས་བུད་མེད་ཀྱི་གཟུགས་སུ་གནས་པ་རྣམས་ཡིན་ནོ། །བསོགས་ཀྱིས་ནི་ལྷན་ཅིག་སྐྱེས་པའི་མཁའ་འགྲོ་མ་དང་། ཡིད་སྐྱེས་ཀྱི་མཁའ་འགྲོ་མ་བསྡུ་སྟེ། དེ་ལ་དང་པོ་ནི་སངས་རྒྱས་ཀྱི་སྤྲུལ་པ་བུད་མེད་ཀྱི་གཟུགས་སུ་བསྟན་པ་བཛྲ་ཨང་མ་དང་བཛྲ་ཥྛ་ར་ཧེ་ལ་སོགས་པའོ། །

གཉིས་པ་ནི་མཚན་ལྡན་གྱི་བུད་མེད་ཁ་ཅིག །བསྒྲུབ་པ་པོ་ཚད་ལྡན་རྣམས་ལ་དབང་དང་ལམ་གྱི་དུས་སུ་ལྷན་གཅིག་སྐྱེས་པའི་ཡེ་ཤེས་ཀྱིས་རྒྱས་འདེབས་པར་བྱེད་པ་རྣམས་སོ། །རྡོ་རྗེ་དཔྱལ་བ་ཞེས་བྱ་བ་ནི་དཔལ་དུས་ཀྱི་འཁོར་ལོ་ལས། ས་འོག་གི་དཔྱལ་བ་རྣམ་པ་བརྒྱད་གསུངས་པའི་ནངས་ཀྱི་འོག་མ་རྡོ་རྗེའི་ཁབ་ཞེས་གསུངས་པ་དེ་ཡིན་གསུང་ངོ་། །འོ་ན་དཔྱལ་བ་བརྒྱད་པོ་དེ་ས་ཕྱོགས་ག་ན་ཡོད་ཞེ་ན། ལྷ་མ་ཡིན་གནས་པའི་ས་ལས་དཔག་ཚད་སྟོང་ཕྲག་ཉི་ཤུ་རྩ་ལྔའི་འོག་ན་མར་ལ་རིམ་པ་ལྟར་ཡོད་དོ། །དེ་ཡང་གསག་མའི་རླུའི་དཔྱལ་བ་ཞེས་བྱ་བ་ནི་དང་པོའོ། །དེའི་འོག་མ་བྱེ་མ་རླུའི་དཔྱལ་བ་ཞེས་བྱ་བ་ཡོད་དེ་གཉིས་པའོ། །དེའི་འོག་མ་འདམ་རྫུ་ཅན་གྱི་དཔྱལ་བ་ཞེས་བྱ་བ་ཡོད་དེ་གསུམ་པའོ། །དེ་གསུམ་དྲང་བའི་དཔྱལ་བ་ཡིན་ནོ། །དེའི་འོག་མ་དུ་བ་མི་བཟད་པར་འཐུལ་བ་ཞེས་བྱ་བའི་དཔྱལ་བ་ཡོད་དེ་བཞི་པའོ། །དེའི་འོག་མ་མེ་རབ་ཏུ་འབར་བ་ཞེས་བྱ་བའི་དཔྱལ་བ་ཡོད་དེ་ལྔ་པའོ། །དེ་གཉིས་ཚ་བའི་དཔྱལ་བ་ཡིན་ནོ། །དེའི་འོག་ན་མུན་པ་ཆེན་པོའི་དཔྱལ་བ་ཞེས་བྱ་བ་ཡོད་དེ་དྲུག་པ་ཡིན་ནོ། །དེའི་འོག་ན་ང་འབོད་སྒྲ་སྒྲོག་གི་དཔྱལ་བ་ཞེས་བྱ་བ་ཡོད་དེ་བདུན་པའོ། །དེ་གཉིས་རླུང་དྲག་པོའི་དཔྱལ་བ་ཡིན་ནོ། །དེའི་འོག་ན་རྡོ་རྗེའི་ཁབ་ཞེས་བྱ་བ། སའི་ཆ་རྟག་ཏུ་འབར་བ་ཡོད་དེ་བརྒྱད་པའོ། །དེ་ནི་རྡོ་རྗེའི་དཔྱལ་བ་ཡིན་ནོ། །

དེ་ལྟར་ཡང་འཇིག་རྟེན་གྱི་ཁམས་དགོད་པའི་ལེའུ་ལས། རིན་ཆེན་འོད་གནས་གསེག་མའི་རླུ། དཔྱལ་བར་ངེས་པ་བསྟན་པ་སྟེ། བྱེ་མའི་རླུ་ནི་གཉིས་པའོ། །ལྐམ་འོད་མི་བཟད་དུ་བ་དང་། གཞན་

ཡང་མེ་དང་མུན་པ་དང་། སྦྲ་སྒྲོགས་པ་ནི་བདུན་པ་དང་ཞེས་གསུངས་སོ། །འོ་ན་བརྒྱད་པ་མ་སྨོས་པ་ཇི་ལྟར་ཡིན་སྙམ་ན། དང་ཞེས་པས་བསྟན་པ་ཡིན་ཏེ། དེ་ལྟར་ཡང་འགྲེལ་པ་ལས། དང་གིས་ནི་བརྒྱད་པ་རྡོ་རྗེའི་ཁབ་ཀྱི་རྩེ་མོ་སའི་ཆ་རྡག་ཏུ་རབ་ཏུ་འབར་བ་སྟེ། ས་འོག་གི་དམྱལ་བ་ཆེན་པོ་བརྒྱད་དོ། །ཞེས་གསུངས་སོ། །བརྒྱད་པ་དེ་བསྒྲུབ་ཐབས་ཀྱི་ལེའུ་ལས་ཀྱང་གསུངས་ཏེ། བརྒྱད་པ་ཉིད་ཀྱི་བར་གྱི་ནི། དམྱལ་བ་རྣ་ནི་འགྲོ་འགྱུར་ཏེ། གང་དུ་ཁབ་རྩེ་ལྟ་བུའི་སར། མི་དགེའ་བའི་འབྲས་དབང་གིས་དམྱལ་བ་རྣམས་ནི་རྒྱུ་བར་འགྱུར། ཞེས་སོ། །དེ་ལྟ་བུའི་རྡོ་རྗེ་ཁབ་ཞེས་བྱ་བ་དེ་ནི། གསང་སྔགས་རྡོ་རྗེ་ཐེག་པ་ལ་ཞུགས་ནས། དམ་ཚིག་ཁམ་པོ་ཆེ་ཉམས་པ་རྣམས་སྐྱེ་བའི་གནས་ཡིན་པས་ན། རྡོ་རྗེ་དམྱལ་བ་ཞེས་བྱ་ཞེས་གསུངས་སོ། །

དེ་ཡང་སྔར་ཇི་ལྟར་བསྒོམ་པའི་རྡོ་རྗེའི་ར་བ་དང་མེ་རི་ལ་སོགས་པས་ནི་བསྐོར་ནས་ཕྱིར་ཐར་བར་མི་འགྱུར། དམྱལ་བསྲུངས་དག་ནི་སྔར་བསྒོམས་པའི་ཁྲོ་བོ་དང་སྒོ་བསྲུངས་ལ་སོགས་པའི་ཆ་བྱད་དུ་སྣང་ནས། ལྕུགས་ཀྱུ་མེ་རབ་ཏུ་འབར་བས་ནི་འགུགས། ཞགས་པ་མེ་རབ་ཏུ་འབར་བས་ནི་འདེབས། ལྕུགས་སྒྲོག་མེ་རབ་ཏུ་འབར་བ་ནི་སྡོམ། གྲི་གུག་དང་རྡོ་རྗེ་དང་ཁ་ཊྃ་ཁ་ལ་སོགས་པ་ཕྱག་མཚན་གྱི་མེ་རབ་ཏུ་འབར་བ་རྣམས་ཀྱིས་ནི་དམྱལ་བ་ཆེན་པོའི་ལུས་ལ་བསྣུན་པས་སྡུག་བསྔལ་ལ། ཚེ་ཚད་ནི་ཕྱིའི་རྒྱ་མཚོ་སྦྲ་ཉག་གཅིག་གིས་གཏོར་བས་ཟད་པའི་ཡུན་དུ་གནས་པ་ཡིན་གསུང་ངོ་། །འཇམ་དཔལ་སྒྱུ་འཕྲུལ་དྲ་བ་ལས་ཀྱང་། ཕྱིའི་རྒྱ་མཚོ་ཆེན་པོའི། །ཆུ་དེ་སྦྲ་ཡིས་གཏོར་ནུས་པ། །དེའི་ཚད་དུ་སྡུག་བསྔལ་མྱོང་། །རྡོ་རྗེ་དམྱལ་བར་གྲགས་པ་ཡིན། །ཞེས་གསུངས་སོ༔ ༔

ཡང་ཁ་གཅིག་ན་རེ་རྡོ་རྗེ་དམྱལ་བ་ཞེས་བྱ་བ་ནི་ཆོས་མངོན་པ་ནས་ཚ་བའི་དམྱལ་བ་བརྒྱད་གསུངས་པའི་ནངས་ཀྱི་འོག་མ་ནི་མནར་མེད་པའི་དམྱལ་བ་ཡིན་ལ། མནར་མེད་དམྱལ་བའི་བྱེ་བྲག་གྲང་ལོས་དགོན་པའི་ཚུལ་དུ་གནས་པ་གཅིག་ཡིན་ཟེར་རོ། །བརྒྱད་པོ་དེ་ཡང་ས་ཕྱོགས་གང་ན་ཡོད་ཞེ་ན། འཛམ་བུའི་གླིང་འདིའི་འོག་ན་ཡོད་དེ། ཇི་སྐད་དུ། ཆོས་མངོན་པ་མཛོད་ལས། འདི་འོག་སྟོང་ཕྲག་ཉི་ཤུ་ན། མནར་མེད་པའོ་དེ་ཙམ་མོ། །དེའི་སྟེང་ན་དམྱལ་བ་བདུན། ཞེས་གསུངས་སོ། །

འོག་མནར་མེད་དམྱལ་བ་ལས་གྲོང་ལས་དགོན་པ་ལྟར་གནས་པའི་རྡོ་རྗེ་དམྱལ་བ་ཞེས་བྱ་བ་དེ་ལ་སྡུག་བསྔལ་གྱི་ཚད་ཇི་ཙམ་ཡོད་ཞེ་ན། མནར་མེད་དམྱལ་བ་བས་སྡུག་བསྔལ་བདུན་འགྱུར་གྱིས་སྡུག་བསྔལ་བ་ཡིན་ཞེས་གསུངས་སོ། །ཚེའི་ཚད་ཇི་ཙམ་ཐུབ་ཞེ་ན། ཕྱིའི་རྒྱ་མཚོ་སྐྲ་ཉག་གཅིག་གིས་གཏོར་བས་ཟད་པའི་ཡུན་དུ་གནས་པ་ཡིན་ཞེས་གསུང་ངོ་། །ཉི་ཤུ་རྩ་བརྒྱད་དང་ཞེས་པ་ནི་ལྟུང་བ་བཅྭ་ལྔ་པ་དང་ཡན་ལག་བདུན་པོ་དང་ཡང་ཡན་ལག་དྲུག་པོ་སྟེ། དེ་ལྟར་བཅྭོ་ལྔ་པ་ཡན་ལག་དང་བཅས་པ་རྣམས་ལ་ཉི་ཤུ་རྩ་བརྒྱད་ཡོད་པ་དེའོ། །གསང་བ་ཆེན་པོའི་གཞུང་ལས་འབུམ་སྡེར་བཞུགས་པ་ཞེས་པ་ནི་གསང་སྔགས་ཀྱི་གཞུང་ཐམས་ཅད་ནས་གསུངས་པའི་དམ་ཚིག་རྣམས་གྲངས་སུ་བྱས་ན་འབུམ་སྡེར་བཞུགས་པའི་དོན་ཏོ། །དེ་ཡང་ལྟ་བ་དང་འབྲེལ་བའི་དམ་ཚིག་ཁྲི་ཕྲག་གསུམ། བསྒོམ་པ་དང་འབྲེལ་པའི་དམ་ཚིག་ཁྲི་ཕྲག་གསུམ། སྤྱོད་པ་དང་འབྲེལ་པའི་དམ་ཚིག་ཁྲི་ཕྲག་གསུམ། བདུད་ཀྱི་ལས་ཡོངས་སུ་བརྟག་པ་ལ་དམ་ཚིག་ཁྲི་ཕྲག་ཅིག་གོ། །

དེ་ལྟར་ཡང་གསང་བ་མཛོད་ཀྱི་རྒྱུད་ལས། ཡང་དག་པའི་གནས་ཤེས་པ་ལ་སོགས་པ་ལྟ་བ་དང་འབྲེལ་པའི་དམ་ཚིག་ཁྲི་ཕྲག་གསུམ་དང་། གཞི་བསམ་གཏན་དང་འབྲེལ་པའི་ཁྲི་ཕྲག་གསུམ་དང་།སེམས་ཅན་ཡོངས་སུ་འཛིན་པ་ལ་སོགས་པ་སྤྱོད་པའི་ངོ་བོ་ཉིད་ཁྲི་ཕྲག་གསུམ་དང་། བདུད་ཀྱི་ལས་ཡོངས་སུ་ཤེས་པར་བྱ་བ་ལ་སོགས་པ་ཁྲི་ཕྲག་གཅིག་སྟེ། དེ་ནི་རིག་པ་རྣམས་ཀྱི་ལམ་གྱི་འཁོར་ལོའོ། །ཞེས་གསུངས་སོ། །ཨ་ཏི།། །།

བླ་མ་དམ་པ་རྣམས་ལ་ཕྱག་འཚལ་ལོ། །རྩ་ལྟུང་བཞི་པོའི་གྲངས་ངེས་པའི་རྒྱུ་མཚན་ནི། རྒྱ་མཚོ་ཆེན་པོ་ལས་ནོར་བུ་རིན་པོ་ཆེ་ལེན་པའི་མཐུན་རྐྱེན་རྣམས་དང་འདྲ་སྟེ། དཔེར་ན་ཕྱིའི་རྒྱ་མཚོ་ཆེན་པོ་ལས་རྒལ་ཏེ་རིན་པོ་ཆེའི་གླིང་ནས་ནོར་བུ་རིན་པོ་ཆེ་ལེན་པ་ལ་མཐུན་རྐྱེན་བཅུ་བཞི་ཡོད་པ་ལས། མཐུན་རྐྱེན་ཀུན་ནམ་གང་ཡང་རུང་བ་རེ་མ་ཚང་བས་འདོད་པ་མི་འགྲུབ་ལ། ཀུན་ཚང་ན་འདོད་པ་གྲུབ་པ་ལྟར། འོ་སྐོལ་ལྟ་བུ་འཁོར་བའི་རྒྱ་མཚོ་ལས་རྒལ་ནས་རྫོགས་པའི་སངས་རྒྱས་ཐོབ་པར་བྱེད་པ་ལ་མཐུན་རྐྱེན་གྱི་དམ་ཚིག་བཅུ་པ་ཡོད་པ་ལས། དེ་དག་ཀུན་ནམ་གང་ཡང་རུང་བ་རེ་རེ་མ་ཚང་བས་འདོད་པ་མི་འགྲུབ་ལ། ཀུན་ཚང་ན་འདོད་པ་ཐམས་ཅད་འགྲུབ་པས།

གྲངས་ཀྱང་བཅུ་བཞིར་ངེས་ལ། གོ་རིམ་ཀྱང་འདི་ལྟར་ངེས་པའོ། །དཔེ་དོན་དེ་དག་སྦྱར་ནས་བཤད་ན། གང་དག་ནོར་བུ་རིན་པོ་ཆེ་ལེན་པ་དེ་ལ། ཐོག་མ་ཁོ་ནར་ཚོང་པ་རྣམས་ཀྱི་སྤྱི་དཔོན་དུ་རུང་བའི་གང་ཟག །དང་པོར་བརྩོམ་པའི་བྱ་བ་ལ་དཔའ་བ། ལམ་དུ་ལམ་གྱི་ལོ་རྒྱུས་ཡོད་པ། མཐར་རིན་པོ་ཆེ་རྟོག་པའི་བྱ་བ་ལ་མཁས་པའི་དེད་དཔོན་ཆེན་པོ་གཅིག་དགོས་ཏེ། དེ་མེད་ན་ནོར་བུ་རིན་པོ་ཆེ་མི་ལོན་ནོ། །དེ་བཞིན་དུ་གང་དག་འཁོར་བའི་རྒྱ་མཚོ་ལས་རྒལ་ནས་མྱ་ངན་ལས་འདས་པའི་གླིང་དུ་འབྲས་བུ་སྐུ་གསུམ་ཡན་ལག་བདུན་ལྡན་ཐོབ་པར་བྱེད་པ་ལ། ཐོག་མ་ཁོ་ནར་མཚན་ལྡན་རྟེན་འོས་ཀྱི་བླ་མ་དང་པོར་རྗེས་སུ་བཟུང་ནས་དབང་བསྐུར་བ། བར་དུ་རྒྱུད་འཆད་ཅིང་མན་ངག་སྟོན་པ། མཐར་བྱིན་གྱིས་རློབ་ཅིང་ལམ་གེགས་སེལ་བའི་གང་ཕྱིར་རྡོ་རྗེ་སློབ་དཔོན་གཅིག་དགོས་སོ། །དེས་ན་དེ་མེད་པའམ་དེ་ལ་བརྙས་ན་འདོད་པ་མི་འགྲུབ་པས་ལྟུང་བ་དང་པོར་བསྟན་ཏོ། །ཡང་ནོར་བུ་རིན་པོ་ཆེ་ལེན་པ་ལ་རྒྱ་མཚོ་ལ་ཛིངས་ཇི་ལྟར་བཅའ་བ་དང་། གཡོར་ཤིང་ཇི་ཙམ་ན་བླང་བ་དང་། གཏིང་བརྗོ་ཇི་ཙམ་ན་གདགས་པ་དང་། དུང་དང་བྱ་རོག་ཇི་ཙམ་ན་དབྱེ་བ་ལ་སོགས་སྟོན་གྱི་གདམ་བརྒྱུད་རྣམས་སེམས་ལ་བཟུང་ནས། དེ་རྣམས་ཀྱི་བྱ་བ་མ་འཆུགས་པ་གཅིག་དགོས་ཏེ། དེ་མེད་ཅིང་འཆུགས་ན་ནོར་བུ་མི་ལོན་ནོ། །དེ་བཞིན་དུ་གསང་སྔགས་ཀྱི་དངོས་གྲུབ་བསྒྲུབ་པ་ལ། བདེ་བར་གཤེགས་པའི་བཀའ་དྲང་དོན་དང་ངེས་དོན་ལ་སོགས་པ་ཇི་ལྟར་ཡིན་པ་གཅིག་ཤེས་ཤིང་། དེ་ལས་མི་འདའ་བ་གཅིག་དགོས་སོ། །དེས་ན་དེ་ལས་འདས་ན་དོན་མི་འགྲུབ་པས་ལྟུང་བ་གཉིས་པ་བསྟན་ཏོ། །ཡང་ནོར་བུ་ལེན་པ་དེ་གྲོགས་བཟང་པོ་དང་མང་པོའི་ཕུང་གིས་ལེན་དགོས། དེ་དག་མེད་པར་རང་གཅིག་པུའི་སྟོབས་ཀྱིས་མི་ལོན་ནོ། །དེ་བཞིན་དུ་གསང་སྔགས་ཀྱི་དངོས་གྲུབ་བསྒྲུབ་པ་དེ་ཡང་རྡོ་རྗེའི་སྤུན་གྲོགས་བཟང་པོ་རྣམས་ལ་རྟེན་དགོས་སོ། །དེས་ན་དེ་ལ་འཁྲོས་ཤིང་ཡངས་ན་དངོས་གྲུབ་མི་འགྲུབ་པས། ལྟུང་བ་གསུམ་པ་བསྟན་ཏོ༔ ༔

ཡང་ནོར་བུ་ལེན་པའི་ཚེ་ཚོང་པ་དེ་དག་ཅིག་ལ་ཅིག་བརྩེ་བ་དང་ཕན་པར་འདོད་པའི་བསམ་པ་བཟང་པོ་དགོས་ཏེ། ངན་སེམས་དང་དུག་སེམས་ཡོད་ན་ལ་བ་ནག་པོ་པ་ལྟར་འདོད་པ་

མི་འགྲུབ་སྟེ། དེ་བཞིན་དུ་གསང་སྔགས་ཀྱི་དངོས་གྲུབ་བསྒྲུབ་པ་ལ། སེམས་ཅན་ཐམས་ཅད་ལ་ཕན་པ་དང་བདེའ་བར་འདོད་པའི་བྱམས་པ་དང་སྙིང་རྗེའི་སེམས་དགོས་སོ། །དེས་ན་དེ་ཡངས་ན་དོན་མི་འགྲུབ་པས་ལྟུང་བ་བཞི་པ་བསྟན་ཏོ། །ཡང་ནོར་བུ་ལེན་པའི་ཚེ་རྟེན་སྦྱིངས་ཆེན་པོ་དངོས་སུ་བཤམས་པ་ལ་བརྟེན་པ་ཚོང་པ་རྣམས་སྤྱད་ནས་དེ་གཉིས་མ་བྲལ་བར་རྒྱ་མཚོ་ལ་འགྲོ་དགོས་ཏེ། བྲལ་ན་འདོད་པ་མི་འགྲུབ་བོ། །དེ་བཞིན་དུ་གསང་སྔགས་ཀྱི་དངོས་གྲུབ་བསྒྲུབ་པ་ལ། རྟེན་ཀུན་རྫོབ་བྱང་ཆུབ་ཀྱི་སེམས་དང་། རྟེན་པ་དོན་དམ་བྱང་ཆུབ་ཀྱི་སེམས་གཉིས་དང་མ་བྲལ་བར་བྱེད་དགོས་སོ། །དེས་ན་དེ་གཉིས་ཡངས་ན་དོན་མི་འགྲུབ་པས་ལྟུང་བ་ལྔ་པ་བསྟན་ཏོ། །ཡང་ནོར་བུ་ལེན་པ་དང་ལེན་པའི་ཚེ། རང་དང་གཞན་གྱི་ནོར་བུ་ལ་རིན་ངན་པ་དང་ཟད་རྐྱེན་པ་དང་ཡོན་ཏན་ཆུང་བ་ལ་སོགས་པའི་ངན་སྨྲས་མི་བྱེད་པ་གཅིག་དགོས་ཏེ། ནོར་བུ་ལ་ངན་སྨྲས་བྱས་ན་ཀུན་བརྙིས་ཅུང་ཞིང་ཉོ་བ་ཡང་མི་ཡོང་བས་ཕན་ཆུང་བར་འགྱུར་རོ། །དེ་བཞིན་དུ་གསང་སྔགས་ཀྱི་དངོས་གྲུབ་བསྒྲུབ་པས་རང་ངམ་གཞན་གྱི་གྲུབ་མཐའ་ལ་མི་སྨོད་པ་གཅིག་དགོས་སོ། །དེས་ན་དེ་ལ་སྨད་ན་དོན་མི་འགྲུབ་པས་ལྟུང་བ་དྲུག་པ་བསྟན་ཏོ། །ཡང་ནོར་བུ་ལེན་པའི་ཚེ་ཤིན་ཏུ་གསང་དགོས་ཀྱི། མ་བསངས་ན་ཤོལ་འདེབས་དང་ཆོམ་རྐུན་ལ་སོགས་པའི་ཕྱི་རྟགས་དང་ལམ་རྒྱུགས་འབྱུང་བས་འདོད་པ་འགྲུབ་པར་དཀའོ། །དེ་བཞིན་དུ་གསང་སྔགས་ཀྱི་དངོས་གྲུབ་བསྒྲུབ་པ་ཡང་། གསང་བའི་ཆོས་རྣམས་མ་སྨིན་པའི་སེམས་ཅན་ལ་གསང་དགོས་སོ། །དེས་ན་དེ་མ་བསས་པ་ན་དོན་མི་འགྲུབ་པས་ལྟུང་བ་བདུན་པ་བསྟན་ཏོ། །ཡང་ནོར་བུ་ཆེན་བ་དེའི་ཚེ། མིན་པ་པོ་རང་ཉིད་ཀྱི་ཕུང་པོ་དེ་ལ་སྨན་དང་བཟའ་བཏུང་དང་གོས་ལ་སོགས་པས་ལེགས་པར་བསོའ་སྐྱོང་བྱེད་དགོས་ཏེ། ཕུང་པོ་རྒྱུད་ན་ལུས་ཀྱི་སྟོབས་ཆག་ནས་དཀའ་ལས་དང་བྱ་བ་མི་ནུས་པས་འདོད་པ་མི་འགྲུབ་བོ། །དེ་བཞིན་དུ་གསང་སྔགས་ཀྱི་དངོས་གྲུབ་བསྒྲུབ་པ་དེས་རང་གི་ཕུང་པོ་འདི་སངས་རྒྱས་སུ་བལྟས་ནས། ཁ་ཟས་ལ་སོགས་པས་མཆོད་ནི་བརྟེན་བཀུར་བྱེད་དགོས། དེ་བས་ན་དེ་ལ་བརྙས་ནས་རྒྱུད་ན་དོན་མི་འགྲུབ་པས་ལྟུང་བ་བརྒྱད་པ་བསྟན་ཏོ། །ཡང་ནོར་བུ་ལེན་པའི་ཚེ། ནོར་བུ་དང་ནོར་བུ་ལེན་པའི་བྱ་བ་ལ་སོམ་ཉིད་མྱེད་པ་ཅིག་དགོས་ཏེ། སོམ་ཉིད་ཟ་ཞིང་དེ་བས་གཞན་ཆེ་བར་སེམས་ན།

འགྲོ་མི་འགྲོ་ལ་གྲོགས་པོ་ཤོར་ནས་ནོར་བུ་མི་ལེན་ནོ། །དེ་བཞིན་དུ་གསང་སྔགས་ཀྱི་དངོས་གྲུབ་བསྒྲུབ་པའི་ཚེ། རང་བཞིན་གྱིས་དག་པའི་ཆོས་བདག་གཉིས་དང་བྲལ་བའི་དོན་དེ་ལ་སོམ་ཉིད་མི་ཟ་བ་གཅིག་དགོས་སོ། །དེས་ན་དེ་ལ་སོམ་ཉིད་ཟོས་ན་དོན་མི་འགྲུབ་པས་ལྟུང་བ་དགུ་པ་བསྟན་ཏོ། །ཡང་ནོར་བུ་ལེན་པའི་ཚེ་ལམ་དུ་ཆུ་སྲིན་དང་སྲིན་མོ་ལ་སོགས་པ་གདུག་སེམས་ཅན་ཐམས་ཅད་ཚར་གཅད་དགོས་ཏེ། ཚར་མ་བཅད་ན་དེ་དག་གིས་གནོད་པས་ནོར་བུ་མི་ཡོན་ནོ། །དེ་བཞིན་དུ་གསང་སྔགས་ཀྱི་དངོས་གྲུབ་བསྒྲུབ་པའི་ཚེ་བདུད་དང་མུ་སྟེགས་དང་ལོག་སྲེད་ཅན་ལ་སོགས་པ་གདུག་པ་ཅན་ཐམས་ཅད་ཚར་གཅད་དགོས་སོ། །དེས་ན་དེ་ཚར་མ་བཅད་པར་དགའ་བ་འམ་བྱམས་པར་བྱས་ན་དོན་མི་འགྲུབ་པས་ལྟུང་བ་བཅུ་པ་བསྟན་ཏོ། །

ཡང་ནོར་བུ་ལེན་པ་དེའི་ཚེ། ནོར་བུ་མ་ཡིན་པ་དང་། ངན་པ་དང་། ཡོན་ཏན་མེད་པ་དག་ལ། ཡིན་པ་དང་། བཟང་བ་དང་། ཡོན་ཏན་ཅན་དུ་མ་ནོར་བ་ཅིག་དགོས་ཏེ། ནོར་ན་དཀའ་ལས་བྱས་པ་དོན་ཆུང་ངོ་། །དེ་བཞིན་དུ་གསང་སྔགས་ཀྱི་དངོས་གྲུབ་བསྒྲུབ་པའི་ཚེ། མིང་དང་ཚིག་དང་ཡི་གེ་དང་བྲལ་བ་དབུ་མ་གཉིས་མེད་སྤྲོས་བྲལ་གྱི་དོན་ལ། རྟག་ཆད་ཀྱི་མཐར་མ་བརྟག་པ་གཅིག་དགོས་སོ། །དེས་ན་དེ་ལ་མཐར་བརྟགས་ན་དོན་མི་འགྲུབ་ལ་ལྟུང་བ་བཅུ་གཅིག་པ་བསྟན་ཏོ། །ཡང་ནོར་བུ་ལེན་པ་དང་ལོན་པའི་ཚེ་ནོར་བུ་ཉོ་བར་འདོད་པ་དང་ནོར་བུ་ལ་མཆོག་ཏུ་འཛིན་པའི་མི་རྣམས་སུན་མ་ཕྱུང་བ་གཅིག་དགོས་ཏེ། སུན་ཕྱུང་ན་ཚོང་པ་དེས་བཙོངས་ཀྱང་ནོར་བུ་མི་ཡོམ་པས། རང་གཞན་གཉིས་ཆར་ལ་ཕན་པར་མི་འགྱུར་རོ། །དེ་བཞིན་དུ་གསང་སྔགས་ཀྱི་དངོས་གྲུབ་བསྒྲུབ་པས་སེམས་ཅན་དད་པ་དང་ལྡན་པའི་སེམས་སུན་མ་ཕྱུང་བར་བྱེད་དགོས། དེས་ན་སེམས་སུན་ཕྱུང་ན་དོན་མི་འགྲུབ་པས་ལྟུང་བ་བཅུ་གཉིས་པ་བསྟན་ཏོ། །ཡང་ནོར་བུ་ལེན་པ་དེའི་ཚེ་སྔ་ཕྱིར་བཤད་པ་དང་འཆད་པར་འགྱུར་མི་མཐུན་སྐྱོན་དང་རྟེན་འབྲེལ་འཛོམ་དགོས་ཏེ། རྟེན་འབྲེལ་མ་འཛོམ་ན་ནོར་བུ་མི་ཡོན་ནོ། །དེ་བཞིན་དུ་གསང་སྔགས་ཀྱི་དངོས་གྲུབ་བསྒྲུབ་པའི་ཚེ། སྔ་ཕྱིར་བཤད་པ་དང་འཆད་པར་འགྱུར་བའི་དམ་ཚིག་ཐམས་ཅད་རྟེན་དགོས་སོ། །དེས་ན་དེ་ལ་བརྟེན་ན་དོན་མི་འགྲུབ་པས་ལྟུང་བ་བཅུ་གསུམ་པ་བསྟན་ཏོ། །ཡང་ནོར་བུ་ལེན་པའི་ཚེ། རྒྱ་མཚོའི་ལྷ་

མཚོད་ཅིང་མཉེས་པར་བྱེད་དགོས་ཏེ། ལྷ་མ་དགའ་ན་འདོད་པ་མི་འགྲུབ་བོ། །

དེ་བཞིན་དུ་གསང་སྔགས་ཀྱི་དངོས་གྲུབ་བསྒྲུབ་པས། ཤེས་རབ་ཀྱི་རང་བཞིན་བུད་མེད་མཉེས་པར་བྱེད་དགོས་ཏེ། དེས་ན་དེ་ལ་བརྙས་ཤིང་སྨད་ན་དོན་མི་འགྲུབ་པས་ལྟུང་བ་བཅུ་བཞི་པ་བསྟན་ཏོ། །རྒྱུ་མཚན་དེ་དག་གི་ཕྱིར་ན་གྲངས་ཀྱང་བཅུ་བཞིར་ངེས་ལ། གོ་རིམ་ཡང་དེ་ལྟར་ངེས་སོ། །ལྟུང་བར་འགྱུར་བའི་ཚུལ་ལ་གཉིས་ཏེ། ཡན་ལག་དུས་དངོས་གཞིར་འགྱུར་བ་དང་། ལྟུང་བའི་དབྱེ་བའོ། །དེ་ལ་དང་པོ་ནི་གསུམ་གཅིག་ལ་ལྡན་པ་ལ་ཞེས་པ་ལ་སོགས་པ་སྟེ། གསུམ་ནི་དབང་བཀུར་བ་ལ་སོགས་པའོ། །ལྟུང་བར་འགྱུར་ཏེ་ཞེས་པ་ནི་སྦྱོར་བ་ཡོངས་སུ་རྫོགས་པའི་ལྟུང་བར་འགྱུར་རོ། །དེ་ལ་ཕྱིར་ཡན་ལག་ལ་གཉིས་ཏེ། ཐུན་མོང་གི་ཡན་ལག་དང་། ཐུན་མོང་མ་ཡིན་པའི་ཡན་ལག་གོ། །

དང་པོ་ནི་རྟེན་གྱི་ཡན་ལག་སྟེ། དབང་ཐོབ་ལ་མ་ཉམས་པ་འམ། ཉམས་ན་ཡང་ཕྱིར་གསོས་པའི་གང་ཟག་གོ། །དེ་ལྟར་ཡང་། འོག་ནས་ཉེས་པ་དེ་དག་གི་ཐུན་མོང་དུ་དབང་དང་ལྡན་པ་རྣམས་ལ་ཤེས་པར་བྱའོ། །ཞེས་གསུངས་སོ། །ཐུན་མོང་མ་ཡིན་པ་ལ་བདུན་དུ་བཤད་པ་ལ་ལྔར་འདུས་ཏེ། ཡུལ་གྱི་ཡན་ལག་དང་། བསམ་པའི་དང་། སྦྱོར་བའི་དང་། མཐར་ཐུག་གི་དང་། རྗེས་ཀྱི་ཡན་ལག་གོ། །དེ་ལ་དང་པོ་ནི་གསུམ་གཅིག་ལ་ལྡན་པ་ལ་ཞེས་པ་སྟེ། འདི་ནི་མཆོན་པ་ཡིན་ཏེ། གཉིས་ལྡན་དང་བྱེ་བྲག་པ་ཡང་ལྟུང་བའི་ཡུལ་ཡིན་ནོ། །འོན་ཀྱང་དེ་དག་ལས་ལྷོ་ཡང་ཡོད་དོ་འོག་ཏུ་བཤགས་ཚད་བསྟན་པས་གསལ་ལོ། །བསམ་པའི་ཡན་ལག་མ་ཀུན་སློང་དང་འདུ་ཤེས་གཉིས་ལས། ཀུན་སློང་ནི་ཉོན་མོངས་པས་ཀུན་ནས་བསླང་བའི་བསམ་པ་དང་ཞེས་པ་སྟེ། ཞེ་སྡང་དྲག་པོ་ལ་སོགས་པས་སོ། །འདུ་ཤེས་ནི་དེ་ལ་དེར་ཤེས་པ་དང་ཞེས་པ་སྟེ་སློབ་དཔོན་ཡིན་པར་ཤེས་པའོ། །སྦྱོར་བའི་ཡན་ལག་ནི་ལུས་ངག་གི་སྦྱོར་བ་བསྟན་པ་དང་ཞེས་པ་སྟེ། ལུས་ཀྱིས་བརྡེག་པ་ལ་སོགས་པ་དང་ངག་གིས་སྨྱོ་བ་ལ་སོགས་པ་བདག་ཉིད་ཀྱིས་སམ་གཞན་བྱེད་བརྐྱལ་བའོ། །མཐར་ཐུག་གི་ཡན་ལག་ནི་མཚོན་ཆ་ལ་སོགས་པས་མཚོ་བ་ཕྲོགས་པ་དང་ཞེས་པ་སྟེ། དེ་ལ་འཚོ་བ་ནི་སྲོག་གི་འཚོ་བ་ཕྲོགས་པ་སྟེ་སློབ་དཔོན་གསད་པའོ་ཞེས་དགེ་བཤེས་པ་གསུང་ངོ་། །

འགྲེལ་པ་མཁན་པོའི་དགོངས་པ་ནི་སྲོག་གི་འཚོ་བ་ཕྲོགས་པས་ལྟུང་བར་འགྱུར་བར་མ་ཟད་ཀྱི། ལོངས་སྤྱོད་ཀྱི་འཚོ་བ་ཕྲོགས་པའམ། བདེའ་བའི་འཚོ་བ་ཕྲོགས་པས་ཀྱང་ལྟུང་བར་འགྱུར་པ་སྲིད་དོ། །འོག་གི་རྒྱུད་ཁུངས་རྣམས་ན་ཡང་དོན་དེ་ལྟར་གསལ་ལོ། །འགྱུར་ཕྱི་མ་ལས་ཐུགས་སུན་ཕྱུང་བའི་ལྟུང་བའོ། །ཞེས་འབྱུང་བའི་དབང་དུ་བྱས་ན་གོང་མ་སྲོག་གི་འཚོ་བ་གཅིག་པུ་ཡིན་ལ། ཐུགས་སུན་ཕྱུང་བ་འཚོ་བ་གཉིས་པོ་ཕྲོགས་པ་ལ་སོགས་པ་ཡིན་པ་སྲིད་དེ་འགྱུར་ཕྱི་མ་ཐེ་ཚོམ་ཟའོ། །རྗེས་ཀྱི་ཡན་ལག་ནི་ཡོངས་སུ་ཤེས་ཞེས་པ་ལ་སོགས་པ་སྟེ། མ་འཁྲུལ་བ་ནི་སྨྱོ་བ་ལ་སོགས་པ་མ་ཡིན་པའོ། །ཡན་ལག་དེ་དག་གང་ཡང་རུང་བ་མ་ཚང་བ་ནི་ཉེས་པ་གཞན་དུ་འགྱུར་ཏེ། དེ་ལ་ཡན་ལག་གཞན་འཚོགས་པ་ལ་ཡུལ་དེ་སློབ་དཔོན་མ་ཡིན་པ་བླ་མའི་སྟུག་པ་འམ་སེམས་ཅན་གཞན་ཡིན་ན་ཤན་འདྲ་འམ་ལྟུང་བ་གཞན་དུ་འགྱུར་རོ། །ཡན་ལག་གཞན་འཚོགས་ཀྱང་བསམ་པའི་ཡན་ལག་གི་ཀུན་སློང་མ་ཚང་ན་ཉེས་བྱས་སུ་འགྱུར་རོ། །འདུ་ཤེས་མ་ཚང་སྟེ་དེ་ལ་གཞན་དུ་འདུ་ཤེས་ནས་སློབ་དཔོན་གསད་པ་ལ་སོགས་པ་ཉེས་བྱས་སུ་འགྱུར་རོ། །ཡན་ལག་གཞན་འཚོགས་ཀྱང་སྦྱོར་བའི་ཡན་ལག་མ་ཚང་ན་སྦོམ་པོ་ལ་སོགས་པར་འགྱུར་རོ། །ཡན་ལག་གཞན་འཚོགས་ཀྱང་མཐར་ཐུག་གི་ཡན་ལག་མ་ཚང་ན་སྦོམ་པོར་འགྱུར་རོ། །ཡན་ལག་གཞན་འཚོགས་ཀྱང་རྗེས་ཀྱི་ཡན་ལག་གང་ཡང་རུང་བ་མ་ཚང་ན་ཡན་ལག་ཚང་བའི་སྦོམ་པོར་འགྱུར་རོ། །ལྟུང་བའི་དབྱེ་བ་ལ་ལྔ་ལས་ཕམ་བ་ནི་གལ་ཏེ་ཞེས་པར་འོག་ཏུ་འབྲེལ་ཏེ། སྦྱོར་བ་དེ་དག་དང་ལྡན་པས་ཞེས་པ་ནི་ཉོན་མོངས་པས་ཀུན་ནས་བསླང་བའི་བསམ་པ་ལ་སོགས་པའོ། །འཚོ་བ་དང་བྲལ་ནས་ཚད་ལས་འདས་པས་ཞེས་པ་ནི་སློབ་དཔོན་སྲོག་གི་འཚོ་བ་དང་བྲལ་ནས་མ་བཤགས་པར་ལོ་གསུམ་འདས་པའོ་ཞེས་དགེ་བཤེས་པ་གསུམ་སྟེ། འདི་ནི་ལོངས་སྤྱོད་ཀྱི་འཚོ་བ་འམ་བདེའ་བའི་འཚོ་བ་དང་བྲལ་ནས་མ་བཤགས་པར་ལོ་གསུམ་འདས་པ་མ་ཡིན་པར་འདོད་པ་སྲིད་དོ། །དེ་ལྟར་ཡིན་པ་སྲིད་པའི་རྒྱུ་མཚན་ནི་གོང་གི་ལྟུང་བའི་སྐབས་སུ་བཤད་དོ། །རྒྱུ་མཚན་གཞན་ཡང་ཡོད་དེ། །དཔེར་ན་ཉན་ཐོས་སོ་སོར་ཐར་བའི་སྡོམ་པ་ལས། སྲོག་བཅད་པ་གཅིག་ཤུས་ཕམ་པར་འགྱུར་བར་མ་ཟད་དེ། མ་བྱིན་པར་བླངས་པ་ལ་སོགས་པས་ཀྱང་འཕམ་པར་འགྱུར་བ་བཞིན་ནོ། །གོང་མ་ན་སྨད་པའི་ལྟུང་བ་ནི།

ཕྱིས་ཚད་དུ་བཞག་ན་ལྡང་བར་འགྱུར་རོ་ཞེས་པ་གོང་དུ་འབྲེལ་ཏེ། ཐམ་པ་དེ་བཞག་ཚད་ཀྱིས་བཞག་པས། ཐམ་པ་དག་ནས་སྟར་གྱི་ལྷུང་བ་ཚད་ལྡན་དུ་གྱུར་པ་སྟེ། བསྐྱེད་ཁོར་ནས་དངོས་ལུས་བ་ལྟ་བུའོ། །ཐམ་ལྷུང་གི་ཁྱད་པར་ནི་ལྷུང་བ་དང་ཞེས་པ་འོག་ཏུ་འབྲེལ་ཏེ། ལྷུང་བ་ནི་གོང་མ་ན་སྨད་པའི་ལྷུང་བ་དང་ངོ་། །ཐམ་པ་ནི་ཚད་ལས་འདས་པའི་ཐམ་པ་ལའོ། །མ་བཞག་སཔའོ་ཞེས་པ་ནི་ལོ་གསུམ་འདས་འདས་སུའོ། །བཞག་པའི་ཚད་འོག་ནས་འབྱུང་བ་བྱས་པའོ་ཞེས་པ་ནི་ལོ་གསུམ་ལས་འདས་པའི་ཕྱིར་སོ། །རྡོ་རྗེ་དམྱལ་བ་ནི་དུས་ཀྱི་འཁོར་ལོའི་འགྲེལ་པ་ནས་བཤད་དོ། །གཤགས་མ་བརྟལ་པའི་དམྱལ་བ་དང་། དུ་བ་མཐུལ་བའི་དམྱལ་བ་དང་། མེ་རབ་ཏུ་འབར་བའི་དམྱལ་བ་ལ་སོགས་པའི་འོག་ན། རྡོ་རྗེ་ཁབ་ཞེས་བྱ་བ་གསང་སྔགས་ཀྱི་དམ་ཚིག་ཉམས་པ་རྣམས་སྐྱེ་བའི་གནས་ཡོད་པ་དེའོ། །ཡང་ན་མནར་མེད་པའི་དམྱལ་བ་ཉིད་དོ། །མ་ཡིན་པ་ཞེས་པ་ནི་གཤག་པ་བརྟལ་པའི་དམྱལ་བ་ལ་སོགས་པ་འམ། ཡང་ན་ཡང་སོས་ལ་སོགས་པའོ། །སྡོམ་པོ་ནི་འཆོ་བ་དང་མ་བྲལ་ན་ལྡང་བར་མི་འགྱུར་ཏེ་སྡོམ་པོའོ། །ཞེས་པ་སྟེ། སྦྱོར་བ་བདུན་གྱི་སྒོ་ནས་རྡོ་རྗེ་སློབ་དཔོན་འཆོ་བ་དང་དབྲལ་བའི་ལས་བྱས་ཀྱང་། དེ་འཆོ་བ་དང་བྲལ་བར་མ་གྱུར་ན་དོན་དེ་མ་གྲུབ་པའི་ཕྱིར་སྦྱོར་བ་མ་རྫོགས་པའི་སྡོམ་པོ་བྱ་བ་ཡིན་ནོ། །ཉེས་བྱས་ནི་ཡན་ལག་དྲུག་དང་མི་ལྡན་པར་ཞེས་པ་ལ་སོགས་པ་སྟེ་ལོང་རྡོ་ཀུར་བ་སློབ་དཔོན་ལ་ཕོག་ནས་བསད་པ་ལྟ་བུ་ལ་སོགས་པའོ། །འདི་དག་ནི་འགྱུར་སྟ་མའི་རྗེས་སུ་འབྲངས་ནས་བྲིས་པ་ཡིན་གྱིས། ཕྱི་མའི་ལྟར་ནི་གཞན་ན་གསལ་ལོ། །ཨ་ཏི། ད་ནི་བསྐང་ཚད་འཆད་དོ། །དེ་ཡང་སྤྱིར་གང་ཟག་གི་རིས་ལ་མཁས་པ་དང་མི་མཁས་པ་གཉིས་ཡོད། འབྱོར་པ་ཆེ་བ་དང་ཆུང་བ་གཉིས་ཡོད་དེ། མཁས་པ་འབྱོར་པ་ཆེ་ཆུང་གཉིས་ཀ་རང་ཁོ་ནས་ལྡང་ངོ་། །མི་མཁས་པ་འབྱོར་པ་ཆེ་ཆུང་གཉིས་ཀ་གཞན་ལ་རྟེན་ནས་ལྡང་ངོ་། །དེ་གཉིས་གང་ཡིན་ཡང་ལྡང་ཐབས་སམ་བསྐང་ཚད་ནི་གཉིས་ཏེ། དངོས་དང་། ལུང་གིས་བསྒྲུབ་པའོ། །དང་པོ་ལ་ལྔ་སྟེ། ལྷུང་བའི་བསྐང་ཚད་དང་། ཐམ་པའི་བསྐང་ཚད་དང་། ལྕི་བའི་བསྐང་ཚད་དང་། སྡོམ་པོའི་བསྐང་ཚད་དང་། ཕྲ་མོའི་བསྐང་ཚད་དོ། །

དང་པོ་ལ་གསུམ་ལས། ཡུལ་གསུམ་ལྡན་ལ་རྟེན་ནས་བྱུང་བའི་བསྐང་ཚད་ནི་གལ་ཏེ་

བསྒོང་བའི་ཚད་ནི་ཞེས་པ་ལ་སོགས་པ་སྟེ། སྦྲིན་བསྲེག་ལ་སོགས་པ་འདི་དག་ཀྱང་འདམ་ཀ་གང་ཡང་རུང་བས་ཡིན་གྱི། ཐམས་ཅད་དུ་ཚང་བ་ལ་ལྟོས་པས་ནི་མ་ཡིན་ནོ། །རིག་པ་ནི་ཡི་གེ་བརྒྱ་པའོ། །དབང་བསྐུར་བ་ནི་ལན་བདུན་ནོ། །དཀྱིལ་འཁོར་ནི་མེ་ཏོག་གི་ཚོམ་བུ་ཡིན་ཏེ་མ་འདལ་ལོ། ། ཡོངས་སུ་རྫོགས་པ་ནི་གང་ཡང་རུང་བའི་གྲངས་ཚང་བའོ། །

ཡུལ་གཉིས་ལྡན་པ་རྟེན་ནས་བྱུང་བའི་བསྐང་ཚད་ནི། གཅིག་ལ་ཞེས་འོག་ཏུ་འབྲེལ་ཏེ། ཆ་གཉིས་པ་ནི་གསུམ་ལྡན་གྱི་བསྐང་ཚད་ཀྱི་སུམ་ཆ་གཉིས་ཀྱིས་བསྐང་བའི་དོན་ཏོ། །དེ་ཡང་སྦྱིན་བསྲེག་གིས་བསྒོང་བ་ལ་མོས་ན་སྦྱིན་བསྲེག་བཞི་འབུམ་དང་དྲུག་ཁྲི་དང་། དྲུག་སྟོང་དང་། དྲུག་བརྒྱ་དང་དྲུག་བཅུ་རྩ་དྲུག་ལྷག་ཙམ་ཡོད་དོ། །རིག་པའམ་དབང་བསྐུར་ལ་སོགས་ལ་མོས་ན་ཡང་སྦྱད་ལ་ཤེས་པར་བྱའོ། །

ཡུལ་བྲེ་བྲག་པ་ལ་བརྟེན་ནས་བྱུང་བའི་བསྐང་ཚད་ནི་བྲེ་བྲག་ཏུ་ཞེས་པ་ལ་སོགས་པ་སྟེ། ཆ་གཅིག་ལ་ཞེས་པ་ནི་གསུམ་ལྡན་གྱི་བསྐང་ཚད་ཀྱི་སུམ་ཆ་གཅིག་གིས་བསྐང་བའི་དོན་ཏོ། །དེ་ཡང་སྦྱིན་བསྲེག་གིས་བསྒོང་བ་ལ་མོས་ན་དེ་ལ་སྦྱིན་བསྲེག །ཉི་འབུམ་དང་། སུམ་ཁྲི་དང་། སུམ་སྟོང་དང་སུམ་བརྒྱ་དང་། སུམ་བཅུ་རྩ་གསུམ་ལྷག་ཙམ་ཡོད་དོ། །རིག་པ་འམ་དབང་བསྐུར་བ་ལ་སོགས་པ་ལ་མོས་ན་ཡང་སྦྱད་ལ་ཤེས་པར་བྱའོ། །ཐམ་པའི་བསྐང་ཚད་ལ་གསུམ་ལས། བྲེ་བྲག་པའི་བསྐང་ཚད་ནི་བྲེ་བྲག་ཏུ་གནས་པ་གཅིག་མ་བསྐང་པ་ཞེས་པ་ལ་སོགས་པ་སྟེ། གསུམ་ལྡན་གཅིག་གི་ཚད་ཞེས་པ་ནི་གསུམ་ལྡན་ལ་སྦྱོར་བ་རྫོགས་པའི་ལྟུང་བའི་བསྐང་ཚད་དང་མཉམ་པའི་དོན་ཏོ། །དེ་ཡང་གོང་ན་མར་ལ་སྦྱིན་བསྲེག་གིས་ནི་འབུམ་ཕྲག་བདུན་ཞེས་པ་ལ་སོགས་པ་གསུངས་པ་དེ་ཡིན་ནོ། །གཉིས་ལྡན་གྱི་བསྐང་ཚད་ནི་གཅིག་ལ་ཞེས་པའི་གསུམ་ལྡན་ལ་སྦྱོར་བ་རྫོགས་པའི་ལྟུང་བ་གསུམ་ལྡན་གྱི་བསྐང་ཚད་གཉིས་ཞེས་པ་ནི་གོ་སླ་སྟེ། དེ་ཡང་སྦྱིན་བསྲེག་ལ་མོས་ན་དེ་ལ་སྦྱིན་བསྲེག་འབུམ་ཕྲག་བཅུ་བཞི་ཡོད་དོ། །རིག་པ་འམ་དབང་བཀུར་བ་ལ་སོགས་པ་ལ་མོས་ན་ཡང་སྦྱད་ལ་ཤེས་པར་བྱའོ། །གསུམ་ལྡན་གྱི་བསྐང་ཚད་ནི་དུས་དེ་ཉིད་དེའི་ཚད་ནི་བསྐང་བའི་ཚོ་ག་གསུམ་མོ་ཞེས་པ་སྟེ། དེ་ཉིད་ཞེས་པ་ནི་གསུམ་ལྡན་ལ་སྦྱོར་བ་རྫོགས་པའི་ལྟུང་བ་ཉིད་དོ། །དུས་

དེའི་ཚད་ན་ཞེས་པ་ནི་ལོ་གསུམ་དུ་གནས་པའོ། །བསྙེན་པའི་ཚིག་གསུམ་ནི་གསུམ་ལྡན་གྱི་ལྡང་བའི་བསྙེན་ཚད་དེ་གསུམ་འགྱུར་དུ་བྱ་བའི་དོན་ཏོ། །གཞུང་ཁ་གཅིག་ལས་དགུའོ་ཞེས་འབྱུང་སྟེ། ཆ་གསུམ་གསུམ་དུ་བྱས་ན་དགུ་ཡོད་པ་སྟེ་དོན་གཅིག་གོ། །དེ་ཡང་སྦྱིན་བསྲེག་གིས་བསྐྱང་བ་མ་མོས་ན་དེ་ལ་སྦྱིན་བསྲེག་འབུམ་ཕྲག་ཉི་ཤུ་རྩ་གཅིག་ཡོད་དོ། །རིག་པ་འམ་དབང་བཀུར་ལ་སོགས་པ་ལ་མོས་ན་ཡང་དཔྱད་ལ་ཤེས་པར་བྱའོ། །ཕམ་པ་བྱུང་བའི་གང་ཟག་དེས་ཕམ་པའི་བསྙེན་ཚད་དེ་དག་བྱས་པས་ཕམ་པའི་ཉེས་པ་འདག་སྟེ། སྔར་གྱི་ལྡང་བའི་ཉེས་པ་དེ་ཚད་ལྡན་དུ་ཤུལ་དུ་ལུས་སོ། །དེ་ཅིའི་ཕྱིར་ཞེ་ན། གོང་ན་མར་ལ། ཕྱིས་ཚད་དུ་གཤགས་ན་ལྡང་བར་འགྱུར་རོ་ཞེས་གསུངས་སོ། །དེས་ན་ལྡང་བ་བྱུང་ནས་ལོ་གསུམ་མ་འདས་པ་ལ་སྐྱོང་ན། ལྡང་བ་གང་བྱུང་གི་བསྙེན་ཚད་འདིར་གསུངས་པ་དེ་བྱས་པས་བསྐྱངས་པར་འགྱུར་ལ། ལོ་གསུམ་ཕྱིན་ཆད་འདས་ན་གང་བྱུང་བ་དེའི་ལྡང་བའི་བསྙེན་ཚད་དང་ཕམ་པའི་བསྙེན་ཚད་གཉིས་ཆར་བྱས་ན་ཉེས་པ་ལྷག་མ་མ་ལུས་པ་འམ་བསྐྱངས་པ་ཡིན་ནོ། །

ད་ནི་ལྟི་བའི་བསྙེན་ཚད་དང་སྦོམ་པོའི་བསྙེན་འཆད་དེ། དེ་ཡང་སྤྱིར་སྦོམ་པོ་དང་ལྟི་བ་ལ་མང་ཡང་། ཡུལ་རྡོ་རྗེ་སློབ་དཔོན་ལ་རྟེན་ནས་འབྱུང་བའི་སྦོམ་པོ་ནི་གསུམ་ཡོད་དེ། ཡན་ལག་གི་གཙོ་བོའི་སྦོམ་པོ་དང་། ཡན་ལག་མ་ཚང་བའི་སྦོམ་པོའོ། །ལྟི་བ་ཞེས་བྱ་བ་ནི་སྦོམ་པོ་མ་བཤགས་པར་ལོ་གསུམ་ཕྱིན་ཆད་འདས་པ་ལ་ཟེར་བ་ཡིན་ཏེ། འདི་ལ་སྦོམ་པོ་གསུམ་ཡོད་པས་ལྟི་བ་ཡང་གསུམ་ཡོད་དོ། །དེ་ལ་སྦོམ་པོ་གསུམ་པོ་ཡང་བསྙེན་ཚད་མི་མཉམ་ལ། ལྟི་བ་གསུམ་པོ་ཡང་བསྙེན་ཚད་མི་མཉམ་མོ། །

དེ་ཡང་གཞུང་ཐད་ཀར་འདི་ན་ནི་ལྟི་བ་གཅིག་དང་སྦོམ་པོ་གཅིག་དང་དེ་གཉིས་ཀྱི་བསྙེན་ཚད་ནི་དངོས་སུ་སྨོས་ལ། ལྟི་བ་གཅིག་དང་སྦོམ་པོ་གཅིག་དང་དེ་གཉིས་ཀྱི་བསྙེན་ཚད་གི་ཟུར་གྱིས་སྨོས་ཏེ། ཡན་ལག་མ་ཚང་བའི་སྦོམ་པོ་དང་དེ་གྱུར་པའི་ལྟི་བ་དང་དེ་གཉིས་ཀྱི་བསྙེན་ཚད་ནི་ཤུགས་ཀྱིས་སྨོས་སོ། །དེ་དག་ཞིབ་ནལ་དུ་བཤད་ན། ཡན་ལག་ཉེས་པ་ལ་སོགས་པས་ལྟི་བའི་བསྙེན་ཚད་སྟོན་ཏེ། འདི་ནི་ཡན་ལག་གི་གཙོ་བོའི་སྦོམ་པོ་གྱུར་པའི་བསྙེན་ཚད་ཡིན་ནོ། །ཡན་

ལག་གི་གཙོ་བོ་ཞེས་པ་ནི་བསམ་པའི་ཡན་ལག་ཡིན་ཏེ། ཐེག་པ་ཆེན་པོ་བ་བསམ་པ་གཙོ་ཆེ་བའི་ཕྱིར་རོ། །སློབ་དཔོན་འཇམ་དཔལ་གྲགས་པ་ཉིད་ཀྱི་ཞལ་ནས་ཀྱང་། འདི་ནི་ལུས་ངག་གཙོ་ཆེ་བ་མ་ཡིན་པས། ཕལ་ཆེར་ལྟུང་བ་ནི་སེམས་ལ་གནས་པའོ། །ཞེས་གསུངས་སོ། །བསམ་པའི་ཡན་ལག་རང་གང་ལ་ཟེར་ན་ཉོན་མོངས་པའི་བསམ་པ་སྟེ། ཞེ་སྡང་ལ་སོགས་པའི་སྒོ་ནས་སློབ་དཔོན་གསད་པ་ལ་སོགས་པར་སེམས་པ་དེའོ། །དུས་གསུམ་ལྡན་ནི་ལོ་གསུམ་མོ། །གཉིས་ལྡན་གྱི་ཆ་བཞི་པ་ཞེས་པ་ནི་གཉིས་ལྡན་གྱི་ལྟུང་བའི་བསྐང་ཚད་ཀྱི་བཞི་ཆའོ། །དེ་ཡང་སྨིན་བསྲེག་གིས་བསྐོང་ན་དེ་ལ་སྦྱིན་བསྲེག་འབུམ་དང་ཁྲི་དང་། དྲུག་སྟོང་དང་དྲུག་བརྒྱ་དང་། དྲུག་བཅུ་རྩ་ཕྱེད་དང་བདུན་ལྷག་ཙམ་ཡོད་དོ། །རིག་པ་འམ་དབང་བསྐུར་ལ་སོགས་པས་བསྐོང་ན་ཡང་སྦྱར་ལ་ཤེས་པར་བྱའོ། །ལྷི་བ་དེས་མཚོན་ནས་དེའི་སྟོན་དུ་ཡན་ལག་གི་གཙོ་བོའི་སྦོམ་པོ་ཡོད་པར་ཤེས་པར་བྱའོ། །དེའི་བསྐང་ཚད་ཀྱང་ལྷི་བ་དེའི་བསྐང་ཚད་ཀྱིས་མཚན་པ་སྟེ། ལྷི་བའི་བསྐང་ཚད་ཀྱི་སུམ་ཆར་ཡོང་ངོ་། །དེ་ཡང་སྦྱིན་བསྲེག་གིས་བསྐོང་ན་དེ་ལ་སྦྱིན་བསྲེག་སུམ་ཁྲི་དང་། བརྒྱད་སྟོང་དང་། བརྒྱད་བརྒྱ་དང་། བརྒྱ་དགུ་བཅུ་ལྷག་ཙམ་ཡོད་དོ། །རིག་པ་དང་དབང་བསྐུར་ལ་སོགས་པས་བསྐོང་ན་ཡང་དཔྱད་ལ་ཤེས་པར་བྱའོ། །གལ་ཏེ་ཞེས་པ་ལ་སོགས་པས་སྦོམ་པོའི་བསྐང་ཐབས་སྟོན་ཏེ། འདི་ནི་སྦྱོར་བ་མ་རྫོགས་པའི་སྦོམ་པོ་ཞེས་བྱ་བ་དེ་ཡིན་ནོ། །སྦྱོར་བ་ཡོངས་སུ་མ་རྫོགས་ན་ཞེས་པ་ནི་སྦྱོར་བ་བདུན་གྱི་སྒོ་ནས་རྡོ་རྗེ་སློབ་དཔོན་འཚོ་བ་དང་བྲལ་བའི་ལས་བྱས་ཀྱང་། རོ་འཚོ་བ་དང་བྲལ་བར་མ་གྱུར་ན་དོན་ཏེ་མ་གྲུབ་པས་སྦྱོར་བ་མ་རྫོགས་པ་ཡིན་ནོ། །ཚོགས་འི་ཁྱད་པར་ཡང་དེ་ཉིད་ཞེས་པ་ནི་གོང་དུ་བཤད་པའི་ལྷི་བའི་བསྐང་ཚད་དེ་དང་མཉམ་པའི་དོན་ཏེ། དེ་ཡང་སྦྱིན་བསྲེག་གིས་བསྐོང་ན་འབུམ་དང་ཁྲི་ལ་སོགས་པ་གོང་ལྟར་རོ། །རིག་པ་འམ་དབང་བསྐུར་ལ་སོགས་པས་བསྐོང་ན་ཡང་དཔྱད་ལ་ཤེས་པར་བྱའོ། །ཡང་སྦོམ་པོ་དེས་མཚོན་པས་དེ་མ་བཤགས་པར་ལོ་གསུམ་འདས་ན་ལྷི་བར་འགྱུར་བ་ཡང་གོ་པར་བྱའོ། །ལྷི་བ་དེའི་བསྐང་ཚད་ཀྱང་སྦོམ་པོ་དེའི་བསྐང་ཚད་ཀྱིས་མཚོན་པ་དེ། སྦོམ་པོ་དེའི་བསྐང་ཚད་ཀྱི་སུམ་འགྱུར་དུ་ཡོད་དོ། །དེ་ཡང་སྦྱིན་བསྲེག་གིས་བསྐོང་ན་དེ་ལ་སྦྱིན་བསྲེག་སུམ་འབུམ་དང་བཞི་ཁྲི་དང་། དགུ་སྟོང་དང་དགུ

བརྒྱ་དང་། དགུ་བཅུ་ཡོད་དོ། །རིག་པ་འམ་དབང་བསྐུར་བ་ལ་སོགས་པས་བསྒོང་ན་ཡང་དཔྱད་ལ་ཤེས་པར་བྱའོ། །ཡན་ལག་མ་ཚང་བའི་སྦྲོམ་པོའི་བསྐང་ཚད་དང་། དེ་དུས་འདས་ནས་ལྗི་བར་འགྱུར་བའི་བསྐང་ཚད་ནི་དངོས་སུ་མ་བཤད་དེ་འོག་གི་བློས་ཞིབ་ཏུ་དབྱེ་བར་བྱའོ་ཞེས་པ་དང་སྦྱར་རོ། །དེ་ཡང་ལྗི་སྦྲོམ་གོང་མ་གཉིས་པོ་བས་ཡང་བས་བསྐང་ཚད་དེ་བས་ཆུང་བས་ཆོག་པ་ཡིན་ནོ། །ལྗི་བ་དང་སྦྲོམ་པོ་མན་ཆད་འཕྲ་བས་གསུམ་ལྡན་ལ་སོགས་པའི་ཁྱད་པར་དང་ལྗི་བ་བཤགས་ཀྱང་སྦྲོམ་པོའི་ཉེས་པ་གནས་པ་ལ་སོགས་པའི་བྱེ་བྲག་མ་ཕྱེ་བར་ཤེས་པར་བྱའོ། །འཕྲ་མོའི་བསྐང་ཚད་ནི་ཡན་ལག་ཞེས་པ་ལ་སོགས་པ་སྟེ། དམ་ཚིག་བཀོད་པའི་ལུང་ལ་གསུམ་སྟེ། ཉན་པར་བསྐུལ་ནས་དམ་བཅས་པར་ཏེ་གདགས་པ་དང་། དམ་ཚིག་ཉམས་པའི་ཉེས་དམིགས་དང་། ཉམས་པ་བསྐང་བའི་ཐབས་སོ། །དེ་ལ་དང་པོ་ནི་གཞན་ཡང་ཞེས་པ་ལ་སོགས་པ་སྟེ་རྩ་བའི་སློབ་དཔོན་ནི་གསུམ་ལྡན་ནམ་ཐོག་མར་དབང་བསྐུར་བ་དེའོ། །དམ་ཚིག་རྫོགས་པར་ཉམས་གྱུར་ན་ཞེས་པ་ནི་སྦྱོར་བ་རྫོགས་པའི་ལྟུང་བ་འབྱུང་ནས། མ་བཤགས་པར་དུས་འདས་པ་སྟེ་དོན་ལ་ཕམ་པ་བྱུང་བའོ། །འོ་ན་ལྟུང་བ་ཞེས་བྱ་བ་དེ་དམ་ཚིག་རྫོགས་པར་ཉམས་པའི་ཉེས་པ་མ་ཡིན་ནམ་ཞེ་ན། དེའི་སྦྱོར་བ་རྫོགས་ཀྱང་དུས་ཀྱིས་མ་རྫོགས་པས། ཐམས་ཅད་ཀྱིས་རྫོགས་པར་ཉམས་པའི་ཉེས་པ་མ་ཡིན་ནོ། །ཉམས་པའི་ཉེས་དམིགས་ལ་གཉིས་ཏེ། ཕམ་པའི་ཉེས་དམིགས་དང་། ཡན་ལག་གི་ཉེས་དམིགས་སོ། །དེ་ལ་དང་པོ་ནི་རྣལ་འབྱོར་ཞེས་པ་ལ་སོགས་པའོ། །ཡན་ལག་གི་ཉེས་དམིགས་འཆད་པ་ལ་ཡན་ལག་ཞེས་པ་ནི་རྩ་ལྟུང་དང་པོ་དང་པོ་ཉིད་ཀྱི་ཡན་ལག་སྟེ། ལྗི་བ་དང་སྦྲོམ་པོ་ལ་སོགས་པའོ། །དམྱལ་བ་ཆུང་ངུ་ཞེས་པ་ནི་དམྱལ་བ་མ་ཡིན་པའི་དམྱལ་བ་རྣམས་སོ། །འོ་ན་དམ་ཚིག་རྫོགས་པར་ཉམས་པ་ནི་ཕམ་པ་ལ་ཟེར་ལ། དེའི་ཉེས་དམིགས་སམ་འབྲས་བུ་རྡོ་རྗེ་དམྱལ་བར་འདུག །ཡན་ལག་ནི་སྦྲོམ་པོ་དང་ལྗི་བ་ལ་སོགས་པ་ལ་ཟེར་ལ། དེ་དག་དུས་འདས་པ་འམ་མ་འདས་ཀྱང་རུང་སྟེ། དེའི་ཉེས་དམིགས་སམ་འབྲས་བུ་དམྱལ་བ་ཆུང་ངུ་ལ་སོགས་པར་འདུག་ན། རྩ་བའི་ལྟུང་བ་རང་གི་ཉེས་དམིགས་སམ་འབྲས་བུ་གང་ཡིན་ཞེ་ན། འདིར་སྨོས་པའི་དམྱལ་བ་ཆུང་ངུ་ཞེས་པ་འདི་ཡིན་ནོ། །དེ་ཅིའི་ཕྱིར་ཞེ་ན་སློབ་དཔོན་འཇམ་དཔལ་གྲགས་པས་

ཕམ་ལྟུང་གཉིས་ཉེས་དམིགས་ཐ་དད་དུ་གསུངས་ཏེ། ཇི་སྐད་དུ། ཕམ་པར་གྱུར་པ་ནི་ལོག་སྲིད་ཅན་མ་བཤགས་པ་སྟེ། དེའི་རྣམ་སྨིན་ནི་རྡོ་རྗེ་དམྱལ་བ་མྱོང་བ་ཡིན་ནོ། །ཞེས་པ་དང་། འོན་ཅིའི་ཕྱིར་ལྟུང་བ་བྱ་ཞེ་ན། རྡོ་རྗེ་དམྱལ་བ་མ་ཡིན་པ་མྱོང་ཞེས་བྱ་བའི་དོན་ཏོ། །ཞེས་པའི་ཕྱིར་རོ། །འོན་གོང་བསྟུས་དོན་གྱིས་གོང་ན་མར་ལ། རྩ་བ་ནི་བཅུ་བཞི་པོ་སྟེ། དེ་ཆར་ནས་མ་གསོས་ན་རྡོ་རྗེ་དམྱལ་བར་ལྟུང་ཞེས་བྱ་བའི་དོན་ཏོ། །ཞེས་གསུངས་པ་དང་འགལ་ལོ་ཞེ་ན་མ་འགལ་ཏེ། དེ་ནི་རྩ་ལྟུང་བཅུ་བཞི་པོ་ཐམས་ཅད་ལ་འཇིགས་ཤིང་འཛེམ་པར་འགྱུར་བའི་ཆེད་དུ་ཁམ་ཆེ་ཤོས་སྨོས་པ་ཡིན་གསུང་ངོ་། །

འོན་དམྱལ་བ་ཆུང་དུ་ཞེས་པ་དེ་ལྟུང་བ་དང་ཡན་ལག་གཉིས་ཆར་གྱི་ཉེས་དམིགས་ཡིན་ན་རྩ་ལྟུང་དང་ཡན་ལག་གི་ཉེས་པ་གཉིས་དམིགས་ཁྱད་མེད་ཡིན་ནས་ཞེ་ན། དམྱལ་བ་ཆུང་དུ་ནི་གཅིག་པོ་ཞིག་མ་ཡིན་ཏེ། མནར་མེད་དང་རབ་ཚ་ལ་སོགས་པ་ཚེ་རིང་ཐུང་དང་སྡུག་བསྔལ་ཆེ་ཆུང་ཁྱད་ཡོད་པས། ལྟུང་བ་སོགས་ཀྱི་ཉེས་དམིགས་ཁྱད་ཡོད་པར་ཤེས་པར་བྱའོ། །

ཉམས་པ་བསྐང་བའི་ཐབས་ནི་དེ་དག་ཞེས་པ་ལ་སོགས་པ་སྟེ། གཏོར་མ་ཞེས་པ་ལ་སོགས་པ་འདི་དག་ཀྱང་གང་མོས་རེ་རེའི་དབང་དུ་བྱས་ནས། གྲངས་མ་ཉུང་གི་བྱེ་བྲག་གིས་ཕམ་པ་ལ་སོགས་པ་བསྐོང་བ་ཡིན་ནོ། །དེ་ཡང་གསུམ་ལྡན་གྱི་དབང་དུ་བྱས་ན་ཕམ་པ་ནི་གཏོར་མ་བྱེ་བ་ཕྲག་གསུམ་གྱིས་འདག །རྩ་ལྟུང་བྱེ་བ་ཕྲག་གཅིག་གིས་འདག །དེ་བཞིན་དུ་སྦྱར་ཏེ། འཕྲོ་ཀུན་གཏོར་མ་བཅུ་བཅུས་འདག་གོ། །སྦྱིན་བསྲེག་དཀྱིལ་འཁོར་རིག་པ་གསུམ་ཡང་གོང་མས་བསྒྲོས་ལ་ཤེས་པར་བྱའོ། །

འཇམ་དཔལ་སྒྱུ་འཕྲུལ་དྲ་བའི་ལུང་ལ་བཞི་སྟེ། མ་བསྐང་བའི་ཉེས་པ་དང་། བསྐང་བའི་ཐབས་དང་། ལྟུང་བ་མི་འབྱུང་བར་བྱ་བའི་བསླབ་བྱ་དང་། ཉེས་པ་མེད་པ་བསྟན་པའོ། །དེ་ལ་དང་པོ་གཞན་ཡང་ཞེས་པ་ལ་སོགས་པ་སྟེ། སྦྱོར་བ་དངོས་གཞི་རབ་རྫོགས་པས། རྩ་བ་ཉམས་འགྱུར་ན་ཞེས་པ་ནི་སྦྱོར་བ་ཡོངས་སུ་རྫོགས་པའི་ལྟུང་བ་བྱུང་བའོ། །ཡན་ལག་ཉམས་གྱུར་ན་ཞེས་པ་ནི་དང་པོའི་ཡན་ལག་སྟེ་སྡོམ་པོ་ལ་སོགས་བྱུང་བའོ། །ཀློང་ན་སློབ་མ་ཞེས་པ་ནི་ཉམས་པ་པོ་དེའོ། །

བཞག་པར་བྱ་ཞེས་པ་ནི་གདམས་པའོ། །གལ་ཏེ་བཞག་དུས་འདས་ན་ཞེས་པ་ནི་གཉིས་ཏེ། ཐུན་ཚོད་ཀྱི་དུས་འདས་པ་དང་། ཚེའི་དུས་འདས་པའོ། །དེ་ལ་དང་པོ་ནི་ལོ་གསུམ་ཕྱིན་ཆད་འདས་པ་སྟེ། རྩ་ལྟུང་དུས་འདས་པ་ནི་ཕམ་པར་འགྱུར་ལ། སྡོམ་པོ་དུས་འདས་པ་ནི་ལྕི་བར་འགྱུར་རོ། །ཚེའི་དུས་འདས་པ་ནི་ཤི་འཕོས་པའོ། །ཕྱིའི་རྒྱ་མཚོ་ལ་སོགས་པས་རྡོ་རྗེ་དམྱལ་བའི་ཚེ་ཚད་དང་བཅས་པ་སྨོས་པ་ནི། འདིར་རྩ་ལྟུང་དུས་འདས་དང་། ཡན་ལག་དུས་འདས་གཉིས་བྱེ་བྲག་མ་ཕྱེ་བའི་འབྲས་བུ་འམ་རྣམ་སྨིན་དུ་བསྟན་ནས་འདུག་སྟེ། འདིའི་དགོངས་པ་ནི་ཕྲ་མོ་ཡན་ཆད་ཉེས་པ་ཐམས་ཅད་ལ་འཇིགས་ཤིང་འཛེམ་པར་བྱ་བའི་ཆེད་དུ་འཇིགས་ཤོས་སམ་ཁམ་ཆེ་ཤོས་སྨོས་པ་ཡིན་ནོ། །དོན་གྱི་ངོ་བོ་ལ་གོང་གི་དམ་ཚིག་བཀོད་པའི་ལུང་དང་། སློབ་དཔོན་འཇམ་དཔལ་གྲགས་པ་ཉིད་ཀྱིས་གོང་དང་འོག་ཏུ་གསུངས་པ་ལྟར་ཡིན་ཏེ། རྩ་ལྟུང་དུས་འདས་པ་ནི་ཕམ་པ་ཡིན་ལ། དེའི་འབྲས་བུ་འམ་རྣམ་སྨིན་རྡོ་རྗེ་དམྱལ་བ་ཡིན་ནོ། །རྩ་ལྟུང་དུས་མ་འདས་པ་དང་ཡན་ལག་གི་ཉེས་པ་ཆེ་རིམས་རྣམས་ཀྱི་འབྲས་བུ་འམ་རྣམ་སྨྲིན་དམྱལ་བ་ཆུང་ངུ་ཡིན་ནོ། །ཡན་ལག་གི་ཉེས་བྱས་ཕྲ་མོའི་འབྲས་བུ་འམ་རྣམ་སྨྲིན་ནི་གྲང་སྦྲིབས་ཀྱི་ཡི་དྭགས་དང་བྱོལ་སོང་ཡིན་ནོ། །བཤད་པའི་ཐབས་ལ་གཉིས་ཏེ། ལྟུང་བའི་བཤད་ཐབས་དང་། ཕྲ་མོའི་བཤད་ཐབས་སོ། །དང་པོ་ལ་གསུམ་ལས། སློབ་དཔོན་གསུམ་ལྡན་ལ་རྟེན་ནས་ལྟུང་བ་བྱུང་བའི་བཤད་ཐབས་ནི་རྡོ་རྗེ་འཛིན་པ་ཞེས་པ་ལ་སོགས་པ་སྟེ། དྲང་སྲོང་ནི་བྱང་ཆུབ་སེམས་དཔའ་སྟེ། སེམས་ཅན་འཁོར་བའི་ལམ་འཁྱོག་པོ་ལ་ཞུགས་པ་རྣམས། བྱང་ཆུབ་ཀྱི་ལམ་དྲང་པོ་ལ་སྦྲོང་བའི་ཕྱིར་རོ། །སྤྱོད་པ་ནི་བྱང་ཆུབ་ཀྱི་སྤྱོད་པ་སྟེ། གཞན་ལ་ཕན་བདེའི་འབྱུང་བའི་བྱ་བ་ཐམས་ཅད་དོ། །སློབ་དཔོན་གཉིས་ལྡན་ལ་རྟེན་ནས་ལྟུང་བ་བྱུང་བའི་བཤད་ཐབས་ནི་དེ་བཞིན་གཉིས་ལྡན་གསུམ་སྟེ། མཁས་པས་རབ་ཏུ་བཞག་པར་བྱ་ཞེས་པ་སྟེ། དེ་ཡང་དེ་བཞིན་ཞེས་པ་ནི་གསུམ་ལྡན་གྱི་བཤད་ཚད་དག་དེ་བཞིན་དུ་ཡིན་ན་ཞེས་བྱ་བའོ། །གཉིས་ལྡན་ཞེས་པ་ནི་ཏག་གཉིས་ལྡན་ལ་བརྟེན་ནས་ལྟུང་བ་བྱུང་ན་ཇི་ལྟར་བཤད་ཞེས་བྱ་བར་དྲིས་པའོ། །དེའི་ལན་ནི་གསུམ་ལྡན་ལས་དྲས་ཏེ་མཁས་པས་རབ་ཏུ་བཞག་པར་བྱ་ཞེས་བྱ་བའོ། །དྲ་ལུགས་ནི་གསུམ་ལྡན་གྱི་བཤད་ཚད་ཀྱི་སུམ་གཉིས་ཀྱིས་བཤད་

པའོ། །བྱེ་བྲག་པའི་ལྟུང་བའི་བསྐྱང་ཚད་ནི་རྡོ་རྗེ་འཛིན་པ་ཞེས་པ་ལ་སོགས་པ་སྟེ། ལས་ཀྱི་ཆོ་ག་ཞེས་པ་ནི་བཤགས་ཐབས་སོ། །རབ་དབྱེ་དེ་ཞེས་པ་ནི་རྟག་དབྱེ་བྱ་བའོ། །སྤྱིར་ལུགས་ནི་རྒྱ་བ་ཞེས་པ་ལ་སོགས་པ་སྟེ། དེ་བཞིན་གཉིས་ལྡན་གསུམ་ལྡན་ཏེ། མཁས་པས་དབང་དུ་བཤགས་པར་བྱ་ཞེས་པ་ནི། གོང་མ་དེ་བཞིན་དུ་འདི་ཡང་གཉིས་ལྡན་དང་གསུམ་ལྡན་ལས་དྲུས་ཏེ་མཁས་པས་རབ་ཏུ་བཤགས་པར་བྱ་ཞེས་བྱའོ། །དྲ་ལུགས་ནི་གཉིས་ལྡན་གྱི་བསྐྱང་ཚད་ཀྱི་སྤྱོད་དམ་གསུམ་ལྡན་གྱི་བསྐྱང་ཚད་ཀྱི་སུམ་ཆས་བསྐྱང་བའོ། །དེ་དག་གིས་ལྟུང་བའི་བསྐྱང་ཚད་བསྟན་ཏོ། །ཕ་མ་དང་། ལྟུང་བ་དང་། སྡོམ་པོ་དང་། ཉེ་བ་རྣམས་ཀྱི་བསྐྱང་ཚད་ཀྱང་། བློ་དང་ལྡན་པས་རབ་དབྱེ་དེ། མཁས་པས་རབ་ཏུ་བཤགས་པར་བྱ། ཞེས་པའི་ཁོག་ན་ཡོད་པ་ཡིན་ནོ། །དབྱེ་ལུགས་ནི་སློབ་དཔོན་འཇམ་དཔལ་གྲགས་པས་གོང་དུ་གསུངས་པ་ལྟར་ཡིན་ནོ། །འཕྲ་མོའི་བསྐྱང་ཐབས་ནི་ཁ་ན་མ། བླ་མ་རྣམས་ལ་ཕྱག་འཚལ་ལོ། །འདོད་ཆགས་ཆོས་ཀྱིས་སྦྱས་པ་ནི་དབང་བསྐུར་གྱི་དབང་དུ་བྱས་ན་གསང་བ་དང་ཤེས་རབ་ཡེ་ཤེས་ཀྱི་དབང་ཡིན་ལ། ལམ་གྱི་དབང་དུ་བྱས་ན་ཚོགས་འཁོར་དང་རིག་པ་བརྟུལ་ཞུགས་ཀྱི་སྤྱོད་པ་སྟེ། ཚོགས་ལ་མངོན་དུ་མི་འགྱུར་བའི་ཕྱིར་སྦྱས་པའོ། །ཀུན་རྫོབ་ཀྱི་བདེན་པས་སྦྱས་པ་ནི་ལམ་གྱི་དབང་དུ་བྱས་ན་སྒྱུ་ལུས་ཏེ། གཟུགས་སྐུའི་སྙིང་པོ་ཡོད་པས་སྦྱས་པའོ། །སེམས་གསུམ་གྱིས་སྦྱས་པ་ནི་ལམ་གྱི་དབང་དུ་བྱས་ན་སེམས་དབེན་གྱི་གནས་སྐབས་ཏེ། ཆོས་ཀྱི་སྐུའི་སྙིང་པོ་ཡོད་པས་སྦྱས་པའོ། །ཚོང་འདུས་ཀྱི་ནི་འོ་མ་བཞིན། བསླད་ནས་ཐུར་དུ་ལྟུང་བར་བྱེད། ཞེས་པ་ནི་ལད་ཅིང་ཉམས་པའི་དཔེ་དོན་ཏེ། མདོའ་སྡེ་མྱ་ངན་འདས་ཆེན་ལས། འབྲོག་འཛོངས་ཀྱི་ཕྱུག་རྫིའུ་གྱི་ཕྱུག་མ་ལ་འོ་བཞོས་ནས་རི་བྲགས་ཀྱི་གྲོང་ཁྱེར་དུ་ཀྱེལ་ལོ། །དེ་བས་འོ་མ་ཕྲི་ཆུ་བླུགས་ནས་ལུང་ཕྱུགས་ཀྱི་གྲོང་དུ་འཚང་ངོ་། །དེ་བས་འོ་མ་ཕྲི་ཆུ་བླུགས་ནས་ལུང་སྣེད་ཀྱི་གྲོང་དུ་འཚོང་ངོ་། །དེ་བས་འོ་མ་ཕྲི་ཆུ་བླུགས་ནས་ཚོང་འདུས་སུ་འཚོང་སྟེ། དེ་ཙམ་ན་དགོས་པའི་ཁར་བབ་ནས་ཉེས་ཀྱང་། ཁར་མཐུངས་པའི་འོ་མའི་རོ་བྲོ་བ་མེད་དོ། །དེ་བཞིན་དུ་ང་མྱ་ངན་ལས་འདས་ནས་དགེ་སློང་སྡིག་ཅན་གྱིས། སངས་རྒྱས་ཀྱི་དགོངས་ཏེ་གསུང་པའི་དོན་ཟབ་མོ་དེ་མེད་པར་བྱས་ཀྱི། འཇིག་རྟེན་གྱི་སྐྱན་ཚིག་བཏགས་ནས་ཆོས་ལད་པར་བྱས་པས་ངན་སོང་

དུ་ལྟུང་ངོ་། །ཞེས་འབྱུང་ངོ་། །བླ་མའི་བཀའ་ལས་འདས་པ་ལྟུང་བ་གང་དུ་བཞག་པ་འཆད་པ་ནི་རྒྱུད་གཞན་ལས་ཞེས་པ་ལ་སོགས་པ་སྟེ། འོ་ན་དམ་པ་དང་པོའི་རྒྱུད་ལས་བླ་མའི་བཀའ་ལས་འདས་པ་ལྟུང་བ་གཉིས་པར་བཤད་ལ། འདི་ནས་བདེ་གཤེགས་ཀྱི་བཀའ་ལས་འདས་པ་ལྟུང་བ་གཉིས་པར་བཤད། དེ་གཉིས་མ་འགལ་ལམ་གང་བདེན་ཞེ་ན། མ་འགལ་ཏེ། དམ་པ་དང་པོར་གསུངས་པས་འདིའི་ལྟུང་བ་དང་པོའི་ཕྱོགས་སུ་འདུ་མ། འདི་ནས་གསུངས་པ་དེ་སློབ་དཔོན་དང་བདེ་བར་གཤེགས་པ་ཐ་དད་མེད་པར་གཅིག་པར་སྟོན་ཏེ། དེ་བཤད་ན། རྒྱུད་གཞན་ལས་ཞེས་པ་ནི་དམ་པ་དང་པོའི་རྒྱུད་ལས་སོ། །དེའི་ཞེས་པ་ནི་སློབ་དཔོན་དེའི་སྟེ། ཚིག་དེའི་གོང་ན་བླ་མ་སྨོས་ནས་ཡོད་པའི་ཕྱིར་རོ། །བཀའ་ཞེས་པ་ནི་སློབ་དཔོན་གྱི་བཀའོ། །དེ་ཡང་སྤྱིར་བཀའ་གཉིས་ཡོད་དོ། །འཕྲུལ་གྱི་བྱ་བ་བསྒོ་བའི་བཀའ་དང་། དམ་ཆོས་གདམས་པའི་བཀའོ། །དེ་ལ་དང་པོ་ནི་ཁྱོད་ཀྱིས་ད་ལྟ་ཉིད་དུ་འདི་གྱིས་ཤིག་ཅེས་བགོ་བ་དང་། མ་བྱེད་ཅེས་བགོ་བ་ལ་སོགས་པའོ། །

གཉིས་པ་ནི་སློབ་དཔོན་གྱི་ཞལ་ནས་གསུངས་པའི་དྲང་དོན་དང་ངེས་དོན་ལ་སོགས་པ་ཡང་དག་པའི་གདམས་པ་རྣམས་སོ། །དེ་ལྟར་བཀའ་གཉིས་ལས་འདི་ནི་བཀའ་དང་པོ་དེའོ། ། རྒྱུད་དེའི་འགྲེལ་པ་ལས་ཀྱང་དེ་བཞིན་དུ་གསལ་ལོ། །འདས་ཞེས་པ་ནི་བཀའ་དང་པོ་དེ་ལས་འདས་པ་སྟེ༑ གྱིས་ཤིག་པར་བགོ་བ་དེ་ནི་མ་བྱས། མ་བྱེད་པར་བགོ་བ་དེ་ནི་བྱས་པ་ལ་སོགས་པའོ། །ལྟུང་བ་མིག་ཏུ་བརྗོད་པ་ཡིན་ཞེས་པ་ནི་མིག་གཉིས་ཡོད་པས་རྩ་ལྟུང་གཉིས་པ་ཡིན་ཞེས་བྱ་བའི་དོན་ཏོ། །ཞེས་བསྟན་པ་ལྟར་ན་ཡང་། སློབ་དཔོན་གྱི་བཀའ་ལས་མི་འདའ་བར་བཤད་པ་སྟེ། ཞེས་པ་ནི་ཚིག་དེ་གཉིས་ཀྱི་དོན་གོ་སྟེ། རྒྱུད་དེ་ནས་སློབ་དཔོན་གྱིས་བྱས་པ་བགོའ་བའི་བཀའ་ལས་འདས་ན་རྩ་ལྟུང་གཉིས་པར་བཤད་དེ་ཞེས་བྱ་བའོ། །

ད་རྒྱུད་དེའི་ལུགས་དང་འདིར་བཤད་པའི་ལུགས་སྦྱར་ན། ལྟུང་བ་དང་པོའི་བཤད་པ་དང་ཤན་འདྲ་བས་ཞེས་པ་སྟེ།སློབ་དཔོན་གྱིས་བྱ་བ་བགོ་བའི་བཀའ་ལས་འདས་པ་དེ། ལུགས་འདིའི་དབང་དུ་བྱས་ན་རྩ་ལྟུང་དང་པོའི་ཤན་འདྲ་ཡིན་ཞེས་བྱ་བའི་དོན་ཏོ། །སྤྱིར་ཤན་འདྲ་ལ་ཡང་བཞི

ཡོད་པ་ལས། སློབ་དཔོན་པའི་ཞལ་ནས་འདི་ཡུལ་གྱི་ཤན་འདྲ་ཡིན་གསུང་སྟེ། སྙིང་པོའི་རྒྱན་ལྟར་ན་འདི་བསམ་པའི་ཤན་འདྲར་ཡོང་ངོ་། །དེ་ཅིའི་ཕྱིར་ཞེ་ན། བཀའ་ལས་འདའ་བདེའི་ཁོག་ན་སློན་ལ་མ་གྲུས་པ་འམ་བརྙས་པའི་བསམ་པ་ཡོད་པའི་ཕྱིར་རོ། །ཕྱོགས་སུ་བསྡུ་བར་བྱའོ་ཞེས་པ་ནི་དོན་དེ་འདིའི་དབང་དུ་བྱས་ན་ལྟུང་བ་དང་པོའི་ཕྱོགས་སུ་བསྡུ་བའི་དོན་ཏོ། །

ད་ནི་བཀའ་ཕྱི་མ་དམ་ཚིག་ལ་སོགས་ཞེས་པ་རྩ་བའི་རླུང་ལྔ་ནི་ཀ་ཏེ་ཁ་ཐུར་སེལ་གྱི་རླུང་། ཀོ་ཏ་མེ་དང་མཉམ་མ། ཀ་གྱེན་རྒྱུ་ཏ། ཀ་ཏ་སྲོག་འཛིན་ཤྲཱ་ཧཱུཾཧཱུཾཧཱུཾ ཀུ་ཏི་ར་ཁྱབ་བྱེད་ཀ་ད། ཀ་ལ་ཡན་ལག་གི་རླུང་ལྔ། རྣམ་པར་རྒྱུ་བ་ཁ། ཀོ་ལ་ཡང་དག་པར་རྒྱུ་བ་བ། ཀོ་ལ་རབ་དུ་རྒྱུ་བ་ཀོལ། བ་ཤྲཱ་ཧཱུཾཧཱུཾཧཱུཾཀ་ངེས་པར་རྒྱུ་བ་ལ། ཤིན་ཏུ་རྒྱུ་བ་སྐ་ཐ་རྣམས་སོ། །

༈ དང་པོ་ངོ་བོའི་ཚིག །གཉིས་གང་ན་བྱེད་པར་དམིགས་པའི་ཚིག །གསུམ་གང་གིས་བྱེད་པ་བྱེད་པའི་ཚིག །བཞི་གང་གིས་ཕྱིར་བྱེད་པ་ཆེད་དུ་བྱ་བའི་ཚིག །ལྔ་པ་གང་ལས་བྱེད་པ་འབྱུང་གནས་ཀྱི་ཚིག །དྲུག་གང་གི་བྱེད་པ་འབྲེལ་པའི་ཚིག །བདུན་པ་གང་ན་བྱེད་པ་གནས་གཞིའི་ཚིག །བརྒྱད་གང་ཞེས་བྱ་བ་བྱེད་པ་གཏགས་པའི་ཚིག །བྱེད་པའི་ཚིག་བརྒྱད་དོ། །གདམས་པའི་བཀའི་དབང་དུ་བྱས་ནས་འཆད་དེ། འདིའི་དགོངས་པ་ནི་ཞེས་པ་ནི་བདེ་གཤེགས་ཀྱི་བཀའ་ལས་འདས་པ་ལྟུང་བ་གཉིས་པར་བསྟན་པ་འདིའི་འོ། །སློབ་དཔོན་དང་རྡོ་རྗེ་འཛིན་པ་ཐ་དད་དུ་མེད་པས་ཞེས་པ་ནི་དེ་གཉིས་དབྱེར་མེད་དེ་གཅིག་པའི་དོན་ཏོ། །རྒྱུད་ལས་ཀྱང་། སློབ་དཔོན་ནི་རྡོ་རྗེ་འཛིན། ཐ་དད་པར་ནི་མི་རྟག་གོ། །ཞེས་གསུངས་སོ། །

དྲུག་པའི་སྐབས་གཞི་གཅིག་པར་བསྡུས་པ་ཡིན་ནོ་ཞེས་པ་འདིའི་ནི་དེ་གཅིག་པའི་ལུགས་སྟོན་ཏེ། དེ་ཡང་དྲུག་པའི་སྐབ་ཞེས་པ་ནི་སྐབའི་བསྟན་ཆོས་ལས། དྲུག་པ་འབྲེལ་པའི་ཚིག་དང་། བདུན་པ་གནས་གཞིའི་ཚིག་ལ་སོགས་པ་བྱེད་པའི་ཚིག་བརྒྱད་བྱ་བ་བཤད་ནས་ཡོད་དེ། འདི་དྲུག་པ་འབྲེལ་པའི་ཚིག་ཡིན་ཏེ། སློབ་དཔོན་དང་རྡོ་རྗེ་འཛིན་པ་འབྲེལ་པ་ཡོད་ཞེས་བྱ་བའི་དོན་ཏོ། །འབྲེལ་པ་ལ་ཡང་བདག་ཉིད་གཅིག་པའི་འབྲེལ་པ་དང་། དེ་ལས་བྱུང་བའི་འབྲེལ་པ་གཉིས་ཡོད་པ་ལས་གཞིག་པར་བསྡུ་ཞེས་གསུངས་པས་འདི་གཉིས་བདག་ཉིད་གཅིག་པའི་འབྲེལ་པ་ཡོད་པའོ། །དེས་ན་སློབ་དཔོན་དང་རྡོ་རྗེ་འཛིན་པ་གཞི་གཅིག་པར་བསྡུ་ཞེས་གསུངས་པ་འདི་

གཉིས་བདག་ཉིད་གཅིག་པར་འབྲེལ་པ་ཡོད་པའོ། །དེས་ན་སློབ་དཔོན་དང་རྡོ་རྗེ་འཛིན་པ་བདག་ཉིད་གཅིག་པའོ། །ཡང་ན་དྲུག་པ་ལ་གཉིས་ཡོད་པ་ལས། འདི་གཞི་མཐུན་གྱི་དྲུག་པ་སྟེ། དཔེར་ན་ཨུད་པ་ལའི་སྔོན་པོ་ཞེས་པ་ལྟ་བུ་ཡིན་གསུང་ངོ་། །བདག་ཉིད་གཅིག་པའོ། །ཡང་ན་དྲུག་པ་ལ་གཉིས་ཡོད་པ་ལས། འདི་གཞི་མཐུན་གྱི་དྲུག་པ་སྟེ། དཔེར་ན་ཨུད་པ་ལའི་སྔོན་པོ་ཞེས་པ་ལྟ་བུ་ཡིན་གསུང་ངོ་། །དེས་ན་ཨུད་པ་ལ་དང་སྔོན་པོ་ཐ་དད་མེད་པས་གཞི་གཅིག་པ་ཡིན་པ་ལྟར། སློབ་དཔོན་དང་རྡོ་རྗེ་འཛིན་པ་ཡང་ཐ་དད་མེད་དེ་གཞི་གཅིག་པ་ཡིན་ནོ། །དེ་ལྟར་སློབ་དཔོན་དང་རྡོ་རྗེ་འཆང་གཅིག་པས་ན། སློབ་དཔོན་གྱིས་དྲང་དོན་དང་ངེས་དོན་ལ་སོགས་ཡང་དག་པའི་གདམ་ངག་གསུངས་བ་ལ། བདག་ཅག་གིས་སློབ་དཔོན་གྱི་བཀའ་ཡང་དག་པར་བོར་ནས་ལོག་པར་ཕྱད་བས་ཀྱང་། བདེ་གཤེགས་བཀའ་འདས་ཀྱི་ལྟུང་བ་སྟེ། ལྟུང་བ་གཉིས་པར་འགྱུར་བའོ། །དེས་ན་སློབ་དཔོན་གྱི་བཀའ་ལ་གཉིས་སུ་བྱས་ནས། འཕྲུལ་གྱི་བྱ་བ་བགོ་བའི་བཀའ་ལས་འདས་ན་ལྟུང་བ་དང་པོའི་ཕྱོགས་སུ་བསྡུ་ལ། དམ་ཆོས་གདམས་པའི་བཀའ་ལས་འདས་ན་ལྟུང་བ་གཉིས་པ་ཡིན་ཞེས་བྱ་བའི་དོན་ཏོ། །གཞན་ཡང་ཞེས་པ་ལ་སོགས་པ་ལྟུང་བ་གཉིས་པ་འདི་ཁོ་ནའི་བཤད་པར་མ་ཟད་དེ། ལྟུང་བ་ཐམས་ཅད་ཀྱི་སྤྱི་བཤད་དུ་ཡོང་བ་ཡིན་ནོ། །གང་དང་གང་ལ་ཞེས་པ་ནི་བྱ་བ་གང་དང་གང་ལའོ། །ཁྱད་པར་དུ་དགག་པ་ཡོད་པ་ཞེས་པ་ནི་དེ་བྱས་ན་ཉེས་པར་འགྱུར་བས་ཆོས་ན་མར་ལ་ཁྱད་པར་དུ་བཀག་ནས་ཡོད་པ་དག་གོ། །བཤགས་ཚད་དང་ལྡང་ཚད་ཀྱང་ཤེས་པར་བྱའོ་ཞེས་པ་ནི་བཀག་ནས་ཡོད་པ་དེ་བྱས་ན་བཤགས་ལྡང་དགོས་པའི་དོན་ཏོ། །བཤགས་ལྡང་གང་ལས་ཤེས་པར་བྱ་ན། དེ་རྣམས་ལས་སོ། །དེ་རྣམས་བཤད་པ་ལ། ཞིང་ནི་ཡུལ་ཆེ་ཆུང་ངོ་། །བསམ་པ་ནི་ཉོན་མོངས་པ་དྲག་ཞན་ནོ། །སྦྱོར་བ་ནི་གསུམ་འཛོམ་མ་འཛོམ་མོ། །རྐྱེན་ནི་བཤགས་པའི་ཡུལ་ལ་སོགས་པ་འཛོམ་མ་འཛོམ་མོ། །དུས་ནི་ལོ་གསུམ་འདས་མ་འདས་ཀྱིས་སོ། །དེ་རྣམས་ཀྱིས་ཉེས་པ་ཆེ་ཆུང་རྟོགས་པར་བྱས་ལ། བཤགས་ལྡང་ཆེ་ཆུང་ཤེས་པར་བྱའོ། །གནང་བ་ནི་སློབ་དཔོན་ལ་སོགས་པས་གནང་བ་སྟེ། བཤགས་ལྡང་མི་དགོས་སོ། །གང་ལ་ཞེས་པ་ནི་བྱ་བ་གང་ལའོ། །ཁྱད་པར་དུ་དགག་པ་མེད་པ་ཞེས་པ་ནི་བྱས་ཀྱང་ཉེས་པར་མི་འགྱུར་བས་བཀག་པ་མེད་

པ་དག་གོ། །ལྟུང་བ་འདི་ཐམས་ཅད་ཞེས་པ་ནི་བཀག་མེད་དེ་བྱས་པས་ལྟུང་བ་འབྱུང་བ་ལྟ་བུར་སྣང་བ་ཐམས་ཅད་དོ། །ཕྱོགས་སུ་བསྡུ་མ་ཤེས་པར་བྱའོ་ཞེས་པ་ནི་ཉེས་པ་མེད་པའི་ཕྱོགས་སུ་བསྡུ་བ་ཡིན་པས་བཤགས་ལྟུང་མི་དགོས་པའི་དོན་ཏོ། །དེའི་ནུས་པའི་ཁྱད་པར་དང་ཞེས་པ་ནི་དཔེར་ན་འོ་མ་ལ་མར་དང་པོ་ནས་ཁྱབ་ནས་ཡོད་པས་མར་འབྱུང་བའི་ནུས་པ་ཡོད་པ་བཞིན་དུ། སེམས་ཅན་མ་མི་རྟོག་པའི་ཡེ་ཤེས་དེ་དང་པོ་ནས་ཁྱབ་ནས་ཡོད་པས་སངས་རྒྱས་འབྱུང་བའི་ནུས་པ་ཡོད་པ་ཡིན་ནོ། །ཡོན་ཏན་གྱི་ཁྱད་པར་ལ་ཞེས་པ་ནི་དཔེར་ན་འོ་མ་དེ་སྐྱེས་བུའི་བརྩོལ་བས་བགྲོགས་པའི་ཡོན་ཏན་གྱིས་མར་མངོན་པར་འགྱུར་བ་བཞིན་དུ། གང་ཟག་གིས་ལམ་ཉམས་སུ་བླངས་པའི་ཡོན་ཏན་གྱིས་ལམ་མངོན་པར་འགྱུར་བ་ཡིན་ནོ། །ཇི་ལྟ་བུར་མངོན་ན་འཆད་པ་ལ། ལྟུང་བ་ལྔ་བའི་ཡུལ་དོན་དམ་བྱང་ཆུབ་ཀྱི་སེམས་དང་། དགུའ་བའི་ཡུལ་རང་བཞིན་གྱིས་དག་པའི་ཆོས་དང་། བཅུ་གཅིག་པའི་ཡུལ་མི་བསོགས་བྲལ་བའི་ཆོས་དོན་གཅིག་སྟེ། རྩ་ལྟུང་ལྔ་པར་ནི་དོན་དེ་སྨོན་འཇུག་གཉིས་ཀྱིས་མ་བསྒོམས་ན་ལྟུང་བར་འགྱུར་བར་བཤད་པ་ཡིན་ནོ། །རྩ་ལྟུང་དགུ་པར་ནི་དོན་དེ་ལ་སོམ་ཉིད་ཟོས་པས་ལྟུང་བར་འགྱུར་བར་བཤད་པ་ཡིན་ནོ། །རྩ་ལྟུང་བཅུ་གཅིག་པར་ནི་དོན་དེ་ལ་ཕྱིན་ཅི་ལོག་ཏུ་བརྟགས་པས་ལྟུང་བར་འགྱུར་བར་བཤད་པ་ཡིན་ནོ། །དཀྱིལ་འཁོར་གྱི་གཙོ་བོ་འཕོ་བ་ཞེས་པ་ནི་དཔལ་དགྱེས་པ་རྡོ་རྗེ་ལྟ་བུ་ལ་སྦྱར་ན། དེ་ལ་ཡང་རིགས་བྱེ་བྲག་པ་དང་རིགས་བསྡུས་གཉིས་ལས། རིགས་བྱེ་བྲག་པའི་དབང་དུ་བྱས་ན། སྔར་དགྱེས་རྡོར་ཞལ་གཅིག་ཕྱག་གཉིས་པས་གཙོ་བོ་བྱས་པའི་ལྷ་དགུའི་དཀྱིལ་འཁོར་ལ་ཡི་དམ་བྱེད་པ་ཡིན་པ་ལ། ཕྱིས་གཙོ་བོ་ཞལ་བརྒྱད་ཕྱག་བཅུ་དྲུག་པ་ལྟ་བུ་ལ་མོས་ནས་འཕོ་ནའོ། །ཚུལ་དེ་ཉིད་ཞེས་པ་ནི་ཡེ་ཤེས་སེམས་པ་འཇུག་པའི་དུས་སུ་སྔར་གྱི་ཞལ་གཅིག་ཕྱག་གཉིས་པ་ཡང་སྤྱན་དྲངས་ནས་ཕྱི་མ་ལ་འཇུག་པ་སྟེ། དེས་ཉེས་པ་མེད་ཅིང་ཁྱད་པར་དུ་འགྲུབ་པའི་དོན་ཏོ། །ཡང་རིགས་བསྡུས་བསྒོམ་པའི་དབང་དུ་བྱས་ན་སྔར་རྣམ་པར་སྣང་མཛད་དགྱེས་པ་རྡོ་རྗེས་གཙོ་བོ་བྱས་ནས་རིགས་བསྡུས་བསྒོམ་པ་ལ། ཕྱིས་གཙོ་བོ་མི་བསྐྱོད་དགྱེས་པ་རྡོ་རྗེ་ལ་མོས་ན། མི་བསྐྱོད་དགྱེས་པ་རྡོ་རྗེ་དབུས་ཀྱི་ལེང་ཅེ་ལ་བསྒོམས་ནས་གཙོ་བོ་བྱས་ཏེ། རྣམ་སྣང་དགྱེས་རྡོར་ཤར་གྱི་ལེང་ཚེ་ལ་སོགས་ཀྱང་

ཉེས་པ་མེད་པའི་དོན་ཏོ། །ཚགས་བཅས་ནོར་བུ་འདས་པ་དང་ཞེས་པ་ནི་འཕྲིག་པའི་ཆོས་སོ། །དེ་ཡང་ནོར་བུ་ནི་སྐྱེས་པའི་གསང་གནས་སོ། །འདས་པ་ནི་རླུའི་སྒོ་གསུམ་དུའོ། །ཚགས་བཅས་ནི་དགའ་བ་ཉམས་སུ་མྱོང་བའོ། །རིན་ཐང་ཚང་བ་ཐོབ་བློ་ལྡན་ཞེས་པ་ནི་མ་བྱིན་བར་ལེན་པའོ། །དེ་ཡང་རིན་ཐང་ཚང་ཚང་བ་ནི་འགྲོན་བུ་ཀར་ཤ་པ་ཎའི་བཞི་ཆ་སྟེ། དུས་ད་ལྟའི་དབང་དུ་བྱས་ན་འགྲོན་བུ་སུམ་བརྒྱ་དྲུག་བཅུ་ཡོད་དོ། །དེ་ཡང་ནོར་བདག་གཅིག་ལ། རྒྱུན་མ་གཅིག་གིས། སྦྱོར་བ་གཅིག་གམ། གནས་གཅིག་ཏུ་ལ་སོགས་པའོ། །ཐོབ་བློ་ནི་གོ་སླའོ། །ཤེས་བཞིན་མི་གཞན་བསད་པ་དང་ཞེས་པ་ནི་སྲོག་གཅད་པའོ། །དེ་ཡང་ཤེས་བཞིན་ཡོད་པ་ནི་བསད་སེམས་ཡོད་པའོ། །མི་ཞེས་པ་ནི་དམྱལ་བ་ལ་སོགས་པ་འགྲོ་བ་གཞན་མ་ཡིན་པའོ། གཞན་ཞེས་པ་ནི་རང་མ་ཡིན་པའོ། །མི་ཆོས་བླ་མ་ང་རྒྱལ་མེད་ཞེས་པ་ནི་བརྫུན་དུ་སྨྲ་བའོ། །དེ་ཡང་མི་ཆོས་བླ་མ་ནི་བསམ་གཏན་དང་མངོན་ཤེས་དང་རྫུ་འཕྲུལ་ལ་སོགས་པ་རང་ལ་མེད་བཞིན་དུ་ཡོད་པ་སྐད་སྨྲས་པའོ། །ང་རྒྱལ་མེད་པ་ནི་དེ་དག་ཊ་ཀྱང་ཡོད་དམ་ཡང་སྙམ་པའོ་ང་རྒྱལ་མེད་པའོ། །ལྟུ་བ་འབྱིན་ལ་སོགས་པ་རྣམས་ཞེས་པ་ནི་དགེ་འདུན་གྱི་ལྷག་མ་རྣམས་སོ། །ཆོས་འདུལ་འདི་ལ་རྩ་བ་འཆད་ཞེས་པ་ནི་འདི་དག་གིས་ཕམ་བ་འམ། ཕམ་འདྲའི་ཉེས་བྱས་ཡོང་བའི་དོན་ཏོ། །གཙང་མའི་གྲོགས་དང་འགྲོགས་དགོས་པའི་རྒྱུ་མཚན་ནི་དཔེར་ན་འཁོར་ལོ་གཅིག་པའི་ཤིང་རྟ་དེ་ལམ་ལ་འགྲོ་བར་མི་ནུས་ལྟར། བསླབ་པ་པོ་གྲོགས་དང་བྲལ་བའི་གང་ཟག་ནི་ལམ་ལ་བགྲོད་པར་མི་ནུས་པའོ། །དེ་ལྟར་ཡང་གྲི་ཡ་དབྱུང་བཟངས་ལས། ཇི་ལྟར་འཁོར་ལོ་གཅིག་པའི་ཤིང་རྟ་ནི། རྟ་དང་ལྡན་ཡང་ལམ་དུ་འགྲོ་མི་འགྱུར། དེ་བཞིན་བསླབ་པ་པོ་ལ་གྲོགས་མེད་ན། ལུས་ཅན་དངོས་གྲུབ་ཐོབ་པར་མི་འགྱུར་རོ། །ཞེས་གསུངས་སོ། །ཚད་མའི་ལྡན་པ་འགལ་བ་མི་འབྲུལ་བའི་གཏན་ཚིགས་ནི། ཕྱི་འདི་ཆོས་ཅན། ཐམས་ཅད་ཡོད་དོ་ཞེས་བྱ་བར་དམ་བཅའ། གཅིག་ཡིན་པའི་ཕྱིར་ཞེས་བྱ་བ་གཏན་ཚིགས་སོ། །དེ་ལ་རྟོག་མེད་ནི་བསྒོམ་པའོ། །ཐབས་ནི་སྤྱོད་པའོ། །ཤེས་རབ་ནི་ལྟ་བའོ། །དུས་ཤེས་པ་ནི་རྟོག་མེད་ཀྱི་བསྒོམ་པས་གོམས་པར་བྱེད་པ་སྟེ་དང་པོའི་ནུས་སོ། །ཐབས་ཀྱི་སྤྱོད་པས་རོ་སྙོམ་པ་སྟེ་བར་གྱི་དུས་སོ། །ཤེས་རབ་ཀྱི་ལྟ་བས་རྒྱས་འདེབས་པ་མཐར་གྱི་དུས་སོ། །

དངོས་པོ་རྒྱུ་འདྲ་ནས་ཡན་ལག་གོ། །ཡན་ཆད་དམ་ཚིག་ཏེ། དངོས་པོ་ཐམས་ཅད་སྒྱུ་མ་དང་འདྲ་བར་ཤེས་པའི་དམ་ཚིག་བསྟེན་ཞེས་པའོ། །དམ་ཚིག་གཉིས་གང་ཞེ་ན། བསྡམ་བྱ་ལྟུང་བ་ལ་སོགས་པ་རྣམས་སྡོམ་བྱེད་གཉེན་པོས་བསྡམས་པ་དེའོ། །སྡོམ་བྱེད་དེ་རང་ཡང་གཉིས་ཏེ། རང་བཞིན་གནས་དང་ཞེས་པ་སྐྱོ་བ་འདི་ལ་མ་བླངས་ཀྱང་། སྐྱེ་བ་སྔ་མའི་གོམས་པས་དམ་ཚིག་དང་སྡོམ་པ་རང་ཆས་སུ་གནས་པ་དེའོ། །གཞན་གྱི་ནུས་པས་བསྐྱེད་ཞེས་པ་ནི་ཚེ་འདི་རང་ལ་བླ་མས་བགོ་པ་དེའོ། །དེ་དག་གི་དོན་བསྡུས་འཆད་པ་ལ། ངོ་བོ་ཉིད་དང་ཞེས་པ་ནི་རང་བཞིན་གྱིས་གནས་པ་དེའོ། །བསྡམ་དང་སྡོམ་བྱེད་ཞེས་པ་ནི་གཞན་ནུས་པས་བསྐྱེད་པ་སྟེ། བསྡམ་བྱ་རྣམས་སྡོམ་བྱེད་ཀྱིས་བསྡམས་པའོ། །དེ་ཡང་བསྡམ་བྱ་འཆད་པ་ལ། རྩ་བ་ནི་ཕམ་ལྟུང་ངོ་། །ཡན་ལག་ནི་ལྷི་སྦོམ་མོ། །དེ་བཞིན་ཡན་ལག་ནི་ཉེས་འཕྲའོ། །རྡོ་རྗེ་ལ་སོགས་པས་དམ་ཚིག་བསྲུང་བར་གདམས་པ་སྟོན་ཏེ། སྲུམ་ཁྲུར་དང་དབྱུག་པའི་རིགས་པ་སྟོན་པའོ། །བླ་མ་དམ་པ་རྣམས་ལ་ཕྱག་འཚལ་ལོ། །མཆོག་གི་འབྲས་བུ་ལ་གཉིས་ཏེ། ལམ་ལ་བསྒྲོད་པའི་ཚུལ་དང་། འབྲས་བུ་དངོས་སོ། །དེ་ལ་དང་པོ་འཆད་པ་ལ། ལྡོག་པ་མེད་པའི་བྱང་ཆུབ་སེམས་བཟུང་ནས། །ཐབས་ཀྱིས་བསོད་ནམས་ཚོགས་ནི་ཡོངས་རྫོགས་བྱེད། །ཞེས་པ་ནི་ཆོས་སྤྱི་སྐད་དང་བསྟུན་ཚོགས་ལམ་ལ་བསྒྲོད་པའི་ཚུལ་ཡིན་ལ། ཆོས་འདི་རང་གི་སྐད་ལྟར་ན་ཀུན་ཏུ་བཟང་པོའི་སྤྱོད་པ་སྤྱད་པའི་རྣམ་བཞག་ཡིན་ཏེ། དེ་ཡང་ལྡོག་པ་མེད་པ་ནི་ཐེག་པ་དམན་པར་མི་ལྡོག་པའོ། །བྱང་ཆུབ་སེམས་བཟུང་ནས་ཞེས་པ་སྨོན་འཇུག་རྣམ་གཉིས་སྟོན་དུ་སོང་བའི་དབང་ངམ་དམ་ཚིག་དང་བཅས་པ་བསྡོམས་པའོ། །ཐབས་ཀྱིས་བསོད་ནམས་ཚོགས་ནི་རབ་རྫོགས་བྱེད་ཞེས་པ་ནི་ཕ་རོལ་ཏུ་ཕྱིན་པ་དྲུག་གམ་བསྐྱེད་རྫོགས་རྣམ་པ་གཉིས་ལ་སོགས་པས་ཚོགས་རྒྱས་ཤིང་འཕེལ་བར་བྱེད་པའོ། །བདེན་པས་ངག་ཅན་དེ་ནི་ལུང་བསྟན་ཏེ་ཞེས་པ་ནི་ཆོས་སྤྱི་སྐད་དང་བསྟུན་སྦྱོར་ལམ་ཞེས་བྱ་བ་དེ་ལ་བསྒྲོད་པའི་ཚུལ་ཡིན་ལ། ཆོས་འདི་རང་གི་སྐད་ལྟར་ན་རིག་པ་བརྟུལ་ཞུགས་ཀྱི་སྤྱོད་པ་དང་འགོན་པོའི་ཀུན་ཏུ་སྤྱོད་པ་སྤྱད་པའི་རྣམ་བཞག་ཡིན་ཏེ། དེ་ཡང་བདེན་པའི་ངག་ཅན་ཞེས་པ་ནི་སྦྱོར་མམ་ལ་གནས་པའི་ཚེ་ངག་གི་བདེན་པ་འཐོབ་པས་ན་དེ་སྐད་ཅེས་བྱ་སྟེ། ཇི་ལྟར་ཞེ་ན་གྲོང་ཁྱེར་ལ་མེ་འབར་བ་མཐོང་ན། ཞི་

བར་གྱུར་ཅིག་ཞེས་བརྗོད་པ་ཙམ་གྱིས་མེ་ཞི་བར་འགྱུར་བ་དང་། ཆུ་ཀླུང་གི་གནོད་པ་ཅན་མཐོང་ན། ཆད་པར་གྱུར་ཅིག་ཞེས་བརྗོད་པ་ཙམ་གྱིས་འཆད་པར་འགྱུར་བ་དང་། སྐྱེས་བུ་ནད་ཀྱིས་གཟིར་པ་མཐོང་ན་སོས་པར་གྱུར་ཅིག་ཞེས་བརྗོད་པ་ཙམ་གྱིས་སོས་པར་འགྱུར་བ་ལ་སོགས་པ་འབྱུང་བའོ། ། དེ་ལྟར་ཡང་འཕགས་པ་བསྡུད་པ་ལས། བདེན་པའི་བྱིན་གྱིས་བརླབས་ཀྱིས་མེའི་ཕུང་པོ་ཞིང་། ། དེ་ནི་མི་ལྡོག་ལུང་བསྟན་ཡིན་པར་རིག་པར་བྱ། །མིའི་འཇིག་རྟེན་འབྱུང་པོའི་གདོན་དང་ནད་མང་བ། །ཕན་དང་སྙིང་བརྩེར་ལྡན་པའི་བདེན་པའི་བྱིན་གྱིས་ཞི། །ཞེས་གསུངས་སོ། །ལུང་བསྟན་ཏེ་ཞེས་པ་ནི་སྦྱོར་ལམ་ནས་བཟུང་ནས་སངས་རྒྱས་རྣམས་ཀྱིས་ལུང་སྟོན་མཛད་པས་དེ་སྐད་ཅེས་བྱའོ། །ཆོས་གཞན་ལས་ཀྱང་སྦྱོར་ལམ་ནས་ལུང་སྟོན་འབྱུང་བར་གསུངས་ཏེ་ཇི་སྐད་དུ་ཡང་དག་པར་ཞུགས་པའི་ཏིང་འཛིན་དང་ལྡན་པའི་རྣལ་འབྱོར་པ་ལ། སངས་རྒྱས་ལུང་སྟོན་མཛད་པ་ནི་ཆོས་ཉིད་དོ་ཞེས་གསུངས་སོ། །བཏགས་པ་རྣམས་ཡོག་བདེན་པའི་དོན་མཐོང་ནས་ཞེས་པ་ནི་ཆོས་ཀྱི་སྐད་དང་བསྟུན་ན་མཐོང་བའི་ལམ་ཞེས་བྱ་བ་དེ་ལ་བསྒྲོད་པའི་ཚུལ་ཡིན་ལ། ཆོས་འདི་རང་གི་སྐད་ལྟར་ན་མཉམ་བཞག་ཆེན་པོའི་སྤྱོད་པ་ལ་ཞུགས་པའི་རྣམ་བཞག་ཡིན་ཏེ། དེ་ཡང་བརྟགས་པ་རྣམས་ཞེས་པ་ནི་མཐོང་ཡང་རྣམས་སོ། །ཡོག་ཞེས་པ་ནི་དེ་རྣམས་ཟད་པ་འམ་ཡལ་བའི་དོན་ཏེ། དེ་ཡང་ཅིའི་སྟོབས་ཀྱིས་ཟད་ཅིང་ཡལ་ན། བདེན་པའི་དོན་མཐོང་བས་ཞེས་པ་སྟེ། བདེན་པའི་དོན་ནི་ཆོས་ཐམས་ཅད་ཀྱི་ཆོས་ཉིད་སྟོང་པ་ཉིད་ཀྱི་དོན་དེའོ། །མཐོང་ཞེས་པ་ནི་མཐོང་བ་མེད་པའི་ཚུལ་དུ་མཐོང་བའོ། །དེ་ལྟར་ཡང་ཆོས་ཡང་དག་པར་བསྡུར་པའི་མདོའི་ལས། སྟོང་པ་ཉིད་མཐོང་བ་ནི་མཐོང་བ་མ་མཆིས་པའོ་ཞེས་པ་དང་། འགའ་ཡང་མཐོང་བ་མེད་པ་ནི་དེ་ཁོ་ན་ཉིད་མཐོང་བའོ། །ཞེས་གསུངས་སོ། །ས་ནས་སར་འཕར་མི་མཐུན་ཕྱོགས་ཡངས་ཏེ་ཞེས་པ་ནི་ཆོས་ཀྱི་སྐད་དང་བསྟུན་ན་བསྒོམ་ལམ་དང་མཐར་ཕྱིན་པའི་ལམ་ཞེས་པ་དེ་ལ་བགྲོད་པའི་ཚུལ་ཡིན་ལ། ཆོས་འདི་རང་གི་སྐད་ལྟར་ན་མཉམ་བཞག་ཆེན་པོའི་སྤྱོད་པ་ལ་གནས་པ་དང་དེ་མཐར་ཕྱིན་པའི་རྣམ་བཞག་ཡིན་ནོ། །དེ་ཡང་ས་ནས་སར་འཕར་ཞེས་པ་ནི་ས་དང་པོ་ནས་བཅུ་པའི་བར་དུ་བགྲོད་པ་སྟེ། ས་བཅུ་ནོན་པའོ། །མཚན་ཡང་དག་པར་བརྗོད་པའི་རྒྱུད་ལས་ཀྱང་། མགོན་པོ་ས་བཅུའི་

དབང་ཕྱུག་ཏེ། ས་བཅུ་ལ་ནི་གནས་པ་པོ། །ཞེས་གསུངས་སོ། །དཔལ་དགྱེས་པ་རྡོ་རྗེའི་རྒྱུད་ལས་ཀྱང་། ས་བཅུའི་དབང་ཕྱུག་མགོན་པོ་ཉིད་ཞེས་གསུངས་སོ། །དཔལ་དམ་པ་དང་པོའི་རྒྱུད་ལས་ཀྱང་། ས་དག་ཀྱང་ནི་ཕྱོགས་ཀྱི་ཚད་ཞེས་གསུངས་སོ། །

འོ་ན་ས་རྣམ་པ་བཅུ་པོ་དེ་དག་གང་གང་ཡིན་ཞེ་ན། དམ་པ་དང་པོ་གསལ་བྱེད་དྲི་མེད་འོད་ཅེས་བྱ་བ་ལས། དེ་བཞིན་དུ་ས་བཅུ་སྟེ། རབ་ཏུ་དགའ་བ་དང་། དྲི་མ་མེད་པ་དང་། འོད་བྱེད་པ་དང་། འོད་འཕྲོ་བ་དང་། སྦྱང་དཀའ་བ་དང་། མངོན་དུ་གྱུར་པ་དང་། རིང་དུ་སོང་བ་དང་། མི་གཡོའ་བ་དང་། ལེགས་པའི་བློ་གྲོས་དང་། ཆོས་ཀྱི་སྤྲིན་ནོ་ཞེས་གསུངས་པ་དེ་དག་ཡིན་នོ། །ཡང་ན་ས་དང་པོ་རབ་ཏུ་དགའ་བ་ནས་རིམ་པ་ལྟར་བཅུ་གསུམ་རྡོ་རྗེ་འཛིན་པའི་སའི་བར་དུ་བགྲོད་པའོ། །ས་རྣམས་ཀྱི་མིང་ཡང་ངེས་པར་བརྗོད་པའི་རྒྱུད་བླ་མ་ལས། རབ་ཏུ་དགའ་དང་དྲི་མ་མེད། །འོད་དབྱེད་པ་དང་འོད་འཕྲོ་བ། །རིང་དུ་སོང་དང་མི་གཡོ་བ། །ལེགས་པའི་བློ་གྲོས་ཆོས་ཀྱི་སྤྲིན། །དཔེའ་མེད་པ་དང་ཡེ་ཤེས་ལྡན། །རྡོ་རྗེའི་ས་ནི་བཅུ་གསུམ་པ། །ཞེས་གསུངས་སོ། །མི་མཐུན་ཕྱོགས་ཡངས་ཏེ་ཞེས་པ་ནི་ས་དེ་དག་བགྲོད་པས་བསྒོམ་ཡང་གི་ཉོན་མོངས་པ་དང་ཤེས་བྱའི་བསྒྲིབ་པ་ཡངས་པའོ། །མཆོག་གི་འབྲས་བུ་ལ་གསུམ་སྟེ། ཆོས་ཀྱི་སྐུ་དང་། ལོངས་སྤྱོད་རྫོགས་པའི་སྐུ་དང་། སྤྲུལ་པའི་སྐུའོ། །དེ་ལ་དང་པོ་ནི་རྒྱུ་མ་ལྟ་བུར་རྟོག་མེད་མཉམ་པར་གནས་ཞེས་པ་སྟེ། དེ་འཆད་པ་ལ། སྒྱུ་མ་ལྟ་བུར་ཞེས་པ་ནི་ཕྱིའི་ཡུལ་ཐམས་ཅད་སྒྱུ་མ་ལྟར་རང་བཞིན་མེད་པར་རྟོགས་པའོ། །རྟོག་མེད་ཞེས་པ་ནི་ནང་གི་ཡུལ་ཅན་རྣམ་པར་རྟོག་པ་ཡང་མེད་པར་གྱུར་པའོ། །མཉམ་པར་གནས་ཞེས་པ་ནི་ཆོས་ཀྱི་དབྱིངས་སྤྲོས་པ་མེད་པ་དང་ཡེ་ཤེས་སྤྲོས་པ་མེད་པ་གཉིས་རོ་གཅིག་པའི་ངང་ལ་འདྲེས་ནས་མཉམ་ཉིད་ཆེན་པོའི་ངག་ལ་གནས་པར་གྱུར་པའོ། །དེ་ལྟ་བུ་དེ་ཆོས་ཀྱི་སྐུ་ཡིན་ནོ། །དེ་ལྟར་ཡང་། ཤེས་བྱ་སྤྲོས་བྲལ་དེ་ཉིད་དང་། །དབྱེར་མེད་ཡེ་ཤེས་རྣམ་འདྲེས་པ། །དེ་ནི་སངས་རྒྱས་ཐམས་ཅད་ཀྱི། །རང་བཞིན་ཆོས་སྐུ་ཞེས་བྱར་བརྗོད། །ཞེས་གསུངས་སོ། །ལོངས་སྤྱོད་རྫོགས་པའི་སྐུ་ནི་ཚིག་རྐང་བཞིས་སྟོན་པ་ལས། །མཁའ་སྤྱར་ཞེས་པ་ནི་ཡུམ་དང་འབྲེལ་པ་སྟེ་ཟུང་འཇུག་གི་བརྡའོ། །བདེ་ཆེན་ཞེས་པ་ནི་ཟག་མེད་ཀྱི་བདེའ་བ་ལ་ལོངས

སྒྲུབ་པའོ། །མཚན་གྱིས་བརྒྱན་ཞེས་པ་ནི་ལོངས་སྐུ་དེ་ལ་མཚན་སུམ་བཅུ་རྩ་གཉིས་ཀྱིས་བརྒྱན་པ་སྟེ། མཚན་ཡང་དག་པར་བརྗོད་པའི་རྒྱུད་ལས་ཀྱང་། སུམ་བཅུ་རྩ་གཉིས་མཚན་མཚན་འཆང་བ་ཞེས་གསུངས་སོ། །དཔལ་དགྱེས་པ་རྡོ་རྗེའི་རྒྱུད་ལས་ཀྱང་། སྟོན་པ་སུམ་བཅུ་རྩ་གཉིས་མཚན་ཞེས་གསུངས་སོ། །དཔལ་དེ་པ་དང་པོའི་རྒྱུད་ལས་ཀྱང་། མཚན་ནི་སུམ་བཅུ་རྩ་གཉིས་དང་ཞེས་གསུངས་སོ། །

འོ་ན་མཚན་སུམ་བཅུ་རྩ་པོ་གཉིས་དེ་རང་གང་གང་ཡིན་ཞེ་ན། དམ་པ་དང་པོ་གསལ་བྱེད་དྲི་མེད་ལས། སྐྱེས་བུ་ཆེན་པོའི་མཚན་སུམ་བཅུ་རྩ་གཉིས་ནི་འདི་ལྟ་སྟེ། དེ་བཞིན་གཤེགས་པའི་ཕྱག་དང་ཞབས་ལ་འཁོར་ལོས་མཚན་པ་སྟེ་ཞེས་པ་ནས། སྐུ་སྐུ་མདོག་སྣ་ཚོགས་པ་སྟེ། སེམས་ཅན་སྣ་ཚོགས་ལ་གཟིགས་པའི་ཕྱིར་རོ། །ཞེས་པའི་བར་དུ་གསུངས་པ་དེ་དག་ཡིན་ནོ། །

འཕགས་པ་མི་ཕམ་མགོན་པོའི་ཞལ་ནས་ཀྱང་། ཕྱག་ཞབས་འཁོར་ལོས་མཚན་དང་དུ་ཐལ་ཞབས། །ཕྱག་དང་ཞབས་སོར་དྲ་བས་འབྲེལ་པ་དང་། །ཕྱག་ནི་ཞབས་བཅས་འཇམ་ཞིང་གཞོན་ཤ་ཆགས། །འདིའི་སྐུ་ནི་བདུན་དག་མཐོང་བ་དང་། །ཞེས་པ་ལ་སོགས་པ་གསུངས་པའོ། །དེས་མཚོན་ནས་སྐུ་དེ་ལ་དཔེའ་བྱེད་བཟང་པོ་བརྒྱད་བཅུ་ཡང་མངའ་བ་ཡིན་ནོ། །དཔལ་དགྱེས་པ་རྡོ་རྗེའི་རྒྱུད་ལས་ཀྱང་། གཙོ་བོ་དཔེ་བྱད་བརྒྱད་བཅུར་ལྡན། །ཞེས་གསུངས་སོ། །དམ་པ་དང་པོའི་རྒྱུད་ལས་ཀྱང་། གཞན་ཡང་དཔེ་བྱད་བརྒྱད་བཅུ་སྟེ། །ཞེས་གསུངས་སོ། །

འོ་ན་དཔེ་བྱད་བརྒྱད་བཅུ་པོ་དེ་གང་གང་ཡིན་ཞེ་ན། དམ་པ་དང་པོ་གསལ་བྱེད་དྲི་མེད་འོད་ལས། འདིར་དཔེ་བྱད་བཟང་པོ་བརྒྱད་བཅུ་ནི་ཞེས་པ་ལ་སོགས་པ་གསུངས་སོ། །

འཕགས་པ་མི་ཕམ་འགོན་གྱི་ཞལ་ནས་ཀྱང་། ཐུབ་པའི་སེན་མོ་ཟངས་མདོག་དང་། །མདོག་སྣུམ་མཐོང་དང་སོར་མོ་རྣམས། །བཟླུམ་རྒྱས་བྱིན་གྱིས་འཕྲ་བ་དང་། །རྩ་མི་མངོན་དང་མདུད་པ་མེད། །ཞེས་པ་ལ་སོགས་པ་གསུངས་སོ། །སྟོབས་དང་ཞེས་པ་ནི་སྟོབས་བཅུ་མངའ་བ་སྟེ། མཚན་ཡང་དག་པར་བརྗོད་པའི་རྒྱུད་ལས་ཀྱང་། ཐུབ་དབང་སྟོབས་བཅུ་ཁྱབ་པའི་བདག །ཞེས་གསུངས་སོ༔ ༔དམ་པ་དང་པོའི་རྒྱུད་ལས་ཀྱང་། སངས་རྒྱས་རྣམས་ཀྱི་སྟོབས་ཕྱོགས་དང་། །ཞེས་གསུངས

སོ༔ ༔འོན་སྟོབས་བཅུ་པོ་གང་གང་ཡིན་ཞེ་ན། དམ་པ་དང་པོ་གསལ་བྱེད་དྲི་མེད་འོད་ལས། གནས་དང་གནས་མ་ཡིན་པ་མཁྱེན་པའི་སྟོབས་དང་། ལས་དང་རྣམ་པར་སྨིན་པ་མཁྱེན་པའི་སྟོབས་དང་། ཁམས་སྣ་ཚོགས་མཁྱེན་པའི་སྟོབས་དང་། དབང་པོ་མཆོག་དང་མཆོག་མ་ཡིན་པ་མཁྱེན་པའི་སྟོབས་དང་། མོས་པ་སྣ་ཚོགས་མཁྱེན་པའི་སྟོབས་དང་། སྡུག་བསྔལ་འགོག་པར་གྲོལ་བའི་ལམ་མཁྱེན་པའི་སྟོབས་དང་། ཀུན་ནས་ཉོན་མོངས་པ་དང་རྣམ་པར་བྱང་བ་མཁྱེན་པའི་སྟོབས་དང་། འཆི་འཕེལ་དང་སྐྱེ་བ་མཁྱེན་པའི་སྟོབས་དང་། མངོན་པར་ཤེས་པ་མཁྱེན་པའི་སྟོབས་དང་། ཟག་པ་ཟད་པའི་སྟོབས་སུ་གྱུར་པའོ། །ཞེས་གསུངས་པ་དེ་རྣམས་ཡིན་ནོ། །མི་འཇིགས་ཞེས་པ་ནི་སངས་རྒྱས་དེ་འཇིགས་པ་རྣམས་དང་བྲལ་བའོ། །མཚན་ཡང་དག་པར་བརྗོད་པའི་རྒྱུད་ལས་ཀྱང་། བདེའ་བ་བརྙེད་ལས་འཇིགས་མེད་འཐོབ། །ཞེས་གསུངས་སོ། །མི་འཇིགས་པ་རང་དུ་མངའ་ཞེ་ན། མི་འཇིགས་པ་བཞི་མངའ་སྟེ། དམ་པ་དང་པོ་གསལ་བྱེད་དྲི་མེད་འོད་ལས། སངས་རྒྱས་མི་འཇིགས་པ་བཞི་ནི་འདི་ལྟ་སྟེ། ཆོས་ཐམས་ཅད་ཀུན་ནས་ཀྱི་བ་མེད་པ་ལ་མི་འཇིགས་པ་དང་། ཆོས་ཐམས་ཅད་བསྟན་པ་ལ་མི་འཇིགས་པ་དང་། སྒྲིབ་པ་མེད་པའི་ལམ་འཇུག་པ་མ་མི་འཇིགས་པ་དང་། ཟག་པ་ཟད་པའི་ཡེ་ཤེས་འཛིན་པ་ལ་མི་འཇིགས་པའོ། །ཞེས་གསུངས་སོ། །ཕྱོགས་ཀྱི་ཆོས་རྣམས་ཞེས་པ་ནི་བྱང་ཆུབ་ཀྱི་ཕྱོགས་ཀྱི་ཆོས་སུམ་བཅུ་རྩ་བདུན་ཏེ། དྲན་པ་ཉེ་བར་བཞག་པ་བཞི་དང་། ཡང་དག་པར་ཡོང་བ་བཞི་དང་། རྫུ་འཕྲུལ་གྱི་རྐང་པ་བཞི་དང་། དབང་པོ་ལྔ་དང་། སྟོབས་ལྔ་དང་། བྱང་ཆུབ་ཀྱི་ཡན་ལག་བདུན་དང་། འཕགས་པའི་ལམ་ཡན་ལག་བརྒྱད་དོ། །དེ་ལྟར་ཡང་དམ་པ་དང་པོའི་རྒྱུད་ལས། རྫུ་འཕྲུལ་རྐང་པ་ཟག་པ་དང་། །དེ་བཞིན་གཞན་ཡང་དྲན་པ་ནི། །ཉེ་བར་བཞག་དང་ཡང་དག་ཡོང་། །སྟོབས་ལྔ་དང་ནི་དབང་པོ་རྣམས། །བྱང་ཆུབ་ཡན་ལག་མཆོད་པ་བདུན། །འཕགས་པའི་ལམ་ནི་ཡན་ལག་བརྒྱད། །ཞེས་གསུངས་ཏེ། ཟག་པ་ཞེས་པ་དང་མཆོད་པ་ཞེས་པ་ནི་ཚིགས་བཅད་ཀྱི་ངོར་བརྗོད་ཀྱི། སྐབས་སུ་བབ་པའི་ཆོས་ནི་མ་ཡིན་ནོ། །དེ་རྣམས་ཀྱི་གསལ་བའི་དབྱེ་བ་ཡང་དམ་པ་དང་པོའི་གསལ་བྱེད་དྲི་མེད་འོད་ལས་གསུངས་ཏེ། ཇི་སྐད་དུ། དྲན་པ་ཉེ་བར་བཞག་པ་བཞི་ནི། ལུས་དྲན་གཉེ་བར་བཞག་པ་དང་། ཚོར་བ་དྲན་པ་ཉེ་བར་བཞག

པ་དང་། སེམས་དྲན་པ་ཉེ་བར་བཞག་པ་དང་། ཆོས་དྲན་པ་ཉེ་བར་བཞག་པའོ། །ཡང་དག་པར་ཡོང་བ་བཞི་ནི། །སྲིད་པའི་ཆོས་མ་སྐྱེས་པ་རྣམས་མི་བསྐྱེད་པའི་བདུན་པ་བསྐྱེད་པ་དང་། སྡིག་པའི་ཆོས་སྐྱེས་པ་རྣམས་ཀྱི་གཉེན་པོ་དགོའ་བ་བསྐྱེད་པ་དང་། དགེ་བའི་ཆོས་མ་སྐྱེས་པ་རྣམས་བསྐྱེད་པ་དང་། དགེ་བའི་ཆོས་སྐྱེས་པ་རྣམས་སངས་རྒྱས་ཉིད་དུ་བསྔོ་བ་སྟེ་བཞིའོ། །རྫུ་འཕྲུལ་གྱི་རྐང་པ་བཞི་ནི། འདུན་པ་དང་། བརྩོན་འགྲུས་དང་། སེམས་དཔའ་དང་། དཔྱོད་པའོ། །དབང་པོ་ལྔ་ནི། དད་པའི་དབང་པོ་དང་། བརྩོན་འགྲུས་ཀྱི་དབང་པོ་དང་། དྲན་པའི་དབང་པོ་དང་། ཏིང་ངེ་འཛིན་གྱི་དབང་པོ་དང་། ཤེས་རབ་ཀྱི་དབང་པོའོ། །སྟོབས་ལྔ་ནི། དད་པའི་སྟོབས་དང་། བརྩོན་འགྲུས་ཀྱི་སྟོབས་དང་། དྲན་པའི་སྟོབས་དང་། ཏིང་ངེ་འཛིན་གྱི་སྟོབས་དང་། ཤེས་རབ་ཀྱི་སྟོབས་སོ། །བྱང་ཆུབ་ཀྱི་ཡན་ལག་བདུན་ནི། དྲན་པ་ཡང་དག་བྱང་ཆུབ་ཀྱི་ཡན་ལག་དང་། ཆོས་རྣམ་པར་འབྱེད་པ་ཡང་དག་བྱང་ཆུབ་ཀྱི་ཡན་ལག་དང་། བརྩོན་འགྲུས་ཡང་དག་བྱང་ཆུབ་ཀྱི་ཡན་ཡན་ལག་དང་། དགའ་བ་ཡང་དག་བྱང་ཆུབ་ཀྱི་ཡན་ལག་དང་། ཤིན་ཏུ་སྦྱངས་པ་ཡང་དག་བྱང་ཆུབ་ཀྱི་ཡན་ལག་དང་། ཏིང་ངེ་འཛིན་ཡང་དག་བྱང་ཆུབ་ཀྱི་ཡན་ལག་དང་། བཏང་སྙོམས་ཡང་དག་བྱང་ཆུབ་ཀྱི་ཡན་ལག་གོ། །འཕགས་པའི་ལམ་ཡན་ལག་བརྒྱད་པ་ནི། ཡང་དག་པའི་ལྟ་བ་དང་། ཡང་དག་པའི་རྟོག་པ་དང་། ཡང་དག་པའི་ངག་དང་། ཡང་དག་པའི་ལས་ཀྱི་མཐའ་དང་། ཡང་དག་པའི་འཚོ་བ་དང་། ཡང་དག་པའི་བརྩོལ་བ་དང་། ཡང་དག་པའི་དྲན་པ་དང་། ཡང་དག་པའི་ཏིང་ངེ་འཛིན་ཏེ། ཞེས་གསུངས་སོ། །

ཕ་རོལ་ཏུ་ཕྱིན་པ་ཞེས་པ་ནི་ཕ་རོལ་ཏུ་ཕྱིན་པ་བཅུ་སྟེ། མཚན་ཡང་དག་པར་བརྗོད་པའི་རྒྱུད་ལས་ཀྱང་། ཕ་རོལ་ཕྱིན་བཅུ་ཐོབ་པ་སྟེ། །ཕ་རོལ་ཕྱིན་པ་བཅུ་ལ་གནས། །ཕ་རོལ་ཕྱིན་བཅུ་དག་པ་སྟེ། །ཕ་རོལ་ཕྱིན་པ་བཅུ་ཡི་ཚུལ། །ཞེས་གསུངས་སོ། །འོ་ན་ཕ་རོལ་ཏུ་ཕྱིན་པ་བཅུ་པོ་རང་གང་གང་ཡིན་ན། དམ་པ་དང་པོ་གསལ་བྱེད་དྲི་མེད་འོད་ལས་གསུངས་ཏེ། ཇི་སྐད་དུ། ཕ་རོལ་ཏུ་ཕྱིན་པ་བཅུ་ཡོངས་སུ་རྫོགས་པར་འགྱུར་ཏེ། སྦྱིན་པ་དང་། ཚུལ་ཁྲིམས་དང་། བཟོད་པ་དང་། བརྩོན་འགྲུས་དང་། བསམ་གཏན་དང་། ཤེས་རབ་དང་། ཐབས་དང་། སྨོན་ལམ་དང་། སྟོབས

དང་། ཡེ་ཤེས་ཀྱི་ཕ་རོལ་ཏུ་ཕྱིན་པའོ། །ཞེས་པའོ། །སྔགས་ཀྱི་དོན་ལ་རྣམ་པར་གཟིགས་པ་ལས་ཀྱང་། སྦྱིན་དང་ཚུལ་ཁྲིམས་བཟོད་དང་བརྩོན་འགྲུས། བསམ་གཏན་དང་ནི་ཤེས་རབ་ཐབས། །སྨོན་ལམ་སྟོབས་དང་ཡེ་ཤེས་ཏེ། །འདི་དག་ཕ་རོལ་ཕྱིན་བཅུར་འདོད། །ཞེས་གསུངས་སོ། །ས་དང་ཞེས་པ་ནི་ཡང་དག་པར་རྫོགས་པའི་སངས་རྒྱས་ཀྱི་ས་ལ་ལྟོག་པའི་བྱེ་བྲག་གིས་ས་རྣམ་པ་བཅུ་གཉིས་སུ་གནས་པའོ། །དེ་ཡང་ས་རྣམས་ཀྱི་མིང་ནི་ཀུན་ཏུ་འོད་ཀྱི་ས་དང་། བདུད་རྩི་འོད་ཀྱི་ས་དང་། ནམ་མཁའ་འོད་ཀྱི་ས་དང་། རྡོ་རྗེ་འོད་ཀྱི་ས་དང་། རིན་ཆེན་འོད་ཀྱི་ས་དང་། པད་མ་འོད་ཀྱི་ས་དང་། ལས་ཀྱི་འོད་ཀྱི་ས་དང་། དཔེ་མེད་པའི་ས་དང་། དཔེའ་དང་ལྡན་པའི་ས་དང་། ཤེས་རབ་འོད་ཀྱི་ས་དང་། ཐམས་ཅད་མཁྱེན་པ་དང་། སོ་སོར་རང་རིག་པའི་ས་རྣམས་སོ། །དེ་ལ་དང་པོ་ཀུན་ཏུ་འོད་ཀྱི་ས་ནི་དམ་པ་དང་པོ་གསལ་བྱེད་དྲི་མེད་འོད་ལས། ཀུན་ཏུ་འོད་འཛམ་པ་ཉི་མའི་དཀྱིལ་འཁོར་ཆེན་པོའི་ས་དང་། ཞེས་གསུངས་ལ། རྡོ་རྗེ་སྙིང་པོ་བརྒྱན་གྱི་རྒྱུད་ལས་ཀྱང་། ཀུན་ཏུ་འོད་ཀྱི་ས་ཆེན་པོ། །དེ་ནི་ཉི་མའི་དཀྱིལ་འཁོར་འདྲ། །ཞེས་གསུངས་ཏེ། དེ་ལྟ་ན་ཉི་མའི་དཀྱིལ་འཁོར་ཤར་ཙམ་ན། ཆོས་གསུམ་ལྡན་ཡིན་ཏེ། སྒྲིབ་བྱེད་ཀྱི་མུན་པ་ཐམས་ཅད་ཡངས་པ་དང་། གཤེར་གཤེར་གྱི་རླན་རྡུབ་ཐམས་ཅད་སྐམས་པ་དང་། སྨན་དང་ལོ་ཐོག་ཐམས་ཅད་སྨིན་པ་ཡིན་ནོ། །དེ་བཞིན་དུ་སངས་རྒྱས་ཀྱི་ས་ལ་གནས་ཙམ་ན་མ་རིག་པའི་མུན་པ་སངས་པ་དང་། རྣམ་རྟོག་གི་རླན་རྡུབ་སྐམ་པ་དང་། གདུལ་བྱ་མཐའ་དག་སྨིན་མི་གྲོལ་བར་བྱེད་པ་ཡིན་ནོ། །

གཉིས་པ་བདུད་རྩི་འོད་ཀྱི་ས་ནི། ཇི་སྐད་དུ། དམ་པ་དང་པོ་ལས། བདུད་རྩི་འོད་ཟླ་བ་ཆེན་པོ་བསིལ་བའི་ས་དང་ཞེས་གསུངས་ལ། རྒྱན་རྒྱུད་ལས་ཀྱང་། བདུད་རྩི་འོད་ནི་གཉིས་པ་སྟེ། །ཤིན་ཏུ་འོད་གསལ་ཟླ་བ་འདྲ། །ཞེས་གསུངས་ཏེ། དཔེར་ན་ཟླ་བའི་དཀྱིལ་འཁོར་ཤར་ཙམ་ན་ཆོས་གསུམ་ལྡན་ཡིན་ཏེ། ཚད་པའི་གདུང་བ་ཞི་བ་དང་། ཀུ་མུ་ད་མང་པོ་འཕེལ་བ་དང་། དངོས་པོ་ཐམས་ཅད་གསལ་བ་ཡིན་ནོ། །དེ་བཞིན་དུ་རྫོགས་པའི་སངས་རྒྱས་ཀྱི་ས་ལ་གནས་ཙམ་ན། ཉོན་མོངས་ཀྱི་ཚད་གདུང་ཞི་བ་དང་། ཡེ་ཤེས་ཀྱི་རྟོགས་པ་འཕེལ་བ་དང་། ཤེས་བྱའི་དཀྱིལ་འཁོར་ཐམས་ཅད་གསལ་བར་འགྱུར་བ་ཡིན་ནོ། །

གསུམ་པ་ནམ་མཁའ་འོད་ཀྱི་ས་ནི། དམ་པ་དང་པོ་ལས། ནམ་མཁའ་འོད་ནི་ནམ་མཁའ་བཞིན་དུ་རབ་ཏུ་གནས་པའི་ས་དང་། ཞེས་གསུངས་ལ། རྒྱན་རྒྱུད་ནས་ཀྱང་། ནམ་མཁའ་འོད་ནི་གསུམ་པ་སྟེ། ནམ་མཁའི་བཞིན་བཞིན་སོ་སོར་གནས། །ཞེས་གསུངས་ཏེ། དཔེར་ན་ནམ་མཁའ་ནི་ཆོས་གསུམ་དེ་ཡིན་ཏེ། ཐམས་ཅད་ལ་ཁྱབ་པ་དང་། རྣམ་རྟོག་མི་མངའ་བ་དང་། རྒྱུན་མི་འཆད་པའོ། །དེ་བཞིན་དུ་སངས་རྒྱས་ཀྱི་ས་མ་གནས་ཙམ་ན། ཆོས་སྐུས་ཐམས་ཅད་ལ་ཁྱབ་ཅིང་། རྣམ་རྟོག་མི་མངའ་བར། རྒྱུན་མི་འཆད་པར་གནས་པ་ཡིན་ནོ། །

བཞི་པ་རྡོ་རྗེ་འོད་ཀྱི་ས་ནི་དམ་པ་དང་པོ་ལས། རྡོ་རྗེས་འོད་ཡིད་དུ་འོང་བའི་ས་དང་། ཞེས་གསུངས་ལ། རྒྱན་རྒྱུད་ལས་ཀྱང་། རྡོ་རྗེ་འོད་ནི་བཞི་པ་སྟེ། ས་དེ་ཉིད་ནི་ཡིད་དགའ་བའོ། །བསམ་པ་ནང་གི་བརྟན་སྦྱོར་བ། རྡོ་རྗེ་ཞེས་ནི་ཡོངས་སུ་བརྟགས་ཞེས་གསུངས་ཏེ། དཔེར་ན་རྡོ་རྗེ་ཕ་ལམ་ནི་དངོས་པོ་གང་གིས་བཤིག་པ་འམ་དབྱེ་བར་མི་នུས་སོ། །དེ་བཞིན་དུ་སངས་རྒྱས་ཀྱི་ས་ལ་གནས་ཙམ་ན། དབྱིངས་དང་ཡེ་ཤེས་གཉིས་མེད་དུ་གྱུར་པས། བཟུང་བཞིན་གྱི་རྣམ་རྟོག་གིས་བཤིག་པ་འམ་དབྱེ་བར་མི་ནུས་པའོ། །

ལྔ་པ་རིན་ཆེན་འོད་ཀྱི་ས་ནི་དམ་དང་འོད། རིན་ཆེན་འོད་དབང་རབ་ཏུ་གནས་པའི་ས་དང་། ཞེས་གསུངས་ལ། རྒྱན་རྒྱུར་ལས་ཀྱང་། ལྔ་པ་རིན་ཆེན་འོད་ཅེས་པ་དང་། དབང་བསྐུར་བ་ལ་རབ་ཏུ་གནས། །ཞེས་གསུངས་ཏེ། སངས་རྒྱས་ཀྱི་ས་ལ་གནས་ཙམ་ན། རིན་ཆེན་གཙོད་པན་གྱིས་ཁམས་གསུམ་གྱི་རྒྱལ་པོར་དབང་བསྐུར་བ་ཐོབ་པས། གཟུགས་སྐུ་གཉིས་ཀྱིས་འགྲོ་བའི་དོན་མཛད་པ་ཡིན་ནོ། །

དྲུག་པ་པད་མའི་འོད་ཀྱི་ས་ནི་དམ་དང་པས། པད་མ་འོད་རང་བཞིན་གྱིས་དག་པའི་ཆོས་དྲི་མ་མེད་པ་འཛིན་པའི་ས་དང་། ཞེས་གསུངས་ལ། རྒྱན་རྒྱུད་ལས་ཀྱང་། པད་མ་འོད་ནི་དྲུག་པ་སྟེ། བར་མ་བཞིན་དུ་ཀྱེ། རང་བཞིན་དག་པའི་ཆོས་ཉིད་ཕྱིར། །དྲི་མ་མེད་པ་ཡོངས་སུ་གསུངས། །ཞེས་གསུངས་ཏེ། དཔེར་ན་པད་མ་འདམ་ན་གནས་ཀྱང་འདམ་གྱི་དྲི་མས་མ་གོས་པ་བཞིན་དུ། གཟུགས་སྐུ་གཉིས་ཀྱིས་སེམས་ཅན་གྱི་དོན་བྱེད་ཀྱང་། སེམས་ཅན་གྱི་ཉོན་མོངས་ཀྱིས་མི་གོས་པ་ཡིན་ནོ། །

བདུན་པ་ལས་ཀྱི་འོད་ནི་དམ་དང་ལས། ལས་ཀྱི་འོད་སངས་རྒྱས་ཀྱི་ལས་བྱེད་པའི་ས་དང་། ཞེས་གསུངས་ལ། རྒྱན་རྒྱུད་ལས་ཀྱང་། བདུན་པ་ལས་ཀྱི་འོད་ཅེས་པ། སངས་རྒྱས་འཕྲིན་ལས་བྱེད་པར་འདོད་ཅེས་པ་སྟེ། སངས་རྒྱས་ཀྱི་ས་ལ་གནས་ནས་གཟུགས་སྐུས་འགྲོ་དོན་མཛད་པ་དེ་ཡང་། འཕྲིན་ལས་རྣམ་བཞིའི་སྒོ་ནས་འགྲོ་དོན་མཛད་པ་ཡིན་ནོ། །

བརྒྱད་པ་དཔེ་མེད་པའི་ས་ནི་དམ་དང་ལས། དཔེ་མེད་པའི་ས་དང་ཞེས་གསུངས་ལ། རྒྱན་ལས་ཀྱང་། རྒྱད་པ་དཔེའ་མེད་བྱ་བ་ནི། དེ་ལ་དཔེའ་ནི་ཡོད་མ་ཡིན། །ཞེས་གསུངས་ཏེ། སངས་རྒྱས་ཞེས་བྱ་བ་དེ་དོན་དམ་པར་རམ་སྟོང་ཉིད་ཕྲོས་བྲལ་ཡིན་ལ། དེ་ལ་ཕྱོགས་ཐམས་ཅད་ནས་འདྲ་བའི་དཔེ་མེད་པ་ཡིན་ནོ། །

དགུ་པ་དཔེ་དང་ལྡན་པ་ས་ནི་དམ་དང་ལས། དཔེ་དང་དེ་ཐམས་ཅད་ལ་སོགས་པའི་ས་དང་ཞེས་གསུངས་ལ། རྒྱན་རྒྱུད་ལས་ཀྱང་། དཔེའ་དང་ལྡན་པ་དགུ་པ་སྟེ། ཐམས་ཅད་དཔེ་ནི་སོ་སོར་འཇིགས། །ཞེས་གསུངས་ཏེ། རྫོགས་པའི་སངས་རྒྱས་དེ་ཀུན་རྫོབ་ཙམ་དུ་ནམ་མཁའ་དང་ནོར་བུ་ལ་སོགས་པ་དཔེས་མཚོན་ནས་གོ་བར་ནུས་པ་ཡིན་ནོ། །

བཅུ་པ་ཤེས་པ་འོད་ཀྱི་ས་ནི་དམ་དང་ལས། ཤེས་རབ་འོད་བླ་ན་མེད་པའི་ས་དང་ཞེས་གསུངས་ལ། རྒྱན་རྒྱུད་ལས་ཀྱང་། བཅུ་པ་ཤེས་རབ་འོད་ཅེས་པ། སངས་རྒྱས་པ་ནི་བླ་ན་མེད། །ཞེས་གསུངས་ཏེ། སངས་རྒྱས་ནི་ཆོས་སྐུ་ཡིན་ལ། ཆོས་སྐུ་ནི་སྟོང་ཉིད་ཡིན་པས་དེའི་གོང་ན་གཞན་མེད་པ་ཡིན་ནོ། །

བཅུ་གཅིག་པ་ཐམས་ཅད་མཁྱེན་པའི་ས་ནི་དམ་དང་ལས། ཐམས་ཅད་མཁྱེན་པ་ཉིད་ཆེན་པོ་འདི་གསལ་བའི་ས་དང་། ཞེས་གསུངས་ལ། རྒྱན་རྒྱུད་ལས་ཀྱང་། བཅུ་གཅིག་ཐམས་ཅད་མཁྱེན་པ་ཉིད། །ས་ཆེན་རབ་ཏུ་འོད་གསལ་བ། །ཞེས་གསུངས་ཏེ། རྫོགས་པའི་སངས་རྒྱས་ཀྱི་ས་ལ་གནས་ཙམ་ན། ཡེ་ཤེས་ཀྱི་འོད་ཆེན་པོས་ཤེས་བྱ་ཇི་ལྟ་བ་དང་ཇི་སྙེད་པ་ཐམས་ཅད་གསལ་ཞིང་མཁྱེན་པར་འགྱུར་བ་ཡིན་ནོ། །

བཅུ་གཉིས་པ་སོ་སོ་རང་རིག་པའི་ས་ནི་དམ་དང་ལས། རྣལ་འབྱོར་པས་སོ་སོར་རང་

རིག་པའི་ཡེ་ཤེས་རྫོགས་པའི་སའོ་ཞེས་གསུངས་ལ། རྒྱན་རྒྱུད་ལས་ཀྱང་། བཅུ་གཉིས་སོ་སོར་རང་རིག་པའི་རྣལ་འབྱོར་ཡེ་ཤེས་རབ་ཏུ་རྫོགས། །ཞེས་གསུངས་ཏེ། སངས་རྒྱས་ཀྱི་ས་ལ་གནས་ཙམ་ན། གཉིས་སྣང་ཐམས་ཅད་དག་ནས། གཉིས་མེད་ཀྱི་ཡེ་ཤེས་མཐར་ཐུག་པ་འབྱུང་བ་ཡིན་ནོ། ། དབང་བསྐུར་ཞེས་པ་ནི་འབྲས་བུའི་དུས་ཀྱི་དབང་བསྐུར་ཏེ། ས་བཅུ་པ་ཆོས་ཀྱི་སྤྲིན་གྱི་མཐར་ཕྱོགས་བཅུའི་སངས་རྒྱས་རྣམས་ཀྱིས་ཆོས་ཀྱི་རྒྱལ་པོར་དབང་བསྐུར་བས་འཚང་རྒྱ་བ་ཡིན་ནོ། །དེ་ཡང་ཕ་རོལ་དུ་ཕྱིན་པའི་གཞུང་ལྟར་ན་ཡང་། རྡོ་རྗེ་རྩེ་མོ་ལ་སོགས་པ་ན་ཡར་ལ་ས་བཅུ་བགྲོད་པའི་མཐར་ཕྱོགས་བཅུའི་སངས་རྒྱས་ཀྱིས་དབང་བསྐུར་བས་སངས་རྒྱ་བར་བཤད་དེ། འོ་སྐོལ་གྱི་བཅོམ་ལྡན་འདས་ཤག་ཐུབ་འདི་ཡང་ས་བཅུ་བསྒྲོད་པའི་མཐར་ཕྱོགས་བཅུའི་སངས་རྒྱས་ཀྱིས་དབང་བསྐུར་བས་སངས་རྒྱས་པ་ཡིན་ནོ། །དེ་ཡང་ཇི་ལྟར་ཞེ་ན། སྟོན་ཟླ་མཁན་གྱི་བུ་སྣང་བྱེད་ཞེས་བྱ་བ་དེས་དང་པོ་བྱང་ཆུབ་མཆོག་ཏུ་སེམས་བསྐྱེད་ནས། བསོད་ནམས་དང་ཡེ་ཤེས་ཀྱི་ཚོགས་བསགས་པས། མཐར་བྱང་ཆུབ་སེམས་དཔའ་དོན་ཐམས་ཅད་གྲུབ་པ་ཞེས་བྱ་བ་ས་བཅུའི་དབང་ཕྱུག་ཆེན་པོར་གྱུར། དེ་ནས་གནས་ཁྱད་པར་ཅན་འོག་མིན་གྱི་གནས་ཁྱད་པར་ཅན་ཐུག་པོ་བཀོད་པའི་ཞིང་ཁམས། ཕོ་བྲང་ཁྱད་ཅན་ཆོས་ཀྱི་དབྱིངས་ཀྱི་ཕོ་བྲང་། རྒྱུ་ཁྱད་པར་ཅན་ཙན་དན་སྦྲུལ་གྱི་སྙིང་པོ་ལས་གྲུབ་པ། ཆོས་ཀྱི་མེ་ལོང་ཆེན་པོའི་མཛོད་དེར་བྱོན་ནས། སེང་གེའི་ཁྲི་པད་མའི་སྟོང་པོ་ལ་བཞུགས་ཏེ། སྔར་གྱི་གདམ་ངག་ལ་རྟེན་ནས་བསྒོམ་པ་ལ། སེམས་མ་ཆུན་ནས་སངས་རྒྱ་བར་མ་ནུས་སོ། །དེའི་ཕྱོགས་བཅུའི་སངས་རྒྱས་དེར་འདུས་ནས། ཁོང་གི་དབུ་ལ་ཅོད་པན་བཞག་སྟེ་ཆོས་ཀྱི་རྒྱལ་པོར་དབང་བསྐུར་ནས་གདམ་ངག་བསྟན་ཏོ། །དེ་ལྟར་ཡང་རྡོ་རྗེ་རྩེ་མོའི་རྒྱུད་ལས། ཤེས་རབ་ཆེན་པོས་ས་མཐར་ཕྱིན། །གོས་ཀྱི་དབང་ནི་ཐོབ་གྱུར་ལ། །འོག་མིན་མཐུག་པོ་ཉམས་དགའ་བར། །ཀློ་གྲོས་ཆེན་པོ་བཞུགས་པར་འཚལ། །ཞེས་གསུངས་སོ། །དེའི་རྗེས་མ་བྱང་ཆུབ་སེམས་དཔའ་དོན་ཐམས་ཅད་གྲུབ་པ་དེས་དབང་གི་དོན་ཉམས་སུ་མྱོང་ཞིང་གདམ་ངག་གི་དོན་བསྒོམས་པས། ཆོས་ཀྱི་སྐུའི་རང་བཞིན་དུ་སངས་རྒྱས་སོ། །དེ་ནས་ཆོས་ཀྱི་སྐུ་དེའི་བྱིན་བརླབས་དང་། སྟོན་གྱི་སྨོན་ལམ་གྱི་མཐུ་ལས། དཔལ་རྣམ་པར་སྣང་མཛད་ཆེན་པོ་ཞེས་བྱ་བ་འམ།

རྡོ་རྗེ་འཆང་ཆེན་པོའི་གཟུགས་སྐུར་ཤར་ཏེ། ལོངས་སྤྱོད་རྫོགས་པའི་སྐུའོ། །དེ་ལྟར་དབང་བསྐུར་རྫོགས་པས་ཆོས་སྐུར་སངས་རྒྱས་ནས། གཟུགས་སྐུ་འགྲོ་དོན་དུ་བྱོན་པ་ཡིན་ནོ། །ཡང་གཞུང་ཁ་ཅིག་ལས་དབང་ཕྱུག་ཞེས་འབྱུང་སྟེ། དེ་ལྟར་ཡང་དབང་ཕྱུག་བརྒྱད་མངའ་བའོ། །དེ་ལ་དབང་ཕྱུག་རྣམ་པ་བརྒྱད་ནི། །སྐུའི་དབང་ཕྱུག་དང་། གསུང་གི་དབང་ཕྱུག་དང་ནི། ཐུགས་ཀྱི་དབང་ཕྱུག་དང་། རྫུ་འཕྲུལ་གྱི་དབང་ཕྱུག་དང་། ཀུན་ཏུ་འགྲོ་བའི་དབང་ཕྱུག་དང་། གནས་ཀྱི་དབང་ཕྱུག་དང་། ཅི་འདོད་བསྐྱེད་པའི་དབང་ཕྱུག་དང་། ཡོན་ཏན་གྱི་དབང་ཕྱུག་གོ། །དེ་ལ་སྐུའི་དབང་ཕྱུག་ནི་སྐུའི་གསང་བ་བསམ་གྱིས་མི་ཁྱབ་པ་སྟེ། དབུའི་གཙུག་གཏོར་མི་མཐོང་བ་ལ་སོགས་པའོ། །གསུང་གི་དབང་ཕྱུག་ནི་གསུང་གི་གསང་བ་བསམ་གྱིས་མི་ཁྱབ་པ་སྟེ། གསུང་གི་མཐའ་མི་མངོན་པ་ལ་སོགས་པའོ། །ཐུགས་ཀྱི་དབང་ཕྱུག་ནི་ཐུགས་ཀྱི་གསང་བ་བསམ་གྱིས་མི་ཁྱབ་པ་སྟེ། རྣམ་པར་མི་རྟོག་པའི་ངང་ལས་སེམས་ཅན་གྱི་དོན་འབྱུང་བའོ། །རྫུ་འཕྲུལ་གྱི་དབང་ཕྱུག་ནི་སྟོད་ནས་མེ་འབར་ཞིང་། སྨད་ནས་ཆུ་འབྱུག་པ་ལ་སོགས་པ། སེམས་ཅན་འདུན་པར་བྱེད་པ་ལ་སོགས་པ་རྫུ་འཕྲུལ་ཡ་མ་ཟུང་སྣ་ཚོགས་སྟོན་པ་ནུས་པའོ། །ཀུན་འགྲོའི་དབང་ཕྱུག་ནི་ནམ་མཁའ་གར་ཁྱབ་ཏུ་དབྱིངས་དང་ཡེ་ཤེས་ཀྱིས་ཁྱབ་ལ། དེས་གར་ཁྱབ་ཏུ་ཐུགས་རྗེས་ཁྱབ་པའོ། །གནས་ཀྱི་དབང་ཕྱུག་ནི་གདུལ་བྱ་གང་ན་བཞུགས་པའི་གནས་སུ་འདུལ་བྱེད་ཀྱི་སྐུས་ཁྱབ་པར་མཛད་ནུས་པའོ། །ཅི་འདོད་བསྐྱོད་པའི་དབང་ཕྱུག་ནི་གདུལ་བྱ་ཅི་དང་ཅི་འདོད་པའི་བསམ་པ་ཅན་ལ། དངོས་པོ་དེ་དང་དེ་བསྐྱེད་ནུས་པའོ། །ཡོན་ཏན་གྱི་དབང་ཕྱུག་ནི་མི་འཇིགས་པ་བཞི་ལ་སོགས་པའི་དབང་ཕྱུག་མངའ་བའོ། །དེ་ལྟར་ན་དབང་ཕྱུག་རྣམ་པ་བརྒྱད་དང་ལྡན་པའོ། །སྒྲོན་མ་གསལ་བ་ལས་ཀྱང་། སྐུའི་དབང་ཕྱུག་གསུང་གི་དབང་ཕྱུག་དང་། རྫུ་འཕྲུལ་ཀུན་འགྲོ་གནས་ཀྱི་དབང་ཕྱུག་དང་། ཅི་འདོད་བསྐྱེད་དང་ཡོན་ཏན་བརྒྱད་པའོ། །ཞེས་གསུངས་སོ། །རྫོགས་ཞེས་པ་ནི་དེ་དག་ལས་ཁ་ཅིག་ནི་ཉམས་སུ་བླངས་པའི་ཚུལ་གྱིས་རྫོགས་ལ། ཁ་ཅིག་ནི་མངོན་དུ་བྱ་བའི་ཚུལ་གྱིས་རྫོགས་པའོ། །དེ་ལ་བྱང་ཆུབ་ཀྱི་ཕྱོགས་རྣམས་ཀྱི་དང་། ཕ་རོལ་ཏུ་ཕྱིན་པ་རྣམས་དང་། བྱང་ཆུབ་སེམས་དཔའི་ས་རྣམས་དང་། དབང་བསྐུར་ནི་ཉམས་སུ་བླངས་པའི་ཚུལ་གྱིས་རྫོགས་པའོ། །སྟོབས་བཅུ་དང་མི་འཇིགས

པ་བཞི་དང་། སངས་རྒྱས་ཀྱི་ས་དང་། དབང་ཕྱུག་རྣམས་ནི་མངོན་དུ་བྱས་པའི་ཚུལ་གྱིས་རྫོགས་པའོ། །

འོ་ན་ལོངས་སྐུ་དེ་གནས་གང་ན་བཞུགས་ན། དག་པའི་ཞིང་དུ་ཞེས་པ་སྟེ། སྨོན་པའི་ཞལ་ནས་བདེ་འབ་ཅན་ལ་སོགས་པ་ཡིན་ཙམ་ལས་མི་གསུངངོ། །འཇམ་དཔལ་མཚན་བརྗོད་ཀྱི་འགྲེལ་པ་ཅིག་ན་མར་ལ་ལོངས་སྐུའི་ཞིང་ཁམས་རྣམ་པ་ལྔར་གསུངས་ཏེ། དེ་ཡང་ལོངས་སྤྱོད་རྫོགས་པའི་སྐུ་རིགས་རྣམ་པ་ལྔ་ལས། སངས་རྒྱས་རྣམ་པར་བཞུགས་པའི་ཞིང་ཁམས་ནི་དབུས་མཐུག་པོ་བཀོད་པའི་ཞིང་ཁམས་ཞེས་བྱ་བ་ཡིན། སངས་རྒྱས་མི་བསྐྱོད་པ་བཞུགས་པའི་ཞིང་ཁམས་ནི་ཤར་མངོན་པར་དགའ་བའི་འཇིག་རྟེན་ཞེས་བྱ་བ་ཡིན། སངས་རྒྱས་རིན་ཆེན་འབྱུང་ལྡན་བཞུགས་པའི་ཞིང་ཁམས་ནི། ལྷོ་རིན་ཆེན་ཡོད་པའི་འཇིག་རྟེན་བྱ་བ་ཡིན། སངས་རྒྱས་སྣང་བ་མཐའ་ཡས་བཞུགས་པའི་ཞིང་ཁམས་ནི་ནུབ་བདེའ་བ་ཅན་གྱི་འཇིག་རྟེན་ཞེས་བྱ་བ་ཡིན། སངས་རྒྱས་སྣང་བ་མཐའ་ཡས་བཞུགས་པའི་ཞིང་ཁམས་ནི་ནུབ་བདེའ་བ་ཅན་གྱི་ཞིང་ཁམས་ཞེས་བྱ་བ་ཡིན། །སངས་རྒྱས་དོན་ཡོད་གྲུབ་པ་བཞུགས་པའི་ཞིང་ཁམས་ནི། བྱང་འབྲུག་སྒྲོག་པའི་འཇིག་རྟེན་ཞེས་བྱ་བ་ཡིན་ཞེས་སོ། །དེ་འོ་ན་དེ་རྣམས་ལ་དག་ཞིང་ཞེས་ཇི་ལྟར་བཞག་ཞེ་ན། ཕྱི་སྣོད་དག་པ་དང་། ནང་བཅུད་དག་པའོ། །དེ་ལ་ཕྱི་སྣོད་དག་པ་ནི་འཇིག་རྟེན་གྱི་ཁམས་དེ་དག་ས་རྫོ་ལས་གྲུབ་པའམ། ངམ་འབྲོག་དང་གཡང་ས་ཅན་ལ་སོགས་པ་མ་ཡིན་ཏེ། ས་གཞི་ཐམས་ཅད་རིན་པོ་ཆེ་ལས་གྲུབ་པ། མནན་ན་ནེམས་ཀྱིས་བྱེད་པ། བཏེག་ན་པར་གྱིས་བྱེད་པ། རང་ནའི་ལྗོན་ཤིང་སྐྱེས་པ། རང་ནའི་ཆུ་རྒྱུན་འབབ་པ། རང་ནའི་འོད་ཟེར་འཕྲོ་བ་ཡོད་པ་ཡིན་ནོ། །

ནང་བཅུད་དག་པ་ནི་དེ་དག་དམྱལ་བ་ལ་སོགས་པ་མི་གནས། མུ་སྟེགས་དང་ཉན་ཐོས་ལ་སོགས་པ་ཐེག་པ་དམན་པའི་རིགས་ཅན་མི་གནས་ཏེ། ཐམས་ཅད་ཀྱང་ཐེག་པ་ཆེན་པོའི་རིགས་ཅན་མི་གནས་ཏེ། ཐམས་ཅད་ཀྱང་ཐེག་པ་ཆེན་པོའི་རིགས་ཅན་ལྷ་མིའི་ལུས་ཕུན་སུམ་ཚོགས་པ་ཞི་སྟག་ཡིན་ཞེས་གསུངས་པའོ། །ལོངས་སྐུ་དེ་དུས་ཇི་ཙམ་དུ་བཞུགས་ན་རྟག་པར་ཞེས་པ་སྟེ། དུས་རྒྱུན་དུའོ། །མཛད་པའི་ཁྱད་པར་ཅི་མཛད་ཞེ་ན། ཚོགས་ཆེན་བཀོར་ཞེས་པ་སྟེ། ཐེག་པ་ཆེན་

པོའི་ཆོས་ཀྱི་འཁོར་ལོ་བསྐོར་བའོ། །དེའི་འཁོར་ནི་ས་བཅུའི་བྱང་ཆུབ་སེམས་དཔའ་ཡིན་གསུང་ངོ་། ། སྤྲུལ་པའི་སྐུ་ནི་ཚིག་རྐང་བརྒྱད་ཀྱིས་སྟོན་པ་ལ། འདུལ་བའི་དོན་དུ་ཞེས་པ་ནི་གདུལ་བྱ་འདུལ་བའི་དོན་དུ་སྟེ་དགོས་ཆེད་དོ། །དེ་ཡང་གདུལ་བྱ་ནི་དག་པ་དང་མ་དག་པ་གཉིས་ཆར་ཏེ། དོན་ལ་རིགས་ཅན་གསུམ་ཀའོ། །སྣང་བ་འགག་པ་མེད་ཞེས་པ་ནི་གདུལ་བྱ་གང་ན་ཡོད་པའི་རྒྱུད་ལ། འདུལ་བྱེད་སྤྲུལ་པའི་སྐུ་གང་དང་གང་གིས་འདུལ་བ་དེ་དང་དེའི་སྐུར་སྣང་བ་མི་འགག་པའོ། །དེ་ནི་དཔེ་དང་བའི་ཆུ་ཟླ་བཞིན་ཞེས་པར་འབྲེལ་ཏེ། ཆུ་དང་བ་གང་ན་ཡོད་པར་ཟླ་བའི་བསྒྲིབ་བྱེད་དང་བྲལ་བའི་གཟུགས་བརྙན་འཆར་བ་མི་འགག་པ་ལྟར་རོ། །ལེགས་པའི་མཚན་གྱིས་བརྒྱན་ཞེས་པ་ནི་ཇི་སྐད་དུ། ཐུབ་མཚན་ཡུལ་ན་གནས་པ་དང་། །གསལ་ལ་རྫོགས་པ་འཕགས་པ་ཡིན། །ཞེས་གསུངས་པ་ལྟར། སྤྲུལ་པའི་སྐུ་དེ་སྐུ་ལ་མཚན་བཟང་པོ་སུམ་བཅུ་རྩ་གཉིས་ཀྱིས་རང་རང་གི་ཡུལ་ཡུལ་རྣམས་སུ་གསལ་ལ་རྫོགས་ཤིང་མཛེས་པར་བརྒྱན་པའོ། །གང་ཡང་གནས་ཞེས་པ་ནི་སྤྲུལ་སྐུ་དེ་ཡང་གནས་གཅིག་ཏུ་ངེས་པ་མེད་པ་སྟེ། གདུལ་བྱ་དང་བསྟུན་ཞིང་གནས་པའི་དོན་ཏོ། །དུས་ལས་ཡོལ་མེད་ཞེས་པ་ནི་གདུལ་བྱ་འདུལ་བའི་དུས་མ་བབ་ན་སྤྲུལ་སྐུ་མི་ཡོལ་བ་སྟེ། ཇི་སྐད་དུ། རྒྱ་མཚོ་ཆུ་སྲིན་གནས་རྣམས་ནི། རླབས་ནི་དུས་མས་ཡོལ་བ་སྲིད། །གདུལ་བར་བྱ་བའི་སྲས་རྣམས་ལ། །སངས་རྒྱས་དུས་ལས་ཡོལ་བ་མེད། །ཞེས་བཤད་པ་བཞིན་ནོ། །དེའི་དཔེ་ཡང་དང་བའི་ཆུ་ཟླ་བཞིན་ནོ། ། འབད་རྩོལ་མེད་ཞེས་པ་ནི་གདུལ་བྱ་སེམས་ཅན་ཐམས་ཅད་དངོས་སམ་བརྒྱུད་པས་ཕན་པ་དང་བདེའ་བར་མཛད་པ་དེ། འབད་པ་དང་བརྩོལ་བས་མཛད་པ་ལྟ་བུ་མ་ཡིན་ཏེ། ངང་ངམ་རང་ཤུགས་ཀྱིས་ལྷུན་གྲུབ་ཏུ་འབྱུང་བའི་དོན་ཏོ། །རྟོག་མེད་ཞེས་པ་ནི་སེམས་ཅན་གྱི་དོན་མཛད་པ་དེ་ཡང་དོན་བྱའོ་སྙམ་པའི་རྣམ་རྟོག་མི་མངའ་བར་འབྱུང་བའི་དོན་ཏོ། །དེ་ལྟར་འབད་བརྩོལ་བྱེད་པར་སེམས་ཅན་གྱི་དོན་འབྱུང་བ་དང་། རྣམ་རྟོག་མེད་པར་སེམས་ཅན་གྱི་དོན་འབྱུང་བ་གཉིས་ཆར་གྱི་དཔེར་ཡིད་བཞིན་ནོར་བུ་ལྟར་ཞེས་སྨོས་སོ། །དེ་ལྟ་བུའི་འབྲས་བུ་དེ་དག་ཐམས་ཅད་ཅིའི་སྒོ་ནས་འབྱུང་བ་ཡིན་ཞེ་ན། རྒྱུ་མེད་ལས་འབྱུང་བ་ལྟ་བུ་མ་ཡིན་ཏེ། སྨོན་ལམ་གྲུབ་པས་ཞེས་པ་དང་པོ་བྱང་ཆུབ་མཆོག་ཏུ་སེམས་བསྐྱེད་པ་འབྱུང་བའི་དོན་ཏེ། ཐུགས་རྗེ་འགག་པ་མེད་ཞེས་པ་ནི་

མི་དམིགས་པའི་སྙིང་རྗེ་ཆེན་པོ་རྒྱུན་མི་འཆད་པའི་དོན་ཏོ། །ལོངས་སྤྱོད་ཆེན་པོ་ཞེས་པ་ནི་ཐེག་པ་སྣ་ཚོགས་པས་ཆོས་ཀྱི་འཁོར་ལོ་བསྐོར་བའོ། །མཉམ་པ་ཉིད་ལ་གནས་ཞེས་པ་ནི་ཐེག་པ་སྣ་ཚོགས་སུ་གསུངས་ཀྱང་དོན་ལ། ཐེག་པ་གཅིག་ཡིན་པའི་དོན་ཏོ། །དམ་པའི་ཆོས་པད་མ་དཀར་པོ་ལས། ཐེག་པ་ཅིག་ཅིང་ཚུལ་ཡང་ཅིག །གཙོ་བོས་བསྟན་པ་ཡང་ཅིག །གང་ཡང་ཐེག་པ་གསུམ་བསྟན་པ། ངའི་ཐབས་ལ་མཁས་པའི་དགོངས། །ཞེས་གསུངས་སོ། །ལྷ་མོ་དཔལ་འཕྲེང་སེང་གེ་ང་རོའི་མདོའ་ལས་ཀྱང་། ཐེག་པ་ནི་ཅིག་ཁོ་ན་སྟེ། གཉིས་དང་གསུམ་བསོགས་མ་མཆིས་སོ། །ཞེས་གསུངས་སོ། །འདོད་པའི་ཡོན་ཏན་གྲུབ་པ་ནི་སེམས་བསྐྱེད་ཙ་ནའི་འདོད་པ་སྟེ། སེམས་ཅན་གྱི་དོན་དུ་སངས་རྒྱས་གྲུབ་པའོ། །འགག་པ་མེད་པ་ནི་གདུལ་བྱ་བ་རོས་འཇོག་ཏུ་སྣང་ཡང་། སྤྲུལ་སྐུའི་མཛད་པ་རྒྱུན་མི་འཆད་པ་སྟེ། ཇི་སྐད་དུ། ལ་ལར་ཆོས་ཀྱི་འཁོར་ལོ་བསྐོར། །ལ་ལར་མི་བཞིན་མྱ་ངན་འདས། །ལ་ལར་རྫོགས་པའི་བྱང་ཆུབ་སྟོན། །ནམ་ཡང་མེད་པ་མ་ཡིན་ཏེ། །ཞེས་གསུངས་པ་བཞིན་ནོ། །བཅོམ་ལྡན་འདས་རྣམས་ལ་མངོན་སུམ་གནས་ཞེས་བཤད་པ་ནི་དེ་ལྟ་བུའི་སངས་རྒྱས་དེ་ཡང་སྡོམ་པ་དང་དམ་ཚིག་བསྲུངས་པས་ཐོབ་པའི་དོན་ཏོ། །མཆོག་གི་འབྲས་བུ་ཤིན་ཏུ་རྒྱས་པར་བཤད་པ། རྫོགས་སྷོ།། །།

༄ བསྒྲུབ་ལྡན་པ་ཡོད་དོ། །པ་པོ་རྣམས་བཟའ་བཏུང་ལ་ཆགས་པར་བྱེད་པ་དང་ཞེས་པའི་ཐད་ཀར་འདི་སྐད་གསུང་སྟེ། ཤ་ལ་ཇོ་བོ་བསྒོམ་ཆེན་དགྱེས། དུད་འགྲོའི་བློ་ཕུགས་སུ་མ་གཏོད། ཇོ་བོ་དག་སེམས་ཅན་མང་པོར་བསྒོམ་ཞིང་། ཕ་མའི་ཤ་ཟ་བ་འདི་ཡོད་ལགས་སམ། འོན་གཞན་ཤ་ཟ་ཆོས་སོ། །ཆང་དང་ཇོ་བོ་བསྒོམ་ཆེན་ཆེ། བཅས་པའི་བསླབ་པ་སུ་ཡིས་བསྲུང་། ཇོ་བོ་དག་ཆང་ནི་ཉེས་པ་བསྐྱེད་པའི་གཞི་ཅན་ཡིན་པས། རྩ་མཆོག་གིས་ཀྱང་མི་བཏུང་བར་སངས་རྒྱས་ཀྱིས་བཅས་པ་ཡིན་ནོ། །

སངས་རྒྱས་ཀྱི་བཀའ་གཙོག་པ་འདི་ཡོད་ལགས་སམ། འོན་གཞན་ཆང་འཐུང་ཆེས། ཇ་ལ་ཇོ་བོ་བསྒོམ་ཆེན་ཡིངས། བརྩོན་འགྲུས་ལྷུགས་འདི་སུ་ཡིས་བསྐྱོབས། ཇོ་བོ་བ་དག་ལམ་བདེ་ལྟ་བུ་དག་བརྙེད་པར་དཀའ་ཆོད་དམ། དུས་ད་ལྟ་བསྒྲུབས་ན་ཕན་ཡོན་ཆེ་ཆོད་དམ། རྩོད་དུས་ཀྱི་

གང་ཟག་ཚོའི་ཐུང་ཚོད་དམ། ཚོས་ལ་བར་ཆད་མང་ཚོད་ལ། ཧའི་རོ་ལ་ཆགས་ཤིང་ཡེངས་ནས། ལེ་ལོ་བྱེད་པ་ཅང་ཁོམ་ལགས་སམ། འོ་ན་གཞན་ཧ་ལ་རྒྱག་ཆེས། ཨིཏི།། །།

ༀ བླ་མ་དམ་པ་རྣམས་ལ་ཕྱག་འཚལ་ལོ། །དབང་དང་འབྲེལ་བའི་དམ་ཚིག་ནི་སློབ་དཔོན་གྱིས་ཞེས་པ་ལ་སོགས་པ་སྟེ། འདི་དག་ལ་དགེ་བཤེས་ཞང་གི་བཞེད་པ་ལྟར་ན། ཐམ་པ་རྣམ་པ་ལྔ་སྟེ། འོག་མ་འཕེལ་བའི་འཕམ་པ་དང་། གོང་མ་ན་སྨད་པའི་འཕམ་པའོ། །དངོས་གཞི་ཡོངས་སུ་རྫོགས་པའི་འཕམ་པ་དང་། ཚད་ལས་འདས་པའི་འཕམ་པ་དང་། ཕྱོགས་སུ་བསྟུ་བའི་འཕམ་པའོ། །ལྟུང་བ་ནི་བཞི་པ་འོག་མ་འགྲེལ་བའི་ལྟུང་བ་དང་། དངོས་གཞི་ཡོངས་སུ་རྫོགས་པའི་ལྟུང་བ་དང་། གོང་མ་ན་སྨད་པའི་ལྟུང་བ་དང་། ཕྱོགས་སུ་བསྟུ་བའི་ལྟུང་བའོ། །ལྗི་བ་ནི་གཉིས་ཏེ། ལྟུང་བའི་ལྗི་བ་དང་། སྦོམ་པོའི་ལྗི་བའོ། །དང་པོ་ལ་གཉིས་ཏེ། སྦྱོར་བ་རྫོགས་པའི་ལྗི་བ་དང་། འོག་མ་འཕེལ་བའི་ལྗི་བའོ། །སྦོམ་པོའི་ལྗི་བ་ལ་གཉིས་ཏེ། འོག་མ་འཕེལ་བའི་ལྗི་བ་དང་། གོང་མ་ན་སྨད་པའི་ལྗི་བའོ། །སྦོམ་པོ་ལ་བརྒྱད་དེ། འོག་མ་འཕེལ་བའི་སྦོམ་པོ་དང་། གོང་མ་ན་སྨད་པའི་སྦོམ་པོ་དང་། ཡན་ལག་གཙོ་བོའི་སྦོམ་པོ་དང་། ཉོན་མོངས་པ་འབྲིང་གིས་བསླང་བའི་སྦོམ་པོ་དང་། ཡུལ་འབྲིང་ལ་རྟེན་ནས་གྱིས་པའི་སྦོམ་པོ་དང་། ཡན་ལག་མ་ཚང་བའི་སྦོམ་པོ་དང་། ཡན་ལག་གི་སྦོམ་པོ་དང་། སྦོམ་པོའི་སྦོམ་པོའོ། །དེ་དག་གི་བཤད་པ་དང་རྟག་དཔྱོད་ནི་གཞན་ནས་འབྱུང་བ་ལྟར་ཤེས་པ་བྱའོ། །སློབ་དཔོན་འཇམ་དཔལ་གྲགས་པའི་འགྱུར་སྔ་མ་གཞུང་འདི་རང་གི་དབང་དུ་བྱས་ན་ནི་གཉིས་ཏེ། ཚད་ལས་འདས་པའི་ཕམ་པ་དང་། ཕྱོགས་སུ་བསྟུ་བའི་ཕམ་པའོ། །དེ་ལ་དང་པོ་ནི་སྦྱོར་བ་བདུན་དང་ལྡན་པར་རྡོ་རྗེ་སློབ་དཔོན་འཚོ་བ་དང་ཕྲལ་ན། མ་བཤགས་པར་ལོ་གཉིས་འདས་པ་ན་ཕམ་པར་འགྱུར་བའོ། །དེ་ལྟར་ཡང་ལྟུང་བ་དང་པོ་ལས། གལ་ཏེ་སྦྱོར་པ་དེ་དག་དང་ལྡན་པས་འཚོ་བ་དང་བྲལ་ནས་ཚད་ལས་འདས་པ་དང་ཕམ་པའོ། །ཞེས་གསུངས་སོ། །ཚད་ལས་འདས་ཞེས་པ་ནི་ལོ་གསུམ་འདས་པ་ཡིན་པར་འོག་ནས་གསལ་ལོ། །གཞན་དག་ནི་དེ་ལ་བཤགས་པ་དུས་ལས་འདས་པའི་ཕམ་པ་བྱ་བར་མི་འདོགས་ཟེར་ཏེ་དེ་ལེགས་སོ། །ཕྱོགས་སུ་བསྟུ་བའི་ཕམ་པ་ནི་གཉིས་ཏེ། ལྟུང་བ་གསུམ་པའི་དབང་དུ་བྱས་པ་དང་། ལྟུང་བ་བཞི་པའི་དབང་

དུ་བྱས་པའོ། །དང་པོ་སྦྱོར་བ་བདུན་དང་ལྡན་པས་རྡོ་རྗེ་སློབ་དཔོན་འཚོ་བ་དང་བྲལ་ནས་མ་བཤགས་པ་དུས་འདས་ན་ཕམ་པ་སྟེ། དེ་ལྟར་ཡང་ལྟུང་བ་གསུམ་པ་ལས། འདིའི་ཕྱོགས་དང་མཐུན་པ་ནོ་ཞེས་པ་དང་། རྒྱ་བ་དུས་འདས་ཕམ་པ་འདྲ། ཞེས་གསུངས་ངོ་། །ལྟུང་བ་བཞི་པའི་དབང་དུ་བྱས་ན། ཡུལ་སེམས་ཅན་གཞན་ལ་རང་གིས་སྦྱོར་བ་དངོས་གཞི་སྐྱེས་ནས། མ་བཤགས་པར་དུས་འདས་ཏེ་ཤི་བ་དང་ཕམ་པའོ། །ཡང་རང་ལ་གཞན་གྱིས་བཤགས་པ་ཚུལ་བཞིན་དུ་བྱེད་པ་ལ། རང་གིས་མ་བླངས་པར་རང་ཤི་བར་གྱུར་ན་ཕམ་པའོ། །དེ་ལྟར་ཡང་ལྟུང་བ་བཞི་པ་ལས། གཞན་ལ་སྦྱོར་བ་དངོས་གཞི་སྐྱེས་པ་མ་བརྟགས་པར་ཞེས་པ་ལ་སོགས་པ་གསུངས་སོ། །ལྟུང་བ་གཞན་རྣམས་ལ་དགེ་བཤེས་ཞང་གི་དངོས་གཞི་ཡོངས་སུ་རྫོགས་པའི་ཕམ་པ་དང་། ཕྱོགས་སུ་བསྟུ་བའི་ཕམ་པ་མ་རྫོགས་པ་ཕམ་པ་གཞན་གསུམ་ནི་ཡོད་པར་འདོད་དོ། །གཞུང་ལས་ཕམ་པ་ཡོད་པར་བཤད་པ་གསལ་བ་མེད་དོ། །

ལྟུང་བ་ནི་གསུམ་སྟེ། སྦྱོར་བ་ཡོངས་སུ་རྫོགས་པའི་ལྟུང་བ་དང་། གོང་མ་ན་སྨད་པའི་ལྟུང་བ་དང་། ཕྱོགས་སུ་བསྟུ་བའི་ལྟུང་བའོ། །དེ་ལ་དང་པོ་ནི་ལྟུང་བ་དང་པོའི་དབང་དུ་བྱས་ནས་སྦྱོར་བ་བདུན་གྱི་སྒོ་ནས་འཚོ་བ་དང་བྲལ་བ་སྟེ། དེ་ལྟར་ཡང་གསུམ་གཅིག་ལ་ལྡན་པ་ལ་བདུན་གྱི་སྦྱོར་བ་དང་ལྡན་པས་ལྟུང་བར་འགྱུར་ཏེ། ཞེས་པ་ནས། བདག་ཉིད་མ་འཁྲུལ་བའོ། །ཞེས་གསུངས་པའི་བར་གྱིས་གསལ་ལོ། །ལྟུང་བ་གཉིས་པ་ལ་སོགས་པ་སྦྱོར་བ་རྫོགས་པའི་ལྟུང་བ་ཡང་སྦྱོར་བ་བདུན་དང་ལྡན་པའོ། །གོང་མ་ན་སྨད་པའི་ལྟུང་བ་ནི་ཕམ་པ་བཤགས་ཚད་ཀྱིས་བཤགས་པའི་ཤུལ་ནས་ལྟུང་བ་ཚད་ལྡན་དུ་གནས་པའོ། །

དེ་ལྟར་ཡང་། ཕྱིས་ཚད་དུ་བཤགས་ན་ལྟུང་བར་འགྱུར་རོ་ཞེས་པ་དང་། ལྟུང་བ་ནི་འཚོ་བ་དང་བྲལ་ནས་བཤགས་པའི་ཚད་འོག་ནས་འབྱུང་བ་བྱས་པའོ། །ཞེས་གསུངས་སོ། །འདི་ནི་ལྟུང་བ་དང་པོ་ལ་འབྱུང་གི་གཞན་ལ་དཔྱད་པར་བྱའོ། །ཕྱོགས་སུ་བསྟུ་བའི་ལྟུང་བ་ནི་སྦྱོར་བ་བདུན་དང་ལྡན་པས་ཐམལ་པའི་མི་བསད་པ་སྟེ། དེ་ལྟར་ཡང་། མི་ནི་ལྟུང་བའི་ཕྱོགས་སུ་བསྟུ་ཞེས་གསུངས་པའོ། །ལྕི་བ་དང་ཞེས་པ་ནི་ཕལ་ཆེར་སྡོམ་པ་མ་བཤགས་པར་ལོ་གསུམ་འདས་པ་ལ་ལྕི་བ་ཞེས

གསུངས་སོ། །

སྡོམ་པོ་ཞེས་པ་ནི་གོང་དུ་སྨོས་པའི་བརྒྱད་པ་དེའོ་དང་པོ་གཉིས་དར་པོའི་ཕྱི་མ་དྲུག་པོ་དང་། དེའི་སྟེང་དུ་སྦྱོར་བ་མ་རྫོགས་པའི་སྡོམ་པོ་དང་། ཡུལ་མ་དག་པ་ལ་བསམ་པ་དག་པས་བསླང་ནས་སྐྱེས་པའི་སྡོམ་པོ་དང་། ཡུལ་མ་དག་པ་ལ་བསམ་པ་དག་བས་ཀུན་ནས་བསླང་ནས་ཀྱེས་པའི་སྡོམ་པོ་ཞེས་བྱ་བ་ཡོད་པར་གསལ་ལོ། །དེ་ལ་སྦྱོར་བ་མ་རྫོགས་པའི་སྡོམ་པོ་ནི་འགའ་ཞིག་གིས་སྦྱོར་བ་བདུན་གྱི་སྒོ་ནས་ཇོ་རྗེ་སློབ་དཔོན་ནམ་ཇོ་རྗེ་ཡུན་འཚོ་བ་དབྲལ་བའི་ལས་བྱས་ཀྱང་། དེ་འཚོ་བ་དང་བྲལ་བར་མ་གྱུར་ན་དོན་དེ་མ་གྲུབ་པས་སྦྱོར་པ་མ་རྫོགས་པ་ཡིན་ཏེ། སྡོམ་པོའོ། །འདི་ནི་ལྟུང་བ་དང་པོ་དང་གསུམ་པ་ལ་འབྱུང་བ་ཡིན་ནོ། །དེ་ལྟར་ཡང་། ལྟུང་བ་དང་པོ་དང་པོ་ལས། འཚོ་བ་དང་མ་བྲལ་ན་ལྟུང་བར་མ་འགྱུར་ཏེ་སྡོམ་པོའོ་ཞེས་གསུངས་སོ། །ཡན་ལག་གི་གཙོ་བོའི་སྡོམ་པོ་ནི་ཉོན་མོངས་པས་ཀུན་ནས་བསླང་བའི་བསམ་པ་ཙམ་ཞིག་སྐྱེས་པ་སྟེ། འདི་ནི་ལྟུང་བ་གཉིས་པའི་ཐད་ཀར་ཇི་སྐད་དུ་ཡན་ལག་གི་གཙོ་བོ་ནི་སྡོམ་པོའི་ཞེས་བཤད་དེ། འབྱུང་བ་ནི་ལྟུང་བ་བཅུ་བཞི་པོ་དང་། བརྩོ་ལྔ་པོ་ཀུན་ལ་འབྱུང་གསུང་ངོ་། །ཉོན་མོངས་པ་འཁྲིང་གིས་བསླང་བའི་སྡོམ་པོ་ནི་མནར་སེམས་དགུ་དང་མི་ལྡན་པར། ཡུལ་སེམས་ཅན་ལ་ཞེ་སྡང་གློ་བུར་དུ་ཧོལ་གྱིས་ཀྱེས་པ་སྟེ། འདི་ནི་ལྟུང་བ་བཞི་པ་འང་འབྱུང་བའོ། །དེ་ལྟར་ཡང་། སེམས་ཁོང་ནས་འཁྲུག་པ་ནི་སྡོམ་པོའོ། །ཞེས་གསུངས་སོ། །ཡུལ་འབྲིང་ལ་རྟེན་ནས་སྐྱེས་པའི་སྡོམ་པོ་ནི་ཐེག་པ་ཆེན་པོའི་མདོའ་སྡེ་ལ་ཉོན་མོངས་ཀྱིས་ཀུན་ནས་བསླང་ནས་སྨད་པ་སྟེ། འདི་ནི་ལྟུང་བ་དྲུག་པ་ལས་འབྱུང་བའོ། །དེ་ལྟར་ཡང་། ཐེག་པ་ཆེན་པོའི་མདོ་སྡེ་ལ་སྡོམ་པོའོ། །ཞེས་གསུངས་སོ། །ཡུལ་མ་དག་པ་ལ་བསམ་པ་དག་པས་ཀུན་ནས་བསླང་ནས་སྐྱེས་པའི་སྡོམ་པོ་ནི། མ་སྨིན་པའི་སེམས་ཅན་ལ་སྙིང་རྗེའི་བསམ་པས་གསང་བའི་ཆོས་བསྟན་པ་སྟེ། འདི་ནི་ལྟུང་བ་བདུན་པ་ལས་འབྱུང་བའོ། །དེ་ལྟར་ཡང་། སྙིང་རྗེས་བཞུགས་ན་སྡོམ་པོའོ། །ཞེས་གསུངས་སོ། །ཡན་ལག་མ་ཚང་བའི་སྡོམ་པོ་ནི། ཡན་ལག་གཞན་འཚོགས་པ་ལ་རྗེས་ཀྱི་ཡན་ལག་གང་ཡང་རུང་བ་མ་ཚང་བ་སྟེ། འདི་ནི་ལྟུང་བ་བཅུ་བཞི་པོ་དང་བརྩོ་ལྔ་པོ་ཀུན་ལ་འབྱུང་ངོ་། །ཡན་ལག་སྡོམ་པོ་ནི་འོག་གི་བརྒྱད་དང་བཅུ་གསུམ་

པའོ། །སྒྲིམ་པོའི་སྒྲིམ་པོ་ནི་སྒྲིམ་པོ་ནི་ཡན་ལག་དག་ཀུན་ནས་སྡོང་བའི་བསམ་པ་དེ་སྐྱེས་པ་དེའོ། །དེ་ལྟར་ཡང་། ཡན་ལག་གི་ཉེས་པའི་སྐབས་ནས། ཡན་ལག་གི་སྒྲིམ་པོ་ཙམ་ཡོད་པ་ནི་སྒྲིམ་པོའོ་ཞེས་གསུངས་སོ། །ཡན་ལག་དང་ཞེས་པ་ནི་བརྒྱད་པོ་དང་བཅུ་གསུམ་པའོ། །ཉེས་བྱས་དང་ཞེས་པ་ནི་ལྟུང་བ་དང་པོའི་ལྟར་ན་ཉོན་མོངས་པའི་བསམ་པ་ལ་སོགས་པ་མེད་ན་ལོང་རྡོ་རྗེ་སྐྱུར་བས་བླ་མ་ལ་ཕོག་ནས་དྲངས་པ་ལྟ་བུ་སྟེ། དེ་ལྟར་ཡང་། ཡན་ལག་དྲུག་དང་མི་ལྡན་པར་དངོས་གཞི་རྫོགས་ན་ཉེས་བྱས་སོ། །ཞེས་གསུངས་སོ། །ལྟུང་བ་གཞན་རྣམས་ཀྱི་ཉེས་བྱས་ནི་ཐད་ཀ་ཐད་ཀར་གོ་བར་བྱའོ། །འཕྲ་མོ་དང་ཞེས་པ་ནི་ལྟུང་བ་དང་པོའི་དབང་དུ་བྱས་ནས་འགོང་བར་བྱ་བ་མ་ཡིན་པ་ལ་སོགས་པའོ། །ལྟུང་བ་གཞན་རྣམས་ཀྱི་ཕྲ་མོ་ཐད་ཀ་ཐད་ཀར་གོ་བར་བྱའོ། །ཉེས་པ་མེད་པ་དང་ཞེས་པ་ནི་ཉེས་པ་བྱས་ཀྱང་ཉེས་པར་མ་གྱུར་པར་ལྟུང་བའི་གཟུགས་བརྙན་དེ། སྐྱེ་བ་མེད་པར་རྟོགས་པ་ལ་སོགས་པའི་དུས་སུའོ། །ཨི་ཏི།། །།

༄ ཨོཾ་སྭ་སྟི། ལྷ་དང་དྲང་སྲོང་བདེན་པའི་ངག །གང་ལ་སྨྲར་བའི་ནུས་པ་ཡང་། །བསླུ་བར་བྱེད་པ་མ་མཐོང་ན། །ཞེས་པ་ལ། རྒྱལ་པོ་སྐྱབས་སེང་གི་ལོ་རྒྱུས་ནི། སྔོན་ཤཱ་ཀྱའི་ལ་རྩེ་བྱེ་ཞེས་པའི་གྲོས་ཆེན་པོ་དམག་བརྒྱའ་པ་དང་། གཙུང་པོ་སྐྱབས་སེང་ངོ་། །དམག་བརྒྱའ་པ་ལ་བུ་དགུ་བཅུ་གོ་དགུ་ཕ་དང་བརྒྱའ་ཡོད་དེ། སྐྱབས་སེང་ལ་ཙུན་མོ་མཆོག་ལྔ་བརྒྱའ་ཁབ་ཏུ་བཞེས་པ་ལ་བུ་མེད་དོ། །དེ་ཙིས་ལན་ན་རྒྱལ་པོ་འདི་འཕོང་ལ་མཁས་པའི་མཐར་མཐུག་པས། ནགས་ན་གནས་པའི་དྲང་སྲོང་གིས་རི་དགས་མོ་ལ་སྙོམས་པར་ཞུགས་པས། དེའི་སྒྲ་རྒྱལ་པོས་ཐོས་པ་ཙམ་ལ་ཐུག་པའི་ཁྲོས་སྟེ་མདའ་འཕངས་པས་རི་དགས་མོ་དང་དྲང་སྲོང་གཉིས་ཀ་བསྒྱུས་སོ། །དེར་དྲང་སྲོང་གིས་སྨོད་པོར་བས་མ་ནིང་དུ་གྱུར་ཏེ་ནད་དང་བཅས་པས་བུད་མེད་ཚིག་ལ་བརྟེན་ཀྱང་བདེ་བ་མི་སྐྱེ་ཞིང་བུ་བསྐྱེད་པའི་ནུས་པ་མེད་པས་བུ་མེད་དོ། །དེར་ཕོ་བོ་དམག་བརྒྱའ་པ་དགྲར་ལངས་པས་རྒྱལ་པོ་སྐྱབས་སེང་གིས་ཡང་དྲང་སྲོང་ལ་བུ་བསླངས་པས། དྲང་སྲོང་གིས་བུ་ལྔ་བྱིན་ཏོ། །ཉི་མའི་བུ་བསེའ་ཁྲབ་ཅན་དང་། དྲག་པོའི་བུ་མཐར་བྱེད་དང་། ལྷའི་བུ་ལས་སྣ་ཚོགས་དང་། རླུང་ལྷའི་བུ་མི་འཇིགས་བསྟན་པ་དང་། ཁྱབ་འཇུག་གི་བུ་གཞན་གྱིས་མི་ཐུབ་པ་དང་། ལྔ་བྱིན་ནོ། །དེར་རྒྱལ་

པོས་བུ་ལྔ་ལ་ཁྲིད་ལ་རྣམས་ནུས་པ་ཅི་ཡོད་བྱས་པས། ཉི་མའི་བུ་ན་རེ་ས་ལ་མི་ནུབ་པ་དང་གནམ་ལ་འཕུར་བའི་ནུས་པ་ཡོད་ཟེར། དྲག་པོ་ཡི་བུ་ན་རེ། སྲིན་པོའི་ཡུལ་ན་ཕར་ལ་སྤྲུལ་ནུས་ཟེར། ལྷའི་བུ་ན་རེ་རྒྱལ་པོ་ངས་ལྷ་མ་ཡིན་འབྲིན་ནུས་ཟེར། རླུང་ལྷའི་བུ་ན་རེ་ཡོ་བྱད་ཅི་དང་ཅི་འདོད་པ་ང་ལ་མང་པོ་ཡོད་ཟེར། ཁྱབ་འཇུག་གི་བུ་ན་རེ་ཕས་ཀྱི་རྒོལ་བའི་དགྲའ་ཐམས་ཅད་ཕུང་བར་ནུས་ཟེར་རོ། །དེར་བཙུད་བསྐྱབས་སེང་གེས་ཕོ་བོ་དམག་བརྒྱའ་པ་ལ་སྐྱོན་ཕབ་ནས། བུ་ཆུང་ཤོས་གཉའ་ཁྲི་བཙན་པོ་སྒྱུགས་ནས་མ་བསད་སྐད། བུ་གཞན་ཐོད་ར་ནས་བསྐུས་ཀྱིན་བསད་དོ། །དེས་ན་སྟོན་པ་འདིའི་བསྟན་པ་ཡིན་ཡང་ཟེར། ཡིད་ཀྱི་ལས་གསུམ་རྣབ་སེམས་གནོད་སེམས་ལོག་ལྟའོ། །ལྟག་པར་དུ་གྱུར་བའི་དུས་ཀྱང་ཡིན་ཟེར་རོ། །ཨིཐི།། །།

༄། །རྩ་ལྟུང་བཅུ་བཞིའི་འགྲེལ་པ་སྔགས་ཀྱི་སྤྱི་ཁྲུས་བཞུགས།

རིག་འཛིན་གར་གྱི་དབང་ཕྱུག །

ཨོཾ་ཨཱཿཧཱུྃ། རྒྱལ་ཀུན་མ་ལུས་སྐུ་གསུང་ཐུགས་རྡོ་རྗེ། །བླ་མ་ཉིད་ཕྱིར་བདག་དང་དབྱེར་མེད་པར། །རྣམ་པ་ཀུན་ཏུ་སྙིང་དང་སྲོག་ཇི་བཞིན། །མི་ཕྱེད་རྡོ་རྗེའི་ཐེག་པར་དམ་བཅའོ། །དེ་ལྟར་དེ་བཞིན་གཤེགས་པའི་ཐུགས་ཐེག་པ། །གསར་སྙིང་མ་ལུས་རྒྱུད་སྡེ་ཀུན་གྱི་སྙིང་། །དམ་ཚིག་ཡོངས་ཀྱི་རྩ་བ་སྡོམ་གཅིག་པུ། །འདི་གསལ་བྱ་ཕྱིར་བླ་མས་ཤེས་སྟོལ་མཛོད། །

དེ་ལ་གསང་སྔགས་རྡོ་རྗེའི་ཐེག་པ་ལམ་སྒྲོལ་སྤྱིའི་འཇུག་སྒོར་དབང་དང་། དབང་ཐོབ་ཀྱི་རྩ་བ་དམ་ཚིག་ལ་ཐུག་པ་དང་། དམ་ཚིག་ཐམས་ཅད་ཀྱི་རྩ་བ་ནི་རྩ་བའི་ལྟུང་བ་བཅུ་བཞི་པོ་འདིར་མ་འདུས་པ་མེད་པའི་དམ་ཚིག་ཐམས་ཅད་ཀྱི་སྤྱི་འཆིངས་ཆེན་མོའི་འདི་ཉིད་གསལ་བར་བྱེད་པ་ལ་དོན་གསུམ་སྟེ། དང་པོ་མཚན་དོན་ནི་རྡོ༵་རྗེ༵འི་ཐེག་པ༵འི་རྩ༵་ལྟུང་བཅུ་བཞི༵་བཞུགས། ཞེས་པའི་དོན་ནི་འོག་ཏུ་འབྱུང་བ་དང་། མཚན་དེ་ཉིད་རྒྱ་སྐད་ལྟར་དུ་སྦྱོར་ན། རྒྱ་གར༵་སྐད༵་དུ། བཛྲ༵་ཡཱ༵་ན༵་མཱུ༵་ལ༵་ས༵་ཏྟི། བོད༵་སྐད༵་དུ། རྡོ༵་རྗེ༵་ཐེག༵་པ༵འི་རྩ༵་བ༵འི་ལྟུང་བ༵། དེ་གཉིས་ཤན་སྦྱར་ན་བཛྲ༵་རྡོ་རྗེ་ཡཱ་ན༵་ཐེག་པ། མཱུ༵་ལ༵་རྩ་བ། པ༵་ཏྟི༵་ལྟུང་བ། གཞུང་འགའ་ལས་བཤགས་པ༵་ཞེས་འབྱུང་བས་སྒྲ་དོན་དེ༵་ཤེས༵་བྱེད༵་ཞེས་སོགས་ལ་འཇུག་གོ། །དེ་ལ་རྡོ་རྗེ་ཐེག་པ་ཞེས་མ་དག་སེམས་ཅན་གྱི་ལུས་ངག་ཡིད་གསུམ་འདི་དང་དག་པ་སངས་རྒྱས་ཀྱི་གསང་གསུམ་རྡོ་རྗེ་གཉིས་མཉམ་སྦྱོར་ཆིག་ཆོད་ཀྱི་ཐེག་པ་བླ་མེད་ཡིན་པའི་ཕྱིར་དང་། དེ་ཉིད་ཀྱི་བསླབ་བྱ་དམ་སྡོམ་ལ་དབྱེ་སྒོ་ས་མ་ཡ་འབུམ་སྡེ་སོགས་བསམ་གྱིས་མི་ཁྱབ་ཀྱང་། རྩ་བ་ལྟ་བུའི་གྲངས་བཅུ་བཞིར་བསྡུས་པ་འདི་ཉིད་ཚུལ་བཞིན་བསྲུང་

ན་དངོས་གྲུབ་དང་། ལེགས་ཚོགས་ཐམས་ཅད་ཀྱི་གཞི་རྩར་གྱུར་པ་དང་ཉེས་ན་ཉེས་པ་དང་ཕམ་ལྟུང་ཐམས་ཅད་ཀྱི་གཞི་རྩར་གྱུར་པའི་ཕྱིར་རྩ་ལྟུང་ཞེས་བྱའོ། །བྱང་སྔགས་གཉིས་ཀྱི་རྩ་ལྟུང་འདི་སོ་ཐར་ལུགས་ཀྱི་ཕམ་པ་དང་མཚུངས་སོ། །

གཉིས་པ་གཞུང་དོན་ལའང་ཐོག་ཐ་བར་གསུམ་དགེ་བ་སྟེ། དེ་ལ་ཐོག་མའི་དགེ་བ་ལའང་མཆོད་བརྗོད་དང་། དམ་བཅའ་བ་གཉིས་ལས། དང་པོ་ནི། འཇམ་དཔལ་གཞོན་ནུར་གྱུར་པ་ལ་ཕྱག་འཚལ་ལོ། །ཞེས་ཉེས་སྐྱོན་གྱི་རྒྱབ་རིག་མ་ལུས་པ་སྤངས་ཤིང་ལེགས་ཚོགས་ཡོན་ཏན་མ་ལུས་པའི་འཇམ་པའི་དཔལ་དང་ལྡན་པ་གཞོན་ནུ་གཙང་མ་ལྟར་གྱུར་པའི་རྒྱལ་བ་ཀུན་གྱི་མཁྱེན་རབ་གཅིག་དྲིལ་སླ་བའི་སེང་གེ་དེ་ལ་བྱང་ཆུབ་བར་དུ་འབྲལ་མེད་གུས་པའི་ཕྱག་འཚལ་བ་སྟེ་རྩོམ་པ་པོའི་རིགས་བདག་ལ་མཆོད་བརྗོད་དང་། གཉིས་པ་ནི། ཀུན་ནས་སོགས་རྐང་བཞི། དུས་དང་རྣམ་པ་ཀུན་ནས་ཀུན་ཏུ་དད་མོས་དུང་བ་ཆེན་པོས་རྩ་བའི་བླ་མའི་ཞབས་ཀྱི་པདྨོར་གཙུག་གིས་བཏུད་དེ་ཞེས་བླ་མར་མཆོད་པ་དང་སྐབས་གཅིག་པར་རྩ་བའི་ལྟུང་བ་བཅུ་བཞི་པོ་དེ་ནི་བླ་མེད་རྒྱུད་སྡེ་དག་ལས་གསུངས་ཤིང་བསྟན་པ་བཞིན་དུ་སྐབས་འདིར་གནད་དྲིལ་ཏེ་བཤད་པར་བྱ་བ་ཡིན་ཞེས་དམ་བཅའ་བ་སྟེ། ཇི་སྐད་དུ། ཐོག་མར་བླ་མེད་སྤྱི་ལ་གཅེས་པའི་ཆིངས། །རྩ་ལྟུང་བཅུ་བཞིའི་རབ་དབྱེ་འདི་ལྟར་བརྟགས། །ཅེས་པ་ལྟར་རོ། །

གཉིས་པ་བར་དུ་དགེ་བ་གཞུང་ལའང་གྲངས་བཅུ་བཞི་ཡོད་པའི། དང་པོ་སློབ་དཔོན་བརྙས་པའི་རྩ་ལྟུང་ནི། གང་ཕྱིར་སོགས་སོ། །དེའང་རྒྱུད་ལས། རྒྱུད་དཀྱིལ་དབང་བསྐུར་དེ་ཉིད་བསྟན། །ཞེས་བཀའ་དྲིན་གསུམ་ལྡན་གྱི་བླ་མ་རྡོ་རྗེ་འཛིན་པ་དེ་ཉིད་བྱིན་རླབས་དང་དངོས་གྲུབ་ཐམས་ཅད་ཀྱི་རྩ་བ་ཡིན་པ་གང་གི་ཕྱིར་དད་གུས་སོགས་མཉེས་པར་བྱ་བ་གསུམ་གྱིས་ཚུལ་བཞིན་བསྟེན་ན་མཆོག་ཐུན་མོང་གཉིས་ཀྱི་དངོས་གྲུབ་མ་ལུས་པ་སློབ་དཔོན་དེའི་རྗེས་སུ་འབྲང་སྟེ་སྩོལ་བ་ཡིན་ཅེས་རྒྱུད་བླ་གསང་ཐིག་ལེ་སོགས་ཀུན་ལས་གསུངས་པས་དེ་བས་དེ་ལྟར་མ་ནུས་ཤིང་དེ་ལ་བརྙས་པ་ནི་དངོས་གྲུབ་ལྟ་ཅི་བཀའ

དྲིན་གསུམ་ལྡན་གྱི་བླ་མ་མ་ཟད། སྔགས་རྒྱུད་ཚིགས་བཅད་གཅིག་སྦྱིན་པ་ཡན་ལ་བཀའ་བཅགས་པ་ཐུགས་དཀྲུགས་པ་སོགས་སྒོ་གསུམ་གྱིས་མ་གུས་ཤིང་བརྙས་ཐབས་ཅུང་ཟད་ཤོར་བ་ཡང་ཆེ་འདིར་མི་ཤེས་པ་སྣ་ཚོགས་དང་ཕྱི་མར་རྡོ་རྗེ་དམྱལ་བར་ལན་གཅིག་མི་འགྲོ་བའི་ཐབས་མེད་ངེས་ཡིན་ཕྱིར་རྩ་ལྟུང་ཀུན་ལས་འདི་ལྕི་བས་དང་པོར་བཤད་པ་ཡིན་ཏེ། ལམ་སྒྲོན་དུ། ཚིགས་བཅད་གཅིག་ཙམ་སྦྱིན་པ་ལ། །གང་གིས་བླ་མར་མི་འཛིན་པས། །ཁྱི་ཡི་སྐྱེ་གནས་བརྒྱར་སྐྱེས་ནས། །སྨེ་ཤ་ཅན་དུ་སྐྱེ་བར་འགྱུར། །ཅེས་དང་། སྒྱུ་འཕྲུལ་དྲྭ་བའི་རྒྱུད་ལས་ཀྱང་། །བླ་མ་ལ་ནི་དམོད་པ་དང་། །ཐུགས་དཀྲུགས་པ་ཡི་ཉེས་པ་ནི། །ཕྱི་ཡི་རྒྱ་མཚོ་ཆེན་པོ་ལས། །ཆུ་དེ་སྐྲ་ཡི་གཏོར་གྱུར་པ། །དེ་ཡི་ཚད་དུ་སྡུག་བསྔལ་མྱོང་། །རྡོ་རྗེ་དམྱལ་བར་གྲགས་པ་ཡིན། །ཞེས་སོགས་འདི་སྐྱེ་གཉིས་ཀྱི་ཉེས་དམིགས་མཐའ་ཡས་པ་རྒྱུད་སྡེ་ཀུན་ལས་གསལ་བ་དེ་ལྟར་དེ་སྟར་དེ་བཞིན་དང་པོའི་ལྟུང་ཆེན་གྲངས་མ་མཆིས་པ་ཕོག་པའི་ལས་བསགས་པ་ཐམས་ཅད་འགྱོད་སེམས་དྲག་པོས་མཐོལ་ལོ་བཤགས་སོ་བཟོད་པར་དམ་པར་མཛད་དུ་གསོལ། །ད་ཕྱིན་ཆད་དེ་འདྲ་བའི་ལས་མི་གསོག་པར་ཤོག་ཅིག །ཅི་ནུས་སྡོམ་པར་དམ་བཅའའོ། །ཞེས་པ་འདི་བཞིན་བཤགས་སྡོམ་དང་སྨོན་ལམ་སོགས་ཀུན་ལ་འགྲེའོ། །

གཉིས་པ་བདེ་གཤེགས་བཀའ་འདས་ནི། བདེ་གཤེགས་སོགས་སོ། །དེ་བཞིན་བླ་མས་སྤྲུལ་བའི་བདེ་བར་གཤེགས་པའི་བཀའ་བསླབ་སྡོམ་སོགས་ཕྲ་རག་ཅི་སྙེད་པའི་བླང་དོར་ལས་འདས་ཤིང་ཁྱད་དུ་བསད་པའམ་ཁྱད་པར་དུ་བླ་མའི་བཀའ་ཅི་སྤྲུལ་བའི་ཟུར་ཙམ་གཅིག་ཀྱང་བདེ་བར་གཤེགས་པ་ཐམས་ཅད་ཀྱི་བཀའ་ལས་འདས་པ་ཡིན་ཕྱིར་དེ་ནི་རྩ་བའི་ལྟུང་ཆེན་གཉིས་པ་ཡིན་པར་བརྗོད་དེ། རྒྱུད་ལས། བཀའ་བཅགས་ལུང་བོར་ཐུགས་འགལ་ན། །རྡོ་རྗེ་དམྱལ་བར་ཉིད་དུ་ལྟུང་། །ཞེས་པ་དང་ཀླུ་རྒྱལ་ཨེ་ལེ་འདའ་ཡི་ལོ་རྒྱུས་སོགས་ཀྱིས་ཤེས་པས་དེ་ལྟ་བུའི་ལས་བསགས་པ་ཐམས་ཅད་བཤགས་སྡོམ་དང་སྨོན་ལམ་བཟང་པོའི་མཚམས་སྦྱོར་བར་གལ་ཆེའོ། །

གསུམ་པ་སྤུན་ལ་ཁྲོས་པ་ནི་རྡོ་རྗེ་སོགས་སོ། །དེ་བཞིན་བླ་མ་དང་དཀྱིལ་འཁོར་གཅིག་ལ་བསྙེན་པ་སོགས་སྤྱི་རིགས་ཉེ་འདྲིས་ཀྱི་མཆེད་ལྕམ་མམ་རྡོ༷་རྗེ༷་སྤུན༷་གྲོགས་དག་ལ༷་མ་གུས་པའམ་བརྩེ་གདུང་མེད་པར་ཁྲོ༷ས་འཁྲུགས་བརྡེག་འཚོག་ངན་སྨད་སྐུར་བཏབ་ཕྲག་དོག་འཁོན་འཛིན་ལ་སོགས་པ༷་ཉེས༷་པ༷འི་ལས་ལྷུང་ཆེན་དུ་བརྗོད༷་པ༷་གསུམ༷་པ༷་བསྟན་ཏེ། ངན་སོང་སྦྱོང་རྒྱུད་ལས། རྡོ་རྗེ་སྤུན་དང་སྲིང་མོ་དང་། །རྣལ་འབྱོར་མ་རྣམས་ཉིད་ལ་ནི། །རྣལ་འབྱོར་ཅན་གྱིས་བརྙས་མི་བྱ། །ཞེས་པ་ནས་བརྙས་ན་རྡོ་རྗེ་དམྱལ་བར་ལྷུང་ཚུལ་སོགས་ལུགས་ཤིན་ཏུ་མང་བས་དམ་ཚིག་ཐམས་ཅད་ཀྱི་རྩ་བར་བླ་མ་དང་སྤུན་གྲོགས་གཉིས་ལ་བསྲུང་ནུས་མ་ནུས་ལ་ཐུག་པས་འདི་གཉིས་ལས་ཡུལ་གཞན་ཆེ་བར་མེད་པས་དེ་ལྟར་མ་ཤེས་པས་ལས་བསགས་པ་ཐམས་ཅད་བཤགས་སྡོམ་སོགས་གལ་ཆེའོ། །

བཞི་པ་བྱམས་གཏོང་ནི། སེམས་ཅན་སོགས་སོ། །དེ་བཞིན་དུ་ཐེག་ཆེན་སྔགས་ཀྱི་ལུགས་ལ་སེམས་ཅན་བྱམས་གཏོང་གི་རྩ་ལྟུང་ཟེར། ཐེག་ཆེན་མདོའི་ལུགས་ལ་སེམས་ཅན་བློས་གཏོང་གི་རྩ་ལྟུང་སྟེ་བྱང་ཆུབ་སེམས་ཀྱི་རྩ་བ་སྨོན་འཇུག་གཉིས་ཀ་དུས་གཅིག་ལ་འདོར་ངེས་པ་དང་བྱང་ཆུབ་སེམས་ཀྱིས་རིགས་ཆད་པའི་རྒྱུ་མ་ནོར་བ་ཡིན་ཕྱིར་ཀྱང་མེད་ན་རི་མོ་མེད་བཞིན་སླར་སྡོམ་པ་གསོ་ཐབས་ཀྱང་མེད་པས་དེས་ན་སེམས་ཅན་གྱི་རིགས་སུ་གཏོགས་པ་ཀུན་ལ་དང་ཁྱད་པར་རང་ལ་གནོད་པའི་བསམ་ངན་སྦྱོར་རྩུབ་ཅན་དག་དང་མ་ཟད་རང་འདོད་ཀྱི་བསམ་པ་མ་ཟད་པར་དུ། རང་གི་ཆོས་དང་བླ་མ་ལ་སྡང་བ་ཡིན་ཡང་ཕན་བདེའི་བསམ་པ་འདི་གཏོང་ན་ལྟུང་བ་དེ་ལས་ཆེ་མེད་དེ། སྤྱོད་འཇུག་ལས། དེ་ནི་བྱང་ཆུབ་སེམས་དཔའ་ལ། ལྟུང་བ་ནང་ནས་ལྕི་བ་སྟེ་ཞེས་དང་རྒྱུད་ལས་ཀྱང་། སེམས་ཅན་ཀུན་ལ་ཕན་པའི་སེམས། ནམ་ཡང་གཏོང་བར་མི་བྱའོ། །ཞེས་སོགས་མང་བས་དེ་ལྟར་སེམས་ཅན་ལ་བྱམས༷་པ༷་གཏོང༷་པ་འདི་རྩ་ལྟུང་བཞི༷་པ༷་ཡིན༷་པར་བརྗོད་དེ་རྒྱལ༷་བ༷ས་མདོ་སྔགས་གཉིས་ཀར་ཡང་ཡང་བསྟན་པའི་ཕྱིར་ཤིན་ཏུ་ལྕི་ཡང་། རང་རེ་དང་པོའི་ལས

ཅན་དག་ལ་འབྱུང་ཉེ་བས་དེ་ལྟར་བློས་བཏང་ཅིང་སྒོ་གསུམ་གྱིས་ཚུལ་མིན་གྱི་ལས་བསགས་པ་གྲངས་ཀྱིས་མི་ཆོད་པ་ཐམས་ཅད་གནོང་འགྱོད་དྲག་པོས་བཤགས་སྡོམ་སློན་ལམ་གསུམ་ལ་རྒྱུན་མར་རིམ་དམ་དུ་འབད་པར་གལ་ཆེའོ། །

ལྔ་པ་ཁུ་འཕྲིན་ནི་ཆོས་ཀྱི་སོགས་སོ། །དེ་བཞིན་དུ་ཐེག་ཆེན་ཆོས་ཀྱི་རྒྱ་བ་བདེན་གཉིས་བྱང་ཆུབ་ཀྱི་སེམས་འདི་ཉིད་ཡིན་ཕྱིར་དེ་གཏོང་མ་ཟད། བདེན་གཉིས་སམ་ཐབས་ཤེས་དང་ལྟ་སྤྱོད་སློན་འཇུག་སོགས་གཉིས་ཆོས་རྣམས་ཡ་བྲལ་ཡང་མ་རུང་བའི་ལྡི་ཆོས་དང་། ཁྱད་པར་སྔགས་ཀྱི་སྐབས་སུ་ཀུན་རྫོབ་རྒྱུའི་ཐིག་ལེ་ཁམས་བྱང་ཆུབ་ཀྱི་སེམས་འདི་ཡང་མ་ཉམས་པས་བསྲུངས་ན་དོན་དམ་ལྷན་སྐྱེས་ཡེ་ཤེས་ཀྱི་རྒྱུའམ་རྩ་གནས་དཔའ་བོ་དཔའ་མོ་རྟེན་ཡིན་པས་དེའང་གནང་བའི་སྐབས་བདུན་པོར་མ་གཏོགས་ཁུ་བ་བྱུང་སྐྱེ་ཉམས་ན་ལྷ་གསོད་པའམ་ཚེ་ལ་གནོད་པའི་ཉེས་པ་ཆེ་བས་གནང་བའི་སྐབས་བདུན་ནི། ཇི་སྐད་དུ། གསང་བའི་དབང་དང་འདི་དབང་གསུམ་པ་མཚན། གསུམ་པ་དང་། །རོ་མཉམ་པ་དང་ལྷ་མཆོད་དང་། །རིགས་རྒྱུད་སྤེལ་དང་རིལ་བུ་དང་། །འཆི་ལྟས་བརྟགས་པའི་དུས་ཡིན་ཏེ། །ཞེས་པ་ལྟར་བྱང་ཆུབ་ཀྱི་སེམས་སྤྱི་བྱེ་བྲག་དེ་ཉིད་སྲུངས་པ་ནི་བྱང་ཆུབ་སེམས་བཏང་གི་རྩ་ལྟུང་དངོས་ལྔ་པ་ཡིན་པས་དེ་ལྟ་བུའི་ལས་ངན་བསགས་པ་རྣམས་བཤགས་སྡོམ་དྲག་པོས་མི་བརྗེད་པར་གལ་ཆེའོ། །

དྲུག་པ་ཆོས་སྤང་ནི། རང་ངམ་སོགས་སོ། །དེ་བཞིན་དུ་ཐེག་པ་ཆེ་ཆུང་གང་ལའང་སྤྱིར་ཆོས་སྤང་འདི་ཉེས་པ་ལྕི་བ་དང་ཁྱད་པར་དག་མཉམ་ཆེན་པོ་སྔགས་ཀྱི་ལུགས་སུ་ནི་ལྟ་གྲུབ་བཟང་ངན་མཐོ་དམས་ཐམས་ཅད་དག་མཉམ་དུ་འཁྱེར་ཤེས་དགོས་པ་དམ་ཚིག་གི་རྒྱ་བ་ཡིན་ཕྱིར། ནང་པའི་ལུགས་ཀྱི་ས་དགེ་བཀའ་རྙིང་བཞི་སོགས་གང་ལའང་ཕྱོགས་རིས་མི་ཉན་མ་ཟད་བོན་དང་མུ་སྟེགས་སོགས་གང་ལའང་ཆགས་སྡང་ཕྱོགས་རིས་ཀྱི་ལས་ཚབས་པོ་ཆེའི་སྡུག་སྐྱེ། ཡེ་ཤེས་ཐིག་ལེ་ལས། མུ་སྟེགས་པའམ་ཉན་ཐོས་པ། །དམན་ཀྱང་དེ་ལ་བརྙས་མི་བྱ། །ཞེས་དང་ཀ་ཧ་ནི་པས། མུ་སྟེགས་ཅན་ལ་སྨད་བྱས་ན། །རྣམ་པར་སྣང་

མཛོད་རིང་བའི་རྒྱུ། །ཞེས་པ་དང་མ་ཟད་མདོ་ཟླ་བ་སྒྲོན་མེ་དང་བདེན་སྨྲ་སོགས་ལས་ཀྱང་བསྟན་པས་དེས་ན་གསར་རྙིང་གཉིས་ཀའི་རྒྱུད་སྡེའི་དམ་ཚིག་གི་རྩ་བ་རྩ་ལྟུང་ལས་ནི་འདི་བཞིན་བསྟན་ཡོད་པར་མ་ཤེས་པས་གསང་སྔགས་རང་གི་ལུགས་སམ། གཞན་དང་གཞན་གྱི་ལུགས་གྲུབ་མཐའ་ཐ་དག་དང་། བཀའ་གཏེར་བསྟན་བཅོས་སོགས་ཆོས་དང་གང་ཟག་ལ་སྨད་སྐུར་བྱེད་འདུག་པ་དུག་པ་ཡིན་དེ་རིགས་སམ་མདོ་སྔགས་གཉིས་ཀའི་ལུགས་ལ་ཉེས་ལྟུང་དེ་བས་ཆེ་མེད་པ་དེ་ལྟར་ཁ་བདག་མེད་ཀྱི་ལས་ངན་བསགས་པ་ཐམས་ཅད་བཤགས་སྡོམ་དྲག་པོ་རྒྱུན་མར་གལ་ཆེའོ། །

བདུན་པ་གསང་སྒྲོགས་ནི། ཡོངས་སྨིན་སོགས་སོ། །དེ་བཞིན་དུ་གསང་སྔགས་ཞེས་པ་འདིའི་ལུགས་ཀྱི་ལྟ་བ་ཟབ་མོ་དང་སྤྱོད་པ་བརླང་པོ་སོགས་ཀུན་གསང་དགོས་པའི་ཁྱད་ཆོས་དང་། ཡུལ་གྱི་ཁྱད་པར་སྣོད་མིན། ཉམས་པ། ཟབ་མོ་ལ་སྐྲག་པ། ཚོགས་མ་བྱས་པ། དབང་མ་རྫོགས་པ་སོགས་ལ་གསང་བཅུ་ལ་སོགས་པ་གསང་བ་སྒྲོགས་ཏེ་གསང་སྔགས་འཚོལ་དུ་ཤོར་བ་ནི་ཐུགས་ཀྱི་དམ་ཚིག་ཉམས་པའི་རྒྱུ་ཡིན་ཕྱིར་ལྟོ་སྟེ། རྡོ་རྗེ་སྙིང་པོའི་རྒྱན་ལས། སྣོད་མི་རུང་ལ་གསང་བ་བསྟན། །ཞེས་སོགས་མང་དུ་བསྟན་པ་དེ་ལྟར་དབང་གིས་ཡོངས་སུ་མ་སྨིན་པའི་སེམས་ཅན་ལ་གསང་བ་སྒྲོགས་པ་འདི་རྩ་ལྟུང་བདུན་པ་ཡིན་པ་དེས་ན་དེ་ལྟར་ལས་ངན་བསགས་པ་ཐམས་ཅད་པར་བཤགས་སྡོམ་ཕྱིར་བཅོས་སོགས་ལ་འབད་པར་གལ་ཆེའོ། །

བརྒྱད་པ་རང་ལུས་བརྙས་སྨད་ནི། ཕུང་པོ་སོགས་སོ། །དེ་བཞིན་དུ་སྔགས་སུ་རྡོ་རྗེ་ཕུང་པོ་ཡན་ལག་ཞེས་ཕུང་ལྔ་རྒྱལ་བ་རིགས་ལྔ་ཡེ་ནས་ཡིན་པ་དང་སྐྱེད་མཆེད་ཁམས་རྣམས་ཀྱང་སེམས་དཔའ་སེམས་མ་སོགས་གདན་གསུམ་ལྷའི་དཀྱིལ་འཁོར་འདི་ལ་བརྙས་བཅས་སོགས་ཙུང་ཟད་ཤོར་ན་ལྷ་ཚོགས་དེ་རྣམས་ལ་བརྙས་པའི་ལྟུང་བ་ཐོག་པས་ཉེས་པ་ལྟོ་སྟེ། དཀའ་འགྲེལ་པདྨ་ཅན་ལས། ཕུང་པོ་ལྔ་དང་དེ་བཞིན་གཤེགས་པ་ལྔ་ལ་དབྱེ་བ་མི་བྱའོ། །ཞེས་པ་ལྟར་ཕུང་པོ་སངས་རྒྱས་ལྔ་ཡི་བདག་ཉིད་ཡིན་པ་རང་ལུས་སམ་

སྒོ་གསུམ་པོ་དེ་ལ་སློད་ཅིང་གདུང་བ་བྱས་ན་རྩ་ལྟུང་བརྒྱད་པ་ཡིན་པས་དེ་ལྟར་ལས་ངན་བསགས་པ་ཐམས་ཅད་བཤགས་སྡོམ་སོགས་བྱ་བར་གལ་ཆེའོ། །

དགུ་པ་དག་ལ་སོམ་ཉི་ནི། རང་བཞིན་སོགས་སོ། །དེ་བཞིན་དུ་བླ་མེད་ཀྱི་ཐེག་པ་འདིར་ཆོས་ཐམས་ཅད་ཀྱི་གནས་ལུགས་ཆོས་ཉིད་ཀ་དག་གཅིག་ཏུ་འཁྲིལ་བ་ལ་བཟང་ངན་དབྱེར་བསལ་སྤང་ཐོབ་སོགས་མེད་པའི་ཚུལ་རྡོ་རྗེ་གད་མོའི་གཏམ་ལ་སོགས་པར་བརྗོད་ཚེ་ཆོས་ལ་སོམ་ཉི་དང་། དེ་ལྟ་བུའི་སྤྱོད་ཡུལ་ནི་སངས་རྒྱས་ཁོ་ན་ལས་མེད་དོ་ཞེས་གང་ཟག་ལའང་ཐེ་ཚོམ་ཟ་བ་འདིས་དངོས་གྲུབ་ཐོབ་པའི་གེགས་སུ་བདུད་ཀྱིས་འཐོ་བརྩམས་པ་ཡིན་ཏེ། ཚངས་བྱིན་གྱིས་ཞུས་པའི་མདོར། སངས་རྒྱས་སོམས་ཉི་ཟ་ན་གཡང་ས་མཆོག །འཇིག་རྟེན་ཀུན་གྱིས་བསྐྱབས་བྱེད་མི་ནུས་ཏེ། །བློ་ཆུང་དེ་ནི་བསྟན་ལས་ཉམས་གྱུར་པས། །མགོན་མེད་དེ་ནི་ངན་འགྲོར་འགྲོ་བར་འགྱུར། །ཞེས་པ་དེ་བཞིན་མདོ་སྔགས་གཉིས་སུ་ལུང་མང་བས། དེ་ལྟར་རང་བཞིན་དག་པའི་ཟབ་མོའི་ཆོས་རྣམས་ལ་སོམ་ཉི་ཟ་བ་ནི་རྩ་ལྟུང་དགུ་པར་བསྟན་ཏེ། དེ་བཞིན་ལས་ངན་བསགས་པའི་ཕམ་ལྟུང་ཀུན་འཁྲུད་སེམས་དྲག་པོས་བཤགས་སྡོམ་དང་སློན་ལམ་བཟང་པོའི་མཚམས་སྦྱོར་བ་གལ་ཆེའོ། །

བཅུ་པ་གདུག་ལ་བྱམས་བྱས་ནི། གདུག་སོགས་སོ། །དེ་བཞིན་དུ་སྔགས་སུ་ཞུས་པ་ཐོབ་པའི་སྦྱོར་སྒྲོལ་ལས་ལ་དབང་བའི་རྣལ་འབྱོར་ཆེན་པོ་དེས་རང་འདོད་མེད་པའི་བསྟན་དང་འགྲོ་བའི་སྡི་དགྲ་རྡོ་རྗེ་སློབ་དཔོན་དགོས་དགྲ་སོགས་བསྒྲལ་བའི་ཞིང་དུ་གྱུར་པ་རྣམས་སྙིང་རྗེ་ཆེན་པོས་དང་དུ་བླངས་ཏེ་ཐབས་གང་གིས་ཀྱང་རྣམ་ཤེས་གནས་ནས་སྤར་བས་དེ་ཉིད་ལ་ཕན་འདོད་དང་བསྟན་འགྲོ་ལ་ཞབས་ཏོག་གི་བསམ་པས་བསྒྲལ་དགོས་པ་སྟེ། སྦྱོར་རྒྱུད་ལས། གླེན་པ་དཀོན་མཆོག་གསུམ་སློད་དང་། །སངས་རྒྱས་བསྟན་པ་གནོད་བྱེད་དང་། །བླ་མར་དམོད་ལ་བརྩོན་པ་རྣམས། །མཁས་པས་བསྒྲིམས་ཏེ་བསད་པར་བྱ། །ཞེས་དང་། དེའང་གསང་སྙིང་དུ། བློ་ངན་སེམས་ཅན་སྙིང་རེ་རྗེ། །གཉིས་སུ

མེད་པར་བསྒྲལ་བར་བྱ། །ཞེས་དང་། ངོ་མཚར་ངན་འགྲོའི་ཐར་པའི་ཐབས། །ཞེས་གསུངས་པས། དེ་ལྟར་ནུས་པ་ཡོད་བཞིན་གདུག་ཅན་དེ་ལ་རྟག་ཏུ་བྱམས་འདྲེས་དང་ལྡན་པར་བྱེད་ན་དེ་ནི་རྩ་ལྟུང་བཅུ་པར་འདོད་པས་དེ་བཞིན་མ་ཤེས་ཤིང་བསྒྲལ་ལས་མ་བྱས་པའི་ལས་བསགས་པའི་ཉམས་ཆག་ཐམས་ཅད་པར་བཤགས་སྡོམ་སོགས་བྱ་བར་གལ་ཆེའོ། །

བཅུ་གཅིག་པ་མིང་བྲལ་རྟོག་མཐའ་ནི། མིང་སོགས་སོགས་སོ། །དེ་བཞིན་དུ་ངེས་གསང་ཐེག་པའི་རང་བཞིན་ལྷག་པའི་མཉམ་ཉིད་བློ་བྲལ་འདི་རྟོག་གེའི་གྲུབ་མཐའི་ཡུལ་མ་ཡིན་པ་ལ་བློ་དང་ཡིད་ཀྱིས་ཚད་བཟོ་བྱ་བ་ནི་མིན་ཏེ། གུར་ལས། ཆོས་ཉིད་ཚད་ནི་བཟུང་མི་བྱ། །ཞེས་དང་། ཤཱནྟི་ལས་ཀྱང་། ཆོས་ལ་ཚད་མས་གཞལ་མི་བྱ། །ཞེས་པ་ལྟར་དུ་མིང་དང་ཐ་སྙད་བློ་སོགས་ལས་བྲལ་ཞིང་འདས་པའི་ཆོས་ཉིད་རྣམས་ལ་དེར་རྟོག་པས་གཞལ་བ་ནི་རྩ་ལྟུང་བཅུ་གཅིག་པ་ཡིན་ཕྱིར་དེ་སོགས་དམ་ཚིག་ཆགས་ཉམས་ཀུན་བཤགས་སྡོམ་སོགས་མི་བརྗེད་པར་གལ་ཆེའོ། །

བཅུ་གཉིས་པ་དད་ལྡན་སེམས་སུན་ནི། དད་དང་སོགས་སོ། །དེ་བཞིན་དུ་གསང་བ་སྔགས་ཀྱི་སྣོད་རུང་དུ་གྱུར་པ་ཆོས་དང་བླ་མ་ལ་དད་ཅིང་དོན་གཉེར་ཆེན་པོས་དབང་ཁྲིད་སོགས་ཟབ་དོན་ལ་མོས་པའི་སྐལ་ལྡན་བློས་གཏོང་ཅིང་དེ་ལྟར་མ་བསྟན་པ་ཀུན་སློང་ངན་དབང་གི་དེའི་སེམས་སུན་དབྱུང་བ་ནི་མདོ་སྔགས་གཉིས་ཀྱི་རྩ་ལྟུང་སྟེ། སློབ་དཔོན་ཤཱནྟི་པས། དད་ལྡན་སེམས་ཅན་བསླུག་པ་ཡིན། ཞེས་སོགས་བསྟན་པ་ལྟར་དད་པ་མོས་པ་དང་ལྡན་པའི་སེམས་ཅན་གྱི་འདུན་པ་ཕྱིར་ལྡོག་གིས་སེམས་སུན་འབྱིན་པ་ནི་རྩ་ལྟུང་བཅུ་གཉིས་པ་ཡིན་ཕྱིར་དེ་བཞིན་ལས་བསགས་འདུག་པའི་ཉེས་ཆེན་ཀུན་བཤགས་སྡོམ་སོགས་གལ་ཆེའོ། །

བཅུ་གསུམ་པ་དམ་ཚིག་རྫས་སྤང་ནི། སྔགས་ཀྱི་སོགས་སོ། །དེ་བཞིན་དུ་སྔགས་ཀྱི་དམ་ཚིག་གི་རྫས་སྤྱད་བྱ་བདུད་རྩི་ལྔ་སོགས་དུས་ཚོད་འབྲེལ་བཞིན་དེའི་དུས་སུ་མ་བརྟེན་པ་གཙང་དམན་གཉིས་རྟོག་གིས་བཅིངས་པ་ནི་མི་འོས་ཏེ། བདུད་རྩི་འབྱུང་བ་ལས།

གཙང་དང་མི་གཙང་རྣམ་རྟོག་ཡིན། །མཁས་པས་དབྱེ་ལ་འང་གནས་མི་བྱ། །ཞེས་པ་ལྟར་སྔགས་ཀྱི་རྫས་རྣམས་དང་ཆོས་ཉིད་དེ་བཞིན་ཉིད་ཀྱི་རང་མི་སྤྱོངས་ཤིང་མི་བསྟེན་པ་ནི་རྒྱ་ལྟུང་བཅུ་གསུམ་པ་ཡིན་ཕྱིར་དེས་ན་རེ་དྭགས་ཀྱི་བཅིངས་འདུག་པ་སོགས་ལས་ངན་བསགས་པ་ཐམས་ཅད་པར་བཤགས་སྡོམ་སོགས་གལ་ཆེའོ། །

བཅུ་བཞི་པ་ཤེས་རབ་རང་བཞིན་སྨོད་པ་ནི། ཤེས་རབ་སོགས་སོ། །དེ་བཞིན་དུ་སྔགས་བླ་མེད་ཀྱི་དབང་གཉིས་པ་དང་གསུམ་པའི་རྟེན་དུ་གྱུར་པ་བུད་མེད་དང་། ཐབས་ཤེས་ཡ་བྲལ་དུ་མ་སོགས་པའི་རྟེན་འབྲེལ་གྱི་ཁྱད་ཀྱི་སྦྱོར་འཛིག་རྟེན་ལས་འདས་མ་འདས་གཉིས་ཀྱི་མ་ཚོགས་མཁའ་འགྲོས་དམ་ཚིག་གི་སོ་མཚམས་འཛིན་པ་པོ་དག་དང་། འབྱུང་བ་ཆེན་པོ་ལྔའི་རང་བཞིན་ལ་སྨད་པའམ་བྱེ་བྲག་ཏུ་བུད་མེད་རྣམས་རིགས་ཅན་ལྔ་ལས་མ་འདའ་བས་དབང་དོན་གྱི་ཡེ་ཤེས་སྐྱེས་པའི་རྟེན་ཡིན་པས་སྤང་སྨད་བརྙས་བཅོས་སོགས་མི་རིགས་པ་བཤད་དེ། སློབ་དཔོན་ཤཱནྟི་པས། རྩོད་པའི་དུས་འདིར་འགྲོ་བ་རྣམས་བུད་མེད་ལ་རབ་ཏུ་ཞེན་པས་དེ་རྣམས་གདུལ་བའི་ཕྱིར་བུད་མེད་དུ་སྤྲུལ་པའི་ལྷ་རྣམས་འདི་ན་གནས་པ་མི་སྨོད་དོ། །ཞེས་གསུངས་པ་ལྟར་ཤེས་རབ་ཀྱི་རང་བཞིན་བུད་མེད་དག་ལ་ངན་སྨད་གཤེད་སྐུར་བྱེད་པ་འདི་རྒྱ་ལྟུང་བཅུ་བཞི་པ་བསྟན་ཕྱིར་དེ་དང་དེ་ལ་སོགས་པའི་གནང་བཀག་གི་མཚམས་བྱེད་མ་ཤེས་པས་རྒྱ་ལྟུང་ཡོག་པ་གྲངས་དང་བརྗོད་ཡུལ་ལས་འདས་པའི་ལྟུང་ཆེན་འདི་དག་དང་གཞན་ཡང་སྔགས་ཀྱི་དམ་ཚིག་རྩ་བ་དང་ཡན་ལག་གི་རིགས་སུ་གྱུར་ཧོ་ཅིག་ལ་འགལ་ཉམས་འདས་རལ་སོགས་བསྒྲིབ་པ་ཆེན་པོ་མ་ལུས་པ་ཐམས་ཅད་དུས་ད་ལྟ་ཉིད་དུ་གདན་ཐོག་འདིར་སྐྱིགས་ནས་བཤགས་སོ་བྱང་ཞིང་དག་པ་དང་ཕྱིན་ཆད་ལེགས་པར་སྡོམ་ལགས་སོ། །སྐྱེ་དང་ཚེ་རབས་ཀུན་ཏུ་དམ་ཚིག་མི་ཉམས་ཤིང་དེར་གནས་པ་དང་། མིག་འབྲས་བཞིན་དུ་བསྲུང་ནུས་པར་ཤོག་ཅིག །དེ་ལ་སྤྱིར་རྒྱ་ལྟུང་བཅུ་བཞིའི་གྲངས་བགྲང་བ་འདི་རྒྱུད་སྡེ་བཞིའམ་དྲུག་ལ་ཁྱབ་པར་དུས་འཁོར་དང་གསང་བ་སྤྱི་རྒྱུད་སོགས་ལས་གསལ་བ་དང་། ཁྱད་པར་དུ་གོང་སློས་ཀྱི་རྒྱ་ལྟུང་

བཅུ་བཞི་འདི་ཉིད་སྔགས་བླ་མེད་ཀྱི་རྒྱུད་སྡེ་གསུམ་ལ་ཁྱབ་ཆེ་བ་གསར་རྙིང་གཉིས་ལ་ཡོངས་སུ་གྲགས་ཕྱིར་འདི་བསྲུངས་ན་ཀུན་བསྲུང་བ་དང་ཉམས་ན་ཀུན་ཉམས་པ་ལྟར་ཁྱབ་ཆེ་བ་ཞིག་ཡིན་པར་ཤེས་དགོས་སོ། །ཡང་དགོས་སུ་འདི་ཉིད་ཞིབ་ཏུ་སྤྲོས་ན་གནང་བཀག་གཉིས་དང་། སྤང་བླང་གཉིས། ལྗི་ཡང་གཉིས་སོགས་ཀྱི་མཚམས་དབྱེ་བ་མང་ཡང་། དོན་རྩར་ཀུན་སློང་བཟང་ངན་ལ་ཐུག་པས་ཉོན་མོངས་དུག་གསུམ་གྱི་སྦགས་པའི་ལས་ནི་གང་ཡང་མི་དགེ་ཞིང་གནང་བ་མེད་པ་དང་། དེ་དང་མ་འདྲེས་པ་ནི་དགེ་བས་གནང་བ་དང་། ཡང་རང་འདོད་ཀྱི་བསམ་པ་ཆོས་བརྒྱད་དང་འདྲེས་པ་ནི་སྤང་བར་བྱ་བ་དང་། མ་འདྲེས་ཤིང་གཞན་ཕན་བསམ་པས་ཟིན་ན་ཐེག་ཆེན་མདོ་སྔགས་གཉིས་སུ་བླང་བྱ་དང་། ཡང་ཀུན་རྟོག་སེམས་ཀྱི་ལས་ཐམས་ཅད་ནི་ལྗི་ཞིང་མ་དག་པ་དང་། རྟོག་མེད་ཡེ་ཤེས་ཀྱི་ལས་ཐམས་ཅད་ནི་གང་ཡང་ཡངས་ཤིང་དག་པ་ཡིན་པར་ཤེས་དགོས་སོ། །

གསུམ་པ་མཇུག་དོན་ལའང་མ་ཉམས་བསྲུང་བའི་ཕན་ཡོན། ཉེས་ཤིང་མ་སྲུང་བའི་ཉེས་པ། ཉམས་ན་བཅོས་ཐབས་ལ་བསྐུལ་བ། མཛད་བྱང་སོགས་ཡོད་པ་ནི་འདི་ལྟར་དང་པོ་ནི། སྔགས་པས་འདི་དག་སྲུངས་ནས་ནི། །དངོས་གྲུབ་མྱུར་དུ་ཐོབ་པར་འགྱུར། །ཞེས་དང་། གཉིས་པ་ནི། གཞན་དུ་དམ་ཚིག་ལས་ཉམས་ན། །ནམ་ཡང་བདུད་ཀྱིས་བཟུང་བར་འགྱུར། །དེ་ནས་སྡུག་བསྔལ་མྱོང་འགྱུར་ཞིང་། །ཐུར་དུ་བལྟས་ཏེ་དམྱལ་བར་འགྲོ། །ཞེས་དང་། གསུམ་པ་ནི། དེ་ནས་ང་རྒྱལ་བཅོམ་ནས་ནི། །བདག་ཉིད་མ་འཁྲུལ་ཤེས་པར་བྱ། །ཞེས་དྲན་ཤེས་བག་ཡོད་ལ་བསྐུལ་བ་དང་། །བཤགས་ཡུལ་མཉམ་པར་བཞག་པའི་བླ་མ་ལ། །ཅི་འབྱོར་བ་ཡིས་མཆོད་བྱེད་ནས། དཀོན་མཆོག་གསུམ་ལ་སྐྱབས་འགྲོ་ནས་བརྩམ་སྟེ། བྱང་ཆུབ་སེམས་སོགས་སྡོམ་པ་ནི། ཞེས་ཐེག་ཆེན་མདོ་སྔགས་གཉིས་ཀྱི་རྩ་ལྟུང་གི་གཙོ་བོ་ཕལ་ཆེར་འདིར་འདུ་ཕྱིར་སྡོམ་རྩ་འདི་ལ་འབད་དེ་བསྲུང་བར། གལ་ཏེ་བདག་ལ་ཕན་འདོད་ན། །སྔགས་པས་འབད་དེ་བཟུང་བར་བྱ། །ཞེས་པ་དང་། བཞི་པ་ནི། རྡོ་རྗེ་ཐེག་པའི་རྩ་བའི་ལྟུང་བ་སློབ་དཔོན་ཀླུ་སྒྲུབ་ཀྱིས་མཛད་པ་རྫོགས་སོ། །འདི་དག་

གི་དོན་རྒྱས་སྤྲོས་ཡོད་ཅིང་ལུང་སྦྱོར་སོགས་མང་ཡང་སྐབས་འདིར་བཤགས་པ་ཙམ་ཁོ་ནར་སེམས་པས་མ་སྤྲོས་སོ། །

སླུས་པ། སྡིགས་མའི་ཐ་ཚད་ལས་ངན་བདག་འདྲ་བའི། །སྔགས་ལ་ཞུགས་ཤིང་ཁེ་ཉེན་ཤེས་ན་ཡང་། །དྲན་ཤེས་མ་སྡོམ་བག་མེད་གཞན་དབང་གིས། །རྩ་ལྟུང་ལས་འདས་ཉམས་པ་གྲངས་མ་མཆིས། །དེ་ཕྱིར་རང་གཞན་གཉིས་ཀྱི་སྔགས་རྩ་ལྟུང་། །དམ་ཚིག་ཉམས་ཆགས་མ་ལུས་འདིས་བཤགས་སྦྱོང་། །ཕྱིན་ཆད་སྡོམ་ཞིང་སྐྱེ་ཀུན་འདི་འདྲ་བའི། །ཉམས་པའི་ལས་ལ་བག་ཙན་དམ་ལྡན་ཤོག །འདི་ལྟར་བགྱིས་འདིས་འདིར་ཞུགས་ཉམས་པའི་འབྲས། །རྡོ་རྗེ་དམྱལ་ཞེས་ཉེས་སྡུག་ཚབས་ཆེན་པོ། །དེ་དོང་སྤྲུགས་ནས་ཡར་གྱི་ཟང་ཐལ་དུ། །རྡོ་རྗེ་འཆང་གི་གོ་འཕང་མྱུར་ཐོབ་ཤོག །

ཅེས་འདིའང་ཉེ་གནས་དམ་པ་རྩུལ་རྡོར་སོགས་འགའ་ཡི་ངོ་སྐུལ་དང་རང་གི་བཤགས་སྦྱོང་ཆེད་དུ་སེམས་ཤིང་ལྷུང་གཙང་དྲིལ་བ་ནི་གནས་མཆོག་མཁའ་སྤྱོད་གཉིས་པའི་ཡང་ཁྲོད་བྱང་ཆུབ་གླིང་དུ་སྨོངས་རྟན་བིདྱཱས་བྲིས་པས་ནོངས་པ་མཆིས་ན་བཤགས། ལེགས་ཆ་སྲིད་ན་རང་གཞན་གཉིས་ཀྱི་ཉམས་ཆག་དང་དེའི་ལས་སྒྲིབ་བྱང་བའི་རྒྱུར་གྱུར་ཅིག །བསྟན་འགྲོ་གཉིས་ལ་ཕན་པ་དང་། འབྲེལ་ཐོབ་ཀུན་དག་པའི་ཞིང་དུ་སྐྱེ་བར་ཤོག་ཅིག །དགེའོ། །དགེའོ། །དགེའོ།། །།

༄༅། །ཡན་ལག་སྦྲོམ་པོ་བརྒྱད་ཀྱི་ཊཱི་ཀ་བཞུགས།

རིག་འཛིན་གར་གྱི་དབང་ཕྱུག །

ཨོཾ་ཨཱཿཧཱུྃ་སྐུ་གསུང་ཐུགས་རྡོ་རྗེ། བླ་མ་ཉིད་དང་དབྱེར་མི་ཕྱེད་པ་ལའོ། །ཡན་ལག་སྦྲོམ་པོ་ཞེས་བྱ་གྲངས་བརྒྱད་ལྡན། བཤགས་སྡོམ་ཆེད་དུ་ཅང་བརྗོད་བཀས་གནང་ཤིག །དེ་ལ་སློབ་དཔོན་ཆེན་པོ་ཀླུ་སྒྲུབ་ཀྱིས་བརྩམས་པའི་ཡན་ལག་སྦྲོམ་པོ་བརྒྱད་ཅེས་སྔགས་ཀྱི་དམ་སྡོམ་གྱི་ཡན་ལག་འདི་ཉིད་ལ་འབྲུ་ནོན་ཙུང་ཟད་དུ་བརྗོད་པ་ལ་དོན་གསུམ་སྟེ། དང་པོ་ལ་གསུམ་ལས་མཚན་དོན་ནི། ཡན་ལག་སྦྲོམ་པོ་བརྒྱད་བཞུགས་སོ། །འདིར་སྦྲོམ་མ་དགོས་ཤིང་འོག་ཏུ་འབྱུང་ངོ་། །

གཉིས་པ་མཆོད་བརྗོད་ནི། བླ་མའི་ཞབས་ཀྱི་པདྨོ་ལ། །ཀུན་ནས་དད་པས་ཕྱག་འཚལ་ཏེ། །རྒྱལ་བ་སྲས་དང་བཅས་པ་ཐམས་ཅད་ཀྱི་སྤྱིའི་གཟུགས་གཅིག་ཏུ་བསྡུས་པའི་ཕྲིན་ལས་པ་བླ་མ་ཡིན་པ་དང་གཞན་དུ་མཆོག་གསུམ་རྩ་གསུམ་སྐུ་གསུམ་སོགས་ཀུན་གྱི་རང་བཞིན་བླ་མ་ཡིན་ཕྱིར་དེ་ཀུན་མི་དོར་བ་དམ་བཅས་པའི་མཆོད་བརྗོད་འདི་དམ་ཚིག་གི་སྲོག་བཟུང་བའི་དོན་ནོ། །དམ་ཚིག་ཐམས་ཅད་ཀྱི་སྤྱི་ཆིངས་བླ་མ་ཉིད་དོ། །

གསུམ་པ་དམ་བཅའ་བ་ནི། སྦྲོམ་པོའི་ལྟུང་བ་རྣམ་པར་བརྒྱད། རྒྱུད་ལས་གསུངས་པར་བྲི་བར་བྱ། དེ་ལ་རྩ་ལྟུང་དང་སྦྲོམ་པོ་གཉིས་ཞེས་པ་འདི་ནང་རྒྱུད་སྡེ་པའི་ཁྱད་ཆོས་ཏེ་རྩ་ལྟུང་ཞེས་ཕམ་པར་བཞག་སྟེ། དེ་ལས་གཞན་པ་བཅུ་བཞི་ནི། ཕས་ཕམ་པ་ནི་རབ་ཏུ་བཤད། ཅེས་དང་སྦྲོམ་པོ་ཞེས་པ་འདི་སོ་བྱང་སྔགས་གསུམ་གྱི་ལུགས་ལ་ཀུན་དཀྲིས་ཀྱི་ཡན་ལག་ཚང་ན་རྩ་ལྟུང་དང་མ་ཚང་ན་སྦྲོམ་པོའམ་ཕམ་འདྲ་དུ་བཞག་པ་སྟེ་དོན་ལ་རྩ་ལྟུང་དང་ཉེ་བའི་ལྕི་ཆོས་ལྟུང་བ་སྟེ། ཇི་སྐད་དུ། ཕམ་པ་མིན་ཡང་དངོས་གྲུབ་ཐོབ་པ་ལ། །

གེགས་སུ་ཆེ་བའི་སྦྱོམ་པོ་བརྒྱད་ཡོད་དེ། །ཞེས་པ་ལྟར་རོ། །

གཉིས་པ་གཞུང་དོན་ལ་གྲངས་བརྒྱད་ཡོད་པ་ནི་འདི་ལྟར། ཤེས་རབ་སྟོབས་ཀྱིས་སོགས་རྐང་བརྒྱད་དོ། །ཤེས༷་ར༷བ་སྟོ༷བས་ཀྱི༷ས་ལེ༷ན་པ༷་ད༷ང་། དབང་གིས་མ་སྨིན་ཅིང་དམ་ཚིག་ལ་མི་གནས་པའམ་མཚན་ཉིད་དང་མི་ལྡན་པ་སོགས་ཐ་མའི་རིག་མར་རང་སྟོབས་ཕོ་ཚོད་ཀྱིས་བསྟེན་པ་ནི་གཉིས་ཀ་ཕུང་བའི་རྒྱུ་སྟེ། སློབ་དཔོན་དཔའ་བོས། དམ་ཚིག་དག་དང་མི་ལྡན་པའི། །རིག་མར་བསྟེན་པས་དགའ་བ་ནི། །ཡན་ལག་ཉེས་པ་དང་པོ་ཡིན། །ཞེས་སོགས་འབྱུང་བ་དང་། དེ༷་ཡི༷་བདུ༷ད་རྩི༷་སྟོབས་ཀྱི༷ས་ལེ༷ན། པདྨ་ཅན་སོགས་མིན་པའི་རིག་མའི་མཁའ་ནས་བདུད་རྩི་ལྔའི་ནང་ཚན་དམར་རྩི་དྭངས་མ་ཆོ་ག་སོགས་དང་མི་ལྡན་བཞིན་བབ་ཅོལ་གྱིས་ལེན་པ་དེའོ། །སྟོད༷་མི༷ན་ལ༷་ནི༷་མ༷་གསང༷་ད༷ང་། སྔགས་ཀྱི་སྟོད་དུ་མི་རུང་བ་ནི་ཆོས་དང་བླ་མ་ལ་མི་དད་པའི་ལོག་ལྟ་ཅན་དང་དབང་མ་ཐོབ་པ་དང་ཐོབ་ཀྱང་ཉམས་པ་དག་ལ་ལྷ་སྦྱོར་ཟབ་མོ་དང་ཡི་དམ་ལྷའི་སྐུ་གཟུགས་དེའི་གླེགས་བམ་ལྷའི་ཕྱག་མཚན་ཕྱག་རྒྱ་སྟེ་ལུས་ཀྱི་འཁྲུལ་འཁོར་སོགས་བསྟན་པ་དེའོ། །ཚོ༷གས་ཀྱི༷་ན༷ང་དུ་རྩོད༷་པ༷་ད༷ང་། སྔགས་ཀྱི་དཀྱིལ་འཁོར་ཟབ་མོ་ལ་བསྟེན་ནས་ཚོམ་བུའི་ཚོགས་སྒྲུབ་ཀྱི་སྐབས་སུ་ལུས་ངག་གི་འཐབ་རྩོད་དང་བག་མེད་ཀྱི་ཀུ་རེ་སོགས་ཏེ་སྦྱོར་གང་ལའང་འབྱུང་ཉེ་བ་དང་ཁྲིད་པར་དམ་སྲི་བརྒྱབ་འདྲེའི་རིགས་ཅན་འགའ་ཡི་དུས་རྒྱུན་ཚོགས་སྦྲུགས་བྱེད་འདུག་པ་དེའོ། །ད༷ད་ལྡ༷ན་ལ༷་གཞ༷ན་ཆོ༷ས་སྟོ༷ན་ད༷ང་། སྔགས་ལ་དད་ཅིང་སྟོད་དུ་གྱུར་པ་འགའ་ཡི་དེའི་ཟབ་ཁྲིད་མན་ངག་ལ་མོས་པའི་ཆོས་ཞུ་བ་དང་དོན་འདྲི་བ་སོགས་ལ་དེ་བཞིན་རྗེས་སུ་མི་བཟུང་བ་གཞན་ཞིག་ཏུ་འཆད་ཁ་བྱེད་པ་དེའོ། །ཉ༷ན་ཐོ༷ས་ན༷ང་དུ་ཞག༷་བདུན་གན༷ས། དེའི་རིགས་ཅན་ཐེག་ཆེན་མདོ་སྔགས་གཉིས་ཀྱི་ཟབ་གསང་དག་ལ་མི་མོས་ཤིང་དངོས་ཤུགས་ཀྱི་སྨོད་སྐུར་བྱེད་པ་དེ་འདྲའི་གནས་སུ་ཞག་བདུན་ལས་འདས་པར་མི་འགྲོགས་ཏེ། ལོག་ལྟ་ཅན་དང་གཏན་དུ་འགྲོགས་མི་རིགས་གསུངས་པ་ལྟར་དུག་གི་སྡོང་པོ་དང་འདྲ་བས་འདྲིས་འགྲོགས་བྱེད་ན་བསླག་པར་གདོན་མི་ཟ་བས། དེ་འདྲ་བའི་ཆོས་དང་གང་ཟག་

ལ་སྟོང་འདུག་པའི་རིགས་དང་སྐད་ཅིག་ཀྱང་མི་ཕྲད་པའམ་མཐོང་ཐོས་མ་གྱུར་པའི་སྨོན་ལམ་འདེབས་པར་གལ་ཆེའོ། །འདི་ནི་ཐེག་པ་གང་གིས་ཀྱང་ཉེས་ལྟུང་གི་རྩ་བ་ཡིན་པར་རྟོགས་པར་གྱིས་ཤིག །རྫུན་གྱིས་རྣལ་འབྱོར་ང་རྒྱལ་བྱེད། སྔགས་ཀྱི་དེ་ཉིད་བཅུ་སོགས་ཕྱག་བཞེས་མི་ཤེས་པ་དང་བླ་མས་མ་གནང་དོན་ལ་མི་དབང་བཞིན་དུ་ང་རྒྱལ་གྱིས་རྡོ་རྗེ་འཛིན་པའི་གོ་སར་བཟུང་བའི་ཟོག་རྫུན་གྱིས་མགོ་སྐོར་བ་དེའོ། །དད་པ་མེད་ལ་ཆོས་སྟོན་དང་། །སྔགས་ལ་ཞུགས་ཤིང་དབང་ཐོབ་ཀྱང་ཐེ་ཚོམ་གྱིས་འཆིངས་ཤིང་ཚུལ་བཞིན་བསྙེན་མི་ཐུབ་པ་འདོར་ལེན་བྱེད་འདུག་པ་སྣེ་ཚུགས་ཐུབ་མེད་པའི་གང་ཟག་དེ་ནི་ཉེས་ཅན་གྱི་གྲུ་གཟིངས་ལྟ་བུར་ཕུང་ལ་སྦྱོར་ངེས་པས་དེ་ལྟ་བུའི་དད་པ་མི་བརྟན་པ་ཡིད་གཉིས་ཅན་དེ་ལ་གསང་བ་འཆོལ་མི་རིགས་པར་སྟོན་ན་དེའོ། །དེ་ལྟར་བརྒྱད་པོ་འདི་དག་དང་གཞན་དུའང་སོ་བྱང་སྔགས་གསུམ་གྱི་བཅས་པ་གང་ཡང་དགོས་མེད་དུ་འདའ་བ་དང་ཁྱད་བསད་སོགས་སྡོམ་པོ་བཤད་པ་གཞན་ཡང་འགའ་ཡོད་ཀྱང་དེ་ལས་མ་སྤྲོས་སོ། །

གསུམ་པ་མཇུག་དོན་ལ་གཉིས་ལས། དང་པོ་བཤགས་བསྐུལ་ནི། འདི་རྣམས་སྡོམ་པོའི་ལྟུང་བར་བཤད། །རྩ་ལྟུང་སྡོམ་པོའི་རིམ་པ་དག །ཚིག་ཡིས་ནི་ཤེས་པར་བྱ། །ཉེས་པ་གྱུར་ན་བཤགས་པར་བྱ། །དེ་ལ་ཚིག་ཞེས་པ་འདི་ཉིད་ཀྱི་ལག་བླང་རྣམ་བཞག་འདིའང་སློབ་དཔོན་དཔའ་བོ་དང་ལཀྵྨཱི་ཀ་ར་སོགས་ཀྱིས་མཛད་པ་དག་ལས་ཤེས་པར་བྱ་ཞེས་ཉམས་འོག་ཏུ་ཆུད་ནས་བཤགས་སྦྱོང་ལ་བརྩོན་པར་གལ་ཆེ་ཞེས་པའི་དོན་ནོ། །གཉིས་པ་མཛད་བྱང་ནི་སློབ་དཔོན་ཀླུ་སྒྲུབ་ཀྱིས་མཛད་པ་རྫོགས་སོ། །ཞེས་པ་ནི་སྨོས་མ་དགོས་སོ། །འདིར་དེ་ཙམ་ལས་མ་སྤྲོས་ཀྱང་རྒྱ་གཞུང་དུ་རྩ་ལྟུང་བཅུ་བཞི་དང་ཡན་ལག་སྡོམ་པོ་འདི་གཉིས་ལ་འགྲེལ་པ་འགའ་ཡོད་པ་བཤད་པས་དེ་རྣམས་ལས་རྟོགས་པར་གྱིས་ཤིག །

སྨྲས་པ། དམ་སྡོམ་ཁ་བ་བ་མོ་འབོགས་རི་ལྟ། །ཉམས་པ་རྐང་རྗེས་རི་བཞིན་གྲངས་མཐའ་མེད། །རྣམ་སྨིན་རི་གཟར་ཐབ་བཞིན་མར་ངན་འགྲོར། །ཚས་སུ་ཉེ་བའི་བདག་གིས

འགྲོད་ཚངས་ལགས། །དེ་ཕྱིར་སོར་ཐར་བྱང་སེམས་རིག་འཛིན་སྔགས། །དམ་སྡོམ་གསོ་ཞིང་ཉམས་ཆག་སྐྱོང་བའི་ཆེད། །ཚུལ་འདི་བསམ་ཤིང་འབད་པའི་རྣམ་དཀར་འདིས། །རང་གཞན་ཀུན་ལ་དེ་བཞིན་སྐྱེན་གྱུར་ཅིག །ཨེ་མ་ཚུལ་ཁྲིམས་ས་གཞི་བཟང་པོ་ལ། །ཚུལ་ཁྲིམས་ལྷ་ཡིས་དཔག་བསམ་ལྗོན་པས་བརྒྱན། །ཚུལ་ཁྲིམས་སྨིན་འབྲས་ཡིད་བཞིན་ནོར་བུའི་དཔལ། །ཚུལ་ཁྲིམས་རྡོ་རྗེ་དེ་འདྲའི་ཕུན་ཚོགས་ཤོག །འདི་ཤོ་ལོ་ཀ་དེས་སོར་བྱང་སྔགས་གསུམ་གྱི་ཚུལ་ཁྲིམས་སམ། ཆོས་སྤྱོད་ནས་བླ་མེད་པར་བསྡུས་མཚན། ཚུལ་ཁྲིམས་ཀུན་རྫོབ་རྡོ་རྗེ་དོན་དམ་པ། །ཚུལ་ཁྲིམས་སྤྱོད་པ་རྡོ་རྗེ་ལྟ་བ་དང་། །ཚུལ་ཁྲིམས་གཟུགས་སྐུ་རྡོ་རྗེ་ཆོས་ཀྱི་སྐུ། །ཚུལ་ཁྲིམས་རྡོ་རྗེ་གཞི་ལམ་འབྲས་གསུམ་མཚན། དེ་བཞིན་ཟུང་འཇུག་ཤོག །ཚུལ་ཁྲིམས་རྡོ་རྗེ་དམ་སྡོམ་གཉིས་དག་པ། །ཚུལ་ཁྲིམས་རྡོ་རྗེ་རང་གཞན་གཉིས་དགེ་བ། །ཚུལ་ཁྲིམས་རྡོ་རྗེ་འདི་ཕྱི་གཉིས་བདེ་བ། །ཚུལ་ཁྲིམས་རྡོ་རྗེ་ཚུལ་དེའི་བཀྲ་ཤིས་ཤོག །

ཅེས་པ་འདིའང་ནི་གནས་ཚུལ་རྡོར་སོགས་ངོར་སྐལ་དང་རང་ཉིད་ཀྱིས་ཀྱང་དམ་ཚིག་གསོ་བའི་ཚོ་ག་ཉམས་པ་བསྐང་བའི་བཤགས་ཁྲུས་སུ་སེམས་ཤིང་གནས་མཆོག་འོག་མིན་མཁའ་སྤྱོད་གཉིས་པའི་ཡང་དབེན་འཆི་མེད་བྱང་ཆུབ་གླིང་དུ་སྨོངས་རྒྱན་པདྨས་བྲིས་པས་རང་གཞན་གཉིས་ཀྱི་དམ་ལས་ཉམས་པའི་ལས་བསགས་པ་ཐམས་ཅད་བྱང་ཞིང་དག་པའི་རྒྱུར་གྱུར་ཅིག །དེ་བཞིན་བསྟན་འགྲོ་ལ་ཕན་པ་དང་འདི་ལ་འབྲེལ་ཚད་དག་པ་བདེ་བ་ཅན་དུ་སྐྱེ་བར་ཤོག་ཅིག །དགེའོ། །དགེའོ། །དགེའོ།། །།

༄༅། །སྔགས་པ་ལ་སྙིང་པའི་གཏམ་བཤགས་ལེ་བཞི་པའི་ཊཱི་ཀ་དམ་ཚིག་རྒྱ་མཚོའི་གསལ་བྱེད་ཅེས་བྱ་བ།

རིག་འཛིན་འཇིགས་མེད་གླིང་པ།

དཔལ་རྡོ་རྗེ་ཅན་ལ་ཕྱག་འཚལ་ལོ། །དབྱིངས་ཀྱི་རྟག་པ་རྡོ་རྗེའི་སྐུ། །ཀུན་ནས་ཀུན་ཏུ་བཟང་པོའི་ཞལ། །ངོ་བོ་ཉིད་མེད་ཡེ་ཤེས་སྐུ། །བདེ་ཆེན་བྱང་ཆུབ་སེམས་ལ་འདུད། །

འདིར་ཆོས་རྒྱལ་ལུང་བསྟན་རྡོ་རྗེའི་ཆོས་ཚར་ཏནྟྲ་ཆེན་པོ་སྡེ་བཅོ་བརྒྱད་དུ་གྲགས་པའི་ནང་ཚན་གླང་པོ་ཆེ་རབ་ཏུ་འབོག་པ་སྟེ། སྐྱེས་བུ་རྣམས་ཀྱི་སྒྲོག་རྩར་རླུང་ཞུགས་ཏེ་སློ་བའི་ཕྱི་ནས་དབུ་མར་སེམས་འདུས་པའི་ཆོས་ཉིད་ངོ་མ་འཕྲོད་པ་ལ་བོག་པར་འདོགས་པ་ལྟར། འདིར་བླ་ན་མེད་པའི་རྒྱུད་སྡེ་རིན་པོ་ཆེ་ཀུན་རྫོབ་ཀྱི་ཚིག་ཙམ་ལ་མི་རྟོན་པར་ཆོས་ཉིད་ཀྱི་དོན་རྣམ་པར་མི་རྟོག་པ་ལ་གཙོ་བོར་རྟོན་པའི་ཆོས་ཀྱི་རབ་ཏུ་བྱེད་པ་ལས། བཤགས་པའི་རྒྱུད་ཀྱི་ལེའུ་བཞི་པའི་དོན་བརྗོད་མེད་དོན་བཤགས་ཀྱི་ཊཱི་ཀས་གསལ་བར་བསྟན་པ་ལ། ཨོཾ་ཡེ་ཤེས་སྐུ་མཆོག་རང་བཞིན་དཀྱིལ་འཁོར་ནི། །ཟླ་རྒྱས་བཞིན་དུ་སྒྲིབ་པ་མི་མངའ་ཡང་། །ཐུགས་རྗེའི་ཉི་གསལ་འོད་བཞིན་སྙོམས་མཛད་པ། །འདིར་གཤེགས་བདག་ལ་དགོངས་ཤིང་བཞུགས་སུ་གསོལ། །ཅེས་པ་ནི། སངས་རྒྱས་ཆོས་ཀྱི་སྐུ་རྟག་ཏུ་སྒྲིབ་པ་ཐམས་ཅད་དང་བྲལ་བའི་དབྱིངས་ནས་ཡེ་ཤེས་ཀྱི་འཁོར་ལོ་སད་པར་བྱས་ཏེ་ཚོགས་ཞིང་དྲང་བའི་དོན་ཏེ། ཡུལ་དང་ཡུལ་ཅན་གྱི་རྟོག་དཔྱོད་ལ་མི་འཇུག་ཅིང་། བདེ་བར་གཤེགས་པའི་ཁམས་ཀྱི་ཡེ་ཤེས་རང་གསལ་བའི་ཆོས་ཉིད་ནི་གཟུགས་ཀྱི་སྐུ་ལས་འདས་པས་ཆོས་ཀྱི་སྐུའི་མཆོག་སྟེ་སུས་ཀྱང་མ་བཅོས་པར་རང་བཞིན་གྱི་དཀྱིལ་འཁོར་ཆེན་པོའི་བདག་ཉིད་ནི་ཟླ་བའི་དཀྱིལ་འཁོར་འོད་སྣང་ཕྱིར་གསལ་དུ་རྒྱས་པ་བཞིན་དུ་རྟོག་པ་སྣ་ཚོགས་ཀྱི་སྒྲིབ་པ་མི་མངའ་ཡང་ཕྱོགས་རིས་བྲལ་བའི་ཐུགས་རྗེའི་རང་གཟུགས་ཉི་མ་ལྟར་གསལ་ཞིང་བྱམས

པའི་འོད་ཟེར་སེམས་ཅན་ལ་བུ་བཞིན་དུ་སྙོམས་པར་འཇུག་པར་མཛད་པ་གང་ཞིག་གཟུགས་ཀྱི་སྐུ་རྣམ་པ་ཐམས་ཅད་པའི་བདག་ཉིད་ཅན་དུ་དེང་འདིར་གཤེགས་ནས་བདག་ཅག་ལ་སོགས་པ་ཐམས་ཅད་ལ་དགོངས་ཤིང་བཞུགས་སུ་གསོལ། ཅེས་སོ། །བརྗོད་མེད་ཤེས་རབ་མི་གཡོ་ཆོས་ཀྱི་སྐུ། །བདེ་ཆེན་ལོངས་སྤྱོད་རྫོགས་སྐུ་རིགས་ལྔའི་གཙོ། །ཐུགས་རྗེ་ཐབས་མཁས་རྒྱ་ཆེར་རོལ་པ་ཡི། །ཞི་ཁྲོ་སྤྲུལ་པའི་སྐུ་ལ་ཕྱག་འཚལ་ལོ། །ཞེས་པ་ནི། ཡོད་མེད་རྟག་ཆད་ཀྱི་དོན་ལ་བརྗོད་དུ་མེད་པའི་ངོ་བོ་ཉིད་ཀྱི་ཤེས་རབ་ཀུན་ནས་མི་གཡོ་མི་འགྱུར་བ་ཆོས་ཀྱི་སྐུ་རྣམ་པ་ཐམས་ཅད་པ་གང་ཞིག །སྡུག་བསྔལ་བ་དང་། ཀུན་འབྱུང་བ་ལ་སོགས་ཏེ་ཟག་པ་ཐམས་ཅད་དང་བྲལ་བའི་བདེ་བ་ཆེན་པོའི་རང་བཞིན་ལ་ངེས་པ་ལྔ་ལྡན་དུ་ལོངས་སྤྱོད་ཅིང་ཡོན་ཏན་ཐམས་ཅད་རྫོགས་པའི་སྐུ་དེ་བཞིན་གཤེགས་པ་རིགས་ལྔའི་བདག་ཉིད་ནི་གཙོ་བོ་སྟེ། གང་གི་ཐུགས་རྗེ་ཆེན་པོ་དང་ཐབས་ལ་མཁས་པས་གདན་གསུམ་ཚང་བའི་དཀྱིལ་འཁོར་གྱི་རྣམ་པ་རྒྱ་ཆེར་རོལ་པའི་སྐུར་སྟོན་པ་ནི་ཞི་བ་བཞི་བཅུ་རྩ་གཉིས་དང་། ཁྲོ་བོ་ལྔ་བཅུ་རྩ་བརྒྱད་དེ་སྤྲུལ་པའི་སྐུ་དཀྱིལ་འཁོར་གྱི་བདག་ཉིད་ཅན་རྣམས་ལ་ཕྱག་འཚལ་ལོ་ཞེས་པའི་དོན་ནོ། །དངོས་སུ་འབྱོར་དང་ཡིད་ཀྱིས་རྣམ་སྤྲུལ་པའི། །ཀུན་ཏུ་བཟང་པོ་བླ་མེད་མཆོད་སྤྲིན་གྱིས། །མཁའ་དབྱིངས་རྣམ་དག་རྒྱ་ཆེར་ཡོངས་བཀོད་དེ། །ཕྱི་ནང་གསང་བའི་མཆོད་པ་རྒྱ་མཚོས་མཆོད། །

ཅེས་པ་ནི། བླ་ན་ཡོད་པ་དངོས་སུ་འབྱོར་བ་དང་། བླ་ན་མེད་པ་ཡིད་ཀྱིས་རྣམ་པར་སྤྲུལ་པའི་བྱང་ཆུབ་སེམས་དཔའ་ཀུན་ཏུ་བཟང་པོའི་ཏིང་ངེ་འཛིན་རྣམ་པ་ཐམས་ཅད་པས་བླ་ན་མེད་པར་སྤྲུལ་པའི་མཆོད་སྤྲིན་གྱིས་རྣམ་ཐར་གསུམ་དང་ལྡན་པའི་ཀུན་ཏུ་བཟང་མོའི་མཁའ་དབྱིངས་ཆོས་ཉིད་ཀྱི་ནམ་མཁའ་རྣམ་པར་དག་པའི་ཁྱོན་ཐམས་ཅད་རྒྱ་ཆེར་ཡོངས་སུ་བཀོད་དེ། དབང་པོས་ཡུལ་ལ་སྤྱོད་པ་ཕྱིའི་མཆོད་པ་དང་། དབང་ཤེས་ཀྱིས་བདེ་སྟོང་དུ་སྤྱོད་པ་ནང་གི་མཆོད་པ་དང་། དེ་དག་གི་ངོ་བོ་མཆོད་བྱ་མཆོད་བྱེད་ལས་འདས་པར་རྟོགས་པ་དེ་ཁོ་ན་ཉིད་གསང་བའི་མཆོད་པ་དེ་དག་ཐམས་ཅད་ཀྱང་རྣམ་པ་རྒྱ་ཆེ་ལ་དོན་དབྱིངས་ཟབ་པའི་ཆ་ནས་རྒྱ་མཚོས་མཆོད་ཅེས་སྨོས་པའོ། །ཀུན་ཏུ་བཟང་མོ་གསང་བའི་བྷ་ག་ལ། །རྒྱལ་བའི་དཀྱིལ་འཁོར་མ་ལུས་རབ་འབྱམས་

ཀུན། །འདུ་འབྲལ་མེད་པའི་ངང་དུ་རོ་གཅིག་པས། །གཉིས་མེད་བྱང་ཆུབ་སེམས་ཀྱིས་མཉེས་གྱུར་ཅིག །ཅེས་པ་ནི། མཆོད་པའི་ཕྱག་རྒྱ་ཆེན་པོ་སྟེ། དེ་ལ་ཀུན་རྫོབ་དང་དོན་དམ་གཉིས་ལས། དང་པོ་ནི་། རྣམ་བཅས་ལྷ་མོ་ལ་བརྟེན་ནས་ཀུན་ཏུ་འམ་དུས་གསུམ་གྱི་རྟོགས་པ་འགགས་པར་བྱེད་པས་ན་བཟང་མོ་སྟེ། དེ་ཉན་ཐོས་ཀྱི་ཐེག་པ་ཅན་ལ་སོགས་སྐལ་མེད་ལ་གསང་བའི་དོན། རྣམ་ཐར་སུམ་ལྡན་གྱི་བདག་ཉིད་ཅན་དུ་མཚོན་པའི་ རྡ་གའི་དབྱིངས་ག་ལ་བར་རྒྱལ་བའི་དཀྱིལ་འཁོར་མ་ལུས་ཤིང་ལུས་པ་མེད་པ་རབ་ཏུ་འབྱམས་ཀླས་པ་ཀུན་གདན་གསུམ་འདུ་འབྲལ་མེད་པའི་ངང་དུ་རོ་གཅིག་པས་བཞུགས་པ་ལ། ཞུ་བ་དེས་དྭངས་པའི་ཡབ་ཡུམ་གཉིས་སུ་མེད་པའི་བྱང་ཆུབ་སེམས་ཀྱི་དམ་པས་མཉེས་པར་གྱུར་ཅིག་སྟེ་ལྷན་སྐྱེས་ཀྱི་བདེ་ཆེན་དང་མཛལ་བའི་དོན་ཏོ། །

གཉིས་པ་ལྟར་ན། དུས་གསུམ་ཀུན་ཏུ་རྟོག་པ་དང་བྲལ་བས་ན་བཟང་མོ་སྟེ། དེ་ཉིད་སོ་སོ་སྐྱེ་བོ་རྣམས་ལ་རང་བཞིན་གྱིས་གབ་པས་ན་གབ་པའི་གསང་བ་དང་། དབང་བསྐུར་མ་ཐོབ་པ་དང་། སྐལ་མེད་ལ་སྦ་བའི་ཕྱིར་ན་སྦས་ཏེ་གསང་བའི་དོན་སྟོང་པ་ཉིད་དང་། མཚན་མ་མེད་པ། སྨོན་པ་མེད་པའི་དབྱིངས་རྡོ་རྗེ་བཙུན་མོའི་རྡ་ག་ལ་རྒྱལ་བའི་དཀྱིལ་འཁོར་མ་ལུས་ཤིང་རབ་ཏུ་འབྱམས་ཀླས་པ་ཀུན་ཆོས་ཉིད་བརྗོད་པ་དང་བྲལ་བའི་ཀློང་ཆེན་པོར་དུས་གསུམ་འདུ་འབྲལ་མེད་པའི་ངང་དུ་ཆོས་མཉམ་པར་རོ་གཅིག་པས་ན། གཉིས་སུ་མེད་པ་དོན་དམ་པའི་བྱང་ཆུབ་སེམས་ཀྱི་རྟོགས་པ་ཁྱད་པར་ཅན་གྱིས་མཉེས་པར་གྱུར་ཅིག་ཅེས་པའོ། །སེམས་ཀྱི་རང་བཞིན་ཆོས་ཉིད་ནམ་མཁའ་ཆེ། །ཆོས་རྣམས་རྣམ་དག་ཡེ་ནས་འོད་གསལ་ཞིང་། །རྣལ་འབྱོར་ཉིད་དབྱིངས་སྨྲ་བསམ་བརྗོད་ལས་འདས། །མཉམ་ཉིད་བྱང་ཆུབ་སེམས་ལ་རྟག་ཏུ་འདུད། །ཅེས་པ་ནི། བསྟོད་པའི་ཕྱག་རྒྱ་ཆེན་པོ་སྟེ། སེམས་ཀྱི་རང་བཞིན་ནམ་མཚན་ཉིད་ནི་མཚོན་བྱེད་དཔེའི་ནམ་མཁའ་སྟོང་ལ་གོ་འབྱེད་པ་ཙམ་མ་ཡིན་པར། མཚོན་བྱ་ཆོས་ཉིད་ཀྱི་ནམ་མཁའ་ཆེན་པོ། ཀུན་རྫོབ་དང་མཚན་མའི་ཆོས་ཅན་རྣམས་རྣམ་པར་དག་པའི་ཆོས་ཉིད་ཡེ་ནས་རང་བཞིན་གྱི་འོད་གསལ་ཞིང་ཞི་བ་ཆེན་པོའི་བདག་ཉིད་ཅན་དེ་ཁོ་ན་ཉིད་ལ་རྣལ་དུ་འབྱོར་པའི་སྟོང་པ་ཉིད་ཀྱི་དབྱིངས་ཚིག་ཏུ་སྨྲ་བ་དང་། བློས་བསམ་པ་དང་། རྗོད་བྱེད་ཀྱིས་མཚོན་པའི་ཡུལ་ལས་འདས་པ་སྟེ། འཁོར་འདས

རོ་མཉམ་གྱི་ཆོས་ཉིད་དོན་དམ་པའི་བྱང་ཆུབ་ཀྱི་སེམས་ལ་དྲན་པ་ཉེ་བར་གཞག་པས་རྟག་ཏུ་འདུད་ཅེས་པའི་དོན་ཏོ། །ཀུན་བཟང་རྫོགས་ཆེན་ཡེ་ནས་གདལ་བ་ལ། །ཕྱི་ནང་གསང་བའི་དཀྱིལ་འཁོར་བཀོད་པ་ནི། །ཞེས་པ་ནི། དུས་གསུམ་གྱི་རྟོག་པ་དང་བྲལ་བ་དུས་མེད་ཀུན་ཏུ་བཟང་པོ། རང་བཞིན་རྫོགས་པ་ཆེན་པོ་ཡེ་ནས་ཀུན་ཁྱབ་ཏུ་གདལ་བ་ལ། ཕྱི་བུམ་དབང་གི་དམ་ཚིག་དང་འབྲེལ་པའི་བསྐྱེད་རིམ། ནང་གསང་དབང་དང་གསུམ་པའི་དམ་ཚིག་དང་འབྲེལ་བ་རྫོགས་རིམ། གསང་བ་བཞི་པ་ཚིག་དབང་དང་འབྲེལ་བ་ལྷན་ཅིག་སྐྱེས་པའི་ཡེ་ཤེས་ཏེ། དཀྱིལ་འཁོར་གསུམ་གྱི་བདག་ཉིད་ཅན་སྟོན་པའི་བཀོད་པ་ནི། སྣང་སྲིད་རྣམ་དག་ལྷ་དང་ལྷ་མོའི་དབྱིངས། །འབྱུང་དང་འབྱུང་འགྱུར་ཡབ་ཡུམ་ལྷུན་རྫོགས་རྣམས། །ཞེས་པས་ཕྱིའི་དཀྱིལ་འཁོར་བསྟན་ཏེ། དེ་ཡང་རྒྱལ་བའི་ཁམས་ལ་སྣང་སྲིད་སྣོད་བཅུད་དུ་འཛིན་པའི་རྟོགས་པ་རང་མཚན་པ་མེད་ཅིང་། མ་དག་པ་དང་ཅུང་ཟད་དག་པ་ལ་སོགས་པའི་ཆ་ལས་འདས་པ་དག་པ་རབ་འབྱམས་ཆེན་པོའི་ཆོས་ཉིད་དུ་རྣམ་པར་དག་པས་ཞིང་ཁམས་རྒྱ་མཚོ་ལྷ་དང་ལྷ་མོའི་དཀྱིལ་འཁོར་དུ་ཡེ་ནས་སངས་རྒྱས་པའི་དབྱིངས། ཕུང་པོ་ལྔ་དང་། འབྱུང་བ་ལྔ་ནི་གཤེགས་པ་གཤེགས་མ་དབང་པོ་དང་དབང་ཤེས། ཡུལ་དུས་སྐྱེ་མཆེད་རྣམས་ནི་རྒྱལ་སྲས་སངས་རྒྱས་འཕགས་པའི་རྣམ་པ་ཅན་དུ་གདོད་ནས་དག་པ་ལས་གནས་འགྱུར་གྱི་ཚུལ་དུ་མ་ཡིན་པས་ན་བྱུང་བ་དང་། འཁོར་བའི་ཁམས་ཀྱང་བདེ་གཤེགས་སྙིང་པོའི་རང་བཞིན་ཅན་ཡིན་པས་གདོད་ཀྱི་གདན་གསུམ་ཚང་བའི་དཀྱིལ་འཁོར་དུ་གནས་འགྱུར་གྱི་ཚུལ་དུ་འཚང་རྒྱ་བའི་ཕྱིར་ན་འབྱུང་འགྱུར་ཏེ། དེ་ཐམས་ཅད་ཀྱང་སྣང་སྟོང་ཐབས་ཤེས་ཟུང་དུ་འཇུག་པས་ཡབ་ཡུམ་གྱི་ཚུལ་དུ་ལྷུན་གྱིས་རྫོགས་པ་རྣམས་སོ། །གསང་ཆེན་རབ་དབྱེས་གཟུངས་ཆེན་བདག་ཉིད་མའི། །མཁའ་དབྱིངས་ཀློང་ཡངས་པདྨོར་འཁྱིལ་བ་ལ། །གཉིས་མེད་ཐིག་ལེ་ཆེན་པོར་འོད་གསལ་ཞིང་། །ཞེས་པས་ནང་གི་དཀྱིལ་འཁོར་བསྟན་ཏེ། གསང་བ་ཆེན་པོ་མཆོག་ཏུ་མི་འགྱུར་བའི་བདེ་ཆེན་ལ་རབ་ཏུ་དབྱེས་ཤིང་དགའ་བ་བཞིའི་ཡེ་ཤེས་དམ་པའི་གཟུངས་ཅན་ཀུན་ཏུ་བཟང་མོའི་བདག་ཉིད་མའི། རྡོ་རྗེ་བཙུན་མོའི་མཁའ་ནམ་མཁའི་དབྱིངས་ལྟར་ཀློང་ཡངས་ཤིང་། པདྨ་ལྟར་འཁོར་བའི་འདམ་རྫབ་ཀྱིས་མ་གོས་པར་རྣམ་ཐར་གསུམ་ལྡན་གྱི་རང་བཞིན་

ཉིད་དུ་འཁྲིལ་བ་ལ། དེ་བཞིན་གཤེགས་པ་རྣམས་ཀྱང་བདེ་སྟོང་གཉིས་སུ་མེད་པའི་ཡེ་ཤེས་ཀྱི་ཐིག་ལེ་ཆེན་པོར་ཐར་པ་བསྟེན་པར་མཛད་ཅིང་ཆོས་ཉིད་བསམ་གྱིས་མི་ཁྱབ་པའི་ངང་དུ་འོད་གསལ་ཞིང་ཞི་བ་ནི་ནང་གི་དཀྱིལ་འཁོར་རོ། །

མ་བཅོས་སྤྲོས་མེད་བྱང་ཆུབ་སྙིང་པོའི་སྐུ། །ཅིར་ཡང་སྣང་བ་བདེ་ཆེན་གསུང་དབྱངས་ལྷ། །ཞེས་པས་གསང་བའི་དཀྱིལ་འཁོར་བསྟན་ཏེ། །དེ་ཁོ་ན་ཉིད་ཀྱི་དོན་རྟོག་གེའི་བློས་མ་བཅོས་ཤིང་། རྟག་ཆད་ཀྱི་སྤྲོས་པ་དང་སྐྱེ་འགག་གཉིས་སུ་མེད་པ་ནི་བྱང་ཆུབ་སྙིང་པོའི་སྐུ་སྟེ། ནམ་མཁའ་སྟོངས་པ་ལས་ཆོ་འཕྲུལ་སྣ་ཚོགས་སུ་ཤར་བ་ལྟར།ཆོས་ཉིད་དེའི་རང་བཞིན་ཅིར་ཡང་སྣང་ཞིང་ཀུན་ཏུ་འགྲོ་བ་ཅན་ཡིན་ཡང་། ངོ་བོའི་ཆ་ནས་མཆོག་ཏུ་མི་འགྱུར་བ་བདེ་བ་ཆེན་པོའི་བདག་ཉིད་རྣམ་པ་ཐམས་ཅད་པའི་མཆོག་ལྡན་ལ་གསུང་དབྱངས་ཀྱི་ལྷའི་སྒྲས་གཞོམ་གཞིག་འཕོ་འགྱུར་དང་བྲལ་བ་ནི་གསང་བ་དེ་བཞིན་ཉིད་ཀྱི་དཀྱིལ་འཁོར་རོ། །འདི་ནས་མར་ཚིག་དོན་གོ་སླ་བས་གཞུང་འགྲེལ་སྐབས་གཅིག་ཏུ་བཤད་པར་བྱ་སྟེ། དེ་ལྟར་དཀྱིལ་འཁོར་གྱི་ཐ་སྙད་གསུམ་དུ་བཞག་པའང་ངོ་བོ་ཉིད་ཀྱི་ཀློང་ན་འདུ་འབྲལ་མེད་ཅིང་ཆོས་མཉམ་པ་ཉིད་ཀྱང་བསོད་ནམས་དམན་པ་རྣམས་ལ་གབ་པ་ལྟར་བཞུགས་པས་གསང་བའི་དཀྱིལ་འཁོར་ནི་ཞེས་སློས་པ་སྟེ། སྤྲུལ་གཞི་བདག་ཉིད་ཆེན་པོ་ཀུན་བཟང་ཡབ་ཡུམ་དང་། མཛད་པ་ཡོངས་སུ་རྫོགས་པའི་རིགས་ལྔ་ཡབ་ཡུམ་དང་། བྱང་ཆུབ་ལྟུམ་བྲལ་ཏེ་རང་དོན་གྱི་མཛད་པ་བརྟུལ་ནས་གཞན་དོན་གྱི་མཛད་པ་ལ་ཞུགས་པའི་བྱང་ཆུབ་སེམས་དཔའ་ཡབ་ཡུམ་བརྒྱད་ཚན་གཉིས་དང་། དེ་བཞིན་དུ་ཁྲོ་བོ་དང་ཁྲོ་མོ་ཡབ་ཡུམ་བཅུའི་ཚོགས། རྡོ་རྗེ་ལྷ་མོ་སྟེ་རིགས་མ་བཅུ་དྲུག་དང་། ཚོགས་རྗེ་ཚོགས་ཀྱི་བདག་པོ་སྟེ་རིགས་ལྔ་དང་ལྡན་པའི་སྤྱི་དཔལ་ཆེན་པོ་དང་། མི་དགེ་བཅུ་གནས་དག་པའི་ཁྲོ་རྒྱལ་ཡབ་ཡུམ་བཅུ། ཕྱི་ལྟར་དུ་གནས་སུམ་ཙུ་རྩ་གཉིས་དང་། ཡུལ་ཉེར་བཞིའི་དཔའ་བོ་རྣམས་ལ་རང་རང་གི་རིགས་ཀྱི་ཡུམ། རྣལ་འབྱོར་མ་མིང་ཅན་རེ་ཡོད་པ་རྣམས་ནི་ལས་ཀྱི་ཕྱག་རྒྱའི་བདག་ཉིད་ཅན་དང་། དེ་ཡང་ནང་ལྟར་དུ་སྤྱི་བོ་ཛ་ལནྡྷ་ར་སོགས་རྡོ་རྗེ་ལུས་ཀྱི་གྲོང་ཁྱེར་ཆེན་པོའི་རྩ་ཡོངས་སུ་གྱུར་པ་ལས་དཔའ་བོ་དང་། ཁམས་ཡོངས་སུ་གྱུར་པ་ལས་རྣལ་འབྱོར་མ་སྟེ། སྣང་སྟོང་ཐབས་ཤེས་ཟུང་དུ་

འབྲེལ་བའི་སྟོང་གཟུགས་ནི་ལྷར་སྣང་ཕྱག་རྒྱ་ཆེན་པོ་དང་། གསང་བ་ལྷར་ན་དེ་དག་ཀྱང་ཧེ་རུ་ཀའི་གནས་བཅུར་བསྡུས་ནས་ས་བཅུའི་ངོ་བོ་ཉིད་དུ་མཚོན་པ་ནི་ཆོས་ཀྱི་ཕྱག་རྒྱ་དང་དཀྱིལ་འཁོར་ཡོངས་རྫོགས་ཀྱི་ཐུགས་རྗེ་ཡུལ་ལ་འཇུག་པའི་སྒོ་ནི་ཚད་མེད་བཞི་དང་། དེའི་བདག་ཉིད་ཕྲིན་ལས་རྣམ་བཞི་ཡིན་པས་ན་དམ་ཚིག་གི་ཕྱག་རྒྱ་ཅན་སྒོ་མ་བཞི། གཞན་ཡང་ཡེ་ཤེས་ལས་སྤྲུལ་པའི་ལྷ་ཚོགས་མང་པོ་ཀུན་ཀྱང་དམ་ཚིག་ཅན་དང་དམ་ཚིག་གི་རྗེས་སུ་ཞུགས་པ་རྣམས་ལ་མ་ལྷར་བྲམ་ས་ཤིང་སྲིད་ལྷར་དུང་བ་ལ་སོགས། ལེགས་ཉེས་བདེན་ཤན་གྱི་སྣང་ས་འཛིན་ཅིང་དམ་ཚིག་གི་རྗེས་གཙོད་པའི་ཕྱི་གནས་ཡུལ་ཁྱད་པར་ཅན་ལ་ཡུལ་དང་ཡུལ་ཅན་གཉིས་མེད་དུ་སྤྱོད་ཅིང་། ནང་རྡོ་རྗེ་ལུས་ཀྱི་རྩ་གནས་སོ་སོའི་ཁམས་དང་རོ་གཅིག་ཏུ་འདུ་བའི་དཔའ་བོ་དང་མཁའ་འགྲོ་རྣལ་འབྱོར་མའི་ཚོགས་ལ་སོགས། མདོར་ན་ཀུན་ཏུ་ཐོགས་མེད་ཀྱི་སྤྱན་དང་ལྡན་པས་དཔང་གྱུར་ཚད་མ་རྫོ་རྗེའི་དམ་ཚིག་ཅན་རྣམས་ཀྱི་ཐུགས་རྗེའི་ཡུལ་ལ་འཇུག་པའི་ཕྱིར་དགོངས་སུ་གསོལ་ཅེས་སྨོས་ནས། སངས་རྒྱས་རྣམས་ཀྱི་ཐུགས་རྗེའི་ཕྲིན་ལས་རྒྱུན་མི་འཆད་པའི་གདུང་འཚོབ་ཅིང་། མི་ཧོག་གང་ལ་འཕོག་པའི་ལྷ་སོ་སོའི་རིགས་ཀྱི་བདག་ཉིད་འཛིན་པ་བདག་ཅག་གིས། འགྲོ་བ་ཀུན་ལ་ཕན་པའི་དོན་དུ་ཀུན་རྫོབ་སྨོན་འཇུག་གཉིས་དང་། སྔགས་ཀྱི་དོན་དམ་པའི་རྡོ་རྗེའི་རྣལ་འབྱོར་བྱང་ཆུབ་ཏུ་སེམས་བསྐྱེད་དེ། བསྟན་པ་ལ་རིམ་གྱིས་ཞུགས་ཀྱང་ཐོབ་བྱའི་འབྲས་བུའི་བླ་ན་མེད་པའི་བྱང་ཆུབ་ཆེན་པོའི་གོ་འཕང་བགྲོད་པར་བྱ་བའི་ཕྱིར་བསྟན་པ་རྒྱ་མཚོ་སྟེ། ཀུན་འབྱུང་འདྲེན་པའི་ཐེག་པ་སྡེ་སྣོད་གསུམ་ལས། འཁོར་ལོ་དང་པོའི་དགོངས་པ་སོ་སོ་ཐར་པའི་ཚུལ་ཁྲིམས་ཀྱི་བསླབ་པ་ལ་བརྟེན་ནས་རང་རྒྱུད་ཀྱི་ཉེས་སྤྱོད་སྡོམ་ཞིང་བདེན་པ་བཞིའི་ལམ་ལ་བསྒྲེན་པ་དང་། འཁོར་ལོ་བར་མཐའི་དགོངས་པ་དེའི་སྟེང་དུ་དགེ་བ་ཆོས་སྡུད་དང་། སེམས་ཅན་དོན་བྱེད་ཀྱི་ཚུལ་ཁྲིམས་བསྟན་ནས་སྨོན་འཇུག་གི་བྱང་སེམས་དང་ལྷག་པ་ཏིང་ངེ་འཛིན་དང་ཤེས་རབ་ཀྱི་བསླབ་པའི་གནས་ལ་སློབ་པ་སྟེ་བསླབ་པ་གསུམ། དེ་བཞིན་དུ་དཀའ་ཐུབ་རིག་བྱེད་ཀྱི་ཐེག་པ། བྱ་རྒྱུད་སྤྱོད་རྒྱུད་རྣལ་འབྱོར་ཏེ་གསང་སྔགས་ཕྱི་པ་གསུམ་གྱིས་ཁྲུས་དང་གཙང་སྦྲ་ལ་སོགས་ཏེ་རང་རང་གི་དམ་ཚིག་དང་སྡོམ་པའི་གནས། ཁྱད་པར་དབང་སྒྱུར་ཐབས་ཀྱི་ཐེག་པ། རྣལ་འབྱོར་བླ་མེད་ཕྱི་

བསྐྱེད་པ་མ་ཧཱ་ཡོ་ག །ཞར་ལུང་ཨ་ནུ་ཡོ་ག །གསང་བ་རྫོགས་ཆེན་ཨ་ཏི་ཡོ་ག་གསུམ་གྱིས་བསྐྱེད་རྫོགས་རྫོགས་ཆེན་གྱི་དོན་ལ་འཇུག་ཅིང་། དེ་ཀུན་ཀྱང་ཉན་ཐོས་ཀྱིས་སྤྱོང་། བྱང་སེམས་ཀྱིས་བསྒྱུར། སྔགས་ཀྱིས་ལམ་དུ་སྤྱོང་བ་གསུམ་གྱི་ཉོན་མོངས་པའི་ཚོགས་འདུལ་བས་ན་འདུལ་ཁྲིམས་དང་། དེ་ཐམས་ཅད་ཀྱང་མཐར་ཐུག་རྡོ་རྗེ་ཐེག་པ་ཐུན་མོང་མ་ཡིན་པའི་སྡོམ་པའི་རང་བཞིན་དངོས་པོ་གནས་འགྱུར། ཡོན་ཏན་ཡར་འཕེལ། དགག་དགོས་ཡོངས་རྫོགས་ཀྱང་། སྐུ་ཕྱག་རྒྱ་ཆེན་པོ། གསུང་བརྗོད་མེད་ནཱ་ད། ཐུགས་ཟབ་ཞི་སྤྲོས་བྲལ་གྱི་ངང་དུ་མཉམ་པར་སྦྱོར་བས་ན་སྡོམ་པའི་མཆོག་སྟེ། གསང་བ་སྔགས་ཀྱི་ལས་ཐམས་ཅད་ནི་གཞོམ་གཞིག་དང་བྲལ་ཞིང་ཁྱད་ཆོས་བདུན་ལྡན་ཡིན་པས་རྡོ་རྗེ་དང་། དེའི་རང་བཞིན་ནི་སྡོམ་པ་ལྟར་བྱ་བ་དང་མི་བྱ་བའི་ངེས་པ་ཅན་མ་ཡིན་པར་ནམ་དུའང་དེ་ལས་འདའ་བར་དཀའ་བའི་ཕྱིར་ན་དམ་ཚིག་སྟེ། དུས་གཏན་གྱི་དོན་དུ་གཉེར་བྱ་ཡིན་ལ། དེ་ཡང་ལེའུ་ལྔ་པ་དང་དྲུག་པས་གསལ་བར་བསྟན་པའི་དམ་ཚིག་ཉི་ཤུ་རྩ་ལྔ་སོགས་མདོར་བསྡུ་ན་རིགས་ལྔ་དང་རྩ་ལྟུང་བཅུ་བཞིའི་མཚོན་སྤྱི་དང་ཁྱད་པར་ལྷག་པའི་དམ་ཚིག་ཅེས་འགག་བསྡམས་པ་རྣམས། དུས་སྨྲ་མའི་ཚེའམ་ཕྱི་ཕྱིར་ནོས་ཤིང་གཉེར་དུ་སླུས་སོ་འཚལ་རྣམས་ལོ་ཟླ་ཞག་དུས་ཀྱི་ངེས་པས་ཉམས་པ་དང་། འགལ་བ་དང་། རལ་བ་ལ་སོགས་པའི་ཡུན་དུ་མི་གཏོང་ཞིང་གསོར་མི་རུང་བའི་གནས་སུ་འདའ་བར་མི་བགྱིད་པའི་དམ་བཅས་པ་ལ། །བདུད་ཀྱིས་ཕྱོགས་བསླད་པའི་དབང་དུ་སོང་ནས་དོན་ལས་གོལ་ཞིང་གཏན་ནས་ལོག་པའི་སེམས་མ་མཆིས་ཀྱང་། གདོད་བྱ་སྔེ་སླན་ཆད་ལ་བཤོལ་ཞིང་ལོང་ཡོད་སྐམ་པའི་ལེ་ལོའི་དབང་དུ་གྱུར་ནས། གློང་དུ་མ་གྱུར་པ་དང་། རྩལ་ཤུགས་དང་ནུས་པ་ཆུང་བ་དང་། ཤེས་བཞིན་གྱི་དྲན་པ་མི་ལྡན་པ་དང་། ཚང་དང་གཉིད་ལ་སོགས་པ་བག་མེད་པའི་དབང་དུ་གྱུར་ཏེ། བྱང་ཆུབ་ཀྱི་སེམས་དང་བསྐྱེད་རྫོགས་སྒོམ་པ་ལ་མི་བརྩོན་ཞིང་བསྙེན་པའི་དམ་ཚིག་རལ་བ་དང་། སྒྲུབ་པ་གཡེལ་བ་ལ་སོགས་ཏེ། ཚོར་བ་དང་ཞེས་པས་ཉོན་མོངས་པའི་གཞན་དབང་དུ་གྱུར་པ་དང་། མ་ཚོར་བ་སྟེ་མ་རིག་པའི་གཞན་དབང་གིས་ན། སྟོན་པའི་བཀའ་བདེ་གཤེགས་བཀའ་འདས་ཀྱི་རྩ་ལྟུང་དང་། རྡོ་རྗེ་སློབ་དཔོན་གྱིས་བསྒྲགས་པའི་དམ་ཚིག་ལས་འགལ་བར་གྱུར་པ་སྟེ། འདི་ལྟར་རྣལ་འབྱོར་སྒོམ་པ་གང་ཞིག་

རྡོ་རྗེའི་བླ་མ་ལ་བརྙས་པ་ལ་སོགས་རྩ་བའི་ལྟུང་བ་རྣམས་ལ་ཀུན་དཀྲིས་ཚང་བའི་ཐམ་པར་གྱུར་ནས་དམ་ཚིག་ཉམས་པ་དག་དང་སྐད་ཅིག་ཙམ་དུ་ཡང་ཕྲད་པར་མི་བྱ་ལ། ལུང་བ་གཅིག་གི་ཆུ་ལའང་མི་བཏུང་ངོ་ཞེས་རྒྱལ་བའི་བཀའ་ཚད་མ་ལས་བྱུང་ཞིང་དེ་ལྟར་གྱི་ཉེས་དམིགས་རྣམས་མ་རྟོགས་ཏེ། དམ་ཚིག་མེད་པ་དག་གི་མདུན་དུ་སྦྱིར་གསང་བཞི་དང་། བར་གསང་བཞི་ལ་སོགས་གསང་བར་འོས་པ་དང་། ཁྱད་པར་གཉེར་དུ་གཏད་པའི་གསང་སྒོ་འཆོལ་བར་གྱུར་པས་དབྱེ་བསལ་དཀའ་བ་སྟེ། དམ་ཚིག་རྒྱ་མཚོའི་གཞུང་བཤིག་པ་དང་། སྤྱན་དང་མངོན་ཤེས་སོ་སོ་རིག་པ་རྣམས་མེད་པས་དངོས་སམ་བརྒྱུད་ནས་སྨྱོན་ཅན་དུ་གྱུར་པའི་ཚུལ་རྣམས་མ་རྟོགས་ཏེ། དམ་ཚིག་ཉམས་པ་དག་དང་ཚོགས་ཀྱི་འཁོར་ལོ་འདྲེས་ཤིང་། ཉམས་པ་གང་ཞིག་ལས་ལྷག་སེམས་ཀྱི་བློ་མེད་པ་རྣམས་བསྐང་བ་དང་། སྔོན་ཆད་བླ་མར་གྱུར་པའི་གནས་དག་ལ་དམ་ཚིག་ཉམས་བཞིན་པ་སོར་མ་ཆུད་པ་དང་། རྒྱུད་སྡེ་རྣམས་ནས་སྣོད་མིན་དུ་བཤད་པ་རྣམས་ལ་གསང་སྔགས་ཟབ་མོའི་ཆོས་བཤད་པ་དང་། མདོར་ན་ཉམས་པ་ལ་མི་འཛེམ་ཞིང་ཉམས་པའི་སྐྱོན་དང་འགྲོགས་བཞིན་པ་ལ་སོགས། དམ་ཚིག་ཉམས་པའི་གང་ཟག་དང་འགྲོགས་ཤིང་ཉམས་པ་དེ་དག་གི་སྐྱོན་ནམ། གྲིབ་མ་ལྟའི་ནང་ན་ཐུབ་ཉམས་སྒྲིབ་ཀྱི་སྐྱོན་ཆེན་པོས་གོས་པར་གྱུར་ཏོ་འཚལ་ལ་བརྟེན་ཚེ་འདིའི་བདེ་ལེགས་དང་། ཡོན་ཏན་འགྲིབ་ཅིང་འཚོ་བ་ཐུང་ལ། ནད་མང་བ་ལ་སོགས་པའི་སྐྱོན་དང་ཡུན་གྱི་སྒྲིབ་པ། གྲུབ་པ་ཆེན་པོ་བརྒྱད་དང་། མཆོག་གི་དངོས་གྲུབ་དམ་པའི་གེགས་སུ་འགྱུར་བ་རྣམས་རབ་ཏུ་ནོངས་ཤིང་འགྲོད་པ་དྲག་པོའི་སེམས་ཀྱིས་མཐོལ་ཞིང་བཤགས་པར་བགྱིད་ན།ཐུགས་བྱམས་པ་ཆེན་པོ་དང་ལྡན་པའི་ངང་ལ་བསྙེན་བསྲིང་མི་མངའ་བའི་ཐུགས་རྗེས་བདག་ཅག་ལ་དགོངས་པར་གྱུར་ནས་ཀྱང་། འདི་ལྟར་རང་བཞིན་རྫོགས་པ་ཆེན་པོའི་དམ་ཚིག་ལ་སྲུང་ཉམས་གཉིས་སུ་མེད་པས་ན་མེད་པ་དང་། དེའང་དབྱིངས་ལས་གཞན་དུ་མི་འཕོ་ཞིང་མི་འགྱུར་བ་གཅིག་པུའི་དམ་ཚིག་ལ་བདག་ཅག་ཀྱང་བགོད་དོ། དེའི་ཆོས་ཉིད་ཅིར་ཡང་མི་དམིགས་པ་ནི་ཕྱལ་བའི་དམ་ཚིག་གི་ངོ་བོ་ཉིད་དང་། ཕྱོགས་དང་རིས་ཆད་མེད་པས་བཏང་སྙོམས་སམ། ཡེ་བསྲུངས་ལྷུན་གྲུབ་ཆེན་པོའི་ངང་དུ་དུས་གསུམ་སངས་རྒྱས་རྣམས་ཀྱང་རྟག་པ་རྒྱུན་གྱི་འཁོར་ལོ་མི་གཡོ་བ་

བཞིན་དུ་བདག་ཅག་ལ་སོགས་པ་བདེ་གཤེགས་སྙིང་པོའི་ཆོས་ཉིད་ཅན་རྣམས་འདྲེས་ཤིང་བཞུགས་པར་གྱུར་ནས་ཀྱང་། བདེན་པ་གཉིས་མེད་ཆེན་པོའི་དོན་གྱི་ཚངས་པ་སྒྲིབ་བྲལ་ནི་སངས་རྒྱས་ཆོས་ཀྱི་སྐུ་ཡིན་པས་དེའི་རང་བཞིན་བདག་ལ་སྟུལ་དུ་གསོལ། ཅེས་སོ། །དེ་ལྟར་ལམ་བདེན་འདུས་བྱས་པ་རྣམས་ལ་དམ་ཚིག་གི་རྣམ་པར་གཞག་པའང་དོན་དམ་པར་སྒྲ་བསམ་བརྗོད་མེད་སྤྲོས་པ་ཐམས་ཅད་ལས་འདས་པ་གང་ཞིག་ལ། ཀུན་ཏུ་བརྟགས་པའི་བློ་ཅན་གྱི་རྣམ་པར་རྟོག་པའི་ཆོས་གང་ཡང་དམིགས་པར་མ་གྱུར་པའི་ཕྱིར་ན་ཉམས་དང་བཤགས་པར་བྱ་བ་གཉིས་སུ་མེད་ཀྱང་། ཀུན་རྫོབ་ཏུ་སྨི་ལམ་དང་། སྒྱུ་མ་མཁན་གྱིས་སྤྲུལ་པ་བྱས་པ་ལྟ་བུའི་དབང་གིས་ན། ཉོངས་པར་མཆིས་ན་རབ་ཏུ་གནོང་ཞིང་འགྱོད་པ་བགྱིད་པས་བཟོད་པར་གསོལ། ཅེས་སོ། །

འདི་ལ་སྨྲན་ཆད་འགྲེལ་པ་མ་མཐོང་ཡང་། །བརྗོད་དོན་དབྱིངས་ཆེ་དོན་ཟབ་ཚིག་བསླེང་བས། །མཐའ་ཡས་ཐེག་པའི་སྙོ་ཡིན་དེ་ཡི་ཕྱིར། །ཚིག་དོན་འགལ་བ་མཐོང་ལའང་དཔྱད་པ་བྱས། །དེང་སང་འདི་ན་སྔགས་ཀྱི་བསྟན་པ་ནི། །གཟུགས་བརྙན་ཙམ་དུ་བས་འདིའི་རྙོག་པའི་ཀ། །བཀྲུངས་ཕྱིར་རྒྱལ་བའི་དགོངས་པ་ལས་བཀྲུད་པ། །ཇི་བཞིན་དུས་མཐའི་སྔགས་པ་རྣམས་ལ་སྤྲད། །དགེ་བ་དེ་ཡིས་ཏནྟྲ་རྣམ་གསུམ་གྱི། །རྣམ་པར་རིག་པ་ཅན་དང་མ་ཡིན་པའི། །ཆོས་ཁམས་སྐྱེ་རེངས་གསར་པས་དྲངས་པ་ཡི། །འོད་གསལ་སྣང་བྱེད་ཆེན་པོ་ལ་རེག་ཤོག །ཅེས་པའང་རྣ་ལོའི་བརྒྱུད་འཛིན་ཡང་སྙེངས་པས་ནན་བསྐུལ་ཆེན་པོའི་ངོར་རྫོགས་ཆེན་པ་རང་བྱུང་རྡོ་རྗེས་དག་ཐོག་ནས་བཀོད་པའོ།། །།

༄༅། །བྱང་ཆུབ་སྤྱོད་པའི་སྨོན་ལམ་ཕན་བདེའི་ལྗོན་པའི་ཊཱི་ཀ་རྒྱལ་བའི་གཞུང་ལམ་ཞེས་བྱ་བ་བཞུགས།

རིག་འཛིན་འཇིགས་མེད་གླིང་པ།

བྱང་ཆུབ་སྤྱོད་པའི་སྨོན་ལམ་ཕན་བདེའི་ལྗོན་པའི་ཊཱི་ཀ་རྒྱལ་བའི་གཞུང་ལམ་ཞེས་བྱ་བ། ཇི་སྙེད་ཤེས་བྱ་གཟིགས་དེའི་མཁྱེན་རབ་ནི། །འཇིག་ཚོགས་ལ་སྣང་ཇི་ལྟའི་འོད་ཟེར་ཅན། །ཤར་བའི་མོད་ལ་སེམས་བྱུང་སྣ་ཚོགས་ཀུན། །རང་བཞིན་མེད་པར་གྲོལ་འདི་བླ་མའོ། །

འདི་ལ་སྤྱི་དོན་རྣམ་པ་གསུམ། ཀླད་ཀྱི་དོན། གཞུང་གི་དོན། མཇུག་བསྡུ་བའོ། །དང་པོ་ནི། སྨོན་ལམ་ལ་འཇུག་པའི་སྒོ་ཡན་ལག་བདུན་པ་འབུལ་བ་ནི། བཟང་སྐྱོང་གིས་ཞུས་པ་ལས་དགེ་བའི་ཆོས་སྤྱད་པའི་ཡན་ལག་བདུན་བཀའ་སྩལ་པ་ལྟར། དང་པོ་དཀོན་མཆོག་གསུམ་ལ་ཕྱག་བྱའི་ཡན་ལག་ནི། རང་དོན་དུ་སྤངས་རྟོགས་མཐར་ཕྱིན་ཀྱང་ཞི་བདེའི་ངང་དུ་མི་བཞུགས་པར་གཞན་དོན་ལ་ཐུགས་རྗེས་རྒྱུན་ཆད་མེད་པས་དོན་གཉིས་ལྷུན་གྲུབ་ཏུ་འབྱུང་བ་སྟོན་པ་རྫོགས་པའི་སངས་རྒྱས་དང་། དེའི་ཞལ་སྒོ་ལས་གསུངས་པ་འདུས་བྱས་ལ་བརྟེན་པའི་ལུས་ངག་ཡིད་གསུམ་གྱི་དགེ་བ་ཐམས་ཅད་ཀུན་རྫོབ་བདེན་པ་དང་། དམིགས་བསམ་སྤྲོས་པ་ལས་འདས་པ་དོན་དམ་བདེན་པ་སྟེ། བདེན་པ་གཉིས་ཀྱི་ངོ་བོ་ནི་བསྟན་པ་དམ་པའི་ཆོས་ཡིན་ལ། དེ་འཛིན་བྱེད་རྟོགས་བྱ་ཇི་ལྟ་བ་རིག་པ། ཇི་སྙེད་པར་རིག་པ། ཡེ་ཤེས་གཟིགས་པ་སྟེ་རིག་པའི་ཡོན་ཏན་གསུམ། སྤང་བྱ་ཆགས་སྒྲིབ་ལས་གྲོལ་བ། ཐོགས་སྒྲིབ་ལས་གྲོལ་བ། དམན་སྒྲིབ་ལས་གྲོལ་བ་སྟེ། གྲོལ་བའི་ཡོན་ཏན་གསུམ་སྟེ་རིག་གྲོལ་གཉིས་ལྡན་ནི་འཕགས་པའི་དགེ་འདུན་ཡིན་པས་ཡུལ་དེ་གསུམ་ལ། བསོད་ནམས་དང་ཡེ་ཤེས་ཏེ་ཚོགས་གཉིས་དམ་པའི་དཔལ་གྱི་གུས་པས་ཕྱག་འཚལ་ལོ་ཞེས་པའོ། །

གཉིས་པ་མཆོད་པའི་ཡན་ལག་ནི། རབ་འབྱམས་ཞེས་བློས་དཔག་ཏུ་མེད་པའི་ཞིང་གི་ཁམས་ན་ཡོད་པའི་ལྷ་དང་མིའི་ལོངས་སྤྱོད་ཇི་སྙེད་ཡོད་པ་དང་། རབ་ཏུ་དང་བའི་ཡིད་ཀྱིས་རྣམ་པར་སྤྲུལ་པ་བྱང་ཆུབ་སེམས་དཔའ་ཀུན་ཏུ་བཟང་པོའི་ཏིང་འཛིན་གྱི་མཆོད་སྤྲིན་ལྟ་བུ་ནི། ཞིང་གི་རབ་དང་མཆོག་དང་ཞུལ་དུ་གྱུར་པ་རྒྱལ་བ་སྟེ་སངས་རྒྱས་དང་། སྲས་ཏེ་བྱང་ཆུབ་སེམས་དཔའ་དང་བཅས་པའི་ཚོགས་ལ་འབུལ་ན། བདག་ཅག་ལ་རབ་ཏུ་བརྩེ་བའི་ཐུགས་ཀྱིས་དགོངས་ནས་བཞེས་སུ་གསོལ་ཞེས་པའོ། །

གསུམ་པ་བཤགས་པའི་ཡན་ལག་ནི། བདག་གིས་ཞེས་རང་གི་ངོ་བོ་སྨོས་ཏེ་འདི་ཙམ་ནས་ཞེས་ཐོག་མ་མེད་པའི་དུས་རིང་མོ་ཞིག་ནས་སྲིད་པའི་བཙོན་རར་ཡང་ནས་ཡང་དུ་འཁོར་བ་ན།ད་ལ་ཐུག་གི་བར་ང་དང་ང་ཡི་བའི་སེམས་ཀྱིས་གང་ཟག་གི་བདག་ལ། བདག་ཏུ་འཛིན་པའི་འཆིང་བ་དམ་པོས་བཅིངས་པས། བདག་མེད་པའི་ཆོས་ལ་དངོས་པོ་དང་མཚན་མ་ཅན་དུ་བཟུང་བ་ཆོས་ཀྱི་བདག་མེད་མ་རྟོགས་པ་ལས་བྱུང་བའི་སྡིག་པ་མཐའ་དག །དེ་ནི་བདག་ཉིད་གནོང་ཞིང་འགྱོད་པས་སོ་སོར་བཤགས་སོ་ཞེས་པའོ། །

བཞི་པ་རྗེས་སུ་ཡི་རང་བའི་ཡན་ལག་ནི། སྲས་བཅས་རྒྱལ་བའི་ཞེས་པས་བྱང་ཆུབ་སེམས་དཔའི་འཁོར་གྱི་དབུས་ན་མཛེས་པའི་རྒྱལ་བ་སྲས་དང་བཅས་པ་རྣམས་ཀྱི་བསོད་ནམས་ཀྱི་ཚོགས་སྦྱིན་པ་ལ་སོགས་པའི་ཕ་རོལ་ཏུ་ཕྱིན་པ་ལྔ་དང་། ཡེ་ཤེས་ཀྱི་ཚོགས་ཤེས་རབ་སྟེ་ཚོགས་གཉིས་ཟབ་མོ་དང་། དེ་དག་གི་གཤེགས་ཤུལ་ཚོགས་སྦྱོར་མཐོང་སྒོམ་བཞིའི་ལམ་བདེན་བསླབ་པ་དང་། བསླབ་བྱ་མཐར་ཐུག་ནས་མི་སློབ་སྟེ་སངས་རྒྱས་ཀྱི་ས་དང་དམན་ལམ་ལ་ཞུགས་པའི་ཉན་ཐོས་དང་། རང་རྒྱལ་དང་། འཆིང་བ་མཐའ་དག་གིས་བཅིངས་པ་སོ་སོ་སྐྱེ་བོ་རྣམས་ཀྱིས་འདས་པ་དང་། མ་འོངས་པ་དང་། ད་ལྟ་སྟེ་དུས་གསུམ་དུ་བསགས་པའི་དགེ་བ་ཐམས་ཅད་ལ། དགའ་ཞིང་སྤྲོ་བའི་སེམས་ཀྱི་བཏང་སྙོམས་དང་། ཇི་མི་སྙམ་པའི་སེམས་གཟེངས་བསྟོད་དེ་རྗེས་སུ་ཡི་རང་བའོ། །

ལྔ་པ་ཆོས་འཁོར་བསྐུལ་བའི་ཡན་ལག་ནི། ཕྱོགས་བཞི་མཚམས་བཞི་སྟེང་འོག་དང་བཅས་པ་བཅུའི་འཇིག་རྟེན་གྱི་ཁམས་མཐའ་ཡས་མུ་མེད་པ་ན་བཞུགས་པའི་རྒྱལ་བ་ཡིས། འགྲོ་བའི་

ཁམས་རྣམ་པ་སྣ་ཚོགས་དང་། དབང་པོ་རྣོ་རྟུལ་ཇི་བཞིན་དུ་ཟབ་པ་སྟེ་ལྟ་བའི་ཕྱོགས་དང་། རྒྱ་ཆེ་བ་སྟེ་སྤྱོད་པའི་ཕྱོགས་དང་། གཉིས་ཀའི་དོན་ཚང་ཞིང་ཐབས་ལ་མཁས་པ་ཐེག་མཆོག་སྟེ་གསང་སྔགས་དམ་པའི་ཆོས་ཀྱི་འཁོར་ལོ་རྟག་པ་རྒྱུན་དུ་བསྐོར་བར་ཡང་ནས་ཡང་དུ་གསོལ་བ་འདེབས་པའི་དོན་ཏོ། །

དྲུག་པ་མྱ་ངན་ལས་མི་འདའ་བར་གསོལ་བའི་ཡན་ལག་ནི། མཚན་བརྗོད་པར་དཀའ་བ་ནསགད་དང་ཞེས་སངས་རྒྱས་ལ་བོས་ནས། ཁྱོད་དང་མཉམ་པ་འགའ་ཡང་མེད་ཅིང་འཇིག་རྟེན་གྱི་འདྲེན་པ་བླ་ན་མེད་པའི་ཆོས་ཀྱི་རྗེ། མཛད་པ་བཅུ་གཅིག་མཐར་ཕྱིན་ནས་ཐ་མའི་མཛད་པ་མྱ་ངན་ལས་འདའ་བར་བཞེད་པ་རྣམས། འཁོར་བ་ཇི་སྲིད་གནས་ཀྱི་བར་དུ་གཞན་དོན་ལ་དགོངས་ཏེ་མྱ་ངན་ལས་མི་འདའ་བར་ཡུན་དུ་བཞུགས་པར་གསོལ་བ་འདེབས་པའོ། །

བདུན་པ་བསྔོ་བའི་ཡན་ལག་ནི། འདིར་འབད་དེ་དུས་ད་ལྟ་བའི་དགེ་བས་མཚོན་ནས་དུས་གསུམ་གྱི་དགེ་ཚོགས་མཐའ་དག་གཅིག་ཏུ་བསྡོམས་ནས་སེམས་ཅན་ཐམས་ཅད་སངས་རྒྱས་ཐོབ་པའི་རྒྱུར་བསྔོས་པའི་མཐུས། བདག་ཉིད་གཅིག་པུ་མ་ཡིན་པར་ནམ་མཁའ་དང་མཉམ་པའི་འགྲོ་བའི་ཚོགས་དང་ལྷན་ཅིག་ཏུ་ཀུན་མཁྱེན་རྒྱལ་བའི་གོ་འཕང་ཐོབ་པར་ཤོག་ཅེས་བསྔོ་སྨོན་སྟབས་གཅིག་ཏུ་བྱེད་པའོ། །

གཉིས་པ་གཞུང་གི་དོན་ལ་སུམ་ཅུ་རྩ་གཉིས་ལས་དང་པོ་དལ་འབྱོར་རྙེད་དཀའ་དྲན་པར་སྨོན་པ་ནི། དེ་མ་ཐོབ་པའི་ཚེ་རབས་ཐམས་ཅད་དུ། །དལ་འབྱོར་ལུས་ལྡན་ཞེས་པས་དེ་གཉིས་ཚང་བའི་མི་ལུས་རིན་ཆེན་ཉིན་མོའི་སྐར་མ་ལས་ཀྱང་དཀོན་ན། ཐོབ་བྱ་དེ་ལྟན་ལ་སྨོན་པ་སྟེ། ཇི་ལྟར་དཀོན་ན། དལ་བ་ཞེས་བྱ་བ་ནི་མི་ཁོམ་པའི་གནས་སྐབས་བརྒྱད་ལས་ཐར་བ་སྟེ། འདི་ལྟར་དམྱལ་བ། ཡི་དྭགས། དུད་འགྲོ་སྟེ་ངན་སོང་གསུམ།བདེ་འགྲོར་སྐྱེས་ཀྱང་། ལྷ་ནི་འདོད་ཡོན་དང་བག་མེད་ལ་གཡེངས། ཀླ་ཀློ་ནི་དགེ་སྡིག་མི་ཤེས་པས་མཐོང་ཚད་གསོད་ཅིང་བྱེད་ཚད་ངན་སོང་དུ་བསྒྲུབ། ལོག་ལྟ་ཅན་ནི་བླ་མ་དང་སངས་རྒྱས་ལའང་ངན་སེམས་བསྐྱེད། སངས་རྒྱས་མ་བྱོན་པའི་མུན་བསྐལ་ལ་སྐྱེས་ན་ལམ་དང་ལམ་མིན་ངོ་མི་ཤེས་པས་ཀླ་ཀློ་དང་འདྲ། ལྐུགས་

པ་ནི་རྣམ་ཤེས་ལས་སུ་མི་རུང་བས་ཆོས་བསྟན་ཀྱང་བརྡ་མི་འཕྲོད། དེ་ལྟར་བརྒྱད་དུ་མ་སྐྱེས་ན་ཆོས་བསྒྲུབ་པར་ཁོམ་པས་དལ་བ་ཞེས་བྱའོ། །འབྱོར་པ་ལ་རང་འབྱོར་ལྔ་ནི། མི་ལུས་ཐོབ་པ། དེ་ཡང་ཡུལ་དབུས་ཞེས་བྱ་སྟེ་ཆོས་དར་སར་སྐྱེས་པ། དབང་པོ་ཚང་བ། མི་དགེའི་ལས་ལ་མི་སྤྲོ་བས་ལས་མཐའ་མ་ལོག་པའོ། །གཞན་འབྱོར་ལྔ་ནི། སྐྱེ་བའི་དུས་ཆོད་མ་ལོག་པ་སངས་རྒྱས་འཇིག་རྟེན་དུ་བྱོན་པ། ཆོས་གསུངས་པ། བསྟན་པ་མ་ནུབ་པ། བསྟན་པ་ལ་ཞུགས་པ། བླ་མ་དང་དགེ་བའི་གྲོགས་ཀྱི་སྙིང་བརྩེ་བ་སྟེ་དལ་འབྱོར་བཅོ་བརྒྱད་ཚང་བའི་མི་ལུས་རིན་པོ་ཆེ་ཡིན་པས་དེ་མི་སྲིད་པ་ལྟ་བུའོ། །དེ་ཙམ་གྱིས་ཀྱང་མི་ཆོག་པར་ལམ་གྱི་རྩ་བ་དགེ་བའི་བཤེས་གཉེན་མཆོག་སྟེ་མཚན་ཉིད་དང་ལྡན་པ་མིག་བཞིན་དུ་བསྟེན་ནས་ཐུགས་དང་མི་འགལ་བ་བྱེད་ཅིང་། མཉེས་པ་དུ་མའི་སྒོ་ནས་ཆོས་འབའ་ཞིག་ཉན་པ་ནི་ཐོས་པ་དང་། ཚིག་དོན་ལ་གོ་བས་དཔྱོད་ཅིང་གཞིག་འགྲེལ་བྱེད་པ་ནི་བསམ་པ། དེ་དག་གི་དོན་ཡིད་ལ་སྒོམ་པ་གསུམ་ལ་རྟག་པར་བརྩོན་པས་རང་དོན་ཚགས་སུ་ཚུད་པ་དང་། ཕྱི་ནས་རྒྱལ་བའི་བསྟན་པ་ལ་འང་བྱ་བ་བྱེད་ནུས་པར་ཤོག་ཅེས་པའོ། །

གཉིས་པ་མི་རྟག་པ་རྒྱུད་ལ་སྐྱེ་བར་སྨོན་པ་ནི། དེ་ལྟ་བུའི་དལ་འབྱོར་རྙེད་ཀྱང་། དེའི་སྲོག་ཏུ་གྱུར་པའི་ཚེ་ནི་རྩྭ་ཁའི་ཟིལ་ཐིགས་ལྟར་རིང་དུ་མི་གནས་པ། དོ་ནུབ་བམ་སང་གི་ཉིན་མོ་ཙམ་ཡང་བློ་གཏད་མི་ཐུབ་པ་གཤིན་རྗེའི་སྐྱེས་བུས་སྐད་ཅིག་ལ་བཅོམ་ནས་འགྱུར་བའི་ཚུལ་རིག་པ་ལ་འཇིགས་པར་བྱས་ནས། ཚེ་འདི་བསྒྲུབ་པའི་བསམ་པ་དགྲ་འདུལ་གཉེན་སྐྱོང་སྣར་འདི་བྱས་དང་འཕྱིས་འདི་བྱེད། སྦྱོར་བ་ཚོང་སོ་ནམ། འདུ་འཛི་སྙན་གྲགས་ལོངས་སྤྱོད་སྤེལ་བ་མཐའ་དག་རྒྱུད་བསྲིངས་ནས། འདུས་པ་འབྲལ་བའི་ཆོས་ཅན་ལ་བསམ་ཏེ་གཉེན་བཤེས་ཡུལ་འཁོར་ནོར་རྫས་རྣམས་ལྟ་ཅི་སྨོས།རང་གི་མལ་སྟན་དང་བཟའ་བཏུང་དང་གོས་གྱོན་འཕྲོ་ཡན་ཆད་ཀྱིས་བདག་འདོར།བདག་གིས་ཀྱང་དེ་དག་འདོར་བས་གང་ལའང་སྙིང་པོ་མེད་པ་མི་རྟག་པ། ཉེ་འབྲེལ་གྱིས་མཐའ་བསྐོར་ནས་སྨྲེ་སྔགས་འདོན་ཞིང་ཁ་སེ་ཐང་ངེ་འཆི་བ་དེ་དོ་ནུབ་ཙམ་ཡང་མི་ཡོང་བའི་གདེང་མེད་པ་རྗེས་སུ་དྲན་པར་ཤོག་ཅིག་ཅེས་པའོ། །

གསུམ་པ་རྒྱུ་འབྲས་ལ་ཡིད་ཆེས་པར་སྨོན་པ་ནི། ཚེ་འཕོས་ནས་ཀྱང་ཐོག་མེད་འཁོར་བ་

ན༷ས། །བས༷གས་པ༷འི་ལུ༷ས་ཀྱི༷་སྡུག༷་བསྔལ༷་མྱོང༷་གྱུར༷་ཞིང༷་། །ཞེས་རང་གིས་བསགས་པའི་ལས་གཞན་ལ་མི་འཕོ། བར་མ་དོར་ཆུད་མི་ཟ། ཚོགས་ཤིང་དུས་ལ་བབས་པའི་ཚེ་རང་ཐོག་འབབ་ཞིག་ཏུ་མྱོང་འགྱུར་ཡིན་ལ་དེ་ལྟར་ལུས་ཀྱི་སྒོ་ནས་སྲོག་གཅོད་པ། མ་བྱིན་པ་ལེན་པ། འདོད་ལོག་སྤྱོད་པ་གསུམ། ངག་གི་སྒོ་ནས་རྫུན། ཕྲ་མ། ཚིག་རྩུབ།ངག་འཁྱལ། ཡིད་ཀྱི་སྒོ་ནས་བརྣབ་སེམས། གནོད་སེམས། ལོག་ལྟ་སྟེ། དེ་ལྟར་མི་དགེ་བ་བཅུ་པོ་དང་ནི་དུས་དང་རྣམ་པ་ཐམས་ཅད་དུ་འབྲེལ་ཆེ་ལ། དེལའང་གཞི་བསམ་པ།སྦྱོར་བ། མཐར་ཐུག་གཞི་ཚང་དགོས་མི་དགོས་མཛོད་འགྲེལ་ལས་ཤེས་ཤིང་། ལས་དེའི་འབྲས་བུ་ཡང་རྣམ་སྨིན། རྒྱུ་མཐུན། དབང་། སྐྱེས་བུ་བྱེད་པ་སྟེ་བཞི་བཞིར་མྱོང་ཞིང་། དེ་ཡང་རྣམ་སྨིན་ནི་བསམ་པ་ཉོན་མོངས་པའི་ཁྱད་པར་ཞེ་སྡང་གིས་བྱས་ནས་དམྱལ་བ། འདོད་ཆགས་ཀྱིས་ཡི་དྭགས། གཏི་མུག་གིས་དུད་འགྲོར་སྐྱེ། རྒྱུ་མཐུན་ནི་སྲོག་གཅོད་ཀྱིས་ཚེ་ཐུང་། མ་བྱིན་ལེན་གྱིས་དབུལ་པོར་འགྱུར། འདོད་ལོག་གིས་ཆུང་མ་མི་ཉན། རྫུན་གྱིས་སྐུར་པ་མང་། ཕྲ་མས་ཉེ་འཁོར་དང་མི་མཐུན། ཚིག་རྩུབ་ཀྱིས་མི་སྙན་པ་མང་དུ་ཐོས། ངག་འཁྱལ་གྱིས་ཚིག་མི་བཙུན། བརྣབ་སེམས་ཀྱིས་རེ་བ་མི་འགྲུབ། གནོད་སེམས་ཀྱིས་རང་ལ་གནོད་བྱེད་མང་། ལོག་ལྟས་ལྟ་བ་ངན་པ་ལ་གནས། དེ་བཞིན་དུ་དབང་འབྲས་ནི་ཡུལ་ལ་སྨིན་པས། སྲོག་གཅོད་ཀྱིས་ཡུལ་གནོད་པ་ཅན་དུ་སྐྱེ། མ་བྱིན་བླངས་པས་ལོ་ཏོག་ལ་སད་སེར་སྣང་། འདོད་ལོག་གིས་གནས་མི་གཙང་། རྫུན་གྱིས་གཞན་བསླུ་མང་། ཕྲ་མས་ས་ཕྱོགས་ངམ་གྲོག་དང་ཐག་ཐུག་ཅན་དུ་སྐྱེ། ཚིག་རྩུབ་ཀྱིས་ཡུལ་ཉམས་མི་དགའ། ངག་འཁྱལ་གྱིས་ལོ་ཏོག་ཉམས། བརྣབ་སེམས་ཀྱིས་ལོ་འབྲས་ངན། གནོད་སེམས་ཀྱིས་ཆོམ་རྐུན་དང་སྦྲུལ་ལ་སོགསཀྱིས་འཚེ། ལོག་ལྟས་མགོན་སྐྱབས་མེད་སར་སྐྱེ། སྐྱེས་བུ་བྱེད་པའི་འབྲས་བུ་ནི་བྱེད་ལས་དང་མཐུན་པར་མྱོང་བའོ། །དེ་ལྟ་བུའི་མི་དགེ་བཅུ་ནི་སྲོག་དང་བསྡོས་ནས་སྤང་། དེའི་ལྡོག་ཕྱོགས་དགེ་བའི་ལས་ལམ་བཅུ་འཛིན་པ་ཡིན་ཏེ། འདི་ལྟར་བདག་གིས་ཀྱང་སྲོག་མི་གཅོད་པར་དམ་བཅའ་ལ། གཞན་ཡང་སྲོག་གཅོད་དུ་མི་འཇུག་པ་སོགས་མི་དགེ་བཅུར་སྤོང་སེམས་ཀྱིས་དམ་བཅའ་འཛིན་ཅིང་གཞན་ཡང་བྱེད་མི་འཇུག་ལ། འཇིག་རྟེན་བདེ་སྡུག་ལས་འབྲས་ཀྱི་མཐུར་སྙིང་ནས་ཡིད་ཆེས་པ་ནི་འཇིག་རྟེན་པའི་ཡང་དག་པ་

ལྔ་བ་ཞེས་བྱ་སྟེ། ལུས་འབྲས་བསླུ་བ་མེད་པར་ ཡིད་ཆེས་ནས། །དགེ་སྡིག་ལས་ལ་འཇུག་ལྡོག་བྱེད་པར་ཤོག །ཅེས་པའི་དོན་ནོ། །

བཞི་པ་འཁོར་བའི་ཉེས་དམིགས་དྲན་པར་སྨོན་པ་ནི། ༀ གང་དུ་སྐྱེས་ཀྱང་བདེ་བའི་སྐབས་མེད་ཅིང་། །གང་ལ་བསམས་ཀྱང་འཇིག་པའི་ངང་ཚུལ་ཅན། །ཞེས་པས། དེ་ལ་འགྲོ་བ་རིགས་དྲུག་པོ་གང་དུ་སྐྱེས་ཀྱང་སྡུག་བསྔལ་གྱི་རང་བཞིན་མེའི་འོབས་ལྟ་བུ། ཚ་སྲིན་གྱི་གྲི་བར་ཚུད་པ་ལྟ་བུ་བདེ་བའི་གོ་སྐབས་མེད་པ་ལ་སྒོ་བར་བྱ་སྟེ།དེ་ཡང་དམྱལ་བར་སྐྱེས་ན་ཚ་དམྱལ་བརྒྱད། གྲང་དམྱལ་བརྒྱད། ཉི་ཚེ་ཉེ་འཁོར་བ་དང་བཅོ་བརྒྱད་ཡོད་པའི་ལྟུགས་བསྲེགས་ཀྱི་ས་གཞི་ནི་ཚ་དམྱལ་ཐུན་མོང་གི་གནས་ཡིན་པས། དེའི་ནང་དུ་ཚུད་པ་ཙམ་གྱིས་སྡུག་བསྔལ་ཡང་བཟོད་པར་དཀའ་བ། ཁྱད་པར་ཡང་སོས་ནི། ཕན་ཚུན་ཕོང་ཁྲོས་གདུངས་ནས། མཚོན་རྡེག་རེས་བྱེད་ཅིང་ཤི་བ་ན།ནམ་མཁའ་ནས་ཡང་སོས་པར་ཤོག་ཅིག་ཅེས་པའི་སྒྲ་བྱུང་ནས་ཡང་སོས་པས་སྡུག་བསྔལ་ལོ། །ཐིག་ནག་ནི། གཤེད་མ་འཇིགས་སུ་རུང་བས་ལུས་ལ་ཐིག་མང་པོ་འདེབས་ཤིང་སོག་ལེས་གཤོག་པ་དེ་ཡང་འཁྲིག་ཅིང་གཤོག་གོ །བསྡུས་འཇོམས་ནི། ལྟུགས་བསྲེགས་ཀྱི་རི་སྣ་དུད་འགྲོའི་མགོ་བརྙན་ཅན་གྱི་དབར་དུ་བཙུད་ཞིང་བཙིར་པའོ། །ངུ་འབོད་ནི། ལྟུགས་ཞུན་བསྐོལ་བར་འཚོད་པའོ། །ངུ་འབོད་ཆེན་པོ་ནི། ལྟུགས་ཁྱིམ་མེ་འབར་བར་ཚུད་ནས་སྒོ་འཁྲིག་ཅིང་འཐུམས་ལ་དུ་སྐད་ལྷང་ལྷང་འབོད་པའོ། །ཚ་བ་ནི། གསལ་ཤིང་མེ་འབར་བས་ལུས་ཀྱི་གཞུང་འབིགས་པའོ། །རབ་ཏུ་ཚ་བ་ནི། གསལ་ཤིང་རྩེ་གསུམ་པས་འབིགས་ཤིང་ཕྱི་ནས་ལྟུགས་བསྲེགས་ལེབ་མོས་དཀྲི་བ་དང་ཁྲོ་ཆུ་ཁོལ་མར་འཚོད་དོ། །མནར་མེད་པ་ནི། དེའི་མེ་ཚ་བའི་མཐར་ཐུག་པས་རང་ལུས་དང་མེ་དབྱེར་མི་ཕྱེད་པར་བསྲེག་ཅིང་། ཕྱི་ནས་མདའ་མདུང་ལ་སོགས་པ་མཚོན་ཆའི་ཆར་འབབ་པ་ལ་བར་སེང་ཙམ་ཟད་ཀྱང་མེད་པར་ཤིན་ཏུ་སྡུག་བསྔལ་ཞིང་ཚེ་ཡང་བར་བསྐལ་ཐུབ་པའོ། །གྲང་དམྱལ་བརྒྱད་ནི། སའི་རྣམ་པ་ཅུང་ཟད་ཀྱང་མི་མངོན་པའི་གངས་ཁྲོད་བུ་ཡུག་སྦྲེབས་པའི་གནས་སུ་ལུས་འཁྱུམས་ཤིང་གྲང་ཟུག་ཆེ་དྲག་པས་ལུས་ལ་ཆུ་བུར་གྲངས་མེད་འབྱུང་བས་ཆུ་བུར་ཅན་དང་། ཆུ་བུར་བརྡོལ་བ་དང་། ཨ་ཆུའི་སྒྲ་རྒྱུན་མི་འཆད་པ་དང་། ཀྱི་ཧུད་དང་། སོ་ཐམ་ཐམ་

དང་། པགས་པ་ཨུཏྤལ་ལྟར་དྲུག་ཚལ་དུ་གས་པ། པདྨ་ལྟར་བརྒྱད་ཚལ་དུ་གས་པ། པདྨ་ལྟར་ཆེར་གས་པ་སྟེ་བརྒྱད་ཀྱིས་སྡུག་བསྔལ་ལོ། །ཉེ་ཚེ་བ་ནི། རང་གི་ལུས་ལ་ཀ་བ་དང་། ཐག་པ་དང་། སྒོ་དང་། ཕྱུགས་མ་སོགས་ཀྱི་སྣང་བ་ཤར་ནས་བཀོལ་བ་དང་། བྲག་གི་དབར། རྡོའི་མཁྲིགས། ཤིང་གི་སྦུབས་སོགས་སུ་འཐུམས་ཤིང་འབྱུང་བཞིའི་གནོད་པས་མནར་བ་ལ་སོགས་རྣམ་གྲངས་ཤིན་ཏུ་མང་ལ། ཉེ་འཁོར་བ་ནི། སྤུ་གྲིའི་ཐང་། རལ་གྲིའི་ནགས་ཚལ། ཐལ་ཚན་གྱི་རབས། རོ་མྱགས་ཀྱི་འདམ། ལྕགས་ཀྱི་ཤལ་མ་ལི་སོགས་ལ་མནར་སྤྱོད་ཤིན་ཏུ་མི་བཟོད་པ་མྱོང་ངོ་། །དེ་བཞིན་དུ་ཡི་དྭགས་ལའང་ཕྱིའི་སྒྲིབ་པ་ཅན། ནང་གི་སྒྲིབ་པ་ཅན། སྐོམ་ཁུར་ཀྱི་སྒྲིབ་པ་ཅན་དེ་ཐམས་ཅད་ཀྱང་ཟས་སྐོམ་ལོ་ཟླར་མི་རྙེད་པས་བཤང་གཅི་ཟ་ཞིང་།ལུས་དཔག་ཚད་ཙམ་མི་ཁེངས་པས་སྡུག་བསྔལ་བཟོད་གླག་མེད་པའོ། །དུད་འགྲོ་ལ་བཀོལ་སྤྱོད་ཀྱི་སྡུག་བསྔལ་མཐོང་ཆོས་ཅན་དང་། དེའི་ནང་ནས་ཀྱང་བྱིངས་ན་གནས་པ་རྣམས་ནི་མུན་པ་མུན་ནག་གི་གནས་སུ་གཅིག་ལ་གཅིག་ཟ་ཞིང་གཙེར་བའོ། །དེ་བཞིན་དུ་ལྷ་རྣམས་ལའང་འཆི་བའི་ལྟས་ལྔ་ཤར་བས་འཕོ་ཞིང་གནས་རིགས་འོག་མར་ལྟུང་བའི་སྡུག་བསྔལ་དང་། མི་ལ་སྐྱེ་རྒ་ན་འཆིའི་སྡུག་བསྔལ་གྱི་སྟེང་། འགྱུར་བའི་སྡུག་བསྔལ་དང་། སྔ་མ་མ་སངས་བར་གསར་དུ་བརྩེགས་པ་སྡུག་བསྔལ་གྱི་སྡུག་བསྔལ་བལྟར་མི་མཐོང་བ། དགྲ་དང་འཕྲད་པ། གཉེན་དང་བྲལ་བ། འདོད་པ་ཐོབ་ཏུ་མ་ཁེལ་བ། ཉེར་ལེན་གྱི་ཕུང་པོ་ལྔ་པོ་འཚོ་བ་སྣ་ཚོགས་ཀྱི་སྣོད་ལྟར་ཡོད་པས་སྡུག་བསྔལ་གྱི་འཕྲང་ལས་མི་ཐར་བ། ལུས་ངག་རྩོལ་ཕྲན་དུ་ཞིག་ཞིག་འབད་ཀྱང་བདེ་བ་ལ་ཐོབ་དུས་མེད་པ། བྱ་བ་མང་བ། འབྲས་བུ་ཉུང་བ། རེ་དོགས་ཐམས་ཅད་བསླུ་བའི་ཆོས་ཅན། ཕུན་སུམ་ཚོགས་ན་ཧ་ཙམ་ཚོགས་པ་དེ་དག་ཀྱང་ཚེ་ཕྱི་མ་སྡུག་བསྔལ་བསྒྲུབ་པའི་རྒྱུར་འགྲོ་བས་ན། ༄ གང༷་ཞིག༷་བསྒྲུབ༷་ཀྱང༷་སྙིང༷་པོ༷་མེད༷་པའི༷་ཆོས༷། །གང༷་ཡིན༷་ཤེས༷་ནས༷་ཡིད༷་ནི༷་འབྱུང༷་བར༷་ཤོག༷ །ཅེས་སྨོན་ནོ། །

ལྔ་པ་ཐར་ལམ་ལ་བར་ཆད་མེད་པར་སྨོན་པ་ནི། ༄ བྱང༷་ཆུབ༷་བསྒྲུབ༷་ལ༷་བར༷་དུ༷་གཅོད༷་པའི༷་རྐྱེན༷། །མི༷་མཐུན༷་བདུད༷་ཀྱི༷་དབང༷་དུ༷་མི༷་འགྱུར༷་ཞིང༷། །གནས༷་དང༷་ཡོ༷་བྱད༷་གྲོགས༷་སོགས༷་མཐུན༷་པའི༷་རྐྱེན༷། །བསམ༷་པ༷་བཞིན༷་དུ༷་ལྷུན༷་གྱིས༷་འགྲུབ༷་པར༷་ཤོག༷ །དེ་ལ་ཐར་ལམ་བྱང་ཆུབ་སྒྲུབ་པ་ལ་

མི་མཐུན་ཕྱོགས་ཀྱི་བདུད་རྣམ་པ་བཞི་ཡོད་དེ། རང་རྒྱུད་དང་ལྡན་ཅིག་པ་ཉོན་མོངས་པའི་བདུད་ཀྱིས་དང་པོར་ངེས་འབྱུང་མི་སྐྱེ་བར་ཆོས་དང་བླ་མ་ལ་དད་དུ་མི་འཇུག །བར་དུ་དགེ་བའི་བཤེས་གཉེན་གྱིས་སྲུན་ནས་བག་མེད་ཀྱི་དབང་དུ་འཆོར། ཐ་མར་ཆོས་ལྷུར་བཙོས་པའི་ཞི་བདེས་འཆི་ཁར་ལག་སྟོང་དུ་འགྲོ། ཕུང་པོའི་བདུད་ཀྱིས་ལམ་བདེན་ལ་དངོས་པོར་ཞེན་ནས་གཟུགས་དང་། འདུ་ཤེས་དང་། འདུ་བྱེད་རྣམ་ཤེས་ཀྱི་ཕྱོགས་མ་དག་པ་འཛིན་ཅིང་ཆོས་ཉིད་ཀྱི་གནས་ལུགས་ལ་སྒྲིབ། ལྷའི་བུའི་བདུད་ཀྱིས་གཉེན་བཤེས་ལ་ཆགས་ཤིང་ལོག་འཚོ་དང་འདོད་པའི་ཡོན་ཏན་ལ་གཡེངས་སུ་འཇུག །འཆི་བདག་གི་བདུད་ཀྱིས་དལ་འབྱོར་གྱི་ཚོགས་པ་འབྲལ་ཞིང་ལམ་ལ་བར་དུ་གཅོད་པས་ན། དེའི་གཞན་དབང་དུ་མི་འགྲོ་ཞིང་། གནས་དག་པ་བས་མཐའ་འདུ་འཛོམས་དབེན་པ་དང་། འཚོ་བ་དང་ཡོ་བྱད་དག་པ་བསོད་སྙོམས་དང་ཆོག་ཤེས། གྲོགས་དག་པ་ཤེས་རྒྱུད་ངེས་འབྱུང་ཆེ་ཞིང་ཐོས་པ་དང་ལྡན་པའི་ཚངས་པར་མཚུངས་སྤྱོད། སྡོམ་པ་དག་པ། སོ་བྱང་སྔགས་གསུམ་ལ་ཉེས་པས་མ་གོས་པ། ཆོས་དག་པ་སྨིན་པ་བྱང་ཆུབ་ཀྱི་སེམས་དང་འཇུག་པ་ཕྱིན་དྲུག་དང་བསྐྱེད་རྫོགས་ཏེ་ཀུན་ཏུ་བཟང་པོའི་སྤྱོད་པ་ཁྲིལ་བག་ཡོད་པའི་གེགས་སུ་མི་འགྱུར་བར་སྨོན་པའོ། །

དྲུག་པ་སྐྱབས་སུ་འགྲོ་བར་སྨོན་པ་ནི། ༈ རང་གཞན་འཁོར་བའི་སྡུག་བསྔལ་གྱིས་སྐྲག་ནས། །བསླུ་མེད་སྐྱབས་གནས་དཀོན་མཆོག་གསུམ་པོ་ལ། །དད་དང་གུས་པའི་བསམ་པ་རྩེ་གཅིག་གིས། །སྐྱབས་སུ་འགྲོ་བའི་སྡོམ་པ་ནོད་པར་ཤོག །དེ་ཡང་སྐྱབས་འགྲོ་ཙམ་པོ་བ་ལྷ་མིའི་བདེ་འབྲས་ཙམ་ལ་དམིགས་པ་མ་ཡིན་ཞིང་། རང་དོན་ཡིད་བྱེད་ཀྱི་ཞི་བདེའི་བསམ་པས་ཀྱང་མ་ཡིན་པར་སེམས་ཅན་ཐམས་ཅད་ཀྱི་དོན་དུ་དམིགས་པས་གཞན་སྒྲ་ཞུགས་ལ། དེ་ཡང་འཁོར་བའི་སྡུག་བསྔལ་ལ་སྙིང་ཐག་པ་ནས་སྐྲག་ཅིང་། དེ་ལས་ངེས་པར་སྐྱོབ་ཅིང་བསླུ་བ་མེད་པ་ནི་དཀོན་མཆོག་གསུམ་མ་གཏོགས་གཞན་སུ་ཡང་མེད་པས། དེ་ལ་ཆོས་སྣང་བའི་སློ་དད་གུས་ཀྱི་བསམ་པ་རྩེ་གཅིག་པས་བྱང་ཆུབ་མ་ཐོབ་ཀྱི་བར་སྐྱབས་སུ་འགྲོ་བ་ནི་སྡོམ་པ་ཐམས་ཅད་ཀྱི་གཞི་རྟེན་ནོ། །

བདུན་པ་བྱང་ཆུབ་ཏུ་སེམས་བསྐྱེད་པར་སྨོན་པ་ལ། སྨོན་སེམས་ནི། ༈ ཐོག་མེད་དུས་

ནས་དྲིན་ཅན་ཕ་མ་རྣམས། །རིགས་དྲུག་གནས་སུ་སྡུག་བསྔལ་མྱོང་རྣམས་ལ། །བཟོད་བླག་མེད་པའི་སྙིང་རྗེ་དང་བཅས་པའི། །རླབས་ཆེན་བྱང་ཆུབ་སེམས་མཆོག་བསྐྱེད་པར་ཤོག །

དེ་ལ་འཁོར་བ་ལ་ཐོག་མ་མེད་པའི་རྒྱུས་སེམས་ཅན་ཐམས་ཅད་ཕ་མར་མ་གྱུར་པ་གཅིག་ཀྱང་མེད་པ་འདི་ལ་ངེས་ཤེས་མ་སྐྱེས་ཚེ་སེམས་བསྐྱེད་ཚད་ལྡན་ཡང་མི་ཤེས་ལ། ངེས་ཤེས་བསྐྱེད་ན་ད་ལྟ་རང་གི་ཕ་མའམ་ཡིད་གཟུགས་པ་ཞིག་བཙོན་དོང་དུ་ཆུད་ན་དེ་ལ་སྡུག་བསྔལ་དྲག་པོ་སྐྱེ་ཞིང་གདོན་པའི་ཐབས་ལ་བརྩོན་པར་ལྟར། ཚེ་རབས་སྔ་མའམ་ད་ལྟར་གྱི་ཕ་མའང་རུང་སྟེ། དེ་དག་འགྲོ་བ་རིགས་དྲུག་གི་གནས་བཙོན་པ་ཁྲི་མུན་དུ་བཙུག་པ་ལྟ་བུའི་ནང་དུ་སྡུག་བསྔལ་མྱོང་བཞིན་པ་ལ་བཟོད་བླག་མེད་པའི་སྙིང་རྗེ་སྐྱེ་བས་དེ་དག་དེ་ལས་ད་ལྟ་ཉིད་དུ་མྱུར་བ་ཉིད་དུ་ཐར་བར་ཤོག་ཅིག་པ་དུང་དུང་དང་། བདག་གིས་འབད་པ་ཐམས་ཅད་ཀྱང་དེ་དག་ཐར་པའི་ཐབས་སུ་ཤོག་ཅིག་སྙམ་པའི་སྙིང་རྗེའི་བསམ་པ་རླབས་པོ་ཆེ་བསྐྱེད་པ་ནི་བྱང་ཆུབ་ཀྱི་སེམས་དམ་པའི་ངོ་བོ་ཉིད་ཡིན་པས་དེར་སྨོན་པའོ། །

བརྒྱད་པ་འཇུག་སེམས་ནི། ༈ གཞན་གྱི་དོན་དུ་སངས་རྒྱས་བསྒྲུབ་པའི་བློས།འགྲོ་ལ་ཕན་ཕྱིར་ལྷག་བསམ་གོ་གྱོན་ཏེ། །ཕར་ཕྱིན་དྲུག་ལ་ཚུལ་བཞིན་བསླབ་པ་ཡི། །རྒྱལ་བའི་སྲས་ཀྱི་སྤྱོད་ལ་འཇུག་པར་ཤོག །

འདི་ལྟར་ཉན་རང་ལྟར་རང་དོན་ཞི་བདེ་ལ་དམིགས་པའི་བསམ་པ་ཅན་མ་ཡིན་པར། ལམ་བདེན་གྱི་སྨོན་པ་ཐམས་ཅད་གཞན་དོན་དུ་སངས་རྒྱས་ཐོབ་པ་ལ་དམིགས་ཤིང་། དེའང་བཟང་བརྫུའི་གཡོ་དང་གྲགས་འདོད་ཙམ་གྱི་རྒྱུས་མ་ཡིན་པར་ལྷག་བསམ་དྲི་མ་མེད་པའི་སྙིང་སྟོབས་ཀྱི་གོ་ཆ་བགོས་ནས་ཕ་རོལ་ཏུ་ཕྱིན་པ་དྲུག་ལ་ཚུལ་བཞིན་དུ་བསླབ་པ་ནི་རྒྱལ་བའི་སྲས་ཀྱི་སྤྱོད་པ་ལ་འཇུག་པ་ཡིན་པས་དེ་ལྟར་ཐོབ་པར་སྨོན་པའོ། །

དགུ་པ་སྨོན་འཇུག་སོ་སོའི་སྤྱི་དོན་ལ་སྨོན་པ་ནི། ༈ བྱམས་དང་སྙིང་རྗེ་དགའ་དང་བཏང་སྙོམས་དང་། །བསམ་པ་བཟང་པོ་ཚད་མེད་བཞི་ལྡན་ཞིང་། །སྦྱིན་དང་སྙན་སྨྲ་དོན་སྤྱོད་དོན་མཐུན་པ། །སྡུད་བ་བསྡུ་དངོས་བཞི་ལ་བརྩོན་པར་ཤོག །དེ་ལ་སྨོན་པ་འགྲུབ་པའི་རྒྱུ་ཚད་མེད

བཞི་ཡིན་ཏེ། སེམས་ཅན་ཐམས་ཅད་ལ་ཁོང་ཁྲོ་བ་མེད་པའི་བྱམས་པས་ཕན་འདོགས་པའི་ཐབས་བསམ་པ་དང་། དེ་དག་རང་རང་གིས་སྔར་བསགས་པའི་སྡུག་བསྔལ་གྱི་འབྲས་བུར་སྤྱོད་པ་ལ་དན་སོང་གསུམ་མམཐའ་དེ།འགྲོ་ཡིན་ཡང་ལྟོ་གོས་ཀྱི་ཉམས་ཐག་པ་དང་། སྨྲོ་བརྗོད་ལ་སོགས་པའི་གདོན་དང་མཛེ་ཕོལ་དང་། འབྲུམ་ནད་ལ་སོགས་པས་སྡུག་བསྔལ་བ་དང་། རྒྱལ་པོའི་དཔྱ་ཁྲལ་དང་ཆད་ལས་ཀྱིས་མནར་བ་སོགས་ལ་སྙིང་རྗེ་དྲག་པོ་བསྐྱེད་ཅིང་། འདི་ལས་ད་ལྟ་ཉིད་དུ་ཐར་ན་བསམ་པ་དང་། གཞན་གྱི་ཕུན་ཚོགས་ལ་ཕྲག་དོག་མི་བྱེད་པར་དགའ་བ་བསྒོམ་ཞིང་། འགྲོ་བ་གཞན་དག་ཀྱང་འདི་ལྟ་བུར་གྱུར་ན་ང་རེ་དགའ་སྙམ་པ་དང་། རང་ཕྱོགས་ལ་ཆགས་པ་གཞན་ཕྱོགས་ལ་སྡང་བའི་ཆགས་སྡང་མགོ་སྙོམས་ནས་ཉེ་རིང་མེད་པའི་བཏང་སྙོམས་ལ་སློབ་པ་ནི་སྨོན་སེམས་ཀྱི་སྲོག་ཤིང་ལྟ་བུ་ཡིན་ལ།དེ་བཞིན་དུ་འཇུག་པ་ལ། བསྡུ་བའི་དངོས་པོ་བཞིས་སེམས་ཅན་བསྡུ་བའི་བརྩོན་འགྲུས་རྒྱུན་མི་ཆད་པར་བྱ་ཞིང་། དེ་ལ་སྦྱིན་པ་ནི་སེམས་ཅན་བསྡུ་བའི་སྒོ་དང་པོ་ཡིན་ཏེ། སྦྱིན་པ་ལ་མི་དགའ་བ་སུ་ཡང་མེད་པས། ཐོག་མར་ཟང་ཟིང་གི་སྦྱིན་པས་སེམས་ཅན་བསྡུ་བར་བྱའོ། །དེ་བཞིན་དུ་ཚིག་རྩུབ་མོ་ལ་སུ་ཡང་མི་དགའ་ན་སྙན་པར་སྨྲ་བས་གཞན་དགའ་བར་བྱ་བ་དང་། དེ་ནས་དོན་སྤྱོད་པ་སྟེ་གཞན་དོན་ལ་སྐྱོ་དུབ་ཀྱི་སེམས་སྤྱངས་ནས་སློབ་པའི་ལམ་གང་ཡིན་པ་ལ་འཇུག་པ་དང་། དོན་མཐུན་པ་ནི་གཞན་ལ་ཇི་ལྟར་འདོམས་པ་ལྟར་རང་ཡང་ཆོས་བཞིན་དུ་བྱ་དགོས་ཏེ། བཅོམ་ལྡན་འདས་ཞི་བ།འཁོར་ཡང་ཞི་བ། བཅོམ་ལྡན་འདས་དུལ་བ། འཁོར་ཡང་དུལ་བ་ལྟ་བུ་སྟེ། རང་རྒྱུད་མ་རུངས་ཤིང་མ་གྲོལ་བས་སེམས་ཅན་གཞན་ལ་ཕན་པར་དཀའ་བའི་ཕྱིར་ཚད་མེད་བཞི་ནི་བྱང་ཆུབ་ཀྱི་སེམས་འགྲུབ་པའི་བསམ་པ་མ་ནོར་བ་དང་། བསྡུ་བའི་དངོས་པོ་བཞི་ནི།གཞན་དོན་ལ་འཇུག་པའི་སྦྱོར་བ་མ་ནོར་བ་ཡིན་པས་ཐེག་པ་ཆེན་པོའི་ལམ་གྱི་སྲོག་ཤིང་དུ་གཟུང་བར་བྱའོ། །

བཅུ་པ་ནས་བཟུང་འཇུག་པའི་བསླབ་བྱ་རྐང་པ་དྲུག་ལས། སྦྱིན་པའི་ཕར་ཕྱིན་གསུམ་ལ་སྨོན་པ། ༈ གང་ལ་ཅི་འདོད་ཟང་ཟིང་སྦྱིན་པ་དང་། །ཆོས་དོན་གཉེར་ལ་ལེགས་པར་བཤད་པ་དང་། །སྣ་ཚོགས་འཇིག་པའི་གནས་ལ་སྐྱོབ་པ་ཡི། །སྦྱིན་པ་རྣམ་གསུམ་རྟག་ཏུ་གཏང་བར་ཤོག །

ཅེས་པས། ནང་གསེས་ཟང་ཟིང་གི་སྦྱིན་པ་ལའང་གཏོང་བ་དང༌། གཏོང་བ་ཆེན་པོ་དང༌། ཤིན་ཏུ་གཏོང་བ་གསུམ་ལས། དང་པོ་བཀྲམ་ཆགས་འཇིག་པའི་ཐབས་ལ་ཆ་ཕྲ་མོ་ནས་བསླབ་ཅིང་ཇེ་ཆེར་སྤེལ་བའོ། །དེ་ཡང་འདི་ལྟར་ཕྱེ་ཕྱུལ་ཐག་གང་ལའང་འཇུངས་པ་སྐྱེས་པའི་ཚེ་རང་གིས་རང་ལ་ཞེ་ཁྲེལ་བདས་ནས།ཁྱོད་སྔར་ཡང་སེར་སྣ་ལ་གོམས་པས་འཁོར་བ་ཅན་དུ་མ་སྐྱེས་ལ་ད་དུང་ཡི་དྭགས་ཀྱི་རྒྱུ་མཐུན་སྡུན་བསུར་སླེབས་འདུག་པ་འདི་ཡི་རེ་མུག །གང་ཡོད་ཤུལ་ན་བཞག་ནས་འཆི་ཁར་ལག་སྟོང་དུ་འགྲོ་བ་འདི་གླེན་པ་ཅང་ཤེས་སུ་རྫུ་བར་འདུག་སྙམ་དུ་བསམས་ནས་བྲེ་གང་གཏོང་བ་ལ་འཇུངས་པའི་ཚེ་ཁལ་གཅིག་གཏོང་བ་སྙིང་སྟོབས་བསྐྱེད་པས་རྣམ་རྟོག་ནི་འདུས་བྱས་ཡིན་པའི་ཕྱིར་སེར་སྣ་ཇེ་ཆུང་དུ་སོང་ནས། གཏོང་བ་ཆེན་པོ་བུ་དང་བུ་མོ་ཡང་གཏང་ནུས་པར་གདོན་མི་ཟ་ལ། མཐར་གྱི་ཤིན་ཏུ་གཏོང་བ་མགོ་དང་ཡན་ལག་གཏང་ནུས་པ་ལ་བསླབ་པའོ། །དེའང་སེར་སྣ་འཇིག་པ་ལ་བསླབས་པས་གཏོང་སེམས་གོམས་པར་འགྱུར་ལ། གཏོང་སེམས་གོམས་ན་སྦྱིན་པའི་ཕ་རོལ་ཏུ་ཕྱིན་པ་རྫོགས་པ་ཡིན་ནོ། །དེ་བཞིན་དུ་གཞན་རྒྱུད་ལམ་བདེན་ལ་སྦྱོར་བའི་ཆོས་ཀྱི་སྦྱིན་པ་ནི་དོན་དང་ལྡན་པ་ཡིན་ན་ལོག་སྒྲུབ་དང་སྐྱོ་ངལ་མཐའ་དག་ལ་བཟོད་པར་བྱ། གནས་སྐབས་རྒྱལ་པོའི་ཆད་པ་དང༌། མི་ཆུ་གཅན་གཟན་དང་ཆོམ་རྐུན་སོགས་ཀྱི་འཇིགས་པ་འདི་ཡང་དབལ་ཚ་བ་ཡིན་པས་མི་འཇིགས་པ་སྐྱབས་ཀྱི་སྦྱིན་པ་ལ་ཡང་ཆེ་ཐང་དུ་བྱའོ། །

བཅུ་གཅིག་པ་ཚུལ་ཁྲིམས་ཀྱི་ཕ་རོལ་ཏུ་ཕྱིན་པ་གསུམ་ལ་སློན་པ་ནི། ༈ མི་དགེའི་ལས་ལམ་མཐའ་དག་སྤོང་བ་དང༌། །རྒྱ་ཆེན་དགེ་བའི་ལས་ལ་འཇུག་པ་དང༌། །དེ་དག་གཞན་ལ་ཕན་ཕྱིར་བསྒྲུབ་པ་ཡིས། །ཚུལ་ཁྲིམས་རྣམ་པར་དག་པར་བསྲུང་བར་ཤོག །དེ་ལ་མི་དགེ་བའི་ལས་ལམ་བཅུ་སྤོང་བ་ནི་ཚུལ་ཁྲིམས་ཀྱི་ཕྱི་མོ་ཡིན་པས་ཕན་ཡོན་ཚད་མེད་པའི་ཕྱིར། ཁྱིམ་པ་རྣམས་ཀྱིས་ཀྱང་དང་དུ་བླང་བ་ནི་དལ་བ་ཕུན་སུམ་ཚོགས་པའི་དགོས་པ་ཡིན་ལ། ཁྱད་པར་མངོན་པར་མཐོ་བའི་རྟེན་དུ་ཁྲིམས་ཡན་ལག་བརྒྱད་པ་ཉ་སྟོང་བརྒྱད་གསུམ་གྱིས་མཆོད་དུས་ཆེན་བཞི་ལ་སོགས་པར་བསྲུང་ཞིང༌། དེའི་བླང་འདས་ཀྱང་སྲོག་གཅོད། མ་བྱིན་བླང༌། མི་ཚངས་སྤྱོད། བརྫུན་ཏེ་རྩ་བ་བཞི་པོ་སྤངས་པའི་སྟེང༌། ཆང་མི་འཐུང་བ། གར་དང་ཕྲེང་རྒྱན། མལ་སྟན་མཐོ་བ། ཕྱི་

དྲོའི་ཁ་ཟས་སྤོང་བ་སྟེ་བརྒྱད་དོ། །ཁྱད་པར་ཡོན་ཏན་གྱི་རྟེན་དུ་གྱུར་པ་གཏན་ཁྲིམས་ནི། དགེ་སློང་ཕ་མ་གཉིས། དགེ་ཚུལ་ཕ་མ་གཉིས། དགེ་སློང་མ། དགེ་བསྙེན་ཕ་མ་གཉིས་ཏེ་སོ་ཐར་རིགས་བདུན་གྱི་སྡོམ་པས་ཇི་སྲིད་འཚོ་བའི་བར་དུ་རྒྱུད་སྡོམ་པ་ནི་ཉེས་སྤྱོད་སྡོམ་པའི་ཚུལ་ཁྲིམས་དངོས་བསྟན་ཡིན་ལ། དེའང་བསམ་པའི་ཆ་ནས་རྒྱལ་པོའི་ཆད་པ་དང་དབུ་ཁྲལ་སོགས་ལས་སྐྱོབ་པའི་ཕྱིར་བསླབ་པ་བླངས་ན་འཇིགས་སྐྱོབ་དང་། ད་ལྟའི་ཕལ་མོ་ཆེ་ལྟར་འཚོ་བ་དང་ཞི་བདེའི་སླད་དུ་བསླབ་པ་བླངས་བ་ནི་ལེགས་སྨོན་ཞེས་བྱ་སྟེ་ཐར་པའི་རྒྱུར་མི་འགྲོ་ལ། འོན་ཀྱང་སེམས་རྒྱུད་ལ་ངེས་འབྱུང་ནམ་སྐྱེས་པ་ན་སྡོམ་པ་གནས་འགྱུར་ཞེས་བྱ་སྟེ་ཐར་པའི་རྒྱུར་འགྲོ་བས་རྣམ་པ་ཐམས་ཅད་དུ་འབའི་ཁོར་སྡུག་བསྔལ་ལ་སྐྱོ་བའི་སེམས་བསྐྱེད་པར་བྱའོ། །དེའི་སྟེང་དུ་བྱང་ཆུབ་སེམས་དཔའི་ཚུལ་ཁྲིམས་གཉིས་ལས། དགེ་བའི་ཆོས་སྡུད་ནི་བསྡུ་བའི་དངོས་པོ་བཞི་དང་ཕྱིན་དྲུག་གི་ཕྱོགས་སྒོ་ཐམས་ཅད་ནས་སྡུད་པར་བྱ་ཞིང་། དེའི་མཐུན་ཕྱོགས་སྲོག་བསླུ། ཕྱག་བསྐོར་དང་། མཆོད་སྦྱིན། ཆབ་གཏོར། འཕྲོག་མ་སོགས་འབྱུང་པོ་ལ་བརྟན་སྦྱིན་བསང་གསུར།ཡིག་བརྒྱ་སོགས་གཟུངས་སྔགས་ཁྱད་པར་ཅན་དང་། ལྟུང་བཤགས། ཡན་ལགབདུན་པ་བཟང་སྤྱོད་ལ་སོགས་ཁ་ཏོན་དང་། གསུང་རབ་ཀློག་པ་སོགས་ཆོས་སྤྱོད་བཅུ་དང་།རྒྱལ་པོ་ལ་སོགས་འཁོར་ལྡན་ཡིན་ན་སེམས་ཅན་ལ་ཐོ་མ་འཚོག་པའི་བསམ་པ་བཟང་པོས་སྐུ་གསུང་ཐུགས་རྟེན་བཞེངས་པ་དང་། ཞིག་གསོ། གྲུ་ཟམ་དང་ལམ་འཕྲང་འཆོས་ཤིང་རི་རྒྱ་དང་། ཆུ་རྒྱ་སྡོམ་པ་སོགས་ལ་འབད་པར་བྱ་ཞིང་། དེ་ཐམས་ཅད་ཀྱང་དངོས་དང་བརྒྱུད་ནས་གཞན་དོན་འབའ་ཞིག་ལ་འགྲོ་བར་བྱ་ཞིང་། བསྔོ་བས་རྒྱས་འདེབས་པ་ནི་སེམས་ཅན་དོན་བྱེད་ཀྱི་ཚུལ་ཁྲིམས་ཡིན་ནོ། །

བཅུ་གཉིས་པ་བཟོད་པའི་ཕ་རོལ་ཏུ་ཕྱིན་པ་གསུམ་ལ་སྨོན་པ་ནི། ༈ གནོད་བྱེད་རྣམས་ལ་སྙིང་རྗེ་བསྐྱེད་པ་དང་། །ཆོས་ཕྱིར་དཀའ་སྤྱད་དང་དུ་ལེན་པ་དང་། །ཆོས་ཉིད་ཟབ་མོའི་དོན་ལ་མི་སྐྲག་པའི། །རླབས་ཆེན་བཟོད་པ་སྒོམ་པའི་མཐུ་ལྡན་ཤོག །དེ་ལ་ཞེ་སྡང་དང་ཁོང་ཁྲོ་ལྟ་བུའི་སྡིག་པ་མེད་པས་བཟོད་པ་ལ་བསླབ་པར་བྱ་སྟེ། སེམས་ཅན་གྱི་ཁམས་ནི་ཤིན་ཏུ་མི་བསྲུན་པའི་ཕྱིར། འཁོར་ན་ནི་ཕྲག་དོག །རྒྱུད་ན་ནི་བརྙས་སེམས། མཉམ་ན་ནི་མཐོ་གནོན་གྱི་སེམས་ཡོད་ལ་

བཞག་ནས། བརྡེག་པ་དང་། འཚོག་པ་དང་། མཚང་འདྲུ་བ་དང་། བརྙ་ཞིང་འཕྱོག་པ་ལ་སོགས་གནོད་པ་འབབ་ཞིག་གི་བསམ་སྦྱོར་ཅན་ཡོད་དེ། དེ་ལ་གནོད་ལན་བཅལ་ན་རང་ཡང་ཁྲོ་ཞིང་འཚིག་པར་འགྱུར་བས་བསྐལ་པར་བསགས་པའི་དགེ་བ་ཡུད་ཙམ་ལ་འཇོམས་པར་བྱེད་པས་རང་ལའང་གནོད་པ་ཆེན་པོ་ཡིན་ལ། གཅིག་ཏུ་ན་ཁོ་རང་ཡང་ཉོན་མོངས་པའི་གདོན་གྱིས་བཏབ་པ་ཡིན་ཏེ་གཞན་ལ་གནོད་པ་བྱས་ན། ཕྱི་མའི་ལས་འབྲས་ཕར་བཞག་ནས་རང་ལའང་མཐོང་ཆོས་སུ་གནོད་ལན་འདུ་བྱེད་པ་དེ། ཁོང་གིས་མ་རིག་པའི་ཕྱིར་ཡང་དེ་ལ་དམིགས་པའི་སྙིང་རྗེ་བསྐྱེད་ནས་བཟོད་པ་བསྒོམ་དགོས་ཏེ། འདི་ལྟར་བཟོད་པ་ནི་དཀའ་ཐུབ་ཀྱི་ནང་ནས་མཆོག་ཏུ་གྱུར་པ་ཡིན་པས་སྦྱིན་པ་དང་ཚུལ་ཁྲིམས་གཉིས་ཀྱིའང་གོང་དུ་ཁྱད་ཞུགས་པར་གསུངས་ལ། དེ་བས་ན་འདོད་པ་མ་སྤངས་བཞིན་དུ་ཆུ་དང་རྡེའུ་ཟ་བ་དང་། དབང་པོ་ཚར་བཅད་པའི་དཀའ་ཐུབ་ཀྱིས་དལ་རྟེན་ཆུད་འཛའ་བ་ལས་མེད་པས་དཀའ་ཐུབ་ཀྱི་མཆོག་བཟོད་པ་ཡིན་པ་ལ་ཆེ་ཐང་དུ་སེམས་བསྐྱེད་པར་བྱའོ། །དེ་བཞིན་དུ་ཆོས་ཕྱིར་དཀའ་སྤྱད་བཟོད་པའི་བཟོད་པ་ནི། རྙེད་པར་དཀའ་བའི་དལ་འབྱོར་འདི་ལྟ་བུ་རྙེད་ནས། ཆོས་བསྒྲུབ་པའི་རྒྱུ་རྐྱེན་ཐམས་ཅད་ཚོགས་དུས་འདི་ར།ཟབ་པ་དང་རྒྱ་ཆེ་བའི་ཆོས་ཇི་ལྟ་བུ་བསྒྲུབས་ཀྱང་འགྲུབ་པའི་སྐབས་ཡིན་པ་ལ། རང་གིས་རང་བརྟས་ནས་ཆོས་ལ་ཆོད་ཡོད་བྱེད་ཅིང་། གོང་མའི་དཀའ་སྤྱད་དང་རྣམ་ཐར་ལ་ཞུམ་པ་སྐྱེ། གཉིད་དང་སྙོམ་ལས་དང་འདུ་འཛི་ལ་སྲེད་ཅིང་། སྦྱིན་པ་བསྔུང་། ཚུལ་ཁྲིམས་གཏང་། སྙིང་སྟོབས་བཅོམ་པའི་སེམས་ཀྱིས་བསླུད་ནས་དགེ་སྦྱོར་ཅུང་ཟད་བྱས་ཀྱང་འདུག་འཕྲལ་ལངས་དྲན་པ། ལྡངས་འཕྲལ་ལ་གཉིད་བྲོ་བ། བཟས་འཕྲལ་ལ་འཐུང་རན་པ། དགེ་སྦྱོར་གྱིས་སུན་ཏེ་ཐུན་ཚུགས་འཕྲལ་ལ་གྲོལ་རན་པའི་བསམ་པས་གཞན་དུ་འགྲོ་བ་ལས་མགྱོགས་པར་འདམ་པ་དེ་ཆོས་ཕྱིར་དཀའ་སྤྱད་མི་བཟོད་པ་ཡིན་པས་སྙིང་རུས་དང་བརྩོན་པ་བསྐྱེད་དེ་དཀའ་བ་དང་དུ་ལེན་པ་ལ་འབད་པ་དང་། དེ་བཞིན་དུ་ཟབ་མོའི་དོན་ལ་སྒྲག་པའི་དྲང་ངེས་ལྡེམ་དགོངས་ཤན་མི་ཕྱེད་པས་ཚིག་སྐམ་ལ་གོ་བ་ལེན་པ་དང་། སྟོང་པ་ཉིད་ཀྱི་དོན་ལ་སྒྲག་ནས་ཆོས་ཅན་སྣང་ཚོད་ཀྱི་ཕྱོགས་འཛིན་པ་དང་། རང་ཉིད་སྨྲོངས་པས་བསྒྲིབས་བཞིན་དུ་ཆོས་དང་གང་ཟག་གི་ཚད་བཟུང་བ་སོགས་སྤངས་ནས་བཟང་ངན་གང་ཡང་ཁུར་དུ

བཟོད་པ་ཐེག་པ་ཆེན་པོའི་བློས་བཟོད་པ་ནྷབས་པོ་ཆེ་བསྒོམ་ནུས་པར་སྟོན་པའོ། །

བཅུ་གསུམ་པ་བརྩོན་འགྲུས་ཀྱི་ཕ་རོལ་ཏུ་ཕྱིན་པ་གསུམ་ལ་སྟོན་པ་ནི། ༈ རྒྱ་ཆེན་དགེ་ལ་སྤྲོ་བའི་གོ་ཆ་དང་། །དེ་བཞིན་སྦྱོར་བ་བསམ་པས་འཇུག་པ་དང་། །མ་ཞུམ་མི་འཁྲུགས་ཆོག་ཤེས་མེད་པ་ཡིས། །ཉིན་མཚན་དགེ་བའི་བརྩོན་འགྲུས་བརྩམ་པར་ཤོག །དེ་ལ་དགེ་བའི་ལས་ལམ་ཕྲ་མོ་ཙམ་གྱིས་ཆོག་ཤེས་པར་མི་བྱ་སྟེ་ཤིན་ཏུ་བྱ་དཀའ་བའི་གནས་བློའི་ཡུལ་ལ་མི་ཤོང་བ་དག་ལའང་། འདི་ལྟ་བུ་ལ་སྒྲིད་ལུག་པ་ནི་བདག་གིས་ཚེ་རབས་ཐམས་ཅད་དུ་སྙིང་སྟོབས་བཙོམ་ཞིང་ལེ་ལོ་ལ་བརྟེན་གོམས་བྱས་པའི་མཐུ་བརྟས་པར་གདོན་མི་ཟ་སྟེ། འདི་ལྟར་དེང་དཔོན་སློང་ལྟན་གྱི་རིན་པོ་ཆེའི་གླིང་ནས་ནོར་བུ་དཀའ་བ་ཆེན་པོས་བླངས་པས་གྲུ་གཟིངས་ཞིག་པས་རྒྱ་མཚོར་ལྷུང་བའི་ཚེ་ཁྱོར་བ་གཡས་གཡོན་གྱིས་ཆུ་དོར་ནས་རྒྱ་མཚོ་སྐེམ་འདོད་པ་ལ་ཞུམ་པ་མ་སྐྱེས་ན། བདག་གིས་ཆོས་ཀྱི་བྱ་བ་ཅུང་ཟད་ལའང་བསྲན་མི་བཟོད་པ། ལོག་ལམ་ལ་བརྩོན་ཞིང་འགྲུས་པ་འདི་ལས་ངན་གྱི་མཐུས་བྱས་པར་འདུག་པས་མི་ནུས་སྙམ་པའི་ཕྱོགས་ཐམས་ཅད་ལ་སྙིང་སྟོབས་ཀྱི་གོ་ཆ་བགོ་བ་དང་། དེ་ལྟར་བགོས་པ་དེ་ཡང་སྦྱོར་བ་དང་བསམ་པས་ཉིན་མི་དལ་མཚན་མི་ཉལ་ད་ལྟ་ཉིད་ནས་དང་དུ་མ་བླངས་ན། ལེ་ལོ་ནི་སེར་བ་དང་འདྲ་སྟེ་དགེ་བའི་ལོ་ཏོག་འཇོམས་པ། ཆང་དང་འདྲ་སྟེ་སྡོམ་ལས་ཀྱི་ངང་དུ་མྱོས་པར་བྱེད་པས་ན་མགོ་ལ་མེ་ལྕེ་རེག་པ་བཟློག་པ་ལ་བརྩོན་པ་ལྟར་དགེ་བ་ལ་འབད་པར་བྱ་ཞིང་།དེ་ལྟར་རེ་ཞིག་འབད་ཀྱང་བདུད་སྡིག་ཅན་ནི་རང་གི་མངའ་རིས་ལས་བྲི་ཡི་དོགས་ནས་སྒྲོ་དུ་མ་ནས་བར་དུ་གཅོད་པའི་ཕྱིར་རྐྱེན་ཅུང་ཟད་ལ་བརྟེན་ནས་སེམས་ཞུམ་ཞིང་འཁྲུགས་པ་དང་། བྱིས་པ་དང་སྡིག་པའི་གྲོགས་པོ་ལ་དཔགས་ནས་དག་སྦྱོར་ལ་ཆོག་ཤེས་སྐྱེ་བ་ཡོད་དེ། དེའི་ཚེ་འདོད་པ་ལ་ཆོག་ཤེས་མེད་པའི་རྣམ་རྟོག་དེ་དགེ་སྦྱོར་གྱི་ཕྱོགས་སུ་སྒྱུར་ནས་བརྩོན་འགྲུས་ལ་འབད་པར་བྱ་ཞིང་། འདི་ལྟར་མ་འབད་ན་ཕ་རོལ་ཏུ་ཕྱིན་པ་གཞན་ལྔ་པོའང་གནས་མིན་དུ་འགྱུར་བ་ཡིན་པས་འདི་ལ་ནི་ཆེ་ཐང་དུ་བྱ་དགོས་པར་སྟོན་པའོ། །

བཅུ་བཞི་པ་བསམ་གཏན་གྱི་ཕ་རོལ་ཏུ་ཕྱིན་པར་སྟོན་པ་ལ་གསུམ་ལས། ༈ མཐོང་ཆོས་ཚེ་འདིར་བདེ་བར་གནས་པ་དང་། །ཡོན་ཏན་ཁྱད་འཕགས་རིམ་གྱིས་བགྲོད་པ་དང་། །མངོན་ཤེས

ལ་བརྟེན་གཞན་དོན་བསྒྲུབ་པ་ཡིས། །བསམ་གཏན་དོན་ལ་མཉམ་པར་འཇོག་པར་ཤོག །

དེ་ལ་རྐང་པ་དང་པོས་ནི་བྱིས་པ་ཉེར་སྤྱོད་ཀྱི་བསམ་གཏན་བསྟན་པ་སྟེ། འདི་ལྟར་བསམ་གཏན་བཞི་དང་། གཟུགས་མེད་བཞི་དང་ལམ་ལ་མ་ཞུགས་པའི་རྒྱུད་ལའང་ཡོད་པའི་བསམ་གཏན་རྣམས་དང་། དེ་དག་གི་སེམས་ཐོབ་པའི་སྙོམ་ཆེན་པ་འགའ་ཞིག་ཡོད་དུ་ཟིན་ཀྱང་རྣམ་རྟོག་གྱི་གྱུའི་གཟེབ་ལས་གྲོལ་བས་མཐོང་ཆོས་སུ་བདེ་བར་གནས་ཤིང་དེ་ཚོགས་གཉིས་ཀྱིས་འཕེན་པས་ཟིན་ན་འཕགས་པའི་ལམ་གྱི་རྟེན་གཞིར་ཡང་འགྱུར་བས་དོན་མེད་པ་མ་ཡིན་ལ། ཆོས་ཅན་གྱི་སྤྲོས་པ་དབྱིངས་སུ་ནུབ་ཀྱང་སྣང་ཡུལ་མ་འགགས་ཤིང་དེར་འཛིན་མེད་པ་ནི་མཉམ་གཞག་དང་། དེ་དང་ངོ་བོ་ཐ་མི་དད་པའི་སོ་སོར་རྟོག་པ་ནི་ལྷག་མཐོང་སྟེ། དེ་ལྟའི་ཞི་ལྷག་ཟུང་འབྲེལ་ཕོ་ཚོད་ཀྱི་བློས་བཅོས་པ་ཙམ་མ་ཡིན་པར་རྒྱུད་ལ་སྐྱེས་པའི་ཚོགས་དང་སྦྱོར་བའི་ལམ་གྱི་ཡོན་ཏན་ཁྱད་པར་ཅན་རྣམས་རིམ་གྱིས་ཐོབ་ཅིང་མངོན་ཤེས་ཕྲ་མོས་གཞན་དོན་ཀྱང་འགྲུབ་པས་དོན་རབ་འབྱེད་པའི་བསམ་གཏན་ཞེས་བྱ་ལ། མཐོང་ལམ་ས་དང་པོ་ནས་སེམས་ཟག་པ་ལས་གྲོལ་བས་དེ་བཞིན་གཤེགས་དགེའི་བསམ་གཏན་ཡིན་པས་དེའི་ངང་དུ་མཉམ་པར་འཇོག་པ་ལ་སྨོན་པའོ། །

བཅོ་ལྔ་པ་ཤེས་རབ་ཀྱི་ཕ་རོལ་ཏུ་ཕྱིན་པ་གསུམ་ནི། ༼ ཀུན་རྫོབ་སྒྱུ་མ་ལྟ་བུར་ཤེས་པ་དང་། །དོན་དམ་སྤྲོས་བྲལ་མཁའ་ལྟར་རྟོགས་པ་དང་། །ཁྱད་པར་གཞན་དོན་བསྒྲུབ་ཚུལ་མཁས་པ་ཡིས། །ཐོས་བསམ་སྒོམ་པའི་ཤེས་རབ་ལྡན་པར་ཤོག །དེ་ལ་ལམ་བདེན་ཀུན་རྫོབ་པ་ཐམས་ཅད་བརྟགས་ཡོད་ཀྱི་ཆ་ནས་རྨི་ལམ་དང་སྒྱུ་མ་ལྟ་བུར་ཤེས་པ་དང་། འགོག་བདེན་དོན་དམ་པའི་ངོ་བོ་རྫས་ཡོད་སྤྲོས་པ་དང་བྲལ་བར་ཤེས་པ་ནི་ཤེས་རབ་ཀྱི་ངོ་བོ་ཡིན་ལ། དེ་ཡང་ཐོས་པའི་ཤེས་རབ་ཀྱིས་ཆོས་དང་ཆོས་མ་ཡིན་པ་འབྱེད་ཅིང་། ལམ་བདེན་གྱི་མངོན་རྟོགས་ཐམས་ཅད་ཤེས་པར་མ་བྱས་ན། བསམ་པ་དང་སྒོམ་པའི་ཡོན་ཏན་གནས་མ་ཡིན་པར་འཁྲུམ་པས་ན་ཐོག་མར་ཐོས་པའི་ཤེས་རབ་གལ་ཆེ་ལ། དེ་ལ་གང་ཟག་དབང་རྟུལ་དང་ཀུ་སུ་ལུ་པ་གང་དག་སྒྲག་མི་དགོས་ཏེ།རང་གི་བློ་ཉམས་དང་སྦྱོར་བའི་ཆོས་གང་ཉམས་སུ་ལེན་པ་དེའི་དོན་ལ་བླ་མ་བཟང་པོ་བསྟེན་ཏེ་ཐོས་པ་བྱས་པས་འགྲུབ་སྟེ། ཅིའི་ཕྱིར་ན་དེ་ལམ་དུ་སོང་ན་གདོད་སྒོམ་བྱུང་གི་ཤེས་རབ་ནང་ནས་སྐྱེ་བ

ཆོས་ཉིད་ཡིན་པས་སོ། །དེ་ནས་བསམ་པའི་ཤེས་རབ་ཀྱིས་དྲང་ངེས་ལྡེམ་དགོངས་སོ་སོའི་དོན་གཞལ་ན་དེའི་ངོ་བོའི་འཁྲུལ་མ་འཁྲུལ་དཔྱད་པའི་བཤེས་གཉེན་ཚད་ལྡན་གྱི་སྨ་མཁན་ལ་བརྟེན་ནས་ཉམས་འོག་ཏུ་ཆུད་པར་བྱ་ཞིང་། དེ་ནས་ནགས་ཁྲོད་དང་འགྲོག་དགོན་དབེན་པ་བསམ་གཏན་གྱི་ཚེར་མ་དང་། སྡིག་པའི་གྲོགས་པོ་མེད་པའི་གནས་སུ་སྒོམ་པའི་ཤེས་རབ་ལ་རྩེ་གཅིག་ཏུ་གཞོལ་བས་འཆད་མ་ཐག་པའི་མཐོང་ལམ་ནས་བཟུང་ལམ་ལྔའི་ཡོན་ཏན་ཐམས་ཅད་ཀྱང་སྒོམ་པའི་ཤེས་རབ་ལ་བརྟེན་ནས་སྐྱེ་བ་ཡིན་ནོ། །

བཅུ་དྲུག་པ་སྨོན་འཇུག་གི་རང་འབྲས་ས་བཅུ་ལམ་ལྔའི་ཡོན་ཏན་སྤྱིར་སྨོན་པ་ནི། ༈ བསམ་པ་བྱང་ཆུབ་སེམས་ཀྱིས་ཀུན་བླངས་ནས། །སྦྱོར་བ་ཕ་རོལ་ཕྱིན་པ་དྲུག་ལྡན་པ། །དུས་དང་གནས་སྐབས་ཀུན་ཏུ་བརྩོན་པ་ཡིས། །ལམ་ལྔ་ས་བཅུ་རིམ་གྱིས་བགྲོད་པར་ཤོག །དེའང་སེམས་ཅན་གྱི་ཁམས་རྒྱ་མཚོ་ལྟ་བུ་ལ་དམིགས་པའི་བསམ་པ་བྱང་ཆུབ་ཀྱི་སེམས་དམ་པས་ཀུན་ནས་མ་བླངས་ན། སྦྱོར་བ་ཕ་རོལ་ཏུ་ཕྱིན་པ་དྲུག་པོའང་རྣམ་པ་ཐམས་ཅད་མཁྱེན་པའི་ལམ་དུ་མི་རུང་སྟེ། དེའི་ཕྱིར་བསམ་སྦྱོར་དེ་ལྡན་གྱི་སྒོ་ནས་ཕ་རོལ་ཏུ་ཕྱིན་པའི་གཞུང་ལམ་ལ་དུས་དང་གནས་སྐབས་ཀུན་ཏུ་བརྩོན་པ་ལ་རྟེན་ལམ་ལྔ་དང་། བརྟེན་པ་ས་བཅུའི་ངོ་བོར་རིམ་པ་བཞིན་དུ་བགྲོད་པར་ཤོག་ཅིག །ཅེས་སྨོན་པའོ། །

བཅུ་བདུན་པ་ཚོགས་ལམ་ལ་སྨོན་པ་ནི། ༈ དེ་ཡང་དྲན་པ་ཉེར་གཞག་ཤེས་རབ་དང་། །ཡང་དག་སྤོང་བཞིའི་བརྩོན་འགྲུས་རྩོམ་པ་དང་། །རྫུ་འཕྲུལ་རྐང་པའི་ཏིང་འཛིན་ལ་གནས་པས། །དང་པོ་ཚོགས་ཀྱི་ལམ་ལ་འཇུག་པར་ཤོག །དེ་ལ་ཚོགས་ལམ་ཆུང་ངུར་ལུས་དྲན་པ་ཉེ་བར་གཞག་པ་བཞི་ནི། མཉམ་གཞག་ཏུ་ནམ་མཁའ་ལྟར་བསྒོམ་ཞིང་། རྗེས་ཐོབ་ཏུ་མི་གཙང་བ་དང་སྒྱུ་མ་ལྟ་བུར་བསྒོམ་པའོ། །ཚོར་བ་དྲན་པ་ཉེར་གཞག་ནི། མཉམ་གཞག་ཏུ་མ་སྐྱེས་པ་དང་། རྗེས་ཐོབ་ཏུ་ཚོར་བ་མཐའ་དག་སྡུག་བསྔལ་དང་སྙིང་པོ་མེད་པར་མཐོང་བའོ། །སེམས་དྲན་པ་ཉེར་གཞག་ནི། མཉམ་གཞག་ཏུ་རང་བཞིན་གྱིས་སྟོང་པ་དང་། རྗེས་ཐོབ་ཏུ་མི་དགག་ཅིང་མི་གནས་པ་སྒོམ་མོ། །ཆོས་དྲན་པ་ཉེར་གཞག་བཞི་པོ་བསྒོམས་པས་མཐོང་ལམ་གྱི་བདེན་བཞི་ལ་འཇུག་ཚུལ་ཡང་། དང་

པོར་ལུས་སྡུག་བསྔལ་དུ་ཤེས། གཉིས་པར་ཚོར་བ་སྡུག་བསྔལ་དུ་ཤེས་ནས་ཀུན་འབྱུང་སྤོང་། གསུམ་པས་སེམས་ཀྱི་རྟག་འཛིན་འགོག །བཞི་པས་ཆོས་ལ་བདག་ཏུ་ཞེན་པ་འགོག་པའོ། །ཚོགས་ལམ་འབྲིང་པོར་མི་དགེ་བའི་ཆོས་མ་སྐྱེས་པ་རྣམས་བསྐྱེད་དུ་མི་འཇུག །སྐྱེས་པ་རྒྱུན་གཅོད། དགེ་བའི་ཆོས་མ་སྐྱེས་པ་བསྐྱེད། སྐྱེས་པ་གོང་དུ་སྤེལ་བའོ། །ཚོགས་ལམ་ཆེན་པོར་རྫུ་འཕྲུལ་གྱི་རྐང་པ་བཞི་ནི། བསམ་གཏན་གྱིས་སེམས་ལས་སུ་རུང་སྟོབས་ལས་འདུན་པའི་རྫུ་འཕྲུལ་གྱི་རྐང་པ་དང་། དེ་བཞིན་དུ་བརྩོན་འགྲུས་དང་། སེམས་དང་། སྤྱོད་པའི་རྫུ་འཕྲུལ་གྱི་རྐང་པ་སྟེ་བཞིའོ། །

བཅོ་བརྒྱད་པ་སྦྱོར་ལམ་ལ་སྨོན་པ་ནི། ༈ དྲོད་དང་རྩེ་མོ་བཟོད་དང་ཆོས་མཆོག་ཏུ། །དད་བརྩོན་དྲན་པ་ཏིང་འཛིན་ཤེས་རབ་དང་། །དབང་པོ་ལྔ་དང་སྟོབས་ལྔའི་རང་བཞིན་ཅན། །ཐེག་ཆེན་སྦྱོར་བའི་ལམ་ལ་གནས་པར་ཤོག །དེ་ལ་དྲོད་དང་རྩེ་མོ་དང་བཟོད་པ་དང་། ཆོས་མཆོག་བཞི་ལས། དྲོད་རྩེ་གཉིས་སུ་དབང་པོ་ལྔ་བསྒོམ་པ་ནི། དད་པའི་དབང་པོ་དང་། དེ་བཞིན་དུ་བརྩོན་འགྲུས། དྲན་པའི། ཏིང་འཛིན་གྱི། ཤེས་རབ་ཀྱི་དབང་པོ་ལྔས་རྣམ་བྱང་བསྐྱེད་པས་གཟུགས་ཅན་མ་ཡིན་པའི་དབང་པོ་ལྔའོ། །སྟོབས་ལྔ་ནི། དད་པའི་སྟོབས་དང་།བརྩོན་འགྲུས་ཀྱི་སྟོབས་ལ་སོགས་སྔ་མ་བཞིན་ཏེ་མི་མཐུན་ཕྱོགས་འཛོམས་པས་སྟོབས་ལྔ་ཞེས་བྱའོ། །དེ་ལྟར་སྦྱོར་ལམ་ཆ་བཞི་པོའི་ཡེ་ཤེས་ལ་ཆུང་འབྲིང་ཆེན་པོའི་རྣམ་དབྱེ་སོ་སོར་ཡོད་དོ། །

བཅུ་དགུ་པ་མཐོང་ལམ་ལ་སྨོན་པ་ནི། ༈ དྲན་དང་ཆོས་རབ་རྣམ་འབྱེད་བརྩོན་འགྲུས་དང་། །དགའ་དང་ཤིན་ཏུ་སྦྱངས་དང་ཏིང་ངེ་འཛིན། །བཏང་སྙོམས་བྱང་ཆུབ་ཡན་ལག་བདུན་བསྒོམས་ནས། །མཐོང་ལམ་ལ་གནས་རབ་དགའི་ས་ཐོབ་ཤོག །དེའང་དྲན་པ་ནི་དམིགས་པ་མ་བརྗེད་པའོ། །ཆོས་རབ་འབྱེད་པ་ནི་ཐེག་ཆེན་གྱི་ཆོས་བཟོད། ཆོས་ཤེས། རྗེས་བཟོད། རྗེས་ཤེས་འཁོར་དང་བཅས་པའོ། །བརྩོན་འགྲུས་ནི་དེའི་རང་བཞིན་ལ་སྤྲོ་བའོ། །དགའ་བ་ནི་དམིགས་པ་དེ་ཉིད་ལ་སྤྲོ་བའོ། །ཤིན་ཏུ་སྦྱངས་པ་ནི་ལུས་སེམས་ལས་སུ་རུང་བའོ། །ཏིང་ངེ་འཛིན་ནི་སེམས་རྩེ་གཅིག་པའོ། །བཏང་སྙོམས་ནི་སེམས་དང་སེམས་བྱུང་རྣམས་རྣལ་དུ་འདུག་པ་སྟེ་བདུན་པོ་འདི་དག་ནི་ཟག་པ་མེད་པས་མཐོང་བའི་ལམ་བྱང་ཆུབ་ཀྱི་ཡན་ལག་བདུན་ཏེ། དེའང་ཉོན་སྒྲིབ་ཀུན་བཏགས

རྣམས་ནི་མཐོང་སྤངས་དང་། ལྷན་སྐྱེས་ནི་སྒོམ་སྤངས་ཡིན་ལ། དེ་བཞིན་དུ་ཤེས་སྒྲིབ་གཟུང་འཛིན་གྱི་རྟོག་པ་རགས་པ་མཐོང་སྤོངས། ཕྲ་བ་སྒོམ་སྤངས་ཡིན་ཏེ། སྤང་བྱ་དེ་དག་སྤངས་ནས་མཐོང་ལམ་ས་དང་པོ་རབ་དགའི་གནས་ཐོབ་པའོ། །

ཉི་ཤུ་པ་སྒོམ་ལམ་ལ་སྨོན་པ་ནི། ༈ ལྟ་དང་རྟོག་དང་ངག་དང་ལས་མཐའ་དང་། །འཚོ་དང་རྩོལ་དང་དྲན་དང་ཏིང་ངེ་འཛིན། །འཕགས་པའི་ལམ་གྱི་ཡན་ལག་བརྒྱད་བསྒོམས་ནས། །སྒོམ་པའི་ལམ་དུ་ས་བཅུ་བགྲོད་པར་ཤོག །དེ་ལ་ཡང་དག་པའི་ལྟ་བ་ནི་ཟག་པ་མེད་པའི་ཤེས་རབ་བོ། །ཡང་དག་པའི་རྟོག་པ་ནི་གནོད་སེམས་མེད་པ་དང་། ངེས་འབྱུང་དང་། དགེ་བའི་རྟོག་པ་རྣམ་པ་དུ་མའོ། །ཡང་དག་པའི་ངག་ནི་ངག་ལ་བརྟེན་པའི་ངག་གི་དགེ་བའི་ལས་ལམ་བཞིའོ། །ཡང་དག་པའི་ལས་མཐའ་ནི་ལུས་ཀྱི་མི་དགེ་བའི་ལས་ལམ་གསུམ་སྤང་བའོ། །ཡང་དག་པའི་འཚོ་བ་ནི་ཁ་གསགས་དང་ལོག་འཚོས་མ་བསླད་པའོ། །ཡང་དག་པའི་རྩོལ་བ་ནི་བརྩོན་འགྲུས། ཡང་དག་པའི་དྲན་པ་ནི་དམིགས་པ་མ་བརྗེད་པའོ། །ཡང་དག་པའི་ཏིང་ངེ་འཛིན་ནི་བསམ་གཏན་བཞི་པའོ། །དེ་ལྟར་འཕགས་པའི་ལམ་ཡན་ལག་བརྒྱད་པོ་ནི། ཞི་བའི་གནས་ཏེ་མྱ་ངན་ལས་འདས་པ་ཐོབ་པར་བྱ་བའི་ཕྱིར་སྒོམ་པ་ལ་སྨོན་པ་ནི། དེ་ལྟར་སྒོམ་པའི་ལམ་དུ་ས་བཅུ་བགྲོད་ཚུལ་ཡང་། ཕ་རོལ་ཏུ་ཕྱིན་པ་བཅུའི་མི་མཐུན་ཕྱོགས་སེར་སྣ་དང་། འཆལ་བའི་ཚུལ་ཁྲིམས་དང་། ཁོང་ཁྲོ་དང་། ལེ་ལོ་དང་། རྣམ་གཡེང་དང་། རྨོངས་པ་དང་། ཐབས་ལ་མི་མཁས་པ་དང་། སྟོབས་ལ་སྒྲིབ་པ་དང་། སྨོན་པའི་དོན་མི་འགྲུབ་པ་དང་། ཤེས་བྱའི་སྒྲིབ་པ་སྟེ་བཅུ་སྤངས་པ་གང་ཞིག་ས་བཅུའི་ངོ་བོ་ཉིད་ཡིན་ནོ། །

ཉེར་གཅིག་པ་དེ་དག་ཐོབ་པར་སྨོན་པ་ནི། ༈ དེ་ཡང་དྲི་མེད་འོད་བྱེད་འོད་འཕྲོ་དང་། །སྦྱང་དཀའ་མངོན་གྱུར་རིང་སོང་མི་གཡོ་བ། །ལེགས་པའི་བློ་གྲོས་ཆོས་ཀྱི་སྤྲིན་ཐོབ་ནས། །མཐར་ཕྱིན་ཀུན་ཏུ་འོད་ལ་གནས་པར་ཤོག །

དེ་ལས་དང་པོས་མངོན་རྟོགས་མཐོང་ལམ་དུ་སྦྱར་ནས། འདིར་སྒོམ་ལམ་ཆེ་འབྲིང་ཆུང་གསུམ་གྱི་ངོ་སྐལ་ལས་གཉིས་པ་དྲི་མ་མེད་པ་དང་། གསུམ་པ་འོད་བྱེད། བཞི་པ་འོད་འཕྲོ། ལྔ་པ་

སྤྱང་དཀའ་བ། དྲུག་པ་མངོན་གྱུར་དང་། བདུན་པ་རིང་དུ་སོང་བ་དང་། བརྒྱད་པ་མི་གཡོ་བ་དང་། དགུ་པ་ལེགས་པའི་བློ་གྲོས་དང་། བཅུ་པ་ཆོས་ཀྱི་སྤྲིན་དང་། མཐར་ཕྱིན་ཀུན་ཏུ་འོད་དེ་ངེས་ཚིག་ནི་བདེན་གཉིས་ཤིང་རྟར་བཤད་ཟིན་ཏོ། །

ཉེར་གཉིས་པ་འབྲས་བུ་ལ་སྨོན་པ་ནི། ༈ དེ་ལྟར་ལམ་ལྔ་ས་བཅུ་ཡོངས་རྫོགས་ནས། །སྐུ་གསུམ་ཡེ་ཤེས་ལྔ་དང་ཡོན་ཏན་ཚོགས། །ཕྲིན་ལས་མཐའ་དག་འབད་མེད་ལྷུན་གྲུབ་སྟེ། །རབ་འབྱམས་ཞིང་གི་འགྲོ་བ་འདྲེན་པར་ཤོག །རང་དོན་དུ་ལམ་ལྔ་ས་བཅུའི་སྤྱངས་རྟོགས་ཡོངས་སུ་རྫོགས་ནས། དོན་དམ་པའི་སངས་རྒྱས་ཆོས་ཀྱི་སྐུ་སྤྲོས་པ་ཐམས་ཅད་དང་བྲལ་བ་དང་། ལོངས་སྤྱོད་རྫོགས་པའི་སྐུ་སྣང་ལ་རང་བཞིན་མེད་པ་སྤྲུལ་པའི་སྐུ་རྣམ་པ་སྣ་ཚོགས་སུ་སྟོན་པ་སྟེ་རྟེན་སྐུ་གསུམ། བརྟེན་པ་ཡེ་ཤེས་ལྔ། མཁྱེན་ཆ་ཡོན་ཏན་དང་། ཐུགས་རྗེའི་ཕྲིན་ལས་མཐའ་དག་འབད་པ་མེད་པར་གྲུབ་ནས། རབ་ཏུ་འང་འབྱམ་ཀླས་པའི་ཞིང་གི་འགྲོ་བ་མཐའ་དག་དྲན་པར་ཤོག་ཅིག་ཅེས་པའོ། །དེ་བཞིན་དུ། ༈ དུས་གསུམ་རྒྱལ་བའི་ཞིང་གི་བཀོད་པ་དང་། །འཁོར་དང་སྐུ་ཚེའི་ཚད་དང་ཞིང་ཁམས་དང་། །ཕན་བདེ་བསྟན་པའི་སྒྲུ་སྒྲུ་ལུས་ཟེར་བ་ཡིག་སྐྱོན་ནོར་བའོ། །འཕྲུལ་ཅི་འདྲ་བ། །དེ་འདྲ་ཁོ་ནར་བདག་ཀྱང་འགྱུར་བར་ཤོག །

ཅེས་པ་རིགས་ལྔ་གང་ཆེན་མཚོའི་སྐུ་གསུང་ཐུགས་མི་ཟད་པ་རྒྱན་གྱི་འཁོར་ལོ་ལས་རྡུལ་གཅིག་གི་སྟེང་ན་རྡུལ་སྙེད་དུ་ཤར་བའི་དུས་གསུམ་དུ་གཤེགས་ཤིང་བཞུགས་པའི་རྒྱལ་བ་རྣམས་ཀྱི་རང་རང་གི་ཞིང་གི་བཀོད་པ་དང་། འཁོར་དང་། སྐུ་ཚེ་དང་། མཛད་པ་དང་། ཞིང་ཁམས་སོགས་སེམས་ཅན་གྱི་ཁམས་ཐམས་ཅད་ལ་གནས་སྐབས་ཀྱི་ཕན་པ་དང་། མཐར་ཐུག་གི་བདེ་བ་བསྒྲུབ་པའི་ཕྱིར་དུ་བསྟན་པའི་སྒྲུ་འཕྲུལ་ཅི་འདྲ་བ་དེ་འདྲར་སྨོན་པའོ། །

ཉེར་གསུམ་པ་དམིགས་བསལ་ལ་ཆོས་སྐུ་ཐོབ་པར་སྨོན་པ་ནི། ༈ རང་བཞིན་རྣམ་དག་དོན་དམ་ཆོས་ཀྱི་དབྱིངས། །སྒྲིབ་གཉིས་དྲི་མའི་ཚོགས་ལས་རྣམ་གྲོལ་བ། །དག་པ་གཉིས་ལྡན་མངོན་དུ་འགྱུར་བ་དང་། །རང་དོན་མཐར་ཕྱིན་ཆོས་སྐུ་ཐོབ་པར་ཤོག །དེ་ལ་ཡེ་ནས་རང་བཞིན་གྱི་རྣམ་པར་དག་པ་དོན་དམ་པའི་ཆོས་ཀྱི་སྐུ་དང་། གློ་བུར་ཉོན་ཤེས་ཀྱི་སྒྲིབ་པ་གཉིས་ལས་གྲོལ་བ་ནི

རྟོགས་པ་ཡེ་ཤེས་ཀྱི་ཆོས་སྐུ་སྟེ་དག་པ་གཉིས་ལྡན་མངོན་དུ་གྱུར་པས་རང་དོན་མཐར་ཕྱིན་པའི་ཆོས་སྐུ་ཐོབ་པའོ། །

ཉེར་བཞི་པ་ལོངས་སྤྱོད་རྫོགས་སྐུ་ལ་སྨོན་པ་ནི། ༑ འོག་མིན་ཆེན་པོར་མཚན་དཔེ་འབར་བའི་སྐུ། །དག་པའི་གདུལ་བྱ་ས་བཅུའི་སེམས་དཔའ་ལ། །རྒྱུན་མི་འཆད་པ་ཐེག་མཆོག་ཟབ་མོའི་ཆོས། །སྟོན་མཛད་ལོངས་སྤྱོད་རྫོགས་སྐུ་མངོན་གྱུར་ཤོག །དེ་ལ་གནས་ངེས་པ་ཁམས་གསུམ་ལས་འདས་པའི་འོག་མིན་སྟུག་པོ་བཀོད་པར། སྟོན་པ་ངེས་པ་རིགས་ལྔའི་སངས་རྒྱས། འཁོར་ངེས་པ་ས་བཅུའི་སེམས་དཔའ། ཆོས་ངེས་པ་ཐེག་པ་ཆེན་པོ། དུས་ངེས་པ་རྟག་པ་རྒྱུན་གྱི་འཁོར་ལོར་ཉེ་བར་ལོངས་སྤྱོད་རྫོགས་པའོ། །

ཉེར་ལྔ་པ་སྤྲུལ་པའི་སྐུ་འགྱེད་པ་ལ་སྨོན་པ་ནི། ༑ གང་གི་སྲིད་པ་ཇི་སྲིད་གནས་ཀྱི་བར། །གང་ལ་གང་འོས་འགྲོ་ལ་ཐེག་པའི་ཚུལ། །གང་འོས་སྟོན་པ་སྣ་ཚོགས་སྤྲུལ་པའི་སྐུ། །གང་དེ་ཐོབ་ནས་གཞན་དོན་ལྷུན་གྲུབ་ཤོག །ཆོས་སྐུའི་གདངས་ལོངས་སྐུའི་རྣམ་པར་རོལ་པ་ལས་སྤྲུལ་པའི་སྐུ་འགྱེད་པ་ན་གང་གི་སྲིད་པ་ཇི་སྲིད་ཞེས་མཚམས་སྦྱར་ལ། དེ་ཡང་གང་ལ་གང་འོས་ཀྱི་འགྲོ་བ་དེ་དག་འདུལ་བྱེད་ཀྱི་ཚུལ་ཡང་རྣམ་པ་སྣ་ཚོགས་སུ་སྟོན་བྱེད་ཀྱི་སྤྲུལ་པའི་སྐུ་གང་དེ་བདག་གིས་ཐོབ་པར་ཤོག་ཅིག་པའོ། །

ཉེར་དྲུག་པ་ཡེ་ཤེས་ལྔ་ཐོབ་པར་སྨོན་པ། ༑ དེ་ལྟར་བཤད་མ་ཐག་པའི་རྟེན་སྐུ་གསུམ་པོ་དེའི་བརྟེན་པ་ཡེ་ཤེས་ལྔ་ཡིན་པས་ན། ༑ ཆོས་ཀྱི་དབྱིངས་དང་མེ་ལོང་ལྟ་བུ་དང་། །མཉམ་པ་ཉིད་དང་སོ་སོར་ཀུན་ཏུ་རྟོག །འབད་རྩོལ་མེད་པར་བྱ་བ་ཀུན་འགྲུབ་ནས། །ཡེ་ཤེས་ལྔ་ལ་དབང་འབྱོར་ཐོབ་པར་ཤོག །དེ་ལ་ཀུན་གཞི་དབྱིངས་སུ་ནུབ་པས་ཆོས་དབྱིངས་ཡེ་ཤེས། ཀུན་གཞིའི་རྣམ་ཤེས་དབྱིངས་སུ་ནུབ་པས་མེ་ལོང་ལྟ་བུའི་ཡེ་ཤེས། ཡིད་ཤེས་དབྱིངས་སུ་ནུབ་པས་མཉམ་ཉིད་ཡེ་ཤེས། ཉོན་ཡིད་དབྱིངས་སུ་ནུབ་པས་སོ་སོར་རྟོག་པའི་ཡེ་ཤེས། སྒོ་ལྔའི་རྣམ་ཤེས་དབྱིངས་སུ་ནུབ་པས་བྱ་བ་གྲུབ་པའི་ཡེ་ཤེས་ཏེ་ལྔ་ལ་དབང་འབྱོར་ཐོབ་པར་སྨོན་པའོ། །

ཉེར་བདུན་པ་སྟོབས་བཅུ་ཐོབ་པར་སྨོན་པ། ༑ གནས་དང་གནས་མིན་རྣམ་སྨིན་དབང་

པོ་དང་། །ཁམས་དང་མོས་པ་སྣ་ཚོགས་ཀུན་འགྲོའི་ལམ། །བསམ་གཏན་སྟོན་གནས་རྗེས་དྲན་ལྷ་ཡི་མིག །ཟག་ཟད་མཁྱེན་པའི་སྟོབས་བཅུ་དང་ལྡན་ཤོག །དེ་ལ་གནས་དང་གནས་མ་ཡིན་པ་མཁྱེན་པའི་སྟོབས། ལས་ཀྱི་རྣམ་པར་སྨིན་པ་མཁྱེན་པའི་སྟོབས། དབང་པོ་མཆོག་དང་མཆོག་མ་ཡིན་པ་མཁྱེན་པའི་སྟོབས། འཇིག་རྟེན་གྱི་ཁམས་དུ་མ་མཁྱེན་པའི་སྟོབས། མོས་པ་སྣ་ཚོགས་མཁྱེན་པའི་སྟོབས། ཀུན་ཏུ་འགྲོ་བའི་ལམ་མཁྱེན་པའི་སྟོབས། ཀུན་ནས་ཉོན་མོངས་པ་རྣམ་བྱང་མཁྱེན་པའི་སྟོབས། སྔོན་གནས་རྗེས་དྲན་མཁྱེན་པའི་སྟོབས། འཆི་འཕོ་དང་སྐྱེ་བ་མཁྱེན་པའི་སྟོབས། ཟག་པ་ཟད་པ་མཁྱེན་པའི་སྟོབས་དང་བཅུའོ། །

༈ ཉེར་བརྒྱད་པ་མི་འཇིགས་པ་བཞི་ཐོབ་པར་སྨོན་པ། ༈ རང་དོན་ཆོས་སྐུ་རྫོགས་པར་བྱང་ཆུབ་ནས། །ཟག་པ་བག་ཆགས་བཅས་པ་ཀུན་སྤངས་ཏེ། །གཞན་གྱི་དོན་དུ་ལམ་དང་འགོག་བདེན་ལ། །མི་འཇིགས་ཡོན་ཏན་བཞི་དང་ལྡན་པར་ཤོག །རང་དོན་ཆོས་ཀྱི་སྐུ་སྤྲོས་པ་དང་བྲལ་བའི་དབྱིངས་ལ་བྱང་ཆུབ་ནས། འཁོར་གསུམ་ལ་བདེན་ཞེན་གྱི་ཟག་པ་དང་། ལས་སྨོན་མས་བཞག་པའི་བག་ཆགས་ཤིན་ཏུ་ཕྲ་བའང་སྤངས་ནས། གཞན་དོན་ལ་འཇུག་པའི་ཚེ་འདི་ནི་ལམ་མོ། །འདི་ནི་ལམ་གྱི་གེགས་སོ་ཞེས་བྱ་བ་དང་། འགོག་བདེན་གྱི་ཚ་ནས་ང་ནི་སངས་རྒྱས་སོ། །ང་ནི་ཟག་པ་ཟད་པའོ། །ཞེས་ཞལ་གྱིས་བཞེས་པ་ལ་ཆོས་མཐུན་གྱི་རྒོལ་བ་མི་འཇུག་པས་མི་འཇིགས་པ་བཞིའོ། །

ཉེར་དགུ་པ་སངས་རྒྱས་ཀྱི་ཆོས་མ་འདྲེས་པ་བཅོ་བརྒྱད་པ་ལ་སྨོན་པ། ༈ འཁྲུལ་དང་ཅ་ཅོ་མི་མངའ་སྤྱོད་པ་དང་། །འདུན་སོགས་ཉམས་པ་མེད་པར་རྟོག་པ་དང་། །ཡེ་ཤེས་ཕྲིན་ལས་འགྲན་ཟླ་མེད་པ་ཡི། །མ་འདྲེས་སངས་རྒྱས་ཆོས་རྣམས་ཐོབ་པར་ཤོག །དེ་ལ་སེམས་ཅན་གྱི་ཁམས་དང་མ་འདྲེས་པའི་ཆོས་བཅོ་བརྒྱད་ནི། སྤྱོད་ལམ་མ་འདྲེས་པ་དྲུག །རྟོག་པ་འདྲེས་པ་དྲུག །ཕྲིན་ལས་མ་འདྲེས་པ་གསུམ། ཡེ་ཤེས་མ་འདྲེས་པ་གསུམ་ལས། དང་པོ་ནི། སྤྲེའུ་ལྟར་གཞི་མི་མཛད་པས་སྐྱུ་མ་འཁྲུལ་པ། ཅ་ཅོ་མི་མཛད་པས་གསུང་། དྲན་པ་མ་ཉམས་པས་ཐུགས་མ་འཁྲུལ་པ། དེ་བཞིན་དུ་མཉམ་པར་མ་གཞག་པ་མ་ཡིན་པ། འཁོར་འདས་སུ་འཛིན་པ་མེད་པ། གདུལ་བྱ་ཡལ་བར་འདོར་བའི་བཏང་སྙོམས་མེད་པ་དང་དྲུག་གོ །རྟོག་པ་དྲུག་ནི། ཆོས་སྟོན་པའི་འདུན་པ། གཞན་

དོན་བསྒྲུབ་པའི་བརྩོན་འགྲུས། བསམ་མི་དགོས་པའི་དྲན་པ། ཆོས་ཉིད་ཀྱི་ཏིང་ངེ་འཛིན། ཡེ་ཤེས་དཔག་ཏུ་མེད་པ། སྤང་བྱ་ལས་རྣམ་པར་གྲོལ་བས་ཉམས་པ་མི་མངའ་བ་དང་དྲུག་གོ། །ཡེ་ཤེས་མ་འདྲེས་པ་གསུམ་ནི། དུས་གསུམ་གྱི་ཆོས་ཆགས་ཐོགས་མེད་པར་གཟིགས་པའོ། །ཕྲིན་ལས་མ་འདྲེས་པ་གསུམ་ནི། སྐུའི་ཆ་བྱད་དང་སྤྱོད་ལམ་གྱིས་སེམས་ཅན་འདུལ་བ་དང་། གསུང་རྣམ་པ་ཐམས་ཅད་པས་ཆོས་སྟོན་པ། ཐུགས་རྗེའི་ཡེ་ཤེས་སེམས་ཅན་གྱི་རྗེས་སུ་འགྲོ་བ་སྟེ་བཅོ་བརྒྱད་དོ། །

སུམ་ཅུ་པ་མཚན་དཔེ་ཐོབ་པར་སྨོན་པ། ༈ ལྷ་བས་མི་ངོམས་མཚུངས་པ་མེད་པའི་སྐུ། །སུམ་ཅུ་རྩ་གཉིས་མཚན་གྱིས་རབ་བརྒྱན་ཏེ། །དཔེ་བྱད་བཟང་པོ་བརྒྱད་ཅུས་རབ་མཛེས་པས། །སྣ་ཚོགས་གདུལ་བྱའི་རེ་འདོད་བསྐང་བར་ཤོག །དེ་ལ་འཁོར་ལོས་སྒྱུར་རྒྱལ་དང་ཐུན་མོང་བའི་མཚན་སོ་གཉིས། སངས་རྒྱས་ཉིད་ཀྱི་ཁྱད་ཆོས་དཔེ་བྱད་བརྒྱད་ཅུ་ནི་ཤེས་སླའོ། །

སོ་གཅིག་པ་ཟག་མེད་ཀྱི་ཕུང་པོ་ལྔ་ཐོབ་པར་སྨོན་པ། ༈ ཚུལ་ཁྲིམས་ཕུང་པོ་དེ་བཞིན་ཉིད་ངེ་འཛིན། །ཤེས་རབ་དང་ནི་རྣམ་པར་གྲོལ་བ་དང་། །རྣམ་པར་གྲོལ་བའི་ཡེ་ཤེས་གཟིགས་པ་ཡིས། །ཟག་མེད་ཕུང་པོ་ལྔ་ནི་ཡོངས་རྫོགས་ཤོག །དེ་ལ་ཚུལ་ཁྲིམས་ཀྱི་ཕུང་པོ། དེ་བཞིན་དུ་ཏིང་ངེ་འཛིན་གྱི། ཤེས་རབ་ཀྱི། རྣམ་པར་གྲོལ་བའི། རྣམ་གྲོལ་གྱི་ཡེ་ཤེས་གཟིགས་པ་སྟེ་རྣམ་བྱང་བསྐྱེད་པའི་ཕུང་པོ་ལྔའོ། །

སོ་གཉིས་པ་སྤྱན་ལྔ་སོགས་ལ་སྨོན་པ། ༈ སྤྱན་དང་མངོན་ཤེས་སོ་སོ་རིག་པ་དང་། །གཟུངས་དང་ཟད་པར་ཟིལ་གནོན་ཐུགས་རྗེ་ཅན། །ཉོན་མོངས་མེད་དང་སྨོན་མཁྱེན་དབང་བཅུ་སོགས། །ཡོན་ཏན་མཐའ་དག་མངོན་དུ་འགྱུར་བར་ཤོག །དེ་ལ་སྤྱན་ལྔ་ནི། སངས་རྒྱས་ཀྱི་སའི་རྣམ་པ་ཐམས་ཅད་གཟིགས་པའི་སྤྱན་དང་། ཆོས་ཀྱི་སྤྱན་གྱིས་འཕགས་པའི་གང་ཟག་དབང་པོ་རྣོ་རྟུལ་ཐམས་ཅད་མངོན་སུམ་དུ་རྟོགས་པ་དང་། ཤེས་རབ་ཀྱི་སྤྱན་གྱིས་ཆོས་ཐམས་ཅད་ཀྱི་རང་གི་ངོ་བོ་ཉིད་གཟིགས་པ་དང་། ལྷའི་སྤྱན་གྱིས་འགྲོ་བའི་འཆི་འཕོ་དང་སྐྱེ་བ་ཇི་ལྟ་བ་བཞིན་དུ་ཤེས་པ། ཤའི་སྤྱན་གྱིས་འཇིག་རྟེན་དུས་གཅིག་ཏུ་གཟིགས་པ་དང་། རྫུ་འཕྲུལ་གྱི་མངོན་ཤེས་ཀྱིས་ས་གཡོ་

བ་དང་གཅིག་ཏུ་བསྒྱུར་ཞིང་དུ་མར་སྤྲུལ་པ་ལ་སོགས་སོ། །ལྷའི་རྣ་བའི་མངོན་ཤེས་ཀྱིས་འཇིག་རྟེན་གྱི་ཁམས་ཐམས་ཅད་ཀྱི་སྒྲ་ཆེ་ཆུང་མཐའ་དག་ཇི་ལྟ་བ་བཞིན་དུ་རྟོགས་པའོ། །གཞན་སེམས་ཤེས་པའི་མངོན་ཤེས་ཀྱིས་གཞན་རྒྱུད་ཉོན་མོངས་པ་དང་བྲལ་མ་བྲལ་སོགས་མངོན་སུམ་དུ་གཏན་ལ་ཕེབས་པ་དང་། སྔོན་གནས་རྗེས་དྲན་གྱི་མངོན་ཤེས་ཀྱིས་གཞན་གྱི་ཚེ་རབས་སྔ་མ་བརྒྱ་སྟོང་ལ་སོགས་པའི་བར་ཤེས་པ་དང་། ལྷའི་མིག་གི་མངོན་ཤེས་ཀྱིས་བསྐལ་པ་དང་མ་བསྐལ་པའི་གཟུགས་ཕྲ་རགས་ཐམས་ཅད་མངོན་སུམ་དུ་རྟོགས་པའོ། །ཟག་པ་ཟད་པའི་མངོན་ཤེས་ཀྱིས་སྒྲིབ་གཉིས་སྤོང་བའི་ཐབས་དང་། སྤངས་པའི་བྲལ་བ་མངོན་དུ་ཤེས་པའོ། །སོ་སོའི་རིག་པ་ནི་ཟག་པ་མེད་པའི་ཤེས་རབ་ཐམས་ཅད་དོ། །གཟུངས་ནི་དྲན་པ་མ་ཉམས་པ་ལ་སོགས་སོ། །ཟད་པ་ནི་འབྱུང་བ་ལྔའི་སྐྱེ་མཆེད་བསྒྱུར་ནུས་པའོ། །དེ་བཞིན་དུ་འཁོར་འདས་ཐམས་ཅད་ཟིལ་གྱིས་གནོན་པ་དང་། ཐུགས་རྗེ་ཆེན་པོ་བསམ་གྱིས་མི་ཁྱབ་པ་དང་། ཉོན་མོངས་པའི་ཆ་ཙམ་མི་མངའ་བ་དང་། སྨོན་གནས་མཁྱེན་པ་ལ་ཆགས་པ་མེད་པ། ཐོགས་པ་མེད་པ། ལྷུན་གྱིས་གྲུབ་པ། དྲི་མ་ཀུན་ལས་འདས་པ་སྟེ་བཞིའོ། །དབང་བཅུ་ནི། ཚེ་ལ་དབང་བ། ཡོ་བྱད་ལ་དབང་བ། སེམས་ལ་དབང་བ། ལས་ལ་དབང་བ། སྐྱེ་བ་ལ་དབང་བ། མོས་པ་ལ་དབང་བ། སྨོན་ལམ་ལ་དབང་བ། རྫུ་འཕྲུལ་ལ་དབང་བ། ཆོས་ལ་དབང་བ། ཡེ་ཤེས་ལ་དབང་བ་སྟེ། དེ་དག་སོ་སོའི་རྣམ་དབྱེ་ཞིབ་པ་བདེན་གཉིས་ཤིང་རྟར་བཤད་ཟིན་ཏོ། །

གསུམ་པ་རྗེས་ཀྱི་རིམ་པ་གཞན་དོན་དུ་སྨོན་པ་ལ་སྤྱི་དང་བྱེ་བྲག་གཉིས་ལས་དང་པོ་ནི།

༈ དེ་ལྟར་རྒྱལ་བའི་སྐུ་གསུམ་ཡེ་ཤེས་ལྔ། །ཡོན་ཏན་ཕྲིན་ལས་སོགས་ལ་དབང་འབྱོར་ནས། །
རབ་འབྱམས་ཞིང་དུ་དཔག་ཡས་མཛད་པ་ཡིས། །མཐའ་ཡས་འགྲོ་ལ་ཕན་བདེ་འགྲུབ་པར་ཤོག །

ཅེས་སངས་རྒྱས་པའི་དགོས་པ་སེམས་ཅན་ལ་ཕན་པ་བསྒྲུབ་པ་ཐེག་པ་ཆེན་པོའི་ཁྱད་ཆོས་ཡིན་ཞིང་། དེ་ཡང་ཞིང་དང་། མཛད་པ་དང་། གཞན་དོན་བསྒྲུབ་པའི་ཡུལ་ལ་ཕྱོགས་དང་རིས་སུ་ཆད་པ་མེད་པས་རབ་འབྱམས་དང་། དཔག་ཡས་དང་མཐའ་ཡས་སོགས་ཀྱི་མཐའ་དང་ཚིག་མཛུག་མི་མངོན་པར་བྱས་པའོ། །

གཉིས་པ་གཞན་དོན་བྱེད་ཚུལ་གྱི་ཁྱད་པར་ལ་སྨོན་པའི་ཤློ་ཀ་བདུན་གྱི་ཤིས་བརྗོད་དང་བཅས་པས་མདོ་སྨྲ་པ་སྟེ། ༈ མཁྱེན་རབ་འཇམ་དཔལ་དབྱངས་ལྟར་ཚད་མེད་ཅིང་། །ཐུགས་རྗེ་སྤྱན་རས་གཟིགས་དང་མཚུངས་པ་དང་། །མཐུ་སྟོབས་གསང་བའི་བདག་པོ་ཇི་བཞིན་དུ། །གྲངས་མེད་བསྐལ་པར་འགྲོ་དོན་བྱེད་པར་ཤོག །གང་གིས་བདག་ནི་མཐོང་དང་ཐོས་པ་དང་། །རྗེས་སུ་དྲན་ནམ་རེག་གམ་གཏམ་དུ་བརྗོད། །བདག་ལ་ལེགས་བཤད་ཐོས་པ་དེ་དག་ཀུན། །རིང་པོར་མི་ཐོགས་རྒྱལ་བའི་དབང་པོར་ཤོག །བདག་ནི་གྲང་བས་ཉེན་ལ་མེ་ཆེན་དང་། །ཚ་བས་གདུངས་ལ་བསིལ་་་བའི་འབབ་ཆུ་དང་། །བཀྲལ་འདོད་རྣམས་ཀྱི་གྲུ་དང་ཟམ་པ་དང་། །མུན་པར་ཚུད་ལ་སྣང་བ་དམ་པར་ཤོག །ཕོངས་པ་རྣམས་ལ་འདོད་དགུའི་འབྱུང་གནས་དང་། །ནད་ཀྱིས་ཟིན་ལ་ཕན་བྱེད་སྨན་གྱི་མཆོག །འཆི་བས་ཉེན་ལ་འཚོ་བའི་བདུད་རྩི་དང་། །ལམ་གྱིས་དུབ་པའི་བསྟི་གནས་བཟང་པོར་ཤོག །བདག་ནི་གནས་མེད་རྣམས་ཀྱི་་་ཁང་བཟང་དང་། །བཀྲེས་པས་གདུངས་ལ་ཪོ་ལྡན་བཟའ་བ་དང་། །སྐོམ་པ་རྣམས་ལ་བཏུང་བའི་མཆོག་དང་ནི། །གང་ལ་གང་འོས་འདོད་དགུར་འབྱུང་བར་ཤོག །མདོར་ན་བདག་གི་སྒོ་གསུམ་སྤྱོད་པ་ཀུན། །ཞུམ་པ་བཟང་དང་ཡིད་བཞིན་ནོར་བུ་དང་། །འདོད་འཇོའི་བ་དང་དཔག་བསམ་ཤིང་ལྟ་བུར། །འགྲོ་བའི་དོན་དུ་འབད་མེད་ལྷུན་གྲུབ་ཤོག །སྐྱབས་གསུམ་བཀའ་སྡོད་བདེན་པའི་བྱིན་རླབས་དང་། །ཆོས་དབྱིངས་རྣམ་དག་བསམ་མི་ཁྱབ་པའི་མཐུས། །བདག་གི་ལྷག་བསམ་དག་པས་གཞན་དོན་དུ། །སྨོན་པ་འདི་དག་ཡིད་བཞིན་འགྲུབ་གྱུར་ཅིག །སྟོན་པ་མཉམ་མེད་རྫོགས་པའི་སངས་རྒྱས་དང་། །སྐྱོབ་པ་མཚུངས་མེད་བསྟན་པ་དམ་པའི་ཆོས། །འདྲེན་པ་མཚུངས་མེད་འཕགས་པའི་དགེ་འདུན་ཏེ། །དཀོན་མཆོག་བླ་མེད་གསུམ་གྱི་བཀྲ་ཤིས་ཤོག །ཅེས་སོ། །

དེ་ལྟ་བུའི་སྨོན་ལམ་ནི་བྱང་ཆུབ་སེམས་དཔའ་རྣམས་ཀྱི་རྗེས་ཐོབ་ཀྱི་ཚོགས་བླ་ན་མེད་པ་ཡིན་པས་ན་དུས་དང་རྣམ་པ་ཐམས་ཅད་དུ་གདབ་པར་བྱ་སྟེ། ཕལ་པོ་ཆེ་ལས། སྤྱོད་པ་དག་དང་སྨོན་ལམ་གཅིག་ཏུ་སྦྱད། །ཅེས་པ་ལ་སོགས་རྒྱ་ཆེར་ཡོད་དོ། །དེས་ནི་སེམས་ཅན་གྱི་ཁམས་ཚད་མེད་པ་ལ་སྨོན་པས་བསོད་ནམས་ཀྱང་དེ་སྙེད་ཐོབ་པ་ཡིན་ནོ།། །།

༄༅། །གསང་བ་སྔགས་ཀྱི་སྨོན་ལམ་འདོད་འཇོའི་དགའ་སྟོན་བཞུགས་སོ། །

འཕྲེང་པོ་གཏེར་སྟོན་ཤེས་རབ་འོད་ཟེར།

དུས་གསུམ་རྒྱལ་བ་སྲས་བཅས་མ་ལུས་དང་། །འགྲོ་བའི་སྐྱབས་གྱུར་པདྨ་སཾ་བྷ་ཝ། །སྲིད་ཞིའི་རྒྱུད་པ་ཀུན་སེལ་རཏྣའི་ཞབས། །མི་འབྲལ་སྙིང་ནས་གུས་པས་ཕྱག་བགྱིའོ། །ཚེ་འདིའི་ལོངས་སྤྱོད་རྨི་ལམ་དགའ་སྟོན་བཞིན། །ལང་ཚོའི་དཔལ་ཡང་འཇའ་ཚོན་ལྟ་བུ་སྟེ། །ཚེ་སྲོག་མི་རྟག་གློག་གི་ཟློས་གར་བཞིན། །འཇིག་རྟེན་ཕུན་ཚོགས་ཀུན་ལ་དབང་བསྒྱུར་ཀྱང་། །སྟོན་དུས་མཛེས་པའི་སྤྲིན་དཀར་ཕུང་པོ་བཞིན། །སྐད་ཅིག་མི་རྟག་འཇིག་པའི་ཆོས་ཅན་དུ། །མཐོང་ནས་སྲིད་པར་ཡིད་ནི་འབྱུང་བར་ཤོག །བདེ་ལེགས་དངོས་གྲུབ་ཀུན་གྱི་འབྱུང་གནས་ནི། །མཚན་ཉིད་ཀུན་ལྡན་ཐེག་མཆོག་བཤེས་གཉེན་ཏེ། །དྲན་པ་ཡིས་ཀྱང་སྲིད་ཞིའི་འཇིགས་འཕྲོག་ཅིང་། །མི་ཕྱེད་དད་པས་ཚུལ་བཞིན་བསྟེན་པར་ཤོག །དེ་ལྟར་དགེ་བའི་བཤེས་ལས་རྙེད་པའི་དོན། །གདན་གྱི་སྐྱབས་གྱུར་བླ་མ་དཀོན་མཆོག་གསུམ། །ཡིད་ལ་འབྲལ་མེད་གདུང་བས་གསོལ་འདེབས་ཤིང་། །འགྲོ་ཀུན་ཕ་མར་ཤེས་པའི་སྙིང་རྗེ་ཡིས། །ཀུན་གྱི་སྡུག་བསྔལ་རང་གིས་ལེན་པ་དང་། །བདག་གི་བདེ་དགེ་མ་ལུས་གཞན་ལ་བཏང་། །བླ་མེད་བདེ་ལ་བདག་གིས་འགོད་བྱ་ཞེས། །སེམས་ནི་བྱང་ཆུབ་པ་དམ་པ་བསྐྱེད་བྱས་པས། །ཕྱིན་དྲུག་སྤྱོད་པས་ཉིན་མཚན་འདའ་བར་ཤོག །མདོན་མཐོ་སྒྲུབ་བྱེད་རྒྱལ་བའི་གསུང་རབ་ཀུན། །དོན་རྣམས་སྐྱེས་བུ་ཆུང་ངུའི་ལམ་དང་ནི། །ཐར་པ་བསྒྲུབ་པའི་ཐབས་ལ་བརྩོན་པ་ཡིས། །ཆོས་ཀྱི་རྣམ་གྲངས་ཀུན་གྱི་བརྗོད་བྱའི་དོན། །སྐྱེས་བུ་འབྲིང་གི་ལམ་གྱི་རིམ་པ་སྟེ། །ངེས་པར་འབྱུང་བས་སྲིད་ལས་གྲོལ་བར་ཤོག །རྣམ་མཁྱེན་གོ་འཕང་མྱུར་དུ་བསྒྲུབ་པའི་ཐབས། །རྒྱུ་

དང་འབྲས་བུའི་ཐེག་ཆེན་རྣམ་གཉིས་ལས། །ཇི་བཞིན་གསུངས་པའི་གསང་བ་མ་ལུས་པ། །སྐྱེས་བུ་ཆེན་པོའི་ལམ་གྱི་རིམ་པ་སྟེ། །བདག་གིས་མ་ལུས་ཉེ་བར་བླངས་པ་ལས། །ཆོས་རྣམས་ཐམས་ཅད་རྨི་ལམ་སྣང་བ་བཞིན། །སྣང་ཙམ་དེ་ལས་ཡུལ་གྱི་སྙེད་ཉིད་དུ། །གྲུབ་པའི་ངོ་བོ་རྡུལ་ཙམ་མ་མཆིས་ཀྱང་། །ལས་འབྲས་བསླུ་བ་མེད་པར་ངེས་རྙེད་ནས། །བདེན་གཉིས་ཟབ་མོའི་གནད་ལ་གོམས་པར་ཤོག །ཉིས་བརྒྱ་ལྔ་བཅུ་སྲུང་བའི་ཚུལ་ཁྲིམས་དང་། །བཅུ་བདུན་བླང་བྱ་འཇུག་པའི་ཚུལ་ཁྲིམས་ཏེ། །ཀུན་གྱི་རྩ་བ་འགྲམ་གཞི་བསྟན་པོ་ནི། །ལྷག་པའི་ཚུལ་ཁྲིམས་འདུལ་སྡེ་ལ་གནས་ཤིང་། །བྱིང་རྒོད་དྲི་ཡི་བཞོན་པས་མི་གཡོ་བའི། །མངོན་རྟོགས་རིན་ཆེན་རྣམ་བཞིའི་རང་བཞིན་ཅན། །ཏིང་འཛིན་འཆི་མེད་རི་བོར་གནས་པའི་གཞི། །ཟབ་ཡངས་མདོ་སྡེའི་གནས་ལ་འཇོག་པ་དང་། །ཆོས་མངོན་གསལ་བའི་རྣམ་དབྱེ་མིག་སྟོང་ལྡན། །གནས་ལུགས་རྟོགས་པའི་ཡེ་ཤེས་ལག་ཉལ་གྱིས། །མཐར་ལྟའི་རྨིག་མ་འདུལ་བྱེད་ལྷ་ཡི་དབང་། །ཆོས་མངོན་བལྟ་ན་སྡུག་པའི་གྲོང་ཁྱེར་དུ། །སྡེ་སྣོད་གསུམ་གྱི་རྗོད་བྱེད་ཚིག་རྣམས་དང་། །བརྗོད་བྱ་བསླབ་པ་རྣམ་གསུམ་མངོན་གྱུར་ཤོག །དེ་ལྟར་རྒྱུ་ཡི་ཐེག་པས་རྒྱུད་སྦྱངས་ནས། །འབྲས་བུ་སྨིན་གྲོལ་རྡོ་རྗེ་ཐེག་པའི་ལམ། །ཉམས་ལེན་དྲོད་རྟགས་སྣང་བཞི་མངོན་གྱུར་ནས། །དམ་ཚིག་དབང་དང་ཤེས་རབ་རྒྱུད་འཆད་ཅིང་། །མན་ངག་ལུང་སྦྱིན་ཉམས་ཆགས་སྙིང་མཛད་པའི། །མཐོང་ཐོས་དྲན་རེག་སློབ་དཔོན་རྣམ་བཞི་ལས། །རྒྱུད་སྡེ་བཞི་དང་རྫོགས་པ་ཆེན་པོའི་ལམ། །ལེགས་པར་བཤད་པའི་སྨིན་གྲོལ་ལམ་གྱི་གནད། །ཆུ་དབང་སོགས་ཀྱིས་རང་རྒྱུད་སྨིན་བྱས་ནས། །མདུན་བསྐྱེད་ཐུགས་ཀར་ཡིག་འབྲུའི་ས་བོན་བཀོད། །ཕྱི་ཡི་སྦྱོད་ལམ་དྲང་སྲོང་རྗེས་མཐུན་ཞིང་། །ནང་གི་ཉི་མ་རྣལ་འབྱོར་སྙིང་ལ་ཤར། །ལྷ་མོ་རྣམས་དང་ཕན་ཚུན་བལྟས་པ་ལས། །བྱུང་བའི་བདེ་བ་ལམ་བྱེད་ཀྲི་ཡའི་རྒྱུད། །རྗེ་དཔོན་ལྷ་བུར་དངོས་གྲུབ་ལེན་པ་དང་། །རྡོ་རྗེ་དྲིལ་བུའི་དབང་གི་སྨིན་བྱས་ནས། །བདག་མདུན་གཉིས་ཀའི་ཐུགས་ཀར་ཡིག་འབྲུ་བཀོད། །ཕྱི་རོལ་བྱ་བའི་ཐབས་དང་ནང་གི་ནི། །ཟབ་མོའི་རྣལ་འབྱོར་ཆ་ལ་མཉམ་པར་སྦྱོད། །འཛུམ་ཞིང་དགོད་པའི་བདེ་བས་རྣམ་རོལ་པ། །ཡན་ལག་བཞི་ལ་གཞོལ་བ་ཨུ་པའི་རྒྱུད། །གྲོགས་པོར་ལྷ་བུར་དངོས་གྲུབ་ལེན་པར་བྱེད། །བྱ་སྤྱོད་གནས་ལ་ཚུལ་བཞིན་

སྤྱོད་པར་ཤོག །སློབ་དཔོན་དབང་བསྐུར་རང་རྒྱུད་སྨིན་བྱས་ནས། །བདག་མདུན་གཉིས་ཀ་དག་པའི་ལྷ་རུ་བསྐྱེད། །ཡེ་ཤེས་སྤྱན་དྲངས་དེ་ཉིད་ང་རྒྱལ་བཟུང་། །ཕྱག་རྒྱ་བཞི་ཡི་རྒྱ་ལས་མི་འདའ་ཞིང་། །ཏིང་འཛིན་གསུམ་གྱི་ལང་ཚོས་སྙིང་ལ་འགྲོགས། །ལག་པའི་བཟློ་འབྲེལ་བའི་བདེ་བས་ཚིམས། །ནང་གི་རྣལ་འབྱོར་གཙོ་བོར་གྱུར་པ་ཡི། །ཡོ་གའི་ལམ་གྱི་གཞི་ལ་རྣམ་གྲོལ་ཤོག །རྒྱུ་དབང་བསྐུར་ནས་རགས་པའི་ཕྱུང་སོགས་རྣམས། །ཕྱི་ནང་སྣོད་བཅུད་གཞལ་ཡས་ལྷ་རྣམས་སུ། །དག་པའི་སྐུ་དང་མཆོག་དབང་གསུམ་བསྐུར་ནས། །བསྐྱེད་རིམ་ཚོགས་ཞིང་བསྒྲུབ་འཁོར་སྟོན་འགྲོ་བས། །རིམ་པ་ལྔ་དང་རྗེས་མཐུན་ལམ་གྱིས་འགྲོས། །ཁམས་དྲུག་ལྡན་པའི་མི་རྣམས་ཕྱུང་ཁམས་སོགས། །རིམ་གྱིས་ཐིམ་ནས་འཆི་བའི་རིམ་པའམ། །ཇི་ལྟར་མཚན་མོ་གཉིད་དུ་སོང་བའི་ཚེ། །ཡུལ་ལྔའི་ཤེས་པ་རིམ་གྱིས་ཡིད་དུ་ཐིམ། །དེ་ཡང་ཀུན་གཞིར་ཐིམ་པས་མི་རྟོག་པ། །རྩེ་གཅིག་སྣང་ཡུལ་མེད་པའི་ངང་དེ་ཉིད། །ཆོས་དབྱིངས་ཐིམ་པས་རང་བཞིན་སྤྲོས་དང་བྲལ། །ཐུན་བར་ལྷག་མོས་འོད་གསལ་དུ་འཇུག་པའི། །བར་འདིར་ཆོས་སྐུའི་རྣལ་འབྱོར་ལ་གནས་ཤིང་། །གཉིད་དམ་འཆི་བས་འོད་གསལ་ལུགས་ལྡོག་ཏུ། །སླར་ཡང་མཆེད་པའི་ཀུན་གཞིའི་རྣམ་ཤེས་ལས། །ཡིད་ཉིད་གཅིག་པུ་ཡངས་པས་རྨི་ལམ་སེམས། །དབང་པོ་ཀུན་ཚངས་ཡིད་ཀྱིས་ལུས་གྲུབ་པ། །དེ་མཚུངས་སྐད་ཅིག་མངོན་བྱང་ལྔ་ལས་ནི། །དང་པོའི་མགོན་པོ་ལེགས་པར་བསྐྱེད་པའི་ཚུལ། །བར་དོ་སྒྱུ་ལུས་ལོངས་སྐུར་ལྡང་བར་ཤོག །སླར་ཡང་སད་པའི་གནས་སྐབས་ཉིན་སྣང་དུ། །གདན་གསུམ་ལྷ་ཡི་སྐུ་རུ་ངེས་བྱས་ནས། །བར་དོའི་ལུས་དེ་མ་ཡི་མངལ་དུ་ནི། །ཞུགས་ཚུལ་དང་པོའི་མགོན་པོ་མི་བསྐྱོད་པའི། །སྐུ་ལས་ཞུགས་པས་རྡོ་རྗེའི་སེམས་བསྐྱེད་ཅིང་། །དེ་ལ་ལུས་དཀྱིལ་བཀོད་ཅིང་སྒོ་གསུམ་དག །བྱིན་གྱིས་བརླབ་ཅིང་སེམས་དཔའ་གསུམ་བརྩེགས་སུ། །བྱས་ནས་རིག་མའི་འདོད་ཡོན་རྣམ་རོལ་བས། །ཉིན་སྣང་སྐྱེ་ཤིའི་བར་དོ་གོམས་འདྲིས་ཀྱིས། །སྐྱེ་བ་སྤྲུལ་སྐུའི་རྣལ་འབྱོར་ལམ་བྱེད་ཤོག །དེ་ལྟར་རིམ་པ་དང་པོ་མཐར་ཕྱིན་ནས། །གསང་བའི་སྔ་རྩེར་ཨ་ཝ་དྷཱུ་ཏིའི་ནང་། །དྭངས་མའི་ཐིག་ལེ་རང་སེམས་དབྱེར་མེད་དུ། །བཟུང་བས་མཉམ་བཞག་དགའ་བཞིའི་ཏིང་འཛིན་དང་། །རྗེས་ཐོབ་རིགས་བརྒྱ་རིགས་ལྔ་རིགས་གསུམ་སོགས། །བདེ་སྟོང་དབྱེར་མེད་ལྷ་ཡི་རྣམ་རོལ་བསྒོམ། །

སྣང་ཡང་དབེན་པ་གསུམ་གྱི་རིམ་པ་དང་། །ཀུན་རྫོབ་སྒྱུ་མ་དོན་དམ་འོད་གསལ་ཉིད། །བདེན་གཉིས་དབྱེར་མེད་ཟུང་འཇུག་ཉམས་ལེན་རྣམས། །གསང་བ་སྙིང་པོ་དཔལ་ལྡན་འདུས་པ་དང་། །བསྐྱེད་པ་མ་ཧཱ་ཡོ་ག་ཇི་བཞིན་དུ། །བསྐྱེད་རྫོགས་ཟབ་མོའི་དོན་རྣམས་མངོན་གྱུར་ཤོག །མཚན་ཉིད་ཀུན་ལྡན་བླ་མ་ཡབ་ཡུམ་ལས། །ལམ་དབང་ཟབ་མོས་ལེགས་པར་སྨིན་བྱས་ནས། །རྣམ་དག་དབང་ལྔའི་ཆུ་བོས་སྒྲིབ་གཉིས་ཀྱི། །དྲི་མ་ཀུན་བཀྲུས་སྐུ་བཞིའི་ས་བོན་བཞག །དམ་ཚིག་སྡོམ་པ་ཚུལ་བཞིན་བསྲུངས་བ་ལས། །ཟབ་མོའི་ལམ་བཟང་སྐྱེ་བའི་སྣོད་གྱུར་པས། །མ་དག་སྐྱེ་ཤི་བར་དོའི་སྣང་ཞེན་རྣམས། །ཡིད་དོར་སྦྱངས་ནས་སྐུ་གསུམ་ལམ་ཁྱེར་བ། །སྦྱང་གཞི་སྦྱོང་བྱེད་ཚང་བའི་བསྐྱེད་རིམ་གྱིས། །རིམ་པ་དང་པོའི་ལམ་ལ་མངོན་གྱུར་ཤོག །ཕྱི་ནང་རང་ལུས་དཀྱིལ་འཁོར་ལྷ་ཡི་ཚོགས། །རྩ་ཡིག་བདུད་རྩི་དཔའ་བོ་རྣལ་འབྱོར་མ། །ཐིམ་ལུགས་བཞི་བསྒོམ་ཡེ་ཤེས་བསྐྱེད་བྱེད་ཅིང་། །རྫོགས་རིམ་རྟོག་པ་འདྲེན་པའི་རྒྱུད་སྨིན་བྱས། །ཉི་ཟླའི་ལམ་ནས་དཀྱིལ་འཁོར་བཅུ་ཡི་རླུང་། །སྒྲ་གཅན་ལམ་དུ་འགོག་པའི་ཐབས་མཁས་ཀྱིས། །མུན་པའི་ལམ་ནས་འབར་བའི་ཙཎྜ་ལིས། །ཧཾ་ཡིག་རི་བོང་འཛིན་པ་ཞུ་བ་ལས། །ལྷན་སྐྱེས་བདེ་བས་མཉམ་བཞག་དྲངས་པ་ཡིས། །འཁོར་འདས་ཆོས་རྣམས་ཀུན་གྱི་གནས་ལུགས་དང་། །དབྱེར་མེད་གྱུར་པ་དཔེ་ཡི་ཡེ་ཤེས་ཉིད། །སྒྱུ་འཕྲུལ་དྲྭ་བའི་སྐུ་རུ་ལངས་པ་ལས། །མ་དག་སྐྱེ་ཤིའི་འཕྲང་ལས་གྲོལ་བ་ཡི། །རྫོགས་རིམ་ཨ་ནུའི་ལམ་དུ་འཇུག་པར་ཤོག །དོན་གྱི་ལྷན་ཅིག་སྐྱེས་པའི་ཡེ་ཤེས་ནི། །ཨ་ཏི་ཡེ་དག་རོ་མཉམ་ཆེན་པོ་ཉིད། །ཡོད་མིན་མེད་མིན་སྟོང་མིན་མི་སྟོང་མིན། །རང་བཞིན་གཤིས་ལ་གཞལ་ན་ཐམས་ཅད་མིན། །མེད་པ་མ་ཡིན་གཉིས་མེད་ཟུང་འཇུག་སྟེ། །རྟག་མིན་ཆད་མིན་སྨྲ་བསམ་བརྗོད་ལས་འདས། །ངང་གནས་ཡེ་གནས་རྫོགས་པ་ཆེན་པོ་ནི། །ཀུན་མིན་ཕྱོགས་ཙམ་གཞལ་ན་ཐམས་ཅད་མིན། །བློ་ཡིས་བཀོད་ན་དྲན་བསམ་བརྗོད་ལས་འདས། །རྣལ་མའི་དོན་ལ་ཀུན་མིང་བཏགས་པ་ཙམ། །ཇི་ལྟར་སྣང་བ་དེ་ཡང་ཞ་ལེ་བ། །ཚིག་གིས་མ་བསྐྱེད་ལྷ་སྤྲགས་ལྷུན་གྱིས་གྲུབ། །གང་ལྟར་བསམ་བརྗོད་འདས་པའི་རང་བཞིན་ཏེ། །ཨ་ཏིའི་དགོངས་དོན་ཚུལ་བཞིན་རྟོགས་པར་ཤོག །ཁྱད་པར་འོད་གསལ་རྡོ་རྗེ་སྙིང་པོའི་དོན། །རང་བཞིན་བབ་ཡིན་སྟོང་པས་ཕན་ཅི་ཡོད། །སོ་མ་

ངང་བཞག་མ་བཅོས་རང་ག་མ། །ཐ་མལ་ཤེས་པ་རང་གྲོལ་རྒྱལ་བའི་ལམ། །རང་གིས་རང་གྲོལ་གཉེན་པོས་བཅོས་མི་དགོས། །ཡེ་གྲོལ་བསྒྱུར་གཞི་མེད་དེ་གདོད་མའི་ངང་། །ཅེར་གྲོལ་ངོ་བོ་མེད་དེ་བདེན་པས་སྟོང་། །རང་གྲོལ་གཉེན་པོ་མེད་དེ་རང་བཞག་ཉིད། །འཁྲུ་གྲོལ་རང་སར་དག་དེ་སྐད་ཅིག་མ། །ཤར་གྲོལ་དུས་མཉམ་ཡིན་ཏེ་སྔ་ཕྱི་མེད། །མ་བཅོས་རང་བཞག་རང་བབས་ཀ་དག་ཀློང་། །ངོ་བོ་རང་བཞིན་ཐུགས་རྗེའི་དོན་རྟོགས་ཤོག །ཤེས་རབ་རང་བྱུང་སྒྲོན་མའི་དབྱིངས་རུམ་ནས། །རྒྱང་ཞགས་སྒྲོན་མས་རིག་གདངས་སྒོ་ཕྱེ་ནས། །དག་དབྱིངས་སྒྲོན་མས་སྣ་ཚོགས་རྒྱན་བཀྲམ་སྟེ། །ཐིག་ལེ་སྟོང་སྒྲོན་ཞི་ཁྲོའི་དཀྱིལ་འཁོར་རྫོགས། །དང་པོ་རྒྱུ་ཡིས་མ་བསྐྱེད་དབྱིངས་ལྷུ་ཤར། །བར་དུ་རྐྱེན་གྱིས་མ་བསྐྱེད་ཚོམ་བུར་གྲུབ། །ཐ་མ་ལྷ་བའི་གནས་དག་དབྱིངས་རིག་འདྲེས། །ཡིད་དཔྱོད་དང་བྲལ་མངོན་སུམ་མཐར་ཕྱིན་ཤོག །ཁྲིག་ཚོད་ལྷ་བས་སྲིད་ཁྱུང་གདར་ཤ་བཅད། །ཐོད་རྒལ་བསྒོམས་པས་སྐུ་གསུམ་རྩལ་རྫོགས་ཏེ། །གདོད་ནས་རྣམ་དག་དང་པོའི་སངས་རྒྱས་ཉིད། །དབྱེར་མེད་ཐིག་ལེའི་གཟུགས་སུ་གང་སྣང་བ། །དེ་ལས་སྤྲོས་ཚེ་སྐུ་གསུམ་སྣོད་བཅུད་དང་། །བསྡུས་ཚེ་སྟོང་ཉིད་སྙིང་རྗེ་ཆོས་ཀྱི་སྐུ། །ཐིག་ལེ་ཉག་གཅིག་ཡིད་ལ་གཡོ་མེད་ཤོག །སླར་ཡང་རྡོ་རྗེ་ལྷ་བུའི་ཏིང་འཛིན་གྱིས། །གཉིས་སྣང་འཁྲུལ་པའི་བག་ཆགས་ཀུན་བཅོམ་ནས། །རིམ་པ་བཞི་པའི་དོན་གྱི་འོད་གསལ་དང་། །དབྱེར་མེད་ལྷན་ཅིག་སྐྱེས་པ་བདེ་བའི་དངོས། །བདེན་གཉིས་ཟུང་དུ་འཇུག་པའི་ཧེ་རུ་ཀ །མཁའ་དབྱིངས་ཤར་བའི་དབང་པོའི་གཞུ་བཞིན་དུ། །གསལ་མདངས་འོད་ཟེར་ལྔ་ཡི་དྲྭ་བ་ཅན། །སྟོབས་བཅུ་མི་འཇིགས་བཞི་དང་སོ་སོ་རིག །མ་འདྲེས་བཅོ་བརྒྱད་རྫོགས་པའི་སངས་རྒྱས་དང་། །བློ་མེད་ཡོན་ཏན་རང་བཞིན་གཞལ་མེད་ལས། །རྣམ་ཀུན་མཆོག་ལྡན་ངོ་བོ་ཆོས་ཀྱི་སྐུ། །རྣམ་པ་ལོངས་སྤྱོད་རྫོགས་སྐུ་གྲངས་མེད་ཀྱིས། །སྤྲུལ་པའི་སྤྲིན་འཕྲོ་སྐུ་གསུམ་དབྱེར་མེད་ཤོག །མཁའ་ཁྱབ་གཟུགས་བཟུང་བགྲང་ཡས་སེམས་ཅན་ལ། །ཇི་སྙེད་ཁམས་དང་བསམ་པའི་དབྱེ་བ་བཞིན། །རང་རང་སྐད་དུ་རྒྱུ་དང་འབྲས་བུ་ཡི། །ཐེག་པ་གཉིས་ལས་བརྩམས་པའི་ཆོས་ཀྱི་ཚུལ། །ལེགས་པར་སྟོན་ལ་སྐྱོ་ངལ་མེད་པར་ཤོག །འདི་དང་བར་དོར་མཆོག་གི་གོ་འཕང་ནི། །ངེས་པར་གྲུབ་པའི་ལམ་བཟང་མ་རྙེད་ན། །ཟབ་ལམ་འཕོ་བའི་རྣལ་འབྱོར་ལ་གོམས

པས། །རྣམ་ཤེས་མཁའ་སྤྱོད་གནས་སུ་འཕོ་བྱས་ཏེ། །བསྐྱེད་རྫོགས་ལམ་གྱིས་རིམ་པའི་འགྲོ་མཐུད་ཤོག །དེ་ལྟར་རྒྱུ་ལམ་འབྲས་བུའི་ཁྱད་པར་ལས། །སྐུ་དང་ཞིང་ཁམས་འཁོར་དང་མཛད་པ་ནི། །ཡོངས་སུ་དག་པའི་ཡེ་ཤེས་ལམ་ཉིད་དུ། །བྱེད་དང་མི་བྱེད་ སྣགས་དང་ཕ་རོལ་ཕྱིན། །སོ་སོར་འབྱེད་པའི་བློ་གྲོས་དང་ལྡན་ཤོག །བདག་ཀུང་འདི་ནས་ཚེ་རབས་ཐམས་ཅད་དུ། །རྗེ་བཙུན་བླ་མ་མཆོག་དང་མི་འབྲལ་ཞིང་། །དེས་གསུངས་གསུང་གི་བདུད་རྩི་མྱོང་བ་དང་། །དེ་དོན་སྒྲུབ་ལ་ཞུམ་པ་མེད་པ་ཡིས། །ཚེ་རབས་ཀུན་ཏུ་ཡོངས་འཛིན་དམ་པ་དང་། །ནམ་ཡང་འབྲལ་མེད་རྗེས་སུ་འཛིན་གྱུར་ཅིག །

ཅེས་པའི་གསང་བ་སྔགས་ཀྱི་སྨོན་ལམ་འདོད་འཛོའི་དཔག་སྟོན་ཞེས་བྱ་བ་འདི་ཡང་། དག་པའི་སྣང་བ་ལྷུར་ལེན་པ་རཀྵིའི་མཚན་ཅན་དང་། སྐྱེས་ཐོབ་ཀྱི་བློ་གྲོས་དང་ལྡན་པའི་ཆོས་རྗེ་རྣམ་སྣང་། ལས་དང་སྨོན་ལམ་གྱིས་འབྲེལ་བ་ཐྲས་མོ་ཡུམ་ཐྲས་སོགས་ཀྱིས་གསུང་གིས་བསྐུལ་ངོར། ཕྲ་རྣྃ་རཀྵིས་ཐུབ་བསྟན་རྡོ་རྗེ་བྲག་ཏུ་སྦྱར་བའོ། །དགེའོ།། །།

༄༅། །གསང་བ་སྔགས་ཀྱི་སྨོན་ལམ་འདོད་འཇོའི་དགའ་སྟོན་གྱི་འགྲེལ་པ་རིག་འཛིན་ལམ་བཟང་ཞེས་བྱ་བ་བཞུགས།

རིག་འཛིན་འཇིགས་མེད་གླིང་པ།

གསང་བ་སྔགས་ཀྱི་སྨོན་ལམ་འདོད་འཇོའི་དགའ་སྟོན་གྱི་འགྲེལ་པ་རིག་འཛིན་ལམ་བཟང་ཞེས་བྱ་བ། ཤཱཀྱ་ཐུ་རི་ཞི་བའི་གྲོང་ཁྱེར་ན། །རིག་འཛིན་མི་ཡི་ཐོད་པ་འགྲོ་འདུལ་གླིང་། །རིག་པ་བདེ་གཤེགས་སྙིང་པོའི་ཆོས་ཉིད་དང་། །རོ་གཅིག་ལྷ་བ་མཛལ་བའི་ཕྱག་གིས་བཏུད། །

དེ་ལ་གླུད་ཀྱི་དོན་རང་ངོའི་མཆོད་བརྗོད་ནི། དུས་གསུམ་རྒྱལ་བ་སྲས་བཅས་མ་ལུས་དང་། །འགྲོ་བའི་སྐྱབས་གྱུར་པདྨ་སམ་བྷ་ཝ། །སྲིད་ཞིའི་རྒྱུད་པ་ཀུན་སེལ་རཏྣའི་ཞབས། །མི་འབྲལ་སྙིང་ནས་གུས་པས་ཕྱག་བགྱིའོ། །

གཉིས་པ་གཞུང་གི་དོན་ལ་རྣམ་གྲངས་བཅུ་བདུན་ལས། དང་པོ་ཅིས་ཀྱང་དགོས་མེད་ཀྱིས་བློ་ལྡོག་པ་ནི། ༼ ཚེ་འདིའི་ལོངས་སྤྱོད་རྨི་ལམ་དགའ་སྟོན་བཞིན། །ཡང་ཆོའི་དཔལ་ཡང་འཇའ་ཚོན་ལྷ་བུ་སྟེ། །ཚེ་སྲོག་མི་རྟག་གློག་གི་ཟློས་གར་བཞིན། །འཇིག་རྟེན་ཕུན་ཚོགས་ཀུན་ལ་དབང་བསྒྱུར་ཀྱང་། །སྟོན་དུས་མཛེས་པའི་སྤྲིན་དཀར་ཕུང་པོ་བཞིན། །སྐད་ཅིག་མི་རྟག་འཇིག་པའི་ཆོས་ཅན་དུ། །མཐོང་ནས་སྲིད་པར་ཡིད་ནི་འབྱུང་བར་ཤོག །དེ་ལ་ཚེ་འདི་སྣང་གི་ལོངས་སྤྱོད་དང་། གནས་གྲོགས་དང་། ཁང་ཁྱིམ་ལ་སོགས་པ་ནི་མདང་གི་རྨི་ལམ་ལ་སྐྱིད་མོས་ཚལ་ཞིག་ཏུ་མགྲོན་པོར་ཕྱིན་པའི་དགའ་སྟོན་ལྟ་བུ། སད་པའི་ཚེ་དེ་དག་གང་ཡང་མེད་པས་སྐྱེངས་ཤུ་རེ་བ། དེ་བཞིན་དུ་གཞོན་ནུ་དར་ལ་བབས་པའི་ལང་ཚོའི་དཔལ་ལ་ཆགས་ནས་བྱེ་དོར་བྱས། རྒྱན་གོས་ཀྱིས་བརྒྱན་པས། རེ་ཞིག་སྡོད་སྡོད་འདྲ་བ་བྱས་ཀྱང་། འགྱུར་བའི་སྡུག་བསྔལ་ནི། ཆུ་སྐྱུར་ཉ་ལ་འཇབས

པ་ལྟ་བུར་ཡོད་པས། རང་དབང་མེད་པར་ནད་དང་། གདོན་དང་། མེ་ཆུ་ལ་སོགས་པའི་རྐྱེན་བློ་བུར་བ་མང་པོས་འཇའ་ཚོན་ད་ལྟ་ཡོད་འགྲོ་ལ་ཡལ་བ་བཞིན་ངག་མི་ཐུབ། ཚེ་ནི་རླུང་གསེབ་ཀྱི་མར་མེ་ལྟ་བུ། སྲོག་ནི་ནམ་མཁའ་ལ་གློག་འཁྱུག་པ་བཞིན་ཡིན་ངེས་ན། འཁོར་ལོས་སྒྱུར་བའི་རྒྱལ་པོའམ། ཁམས་ཀྱི་རྒྱལ་ཕྲན་ལ་སོགས་པ་འཇིག་རྟེན་གྱི་ཁམས་ཚོགས་རྒྱ་ཆེན་པོ་ལ་དབང་སྒྱུར་བ་ཞིག་ཡིན་ཡང་། སྟོན་ཀའི་དུས་ན་ཤིང་བལ་ལྟར་མཛེས་པའི་སྤྲིན་དཀར་གྱི་ཕུང་པོ་གླང་པོ་ཆེའམ། ཤིང་རྟའམ་རྨ་བྱ་ལྟར་མཛེས་པ་ཞིག་བྱུང་བ་དེ་ད་ལྟ་རང་ཡོད་འགྲོ་ལ་མེད་པ་ལྟར་མི་འཆི་བསམ་པའི་ལྷོད་ལྷོད་ཀྱི་ངང་ལ་གཤིན་རྗེའི་ཕོ་ཉས་བཙོམ།ལུས་སེམས་གཉིས་པོ་སོ་སོར་འབྲལ། མི་འདོད་བཞིན་དུ་ཐ་གྲུས་བསྡམ། ཡོལ་བས་བསྒྲིབ། དུར་ཁྲོད་དུ་གང་རུས་སྐྱ་ཟིང་འགྲོ་བ་དེ་ངོ་ནུབ་ཙམ་ཡང་མི་འོང་བའི་ཁག་མི་ཐེག་པ་འདི་དྲན་པར་བྱས་ནས་སྲིད་པའི་རང་བཞིན་ལ་ཡིད་འབྱུང་ཆེན་པོ་སྐྱེ་བར་སྨོན་པའོ། །

གཉིས་པ་བཤེས་གཉེན་དམ་པ་ཚུལ་བཞིན་བསྟེན་པར་སྨོན་པ། ༼ བདེ་ལེགས་དངོས་གྲུབ་ཀུན་གྱི་འབྱུང་གནས་ནི། །མཚན་ཉིད་ཀུན་ལྡན་ཐེག་མཆོག་བཤེས་གཉེན་ཏེ། ། དྲན་པ་ཡིས་ཀྱང་སྲིད་ཞིའི་འཇིགས་འཕྲོག་ཅིང་། །མི་ཕྱེད་དད་པས་ཚུལ་བཞིན་བསྟེན་པར་ཤོག །

དེ་ལ་གྲུ་ཟམ་མེད་ན་ཆུ་ཆེན་མི་བགྲོད་པ་ལྟར་གནས་སྐབས་སུ་མངོན་མཐོའི་བདེ་བ་དང་། མཐར་ཐུག་ངེས་ལེགས་ཀྱི་འབྲས་བུའམ། དངོས་གྲུབ་དམ་པའི་འབྱུང་གནས་ནི་མདོ་རྒྱུད་ནས་གསུངས་པའི་མཚན་ཉིད་ཀུན་ལྡན་གྱི་བླ་མ་ཐེག་པ་མཆོག་གི་དགེ་བའི་བཤེས་གཉེན་རྙེད་ན་དེ་ནི་དྲན་པ་ཙམ་གྱིས་ཀྱང་སྲིད་ཞིའི་འཇིགས་པ་འཕྲོག་ལ། མིན་ནའང་སྙིང་རྗེ་ཆེ་བ། རང་དོན་དུ་སྟོང་ཉིད་གཟིགས་པ་འབྲིང་། ཐ་ནའང་གང་འཆད་བྱའི་ཆོས་ཀྱི་མངོན་རྟོགས་ལ་འདྲིས་པ། གཞན་དོན་ལ་སྙོ་ངལ་མེད་ཅིང་རྙེད་པ་ལ་མི་གཟིགས་པ་ཞིག་གུས་པས་བསྟེན་ནས་ཐུགས་ཡིད་འདྲེས་པར་བྱེད་དགོས་ཏེ། མདོ་རྒྱུད་ཐམས་ཅད་ནས་འདི་ཕྱིའི་ལམ་སྟོན་བླ་མ་ལ་རེ་དགོས་པར་གསུངས་པའི་ཕྱིར་རོ། །

གསུམ་པ་དཀོན་མཆོག་ལ་སྐྱབས་སུ་འགྲོ་ཞིང་སེམས་བསྐྱེད་པ། ༼ དེ་ལྟར་དགེ་བའི་

བཤེས་ལས་རྙེད་པའི་དོན། །གཏན་གྱི་སྐྱབས་གྱུར་བླ་མ་དཀོན་མཆོག་གསུམ། །ཡིད་ལ་འབྲལ་མེད་གདུངས་པས་གསོལ་འདེབས་ཤིང་། །འགྲོ་ཀུན་ཕ་མར་ཤེས་པའི་སྙིང་རྗེ་ཡིས། །ཀུན་གྱི་སྡུག་བསྔལ་རང་གི་ལེན་པ་དང་། །བདག་གི་བདེ་བ་མ་ལུས་གཞན་ལ་གཏང་། །བླ་མེད་བདེ་ལ་བདག་གིས་དགོད་བྱ་ཞེས། །སེམས་ནི་བྱང་ཆུབ་དམ་པར་བསྐྱེད་བྱས་ནས། །ཕྱིན་དྲུག་སྤྱོད་པས་ཉིན་མཚན་འདའ་བར་ཤོག །

དེ་ལྟར་བཤེས་གཉེན་བསྟེན་ནས་ཐོག་མར་དེ་ལས་རྙེད་པའི་དོན་ཞི་བདེ་དོན་གཉེར་ཙམ་མ་ཡིན་པ་སྐྱེས་བུ་ཆེན་པོའི་སྐྱབས་འགྲོའི་གནད་མ་འཁྲུལ་བར་ཤེས་པར་བྱས་ཏེ། གནས་སྐབས་ཙམ་མ་ཡིན་པའི་གཏན་གྱི་སྐྱབས་གནས་སུ་འོས་པ། བླ་མ་དང་དཀོན་མཆོག་གསུམ་ལ་སྙིང་ཐག་པ་ནས་སྐྱབས་སུ་འགྲོ་ཞིང་། དེ་ནས་ཐེག་པ་ཆེན་པོའི་ལམ་གྱི་རྩ་བ་སེམས་ཅན་ཐམས་ཅད་ཕ་མར་ཤེས་པར་བྱ་སྟེ། དེ་ལྟར་ཤེས་ན་ཕ་མ་ལ་ལ་དམྱལ་བ། ལ་ལ་ཡི་དྭགས། ལ་ལ་དུད་འགྲོ། ལ་ལ་མི་དབང་ཐང་ཆུང་ངུ་སོགས་སྡུག་བསྔལ་གྱིས་མནར་བ་ལ་སྙིང་རྗེ་མི་སྐྱེ་བའི་དབང་མེད་ཅིང་། དེའི་ཚེ་དབུགས་ནང་དུ་སྡུད་དུས་ཁོང་གི་སྡུག་བསྔལ་རང་གིས་ལེན་པ་དང་། ཕར་གཏོང་དུས་བདག་གི་བདེ་བ་དང་དགེ་ཚོགས་ཁོང་ལ་གཏོང་བའི་སྨོན་སེམས་ལ་སྦྱངས་ནས་དེ་དག་བདེ་བ་ལ་འགོད་པའི་བྱང་ཆུབ་ཏུ་སེམས་བསྐྱེད་ཅིང་། འཇུག་པའི་སྤྱོད་པ་ཕ་རོལ་ཏུ་ཕྱིན་པ་དྲུག་ལ་ཉིན་མཚན་དུས་འདའ་བར་སྨོན་པའོ། །

བཞི་པ་སྐྱེས་བུ་ཆུང་འབྲིང་གི་ལམ་ལ་བློ་སྦྱང་བར་སྨོན་པ་ནི། ༼ མདོན་མཐོ་སྒྲུབ་བྱེད་རྒྱལ་བའི་གསུང་རབ་ཀུན། །དོན་རྣམས་སྐྱེས་བུ་ཆུང་ངུའི་ལམ་དང་ནི། །ཐར་པ་བསྒྲུབ་པའི་ཐབས་ལ་བརྩོན་པ་ཡི། །ཆོས་ཀྱི་རྣམ་གྲངས་ཀུན་གྱི་བརྗོད་བྱའི་དོན། །སྐྱེས་བུ་འབྲིང་གི་ལམ་གྱི་རིམ་པ་སྟེ། །ངེས་པར་འབྱུང་བས་སྲིད་ལས་གྲོལ་བར་ཤོག །དེ་ལ་ཕྱི་མ་མངོན་པར་མཐོ་བའི་རྒྱུ་མི་དགེ་སྤང་ཞིང་དགེ་བ་བཅུའི་ལས་ལམ་བསྒྲུབ་པ་དང་། བསྟེན་གནས་ཡན་ལག་བརྒྱད་པ་སོགས་གཙོ་བོར་སྟོན་པའི་གསུང་རབ་རྣམས་ནི་སྐྱེས་བུ་ཆུང་ངུའི་ལམ་དང་། རང་དོན་ཞི་བདེ་ཙམ་ལ་དམིགས་ནས་ཐར་པའི་གོ་འཕང་གཉེར་བ་དམ་པའི་ཆོས་འདུལ་བའི་སྡེ་སྣོད་ལ་སོགས་པ་ནི

སྐྱེས་བུ་འབྲིང་གི་ལམ་སྟེ། གཉིས་ཀ་འང་ཐེག་པ་ཆེན་པོའི་ལམ་སྟེགས་ཡིན་པས་དེ་དག་ལ་བརྟེན་ནས་ངེས་འབྱུང་གི་བློ་ཁྱད་པར་ཅན་བསྐྱེད་ཅིང་སྲིད་པའི་སྡུག་བསྔལ་བཙོན་དོང་ལྟ་བུ་ལས་གྲོལ་བར་སློན་པ་འང་ལས་དང་པོ་པའི་ལམ་གྱི་འཇུག་ངོགས་ཁྱད་པར་ཅན་ཡིན་ནོ། །

ལྔ་པ་སྐྱེས་བུ་ཆེན་པོའི་ལམ་ལ་སློན་པ་ནི། ༈ རྣམ་མཁྱེན་གོ་འཕང་མྱུར་དུ་བསྒྲུབ་པའི་ཐབས། །རྒྱུ་དང་འབྲས་བུའི་ཐེག་ཆེན་རྣམ་གཉིས་ལས། །ཇི་བཞིན་གསུངས་པའི་གསང་བ་མ་ལུས་པ། །སྐྱེས་བུ་ཆེན་པོའི་ལམ་གྱི་རིམ་པ་སྟེ། །བདག་གིས་མ་ལུས་ཉེ་བར་བླངས་པ་ལས། །ཆོས་རྣམས་ཐམས་ཅད་རྨི་ལམ་སྣང་བ་བཞིན། །སྣང་ཙམ་དེ་ལས་ཡུལ་གྱི་སྙིང་ཉིད་དུ། །གྲུབ་པའི་ངོ་བོར་རྡུལ་ཙམ་མ་མཆིས་ཀྱང་། །ལས་འབྲས་བསླུ་བ་མེད་པར་ངེས་སྙེད་ནས། །བདེན་གཉིས་ཟབ་མོའི་གནད་ལ་གོམས་པར་ཤོག །

དེ་ལ་གཞན་དོན་དུ་རྣམ་པ་ཐམས་ཅད་མཁྱེན་པའི་གོ་འཕང་བསྒྲུབ་པར་སྟོན་པ་རྣམས་ནི། རྒྱུ་ཕ་རོལ་ཏུ་ཕྱིན་པ་དང་། འབྲས་བུ་གསང་སྔགས་རྡོ་རྗེའི་ཐེག་་པ་ཆེན་པོ་གཉིས་ཡིན་ལ། དེ་གཉིས་ལས་གསུངས་པའི་སྤྱོད་པ་རྒྱ་ཆེ་བ་དང་། དོན་ཟབ་པའི་གསང་བ་མ་ལུས་པ་སྐྱེས་བུ་ཆེན་པོའི་ལམ་གྱི་རིམ་པ་སྟེ། དེ་ཉམས་སུ་བླངས་པས་མཉམ་གཞག་གི་དོན་ཆོས་ཐམས་ཅད་རྨི་ལམ་གྱི་སྣང་བ་ལྟར་སྣང་ཙམ་ཉིད་ནས་ཡུལ་རང་ངོ་ནས་བདེན་པར་གྲུབ་པ་རྡུལ་ཙམ་ཡང་མེད་པ་རྟོགས་ཀྱང་། རྗེས་ཐོབ་ཀྱི་ཚ་ནས་ལས་འབྲས་བསླུ་བ་མེད་པར་ངེས་པ་སྙེད་ནས་བདེན་པ་གཉིས་ཐ་དད་དུ་མི་འཛིན་པའི་ལམ་ཟབ་མོ་ལ་གོམས་པར་སློན་པའོ། །

དྲུག་པ་སྡེ་སྣོད་གསུམ་ལ་བསླབ་པར་སློན་པ་ལ། ནང་གསེས་འདུལ་བའི་སྡེ་སྣོད་ནི། ༈ ཉེས་བརྒྱ་ལྔ་བཅུ་སྤོང་བའི་ཚུལ་ཁྲིམས་དང་། །བཅུ་བདུན་བླང་བྱ་འཇུག་པའི་ཚུལ་ཁྲིམས་ཏེ། །ཀུན་གྱི་རྩ་བ་འགྲམ་གཞི་བརྟན་པོ་ནི། །ལྷག་པའི་ཚུལ་ཁྲིམས་འདུལ་་་སྡེ་ལ་གནས་ཤིང་། །དེ་ལ་འཁོར་ལོ་དང་པོ་འདུལ་བའི་སྡེ་སྣོད་ལ། དགེ་ཚུལ་མན་ཆད་ནི་བསྙེན་པ་ལ་ཞུགས་ཀྱང་མ་རྫོགས་པ་ཡིན་པས་བླང་འདས་ཀྱང་མང་ཉུང་ཐ་དད་པ་ཡོད་དོ། །ཞུགས་ལ་རྫོགས་པ་ནི་དགེ་སློང་ཡིན་པས་དེ་ལ་སྤོང་བའི་ཁྲིམས་ནི་རྩ་བ་བཞི། ལྷག་མ་བཅུ་གསུམ། སྤང་ལྟུང་སུམ་ཅུ་ལྟུང་བྱེད་འབའ་ཞིག་དགུ་

བཅུ་ཐམ་པ། སོར་བཞག་སྐྱེ་བཞི། ཉིས་བྱས་བརྒྱ་དང་བཅུ་གཉིས་ཏེ། ཉིས་བརྒྱ་ལྔ་བཅུ་རྩ་གསུམ་དང་། གཞི་གསུམ་ཚོགས་མཚོན་ཏེ་གླང་བུ་འཇུག་པའི་ཁྲིམས་བཅུ་བདུན་གྱིས་རང་རྒྱུད་བསྡམས་པ་ནི་ཡོན་ཏན་ཀུན་གྱི་རྟེན་རྩིག་པའི་འགྲམ་གཞི་འདིངས་པ་ལྟར་བསྟན་པའི་གཞི་མ་དམ་པའི་ཆོས་འདུལ་བ་ཡིན་ལ། ཚུལ་དེ་ལྟ་བུ་ལ་གནས་ནས་བདེན་པ་བཞི་ལ་ཐོས་བསམ་གྱིས་སྡུག་བསྔལ་ཤེས་པར་བྱ་ཞིང་། དེའི་རྒྱུ་ཀུན་འབྱུང་སྤོང་། སྒོམ་པས་ལམ་རྒྱུད་ལ་བརྟེན་ནས་འགོག་པ་མངོན་དུ་བྱས་པ་ནི་འབྲས་བུ་སྟེ། མངོན་རྟོགས་དེ་ལྟ་བུ་ལ་གནས་པ་ནི་ལྷག་པའི་ཚུལ་ཁྲིམས་ཀྱི་བསླབ་པ་ཡིན་ནོ། །

མདོ་སྡེའི་སྡེ་སྣོད་ནི། ༈ བྱིང་རྒོད་དྲི་ཡི་བཞོན་པས་མི་གཡོ་བའི། །མངོན་རྟོགས་རིན་ཆེན་རྣམ་བཞིའི་རང་བཞིན་ཅན། །ཏིང་འཛིན་འཆི་མེད་རི་བོར་གནས་པའི་གཞི། །ཟབ་ཡངས་མདོ་སྡེའི་གནས་ལ་འཇོག་པ་དང་། །ཞེས་པས། དེ་ལ་འཁོར་ལོ་བར་པའི་ངེས་བརྗོད་རྣམ་པར་ཐར་པའི་སྒོ་གསུམ་ནི་ལམ་གྱི་ངོ་བོ་ཡིན་ལ། དེའི་རང་བཞིན་བྱིང་རྒོད་ཀྱི་རླུང་གིས་མི་གཡོ་བའི་བསམ་གཏན་གྱི་མངོན་རྟོགས་ནི་རིན་ཆེན་བཞི་ལས་གྲུབ་པའི་རི་དབང་གི་སྟེང་ན་འཆི་མེད་ཀྱི་གྲོང་ཁྱེར་ལྟར་བརྟན་པའི་ཏིང་ངེ་འཛིན་གྱི་ཆོས་ཉིད་ནི་གཏིང་དཔག་དཀའ་བས་ཟབ་པ། རྒྱ་ཆེ་བས་ཡངས་པའི་དོན་ལ་མཉམ་པར་འཇོག་ཅིང་། རྗེས་ཐོབ་ལ་ཕ་རོལ་ཏུ་ཕྱིན་པ་དྲུག་དང་མི་འགལ་བར་སྤྱོད་པ་ནི་ལྷག་པ་ཏིང་ངེ་འཛིན་གྱི་བསླབ་པ་ཡིན་ནོ། །

མངོན་པའི་སྡེ་སྣོད་ནི། ༈ཆོས་མངོན་གསལ་བའི་རྣམ་དབྱེ་མིག་སྟོང་ལྡན། །གནས་ལུགས་རྟོགས་པའི་ཡེ་ཤེས་ལག་ཉལ་གྱི། །མཐར་ལྟའི་རྨིག་པ་འདུ་བྱེད་ལྷ་ཡི་དབང་། །ཆོས་མངོན་བལྟ་ན་སྡུག་པའི་གྲོང་ཁྱེར་དུ། །སྡེ་སྣོད་གསུམ་གྱི་རྗོད་བྱེད་ཚིག་རྣམས་དང་། །བརྗོད་བྱ་བསླབ་པ་རྣམ་གསུམ་མངོན་གྱུར་ཤོག །དེ་ལ་འཁོར་ལོ་ཐ་མ་ཆོས་མངོན་པའི་སྡེ་སྣོད་ལ་ཀུན་བརྟགས་གཞན་དབང་ཡོངས་གྲུབ་གསུམ་གྱི་རྣམ་དབྱེ་ཤིན་ཏུ་མང་ཞིང་གསལ་བས་མིག་སྟོང་པའི་ཐ་སྙད་སྒྲུར་ཞིང་། དེས་ལྷག་པ་ཤེས་རབ་ཀྱི་བསླབ་པའི་དེ་ཁོ་ན་ཉིད་ཀྱི་དངོས་པོའི་གནས་ལུགས་མངོན་པར་རྟོགས་པས་ན། དེའི་ཡེ་ཤེས་ལ་དབང་པོའི་ལག་ན་ཉལ་བ་དྲང་སྲོང་ཞོ་འཐུང་གི་རུས་པ་ཕ་ལམ་གྱི་རང་བཞིན་

ལས་གྲུབ་པའི་རྡོ་རྗེ་ཁྱད་ཆོས་གསུམ་ལྡན་གྱི་མངོན་བརྗོད་སྦྱར་ནས་དེས་རིན་པོ་ཆེ་གཞན་ཐམས་ཅད་འབིགས་ཤིང་གཅོད་པ་ལྟར། རྡོ་རྗེའི་ཆོས་བདུན་དང་ལྡན་པའི་ཡེ་ཤེས་དེས་ཀྱང་ཡོད་མེད་རྟག་ཆད་ཀྱི་མཐར་ལྟའི་སྨིག་པ་སྟེ་འཇིག་ཚོགས་ལ་བལྟ་བའི་རི་བོ་ཉི་ཤུའི་རྐང་པ་འཇོམས་ཤིང་འདུལ་བར་བྱེད་པས་ན་ལྟའི་དབང་པོའི་རྟེན་དང་བརྟེན་པ་རིགས་བྱེད་ཀྱི་གདམ་རྒྱུད་དང་གཟུགས་ཅན་གྱི་རྒྱན་དུ་སྦྱར་ཏེ། རྗོད་བྱེད་སྡེ་སྣོད་གསུམ་དང་། བརྗོད་བྱ་བསླབ་པ་གསུམ་གྱི་དོན་སྒྲ་ཇི་བཞིན་པར་རྟོགས་པ་ལ་སྨིན་པའོ། །འདི་དག་གི་རང་བཞིན་རྒྱས་པ་ནི་བདེན་གཉིས་ཤིང་རྟ་ལས་ཤེས་པར་བྱའོ། །

བདུན་པ་སྔགས་ལམ་ལ་འཇུག་པའི་ཐོག་མར་དེ་སྟོན་བྱེད་ཀྱི་རྡོ་རྗེ་སློབ་དཔོན་ངོས་བཟུང་བ་ནི། ༈ དེ་ལྟར་རྒྱུ་ཡི་ཐེག་པས་རྒྱུད་སྦྱངས་ནས། །འབྲས་བུ་སྨིན་གྲོལ་རྡོ་རྗེ་ཐེག་པའི་ལམ། །
ཉམས་ལེན་དྲོད་རྟགས་སྣང་བཞི་མངོན་གྱུར་ནས། །དམ་ཚིག་དབང་གི་ཤེས་རབ་རྒྱུད་འཆད་ཅིང་། །
མན་ངག་ལུང་སྦྱིན་ཉམས་ཆག་སྐོང་མཛད་པའི། །མཐོང་ཐོས་དྲན་རེག་སློབ་དཔོན་རྣམ་བཞི་ལས། །
དེ་ལ་ཐར་པ་དང་རྣམ་མཁྱེན་གྱི་ལམ་མཁན་ནི་བླ་མ་འབའ་ཞིག་ལ་རག་ལུས་པས་རང་ཉིད་ཀྱིས་རང་དགར་ཕྱིན་པ་གཅིག་ཀྱང་མེད་ཕྱིར་མདོ་རྒྱུད་ཐམས་ཅད་ནས་ལམ་གྱི་རྩ་བ་བླ་མ་བརྟེན་པར་གསུངས་ཤིང་། བླ་མ་དེ་ཡང་རྡོ་རྗེའི་ཐེག་པའི་སྨིན་གྲོལ་གྱི་ལམ་ལ་ཉམས་ལེན་མཐར་ཕྱིན་ནས་རང་དོན་དུ་དྲོད་རྟགས་ཐོབ་པ། ཁྱད་པར་དུ་ཐེག་པ་མཆོག་གི་སྣང་བཞིའི་ལམ་རྟགས་མངོན་དུ་གྱུར་པ་ཞིག་བསྟེན་ལ། དེ་ལ་དམ་ཚིག་གི་གནང་བཀག་དང་འབྲེལ་བ་དབང་། ཐོས་བསམ་གྱི་ཤེས་རབ་དང་འབྲེལ་བ་རྒྱུད། མན་ངག་གི་གོམས་པ་དང་འབྲེལ་བའི་ལུང་།འགལ་རྐྱེན་དང་ཉམས་ཆག་བསྐང་བ་བཞིར་སྟོན་པའང་དང་པོས་ལྟ་དང་གཞལ་ཡས་ཁང་ལ་སོགས་པའི་དེ་ཁོ་ན་ཉིད་མངོན་གསུམ་དུ་སྟོན་པས་ན་མཐོང་བ་དང་། གཉིས་པས་གཞི་ལམ་འབྲས་གསུམ་གྱི་རྒྱུད་དོན་དབང་ཤེས་ལ་སྦྱོར་བས་ཐོས་པ་དང་། གསུམ་པས་དེ་ཁོ་ན་ཉིད་ཀྱི་གནས་ལུགས་རང་ལ་གནས་པ་ངོ་སྤྲོད་ཅིང་ལམ་གྱི་ངོ་བོར་དྲན་པ་ལ་སྦྱོར། བཞི་པས་ཉམས་ན་བཤགས་ཐབས་སྟོན་ཅིང་དག་ཚངས་ལ་རེག་ཏུ་འཇུག་པས་རྣམ་གྲངས་བཞིར་བསྟན་ཀྱང་རྫས་སུ་གཅིག་གིས་ཆོག་པའོ། །དེ་ལྟ་བུའི་རྩ་

བའི་བླ་མ་ལས་ཇི་ལྟར་ཉམས་སུ་བླང་བྱའི་རྣམ་བཞག་སྤྱིར་སྟོན་པའི་ཕྱིར།

༈ རྒྱུད་སྡེ་བཞི་དང་རྫོགས་པ་ཆེན་པོའི་ལམ། །ལེགས་པར་བཤད་པའི་སྨིན་གྲོལ་ལམ་གྱི་གནད། །ཅེས་པས་བྱ་སྤྱོད་རྣལ་འབྱོར་བླ་མེད་བཞི་དང་། ཐེག་པའི་རྩེ་མོ་རྫོགས་པ་ཆེན་པོའི་སྨིན་གྲོལ་གཉིས་ཀྱི་ལམ་གནད་རིམ་པར་ནོད་ནས་བསྟེན་གོམས་བྱ་བ་ལས།བརྒྱད་པ་ནང་གསེས་

བྱ་སྤྱོད་གཉིས་ལ་སྦྱོར་བ་ནི། ༈ ཆུ་དབང་སོགས་ཀྱིས་རང་རྒྱུད་སྨིན་བྱས་ནས། །མདུན་བསྐྱེད་ཐུགས་ཀར་ཡིག་འབྲུའི་ས་བོན་བཀོད། །ཕྱི་ཡི་སྤྱོད་ལམ་དྲང་སྲོང་རྗེས་མཐུན་ཞིང་། །ནང་གི་ཉི་མ་རྣལ་འབྱོར་སྙིང་ལ་ཤར། །ལྷ་མོ་རྣམས་དང་ཕན་ཚུན་བལྟས་པ་ལས། །བྱུང་བའི་བདེ་བ་ལམ་བྱེད་ཀྲི་ཡའི་རྒྱུད། །རྗེ་དཔོན་ལྟ་བུ་དངོས་གྲུབ་ལེན་པ་དང་། །རྡོ་རྗེ་དྲིལ་བུའི་དབང་གིས་སྨིན་བྱས་ནས། །བདག་མདུན་གཉིས་ཀའི་ཐུགས་ཀར་ཡིག་འབྲུ་བཀོད། །ཕྱི་རོལ་བྱ་བའི་ཐབས་དང་ནང་གི་ནི། །ཟབ་མོའི་རྣལ་འབྱོར་ཆ་ལ་མཉམ་པར་སྤྱོད། །འཛུམ་ཞིང་དགོད་པའི་བདེ་བས་རྣམ་རོལ་བ། །ཡན་ལག་བཞི་ལ་གཉོལ་བ་ཨུ་པའི་རྒྱུད། །གྲོགས་པོ་ལྟ་བུར་དངོས་གྲུབ་ལེན་པར་བྱེད། །བྱ་སྤྱོད་གནས་ལ་ཚུལ་བཞིན་སྤྱོད་པར་ཤོག །

དེ་ལ་སྔགས་ཀྱི་ལམ་སྟེགས་སུ་བྱང་སྡོམ་ནི་ངེས་པར་དགོས་ལ། དེའི་སྟེང་དུ་སྔགས་ཕྱི་ནང་སོ་སོའི་དམ་ཚིག་དང་སྡོམ་པའི་གནང་བཀག་དང་མི་འགལ་བས་ཆུ་དང་ཅོད་པན་གྱི་དབང་གིས་སྨིན་པར་བྱས་ནས། མདུན་བསྐྱེད་ཀྱི་ཐུགས་ཀར་ཡིག་འབྲུ་དང་བཅས་པའི་ལྷའི་རྣལ་འབྱོར་བསྒོམ་པ་དང་། ཕྱིའི་སྤྱོད་ལམ་ནི་ཁྲུས་དང་། གཙང་སྦྲ་ལྟ་དང་། དཀར་གསུམ་བཟའ་བ་དང་། སྨྱུང་བར་གནས་པའི་སྒོ་ནས་རྫོགས་ལྡན་གྱི་འདོད་པའི་ཀུན་སྤྱོད་ལྷ་མོ་དང་ཕན་ཚུན་བལྟས་པ་ཙམ་གྱིས་བདེ་བ་ལམ་དུ་བྱེད་ཅིང་། མདུན་བསྐྱེད་ལས་རྗེ་དཔོན་གྱི་ཚུལ་དུ་དངོས་གྲུབ་ལེན་པའོ། །སྤྱོད་རྒྱུད་ནི་དེའི་སྟེང་དུ་རྡོ་རྗེ་དང་། དྲིལ་བུ་དང་། མིང་དབང་གིས་སྨིན་པར་བྱས་ནས། བདག་མདུན་གཉིས་ཀ་ལྷའི་རྣམ་རོལ་དུ་གསལ་བའི་བཟླས་སྒོམ་དང་། ཕྱིའི་སྤྱོད་ལམ་བྱ་རྒྱུད་དང་མཐུན་ཞིང་ནང་གི་རྣལ་འབྱོར་ཡོ་ག་ལྟར་སྒོམས་ལ་འདོད་པའི་ཀུན་སྤྱོད་གསུམ་ལྡན་དང་མཚུངས་པར་ལྷ་མོ་དང་ཕན་ཚུན་འཛུམ་ཞིང་དགོད་པ་ཙམ་གྱིས་བདེ་བ་ལམ་དུ་བྱེད་པ་ལ། དེ་ལའང་མཚན་མ་ཡོད་

མེད་ཀྱི་རྣལ་འབྱོར་གཉིས་ཤེས་པར་བྱས་ནས་ཕྱིའི་ཡན་ལག་བཞི་དང་། ནང་གི་ཡན་ལག་བཞིའི་བཟླས་བརྗོད་དང་འབྲེལ་བར་མདུན་བསྐྱེད་ལས་གྲོགས་པོ་ལྷ་བུ་དངོས་གྲུབ་ལེན་པའོ། །

དགུ་པ་རྣལ་འབྱོར་རྒྱུད་ལ་སྟོན་པ་ནི། ༈ སློབ་དཔོན་དབང་བསྐུར་རང་རྒྱུད་སྨིན་བྱས་ནས། །བདག་མདུན་གཉིས་ཀ་དག་པའི་སྐུ་རུ་བསྐྱེད། །ཡེ་ཤེས་སྤྱན་དྲངས་དེ་སྲིད་ང་རྒྱལ་བཟུང་། །ཕྱག་རྒྱ་བཞི་ཡི་རྒྱ་ལས་མི་འདའ་ཞིང་། །ཏིང་འཛིན་གསུམ་གྱི་ལང་ཚོས་སྙིང་ལ་འགྲོགས། །ལག་པའི་བཟློ་འབྲེལ་བའི་བདེ་བས་ཚིམས། །ནང་གི་རྣལ་འབྱོར་གཙོ་བོར་གྱུར་པ་ཡི། །ཡོ་གའི་ལམ་གྱི་གཞི་ལ་རྣམ་གྲོལ་ཤོག །

དེ་ལ་སྔ་མའི་སྟེང་རྡོ་རྗེ་སློབ་དཔོན་གྱི་དབང་གིས་སྨིན་པར་བྱས་ནས། ཐབས་ཤེས་རིམ་ཅན་དུ་སྒོམ་པའི་བསྐྱེད་རྫོགས་སོ་སོ་བ་ལས་བདག་མདུན་གཉིས་ཀ་ལྷར་བསྐྱེད་ནས་ཡེ་ཤེས་པ་དགུག་ཅིང་གཞུག །ལྷར་སྣང་ལ་ང་རྒྱལ་བཟུང་ནས་དམ་ཚིག་གི་ཕྱག་རྒྱ་དང་། ཆོས་རྒྱ། ལས་རྒྱ། ཕྱག་རྒྱ་ཆེན་པོ་བཞིས་བཅིང་ཞིང་གདུལ་བྱའི་ཉོན་མོངས་པ་གཏི་མུག་དང་། ཞེ་སྡང་། འདོད་ཆགས། སེར་སྣ་བཞི་འདུལ་ཕྱིར་དུམ་བུ་བཞི་པའི་ཐ'''སྙད་ཀྱི་སྟོན་པའི་ལྷར་སྣང་གི་དུམ་བུ་རེ་རེ་ལའང་རྒྱས་འབྲིང་བསྡུས་གསུམ་གྱི་ཏིང་འཛིན་གསུམ་གྱི་ལང་ཚོས་སྙིང་ལ་འགྲོགས་ནས་འདོད་པའི་ཀུན་སྤྱོད་ཀྱང་གཉིས་ལྡན་དང་མཚུངས་པ་ལག་བཅངས་ཀྱི་རྣམ་པ་ལམ་དུ་བྱེད་ལ། ཕྱིའི་སྤྱོད་པ་གྲོགས་ཙམ་དུ་བསྟེན་པ་ལས། གཙོ་བོར་ནང་གི་རྣལ་འབྱོར་ལ་བརྩོན་པ་སྟེ། དེ་ལྟར་གསུམ་ནི་གསང་སྔགས་ཕྱི་པ་གསུམ་མོ། །

བཅུ་པ་ནང་པ་ཐབས་ཀྱི་རྒྱུད་གསང་སྔགས་བླ་མེད་ཀྱི་དོན་ལ་སྟོན་པ་ནི། ༈ རྒྱུ་དབང་བསྐུར་ནས་རགས་པའི་ཞིང་སོགས་རྣམས། །ཕྱི་ནང་སྣོད་བཅུད་གཞལ་ཡས་ལྷ་རྣམས་སུ། །དག་པའི་སྐུ་དང་མཆོག་དབང་གསུམ་བསྐུར་ནས། །བསྐྱེད་རིམ་ཚོགས་ཞིང་སྤྲུང་འཁོར་སྟོན་འགྲོ་བས། །རིམ་པ་ལྔ་དང་རྗེས་མཐུན་ལམ་གྱི་འགྲོས། །དེ་ལས་ཆོག་དང་། སྟ་གོན་དང་། རྡུལ་ཚོན་གྱི་བྱ་བ་དང་། ཚོ་གའི་ལས་རིམ་ལ་སོགས་སྐྱེད་བྱེད་འགྲུབ་པའི་རྒྱུ་ཚོགས་མང་པོ་ལ་བརྟེན་དགོས་པས་ན་བུམ་དབང་རྗེས་འབྲང་རིག་པའི་དབང་བ་དང་བཅས་པ་ལ་རྒྱུ་དབང་དུ་གཞག་ལ། དག་བྱེད་དེ་རྣམས

ཀྱིས་དག་བྱ་སྦྱོང་བ་མའི་རྒྱུད་ཀྱི་རགས་པའི་ཕུང་པོ་ལྔ་ནི་གཤེགས་པ་ལྔ། འབྱུང་བ་ལྔ་ནི་ཡུམ་ལྔ། དབང་ཡུལ་སེམས་དཔའ་སེམས་མ། མུ་བཞི་ལ་སོགས་པ་སྒོ་བ་ཡབ་ཡུམ་དུ་གནས་དག་པར་བྱེད་ཅིང་། དེ་བཞིན་དུ་ཕྱི་སྣོད་གཞལ་ཡས་ཁང་དང་། ནང་བཅུད་ལྷ་དང་ལྷ་མོའི་རང་བཞིན་དུ་རྣམ་པར་དག་པར་བྱེད་ལ། དེའི་སྟེང་དུ་མཆོག་དབང་གོང་མ་གསུམ་ལས་གསང་དབང་གིས་ངག་དང་རླུང་། ཤེར་དབང་གིས་ཡིད་དང་ཐིག་ལེ། བཞི་པས་ཤེས་བྱའི་སྒྲིབ་པ་དག་སྟེ་རྒྱུད་སྨིན་ཞིང་སྐུ་བཞིའི་ས་བོན་ཐེབས། དེ་ནས་རིམ་པ་དང་པོ་བསྐྱེད་རིམ་ལ་ཚོགས་ཞིང་ལ་བརྟེན་ནས་ཚོགས་བསགས་པ་དང་། སྲུང་འཁོར་སྒོམ་པ་སྔོན་དུ་འགྲོ་བས། དངོས་གཞི་ལ་ལུས་ལྷ། ངག་སྔགས། སེམས་དེ་ཁོ་ན་ཉིད་ལ་གཞོལ་བས་སྒོ་གསུམ་རྡོ་རྗེ་གསུམ་དང་ཀུན་རྫོབ་བདེན་པ་སྒྱུ་ལུས། དོན་དམ་བདེན་པ་འོད་གསལ་ཏེ། ཕ་རྒྱུད་གསང་བ་འདུས་པའི་རིམ་པ་ལྔ་དང་རྗེས་སུ་མཐུན་པ་ཞེས་པས་ལམ་གྱི་འགྲོས་འདྲ་མཚུངས་སུ་ཡོད་ཀྱང་དངོས་བསྟན་མ་ཡིན་ལ། དེ་ལ་འཆི་སྲིད་ཆོས་སྐུར་སྦྱོང་བ། བར་སྲིད་ལོངས་སྐུར་སྦྱོང་བ། སྐྱེ་སྲིད་སྤྲུལ་སྐུར་སྦྱོང་བ་གསུམ་གྱི་དང་པོ་ནི། ༈ཁམས་དྲུག་ལྡན་པའི་མི་རྣམས་ཕུང་ཁམས་སོགས། །རིམ་གྱིས་ཐིམ་ནས་འཆི་བའི་རིམ་པ་འམ། །ཇི་ལྟར་མཚན་མོ་གཉིད་དུ་སོང་བའི་ཚེ། །ཡུལ་ལྔའི་ཤེས་པ་རིམ་གྱིས་ཡིད་དུ་ཐིམ། །དེ་ཡང་ཀུན་གཞིར་ཐིམ་པས་མི་རྟོག་པ། །རྩེ་གཅིག་སྣང་ཡུལ་མེད་པའི་ངང་དེ་ཉིད། །ཆོས་དབྱིངས་ཐིམ་པས་རང་བཞིན་སྤྲོས་དང་བྲལ། །ཐུན་བར་ལྷག་མོས་འོད་གསལ་དུ་འཇུག་པའི། །བར་འདིར་ཆོས་སྐུའི་རྣལ་འབྱོར་ལ་གནས་ཤིང་། །ཞེས་པས་འབྱུང་བ་ལྔ་དང་དྲི་བཅས་ཡེ་ཤེས་ཏེ་ཁམས་དྲུག་ལྡན་གྱི་མི་རྣམས་ཕུང་ཁམས་ཀྱི་ཚོགས་པ་གྲིས་ཤིང་ཐིམ་རིམ་ཉམས་སུ་མྱོང་བའམ། དེའི་འདྲ་འབག་མཚན་མོ་གཉིད་དུ་ཕྱོགས་པའི་ཚེ་མཐོང་ཡུལ་གཟུགས་ལ་སོགས་པའི་དབང་པོའི་ཤེས་པ་ལྔ་རིམ་གྱིས་ནུབ་ནས་ཡིད་ཀྱི་རྣམ་པར་ཤེས་པ་ལ་ཐིམ། དེ་ཡང་ཀུན་གཞི་ལུང་མ་བསྟན་སེམས་མེད་པའི་གནས་སྐབས་ལྔའི་ཅིག་ཤོས་ལ་ཐིམ་པས་གཉིད་འཐུག་གང་དུའང་མི་རྟོག་པའི་ངང་དུ་ཐིམ། ཐིམ་པ་དེ་ཉིད་སླར་གཟུང་འཛིན་གྱི་ཆར་ཤར་བ་མ་ཡིན་ཡང་གོ་འབྱེད་པའི་ཆ་ནས་རླུང་སེམས་ཀྱིས་མ་བསླད་པའི་རིམ་པ་ནང་གསལ་ལྷུན་གྲུབ་ཆེན་པོར་ཤར་བ་ལ་ཆོས་དབྱིངས་སུ་ཐིམ་པའི་བརྡར་གདགས་པ་སྟེ། རང་བཞིན་

གྱི་སྦྱོར་བ་དང་བྲལ་བ་ནི། ཐུན་བར་ལྷག་མོས་འོད་གསལ་དུ་འཇུག་པའི་དུས་འཆི་བ་ཆོས་སྐུའི་རྣལ་འབྱོར་ཞེས་བྱའོ། །

གཉིས་པ་ནི་དེ་རང་ས་མ་ཟིན་པ་ལ་གནས་སྐབས་པ་གཉིད་དམ། མཐར་ཐུག་པ་འཆི་བ་གང་ཡིན་ཡང་མཚུངས་ཏེ་རང་བཞིན་གྱི་འོད་གསལ་དེ་སྔར་གྱི་ཀུན་གཞིའི་ངང་དུ་རྨུགས་པ་དེ་ཕྱིར་གསལ་དུ་མཆེད་པས་སྲོག་གི་རླུང་ཤིན་ཏུ་ཕྲ་བ་དང་ལྷན་ཅིག་པའི་ཀུན་གཞིའི་རྣམ་ཤེས་ལས་ཡིད་ཉིད་གཅིག་པུར་ལངས་པས་རྨི་ལམ་གྱི་ལུས་གྲུབ་པ་ཡིན་ཏེ། མིང་བཞི་འདུས་པའི་ཕུང་པོ་ཅན་བར་དོ་དང་ཆོས་མཚུངས་པས་ན། ༈ གཉིད་དམ་འཆི་བའི་འོད་གསལ་ལུགས་ལྡོག་ཏུ། །སླར་ཡང་མཆེད་པས་ཀུན་གཞིའི་རྣམ་ཤེས་ལས། །ཡིད་ཉིད་གཅིག་པུ་ལངས་པས་རྨི་ལམ་སེམས། །དབང་པོ་ཀུན་ཚང་ཡིད་ཀྱི་ལུས་གྲུབ་པ། །ཞེས་སོ། །

དེ་སྦྱོང་ཕྱིར་བར་དོ་སྒྱུ་ལུས་ལོངས་སྐུར་ལྡང་བའི་མན་ངག་ལ་སྦྱོན་པ་ནི། ༈ དེ་མཚུངས་སྐད་ཅིག་མངོན་བྱང་ལྔ་ལས་ནི། དང་པོའི་མགོན་པོ་ལེགས་པར་བསྐྱེད་པའི་ཚུལ། །བར་དོ་སྒྱུ་ལུས་ལོངས་སྐུར་ལྡང་བར་ཤོག །ཅེས་པས། དེ་དང་མཚུངས་ལྡན་རྣམ་བྱང་བསྐྱེད་པའི་རིམ་པ་གདན་པཉྩ་ལས་མངོན་པར་བྱང་ཆུབ་པ། གསུང་ཡིག་འབྲུ་ལས། ཐུགས་ཕྱག་མཚན་ལས། སྐུ་ཡོངས་སུ་རྫོགས་པ་ལས། ངོ་བོ་ཉིད་ཡེ་ཤེས་སེམས་དཔའ་ལས་མངོན་པར་བྱང་ཆུབ་པའི་དང་པོའི་མགོན་པོ་རིགས་ཐམས་ཅད་པའི་བདག་ཉིད་ཅན་དུ་ལྡང་བ་ནི་བར་དོ་སྒྱུ་ལུས་ལོངས་སྐུར་ལྡང་བའི་ཚུལ་ལོ། །

གསུམ་པ་ནི། ༈ སླར་ཡང་སད་པའི་གནས་སྐབས་ཉིན་སྣང་དུ། །གདན་གསུམ་ལྷ་ཡི་སྐུ་རུ་ངེས་བྱས་ནས། །བར་དོའི་ལུས་དེ་མ་ཡི་མངལ་དུ་ནི། །ཞུགས་ཚུལ་དང་པོ་མགོན་པོ་མི་བསྐྱོད་པའི། །སྐུ་ལས་ཞུགས་པས་རྡོ་རྗེའི་སེམས་བསྐྱེད་ཅིང་། །དེ་ལས་ལུས་དཀྱིལ་བཀོད་ཅིང་སྒོ་གསུམ་དག །བྱིན་གྱིས་བརླབ་ཅིང་སེམས་དཔའ་སུམ་བརྩེགས་སུ། །བྱས་ནས་རིག་མའི་འདོད་ཡོན་རྣམ་རོལ་བས། །ཉིན་སྣང་སྐྱེ་ཤི་བར་དོ་གོམས་འདྲིས་ཀྱིས། །སྐྱེ་བ་སྤྲུལ་སྐུའི་རྣལ་འབྱོར་ལམ་བྱེད་ཤོག །

ཅེས་པས་སད་པའི་གནས་སྐབས་དང་ཉིན་མོའི་སྣང་བ་ཐམས་ཅད་དུ་ནི་བར་སྲིད་ཀྱི་ལུས་མའི་མངལ་དུ་ཉིང་མཚམས་སྦྱོར་བའི་བག་ཆགས་སྦྱོང་ཕྱིར་འཁོར་བའི་འདྲ་འབག་དང་མཐུན་

པའི་བསྐྱེད་རིམ་སྒོམ་ཚུལ་འོག་མིན་བགྲོད་པའི་ཐེམ་སྐས་སུ་གོ་བདེ་བར་བཤད་པ་ལ་བལྟ་ཞིང་། དེ་ཡང་འཆད་བྱའི་དངོས་བསྟན་ནི་ཕུང་ཁམས་གཉིས་གཤེགས་པ་གཤེགས་མ། སྐྱེ་མཆེད་སེམས་དཔའ་སེམས་མ། ཡན་ལག་ཁྲོ་བོ་ཁྲོ་མོའི་གདན་ཏེ་གདན་གསུམ་ཚང་བའི་སྐུར་ངེས་པར་བྱས་ནས་མངལ་དུ་འཇུག་ཀའི་སྲིད་བཅས་ཀྱི་ཤེས་པ་དེ་ཉིད་མགོན་པོ་མི་བསྐྱོད་པ་ལ་སོགས་པའི་བསྐྱེད་རིམ་སྒྱུ་མ་ལྟ་བུའི་ལྷ་སྐུར་ལྡང་བའི་སྔོན་དུ་གཞུང་ལྟར་རྡོ་རྗེའི་རྣལ་འབྱོར་དུ་སེམས་བསྐྱེད་ཅིང་། དེ་ལ་ལུས་དཀྱིལ་བཀོད་ཚུལ་སོ་སོའི་རང་ལུགས་ལྟར་རམ། ཡང་ན་དོན་གྱི་དག་དྲན་གདོད་ནས་གྲུབ་པའི་ལུས་དཀྱིལ་གྲོལ་ཐིག་གི། ཕུང་པོ་དག་པ་རིགས་ཀྱི་སངས་རྒྱས་ལྔ། །ཞེས་པ་ལ་སོགས་པ་ལྟར་དང་། སྐུ་གསུང་ཐུགས་ནི་རྡོ་རྗེ་གསུམ་དུ་གནས། །རང་དབང་རང་ཐོབ་རིགས་ལྔས་དབུ་ལ་རྒྱན། །ཞེས་པ་ལྟར་སྒོ་གསུམ་བྱིན་གྱིས་བརླབ།དམ་ཡེ་ཏིང་ངེ་འཛིན་ཏེ་སེམས་དཔའ་སུམ་བརྩེགས་ཀྱི་བསྐྱེད་རིམ་ལ་གནས་པས་ཤར་དབང་ལྟར་རིག་མའི་འདོད་ཡོན་ལ་རྣམ་པར་རོལ་ནས་ཕ་མའི་འདུ་འཕྲོད་ལ་ཆགས་སྡང་སྤང་ཞིང་། དེ་ཡང་བར་དོར་ཚུལ་དེ་ལྟ་བུ་གྲུབ་པ་ལ་ད་ལྟའི་ཉིན་སྣང་ཐམས་ཅད་སྐྱེ་ཤི་བར་དོ་གསུམ་གང་རུང་དུ་གྲོལ་བྱེད་ཀྱི་གོམས་འདྲིས་ལ་སློབ་པ་ནི། སྐྱེ་བ་སྤྲུལ་སྐུའི་རྣལ་འབྱོར་ལམ་དུ་བྱེད་པ་ལ་སྟོན་པའོ། །

བཅུ་གཅིག་པ་བདེ་སྟོང་གི་ལྷ་སྐུ་ལ་སྟོན་པ་ནི། ༈ དེ་ལྟར་རིམ་པ་དང་པོ་མཐར་ཕྱིན་ནས། །གསང་བའི་སྣ་རྩེར་ཨ་ཝ་དྷཱུ་ཏིའི་ནང་། །དངས་མའི་ཐིག་ལེ་རང་སེམས་དབྱེར་མེད་དུ། །བཟུང་བས་མཉམ་གཞག་དགའ་བཞིའི་ཏིང་འཛིན་དང་། །རྗེས་ཐོབ་རིགས་བརྒྱ་རིགས་ལྔ་རིགས་གསུམ་སོགས། །བདེ་སྟོང་དབྱེར་མེད་ལྷ་ཡི་རྣམ་རོལ་བསྒོམ། །དེ་ལ་རིམ་པ་དང་པོ་བསྐྱེད་རིམ་གྱི་ལམ་ནས་ཕྱི་དོན་སྣང་བའི་བདེན་ཞེན་འགོག་པ་མཐར་ཕྱིན་ནས། ནང་དོན་བདེ་སྟོང་གི་ལྷ་སྐུ་བསྒྲུབ་ཕྱིར་རང་རྡོ་རྗེ་འཆང་ཡབ་ཡུམ་དུ་གསལ་བའི་དབུས་དྲང་པོར་དབུ་མའི་ཡར་སྣ་སྨིན་མཚམས་དང་། མར་སྣ་གསང་གནས་རྩེར་ཟུག་པའི་སྣར་འབར་འཛག་ཞུ་བདེའི་རྐྱེན་གྱིས་དྭངས་པའི་དངས་མའི་ཐིག་ལེ་འཕོ་ལ་ཁད་ཁད་དང་རང་སེམས་དབྱེར་མེད་དུ་བཟུང་བའི་མཉམ་གཞག་ཏུ་དགའ་བ་དང་། མཆོག་དགའ་དང་། ཁྱད་དགའ་དང་། ལྷན་སྐྱེས་ཏེ་དགའ་བ་བཞིའི་ཏིང་འཛིན་བསྒོམ་ཞིང་། དེའི

རྗེས་ཐོབ་ཏུ་མས་བརྟན་ལུགས་ལས་ལྡོག་པའི་ཐིག་ལེ་སྙིང་གར་དྲངས་པ་རྣམ་བྱང་གི་སྒྱུར་སྨིན་པ་ཞི་བ་བཞི་བཅུ་རྩ་གཉིས་དང་། དེའི་གདངས་དུང་ཁང་དུ་ཁྲག་འཐུང་ལྔ་བཅུ་རྩ་བརྒྱད་དུ་ཤར་བའི་རིགས་བརྒྱའམ། ཡང་ན་འཁོར་ལོ་ལྔར་རིགས་ལྔའམ། སྐུ་གསུང་ཐུགས་ཀྱི་གནས་གསུམ་དུ། རིགས་གསུམ་སོགས་སུ་གསལ་བའི་བདེ་སྟོང་དབྱེར་མེད་ཀྱི་ལྷར་སྣང་བསྒོམ་པ་ནི་གཞུང་གི་ངོ་བོས་བཤད་པའི་དོན་ཡིན་ལ།

ཞར་བསྟན་འདུས་པ་འཕགས་ལུགས་ཀྱི་རིམ་པ་ལྔ་ནི། ༈ སླར་ཡང་དབེན་པ་གསུམ་གྱི་རིམ་པ་དང་། །ཀུན་རྫོབ་སྒྱུ་མ་དོན་དམ་འོད་གསལ་ཉིད། །བདེན་གཉིས་དབྱེར་མེད་ཟུང་འཇུག་ཉམས་ལེན་རྣམས། །གསང་བ་སྙིང་པོ་དཔལ་ལྡན་འདུས་པ་དང་། །བསྐྱེད་པ་མ་ཧཱ་ཡོ་ག་ཇི་བཞིན་དུ། །བསྐྱེད་རྫོགས་ཟབ་མོའི་དོན་རྣམས་མཐོང་གྱུར་ཤོག །དེ་ལ་ལུས་དབེན་སྐུ་རྡོ་རྗེ། ངག་དབེན་གསུང་རྡོ་རྗེ། སེམས་དབེན་ཐུགས་རྡོ་རྗེ་གསུམ་གྱི་རྣལ་འབྱོར་ཕྲ་ཐིག་གི་བར་བསྒོམས་པའི་རྗེས་ལ་རྩ་གསུམ་འཁོར་ལོ་དྲུག་གི་བྱེད་པ་བཅིངས་པའི་རླུང་ཧྲིའི་མར་སྣར་ཉི་གདན་ལ་རང་སེམས་ཐིག་ལེ་སྔོན་པོའི་རྣམ་པར་འབབ་ལ་རླུང་སེམས་དབྱེར་མེད་དུ་དྲིལ་བས་དམིགས་པའི་རིམ་པ་ལ་བསླབ་པས་དབུ་མར་རླུང་ཞུགས་གནས་ཐིམ་གསུམ་གྱི་རྟགས་དང་། དེ་བཞིན་དུ་སྣང་མཆེད་ཐོབ་གསུམ། སྟོང་པ་བཞིའི་འོད་གསལ་དང་བཅས་པ་ངོས་བཟུང་ནས་ཆོས་ལོངས་སྤྲུལ་གསུམ་གྱི་བསྲེ་བ་གསུམ་ལ་བསླབ་པ་ནི་རང་ངོའི་མཉམ་གཞག་དང་དབང་པོ་ཡུལ་ལ་འཇུག་དུས་གང་སྣང་སྟོང་པ་བདེ་བའི་ལྷ་སྐུར་འཆར་བ་ནི་རྗེས་ཐོབ་རྐྱང་པ་ཡིན་ནོ། །རྗེས་ལ་བསླབ་བྱ་བདེན་པ་གཉིས་ཀྱི་རྫོགས་རིམ་ལས་དང་པོ་ཀུན་རྫོབ་སྒྱུ་མ་ནི་འོད་གསལ་གྱི་བཞོན་པར་གྱུར་པའི་རླུང་གི་ཉེར་ལེན་དང་། རང་སེམས་ལྷན་ཅིག་སྐྱེས་པའི་རྐྱེན་ལས་རླུང་སེམས་ཙམ་ལས་གྲུབ་པའི་རྡོ་རྗེ་འཆང་གི་སྐུ་རྣམ་སྨིན་གྱི་ལུས་རྟེན་འདི་ལས་གོ་ས་གཞན་པ་ཞིག་ལྡང་བ་སྟེ། དེ་ནི་ལོངས་སྐུ་ལྟ་བུའི་བཞིན་ལག་གི་རྣམ་པ་ཅན་ཡིན་ཡང་རྣམ་འཕྲུལ་དུ་མར་སྟོན་ནུས་ཤིང་། དེའི་བསྒྲུབ་གཞིའང་གཉིད་ཀྱི་འོད་གསལ་ལས་བྱུང་ཞིང་། རྨི་ལམ་གྱི་ལུས་ལྟར་ད་ལྟ་རྣམ་སྨིན་གྱི་ལུས་འདི་དང་འབྲེལ་པ་ཅན་ཡིན་ལ། སླད་ཀྱི་བར་དོ་ལོངས་སྐུར་འགྲུབ་པའི་ཉེར་ལེན་དུ་གྱུར་པས་ན་སྒྱུ་མའི་སྐུ་ཞེས་བརྗོད

ཀྱིས། ལམ་གྱི་གནས་སྐབས་ན་སེམས་བསྐྱེད་ཀྱི་འཕེན་པས་སེམས་ཅན་ཐམས་ཅད་ཀྱི་སྒོ་གསུམ་དང་། སྒྱུ་ལུས་པའི་སྐུ་རྡོ་རྗེ་རྣམ་པར་སྣང་མཛད། གསུང་རྡོ་རྗེ་འོད་དཔག་མེད། ཐུགས་རྡོ་རྗེ་མི་བསྐྱོད་པར་གསལ་བའི་དམ་ཚིག་སེམས་དཔའ་ལ། སོ་སོའི་ཐུགས་ཀར་རིམ་བཞིན་སྐུ་གསུང་ཐུགས་ཀྱི་ཡི་གེ་གསུམ་གསལ་བ་ལ་ཡེ་ཤེས་སེམས་དཔའ་སོ་སོའི་མགོར་ཐིག་ལེ་ནཱ་ད་དང་བཅས་པའི་ཏིང་འཛིན་སེམས་དཔའ་སྟེ་སེམས་དཔའ་གསུམ་བརྩེགས་གསལ་ཞིང་སོ་སོའི་ཏིང་འཛིན་སེམས་དཔའ་ལས་འོད་ཟེར་འཕྲོས་པས་སྣོད་བཅུད་ཐམས་ཅད་འོད་དུ་ཞུ་བ་དམ་ཚིག་སེམས་དཔའ་དང་། དེ་འོད་དུ་ཞུ་བ་ཡེ་ཤེས་སེམས་དཔའ་ལ། དེ་འོད་དུ་ཞུ་བ་ཏིང་འཛིན་སེམས་དཔའ་ལ་ཐིམ་པའི་ངང་དུ་མཉམ་པར་གཞག་པས་ཞུགས་གནས་ཐིམ་གསུམ་གྱི་རྟགས་སྣང་སྨིག་རྒྱུ་དུ་བ་ལ་སོགས་པ་དང་སྣང་མཆེད་ཐོབ་གསུམ་དང་སྟོང་པ་བཞི་འཆར་བའི་ཐམས་ཅད་སྟོང་པ་འོད་གསལ་ལ་མཉམ་པར་འཇོག་དེ་ལས་ལྡང་བ་ན་མ་དག་པའི་སྒྱུ་ལུས་སུ་བསྒོམ་པའོ། །

གཉིས་པ་དོན་དམ་འོད་གསལ་ནི། སྒྱུ་ལུས་ཀྱི་སེམས་དཔའ་གསུམ་བརྩེགས། དེ་སྟོང་རིམ་གཉིད་ཀྱི་འོད་གསལ་དུ་བཅུག་པའི་སྟོང་ཉིད་ལ་མཉམ་པར་གཞག་པས་ཞུགས་གནས་ཐིམ་གསུམ་དང་། སྣང་མཆེད་ཐོབ་གསུམ་གྱི་རྗེས་སྟོང་བཞིའི་འོད་གསལ་ལྷན་སྐྱེས་ཀྱི་བདེ་བས་ཐབས་བྱས་ཏེ་དངོས་པོའི་གནས་ལུགས་མ་ནོར་བར་རྟོགས་པས་རང་རྒྱུད་ལྡན་གྱི་གང་ཟག་འཕགས་པར་སོང་། བར་ཆད་མེད་ལམ་རྒྱུད་ལ་སྐྱེས་ནས་བདེན་གཉིས་ཟུང་དུ་འཇུག་པའི་རྣལ་འབྱོར་མངོན་དུ་བྱེད་པ་འདུས་པའི་དགོངས་པ་ཡིན་ལ། དེ་ཡང་འདུས་པའི་རྒྱུད་སྤྱི་མ་སྤྱི་འགྲུར་ཡིན་པས་དཔལ་གསང་བའི་སྙིང་པོའི་སྟེང་སྒོ་རྣམ་གྲོལ་དང་། འོག་སྒོ་ནམ་མཁའི་རྡོ་རྗེའི་རྫོགས་རིམ་དང་སྦྱོ་ཚན་གཅིག་པར་བསྟུས་ནས་བསྐྱེད་པ་མ་ཧཱ་ཡོ་གའི་བསྐྱེད་རྫོགས་ཟབ་མོའི་དོན་ལ་སྨིན་པ་ཡིན་ནོ། །

བཅུ་གཉིས་པ་རྗེས་སུ་རྣལ་འབྱོར་ལ་སྨིན་པ་ནི། ༁ྃ མཚན་ཉིད་ཀུན་ལྡན་བླ་མ་ཡབ་ཡུམ་ལས། །ལམ་དབང་ཟབ་མོས་ལེགས་པར་སྨིན་བྱས་ནས། །རྣམ་དག་དབང་ལྔའི་ཆུ་བོས་སྦྲིབ་གཉིས་ཀྱི། །དྲི་མ་ཀུན་བཀྲུས་སྐུ་བཞིའི་ས་བོན་བཞག །དམ་ཚིག་སྡོམ་པ་ཚུལ་བཞིན་བསྲུངས་པ་ལས། །ཟབ་མོའི་ལམ་བཟང་སྐྱེ་བའི་སྣོད་གྱུར་པས། །མ་དག་སྐྱེ་ཤི་བར་དོའི་སྣང་ཞེན་རྣམས། །

ཡིད་དོར་སྦྱངས་ནས་སྐུ་གསུམ་ལམ་འཁྱེར་བ། །སྦྱང་གཞི་སྦྱོང་བྱེད་ཚང་བའི་བསྐྱེད་རིམ་གྱིས། །རིམ་པ་དང་པོའི་ལམ་ལ་མངོན་འགྱུར་ཤོག །

དེ་ལ་གཞི་ལམ་འབྲས་གསུམ་གྱི་རྒྱུད་དོན་ལ་དབང་འགྱུར་པའི་མཚན་ཉིད་ཀུན་ལྡན་གྱི་བླ་མ་ཡབ་ཡུམ་ཟུང་དུ་འཇུག་པའི་གདན་གསུམ་ལུས་ཀྱི་དཀྱིལ་འཁོར་ལས། སྐྱེ་བོ་ཐ་མལ་དང་ཐེག་པ་དམན་པས་ཐོས་སུའང་མི་རུང་བའི་ལམ་དུས་ཀྱི་གསང་བའི་དབང་ཟབ་མོས་སྨིན་པར་བྱས་ཤིང་། རྒྱུད་དབང་སྟོན་སོང་ལམ་དབང་དགའ་བཞིའི་ཡེ་ཤེས་དང་འཇུག་པ་གཅིག་པར་གནས་འགྱུར་བའི་རྣམ་དག་དབང་ལྔའི་ཆུ་བོས་ཉོན་ཤེས་སྒྲིབ་གཉིས་ཀྱི་དྲི་མ་ཐམས་ཅད་བཀྲུས། སྐུ་གསུམ་ངོ་བོ་ཉིད་སྐུ་དང་བཅས་པའི་ས་བོན་རྒྱུད་ལ་བཞག །དེ་དག་གི་དུས་སུ་ཁས་བླངས་པའི་དམ་ཚིག་དང་སྡོམ་པའི་གནས་ཚུལ་བཞིན་དུ་བསྲུངས་པ་གང་ཞིག་ལམ་བདེན་རྒྱུད་ལ་སྐྱེ་བའི་སྣོད་དམ་རྗེན་དུ་གྱུར་བས། མ་དག་པ་འཁོར་བའི་གནས་སྐབས་ཀྱི་སྐྱེ་ཤི་བར་དོའི་སྣང་ཞེན་རང་རྒྱུད་པ་རྣམས། དག་པའི་ཡིད་དོར་སྦྱང་ཚུལ་ཉིན་སྣང་སད་དུས་ཀྱི་བསྐྱེད་རིམ་སྐྱེ་བ་སྤྲུལ་སྐུ། གཉིད་དུས་ཀྱི་སྟོང་རིམ་འཆི་བ་འོད་གསལ་ཆོས་སྐུ། བར་སྲིད་ཀྱི་ཡིད་ལུས་སྒྱུ་ལུས་ལོངས་སྐུ་སྟེ་སྐུ་གསུམ་ལམ་འཁྱེར་ནི། སྐྱེ་གནས་རྣམ་པ་བཞི་དང་མཐུན་པའི་འཁོར་བའི་འདྲ་འབག་ཁྲུ་རྟུལ་རླུང་གསུམ་དང་བཅས་པ་སྦྱང་གཞིར་བྱས་ནས། སྦྱོང་བྱེད་ཧཱུྃ་རྡོ་རྗེའི་ཆོག་གསུམ་དང་ཐུན་མོང་མ་ཡིན་པའི་མངོན་བྱང་ལྔ་ཚང་བས་རྣམ་བྱང་བསྐྱེད་པའི་རིམ་པ་དང་མཐུན་ཞིང་། བུམ་དབང་གི་ལམ་རྫོགས་རིམ་གྱི་སྨིན་བྱེད་ཡིན་པས། རིམ་པ་དང་པོའི་ལམ་མངོན་དུ་གྱུར་པར་སྨོན་པའོ། །

བཅུ་གསུམ་པ་ཨ་ནུའི་རྫོགས་རིམ་ལ་སྨོན་པ་ནི། ༈ ཕྱི་ནང་རང་ལུས་དཀྱིལ་འཁོར་ལྷ་ཡི་ཚོགས། །རྩ་ཡིག་བདུད་རྩི་དཔའ་བོ་རྣལ་འབྱོར་མ། །ཐིམ་ལུགས་བཞི་བསྒོམ་ཡེ་ཤེས་སྐྱེད་བྱེད་ཅིང་། །རྫོགས་རིམ་རྟོག་པ་འདྲེན་པའི་རྒྱུད་སྨིན་བྱས། །ཉི་ཟླའི་ལམ་ནས་དཀྱིལ་འཁོར་བཅུ་ཡི་རླུང་། །སྲོ་གཅན་ལམ་དུ་འགོག་པའི་ཐབས་མཁས་ཀྱི། །མུན་པའི་ལམ་ནས་འབར་བའི་ཙཎྜ་ལིས། །ཧཾ་ཡིག་རི་བོང་འཛིན་པ་ཞུ་བ་ལས། །ལྷན་སྐྱེས་བདེ་བས་མཉམ་གཞག་དྲངས་པ་ཡིས། །འཁོར་འདས་ཆོས་རྣམས་ཀུན་གྱི་གནས་ལུགས་དང་། །དབྱེར་མེད་གྱུར་པ་དཔེ་ཡི་ཡེ་ཤེས་ཉིད། །སྤྱི

འཕྲུལ་དྭ་བའི་སྐུ་རུ་ལངས་པ་ལས། །མ་དག་སྐྱེ་ཤིའི་འཕྲང་ལས་གྲོལ་བ་ཡི། །རྫོགས་རིམ་ཨ་ནུའི་ལམ་དུ་འཇུག་པར་ཤོག །དེ་ལ་ཕྱི་དོན་སྣང་སྲིད་སྣོད་བཅུད་འཛིན་པ་དང་། ནང་རང་ལུས་ཕུང་ཁམས་སྐྱེ་མཆེད་དུ་ཞེན་པའི་འཁྲུལ་རྟོག་ཐམས་ཅད་དབྱིངས་ནས་རང་བཞིན་གྱིས་སངས་རྒྱས་པའི་གཙོ་བོ་ནི་དཀྱིལ། ཅིག་ཤོས་ནི་འཁོར་དུ་དག་པའི་ལྷ་ཚོགས་དང་། གཞན་དོ་རྗེའི་ལུས་ཀྱི་དངོས་པོ་རྩ་དང་ཡི་གེ་དཔའ་བོ། །ཁམས་བདུད་རྩི་རྣལ་འབྱོར་མ་སྟེ། དེ་གཉིས་ཀྱི་འཁྲིལ་སྦྱོར་གྱི་ཚུལ་ལས་བདེ་སྟོང་གི་མཆོད་པ་ལེན་པ་ལ་གཞན་ལུས་དང་སྙོམས་འཇུག་གི་ཞུ་བ་དེས་མཆོད་པའི་རྐྱེན་ལས་རླུང་དབུ་མར་ཞུགས་གནས་ཐིམ་གསུམ་འབྱུང་ཞིང་། དེ་ཡང་ཞུགས་པའི་རྟགས་སུ་སྣ་སྒོར་མཉམ་རྒྱུ་གནས་པའི་རྟགས་སུ་རྒྱུ་བ་རང་འགགས། ཐིམ་པའི་རྟགས་སུ་མཁའ་སྣང་། ས་ཆུ་མེ་རླུང་སྟེ་འབྱུང་བ་བཞི་པོ་གཅིག་ལ་ཅིག་ཤོས་ཐིམ་པའི་རྟགས་རིམ་པ་བཞིན། སྨིག་རྒྱུ། དུ་བ། མཁའ་སྣང་དང་རླུང་སྣང་བ་ལ་ཐིམ་དུ་ཉེ་བ་ན་མར་མེ་ཐིམ་པ་དངོས་ལྟར་དཀར་ལམ། སྣང་བ་མཆེད་པ་ལ་ཐིམ་པས་དམར་ལམ། མཆེད་པ་ཉེར་ཐོབ་ལ་ཐིམ་པས་ནག་ལམ། ཉེར་ཐོབ་འོད་གསལ་ལ་ཐིམ་པས་སྟོན་གནམ་གཡའ་དག་པ་ལྟ་བུ་སྟེ། ཕྱི་མ་བཞི་ནི་ཐིམ་ལུགས་བཞི་དང་། དཔེ་དོན་གྱི་འོད་གསལ་ལ་ངེས་པ་འདྲེན་པས་ཡེ་ཤེས་བསྐྱེད་ཅིང་བསྒོམ་པ་ནི་རྫོགས་རིམ་གྱི་རྟོག་པ་འདྲེན་པའི་རྒྱུད་སྨིན་བྱེད་ཡིན་ལ། དེའི་ཐབས་སུ་གྱུར་པ་ནི་ཉི་ཟླའི་ལམ་སྟེ། རོ་རྐྱང་གཉིས་ནས་རྒྱུ་བ་བསྐྱེད་སྡུད་ཀྱི་རྣམ་པས་ཕྱེ་བའི་ས་ལ་སོགས་པ་ཡན་ལག་གི་རླུང་བཅུ་བསྡོམས་པས་དཀྱིལ་འཁོར་བཅུའི་རླུང་དབུ་མ་སྒྲ་གཅན་གྱི་ལམ་དུ་འགོགས་པའི་ཐབས་ལ་མཁས་པ་དང་། དེ་ཡང་སྨུན་པའི་ལམ་སྟེ་དབུ་མའི་མར་སྣེ་ནས་འབར་བའི་ཙནྜ་ལིའམ། གཏུམ་མོའི་མེས་ཡར་སྣེའི་ཧཾ་ཡིག་རི་བོང་འཛིན་པ་སྟེ་ཟླ་བའི་རང་བཞིན་གྱི་ཁམས་ཞུ་བ་ལས། རིམ་བཞིན་ཡས་བབས་མས་བརྟན་གྱི་དགའ་བ་བཞི་དང་ཁྱད་པར་ལྷན་ཅིག་སྐྱེས་པའི་བདེ་བ་ཆེན་པོས་མཉམ་གཞག་དྲངས་བ་དེའི་ངང་དུ་འཁོར་འདས་ཀྱི་ཆོས་ཐམས་ཅད་ཀྱི་རྫུན་ཕུག་རྡིབ་ཅིང་། ཀུན་གྱི་གནས་ལུགས་གཅིག་དང་ཐ་དད་དབྱེར་མེད་དུ་གྱུར་པ་འདི་ནི་ངོ་བོ་ཉིད་ཀྱི་ཡེ་ཤེས་ཡིན་ལ། དེ་ཉིད་ལས་གདུལ་བྱ་གང་ཡོད་ཀྱི་སར་སྤྲུལ་པའི་སྐུ་ཅིག་ཅར་དུ་སྟོན་པའི་ཕྱིར་སྒྱུ་མ་ཡབ།འཕྲུལ་པ་ཡུམ་དྭ་བ་འཁྲིལ་པ་སྟེ་རླུང་

སེམས་ཙམ་ལས་གྲུབ་པའི་སྒྱུ་མའི་སྒྱུར་ལངས་ནས། མ་དག་པའི་གནས་སྐབས་ཀྱི་སྐྱེ་ཤིའི་འཕྲང་ལས་གྲོལ་བའི་མན་ངག་རྫོགས་རིམ་ཐམས་ཅད་ཀྱི་དོན་པོར་ཨ་ནུ་ཡོ་གའི་ལམ་ལ་འཇུག་པར་སྟོན་པའོ། །

བཅུ་བཞི་པ་ཨ་ཏི་ཡོ་ག་ལ་ནང་གསེས་སེམས་སྡེ་ཀློང་སྡེ་མན་ངག་གི་སྡེ་གསུམ་ལས། དང་པོ་སེམས་སྡེ་ལ་སློན་པ། ༑ དོན་གྱི་ལྷན་ཅིག་སྐྱེས་པའི་ཡེ་ཤེས་ནི། །ཨ་ཏི་ཡེ་དག་རོ་མཉམ་ཆེན་པོ་ཉིད། །ཡོད་མིན་མེད་མིན་སྟོང་མིན་མི་སྟོང་མིན། །རང་བཞིན་གཤིས་ལ་གཞལ་ན་ཐམས་ཅད་མིན། །མེད་པ་མ་ཡིན་གཉིས་མེད་ཟུང་འཇུག་སྟེ། །རྟག་མིན་ཆད་མིན་སྨྲ་བསམ་བརྗོད་ལས་འདས། །རང་གནས་ཡེ་གནས་རྫོགས་པ་ཆེན་པོ་ནི། །ཀུན་མིན་ཕྱོགས་ཙམ་གཞལ་ན་ཐམས་ཅད་མིན། །བློ་ཡིས་བཀོད་ན་དྲན་བསམ་བརྗོད་ལས་འདས། །རྣལ་མའི་དོན་ལ་ཀུན་མིང་བཏགས་པ་ཙམ། །ཇི་ལྟར་སྣང་བ་དེ་ཡང་ཕལ་ལེ་བ། །ཚིག་གིས་མ་བསྒྲིད་ལྷ་སྣགས་ལྷུན་གྱིས་གྲུབ། །གང་ལྟར་བསམ་བརྗོད་འདས་པའི་རང་བཞིན་ཏེ། །ཨ་ཏིའི་དགོངས་དོན་ཚུལ་བཞིན་རྟོགས་པར་ཤོག །

དེ་ཡང་དབང་གསུམ་པའི་དཔེས་ངོ་སྤྲོད་པའི་བཞི་པའི་དོན་གྱི་ལྷན་ཅིག་སྐྱེས་པའི་ཡེ་ཤེས་ནི། ཨ་ཏིའི་སྒྲ་ལས་ཕུལ་བྱུང་སྟེ་རྒྱུ་ལམ་དུ་བྱས་ནས་འབྲས་བུར་གདོད་ཀྱིས་གྲོལ་མི་དགོས་པར་ཡེ་ནས་བྱ་རྩོལ་དང་བྲལ་ཞིང་རང་ངོ་རྣམ་པར་དག་པས་འཁོར་འདས་རོ་མཉམ་ཆེན་པོ་རྣམ་བཅས་སུ་མ་གྲུབ་པས་ཡོད་པ་མ་ཡིན། རང་བཞིན་གྱི་འོད་གསལ་བས་མེད་པ་མ་ཡིན། བློས་མེད་པར་བཏགས་པའི་སྟོང་པ་མ་ཡིན། གོ་མྱོང་གིས་ཡོད་པར་བསྒྲུབ་པའི་མི་སྟོང་པ་མ་ཡིན། རང་བཞིན་གྱི་གཤིས་ལ་བློས་ངོས་ནས་གཞལ་ན་ཐམས་ཅད་མིན་པར་འགྲོ་བ་མེད་དེ་སྣམ་པའི་མེད་དགག་ཀྱང་མ་ཡིན་པ་རིག་སྟོང་གཉིས་སུ་མེད་པའི་ཟུང་འཇུག་ཆེན་པོ། དངོས་པོ་མེད་པས་རྟག་པ་མ་ཡིན། རིག་ཆར་ཡོད་པས་ཆད་པ་མ་ཡིན། ཚིག་ཏུ་སྨྲ་བའི་སྒོས་མི་ཐུབ་ཅིང་བློ་དང་སྣམ་བྱེད་ཀྱི་བསམ་ངོ་ལས་འདས་པ། རྒྱུ་ཡིས་མ་བསྐྱེད་པས་ངང་ལ་གནས་པ། རྐྱེན་ལས་མ་བྱུང་བས་ཡེ་གནས་ཡོངས་གྲུབ་རང་བཞིན་རྫོགས་པ་ཆེན་པོའི་ལྟ་བ་ནི་སློབ་དཔོན་ཀླུ་སྒྲུབ་ཀྱི་དབུ་མ་ལྟར། དགག་ཕྱོགས་ནས་གཞལ་ཀྱང་། ཁས་ལེན་ཐམས་ཅད་དང་བྲལ་བས་ངོ་བོ་ཉིད་མེད་ཕྱིར་ཀུན་མིན་པ་དང་།

ཁྲམ་ཟེ་ཆེན་པོའི་དོ་ཧ་ལྟར་བསྒྲུབ་ཕྱོགས་ནས་གཞལ་ཡང་ཐ་སྙད་ཀྱིས་མི་ཐུབ་པས་ཐམས་ཅད་མིན་པའི་ཕྱིར། རྟོག་གེའི་དཔྱད་བཟོད་དང་། རྟོག་དཔྱོད་ཀྱི་བློ་རྣམ་པ་སྣ་ཚོགས་སུ་བཀོད་ཅིང་བརྟགས་ནའང་། མཐར་ཐུག་དྲན་པ་དང་བསམ་བརྗོད་མེད་པའི་ངང་དུ་དེངས་འགྲོ་བས། རྣལ་མ་སྐྱེ་མ་བཅོས་པའི་དོན་ལ་ཆོས་ཉིད་ཀུན་ཏུ་འགྲོ་བའི་མིང་སྣ་ཚོགས་བཏགས་པ་ཙམ་ཞིག་སྟེ། ཇི་ལྟར་སྣང་བ་ཐམས་ཅད་འཛིན་མེད་དུ་ཤལ་ལེ། བརྗོད་མེད་དུ་ཕྱལ་ལེར་ཡོད་པས་བདག་སྲས་གཞན་སྲས་ལ་སོགས་པའི་དམིགས་བསམ་གྱི་སྦྱོར་བས་མ་བསྐྱེད་ཀྱང་སྙིང་པོ་དྲན་པ་ཙམ་ལ་ཡོངས་གྲུབ་ཀྱི་ལྷ་སྔགས་ལྷུན་གྱིས་གྲུབ་ཅིང་། དེའི་ངོ་བོ་བསམ་བརྗོད་སྤྲོས་པ་དང་བྲལ་བའི་རང་བཞིན་ལ་སློན་པའོ། །

གཉིས་པ་ནང་གློང་སྐྱེའི་དོན་ལ་སློན་པ་ནི། ཁྱད་པར་འོད་གསལ་རྡོ་རྗེ་སྙིང་པོའི་དོན། །རང་བཞིན་བབས་ཡིན་སྟོང་པས་ཕན་ཅི་ཡོད། །སོ་མ་དང་བཞག་མ་བཅོས་རང་ག་མ། །ཐ་མལ་ཤེས་པ་རང་གྲོལ་རྒྱལ་བའི་ལམ། །རང་གིས་རང་གྲོལ་གཉེན་པོས་བཅོས་མ་དགོས། །ཡེ་གྲོལ་བསྒྱུར་གཞི་མེད་དེ་གདོད་མའི་ངང་། །ཅེར་གྲོལ་ངོ་བོ་མེད་དེ་བདེན་པས་སྟོང་། །རང་གྲོལ་སྙིང་པོ་མེད་དེ་རང་བཞག་ཉིད། །འཇུ་གྲོལ་རང་སར་དག་སྐྱེ་སྐད་ཅིག་མ། །ཤར་གྲོལ་དུས་མཉམ་ཡིན་ཏེ་སྔ་ཕྱི་མེད། །མ་བཅོས་རང་བཞག་རང་བབས་ཀ་དག་གློང་། །ངོ་བོ་རང་བཞིན་ཐུགས་རྗེའི་དོན་རྟོགས་ཤོག །ཁྱད་པར་འོད་གསལ་སོགས་ཀྱིས་རང་གི་ངོ་བོ་སྨོས་ཏེ་འཁོར་འདས་ཀྱི་ཆོས་ཐམས་ཅད་ཀུན་ཏུ་བཟང་མོའི་མཁའ་གློང་རྣམ་ཐར་གསུམ་ལྡན་གྱི་དབྱིངས་ནས་སངས་རྒྱས་པའི་དོན་ཁོང་དུ་ཆུད་ནས། དེ་གའི་ངང་ལ་རང་བཞིན་གྱིས་གནས་པའི་རང་བབས་ཡིན་ན། བློས་གསར་དུ་བསྒྲུབ་པའི་སྟོང་པས་ཕན་པ་ཅི་ཞིག་ཡོད། སོ་མ་དང་བཞག །མ་བཅོས། རང་ག་མ་སྟེ། སེམས་ལ་བཅོས་བསླད་མེད་པའི་དོན་བཞི་ལ་ཐ་མལ་གྱི་ཤེས་པའི་སྒྲར་བཏགས་ཏེ། རང་གིས་རང་གྲོལ་བ་སྦྲུལ་གྱི་མདུད་པ་ལྟ་བུ་དེ་ནི་རྒྱལ་བ་ཐམས་ཅད་ཀྱི་ཤུལ་ལམ་ཡིན་པས་རྟོག་དཔྱོད་སྣ་ཚོགས་དང་། སྒྲིམ་གློད་ལ་སོགས་པའི་གཉེན་པོས་བཅོས་མི་དགོས། ཡེ་ནས་གྲོལ་ཚར་བས་བསྒྱུར་བའི་གཞི་མེད།།ལྷ་སྔངས་གཅིག་གི་ངང་ན་ཅེར་གྱིས་གྲོལ་བས་ངོ་བོ་ཉིད་མེད་དེ་བདེན་པ་ཀུན་རྫོབ་པས

སྟོང་། རང་གྲོལ་ལ་གཉེན་པོ་གཞན་མེད་པས་རང་གར་གཞག །འགྱུ་བ་ངོ་ཤེས་ཙམ་ལ་གྲོལ་བས་རང་དག་སྐད་ཅིག་མ། ཤར་ཙམ་ཉིད་ནས་རང་ངོ་ཤེས་པས་ཆུ་ལ་རི་མོ་བྲིས་པ་ལྟར་ཤར་གྲོལ་དུས་མཉམ་ལ་སྔ་ཕྱི་མེད། བློས་སྤྱུ་ཙམ་མ་བཅོས་པའི་རང་བཞག །རང་བབས་ཀ་ནས་དག་པ་ཞེས་བྱ་སྟེ། ཐོག་མ་ནས་རྣམ་པར་དག་པའི་བྱ་བྲལ་ཀློང་གི་སྡེ་ཆེན་པོ་དེ་ནི། ངོ་བོ་སྟོང་པ། རང་བཞིན་གསལ་བ། ཐུགས་རྗེ་ཀུན་ཁྱབ་སྟེ་ཚོགས་པ་གཅིག་པ་རྣམ་དབྱེ་གསུམ་དུ་དབྱེ་བའི་དོན་རྟོགས་པར་སྟོན་པའོ། །

གསུམ་པ་གསང་བ་མན་ངག་གི་སྡེ་ལ་སྟོན་པ་ནི། ༈ཤེས་རབ་རང་བྱུང་སྒྲོན་མའི་དབྱིངས་རུམ་ནང་། །རྒྱང་ཞགས་སྒྲོན་མས་རིག་གདངས་སྣོ་ཕྱེས་ནས། །དག་དབྱིངས་སྒྲོན་མས་སྣ་ཚོགས་རྒྱན་བཀྲམ་སྟེ། །ཐིག་ལེ་སྟོང་སྒྲོན་ཞི་ཁྲོའི་དཀྱིལ་འཁོར་རྫོགས། །དང་པོ་རྒྱུ་ཡིས་མ་བསྐྱེད་དབྱིངས་ལྷུ་ཤར། །བར་དུ་རྐྱེན་གྱིས་མ་བསྐྱེད་ཚོམ་བུར་གྲུབ། །ཐ་མར་ལྟ་བའི་གནས་དག་དབྱིངས་རིག་འདྲེས། །ཡིད་དཔྱོད་དང་བྲལ་མངོན་སུམ་མཐར་ཕྱིན་ཤོག །དེ་ལ་ཤེས་རབ་རང་བྱུང་གི་སྒྲོན་མ་ནི་སོ་སོར་རྟོག་པའི་ཤེས་རབ་ཡིན་ལ། རྒྱང་ཞགས་ཆུའི་སྒྲོན་མ་ནི་འཆར་བའི་སྒོ་མིག་གི་དབང་པོ། དག་པ་དབྱིངས་ཀྱི་སྒྲོན་མ་ནི་འཆང་བའི་ཡུལ་ནམ་མཁའ་རྐྱེན་བྲལ། ཐིག་ལེ་སྟོང་པའི་སྒྲོན་མ་ནི་འཇའ་འོད་ཟླུམ་པོར་འཁྱིལ་བ་སྟེ། དེའི་ནང་དུ་རིག་པ་རྡོ་རྗེ་ལུ་གུ་རྒྱུད་བཅིངས་པས་རིམ་བཞིན་རིག་པ་དེ་བཅུད་དུ་སྨིན་ནས་སྐུ་ཕྱེད་པ་དང་། རྐྱང་པ་དང་མཐར་གྱི་ཞི་ཁྲོའི་སྐུ་ཡོངས་སུ་རྫོགས་པ་སྟེ། དེ་དག་ཀྱང་སྦྱོར་དྲུག་དང་ཕྲ་ཐིག་ལྟར་སྣང་སྦྱོར་ལ་སོགས་པའི་རྒྱུས་མ་བསྐྱེད། མུན་ཁང་དང་བཅུད་ལེན་ལ་སོགས་པའི་རྐྱེན་གྱིས་མ་བསྐྱེད་པར་ཆོས་ཉིད་མངོན་སུམ། ཉམས་གོང་འཕེལ། རིག་པ་ཚད་ཕེབས་ཀྱི་ཚོམ་བུའི་བར་གྲུབ་ནས་མཐར་གྱི་བལྟ་བྱ་ལྟ་བྱེད་ལས་བྱུང་བའི་ཆོས་ཉིད་ཀྱང་ཟད་ནས་དབྱིངས་རིག་འདྲེས་པའི་དགོངས་པ་ལ་སྦྱོར་བ་ཡིད་དཔྱོད་དང་བྲལ་བའི་དོན་ལ་སྟོན་པའོ། །

བཅོ་ལྔ་པ་དེ་གསུམ་པོའི་དོན་བསྡུ་བ་ལ་སྟོན་པ་ནི། ༈ ཁྲིགས་ཆོད་ལྟ་བས་སྲིད་ཁྲུངས་གདར་ཤ་བཅད། །ཐོད་རྒལ་བསྒོམས་པས་སྐུ་གསུམ་རྩལ་རྫོགས་ཏེ། །གདོད་ནས་རྣམ་དག་དང་པོའི་སངས་རྒྱས་ཉིད། །དབྱེར་མེད་ཐིག་ལེའི་གཟུགས་སུ་གང་སྣང་བ། །དེ་ལས་སྤྲུལ་ཚེ་སྐུ་གསུམ

སྣོད་བཅུད་དང་། །བསྡུས་ཆེ་སྟོང་ཉིད་སྙིང་རྗེ་ཆོས་ཀྱི་སྐུ། ཐིག་ལེ་ཉག་གཅིག་ཡིད་ལ་གཡོ་མེད་ཤོག །དེ་ཡང་གཞི་ཀ་དག་ཁྲེགས་ཆོད་ཀྱི་ལྟ་བས་འཁྲུལ་སྣང་སྲིད་པའི་བྱུང་ཁུངས་གདར་ཤ་བཅད། ལམ་ཐོད་རྒལ་བསྒོམས་པས་གདོད་ཀྱི་ཡིད་དཔྱོད་ལ་མ་ལྟོས་པར་སྐུ་གསུམ་ལམ་སྣང་དུ་རྒྱལ་རྫོགས། གདོད་ནས་རྣམ་པར་དག་པའི་དངོས་པོའི་སངས་རྒྱས་ཀྱི་ངོ་བོ་ཉིད། ཆོས་ཟད་བློ་འདས་ཆེན་པོའི་རྟོགས་པ་དང་རྣམ་དབྱེར་མེད་པའི་ཐིག་ལེ་ཆེན་པོའི་སྟོང་གཟུགས་སུ་རང་སྣང་ཞིང་། དེའི་ཚེ་སྐྱེ་བ་དང་འཇུག་པའི་ཆོས་གཉིས་ལ་དབང་ཐོབ་པས་ན། སྦྲས་ཏེ་འཕོ་བ་ཆེན་པོའི་སྐུར་བཞེངས་ན་སྐུ་གསུམ་རང་རིག་ལ་རྫོགས་པའི་འོད་ལུས་ཀྱི་དང་དེ་ཉིད་ལས་སྣང་བ་ཕྱིར་གསལ་དུ་མཆེད་དེ་སྣོད་བཅུད་ཀྱི་རྟེན་དང་བརྟེན་པ་ཆུ་ཟླ་དང་རྨི་ལམ་ལྟ་བུར་གཟིགས་ནས་གཞན་དོན་མཛད་ལ། འཇུག་པའི་ངང་དུ་བསྟུན་འོད་ལུས་དེ་ཉིད་ནམ་མཁའ་ལ་སྤྲིན་དེངས་པ་བཞིན་སོང་ནས་སྟོང་ཉིད་སྙིང་རྗེ་གཉིས་སུ་མེད་པའི་ཆོས་ཀྱི་སྐུ་ཐིག་ལེ་ཉག་གཅིག་གི་ངང་དུ་མི་གཡོ་བའི་དོན་ལ་སྨོན་པའོ། །དེ་ལྟར་ཆོས་ཟད་ཀྱི་རྟོགས་པ་ཀློང་དུ་གྱུར་ནས་ཆོས་ཅན་ཐམས་ཅད་གཞི་ལ་ཐིམ་སྟེ་ལམ་བདེན་མཐའ་དག་སྤངས་ཀྱང་ཉན་རང་གི་བྱང་ཆུབ་ལྟར་ཞི་བ་ཕྱོགས་གཅིག་པ་མ་ཡིན་པས། འབྲས་བུའི་གོ་འཕང་ལ་སྦྱོར་ཚུལ་སྔགས་སྤྱིའི་འགྲོས་ལྟར་བཤད་པའི་ཕྱིར། །སླར་ཡང་རྡོ་རྗེ་ལྟ་བུའི་ཏིང་འཛིན་གྱིས། །གཉིས་སྣང་འཁྲུལ་པའི་བག་ཆགས་ཀུན་བཅོམ་ནས། །རིམ་པ་བཞི་པའི་དོན་གྱི་འོད་གསལ་དང་། །དབྱེར་མེད་ལྷན་ཅིག་སྐྱེས་པ་བདེ་བའི་དངོས། །བདེན་གཉིས་ཟུང་དུ་འཇུག་པའི་ཧེ་རུ་ཀ །མཁའ་དབྱིངས་ཤར་བའི་དབང་པོའི་གཞུ་བཞིན་དུ། །གསལ་མདངས་འོད་ཟེར་ལྔ་ཡི་དྲ་བ་ཅན། །སྟོབས་བཅུ་མི་འཇིགས་བཞི་དང་སོ་སོར་རིག །མ་འདྲེས་བཅོ་བརྒྱད་རྫོགས་པའི་སངས་རྒྱས་དང་། །བླ་མེད་ཡོན་ཏན་རང་བཞིན་གཞལ་མེད་ལས། །རྣམ་ཀུན་མཆོག་ལྡན་ངོ་བོ་ཆོས་ཀྱི་སྐུ། །རྣམ་པ་ལོངས་སྤྱོད་རྫོགས་སྐུ་གྲངས་མེད་ཀྱི། །སྤྲུལ་པའི་སྤྲིན་འཕྲོ་སྐུ་གསུམ་དབྱེར་མེད་ཤོག །

དེ་ཡང་འཇུག་པ་ལ་དབང་ཐོབ་ནས་གདོད་མའི་ནང་དབྱིངས་སུ་འཇུག་ཁ་མ་དེར། སླར་ཡང་རྡོ་རྗེ་ལྟ་བུའི་ཏིང་འཛིན་གཞུ་བ་དྲངས་པ་ལྟ་བུས་གཉིས་སུ་སྣང་བ་དང་དེ་ལས་བྱུང་བའི་

འཁྲུལ་པའི་བག་ཆགས་ཀྱི་ལྷག་མར་གྱུར་པ་གནས་ངན་ལེན་གྱི་ཤེས་སྒྲིབ་ཕྲ་མོ་ཡན་ཆད་བཅོམ་སྟེ། རིམ་པ་བཞི་པའི་དོན་གྱི་འོད་གསལ་དེ་ཉིད་སློབ་པའི་ཟུང་འཇུག་གི་བསྒྲུབ་གཞི་ཡིན་པས་ངོ་བོ་གཅིག་པའི་ཆ་ནས་དབྱེར་མེད་ལྷན་ཅིག་སྐྱེས་པའི་བདེ་བའི་དངོས་གཞིར་བཤད་ལ། དེ་ཉིད་ལས་མི་སློབ་པའི་ཟུང་འཇུག་ཁ་སྦྱོར་ཡན་ལག་བདུན་ལྡན་གྱི་སྐུར་བཞེངས་པ་ལ་མཁའ་དབྱིངས་ཤར་བའི་དབང་པོའི་གཞུ་སྟེ་ནམ་མཁའ་ལ་འཇའ་ཚོན་ཤར་བའི་དཔེས་མཚོན་ནས་ཆོས་སྐུའི་གདངས་ལོངས་སྤྲུལ་གྱི་རྣམ་པའི་གཟུགས་སྐུ་གཉིས་སུ་གྲུབ་པ་ལ་སྟོབས་བཅུ་དང་། མི་འཇིགས་པ་བཞི་ལ་སོགས་ཡོན་ཏན་མཐའ་དག་རྫོགས་པའི་སངས་རྒྱས་དང་། དེའི་བླ་ན་མེད་པའི་ཡོན་ཏན་གྱི་རང་བཞིན་གཞལ་དུ་མེད་པ་ཉིད་ལས། གཞོན་ནུ་མ་ལ་ཕྲ་ཕབ་པའི་སྣང་བ་ལྟར་རྣམ་པ་ཐམས་ཅད་པའི་མཆོག་དང་ལྡན་པའི་ཆོས་ཀྱི་སྐུ་དང་། དེའི་གདངས་རིགས་ལྔ་གང་ཆེན་མཚོ་བཞིན་ལག་གི་རྣམ་པ་ཅན་གྱི་ལོངས་སྤྱོད་རྫོགས་པའི་སྐུ་གྲངས་མེད་པར་ཤར་བ་དང་། དེ་ལས་སྤྲུལ་པའི་སྐུ་བསམ་གྱིས་མི་ཁྱབ་པའི་སྤྲིན་འཕྲོ་བ་ཅན་གྱི་སྐུ་གསུམ་ངོ་བོ་དབྱེར་མེད་ཐོབ་པར་སྟོན་པའོ། །

བཅུ་དྲུག་པ་ཕྲིན་ལས་ཀྱི་འཇུག་པ་ལ་སྟོན་པ་ནི། ༈ མཁའ་ཁྱབ་གཟུགས་བཟུང་བགྲང་ཡས་སེམས་ཅན་ལ། །ཇི་སྙེད་ཁམས་དང་བསམ་པའི་དབྱེ་བ་བཞིན། །རང་རང་སྐད་དུ་རྒྱུ་དང་འབྲས་བུ་ཡི། །ཐེག་པ་གཉིས་ལས་བརྩམས་པའི་ཆོས་ཀྱི་ཚུལ། །ལེགས་པར་སྟོན་ལ་སྐྱོ་ངལ་མེད་པར་ཤོག །དེ་ལྟར་རང་དོན་དུ་སྤངས་རྟོགས་མཐར་ཕྱིན་པའི་སངས་རྒྱས་སྐུ་གསུམ་གྱི་བདག་ཉིད་ཅན་དུ་གྲུབ་ནས། ནམ་མཁས་གར་ཁྱབ་ཏུ་རྣམ་སྨིན་གྱི་གཟུགས་སམ་ལུས་བཟུང་བའི་བགྲང་བ་ལས་འདས་པའི་སེམས་ཅན་གྱི་ཁམས་རྒྱ་མཚོ་ལྟ་བུ་ལ་ཇི་སྙེད་དེ་མང་པོའི་སྒྲས་དེ་སྙེད་སོ་སོའི་ཁམས་དང་བསམ་པའི་དབྱེ་བ་ཐ་དད་པ་བཞིན་རང་རང་སོ་སོའི་སྐད་དུ་རྒྱུ་དང་འབྲས་བུའི་ཐེག་པ་གཉིས་ལས་བརྩམས་པའི་ཆོས་ཀྱི་ཚུལ་རྒྱ་མཚོ་ལྟ་བུ་ལེགས་པར་འཆད་ཅིང་ལེགས་པར་སྟོན་པ་ལ་སྐྱོ་དུབ་དང་ངལ་བའི་གནས་མཐའ་དག་བཟློད་པར་ཤོག་ཅིག་པའོ། །

བཅུ་བདུན་པ་འདའ་ཁ་མའི་དོན་ལ་སྟོན་པ། ༈འདི་དང་བར་དོར་མཆོག་གི་གོ་འཕང་ནི། །ངེས་པར་འགྲུབ་པའི་ལམ་བཟང་མ་རྙེད་ན། །ཟབ་ལམ་འཕོ་བའི་རྣལ་འབྱོར་ལ་གོམས་པས། །རྣམ་

ཞེས་མཁའ་སྤྱོད་གནས་སུ་འཕོ་བྱས་ཏེ། །བསྐྱེད་རྫོགས་ལམ་གྱི་རིམ་པ་འཕྲོ་འཕུད་ཤོག །དེ་ལ་བསྐྱེད་རིམ་གྱི་སྒོ་ནས་རིག་འཛིན་བཞིའི་ལམ་རྫོགས་རིམ་གྱི་སྒོ་ནས། རྨི་ལམ། སྒྱུ་ལུས། བར་དོ། འོད་གསལ་སོགས་ཀྱི་གདམས་པ་ཉམས་འོག་ཏུ་ཆུད་ནས་ཚེ་འདིའམ་བར་དོར་མཆོག་གི་གོ་འཕང་བགྲོད་པའི་ལམ་བཟང་གི་དངོས་གྲུབ་མ་བརྙེས་ན། མ་བསྒོམས་པར་འཚང་རྒྱ་བའི་ཟབ་ལམ་འཕོ་བའི་རྣལ་འབྱོར་ལས་འཁོར་བ་དང་འབྲེལ་བའི་སྒོ་བརྒྱད་ཡིག་འབྲུ་བཀག་ལ། གཙུག་ཏོར་རླུང་གི་འཁོར་ལོའི་སྒོ་ཕྱེ་ནས་རྣམ་པར་ཤེས་པ་ཨ་ཡིག་ལ་སོགས་པའི་རྣམ་པས་དག་པ་མཁའ་སྤྱོད་དང་། བདེ་བ་ཅན་དང་། མངོན་པར་དགའ་བ་ལ་སོགས་རང་བཞིན་སྤྲུལ་པའི་ཞིང་དུ་འཕོས་ནས་བསྐྱེད་རྫོགས་ལམ་གྱི་རིམ་པ་འཕྲོ་འཕུད་པར་སྨོན་པའོ། །

གསུམ་པ་རྗེས་ཀྱི་རིམ་པ་ལ་གཉིས་ལས། དང་པོ་སྨིན་ལམ་གྱི་གཞུང་དོན་འབྱེད་པའི་བློ་གྲོས་ཐོབ་པར་སྨོན་པ་ནི། ༈ དེ་ལྟར་རྒྱུ་ལམ་འབྲས་བུའི་ཁྱད་པར་ལས། །སྐུ་དང་ཞིང་ཁམས་འཁོར་དང་མཛད་པ་ནི། །ཡོངས་སུ་དག་པའི་ཡེ་ཤེས་ལམ་ཉིད་དུ། །བྱེད་དང་མི་བྱེད་སྔགས་དང་ཕ་རོལ་ཕྱིན། །སོ་སོར་འབྱེད་པའི་བློ་གྲོས་དང་ལྡན་ཤོག །དེ་ལ་གཞུང་འདིའི་ས་བཅད་དྲུག་པ་ཡན་གྱི་རྒྱུ་ལ་ལམ་དུ་བྱས་ནས་འབྲས་བུ་ཕྱི་དུས་ན་སྨིན་པ་སྟེ་སྣོད་གསུམ་གྱི་ལམ་དང་། དེ་མན་ཆད་ཀྱི་འབྲས་བུ་ལ་ལམ་དུ་བྱེད་པ་དཔེར་ན་རང་གི་ལུས་ངག་ཡིད་གསུམ་ལྷའི་སྐུ་གསུང་ཐུགས་ཀྱི་རྣམ་པ་ལམ་བྱེད་དང་། དེ་བཞིན་དུ་ཞིང་ཁམས་ནི་སྣོད་གཞལ་ཡས་ཁང་གི་ལམ་འཁྱེར་དང་། བཅུད་ཀྱི་སེམས་ཅན་ལྷ་དང་ལྷ་མོའི་རང་བཞིན་དུ་སྒྱུར་བ་དག་པའི་སྣོད་བཅུད་དང་། འོད་ཟེར་སྤྲོ་བསྡུས་སངས་རྒྱས་ཀྱི་ཕྲིན་ལས་རྣམ་པ་བཞིའི་མཛད་པ་ལམ་དུ་བྱེད་པ་སྟེ། དེ་བས་ན་སངས་རྒྱས་ཀྱི་སྐུ་དང་ཡེ་ཤེས་ཀྱི་ཁམས་ལ་ད་ལྟ་ནས་ཡོངས་སུ་དག་པའི་ཡེ་ཤེས་ཀྱི་ལམ་དུ་བྱེད་ནུས་པས་ནི་འབྲས་བུ་སྔགས་ཀྱི་ཐེག་པ་དང་། དེ་ལྟར་བྱེད་མི་ནུས་པ་ནི་ཕ་རོལ་ཏུ་ཕྱིན་པ་སྟེ། དེ་གཉིས་སོ་སོར་འབྱེད་ནུས་པའི་བློ་གྲོས་ཀྱི་སྤོབས་པ་ཁྱད་པར་ཅན་ཐོབ་པར་སྨོན་པའོ། །གཉིས་པ་ནི། དམ་པའི་ཆོས་ཀྱི་མཚན་ཉིད་ནི་ཐོག་མཐའ་བར་གསུམ་དུ་དགེ་བ་ཞིག་ཡིན་ལ། དེ་ལྟར་དགེ་བར་བྱེད་པ་བླ་མ་དམ་པ་དགེ་བའི་བཤེས་གཉེན་གཅིག་པུ་ལ་རག་ལས་ན་དུས་འདི་ནས་བཟུང་སྟེ་ཚེ་རབས

ཐམས་ཅད་དུ་བླ་མ་དང་མཇལ་བའི་རྒྱུ་རྐྱེན་རྟེན་འབྲེལ་ཚོགས་པ་དང་། མཇལ་ནས་སྐད་ཅིག་ཀྱང་མི་འབྲལ་བར་ལུས་ངག་གི་ཞབས་ཏོག་དང་། ཟང་ཟིང་གི་འབུལ་བ་དང་། སྒྲུབ་པའི་རྒྱལ་མཚན་འཛུགས་པ་སྟེ་མཉེས་པ་གསུམ་གྱིས་བསྟེན་ནས་ཅི་གསུང་གི་བཀའ་བསྒྲུབ་ཅིང་། ཁྱད་པར་གསུང་གི་བདུད་རྩི་དམ་པའི་ཆོས་ཀྱི་རོ་མྱངས་ནས་དེའི་སྒྲུབ་པ་ལ་ཞུམ་པ་མེད་པའི་སྙིང་སྟོབས་བསྐྱེད་པས་འདི་ཕྱི་གང་རུང་དུ་དངོས་གྲུབ་རྣམ་གཉིས་ཐོབ་ཅིང་། གལ་ཏེ་ཅུང་ཟད་ཁ་འགྱངས་ནའང་བྱེད་པ་རྒྱུ་མཐུན་གྱི་འབྲས་བུ་ལས་སྐྱེ་བ་ཕྱི་མར་ཡང་བླ་མ་མཚན་ལྡན་དང་མཇལ་ནས་རྗེས་སུ་འཛིན་པར་ཡིན་པས་ན། ༈ བདག་ཀྱང་འདི་ནས་ཚེ་རབས་ཐམས་ཅད་དུ། །རྗེ་བཙུན་བླ་མ་མཆོག་དང་མི་འབྲལ་ཞིང་། །དེས་གསུངས་གསུང་གི་བདུད་རྩི་མྱོང་བ་དང་། །དེ་དོན་བསྒྲུབ་ལ་ཞུམ་པ་མེད་པ་ཡི། །ཚེ་རབས་ཀུན་ཏུ་ཡོངས་འཛིན་དམ་པ་དང་། །ནམ་ཡང་འབྲལ་མེད་རྗེས་སུ་འཛིན་གྱུར་ཅིག །ཅེས་སོ། །

མདོ་སྔགས་ཐེག་པ་བསམ་ཡས་མཆོག་གི་སྒོ། །ལུང་དང་རྟོགས་པའི་དམ་ཆོས་ལ་འདུ་བས། །འདི་ནི་བསྟན་པ་ཡོངས་རྫོགས་མཛོད་ཁང་ཕྱིར། །འགྲེལ་པ་ཉུང་ངུས་དོན་མཐའ་དཔོགས་པ་མིན། །དེ་ལྟ་ན་ཡང་འདི་ཉིད་ཁ་ཏོན་དུ། །བགྱིད་རྣམས་དོན་ལ་དོགས་པ་འཕྲོ་བའི་ཕྱིར། །ཡི་གེའི་ཕྱི་མོར་དབྱངས་གསལ་བསླབས་པ་བཞིན། །འདི་ཉིད་རིག་པས་དོན་གྱི་ཕྱོགས་མཐོང་འགྱུར། །དེ་ལས་དཔྱིས་ཕྱིན་ཤེས་པར་འདོད་པ་རྣམས། །བདེན་རྣམ་གཉིས་བདེན་གཉིས་ཤིང་རྟ་དང་། རྣམ་མཁྱེན་ཤིང་རྟ། ཀྱི་ཤིང་རྟར་བརྟེན་བྱས་ན། །དེ་གཉིས་འདི་ཡི་འགྲེལ་པར་ཡང་འགྱུར་ལ། །འདི་ཉིད་དེ་ཡི་རྩ་མདོ་སྔགས་སྒྲོན་ལམ། བར་ཡང་འགྱུར་རོ། །འདི་ནི་ངེས་པ་དོན་གྱི་སྤྲུལ་པའི་སྒྲ། །ཤཱཀྱ་ཐུ་རིར་གཤེགས་ནས་ཁྲིམ་ལག་ལོར། །རང་བྱུང་རྡོ་རྗེ་འཇིགས་མེད་གླིང་པས་བཀོད། །དགེ་བས་འགྲོ་ཀུན་རྣམ་མཁྱེན་ཐོབ་པར་ཤོག །གཞུང་རྩ་བར་ངག་རྒྱུན་མ་དག་པ་ཡི་གེར་འཕེལ་བ་རེ་མང་ལས་དཔྱད་ཞུས་ཡང་དག་བགྱིས་པ་ཡིན་པས་འབྲུ་ལེན་གྱིས་བཤུ་བ་གལ་ཆེའོ།། །།དགེའོ། །དགེའོ། །དགེའོ། །

༄༅། །སྔགས་ཀྱི་སྨོན་ལམ་འདོད་འཇོའི་དཔག་བསམ་སྟོན་གྱི་འགྲེལ་པ་གསར་རྙིང་དགོངས་མཐུན་འབྲུལ་མེད་ལུང་རིགས་གཏེར་མཛོད་ཅེས་བྱ་བ་བཞུགས་སོ། །

ཀུན་བཟང་ཐེག་མཆོག་རྡོ་རྗེ།

བླ་མ་རྣམས་ལ་ཕྱག་འཚལ་ལོ། །ངག་གི་དབལ་སྐྱེར་འཇམ་དཔལ་ཡེ་ཤེས་སེམས། །དབྱེར་མེད་དྲིན་ཅན་བླ་མའི་ངོ་བོ་སྨྲ །སྙིང་དབུས་མི་ཤིགས་ཐིག་ལེར་རྟག་བཞུགས་ནས། །གསང་རྒྱུད་དོན་བཟང་འགྲེལ་ནུས་བྱིན་གྱིས་རློབས། །ཞེས་པས་མདུན་བསྒུས་ནས། གསང་བ་སྔགས་ཀྱི་སྨོན་ལམ་འདོད་འཇོའི་དཔག་སྟོན་འདི་ཉིད་འཆད་པ་ལ།

ཐོག་བར་མཐར་དགེ་བ། ཀླད། གཞུང་། མཇུག་གི་དོན་གསུམ་ལས། དང་པོ་ཀླད་དོན་ལ་མཚན་སྨོས་པ་དང་། སྨོན་ལམ་འགྲུབ་པའི་རྒྱུ་མཚོད་པར་བརྗོད་པའོ། །

དང་པོ་ལ། མཚན་སྨོས་པ། དོན་བསྟན་པ་གཉིས་ལས། དང་པོ་ནི། གསང་བ་སྔགས་ཀྱི་སྨོན་ལམ་འདོད་འཇོའི་དཔག་སྟོན་ཞེས་བྱ་བ་བཞུགས་སོ། །ཞེས་པས་བསྟན།

གཉིས་པ་མཚན་དོན་བསྟན་པ་ནི། གསང་བ་ཞེས། གསང་རྒྱུད་རྒྱ་མཚོའི་ཆོས་འདི་ཉིད་བློ་ཆུང་དུ་ཐེག་པ་དམན་པ་ལ་གསང་དགོས་པས་གསང་བ་ཞེས་ཏེ། རྒྱུད་ལས། གསང་སྔགས་གསང་ཞེས་བྱ་བ་སྟེ། །བློ་ཆུང་ཐེག་པ་དམན་ལ་གསང་། །ཞེས་པས་བསྟན། སྔགས་ནི་རྒྱུད་དག་པ་དང་། འབྲས་བུ་ཁྱད་པར་འཕགས་པ་ཚེ་འདིར་ཐོབ་པས་སྔགས་ཞེས་བརྗོད་དེ། རྒྱུད་ལས། དག་ཐོབ་ཡང་དག་ལྡན་པ་ལ། །མཆོག་ཏུ་བསྔགས་པས་སྔགས་ཞེས་བྱ། །ཞེས་དང་། ཀྱི་ནི་གོང་འོག་འབྲེལ་བས་འབྲེལ་སྒྲ་བསྟན་ལ། སྨོན་ལམ་ནི་གསང་བ་སྔགས་ཀྱི་རིག་པ་འཛིན་པ་རྣམས་དང་བྱང་ཆུབ་སེམས་དཔའ་རྣམས་ཀྱི་རྗེས་ཐོབ་ཀྱི་གནས་སྐབས་ཚོགས་བླ་ན་མེད་པ་སྤེལ་བར་བྱེད་པ

དང་། ཐུགས་བཞེད་མཐའ་དག་བདེ་བླག་ཏུ་འགྲུབ་པར་བྱེད་པ་དུས་དང་གནས་སྐབས་ཐམས་ཅད་དུ་གདབ་པར་བྱ་དགོས་ཏེ། ཕལ་པོ་ཆེ་ལས། སྤྱོད་པ་དག་དང་སྨོན་ལམ་གཅིག་ཏུ་སྦྱར། །ཅེས་པ་ལ་སོགས་རྒྱ་ཆེར་བསྟན་ལ། ཐེག་པ་ཐུན་མོང་དང་གསང་རྒྱུད་རྒྱ་མཚོའི་བརྗོད་བྱའི་དོན་རྣམས་ཇི་བཞིན་འགྲུབ་པ་ཡིད་ཀྱིས་སྨོན་ཞིང་རྗོད་བྱེད་ཚིག་གི་ལམ་དུ་དྲངས་ནས་རྣམ་པ་ཀུན་ཏུ་གདབས་པར་བྱ་ལ།

དེ་ཡང་གསང་རྒྱུད་རྒྱ་མཚོའི་དོན་རྣམས་ཐག་ལྔ་བས་བཅད། ལ་སྤྱོད་པས་དོར། གཞི་དམ་ཚིག་གིས་བཟུང་། རིམ་པ་དབང་གིས་བསྟན། ཉམས་སུ་ཏིང་ངེ་འཛིན་གྱིས་བླང་། དོན་མན་ངག་གིས་སྒྲུབ་པ་དྲུག་ཏུ་འདུས་ཏེ། རྒྱུད་ལས། རྒྱུས་བསྡུས་རིམ་པ་རང་ལུགས་བཞིན། །རིམ་པ་དབང་གིས་བགྲོད་པར་བྱ། །ས་མ་ཡ་ནི་ཤེལ་སྒོང་ལྟར། །གཞི་ནི་དམ་ཚིག་གཙང་མས་བཟུང་། །ཏིང་འཛིན་ལུས་དང་གྲིབ་མ་ལྟར། །ཉམས་སུ་ཏིང་ངེ་འཛིན་གྱིས་བླངས། །མན་ངག་གར་ཚང་འཕྲུང་བ་ལྟར། །དོན་ནི་མན་ངག་ཟབ་མོས་བསྒྲུབ། །ལྟ་བ་ནམ་མཁར་མདུང་བསྐོར་བཞིན། །ཐག་དང་འཕོང་ནི་ལྟ་བས་བཅད། །སྤྱོད་པ་མི་ཤ་རློན་པ་བཞིན། །ལ་ནི་སྤྱོད་པས་དོར་བར་བྱ། །ཞེས་གསུངས་སོ། །

འདོད་འཇོའི་དགའ་སྟོན་ཞེས། སྨོན་ལམ་འདི་ཉིད་ཚུལ་བཞིན་ཉམས་སུ་བླངས་པས། གནས་སྐབས་ཀྱི་ རེ་ འདོད་ ས་ ལམ་ རིམ་ གྱིས་ བགྲོད་ ནས་ སྔགས་ ཀྱི་ འདོད་ གཟུགས་ ཀྱི་ རིག་ འཛིན་ དང་ རིག་འཛིན་རྣམ་བཞིའི་གོ་འཕང་ཐོབ་ལ། མཐར་ཐུག་གི་རེ་འདོད་ཡིད་བཞིན་དུ་འཇོ་བའི་དགའ་སྟོན་ནི་སྔགས་ཀྱི་རིགས་གསུམ་རྡོ་རྗེ་འཛིན་སོགས་ནས་རང་དོན་ཆོས་སྐུ། གཞན་དོན་གཟུགས་སྐུ། ཡན་ལག་ བདུན་ ལྡན་ གྱི་ ལོངས་ སྐུ་ མངོན་ དུ་ མཛད་ ནས་ རང་ སྣང་ ཡེ་ ཤེས་ ཀྱི་ སྣང་ བ་ གཞན་ སྣང་ གཟུགས་སྐུའི་རྣམ་རོལ་བགྲང་ལས་འདས་པས་གནས་སྐབས་མཐར་ཐུག་ཀུན་ཏུ་རང་གཞན་གྱི་འདོད་འཇོའི་དགའ་སྟོན་ཞེས་བྱ་བ་ཡིན་ལ། དེ་ཡང་སྒོམ་པ་འཆི་མེད་བདུད་རྩི་ལས། རང་བཞིན་འོད་གསལ་གཞུག་མའི་ཡེ་ཤེས་ཏེ། །འོག་མིན་མཐར་ཐུག་ཆོས་དབྱིངས་ཕོ་བྲང་དུ། །ཆོས་ཀྱི་སྐུ་རུ་ཡེ་ནས་སངས་རྒྱས་ཀྱང་། །གློ་བུར་དྲི་བྲལ་ལོངས་སྐུའི་ཆེད་དུ་འབད། །སྤྲང་བྱའི་ཁྱད་པར་འཕོ་བའི་བག་ཆགས་ཏེ། །བདེ་ཆེན་ཡེ་ཤེས་གཉེན་པོས་བཅོམ་པ་ལས། །ཡན་ལག་བདུན་ལྡན་ལོངས་

སྐུའི་སངས་རྒྱས་འབྱུང་། །སྤྲོལ་ཆེན་བརྒྱད་ཀྱི་འབྲས་བུའི་མཐར་ཐུག་ཡིན། །ཡན་ལག་བདུན་ལྡན་ལོངས་སྐུ་བརྙེས་པ་ན། །རང་སྣང་མ་ལུས་ཡེ་ཤེས་སྣང་བ་འཆར། །གཞན་སྣང་གཟུགས་སྐུའི་རྣམ་རོལ་བགྲང་ཡས་ཀྱིས། །ཡིད་བཞིན་ནོར་ལྟར་གཞན་དོན་ལྷུན་གྲུབ་མཛད། །ཅེས་པས་བསྟན་ལ།

དེ་ལྟར་རེ་འདོད་ཐམས་ཅད་སྐོང་བའི་སྨོན་ལམ་ཡིད་བཞིན་དབང་གི་རྒྱལ་པོ་ལྟ་བུ་དེ་འདི་ན་ལེགས་པར་བསྟན་ཅིང་བཞུགས་པས་བཞུགས་སོ། །ཞེས་སོ། །དེས་མཚན་དོན་བསྟན་པ་སོང་། གཉིས་པ་སྨོན་ལམ་འགྲུབ་པའི་རྒྱུ་མཚོད་པར་བརྗོད་པ་ནི། དུས་གསུམ་རྒྱལ་བ་སྲས་བཅས་མ་ལུས་དང་། །ནས་ཕྱག་བགྱིའོ། །ཞེས་པས་བསྟན་ལ། དེ་ཡང་འདས་པ་དང་། མ་འོངས་པ་དང་། ད་ལྟར་གྱི་དུས་དང་གསུམ་གྱི་གནས་སྐབས་ན་བྱོན་པའི་བདུད་བཞིའི་དགྲ་ལས་རྒྱལ་བས་རྒྱལ་བ་དང་སྲས་ཉན་རང་བྱང་སེམས་དང་བཅས་པ་མ་ལུས་ཤིང་ལུས་པ་མེད་པའི་ཚོགས་དང་། ཁྱད་པར་སྙིགས་དུས་བོད་ཀྱི་འགྲོ་བ་འདུལ་བར་ཞལ་གྱིས་བཞེས་པས་བོད་ཡུལ་དང་འགྲོ་བ་ཡོད་ཅིག་གི་འགྲོ་བའི་འདི་ཕྱིའི་གནས་སྐབས་ཀུན་གྱི་སྐྱབས་དང་མགོན་དམ་པར་གྱུར་པ་སློབ་དཔོན་རིན་པོ་ཆེ་པདྨ་སཾ་བྷ་ཝ་སྟེ་དེ་ཉིད་མདོ་སྔགས་ཀྱི་ལུང་གིས་ཟིན་ཚུལ་ནི། མདོ་གསེར་འོད་དམ་པ་མདོ་སྡེའི་དབང་པོའི་རྒྱལ་པོ་ལས། འདས་པ་དང་། མ་འོངས་པ་དང་། ད་ལྟར་བྱུང་བའི་ཡང་དག་རྫོགས་པའི་སངས་རྒྱས་ཀྱི་ཞིང་ཐམས་ཅད་ལ་བསྟོད་པའི་ལེའུ་ལས། རྒྱལ་མཆོག་པདྨ་འབྱུང་གནས་འདི་འདྲ་བ། །ཚེ་རབས་དེ་དང་དེ་ར་ནི་རྙེད་གྱུར་ཅིག །སངས་རྒྱས་ཡོན་ཏན་མཐའ་ཡས་མཚུངས་མེད་དང་། །གང་ཡང་བསྐལ་བ་སྟོང་དུ་རྙེད་དཀའ་བ། །དེ་དག་རྨི་ལམ་ན་ཡང་ཐོས་པར་ཤོག །

ཅེས་པ་སྔར་གྱི་ཡིག་རྙིང་ལྟར་ཡིན་ལ། ཕྱིས་སུ། རྒྱལ་བསྟོད་པདྨ་འབྱུང་གནས་འདི་འདྲ་བ། །ཞེས་རྒྱལ་བ་ཀུན་གྱི་བསྟོད་པའི་གནས་སུ་གྱུར་པ། རང་བྱུང་པདྨའི་སྟེང་དུ་བརྫུས་སྐྱེས་སུ་འཁྲུངས་པ་པདྨ་འབྱུང་གནས་ཞེས་པའི་རྒྱལ་བ་འདི་འདྲ་བ་ཚེ་རབས་དེ་དང་དེར་སོགས་གང་དུ་སྐྱེས་ཀྱང་མགོན་དུ་རྙེད་པར་གྱུར་ཅིག་སོགས་གངས་ར་ལོ་ཆེན་ཕྱུག་དཔེ་ལྟར་ཡིན་ནམ་སྙམ་པ་དང་། འཇམ་དཔལ་སྒྱུ་འཕྲུལ་དྲྭ་བ་ལས། དཔལ་ལྡན་སངས་རྒྱས་པདྨ་སྐྱེས། །ཀུན་མཁྱེན་ཡེ་ཤེས་མཛོད་འཛིན་པ༑ ༑རྒྱལ་པོ་སྒྱུ་འཕྲུལ་སྣ་ཚོགས་འཆང་། །ཆེ་བ་སངས་རྒྱས་རིག་སྔགས་འཆང་། །ཞེས་ལུང་གིས

བསྟན་པ་ཡིན་ལ། དོན་དུ་དེ་བཞིན་གཤེགས་པ་ཐམས་ཅད་ཀྱི་གསུངས་རྡོ་རྗེའི་བདག་ཉིད་སངས་རྒྱས་འོད་དཔག་མེད་པའི་ཐུགས་རྗེའི་སྤྲུལ་པ་ཏེ་ཧྲ་ན་གྷ་ཀྲའི་མཚོ་དབུས་སུ་རང་བྱུང་པདྨའི་སྡོང་པོ་ལས་མངལ་གྱི་དྲི་མས་མ་གོས་པར་བརྫུས་ཏེ་འཁྲུངས་པས་པདྨ་དང་། སཾ་བྷ་ཝ་ནི་འབྱུང་གནས་ཞེས། པདྨ་ལས་འབྱུང་ཞིང་ཟེའུ་འབྲུའི་ནང་སྐྱེ་ཟིལ་པ་ཕྲོམ་མེར་འཛའ་ལུས་རྡོ་རྗེའི་སྐུར་མཚན་དཔེའི་རང་བཞིན་དུ་གནས་པ་དོན་གྱིས་བསྟན་པ་དང་། སྲིད་པ་འཁོར་བའི་སྡུག་བསྔལ་དང་། ཞི་བ་མྱང་འདས་ཏེ་ཐེག་དམན་ཉན་རང་དུ་ལྟུང་བའི་རྒྱུད་པ་ཀུན་སེལ་བའི་བྱེད་པོ་ནི་བླ་མ་ལ་རག་ལས་པས། གཞུང་མཛད་པ་པོ་ཀུན་མཁྱེན་ཤེས་རབ་འོད་ཟེར་གྱི་བླ་མ་དམ་པ་ནི་འབྲི་གུང་རཏྣའི་མཚན་ཏེ་རིན་ཆེན་ཕུན་ཚོགས་ཞེས་མཚན་སྙན་གྱི་བ་དན་སྲིད་རྩེར་བསྒྲེང་བ་སྟེ། འདིར་ནི་དབུར་སྟོད་འབྲི་གུང་སྐུ་གཉེར་སྒང་ཞེས་བྱ་བར་སྐྱུ་རའི་རིགས་སུ་སྐུ་བལྟམས། དགུང་ལོ་བརྒྱད་ཀྱི་སྟེང་དུ་སྤྱན་སྔ་རིན་པོ་ཆེ་ཆོས་ཀྱི་གྲགས་པ་ལས་རབ་ཏུ་བྱུང་། བཅུ་གསུམ་པ་རྩིས་ཐང་བསམ་གཏན་གླིང་དུ་དཀར་པོ་བས་ཁྲ་འབྲུག་གི་ཞིག་གསོས་མཛད་པའི་རབ་གནས་ལ་སྤྱན་དྲངས་པའི་ཚེ་ངོ་མཚར་བའི་ཆོ་འཕྲུལ་ཅི་ཡང་བྱུང་། ཡངས་པ་ཅན་དང་། ཀླུང་ཤོད་གཞོ་སྟོད་ཏེ་སྒྲོ་སོགས་གནས་ཆེན་རྣམས་སུ་སྒྲུབ་པ་ལ་སྙིང་པོར་མཛད། ཏེ་སྒྲོར་བཞུགས་པའི་སྐབས་ཤེད་འཕགས་ཡུལ་གྱི་གྲུབ་ཐོབ་བརྡོ་ན་ཐའམ་རྡོ་རྗེ་མགོན་པོ་བྱོན་ནས། ཛ་བི་རའི་ཕྱྭ་རླུང་གི་མན་ངག་སོགས་གདམས་པ་དང་རྗེས་སུ་གདམས་པ་སྩལ། མཁའ་འགྲོའི་ལུང་བསྟན་བཞིན་སྐུ་རྟེན་དཀར་ཆས་སུ་བསྒྱུར་ཅིང་། ཡངས་པ་ཅན་དུ་གཏེར་གྱི་ཁ་བྱང་བབ་པ་བཞིན། གུ་རུ་རིན་པོ་ཆེའི་སྐུ་གསུང་ཐུགས་བཅུད་དམ་ཆོས་དགོངས་པ་ཡང་ཟབ་ཤོག་སེར་རིགས་ལྔ་ཏེ་སྒྲོ་ཊཱ་གིའི་ཚོགས་ཁང་ཆེན་མོ་ནས་སྤྱན་དྲངས། སྐབས་གཞན་ཞིག་ཏུ་ཟངས་མདོག་དཔལ་རིར་བྱོན་ནས་གུ་རུ་རིན་པོ་ཆེ་ཧེ་རུ་ཀའི་རྣམ་པར་མཇལ་ཞིང་། ག་ཋ་ཙ་ཀྲའི་འདུ་བར་ལོངས་སྤྱོད་ཅིང་། རྩ་བ་གསུམ་གྱི་དཀྱིལ་འཁོར་ལ་བརྟེན་ནས་དབང་བསྐུར་ཞིང་གདམས་པ་དང་རྗེས་སུ་གདམས་པ་ཐམས་ཅད་སྩལ་ཏེ་ཧེ་རུ་ཀའི་སྐུ་སློབ་དཔོན་པདྨར་གནས་འགྱུར་བས་ཞལ་གྱི་མན་ངག་ཀྱང་མང་དུ་གནང་ནས། སླར་རང་གནས་སུ་ཕེབས། བཀའ་གཏེར་གཉིས་ཀྱི་བདག་པོར་གྱུར། མདོ་སྔགས་སེམས་གསུམ་ལ་བཤད་སྒྲོལ་ཐུན་མོང

མ་ཡིན་པ་དང་། བཀའ་བརྒྱད་ལུགས་དགུ། སྙིང་ཐིག་ཡ་བཞི། གཏེར་ཁ་གོང་འོག་སོགས་ལ་རྒྱལ་དུ་བཏོན་ཅིང་འཆད་ཉན་གྱི་ཕྲིན་ལས་ཤིན་ཏུ་རྒྱ་ཆེ་ཞིང་མངའ་རིས་པཎ་ཆེན་རིན་པོ་ཆེའི་ཕྱག་སྒྲོལ་ལྟར་བཀའ་མས་ཁོག་དབུབ། གཏེར་མའི་མན་ངག་གིས་བརྒྱན་པ་ཞིག་ཕྱག་ལེན་དུ་འདེབས་པར་མཛད་པའི་འབྲི་གུང་རིན་པོ་ཆེའི་ཞབས་ཀྱི་རྡུལ་དྲི་མ་མེད་པ་ལ་ཕྲེང་པོ་རིན་པོ་ཆེའི་སྤྱི་བོས་བཏུད་པ་སྟེ། ལུང་ལས། གང་གི་དྲིན་གྱིས་བདེ་ཆེན་ཉིད། །སྐད་ཅིག་ཉིད་ལ་འཆར་བ་གང་། །བླ་མ་རིན་ཆེན་ལྟ་བུའི་སྐུ། །རྡོ་རྗེ་ཅན་ཞབས་པད་ལ་འདུད། ཅེས་པས་བསྟན་ལ། སྐབས་དམ་པ་དེ་རྣམས་ཇི་སྲིད་བྱང་ཆུབ་སྙིང་པོའི་བར་དུ་མི་འབྲལ་བར་རྗེ་གཅིག་ཏུ་འགྲོགས་པའི་ཡིད་ཀྱི་དང་མོས་ཀྱི་གདུང་སེམས་ཀྱང་འབྲལ་བར་མི་འགྱུར་ཏེ། རྗེ་མི་ལས། བླ་མ་དུས་གསུམ་སངས་རྒྱས་ལ། །ཡིད་དུང་ངེ་བ་ལ་འབྲལ་བ་མེད། །ཅེས་སོ། །དེ་ལྟ་བུའི་ཡུལ་ཁྱད་པར་འཕགས་པ་རྣམས་ཀྱི་ཡོན་ཏན་མཐོང་ནས་གུས་པ་བསྐྱེད་པ་ནི་ཁ་ཙམ་ཚིག་ཙམ་མ་ཡིན་པར་སྙིང་ཐག་པ་ནས་བཅོས་མ་མ་ཡིན་པ་རང་བཞིན་ཤུགས་ཀྱིས་ཐུན་མོང་དུ་སྒོ་གསུམ་གུས་པ་ཆེན་པོའི་ཕྱག་བགྱིའོ་ཞེས་བསྟན་ཏེ་ཕལ་པོ་ཆེ་ལས། ལུས་དང་ངག་ཡིད་དང་བས་ཕྱག་བགྱིའོ། །ཞེས་པ་དང་ཆོས་མཚུངས་སོ། །

ཐུན་མོང་མ་ཡིན་པའི་ཕྱག་ནི། རང་རིག་པའི་ཡེ་ཤེས་གཉིས་སུ་མེད་པར་རྟོགས་ཤིང་མཇལ་བས་ཕྱག་སྟེ། པན་ཙ་གསུམ་མ་ལས། ཇི་ལྟར་ཆུ་ལ་ཆུ་བཞག་དང་། །ཇི་ལྟར་མར་ལ་མར་བཞག་བཞིན། །རང་རིག་རང་གི་ཡེ་ཤེས་ལ། །ལེགས་མཐོང་གང་ཡིན་འདིར་ཕྱག་ཡིན། །ཞེས་པས་བསྟན། དེ་ལྟར་མཆོད་པ་བརྗོད་ཅིང་། ཕྱག་འཚལ་བའི་དགོས་པ་ནི། ཚོགས་རྣམ་པ་གཉིས་རྫོགས་པར་བྱ་བའི་ཕྱིར་དང་། སྒྲིབ་པ་གཉིས་སྦྱང་བར་བྱ་བའི་ཕྱིར་དང་། མཛད་པ་པོས་བསྟན་བཅོས་མཐར་ཕྱིན་ཞིང་སྨོན་ལམ་ཅི་བཏབ་གེགས་མེད་དུ་འགྲུབ་པའི་ཕྱིར་དང་། རྗེས་འཇུག་རྣམས་ཀྱིས་འདི་ཉིད་ཀྱི་འཆད་ཉན་སྒོམ་སྒྲུབ་བྱ་བ་ལ་བར་ཆད་མི་འབྱུང་ཞིང་སྨོན་པ་ཚུལ་བཞིན་འགྲུབ་པའི་ཕྱིར་རོ། །དེས་ཐོག་མར་དགེ་བ་ཀླད་དོན་སོང་ནས། བར་དུ་དགེ་བ་གཞུང་གི་དོན་ལ། སྔོན་འགྲོ་ཐུན་མོང་གི་ཐེག་པས་རྒྱུད་སྦྱང་བར་སྨོན་པ་དང་། དངོས་གཞི་རྡོ་རྗེ་ཐེག་པའི་ལམ་ལ་སྨོན་པ་དང་། ལམ་དེས་གྲུབ་པའི་མཐར་ཐུག་གི་འབྲས་བུ་ཡན་ལག་དང་བཅས་པ་ལ་སྨོན་པའོ། །དང་པོ་ལ་ལྔ་ལས། དེས་

འབྱུང་རྒྱུད་ལ་བསྐྱེད་པར་སློབ་པ་ནི། ཚེ་འདི་ལོངས་སྤྱོད་རྨི་ལམ་དགའ་སྟོན་བཞིན། ནས། ཡིད་ནི་འབྱུང་བར་ཤོག །ཅེས་ཤུ་ལོ་ཀ་གཅིག་དང་རྐང་པ་གསུམ་གྱིས་བསྟན་ཏེ། དེ་ལ་ཚེ་འདིའི་སྣང་ཞེས་སྐད་ཅིག་མ་ལ་ཤར་བའི་རང་གི་བསགས་པའི་ལོངས་སྤྱོད་དང་། འདུག་པའི་གནས་ཁང་མཛའ་བའི་གཉེན་གྲོགས་གང་དུ་བགྲོད་པའི་ཡུལ་ལ་སོགས་པ་ནི། མདང་གི་རྨི་ལམ་ལ་སྐྱིད་མོས་ཚལ་ཞིག་ཏུ་མགྲོན་པོ་དོན་གཉེར་རང་གིས་ཟས་གོས་ནོར་སོགས་འདོད་པའི་དགའ་སྟོན་ལ་སྤྱོད་པ་ལྟ་བུ་རྨིས་ཀྱང་། སད་པའི་ཚེ་དེ་དག་ཅི་ཡང་མེད་པ་བཞིན་ཚེ་འདིའི་དཔལ་འབྱོར་ལ་སྙིང་པོ་མེད་པ་དང་། རང་གཞན་དུས་སུ་དར་ལ་བབས་པའི་ལང་ཚོའི་མཛེས་པའི་དཔལ་ལ་ཆགས་ནས་ཆུ་གཙང་གིས་ཁྲུས་བྱ་ཞིང་། རས་དཀར་དྲི་མ་མེད་པས་ལེགས་པར་བྱི་དོར་བྱེད། བཞིན་བཀྲག་རྒྱས་པའི་བྱུག་པས་བྱུགས། དར་ཟབ་མཛེས་པའི་རྒྱན་དེས་བཀླུབས། རིན་པོ་ཆེའི་མགུལ་རྒྱན་ན་རྒྱན་སོར་གདུབ་སོགས་རྣམ་པར་བཀྲ་བས་ལྷ་བརྒྱ་བྱིན་གྱི་བུ་ལ་འགྲན་བཟོད་པ་ཡིན་ཡང་འདིར་སྣང་བྱེས་པ་འདྲིད་པའི་དབང་གཞུ་འཇའ་ཚོན་ཚོན་བཀྲག་མཛེས་ཀྱང་སྐད་ཅིག་གིས་ཡལ་བ་ལྟ་བུ་སྟེ། དེ་བཞིན་འགྱུར་བའི་སྡུག་བསྔལ་ནི། ཆུ་སྐྱར་ཉ་ལ་འཛབས་པ་ལྟ་བུ་ཡོད་པས་རང་དབང་མེད་པར་ནད་དང་གདོན་དང་མེ་ཆུ་གཅན་གཟན་སོགས་འཇིགས་པ་ཆེན་པོ་བརྒྱད་དང་བཅུ་དྲུག་གིས་ད་ལྟ་བདེ་བ་ཡོད་འགྲོ་ལ་འཇའ་བཞིན་ཡལ་བས་སྡུག་བསྔལ་བར་འགྱུར་ལ། རང་གི་ཚེ་མི་རྟག་པ་ནི་ལྷུང་གསེབ་ཀྱི་མར་མེ་ལྟ་བུ། སྲོག་ནི་མི་རྟག་པ་ནམ་མཁའ་ལ་གློག་གི་ཐློས་གར་མིག་འཕྲུལ་སྟོན་པ་བཞིན་དང་ན་བུན་ཡལ་བ་བཞིན་སྐད་ཅིག་གིས་འཇིག་ལ། བསོད་ནམས་ཀྱིས་དཔལ་གྱིས་མངོན་པར་མཐོ་བ་སྟོང་འཁོར་ལོས་སྒྱུར་བའི་རྒྱལ་པོའམ། ཁམས་ཀྱི་རྒྱལ་ཕྲན་ལ་སོགས་པ་འཇིག་རྟེན་ན་ཆེ་ཞིང་མཐོ་བ་རྒྱལ་སྲིད་རིན་པོ་ཆེ་སྣ་བདུན་གྱི་ཕུན་སུམ་ཚོགས་པའི་དཔལ་རྒྱ་ཆེན་པོ་ཀུན་ལ་དབང་སྒྱུར་བ་ཞིག་ཡིན་ཀྱང་། སྟོན་ཀའི་དུས་ན་ཤིང་བལ་ལྟར་མཛེས་པའི་སྤྲིན་དཀར་གྱི་ཕུང་པོ་གངས་ལྡན་གྱི་ས་འཛིན་ལྟ་བུའི་གླང་པོ་ཆེའམ་ཤིང་རྟའམ་རྨ་བྱ་ལྟར་མཛེས་པ་ཞིག་བྱུང་བ་དེ་མིག་འབྲེད་འཛུམ་ཙམ་གྱི་ཡུན་ལའང་མི་རྟག་པ་བཞིན་ཚེ་སྲོག་ཆུའི་ཆུ་བུར་བཞིན་དུ། སྐད་ཅིག་ཙམ་གྱིས་མི་རྟག་པར་ལུས་སེམས་སོ་སོར་འབྲལ་ཞིང་འཇིག་པའི་ཆོས་ཅན་ཡིན་ཏེ། མདོ་རྒྱ་ཆེར་

རོལ་པ་ལས། སྲིད་གསུམ་མི་རྟག་སྟོན་ཀའི་སྤྲིན་དང་འདྲ། །འགྲོ་བའི་སྐྱེ་འཆི་གར་ལ་བལྟ་དང་མཚུངས། །སྐྱེས་བུའི་ཚེ་འགྲོ་ནམ་མཁའི་གློག་འདྲ་སྟེ། །རི་གཟར་འབབ་ཆུ་བཞིན་དུ་མྱུར་མགྱོགས་འགྲོ། །ཞེས་སོ། །དེ་བཞིན་དུ་སྐྱེས་པའི་མཐའ་མ་འཆི། འདུས་པའི་མཐའ་མ་འབྲལ། བསགས་པའི་མཐའ་མ་ཟད། མཐོན་པོའི་མཐའ་མ་ལྟུང་བར་འགྱུར་བ་འཇིག་རྟེན་འདི་ན་མཐོང་ཆོས་སུ་ཡོད་པ་ལ་བསམས་ནས་ཚེ་མི་རྟག་པ་ཡང་ཡང་དྲན་དགོས། འཆི་བ་མ་དྲན་པ་རྟག་འཛིན་གྱི་བློས་འདུ་འཛི་རྣམ་གཡེང་གི་ངང་ནས་དེ་རིང་མི་འཆི་བསམ་པའི་ལྟོད་ལྟོད་དུ་ཡོད་སྐབས་སུ་གཤིན་རྗེའི་ཕོ་ཉས་འཇིགས་གཟུགས་བསྟན་ནས་ཞགས་པ་ནག་པོ་དེ་སྐེ་ལ་བཞག །དགྲ་སྟས་སྲོག་ལ་གཟེས།ལུས་སེམས་གཉིས་པོ་སོ་སོར་འབྲལ། མི་འདོད་བཞིན་དུ་ཐ་གྲུས་བསྐུམ། ཡོལ་བས་བསྒྲིབ། དུར་ཁྲོད་དུ་གེང་རུས་སྐྱ་ཟིང་ངེ་འགྲོ་བ་དེ་དོ་ནུབ་ཙམ་ཡང་མི་འོང་བའི་ཁག་མི་ཐེག་པ་འདི་དྲན་པར་བྱ་བ་གལ་ཆེ། དེ་འདྲར་གྱུར་ཚེ་ཀྱི་ཧུད་ཕ། ཀྱི་ཧུད་མ། སུ་ཞིག་སྐྱབས་སུ་ཞིག་མགོན་ཞེས་བོས་ཀྱང་། སྐྱབས་སུ་ཡང་མེད་པས། ཡ་ང་ཞིང་། ཡི་མུག་པར་གྱུར་པའི་ཚེ་ན་བདག་གིས་ཇི་ལྟར་བྱ་ཞེས་འགྱུར་བ་བསམ་ན་སྙིང་རླུང་ལྡང་བར་འགྱུར་བ་སྟེ། རྒྱལ་སྲས་ཞི་བ་ལྷས། གཤིན་རྗེའི་ཕོ་ཉ་འཇིགས་འཇིགས་ལྟའི། །ཤ་ཚུགས་ཅན་གྱིས་བཟུང་གྱུར་ཅིང་། །འཇིགས་ཆེན་ནད་ཀྱིས་ཐེབས་གྱུར་པ། །རབ་ཏུ་ཉམ་ཐག་སྨོས་ཅི་དགོས། །སུ་ཞིག་འཇིགས་ཆེན་འདི་ལས་བདག །ལེགས་པར་སྐྱོབ་པར་བྱེད་འགྱུར་ཞེས། །བྲེད་ཤ་ཐོན་པའི་མིག་བགྲད་ནས། །ཕྱོགས་བཞིར་སྐྱབས་དག་འཚོལ་བར་བྱེད། །ཕྱོགས་བཞིར་སྐྱབས་མེད་མཐོང་ནས་ནི། །དེ་ནས་ཀུན་ཏུ་ཡི་མུག་འགྱུར། །གནས་དེར་སྐྱབས་ཡོད་མ་ཡིན་ན། །དེ་ཚེ་བདག་གིས་ཇི་ལྟར་བྱ། །ཞེས་གསུངས་པ་ལྟར། སྲིད་པ་འདི་ནི་སྡུག་བསྔལ་བའི་རང་བཞིན་ཡིན་པར་ཤེས་ནས་དེ་ལས་ཐར་བར་འདོད་པ་བདག་གི་ཡིད་ལ་ནི་སྐྱོ་ཤས་དང་ངེས་འབྱུང་དྲག་པོ་སྐྱེས་ནས་འཁོར་བའི་གནས་ནས་འབྱུང་ནས་ཞི་བ་བྱང་ཆུབ་ཀྱི་གྲོང་དུ་བགྲོད་པར་ཤོག་ཅེས་སྨོན་པའོ། །ལམ་གྱི་ཐོག་མར་བཤེས་གཉེན་བརྟེན་པར་སྨོན་པ་ནི། བདེ་ལེགས་དངོས་གྲུབ་ཀུན་གྱི་འབྱུང་གནས་ནི། །ནས་ཚུལ་བཞིན་བསྟེན་པར་ཤོག །

ཅེས་ཤྭ་ལོ་ཀ་གཅིག་གིས་བསྟན་ལ། དེ་ཡང་དཔེར་གྲུ་ཟམ་མེད་ན་ཆུ་ཆེན་མི་བགྲོད་པ་

ལྟར། འཁོར་བའི་སྡུག་བསྔལ་གྱི་རྒྱ་མཚོ་ལས་སྒྲོལ་ཞིང་གནས་སྐབས་སུ་མངོན་མཐོའི་བདེ་བ་དང་། མཐར་ཐུག་ངེས་ལེགས་ཀྱི་འབྲས་བུའམ། དངོས་གྲུབ་ཀུན་གྱི་རྩ་བ་དམ་པར་གྱུར་པའི་འབྱུང་གནས་ནི། མདོ་རྒྱུད་ནས་གསུངས་པའི་ཕྱི་ནང་གསང་བའི་དེ་ཉིད་བཅུ་ཕྲག་གསུམ་གྱི་མཚན་ཉིད་ཀུན་དང་ལྡན་པའི་བླ་མ་ཐེག་པ་མཆོག་གི་དགེ་བའི་བཤེས་གཉེན་ཡིན་ཏེ། མཚན་ཉིད་ནི། བླ་མ་ལྔ་བཅུ་པ་ལས། བཟོད་ལྡན་དྲང་ལ་གཡོ་སྒྱུ་མེད། །སྔགས་དང་རྒྱུད་ཀྱི་སྦྱོར་བ་ཤེས། །སྙིང་བརྩེར་ལྡན་ཞིང་བསྟན་བཅོས་མཁས། །དེ་ཉིད་བཅུ་ནི་ཡོངས་སུ་ཤེས། །དཀྱིལ་འཁོར་བྲི་བའི་ལས་ལ་མཁས། །སྔགས་བཤད་པ་ཡི་སྦྱོར་བ་ཤེས། །རབ་ཏུ་དངས་ཤིང་དབང་པོ་དུལ། །ཞེས་པའི་ཡོན་ཏན་ལྡན་པ་དང་། མདོ་སྡེ་རྒྱན་ལས། བཤེས་གཉེན་ཞི་བ་དུལ་བ་ཉེར་ཞི་བ། །ཡོན་ཏན་བརྩོན་བྲུས་ལྷག་པར་ལུང་གིས་ཕྱུག །རྟོགས་དཀའི་དེ་ཉིད་རབ་ཏུ་སྨྲ་མཁས་ལྡན། །བརྩེ་བའི་བདག་ཉིད་སྐྱོ་ངལ་སྤངས་ལ་བསྟེན། །ཞེས་དང་། དེ་ཉིད་བཅུ་ཟུང་ནི། རྡོ་རྗེ་སྙིང་པོ་རྒྱན་གྱི་རྒྱུད་ལས། ཕྱིར་བཟློག་༡གཉིས་ཀྱི་ཚིག་༢དང་། །གསང་དང་ཤེས་རབ་༣ཡེ་ཤེས་དང་༤། །ཁ་སྦྱོར་འབྱེད་པའི་ཚིག་དང་༥། །གཏོར་མ་༦རྡོ་རྗེའི་བཟླས་པ་༧དང་། །དྲག་ཤུལ་སྒྲུབ་པའི་ཚིག་དང་༨། །རབ་ཏུ་གནས་༩དང་དཀྱིལ་འཁོར་སྒྲུབ༡༠། །གསང་བའི་དེ་ཉིད་བཅུ་ཡིན་ནོ། །དཀྱིལ་འཁོར་༡ཏིང་འཛིན་༢ཕྱག་རྒྱ་དང་༣། །སྟངས་སྟབས་༤འདུག་སྟངས་༥བཟླས་བརྗོད་དང་༦། །སྦྱིན་སྲེག་༧མཆོད་པ་༨ལས་སྦྱོར་དང་༩། །སླར་བསྡུ་བ་༡༠ཡི་རྣམ་པ་ནི། །ཕྱི་ཡི་དེ་ཉིད་བཅུ་ཡིན་ནོ། །ཞེས་གསང་བ་སྟེ་ནང་གི་དེ་ཉིད་བཅུ་དང་། ཕྱིའི་དེ་ཉིད་བཅུ་གསུངས་སོ། །དེའི་ཕྱིར་བཟློག་གཉིས་ནི་ཁྲོ་བོའི་སྲུང་འཁོར་བསྒོམ་ནས་བར་ཆད་ཕྱིར་བཟློག་པ་དང་། སྲུང་བའི་འཁོར་ལོ་བྲིས་ནས་བཏགས་པས་བར་ཆད་ཕྱིར་ཟློག་པའོ། །གསང་བ་དང་ཤེས་རབ་ཡེ་ཤེས་ཀྱི་དབང་བསྐུར་བ་གཉིས་དངོས་བསྟན་ལ་ཤུགས་ཀྱིས་གསང་དབང་བུམ་དབང་ཐོབ་པ་ལ་བསྐུར་བས་དེས་བུམ་དབང་མཚོན་ལ། གསུམ་པས་བཞི་པ་མཚོན་པས་དེར་བསྡུའོ། །ཁ་སྦྱོར་དབྱེ་བ་ནི་ཞིང་བཅུའི་བསྟན་དགྲ་སྒྲོལ་བྱེད་ཀྱི་འགོ་བའི་ལྷ་སྲུང་དང་དབྱེ་ནས་བསྒྲལ་བ་དང་། གཏོར་མ་འབུལ་བའི་སྔགས་རྒྱ་སོགས་ཚིག་དང་། ངག་གི་རྡོ་རྗེའི་བཟླས་པ་སོགས་སྔགས་ཀྱི་དེ་ཉིད་དང་། དྲག་ཤུལ་སྒྲུབ་པ་ནི་

དབང་ཐོབ་དམ་ཚིག་ལྡན་རྫས་ཚང་ནས་ལྷ་ཇི་བཞིན་སྒྲུབ་ཀྱང་མ་འགྲུབ་ན་ལྷ་ལ་དྲག་པོའི་སྦྱོར་བས་གནད་དུ་འབེབས་པའོ། །རབ་གནས་ནི་དམ་ཚིག་པའི་རྟེན་ལ་ལྷ་ཡེ་ཤེས་སེམས་དཔའ་དབྱིངས་ནས་བསྟིམ་པ་སོགས་དང་། དཀྱིལ་འཁོར་སྒྲུབ་པ་ནི་བདག་མདུན་བུམ་པའི་དཀྱིལ་འཁོར་སྒྲུབ་པ་རང་གཞུང་ལྟར་བྱུང་ཆུབ་པར་བྱ་བའོ། །ཕྱིའི་དེ་ཉིད་བཅུའི་དཀྱིལ་འཁོར་ནི་གཟུགས་བརྙན་གྱི་དཀྱིལ་འཁོར་དང་། ཏིང་ངེ་འཛིན་ནི་ལྷའི་རྣལ་འབྱོར་ཏེ་ལྟར་སྣང་དང་། ཕྱག་རྒྱ་ནི་ལྷ་ལ་རྒྱས་འདེབས་པ་གནས་གསུམ་བྱིན་རླབས་རྒྱ་དང་། སྟངས་སྟབས་ནི་ལྷའི་གར་གྱི་སྟངས་སྟབས་འདུག་སྟངས། རྡོ་རྗེ་སྐྱིལ་ཀྲུང་ལ་སོགས་དང་། བཟླས་བརྗོད་ནི་སྔགས་སྙིང་སྒྲུབ་ལས་སྦྱོར་བཟླ་བ་དང་། སྦྱིན་སྲེག་ལས་བཞིའི་སྲེག་བླུགས་དང་། མཆོད་པ་ནི་རང་གཞུང་གི་མཆོད་པ་དང་གཏང་རག་གི་མཆོད་པ་སོགས་དང་། ལས་སྦྱོར་ཞི་རྒྱས་དབང་དྲག་སོགས་དང་། སླར་བསྡུ་ནི་མཆོད་བསྟོད་སྔོན་དུ་འགྲོ་བས་གཤེགས་གསོལ་ལྷ་སྐུའི་གསལ་སྣང་བསྡུ་བའོ། །ཕྱི་ནང་གིས་སྒྲ་ཞུགས་པ་ནི་རྒྱུད་སྡེ་ཕྱི་ནང་གིས་ཕྱེས་པ་ཡིན་ནོ། །

ཡང་ན་ཡོན་ཏན་བརྒྱད་ལྡན་གྱི་རྡོ་རྗེ་སློབ་དཔོན་ལ་བརྟེན་དགོས་ཏེ། ལམ་རིམ་ལས། སྟོན་པ་མཛོད་ལྡན་ཆུ་བོ་རྫོགས། །གཉེར་ལྡན་རྒྱུད་དང་ལས་ལ་མཁས། །མན་ངག་དྲོད་དང་བརྒྱུད་འཆང་བ། །ཞེས་གསུངས་པས། མཛོད་གསུམ་ནི། བསྐྱེད་པའི་མཛོད་མ་ཧཱ། རྫོགས་པའི་མཛོད་ཨ་ནུ། ལྟ་བའི་མཛོད་ཨ་ཏི་སྟེ་གསུམ་གྱི་རྒྱུད་དོན་ལ་མཁས་པ། ཕྱི་ཕན་པའི་དབང་བཅུ་ནི། སྙིང་པོ་ལྟ་དང་དབུ་རྒྱན་དང་། །བུམ་པ་ཅོད་པན་ཕྲེང་བ་སྟེ། །གོ་ཆ་ཕྱག་མཚན་གདུགས་ཕྱག་རྒྱ། །བཟའ་བཏུང་དབང་རྣམས་རིམ་བཞིན་བསྐུར། །ཞེས་དང་། ནང་ནུས་པའི་དབང་ལྔ་སྟེ། བདག་དོན་ནུས་པའི་བརྩོན་འགྲུས་ཅན་ལ་ཉན་པ་དང་སྒོམ་པའི་དབང་། གཞན་དོན་ནུས་པའི་བརྩོན་འགྲུས་ཅན་ལ་ཕྲིན་ལས་དང་འཆད་པའི་དབང་། གཉིས་ཀའི་དོན་ནུས་པའི་བརྩོན་འགྲུས་ཅན་ལ་རྡོ་རྗེ་རྒྱལ་པོ་བཀའ་རབ་འབྱམས་ཀྱི་དབང་དང་ལྔ། གསང་བ་ཟབ་མོའི་དབང་གསུམ་ནི་བརྟུལ་ཞུགས་ཅན་ལ། གསང་ཤེར་དབྱེར་མེད་བདེ་ཆེན་གྱི་དབང་གསུམ་སྟེ། ཕན་ནུས་ཟབ་མོའི་དབང་གི་ཆུ་བོ་རྫོགས་པ། གསང་སྔགས་ཡལ་བར་མི་འདོར་ཞིང་སྣོད་ལྡན་རྗེས་སུ་འཛིན་པའི་གཉེར

དང་ལྡན་པ། རྒྱུད་སྡེ་ལ་མཁས་ཤིང་ལུང་གི་གོ་དོན་ཁྲོལ་བ། ལས་ཕྲིན་ལས་ཏེ་སྒྲུབ་པའི་ཆོག་ཁྲིགས་ལ་མཁས་པ་སྔོན་བརྒྱུད་ཀྱི་མན་ངག་ཉམས་སུ་མྱོང་བའི་དྲོད་རྟགས་འཆང་བ་སྟེ། མཛོད་གསུམ་སོ་སོར་བཤད་བས་རང་བཞིན་བརྒྱད་ལྡན་གྱི་སློབ་དཔོན་མཚན་ཉིད་ལྡན་པ་ལ་རང་ཉིད་གུས་པས་མཉེས་པ་གསུམ་གྱིས་བརྟེན་ནས་བླ་མ་མཆོད་པས་དབང་རྣམས་རིམ་པར་ཐོབ་པ། གུས་སྦྱོར་དང་རྟག་སྦྱོར་གྱི་བརྩོན་འགྲུས་ཀྱིས་ཐོས་བསམ་ཡལ་བར་མི་འདོར་བ། རྟོགས་བྱའི་ལྟ་བ་ལ་རྣམ་པར་དཔྱོད་པའི་བློ་གྲོས་ཕྱིན་ཅི་མ་ལོག་པས་གསལ་བ། རྩ་བ་དང་ཡན་ལག་གི་དམ་ཚིག་མ་ཉམས་ཤིང་། སྔགས་དང་ཕྱག་རྒྱ་ལ་སོགས་པའི་དོན་རྣམས་ཀྱང་ཁོང་དུ་ཆུད་ལ་མཐུན་རྐྱེན་གྱི་ཡོ་བྱད་དང་ལྡན་པ་དག་གིས་གསང་ཆེན་རྡོ་རྗེ་ཐེག་པའི་སྒོར་ཞུགས་པ་ནི་སློབ་མའི་མཚན་ཉིད་དྲུག་སྟེ། རྒྱུད་ལས། སྟོན་པ་མཆོད་བརྩོན་རྟོག་པ་གསལ། །དམ་ཚིག་སྔགས་དང་ཕྱག་རྒྱ་རྣམས། །མ་ཉམས་ཤེས་ཤིང་ཡོ་བྱད་ལྡན། །ཞེས་སོ། །དེ་ལྟ་བུའི་སློབ་མས་བླ་མ་དམ་པ་མཚན་ཉིད་ལྡན་པས་མཚན་ཙམ་དྲན་པ་ཡིས་ཀྱང་། སྲིད་པ་འཁོར་བ་དང་། ཞི་བ་མྱང་འདས་ཀྱི་འཇིགས་པ་ཇི་སྙེད་པ་ཀུན་འཕྲོག་ཅིང་སེལ་བར་བྱེད་ལ། དེ་ཡང་དུས་དང་གནས་སྐབས་ཀུན་ཏུ་དཔལ་ལྡན་བླ་མ་དམ་པ་དེ་སྤྱི་བོའི་གཙུག་གམ་རང་གི་སྙིང་གི་དཀྱིལ་དུ་བསྒོམས་ནས་གུས་པ་ཆེན་པོས་གསོལ་བ་རྩེ་གཅིག་ཏུ་འདེབས་ཤིང་ཐུགས་ཡིད་དབྱེར་མི་ཕྱེད་པར་དད་མོས་དྲག་པོས་སྐྱེ་བ་ནས་ཚེ་རབས་ཀྱི་ཕྲེང་བ་ཇི་སྙེད་པས་བསྡུས་པའི་ཚེ་ཡང་ཚུལ་མིན་ཡིད་བྱེད་བྲལ་བ་རྣམ་པར་དག་པས་ཚུལ་བཞིན་དུ་བསྟེན་པར་ཞོག་ཅེས་སློན་པའོ། །

བྱང་ཆུབ་ཀྱི་སྤྱོད་པ་ལ་སློབ་པར་སློན་པ་ལ་ནང་གསེས་གསུམ། སྦྱོར་བ་དང་། དངོས་གཞི། རྗེས་སོ། །དང་པོ་སྦྱོར་བ་ལ་སྐྱབས་སུ་འགྲོ་བ་དང་། སྙིང་རྗེ་བསྐྱེད་པ་དང་། བློ་སྦྱངས་པ་དང་། གསུམ་ལས།

དང་པོ་ནི། དེ་ལྟར་དགེ་བའི་བཤེས་ལས་རྙེད་པའི་དོན། གཏན་གྱི། ཡིད་ལ་གསོལ་འདེབས་ཤིང་། ཞེས་རྐང་པ་གསུམ་གྱིས་བསྟན་ལ། དེ་ལྟར་ཐོག་མཐའ་བར་གསུམ་དུ་དགེ་བའི་བྱང་ཆུབ་ལམ་གྱི་བཤེས་གཉེན་བརྟེན་ནས། ཐོག་མར་དེ་ལས་ངེས་ལེགས་ཀྱི་སར་བགྲོད་པའི་ཐབས་བླ

མའི་བཀའ་དྲིན་གྱིས་རྙེད་པའི་དོན་འཁོར་བ་ལས་ཐར་བ་དང་། རང་ཉིད་ཞི་བདེ་དོན་གཉེར་གྱི་ བློ་ཙམ་མ་ཡིན་པ། སྲིད་ཞིའི་མཐའ་གཉིས་ཀ་སྐྱོན་དུ་མཐོང་ནས་འགྲོ་ཀུན་སངས་རྒྱས་ཀྱི་ས་ལ་འགོད་པའི་ཁུར་ཁྱེར་བའི་སྐྱེས་བུ་ཆེན་པོའི་སྐྱབས་འགྲོའི་གནད་མ་འཁྲུལ་བར་ཤེས་པར་བྱ་བ་དང་། དད་པ་བཞི་ལས་ཡིད་ཆེས་ཀྱི་དད་པ། དཀོན་མཆོག་གསུམ་གྱི་ཡོན་ཏན་ལ་སྙིང་ཐག་པ་ནས་ངེས་ཤེས་འདྲོངས་ཤིང་། ངེས་བསླུ་བ་མེད་པར་ཡིད་ཆེས་ནས། སོ་སྐྱེས་འཕགས་པ་གང་ཡིན་ཀྱང་། ཐ་ན་ཚོར་བ་སེམ་པའི་རྣམ་པ་བདེ་བའང་དཀོན་མཆོག་གི་ཐུགས་རྗེར་ཤེས་ཤིང་། ཚོར་བ་གདུང་བའི་རྣམ་པ་ཕྲ་མོ་སོ་སྐྱེས་ནས་དགྲ་བཅོམ་པའི་རྒྱུད་ལ་སྐྱེས་པ་ཡན་ཆད་རང་གི་ལས་སུ་ཤེས་པས་ཡིད་གཉིས་མེད་པ་དང་། ཕྱིར་མི་ལྡོག་པའི་དད་པ། རྒྱ་གར་དུ་ནང་པའི་དགེ་བསྙེན་གཅིག་མུ་སྟེགས་པས་བཟུང་ནས་ཁྱོད་རང་གི་ལྷ་དང་ལྟ་བ་ཐོང་ངའི་གྲུབ་མཐའ་ལ་ཞུགས། དེ་ལྟར་མི་བྱེད་ན་ཁྱོད་གསོད་དོ་ཞེས་བསྡིགས་ནས། དགེ་བསྙེན་གྱིས་ཚིག་ཙམ་དུ་ཁྱེད་ཀྱི་འདོད་པ་སྒྲུབ། སྙིང་ཐག་པ་ནས་ནི་མི་གཏོང་བྱས་པས། དགེ་བསྙེན་སྲོག་དང་བྲལ་བར་བྱས་སོ། །དེ་ལྟར་སྐྱབས་སུ་ཁས་བླངས་པ་དེ་གལ་འགག་ཅི་ལ་ཐུག་ཀྱང་མི་གཏོང་ཞིང་། ཐབས་གཞན་མི་འཚོལ་བ་གཡོ་འགྱུལ་མེད་པར་འགྱུར་བ་མེད་པའི་དད་པ་བརྟན་པོས་གཞི་བཟུང་ནས། ཐུན་མོང་གི་སྐྱབས་འགྲོ་སངས་རྒྱས་ལ་སྟོན་པ། ཆོས་ལ་ལམ། དགེ་འདུན་ལ་ལམ་གྲོགས་སུ་ཁས་ལེན་ནས་སྐྱབས་སུ་འགྲོ། ཐུན་མོང་མ་ཡིན་པ་གསང་སྔགས་རྡོ་རྗེ་ཐེག་པ་ལྟར་ན་སྒོ་གསུམ་བླ་མ་ལ་འབུལ། ཡིད་དམ་ལ་བརྟེན། མཁའ་འགྲོ་ལ་གྲོགས་ཀྱི་ཚུལ་གྱིས་སྐྱབས་སུ་འགྲོ། ཁྱད་པར་ཐབས་མཆོག་རྡོ་རྗེ་སྙིང་པོའི་ལུགས་ལྟར་ན་རྩ་ཡི་དྲ་བ་དག་པ་ལྷ་རུ་སྦྱངས་པས་རྩ་སྤྲུལ་སྐུར་བརྟེན། རླུང་འབྱུང་འཇུག་གནས་གསུམ་སྔགས་སུ་ཤེས་ནས་རླུང་ལོངས་སྐུར་སྦྱངས། སེམས་ཉིད་དོན་དམ་པ་སྤྲོས་པའི་གྲྭ་ཟུར་དང་བྲལ་བས་ཀུན་ཟླུམ་ཐིག་ལེ་ཆེན་པོའི་རང་ཞལ་མཐོང་བས་ཐིག་ལེ་ཆོས་སྐུར་དག་པའི་མྱུར་ལམ་གྱིས་སྐྱབས་སུ་འགྲོ། དེ་ཡང་གཞན་རྒྱུད་ལ་བྱོན་པའི་དཀོན་མཆོག་གསུམ་ལ་སྐྱབས་སུ་འགྲོ་བ་རྒྱུའི་སྐྱབས་འགྲོ། ཕར་ཕྱིན་ཐེག་པས་མ་འོངས་པའི་ཆ་ལ་རང་རྒྱུད་ལ་མངོན་དུ་འགྱུར་རྒྱུ་གི་སངས་རྒྱས་ལ་དམིགས་ཏེ་སྨོན་པའི་ཆ་གང་ཞིག་འབྲས་བུའི་སྐྱབས་འགྲོ། དེའང་སྨོན་པའི་སེམས་བསྐྱེད་པ་ལྟ་བུ

གཞན་དོན་ལ་དམིགས་པ་ཅན་ནི་མ་ཡིན་ཏེ། འདི་ནི་རང་རྒྱུད་ལ་འགྲུབ་རུང་གི་སངས་རྒྱས་ལ་དམིགས་ཏེ་སྨོན་པའི་ཁྱད་པར་བྱས་པའོ། །འདིར་ནི་སེམས་ཉིད་རང་བཞིན་རྣམ་པར་དག་པ་ངོ་བོའི་ཆ་ནས་རྣམ་ཐར་སྒོ་གསུམ་གྱི་རང་བཞིན་ལ་ཡུལ་དཀོན་མཆོག་དང་། ཡུལ་ཅན་བདག་དང་སེམས་ཅན་ཞེས་སྐྱབས་སུ་འགྲོ་བྱ་འགྲོ་བྱེད་ཀྱི་ཐ་སྙད་ཐམས་ཅད་སྨོན་པ་མེད་པའི་དབྱིངས་སུ་རྣམ་པར་བྱང་བ་འབྲས་བུའི་སྐྱབས་འགྲོ་སྟེ། ཡོན་ཏན་མཛོད་ལས། འབྲས་བུའི་སྐྱབས་འགྲོ་བསླུ་བ་མེད་པ་ནི། །རྣམ་ཐར་སྒོ་གསུམ་སྨོན་པ་མེད་པའི་དབྱིངས། །གནས་ལུགས་རྡོ་རྗེ་འདུས་མ་བྱས་པ་ཡིན། །ཡེ་ཤེས་ཡོངས་རྫོགས་དག་པ་གཉིས་ལྡན་འཐོབ། །ཞེས་པས་བསྟན་ལ། དེ་ཡང་གནས་སྐབས་ཀྱི་སྐྱབས་ཙམ་མ་ཡིན་པའི། གཏན་གྱི་སྐྱབས་གནས་སུ་གྱུར་པ་ཡོན་ཏན་གྱི་ཆ་ནས་དེའི་གོང་ན་གཞན་མེད་པས་བླ་ཞེས་པ་དང་། ཐུགས་རྗེའི་ཆ་ནས་འགྲོ་བ་ཀུན་ལ་མ་ལྟར་གྱུར་པའི་བླ་མ་དང་། རྒྱུད་བླ་མ་ལས། འབྱུང་བ་དཀོན་ཕྱིར་དྲི་མེད་ཕྱིར། །མཐུ་ལྡན་ཕྱིར་དང་འཇིག་རྟེན་གྱི། །རྒྱན་གྱུར་ཕྱིར་དང་མཆོག་ཉིད་ཕྱིར། །འགྱུར་བ་མེད་ཕྱིར་དཀོན་མཆོག་ཉིད། །ཅེས་ཡོན་ཏན་དྲུག་ལྡན་གྱི་དཀོན་མཆོག་རིན་པོ་ཆེ་རྣམ་པ་གསུམ་ལ་ཡིད་ཁྱེད་ཤེས་ཀྱིས་རྣམ་པ་ཀུན་ཏུ་སྐྱབས་གནས་དམ་པ་ཁྱེད་རྣམས་ལ་བསྟེན། ཁྱེད་གཅིག་སྐྱབ་སྐམ་པའི་སྙིང་ཐག་པ་ནས་འབྲལ་བ་མེད་པའི་གདུང་བའི་དབྱངས་ཀྱིས་གསོལ་བ་འདེབས་ཤིང་སྐྱབས་སུ་འགྲོ་བའོ། །

ཉིས་པ་ནི། འགྲོ་ཀུན་ཕ་མར་ཤེས་པའི་སྙིང་རྗེ་ཡིས། །ཞེས་ཚིག་རྐང་གཅིག་གིས་བསྟན་ཏེ། དེ་ཡང་ཐེག་པ་ཆེན་པོའི་ལམ་གྱི་རྩ་བ་འགྲོ་བ་སེམས་ཅན་ཡོད་དོ་ཅོག་ཕ་མར་མ་གྱུར་པ་གཅིག་ཀྱང་མེད་པས་འདི་དག་ཀུན་ཀྱང་ཕ་མར་གྱུར་པའི་ཚེ་ཡང་རང་ལ་དྲིན་ཆེན་པོས་བསྐྱངས་པའི་དྲིན་དྲན་ནས་དྲིན་གཟོ་བར་ཤེས་པར་བྱ་དགོས་པའི་ཕྱིར། འདི་ལྟར་སེམས་ཅན་ཐམས་ཅད་ནི་འབྲོག་དགོན་པ་འཇིགས་པ་ཅན་དུ་འཁྱམས་པའི་དམུས་ལོང་ལྟ་བུ། སྣང་དོར་གྱི་མིག་ནི་ལོང་། དགེ་བའི་བཤེས་གཉེན་གྱི་ལོང་ཁྲིད་དང་ནི་བྲལ། སྦྱིན་པའི་བཟའ་བཏུང་ནི་མེད། ཚུལ་ཁྲིམས་ཀྱི་སྐྱེལ་མས་ནི་བོར། བཟོད་པའི་གོ་ཆ་གཡང་ལུགས་སུ་རྒྱ་རལ་ནས། བརྩོན་འགྲུས་ཀྱི་གོམ་པ་ནི་འཚོལ། བསམ་གཏན་གྱི་ངལ་སྟེགས་དང་ནི་བྲལ། ཤེས་རབ་དང་དྲན་པའི་མིག་དང་འཁར་བས་སྟོངས་པ་

འབའ་ཞིག་པས། ལ་ལ་ནི་སེམས་ཅན་དམྱལ་བ་ཆེན་པོར་བཙོ་ཞིང་བསྲེག་གོ། །ལ་ལ་ནི་ཡི་དྭགས་ཀྱི་གྲོང་ཁྱེར་དུ་བཀྲེས་ཤིང་ཉམ་ཐག །ལ་ལ་ནི་དུད་འགྲོའི་འཇིག་རྟེན་ན་མནར་ཞིང་སྡུད། ལ་ལ་ནི་ལྷ་མ་ཡིན་གྱི་གནས་ན་འཐབ་ཅིང་རྩོད་དོ། །ལ་ལ་ནི་ལྷའི་གྲོང་ཁྱེར་ནས་འཕོ་ཞིང་ལྟུང་ངོ་། །ལ་ལ་ནི་མིའི་འགྲོ་བ་ན་སྐྱེ་རྒ་ན་འཆིའི་སྡུག་བསྔལ་ལ་སྤྱོད་དོ། །དེ་ལྟར་དྲུག་པོ་ཀུན་ཀྱང་མྱ་ངན་ལས་འདས་པ་མ་ཡིན་པ། ལས་ཀྱི་ཕྱི་བཞིན་འབྲང་བ་ཉོན་མོངས་དྲག་པོས་གཟིར་བ། དངོས་སམ་བརྒྱུད་ནས་ངན་སོང་གི་འཇིགས་པ་དང་བཅས་པ། ལ་ལ་ནི་ད་ལྟ་བདེ་ཞིང་ཕུན་སུམ་ཚོགས་པ་ལྟར་སྣང་ཡང་སྡུག་བསྔལ་གྱི་རྒྱུ་ལ་སྤྱོད་པ་སྟེ་མི་དགེ་བའི་ལས་ལ་དགའ་བ། ལ་ལ་ནི་སྡུག་བསྔལ་གྱི་འབྲས་བུ་ལ་སྤྱོད་པ་སྟེ། ངན་སོང་ལ་སོགས་པས་མནར་ཞིང་ཉམ་ཐག་པས། ནམ་མཁའི་མཐའ་དང་མཉམ་པའི་སེམས་ཅན་ཐམས་ཅད་ཀྱི་ད་ལྟའི་སྤྱོད་ཚུལ་དང་། སླད་ཀྱི་འབྲས་བུ་ལ་ཡང་དག་པར་གཞིག་པས། སྙིང་རྗེ་སྐྱེ་བའི་རྒྱུ་ངེས་པར་མངོན་དུ་བྱེད་པ་ཡིན་པ་ལ། ལས་དང་པོ་པའི་གང་ཟག་གིས་རྗེན་པས་དམ་ལ་བཞག་པའི་རི་དྭགས་དང་། བཤས་རར་ཁྲིད་པའི་དུད་འགྲོ། རྒྱལ་པོའི་བཙོན་དོང་དུ་ཚུད་པ་དང་། མཛེ་ཐོག་ཕོལ་མིག་གིས་མནར་བ་དང་། དབུལ་ཕོངས་ཀྱིས་གདུངས་པ་དང་། བཤེས་མེད་ཀྱི་ལོང་བ་དང་། མགོན་མེད་སྐྱབས་དང་བྲལ་བའི་སྲོག་ཆགས་ལ་སོགས་མདོར་ན་སྡུག་བསྔལ་ཤིན་ཏུ་དོས་དྲགས་པོས་གཙེས་པ་ལ་དམིགས་པའི་རྣམ་པ་ཐོག་མར་གཏད་དེ་ཤས་མི་བཟོད་པའི་སྙིང་རྗེ་ཆེན་པོ་བསྐྱེད་སླ་བ་ལ་བརྩོན་པར་བྱ་བ་ཡིས། རིམ་གྱིས་གོམས་ནས། དབྱེ་གཉེན་མེད་པར་སེམས་ཅན་ཐམས་ཅད་ལ་དམིགས་ནས་སྡུག་བསྔལ་དང་བྲལ་འདོད་ཀྱི་སྙིང་རྗེ་དང་། བདེ་བ་དང་འཕྲད་འདོད་ཀྱི་བྱམས་པ་དང་། དགའ་བ་དེ་དང་མི་འབྲལ་བར་འདོད་པའི་དགའ་བ་སོགས་སེམས་ཅན་ལ་དམིགས་པ་དང་། ཆོས་ལ་དམིགས་པ། དམིགས་པ་མེད་པའི་སྙིང་རྗེ་སོགས་བསྐྱེད་པར་བྱའོ། །

གསུམ་པ་ནི། ཀུན་གྱི་སྡུག་བསྔལ་ལ་རང་གི་ལེན་པ་དང་། །བདག་གི་བདེ་དགེ་མ་ལུས་གཞན་ལ་བཏང་། །ཞེས་རྐང་པ་གཉིས་ཀྱིས་བསྟན་ལ། དེ་ཡང་འགྲོ་དྲུག་ན་གནས་པ་འདི་དག་བདེ་སྐྱིད་དང་ལྡན་ཞིང་། རང་དབང་སྤྱོད་པ་འགའ་ཡང་མི་སྣང་། དེ་སྡུག་བསྔལ་གྱིས་དངོས་སུ

གནོད་ཅིང་ཀུན་འབྱུང་གིས་བརྒྱུད་ནས་གནོད་པས་ཤིན་ཏུ་ཉམ་ཐག་པ་འདི་རྣམས་སྡུག་བསྔལ་སྣ་ཚོགས་དང་བྲལ་ཏེ་རང་དབང་ཐོབ་པར་གྱུར་ཅིག་སྙམ་ཞིང་ཕ་མའི་སྡུག་བསྔལ་ཐམས་ཅད་རང་ལ་ཐིམ་པ་དང་། རང་གི་བདེ་སྐྱིད་ཕ་མར་སྦྱིན་པ་སྟེ། རླུང་འགྲོ་འོང་དང་སྦྱར་ཏེ། དཀོན་མཆོག་གི་ཐུགས་རྗེ་ལ་བརྟེན་ནས་མ་ནམ་མཁའ་དང་མཉམ་པའི་སེམས་ཅན་ཀུན་གྱི་རྒྱུ་ཀུན་འབྱུང་དང་། འབྲས་བུ་སྡུག་བསྔལ་གྱི་དངོས་པོ་རྡུལ་ཕྲན་ཕྲ་མོ་ཙམ་མ་ལུས་པ། རང་གི་ལེན་པའི་དམིགས་པ་དང་སྦྲགས་ནས་རང་ལ་ཐིམ་པར་བསྒོམ་པ་དང་། བདག་གིས་ཐོག་མེད་ནས་བསགས་པའི་དགེ་བའི་འབྲས་བུ་བདེ་བ་དང་། དགེ་སེམས་སྐད་ཅིག་མ་ཡན་སྐྱེས་པ་དང་། བདེ་དགའ་ལོངས་སྤྱོད་ཅི་ཡོད་མ་ལུས་པ་གཞན་སེམས་ཅན་ཐམས་ཅད་ལ་བཏང་བར་བྱའོ་སྙམ་པའི་དམིགས་པ་དང་སྦྲགས་ནས་གཞན་ལ་བྱིན་ནས་བདེ་བ་དང་ལྡན་པར་བསྒོམས་ནས་རྣམ་པར་ཀུན་ཏུ་བློ་སྦྱོང་བར་བྱ་སྟེ། རྒྱལ་སྲས་ཞི་བ་ལྷས། གང་ཞིག་བདག་དང་གཞན་རྣམས་ནི། །མྱུར་དུ་བསྐྱབ་པར་འདོད་པ་དེས། །བདག་དང་གཞན་དུ་བརྗེ་བ་ཡི། །གསང་བའི་དམ་པ་སྤྱད་པར་བྱ། །ཞེས་དང་། དབུ་མ་རིན་ཆེན་ཕྲེང་བ་ལས། བདག་ལ་དེ་དག་སྡིག་སྨིན་ཞིང་། །བདག་བདེ་མ་ལུས་དེར་སྨིན་ཤོག །ཞེས། གཞན་ཡང་སེམས་དཔའ་ཆེན་པོ་རྣམས་ཀྱི་མན་ངག་ལས་གྲུས་པར་བྱུང་བ་ལྟར་ན། དང་པོར་རང་གི་བདེ་བ་དང་། དགེ་བའི་དངོས་པོ་མ་ལུས་པ་ཐམས་ཅད་སྣ་བུག་གཡོན་པ་ནས་རླུང་ལ་འཕྲིལ་བའི་འོད་དཀར་པོའི་རྣམ་པ་ཅན་སེམས་ཅན་ཐམས་ཅད་ལ་དེ་སྙེད་དུ་ཁྱབ་པ་འཕྲོས་ཏེ་སེམས་ཅན་རྣམས་ཀྱི་སྣ་བུག་གཡོན་པར་ཞུགས། བདུད་རྩི་ཆར་པ་ཟིམ་ཟིམ་དུ་འབབ་པ་ལྟ་བུ་གནས་སྐབས་སུ་བདེ་བ་རྗེ་སྙེད་པ་དང་། མཐར་ཐུག་དགེ་བ་དམ་པས་འགྱུར་པར་མོས་ཤིང་། དེ་བཞིན་དུ་རླུང་ཚུར་རྔུབ་པ་དང་མཉམ་དུ་སེམས་ཅན་མ་ལུས་པའི་རྒྱུ་དུས་ཀྱི་སྡིག་པ་མི་དགེ་བ། འབྲས་དུས་ཀྱི་སྡུག་བསྔལ་སྣ་ཚོགས་པ་འདུས་ཏེ་སྣ་བུག་གཡས་ནས་བྱུང་། རང་གི་སྣ་བུག་གཡོན་པ་ནས་ཞུགས་ཏེ་སྙིང་གི་ནང་དུ་ཁ་རྡུལ་བུ་ཡུག་ཚུབས་པ་ལྟར་སིབ་སིབ་ཐིམ་པར་བསྒོམ་ཞིང་། དེ་ལ་འགྱོད་པའི་གནས་ཕྲ་མོ་ཙམ་མི་སྐྱེ་བར་དགའ་བ་ཡི་རང་བ་ཆེས་ཆེར་བསྐྱེད་ཅིང་བྱེ་བྲག་ཏུ་དགེ་བཅུ་འབྲས་བཅས་ཕར་གཏོང་། མི་དགེ་བཅུ་འབྲས་བཅས་ཚུར་ལེན། བསླབ་གསུམ་ཕར་གཏོང་རྩ་ལྟུང་ཉེ་ལྟུང་ཚུར་ལེན།

ཉན་རང་ཐེག་པ་ཆེན་པོའི་ལམ་རྣམས་ཕར་གཏོང་། ཤེས་སྒྲིབ་ཚུར་ལེན། བྱང་སེམས་ཚོགས་སྦྱོར་བ་རྣམས་ལ། མཐོང་ལམ་དང་ས་དང་པོ་གཉིས་པ་གཏོང་བ་ནས་ས་བཅུ་པ་ལ་སངས་རྒྱས་པའི་སྤྱངས་རྟོགས་ཀྱི་ཡོན་ཏན་ཐམས་ཅད་ཕར་གཏོང་། མཐོང་སྤྱངས་དང་སྒོམ་སྤྱངས་ཉོན་ཤེས་ཀྱི་སྒྲིབ་པ་ཐམས་ཅད་ཚུར་ལེན་མཐར་སེམས་ཅན་ཐམས་ཅད་བཅོམ་ལྡན་འདས་ཤཱཀྱ་ཐུབ་པ་ལྟ་བུ་འབའ་ཞིག་ཏུ་སོང་སྙམ་དུ་དམིགས་པ་སྙིང་ནས་ཐེབས་པར་བྱ་ཞིང་དགའ་བ་བསྒོམ་པར་བྱའོ། །

གཉིས་པ་དངོས་གཞི་བྱང་ཆུབ་སེམས་ཀྱི་ངོ་བོ་ནི། བླ་མེད་བདེ་ལ་བདག་གིས་དགོད་བྱ་ཞེས། །སེམས་ནི་བྱང་ཆུབ་དམ་པར་བསྐྱེད་བྱས་ནས། །ཞེས་རྐང་པ་གཉིས་ཀྱིས་བསྟན་ལ། དེ་ཡང་། མགོན་པོ་བྱམས་པས། སེམས་བསྐྱེད་པ་ནི་གཞན་དོན་དུ། །ཡང་དག་རྫོགས་པའི་བྱང་ཆུབ་འདོད། །ཅེས་པས། གཞན་དོན་ཏུ་ཡང་དག་པར་རྫོགས་པའི་བྱང་ཆུབ་ལ་དམིགས་ཤིང་། རང་གི་གྲོགས་རྫོགས་བྱང་དོན་གཉེར་གྱི་འདུན་པ་དང་མཚུངས་ལྡན་དུ་གྱུར་པའི་ལམ་གྱི་འཇུག་སྒོའི་རིགས་སུ་གནས་པའི་ཐེག་ཆེན་འཕགས་པའི་གཙོ་བོའི་ཡིད་ཀྱི་རྣམ་རིག་ཁྱད་པར་ཅན་ལྟ་སྦྱོད་གཉིས་ལས་སྤྱོད་པ་གཙོ་ཆེ་བ་ཐེག་ཆེན་ཀུན་རྫོབ་སེམས་བསྐྱེད་ཀྱི་མཚན་ཉིད། སེམས་ཅན་ཐམས་ཅད་བླ་ན་མེད་པའི་བདེ་བ་དམ་པ་ལ་བདག་གིས་དགོད་པར་བྱའོ་སྙམ་པའི་བསམ་པ་བཟང་པོ་དང་ལྡན་པས་སྤྱོད་པ་ཉམས་ལེན་གྱི་བྱ་བ་ལ་ལྟོས་མི་དགོས་པ་སྨོན་པ་སེམས་བསྐྱེད་ཞེས་དང་། དེ་ལྟར་ཡིད་ཀྱི་སྨོན་པ་ཙམ་དུ་མ་བཞག་པར་བླ་མེད་བྱང་ཆུབ་སྒྲུབ་པའི་ཐབས་འཇུག་སྟོམ་ཐོབ་ཅིང་སྤྱོད་པ་ཉམས་ལེན་གྱི་བྱ་བས་དངོས་སུ་ཟིན་པ་ལ་ལྟོས་དགོས་པ་འཇུག་པ་སེམས་བསྐྱེད་དེ། ཞི་བ་ལྷས། འགྲོ་བར་འདོད་དང་འགྲོ་བ་ཡི། །ཁྱེ་བྲག་ཇི་ལྟར་ཤེས་པ་ལྟར། །དེ་བཞིན་མཁས་པས་འདི་གཉིས་ཀྱི། །ཁྱེ་བྲག་རིམ་བཞིན་ཤེས་པར་བྱ། །ཞེས་གསུངས་སོ། །དེ་ལྟར་སྨོན་འཇུག་གི་སེམས་བསྐྱེད་གཉིས་དང་ལྡན་པས། རྣམ་པར་དག་པའི་སེམས་ནི་བྱང་ཆུབ་དང་མཐུན་པ་བསྐྱེད་པ་སྟེ། ཆོས་ཐམས་ཅད་དང་སེམས་ཉིད་ནམ་མཁའ་ལྟ་བུ་སྤྲོས་མཚན་བྲལ་བ་ཡེ་ནས་རྣམ་པར་དག་པ་འོད་གསལ་བ་ནི་བྱང་ཆུབ་དོན་དམ་པ་ཡིན་ལ་དེ་དང་མཐུན་པའི་སེམས་བསྐྱེད་པ་ནི། གཉིས་སྣང་ནུབ་པའི་ཐེག་ཆེན་འཕགས་པའི་གཙོ་བོ་ཡིད་ཀྱི་རྣམ་རིག་ཁྱད་པར་ཅན་གང་ཞིག་མི་

གནས་པའི་མྱང་འདས་སྒྲུབ་བྱེད་ཀྱི་བསམ་པ་ཕུན་ཚོགས་ཀྱི་རིགས་སུ་གནས་པའི་ལྟ་སྤྱོད་གཉིས་སུ་ཕྱེ་བའི་ལྟ་བའི་ཆར་གཏོགས་པའི་མཁྱེན་པ་དོན་དམ་སེམས་བསྐྱེད་ཀྱི་མཚན་ཉིད་དེ། བྱང་ཆུབ་ཏུ་སེམས་བསྐྱེད་པ་ཆེན་པོའི་མདོ་ལས། བྱང་ཆུབ་སེམས་དཔའ་འོད་སྲུངས་ཀྱིས་གསོལ་པ།བཅོམ་ལྡན་འདས་སེམས་ཇི་ལྟར་བསྐྱེད་པར་བགྱི། བཀའ་སྩལ་པ། ཆོས་ཐམས་ཅད་ནམ་མཁའ་ལྟར་མཚན་ཉིད་མེད་ཅིང་ཡེ་ནས་འོད་གསལ་བ་རྣམ་པར་དག་པ་དེ་ལ་ནི་བྱང་ཆུབ་ཅེས་བྱའོ། །དེ་དང་མཐུན་པའི་སེམས་སྔོན་མ་སྐྱེས་པའི་སེམས་རིན་པོ་ཆེ་སྐྱེས་པ་ལ་ནི་བྱང་ཆུབ་ཏུ་སེམས་བསྐྱེད་པ་ཞེས་བྱའོ། །ཞེས་གསུངས་པ་ལྟར། སེམས་བསྐྱེད་པར་བྱས་ནས་མི་ཉམས་པ་གོང་ནས་གོང་དུ་འཕེལ་བའི་ཐབས་ལ་བརྟེན་ཞེས་ཤུགས་ཀྱིས་བསྟན་ཏོ། །

གསུམ་པ་རྗེས་ཀྱི་བསླབ་བྱའི་རིམ་པ་ནི། ཕྱིན་དྲུག་སྤྱོད་པས་ཉིན་མཚན་འདའ་བར་ཤོག །ཅེས་རྐང་བ་གཅིག་གོ། དེ་ཡང་སྨོན་པའི་བསླབ་བྱ་བདག་གཞན་བརྗེ་བ་གཏོང་ལེན་དུ་བསྟན་ལ། འཇུག་པའི་བསླབ་བྱ་ཕ་རོལ་ཕྱིན་པ་དྲུག་ལ་བསླབ་པ་ནི། སྦྱིན་པ་རྣམ་བཞི་རྟག་ཏུ་སྦྱིན། ཞེས་པས་ཟང་ཟིང་དང་། མི་འཇིགས་པ་དང་། ཆོས་དང་། བྱམས་པ་སྟེ་བཞི་རྣམས་གང་འགྲུབ་གང་ལྕོགས་སུ་བྱ་སྙམ་པ་སྦྱིན་པའི་གོ་ཆ་དང་། སོ་སོ་ཐར་དང་བྱང་ཆུབ་སེམས། །རིག་འཛིན་ནང་གི་སྡོམ་པ་སྟེ། །སྡོམ་པ་གསུམ་ལ་གནས་པར་བྱ། །ཞེས་པས། སོ་ཐར་དང་། བྱང་སེམས། རིག་པ་འཛིན་པ། སྔགས་ཏེ་སྡོམ་པ་གསུམ་གྱིས་བསླབ་པ་དང་མི་འགལ་བར་བྱ་ཞིང་། ཕན་ཚུན་ནང་འགལ་བ་རྣམས་གོང་མའི་ལམ་ལྟར་བྱ་སྙམ་པ་ཚུལ་ཁྲིམས་ཀྱི་གོ་ཆ་དང་། ཞེ་སྡང་ལྟ་བུའི་སྡིག་པ་མེད། །བཟོད་པ་ལྟ་བུའི་དཀའ་ཐུབ་མེད། །ཅེས་གསུངས་པ་ལྟར། གཞན་གྱི་གནོད་པ་བྱེད་པ་ལ་ཇི་མི་སྙམ་པ་དང་། ལམ་ཉམས་སུ་ལེན་པའི་སྡུག་བསྔལ་དངོས་སུ་ལེན་པ་དང་། ཆོས་ཟབ་མོ་ལ་ངེས་པར་སེམས་པའི་བཟོད་པ་སྟེ། བཟོད་པའི་གོ་ཆ་བགོ་བ་དང་། འདི་ལྟར་བརྟེན་ལ་བྱང་ཆུབ་གནས། །ཞེས་གསུངས་པ་ལྟར། ལུས་ངག་ཡིད་གསུམ་དགེ་བ་ཁོ་ན་ལ་བརྟེན་པར་བྱའོ་སྙམ་པ་བརྟེན་འགྲུས་ཀྱི་གོ་ཆ་དང་། ཞི་གནས་རབ་ཏུ་ལྡན་པའི་ལྷག་མཐོང་གིས། །ཉོན་མོངས་རྣམ་པར་འཇོམས་པར་ཤེས་བྱས་ནས། །ཐོག་མར་ཞི་གནས་བཙལ་བྱ་དེ་ཡང་ནི། །འཇིག་རྟེན་ཆགས་པ་མེད་ལ་མངོན་

དགས་འགྲུབ། །ཅེས་གསུངས་པ་ལྟར། རྣམ་པར་གཡེང་བ་སྤངས་ཏེ་ལྟག་མཐོང་གི་རྟེན་དུ་གྱུར་པའི་ཁ་ཕྱིར་ལྟས་དང་ནང་ལྟས་དང་། ནམ་མཁས་མཚོན་པའི་ཞི་གནས་ཏེ། གང་ཡང་རུང་བ་ལ་མཉམ་པར་བཞག་པར་བྱའོ་སྙམ་པ་བསམ་གཏན་གྱི་གོ་ཆ་དང་། ཉོན་མོངས་ཤེས་བྱའི་སྒྲིབ་པ་ཡི། །མུན་པའི་གཉེན་པོ་སྟོང་པ་ཉིད། །སྨུར་དུ་ཐམས་ཅད་མཁྱེན་འདོད་པས། །དེ་ནི་ཇི་ལྟར་བསྒོམ་མི་བྱེད། །ཅེས་དང་། རྒྱལ་སྲས་རྣམས་ཀྱིས་མི་སློབ་པའི། །དངོས་དེ་འགའ་ཡང་ཡོད་མ་ཡིན། །ཞེས་གསུངས་པ་ལྟར། ཆོས་ཐམས་ཅད་ཀྱི་གནས་ལུགས་སྟོང་པ་ཉིད་དང་། ཤེས་བྱ་རིག་པའི་གནས་ལྔ་ལ་ཅི་ནུས་སུ་བསླབ་ཅིང་འདྲིས་པར་བྱ་སྙམ་པ་སྟེ། ཤེས་རབ་ཀྱི་གོ་ཆའོ། །དེ་ལྟར་ཕར་ཕྱིན་དྲུག་ལ་བསླབ་པའོ། །ཡན་ལག་ཏུ། བསྡུ་བའི་དངོས་པོ་བཞི་ཡི་ནི། །གཞན་གྱིས་དོན་ལ་རྩོལ་བར་བྱ། །ཞེས་གསུངས་པ་ལྟར། སྦྱིན་པ་གཡབ་མོ་འདྲ་བས་བོས་ནས་སྙན་པར་སྨྲ་བའི་ཆོས་བཤད་དེ་དོན་སྤྱོད་པས་བག་ཕབ་ལ། དོན་མཐུན་པའི་སྒོ་ནས་གཞན་དོན་བྱ་སྙམ་པ་སྟེ། བསྡུ་དངོས་བཞི་ཡི་གོ་ཆ་དང་། །དངོས་སམ་ཡང་ནི་བརྒྱུད་ཀྱང་རུང་། །སེམས་ཅན་དོན་ལས་གཞན་མི་སྤྱད། །ཅེས་པས། དངོས་སམ་བརྒྱུད་ནས་གཞན་དོན་ཁོ་ན་བྱ་སྙམ་པ། གཞན་དོན་སྒྲུབ་པའི་གོ་ཆ་དང་མི་འབྲལ་བར་བྱའོ། །ཞེས་པས་རྒྱ་སྟོན་འཇམ་དབྱངས་ཀུན་དགའ་བརྩོན་འགྲུས་ཀྱི་གསུངས་བཞིན། རྒྱལ་བའི་སྲས་པོས་སྤྱོད་པ་བྱ་དཀའ་བ་དེ་ལྟ་བུ་བརྩོན་པས་ཉིན་མཚན་གྱི་དུས་འདའ་བར་ཤོག་ཅིག་ཅེས་སྨོན་པའོ། །ཉམས་ལེན་སྐྱེས་བུ་གསུམ་གྱི་ལམ་ལ་བློ་སྦྱོང་བར་སྨོན་པ་ལའང་གཉིས་ལས། དང་པོ་ལམ་སྟེགས་སྐྱེས་བུ་ཆུང་འབྲིང་གི་ལམ་ལ་བློ་སྦྱོང་བར་སྨོན་པ་ནི། མངོན་མཐོ་སྒྲུབ་བྱེད་རྒྱལ་བའི་གསུང་རབ་ཀྱི། །ནས། ངེས་པར་འབྱུང་བས་སྲིད་ལས་གྲོལ་བར་ཤོག །ཅེས་ཤོ་ལོ་ཀ་གཅིག་དང་རྐང་པ་གཉིས་ཀྱིས་བསྟན་ལ། དེ་ལ་ཕྱི་མ་མངོན་པར་མཐོ་བའི་ལུས་རྟེན་ཁྱད་པར་ཅན་སྒྲུབ་པར་བྱེད་པའི་རྒྱུ་མི་དགེ་བཅུ་སྤོང་ཞིང་དགེ་བ་བཅུའི་ལས་ལམ་བསྒྲུབ་པ་དང་། རྒྱལ་བའི་གནས་འཇོག་གི་མདོ་སོགས་ལས་གསུངས་པའི་བསྙེན་གནས་ཡན་ལག་བརྒྱད་པ་མཐོ་རིས་ཐོབ་ཐབས་གཙོ་བོར་སྟོན་པའི་གསུང་རབ་ཀྱི་དོན་རྣམས་ལ་ནན་ཏན་ཏུ་བརྩོན་པ་ནི་སྐྱེས་བུ་བློ་ཆུང་ངུའི་འཇུག་ངོགས་ཀྱི་ལམ་དང་ནི། རང་དོན་ཞི་བདེ་ཙམ་ལ་དམིགས་ནས་ཐར་པ་བྱང་ཆུབ་ཉེར་ཞི་གཉིས་སྒྲུབ

པའི་ཐབས་གང་ཟག་གི་བདག་མེད་ཆོས་བདག་མེད་ཕྱེད་ཙམ་རྟོགས་ཤིང་དམ་པའི་ཆོས་འདུལ་བའི་སྡེ་སྣོད་དང་རྟེན་འབྲེལ་བཅུ་གཉིས་ཀྱི་ཐབས་ལ་བརྟེན་ནས་ཚུལ་བཞིན་དུ་བརྩོན་པ་ཡི་ཉན་རང་གཉིས་ཀའི་ཐེག་པའི་ཆོས་ཀྱི་སྒོའི་རྣམ་གྲངས་ཇི་སྙེད་པ་ཀུན་གྱི་བརྗོད་བྱའི་དོན་རྣམས་ཐེག་པ་ཆེན་པོའི་ལམ་སྐེགས་ཡིན་ཞིང་། སྐྱེས་བུ་གསུམ་ལས་བློ་འབྲིང་གི་འཇུག་ངོགས་ཀྱི་ལམ་གྱི་རིམ་པ་སྟེ། དེ་དག་ལ་བརྟེན་ནས་འཁོར་བ་ལས་ངེས་པར་འབྱུང་བས་བློ་ཁྱད་པར་ཅན་བསྐྱེད་ཅིང་སྲིད་པའི་སྡུག་བསྔལ་བཙོན་དོང་དང་མེ་འོབས་ལྟ་བུ་ལས་གྲོལ་བར་ཤོག་ཅེས་སྨོན་པའོ། །

གཉིས་པ་ལམ་དངོས་སྐྱེས་བུ་ཆེན་པོའི་ལམ་ལ་བློ་སྦྱོང་བར་སྨོན་པ་ནི། རྣམ་མཁྱེན་གོ་འཕང་མྱུར་དུ་སྒྲུབ་པའི་ཐབས། །ནས། བདེན་གཉིས་ཟབ་མོའི་གནད་ལ་གོམས་པར་ཤོག །ཅེས་ཤློ་ཀ་གཉིས་དང་རྐང་པ་གཉིས་ཀྱིས་བསྟན་ལ། དེ་ལ་གཞན་དོན་དུ་རྣམ་པ་ཐམས་ཅད་མཁྱེན་པའི་གོ་འཕང་བླ་ན་མེད་པ་མྱུར་དུ་སྒྲུབ་པར་བྱེད་པའི་ཐབས་ནི། རྒྱུད་ལམ་བྱེད་ཕ་རོལ་ཏུ་ཕྱིན་པ་དང་འབྲས་བུ་ལམ་བྱེད་གསང་སྔགས་ཏེ། ཐེག་པ་ཆེན་པོ་གཉིས་ཡིན་ལ། དེ་རྣམ་གཉིས་ལས་ཡང་དག་པར་ཇི་བཞིན་དུ་གསུངས་པའི་སྤྱོད་པ་རྒྱ་ཆེ་བ་དང་། དོན་ཟབ་པའི་གསང་བ་བསམ་མི་ཁྱབ་པ་མ་ལུས་པ་ཇི་སྙེད་པ་ཀུན་སྐྱེས་བུ་གསུམ་ལས་བློ་ཆེན་པོའི་ལམ་གྱི་འཇུག་སྒོ་བླ་ན་མེད་པའི་རིམ་པ་སྟེ། དེ་ལྟ་བུའི་ཐེག་པ་ཆེན་པོའི་རྗེས་སུ་ཞུགས་པ། བདག་གིས་སྔོན་རྒྱལ་སྲས་བྱང་ཆུབ་སེམས་དཔའ་དང་། སྔགས་ཀྱི་རིག་པ་འཛིན་པ་རྣམས་ཀྱིས་ཇི་ལྟར་བསླབ་པའི་གནས་མ་ལུས་པ་ཉེ་བར་རང་རྒྱུད་ལ་བླངས་པར་བྱ་བ་ནི་སྨོན་པ་ལས། དེ་ལ་ཇི་ལྟར་བསླབ་ན། རྟོགས་པར་བྱ་བའི་ཆོས་དང་། ཉམས་སུ་བླངས་པའི་ཆོས་སོ། །དང་པོ་ལ། ཤེས་བྱ་སྤྱིའི་ཆོས་ཀྱི་གནས་ལུགས་རྟོགས་པར་བྱ་བ་དང་། ཤེས་པ་རང་གི་གནས་ལུགས་རྟོགས་པར་བྱ་བའོ། །དང་པོ་ལ་ཤེས་བྱའི་ཆོས་ཐམས་ཅད་རེ་ཞིག་བདེན་པ་གཉིས་སུ་རྟོགས་པར་བྱ་བ་དང་། མཐར་ཐུག་བདེན་པ་དབྱེར་མེད་རྟོགས་པར་བྱ་བའོ། །དེ་ལས་དང་པོ་ནི། སྤྱིར་ཤེས་བྱའི་གཤིས་ཆོས་ཀྱི་དབྱིངས་སྤྲོས་པ་ཐམས་ཅད་དང་ཡེ་ནས་བྲལ་བ་ལ་བདེན་པ་གཉིས་ལ་སོགས་པའི་མིང་གི་གདགས་གཞི་མ་གྲུབ་ཀྱང་། སེམས་ཅན་རྣམས་ཀྱི་དེ་ཉིད་མ་ཤེས་པ་ཤེས་པར་བྱ་བའི་ཐབས་སུ། ཐམས་ཅད་མཁྱེན་པས་ཤེས་

ངོ་གཉིས་ལ་འཁྲུལ་པའི་ཤེས་པ་དང་མ་འཁྲུལ་པའི་ཤེས་པའོ། །ཤེས་བྱའི་ཆོས་ཐམས་ཅད་རེ་ཞིག་བདེན་པ་གཉིས་སུ་ཕྱེ་ནས་བརྟགས་པ་ཙམ་མོ། །དེ་ལ་ཀུན་རྫོབ་བདེན་པའི་ངོ་བོ་ནི་འཁྲུལ་པའི་བློ་དང་དེའི་ཡུལ་སྣང་ཐམས་ཅད་དོ། །ངེས་ཚིག་ནི་ཀུན་ཞེས་པ་ནི་འཁྲུལ་པའི་བློ་སྣང་མ་ལུས་པའོ། །རྫོབ་ཞེས་པ་ཐམས་ཅད་བརྫུན་པ་དང་། བསླུ་བ་གསོག་གསོབ། ཡ་མ་བརླ། སྙིང་པོ་མེད་པས་སམ་ཡང་དག་པའི་དོན་ལ་སྒྲིབ་པས་ན་ཡང་རྫོབ་ཅེས་བྱའོ། །བདེན་པ་ནི་འཁྲུལ་པའི་བློ་ངོར་བདེན་པའམ། འཁྲུལ་པ་ཉིད་དུ་བདེན་པས་སོ། །དབྱེ་བ་ལོག་པ་དང་ཡང་དག་པའི་ཀུན་རྫོབ་གཉིས། དེ་ལ་བོད་སྔོན་ཕལ་ཆེར་གྱིས་ནི། སྣང་ལ་དོན་བྱེད་ནུས་པ་ནམ་མཁའི་ཟླ་བ་ལྟ་བུ་ནི་ཡང་དག་པའི་ཀུན་རྫོབ། སྣང་ལ་དོན་བྱེད་མི་ནུས་པ་ཆུ་ནང་གི་ཟླ་བ་ལྟ་བུ་ནི་ལོག་པའི་ཀུན་རྫོབ་ཏུ་འཆད། ཡང་དག་ཀུན་རྫོབ་ཀྱི་མཚན་ཉིད་བཞི་སྟེ། མཐུན་པར་སྣང་བ་ནི༡)མཁས་པ་པཎྜི་ཏ་ནས་བླུན་པོ་བ་གླང་རྫི་འུ་ཡན་ཆད་ལ་སྣོད་བཅུད་ཀྱི་སྣང་བ་འདི་མཐུན་པར་སྣང་བས་སོ། །དོན་བྱེད་ནུས་པ་ནི་༢ས་ཡི་འགྲོ་བ་ཐམས་ཅད་ཀྱི་རྟེན་བྱེད་པ་ལ་སོགས་པ། དངོས་པོ་ཐམས་ཅད་རང་རང་གི་དོན་བྱེད་པ་ནུས་པས་སོ། །རྒྱུ་རྐྱེན་གྱི་བསྐྱེད་པ་ནི་༣འབྱུང་བ་བཞི་ལ་སོགས་པའི་རྒྱུ་རྐྱེན་སྣ་ཚོགས་ལས་སྐྱེས་པས་སོ། །བརྟགས་ན་དབེན་པ་ནི་༤དེ་དག་ལ་དབུ་མའི་གཏན་ཚིགས་ཆེན་པོ་བཞིས་བརྟགས་ན་རང་བཞིན་མེད་པས་སོ། །ཞེས་འཆད་དོ། །སློབ་དཔོན་ཟླ་གྲགས་ཀྱི་དབུ་མ་ཆེན་པོའི་ལུགས་ཀྱིས་སེམས་ཙམ་མན་ཆད་ཀྱི་གྲུབ་མཐའ་ངན་པའི་རྟོག་པ་ཐམས་ཅད་ལོག་པའི་ཀུན་རྫོབ་ཏུ་བཞག་གོ། །ཡང་དག་པའི་ཀུན་རྫོབ་ནི་དབུ་མའི་ལྟ་བ་རྟོགས་པའི་རྣལ་འབྱོར་པས་ཀུན་རྫོབ་ཇི་ལྟར་སྣང་བའི་མཚན་ཉིད་སྒྱུ་མའི་དཔེ་བརྒྱད་ལྟར་རྟོགས་པའོ། །ཕྱིར་གྱི་མཚན་ཉིད་བཞི་དེ་ལོག་ཤེས་འབའ་ཞིག་གི་མཚན་ཉིད་ཡིན་ལ། འདིའི་ལུགས་ཀྱི་མཐུན་པར་སྣང་བ་ནི།༡) དབུ་མའི་ལྟ་བ་རྟོགས་པའི་རྣལ་འབྱོར་པ་རྣམས་ལ་སྣང་བ་འདི་སྒྱུ་མའི་དཔེ་བརྒྱད་ལྟར་བརྫུན་སྣང་མེད་སྣང་དུ་མཐུན་པར་སྣང་བས་སོ། །དོན་བྱེད་ནུས་པ་ནི།༢ སྣང་བ་བརྫུན་པ་ཤེས་པ་དེས་འཁོར་བ་སྤྱངས་ཤིང་ཐར་པ་ཐོབ་པའི་དོན་ནུས་པའོ། །རྒྱུ་རྐྱེན་གྱིས་བསྐྱེད་པ་ནི།༣ སྣང་བ་བརྫུན་པར་རྟོགས་པ་དེ་བླ་མའི་གདམས་ངག་དང་རང་གི་ཚོགས་གཉིས་བསགས་པའི་རྒྱུ་རྐྱེན་གྱིས་བསྐྱེད་པའོ། །བརྟག་ན་དབེན་

པ་ནི།༤ དོན་དམ་པར་བརྟེན་པའི་སྣང་བ་ཙམ་ཡང་མ་གྲུབ་སྟེ། ཆོས་ཐམས་ཅད་ཡོད་མེད་བདེན་རྫུན་གྱིས་སྟོང་ཞིང་དབེན་པས་སོ། །ཞེས་ཇོ་བོ་རྗེས་བཞེད། བཤེས་གཉེས་སྟོན་པའི་ཞལ་ནས། འཇིག་རྟེན་ཆོས་མཆོག་མན་ཆད་ཀྱི་སོ་སོའི་སྐྱེ་བོའི་བློ་ལ་སྣང་ཚད་ལོག་པའི་ཀུན་རྫོབ་ཏུ་འགྲོ་སྟེ་ལོག་ཤེས་ཀྱིས་བསྒྲུབ་པ་ཡིན་པའི་ཕྱིར། ཞེས་དང་། ས་དང་པོ་ཡན་ཆད་ཀྱི་རྗེས་ཐོབ་ཀྱི་སྣང་བ་དེ་ཐམས་ཅད་ཡང་དག་པའི་ཀུན་རྫོབ་ཞེས་བྱ་སྟེ། སྣང་བ་ཙམ་གཅིག་མ་འགགས་པས་ཀུན་རྫོབ་ཡིན་ལ། དེ་ཉིད་བརྟེན་པ་ལ་བརྟེན་པ་མངོན་སུམ་དུ་གཟིགས་ཤིང་། དེ་ཉིད་ལམ་དུ་འགྲོ་བའི་ཕྱིར་གཟིགས་པ་ཕྱིན་ཅི་མ་ལོག་པ་ཡིན་པས་ཡང་དག་ཀུན་རྫོབ་ཡིན་ནོ། །ཞེས་གསུངས་ཏེ། དེ་ལྟར་ཀུན་མཁྱེན་བྲཧྨ་རསྨིས་བཞེད་དེ། སྦྱོར་དམྱལ་བ་མནར་མེད་པ་ནས་ས་བཅུ་པའི་རྗེས་ཐོབ་ཀྱི་སྣང་བ་དེ་ཐམས་ཅད་ཀུན་རྫོབ་ལ། དེ་ཡང་སོ་སོའི་སྐྱེ་བོའི་སྣང་ཚད་ཐམས་ཅད་རང་གི་བློའི་འཁྲུལ་པས་བསྐྱེད་པའི་སྣང་བ་ཡིན་ནོ། །དེ་ཡང་སོ་སོའི་སྐྱེ་བོ་གྲུབ་མཐས་བློ་མ་བསྒྱུར་བ་དང་། ལས་དང་པོ་ལ་སྣང་ཚད་ལོག་པའི་ཀུན་རྫོབ་ཡིན་ཏེ། དེ་ལ་ལོག་པ་ལས་ཀུན་རྫོབ་ཡང་དག་པའི་སྒྲ་མི་འཇུག་གོ། །

འོ་ན་སོ་སོ་སྐྱེ་བོའི་བློ་སྣང་ཀུན་རྫོབ་ལ་དབྱེ་བ་མེད་དམ་ཞེ་ན། དབྱེ་བ་ཡོད་དེ། སྣང་ལ་དོན་བྱེད་ནུས་པ་ཟླ་བ་གཅིག་ཏུ་སྣང་བ་དཀར་པོའམ་ཆེན་པོའི་གཞི་ལྟ་བུ་དང་། དོན་བྱེད་མི་ནུས་པ་སྨིག་རྒྱུའི་ཆུའམ་རི་མོའི་མར་མེ་ལྟ་བུ་གཉིས། མིག་སྐྱོན་ཅན་གྱི་ཟླ་བ་གཉིས་སྣང་ལྟ་བུ་དང་། སྐྱོན་མེད་ཀྱི་ཟླ་གཅིག་ལྟ་བུ་སྣང་བ་དང་གཉིས། རྟག་པ་ཡུན་རིང་བ་ད་ལྟར་གྱི་སྣོད་བཅུད་ཀྱི་སྣང་བ་དང་། ཡུན་ཐུང་བ་རྨི་ལམ་ཡུལ་གྱི་སྣང་བ་ལྟ་བུ་གཉིས་དང་། སྣང་བ་རང་ལོག་ཏུ་འགྲོ་བ་སྒྱུ་མ་ལྟ་བུ་དང་སྣང་བ་རང་ལོག་ཏུ་མི་འགྲོ་བ་ཉིན་པར་གྱི་སྣང་བ་ལྟ་བུ་གཉིས་སོགས་དབྱེ་བ་ཡོད་དེ། དེ་ཐམས་ཅད་ལོག་པའི་ཀུན་རྫོབ་འབའ་ཞིག་ཡིན་པས་ཡང་དག་གི་སྒྲ་མི་འཇུག་གོ། །མོས་པས་སྤྱོད་པ་རྣམས་ལ་ནི། རྟོགས་པའི་རྗེས་ཟིན་པའི་དུས་ན་སྣང་བ་ཐམས་ཅད་ཡང་དག་ཀུན་རྫོབ་ཡིན་ལ། རྟོགས་པའི་རྗེས་མ་ཟིན་པའི་དུས་ན་ལོག་པའི་ཀུན་རྫོབ་ཡིན། ས་ཐོབ་ནས་ཡར་སྣང་ཚད་ཡང་དག་པའི་ཀུན་རྫོབ་འབའ་ཞིག་ཡིན་པས་སོ། །འཇིག་རྟེན་པའི་སྣང་བ་ཐམས་ཅད་བརྫུན་

པ་ལ་བརྟེན་པར་མ་ཤེས་པ་དེ་ཉིད་ཕྱིན་ཅི་ལོག་པ་འཁྲུལ་པས་བསྐྱེད་པ་ཡིན་ནོ། །ལས་དང་པོ་པ་ནས་ས་བཅུ་པའི་བར་རྗེས་ཐོབ་ཀྱི་སྣང་བ་དེ་དག་གང་གིས་བསྐྱེད་ཅེ་ན། དེ་ནི་སྔར་ཐོག་མ་མེད་པ་ནས་དངོས་པོར་འཛིན་པའི་བག་ཆགས་འཕྱུག་པོ་ཡོད་པ་རྣམས། ལམ་བསྒོམས་པའི་སྟོབས་ཀྱིས་དངོས་འཛིན་དེ་ལས་བྱུང་བའི་ཉོན་མོངས་པ་མངོན་གྱུར་རྣམས་སྤངས་ཀྱང་དེའི་བག་ཆགས་མ་སྤངས་པས་བག་ཆགས་ཀྱིས་བསྐྱེད་པ་སྟེ། དཔེར་ན་གླ་རྩི་བསལ་ཀྱང་སྣོད་སྟོང་པ་ལ་གླ་རྩིའི་དྲི་མནམ་པ་ལྟ་བུའོ། །བག་ཆགས་རྩ་བ་ནས་སྤངས་པའི་སངས་རྒྱས་ལ་སྣང་བ་གང་ཡང་མེད་དོ། །དོན་དམ་སྤྲོས་བྲལ་འབའ་ཞིག་ཏུ་གནས་པའོ། །སྔགས་ཀྱི་དབང་དུ་བྱས་ན། ཐ་མལ་གྱི་སྣོད་བཅུད་ལ་དངོས་པོར་ཞེན་པ་ལོག་པའི་ཀུན་རྫོབ།དེའི་གཉེན་པོར་སྣོད་བཅུད་དག་པའི་ལྷ་དང་གཞལ་ཡས་ཁང་སྒྱུ་མ་ལྟ་བུར་བསྒྱུར་ནས་བསྒོམས་པ་ནི་ཡང་དག་པའི་ཀུན་རྫོབ་བོ། །དོན་དམ་པའི་ངོ་བོ་ནི། ཆོས་ཀྱི་དབྱིངས་སྤྲོས་པ་ཐམས་ཅད་དང་བྲལ་བའོ། །ངེས་ཚིག་ནི། དོན་དམ་པ་ཞེས་པ་ནི་ཕྱིན་ཅི་མ་ལོག་པའི་ཤེས་པ་སྟེ། དེ་ཡང་ཐར་པ་འདོད་པ་རྣམས་ཀྱི་དོན་དུ་གཉེར་བྱ་ཡིན་པས་ན་དོན་ཞེས་བྱའོ། །དེ་མི་བསླུ་བས་ན་དམ་པ་ཞེས་བྱའོ། །བདེན་པ་ཞེས་བྱ་བ་ནི་ཕྱིན་ཅི་མ་ལོག་པའི་ཤེས་པའི་ངོ་བོར་བདེན་པས་སོ། །ཡང་ན་དུས་ཐམས་ཅད་དུ་འཕོ་འགྱུར་མེད་པ་བདེན་པའོ། །དོན་དམ་པའི་བདེན་པའི་དབྱེ་བ་ནི། སྤྱིར་ཤེས་བྱ་དོན་དམ་པ་ཆོས་ཀྱི་དབྱིངས་སྤྲོས་བྲལ་གྱི་ངོ་བོ་ལ་དབྱེ་བ་མེད་དོ། །འོན་ཀྱང་དེ་ཉིད་མངོན་དུ་གྱུར་མ་གྱུར་གྱི་ལྡོག་པས་ཕྱེ་ན་གཉིས་ཏེ། གཤིས་ཀྱི་དོན་དམ་པ་དང་། དེ་ཉིད་རྟོགས་པ་མངོན་དུ་གྱུར་པའི་དོན་དམ་པའོ། །ཡང་ཐོས་བསམ་སྒོམ་གསུམ་གྱིས་སྒྲོ་འདོགས་ཆོད་པའི་དོན་དམ་པ་དང་། རྣལ་འབྱོར་པས་ཉམས་སུ་མྱོང་བའི་དོན་དམ་པའོ། །

ཡང་སོ་སོའི་སྐྱེ་བོའི་དོན་སྤྱི་རྗེས་དཔག་གི་དོན་དམ་དང་། འཕགས་པ་རྣམས་ཀྱི་དོན་རང་གི་མཚན་ཉིད་མངོན་སུམ་གྱི་དོན་དམ་པའོ། །དེ་ལ་མཚན་ཉིད་དུ་རྣམ་གྲངས་ཀྱི་དོན་དམ་པ་དང་། རྣམ་གྲངས་མ་ཡིན་པའི་དོན་དམ་པ་ཞེས་ཟེར་རོ། །མདོ་ལས། བླ་ན་མེད་པའི་བྱང་ཆུབ་ནི་རྣམ་གྲངས་སུ་མི་འགྱུར་རོ། །ཞེས་སོ། །དེ་ལྟར་བདེན་པ་གཉིས་པོ་དེ་ལ་སྣང་ལུགས་གསུམ་ཡོད་དེ།

སྣང་བ་རང་རྒྱུད་པར་སྣང་ཞིང་ཞེན་པ་དང་བཅས་པ་ནི་སོ་སོའི་སྐྱེ་བོའི་ས་སྟེ། དེ་ག་ལ་ལོག་པའི་ཀུན་རྫོབ་ཅེས་བྱ། སྣང་བ་བརྫུན་པར་རྟོགས་ཤིང་ཞེན་མ་ཞེན་པ་དེ་འཕགས་པའི་ས་སྟེ། དེ་ག་ལ་ཡང་དག་པའི་ཀུན་རྫོབ་ཅེས་བྱའོ། །སྣང་བ་དང་མི་སྣང་བ་གང་ཡང་མེད་ཅིང་ཞེན་མ་ཞེན་གྱི་རྗེས་གདབ་མེད་པ་སངས་རྒྱས་ཀྱི་ས་སྟེ། དེ་ག་ལ་དོན་དམ་པ་ཞེས་བྱའོ་དེ་དག་གི་དཔེ་ནི་སྒྱུ་མ་ལ་བྱ་སྟེ། སོ་སོ་སྐྱེ་བོ་ལ་སྣང་ཞིང་ཞེན་པ་དང་བཅས་པའི་དཔེ་ནི་སྒྱུ་མའི་སྔགས་ཐེབས་པའི་ལྟད་མོ་བ་དང་འདྲའོ། །འཕགས་པ་རྣམས་ལ་སྣང་ཡང་ཞེན་པ་མེད་པའི་དཔེ་ནི། སྒྱུ་མ་མཁན་པོ་ཉིད་དང་འདྲའོ། །སངས་རྒྱས་རྣམས་ལ་སྣང་མི་སྣང་ཞེན་མ་ཞེན་གྱི་རྗེས་གདབ་མེད་པའི་དཔེ་ནི། སྒྱུ་མའི་སྔགས་ཀྱིས་མ་ཐེབས་པའི་མི་དང་འདྲའོ། །འདི་ལ་དགེ་བའི་བཤེས་གཉེན་སྤྱན་སྔ་བ་ཤེས་པ་དོན་གསུམ་དུ་གཅོད་དེ་ལོག་པའི་ཤེས་པ་དང་། ཀུན་རྫོབ་ཤེས་པའི་ཤེས་པ་དང་། དོན་དམ་ཤེས་པའི་ཤེས་པ་དང་གསུམ་བཞེད། དེའི་ནང་ཚན་དོན་དམ་ཤེས་པའི་ཤེས་པ་ནི། ཆོས་ཐམས་ཅད་ཀྱི་གནས་ལུགས་ཡོད་མེད་རྟག་ཆད་བདེན་རྫུན་ཐམས་ཅད་ཀྱི་སྤྲོས་པ་ཐམས་ཅད་དང་བྲལ་བའི་ཆོས་ཀྱི་དབྱིངས་རྟོགས་ཏེ། དེ་ལ་ཤེས་མ་ཤེས་ཀྱི་ཐ་སྙད་མེད་དེ། འོན་ཀྱང་དེ་ཁོ་ན་ཉིད་ཁོང་དུ་ཆུད་པ་ལ་དོན་དམ་ཞེས་སྒྲོ་བཏགས་པ་ཙམ་མོ། །འདི་ལ་ཡང་སོ་སོ་སྐྱེ་བོའི་དོན་སྤྱི་རྟོགས་པའི་ཤེས་པ་དང་། ས་དང་པོ་ཡན་གྱི་མཉམ་བཞག་དང་སངས་རྒྱས་ཀྱི་ཡེ་ཤེས་ལ་ཁྱད་པར་མེད་པར་བཤད་དེ། དེས་ནི་ཤེས་བྱའི་ཆོས་ཐམས་ཅད་རེ་ཞིག་བདེན་པ་གཉིས་སུ་རྟོགས་པར་བྱ་བ་ཙམ་མོ། །

གཉིས་པ་མཐར་ཐུག་བདེན་པ་དབྱེར་མེད་དུ་རྟོགས་པར་བྱ་བ་ནི། གལ་ཏེ་རྨོངས་པ་དག་བདེན་པ་གཉིས་རེའི་རྒྱུ་བཞིན་ངོ་བོ་ཐ་དད་དུ་རྟོགས་ཤིང་། ཀུན་རྫོབ་བྱས་པས་ཡོད་ཡོད་པོར་འཛིན། དོན་དམ་མ་བྱས་པས་མེད་མེད་པོར་འཛིན་དུ་འགྲོ་སྟེ་ཡོད་མེད་གཉིས་སུ་རྟོགས་པས་དབུ་མའི་ལྟ་བར་མི་བཏུབ་སྟེ། མགོན་པོ་ཀླུ་སྒྲུབ་ཀྱིས། ཡོད་ཅེས་བྱ་བ་རྟག་པར་ལྟ། །མེད་ཅེས་བྱ་བ་ཆད་པར་ལྟ། །དེ་བས་ཡོད་དང་མེད་པ་ལ། །མཁས་པས་གནས་པར་མི་བྱའོ། །ཞེས་གསུངས་པས། དེ་བས་ཡོད་མེད་རྟག་ཆད་ལ་སོགས་པ་གང་ལ་ཡང་མི་གནས་པ་དེ་དབུ་མ་ཞེས་ཐ་སྙད་དུ་བཏགས་པ་ཡིན་ནོ། །དེ་ཡང་ཡང་དག་ཀུན་རྫོབ་རྣལ་མ་གཅིག་རྟོགས་པའི་དུས་རང་ལ་ཡོད་མེད་ཀྱི་མཐའ་

ཐམས་ཅད་དང་བྲལ་ནས་བདེན་པ་དབྱེར་མེད་དུ་འདྲེས་པ་ཡིན་ནོ། །ཡུམ་ལས། རབ་འབྱོར་འཇིག་རྟེན་ཀུན་རྫོབ་ཀྱང་གཞན་ལ་དོན་དམ་པ་ཡང་གཞན་མ་ཡིན་ཏེ། ཀུན་རྫོབ་གང་ཡིན་པ་དེ་ཉིད་དོན་དམ་པ་དེ་ཁོ་ན་ཉིད་དོ། །ཞེས་དང་། དབུ་མ་བདེན་གཉིས་ལས།ཀུན་རྫོབ་དེ་བཞིན་ཉིད་གང་ཡིན། །དེ་ཉིད་དམ་པའི་དོན་ཕྱིར་བཞེད། །ཅེས་སོ། །དོན་དམ་སངས་རྒྱས་ཀྱི་དགོངས་པ་ཆོས་ཀྱི་དབྱིངས་ལ་ཡོད་མེད་རྟག་ཆད་ཀྱི་དངོས་པོ་གང་ཡང་མི་དམིགས་ཏེ། སློབ་དཔོན་ཞི་བ་ལྷས། གང་ཚེ་དངོས་དང་དངོས་མེད་དག །བློ་ཡི་མདུན་ན་མི་གནས་ཏེ། །དེ་ཚེ་རྣམ་པ་གཞན་མེད་པས། །དམིགས་པ་མེད་པར་རབ་ཏུ་ཞི། །ཞེས་གསུངས་སོ། །འོ་ན་བདེན་པ་གཉིས་སུ་ཕྱེ་བ་ལ་དགོས་པ་མེད་དམ་ཞེ་ན། ཤེས་བྱའི་གཤིས་ལ་བདེན་པ་གཉིས་ཀྱི་གདགས་གཞི་མ་གྲུབ་ལ། གང་ཟག་རྣམས་ཀྱིས་དེ་ཉིད་མ་རྟོགས་པ་རྟོགས་པར་སླ་བའི་ཐབས་སུ། རེ་ཞིག་ཤེས་བྱའི་ངོ་གཉིས་ཀྱི་ལྡོག་པ་ནས་བདེན་པ་གཉིས་སུ་བརྟགས་པ་ཙམ་སྟེ། དེ་ཡང་འཁྲུལ་པའི་ཤེས་ངོ་ལ་དངོས་པོ་སྣ་ཚོགས་སུ་སྣང་བས་ཀུན་རྫོབ་ཏུ་བཏགས་པ་དང་། འཁྲུལ་བ་ཟད་པའི་ཤེས་ངོ་ལ་དངོས་པོ་རྡུལ་ཙམ་མེད་ཅིང་མེད་པ་ཡང་མི་དམིགས་པས་ན་དོན་དམ་ཞེས་བཏགས་པ་ཡིན་གྱི། དོན་ལ་ཤེས་བྱའི་མཐར་ཐུག་ཆོས་དབྱིངས་སྤྲོས་པ་དང་བྲལ་བ་ཆེན་པོ་ལ་བདེན་པ་གཉིས་སུ་དབྱེ་རྒྱུ་མེད་ལ་མཐར་ཕྱིན་པ་སངས་རྒྱས་ཀྱི་དགོངས་པ་ཡང་བདེན་པ་གཉིས་སུ་དབྱེ་རྒྱུ་མེད་དེ། ད་ལྟར་གྱི་འཁྲུལ་སྣང་ལ་ཡང་བདེན་པ་གཉིས་ཀའི་རྒྱུ་བཞིན་ཐ་དད་མ་གྲུབ་སྟེ། སྣང་སྟོང་དབྱེར་མེད་རིག་སྟོང་དབྱེར་མེད་དུ་གནས་ཤིང་། དེ་ལྟར་རྟོགས་པ་དེ་ཁོང་དུ་ཆུད་པ་དེ་ཉིད་སངས་རྒྱས་ཀྱི་དགོངས་པ་དོན་དམ་པའི་ཡེ་ཤེས་ཡིན་ཏེ། རྗེ་བོའི་ཞལ་ནས། ཀུན་རྫོབ་ཇི་ལྟར་སྣང་བ་འདི། །རིགས་པས་བརྟགས་ན་འགའ་མི་རྙེད། །མ་རྙེད་པ་དེ་དོན་དམ་ཡིན། །ཡེ་ནས་གནས་པའི་ཆོས་ཉིད་དོ། །ཞེས་གསུངས། མགོན་པོ་ཀླུའི་རིམ་ལྔ་ལས། ཀུན་རྫོབ་དང་ནི་དོན་དམ་དག །སོ་སོའི་ཆ་ནི་ཤེས་གྱུར་པས། །གང་དུ་ཡང་དག་འདྲེས་གྱུར་པ། །ཟུང་དུ་འཇུག་པ་ཞེས་བཤད་དེ། །དེ་ཉིད་གཉིས་མེད་ཡེ་ཤེས་ཏེ། །མི་གནས་མྱ་ངན་འདས་པའོ། །ཞེས་གསུངས་སོ། །དེ་དག་གིས་ཤེས་བྱ་སྤྱིའི་གནས་ལུགས་རྟོགས་པར་བྱ་བ་བསྟན་ནས། ད་ནི་ཤེས་པ་རང་གི་གནས་ལུགས་རྟོག་པར་བྱ་བ་ནི།

དེ་ལྟར་ཡུལ་ཤེས་བྱ་སྤྱིའི་གནས་ལུགས་རྟོགས་ཀྱང་ཡུལ་ཅན་ཤེས་པའི་བློའམ་གནས་ལུགས་མ་རྟོགས་ན་ཆོས་ཐམས་ཅད་ཤེས་བྱའི་ཡུལ་དུ་ལུས་ནས་ཉོན་མོངས་པའི་གཉེན་པོར་མི་འགྲོ་སྟེ། རྟོགས་པ་དེ་ལ་སླར་ང་རྒྱལ་དང་ངས་ཤེས་བྱའི་གནས་རྟོགས་སོ་སྙམ་པའི་རློམ་སེམས་སྐྱེ་ཤིང་གང་ཟག་གི་བདག་ཏུ་འགྲོ་བས་ཤེས་བྱ་ཤེས་མཁན་གྱི་བློའམ་སེམས་སམ་ཡིད་ཀྱི་རྣམ་ཤེས་ཁོ་རང་གི་གནས་ལུགས་རྟོགས་དགོས་སོ། །

དེ་ལ་བློའང་ཤེས་པ་རང་གི་གནས་ལུགས་རྟོགས་པར་བྱ་བ་ལ་གཉིས་ཏེ། རེ་ཞིག་བདེན་པ་གཉིས་སུ་རྟོགས་པར་བྱ་བ་དང་། མཐར་ཐུག་བདེན་པ་གཉིས་མེད་དུ་རྟོགས་པར་བྱའོ། །དང་པོ་ནི༑ ཤེས་བྱ་སྤྱིའི་གནས་ལུགས་ཀུན་རྫོབ་སྣང་ལ་རང་བཞིན་མེད་པ་སྒྱུ་མ་ལྟ་བུར་རྟོགས། དོན་དམ་ཡོད་མེད་ཅིར་ཡང་མ་གྲུབ་པ་ནམ་མཁའ་ལྟ་བུར་རྟོགས། མཐར་ཐུག་བདེན་པ་གཉིས་དབྱེར་མེད་ཆོས་ཀྱི་དབྱིངས་སུ་མཐའི་སྤྲོས་པ་ཐམས་ཅད་བྲལ་བའི་དབུ་མ་ཆེན་པོར་རྟོགས་པའི་བློའམ་ཤེས་པ་དེ་ཉིད་ཀུན་རྫོབ་ཡིན་ཏེ། སློབ་དཔོན་ཞི་བ་ལྷས། དོན་དམ་བློ་ཡི་སྤྱོད་ཡུལ་མིན། །བློ་ནི་ཀུན་རྫོབ་ཡིན་པར་འདོད། །ཅེས་སོ། །དེ་ལྟར་རྟོགས་པའི་བློ་གང་ལ་ཡོད་པ་དེ་ལ་ང་རྒྱལ་དང་རློམ་སེམས་ཡོད་དོ། །ང་རྒྱལ་དང་རློམ་སེམས་ཡོད་པ་དེ་ན་བདུད་ཀྱི་ལས་ཡོད་པས། དེ་ཉིད་ལོག་ཤེས་སུ་འགྲོ་ཞིང་། སངས་རྒྱས་ཀྱི་ཡུལ་བསམ་གྱིས་མི་ཁྱབ་པ་བསྟན་པའི་མདོ་ལས། ཐོབ་པ་ཞེས་བྱ་བ་དེ་ནི་གཡོ་བ་ཉིད་དོ། །མངོན་པར་རྟོགས་པ་དེ་ནི་རློམས་སེམས་ཉིད་དོ། །གཡོ་བ་དང་རློམས་སེམས་གང་ཡིན་པ་དེ་བདུད་ཀྱི་ལས་སོ། །ལྷག་པའི་ང་རྒྱལ་ཅན་དག་ནི་བདག་གིས་ཐོབ་བོ། །བདག་གིས་མངོན་པར་རྟོགས་སོ་ཞེས་རྣམ་པར་རྟོག་པར་འགྱུར་རོ། །ཞེས་གསུངས་སོ། །རྟོགས་པའི་བློ་ཀུན་རྫོབ་དེའི་རང་བཞིན་དོན་དམ་པ་ཡིན་ཏེ། རྟོགས་པའི་སེམས་བློའམ་ཤེས་པ་དེ་ཉིད་རང་ལ་བལྟས་པས་དངོས་པོར་ཅི་ཡང་མ་གྲུབ་སྟེ། ཡི་ནས་ཡོད་མེད་ཀྱིས་སྟོང་སྟེ། སྐྱེ་འགག་གིས་སྟོང་། འགྲོ་འོང་གིས་སྟོང་། རྟག་ཆད་ཀྱིས་སྟོང་། དུས་གསུམ་གྱིས་སྟོང་པ་ནི། ཆོས་ཉིད་དོན་དམ་པའི་སྟོང་པ་ཞེས་བྱ་བ་སྟེ། འོད་སྲུང་གིས་ཞུས་པ་ལས། འོད་སྲུང་སེམས་ནི་ནང་ན་ཡང་མེད། ཕྱི་རོལ་ན་ཡང་མེད་གཉིས་ཀར་མེད་པ་ཡང་མི་དམིགས་སོ། །ཞེས་པ་དང་། བྱམས་པས་ཞུས་པ་ལས།

སེམས་ནི་དབྱིབས་མེད་པ། ཁ་དོག་མེད་པ། གནས་མེད་པ་ནམ་མཁའ་ལྟ་བུའོ། །ཞེས་གསུངས་སོ༔ ༔གཉིས་པ་སེམས་ཀྱི་གནས་ལུགས་མཐར་ཐུག་བདེན་པ་དབྱེར་མེད་དུ་གནས་ཏེ། དེ་ཉིད་གཅིག་ལ་བདེན་པ་གཉིས་སུ་བཏགས་པ་ཡང་རེ་ཞིག་ཙམ་དུ་ཟད་དེ་ཆོས་ཀྱི་དབྱིངས་ལ་སེམས་མེད་པས་བདེན་པ་གཉིས་ཀྱི་གདགས་གཞི་མ་གྲུབ། འབྲས་བུ་སངས་རྒྱས་ཀྱི་དགོངས་པ་ལ་ཡང་སེམས་མེད་པ་ཡིན་པས་ན། བདེན་པ་གཉིས་སུ་གདགས་སུ་མེད། འཁྲུལ་པའི་སེམས་ཀྱི་མཚན་ཉིད་རིག་པ་གསལ་བ་འདི་ལ་ངོས་བཟུང་མེད་དེ། རིག་སྟོང་གསལ་སྟོང་དུ་གནས་པས་བདེན་པ་དབྱེར་མེད་དུ་རྟོགས་པར་བྱའོ། །འོན་བདེན་པ་གཉིས་སུ་བྱེ་བ་ལ་དགོས་པ་མེད་དོ་ཞེ་ན། དགོས་པ་ཡོད་དེ་བདེན་པ་དབྱེར་མེད་ཀྱི་དོན་དང་བདེན་པ་གཉིས་ཀྱི་མཚན་ཉིད་ཤེས་པ་ལ་བརྟེན་ནས་རྟོགས་པའི་དགོས་པ་ཡོད་པས། རེ་ཞིག་བདེན་པ་གཉིས་སུ་ཕྱེའོ། །དེ་ལྟར་ཤེས་བྱའི་གནས་ལུགས་སྤྲོས་བྲལ་གཉིས་དབྱེར་མེད་རོ་གཅིག་ཏུ་འདྲེས་ནས། ཆོས་དང་གང་ཟག་གི་བདག་གིས་སྟོང་ཙམ་ན། ཕྱི་ནང་གི་ཆོས་ཐམས་ཅད་ཡོད་མེད་བདེན་རྫུན་རྟག་ཆད་ཀྱི་སྤྲོས་པ་ཐམས་ཅད་དང་བྲལ་བ། འདུས་མ་བྱས་ཀྱི་ནམ་མཁའ་ལྟ་བུ་མཐོང་བྱ་མཐོང་བྱེད་མེད། རྟོགས་བྱ་རྟོགས་བྱེད་མེད་པའི་ཚུལ་གྱིས་རྟོགས་པ་ནི། ཕྱིན་ཅི་མ་ལོག་པའི་རྟོགས་པ་ཡིན་ཏེ། བུ་མོ་མྱ་ངན་མེད་པས་ཞུས་པའི་མདོ་ལས། རྟོགས་མེད་ཚུལ་གྱིས་རྟོགས་པ་ལ། །ཆོས་མཐོང་མེད་ཅེས་བྱ་བ་ནི། །མཐོང་བའི་ཚིག་གི་བླ་དགས་སོ། །ཞེས་པ་དང་། རྗེ་བོའི་བདེན་ཆུང་ལས་ཀྱང་། སྟོང་ཉིད་རྟོགས་ཞེས་ཐ་སྙད་གདགས། ཞེས་གསུངས་སོ། །དེ་ཡན་གྱི་རྟོགས་པར་བྱ་བའི་དོན་བསྟན་ཏོ། །

སྤྱི་དོན་གཉིས་པ་ཉམས་སུ་བླང་བའི་ཆོས་བསྟན་པ་ལ་གཉིས་ཏེ། དབང་རྣོན་གཅིག་ཆར་བས་ཉམས་སུ་བླངས་པ་དང་། དབང་བརྟུལ་རིམ་གྱིས་པས་ཉམས་སུ་བླང་བའོ། །དང་པོ་ནི། སྔོན་འགྲོ་ཚོགས་གཉིས་བསགས་པའི་སྐབས་ཆེན་ཟབ་མོའི་ལས་འཕྲོ་ལྡན་པའི་དབང་རབ་ལ་བདེན་པ་གཉིས་ཀྱི་གདམས་ངག་བསྟན་པ་ཙམ་གྱིས་རྟོགས་པ་གཅིག་ཆར་དུ་འཆར་བས་རྟོགས་པའི་ངང་ཉིད་ལ་བསྐྱངས་བས་ཆོག །དེ་ཡང་མཉམ་བཞག་ལ་ཆོས་རྣམས་ཐམས་ཅད་ཤེས་པ་ཤེས་བྱ་གཉིས་ཀས་སྟོང་ཞིང་བདག་མེད་ལ་བདེན་པ་གཉིས་ཀྱི་སྤྲོས་པ་དང་བྲལ་བ་ནམ་མཁའ་ལྟ་བུའི་ངང་དུ

བསྒོམ་དེ་ལྟར་བསྒོམས་པའི་དུས་ན་རྣམ་རྟོག་ངན་པ་ཞིག་ཕར་བསལ་དུ་མེད། ཡེ་ཤེས་བཟང་པོ་ཞིག་བློ་རུ་བཞག་ཏུ་མེད་པ་སྟེ། བྱམས་མགོན་གྱིས། འདི་ལ་བསལ་བྱ་ཅི་ཡང་མེད། །བཞག་པར་བྱ་བ་ཅུང་ཟད་མེད། །ཡང་དག་ཉིད་ལ་ཡང་དག་བལྟ། །ཡང་དག་མཐོང་ན་རྣམ་པར་གྲོལ། །ཞེས་དེར་མཐུན་མགོན་པོ་ཀླུས་གསུངས་སོ། །ཇི་ལྟར་སྣང་བ་ཐམས་ཅད་རྨི་ལམ་གྱི་སྣང་བ་བཞིན། སྣང་ཙམ་དེ་ལས་ཡུལ་གྱི་རང་ངོས་སྟེང་ཉིད་དུ། བདེན་པར་གྲུབ་པའི་ངོ་བོ་རྡུལ་ཕྲ་མོ་ཙམ་ཡང་མི་དམིགས་པས་མ་མཆིས་ཀྱང་། རྗེས་ཐོབ་ཀྱི་ཚར། དེ་ལྟར་མ་རྟོགས་པའི་སེམས་ཅན་སྒྱུ་མ་ལྟ་བུ་རྣམས་ལ། བྱམས་པ་དང་། སྙིང་རྗེ་བྱང་ཆུབ་ཀྱི་སེམས་ཀྱིས་བསོད་ནམས་སྒྱུ་མ་ཙམ་གསོག་ཅིང་། ལས་འབྲས་ཟབ་མོ་བསླུ་བ་མེད་པར་གྲུབ་པ་ལ་ཡིད་ཆེས་པའི་ངེས་པ་སྐྱེད་ནས། སེམས་ཅན་གྱི་དོན་དུ་སྨོན་ལམ་རྒྱ་ཆེན་པོ་གདབ་པར་བྱའོ། །དབང་བརྟུལ་རིམ་གྱིས་པས་ཉམས་སུ་བླང་པ་ནི། སྔོན་གྱི་བསགས་རྒྱབ་ཆུང་བའི་དབང་རྟུལ་དག་ལ་ཟ་བའོ། །རྟོགས་པ་དོན་སྤྱི་སྒྲ་སྤྱིའི་རྣམ་པ་ཙམ་ལས་མི་སྐྱེ་བས། དེ་ཉིད་ཉམས་སུ་མྱོང་བར་བྱེད་པ་ལ། སྐྱེས་བུ་གསུམ་གྱི་ལམ་ལ་བློ་རིམ་གྱིས་སྦྱངས་པས། ལམ་འོག་མ་ལ་བརྟེན་ནས་གོང་མ་གོང་མ་རིམ་གྱིས་སྐྱེ་བས། མཐར་བདེན་པ་གཉིས་ཀྱི་དོན་བསྒོམ་ཏེ། ཀུན་རྫོབ་ཇི་ལྟར་སྣང་བ་འདི་སྒྱུ་མའི་དཔེ་བརྒྱད་ཀྱིས་མཚོན་ནས་བསྒོམ། དེ་ལ་བློ་ངེས་པ་དང་། ཀུན་རྫོབ་ཀྱི་རང་བཞིན་དོན་དམ་པར་སྟོང་པ་འདུས་མ་བྱས་ཀྱི་ནམ་མཁས་མཚོན་ནས་བསྒོམ། དེ་ལ་བློ་ངེས་པ་དང་། བདེན་པ་གཉིས་དབྱེར་མེད་ཟབ་མོའི་སྤྲོས་བྲལ་དབུ་མ་ཆེན་པོའི་གནད་གསང་ལ་གོམས་པར་ཤོག་ཅེས་སྨོན་ཞིང་དོན་བསྒོམ་མོ། །དེ་ལྟར་བསྒོམ་པས་སེམས་གནས་ཤིང་ཞི་བདེ་སྐྱེ་བས་ཞི་གནས་ཡིན། དེ་ལྟར་བསྒོམ་བྱ་སྒོམ་བྱེད་བསྒོམ་པ་གསུམ་རང་བཞིན་མེད་པར་རྟོགས་པ་ལྷག་མཐོང་ཡིན་ནོ། །རྗེས་ལ་སེམས་ཅན་གྱི་དོན་དུ་བསོད་ནམས་བསགས་པ་ལ་འབད་པའི་སྤྱོད་པ་ཟུང་འཇུག་ཏུ་སྦྱངས་པས་ལམ་ལྔ་ས་བཅུའི་རྟོགས་པ་རིམ་གྱིས་སྐྱེ་སྟེ། ཇོ་བོའི་ཞལ་ནས། དེ་ལྟར་ལྟ་བ་མ་རྨོངས་ཞིང་། །སྤྱོད་པ་ཤིན་ཏུ་དག་གྱུར་ན། །གོལ་བའི་ལམ་དུ་མི་འགྲོ་སྟེ། །འོག་མིན་གནས་སུ་འགྲོ་བར་འགྱུར། །ཞེས་གསུངས་སོ། །ལུང་སྡེ་སྣོད་གསུམ་ལ་བློ་སྦྱངས་ཤིང་བསླབས་གསུམ་གྱིས་རྒྱུད་ཕྱུག་པར་སྨོན་པ་ལ་གསུམ་ལས། དང་པོ་

འདུལ་བའི་སྡེ་སྣོད་ལ་བློ་སྦྱངས་ཤིང་བསླབ་པ་ཚུལ་ཁྲིམས་ཀྱི་བསླབ་པ་ལ་སྨོན་པ་ནི། ཉིས་བརྒྱ་ལྔ་བཅུ་སྤྱོང་བའི་ཚུལ་ཁྲིམས་དང་། །ནས། འདུལ་སྡེ་ལ་གནས་ཤིང་། །ཞེས་ཤོ་ལོ་ཀ་གཅིག་གིས་བསྟན་ལ། དེ་ཡང་སྤྱིར་སྡེ་སྣོད་ཅེས་བྱ་བ་ལེགས་སྦྱར་གྱི་སྐད་དུ། པི་ཊ་ཀ་སྟེ། དེ་གོང་བུ་དང་བྲེ་བོ་ཆེ་ལ་འཇུག་པའི་ཕྱིར། དོན་མང་པོ་འདུས་པས་བྲེ་བོ་ཆེ་ལྟ་བུ་སྟེ། བྲེ་བོ་ཆེ་ལ་བྲེའུ་ཆུང་མང་པོ་འདུས་པ་བཞིན་ནོ། །དེ་ལྟར་ཡང་། སློབ་དཔོན་ཐོགས་མེད་ཀྱིས། ཅིའི་ཕྱིར་སྡེ་སྣོད་ཅེས་བྱ་ཞེ་ན། །སྡུས་པ་བསྡུས་པའི་ཕྱིར་ཏེ་ཞེས་བྱ་བའི་དོན་ཐམས་ཅད་བསྡུས་པའི་ཕྱིར་རོ། །ཞེས་དང་། འགྲེལ་བཤད་དུ། ཅིའི་ཕྱིར་གསུམ་པོ་དང་གཉིས་པོ་དེ་དག་ལ་སྡེ་སྣོད་ཅེས་བྱ་ཞེ་ན། དེའི་ཕྱིར་བསྡུས་པའི་ཕྱིར་ཏེ། དཔེར་ན་སྣོད་གང་དུ་འབྲུ་བྲེ་བཅུ་ཤོང་ཞིང་འདུས་པའི་སྣོད་དེ་ལ་སྣོད་ཅེས་བྱ་བ་དང་འདྲ་བར་གསུམ་པོ་དང་གཉིས་པོ་འདིར་ཡང་གསུང་རབ་ཡན་ལག་བཅུ་གཉིས་ཀྱི་དོན་དང་ཚིག་ཐམས་ཅད་འདུས་པས་སྡེ་སྣོད་ཅེས་བྱའོ། །ཡང་ན་ཕུང་པོ་དང་ཁམས་དང་སྐྱེ་མཆེད་ཀྱི་ཆོས་ནས་སྐུ་དང་ཡེ་ཤེས་ལ་སོགས་པའི་བར་དུ་ཤེས་པར་བྱ་བའི་དོན་ཐམས་ཅད་འདུས་པས་ན་དེའི་ཕྱིར་སྡེ་སྣོད་ཅེས་བྱའོ། །

གསུང་རབས་ཡན་ལག་བཅུ་གཉིས་ནི། མདོ་སྡེ་ནི༡། མདོར་བསྡུས་ཏེ་ཚིག་ལྷུག་པར་གསུངས་པ་རྣམས་ཡིན་ནོ། །དབྱངས་ཀྱིས་བསྙད་པའི་སྡེ་ནི༢། མདོ་སྡེ་དེ་ཉིད་ལས། དེ་ལ་འདི་སྐད་ཅེས་བྱ་སྟེ། དབུས་སམ་མཐའ་མར་ཚིགས་བཅད་ཀྱི་སྒོ་ནས་བསྙད་པ་དང་དྲང་དོན་གྱི་མདོ་སྡེ་རྣམས་སོ། །ལུང་དུ་བསྟན་པའི་སྡེ་༣འདས་པ་དང་མ་འོངས་པའི་ཉན་ཐོས་དང་བྱང་སེམས་ལ་སོགས་པ་ལུང་བསྟན་པའམ་ངེས་དོན་གྱི་མདོ་སྡེ་རྣམས་སོ། །ཚིགས་སུ་བཅད་པའི་སྡེ་ནི༤། ཚིགས་བཅད་དུ་བསྡེབས་ནས་གསུངས་པའོ། །ཆེད་དུ་བརྗོད་པའི་སྡེ་ནི༥། ཡར་མ་ཞུས་པར་སངས་རྒྱས་ཉིད་ཀྱིས་བསྟན་པ་གནས་པའི་ཆེད་དུ་གསུངས་པ་སྟེ། རྣམ་བཤད་རིགས་པ་ལས་ཆེད་དུ་བརྗོད་པའི་སྡེ་ནི་གང་ཟག་གི་ཆེད་དུ་གསུངས་པ་མ་ཡིན་གྱི་བསྟན་པ་གནས་པར་བྱ་བ་འབའ་ཞིག་གི་ཕྱིར་གང་ཡིན་པ་སྟེ། ཞེས་སོ། །གླེང་གཞིའི་སྡེ་ནི༦། བསླབ་པ་བཅས་སྟེ། དཔེར་ན་ནོར་ཅན་ལ་བརྟེན་ནས་མ་བྱིན་ལེན་སྤོང་བའི་བསླབ་པ་བཅས་ལྟ་བུའོ། །རྟོགས་པ་བརྗོད་པའི་སྡེ་ནི་༧གོ་བར་

བྱ་བའི་ཕྱིར་དཔེ་དང་བཅས་ནས་བསྟན་པའོ། །དེ་ལྟ་བུ་བྱུང་བའི་སྡེ་ནི་༨སྔོན་བྱུང་བའི་གཏམ་རྒྱུད་གསུངས་པའོ། །སྐྱེས་པ་རབས་ཀྱི་སྡེ་ནི་༩། བཅོམ་ལྡན་འདས་སྔོན་བྱང་ཆུབ་སེམས་དཔར་སྐྱེས་པའི་རབས་གསུངས་པའོ། །ཤིན་ཏུ་རྒྱས་པའི་སྡེ་ནི་༡༠ཕལ་ཆེན་ལྟ་བུ་བྱང་ཆུབ་སེམས་དཔའི་སྡེ་སྣོད་དོ༑ ༑རྨད་དུ་བྱུང་བའི་སྡེ་ནི་༡༡སངས་རྒྱས་དང་བྱང་ཆུབ་སེམས་དཔའ་དང་ཉན་རང་རྣམས་ཀྱི་ངོ་མཚར་བའི་ཡོན་ཏན་རྣམས་བརྗོད་པའོ། །གཏན་ལ་དབབ་པ་བསྟན་པའི་སྡེ་ནི་༡༢། ཆོས་རྣམས་ཀྱི་མཚན་ཉིད་ཇི་ལྟ་བར་གཏན་ལ་ཕབ་ནས། དོན་གསལ་བར་གསུངས་པ་ཕྱིན་ཅི་མ་ལོག་པར་བཤད་པའོ། །

གསུང་རབས་ཡན་ལག་བཅུ་གཉིས་པོ་དེ་ལས། མདོ་སྡེ་དང་། དབྱངས་བསྙད། ལུང་བསྟན། ཚིགས་བཅད། ཆེད་བརྗོད་དེ་ལྔ་ནི་ཉན་ཐོས་ཀྱི་མདོ་སྡེའོ། །གླེང་གཞི། རྟོགས་བརྗོད། དེ་ལྟ་བུ་བྱུང་བ། སྐྱེས་རབས་ཏེ་བཞི་ནི་འདུལ་བའི་སྡེ་སྣོད་དོ། །ཤིན་ཏུ་རྒྱས་པ་དང་། རྨད་དུ་བྱུང་བ་ནི་བྱང་ཆུབ་སེམས་དཔའི་སྡེ་སྣོད་དོ། །གཏན་ལ་དབབ་པ་བསྟན་པའི་སྡེ་ནི། ཐེག་པ་ཆེ་ཆུང་གཉིས་ཀའི་མངོན་པའི་སྡེ་སྣོད་དོ། །སྡུད་ཚུལ་འདི་ནི་ཀུན་བཏུས་ཀྱི་ལུགས་ཡིན་ནོ། །འདུལ་བ་ཞེས་བྱ་བ་ནི་བི་ན་ཡ་ཞེས་ཆོས་དང་དོན་སྒྲུབ་སྐྱེ་ཉོན་མོངས་པ་འདུལ་བ་ལ་བརྟེན་ཞིང་མཐའ་གཉིས་ལ་སྤྱོར་བའི་གཉེན་པོར་ཏེ། འདོད་པ་བསོད་ཉམས་ཀྱི་མཐའ་སྤང་བའི་ཕྱིར། གསོག་འཇོག་ལ་སོགས་པ་ཁ་ན་མ་ཐོ་བ་དང་བཅས་པའི་ཡོངས་སུ་སྤྱད་པ་བཀག་པ་དང་། ངལ་ཞིང་དུབ་པའི་མཐའ་སྤང་བའི་ཕྱིར་ཚུལ་ཁྲིམས་དང་ཡོན་ཏན་དང་ལྡན་པ་ལ་རིན་བརྒྱ་ལྡན་པའི་ཟས་དང་། འབུམ་རི་པའི་གོས་ལ་སོགས་པ་ཡང་ཆགས་པ་མི་སྐྱེ་ན་ཡོངས་སུ་སྤྱད་པར་གནང་བའི་ཕྱིར་རོ། །དེ་ཡང་མདོ་རྒྱན་ལས། ལྟུང་དང་འབྱུང་དང་ལྡང་བ་དང་། །ངེས་པར་འབྱུང་དང་གང་ཟག་དང་། །བཅས་པ་དང་ནི་རབ་དབྱེ་དང་། །རྣམ་པར་ངེས་ཕྱིར་འདུལ་བ་ཉིད། །ཅེས། འདུལ་བར་འཇོག་པའི་རྒྱུ་མཚན་ལ་བཞི་ཚན་གཉིས་ལས་བཞི་ཚན་དང་པོ་ནི། ལྟུང་དང་ཞེས། ཕམ་པ་དང་། དགེ་འདུན་ལྷག་མ་དང་། ལྟུང་བྱེད་དང་། སོ་སོར་བཤགས་པར་བྱ་བ་དང་། ཉེས་བྱས་ཏེ་ལྟུང་བ་སྡེ་ལྔ་དང་། ལྟུང་བའི་ངོ་བོ་ཉིད་ཡིན། འབྱུང་དང་ཞེས་ཉེས་དམིགས་ལ་སོགས་པ་མི་ཤེས་པ་དང་༡།

བག་མེད་པ་དང་༢། ཉོན་མོངས་པ་མང་བ་དང་༣། བསླབ་པ་ལ་མི་གུས་པ་༤སྟེ་ལྟུང་བ་འབྱུང་བའི་རྒྱུ་བཞི་དང་། ལྟུང་བ་དང་ཞེས། ད་ལྟར་ལྟུང་བ་འབྱུང་བ་ལ་བསམ་པས་འགྱོད་ཅིང་ཕྱིས་མི་བྱེད་པར་སྡོམ་པའི་སེམས་ཀྱིས་ལྟུང་བ་ལས་ལྡང་བའི་ཐབས་བཤགས་པ་དང་། ངེས་པར་འབྱུང་དང་ཞེས། དགེ་སློང་ཕམ་པ་༡གཅིག་ལ་འཆབ་སེམས་མ་སྐྱེས་པ་ལ་བསླབ་པ་སྦྱིན་པའི་སྟོན་དུ་དམན་པའི་སྤྱོད་པ་བླང་ཞིང་ཁྱད་པར་ཅན་གྱི་སྤྱོད་པ་དོར་དུ་བཞུག་པ་དང་། དེ་བཞིན་དུ་ལྷག་མ་ལ་༢སྤོ་མགུ་སྤྱོད་པ་དང་། སྤང་ལྟུང་ལ་༣ཞག་གི་སྤང་བ་དང་། ལྟུང་བྱེད་༤ལ་སྲིན་བལ་བསྒྱུ་བ་ལ་སོགས་པའི་ཆད་ལས་ཁས་ལེན་པ་དང་། སྔར་དགག་པའི་བསླབ་པ་བཅས་པ་ལ་ཕྱིས་དགོས་པ་ལ་ལྟོས་ནས་རྣམ་གྲངས་ཀྱིས་གནང་བའི་ཕྱིར་གློད་པ་དང་། དགེ་འདུན་ཚོགས་པས་བསླབ་པའི་གཞི་བག་ཡངས་སུ་བྱས་པའི་ཕྱིར་བག་ཡངས་སུ་བྱས་པ་དང་། དགེ་སློང་དང་དགེ་སློང་མ་ཕན་ཚུན་མཚན་གྱུར་པས་ལྟུང་བ་ཐུན་མོང་མ་ཡིན་པ་རྣམས་ལྟུང་མེད་དུ་འགྱུར་བ་དང་། ཆོས་ཀྱི་སྡོམ་གྱི་རྣམ་པ་སོ་སོར་རྟོག་པ་དང་། བདེན་པ་མཐོང་བས་ལྟུང་བ་ཕྲ་མོའི་ཕྲ་མོ་ཡང་མེད་པའི་ཆོས་ཉིད་ཐོབ་པའི་ཕྱིར་ཆོས་ཉིད་ཀྱིས་ཐོབ་པ་སྟེ། བདུན་པོ་དེས་ལྟུང་བ་ལས་ངེས་པར་འབྱུང་བའོ། །བཞི་ཚན་གཉིས་པ་ནི། གང་ཟག་དང་བཅས་པ་དང་ནི་ཞེས། གང་ཟག་གང་ལ་བརྟེན་ནས་བསླབ་པ་འཆལ་བ་དང་༡། ཉེས་པ་བྱུང་བ་ན་སྟོན་པ་རྫོགས་པའི་སངས་རྒྱས་ཀྱིས་དགེ་འདུན་བསྡུས་ཏེ་གང་ཟག་བཟང་སྦྱིན་ཁྱིད་ལས་དང་པོ་པ་ཡིན་པས་ཉེས་པ་མེད་དོ། །དེང་ཕྱིན་ཆད་དགེ་སློང་གི་འདི་ལྟ་བུ་མི་བྱའོ་ཞེས་བསླབ་པ་བཅས་པ་༢དང་། རབ་དབྱེ་དང་ཞེས། བསླབ་པའི་གཞི་མདོར་བསྟན་པ་དེ་ཞིབ་མོར་རབ་ཏུ་༣དབྱེ་བ་དང་། རྣམ་པར་ངེས་ཕྱིར་ཞེས། ལྟུང་བ་དང་ལྟུང་བ་མེད་པ་འདི་ལྟ་བུའོ་ཞེས་རྣམ་པར་ངེས་པའི་ཕྱིར་༤འདུལ་བ་ཉིད་དོ། །ཞེས་བཞི་ཚན་གཉིས་ཀྱི་རྒྱུ་མཚན་བསྟན་ལ། དེ་ལ་བཀའ་འཁོར་ལོ་གསུམ་གྱི་དང་པོ་འདུལ་བའི་སྡེ་སྣོད་ལ། དགེ་ཚུལ་མན་ཆད་ནི་བསྟན་པ་ལ་ཞུགས་ཀྱང་མ་རྫོགས་པ་ཡིན་པས། བླང་འདས་ཀྱང་མང་ཉུང་ཐ་དད་པ་ཡོད་པ་སྟོན་མདོ་འགྲེལ་དུ་བསྟན་ལ༑ ཞུགས་ལ་རྫོགས་པ་ནི་དགེ་སློང་ཡིན་པས། དེ་ལ་སྤོང་བའི་ཁྲིམས་ཉིས་བརྒྱ་ལྔ་བཅུ་རྩ་གསུམ་ལས། དང་པོ་ཕམ་པ་བཞི་ནི་བཅས་ལྡན་གྱི་དགེ་སློང་གི་བསྲུང་ན་སྡོམ་པ་ཕྱི་མ་ཐམས་ཅད་ཀྱི་རྩ་བ

ཡིན་ལ། ཉམས་ན་གཉེན་པོའི་ཕྱོགས་མ་ལུས་པ་ཕམ་པར་བྱེད་པ་སྟེ་བཞི་ནི། མི་ཚངས་སྤྱོད་ཀྱི་ཕམ་པ། མ་བྱིན་ལེན་པ། སྲོག་གཅོད་པ། མི་ཆོས་བླ་མའི་རྫུན་སྨྲ་བའི་ཕམ་པའོ། །

གཉིས་པ་གསོ་བ་དགེ་འདུན་ལ་ལྟོས་ཤིང་སྡོམ་པའི་ལྷག་མ་ཙུང་ཟད་ཙམ་ལུས་ཏེ་དབྱེ་ན་བཅུ་གསུམ་སྟེ། སྡོམ་གསུམ་རྣམ་ངེས་ལས། བགྲོད་མིན་གནས་སུ་ཁུ་བ་འབྱིན་པ་དང་། །ཆགས་པའི་བུད་མེད་ལུས་ཀྱི་ཆ་ཤས་འཛིན། །འཁྲིག་ཚིག་རྗེན་སྨྲ་བུད་མེད་ཆགས་ཕྱིར་བཀུར། །ཕོ་མོ་ཕན་ཚུན་སྨྲིན་བྱས་འདུས་ཏེ་འཕྲད། །རང་དོན་ཚད་ལྷག་ཁང་པ་ཁང་ཆེན་བརྩིགས། །བརྗོད་གཞི་མེད་དང་སྣད་ཀ་བག་ཙམ་ལ། །བརྟེན་ནས་དགེ་སློང་སྐུར་བཏབ་དགེ་འདུན་དབྱེན། །དབྱེན་དེའི་རྗེས་ཕྱོགས་བསླབ་པ་དང་འགལ་བ། །ཁྱིམ་སུན་འབྱིན་ཆེ་སྐྱོད་བྱེད་ལ་བསྙོན་པ། །ལྟུང་བྱུང་བསྐྱལ་ཆེ་བཀའ་བློ་མི་བདེ་བའོ། །

གསུམ་པ་གང་ལ་ལྟུང་བ་བྱུང་བའི་དངོས་པོ་དེ་སྤང་བའི་སྒོ་ནས་ཕྱིར་བཅོས་དགོས་ཤིང་། མ་བཅོས་ན་ངན་སོང་དུ་ལྟུང་བར་བྱེད་པས་ན་སྤང་ལྟུང་སྟེ་དབྱེ་ན་སུམ་ཅུ་སྟེ། རང་གི་གོས་ལྷག་ཞག་བཅུ་འདས་པར་འཆང་། །ཆོས་གོས་དང་བྲལ་ཞག་གཅིག་ལོན་པ་དང་། །གོས་རྒྱུ་ཟླ་གཅིག་འཇོག་དང་དགེ་སློང་མར། །ཆོས་གོས་འཁྲུར་འཇུག་དེ་ལ་གོས་རྒྱུ་ལེན། །ཉེ་མིན་ཁྱིམ་པར་གོས་རྒྱུ་སློང་བ་དང་། །སྟེར་ན་སྟོད་གཡོགས་སྨད་གཡོགས་ལྷག་པོར་ལེན། །རང་ལ་སྟེར་བསམ་ཆོས་གོས་གནས་སྤྱགས་པ། །རིན་དང་ཁྲུ་ཚད་ཀྱིས་སློང་བརྟགས་དྲན་སློང་། །གོས་རིན་རིན་ཆེན་བསྐུར་བ་ལེན་རྣམས་སོ། །སྲིན་བལ་ནང་ཚང་བྱས་པའི་སྟན་བྱེད་དང་། །དཀོན་སར་བལ་ནག་འབའ་ཞིག་སྟན་དུ་འདིང་། །བལ་ནག་ཆ་གཉིས་སྟན་བྱེད་ལོ་དྲུག་ནི། །མ་སོང་སྟན་གསར་བྱེད་དང་ཚད་ལྡན་གྱི། །གདིང་བ་ཡོད་ཀྱང་སླར་བཟོ་བལ་ནག་ནི། །རྐྱེད་ནས་ལམ་གྱི་དཔག་ཚད་གསུམ་མཐར་བྱེད། །དགེ་སློང་མ་ལ་བལ་འཁྲུ་རྨེལ་བཅུག་དང་། །གསེར་དངུལ་ལེན་དང་ཚོང་འབུན་མངོན་མཚན་ཅན། །ཆེད་དུ་ཚོང་བྱེད་ལྷུང་བཟེད་བྱིན་མ་བརླབས། །ཞག་བཅུ་འདས་འཆང་ལྷུང་བཟེད་ཟུང་འཆང་བ། །གླ་རྔན་མེད་པར་འཐག་འཇུག་འཐག་རྒྱུ་བསྐྱེད། །དགེ་སློང་གོས་བྱིན་སླར་འཕྲོག་གཏད་བྱུང་གོས། །སྦྱིན་དུས་བཤད་ལས་སྔ་བར་བདག་གིར་བྱས། །དགོན་པར་འཇིགས་བཅས

གོས་བྲལ་ཞག་བདུན་འདས། །རས་ཆེན་དགག་དབྱེ་ཟིན་ཀྱང་ཟླ་ཕྱེད་འདས། །དགེ་འདུན་བསྡོས་
པའི་སྙིང་པ་བདག་ཏུ་བཟུང་། །ན་སྨན་ཞག་བདུན་འདས་ནས་གསོག་འཇོག་གོ། །གསུམ་པ་སྤྱད་
ན་ངན་སོང་དུ་ལྟུང་བར་བྱེད་པ་དང་། བཤགས་དུས་སྤང་བྲལ་སྔོན་དུ་བཏང་མི་དགོས་པས་ན་འབའ་
ཞིག་པ་སྟེ། དབྱེ་ན་དགུ་བཅུ་ཕྱེ་སྟེ། ཤེས་བཞིན་རྫུན་སྨྲ་དགེ་སློང་སྐྱོན་བརྗོད་པ། །ཕྲ་མས་འབྱེད་
དང་སྐྱོ་བསྡོགས་ཟླུམ་ཀྱང་དབྱེ། །བུད་མེད་ཆོས་སྟོན་བསྙེན་པར་མ་རྫོགས་དང་། །ལྷན་ཅིག་ཆོས་
འདོན་གནས་ངན་ལེན་ལྟུང་བརྗོད། །མི་ཆོས་བླ་མ་བདེན་སྨྲ་བཤེས་ངོར་འཕྱ། །བསླབ་གཞི་ཁྱད་
གསོད་ས་བོན་སྐྱེ་བ་གཅོད། །བདག་གི་ངོར་འཕྱ་བསྒོ་བ་རྣར་གཟོན་ནི། །ལྟུང་བྱུང་གླེང་ལ་མ་
ཐོས་ལན་གཞན་འདེབས། །ཁྲི་དང་གདིང་བ་མ་བསྡུས་བཏིང་སོང་དང་། །དགེ་སློང་སྐྲོད་དང་ཐོ་
འཚམས་ཕྱིས་གནོན་བྱས། །མལ་ཁྲིས་བུག་དབྱུང་སྲོག་ཆགས་ལྡན་པའི་ཆུ། །རྩར་འདེབས་གཙུག་
ལག་ཕ་གུ་རིམ་གཉིས་བརྩིགས། །ཤེས་བཞིན་བཀྲིས་སོ་འདི་མན་དགེ་སློང་མར། །མ་བསྐོས་
ཆོས་སྟོན་བསྐོས་ཀྱང་ཉི་ནུབ་དང་། །ཁ་ཟས་ཕྱིར་སྟོན་གོས་བཙེམས་ཆོས་གོས་སྦྱིན། །དོན་མཐུན་
ལམ་འགྲོགས་གྲུ་དེ་གྲེན་མཐུར་འགྲོ། །དབེན་པར་གཅིག་འདུག་པ་དང་འགྲེང་བ་དང་། །སྦྱོར་
བཙུག་ཟས་ཟ་རྣམས་ནི་སྤང་བར་བྱ། །ཡང་ཡང་ཟས་ཟ་མུ་སྟེགས་འདུག་པའི་སར། །ཞག་གཅིག་
ལྷག་བསྡད་ཟ་དང་ལྟུང་བཟེད་དོ། །ཟ་དང་ཟོས་རྗེས་བཟའ་བཅའ་ཟ་བ་དང་། །སྤངས་ནས་ལྟུང་
འབྱུང་ཆེད་དུ་རྫུན་གྱིས་སྟོབས། །གནང་མེན་མཚམས་ནང་ལོགས་སུ་འདུས་ནས་ཟ། །དུས་མིན་
ཕྱེད་ཡོལ་ཟ་དང་གསོག་འཇོག་ཟ། །བྱིན་ལེན་མ་བྱས་སྨན་བཞི་ཁར་མིད་པ། །བསོད་པ་ཞིམ་པའི་
ཟས་སློང་སྲོག་ཆགས་བཅས། །ཆུར་སྤྱོད་ཉལ་པོ་བྱེད་པའི་ཤུལ་དུ་ཉལ། །དབེན་པའི་སྐབས་སུ་
འགྲེང་དང་གཅེར་བུར་རྒྱུ། །དམག་བལྟ་དམག་སར་ཞག་གཉིས་ལྷག་པར་བསྡད། །དམག་གི་རུ་
བཀོད་བྱེད་དང་དགེ་སློང་བརྡེག །བརྡེག་བརྩམས་གནས་ངན་ལེན་གྱི་ལྟུང་བ་འཆབ། །དགེ་སློང་
ཟས་གཅོད་མེ་ལ་རེག་ཏུ་བཅུག །དགེ་འདུན་ལས་ལ་འདུན་ཕུལ་ཕྱིར་ལྡོག་སྨྲ། །བསྙེན་མ་རྫོགས
དང་ནུབ་གཉིས་ལྷག་པར་ཉལ། །སྡིག་ལྟའི་ཆོས་ལུགས་མིག་གཏོང་ཕེབས་པར་སྨྲ། །དགེ་ཚུལ་
སྡིག་ལྟ་མི་གཏོང་ལྷན་གཅིག་ཉལ། །རྒུད་བའི་ཆོན་མེན་ཁ་དོག་ཅན་གོས་གྱོན། །རིན་ཆེན་དམག་

ཆས་རོལ་མོའི་ཆས་ལ་རེག །ཚ་དུས་རང་གར་ཁྲུས་བྱེད་དུད་འགྲོ་གསོད། །དགེ་སློང་བྱས་ལ་འགྱོད་བསྐྱེད་གག་ཆིལ་སྐྲོག །ཆུར་རྩེ་བུད་མེད་གནས་གཅིག་ཉལ་བ་དང་། །དགེ་སློང་སྡངས་བྱེད་དེ་ཡི་ཡོ་བྱད་སྦེད། །སྤུར་བྱིན་གདིང་མེད་སླར་བླང་སྤྱོད་པ་དང་། །གཞི་མེད་སྐུར་བཏབ་བུད་མེད་ལྷན་ཅིག་ཏུ། །སྐྱེས་པ་མེད་པར་ལམ་འགྲོ་རྐུན་མའང་མཚུངས། །ཉི་ཤུ་མ་ལོན་པ་ལ་བསྙེན་རྫོགས་ཕོག །ས་བརྐོ་མགྲོན་པོས་ཟླ་བཞི་ལྷག་པར་ཟློས། །མི་ཤེས་བརྗོད་དང་འཐབ་པའི་ཉན་རྣ་བྱེད། །ཉེས་མེད་མི་སྨྲ་འགྲོ་དང་མི་གུས་འགལ། །ཆང་འཐུང་དུས་མིན་ཕྱི་དྲོ་གྲོང་དུ་རྒྱུ། །ཟས་བཅས་ཕྱི་དྲོ་རྒྱུ་དང་ཁྱིམ་གསུམ་འདས། །རྒྱལ་པོ་བཙུན་མོར་རྩེ་བའི་ཁབ་ཏུ་ཉལ། །མདོ་སོགས་འདོན་ལ་ད་གདོད་ཤེས་ཟེར་དང་། །རིན་ཆེན་ཁབ་རལ་ཁྲི་རྐང་ཚད་ལྷག་བཟོས། །ངན་སེམས་ཤིང་བལ་ཁྲི་སྟེང་བརྡལ་ཏེ་བགོས། །གདིང་གཡན་རས་ཆེན་ཆོས་གོས་ཚད་ལྷག་གོ། །བཞི་བ་སྨྲེ་སྤུགས་ཀྱི་རྣམ་པས་སོ་སོར་བཤགས་དགོས་པས་དེ་སྐད་ཅེས་བྱ་སྟེ། དབྱེ་ན་སོར་བཤགས་བཞིའོ། །དགེ་སློང་མ་ལས་གྲོང་དུ་ཟས་བསླངས་ཟློས། །ཁྱིམ་དུ་དགེ་སློང་མས་བསྒོས་མ་བཟློག་ཟློས། །བསླབ་སྡོམ་སྦྱིན་ལས་རྟུང་མིན་བསླངས་ཏེ་ཟློས། །ནགས་མ་ཞུལ་བར་དགོན་པར་བསླངས་ཟློས་བཞིའོ། །ཞེས་སོ། །

ལྔ་པ་ནི། ཉེས་པ་ཕྲ་མོའི་རང་བཞིན་ཡིན་པས་ཉེས་བྱས་ཏེ། དབྱེ་ན་བརྒྱ་དང་བཅུ་གཉིས་སོ། །སྤྱི་མ་ལས། ཤམ་ཐབ་བརླུམ་མིན་བརྩེངས་འཛོལ་གླང་སྣ་འདྲ། །ལྟེབ་དང་ཕུར་མ་གདེངས་ཀ་ལྟ་བུ་བདུན། །བརླུམ་མིན་རིང་ཐུང་སྟོད་གསུམ་གོས་ཀྱི་བཅུ། །མ་བསྡམས་བགོ་བ་ཙ་ཙོ་མིག་གཡེངས་དང་། །རིང་བལྟ་མགོ་བཏུམ་གོས་བརྫེས་ཕྲག་ལ་གཟར། །ལག་པ་གཉའ་གོང་བསྣོལ་དང་ལྟག་པར་བསྣོལ། །མཆོངས་བརྐྱང་རྐང་པའི་བྲང་དང་རྟིང་བཙུགས་འགྲོ། །ལག་པ་དཀུར་བརྟེན་ལུས་བསྒྱུར་ལག་པ་གཡུགས། །མགོ་བསྒྱུར་ཕྲག་པ་སྦྲུད་དང་ལག་སྦྲེལ་རྣམས། །མི་བྱེད་ཁྱིམ་འགྲོའི་སྤྱོད་ཡུལ་ཉི་ཤུའོ། །སྟན་ལ་མ་བསྒོས་མ་བརྟགས་འཕོངས་རྡེབ་དང་། །རྐང་བརྐྱང་བསྣོལ་དང་བརླ་བསྣོལ་ལོང་བུ་བརྩེགས། །ཁྲི་འོག་རྐང་དགུག་རྐང་པ་གདངས་ཏེ་འདུག །འདོམ་མཐོང་རྣམས་སྤངས་འདུག་ཚུལ་དགུ་ཡིན་ནོ། །ལེགས་པར་མི་ལེན་མུ་ཁ་མཉམ་པར་ལེན། །མཐར་ཆགས་མི་ལེན་ལྷུང་བཟེད་ཟུར་མིག་བལྟ། །བཟེད་སྟུས་སྟུར་བྱུང་སྦྲས་ནས་བཟེད་པ་དང་། །སྟོད་གཞན

སྙིང་བཟེད་སྤྱངས་པ་ཟས་བླང་བརྒྱད། །འགལ་ཟ་ཁམ་ཆེ་ཆུང་དང་རན་པར་མིན། །ཁ་གདངས་ཟ་བཞིན་སྨྲ་དང་ཙུག་ཙུག་དང་། །ཅག་ཅག་ཧུ་ཧུ་ཕུ་ཕུ་ལྕེ་བྱུང་ཟ། །འབྲུ་ནས་གྲུད་ཕྱེ་ཟས་ལ་སྐྱོན་འཕྱ་དང་། །ཁམ་གཅིག་མཁུར་སྒོ་རྐན་ཏོགས་ཁམ་འཕྲོ་བཅད། །ལག་པ་བལྡག་འཐྲོག་ལག་སྤྲུགས་སྐྱོམ་སྐྱོམ་བྱེད། །མཆོད་རྟེན་འདྲར་བྱེད་ཉེར་གཅིག་ཟ་ཆེ་སྤྱངས། །ལྷུང་བཟེད་ལ་འཕྱ་ཕྱིར་བལྟ་ལག་པ་ནི། །ཟས་འབགས་ཆུ་སྣོད་མི་རེག་ཆུ་མི་གཏོར། །མ་དྲིས་འབགས་ཆུ་འབོ་དང་ཟས་ལྷག་བཞག །ས་རྗེན་གད་ཁ་རི་གཟར་བང་རིམ་བཞིར། །མི་བཞག་གད་གཡང་རྐན་གཟར་དུ་མི་འབྲུ། །ལངས་དང་ཆུ་དྲག་མི་བཙུ་བཙུ་བཞིའོ། །ཆོས་སྟོན་སྟེ་ནི་ལངས་ཉལ་རང་དམའ་འདུག །མདུན་ནས་འགྲོ་ལ་ཕྱི་བཤད་ལམ་པོའི་འགྲམ། །མགོ་གཡོགས་བརྫེས་གཟར་ལག་པ་གཉའ་ལྟག་བསྣོལ། །དོ་ཀེར་བཅིངས་དང་ཞྭ་གྱོན་ཅོད་པན་བཏགས། །ཕྲེང་བ་དང་ནི་མགོ་དཀྲིས་གླང་རྟ་ཞོན། །ཁྱོགས་དང་བཞོན་པ་མཆིལ་ལྷམ་གྱོན་པ་དང་། །མཁར་བ་གདུགས་མཚོན་རལ་གྲི་དགྲ་ཆ་མདའ། །གོ་ཆ་གྱོན་ལ་མི་བཤད་ཉེར་དྲུག་གོ། །སྐྲུབ་ཚུལ་གསུམ་ནི་འགྲེང་སྟེ་བཤང་གཅི་འདོར། །ཆུ་དང་རྩྭ་ལ་བཤང་གཅི་སྣབས་མི་འདོར། །ཤིང་ལ་མི་གང་མཐོར་འཛེག་རྒྱུ་གཅིག་གོ། །

དེ་ལྟར་ཕམ་པ་བཞི་ནས་ཉེས་བྱས་བར་རང་རྒྱུད་དང་མ་འདྲེས་པར་རྣམ་པར་སྤྱོངས་པའི་ཚུལ་ཁྲིམས་ལ་བརྩོན་པ་དང་། དེ་ཡང་། ཀུན་མཁྱེན་པདྨ་དཀར་པོའི་ཐོས་བསམ་འཆི་མེད་བདུད་རྩི་ལས། ལེགས་གསུངས་འདུལ་བའི་ཕོ་བྲང་ནང་བཞུགས་ནས། །ཉིས་བརྒྱ་ལྔ་བཅུ་སྤྱོད་པའི་ཚུལ་ཁྲིམས་དང་། །བཅུ་བདུན་བླང་བྱ་འཇུག་པའི་ཚུལ་ཁྲིམས་ཏེ། །འཁོར་ལོ་དང་པོའི་ལམ་གྱི་རིམ་པའོ། །ཞེས། གཞི་གསུམ་ཚོགས་མཚོན་ཏེ་གཞི་བཅུ་བདུན་ནི་རང་གི་དང་དུ་བླང་བར་བྱ་བ་འཇུག་པའི་ཚུལ་ཁྲིམས་ཞེས་བྱ་སྟེ། ལུང་ལས། རབ་བྱུང་གསོ་སྦྱོང་གཞི་དང་ནི། །དགག་དབྱེ་དབྱར་དང་ཀོ་ལྤགས་གཞི། །སྨན་དང་གོས་དང་སྲབ་ཀྲུང་དང་། །ཀཽ་ཤཱམྦི་དང་ལས་ཀྱི་གཞི། །དམར་སེར་ཅན་དང་གང་ཟག་དང་། །སྤོ་དང་གསོ་སྦྱོང་བཞག་པ་དང་། །གནས་མལ་དང་ནི་རྩོད་པ་དང་། །དགེ་འདུན་དབྱེན་རྣམས་བསྡུས་པ་ཡིན། །ཞེས་པ་ལྟར། དེ་དག་མདོར་བསྡུས་ན། དང་པོ་མ་ཐོབ་པ་ཐོབ་པར་བྱེད་པ། བར་དུ་ཐོབ་པ་མི་ཉམས་པ་བསྲུང་བ། ཐ་མ་ཉམས་ན་གསོ་བ་དང་

གསུམ་དུ་འདུ་སྟེ། དང་པོ་རབ་བྱུང་གི་གཞི་ལ་སྟོན་གྱི་ཆོ་ག་དང་། ད་ལྟར་གྱི་ཆོ་ག་སྟེ་ལེན་ཚུལ་གཉིས་ལས། ད་ལྟར་གྱི་ཆོ་ག་ལ་མ་ལྟོས་པར་བསྒྲུབ་བྱ་བསྙེན་པར་རྫོགས་པར་བྱེད་པའི་ཆོ་ག་དེ་སྟོན་ཆོག་གི་མཚན་ཉིད། དབྱེ་ན། མཛོད་འགྲེལ་ལས། བྱེ་བྲག་ཏུ་སྨྲ་བ་འདུལ་བ་པ་རྣམས་ན་རེ་རྣམ་པ་བཅུས་བསྙེན་པར་རྫོགས་སོ། །ཞེས་པ་ལྟར་བཅུ་སྟེ། རྫོགས་པའི་སངས་རྒྱས་དང་རང་སངས་རྒྱས་གཉིས་ཟད་དང་མི་སྐྱེ་ཤེས་པའི་བྱང་ཆུབ་བརྙེས་པའི་ཚེ་རང་བྱུང་གིས་དང་། ཀུན་ཤེས་ཀཽ་ཎྜི་ནྱ། རྟ་ཐུལ། རླངས་པ། མིང་ཆེན། བཟང་ལྡན་བཅས་འཁོར་ལྔ་སྡེ་བཟང་པོ་མཐོང་ལམ་གྱི་ཡེ་ཤེས་ཁོང་དུ་ཆུད་པ་དང་། དེ་གསུམ་རང་རྒྱུད་ལ་ངང་གིས་དོན་དམ་པའི་དགེ་སློང་སྐྱེས་པས་བསྙེན་པར་རྫོགས་པའོ། །གྲོང་ཁྱེར་མཉམ་ཡོད་ན་ཁྱིམ་བདག་སྦྱིན་པའི་བུ་མོ་མཆོད་སྦྱིན་མར་རབ་ཏུ་བྱུང་འདོད་ཀྱང་ཕ་མའི་དབང་དུ་སོང་བ་ལ་དགེ་སློང་མ་ཨུཏྤལ་ལས་ཕོ་ཉ་བྱས་ཏེ་དགེ་བསྙེན་མ་ནས་དགེ་སློང་མའི་བར་ཕྲིན་གྱིས་གནང་ནས་དགྲ་བཅོམ་ཐོབ་པར་བཤད་པ་ལྟ་བུ་སྟེ། གདུལ་བྱ་སྐལ་བ་ལྡན་པ་ལ་འཕྲིན་གྱིས་བསྙེན་རྫོགས་ཟུང་སྟེ་མདོ་རྩ་ལས། སྐལ་བ་དང་ལྡན་པའི་རང་བཞིན་ཅན་ལ་མངགས་པ་དང་འདྲ་བས་རབ་ཏུ་འབྱིན་ཏུ་གཞུགས་པ་ནི་ཆོ་ག་མ་ཡིན་པ་མ་ཡིན་ནོ། །ཞེས་སོ། །འོད་སྲུང་ཆེན་པོ་སྟོན་པ་སངས་རྒྱས་ལ་ཁྱོད་ནི་ཁོ་བོའི་སྟོན་པའོ། །ཁོ་བོ་ནི་ཁྱོད་ཀྱི་ཉན་ཐོས་སོ་ཞེས་ཡིད་ཆེས་ཀྱི་དད་པས་སྟོན་པར་ཁས་བླངས་པའི་མོད་ལ་བསྙེན་རྫོགས་སུ་གྱུར་པ་ལྟ་བུའོ། །ཤཱ་རིའི་བུ་དང་གྲགས་པ་ལ་སོགས་པ་ཚུར་ཤོག །ཚངས་པར་སྤྱོད་ཅིག་གསུངས་པ་ཙམ་གྱིས་སྐྲ་དང་ཁ་སྤུ་བྱི། ལུས་ཆོས་གོས་དང་བཅས་ཏེ་བསྙེན་པར་རྫོགས་ནས་ལོ་བརྒྱ་ལོན་པའི་སྤྱོད་ལམ་ལྟ་བུར་གྱུར་པ་བཞིན་ནོ། །ཁྱིམ་བདག་ལེགས་སྦྱིན་ལ། སྟོན་པས་ལེགས་སྦྱིན་གཅིག་ཏུ་དགེ་བ་ནི་གང་ཐར་པའོ། །དེ་ལ་མཁོ་བ་ནི་གང་དད་པའོ། །ཞེས་པའི་དྲིས་ལེན་ལ་ཐུགས་དགྱེས་པས་བསྙེན་རྫོགས་ཀྱི་སྡོམ་པ་མངོན་དུ་གྱུར་པ་ལྟ་བུའོ། །སྲུ་སྐྱེད་དགུའི་བདག་མོ་དང་ཤཱཀྱའི་བུ་མོ་ལྔ་བརྒྱ་ལྕི་ཆོས་བརྒྱད་ཁས་བླངས་པའི་མོད་ལ་བསྙེན་རྫོགས་སུ་གྱུར་པ་ལྟ་བུའོ། །བཟང་སྡེའི་ཚོགས་དྲུག་ཅུ་སྐྱབས་གསུམ་ཁས་བླངས་པས་བསྙེན་པར་རྫོགས་པའོ། །སྟོན་ཆོག་བཏགས་པ་བ་ལ་དགུ་དང་། མཚན་ཉིད་པ་ནི་བཅུ་ཚོགས་སམ་ལྔ་ཚོགས་ཀྱི་དགེ་འདུན་ལ་གསོལ་བཏབ་སྟོན་ཏུ

འགྲོ་བས། གསོལ་བཞིའི་ལས་ཀྱི་གཅིག་ཆར་རབ་ཏུ་བྱུང་བ་དང་བསྙེན་པར་རྫོགས་པར་བྱེད་པའི་ཆོ་ག་ཉིད་ཡིན་ནོ། །ད་ལྟར་གྱི་ཆོ་ག་ནི་ཡུལ༡) དུས༢ ཚེ༣ སེམས་ཅན་༤ཡན་ལག་༥(ངེས་པ་སྐྱེ་ངེས་པ་ལྟ་བྲལ་ཞིང་། སྐྱེ་བ་དང་༡)། གནས་པ་དང་༢། ཁྱད་པར་དང་༣། མཛེས་པའི་བར་ཆད་བཞི་དང་མི་ལྡན་པས། དགེ་བསྙེན་དང་། དགེ་ཚུལ་བར་མ་རབ་བྱུང་སྒྲུབ་དེ། ཀརྨ་ཤ་ཏཾ་ལས། ཞུ་དང་མཁན་པོ་དང་པོ་དང་། །རབ་བྱུང་དགེ་ཚུལ་གྲིབ་ཚོད་དང་། །བསླབ་པ་བརྗོད་པ་ཐ་མ་ཡིན། །ཞེས་པས། ཞུ་དང་ནི་བསྒྲུབ་བྱ་དེ་རབ་བྱུང་ཞུ་བའི་དགེ་སློང་ལ་གཏན་ནས་དེས་ཀྱང་དགེ་འདུན་ལ་ཞུ་བའོ། །མཁན་པོ་ཞེས་མཁན་པོར་གསོལ་བ་གདབ་པའོ། །

དང་པོ་ནི། དེའི་འོག་ཏུ་དགེ་སློང་གཞན་ཞིག་གིས་དེའི་སྐྲ་དང་ཁ་སྤུ་བྲེགས་ཏེ། སྤྱི་བོར་གཙུག་ཕུད་བཞག་པ་ལ། གཙུག་ཕུད་བྲེགས་པར་སྤྲོའམ་བྱས་པས། སྤྲོ་ལགས་ཞུས་ཏེ་བྲེགས་ནས་ཁྲུས་བྱས། མཁན་པོས་ཆོས་གོས་ཤམ་ཐབས། ལྷུང་བཟེད། གདིང་བ་ཚུ་ཚག་སྐྱེ་ཡོ་བྱད་ལྔ་གཏད་དེ་མཚན་མཁན་པོའི་མཚན་ནམ་སྐྱེ་པའི་མིང་གི་མཐའ་ཅན། དཔལ་འོད་གྲགས་པ་བཟང་པོ་ལ་སོགས་པས་སྤྲུས་པ་འདོགས། རབ་བྱུང་ཞེས་པ་བར་མ་རབ་བྱུང་དུ་བསྒྲུབ་པའོ། །དགེ་ཚུལ་ཞེས་པས་སྐྱབས་འགྲོ་བྱས་ནས་དགེ་ཚུལ་བསྒྲུབ་པའི་སྔགས་ཚིག་ལན་གསུམ་བརྗོད་དེ་དགེ་ཚུལ་དུ་བསྒྲུབ་པའོ། །གྲིབ་ཚོད་ཅེས་པས། གྲིབ་ཚོད་གཞལ་ཏེ་དེའི་འོག་ཏུ་དུས་བརྗོད་པའོ། །བསླབ་པ་བརྗོད་པ་ཞེས་པས། དགེ་ཚུལ་གྱི་བསླབ་པའི་གཞི་བཅུ་བརྗོད་པ་སྟེ་དགེ་ཚུལ་དུ་བསྒྲུབ་པའོ། །ཚིག་ཕྱི་མ་བསྙེན་རྫོགས་སུ་བསྒྲུབ་པ་ལ། སྒྲུབ་ཕྱོགས་ནས་རྒྱུད་ཚོགས་སུ་མ་ཚང་བ། ཆོས་གོས་གསུམ་དང་ལྷུང་བཟེད་ཚང་བ། ལོ་ཉི་ཤུ་ལོན་པ། ཤེས་པ་རང་བཞིན་དུ་གནས་པ། ཐབ་མཚམས་སོགས་ཀྱི་དོན་གོ་ཞིང་བརྡའ་འཕྲོད་པ། ཁྱད་པར་དུ་ངེས་པར་འབྱུང་བ་མྱ་ངན་འདས་གསུམ་གང་རུང་དོན་དུ་གཉེར་བ་སྒྲུབ་པར་བྱེད་པ་པོ་མཁན་སློབ་དགེ་འདུན་རྣམས་ཀྱང་ཁ་སྐོང་གི་ཆོས་བཅུ་གསུམ་ཚང་བ་ཚུལ་ཁྲིམས་རྣམ་པར་དག་པ། དམིགས་བསལ་བསྒྲུབ་བྱའི་ངོས་ནས་མཐོང་ཐོས་དོགས་གསུམ་གྱི་སྐྱོན་མེད་པ་དང་། ཁྱད་པར་མཁན་པོ་བརྟན་མཁས་བཙུན་པའི་ཡོན་ཏན་ལྡན་པ་ལ་བརྟེན་ནས། ཡུལ་དབུས་སུ་དགེ་སློང་བཅུ་དང་མཐའ་འཁོབ་ཏུ་ལྔ་ཡན་ཆད་འདུས་པ་ལས

བསྙེན་པར་རྫོགས་དགོས་ལ། དེ་ཡང་། ཀརྨ་ཤ་ཏཾ་ལས། དང་པོར་བྱ་དང་མཁན་པོ་དང་། །ཆོས་
གོས་གཉིས་དང་ལྷུང་བཟེད་གཉིས། །སྒྲོ་བྱ་གསོལ་བ་གསང་སྟོན་དང་། །ཞུ་དང་གསོལ་དང་
གསོལ་བ་དང་། །དྲི་དང་ལས་དང་གྲིབ་ཚོད་དང་། །ཉིན་མཚན་དུས་ཚོད་གནས་རྣམས་དང་། །
ལྷུང་དང་དགེ་སྦྱོང་མཆོག་འདོད་དང་། །ཚུལ་ཁྲིམས་མཉམ་དང་ཚུལ་འབྲེལ་དང་། །དུལ་དང་
དགོས་དང་མ་བརྗོད་དང་། །གྲུས་པ་དང་ནི་བསྒྲུ་བྱ་བ། །མུ་སྟེགས་གནས་པ་སྦྱིན་པ་ཡིས། །སྡེ་
ཚན་ཡང་དག་བསྡུས་པ་ཡིན། །ཞེས་པ་ནི་སྡོམ་སྟེ། དང་པོར་བྱ་དང་ཞེས་པ་ནི། བསྒྲུབ་བྱ་དེ་
ལོ་ཉི་ཤུ་ལོན། སྣམ་སྦྱར་བླ་གོས་མཐང་གོས་ཏེ་ཆོས་གོས་གསུམ་དང་ལྷུང་བཟེད་ཀྱང་ཚང་ཞིང་
མདོན་གྱུར་བཅུ་ཚང་བ་ལས་དགེ་སློང་གི་སྡོམ་པ་སྐྱེ་སྟེ། ལུང་ལས། སངས་རྒྱས་ཆོས་དང་སྟོན་པ་
དང་། །མཁན་པོ་སློབ་དཔོན་བསྙེན་རྫོགས་འདོད། །ཡོ་བྱད་ཡོངས་སུ་དག་པ་དང་། །གསོལ་
ལས་དང་ནི་མདོན་སུམ་མོ། །ཞེས་གསུངས་པ་ལྟར། སངས་རྒྱས་མདོན་གྱུར་ནི[༡]སྟོན་པའི་སྐུ་
གཟུགས་ལ་སངས་རྒྱས་དངོས་ཀྱི་འདུ་ཤེས་བཞག་པ་དེའོ། །ཆོས་མདོན་གྱུར[༢]ལུང་གི་ཆོས་ལས་
ཀྱི་ཆོ་ག་དང་། སྒྲུབ་པའི་ཆོས་དགེ་འདུན་གྱི་ཐུགས་རྒྱུད་ལ་བཞུགས་པའི་བསླབ་པའོ། །སྟོན་པ་
མདོན་གྱུར[༣]དགེ་འདུན་ལ་འཆད་ཅིང་། མཚན་ཉིད་གསུམ་ལྡན་གྲངས་ཚང་བ། ཁ་སྐོང་གི་ཆོས་
དང་ལྡན་པ་མ་འདུས་པ་དང་འདུས་པ་ཕྱིར་ལྡོག་གི་མི་མཐུན་གཉིས་དང་བྲལ་བའོ། །མཁན་པོ་
མདོན་གྱུར་ནི[༤]བརྟན་མཁས་ཀྱི་ཡོན་ཏན་ཕུན་སུམ་ཚོགས་པ་དང་ལྡན་པའོ། །སློབ་དཔོན་མདོན་
གྱུར་ལའང[༥]གཉིས་ལས། ལས་ཀྱི་སློབ་དཔོན་ཁ་སྐོང་བར་འོས་ཤིང་ལས་ཀྱི་ཆོ་ག་བརྟན་སྦྱོད་པ་
ལ་མཁས་པ། གསང་སྟེ་སྟོན་པའི་སློབ་དཔོན། ཁ་སྐོང་གི་ཆོས་དང་ལྡན་ཞིང་། འདུན་པས་འགྲོ་བ་
དང་། ཞེ་སྡང་གིས་འགྲོ་བ་དང་། གཏི་མུག་གིས་འགྲོ་བ་དང་། འཇིགས་པས་འགྲོ་བ་སྟེ་འགྲོ་བ་
བཞི་དང་བྲལ་བ་དགོས་སོ། །བསྙེན་པར་རྫོགས་འདོད་མདོན་དུ་གྱུར་པ་ནི[༦]། བསྒྲུབ་བྱ་རང་ངོས་
ནས་ཚང་དགོས་ཏེ། རྒྱུའི་ཀུན་སློང་སྙིང་ཐག་པ་ནས་སྡོམ་པ་ལེན་འདོད་དང་། དུས་ཀྱི་ཀུན་སློང་
སྡོམ་པ་ཐོབ་དུས་ཐོབ་ཤེས་ཀྱི་བསམ་པར་སྐྱེ་རུང་དང་ལྡན་པའོ། །ཡོ་བྱད་མདོན་གྱུར་ནི[༧]། ཆོས་
གོས་གསུམ་དངོས་སམ་རྒྱུར་རུང་བ་དང་། ལྷུང་བཟེད་རུང་བ་ཚད་ལྡན། ཚུ་ཚགས་གདིང་བ་

སོགས་བརྟན་པོ་ཚུན་ཆད་ཀྱིས་ཚང་དགོས་ལ། ཡོངས་སུ་དག་པ་མདོར་དུ་གྱུར་པ་ནི༨། འགལ་རྐྱེན་བར་ཆད་ཀྱི་ཆོས་དང་མི་ལྡན་པ་ཞིག་དགོས་སོ། །གསོལ་བ་མདོར་གྱུར་ནི༩། དགེ་འདུན་ལ་གསོལ་བ་ལན་གསུམ་འདེབས་པ་དེ་ཡིན། ལས་མདོར་གྱུར་ནི༡༠། གསོལ་བ་དང་བཞིའི་ལས་ཚང་ལ་མ་ནོར་བ་མ་འཁྲུལ་བ་ཞིག་དགོས། དེ་ལྟར་མདོར་གྱུར་བཅུས་སྡོམ་པ་སྐྱེ་བའི་རྒྱུ་ཚོགས་ཐམས་ཅད་ཚང་བ་ཡིན། དེ་ལ་མདོ་སྡེ་པ་ཡན་ཆད་ཀྱིས། ངེས་འབྱུང་གི་བསམ་པས་ཉེར་ལེན་གྱི་རྒྱུ་བྱས། མདོར་གྱུར་བཅུས་ལྷན་ཅིག་བྱེད་པའི་རྐྱེན་བྱས་ཏེ་དགེ་སློང་གི་སྡོམ་པ་སེམས་པ་ས་བོན་དང་བཅས་པའི་ངོ་བོར་སྐྱེ་བར་བཞེད་ནའང་། ཡོད་སྨྲ་སྡེ་པས་རྒྱུ་དྲུག་དང་རྐྱེན་བཞི་ལས་སྐྱེ་བར་འདོད་དེ། རྒྱུ་རྐྱེན་རང་རྒྱུད་ཀྱི་འབྱུང་བ་བཞི་དང་། བདག་རྐྱེན་གཞན་གྱི་རྣམ་རིག་གཉིས་ལ་བརྟེན་ནས། བྱེད་རྒྱུ་ལྷན་ཅིག་འབྱུང་བ་དང་སྐལ་མཉམ་སྐྱེ་རྒྱུ་གསུམ་གྱིས། དགེ་སློང་གི་སྡོམ་པ་རིག་བྱེད་དང་རིག་བྱེད་མ་ཡིན་པ་གཉིས་ཀྱིས་བསྡུས་པའི་སྤོང་བ་བདུན་ལྡན་གྱི་ངོ་བོར་སྐྱེ་བར་བཞེད་པའོ། །དེ་ཡང་སོ་ཐར་གྱི་སྡོམ་པའི་སྣོད་དུ་གྱུར་པའི་གདུལ་བྱ་བློ་རྣམ་པར་དག་པ་སྨིན་བྲལ་ཡོན་ཏན་ལྡན་པ་དེ་བསྙེན་པར་རྫོགས་པར་འདོད་པ་ན་མཁན་པོར་འོས་པ་དེས། ལས་བྱེད་པའི་སློབ་དཔོན། གསང་སྟོན། ལས་གྲལ་དུ་འདུས་པའི་དགེ་སློང་རྣམས་ལ་གསོལ་བ་བཏབ་ནས། དེ་རྣམས་ཀྱིས་ཀྱང་། རང་རང་གི་ལྟུང་བ་བཤགས་འོས་རྣམས་བཤགས། བྱིན་གྱིས་བརླབས་འོས་རྣམས་བྱིན་རླབས་བྱས་ཏེ་ལས་གྲལ་ཏུ་འདུས་པའོ། །མཁན་པོ་ཞེས་པས་བསྙེན་རྫོགས་ཀྱི་མཁན་པོར་གསོལ་བ་བཏབ་པའོ། །ཆོས་གོས་དང་པོ་ནི་མཁན་པོས་ཆོས་གོས་གསུམ་བྱིན་གྱིས་བརླབས་ནས་གནང་བའོ། །ཆོས་གོས་གཉིས་པ་ནི་ཆོས་གོས་དྲུབ་ཟིན་པ་མེད་ན། ཆོས་གོས་ཀྱི་རྒྱུ་བྱིན་གྱིས་རླབས་ནས་གནང་བའོ། །ལྷུང་བཟེད་དང་པོ་ནི་དགེ་འདུན་ལ་མི་ཚེའམ། མི་རུང་ངམ། མི་སྐྱའམ་ཞེས་བསྟན་པའོ། །

གཉིས་པ་ནི། མཁན་པོས་བྱིན་གྱིས་བརླབས་ནས་གནང་བའོ། །སྤྲོ་བྱ་ཅེས། ལས་སློབ་ཀྱིས་གང་ཡིན་དྲིས་ནས་སྤྲོར་གཞུག་པའོ། །གསོལ་བ་ཞེས་གསང་སྟོན་བསྐོས་པའི་གསོལ་བ་འབའ་ཞིག་གོ། །གསང་སྟོན་ཅེས་པས། གསང་སྟོན་གྱིས་བསྒྲུབ་བྱ་ལ་ལྐོག་ཏུ་བར་ཆད་དྲི་བའོ། །

ཞུ་དང་ཞེས་གསང་སྟོན་གྱིས་དགེ་འདུན་ལ་བར་ཆད་དག་གོ་ཞུ་བའོ། །གསོལ་དང་། ཞེས་བསྙེན་པར་རྫོགས་ཕྱིར་བསྒྲུབ་བྱ་ལས་སློབ་ཀྱིས་རྗེས་ཟློས་བྱས་ཏེ་གསོལ་བ་བཏབ་པའོ། །གསོལ་བ་ཅེས་པས་ལས་སློབ་ཀྱིས་བསྒྲུབ་བྱ་ལ་སྟོན་དུ་བར་ཆད་དྲི་བའི་ཆེད་དུ་གསོལ་བ་འབབ་ཞིག་པའི་ལས་བྱེད་པའོ། །དྲི་དང་ཞེས་པས་མངོན་དུ་དྲི་བའོ། །ལས་དང་ཞེས་པས་བསྙེན་པར་རྫོགས་པའི་དངོས་གཞིའི་ལས་བྱེད་པའོ། །གྲིབ་ཚོད་ཅེས་པ་ཐུར་མ་སོར་བཞི་པ་སྐྱེས་བུ་ཞེས་དེའི་ཉི་མའི་གྲིབ་ཚོད་གཞལ་བའོ། །དེ་ཡང་གྲིབ་མ་སོར་བཞི་ལ་སྐྱེས་བུ་དང་། གསུམ་མན་ཆད་ལ་རྐང་པ་ཞེས་ཐ་སྙད་བརྗོད་དོ། །ཉིན་མཚན་ཞེས་པ་ཉིན་མོའི་ཆ་ཤས་བཅུ་བཞི་མཚན་མོའི་བརྒྱད་དེ་ཉེར་གཉིས་བརྗོད་པའོ། །ཉིན་མོའི་བཅུ་བཞི་པ་ནི། ཀླུ་ཤ་ཧཾ་ལས་སྐྱ་རེངས་ཤར་བ། ཉི་མ་མ་ཤར་བ། ཉི་མ་ཤར་བ། ཉི་མའི་བརྒྱད་ཆ་ཤར་བ། བཞི་ཆ་ཤར་བ། སྔ་དྲོའི་དུས་གུང་ཚིགས་མ་ཡོལ་བ། གུང་གི་དུས།ཕྱི་དྲོའི་དུས། ཉི་མའི་བཞི་ཆ་ལུས་པ། བརྒྱད་ཆ་ལུས་པ། ཉི་མ་ནུབ་པ། ཉི་མ་མ་ནུབ་པ། རྒྱ་སྐར་མ་ཤར་བའོ། །མཚན་མོའི་བརྒྱད་ཆ་ནི་རྒྱུ་སྐར་ཤར་བ། མཚན་ཐུན་དང་པོ། ཐུན་དང་པོའི་ཕྱེད། གུང་ཐུན། དེའི་ཕྱེད་གུང་ཐུན་ཐ་མ། ཐུན་ཐ་མའི་ཕྱེད། སྐྱ་རེངས་མ་ཤར་བའོ། །ཞེས་སོ། །དུས་ཚོད་ཅེས་དུས་ཚིགས་ལྔ་བརྗོད་པ་སྟེ། དེ་ཡང་། མདོ་རྩ་ལས། དགུན་གྱི་དུས་དང་། དཔྱིད་ཀྱི་དུས་དང་། དབྱར་གྱི་དུས་དང་། དབྱར་ཐུང་ངུའི་དུས་དང་། དབྱར་རིང་པོའི་དུས་སོ། །དང་པོ་གཉིས་ནི་ཟླ་བ་བཞི་བཞིའོ། །འོག་མ་ནི་ཟླ་བ་གཅིག་གོ། །དེའི་འོག་མ་ནི་ཉིན་ཞག་གཅིག་གོ། །ཐ་མ་ནི་ཟླ་བ་གསུམ་དུ་མ་ཚོགས་པའོ། །ཞེས་སོ། །གནས་རྣམས་ཞེས་པ་ནས་བསྒྲུབ་བྱ་བ་ཞེས་པའི་བར་ནི་གདམས་ངག་བཅུ་གཅིག་བརྗོད་པའོ། །མུ་སྟེགས་གནས་པ་སྤྱིན་པ་ཞེས་སྦྱོར་བའི་ཚ་གའི་སྦྲོས་པའོ། །འདི་དག་གི་རིམ་མ་འཁྲུགས་པའི་ས་བཅད་མདོར་བསྟན་པ་སྟེ་རྒྱས་པར་ལས་ཆོག་ལས་རྟོགས་པར་བྱའོ། །དེས་རབ་བྱུང་གི་གཞི་སོང་། བར་དུ་ཐོབ་པ་མི་ཉམས་བསྲུང་བ་ལས། བསླབ་པ་ཡོངས་སྦྱོང་གི་གཞི་དང་། བདེ་བར་གནས་པའི་གཞི་གཉིས། དང་པོ་ལ་གསུམ་གསོ་སྦྱོང་། དབྱར་གནས། དགག་དབྱེ་དང་གསུམ་ལས། དང་པོ་གཉེན་པོ་བསླབ་པ་གསོ་ཞིང་། སྤང་བྱ་སྡིག་པ་སྦྱོང་བས་ན་གསོ་སྦྱོང་ཞེས་བྱ་སྟེ། ལོ་དྲི་བ་ལས། དགེ་བ་མཐའ་དག་ཡང་དག་གསོ་བྱེད་ཅིང་། །སྡིག

པ་མཐའ་དག་ཡང་དག་འདིར་སྦྱོང་བ། །དགེ་གསོ་ཕྱིར་དང་སྡིག་པ་རྣམས་སྦྱོང་ཕྱིར། །དེ་བཞིན་གཤེགས་པས་གསོ་སྦྱོང་ཞེས་གསུངས་སོ། །དེ་ལ་དབྱེ་ན་ཞི་གནས་དང་། མཐུན་པའི་གསོ་སྦྱོང་གཉིས། དང་པོ་ཞི་ལྷག་བསྒོམ་པས་སྤྱངས་པའི་གནས་མི་མང་པོའི་འདུ་ལོང་ཆེན་པོའི་གནས་དང་། ལུས་སྲོག་ལ་འཚེ་བ་ཡོད་སར་དང་། ལམ་ངམ་གྲོག་སོགས་ལམ་དུ་ཞུག་པའི་ཚེ་སོགས་ཏིང་ངེ་འཛིན་མི་བསྒོམ་པར་གནས་དབེན་པར་ཏིང་ངེ་འཛིན་གང་དུ་བསྒོམ་པའི་གནས་དེར་སྤོང་ཁང་བརྩིགས་ཚུལ་མཐུན་པར་བརྩིགས་པ་དང་། སྤོང་བ་པ་རྣམས་ལ་གཡོག་བྱེད་ཀྱི་ཞལ་ཏ་བ་བསྐོས་ལ། དེས་བསམ་གཏན་ལས་ལྡང་བའི་དུས་སྨྲོན་པ་སོགས་བྱ་བ་སྟོན་དུ་སོང་ནས། ཇི་ལྟར་བསྒོམ་བྱའི་ལམ་གྱི་ངོ་བོ་ཞི་ལྷག་གཉིས་ལས། མཛོད་ལས། དེ་ལ་འཇུག་པ་མི་སྡུག་དང་། །དབུགས་རྔུབ་དབྱུང་བ་དྲན་པ་ཡིས། །འདོད་ཆགས་རྣམ་རྟོག་ལྷག་རྣམས་སོ། །ཞེས་པས། འདོད་ཆགས་ཀྱི་གཉེན་པོར་མི་སྡུག་པ། ཞེ་སྡང་གི་གཉེན་པོར་བྱམས་སྙིང་རྗེ། གཏི་མུག་གི་གཉེན་པོ་རྟེན་འབྲེལ་གྱི་གནས་ཚུལ། ང་རྒྱལ་གྱི་གཉེན་པོར་ཁམས་ཀྱི་རབ་དབྱེ། ཕྲག་དོག་གི་གཉེན་པོར་དབུགས་དབྱུང་རྔུབ་དྲན་པ་སོགས་སེམས་གནས་པའི་ཐབས་དགུས་ཞི་གནས་འགྲུབ་པར་བྱེད་པའོ། །མཛོད་ལས། ཞི་གནས་གྲུབ་པར་གྱུར་པ་ཡིས། །དྲན་པ་ཉེར་བཞག་བསྒོམ་པར་བྱ། །ཞེས་པས། ལྷག་མཐོང་བདག་མེད་རྟོགས་པའི་ཤེས་རབ་བསྐྱེད་པ་ལ། ལུས་ཚོར་སེམས་ཆོས་བཞི་ལ་གཙང་བདེ་རྟག་བདག་ཏུ་ལྟ་བའི་གཉེན་པོ་རང་མཚན་ནི་གཙང་བ་སོགས་དང་སྤྱི་མཚན་མི་རྟག་པ་སོགས་བཞིར་བསྒོམ་པའི་རྣལ་འབྱོར་ལ་སྦྱོད་ཅིང་དེ་ལྟར་ཚོགས་ལམ་ལ་སོགས་པའི་ལམ་ལྔ་བྱང་ཕྱོགས་སོ་བདུན་གྱི་རིམ་པས་བགྲོད་དེ། རྒྱུན་ཞུགས་ལ་སོགས་པའི་འབྲས་བུ་བཞི་ཐོབ་པར་བྱེད་པའོ། །

གཉིས་པ་མཐུན་པའི་གསོ་སྦྱོང་ནི་རྣམས་པ་ལྔ་སྟེ། བཅུ་བཞི་པ་དང་༡། བཅོ་ལྔ་པ་དང་༢། བཀྲ་ཤིས་པའི་གསོ་སྦྱོང་དང་༣། གནོད་པ་དབྱུང་བའི་གསོ་སྦྱོང་དང་༤། བསྡུམ་པའི་གསོ་སྦྱོང་༥ དང་ལྔའོ། །དང་པོ་ནི། ལོ་དྲི་ལས། རྒྱལ་དང་དཔོ་དང་ས་ག་དང་། །ཆུ་སྟོད་ཁྲུམ་སྨད་སྨིན་དྲུག་བཅས། །འདི་རྣམས་ཀྱིས་ནི་ནག་པོའི་ཕྱོགས། །ཟླ་ཕྱེད་གསོ་སྦྱོང་བཅུ་བཞི་པའོ། །ཞེས་པས་བསྟན། གཉིས་པ་ནི། ཡར་ངོའི་ཉ་བཅུ་གཉིས་དང་། ཧོར་ཟླ་བཅུ་པ་ནས་བརྒྱད་པའི་བར་གྱི་མར་

ངོ་དྲུག་སྟེ་བཅོ་བརྒྱད་དོ། །གསུམ་པ་ནི། མི་རུང་བའི་གཞི་བཅུ་ལྟ་བུ་སེལ་བ་དང་། རབ་གནས་སོགས་བཀྲ་ཤིས་པའི་དུས་སུའོ། །བཞི་པ་ནི། ནད་ཡམས་སོགས་གནོད་པ་བྱུང་ཟིན་ཕྱོག་པའམ་སླར་མི་འབྱུང་བའི་ཕྱིར་བྱེད་པའོ། །ལྔ་པ་ནི། དགེ་འདུན་དབྱེ་བ་བསྡུམ་པའི་ཕྱིར་གསོ་སྦྱོང་བྱེད་པའོ། །དེ་ལྟར་བཀྲ་ཤིས་པ་སོགས་དུས་མ་ངེས་པའི་གསོ་སྦྱོང་གསུམ། གསོལ་བའི་ལས་ཀྱི་ཚེ་རང་རང་གི་དུས་བརྗོད་དགོས་པའི་ཁྱད་པར་ཙམ་མ་གཏོགས་གཞན་ཆོ་ག་ཐམས་ཅད་དུས་ངེས་པའི་གསོ་སྦྱོང་དང་འདྲའོ། །དུས་ངེས་པའི་གསོ་སྦྱོང་། གཉིའི་སྐབས་དགེ་འདུན་བསྡུས་ནས། གནས་ལ་བློ་ཐུན་སོགས་གསོ་སྦྱོང་གང་དུ་བྱ་བའི་གནས་དང་འདུན་པ་འབུལ་བས་ལས་མཐུན་པ་སྒྲུབ་པ་དང་། ལྟུང་བ་ཕྱིར་བཅོས་པ་དང་བྱིན་གྱིས་བརླབས་པ་སོགས་གང་དང་ལྡན་ཅིག་བྱ་བའི་ཚོགས་པ་དང་རྒྱུན་ཆགས་གསུམ་སོགས་བཏང་། གནས་བརྟན་གྱིས་སོ་ཐར་གྱི་མདོ་ཉན་པར་གདམས་ནས་གསོལ་བ་འབའ་ཞིག་པའི་ལས་ཀྱི་དགེ་འདུན་ཐུགས་བསྟུན། ཚེ་དང་ལྡན་པ་དག་བདག་ཅག་གསོ་སྦྱོང་བྱ་སྟེ་ཞེས་སོགས་རྣམ་གཞག་བྱས་ནས་མདོའི་གླེང་གཞི་འདོན་ཞིང་ལྷག་མ་ཐོས་པ་བསྒྲགས་པ་སོགས་སོ་ཐར་གྱི་མདོ་འདོན་ཚུལ་ལྔའི་ཇི་ལྟར་བྱ་བའི་ཆོ་ག་ལ་སོགས་ཀྱིས་དུས་མཐུན་པའི་གསོ་སྦྱོང་གིས་བསླབ་པ་ཡོངས་སུ་སྦྱང་བའོ། །གཉིས་པ་ནི། སྟོན་སྟོན་པ་རྒྱལ་བྱེད་ཚལ་ན་བཞུགས་པའི་ཚེ་དགེ་སློང་དག་དབྱར་ལྗོངས་རྒྱུ་བ་ལ་མུ་སྟེགས་རྣམས་འཕྱ་བས་དབྱར་སྔ་མ་བཅས་གང་གི་ཚེ་རི་བོར་གྱི་གཙུག་ལག་ཁང་ཞིག་ཏུ་དབྱར་གནས་པ་ལ་འཛིགས་པ་བྱུང་ནས་དགག་དབྱེ་མ་བྱས་པར་མཉན་ཡོད་དུ་འོང་བས་དབྱར་ཕྱི་མ་རྗེས་སུ་བཅས་སོ། །མཚན་ཉིད་གཞི་གསུམ་གྱི་ནང་ཚན་གང་ཞིག་གསོ་དགག་རྣམ་པར་བཅད་པའི་ཚུལ་རྣམ་པར་དག་བྱེད་ཀྱི་རིག་གནས་དབྱེ་ན་དབྱར་སྔ་མ་དང་ཕྱི་མའོ། །དབྱར་སྔ་མ་གྲོ་ཞུན་ཟླ་བ་དབྱར་ཟླ་ཐ་ཆུང་གི་མར་ངོའི་ཚེས་གཅིག་དང་། ཕྱི་མ་ཡིན་ན་ཁྲུམ་ཟླ་སྟོན་རའི་མར་ངོའི་ཚེས་གཅིག་ནས་དབྱར་ཟླ་གསུམ་དུ་ཁས་ལེན་པ་སྟེ། ས་གའི་ལྟས། གྲོ་ཞུན་ཟླ་བའི་ཚེས་གཅིག་ནས། །སྔ་མའི་དབྱར་དེ་གཙོ་བོ་ཡིན། །དེ་ཉིད་ཁྲུམས་ཀྱི་ཟླ་བ་ཡི། །ཚེ་གཅིག་ནས་ནི་ཕྱི་མར་གྲགས། །ཞེས་པས། དབྱར་སྔ་མ་ཡིན་ན་དབྱར་འབྲིང་ཧོར་ཟླ་དྲུག་པའི་ཉ་དང་། ཕྱི་མ་ཡིན་ན་དབྱར་ཐ་ཧོར་ཟླ་བདུན་པའི་ཉ་ལ་གསོ་སྦྱོང་བྱས་ནས་གནས་དང་

གནས་མལ་དག་སྟོབ་རྒྱུ་ཡོད་ན་དེ་སྟོབ་པ་པོ་བསྐོ། མེད་ན་ཚུལ་ཤིང་བྲིམ་པ་པོ་ཉིད་བསྐོ་བར་བྱ་སྟེ་ལས་བྱེད་པོས་བསྐོ་བྱར་སྨྲོ་བ་དྲི། སྨྲོ་ན་གསོལ་བ་དང་གཉིས་ཀྱི་ལས་ཀྱིས་བསྐོས་ལ། དེས་ཁྲིམས་སུ་བྱ་བ་བསྟན་པར་བརྗོད་ནས། ཚུལ་ཤིང་བླང་བའི་ཕྱིར་ལས་བྱེད་པོས་གསོལ་བ་འབའ་ཞིག་པའི་ལས་ཀྱིས་ཐུགས་བསྟུན་ལ། བསྐོས་པས་ཚུལ་ཤིང་དྲི་བཟང་གིས་བགོས་པ་གཟེབ་ཀྱི་སྒྲོག་མར་རས་དཀར་པོ་བཏང་བས་དཀྲིས་པ་གྲངས་ལས་མི་ཉུང་བ་རྐན་པའི་མཐའ་ལོགས་སུ་བཞག་ནས། འདི་ན་གནས་པས་ཁྲིམས་འདི་དང་འདི་ཡོད་དེ། ཁྲིམས་འདི་ལ་གནས་པར་སྤྲོ་བས་ཚུལ་ཤིང་ལོང་ཞིག་བསྒྲོས་ནས་འབྲིམ་པས་ལེན་པ་པོ་མཁན་པོས། དང་པོར་སྟོན་པ་སངས་རྒྱས་ཀྱི་ཚུལ་ཤིང་ལེན། དེ་ནས་རང་རང་གི་ལེན། རྗེས་སུ་དགེ་ཚུལ་རྣམས་ཀྱི་ཚུལ་ཤིང་རང་རང་གི་མཁན་སློབ་རྣམས་ཀྱིས་ལེན། མཇུག་ཏུ་གཞི་བདག་གཙུག་མར་གནས་པའི་ཚུལ་ཤིང་གནས་བརྟན་གྱིས་ལེན། སླར་འབྲིམ་པ་པོས་བསྡུས་ཏེ། དགེ་སློང་འདི་སྙེད་གཅིག་གིས་ཚུལ་ཤིང་བླངས་སོ་ཞེས་གྲངས་བཟུང་ངོ་། །

དངོས་གཞི་ཆོས་བཅུ་དྲུག་གི་ནངས་པར་གནས་སྐྱེང་གཡོགས་དང་བཅས་དགེ་སློང་གི་མདུན་དབྱར་ཁས་བླངས་སྔགས་ཚིག་ལན་གསུམ་བརྗོད། དེ་ནས་བྱིན་གྱིས་མ་བརླབས་པར་མཚམས་ཀྱི་ཕྱི་རོལ་དུ་ཞག་ལོན་པར་མི་འདུག་པ་སོགས་དབྱར་གྱི་དམ་ཚིག་དང་། དབྱར་ཇི་ལྟར་བྱིན་གྱིས་བརླབས་པའི་ཚུལ་སོགས་གཙོ་བོར་བསྟན་ཏོ། །

གསུམ་པ་ནི་སྟོན་པ་མཉན་ཡོན་ན་བཞུགས་པའི་ཚེ་ལྡོངས་ཤིག་ཏུ་དགེ་སློང་རྣམས་མི་སྙེ་བའི་ཁྲིམས་བྱས་ཏེ་དབྱར་གནས་པ་ལ་བརྟེན་ནས་མཐོང་ཐོས་དོགས་གསུམ་གྱི་དབྱར་གནས་པའི་དགེ་འདུན་ལ་དགག་དབྱེ་བྱེད་པར་གནང་ངོ་། །མཚན་ཉིད་ནི་གཞི་གསུམ་གྱི་ནང་ཚན་གང་ཞིག་དབྱར་ཚུལ་ལ་བརྟེན་ནས་བྱུང་བའི་དེ་མ་ཐག་གི་རིགས་གནས་རྣམ་པར་དག་བྱེད་དགག་པ་དབྱེ་བ། དུས་ཀྱི་དགག་དབྱེ་ནི་དབྱར་སྔ་མ་ཁས་བླངས་ན་སྟོན་འབྲིང་དབྱུག་ཟླ་ཧོར་ཟླ་དགུ་བ་དང་། ཕྱི་མ་ལ་སྟོན་ཟླ་ཐ་ཆུང་སྨིན་དྲུག་ཟླ་བ་གང་རུང་གི་ཆོས་བཅོས་ལྔའི་སྔ་དྲོ་དགེ་འདུན་ཐམས་ཅད་འདུས་ནས་ཕན་ཚུན་ཕྱག་བྱས་ལ། དབྱར་ནང་དུ་ཐུགས་དང་འགལ་བ་བཟོད་པར་གསོལ་ཞིང་། རྒྱུན་

ཆགས་གསུམ་པ་ནས་དགེ་ཚུལ་གྱི་བཤགས་པའི་བར་གསོ་སྦྱོང་ལྟར་བྱས་ལ་དགེ་ཚུལ་རྣམས་ལོགས་སུ་བཀར་ཏེ་འདུ་བར་མ་ནུས་པའི་འདུན་པ་དང་དགག་དབྱེ་ལེན་དགོས་ན་བླངས་ཏེ་དགེ་འདུན་ལ་བརྗོད་དོ། ལྟུང་བ་ལས་གྲལ་དུ་མ་འདུས་གང་དུ་ཕྱིར་བཅོས་བྱ་ཞིང་། འདི་ལས་བྱེད་པས་ལྟུང་མཐུན་བྱིན་གྱིས་བརླབས་ནས་བསྐོ་བྱ་ལ་སྤྲོ་བ་དྲི་སྤྲོ་ན་གསོལ་བ་དང་གཉིས་ཀྱིས་དགག་དབྱེ་བྱེད་པ་པོ་བསྐོས་ནས། བསྐོས་པ་དེས་རྩྭ་དཀྱ་འགྲིམ་ཞིང་། དེ་ཡུལ་རྟེན་གཉིས་ཀས་བཟུང་ནས་སྟུགས་ཚིག་གིས་ལྟུང་བའི་དགག་དབྱེ་བྱས། རྗེས་ཀྱི་དགག་དབྱེའི་རྗེས་ཁབ་ཡན་ཆད་ཐོགས་ཏེ་རྗེས་ཀྱི་དགག་དབྱེ་བྱ་བའོ། །དེ་ཡང་དགག་དབྱེའི་སྒྲ་བཤད་ན། ལྟུང་བའི་དགག་དབྱེས་དབྱར་གྱི་ནང་དུ་ལྟུང་བ་གླེང་དྲན་དང་ཆད་པ་གཅོད་པ་རྣམས་དགག་པ་དབྱེ་བ་དང་། རྗེས་ཀྱི་དགག་དབྱེའི་དབྱར་གྱི་ནང་དུ་དབྱར་གནས་ཀྱི་ཆེད་དུ་ཕུལ་བའི་རྙེད་པ་བགོ་བ་དགག་པ་དབྱེ་བས་ན་དགག་དབྱེ་ཞེས་བྱའོ། །དུས་མིན་གྱི་དགག་དབྱེ་རྒྱན་དབང་དམག་འཁྲུགས་སོགས་བྱུང་ན་ཕན་ཚུན་ཚོགས་ཀྱི་དགག་དབྱེ་ཟླ་གཅིག་གམ་ཕྱེད་དང་གཉིས་ཀྱིས་དུས་རུང་ངོ་། །དེས་བསླབ་པ་ཡོངས་སྦྱོང་གི་གསུམ་སོང་། བར་དུ་ཐོབ་པ་མི་ཉམས་པ་བསྲུངས་པ་བདེ་བར་གནས་པའི་རྐྱེན་གྱི་གཞི་ལྔ་ནི། གོས་ལ་བག་ཡངས་དང་འབྲེལ་བ་སྲ་བརྒྱད་༡། འཚོ་བའི་ཡོ་བྱད་དང་འབྲེལ་བ་གོས༢། དམིགས་བསལ་དང་འབྲེལ་བ་ཀོ་ལྤགས་དང་༣། སྨན་དང་༤གནས་མལ་གྱི་༥གཞིའོ། །

དང་པོ་ནི། སྟོན་པ་མཉན་ཡོད་ན་བཞུགས་པའི་ཚེ་གནས་བཅས་སུ་དབྱར་གནས་པ་འཐོན་ནས་ཕྱུག་མཚལ་དུ་འོང་བའི་དགེ་སློང་རྣམས་ཚོགས་ཆེན་པོས་ངལ་བར་གྱུར་པ་ལ་བརྟེན་ནས་གནང་། གང་དུ་འདིང་པའི་གནས། དབྱར་ཁས་བླངས་པའི་གནས་དེར་གང་གི་ཚེ་འདིང་བའི་དུས་ནི།སྨིན་དྲུག་ནས་ནི་ཁྲ་ཡི་བར། །སྲ་བརྒྱད་འདིང་བ་རྗེས་སུ་གནང་། །ཞེས་དགག་དབྱེ་འཐོན་པའི་ཕྱི་དེ་ནས་སྤྱིར་བཏང་ལ་ཡུན་ཟླ་བ་ལྔའོ། །གང་གིས་འདིང་བའི་གང་ཟག་ནི། དབྱར་སྔ་མ་ཁས་བླངས་ཤིང་མ་རལ་བའི་དགེ་སློང་རྣམ་དག་གིས་སོ། །གང་འདིང་བའི་དངོས་པོ་ནི་དབྱར་རྙེད་ཀྱི་རྒྱུ་ལས་རུང་ཞིང་དགེ་འདུན་དབང་བའི་ཆོས་གོས་གསུམ་ཕྲུགས་གཅིག་ཡན་ཆད་དུ་ཚང་བའོ། །ཇི་ལྟར་འདིང་བའི་ཆོ་ག་ལ་སྦྱོར་བ་དགེ་སློང་རང་རང་གི་ཆོས་གོས་ཀྱི་བྱིན་རླབས་ཕྲུངས་ཏེ་དགེ་སློང་

རྣམས་ཀྱིས་དེར་འདིང་ངོ་ཞེས་མོས་པར་བྱས་ལ་གསོལ་བ་དང་གཉིས་ཀྱི་ལས་ཀྱི་བློ་བསྟུན་ཏེ་འདིང་བ་པོ་བསྐོས་ལ་གསོལ་བ་བྱས་ནས་དེ་ལ་གཏད། དེས་ཀྱང་སང་གདིང་བར་འགྱུར་གྱི་ཞེས་བརྗོད། དངོས་གཞི་སྟོན་ཟླ་འབྲིང་པོའི་ཚེས་བཅུ་དྲུག་གི་ནངས་པར་དགེ་འདུན་བསྡུས་ཏེ་བསྐོས་པས་ཚོས་གོས་སྲ་བརྐྱང་རྒྱུངས་ཤིང་གྲུ་བཞིའི་ངོས་བག་འཁྱུམ་མེད་པར་བརྐྱངས་ནས་ཐོགས་ཏེ་རྒན་རིམ་བཞིན་དགེ་སློང་རེ་རེའི་མདུན་དུ་འདུག་སྟེ་བཏིང་ངོ་ཞེས་གོ་བར་བྱ། རྗེས་དེ་ལྟར་བརྗོད་པ་ལ་དགེ་འདུན་གྱིས་ལེགས་པར་བཏིང་ངོ་ཞེས་རྗེས་སུ་ཡི་རང་བར་བྱ་བའོ། །བཏིང་ནས་ཇི་སྲིད་དབོ་ཟླའི་ཚེས་བཅོ་ལྔའི་ཉིན་པར་སྲ་བརྐྱང་གི་བྱིན་རླབས་མ་དབྱུངས་ཀྱི་བར་སྲ་བརྐྱང་མཚམས་ཀྱི་ཕྱི་རོལ་དུ་མི་ཁྱེར་བ་དང་། བསྲུང་བ་མེད་པའི་རང་ཉིད་མཚམས་ཀྱི་ཕྱི་རོལ་དུ་ཞག་ལོན་པར་མི་འདུག་པ་སོགས་ཀྱིས་ལེགས་པར་སྐྱོང་བའོ། །དེ་ཡང་སྲ་བརྐྱང་གདིང་བའི་དུས་ཟླ་བ་ལྔའི་ཁོངས་སུ་འཆང་འབྲལ་འཇོག་གསུམ་སྤང་ལྟུང་དང་ཡང་ཡང་ཟ་བ་འདུས་ཤིང་ཟ་བའི་ལྟུང་བྱེད་སོགས་ལྟུང་བ་མང་པོ་མི་འབྱུང་བར་བག་ཡངས་སུ་གནས་པ་སྲ་བརྐྱང་གདིང་བའི་དགོས་པའོ། །སྐབས་འདིར་ནི། གདིང་བྱའི་ཆོས་གོས་སྙིང་བ་མིན་པས་དང་འདིང་བའི་གཞི་རྒྱུངས་ཤིང་སྲ་བ་དང་ཁམས་ཁྱུམ་མེད་པར་རྒྱུངས་ཤ་ཆད་པར་བརྐྱང་བས་སོ། །

གཉིས་པ་གོས་ནི། སྟོན་པས་དབྱར་རྙེད་ཀྱི་རས་རྣམས་དྲས་ནས་ཁ་དོག་ངན་པར་བྱས་ཏེ་བཅང་བར་གནང་བ་ལས། གཟུགས་ཅན་སྙིང་པོས་འཚོ་བ་པ་མཐོང་བ་ཉན་ཐོས་སུ་འཁྲུལ་ནས་ཕྱག་བྱས་པས་ཕྱིན་ཆད་མི་ནོར་བའི་མཚན་རྟགས་གདབ་པར་ཞུས་པས་དྲས་ཤིང་དྲུབ་པའི་གོས་རྗེས་སུ་གནང་བའོ། །དྲས་དྲུབ་ཀྱིས་ཆོས་གོས་རྣམས་ཀྱི་སྲིད་དུ་བཏང་བའི་ཚལ་བུ་ཐུང་ངུ་རྣམས་ཀྱི་སྣེ་མཐོ་དམན་དུ་བྱ་བ་དང་། ཞེང་དུ་བཏང་བའི་ཚལ་བུ་རིང་པོ་རྣམས་ཀྱིས་མ་ནོན་པའི་སྣམ་བུ་ལྷག་མ་རྣམས་ཆེ་ཆུང་མཉམ་པར་བྱ་བ་དང་། གཡས་གཡོན་གྱི་ཚལ་བུ་རིང་པོའི་ཁ་རྣམས་དང་རང་གི་ཕྱོགས་སུ་བལྟ་བ་དང་། མཐའ་ལྟ་གས་རིས་བསྐོར་བ་དྲས་ཤིང་དྲུབ་ནས་བྱིན་གྱིས་རླབས་པར་བྱ་བ་འཚོ་བའི་ཡོ་བྱད་བཅུ་གསུམ་ལས་སྣམ་སྦྱར་དང་བླ་གོས་གཉིས་ཚད་དཔང་དུ་ཁྲུ་གསུམ། སྲིད་དུ་ཁྲུ་ལྔ། སྣམ་སྦྱར་ལ་སྣམ་ཕྲན་དགུ་བ་བཅུ་གཅིག་བཅུ་གསུམ་པ་གསུམ་གླེགས་བུ་ཕྱེད་

གསུམ། བཅོ་ལྔ་བཅུ་བདུན་བཅུ་དགུ་གསུམ་གླེགས་བུ་ཕྱེད་བཞི། ཉེར་གཅིག་ཉེར་གསུམ་ཉེར་ལྔ་གསུམ་གླེགས་བུ་ཕྱེད་ལྔ་པའོ། །ཟླ་གོས་སྨུམ་ཕྲན་བདུན་གླེགས་བུ་ཕྱེད་གསུམ། མཐིང་གོས་སྨུམ་ཕྲན་ལྔ་དང་གླེགས་བུ་ཕྱེད་གཉིས་པ་ཚད། དཔངས་སུ་ཁྲུ་དོ། སྲིད་དུ་ཁྲུ་ལྔ། རྟུལ་གཟན་རྟུལ་གཟན་གྱི་གཟན་གཉིས་ཚད་ཟླ་གོས་དང་འདྲ། ཤམ་ཐབས་ཤམ་ཐབས་ཀྱི་གཟན་གཉིས་ཚད་མཐང་གོས་དང་འདྲ་སྟེ་དེ་དང་དེ་ཉིན་མོ་དང་མཚན་མོ་ཟླ་གོས་དང་མཐང་གོས་ཀྱི་ནང་དུ་གྱོན་རྒྱུ་ཡིན་པའི་ཕྱིར། གདོང་ཕྱིས་རྒྱ་དཔངས་ཁྲུ་གང་པ། རྣག་གཟན་ཟླ་གོས་དང་མཉམ། གདིང་བ་སྲིད་དུ་ཁྲུ་གསུམ་ཞེང་དུ་ཁྲུ་དོ་དང་སོར་དྲུག་འཇལ་བྱེད་རྟུལ་ཁྲུ་ཡིན་ཞེས་གཉག་དབོན་གསུང་། གླེགས་བུ་ཕྱེད་དང་གཉིས་པའོ། །གཡན་དགབ་སྲིད་དུ་ཁྲུ་དྲུག་ཞེང་དུ་ཁྲུ་གསུམ། རས་ཆེན་སྲིད་དུ་ཁྲུ་དགུ་ཞེང་དུ་ཁྲུ་གསུམ་དང་སོར་དྲུག་གྲང་ལྷག་སྐྱོབ་པའི་ལྭ་བ་ལྷ་བུ་སྣམ་སྦྱར་ལྷག་པོ་སོགས་ལྷག་པའི་ཡོ་བྱད། མགོ་བའི་ཡོ་བྱད་སྣ་རགས་སོགས་བདག་དང་ཚངས་པ་མཚུངས་པར་སྤྱོད་པ་གཉིས་ཀའི་དོན་དུ་བྱིན་གྱིས་བརླབས། རྒྱུན་དུ་དགོས་པའི་ཡོ་བྱད་དྲུག །ཆོས་གོས་གསུམ་གདིང་བ་ཚགས་ལྷུང་བཟེད་དྲུག་གོ། །ལྷུང་བཟེད་ཚད་ཕུལ་དགུ་ཤོང་བ་ཆུང་ཚད་ཕུལ་བཅོ་བརྒྱད་ཤོང་བ་ཆེ་ཚད། དེ་གཉིས་ཀྱི་བར་འབྲིང་ཚད་ཕུལ་རེ་རེ་ལ་ཁྱོར་བ་ཕྱེད་བཞི་རེ་ཡོད་པས་གཞལ་བའོ། །

གསུམ་པ་ནི། ཡུལ་དབུས་དང་། མཐའ་འཁོབ་ཀྱི་ས་མཚམས་ཕྱེ་ནས་མཐའ་འཁོབ་འཁྲུགས་རོམ་ཆགས་པའི་ཡུལ་ཤིན་ཏུ་གྲང་བ་ཆེ་སར་དེ་སྐྱོབ་པའི་ཆེད་དུ་ཀོ་ལྤགས་ཀྱི་མལ་སྟན་དང་ལྷམ་གནང་། ཡུལ་དབུས་སུ་གནས་མལ་སྐྱོབ་པའི་ཆེད་དུ་མ་གཏོགས་པ་ལྷམ་གྱོན་དུ་མ་གནང་བ་དང་། ཆུ་ཆེན་པོ་བརྒལ་བའི་ཚེ་གླང་པོ་ཆེ་སོགས་ཞོན་པ་སྟོབས་ཆེན་པོ་བསྟེན་པ་སོགས་དམིགས་བསལ་རྣམས་གཙོ་བོར་བསྟན་ཏོ། །

བཞི་པ་ནི། བཟའ་བཅའ་ཞོ་འོ་སྐྱོལ་ཁྲུ་མ་རྣམས་སྤྱི་དྲོ་ཁོ་ནར་ཟར་རུང་བའི་དུས་རུང་དང་། བྱིན་གྱིས་རླབས་ནས་མཚན་མོའི་མཐའ་ཐུན་ཚད་དུ་འཐུང་རུང་བ་ཞོའི་ཁ་ཆུ་དར་བའི་དྭངས་མ་ཛ་ཡང་ཆུས་བསླད་པ་ཚགས་ཀྱིས་འཚགས་པ། ཤིན་ཏུ་སླ་བ་བཞིན་སྣང་བ་འདམ་བུའི་ཉག་མའི་མདོག་ལྷ་བུ་བཏུང་བ་མཚན་ཉིད་ལྔ་ལྡན་ཐུན་ཚོད་དུ་རུང་བ། ནད་པ་སོགས་ལ་བྱིན་གྱིས་བརླབས

ནས་ཟིར་རྫུང་བ་ཞུན་མར་སྨན་མར་བུ་རམ་ག་ར་སོགས་ཞག་བདུན་པར་བྱིན་གྱིས་བརླབས་ནས། ཇི་སྲིད་འཚོ་བའི་བར་དུ་ཟ་རུང་བའི་ཡོངས་གྲགས་ཀྱི་སྨན་ཨ་རུ་སོགས་གསོ་དཔྱད་ལས་བྱུང་བའི་སྨན་རྣམས་འཚོ་བཅང་བའོ། །སྐྱེར་ནད་སེལ་བར་བྱེད་པས་ན་སྨན་ཞེས་བྱའོ། །ནད་པ་དང་ལམ་དུ་ཞུགས་པ་ལྟ་བུའི་དམིགས་བསལ་ཅན་རྣམས་ཀྱི་སྨན་ཕྱི་མ་དག་ཇི་ལྟར་བྱིན་གྱིས་བརླབས་པ་དང་། དགེ་སློང་དབང་པའི་ཁང་པའི་ནང་དུ་དགེ་སློང་དབང་པའི་ཟས་བཙོ་བ་དང་ཞག་ལོན་པ་བཞག་ན་མཚམས་བཅོས་དང་ཞག་ལོན་གྱི་ཉེས་པ་མི་འབྱུང་ཕྱིར་ཟས་གང་དུ་འཇོག་པའི་གནས་རུང་ཁང་བྱིན་བརླབས་བྱ་བ་དང་། ཁྱིམ་པའི་གནས་གཙུག་ལག་ཁང་བདག་ཡོད་དུ་བྱིན་རླབས་མི་དགོས། ཁྱིམ་སྟོང་གཙུག་ལག་སྟོང་བ་དག་ལ་སླེབ་མ་ཐག་ཕྲལ་ལས་བྱུང་བའི་བྱིན་རླབས་བྱ་དགོས། ཡང་བདག་པོ་སོ་སོའི་བ་ལང་རྣམས་ལྷས་གཅིག་ཏུ་འཛུད་པ་ལྟར་མཚམས་ནང་གཅིག་ཏུ་གཙུག་ལག་ཁང་དུ་མའི་རུང་ཁང་གི་བྱ་བ་ཁང་པ་གཅིག་གིས་བྱས་པ་ལ། ལུང་ལས། བ་ལང་གི་ལྷས་ལྟ་བུའི་རུང་ཁང་ཞེས་གསུངས་སོ། །ཟས་ལ་ཉེས་དམིགས་བརྒྱ་དྲན་པ་སོགས་ཟས་ལ་ཇི་ལྟར་ལོངས་སྤྱོད་ཚུལ་བདག་ཉིད་ལ་ནད་པ་དང་ཟས་ལ་སྨན་གྱི་འདུ་ཤེས་བཞག་ནས་ཟས་དེ་དག་ཀུང་ལུས་རྒྱགས་པ་དང་དྲེགས་པ་སྐྱེ་བའི་གཉེན་པོར་ཆོས་སྒྲུབ་པའི་རྟེན་ལུས་གནས་པའི་འདུ་ཤེས་དང་། ལུས་ཀྱི་སྲིན་བུ་གསོ་བའི་འདུ་ཤེས་དང་ལྡན་པས་ལོངས་སྤྱོད་དོ། །བཤེས་སྤྲིང་ལས། རྒྱགས་ཕྱིར་མ་ལགས་སྙེམས་པའི་ཕྱིར་མ་ལགས། །མཚོག་ཕྱིར་མ་ལགས་ལུས་གནས་འབའ་ཞིག་ཕྱིར། །ཞེས་སོ། །དེ་ལྟར་དྲན་ཤེས་དང་ལྡན་པས་དཀོན་མཆོག་གསུམ་རྗེས་སུ་དྲན་པའི་སྒོ་ནས། ཟས་ལ་ཆ་བཞིར་བགོ་བྱ་སྟེ། །དང་པོ་ལྷ་ལ་བཤམས་གཙང་འབུལ། །དེ་རྗེས་ཆོ་སྐྱོང་སྲུང་མ་ལ། །གཏོར་མ་ཤིན་ཏུ་རྒྱ་ཆེར་བྱ། །རང་གིས་ཟོས་ཤིང་འཐུངས་པ་ཡི། །ལྷག་མ་འབྱུང་པོ་རྣམས་ལ་སྦྱིན། །ཞེས་པའི་ཆོས་གས་ཟས་ལ་རན་པར་ལོངས་སྤྱོད་དེ་ཡོན་སྦྱོང་མདོ་བསྔོ་རྣམས་བྱའོ། །

ལྔ་པ་ནི། སྟོན་ཤྭ་ར་ཏྭ་སྭིར་ཁྱིམ་བདག་དགེ་བཟང་གིས་སྟོན་པ་ལ་གཙུག་ལག་ཁང་བརྩིགས་པར་ཞུས་པས་གནང་ངོ་། །དེ་ཡང་གནས་མལ་དེ་ནས་སློབ་གྲལ་དུ་འདུས་པ་ལ་དགེ་སློང

ལ་དགེ་སློང་ལས་གཞན་པའི་རབ་ཏུ་བྱུང་བ་ཐམས་ཅད་ཀྱིས་ཕྱག་བྱ་དགོས་པ་དང་། དགེ་སློབ་མ་དང་དགེ་ཚུལ་མ་གཉིས་ཀས་དགེ་སློང་མ་ལ་ཕྱག་བྱར་དགོས་པ་དང་། རབ་ཏུ་བྱུང་བ་བསླབ་པ་མཉམ་པ་རྣམས་ནང་ཕན་ཚུན་གསར་བུ་བས་རྒན་པ་ལ་ཕྱག་བྱ་དགོས་པ་དང་། བུད་མེད་རབ་བྱུང་པ་རྣམས་ཀྱིས་སྐྱེས་པ་རབ་ཏུ་བྱུང་བ་རང་ལས་བསླབ་པ་དམན་པ་གསར་བུ་ལ་ཡང་ཕྱག་བྱ་དགོས་པ་སོགས་ཕྱག་བྱ་བའི་རིམ་པ་སྟེ། སོ་སོ་ཐར་པའི་སྡོམ་པས། མཆོག་ལ་རབ་ཏུ་བྱུང་བས་ཕྱག་བྱའོ། །མཉམ་ན་རྒན་པ་ལའོ། །ཞེས་དང་། ཁྱིམ་པས་རབ་ཏུ་བྱུང་བ་ལའོ། །ཐམས་ཅད་ཀྱིས་སངས་རྒྱས་ལའོ། །ཞེས་སོགས་ཀྱིས་རྟེན་གཙུག་ལག་ཁང་བྱའོ། །ངོས་གཅིག་གི་དབུས་སུ་དྲི་གཙང་ཁང་བྱ་བ་ཉིད་དོ། །དེའི་མདུན་དུ་སྒོ་ཁང་ངོ་། །གྲུ་བཞི་བཟང་བ་ཉིད་དོ། །ཞེས་པས། གཙུག་ལག་ཁང་བརྩིགས་པའི་ཚོག་དང་བརྩིགས་ནས་སྒོར་གནོད་སྦྱིན་ལག་ན་རྡོ་རྗེ་དང་། སྒོ་ཁང་དུ་འཁོར་བའི་འཁོར་ལོ་ཆ་ལྔ་པ་སོགས་བྲིས་པ་ལེགས་པར་མི་ཉམས་པར་སྐྱོང་དགོས། གཙུག་ལག་ཞིག་རལ་བྱུང་ན་སྦྱིན་བདག་ལ་བཅོལ་ནས་གསོར་བཅུག་པ་དང་། གཙུག་ལག་ཁང་དེ་ནས་རྙེད་པ་ལེན་པ་རྣམས་ཀྱིས་གཙུག་ལག་ཁང་གི་དོར་བྱ་བ་དང་། རང་གི་གནས་ཁང་དང་གནས་མལ་ལ་མཐའ་གཉིས་སྤངས་ཏེ་ཆགས་མེད་ཞེན་མེད་ཀྱི་ཚུལ་གྱིས་སྤྱོད་པར་གསུངས། མྱ་ངན་ལས་འདས་པའི་བསམ་པས་རབ་ཏུ་བྱུང་བ་ཚུལ་ཁྲིམས་དང་ལྡན་པ་ལ་ནི་གོས་སྟོང་ཕྲག་བརྒྱ་པ་དང་། ཟས་རོ་བརྒྱ་པ་དང་། ཁང་པ་བརྩེགས་པ་ལྔ་བརྒྱ་པ་ཡང་འོས་སོ། །མི་སློབ་པའི་གང་ཟག་གིས་གཞན་གྱི་ཡོ་བྱད་ལ་རང་དབང་བའི་ཚུལ་དང་། སློབ་པ་འཕགས་པས་རང་ལ་བྱིན་པ་རྣམས་ལོངས་སྤྱོད་དུ་རུང་སྟེ་དེ་དང་དེས་ཡོན་སྦྱོང་ནུས་པའི་ཕྱིར། སོ་སྐྱེ་ཚུལ་ཁྲིམས་དང་ཀློག་སྤོང་ལ་བརྩོན་པའི་གང་ཟག་གིས་སྤྱད་ཀྱང་ཉེས་པ་མེད་དེ་སྟོན་པས་གནང་བའི་ཕྱིར། གལ་ཏེ་ཚུལ་ཁྲིམས་དག་ཀྱང་ཐོས་བསམ་སྒོམ་གསུམ་མི་ནུས་པའི་ལེ་ལོ་ཅན་གྱིས་སྤྱོད་དུ་མི་རུང་སྟེ། གང་བླངས་བུ་ལོན་དུ་འཕེལ་ནས་སྐྱེ་བ་ཕྱི་མར་འཇལ་དགོས་པའི་ཕྱིར། ཁྲིམས་འཆལ་གྱིས་ནི་དད་རྫས་ལ་ནམ་ཡང་སྤྱོད་པ་བཀག་སྟེ། སྤྱོད་ན་དམྱལ་བར་ལྟུང་ནས་སྡུག་བསྔལ་ཉམས་སུ་མྱོང་བར་གསུངས་པའི་ཕྱིར། སྙིང་གི་ཐུར་མ་ལས། ཚུལ་ཁྲིམས་འཆལ་བས་ས་ནི་གོམ་པ་གང་། །ཟས་ནི་ཁམ་གཅིག་བཏུང་བ་ཆུ་ཕོར་

གང་། །ཙམ་ཞིག་དགེ་འདུན་རྣམས་ལ་ཡོངས་སྤྱོད་ན། །ཡོག་འཚོ་ཡིན་ཏེ་དམྱལ་བར་སྐྱེ་བར་གསུངས། །ཞེས་སོ། །ཐམས་ཅད་ལ་ཁྱབ་པ་ལས་ཀྱི་གཞི་ནི། བསྙེན་རྫོགས་ལ་བཅུ་དང་ལྔ་ཚོགས་ལྔ་བུ་གྲངས་ཚང་ཞིང་མི་འདུག་པ་འགྲེང་བ་དང་འདུན་པ་འབུལ་བ་སོགས་མ་ཡིན་པ་མཚན་ཉིད་ལྡན་པ་བསྙེན་པར་རྫོགས་པ་དང་ཕམ་པ་བྱུང་བ་སོགས་མ་ཡིན་པའི་ཆོས་བཅོ་ལྔ་དང་ལྡན་པའི་ཆོ་ག་བརྗོད་པ་པོའི་ལས་མཁན་དང་སྤྱིར་བསྙེན་པར་མ་རྫོགས་པ་ལ་ལས་ཐོས་པ་བྱུར་མི་རུང་བ་དང་། དམིགས་བསལ་བསྙེན་རྫོགས་སྒྲུབ་པ་ལ་བསྒྲུབ་བྱས་ཐོས་པར་བྱ་དགོས་པ་དང་། དགག་དབྱེ་བྱེད་པ་པོ་བསྐོ་བ་ལྟ་བུ་ཡུལ་མངོན་སུམ་དུ་འདུག་པ་ལ་བྱ་བ་དང་། ལྟུང་བཟེད་ཁ་སྦྱུབ་པ་ལྟ་བུ་ཡུལ་ལྐོག་ཏུ་གྱུར་པ་ལ་བྱ་བ་སོགས་ལས་ཇི་ལྟར་བྱ་བའི་ཚུལ་གཙོ་བོར་བསྟན་ཏེ་དེ་ལ་གསོལ་བ་འབའ་ཞིག་པའི་ལས་ཉེར་བཞི། གསོལ་བ་དང་གཉིས་ཀྱི་ལས་ནི་བཞི་བཅུ་རྩ་བདུན་ནོ། །གསོལ་བ་དང་བཞིའི་ལས་ནི་སུམ་བཅུའོ། །

དང་པོ་ནི། ཇི་སྐད་དུ། གསང་དང་ནང་དུ་དྲི་ཕྱིར་དང་། །གསོ་སྦྱོང་དེ་ལ་ལྟུང་བཅས་དང་། །དེ་ལ་དགེ་འདུན་ཡིད་གཉིས་དང་། །རྩོད་དང་ངེས་ཉིད་མ་ཡིན་དང་། །དེ་ཡི་དོན་དུ་ལྔ་པོ་དག །ཐམས་ཅད་དགག་དབྱེར་གཏོགས་པ་ཡིན། །དབྱར་གནས་ཁས་བླངས་ཉིད་དང་ནི། །ཤི་བའི་རྣམས་དང་ནོར་འབྲ་དང་། །ཆོས་གོས་སྲ་བརྒྱུང་གཏད་པ་དང་། །ཆོས་གོས་སྦྱིན་པར་བྱ་བ་དང་། །གནས་ངན་ལེན་ནི་བརྗོད་པ་དང་། །གྲངས་སུ་གཞུག་པ་བཞི ཞལ་ཏ་བ་ལ་བཤེས་ངོར་འཕྱུ་བ་དང་། ནུར་གྱིས་འཕྱུ་བ། བསྒོ་བའི་ཚིག་གིས་གཞན་རྣ་ལ་གཟོན་པ། ཅི་ཡང་མི་སྨྲ་བ་གཞན་རྣ་ལ་གཟོན་པ་སྟེ། ངན་པའི་གྲངས་སུ་གཞུག་པའི་ལས་བཞིའོ། །དག་དང་། །ཁྲིམ་གྱི་སྡོམ་དང་དེ་གཞིག་དང་། །ལྟུང་བཟེད་ཁ་སྦྱུབ་བྱ་བ་དང་། །དེ་ཉིད་བཟློག་པར་བྱ་བ་དག །གསོལ་བ་འབའ་ཞིག་ལས་ཡིན་ནོ། །

གཉིས་པ་ནི། གནས་དང་མཚམས་ནི་གཉིས་པོ་དང་། །མི་འབྲལ་སྨྲོས་དང་དགག་དབྱེ་དང་། །གནས་མལ་སྟོབས་པར་བྱེད་པ་དང་། །རུང་བའི་ས་གཞི་ཇོ་བ་དང་། །སྲ་བརྒྱུང་དང་ནི་དེ་འདིང་དང་། །སྒྲང་དང་ལག་གི་བླ་དང་ནི། །གནས་ཁང་བསྐོ་ལ་སོགས་པ་དང་། །གཟུ་དང་གསལ་དང་རྩེད་པ་དང་། །ཚུལ་ཤིང་འབྲིམ་པར་བྱེད་པ་དང་། །ཁང་པ་ཁང་ཆེན་བསྟན་པ་དང་། །གླིང་དང

འབྲལ་བར་མི་འགྱུར་དང་། །སྟན་དང་ལྷུང་བཟེད་འབྲིམ་པ་དང་། །མ་དད་གོ་བར་བྱ་བ་དང་། །སྟོན་པ་དང་ནི་ནགས་ཉུལ་དང་། །ཕྱུག་མི་བྱ་དང་མང་ཕྱིར་དང་། །འཕར་བ་དྲ་བའི་ཕྱིར་དང་ནི། །རྙེད་པ་གཅིག་ཏུ་བྱ་ཕྱིར་དང་། །བསླབ་པ་སྦྱིན་དང་ཉེར་གནས་དང་། །ཕུ་དང་ཉེ་དུ་ཕྱིན་འགྲོ་བ། །གསོལ་དང་གཉིས་ཀྱི་ལས་ཡིན་ནོ། །

གསུམ་པ་ནི། བསྙེན་པར་རྫོགས་པར་བྱ་བ་དང་། །མུ་སྟེགས་གནས་དང་མཚམས་དགྲོལ་དང་། །ཕན་ཚུན་མི་མཐུན་པ་ལ་མཐུན་པ་སྦྱིན་པ་མཐུན་སྦྱིན་མཐུན་པའི་གསོ་སྦྱོང་བསྡིག་པ་སྨད་པ་བསྒྲད་པ་ཕྱིར་འབྱེད་མ་མཐོང་བ་ཕྱིར་མི་འཚོས་པ་སྡིག་ལྟ་མི་གཏོང་བ་སྟེ་ནན་ཏུར་བདུན་པོ་དང་། བརྒྱད་དང་སྤོ་བ་གསུམ་མགུ་བ་གསུམ། སྤོ་བ་སྤྱོད་ནས་རང་བཞིན་གྱི་གནས་སུ་དབྱུང་བ། སྲ་བརྒྱང་དབྱུང་བ་སྟེ་བརྒྱད་དོ། །དྲན་དང་མ་སྨྱོས་དང་། །དེ་ཉིད་ཚོལ་དུ་གཞུག་པ་དང་། །བསྔོ་བར་བྱ་བ་རྣམས་དང་ནི། །བསྔོ་བར་བྱ་བ་མི་མཐུན་པའི་ལས་བཅུ་གཅིག་སྟེ། དགེ་འདུན་དབྱེན་དང་། དེའི་རྗེས་སུ་ཕྱོགས་པ། ཁྱིམ་སུན་འབྱིན་པ། བཀའ་བློ་མི་བདེ་བ། སྡིག་ལྟ་མི་གཏོང་བ། གནས་དབྱུང་རྗེས་ཕྱོགས། དཀོན་མཆོག་གཏོང་། འཐབ་ཀྲོལ་བྱེད་པ། སྟེ་ཞིང་གནས་པ། སྟེ་ཞིང་གནས་སུ་འཇུག་པ་རྣམས་ལ་བསྔོ་ཕྱུར་གྱི་ལས་བྱེད་པ་དང་། སྡིག་ལྟན་དགེ་ཚུལ་བསྙིལ་བའི་ལས་སོ། །ཉམས་པ་སྦྱིན་པར་བྱ་བ་སྟེ། །གསོལ་དང་བཞི་ཡི་ལས་ཡིན་ནོ། །

ལས་དེ་གསུམ་གྱི་ཁྱད་པར་ནི་གསོལ་བ་འབའ་ཞིག་པའི་ལས་གསོལ་བ་ལན་གཅིག་པོ་ནའོ། །གསོལ་གཉིས་ཀྱི་ལས་ལ་གསོལ་བ་ལན་གཅིག་དང་བརྗོད་ལན་གཅིག་གོ། །གསོལ་བཞིའི་ལས་ལ་གསོལ་བ་ལན་གཅིག་དང་། བརྗོད་པ་ལན་གསུམ་མོ། །མདུག་སྡུད་ལན་གཅིག་བརྗོད་པ་ནི་ལས་ཕྱི་མ་གཉིས་ཀ་ལ་འདྲའོ། །དེ་ཡང་གནས་ལ་བློ་མཐུན་ལྟ་བུ་ལ་མཆོན་ན། དགེ་འདུན་བཙུན་པ་རྣམས་ཞེས་པ་ནས། བློ་མཐུན་པ་བགྱིའོ། །ཞེས་པའི་བར་ནི་གསོལ་བ་དང་། །ཡང་དགེ་འདུན་བཙུན་པ་རྣམས་ཞེས་པ་ནས། གང་དག་མི་བཟོད་པ་དེ་དག་ནི་གསུངས་ཤིག །ཞེས་པའི་བར་ནི་བརྗོད་པའོ། །དེ་མན་ཆད་ནི་མདུག་སྡུད་དོ། །ཐ་མ་ཉམས་ན་གསོ་བ་ལ་བདུན་ཏེ། དམར་སེར་ཅན་ཕྱིར་བཅོས་ཀྱི་གཞི། ༡གང་ཟག་ཅེས་དུས་དང་དུས་མ་ཡིན་པ་བསྟུས་པ་འབྱུང་བའི་གཞི། ༢སྤོ་མགུ་སྤྱོད་པ་ས་གཞན་ན་གནས་པ་སྤྱོད་པའི་གཞི། ༣གསོ་དགག་བཞག་པ་ཡོངས་སུ་སྦྱང་བའི་གཞི། ༤།ཀོཽ་ཤམྦཱི་ལས་བྱེ་པའི་གཞི། ༥དབྱེན་གྱི་གཞི། ༦རྩོད་པའི་གཞིའོ། ༧།དང་པོ་ནི། དམར

སེར་ཅན་གྱིས་འཐབ་ཀྲོལ་བྱས་ཏེ་བསྡིགས་པ་ནན་ཏུར་སོགས་བྱས་ནས་ཕྱིར་བཅོས་སུ་གཞུག་པ་ལ། དམར་སེར་ཅན་ཞེས་ཐོགས་ལ། ཕྱིར་བཅོས་ཀྱི་ཐབས་ནན་ཏུར་དང་ཕྱིར་བཅོས་དངོས་གཉིས། གཙོ་བོར་བསྟན་པའི་ནན་ཏུར་ནི་ལྟུང་བ་བྱུང་ཡང་ཕྱིར་མི་བཅོས་པའམ་ལྟུང་བའི་གཞི་ཆེན་པོ་ལ་ཞུགས་པ་དགེ་འདུན་གྱིས་བཟློག་ཀྱང་མ་ལོག་པ་རྣམས་ལ་ལྟུང་བ་ཕྱིར་བཅོས་ཚུལ་བཞིན་དུ་བྱ་བའི་ཕྱིར་རམ་བྱ་བ་མ་ཡིན་པ་ལས་བཟློག་པའི་ཆེད་དུ་གསོལ་བཞིའི་ལས་ཀྱིས་མི་འདོད་བཞིན་དུ་ཆད་པ་གཅོད་པའོ། །ཆད་པ་གཅོད་ཚུལ་ལ་ཡང་མཉམ་པ་དང་ཁྲད་པར་གྱི་སྤྱོད་པ་སྤོང་དགོས་པའི་སྨད་པ་ནན་ཏུར་བྱས་པ་དང་། མཉམ་ཁྲད་སྤྱོད་པ་སྤངས་དགོས་པ་མ་ཟད་དགེ་འདུན་རྣམས་དང་ལྷན་ཅིག་གནས་གཅིག་ཏུ་ཉལ་བ་དང་། ལྷན་ཅིག་ཏུ་ཟས་ཟ་བ་དང་གཏམ་སྨྲ་བ་ཙམ་ཡང་མི་བྱ་བ་དང་། རྙེད་པའི་བསྙོ་སྐལ་མི་སྦྱིན་པ་དང་ཆོས་དང་ཟང་ཟིང་མཐའ་དག་གིས་སྤོངས་པའི་གནས་དབྱུང་བྱས་པ་དང་། གསོ་དགག་བཞག་པའོ། །འདི་རྣམས་ཀྱིས་ཆད་པའི་རྒྱུ། དགེ་འདུན་ལ་བཟོད་པ་གསོལ་ནས་དགེ་འདུན་གྱིས་བཟོད་པ་བྱིན་པའི་ཚེ་ཆད་ལས་ལས་གྲོལ་བའོ། །ཕྱིར་བཅོས་ནི་ལྟུང་བ་བྱུང་ནས་མི་བཤད་སྐམ་པའི་འཆབ་སེམས་སྐྱེས་ནས་སྟར་འཆབ་ཉེས་པ་མ་བཤགས་པ་ལྟུང་བ་དངོས་གཞི་བཤགས་ཀྱང་མི་འདག་པའི་ཕམ་པ་འཆབ་པ་ནི་གསོར་མི་རུང་བས་དགེ་འདུན་གྱི་ནང་ནས་བསྐྲད་དགོས་ཏེ། ཉེས་རྩོམ་བྱེད་དང་ཁྲིམ་སུན་འབྱིན་པ་དང་། འདིར་ནི་གསུམ་པ་ཚུལ་ཁྲིམས་འཆལ་བ་དག །འཐབ་མོ་སྤྱངས་ཏེ་གཉྫི་བཏུང་བྱས་ནས། །ཆུ་ཤིང་རུལ་བ་བཞིན་དུ་ངེས་བསྐྲད་བྱ། །ཞེས་སོ། །ལྷག་མ་འཆབ་པ་ལ་སྤོ་བ་སྤྱོད་དགོས་ཤིང་སྤང་ལྟུང་མན་ཆད་འཆབ་པའི་ཉེས་པ་ནི། དགེ་སློང་གཅིག་གི་མདུན་དུ་བཤགས་པས་འདག་གོ། །ལྟུང་བ་དངོས་གཞི་ཕྱིར་བཅོས་ཚུལ་ཕམ་པ་འཆབ་མེད་དགེ་འདུན་སྡེ་ལ་བསླབ་པ་ཕུལ་མཐོང་སྡོམ་གྱིས་བཤགས་སླར་བསླབ་པ་སྦྱིན་དགོས། ལྷག་མའི་དངོས་གཞི་དག་པ་ལ་མགུ་བ་སྤྱོད་དགོས་ལ། སྤང་ལྟུང་ལ་ནི་སྤང་ལྟུང་བྱུང་ཕྱིན་ཆད་ཀྱི་རྫས་རྣམས་གནས་ཁང་ཐ་དད་དུ་ཞག་གཅིག་སྤངས་དགོས་སོ། །འབའ་ཞིག་པ་སོགས་ཡུལ་དགེ་སློང་གཅིག་གི་དྲུང་དུ་རང་མིང་གིས་བཤགས་ཚིག་ལན་གསུམ་བརྗོད་པས་འདག་གོ། །སོར་བཤགས་མཚམས་ཀྱི་ཕྱིར་སོང་སྟེ་བཤགས། ཕམ་ལྷག་གི

སྡོམ་པོ་ལ་ནི་ལྟུང་ཡང་གི་ཁྱད་པར་གྱི་བཞགས་ཡུལ་དེར་བསྟུན་དགོས་སོ། །

གཉིས་པ་ནི། གང་ཟག་གི་ལྟུང་བ་བཅབས་པ་ལ་ཇི་ལྟར་བྱ་བ་དང་། མ་བཅབས་པ་ལ་ཇི་ལྟར་བྱ་བའི་རྣམ་དབྱེ་སྟོན་པའི་རིམ་པ་ཡིན། དེ་ལ་བུད་མེད་ལ་རེག་པ་ལྟ་བུ་ལས་ལྷག་མ་འབྱུང་བ་མི་ཤེས་པ་དང་། སྔར་འཆབ་སེམས་མ་སྐྱེས་ཀྱང་ཕྱིས་བརྗེད་སོང་བ་དང་། འཆབ་སེམས་མ་སྐྱེས་ཀྱང་གནས་དེར་མཐོལ་ཡུལ་མེད་པ་དང་། ཡོད་ཀྱང་རང་ཉིད་དེའི་དྲུང་དུ་འགྲོ་མི་ནུས་པ་དང་། དགོས་པའི་དབང་གི་རང་ཉིད་གནས་དེ་ནས་གཞན་དུ་སོང་བ་རྣམས་ལ་འཆབ་པའི་ཉེས་པ་མི་འབྱུང་བ་དང་། འཆབ་ཉེས་དངོས་གཞི་འབྱུང་བ་ལ་ལྟུང་བ་འཆབ་ནས་ཞག་ལོན་དགོས་པ་དང་། ཞག་མ་ལོན་པའི་སྔ་རོལ་དུ་ཡང་ཉེས་བྱས་འབྱུང་བ་དང་འཆབ་པའི་ཞག་གྲངས་དང་མཉམ་པའི་འཆབ་ཉེས་དངོས་གཞི་འབྱུང་བ་སོགས་འཆབ་པའི་ཉེས་པ་འབྱུང་མི་འབྱུང་གི་བྱེ་བྲག་གཙོ་བོར་བསྟན་ཏེ།

གསུམ་པ་ནི། མཉམ་པ་དང་ཁྱད་པར་གྱི་སྤྱོད་པ་སྤང་དགོས་པ་འདྲ་ཡང་། སྤོ་བ་སྤྱོད་པས་ནི། དེའི་སྟེང་དུ་ལྷག་མའི་འཆབ་ཉེས་དག་པའི་ཕྱིར་དུ་འཆབ་པའི་ཞག་གྲངས་དང་མཉམ་པ་དང་། མགུ་བ་སྤྱོད་པས་ནི་ལྷག་མའི་དངོས་གཞི་དག་པའི་ཕྱིར་དུ་ཞག་དྲུག་དང་། དོ་བོ་ཉིད་འཚོལ་བ་བྱིན་པས་ནི་ལྟུང་བའི་ངོ་བོ་མ་དྲན་གྱི་བར་དང་། བསླབ་པ་བྱིན་པས་ནི་ཇི་སྲིད་འཚོ་བའམ་དགྲ་བཅོམ་པ་མ་ཐོབ་ཀྱི་བར་དུ་དམན་པའི་སྤྱོད་པ་ཡང་དང་དུ་ལེན་དགོས་སོ། །སྤོ་ལྡན་ནི་སྤོ་བའི་ཞག་གྲངས་རྫོགས་ནས་མགུ་བ་མ་བླང་བའི་བར་ན་གནས་པ་དང་། མགུ་ལྡན་ནི་མགུ་བའི་ཞག་གྲངས་རྫོགས་ནས་དབྱུང་བ་མ་བྱས་པའི་བར་ན་གནས་པ་དང་། ངོ་བོ་ཉིད་འཚོལ་བ་བྱིན་པ་ནི་སྔར་ལྟུང་བ་ཁས་བླངས་ནས་ཕྱིས་བརྗེད་ནས་ལྟུང་བ་ཕྱིར་མི་བཅོས་པ་ལ་ཚད་ལས་སུ་བྱིན་པའོ། །སྤོ་བ་སྤྱོད་པ་སོགས་འདི་རྣམས་ནི་ལྟུང་བ་སྦྱོང་བའི་ཕྱིར་དུ་ཚད་ལས་རང་ཉིད་ཀྱིས་བླང་བ་ཡིན་གྱི་མི་འདོད་བཞིན་དུ་ཆད་པ་བཅད་པའི་ནན་ཏུར་ནི་མ་ཡིན་ནོ། །མཉམ་པ་དང་ཁྱད་པར་ཅན་གྱི་སྤྱོད་པ་སྤོང་བ་ནི་དགེ་སློང་རང་བཞིན་དུ་གནས་པ་རྣམས་ལས་ཕྱག་སོགས་གུས་པའི་ལས་བདག་གིར་མི་བྱ་བ་དང་། དེ་རྣམས་ལས་སྟན་ཆེས་དམའ་བ་ལ་འདུག་པ་དང་། དེ་རྣམས་དང་ཁྱིམ་གཞན་དུ

འགྲོ་བའི་ཚེ་བླ་མའམ་གྲོགས་ཀྱི་ཚུལ་དུ་མི་འགྲོ་བར་གཡོག་བྱེད་ཀྱི་ཚུལ་དུ་འགྲོ་བ་དང་། གཞན་གྱི་མཁན་པོ་དང་སློབ་དཔོན་མི་བྱའོ། །དམན་པའི་སྤྱོད་པ་དང་དུ་བླང་བ་ནི། ནང་པར་སྔ་བར་ལངས་ནས་གཙུག་ལག་ཁང་གི་སྒོ་དབྱེ་བ་དང་། ཕྱགས་དར་དང་ཆག་ཆག་བྱ་བ་དང་། དགེ་འདུན་གྱི་བཤང་གཅིའི་ས་སྦྱངས་ཤིང་བྱི་དོར་བྱ་བ་དང་། གཙུག་ལག་ཁང་གི་ཞ་ཁ་བསྐྱལ་བ་དང་། དགེ་འདུན་རྣམས་ཟས་ལ་འདུ་བའི་སྔ་རོལ་དུ་སྟན་འདིང་བ་དང་། ཟས་ཀྱི་བྱ་བ་ཟིན་ནས་སྟན་དབེན་པར་བསྐྱུ་བ་དང་། དགེ་སློང་རང་བཞིན་དུ་གནས་པ་ཐམས་ཅད་ཀྱི་ཁྲལ་མཇུག་ཏུ་འདུག་པ་དེ་རྣམས་ནི་ས་གཞན་ན་གནས་པའི་ཀུན་སྤྱོད་དོ། །

བཞི་པ་ནི། ལྟུང་བ་གླེང་སློང་མི་རུང་བ་དང་གླེང་རུང་བའི་ཚུལ་ཤེས་དགོས་པས། དེ་ཡང་ཐ་མལ་པའི་མཐོང་ཐོས་དོགས་གསུམ་ལ་མ་གྲགས་པའི་མངོན་ཤེས་ལྷ་བུ་དང་། མཐོང་ཐོས་དོགས་གསུམ་གྱི་གཞི་མེད་པ་དང་། དེའི་གཞི་ཙུང་ཟད་ཡོད་ཀྱང་ལེགས་པར་མ་མཐོང་བ་དང་། ལེགས་པར་མ་ཐོས་པ་དང་། ཐོས་ཀྱང་དེ་ལ་རང་ཉིད་ཡིད་མི་ཆེས་པ་རྣམས་ཀྱིས་ལྟུང་བ་གླེང་དུ་མི་རུང་བ་དང་། ཡུལ་ལྟུང་བ་གླེང་བའི་གཞི་ཡོད་ཅིང་། དགེ་འདུན་བྱེ་འཇུར་གྱི་དགག་བྱ་མེད་པའི་གང་ཟག་ལ། གླེང་བ་པོ་ཀུན་གྱི་མཐུན་སྣང་དུ་གྲུབ་པའི་དགེ་སློང་རྣམ་པར་དག་པས་ཕྱིར་བཅོས་ལ་འགོད་པར་འདོད་པའི་ལྷག་བསམ་གྱིས་དབྱར་ནང་ལ་སོགས་པ་མ་ཡིན་པའི་དུས་སུ་དངོས་པོ་ཚུལ་ཁྲིམས་ལྟ་སྤྱོད་འཚོ་བ་ཉམས་པ་བཞི་ལས་གང་རུང་ཅིག་ལྟུང་བ་ཡོད་མེད་རྣམ་པར་བརྟགས་ནས་གླེང་བའི་སྐབས་ཕྱེ་སྟེ་གླེང་བར་བྱེད་པའོ། །

དེ་ལྟར་གླེང་ནས་ཇི་ལྟར་སྒྲུབ་པ་ནི། ཁས་ལེན་ན་ཕྱིར་འཆོས་སུ་གཞུག །མི་དྲན་ནོ་ཞེས་ཁྱད་དུ་གསོད་ན་ངོ་བོ་ཉིད་འཚོལ་བ་སྦྱིན། བརྙན་གྱིས་ཁྱད་དུ་གསོད་ན་མ་མཐོང་བའི་གནས་དབྱུང་བྱེད། གླེང་ཀྱང་དེའི་བདག་ལ་ལྟུང་བ་མ་གླེང་ཞིག་ཅེས་ལྟུང་བ་གླེང་བའི་སྐབས་མི་འབྱེད་ན་བརྗོད་བཅས་ཕུར་བཅས་བྱ། གལ་ཏེ་དགེ་འདུན་ཐམས་ཅད་ལ་མི་ཉན་པའི་བཀའ་བློ་མི་བདེ་བ་བྱེད་ན་གླེང་དྲན་ལ་སོགས་པ་ཚིག་གིས་བསྒོ་བ་བྱ་བར་བཞམས་བསྒོ།།) དེས་མ་ཉན་ན་ཕྱིས་གསོལ་བའི་ལས་བྱ་ཞིང་༢། དེས་ཀྱང་མ་ཉན་ན་ལས་ཀྱང་བརྗོད་པ་དང་པོར་བྱ་ཞིང་༣། དེས་ཀྱང་

མ་ཉན་ན་གཉིས་པ་དང་༤། གསུམ་པ་རིམ་གྱིས་བྱ་ཞིང་༥། དེས་མ་ཉན་ན་ཟློག་བྱེད་ལྔའི་མཐར་མ་བཏང་བའོ། །དེས་མ་དུལ་ན་དེ་ལ་དགེ་སློང་སུས་ཀྱང་ཆོས་བསྟན་པར་མི་བྱ་སོགས་གདམས་ངག་བཞག་པ་དང་། དེས་ཀྱང་སྐབས་མི་འབྱེད་ན་དགེ་འདུན་དང་ལྷན་ཅིག་ཏུ་གསོ་སྦྱོང་མི་བྱ་བའི་གསོ་སྦྱོང་བཞག་པ་དང་། དེས་ཀྱང་སྐབས་མི་འབྱེད་ན་དགེ་འདུན་རྣམས་དང་ལྷན་ཅིག་ཏུ་དགག་དབྱེ་མི་བྱ་བའི་དགག་དབྱེ་བཞག་པ་དང་། དེ་ཐམས་ཅད་ཀྱི་མཐའ་ལ་མ་བཏང་ན་གནས་དབྱུང་བྱ་བའོ། །ལྔ་པ་ནི། མཛོད་ལས། །ལས་ཀྱི་དབྱེན་ནི་གླིང་གསུམ་ན། །དེ་ནི་བརྒྱད་དག་ཡན་ཆད་ཀྱིས། །ཞེས་དང་། ལུང་ལས། སུ་དག་གིས་ཀཽ་ཤམྦཱི་བའི་དགེ་འདུན་ཕྱེ་བར་གྱུར། ཆོས་མ་ཡིན་པ་སྨྲ་བ་དག་གིས་མཚམས་ཀྱི་ནང་དུ་གནས་གཅིག་ཏུ་གསོ་སྦྱོང་མ་འདྲེས་པ་བྱས། ཞེས་གསུངས་པས། དེ་ཡང་གང་ཟག་གིས་བདག་ཡོད་མེད་སོགས་ཆོས་ལ་འདོད་པ་མི་མཐུན་པ་དང་། ཆང་འཐུང་དུ་རུང་མི་རུང་སོགས་འདུལ་བ་འདོད་པ་མི་མཐུན་པ་བྱུང་བ་ནི།དགེ་འདུན་ཕྱོགས་གཉིས་སུ་ཕྱེ་བ་དང་། དེ་ཡང་བདག་མེད་པ་དང་ཆང་འཐུང་དུ་མི་རུང་བ།ཁས་ལེན་པ་རྣམས་ནི་ཆོས་ཕྱོགས་པ་དང་། དེ་ལས་བཟློག་པ་སྟེ།ཁས་ལེན་པ་རྣམས་ནི་ཆོས་མིན་ཕྱོགས་པ་དང་། དེ་གཉིས་ལྷན་གཅིག་ཏུ་འཚོགས་ནས་ལས་བྱས་ཀྱང་མི་འཆགས་པས་མཚམས་ནང་གཅིག་ཏུ་དེ་གཉིས་ཚོགས་པ་ཐ་དད་དུ་བྱས་ནས་གསོ་སྦྱོང་ལྟ་བུ་བྱས་པའི་ཚེ་ལས་བྱེ་བ་དང་ཆོས་མིན་ཕྱོགས་པ་རྣམས་ལ་ལས་ཀྱི་དབྱེན་གྱི་ཉེས་པ་འབྱུང་བ་དང་ཆོས་ཕྱོགས་རྣམས་ལ་དེ་འདྲའི་ཉེས་པ་མི་འབྱུང་བ་དང་། ཆོས་མིན་ཕྱོགས་པ་རྣམས་ཀྱིས་ཆོས་ཚོགས་(ཕྱོགས)རྣམས་ལ་འཐབ་པ་ན། ཆོས་ཕྱོགས་ཀྱིས་དེ་ལ་དགའ་བ་དང་གུས་པ་དང་། གཏམ་སྨྲ་བ་ཙམ་ཡང་མི་བྱ་བར་འདུལ་བའི་ཐབས་བྱ་བ་དང་། ཆོས་མིན་ཕྱོགས་པ་རྣམས་ཀྱིས་སྡིག་པ་ཅན་གྱི་ལྟ་བ་བཏང་ནས་ཆོས་ཕྱོགས་པ་རྣམས་ལ་བཟོད་པ་གསོལ་བ་ན་མཐུན་པ་བྱེད་པའི་འོག་ཏུ་མཐུན་པའི་གསོ་སྦྱོང་བྱེད་ནས་ཕྱོགས་གཉིས་ལྷན་ཅིག་ཏུ་ཚོགས་ནས་གསོ་སྦྱོང་བྱས་པའི་ཚེ་ཕན་ཚུན་མཐུན་པ་ཐོབ་པ་སོགས་ལས་ཀྱིས་དབྱེན་དང་དེ་ཕྱིར་བཅོས་པའི་ཐབས་གཙོ་བོར་བསྟན་ཏོ། །

དྲུག་པ་ནི། མཛོད་ལས། དགེ་སློང་ལྟ་སྤྱོད་ཚུལ་ལྡན་པས། །འབྱེད་དོ་གཞན་དུ་འོ་བྱེས་པ་

རྣམས། །སྟོན་དང་ལམ་གཞན་ལ་བཟོད་པ། །ཕྱེ་བའོ་དེ་ནི་མི་གནས་སོ། །དེ་ནི་འཁོར་ལོའི་དབྱེན་དུ་འདོད། །འཛམ་བུ་གླིང་ནའོ་དགུ་སོགས་ཀྱིས། །ཞེས་པས། འབྱེད་པ་པོ་དགེ་སློང་ལྟ་བ་སྤྱོད་པ་དང་ཚུལ་ལྡན་གྱིས། གནས་སྟོན་པའི་མདུན་ལས་གཞན་དུ། དབྱེ་བྱ་བྱས་པའི་དགེ་འདུན་མཐར་ཐུག་སངས་རྒྱས་ལས་གཞན་པའི་སྟོན་པ་ལྷས་བྱིན་དང་། དམ་ཆོས་ལས་གཞན་པ་ལྷས་བྱིན་གྱིས་བརྟུལ་ཞུགས་ལྔ་ལ་ལམ་དུ་བཟོད་ཅིང་ཚུལ་ཤིང་བླངས་པ་ན་ཕྱེ་བའོ། །ཕྱེ་ནས་ཞག་རིངས་བར་མི་གནས་ཤིང་། གླིང་འཛམ་བུ་གླིང་ལས་གཞན་ན་མེད་ལ། དབྱེ་བྱ་ཕན་ཚུན་དགེ་སློང་བཞི་བཞི་འབྱེད་པ་པོ་གཅིག་སྟེ་དགུ་ར་ཚང་བ་དགོས་སོ། །དེ་ལ་འཁོར་ལོའི་དབྱེན་མཚམས་ནང་གཅིག་གི་དགེ་འདུན་གྱི་ནང་དུ་འབྱེད་པ་པོ་ལྷས་བྱིན་ལྟ་བུས་ཤ་མི་ཟ་བ་དང་། འོ་མ་མི་འཐུང་བ་དང་། ལན་ཚྭ་མི་སྤྱོད་པ་དང་། གོས་དྲས་ཤིང་དྲུབ་པ་མི་གྱོན་པ་དང་། གྲོང་དང་གྲོང་ཁྱེར་དུ་གནས་པས་འཁོར་བ་ལས་གྲོལ་བར་སླ་བ་རྣམས་ཀྱིས་ཚུལ་ཤིང་ལོངས་ཤིག་ཅེས་ཚུལ་ཤིང་བྲིམ་པ་ན་དགེ་སློང་བཞི་ཡན་ཆད་ཀྱིས་ཚུལ་ཤིང་བླངས་ནས། བདག་ཅག་གི་སྟོན་པ་ལ་སྟོན་པ་དང་། དེའི་བཅས་པ་རྣམས་ལ་ཐར་ལམ་དུ་འཛིན་པ་ལས་ལོག་ནས་ལྷས་བྱིན་ལྟ་བུ་ལ་སྟོན་པ་དང་། དེའི་བསླབ་ཚིག་ལྟ་བུ་ལ་ཐར་ལམ་དུ་བཟུང་བའི་ཚེ་དགེ་འདུན་བྱེ་བ་ཡིན་པས་འབྱེད་པ་པོ་ལ་འཁོར་ལོའི་དབྱེན་གྱི་མཚམས་མེད་འབྱུང་ངོ་། །འདི་ལ་འཁོར་ལོའི་དབྱེན་ཟེར་བའི་རྒྱུ་མཚན་ནི། དགེ་འདུན་བྱེས་ནས་ཇི་སྲིད་མ་བསྡུམས་ཀྱི་བར་ཞིང་ལམ་ལྔའི་རྟོགས་པ་སྐྱེ་བ་མི་འགྱུར་བས་ཆོས་འཁོར་བྱེ་བ་ཡིན་པའི་ཕྱིར་རོ། །འདིའི་ཕྱིར་བཅོས་ནི། ལུང་ལས་མཆོག་ཟུང་གཅིག་གིས་འདུམས་མཛད་པ་དེའོ། །སྔ་མ་ལ་བཟོད་གསོལ་དང་མཐུན་པ་བྱིན་རྗེས་མཐུན་པའི་གསོ་སྦྱོང་དང་། ཉ་ཤིའི་གསོ་སྦྱོང་ལྷན་དུ་བྱ། སྤོ་མགུ་སོགས་ལྷག་མའི་ཕྱིར་བཅོས་ཆོག་བཞིན་དགོས་སོ། །

བདུན་པ་ནི། རྩོད་པ་རྣམ་པ་བཞི་དང་དེ་ཕྱིར་བཅོས་པའི་ཐབས་གཙོ་བོར་བསྟན་པས། རྩོད་པ་བཞི་ནི། འདུས་བྱས་རྟག་མི་རྟག་ལྟ་བུ་ལ་འདོད་པ་མི་མཐུན་པའི་རྐྱེན་གྱིས་འཁྲུགས་ལོངས་སུ་གྱུར་པ་ནི་འགྱེད་ཕྱིར་རྩོད་པ་དང་། ལྟུང་བ་གླེང་བའི་སྐབས་མི་འབྱེད་པས་ན་གདམས་ངག་གསོ་དགག་བཞག་པ་སོགས་ཀྱི་འཁྲུགས་ལོངས་སུ་གྱུར་པ་ནི་མི་གདམས་ཕྱིར་རྩོད་པ་དང་།

ལྟུང་བ་གླེང་དྲན་བྱས་པ་ན་གླེང་ཡུལ་གྱིས་ལྟུང་བ་ཁས་མ་བླངས་པའི་རྐྱེན་གྱིས་འཁྲུགས་ལོངས་སུ་གྱུར་པ་ནི། ལྟུང་ཕྱིར་རྩོད་པ་(སྐྱེ ཏེ་གསུམ་གྱིས་དབང་གིས་དགེ་འདུན་གྱི་ལས་གསོ་སྦྱོང་སོགས་བྱེད་པས་ན། འགའ་ཞིག་གིས་འདུན་པ་འབུལ་བ་སོགས་ལས་ལ་མཐུན་པ་མི་སྦྱིན་པ་སོགས་ཀྱིས་ཕན་ཚུན་འཁྲུགས་ལོངས་སུ་གྱུར་པ་ནི་བྱ་ཕྱིར་རྩོད་པ་དང་བཞིའོ། །དེ་ལ་མཚོན་སུམ་བརྒྱད་ནི། གྲོལ་དང་གཟུ་དང་དགེ་འདུན་གཞི་བོ་དང་། །གསལ་བ་དང་ནི་གསལ་བའི་གསལ་བ་དང་། །དགེ་འདུན་གཞན་དང་སྨྲེ་སྔོད་འཛིན་པ་དང་། །གནས་བརྟན་མཐུ་དང་ལྡན་པའི་མཚོན་སུམ་མོ། །ཞེས་པས། རྩོད་པ་དང་པོ་ནི། གྲོལ་ཕྱིར་གྲོལ་གཉིས་དང་། ༡དགེ་འདུན་༢གཞི་བོ་དང་། གཟུ་བོ་དང་༣། གསལ་བ་དང་༤། གསལ་བའི་གསལ་བ་དང་༥། དགེ་འདུན་གཞན་དང་༦། སྨྲེ་སྔོད་འཛིན་པ་དང་༧། གནས་བརྟན་མཐུ་ལྡན་བརྒྱད་ཀྱིས་སྨྲ་མ་སྨྲ་མས་ཞི་བར་བྱེད་མ་ནུས་པ་ན། ཕྱི་མ་ཕྱི་མས་ཞི་བར་བྱེད་དོ། །དེས་ཀྱང་ཞི་བར་བྱེད་མ་ནུས་པ་ན་ཆོས་ཕྱོགས་པའི་ཚུལ་ཤིང་མང་པོའི་ཐབས་བྱས་ནས་དགེ་འདུན་གྱི་ནང་དུ་ཚུལ་ཤིང་བྲིམ་ནས་གང་མང་བའི་ཕྱོགས་སུ་ཞི་བར་བྱེད་དོ། །རྩོད་པ་གཉིས་པའི་གཞི་དང་བཅས་པ་ནི་མཚོན་སུམ་བརྒྱད་དང་། ཚུལ་ཤིང་གང་མང་གིས་ཞི་བར་བྱེད་པ་སྔར་དང་འདྲའོ། །གཞི་མེད་པ་ནི་གང་ཟག་འདི་ནི་དྲན་པ་དང་ལྡན་པ་ཡིན་པས་འདི་ལ་ལྟུང་བ་མེད་དོ་ཞེས་གསོལ་བཞིའི་ལས་ཀྱིས་དྲན་པས་འདུལ་བ་བྱིན་པ་དང་། འདི་མ་སྨྱོས་པའི་དུས་སུ་ཉེས་པ་མ་བྱས་པས་སྨྱོས་པ་ལ་ལྟུང་བ་མེད་དོ་ཞེས་གསོལ་བཞིའི་ལས་ཀྱིས་མ་སྨྱོས་པས་འདུལ་བ་སྦྱིན་པས་ཞི་བར་བྱེད་དོ། །རྩོད་པ་གསུམ་པའི་ཉེས་པ་རང་གི་ངོ་བོ་མི་ཤེས་པ་ལ་ངོ་བོ་ཉིད་འཚོལ་བ་གསོལ་བཞིའི་སྦྱིན་པས་ཞི་བར་བྱེད་དོ། །རང་གི་ངོ་ཤེས་པ་ལ་གླེང་བྱ་གླེང་བྱེད་གཉིས་ཁོ་ན་ལས་གཞན་ལ་ཕྱིར་འགྲོས་པ་མེད་པ་ལྟུང་བ་ཁས་བླངས་པས་ཞི་བར་བྱེད་དོ། །གཞན་ལ་ཕྱིར་འགྲོས་པ་དང་བཅས་པ་ལའང་གང་ཟག་ཉི་ཚེ་བ་དང་འབྲེལ་བ་ལ་མཚོན་སུམ་བརྒྱད་ཀྱིས་ཞི་བར་བྱེད་པ་སྔར་དང་འདྲའོ། །དགེ་འདུན་མཐའ་དག་དང་འབྲེལ་བ་ནི་རྩྭ་བཀྲམ་པ་ལྟར་ཕན་ཚུན་འདུད་དེ་ཐམས་ཅད་བློ་རྩེ་མཐུན་པའི་ལྟུང་བ་ཕྱིར་བཅོས་པས་ཞི་བར་བྱེད་དོ། །རྩོད་པ་བཞི་པ་ནི། ལས་ལ་མཐུན་པ་སྦྱིན་པས་དངོས་སུ་ཞི་བར་བྱེད་ཅིང་བརྒྱད་ནས། རྩ་བའི་ལུང་

ལས། །མངོན་སུམ༡་དྲན་པ༢་མ་སྨོས་དང་༣། །དེ་བཞིན་གང་མང༤་ངོ་བོ་ཉིད༥། རྫ་རྣམས་བགྲམ་པ་ལྟ་བུ་དང་༦། །ཁས་བླངས་པར་ནི་བྱ་བའོ༧། །ཞེས་པས། ཞི་བྱེད་བདུན་པོ་ཐམས་ཅད་འཛུག་པས་ཞི་བར་བྱེད་དོ། །དེ་ལྟར་འཛུག་པའི་ཚུལ་ཁྲིམས་གཞི་བཅུ་བདུན་གྱིས་རང་རྒྱུད་བསྡམས་པ་ནི་ཡོན་ཏན་ཀུན་གྱི་རྟེན་དང་རྩ་བར་གྱུར་པ་སྟེ། དཔེ་ཁང་པའི་སྨིངས་བརྩིགས་པའི་འགྲམ་གཞི་བརྟན་པར་གྱུར་པ་ནི་མཁར་བརྩིགས་པ་དང་ཆོས་མཚུངས་པར་བསྟན་པའི་གཞི་མ་དམ་པའི་ཆོས་འདུལ་བ་ཡིན་ལ། དེའི་རྩ་བ་གྱུར་པ་སྦྱོང་བ་དང་། འཇུག་པའི་ཁྲིམས་ནི་ལྷག་པའི་ཚུལ་ཁྲིམས་ཀྱི་བསླབ་པ་བསྲུངས་པའི་ཐབས་ཡིན་པས་དེ་ལ་བརྟེན་ནས། རང་སེམས་འདུལ་བའི་སྡེ་སྣོད་ལ་གནས་པའི་མངོན་རྟོགས་ཀྱི་བདེན་པ་བཞི་ལ་ཐོས་བསམ་གྱིས་སྟུག་བསྔལ་ཤེས་པར་བྱ་ཞིང་། དེའི་རྒྱུ་ཀུན་འབྱུང་སྤྱོང་སྣམ་པའི་ལམ་རྒྱུད་ལ་བརྟེན་ནས་འགོག་པ་མངོན་དུ་བྱས་པ་ནི་འབྲས་བུ་ལ་གནས་ཤིང་ཉམས་སུ་ལེན་པར་སྨོན་པ་དང་། གཉིས་པ་མདོ་སྡེའི་སྡེ་སྣོད་ལ་བློ་སྦྱངས་ཤིང་བསླབ་པ་ཏིང་ངེ་འཛིན་གྱི་བསླབ་པ་ལ་སྨོན་པ་ནི། བྱིང་རྒོད་དྲི་ཡི་བཞོན་པས་མི་གཡོ་བའི། །ནས། མདོ་སྡེའི་གནས་ལ་འཇོག་པ་དང་། ཞེས་ཤྭ་ལོ་ཀ་གཅིག་གིས་བསྟན་ལ། དེ་ཡང་མདོ་སྡེ་ཞེས་བྱ་བ་སཱུ་ཏྲ་སྟེ་ཆོས་དང་དོན་བཤད་དེ་ཕུང་པོ་ལ་སོགས་པའི་ཆོས་དང་ཡོད་མེད་ལ་སོགས་གསུངས་པའི་དགོངས་པའི་དོན་བཤད་པའི་ཕྱིར་རོ། །དེ་ཡང་རྣམ་པ་བཞི་སྟེ། མདོ་སྡེ་རྒྱན་ལས། གནས་རྣམས་དང་ནི་མཚན་ཉིད་དང་༡། །ཆོས་༢དོན་༣སྨོས་ཕྱིར་མདོ་ཡིན་ནོ། །ཞེས་པས། ཡུལ་གང་དུ་གང་ཟག་གང་གི་ཕྱིར་གསུངས་པ་སྨོས་པས་གནས་སྟོན། དེའི་ཞར་བྱུང་དུ་སྟོན་པ་འཁོར་ཆོས་དུས་སོགས་བསྟན། །ཀུན་རྫོབ་དང་དོན་དམ་པའི་བདེན་པའི་མཚན་ཉིད་སྨོས་པ་མཚན་ཉིད་དང་། ཕུང་ཁམས་སྐྱེ་མཆེད་ལ་སྨོས་པས་ཆོས་དང་། ཡོད་མེད་ལ་སོགས་པར་གསུངས་པའི་དགོངས་པའི་དོན་སྨོས་པས་མདོ་སྡེ་ཞེས་གྲགས་ལ། དེ་ཡང་བསྟན་པ་སྔ་དར་གྱི་སྐབས། བཀའ་འཁོར་དང་པོ། འདུལ་བ་ལུང་སྡེ་བཞི་སོགས་སོ་ཐར་གྱི་གཞུང་བཀག་མཁན་སློབ་ཆོས་གསུམ་གྱི་སྐུ་དུས། མཁན་ཆེན་བོ་དྷི་ས་ཏྭའི་བཀའ་དྲིན་གྱིས། སད་མི་བདུན་སོགས་རབ་ཏུ་བྱུང་སྟེ། འདུལ་བའི་ཕྱག་བཞེས་རྣམ་པར་དག་པ་མཛད་པས། སློབ་དཔོན་རིན་པོ་ཆེས་སྤྱོད་པ་མཁན་པོ་ལྟར་དུ

མཛོད། ཅེས་གསུངས། བཀའ་བར་པ་ཐམས་ཅད་དང་། འབྲས་བུས་སྔགས་བཅས་རྒྱ་ཆེས་མ་ལུས་པ་བོད་དུ་བསྒྱུར། དབུ་མ་རིགས་ཚོགས་དྲུག་དང་བྱམས་ཆོས་སྡེ་ལྔ་སོགས་སྟོན་བྱོན་ལོ་པཎ་རྣམས་ཀྱིས་བསྒྱུར། ལྟ་བ་ཀླུ་སྒྲུབ་ལུགས་སུ་མཛོད། ཅེས་གསུངས་པ་ལྟར། བཀའ་འཁོར་ལོ་གསུམ་དགོངས་འགྲེལ་དང་བཅས་དར་ཞིང་རྒྱས་པ་ཡིན། ཕྱིས་སུ་ཇི་ལྟར་དར་ན། བཀའ་འཁོར་ལོ་བར་པ་ལ་སྦས་དོན་དང་། དངོས་བསྟན་གཉིས་ཏེ། ཀུན་མཁྱེན་བྲཧྨ་རསྨིས། མཁྱེན་གསུམ་ཐོས་བསམ་སྐྱུ་བ་འཛིན་མཁས་ཤིང་། །ཉམས་ལེན་སྦྱོར་བཞིའི་གཟིངས་ལ་བརྟེན་ནས་ནི། །ཆོས་སྐུ་ལྷུན་པོའི་མཛེས་པ་བལྟ་བ་ཡི། །འཁོར་ལོ་བར་པའི་སྦས་དོན་ལམ་རིམ་དེ། །དགའ་ལྡན་གནས་སུ་མི་ཕམ་ཆོས་རྗེས་བཀྲལ། །འཕགས་པའི་ཡུལ་དུ་བཀའ་བབས་རྣམ་པ་དྲུག །རྒྱན་གྱི་དགོངས་འགྲེལ་བཤད་སྲོལ་རྣམ་མང་ཡང་། །གང་དེ་འགྲེལ་ལ་འཕགས་སེང་ཁྱད་པར་འཕགས། །དེ་དག་བཞེད་གཞུང་རྔོག་ལོའི་ཐུགས་མཆོར་བབས། །ཤེར་ཕྱིན་རྒྱས་མཛད་འབྲི་ཨར་རྣམ་གཉིས་ཀྱི༑ ༑འཆད་རྩོམ་ཉི་ཟླའི་འོད་ཟེར་འབུམ་ཕྲག་གིས། །གངས་ཅན་མུན་པའི་ནགས་ཁྲོད་གསལ་བར་མཛད། །ཅེས་དང་། འཁོར་ལོ་བར་པའི་དངོས་བསྟན་ལམ་རིམ་དེ། །རྒྱ་གར་ཡུལ་དུ་འཕགས་མཆོག་ཀླུ་ཡིས་བཀྲལ། །ལེགས་ལྡན་འབྱེད་དང་སངས་རྒྱས་བསྐྱངས་གཉིས་ཀྱིས། །ཀླུ་སྒྲུབ་ཞབས་ཀྱི་དགོངས་པ་འགྲེལ་ཚུལ་ལས། །འཕགས་པའི་ཡུལ་དུ་ཐལ་རང་སྲོལ་གཉིས་བྱེས། གངས་རིའི་ཁྲོད་འདིར་དཔལ་ལྡན་ཟླ་བ་ཡིས། །རང་རྒྱུད་མཁས་པའི་སྲོལ་ཆེན་དར་བར་མཛད། །བསྙེངས་བྲལ་ཟླ་བའི་ལེགས་བཤད་མ་ཉམས་པ། །གང་བབས་བཤད་སྲོལ་ཕུལ་བྱུང་པ་ཚབ་ལུགས། །ཞེས་པས། འཁོར་ལོ་བར་པའི་སྦས་དོན་མངོན་རྟོགས་ཀྱི་རིམ་པ་དངོས་པོ་བརྒྱད་ཀྱིས་ཡང་དག་བཤད་ལ་དེ་ལ་གཞི་མཁྱེན་གསུམ་ནི། ཇི་ལྟ་བ་དང་ཇི་སྙེད་པའི་རྣམས་པ་མ་ལུས་པ་སྐད་ཅིག་མ་གཅིག་ལ་མངོན་སུམ་དུ་མཁྱེན་པ་རྣམ་མཁྱེན་གྱི་མཚན་ཉིད། ལམ་གསུམ་རང་བཞིན་མེད་པར་རྟོགས་ཤིང་རྫོགས་སྨིན་སྦྱངས་ནས་ཡང་དག་མཐའ་མངོན་དུ་བྱེད་པའི་སློབ་ལམ་ལམ་ཤེས་ཀྱི་མཚན་ཉིད། གཞི་ཐམས་ཅད་གང་ཟག་གི་བདག་གིས་སྟོང་པར་རྟོགས་པའི་ཉི་ཚེ་བའི་མཁྱེན་པ་གཞི་ཤེས་ཀྱི་མཚན་ཉིད། ཉམས་ལེན་སྦྱོར་བ་བཞི་ནི་མཁྱེན་གསུམ་གྱི་རྟོགས་པ་ལ་རང་དབང་ཐོབ

ཕྱིར་སྐྱེ་མེད་གསུམ་དུ་བསྡུས་ཏེ་སྒོམ་པའི་སེམས་དཔའི་རྣལ་འབྱོར་རྣམ་ཀུན་མངོན་རྫོགས་ཀྱི་མཚན་ཉིད། རྣམ་རྫོགས་དེ་ལ་བརྟེན་ནས་སྐྱེ་མེད་གསུམ་བསྡུས་སྒོམ་ལ་དབང་དུ་གྱུར་པའི་སེམས་དཔའི་རྣལ་འབྱོར་རྩེ་མོའི་མཚན་ཉིད། མཁྱེན་གསུམ་གྱི་ཤེས་རྣམ་ཅིག་ཆར་དུ་སྐྱེ་བའི་རྟོགས་པ་བརྟན་པོར་བྱས་པའི་ཕྱིར་མཁྱེན་གསུམ་གྱི་རྣམ་པ་རིམ་གྱིས་སྒོམ་པའི་སེམས་དཔའི་རྣལ་འབྱོར་མཐར་གྱིས་པའི་མཚན་ཉིད། མཁྱེན་གསུམ་རིམ་གྱིས་སྒོམ་པ་མཐར་ཕྱུག་པའི་སེམས་དཔའི་རྣལ་འབྱོར་སྐད་ཅིག་མའི་མཚན་ཉིད། འབྲས་བུ་ནི། སྦྱོར་བ་སྒོམ་པའི་འབྲས་བུ་མཐར་ཕྱུག་ཟག་མེད་ཀྱི་ཡན་ལག་དྲུ་མ་དང་ལྡན་པ་ཆོས་སྐུའི་མཚན་ཉིད། གྲངས་ངེས་པ་ནི་གང་ཟག་གཅིག་འཚང་རྒྱ་བ་ལ་ཤེས་བྱའི་ཡུལ། །ཉམས་སུ་ལེན་པའི་ལམ་འབྲས་བུ་དང་གསུམ་དུ་ངེས་པའོ། །ཤེར་ཕྱིན་དེ་ཉིད་འཕགས་ཡུལ་དུ་བརྒྱུད་པའི་བཀའ་བབས་དྲུག་འདྲེན་ཏེ། བདེ་བའི་འབྱུང་གནས་དགའ་ལྡན་ལྷ་ཡུལ་ནས་བརྒྱུད་པ་དང༡། ལོངས་སྤྱོད་ཀྱི་འབྱུང་གནས་འོག་ཀླུ་ཡུལ་ནས་བརྒྱུད་པ་དང༢། །རིག་པའི་འབྱུང་གནས་ཤར་ཕྱོགས་ཟླ་ངང་ག་ལ་ནས་བརྒྱུད་པ་དང༣། ཡོན་ཏན་གྱི་འབྱུང་གནས་ལྷོ་ཕྱོགས་བཻ་ཏའི་ཡུལ་ནས་བརྒྱུད་པ་དང༤། བྱིན་རླབས་ཀྱི་འབྱུང་གནས་ནུབ་ཕྱོགས་ཨོ་རྒྱན་ནས་བརྒྱུད་པ་དང༥། ངོ་མཚར་གྱི་འབྱུང་གནས་བྱང་ཕྱོགས་པི་ཤུ་ཀཙྪན་གྱི་གླིང་ནས་བརྒྱུད་པ་སྟེ་དྲུག་དང༦། ཁྱད་པར་དགའ་ལྡན་ལྷ་ཡུལ་དུ་མི་ཕམ་ཆོས་རྗེས་སློབ་དཔོན་ཐོགས་མེད་ལ་གསུངས་ནས། ཐོགས་མེད་སྐུ་མཆེད་དང་། འཕགས་པ་རྣམ་གྲོལ་སྡེ་དང་།སློབ་དཔོན་སེང་གེ་བཟང་པོས་རྒྱན་གྱི་འགྲེལ་པ་གཙོ་བོར་གྱུར་པ། བོད་འདིར་རྔོག་ལོ་ཆེན་པོ་ནས་འབྲེ་ཤེས་རབ་འབར་དང་། ཨར་བྱང་ཆུབ་ཡེ་ཤེས་སོགས་ཀྱིས་དར་བར་མཛད་པའོ། །ཤེར་ཕྱིན་གྱི་དངོས་བསྟན་སྟོང་ཉིད་ཀྱི་རིམ་པ་འཕགས་ཡུལ་དུ་འཕགས་པ་ཀླུ་སྒྲུབ་ཀྱིས་དབུ་མ་རིག་ཚོགས་དྲུག་གིས་བསྟན་ཏེ། དེ་ཡང་ཆོས་ཐམས་ཅད་རང་བཞིན་སྟོང་པ་ཉིད་རྟེན་འབྲེལ་སྒྲོས་བྲལ་དུ་སྟོན་པ་སྟོང་ཉིད་བདུན་ཅུ་པ། དེ་ལས་གཞན་སྐྱེ་སོགས་ཀྱི་བདེན་པ་འགོག་པ་རྩ་བ་ཤེས་རབ་སྟེ་རྩ་བ་ལུས་ལྟ་བུའི་བསྟན་བཅོས་གཉིས། དེ་རིགས་པས་སྒྲུབ་པ་རིགས་པ་དྲུག་ཅུ་པ། དེ་ལ་གཞན་གྱི་སྐྱོན་སྤོང་བ་རྩོད་ཟློག །གཞན་རྟོག་གེ་པ་དང་རྩོད་པའི་ཚུལ་སྟོན་པ་ཞིབ་མོ་རྣམས་འཐག་སྟེ་གྱིས་པ་ཡན་ལག་ལྟ་བུའི་བསྟན

བཅོས་གསུམ་དང་བཅས་པས་རིགས་ཚོགས་ལྔ་ཞེས་སམ། དེའི་སྐྱེང་དུ་དོན་དམ་པར་རང་བཞིན་མེད་ཀྱང་ཀུན་རྫོབ་ཏུ་ཐ་སྙད་འཐད་ཅིང་གྲུབ་པར་སྟོན་པ་ཐ་སྙད་སྒྲུབ་པ་བསྟན་པས་རིགས་ཚོགས་དྲུག་ཅེས་ཡོངས་སུ་གྲགས་སོ། །མགོན་པོ་ཀླུའི་དགོངས་པ་བཀྲལ་བ་ལ། སློབ་དཔོན་ལེགས་ལྡན་འབྱེད་ཀྱིས་དབུ་མ་རང་རྒྱུད་དུ་བཀྲལ། སློབ་དཔོན་སངས་རྒྱས་བསྐྱང་གིས་དབུ་མ་ཐལ་འགྱུར་དུ་བཀྲལ། སློབ་དཔོན་ཟླ་བ་གྲགས་ཀྱང་དེ་དང་མཐུན་པར་བཀྲལ། བོད་འདིར་རྫོག་ལོའི་སློབ་མ་ཕྱ་བ་ཆོས་སེང་ལ་སློབ་མ་སེང་ཆེན་བརྒྱད། ཛ་སྲས་གསུམ། ཤེས་རབ་ཅན་གསུམ། གྲུབ་ཐོབ་གསུམ་སོགས་བྱུང་བ་རྣམས་ཀྱིས་རང་རྒྱུད་ཀྱི་སྲོལ་འཛིན་པ་བྱུང་། ཟླ་གྲགས་ལས་རིམ་པར་བརྒྱུད་པ་བོད་འདིར་པ་ཚབ་པ་ཉི་མ་གྲགས་པ་ལས་སློབ་མ་པ་ཚབ་བུ་བཞིར་གྲགས་པ་རྣམས་ཀྱིས་དབུ་མ་ཐལ་འགྱུར་གྱི་སྲོལ་རྒྱ་ཆེར་རྒྱས་པར་མཛད་པ་ཡིན་ལ། དེ་ལ་འཁོར་ལོ་བར་པའི་ངེས་བརྗོད་རྣམ་ཐར་སྒོ་གསུམ་གྱིས་གཏན་ལ་འབེབས་པར་བྱེད་པ་ཡིན་ལ། དེའང་ཆོས་ཉིད་ཙམ་དུའང་དམིགས་པ་མེད་པ་སྟོང་པ་ཉིད། ངོ་བོ་རྟུལ་ཙམ་མ་གྲུབ་པ་མཚན་མ་མེད་པ། ཡང་དག་པའི་མཐའ་ལ་༼མི་༽གནས་པའི་ཕྱིར་སྨོན་པ་མེད་པ་སྟེ། ཐེག་ཆེན་མདོ་སྡེ་མཐོང་བའི་ཕན་ཡོན་ལས། སྐྱེས་པའི་རྟགས་ཀྱིས་སྐྱེ་བ་མེད་གྲུབ་པས། །སྐྱེ་དང་སྐྱེ་མེད་འགག་པ་མེད་མཐོང་ཞིང་། །སྐྱེས་ཙམ་ཉིད་ནས་སྐྱེ་བ་མེད་པ་ཡི། །མཚན་མ་མེད་ཤེས་མདོ་སྡེ་མཐོང་ལ་ཡོད། །གཟུགས་བརྙན་སྒྱུལ་པ་སྒྱུ་མ་ཆུ་ཟླ་བཞིན། །རྐྱེན་གྱིས་བཅོས་ཤིང་ཚོགས་པའི་དབང་གིས་སྣང་། །རང་གི་ངོ་བོ་ཆོས་ཀུན་ལ་མེད་པའི། །སྟོང་པ་ཉིད་ཤེས་མདོ་སྡེ་མཐོང་ལ་ཡོད། །རང་བཞིན་གྱིས་གྲུབ་ཡོད་དང་མེད་པ་ཡི༑ ༑འབྲས་དེ་རྒྱུ་ཡིས་སྐྱེད་པ་ནུས་མིན་ཕྱིར། །རྒྱུ་འབྲས་རྟེན་འབྲེལ་བརྟག་པ་ཙམ་ཉིད་ཅེས། །སྨོན་པ་མེད་ཤེས་མདོ་སྡེ་མཐོང་ལ་ཡོད། །ཅེས་པས་བསྟན་ལ། བདག་མེད་རྟོགས་པའི་ཤེས་རབ་དང་འབྲེལ་བའི་བསམ་གཏན་ནི་ཇི་སྐད་ཞེ་ན། སྔ་མ་ལས། བདག་ཏུ་མ་ཞེན་ཆོས་སུ་ཞེན་པ་མེད། །སྟོང་པའི་དབྱིངས་སུ་མཉམ་པ་ཉིད་ཤེས་ནས། །མཐའ་དང་བྲལ་བ་དབུ་མའི་ལམ་གཉེར་བའི། །བསམ་གཏན་རྣམ་དག་མདོ་སྡེ་མཐོང་ལ་ཡོད། །ཅེས་གསུངས་པས། དེ་ལྟའི་བསམ་གཏན་བཞིའི་ཏིང་འཛིན་ནི་དཔེ་རི་རབ་ལྷུན་པོ་ལྟ་བུ་ལ། ཏིང་དེ་འཛིན་ལ་བྱིང་རྒོད་ཀྱི་རྐྱེན་གྱིས་མི་ཚུགས་པ་དང

རི་རབ་དྲི་ཡི་བཞོན་པ་རླུང་གིས་བསྐྱོད་པ་མི་ནུས་པས་མི་གཡོ་བའི་རང་བཞིན་ཆོས་མཚུངས་སུ་སྦྱར། བསམ་གཏན་བཞིའི་མངོན་རྟོགས་ནི། རི་རབ་བང་རིམ་བཞིའམ་རིན་ཆེན་རྣམ་པ་བཞི་ལས་གྲུབ་པའི་རང་བཞིན་ཅན་དང་ཆོས་མཚུངས་སུ་སྦྱར། རབ་ཏུ་ཞི་བ་རྣམ་པར་ངེས་པའི་ཆོ་འཕྲུལ་ཟག་པ་མེད་པའི་ཏིང་འཛིན་བྱེ་བྲག་གྲངས་མེད་པའི་རྣམ་རོལ་འགགས་མེད་དུ་ཤར་བ་ནི། རི་རབ་ཀྱི་སྟེང་ན་འཆི་མེད་ལྷའི་གྲོང་ཁྱེར་ལྷ་ན་སྡུག་པ་གསལ་ལ་མ་འདྲེས་པ་ཁོད་སྙོམས་པ་འགྱུར་བ་མེད་པའི་རི་བོར་བརྟེན་ནས་གནས་པའི་གཞི་དང་ཆོས་མཚུངས་སུ་སྦྱར་བ་ཡིན་ལ། དེ་ལྟའི་ཏིང་འཛིན་ནི། སྔ་མ་ལས། གཉིས་འཛིན་སྣང་བ་རབ་ཏུ་ཞི་བ་དང་། །དོན་དམ་རང་བཞིན་རྣམས་པར་ངེས་པ་ཡི། །ཆོ་འཕྲུལ་སྣ་ཚོགས་སྒྱུ་མ་རོལ་པ་ལྟའི། །ཏིང་འཛིན་ཡང་དག་མདོ་སྡེ་མཐོང་ལ་ཡོད། །ཅེས་པས་བསྟན་ལ། དེ་ལྟ་བུའི་ཏིང་ངེ་འཛིན་གྱི་ཆོས་ཉིད་ནི་གཏིང་དང་གོ་དཀའ་བས་ཟབ་པ་དང་། རྒྱ་ཆེ་བས་ཡངས་པའི་མདོ་སྡེའི་ཏིང་ངེ་འཛིན་ལ་མཉམ་པར་འཇོག་ཅིང་ རྗེས་ཐོབ་ལ་ཕ་རོལ་ཕྱིན་པ་དྲུག་དང་ལྡན་པ་ལམ་བསླབ་པ་གསུམ་དང་། ཁྱད་པར་ལྷག་པ་ཏིང་ངེ་འཛིན་གྱི་བསླབ་པའི་གནས་ལ་བསླབ་ཅིང་མཉམ་པར་འཇོག་པ་ལ་སློན་པ་དང་། གསུམ་པ་མངོན་པའི་སྡེ་སྣོད་ལ་བློ་སྦྱངས་ཤིང་ལྷག་པ་ཤེས་རབ་ཀྱི་བསླབ་པ་ལ་སློན་ཅིང་བསླབ་པ་གསུམ་མངོན་གྱུར་ལ་སློན་པ་ནི། ཆོས་མངོན་གསལ་བའི་རྣམ་དབྱེ་མིག་སྟོང་ལྡན། །ནས། བརྗོད་བྱ་བསླབ་པ་རྣམ་གསུམ་མངོན་གྱུར་ཤོག །ཅེས་ཚིགས་བཅད་གཅིག་དང་རྐང་པ་གཉིས་ཀྱིས་བསྟན་ལ། མངོན་པ་ཞེས་པ་ཨ་བྷི་སྟེ་ཆོས་དོན་རབ་ཏུ་འབྱེད་པའི་ཐབས་རྒྱ་ཆེར་བསྟན་པའི་ཕྱིར་དང་། དོན་དམ་པའི་ཆོས་མྱ་ངན་ལས་འདས་པ་མངོན་དུ་བྱེད་པའམ། དེ་ལ་མངོན་དུ་ཕྱོགས་པ་ནི་ཆོས་མངོན་པ་དང་། ཆོས་རང་དང་སྤྱིའི་མཚན་ཉིད་ཁོང་དུ་ཆུད་པར་བྱ་བར་མངོན་དུ་ཕྱོགས་པའི་ཕྱིར་ཏེ། མདོ་སྡེ་རྒྱན་ལས། མངོན་དུ་ཕྱིར་དང་༡ཡང་ཡང་དང་༢། །ཟིལ་གནོན་༣རྟོགས་ཕྱིར་༤མངོན་པའི་ཆོས། །ཞེས་གསུངས་ཏེ། བདེན་པ་དང་བྱང་ཆུབ་ཀྱི་ཕྱོགས་དང་། རྣམ་པར་ཐར་བའི་སྒོ་ལ་སོགས་པ་སྟོན་པས། མྱ་ངན་ལས་འདས་པ་མངོན་དུ་བྱེད་པའི་ཕྱིར་དང་། ཕུང་པོ་ལ་སོགས་པའི་ཆོས་གཅིག་ཉིད་གཟུགས་ཅན་དང་། གཟུགས་ཅན་མ་ཡིན་པའི་སྒོ་ནས་ཡང་དང་ཡང་དུ་སྟོན་པའི་ཕྱིར་དང་། ཆོས་རྣམས་ཀྱི་

རང་དང་སྤྱིའི་མཚན་ཉིད་ལ་མཁས་པས། རྟོད་པ་དང་རྟོད་པའི་གཞི་ལ་སོགས་པས་ཕས་ཀྱི་རྒོལ་བ་ཟིལ་གྱིས་གནོན་པའི་ཕྱིར་དང་། མདོའི་དོན་གཏན་ལ་འབེབས་ཤིང་མདོའི་དོན་མངོན་པར་རྟོགས་པའི་ཕྱིར་ཆོས་མངོན་པ་ཞེས་གྲགས་སོ། །དེ་ལ་འཁོར་ལོ་ཐ་མ་ནི་ཐོས་བསམ་འཆི་མེད་བདུད་རྩི་ལས། གཟུང་བའི་ཆོས་ཀུན་ནམ་ཡང་ཡོད་མིན་ཞིང་། །འཛིན་བྱེད་ཤེས་པའང་འབྲུལ་བར་གདོན་མི་ཟ། །གཉིས་མེད་ཡེ་ཤེས་སྙིང་གཞིར་བཞག་པ་སྟེ། །འཁོར་ལོ་ཐ་མའི་ལམ་གྱི་རིམ་པའོ། །མི་ཕམ་མགོན་དང་ཀླུ་སྒྲུབ་སྙིང་པོ་ཡིས། །བྱམས་པའི་ཆོས་བཞི་བསྟོད་ཚོགས་གཞུང་གིས་བཀྲལ། །ཐོགས་མེད་མཆེད་ཀྱི་གསུང་རབ་ཉི་འོད་ཀྱིས། །འཁོར་ལོ་ཐ་མའི་ངེས་དོན་ཆེས་ཆེར་གསལ། །གངས་རིའི་ཁྲོད་འདིར་མི་ཕམ་རྒྱལ་བ་དང་། །ཐོགས་མེད་མཆེད་ཀྱི་གཞུང་བཟང་ངོ་མཚར་ཅན། །དབུ་སེམས་སོ་སོར་འགྲེལ་བྱེད་རྣམ་མང་ཡང་། །གང་དེ་དབུ་མའི་གཞུང་དུ་གདོན་མི་ཟ། །ཆོས་མངོན་རྒྱ་མཚོའི་བཀའ་བབས་འབབ་རོག་པོ། །བྱམས་ཆོས་གཞུང་གི་ངེས་དོན་འགྲེལ་བ་ལ། །བཤད་དང་སྒྲུབ་པའི་བཀའ་བབས་རྣམ་པ་གཉིས། །དེ་དག་རིམ་བཞིན་རྟོག་དང་བཙན་ལ་བབས། །ཐོས་བསམ་བསྒོམ་པས་སོ་སོར་ཁྱད་པར་འཕགས། །ཞེས་པས་བསྟན་ཏེ། དེ་ལ་འཁོར་ལོ་ཐ་མ་ཚུལ་བཞིན་དུ་གསལ་བར་བྱེད་པ། མི་ཕམ་མགོན་གྱིས་གསུངས་པའི་བྱམས་པའི་ཆོས་བཞི་མདོ་སྡེ་རྒྱན། རྒྱུད་བླ་མ། ཆོས་ཉིད་རྣམ་འབྱེད། དབུས་མཐའ་རྣམ་འབྱེད་དང་བཞིས་བཀྲལ་ཞིང་། འཕགས་པ་ཀླུས་བསྟོད་ཚོགས་ཀྱིས་གསལ་བར་མཛད་པ་དང་། ཐོགས་མེད་མཆེད་ཀྱི་གསུང་རབ་དྲི་མ་མེད་པས་འཁོར་ལོ་ཐ་མའི་ངེས་དོན་ཆེས་ཆེར་གསལ་བར་བསྟན་ལ། མི་ཕམ་རྒྱལ་བ་དང་ཐོགས་མེད་མཆེད་ཀྱི་གཞུང་ལུགས་ལ། གངས་རིའི་ཁྲོད་ཀྱི་མཁས་པ་རྣམས་ཀྱིས་དབུ་སེམས་སོ་སོར་འགྲེལ་བའི་ཚུལ་མང་ཡང་། དོན་དུ་སངས་རྒྱས་ཀྱི་ཐེག་པ་ཆེན་པོ་ནི་གཉིས་ཏེ་ཟབ་པ་དང་རྒྱ་ཆེ་བའོ། །དེ་དག་སྟོན་པར་བྱེད་པ་དབུ་སེམས་ཀྱི་གཞུང་ལུགས་དྲི་མ་མེད་པའི་བཀའ་རྣམས་ཡིན་ལ། དེའི་དགོངས་པའི་གནད་ཟབ་མོ་ཕྱིན་ཅི་མ་ལོག་པ་འགྲེལ་པ་བྱེད་པ་ལ་སློབ་དཔོན་ཀླུ་སྒྲུབ་དང་། ཐོགས་མེད་དེ་ཤིང་རྟ་རྣམ་པ་གཉིས་ཀྱི་ལམ་སྲོལ་དྲི་མ་མེད་པར་གྲགས་ལ། དེ་དག་ཀྱང་རང་རང་གི་འདོད་ཞེན་གྱི་ཕྱོགས་དང་རིས་སུ་བཅད་པ་མ་ཡིན་ལ། སངས

རྒྱས་ཀྱི་བཀའ་ཟབ་མོའི་ཆ་དང་། རྒྱ་ཆེ་བའི་ཚུལ་གཉིས་གསལ་བར་བྱས་པ་ཡིན་ལ། དེ་དག་གི་དགོངས་པ་ཟུང་གཅིག་ཏུ་ཚུད་ནས། རྒྱལ་བས་ཐ་སྙད་ཀུན་རྫོབ་བདེན་པའི་རྣམ་བཞག་ཀུན་ཉོན་དང་། རྣམ་བྱང་གིས་བསྡུས་པ་ཇི་སྙེད་བཀའ་བསྩལ་བའི་མཐར་ཐུག་སེམས་ཙམ་གྱིས་ཚུལ་སྟོན་པ་ལ་རག་ལས་ཤིང་། གཟུགས་ནས་རྣམ་མཁྱེན་བར་གྱི་ཆོས་ཐམས་ཅད་རང་བཞིན་སྤྲོས་བྲལ་ཆེན་པོར་གཏན་ལ་འབེབས་པ། མཐར་ཐུག་དབུ་མ་ལ་ཐུག་པའི་ཕྱིར་ན་ཟབ་པ་དང་རྒྱ་ཆེ་བ་ཕྱོགས་དང་རིས་སུ་མ་ཆད་པ་ནི། ཐེག་པ་ཆེན་པོ་ལ་ཞུགས་པ་ཡིན་ཏེ། ཇི་སྐད་དུ། ཐེག་པ་འདི་ནི་མཁའ་འདྲ་གཞལ་མེད་ཁང་ཆེན་ཏེ། །དགའ་སྐྱིད་བདེ་བ་མངོན་པར་ཐོབ་བྱེད་ཐེག་པའི་མཆོག །དེ་གང་ཞོན་ནས་སེམས་ཅན་ཐམས་ཅད་མྱ་ངན་བཟློ། །ཞེས་གསུངས་པས། མཁའ་ལྟར་ཟབ་པ་སྟོང་པ་ཉིད་ཉི་ཤུ་དང་། གཞལ་མེད་ཁང་འདྲ་བ་རྒྱ་ཆེ་བའི་བཀོད་པ་མངོན་པར་མཛེས་པ་ནི་ཐེག་པ་ཆེན་པོ་ཞེས་གསུངས་པ་དེ་བཞིན་དུ་མཐའ་གཉིས་སུ་མ་ལྷུང་བའི་བཞོན་པ་གཞན་ལས་འཕགས་པ་ཤིང་རྟ་ཆེན་པོ་ལ་འོས་པ། དཀའ་བ་མེད་པར་སངས་རྒྱས་ཀྱི་གོ་འཕང་མྱུར་དུ་ཐོབ་པ། ཐ་སྙད་ཀྱི་ཚད་མ་དང་དོན་དམ་པའི་ཚད་མ་སྐྱེ་རིགས་པའི་རྣམ་པ་ཚད་མེད་པའི་དགའ་བདེའི་འཁོར་བ་ཆེན་པོ་དང་བཅས་པའི་ཕྱིར་ན་ཤིང་རྟ་དང་འདྲ་བར་བསྟན་ལ། དེ་བཞིན་དུ་དབུ་མ་རྒྱན་ལས། ཚུལ་གཉིས་ཤིང་རྟ་ཞོན་ནས་སུ། །རིགས་པའི་སྲབ་སྐྱོགས་འཇུ་བྱེད་པ། །དེ་དག་དེ་ཕྱིར་ཇི་བཞིན་དོན། །ཐེག་པ་ཆེན་པོ་པ་ཉིད་འཐོབ། །ཅེས་གསུངས་ཏེ། དེ་ལྟར་ཐ་སྙད་སེམས་ཙམ་གྱིས་ཚུལ་དང་། དོན་དམ་དབུ་མའི་ཚུལ་ཏེ། ཚུལ་དེ་གཉིས་ཟུང་དུ་འབྲེལ་བའི་ཤིང་རྟ་ཆེན་པོ་ལ་ཞོན་ནས་སུ། བདེན་གཉིས་དཔྱོད་པའི་ཚད་མ་ཤེས་རབ་དྲི་མེད་ཀྱི་རིགས་པའི་སྲབ་སྐྱོགས་མི་བཏང་བར་འཇུ་བར་བྱེད་པ། དེ་དག་རྨད་དུ་བྱུང་བའི་ཚུལ་བཟང་པོ་ལ་གནས་པ་དེ་ཉིད་ཀྱི་ཕྱིར། ཇི་བཞིན་དོན་དང་ལྡན་པའི་ཐེག་པ་ཆེན་པོ་པ་ཞེས་པའི་མིང་ཐོབ་པ་ཡིན་ནོ་ཞེས་རྒྱན་རྩ་འགྲེལ་གྱིས་བསྟན་པ་ལྟར་ཤེས་ལྡན་རྣམས་ཀྱིས་ཤེས་པའི་གནད་གལ་པོ་ཆེ་ཡིན། ཐེག་ཆེན་བསྡུས་པའི་སྡོམ་ནི། ལང་ཀར་གཤེགས་པ་ལས། ཆོས་ལྔ་དང་ནི་རང་བཞིན་གསུམ། །རྣམ་ཤེས་བརྒྱད་པོ་ཉིད་དག་དང་། །བདག་མེད་དོན་ནི་རྣམ་གཉིས་པོར། །ཐེག་ཆེན་ཐམས་ཅད་བསྡུས་པ་ཡིན། །ཞེས་གསུངས་པ་ལྟར།

མིང་། རྒྱུ་མཚན། རྣམ་རྟོག །ཡང་དག་པའི་ཡེ་ཤེས། དེ་བཞིན་ཉིད་དེ་ཆོས་ལྔ་དང་། ཀུན་བརྟག གཞན་དབང་ཡང་གྲུབ་སྟེ་མཚན་ཉིད་གསུམ་དང་། རྣམ་པར་ཤེས་པའི་ཚོགས་བརྒྱད་དང་། གང་ཟག་དང་ཆོས་ཀྱི་བདག་མེད་པ་གཉིས་ཏེ་དེ་རྣམས་སུ་འདུ་ལ། དེ་ལ་རྒྱུ་མཚན་ནི་དབྱིབས་དང་གཟུགས་ལ་སོགས་པའི་མཚན་ཉིད་དུ་སྣང་བའོ། །

མཚན་ཉིད་དེ་ལ། བུམ་སོགས་ཀྱི་མིང་གིས་གཞན་རྣམ་པར་བཅད་ནས་ཀ་བ་བུམ་པ་སོགས་དེ་དང་དེར་ཞེན་ཅིང་གདགས་པ་ནི་མིང་ངོ་། །དེ་ལྟར་མིང་བཏགས་ནས་གདུང་འདེགས་ཀྱི་དོན་བྱེད་ནུས་པ་དང་། ཆུ་སྐྱོར་བའི་དོན་བྱེད་ནུས་པ་ལ་སོགས་པའི་རྒྱུ་མཚན་རྣམས་གསལ་བར་བྱེད་པའོ། །དེ་གཉིས་ནི་ཀུན་བརྟགས་ཡིན་ཏེ་སྒྲ་རྟོག་གི་སྤྱོད་ཡུལ་ཅན། གཟུང་འཛིན་གཉིས་སུ་སྣང་བ་བརྟགས་ན་མི་བདེན་པའི་ཕྱིར་རོ། །དེ་ལྟར་གཟུང་ཡུལ་འཛིན་པའི་སེམས་སེམས་བྱུང་གི་ཆོས་རྣམས་ལ་རྣམ་པར་རྟོག་པ་ཞེས་བྱ་ཞིང་། དེ་ལ་ཕྱེ་ན། རྣམ་པར་ཤེས་པའི་ཚོགས་བརྒྱད་ཡོད་དོ། །དེ་ནི་གཞན་གྱི་དབང་ཉིད་ཡིན་ཏེ། ཐ་སྙད་ཙམ་དུ་སྣང་བ་སྣ་ཚོགས་ཀྱི་སྣང་གཞིར་གྱུར་པའོ། །དེ་ལྟར་ཕྱི་ནང་གིས་བསྡུས་པའི་ཆོས་དེ་དག་ལ། བདག་གཉིས་ཀྱི་རང་བཞིན་ཅུང་ཟད་གྲུབ་པ་མེད་པའི་ཆོས་ཀྱི་དབྱིངས་ནི་དེ་བཞིན་ཉིད་ཡིན་ལ། དེ་ཡི་རྗེས་སུ་ཞུགས་པ་ཡང་དག་མིན་རྟོག་དང་བྲལ་བའི་སོ་སོ་རང་རིག་པ་ནི། ཡང་དག་པའི་ཡེ་ཤེས་ཞེས་བྱ། ཕྱི་མ་འདི་གཉིས་ནི་ཡོངས་སུ་གྲུབ་པ་ཞེས་བྱ་སྟེ། ངོ་བོ་བདེན་པར་གྲུབ་པ་ནི་མིན་གྱི་ཡིན་ལུགས་མ་ནོར་བས་ན་ཚིག་དེ་སྐད་བླ་དགས་སུ་བཏགས་པ་ཡིན་ནོ། །དེ་ལྔ་ཡི་ནང་དུ་དབུ་སེམས་ཀྱི་གཞུང་ལུགས་མཐའ་དག་འདུས་པར་རིག་པས་གྲུབ་པའི་ཕྱིར་ན་ཐེག་ཆེན་མཐའ་དག་ཀྱང་དེ་ཙམ་དུ་ཟད་པར་ཤེས་པར་བྱ་ཞིང་། དེ་ལ་མིང་རྒྱུ་མཚན་གྱིས་བསྡུས་པའི་ཕྱི་རོལ་གྱི་སྣང་བ་སྣ་ཚོགས་པར་སྣང་བ་འདི་ནི་ཕྱི་རོལ་གྱི་དོན་དུ་བདེན་པར་གྲུབ་པ་མེད་དེ། འདི་ལྟར་སྣང་བ་ནི་ཀུན་གཞིའི་རྣམ་པར་ཤེས་པའི་ཁམས་ལ་གནས་པའི་བག་ཆགས་སྣ་ཚོགས་པ་སྨིན་པའི་དབང་ལས་བྱུང་སྟེ། རྨི་ལམ་གྱི་སྣང་བ་ལྟ་བུར་ཤེས་པ་ནི་ཐ་སྙད་རྣམ་པ་རིག་པའི་ཚུལ་ཏེ་ཚུལ་དང་པོ་ཡིན་ལ་ཆོས་ལྔ་ལས་སྔ་མ་གསུམ་དེར་འདུའོ། །དེ་ལྟར་ཐ་སྙད་དུ་སེམས་ཉིད་སྣང་བ་སྣ་ཚོགས་པར་སྣང་ཡང་། སེམས་ཀྱང་རང་བཞིན་

བདེན་པར་མེད་པས་ནི། གཟུགས་ནས་རྣམ་མཁྱེན་གྱི་བར་གྱི་ཆོས་ཐམས་ཅད་བདེན་མེད་སྒྱུ་མེད་དུ་ཤེས་པ་ནི། དོན་དམ་དབུ་མའི་ཚུལ་ཏེ། ཚུལ་གཉིས་པ་སྟེ་ཆོས་ལྔ་ལས་ཕྱི་མ་གཉིས་དེར་འདུའོ། ། དེ་ལྟ་བུའི་ཚུལ་གཉིས་པོ་དེ་ནི་འགལ་བ་མ་ཡིན་ཏེ། དགོངས་པ་ངེས་འགྲེལ་ལས། འདུ་བྱེད་ཁམས་དང་དོན་དམ་མཚན་ཉིད་ནི། །གཅིག་དང་ཐ་དད་བྲལ་བའི་མཚན་ཉིད་དེ། །གཅིག་དང་ཐ་དད་དུ་ཡང་གང་རྟོགས་པ། །དེ་དག་ཚུལ་བཞིན་མ་ཡིན་ཞུགས་པ་ཡིན། །ཞེས་གསུངས་པ་ལྟར། གཅིག་དང་ཐ་དད་གང་དུའང་ཁས་མི་ལེན་པར་ཐ་སྙད་དང་དོན་དམ་པའི་བདེན་པ་གཉིས་ཟུང་དུ་འཇུག་པའི་ལམ་ཚུལ་གང་ཡིན་པ་དེ་ནི་ཐེག་པ་ཆེན་པོ་ཡིན་ལ། དེ་ལ་གནས་པའི་གང་ཟག་ནི་ཐེག་པ་ཆེན་པོ་པ་ཞེས་པའི་མིང་དོན་དང་ལྡན་པ་ཉིད་དོ། །དེ་ལྟར་འཁོར་ལོ་ཐ་མའི་ཆོས་མདོན་པའི་སྡེ་སྣོད་ལ། ཀུན་བརྟགས་གཞན་དབང་ཡོངས་གྲུབ་སྟེ་མཚན་ཉིད་གསུམ་ཤིན་ཏུ་གསལ་བའི་རྣམ་དབྱེ་མང་པོ་ནི། ལྷ་དབང་ལ་མིག་སྟོང་དང་ལྡན་པ་དང་ཆོས་མཚུངས་སུ་སྦྱར། དེས་ལྷག་པ་ཤེས་རབ་ཀྱི་བསླབ་པའི་དེ་ཁོ་ན་ཉིད་ཀྱི་གནས་ལུགས་མངོན་པར་རྟོགས་པའི་ཡེ་ཤེས་དང་། དབང་པོ་ལག་ན་ཉལ་བ་དྲང་སྲོང་ཞོ་འཐུང་གི་རྡུས་པ་ཕ་ལམ་གྱི་རང་བཞིན་ལས་གྲུབ་པའི་རྡོ་རྗེ་དེ་འཕང་ན་མི་ཕོག་པའི་ཐབས་མེད། ཕོགས་ནས་མི་ཤི་བའི་ཐབས་མེད། ཤི་ནས་ངན་སོང་དུ་སྐྱེ་བའི་དཔེ་མེད་དེ། རྡོ་རྗེ་ཁྱད་ཆོས་གསུམ་ལྡན་གྱིས་མངོན་བརྗོད་སྦྱར་ནས་དེ་ཡིས་རིན་པོ་ཆེ་གཞན་ཐམས་ཅད་འཕིགས་ཤིང་གཅོད་པ་ལྟར། རྡོ་རྗེའི་ཆོས་བདུན་དང་ལྡན་པའི་ཡེ་ཤེས་དེས་ཀྱང་ཡོད་མེད་རྟག་ཆད་ཀྱི་མཐར་ལྟའི་སྨྲིག་པ་སྟེ་འཇིག་ཚོགས་ལ་ལྟ་བའི་རི་བོ་ཉི་ཤུའི་རྐང་པ་འཇོམས་ཤིང་འདུལ་བར་བྱེད་པས་ན་ལྷ་ཡི་དབང་པོའི་རྟེན་དང་བརྟེན་པ་རིགས་བྱེད་ཀྱི་གཏམ་རྒྱུད་གཟུགས་ཅན་གྱི་རྒྱན་དང་སྦྱར་བ་སྟེ། སྔོན་གྱི་དུས་ན་རི་རྣམས་འགྲོ་འདུག་བྱེད་པས་སྐྱེ་བོ་མང་པོ་འཇོམས་པ་ན། བརྒྱ་བྱིན་གྱིས་རྡོ་རྗེ་འཕངས་ནས་རིའི་རྐང་པ་ཆད་པས་དེ་ཚུན་ཆད་འགྲོ་མ་ཤེས་སོ་ཞེས་རིག་བྱེད་ཀྱི་གཏམ་རྒྱུད་ལས་བྱུང་བ་དང་། འཇིག་ཚོགས་ཉི་ཤུ་ཡེ་ཤེས་རྡོ་རྗེའི་གཞོམ་པ་ཆོས་མཚུངས་སྦྱར་བ་སྟེ། འཇིག་ཚོགས་ཉི་ཤུ་ནི། བདག་གཟུགས་ཡིན་ཏེ་བདག་པོ་འདྲ༡། བདག་གཟུགས་དང་ལྡན་ཏེ་རྒྱན་དང་འདྲ༢། གཟུགས་བདག་གི་ཡིན་ཏེ་བྲན་དང་འདྲ༣། གཟུགས་ལ

བདག་གནས་ཏེ་སྟོད་དང་འདྲ༤། བདག་ཚོར་བ་ཡིན༥། བདག་ཚོར་བ་དང་ལྡན༦། ཚོར་བ་བདག་གི་ཡིན༧། ཚོར་བ་ལ་བདག་གནས༨། བདག་འདུ་ཤེས་ཡིན༩། བདག་འདུ་ཤེས་དང་ལྡན༡༠། འདུ་ཤེས་བདག་གི་ཡིན༡༡། འདུ་ཤེས་ལ་བདག་གནས༡༢། བདག་འདུ་བྱེད་ཡིན༡༣། བདག་འདུ་བྱེད་དང་ལྡན༡༤། འདུ་བྱེད་བདག་གི་ཡིན༡༥། འདུ་བྱེད་ལ་བདག་གནས༡༦། བདག་རྣམ་པར་ཤེས་པ་ཡིན༡༧། བདག་རྣམ་པར་ཤེས་པ་དང་ལྡན༡༨། རྣམ་པར་ཤེས་པ་བདག་གི་ཡིན༡༩། རྣམ་པར་ཤེས་པ་ལ་བདག་གནས༢༠། ཆོས་མངོན་པ་ནི་བརྗོད་བྱའི་དོན་གྱི་གཞི་བཀག་རྫོད་བྱེད་ཀྱི་ཚིག་གིས་རྣམ་གྲངས་མང་པོ་ཡང་ཡང་གསལ་བར་སྟོན་པའི་ལྷའི་བལྟ་ན་སྡུག་པའི་གྲོང་ཁྱེར་ལྷ་བུ་དེ་རྣ་ལྷག་པ་ཤེས་རབ་ཀྱི་བསླབ་པ་ལ་སྨིན་ནས། སྤྱིར་འདུལ་བ་མདོ་སྡེ་མངོན་པ་སྡེ་སྡེ་སྣོད་གསུམ་གྱི་རྗོད་བྱེད་ཀྱི་ཚིག་དྲི་མ་མེད་པ་རྣམས་དང་། བརྗོད་བྱ་ཚུལ་ཁྲིམས་ཏིང་ངེ་འཛིན་ཤེས་རབ་ཀྱི་བསླབ་པ་རྣམ་པ་གསུམ་གྱི་དོན་ཉམས་སུ་བླངས་ནས་མངོན་དུ་གྱུར་པར་ཤོག་ཅེས་སྨོན་པའོ། །དེས་སྟོན་འགྲོ་ཐུན་མོང་གི་ཐེག་པས་རྒྱུད་སྦྱང་བར་སྨོན་པ་སོང་།

གཉིས་པ་དངོས་གཞི་རྡོ་རྗེ་ཐེག་པའི་ལམ་ལ་སློབ་པར་སྨོན་པ་ལ་གཉིས། མཚམས་སྦྱར་བ་དང་། གཞུང་དོན་དངོས་སོ། །

དང་པོ་ནི། དེ་ལྟར་རྒྱུ་ཡི་ཐེག་པས་རྒྱུད་སྦྱངས་ནས། །འབྲས་བུ་སྨིན་གྲོལ་རྡོ་རྗེ་ཐེག་པའི་ལམ། །ཞེས་རྐང་པ་གཉིས་ཀྱིས་བསྟན་ལ། དེ་ནི་གོང་འོག་མཚམས་སྦྱར་བའི་ཚིག་ཡིན་ལ། དེ་ལྟར་ཞེས་སྟོན་སྡེ་སྣོད་གསུམ་བསྟན་པ་ནི་རྒྱུ་ཕྱིན་དྲུག་ཚོགས་གཉིས་ལམ་དུ་བྱེད་པས་རྒྱུའི་ཐེག་པའམ། རྒྱུ་མཚན་ཉིད་ལས་ནི་ཁམས་བདེ་བར་གཤེགས་པའི་སྙིང་པོ་ས་བོན་དུ་ཡོད་པ་ཚོགས་གཉིས་ཀྱི་རྐྱེན་ལས་གོང་འཕེལ་དུ་སོང་ནས་སངས་རྒྱས་ཐོབ་པར་འདོད་ཅིང་རྒྱུ་འབྲས་སྔ་ཕྱིར་འབྲེལ་བས་རྒྱུ་ཡི་ཐེག་པ་ཞེས་བྱ་ལ། ཐེག་པ་ཆེན་པོའི་ཚུལ་བསྒྲུབ་པ་ལས། ཐེག་པ་ཆེན་པོ་རྣམ་གཉིས་ཏེ། །ཕ་རོལ་ཕྱིན་དང་གསང་སྔགས་སོ། །ཞེས་པས་རྒྱུ་ཡི་ཐེག་པས་རང་གི་རྒྱུད་སྦྱངས་ནས། འབྲས་བུའི་ཐེག་པ་ནི་འབྲས་བུ་ལ་ལམ་དུ་བྱེད་པ་སྟེ། དེ་ཡང་སྔགས་སུ་ཁམས་བདེ་བར་གཤེགས་པའི་སྙིང་པོ་དེ་སེམས་ཅན་ཐམས་ཅད་ལ་རང་ཆས་སུ་ལྷུན་གྱིས་གྲུབ་ཅིང་། ཡོན་ཏན

བརྒྱད་ཚོས་མ་ཚང་བ་མེད་པར་ཡོད་པའི་སྣང་གཞི་ཉི་མ་ལྟ་བུ་དེ་ཉིད་ལ། སྣང་བྱ་འཁོར་བའི་རང་བཞིན་ཚོགས་བརྒྱད་ཀུན་གཞི་དང་བཅས་པའི་འདུས་བྱས་ཀྱི་སེམས་གློ་བུར་བ་སྤྲིན་དང་འདྲ་བས་བཏུམས་པ་ཉིད། སྨྲོང་བྱེད་དབང་བསྐྱེད་རྫོགས་ཀྱི་ལམ་ནས་གཞལ་ཡས་ཁང་དང་ལྷའི་ཕྱག་རྒྱ་མཆོད་བསྟོད་བསླེན་པ་སྣོད་བཅུད་སྦྱོང་བའི་མཛད་པ་ཡོངས་སུ་དག་པ་བཞི་བསྒོམས་པས་གློ་བུར་གྱི་དྲི་མ་དག་བྱ་མཐའ་དག་སྦྱངས་ནས། གནས་སྐབས་ཀྱི་ཡོན་ཏན་རྣམས་དང་། མཐར་ཐུག་གི་སྣང་འབྲས། རང་ངོའི་ཡོན་ཏན་ཅི་ཡོད་པ་མངོན་ཏུ་གྱུར་པ་སྟེ། རྒྱུད་བརྟག་གཉིས་ལས། སེམས་ཅན་རྣམས་ནི་སངས་རྒྱས་ཉིད། །འོན་ཀྱང་གློ་བུར་དྲི་མས་བསྒྲིབས། །དྲི་མ་དེ་བསལ་སངས་རྒྱས་དངོས། །ཅེས་དང་། གསང་བ་ལུང་བསྟན་པའི་མདོ་ལས། རྒྱུ་ལ་སྦྱོར་བ་རྒྱུ་ཡི་ཆོས། །འཁོར་ལོ་རབ་ཏུ་བསྒོར་བྱས་ནས། །འབྲས་བུའི་ཐེག་པའི་ཉེ་ལམ་ཞིག །མ་འོངས་དུས་ན་འབྱུང་བར་འགྱུར། །ཞེས་པས་བསྟན་ལ། དེ་ལ་འཇུག་པའི་སྒོ་སྨིན་བྱེད་ཀྱི་དབང་དང་གྲོལ་བྱེད་རིམ་གཉིས་ལ་བརྟེན་ནས་ཉམས་སུ་ལེན་པ་ཡིན་ལ། རྡོ་རྗེ་ཐེག་པ་ཞེས་པ་ནི་སྙིང་པོའི་རང་བཞིན་འགྱུར་བ་མེད་ཅིང་གང་གིས་ཀྱང་མི་ཕྱེད་པ་དང་མི་ཆོད་པ་ཆེན་པོ་ཡིན་པས་ཀྱང་རྡོ་རྗེའི་ཐེག་པ་བླ་ན་མེད་པར་བཞག་པ་སྟེ། དྲི་མེད་འོད་ལས། རྡོ་རྗེ་ནི་མི་ཕྱེད་པ་དང་མི་ཆོད་པ་ཆེན་པོ་ཡིན་ལ། དེ་ཉིད་ཐེག་པ་ཆེན་པོ་ཡིན་པས་རྡོ་རྗེའི་ཐེག་པ་སྟེ་སྔགས་དང་ཕ་རོལ་ཏུ་ཕྱིན་པའི་ཚུལ་འབྲས་བུ་དང་རྒྱུའི་བདག་ཉིད་གཅིག་ཏུ་འདྲེས་པར་གྱུར་པའོ། །ཞེས། དེ་ལྟ་བུའི་ཐེག་པའི་ལམ་མཆོག་ཟབ་མོ་ཕྱི་རྒྱུད་ཀྱི་དབང་དུ་བྱས་ཏེ། ལམ་རིམ་ལས། བྱ་བའི་ལུགས་ཀྱི་ཤེས་རབ་དང་། །ཚོ་ག་ཡན་ལག་གྲངས་རྫོགས་པས། །འབྲས་བུ་ལམ་བྱས་བདེ་གཤེགས་པས། །ཞེས་དང་། །སྔགས་ནང་པའི་དབང་དུ་བྱས་ཏེ། །དེ་ལས་གཞན་པའི་ཐོབ་བྱ་མེད། །ཀུན་ཀྱང་སྨིན་ཐེན་བགྲོད་པ་མེད། །དེ་ཉིད་ལམ་གྱི་ངོ་བོ་སྟེ། ཞེས་དང་། ཆོས་ཐམས་ཅད་དབྱེར་མེད་འབྲས་བུའི་ངོ་བོ་སྣང་སྟོང་ཟུང་འཇུག་གི་ཆོས་སྐུར་བལྟ་ཞིང་ཐབས་ཀྱིས་གོམས་པར་བྱེད་པའི་ཕྱིར། དེ་ལྟར་ཡང་། སྒྱུ་འཕྲུལ་རྒྱས་པ་ལས། འཇིག་རྟེན་བརྟན་གཡོ་ལ་སོགས་པ། །སྣང་བ་ཉིད་ན་ངོ་བོ་མེད། །དེ་ཉིད་ཆོས་སྐུ་ཆེན་པོའོ། །ཞེས་དང་། སྔགས་ཕྱི་པས་ལྷའི་སྐུ་གསུང་ཐུགས་སུ་བལྟས་ཏེ་བསྒོམ་པ་དང་། ནང་པ་ལྟར་ན་ཆོས

ཐམས་ཅད་སྐུ་གསུང་ཐུགས་ཀྱི་དཀྱིལ་འཁོར་གྱི་རང་བཞིན་དུ་རྟོགས་ནས་གོམས་པར་བྱེད་པའི་ཕྱིར་ན་འབྲས་བུ་ལམ་བྱེད་དང་རྡོ་རྗེ་ཐེག་པའི་ངེས་ཚིག་གྲུབ་སྟེ། བང་མཛོད་འཕྲུལ་གྱི་ལྡེ་མིག་ལས། འབྲས་བུ་རྡོ་རྗེའི་ཐེག་པ་ནི། །ཕྱག་རྒྱའི་དཀྱིལ་འཁོར་ལམ་བྱས་ནས། །འབྲས་བུ་དེ་ཉིད་ལམ་དུ་ཁྱེར། །རང་གི་ལུས་ངག་ཡིད་གསུམ་ནི། །སྐུ་གསུང་ཐུགས་ཀྱི་རྡོ་རྗེར་སྦྱོར། །དེ་རིགས་རྡོ་རྗེ་ཐེག་པར་བཏགས། །ཞེས་དང་། རྒྱུ་ལས་ཁྱད་པར་འཕགས་ཚུལ་ནི། ཚུལ་གསུམ་སྒྲོན་མེ་ལས། །དོན་གཅིག་ནའང་མ་རྨོངས་དང་། །ཐབས་མང་དཀའ་བ་མེད་པ་དང་། །དབང་པོ་རྣོན་པོའི་དབང་བྱས་པས། །སྔགས་ཀྱི་ཐེག་པ་ཁྱད་པར་འཕགས། །ཞེས་གསུངས་ཏེ། རྒྱུ་འབྲས་ཀྱི་ཐེག་པ་ཆེན་པོ་གཉིས་ག་སེམས་ཅན་གྱི་དོན་ལ་དམིགས་ནས་བྱང་ཆུབ་འདོད་པར་གཅིག་ནའང་། སྔགས་ཁྱད་པར་བཞིས་འཕགས་ཏེ། ལྷ་བསྒོམ་སྔགས་བཟླ་བ་སོགས་ཀྱི་ཆ་ལ་མ་རྨོངས་པ་དང་། དེའང་ཐབས་ཀྱི་ཆའི་སྒོ་གཅིག་མ་ཡིན་པར་དབང་པོའི་རིམ་པ་དང་མཐུན་པར་བྱ་སྤྱོད་ལ་སོགས་པའི་རྒྱུད་སྡེའི་སྒོ་མཐའ་ཡས་པའི་ཕྱིར་མང་བ་དང་། དེ་དག་ཀྱང་རྒྱུའི་ལམ་ལྟར་བསྐལ་བ་གྲངས་མེད་གསུམ་སོགས་སུ་དཀའ་བས་བགྲོད་མི་དགོས་པར་ཚོགས་ཆུང་ངུས་འགྲུབ་པའི་ཕྱིར་དཀའ་བ་མེད་པ་དང་། དེ་ཉིད་སྔགས་ཀྱི་ཐེག་པ་དངོས་ཀྱི་གདུལ་བྱ་དབང་རྣོན་ལ་དགོངས་ནས་གསུངས་པའི་ཕྱིར་ཚུལ་བཞི་པོ་དེས་འཕགས་པ་ཡིན་ནོ། །སྔགས་ཕྱི་ནང་གི་ཁྱད་པར་རོག་གི་བདེ་གཤེགས་ཆེན་པོ་མཆན། རྗེས་སུ་འབྲངས་ཏེ། རྒྱུད་ཀྱི་དངོས་པོ་བཅུ་ཕྱི་ནང་གིས་བསྡུར་བའི་ཁྱད་པར་དང་། བྱེ་བྲག་དབང་གི་སྐབས་སུ; ཟབ་དབང་གསུམ་སྟོན་ནུས་མི་ནུས་དང་། ལྟ་བའི་སྐབས་སུ་རང་བྱུང་གི་ཡེ་ཤེས་སྨྲ་ནུས། མི་ནུས་དང་། བསྒོམ་པའི་སྐབས་སུ་ལྷ་ཞལ་སྦྱོར་དུ་བསྒོམ་ནུས་མི་ནུས་དང་། སྤྱོད་པའི་སྐབས་སུ་དམ་རྫས་ལྔ་ལ་སྤྱོད་ནུས་མི་ནུས་དང་། ལྷ་དང་བདག་ཐ་མི་དད་དུ་བལྟས་ནས་འཛུག་ནུས་མི་ནུས་པ་དང་། དངོས་གྲུབ་ཀྱི་སྐབས་སུ་དུས་ཉེ་རིང་དང་ཕྱི་ནང་ནས་རེ་བའི་ཁྱད་པར་ཡོད། ཅེས་གསུངས་སོ། །

གཉིས་པ་གཞུང་དོན་དངོས་ལ། དབྱེ་ན་གང་ལ་ནོད་པའི་ཡུལ་དང་། གང་ཞིག་ནོད་བྱའི་གདམས་ངག །ཇི་ལྟར་བསྒོམ་པའི་ཚུལ་དང་གསུམ་ལས། དང་པོ་གང་ལས་ནོད་པའི་ཡུལ་ནི།

ཉམས་ལེན་དྲོད་རྟགས་སྣང་བཞི་མངོན་གྱུར་ནས། །སོགས་ནས། མཐོང་ཐོས་དྲན་རེག་སློབ་དཔོན་རྣམ་བཞི་ལས། །ཞེས་པའི་ཤོ་ལོ་ཀ་གཅིག་གིས་བསྟན་ལ། དེ་ཡང་ཐར་པ་དང་རྣམ་མཁྱེན་གྱི་ལམ་མཁན་ནི་བླ་མ་འབའ་ཞིག་ལ་རག་ལས་པས། རང་ཉིད་ཀྱིས་རང་གར་ཕྱིན་པ་གཅིག་ཀྱང་མེད་ཕྱིར་མདོ་རྒྱུད་ཐམས་ཅད་ནས་ལམ་གྱི་རྩ་བ་བླ་མ་བརྟེན་པར་གསུངས་ཤིང་། བླ་མ་དེ་ཡང་གསང་སྔགས་རྡོ་རྗེའི་ཐེག་པའི་སྨིན་གྲོལ་གྱི་ལམ་ལ་ཉམས་ལེན་མཐར་ཕྱིན་ནས་རང་དོན་དུ་དྲོད་རྟགས་ཐོབ་པ། ཁྱད་པར་དུ་ཐེག་པ་མཆོག་གི་སྣང་བ་བཞི་ཡི་ལམ་རྟགས་མངོན་དུ་གྱུར་ནས་མཐར་ཕྱིན་པ་ཞིག་ལ་བརྟེན་དགོས་ལ། དེ་ལ་དམ་ཚིག་གི་གནང་བཀག་དང་འབྲེལ་བ་དབང་གིས་སྨིན་པར་མཛད་པ། ཐོས་བསམ་གྱི་ཤེས་རབ་དང་འབྲེལ་བའི་རྒྱུད་འཆད་ཅིང་མན་ངག་གི་གོམས་པ་དང་འབྲེལ་བའི་ལུང་གནང་ཞིང་སྒྲིན་པ། འགལ་རྐྱེན་བསལ་ཞིང་ཉམས་ཆག་སྐོང་བའི་ཚུལ་སྟོན་པར་མཛད་པའི་སློབ་དཔོན་དེས་དང་པོ་ལྔ་དང་གཞལ་ཡས་ཁང་ལ་སོགས་པའི་དེ་ཁོ་ན་ཉིད་མངོན་སུམ་དུ་བསྟན་པས་ན་མཐོང་བ་དང་། གཉིས་པས་གཞི་ལམ་འབྲས་གསུམ་གྱི་རྒྱུད་དོན་དབང་ཤེས་སྦྱོར་བས་ཐོས་པ་དང་། གསུམ་པས་དེ་ཁོ་ན་ཉིད་ཀྱི་གནས་ལུགས་རང་ལ་གནས་པ་ངོ་སྤྲོད་ཅིང་ལམ་གྱི་ངོ་བོ་དྲན་པ་ལ་སྦྱོར། བཞི་པས་ཉམས་ན་བཤགས་ཐབས་སྟོན་ཅིང་དག་ཚངས་ལ་རེག་ཏུ་འཇུག་པས་སློབ་དཔོན་གྱི་རྣམ་གྲངས་བཞིར་བསྟན་ཀྱང་སློབ་དཔོན་གཅིག་གིས་དབང་བསྐུར་རྒྱུད་བཤད་ལུང་གནང་ཉམས་ཆག་སྐོང་བར་མཛད་ན་རྫས་སུ་སློབ་དཔོན་གཅིག་གིས་ཆོག་པས་སོ༔ ༔དེ་ལས་གཉིས་པ་གང་ཞིག་ནོད་བྱའི་གདམས་ངག་ནི། རྒྱུད་སྡེ་བཞི་དང་རྫོགས་པ་ཆེན་པོའི་ལམ། །ལེགས་པར་བཤད་པའི་སྨིན་གྲོལ་ལམ་གྱི་གནད། །ཅེས་རྐང་པ་གཉིས་ཀྱིས་བསྟན་ལ། རྒྱུད་སྡེ་བཞི་ཡང་མི་རིགས་བཞིའི་གདུལ་བྱ་ལྔ་བཞི་རྗེས་སུ་འཛིན་པ་དུས་བཞི་དང་། ཁ་སྦྱོར་གྱི་བརྟག་པ་དྲུག་པའི་རབ་བྱེད་གསུམ་པ་ལས། དགོད་དང་ལྟ་དང་ལག་བཅངས་དང་། །གཉིས་གཉིས་འཁྱུད་དང་རྣམ་པ་བཞི། །སྲིན་བུའི་ཚུལ་གྱིས་རྒྱུད་བཞིར་གནས། །ཞེས་(དང་)བརྟག་གཉིས་ལས་གསུངས་སོ། །སྙེ་མ་ཉེར་ལྔ་པ་ལས། བྱ་བ་དང་སྤྱོད་པ་དང་རྣལ་འབྱོར་དང་རྣལ་འབྱོར་བླ་མེད་བཞི་རྣམས་ཀྱི་རྒྱུད་གང་ཡིན་པ་ནི། དགོད་པ་དང་བལྟས་པ་དང་། ལག་བཅངས་དང་གཉིས་གཉིས

འབྱུང་པ་རྣམས་ཀྱིས་མཚོན་པའོ། །དེ་ལྟར་ནི་བྱ་བའི་རྒྱུད་ལ་སོགས་པ་ཁ་ཅིག་ཏུ་ལྷ་རྣམས་ཤེས་རབ་དང་ཐབས་དག་གི་རྗེས་སུ་ཆགས་པ་གསལ་བར་བྱེད་པ་ལྟ་བའོ། (ལྟ་བ)། །ཁ་ཅིག་ཏུ་ནི་འཛུམ་པའོ། །ཁ་ཅིག་ཏུ་ནི་ལག་པ་འཛིན་པའོ། །ཁ་ཅིག་ཏུ་ནི་འཁྱུད་པའོ། །ཁ་ཅིག་ཏུ་ནི་གཉིས་གཉིས་སོ། །ཞེས། འདོད་ཆགས་ཀྱི་ཚུལ་བཞི་སྒྱུར་བའི་ཕྱིར། བྱ་རྒྱུད། སྤྱོད་རྒྱུད། རྣལ་འབྱོར་རྒྱུད། རྣལ་འབྱོར་བླ་ན་མེད་པའི་རྒྱུད་སྡེ་བཞི་དང་། ཐེག་པའི་རྩེ་མོ་འོད་གསལ་རྫོགས་པ་ཆེན་པོའི་ལམ་དྲི་མ་མེད་པ་ལེགས་པར་བཤད་པའི་སྨིན་བྱེད་ཀྱི་དབང་དང་། གྲོལ་བྱེད་བསྐྱེད་རྫོགས་ཀྱི་གདམས་ངག་ཟབ་མོའི་ལམ་གྱི་གནད་མ་ནོར་བར་རིམ་པར་ནོད་ནས་བསྙེན་གོམས་བྱ་བ་ལ་སྤྱིར་སྟོན་པའོ། །

གསུམ་པ་ཇི་ལྟར་བསྒོམ་པའི་ཚུལ་ལ་བཞི་ལས། བྱ་བའི་རྒྱུད་དང་། སྤྱོད་པའི་རྒྱུད་དང་། རྣལ་འབྱོར་གྱི་རྒྱུད་དང་། རྣལ་འབྱོར་བླ་ན་མེད་པའི་རྒྱུད་དང་བཞི་ལས། དང་པོ་བྱ་རྒྱུད་ཀྱི་ལམ་ལ་སྨིན་པ་ནི། ཆུ་དབང་སོགས་ཀྱིས་རང་རྒྱུད་སྨིན་བྱས་ནས། །སོགས་ནས། རྗེ་དཔོན་ལྟ་བུར་དངོས་གྲུབ་ལེན་པ་དང་ཞེས་པའི་བར་ཚིགས་བཅད་གཅིག་དང་རྐང་པ་གསུམ་གྱིས་བསྟན་ལ། དེའང་སྤྱིར་སྟགས་ཀྱི་དབྱེ་བ་ལ། རིག་སྔགས་དང་། གཟུང་སྔགས་དང་། གསང་སྔགས་ཞེས། ཐབས་དང་། ཤེས་རབ་དང་། །གཉིས་སུ་མེད་པའི་ངོ་བོ་གསུམ་དུ་གནས་པའི་ཚུལ་ལོ། །དགོངས་པ་གྲུབ་པའི་རྒྱུད་ལས། གསང་སྔགས་ཀུན་གྱི་དབྱེ་བ་ནི། །རྣམ་པ་གསུམ་དུ་ཤེས་བྱ་སྟེ། །རིག་སྔགས་ཐབས་ཀྱི་ངོ་བོ་ཡིན། །གཟུངས་སྔགས་ཤེས་རབ་ངོ་བོ་ཡིན། །གསང་སྔགས་གཉིས་མེད་ཡེ་ཤེས་སོ། །ཞེས། ཕྱི་རྒྱུད་སྡེ་གསུམ་ལས། ལུས་ངག་གི་བྱ་བ་གཙོ་བོར་སྟོན་པས་ན་བྱ་བའི་རྒྱུད་ནི་གཟུངས་སྔགས་སུ་གཏོགས་ལ། གཞི་སེམས་ཉིད་དག་པ་སྟོང་གསལ་གྱི་ཡེ་ཤེས་ཡོད་མེད་སྣང་སྟོང་གི་མཐའ་བཞི་དང་བྲལ་བར་འདོད་དེ། ལ་ཤན་ལས། །རང་སེམས་མཐའ་བཞི་ཡོངས་བྲལ་བ། །རིག་ཕྱིར་ཡེ་ཤེས་གཞན་ལས་མིན། །ཞེས་སོ། །ཆོས་ཉིད་དེ་ལྟར་རྟོགས་པའི་ཡོན་ཏན་རིགས་གསུམ་སྟེ། ཀུན་རྫོབ་སྣང་བའི་དངོས་པོ་མཐོ་བ་ཐམས་ཅད་སྤྱན་རས་གཟིགས། འཇམ་པ་ཐམས་ཅད་འཇམ་དཔལ། །རྩུབ་པ་ཐམས་ཅད་ཕྱག་རྡོར་ཏེ་རིགས་དྲུག་གི་ཁྱེད། རིགས་གསུམ་ལྷའི་དཀྱིལ་འཁོར་དུ་སྣང་བར་འདོད་པ་སྟེ། ལ་ཤན་ལས། རྒྱན་བསླད་སྣང་བའི་ཡེ་ཤེས་ཀྱིས། །སྣང་བའི་དངོས་པོ་མཐོ་འཇམ

རྩུབ། །དྲུག་ཕྱེད་རིགས་ཀྱི་དཀྱིལ་འཁོར་དུ། །མཐོང་བ་རྣམ་པར་དག་ཅེས་བྱ། །ཞེས་སོ། །འཇུག་པའི་སྤྱོད་པ་ཐོག་མའི་འཇུག་སྒོ། ཆུ་ཡི་དབང་དང་རིགས་གང་ཡིན་གྱི་དམ་ཚིག་གི་ཕྱག་རྒྱའི་ཅོད་པན་གྱི་དབང་མཐའ་རྟེན་དང་བཅས་པ་སོགས་ཀྱིས་དབང་ཞུ་བ་པོ་རང་གི་རྒྱུད་སྨིན་པར་བྱས་པ་སྟེ། ཡེ་ཤེས་ཐིག་ལེ་ལས། ཆུ་ཡི་དབང་བསྐུར་དབུ་རྒྱན་དག །བྱ་བའི་རྒྱུད་ལ་རབ་ཏུ་གྲགས་ཞེས་སོ། །བྱ་བའི་འཇུག་སྒོ་ཁྲུས་དང་གཙང་སྦྲ་དང་དག་པ་གསུམ་གྱི་སྒོ་ནས་འཇུག་པ་སྟེ། རང་ཤར་ལས། འཇུག་པའི་སྒོ་ནི་དག་པ་གསུམ། །ཁྲུས་དང་གཙང་སྦྲས་འཇུག་པའོ། །ཞེས་སོ། །དག་པ་གསུམ་ནི། དེ་ལས། །ལྷ་དང་དཀྱིལ་འཁོར་དག་པ་དང་། །རྫས་དང་ལོངས་སྤྱོད་དག་པ་དང་། །སྔགས་དང་ཏིང་འཛིན་དག་པའོ། །ཞེས་སོ། །སྦྱོར་བའི་སྤྱོད་པ་རིགས་གསུམ་གྱི་ལྷ་བསྙེན་ཚུལ་ལ། སྤྱིར་བྱ་རྒྱུད་ཙམ་པོ་རྣམས་སུ་ནི་བདག་ཉིད་ལྷར་བསྐྱེད་པ་མེད་ལ། ཁྱད་པར་བ་རྣམས་སུ་བདག་ཉིད་ལྷར་བསྐྱེད་པ་བཤད་པའི་ཁུངས་ནི་བསམ་གཏན་ཕྱི་མ་འགྲེལ་པ་དང་བཅས་པས་བསྟན་ལ། དེ་ཇི་ལྟར་བསྒོམ་པའི་ཚུལ་ལ། དེ་ཁོ་ན་ཉིད་བཞི་ལས། བདག་གི་དེ་ཁོ་ན་ཉིད་གཞི་གཏན་ལ་དབབ་པ་ལྟར་ལ། ལྷའི་དེ་ཁོ་ན་ཉིད་ནི། སློབ་དཔོན་སངས་རྒྱས་གསང་བས། །སྟོང་པ་ཡི་གེ་སྒྲ་གཟུགས་དང་། །ཕྱག་རྒྱ་མཚན་མ་ལྷ་དྲུག་གོ། །ཞེས་པས། དང་པོ་སྟོང་པའི་ལྷ་ནི། ཆོས་ཉིད་དོན་དམ་མཐའ་བཞི་དང་བྲལ་བ་ལ་མཉམ་པར་བཞག་པའོ། །གཉིས་པ་ཡི་གེའི་ལྷ་ནི། སྟོང་ཉིད་དེ་ཀུན་རྫོབ་ཟླ་དཀྱིལ་ས་བོན་གྱིས་མཚན་པའི་རྣམ་པར་བསྒྱུར་ནས་བསྒོམ་པའོ། །གསུམ་པ་སྒྲའི་ལྷ་ནི། ཟླ་དཀྱིལ་དེའི་བཟླ་བྱའི་སྔགས་གཟུངས་རང་སྒྲ་སྒྲོགས་པ་དགོད་པའོ། །བཞི་པ་གཟུགས་ཀྱི་ལྷ་ནི། ཟླ་དཀྱིལ་སྔགས་ཕྲེང་དང་བཅས་པ་ལས་འོད་ཟེར་སྤྲོ་བསྡུས་སངས་རྒྱས་ཀྱི་མཛད་པ་བསྒྲུབ་སྟེ་ཟླ་བ་སྔགས་ཕྲེང་དང་བཅས་པ་ཡོངས་སུ་གྱུར་པ་ལས། རིགས་གསུམ་གྱི་ལྷ་དེ་དང་དེའི་གཟུགས་སུ་བསྒོམ་པའོ། །ལྔ་པ་ཕྱག་རྒྱའི་ལྷ་ནི། དེ་ལ་རིགས་གང་ཡིན་གྱི་ལྷ་དེའི་དམ་རྒྱས་འདེབས་པའོ། །དྲུག་པ་མཚན་མའི་ལྷ་ནི། སྤྱོད་ལམ་ཀུན་ཏུ་ལྷ་དེའི་མཚན་མ་དང་མི་འབྲལ་བའོ། །དེ་ནས་རང་གི་མདུན་དུ་ཡང་དག་པའི་སྨོན་ལམ་གྱི་སྟོབས་ལས་བྱུང་བའི་ཞིང་ཁམས་པོ་བྲང་དང་བཅས་གསལ་བཏབ་པའི་ནང་དུ་ཡེ་ཤེས་ཀྱི་ལྷ་སྤྱན་དྲངས་ནས་བཞུགས་སུ་གསོལ་བ་རྗེ་དང་། རང་ཉིད་ལྷར་

བསྐྱེད་པ་བྲན་གྱི་ཚུལ་དུ་བལྟས་ཏེ་མཆོད་བསྟོད་རྒྱུན་བཤགས་བྱས་ལ། བཟླས་བརྗོད་ཀྱི་དེ་ཁོ་ན་ཉིད་ནི། བསམ་གཏན་ཕྱི་མ་ལས། སྒྲ་དང་སེམས་དང་གཞི་ལ་གནོལ། །ཞེས་པས། གཞི་ནི་བདག་མདུན་ལྷར་གསལ་བ་དམ་ཚིག་སེམས་དཔའི་བདག་དང་མདུན་དུ་བསྐྱེད་པའི་ལྷ་ཡེ་ཤེས་པའི་ཐུགས་ཀར་ཟླ་དཀྱིལ་བསམ་པ། སྒྲ་ནི་དེའི་སྟེང་དུ་སྔགས་ཕྲེང་ཡིག་འབྲུ་ས་བོན་རྣམས་བཀོད་པ་ལས་སྔགས་ཀྱི་རང་སྒྲ་བསྒྲགས་པ་བསམས་ལ་བཟླས་པར་བྱ། སྲོག་རྩོལ་བསྡམས་ནས་མདུན་བསྐྱེད་ཀྱི་ལྷ་ཡེ་ཤེས་པའི་ཐུགས་ཀར་ཟླ་བ་ཡིག་འབྲུའི་སྔགས་ཕྲེང་ས་བོན་བཀོད་པ་ལ་དམིགས་ནས་སྔགས་བཟླ་བ་དང་། སྲོག་དབྱུང་བ་དབུགས་ཕྱིར་འབྱིན་པའི་རང་གི་ལྷ་ཟླ་བ་སྔགས་ཕྲེང་ལ་དམིགས་པ་དང་། སྔགས་བཟླ་བ་ཡང་སྐྱོན་དང་བྲལ་བར་མ་ཉམས་པར་བཟླ་ཞིང་། དེས་སྐྱོ་ན་མི་རྟོག་པའི་ངང་དུ་ངལ་གསོ་བ་སྟེ། བསམ་གཏན་ཕྱི་མ་ལས། སྒྲ་དང་སེམས་དང་གཞི་ལ་གནོལ། །གསང་སྔགས་མི་འགྱུར་གཞི་ལ་གནས། །ཡན་ལག་མ་ཉམས་གསང་སྔགས་བཟླ། །ངལ་ན་བདག་ལ་ངལ་གསོས་ཤིག །ཅེས་སོ། །བསམ་གཏན་གྱི་དེ་ཁོ་ན་ཉིད་ནི། དེ་ལས། གསང་སྔགས་མེར་གནས་དངོས་གྲུབ་སྟེ། །སྒྲར་གནས་རྣལ་འབྱོར་སྟེར་བར་དྲན། །སྒྲ་མཐས་ཐར་པ་སྟེར་བར་བྱེད། །ཅེས་པས། ལྷར་གསལ་བའི་སྙིང་ཀར་མེ་འབར་བའི་ནང་དུ་ཟླ་བ་ལ་སྔགས་བཀོད་ནས་རླུང་བཟུང་བའི་སྦྱོར་བས་བསླབ་པ་མེར་གནས་ཏེ་ཞི་རྒྱས་སོགས་ལས་བཞི་བསྒྲུབ་པའི་གཞིའོ། །དེ་ལས་སྔགས་ཀྱི་ཡི་གེ་རྣམས་རང་སྒྲ་དྲིལ་བུའི་སྒྲ་ལྟར་གྲགས་པར་བསམ་ནས་སྲོག་བསྡམ་པ་ནི་སྒྲར་གནས་ཏེ། ཞི་གནས་སྐྱེ་བར་བྱེད་དོ། །སྔགས་ཀྱི་སྒྲ་ཙམ་དེ་ཡང་དཔྱད་ཅིང་གཞིག་ནས་རྣམ་པར་མི་རྟོག་པའི་ཡེ་ཤེས་ཀྱི་ངང་ལ་མཉམ་པར་འཇོག་པ་སྒྲ་མཐའ་སྟེ་དེ་ལས་ལྷག་མཐོང་འཆར་ཞིང་ཐར་པའི་ཉེར་ལེན་དུ་གྱུར་པའོ། །བསྒྲུབ་པའི་སྤྱོད་པ་ཕྱི་ཡི་སྤྱོད་ལམ་ཁྲུས་དང་། གཙང་སྦྲ་ལྔ་ནི། ལུས་དང་ངག་གི་གཙང་སྦྲ་དང་། །གསུམ་པ། ཡིད་ཀྱི་གཙང་སྦྲ་དང་། །བཞི་པ་བདེན་པར་སྨྲ་བ་དང་། །ལྔ་བ་ཕྱི་ཡི་གཙང་སྦྲར་བཤད། །ཅེས་པས་གཙང་སྦྲ་ལྔ་དང་། དཀར་གསུམ་བཟའ་བ་དང་། སྨྱུང་བར་གནས་པའི་སྒོ་ནས་དཀའ་ཐུབ་སྤྱོད་པའི་དྲང་སྲོང་དང་རྗེས་སུ་མཐུན་ཞིང་གནས་པ་སྟེ། གལ་པོ་ལས། གཟའ་སྐར་དུས་ཚིགས་ཟས་གོས་གཙང་། །བརྟུལ་ཞུགས་དཀའ་ཐུབ་སྤྱོད་པ་སྤྱོད། །

ཞེས་དང་། དེ་ལྟར་ནང་གི་ལྷ་བསྒོམ་ཚུལ་སྟོན་དུ་བསྟན་པ་ལྟར་གསལ་བའི་ཚད་ཉི་མ་ལྟར་རྣལ་འབྱོར་པ་སྒྲུབ་པ་པོའི་སྙིང་ཞེས་ཡིད་ཡུལ་ལ་ཤར་བ་བྱིང་ཐིབ་སོགས་ཀྱི་དྲི་མ་སྤྲིན་ལྟ་བུ་དང་བྲལ་བར་ལེགས་པར་གསལ་ནས། དེ་ཡང་རྫོགས་ལྡན་གྱི་དུས་ཀྱི་འདོད་པའི་ཀུན་སྤྱོད་དང་མཐུན་པའི་རིགས་གསུམ་གྱི་ཡུམ་ལྷ་མོ་རྣམས་དང་ཕན་ཚུན་སྤྱན་ཟུར་རྗེས་ཆགས་ཀྱིས་བལྟ་བ་སྟེ། རྡོ་རྗེ་གཙུག་ཏོར་ལས། དཀྱིལ་འཁོར་གྱི་ནི་ལྷ་ཚོགས་རྣམས། །ཕོ་ཡང་མོ་ལ་བལྟ་བ་དང་། །མོ་ཡང་ཕོ་ལ་བལྟ་བར་བྱ། །ཞེས་པས། བལྟས་པ་ལས་བྱུང་བའི་བདེ་བ་ལམ་དུ་བྱེད་པ་ཀྲྀ་ཡའི་རྒྱུད་དེའི་བསྲུང་བྱའི་ཚུལ་ཁྲིམས་ནི། ཡང་འབྱེད་འཕྲུལ་སྡེ་ལས། །དཀོན་མཆོག་གསུམ་དང་བྱང་ཆུབ་སེམས། །སྔགས་དང་ཕྱག་རྒྱ་མི་སྤང་ཞིང་། །རྡོ་རྗེ་དྲིལ་བུ་སྤང་མི་བྱ། །ལྷ་དང་བླ་མ་དེ་བཞིན་ནོ། །དེ་ནི་ཡན་ལག་དམ་ཚིག་ཡིན། །རྩ་བའི་དམ་ཚིག་ལྔ་པོ་ནི། །ཁྲི་ལ་ཉལ་བར་མི་བྱ་ཞིང་། །ཤ་མི་ཟ་ཞིང་ཆང་མི་བཏུང་། །སྒོག་པ་ལ་ཕྱུག་བཟའ་མི་བྱ། །ཞེས་དམ་ཚིག་བཅུ་གཅིག་ཏུ་གསུངས། གསང་བ་སྤྱི་རྒྱུད་ལས། དེ་རིང་ཕྱིན་ཆད་ཁྱེད་རྣམས་ཀྱིས། །སངས་རྒྱས་ཆོས་དང་དགེ་འདུན་དང་། །བྱང་ཆུབ་སེམས་དཔའ་རྣམས་དང་ནི། །གསང་སྔགས་རིག་སྔགས་ཚོགས་རྣམས་ལ། །དད་པ་རབ་ཏུ་བརྟན་པར་བྱ། །རྟག་པར་ཐེག་པ་ཆེན་པོ་ལ། །ཁྱད་པར་དུ་ནི་མོས་པར་བྱ། །དམ་ཚིག་ཅན་དང་མཛའ་བོ་དང་། །བླ་མ་ལ་ཡང་གུས་པར་བྱ། །ལྷ་རྣམས་ཀུན་ལ་སྡང་མི་བྱ། །དུས་མཚམས་དག་ཏུ་མཆོད་པར་བྱ། །སྟོན་པ་གཞན་གྱི་གཞུང་མི་མཆོད། །རྟག་ཏུ་གློ་བུར་མགྲོན་མཆོད་བྱ། །སྲོག་ཆགས་ཀུན་ལ་བྱམས་པའི་སེམས། །རབ་ཏུ་བརྟན་པ་ཉེ་བར་བཞག །ཐེག་ཆེན་ལ་ནི་དགའ་རྣམས་ཀྱིས། །བསོད་ནམས་དག་ལ་ནན་ཏན་བསྐྱེད། །བཟླས་བརྗོད་བྱེད་ལ་འབད་པ་ཡིས། །གསང་སྔགས་སྤྱོད་ལ་བརྩོན་པར་བྱ། །གསང་སྔགས་རྒྱུད་ལས་བསྟན་པ་ཡི། །དམ་ཚིག་རྣམས་ཀྱང་བསྲུང་བར་བྱ། །དམ་ཚིག་མེད་པ་རྣམས་ལ་ནི། །སྔགས་དང་ཕྱག་རྒྱ་མི་སྦྱིན་ནོ། །གསང་སྔགས་རྒྱུད་ནི་ལེགས་བསྲུང་ཞིང་། །དེ་ཡང་བདག་གིས་རྟོགས་པར་བྱ། །ཞེས་པ་ལྟར་ཏེ། དེ་ཡང་དཀོན་མཆོག་ལ་དད་པ༡། སྔགས་ལ་དད་པ༢། ཐེག་ཆེན་ལ་མོས་པ༣། བླ་མ་དང་མཆེད་གྲོགས་ལ་གུས་པ༤། འདས་མ་འདས་ཀྱི་ལྷ་གཞན་ལ་མི་སྡང་བ༥། རང་གི་ལྷ་དུས་ཚིགས་སུ་མཆོད་པ༦། གཞུང་གཞན་

མི་མཆོད་པ༧། གློ་བུར་བའི་མགྲོན་མཆོད་པ༨། བྱམས་པ་མི་གཏོང་བ༩། སེམས་ཅན་གྱི་དོན་ལ་བརྩོན་པ་མི་འདོར་བ༡༠། བཟླས་བརྗོད་ལ་བརྩོན་པ༡༡། དམ་ཚིག་གཞན་ཡང་ཅི་ནུས་བསྲུང་བ༡༢། སྣོད་མིན་ལ་སྔགས་རྒྱ་མི་སྦྱིན་པ༡༣། རང་གི་སྔགས་རྒྱུད་བསྲུང་ཞིང་རྟོགས་པར་བྱ་བ་རྣམས་སོ། །དེ་བཞིན་གཤེགས་པ་དང་། རྡོ་རྗེ་དང་། པདྨའི་རིགས་གསུམ་དང་། ལྔ་རྩེན་དང་། ནོར་ཅན་ལ་སོགས་འཇིག་རྟེན་པའི་རིགས་དྲུག་གསང་སྔགས་དང་འབྲེལ་བར་ལས་ཚོགས་སྒྲུབ་པའི་ཚུལ་ཡང་། བྱ་བ་སྤྱི་རྒྱུད་བཞི་དང་དེ་དག་གི་འགྲེལ་པ་རྣམས་ཀྱིས་ཤེས་པར་བྱ་ཞིང་། འབྲས་བུ་ནི་གནས་སྐབས་སུ་འདོད་པའི་ལྷ་དང་སྐལ་བ་མཉམ་པའི་རིག་འཛིན་ནམ་མཁའ་སྤྱོད་འགྲུབ་ནས། རྟེན་དེ་ལ་བརྟེན་ནས་སྔགས་ཀྱི་ཕྱིན་དྲུག་གི་སྤྱོད་པ་སྤྱད་པས་མཐར་ཐུག་གི་འབྲས་བུ། སྐུ་རིགས་རྣམ་པར་སྣང་མཛད། གསུང་རིགས་སྣང་བ་མཐའ་ཡས། ཐུགས་རིགས་རྡོ་རྗེ་མི་བསྐྱོད་པ་སྟེ་རིགས་གསུམ་རྡོ་རྗེ་འཛིན་པའི་ས་མངོན་དུ་བྱེད་པའོ། །ཏི་རུ་ཀ་གལ་པོ་ལས། མི་ཚེ་བདུན་ན་སངས་རྒྱས་པ། །རིགས་གསུམ་མགོན་པོས་འགྲོ་བ་འདུལ། །ཞེས་པས་འདིའི་མི་ཚེ་བདུན་ཡང་། །རིག་འཛིན་གྲུབ་ནས་རིང་པོར་འཚོ་བའི་དབང་དུ་བྱས་པ་སྟེ། བྱ་རྒྱུད་རང་ལམ་གྱིས་བསྐལ་ཆེན་བརྒྱད་ནས་འབྲས་བུ་ལ་སྒྲོར་པར་བཤད་པ་དང་མི་འགལ་བར་ཤེས་དགོས་སོ། །ལྷ་ཡེ་ཤེས་པ་རྗེའམ་དཔོན་ལྟ་བུར་བལྟ་ཞིང་། རང་བྲན་ནམ་ཁོལ་པོའི་ཚུལ་གྱིས་མཆོག་དམན་དུ་བལྟ་ཞིང་ཤིན་ཏུ་གུས་པའི་སྒོ་ནས་དངོས་གྲུབ་ལེན་པ་བྱ་རྒྱུད་ཀྱི་ལམ་ལ་སློན་པ་དང་།

གཉིས་པ་སྤྱོད་རྒྱུད་ཀྱི་ལམ་ལ་སློན་པ་ནི། རྡོ་རྗེ་དྲིལ་བུའི་དབང་གིས་སྨིན་བྱས་ནས། །སོགས་ནས། བྱ་སྤྱོད་གནས་ལ་ཚུལ་བཞིན་སྤྱོད་པར་ཤོག །ཅེས་ཚིགས་བཅད་གཉིས་ཀྱིས་བསྟན་ལ༑ ལྟ་སྒོམ་ཡོ་ག་དང་། སྤྱོད་པ་བྱ་བ་ལྟར་སྤྱོད་པས། ཕྱི་ལུས་ངག་གི་བྱ་བ་དང་། ནང་གི་རྣལ་འབྱོར་གཉིས་ཆ་མཉམ་དུ་སྤྱོད་པའི་ཕྱིར་གཉིས་ཀའི་རྒྱུད་ཅེས་བྱ་སྟེ། རང་ཤར་ལས། ཨུ་པ་ཡ་ནི་འདི་ལྟ་སྟེ། །ལྟ་བ་ཡོ་གར་བལྟ་བ་ལ། །སྤྱོད་པར་ཀྲི་ཡར་སྤྱོད་པའོ། །དེ་ཕྱིར་གཉིས་ཀའི་རྒྱུད་ཅེས་གྲགས། །ཞེས་སོ། །དེ་ལ་འཇུག་པའི་སྤྱོད་པ་ལ། ཕྱི་འཇུག་སྤྱོད་རྒྱུད་ཀྱི་དཀྱིལ་འཁོར་དུ་བཙུག་ནས་ཆུ་དང་ཅོད་པན་གྱི་སྟེང་དུ་སྤྱོད་རྒྱུད་ཀྱི་སློས་དབང་རྡོ་རྗེ་དྲིལ་བུའི་དབང་མིང་དབང་རྣམས

དང་། མེ་ལོང་ཐུར་མ་ཆོས་འཆད་ཀྱི་རྗེས་གནང་སོགས་ཀྱི་དབང་འཁོར་བཅས་དེ་དག་གིས་སྨིན་པར་བྱས་ནས་བསྐུར་བ་སྟེ། ཡེ་ཤེས་ཐིག་ལེ་ལས། རྡོ་རྗེ་དྲིལ་བུ་དེ་བཞིན་མིང་། །སྤྱོད་པའི་རྒྱུད་དུ་རབ་ཏུ་གསལ། །ཞེས་སོ། །བྱ་བའི་འཇུག་སྒོ་གཙང་སྦྲ་སོགས་བྱ་རྒྱུད་དང་མཐུན་ལ། ནང་འཇུག་མཚན་བཅས་དང་། མཚན་མེད་ཀྱི་རྣལ་འབྱོར་གཉིས་གསུངས་པའི་ཚུལ་གྱིས་བསྒོམ་བྱའི་ལྷ་ལ། རྒྱུད་ལས་ཡི་གེ་ཕྱག་རྒྱ། གཟུགས་ཀྱི་ལྷ་དང་གསུམ་བཤད་པའི་རེ་རེ་ལའང་གཉིས་གཉིས་ཏེ། ཡི་གེ་ལ་བྱང་ཆུབ་ཀྱི་སེམས་དང་སྒྲའི་ལྷ། ཕྱག་རྒྱ་འཁོར་ལོ་སོགས་དབྱིབས་བཅས་དང་། ཆོས་འབྱུང་སྔོ་སྐྱུས་མཚན་པའི་སྟོང་ཉིད་གཟུགས་དབྱིབས་མེད་པ། གཟུགས་ལ་ཡོངས་སུ་དག་པ་སྙིང་པོའི་དོན་རང་རིག་མངོན་སུམ་གྱིས་མཐོང་བ་དང་། ཡོངས་སུ་མ་དག་པ་ཞལ་ཕྱག་ལ་སོགས་པའི་གཟུགས་སུ་རྣམ་པར་རྟོག་པས་བསྒོམ་པའོ། །དེ་ལྟར་ཤེས་ནས་མཚན་བཅས་ཀྱི་རྣལ་འབྱོར་བསྒོམ་པའི་རིམ་པ་ལ་ཕྱི་ནང་གི་ཡན་ལག་བཞི་པ་གཉིས་སུ་ཡོད་ཀྱང་། འདིར་རེ་ཞིག་ཕྱིའི་ཡན་ལག་བཞི་ལྟར། རྣམ་སྣང་མངོན་བྱང་ལས། ཡི་གེ་དང་ནི་ཡི་གེ་སྒྱུར། །དེ་བཞིན་གཞི་ལས་གཞིར་གྱུར་ཉིད། །ཤིན་ཏུ་བསྒོམས་པས་ཡིད་ལས་ནི། །བཟླས་བརྗོད་འབུམ་ཕྲག་གཅིག་བྱའོ། །ཞེས་པ་ལྟར། བདག་གནས་རྣལ་འབྱོར་བསྲུང་བ་སོགས་སྔོན་དུ་འགྲོ་བས། གཞིའི་ཡན་ལག་དང་པོ་བདག་ཉིད་ལྷར་བསྐྱེད་པའི་སྔོན་དུ་ཡི་གེ་དང་པོ་དོན་དམ་བྱང་ཆུབ་ཀྱི་སེམས་སྟོང་ཉིད་ཀྱི་སྣང་ཆ་ཀུན་རྫོབ་བྱང་སེམས་ཟླ་དཀྱིལ་གྱི་རྣམ་པར་བསྒོམ་པ་དང་ཡི་གེ་གཉིས་པ་ཟླ་བའི་སྟེང་དུ་བཟླ་བྱའི་སྔགས་རང་སྒྲ་སྒྲོག་པར་བསྒོམ། དེ་ཐམས་ཅད་ཡོངས་སུ་གྱུར་པ་ལས་གཞིའི་ཡན་ལག་དང་པོ་བདག་ཉིད་རྣམ་པར་སྣང་མཛད་ཆེན་པོ་ལ་སོགས་པའི་ལྷར་བསྐྱེད་ལ་བྱིན་གྱིས་བརླབས། དེ་ནས་གཞི་གཉིས་པ་རང་གི་མདུན་དུ་ལྷ་བསྐྱེད་པའི་ཐུགས་ཀར་ཟླ་དཀྱིལ་ལ་བཟླ་བའི་སྔགས་ཕྲེང་བཀོད་ནས་རླུང་ནང་དུ་བསྡམ་ཞིང་རྩེ་གཅིག་པའི་སྦྱོར་བས་ཏིང་ངེ་འཛིན་བརྟེན་པར་བྱེད་པའོ། །དེ་ལྟར་ཡན་ལག་བཞི་ལ་གཞི་ལ་གཞོལ་བ་ཡིན་ནོ། །

གཉིས་པ་མཚན་མེད་ཀྱི་རྣལ་འབྱོར་ནི་ཕུང་སོགས་ཆོས་ཐམས་ཅད་ལ་མཐའ་བཞིའི་རྣམ་པར་དཔྱད་ནས་སྐྱེ་མེད་དུ་རྟོགས་པ་འཇུག་པའི་སེམས། དེ་རྣམ་པར་མི་རྟོག་པའི་ངོ་བོ་མངོན་དུ་

གྱུར་པ་གནས་སེམས། དེ་ལྟར་མ་རྟོགས་པ་ལ་སྙིང་རྗེ་ཆེན་པོས་རྗེས་སུ་འཇུག་པ་ལྡང་བའི་སེམས་ཏེ་འཇུག་གནས་ལྡང་གསུམ་གྱིས་ཁྱད་པར་དུ་བྱས་པའི་དོན་དམ་བྱང་ཆུབ་ཀྱི་སེམས་བསྒོམ་པའོ། །དེ་ལྟར་གོམས་པས་མཚན་བཅས་མཚན་མེད་གཉིས་ཀའི་དངོས་གྲུབ་འགྲུབ་པའོ། །སྦྱོར་བའི་སྤྱོད་པ་ལ་ཕྱི་ནང་གཉིས་ལས། ཕྱི་ནི་བཟླས་བརྗོད་ཡན་ལག་བཞི་ལྡན་གྱིས་བཟླས་བརྗོད་བྱ་ཚུལ་གོང་ལྟར། བདག་མདུན་ལྟར་བསྐྱེད་པ་གཞིའི་ཡན་ལག་བྱ། དང་པོ་དང་གཉིས་པ། མདུན་བསྐྱེད་ཡེ་ཤེས་པའི་ཐུགས་ཀར་ཟླ་དཀྱིལ་བསྒོམ་པ་བྱང་ཆུབ་སེམས་ཀྱི་ཡན་ལག །དེ་ལ་སྔགས་ཕྲེང་བཀོད་པ་སྒྲའི་ཡན་ལག་སྟེ་ཡན་ལག་བཞི་དང་ལྡན་པར་མཚན་མའི་བསྙེན་པ་ཡི་དམ་གྱི་ལྷ་གྲུབ་པའི་རྟགས་མ་བྱུང་བར་དང་། གྲངས་གཞུང་ལྟར་འབུ་འབུམ་བྱེ་བ་གྲངས་བསྙེན་བྱ་བའོ། །ནང་གི་ཡན་ལག་བཞི་ནི། རང་ཉིད་ཤཱཀྱ་ཐུབ་པར་གསལ་བའི་ཐུགས་ཀར་ཟླ་བ་ཁོང་སྟོང་གི་ནང་དུ་ཡེ་ཤེས་སེམས་དཔའ་རྣམ་སྣང་བསྒོམ་པ་གཞིའི་ཡན་ལག་དང་པོ་དང་གཉིས་པ། དེའི་ཐུགས་ཀར་ཟླ་དཀྱིལ་དུ་སྔགས་ཕྲེང་བཀོད། བདག་མདུན་གཉིས་ཀའི་ཐུགས་ཀར་ཟླ་དཀྱིལ་ལ་སྔགས་ཕྲེང་ཡིག་འབྲུ་བཀོད། སྲོག་བསྡམ་ཞིང་བཟླས་བརྗོད་རྩེ་གཅིག་པའི་ཡན་ལག་བཞི་ལྡན་གྱི་ཞི་ལྷག་ཟུང་འབྲེལ་གྱི་ངོ་བོར་སྒྲུབ་པའོ། །དེའི་ཚེ་ཕྱི་རོལ་ཞེས་ཕྱིའི་སྤྱོད་ལམ་བྱ་བའི་རྒྱུད་ཀྱི་ཐབས་དང་ནང་གི་ལྷ་བསྐྱེད་ཚུལ་ནི་ཡན་ལག་བཞི་ལྡན་ལྟ་བ་ཟབ་མོའི་ཡོ་ག་རྣལ་འབྱོར་རྒྱུད་ལྟར་ལྟ་སྤྱོད་ཀྱི་ཆ་ལ་མཉམ་པར་སྤྱོད་པས་འདོད་པའི་ཀུན་སྤྱོད་སུམ་ལྡན་གྱི་དུས་དང་མཚུངས་པའི་རང་རིགས་ཀྱི་ཡུམ་ཕན་ཚུན་འཛུམ་ཞིང་བཞད་པ་སྟེ། རྣམ་སྣང་མངོན་བྱང་ལས། དེ་ཡི་གཡས་སུ་ལྷ་མོ་ནི། །སངས་རྒྱས་སྤྱན་ཞེས་བྱ་བ་སྟེ། །ལྷ་མོ་ཅུང་ཟད་འཛུམ་པའི་ཞལ། །ཞེས་དང་། རྣམ་པར་སྣང་མཛད་རྒྱལ་པོ་ཆེ། །ཡིད་ཙམ་འཛུམ་པའི་ཞལ་དུ་བྲི། །ཞེས་པས། དགོད་པས་ཚིམ་པའི་བདེ་བ་ལམ་དུ་བྱེད་པས་རྣམ་པར་རོལ་བ། དེ་ལྟར་སྔར་བཤད་པའི་ཕྱི་ནང་གི་ཡན་ལག་བཞི་ལ་གཞོལ་བ་ཨུ་པའི་རྒྱུད་ཅེས་སྤྱོད་རྒྱུད་ལས་བསྲུང་བྱའི་ཚུལ་ཁྲིམས་ནི་རྩ་ལྟུང་བཅུ་བཞི་སྟེ། མི་དགེ་བ་བཅུ་དང་། རྩ་བ་བཞི་སྤོང་བ་སྟེ། དང་པོ་ནི། རྣམ་སྣང་མངོན་བྱང་ལས། བཅུ་པོ་འདི་དག་བྱང་ཆུབ་སེམས་དཔའི་གསང་སྔགས་ཀྱི་སྒོར་སྤྱོད་པའི་བསླབ་པ་ཐམས་ཅད་ཀྱི་རྩ་བ་ཡིན་པས་གཞི་ཞེས

པའོ། །ཞེས་སོ། །གཉིས་པ་ནི། དེ་ལས། རྩ་བའི་ལྟུང་བ་བཞི་ནི་སྲོག་གི་ཕྱིར་ཡང་ཡོངས་སུ་ཉམས་པ་མི་བྱའོ། །ཞེས་གསུངས་ཤིང་། བཞི་གང་ཞེ་ན། དེ་ཉིད་ལས། དེ་རིང་ཕྱིན་ཆད་བུ་ཁྱོད་ཀྱིས། །དམ་པའི་ཆོས་དང་བྱང་ཆུབ་སེམས། །སྲོག་གི་ཕྱིར་ཡང་དཔྱིན་ཆད། །ཡོངས་སུ་བཏང་བར་མི་བྱའོ། །ཁྱོད་ཀྱི་སེར་སྣ་དང་ནི་གང་། །སེམས་ཅན་གནོད་པ་མི་བྱའོ། །དམ་ཚིག་འདི་དག་སངས་རྒྱས་ཀྱི། །བརྟུལ་ཞུགས་བཟང་པོ་ཁྱོད་ལ་བཤད། །ཅེས་པས། དེའི་ལོག་ཕྱོགས་དམ་ཆོས་སྤོང་བ། །བྱང་ཆུབ་ཀྱི་སེམས་སྤོང་བ། སེར་སྣས་ནོར་དང་ཆོས་མི་སྦྱིན་པ། སེམས་ཅན་ལ་གནོད་པ་སྟེ་ལོག་ཕྱོགས་བཞི་པོ་སྤོང་བའོ། །མི་དགེ་བཅུ་སྤོང་ཀྱང་ཐབས་ཤེས་ཁྱད་པར་ཅན་གྱིས་ཟིན་པས་སོ། །དེ་ལ་ལྷ་དང་བདག་ཉིད་སྨན་དང་གྲོགས་པོ་ལྟ་བུར་བལྟས་ནས་དངོས་གྲུབ་ལེན་པ་ཡི་ཚུལ་ལ་བརྟེན་པ་སྟེ། །རང་ཤར་ལས། ལྷ་དང་རྣལ་འབྱོར་བདག་ཉིད་ཀྱང་། །སྨན་དང་གྲོགས་པོའི་ཚུལ་དུ་འདོད། །ཅེས་སོ། །གྲུབ་པའི་སྤྱོད་པ་ཐུན་མོང་བ་བསླེན་པ་མཐར་ཕྱིན་ནས་རལ་གྲི་ལ་སོགས་པའི་ཕྱིའི་རྫས་ལ་བརྟེན་ནས་རལ་གྲིའི་རིག་འཛིན་ལ་སོགས་པ་དང་ཐུན་མོང་མ་ཡིན་པ་ནང་གི་ལུས་གནས་སོ་སོར་འབྱུང་བ་བཞིའི་དཀྱིལ་འཁོར་བསྒོམས་ནས་ཕྲིན་ལས་བཞི་བསྒྲུབ་པ་དང་། རྫུ་འཕྲུལ་དང་། མངོན་ཤེས་བསྒྲུབས་ཏེ་རིག་པ་འཛིན་པའི་ནང་དུ་འགྲོ་བ་སོགས་གནས་སྐབས་ཀྱི་འབྲས་བུ་འགྲུབ་ཅིང་། རྟེན་དེ་ལ་བརྟེན་ནས་སྔགས་ཀྱི་སྤྱོད་པ་སྤྱད་པས་མི་ཚེ་ལྟ་འམ། ཇི་ལྟར་འགོར་ནའང་བསྐལ་པ་གསུམ་མམ་གཅིག་གིས་མཐར་ཐུག་གི་འབྲས་བུ་སྐུ་གསུང་ཐུགས་ཡོན་ཏན་གྱི་རིགས་བཞི་རྡོ་རྗེ་འཛིན་པའི་ས་མངོན་དུ་བྱེད་པར་འདོད་དེ། གལ་པོ་ལས། རིགས་བཞི་རྡོ་རྗེའི་འཆང་སར་གནས། །ཞེས་དང་། ཀུན་བྱེད་ལས། གཉིས་སུ་མེད་ལ་མི་ཚེ་ལྟས་སྒྲིབ་གོལ། །ཞེས་སོ། །དེ་ལྟར་བྱ་བ་དང་སྤྱོད་པའི་རྒྱུད་ཀྱི་ལམ་གྱི་གནས་ལ་ཚུལ་བཞིན་དུ་སྤྱོད་པར་ཤོག་ཅེས་སྨོན་པའོ། །གསུམ་པ་ཡོ་ག་རྣལ་འབྱོར་རྒྱུད་ཀྱི་ལམ་ལ་སྨོན་པ་ནི། སློབ་དཔོན་དབང་བསྐུར་རང་རྒྱུད་སྨིན་བྱས་ནས། སོགས། ཡོ་གའི་ལམ་གྱི་གཞི་ལ་རྣམ་གྲོལ་ཤོག །ཅེས་ཚིགས་བཅད་གཉིས་ཀྱིས་བསྟན་ལ། བསྟན་པ་སྤྱ་འགྱུར་གྱི་སྐབས་སུ། དཔལ་གྱི་བསམ་ཡས་བཞེངས་པའི་དུས་སུ། སློབ་དཔོན་ཆེན་པོས་དངོས་གྲུབ་སྒྲུབ་ཕྱིར་དཔལ་ཡང་དག །བར་ཆད་སེལ་ཕྱིར་རྡོ་རྗེ་ཕུར་པ།

སྒྲིབ་པ་སྦྱོང་ཕྱིར་རྡོ་རྗེ་དབྱིངས་ཀྱི་དཀྱིལ་འཁོར་ཏེ་སྒྲུབ་པའི་དཀྱིལ་འཁོར་གསུམ་ཞལ་ཕྱེས་ཏེ་བསྒྲུབས་པས་བོད་ཁམས་ལ་བདེ་སྐྱིད་ཀྱི་ཉི་མ་ཤར་བར་མཛད་པ་ཡིན། །ཞི་བ་རྡོ་རྗེ་དབྱིངས་ཀྱི་དཀྱིལ་འཁོར་ནི། རྣལ་འབྱོར་ཡོ་གའི་རྒྱུད་སྡེ་ཡིན། དེ་ལྟར་ཕྱི་རྒྱུད་གསུམ་སོགས་ནང་རྒྱུད་བཅས་སྟོན་དུས་ཤིན་ཏུ་དར་ལ། ཕྱི་འགྱུར་གྱི་དུས་སུ་དེ་ལ་རྣལ་འབྱོར་རྒྱུད་ཀྱི་དགོངས་པ་འགྲེལ་པ་ལ། རྒྱ་གར་དུ་དོན་ལ་མཁས་པ་སངས་རྒྱས་གསང་བ། ཚིག་ལ་མཁས་པ་ཤཱཀྱ་བཤེས་གཉེན། ཚིག་དོན་གཉིས་ཀ་ལ་མཁས་པ་པཎ་ཆེན་ཀུན་དགའ་སྙིང་པོ་དང་གསུམ་ཡིན། བོད་ཡུལ་ཡོ་གའི་སྲོལ་འབྱེད་དང་པོ་ལོ་ཆེན་རིན་ཆེན་བཟང་པོ་ཡིན་ལ། དེ་ཉིད་རྒྱ་གར་དུ་ལན་གསུམ་བྱོན། སྐུ་ཚེའི་སྟོད་དུ་ལག་ལེན་ཀུན་སྙིང་དང་། བཤད་པ་ཤཱཀྱ་བཤེས་གཉེན་གྱི་ལུགས་ལྟར་མཛད་པ་ལ་ཕྱིས་ཡོ་ག་སྨད་ལུགས་དང་། སྐུ་ཚེའི་མཇུག་ཏུ་བཤད་པ་དང་ལག་ལེན་གཉིས་ཀ་ཀུན་སྙིང་གི་ལུགས་ཁོ་ན་མཛད་པ་ལས་ཡོ་ག་སྟོད་ལུགས་སུ་གྲགས་པ་བྱུང་། སློབ་མ་མང་ཡང་། ཐུགས་སྲས་མཆོག་བཞི་སྟེ། ལོ་ཆུང་ལེགས་པའི་ཤེས་རབ། མང་ནང་གི་གུར་ཤིང་བརྩོན་འགྲུས་རྒྱལ་མཚན། གྲྭ་པ་གཞོན་ནུ་ཤེས་རབ། སྐྱི་བོ་རྡྷྭ་ན་རྣམས་སོ། །བར་དུ་དར་མཛད་རྨ་སྐྱི་བ་སྟུ་རེ་ཉི་མ་འོད་ཟེར། འཛིན་གློ་ཆེན་སོགས་རྗེ་བོ་དང་རིན་བཟང་གི་བརྒྱུད་འཛིན་རྣམས་དང་། ཐ་མར་སྤྱེལ་བར་མཛད་པ་བུ་སྟོན་རིན་ཆེན་གྲུབ་སོགས་ཀྱིས་དར་ཞིང་རྒྱས་པ་མཛད་པའོ། །དེ་ཡང་དོན་དམ་མཚན་མ་མེད་པའི་ཆོས་ཉིད་ཀྱི་བྱིན་རླབས་ཀུན་རྫོབ་རྡོ་རྗེ་དབྱིངས་ཀྱི་ལྟར་བཏགས་ཏེ་རྟོག་པ་བཟང་ངན་བླང་དོར་གྱི་རྩོལ་བས་འབྲས་བུས་བསྒྲུབ་པར་འདོད་པ་སྟེ། ལམ་རིམ་ལས། ལྷུན་གྲུབ་མཉམ་པ་མ་རྟོགས་པས། །ཆོས་ཀུན་རྣམ་དག་ཡེ་ཤེས་ཀྱི། །བྱིན་རླབས་རྡོ་རྗེ་དབྱིངས་སྤྲུལ་ལྷ། །བླང་དོར་འབྱེད་པ་རྣལ་འབྱོར་བའོ། །འཇུག་པའི་སྒྲོད་པ། ཕྱི་འཇུག་དབང་ནི། སློབ་མའི་དབང་ལྔ་དང་། སློབ་དཔོན་གྱི་དབང་དྲུག་སྟེ་བཅུ་གཅིག་ལས། དང་པོ་ལ་ཆུ་དབང་ནི། ཡོ་ག་རྡོ་རྗེ་དབྱིངས་ཀྱི་དཀྱིལ་འཁོར་དུ་ཞུགས་ལ་དམ་ཚིག་དང་སྡོམ་པ་བཟུང་ཡེ་ཤེས་པ་ཕབ། མེ་ཏོག་དོར་བས་ལྷག་པའི་ལྷ་ངེས་པར་བྱས་ནས། དྲི་བཟང་གིས་གང་བའི་བུམ་པས་ཁྲུས་སྟོན་དུ་འགྲོ་བས། ལྷག་པའི་ལྷ་ཡི་བུམ་པ་དང་རྣམ་རྒྱལ་སོགས་ལྷ་བུམ་གྱི་ཆུའི་དབང་དང་། རྡོ་རྗེ་རིན་པོ་ཆེ་ཅོད་པན་སོགས་རིགས་གང་ཡིན་གྱི་

ཅོད་པན་དང་། དེ་བཞིན་གཤེགས་པའི་རྡོ་རྗེ་སོགས་རིགས་ཀྱི་རྡོ་རྗེ་དང་། དེ་རྣམས་ཀྱིས་མཚན་པའི་དྲིལ་བུ་ལྷག་པའི་ལྷ་དང་མཐུན་པའི་མིང་གི་དབང་དང་ལྔའོ། །

སློབ་དཔོན་གྱི་དབང་དྲུག་ནི། ཕྱིར་མི་ལྡོག་པའི་དམ་ཚིག་གསུམ་བཟུང་བ། གསང་དཀྱིལ་དུ་གསང་བའི་འཇུག་པས་ཞུགས་ཤིང་མཐོང་བ། ལྷ་དང་དཀྱིལ་འཁོར་གྱི་དེ་ཁོ་ན་ཉིད་བརྡ་དོན་བཤད་པ། སློབ་དཔོན་གྱི་ལས་རིམ་རྣམ་པར་ཤེས་པར་བྱ་བ། ཐུན་མོང་མ་ཡིན་པའི་ཆོས་འཆད་རྗེས་གནང་དང་། ལུང་བསྟན་དབུགས་དབྱུང་། གཟེངས་བསྟོད་དེ་བཅུ་གཅིག་བསྐུར་ནས་རང་རྒྱུད་མ་སྨིན་པ་སྨིན་པར་བྱས་པ་སྟེ། ཡེ་ཤེས་ཐིག་ལེ་ལས། ཕྱིར་མི་ལྡོག་པ་བུམ་པའི་དབང་། །རྣལ་འབྱོར་རྒྱུད་དུ་གསལ་བར་བྱས། །དེ་ནི་དྲུག་གི་ཕྱེ་བྲག་དབང་། །དེ་ནི་སློབ་དཔོན་དབང་ཞེས་བྱ། །ཞེས་སོ། །དེ་ནས་བྱ་བའི་འཇུག་སྒོ་ནི། མཚན་བཅས་མཚན་མེད་ཀྱི་ཏིང་ངེ་འཛིན་གྱི་སྒོ་ནས་འཇུག་སྟེ། ཀུན་བྱེད་ལས། ཡོ་ག་སྟུག་པོ་བཀོད་འདོད་པ། །མཚན་མ་ཡོད་མེད་སྒོར་ཞུགས་ནས། །ཞེས་པས། དེ་ཡང་རྒྱ་བའི་རྒྱུད་དེ་ཉིད་འདུས་པ། བཤད་རྒྱུད་རྡོ་རྗེ་རྩེ་མོ། ཆ་མཐུན་གྱི་རྒྱུད་དཔལ་མཆོག་དང་པོ་སོགས་དང་། རྡོར་དབྱིངས་དང་། ཁམས་གསུམ་རྣམ་རྒྱལ་དང་། ངན་སོང་སྦྱོང་བ་དང་། དོན་གྲུབ་སྟེ་དུམ་བུ་བཞིར་གྲགས་པ་ལ། དུམ་བུ་དང་པོ་ནི་དེ་བཞིན་གཤེགས་པ་དང་དེའི་རིགས་གཉིས་ཀྱི་ཕྱི་མ་ནི་རྣམ་སྣང་གི་རིགས་ཏེ་གདུལ་བྱའི་རྒྱུད་དུག་གསུམ་ཆ་མཉམ་པ་དང་། གཏི་མུག་ཅན་གཉིས་འདུལ་བ་ལ་དགོངས་པ་དང་། གཉིས་པ་ནི་རྡོ་རྗེ་རིགས་ཏེ་མི་བསྐྱོད་པའི་རིགས་ཀྱིས་གདུལ་བྱ་ཞེ་སྡང་ཅན་འདུལ་བ་དང་། གསུམ་པ་ནི་པདྨའི་རིགས་ཏེ་འོད་དཔག་མེད་ཀྱི་རིགས་ཀྱིས་གདུལ་བྱ་འདོད་ཆགས་ཅན་འདུལ་བ་དང་། བཞི་པ་ནི་རིན་པོ་ཆེའི་རིགས་ཏེ་རིན་འབྱུང་གི་རིགས་ཀྱིས་གདུལ་བྱ་སེར་སྣ་ཅན་འདུལ་བའོ། །དེ་ལྟར་རིགས་བཞི་ལས་མ་བསྟན་པ་ནི་འགྲོ་བའི་བསམ་པ་རྫོགས་པར་བྱེད་པ་པོའི་སྒོ་ནས་རིན་པོ་ཆེའི་རིགས་ཡིན་ལ་ལས་སུ་བྱ་བའི་སྒོ་ནས་ལས་ཀྱི་རིགས་ཡིན་པའི་ཕྱིར། ལས་དང་བྱེད་པ་པོ་གཉིས་གཅིག་ཏུ་སྡུད་པའི་ཚུལ་སློབ་དཔོན་སངས་རྒྱས་གསང་བས་གསུངས་ལ། དེ་ལྟར་རིགས་བཞི་པོ་ལ་ཐོབ་བྱའི་སྒོ་ནས་རིམ་པ་བཞིན། ངོ་བོ་ཉིད་དང་། རྣམ་པར་སྨིན་པ་དང་། ལོངས་སྤྱོད་རྫོགས་པ་དང་། སྤྲུལ་པའི་སྐུ་དང་བཞི། ཡང་

མི་ལོང་ལྟ་བུ་དང་། མཉམ་པ་ཉིད་དང་། སོ་སོར་རྟོག་པ་དང་། བྱ་བ་གྲུབ་པའི་ཡེ་ཤེས་དང་བཞི་དང་། བྱང་ཆུབ་ཀྱི་སེམས་དང་། སྦྱིན་པའི་ཕར་ཕྱིན་དང་། ཤེས་རབ་ཀྱི་ཕར་ཕྱིན་དང་། བརྩོན་འགྲུས་ཀྱི་ཕར་ཕྱིན་སྟེ་བཞིའོ། །དུམ་བུ་བཞི་པོ་རང་རང་གི་གོ་འཕང་མངོན་དུ་བྱེད་པའི་ཚུལ། དུམ་བུ་རེ་རེ་ལ་རྒྱས་འབྲིང་བསྡུས་གསུམ་གྱི་ཏིང་ངེ་འཛིན་གསུམ་མཚན་བཞི་བཞིར་བསྟན་ནས། དཀྱིལ་འཁོར་ཆེན་པོ་དང་། གཟུངས་དཀྱིལ་དང་། ཆོས་དཀྱིལ་དང་། ལས་དཀྱིལ་གྱི་སྐབས། དང་པོ་སྦྱོར་བ་དང་། དཀྱིལ་འཁོར་རྒྱལ་མཆོག་དང་། ལས་རྒྱལ་མཆོག་གི་ཏིང་ངེ་འཛིན་གསུམ་ལ་བརྟེན་ནས་ཉམས་སུ་ལེན་ཚུལ་དེ་ཉིད་སྣང་བ་དང་། དཔལ་མཆོག་འགྲེལ་ཆེན་ལས་བསྟན་ལ། སྤྱི་མཚན་དུ་བསྒོམ་བྱའི་ལམ་གྱི་ཁྱད་པར་ལ། བསྙེན་སྒྲུབ་གཉིས་ལས། བསྙེན་པ་ལ་རྟེན་གྱི་གང་ཟག་བྱང་ཆུབ་ཏུ་སེམས་བསྐྱེད་པ། རྒྱུད་ལ་ཡིད་ཆེས་པ། བཀའ་བཞིན་དམ་ཚིག་སྲུང་བ། ལམ་དང་ལམ་གྱི་སྟོན་པ་ལ་དད་པ་ལྡན་པ་དེས་ཇི་ལྟར་བསྒོམ་པའི་ལམ་གྱི་ཚིངས་ནི་ཐོབ་བྱའི་འབྲས་བུ་ལ་དམིགས་ནས། དེའི་ཉེར་ལེན་གྱི་རྒྱུ་ནི་ཐོག་མཐའ་མེད་པའི་བྱང་ཆུབ་ཀྱི་སེམས་འོད་གསལ་སོ་སོ་རང་གིས་རིག་པའི་བདག་ཉིད་ལྷ་སྔགས་དཀྱིལ་འཁོར་ཕྱག་རྒྱ་ཐམས་ཅད་འཆར་གཞིར་གྱུར་བའི་སེམས་ཀྱི་དེ་ཁོ་ན་ཉིད་རྒྱུའི་རྒྱུད་ཅེས་བྱ་བ་དེ་ཉིད་ཡིན་ལ། རྒྱུ་དེ་ལས་འབྲས་བུ་མངོན་དུ་བྱ་བའི་ཐབས་ཀྱི་གཙོ་བོ་ཐབས་དང་ཤེས་རབ་གཉིས་ལས། དང་པོ་ལྷ་བསྐྱེད་པ་ལ་སྲིད་པ་བསྐྱེད་པའི་རིམ་པ་ཀུན་ནས་ཉོན་མོངས་པའི་ཕྱོགས་དང་བསྟུན་པ་བསྒོམ་པ་རྒྱུད་སྡེ་འོག་མ་གསུམ་གྱི་ལུགས་མ་ཡིན་ཀྱང་ཡར་བལྟས་རྣམ་བྱང་གི་འདྲ་འབག་དང་བསྟུན་ནས་མངོན་བྱང་ལྔའི་རིམ་པས་སྲིད་པ་ཐ་མའི་བྱང་སེམས་འཚང་རྒྱ་བའི་ཚུལ་ལྟར་བསྒྲུབ་པ་ལ། ཞིང་དང་གནས་ཕུན་སུམ་ཚོགས་པ་འགྲུབ་པའི་རྒྱུ། གདན་པདྨ་ལས་མངོན་པར་བྱང་ཆུབ་པ་དང་། ཆོས་ཕུན་སུམ་ཚོགས་པའི་རྒྱུ་གསུང་ཡིག་འབྲུ་ལས་མངོན་པར་བྱང་ཆུབ་པ་དང་། དུས་ཕུན་སུམ་ཚོགས་པ་རྟག་པ་རྒྱུན་གྱི་འཁོར་ལོ་འགྲུབ་པའི་རྒྱུ་ཐུགས་ཕྱག་མཚན་ལས་མངོན་པར་བྱང་ཆུབ་པ་དང་། འཁོར་ཕུན་སུམ་ཚོགས་པའི་རྒྱུ་སྐུ་ཡོངས་སུ་རྫོགས་པ་དཀྱིལ་འཁོར་གྱི་འཁོར་ལོ་དང་བཅས་པ་ལས་མངོན་པར་བྱང་ཆུབ་པ་དང་། སྐུའི་ངོ་བོ་ཕུན་སུམ་ཚོགས་པའི་རྒྱུ་ལ། ཡེ་ཤེས་སེམས་དཔའ་ལས་མངོན་

པར་བྱང་ཆུབ་པ་དང་ལུས་བདག་དང་མདུན་བསྐྱེད་གཉིས་ཀ་རྣམ་པར་དག་པའི་ལྷའི་སྐུ་ཧེ་ལྷ་བཛྲ་བསྐྱེད་པ་དང་། ཡང་ན་གལ་པོ་ལས། མི་རྟོག་ཟླ་བ་རྡོ་རྗེ་གཟུགས། །སྤྲོ་བསྡུས་སྒོམ་པའི་སྐུ་ཛྲ་གསལ། །ཞེས་པ་ལྟར་རོ། །དང་པོ་ཆོས་ཐམས་ཅད་རྣམ་པར་མི་རྟོག་པའི་སྟོང་ཉིད་དུ། བསྒོམ་པ་དང་༡། སྟོང་ཉིད་ཀྱི་སྣང་ཆ་ཟླ་བ་ཚེས་གཅིག་ལྟ་བུ་དང་ཟླ་བ་ཉ་བ་ལྟ་བུར་བསྒོམ་པ་དང་༢། དེའི་སྟེང་རྡོ་རྗེ་རྩེ་ལྔ་པའི་ཕྱག་མཚན་བསྒོམ་པ་དང་༣། དེ་ལས་འོད་ཟེར་སྤྲོ་བསྡུ་བྱས་པ་དང་༤། ཡོངས་སུ་གྱུར་པ་ལས་བདག་ཉིད་བསྐྱེད་པ་སོགས་བསྒོམ་བྱའི་ལྷ་གང་ཡིན་གྱི་སྐུར་གྱུར་པ་དང་༥། ལྔ་ནི་རིམ་བཞིན། གཟུགས་སྐུ་དང་༡། ཟླ་བ་དང་༢། ཆོས་སྐུ་དང་༣། བརྟེན་པར་བྱ་བ་དང་༤། ཕྱག་རྒྱ་ལ་མངོན་པར་བྱང་ཆུབ་པའོ༥། །ཡང་གལ་པོ་ལས། །ཏིང་འཛིན་བྱིན་རླབས་དབང་བསྐུར་མཆོད། །ཅེས་པ་ལྟར། ཏིང་ངེ་འཛིན་གྱི་ཆོ་འཕྲུལ་ནི། དབུས་སུ་རྣམ་སྣང་། ཤར་དུ་མི་བསྐྱོད་པ། ལྷོར་རིན་འབྱུང་། ནུབ་ཏུ་སྣང་མཐའ། བྱང་དུ་དོན་གྲུབ་རྣམས་ལ་རང་རང་གི་རིགས་ཀྱི་སེམས་དཔའ་བཞི་བཞིས་བསྐོར་བར་བསྒོམ་པའོ། །བྱིན་གྱིས་བརླབས་པའི་ཆོ་འཕྲུལ་ནི། །བསྒོམ་པའི་ལྷ་དེ་དག་རང་རང་རིགས་ཀྱི་བྱིན་ཅན་དུ་བྱིན་གྱིས་བརླབས་པའོ། །དབང་བསྐུར་བའི་ཆོ་འཕྲུལ་ནི། རང་རིགས་ཀྱི་དབང་གང་ཡིན་གྱིས་སྐུ་དང་ཡེ་ཤེས་དང་གཟུངས་དང་ཏིང་ངེ་འཛིན་དང་ལྡན་པར་དབང་བསྐུར་བའོ། །མཆོད་པའི་ཆོ་འཕྲུལ་ནི། དེ་དག་ལ་ཕྱག་དང་མཆོད་པ་བསྟོད་པ་རྣམས་སོ། །དེ་ལྟར་བདག་ཉིད་ལྷར་བསྐྱེད་པ་ལ་ཡེ་ཤེས་པ་སྤྱན་དྲངས་དབྱེར་མེད་དུ་བསྟིམ། དེ་སྲིད་དུ་ལྷར་སྣང་གི་ང་རྒྱལ་བཟུང་ལ་མཐར་ཡེ་ཤེས་པ་གཤེགས་སུ་གསོལ་བའོ། །དེ་ལྟར་སྐུ་ཕྱག་རྒྱ་ཆེན་པོའི་རྣལ་འབྱོར། ཐུགས་དམ་ཚིག་གི་ཕྱག་རྒྱའི་རྣལ་འབྱོར། གསུང་ཆོས་ཀྱི་ཕྱག་རྒྱའི་རྣལ་འབྱོར། ཕྲིན་ལས་ལས་ཀྱི་ཕྱག་རྒྱའི་རྣལ་འབྱོར་དང་བཞི་སྟེ། ཕྱག་རྒྱ་བཞི་ཡི་རྒྱ་དེ་ལས་མི་འདའ་བར་བསྒོམ་ཞིང་བརྩོན་པས་རིམ་པར་ཀུན་གཞིའི་རྣམ་ཤེས། ཉོན་ཡིད། ཡིད་ཤེས། སྒོ་ལྔ་རྣམས་ཀྱི་གློ་བུར་གྱི་འཁྲུལ་པ་བསལ་ནས། རང་བཞིན་མེ་ལོང་ལྟ་བུ། མཉམ་ཉིད་སོར་རྟོག །བྱ་གྲུབ་ཡེ་ཤེས་བཞི་མངོན་དུ་བྱེད་ཅིང་། ཆོས་དབྱིངས་ཡེ་ཤེས་ནི་དེ་ཐམས་ཅད་ཀྱི་རང་བཞིན་དུ་གནས་པ་ཡིན་ནོ། །དེ་ལྟ་བུའི་ལྷའི་རྣལ་འབྱོར་བསྒོམ་པའི་རིམ་པ་ལས། དབང་རྣོན་རྣམས་སྨིན་བྱུང་སྨིན་པ་སངས་རྒྱས་ནས། དཀྱིལ་

འཁོར་སྤྲུལ་བཤད་དང་ཕྲིན་ལས་མངོན་པར་འདུ་མཛད་ཚུལ་དང་མཐུན་པར་རྗེས་འཇུག་ལའང་ལྷའི་ཐུགས་སྲོག་བསྒོམ་པས་གཞལ་ཡས་བསྐྱེད་པ། ཕྱག་མཚན་ཡིག་འབྲུའི་མཚན་པའི་འོད་ཀྱི་འདུ་འཕྲོས་གཙོ་བོ་ཡབ་དང་ཡུམ་འཁོར་ཚོགས་བསྐྱེད་པ་སྤྲོར་བ་དང་པོའི་ཏིང་ངེ་འཛིན༡། དཀྱིལ་འཁོར་ཚོམ་བུ་གྲངས་མེད་སྤྲོས་པ་དཀྱིལ་འཁོར་རྒྱལ་མཆོག་གི་ཏིང་འཛིན༢། དངོས་གྲུབ་སྒྲུབ་པའི་ལས་རབ་འབྱམས་ལས་རྒྱལ་མཆོག་གི་ཏིང་འཛིན་༣སྟེ། ཏིང་འཛིན་གསུམ་རྒྱས་སྤྲོས་ཀྱིས་བསྒོམས་ནས་བདེ་བའི་ལང་ཚོས་དགའ་བདེ་སྤྱོལ་བའི་གྲོགས་རང་རིགས་ཀྱི་ཡུམ་སྙིང་ལ་འབྲལ་མེད་དུ་འགྲོགས་པའི་ཚུལ་གཉིས་ལྡན་གྱི་དུས་ཕན་ཚུན་གཅིག་ལ་གཅིག་རེག་ཅིང་ལག་བཅངས་ཀྱི་འདོད་སྤྱོད་འདུལ་བའི་ཕྱིར་རྣལ་འབྱོར་རྒྱུད་ཀྱི་ལྷ་ཡབ་ཡུམ་རྣམས་ལག་པའི་སོར་མོ་ཆུ་སྐྱེས་བསྣོར་རྒྱས་པའི་ཡལ་འདབ་སྡོང་བུ་ལ་འགྲན་པའི་ཕན་ཚུན་ལག་པ་འབྲེལ་བའི་ལྷ་ཕན་ཚུན་རྗེས་ཆགས་ཀྱི་བདེ་བས་ཚིམས་པར་བྱེད་པ་རྟེན་འབྲེལ་ཏེ། དཔལ་མཆོག་དང་པོ་ལས། དཀྱིལ་འཁོར་གྱི་ནི་ལྷ་ཚོགས་རྣམས། །དཕྱུང་བ་ཡིད་ཙམ་དམ་པར་བསྒོམ། །ཞེས་པའོ། །དབང་བརྟུལ་རྣམས་རྣལ་འབྱོར་བཞི་ཉམས་སུ་ལེན་ཏེ་བདག་ཉིད་རང་རིགས་ཀྱི་ལྷ་དམ་ཚིག་པར་སྒོམ་པའི་རྣལ་འབྱོར། དེ་ལ་ཡེ་ཤེས་པ་བཙུག་སྟེ་གཅིག་ཏུ་བྱ་བ་རྗེས་སུ་རྣལ་འབྱོར། བརྟན་གཡོ་ཐམས་ཅད་རང་རིགས་ཀྱི་ལྷའི་རྣལ་འབྱོར་དུ་བྱ་བ་ཐམས་ཅད་རྣལ་འབྱོར་དེ་གསུམ་སྔོན་དུ་སོང་བ་ལས་སེམས་རྩེ་གཅིག་པའི་ཏིང་ངེ་འཛིན་མངོན་དུ་གྱུར་པ་ཤིན་ཏུ་རྣལ་འབྱོར་ཏེ། རྣལ་འབྱོར་བཞི་ལ་བརྟེན་ནས་ཉམས་སུ་ལེན་པའོ། །དེས་ཐབས་སོང་། ཤེས་རབ་ནི་སེམས་ཀྱི་དེ་ཁོ་ན་ཉིད་མངོན་དུ་རྟོགས་པ་སོ་སོར་རང་རིག་པའི་ཡེ་ཤེས་ཏེ། དེ་ཉིད་དབང་རྣོན་བྱིན་རླབས་དང་སྒོམ་བྱུང་གི་སྟོབས་ཀྱིས་མངོན་དུ་བྱེད་པ་དང་དབང་བརྟུལ་ཐོས་སོགས་ཀྱི་བརྒྱུད་དེ་མངོན་དུ་བྱེད་པའི་ཚུལ་ལོ། །

སྒྲུབ་པ་ལ་གཉིས་ཏེ། ཏིང་ངེ་འཛིན་གྱིས་འདས་པའི་དངོས་གྲུབ་དང་བཟླས་བརྗོད་ཀྱི་དངོས་གྲུབ་གཉིས་ཀ་སྒྲུབ་པའོ། །དང་པོ་ནི། ཏིང་འཛིན་གསུམ་དང་རྣལ་འབྱོར་བཞི་གང་ལ་བརྟེན་ཀྱང་རུང་། རང་གི་ལྷ་འཁོར་གསུམ་ཡོངས་དག་གི་མཆོད་པས་མཉེས་པར་བྱས་ནས། གཞན་དོན་དུ་ཕྱག་རྒྱ་བཞི་སྒྲུབ། དེ་གྲུབ་ནས་ཕྱག་རྒྱའི་ལས་རབ་འབྱམས་སྤྱོར། དེ་ནས་མངོན་ཤེས

བསྒྲུབ་ཏེ་རང་རིགས་ཀྱི་འཁོར་ལོ་དང་མཐུན་པའི་ཚོགས་གྲལ་དུ་ལྷ་གྲངས་དང་མཉམ་པའི་སྒྲུབ་པོས་དཀྱིལ་འཁོར་གྱི་རྣམ་པར་བྱས་ཏེ། འདོད་ཡོན་གྱི་རོལ་པ་གཉིས་སུ་མེད་པའི་ཏིང་ངེ་འཛིན་གྱི་ཡན་ལག་ཏུ་སྤྱོད་པས་ལྷ་མཉེས་ཤིང་དབང་དུ་གྱུར་པའི་ཚུལ་གྱིས་འགྲུབ་ལ། གལ་ཏེ་མ་གྲུབ་ན་བསྐྱར་བ་སྤྲོགས་ཚིག་ལ་བརྟེན་ནས་འགྲུབ་པའོ། །

གཉིས་པ་ལ་རྫོར་བཟླས་དང་། ཚིག་བཟླས་གཉིས་ལས། དང་པོ་ནི། བདག་ཉིད་ལྷར་བསྐྱེད་པའི་མདུན་དུའང་ལྷ་བསྐྱེད་དེ། སྲོག་དང་དབང་པོ་ནང་དུ་བསྡུས་ནས་སྙིང་པོ་ཡིད་བཟླས་བྱ་ཞིང་རླུང་ཕྱིར་དབྱུང་བ་ན་མདུན་གྱི་ལྷ་ལ་དམིགས་ཏེ་བཟླ། ནང་དུ་འཇུག་པ་ན། བདག་དང་ལྷ་ཐ་མི་དད་པར་བྱས་ལ་བཟླ་བ་ནི་ཀུན་རྫོབ་དམིགས་བཅས་དང་། བདག་དང་ལྷ་སྔགས་ཀྱིས་མཚོན་པའི་ཆོས་ཐམས་ཅད་སྟོང་ཉིད་ནམ་མཁའ་ལྟ་བུར་དག་པའི་ངང་ནས་ཡིད་བཟླས་དང་། ཕྱིར་དབྱུང་བ་ན་ལྷའི་མཚན་མ་ཙམ་དྲན་པར་བྱ་ཞིང་། སླར་སྲོག་རྩོལ་ནང་དུ་བསྡུས་ཏེ་སེམས་རྩེ་གཅིག་པའི་ངོ་བོར་རོ་གཅིག་ཏུ་བྱ་བ་དོན་དམ་དམིགས་མེད་ཀྱི་རྫོར་བཟླས་ཏེ། དེ་གཉིས་དབང་རྣོན་གྱི་བཟླ་ལུགས་སོ། །

གཉིས་པ་ཚིག་བཟླས་ནི། དབང་བརྟུལ་གྱི་བཟླ་ལུགས་ཏེ། རང་རིགས་ཀྱི་ལྷའི་སྙིལ་ཀྲུང་བཅས། རིགས་གང་ཡིན་གྱི་ཁུ་ཚུར་བཅས་པའི་ལག་གཡོན་གྱིས་རང་རིགས་ཀྱི་ཕྱག་མཚན་བཟུང་པ་གོས་ཀྱིས་གཡོགས། གཡས་པས་རིགས་དང་མཐུན་པའི་བགྲང་ཕྲེང་བླངས་དེ། རིགས་གང་ལ་ཤིས་པའི་སྒྲ་གདངས་ཀྱིས་བཟླ་བའོ། །དེ་ལྟར་ནང་གི་རྣལ་འབྱོར་ཏིང་ངེ་འཛིན་གཙོ་བོར་ཉམས་སུ་ལེན་པར་གྱུར་པ་ཡི་རྣལ་འབྱོར་ཡོ་གའི་རྒྱུད་དོ། །བསྒྲུང་བྱའི་ཚུལ་ཁྲིམས་ནི་རྣལ་འབྱོར་རྒྱུད་ཀྱི་རྩ་ལྟུང་བཅུ་བཞི་ནི། ཇི་ལྟར་དུས་གསུམ་མགོན་པོ་རྣམས། །ཞེས་སོགས་རིགས་ལྔའི་སྡོམ་བཟུང་གི་སྐབས་སུ་གསུང་པ་ལྟར། དེ་བཞིན་གཤེགས་རིགས་ཀྱི་དམ་ཚིག་ལས། དཀོན་མཆོག་གསུམ་སྐྱབས་གནས་སུ་འཛིན་པ་སྡེ་གསུམ་རྫོ་རྗེའི་རིགས་ལ་རྫོ་རྗེ་དྲིལ་བུ་ཕྱག་རྒྱ་སློབ་དཔོན་བཟུང་བས་བཞི། རིན་ཆེན་རིགས་ལ་སྦྱིན་པ་རྣམ་པ་བཞི་གཏོང་བ་སྡེ་བཞི། པདྨའི་རིགས་ལ་དམ་ཆོས་མ་ལུས་པ་འཛིན་པ་སྡེ་གཅིག །ལས་ཀྱི་རིགས་ལ་སྔར་གྱི་སྡོམ་པ་རྣམས་ཅི་ནུས་སུ་འཛིན་པ་དང་། མཆོད་པའི་

ལས་ལ་འབད་པ་སྟེ་གཉིས། དེ་རྣམས་སྒྲུབ་པའི་བསྒྲུབ་བྱ་ཡིན་ལ། དེའི་ལྡོག་ཕྱོགས་བཅུ་བཞི་པོ་དེ་ཉིད་རྩ་ལྟུང་དུ་སློབ་དཔོན་ཀུན་སྙིང་བཞེད་པ་ཡིན། དཀོན་མཆོག་སྤང་བ་སོགས་རྩ་ལྟུང་བཅུ་བཞིའོ། །དངོས་གྲུབ་ཐོབ་ཚུལ། དེ་ལྟར་རྟེར་བཟླས་ཀྱི་འཇིག་རྟེན་ལས་འདས་པའི་དངོས་གྲུབ་དང་ཚིག་བཟླས་ཀྱི་རྫས་དང་མཁའ་སྤྱོད་ཀྱི་རིག་འཛིན་སོགས་འཇིག་རྟེན་པའི་དངོས་གྲུབ་བསྒྲུབས་ནས་འདས་པའི་དངོས་གྲུབ་ལ་སྦྱོར་ཞིང་མཐར་ཐུག་མི་ཚེ་གསུམ་ནས་ཕྱག་རྒྱ་ཆེན་པོ་འགྲུབ་ནས་རིམ་གྱིས་རིགས་ལྔ་སྟུག་པོ་བཀོད་པའི་སར་མངོན་བྱང་ལྔའི་ཐབས་ཀྱི་ཡེ་ཤེས་ལྔའི་ངོ་བོར་འཚང་རྒྱ་བར་འདོད་དེ། ཀུན་བྱེད་ལས། ཡོ་ག་སྟུག་པོ་བཀོད་འདོད་པས། །མི་ཚེ་གསུམ་ན་གྲོལ་བར་འདོད། །ཅེས་དང་། ཐུགས་ཀྱི་སྒོ་ལྩུགས་ལས། གཟུང་འཛིན་བག་ཆགས་ལྔ་བྱང་ནས། །ཡེ་ཤེས་ལྔ་ཡི་རྩལ་དག་གིས། །སྟུག་པོ་བཀོད་པའི་ས་ནོན་ནས། །རིགས་ལྔ་འདུས་པའི་འབྲས་བུ་ཐོབ། །སྐྱེ་མེད་ཆོས་སྐུ་དག་པ་ན། །སྐྱེ་མེད་སྒོ་ནས་འགྲོ་དོན་མཛད། ཕྱག་རྒྱ་རིགས་ལྔ་ལོངས་སྤྱོད་ནས། །བྱང་ཆུབ་སེམས་དཔའི་འགྲོ་དོན་རྫོགས། །སྤྲུལ་པ་བྱེ་བ་ས་ཡ་ཡིས། །རིགས་དྲུག་པ་ལ་ཅིར་ཡང་སྟོན། །ཞེས་སོ། །དེ་ལྟར་ཡོ་གའི་ལམ་བཀོད་ཚུལ་གྱི་གཞི་མ་ནོར་བ་ཇི་ལྟ་བ་ལ་བརྟེན་ནས་རྣམ་པར་གྲོལ་བར་ཤོག་ཅེས་སྨོན་པའོ། །བཞི་པ་རྣལ་འབྱོར་བླ་ན་མེད་པ་ལ། །བསྐྱེད་པ་མ་ཧཱ་ཡོ་གའི་ལམ་ལ་སྨོན་པ་དང་། རྫོགས་པ་ཨ་ནུ་ཡོ་གའི་ལམ་ལ་སྨོན་པ་དང་། རྫོགས་པ་ཆེན་པོ་ཨ་ཏི་ཡོ་གའི་ལམ་ལ་སྨོན་པ་དང་གསུམ་ལས། དང་པོ་ལ་སྨིན་གྲོལ་གཉིས་ལས། དང་པོ་དབང་ནི༑ ཀྲྀ་དབང་བསྐུར་བས་རགས་པའི་ལུང་སོགས་རྣམས། །ཕྱི་ནང་སྣོད་བཅུད་གཞལ་ཡས་ལྷ་རྣམས་སུ༑ ༑དག་པའི་སྐུ་དང་མཆོག་དབང་གསུམ་བསྐུར་ནས། ཞེས་ཚིག་རྐང་གསུམ་གྱིས་བསྟན་ལ། སྤྱིར་གྱིས་རྒྱུ་ལམ་འབྲས་བུའི་དབང་ཙམ་དུ་དབྱེ་བ་ནི་གསར་རྙིང་ཀུན་མཐུན་ཡང་། བྱེ་བྲག་འཇོག་ལུགས་མི་འདྲ་བས།ཁ་ཅིག་དབང་དང་པོ་ཐོབ་པ་རྒྱུ། དེ་ནས་རང་གིས་ལེན་པའམ་གཞན་ནས་ཐོབ་པ་ལམ། འབྲས་བུ་འོད་ཟེར་ཆེན་པོའམ་ཟབ་གསལ་གཉིས་མེད་ཀྱི་དབང་ལ་བཞེད། ཁ་ཅིག་བུམ་དབང་རྒྱུ། གསང་ཤེར་ལམ། ཚིག་དབང་འབྲས་བུར་བཞེད། ཁ་ཅིག་ཕྱི་གཟུགས་བརྙན་གྱི་དཀྱིལ་འཁོར་ལ་བརྟེན་ནས་དབང་བསྐུར་བ་རྒྱུ་དབང་། ནང་རྡོ་རྗེ་སློབ་དཔོན་གྱི་ལུས་དཀྱིལ་ལ་བརྟེན་

ནས་དབང་བསྐུར་བ་ལམ་དབང་། དོན་དམ་ཡེ་ཤེས་ཀྱི་དཀྱིལ་འཁོར་ལ་བརྟེན་ནས་དབང་བསྐུར་བ་འབྲས་བུའི་དབང་དུ་བཞེད་ཀྱང་། འདི་ལྟར་རྒྱུ་དུས་ཀྱི་དབང་ཐོག་མར་བསྐུར་ཏེ་མ་སྨིན་པ་སྨིན་བྱེད་ཀྱི་དབང་ཡིན་པས་ལམ་གྱི་སྔོན་དུ་འགྲོ་དགོས་པའི་ཕྱིར། ལམ་དུས་ཀྱི་དབང་ནི་དུས་ལ་ནམ་བབ་པའི་ཚེ་བསྐུར་ཏེ། ལམ་གྱི་བོགས་འདོན་ཡིན་པའི་ཕྱིར། འབྲས་དུས་ཀྱི་དབང་ནི་ཐ་མར་བསྐུར་ཏེ། ལམ་མཐར་ཕྱིན་ནས་མཐར་ཐུག་སངས་རྒྱས་ཀྱི་ས་ལ་སྦྱོར་བྱེད་ཡིན་པའི་ཕྱིར་རོ། །དེས་ན་ཕྱི་མ་གཉིས་པོ་གྲོལ་བྱེད་ལམ་དབང་ཡིན་ནོ། །སྤྱིར་ནང་རྒྱུད་གསུམ་ལ་ཡང་། བསྐྱེད་རྫོགས་རྫོགས་ཆེན་གསུམ་ཀ་ཡོད་ཀྱང་། བསྐྱེད་རིམ་གཙོ་བོར་སྟོན་པ་མ་ཧཱ། རྫོགས་རིམ་གཙོ་བོར་སྟོན་པ་ཨ་ནུ། དེ་གཉིས་ཀྱི་རྩོལ་བྲལ་རྫོགས་པ་ཆེན་པོ་སྟེ། སེམས་ཉིད་ངལ་གསོ་ལས། མ་ཧཱས་ཀླུང་དང་བསྐྱེད་རིམ་ཐབས་གཙོ་ལ། །ཨ་ནུས་ཁམས་དང་རྫོགས་རིམ་ཤེས་རབ་གཙོ། །ཨ་ཏིས་ཐམས་ཅད་གཉིས་མེད་ཡེ་ཤེས་གཙོ། །ཞེས་སོ། །དེ་ཡང་རིག་པའི་ཆོ་འཕྲུལ་དུ་སྣང་བ་མ་ཧཱ། རང་རིག་པའི་རྩལ་དུ་སྣང་བ་ཨ་ནུ། རིག་པ་རང་སྣང་བ་ཨ་ཏི་སྟེ། རྗེ་དགའ་རབ་རྡོ་རྗེས། ཆོ་འཕྲུལ་རྩལ་དང་རང་སྣང་བའོ། །ཞེས་པའི་དོན་ནི། ཆོས་ཐམས་ཅད་སེམས་ཉིད་སྣང་སྟོང་དབྱེར་མེད་ཀྱི་ཆོ་འཕྲུལ་དུ་རྟོགས་པ་མ་ཧཱ་ཡོ་ག །ཆོས་ཐམས་ཅད་སེམས་ཉིད་དབྱིངས་ཡེ་གཉིས་སུ་མེད་པའི་རྩལ་དུ་རྟོགས་པ་ཨ་ནུ། ཆོས་ཐམས་ཅད་སེམས་ཉིད་ཡེ་ནས་སྐྱེ་འགག་མེད་པའི་རང་བྱུང་གི་ཡེ་ཤེས་རང་སྣང་བར་རྟོགས་པ་ཨ་ཏི་སྟེ་ལྟ་བའི་སྒོ་ནས་ཕྱེད་པར་དབྱེ་བའོ། །མ་ཧཱ་ཡོ་གའི་ཐེག་པ་ནི། ཐབས་བསྐྱེད་པའི་རིམ་པ་ལ་གཙོ་བོར་བརྟེན་པའི་སྒོ་ནས་ལྷག་པའི་བདེན་པ་དབྱེར་མེད་ཀྱི་དོན་ལ་རྟོགས་གོམས་ཀྱི་སྦྱོར་བས་གྲོལ་བའི་རང་བཞིན་ཏེ་མ་ཧཱ་ཡོ་གའི་སྒྲ་ལས་རྣལ་འབྱོར་ཆེན་པོ་སྟེ། གཉིས་མེད་ཀྱི་དོན་ལ་བློ་འབྱོར་བས་ཡོ་ག་ཕྱི་པ་ལས་ཆེས་འཕགས་པའི་ཕྱིར་རོ། །འཇུག་སྒོ་ཕྱི་འཇུག་ནི་དབང་སྟེ། ཐུན་མོང་བུམ་དབང་གི་སྟེང་དུ་ཐུན་མིན་མཆོག་དབང་གོང་མ་གསུམ་བསྣན་པས་དབང་བཞི་བསྐུར་བར་བྱ་བ་སྟེ། རྩ་རྒྱུད་ཕྱི་མ་ལས། སློབ་དཔོན་གསང་བ་ཤེས་རབ་དང་། །དེ་མ་ཐག་པ་བཞི་པ་སྟེ། །ཞེས་སོ། །དེ་ཡང་བུམ་དབང་ལ་ཕན་ནུས་གཉིས་སུ་ཕྱེ་བས་ལྔར་འགྱུར་ཏེ། རྡོ་རྗེ་ལས་རིམ་ལས། དབྱེ་བ་རྣམ་པ་ལྔ་རུ་འགྱུར། །བདག་ཕན་ནུས་པ་གཉིས་ཀའི་ལས། ཞེས་སོ། །

དེ་ལ་སྨིན་བྱེད་ཀྱི་དབང་ཙུང་ཟད་བཤད་པ་ལ། དྲིལ་བུ་པས། དབང་བསྐུར་དཀྱིལ་འཁོར་སྔོན་འགྲོ་བར། །རྡོ་རྗེ་འཆང་གིས་གསུངས་པ་སྟེ། །ཞེས་པས། གང་དུ་གཞུགས་བྱའི་དཀྱིལ་འཁོར་ལ། མཧཱ་ལའི་སྒྲ་ལས། མཧཱ་ནི་སྙིང་པོའམ་བཅུད་དང་། ལ་ནི་འཛིན་པའམ་ལེན་པ་ཏེ། སྙིང་པོའི་ཡོན་ཏན་གྱི་གཞི་འཛིན་ཅིང་ལེན་པར་བྱེད་པས་དཀྱིལ་འཁོར། །དེ་ལ་རང་བཞིན་ཡེ་ཤེས་ཀྱི་དཀྱིལ་འཁོར་དང་། ལྷག་པ་ཏིང་ངེ་འཛིན་གྱི་གཟུགས་བརྙན་སྤྲུལ་པའི་དཀྱིལ་འཁོར་དང་། རིག་པ་ཉམས་ཀྱི་དཀྱིལ་འཁོར་དང་། ལྷག་པ་གཟུགས་བརྙན་གྱི་དཀྱིལ་འཁོར་དང་བཞི་ལས། དང་པོ་གསུམ་ནི། རིམ་པར་སློབ་དཔོན་རྫོགས་པའི་སངས་རྒྱས་དང་། མཐར་ལམ་པ་དང་། མཐོང་སྒོམ་ལ་གནས་པས་སློབ་མ་ས་བཅུ་རྒྱུན་མཐའི་བྱང་སེམས་དང་། མཐོང་སྒོམ་དང་ཚོགས་སྦྱོར་གྱི་ཡོན་ཏན་མཐར་ཕྱིན་པ་རྣམས་ལ་གང་དུ་དབང་བསྐུར་བའི་དཀྱིལ་འཁོར་དུ་དབང་སྐུར་བ་པོ་འཕགས་པ་རྣམས་ཀྱི་སྤྱོད་ཡུལ་ཡིན་ཞིང་། དེ་ལས་འདིར་དཀྱིལ་འཁོར་བཞི་པ་ཏིང་ངེ་འཛིན་ལ་བརྟེན་པ་རྗེས་མཐུན་ཐོབ་པ་ཡན་ཆད་ཀྱི་སློབ་དཔོན་མཚན་ཉིད་ལྡན་པས། སྐལ་ལྡན་གྱི་སློབ་མ་ལྷག་པ་གཟུགས་བརྙན་གྱི་དཀྱིལ་འཁོར་དུ་དབང་བསྐུར་བ་ཡིན་ལ། དེ་ལ་འདུལ་བྱའི་དབྱེ་བས། སྐལ་དམན་འཇུག་པ་རྡུལ་མཚོན་འབྲིང་རས་བྲིས། རབ་ཆོམ་བུ་ལྷ་བུར་དམིགས་ཏེ་རྟེན་ཙུང་ཟད་ལ་བརྟེན་ནས་བསྐུར་རུང་བ་ཡོད་དེ། བདེར་འདུས་དབང་ཆོག་ལས། དཀྱིལ་འཁོར་གང་དུ་དབང་བསྐུར་ན། །རབ་འབྲིང་ཐ་མར་གསུངས་པ་ཡི། །མེ་ཏོག་བྲིས་སྐུ་རྡུལ་ཚོན་གསུམ། །དཀྱིལ་འཁོར་གསུམ་དུ་དབང་བསྐུར་རོ། །ཞེས་སོ། །སྐབས་དོན་དབང་བཞི་ལ་ལྟོས་ནས་རྒྱུ་རྟེན་གྱི་དཀྱིལ་འཁོར་བཞི་སྟེ། བུམ་དབང་ལ་ཕྱི་ལྷག་པ་གཟུགས་བརྙན་གྱི་དཀྱིལ་འཁོར་རྡུལ་ཚོན་རས་བྲིས་ཆོམ་བུའི་དཀྱིལ་འཁོར། མཆོག་དབང་གསུམ་ལ་སྤྱིར་བདག་གི་དེ་ཁོ་ན་ཉིད་ནང་ལུས་རྩ་བའི་དཀྱིལ་འཁོར་ཁྱད་པར་གསང་དབང་ལ་སྣྱགས་ཀྱི་དེ་ཁོ་ན་ཉིད་ཡི་གེ་ནྜ་གའི་དཀྱིལ་འཁོར། ཤེར་དབང་ལ་ལྷའི་དེ་ཁོ་ན་ཉིད་ཀུན་རྫོབ་བྱང་ཆུབ་སེམས་ཀྱི་དཀྱིལ་འཁོར། དབང་བཞི་པ་ལ་ཡེ་ཤེས་ཀྱི་དེ་ཁོ་ན་ཉིད་དོན་དམ་བྱང་ཆུབ་ཀྱི་སེམས་སྙིང་པོ་ཡེ་ཤེས་རླུང་གི་དཀྱིལ་འཁོར་ཏེ་དེ་ལྟར་ཡང་། དྲིལ་བུ་པས། རི་མོར་གནས་པའི་ལས་དང་ནི། །ཐིག་དང་ཚོན་དགྱེའི་རིམ་པ་བསྟན། །ཞེས་བུམ་དབང་གི་དཀྱིལ་

འཁོར་དང་། གསང་འདུས་ལས། རྡུལ་གའི་དཀྱིལ་འཁོར་ཞེས་བྱར་བཤད། །བྱང་ཆུབ་སེམས་ཀྱང་དཀྱིལ་འཁོར་ཉིད། །ལུས་ཀྱི་དཀྱིལ་འཁོར་ཉིད་དུ་བརྗོད། །དཀྱིལ་འཁོར་གསུམ་དུ་གསུངས་པ་ཡིན། །ཞེས་དབང་གོང་མ་གསུམ་གྱི་དཀྱིལ་འཁོར་བསྟན་ལ། དབང་བསྐུར་བའི་རིམ་པ་རྒྱུ་གཉིས་རྐྱེན་བཞི་ཚོགས་པ་ལས་འབྱུང་སྟེ། མཚུངས་ལྡན་གྱི་རྒྱུ་གཞི་རང་བཞིན་ལྷུན་གྲུབ་ཀྱི་དཀྱིལ་འཁོར་ཆེན་པོ་ཕུང་ཁམས་སྐྱེ་མཆེད་རྟེན་དང་བརྟེན་པ་སྟེ། རྩ་སྤྲུལ་སྐུའི་རྟེན་ཅན་བུམ་དབང་བསྐུར་ཡུལ། རླུང་ལོངས་སྐུའི་རྟེན་ཅན་གསང་དབང་བསྐུར་ཡུལ། ཀུན་རྫོབ་ཁམས་ཐིག་ལེ་ཆོས་སྐུའི་རྟེན་ཅན་ཤེར་དབང་བསྐུར་ཡུལ། དོན་དམ་པ་མི་ཤིགས་པའི་ཐིག་ལེ་ངོ་བོ་ཉིད་སྐུའི་རྟེན་ཅན་བཞི་པ་བསྐུར་ཡུལ་ཡིན་ཏེ། དབང་བསྐུར་རྒྱལ་པོའི་རྒྱུད་ལས། དབང་མཆོག་རང་ལ་མེད་གྱུར་ན། །བསྐུར་བས་ཐོབ་པར་ག་ལ་འགྱུར། །བྲ་སྲན་འབྲས་སུ་དབང་བསྐུར་ཡང་། །དེ་ལ་འབྲས་ཀྱི་དངོས་སྣང་མེད། །ཅེས་སོ། །དེ་ལྟར་རྩོལ་བས་གསར་སྒྲུབ་མ་ཡིན་པར་ཡེ་ནས་རང་ཆས་ཉིད་དེ་མཚུངས་ལྡན་གྱི་རྒྱུ་དང་། ཞིང་ལ་ལོ་ཏོག་སྨིན་པའི་དཔེ་ལྟར་སློབ་དཔོན་གྱི་རྟོག་ཚོགས་སུ་སྣང་བ་ཆོས་ཅན་ཀུན་རྫོབ་ཀྱི་བདེན་པ་ཉིད་དུ་དག་པ་ཏིང་ངེ་འཛིན་གྱི་ནུས་པས་གཟུགས་བརྙན་ཅན་དང་ལྡན་ཅིག་བྱེད་པའི་རྒྱུའི་རྟེན་ཅིང་འབྲེལ་འབྱུང་གིས་དབང་གི་བྱ་བ་སྒྲུབ་པ་ལ་བརྟེན་ནས་སློབ་མའི་རྒྱུད་དག་པར་བྱེད་པའོ། །རྐྱེན་བཞི་ནི། སྔོན་དུ་རུང་བའི་སློབ་བུ་ནི་རྒྱུའི་རྐྱེན་དང་། ལྷ་དགོངས་མཐོན་པོ་དང་ལྡན་པའི་སློབ་དཔོན་བདག་པོའི་རྐྱེན་དང་། རྫས་སྔགས་ཏིང་ངེ་འཛིན་གྱི་ནུས་པའི་ཆོ་ག་མཁྱེན་པ་དམིགས་པའི་རྐྱེན་དང་། དབང་དེ་དག་གཅིག་ལ་གཅིག་ལྟོས་ཀྱི་དབང་སྔ་མ་སྔ་མས་གོ་ཕྱེ་ནས་ཕྱི་མ་ཕྱི་མ་འབྱུང་བ་དེ་མ་ཐག་རྐྱེན་ནོ། །དེ་ཡང་དབང་བསྐུར་བྱེད་པ་པོ་སློབ་དཔོན་གྱིས་ལས་ནི་རྒྱུད་སྦྱངས་པའི་སློབ་བུ་སྔོན་ལྡན་ལ། བྱེད་པ་རྫས་སྔགས་ཏིང་འཛིན་གསུམ་འཛོམ་པའི་ཆོ་ག་ཁྱད་པར་ཅན་གྱིས་བྱ་བ་སློབ་བུའི་རྒྱུད་བྱིན་གྱིས་རླབས་པའི་ཁྱད་པར་ལས་སེམས་རྒྱུད་ལ་གནས་པའི་རང་སྐལ་གྱི་དྲི་མ་ཅི་རིགས་དག་པའམ་ཉམས་སྨད་པར་བྱས་ཤིང་། ཐོབ་བྱ་རང་གནས་ཀྱི་ཡེ་ཤེས་ཅི་རིགས་གསོས་ཐེབས་པའི་མཐུས། ལམ་རིམ་པ་གཉིས་ཀྱི་ཡེ་ཤེས་མངོན་དུ་སྐྱེས་སམ་སྐྱེ་ངེས་ཀྱི་ནུས་རུང་དུ་སྨིན་པར་བྱས་པས་རྒྱུད་འགྱུར་བའི་ཁྱད་པར་གང་ཡིན་པ་ཐོབ་པ་སྟེ། རྒྱུད་ལས། གང་

གིས་གང་ལ་དབང་བསྐུར་བས། །རྒྱུད་དག་ཉན་པ་ཐོབ་ཕྱིར་དབང་། །ཞེས་སོ། ཨ་ཧྲི་ཧཱུྃ་ཀའི་སྒྲ་ལས་མངོན་པར་གཏོར་བའམ་བླུགས་པས་ན་དབང་སྟེ། སྦྱང་བྱའི་དྲི་མ་གཏོར་ཞིང་ལམ་སྒོམ་རུང་དང་འབྲས་བུ་ཐོབ་རུང་གི་ནུས་པ་འཇོག་པའི་ཕྱིར་ཏེ། དགྱེས་རྡོར་ལས། གཏོར་དང་བླུགས་པ་ཞེས་བྱ་བ། །དེས་ན་དབང་ཞེས་བརྗོད་པར་བྱ། །ཞེས་སོ། །གང་གིས་བསྐུར་བའི་སློབ་དཔོན་ཕྱི་ནང་གསང་བའི་དེ་ཉིད་བཅུ་ཕྲག་གསུམ་སྔོན་དུ་བསྙེན་པ་དང་ལྡན་པས་དུས་གྲངས་རྟགས་ཀྱི་བསྙེན་པ་ཁ་སྐོང་སྦྱིན་སྲེག་དང་བཅས་པ་སྔོན་དུ་སོང་བས། གང་ལ་བསྐུར་བའི་སློབ་མ་དད་བརྩོན་ཤེས་རབ་གཏོང་ཕོད་ཆེ་ཞིང་། སྒོམ་སྒྲུབ་དང་དམ་ཚིག་ལ་ཡིད་བརྟེན་པ་ལ་སོགས་པའི་ཡོན་ཏན་དང་ལྡན་པ་སྟེ། མན་ངག་གསང་བ་ལས། དད་བརྩོན་བརྟུལ་ཞུགས་ལྡན་པ་སྙོད། །ཅེས་སོ། །ཇི་ལྟར་བསྐུར་བའི་ཆོ་ག་ནི། ཧེ་རུ་ཀ་འདུས་པའི་རྒྱུད་ལས། དང་པོ་ས་ཡི་ཆོ་ག་སྟེ། །གཉིས་པ་ལ་ནི་སྟ་གོན་གནས། །གསུམ་པ་འཇུག་པའི་ཆོ་ག་བྱ། །ཞེས། དང་པོ་སའི་ཆོ་ག་བརྟག་པ་གནམ་ས་བར་གསུམ་བརྟག །ཁྲི་བྲག་ལྟོ་འཕྱེའི་ལྟོ་བ་ཐད་ནས་བརྐོས་ལ་ནུག་རྫུ་བསལ་བ་དང་། བསླང་བ་སླང་བ་མི་དང་མི་སླང་བ་ས་བདག་ལ་རིན་འཇལ་བདེན་བརྗོད་ཀྱིས་བསླང་བ་དང་། སྦྱང་པ་ལས་མེ་ཐུགས་རྒྱས་སྦྱང་བ་དང་། བཟུང་བ་ཁྲོ་བོའི་སྙེམས་པས་བགེགས་ལ་བཀའ་བསྒོ་འབར་བའི་སྲུང་དང་རྡོ་རྗེའི་འགྲོས་ཀྱིས་ས་གཞི་རྡོ་རྗེའི་རང་བཞིན་དུ་བརླབ། བསྲུང་བ་ཁྲོ་བཅུའི་ཕུར་བུ་གདབ་པའོ། །

གཉིས་པ་སྟ་གོན་(ལ)ལྷ་སྟ་གོན་ལྷ་གནས་སོ་སོར་དྲིའི་ཐིག་ལེར་ཚོམ་བུར་བཀོད། ལྷ་བསྐྱེད་བསྟིམ་མཆོད་བསྟོད་སྨན་གསན་དབབ་སྟེ་ནམ་མཁར་བཏེགས་པ་དང་། བུམ་པ་སྟ་གོན་མཚན་ཉིད་དང་ལྡན་པའི་ལྷ་གྲངས་དང་མཉམ་པའམ། རྣམ་རྒྱལ་དང་ལས་བུམ་ཙམ་དུ་བསྡུས་ཀྱང་རུང་། ཆས་ལྡན་རྫས་དང་དྲི་ཆུས་བཀང་བ་བཀོད། རྣམ་རྒྱལ་དཀྱིལ་འཁོར་ཡོངས་རྫོགས་དང་། ལས་བུམ་དུ་ལས་ལྷ་གང་ཡིན་བསྐྱེད་བསྟིམ་མཆོད་བསྟོད་བཟླས་པ་བྱས་མཐར་འོད་ཞུ་བྱ་བའོ། །མདོ་སྒྱུ་འཕྲུལ་(ལ)སོགས་(པར)ལས་བུམ་ནི། རྡོར་དྲིལ་ཐོད་རྒྱ་ཐིག་ཚོན་དང་བཅས་ཏེ་ཡན་ལག་རབ་གནས་ཀྱི་ཆོ་ག་ཟུར་དུ་མཛད་དོ། །སློབ་མ་སྟ་གོན་ཡོལ་བའི་ཕྱི་རོལ་ནས་ཁྲུས་བྱས

བགེགས་བསྐྲད་མཎྜལ་ཕུལ། གསོལ་བ་བཏབ་ལ་སྤྲོ་བ་བསྐྱེད་ཅིང་ཆོས་ལ་ཉན་པར་བསྐུལ་ནས། ཇི་ལྟར་རིགས་པའི་སྡོམ་པ་བཟུང་ལྷར་བསྐྱེད་དེ་རྗོ་རྗེ་གསུམ་དུ་བྱིན་གྱིས་བརླབས་པ་ལ་མཆོད་བསྟོད། དེ་ནས་དངོས་གྲུབ་ཀྱི་མཚན་ལྟས་མངོན་དུ་བརྟག་ཕྱིར་སོ་ཤིང་དོར། རྨི་ལམ་བརྟག་ཕྱིར་རྨི་ལམ་གསལ་བ་ལ་སྡིག་སྒྲིབ་དག་ཕྱིར་ཁྲུར་ཆུ་བླུག །བར་ཆད་སྲུང་ཕྱིར་སྲུང་སྐུད་བཏགས། རྨི་ལམ་གསལ་ཕྱིར་རྩྭ་ཀུ་ཤའི་སྔས་སྟན་བྱིན། དེ་ཡང་རྫས་བཞི་ལས་སོ་ཤིང་སྦྱིན་པ་བུམ་དབང་གི་སྔོན་འགྲོ་ཡིན། རང་ཉིད་སློབ་ལམ་མཐར་ཕྱིན་ནས་བྱང་ཆུབ་ཀྱི་ཤིང་ལ་སྐུ་རྒྱབ་བརྟེན་པ་མཚོན། ཁྲུར་ཆུ་གསང་དབང་གི་སྔོན་འགྲོ་ཡིན་ཏེ། བླ་མ་ཡབ་ཡུམ་གྱི་བྱང་སེམས་ལྕེར་བཞག་པ་མཚོན། དཔུང་བར་སྲུང་སྐུད་བཏགས་པ་ཤེར་དབང་གི་སྔོན་འགྲོ་ཡིན་ཏེ། ཐིག་ལེ་འཛག་མེད་དུ་འཛིན་པ་མཚོན། ཀུ་ཤའི་སྔས་སྟན་ཚིག་དབང་གི་སྔོན་འགྲོ་ཡིན། རང་ཉིད་མངོན་སངས་རྒྱས་དུས་ཀུ་ཤའི་སྟན་ལ་མཉམ་པར་བཞག་པ་མཚོན་པའོ། །ཤེས་པ་བརྗོད། རྨི་ལམ་བརྟགས། ངན་ན་བཟློག་པའི་ཆོ་ག་བྱ་བ་ཉིད་དོ། །

གསུམ་པ་འཇུག་པའི་ཆོ་ག་ལ། དཀྱིལ་འཁོར་བྲི་བ་ཐིག་ཡེ་ཐིག་ནམ་མཁར་གདབ། དེ་བཞིན་ས་ལ་ལས་ཐིག་གདབ། ཚད་བྱེ་བ་རླུམ་སྐོར་ཕྱི་ནང་སོགས་དཀྱིལ་ཆོག་ལྟར། ཚོན་ལག་པ་བྱིན་རླབས་བྱས་ནས་དབུས་ཀྱི་ཕུར་ཁུང་འབྱུང་བ་རིམ་བརྩེགས་ཧཱུྃ་ལས་གཞལ་ཡས་བསམས་ནས་ཚོན་བླུགས། དབང་ལྡན་ནས་བརྩམས་ཏེ་རྩིག་པ་སྐོ་ཚད་གཅིག་ཙམ་བྲིས་པ། ཕྱིར་སྒྲོ་ཚེ་བྲ་བཏགས། ལྷ་གནས་སུ་སྐུ་ཕྱག་རྒྱ། གསུང་ཡིག་འབྲུ། ཐུགས་ཕྱག་མཚན་ནམ་རང་མདོག་གི་ཐིག་ལེ་བྱ། ཡང་ན། རྣམ་གློག་ལས། གཙོ་བོ་གཟུགས་སུ་རྫོགས་པར་བྲི། །འཁོར་རྣམས་ཕྱག་རྒྱ་དག་ཏུ་བྱ། །ཕལ་བ་དག་ལ་ཡིག་འབྲུས་སོ། །ཞེས་སོ། རྒྱན་དགྲམ་པ། དཀྱིལ་འཁོར་དྲ་ཕྱེད་ཁ་དགབ་དགྲི་བ། ཕྱོགས་ཕྱོགས་ལ་མདའ་༥གྲི་༥ཕུར་པ་༥སོགས་ཀྱིས་བརྒྱན་པ་དང་། དབང་རྫས་མཆོད་རྫས་ཚུལ་བཞིན་དུ་བཤམས་པའོ། །སྒྲུབ་ཅིང་མཆོད་པ་ལ། སྒྲུབ་བ་དཀྱིལ་འཁོར་རབ་གནས་ནི། རྣམ་གློག་ལས། དཀྱིལ་འཁོར་ལ་སོགས་གང་བྱས་ཀྱང་། །རབ་གནས་ཡེ་ཤེས་མི་ལྡན་ན། །ཚོགས་དང་བྲི་བའི་ནུས་པ་མེད། །ཅེས་པ་ལྟར་རྡུལ་ཚོན་དུ་མ་ཟད། རས་བྲིས་གསར་བ་ཡིན་ན་རབ་གནས

བྱ་དགོས་སོ། །སྒྲུབ་མཆོད་དངོས་ལ། བདག་མདུན་སོ་སོར་བསྒོམས་ནས་མི་བསྲེ་བ་ཐ་དད་དུ་སྒྲུབ་པ་དང་། ཐོག་མར་བདག་མདུན་སོ་སོར་བསྒོམས་པ་བསྲེས་ནས་བུམ་པ་སྒྲུབ་པ་ཐ་མི་དད་དང་། ཐོག་མ་ནས་བདག་མདུན་བུམ་གསུམ་དམ་ཚིག་གི་དཀྱིལ་འཁོར་གཅིག་གིས་བསྡུས་ཏེ་བསྒོམ་ལ། བཟླས་པའི་དུས་ཐབ་ཁང་དབྱེ་བའི་ཚོ་གས་སོ་སོར་ཕྱེ་ནས་བཟླ་ཞིང་། ཁྱད་པར་བུམ་པ་ལ་གཟུངས་ཐག་བཏགས་ཏེ་བཟླས་མཐར་འོད་ཞུ་བྱ་བ་ཡིན་ནོ། །

ཡང་མ་ཡིག་ལྷེབ་གཅིག་ཆད་སྐྱེད་པ་དེ་ཉིད་བརྟན་པར་བྱ་ཞིང་། དེ་ནས་ལྷག་པའི་ལྷ་ངོས་འཛིན་པའི་ཕྱིར་མེ་ཏོག་དོར་བ་ཉིད་མགོ་བོར་བཅིངས་པས་རིགས་ཀྱི་ལྷ་ལ་གཏད་དེ་མིག་ཕྱེ་ནས་དཀྱིལ་འཁོར་བསྟན་པར་བྱའོ། །དེ་དག་ནི་འཇུག་པའི་ཆོས་ཏེ་ལྷ་དང་སྐལ་བ་མཉམ་པར་བྱས་པའོ། །གལ་ཏེ་དམ་ཚིག་དང་སྡོམ་པ་མི་འཛིན་པ་སོགས་ཀྱིས་དབང་བསྐུར་དུ་མི་རུང་བའི་གང་ཟག་ཡིན་ནའང་དཀྱིལ་འཁོར་དུ་འཇུག་པ་ཙམ་ཞིག་བྱ་བར་གནང་སྟེ། རྩེ་མོ་ལས། གལ་ཏེ་དེ་ནི་སྣོད་མིན་ན། །དེ་ལ་གཞུག་པ་སྦྱིན་པར་བྱ། །ཞེས་སོ། །དེ་ལྟར་འཇུག་པ་ལ་དབང་བསྐུར་བ་ནི་བུམ་པ། གསང་བ། ཤེས་རབ་ཡེ་ཤེས། དབང་བཞི་པའོ། །དང་པོ་བུམ་དབང་ནི། དེ་ལྟར་ཞུགས་པའི་དཀྱིལ་འཁོར་དེར་དབང་བསྐུར་བར་མཎྜལ་སྔོན་འགྲོས་གསོལ་བ་བཏབ་ལ། དཀྱིལ་འཁོར་གྱི་ཤར་ཕྱོགས་སུ་དབང་སྟེགས་པདྨ་འདབ་བརྒྱད་ལ་སློབ་བུ་བཀོད་དེ། གང་གིས་བསྐུར་ན། སྐུ་རྡོ་རྗེ་སྤྲུལ་སྐུའི་ངོ་བོ་བླ་མ་དང་གཉིས་སུ་མེད་པའི་དཀྱིལ་འཁོར་གྱི་ལྷ་དང་། དེ་ལས་སྤྲུལ་པའི་ལྷ་དང་རང་བཞིན་གྱི་གནས་ནས་སྤྱན་དྲངས་པའི་ལྷ་སྟེ། དེ་ཐམས་ཅད་ཀྱང་ཕུང་ཁམས་དག་པ་གཤེགས་པ་གཤེགས་མའི་གདན། དབང་ཡུལ་དག་པ་སེམས་དཔའ་སེམས་མའི་གདན། ཡན་ལག་དག་པ་ཁྲོ་བོ་ཁྲོ་མོའི་གདན་ཞེས་གདན་གསུམ་ཚང་བའི་ལྷ་རྟེན་དང་བརྟེན་པ་ལྟ་བུ་མ་ཡིན་པར་བླ་མ་དཔོན་སློབ་གདན་འཛོམ་ཞེས་པ་ལྟ་བུ་གོ་དགོས་ལ། དེ་ཡང་དེ་བཞིན་གཤེགས་པ་རྣམས་ཀྱིས་དབང་བསྐུར་བའི་དགོངས་པ་མཛད། གཤེགས་མ་རྣམས་ཀྱིས་བུམ་པ་ཡོ་བར་བཟུང་ནས་དབང་བསྐུར། སེམས་དཔའ་རྣམས་ཀྱིས་ཤིས་པ་བརྗོད། སེམས་མ་རྣམས་ཀྱི་གླུ་གར་བསྒྱུར། ཁྲོ་བོ་རྣམས་ཀྱིས་བགེགས་བསྲུང་དེ། ཀུན་ཀྱང་དབང་གི་བྱ་བ་ལ་(མོས)པར་མཛད་པ་རྣམས་ཀྱིས། གང་ལ་བསྐུར་ན། དབང་

བསྐུར་ཡུལ་གྱི་སློབ་མའང་དབང་རྫས་ལྟར་རིགས་ཀྱི་ལྷ་སོ་སོར་བསྐྱེད་པའམ། ཡང་ན་ཐམས་ཅད་
ལ་ལྷག་པའི་ལྷ་གང་ཡིན་གྱི་རྣམ་པར་བསྐྱེད་པ་སྤྲོ་འགྱུར་རང་ལུགས་ལྟར་བསྐྱེད། ཇི་ལྟར་བསྐུར་ན།
སློབ་བུའི་ཕུང་ལྔ་དང་ཉོན་མོངས་པ་ལྔ་དག་པ་རིགས་ལྔ་ཡེ་ཤེས་ལྔར་བྱིན་གྱིས་བརླབ་པའི་ཕྱིར།
དབང་བསྐུར་བ་ཐོས་ཐུམ་པ་སོགས་དམ་ཡེ་དབྱེར་མེད་ཀྱི་རིགས་ལྟར་བསྐྱེད་པ། དབང་རྫས་སོ་
སོའི་རྣམ་པར་གྱུར་པ་ཉིད་ཐོགས་ཏེ་སྔགས་དང་ཕྱག་རྒྱ་ཏིང་འཛིན་གསུམ་དང་ལྡན་པས། ཐུམ་ཆུ་
སྤྱི་བོར་གཏོར་ཞིང་བླུགས་པ་དང་། དབུ་རྒྱན་རིགས་ལྔའི་པྲོག་ཞུ་མགོ་ལ་བཅིངས་པ་དང་། རྡོ་རྗེ་
ལག་གཡས་སུ་བྱིན་པ་གསོར་ཞིང་སྙིང་གར་གཏོད་པ་དང་། དྲིལ་བུ་ལག་གཡོན་གཏད་པ་དཀྲོལ་
ཞིང་དཀུར་བརྟེན་ནས་འཛིན་དུ་བཅུག་པ་དང་། མེ་ཏོག་ཐོག་པའི་རིགས་གང་ཡིན་ལྟར་གསང་
མཚན་མིང་འདོགས་པ་སྟེ། རིག་པའི་དབང་ལྔ་དང་། དྲི་བཅས་ཡེ་ཤེས་ཀྱི་ཁམས་སམ་གཞུག་མའི་
སེམས་ཀྱི་ཁམས་ཐབས་རྡོ་རྗེ་སེམས་དཔའི་ངོ་བོར་བྱིན་གྱིས་བརླབ་པའི་ཕྱིར་ཐ་མལ་གྱི་སྤྱོད་པ་བྱ་
བ་ངན་ཞེན་གྱི་སྤྱོད་པ་བཏུལ་ནས། རྡོ་རྗེ་སེམས་དཔའི་ཚུལ་ལ་འཇུག་པ་རྡོ་རྗེ་བརྟུལ་ཞུགས་ཀྱི་
དབང་ཐུན་མོང་དང་། ཁྱད་པར་སྤྱོད་པའི་བརྟུལ་ཞུགས་ཀྱི་དབང་ཁ་ཊྭཱཾ་སྒྲོལ་དབང་བརྟེན་རྫས་
སྒྲུབ་རྫས་སོགས། བསྐྱེད་རིམ་གྱི་བོགས་འདོན་ཉེ་རྒྱུས་སྤྱོད་པ་ལ་བརྟེན་པས་སྤྱོད་པའི་བརྟུལ་
ཞུགས་ཀྱི་དབང་ཡོད་པའི་ཕྱོགས་ལ་དེའང་བསྐུར་ཏེ་སློབ་མའི་དབང་དྲུག་གོ། །དེ་ནས་ཐབས་བྱུང་
རྒྱལ་བ་རྡོ་རྗེ་འཆང་ཞེས་ལྷ་གང་ཡིན་ཀྱང་གཙོ་བོ་རྡོ་རྗེ་འཆང་དུ་བཏགས་པ་དེས་བྱིན་གྱིས་
བརླབས་ཏེ་གཞན་དོན་བྱེད་ནུས་པའི་མཐུ་དང་ལྡན་པར་བྱ་བའི་ཕྱིར། རྡོ་རྗེ་གསོར་ཞིང་ཐུགས་
ཀར་བརྟེན་པ་ཐུགས། དྲིལ་བུ་དཀྲོལ་ཞིང་དཀུར་བརྟེན་པ་གསུང་། ལྷག་པའི་ལྷ་རྡོ་རྗེ་འཆང་ཡབ་
ཡུམ་བསྒོམ་དུ་བཅུག་པ་ཕྱག་རྒྱ་སྐུའི་དམ་ཚིག་གསུམ་བྱིན་ནས། ཕྱག་པད་ཀོར་གྱིས་འཁྱུད་རྒྱ་
བྱས་པས་ཕྱི་རྫས་ཀྱི་རྡོ་རྗེ་དྲིལ་བུ་ཁ་སྦྱོར། ནང་ཡབ་ཡུམ་གྱི་མཁའ་གསང་ཁ་སྦྱོར། གསང་བ་
ཁམས་དཀར་དམར་ཁ་སྦྱོར་ལས་བྱུང་བའི་བདེ་སྟོང་གི་ཡེ་ཤེས། རྡོ་རྗེ་སློབ་དཔོན་གྱི་དབང་སྟེ་
ཐུམ་དབང་གི་དངོས་གཞི་བདུན་དང་། དེའི་ཡན་ལག་ཏུ་རྗེས་སུ་གནང་བ་ལ་སོགས་པ་བྱིན་པའོ། །
དེ་ཡང་ཉོན་མོངས་པ་ལྔའི་དྲི་མ་རགས་པ་སྦྱངས་ནས་ཡེ་ཤེས་ལྔ་ཐོབ་པར་མོས་ནས་ཕུང་པོ་ལྔ་

གནས་གྱུར་ཐོབ་པས། འབྲས་བུ་རིགས་ལྔའི་སྤྱངས་རྟོགས་ཀྱི་ནུས་པ་ཁྱད་པར་ཅན་ཕྱུང་ལྔ་རྒྱལ་བ་རིགས་ལྔར་འགྲོ་མ་རག་བྱས་པ་རིག་པའི་དབང་ལྔའི་ངོ་བོ་དང་། དྲི་བཅས་ཡེ་ཤེས་ཀྱི་ཁམས་དང་། རྡོ་རྗེ་ལུས་ཀྱི་མི་ཤིགས་པའི་དྲི་མ་རགས་པ་སྦྱངས་ནས། རགས་པའི་ལུས་ངག་ཡིད་ཀྱི་གཟུང་འཛིན་དང་། གཟུང་བའི་ཡུལ་སྟོང་པ་འཛིན་པ་བདེ་བ་ཆེན་པོ་གནས་གྱུར་ཐོབ་པས་ཐབས་རྡོ་རྗེ་སེམས་དཔའ་དང་། ཐབས་བྱུང་རྡོ་རྗེ་འཆང་གི་སྤྱངས་རྟོགས་ཀྱི་ནུས་པ་ཁྱད་པར་ཅན་རྒྱུད་ལ་བཞག་པ་བརྟུལ་ཞུགས་དང་རྡོ་རྗེ་སློབ་དཔོན་གྱི་དབང་གི་ངོ་བོའོ། །དེ་རྣམས་ཀྱི་སྐབས་ཀུན་ཏུ་བུམ་ཆུའི་བྱ་བ་རྗེས་སུ་འགྲོ་བས་བུམ་པའི་དབང་ཞེས་བྱ་བའོ། །

གཉིས་པ་གསང་དབང་ནི། ནམ་ཕྱེད་ཀྱི་དུས་སུ་དཀྱིལ་འཁོར་གྱི་ལྟོར་མཆོད་ལ་དང་རིགས་མ་མཚན་ལྡན་ཕུལ་ལ་གསོལ་བ་བཏབ་ནས། གསང་རྡོ་རྗེ་ལོངས་སྤྱོད་རྫོགས་སྐུའི་ངོ་བོ་བླ་མ་ཡབ་ཡུམ་གྱི་ལུས་དང་། ཡི་གེ་ཧྲཱ་གའི་དཀྱིལ་འཁོར་དུ་སངས་རྒྱས་ཐམས་ཅད་སྤྱན་དྲངས་ཏེ་བཅུག་པ། རྗེས་ཆགས་ཀྱིས་ཞུ་བ་རྡོ་རྗེ་ནོར་བུ་ནས་ཕྱིན་པའི་བདུད་རྩི་བྱང་ཆུབ་ཀྱི་སེམས་དཀར་དམར་ནི་སྐལ་མེད་ལ་བསྟན་དུ་མི་རུང་བས་གསང་བ་ཞེས་བྱ་ལ། དེ་ཉིད་སློབ་བུའི་ལྕེ་ཐོག་ཏུ་བྱིན་པ་ནི་དབང་བསྐུར། སྙིར་ལུགས་ཡབ་ཡུམ་གྱི་མཁའ་གསང་ལས་དངོས་སུ་ལེན་པ་ཐབས་དང་ཤེས་རབ་ཀྱི་གསང་དབང་། ཡུམ་གྱི་མཁར་ལྷུང་བ་ཡབ་ཀྱི་ལྕེས་བླངས་བ་ལས་སམ། མི་ནུས་ན་མེ་ལོང་ཡུ་བ་ཅན་གྱིས་བླངས་ཏེ། བདུད་རྩི་དང་སྦྱར་ནས་སྙེར་བ་ནི་གཉིས་མེད་ཀྱི་གསང་དབང་སྟེ། དེ་མགྲིན་པ་ནས་འཕེལ་བས་ལུས་གང་། ཆན་ལ་ཕབས་ཀྱིས་ཐེབས་པ་ལྟར་བྱིན་གྱིས་བརླབས་པས། གསུང་རྡོ་རྗེའི་སྤྱངས་རྟོགས་ཀྱི་ནུས་པ་ཁྱད་པར་ཅན་བཞག་སྟེ། སེམས་གསལ་སྟོང་བརྗོད་བྲལ་གྱི་ཡེ་ཤེས་སུ་རྟོགས་པས་དབྱིབས་ལ་ལྟར་ཞེན་གྱི་རྟོག་པ་དང་བྲལ་བ་ནི་གསང་དབང་ཐོབ་པའོ། །

གསུམ་པ་ཤེས་རབ་ཡེ་ཤེས་ཀྱི་དབང་ནི། ཐོ་རངས་དཀྱིལ་འཁོར་གྱི་ནུབ་ཕྱོགས་སུ་མཆོད་དང་གསོལ་བ་བཏབ་ནས། བླ་མ་དང་ལྷ་གཉིས་སུ་མེད་པ་ཆོས་ཀྱི་སྐུ་ཐུགས་རྡོ་རྗེ་ཡབ་ཡུམ་ཁ་སྦྱོར་གྱི་ངོ་བོར་བཞུགས་པ་ལས། ཀུན་རྫོབ་བྱང་སེམས་ཀྱི་དཀྱིལ་འཁོར་དུ་རྟེན་ཤེས་རབ་མ་གཏད་ནས། སངས་རྒྱས་ཐམས་ཅད་སློབ་མ་ཡབ་ཡུམ་ལ་བསྙིམ་བཅུག་སྟེ་སྙོམས་པར་ཞུགས་པས། བརྟེན་པ་

ཁམས་ཞུ་བའི་བྱང་ཆུབ་ཀྱི་སེམས་རྒྱུན་ཡས་བབ་དགའ་བཞིའི་འགྲོས་ཀྱིས་བྱིན་པ་རྡོ་རྗེ་ནོར་བུའི་བུམ་པར་འཛག་མེད་དུ་བཟུང་སྟེ་ཞུ་བདེ་ཉམས་སུ་མྱོང་བའི་རྐྱེན་ལས་སྣང་མཆེད་ཐོབ་གསུམ་གྱི་རིམ་པས་ཞེས་པ་དགའ་བཞི་དང་སྦྱར་ཏེ། དེ་ཡང་སྤྱི་བོ་ནས་མགྲིན་པར་ཁམས་ཞུ་བའི་བྱང་ཆུབ་སེམས་ཀྱི་རྒྱུན་བབས་པ། དགའ་བའི་ཡེ་ཤེས་༡ཞེས་པ་དང་། སྟོང་བཞི་ལས་སྟོང་པའི་འོད་གསལ་༡ཞེས་རྣམ་པར་ཤེས་པ་སྣང་བ་ལ་ཐིམ་པས་སྣང་བ་དཀར་ལམ་ཤར་བ་དང་རིམ་པ་མཚུངས། མགྲིན་པ་ནས་ཁམས་ཞུ་བའི་བྱང་སེམས་ཀྱི་རྒྱུན་སྙིང་གར་བབས་པ། མཆོག་དགའི་ཡེ་ཤེས་༢ཞེས་པ་དང་། སྟོང་བཞི་ལས་ཤིན་ཏུ་སྟོང་པ་༢ཞེས་སྣང་བ་མཆེད་པ་ལ་ཐིམ་པས་མཆེད་པ་དམར་ལམ་ཤར་བའི་རིམ་པ་དང་མཚུངས། སྙིང་ག་ནས་ཁམས་ཞུ་བའི་བྱང་སེམས་ཀྱི་རྒྱུན་ལྟེ་བར་བབས་པ་དགའ་བྲལ་གྱི་ཡེ་ཤེས་༣ཞེས་པ་དང་། སྟོང་བཞི་ལས་སྟོང་པ་ཆེན་པོའི་འོད་གསལ་༣ཞེས་མཆེད་པ་ཐོབ་པ་ལ་ཐིམ་པས་ཐོབ་པ་ནག་ལམ་ཤར་བའི་རིམ་པ་དང་མཚུངས། ལྟེ་བ་ནས་ཁམས་ཞུ་བའི་བྱང་སེམས་ཀྱི་རྒྱུན་གསང་བ་རྡོ་རྗེ་ནོར་བུའི་རྩེ་མོར་བཅིངས་པས་རང་བཞིན་ལྷན་ཅིག་སྐྱེས་དགའི་ཡེ་ཤེས་༤ཞེས་པ་དང་། སྟོང་བཞི་ལས་ཐམས་ཅད་སྟོང་པའི་འོད་གསལ་༤ཞེས་ཐོབ་པ་ཉེར་ཐོབ་ལ་ཐིམ་པས་ནམ་མཁའ་སྤྲིན་བྱེད་ཉི་ཟླའི་འོད་དང་སྨག་དང་བྲལ་བའི་ཐོ་རངས་ཀྱི་ནམ་མཁའ་གཡའ་དག་པ་ལྟ་བུ་ཉེར་ཐོབ་ཆོས་སྐུའི་ཡེ་ཤེས་དོན་གྱི་འོད་གསལ་སེམས་ཉིད་སྐྱེ་བ་མེད་པ་རྒྱུ་རྐྱེན་དང་བྲལ་བའི་འདུས་མ་བྱས་དེར་འཛིན་དང་གཉེན་པོའི་ཡུལ་གདོད་མ་ནས་འདས་པ་དངོས་པོ་གཤིས་ཀྱི་འདུག་ཚུལ་གཞི་ཇི་བཞིན་འཆར་བ་དང་མཚུངས། ལམ་སྒོམ་སྟོབས་ཀྱིས་ཐིག་ལེ་ཞུ་བདེའི་འགྲོས་རིམ་དགའ་བཞིའི་ཡེ་ཤེས་འོད་གསལ་བདེ་བ་ཆེན་པོའི་ངོ་བོར་ཤར་བས་ཡིད་བྱིན་གྱིས་བརླབས་ཏེ། ཐུགས་རྡོ་རྗེའི་སྦྱངས་རྟོགས་ཀྱི་ནུས་པ་ཁྱད་པར་ཅན་ཐོབ་པ་ནི་ཤེར་དབང་གི་ངོ་བོ་སྟེ། རྟེན་ཤེས་རབ་མ་ལས་བརྟེན་པ་དགའ་བཞི་བསྐྱེད་པས་ན་ཤེས་རབ་ཡེ་ཤེས་ཀྱི་དབང་ཞེས་བྱའོ། །དབང་བཞི་པ་ཚིག་དབང་རིན་པོ་ཆེ་ནི་བླ་མ་ངོ་བོ་ཉིད་སྐུ་ཡེ་ཤེས་རྡོ་རྗེའི་བདག་ཉིད་ཅན་ལས། དོན་དམ་བྱང་སེམས་ཀྱི་དཀྱིལ་འཁོར་དུ་དབང་བསྐུར་ཏེ། དེའང་སྔར་དབང་གསུམ་པའི་དུས་ཀྱི་ཡས་བབས་ཀྱི་དགའ་བཞི་རྫོགས་ནས། ཐབས་ཀྱིས་ལྡོག་པ་ལས་མས་བརྟན་གྱི་དགའ་བཞིའི་

མཐར་ཉམས་སུ་མྱོང་བའི་ཡེ་ཤེས་དང་། རང་སེམས་ལྷན་ཅིག་སྐྱེས་པའི་ཡེ་ཤེས་རོ་གཅིག་ཏུ་ཚིག་ཙམ་གྱི་བརྡས་ངོ་སྤྲོད་པ་ཚིག་གི་བཞི་པ་དང་། བསམ་གྱིས་མི་ཁྱབ་པའི་ལྷན་ཅིག་སྐྱེས་པའི་དེ་ཁོ་ན་ཉིད་སྐུ་དང་ཡེ་ཤེས་ཟུང་དུ་འཇུག་པ་དབྱེར་མེད་བདེ་བ་ཆེན་པོ་མཆོག་གི་ངང་དེ་འཛིན་རྒྱུད་ལ་སྐྱེས་པ་དོན་གྱི་བཞི་པ། ཡེ་ཤེས་ངོས་མ་ཟིན་ན་ལས་རྒྱ་ལ་བརྟེན་ནས་ཉམས་མྱོང་འདྲེན་པ་རྟེན་ཙན་གྱི་བཞི་པ། དེ་ལམ་དུ་གོམས་པར་བྱེད་པ་ལམ་གྱི་བཞི་པ་དགའ་བཞིའི་འགྲོས་རེ་རེ་ལ་འང་དགའ་ཚུང་བཞི་བཞིར་ཕྱེ་བའི་བཅུ་དྲུག་ནི། བྱང་སེམས་ཐིག་ལེ་སྤྱི་བོ་ནས་མགྲིན་པར་བབས་པ་ལ་ཆ་བཞིར་ཕྱེས་ཏེ་དགའ་བའི་དགའ་བ་དང་༡། དགའ་བའི་མཆོག་དགའ་དང་༢། དགའ་བའི་དགའ་བྲལ་དང་༣། དགའ་བའི་ལྷན་སྐྱེས་དགའ་བ་དང་༤བཞིས་ཚོགས་ལམ་དང་སྦྱར། ཞུ་བདེའི་འགྲོས་ཀྱི་ཐིག་ལེ་མགྲིན་པ་ནས་སྙིང་གར་བབས་པ་ལ་ཆ་བཞིའི་གོ་རིམ་གྱིས་མཆོག་དགའི་དགའ་བའི་ཡེ་ཤེས་༥སྐྱེས་སྦྱོར་ལམ་རྒྱུད་ལ་སྐྱེས། མཆོག་དགའི་མཆོག་དགའི་ཡེ་ཤེས་༦ཀྱིས་མཐོང་ལམ་སྐྱེས་པས་དང་པོ་རབ་དགའ་ཐོབ། མཆོག་དགའི་དགའ་བྲལ་༧གྱིས་སྒོམ་ལམ་ཆུང་ངུའི་ཆུང་ངུ་དང་ས་གཉིས་པ་དྲི་མ་མེད་པ་དང་། མཆོག་དགའི་ལྷན་ཅིག་སྐྱེས་དགའི་༨སྒོམ་ལམ་ཆུང་ངུའི་འབྲིང་པོ་དང་ས་གསུམ་པ་འོད་བྱེད་པ་དང་། སྙིང་ག་ནས་ཐིག་ལེ་ལྟེ་བར་བབས་པ་ལ་ཆ་བཞི་པ། དགའ་བྲལ་གྱི་དགའ་བའི་ཡེ་ཤེས་༩ཀྱིས་སྒོམ་ལམ་ཆུང་ངུའི་ཆེན་པོ་དང་ས་བཞི་པ་འོད་འཕྲོ་བ་དང་། དགའ་བྲལ་གྱི་མཆོག་དགའི་ཡེ་ཤེས་༡༠ཀྱིས་སྒོམ་ལམ་འབྲིང་པོའི་ཆུང་ངུ་དང་ས་ལྔ་པ་སྦྱང་དཀའ་བ་རྫོགས། དགའ་བྲལ་གྱིས་དགའ་བྲལ་གྱི་ཡེ་ཤེས་༡༡ཀྱི་སྒོམ་ལམ་འབྲིང་པོའི་འབྲིང་པོ་དང་ས་དྲུག་པ་མངོན་དུ་གྱུར་པ་དང་སྦྱར། དགའ་བྲལ་གྱི་ལྷན་ཅིག་སྐྱེས་དགའི་ཡེ་ཤེས་༡༢ཀྱིས་སྒོམ་ལམ་འབྲིང་པོའི་ཆེན་པོ་དང་ས་བདུན་པ་རིང་དུ་སོང་བ་ཐོབ་པ་དང་སྦྱར། ལྟེ་བ་ནས་གསང་བ་རྡོ་རྗེ་ནོར་བུའི་རྩེ་བར་ཐིག་ལེ་ཞུ་བདེའི་འགྲོས་ཀྱི་ཆ་བཞིས་གོ་རིམ་དང་པོ་ལྷན་ཅིག་སྐྱེས་དགའི་དགའ་བའི་ཡེ་ཤེས་༡༣སྐྱེས། སྒོམ་ལམ་ཆེན་པོའི་ཆུང་ངུ་དང་ས་བརྒྱད་པ་མི་གཡོ་བ་དང་སྦྱར། གཉིས་པ་ལྷན་ཅིག་སྐྱེས་དགའི་མཆོག་དགའི་ཡེ་ཤེས་༡༤རྒྱུད་ལ་སྐྱེས་པས། སྒོམ་ལམ་ཆེན་པོའི་འབྲིང་པོ་དང་ས་དགུ་པ་ལེགས་པའི་བློ་གྲོས་ཐོབ་པ་དང་སྦྱར། གསུམ་པ་ལྷན་ཅིག་སྐྱེས་དགའི་

དགའ་བྲལ་གྱིས་ཡེ་ཤེས་༡༥རྒྱུད་ལ་སྐྱེས་པ་དང་། སྨོམ་ལམ་ཆེན་པོའི་ཆེན་པོ་དང་ས་བཅུ་པ་ཆོས་ཀྱི་སྤྲིན་ཐོབ་པ་དང་སྦྱར། དེས་སྨོམ་ལམ་ས་དགུ་པ་༼ཕོ༽རྫོགས། བཞི་པ་ལྷན་ཅིག་སྐྱེས་དགའི་ལྷན་ཅིག་སྐྱེས་དགའི་ཡེ་ཤེས་༡༨རྒྱུད་ལ་སྐྱེས་པས་མི་སློབ་པའི་ལམ་སྟེ་སངས་རྒྱས་ཀྱི་ས་དང་སྦྱར་ཞིང་། ཡས་བབས་རྒྱུའི་ས་ལམ་དང་སྦྱར་བ་སྟེ། རྡོ་རྗེ་ལས་རིམ་ལས། གནས་ནི་ཡེ་ཤེས་བཅུ་དྲུག་པོ། །ཚོགས་སྦྱོར་ལ་སོགས་དང་པོ་ནས། །མཐར་ཕྱིན་སངས་རྒྱས་ས་ཉིད་དེ། །གནས་བཞི་དེ་བཞིན་དབྱེ་བ་ལས། །གཉིས་པའི་གཉིས་པ་རབ་དགའ་སོགས། །ཕ་རོལ་ཕྱིན་དང་སའི་མཚན་ཉིད། །མཚུངས་ཕྱིར་རྫོགས་པར་བཤད་པ་ཡིན། །ཞེས་པས་བསྟན། མས་བརྟན་འབྲས་བུའི་ལམ་དང་སྦྱར་ཏེ་ཡབ་ཡུམ་གྱི་ཐིག་ལེ་ཉི་ཟླ་གཉིས་འདྲེས། ཐིག་ལེ་རྡོ་རྗེའི་ལམ་ནས་ཡར་ལོག་པ་ནི་མས་བརྟན་གྱི་དགའ་བ་སྟེ། དེ་ནས་ལྟེ་བའི་བར་དྲངས་པ་དགའ་བའི་དགའ་བ་སོགས་བཞི། ལྟེ་བ་ནས་སྙིང་ཁ་བར་དྲངས་པ་མཆོག་དགའི་བཞི། སྙིང་ག་ནས་མགྲིན་པའི་བར་དྲངས་པ་དགའ་བྲལ་གྱི་བཞི། མགྲིན་པ་ནས་གཙུག་ཏོར་ནམ་མཁའི་འཁོར་ལོའི་བར་དུ་དྲངས་ནས་བརྟན་པ་ལ་ལྷན་ཅིག་སྐྱེས་དགའི་དགའ་བ་བཞི་སོགས་མས་བརྟན་གྱི་དགའ་བ་བཅུ་དྲུག་པའི་མཐར་ཁུ་རྡུལ་སྟེང་འོག་ཏུ་ཐིམ་པའི་སྐད་ཅིག་ལ་རླུང་འགགས་པས་ཁུ་རྡུལ་རླུང་གསུམ་གྱི་འགྱུར་བ་མྱོང་བའི་ཤེས་རིག་ཀྱང་རྒྱུན་ཆད་དེ་བཅུ་གཅིག་ཀུན་ཏུ་འོད་དང་། བཅུ་གཉིས་མ་ཆགས་པདྨ་ཅན་དང་། བཅུ་གསུམ་ཡི་གེ་འཁོར་ལོ་ཚོགས་ཆེན་གྱིས་རྫོགས། སྐུ་བཞི་མངོན་དུ་བྱེད་པ་ནི་འབྲས་བུའི་བཞི་པའོ། །དེ་ལྟར་ཡང་། སྐུ་འཕྲུལ་ཐལ་བ་ལས། གནས་ནས་ལོག་པ་ཐིམ་པའི་སྦྲས། །མཐའ་གཉིས་མ་གོས་པདྨའི་སྤྲིན། །བཅུ་གསུམ་ཡི་གེ་འཁོར་ལོ་བརྗོད། །ཅེས་པས་བསྟན་ནོ། །དབང་བཞི་བསྒྱུར་བས་དྲི་མ་གང་དག་ན་བུམ་དབང་གི་གནས་སྐབས་བཞི་ལས། སད་པའི་གནས་སྐབས་དང་། དེའི་སྣང་བ་ལུས་ཕུང་སོགས་རགས་པའི་ཆོས་ཡིན་པས་སྒོ་གསུམ་ལས་ལུས་ཀྱི་ཐིག་ལེའི་སྒྲིབ་པ་དག་ཅིང་། བདུད་བཞི་ལས་ཕུང་པོའི་བདུད་འཇོམས་པར་བྱེད་དོ། །དེ་བཞིན་དུ་གསང་དབང་གིས་རྨི་ལམ་གྱི་གནས་སྐབས་དང་། དེ་ཡིད་ངོར་སྣང་བས་ཕྲ་ཞིང་། དེ་ཉིད་ཐིག་ལེ་རླུང་གིས་བསྐྱོད་པ་ལས། སྣང་བའམ་བརྗོད་འདོད་ཀྱི་རྟོགས་པ་དང་འབྲེལ་པས། ངག་གི་ཐིག་ལེའི་སྒྲིབ་པ་དང་། ཉོན་མོངས

པའི་བདུད་བཅོམ། ཤེར་དབང་གིས་གཉིད་འཐུག་གི་གནས་སྐབས་དང་།དེ་ཚོགས་དྲུག་རགས་པ་འགགས་པའི་རྣམ་རྟོག་ཡིན་པས་ཡིད་ཀྱི་ཐིག་ལེའི་སྒྲིབ་པ་དང་། འཆི་བདག་གི་བདུད་བཅོམ། དབང་བཞི་པས་སྙོམས་འཇུག་གི་གནས་སྐབས་དང་། དེ་འཛག་བདེའི་སྲེད་པ་ཡིན་པས། ཤེས་སྒྲིབ་ཆེས་ཕྲ་བ་འཕོ་བའི་ཐིག་ལེའི་སྒྲིབ་པ་དང་། ལྷའི་བུའི་བདུད་དེ་དང་དེ་དག་འཇོམས་པར་བྱེད་དོ། །བུམ་དབང་གིས་ལས་སྒྲིབ། གསང་དབང་གིས་ཉོན་སྒྲིབ། ཡེ་ཤེས་དེ་ཤེས་བྱའི་སྒྲིབ་པ་ལ་ཕྲ་རགས་གཉིས་ལས། ཤེར་དབང་གིས་ཤེས་སྒྲིབ་རགས་པ། དབང་བཞི་པས་ཤེས་སྒྲིབ་ཕྲ་བ་འཕོ་བའི་བག་ཆགས་ཀྱི་སྒྲིབ་པ་རྣམས་གཙོ་བོར་སྦྱོང་བར་བྱེད་ཅིང་། དེར་མ་ཟད་དབང་དང་པོ་གསུམ་གྱི་སྒོ་གསུམ་སོ་སོ་སྦྱངས་ནས། བཞི་པས་ཆ་མཉམ་སྦྱོང་བར་བཤད་པའང་སྣང་བས། དེའི་ཆ་མཉམ་ནི་ཁྱུ་རྡུལ་ཁྲུང་གསུམ་ལས་འཁོར་བའི་ལུས་ངག་ཡིད་གསུམ་དང་། བདེ་སྡུག་བཏང་སྙོམས་རྣམས་འཆར་བས་དཀར་དམར་ཁྲུང་ལ་ཆ་མཉམ་དུ་འཇུག་པའི་སེམས་དང་བཅས་པ་འཕོ་བའི་བག་ཆགས་ལ་འཇོག་དགོས་པ་གནད་གཅིག་གོ། །ལམ་གང་བསྒོམ་པ་ལ་དབང་ན། བུམ་དབང་གིས་ཕྱི་ནང་གི་བསྐྱེད་རིམ་ལས་ཚོགས་དང་བཅས་པ་བཤད་སྒྲུབ་ཉན་པ་ལ་དབང་ཞིང་ཡུལ་སྣང་སྟོང་ཟུང་འཇུག་ཏུ་འཆར་བའི་ཉམས་སྐྱེ་བར་བྱེད། དེ་བཞིན་གསང་དབང་གིས་རང་བྱིན་གྱིས་བརླབ་པ་གཏུམ་མོ་དང་སྒྱུ་ལུས་སྒོམ་པ་ལ་དབང་ཞིང་སེམས་གསལ་སྟོང་གི་ཉམས་སྐྱེ། ཤེར་དབང་གིས་ལས་དང་ཡེ་ཤེས་ཀྱི་ཕྱག་རྒྱ་ལ་བརྟེན་པའི་དཔེའི་ཡེ་ཤེས་སྒོམ་ཞིང་ལུས་བདེ་སྟོང་གི་ཉམས་སྐྱེ། དབང་བཞི་པས་དོན་གྱི་ཡེ་ཤེས་ཕྱག་རྫོགས་སྒོམ་པ་ལ་དབང་ཞིང་། ཆོས་ཐམས་ཅད་ཀྱི་རང་བཞིན་དོན་དམ་འོད་གསལ་མཆོག་ཏུ་མི་འགྱུར་བའི་བདེ་བ་ཆེན་པོ་རང་རིག་གི་ངོ་བོར་བྲ་ཕབ་པ་ལྟར་མཐོང་བའི་ཉམས་སྐྱེ་བར་འགྱུར་རོ། །འབྲས་བུ་གང་ཐོབ་ན། བུམ་དབང་གི་འབྲས་བུ་ནི། གླང་པོ་རབ་འབོགས་ཀྱི་རྒྱུད་ལས། རྩ་རྣམས་འགྲོས་ཐིམ་དབྱིབས་ཀྱི་ལམ་དག་པས། །ལུས་ཀྱི་སྒྲིབ་སྦྱང་ས་བསྐྱེད་རིམ་སྤྲུལ་པའི་སྐུ། །ཞེས་པས། བུམ་དབང་རྩ་ཡི་འགྲོས་ཐིམ་པ་ཞེས་བྱ་སྟེ། འཁོར་འདས་ཐམས་ཅད་ཀྱི་སྣང་བའི་འཆར་གཞི་གྱུར་པའི་རྩ་སྟོང་ཕྲག་བདུན་ཅུ་རྩ་གཉིས་པོ་དབུ་རྒྱུད་རོ་གསུམ་ལ་ཐིམ། རོ་རྐྱང་གཉིས་དབུ་མར་ཐིམ། དྭངས་མ་ཡེ་ཤེས་ཀྱི་དབུ་མ་ནཱ་དྷཱའི་རྣམ་པ་རྩེ་སོར་

བཞི་པ་གཙུག་ཏོར་མཆོག་ཏུ་ཐིམ་སྟེ་སྐུ་སྤྲུལ་པའི་སྐུ་རུ་སངས་རྒྱས་ནས། སྐུའི་གསང་བ་བསམ་གྱིས་མི་ཁྱབ་པ་རྒྱལ་བ་ཐམས་ཅད་ཀྱི་སྐུ་དང་དབྱེར་མེད། སྐུ་རྣམ་པ་ཐམས་ཅད་པ་ནམ་མཁས་གར་ཁྱབ་སྐུ་ཡི་བཀོད་པས་ཁྱབ། སྐུ་མི་ཟད་རྒྱན་གྱི་འཁོར་ལོ་སྐུ་རྡོ་རྗེ་འདུས་མ་བྱས་པ་མངོན་དུ་བྱས་པའོ། །

གསང་དབང་གི་འབྲས་བུ་ནི། སྔ་མ་ལས། ཡི་གེའི་འགྲོས་ཐིམ་སྔགས་ཀྱི་ལམ་དག་པས། །ངག་གི་སྒྲིབ་སྦྱངས་རྫོགས་རིམ་ལོངས་སྤྱོད་རྫོགས། །ཞེས་པས། གསང་དབང་ཡི་གེ་འགྲོས་ཐིམ་པ་ཞེས་བྱ་སྟེ། བརྗོད་པ་ངག་གི་རྟེན་གཞིར་གྱུར་པའི་ཡི་གེ་བསམ་གྱིས་མི་ཁྱབ་གནས་པ་རྣམས་ཨཱ་ལི་ཀཱ་ལི་ལྔ་བཅུ་ལ་ཐིམ། དེ་སྟེ་ཚན་གྱི་ཡི་གེ་བརྒྱད་ལ་ཐིམ། དེ་ཨ་ཧཾ་གཉིས་ལ་ཐིམ། དེ་ཟུང་འཇུག་ཧཾ་གི་སྟོབས་སུ་གྱུར་ནས། གསུང་རྡོ་རྗེ་ལོངས་སྤྱོད་རྫོགས་པའི་སྐུ་རུ་སངས་རྒྱས་ནས། གསུང་གི་ གསང་ བ་ བསམ་ གྱིས་ མི་ ཁྱབ་ པ་ རྒྱལ་ བ་ ཐམས་ ཅད་ ཀྱི་ གསུང་ དང་ དབྱེར་ མེད། གསུང་རྣམ་པ་ཐམས་ཅད་པ་ནམ་མཁས་གར་ཁྱབ་གསུང་གི་བཀོད་པས་ཁྱབ། གསུང་མི་ཟད་རྒྱན་གྱི་འཁོར་ལོ་གསུང་རྡོ་རྗེ་འདུས་མ་བྱས་མངོན་དུ་བྱས་པའོ། །ཤེར་དབང་གི་འབྲས་བུ་ནི། སྔ་མ་ལས། བདུད་རྩིའི་ཁམས་ཀྱི་དྭངས་མ་བཅུད་ཀྱི་ལམ། །ཡིད་ཀྱི་སྒྲིབ་སྦྱངས་དྭངས་མ་ཆོས་ཀྱི་སྐུ། །ཞེས་པས། ཤེར་དབང་བདུད་རྩིའི་འགྲོས་ཐིམ་པ་ཞེས་བྱ་སྟེ། ཟག་བཅས་ཀྱི་འབྱུང་ལུས་བསྐྱེད་ཅིང་སྨིན་པར་བྱེད་པའི་ཁམས་དྭངས་མ་ཐམས་ཅད་རིམ་གྱིས་སྟོབས་སུ་གྱུར་ཏེ་ཁམས་དཀར་དམར་གཉིས་ལ་ཐིམ། དཀར་དམར་གཉིས་ཀྱི་ཆ་གང་ཡོད་ཀྱི་སྟོབས་རྩའི་ལམ་བརྒྱུད། དབུ་མའི་མས་སྣའི་མ་ལས་ཐོབ་པའི་དམར་ཆ་ཉི་མ་ལྟར་དམར་བ་དང་། དབུ་མའི་ཡས་སྣེའི་ཕ་ལས་ཐོབ་པའི་བྱང་སེམས་དཀར་པོ་ཟླ་བ་ལྟར་དཀར་འཚེར་གྱི་འོད་འཕྲོ་བ་ལ་ཐིམ། དེ་གཉིས་རོ་གཅིག་ཏུ་འདྲེས་ནས། དགའ་བ་བཅུ་དྲུག་གི་འགྲོས་ཀྱིས་དྭངས་མའི་དྭངས་མ་མཆོག་ཏུ་གྱུར་པ་འོད་ཟེར་ཁ་དོག་ལྔ་ལྡན་གྱི་ཚུལ་དུ་གཙུག་ཏོར་ལྟར་མི་མངོན་པ་ལ་ཐིམ་སྟེ། ཐུགས་ཐམས་ཅད་མཁྱེན་པ་ཆོས་ཀྱི་སྐུར་སངས་རྒྱས་ནས། ཐུགས་གསང་བ་བསམ་གྱིས་མི་ཁྱབ་པ་རྒྱལ་བ་ཐམས་ཅད་ཀྱི་ཐུགས་དང་དབྱེར་མེད། ཐུགས་རྣམ་པ་ཐམས་ཅད་པ་ནམ་མཁའི་གར་ཁྱབ་ཐུགས་རྣམ་ཀུན་མཆོག་ལྡན་

གྱི་རྒྱ་ཆེ་བའི་བཀོད་པས་ཁྱབ། ཐུགས་མི་ཟད་རྒྱན་གྱི་འཁོར་ལོ་ཐུགས་རྡོ་རྗེ་འདུས་མ་བྱས་པ་མངོན་དུ་གྱུར་པའོ། །དབང་བཞི་པའི་འབྲས་བུ་ནི། སྡོམ་ལས། རླུང་གི་འགྲོས་ཐིམ་མི་ཤིག་རྡོ་རྗེའི་སྐུ། །ལུས་ངག་ཡིད་དག་ངོ་བོ་ཉིད་ཀྱི་སྐུ། །ཞེས་པས། དབང་བཞི་པ་རླུང་གི་འགྲོས་ཐིམ་པ་ཞེས་བྱ་སྟེ། རྟོག་བཅས་ཀྱིས་སེམས་བསྐྱེད་པའི་ལས་རླུང་ཉི་ཁྲི་ཆིག་སྟོང་རླུང་འཇུག་ལྡང་གཉིས་ལ་ཐིམ། ལྡང་འཇུག་གི་རླུང་གནས་པ་ལ་ཐིམ། གནས་པ་དབུ་མའི་སྦུབས་སུ་ཆུད་དེ་གཙུག་ཏོར་ནམ་མཁའི་འཁོར་ལོ་མཆོག་ཏུ་ཐིམ་ནས། ཡེ་ཤེས་ཀྱི་རླུང་དུ་གྱུར་ཏེ་དེའི་སྐད་ཅིག་ལ། སྐུ་གསུང་ཐུགས་ཐམས་ཅད་མཁྱེན་པ་ངོ་བོ་ཉིད་ཀྱི་སྐུར་སངས་རྒྱས་ནས། སྐུ་གསུང་ཐུགས་ཀྱི་གསང་བ་བསམ་གྱིས་མི་ཁྱབ་པ་རྒྱལ་བ་ཐམས་ཅད་ཀྱི་སྐུ་གསུང་ཐུགས་དང་དབྱེར་མེད། སྐུ་གསུང་ཐུགས་རྣམ་པ་ཐམས་ཅད་པ་ནམ་མཁས་གར་ཁྱབ་གསང་གསུམ་གྱི་བཀོད་པས་ཁྱབ་པ། སྐུ་གསུང་ཐུགས་མི་ཟད་པ་རྒྱན་གྱི་འཁོར་ལོ་སྐུ་གསུང་ཐུགས་རྡོ་རྗེ་འདུས་མ་བྱས་མངོན་དུ་མཛད་པའོ། །སྐུ་དེ་ཡང་རང་སྣང་གི་བཞིན་ལག་ཅན་མ་ཡིན་པར། ཀྱེ་རྡོ་རྗེ་ལས། དེ་ཕྱིར་སངས་རྒྱས་དངོས་པོ་མིན། །དེ་ཉིད་དངོས་མེད་ཡུལ་ཡང་མིན། །ཞལ་ཕྱག་རྣམ་པའི་གཟུགས་ཅན་ཉིད། །ཅེས་དང་། དུས་འཁོར་ལས། ཁམས་གསུམ་ལས་ནི་རྣམ་གྲོལ་ཞིང་། །ནམ་མཁའ་དང་ནི་མཉམ་གྱུར་ནས། འདོད་པ་རྣམས་ཀྱི་མི་གོས་པ། །རྟུལ་བྲལ་ཁྱོད་སྐུ་ཕྱག་འཚལ་ལོ། །ཞེས་དང་ཡེ་ཤེས་རྫོགས་པའི་རྒྱུད་ལས། ཡེ་ཤེས་གསང་བའི་དཀྱིལ་འཁོར་བརྟེན། །རང་བྱུང་སེམས་ཉིད་ཀུན་གྱི་ལྷ། །ཞེས་གསུངས་པ་ལྟར་ལགས་སོ། །དེ་ལྟར་བུམ་དབང་གཙོ་བོར་གྱུར་པའི། །རྗེས་འབྲངས་རིག་པའི་དབང་ལྔ་སློབ་པའི་(མའི་)དབང་དྲུག་རྡོ་རྗེ་སློབ་དཔོན་གྱི་དབང་དང་བཅས་རྒྱུའི་དབང་དུ་བཞག་པ་བསྒྲུར་ནས་དག་བྱེད་དབང་རྣམས་ཀྱིས་དག་བྱ་སློབ་མའི་རྒྱུད་ཀྱི་རགས་པའི་ཕུང་པོ་ལྔ་ནི་གཤེགས་པ་ལྔ། འབྱུང་བ་ལྔ་ནི་ཡུམ་ལྔ། དབང་ཡུལ་སེམས་དཔའ་སེམས་མ། རྟག་ཆད་མུ་བཞི་ལ་སོགས་སྒོ་བ་ཡབ་ཡུམ་རྣམས་སུ་གནས་སུ་དག་པར་བྱེད་ཅིང་། དེ་བཞིན་དུ་ཕྱི་ནང་སྣོད་བཅུད་གཞལ་ཡས་ཁང་ལྷ་དང་ལྷ་མོའི་རང་བཞིན་རྣམས་སུ་རྣམ་པར་དག་པར་བྱེད་པའི་སྐུ་བུམ་པའི་དབང་དང་། དེའི་སྟེང་དུ་མཆོག་དབང་གོང་མ་གསུམ་ལས་གསང་དབང་གིས་ངག་དང་རླུང་། ཤེར་དབང་གིས་ཡིད་དང

ཐིག་ལེ། བཞི་པས་ཤེས་བྱའི་སྒྲིབ་པ་དག་སྟེ། དབང་བཞི་བསྐུར་ནས་སློབ་བུའི་རྒྱུད་སྨིན་ཅིང་སྐུ་བཞིའི་ས་བོན་རྒྱུད་ལ་བཞག་པའོ། །

གཉིས་པ། གྲོལ་བྱེད་བསྐྱེད་རྫོགས་གཉིས་ལ། ཐུན་མོང་དུ་མདོར་བསྟན། རྒྱས་པ་སོ་སོར་བཤད་པ་གཉིས་ལས། དང་པོ་ལ། གཞུང་ཚིག་གིས་མདོར་བསྟན། འགྲེལ་པས་རིམ་གཉིས་ཀྱི་སྤྱི་དོན་རྒྱས་པར་བཤད་པ་དང་གཉིས་ལས། དང་པོ་ནི། བསྐྱེད་རིམ་ཚོགས་ཞིང་སྦྱང་འཕོར་སྟོན་འགྲོ་བས། །རིམ་པ་ལྔ་དང་རྫེས་མཐུན་ལམ་གྱི་འགྲོས། །ཞེས་ཚིག་རྐང་གཉིས་ཀྱིས་བསྟན་ལ། དེ་ཡང་རིམ་པ་དང་པོ་བསྐྱེད་རིམ་ལ་ཚོགས་ཞིང་ལ་བརྟེན་ནས་ཚོགས་བསགས་པ་དང་། སྦྱང་འཕོར་བསྒོམ་པ་སྟོན་དུ་འགྲོ་བས་ཞེས། དཔལ་གསང་འདུས་ལྟར་ན། དཔལ་གསང་བ་འདུས་པའི་དཀྱིལ་འཕོར་དུ་དབང་དང་དམ་ཚིག་སྡོམ་པ་ལྡན་ཞིང་བླ་མ་ལྷག་པའི་ལྷས་གནང་བ་ཐོབ་པའི་རྟེན་གྱི་གང་ཟག་གིས། གནས་ཀྱི་དེ་ཉིད་མེ་ཏོག་དང་ལྡོན་ཤིང་འབྲས་ལྡན་མཚོ་དང་བསིལ་བའི་ཆུ་དྭངས་པ་དབེན་པའི་ཕྱོགས་ཡིད་དང་མཐུན་པར། དང་པོ་རང་ཉིད་ཞེ་སྡང་རྡོ་རྗེ་མཐིང་ནག །ཞལ་དཀར་དམར་བའི་ཞལ་གསུམ་ཕྱག་དྲུག་གི་གཡས་རྡོ་རྗེ་འཁོར་ལོ་པདྨ། གཡོན་དྲིལ་བུ་རིན་ཆེན་རལ་གྲི་འཛིན་པ། ཡུམ་རེག་བྱ་རྡོ་རྗེ་མ་རང་འདྲས་འཁྱུད་པ་བསྐྱེད་ལ་རྡོ་རྗེར་བྱིན་བརླབས་བྱ། ནང་མཆོད་དང་ཆུ་བཞི་སྟོན་འགྲོའི་ཕྱི་མཆོད་ཀྱང་བརླབ། གཏོར་མ་ནང་མཆོད་ལྟར་སྦྱོན་གཏོར་ཕྱོགས་སྐྱོང་ལ་མཆོད་དེ་ཕྲིན་ལས་བཅོལ། མདུན་བསྐྱེད་མཆོད་པ་བརླབས་ཤིང་མཎྜལ་འབུལ། སྙིང་རྗེས་ཀུན་ནས་བསླངས་ཏེ་སྐྱབས་སེམས་རྫོར་སེམས་སྒོམ་བཟླས་བྱ། རང་གི་སྙིང་གའི་འོད་ཀྱིས་ཚོགས་ཞིང་སྤྱན་འདྲེན་ཞིང་རྒྱུན་བཤགས་སྡོམ་པ་བཟུང་། སྙིང་རྗེའི་དེ་ཉིད་ཚོགས་བསགས་བཅས་སོང་ནས། ཆོས་ཐམས་ཅད་སྟོང་ཉིད་དུ་བསྒོམ་པའི་ངང་ལས་པད་ཉིའི་སྟེང་དུ་འཕོར་ལོ་རྩིབས་བཅུ་གཡས་འཁོར་གྱི་ལྟེ་བར་སྣ་ཚོགས་པད་ཟླའི་གདན་རྩིབས་བརྒྱད་དང་སྟེང་འོག་ཏུ་པད་ཉི་རེ་རེ་གདན་དབུས་མའི་སྟེང་དུ་རང་ཉིད་རྡོ་རྗེ་འཆང་སྐུ་མདོག་དཀར་པོ་དཀར་ནག་དམར་བའི་ཞལ་གསུམ་ཕྱག་དྲུག་ཕྱག་མཚན་སྔོན་དང་འདྲ། ཡུམ་རྡོ་རྗེ་དབྱིངས་ཕྱུག་མ་རང་འདྲ་རང་གི་ཐུགས་ཀར་ཡེ་ཤེས་སེམས་དཔའ་དམར་པོ་ཞལ་གཅིག་ཕྱག་གཉིས་རྡོར་དྲིལ་ཡུམ་བཅས། ཐུགས་ཀར་ཟླ་

གདན་རྡོ་རྗེ་སྔོན་པོའི་ལྟེ་བར་ཏིང་ངེ་འཛིན་སེམས་དཔའ་ཧཱུྃ་སྔོན་པོ་སྐུ་གསུང་ཐུགས་ཀྱི་ཡི་གེ་དང་བཅས་པའི་ཡབ་ཡུམ་སྙོམས་འཇུག་གི་ཏིང་ངེ་འཛིན་སེམས་དཔའི་འོད་ཀྱིས་མི་བསྐྱོད་པ་ཁྲོ་བཅུའི་བསྐོར་བ་སྤྱན་དྲངས་ཞལ་ནས་ཞུགས། རྡོ་རྗེའི་ལམ་ནས་ཡུམ་གྱི་པདྨར་འཁྱིལ་བ་ཐིག་ལེ་བཅུ་གཅིག་ཧཱུྃ་རིང་པོ་བཅུ་གཅིག་ཏུ་གྱུར་དེ་ལས་མི་བསྐྱོད་པ་དང་ཁྲོ་བོ་བཅུར་གྱུར། མི་བསྐྱོད་པ་ནག་དཀར་དམར་བའི་ཞལ་གསུམ་ཕྱག་དྲུག་སྟར་ལྟར་ཕྱག་མཚན་འཛིན་པ་འཁྲོ་འདུས་རང་ལ་རྗེས་སུ་ཞུགས། སྟར་གྱི་བླ་གདན་ཉི་མར་གྱུར་ཏེ། རང་ཞེ་སྡང་རྡོ་རྗེ་མཐིང་ནག་རྩ་ཞལ་ནག་པོ་དྲག་པོ་གཡས་དཀར་ཞིང་། གཡོན་དམར་ཆགས་པའི་ཉམས་ཅན། ཕྱག་གཡས་ཀྱི་དང་པོ་རྡོ་རྗེ་རྩེ་དགུ་པ། ལྷག་མའི་ཕྱག་མཚན་སྟར་ལྟར་རྡོ་རྗེ་དབྱིངས་ཕྱུག་མ་རིག་བྱ་རྡོ་རྗེ་མ་སྔོན་མོ་རང་འདྲ་དང་སྙོམས་པར་ཞུགས་པས་སེམས་དཔའ་གསུམ་གྱི་བདག་ཉིད་དུ་བཀའ་འཁོར་ལོའི་གཙོ་བོ་བསྐྱེད་པའི་དེ་ཉིད་དོ། །འཁོར་ཁྲོ་བོ་བཅུ་ཞལ་གསུམ་ཕྱག་དྲུག་རང་རྟགས་ཕྱག་མཚན། རང་རིགས་ཀྱི་དབུ་རྒྱན་ཅན། གཙོ་བོའི་ཐུགས་ཀར་དྲངས། རང་སྔགས་རྣམས་ཀྱི་ཤར་རྩེ་བས་སོགས་རང་གི་གདན་ལ་གཡོན་བརྐྱང་གིས་འཁོད། དེ་ཐམས་ཅད་ཤིན་ཏུ་ཁྲོས་པ་རིན་པོ་ཆེའི་རྒྱན་སྟག་གི་ཤམ་ཐབས། ཀླུ་རིགས་བརྒྱད་ཀྱི་སྦྲུལ་གྱིས་བརྒྱན་པའི་སྐུ། ཡེ་ཤེས་ཀྱི་མེའི་ཀློང་ན་གདུག་པ་ཅན་ཚར་གཅོད་པའི་ཚུལ་ཅན་བསྐྱེད་པ་འཁོར་བསྐྱེད་པའི་དེ་ཉིད་དོ། །འོག་གི་གནོད་མཛེས་ཀྱིས་སྤྲུལ་པ་གཉིས་པ་མདུན་དུ་འོང་ནས་ཅི་བགྱི་ཞུས་པས། བགེགས་རྣམས་ཁྲུངས་ལ་ཁྱུག་ཅིག་ཅེས་བཀའ་བསྒོས་པས། གནོད་མཛེས་ཀྱི་ཕྱག་གཡས་རྡོ་རྗེའི་ལྕགས་ཀྱུས་བགེགས་གཙོ་ཕྱོགས་སྐྱོང་བཅུའི་སྙིང་ནས་ལྕགས་ཀྱུས་བཟུང་། མགྲིན་པ་ཞགས་པས་བཅིངས་ཏེ་ཁྲོ་བཅུ་ལ་གཏད་པས། ཕྱི་རོལ་དུ་ཧཱུྃ་རིང་པོ་ལས་གྲུབ་པའི་འབར་བའི་ཧོམ་གྲུ་གསུམ་དུ་བཅུག །ཁྱང་གི་བདུད་རྩི་འཁྱིལ་པས་སྤྲུལ་པའི་བདུད་རྩི་འཁྱིལ་པ་བཅུ་སྤྲོས། སྟོད་ཁྲོ་བོ་ལྟེ་བ་མན་ཆད་ཕུར་བུའི་རྩེ་ཅན་མེ་འབར་བ་བཅུར་གྱུར། ཤར་ནས་བརྩམས་ཏེ་ཕྱོགས་དང་མེ་ནས་བརྩམས་ཏེ་མཚམས། སྟེང་འོག་གི་ཕྱོགས་སྐྱོང་བཅུའི་མགོ་བོར་ཟུག་པར་བསམ། དེ་ནས་ཡིད་ཀྱི་གནོད་མཛེས་ལ་ཕུར་བུ་བསྐུལ་བ་བསྒོས་པས། ཨོཾ་ཧྲཱ་ཧྲཱ་ཧྲཱ་ཏྲཱ་ཡ་སོགས་ཀྱི་སྔགས་བཟླས་པས་གནོད་མཛེས་ཀྱི་ཕྱག་མཚན་རྡོ་རྗེ་ཐོ་

བས་ཤར་ནས་རིམ་བཞིན་ཞུར་པས་སྤྱི་བོ་ནས་བཙུད་པས་བགེགས་རྣམས་ཀྱི་སྤྱི་བོ་ནས་རྐང་མཐིལ་གྱི་བར་དུ་ཞུར་བུ་བཏབ་པས། སྒོ་གསུམ་གཡོ་འགྱུལ་མེད་པར་བསམ། སྤྲུལ་པའི་གནོད་མཛེས་དེ་འོག་གི་གནོད་མཛེས་ལ་ཐིམ་པར་བསམ། དེ་ནི་བགེགས་ལ་ཞུར་བུས་གདབ་པའི་དེ་ཉིད་དོ། །དེ་ནས་ཏྭཱཱི་ཧཱུྃ་ཛཿ ལན་བཞི་བརྗོད་པས་ཁྲོ་བོ་རྣམས་ཀྱི་ཕྱིར་རོལ་ལྕགས་ཀྱི་རྡོ་རྗེའི་ར་བ་དང་། ཆུ་དང་མེ་དང་། རླུང་གི་ར་བ་བཞི་བསྒོམ། ཧཱུྃ་ལས་ར་བའི་སྟེང་དུ་རྡོ་རྗེའི་གུར་མཆོད་རྟེན་ལྟ་བུ་དང་། གུར་གྱི་འོག་ར་བའི་སྟེང་དུ་རྡོ་རྗེའི་བླ་རེ་དང་། འོག་གཞི་ཧཱུྃ་ལས་རྡོ་རྗེའི་ས་གཞི་དང་། ཕྱིའི་ཕྱོགས་མཚམས་སུ་མདའི་དྲ་བ་ཡེ་ཤེས་ཀྱི་མེ་རབ་ཏུ་འཕྲོ་བར་བསྒོམ། ལྷ་རྣམས་ཀྱི་གནས་གསུམ་འབྲུ་གསུམ་བསམས་ལ་གོ་ཆས་གདམས་པ། ར་བ་ལ་སོགས་པ་བསྲུང་བའི་དེ་ཉིད་དོ། །དངོས་གཞི་ལ་ལུས་ལྷ། ངག་སྔགས། སེམས་དེ་ཁོ་ན་ཉིད་ལ་གཞོལ་བས་སྒོ་གསུམ་རྡོ་རྗེ་གསུམ་དང་། ཀུན་རྫོབ་བདེན་པ་སྒྱུ་ལུས། དོན་དམ་བདེན་པ་འོད་གསལ་ཏེ། ཕ་རྒྱུད་གསང་བ་འདུས་པའི་རིམ་པ་ལྔ་དང་རྗེས་སུ་མཐུན་པར་ལམ་གྱི་འགྲོས་འདྲ་མཚུངས་སུ་ཡོད་པ་དེས་སྒྱུ་འཕྲུལ་སོགས་ཀྱི་ཁྱད་པར་བསྐྱེད་རིམ་དང་རྫོགས་རིམ་ཤུགས་ཀྱིས་བསྟན་པ་ཡིན་ནོ། །

གཉིས་པ་འགྲེལ་པས་ཤུགས་བསྟན་གྱི་བསྐྱེད་རྫོགས་རྒྱས་པར་བཤད་པ་ལ། གྲོལ་བྱེད་ལམ་གྱི་ངོ་བོ་ནི་གཞི་སྦྱིབ་ཐལ་དུ་བྱེད་པའི་ཐབས་ཁྱད་པར་ཅན་ཏེ། སྣང་གཞི་ཁམས་བདེ་བར་གཤེགས་པའི་སྙིང་པོ་ཉིད་སྦྲིབ་བྱེད་དུ་གྱུར་པའི་སྣང་བྱ་གློ་བུར་གྱི་དྲི་མ་སྦྱོང་བར་བྱེད་པའི་ལམ་དེ་ཡང་འཁྲུལ་སྣང་འཁོར་བའི་ཆོས་ལས་ཉོན་སྡུག་བསྔལ་གྱི་རྣམ་པར་ཤར་བའི་རིགས་རྒྱུན་དེ་ཉིད་ལམ་བདེ་བ་ཆེན་པོར་བསྒྱུར་ཏེ་བསྒོམ་པའི་དོན་ནོ། །སྡུག་བསྔལ་བདེ་བར་བསྒྱུར་ཚུལ་ཀུང་གང་ཤར་གྱི་རང་ངོ་ལ་བསལ་བཞག་མེད་པར་བསྐྱངས་པས། དེའི་རང་བཞིན་སྣང་སྲིད་རྣམ་དག་གི་དག་སྣང་དུ་འཆར་བའི་གནད་ཀྱིས་ཏེ། དེའི་ཕྱིར་སྔགས་ཀྱི་ཐེག་པ་འདིར། ཀུན་འབྱུང་བདེན་པའི་རང་བཞིན་ལམ་བདེན་དང་། སྡུག་བསྔལ་བདེན་པའི་རང་བཞིན་འགོག་བདེན་དུ་སྣང་བས་འབྲས་བུ་ལམ་དུ་བྱེད་པའི་ཕྱིར་སྦྱོང་འགོགས་སྦྱོང་བའི་ལམ་ལས་ཁྱད་པར་དུ་འཕགས་སོ། །དེ་ལས་དབྱེ་ན་སྦྱང་བྱ་འཁྲུལ་པ་གློ་བུར་ཀུན་བཏགས་སྦྱོང་བྱེད་བསྐྱེད་རིམ་དང་། འཁྲུལ་པའི་ས་བོན་སྦྱོང་བྱེད་

རྫོགས་རིམ་ཞེས་གསུངས་ཏེ། བསྐྱེད་རིམ་ནི་ཨུཏྤནྣེ(ཨུཏྤནྣི)ཀྲ་མའི་སྒྲ་ལས་དྲངས་ན་ཨུཏྤནྣེ(ཨུཏྤནྣི)ཞེས་བཅོས་ཤིང་བརྟགས་པ་ལ་འཇུག་ལ། གང་ལས་བཅོས་ཤིང་གདགས་པའི་གཞི་ནི་རྫོགས་རིམ་སྟེ༏ ནིཥྤནྣ་ཀྲ་མ་ཞེས་པའི་ནིཥྤནྣ་ནི་མ་བཅོས་པའམ་གྲུབ་པ་དང་རྫོགས་པ་ལ་འཇུག་ཅིང་། ཀྲ་མ་ནི་རིམ་པ་སྟེ་ཐབས་སུ་ལམ་གྱི་གོ་རིམ་དུ་གྱུར་པས་བཅོས་ཤིང་བརྟགས་པ་རྗེས་དཔག་གི་ལྷའི་རྣལ་འབྱོར་འཁོར་བཅས་ལ་བསྐྱེད་རིམ་དང་། བློའི་བཅོས་མ་དང་བྲལ་བ་མངོན་སུམ་པའི་ལྷའི་རྣལ་འབྱོར་གྱི་ལམ་པ་འཁོར་བཅས་ལ་རྫོགས་རིམ་ཞེས་བྱ་སྟེ། གསང་སྙིང་གི་རྒྱུད་ཕྱི་མ་ལས། ལྷ་ཡི་རྣམ་པའི་སྦྱོར་བ་ཡི། །གླུ་བ་རྡོ་རྗེ་ལ་སོགས་རིམ། །བསྐྱེད་པའི་རིམ་པ་ཞེས་སུ་བཤད། །རང་བཞིན་གྲུབ་པའི་རྣལ་འབྱོར་ནི། །རྫོགས་པའི་རིམ་པ་ཞེས་བྱར་བརྗོད། །ཅེས་སོ། །མཚན་ཉིད་ནི། སྐྱེ་འཕགས་གཉིས་ཀྱི་ལམ་གྱི་གནས་སྐབས་ལས། སོ་སྐྱེའི་དུས་སུ་དྲི་བཅས་དེ་བཞིན་ཉིད་ཀྱི་སྣང་བ་གང་ཞིག་དག་མཉམ་ཆེན་པོའི་ལྟ་བ་དང་མཚུངས་ལྡན་དུ་གྱུར་པའི་ལྷ་སྐུ་སྣང་སྟོང་། དབྱེ་ན་བསྐྱེད་རྫོགས་གཉིས་ལས། དང་པོ་དེ་གང་ཞིག་དག་མཉམ་ཆེན་པོའི་ལྟ་བ་དང་མཚུངས་ལྡན་དུ་གྱུར་པ་བཅོས་ཤིང་བརྟགས་པ་ལས་བྱུང་བའི་ལྷ་སྐུ་སྣང་སྟོང་བསྐྱེད་རིམ་གྱི་མཚན་ཉིད། དེ་ཡང་ཁྱད་པར་གྱི་ཆོས་བཞི་ལྡན་ཏེ། ཆོ་གའི་ཁྱད་པར་རྒྱུད་ལས་གསུངས་པའི་བསྐྱེད་ཆོག་ཚང་བ། བསྐྱེད་རིམ་རང་འབྲས་ཀྱི་ཁྱད་པར་སྔགས་ཀྱི་མཐུ་བསྐྱེད་ནུས་པ། ངོ་བོའི་ཁྱད་པར་དག་མཉམ་གྱི་ལྟ་བ་དང་རྗེས་སུ་འབྲེལ་བ། བྱེད་ལས་ཀྱི་ཁྱད་པར་དག་རྫོགས་སྨིན་གསུམ་ཚང་བའོ། །རྫོགས་རིམ་གྱི་མཚན་ཉིད་ནི། དེ་གང་ཞིག་དག་མཉམ་བདེ་བ་ཆེན་པོ་དང་མཚུངས་ལྡན་དུ་གྱུར་པའི་བཅོས་མིན་ལྷ་སྐུ་སྣང་སྟོང་མི་བརྟན་པ་རྒྱུའི་རྫོགས་རིམ་གྱི་མཚན་ཉིད་དང་། དེ་བརྟན་པ་འབྲས་བུའི་རྫོགས་རིམ་གྱི་མཚན་ཉིད། དེ་ཡང་ཁྱད་པར་གྱི་ཆོས་གསུམ་ལྡན་ཏེ། རྒྱུའི་ཁྱད་པར་རྡོ་རྗེའི་ལུས་ལ་གནད་དུ་བསྣུན་པ། བྱེད་ལས་ཀྱི་ཁྱད་པར་རྩ་རླུང་ཐིག་ལེ་དབུ་མར་དག་བྱེད། རྣམ་པའི་ཁྱད་པར་ལྷན་སྐྱེས་ཀྱི་བདེ་བ་སྟོང་གཟུགས་དང་ངོ་བོ་གཅིག་ཏུ་གྱུར་པའི་བདེ་སྟོང་ངོ་། །རྫོགས་རིམ་རྒྱུད་ལ་སྐྱེས་ཟིན་ནས་བསྐྱེད་རིམ་ལ་སློབ་མི་དགོས་པའི་ཕྱིར། འཕགས་ལམ་གྱི་དུས་ཀྱི་བསྐྱེད་རིམ་ཞེས་པ་མི་འབྱུང་བས། རྫོགས་རིམ་ཟུང་འཇུག་ཡེ་ཤེས་ཀྱི་མཚན་ཉིད་ལ། སློབ་པའི་

ཟུང་འཇུག་དང་། མི་སློབ་པའི་ཟུང་འཇུག་ཡེ་ཤེས་གཉིས་ལས། དང་པོ་ནི། འཕགས་རྒྱུད་ཀྱི་ཡེ་ཤེས་གང་ཞིག བདེ་ཆེན་དང་མཚུངས་ལྡན་དུ་གྱུར་པའི་ལྷ་སྐུ་ཁ་སྦྱོར། གཉིས་པ་ནི། དག་པ་གཉིས་ལྡན་གྱི་ཡེ་ཤེས་མཐར་ཐུག་གང་ཞིག་ཁ་སྦྱོར་ལ་སོགས་པའི་ཡན་ལག་བདུན་ལྡན་ཏེ། ལོངས་སྤྱོད་རྫོགས་དང་ཁ་སྦྱོར་བདེ་ཆེན་རང་བཞིན་མེད། །སྙིང་རྗེས་ཡོངས་གང་རྒྱུན་མི་འཆད་དང་འགོགས་པ་མེད། །ཅེས་པའི་དོན་དེ། ཙནྡྲས། ཤེས་རབ་ཡེ་ཤེས་གསལ་བར་ལོངས་སྤྱོད་རྫོགས་པ་ནི་རྣམ་པ་ཐམས་ཅད་པའོ། །ཁ་སྦྱོར་ནི་སྟོང་ཉིད་སྙིང་རྗེ་ཟུང་འཇུག་གོ། །བདེ་ཆེན་ནི་གཟུང་འཛིན་གྱི་རྟོག་པ་མེད་པའོ། །རང་བཞིན་མེད་པ་ནི་སྐྱེ་བ་མེད་པའོ། །སྙིང་རྗེས་ཡོངས་གང་ནི་མི་འགྱུར་བའི་བདེ་བའོ། །རྒྱུན་མི་ཆད་པ་ནི་རྒྱུན་གྱི་རྟག་པའོ། །འགོག་པ་མེད་པ་ནི་ཆད་པ་མེད་པའོ། །ཞེས་པ་ལྟར་རོ། །འདིར་འབྲས་བུའི་རྫོགས་རིམ་ཡིན་པ་ཙམ་གྱིས་གཞི་ལམ་འབྲས་བུ་གསུམ་བརྟས་ཕྱེ་བའི་འབྲས་བུ་ཡིན་པས་མ་ཁྱབ་སྟེ། འཕགས་པ་སློབ་པ་རྣམས་ཀྱི་ཟུང་འཇུག་གི་ཡེ་ཤེས་དེ་དང་། ཡེ་ཤེས་ཀྱི་སྐུ་འགྲུབ་པའི་སོ་སྐྱེའི་ལམ་གྱི་རྫོགས་རིམ་བཞིན་ནོ། །དགོས་པ་བསྐྱེད་རིམ་གྱིས་སྣང་བ་གང་སྣང་ན་སྟོད་བཙུད་ཐ་མལ་དུ་འཛིན་པ་སྤང་ཞིང་། ལམ་གང་ཐོབ་ན་མ་དག་ས་བདུན་རང་རྒྱུད་ལ་ཐོབ། འབྲས་བུ་གང་ཐོབ་ན་གཟུགས་སྐུའི་རྟེན་འབྲེལ་བསྒྲིགས། ཁྱད་པར་བསྐྱེད་རིམ་རང་གི་དངོས་འབྲས་ཐུན་མོང་གི་དངོས་གྲུབ་འགྲུབ་པར་བྱེད་པའོ། །རྫོགས་རིམ་གྱིས་སྣང་བ་གང་སྣང་ན། འཕོ་བའི་བག་ཆགས་ཀྱི་དྲི་མ་སྤོང་ཞིང་། །ས་ལམ་གང་ཐོབ་ན་དག་པ་ས་གསུམ་དང་། འབྲས་བུ་གང་ཐོབ་ན་ལྷན་ཅིག་སྐྱེས་སྐུ་ཚོས་སྐུའི་རྟེན་འབྲེལ་བསྒྲིགས། ཁྱད་པར་རྫོགས་རིམ་གྱི་དངོས་འབྲས་མཆོག་གི་དངོས་གྲུབ་འགྲུབ་པར་བྱེད་པ་སྟེ། སྙིང་པོའི་རྒྱུད་ཕྱི་མ་ལས། འཇིག་རྟེན་པ་ཡི་དངོས་གྲུབ་ནི། །བསྐྱེད་པའི་རིམ་པའི་སྦྱོར་བས་ཐོབ། །ཞེས་དང་། འཇིག་རྟེན་འདས་པའི་དངོས་གྲུབ་ཀྱི། །རྫོགས་པའི་རིམ་པའི་སྦྱོར་བའོ། །ཞེས་སོ། །གྲངས་ངེས་ནི། སྐྱེ་བ་ཀུན་རྫོབ་དང་། འཆི་བ་དོན་དམ་བདེན་པ་ལམ་དུ་བྱས་ནས་དེ་དང་དེ་རྫོགས་པར་སྦྱོང་བ་ལ་ལྟོས་ནས་བསྐྱེད་རྫོགས་གཉིས་ཏེ། ཡེ་ཤེས་རྡོ་རྗེ་ཀུན་ལས་བཏུས་ལས། སྐྱེ་བ་ཀུན་རྫོབ་བདེན་པ་ཞེས་བྱ་སྟེ། །འཆི་བ་ཡང་ནི་དོན་དམ་བདེན་པ་ཡིན། །བདེན་གཉིས་འདི་ལ་རྣམ་པར་ངེས་བྱས་ནས། །བཤད

པ་གཉིས་ཀྱི་དབྱེ་བ་གསུངས་པ་ཡིན། །ཞེས་སོ། །གནས་ལུགས་ཀྱི་ལམ་ལ་འཇུག་པའི་སྔོན་དུ་རྒྱུད་སྦྱོང་བ་དང་། བྱང་ནས་གནས་ལུགས་དངོས་སྒོམ་པ་ལ་ལྟོས་ནས་ཀྱང་བསྐྱེད་རྫོགས་གཉིས་སུ་བསྟན་ཏེ། རྡོ་རྗེ་སྙིང་འགྲེལ་ལས། རྣམ་རྟོག་བག་ཆགས་ཀྱིས་བཅིངས་ལ། །ཐོག་མར་རྟོག་པའི་ཚིག་བསྟན། །རྣམ་རྟོག་རང་བཞིན་ཤེས་པ་ན། །མི་རྟོག་པ་ལ་འཇུག་པར་བྱ། །ཞེས་དང་། རིམ་ལྔ་ལས། བསྐྱེད་པའི་རིམ་ལ་ལེགས་གནས་ཤིང་། །རྫོགས་པའི་རིམ་པ་འདོད་རྣམས་ལ། །ཐབས་འདི་རྫོགས་པའི་སངས་རྒྱས་ཀྱིས། །སྐས་ཀྱི་རིམ་པ་ལྟ་བུར་གསུངས། །ཞེས་སོ། །

དེ་ཡང་རིམ་གཉིས་ཀྱི་ལམ་ཉམས་སུ་ལེན་ཚུལ་མདོ་ཙམ་བསྟན་པར་བྱ་སྟེ། དེ་ལ་བསྐྱེད་རིམ་ནི་སྦྱང་བྱ་འཁོར་བའི་ཆོས་སྣ་ཚོགས་པར་སྣང་བ་འདི་དག་སྲིད་པར་སྐྱེ་བ་བླངས་པ་ལ་བརྟེན་ནས་འཆར་བས་འཁོར་བའི་ཆོས་ཀྱི་གཙོ་བོ་སྐྱེ་གནས་བཞིའི་བག་ཆགས་སྦྱོང་བ་དང་བསྟུན་ནས། བསྐྱེད་རིམ་སྒོམ་ཚུལ་བཞི་སྟེ། སྒྱུ་འཕྲུལ་དྲྭ་བ་ལས། སྐྱེ་གནས་བཞི་པོ་དག་བྱའི་ཕྱིར། །བསྐྱེད་པའང་དེ་བཞིན་རྣམ་པ་བཞི། །སྤྲོས་ཅན་སྤྲོས་དང་སྤྲོས་པ་མེད། །ཤིན་ཏུ་སྤྲོས་པ་མེད་བཞིའོ། །ཞེས་པས། སྔོན་སྐྱེས་སྦྱོང་བ་ནི། དབང་བཙལ་སྤྲོས་པ་ཅན་གྱི་དབང་དུ་བྱས་ཏེ། དེའང་ཐོག་མར་སྔོན་ང་དང་། དེ་ལས་གཟུགས་སུ་སྨིན་པ་ལྟར་གཉིས་སྐྱེས་ཀྱི་སྲིད་པ་དེའི་བག་ཆགས་སྦྱོང་བའི་གཉེན་པོ་ཁྱད་པར་ཅན་བསྟན་པས། བདག་སྲས་གཞན་སྲས་ནི། བདག་སྔོན་གྱི་སངས་རྒྱས་ཡིན་པའི་ཕྱིར་བདག་གི་སྲས་སུ་དེ་བཞིན་གཤེགས་པ་བྱ་བ་དང་། རིགས་མི་ནུབ་ཅིང་ལྷུན་གྱིས་གྲུབ་པའི་ཕྱིར་དེ་བཞིན་གཤེགས་པའི་སྲས་སུ་བདག་བྱ་བའོ། །ཞེས་པས། དང་པོ་ནི། བདག་གི་རིག་པ་བྱང་ཆུབ་ཀྱི་སེམས་སྣང་སྟོང་གཉིས་སུ་མེད་པའི་རང་བཞིན་དེ་ཉིད་ཡེ་ནས་སངས་རྒྱས་ཀྱི་རང་བཞིན་ཡིན་ཞིང་། དེ་ཉིད་མངོན་དུ་བྱས་པ་ལས་དུས་གསུམ་གྱི་སངས་རྒྱས་རྣམས་བྱུང་བ་ཡིན་པའི་ཕྱིར་དང་། གཉིས་པ་ནི། རྒྱལ་བའི་བུ་དེ་ཉིད་རྒྱལ་རིགས་ཡིན་པ་བཞིན། དེ་བཞིན་གཤེགས་པ་རྣམས་ཀྱི་སྲས་སུ་བདག་བསྐྱེད་པས་སངས་རྒྱས་ཀྱི་རིགས་མི་ནུབ་ཅིང་། དེ་དག་གི་ཡོན་ཏན་རྣམས་རང་རྒྱུད་ལ་ལྷུན་གྱིས་གྲུབ་པའི་ཕྱིར་རོ། །དེ་ལ་རྒྱུད་སྡེའི་ལུགས་དང་། སྒྲུབ་སྡེའི་ལུགས་གཉིས་ལས། དང་པོ་རྒྱུད་སྡེ་ལྟར། སྒྱུ་འཕྲུལ་རྒྱ་མཚོ་ལས། རང་བྱུང་དངོས་དང་མི་འགལ་ཞིང་། །འབྲས་བུ་ཉིད

ལ་ལམ་ཤེས་པས། །མ་ལུས་དཀྱིལ་འཁོར་ཐིག་ལེ་རྣམས། །བདག་གི་སྲས་སུ་བསྒོམ་པར་བྱ། །ཞེས། རྒྱུད་ཀྱི་རྒྱལ་པོ་སྒྱུ་འཕྲུལ་ལྟར་ན། བདག་སྲས་ནི། གཙོ་བོ་ཡབ་ཡུམ་བསྐྱེད་ནས་སྙོམས་པར་འཇུག་པ་དང་། ངོ་མཚར་སྲས་ཀྱི་དཀྱིལ་འཁོར་ཡི་གེའི་སྤྲིན་ལས་སྤྲོ་བའོ། །

དང་པོ་ནི། ཨེ་མ་ཧོ་ངོ་མཚར་རྨད་ཀྱི་ཆོས། །རྫོགས་པའི་སངས་རྒྱས་ཀུན་གྱི་གསང་། །སྐྱེ་བ་མེད་ལས་ཐམས་ཅད་སྐྱེ། །སྐྱེས་པ་ཉིད་ན་སྐྱེ་བ་མེད། །ཅེས་པས། དོན་དམ་སེམས་བསྐྱེད་བརྟན་པར་བྱས་ནས། དེ་ཏིང་དང་། སྙིང་རྗེ་ཀུན་སྣང་གི་ཏིང་ངེ་འཛིན་སྤྱི་མཐུན་ལྟར་ལ་རྒྱུའི་ཏིང་ངེ་འཛིན་གྱི་ཁྱད་པར། སྒྱུ་འཕྲུལ་ལས། རྩ་བ་མེད་པའི་སེམས་ཉིད་འདི། །ཆོས་རྣམས་ཀུན་གྱི་རྩ་བ་ཡིན། །སེམས་ཉིད་ཡི་གེའི་རང་བཞིན་ཏེ། །ཡི་གེ་ཡིད་བཞིན་རིན་ཆེན་སྤྲིན། །ཨ་རབ་ཏུ་བརྟན་གྱུར་ཨ་དཀར་ལས། །ཤིན་ཏུ་ཕྲ་བའི་ཨ་རྣམས་འཕྲོས། །ཕྱོགས་བཅུ་གང་བར་གསལ་གྱུར་ནས། །བསྡུས་ཀྱང་འཕེལ་འགྲིབ་མེད་པར་བརྟན། །ཞེས་ཨ་བརྗོད་པའི་རྐྱེན་ལས་སེམས་ཀྱི་རང་བཞིན་ཡི་གེར་རྫོགས་པ་སྤྲོ་བསྡུས་གསལ་འགྲིབ་མེད་པ་ཡོངས་སུ་གྱུར་པ་ལས། མངོན་བྱང་གི་རང་བཞིན་ཉི་ཟླའི་དཀྱིལ་འཁོར་ཨཿས་མཚན་པ་ལས་བྱུང་བའི་ཡི་གེ་རྒྱུ་དུས་ན་ནང་གི་ཁམས་དཀར་པོ། ལམ་དུས་ན་ཡི་གེའི་རྒྱུའམ་སྦྱང་གཞི། འབྲས་དུས་མཚན་བཟང་པོ་སུམ་ཅུ་རྩ་གཉིས་ཀྱི་ས་བོན་ཨཱ་ལི་ལ་ཚིག་དྲུག་ཅན་བཅས་བཅུ་དྲུག་ཕྲག་གཉིས་དཀར་པོ་མུ་ཏིག་གི་ཕྲེང་བ་ལྟ་བུ། རྒྱུ་དུས་ན་ཁམས་དམར་པོ། ལམ་དུས་ན་ཡི་གེའི་རྒྱུའམ་སྦྱང་གཞི། འབྲས་དུས་ན་དཔེ་བྱད་བརྒྱད་ཅུའི་ས་བོན་ཀཱ་ལི་དངོས་བསྟན་སུམ་ཅུ་རྩ་བཞི་དང་། ཀྵ་མ་རུའི་ཡི་གེ་ཅན་གཉིས། གླང་ཆེན་གཙུག་ཐུམ་ཅན་གྱི་ཡི་གེ་གཉིས། སྣ་ལྡན་གྱི་ཡི་གེ་ལྔ་ལས་བྱུང་བའི་ང་རོ་དང་། མཐར་གནས་ར་ཡིག་དང་། དྲོ་བའི་ཡི་གེ་ཤ་ཥ་ས་ལས་བྱུང་བའི་རྣམ་བཅད་ཀྱི་ཡི་གེ་དང་བཅས་བཞི་བཅུ་ཚན་གཉིས་དམར་པོ་མར་མེའི་ཕྲེང་བ་ལྟ་བུ་རིམ་པ་གཉིས་བསྐོར་བའི་ཡི་གེ་ཐོག་མཐའ་ཟླ་ཉི་བཅས་འོད་དུ་ཞུ་བས་འོད་ཀྱི་གོང་བུར་གྱུར། དེ་ཡོངས་སུ་གྱུར་པ་ལས་ཧཱུཾ་གིས་མཚན་པའི་རྡོ་རྗེར་གྱུར། དེ་ཡོངས་སུ་གྱུར་པ་ལས་རང་བཞིན་གཞིའི་ཀུན་ཏུ་བཟང་པོར་བསྒོམ་མོ། །རྡོ་རྗེ་སྙིང་པོ་རྒྱན་གྱི་རྒྱུད་ལས། ཨཱ་ལི་དང་ནི་ཀཱ་ལི་དང་། །རྡོ་རྗེ་ཟླ་བ་རྣམ་པ་གཉིས། །གཅིག་ཏུ་གྱུར་པ་མཉམ་ཉིད་དེ། །ས

བོན་མཚན་མར་གྱུར་པ་ནི། །སོ་སོར་རྟོག་པར་ངས་བཤད་དོ། །དེ་བྱུང་སངས་རྒྱས་ཐམས་ཅད་ཀྱིས། །འགྲོ་དོན་བྱེད་པ་བྱ་ནན་ཏན། །གཟུགས་བརྙན་རྫོགས་པ་ཆོས་དབྱིངས་ཏེ། །ཞེས་སོ། ། འགྲེལ་པ་ཉི་སེང་མར་ཆོག་ལྔ་བསྐྱེད། ཐོག་མར་སེམས་བསྐྱེད་དེ་ཡུད་ཙམ་གྱིས་ཀུན་ཏུ་བཟང་པོར་བསྒོམས་ནས། འོག་གི་ཕྱོགས་སུ་ཡེ་ཤེས་ཀྱི་ས་གཞི་ནས་བཟུང་གཞལ་ཡས་ཁང་གདན་དང་བཅས་པ་བསྐྱེད་ཚར་བ་དང་། ཉི་ཟླའི་གདན་ལ་སེམས་སྐྱིལ་གྱིས་འདུག་པར་མོས་ཏེ། བྱང་ཆུབ་ཀྱི་སེམས་ཡེ་ཤེས་སུ་བསྐྱེད་པའི་དོན་གྱིས་སྟོང་པ་ཉིད་ཀྱི་ཡེ་ཤེས་ཏེ་ཆོག་དང་པོའོ། །དེའི་ངང་ལས་རང་སེམས་ཨའི་ངོ་བོར་བསྒོམས་ནས་འཕྲོ་འདུས་བྱ་བས། ཨ་ལས་ཟླ་དཀྱིལ་གྱི་དབུས་སུ་མཚན་གྱི་ས་བོན་ཨཱ་ལི་དང་། ཨཱ་རིང་ལས་ཉི་དཀྱིལ་གྱི་དབུས་སུ་དཔེ་བྱད་ཀྱི་ས་བོན་ཀཱ་ལི་སྟེ་གཉིས་ཀ་ཉིས་རིམ་དུ་བསྒོར་བའི་རང་བཞིན་ཆོག་གཉིས་པ་སྟེ་མེ་ལོང་ཡེ་ཤེས་སོ། །དེ་དག་འོད་ཀྱི་གོང་བུ་གཅིག་ཏུ་འདྲིལ་བ་ནི་ཆོག་གསུམ་པ་སྟེ་མཉམ་པ་ཉིད་ཀྱི་ཡེ་ཤེས་སོ། །འོད་ཀྱི་གོང་བུ་ལས་ཧཱུཾ་དུ་གྱུར་ནས། དེའི་རྒྱུ་མཐུན་པའི་འབྲས་བུ་རྡོ་རྗེར་བྱིན་གྱིས་བརླབས་པ་ནི་ཆོག་བཞི་པ་སོར་རྟོག་ཡེ་ཤེས་སོ། །དེ་ཡོངས་སུ་གྱུར་པ་ལས་ཀུན་ཏུ་བཟང་པོའི་སྐུར་བསྐྱེད་པ་ནི་ཆོག་ལྔ་པ་སྟེ་བྱ་གྲུབ་ཡེ་ཤེས་སོ། །དེ་ནས་སེམས་བསྐྱེད་དེ། སེམས་སྤྲིན་ལས། སོ་སོའི་སྐུར་བསྐྱེད་པ། རང་རང་གི་སྔགས་ཀྱི་ཕྲེར་ཕྱུང་ནས་དཀྱིལ་འཁོར་དུ་འགོད་པར་མཛད་དོ། །རྗེ་རོང་ཟོམ་དང་ཀུན་མཁྱེན་ཆེན་པོའི་ཆོག་ལྔའི་བསྐྱེད་ཚུལ་འདི་འདྲ་བ་ལས། ཁྱད་པར་ཏིང་འཛིན་གསུམ་སྔོན་དུ་འགྲོ་བས། ཏིང་འཛིན་དང་པོ་གཉིས་སྟོང་ཉིད་ཡེ་ཤེས་ཏེ་ཆོག་དང་པོ་དང་། རྒྱུའི་ཨཱ་ཡིག་ལས་ཉི་ཟླའི་དཀྱིལ་འཁོར་གྱི་ཆོག་གཉིས་པ། ཇི་སྲིད་ཆོག་ལྔ་པས་སྐུ་བསྐྱེད་པ་རྫོགས་པ་དང་། གཞལ་ཡས་ཁང་བསྐྱེད་པ་དང་། དེ་ནས་བདག་སྲས་གཞན་སྲས་ཀྱི་ཆོག་ལ་འཇུག་པར་མཛད་དོ། ། འདིར་ཡང་དེ་ལྟར་འཆད་ལ། རང་བཞིན་གཞིའི་ཀུན་བཟང་བསྒོམ་པ་ཡན་ཆོག་ལྔས་བསྐྱེད་པ་ཡིན། དེ་ནས་གཞལ་ལས་ཁང་བསྐྱེད་པ་ནི། གལ་ཕྲེང་ལས། སྔོན་གྱི་རིམ་པ་བྱུང་ཚུལ་གྱིས། །རིམ་བརྩེགས་གཞལ་ཡས་གཞུང་བཞིན་བསྐྱེད། །ཅེས་སོ། །གཞུང་ལས། ཡེ་ཤེས་ཕྱོགས་བཞི་དབུས་བརྟགས་ཏེ། །དཀྱིལ་འཁོར་བསམ་ཡས་ལྷུན་གྲུབ་ནི། །རྫོགས་ཆེན་རྟོགས་པའི་རྣལ་འབྱོར་

པས། །ཀུན་འབྱུང་དཀྱིལ་འཁོར་ཆེན་པོར་སྤྱོད། །འཁོར་ལོ་རྩིབས་བཞི་མུ་ཁྱུད་བཅས། །ཕྲ་ཚད་བཞིས་བརྒྱན་པར་ཁྲམས་དང་། །ཀུན་ཏུ་གྲུ་བཞི་སྒོ་འཁྱུད་ལྡན། །རོལ་མོ་སྣ་ཚོགས་སྒྲིན་ཕུང་བཞིན། །དཀྱིལ་འཁོར་བཞི་བཅུ་གཉིས་ཀྱིས་བརྒྱན། །སེང་གེ་གླང་ཆེན་རྟ་དང་ཁྱུང་། །ནམ་མཁའ་ལྡིང་གི་ཁྲི་ཆེན་ལ། །ཉི་ཟླ་པདྨ་རིན་པོ་ཆེ། །ཞེས་གསང་སྙིང་ལས་བསྟན་པ་ལྟར། དེ་ནི་རྣམ་སྣང་གི་རང་བཞིན་གཞལ་ཡས་ཁང་བསྐྱེད་པ་ཡིན། དེ་ལ་རྣམ་སྣང་ནི་སངས་རྒྱས་རྣམས་ཀྱི་སྐུའི་བདག་ཉིད་ཡིན་པས། སྐུ་དེས་གསུང་དང་ཐུགས་ཀྱི་རྟེན་བྱེད་པ་ལྟར། གཞལ་ཡས་ཁང་པས་ཀྱང་སངས་རྒྱས་རྣམས་བཞུགས་པའི་གནས་སམ་རྟེན་བྱེད་པ་ཆོས་མཚུངས་པས་སོ། །ཨཱ་ནི་སྐྱེ་མེད་དེ་བཞིན་ཉིད། །ཀ་ནི་ཡེ་ཤེས་ཐུགས་ཀྱི་ཐུགས། །ཉི་ཟླའི་གདན་སྟེང་རང་ཀུན་བཟང་བསྐྱེད་པའི་གཡོན་དུ་བཟང་མོ་ཡབ་དང་འདྲ་བར་བསྐྱེད་པ་དེ་དང་གཉིས་མེད་དུ་འཁྲིལ་ནས་སྙོམས་པར་འཇུག་པའི་ཚུལ་ནི། ཐབས་དང་ཤེས་རབ་དགྱེས་སྦྱིན་བྱང་ཆུབ་སེམས་ཚོགས་རྒྱུ་འཁོར་ལོ། །འབྲས་བུ་རྒྱལ་བ་སླེབ་གྲུབ་ངོ་མཚར་མེད་ཚོགས་བཞི་བཅུ་གཉིས། །འདུས་མ་བྱས་ཉིད་འདུས་བྱས་རྡོ་རྗེ་དཀྱིལ་འཁོར་ཕྱིན་པའི་དམ། །འདའ་བར་མི་མཛད་དབང་མེད་རྒྱུ་རྐྱེན་ཚོགས་པའི་མཐུ་ཆེན་པོ་ཧོཿ ཞེས། ཡབ་ཡུམ་ཐབས་ཤེས་སུ་ཚོགས་པའི་བྱང་ཆུབ་སེམས་ཀྱི་རྒྱུ་སྙོམས་འཇུག་གི་རྐྱེན་ལས་འབྲས་བུ་རྒྱལ་བ་བཞི་བཅུ་རྩ་གཉིས་སུ་སླེབ་པའི་དམ་ཚིག་ལས་འདའ་བར་མི་མཛད་པ་ལ་ཧོཿཞེས་དགྱེས་པ་བསྐྱེད་པའོ། །

གཉིས་པ་ངོ་མཚར་ཕྲས་ཀྱི་དཀྱིལ་འཁོར་ཡི་གེ་ལས་སྒྲོ་བ་ནི། སྦྱོར་མཚམས་ནས་བྱང་ཆུབ་སེམས་ཀྱི་སྒྲིན་ཡི་གེའི་རང་བཞིན་དུ་སྒྲོས་ནས་ངོ་མཚར་ཕྲས་ཀྱི་དཀྱིལ་འཁོར་དུ་བྱ་བ་ནི། ཧཱུྃ་ནི་སྒྱུ་འཕྲུལ་རྡོ་རྗེ་ཉིད། །ཅེས་པ་ནས། ཨོཾ་ནི་ཐམས་ཅད་ཞིག་པ་ཉིད། །ཅེས་པའི་བར་གྱིས་ལྷ་ཚོགས་བཞི་བཅུ་ཞེ་གཉིས་ཀྱང་ས་བོན་གྲུར་པ་ཉིད་ཡུམ་མཁའ་ནས། ཕཊ་ཛཿསྔགས་ཀྱིས་ཕྱིར་བཏོན་པ་རང་རང་གི་གདན་ལ་བཀོད་ནས་ལྷར་གྱུར། ཕྱོགས་བཅུའི་སངས་རྒྱས་རྣམས་ཀྱི་ཐུགས་ཀྱི་ངོ་བོ་གཙོ་བོ་ཡབ་ཡུམ་གཉིས་པོ་རང་གི་རིག་པའི་ངོ་བོར་གྱུར་པའི་གཙོ་བོ་ཡབ་ཡུམ་ལ་ཐིམ་པར་བསམ་པ་དེ་ཡན་ནི་བདག་ཕྲས་ཡིན་ནོ། །གཞན་གྱི་ཕྲས་སུ་བདག་བྱ་བ་གཞན་ཕྲས་ནི་རྒྱུད་

སེ་ལྟར་ན། སྒྱུ་འཕྲུལ་རྒྱ་མཚོ་ལས། གང་གིས་གང་ལ་གསོལ་བཏབ་པས། །ཐུགས་རྗེས་བྱིན་བརླབས་སྤྲུངས་བྱས་ནས། །ཐུགས་ཞུགས་འདྲེས་པར་དབྱེར་མེད་ན། །སྲས་གྱུར་དགོངས་པ་ཅི་ལ་གནས། །ཞེས་ཏེ། དེ་ལ་དངོས་པོར་ལྟ་བ་སྣང་ཕྱོགས་ཀྱི་ཞེན་པ་སྦྱོང་བ་དང་། ཆད་པར་བལྟ་བ་སྟོང་ཕྱོགས་ཀྱི་ཞེན་པ་སྦྱོང་བའི་ཚུལ་གཉིས། དང་པོ་ལའང་ཐུགས་དམ་བསྐུལ་བ་དང་། བྱིན་བརླབས་རྗེས་སུ་གནང་བ་གཉིས་ལས། དང་པོ་ནི། གཙོ་བོའི་ཐུགས་ཀ་ནས་རིགས་པའི་ཀུན་ཏུ་བཟང་པོ་སེམས་དཔའི་རྒྱན་ལྡན་རྣམ་སྨིན་གྱི་ལུས་ཀྱི་རྣམ་པ་ཅན་ཐང་པའི་ལོང་བུ་སྤྲད་ཅིང་ཐལ་མོ་སྦྱར་བ་འཐོན་ནས། དཀྱིལ་འཁོར་ལ་ལན་གསུམ་བསྐོར་ནས་དགའ་བ་ཆེན་པོའི་སྒོ་ནས་མེ་ཏོག་གཏོར་བཞིན་པས། ཨོཾ། སྟོན་གྱི་ཐུགས་དམ་ཆེན་པོ་ནི། །འཇིག་རྟེན་མ་ལུས་ཐམས་ཅད་ཀུན། །རྒྱལ་བའི་ཞིང་དུ་སྦྱོར་བས་ན། །ཕྱག་རྒྱ་ཆེན་པོར་བདག་སྦྱོར་ཅིག །ཅེས་གསོལ་བ་གདབ་བོ། །གཉིས་པ་ནི། ལྷ་རྣམས་ཀྱིས་བདག་ལ་རྗེས་སུ་དགོངས་ཏེ་ཐབས་དང་ཤེས་རབ་ཀྱི་འོད་ཟེར་སྤྲོས་པས། སེམས་དང་སེམས་བྱུང་གི་རྟོག་པ་དང་། དེ་ལས་གྱུར་པའི་རྣམ་སྨིན་གྱི་ལུས་ངན་སྤྱངས། གཟུང་འཛིན་གཉིས་བྲལ་གྱི་རང་བཞིན་གསེར་ཞུན་མ་ལྟ་བུའི་འོད་ཀྱི་གོང་བུར་གྱུར་པ་ལས། དེ་བཞིན་གཤེགས་པ་རྣམས་ཀྱི་སྐུ་གསུང་ཐུགས་ཀྱི་འོད་ཟེར་ཡི་གེ་གསུམ་གྱི་རྣམ་པས་བདག་གི་རྣམ་སྨིན་གྱི་ལུས་ཞུ་བའི་གོང་བུ་ལ་བསྟིམ་པས། གོང་བུ་ཉིད་ཀྱང་དེ་དང་གཉིས་སུ་མེད་པའི་འབྲུ་གསུམ་དུ་གྱུར་ནས། རགས་པ་སྐུ་དང་གསུང་གི་ས་བོན་ཕྲ་བ་ཐུགས་ཀྱི་ས་བོན་ལ་འདྲེས་ནས་ཟླ་དཀྱིལ་ལ་ཧཱུྃ་དུ་གནས་པར་གྱུར། དེ་ཉིད་རླུང་དཀྱིལ་གྱིས་བཏེགས་ནས་གཡས་སྐོར་གྱིས་དཀྱིལ་འཁོར་གྱི་ཤར་སྒོ་ནས་ནང་དུ་ཞུགས་ཏེ་གཙོ་བོའི་ཐུགས་ཀར་མདའ་འཕངས་པ་ལྟར་སོང་བའམ། དྲི་ཟ་ཉེར་ལེན་གྱི་རྣམ་ཤེས་ལུས་སུ་ཞུགས་པ་མཚོན་ཕྱིར་གཙོ་བོའི་ཤངས་བུག་གཡོན་ནས་ཞུགས་ཏེ་ཐུགས་ཀར་ཐིམ། སྐལ་ཆེག་གི་རྟ་བརྒྱད་ཡབ་ཡུམ་བདེ་བའི་རོལ་མོས་ཆེམ་ནས་བྱང་ཆུབ་ཀྱི་སེམས་དང་གཉིས་སུ་མེད་པའི་གོང་བུར་གྱུར་པའི་ཡུམ་གྱི་མཁའ་ལ་གནས་པ་ལ། ལྷ་ཚོགས་ཐམས་ཅད་ཀྱང་རང་རང་གི་ཕྱགས་སྒྲ་དང་བཅས་བྱང་ཆུབ་ཀྱི་སེམས་གོང་བུའི་བདག་ཉིད་ཅན་དེ་ལ་ཐིམ། དེའི་ངང་ལ་གཙོ་བོ་ཡབ་ཡུམ་ཀྱང་རྗེས་ཆགས་ཆེན་པོས་བདེ་བའི་ངོ་བོར་ཞུ་སྟེ་ཐམས་ཅད་

གཅིག་ཏུ་འདྲེས་པའི་གོར་བུར་བསམ་མོ། །གཉིས་པ་ཚད་པར་བལྟ་བ་སྟོང་ཕྱོགས་ཀྱི་ཞེན་པ་སྦྱོང་བ་ནི། གོང་བུ་དེ་ཉིད་ཀྱང་ཡི་གེ་དང་ཕྱག་མཚན་གྱི་རྣམ་པར་སོང་བ་ཡོངས་སུ་གྱུར་པ་ལས་ཞི་བ་དང་ཁྲོ་བོའི་སྐུ་འབྲས་བུ་རྡོ་རྗེ་འཛིན་པའི་ང་རྒྱལ་བསྐྱེད་ནས། ཤཱུ་ནྱ་ཏཱའི་སྔགས་ཀྱིས་དེ་ལ། ཡེ་ཤེས་ལྷའི་དབང་བསྐུར་སྐུ་གསུང་ཐུགས་བྱིན་གྱིས་བརླབས་པར་བྱ་བ་དམ་པ་རྒྱན་ལས་གསུངས་ལ། དེ་ནས་གཙོ་བོ་ཡབ་ཡུམ་གྱི་མཁའ་གསང་རྡོ་རྗེ་དང་པདྨ་བྱིན་གྱིས་བརླབས་ནས། སམ་མ་ཡ་ཧོཿ སམ་ཡ་སྟྭཾ། རཱ་ཧོ་ཧཾ། རཱ་ག་ཡ་མི་སོགས་ཆགས་པའི་བཛྲ་དང་བཛྲ་ལན་གྱིས་བསྐུལ་ནས་སྙོམས་པར་ཞུགས་ཏེ་བྱང་སེམས་ཡུམ་གྱི་མཁའ་ལ་སྦྱོར་བས་མཁའ་གསང་གཞལ་ཡས་ཁང་དུ་བྱིན་གྱིས་བརླབས། དེའི་ནང་ལྷ་རྣམས་ཀྱི་ས་བོན་གསལ་བཏབ་ལ། ལྷ་སོ་སོའི་གསང་སྔགས་བརྗོད་པའི་རྐྱེན་གྱིས་ལྷ་སོ་སོའི་སྐུ་ཡོངས་སུ་རྫོགས་པར་གྱུར། ཛཿཞེས་བརྗོད་པ་ཙམ་གྱིས་ལྷ་རྣམས་ཡུམ་གྱི་མཁའ་ནས་བཏོན་ཏེ་མདུན་གྱི་ནམ་མཁར་བཞག་ལ་ཨོཾ་ཨཱཿཧཱུཾ་གིས་སྐུ་གསུང་ཐུགས་བྱིན་གྱིས་བརླབས། འོད་ཟེར་སྤྲོ་བསྡུས་སངས་རྒྱས་ཀྱི་མཛད་པ་བསྒྲུབས་ནས་ལྷ་རྣམས་རང་རང་གི་གདན་ལ་བཞུགས་པར་བསམ་པ་གཞན་དེ་བཞིན་གཤེགས་པའི་སྲས་སུ་བདག་བྱ་བ། གཞན་སྲས་སོ། །

གཉིས་པ་སྒྲུབ་སྡེའི་ལུགས་ལ་བདག་གི་སྲས་སུ་གཞན་བྱ་བ་ལ་ལྔ། རྒྱུའི་ས་བོན་ལས་གཙོ་བོ་ཡབ་ཡུམ་བསྐྱེད་པ་ནི༡། སྒྲུབ་གཞིའི་ལུས་དེ་བཞིན་ཉིད་ཀྱི་ཏིང་ངེ་འཛིན་དང་། ཀུན་སྣང་གི་ཏིང་ངེ་འཛིན་དང་། རྒྱུའི་ཏིང་ངེ་འཛིན་གསུམ་ལས། ནམ་མཁའི་དབྱིངས་སུ་རྒྱུ་རྡོ་རྗེ་འཛིན་པ་ཡབ་ཡུམ་དུ་བསྐྱེད་པ་དང་། ཕྱོགས་བཅུའི་བུདྡྷ་བཀུག་ནས་ཡུམ་མཁར་བསྟིམ་པ་ནི༢། ཡབ་ཡུམ་གྱི་མཁའ་གསང་དུ་ཕྱོགས་བཅུའི་སངས་རྒྱས་རྣམས་སྤྱན་དྲངས་ནས་བདག་གི་སྲས་སུ་བྱ་བའི་ས་བོན་དུ་སྒྲུབ་པ་དང་། སེམས་ཅན་བཀུག་ནས་མཁར་བསྟིམ་པ་ནི་༣ཁམས་གསུམ་རིགས་དྲུག་གིས་བསྡུས་པའི་སེམས་ཅན་རྣམ་ཏིང་འཛིན་ལྕགས་ཀྱུའི་འོད་ཀྱིས་བཀུག་ནས་སྒོ་གསུམ་གྱི་སྒྲིབ་པ་སྦྱངས་ཏེ་འཁོར་འདས་དབྱེར་མེད་རོ་གཅིག་ཏུ་ཞུ་བ་དང་། གཉིས་སུ་མེད་ལ་ཆེ་བ་བརྗོད་པ་ནི་༤། འཁོར་འདས་གཉིས་སུ་མེད་པ་སྲིད་ཞི་གཉིས་ན་ཆེ་བའི་བདག་ཉིད་ཀྱི་དགྱེས་པ་ཆེན་པོའི་རང་བཞིན། ངོ་མཚར་རྨད་དུ་བྱུང་བའི་ཆེ་བ་དང་དམ་ཤུགས་ཀྱིས་བརྗོད་པ་དང་། ནམ་མཁར་གནས

པའི་ཧེ་རུ་ཀའི་ཐུགས་ཀར་ནས་ཨེ་ཡཾ་ར་སུཾ་ཀིཾ་རཾ་ཆད། འབྱུང་ལྔ་རིམ་བརྩེགས་པཾ་ལས་པདྨ་ཧཱུྃ་ལས་སྣ་ཚོགས་རྡོ་རྗེར་གྱུར། དེའི་སྟེང་དུ་རྒྱུའི་ཧེ་རུ་ཀ་ཡབ་ཡུམ་གྱི་མཁའ་གསང་ལས་ཧཱུྃ་ཡིག་འོད་ཟེར་ལྔ་ལྡན་བབས། ཡོངས་སུ་གྱུར་པ་ལས་ཕྱི་རིན་པོ་ཆེའི་གཞལ་ཡས་ཁང་། ནང་དུར་ཁྲོད་རོལ་པའི་རྒྱན་བཀོད་རྫོགས་པ་དེའི་དབུས་དང་ཕྱོགས་མཚམས་རྡོ་རྗེ་ཁྲག་ཆེན་པདྨ་ཉི་ཟླ་ལྷ་གླུ་ཕྱོགས་སྐྱོང་དྲེགས་པ་བསྙོལ་སྟེང་བྱོལ་སོང་གཙོ་དགུ་སོགས་དབུས་ཀྱི་གདན་སྟེང་དུ་ནམ་མཁར་གནས་པའི་ཧེ་རུ་ཀ་ཡབ་ཡུམ་དབུས་ཀྱི་གདན་ལ་འཁོད། འཁོར་མཁའ་གསང་ནས་ཕྱོགས་མཚམས་ལྷ་སྤྲོས། སླར་ཡང་གཙོ་བོ་ཡབ་ཡུམ་གྱི་སྐུ་ལ་བསྡུས་པ་ཡན་བདག་གི་སྲས་སུ་གཞན་བྱ་བ་ལྔ་ཡིན། གཞན་གྱི་སྲས་སུ་བདག་བྱ་བ་ལ་བརྒྱད། །སྔོ་ང་སྨིན་པ་དེ་དང་དེར་གྱུར་བཞིན། །གཙོ་བོ་འོད་ཞུ་ས་བོན་གྱུར་པ་དང་༡། །དེ་ལས་ཡབ་ཡུམ་སྐྱེ་མཆེད་རྫོགས་པ་དང་༢། །ཡབ་ཀྱི་རྟགས་པ་ཡི་གེར་གྱུར་པ་དང་༣། །ཡུམ་ལས་འོད་འཕྲོས་ལྷ་ལ་གསོལ་གདབ་དང་༤། །ཀུན་ཀྱང་རང་བསྙེམ་ང་རྒྱལ་བཟུང་བ་དང་༥། །སྙོམས་པར་ཞུགས་ནས་མཁའ་རུ་དཀྱིལ་འཁོར་བསྐྱེད་༦། །རྟོག་པ་ཞི་གཉིས་ལྟར་གསལ་ཕྱིར་གདོན་དང་༧། །ཕྱག་རྒྱ་བཞི་ཡིས་བཅིངས་དང་རྒྱས་གདབ་པོ་༨། །ཞེས་ཡོན་ཏན་མཛོད་ལས་གསུངས་པ་ལྟར། དེའང་ཐོག་མར་སྔོ་ང་དང་དེ་ལས་བྱའི་གཟུགས་སུ་སྨིན་པ་གཉིས་སྐྱེས་ཀྱི་བག་ཆགས་སྦྱོང་བའི་གཉེན་པོ་སྟེ། དེ་ལས་གཞན་སྲས་བརྒྱད་ནི་གཙོ་བོ་ཡབ་ཡུམ་བདེ་ཆེན་བྱང་ཆུབ་སེམས་ཀྱི་ངོ་བོར་ཞུ་བར་གྱུར་པ་ལ། ཞུ་བ་གླུས་བསྐུལ་བ་ཡུམ་དབྱིངས་ཕྱུག་མའི་ཆོས་ཉིད་སྟོང་པའི་རང་སྒྲས། ཧོ། ཡོད་མེད་སྟོང་པ་ཤིན་ཏུ་རྣལ་འབྱོར་མཐུས། །ཆོས་ཀྱི་དབྱིངས་ལས་དམ་ཚིག་ཉེ་བར་བཞེངས། །ཡེ་ཤེས་རྒྱ་མཚོ་རྣམ་པར་གྲོལ་བའི་ཀློང་། །མི་གནས་མི་དམིགས་ཆོས་ཀྱི་དབྱིངས་ནས་བཞེངས། །ཞེས་བསྐུལ་བས་ཐིག་ལེ་དེ་ཉིད་ཧཱུྃ་མཐིང་ནག་འབར་བར་གྱུར་པ་ལས་རྡོ་རྗེ་སྔོན་པོ་རྩེ་ལྔ་པ་ཧཱུྃ་ཡིག་གིས་མཚན་པར་གྱུར། སྥ་ར་ཎ་ཕཊ། དེ་ལས་འོད་ཟེར་འཕྲོས་སངས་རྒྱས་སྲས་དང་བཅས་པ་མཆོད་སེམས་ཅན་གྱི་དོན་བྱས། སཾ་ཧ་ར་ཎ་ཧཱུྃ། ཚུར་འདུས་ཧཱུྃ་ལ་ཐིམ་པའི་བར་ཐོག་མར་སྔོ་ང་མཚན་པ་གཙོ་བོ་ཡབ་ཡུམ་ཞུ་སྟེ་རྒྱུའི་ས་བོན་དུ་གྱུར་པ་གཞན་སྲས་དང་པོ་དང་། དེ་ཡོངས་སུ་གྱུར་པ་ལས་ཁྲག་འཐུང་ཐམས་ཅད་འདུས་པའི་སྤྱི་གཟུགས་དཔལ་ཆེན་པོ་བཅོམ་ལྡན་

འདས་ཆེ་མཆོག་ཧེ་རུ་ཀ་སྐུ་མདོག་སྨུག་ནག་དབུ་ཉི་ཤུ་རྩ་གཅིག །ཕྱག་བཞི་བཅུ་རྩ་གཉིས་ཞི་བ་ཞི་གཉིས་བསྣམས་པ། ཞབས་བརྒྱད་སྐུ་ལ་དཔལ་གྱི་ཆས་བཅུ་རྫོགས་པ། ཡུམ་གནམ་ཞལ་དབྱིངས་ཕྱུག་མ་སྐུ་མདོག་མཐིང་ནག་དབུ་དགུ་ཕྱག་བཅོ་བརྒྱད། རྩ་ཕྱག་རྡོ་རྗེ་དྲུང་ཁྲག །ལྷག་མ་གཡས་བརྒྱད་གནས་མ་བརྒྱད། གཡོན་ན་ཡུལ་གྱི་ཕྲ་མེད་བརྒྱད་བསྣམས་པ། ཞབས་བཞི་གཡོན་བསྐུམ་པས་ཡབ་ལ་འཁྱུད་པ། གཡས་བརྐྱངས་པའི་སྟབས་ཀྱིས་སྙོམས་པར་འཇུག་པ་ཉི་མ་འབུམ་གྱི་འོད་ཟེར་ལྟར་འབར་ཞིང་བསྐལ་པའི་མེ་ཕུང་ཆེན་པོའི་ཀློང་ན་བཞུགས་པ་བསྐྱེད་པ་ནི། སྒོང་བརྡོལ་ནས་བྱ་ཕྲུག་བཙས་པ་ལྟར་གཞན་སྲས་གཉིས་པ། དེ་ལས་ཡབ་ཡུམ་སྐྱེ་མཆེད་རྫོགས་པ་བསྐྱེད་པ་དང་། དེ་ནས་མཁའ་གསང་བྱིན་བརླབས། ཡབ་ཀྱི་གསང་གནས་ཧཱུྃ་ལས་རྡོ་རྗེ་རྩེ་ལྔ་པའི་ལྟེ་བར་ཧླ་བ་ལ་ཨོཾ་ གྱིས་མཚན་པ། ཡུམ་གྱི་མཁའ་པཾ་ལས་པདྨ་འདབ་བརྒྱད་ཟེའུ་འབྲུར་ཉི་མ་ལ་མུཾ་གྱིས་མཚན་པ་བསམ། དེ་ནས་ཆགས་པའི་བརྡ་བཞི་ཡབ་ཀྱིས། ས་མ་ཡ་ཧོཿ ཡུམ་གྱིས། ས་མ་ཡ་སྟྭཾ། ཞེས་ལན་བྱིན། སླར་ཡང་ཡབ་ཀྱིས་རཱ་ཧོ་ཧཾ་ཞེས། ཡུམ་གྱིས་རཱ་ག་ཡ་མི་ཞེས་བརྡ་བཞིས་བསྐུལ། ཨ་ལ་ལ་ཧོཿ ཛཿཧཱུྃ་བཾ་ཧོཿ བོ་དྷི་ཙིཏྟ་སྥ་ར་ཎ་ཕཊ། ཨོཾ་ཨཱཿཧཱུྃ་ཞེས་བརྗོད། ཕྱག་རྒྱ་བཞིས་སྙོམས་པར་ཞུགས་པ་བྱང་ཆུབ་ཀྱི་སེམས་ཕྱིར་ཕྱུང་བའི་མཁའ་གསང་བརླབས་པ་དང་། གདན་དང་ས་བོན་སྒྲོ་བ་གསུམ་བྱས་ནས། །རྡོ་རྗེ་པདྨ་བདེ་བ་རྒྱས་མཛད་ནས། །ཡབ་ཡུམ་གཉིས་མེད་སྦྱོར་བའི་བྱང་ཆུབ་སེམས། །བདུད་རྩི་བྱང་ཆུབ་སེམས་ཀྱི་སྤྲིན་སྤྲོས་པས། །སྟོང་གསུམ་ཁྲོ་བོའི་ཚོགས་ཀྱི་དཀྱིལ་འཁོར་སྤྲོ། ཧཱུྃ་ཧཱུྃ་ཧཱུྃ། སྙོམས་པར་ཞུགས་པས་བྱང་ཆུབ་ཀྱི་སེམས་སྤྲིན་ཧཱུྃ་གི་རང་བཞིན་ཁྲོ་བོའི་ཚོགས་ཕྱོགས་བཅུར་འཕྲོས། ཞེས་པས། གཞན་སྲས་གསུམ་པ་ཡབ་ཀྱི་རྟོག་ཚོགས་ཡི་གེ་བསྐྱེད་པ་ཡིན། དྲེགས་པ་སྡེ་དང་བཅས་པ་ཐམས་ཅད་ཐུགས་རྗེ་ཆེན་པོས་ཚར་བཅད་ནས་དབང་དུ་བསྡུས། ཐམས་ཅད་དཔལ་ཆེན་པོའི་དཀྱིལ་འཁོར་གྱི་འཁོར་ལོའི་གོ་འཕང་ལ་བཀོད་ནས་ཞེས། ཡུམ་ལས་འོད་འཕྲོས་ལྷ་ལ་གསོལ་བ་ཡིད་ཀྱི་གདབ་པས་དྲེགས་པ་ཅན་ཚར་བཅད་དབང་དུ་བསྡུས། དཔལ་ཆེན་གྱི་གོ་འཕང་ལ་བཀོད་པ་ནི་གཞན་སྲས་བཞི་པ་ཡིན། ཚུར་འདུས་ཞེས་པས་གཞན་སྲས་བསྐྱེད་པ་ལྟ་བ་དཀྱིལ་འཁོར་ཐམས་ཅད་བདག་ཡབ་ཡུམ་ལ་བསྟིམ་པས་ཡེ་ཤེས་པར་

ང་རྒྱལ་བསྐྱེད་པ་ཡིན། སྙོམས་པར་འཇུག་པས་བདེ་བ་ཆེན་པོར་ཞུགས་པས་འབར་བའི་ཧཱུྃ་ཡིག་བརྒྱད་དུ་གྱུར། ཧཱུྃ། འཇིག་རྟེན་སྟོང་ཁམས་གང་བའི་ཁྲག་འཐུང་རྣམས། །རང་ལ་བསྡུ་བའི་སྦྱོར་བས་ཀུན་བསྡུས་ནས། །དབྱིངས་སུ་ཐིམ་ནས་ཡིག་འབྲུ་ཕྱག་མཚན་དགུ། །ཁྲོ་བོར་གྱུར་ཏེ་ཞེས་པས། ཡབ་ཡུམ་སྦྱོར་བ་བྱ་ཞིང་མཁའ་རུ་དཀྱིལ་འཁོར་བསྐྱེད་པ་གཞན་སྲས་དྲུག་པ་ཡིན། ཕྱོགས་མཚམས་ཀུན་ཏུ་འཁོད་ཅེས་པ། བདག་གི་རྟོག་པ་ལྷ་སྐུར་གྱུར་ཏེ་མཁའ་གསང་ནས་ཕྱིར་འདོན་ཏེ་དཀྱིལ་འཁོར་སོ་སོའི་གདན་ལ་འཁོད་པ་གཞན་སྲས་བསྐྱེད་པ་བདུན་པ་ཡིན། ཧཱུྃ། བདག་ཉིད་དུས་གསུམ་སངས་རྒྱས་ཐམས་ཅད་ཀྱི། །སོགས་ནས། དབང་བསྐུར་རོ། །ཨོཾ་སརྦ་ཏ་ཐཱ་ག་ཏ་མ་ཧཱ་ཀཱ་ཡ་བཛྲ་སོགས་ཀྱིས་གནས་གསུམ་བྱིན་བརླབས། ཨོཾ་མ་ཧཱ་ཤྲུ་ཏྲ་ཧཱ་སོགས་ཀྱིས་དབང་བསྐུར། ཧཱུྃ༔ འོག་མིན་ཆོས་དབྱིངས་དབུས་མཐའ་མེད་པ་ནས། །སོགས་ཀྱིས་ཡེ་ཤེས་པ་སྤྱན་དྲངས། ཧཱུྃ། ཕོ་བྲང་དགུ་གླིང་འབར་བའི་ཨེ་དབྱིངས་སུ། །སོགས་ཀྱིས་ཡེ་ཤེས་པ་སྤྱན་དྲངས་ཤིང་རྒྱས་གདབ་ལ་སོགས་པ་གཞན་སྲས་བསྐྱེད་པ་བརྒྱད་པ་ཡིན། སྒྲུབ་སྡེ་ལྟར་ན་དེ་ལྟར་བསྐྱེད་པའོ། །ཉི་ཟླ་གའུ་ཁ་སྦྱོར་གྱི་ནང་དུ་རང་ལྷའི་ཕྱག་མཚན་ས་བོན་དང་བཅས་པ་ཞུ་ཞིང་འདྲེས་པ་ལས་སྤྲོ་བསྡུས་ལྟར་བསྐྱེད་པ་མངོན་བྱང་ལྔའི་ཆོ་གའི་བསྐྱེད་པ་ནི། དགྱེས་རྡོར་ལས། ཟླ་བ་མེ་ལོང་ཡེ་ཤེས་ཏེ། །བདུན་གྱིས་བདུན་པ་མཉམ་པ་ཉིད། །རང་ལྷའི་ས་བོན་ཕྱག་མཚན་ནི། །སོ་སོར་རྟོག་པར་བརྗོད་པར་བྱ༔ ༔ཐམས་ཅད་གཅིག་གྱུར་ནན་ཏན་ཉིད། །རྫོགས་པ་ཆོས་དབྱིངས་དག་པ་སྟེ། །ཞེས་པས། མ་རྒྱུད་ཀྱི་ཆོ་ག་སྤྱི་ལྟར་མངོན་བྱང་ལྔ་བསྐྱེད་ལ། ཀུན་མཁྱེན་གྱིས་རྣལ་འབྱོར་རྒྱུད་དང་བསྟུན་ནས་ཕྱིའི་མངོན་བྱང་ལྔ། རྣལ་འབྱོར་ཆེན་པོ་དང་བསྟུན་ནས་ནང་གི་མངོན་བྱང་ལྔའི་རང་བཞིན་རྒྱུ་ལ་འབྲས་བུ་གྲུབ་པའི་ཚུལ་གྱིས་ལྷོ་སྦྱར་ནས་བཤད་ལ། ཀློང་གསལ་ལས། མངལ་ཞུགས་བྱང་ཆུབ་རྣམ་ལྔ་སྟེ། །ཟླ་བ་བཅུ་ནི་ས་བཅུའི་ཚུལ། །སྐྱེས་པ་རང་བཞིན་སྤྲུལ་པའི་སྐུ། །ལྷུན་གྲུབ་སྐུ་གསུམ་བདག་ཉིད་དོ། །ཞེས། བར་དོ་ནས་ལུས་འཚོལ་བ་ཚོགས་ལམ། མངལ་དུ་ལུས་ལེན་པ་དངོས་ལ་སྦྱོར་ལམ། མངལ་དུ་ཞུགས་པ་ནས་བཟུང་བྱང་ཆུབ་ལྔའི་རིམ་པ་མཐོང་སྒོམ་གྱི་ལམ་དུ་བཞག་སྟེ་ཟླ་བ་བཅུའི་ངོ་བོ་ས་བཅུར་མཚོན་ནས་མི་སློབ་པའི་ཟུང་འཇུག་རང་བཞིན་སྤྲུལ་པའི་སྐུར་འགྲུབ་

ཚུལ་ལས། འདིར་སྐྱེ་གནས་རྣམ་པ་བཞིའི་རིམ་པ་དང་རྗེས་སུ་མཐུན་པར་དག་རྫོགས་སྨིན་གསུམ་ཀྱི་ངེས་པ་དང་སྦྱར་ན། མངོན་བྱང་དང་པོ་ཟླ་བའི་དཀྱིལ་འཁོར་བསྒོམ་པ་ནི། སྦྱང་གཞི་གཟུགས་ཀྱི་ཕུང་པོ་ནམ་མཁའི་ཁམས། ལུས། ཀུན་གཞིའི་རྣམ་ཤེས་གཏི་མུག །མངལ་སྐྱེས་ཀྱི་ཕའི་ཁམས་དཀར་པོ། དྲོད་གཤེར་སྐྱེས་ཀྱི་གཤེར། སྒོང་སྐྱེས་ཀྱི་ཕའི་ཆ། རྫུས་སྐྱེས་ཀྱི་སྟོང་པའི་ཆ། ཀུན་རྫོབ་ཟླ་གནས་ཀྱི་ཐིག་ལེ་ལུས་ཀྱི་གཡས་གཡོན་གྱི་ཆས་ཕྱེ་བས་ཐིག་ལེ་སོ་གཉིས་རྣམས་སྦྱོང་ཞིང་དག་པར་བྱེད་ལ། རྫོགས་རིམ་གྱི་དུས་ཡས་བབས་དགའ་བཞིའི་འགྲོས་རེ་རེ་ལའང་དགའ་བ་བཞི་བཞི་སྟེ་བཅུ་དྲུག །དེ་ལ་ཁམས་དཀར་དམར་གྱི་ཆས་ཕྱེ་བས་སོ་གཉིས། ཡས་བབས་ཐབས་ཀྱི་རང་བཞིན་དུ་ཤར་བའི་ཡེ་ཤེས་དང་སོ་སོར་རྟོག་པའི་ངོ་བོ་རྫོགས་པའི་རྣམ་པ་དབྱངས་ཡིག་བཅུ་དྲུག་ཕྲག་གཉིས་ཟླ་བའི་དཀྱིལ་འཁོར་དུ་བསྒྱུར་ནས་སྒོམ་པ་རྣམ་པ་ལམ་བྱེད༡། དེ་ཉིད་ལྷ་གང་ཡིན་པ་དེའི་མེ་ལོང་ལྟ་བུའི་ཡེ་ཤེས་སུ་མོས་ནས་བསྒོམ་པ་མོས་པ་ལམ་བྱེད༢། འབྲས་བུའི་དུས་ན་མཚན་བཟང་པོ་སོ་གཉིས་སུ་སྨིན་ཞིང་མེ་ལོང་ལྟ་བུའི་ཡེ་ཤེས་མངོན་པར་བྱང་ཆུབ་པ་འབྲས་བུ་ལམ་བྱེད༣། དེ་ལ་བརྟེན་ནས་བདག་རྒྱུད་ལ་ཚོགས་རྫོགས་ཤིང་སྒྲིབ་པ་བྱང་བའི་རྟེན་འབྲེལ་དུ་འགྱུར་བ་ནི་བྱིན་བརླབས་ལམ་བྱེད་དོ༤། །

མངོན་བྱང་གཉིས་པ་ཉི་མའི་དཀྱིལ་འཁོར་བསྒོམ་པ་ནི། སྦྱང་གཞི་ཚོར་བའི་ཕུང་པོ། ས་ཡི་ཁམས། ཉོན་མོངས་པ་ཅན་གྱི་ཡིད་སེར་སྣ་དང་ང་རྒྱལ། མངལ་སྐྱེས་ཀྱི་མ་ཡི་ཁམས་དམར་པོ། སྒོང་སྐྱེས་ཀྱི་མེའི་ཆ། དྲོད་གཤེར་སྐྱེས་ཀྱི་དྲོད། རྫུས་སྐྱེས་ཀྱི་གསལ་བའི་ཆ་དང་། གཞི་དུས་ཀྱི་ཁམས་དམར་ཆ་དེ་དག་ལ་འབྱུང་བ་བཞི་ནམ་མཁའི་ཁམས་དང་ལྔ་ཡོད། དེ་རེ་རེའང་དགའ་བ་བཞི་བཞིས་ཕྱེ་བའི་ཉི་ཤུ། དེ་ལའང་རྟུལ་གྱི་རྟུལ་དང་རྟུལ་གྱི་ཕྲ་བའི་ཆས་ཕྱེ་བའི་བཞི་བཅུ། བཞི་བཅུ་པོ་དེ་ལ་ཤེས་རབ་སྟོང་པའི་ཆ་དང་། ཐབས་བདེ་བའི་ཆ་གཉིས་གཉིས་ཕྱེ་བས་བརྒྱད་ཅུ་སོགས་སྦྱོང་ཞིང་དག་པར་བྱེད་ལ། རྫོགས་རིམ་གྱི་དུས་ཁྲུ་རྟུལ་གཉིས་རྣམ་པར་བྱང་བའི་བདེ་སྟོང་ལྷན་ཅིག་སྐྱེས་པའི་ངོ་བོ་མས་བརྟན་ཤེས་རབ་ཀྱི་རང་བཞིན་གཟུགས་ལ་སོགས་པའི་ཕུང་པོ་ལྔ་འབྱུང་བ་བཞིས་ཕྱེ་བའི་ཁམས་ཉི་ཤུ་ཆོས་ཀྱི་དབྱིངས་ལ་སོགས་པའི་ཡེ་ཤེས་ལྔ་ཚད་མེད་བཞིས་ཕྱེ་

བའི་ལམ་སྟོང་པ་ཉིད་ཉི་ཤུར་ཤར་བ། ཐབས་ཤེས་བདེ་སྟོང་གིས་ཕྱེ་བས་བརྒྱད་ཅུའོ། །ཡང་ན་མས་བརྟན་གྱི་དགའ་བ་བཅུ་དྲུག་པོ་རེ་རེ་ལའང་ཡེ་ཤེས་ལྔ་ལྔའི་རོ་དང་ལྡན་པས་བརྒྱད་ཅུ་མས་བརྟན་ཤེས་རབ་རང་བཞིན་དུ་ཤར་བའི་ཡེ་ཤེས་གཉིས་པ་བྱང་ཆུབ་སེམས་སུ་རྫོགས་པའི་རྣམ་པ་གསལ་བྱེད་ཀྱི་ཡི་གེ་བཞི་བཅུ་སྟར་བཤད་པ་ལྟར་ཕྲག་གཉིས་བརྒྱད་ཅུ་དེ་བདུན་གྱི་བདུན་པ་ཉི་མའི་དཀྱིལ་འཁོར་དུ་བསྒྱུར་ནས་བསྒོམ་པ་རྣམ་པ་ལམ་བྱེད༡། དེ་ཉིད་བསྒོམ་བྱའི་ལྷ་གང་ཡིན་པ་དེའི་མཉམ་པ་ཉིད་ཀྱི་ཡེ་ཤེས་སུ་མོས་ནས་བསྒོམ་པ་མོས་པ་ལམ་བྱེད༢། འབྲས་བུའི་དུས་ན་སངས་རྒྱས་ཀྱི་དཔེ་བྱད་བཟང་པོ་བརྒྱད་ཅུའི་རང་བཞིན་དུ་སྨིན་ཞིང་མཉམ་པ་ཉིད་ཀྱི་ཡེ་ཤེས་སུ་མངོན་པར་བྱང་ཆུབ་པ་འབྲས་བུ་ལམ་བྱེད༣། དེ་ལ་བརྟེན་ནས་མཐར་ཐུག་བདག་རྒྱུད་ལ་དཔེ་བྱད་བརྒྱད་ཅུས་བརྒྱན་ཅིང་མཉམ་ཉིད་ཡེ་ཤེས་སྐྱེ་བའི་རྟེན་འབྲེལ་བསྒྲིགས་ནས་ཚོགས་རྫོགས་སྒྲིབ་པ་བྱང་བ་ནི་བྱིན་བརླབས་ལམ་བྱེད་དོ༤། །

མངོན་བྱང་གསུམ་པ་ནི། ཉི་ཟླའི་དཀྱིལ་འཁོར་གྱི་དབུས་སུ་ལྷ་གང་ཡིན་དེའི་ཕྱག་མཚན་ས་བོན་གྱིས་མཚན་པར་བསྒོམ་པ་སྟེ། སྦྱང་གཞི་ནི། ཕ་མའི་རྒྱུ་རྐྱེན་ལ་བརྟེན་པའི་ཁུ་རྡུལ་གཉིས་ཀྱི་བར་དུ་དྲི་ཟ་ཉེ་བར་ལེན་པའི་སེམས་བར་དོའི་རྣམ་ཤེས་ཞུགས་པ་དང་། འདུ་ཤེས་ཀྱི་ཕུང་པོ། མེའི་ཁམས། ངག །ཡིད་ཀྱི་རྣམ་པར་ཤེས་པ། ཉོན་མོངས་པ་འདོད་ཆགས་སྐྱེ་གནས་བཞིར་འཇུག་པའི་བར་དོའི་རྣམ་ཤེས་རྣམས་སྦྱོང་ཞིང་དག་པར་བྱེད་ལ། རྫོགས་རིམ་གྱི་དུས་ཁུ་རྡུལ་གཉིས་ལུགས་ལྡོག་ཏུ་དག་པའི་རྗེས་སུ་ལས་རླུང་དུས་སྦྱོར་དང་བཅས་པ་འགགས་པས་ཡེ་ཤེས་གསུམ་པ་བརྟན་པའི་རྡོ་རྗེར་རྫོགས་པའི་རྣམ་པ་ས་བོན་ཕྱག་མཚན་གྱི་ཚུལ་དུ་བསྒྱུར་ནས་བསྒོམ་པ་རྣམ་པ་ལམ་བྱེད༡། དེ་ཉིད་ལྷ་གང་ཡིན་པ་དེའི་སོ་སོར་རྟོག་པའི་ཡེ་ཤེས་སུ་མོས་ནས་བསྒོམ་པ་མོས་པ་ལམ་བྱེད༢། འབྲས་བུའི་དུས་ན་ཆོས་ཐམས་ཅད་མ་བསྒྲིབ་པར་གསལ་ཞིང་མ་འདྲེས་པར་རྟོགས་པའི་རང་བཞིན་དུ་སྨིན་ཞིང་སོ་སོར་རྟོག་པའི་ཡེ་ཤེས་སུ་མངོན་པར་བྱང་ཆུབ་པ་འབྲས་བུ་ལམ་བྱེད༣། དེ་ལ་བརྟེན་ནས་བདག་རྒྱུད་ལ་ཚོགས་རྫོགས་ཤིང་སྒྲིབ་པ་བྱང་བའི་རྟེན་འབྲེལ་དུ་འགྱུར་བ་ནི་བྱིན་བརླབས་ལམ་བྱེད་དོ༤། །

མངོན་བྱང་བཞི་པ་ཟླ་ཉི་ས་བོན་ཕྱག་མཚན་དང་བཅས་པ་རོ་གཅིག་ཏུ་འདྲེས་པར་བསྒོམ་པ་སྟེ། སྦྱང་གཞི་ཁུ་རྡུལ་སེམས་གསུམ་རོ་གཅིག་ཏུ་འདྲེས་པ་དང་། འདུ་བྱེད་ཀྱི་ཕུང་པོ། རླུང་གི་ཁམས། སྒོ་ལྔའི་རྣམ་ཤེས། ཉོན་མོངས་ཕྲག་དོག །སྐྱེ་གནས་བཞིར་འཇུག་པའི་མངལ་སྐྱེས་དང་། སྔོང་སྐྱེས་ཀྱི་བར་དོའི་རྣམ་ཤེས་དང་ཁུ་ཁྲག་འདྲེས་པ། དྲོད་གཤེས་སྐྱེས་ཀྱི་རྣམ་ཤེས་དང་དྲོད་གཤེར་འདྲེས་པ། རྫུས་སྐྱེས་ཀྱི་གསལ་ལ་སྟོང་པ་ཙམ་དང་བར་སྲིད་འདྲེས་པའི་ཆ་རྣམས་སྦྱོང་ཞིང་དག་པར་བྱེད་ལ། རྫོགས་རིམ་གྱི་དུས་ཁུས་རྡུལ་རླུང་གསུམ་གྱི་བྱེད་ལས་རྣམ་པར་དག་པ་རྒྱུ་རྡོ་རྗེ་འཛིན་པའི་ངོ་བོ་དང་། རྗེ་སྙེད་པའི་ཡེ་ཤེས་བཞི་པ་ཤེས་བྱ་ཀུན་ལ་ཁྱབ་པ་རྡོ་རྗེའི་བདག་ཉིད་དུ་རྫོགས་པའི་རྣམ་པ་ཟླ་ཉི་ཕྱག་མཚན་ས་བོན་དང་བཅས་པ་འདྲེས་པའི་ངོ་བོ་འོད་ཀྱི་ཐིག་ལེའམ་གོང་བུ་གཅིག་ཏུ་བསྡུར་ནས་བསྒོམ་པ་རྣམ་པ་ལམ་བྱེད་དང་༡། དེ་ཉིད་ལྷ་གང་ཡིན་པ་དེའི་བྱ་བ་གྲུབ་པའི་ཡེ་ཤེས་སུ་མོས་ནས་བསྒོམ་པ་མོས་པ་ལམ་བྱེད་༢། འབྲས་བུའི་དུས་ན་སངས་རྒྱས་ཐམས་ཅད་ཀྱི་མཛད་པ་རོ་གཅིག་ཏུ་འདྲེས་པའི་བདག་ཉིད་དུ་སྨིན་ཞིང་བྱ་བ་གྲུབ་པའི་ཡེ་ཤེས་སུ་མངོན་པར་བྱང་ཆུབ་པ་འབྲས་བུ་ལམ་བྱེད་༣། དེ་ལ་བརྟེན་ནས་བདག་རྒྱུད་ཚོགས་རྫོགས་ཤིང་སྒྲིབ་པ་བྱང་། འབྲས་བུ་མངོན་དུ་འགྱུར་བའི་རྟེན་འབྲེལ་བསྒྲིགས་པ་ནི་བྱིན་རླབས་ལམ་བྱེད་དོ༤། །

མངོན་བྱང་ལྔ་པ་ནི། དེ་ལྟར་འདྲེས་པའི་གོང་བུ་དེ་ཉིད་ལྷ་གང་ཡིན་པ་དེ་དག་གི་སྐུ་ཡོངས་སུ་རྫོགས་པ་སྟེ། སྦྱང་གཞི་མངལ་གྱི་གནས་སྐབས་ཡོངས་སུ་རྫོགས་ནས་ཕྱིར་བཙས་པ་དང་། རྣམ་ཤེས་ཀྱི་ཕུང་པོ་དང་ཆུའི་ཁམས། ཡིད་ཀྱི་རྣམ་ཤེས་ཚོགས་བརྒྱད་ཀྱི་ཆོས་ཉིད་དུ་འཛིན་པའི་ཆ། ཉོན་མོངས་པ་ཞེ་སྡང་། སྐྱེ་གནས་བཞིར་སྐྱེ་བ་ལེན་པའི་ལུས་ཀྱི་སྐྱེ་མཆེད་རྫོགས་པའི་གནས་སྐབས་རང་བཞིན་སྤྲུལ་པའི་སྐུར་སྦྱོང་ཞིང་དག་པར་བྱེད་ལ། རྫོགས་རིམ་གྱི་སྨིན་བྱེད་དུ་འགྲོ་ཚུལ་ཁུ་རྡུལ་རླུང་གསུམ་སེམས་དང་བཅས་པ་ཤིན་ཏུ་རྣམ་པར་དག་པའི་ངོ་བོ་འབྲས་བུ་རྡོ་རྗེ་འཛིན་པ་དང་། རང་བཞིན་སངས་རྒྱས་རྣམས་ཀྱི་ཇི་ལྟ་བའི་ཡེ་ཤེས་རྣམ་པར་གྲོལ་བའི་འབྲས་བུ་ལྔ་པ་དེ་བཞིན་གཤེགས་པའི་བདག་ཉིད་རང་རྒྱུད་ལ་རྫོགས་པའི་རྣམ་པ་ལྷའི་སྐུ་ཞལ་ཕྱག་སྐྱེ་མཆེད་རྒྱན་ཆ་ལུགས་ཡོངས་སུ་བསྒོམ་པ་རྣམ་པ་ལམ་བྱེད༡། དེ་ཉིད་ལྷ་གང་ཡིན་པ་དེའི་ཆོས་ཀྱི་

དབྱིངས་ཀྱི་ཡེ་ཤེས་སུ་མོས་ནས་བསྒོམ་པ་མོས་པ་ལམ་བྱེད་༢། འབྲས་བུའི་དུས་ན་སྒྲིབ་པ་ཐམས་ཅད་དང་བྲལ། ཡེ་ཤེས་དབྱིངས་དང་རང་བཞིན་དབྱེར་མེད་པའི་བདག་ཉིད་དུ་སྨིན་ཞིང་ཆོས་ཀྱི་དབྱིངས་ཀྱི་ཡེ་ཤེས་མངོན་པར་བྱང་ཆུབ་པ་ཐོབ་པ་འབྲས་བུ་ལམ་བྱེད་༣། ལམ་བྱེད་གསུམ་དེ་ལ་བརྟེན་དང་ཚོགས་རྫོགས་ཤིང་སྒྲིབ་པ་བྱང་། ཕུང་ཁམས་སྐྱེ་མཆེད་ལྷ་ཡི་རང་བཞིན་དུ་དག འབྲས་བུ་རྡོ་རྗེ་འཛིན་པ་དང་མཐར་ཐུག་སྒྲིབ་པ་ཀུན་བྲལ་ཆོས་དབྱིངས་ཡེ་ཤེས་སུ་སྨིན་པའི་རྟེན་འབྲེལ་དུ་འགྱུར་བ་ནི་བྱིན་རླབས་ལམ་༤་བྱེད་དོ། །ཅེས་ལམ་བྱེད་བཞི་དང་དག་རྫོགས་སྨིན་གསུམ་ཚང་བའོ། །དེ་ལ་མངོན་བྱང་ལྔ་བསྐྱེད་མངལ་སྐྱེས་བག་ཆགས་སྦྱངས་བ་གཙོ་ཆེ་བས་དེ་མཚོན་ཚུལ་ནི༑ ཐོག་མའི་ཕའི་ཁམས་དཀར་པོ། འོག་ཏུ་འཕེལ་བ་ནི། མངོན་བྱང་དང་པོ་ཟླ་བའི་དཀྱིལ་འཁོར་བསྒོམ་པས་མཚོན། དེའི་སྟེང་དུ་མའི་ཁམས་དམར་པོ་འབབ་པ་ནི་མངོན་བྱང་གཉིས་པ་ཉི་མའི་དཀྱིལ་འཁོར་བསྒོམ་པས་མཚོན། ཁུ་རྡུལ་གཉིས་ཀྱི་བར་དུ་བར་དོའི་རྣམ་ཤེས་ཞུགས་པ་ནི་མངོན་བྱང་གསུམ་པ་ས་བོན་ཕྱག་མཚན་དང་བཅས་པ་བསྒོམ་པས་མཚོན། ཁུ་ཁྲག་གཉིས་དང་བར་དོའི་རྣམ་ཤེས་གཅིག་ཏུ་འདྲེས་ནས་མེར་མེར་ནུར་ནུར་ཏར་ཏར་མཁྲང་གྱུར་ནི་མངོན་བྱང་བཞི་པ་ཟླ་ཉི་ཕྱག་མཚན་ས་བོན་དང་བཅས་པ་རོ་གཅིག་ཏུ་འདྲེས་པ་འོད་ཀྱི་གོང་བུ་བསྒོམ་པས་མཚོན། ཁྲབ་འཛུག་ཉ་དང་རུས་སྦལ་སོགས་མངལ་གྱི་གནས་སྐབས་སོགས་ཡོངས་སུ་རྫོགས་ནས་ཕྱིར་བཙས་པ་ནི། འོད་གོང་ལས་མངོན་བྱང་ལྔ་པ་ལྷའི་སྐུ་ཡོངས་སུ་རྫོགས་པ་བསྒོམ་པས་མཚོན། འདིར་མཚོན་དབང་འབྲིང་དང་སྦྲོས་པ་འབྲིང་གི་དབང་དུ་བྱས་པ་མངལ་སྐྱེས་སྦྱོང་བ། གལ་པོ་དང་འདུས་པའི་རྒྱུད་ཕྱི་མ་ལྟར། རྡོ་རྗེ་བཞིའི་ཆོགས་བསྐྱེད་པ་དང་། དེ་ལས་བསྡུས་པ་རྡོ་རྗེའི་ཆོ་ག་གསུམ་བསྐྱེད། དེ་ལས་དང་པོ་ནི། ཧེ་རུ་ཀ་གལ་པོ་ལས། དང་པོ་སྟོང་པ་བྱང་ཆུབ་སེམས། །གཉིས་པ་ས་བོན་བསྡུ་བ་སྟེ། །

གསུམ་པ་ལ་ནི་གཟུགས་རྫོགས་པ། །བཞི་པ་ལ་ནི་ཡི་གེ་དགོད། །ཅེས་པས། སྦྱང་བྱ་འཆི་སྲིད་བར་དོ་དང་བཅས་པ། སྦྱོང་བྱེད་སྟོང་ཉིད་དང་སྙིང་རྗེ་ཆེན་པོས་སྦྱོང་༡། སྦྱང་བྱ་དྲི་ཟ་ཉེ་བར་ལེན་པའི་སེམས་ཕ་མའི་ཁུ་ཁྲག་གིས་དབུས་སུ་ཞུགས་པ་དེ། སྦྱོང་བྱེད་སྟོང་ཉིད་སྙིང་རྗེ་ཟུང་འཇུག

ལས་ལྷ་གང་ཡིན་གྱི་རྒྱུའི་ས་བོན་བསྒོམ་པས་སྦྱངས༢། སྦྱང་བྱ་རླུང་བཅས་ལུས་རིམ་གྱིས་བསྐྱེད་ནས་གཟུགས་ཀྱི་རྣམ་པ་རྫོགས་པ། སྦྱོང་བྱེད་ས་བོན་ཕྱག་མཚན་འོད་གོང་ལས་ལྷ་གང་ཡིན་གྱི་སྐུ་སྐྱེ་མཆེད་རྫོགས་པ་བསྒོམ་པས་སྦྱངས༣། སྦྱང་བྱ་བྱིས་པ་དེ་དབང་པོ་ཡུལ་ལ་སད་ནས་སྒོ་གསུམ་གྱི་བྱ་བ་བྱེད་པ། སྦྱོང་བྱེད་ལྷའི་གནས་གསུམ་རྡོ་རྗེ་གསུམ་གྱི་ཡིག་འབྲུ་དགོད་པས་སྦྱངས་སོ༤། །

དེའང་ནང་གསེས་ཀྱི་དབང་དུ། རྩ་བའི་རླུང་ལྔ་ཡན་ལག་གམ་འབྱུང་ལྔའི་རླུང་ལྔ་དང་བཅས་འདུ་འཕྲོད་ཀྱིས་འགྱུར་བའི་གནས་སྐབས་ལྔ་ཉམས་སུ་མྱོང་བ་སྦྱོང་ཚུལ། ས་བོན་དེ་ཉིད་ལྷའི་ཕྱག་མཚན་དུ་གྱུར་པས་མངལ་གྱི་གནས་སྐབས་ཀྱི་མེར་མེར་ནུར་ནུར་གྱུར་པ་སྦྱངས། ཕྱག་མཚན་འོད་གོང་གྱུར་པས་ཏར་ཏར་མཁྲང་གྱུར་གཉིས་སྦྱངས། འོད་གོང་ལྷར་གྱུར་པས། ཁྲབ་འཛུག་ཉ་དང་རུས་སྦལ་དབང་པོ་རྫོགས་པ་སྦྱོང་བ་སྟེ་འདུས་པའི་རྒྱུད་ཕྱི་མ་ལས་དེ་དང་ཚུལ་མཐུན་པར་བཤད་དོ། །རྡོ་རྗེའི་ཚིག་གསུམ་བསྐྱེད་ནི་ཕ་རྒྱུད་སྤྱི་ལྟར་ལ། དང་པོ་མངལ་གྱི་གནས་སྐབས་སུ་ཕ་མའི་ཁུ་ཁྲག་ཚོགས་པའི་དབུས་བར་དོའི་རྣམ་ཤེས་ཞུགས་པ་དག །སྦྱོང་བྱེད་ཟླ་ཉིའི་སྟེང་དུ་ལྷ་གང་ཡིན་པ་དེའི་ས་བོན་ཧཱུྃ་ཨཿཧྲཱིཿསོགས་ཀྱི་ཡི་གེ་བསྒོམ་པས། སྦྱང་གཞི་དག་གི་ཁམས་གསུང་རྡོ་རྗེ་གཞོམ་མེད་ནཱ་དའི་སྒྲ་དབྱངས་སུ་རྫོགས་པ་ལོངས་སྤྱོད་རྫོགས་པའི་སྐུར་སྨིན་པ་གསུང་རྡོ་རྗེ་ཡིག་འབྲུའི་ཚིག་དང་། གཉིས་པ་ཁུ་རྡུལ་གྱི་ཁམས་དང་བར་སྲིད་ཀྱི་སེམས་གསུམ་རོ་གཅིག་ཏུ་འདྲེས་པ་ལས། མེར་ནུར་ཏར་གོར་མཁྲང་གྱུར་སོགས་གནས་སྐབས་ལྔ་ཉམས་སུ་མྱོང་བར་གྱུར་པ་དག །སྦྱོང་བྱེད་ཟླ་ཉི་ལྷའི་ས་བོན་གང་ཡིན་དང་བཅས་ཡས་མར་འོད་དུ་ཞུ་སྟེ། ལྷ་སོ་སོའི་ཕྱག་མཚན་རྡོ་རྗེ་སོགས་གང་ཡིན་དེར་བསྒྱུར་ནས་བསྒོམ་པས། སྦྱང་གཞི་ཡིད་ཀྱི་ཁམས་ཐུགས་རྡོ་རྗེ་དབྱེར་མི་ཕྱེད་པའི་ཡེ་ཤེས་ཆེན་པོར་རྫོགས་ནས་ཆོས་ཀྱི་སྐུར་སྨིན་པ་ཐུགས་རྡོ་རྗེ་ཕྱག་མཚན་གྱི་ཚིག་དང་། གསུམ་པར་མངལ་གནས་དེའི་ལུས་ཀྱི་ལྟེ་བའི་རྩ་སོགས་ནས་རྩ་འཁོར་ལྔ་ཆགས་དབང་པོ་ཡན་ལག་ཁམས་དང་སྐྱེ་མཆེད་རྫོགས་ནས་ཕྱིར་བཙས་པ་དག །སྦྱོང་བྱེད་ཕྱག་མཚན་ལུས་འོད་ཟེར་སྤྲོ་བསྡུས་དོན་གཉིས་བྱས་ཡོངས་སུ་གྱུར་པ་ལས་ལྷ་གང་ཡིན་སྐུ་མཚན་དཔེའི་བདག་ཉིད་ཅན་རྫོགས་པར་བསྐྱེད་པའི་སྦྱང་གཞི་ལུས་ཀྱི་ཁམས་གདན་གསུམ་ཚང་བའི་ལྷའི་རང་བཞིན་དུ་སྨིན་

པ་དང་། མཐར་ཐུག་སྤྲུལ་པའི་སྐུར་མངོན་དུ་བྱེད་པ་སྐུ་རྡོ་རྗེ་ཡོངས་སུ་རྫོགས་པའི་ཚོག་དང་གསུམ་གྱིས་བསྐྱེད་པ་མངལ་སྐྱེས་ཀྱི་བག་ཆགས་སྦྱོང་བྱེད་ཡིན་ནོ། །

དྲོད་གཤེར་ལས་སྐྱེས་སྦྱོང་བ་ནི། དབང་རབ་སྤྲོས་མེད་ཀྱི་དབང་དུ་བྱས་ཏེ། བསྐྱེད་ སྔགས་བརྗོད་པ་ཙམ་གྱིས་སྟོད་བཅུད་དཀྱིལ་འཁོར་གྱི་འཁོར་ལོར་གསལ་ལ་མ་འདྲེས་པར་བསྒོམ་པ་སྟེ་དེ་ནི། བང་མཛོད་འཕྲུལ་ལྡེ་ལས། ཨ་ནུ་ཡོ་གའི་ཐེག་པ་ནི། །སྙིང་པོ་ཙམ་ཞིག་བརྗོད་བྱས་པས། །མ་བསྐྱེད་རྫོགས་པའི་ལྷ་རུ་བསྒོམ། །ཞེས་པ་ལྟར་གཙོ་བོ་ཨ་ནུ་ཡོ་གའི་བསྐྱེད་ཚུལ་དང་མཐུན་པའོ། །དེའི་སྒོམ་ཚུལ་ནི། ཉི་མ་དང་ཟླ་བའི་དཀྱིལ་འཁོར་སྒོམ་པ་དྲོད་དང་གཤེར། ས་བོན་ཕྱག་མཚན་བསྒོམ་པས་བར་དོའི་རླུང་སེམས། འོད་ཟེར་སྤྲོ་བསྡུས་སྐུ་ཡོངས་སུ་རྫོགས་པ་བསྐྱེད་པ། དྲོད་གཤེར་སེམས་གསུམ་འདུས་པ་ལས་དྲོད་གཤེར་གྱི་དབུས་འབྱུང་བཞིའི་ལུས་གྲུབ་པ་སྦྱོང་བར་བྱེད་པའོ། །རྫུས་སྐྱེས་སྦྱོང་བ་ནི། དབང་པོ་ཡང་རབ་ཤིན་ཏུ་སྤྲོས་མེད་ཀྱི་དབང་དུ་བྱས་ནས་ལྷ་སྐད་ཅིག་དྲན་རྫོགས་སུ་བསྐྱེད་པའོ། །རྫུས་སྐྱེས་ཀྱི་བསྐྱེད་ཚུལ་གདན་ཉི་ཟླའི་སྟེང་ས་བོན་ནམ་ཕྱག་མཚན་ལས་སྤྲོ་བསྡུས་ལྟར་བསྐྱེད་པས། རྫུས་སྐྱེས་སྐྱེ་གནས་དེར་བར་དོའི་སེམས་ཀྱིས་སྲིད་ལེན་གྱི་མཐུས་ལུས་སྐད་ཅིག་གིས་འགྲུབ་པའི་བག་ཆགས་སྦྱོང་བའོ། །འདི་ནི་གཙོ་བོར་ཨ་ཏི་ཡོ་གའི་སྣང་སྲིད་གཞིར་བཞེངས་ཀྱི་དཀྱིལ་འཁོར་བསྒོམ་ཚུལ་དང་མཐུན་ཏེ། རྨད་བྱུང་རྒྱལ་པོ་ལས། ཡེ་ནས་ལྷུན་མཉམ་དཀྱིལ་འཁོར་ལ། །ཡིན་པར་ཤེས་ནས་བསྒོམ་པ་ལས། །ཐ་དད་བློ་ཡིས་རིམ་པ་ཡིས། །སྤྱིན་དྲངས་གཤེགས་གསོལ་འདིར་མི་དགོས། །ཞེས་སོ། །དེ་ལྟར་ཡང་། སྡོམ་འབྱུང་ལས། དབང་པོ་རྣོན་པོས་སྐད་ཅིག་གིས། །རྣམ་པས་སེམས་ཙམ་དཀྱིལ་འཁོར་བསམ། །ཞེས་པ་དང་། རྡོ་རྗེ་དྲིལ་བུས་པས། །སེམས་ཅན་རྫུས་ཏེ་སྐྱེ་བ་བཞིན། །ས་བོན་མེད་པར་རྣམ་པར་བསྒོམ། །ཞེས་པས། བདག་ཉིད་ཐ་མལ་རང་སེམས་བཟོ་མེད་འདི༔ དཀོན་མཆོག་སྤྱི་འདུས་པདྨ་འོད་འབར་སྐུ༔ ཞེས་གསུངས་པ་བཞིན་རང་རིག་ལྷའི་རྣམ་པར་གསལ་བའོ། །དེ་ལྟར་སྐྱེ་གནས་བཞིའི་རིམ་པ་དང་སྦྱར་ནས་བསྐྱེད་རིམ་སྒོམ་ཚུལ་བཞིར་བྱུང་བ་ཡང་རང་རང་གི་བག་ཆགས་དང་། ལྷ་བསྐྱེད་པ་ལ་བློ་གོམས་སྟོབས་ཆེ་ཆུང་གཙོ་བོར་སྦྱར་བར་བྱ་སྟེ། རྒྱལ་བའི་དབང་པོ་ཀློང་ཆེན་པས།

དེ་ལྟར་སྒོམ་ཚུལ་རྣམ་པ་བཞི་ཉིད་ཀྱང་། །གཙོ་བོ་སྐྱེ་བ་གང་བསྟུས་དེ་བསྒོམས་ལ། །བག་ཆགས་སྦྱོང་ཕྱིར་ཀུན་གྱིས་དེ་བཞི་བསྒོམ། །ཁྱད་པར་ལས་དང་པོ་ཡིས་སྒོང་སྐྱེས་བཞིན། །ཅུང་ཟད་བརྟན་པས་མངལ་སྐྱེས་བཞིན་བསྒོམ་ལ། །བརྟན་པ་ཆེ་བའི་དྲོད་གཤེར་སྐྱེས་བཞིན་བསྒོམ། །ཤིན་ཏུ་གོམས་པ་ཡང་དག་བརྟན་པ་ཡིས། །རྫུས་སྐྱེས་བཞིན་དུ་སྐད་ཅིག་གྲོང་བསྐྱེད་བྱ། །ཞེས་གསུངས་པ་བཞིན་ནོ༔ ༔དེ་ལྟར་བཅུད་ཀྱི་སེམས་ཅན་སྐྱེ་རིམ་བཞིན་དང་མཐུན་པར་ལྷ་བསྒོམ་པ་བཞིན་དུ། སྣོད་ཀྱི་འཇིག་རྟེན་ཆགས་རིམ་དང་བསྟུན་ནས་རྟེན་གཞལ་ཡས་ཁང་བསྒོམ་པར་གསུངས་ཏེ། གལ་ཕྲེང་ལས། །སྣོད་ཀྱི་རིམ་པ་འབྱུང་ཚུལ་གྱིས། །རིམ་བརྩེགས་གཞལ་ཡས་གཞུང་བཞིན་བསྐྱེད། །ཅེས་སོ། །དེས་ན་ཡར་སངས་རྒྱས་ཀྱི་སྐུ་དང་ཞིང་ཁམས་ཀྱི་རྣམ་པ་ལམ་བྱེད་དང་། མར་འཁོར་བའི་སྣོད་བཅུད་ཀྱི་དྲི་མ་སྦྱོང་ཚུལ་དུ་སྣོད་བཅུད་དེ་དང་དེའི་རྣམ་པ་དང་མཐུན་པའི་རྟེན་དང་བརྟེན་པའི་དཀྱིལ་འཁོར་གྱི་འཁོར་ལོ་རྫོགས་པར་བསྒོམ་པ་ཡིན་ལ། དེ་ལྟར་དག་པ་ལྷའི་རྣམ་པར་སྒོམས་པས་མ་དག་པའི་སྣང་བ་དབྱིངས་སུ་སྦྱོང་བར་བྱེད་པ་སྟེ། སྒྲུབ་ཐབས་ཀུན་ཏུ་བཟང་པོ་ལས། ཐ་མལ་རྣམ་རྟོག་རྒྱུན་ལས་གཞན་པ་ཡི། །སྲིད་པའི་སྡུག་བསྔལ་ཅི་ཡང་ཡོད་མ་ཡིན། །དེ་དང་རྣམ་པ་འགལ་བར་གྱུར་པའི་སེམས། །འདིས་ནི་མངོན་སུམ་དུ་ནི་རྟོགས་པར་འགྱུར། །ཞེས་གསུངས་པ་བཞིན་ནོ། །དེ་དག་ཀྱང་། གུར་ལས། སངས་རྒྱས་གནས་གཞི་རྫོགས་བྱས་ནས། །ཀུན་ཏུ་བཟང་པོའི་བདེ་བ་དངོས། །རྣམ་པ་ལྷ་པོ་བསྒོམ་བྱས་ཏེ། །རང་ལྷག་ལྷ་ཡི་སྒྲུབ་ཐབས་བྱ། །དེ་བཞིན་དཀྱིལ་འཁོར་རྣམ་བཀོད་ལ། །མཆོད་བསྟོད་བདུད་རྩི་མྱང་སོགས་པ། །རིམ་པ་འདི་ཡིས་བསྒོམས་བྱས་ནས། །ཡན་ལག་དྲུག་གི་སྦྱོར་བར་འདོད། །ཅེས་པ་ཡེ་ཤེས་ལྷ་བྱང་སེམས་དང་དྲུག་སངས་རྒྱས་ཀྱི་སར་མཐར་ཕྱིན་པར་བྱ་བའི་དོན། གཞལ་ཡས་ཁང་བསྐྱེད་པ་རྣམ་པར་སྣང་མཛད་ཀྱི་ཡན་ལག །རྗེས་སུ་ཆགས་པ་རྡོ་རྗེ་འཆང་གི་ཡན་ལག །དབང་བསྐུར་བ་མི་བསྐྱོད་པའི་ཡན་ལག །བདུད་རྩི་མྱང་བ་འོད་དཔག་མེད་ཀྱི་ཡན་ལག །མཆོད་པ་དོན་ཡོད་གྲུབ་པའི་ཡན་ལག །བསྟོད་པ་རིན་ཆེན་འབྱུང་ལྡན་གྱི་ཡན་ལག་དང་དྲུག །ཕོ་བྲང་གཞལ་ཡས་ཁང་བསྒོམ་པ་ལམ་བྱེད་བཞིའི་སྒོ་ནས་ཉམས་སུ་ལེན་ཏེ། དཔེར་ན་སྦྱང་གཞི་གཟུགས་ཀྱི་ཕུང་པོ། སྦྱོང་བྱེད་གཞལ་ཡས་ཁང་གི་རྣམ་

པ་བསྒོམ་པ་རྣམ་པ་ལམ་བྱེད། དེ་ཉིད་རྣམ་པར་སྣང་མཛད་དུ་མོས་པ་མོས་པ་ལམ་བྱེད། དེ་ཡང་འབྲས་དུས་ཀྱི་རྣམ་པར་སྣང་མཛད་དང་ཆོས་དབྱིངས་ཡེ་ཤེས་དངོས་ཡིན་སྙམ་དུ་བསམ་པ་འབྲས་བུ་ལམ་བྱེད། དེ་ལ་བརྟེན་ནས་རང་རྒྱུད་ལ་ཚོགས་རྫོགས་སྡིག་སྒྲིབ་འདག་པར་འགྱུར་བ་ནི་བྱིན་བརླབས་ལམ་བྱེད་ཅེས་བྱའོ། །ཕོ་བྲང་རྣམ་སྣང་གི་ཡན་ལག་ཏུ་འཛོག་པའི་རྒྱུ་མཚན་ཡོད་དེ། རྣམ་སྣང་ནི་སངས་རྒྱས་ཐམས་ཅད་ཀྱི་སྐུ་ཡིན་པས་གསུང་ཐུགས་ཡོན་ཏན་ཕྲིན་ལས་བརྟེན་པ་ཡིན་པས་དེ་བཞིན་ཕོ་བྲང་ལྷ་ཐམས་ཅད་བཞུགས་གནས་རྟེན་ཡིན་པའི་ཕྱིར། གཞལ་ཡས་རྣམ་སྣང་གི་ཡན་ལག་ཏུ་གཞག་པའོ། །རྗེས་ཆགས་ལ་སྦྱང་གཞི་ཆགས་སྲེད་ཀྱི་རྟོག་པ་སྦྱོང་བྱེད་སྙོམས་འཇུག་ཟག་མེད་བདེ་བ་ཆེན་པོ་མཉམ་སྦྱོར་གྱི་རྣམ་པ་སྒོམ་པ་རྣམ་པ་ལམ་བྱེད། དེ་ཉིད་རྡོ་རྗེ་འཆང་དུ་མོས་པ་མོས་པ་ལམ་བྱེད། དེ་ཡང་འབྲས་དུས་ཀྱི་རྡོ་རྗེ་འཆང་མཐར་ཐུགས་བྱང་ཆུབ་སེམས་ཀྱི་ཡེ་ཤེས་དངོས་ཡིན་སྙམ་དུ་བསམ་པ་འབྲས་བུ་ལམ་བྱེད། དེ་ལ་བརྟེན་ནས་ཚོགས་རྫོགས་སྒྲིབ་པ་དག་པར་འགྱུར་བ་བྱིན་རླབས་ལམ་བྱེད་དོ། །རྗེས་ཆགས་རྡོ་རྗེ་འཆང་གི་ཡན་ལག་ཏུ་འཛོག་པའི་རྒྱུ་མཚན་ཡོད་དེ། རྡོ་རྗེ་འཆང་དེ་སངས་རྒྱས་ཐམས་ཅད་ཀྱི་རྩ་བ་དང་བདེ་ཆེན་ཡེ་ཤེས་ཀྱི་ངོ་བོ་ཡིན་ལ། དེ་བཞིན་རྗེས་ཆགས་འདི་ཡང་མངོན་རྟོགས་ཀྱི་རྩ་བ། བདེ་ཆེན་རྡོ་རྗེ་ཆགས་པ་ལམ་དུ་བྱེད་པའི་མངོན་རྟོགས་ཡིན་པའི་ཕྱིར་རོ། །དབང་བསྐུར་བ་ནི་གདན་གསུམ་ཚང་བའི་ལྷ་སྤྱན་དྲངས་ནས། བྱང་ཆུབ་སེམས་ཀྱི་རང་བཞིན་དུ་གནས་པའི་ཆུ་རྒྱུན་གྱིས་དབང་བསྐུར་བས་བག་ཆགས་ཀྱི་དྲི་མ་ཐམས་ཅད་བཀྲུས། ཆུས་ལུས་གང་དབང་བཞི་ཐོབ། ལྷག་མ་གྱེན་དུ་འཁྱིལ་བ་ལས་རིགས་བདག་གང་ཡིན་གྱི་རྒྱས་གདབ་བོ། །དེ་ནི་དགྱེས་རྡོར་ལས། ཕྱག་རྒྱ་རྟགས་དང་མཚན་མ་སྟེ། །འདིས་ནི་རིགས་ནི་མཚོན་པར་བྱ། །ཞེས་རིགས་བདག་གི་རྒྱས་འདེབས་པ་འདི་ནི་རྡོ་རྗེ་ཐེག་པའི་གཞི་ལམ་འབྲས་གསུམ་མཚོན་དོན་ཏེ་སྤྱིར་མི་བསྐྱོད་པའི་ལྷག་མ་བཞི་ལ། རྒྱས་གདབ་པའི་དགོངས་པ་ནི། དེ་ནི་སེམས་ཀྱི་ངོ་བོ་ཉིད་ཡིན་ཅིང་། གཟུགས་སོགས་སེམས་ཙམ་གྱི་ལུས་སུ་ཟད་པའི་དེ་དག་བྱེད་པོར་ཤེས་པའི་དོན་དེ་རང་བཞིན་ལ་རང་བཞིན་གྱི་རྒྱ་ཞེས་བྱའོ། །དཔེར་ན་གཙོ་བོ་ཡབ་ཡུམ་རང་སེམས་སུ་ཤེས་པ་ལ་ཡིད་ཀྱི་ངོ་བོ་མི་བསྐྱོད་པས་རྒྱས་འདེབས་པ་ནི་ངོ་བོ་ཉིད་ལ་ངོ་བོ་ཉིད་ཀྱི་རྒྱ།

ལུས་དག་པའི་ངོ་བོ་རྣམ་སྣང་ལ་སེམས་དག་པའི་ངོ་བོ་མི་བསྐྱོད་པས་རྒྱས་འདེབས་པ་ནི་ལུས་ལ་སེམས་ཀྱི་རྒྱ། ཡིད་དག་པའི་ངོ་བོ་མི་བསྐྱོད་པ་ལ་ལུས་དག་པའི་ངོ་བོ་རྣམ་སྣང་གི་རྒྱས་འདེབས་པ་ནི་སེམས་ལ་ལུས་ཀྱི་རྒྱ། འདོད་ཆགས་དག་པའི་ངོ་བོ་འོད་དཔག་མེད་ལ་འབྲས་བུ་སེར་སྣ་དག་པའི་ངོ་བོ་རིན་འབྱུང་གི་རྒྱས་འདེབས་པ་ནི་རྒྱུ་ལ་འབྲས་བུའི་རྒྱ། འབྲས་བུ་ཕྲག་དོག་དག་པའི་ངོ་བོ་དོན་གྲུབ་ལ་རྒྱུ་འདོད་ཆགས་དག་པའི་ངོ་བོ་འོད་དཔག་མེད་ཀྱིས་རྒྱས་འདེབས་པ་ནི་འབྲས་བུ་ལ་རྒྱུའི་རྒྱའོ། །སྤྱིར་ཕུང་ཁམས་སྐྱེ་མཆེད་ལྷར་བསྒོམ་པ་ནི་ཀུན་བརྟགས་ལ་གཞན་དབང་གི་རྒྱ། ལྷ་རྣམས་ཀྱི་སྤྱི་བོར་རང་རིགས་ཀྱི་རིགས་བདག་གི་རྒྱས་གདབ་པ་ནི་གཞན་དབང་ལ་གཞན་དབང་གི་རྒྱ་རིགས་བདག་དེའི་སྤྱི་བོར་རང་རིགས་ཀྱི་ཕྱག་མཚན་གྱིས་རྒྱས་གདབ་པ་ནི་གཞན་དབང་ལ་ཡོངས་གྲུབ་ཀྱི་རྒྱ་སྟེ། དེ་བཞིན་སྐྱེ་མཆེད་བཅུ་གཉིས་ཀྱི་ལྷ་ལ་རྒྱས་འདེབས་ལུགས་ཀྱང་། མིག་ལ་རྣམ་སྣང་། རྣ་བ་ལ་མི་བསྐྱོད་པ། སྣ་ལ་རིན་འབྱུང་། ལྕེ་ལ་སྣང་མཐའ། ལུས་དབང་ལ་དོན་གྲུབ། ཡིད་ལ་མི་བསྐྱོད་པ། སྒྲ་ལ་རིན་འབྱུང་། དྲི་ལ་འོད་དཔག་མེད། རོ་ལ་དོན་གྲུབ། རེག་བྱ་དང་ཆོས་ལ་མི་བསྐྱོད་པ། གཟུགས་ལ་རྣམ་སྣང་། ཁམས་ལ་མཚོན་ན། ས་ལ་རྣམ་སྣང་། ཆུ་དང་ནམ་མཁའ་ལ་མི་བསྐྱོད་པ། མེ་ལ་སྣང་མཐའ། རླུང་ལ་དོན་གྲུབ་སྟེ་སོ་སོའི་ཡོན་ཏན་གྱི་ཆ་དང་བྱེད་ལས་དང་མཐུན་པའི་དག་སྦྱོར་རོ། །

དབང་བསྐུར་བ་ལ་ལམ་བྱེད་བཞི་སྟེ། སྤྱང་གཞི་རྣམ་པར་ཤེས་པའི་ཕུང་པོ། སྦྱོང་བྱེད་དབང་ལྷའི་དབང་བསྐུར་བའི་རྣམ་པ་བསྒོམ་པ་རྣམ་པ་ལམ་བྱེད། དེ་ཉིད་རྡོ་རྗེ་མི་བསྐྱོད་པའི་ངོ་བོར་མོས་པ་མོས་པ་ལམ་བྱེད། དེ་ཡང་འབྲས་དུས་ཀྱི་རྡོ་རྗེ་མི་བསྐྱོད་པ་དང་། མེ་ལོང་ལྟ་བུའི་ཡེ་ཤེས་དངོས་ཡིན་སྙམ་དུ་བསམ་པ་འབྲས་བུ་ལམ་བྱེད། ལམ་བྱེད་གསུམ་ལ་བརྟེན་ནས་ཚོགས་རྫོགས་སྒྲིབ་པ་དག་པར་འགྱུར་བ་བྱིན་བརླབས་ལམ་བྱེད་དོ། །དབང་བསྐུར་བ་མི་བསྐྱོད་པའི་ཡན་ལག་ཏུ་འཇོག་པའི་རྒྱུ་མཚན་ཡོད་དེ། དབང་གི་གཙོ་བོ་ཆུའི་དབང་ཡིན་པ་དང་། མི་བསྐྱོད་པ་ཡང་ཆུ་རྣམ་པར་དག་པའི་ངོ་བོ་ཡིན་པའི་ཕྱིར་རོ། །བདུད་རྩི་མྱོང་བ་ནི་ལམ་བྱེད་བཞིའི་སྒོ་ནས་ཉམས་སུ་ལེན་ཏེ། སྦྱང་གཞི་འདུ་ཤེས་ཀྱི་ཕུང་པོ། སྦྱོང་བྱེད་ངོ་བོ་འོད་དཔག་མེད་རྣམ་པ་བདུད་རྩི་མྱོང་བའི་

རྣམ་པར་བསྒྱུར་ནས་སྦྱོང་བ་རྣམ་པ་ལམ་བྱེད། དེ་ཉིད་སྣང་བ་མཐའ་ཡས་སུ་མོས་པ་མོས་པ་ལམ་བྱེད། དེ་ཡང་འབྲས་དུས་ཀྱི་གསུང་རྡོ་རྗེ་འོད་དཔག་མེད་དང་། སོ་སོར་རྟོག་པའི་ཡེ་ཤེས་དངོས་ཡིན་སྙམ་དུ་བསམ་པ་འབྲས་བུ་ལམ་བྱེད། ལམ་བྱེད་གསུམ་ལ་བརྟེན་ནས་ཚོགས་རྫོགས་སྒྲིབ་པ་དག་པར་འགྱུར་བ་བྱིན་རླབས་ལམ་བྱེད་དོ། །བདུད་རྩི་སྦྱོང་བ་འོད་དཔག་མེད་ཀྱི་ཡན་ལག་ཏུ་འདོག་པའི་རྒྱུ་མཚན་ཡོད་དེ། བདུད་རྩི་གསུང་འབྱུང་བའི་གནས་མགྲིན་པར་སྦྱོང་བ་དང་འོད་དཔག་མེད་ཀྱང་གསུང་རྣམ་པར་དག་པའི་ངོ་བོ་ཡིན་པའི་ཕྱིར་རོ། །མཆོད་པ་ལམ་བྱེད་བཞིའི་སྒོ་ནས་ཉམས་སུ་ལེན་ཏེ། སྤྱང་གཞི་འདུ་བྱེད་ཀྱི་ཕུང་པོ། སྦྱོང་བྱེད་དོན་གྲུབ་ཀྱི་ངོ་བོ་མཆོད་པའི་རྣམ་པར་བསྒྱུར་ནས་བསྒོམ་པ་རྣམ་པ་ལམ་བྱེད། དེ་ཉིད་དོན་ཡོད་གྲུབ་པར་མོས་པ་མོས་པ་ལམ་བྱེད། དེ་ཡང་འབྲས་དུས་ཀྱི་ཕྲིན་ལས་དོན་ཡོད་གྲུབ་པ་དང་། བྱ་བ་ནན་ཏན་གྱི་ཡེ་ཤེས་དངོས་ཡིན་སྙམ་དུ་བསམ་པ་འབྲས་བུ་ལམ་བྱེད། ལམ་བྱེད་གསུམ་ལ་བརྟེན་ནས་ཚོགས་རྫོགས་སྒྲིབ་པ་དག་པར་འགྱུར་བ་བྱིན་རླབས་ལམ་བྱེད་དོ། །མཆོད་པ་དོན་གྲུབ་ཀྱི་ཡན་ལག་ཏུ་འདོག་པའི་རྒྱུ་མཚན་ཡོད་དེ། མཆོད་པ་ཕྲིན་ལས་ཀྱི་ཆ་ཡིན་ལ། དོན་གྲུབ་ཀྱང་སངས་རྒྱས་ཐམས་ཅད་ཀྱི་ཕྲིན་ལས་རྣམ་པར་དག་པའི་ངོ་བོ་ཡིན་པའི་ཕྱིར་རོ། །

བསྟོད་པ་ནི། ལམ་བྱེད་བཞིའི་སྒོ་ནས་ཉམས་སུ་ལེན་ཏེ། སྤྱང་གཞི་ཚོར་བའི་ཕུང་པོ། སྦྱོང་བྱེད་རིན་འབྱུང་གི་ངོ་བོ་རྣམ་པ་བསྟོད་པའི་ཡན་ལག་ཏུ་བསྒྱུར་ནས་ལྷ་རྣམས་ཀྱི་ཆེ་བའི་ཡོན་ཏན་དྲན་པའི་བསྟོད་པ་ལྷ་མོ་རྣམས་དང་བར་སྣང་སྟོང་པའི་ངང་ནས་རང་སྒྲ་གྲགས་པའི་རྣམ་པ་རྣམ་པ་ལམ་བྱེད། དེ་ཉིད་རིན་ཆེན་འབྱུང་ལྡན་དུ་མོས་པ་མོས་པ་ལམ་བྱེད། དེ་ཡང་འབྲས་དུས་ཀྱི་ཡོན་ཏན་རིན་ཆེན་འབྱུང་ལྡན་དང་། མཉམ་པ་ཉིད་ཀྱི་ཡེ་ཤེས་དངོས་ཡིན་སྙམ་དུ་བསམ་པ་འབྲས་བུ་ལམ་བྱེད། ལམ་བྱེད་གསུམ་པོ་དེ་ལ་བརྟེན་ནས་རང་རྒྱུད་ལ་ཚོགས་རྫོགས་སྒྲིབ་པ་འདག་པར་འགྱུར་བ་ནི་བྱིན་རླབས་ལམ་བྱེད་དོ། །བསྟོད་པ་རིན་ཆེན་འབྱུང་ལྡན་གྱི་ཡན་ལག་ཏུ་འདོག་པའི་རྒྱུ་མཚན་ཡོད་དེ། བསྟོད་པ་ཡོན་ཏན་བརྗོད་པ་ཡིན་ལ། རིན་ཆེན་འབྱུང་ལྡན་ཡང་སངས་རྒྱས་ཐམས་ཅད་ཀྱི་ཡོན་ཏན་རྣམ་པར་དག་པའི་ངོ་བོ་ཡིན་པའི་ཕྱིར་རོ། །དེ་ལྟར་ཡན་ལག་དྲུག་རྫོགས

སུ་བསྒོམ་པར་བཞེད་དོ། །རིམ་པ་གཉིས་ཀྱིས་སྐྱེ་འཆི་སོ་སོར་སྦྱོང་བར་བཤད་པ་ཡང་བསྐྱེད་སྟེང་གི་རིམ་པའི་དབང་དུ་བྱས་པ་སྟེ། གཞན་དུ་ན། ལམ་རིམ་ལས། སྲིད་པ་རིམ་པར་སྨིན་ཚུལ་དུ། །འཇུག་པའི་ཡན་ལག་ལྔ་རུ་བཞག །གང་དག་དངོས་ཀུན་རང་རིག་ཕྱིར། །ཤི་བ་དོན་དམ་བདེན་པ་ཉིད། །སྐྱེ་བ་བར་མ་ཀུན་རྫོབ་ཡིན། །སྐྱེས་པའི་རིམ་གསུམ་གཉིས་མེད་དོན། །ཞེས་པས། གཙོ་བོར་རྫོགས་རིམ་གྱི་སྦྱང་བྱར་བསྟན་ཀྱང་། འཆི་བར་སྐྱེ་གསུམ་གྱི་བག་ཆགས་ལ་ཕྲ་རགས་གཉིས་ལས། རགས་པ་དེ་བསྐྱེད་རིམ་གྱིས་སྦྱོང་བར་བྱེད་པ་ཡིན་པས། ཚོགས་ལམ་རྣལ་འབྱོར་བཞི་དང་། སྦྱོར་ལམ་ཆོམ་བུ་ཚོགས་སྒྲུབ་སྟེ། སྦྱོང་བྱེད་ཆོ་ག་ཡན་ལག་ལྔས། མར་འཆི་བར་སྐྱེ་གསུམ་དང་། སྐྱེ་བ་ལའང་དྲི་ཟའི་སེམས་མངལ་དུ་ཞུགས་ནས་ལུས་ཆགས་པས་སྐྱེས་པ་དང་། ལུས་རྫོགས་ནས་བུ་ཚ་འཁོར་འདབས་རྒྱས་པ། བློ་གྲོས་སྨིན་ནས་བཅད་རིས་དང་ཁེ་གྲགས་སྒྲུབ་པ་སྟེ་སྐྱེས་པའི་རིམ་པ་གསུམ་གྱི་བག་ཆགས་སྦྱངས་ཤིང་དག །ཡར་སངས་རྒྱས་ཆོས་ལོངས་སྤྲུལ་གསུམ་ཕྲིན་ལས་དང་བཅས་པའི་རྣམ་པ་ལམ་བྱེད་ཀྱིས་རིགས་ཀྱི་ནུས་པ་གསོས་བཏབ་ནས་འབྲས་བུ་རྫོགས་པར་བྱེད། ལམ་གོང་མ་འོད་གསལ་ལས་སྙིང་རྗེ་ཆེན་པོའི་འཕེན་པས་མཆོག་ཏུ་མི་འགྱུར་བའི་བདེ་བ་ཆེན་པོའི་ཐུགས་འོད་གསལ་ལས་སྐུ་སྒྱུ་མ་ལྟ་བུ་ལྡང་བའི་ཟུང་འཇུག་གི་ལྷ་སྐུས་འགྲོ་བའི་དོན་མཛད་པའི་སྨིན་བྱེད་དུ་འགྲོ་ཞིང་། དམ་ཚིག་པ་ལ་ཡེ་ཤེས་པ་བཅུག་སྟེ་གཉིས་སུ་མེད་པར་བྱས་པས་ནི་ཚོར་བ་དང་འདུ་ཤེས་རྫོགས་ནས་རྒན་རབས་རྣམས་དང་བློ་ནུས་འདྲ་བར། མར་འཁོར་བའི་བག་ཆགས་དག །ཡར་སངས་རྒྱས་ཐམས་ཅད་དང་ཡེ་ཤེས་མཉམ་པ་ལས་བཟང་ངན་མེད་པས་ཡེ་ཤེས་མཉམ་ཉིད་དུ་གྱུར་བའི་འབྲས་བུ་གཞི་ལ་རྫོགས། ལམ་གོང་མའི་ཚེ་ལྟ་བ་འཁོར་འདས་དབྱེར་མེད་དང་རྗེས་སུ་མཐུན་པའི་ཉམས་ལེན་སྨིན་ནས་ལྟ་བ་རང་རྒྱུད་ལ་སྐྱེ་བར་འགྱུར་ལ། དེ་ལྟར་མཉམ་བཞག་ཏུ་དཀྱིལ་འཁོར་གྱི་འཁོར་ལོ་སྒོམ་པ་དེའང་ཐ་མལ་གྱི་སྣང་བ་ལྡོག་པའི་དོན་དུ་ལྷ་གང་ཡིན་དེ་དག་གི་སྐུ་མདོག་ཕྱག་མཚན་རྒྱན་ཆ་ལུགས་བཞུགས་སྟངས་སོགས་རྣམ་པ་གསལ་ལ་མ་འདྲེས་པ་སྤྱན་གྱི་དཀར་ནག་གི་ཆ་ཕྱིན་ཆད་གསལ་བ་དེ་དག་ཀྱང་སྣང་ལ་རང་བཞིན་མེད་པ་ནམ་མཁའི་འཇའ་ཚོན་དང་ཆུ་ནང་གི་ཟླ་བ་མེ་ལོང་ནང་གི་གཟུགས་བརྙན་ལྟར

བསྒོམ་པ་དང་། དེ་དག་ཀྱང་ཞི་བ་རྣམས་ལ་མཉེན་ལྕུག་འཁྲིལ་ལྷེམ་གཞོན་ཚུལ་ཅན། གསལ་འཚེར་ལྷུན་སྡུག་གཟི་བྱིན་འབར་བ་སྟེ་ཞི་བའི་ཚུལ་དགུ་དང་ལྡན་པ། ཁྲོ་བོ་ལ་སྒེག་པ་དཔའ་བ་མི་སྡུག་པ༔ དགོད་དང་དྲག་ཤུལ་འཇིགས་སུ་རུང་བ། སྙིང་རྗེ་རྔམས་པ་ཞི་བ་སོགས་གར་དགུའི་ཉམས་དང་ལྡན་པར་བསྐྱེད་པ་དང་། ཞི་བ་ལའང་དར་གྱི་ཆས་གོས་ལྔ་དང་རིན་པོ་ཆེའི་རྒྱན་བརྒྱད་དང་། ཁྲོ་བོ་ལ་གདགས་པའི་རྒྱན་གཉིས། བགོ་བའི་གོས་གསུམ། བྱུགས་པའི་རྫས་གསུམ། གཞན་ཡང་སྤྲུལ་རིགས་རྣམ་ལྔའི་རྒྱན། རྡོ་རྗེའི་གཤོག་པ་དང་། བསེ་ཁྲབ་སོགས་དཔལ་གྱི་ཆས་བཅུ་སོགས་རྒྱན་གྱི་རྣམ་པ་ཇི་སྙེད་པ་ཐམས་ཅད་གསལ་ལ་མ་འདྲེས་པར་བསྒོམ། དེ་ལྟར་ལྷ་ཡི་གསལ་སྣང་དང་པོ་བསམ་པའི་ཡུལ་ལ་བཀྲ་ལམ་མེར་གསལ་བ་དང་། དེ་ནས་མཐོང་བའི་ཡུལ་ལ་ཇི་ལྟ་བ་བཞིན་གསལ་བ་དང་། དེ་ནས་རེག་པའི་ཡུལ་ལའང་མངོན་སུམ་གསལ་བར་གྱུར་པ་དེ་དག་རེག་མཐོང་གི་མཚན་མ་ཐོབ་པའམ། སེམས་ལྷ་སྒྱུར་སྦྱིན་པས་ལྷ་དང་འཁྲོད་པ་ལ་གསལ་བ་གྱད་དུ་གྱུར་པའམ་ཡུལ་གསུམ་གྱད་དུ་གྱུར་པ་ཞེས་བརྟན་པ་ཐོབ་པའི་མཚན་ཉིད་དུ་བཞེད་པ་ཡིན་ཏེ། དཔལ་ཆེན་ཞལ་ལུང་ལས། ཡེ་ཤེས་ལྷ་ཡི་ཕྱག་རྒྱ་ཀུན། །དང་པོ་ཡིད་ཀྱི་ཡུལ་དུ་གསལ། །དེ་ཡི་དངོས་སྣང་མཐུ་བརྟས་ཤིང་། །སེམས་ཉིད་ཤིན་ཏུ་སྦྱངས་ཐོབ་ལྷ། །ལུས་ཀྱི་ཡུལ་དུ་མངོན་སུམ་གསལ། །ཡུལ་གསུམ་གྱད་དུ་གྱུར་པ་ལས། །མ་དག་ལུས་ཀྱི་དངོས་སྣང་ཆོམས། །ཞེས་སོ། ། དེ་ལྟར་བསྒོམ་པའི་ལྷ་དེ་དག་གི་རྣམ་དག་ཀྱང་སྦྱིར་ཆོ་ག་རང་གཞུང་ལྟར་དགོས་པ་དང་། མདོ་འགག་ནི། གཞུག་མ་ཆོས་ཉིད་ཀྱི་སྟེང་ན་སངས་རྒྱས་ཀྱི་ཡོན་ཏན་རྣམས་རང་བཞིན་ལྷུན་གྲུབ་ཏུ་བཞུགས་པ་ལས། ཡོན་ཏན་གང་དང་གང་ཞིག་ལྷ་དེ་དང་དེའི་ངོ་བོར་གདོད་ནས་དག་པ་དེར་ཏིང་ངེ་འཛིན་གྱིས་བསྒོམ་པས་ལྷ་དེ་ཡང་རྣམ་པར་དག་པར་མོས་དགོས་པ་ཉིད་ཡིན་ལ། དག་པ་དེ་དག་ཀྱང་མངོན་རྟོགས་ནམ་བསྒོམ་པའི་ཚེ་ཡང་ཡང་དྲན་པར་བྱ་དགོས། དག་པ་དེ་དག་རེ་རེ་བཞིན་མོས་པ་བརྟན་པོར་བཞག་པའི་མཐར་སྔར་བཤད་ཀྱི་ལྷའི་རྣམ་པའི་གསལ་སྣང་ང་རྒྱལ་སྦྲེལ་བའི་ཏིང་ངེ་འཛིན་ལ་མཉམ་པར་འཇོག་པ་ཡིན་ནོ། །ང་རྒྱལ་བརྟན་པ་ནི་བསྒོམ་བྱའི་ལྷ་ཡི་དམ་རྒྱལ་བ་ཞི་ཁྲོ་རབ་འབྱམས་ཀྱི་མངོན་རྟོགས་ལ་བསླབ་དུས་ལྷ་གང་ཡིན་པ་དེ་ཉིད་ངའོ་སྙམ

པའི་ང་རྒྱལ་བཟུང་། དེ་ལའང་ང་རྒྱལ་གྱིས་རྒྱུན་ལྡང་ངེ་བ་དེ་ལ་འཛིན་མེད་ཀྱི་རྩིས་བཏབ་ནས་གཞུག་མ་ཆོས་ཉིད་ཀྱི་རང་བཞིན་དུ་ཁྱེར་ཤེས་ན་ཡང་དག་པའི་ཉེ་ལམ་དུ་འགྲོ་ཞིང་། སྣང་བ་ཐ་མལ་མ་དག་པའི་སྣང་བ་དང་། མ་དག་པར་ཞེན་པའི་ང་རྒྱལ་ཞིག་ཡོད་པ་དེ། སྦྱོང་བྱེད་སྔ་མ་རྣམ་པ་གསལ་བ་དང་། རྣམ་དག་དྲན་པ་གཉིས་དང་། ཕྱི་མ་ང་རྒྱལ་ལ་བསླབ་པའི་ཐབས་ཀྱིས་རིམ་པར་དག་པའི་གསལ་སྣང་དང་། དག་པའི་ང་རྒྱལ་དུ་བསྒྱུར་བས་ཐ་མལ་གྱི་ཞེན་པ་ལྡོག་པའི་དོན་དུ་ལྷའི་ང་རྒྱལ་ལ་བསླབ་ཅིང་། ང་རྒྱལ་དེ་ཡང་གཟུང་འཛིན་གྱི་སྣང་བ་ལས་འདས་ཏེ་ཡང་དག་པའི་ཡེ་ཤེས་སུ་བསྒྱུར་བའི་དོན་དུ་སྒྱུ་མ་ལྟ་བུར་འཆར་བ་ལ་བསླབ་པ་གནད་དོན་གྱི་སྙིང་པོའོ། །བླ་མེད་ལུགས་འདིར་བདག་བསྐྱེད་ཀྱི་ཡེ་ཤེས་པ་མི་གཤེགས་པས་མཐར་དམ་ཡེ་དབྱེར་མེད་ཀྱི་དཀྱིལ་འཁོར་འོད་གསལ་དུ་བསྡུ་ཞིང་ལྡང་བས་ནི། ཕྱིས་ཉིང་མཚམས་སྦྱོར་བ་ལ་ལྟོས་པའི་སྲིད་པ་ཕྱི་མ་རྣམས་ཀྱི་བག་ཆགས་སྦྱོང་བ་དང་རང་བཞིན་ཆོས་སྐུའི་ངང་ནས་འགྲོ་དོན་མཛད་པ་མཚོན་ནོ། །ཡང་རྣམ་སྣང་སྒྱུ་འཕྲུལ་དྲྭ་བ་སོགས་ཀྱི་དགོངས་དོན་ལྟར་བདག་གི་དེ་ཁོ་ན་ཉིད་ལ་ལྷའི་དེ་ཁོ་ན་ཉིད་ཀྱིས་བྱིན་གྱིས་བརླབས་ཏེ་བསྒོམ་པས་ལུགས་ལ་གསེར་འགྱུར་གྱི་རྩི་བཏང་བ་ལྟར་ལྟར་འགྱུར་བའོ། །

གཉིས་པ་གསེར་སོགས་བཞུ་བ་ལས་སྐུ་གཟུགས་བྱེད་པ་བཞིན་དུ་བྱང་ཆུབ་ཀྱི་སེམས་དག་པ་ལས་ལྷའི་སྐུར་བསྐྱེད་པའོ། །

གསུམ་པ་ནི་ཆུ་དྭངས་པའི་ནང་དུ་གཟུགས་བརྙན་རྩོལ་མེད་དུ་འཆར་བ་བཞིན་དུ་རང་བཞིན་རྣམ་པར་དག་པ་རྫོགས་པའི་རྣལ་འབྱོར་པས་ཏིང་ངེ་འཛིན་སྐད་ཅིག་ལས་ལྷ་སྐུ་རྫོགས་པར་བསྒོམ་པ་འདི་དག་གི་ཕྱི་མ་ནི་རྫོགས་པའི་རྣལ་འབྱོར་ཡིན་པའི་ཕྱིར་མཚན་ཉིད་སྡེ་གསུམ་དང་སྔགས་ཀྱི་གཞུང་ཡང་འདིར་འདུས་པ་ལོ་ཆེན་རཏྣ་ཤྲཱིས་གསུངས། ཕྱི་ལྟར་སྣང་གྲག་སྟོང་བཅུད་ལྷ་སྔགས་གཞལ་ཡས་ཁང་གི་རང་བཞིན། ཐ་མལ་མཚན་འཛིན་གྱིས་འཁྲུལ་པའི་སྣང་བས་མ་གོས་པ་འབྱུང་ལྔ་ཕུང་ལྔ་སྐྱེ་མཆེད་རྟོག་ཚོགས་སོགས་རྣམ་པར་དག་པ་ཡེ་ནས་ལྷ་ཡི་རང་བཞིན་ཡིན་པ་ལ་ཡིན་པར་ཇི་ལྟ་བ་ཤེས་ནས་བསྒོམ་པའོ། །ནང་ལྟར་དཀྱིལ་འཁོར་གང་ཡིན་རང་གི་ལུས་ལ་ཚང

ལ་ལུས་འདི་འདོམ་གང་གྲུ་བཞི་དཀྱིལ་འཁོར་གྱི་དབྱིབས་གྲུ་བཞི་པ་དང༌། སྤྱི་མགྲིན་སྙིང་ལྟེ་གསང་གནས་ཀྱི་རྩ་འཁོར་དབུས་ཀྱི་ཕོ་བྲང༌། ཡན་ལག་བཞི་སྒོ་བཞི། ཚིགས་ཆེན་བཞི་རྟ་བབས། རྐང་བརྒྱད་ཀ་བ་བརྒྱད། མཐིལ་བཞི་ཆོས་འཁོར་དང་གདུགས། སོ་དང་སེན་མོ་ནི་མེ་ཏོག་དང་རིན་པོ་ཆེའི་རྒྱན། དབང་པོ་སྒོ་ལྔ་སྐར་ཁུང༌། ཡུལ་ལྔ་འདོད་ཡོན་གྱི་སྣམ་བུ། རྩ་རྒྱུས་རིན་པོ་ཆེའི་ཕ་གུ། རུས་ཚིགས་རྣམས་དྲ་བ་དྲ་ཕྱེད། སོར་མོ་རྣམས་མདའ་ཡབ། པགས་པ་རྡོ་རྗེའི་གུར་ཁང༌། སྐྲ་དང་བ་སྤུ་འབར་བའི་ཕྲེང་བ། རྩ་གནས་ཀྱི་དངས་མ་དཀར་དམར་ལྷ་ཚོགས་ཡབ་ཡུམ་གསལ་བ་དེ་ནི་ནང་གི་བསྐྱེད་རིམ་མོ། །གསང་བ་ལྟར་ན་བསྐྱེད་རིམ་སེམས་ལ་རྫོགས་པས་ན། སེམས་ཉིད་མཐའ་དབུས་བྲལ་བས་ནམ་མཁའ། སེམས་ཡང་ཞིང་གཡོ་བ་རླུང༌། སེམས་མཉེན་ཞིང་རླན་པའི་ཆུ། སེམས་མི་འགྱུར་བའི་ས་སྐྱེ་འབྱུང་བ་རིམ་བརྩེགས་ཀྱི་དཀྱིལ་འཁོར་ཚང་བ་དང༌། སེམས་རྒྱ་ཆེ་ཞིང་དཔང་མཐོ་བ་ཚད་དང་དཔེ་མེད་པ་རི་རབ། སེམས་གསལ་ལ་སྣོ་བ་མེའི་དཀྱིལ་འཁོར། སེམས་གང་གིས་ཀྱང་གཞོམ་གཞིག་མེད་པ་རྡོ་རྗེའི་སྲུང་གུར། སེམས་ལ་ཐམས་ཅད་འདུས་པའི་གཞལ་ཡས་ཁང༌། ཀུན་གཞིའི་རྣམ་ཤེས་དཀྱིལ་འཁོར་གྱི་ལྟེ་བ། ཉོན་ཡིད་ལྷ་སྣམ། སྒོ་ལྔའི་རྣམ་ཤེས་སྒོ་བཞི། ཡིད་ཀྱི་རྣམ་ཤེས་རྟ་བབས། རང་སེམས་རྣམ་པར་དག་པ་ལྷ། འགྱུ་དྲན་ཆོས་ཉིད་ཀྱི་རོལ་པ་འཁོར་གྱི་ལྷ་ཚོགས། མདོར་ན་བདག་གི་ཆོས་ཉིད་རྣམ་པར་དག་པ་ལྷ། ལྷ་ཡི་ཐུགས་ཡེ་ཤེས་ཆེན་པོར་རང་རིག་རྣམ་པར་དག་པ་དང་དབྱེར་མེད་པ་ཤེས་པ་གནད་ཀྱི་སྙིང་པོ་ཡིན་ནོ། །དེ་ལྟར་གསང་བ་ལྟར་ན་ལྷ་དང་དཀྱིལ་འཁོར་ཐམས་ཅད་རང་སེམས་ལ་རྫོགས་པའོ། །འདི་ནི་བསྐྱེད་པ་དང་རྫོགས་པ་དང་རྫོགས་པ་ཆེན་པོ་སྟེ་རྒྱུད་ལུང་མན་ངག་གསུམ་གྱི་དགོངས་པ་ཡིན་པའི་ཕྱིར་འདི་དག་ཀྱང་ལམ་མཐར་ཐུག་པར་ཤེས་པར་བྱའོ། །

དེ་ལྟར་སྒྲོག་སྡོམ་གཉེར་བཞིའི་མན་ངག་གཅེས་པར་བསྟན་ཏེ། གསང་རྫོགས་ཀྱི་རྒྱུད་ལེའུ་སོ་དགུ་པ་ལས། ཡེ་ཤེས་འཇིག་རྟེན་གང་ལ་ཡང༌། །སྒྲོག་སྡོམ་གཉེར་བཞིས་མ་ཐེབས་ན། །ནམ་ཡང་དོན་མེད་ཡུག་པ་རྐྱང༌། །ཡོངས་རྫོགས་དཔལ་གྱི་སྒྲོག་འཕྲོག་ཐབས། །གཅིག་ཤེས་པས་ནི་ཀུན་སྒྲོག་ཐོབ། །དཔེར་ན་སྨྲ་གཅན་འཛིན་གྱི་ཁས། །ནམ་མཁའི་ཉི་མ་གཅིག་ཟིན་པས། །ཆུ་

ཕྲན་སྟོང་གི་ཉི་མ་ཀུན། །མ་བཟུང་བར་ཡང་སྟོང་གྲོག་ཐོབ། །དེ་ཕྱིར་གྲོག་སྟོམ་གཟེར་བཞི་གཅེས། །ཞེས་པ་ལྟར། གྲོག་སྟོམ་གཟེར་བཞིའི་མན་ངག་གི་དགོངས་པའི་གཟེར་གནད་གཅིག་ཐེབས་པས། མདོ་རྒྱུད་བསམ་གྱིས་མི་ཁྱབ་པའི་དགོངས་གནད་དུས་གཅིག་ལ་ཟིན་པ། དཔེར་ན་སྒྲ་གཅན་འཛིན་གྱི་ཁས། ནམ་མཁའི་ཉི་མ་གཅིག་ཟིན་པས། འཇིག་རྟེན་གྱི་ཁམས་ན་ཆུ་ཕྲན་ཇི་སྙེད་ཡོད་པའི་ཉི་མ་ཀུན། མ་བཟུང་པར་རང་ཟིན་གྱི་སྟོང་གྲོག་ཐོབ་པ་བཞིན། གྲོག་སྟོམ་གཟེར་བཞིའི་མན་ངག་གནད་དུ་ཆེ་བས། དེ་ལྟར་ལྟ་བསྒོམས་པས་བརྟན་པ་ཐོབ་ཅིང་བདེན་གཉིས་དབྱེར་མེད་ལྷག་པའི་ཆོས་སྐུ་ཆེན་པོ་རྟོགས་ནས། ལུས་སེམས་ཤིན་ཏུ་སྦྱངས་པའི་ནུས་པ་ཐོབ་པ་ནི་ཏིང་ངེ་འཛིན་གྱི་གཟེར་ཐེབས་པ་ཞེས་བྱ་ལ། དེ་ལྟར་བསྐྱེད་རིམ་དེ་ཉིད་ལམ་གྱི་གཙོ་བོ་ཡིན། དེས་སྐྱོ་ན་ངག་གི་ཞེན་པ་ལྡོག་ཅིང་ལྷའི་ཐུགས་རྒྱུད་བསྐུལ་བའི་ཕྱིར་བཟླས་པ་བྱ་དགོས་ལ། དེ་ཡང་། ལམ་རིམ་ལས། སྐྱོན་བཅུ་སྤངས་ཏེ་རྣམ་གསུམ་གྱིས། །བཟླས་པ་གྲངས་བཞིན་རྫོགས་པར་བྱ། །ཞེས་པའི་སྐྱོན་བཅུ་ནི། ཇམ་གློག་ལས། སྒྲ་ཆེན་མ་ཡིན་ཆུང་བར་མིན། །མགྱོགས་པར་མ་ཡིན་བུལ་བར་མིན། །དྲག་པོར་མ་ཡིན་ཞན་པར་མིན། །ཡིག་འབྲུ་ཡན་ལག་ཉམས་པ་མིན། །ཡེངས་པས་མ་ཡིན་སྨྲ་བཞིན་མིན། །གླལ་སོགས་བར་དུ་ཆོད་པས་མིན། །ཅེས་སོ། །རྣམ་པ་གསུམ་ལས། གསལ་བ་གསུམ་དང་། ཕྱི་ནང་གསང་གསུམ། ཕྲ་མོ་སྐྱུ་ཡིག་འབྲུ་ཕྱུག་མཚན་ཕྲ་མོ་གསལ་ནས་བཟླ་བ་དང་། ངག་གི་བཟླས་པ་ལ། འོད་ཟེར་སྤྲོ་བསྡུའམ་དམ་ཚིག་གི་བཟླས་པ་དང་། བདག་མདུན་ནམ་ཡབ་ཡུམ་བར་སྔགས་ཕྲེང་འཁོར་བ་དོ་ཡིའམ་ཁྱོགས་ཀྱི་བཟླས་པ། སྙིད་གསང་དྲག་པོ་འུར་ལྡིར་གྱི་ཁྲོ་བོའི་བཟླས་པ་དང་གསུམ་མོ། །གཟུགས་ཀྱི་བཟླས་པ་ལྷའི་རྣམ་པ་དྲན་པས་སོ། །རྣལ་འབྱོར་གྱི་བཟླས་པ་ལྷའི་དེ་ཁོ་ན་ཉིད་ཙམ་སེམས་པས་སོ། །རྡོ་རྗེའི་བཟླས་པ་ནི། བརྗོད་པ་དང་ནི་དམིགས་པ་དང་། །བརྡར་གྱུར་དང་ནི་དོན་དམ་མོ། །ཞེས་པ་ལྟར་རོ། །གྲངས་ཚད་ནི་སྤྱིར་བཏང་གཙོ་བོ་ལ་འབུམ་དང་། འཁོར་ལ་ཁྲི་བཞད་པ་མང་ཡང་། སྡོམ་འབྱུང་ལས། རྫོགས་ལྡན་དུས་ན་གཅིག་བཟླས་པ། །གསུམ་ལྡན་དུས་ན་ཉིས་འགྱུར་བཟླ། །གཉིས་ལྡན་དུས་ན་སུམ་འགྱུར་བཞད། །རྩོད་དུས་བཞི་འགྱུར་དུ་ནི་བཟླ། །སྔགས་ཀྱི་གྲངས་ནི་བཞི་པོ་ལས། །རྒྱུན་མི་ཆད་པར་གསང་སྔགས

བཟླ། །ཞེས་པ་ལྟར། དམིགས་བསལ་མེད་པ་རྣམས་ལ་དུས་བཞིའི་འགྱུར་བརྩིས་ནས་བཟླ་བའོ། ། དེ་ལྟར་བཟླས་པས་རླུང་འབྱུང་འཇུག་གནས་གསུམ་གྱི་ངོ་བོ་གསུང་རྡོ་རྗེའི་སྒྲ་དབྱངས་སུ་དག་པ་དང་། བྱིན་བརླབས་ཀྱི་ནུས་པས་ཚེ་བསོད་དཔལ་འབྱོར་རྒྱས། ནད་གདོན་ཞི་བ་ལ་སོགས་རྟགས་རྣམས་འབྱུང་ནས། ངག་ལ་ནུས་པ་འཕེལ་བ་ནི་སྙིང་པོ་སྔགས་ཀྱི་གཟེར་ཐེབས་པ་ཞེས་བྱའོ། །ལྷ་གང་ཡིན་གཅིག་སྒྲུབ་པ་དེ་ངོ་བོ་རང་སེམས་ལས་ལོགས་ན་མེད་པར་རྟོགས་པས། ལྷ་དང་སེམས་ཉིད་རོ་མཉམ་ཆེན་པོར་བཅུད་དུ་སྨིན་པ་ནི་དགོངས་པའི་གཟེར་ཐེབས་པ་ཞེས་བྱ་ལ། ཕྲིན་ལས་རྣམ་པ་བཞི་སོགས་རང་གི་གང་འདོད་ལྟར་བསྒྱུར་ཁའི་གནད་སོགས་རང་གཞུང་དང་མན་ངག་གཞན་གྱིས་བསྟན་པ་ལྟར་འགྲོ་འདུའི་དམིགས་པ་དང་སྔགས་དང་ཕྱག་རྒྱ་སོགས་གནད་དུ་སྨིན་པར་བྱས་ནས། གང་འདོད་ཕྲིན་ལས་ལ་རང་དབང་འབྱོར་པ་ཞིག་འགྲོ་འདུའི་དམིགས་པའི་གཟེར་ཐེབས་པ་ཡིན་ལ། དེ་ལྟར་གཟེར་བཞི་དང་ལྡན་པའི་སྒོ་ནས་སྒྲུབ་པ་བྱ་ལ། གཞན་ཡང་ལས་སྒྲུབ་པའི་ཕྱིར་དང་། བར་ཆད་བསལ་བའི་ཕྱིར་གཏོར་མ་དང་ཚོགས་དང་ཟས་ཀྱི་བྱ་བས་བསོད་ནམས་ཚོགས་སུ་བསྒྱུར་བའི་ཕྱིར་བཟའ་བའི་རྣལ་འབྱོར་དང་། སྤྱོད་པ་རྣམ་པར་དག་པའི་ཕྱིར་ཐུན་མཚམས་ཀྱི་རྣལ་འབྱོར་དང་། གཉིད་དགེ་བར་བསྒྱུར་བའི་ཕྱིར་ཉལ་ལྡང་གི་རྣལ་འབྱོར་ཏེ། དེ་རྣམས་ནི་མཉམ་བཞག་ལས་ལངས་པའི་དུས་ཀྱི་བྱ་བ་ཡིན་ཞིང་། དེར་མ་ཟད་རབ་གནས་དང་། སྦྱིན་སྲེག་དང་། ལས་ཚོགས་སྒྲུབ་པ་སོགས་ཕྱི་བྱ་བ་ལ་གཞོལ་བའི་གང་ཟག་སྒྲུབ་པ་པོས་ཉམས་སུ་བླང་བར་བྱ་བའོ། །

དེ་དག་གི་བསྐྱེད་རིམ་གྱི་ལུས་བསྟན་ནས། དམ་ཚིག་དང་སྤྱོད་པ་དེ་ལྟར་བསྒོམས་པའི་ལྷ་དེ་དག་མཉམ་གཞག་ཏུ་ལྷའི་དཀྱིལ་འཁོར་དང་། རྗེས་ཐོབ་ཏུ་སྒྱུ་མ་ལྟར་ཤེས་པ་དང་གཅིག །མིང་ཚིག་ཐམས་ཅད་སྨིག་རྒྱུའི་ཆུ་ཡིས་རི་དྭགས་འབྲིད་པ་ལྟར་སྣང་ཡང་གཞན་མེད་པ་ཤེས་པ་དང་གཉིས། སྤྱོད་ལམ་ཐམས་ཅད་རྨི་ལམ་ལྟར་ཤེས་པ་དང་གསུམ། དངོས་པོ་ཐམས་ཅད་མེ་ལོང་ནང་གི་གཟུགས་བརྙན་ལྟར་ཤེས་པ་དང་བཞི། གནས་ཡུལ་ཐམས་ཅད་དྲི་ཟའི་གྲོང་ཁྱེར་ལྟར་ཤེས་པ་དང་ལྔ། སྒྲ་ཐམས་ཅད་བྲག་ཆ་ལྟར་ཤེས་པ་དང་དྲུག །ལྷ་སྐུ་ཐམས་ཅད་ཆུ་ཟླ་ལྟར་སྣང་ལ་རང་

བཞིན་མ་གྲུབ་པར་ཤེས་པ་དང་བདུན། ཏིང་ངེ་འཛིན་རྣམས་ཆུ་ལས་ཆུ་བུར་རྡོལ་བ་ལྟར་ཤེས་པ་དང་བརྒྱད། འགྲོ་འདུ་ཐམས་ཅད་མིག་ཡོར་ལྟར་ཤེས་པ་དང་དགུ། ཆོ་འཕྲུལ་ཐམས་ཅད་སྤྲུལ་པ་ལྟར་མཚན་ཉིད་མེད་པར་ཤེས་པ་དང་བཅུ་འདི་ཤེས་པར་བྱའོ། །བླ་མ་ལ་དད་པ་དང་། ཏིང་ངེ་འཛིན་གྱི་མཐུན་ཕྱོགས་བསྒྲུབ་པ་དང་། མི་མཐུན་ཕྱོགས་སྤངས་པ་དང་སྤྱོད་ལམ་ཀུན་ཏུ་ཏིང་ངེ་འཛིན་མི་གཏོང་བ་དང་། ཡི་དམ་གྱི་ལྷ་མི་སྤངས་པ་དང་། བསྐྱེད་རྫོགས་ཀྱི་དོན་དང་། སྤྱོད་ལམ་རྣམས་སྟོང་མིན་ལ་གསང་བ་སྔེ་དྲུག་པོ་དེ་དམ་ཚིག་ཡིན་པས་སྲུང་བླང་གི་དམིགས་ཕྱེད་པར་བྱའོ། །བསྐྱེད་རིམ་ཕྱག་རྒྱ་སྦྱོར་བཅས་མཐར་ཕྱིན་པ་ཞིག་གིས་ཚོགས་ཀྱི་སྤྱོད་པའི་མཐར་ཐུག་གི་འབྲས་བུ་དེ་ལ་ཉེ་བར་གྱུར་པའི་ཉེ་རྒྱུ་ལ་བརྟེན་ནས་འཇིག་རྟེན་པའི་དངོས་གྲུབ་ཆེན་པོ་འདོད་ཁམས་ཀྱི་རིག་འཛིན། ལུས་ཤིན་ཏུ་ཕྲ་བ་འོད་ལུས་ཚེ་རིང་མངོན་ཤེས་ཐོགས་མེད་མངའ་བ་གཟུགས་ཁམས་ཀྱི་རིག་འཛིན་ཐོབ་པ་དང་ལམ་རྟགས་ཀྱི་ཡོན་ཏན་ཚོགས་སྦྱོར་གྱི་ལམ་རྟགས། འབྱུང་ལྔའི་རླུང་དབུ་མར་ཞུགས་པའི་རྟགས་ལྔ་དང་། རྨི་ལམ་གྱི་གནས་སྐབས་སུ་ས་ཐོབ་པ་དང་ནོན་པའི་རྟགས་རྣམས་དང་། ཡོན་ཏན་རྣམས་རིམ་པར་ཐོབ་ནས་རིག་འཛིན་རྣམ་པ་བཞི་ལ་སྦྱོར་བར་བྱེད་པའོ། །

གཉིས་པ་རྫོགས་རིམ་ནི། སྦྱོར་ཕ་རྒྱུད་དུ་རིམ་པ་ལྔ། མ་རྒྱུད་དུ་ཕྱག་རྒྱ་བཞི། གཉིས་མེད་ཀྱི་རྒྱུད་དུ་ཡན་ལག་དྲུག་ཅེས་གྲགས་པ་ལས། དང་པོ་ངག་དབེན་རྡོ་རྗེའི་བཟླས་པ་ནི། རླུང་རོ་བསལ་ཏེ་རླུང་སྦྱོར་བཞི་ལྡན་ལ་གོམས་པའི་ངང་ནས། རླུང་ནང་དུ་འཇུག་པ་ཨོཾ་གྱི་རང་བཞིན། སྙིང་ག་ལ་སོགས་པ་སྲོག་གི་ཐིག་ལེ་ལ་གནས་པ་ཨཿཡི་རང་བཞིན། ལྡང་བ་ཧཱུྃ་གི་རང་བཞིན་དུ་ཁྲིག་གེར་སོང་བ་ལ་སེམས་བཟུང་སྟེ། དེ་ཡང་རླུང་སྦྱོར་སྟོང་པ་གསུམ་དབྱེར་མེད་པ་ནས་འབྱུང་འཇུག་གནས་པ་ཡིག་འབྲུ་གསུམ་གྱི་རང་བཞིན། རྡོར་བཟླས་ཅི་འགྲུབ་ཐོག་མར་རགས་པའི་རླུང་ལ་བསླབ་པས། རླུང་བྱུང་བ་གཡས་གཡོན་འཕོ་མཚམས་སོགས་ངེས་པ་འབྱུང་སྟེ། དེ་ལ་མྱོང་བ་ཅུང་ཟད་རྙེད་ནས་ཕྲ་བའི་རླུང་དབུ་མར་ཞུགས་གནས་ཐིམ་གསུམ་ལ་བསླབ་པས་དུ་སོགས་ཀྱི་རྟགས་ཀྱི་རྣམ་པ་ཡང་འཆར་ཞིང་། དེ་ནས་གསལ་བའི་རླུང་རྣམ་ཤེས་དང་བསྲེ་བ་ཡང་བསླབ་པས་ཕྱི་རླུང་བ་སྦྱིའི་བུ་ག་ནས་ནང་དུ་བསྲེ་བ། ནང་རླུང་བ་སྦྱུ་ནས་ཕྱིར་སྤྲོ་བར་ནུས་པ། དེའི་སྟོབས་ཀྱི

ཁམས་ཀྱི་འཛིན་འདྲེན་བསྐྱིལ་བ་ལ་དབང་ཐོབ་པས་ལས་རྒྱ་བརྟེན་པར་ནུས་པ་སོགས་ངག་དབེན་གསུང་རྡོ་རྗེའི་དོན་ཉམས་སུ་བླང་བ་ལས་འབྱུང་བའོ། །སེམས་དབེན་ནི་སྙིང་གའི་མི་ཤིགས་པའི་ཐིག་ལེ་ལ་སེམས་བཟུང་ལ། གནས་པ་འཚོལ་བ་ནི་ཤིན་ཏུ་བསྒྲིམས་ནས་བཙོས་མ་མ་ཡིན་པའི་རང་བབས་སུ་ལྷན་ནེ། བློ་བྲལ་དུ་ཏལ་ལེ། ཡིན་མིན་རི་དྭགས་དང་བྲལ་བར་ཆམ་གྱིས་བཞག །སེམས་ལས་གཞན་པའི་བཙོས་མའི་ཆོས་ལིངས་ཀྱིས་བསྒྱུར་ཏེ་དེ་ཀའི་ངང་ལ་རྒྱུན་བསྲིངས་པས། དང་པོ་ཡེངས་སུ་མེད་པ། བར་དུ་གཡེང་བ་མེད་པ། མཐར་ཡེངས་མཁན་ནམ་ཡེངས་རྒྱུ་མེད་པར་མ་སོང་གི་བར་དུ་ཉམས་སུ་བླང་པའི་ངང་ནས་ལས་རྒྱ་ཡེ་རྒྱ་སོགས་ཀྱི་དབང་བཞིའི་འགྲོས་ལ་བརྟེན་པའི་དབབ་ཟློག་གི་དགའ་བཞི་དང་། སྣང་མཆེད་སོགས་ཀྱིས་སྟོང་བཞིའི་ཡེ་ཤེས་འདྲེན་པར་བྱའོ། །བདག་བྱིན་བརླབས་རིམ་པ་རླུང་སེམས་ཙམ་ལས་གྲུབ་པའི་ལྷ་སྐུ་ཡབ་ཡུམ་གཟུགས་བརྙན་ལྟར་གསལ་ལ་རྫོགས་པ་ནམ་མཁའི་འཇའ་ཚོན་ནམ་མེ་ལོང་ནང་གི་གཟུགས་བརྙན་བཞིན། གསལ་ལེ་ཤལ་ལེ་ཕྲུག་གེ་བར་བསྒོམ་པ་ནི་སྣང་ཕྱོགས་ལྟའི་འཁོར་ལོས་གཟུགས་སྐུ་ལམ་དུ་བྱེད་པ་ལུས་དབེན་སྐུ་རྡོ་རྗེའམ། དེ་ལྟར་མ་དག་པའི་སྒྱུ་ལུས་སྒོམ་ཞིང་། དེ་ཉིད་རིལ་འཛིན་དང་རྗེས་གཞིག་གི་འོད་གསལ་དུ་སྦྱངས་ནས། དེ་ལས་དག་པའི་སྒྱུ་ལུས་ཟུང་འཇུག་གི་སྐུར་མངོན་དུ་ལྡང་བ་སྟེ། ཏེ་རུ་ཀ་གལ་པོ་ལས། རྡོ་རྗེའི་བཟླས་དང་སེམས་ལ་དམིགས། །བདག་བྱིན་རློབས་དང་འོད་གསལ་དང་། །ཟུང་དུ་འཇུག་པ་འདི་ལྔ་ལ། །ཞེས་དང་། བཀའ་བརྒྱད་ཡང་གསང་ལས་ཀྱང་། སྔགས་སེམས་སྒྱུ་ལུས་འོད་གསལ་དང་། །ཟུང་འཇུག་རྫོགས་རིམ་འབྲས་བུའོ། །ཞེས་གསུངས་ཤིང་བདེར་འདུས་ལས་ནི། སྣང་བ་ལྔ། གཡོ་བ་རླུང་། བགོད་པ་བྱང་ཆུབ་ཀྱི་སེམས། ལྟ་སྒོམ་སྤྱོད་འབྲས་བཞིས་སྒོ་གསུམ་སྦྱངས་ནས། རྟེན་རྩ་དང་བཅུད་ཐིག་ལེ་རྫོགས་རིམ་སྟེ་ལྔའི་རིམ་པ་ལ་རིམ་པ་ལྔར་བཤད་པས་འདི་དང་། སྒོམ་ཚུལ་རྣམ་པ་མི་འདྲའོ། །

གཉིས་པ་ནི། རླུང་ལ་དབང་ཐོབ་པས་པདྨ་ཅན་སོགས་ལས་ཀྱི་ཕྱག་རྒྱ། ནང་དམ་ཚིག་གི་ཕྱག་རྒྱ་གཏུམ་མོ་བསྒོམ་པ། སྣང་བ་ཆོས་ཀྱི་ཕྱག་རྒྱ་སྒྱུ་ལུས། ཕྱག་རྒྱ་ཆེན་པོ་འོད་གསལ་དང་ལྡན་ཅིག་སྐྱེས་སྦྱོར་རོ། །ཆོས་དྲུག་གི་དབང་དུ་བྱས་ན་ལམ་གྱི་རྩ་བ་གཏུམ་མོ་གཞི་མ་སྒྱུ་ལུས། དྲོད་ཚད་

ཀྱི་ལམ། སྙིང་པོ་འོད་གསལ། བསྲུན་མ་བར་དོ། བློ་ཆོད་འཕོ་བ་དང་དྲུག་ལས། དང་པོ་ནི། ལས
ཀྱི་གཏུམ་མོ་ཉམས་ཀྱི་གཏུམ་མོ་མཆོག་གི་གཏུམ་མོ་འབར་འཛག་གི་ཉམས་ལེན་བྱེད་པའོ། །
གཉིས་པ་མ་དག་པའི་སྒྱུ་ལུས་སྣོད་བཅུད་གཉིས་བསྡུས་ཀྱི་ཆོས་ཐམས་ཅད་མེད་སྣང་སྟོང
གཟུགས་སྒྱུ་མའི་དཔེ་བརྒྱད་དུ་བལྟ་བའོ། །དག་པའི་སྒྱུ་ལུས་ལྷ་སྐུ་སྒྱུ་མ་ལྟ་བུའི་བསལ་སྣང་ལ
གོམས་པར་བྱས་ནས། ཞེ་སྡང་སྒྱུ་ལུས་ལ་བསྲེ་བ་སྤྲུལ་སྐུའི་ཞིང་སྦྱོང་། འདོད་ཆགས་དབང་དང་བསྲེ
བ་ལོངས་སྐུའི་ཞིང་སྦྱོང་། གཏི་མུག་འོད་གསལ་དུ་བསྲེ་བ་ཆོས་སྐུའི་ཞིང་སྦྱོང་གསུམ་ལ་བསྲེས
པས་བར་དོའི་ཡིད་ལུས་སྟོང་གཟུགས་ཀྱི་ལྷ་སྐུར་ལྡང་སྟེ་མཆོག་གི་དངོས་གྲུབ་ཐོབ་པའོ། །སྤྲས
དོན་རླུང་སེམས་ཀྱི་སྒྱུ་ལུས་ནི། རླུང་དབུ་མར་ཐིམ་པ་ལས་སྟོང་པ་བཞིས་དྲངས་པའི་དོན་དུ་སེམས
བསྐྱེད་དེ། འོད་གསལ་གྱི་མཐར་རླུང་སེམས་ཙམ་གྱི་སྒྱུ་མའི་ལྷ་སྐུར་ལྡང་བའམ་དགའ་བཞིས་དྲངས
པའི་རྗེས་ཀྱི་ལྷན་སྐྱེས་ལས་སྒྱུ་མའི་སྐུར་ལྡང་བའོ། །དེ་ཙམ་མི་ནུས་ན། རིལ་འཛིན་གྱི་བསམ་གཏན
ལ་བརྟེན་པའི་འཇུག་ལྡང་བྱ་ཚུལ་ནི། ལྷ་སྐུ་ཡིག་འབྲུ་དང་བཅས་པ་ལ་རིག་པ་རྩེ་གཅིག་ཏུ་དྲིལ
བའི་རླུང་ཁ་སྦྱོར་ཅི་རིགས་བཟུང་བའི་མཐར། མེ་ལོང་ལ་ཧས་བཏབ་པ་ལྟར་སྟོང་གཟུགས་ཀྱི་ལྷ
སྐུ་ཡིག་འབྲུ་ལ་བསྡུ། ཡིག་འབྲུ་ཡང་ནཱ་དའི་བར་དུ་བསྡུས་ཏེ་མི་དམིགས་པའི་ངང་ནས་རླུང་ཁ
སྦྱོར་ཅི་ནུས་སུ་བཟུང་ངོ་། །རྗེས་གཞིག་གི་བསམ་གཏན་ལ་བརྟེན་པའི་འཇུག་ལྡང་བྱ་ཚུལ། སྣོད
ཀྱི་འཇིག་རྟེན་འོད་དུ་ཞུ་བ་བཅུད་ཀྱི་སེམས་ཅན་ལ་བསྡུ། དེ་རྣམས་ཀྱང་འོད་དུ་ཞུ་བ་རང་ལ་བསྡུ།
རང་ལྷ་སྐུར་གསལ་བའི་ཡུམ་ཡབ་ལ་བསྡུ། ཡབ་ཀྱང་མཐའ་ནས་འོད་དུ་ཞུ་ཐུགས་ཀའི་ཡིག་འབྲུ
ལ་བསྡུ། ཡིག་འབྲུ་ཡང་ཞབས་ཀྱུ་འ་ལ། འ་ཧ་ཁོག ཁོག་པ་མགོ་བོ། མགོ་བོ་ཟླ་ཚེས། དེ་ཐིག་ལེ
དེ་ནཱ་དའི་བར་རིམ་བཞིན་སེམས་བཟུང་། དེ་ཡང་མི་དམིགས་པའི་ངང་ནས་འོད་གསལ་དེའི་ངང
ལ་རླུང་སེམས་ཙམ་ལས་གྲུབ་པའི་སྒྱུ་མའི་ལྷ་སྐུར་ལྡང་བ་དང་། ཡང་དེ་ཉིད་འོད་གསལ་དུ་འཇུག
པ་དང་། ཡང་ལྡང་བ་སོགས་ལ་རླུང་སྦྱོར་དང་ལྡན་ཅིག་ཡང་ཡང་བསླབ་པར་བྱའོ། །འདི་ནི་སྒྱུ་ལུས
ཀྱི་དོད་པོ་ཡིན་ཏེ་བར་དོར་མཆོག་གི་དངོས་གྲུབ་ཐོབ་པའི་ལམ་ཐུན་མོང་མ་ཡིན་པའང་ཡིན་ལ།
གནས་སྐབས་སུའང་སྣང་བ་ཐམས་ཅད་སྒྱུ་མ་ལྟར་འཆར་བས་བདེན་འཛིན་འཇིག་པ་དང་། མངོན

དུ་གྱུར་ན་མེ་ཆུ་དུག་མཚོན་ལ་སོགས་པས་ཀྱང་མི་གནོད་ཅིང་ཚེ་འདི་ཉིད་ལ་འཚང་རྒྱ་རླུང་ཐིག་ལེ་སྒྲིབ་བྲལ་དུ་དག་ནས། འདོད་གཟུགས་ཀྱི་ལྷ་དང་རྗེས་སུ་མཐུན་པའི་འཇའ་ལུས་སྒྱུ་མའི་སྐུ་འགྲུབ་པ་སོགས་ཡོན་ཏན་དཔག་ཏུ་མེད་པ་ཡིན་ནོ། །

གསུམ་པ་རྨི་ལམ་ནི། མཁའ་ཁྱབ་འགྲོ་བའི་དོན་དུ་སེམས་བསྐྱེད་དེ། མགྲིན་པའི་ནང་དུ་དྲིན་ཅན་གྱི་བླ་མ་བསྒོམས་ལ་གསོལ་བ་ནན་ཏན་གདབ་སྟེ། དེ་ནས་མགྲིན་པའི་རྩ་འཁོར་གྱི་དབུས་སུ་པདྨ་འདབ་བཞིའི་ལྟེ་བར་ཨོཾ་དཀར་པོ་མདུན་གཡས་རྒྱབ་གཡོན་དུ་ཨ་ནུ་ཏ་ར་ཞེས་བཞི་སྔོ་སེར་དམར་ལྗང་གི་རྣམ་པ་གསལ་འཚེར་ཅན་དུ་བསྒོམ་སྟེ་གཉིད་དུ་འགྲོ་ཁར་དེ་རྣམས་ལ་དྲན་ཤེས་རྩེ་གཅིག་ཏུ་གཏད་ན་དེར་རླུང་སེམས་འདུས་ནས་རྨི་ལམ་ཟིན་སླ་བར་གསུངས། །དམིགས་པ་ཟིན་བདེ་བའི་ཁྱད། ལྟེ་བར་ཨོཾ་དམར་པོ་ཀྲུང་པ་ལ་རྩེ་གཅིག་ཏུ་གཏད་ནས་རླུང་ཁ་སྦྱོར་དུ་བསྒོམ། དྲན་འདུན་ཐམས་ཅད་དུ་གཉིད་དུ་སོང་བ་ཡིན། སྣང་བ་དང་ཤེས་པ་འདི་དག་རྨི་ལམ་དུ་འདུག་སྙམ་པའི་དྲན་འདུན་དྲག་པོ་བྱ། སྔར་སད་པའི་དུས་རླུང་སྦྱོར་ལ་གོམས་པ་བརྟན་པས་རླུང་དབུ་མར་ཞུགས་སྟོབས་ལས་སྟོང་པ་བཞི་འདྲེན་ནུས། དེ་ནུས་ན་སྟོང་བཞི་རིམ་གྱིས་འཆར་བ་ངོས་བཟུང་ལ། དེ་རྣམས་རྨི་ལམ་འཆར་བའི་རྒྱུན་ལ་མཐུད་པས་ཆོག་མོད། ཕལ་གྱིས་དེ་ལྟར་མི་ནུས་ན་རླུང་དང་དྲན་འདུན་གཙོ་ཆེ། དབུ་མར་རླུང་ཅུང་ཟད་འཇུག་པར་བརྩམས་ནས་གཉིད་དུས་ཀྱི་སྟོང་པ་བཞིའི་མགོ་ཟིན། ཞུགས་པ་དང་གཉིད་སྟུག་པའི་སྒྲིབ་བྲལ་གྱི་འོད་གསལ་འཆར་མ་ནུས་པའི་མུར་རོ་ཀྲུང་དུ་ཤོར་ནས་མགྲིན་པའི་རྩ་ལ་རྒྱུ་བའི་རྨི་ལམ་འབྱུང་བ་སྟེ། སྤྱོད་བསྡུས་ལས། ཕུང་པོ་ཁམས་དང་སྐྱེ་མཆེད་དབང་པོ་རྣམས། །ཤེས་པ་གཉིས་པོས་དེང་འདིར་རབ་བསྡུས་ནས། །སྟོང་ཆེན་གྱུར་པས་གང་ཞིག་རང་གཉིད་ལོག །རླུང་གི་སྟོབས་ཀྱིས་རྨི་ལམ་མཐོང་བར་འགྱུར། །ཞེས་སོ། །དེའང་ཤེས་པ་གཉིས་པོ་ནི་སྣང་མཆེད་དང་བསྡུས་པ་ནི་ཐོབ་པའོ། །དེའི་ཚེ་རྨི་ལམ་ཏ་ཅང་འཐུག་པས་ཡུན་རེ་ཟིན་ཡང་འཕྲལ་དུ་འཁྲུལ་འགྲོ་བ་ཞིག་བྱུང་ན་བརྟེན་འབྱམས་ཞེས་ཉིན་སྣང་དུ་ཚོགས་དྲུག་གི་ཡུལ་སྣང་རྨི་ལམ་ཀྲུས་འདེབས་པའི་གོམས་འདྲིས་ཆུང་བས་ལན་ནོ། །དེ་ལ་འཆར་སྒོའི་རྩལ་སྣང་མཐའ་དག་རྨི་ལམ་དུ་སྒྱུང་པའི་དྲན་འདུན་གཉིད་ནམ་སད་ལ་བྱ། ཡང་རྨི་ལམ་འཛིན་པའི་འདུན་

པ་ཏ་ཙང་དྲག་ཐལ་ནས་གཉིད་མེད་དམ་གཉིད་ཀྱང་རྨི་ལམ་མེད་པ་ནི་སྟོང་འབྱམས་ཞེས་བྱ་སྟེ་འདུན་པ་ཙུང་ཟད་ཀློད། སྙིང་གའམ་རྡོ་རྗེ་ནོར་བུའི་དབུས་སུ་ཐིག་ལེ་མཐིང་ནག་འོད་ཟེར་ཁ་དོག་ལྔ་ལྡན་ལ་སེམས་གཏད་པ་དང་ལྷན་ཅིག་འཇམ་རླུང་བསྒོམ། དང་པོ་ཙུང་ཟད་ཟིན་པས་རྩོལ་བ་ལྷོད་ནས་ཕྱིན་ཆད་མ་ཟིན་ན་དྲིད་འབྱམས་ཞེས། དེ་ལ་ནི་རྨི་ལམ་འཕྲུལ་ཚུལ་ལ་དཔགས་ནས་བདག་གིས་བར་དོར་ཇི་ལྟར་བགྲོད་སྐབས་དུ་རང་ལ་ཞེ་ཁྲེལ་གདབ། སྐྱོ་ཤས་དང་ངེས་འབྱུང་བསྐྱེད་ནས་རྩོལ་བ་ཆེར་བཏང་ངོ་། །

རྨི་ལམ་འཛམ་ཟིན་ནི། རྨི་ལམ་གྱི་སྣང་བ་གང་ལ་རྨི་ལམ་དུ་ཤེས་པ་དང་། རྒྱུབ་ཟིན་མེ་ཆུ་གཅན་གཟན་མི་རྒོད་འདྲེ་སྲིན་དགྲ་སོགས་ཀྱི་སྣང་བར་ཤར་ནས་དེ་ལ་བག་ཚ་བའི་རྐྱེན་གྱིས་ཟིན་པ་སྟེ། དེའི་ཚེ་རྨི་ལམ་གྱི་མེས་ཆོག་པ་དང་། ཆུས་ཁྱེར་བ་སོགས་སུ་ཞིག་གིས་ཉམས་སུ་མྱོང་སྐམ་དུ་ངོ་ཤེས་པ་ལ་དཔའ་བསྐྱེད་ནས་མི་ཕོད་པའི་སྟེང་དུ་ཐོག་བརྫིས་བྱ། གང་ལྟར་ཟིན་ཡང་འདྲ་སྟེ། རབ་ཀྱིས་རྨི་ལམ་བྱ་བ་སྣང་བ་གང་ཤར་ཐམས་ཅད་སྟོང་ཉིད་ཀྱི་རྩིས་ཟིན་པས་སྣང་བཞིན་པའི་དུས་ནས་ཡོད་མ་མྱོང་ཞིང་རང་ངོས་ནས་མ་གྲུབ་པས། དེ་ཁོ་ན་ཉིད་ཤེས་པ་དང་། འབྲིང་གིས་ཡུལ་སྣང་སྒྱུ་མའི་དཔེ་བརྒྱད་དུ་བལྟས་པས་སྒོ་གསུམ་སྒྱུ་ལུས་ཀྱི་སྐབས་ལྟར་ཉམས་འོག་ཏུ་ཆུད་པ་དང་། ཐ་མས་རྨི་ལམ་སྒྱུ་མ་ལྟ་བུར་བལྟས་ནས་རྨི་ལམ་བཀོལ་དུ་རུང་བར་བྱ་བ་སོགས་ལ་རྩལ་སྦྱང་། མི་རིགས་ལྷ་དང་སེང་གེ་གླང་ཆེན་ཁྱུང་རི་ནགས་ཚལ་འབྱུང་བཞི་སོགས་སུ་སྤྲུལ་པ་དང་། དེ་ཐམས་ཅད་སྐད་ཅིག་ལ་མི་སྣང་བར་བྱ་བ་སོགས་ལ་བསླབ། བསྒྱུར་བ་མེ་ཆུར་བསྒྱུར། ཆུ་མེར་རླུང་ས་མི་དུད་འགྲོ་དུད་འགྲོ་མིར་བསྒྱུར་བ་དང་། སྣོད་གཞལ་ཡས་ཁང་དང་། བཅུད་ལྷ་དང་ལྷ་མོར་བསྒྱུར་བའོ། །

སྤེལ་བ་ནི། རྨི་ལམ་གྱི་སྣང་བའི་དངོས་པོ་གཅིག་ལས་གཉིས་གཉིས་ལས་བཞི། དེ་ལས་བརྒྱད་སོགས་བརྒྱ་སྟོང་མང་པོའི་བར་སྤེལ་བ་ལ་བསླབ་ཅིང་། མ་དག་པའི་སྣང་བ་དེ་ཡི་དམ་གྱི་ལྷར་བསྒོམས་ནས་མང་པོར་སྤེལ་བ་དང་། ཉི་ཟླ་ཞབས་འོག་ཏུ་གནོན་པ་དང་། སྟོང་གསུམ་ལུས་གཅིག་གིས་ཁྱབ་པར་བྱ་བ་ལ་སོགས་པར་རྩལ་སྦྱང་ངོ་། །དེ་ལྟར་རྩལ་སྦྱང་ནས་གཏུམ་མོ་སྒྱུ་ལུས་ལ་སོགས

ཉིན་སྣང་ལ་གོམས་སྟོབས་ཆེ་བ་དེ་ཉིད་རྨི་ལམ་དུ་བསྒོམས་ནས་སྟོང་པའི་འོད་གསལ་ཙམ་ལས། རླུང་སེམས་ཀྱི་ལྷ་སྐུ་སྒྱུ་མ་ལྟ་བུ་ལ་སྦྱང་དགོས། དེས་འཆི་སྲིད་ཀྱི་འོད་གསལ་ལ་རླུང་སེམས་ཙམ་གྱི་བར་སྲིད་མིང་བཞི་འདུས་པའི་ཕུང་པོ་ཅན་དུ་གྲུབ་པ་དེ་ཉིད་སྒྱུ་མའི་སྐུར་ལྡང་བའི་ཆེད་དུ་ཡིན་པས་སོ། །དེ་ཡང་གཉིད་དུས་ན་ཡུལ་ལྟའི་ཤེས་པ་རིམ་གྱིས་ཡིད་ལ་ཐིམ་པ་ལས་བྱུང་བའི་སྟོང་པ་བཞི་ངོས་ཟིན་པ་དག་གིས་ནི་འོད་གསལ་ལས་རྨི་ལམ་འཆར་བའི་སྐད་ཅིག་མ་དང་པོ་ལ་རླུང་སེམས་ཙམ་གྱི་ལྷ་སྐུ་སྒྱུ་མ་ལྟ་བུར་ལྡང་། དེ་ལ་མཉམ་པར་བཞག་ནས་སྣོད་བཅུད་ཀྱི་སྣང་བ་གཞལ་ཡས་ཁང་དང་ལྷ་སྐུར་ལྡང་བའི་རིམ་པ་ལ་བསླབ་པར་བྱའོ། །དེ་ལ་བརྟན་པ་ཐོབ་ནས་ཞིང་སྦྱོང་བྱེད་པའི་ཚུལ། སད་པའི་དུས་ན་ཕྱོགས་གང་ཞིག་བགྲོད་པའི་ཡུལ་དང་རྣམ་པ་ཡིད་ལ་ཡང་ཡང་བྱས་ལ། གཉིད་དུ་འགྲོ་ཁར་དེའི་འདུན་པ་ལྷག་པར་བསྐྱེད་ཅིང་རྨི་ལམ་ཟིན་པ་ལས་ཡི་དམ་གྱི་ལྷ་སྐུར་ལངས་པ་དེ་ཉིད་རི་བོའི་རྩེ་དང་། སྒྲུབ་གནས་རྟེན་གསུམ་ཁྱད་པར་ཅན་དང་། རང་གི་བླ་མ་བཞུགས་པའི་ས་ལ་སོགས་དང་། རིམ་བཞིན་ལྷའི་གནས་སོགས་ལ་སྐར་མདའ་འཕངས་པ་བཞིན་དུ་ཕྱིན་ནས་གནས་རིགས་སོ་སོའི་ཁྱད་པར་བརྟགས། དེ་འབྱོངས་ནས་དག་པའི་ཞིང་སྦྱོང་བྱ་བ་ནི། འོག་མིན་སྟུག་པོ་བཀོད་སོགས་རིགས་ལྔའི་ཞིང་། རྟེན་དང་བརྟེན་པའི་བཀོད་པ་སྔོན་དུ་ཤེས་པར་བྱས་ནས། སད་དུས་སུ་འདུན་པ་ཡང་ཡང་དང་གཉིད་དུ་འགྲོ་ཁར་དྲན་འདུན་ལྷག་པར་བྱ། རྨི་ལམ་ཟིན་པའི་ཚེ་སྒྱུ་ལུས་ཀྱི་ལྷ་སྐུར་ལངས་ནས། ཞིང་དེ་དག་ཏུ་སྐར་མདའ་རྒྱུག་པ་བཞིན་སོང་སྟེ་སངས་རྒྱས་བྱང་སེམས་རྣམས་ལ་ཕྱག་མཆོད་བགྱིད་པ་དང་ཆོས་ཉན་པ་སོགས་བྱ། ཞིང་ཁམས་དེ་དག་ཕྱོགས་ག་ཤེད་ན་ཡོད་པ་མ་ཡིན། བཀོད་པ་གང་དུ་བསམ་པའི་སྟོབས་གོམས་པའི་རང་གཟུགས་ཡིན་པས། མགྲིན་པའི་པད་འདབ་ཀྱི་ཡི་གེ་ལྟ་ལ་དེ་དང་དེའི་དམིགས་པ་གཏད་ཀྱང་རུང་སྟེ། འཁོར་འདས་ཀྱི་རྣམ་པ་སེམས་ཀྱིས་བཟོས་པའི་ཕྱིར་རོ། །དོན་དུ་སད་རྨི་གཉིས་གཅིག་གྲོགས་གཅིག་གིས་བྱེད་པའི་ཕྱིར། སྒྱུ་ལུས་དང་སྦྲེལ་ནས་རླུང་སེམས་ཙམ་གྱི་ལྷ་སྐུ་སྒྱུ་མ་ལྟ་བུར་བསྒོམས་ནས། དེ་ཉིད་འོད་གསལ་དུ་འཛུག་ལྡང་ལ་གཙོ་བོར་བྱའོ། །

བཞི་པ་འོད་གསལ་ནི། ཐོག་མར་སེམས་བསྐྱེད་ནས་སྙིང་གར་བླ་མ་ཡབ་ཡུམ་བསྒོམ་ནས

གསོལ་བ་གདབ། རྫོགས་རིམ་གྱི་ལྷ་སྐུ་སྒྱུ་མ་ལྟ་བུར་གསལ་བའི་སྙིང་གའི་རྩ་འཁོར་གྱི་དབུས་སུ་ཧཱུྃ་ཡིག་སྔོན་པོ་གསལ་བ་ལ་སེམས་རྩེ་གཅིག་ཏུ་གཏད་དེ་རླུང་ཁ་སྦྱོར་དུ་བསྒོམ། སླར་རིལ་འཛིན་རྗེས་གཞིག་གིས་ནཱ་དའི་བར་མི་དམིགས་པའི་ངང་དུ་རླུང་ཁ་སྦྱོར་དང་བཅས་མཉམ་པར་བཞག ཡང་སྐད་ཅིག་གིས་སྔར་ལྟར་གསལ་བཏབ་ཡང་ཡང་བྱའོ། །ཉལ་བའི་དུས་གཉིད་མ་བྱུང་གི་བར་ཧཱུྃ་དེ་ལ་སེམས་གཏད་པས་རླུང་སེམས་ཅུང་ཟད་འདུས་པས་འབྱུང་བ་རིམ་གྱིས་ཐིམ་པའི་རྟགས་དུ་བ་དང་སྨིག་རྒྱུ་ལ་སོགས་པ་དང་། དེ་ནས་སྟོང་པ་དང་། ཤིན་ཏུ་སྟོང་པ་དང་། སྟོང་པ་ཆེན་པོ་དང་། ཐམས་ཅད་སྟོང་པ་བཞི་རིམ་པར་ཤར་བའི་དུས་དེའི་ངང་མ་ཤོར་བ་ནི་གདམས་པའི་ངོ་བོ་ཡིན་ནོ། །སླར་སད་ཚེ་བླ་མ་ལ་གསོལ་བ་གདབ། ལུས་དབུས་སུ་ཚོས་ཉིད་ཀྱི་རྟ་ཧེ་ཤེལ་གྱི་ཀ་བ་བཙུགས་པ་ལྟ་བུ་ཕྱི་ནང་མེད་པར་ཟང་ཐལ་ལེ་བའི་སྙིང་གའི་ཐད་ཨ་ཡིག་དམར་མོ་མར་མེ་སྦར་བ་ལྟ་བུའི་གསལ་སྣང་གིས་ལུས་ཀྱི་ནང་ཐམས་ཅད་གསལ་བ་ལ་རིག་པ་གཏད་དེ་གནས་ལུགས་བསྐྱང་། དེ་ལྟར་བརྩོན་པས་གཉིད་འཐུག་གི་དྲན་མེད་ཀྱང་མ་ཡིན་ལ། རྨི་ལམ་རྨིས་པ་ཡང་མ་ཡིན་པའི་བར་སྐབས་དེར་ནམ་མཁའ་གཡའ་དང་བྲལ་བ་ལྟ་བུའི་ཤེས་པ་དྭངས་ཆ་དང་ལྡན་པ་ཞིག་སྐབས་འགར་བྱུང་ན་འོད་གསལ་ཟིན་པའི་མགོ་བརྩམས་པ་ཡིན་ནོ། །གཞིའི་འོད་གསལ་གནས་ལུགས་ཀྱི་འོད་གསལ་དང་། གཉིད་ཀྱི་འོད་གསལ་དང་། འཆི་བའི་འོད་གསལ་གསུམ་བསྒོམ་མ་སྒོམ་ཐམས་ཅད་དུ་ཡོད་པས་གཞིའི་འོད་གསལ་ཞེས་བྱའོ། །ལམ་གོམས་སྟོབས་ཀྱིས་རྣམ་ཤེས་ཚོགས་ཀྱི་(ཀྱིས)ཉེར་ལེན་དྭངས་མས་(དང་ནས)ཆོས་ཐམས་ཅད་སྐྱེ་མེད་དུ་རྟོགས་པ་ནི་སྦྱོར་དོན་གྱི་འོད་གསལ་དང་། སད་སྟུག་འཆི་གསུམ་གྱི་སྐབས་སུ་རླུང་སེམས་དབུ་མར་འདུས་ཤིང་ཐིམ་པ་ལས་བྱུང་བའི་སྟོང་བཞི་མྱོང་ཐོག་ཏུ་ངོ་འཕྲོད་པ་ལམ་དུས་ཀྱི་འོད་གསལ་དང་། དེ་ལས་མི་སློབ་པའི་ཟུང་འཇུག་མངོན་དུ་གྱུར་པ་ལ། འབྲས་བུའི་འོད་གསལ་ཞེས་ཐ་སྙད་གདགས་སོ། །རབ་ཀྱིས་སྣང་མཆེད་ཐོབ་པའི་རྗེས་ཀྱི་འོད་གསལ་ཡུལ་སྣང་ཕྲ་རགས་ཐམས་ཅད་འགགས་པ་ནམ་མཁའ་གཡའ་དག་པ་ལྟ་བུ་དེ་ངོས་ཟིན་པ་ལམ་གྱི་དངོས་གཞི་ཡིན་ལ། དེ་གོམས་པས་འོད་གསལ་དེ་ཉིད་ཉེར་ཐོབ་ཏུ་ལྡང་བ་ལ་སོགས་པའི་སྟོང་བཞི་ལུགས་ལྡོག་འཆར་བས་ན་ལུགས་འབྱུང་བྱང་ནས

ལུགས་ལྡོག་ངོས་འཛིན་པའི་འཕེན་པ་བྱའོ། །འབྲིང་གིས་སྟོང་བཞི་རིམ་ཅན་དུ་མ་ངེས་ཀྱང་། གཉིད་འཐུག་སངས་ནས་རྨི་ལམ་མ་བྱུང་བའི་གནས་སྐབས་ན་འདུན་སྟོབས་རླུང་སྟོབས་ཀྱིས་ཡུལ་སྣང་མ་འགགས་གཉིད་དུ་སོང་བའི་རྣམ་པ་ལྷ་བུའི་སེམས་གསལ་སྟོང་རྟོག་བྲལ་ཙམ་དུ་ངོས་ཟིན་པ་ནི་སྲབ་མོའི་འོད་གསལ་དང་། དེའང་རེས་རྨི་ལམ་དང་འདྲེས་ནས་འབྱུང་བའོ། །ཐ་མ་གཉིད་སྟུག་གི་གནས་སྐབས་ཅི་རིགས་པར་རྨི་ལམ་རྨིས་པ་མ་ཡིན་ཐུམ་ནང་དུ་མར་མེ་སྦར་བ་ལྟར་ཤེས་པ་གསལ་ལམ་མེ་བ་ཞིག་ངོས་ཟིན་པ་ནི་ཉམས་ཀྱི་འོད་གསལ་ཡིན་ནོ། །

ལྔ་པ་བར་དོ་ནི། འདི་ལྟར་སྲིད་པ་ཕྱི་མར་ཉིང་མཚམས་སྦྱོར་བའི་དུས་ན་རླུང་རྣམས་སྙིང་གར་ཐིམ་པ་དང་སྤྱི་བོའི་ཐིག་ལེ་དཀར་པོ་ཐུར་དུ་བབ། རྣམ་ཤེས་སྣང་བ་ལ་ཐིམ་པའི་མཚན་ཉིད་སྤྲིན་བྲལ་གྱི་མཁར་ཟླ་འོད་ཀྱིས་སྣང་བ་ལྟ་བུའི་དཀར་ལམ་པ་དང་། ལྟེ་བའི་ཐིག་ལེ་དམར་པོ་གྱེན་དུ་ལོག་སྣང་བ་མཆེད་པ་ལ་ཐིམ་པས་སྤྲིན་མེད་ནམ་མཁའ་ཉི་འོད་ཀྱིས་སྣང་བ་ལྟ་བུའི་དམར་ལམ་པ་དང་། དེ་གཉིས་སྙིང་གར་ཕྲད་ཅིང་མཆེད་པ་ཉེར་ཐོབ་ལ་ཐིམ་པའི་མཚན་ཉིད་སྟོན་གནམ་གཡའ་དག་པ་མཚན་གྱི་སྨག་གིས་སྣང་བ་ལྟ་བུའི་སྣང་བ་ནག་ལམ་འཆར་བའི་མོད་ལ་དྲན་པ་ཉམས་ཏེ་བརྒྱལ། དེ་ནས་ཉེར་ཐོབ་འོད་གསལ་ལ་ཐིམ་པས་བརྒྱལ་བ་ལས་སངས་སྟེ། ནམ་མཁའ་སྣང་བྱེད་ཀྱི་རྐྱེན་གསུམ་དང་བྲལ་བའི་ཐོ་རངས་ཀྱི་སྟོན་གནམ་གཡའ་དག་པ་ལྟ་བུ་ཞིག་འཆར་བ་དེ་ཉིད་ལ་འཆི་བ་འོད་གསལ་ཞེས་བྱ་སྟེ། ལུས་ཅན་ཐམས་ཅད་ལ་ཐུན་མོང་དུ་འགྱུར་བའི་གཞི་གནས་ཀྱི་འོད་གསལ་མངོན་དུ་གྱུར་པའི་དུས་སོ། །གོམས་པ་རྣམས་ལ་ནི་གྲོལ་བ་ལོང་ཡོད་དུ་འཆར་ལ། མ་གོམས་པ་རྣམས་ལ་ཤར་ཡང་ངོས་མི་ཟིན། ཁམས་དྭག་ལྡན་མ་ཡིན་པའི་སེམས་ཅན་ལ་ནི་ཙུང་ཟད་རེ་ལས་མི་འཆར་ཞིང་། དེ་ཡང་ངོ་འཕྲོད་པའི་སྐལ་བ་དང་མི་ལྡན་པའོ། །དེ་བས་ན་རྫོགས་རིམ་གྱི་སྟོང་བ་བཞིའི་འོད་གསལ་ལ་མཉམ་པར་འཇོག་པ་དང་། དེ་ལས་ལྡང་བའི་ཚེ་ལུགས་ལྡོག་གི་ཉེར་ཐོབ་ནས། སྨིག་རྒྱུའི་བར་གྱི་རྟགས་སྣང་དང་ལྡན་ཅིག་ཡིད་ངོའི་ལྷ་སྐུར་ལྡང་བ་དང་། དེ་ལས་ལྡང་བ་དང་རྣམ་སྨིན་གྱི་ཕུང་པོ་སེམས་དཔའ་སུམ་བརྩེགས་ཀྱི་ལྷ་སྐུར་བལྟ་བ་དང་གསུམ། རིམ་བཞིན་སད་དུས་ཀྱི་ཆོས་སྐུ་ལོངས་སྐུ་སྤྲུལ་སྐུ་བསྲེ་བ་ཡིན་པ་ལྟར་གཉིད་ཀྱི་

དུས་ནའང་སྦྱངས་ཏེ་གོམས་པ་བརྟན་པ་ཞིག་དགོས་སོ། །གོམས་ནས་འཆི་ཆེ་འབྱུང་བ་སྲིད་པའི་དུས་སུ་བསྐྱེད་རྫོགས་གང་གོམས་ཀྱང་སྲིད་རིམ་དང་མཐུན་པར་བསྲེས་ཏེ་ཆོས་ཉིད་ཀྱི་དྲན་པ་ལས་མི་གཡོ་བ་སྣང་མཆེད་ཐོབ་གསུམ་གྱི་རྟགས་རྣམས་འབྱུང་བའི། མི་རྒྱུས་ཅན་ཤུལ་ལམ་དུ་ཞུགས་པ་ལྟར་རྣམ་སྨིན་ལུས་ཀྱི་རྒྱུ། བག་ཆགས་སྣང་བའི་རྒྱུ། རྣམ་ཤེས་སེམས་ཀྱི་རྒྱུ་དང་གསུམ་ལས་གྲོལ། སློབ་ལམ་གྱི་ཡོན་ཏན་མཐར་ཕྱིན་པས་དག་བྱ་མཐའ་དག་དག་ནས་མི་སློབ་པའི་སངས་རྒྱས་ཆོས་སྐུའི་ཡོན་ཏན་དུས་གཅིག་ཏུ་རྫོགས་པ་ཡིན་ནོ། །འོད་གསལ་དེ་ལས་ལུགས་ལྡོག་ཏུ་ལྡང་ནས་མིང་གཞིའི་༼བཞིའི་༽ཕུང་པོ་ཅན་གྱི་བག་ཆགས་དེ་ཉིད་རླུང་སེམས་ཙམ་ལས་གྲུབ་པའི་མཚན་དཔེའི་བདག་ཉིད་ཅན་གྱི་ཡིད་ངོར་ལྷ་སྐུར་ལྡང་བ་ནི་བར་དོ་ལོངས་སྤྱོད་རྫོགས་སྐུར་གྲོལ་བ་ཞེས་བྱའོ། །གལ་ཏེ་དེ་ལྟར་མ་ནུས་པའམ། བསམ་བཞིན་སྲིད་པ་འཛིན་ན་མངོན་པར་ཤེས་པས་བརྟགས་ཏེ་ཕ་མ་ཆོས་དང་ལྡན་པ་དེ་གཉིས་ཀྱི་ཁུ་ཁྲག་དཀར་དམར་ཚོགས་པ་ནས་ལུས་རྫོགས་པའི་བར་མངོན་བྱང་དང་ཆོ་ག་གསུམ་བསྐྱེད་སོགས་ཀྱིས་ཉིང་མཚམས་སྦྱོར་བ་ལ་སྐྱེ་བ་སྤྲུལ་སྐུ་ཞེས་བྱའོ། །དེ་ལས་གོམས་པ་ཆུང་ན། བར་སྲིད་ཀྱི་ལུས་རྟེན་དབང་པོ་ཀུན་ཚང་ལ་རང་བཞིན་བརྒྱད་ཅུའི་རྟོག་པ་སྐྱེ་ཞིང་། སྐྱེ་གནས་མ་གཏོགས་པ་གང་དུའང་ཐོགས་པ་མེད་པའི་ལས་ཀྱི་རྫུ་འཕྲུལ་དང་ལྡན་པ། རང་དང་རིགས་མཐུན་པའི་བར་དོ་དང་ལྷ་ཡི་མིག་གིས་མཐོང་བ། རང་ཤི་བར་ཤེས་ཤིང་ཤི་བའི་རོ་ཡང་མཐོང་བ། ས་རླུང་ལས་རི་བོ་ཉིལ་བའི་སྒྲ་དང་། ཆུ་རླུང་ལས་རྒྱ་མཚོ་འཚོལ་བའི་སྒྲ་དང་། མེ་རླུང་ལས་ནགས་ཚལ་ཚིག་པའི་སྒྲ་དང་། རླུང་གི་རླུང་ལས་བསྐལ་པ་འཇིག་དུས་ཀྱི་རླུང་གི་སྒྲ་སྟེ་འཇིགས་པའི་སྒྲ་བཞི། དུག་གསུམ་གྱི་ཤེས་པའི་རང་གཟུགས་གཙང་རོང་དཀར་དམར་ནག་པོ་སྟེ་ཡ་ང་བའི་གཡང་ས་གསུམ་སོགས་ལས་དབང་གི་འཕྲུལ་སྣང་སྣ་ཚོགས་ཤར་བ་སོགས་གང་ལའང་གདོས་བཅས་ཀྱི་ལུས་མེད་པས་དེ་དག་གིས་གནོད་པའི་གནས་མེད་དོ་སྙམ་ནས་དང་མོས་གང་ཡོད་ཀྱི་ལྷ་དང་བླ་མར་ཡིད་གཏད་དེ་སྐྱེ་བ་བཟང་པོ་ལེན་པའི་གསོལ་འདེབས་དྲན་འདུན་བྱ་བའོ། །

དྲུག་པ་འཕོ་བ་ནི། རབ་བསྐྱེད་རྫོགས་ཀྱི་བདེན་པས་འཕང་བའི་རྣམ་ཤེས་ཀྱི་རང་བཞིན་

འཆི་བ་དོན་དམ་བདེན་པ་འོད་གསལ་བའི་ངང་དུ་འཕོ་བ་དང་། འབྲིང་བར་དོའི་འོད་གསལ་ཟིན་ནས་སྒྲུ་ལུས་ཀྱི་ལྷ་སྐུར་འཕོ་བའི་ཕྱིར་ཐ་སྙད་ཙམ་ལ་འཕོ་བའི་གདམས་པ་དམིགས་བསལ་མི་དགོས་སོ། །ཐ་མལ་འཕོ་བ་ལ་གསུམ་སྟེ། སྦྱངས་ཏེ་འཕོ་བ། བཙན་ཐབས་སུ་འཕོ་བ། ལུས་གནད་ཀྱི་འཕོ་བའོ། །

དང་པོ་ རླུང་ལ་བརྟེན་པའི་གང་ཟག་གམ། མིན་ཀྱང་གདམས་ངག་རང་ལམ་ནས་སྦྱངས་བ་མཐར་ཕྱིན་པ་བྱས་ཏེ་ཚགས་སུ་ཚུད་པ་བྱས་ནས། ནམ་ཞིག་འཆི་བའི་རྟགས་བཟློག་མེད་དུ་བྱུང་དུས། རྒྱུ་ནོར་ཚོགས་སུ་བཏང་། འཁོར་ཡོངས་སྤྱོད་ལ་ཞེན་པ་བཏང་། དམ་ཚིག་གསོ། ཚོགས་གཏོར་ལ་འབད། ཆགས་སྡང་ལ་སོགས་པའི་མཚམས་སྦྱོར་ངན་པ་མཐའ་དག་སྤངས་ལ་སྨོན་ལམ་རྒྱ་ཆེན་པོ་བཏབ། འོག་མིན་དང་བདེ་བ་ཅན། པདྨ་འོད་སོགས་ཞིང་ཁམས་གང་ལ་མོས་པ་ལ་འདུན་པ་རྩེ་གཅིག་ཏུ་གཏད་ནས་འཕོ་བར་བྱའོ། །

གཉིས་པ་ནི། སེམས་བསྐྱེད་རྒྱ་ཆེན་པོ་དང་གསོལ་འདེབས་སྣང་བ་འགྱུར་བ་ཙམ་བྱས་ལ་གང་དུ་འཕོ་བར་འདུན་པ་རྩེ་གཅིག་གི་ངང་ནས་སྒོ་བརྒྱད་ཡན་ལག་དང་བཅས་པ་བཀག་བའམ། རྡོ་རྗེ་ཐ་རླབས་ཀྱི་མན་ངག་ལ་བརྟེན་ནས་འཕོ་བར་བྱའོ། །

གསུམ་པ་ནི། འདུན་པ་སྔར་བཞིན་ལས་ལུས་གནད་མགོ་བྱང་བསྟན་གྱི་གློ་གཡས་པ་ས་ལ་ཕབ། ལག་གཡས་འགྲམ་པ་སྐྱོར། གཡོན་བརླ་སྟེང་དུ་བརྐྱང་། རྐང་པ་གཉིས་མ་བསྣོལ་བར་སྟེང་འོག་ཏུ་བཞག་ནས་བརྐྱངས་པ་སེང་གེའི་ཉལ་སྟབས་ཀྱི་ངང་ནས་དག་པའི་ཞིང་ཁམས་ཡིད་ལ་བྱེ་ཞིང་འཕོ་བའམ། དཀོན་མཆོག་ལ་སྙིང་ཐག་པ་ནས་སྐྱབས་སུ་འགྲོ་བ་དང་། བྱང་ཆུབ་ཏུ་སེམས་བསྐྱེད་པས་མཆོན་དགེ་བའི་སེམས་མངོན་དུ་གྱུར་པའི་ངང་ནས་ཚེའི་འདུ་བྱེད་བཏང་བ་དེའང་ངན་སོང་མེད་པ་ཡིན་ནོ། །དེ་ཡང་རྨི་ལམ་སྒྱུ་ལུས་ཀྱི་ཡན་ལག །འཕོ་བ་དང་བར་དོ་གཉིས་ཕྱི་མའི་མཚམས་སྦྱོར་ཏེ་རྩ་བ་བཞི་ལས་ཡན་ལག་གསུམ་དུ་ཕྱེ་བའོ། །གཞན་ཡང་མ་རྒྱུད་དུ་མཆོག་གི་ཟབ་པ་དབྱིབས་ཀྱི་རྣལ་འབྱོར། སྙིང་པོ་སྔགས་ཀྱི་རྣལ་འབྱོར། མཐར་ཐུག་ཆོས་ཀྱི་རྣལ་འབྱོར། སྒོ་གསུམ་རྡོ་རྗེ་གསུམ་གྱི་ཏིང་འཛིན་དང་། གཞན་ཡང་བདག་བྱིན་གྱིས་བརླབས་པའི་རིམ་པ། སྙིང་

གའི་ཐིག་ལེ་ལ་དམིགས་ནས་འབྱུང་བ་ལྔའི་ཁ་དོག་དང་སྦྱར་བས་རླུང་འབྱུང་འཇུག་གི་སྒྲིབ་པ་
སྤྱངས་ཤིང་དངོས་གྲུབ་བསྒྲུབ་པའོ། །སྣ་ཚོགས་རྡོ་རྗེའི་རིམ་པ་འཁོར་ལོ་ལྔའི་དབུས་སུ་རིགས་ལྔའི་
ཕྱག་མཚན་ལ་དམིགས་པ་འཛིན་པའོ། །ནོར་བུ་འགེངས་པའི་རིམ་པ་རོལ་པ་ཆེན་པོའི་དང་ནས་
འཁོར་ལོ་བཞིར་དགའ་བཞིའི་ཡེ་ཤེས་ངོས་འཛིན་པའོ། །ཛ་ལནྡྷ་རིའི་རིམ་པ། རིགས་ལྔའི་ཕྱག་
མཚན་སྐར་གྱུར་པ་ལས་བདུད་རྩི་འབེབས་ཤིང་གཏུམ་མོའི་མན་ངག་དང་བསྲེ་བའོ། །བསམ་གྱིས་
མི་ཁྱབ་པའི་རིམ་པ། སྙིང་ག་ནས་འོད་ཟེར་སྤྲོས་ནས་བཏན་གཡོ་འོད་ཞུའི་རྫོགས་རིམ་ཏིང་ངེ་
འཛིན་ནོ། །དབྱིབས་སྤྱི་བོའི་ཧཾ་དང་ཐིག་ལེ་ལྟེ་བའི་ཨ་ཐུང་དང་སྙིང་གའི་ཐིག་ལེ་ལ་སོགས་ལ་
སེམས་འཛིན་པ་ལ་སོགས་པའི་རྫོགས་རིམ་མཐའ་ཡས་སོ། །

གསུམ་པ་སྦྱོར་དྲུག་ནི། ཉིན་མོའི་རྣལ་འབྱོར་ནམ་མཁའ་དང་། མཚན་མོའི་རྣལ་འབྱོར་
མུན་པ་ལ་བརྟེན་ནས་ཤེས་པ་ཡུལ་ལ་འཇུག་པ་འགགས་པས་དུ་བ་མེ་ཁྱེར་མར་མེ་སློག་རྒྱུ་མཁའ་
སྣང་དང་འབར་བ་ཉི་ཟླ་སྒྲ་གཅན་གློག་དང་རྟགས་བཅུའི་སྟོང་གཟུགས་མངོན་དུ་གྱུར་པ་སོར་
སྡུད༡། གསལ་ལ་ངོས་བཟུང་མེད་པའི་སྟོང་གཟུགས་ཀྱི་རང་ཞལ་རིག་པ་ཤེས་རབ་དང་། དེ་ལས་
རྟགས་སྣང་རང་སེམས་སུ་མྱོང་བའི་རྟོག་པ་དང་། དེ་ཉིད་མཚན་མེད་དུ་རིག་པའི་དཔྱོད་པ་དང་། དེ་
ལས་ལུས་སེམས་ལ་དགའ་བདེ་དང་། ཡུལ་རིག་འདྲེས་པའི་བདེ་བ་སྐྱེ་ཡན་ལག་ལྔ་དང་ལྡན་པའི་
བསམ་གཏན༢། གཡས་གཡོན་དང་སྟེང་འོག་གི་རླུང་རོ་གཅིག་ཏུ་བསྲེ་བ་སྲོག་རྩོལ༣། འཁོར་ལོ་
ལྔར་ཐུམ་ཙན་གྲུབ་ནས་རླུང་སེམས་དབུ་མའི་ཐིག་ལེར་ཐིམ་པར་བྱེད་པ་འཛིན་པ༤། རབ་སྟོང་
གཟུགས་ཕྱག་རྒྱ་ལ་བརྟེན་ནས་ཞུ་བདེ་འདྲེན་པ་དང་། འབྲིང་ཡི་དམ་ལྷའི་སྐུར་སྒོམ་པའི་ཡུམ་ཡེ་
ཤེས་ཀྱི་ཕྱག་རྒྱ་ལ་བརྟེན་ནས་ཞུ་བདེ་འདྲེན་པ་དང་། ཐ་མས་ལས་རྒྱ་དངོས་ལ་བརྟེན་ནས་དགའ་
བཞི་བསྐྱེད་པ་སྟེ། ཕྱག་རྒྱ་གསུམ་གང་རུང་ལ་བརྟེན་ནས་བྱང་སེམས་འདུལ་སྦྱོང་གིས་ལས་སུ་
རུང་ནས་ཁམས་དབང་པོའི་སྒོར་མི་འཛག་ཅིང་མི་འཕོ་བ་རྗེས་དྲན༥། འཕོ་མེད་གསུམ་གྱིས་རླུང་
འབྱུང་འཇུག་གནས་གསུམ་གཅིག་དུ་བྱས་པའི་ལས་རླུང་ཉི་ཁྲི་ཆིག་སྟོང་དྲུག་བརྒྱ་རིམ་གྱིས་
འགགས་པའི་དབྱེ་བས་མི་འགྱུར་བའི་བདེ་བའང་དེ་སྐད་ཐོབ་པ་ནི་ཏིང་ངེ་འཛིན་གྱི་ཡན་ལག་སྟེ༦།

དུས་འཁོར་རྩ་རྒྱུད་དང་གསང་འདུས་ཀྱི་རྒྱུད་ཕྱི་མ་ལས། སོ་སོར་སྡུད་པ་བསམ་གཏན་དང་། །སྲོག་རྩོལ་དེ་བཞིན་འཛིན་པ་དང་། །རྗེས་སུ་དྲན་དང་ཏིང་ངེ་འཛིན། །སྦྱོར་བ་ཡན་ལག་དྲུག་ཏུ་འདོད། །ཅེས་དང་། གཞལ་པོ་ལས། སྦྱོར་བ་ཡན་ལག་དྲུག་གིས་བསྒྲེན། །ཞེས་སོ། །སོ་སོར་སྡུད་དང་བསམ་གཏན་གྱིས་ལུས་སྦྱངས་ནས་སྐུ་རྡོ་རྗེ་འགྲུབ། སྲོག་རྩོལ་དང་འཛིན་པས་རླུང་སྦྱངས་ནས་གསུང་རྡོ་རྗེ་འགྲུབ། རྗེས་དྲན་དང་ཏིང་ངེ་འཛིན་གྱིས་ཐིག་ལེ་སྦྱངས་ནས་ཐུགས་རྡོ་རྗེ་འགྲུབ་པའོ། །གཞལ་པོ་ལས། འཁོར་འདས་ཐུན་མོང་ལམ་བཤད་ན། །སྣང་བ་གསུམ་དུ་བསྟན་པའི་ལམ། །ཀུན་གཞི་ལམ་དང་ཕྱག་རྒྱ་ཆེ། །རྒྱུ་རྒྱུད་ཐབས་དང་འབྲས་བུའི་རྒྱུད། །ཅེས་སྣང་བ་གསུམ་དང་རྒྱུད་གསུམ་གྱིས་དཀྱིལ་སོགས་ལམ་འབྲས་ཀྱི་རྩ་བོ་རྒྱས་པར་བསྟན་པ་དང་། གཞན་ཡང་མ་མོའི་རྒྱུད་ལུང་དང་། གླང་པོ་ཆེ་རབ་འབོགས་ཀྱི་བཀོལ་རྒྱུད་སོགས་ལས་ཀྱང་བསྟན་ལ། ཁྱད་པར་སྔ་འགྱུར་གྱི་རྒྱུད་སྒྱུ་འཕྲུལ་དྲྭ་བ་ལྟར་ན། བཤད་རྒྱུད་རྒྱ་མཚོ་ལས། གྲོལ་ལམ་ཐབས་སུ་རྣམ་པར་བསྟན། ཞེས་པས་ཤེས་རབ་རྣམ་པར་གྲོལ་བའི་ལམ་དང་། ཐབས་ཀྱི་ངེས་པའི་ལམ་གཉིས་ལས། དང་པོ་ནི། རྩ་རྒྱུད་ལས། ཡེ་ཤེས་རྫོགས་པའི་དཀྱིལ་འཁོར་ལ། །ཐོས་བསམ་སྒོམ་པའི་མཉམ་སྦྱོར་གྱིས། །རང་བྱུང་ཀུན་ངམ་ལྷུན་གྱིས་གྲུབ། །ཅེས་པས་རྒྱུ་རྒྱུད་དེ་བཞིན་ཉིད་ཀྱི་དཀྱིལ་འཁོར་ངེས་བཟུང་ནས་གཞི་དེ་ལྟར་ཡིན་པར་ཡིད་ཆེས་པར་བྱས་ལ་ཏིང་ངེ་འཛིན་གྱིས་བསྒྲུབས་པས། གཞི་ཇི་ལྟ་བ་བཞིན་མངོན་དུ་སྣང་བར་འགྱུར་རོ། །

དེའི་ཐབས་ནི། ལམ་རིམ་ལས། རང་བཞིན་ཡེ་ཤེས་རང་གནས་དང་། །དེ་མཐོང་དེར་འཇུག་རྣལ་འབྱོར་བཞི། །བར་ཆད་མེད་སྒྲུབ་རྣམ་པར་སྨིན། །དབང་བསྐུར་ཕྱག་རྒྱ་ལྷུན་གྲུབ་ལམ། །མངོན་བྱས་རིམ་པར་བརྗོད་པར་བྱ། །ཞེས་པས། གཞི་རྒྱུད་རང་གནས་ཀྱི་ཡེ་ཤེས་དེ་ཉིད་གཏན་ཚིགས་ཀྱིས་གཏན་ལ་ཕེབས་པ་ལ་མ་དག་འཁོར་བ་དང་། དག་པ་མྱང་འདས་སུ་ཞེན་པ་ནི། དེ་དག་རང་བཞིན་སྐྱེ་མེད་ཀྱི་དབྱིངས་ལས་གཡོས་པ་མེད་པ་ཡིན་ཏེ། རྒྱུ་རྒྱུད་སེམས་ཉིད་རང་བྱུང་ཡེ་ཤེས་སུ་གཅིག་པའི་ཕྱིར་རོ། །རྒྱུ་གཅིག་པ་ལས་རང་བཞིན་སྐྱེ་མེད་དུ་གཏན་ལ་ཕབས། སེམས་ཉིད་སྐྱེ་མེད་ཀྱི་གདངས་རོལ་པ་འགགས་མེད་ལྷའི་སྐུ་གསུང་ཐུགས་སུ་རང་སྣང་བ་མཆོན་

དུ་མེད་པའི་ཡི་གེ་ཨ་ཉིད། མཚོན་བྱེད་ཡི་གེ་བཞི་བཅུ་རྩ་ལྟར་སྣང་བ་རོལ་པ་འགགས་མེད་དུ་གདན་ལ་ཕབས། རང་བཞིན་སྐྱེ་མེད་དང་རོལ་པ་འགགས་མེད་གཉིས་ཚིག་ལ་སྔ་ཕྱི་ཡོད་ཀྱང་དོན་ལ་དབྱེར་མེད་པར་དོན་དམ་དགོར་བདུན་ངོ་བོ་ཉིད་ཀྱི་རྒྱུར་ལྷུན་གྱིས་གྲུབ་པ་ལས་སྣོད་བཅུད་སྐུ་དང་ཡེ་ཤེས་ཀྱི་དཀྱིལ་འཁོར་དུ་ཡེ་ནས་སངས་རྒྱས་པར་བྱིན་གྱིས་བརླབས་པས་ངོ་བོ་དབྱེར་མེད་དུ་གདན་ལ་ཕབས། བདེན་པ་དབྱེར་མེད་པ་བློའི་སྤྱོད་ཡུལ་ལས་འདས་པས། རང་རིག་པའི་མངོན་སུམ་གྱིས་ཡུལ་མེད་རང་གསལ་རྟོགས་པས་མཚན་ཉིད་བློ་བྲལ་དུ་གདན་ལ་ཕབས་པ་རྟོགས་པ་བཞིའི་གདན་ཚིགས། སྣོད་འབྱུང་ལྔ་ཡུམ་ལྔར་དག །བཅུད་ཕུང་ལྔ་ཡབ་ལྔར་དག །རྒྱུད་རྣམ་ཤེས་ཚོགས་བརྒྱད་ཡེ་ཤེས་ལྔར་ཡེ་ནས་དག་པ་ལས་དག་པ་ལྟར་གདན་ཚིགས་གསུམ་གྱིས་གདན་ལ་ཕབས། ཐུན་མོང་གི་མཉམ་གཉིས་ནི་སྣང་ཙམ་དོན་བྱེད་ནུས་པ་ཡང་དག་ཀུན་རྫོབ་དང་། སྣང་ལ་དོན་བྱེད་ནུས་པས་སྟོང་པ་ལོག་པའི་ཀུན་རྫོབ་གཉིས་ཀའང་སྣང་ཡང་བདེན་དངོས་ཀྱིས་སྟོང་པ་ཙམ་དུ་མཉམ་ཞིང་། སྤྲོས་པ་ཕྱོགས་རེ་ཆོད་པ་རྣམ་གྲངས་ཀྱི་དོན་དམ་དང་། སྤྲོས་པ་མཐའ་དག་ཆོད་པ་རྣམ་གྲངས་མ་ཡིན་པའི་དོན་དམ་གཉིས་ཀའང་སྤྲོས་པ་བཀག་པའི་སྟོང་ཉིད་ཙམ་དུ་མཉམ་མོ། །དོན་དམ་སྐྱེ་མེད་དང་ཀུན་རྫོབ་སྒྱུ་མར་མཉམ་པའོ། །ལྷག་པའི་མཉམ་པ་གཉིས་ནི། མ་ཧཱ་ཡོ་གའི་ལུགས་ཀྱི་མ་དག་པ་ལས་སྣང་ལོག་པའི་ཀུན་རྫོབ་དང་། དག་པ་ལྷ་སྣང་ཡང་དག་པའི་ཀུན་རྫོབ་གཉིས་ཀའང་། རང་བཞིན་དང་ཐུན་མོང་མ་ཡིན་པ་དང་གཉིས་ཀར་དག་པ་ཐུགས་སུ་ཆུད་པས་ན་ལྷག་པ་ཀུན་རྫོབ་སྐུ་དང་ཡེ་ཤེས་ཀྱི་དཀྱིལ་འཁོར་དུ་མཉམ་ལ། རྣམ་གྲངས་ཀྱི་དོན་དམ་མེད་དགག་གི་སྟོང་ཉིད་དང་། རྣམ་གྲངས་མ་ཡིན་པའི་དོན་དམ་མ་ཡིན་དགག་གི་སྟོང་ཉིད་གཉིས་ཀའང་དོན་དམ་དགོར་བདུན་ངོ་བོ་ཉིད་དུ་ལྷུན་གྱིས་གྲུབ་པར་མཉམ་མོ། །དེ་ལྟར་དག་མཉམ་གྱི་གདན་ཚིགས་ཀྱིས་ཀུན་རྫོབ་ཀྱི་བདེན་པ་མ་དག་པ་ལས་ཀྱི་སྣང་བ་འདི་འཁྲུལ་ངོ་ཙམ་དུ་མི་བསླུ་ཡང་། གཤིས་ལ་མ་གྲུབ་པར་གདན་ལ་ཕབས་པས་བདེན་གཉིས་ཐ་དད་དུ་འཛིན་པའི་ཞེན་པ་གྲོལ་ཀྱང་། ཚུ་རོལ་མཐོང་བའི་བློས་ཆོས་ཐམས་ཅད་མཉམ་པ་ཉིད་དུ་འཛིན་ན་ཡང་འཁྲུལ་པའི་བློ་སྟེ། དེའི་ཕྱིར་དཀྱིལ་འཁོར་ཀུན་ཏུ་བཟང་པོའི་ཞིང་ཞེས་པས། དངོས་པོ་ཐམས

ཅན་གཞལ་བྱ་སྣ་དང་ཡེ་ཤེས་ཀྱི་དཀྱིལ་འཁོར་སྤྱོད་ཡུལ་ཡོངས་སུ་དག་པ་ཀུན་ཏུ་བཟང་པོའི་ཞིང་དུ། བྱེད་སྤྱོད་ཚོགས་ཆེན་གཉིས་གྱུར་ནས་ཞེས་པས། རྣལ་འབྱོར་པ་རྣམས་ཀྱིས་འཇལ་བྱེད་ཀྱི་བློ་ངོ་བོ་ཉིད་དུ་གྲོལ་ཞིང་། ལུས་ངག་ཡིད་གསུམ་གྱི་བྱེད་སྤྱོད་ཐམས་ཅད་མ་འགགས་པའི་ཆ་ནས་བསོད་ནམས་ཀྱི་ཚོགས་དང་། མི་དམིགས་པའི་ཆ་ནས་ཡེ་ཤེས་ཀྱི་ཚོགས་ཏེ། དེ་ལྟར་ཚོགས་ཆེན་གཉིས་སུ་གྱུར་པ་ནི་རྒྱུ་ཤེས་པའི་མཚན་ཉིད་ལྟ་བ་ཡིན་ལ། དེ་ལྟར་རྟོགས་ནས་རྐྱེན་འཇུག་པའི་མཚན་ཉིད་ཏིང་ངེ་འཛིན་བསྒོམ་སྟེ། སྒོ་གསུམ་གྱི་བྱ་བ་བཏང་ནས་འཇོག་ཐབས་གཉིས་ནི་བསམ་གཏན་ལ་ཆེར་མ་མི་འབྱུང་བའི་གནས་སུ་ལུས་གནད་རྣམ་སྣང་ཆོས་བདུན་ལྡན་པས་རིག་པ་མ་བཅོས་པའི་ངང་དུ་འཇོག་པ་རིག་པ་སྤྱི་བླུགས་དང་། སྔར་གྱི་ཐོས་བསམ་གྱི་ལྟ་བ་དྲན་པར་བྱས་ནས་དེའི་ངང་དུ་འཇོག་པ་མཐོང་བའི་རྗེས་ལ་འཇོག་པ་སྟེ། དེ་གཉིས་གང་རུང་གིས་དོན་དམ་འོད་གསལ་རྣམ་པར་མི་རྟོག་པའི་ཏིང་ངེ་འཛིན་མཚན་མོའི་གཉིད་འཐུག་གི་འོད་གསལ་དང་སྦྲེལ་ཏེ་མཉམ་པར་འཇོག་པ་སྟོང་པ་ཆེན་པོའི་རྣམ་འབྱོར། འོད་གསལ་དེའི་ངང་དུ་སེམས་འགགས་པས་སྟོང་གཟུགས་ཀྱི་སྣང་བ་ཤར་བ་ན། ཉིན་དུས་སད་པའི་སྣང་བ་དང་མཚན་མོ་རྨི་ལམ་གྱི་སྣང་བ་ཐམས་ཅད་སྒྱུ་མ་ཆུ་ཟླ་ལྟར་མཐོང་བ་ལས་དམིགས་མེད་བདེ་ཆེན་གྱི་སྙིང་རྗེ་མ་འགགས་པར་ཤར་བ་སྙིང་རྗེ་སྒྱུ་མའི་རྣལ་འབྱོར། སྣང་བ་རིས་མེད་ལས་སྙིང་རྗེ་ཆེན་པོའི་འཕེན་པ་དང་། ཏིང་ངེ་འཛིན་གྱི་རྐྱེན་གྱིས་ཞི་བདེ་དང་མཚུངས་ལྡན་དུ་གྱུར་པའི་བཅོས་མིན་ཟུང་འཇུག་གི་ལྷ་སྐུར་ཕྱག་རྒྱ་གཅིག་པ་དང་། དེ་ལས་མཆེད་དེ་སྣང་བ་ཐམས་ཅད་ཟུང་འཇུག་གི་ལྷར་མངོན་སུམ་དུ་སྤྲོ་བ་སྤྲོས་བཅས་ཀྱི་རྣལ་འབྱོར་ལ་བསྟན་པ་ཐོབ་ནས། ཉེ་རྒྱུའི་སྤྱོད་པ་གསུམ་གང་རུང་སྤྱད་ནས་ཟག་མེད་རིག་པ་འཛིན་པའི་ལམ་ལ་སྦྱོར་བར་བྱེད་དོ། །

གཉིས་པ་ལ་སྟེང་སྒོ་འཇུ་འདུལ་གྱི་མན་ངག་དང་། འོག་སྒོ་ཁམས་གསུམ་རོལ་བའི་མན་ངག་གཉིས་འོག་ནས་སྟོན་ལ། དེ་བཞིན་ལུང་ཨ་ནུ་ཡོ་ག་དང་། ཨ་ཏི་ཡོ་གའི་རྫོགས་རིམ་རྣམས་སོ་སོའི་ཐད་ཀར་འཆད་པར་འགྱུར་བའོ། །དེས་འགྲེལ་པས་རིམ་གཉིས་ཀྱི་སྤྱི་དོན་རྒྱས་པར་བཤད་པ་སོང་ནས། བྱ་བའི་འཇུག་སྒོ་ནི། རང་ཤར་ལས། འཇུག་པའི་སྒོ་ནི་ཏིང་འཛིན་རྣམ་པ་གསུམ།

ཞེས་པས། དེ་འཆད་པའི་ཕྱིར་གཞུང་དོན་ལ་བསྐྱེད་པའི་རིམ་པ་དང་། རྫོགས་པའི་རིམ་པ་གཉིས་ལས། དང་པོ་ལ། འཆི་སྲིད་ཆོས་སྐུའི་རྣལ་འབྱོར། བར་སྲིད་ལོངས་སྐུའི་རྣལ་འབྱོར། སྐྱེ་སྲིད་སྤྲུལ་སྐུའི་རྣལ་འབྱོར་གསུམ་སྒྲུ་འཕྲུལ་དང་གསང་འདུས་ཀྱི་ལུགས་ལྟོ་སྦྱར་ནས་འཆད་པ་ལ། དང་པོ་ལ། སྦྱང་བྱ་འཆི་སྲིད་དང་། སྦྱོང་བྱེད་ཆོས་སྐུའི་རྣལ་འབྱོར་གཉིས་ལས། དང་པོ་ནི། ཁམས་དྲུག་ལྡན་པའི་མི་རྣམས་ཕུང་ཁམས་སོགས། ནས། ཆོས་དབྱིངས་ཐིམ་པས་རང་བཞིན་སྒྲིབ་དང་བྲལ། ཞེས་ཚིགས་བཅད་གཅིག་དང་རྐང་པ་གསུམ་གྱིས་བསྟན་ལ། དེ་ཡང་འབྱུང་བ་ལྔ་དང་དྲི་བཅས་ཡེ་ཤེས་ཀྱི་ཁམས་དང་ཁམས་དྲུག་ལྡན་པའི་ལུས་ཅན་མི་རྣམས། ཕུང་པོ་ཁམས་དང་སྐྱེ་མཆེད་སོགས་ཀྱི་ཚོགས་པ་འདི་ནམ་ཞིག་འཆི་བའི་ཚེ། རིམ་གྱིས་ཕྲ་རགས་ཀྱི་ཐིམ་རིམ་ཇི་ལྟར་བྱུང་ནས་སྦྱང་གཞི་འཆི་བའི་སྲིད་པའི་རིམ་པ་དེའམ་ཞེས་རྒྱས་པར་བཤད་པ་ནི། ཇི་སྐད་དུ། སྣང་བ་ཐིམ་དང་སྟོང་པ་ཐིམ། །ཕྲ་བ་ཐིམ་དང་རགས་པ་ཐིམ། །ཐིམ་པའི་རྗེས་ལ་གོམས་པ་ཡིན། །རང་བཞིན་གྱིས་ནི་འོད་གསལ་འཆར། །ཞེས་པ་ལྟར། ཐོག་མར་རགས་པའི་རང་བཞིན་ཉི་ཤུ་ཐིམ་པར་འགྱུར་ཏེ། རྣམ་སྣང་གི་རིགས་གཟུགས་ཀྱི་ཕུང་པོ་འོད་གསལ་དུ་འཇུག་པའི་རྟགས་སུ་ཡན་ལག་རྣམས་ཕྲ་བ་དང་། ལུས་ཀྱི་ཉམས་ཞན་ཅིང་ནུས་པ་མེད་པར་འགྱུར། མེ་ལོང་ལྟ་བུའི་ཡེ་ཤེས་ཐིམ་པས་སེམས་མི་གསལ་ཞིང་ཐུམ་ཐུམ་དུ་འགྱུར་བའི་ཁམས་ཐིམ་པས་ལུས་ཐམས་ཅད་སྐེམས་ཤིང་མིག་གི་དབང་པོ་ཐིམ་པས་མིག་མི་འགྱུར་ཞིང་བཟླུམ་པར་འགྱུར། ཡུལ་གྱི་གཟུགས་ཐིམ་པས། ལུས་ཀྱི་མདངས་མེད་ཀྱང་ཉམས་དམའ་ཞིང་སྨད་པར་འགྱུར་ཏེ། དེ་ལྟར་རྣམ་སྣང་གི་རིགས་རྣམས་དོན་དམ་པར་འཇུག་པའོ། །དེ་ནས་རིན་འབྱུང་གི་རིགས་ཚོར་བའི་ཕུང་པོ་ཐིམ་པས་ཚོར་བ་ཉམས་སུ་མི་མྱོང་། མཉམ་ཉིད་ཡེ་ཤེས་ཐིམ་པས་ཚོར་བ་གསུམ་དྲན་པ་མི་འབྱུང་། ཆུའི་ཁམས་ཐིམ་པས་རང་ལུས་ཀྱི་ཁ་ཆུ་དང་རྡུལ་ཆུ་གཅིན་དང་ཁུ་ཁྲག་སོགས་སྐམ་པར་འགྱུར། རྣ་བའི་དབང་པོ་ཐིམ་པས་ཕྱི་ནང་གི་སྒྲ་མི་ཐོས། ཡུལ་གྱི་སྒྲ་ཐིམ་པས་རང་ལུས་ཀྱི་སྒྲ་མི་ཐོས་སོ། །དེ་ནས་པདྨའི་རིགས་འདུ་ཤེས་ཀྱི་ཕུང་པོ་ཐིམ་པས། རྐང་གཉིས་ལ་སོགས་སེམས་ཅན་རྣམས་མི་དྲན། སོ་སོར་རྟོག་པའི་ཡེ་ཤེས་ཐིམ་པས་ཕ་མ་བུ་སྲིང་ལ་སོགས་པའི་མིང་མི་དྲན། མེ་རླུ་ཁམས་ཐིམ་པས་ཟས་མི་འཇུ། སྣའི་དབང་

པོ་ཐིམ་པས་སྙིང་གི་རླུང་དལ་གྱིས་འགྲོ། ཡུལ་གྱི་དྲི་ཐིམ་པས་རང་གི་ལུས་ལ་དྲི་མི་བྲོ་བའོ། །དེ་ནས་ལས་ཀྱི་རིགས་འདུ་བྱེད་ཀྱི་ཕུང་པོར་ཐིམ་པས་ལུས་ཀྱི་བྱ་བ་ཐམས་ཅད་ལ་འཇུག་པར་མི་འགྱུར། བྱ་བ་གྲུབ་པའི་ཡེ་ཤེས་ཐིམ་པས་འཇིག་རྟེན་གྱི་བྱ་བ་དང་དགོས་པ་མི་དྲན། རླུང་གི་ཁམས་ཐིམ་པས་རླུང་བཅུ་རང་གི་གནས་ནས་འཕོ། ལྕེའི་དབང་པོ་ཐིམ་པས་ལྕེ་སྦོམ་ཞིང་ཐུང་ལ་རྩ་བ་སྔོན་པོར་འགྲོ། ཡུལ་གྱི་རོ་ཐིམ་པས་རོ་དྲུག་ཉམས་སུ་མི་མྱོང་སྟེ། དེ་ལྟར་རགས་པ་ཉི་ཤུ་ཐིམ་ནས། ཕྲ་བ་ནང་གི་འབྱུང་བའི་ཐིམ་ལུགས་ནི། ཡེ་ཤེས་རོལ་པ་ཆེན་པོ་ལས། དང་པོ་ས་ནི་ཆུ་ལ་ཐིམ། །ཆུ་ཡང་མེ་ལ་ཐིམ་གྱུར་ནས། །མེ་ནི་རླུང་ལ་ཐིམ་པར་འགྱུར། །རླུང་ནི་རྣམ་པར་ཤེས་ལ་ཐིམ། །རྣམ་ཤེས་འབྱུང་བ་འདི་ཉིད་ནི། །འོད་གསལ་བར་ཡང་འཇུག་པར་འགྱུར། །ཞེས་གསུངས་པ་ལྟར། ས་ཆུ་ལ་ཐིམ་པ་ཞེས་བྱ་བ་ནི། ལུས་ཀྱི་སའི་གནས་སུ་ས་མེད་པར་གྱུར་པའམ། གནས་འཕོས་ནས་ཆུའི་ནང་དུ་ས་འཇུག་པའི་དོན་ཡང་མ་ཡིན་གྱི། དབུ་མའི་ཡེ་ཤེས་ཀྱི་རླུང་སྟོབས་སུ་གྱུར་པས་ལས་རླུང་བཙོམ་སྟེ། རྟེན་ཐིམ་པ་ནས་བརྟེན་པ་ངེས་པར་ཐིམ་པར་སྲ་བར་སྣང་བའི་རྣམ་ཤེས་ཀྱང་རང་གི་བག་ཆགས་དབུ་མ་ལ་བཞག་ནས་འགགས་ཏེ་རུས་པ་ལ་སོགས་པ་སྲ་བ་ཤས་ཆེ་བའི་ཁམས་རྟེན་རླུང་དང་རྣམ་ཤེས་བྲལ་བར་བྱས་ཏེ། སའི་དངས་མ་དེ་ཉིད་ཆུའི་དངས་མ་ལ་ཐིམ་པར་གྱུར་པས་ལུས་བསྐྱལ་བསྐྱོད་མི་ནུས་ཤིང་ཟུང་མི་ཐུབ། ལུས་ས་ལ་བྱིང་བ་སྙམ་བྱེད། ནང་རྟགས་སྨིག་རྒྱུ་ལྟ་བུ་སྔོ་མེར་མེར་བ་དང་སྔོ་རིབ་རིབ་པ་དང་། ཆར་ཟིམ་དང་ཆུ་གཡོ་བའི་རྣམ་པ་ལྟ་བུ་འབྱུང་། དེ་བཞིན་དུ་དབུ་མའི་ཡེ་ཤེས་ཀྱི་རླུང་སྟོབས་སུ་གྱུར་པས། ཆུའི་ལས་རླུང་བཙོམ་སྟེ། གཤེར་བར་སྣང་བའི་རྣམ་ཤེས་ཀྱང་རང་གི་བག་ཆགས་དབུ་མ་ལ་བཞག་ནས་འགག་སྟེ། ཁྲག་དང་ཆུ་སེར་སོགས་གཤེར་བ་ཤས་ཆེ་བའི་ཁམས་རྣམས་རྟེན་རླུང་དང་རྣམ་ཤེས་བྲལ་བས། ཆུའི་དངས་མ་དེ་ཉིད་མེའི་དངས་མ་ལ་ཐིམ་པས་ཁ་སྣ་སྐམས་ཤིང་ལྕེ་ཀྲན་ཤུགས་སུ་འགྲོ། ནང་རྟགས་སུ་དུ་བ་འཕྱུར་བ་དང་དུ་གདུང་ཆགས་པ་ལྟ་བུ་འབྱུང་། དབུ་མའི་ཡེ་ཤེས་ཀྱི་རླུང་གིས་མེའི་ལས་རླུང་བཙོམ་སྟེ། ཚ་བར་སྣང་བའི་རྣམ་ཤེས་ཀྱང་བག་ཆགས་དབུ་མ་ལ་བཞག་ནས་འགགས་ཏེ་དྲོད་སོགས་ཚ་བར་ཤས་ཆེ་བའི་ཁམས་རྣམས་རྟེན་རླུང་དང་རྣམ་ཤེས་བྲལ་བས་མེའི་དངས་མ་དེ་ཉིད་

རླུང་གི་དངས་མ་ལ་ཐིམ་པས་ལུས་ཀྱི་དྲོད་མཐའ་ནས་སྡུད་ཅིང་འཕོ་བའི་མེ་དྲོད་ཉམས། ནང་རྟགས་སུ་སྲིན་བུ་མེ་ཁྱེར་ལྟ་བུ་དམར་ཅིག་ཅིག་དང་། དམར་ཐྲ་ཐྲ་བ་འབྱུང་། རླུང་རྣམ་ཤེས་ལ་ཐིམ་པའི་དོན་ཡང་། ལས་ཀྱི་རླུང་གི་གནས་སུ་རླུང་མེད་པར་གྱུར་པའམ། སྟོད་པར་འཕོས་ནས་རླུང་ཉིད་རྣམ་ཤེས་ཀྱི་ནང་དུ་འཇུག་པའི་དོན་ཡང་མ་ཡིན། རྣམ་ཤེས་ལ་རླུང་དངས་མའི་བག་ཆགས་བཞག་སྟེ། རླུང་འགགས་པའི་དོན་ཡང་མ་ཡིན་གྱི། རླུང་གི་དངས་མས་སྲོག་རྩ་རགས་པའི་བར་གྱི་ལུས་ཐམས་ཅད་དོར་ནས། སྲོག་རྩའི་ནང་གི་འོད་ལྔའི་སྦུ་གུ་ཅན་གྱི་རྩ་ལྔ་ལ་ཞུགས་ནས་ཡིད་ཀྱི་སྣང་བ་དང་རོ་གཅིག་ཏུ་གྱུར་པས་དབུགས་ཕྱིར་རིང་དུ་རྒྱུ་ཞིང་ནང་དུ་སྡུད་མི་ཤེས་པས་རགས་པའི་རྒྱུ་བ་ཆད། ནང་རྟགས་སུ་མར་མེ་འབར་བའི་སྣང་བ་དང་། སྒྲོན་མེ་ཁྲེང་བ་བསྒྲིགས་པ་ལྟ་བུ་འབྱུང་། རྣམ་ཤེས་ནམ་མཁའ་ལ་ཐིམ་པ་ནི། རྣམ་ཤེས་དངོས་མེད་དུ་གྱུར་པ་ནི་མ་ཡིན་གྱི། ནམ་མཁའ་ལྟར་དངས་ཤིང་ཐོགས་པ་མེད་ལ་མཚོན་པར་དཀའ་བའི་དབུ་མར་ཐིམ་པ་སྟེ། དེ་ཡང་གསང་འདུས་འཕགས་སྐོར་གྱི་གཞུང་རྣམས་སུ། ནམ་མཁའི་ཁམས་ཐིམ་ཚུལ་གྱི་ཐ་སྙད་གསལ་བར་མ་གསུངས་པ་ནི། ཁམས་ཕ་བ་དེ་རླུང་གི་ནང་དུ་སྡུས་ཏེ་བཤད་པ་ཡིན་པས་ནམ་མཁའི་ཁམས་ཐིམ་པ་ལོགས་སུ་མི་བྱེད་པར་རྣམ་ཤེས་ཐིམ་རིམ་གྱི་སྐབས་སུ་ནམ་མཁའ་སྤྲིན་མེད་ཀྱི་རྟགས་སྣང་འཆར་གཞིར་བཞག་པ་ལ་དཀར་དམར་ནག་གསུམ་གྱི་སྣང་བར་འཆར་བར་བཞེད་དོ། །

རྟོག་པ་ཐིམ་པ་ནི། རླུང་ནམ་མཁར་ཐིམ་པ་ཡན་ཆད་དུ། རང་བཞིན་བརྒྱད་ཅུའི་སྣང་བ་འདུ་བྱེད་ཀྱི་བྱ་བ་བྱེད་ནུས་པ་རྣམས་རླུང་དང་བཅས་པ་ཐིམ་པ་ཡིན་ལ། ལས་མི་བྱེད་པའི་རྟོག་པ་ཕྲ་མོ་རྣམས་སྣང་གསུམ་ཉིད་ལ་འདྲེས་ཏེ་གནས་པས་སྐབས་དེ་དང་དེར་ཐིམ་པར་འགྱུར་བ་ཡིན་නོ། །

དེས་ན་སྣང་བ་ཐིམ་པ་ཞེས་ནམ་མཁའ་འོད་གསལ་ལ་ཐིམ་པའི་སྐབས་འདིར་སེམས་ཉིད་སྟོང་པའི་ངང་ལས་ཆོས་སྐུའི་འོད་གསལ་རྣམ་བཞི་འཆར་ཏེ། སྤྱིར་སྣང་བ་གསུམ་ལ་དོན་དམ་དེ་ཁོ་ན་ཉིད་ཀྱི་སྣང་བ་དང་ཀུན་རྫོབ་རྟེན་འབྲེལ་གྱི་སྣང་བ་གཉིས་ལས། དོན་དམ་དེ་ཁོ་ན་ཉིད་ཀྱི་སྣང་བ་ནི། རྩ་བ་ཆོས་ཀྱི་དབྱིངས་རང་སེམས་བདེ་ཆེན་རྟག་པ་དམ་པ་འགྱུར་མེད་དོན་དམ་པའི་རང་རིག་དེ་ཡིན་ལ། ངོ་བོ་བདེ་ཆེན་དེ་ཉིད་རང་གི་སྣང་བའམ་རང་གཟུགས་འཆར་ཚུལ་རྡོ་རྗེ་གསུམ

ཀྱི་གསང་བ་བསམ་གྱིས་མི་ཁྱབ་པ་སྐྱེ་སྐུའི་གསང་བ་སྣང་བ། གསུང་གི་གསང་བ་མཆེད་པ། ཐུགས་ཀྱི་གསང་བ་ཐོབ་པ་སྟེར་བཤད་ཀྱི་ཀུན་ཁྱབ་བདེ་བ་ཆེན་པོ་དེ་ཉིད་ནི་ཐམས་ཅད་སྟོང་པ་འོད་གསལ་བ་ཡིན་ནོ། །ཀུན་རྫོབ་རྟེན་འབྲེལ་གྱི་སྣང་བ་ལ། རང་བཞིན་དང་བཅས་པ་དང་། རང་བཞིན་དང་བྲལ་བའི་སྣང་བ་གཉིས་ཀྱི་འདིར་རང་བཞིན་དང་བཅས་པ་ལའང་། གཞི་དུས་དང་ལམ་དུས་གཉིས་ལས་འདིར་གཞི་དུས་སྟེ། དེ་ལའང་རྒྱུན་ཆགས་པ་དང་ཁྱད་པར་གྱི་དུས་སུ་འབྱུང་བ་གཉིས་ལས། ཆེས་རགས་ཤིང་གསལ་བར་འབྱུང་བ་འཆི་བའི་དུས་དང་། འབྲིང་དུ་འབྱུང་བ་གཉིས་དང་ཁྲིགས་པའི་དུས་དང་། ཕྲ་ཞིང་མི་གསལ་བར་འབྱུང་བ་ཚོགས་དྲུག་གི་སྣང་བ་རགས་པ་ཤར་བའི་དུས་ཏེ། དེ་ལས་འདིར་འཆི་དུས་ཀྱི་སྣ་རོལ་དུ་ཕྲ་རགས་ཉེར་ལྔ་ཡོངས་སུ་རྫོགས་པར་ཐིམ་རྗེས། དང་པོའི་སངས་རྒྱས་ལས། ལུས་ཅན་རྣམས་ནི་འཆི་བ་ན། །ལྔ་བ་བདུད་རྩི་ཐུར་དུ་འགྲོ། །སྙིང་དུ་ཉི་རྡུལ་སྒྲ་གཅན་དེ། །རྣམ་ཤེས་སྲིད་པའི་མཚན་ཉིད་སྤྱོར། །ཞེས་གསུང་པ་ལྟར་ལས། ནམ་མཁའ་འོད་གསལ་ལ་འཇུག་དུས་རོ་རྐྱང་གི་དངས་མ་ཐམས་ཅད་དབུ་མའི་ཡས་མར་གྱི་ཨ་ཧཾ་ལ་འདུས། དེ་ཉིད་སྙིང་གི་ཡེ་ཤེས་འོད་གསལ་གྱི་དངས་མ་ཆེན་པོའི་ནང་དུ་ཐིམ་པས་ཕྲ་རགས་ཀྱི་རྟོག་པ་ཐམས་ཅད་འགག་ནས་འོད་གསལ་རྣམ་པ་བཞིའི་ཡེ་ཤེས་འཆར་སྟེ། དེ་ཡང་དབུ་མའི་ཡས་སྣའི་ཁམས་དཀར་ཆའི་དངས་མ་ཐུར་དུ་བབས་ནས་སྙིང་ཀར་སོན་པ་ན། སེམས་དང་པོའི་དུས་སུ་ཤེས་རབ་ཀྱི་རང་བཞིན་སོ་གསུམ་འགགས་ཏེ། འཕགས་པ་ལྷས་མཛད་པའི་སྤྱོད་བསྡུས་ལས། འདོད་ཆགས་དང་བྲལ་བ་དང་༡། འདོད་ཆགས་དང་བྲལ་བ་བར་མ་དང་༢། ཤིན་ཏུ་འདོད་ཆགས་དང་བྲལ་བ་དང་༣། གང་ཡང་ཡིད་ཀྱི་འགྲོ་ བ་དང་༤། འོང་བ་དང་༥། མྱ་ངན་དང་༦། མྱ་ངན་བར་མ་དང་༧། ཤིན་ཏུ་མྱ་ངན་དུ་གྱུར་བ་དང་༨། ཞི་བ་དང་༩། རྣམ་པར་རྟོག་པ་དང་༡༠། འཇིགས་པ་དང་༡༡། འཇིགས་པ་བར་མ་དང་༡༢། ཤིན་དུ་འཇིགས་པ་དང་༡༣། སྲེད་པ་དང་༡༤། སྲེད་པ་བར་མ་དང་༡༥། ཤིན་དུ་སྲེད་པ་དང་༡༦། ཉེ་བར་ལེན་པ་དང་༡༧། མི་དགེ་བ་དང་༡༨། བཀྲེས་པ་དང་༡༩། སྐོམ་པ་དང་༢༠། ཚོར་བ་དང་༢༡། ཚོར་བ་བར་མ་དང་༢༢། ཤིན་ཏུ་ཚོར་བ་དང་༢༣། རིག་པ་པོ་དང་༢༤། རིག་པ་དང་༢༥། འཛིན་པའི་གཞི་དང་༢༦། སོ་སོར་རྟོག་པ་དང་༢༧། སྙིང་རྗེ་

དང་༢༨། བརྗེ་བ་དང་༢༩། བརྗེ་བ་བར་མ་དང་༣༠། ཤིན་ཏུ་བརྗེ་བ་དང་༣༡། རྟོགས་པ་དང་བཅས་པ་དང་༣༢། སྟོང་པས་ཕྲག་དོག་༣༣སྟེ་སུམ་ཅུ་རྩ་གསུམ་མོ། །ཞེས་གསུངས། དེའི་ཚེ་ན་ནང་གི་ཁམས་དཀར་པོ་དང་འབྲེལ་བའི་དབང་གིས་ཕྱི་རྟགས་སུ་སྣང་བ་ཐམས་ཅད་སྤྲིན་བྲལ་གྱི་ནམ་མཁའ་གཡའ་དག་པ་ལ་ཟླ་འོད་ཀྱི་ཁྱབ་པ་ལྟ་བུ་སྣང་བ་དཀར་ལམ་པ་འབྱུང་། གཟུང་བའི་རྣམ་པར་རྟོག་པ་རགས་པས་སྟོང་པས། སྟོང་པའི་འོད་གསལ་དང་། ཤེས་པའི་རང་གདང་གསལ་བར་སྣང་བ། སྣང་བའི་འོད་གསལ་ཞེས་བྱ་བ་སྐད་ཅིག་མ་དང་པོ་སྟེ། གཉིས་མེད་རྣམ་རྒྱལ་ལས། སྣང་བ་ཞེས་བྱ་རྣམ་པར་མི་རྟོག་ལ། །གསལ་བའི་ཆ་དེ་བཟུང་རྟོག་སྤྲངས་པ་ལས། །འབྱུང་བ་མི་མངོན་རླུང་དང་བཅས་པ་གང་། །ལྷང་ངེར་གནས་པ་སྐད་ཅིག་དང་པོ་ཡིན། །ཞེས་སོ། །དབུ་མས་མས་སྣེའི་ཁམས་དམར་ཆའི་དངས་མ་གྱེན་དུ་སོང་བའི་ཚེ། སྣང་བའི་ཡེ་ཤེས་མཆེད་པ་ལ་ཐིམ་པས། ཐབས་ཀྱི་ཡེ་ཤེས་ཀྱི་རང་བཞིན་བཞི་བཅུ་འགག་སྟེ། སྤྱོད་བསྡུས་ལས། ཆགས་པ་དང་༡། ཀུན་ཏུ་ཆགས་པ་དང་༢། དགའ་བ་དང་༣། དགའ་བ་བར་མ་དང་༤། ཤིན་ཏུ་དགའ་བ་དང་༥། རངས་པ་དང་༦། རབ་ཏུ་མགུ་བ་དང་༧། ངོ་མཚར་བ་དང་༨། རྒོད་པ་དང་༩། ཚིམ་པ་དང་༡༠། འཁྱུད་པ་དང་༡༡། འོ་བྱེད་པ་དང་༡༢། འཛིག་པ་དང་༡༣། བརྟེན་པ་དང་༡༤། ཁེངས་པ་དང་༡༥། བྱ་བ་དང་༡༦། དབྲོག་པ་དང་༡༧། སྟོབས་པ་དང་༡༨། སྤྲོ་བ་དང་༡༩། དགའ་བ་ལ་སྦྱོར་བ་དང་༢༠། དགའ་བ་ལ་སྦྱོར་བ་བར་མ་དང་༢༡། ཤིན་ཏུ་དགའ་བ་ལ་སྦྱོར་བ་དང་༢༢། སྙིགས་པ་དང་༢༣། རྣམ་པར་སྙིག་པ་དང་༢༤། ཤིན་ཏུ་རྣམ་པར་སྙིག་པ་དང་༢༥། འདྲེས་པ་དང་༢༦། དགེ་བ་དང་༢༧། ཚིག་གསལ་བ་དང་༢༨། བདེན་པ་དང་༢༩། མི་བདེན་པ་དང་༣༠། ངེས་པ་དང་༣༡། ཉེ་བར་མི་ལེན་པ་དང་༣༢། སྦྱིན་པ་པོ་དང་༣༣། བསྐུལ་པ་དང་༣༤། དཔའ་བ་དང་༣༥། ངོ་ཚ་བ་མེད་པ་དང་༣༦། སྒྲིབ་པ་དང་།༣༧ གདུག་པ་དང་༣༨། མི་སྲུན་པ་དང་༣༩། གྱ་གྱུ་ཆེ་བ་༤༠སྟེ་མཚན་ཉིད་བཞི་བཅུ་ཐམ་པའོ། །ཞེས་སོ། །དེའི་ཚེ་ནང་གི་ཁམས་དམར་པོ་དང་འབྲེལ་བའི་དབང་གིས། ཕྱི་རྟགས་སུ་སྤྲིན་མེད་ཀྱི་ནམ་མཁའ་གཡའ་དག་པ་ལ་ཉི་འོད་ཀྱི་ཁྱབ་པ་ལྟ་བུ་དམར་ལམ་པ་འབྱུང་། འཛིན་པའི་རྣམ་པར་རྟོགས་པ་རགས་པས་ཆེས་སྟོང་པས་ན། ཤིན་ཏུ་སྟོང་པའི་འོད་གསལ་

དང་། སེམས་ཤིན་ཏུ་གསལ་བར་སྣང་བས། སྣང་བ་མཆེད་པའི་ཡེ་ཤེས་ཞེས་བྱ་བ་སྐད་ཅིག་མ་གཉིས་པ་སྟེ། གཉིས་མེད་རྣམ་རྒྱལ་ལས། མཆེད་པར་སྣང་བ་རབ་ཏུ་མི་རྟོག་སྟེ། །ཆེས་གསལ་བ་ལ་འཛིན་རྟོག་མ་ཞུགས་ཏེ། །ཡེ་ཤེས་ཕྲ་བ་རླུང་བྲལ་མི་རྟོག་པ། །ལྷན་ནེར་གནས་པ་སྐད་ཅིག་གཉིས་པ་ཡིན། །ཞེས་སོ། །དངས་མ་དཀར་དམར་སྙིང་ཁར་འཕྲད་པའི་དུས་སུ་མཆེད་པས་ཡེ་ཤེས་ཐོབ་པ་ལ་ཐིམ་པས་སྣང་བ་ཐོབ་པའི་ཡེ་ཤེས་ཀྱི་རང་བཞིན་བདུན་འགགས་ཏེ། སྤྱོད་བསྡུས་ལས། ཆགས་པ་བར་མ་དང་༡། བརྗོད་ངེས་པ་དང་༢། འགྲུལ་བ་དང་༣། མི་སྨྲ་བ་དང་༤། སྐྱོ་བ་དང་༥། ལེ་ལོ་དང་༦། ཐེ་ཚོམ་དང་༧བཅས་པ་སྟེ། འདིའི་རང་བཞིན་གྱི་མཚན་ཉིད་ནི་བདུན་པོ་དག་གོ། །ཞེས་སོ། །དེའི་ཚེ་དཀར་དམར་གྱི་ནུས་པ་ཡང་དབྱིངས་སུ་ཡལ་ཏེ། སྲོག་རླུང་གི་ཆ་ཤས་འགའ་ཞིག་ལུས་པ་དེས་དབང་བྱས་པས། ཕྱི་རྟགས་སུ་ནམ་མཁའ་ལ་མུན་ནག་གིས་ཁྱབ་པ་ལྟར་ནག་ཐིབས་ཀྱིས་འགྲོ་བས་ནག་ལམ་པ་འབྱུང་། ཤིན་ཏུ་ཕྲ་བའི་གཟུང་འཛིན་གྱི་རྟོག་པས་ཆེས་ཆེར་སྟོང་པས་ན། སྟོང་པ་ཆེན་པོའི་འོད་གསལ་སྣང་ཆའི་སྟེང་དུ་ཐ་དད་པའི་མཚན་མ་ཐམས་ཅད་ནུབ་པས། སེམས་འགགས་པ་ལ་ཕྱོགས་པས་སྣང་བ་ཐོབ་པའི་ཡེ་ཤེས་ཞེས་བྱ་བ་སྐད་ཅིག་མ་གསུམ་པ་སྟེ། གཉིས་མེད་རྣམ་རྒྱལ་ལས། ཐོབ་པའི་ཡེ་ཤེས་ཤིན་ཏུ་མི་རྟོག་པ། །གསལ་བ་ཙམ་དུ་འང་མི་གནས་ཤིན་ཏུ་ཕྲ། །རླུང་སེམས་མི་ཕྱེད་གསལ་བར་འཆར་བ་སྟེ། །ལྷམ་མེར་གནས་པས་སྐད་ཅིག་གསུམ་པ་ཡིན། །ཞེས་སོ། །དེ་ནས་སྙིང་གི་རྩ་དར་དཀར་གྱི་སྐྱུད་པ་འདྲ་བའི་ནང་གི་ཁྲག་དབུགས་ཀྱི་དངས་མ་ཐིག་ལེ་ཨ་ཧཾ་རྫོགས་པར་ཐིམ་པས་ན། ཐོབ་པའི་ཡེ་ཤེས་ཀྱང་འཆི་བ་འོད་གསལ་ལ་ཐིམ་པས་སྲིད་པའི་ཆོས་ཐམས་ཅད་བག་ཆགས་ཀྱི་ཚུལ་དུ་ཡོད་པའི་རྒྱུན་དེ་ག་ལ་གནས་པ་ཡིན་ཀྱང་། བག་ཆགས་དེ་རྣམས་ནི་འདིར་མི་མངོན་ལ་ཚེ་འདིས་བསྡུས་པའི་རྣམ་རྟོག་དང་ཀུན་རྫོབ་ཀྱི་སྣང་བ་ཐམས་ཅད་འོད་གསལ་དུ་ཐིམ། ཚེ་རབས་གཞན་གྱིས་བསྡུས་པ་རྣམས་མ་ཤར་བས། རེ་ཞིག་གཟུང་འཛིན་གྱི་སྣང་བ་ཐམས་ཅད་དང་སྣང་བ་གསུམ་ཡང་འགག་པས། ཕྱི་རྟགས་སུ་སྤྲིན་བྲལ་བའི་ནམ་མཁའ་གཡའ་དག་པ་ལྟ་བུ་དངས་གསལ་འཐའ་དབུས་མེད་པའི་སྣང་བ་དང་། ནང་རྟགས་སུ་རྣམ་པར་མི་རྟོག་པ་ལྷན་ཅིག་སྐྱེས་པ་ཤིན་ཏུ་སྤྲོས་པ་དང་བྲལ་བའི་ཡེ་ཤེས

ཁོ་ན་ལ་ཡུད་ཙམ་གནས་པ་ཐམས་ཅད་སྟོང་པ་འོད་གསལ་གྱི་རྣམ་པ་འཆར་བས་སེམས་དྲི་མ་དང་བྲལ་བ་ཉེ་བར་ཐོབ་པའི་ཡེ་ཤེས་ཞེས་བྱ་བ་སྐད་ཅིག་མ་བཞི་པ་སྟེ། གཉིས་མེད་རྣམ་རྒྱལ་ལས། ཉེ་བར་ཐོབ་པ་དྲི་མ་མེད་པ་སྟེ། །རང་བྱུང་རང་གསལ་བདེ་བར་དམིགས་སུ་མེད། །ཕྲ་རགས་རབ་ཞི་ཧིང་འཛིན་མཆོག་ཏུ་གྱུར། །སྐད་ཅིག་བཞི་པ་མི་འགྱུར་ཁྱབ་བྱེད་ཡིན། །ཞེས་སོ། །དེ་རྣམས་ངོས་ཟིན་པ་ལ་སྣང་བ་ནི་གོམས་པའི་འོད་གསལ། མཆེད་པ་བསམ་གཏན་གྱི་འོད་གསལ། ཐོབ་པ་ནི་རྟུལ་བྲལ་ཟག་པ་མེད་པའི་འོད་གསལ། ཉེ་བར་ཐོབ་པ་ནི་ལྷན་ཅིག་སྐྱེས་པ་ཆོས་སྐུའི་རང་བཞིན་གྱི་འོད་གསལ་ཏེ། གཉིས་མེད་རྣམ་རྒྱལ་ལས། འོད་གསལ་བ་ནི་བསམ་གཏན་ཟག་མེད་པའི། །རྟུལ་བྲལ་སབོན་མེད་པ་མི་གཡོ་བ། ལྷན་ཅིག་སྐྱེས་པ་ཆོས་སྐུའི་སྙིང་པོ་ནི། །ལྷུན་གྲུབ་བྱང་ཆུབ་སེམས་ཀྱི་ངོ་བོ་ཉིད། །ཅེས་གསུངས་སོ། །དེ་ནི་སྔར་བྱ་འཆི་བའི་སྲིད་པ་དང་། དེའི་འདྲ་འབག་ཇི་ལྟར་མཚན་མོ་ཉལ་བའི་དུས་གཉིད་དུ་འགྲོ་བར་ཕྱོགས་ནས། གཉིད་དུ་སོང་བའི་ཚེ་མཐོང་ཡུལ་གཟུགས་སྒྲ་དྲི་རོ་རེག་ལ་སོགས་དབང་ལྔའི་ཤེས་པ་རིམ་གྱིས་ནུབ་ནས་ཡིད་ཀྱི་རྣམ་པར་ཤེས་པ་གཅིག་ཏུ་གྱུར་པ་དེ་ལ་ཐིམ། དེ་ཡང་ཀུན་གཞི་ལུང་མ་བསྟན་སེམས་མེད་པའི་གནས་སྐབས་ལྟའི་ཅིག་ཤོས་ལ་ཐིམ་པས་གཉིད་འཐུག་པོ་གང་ཡང་མི་རྟོག་པ། དེའི་ངང་ལས་འགྱུ་དྲན་མེད་པར་རྩེ་གཅིག་ཏུ་སྣང་བའི་ཡུལ་གཟུགས་སོགས་ལྔའི་ཆོས་མེད་པའི་ངང་མདངས་འགྱུར་བ་མེད་པ་དེ་ཉིད་སྔར་གཟུང་འཛིན་གྱི་ཆར་ཤར་བ་མ་ཡིན་ཡང་གོ་འབྱེད་པའི་ཆ་ནས་རླུང་སེམས་ཀྱིས་མ་བསླད་པའི་རིག་པ་ནང་གསལ་ལྷུན་གྲུབ་ཆེན་པོར་ཤར་བ་ལ་ཆོས་དབྱིངས་སུ་ཐིམ་པས་བརྡར་བཏགས་པ་སྟེ། འཆི་སྲིད་དང་མཐུན་པར་རང་བཞིན་སྦྱོར་པ་དང་བྲལ་བ་འཆར་བ་སྦྱོང་གཞི་ཡིན་ལ།

གཉིས་པ་ནི། ཐུན་བར་ལྟག་མོས་འོད་གསལ་དུ་འཇུག་པའི། །བར་འདིར་ཆོས་སྐུའི་རྣལ་འབྱོར་ལ་གནས་ཤིང་། །ཞེས་རྐང་པ་གཉིས་ཀྱི་བསྟན་ལ། དེ་ལྟར་འཆི་སྲིད་ཆོས་སྐུའི་འོད་གསལ་དེ་ཉིད་ལམ་དུ་ཁྱེར་ནས། འཆི་སྲིད་དག་པ་ཆོས་སྐུའོ་སྐམ་པའི་གཞི་འབྲས་སྦྲེལ་བའི་ང་རྒྱལ་དང་ལྡན་པས་སྣང་གྲགས་འཁོར་འདས་ཀྱི་བསྡུས་པའི་ཆོས་ཐམས་ཅད་ཆོས་སྐུ་སྦྱོར་བྲལ་དེ་

བཞིན་ཉིད་ཀྱི་ཏིང་ངེ་འཛིན་བསྒོམ་པ་ནི་ལམ་སྟོང་པ་ཆེན་པོའི་རྣལ་འབྱོར་ཏེ། འདི་ལ་དག་རྫོགས་སྨིན་གསུམ་ཚངས་དགོས་པས། སྟོང་པ་ཆེན་པོའི་ལམ་དེ་བསྒོམ་པས། མར་འཆི་བའི་བག་ཆགས་དེ་དག་པར་བྱེད། ཡར་ཆོས་སྐུ་སྤྲོས་བྲལ་གྱི་རིགས་ཀྱི་ནུས་པ་གསོས་ཐེབས་པས་འབྲས་བུར་རྫོགས་པར་བྱེད། བར་དུ་ལམ་དེ་བསྒོམས་པས་དོན་གྱི་འོད་གསལ་རྒྱུད་ལ་སྐྱེ་བའི་གཞི་འདིང་པས་ལམ་གོང་མའི་སྨིན་བྱེད་དུ་འགྲོ་བ་ཡིན། དེ་ཡང་བསྡུ་རིམ་དང་མཐུན་པར་ཐུན་བར་གྱི་སྦྱོངས་བྱེད་ཉམས་ལེན་ལྷག་པའི་ལྷ་མོས་གུས་ཀྱི་རྗེན་དུ་བསྒོམ་པ་དེ་བསྟེན་པ་དུས་ཚོད་ཀྱི་གྲངས་ཐེམ་ནས་བསྡུ་རིམ་གྱི་བསྡུས་ནས་འོད་གསལ་ལ་འཇུག་པའི་བར་འདིར་ཅི་གནས་སུ་མཉམ་པར་བཞག་པ་དང་། ཏིང་འཛིན་དང་པོ་སྟོང་པ་ཆེན་པོ་བསྒོམ་པ་གཉིས་འཆི་སྲིད་སྦྱོངས་བྱེད་འཆི་བ་ཆོས་སྐུའི་རྣལ་འབྱོར་དེ་ཉིད་ཚུལ་བཞིན་དུ་བསྒོམ་ནས་བརྟེན་པས་མཐར་མངོན་དུ་གྱུར་ནས་རང་རྒྱུད་ལ་གནས་ཤིང་འགྱུར་བ་མེད་པར་ཤོག་ཅེས་སྨོན་པ་ཡིན་ལ། ཕ་རྒྱུད་གསང་འདུས་ལྟར། གཞི་དུས་སུ་ཁམས་དྲུག་དང་ལྡན་པའི་འཛམ་གླིང་གི་མི་མངལ་སྐྱེས་རྣམས་འཆི་བ་ན། ཕུང་པོ་ལྔ་ཁམས་བཞི་ལ་སོགས་པ་སྐྱེ་མཆེད་དྲུག་ཡུལ་ལྔ་གཞི་དུས་ཀྱི་ཡེ་ཤེས་ལྔ་སྟེ་རགས་པ་ཉེར་ལྔའི་ཐིམ་རིམ་དང་། ཕྲ་བ་ས་ཆུ་མེ་རླུང་གི་ཐིམ་རིམ་དང་། ཤིན་ཏུ་ཕྲ་བ་སྣང་མཆེད་ཐོབ་གསུམ་རྣམས་རིམ་གྱིས་ཐིམ་ནས་འཆི་བའི་རིམ་པའམ། ཡང་ན་དེའི་འདྲ་འབག་ཏེ་ལྟར་ན། མཚན་མོ་གཉིད་དུ་སོང་བའི་ཚེ་ཡུལ་ལྔའི་ཤེས་པ་རིམ་གྱིས་ཡིད་དུ་ཐིམ། དེ་ཡང་ཀུན་གཞིར་ཐིམ་པས་ཤེས་པ་གསལ་ལ་མི་རྟོག་པ། རྩེ་གཅིག་པ་སྣང་ཡུལ་མེད་པའི་ངང་དེ་ཉིད་ཆོས་དབྱིངས་སུ་ཐིམ་པས་རང་བཞིན་སྤྲོས་དང་བྲལ་བ་སྟེ། དེ་ཡང་རིམ་བཞིན་རྣམ་ཤེས་སྣང་བ་ལ་ཐིམ་པས་དཀར་ལམ། སྣང་བ་མཆེད་པར་ཐིམ་པས་དམར་ལམ། མཆེད་པ་ཉེར་ཐོབ་ལ་ཐིམ་པས་ནག་ལམ། ཉེར་ཐོབ་འོད་གསལ་ལ་ཐིམ་པས་ནམ་མཁའ་སྟོང་བྱེད་ཀྱི་རྐྱེན་གསུམ་བྲལ་སྟོན་གནམ་གཡའ་དག་པའི་ནམ་མཁའི་རང་མདོག་ལྟར་འཆི་བ་འོད་གསལ་ཞེས་བྱ་བ་འཆར་རོ། །དེ་སྦྱང་གཞི་ཡིན་ལ། སྦྱོང་བྱེད་ནི་དེ་ལ་རྟེན་གྱི་གང་ཟག་གིས་སྔོན་འགྲོའི་ཆོས་དང་བསྲུང་འཁོར་སོགས་སྔོན་བསྟན་ལྟར་ལ། དེ་ནས་སྣང་སྲིད་ཆོས་ཀྱི་འབྱུང་གནས་དང་སྣ་ཚོགས་པདྨ་རྡོ་རྗེ་གཞལ་ཡས་ཁང་གདན་བཅས་བསྐྱེད་ལ། དེ་ནས་བསྐལ་པ་དང་པོའི་དུས

ཀྱི་མི་རྣམས་ཐོག་མར་ཇི་ལྟར་གྲུབ་པ་དང་ཆོས་མཚུངས་པར་གདན་དེ་རྣམས་ཀྱི་སྟེང་དུ་སྐད་ཅིག་དཀྲོང་བསྐྱེད་ཀྱི་ཚུལ་དུ་ལྷག་པར་མོས་པ་ཙམ་གྱིས་ལྷ་སུམ་ཅུ་སོ་གཉིས། དུས་གཅིག་ལ་ཡོངས་སུ་རྫོགས་པར་གྱུར་པ་ནི་དབུས་ཀྱི་གདན་ལ་རྡོ་རྗེ་འཆང་སྐུ་མདོག་སྔོན་པོ་སྔོ་དཀར་དམར་བའི་ཞལ་གསུམ་ཕྱག་དྲུག་ཕྱག་མཚན་སྔར་བསྲུང་འཁོར་སྐབས་བསྟན་པ་ལྟར། ལྷ་སོ་གཉིས་ནི། རྒྱལ་བ་རིགས་ལྔ་ཡུམ་ལྔ་ལྷ་མོ་བཞི་སེམས་དཔའ་བརྒྱད་ཁྲོ་བཅུ་སྟེ་སོ་གཉིས་པོ་བསྐྱེད་དོ། །དེ་ནས་ལྷག་མོས་ཀྱིས་ལྷའི་མཛད་པ་ནི། རང་གི་སྙིང་ཀའི་འོད་ཟེར་གྱིས་སེམས་ཅན་ཐམས་ཅད་བཀུག་སྟེ། དཀྱིལ་འཁོར་གྱི་ཕྱོགས་བཞི་ནས་ཐོག་པ་མེད་པར་འཇུག་པ་རྡོ་རྗེ་སེམས་དཔའི་འཇུག་པའི་ཞུགས་པ་ལ་ཡབ་ཡུམ་སྙོམས་པར་ཞུགས་པའི་བྱང་ཆུབ་ཀྱི་སེམས་ཀྱི་འོད་ཟེར་གྱི་སེམས་ཅན་གྱི་གྲངས་མཉམ་གྱི་རྡོ་རྗེ་འཆང་རེ་རེ་སྤྲུལ། དེ་དག་གི་སྦྱོར་བ་བྱས་པས་བྱང་ཆུབ་སེམས་ཀྱི་དབང་བསྐུར་བས་དེ་བཞིན་གཤེགས་པ་ཐམས་ཅད་ཀྱི་བདེ་བ་དང་ཡིད་བདེ་བ་ཐོབ་སྟེ། རྡོ་རྗེ་སེམས་དཔར་གྱུར་ནས་རང་རང་གི་ཞིང་དུ་གཤེགས་པའམ་ལྷ་སོ་སོར་ཐིམ་པའོ། །ཕྱིར་དཀྱིལ་འཁོར་དུ་འཇུག་ཚུལ་བཞི་སྟེ་སྒོ་ནས་འཇུག་པ་སློབ་མའི་འཇུག་ཚུལ། སྟེང་ནས་འཇུག་པ་ཡེ་ཤེས་སེམས་དཔའི་འཇུག་ཚུལ། འོག་ནས་འཇུག་པ་རྡོ་རྗེ་ཤུགས་ཀྱི་འཇུག་ཚུལ། ཕྱོགས་བཞི་ནས་ཐོག་མེད་དུ་འཇུག་པ་རྡོ་རྗེ་སེམས་དཔའི་འཇུག་ཚུལ་རྣམས་སུ་ཡོད་པས་འདིར་ཕྱི་མའོ། །དེ་ནས་ཕྱི་དཀྱིལ་ལུས་ལ་བསྡུ་བ་ནི། ཐུགས་ཀའི་ཧཱུྃ་སྔོན་པོའི་འོད་ཟེར་ལྕགས་ཀྱུའི་རྣམ་པ་ཅན་གྱིས་རྡོ་ཁབ་ལེན་ལ་ལྕགས་ཕྱེ་འདུ་བ་བཞིན། འཁོར་གྱི་ལྷ་རྣམས་སྤྱན་དྲངས་ཏེ་རང་གི་སྤྱི་བོ་ལ་སོགས་པའི་གནས་རྣམས་སུ་འཁོད་པར་བསམ་སྟེ་བསྡུའོ། །

དེ་འོད་གསལ་དུ་སྡུད་པའི་ཚུལ་ནི། གཞི་དུས་ཀྱི་སྔར་བཤད་གྱི་ཐིམ་རིམ་ལྟར། གསང་བ་འདུས་པའི་རིམ་པ་དང་པོའི་གནད་དོན་གསལ་བྱེད་ཉི་མའི་འོད་ཟེར་ལས། དེ་ཡང་གཟུགས་ཕུང་མི་ལོང་ཡེ་ཤེས་དང་། །ས་ཁམས་མིག་དབང་ཡུལ་གཟུགས་ཐིམ་པ་ལྟར། །རྣམ་སྣང་ལ་སོགས་ལྷ་བདུན་ཐིམ་པར་བསམ། །དེ་རྗེས་ཚོར་ཕུང་མཉམ་ཉིད་ཡེ་ཤེས་དང་། །ཆུ་ཁམས་རྣ་དབང་ཡུལ་སྒྲ་ཐིམ་པ་བཞིན། །རིན་འབྱུང་ལ་སོགས་ལྷ་དྲུག་ཐིམ་པར་བསམ། །དེ་རྗེས་འདུ་ཤེས་སོར་རྟོག་ཡེ་

ཤེས་དང་། །མི་ཁམས་སྣ་དབང་ཡུལ་དྲི་ཐིམ་པ་ལྟར། །སྣང་མཐའ་ལ་སོགས་ལྷ་དྲུག་ཐིམ་པར་བསམ། །དེ་རྗེས་འདུ་བྱེད་བྱ་གྲུབ་ཡེ་ཤེས་དང་། །རླུང་ཁམས་ལུས་དབང་རེག་བྱ་ཐིམ་པ་ལྟར། །དོན་གྲུབ་ལ་སོགས་ལྷ་དགུ་ཐིམ་པར་བསམ། །དེ་རྗེས་ཀུན་རྟོག་སྣང་མཆེད་ཉེར་ཐོབ་རྣམས། །རིམ་བཞིན་ཕྱི་མར་ཕྱི་མ་ཐིམ་པ་ལྟར། །འཇམ་དཔལ་ལ་སོགས་ལྷ་གསུམ་ཐིམ་པར་བསམ། །དེ་རྗེས་ཉེར་ཐོབ་འོད་གསལ་ལ་ཐིམ་ནས། །འཆི་བ་འོད་གསལ་ཤར་དང་ཆོས་མཐུན་པར། །གཙོ་བོ་འོད་གསལ་དང་དུ་ཐིམ་པར་བསམ། །དེ་དག་ཐིམ་པར་བསམ་ཚུལ་དཔེར་མཚོན་ན། །རང་ཉིད་རྡོ་རྗེ་འཆང་དུ་གསལ་བ་ཡི། །མིག་འབྲས་དབུས་སུ་ས་སྙིང་ཡབ་ཡུམ་གཉིས། །མིག་དབང་དང་ནི་ལུས་ཀྱིས་གཟུགས་ཁམས་ཀྱི། །ངོ་བོར་མོས་ཏེ་ས་སྙིང་ཡབ་ཡུམ་དུ། །ཤར་བའི་རང་གི་མིག་དབང་གཟུགས་ཁམས་གཉིས། །བདེ་སྟོང་དབྱེར་མེད་ཡེ་ཤེས་ཆོས་ཀྱི་སྐུར། །ཞུགས་སོ་སྙམ་དུ་བསྒོམ་ཞིང་གཞན་ལའང་འདྲ། །ཞེས་གསུངས་པ་ལྟར། བསྡུས་པའི་མཐའི་འོད་གསལ་གྱི་རང་བཞིན་དེ་འདིར་སྣང་འགགས་པ་དང་བར་དོ་མ་ཤར་བའི་ཐུན་བར་གྱི་སྐབས་ཕྱེད་ཉམས་ལེན་ལྷག་པར་མོས་པའི་ལྷ་དམིགས་མེད་དུ་བསྡུས་པའི་བར་འདིར་འཆི་བ་ཆོས་སྐུའི་རྣལ་འབྱོར་ལ་གནས་ཤིང་གོམས་པ་ཞེས་བྱའོ། །

འཆི་བ་ཆོས་སྐུ་ནི། མྱ་ངན་ལས་འདས་པ་ཀུན་སྟོང་། །ཐམས་ཅད་སྟོང་པ་ཞེས་བྱ་སྟེ། །མྱ་ངན་འདས་བཅས་ཀུན་སྟོང་དང་། །ཆོས་ཀྱི་སྐུ་ནི་བཤད་པ་ཡིན། །ཞེས་སོ། །དེ་ནས་ཤུནྱ་ཏའི་སྔགས་བརྗོད་པས་ཡུལ་སྟོང་ཉིད་དང་ཡུལ་ཅན་ལྷན་སྐྱེས་ཀྱིས་བདེ་བ་ཆེན་པོའི་ཡེ་ཤེས་དབྱེར་མི་འབྱེད་པའི་རང་བཞིན་གྱི་རྒྱལ་བའི་ཐུགས་ཆོས་སྐུའི་བདག་ཉིད་དམིགས་བསམ་བརྗོད་པ་ལས་འདས་པ་ལ་མཉམ་པར་འཇོག་པ་སྟེ། མདོར་བྱས་ལས། བརྟན་པར་བྱ་བའི་དོན་དུ་ནི། །གསང་སྔགས་འདི་ནི་བརྗོད་པར་བྱ། །ཞེས་སོ། །སྒྲུ་འཕྲུལ་དྲྭ་བ་ལྟར་ན། གླིང་གཞིའི་རྟོགས་བརྗོད་ཀྱི་སྐབས་སུ་ཡབ་དང་ཡུམ་དང་གཉིས་མེད་ཀྱི་རྟོགས་བརྗོད་གསུམ་གྱི་དང་པོ་གདོད་ནས་གྲུབ་པའི་ཕུང་ཁམས་ལྷའི་རང་བཞིན་ཡིན་པ་གསལ་འདེབས་པ་ལྷག་པའི་ཀུན་རྫོབ་བདེན་པ་སྟེ། འདིར་ལྷག་མོས་ཀྱི་ལྷ་བསྒོམ་པ་དང་དོན་གཅིག །ལྷག་པའི་དོན་དམ་བདེན་པ་དང་། ལྷག་མོས་ཀྱི་ལྷ་འོད་

གསལ་དུ་བསྟུས་པའི་སྟོང་ཉིད་དང་དོན་གཅིག །བདེན་གཉིས་དབྱེར་མེད་དང་ཡུལ་ཡུལ་ཅན་ནམ་བདེ་སྟོང་དབྱེར་མེད་ཀྱི་ཡེ་ཤེས་དང་དོན་གཅིག་འདྲ་མཚུངས་སུ་བཤད་པར་སྣང་ངོ། །

གཉིས་པ་བར་སྲིད་ལོངས་སྐུའི་རྣལ་འབྱོར་ལ་སྦྱོང་བྱའི་བར་སྲིད། སྦྱོང་བྱེད་ལོངས་སྐུའི་རྣལ་འབྱོར་གཉིས་ལས། དང་པོ་ ནི། གཉིད་དམ་འཆི་བའི་འོད་གསལ་ལུགས་ལྡོག་ཏུ། ཞེས་པ་ནས། །དབང་པོ་ཀུན་ཚང་ཡིད་ཀྱི་ལུས་གྲུབ་པ། །ཞེས་ཤོ་ལོ་ཀ་གཅིག་གིས་བསྟན། དེ་ལ་དང་པོ་སྒྱུ་འཕྲུལ་ལྟར་ཆོས་ཉིད་འོད་གསལ་གྱི་སྣང་ཆ་དེ་ཉིད་ངོས་མ་ཟིན་ན་གནས་སྐབས་གཉིད་དམ། མཐར་ཐུག་པ་འཆི་བའི་གནས་སྐབས་གང་ཡིན་ཡང་མཚུངས་ཏེ་རང་བཞིན་གྱི་འོད་གསལ་དེ་སྟེར་གྱི་ཀུན་གཞིའི་ངང་དུ་རྨུགས་པ། ལུགས་ལྡོག་ཏུ་སླར་ཡང་ཕྱིར་གསལ་དུ་མཆེད་པས་སྲོག་གི་རླུང་ཤིན་ཏུ་ཕྲ་བ་དང་ལྡན་ཅིག་པའི་ཀུན་གཞིའི་རྣམ་པར་ཤེས་པ་དེ་ལས། ཡིད་ཉིད་གཅིག་པུར་རྒྱུ་ལས་ཉ་ལྟང་བ་ལྟར་ལངས་པས་རྨི་ལམ་བར་དོའི་ལུས་སེམས་གྲུབ་པ་དང་། འཆི་སྲིད་ངོས་མ་ཟིན་ན། ནུབ་པའི་སྐད་ཅིག་ལ་རང་དབུགས་ཆད་དེ་དམར་ཆ་སྣ་བུག་གཡས་ནས་ཁྲག་གམ་ཆུ་སེར་གྱི་རྣམ་པ་ཕྱིར་འབྱུང་ལ། དཀར་ཆ་གསང་ལམ་ནས་འཐོན་པ་དང་དུས་མཚུངས། རིག་པ་མེ་སྟག་ཡར་བ་བཞིན་དུ། མིག་སོགས་སྒོ་གང་རུང་ནས་འཐོན་པ་དང་ཆོས་ཉིད་བར་དོ་འཆར་བ་ཡིན་ལ། འདི་ལ་ཀ་དག་ཆོས་སྐུའི་འོད་གསལ་དེ་ར་མ་གྲོལ་ན། ནམ་མཁའ་འོད་གསལ་ལ་ཐིམ་པའི་མཐར་འོད་གསལ་ཟུང་འཇུག་ལ་ཐིམ་པ་ཞེས་སྐད་ཅིག་དེར་ཁྲག་འཐུང་ཁྲོ་བོའི་ལྷ་ཚོགས་རྒྱན་དང་ཆ་ལུགས་སྣ་ཚོགས་པ་མགོ་བརྙན་གྱི་རྣམ་པ་མི་འདྲ་བ་མང་པོ་དང་བཅས་པས་འཇིག་རྟེན་གྱི་ཁམས་གང་བར་འཆར་ཞིང་ཆོས་ཉིད་ཀྱི་རང་སྒྲ་འབྲུག་སྟོང་ལྡིར་བ་ལྟ་བུ་འོད་ཟེར་མཚོན་ཆའི་ཆར་འབབས་པ་ལྟ་བུ་སོགས་འཇིགས་རུང་གི་སྣང་བ་ཚད་མེད་པ་འཆར། སྒྲ་རང་སྒྲ་དང་སྐུ་རང་རྩལ་ཟེར་རང་ཟེར་དུ་ཤེས་ན་གྲོལ་ལ་མ་ཤེས་ན་རབ་ཏུ་སྐྲག་ཅིང་བརྒྱལ། བརྒྱལ་སངས་དུས་གར་སོང་ཆ་མེད་དུ་ཡལ། སླར་ཞི་བའི་ལྷ་ཚོགས་རིམ་གྱིས་འཆར། དེ་ཚེ་རང་ལུས་ཀྱང་འོད་ལུས་ཀྱི་རྣམ་པ་རུ་ཡོད་སྙམ་བྱེད་ཅིང་ཕྱོགས་མཚམས་སྟེང་འོག་ནམ་མཁས་གར་ཁྱབ་ཏུ་འཇའ་འོད་ལྔ་ལྡན་ཐིག་ལེའི་རྣམ་པ་གྲངས་མེད་པ་རེ་རེའི་ནང་ན། རྒྱལ་བ་རིགས་ལྔ་སེམས་དཔའ་སེམས་མ་ཞི་བ་རྡོ་རྗེ་དབྱིངས་ཀྱི་

ལྷ་ཚོགས་རྣམ་འགྱུར་ཆ་ལུགས་ངོ་མཚར་བ་ལྟ་བས་ཆོག་མི་ཤེས་པ་དཔག་ཏུ་མེད་པ་འཆར་བ་དེ་དག་གི་ཐུགས་ཀ་ནས་འོད་ཀྱི་ཟེར་ཐག་ཤིན་ཏུ་ཕྲ་བ་རེ་རེ་རང་གི་སྙིང་ཁར་ཟུག་པར་སྣང་བ་དང་། སྣང་བ་དེ་དག་མཐར་རང་ལ་ཐིམ་པར་འགྱུར། དེ་རྗེས་ཟུང་འཇུག་ཡེ་ཤེས་ལ་ཐིམ་པ། ཞེས། རང་གི་སྙིང་ག་ནས་སྙིང་གི་ནམ་མཁར་འོད་མཐིང་དཀར་སེར་དམར་རྣམས་དར་ཡུག་རྒྱང་བ་ལྟ་བུ་བརྩེགས་མར་སྣང་། དེ་ལ་རང་རང་གི་ཁ་དོག་དང་མཐུན་པའི་འོད་ཀྱི་ཐིག་ལེ་རེ་རེ་ལ་ཡང་ཐིག་ཕྲན་ལྔ་ལྔས་བརྒྱན་པ་ཤར་བའི་སྟེང་ཕྱོགས་སུ་འོད་ལྔ་ལྡན་རྨ་བྱའི་གདུགས་ལྟར་བཀྲ་བ་འཆར། རྡོ་རྗེ་སེམས་དཔའི་ཁོང་སེང་གི་ལམ་ཞེས་ཡེ་ཤེས་བཞི་སྦྱོར་གྱི་ལམ་ཡིན་ནོ། །དེ་ནས་ཡེ་ཤེས་ལྷུན་གྲུབ་རིན་པོ་ཆེ་ལ་ཐིམ་པ། ཞེས། གོང་གི་འོད་སྣང་དེ་དག་སྙིང་གི་འོད་ལྔ་གདུགས་ལྟར་སྣང་བ་དེ་ལ་འདུས། སླར་རང་སྣང་གི་སྟེང་ཐམས་ཅད་དུ་ཀ་དག་རིག་སྟོང་མཚོན་པའི་ནམ་མཁའ་སྤྲིན་བྲལ་ལྟ་བུ་ཆོས་སྐུའི་སྣང་བ་དང་། བར་དུ་ལྷུན་གྲུབ་གཟུགས་སྐུ་ཁྲོ་བོའི་ཞིང་དང་ཞི་བའི་ཞིང་ཁམས་རང་བཞིན་སྤྲུལ་སྐུའི་ཞིང་སོགས་སྣང་། དེའི་འོག་ཏུ་མ་དག་རིགས་དྲུག་གི་འཇིག་རྟེན་གྱི་བཀོད་པ་ཐམས་ཅད་དུས་གཅིག་ཏུ་སྣང་བ་མེ་ལོང་གི་གཟུགས་བརྙན་ལྟར་བཀྲ་ལམ་མེ་འཆར། འདི་སྐབས་གང་ཟག་དེ་ལ་མངོན་ཤེས་རྗེས་དྲན་དྲུག་གཟུངས་དང་ཏིང་ངེ་འཛིན་རྣམས་རང་བཞིན་གྱི་འཆར་བ་ཆོས་ཉིད་ཡིན་ལ། སྔར་ཤེས་དང་མི་ཤེས་པའི་ཆོས་ཀྱི་རྣམ་གྲངས་མང་པོ་ཡང་རྒྱུད་ལ་འཆར་ལ། འདི་སྐབས་སུ་གདམས་པའི་གནད་དྲན་ཅིང་། ཉམས་ལེན་གྱིས་སློབ་ན་ངེས་པར་གྲོལ་ལོ། །གོམས་ཤུགས་ཆུང་ནས་མ་གྲོལ་ན་སྲིད་པ་བར་དོ་སྨི་ལམ་གྱི་སྣང་བ་ཙམ་ཞིག་མཐོང་ནས། སླར་རང་བཞིན་སྤྲུལ་སྐུའི་ཞིང་དུ་དབུགས་དབྱུང་ཏེ་ས་ལམ་མྱུར་ཏུ་བགྲོད་ནས་འཚང་རྒྱ་བར་གསུངས་སོ། །

བར་སྲིད་ནི། རང་བཞིན་གནས་ལུགས་ཀྱི་འོད་གསལ་ཤར་བ་ལ་མ་གྲོལ་ན། སླར་མ་རིག་པ་ཁྱབ་བྱེད་ཀྱི་རླུང་ལས། རླུང་གི་རླུང་ཙུར་བྱུང་། དེ་ལས་མེའི་རླུང་དང་། དེ་ལས་ཆུ་རླུང་། དེ་ལས་ས་རླུང་སྐྱེ། འཁོར་བ་འདུ་བྱེད་པ་དང་། རྣམ་པར་ཤེས་པ་འོད་གསལ་དུ་སོང་བས་གཉིས་མུག་ལས་གྱུར་པའི་རྟོག་པ་བདུན་པོ་ལངས། དེ་ལས་འཁྲུལ་རྟོག་རྗེ་རག་ཏུ་སོང་བས་འདོད་ཆགས་ཀྱི་རྟོག་པ་བཞི་བཅུ་དང་། ཞེ་སྡང་གི་རྟོག་པ་སོ་གསུམ་པོ་ཐམས་ཅད་ལངས་ཤིང་། ཁམས་ལྔའི་

རླུང་དང་རྣམ་ཤེས་ཟུང་འབྲེལ་དུ་གྲུབ་པའི་མཐུ་ལས། ཡིད་ཀྱི་ལུས་དབང་པོ་ཀུན་ཚང་བའི་སྣང་བ་ཅིག་ཏུ་ཤར་ཏེ། ལུས་ལ་འོད་ཅུང་ཟད་དང་ལྡན་པ། ཟས་སུ་དྲི་ཟ་ཞིང་གཞན་སེམས་ཤེས་པའི་མངོན་ཤེས་ཕྲ་མོ་ཡོད་པ། མའི་མངལ་དང་རྡོ་རྗེ་གདན་མ་གཏོགས་སྟོང་གསུམ་ཀུན་ཏུ་ཡིད་ལ་བསམ་ཙམ་གྱི་བགྲོད་ཐུབ་པ། མངོན་ཤེས་ཅན་དང་རང་རིགས་མཐུན་པའི་བར་དོའི་འགྲོ་བ་རྣམས་ཕན་ཚུན་མཐོང་ལ་ལུས་ཅན་གཞན་གྱི་མི་མཐོང་བ་དེ་སྐབས་ན། རང་གི་སྔར་གྱི་རོ་སོགས་མཐོང་ཡང་དེ་དུས་རང་ཉིད་ཤི་བ་ནི་མི་ཤེས་ལ། རང་གི་ཁང་ཁྱིམ་ནོར་རྫས་ཡོད་བྱད་སོགས་ལ་ཞེན་པ་ཆེན་པོས་བདག་བཟུང་བྱེད་ཅིང་། གྲོགས་དང་ཉེ་འཁོར་རྣམས་ཀྱི་རང་ཉིད་ཀྱི་དངོས་པོ་ལོངས་སྤྱོད་པ་སོགས་ལ་འཕང་སེམས་ཁོང་ཁྲོ་སོགས་བྱེད་ཀྱང་ཁོང་ཤུལ་དུ་ཡོད་པ་རྣམས་ཀྱིས་ནི་མི་ཤེས། ནང་གི་དངས་མ་དཀར་དམར་མེད་པའི་གནད་ཀྱིས་གང་དུ་ཕྱིན་ཀྱང་ཉི་ཟླའི་སྣང་བ་མེད། བཀྲེས་སྐོམ་གྱི་རབ་ཏུ་གདུང་ཀྱང་བཟའ་བཏུང་མ་བསྔོས་པ་ལ་སྤྱོད་དབང་མེད་པ་དང་། སྣང་མུན་འོད་ཀྱི་བར་དོ་ཟེར་རྟེན་གཞི་ལུས་དངོས་མེད་པའི་གནད་ཀྱིས་བྱ་སྒྲོ་རླུང་གིས་ཁྱེར་བ་ལྟར་རང་དབང་མེད་པར་ཡང་ཡུད་ཕྱུད་ཕྱོད་དུ་འཁྱམས་ཤིང་སྡུག་བསྔལ་གྱི་ཚོར་བ་གཞན་ལས་རག་པ་འབྱུང་། ངེས་པའི་རྟགས་ལྔ་མ་ངེས་པའི་རྟགས་དྲུག །

འཇིག་པའི་སྒྲ་བཞི། ཡ་ང་བའི་གཡང་ས་གསུམ་སོགས་ཤར་བ་དེ་ལྟ་བུའི་བར་དོའི་ལུས་དབང་པོ་སྒོ་ལྔ་ཀུན་ཚང་བ་ཡིད་ཙམ་གྱི་ལུས་བར་སྲིད་གྲུབ་པ་དེ་སྨྲང་བྱ། གསང་འདུས་ལྟར། དེ་ཡང་འཆི་བ་འོད་གསལ་གྱིས་བཞོན་པར་གྱུར་པའི་རླུང་གི་ཉེར་ལེན་དང་སེམས་ཀྱི་ལྷན་ཅིག་བྱེད་རྐྱེན་ལ་བརྟེན་ནས་འཇམ་བུའི་གླིང་བའི་མིར་སྐྱེ་འགྱུར་གྱི་བར་དོ་རླུང་གི་ལུས་ཅན་བཞིན་ལག་གི་རྣམ་པ་ཅན། ཕུང་པོ་རྙིང་པ་ལས་ལོགས་སུ་ཕྱེ་བའི་ཚུལ་གྱི་དངོས་གནས་ལ་གྲུབ་པ་དེ་འབྱུང་ཞིང་། དེ་དང་མཉམ་དུ་གཉིད་དམ་འཆི་བ་གང་ཡིན་ཡང་འོད་གསལ་ལས་ལུགས་ལྡོག་ཏུ་ཉེར་ཐོབ་ནས་སླིག་ཀྲུའི་བར་གྱི་རྟགས་རྣམས་འབྱུང་ལ། འཆི་བ་འོད་གསལ་འགགས་པ་བར་དོའི་ལུས་གྲུབ་པ། ལུགས་ལྡོག་གི་ཉེར་ཐོབ་སྐྱེས་པ་དུས་མཉམ་དུ་འབྱུང་ངོ་། །སླར་ཡང་མཆེད་པ་ཀུན་གཞིའི་རྣམ་ཤེས་ལས། ཡིད་ཉིད་གཅིག་པུར་ལངས་པས་གཉིད་ཡིན་ན་རྨི་ལམ་གྱི་སེམས་དང་། འཆི་བ་ལ་

བར་དོའི་ལུས་དབང་པོ་ཀུན་ཚང་བ། ཡན་ལག་སོགས་གཅིག་ཆར་རྫོགས་པ་ཐོག་མེད་དུ་འགྲོ་བ་ལས་ཀྱི་རྫུ་འཕྲུལ་ཅན་གྱི་ཡིད་ཀྱི་ལུས་སུ་གྲུབ་པའོ། །

གཉིས་པ་སྦྱོང་བྱེད་ལོངས་སྐུའི་རྣལ་འབྱོར་ནི། དེ་མཚུངས་སྐད་ཅིག་མངོན་བྱང་ལྔ་ལས་ནི། །དང་པོའི་མགོན་པོ་ལེགས་པར་བསྐྱེད་པའི་ཚུལ། །བར་དོ་སྒྱུ་ལུས་ལོངས་སྐུར་ལྡང་བར་ཤོག །ཅེས་ཚིག་རྐང་གསུམ་གྱིས་བསྟན་ལ། དེ་བཞིན་ཉིད་མ་རྟོགས་པའི་འགྲོ་བ་ལ་སྦྱོང་བྱེད་དེ་དང་མཚུངས་པའི་འཛིན་མེད་སྒྱུ་མ་ལྟ་བུའི་སྙིང་རྗེ་མཁའ་ཁྱབ་ཏུ་བསྒོམ་པ་དེ་ཡང་ནམ་མཁའི་དབྱིངས་དག་པ་ལས་གློ་བུར་དུ་འཇའ་ཚོན་གྱི་རྣམ་པར་ཤར་བ་ཡང་། ནམ་མཁའི་ཆོ་འཕྲུལ་ཙམ་ལས་བདེན་པར་མ་གྲུབ་པ་བཞིན་དུ། སྟོང་ཉིད་དེ་བཞིན་ཉིད་ཀྱི་གནས་ལུགས་དེའི་ངང་ན་འཁོར་འདས་གཉིས་སུ་མེད་པ་དེའི་ངང་ལས་མ་གཡོས་བཞིན་དུ་སྐད་ཅིག་གིས་མངོན་པར་བྱང་ཆུབ་པ་ལྔ་ལས་ནི། དང་པོའི་མགོན་པོ་ཀུན་ཏུ་བཟང་པོ་རིགས་དྲུག་པའི་བདག་ཉིད་རྡོ་རྗེ་འཆང་དུ་ལེགས་པར་བཞེངས་ཤིང་བསྐྱེད་པའི་ཚུལ་དང་མཐུན་པར་བར་དོ་སྒྱུ་མའི་ལུས་དེ་ལོངས་སྐུར་ལྡང་བའི་ཐབས། རྨི་ལམ་སྒྱུ་མའི་ལུས་ཀྱི་རྩལ་སྦྱང་མཐར་ཕྱིན་ནས་ཡི་དམ་གྱི་ལྷའི་སྐུར་བཞེང་པ་ལ་བསླབ་པ་དང་ཆོས་མཚུངས་པས། སྒྱུ་མ་ལྟ་བུའི་སེམས་ཅན་རྣམས་འཁྲུལ་སྣང་སྒྱུ་མ་ལ་བདེན་པར་བཟུང་ནས་འཁྲུལ་ཏེ་འཁོར་བའི་གནས་སུ་རང་དབང་མེད་པར་འཁྱམ་པའི་འགྲོ་བ་འདི་དག་སྡུག་བསྔལ་ལས་བསྒྲལ་བར་བྱའོ་སྙམ་དུ། རིགས་དྲུག་གི་བསྡུས་པའི་སེམས་ཅན་གྱི་ཁམས་ཐམས་ཅད་ལ་ཀུན་ཏུ་ཁྱབ་པའི་སྙིང་རྗེ་འཛིན་མེད་སྒྱུ་མ་ལྟ་བུར་བསྒོམ་པ་ནི། སྙིང་རྗེ་སྒྱུ་མའི་རྣལ་འབྱོར་ཏེ། ལམ་དེ་བསྒོམ་པས་མར་བར་དོའི་ཡིད་ལུས་སྒྱུ་མ་ལྟ་བུའི་བག་ཆགས་དག་པར་བྱེད། ཡར་ཆོས་སྐུ་སྦྱོར་བྲལ་ལས་ལོངས་སྐུ་མཚན་དཔེའི་བརྒྱན་པའི་རིགས་ཀྱི་ནུས་པ་གསོས་ཐེབས་པའི་འབྲས་བུ་རྫོགས་པར་བྱེད། བར་དུ་སྙིང་རྗེ་སྒྱུ་མའི་ལམ་དེ་བསྒོམ་པའི་དོན་གྱི་འོད་གསལ་ལས་ལྷ་སྐུར་ལྡང་བའི་མཚམས་སྦྱོར་སྙིང་རྗེ་ཆེན་པོ་རྒྱུད་ལ་སྐྱེ་བའི་གཞི་འདིང་བས་ལམ་གོང་མ་རྫོགས་རིམ་གྱི་སྨིན་བྱེད་དུ་འགྲོ་ལ་། དེ་ཡང་སྙིང་རྗེ་སྒྱུ་མ་ཀུན་རྫོབ་དང་སྟོང་པ་ཆེན་པོ་དོན་དམ་འོད་གསལ་གཉིས་དབྱེར་མི་ཕྱེད་པར་ཟུང་དུ་འཇུག་པའི་དུས་དེ་ཉིད་ནས། རང་གི་ལུས་རླུང་སེམས་ཙམ་ལས་གྲུབ་པ་གཟུགས

བརྙན་ལྟར་གསལ་ལ་རྫོགས་པ་ནམ་མཁའི་འཇའ་ཚོན་ལྟ་བུའི་ཀུན་རྫོབ་ཀྱི་བདེན་པ་སྒྱུ་མའི་སྐུ་དང་དོན་དམ་འོད་གསལ་གྱི་ཡེ་ཤེས་ཐུགས་དང་མི་ཕྱེད་པའི་ཟུང་འཇུག་དེ་ཉིད་བར་དོ་སྒྱུ་ལས་ལོངས་སྐུར་ལྡང་བའམ་ལམ་དུ་ཁྱེར་བའི་རྣལ་འབྱོར་མངོན་དུ་བྱེད་པར་ཤོག་ཅིག་ཅེས་པའོ། །

གསང་བ་འདུས་པ་ལྟར་ན། བར་དོའི་ལུས་གྲུབ་ཚུལ་དེ་དང་ཆོས་མཚུངས་པར་སྐད་ཅིག་གིས་མངོན་བྱང་ལྔ་ལས་དང་པོའི་མགོན་པོ་ལེགས་པར་བསྐྱེད་པའི་ཚུལ་ཏེ། མདོར་བྱས་ལས། ནམ་མཁའི་དབྱིངས་ཀྱི་དབུས་གནས་པར། །ཉི་མའི་དཀྱིལ་འཁོར་བསྒོམ་པར་བྱ། །སྔགས་པས་ཀྱང་ནི་དེ་སྟེང་དུ། །ཟླ་བའི་དཀྱིལ་འཁོར་རྣམ་པར་བསམ། །དེར་ཡང་པདྨ་འདབ་མ་བརྒྱད། །ཁ་དོག་དམར་པོ་བསྒོམ་པར་བྱ། །པདྨའི་སྟེང་དུ་སྔགས་ཆེན་པོ། །ཡི་གེ་གསུམ་ཡང་བསྒོམ་པར་བྱ། །སྔགས་དང་པདྨ་ཉི་མ་དག །ཟླ་བའི་དཀྱིལ་འཁོར་ལ་ཞུགས་པས། །ཟླ་བའི་དཀྱིལ་འཁོར་ཀུན་རྫོབ་པ། །བྱང་ཆུབ་སེམས་སུ་རྣམ་པར་བརྟགས། །རྒྱུ་དང་མི་རྒྱུ་ཐམས་ཅད་ཀྱང་། །དེ་ཉིད་དུ་ནི་རྣམ་བསམ་ཞིང་། །བརྟན་པར་བྱ་བའི་དོན་དུ་ནི། །གསང་སྔགས་འདི་ནི་བརྗོད་པར་བྱ། །

ཞེས་པ་ལྟར། འཆི་བ་ཆོས་སྐུ་སྦྱོར་བྲལ་གྱི་སྟོང་ཆེན་ནི་དེ་བཞིན་ཉིད་ལ་མངོན་པར་བྱང་ཆུབ་པའོ། །སྟེར་གྱི་གདན་དབུས་མའི་སྟེང་དུ་ཧཱུྃ་ལས་བྱུང་བའི་ཉི་ཟླའི་དཀྱིལ་འཁོར་དེའི་དབུས་སུ་ཨོཾ་ལས་བྱུང་བའི་ཟླ་བའི་དཀྱིལ་འཁོར། དེའི་སྟེང་དུ་ཨཱཿལས་བྱུང་བའི་པདྨ་དམར་པོ་འདབ་མ་བརྒྱད་པའི་ལྟེ་བར་ཨོཾ་ཨཱཿཧཱུྃ་གི་ཡི་གེ་གསུམ་སྟེང་དུ་བརྩེགས་པར་གྱུར། དེ་ཐམས་ཅད་གཅིག་ཏུ་འདྲེས་པ་ལས་ཟླ་བའི་དཀྱིལ་འཁོར་ཆ་ཤས་ཐམས་ཅད་ཡོངས་སུ་རྫོགས་པ་གཅིག་ཏུ་གྱུར། དེ་ལས་འོད་ཟེར་འཕྲོས་པས་ཕྱོགས་བཅུའི་རིགས་ལྔ་སྤྱན་དྲངས་སྟེ་དེ་ལ་ཐིམ་པར་བསམ། དེ་ནི་ས་བོན་ལ་མངོན་པར་བྱང་ཆུབ་པའོ། །དེ་ཡོངས་སུ་གྱུར་པ་ལས་རང་ཉིད་དང་པོའི་མགོན་པོ་ཁྱབ་བདག་རིགས་དྲུག་པ་ཀུན་ཏུ་བཟང་པོ་སྐུ་མདོག་དཀར་པོ་དཀར་ནག་དམར་བའི་ཞལ་གསུམ་ཕྱག་དྲུག་གི་གཡས་རྡོ་རྗེ་འཁོར་ལོ་པདྨ། གཡོན་དྲིལ་བུ་རིན་ཆེན་རལ་གྲི་འཛིན་པ། རིན་པོ་ཆེའི་རྒྱན་དང་དར་སྣ་ཚོགས་ཀྱི་ན་བཟའ་ཅན་དུ་གྱུར། དེ་ནི་སྐུ་ཡོངས་སུ་རྫོགས་པ་ལ་བྱང་ཆུབ་པའོ། །ཞེས་པས་བར་དོའི་ལུས་གྲུབ་པ་དང་མངོན་བྱང་ཇི་ལྟར་མཚུངས་སོ་ཞེ་ན། སྟོང་པའི་ངང་ལས་ཉི་ཟླ་པདྨ་

གསུམ་བསྒོམ་པ་ནི་འཆི་བ་འོད་གསལ་ལས་ལུགས་ལྡོག་སྣང་བ་གསུམ་དང་ཆོས་མཐུན། དེ་གསུམ་བསྐྱེད་པའི་ཡི་གེ་གསུམ་པོ་ནི་སྣང་བ་གསུམ་པོ་བསྐྱེད་པའི་རླུང་གསུམ་དང་ཆོས་མཚུངས། དེ་གསུམ་སྙིང་གི་ཡི་གེ་གསུམ་པོ་ནི་སྣང་བ་གསུམ་གྱི་བཞོན་པའི་རླུང་དང་ཆོས་མཐུན། དེ་ཐམས་ཅད་གཅིག་ཏུ་འདྲེས་པ་ནི་གཞི་དུས་ཀྱི་ཤིན་ཏུ་ཕྲ་བའི་རླུང་སེམས་ངོ་བོ་དབྱེར་མེད་དུ་གནས་པ་ཆོས་མཐུན། དེ་ལ་ཟླ་དཀྱིལ་ཡོངས་སུ་རྫོགས་པ་དང་། དེ་ལས་འོད་འཕྲོས་སྣོད་བཅུད་ཐམས་ཅད་ཟླ་བ་ལ་ཐིམ་པ་ནི་ཕྲ་བའི་རླུང་སེམས་དབྱེར་མེད་དེ་སྣོད་བཅུད་ཀྱི་རྩ་བ་ཡིན་པ་དང་ཆོས་མཐུན། ཟླ་བའི་སྟེང་དུ་ཡི་གེ་གསུམ་བསྒོམ་པ་དང་། སྤྲོ་བསྡུ་དང་། རྡོ་རྗེ་དང་། དེ་ལས་དང་པོའི་མགོན་པོ་བསྐྱེད་པ་རིམ་བཞིན་བར་དོའི་ངག །བྱ་བ་ཡིད་ལུས་གྲུབ་པ་རྣམས་དང་ཆོས་མཐུན་མཚུངས་པ་ཡིན་ནོ། །དེ་ལྟར་བསྒོམ་པས་བར་དོའི་སྒྱུ་མའི་ལུས་དེ་ལོངས་སྐུ་ལྷའི་སྐུར་ལྡང་བར་ཤོག་ཅིག་ཅེས་པའོ། །དེ་ནི་བར་དོ་ལོངས་སྐུའི་ཉམས་ལེན་ཞེས་བྱ་བ་སྟེ། སྒྱུ་འཕྲུལ་དྲྭ་བ་ལྟར་གྱི་སྙིང་རྗེ་སྒྱུ་མའི་རྣལ་འབྱོར་ཀུན་སྣང་གི་ཏིང་འཛིན་ནི། སྤྱིར་སྒྱུ་མའི་དངོས་པོ་དྲུག་ཏུ་ཡོད་པའི་ལོག་རྟོག་སྒྱུ་མའི་ཡུལ་ལ་སྙིང་རྗེ་བསྐྱེད་པ་དང་། ཕྱག་རྒྱ་སྒྱུ་མ་རྣམས་དང་འདིར་དང་པོའི་མགོན་པོ་བསྐྱེད་པ་དོན་གཅིག་གོ། །གསུམ་པ་ལ། སྦྱང་བྱའི་སྐྱེ་སྲིད་སྦྱོང་བྱེད་སྤྲུལ་སྐུའི་རྣལ་འབྱོར་གཉིས་ལས། དང་པོ་ནི། སླར་ཡང་སད་པའི་གནས་སྐབས་ཉིན་སྣང་དུ། །གདན་གསུམ་ལྷ་ཡི་སྐུ་རུ་ངེས་བྱས་ནས། །བར་དོའི་ལུས་དེ་མ་ཡི་མངལ་དུ་ནི། །ཞུགས་ཚུལ། ཞེས་པས་བསྟན་ལ། དེ་ནས་སྣང་བ་སླར་ཡང་ཕྱི་ཡུལ་ལྤ་སྣང་བ་མ་འདྲེས་པ་བཀྲ་ལམ་གྱི་སད་པའི་གནས་སྐབས་ཉིན་མོའི་སྣང་བ་ཁོར་ཡུག་ཐམས་ཅད་དུ་ནི་བར་སྲིད་ཀྱི་ལུས་མའི་མངལ་དུ་ཉིང་མཚམས་སྦྱོར་བའི་བག་ཆགས་སྦྱོང་ཕྱིར། འཁོར་བའི་འདྲ་འབག་དང་མཐུན་པའི་བསྐྱེད་རིམ་གོང་དུ་བཤད་པ་ལྟར་ལ། འདིར་འཆད་བྱའི་དངོས་བསྟན་ནི་ཕུང་ཁམས་གཉིས་གཤེགས་པ་གཤེགས་མ། སྐྱེ་མཆེད་སེམས་དཔའ་སེམས་མ། ཡན་ལག་ཁྲོ་བོ་ཁྲོ་མོའི་གདན་ཏེ་གདན་གསུམ་ཚང་བའི་ལྷ་ཡི་སྐུ་རུ་རྣལ་འབྱོར་པ་རང་གིས་ངེས་པར་བྱས་ནས། བར་དོའི་ཡིད་ལུས་དེ་མའི་མངལ་དུ་ཞུགས་མ་རག་འདུག་ཀའི་སྲིད་བཅས་ཀྱི་ཤེས་པ་མངལ་དུ་ཞུགས་ཚུལ་ཕ་མའི་ཁུ་ཁྲག་གི་དབུས་སུ་བར་དོའི་རྣམ་ཤེས་ཞུགས་པ་ལ་ལུས་ངག་ཡིད་གསུམ་གྱི་

རྟེན་ཁྱུ་རྡུལ་རླུང་གསུམ་བསྐྱེད་དེ། དེ་ལ་ཕ་མ་གཉིས་ཀྱི་རིག་པ་སྲ་བ་དེ་ཉམས་སུ་མྱོང་བས་སའི་
ཁམས་གྲུབ། དེ་བཞིན་དུ་བྱང་སེམས་ཁུ་བ་གཤེར་བའི་རང་བཞིན་ལས་ཆུ། གཡོ་ཞིང་བསྐྱོད་པ་
ལས་དྲོད་སྐྱེས་པ་མེ། རྩ་གནས་ཐམས་ཅད་ནས་བྱང་སེམས་གཡོ་བ་རླུང་། བདེ་བ་ནམ་མཁའི་
ཁམས་ཏེ་རྣམ་པར་ཤེས་པ་འབྱུང་ལྔ་ཡེ་ཤེས་ཀྱི་ཁམས་དང་དྲུག་འདུས་པ་ལས་ལུས་འགྲུབ་པར་
བྱེད་དེ། དེ་ཡང་ཞག་བདུན་ཚན་རེ་རེ་ལ་ཆགས་པ་དང་བཤིག་པ་སོགས་འབྱུང་ལྔས་བྱ་བ་བྱེད་
པའི་ཞག་བདུན་ཕྲག་བཞི་ལས་རིམ་པར་མེར་ནུར་ཏར་གོར་གྱི་གནས་སྐབས་བཞིས་ཞག་ཉེར་
བརྒྱད། དེ་ནས་བདུན་ཕྲག་ལྔ་བ་འཁྲང་གྱུར་གྱི་ཞག་དང་པོ་མ་དང་འབྲེལ་བའི་ལྟེ་བ་རང་སོར་
ཕྱེད་དང་། བཅུ་གསུམ་གྱི་ཚད་དང་ལྡན་པའི་དབུ་མ་ཆགས་ཏེ། ནང་དུ་སྟོང་རླུང་དང་སྟེང་འོག་གི་
སྣ་གཉིས་སུ། དཀར་དམར་གྱི་ཐིག་ལེ་དང་བཅས་པ་ཐུན་ཞག་གཉིས་པ་རླུང་བཅུའི་སྙིང་གའི་རྩ་
འཁོར་ཆགས་ཤིང་། དེ་ནས་ཞག་རེ་ལ་རྩ་ཉིས་བརྒྱ་རེ་ཆགས་པས་མངལ་གྱི་ཟླ་བ་དང་ཕྱི་རོལ་གྱི་
བཞི་སྟེ་ཟླ་བ་བཅུ་གཉིས་ཀྱི་བར་རྩ་འཕེལ་བས་རོ་རྐྱང་དབུ་གསུམ་གྱི་རིག་འཛིན་པའི་རྩ་སྟོང་
ཕྲག་གཉིས་རེ་བསྡོམ་པས་སྟོང་ཕྲག་བདུན་ཅུ་རྩ་གཉིས་འགྱུར་ཏེ། སྡོམ་འབྱུང་ལས། ལུས་ཀྱི་རྗེས་
སུ་འགྲོ་བའི་རྩ། །སྟོང་ཕྲག་བདུན་ཅུ་རྩ་གཉིས་བརྗོད། །ཞེས་སོ། །དེ་ཡང་ལྟེ་འཁོར་ཆགས་ནས་
ཉའི་རྣམ་པར་འགྱུར་ལ་དེ་ནས་རིམ་པར་ཡན་ལག་དོད་པ་དང་། རྐང་ལག་རྫོགས་པའི་གནས་
སྐབས་གཅིག་པོར་རུས་སྦལ་ཞེས་གཉིས་སུ་ཕྱེ་ལ། དེ་ནས་བརྒྱམ་ཏེ་ཧི་སྲིད་བཙའ་བའི་ཉིན་ཞག་
ལ་ཐུག་གི་བར་དུ་སྦལ་བའམ་ཕག་པའི་གནས་སྐབས་ཞེས་བྱ་ཞིང་། དེ་ཡང་རིམ་པར་ཚོགས་
རྣམས་ཀྱི་བར་རྩའི་འཁོར་ལོ་དང་ཤ་ཁྲག་རུས་ཚོགས་དང་བཅས་པ་རྣམས་ཆགས་ཏེ། དེ་ཡན་ཆད་
བརྒྱལ་བ་ལྟར་སྣང་མེད་དུ་གནས་ལ། ཟླ་བ་དྲུག་པ་ནས་ཡིད་ཀྱི་རྣམ་ཤེས་སྐྱེ་ཞིང་སྔོན་གྱི་སྐྱེ་བ་
དྲན་པ་སོགས་ཚོར་བ་མྱོང་། བདུན་པ་ནས་སྐྲ་དང་བ་སྤུ་སོགས་སྐྱེ་ཞིང་། རྟེན་རྣམས་ཀུང་འགྲུབ།
བརྒྱད་པ་ལ་དབང་པོ་རྫོགས་ནས་བཀྲེས་སྐོམ་དང་བཤང་གཅི་འབྱུང་། དགུ་བའི་མཐར་སྡུག་
བསྔལ་ཞིང་སྐྱོ་བ་སྐྱེ་བ་སྟེ། དེ་ལྟར་ཟླ་དགུ་ཞག་བཅུ་ནས་བཙས་པ་སྟེ། དེ་ལྟར་ཉི་ཟླ་ཁ་སྦྱོར་ལས།
དེ་ནས་མངལ་གྱི་སྐྱོར་ཚུད་ནས། །ཕ་དང་མ་ཡི་རྒྱུ་རྐྱེན་ལས། །མེར་མེར་པོ་དང་ནུར་ནུར་པོ། །

ཏར་ཏར་པོ་དང་གོར་གོར་པོ། །འཁྲང་གྱུར་ཤ་ཡི་རྣམ་པ་དང་། །རུས་སྦལ་བཞིན་དང་སྦལ་བ་བཞིན། །དེ་ལྟར་ཞག་ནི་བདུན་ཕྲག་བརྒྱད། །ལྟེ་བ་ལས་ནི་ལུས་རྣམས་བསྐྱེད། །ཟླ་དགུ་དེ་བཞིན་ངོ་བཅུ་ནས། །ལུས་རྫོགས་མ་ཡི་མངལ་ནས་ཐོན། །ཞེས་སོ། །ཞར་ལ་སེམས་ཅན་རྣམས་གང་དུ་སྐྱེ་བའི་སྣོད་འཇིག་རྟེན་ཆགས་པའི་ནམ་མཁའི་ཁམས་དང་། ཆགས་པར་འགྱུར་བའི་རྒྱུའི་གཙོ་བོ་ནི། དབུ་མ་འཇུག་པ་ལས། སེམས་ཉིད་ཀྱིས་ནི་སེམས་ཅན་འཇིག་རྟེན་དང་། །སྣོད་ཀྱི་འཇིག་རྟེན་སྣ་ཚོགས་ཤིན་ཏུ་བཀོད། །འགྲོ་བ་མ་ལུས་ལས་ལས་སྐྱེས་པར་གསུངས། །ཞེས་པས་སྤྱིར་སེམས་དང་བྱེ་བྲག་ཏུ་ལས་མཐུན་པར་བསགས་པའི་སེམས་ཅན་སྤྱི་མཐུན་གྱི་ལས་ཀྱིས་བག་ཆགས་སེམས་ལ་བགོས་པ་ཡུལ་སྣང་གྱུར་ལས་མཐུན་པའི་ངོར་ཐུན་མོང་དུ་སྨིན་པས་འབྱུང་བཞིའི་དཀྱིལ་འཁོར་རི་རབ་དང་བཅས་པ་གྲུབ་ནས་སེམས་ཅན་གང་དུ་རྒྱུ་ཞིང་ལོངས་སྤྱོད་པའི་གནས་སུ་གྱུར་པ་ཡུལ་དང་ཁང་ཁྱིམ་ལ་སོགས་པའི་ཞེན་རྟོག་ནི་སྣང་བྱ་ཡིན་ནོ། །

གཉིས་པ་ནི། དང་པོའི་མགོན་པོ་མི་བསྐྱོད་པའི། སྐུ། སོགས་ནས། སྐྱེ་བ་སྤྲུལ་སྐུའི་རྣལ་འབྱོར་ལམ་བྱེད་ཤོག །ཅེས་ཚིག་བཅད་གཅིག་དང་རྐང་པ་གསུམ་གྱིས་བསྟན། དང་པོའི་མགོན་པོ་མི་བསྐྱོད་པ་ལ་སོགས་པའི་བསྐྱེད་རིམ་སྒྱུ་མ་ལྟ་བུའི་ལྷ་སྐུར་ཆོས་སྐུ་ལས་བཞེངས་པའི་སྐུ་གདན་དབུས་སུ་བབ་དེ་ལ་དང་པོ་མགོན་པོ་མི་བསྐྱོད་པའི་སྤྱི་བོ་ནས་སྐུ་ལ་ཞུགས་པས་རྡོ་རྗེ་སེམས་དཔའི་རྣལ་འབྱོར་སེམས་བསྐྱེད་པར་བྱའོ། །དེ་རྒྱས་པར་སྒྱུ་འཕྲུལ་ལྟར་རྟེན་གཞལ་ཡས་ཁང་ལོངས་སྐུའི་གླིང་གཞིར་བཤད་པ་ལྟར་བསྒོམ་པས་མ་དག་པའི་ཕྱི་སྣོད་དུ་ཞེན་པའི་རྟོག་པ་སྦྱངས་ཤིང་བག་ཆགས་དག་པར་བྱེད། ཡར་སངས་རྒྱས་ཀྱི་ཞིང་ཁམས་རྣམ་པར་དག་པ་དེའི་རིགས་ཀྱི་ནུས་པ་གསོས་ཐེབས་པ་དང་འབྲས་བུ་རྫོགས་པར་བྱེད། བར་དུ་འབྱུང་བ་རིམ་བརྩེགས་གཞལ་ཡས་ཁང་དང་བཅས་པའི་ཏིང་ངེ་འཛིན་གྱི་ལམ་དེ་བསྒོམ་པས། འབྱུང་བ་རིམ་བརྩེགས་རི་རབ་དང་བཅས་པ་ནི་རྩ་འཁོར་ལོ་ལྔ་དང་དབུ་མ། དཀྱིལ་འཁོར་གྱི་སྙིང་ཉིད་རྒྱ་གྲམ་ན་རྩ་འཁོར་གྱི་ལྟེ་བའི་ཐིག་ལེ་དེ་རྣམས་དང་རོ་གཅིག་ཏུ་འདྲེས་པའི་སེམས་གསལ་བདེ་བའི་ཆ་ནི་གཞལ་ཡས་ཏེ། དེ་ཉིད་ལེགས་པར་བསྒོམ་པས་རྩ་རླུང་ཐིག་ལེ་རྣམས་མཉེན་ཅིང་དུལ་ནས་རྫོགས་རིམ

གྱི་ཡེ་ཤེས་རྒྱུད་ལ་སྐྱེ་བའི་གཞི་འདིང་བས་དེའི་སྨིན་བྱེད་དུ་འགྲོ། བར་སྲིད་དེ་མངལ་ལ་སོགས་སུ་འཇུག་མ་ཐག་གི་རླུང་སེམས་དེ་གང་གིས་སྦྱོང་ན། གསང་སྙིང་ལས། ཨ། རབ་ཏུ་བརྟན་གྱུར་ཨ་དཀར་ལས། །ཤིན་ཏུ་ཕྲ་བའི་ཨ་རྣམས་སྤྲོས། །ཕྱོགས་བཅུར་གང་བར་གསལ་གྱུར་ནས། །བསྡུས་ཀྱང་འཕེལ་འགྲིབ་མེད་པར་བསྟན། །ཞེས་པས། སྟོང་ཉིད་སྙིང་རྗེ་ཟུང་དུ་འཇུག་པའི་རང་རིག་ཨ་དཀར་པོ་གསལ་བརྟན་གྱི་ཚད་བརྒྱུད་དང་ལྡན་པར་བསྒོམ་པ་ཕྲ་བ་ཡིག་འབྲུ་ལ་བསླབ་པའོ། །བར་དོའི་རླུང་སེམས་ཕ་མའི་ཁུ་ཁྲག་གི་དབུས་སུ་ཞུགས་པ་ནས་མངལ་གནས་སྟེ་ཕྱི་བཙས་པའི་བར་རྣམས་གང་གིས་སྦྱང་ན། ཕྱག་རྒྱ་གཅིག་པའི་ལམ་རགས་པ་ལྷ་སྐུ་ལ་བསླབ་པའི་རྣལ་འབྱོར་བྱ་བས་སྦྱོང་ལ། དེ་ཡང་གཞན་ཡས་ཁང་གི་དབུས་སུ་གདན་ཉི་མས་རྟུལ་ཟླ་བའི་ཁུ་བ། ས་བོན་ཨ་ཡིག་གདན་དུ་བབས་པ་བར་དོའི་རྣམ་ཤེས་ཏེ་མངལ་དུ་ཁུ་རྡུལ་སེམས་གསུམ་འདྲེས་པ་ཕ་མའི་འདུ་འཕྲོད་ཀྱི་འགྱུར་བས་ཁམས་ལྔ་ཉམས་སུ་མྱོང་བ་ནི། རིགས་སོ་སོའི་ས་བོན་ཕྱག་མཚན་དུ་གྱུར་པས་མཚོན་པའོ། །འོད་ཟེར་སྤྲོ་བསྡུ་ནི་མངལ་དུ་ལུས་ཆགས་པའི་ཚེ་ལུས་དེ་ཉིད་རླུང་གིས་འཕེལ་བར་བྱེད། མིས་སྨིན། རུས་སྡུད། བསྡུས་པ་དེ་ཡང་སས་སྲ་བར་བྱེད། ནམ་མཁས་དེ་ཐམས་ཅད་ཀྱི་གོ་ཕྱེ་བས་ཕུང་ཁམས་སྐྱེ་མཆེད་གྲུབ་པ་སྦྱོང་། མངལ་ནས་ཕྱིར་བཙས་པ་སྐུ་ཡོངས་སུ་རྫོགས་པར་བསྐྱེད་པ་དེས་སྦྱོང་། འདིར་མངལ་སྐྱེས་གཙོ་ཆེ་བ་ཙམ་དུ་བྱས་ནས་བཤད། གཞན་སྒོང་སྐྱེས་ལ་སོགས་བག་ཆགས་སྦྱོང་བྱེད་དང་མཐོན་བྱང་ལྟ་བསྐྱེད། ཚོ་ག་གསུམ་བསྐྱེད་སོགས་གོང་དུ་བསྐྱེད་རིམ་སྐྱིར་བཤད་བསྟན་པ་དེས་འཐུས། དེ་ལྟར་ཕྱག་རྒྱ་གཉིས་པའི་ལམ་དེ་བསྒོམ་པ་དང་། མར་མའི་མངལ་དུ་སྐྱེས་ནས་བཙས་པའི་བར་གྱི་བག་ཆགས་དེ་དག་པར་བྱེད། ཡར་ལོངས་སྤྱོད་རྫོགས་པའི་སྐུ་དེས་གང་འདུལ་གྱི་སྤྲུལ་སྐུར་སྣང་ནས་ལྟུམས་སུ་ཞུགས་ནས་བལྟམས་པའི་བར་གྱི་རིགས་ཀྱི་ནུས་པ་གསོས་ཐེབས་པས་འབྲས་བུ་རྫོགས་པར་བྱེད། བར་དུ་ལམ་དེ་བསྒོམས་པས་སྙིང་རྗེ་ཆེན་པོའི་འཕེན་པས་ཟུང་འཇུག་གི་ལྷ་སྐུར་ལྡང་བའི་གཞི་འདིང་བས་སྨིན་བྱེད་དུ་འགྲོ། སྐྱེས་པའི་རིམ་པ་བར་མ་སྦྲུངས་པའི་ལམ་ཕྱག་རྒྱ་སྤྲོས་བཅས་ནི། ལམ་རིམ་ལས། འཁོར་ལོ་ཆོམ་བུ་གྲངས་ཞལ་ཕྱག །ཅེས། དཀྱིལ་འཁོར་སྤྲོས་པ། ཆོམ་བུ་སྤྲོས་པ། གྲངས་

སྦྱོར་པ། ཞལ་ཕྱག་སྦྱོར་པ་སྟེ། དེ་ལྟར་ཕྱག་རྒྱ་སྦྱོར་བཅས་ཀྱི་ལམ་དེ་བསྒོམ་པས་མར་འཁོར་བའི་བག་ཆགས་གང་དག་ན་བྱིས་པ་བཙས་བ་དེ་ནར་སོན་ནས་འདོད་པའི་ཚོར་བས་གདུང་སྟེ་དེ་དོན་དུ་གཉེར་བ། ཆུང་མ་ལེན་པ། སྒོ་གསུམ་གྱི་ནུས་པ་རིམ་གྱིས་འཕེལ་བ། རང་རིགས་ཀྱི་བུ་བ་ལ་དབང་བསྐུར་བ་རྣམས་ཀྱིས་བག་ཆགས་དག་པར་བྱེད། ཡར་སངས་རྒྱས་སྤྲུལ་པའི་སྐུ་དེས་གདུལ་བྱ་རྣམས་བྱང་ཆུབ་ལ་འགོད་པའི་རིགས་ཀྱི་ནུས་པ་གསོས་ཐེབས་ནས་འབྲས་བུ་རྫོགས་པར་བྱེད། བར་དུ་ཕྱག་རྒྱ་སྦྱོར་བཅས་ཀྱི་ལམ་བསྒོམ་པས་ཟུང་འཇུག་གི་ལྷ་སྐུ་རྩལ་སྣང་གོང་ནས་གོང་དུ་འཕེལ་བའི་གཞི་འདིང་བའི་ལམ་གོང་མ་རྫོགས་རིམ་གྱི་སྨིན་བྱེད་དུ་འགྲོ། ཚོམ་བུ་ཚོགས་སྒྲུབ་ཀྱི་རྣལ་འབྱོར་ཕུན་སུམ་ཚོགས་པ་ལྔས་སྒྲུབ་པའི་གཞི་བཟུང་། བསྙེན་སྒྲུབ་ཡན་ལག་གཞིས་གཞུང་བསྲུང་། འབྲས་བུ་རིག་འཛིན་ཐོབ་པའི་དུས་བསྟན་ནས་བསྒྲུབས་པས་ལམ་འདིས་མར་འཁོར་བའི་བག་ཆགས་གང་དག་ན་སྐྱེས་པའི་རིམ་པ་གསུམ་པ་སྟེ། དེ་ནས་བྱིས་པ་དེ་རྒན་པོ་རྣམས་དང་བློ་གྲོས་མཉམ་པས་སྤྱོད་རིམ་(བཅད་རིས་དང་)ཁེ་གྲགས་ལ་སོགས་སྒྲུབ་པའི་བག་ཆགས་དག་པར་བྱེད། ཡར་སངས་རྒྱས་རྣམས་མཚོད་སྦྱིན་མཐའ་ཡས་པའི་རོལ་མོ་ལ་དགྱེས་དགུར་སྤྱོད་པའི་རིགས་ཀྱི་ནུས་པ་གསོས་ཐེབས་པས་འབྲས་བུ་རྫོགས་པར་བྱེད། བར་དུ་ཚོགས་སྒྲུབ་ཀྱི་ལམ་དེ་བསྒོམ་པས། བདེ་སྟོང་གི་ལྷ་སྐུར་འགྲུབ་པར་བྱེད་པའི་ཕྱིར་མཆོག་གི་དངོས་གྲུབ་ལ་མྱུར་དུ་སྦྱོར་བའི་གཞི་འདིང་བས་ལམ་གོང་མའི་སྨིན་བྱེད་དུ་འགྲོ་བའོ། །དེ་ལ་ལུས་དཀྱིལ་བཀོད་ལུགས་ཕྱག་རྒྱ་སྦྱོར་བཅས་སྐབས་དབུ་རྒྱན་ལྔ། ལུས་ལ་བྱིན་རླབས་ལྔ་སོགས་བཀོད་ཅིང་གསལ་བས་རང་གི་ལུས་ངག་ཡིད་གསུམ་སྒོ་གསུམ་དག་ནས་ལྷར་མངོན་དུ་བྱེད་པ་སྟེ། སྐུ་གསུང་ཐུགས་ནི་རྡོ་རྗེ་གསུམ་དུ་གནས། །རང་རང་དབང་ཐོབ་རིགས་ལྔས་དབུ་ལ་བརྒྱན། །ཞེས་སོ། །སྒོ་གསུམ་བྱིན་གྱིས་བརླབས་པ་ནི། མདོར་བྱས་ལས། དེ་ལྟར་རིགས་གསུམ་དབྱེ་བ་ཡི། །སོ་སོར་བྱིན་གྱིས་བརླབས་ནས་ནི། །བློ་དང་ལྡན་པའི་གསང་སྔགས་འདིས། །སླར་ཡང་ཐམས་ཅད་བདག་ཉིད་བྱ། །

ཨོཾ་སརྦ་ཏ་ཐཱ་ག་ཏ་ཀཱ་ཡ་ཝཱ་ཀ་ཙིཏྟ་བཛྲ་སྭ་བྷཱ་ཝ་ཨཱཏྨ་ཀོ྅་ཧཾ། ཅེས་གསུངས་པ་ལྟར་རོ། །དེ་ལྟར་སྒོ་གསུམ་བྱིན་གྱིས་བརླབས་པའི་དགོས་པ་ནི། རང་གི་སྒོ་གསུམ་ཐ་མལ་གྱི་སྣང་ཞེན་སྦྱོང་

བ་དང་། རང་དམ་ཚིག་པ་ལ་ཡེ་ཤེས་པ་བཅུག་ནས་ནུས་ལྡན་དུ་བྱ་བ་དང་། དེ་ལ་བརྟེན་ནས་ལམ་རྫོགས་རིམ་དང་མཐུན་པའི་འབྲས་བུ་གནས་སྐབས་ཀྱི་རྡོ་རྗེ་གསུམ་མྱུར་དུ་འགྲུབ་པའི་ཆེད་ཡིན་ནོ། །དེ་ལྟར་བྱིན་གྱིས་བརླབ་ཅིང་སེམས་དཔའ་སུམ་བརྩེགས་སུ་བསྒོམ་པ་ནི། གསང་འདུས་རྩ་རྒྱུད་ལེའུ་བཅུ་གཉིས་པ་ལས། རྣམ་པའི་མཆོག་རྣམས་ཀུན་ལྡན་པ། །སྐུ་གསུང་ཐུགས་ཀྱི་རྡོ་རྗེ་ཅན། །སྙིང་གར་ཡེ་ཤེས་དམ་ཚིག་དང་། །ཞེས་སོགས་ཀྱིས་བསྟན་པར་བཞེད་དོ། །དམ་ཚིག་སེམས་དཔའ་ཞེས་པའི་ངེས་ཚིག་དམ་ཚིག་གི་སྐད་དོད། ས་མ་ཡ། ས་མ་ཏི། ཡང་དག་པར་འགྲོ་བ་དང་། མ་ལི་ཏི། འདུ་བ་ལ་འཇུག་པས་ཡེ་ཤེས་པ་རྣམས་ཡང་དག་འགྲོ་བ་དང་འདུ་བའི་གནས་ཡིན་པས་དམ་ཚིག་གིས་སེམས་ཅན་གྱི་དོན་ལ་སེམས་དཔའོ། །ཞེས་གསུངས་པས་སོ། །དེའི་ཐུགས་ཀར་ཡེ་ཤེས་སེམས་དཔའ་བསྒོམ་དགོས་ཏེ། མདོར་བྱས་ལས། སྙིང་གའི་དབུས་ན་གནས་པ་ཡི། །ཡེ་ཤེས་སེམས་དཔའ་རྣམ་པར་བསྒོམ། །ཏིང་འཛིན་སེམས་དཔའ་ཞེས་བྱ་བའི། །ཡི་གེ་ཧཱུྃ་ནི་དེ་རུ་དགོད། །ཅེས་པས་སོ། །ཡེ་ཤེས་སེམས་དཔའ་ཞེས་པའི་སྒྲ་དོན་ནི། ཡེ་ཤེས་ཀྱི་རང་བཞིན་ཡིན་པས་ན་ཛྙཱ་ན་སཏྭ། ཡེ་ཤེས་ཀྱི་སེམས་ཀྱིས་སེམས་དཔའ་འོ། །

ཏིང་ངེ་འཛིན་སེམས་དཔའ་ཞེས་པ་ནི། གནས་པ་འདི་ལ་རྩེ་གཅིག་ཏུ་དམིགས་ནས་བསྒོམ་པས་ཏིང་ངེ་འཛིན་མཆོག་གི་ལྡན་ཅིག་སྐྱེས་པའི་ཡེ་ཤེས་སྐྱེས་ནས་སྒྲུབ་པ་པོ་ངེས་པར་ལེགས་ཤ(པ)ལ་སྦྱོར་བས་ན་དེ་སྐད་ཅེས་བྱའོ། །དེ་ལྟར་བསྒོམ་པར་བྱས་ནས། རིག་མའི་འདོད་ཡོན་གྱི་མཆོད་པ་ལ་རྣམ་པར་རོལ་བས་དགའ་བཞིས་ཡེ་ཤེས་བསྐྱེད་པར་བྱ་བ་ནི། དེ་ཡང་བདག་ཅག་གི་སྟོན་པས་ཀྱང་སྐུ་གསུམ་གྱི་གོ་འཕང་བརྙེས་ནས། གདུལ་བྱ་དམན་པ་ལྷ་སྡེ་སོགས་ཐེག་དམན་ལ་མོས་པ་རྣམས་ཀྱི་ངོར་ཆགས་བྲལ་གྱི་སྤྱོད་པ། ཐེག་ཆེན་གྱི་གདུལ་བྱ་རྒྱ་ཆེན་པོ་ལ་མོས་པ་རྣམས་ཀྱི་ངོར་ཕ་རོལ་ཏུ་ཕྱིན་པའི་སྤྱོད་པ། ཤིན་ཏུ་དབང་རྣོན་ཨིནྡྲ་བྷཱུ་ཏི་ལ་སོགས་ཟབ་མོ་ལ་ལྷག་པར་མོས་པ་ལ་འདོད་ཆགས་ཀྱི་སྤྱོད་པ་སྟེ། རྣམ་པ་གསུམ་བསྟན་པའི་ཕྱིན་ལས་མཛད་པའི་ནང་ནས་ཕྲིན་ལས་ཕྱི་མ་དང་མཐུན་པའོ། །རིག་མ་ལ་ཕྱག་རྒྱ་ཞེས་བརྗོད་པའི་རྒྱུ་མཚན་ཡོད་དེ། ཐབས་ཀྱི་རྡོ་རྗེས་ཤེས་རབ་ལ་རྒྱས་གདབ་པར་བྱ་བ་ཡིན་པས་དེ་ལྟར་བརྗོད་པའི་ཕྱིར་ཏེ། བརྟག་གཉིས

ལས། རྡོ་རྗེ་འདི་ནི་གདབ་པ་ཡིས། །དེས་ན་ཕྱག་རྒྱ་བརྗོད་པར་བྱ། །ཞེས་གསུངས་པའི་ཕྱིར། ཕྱག་རྒྱ་ལ་སྒྲས་བརྗོད་རིགས་ཀྱི་སྒོ་ནས་དབྱེ་ན། ལས་རྒྱ་དང་ཡེ་རྒྱ་གཉིས། དང་པོ་ནི་ལས་ཀྱི་འཕངས་པའི་སྒྲ་དང་ནུ་མར་ལྡན་པའི་ཕྱག་རྒྱ་ཡིན་པས་ལས་རྒྱ་ཞེས་བྱ། དེ་ལ་ཡང་ལས་བྱེད་ཚུལ་གྱི་སྒོ་ནས་སམ་རིགས་ལྔ་སོ་སོས་གཙོ་བོར་བསྟེན་བྱ་ལྔ་ནི། སླེ་ཤ་ཅན་དང་གཅིག །བཙོ་བླག་མཁན་དང་གཉིས། ཕྲེང་བརྒྱུད་མཁན་དང་གསུམ། གར་མཁན་དང་བཞི། བཟོ་བྱ་མཁན་གྱི་བུ་མོ་དང་ལྔའོ། །ཧྲི་ཏིའི་མར་སྣེའི་དབྱིབས་ཀྱི་སྒོ་ནས་དབྱེ་ན། པདྨ་ཅན་སོགས་རིགས་བཞི། ལམ་མཐོ་དམན་གྱི་སྒོ་ནས་དབྱེ་ན་ཐུགས་སྐྱེས་དང་། ཞིང་སྐྱེས། ལྷན་སྐྱེས་ཀྱི་ཕོ་ཉ་གསུམ། གསུམ་པོ་དེ་ལྟ་བུའི་ཕྱག་རྒྱ་དེ་ཉིད་ཐུན་མོང་མ་ཡིན་པའི་སྟོད་རུང་དུ་བྱས་ལ། ལྷའི་རྣལ་འབྱོར་ཤིན་ཏུ་བརྟན་ཅིང་བྱང་སེམས་འཕོ་མེད་དུ་ཕཊ་ཡིག་གི་སྡོབས་ཀྱིས་འཛིན་ནུས་པ་ཞིག་དགོས་སོ། །དེ་ལྟར་མིན་ན་ཉེས་པ་ཤིན་ཏུ་ཆེ་སྟེ། ཧེ་རུ་ཀ་མངོན་འབྱུང་ལས། རྣལ་འབྱོར་མེད་པར་རྣལ་འབྱོར་ཆོས། །ཕྱག་རྒྱ་ལ་ནི་བསྒྲོད་འགྱུར་དང་། །ཡེ་ཤེས་མེད་པར་ཡེ་ཤེས་ཚུལ། །དམྱལ་བར་འགྲོ་བ་ཐེ་ཚོམ་མེད། །ཅེས་གསུངས་པའི་ཕྱིར་རོ། །དེས་ན་ཡུལ་རྟེན་གཉིས་ཀ་མཚན་ཉིད་དང་མི་ལྡན་པའི་རྣལ་འབྱོར་པས་ནི་ཡེ་རྒྱ་ལ་བརྟེན་དགོས་ཏེ། རྡོར་སེམས་སྒྲུབ་ཐབས་ལས། ཡང་ན་སྙིང་ག་ནས་ཡེ་ཤེས་ཀྱི་ཕྱག་རྒྱ་མངོན་པར་སྤྲུལ་ཏེ། ཞེས་སོགས་གསུངས་པ་ལྟར་རོ། །

སྨྲིག་མའི་འདོད་ཡོན་ལ་རོལ་བའི་དགོས་པ་ནི། རྟེན་བརྟེན་པའི་དཀྱིལ་འཁོར་ཐམས་ཅད་བདེ་སྟོང་དབྱེར་མེད་ཡེ་ཤེས་ཀྱི་རྣམ་རོལ་དུ་འཆར་བ་དང་། རྒྱུད་སྡེ་འོག་མ་གསུམ་ལས་འདས་པའི་འཁོར་རྩའི་བདེན་འཛིན་གྱི་གཉེན་པོ་མཆོག་ཏུ་གྱུར་པ་དང་། བསྐྱེད་རིམ་པའི་ཉོན་མོངས་ལམ་བྱེད་དང་། འདོད་ཡོན་ལམ་བྱེད་ཀྱི་གཙོ་བོར་གྱུར་པ་དང་། དེ་ལ་བརྟེན་ནས་རྫོགས་པའི་རིམ་པའི་བདེ་ཆེན་འདྲེན་པའི་སྨིན་བྱེད་བླ་ན་མེད་པ་དང་། བསྐྱེད་རིམ་པའི་ལམ་གྱི་སྙིང་པོར་གྱུར་པའོ། །དེ་ལྟར་ཤེར་དབང་ལྟར་རིག་མའི་འདོད་ཡོན་ལ་རྣམ་པར་རོལ་ནས་ཕ་མའི་འདུ་འཕྲོད་ལ་ཆགས་སྡང་སྤང་ཞིང་དེ་ཡང་བར་དོར་ཚུལ་དེ་ལྟ་བུ་སྒྲུབ་པ་ལ། ད་ལྟའི་ཉིན་སྣང་ཐམས་ཅད་སྐྱེ་ཤི་བར་དོ་གསུམ་གང་རུང་དུ་གྲོལ་བར་བྱེད་པའི་ཐབས་ལ་ད་ལྟ་ནས་སྦྱངས་ནས

གོམས་ཤིང་འདྲིས་པའི་ཚུལ་གྱིས་བསླབ་པ་ནི། སྐྱེ་བ་སྤྲུལ་པའི་སྐུར་བསྒོམ་པའི་རྣལ་འབྱོར་ཟབ་མོ་ད་ལྟ་ནས་ལམ་དུ་བྱེད་པར་ཤོག་ཅེས་སྨོན་པའོ། །གསང་བ་འདུས་པ་ལྟར་ན། སླར་ཡང་སད་པའི་གནས་སྐབས་ཉིན་མོའི་སྣང་བ་ཉིད་དུ་གདོད་ནས་གྲུབ་པའི་གདན་གསུམ་ལྷ་ཡི་སྐུ་རུ་ངེས་པར་བྱས་ནས། བར་དོའི་སྐབས་ཡིན་ན་ཡིད་ལུས་དེ་མ་ཡི་མངལ་དུ་ཞུགས་ཚུལ་ཇི་ལྟར་ན་འགལ་རྐྱེན་དང་བྲལ། མཐུན་རྐྱེན་ཚང་བའི་བར་དོར་སྐྱེ་བ་ལེན་ཆེ་ཕོ་མོ་སྙོམས་འཇུག་གི་བར་དུ་བར་དོ་ཤི་བའི་རླུང་སེམས་དེ་ཕ་ཡི་ཁའམ་སྤྱི་བོ་ནས་འཇུག་སྟེ་རྣམ་བཞག་རིམ་པ་ལས་ཡེ་ཤེས་སེམས་དཔའ་ལྟར་རྣམ་པར་སྣང་མཛད་ཀྱི་སྒོར་ཞུགས་ཏེ། ཞེས་དང་། སྡོམ་འབྱུང་ལས་དང་པོ་ཕ་མའི་ཀུན་སྦྱོར་ལས། །སྲིད་པའི་སྐྱེ་བོ་ཅན་དུ་མཐོང་། །ཤིན་ཏུ་ངེས་པར་ཀུན་དགའི་སྟོབས། །ཁ་ཡི་ལམ་ལ་རབ་ཏུ་འཇུག །ཅེས་དང་། རྡོར་ཕྲེང་ལས། སྟོན་ལས་རླུང་གི་རྣམ་ཤེས་ནི། །བརྒྱ་ལ་གང་ཆེ་འགྲོ་འགྱུར་ན། །ཕ་ཡི་ཁ་ལ་མཚུངས་པར་ལྡན། །ཞེས་སོ། །དེ་ལྟར་ཞུགས་ནས་རྩ་སྟོང་ཐྲག་དོན་གཉིས་ཀྱི་ནང་ནས་བབས་པའི་བྱང་ཆུབ་ཀྱི་སེམས་དང་འགྲོགས་ནས་ཆགས་སྡང་གི་སེམས་པས་རབ་དོ་ཤི་བའི་རླུང་སེམས་མ་ཡི་མངལ་དུ་འཇུག་པ་ཡིན། དེ་དང་དུས་མཉམ་དུ་སྨིག་རྒྱུ་ནས་འོད་གསལ་གྱི་བར་རྟགས་རྣམས་འབྱུང་ལ། འོད་གསལ་འགགས་པ་དང་བར་དོའི་རླུང་སེམས་མངལ་དུ་སྐྱེས་པ་བླངས་པ་དང་། ལུགས་ལྡོག་གི་ཉེར་ཐོབ་སྐྱེས་པ་དུས་མཉམ་ཞིང་། དེ་ནས་མཆེད་པ་ནས་སྨིག་རྒྱུའི་བར་གྱི་རྟགས་རྣམས་འབྱུང་། དེ་ནས་མེར་མེར་སོགས་ཞག་བདུན་ཕྲག་སོ་ལྔའི་ཕུང་ཁམས་སྐྱེ་མཆེད་ཡན་ལག་ཉིང་ལག་རྣམས་རྫོགས། མི་བསྐྱོད་པ་སོགས་རིགས་ལྔ་དང་སྦྱར། བདུན་ཕྲག་སོ་དྲུག་པ་ལ་ཕྱིར་འབྱུང་འདོད་སྐྱེ། སོ་བདུན་པ་མངལ་ལ་དྲི་མི་ཞིམ་ཞིང་མི་གཙང་བའི་བློ་འབྱུང་། སོ་བརྒྱད་པ་ལ་ལས་རླུང་གི་མགོ་མཇུག་ལོག་ནས་ཕྱིར་བཙས་ཏེ་མིག་ཤེས་ཀྱི་ཡུལ་དུ་གྱུར་ནས་བྱིས་པ་གཞོན་ནུ། དར་བབ་རྒན་པོའི་སྐབས་རྣམས་འབྱུང་ངོ་། །རང་བཞིན་གྱི་གནས་གཞལ་ཡས་ཁང་གི་ནང་གི་ནམ་མཁར་རེ་མིག་དབུས་མའི་སྟེང་གི་བར་སྣང་ལ་བདེ་སྟོང་དབྱེར་མེད་པའི་ཡེ་ཤེས་ཆོས་སྐུའི་ངང་ལས་བཞེངས་པའི་མི་བསྐྱོད་པ་ཡབ་ཡུམ་སྙོམས་པར་ཞུགས་པའི་བྱང་ཆུབ་ཀྱི་སེམས་ལས་མི་བསྐྱོད་པ་ཡབ་ཡུམ་ནམ་མཁའ་ཁྱབ་པར་སྤྲོས། དེ་དག་གིས་སེམས་ཅན་ཐམས་

ཅན་ལ་དབང་བསྐུར་བས་དེ་ཐམས་ཅད་མི་བསྐྱོད་པར་གྱུར། དེ་ནས་སྟར་གྱི་དང་པོའི་མགོན་པོ་དེ་ཕྱོགས་གང་དུ་མ་ཡོ་བར་སྟེང་དུ་འཕགས་ཏེ་བར་སྣང་ལ་འཁོད། དེ་དང་མཉམ་དུ་སྟར་གྱི་མི་བསྐྱོད་པ་རྣམས་རིམ་བཞིན་གཅིག་ཏུ་གྱུར་ཏེ། གདན་དབུས་སུ་མར་བབས་པ་དེ་ལ་དང་པོའི་མགོན་པོ་མི་བསྐྱོད་པའི་སྤྱི་བོ་ནས་སྐུ་ལ་ཞུགས་པས་ཐུགས་ཀའི་བྱང་སེམས་དཀར་དམར་རོ་གཅིག་ཏུ་འདྲེས་པ་ལས་སྤྲུལ་སྐུ་རྡོ་རྗེ་སེམས་དཔའ་ཞིག་ཏུ་བསྐྱེད་ཅིང་། ཇི་ལྟར་ན་སྐུ་མདོག་སྔོན་པོ་སྤྱོ་དཀར་དམར་བའི་ཞལ་གསུམ་ཕྱག་དྲུག་གི་གཡས་རྡོ་རྗེ་གཡོན་སོགས་གོང་ལྟར་རིན་པོ་ཆེའི་དབུ་རྒྱན་སོགས་དར་སྣ་ཚོགས་ཀྱི་ན་བཟའ་ཅན་དུ་གྱུར། ཅེས་སོ། །ཆོས་མཐུན་ནི་དེ་བཞིན་གཤེགས་པ་ཡབ་ཡུམ་སེམས་ཅན་འདུལ་བའི་ཕྱིར་དུ་བདེ་སྟོང་སྙོམས་པར་ཞུགས་པ་ནི་ཕ་མ་གཉིས་ཀྱི་ཆགས་སྤྱོད་སྙོམས་འཇུག་སྦྱངས་བ་ཡིན་ལ། དེ་དང་ཆོས་མཐུན་མི་བསྐྱོད་པས་ནམ་མཁའ་གང་བ་ནི་གཞི་ལ་བྱང་སེམས་དཀར་དམར་ཞུ་བས་ཕ་མ་གཉིས་ཀྱི་རྩ་སྟོང་ཁྲག་བདུན་ཅུ་དོན་གཉིས་ཀྱི་ནང་ན་བྱང་སེམས་དཀར་དམར་ཞུ་བས་གང་བ་དང་ཆོས་མཐུན། དེས་སེམས་ཅན་ཐམས་ཅད་ལ་བྱིན་གྱིས་བརླབས་པས་ཟག་པ་མེད་པའི་བདེ་བ་དང་ཡིད་བདེ་བ་ཐོབ་པ་ན། སེམས་ཅན་དུ་འདོད་ཆགས་པའི་གཞི་ཕ་མ་གཉིས་ཀྱི་ཕུང་སོགས་བདེ་བས་བརྒྱལ་བ་དང་ཆོས་མཐུན། མི་བསྐྱོད་པ་ཐམས་ཅད་གཞལ་ཡས་ཁང་གི་ནང་དུ་གཅིག་ཏུ་འདྲེས་པ་ནི་ཁུ་ཁྲག་མངལ་དུ་འདྲེས་པ་དང་ཆོས་མཐུན། དེ་ལ་དང་པོའི་མགོན་པོ་མར་ཞུགས་པ་ནི་བར་དོར་ཤི་ནས་སྐྱེ་གནས་སུ་ཞུགས་པ་དང་ཆོས་མཐུན། བརྟེན་པ་ལྷ་བསྒོམ་པ་ལ་ཕུང་པོ་ལྔ་རིགས་ལྔར་བསྒོམ་པ་ནི་མངལ་གྱི་སེམས་ཅན་དེའི་ཕུང་པོ་ལྔ་གྲུབ་པ་དང་ཆོས་མཐུན། ཁམས་བཞི་ཡུམ་བཞིར་བསྒོམ་པ་ནི་དེའི་ཁམས་གྲུབ་པ་དང་ཆོས་མཐུན། མིག་སོགས་སེམས་དཔར་བསྒོམ་པ་ནི་དེའི་མིག་སོགས་གྲུབ་པ་དང་ཆོས་མཐུན། ཡུལ་ལྔ་རྡོ་རྗེ་མ་ལྟར་བསྒོམ་པ་དེའི་གཟུགས་སོགས་སྐྱེ་མཆེད་གྲུབ་པ་དང་ཆོས་མཐུན། ཡན་ལག་ཁྲོ་བོར་བསྒོམ་པ་ནི་དེའི་ཡན་ལག་ཉིང་ལག་གྲུབ་པ་དང་། དེ་རྣམས་ཟླ་དགུའི་བར་དུ་ཕུང་ཁམས་རྫོགས་པ་དང་ཆོས་མཐུན། དེ་ལ་ལུས་དཀྱིལ་བཀོད་ཅིང་དེ་ནས་སྤྱི་བོ་སོགས་ནས་ལྷ་མོ་གསུམ་སྦྱོར་བས་རྡོ་རྗེ་གསུམ་གྱི་ལྷ་ཚོགས་སྤྱན་དྲངས་ཏེ་སྒོ་གསུམ་པོ་བྱིན་གྱིས་བརླབས་པར་བྱ་སྟེ། སྐུ་བྱིན་གྱིས་བརླབས་པ་ནི་

སྒྲ་སེན་སོགས་ལུས་ཡོངས་སུ་རྫོགས་པ་དང་ཆོས་མཐུན། ངག་བྱིན་གྱིས་བརླབས་པ་ནི་དེའི་ངག་སྨྲ་བའི་ལྕེ་གྲུབ་པ་དང་ཆོས་མཐུན། ཐུགས་བྱིན་གྱིས་བརླབས་པ་ནི་ཡིད་ཤེས་ཡུལ་ལ་འཇུག་པའི་དྲན་པ་རྫོགས་པ་དང་ཆོས་མཐུན། སེམས་དཔའ་སུམ་བརྩེགས་བསྒོམ་པ་ནི་དེའི་རགས་པ་གནས་སྐབས་པའི་ལུས་དང་། ཕྲ་བ་གཉུག་མའི་ལུས་གྲུབ་པ་དང་ཆོས་མཐུན། དེ་ནི་རླུང་འོད་ཟེར་ལྔ་པ་དང་། ཤིན་ཏུ་ཕྲ་བའི་སེམས་གསུམ་དང་ཆོས་མཐུན་པར། རང་རིགས་དམ་ཚིག་སེམས་དཔའ་རྡོ་རྗེ་འཆང་སྔོན་པོ་གསལ་བའི་ཐུགས་ཀར་སྣ་ཚོགས་པདྨ་དང་ཟླ་བའི་གདན་རང་འདྲའི་ཡེ་ཤེས་སེམས་དཔའ་སྐུ་མདོག་དམར་པོ་ཞལ་གཅིག་ཕྱག་གཉིས་ཀྱིས་རྡོ་རྗེ་དང་དྲིལ་བུ་འཛིན་པས་རང་སྣང་གི་ཤེས་རབ་མ་ལ་འཁྱུད་པའོ། །ཡེ་ཤེས་སེམས་དཔའི་ཐུགས་ཀར་ཟླ་གདན་ལ་རྡོ་རྗེ་སྔོན་པོ་བརྩེགས་པའི་ལྟེ་བའི་ནང་དུ་ཏིང་འཛིན་སེམས་དཔའ་ཧཱུྃ་ཡིག་སྔོན་པོ་གསལ་བའོ། །རྒྱུ་མཚན་གོང་དུ་བསྟན་ནོ། །རིགས་བདག་གི་རྒྱས་འདེབས་པ་ནི་མངལ་གྱི་སེམས་ཅན་དེ་ཕྱིར་བཙས་པ་དང་རིགས་མཐུན་གྱི་མིང་འདོགས་པ་དང་ཆོས་མཚུངས་སོ། །གཞི་ལ་བར་དོའི་འཛམ་བུ་གླིང་པའི་མངལ་སྐྱེས་ཁམས་དྲུག་ལྡན་པར་སྐྱེ་བ་དང་ཆོས་མཐུན་ཞིང་། སྦྱོང་བ་པོ་རང་ཉིད་ཀྱི་མ་འོངས་པའི་སྐྱེ་བ་སྦྱོང་བར་བྱེད། ལམ་རྫོགས་རིམ་གྱི་སྐབས་སུ་དག་དང་མ་དག་པའི་སྐྱུ་ལུས་(སྒྱུ་ལུས་)གཉིས་ཀྱི་ལམ་དུས་ཀྱི་ཕྲ་རགས་ཀྱི་སྤྲུལ་སྐུ་འཛིན་པ་དེ་དང་རྣམ་པ་མཐུན་ཞིང་། དེ་ལྟ་བུའི་དགེ་རྩ་སྨིན་བྱེད་ཁྱད་པར་ཅན་དུ་འགྱུར། འབྲས་བུ་སངས་རྒྱས་ཀྱི་སའི་ལོངས་སྤྱོད་རྫོགས་པའི་འདོད་ཁམས་ལ་སོགས་པ་ཕྲ་རགས་ཀྱི་སྤྲུལ་སྐུ་འཛིན་པ་དང་རྣམ་པ་མཐུན། དེ་ལྟ་ན་འབྲས་བུ་ལམ་བྱེད་ཀྱི་ཚུལ་དུ་བྱས་ནས་བསྒོམ་པས་དེ་ལྟ་བུ་མྱུར་དུ་འགྲུབ་པའི་ཐབས་མཁས་ཁྱད་པར་ཅན་དུ་འགྱུར་རོ། །

ལུས་དཀྱིལ་ནི། གྲུབ་ཆེན་དྲིལ་བུ་པས། འགྲོ་བ་འདི་དག་རང་བཞིན་གྱིས། །གྲུབ་པའི་དཀྱིལ་འཁོར་གཉིས་མེད་པའོ། །ཅེས་པས། ལུས་དཀྱིལ་གྱི་སྦྱང་གཞི་ལུས་ཀྱི་ཆད་(ཚད་)དང་དེ་རྣམས་ནི་རང་སྐྱེས་ཙམ་ནས་རྫོགས་པར་ཡོད་པས་ན། ལུས་ལ་གནད་དུ་བསྣུན་ནས་བསྒོམ་པས་ཡང་དག་པའི་དོན་མཐོང་བར་འགྱུར་ཞིང་བསྒོམ་པའི་ཚུལ་ཡང་། རྡོར་ཕྲེང་ལས། ལུས་ནི་གཞལ་ཡས་ཁང་དུ་གྱུར། །སངས་རྒྱས་ཀུན་གྱི་ཡང་དག་བརྟེན། །ཞེས་དཀྱིལ་འཁོར་དང་ལྷ་བསྒོམ་ཚུལ་

ནི༑ རྩ་རྒྱུད་ལེའུ་བརྒྱད་པ་ལས། ནུ་མའི་དབུས་ནས་སྤྱི་གཙུག་མཐའ་ཡི་བར། །ཚོགས་ཤེས་པས་ཡང་ན་རྐང་པའི་བར། །ལྟེ་བ་སྙིང་པ་གསང་བ་རྒྱལ་བའི་ཁྲུས། །རིག་ལྔ་རྣམས་ནི་དགོད་པ་རབ་ཏུ་བྱ། །ཞེས་དང་། མདོར་བྱས་ལས། ཐལྦྱིང་མིག་ཏུ་བཀོད་ནས་ནི། །ས་ཡི་སྙིང་པོ་རྣམ་པར་བསྒོམ། །ཅེས་གསུངས་པ་ལྟར། གནས་གསུམ་བྱིན་བརླབས་བྱས། །དེ་ནས་རང་གི་སྙིང་ག་ནས་རང་རིགས་དང་མཐུན་པའི་རིག་མ་མཚན་དཔེའི་ལང་ཚོ་རྒྱས་པ་སྤྲོས་ལ་འདུ་བར་བྱས་ཏེ་བྱིན་གྱིས་བརླབས་ནས་རིག་མའི་བདེ་བའི་མཆོད་པའི་འདོད་ལ་ཡོན་རྣམ་པར་རོལ་བས་བདེ་སྟོང་གཉིས་སུ་མེད་པའི་མཆོད་པའི་རོས་ཚིམ། མཁའ་གསང་ནས་དཀྱིལ་འཁོར་རྒྱལ་མཆོག་གིས་སྤྲོས་ཏེ་ལྷ་རྣམས་བསྐྱེད་དེ་སྤྲོས། སྤྱི་སྒོས་ཀྱི་མཛད་པར་བསྒོམ་པ་ནི་སངས་རྒྱས་ཀྱི་སྐུའི་མཛད་པ་རྣམས་དང་ཆོས་མཐུན། དེ་ནས་ཁྲོ་མོ་བསྒོམ་པ་ནི་ཐུགས་ཀྱི་མཛད་པ་ནང་དུ་ཡང་དག་འཛོག་ལ་བཞག་པ་དང་ཆོས་མཐུན། དེ་ནས་སྔགས་བཟླ་བ་ནི་ཆོས་སྟོན་པའི་གསུང་གི་མཛད་པ་དང་ཆོས་མཐུན། དེ་ནས་གཙོ་བོ་འོད་གསལ་དུ་ཞུགས་པ་ནི་ཞིང་དེར་སྐྱ་དངོས་ཀྱི་གདུལ་བྱ་རྫོགས་ནས་མྱ་ངན་ལས་འདས་ཚུལ་སྟོན་པ་དང་ཆོས་མཐུན། དེ་ནས་ཚད་མེད་བཞིའི་ངོ་བོ་གྱུར་པའི་ལྷ་མོ་བཞིས་ཞུ་བ་གླུས་བསྐུལ་ཏེ་བཞེངས་པ་ནི། སླར་ཡང་ཐུགས་རྒྱུད་ཚད་མེད་བཞིས་བསྐུལ་ཏེ་ཞིང་གཞན་དུ་སྤྲུལ་སྐུའི་མཛད་པ་སྟོན་པ་དང་ཆོས་མཐུན། དེ་ནས་བསྟོད་པ་བྱེད་པ་ནི། སངས་རྒྱས་འཇིག་རྟེན་དུ་བྱོན་ནོ་ཞེས་སྙན་པ་བརྗོད་པ་དང་ཆོས་མཐུན། དེ་ནས་མཆོད་པ་ནི་ཞིང་དེའི་གདུལ་བྱ་རྣམས་ཀྱི་མཆོད་པ་ཕུལ་བ་བདག་གིར་མཛད་པ་དང་ཆོས་མཐུན་པའི་ཕྱིར་དེས་ན་དགོས་པ་དེའི་ཕྱིར་ནི་རིག་མ་འདུ་བྱ་བ་ཡིན། ཕྱག་རྒྱ་བརྗོད་པའི་རྒྱུ་མཚན་གོང་དུ་བསྟན། དེ་ནས་ལས་རྒྱལ་མཆོག་ནས་མཇུག་མ་རྫོགས་པར་གྱི་ཆོ་ག་རྣམས་སྤྱི་ལྟར་བྱ་བ་རྣམས་སོ། །དེ་ལྟར་ཉིན་སྣང་དང་སྐྱེ་ཤི་བར་དོའི་ཉམས་ལེན་ལ་གོམས་ཤིང་འདྲེས་པའི་སྟོབས་ཀྱིས་སྐྱེ་བ་སྤྲུལ་སྐུའི་རྣལ་འབྱོར་ལམ་དུ་བྱེད་པར་ཤོག་ཅིག་པའོ། །རྩ་རྒྱུད་དཔལ་ལྡན་འདུས་པའི་ཚོ་གའི་ཚིངས་སྦྱོར་བསྙེན་སྒྲུབ་བཞིའི་ཚིངས་ལ། ཡེ་ཤེས་པ་བསྒོམས་ནས་ལྷག་མོས་འོད་གསལ་དུ་སྟུད་པའི་བར་བསྙེན་པ། འོད་གསལ་ཉེ་དཀྱིལ་དུ་ལངས་ནས་ལུས་དཀྱིལ་བསྒོམ་པའི་བར་ཉེ་བསྙེན་ཉེར་སྒྲུབ། སྒོ་གསུམ་བྱིན་གྱིས་བརླབས་ནས་རིགས་

བདག་གི་རྒྱུས་འདེབས་པའི་བར་སྒྲུབ་པ། དཀྱིལ་འཁོར་རྒྱལ་མཆོག་མན་སྒྲུབ་ཆེན་ཡིན་ཏེ། རྒྱུད་ཕྲེ་མ་ལས། བསྙེན་པའི་ཆོག་དང་པོ་སྟེ། ཉེ་བར་སྒྲུབ་པ་གཉིས་པ་ཡིན། །སྒྲུབ་པ་ཡང་ནི་གསུམ་པ་ཡིན། །སྒྲུབ་པ་ཆེན་པོ་བཞི་པའོ། །ཞེས་སོ། །

ཡང་དེ་ཉིད་ཞེ་དགུའི་ཚིངས་ནི། གནས་ཀྱི་དེ་ཉིད། སྙིང་རྗེ་ཆེན་པོ་ལ་དམིགས་པའི་དེ་ཉིད། སྲུང་འཁོར་གྱི་དེ་ཉིད། གཙོ་བོར་བསྐྱེད་པའི་དེ་ཉིད། འཁོར་བསྐྱེད་པའི་དེ་ཉིད། ཕུར་གདབ་ཀྱི་དེ་ཉིད། ར་གུར་བསྒོམ་པའི་དེ་ཉིད། དེ་རྣམས་སྔོན་འགྲོ་སྟེ། རྡོར་ཕྲེང་ལས། དེ་ཉིད་དགུ་བ་རྣམ་པ་དྲུག །ཅེས་གསུངས་པའི་ཕྱིར་རོ། །ཡེ་ཤེས་བསྒོམ་པའི་དེ་ཉིད། རྡོ་རྗེའི་ས་བསྐྱེད་པའི་དེ་ཉིད། ལྷག་མོས་ཀྱི་གཞལ་ཡས་ཀྱི་དེ་ཉིད། ལྷག་མོས་ཀྱི་ལྷ་བསྐྱེད་པའི་དེ་ཉིད། ལྷག་མོས་ལུས་ལ་སྦྱོད་པའི་དེ་ཉིད། །དེ་བཞིན་ཉིད་ལ་བྱང་ཆུབ་པའི་དེ་ཉིད། །ཉི་ཟླ་སོགས་དམིགས་ཏེ་ལྟང་བའི་དེ་ཉིད། ཟླ་བ་ལ་བྱང་ཆུབ་པའི་དེ་ཉིད། སྒོམས་པར་ཞུགས་པའི་དེ་ཁོ་ན་ཉིད་དང་དགུའོ། །སྔར་གྱི་དྲུག་དང་བཅོ་ལྔ་སྟེ། །རྣམ་པར་དག་པའི་ཡན་ལག་ནི། །དེ་ཉིད་དགུ་བ་བཅོ་ལྔ་སྟེ། །ཞེས་སོ། །ས་བོན་བསྒོམ་པའི་དེ་ཉིད། ཕྱག་མཚན་གྱི་དེ་ཉིད། སྐུ་ཡོངས་རྫོགས་གསུམ་བསྡུས་ནས་རྡོ་རྗེ་འཆང་བསྐྱེད་པའི་དེ་ཉིད། དང་པོའི་མགོན་པོ་རྡོར་སེམས་སུ་བསྒྱུར་བའི་དེ་ཉིད། ལུས་རྟེན་དུ་བསྒོམ་པའི་དེ་ཉིད། ཕུང་པོ་ལྔ་གཤེགས་པར་བསྒོམ་པའི་དེ་ཉིད། ཁམས་བཞི་ཡུམ་བཞིར་བསྒོམ་པའི་དེ་ཉིད། ཡུལ་ལྔ་རྡོ་རྗེ་ལྟར་བསྒོམ་པའི་དེ་ཉིད། མིག་ལ་སོགས་ས་སྙིང་སོགས་སུ་བསྒོམ་པའི་དེ་ཉིད། ཡན་ལག་ཁྲོ་བོར་བསྒོམ་པའི་དེ་ཉིད། སྐུ་གསུང་ཐུགས་བྱིན་གྱིས་བརླབས་པའི་དེ་ཉིད་གསུམ། སེམས་དཔའ་སུམ་བརྩེགས་ཀྱི་དེ་ཉིད་གསུམ། རིག་མ་འདྲུ་བྱ་བའི་དེ་ཉིད། རྗེས་ཆགས་ཀྱི་དེ་ཉིད། མཆོད་པའི་དེ་ཁོ་ན་ཉིད་དང་བཅུ་བདུན་ནི་རྗེས་སུ་རྣལ་འབྱོར་རོ། །དཀྱིལ་འཁོར་རྒྱལ་མཆོག་ལ་གཤེགས་པ་གཤེགས་མའི་དེ་ཉིད། སེམས་དཔའ་སེམས་མའི་དེ་ཉིད། ཁྲོ་བོ་བྱུང་བའི་དེ་ཉིད་དང་ལྔ་སྟེ། དེ་ནས་དཀྱིལ་འཁོར་རྒྱལ་པོ་མཆོག །དེ་ཉིད་དགུ་བ་རྣམ་པ་ལྔ། ཞེས་སོ། །ལས་རྒྱལ་མཆོག་ལ། སྙིང་སྒོ་ཕྱག་མཚན་ཕྲ་མོ་བསྒོམ་པའི་དེ་ཉིད། འོག་སྒོ་ཐིག་ལེ་ཕྲ་མོ་བསྒོམས་པའི་དེ་ཉིད། ཡིད་བཟླས་བསྒོམ་པའི་དེ་ཉིད། ངག་བཟླས་ཀྱི་དེ་ཉིད། གཙོ་བོ་འོད་གསལ་དུ་ཞུགས་པའི་

དེ་ཉིད། ཞུ་བ་གླུས་བསྐུལ་བའི་དེ་ཉིད། མཆོད་ཡོན་བདུད་རྩི་མྱང་བའི་དེ་ཉིད། མཐར་ཉེ་བར་སྒྲུབ་པའི་དེ་ཉིད། ལུས་བརྟས་པར་བྱེད་པའི་དེ་ཉིད། ཟས་ཀྱི་རྣལ་འབྱོར་གྱི་དེ་ཉིད། དངོས་གྲུབ་ཆུང་དུ་སྒྲུབ་པའི་དེ་ཉིད། དངོས་གྲུབ་འབྲིང་སྒྲུབ་པའི་དེ་ཉིད་བཅུ་གཉིས་ལས་རྒྱལ་མཆོག་སྟེ། དེ་ནས་ལས་ནི་རྒྱལ་མཆོག་གི། །དེ་ཉིད་དབྱེ་བ་བཅུ་གཉིས་སོ། །ཞེས་སོ། །གཞན་ཡང་རྡོ་རྗེ་བཞི་དང་ཏིང་འཛིན་གསུམ་གྱི་ཚིངས་ཡང་ཡོད་དོ། །གཉིས་པ་རྫོགས་རིམ་ལ་གཉིས། མཚམས་སྦྱར་བ་དང་། དངོས་སོ། །དང་པོ་ནི། དེ་ལྟར་རིམ་པ་དང་པོ་མཐར་ཕྱིན་ནས། ཞེས་རྐང་པ་གཅིག་གིས་བསྟན་ལ། དེ་ལྟར་རིམ་པ་དང་པོ་བསྐྱེད་རིམ་གྱི་ལམ་ནས། ཕྱི་དོན་སྣང་བའི་བདེན་ཞེན་འགོག་པར་བྱེད་པའི་ཐབས་ཀྱི་བཤད་པ་ཇི་ལྟར་བྱས་པ་ལྟར། ལམ་ཉམས་སུ་ལེན་པའི་གང་ཟག་གིས་བརྟན་པ་ཐོབ་ནས་ལམ་མཐར་ཕྱིན་ནས། ནང་དོན་བདེ་སྟོང་གི་ལྷ་སྒྲུབ་པའི་ཐབས་རྫོགས་རིམ་ཉམས་སུ་ལེན་ཕྱིར་འཆད་པ་ལ། གཉིས་པ་རྫོགས་རིམ་གྱི་སྔོན་འགྲོ་ཕྲ་ཐིག་རྣལ་འབྱོར་དང་། རིམ་ལྔ་སོགས་རྫོགས་རིམ་དངོས་གཉིས་ལས། དང་པོ་ནི། གསང་བའི་སྣ་རྩེར་ཨ་ཝ་དྷཱུ་ཏིའི་ནང་། །ནས། བདེ་སྟོང་དབྱེར་མེད་ལྷ་ཡི་རྣལ་རོལ་བསྒོམ། །ཞེས་ཤོ་ལོ་ཀ་གཅིག་དང་། ཚིག་རྐང་གཅིག་གིས་བསྟན་ལ། དེ་ཡང་སྙིང་འོག་གི་སྒོའི་གནད་ལ་བདེ་སྟོང་དབྱེར་མེད་ཀྱི་ལྟར་སྣང་བསྒོམ་པ་ནི། རང་ཉིད་རྡོ་རྗེ་འཆང་ཡབ་ཡུམ་དུ་གསལ་བའི་ལུས་དབུས་དྲང་པོར་ཡར་སྣེ་སྨིན་མཚམས་དང་། མར་སྣེ་གསང་བའི་གནས་ཀྱི་སྣ་རྩེར་ཟུག་པའི་འབར་འཛག་ཞུ་བདེ་རྩ་ཨ་ཝ་དྷཱུ་ཏིའི་ནང་ཞེས་དབུ་མའི་ནང་དུ་འབར་འཛག་ཞུ་བདེའི་རྐྱེན་གྱིས་དྲངས་པའི་དྭངས་མའི་ཐིག་ལེ་འཕོ་ལ་ཁད་པ་དང་། རང་སེམས་དབྱེར་མེད་དུ་བཟུང་བས་མཉམ་གཞག་ཏུ། དགའ་བ་དང་། མཆོག་དགའ་དང་། ཁྱད་དགའ་དང་། ལྷན་སྐྱེས་ཏེ་དགའ་བ་བཞིའི་ཏིང་འཛིན་བསྒོམ་པ་དང་། དེའི་རྗེས་ཐོབ་ཏུ་མས་བརྟན་ལུགས་ལས་ལྡོག་པའི་ཐིག་ལེ་སྙིང་གར་དྲངས་པ་རྣམ་བྱང་གི་སྐྱུར། སྨིན་པ་ནི་ཞི་བ་བཞི་བཅུ་རྩ་གཉིས་དང་། དེའི་གདངས་དུང་ཁང་དུ་ཁྲག་འཐུང་ལྔ་བཅུ་རྩ་བརྒྱད་དུ་ཤར་བའི་རིགས་བརྒྱའམ། ཡང་ན་འཁོར་ལོ་ལྔ་རིགས་ལྔའམ་སྐུ་གསུང་ཐུགས་ཀྱི་གནས་གསུམ་དུ་རིགས་གསུམ་སོགས་སུ་གསལ་བའི་བདེ་སྟོང་དབྱེར་མེད་ཀྱི་ལྷ་ཡི་སྣང་བ་སྒྱུ་མ་ལྟ་བུའི་རྣམ་རོལ་དུ་བསྒོམ་པས་

གཞུང་ཚིག་གི་དངོས་བསྟན་ཡིན་ཞིང་མཁས་པ་དག་བཞེད་དོ། །འདུས་པའི་ལུགས་སུ། དང་པོ་བསྐྱེད་རིམ་རགས་པ་དྲན་པ་གཅིག་པ་དཀྱིལ་འཁོར་རྒྱལ་མཆོག་ཡན་ཆད་ལ་གསལ་སྣང་རྫོགས་པར་བཏོན་པས་ཐ་མལ་གྱི་སྣང་ཞེན་རགས་པ་ལྷའི་རྣལ་འབྱོར་གྱིས་གཅོད་ནུས་པའི་མཚམས་ནས་སྟེང་སྒོ་ཕྲ་མོའི་རྣལ་འབྱོར་བརྟན་པར་བྱ། དེ་ནས་འོག་སྒོ་ཐིག་ལེ་ཕྲ་མོ་སོགས་ལ་སེམས་བརྟན་པ་སོགས་བྱ། དེ་ནི་ཕྲ་མོ་བསྐྱེད་རིམ་དུ་འགྲོ་ཚུལ་ལོ། །

དེ་ནས་རྫོགས་རིམ་དུ་འགྲོ་ཚུལ་ནི། འོག་སྒོ་ཕྲ་མོའི་རྣལ་འབྱོར་བསྒོམ་ནས་ལྷན་སྐྱེས་ཀྱི་བདེ་བ་འདྲེན་པའི་ཐབས་བྱེད་པ་འདི་ནི་ལུས་དབེན་གྱི་སྔོན་དུ་འགྲོ་དགོས་པ་གདམས་ངག་གི་གནད་ཡིན་པར་གསུངས་པས། ལུས་དབེན་གྱི་སྔོན་འགྲོ་ཕྲ་མོའི་རྣལ་འབྱོར་ནི་སྣད་ཅིག་གིས་རྡོ་རྗེ་འཆང་ཞལ་གསུམ་ཕྱག་དྲུག་ཡབ་ཡུམ་དུ་བསྒོམས་ལ། དེ་ནས་ཕྲ་མོ་བསྒོམ་པ་གནད་བཞི་སྟེ། རིམ་ལྔ་བསྡུས་པ་ལས། ལུས་དང་དུས་དང་ཡུལ་རླུང་གི། །གནད་ནི་རྣམ་པ་བཞིར་ཤེས་བྱ། །ཞེས་པས། ལུས་དུས་རླུང་དམིགས་པ་ཡུལ་གྱི་གནད། གསང་བ་རྡོ་རྗེ་ནོར་བུའི་སྣ་རྩེར་རྩ་ཨ་ཝ་དྷཱུ་ཏིའི་ནང་དུ། གདན་ཉི་མའི་དཀྱིལ་འཁོར་སྲན་མ་ཕྱེད་གཤགས་པ་ཙམ་བསྒོམ། དེའི་སྟེང་དུ་དྭངས་མའི་ཐིག་ལེ་ཁྲུད་པར་གསུམ་ལྡན་ཏེ། ཁ་དོག་སྔོན་པོ་དབྱིབས་ཟླུམ་པོ། ཚད་ནས་འབྲུ་དང་ཡུངས་ཀར་གྱི་ཚད་ཙམ་ཞིག་ལྷའི་ངོ་བོར་བལྟས་ཏེ། དེའང་འོད་འཚེར་བར་རང་སེམས་དབྱེར་མེད་དུ་བཟུང་བས་དམིགས་པ་ཟིན་པ་ན་རླུང་དབུ་མར་ཞུགས་གནས་ཐིམ་གསུམ་གྱི་རྟགས་འབྱུང་ཞིང་། དེ་ནས་ཞུ་བདེ་བསྐྱེད་དེ་ཐིག་ལེ་རིམ་པར་སྤྱི་བོ་ནས་མགྲིན་པར་བབ་པས་དགའ་བ། མགྲིན་པ་ནས་སྙིང་གར་བབ་པས་མཆོག་དགའ། སྙིང་ག་ནས་ལྟེ་བར་བབ་པས་ཁྱད་པར་དགའ་བ། ལྟེ་བ་ནས་གསང་བར་ལྷན་སྐྱེས་ཀྱི་དགའ་བ་སྟེ་མཉམ་གཞག་ཏུ་དགའ་བཞིའི་ཏིང་ངེ་འཛིན་བདེ་སྟོང་དབྱེར་མེད་ཀྱི་ཡེ་ཤེས་ལ་སེམས་རྩེ་གཅིག་ཏུ་འཇོག་པ་དང་། རྗེས་ཐོབ་ཏུ་རིགས་བརྒྱ་རིགས་གསུམ་སོགས་གང་སྣང་བདེ་སྟོང་དབྱེར་མེད་ཀྱི་ལྷ་ཡི་རྣམ་རོལ་དུ་ཤར་བར་བསྒོམ་མོ། །འདི་ལ་རིམ་པ་དང་པོ་གང་སྣང་ཐམས་ཅད་ལྷར་འཆར་བ་གཅིག་དགོས་པ་དང་། རིམ་པ་གཉིས་པར་གང་སྣང་ཐམས་ཅད་བདེ་བར་འབར་བའི་གྲོགས་སུ་འགྲོ་བའི་བདེ་སྟོང་གི་ལྷ་སྒྱུར་འཆར་བ་ལུས

དཔེན་གྱི་ལྷ་ཡིན་ནོ། །དེ་ཡང་། རྒྱ་རྒྱུད་ལེའུ་གསུམ་པ་ལས། རིན་ཆེན་ཆེན་པོ་ཁ་དོག་ལྔ། །ཡུངས་ཀར་གྱི་ནི་འབྲུ་ཚད་ཙམ། །སྣ་ཡི་རྩེ་མོ་ནན་ཏན་ཏུ། །རྣལ་འབྱོར་གྱིས་ནི་རྟག་ཏུ་བསྒོམ། །རིན་ཆེན་བརྟན་པར་གྱུར་ན་སྦྱོ། །བརྟན་པར་མ་གྱུར་མི་སྦྱོར། །ཞེས་གསུངས་པ་ལྟར། ཕྱག་མཚན་ལྷ་སྐུ་རིམ་པར་སྦྱོ་བསྒྱུ་བྱ། །མཐར་འཛོག་པ་ན་རྩ་བའི་དམིགས་རྟེན་སྣ་བུག་ནས་བྲངས་ཏེ་སྙིང་གའི་ཏིང་འཛིན་སེམས་དཔའ་ལ་བསྡུ། དེ་བཞིན་དུ་གསང་བའི་སྣ་རྩེའི་ཐིག་ལེ་ལ་སེམས་བརྟན་པ་ན་རྡོ་རྗེ་དང་པདྨ་འདུ་བྱས་ཏེ། ཐིག་ལེ་དེ་ཉིད་ཡུམ་གྱི་པདྨར་ཕྱུང་བའི་ནང་དུ་རྟེན་དང་བརྟེན་པའི་དཀྱིལ་འཁོར་ཡོངས་རྫོགས་བསྒོམ་པ་ལ་སེམས་བརྟན་པའོ། །སྦྱོར་ཕར་ཕྱིན་ཐེག་པའི་སྐབས་སུ་ཡིད་ཤེས་རགས་པས་སྟོང་ཉིད་བསྒོམ། རྒྱུད་སྡེ་འོག་མ་གསུམ་གྱི་སྐབས་སུ་བསྒོམ་པའི་རིག་མ་ལ་བལྟས་པ་དང་དགོད་པ་དང་ལག་པ་བཅངས་པ་ལས་བྱུང་བའི་བདེ་བས་སྟོང་ཉིད་བསྒོམ་པ་དང་། བླ་མེད་ཀྱི་སྐབས་སུ་བདེན་འཛིན་དང་བྲལ། གཉིས་སྣང་འཁྲུལ་བའི་བག་ཆགས་གཡོ་བྱེད་ཀྱི་རླུང་སྙིང་གར་ཐིམ་པ་ལས་བྱུང་བའི་ལྷན་སྐྱེས་ཀྱི་བདེ་བས་སྟོང་ཉིད་བསྒོམ་པ་ཡིན་པའི་ཕྱིར། དེ་ལྟ་བུའི་ལྷན་སྐྱེས་ཀྱི་བདེ་སྟོང་དབྱེར་མེད་ཀྱི་བདེ་བ་དེ་ཡང་ཕྱི་ནང་གི་རྐྱེན་ཁྱད་པར་གཉིས་པོ་གང་རུང་གི་སྒོ་ནས་བསྒྲུབ་དགོས་ཏེ། རང་དང་ཡུལ་རྟེན་མཚན་ཉིད་ཚང་བའི་ལས་རྒྱ་དང་། ཡེ་རྒྱ་གང་རུང་གི་རྩ་ཏིའི་མར་སྣེ་གཉིས་རྩེ་སྦྲད་དེ་སྙོམས་པར་འཇུག་པ་དང་། ཡང་ན་ནང་རྡོ་རྗེའི་ལུས་ལ་གནད་དུ་བསྣུན་ནས་སྒྲུབ་དགོས་པའི་ཕྱིར། རྒྱུད་སྡེ་སོ་སོའི་ལམ་སྒྲོལ་གྱི་གནད་དུ་བསྣུན་ཚུལ་མི་འདྲ་བ་མང་དུ་ཡོད་ཀྱང་དགའ་བ་བཞི་དང་སྟོང་པ་བཞིས་དྲངས་ནས་ལྷན་སྐྱེས་ཀྱི་བདེ་ཆེན་འདྲེན་པའོ། །

ལམ་སྒོམ་པ་དང་མ་བསྒོམ་པའི་གང་ཟག་གཉིས་ག་ལ་བྱང་སེམས་སྤྱི་བོ་ནས་རྡོ་རྗེ་ནོར་བུའི་བར་བབས་པ་ཡོད་ལ། བྱང་སེམས་ཞུ་བླ་བའི་རིགས་འགའ་ཞིག་ལ་རྩ་ཏིར་དམིགས་པ་གནད་དུ་བསྣུན་མ་ཐག་ཏུ་བྱང་སེམས་འབབས་པ་ཡོད་པས། དེ་དག་ལ་ནི་མན་ངག་གི་སྟོབས་ཀྱིས་བཟློག་པ་དང་འདྲེན་པ་སོགས་ཤེས་དགོས་ཀྱང་། རླུང་དབུ་མར་ཐིམ་པའི་བྱང་སེམས་འབབས་པ་ལ་ནི་དེ་ལྟར་བྱེད་མི་དགོས་ཏེ། དེ་ལ་བྱང་སེམས་གཡོ་བྱེད་ཀྱི་རླུང་རྣམས་ཐིམ་ཟིན་པའི་ཕྱིར། དེ་ལྟར་བྱང་སེམས་སྤྱི་བོར་ནས་མཁྲིན་པ། སྙིང་ག་ལྟེ་བ་གསང་གནས་སུ་སླེབ་པ་ན་དགའ་བ་བཞིར་འཛོག་པ

རྡོ་རྗེ་ཕྲེང་བ་ལས་བཤད་ཅིང་། དེ་ལྟ་བུ་དགའ་བ་བཞི་ལ་བྱང་སེམས་དཀར་པོ་འབབ་པའི་ཆ་ནས་དགའ་བ་རེ་རེ་ལ་བཞི་བཞིར་ཕྱེ་ནས་བཅུ་དྲུག་དང་། བྱང་སེམས་དམར་པོ་འབབ་པའི་ཆ་ནས་དགའ་བ་བཞི་པོ་རེ་རེ་ལ་གསུམ་དུ་ཕྱེ་ནས་བཅུ་གཉིས་བཤད་དེ། ཕྱག་ཆེན་ཐིག་ལེ་ལས། རི་བོང་མཚན་མའི་ཆ་འདི་རྣམས། །དགའ་བའི་ཐིག་ལེ་གནས་བཞི་པོ་སོ་སོ་རེ་རེ་ལ་ཆ་བཞིར་བྱས་པའི་མཚམས་རེར་བདེ་བ་རེ་སྐྱོང་བ། བཅུ་དྲུག་སྟེ། །ཨཱ་ལིའི་ངོ་བོ་ཤེས་པར་བྱ། །འཁོར་ལོ་བཞིན་དུ་རིམ་པ་ལས། །ཇི་ལྟར་བཤད་པ་དེ་ལྟ་ནའམ། །ཉི་མ་བཅུ་གཉིས་གནས་བཞི་པོ་རེ་རེ་ལ་ཆ་གསུམ་དུ་བྱས་པས་མཚམས་རེར་རྟུལ་འབབ་པའི་སྒོ་ནས། རྣམས་སུ་བཤད། །ཅེས་གསུངས་པའི་ཕྱིར་རོ། །དེ་ལྟར་ཡས་བབ་དང་མས་བརྟན་གྱི་དགའ་བཞི་འདྲེན་པར་བྱའོ། །སྔར་བཤད་པའི་ཕྲ་མོའི་རྣལ་འབྱོར་བསྒོམ་པས་རླུང་དབུ་མར་ཞུགས་གནས་ཐིམ་གསུམ་བྱས་པ་ལས་ཀུནྡ་ལྟ་བུའི་བྱང་སེམས་དབུ་མའི་ནང་དུ་བབས་པ་རེག་བྱ་ཁྱད་པར་ཅན་སྐྱེ། དེས་དམིགས་རྐྱེན་བྱས་པས་ལུས་ཚོར་བདེ་བ་སྐྱེ། དེས་དེ་མ་ཐག་རྐྱེན་བྱས་པས་ཡིད་བདེ་སྐྱེ། དེ་དང་སྟོང་ཉིད་ཕྲ་མོ་གཉིས་ཡུལ་ཡུལ་ཅན་དབྱེར་མེད་དུ་བྱས་ནས་རྩེ་གཅིག་ཏུ་མཉམ་པར་འཇོག །རྗེས་ཐོབ་ཏུ་གང་ཤར་ཐམས་ཅད་བདེ་སྟོང་གི་རྣམ་རོལ་དུ་འཆར་བ་དང་། དེ་ལྟ་བུའི་བདེ་སྟོང་དབྱེར་མེད་ཀྱི་ཡེ་ཤེས་ཀྱི་གཟུགས་རྣམས་ཀྱང་རིགས་བརྒྱ་རིགས་ལྔ་རིགས་གསུམ་དང་། ཁྱད་པར་ལུས་དབེན་མཐར་ཐུག་གསང་ཆེན་རིགས་གཅིག་བསྒོམ་པར་བྱས་ཏེ། ས་ར་ཧས། གཉིས་སུ་མི་བྱ་གཅིག་ཏུ་བྱ་བ་སྟེ། །རིགས་ལ་བྱེ་བྲག་དག་ཏུ་མ་འབྱེད་པར། །ཁམས་གསུམ་མ་ལུས་འདི་དག་ཐམས་ཅད་ནི། །འདོད་ཆགས་ཆེན་པོ་གཅིག་ཏུ་ཁ་དོག་བསྒྱུར་ཅིག་དང་། །ཞེས་སོགས་དང་། དེ་རིང་ཉིད་དུ་མགོན་པོ་ད་ནི་འགྲུབ་པ་ཆད། །ཅེས་གསུངས་པའི་ཕྱིར་རོ། །རིགས་བརྒྱ་སོགས་ཀྱི་དབྱེ་ཚུལ། འདུས་པའི་རྒྱུད་ལྟར་ན། བདེ་སྟོང་གི་རྒྱས་བཏབ་པའི་སྒོ་ནས་ཕུང་པོ་རེ་རེ་ལ་ཆ་ཤས་ལྔ་ལྔར་བྱས་ཏེ། དེ་བཞིན་གཤེགས་པ་ལྔ་ལ་རིགས་ལྔ་ལྔར་ཕྱེ་ནས་བསྒོམ་པ་ནི་ཕུང་པོ་ལྔ་རིགས་ལྔར་བསྒོམ་པའི་ལུས་དབེན་ཡིན་ཏེ། རྒྱ་རྒྱུད་ལས། མདོར་ན་ཕུང་པོ་ལྔ་རྣམས་ནི། །སངས་རྒྱས་ལྔ་ནི་རབ་ཏུ་བསྒྲགས། །ཞེས་པས་སོ། །དེ་བཞིན་དུ་བདེ་སྟོང་གི་རྒྱས་བཏབ་པའི་ཁམས་བཞི་རེ་རེ་ལ་ལྔ་ལྔར་ཕྱེ་སྟེ། ཡུམ་བཞི་ལ་རིགས་ལྔ་ལྔར་ཕྱེ་ནས་བསྒོམ་པ་ནི་ཁམས་བཞིར

བསྒོམ་པའི་ལུས་དབེན་ཡིན་ཏེ། དེ་ཉིད་ལས། ས་ནི་སྤྱན་ཞེས་བྱ་བ་ཡིན། །ཆུ་ཡི་ཁམས་ནི་མཱ་མ་ཀཱི། །མེ་ནི་གོས་དཀར་མོ་ཡིན་ནོ། །རླུང་ནི་སྒྲོལ་མ་རབ་ཏུ་བསྒྲགས། །ཞེས་པས་སོ། །དེ་བཞིན་ཏུ་བདེ་སྟོང་གི་རྒྱས་བཏབ་པའི་སྐྱེ་མཆེད་དྲུག་རེ་རེ་ལ་ལྔ་ལྔར་ཕྱེ་སྟེ། ས་སྙིང་སོགས་དྲུག་པོ་ལ་རིགས་ལྔ་ལྔར་ཕྱེ་ནས་བསྒོམ་པ་ནི་མིག་སོགས་སེམས་དཔའ་བསྒོམ་པའི་ལུས་དབེན་ཡིན་ཏེ། དེ་ཉིད་ལས། རྡོ་རྗེའི་སྐྱེ་མཆེད་ཉིད་དག་ཀྱང་། །བྱང་ཆུབ་སེམས་དཔའི་དཀྱིལ་འཁོར་མཆོག །ཅེས་པས་སོ། །དེ་བཞིན་དུ་བདེ་སྟོང་གི་རྒྱས་བཏབ་པའི་གཟུགས་སོགས་ཡུལ་རེ་རེ་ལ་ལྔ་ལྔར་ཕྱེ་སྟེ་རྡོ་རྗེ་མ་གཟུགས་སོགས་ལྔ་ལ་རིགས་ལྔ་ལྔར་ཕྱེ་ནས་བསྒོམ་པ་ནི་ཡུལ་ལྔ་རྡོ་རྗེ་མ་ལྔར་བསྒོམ་པའི་ལུས་དབེན་ཡིན་ཏེ། དེ་ཉིད་ལས། གཟུགས་སྒྲ་ལ་སོགས་སྤྱགས་པ་ཡི། །ལྷ་ཉིད་དུ་ནི་རྟག་ཏུ་བསྒོམ། །ཞེས་གསུངས་པའི་ཕྱིར། དེ་ནས་དམ་པ་རིགས་བརྒྱའི་ལྷ་རྣམས་རིགས་ལྔ་སོ་སོའི་སྐུ་མདོག་དང་ཕྱག་མཚན་རང་གི་རྩ་བའི་ཕྱག་མཚན་འཛིན་པའོ། །ཁྲོ་བོ་བཅུ་དང་བྱམས་པ་ཀུན་བཟང་གཉིས་ལ། རྡོ་རྗེ་ཕྲེང་བར་ལུས་དབེན་གསུངས་ཀྱང་སྐབས་འདིར་མི་སྟོན་པའི་རྒྱུ་མཚན་ཡོད་དེ། རགས་པ་ཉེར་ལྔའི་བསྐྱེད་རིམ་དང་ཐིམ་རིམ་གྱི་དབང་དུ་མཛད་ནས་མ་གསུངས་སོ། །དེས་ན་ལུས་དབེན་གྱི་ལྷ་ལ་རྒྱས་པར་ཕྱེ་ན་བརྒྱ་དྲུག་ཅུ། དེའི་སྟེང་དུ་དབྱེ་གཞིའི་ལྷ་སོ་གཉིས་བསྣན་པས་བརྒྱ་གོ་གཉིས་སོ། །སྒྱུ་འཕྲུལ་གསང་སྙིང་དང་ལམ་རིམ་ལས། ཉི་ཁྲི་བཞི་སྟོང་དུས་གཅིག་གསལ་ཞེས་དང་། ཁྲོ་བོ་ལ་བཞི་བརྒྱ་ལྔ་བཅུ་དང་། བདུན་ཁྲི་དྲུག་སྟོང་བརྒྱད་བརྒྱ་ལྔ་བཅུ་དང་། བསམ་ཡས་ལྷུན་གྲུབ་ཀྱི་དཀྱིལ་འཁོར་གསུངས་སོ། །བདེ་སྟོང་གི་རྒྱས་བཏབ་པའི་ས་ཆུ་མེ་རླུང་རྣམ་ཤེས་ལྔ། རྣམ་སྣང་རིན་འབྱུང་འོད་དཔག་མེད་དོན་གྲུབ་མི་བསྐྱོད་པ་སྟེ། རིགས་ལྔ་བསྒོམ་པ་ནི་དེ་ཉིད་རིགས་ལྔར་བསྒོམ་པའི་ལུས་དབེན་ཡིན་ཏེ། རྒྱུད་ཕྱི་མ་ལས། དེ་ཉིད་རྣམ་པ་ལྔ་རུ་བཤད།༼ཕ་༽ཅེས་པས་བསྟན་ཏེ། དམ་པ་རིགས་བརྒྱ་པོ་དེ་ཡང་རིགས་ལྔར་འདུ་ཞིང་། དབེན་གཞི་བརྒྱ་པོ་དེ་ཡང་དབེན་གཞི་ལྔར་འདུས་ཏེ། རྣམ་སྣང་ཉེ་ཤུའི་དབེན་གཞི་རྩ་བའི་རྣམ་སྣང་གི་དབེན་གཞི་སོགས་སུ་འདུ་བའི་ཕྱིར་རོ། །བདེ་སྟོང་གི་རྒྱས་བཏབ་པའི་སྒོ་གསུམ་པོ་རིན་འབྱུང་དང་རྣམ་སྣང་གཉིས་སྐུ་རྡོ་རྗེར་བསྡུས། དོན་གྲུབ་དང་འོད་དཔག་མེད་གསུང་རྡོ་རྗེར་བསྡུས།

རྡོ་རྗེ་འཆང་དང་མི་བསྐྱོད་པ་ཐུགས་རྡོ་རྗེར་བསྡུས་ནས་བསྒོམ་པ་ནི་གསང་བ་རིགས་གསུམ་དུ་བསྒོམ་པའི་ལུས་དབེན་ཡིན་ཏེ། རྒྱུད་ཕྱི་མ་ལས། གསང་བ་རྣམ་པ་གསུམ་དུ་བཤད། །ཅེས་པས་སོ། །དབེན་གཞི་ལྷ་པོ་དེ་ཡང་གསུམ་དུ་འདུས་ཏེ། ལུས་ངག་ཡིད་གསུམ་རྣམ་པར་དག་པ་རྡོ་རྗེ་གསུམ་གྱི་དབེན་གཞིར་འདུ་བས་སོ། །སྒོ་གསུམ་དང་ལྡན་པའི་སྒྲུབ་པ་པོ་རྡོ་རྗེ་གསུམ་དང་ལྡན་པའི་རྡོ་རྗེ་འཆང་གཅིག་ཏུ་བསྒོམ་པ་ནི་གསང་ཆེན་རིགས་གཅིག་ལུས་དབེན་མཐར་ཐུག་ཡིན་ཏེ། རྒྱུད་ཕྱི་མ་ལས། ལྷག་པའི་ལྷ་ནི་གསང་ཆེན་ཏེ། །ཞེས་པས་སོ། །

གཉིས་པ་ལ། གཞུང་གལ་པོ་ལྟར། རིམ་ལྔ་དང་སྒྲུ་འཕྲུལ་གྱི་སྟེང་འོག་གི་སྒོའི་རྗོགས་རིམ་དངོས་རྒྱུད་གསང་བ་འདུས་པ་ལྟར་རིམ་ལྔ་འཕགས་ལུགས་ལྟར་བཤད་པ་དང་གཉིས་ལས། དང་པོ་ནི། སླར་ཡང་དབེན་པ་གསུམ་གྱི་རིམ་པ་དང་། །ནས། བསྐྱེད་རྫོགས་ཟབ་མོའི་དོན་རྣམས་མངོན་གྱུར་ཤོག །ཅེས་ཤྭ་ལོ་ཀ་གཅིག་དང་རྐང་པ་གཉིས་ཀྱིས་བསྟན་ལ། དེ་ནས་སླར་ཡང་ལུས་ངག་ཡིད་གསུམ་དབེན་པ་གསུམ་གྱིས་ཉམས་སུ་ལེན་ཚུལ་ལས། ལུས་རང་བཞིན་གྱིས་དབེན་པ་ལྷའི་འདུ་ཤེས་ལྟར་སྣང་བ་ལས་མི་འདའ་བ་བྱ་བ་སྟེ་དེ་སྤྱི་ཙམ་པའི་བསྐྱེད་རིམ་ཀུན་བཏགས་ལྟ་བུའམ། ལུས་སེམས་དང་བཅས་པའི་ཕུང་པོ་ལྟར་གདོས་བཅས་སུ་མི་བསྒོམས་ཏེ། སེམས་ཉིད་ལྷན་ཅིག་སྐྱེས་པ་བདེ་བ་ཆེན་པོའི་ཡེ་ཤེས་དེ་ཉིད་ཀྱང་ཡིད་ངོར་རྣམ་པ་ཡི་དམ་ལྷ་ཡབ་ཡུམ་གྱི་སྐུར་ཤར་བ་ནི་རང་ལུས་ལྷའི་རྣམ་རོལ་རླུང་སེམས་ཙམ་ལས་གྲུབ་པའི་གཟུགས་བརྙན་ལྟར་གསལ་བ་རྫོགས་པ་ནམ་མཁའི་འཇའ་ཚོན་ནམ། མེ་ལོང་ནང་གི་གཟུགས་བརྙན་བཞིན་སྣང་ཕྱོགས་ལྷའི་འཁོར་ལོས་གཟུགས་སྐུ་ལམ་དུ་བྱེད་པའི་ལུས་དབེན་སྐུ་རྡོ་རྗེ་ཞེས་པའོ། །དེའི་ཐོགས་འདོན་ངག་རྡོ་རྗེའི་བཟླས་པ་སྦྱངས་པ་གལ་ཆེ་སྟེ། གསང་སྔགས་བརྒྱ་རྩ་བཟླས་བཞིན་དུ། །མི་ཤེས་བསམ་གཏན་གློག་པ་སྟར། །ཞེས་གསུངས་པས། དེ་ཡང་རླུང་རོ་བསལ་ཏེ་རླུང་སྦྱོར་བ་བཞི་ལྡན་ལ་གོམས་པའི་ངང་ནས་རླུང་ནང་དུ་འཇུག་པ་ཨོཾ་གྱི་རང་བཞིན། སྙིང་ག་ལ་སོགས་པ་སྒྲོག་གི་ཐིག་ལེ་གནས་པ་ཨཿཡི་རང་བཞིན། ལྡང་བ་ཧཱུྃ་གི་རང་བཞིན་དུ་ཁྲིག་ཁྲིག་སོང་བ་ལ་སེམས་བཟུང་སྟེ། དེ་ཡང་རླུང་སྔགས་སྟོང་པ་གསུམ་དབྱེར་མེད་པ་ནས་འབྱུང་འཇུག་གནས་པ་ཡིག་འབྲུ་གསུམ་གྱི་

རང་བཞིན་རྡོ་རྗེའི་བཟླས་པ་ཅི་འགྲུབ་ཐོག་མར་རགས་པའི་རླུང་ལ་བསླབ་པས། རླུང་རྒྱུ་བ་གཡས་གཡོན་འཕོ་མཚམས་སོགས་ངེས་པར་འབྱུང་སྟེ། དེ་ལ་སྦྱོང་བ་ཅུང་ཟད་རྙེད་ནས་ཕྲ་བའི་རླུང་དབུ་མར་ཞུགས་གནས་ཐིམ་གསུམ་ལ་བསླབ་པས། དུ་སོགས་དང་རྟགས་དང་རྟགས་ཅན་གྱི་རྣམ་པ་ཡང་འཆར་ཞིང་། དེ་ནས་གསལ་བའི་རླུང་རྣམ་པར་ཤེས་པ་དང་བསྲེ་བ་ཡང་བསླབ་པས་ཕྱི་རླུང་བ་སྤྱིའི་བུ་ག་ནས་ནང་དུ་བསྲེ་བ་དང་། ནང་རླུང་བ་སྤྱི་ནས་ཕྱིར་སྤྲོ་བར་ནུས་པས། དུས་སྟོབས་ཀྱིས་ཁམས་ཀྱི་འཛིན་འདྲེན་བསྐྱིལ་བ་ལ་དབང་ཐོབ་པས། ལས་རྒྱ་བརྟེན་པར་ནུས་པ་སོགས་ངག་དབེན་གསུང་རྡོ་རྗེའི་དོན་ཉམས་སུ་བླངས་པ་ལས་འབྱུང་བ་དང་། སེམས་རྣམ་པར་ཤེས་པ་དབེན་པ་ནི་དེའི་ཤུགས་ལས་འགྲུབ་པ་ཡིན་ཏེ། སྙིང་གའི་མི་ཤིགས་པའི་ཐིག་ལེ་ལ་སེམས་བཟུང་ལ་གནས་པ་བཙལ་བ་ནི། ཤིན་ཏུ་བསྒྲིམས་ནས་བཅོས་མ་མ་ཡིན་པའི་རང་བབས་ཀྱི་ལྷན་ནེ། བློ་བྲལ་དུ་ཆམ་མེ་ཡིན་མིན་རེ་དོགས་དང་བྲལ་བར་ཆམ་གྱིས་བཞག །སེམས་ལས་གཞན་པའི་བཅོས་མའི་ཆོས་ལོངས་ཀྱིས་བསྒྱུར་ཏེ། དེའི་ངང་ལ་རྒྱུན་བསྲིངས་པས་དང་པོ་ཡེངས་སུ་མེད་པ། བར་དུ་གཡེང་བ་མེད་པ། མཐར་ཡེངས་མཁན་ནམ་ཡེངས་རྒྱུ་མེད་པར་མ་སོང་བའི་བར་དུ་ཉམས་སུ་བླངས་པའི་ངང་ནས་ལས་དང་ཡེ་རྒྱས་དབང་བཞིའི་འགྲོས་ལ་བརྟེན་པའི་དབབ་བཟློག་གི་དགའ་བཞི་དང་། སྣང་མཆེད་སྟོང་པ་བཞིས་ཁྱད་པར་དུ་བྱས་པ་རྣམས་ཀྱི་ཉམས་ལེན་ཁྲིད་ཀྱི་རིམ་པ་རྣམས་བླ་མའི་ཞལ་ལས་རྙེད་པ་བྱ་དགོས། ཀུན་མཁྱེན་པྲཛྙཱ་རསྨིས་གསུངས་པ་ལྟར་ངེས་པར་བྱས་ནས་བསྒོམ་ཚུལ་གྱི་རིམ་པ་རྩ་གསུམ་འཁོར་ལོ་དྲུག་གི་བྱེད་པ་བཅིངས་པའི་རྩ་ཧྲུ་ཏིའི་ཡར་སྣེར་ཉི་མའི་གདན་ལ་རང་སེམས་ཐིག་ལེ་སྔོན་པོའི་རྣམ་པར་འབར་བ་ལ། རླུང་སེམས་དབྱེར་མེད་དུ་དྲིལ་བས་དམིགས་པའི་རིམ་པ་ལ་བསླབ་པ་དབུ་མར་རླུང་སེམས་ཞུགས་གནས་ཐིམ་གསུམ་གྱི་རྟགས་དང་ཙནྡྲ་ལི་ཀ་ཁམས་དངས་སྙིགས་ཕྱེ་ནས་ཉམས་སུ་ལེན་པ་དང་། མཚན་མ་དབྱིབས་ཀྱི་སྣ་རྩེ་ནི་དེ་བཞིན་དུ་སྣང་མཆེད་ཐོབ་གསུམ་སྟོང་པ་བཞིའི་འོད་གསལ་དང་བཅས་པ་ངོས་བཟུང་ནས་སྐྱེ་མེད་དུས་ཀྱི་སྣ་རྩེ་སྣང་གསུམ་ཐོབ་གསུམ་གྱི་རྟོག་པ་འགགས་ནས་བརྗོད་བྲལ་དབྱིངས་རིག་གི་ངང་ལ་གནས་པའོ། །ཉམས་སྦྱོང་བདེ་བའི་སྣ་རྩེ་མཉམ་བཞག་དང་རྗེས་ཐོབ་བསྲེ། ཉིན་

སྣང་གི་ཉམས་མྱོང་དང་རྨི་ལམ་བསྲེ། ཞེ་སྡང་སྒྱུ་ལུས་དང་བསྲེས་ཏེ་མཉམ་རྗེས་ཟུང་འཇུག་ཏུ
བསྒོམ། དེ་ཉིད་མངོན་གྱུར་དུ་གདན་ལ་ཕབས་པས་སྐྱེ་བ་སྤྲུལ་སྐུའི་ཞིང་སྦྱོང་། འདོད་ཆགས་དབང་
དང་བསྲེ་བ་གནད་གཏུམ་མོ་དང་འདོད་ཆགས་བསྲེས་ཏེ་ཁམས་དཀྱུའི་དངས་སྙིགས་ཕྱེ་ནས་བདེ་
སྟོང་གི་ཡེ་ཤེས་འབྱོངས་བས་བར་དོ་ལོངས་སྐུའི་ཞིང་སྦྱོང་། གཏི་མུག་འོད་གསལ་དང་བསྲེས་ཏེ་
མཉམ་རྗེས་ཟུང་འཇུག་ཏུ་བསྒོམ། དེ་ཉིད་མངོན་གྱུར་དུ་གདན་ལ་ཕེབས་པས་འཆི་བ་ཆོས་སྐུའི་
ཞིང་སྦྱོང་བ་གསུམ་ལ་བསླབས་པ་ནི་རང་ངོའི་མཉམ་བཞག་དང་། དབང་པོ་ཡུལ་ལ་འཇུག་དུས་
གང་སྣང་སྟོང་པ་བདེ་བའི་ལྷ་སྐུར་འཆར་བ་ནི་རྗེས་ཐོབ་སྐྱོང་བ་ཡིན་ནོ། །རྗེས་ལ་བསྒྲུབ་བྱ་བདེན་
པ་གཉིས་ཀྱི་རྫོགས་རིམ་ལས། དང་པོ་ཀུན་རྫོབ་སྒྱུ་མ་ནི་འོད་གསལ་གྱི་བཞོན་པར་གྱུར་པའི་རླུང་
གི་ཉེར་ལེན་དང་། རང་སེམས་ལྷན་ཅིག་སྐྱེས་པའི་རྐྱེན་ལས། རླུང་སེམས་ཙམ་ལས་གྲུབ་པའི་རྡོ་
རྗེ་འཆང་གི་སྐུ་རྣམ་སྨིན་གྱི་ལུས་རྟེན་འདི་ལས་གོ་ས་གཞན་པ་ཞིག་ལྡང་བ་སྟེ། དེ་ནི་ལོངས་སྐུ་ལྟ་
བུའི་བཞིན་ལག་གི་རྣམ་པ་ཅན་ཡིན་ཡང་རྣམ་འཕྲུལ་དུ་མར་སྟོན་ནུས་ཤིང་། དེའི་སྒྲུབ་གཞི་འང་
གཉིད་ཀྱི་འོད་གསལ་ལས་བྱུང་ཞིང་རྨི་ལམ་གྱི་དུས་སུ་ད་ལྟ་རྣམ་སྨིན་གྱི་ལུས་འདི་དང་འབྲེལ་
བ་ཅན་ཡིན་ལ། སླད་ཀྱི་བར་དོ་ལོངས་སྐུ་འགྲུབ་པའི་ཉེར་ལེན་དུ་འགྱུར་བས་ན་སྒྱུ་མའི་སྐུ་ཞེས་
བརྗོད་ཀྱི། ལམ་གྱི་གནས་སྐབས་ན་སེམས་བསྐྱེད་ཀྱི་འཕེན་པས་སེམས་ཅན་ཐམས་ཅད་ཀྱི་སྒོ་
གསུམ་དང་སྒྱུ་ལུས་པའི་སྐུ་རྡོ་རྗེ་རྣམ་པར་སྣང་མཛད། གསུང་རྡོ་རྗེ་འོད་དཔག་མེད། ཐུགས་རྡོ་རྗེ་
མི་བསྐྱོད་པ་གསལ་བའི་དམ་ཚིག་སེམས་དཔའ་ལ་སོ་སོའི་ཐུགས་ཀར་རིམ་བཞིན་སྐུ་གསུང་
ཐུགས་ཀྱི་ཡེ་ཤེས་གསུམ་གསལ་བ་ལ་ཡེ་ཤེས་སེམས་དཔའ་སོ་སོའི་མགོར་ཐིག་ལེ་ནཱ་ད་བཅས་
པའི་ཏིང་འཛིན་སེམས་དཔའ་སྟེ། སེམས་དཔའ་གསུམ་བརྩེགས་གསལ་ཞིང་སོ་སོའི་ཏིང་འཛིན་
སེམས་དཔའ་ལས་འོད་ཟེར་འཕྲོས་པས་སྣོད་བཅུད་ཐམས་ཅད་འོད་དུ་ཞུ་བ་དམ་ཚིག་སེམས་
དཔའ་དང་དེ་འོད་དུ་ཞུ་བ་ཡེ་ཤེས་སེམས་དཔའ་ལ། དེ་འོད་དུ་ཞུ་བ་ཏིང་འཛིན་སེམས་དཔའ་ལ་
ཐིམ་པའི་ངང་དུ་མཉམ་པར་བཞག་པས་ཞུགས་གནས་ཐིམ་གསུམ་གྱི་རྟགས་སྣང་སྨིག་རྒྱུ་དུ་བ་ལ་
སོགས་པ་དང་སྣང་མཆེད་ཐོབ་གསུམ་དང་། སྟོང་པ་བཞི་འཆར་བའི་ཐམས་ཅད་སྟོང་པ་འོད་གསལ་

ལ་མཉམ་པར་འཇོག །དེ་ལས་ལྡང་བ་མ་དག་པའི་སྒྱུ་ལུས་དག་པའི་སྒྱུ་ལུས་སུ་བསྒོམ་པའོ། །གཉིས་པ་དོན་དམ་འོད་གསལ་ནི་སྒྱུ་ལུས་ཀྱི་སེམས་དཔའ་སུམ་བརྩེགས་དེ་སྟུད་རིམ་གཉིད་ཀྱི་འོད་གསལ་དུ་བཙུགས་པའི་སྟོང་ཉིད་ལ་མཉམ་པར་བཞག་པས་ཞུགས་གནས་ཐིམ་གསུམ་དང་སྣང་མཆེད་ཐོབ་གསུམ་གྱི་རྗེས་སྟེང་བཞིའི་འོད་གསལ་ལྷན་སྐྱེས་ཀྱི་བདེ་བས་ཐབས་བྱས་ཏེ་དངོས་པོའི་གནས་ལུགས་མ་ནོར་བར་རྟོགས་པས་རང་རྒྱུད་ལྡན་གྱི་གང་ཟག་འཕགས་པར་སོང་། བར་ཆད་མེད་ལམ་རྒྱུད་ལ་སྐྱེས་ནས། བདེན་གཉིས་དབྱེར་མེད་ཟུང་དུ་འཇུག་པའི་ཉམས་ལེན་རྣམས་མངོན་དུ་བྱེད་པ། རྒྱུད་སྒྱུ་འཕྲུལ་དྲྭ་བ་གསང་སྙིང་འདུས་པ་སོགས་མ་ཧཱ་ཡོ་ག་རྣལ་འབྱོར་ཆེན་པོའི་བསྐྱེད་རྫོགས་ཟབ་དོན་ལ་སློབ་པ་ཡིན་ལ། དེ་ཡང་ཧེ་རུ་ཀ་གལ་པོ་ལྟར་ན། རྡོ་རྗེའི་བཟླས་དང་སེམས་ལ་དམིགས། །བདག་བྱིན་བརླབས་དང་འོད་གསལ་དང་། །ཟུང་དུ་འཇུག་པ་འདི་ལྔ་ལ། །རེ་རེ་ལ་ཡང་གསུམ་གསུམ་ཡིན། །ཐ་མལ་དང་ནི་ལམ་དུ་ཁྱེར། །འབྲས་བུ་ཁྱེར་བ་རྣམ་གསུམ་ལ། །རེ་རེ་ལ་ཡང་ལྔ་ལྔར་བཤད། །ཅེས་པས། རྡོ་རྗེའི་བཟླས་པ་ནི་ཨོཾ་ཨཿཧཱུྃ་དང་། སེམས་ལ་དམིགས་པ་སེམས་དང་། སེམས་བྱུང་བ་ལ་དམིགས་པ། བདག་བྱིན་གྱིས་བརླབས་ནས་ལྷ་བསྒོམ་པ། འོད་གསལ་སེམས་ཉིད་ལ་ལྟ་བ། ཟུང་དུ་འཇུག་པ་སྣང་སྟོང་དབྱེར་མེད་དུ་འདྲེས་པ་དང་ལྔ། དེ་རེ་རེ་ལ་ཐ་མལ་བ་དང་ལམ་དུ་ཁྱེར་བ་འབྲས་བུ་སྟེ་གསུམ་རེ་ཡོད། ཐ་མལ་བ་སེམས་ཅན་ཀུན་ལ་ཡོད། ལམ་དུ་ཁྱེར་བ་རྣལ་འབྱོར་པ་ལ་ཡོད། འབྲས་བུ་སངས་རྒྱས་ལ་ཡོད། དེ་གསུམ་རིམ་པ་ལྔ་པོ་རེ་རེ་ལ་ཡང་ཁྱབ་པར་གནས་པའོ། །དང་པོ་རྡོ་རྗེའི་བཟླས་པ་ལ་ཡང་། ཐ་མལ་ལམ་ཁྱེར་འབྲས་བུ་གསུམ་ཡོད་པས། ཐ་མལ་ནི། ཐ་མལ་རྡོ་རྗེའི་བཟླས་པ་ནི། །འགྲོ་བ་རྣམས་ཀྱི་དབུགས་འདི་ནི། །ཕྱིར་འགྲོ་ནང་འོང་གནས་པ་དང་། །ལུས་ངག་ཡིད་དུ་གནས་པ་ནི། །རྡོ་རྗེས་བཟླས་པ་ཐ་མལ་ཏེ། །དེ་ནི་མ་རྟོགས་ཞེས་སུ་བྱ། །ཐ་མལ་རྣམས་ཀྱི་རྡོ་རྗེའི་བཟླས་པ་ནི། སྤྱིར་འགྲོ་བ་རྣམས་ཀྱི་དབུགས་འདི་ནི་འགྲོ་བ་མཐའ་དག་ལ་རླུང་ལྔར་རིགས་ལྔ་གནས་པ་ལས། ཕྱིར་འགྲོ་བ་ཨོཾ་སྟེ་ལུས་གནས། ནང་དུ་འོང་བ་ཧཱུྃ་སྟེ་ཐུགས་ཡིད་དུ་གནས། ཁོང་དུ་གནས་པ་ཨཿསྟེ་ངག་ཏུ་གནས། ཉིན་ཞག་ཕྲུག་གཅིག་ལ་རླུང་ཉི་ཁྲི་ཆིག་སྟོང་དྲུག་བརྒྱར་རྒྱུ་བས་རྡོ་རྗེའི་བཟླས་པ་ཉི་ཁྲི་ཆིག་སྟོང་དྲུག་བརྒྱར

གནས་པ་དེ་མི་ཤེས་པས་ཐ་མལ་པ་ཞེས་སོ། །

ལམ་དུ་ཁྱེར་བ་ནི། ལམ་དུ་ཁྱེར་བ་སྟེ་བཟླས་པ་ནི། །འཇུག་དང་གནས་དང་ལྡང་བ་ལ། །ཡན་ལག་དྲུག་ཏུ་ཚང་བསྒོམ་པ། །རྡོ་རྗེའི་བཟླས་པ་ལམ་དུ་ཁྱེར། །ཞེས་པས། རླུང་ཕྱིར་ལྡང་བ་རྒྱལ་བ་རྣམས་ཀྱི་སྐུ་རྡོ་རྗེའི་བདག་ཉིད་ཨོཾ་ལ་སྦྱོར་བ་དང་བསྟུ་བ་གཉིས། རླུང་ནང་དུ་འཇུག་པ་རྒྱལ་བ་རྣམས་ཀྱི་(ཐུགས་)རྡོ་རྗེའི་ཡི་གེ་ཧཱུྃ་ལ་སྦྱོར་བསྟུ་གཉིས། རླུང་ཁོང་དུ་གནས་པ་རྒྱལ་བ་རྣམས་ཀྱི་གསུང་རྡོ་རྗེའི་བདག་ཉིད་ཡི་གེ་ཨཱཿལ་སྦྱོར་བ་དང་བསྟུ་བ་གཉིས་ཏེ། ཡན་ལག་དྲུག་དང་ལྡན་པ་ཉིན་ཞག་ཕྲུག་གཅིག་ལ་རླུང་ཉི་ཁྲི་ཆིག་སྟོང་དྲུག་བརྒྱ་རྒྱུ་བ་འབྲུ་གསུམ་རྡོ་རྗེའི་བཟླས་པ་ཉི་ཁྲི་ཆིག་སྟོང་དྲུག་བརྒྱར་ལམ་དུ་ཁྱེར་ནས་གྲགས་སྟོང་སྔགས་ཀྱི་རང་སྒྲ་རྒྱུན་མི་ཆད་པ་ཆུ་བོའི་རྒྱུན་བཞིན་དུ་འབྱུང་བའོ། །

འབྲས་བུ་རྡོ་རྗེའི་བཟླས་པ་ནི། ཡི་གེ་གསུམ་པོ་རྣམ་དག་ནས། །སྐུ་གསུང་ཐུགས་སུ་གནས་པའོ། །ཞེས། ཨོཾ་ནི་སྐུ་མི་ཟད་པ་རྒྱན་གྱི་འཁོར་ལོ་སྐུ་རྣམ་པ་ཐམས་ཅད་མཁྱེན་པ་སྐུ་རྡོ་རྗེ་འདུས་མ་བྱས་པ་མངོན་དུ་འགྱུར་བ་དང་། ཨཱཿནི་རྒྱལ་བ་རྣམས་ཀྱི་གསུང་མི་ཟད་པ་རྒྱན་གྱི་འཁོར་ལོ་གསུང་རྣམ་པ་ཐམས་ཅད་མཁྱེན་པ་གསུང་རྡོ་རྗེ་འདུས་མ་བྱས་པ་མངོན་དུ་འགྱུར་བ་དང་། ཧཱུྃ་ནི་ཐུགས་མི་ཟད་པ་རྒྱན་གྱི་འཁོར་ལོ་ཐུགས་རྣམ་པ་ཐམས་ཅད་མཁྱེན་པ་ཐུགས་རྡོ་རྗེ་འདུས་མ་བྱས་པ་མངོན་དུ་འགྱུར་ནས་སྐུ་གསུམ་མངོན་དུ་མཛད་པ་འགྱུར་བའོ། །

གཉིས་པ་སེམས་ལ་དམིགས་པ་ལ་ཡང་ཐ་མལ་ལམ་ཁྱེར་འབྲས་བུ་གསུམ་ཡོད་པས། ཐ་མལ་ནི། ཐ་མལ་སེམས་ལ་དམིགས་པ་ནི། །འདོད་ཆགས་ཞེ་སྡང་གཏི་མུག་དང་། །རང་བཞིན་བརྒྱད་ཅུར་ཤར་བ་དང་། །ཕོ་དང་མོ་དང་མ་ནིང་ནི། །ཐ་མལ་སེམས་ལ་དམིགས་པའོ། །ཞེས་པས། ཐ་མ་རང་ག་མའི་སེམས་ལ་དམིགས་པ་ནི། འདོད་ཆགས་བདེ་བར་ཤར། ཞེ་སྡང་གསལ་བར་ཤར། གཏི་མུག་མི་རྟོག་པ་དང་། སྒོ་ལྔའི་རྣམ་ཤེས། ཡིད། ཉོན་ཡིད། ཀུན་གཞིའི་རྣམ་ཤེས་ཏེ་རྣམ་ཤེས་ཚོགས་བརྒྱད། གཟུགས་ལ་རྒྱུ་གཟུགས་ས་ཆུ་མེ་རླུང་བཞི། འབྲས་གཟུགས་དབང་ལྔ་ཡུལ་ལྔ་རྣམ་པར་རིག་བྱེད་མ་ཡིན་པའི་གཟུགས་དང་བཅུ་གཅིག །ཚོར་བ་བདེ་སྡུག་བར་མ་གསུམ།

འདུ་ཤེས་རྒྱ་ཆེ་ཆུང་བར་མ་གསུམ། འདུ་བྱེད་སེམས་དང་ལྡན་པ་ལྔ་བཅུ་དང་། རང་བཞིན་བརྒྱད་ཅུའི་རྟོག་པ་ཤར་བ་དང་། ཐབས་རྡོ་རྗེ་ཕོ་དང་། ཤེས་རབ་སྟོང་པ་མོ་དང་། ཐབས་ཤེས་དབྱེར་མེད་མ་ནིང་ཞེས་སོ་སོར་རྟོག་པ་ཐ་མལ་རང་སེམས་རང་ག་མའི་སེམས་ལ་དམིགས་པའོ། །

ལམ་དུ་ཁྱེར་བ་ནི། ལམ་དུ་བསྒོམ་པའི་དམིགས་པ་ནི། །བདེ་བ་གསུམ་དང་དགའ་བ་བཞི། །འོད་ཀྱི་སྣང་བ་གསུམ་བཅས་པ། །དེ་ལྟར་བསྒོམ་པ་ལམ་ཡིན་ནོ། །ཞེས། སེམས་ལ་དམིགས་པ་ནི་རྣལ་འབྱོར་པས་ལམ་དུ་ཁྱེར་ཞིང་བསྒོམ་པའི་དམིགས་པ་ནི། ལུས་གདན་གསུམ་ཚང་བའི་ལྷའི་སྐུར་བདེ་བ་དང་། ངག་འབྱུང་འཇུག་གནས་གསུམ་སྔགས་སུ་ཤེས་པས་གསུང་དུ་བདེ་བ་དང་། སེམས་རིག་སྟོང་བརྗོད་བྲལ་དུ་ཤེས་པས་ཐུགས་སུ་བདེ་བ་དང་གསུམ། རང་ལུས་ཐབས་ལྡན་ནམ་གཞན་ལུས་ལ་བརྟེན། ཐིག་ལེ་འཇུ་འདུལ་གྱི་མན་ངག་གིས། དགའ་བ། མཆོག་དགའ། དགའ་བྲལ། ལྷན་སྐྱེས་ཀྱི་དགའ་བ་དང་། །དགའ་བ་བཞིའི་ཡེ་ཤེས་རྒྱུད་ལ་སྐྱེས། འོད་ཀྱི་སྣང་བ་གསུམ། མེ་ལོང་འོད་ཀྱི་སྣང་བ་ཞལ་ཕྱག་མེ་ལོང་ནང་དུ་བལྟ། ཉི་མ་འོད་ཀྱི་སྣང་བ་ཐུགས་རྗེའི་ཉི་མ་ལ་བལྟ། མར་མེ་འོད་ཀྱི་སྣང་བ་དགོངས་པ་མར་མེ་ལ་བལྟ། དེ་ཡང་མེ་ལོང་ནང་གི་བཞིན་ལྟར་གཟུགས་གསལ། མར་མེ་ལྟར་དགོངས་པ་གསལ། ཉི་མ་ལྟར་ཐུགས་རྗེ་ཕྱོགས་མེད་དུ་གསལ་ཞིང་ཁྱབ་པ་དང་བཅས་པ། དེ་ལྟར་རྣལ་འབྱོར་པས་སེམས་ལ་དམིགས་ཤིང་བསྒོམ་པས་ལམ་དུ་ཁྱེར་པའོ། །

འབྲས་བུ་ནི། འབྲས་བུའི་སེམས་ལ་དམིགས་པ་ནི། །ལྷ་ཡི་ང་རྒྱལ་འཆང་བྱེད་ནི། །སྐུ་དང་བདེ་བ་བྱིན་བརླབས་གསུམ། །འབྲས་བུའི་སེམས་ལ་དམིགས་པའོ། །ཞེས་པས། འབྲས་བུའི་སེམས་ལ་དམིགས་པ་ནི། རྣལ་འབྱོར་པ་གང་ཞིག་ལྷ་ཡི་ང་རྒྱལ་འཆང་བ་བྱེད་པ་དེ་ལ་ལུས་སྐུར་གསལ། ཁམས་བདུད་རྩིར་བདེ། སྔགས་དང་རླུང་གིས་ངག་ཡིད་བྱིན་གྱིས་བརླབས་པའོ། །སྐུ་རང་ལུས་རྩ་ལས་ལྷ་སྐུའི་དབྱིབས་གྲུབ་པ་དང་། ཁམས་བདུད་རྩི་ལས་བདེ་བ། སྔགས་དང་རླུང་གིས་བྱིན་གྱིས་བརླབས་པ་གསུམ། རྩ་སྐུར་གསལ། ངག་སྔགས་སུ་གསལ། རླུང་ཐུགས་སུ་གསལ་བ་ནི་འབྲས་བུའི་སེམས་ལ་དམིགས་པའོ། །

གསུམ་པ་བདག་བྱིན་གྱིས་བརླབས་པ་ལ་འཆང་། ཐ་མལ། ལམ་ཁྱེར་འབྲས་བུ་གསུམ་ཡོད་པས། ཐ་མལ་ནི། ཐ་མལ་པ་ཡི་བདག་བྱིན་བརླབས། །སྣང་བ་རང་ལུགས་སེམས་ཅན་ལུས། །མི་ལུས་གྲུབ་སོགས་ཐ་མལ་པ། །ཞེས་པས། ཐ་མལ་པ་ཡི་བདག་བྱིན་གྱིས་བརླབ་པ་ནི། ཇི་ལྟར་སྣང་བ་རང་ལུགས་སམ་སེམས་ཅན་གྱི་ལུས། ཁམས་གསུམ་གྱི་སེམས་ཅན་རྣམས་ཀྱི་སྣང་བ་ལ་རང་ལུགས་སུ་བཅོས་བསྒྱུར་མ་བྱས་པ། འབྱུང་བ་ལྔ་རིགས་ལྔའི་རང་བཞིན་གྱིས་གནས་པའོ། །དེ་ལྟར་མི་ལུས་གྲུབ་པ་སོགས་ཐ་མལ་པ། དེའི་ནང་ནས་མི་ལུས་ཁྱད་པར་ཅན་ཐོབ་པ་ནི་རྡོ་རྗེ་ཐེག་པའི་ཆོས་ཟབ་མོ་དང་འཕྲད་པས་སོ། །ལམ་ཁྱེར་ནི། དེ་ལས་ལམ་དུ་ཁྱེར་ཙམ་ན། །རྡོ་རྗེའི་ལུས་ཉིད་དག་པ་ནི། །རང་ཉིད་དམིགས་ཤིང་ཡིད་འཛོག་པ། །སྤྱོད་ལམ་ཉིད་ཀྱང་སྒྱུ་མར་བལྟ། །དེ་ནི་རབ་ཏུ་བསྒོམ་པའོ། །ཞེས། རྣལ་འབྱོར་པས་བདག་བྱིན་གྱི་བརླབས་པ་དེ་ལས་ལམ་དུ་ཁྱེར་ཙམ་ན། རྡོ་རྗེའི་ལུས་ཉིད་དག་པ་ནི་དང་པོར་ལྟ་བས་རང་ལུས་རྡོ་རྗེའི་སྔགས་ཀྱི་ཐེག་པས་ཕྱུང་ཁམས། སངས་རྒྱས་སུ་གཏན་ལ་ཕེབ་པས་ཡེ་ནས་རྣམ་པར་དག་པའོ། །རང་ཉིད་སྒྲུབ་པ་པོས་ལམ་དུས་སུ་དམིགས་ཤིང་ཡིད་འཛོག་པ་ནི། དེ་ལྟར་ཕྱུང་པོ་ཁམས་སྐྱེ་མཆེད་རྣམས་ཡི་དམ་ལྷ་ཡིན་པ་ལ་ཡིན་པར་ཤེས་ནས་ལྷར་དམིགས་ཤིང་བསྒོམ་པ་ལ་ཡིད་འཛོག་པའོ། །སྤྱོད་ལམ་ཟ་ཉལ་འགྲོ་འདུག་དུས་བཞིའི་སྐབས་ནམ་དུ་ཡང་ལྷའི་སྐུ་ཕྱག་རྒྱ་སྒྱུ་མར་བལྟའོ། །དེ་ལྟ་བུའི་རབ་ཏུ་བསྒོམ་པ་ལམ་དུ་ཁྱེར་བས་བསྒོམ་པ་ནང་དུ་ཡིད་ལ་འཛོག །ལྷར་སྣང་གི་ཏིང་འཛིན་སྤྱོད་ལམ་རྣམ་བཞི་དང་མི་འབྲལ་བར་བྱེད་པ་ལམ་དུ་ཁྱེར་བའོ། །འབྲས་བུ་ནི། འབྲས་བུའི་བདག་བྱིན་བརླབས་པ་ནི། སྒྱུ་མ་དང་ནི་ཆུ་ཟླ་དང་། །འཇའ་ཚོན་བཞིན་དུ་དངོས་མེད་པ། །དེ་ལྟར་འབྲས་བུའི་སྐུར་སྣང་བ། །མཚན་དང་དཔེ་བྱད་རྒྱན་གྱིས་བརྒྱན། །དེ་ནི་འབྲས་བུའི་རིམ་པའོ། །ཞེས་འབྲས་བུ་སངས་རྒྱས་ཀྱི་ས་ན་འབྲས་བུའི་བདག་བྱིན་གྱི་བརླབས་པ་ནི། སྒྱུ་མ་དང་ཞེས་པས་ལྷ་སྐུས་དོན་མཛད་ཅིང་ལྷ་སྐུར་སྣང་ཡང་སྒྱུ་མ་དང་འདྲ་བའོ། །ཆུ་ཟླ་ལྟར་སྣང་ལ་རང་བཞིན་མེད་པས་ཆུ་ཟླ་དང་། གསལ་ལ་རྟོག་པ་མེད་པས་འཇའ་ཚོན་བཞིན་དུ་དངོས་པོ་བདེན་གྲུབ་ཏུ་མེད། དེ་ལྟར་དཔལ་ཆེན་པོ་ཧེ་རུ་ཀའི་འབྲས་བུའི་སྐུར་སྣང་བ་ཞི་བ་མཚན་དང་དཔེ་བྱད་དང་ཁྲོ་བོ་གར་དགུ

མཚན་དང་ཆས་བརྒྱད་དཔེ་བྱད་ཀྱི་རྒྱན་གྱིས་བརྒྱན་པ། དེ་ནི་གདུལ་བྱ་ལ་སྐུ་ཞི་བ་དང་ཁྲོ་བོར་གང་ལ་གང་འདུལ་དེ་ལ་དེར་མཐུན་དུ་སྣང་བ་འབྲས་བུའི་བདག་བྱིན་གྱིས་བརླབས་པའོ། །

བཞི་པ་འོད་གསལ་ལ་ཐ་མལ་ལམ་ཁྱེར་འབྲས་བུ་གསུམ་ལས། ཐ་མལ་ནི་སེམས་ཉིད་རང་བཞིན་གྱིས་འོད་གསལ་ཡེ་ནས་གྲུབ་ནས་གནས་པ་དེ། འོད་གསལ་བ་ཡི་མཚན་ཉིད་ནི། །ཐ་མལ་ལས་གྲུབ་རང་བཞིན་སྟོང་། །ཞེས། ཐ་མལ་པ་ལ་སེམས་རང་གི་མ་བཅོས་ལ་ཡོངས་ཀྱི་འོད་གསལ་བར་གྲུབ་པ་རང་གིས་མ་ཤེས་པའོ། །ལམ་ཁྱེར་ནི། ལམ་ཡང་རང་བཞིན་མེད་པ་སྟེ། །སེམས་ཀྱི་དཀྱིལ་འཁོར་འོད་གསལ་ཉིད། །ཅེས་ལམ་དུས་རྣལ་འབྱོར་པས་སེམས་ཉིད་འོད་གསལ་རང་བཞིན་མེད་པ་རང་གིས་འོད་གསལ་བས་མཁྱེན་པ་མ་འགགས་པ་སྟེ། སེམས་ཉིད་བྱང་ཆུབ་སེམས་ཀྱི་དཀྱིལ་འཁོར་འོད་གསལ་བ་སྟེ། སེམས་ལ་སེམས་མ་མཆིས་ཏེ། སེམས་ཀྱི་རང་བཞིན་འོད་གསལ་བའོ། །ཞེས་པ་ལྟར། ངང་གིས་མ་བཅོས་པས་རང་བཞིན་སྟོང་པ་ལམ་དུ་ཁྱེར་བའོ། །

འབྲས་བུ་ནི། འབྲས་བུ་ཡང་ནི་འོད་གསལ་ལོ། །དེ་ནི་ཐུན་མོང་སངས་རྒྱས་སོ། །ཞེས་པས། འབྲས་བུ་སངས་རྒྱས་ཀྱི་ས་ན་སངས་རྒྱས་ཐམས་ཅད་ཀྱི་ཡེ་ཤེས་འོད་གསལ་བའི་སྐུར་གནས་པ་སངས་རྒྱས་སོ། །དེ་ནི་ཐེག་པ་ཐུན་མོང་ཐམས་ཅད་ཀྱང་། །དེ་ལྟར་སངས་རྒྱས་པར་འདོད་པས་སོ། །

ལྔ་པ་ཟུང་དུ་འཇུག་པ་ལ་ཐ་མལ་དང་། ལམ་ཁྱེར་དང་། འབྲས་བུའོ། །ཐ་མལ་ནི། ཐ་མ་ཟུང་དུ་འཇུག་པ་ནི། ཐོག་མ་དང་ནི་ཐ་མའི་དུས། །སངས་རྒྱས་སེམས་ཅན་གཉིས་མེད་དེ། །གཉིས་སུ་མེད་པས་ཡེ་སངས་རྒྱས། །ཞེས། ཐོག་མ་སེམས་ཅན་དུ་གནས་པའི་དུས་ན་སེམས་ཉིད་བདེ་གཤེགས་སྙིང་པོ་ཡིན་ལ། ཐ་མ་སངས་རྒྱས་སུ་གནས་པའི་དུས་ན་ཡང་། སེམས་ཉིད་བདེ་གཤེགས་ཉིད་སངས་རྒྱས་པས་གཉིས་སུ་མེད་དེ་ཟུང་དུ་འཇུག་པའོ། །

ལམ་ཁྱེར་ནི། ཡེ་སངས་རྒྱས་པས་བླང་དོར་མེད། །བླང་དོར་མེད་པས་ལམ་དུ་ཁྱེར། །ཟུང་དུ་འཇུག་པས་གཉིས་སུ་བསྡེབས། །ཅེས་པས། རྣལ་འབྱོར་པས་སེམས་ཉིད་གཉིས་མེད་མཉམ་པ་ཆེན་པོ་ཟུང་དུ་འཇུག་པ་ཡེ་སངས་རྒྱས་པས་བླང་དོར་མེད་པ་སེམས་ཅན་ལ་ངན་པར་བལྟས་ནས་དོར་དུ་མེད། སངས་རྒྱས་ལ་བཟང་པོར་བལྟས་ནས་བླང་དུ་མེད་པས་བཟང་ངན་བླང་

ཏོར་མེད་པ་ལམ་དུ་ཁྱེར། ཟུང་དུ་འཇུག་པ་ནི། དཔེར་ན་རྨོས་གླང་གཉིས་གཤིབས་ན་ཞིང་རྨོ་བར་ནུས་པ་ལྟར་ཡབ་ཡུམ་གཉིས་བསྡེབས་པ་དེ་ཟུང་འཇུག་ལྡན་ཅིག་སྐྱེས་པའི་ཡེ་ཤེས་འགྲུབ་པར་བལྟའོ། །

འབྲས་བུ་ནི། འབྲས་བུ་ཉིད་ཀྱང་ཟུང་དུ་འཇུག །ཟུང་འཇུག་གོ་འཕང་ལ་གནས་ནི། །སླར་ཞིང་གང་ཡང་མི་སློབ་པའོ། །དགྱུང་ལས་སླར་གཤེགས་དོན་མ་མཆིས། །ཞེས། འབྲས་བུ་སངས་རྒྱས་ཀྱི་སར་འབྲས་བུ་ཉིད་ཀྱང་༼ཟུང་༽དུ་འཇུག་པ་དབྱིངས་ཡུམ་ལ་ཡེ་ཤེས་གཉིས་མེད་ཟུང་དུ་འཇུག །དེ་ལྟ་བུའི་ཟུང་འཇུག་གི་གོ་འཕང་ཆོས་སྐུའི་དགོངས་པ་ལ་གནས་པར་འགྱུར་བས་ན། སླར་ཞིང་གང་ལ་ཡང་བསླབ་པ་མེད་པས་མི་སློབ་པའོ། །རིམ་པ་བཞི་པའི་དོན་གྱི་འོད་གསལ་ལས་ལངས་མ་ཐག་ཏུ། སློབ་པའི་ཟུང་འཇུག་གི་སྐུར་ལྡང་བ་དག་པའི་སྒྱུ་ལུས་ལྡང་བ་དང་། མི་སློབ་པའི་ཟུང་འཇུག་ཁ་སྦྱོར་ཡན་ལག་བདུན་ལྡན་གྱི་སྐུར་བཞེངས་པ་སྟོང་ཉིད་ཆོས་སྐུ་ལས་ཡར་ལ་གཤེགས་པའི་དགོངས་པ་གཞན་ཡོད་པ་མ་ཡིན་པས་འབྲས་བུ་མཐར་ཐུག་པའི་ཟུང་འཇུག་དང་ལྔའི་རིམ་ལྔ་དེ་ལྟར་བསྟན་ཏོ། །དཔལ་གསང་བའི་སྙིང་པོ་ལྟར་ན། ཐབས་ལམ་དེ་ལ་དབྱེ་ན་གཉིས་ཏེ། གདམས་ངག་སྟེང་དང་འོག་གི་སྒོ། །ཞེས་སྟེང་སྒོ་འཇུ་འདུལ་གྱི་ཡན་ལག་ནི། འཁོར་ལོ་དྲུག་ལ་བརྟེན་ནས་འབར་འཛག་གི་སྦྱོར་བ་སྟེ། རྒྱ་མཚོ་ལས། འཁོར་ལོ་གསུམ་གཉིས་སྲོག་ཤིང་གསུམ། །མེ་རླུང་འགྲོ་བས་ནམ་མཁའི་བ། །བཞོ་བས་སྟེང་དུ་རྣམ་པར་གྲགས། །ཞེས་པས་བསྟན་ཏེ། འཁོར་ལོ་གསུམ་གཉིས་ཞེས་པས་གསུམ་ཚན་གཉིས་ཏེ་དྲུག་ཡིན་ཅིང་། སྲོག་ཤིང་གསུམ་ནི་རྩ་དབུ་རྐྱང་རོ་གསུམ་སྟེ་ལུས་ཀྱི་དབུས་སྲོག་ཤིང་བསླང་བ་ལྟར་ཡོད་པ་དེ་བརྟེན་པ་རྩ་འཁོར་སྤྱི་བོ་བདེ་ཆེན་གྱི་འཁོར་ལོ་རྩ་འདབས་སོ་གཉིས། མགྲིན་པ་ལོངས་སྤྱོད་འཁོར་ལོ་རྩ་འདབ་བཅུ་དྲུག །སྙིང་ག་ཆོས་ཀྱི་འཁོར་ལོ་རྩ་འདབ་བརྒྱད། ལྟེ་བ་སྤྲུལ་པའི་འཁོར་ལོ་རྩ་འདབ་དྲུག་ཅུ་རེ་བཞི། དེའི་འོག་ཏུ་སྦར་བྱ་མེའི་འཁོར་ལོ་གྲུ་གསུམ་རཾ་གྱིས་མཚན་པ་དང་། དེའི་འོག་ཏུ་སྦར་བྱེད་རླུང་གི་འཁོར་ལོ་གཞུའི་དབྱིབས་ཅན་ཡཾ་གྱིས་མཚན་པ་དང་དྲུག་གནས་ཤིང་། མེ་རླུང་འགྲོ་བས་ནམ་མཁའི་བ། །ཞེས་པ། དེ་ལྟར་སྟེང་སྒོའི་ལམ་ཉམས་སུ་བླངས་པས་སྟེང་རླུང་མནན

པས་རོ་རྐྱང་གཉིས་ཀྱི་ལམ་བརྒྱད་དེ་ལྟེ་འོག་ཏུ་སླེབ་པ་དང་། འོག་རླུང་བསྐུམ་པའི་རྐྱེན་གྱིས་སུམ་མདོའི་རླུང་དང་བཅས་པས་རླུང་གི་དཀྱིལ་འཁོར་གཡོས་པས་མེའི་དཀྱིལ་འཁོར་འབར་ཏེ། མེ་རླུང་གཉིས་པོ་དབུ་མའི་ལམ་བརྒྱད་སྤྱི་བོའི་ཧཾ་ཡིག་ལ་ནམ་མཁའི་བ་ཞེས་པ་ཐ་སྙད་བཏགས་པས། བ་ལས་འོ་མ་བཞོ་བ་མཚོན་བྱེད་དུ་བྱས་པས་ཧཾ་ཡིག་ལས་བྱང་སེམས་དངུལ་ཆུའི་ཏོག་མ་ལྟར་འཛག་པས་རྩ་འཁོར་གང་བས་དགའ་བའི་ཡེ་ཤེས་སྐྱེས། དེ་བཞིན་མགྲིན་པའི་རྩ་འཁོར་གང་བས་མཆོག་དགའི་ཡེ་ཤེས་རྒྱུད་ལ་སྐྱེས། སྙིང་གའི་རྩ་འཁོར་གང་བས་དགའ་བྲལ་གྱི་ཡེ་ཤེས་རྒྱུད་ལ་སྐྱེས། དེ་བཞིན་ལྟེ་བའི་རྩ་འཁོར་གང་བས་ལྷན་ཅིག་སྐྱེས་དགའི་ཡེ་ཤེས་རྒྱུད་ལ་སྐྱེས། དེ་ལྟར་བསླབ་པ་ཐབས་ལམ་སྟེང་སྒོའི་མན་ངག་སྤྱི་ལྟར་ཡིན། ཁྱད་པར་དུ་ནི་ཀུན་ཏུ་བཟང་པོའི་ཐིག་ལེའི་མན་ངག་སྙིང་ག་ཆོས་ཀྱི་འཁོར་ལོ་རིན་པོ་ཆེའི་སྒྲོམ་བུ་ཙིཏྟ་སྨུག་པོ་གུར་ཕུབ་པ་འདྲ་བའི་ནང་རང་བཞིན་དཀྱིལ་འཁོར་ཡེ་ནས་གནས་པའི་རྟགས་སུ་དྭངས་མ་ལྔ་ཡུམ་ལྔ་ཡེ་ཤེས་ལྔ་སྐུ་ལྔའི་རང་བཞིན་གྱི་གནས། དེ་ཡང་སྙིང་ག་ཆོས་ཀྱི་འཁོར་ལོའི་གཡས་ན་ཆོས་ཉིད་ཀྱི་རྩ་གསུམ་དབྱེབས་ཟླུམ་པོ་ཁ་དོག་དཀར་པོ་ཀུན་གཞིའི་རྣམ་ཤེས་གནས་པའི་རྟེན་སྨྲང་བྱ་འཁོར་བའི་ས་བོན་ཨ་ཐྲི། སྦྱོང་བྱེད་དེ་བཞིན་གཤེགས་པའི་སྙིང་པོ་ཨོཾ་གནས་པའོ། །རྒྱབ་ཕྱོགས་སུ་ཡེ་ཤེས་ཀྱི་རྩ་གཅིག་དབྱིབས་གྲུ་བཞི་མདོག་སེར་པོ། ཡིད་ཀྱི་ཤེས་པ་ས་བོན་སུ་ཏྲི། སྙིང་པོ་ཧཱུྃ། གཡོན་ཡོན་ཏན་གྱི་རྩ་གསུམ་དབྱིབས་ཟླ་གམ་ཁ་དོག་དམར་པོ་ཉོན་ཡིད་ཀྱི་ཤེས་པ། ས་བོན་བྲེ་དུ། སྙིང་པོ་ཨཾ། མདུན་དུ་རང་རྒྱུད་ཀྱི་རྩ་གཅིག་དབྱིབས་གྲུ་གསུམ་ཁ་དོག་དམར་ནག་སྒོ་ལྔའི་རྣམ་ཤེས་གཉིད་དང་བཅས་པ་གནས་ཤིང་། དེ་རྣམས་ཀྱི་དབུས་ན་ཡེ་ཤེས་སྙིང་པོའི་ཐིག་ལེ་མེ་ཏོག་ཀུནྡ་ལྟ་བུ་འོད་སྣ་ཚོགས་ཅིར་ཡང་མ་ངེས་པ་མཐའ་ཐམས་ཅད་ལས་གྲོལ་བ་ཡུངས་ཀར་འབྲིང་ཚད་ཙམ་དུ་གནས་པའི་དཀྱིལ་འཁོར་དེ། རང་རིག་པའི་མངོན་སུམ་གསལ་བ་ཡུལ་གྱིས་མི་འཕྲོགས་པ་བསྒོམ་པར་བྱས་པ་དངས་མ་ལྔ་ཡེ་ཤེས་སྙིང་པོ་དང་དྲུག་པོ་དེ་དག་ཡེ་ཤེས་ལྔ་དང་རང་བྱུང་གི་ཡེ་ཤེས་དང་དྲུག་གི་དཀྱིལ་འཁོར་དུ་རང་སྣང་བ་ནི་ཕྱིན་ཅི་མ་ལོག་པར་ཡོངས་སུ་གྲུབ་པའོ། །དེ་ཀ་ལ་སྤྱི་བོ་ཚངས་པའི་བུ་ག་ན་མར་ཡེ་ཤེས་སྙིང་པོའི་ཐིག་ལེ་ལ་སེམས་གཏད་དེ་བསྒོམ་པས་སྐུ་གསུང་

ཐུགས་ཀྱི་ཐིག་ལེ་ལ་ཕོག་སྟེ་འགག་མེའི་དྲུམ་བུ་ལ་རྣམ་བཏབ་པའི་ཚུལ་དུ་དཀར་སལ་གྱིས་སོང་བ་ལས་ས་བོན་དྲུག་གཉིད་དང་བཅས་པ་སྦྱངས་ནས་དྭངས་མའི་དཀྱིལ་འཁོར་གྱི་ཡེ་ཤེས་སྙིང་པོ་ལ་འདུས་ཏེ་དེ་ལས་བདེ་བའི་ཡེ་ཤེས་འབྱུང་བའོ། །བདེ་བའི་ཡེ་ཤེས་ཀྱི་ངོ་བོ་ནི་དམིགས་སུ་མེད་པ་མཐའ་ཐམས་ཅད་དང་བྲལ་བ་ཐུགས་ཀྱི་དཀྱིལ་འཁོར་རོ། །དེ་ནི་རྒྱུ་འབྲས་གཉིས་མེད་ཀུན་ཏུ་བཟང་པོའི་མན་ངག་གོ། །

གཉིས་པ་ཀུན་ཏུ་བཟང་མོའི་ཐིག་ལེའི་མན་ངག་ལྟེ་བ་སྤྲུལ་པའི་འཁོར་ལོ་བསྒོམ་པའི་མན་ངག་ནི། ལྟེ་བ་སྤྲུལ་པའི་འཁོར་ལོ་རྩ་འདབ་དྲུག་ཅུ་རྩ་བཞིའི་དབུས་ན། དབྱིངས་ཕྱུག་ལྷའི་ཐིག་ལེ་ཞེས་བྱ་བ་ཡི་གེ་ཨ་ཐུང་གི་དབྱིབས་སུ་གནས་ཏེ། ཡུམ་གྱི་གསང་བའི་མཁའ་སྣ་རྩེའི་ཐིག་ལེ་དང་འབྲེལ་ནས་གནས་སོ། །དེ་ཡང་སྙིང་ག་ན་ཡར་ཨ་ལ་སེམས་གཏད་དེ་བསྒོམ་པས་རྩ་ཨ་བ་དྷཱུ་ཏིའི་མར་སྣེ་དམར་ནར་གྱིས་སོང་བས། དབྱིངས་ཕྱུག་ལྷའི་ཐིག་ལེ་ལ་ཕོག་སྟེ་འོད་དུ་ཞུ་བས། རྩ་འདབ་དྲུག་ཅུ་རྩ་བཞིའི་རྟོག་ཚོགས་ཀྱི་ཐིག་ལེ་རྣམས་ཞུ་སྟེ་ཞག་གོར་འོ་མས་བུས་པ་བཞིན་སོང་། རྩ་བ་སྐྲུ་དང་ཡེ་ཤེས་བཞི་བཅུ་རྩ་གཉིས་སུ་གསལ་ཞིང་། དེ་དག་འབྱུང་བའི་རྒྱུར་གྱུར་པས་དཀྱིལ་འཁོར་གྱི་དབྱིངས་སོ། །དེ་ལྟར་ལྷ་རྟོག་དབྱེར་མི་ཕྱེད་པས་ནི་ཛོ་ཛེ་ཞེས་བྱ་སྟེ། རྟོག་པ་རྣམས་ལྷའི་ཚོགས་སུ་གསལ་བའམ། རྟོག་ཚོགས་ཐམས་ཅད་བདེ་བའི་ཡེ་ཤེས་ཀྱི་སྤྱོད་ཡུལ་དུ་དག་པས་ཀུན་ཏུ་བཟང་པོ་དང་། བཟང་མོ་དང་། ཐབ་པ་དྲུག་དང་བཅས་པའི་དཀྱིལ་འཁོར་ལ་མངོན་སུམ་དུ་གསལ་བ་ནི་འཁོར་འདས་ཐམས་ཅད་ཡིད་རང་བྱུང་གི་ཡེ་ཤེས་ཁོ་ན་ཡིན་པའི་ཕྱིར་བདག་ཉིད་ཆེན་པོ་ཞེས་བྱའོ། །དེ་ཡང་སྙིང་ག་ཆོས་ཀྱི་འཁོར་ལོ་ལ་ཡང་དང་ཡང་དུ་བསྒོམ་པའི་སྟོབས་ཀྱིས་རང་ལ་རང་གསལ་བས་ལྷག་པའི་ཡེ་ཤེས་སོ། །ཡེ་ཤེས་ལྷའི་ངོ་བོ་ཡང་ཐུགས་སྟོང་པ་ཉིད་ཀྱི་ཡེ་ཤེས་སུ་འདུས་པས། རང་གི་རིག་པའི་ཡེ་ཤེས་ལ་བལྟ་བྱ་ལྟ་བྱེད་མེད་པའི་ཚུལ་གྱིས་ཡེ་ཤེས་ལྷའི་ངོ་བོ་ལ་ལྟ་ཞིང་ཉམས་སུ་ལེན་པ་ནི་མཐོང་བ་མེད་པའི་ཚུལ་གྱིས་མཐོང་བ་ཁོ་ནའོ། །དེ་ནི་ལྟེ་བ་སྤྲུལ་པའི་འཁོར་ལོ་བསྒོམ་པའི་མན་ངག་གོ། །

གསུམ་པ་སྦྱོར་བ་དག་པའི་མན་ངག་ནི། དེ་ཡང་མགྲིན་པ་ལོངས་སྤྱོད་ཀྱི་འཁོར་ལོ་རྩ་

འདབ་བཅུ་དྲུག་གི་དབུས་ན་མཁའ་འགྲོ་མ་རྣམ་མ་ཞེས་བྱ་བ་ཡི་གེ་ཨཾ་གི་དབྱིབས་སུ་གནས་པ་དེ་ལ་བཟའ་བཏུང་གི་བཅུད་འདུས་པས་དེ་སྙིང་པོའི་སྙིང་གའི་ཐིག་ལེའོ། །དེ་ཡང་སྙིང་ག་ནས་འོད་ཟེར་གྱེན་དུ་སོང་། མགྲིན་པ་ལོངས་སྤྱོད་ཀྱི་ཐིག་ལེ་ལ་ཕོག་པས། རྟོག་ཚོགས་ཀྱི་ཐིག་ལེ་འཁྲུགས་པ་ལྟར་བཞུ་སྟེ། ཞག་གོར་འོ་མས་བྲུས་པ་ལྟ་བུར་སོང་བ་ལ་མཉམ་བཞག་གི་སྦྱོར་བས་ཐིག་ལེ་དེ་དག་ཞུ་བ་ལས་རོ་དྲུག་གི་བདེ་བའི་ཡེ་ཤེས་སུ་གསལ་ཞིང་ཡིད་ཚིམ་པར་བྱེད་པའི་ཕྱིར་བདེ་བའི་ཡེ་ཤེས་ཞེས་བྱ་སྟེ་སྡུག་བསྔལ་གྱིས་གདུང་བ་མེད་པའི་དགྱེས་པ་ཆེན་པོ་དེ་ལྟར་སྤྱོད་ལ་མི་འཛིན་པ་སྦྱོར་བ་དག་པའི་མན་ངག་གོ། །

བཞི་པ་ཁྲབ་གདལ་ཆེན་པོའི་མན་ངག་ནི། ཀླད་པ་བདེ་ཆེན་གྱི་འཁོར་ལོ་རྩ་འདབ་སོ་གཉིས་ཀྱི་དབུས་ན་ཀུན་ཏུ་བཟང་པོའི་ཐིག་ལེ་ཡི་གེ་ཧཾ་གི་དབྱིབས་སུ་གནས་ཏེ། དེ་བསྒོམ་པའི་སྟོབས་ཀྱི་ཟག་པ་མེད་པའི་བདེ་བ་ཉམས་སུ་མྱོང་བའི་བསོད་ནམས་ཀྱི་ཚོགས་ཀྱིས་དངོས་པོ་དང་མཚན་མས་འཛིན་པའི་དྲི་མ་དག་ནས་ཡེ་ཤེས་སྒྱུ་མར་རང་སྣང་བའོ། །དེ་ཡང་སྙིང་ག་ནས་མེ་སྣ་ཡར་སོང་སྟེ་ལོངས་སྤྱོད་ཀྱི་ཐིག་ལེ་ལ་ཕོག །དེ་ནས་ཡར་སྤྱི་བོ་ཚངས་པའི་བུ་ག་ནས་འཐོན་སྟེ་ཕྱོགས་བཅུའི་དེ་བཞིན་གཤེགས་པ་ཐམས་ཅད་ལ་ཕོག་པས་འོད་དུ་ཞུ་ནས་ཚུར་འདུས་བདེ་ཆེན་གྱི་འཁོར་ལོ་ན་ཐིག་ལེ་ཧཾ་ཡོད་པ་ལ་ཐིམ་ནས། ཧཾ་ཡང་འོད་དུ་ཞུ་བ་ལས་རྩ་འདབ་སོ་གཉིས་ཀྱི་རྟོག་ཚོགས་ཀྱི་ཐིག་ལེ་འོད་དུ་ཞུ་སྟེ། ཞག་གོར་འོ་མས་བྲུས་པ་བཞིན་དུ་སོང་བ་དང་། ཟག་མེད་ཀྱི་བདེ་བས་ལུས་མགོ་མཇུག་ལ་ཁྱབ་ཅིང་རྟོག་ཚོགས་ཐམས་ཅད་སྐུ་དང་ཡེ་ཤེས་སུ་གསལ་བའོ། །དེ་ཡང་རྟོགས་པར་དཀའ་བས་ན་གསང་བ། བཅུད་འདུས་པའི་ཐིག་ལེ་བདེ་བའི་ཡེ་ཤེས་དེ་ཉིད་ཀྱི་འབྱུང་ཁུངས་སུ་གྱུར་པས་དབྱིངས་ཞེས་བྱ། བདེ་བའི་ཡེ་ཤེས་དེ་ནི་སངས་རྒྱས་ཀུན་གྱི་དགོངས་པའི་དངོས་གཞིའོ། །འོག་སྒོ་ཁམས་གསུམ་རོལ་པའི་མན་ངག་ནི། ལས་རྒྱ་ལ་བརྟེན་ནས་བསྐྱལ་ཏེ། ཕྱག་རྒྱ་བཞིའི་འདུ་ཤེས་གསུམ་ལྡན་གྱི་སྒོ་ནས་སྐྱོམས་པར་འཇུག །དེ་ལྟར་བྱང་སེམས་སྤྱི་བོ་ནསའབྲིན་པ་སྙིག་ག་ལྟེ་བ་རྣམས་སུ་རིམ་གྱིས་བབས་པས། དགའ་བ་བཞིའི་རིམ་པས་དངོས་པོ་ལྷན་ཅིག་སྐྱེས་པའི་ཡེ་ཤེས་དབབ་བཟུང་སྦྱོར་བས་ཉམས་སུ་མྱོང་། དེ་ནས་བྱང་སེམས་ལྡོག་ཁྲབ་

ཀྱི་སྦྱོར་བས་དཀར་དམར་འདྲེས་པ་ཡུམ་གྱི་རྩ་ཁ་ཁ་མུ་ཀའི་རྩེ་ནས་སླར་ཡང་གྱེན་དུ་ལྡོག་སྟེ་ལྟེ་བ་ནས་སྤྱི་བོའི་རྩ་འཁོར་གྱི་བར་དུ་ཁྱབ་པས། ལུས་ཐམས་ཅད་ལ་རྩས་ཁྱབ། དེ་ཐམས་ཅད་ལ་བྱང་ཆུབ་སེམས་ཀྱིས་ཁྱབ། དེ་ཐམས་ཅད་ལ་བདེ་བའི་ཡེ་ཤེས་ཀྱིས་ཁྱབ་པས་རང་བཞིན་ལྷན་ཅིག་སྐྱེས་པའི་ཡེ་ཤེས་ཉམས་སུ་མྱོང་། སྐད་ཅིག་ལ་བདེ་སྟོང་ཆེན་པོའི་ཡེ་ཤེས་བཙན་ཐབས་སུ་སྐྱེས་པས། ས་ལམ་གཅིག་ཆོད་དུ་རྫོགས་པའི་ཐབས་ལམ་གཅིག་ཆར་བ་སྟེ། རྒྱས་པ་ལས། ཕུན་སུམ་ཚོགས་པ་ལྷུན་གྲུབ་རྣམས། །གསང་དབང་མཆོག་གི་སྦྱིན་པར་བྱེད། །ཅེས་གསུངས་སོ། །

འདུས་པའི་རིམ་ལྔ་ནི། སླར་ཡང་ཞེས་པས་ལུས་དབེན་གྱི་སྦྱོར་བ་བདེ་སྟོང་འདྲེན་པ་སོགས་བྱས་ནས། སླར་ཡང་དབེན་པ་གསུམ་གྱི་རིམ་པ་ལས་དང་པོ་ལུས་དབེན་སྐུ་རྡོ་རྗེའི་ཏིང་འཛིན་ལ་དམ་པ་རིགས་བརྒྱའི་ལུས་དབེན། དེ་ཉིད་རིགས་ལྔའི་ལུས་དབེན། གསང་བ་རིགས་གསུམ་སྟེ། རིན་འབྱུང་རྣམ་སྣང་སྐྱུ་དོན་གྲུབ་སྣང་མཐའ་གསུང་། རྡོ་རྗེ་མི་བསྐྱོད་ཐུགས་སྟེ་གསུམ་མོ། །གསང་ཆེན་རིགས་གཅིག་རྣམས་བསྒོམ་སྟེ་ལུས་ཀྱི་ཕྱི་ནང་གི་སྟོང་ར་སོགས་གསལ་དགོས་སོ། །སྦྱོར་རྫོགས་རིམ་རྡོ་རྗེ་ཕུང་པོའི་ལུས་ལ་གནད་དུ་བསྣུན་པར་བྱེད་པ་ལ། རྩ་རླུང་ཐིག་ལེ་གསུམ་གྱི་གནད་ཤེས་དགོས་པས། རྩ་ཐམས་ཅད་བསྡུ་ན་དབུ་རྒྱུང་རོ་གསུམ་དུ་འདུས་ཤིང་། དེ་ལས་གྱེས་པའི་སྤྱི་བོ་བདེ་ཆེན་གྱི་འཁོར་ལོ་ན་རྩ་འདབ་སོ་བཞི་ཡོད། སྤྱི་བོ་བདེ་ཆེན་ཞེས་པའི་རྒྱུ་མཚན་ཡོད་དེ། བདེ་བའི་རྟེན་ཧཾ་ཡིག་དེར་གནས་པའི་ཕྱིར། མགྲིན་པ་ལོངས་སྤྱོད་ཅེས་པའི་རྒྱུ་མཚན་ཡོད་དེ། རོ་དྲུག་ལ་གནས་དང་སྒྲ་དབྱངས་མི་ཟད་པར་ལོངས་སྤྱོད་པའི་གནས་ཡིན་པའི་ཕྱིར་རོ། །འདིར་རྩ་འདབ་བཅུ་དྲུག །སྙིང་གར་ཆོས་ཀྱི་འཁོར་ལོ་ཞེས་པའི་རྒྱུ་མཚན་ཡོད་དེ། ཆོས་ཀྱི་རྩ་ཤིན་ཏུ་ཕྲ་བའི་རླུང་སེམས་ཀྱི་རྟེན་མི་ཤིགས་པའི་ཐིག་ལེ་དེར་གནས་པའི་ཕྱིར་རོ། །འདིར་རྩ་འདབ་བརྒྱད། ལྟེ་བ་སྤྲུལ་པའི་འཁོར་ལོ་ཞེས་བརྗོད་པའི་རྒྱུ་མཚན་ཡོད་དེ། ལུས་ཀྱི་རྩ་བ་ཡིན་པ་དང་། བདེ་བ་ཆེན་པོའི་ཡེ་ཤེས་སྐྱེ་བའམ་སྤྲུལ་པའི་གཞི་གཏུམ་མོའི་མེ་གཙོ་བོར་ལྟེ་བར་གནས་པའི་ཕྱིར་རོ། །འདིར་རྩ་འདབ་དྲུག་ཅུ་རྩ་བཞི། གསང་བ་ལ་བདེ་སྐྱོང་ཞེས་བརྗོད་པའི་རྒྱུ་མཚན་ཡོད་དེ། བདེ་བ་གསང་གནས་སུ་སྐྱོང་བའི་ཕྱིར་རོ། །རླུང་ལ་རླུང་ཐམས་ཅད་བསྡུས་ན་རྩ་བ་དང་ཡན་ལག

གི་རླུང་བཅུར་འདུས་ཤིང་། རྩ་བའི་རླུང་ལྔ་ནི། སྲོག་འཛིན༡། ཐུར་སེལ༢། མེ་མཉམ༣། ཁྱབ་བྱེད༤། རྒྱུ༥། ཁྱབ་བྱེད་རྣམས་སོ༥། །

ཡན་ལག་གི་རླུང་ལྔ་ནི། སྒོ་ལྔའི་རྣམ་ཤེས་ཀྱི་རིམ་པར་བཞོན་པར་གྱུར་པའི་རླུང་ལྔ་སྟེ། རྒྱུ་བ༡། རྣམ་པར་རྒྱུ་བ༢། ཡང་དག་པར་རྒྱུ་བ༣། རབ་ཏུ་རྒྱུ་བ༤། ངེས་པར་རྒྱུ་བ་རྣམས་སོ༥། ། དེ་ཡང་ཡེ་ཤེས་ཀྱི་རླུང······མ་ཡིག་མི་གསལ་རྣམས་སུ་བསྟུའོ། །ཐིག་ལེ་ལ་ཀུན་རྫོབ་རྒྱུ་ཡི་ཐིག་ལེ། དོན་དམ་ཡེ་ཤེས་ཀྱི་ཐིག་ལེ་རྣམས་སོ། །དེ་ལྟར་རྩ་ཐིག་རླུང་གསུམ་གྱི་གནད་ལེགས་པར་ཤེས་པར་བྱས་ཏེ་ལུས་ཀྱི་ཕྱི་ནང་གི་སྟོང་ར་སོགས་གསལ་ཏེ། ལུས་དབེན་བདེ་སྟོང་གི་ལྷ་སྐུ་བསྒོམ་མོ། ། ལུས་ནི་སྤྱངས་པའི་དོན་གྱིས་མ་དག་པའི་གདོས་བཅས་འདིའོ། །དབེན་ཞེས་པ་ལྟར་སྣང་བདེ་སྟོང་གི་རྒྱས་གདབ་པས་དེ་མེད་པའོ། །

ངག་དབེན་གསུང་རྡོ་རྗེའི་ཏིང་འཛིན་ལ་བསླབ་པ་ནི། རླུང་གནད་ལེགས་པར་བྱས། རླུང་རྡོ་རྗེའི་བཟླས་པ་བྱས་ཏེ་སྙིང་གའི་ཨ་དཀར་ལ་སེམས་གཏད་པ་གལ་ཆེ་ཞིང་། འདི་སྐབས་རྡོ་རྗེ་སེམས་དཔའ་ལྷན་སྐྱེས་ཡབ་ཡུམ་གསལ་ལ་འཛིན་མེད་ཀྱི་ངང་ནས་བཟླས་པ་ཅི་ནུས་བྱ། དེ་རྗེས་སྙིང་གའི་སྔ་རྩེར་སྔགས་ཀྱི་ཐིག་ལེ་བསྒོམ་པ་ནི། ཧཱུྃ་ཡིག་དངུལ་ཆུའི་མདོག་ཅན་དྭངས་ཤིང་གསལ་བ་ཉིད། མཉམ་བཞག་གི་རང་སྣང་ཐིག་ལེ་ཧཱུྃ་ཡིག་ཏུ་སྣང་བ་ཙམ་མ་འགགས་ཤིང་། དེ་ཉིད་ལ་མཉམ་པར་བབས་ཀྱིས་བཞག་པས། ཀུན་ལ་ཁྱབ་གདལ་བ་ཆེན་པོ་མིང་འདོགས་དང་བྲལ་བ་ཡིད་བྱེད་ཀྱི་ཡུལ་ལས་འདས་པ། འདི་ཞེས་གང་གིས་ཀྱང་མི་མཚོན་པའི་ངོ་བོ་ལ་ཆེད་དུ་གཉེར་ནས་བསྒོམ་པ་མ་ཡིན་པ། ཐ་མལ་ཡེངས་མ་ལམ་དུ་མ་སོང་བའི་རང་བབས་བློ་བྲལ་གྱི་ངང་ལ་མཉམ་པར་འཇོག་ཅིང་། བྱིང་རྨུགས་འཐིབས་པ་ལ་སོགས་བྱུང་ཚེ་ཕྱིའི་ཡུལ་སྣང་དང་བསྲེ་ནས་མཉམ་པར་འཇོག་པའོ། །གདོང་གི་སྣ་རྩེ་འོད་ཀྱི་ཐིག་ལེ་ལ་བརྟེན་ནས་སྣང་བ་བཞི་ཉམས་སུ་ལེན་པ་དང་། དེ་གཉིས་གེགས་སེལ་ལོ། །བོགས་འདོན་པ་ལ། གསང་བའི་སྣ་རྩེ་རྫས་ཀྱི་ཐིག་ལེ་ལ་བསྒོམ་པ་ནི། ཆུ་སྐྱེས་ཀྱི་དབུས་སུ་བོལ་(པོ་ལ)བསྒོམ་པ་བསྲུབ་སྦྱོར་གྱི་སྦྱོར་བ་ལ་བརྟེན་ནས་བདེ་ཆེན་ལྷན་ཅིག་སྐྱེས་པའི་ཡེ་ཤེས་ཉམས་སུ་ལེན་པའོ། །ཞེས། ཀུན་མཁྱེན་པྲ་ཛྙཱ

རྣྩིས་གསུངས་སོ། །སེམས་དབེན་ཐུགས་རྡོ་རྗེའི་ཏིང་འཛིན་ནི། རླུང་གོམས་སྦྱོར་བས་ཀྱིས་ཞུགས་གནས་ཐིམ་གསུམ་གྱི་རྟགས་རྣམས་འབྱུང་ཞིང་སྣང་བའི་རང་བཞིན་གྱི་རྟོག་པ་སོ་གསུམ། མཆེད་པའི་རང་བཞིན་གྱི་རྟོག་པ་བཞི་བཅུ། ཉེར་ཐོབ་ཀྱི་རང་བཞིན་གྱི་རྟོག་པ་བདུན་འགགས་ཏེ་སྣང་བ་གསུམ་གྱི་ཡེ་ཤེས་སེམས་ཀྱི་ཆོས་ཉིད་སྟོང་པ། སྟོང་པ་ཆེན་པོ། ཤིན་ཏུ་སྟོང་པ། རབ་ཏུ་སྟོང་པ་སྟེ་སྟོང་བཞིའི་འོད་གསལ་སྐྱེ་བ་ཡིན་ནོ། །ཀུན་རྫོབ་བདེན་པ་སྒྱུ་ལུས་ལ་སེམས་དབེན་གྱི་ཡེ་ཤེས་ཀྱི་མཐའི་འོད་གསལ་ལས་ལུགས་ལྡོག་ཏུ་རླུང་སེམས་ཙམ་ལས་དངོས་སུ་རྡོ་རྗེ་འཆང་གི་སྐུ་མཚན་དཔེས་བརྒྱན་པར་བཞེངས་པ་ནི། བདག་བྱིན་གྱིས་བརླབས་པ་ཀུན་རྫོབ་བདེན་པ་མ་དག་པ་སྒྱུ་མའི་ལུས་རྡོ་རྗེ་ཞེས་བྱའོ། །དོན་གྱི་འོད་གསལ་མངོན་དུ་བྱས་ནས་སླར་སྒྱུ་མའི་སྐུར་ལྡང་བ་ནི་དག་པའི་སྒྱུ་ལུས་ཡིན་ནོ། །དོན་དམ་བདེན་པ་འོད་གསལ་གྱི་རྫོགས་རིམ་ལ་སྒྱུ་མའི་ལུས་དེ་ཉིད་རིལ་འཛིན་དང་། རྗེས་གཞིག་གི་བསམ་གཏན་གཉིས་གང་རུང་གིས་འོད་གསལ་དུ་བསྡུས་པའི་གཉིས་སྣང་རགས་པ་ནུབ་པ་དཔེའི་འོད་གསལ་དང་། གཉིས་སྣང་ཕྲ་བ་ནུབ་པ་དོན་གྱི་འོད་གསལ་ཉིད་དང་གཉིས་ཡོད་དེ། བདེན་པ་གཉིས་དབྱེར་མེད་ཀྱི་རྫོགས་རིམ་ནི། བདེན་གཉིས་དབྱེར་མེད་ཅེས་པས་བསྟན་ཏེ། ཐུགས་དོན་དམ་བདེན་པ་དོན་གྱི་སྟོང་པའི་འོད་གསལ་དང་། སྐུ་ཀུན་རྫོབ་བདེན་པ་དག་པའི་སྒྱུ་ལུས་སྣང་བའི་འོད་གསལ་ཏེ། བདེན་གཉིས་དབྱེར་མེད་དམ། སྣང་སྟོང་ཟུང་འཇུག་གམ། སྐུ་ཐུགས་ཟུང་འཇུག་གི་ཉམས་ལེན་རྣམས་ཏེ། དེ་ལ་སློབ་པའི་ཟུང་འཇུག་དང་མི་སློབ་པའི་ཟུང་འཇུག་གཉིས་ཡོད་དོ། །གཞན་དུ་སྦྱོར་བ་ཡན་ལག་དྲུག་གི་རྫོགས་རིམ་གསུངས་པ་དེའང་རིམ་ལྔ་འདིར་འདུས་ཏེ། ལུས་དབེན་གྱིས་སོར་བསམ་གཉིས་བསྡུས། ངག་དབེན་གྱིས་སྲོག་རྩོལ་བསྡུས། འོད་གསལ་གྱི་འཛིན་པ་བསྡུས། ཟུང་འཇུག་གིས་རྗེས་དྲན་དང་ཏིང་འཛིན་བསྡུས་སོ། །དེ་ཡང་རིམ་ལྔ་འདི་ལ་དབྱེ་བསྡུའི་བཞེད་པ་མང་ཡང་། ཀློ་སྒྲུབ་ཞབས་ཀྱི་རིམ་ལྔའི་མདོར་བསྟན་དུ། རྡོ་རྗེའི་བཟླས་པ་དང་། སེམས་ལ་དམིགས་པ་དང་། སྒྱུ་ལུས་དང་། འོད་གསལ་དང་། ཟུང་འཇུག་དང་ལྔར་མཛད་པ་ཉིད་གྲགས་ཆེ་ཞིང་། རྗེ་ཁྲིན་ལས་ཞབས་ཀྱི་བཞེད་པར། ལུས་དབེན་སྐུ་རྡོ་རྗེའི་ཏིང་འཛིན་དང་། ངག་དབེན་གསུང་རྡོ་རྗེའི་ཏིང་འཛིན་དང་། སེམས་དབེན་ནི་ཐུགས་རྡོ་རྗེའི་ཏིང་

འཛིན་ཏེ་དབེན་གསུམ་ཡིན་ནོ། །དེ་དག་ཀྱང་མཐར་ཐུག་གི་དོན་ལ་སྦྱོད་བསྒྲུས་ལས་བསྐྱེད་པའི་རིམ་པ་ནས་བརྩམས་ཏེ། ལུས་རྣམ་པར་དབེན་པའི་མཐར་ཐུག་པའི་བར་དང་། རྡོ་རྗེ་གསུམ་ལ་སོགས་པས་ཀྱང་མཚན་ཉིད་ལ་ལྷག་པར་མོས་པ་ཙམ་ལགས་ཏེ། དེ་བས་ན་ལུས་རྣམ་པར་དབེན་པ་ལ་ལྷའི་གཟུགས་མེད་དེ། ལུས་ནི་རྡུལ་ཕྲ་རབ་བསགས་པ་ཙམ་ཡིན་པའི་ཕྱིར་རོ། །ངག་རྣམ་པར་དབེན་པའི་མཐར་ཐུག་པ་ཡང་འཇུག་པ་ལ་སོགས་པའི་རིམ་གྱིས་རྡོ་རྗེའི་བཟླས་པ་ཙམ་ཡོངས་སུ་ཤེས་པ་སྟེ། དེ་ལའང་ལྷའི་རྣམ་པ་མེད་དེ། སྒྲ་རྣམས་ནི་བྲག་ཆ་ལྟ་བུ་ཡིན་པའི་ཕྱིར་རོ། །སེམས་རྣམ་པར་དབེན་པའི་མཐར་ཐུག་པ་ཡང་རང་བཞིན་གྱིས་སྣང་བ་ཙམ་ཡོངས་སུ་ཤེས་པ་ཙམ་དུ་ཟད་པས། དེ་ཡང་རྣམ་པ་ཐམས་ཅད་ཀྱི་མཆོག་དང་ལྡན་པའི་ལྷ་སྐུའི་ངོ་བོ་རྙེད་པ་མི་འགྱུར་ཏེ་སེམས་ནི་སྣང་བ་ཙམ་ཡིན་པའི་ཕྱིར་རོ། །རིགས་པ་འདིས་ནི་ཀུན་རྫོབ་ལ་བརྟེན་ནས་གནས་པ་རྙེད་པར་མི་འགྱུར་རོ། །དེ་བས་ན་ཡེ་ཤེས་ཙམ་གྱི་ལྷ་ཉིད་དུ་ཐ་མལ་གྱི་སྣང་ཞེན་འོད་གསལ་དུ་བསྒྱུ་བའི་ངང་ལས་རང་གི་སེམས་ལྷ་སྐུར་བསྐྱེད་ལ། བསྐྱེད་པ་སློབ་དཔོན་གྱི་ཞལ་སྔ་ནས་རྟོགས་པ་བརྒྱུད་པར་འཚལ་ལོ། །ཞེས་གསུངས་པ་ལྟར། དབེན་གསུམ་མཐར་ཕྱིན་ནས་བདེན་གཉིས་སོ་སོའི་རྫོགས་རིམ་དང་བདེན་གཉིས་ཟུང་འཇུག་གི་རྫོགས་རིམ་ལ་བསླབ་པར་བྱ་སྟེ།

དང་པོ་ཀུན་རྫོབ་སྒྱུ་མའི་རྫོགས་རིམ་ནི། དེ་ཡང་སེམས་ཅན་རྣམས་ལ་རང་ཆས་སུ་ཡོད་པའི་ཤིན་ཏུ་ཕྲ་བའི་རླུང་སེམས་གཉིས་ནི་སྒྱུ་ལུས་ཀྱི་སྒྲུབ་གཞི་དེ་ཉིད་ཐབས་མཁས་པའི་རྣལ་འབྱོར་པ་ལ་སྒྱུ་མའི་སྐུར་ཤར་ནས་འཚང་རྒྱ་བ་ཡིན་ཏེ། རིམ་ལྔ་ལས། འགྲོ་ཀུན་རང་དབང་མེད་པ་སྟེ། །རང་དབང་དེ་ནི་འབྱུང་མ་ཡིན། །དེ་ཡི་རྒྱུ་ནི་འོད་གསལ་བ། །འོད་གསལ་ཐམས་ཅད་སྟོང་པའོ། །སེམས་གང་གིས་ནི་བྱས་པ་རྣམས། །འཁོར་བའི་འཆིང་བས་བཅིངས་གྱུར་པ། །སེམས་དེ་ཉིད་ཀྱི་རྣལ་འབྱོར་པ། །བདེ་གཤེགས་གནས་སུ་འགྲོ་བར་འགྱུར། །ཅེས་སོ། །མདོར་ན་སེམས་ཅན་སྐྱེ་འཆི་གནས་གསུམ་བར་དོ་དང་བཅས་པ་ཐམས་ཅད་རང་རྒྱུད་ཤིན་ཏུ་ཕྲ་བའི་རླུང་སེམས་ཀྱི་ཆོ་འཕྲུལ་དང་། ཤིན་ཏུ་ཕྲ་བའི་རླུང་སེམས་གཉིས་པོ་དེ་འགྲོ་བ་བཟང་ངན་སྣ་ཚོགས་སུ་འགྲོ་བར་གསུངས་ཏེ། རྡོ་རྗེ་ཕྲེང་བ་ལས། སྐྱེ་དང་གནས་དང་འཇིག་པ་དང་། །སྲིད་པ་བར་མ་གནས་པ་སྟེ། །

ཇི་སྲིད་འཇིག་རྟེན་གྱིས་བཏགས་པ། །སེམས་ཀྱི་རླུང་གི་རྣམ་འཕྲུལ་ལོ། །ཞེས་གསུངས་པ་ལྟར་རོ༔ ༔རགས་པ་གནས་སྐབས་པའི་ལུས་རྩའི་ཚ་བ་ལྟ་བུ་དང་། ཕྲ་བ་གཉུག་མའི་ལུས་རྩའི་གཞིར་བ་ལྟ་བུ་གཉིས་ལས། ཕྱི་མ་ནི་སྒྱུ་ལུས་ཀྱི་སྒྲུབ་གཞིའོ། །སྒྱུ་ལུས་དེས་སེམས་ཅན་ཐམས་ཅད་ཀྱི་གཉུག་མའི་ལུས་ཀྱང་རང་གིས་སྒྱུ་ལུས་དང་འདྲ། མངོན་སུམ་དུ་མཐོང་ཞིང་སྣོད་བཅུད་ཐམས་ཅད་ཀྱང་རླུང་སེམས་ཙམ་གྱི་རྣམ་འཕྲུལ་དུ་མཐོང་བ་ཡིན་ཏེ། རིམ་ལྔ་ལས། དེ་བས་འདི་ལྟར་འགྲོ་བ་ཀུན། །སྒྱུ་མ་ལྟ་བུར་འདིར་བཤད་དེ། །སྒྱུ་མ་ལྟ་བུའི་ཏིང་འཛིན་གནས། །ཐམས་ཅད་དེ་དང་འདྲ་བར་མཐོང་། །ཞེས་པས་སོ། །སྒྱུ་ལུས་དེ་དག་ཀྱང་དཔེའི་འོད་གསལ་མཐར་ཐུག་འགག་པ་ལུགས་ལྡོག་གི་ཉེར་ཐོབ་འཆར་བ་མ་དག་པའི་སྒྱུ་མའི་སྐུ་དངོས་གནས་གྲུབ་པ་གསུམ་དུས་མཉམ་དུ་འབྱུང་ལ། དེ་ལྟ་བུའི་སྐུ་དེ་དཔེ་བཅུ་གཉིས་ཀྱིས་མཚོན་ནས་སྟོན་པ་སྟེ། སྒྱུ་མའི་དཔེ་བཅུ་གཉིས་ནི། སྒྱུ་མ།༡ ཆུ་ཟླ།༢ མིག་ཡོར།༣ སྨིག་རྒྱུ།༤ རྨི་ལམ།༥ བྲག་ཆའི་སྒྲ།༦ དྲི་ཟའི་གྲོང་ཁྱེར།༧ མིག་འཕྲུལ།༨ ནམ་མཁའི་འཇའ།༩ གློག༡༠ ཆུའི་ཆུ་བུར།༡༡ མེ་ལོང་ནང་གི་ཧེ་རུ་ཀའི་གཟུགས་བརྙན་༡༢ རྣམས་ཡིན་ལ། དེ་ཡང་སྒྱུ་མའི་སྐུ་དེ་ཞལ་ཕྱག་གི་རྣམ་པ་ཅན་དུ་སྣང་ཡང་ཤ་རུས་གདོས་བཅས་སྟོང་པས་ན་སྒྱུ་མ་ལྟ་བུ༡། ལོངས་སྐུ་གཅིག་ཉིད་གདུལ་བྱ་གང་ན་ཡོད་པའི་སར་སྤྲུལ་པ་དུ་མ་སྟོན་པས་ཆུ་ཟླ་ལྟ་བུ༢། སྒྱུ་མའི་སྐུ་དེ་གྲི་མཚོན་ལ་སོགས་པས་བཅད་ཅིང་གཞོམ་དུ་མེད་པས་ན་མིག་ཡོར་ཏེ་གྲིབ་མ་ལྟ་བུ༣། སྒྱུ་མའི་སྐུ་དེ་མི་བརྟན་ཅིང་གཡོ་བའི་རང་བཞིན་ཅན་ཞིག་ཡིན་པ་ནི་སྨིག་རྒྱུ་ལྟ་བུ༤། སྒྱུ་མའི་སྐུ་དེ་སྒྲུབ་གཞི་སེམས་དབེན་མཐར་ཐུག་གི་དཔེའི་འོད་གསལ་གྱི་རླུང་སེམས་ལས་བྱུང་ཞིང་ཕུང་པོ་རྙིང་པ་ལས་གོས་ལོགས་སུ་ཕྱེ་བ་དང་། སླར་ཡང་ཕུང་པོ་རྙིང་པ་ལ་འཇུག་པ་ཞིག་ཡིན་པ་ནི་རྨི་ལམ་གྱི་ལུས་ཁྱད་པར་ཅན་དེ་རང་རྒྱུད་འོད་གསལ་ལས་བྱུང་ཞིང་ཕུང་པོ་རྙིང་པ་ལས་གོས་ལོགས་སུ་ཕྱེ་བ་དང་། སླར་ཡང་ཕུང་པོ་རྙིང་པ་ལ་འཇུག་པ་རྨི་ལམ་ལྟ་བུ༥། སྒྱུ་མའི་སྐུ་དེ་ཕུང་པོ་རྙིང་པ་དང་རྟེན་ཐ་དད་ཡིན་ཀྱང་ཤེས་རྒྱུད་གཅིག་གིས་བསྡུས་པས་བྲག་ཆའི་སྒྲ་ལྟ་བུ༦། སྒྱུ་མའི་སྐུ་དེ་ཉིད་རྟེན་དང་བརྟེན་པའི་དཀྱིལ་འཁོར་གྱི་སྣང་བ་ཅན་ཞིག་ཡིན་པས་ན་དྲི་ཟའི་གྲོང་ཁྱེར་ལྟ་བུ༧། སྒྱུ་མའི་སྐུ་དེ་གཅིག་ཉིད་ཡིན་ཡང་དུ་མར་འཆར་ཞིང་དུ་མར་སྣང་བ་ཞིག་ཡིན་པས

ན་མིག་འཕྲུལ་ལྟ་བུ༨། སྒྱུ་མའི་སྒྱུ་དེ་སྔོ་སེར་དཀར་དམར་ལ་སོགས་པ་ཁ་དོག་མ་འདྲེས་པ་སོ་སོར་སྣང་བས་ནམ་མཁའི་འཇའ་ཚོན་ལྟ་བུ༩། སྒྱུ་མའི་སྒྱུ་དེ་ཕུང་པོ་རྙིང་པའི་ནང་ན་གནས་པའི་སྐབས་སྲིད་པ་ཞིག་ཡིན་པ་ནི། སྤྲིན་ནག་པོའི་གསེབ་ན་གློག་འགྱུ་བ་ལྟ་བུ༡༠། སྒྱུ་མའི་སྒྱུ་དེ་སེམས་དཔེན་མཐར་ཐུག་གི་དཔེའི་འོད་གསལ་ལས་ཆོས་གཞན་གྱིས་བར་མ་ཆོད་པར་ཐོལ་གྱིས་བྱུང་བ་ཞིག་ཡིན་པ་ནི་ཆུ་ལས་ཆུ་བུར་ཐོལ་གྱིས་བྱུང་ལྟ་བུ༡༡། སྒྱུ་མའི་སྒྱུ་དེ་མཚན་དཔེས་སྤྲས་པའི་རྣམ་པ་ཅན་དུ་སྐད་ཅིག་གིས་གྲུབ་པ་ཞིག་ཡིན་པ་ནི་མེ་ལོང་ནང་གི་ཧེ་རུ་ཀའི་གཟུགས་བརྙན་ལྟ་བུའོ༡༢། །དེ་ལྟ་བུའི་སྒྱུ་ལས་དེ་འགྲུབ་ན་ཚེ་འདིར་འཚང་རྒྱ་བར་ངེས་ལ། ཡོ་བྱད་གང་དགོས་ཐམས་ཅད་བསམ་པ་ཙམ་གྱི་ནམ་མཁའ་ལས་རྙེད་པར་འགྱུར་ཞིང་། ཚངས་པ་དྲག་པོ་ལ་སོགས་པའི་འཇིག་རྟེན་པའི་ལྷ་རྣམས་ཀྱིས་མི་མཐོང་ཞིང་། དེར་མ་ཟད་སྒྱུ་ལུས་མ་ཐོབ་པའི་གང་ཟག་སུས་ཀྱང་མི་མཐོང་བར་སྤྱོད་བསྡུས་ལས་གསུངས་སོ། །དེ་ལ་མ་དག་པའི་སྒྱུ་ལུས་ཞེས་བརྗོད་པའི་རྒྱུ་མཚན་ནི། ཕུང་པོ་རྙིང་པ་དང་འབྲེལ་ཐག་མ་ཆོད་པ་དང་། ལས་ཉོན་གྱིས་དབང་གིས་འཁོར་བར་སྐྱེ་བ་ལེན་པས་ན་དེ་ལྟར་བརྗོད་པའོ། །འཁོར་བར་འཁོར་ཞེས་པ་རྟག་པ་མཐའ་བཟུང་གི་སྒོ་ནས་གསུངས་པ་སྟེ། དཔེར་ན་རྒྱལ་བུ་གཞོན་ནུ་དོན་འགྲུབ་རབ་ཏུ་མ་བྱུང་ན་འཁོར་ལོས་སྒྱུར་བའི་རྒྱལ་པོར་འགྱུར་ཞེས་རྒྱ་ཆེར་རོལ་པ་ལས་གསུངས་པ་དང་ཚུལ་མཚུངས་ཏེ། གཞོན་ནུ་དོན་གྲུབ་རབ་ཏུ་བྱུང་ངེས་པ་བཞིན་དུ་སྒྱུ་ལུས་པ་དེས་ཀྱང་དོན་དམ་འོད་གསལ་ཚེ་དེ་ལ་མངོན་དུ་བྱེད་པར་ངེས་པས། སྒྱུ་ལུས་ཐོབ་ནས་ཚེ་འདིར་འཚང་རྒྱ་བས་ཁྱབ་པ་ཁས་ལེན་པའི་རྒྱུ་མཚན་ནི་དེས་ཡིན་ནོ། །

གཉིས་པ་དོན་དམ་འོད་གསལ་གྱི་རྫོགས་རིམ་ནི། རིམ་པ་གསུམ་པའི་སྒྱུ་ལུས་པས་མཉམ་རྗེས་ཀྱི་དགེ་སྦྱོར་རྣམས་བསྐྱངས་པས་དོན་གྱི་འོད་གསལ་ཐོབ་ཏུ་ཉེ་བ་ན། བླ་མ་ལས་མཚན་ཕྱེད་ཀྱི་དུས་དབང་གསུམ་པ་དངོས་དབང་དང་། དེ་རྗེས་གདམས་ངག་ནི་ཐོ་རངས་ཕྱི་ནང་གི་མཐའ་མར་ཐབས་གཉིས་ལ་བརྟེན་ནས་རིམ་པ་བཞི་པའི་དོན་གྱི་འོད་གསལ་མངོན་དུ་བྱས་པ་ཡིན་ནོ། །དེའི་ཚེ་མ་དག་པའི་སྒྱུ་ལུས་འགག་པ་ལྷན་སྐྱེས་ཀྱི་བདེ་བ་ཆེན་པོས་སྟོང་ཉིད་མངོན་སུམ་རྟོགས་པའི་སྟགས་བླ་མེད་ཀྱི་མཐོང་ལམ་དང་། བླ་མེད་ཀྱི་དང་པོ་ཐོབ་པ་བདེན་འཛིན་ལྷན་སྐྱེས་དང་

ཀུན་བརྟགས་ས་བོན་དང་བཅས་པའི་དངོས་གཉེན་བར་ཆད་མེད་ལམ་རྒྱུད་ལ་སྐྱེས་པ་རྣམས་དུས་མཉམ་མོ། །དེས་ན་རིམ་པ་བཞི་པའི་དོན་གྱི་འོད་གསལ་མངོན་དུ་བྱེད་པའི་དུས་ནམ་ཕྱེད་དང་། སློབ་མི་སློབ་ཀྱི་ཟུང་འཇུག་ཐོག་མར་ཐོབ་པའི་དུས་ནི་ཐོ་རངས་ཡིན་པར་ངེས་སོ། །སྤྱོད་བསྡུས་ལས། རིམ་པ་འདི་ཉིད་ཀྱིས་བཅོམ་ལྡན་འདས་དཔལ་ཤཱཀྱ་ཐུབ་པ་ལ་དེ་བཞིན་གཤེགས་པ་ཐམས་ཅད་ཀྱིས་སེ་གོལ་གྱི་སྒྲས་བསྐུལ་བར་གྱུར་པས། མི་གཡོ་བའི་ཏིང་ངེ་འཛིན་ལས་བཞེངས་ཏེ། བྱང་ཆུབ་ཀྱི་ཤིང་དྲུང་ལ་བཞུགས་ནས་ནམ་ཕྱེད་ཀྱི་དུས་སུ་འོད་གསལ་བ་མངོན་དུ་མཛད་དེ་སྒྱུ་མ་ལྟ་བུའི་ཏིང་ངེ་འཛིན་ལས་བཞེངས་ནས་འགྲོ་བ་རྣམས་ལ་ཆོས་སྟོན་པར་མཛད་པ་ཡིན་ནོ། །ཞེས་དང་། རྒྱ་ཆེར་རོལ་བ་ལས་ཀྱང་། ཤཱཀྱ་ཐུབ་པ་དེ་བཞིན་གཤེགས། །མངོན་པར་བྱང་ཆུབ་འདི་བཞེད་ནས། །སྟོང་པ་ཆེན་པོས་སངས་རྒྱས་ཉིད། །ཐོབ་པར་བྱ་ཞེས་མངོན་པར་དགོངས། །ནཻ་རཉྫ་ནའི་ཆུ་འགྲམ་དུ། །མི་གཡོ་ཏིང་འཛིན་ལ་ཞུགས་པས། །དེ་ཚེ་རྒྱལ་བ་མཁའ་རྡོ་རྗེ། །ཏིལ་གྱི་གང་དུ་(ཐ)ཁང་བཞིན་བཞུགས། །རྒྱལ་བའི་སྲས་ལ་སེ་གོལ་དང་། །དེ་ལ་དབྱངས་གཅིག་གིས་གསུངས་པ། །བསམ་གཏན་འདི་ནི་རྣམ་དག་མིན། །འདིས་ནི་མཐར་ཐུག་མི་ཐོབ་སྟེ། །ནམ་མཁའི་ངོས་ལྟར་མཆོག་གྱུར་པ། །འོད་གསལ་བ་དེ་དེ་དམིགས་ཤིག །འོད་གསལ་བ་ཡི་གནས་ཐོབ་ནས། །རབ་དགའི་གཟུགས་སུ་སྐྱེ་བར་འགྱུར། །ཅེས་པས་བསྟན་ཏོ། །

བདེན་གཉིས་དབྱེར་མེད་ཀྱི་རྫོགས་རིམ་ནི། སྤྱོད་བསྡུས་ལས། རྡོ་རྗེ་ཐེག་པ་འདི་ལ་བསྐྱེད་རིམ་ལ་བསླབ་ནས་ས་བརྒྱད་པ་ཐོབ་སྟེ། ཇི་སྲིད་རྫོགས་རིམ་མ་ཐོབ་བར་དེ་སྲིད་དུ་ད་དུང་དགེ་བའི་བཤེས་གཉེན་མཉེས་པར་བྱའོ། །སྐུ་དང་གསུང་དང་ཐུགས་མངོན་པར་རྟོགས་ནས་ས་བཅུ་ཐོབ། ཅེས་གསུངས་པའི་ཕྱིར། དེས་ན་བསྐྱེད་རིམ་མཐར་ཕྱིན་པ་ས་བརྒྱད་པ་དང་དོད་ཐུབ་དང་། ངག་དབེན་ས་དགུ་པ་དང་། སེམས་དབེན་སྒྱུ་ལུས་གཉིས་ས་བཅུ་པའི་དཀྱིལ་སྟོད་དང་། དོད་ཐུབ་སྦྱོར་བའི་རྒྱུ་མཚན་ཡོད་དེ། ས་བརྒྱད་པར་ཞིང་དག་སྦྱོང་བ་ཐོབ་པ་ལྟར་བསྐྱེད་རིམ་མཐར་ཕྱིན་པས་སྣོད་བཅུད་དག་པའི་འཁོར་ལོའི་རྣམ་རོལ་དུ་བལྟ་ནུས་པ་དང་། ས་དགུ་པར་ཆོས་སྟོན་པའི་ངག་དག་པའི་ཡེ་ཤེས་ཐོབ་པ་ལྟར་ངག་དབེན་གྱི་སྐབས་སུ་ངག་གི་རྩ་བ་རླུང་ལ་དབང་ཐོབ་པ་དང་།

བཅུ་པ་ལུས་ངན་པར་འགྱུར་བའི་བག་ཆགས་མ་ལུས་བཟང་པོར་བསྒྱུར་ནུས་ཤིང་། འོད་ཟེར་ཆེན་པོའི་དབང་བསྐུར་ཐོབ་པ་བཞིན་དུ། སེམས་དཔེན་མཐར་ཐུག་གིས་རླུང་སེམས་ལྷར་བསྒྱུར་ནུས་པ་དང་། སྒྱུ་ལུས་པས་སངས་རྒྱས་རྣམས་ལས་དབང་བསྐུར་བ་ཐོབ་པས་སྦྱར་བ་ཡིན་པའི་ཕྱིར། རིམ་པ་ཐ་མ་གཉིས་ས་བཅུ་པའི་དཀྱིལ་སྣང་དང་དོན་ཐབ་སྦྱོར་བའི་རྒྱུ་མཚན་ཡང་ཡོད་དེ། བསོད་ནམས་ཚོགས་རྫོགས་པའི་སྒྲིབ་པ་སྦྱང་བ་ལ་ནུས་མཐུ་ཅན་དུ་གྱུར་པ་དང་། ལམ་གཞན་ལ་གསར་དུ་སློབ་མི་དགོས་པའི་འདོད་པ་མཚུངས་པས་དེ་ལྟར་སྦྱར་བ་ཡིན་ནོ། །དེ་ཡང་ལམ་ཐུན་མོང་བས་རྒྱུད་སྦྱངས་ནས་གོམས་སྟོབས་ཀྱིས་ཐོག་མར་རླུང་དབུ་མར་ཞུགས་གནས་ཐིམ་གསུམ་བྱེད་པའི་སྦྱོར་བའི་ཡེ་ཤེས་སྐྱེ་ཁ་མ་ཚུན་ཆད་ཀྱི་ཚོགས་ལམ་དང་། སྒོམ་སྟོབས་ཀྱི་ཐོག་མར་རླུང་ཞུགས་གནས་བྱེད་པའི་སྣང་བའི་ཡེ་ཤེས་སྐྱེས་པ་ནས་མ་དག་གི་སྒྱུ་ལུས་དོན་གྱི་འོད་གསལ་དུ་འཇུག་ཁ་མའི་བར་གྱི་ལམ་རྣམས་སྔགས་བླ་མེད་སྦྱོར་ལམ་དང་། རིམ་པ་བཞི་པའི་དོན་གྱི་འོད་གསལ། མཐོང་ལམ་ས་དང་པོ་རབ་དགའ་དང་། སློབ་པའི་ཟུང་འཇུག་སྒོམ་ལམ་དེ་ལ་ས་དགུའི་རྣམ་གཞག་བྱེད་པ་ཡིན་ནོ། །རིམ་པ་གསུམ་པ་སྒྱུ་ལུས་པས་དོན་གྱི་འོད་གསལ་མངོན་དུ་མི་བྱེད་ན་འཁོར་བར་ལྡོག་སྟེ། སྤྱོད་བསྡུས་ལས། ཇི་སྲིད་སྣང་བ་གསུམ་མ་དག་པ་དེ་སྲིད་དུ་རྣམ་ཤེས་ཀྱི་ཀུན་ཏུ་རྟོག་གོ། །དེའི་སྲིད་པ་དེ་སྲིད་དུ་ཉོན་མོངས་པའི་བག་ཆགས་ཀྱི་རྒྱུན་དང་དེས་ནི་ཡང་སྲིད་པ་འགྱུར་བ་ཡིན། རིམ་པ་བཞི་པ་དོན་གྱི་འོད་གསལ་ནས་མི་ལྡོག་ཏེ། དེའི་སྐབས་སུ་འཁོར་བའི་དངོས་གཉེན། ལྷན་སྐྱེས་ཀྱི་བདེ་བས་སྟོང་ཉིད་མངོན་སུམ་རྟོགས་པའི་ཤེས་རབ་ཡོད་པའི་ཕྱིར་རོ། །རིམ་པ་བཞིན་དུ་དོན་གྱི་འོད་གསལ་ལས་ལངས་མ་ཐག་ཏུ་སློབ་པའི་ཟུང་འཇུག་དག་པའི་སྒྱུ་ལུས་སུ་ལྡང་བ་ཉོན་སྒྲིབ་སྤངས་པས་རྣམ་གྲོལ་ལམ་ཐོབ་པ་རང་རྒྱུད་ལྡན་གྱིས་གང་ཟག་དགྲ་བཅོམ་པར་གྱུར་པ་སྤངས་པ་ཟུང་འཇུག་ཐོབ་པ་དུས་མཉམ། གི་སྐུར་ལྡང་བ་ཡིན་ཏེ། སྤྱོད་བསྡུས་ལས། སྟོང་པ་བཞི་གཅིག་ཏུ་གྱུར་པ་ལས་ལྡང་བར་བཤད་ཅིང་། རིམ་ལྔ་ལས་ཀྱང་། ཇི་ལྟར་དངས་པའི་ཆུ་ཀླུང་ལས། །ཉ་དག་མྱུར་དུ་ལྡང་བ་ལྟར། །དེ་བཞིན་ཐམས་ཅད་སྟོང་གསལ་ལས། །སྒྱུ་འཕྲུལ་དྲ་བ་འབྱུང་བར་བཤད། །ཅེས་སོ། །རླུང་དབུ་མར་ཞུགས་གནས་ཐིམ་གསུམ་བྱས་པ་ལས་བྱུང་བའི་ལྷན་སྐྱེས་ཀྱི་བདེ་བ་སྟོང་རྟོགས་ཟུང་དུ་འཇུག་པ་སྟེ། རིམ་ལྔ་ལས།

ཀུན་རྫོབ་དང་ནི་དོན་དམ་གྱི། །རྣམ་དབྱེ་སོ་སོར་ཤེས་ནས་ནི། །གང་དུ་ཡང་དག་འདྲེས་གྱུར་པ། །ཟུང་དུ་འཇུག་པར་དེ་བཤད་དོ། །ཞེས་གསུངས་སོ། །ས་བཅུའི་སྐད་ཅིག་ཐ་མར་སྐྱེས་པའི་སྒོམ་ལམ་རྡོ་རྗེ་ལྟ་བུའི་ཏིང་འཛིན་ནམ། སློབ་པའི་མཐའི་དོན་གྱི་འོད་གསལ་ཉིད་མངོན་དུ་བྱེད་ཅིང་། འོད་གསལ་དེར་ནི[དེ་ནི]ཕར་ཕྱིན་ཐེག་པ་ནས་བཤད་པའི་རྒྱུན་མཐའི་བར་ཆད་མེད་ལམ་གྱི་དོན་ཐུབ་ལྟ་བུ་ཡིན་པས། དེས་ཤེས་སྒྲིབ་ཕྲ་ཤིང་ཕྲ་བའི་དངོས་གཉེན་བྱེད་པ་ཡིན་པས། འོད་གསལ་དེའི་སྐད་ཅིག་དང་པོ་འགག་པ་དང་། ཤེས་སྒྲིབ་ལས་གྲོལ་བའི་མཐར་ལམ་ཐོབ་པ་དང་། སློབ་པའི་ཟུང་འཇུག་གི་རིགས་འདྲ་ཕྱི་མ་མི་སློབ་པའི་ཟུང་འཇུག་ཏུ་གྱུར་པ་དུས་མཉམ་མོ། །དེ་ལ་མཚན་གྱི་རྣམ་གྲངས་ནི། སྐུ་འཕྲུལ་དྲ་བས་མངོན་སངས་རྒྱས་པ་དང་། འཁོར་བའི་རྒྱ་མཚོའི་ཕ་རོལ་དུ་སོན་པ་དང་། བྱ་བ་བྱེད་པའི་རྣལ་འབྱོར་པ་ཆེན་པོ་དང་། བདེན་པ་གཉིས་ཀྱི་ཚུལ་ལ་གནས་པ་ཞེས་བྱའོ། །

བསྲུང་བྱའི་དམ་ཚིག་ནི། སྡོམ་གསུམ་རྣམ་ངེས་ལས། ཁྱད་པར་སྔ་འགྱུར་རྫོགས་པ་ཆེན་པོའི་སྲོལ། །རྩ་བ་བླ་མའི་སྐུ་གསུང་ཐུགས་གསུམ་ལ། །དགུ་དགུར་ཕྱེ་བ་ཉི་ཤུ་རྩ་བདུན་དང་། །ཞེས་པས། རྩ་བ་སྐུ་གསུང་ཐུགས་ལ་ཕྱི་ནང་གསང་གསུམ་དང་། དེ་རེ་རེ་ལའང་གསུམ་གསུམ་དུ་ཕྱེ་བས་ཉི་ཤུ་རྩ་བདུན་ལས། དང་པོ་སྐུ་ཡི་དམ་ཚིག་གསུམ་ཚན་གསུམ་གྱི། ཕྱིའི་ཕྱི་ནང་གསང་བ་གསུམ་ནི། མ་བྱིན་ལེན། མི་ཚངས་སྤྱོད། སྲོག་གཅོད་གསུམ་སྤང་བའོ། །ནང་གི་གསུམ་ནི། ཕ་མ་རྡོ་རྗེ་སྤུན་སྲིང་དང་རང་གི་ལུས་ལ་སྨོད་པ། ཆོས་དང་གང་ཟག་ལ་སྨོད་པ་དང་། རང་ལུས་ལ་རྡེག་འཚོག་དང་དཀའ་ཐུབ་ཀྱིས་བརྐྱས་ཤིང་གདུང་བ་རྣམས་སྤང་བའོ། །

གསང་བའི་གསུམ་ནི། རྡོ་རྗེ་སྤུན་སྲིང་གི་ལུས་ལ་རྡེག་པར་གཟས་ཤིང་རྒྱན་ལ་སྨོད་པ་དང་། རྡོ་རྗེ་མཆེད་ལྕམ་ལ་རྡེག་པ་དང་། བླ་མའི་ཡུམ་ལ་གཅེས་པ། བླ་མའི་གྲིབ་མར་འགོངས་པ་དང་སྤྱན་སྔར་ལུས་ངག་གི་སྤྱོད་པ་བག་མེད་རྣམས་སྤང་བའོ། །གཉིས་པ་གསུང་གི་དམ་ཚིག་གསུམ་ཚན་གསུམ་གྱི། ཕྱི་ཡི་གསུམ་ནི། རྫུན་ཚིག །ཕྲ་མ། གཞན་གྱི་ཞེར་འདེབས་ཀྱི་ཚིག་རྩུབ་རྣམས་སྤང་བའོ། །ནང་གི་གསུམ་ནི། ཆོས་ཀྱི་ཚིག་རྩུབ། དོན་ཡིད་ལ་བསམ་པ། གནས་ལུགས་སྒོམ་

པར་བྱེད་པ་རྣམས་ལ་གཤེ་སྐུར་འདེབས་པ་སྤང་བའོ། །གསང་བའི་གསུམ་ནི། རྡོ་རྗེ་སྤུན་སྲིང་གི་ཚིག །བླ་མའི་ཕྱག་རྒྱ་དང་ཉེ་འཁོར་གྱི་ཚིག །བླ་མའི་གསུང་རྣམས་ལ་བརྙས་ཤིང་གཙོག་པ་རྣམས་སྤང་བའོ། །གསུམ་པ་ཐུགས་ཀྱི་དམ་ཚིག་གསུམ་ཚན་གསུམ་གྱི། ཕྱི་ཡི་གསུམ་ནི། གནོད་སེམས། བརྣབ་སེམས། ལོག་ལྟ་གསུམ་སྤང་བའོ། །ནང་གི་གསུམ་ནི། སྤྱོད་པ་ལོག་པ་བག་མེད། སྒོམ་པ་ལོག་པ་བྱིང་རྒོད་དང་གོལ་སྒྲིབ། ལྟ་བ་ལོག་པ་རྟག་ཆད་མཐར་འཛིན་རྣམས་སྤང་བའོ། །གསང་བའི་གསུམ་ནི། ཉིན་ཞག་གི་ཐུན་རེ་རེ་བཞིན་ལྟ་སྒོམ་སྤྱོད་གསུམ་ཡིད་ལ་མ་བྱས་པ། ཡི་དམ་གྱི་ལྷ་ཡིད་ལ་མ་བྱས་པ། བླ་མའི་རྣལ་འབྱོར་དང་མཆེད་ལྕམ་ལ་བརྩེ་གདུང་ཡིད་ལ་མ་བྱས་པ་རྣམས་སྤང་བའོ། །གསང་སྙིང་ལས། བླ་མེད་མི་སྤང་བླ་མ་བཀུར། །སྔགས་དང་ཕྱག་རྒྱ་རྒྱུན་མི་བཅད། །ཡང་དག་ལམ་དུ་ཞུགས་ལ་བྱམས། །གསང་བའི་དོན་ཕྱིར་སྨྲ་མི་བྱ། །འདི་ནི་རྩ་བ་ལྔ་རྣམས་ཏེ། །བསྲུབ་དང་བསྲུང་བའི་དམ་ཚིག་མཆོག །ཅེས་གསུངས་སོ། །གསང་བ་མི་སྨྲ་བ་ལ་ཡུལ་ནི། ཕྲ་རྒྱས་ལས། དམ་ཉམས་དམ་ལས་ལོག་པ་དང་། །དམ་མེད་དཀྱིལ་འཁོར་མ་མཐོང་དང་། །འདྲིས་དང་མ་འདྲིས་ཐམས་ཅད་ལ། །ཞེས་དང་། སྤྱི་དང་བར་གསང་བཞི་བཞི་དང་། །འོས་དང་གཉེར་གཏད་རྣམ་པ་བཅུ། །ཞེས་དང་། སྤྱིར་བཞི་ནི། གསལ་བཀྲ་ལས། ལྟ་ཟབ་སྤྱོད་པ་བརླང་པོ་དང་། །ལྷའི་མིང་གཟུངས་དང་གྲུབ་རྟགས་རྣམས། །སྤྱི་གསང་རྣམ་པ་བཞི་ཡིན་ནོ། །ཞེས་དང་། བར་གསང་བཞི་ནི། སྒྲུབ་པའི་གནས་དུས་གྲོགས་དང་རྫས། །བར་དུ་གསང་ལ་བསྒྲུབ་པར་བྱ། །ཞེས་དང་། གསང་བར་འོས་པ་དང་། གཉེར་གཏད་པ་དང་བཅུ་ནི། རྒྱུད་ལས། གཞན་ཡང་སློབ་དཔོན་མཆེད་ལྕམ་གྱིས། །གསང་བར་བསྒྲགས་དང་གནས་སྐབས་སུ། །དེ་ལྟར་འོས་པ་ཤིན་ཏུ་གསང་། །ཞེས་སོ། །རྣམ་ངེས་ལས། ཡན་ལག་དམ་ཚིག་ཉི་ཤུ་རྩ་ལྔ་ནི། །ཏ་ན་ག་ཙ་མ་བྱིན་ལེན་དང་རྫུན། །ངག་འཁྱལ་རྣམས་ནི་སྤྱད་པར་བྱ་བ་ལྔ། །འདོད་ཆགས་ཞེ་སྡང་གཏི་མུག་ང་རྒྱལ་དང་། །ཕྲག་དོག་ལྔ་ནི་མི་སྤང་དམ་ཚིག་ལྔ། །དྲི་ཆེན་དྲི་ཆུ་རཀྟ་མཱྃ་ས་དང་། །རྡོ་རྗེ་ཐིལ་པ་དང་དུ་བླང་བ་ལྔ། །ཕུང་ལྔ་འབྱུང་ལྔ་ཡུལ་ལྔ་དབང་པོ་ལྔ། །ཁ་དོག་ལྔ་རྣམས་ལྷ་རུ་ཤེས་པ་ལྔ། །དེ་བཞིན་གཤེགས་དང་རྡོ་རྗེ་རིན་པོ་ཆེ། །པདྨ་ལས་རིགས་བསྒྲུབ་བྱ་ལྔ་རྣམས་ནི། །དུས་ཚོད་འབྲེལ་བའི་སྤྱོད་པས་དགོངས་

པ་བླངས། །ཞེས་སོ། །དེ་ལྟར་དམ་ཚིག་བསྲུང་བྱའོ། །ཀུན་མཁྱེན་ཆོས་ཀྱི་རྒྱལ་པོ་ཀློང་ཆེན་རབ་འབྱམས་པས་སེམས་ཉིད་ངལ་བསོའི་འགྲེལ་བ་དཔལ་ལྡན་གསང་བ་འདུས་པ་མ་ཧཱ་ཡོ་གའི་ཕྱོགས་སུ་བཞག་པ་དེ་དག་གི་རྫོགས་རིམ་རིམ་ལྔ་དང་། སྒྱུ་འཕྲུལ་དྲ་བ་གསང་བ་སྙིང་པོ་ལྟར་ཐབས་ལམ་གྱི་རྫོགས་རིམ་དང་། དཔལ་ལྡན་འདུས་པ་དང་། ཐབས་བསྐྱེད་པའི་རིམ་པ་གཙོ་བོར་སྟོན་པ་མ་ཧཱ་ཡོ་ག་རྣལ་འབྱོར་ཆེན་པོའི་རྒྱུད་ན་ཇི་ལྟ་བར་བསྟན་པ་བཞིན་དུ། བསྐྱེད་པ་དང་རྫོགས་རིམ་ཟབ་མོའི་དོན་རྣམས་ཚུལ་བཞིན་དུ་ཉམས་སུ་ལེན་ནས་མངོན་དུ་གྱུར་པར་ཤོག་ཅིག་ཅེས་སྨོན་པའོ། །

གཉིས་པ་རྫོགས་པ་ཨ་ནུ་ཡོ་གའི་ལམ་དུ་སྨོན་པ་ལ་འང་། སྨིན་བྱེད་དབང་དང་། གྲོལ་བྱེད་བསྐྱེད་རྫོགས་གཉིས་ལས། དང་པོ་ནི། མཚན་ཉིད་ཀུན་ལྡན་བླ་མ་ཡབ་ཡུམ་ལས། །ནས། ཟབ་མོའི་ལམ་བཟང་སྐྱེ་བའི་སྣོད་གྱུར་པས། །ཞེས་ཤློ་ཀ་གཅིག་དང་རྐང་པ་གཉིས་ཀྱིས་བསྟན། དེ་ལ་ཨ་ནུ་ཡོ་ག་སྟེ་ཤེས་རབ་རྗེས་ཆགས་ཀྱི་ལམ་གཙོ་བོར་སྟོན་པའི་ཕྱིར་རྗེས་སུ་རྣལ་འབྱོར། དེའི་འཇུག་སྒོ་དབང་ནི། ཨ་ནུའི་དཀྱིལ་འཁོར་དུ་ཕྱི་ནང་སྒྲུབ་གསང་བཞིས་བསྡུས་པའི་དབང་ཚིག་སུམ་ཅུ་རྩ་དྲུག་སྟེ། ཀུན་འདུས་ལས། ཕྱི་ཡི་དབང་དང་ནང་གི་དབང་། །སྒྲུབ་པའི་དབང་དང་གསང་བའི་དབང་། །བཅུ་དང་བཅུ་གཅིག་བཅུ་གསུམ་དང་། །རྣམ་པ་གཉིས་ཀྱིས་རྫོགས་པར་འགྱུར། །ཞེས་པའི་དོན་རྒྱུད་མན་ངག་གི་ལུགས་ལྟར་བསྐུར་ཚུལ་གཉིས་ཏེ། རང་བཞིན་གྱི་སྣོད་དུ་གྱུར་པ་ཟབ་མོའི་དོན་ལ་མོས་པའི་སློབ་མ་ཁྱད་པར་ཅན་ལ་མདོ་རྩ་བའི་དཀྱིལ་འཁོར་དུ་རྒྱུད་ཀྱི་དངོས་བསྟན་ལྟར་ཆུ་བོ་བཞི་རྫོགས་ཀྱི་དབང་སུམ་ཅུ་རྩ་དྲུག་བསྐུར་བ་དང་། སྦྱངས་པས་སྣོད་དུ་གྱུར་པ་རྒྱ་ཆེ་བར་མོས་པའི་སློབ་མ་ཐུན་མོང་ལ་མདོ་ཡོངས་རྫོགས་ཀྱི་ལུགས་ཡན་ལག་གི་དཀྱིལ་འཁོར་སོ་སོར་ཕྱེ་ནས་བདེ་བ་གསལ་མཛད་ཀྱི་ལས་ཐོ་ལྟར་ཐེག་པ་ཐམས་ཅད་འདུས་པའི་མདོ་དབང་རྩ་བ་དྲུག་ཡན་ལག་རགས་པ་བརྒྱད་བརྒྱ་སོ་གཅིག་ཏུ་ཕྱེ་ནས་བསྐུར་བ་གཉིས། དེང་བླ་མ་རྣམས་ཕྱག་བཞེས་སུ་རྒྱུད་དང་མན་ངག་གི་ལུགས་དེ་གཉིས་འདོར་ལེན་གྱི་གནད་ཀྱིས་གཅིག་ཏུ་དྲིལ་ནས་བསྐུར་བར་མཛད་ཅིང་། དེ་ལྟར་མཛད་པས་གནས་སྐབས་སུ་བྱ་སླ་ཞིང་། རྒྱུད་

མན་ངག་ལུགས་གཉིས་གཅིག་གིས་གཅིག་མི་ནུབ་པར་ཆབས་གཅིག་ཏུ་འཕེལ་བའི་དགོས་པ་ཁྱད་པར་ཅན་ཡོད་དོ། །ལུགས་དེ་གཉིས་ཀས་ཡོ་ག་བཞི་རྫོགས་དང་། ཐེག་དགུའི་དབང་རྫོགས་པ་ལ་འདྲ་བ་ཡིན་ཏེ། དབང་དོན་རྣམ་པར་འབྱེད་པ་ལས། བཅུ་ཡིས་བྱང་ཆུབ་རིགས་ཅན་འགྱུར། །བཅུ་གཅིག་གསང་བ་ནང་པར་འགྱུར། །བཅུ་གསུམ་བླ་མ་ཆེན་པོར་གྲགས། །གཉིས་ཀྱིས་ཐེག་དགུའི་དབང་རྫོགས་པའོ། །ཞེས་ཕྱི་དབང་རྒྱུད་ཀྱི་ཚུ་བོ་རྣམ་གྲངས་བཅུའི་ཉན་རང་བྱང་སེམས་ཏེ་བྱང་ཆུབ་རིགས་ཅན་དུ་འགྱུར། ནང་དབང་འབྱུང་བའི་ཆུ་བོ་རྣམ་གྲངས་བཅུ་གཅིག་གི་ཚུལ་དུ་བསྐུར་བ་ཀྲི་ཡ་ཨུ་པ་ཡོ་ག་མ་ཧཱ་སྟེ་ཡོ་ག་བཞི་རྫོགས་ནང་པར་འགྱུར། སྒྲུབ་དབང་གྲགས་པའི་ཆུ་བོ་རྣམ་གྲངས་བཅུ་གསུམ་དུ་བསྐུར་བས་བླ་མ་ཆེན་པོ་ཨ་ནུ་ཡོ་ག་རྫོགས་པར་འགྱུར། གསང་དབང་རྫོགས་པའི་ཆུ་བོ་རྣམ་གྲངས་གཉིས་སུ་བསྐུར་བས་ཐེག་དགུ་ཨ་ཏིའི་དབང་རྫོགས་པར་འགྱུར་བའོ། །དེས་ན་མདོ་ཡོངས་རྫོགས་ཀྱི་ལུགས་དེ་ཡང་ཐེག་བརྒྱད་སྙོམས་ཀྱི་ཚ་ག་སོ་སོ་ནས་བཏུས་ཏེ། སྤྱིའི་ཆ་ལག་བྱས་པ་ནི་མ་ཡིན་གྱི། འདིར་མདོ་རང་ལུགས་ཀྱིས་དང་པོ་འགྱུར་བ་མ་ངེས་པ་ནས། ས་བཅུ་པ་རྫོགས་པ་ཅིར་ཆིབས་ཀྱིས་ནོན་པར་བྱ་བའི་ཆེད་དུ་ལྷ་མི་ནས་བརྩམས་ཏེ། ཨ་ནུའི་ལྷ་མི། ཨ་ནུའི་ཉན་ཐོས། ཨ་ནུའི་བྱང་སེམས་སོགས་ནས་བརྩམས་ཏེ། ཨ་ནུ་རང་ལུགས་ཀྱི་རྫོགས་རིམ་མཐར་ཐུག་པ་ཨ་ཏིའི་བར་ལ་བྱ་སྤྱོད་སོ་སོར་གྲགས་པས་དབང་རིམ་བཅུ་བྱུང་བ་དེ་ཉིད་ཀྱི་བྱ་སྤྱོད་གཅིག་ཏུ་བསྡུས་ནས་ཐེག་དགུ་དང་ཚུལ་འདྲ་བས་ཐེག་དགུའི་དབང་ཞེས་གྲགས་ཤིང་། དེ་ལྟ་བུའི་ལམ་སྟེགས་ཀྱི་ཐེག་པ་རྣམས་སོ་སོའི་ལམ་དང་འདྲ་རུང་དུ་བྱུང་ཀྱང་། དོན་ལ་སྔགས་ཀྱི་ཐབས་མཁས་ཀྱིས་ཟིན་པས་ཉན་རང་སོགས་ཐེག་པ་རང་རང་གི་སྤངས་ཐོབ་དང་རིགས་འདྲའི་ཡོན་ཏན་དེ་དང་དེ་སྐྱེ་བའི་མྱུར་ལམ་དུའང་འགྲོ་བ་ཡིན་ནོ། །དེ་ལ་གཞི་ལམ་འབྲས་གསུམ་གྱི་རྒྱུད་དོན་ལ་དབང་འགྱུར་བའི་རྒྱུད་ནས་གསུངས་པའི་མཚན་ཉིད་ཀུན་དང་ལྡན་པའི་བླ་མ་དམ་པས། ཐོག་མར་སློབ་བུ་རྒྱུད་སྨིན་བྱེད་གཞི་དུས་ཀྱི་དབང་ཉམས་སུ་བླང་བའི་གང་ཟག་ཁྱད་པར་ཅན་ལ། ལམ་དུས་ཀྱི་དབང་བོགས་འདོན་གྱི་ཚུལ་དུ་བསྐུར་དགོས། དེ་ནི་བླ་མ་ཡབ་ཡུམ་ཟུང་དུ་འཇུག་པའི་གདན་གསུམ་ལུས་ཀྱི་དཀྱིལ་འཁོར་ལས། སྐྱེ་བོ་ཐ་མལ་དང་ཐེག་པ་དམན་པས་ཐོས

སུ་ཡང་མི་རུང་བའི་ལམ་དུས་ཀྱི་གསང་བའི་དབང་ཟབ་མོས་ལེགས་པར་སྨིན་པར་བྱས་ཞེས་གསུངས་པ་ནི། ནམ་ཕྱེད་ཀྱི་དུས་དཀྱིལ་འཁོར་ལྷོ་ནས་ཡུམ་མཚན་ལྡན་ལོ་ཉི་ཤུ་ལོན་པ་ཁྲུས་གསུམ་བྱས་རྒྱན་གསུམ་བཏགས། ཆོས་གསུམ་བཤད་པ་ཕུལ་ནས་ཐབས་རྡོ་རྗེ་སློབ་དཔོན་ཀུན་ཏུ་བཟང་པོའམ་མི་བསྐྱོད་པའི་ང་རྒྱལ་དང་ལྡན་པས་ཡབ་ཡུམ་གཉིས་ཀྱི་མཁའ་གསང་བསྒོལ་མར་(བསྣབ་ཅེང་)སྦྱོར་བའི་བརྡ་(བསྒོལ་མར་)བསྐུལ། ཛཿཧཱུྃ་བཾ་ཧོཿཞེས་ཕྱག་རྒྱ་བཞིས་རོལ། འདུ་ཤེས་གསུམ་ལྡན་གྱིས་སྙོམས་པར་ཞུགས་ནས་ཡབ་ཀྱི་བདེ་བའི་ཡེ་ཤེས་ཡི་གེ་ཧཱུྃ་གི་འབྲུ་ཚོགས་སུ་གསལ་བའི་བྱང་ཆུབ་སེམས་ཀྱི་རྒྱུ་རྒྱུན་གསང་བ་རྡོ་རྗེའི་ལམ་ནས་བྱུང་ནས་ཡུམ་གྱི་པདྨོར་འཁྱིལ་བའི་བྱང་ཆུབ་ཀྱི་སེམས་ཡུངས་འབྲུའི་ཚད་ཙམ་སྟེ། རྡོ་རྗེ་སེམས་དཔའ་ཤ་སྟག་ཏུ་བྱིན་གྱིས་བརླབས་ལ་གསང་དབང་བསྐུར། དེ་བསྐུར་ཚུལ་ནི་གསུམ་སྟེ། ཐབས་ཡབ་ལས་ཐོབ་པའི་གསང་དབང་ནི་བ་དང་བེའུའི་ཚུལ་དུ་བསྐུར་བ་ནི། རྡོ་རྗེ་སློབ་དཔོན་གྱིས་ཡུམ་གྱི་མཁའ་ནས་བྱང་ཆུབ་ཀྱི་སེམས་གསང་བའི་རྡོ་རྗེའི་རྩེས་བླངས་ནས་སློབ་བུའི་ལྕེ་ཐོག་ཏུ་བཞག་པའམ། ཤེས་རབ་ཡུམ་ལས་ཐོབ་པའི་གསང་དབང་མེ་ཏོག་དང་བུང་བའི་ཚུལ་དུ་བསྐུར་བ་ནི་ཡུམ་གྱི་པདྨའི་གསང་བའི་ཟླ་རྩེ་ནས། སློབ་བུས་འཇིབས་ནས་བྱང་ཆུབ་ཀྱི་སེམས་ལྕེ་ཐོག་ཏུ་བླངས་པའམ། ཐབས་ཤེས་རབ་གཉིས་མེད་ཀྱི་གསང་དབང་བྱ་དང་བྱེའུའི་ཚུལ་དུ་བསྐུར་བ་ནི། རྡོ་རྗེ་སློབ་དཔོན་ཀྱི་བྱང་སེམས་ཡུམ་མཁར་ཕབ་པ། རྡོ་རྗེ་སློབ་དཔོན་གྱི་ལྡུགས་ཀྱིས་ཡུམ་མཁའ་ནས་ཡབ་ཡུམ་གཉིས་མེད་ཀྱི་བྱང་སེམས་གཅིག་ཏུ་འདྲེས་པ་བླངས་ནས་སློབ་བུའི་ལྕེ་ཐོག་ཏུ་བཞག་པའོ། །དེ་ལྟར་བཞག་པ་ལྕེ་ལ་བཞག་ཀྱང་། བསྟིམ་གནས་སྙིང་ལ་བསྟིམ་ཞིང་། དབང་བསྐུར་བས་སྙིང་གི་རྩ་ཆེན་བཞི་ལ་གནས་པའི་འགྲོ་བ་རིགས་དྲུག་ཏུ་སྐྱེ་བར་བྱེད་པའི་ས་བོན། ཨ་ནྲྀ་སུ་ཏྲི་པྲེ་དུཿསྟེ་(སྙིང་དུ)ཟུང་གསུམ་ཡ་དྲུག་གཉིད་དང་བཅས་པ་སྦྱངས་ཏེ། བདེ་བའི་ཡེ་ཤེས་སུ་གསལ་བས། དཔེར་ན་ས་བོན་ཚིག་པ་ལ་མྱུ་གུ་མི་འབྱུང་བ་བཞིན་དུ་ཉོན་མོངས་དང་འཁོར་བ་ཀར་དག་པས། དོན་དམ་སྤྲོས་མེད་ཀྱི་དཀྱིལ་འཁོར་དུ་དབང་བསྐུར་བ་སྟེ་དོན་དམ་གྱི་བདེན་པ་མངོན་དུ་བྱས་པ་ནི་གསང་བའི་དབང་ཐོབ་པ་ཡིན་ནོ། །དེ་ཡང་། ཐལ་བའི་རྒྱུད་ལས། མི་བསྐྱོད་ཡབ་ཡུམ་རོལ་བ་ཡིས། །བདེ་བ་གསལ་ཞིང་མི་

དམིགས་པ། །ཤེས་རབ་ཐབས་ཀྱི་ཕྱག་རྒྱའོ། །རྡོ་རྗེ་ཡེ་ཤེས་ཧཱུྃ་ཚོགས་ཀྱིས། །པདྨའི་ཡེ་ཤེས་བསྐུས་འབྲེལ་བའི། །ཡུངས་ཀར་ཚད་ཙམ་རྡོ་རྗེ་སེམས། །རྩེ་ནས་རྩེ་རུ་བྲིན་པ་ཡིས། །རང་བཞིན་ཆོས་ཁམས་དཀྱིལ་འཁོར་གྱི། །ས་བོན་ཟླུང་གསུམ་གཉིད་དང་བཅས། །གནས་ངན་ལེན་པ་གསུམ་སྦྱངས་ཏེ། །དམིགས་མེད་སེམས་ཀྱི་ཡེ་ཤེས་ལྔ། །གསལ་བའི་ས་བོན་ཚོགས་པ་བཞིན། །མི་སྐྱེ་ཐབས་ཀྱི་དབུགས་འབྱུང་བའོ། །ཞེས་གསུངས་སོ། །དེ་ལྟར་གསང་བའི་དབང་སྔོན་དུ་སོང་ནས། ཤེས་རབ་ཡེ་ཤེས་ཀྱི་དབང་དང་། དབྱེར་མེད་བདེ་ཆེན་གྱི་དབང་གཉིས་བསྐུར་བས་ལམ་དབང་དགའ་བཞིའི་ཡེ་ཤེས་དང་འཇུག་པ་གཅིག་པར་གནས་འགྱུར་བའི་རྣམ་དག་དབང་ལྔའི་ཆུ་བོས་ཞེས་གསུངས་པ་ནི་གསང་དབང་དུས། བླ་མ་ཡབ་ཡུམ་གྱི་བྱང་སེམས་ཟླ་ཉི་ལ་མངོན་པར་བྱང་ཆུབ་པར་མཆོན། བྱང་སེམས་ཧཱུྃ་གིས་འབྲུ་ཚོགས་སུ་གསལ་བ་རྡོ་རྗེ་སེམས་དཔའ་ཤ་སྟག་ཏུ་གྱུར་པ་ས་བོན་ཕྱག་མཚན། བཞག་པ་ལྟེ་ལ་བཞག་ཀྱང་བསྡིམ་གནས་སྙིང་ལ་བསྡིམ་པས་ཟླ་ཉིའི་ས་བོན་ཕྱག་མཚན་རོ་གཅིག་ཏུ་འདྲེས་པ་མཆོན། འགྲོ་དྲུག་གི་ས་བོན་གཉིད་བཅས་སྦྱངས་ནས་ཡེ་ཤེས་ལྔར་གསལ་བ་སྐུ་ཡོངས་སུ་རྫོགས་པ་ལ་མངོན་པར་བྱང་ཆུབ་པའོ། །ཕྱི་ལྟར་མངོན་བྱང་དེ་ལྟར། ནང་ལྟར་ཡེ་ཤེས་ལྔ་ལ་མངོན་པར་བྱང་ཆུབ་པའོ། །དེ་ཡིན་པའི་ལུང་ནི། སྒྱུ་འཕྲུལ་ལམ་རིམ་ལས། རྣལ་འབྱོར་གཞུང་གི་དོན་གྲུབ་ཉིད། །ནཻ་རཉྫ་ནའི་འགྲམ་ལོགས་སུ། །དཀའ་ཐུབ་དཀའ་བ་སྤྱོད་པའི་ཚེ། །ཕྱོགས་བཅུའི་སྤྲུལ་པ་ལོངས་སྤྱོད་སྐུ། །བྱང་ཆུབ་ལྔ་བསྟབ་དབང་བསྐུར་བས། །འོག་མིན་ཉིད་དུ་དོན་གྲུབ་དེ། །སྤྲུལ་པ་དཀའ་ཐུབ་ཁོག་པ་ནས། །ཡེ་ཤེས་སྣང་མཛད་ཉིད་དུ་གཤེགས། །ཞེས་དང་། ཡང་། སྒྱུ་འཕྲུལ་ལམ་རིམ་ལས། དོན་གྲུབ་དཀའ་ཐུབ་ལུས་ཅན་ལ༔ །ཕྱོགས་བཅུའི་རྒྱལ་བ་སྤྲིན་བཞིན་དུ། །འདུས་པ་གསང་བ་ལོངས་སྤྱོད་ཀྱི། །སྲོད་དང་ཐོ་རངས་དུས་ཉིད་ན། །ཉི་ཟླ་ཟ་བའི་དབང་བྱིན་ཅིང་། །རོལ་བའི་ག་ར་བསྟེན་པ་ཡིས། །ཡེ་ཤེས་བསྟན་རྫོགས་དབང་ཐོབ་པ། །དེ་བཞིན་དེ་བཞིན་གཤེགས་པའོ། །དེའི་འགྲེལ་པ་ཛྙཱ་ནའི་མཚན་གྱིས་མཛད་པ་ལས། དེ་ཡང་དབང་གང་དུ་བསྐུར་ན། ཆུ་བོ་ནཻ་རཉྫ་ནའི་འགྲམ་ལོགས་སུ་བསྐུར། གང་ལ་བསྐུར་ན། རྒྱལ་བུ་དོན་ཐམས་ཅད་གྲུབ་པ་དཀའ་ཐུབ་ལུས་ཅན་དེ་ཉིད་ལ་བསྐུར། གང་

གིས་བསྐུར་ན། ཕྱོགས་བཅུའི་རྒྱལ་བ་ཐམས་ཅད་དབྱེར་གྱི་ནམ་མཁའི་སྤྲིན་ཕུང་བཞིན་དུ་འདུས་པ་རྣམས་ཀྱིས་བསྐུར། རྫས་གང་ལ་བརྟེན་ནས་བསྐུར་ན། ཐལ་གྱི་སྤྱོད་ཡུལ་མིན་པའི་གསང་བའི་ལོངས་སྤྱོད། ཁ་སྦྱོར་གྱི་བདེ་བའི་རྫས་ཐམས་ཅད་ལ་བརྟེན་ནས་བསྐུར་བའམ། ཡང་ན། ཕྱོགས་བཅུའི་རྒྱལ་བ་སྤྲིན་བཞིན་འདུས་པ་གསང་བའི་སྟོན་པ་ལོངས་སྤྱོད་རྫོགས་པའི་སྐུ་རྣམས་ཀྱིས་བསྐུར། དུས་ནམ་གྱི་ཚེ་བསྐུར་ན། སྲོད་ལ་རྣམ་པར་རྟོག་པ་ནུབ་པ་དང་། ཐོ་རངས་ཡེ་ཤེས་འཆར་བའི་དུས་ཉིད་དུ། ལོངས་སྐུ་ཡབ་ཡུམ་གཉིས་སུ་མེད་པར་རོལ་བའི་ཐིག་ལེ་བྱང་སེམས་ལྡེ་ཐོག་ཏུ་བཞག་སྟེ་ཁར་ཟ་བའི་དབང་རྫས་བྱིན་ཏེ་གསང་དབང་བསྐུར་ཅིང་། གཞུང་གཞན་དུ་ལྷའི་བུ་མོ་ཐིག་ལེ་མཆོག་མ་བཀུག་སྟེ་གསུངས་པ་ལྟར། ཤེར་དབང་ཡབ་ཡུམ་གཉིས་སུ་མེད་པར་རོལ་པའི་ཀ་ར་སྦྱོར་ཐབས་ཀྱིས་བསྟན་ཏེ་སྦྱོར་དུ་བཅུག་པ་ཡིས། ཐིག་ལེ་ལུགས་སུ་འོང་བ་ཡས་བབ་ཀྱི་དགའ་བ་བཞི་ལ་ཤེས་རབ་ཡེ་ཤེས་ཏེ་ཡེ་ཤེས་རང་གནས་དང་། ཐིག་ལེ་ལུགས་སུ་ལྡོག་པ་མས་བརྟན་གྱི་དགའ་བ་བཞི་ལ་ཤིན་ཏུ་བརྟན་པ་སྟེ། དབང་བཞི་པ་བདེ་བ་ཆེན་པོའི་དབང་རྫོགས་པར་ཐོབ་པས་སྐྱེ་བ་མེད་པར་རང་བཞིན་ལྷན་ཅིག་སྐྱེས་པའི་ཡེ་ཤེས་ཀྱི་དོན་མངོན་དུ་བྱས་ཏེ། རྒྱལ་བུ་དོན་གྲུབ་ཉིད་ཐིག་པ་གཞན་ཡོ་གའི་གཞུང་གི་རྣམ་སྣང་དུ་གཤེགས་པའི་ཚུལ་དེ་བཞིན་དུ། འདིར་མ་ཧཱ་ཡོ་གའི་གནས་ལུགས་བདེ་བ་ཆེན་པོའི། དེ་བཞིན་ཉིད་དབྱེར་མེད་ཀྱི་ངང་དུ་སྐུ་ལྔ་ལྷུན་གྲུབ་ཀུན་ཏུ་བཟང་པོར་གཤེགས་པའི་ཞེས་དང་། ཡང་གཞི་ཆོས་ཉིད། ཇི་ལྟ་བའི་དེ་བཞིན་ཉིད། འབྲས་བུའི་དེ་བཞིན་གཤེགས་པའོ། །ཞེས་དང་། ཡང་ན་ལུགས་གཅིག་ལ། གང་ལ་བསྐུར་ན། རྒྱལ་བུ་དོན་གྲུབ་ཉིད་དཀའ་ཐུབ་ལུས་ཅན་དུ་བཞུགས་པ་ལ་བསྐུར། གང་གིས་བསྐུར་ན། ཕྱོགས་བཅུའི་རྒྱལ་བ་སྤྲིན་བཞིན་འདུས་པས་བསྐུར། གང་བསྐུར་ན། གསང་བའི་ལོངས་སྤྱོད་ཀྱིས་ཅེས་པ་དང་། འོག་ན་ཉི་ཟླ་ཟ་བའི་དབང་བྱིན་ཅིང་ཞེས་པ་དང་། ཡེ་ཤེས་བརྟན་རྫོགས་དབང་ཞེས་པས་བསྐུར། དེ་ཡང་གསང་བ་བྱང་ཆུབ་སེམས་ཀྱི་ལོངས་སྤྱོད་ཀྱི་ཚེ་དབང་བསྐུར་ན། སྲོད་ལ་རྟོགས་པ་སྐྱེ་བའི་དུས་སུ་ཐོབ་པ། གང་གིས་བསྐུར་ན། འོག་ན་རོལ་བའི་ཀ་ར་ནས། ཕྲིན་ལས་ཀྱི་སྦྱོར་ཐབས་དྲུག་ཅུ་ཡིས། ཉི་མ་ཡུམ་གྱི་བྱང་སེམས། ཟླ་བ་ཡབ་ཀྱི་བྱང་སེམས་གསང་བའི་དབང་བྱིན་ཅིང་ཞེས་བྱ་སྟེ།

གསང་བའི་དབང་བསྐུར་བའོ། །ཟབ་མོའི་དབང་ཕྱི་མ་གཉིས་བསྐུར་བ་ནི། དུས་ནམ་བསྐུར་ན། ཡ་གིར་ཐོ་རངས་དུས་ཉིད་དུ་ཞེས་པས། ཐོ་རངས་ཡེ་ཤེས་འཆར་བའི་དུས་ཉིད་དུ། གང་བསྐུར་ན། ཡེ་ཤེས་བརྟན་རྫོགས་དབང་ཐོབ་ནས། །ཞེས་པས། ཡེ་ཤེས་རང་གནས་ཤིན་ཏུ་བརྟན་པ་ནི་དབང་རྫོགས་པར་བསྐུར་བ་ཐོབ་པས་དབང་བའི་ཡོན་ཏན། བདེ་བར་གཤེགས་པ་ནི། ཤཱཀྱ་ཐུབ་གཤེགས་པ་དེ་བཞིན་དུ། རྗེས་འཇུག་རྣམས་ཀྱང་དེ་བཞིན་གཤེགས་པའོ། །ཞེས་པས། རྣམ་དག་དབང་ལྔ་ལེགས་པར་བསྟན་ཏོ། །དེ་ལྟར་ཤེར་དབང་སྟོན་དབང་གི་སྐབས་བཤད་པ་ལྟར། སྟོང་བཞི་དང་དགའ་བཞིའི་ཡེ་ཤེས་འདྲེན་ཚུལ་དང་། དབྱེར་མེད་བདེ་ཆེན་གྱི་དབང་གིས་ཡས་བབ་མས་བརྟན་གྱི་དགའ་བ་བཅུ་དྲུག་གིས་རྒྱུ་འབྲས་ཀྱི་ས་ལམ་དང་ལམ་ལྔ་མཐར་ཕྱིན་ནས་མངོན་པར་བྱང་ཆུབ་ལྡེའམ། ཡེ་ཤེས་མངོན་དུ་མཛད་པ་རྣམ་པར་དག་པའི་དབང་ལྔའི་ཆུ་བོས་ཞེས་དེས་ཉོན་སྒྲིབ་ཤེས་སྒྲིབ་གཉིས་ཀྱི་དྲི་མ་ཀུན་བཀྲུས་ནས། སྐུ་གསུམ་ངོ་བོ་ཉིད་སྐུ་དང་བཅས་པའི་སྐུ་བཞིའི་ས་བོན་རྒྱུད་ལ་བཞག །དེ་དག་གི་དུས་སུ་ཁས་བླངས་པའི་དམ་ཚིག་དང་སྡོམ་པའི་གནས་མཐའ་དག་ཚུལ་བཞིན་བསྲུངས་པ་ལས། ཟབ་མོའི་ལམ་གྱི་ཉམས་རྟོགས་ཁྱད་པར་ཅན་ལམ་བདེན་བཟང་པོ་རྒྱུད་ལ་སྐྱེ་བའི་སྣོད་དམ་རྗེན་དུ་གྱུར་པས་སོ། །ཐོས་བསམ་འཆི་མེད་བདུད་རྩི་ལས། ཕྱི་དང་ནང་ལུས་དཀྱིལ་འཁོར་ལྷ་ཡི་ཚོགས། །རྩ་ཡིག་བདུད་རྩི་དཔའ་བོ་རྣལ་འབྱོར་མ། །རིམ་པ་ལྔ་དང་རིམ་བཞིའི་རྣལ་འབྱོར་སོགས། །འཁོར་ལོ་སྡོམ་པའི་ལམ་གྱི་རིམ་པའོ། །ཞེས་དང་། དེ་ལས། རྒྱུ་དབང་བསྐུར་ནས་ཕྱི་ནང་བསྐྱེད་རིམ་དང་། །ལམ་དབང་ཟབ་མོ་ཐུན་བཞིར་བསྒོམ་པ་དང་། །ལམ་གསུམ་བསྒོམ་པའི་ཡེ་ཤེས་འདྲེས་པ་དང་། །དགྱེས་པ་རྡོ་རྗེའི་ལམ་གྱི་རིམ་པའོ། །ཞེས་གསུངས་པས་འཁོར་ལོ་སྡོམ་པ་དང་སྦྱར་ན། སྤྱིར་བདེ་མཆོག་རྣལ་འབྱོར་མའི་རྒྱུད་འདི་གསུངས་པ་པོ་སྟོན་པ་ཤཱཀྱའི་རྒྱལ་པོ་དཔལ་འཁོར་ལོ་སྡོམ་པའི་སྐུར་བསྟན་ནས་གསུངས་པ་ཡིན་ལ། ཞུ་བ་པོ་ཕག་མོ་ཡིན་ཞིང་། རྒྱ་གར་དུ་བརྒྱུད་འཛིན་གྱི་གཙོ་བོ་སློབ་དཔོན་ལུ་ནག་དྲིལ་གསུམ་ཞེས་གྲགས་པས། འདིར་དྲིལ་བུ་བའི་ལུགས་ཀྱི་ཚིག་ལ་སྦྱར་ན། དབང་ནི་སྔགས་ལམ་ནས་བཤད་པའི་མཚན་ཉིད་ཀུན་དང་ལྡན་པའི་བླ་མ་ཡབ་ཡུམ་ལས་ལམ་དབང་གསང་ཤེར་གཙོ་བོར་གྱུར་པ་

ལ་ཨ་ནུའི་དབང་ཟབ་མོས་ལེགས་པར་སྨིན་པར་བྱས་ནས། དྲི་མ་སྦྱོང་ཚུལ་ལ། བདེ་མཆོག་བུམ་དབང་རྡོ་རྗེ་སློབ་དཔོན་དང་སློབ་མའི་དབང་གསང་ཤེར་ཚིག་དབང་ལྔས་སྒྲིབ་གཉིས་སྦྱངས་ལ། ཀྱི་རྡོ་རྗེ་ལྟར་རྣམ་པར་དག་པ་གསང་ཤེར་གཉིས་ཀྱི་དབང་མངོན་བྱང་ལྔའི་ཚུལ་དུ་བསྐུར་བའི་དབང་གི་ཆུ་བོས་སྒྲིབ་གཉིས་ཀྱི་དྲི་མ་ཀུན་བཀྲུས་ཏེ་སྦྱངས་བར་གསུངས་ཏེ། རྣམ་བཤད་ཟླ་ཟེར་ལས། གཞི་དུས་ལུས་སེམས་གཉིས་མངོན་བྱང་ལྔའི་ཚུལ་དུ་རང་གྲུབ་ཏུ་ཡོད་པ་སྦྱང་གཞི་ཡིན་ལ། དེ་ལ་གསང་དབང་དང་ཤེས་རབ་ཡེ་ཤེས་གཉིས་མངོན་བྱང་ལྔའི་ཚུལ་དུ་བསྐུར་བས་བསྐྱེད་རིམ་གྱི་མངོན་བྱང་ལྔ་འགྲུབ་པའི་རྒྱུ་བྱེད་ལ། ལམ་དུས་བསྐྱེད་རིམ་གྱི་ལྷ་རྣམས་མངོན་བྱང་ལྔའི་ཚུལ་གྱིས་བསྒོམ་པས་རྫོགས་རིམ་གྱི་སྨིན་བྱེད་དུ་འགྲོ། དེས་རྫོགས་རིམ་བསྒོམ་པས་འབྲས་བུ་ཡེ་ཤེས་ལྔ་མངོན་དུ་གྱུར་ནས་འཚང་རྒྱ་བ་ཡིན་ནོ། །ཞེས་གསུངས་སོ། །དབང་བསྐུར་ཚུལ་སྔར་བསྟན་པ་ལྟར་དང་གཞན་ཡང་རྣམ་དག་དབང་ལྔ་ནི། སྦྱོར་དཔལ་དུས་ཀྱི་འཁོར་ལོའི་རྒྱུད་སོགས་ལས། རིམ་པ་བཞིར་གསུངས་ཏེ། རྣམ་པར་དག་པའི་རིམ་པ་དང་། དཔའ་བོའི་རིམ་པ་དང་། བདག་བྱིན་གྱིས་བརླབ་པའི་རིམ་པ་དང་། ཤིན་ཏུ་རྣམ་པར་དག་པའི་རིམ་པའོ། །

རྣམ་པར་དག་པའི་རིམ་པ་ནི། དབང་ལྔ་ཡིན་ལ། དེ་ཡང་འཇིག་རྟེན་པའི་དབང་ནི། བྱིས་པ་འཇུག་པའི་དབང་བདུན་ཏེ། དུས་འཁོར་རྩ་རྒྱུད་ལས། བྱིས་པ་རྣམས་ནི་འཇུག་པའི་ཕྱིར། །དང་པོའི་དབང་བསྐུར་བདུན་པོ་ཡིན། །ཞེས་དང་། ཆུ་དང་ཅོད་པན་དར་དཔྱང་དང་། །རྡོ་རྗེ་དྲིལ་བུ་བརྟུལ་ཤུགས་ཆེ། །མིང་དང་སངས་རྒྱས་རྗེས་གནང་ལྡན། །དབང་བསྐུར་རྣམ་བདུན་མི་ཡི་བདག །ལུས་ངག་ཡིད་ནི་ལེགས་དག་ནས། །མངོན་པར་དབང་བསྐུར་གཉིས་གཉིས་སོ། །བདུན་པས་ཡེ་ཤེས་ཡོངས་སུ་དག །ཅེས་པས། ཆུ་དང་ཅོད་པན་གཉིས་ཀྱིས་ལུས་དག །རྡོ་རྗེ་དང་དྲིལ་བུས་ངག་དག །བརྟུལ་ཞུགས་དང་མིང་དབང་གིས་ཡིད་དག །སངས་རྒྱས་རྗེས་གནང་གིས་ཡེ་ཤེས་ཞེས་ཤེས་སྒྲིབ་རགས་པ་དག་པའོ། །འཇིག་རྟེན་ལས་འདས་པའི་དབང་ནི། བཞི་སྟེ། རྒྱུད་དེ་ལས། འགྱུར་དང་འགྱུར་དང་དེ་ལས་འཛག །དེ་ནས་བཞི་ནི་མི་འཛག་པའོ། །ལུས་ངག་སེམས་ནི་ལེགས་དག་པ། །དབང་བསྐུར་གསུམ་པོ་རིམ་པ་ཡིན། །བཞི་པས་ཡེ་ཤེས་ཡོངས་སུ་དག །ལུས་ངག་

སེམས་ཀྱང་དག་པར་བྱེད། །ཅེས་གསུངས་པ་བཞིན་དབང་བཞི་འདི་དག་རྫོགས་རིམ་གྱི་དབང་ཡིན་པ་ངེས་པར་བྱས་ནས། དགའ་བཞི་སྐྱེད་བྱེད་དུ་བསྒྱུར་བས། དང་པོ་འགྱུར་བ་བུམ་པའི་དབང་གིས་དགའ་བའི་ཡེ་ཤེས་བསྐྱེད། འགྱུར་བ་གཉིས་པ་གསང་དབང་གིས་མཆོག་དགའི་ཡེ་ཤེས་བསྐྱེད་འཛག་པ་ཤེར་དབང་གིས་ཁྱད་པར་གྱི་དགའ་བའི་ཡེ་ཤེས་བསྐྱེད། མི་འཛག་པ་དབང་བཞི་པས་ལྷན་ཅིག་སྐྱེས་དགའི་ཡེ་ཤེས་བསྐྱེད། དབང་དང་པོ་གསུམ་གྱིས་ལུས་ངག་སེམས་དག །བཞི་པས་ཡེ་ཤེས་ཤེས་སྒྲིབ་ཕྲ་བ་དང་ལུས་ངག་སེམས་ཀྱི་ཕྲ་བའི་དྲི་མ་དག །དེ་ལྟར་འཇིག་རྟེན་པའི་དབང་གཅིག་དང་། འདས་པའི་དབང་བཞི་བསྡོམས་པ་ལྔས། རྣམ་དག་དབང་ལྔ་བསྟན་ལ། དཔའ་བོ་དང་བདག་བྱིན་བརླབས་པའི་རིམ་པས་ལྷ་ཞི་དྲག་བསྒོམ་པའི་བསྐྱེད་རིམ་བསྟན། ཤིན་ཏུ་རྣམ་པར་དག་པས་རྫོགས་རིམ་བསྟན་པའོ། །དབང་གིས་འབྲས་བུ་སྐུ་བཞིའི་ས་བོན་རྒྱུད་ལ་བཞག་པའོ། །དབང་ཐོབ་པའི་དམ་ཚིག་དང་སྡོམ་པ་ཚུལ་བཞིན་བསྲུང་བ་ལས་ཟབ་མོའི་ལམ་བཟང་པོ་བསྐྱེད་རྫོགས་སྒོམ་པའི་ཡོན་ཏན་སྐྱེ་བའི་སྣོད་དུ་གྱུར་པ་ཡིན་ནོ། །

གཉིས་པ་བསྐྱེད་རིམ་དང་རྫོགས་རིམ་གཉིས་ལས། དང་པོ་ལ། མི་ཟབ་པ་ཕྱིའི་བསྐྱེད་རིམ། ཟབ་པ་ནང་གི་བསྐྱེད་རིམ་གཉིས་ལས། དང་པོ་ནི། མ་དག་སྐྱེ་ཤི་བར་དོའི་སྣང་ཞེན་རྣམས། །ནས། རིམ་པ་དང་པོའི་ལམ་ལ་མངོན་གྱུར་ཤོག །ཅེས་ཤྭ་ལོ་ཀ་གཅིག་གིས་བསྟན། དེ་ལ་མ་དག་པ་འཁོར་བའི་གནས་སྐབས་ཀྱི་སྐྱེ་ཤི་བར་དོའི་སྣང་ཞེན་རང་རྒྱུད་པ་རྣམས་དག་པའི་ཡིད་ངོར་སྦྱངས་ནས་ལམ་དུ་ཁྱེར་ཚུལ་ནི། དེའང་ཉིན་སྣང་སད་དུས་ཀྱི་བསྐྱེད་རིམ་སྐྱེ་བ་སྤྲུལ་སྐུའི་ལམ་ཁྱེར། གཉིད་དུས་ཀྱི་སྟུད་རིམ་འཆི་བ་འོད་གསལ་ཆོས་སྐུའི་ལམ་ཁྱེར། བར་སྲིད་ཀྱི་ཡིད་ལུས་སྒྱུ་ལུས་ལོངས་སྐུའི་ལམ་ཁྱེར་ཏེ། དེ་ལྟར་སྐུ་གསུམ་ལམ་ཁྱེར་བྱེད་པ་དང་། དེ་ལས་སྐྱེ་གནས་རྣམ་པ་བཞི་དང་མཐུན་པའི་འཁོར་བའི་འདུ་འབག་ཁྱུ་རྟུལ་རླུང་གསུམ་དང་བཅས་པ་སྦྱོང་གཞིར་བྱས་ནས། སྦྱོང་བྱེད་རྡོ་རྗེའི་ཚིག་གསུམ་དང་། ཐུན་མོང་མ་ཡིན་པའི་མངོན་བྱང་ལྔ་ཚང་བའི་རྣམ་བྱང་བསྐྱེད་པའི་རིམ་པ་དང་མཐུན་ཞིང་། བུམ་དབང་གི་ལམ་བསྐྱེད་རིམ་གྱིས་རྫོགས་རིམ་གྱི་སྨིན་བྱེད་དུ་འགྱུར་བ་ཡིན་པས། རིམ་པ་གཉིས་ཀྱི་དང་པོའི་ལམ་བསྐྱེད་པའི་རིམ་པ་ལ་བསླབ་ཅིང

མངོན་དུ་གྱུར་པར་ཤོག་ཅེས་སྨོན་པའོ། །བདེ་མཆོག་ལྟར་ན། ཐོག་མར་སྔོན་འགྲོའི་ཆོས་བསོད་ནམས་ཀྱི་ཚོགས་བསགས་རྣམས་གྲུབ་རྗེས་སུ། དང་པོ་སྦྱང་བྱ་མ་དག་འཁོར་བའི་གནས་སྐབས་ཀྱི་སྐྱེ་ཤི་བར་དོའི་སྣང་ཞེན་དེ་རྣམས་ཡིད་ངོར་སྦྱངས་ནས་སྐུ་གསུམ་ལམ་དུ་ཁྱེར་བ་ལ། དང་པོ་ཆོས་སྐུའི་ལམ་ཁྱེར་ནི། ཆོས་ཐམས་ཅད་གྲུབ་པ་མེད་པར་ཀུན་རྟོག་སྒྱུ་མ་ལྟ་བུའོ། །ཨོཾ་སྭ་བྷཱ་ཝ་སོགས་བརྗོད་པས་སྣང་བཅས་དང་། རང་གི་ཐུགས་ཀའི་ཧཱུྃ་གི་འོད་ཟེར་གྱིས་བརྟན་གཡོ་ཐམས་ཅད་སྦྱངས་ཏེ་རང་ལ་ཐིམ། རང་ཡང་ཧཱུྃ་ལ་ཐིམ། ཧཱུྃ་དེ་ཡང་རིམ་གྱིས་ནཱ་དར་ཐིམ། དེ་ཡང་མི་དམིགས་པར་བཞག་གོ། །ཨོཾ་ཤཱུ་ནྱ་ཏཱ་སོགས་བརྗོད་པས་སྣང་མེད་ཀྱི་ངང་ལ་བཞག་གོ། །ལོངས་སྐུའི་ལམ་ཁྱེར་ནི། སྟོང་ཉིད་དེ་ཡང་རང་སེམས་༼རྩ་བའི་༽གཟུགས་གྱིན་དུ་འགྱེང་བ། ཞྭ་བ་འཁྱོགས་གསུམ་པ་དཀར་ལ་དམར་བའི་མདངས་ཆགས་པ་ནམ་མཁར་གནས་པར་གྱུར་པའོ། །

སྐྱེ་བ་སྤྲུལ་སྐུའི་ལམ་ཁྱེར་ནི། དེ་ནས་སྲུང་འཁོར་བསྒོམ་པ་དང་། འབྱུང་བ་རིམ་བརྩེགས་རི་རབ། སྣ་ཚོགས་པདྨ། སྣ་ཚོགས་རྡོ་རྗེ། སྣ་ཚོགས་པདྨ་ཚུང་དུ། དེའི་དབུས་སུ་མཚན་སོ་གཉིས་ཀྱི་ངོ་བོ་ཨཱ་ལི་བཅུ་དྲུག་དཀར་པོ་གཡས་སྐོར་དང་། གཡོན་སྐོར་དུའང་རིམ་པ་གཅིག་གིས་འཁོད་དོ། །དེའི་ཕྱི་རོལ་དུ་དཔེ་བྱད་བརྒྱད་ཅུའི་ངོ་བོ་གསལ་བྱེད་དམར་པོ་གཡས་སྐོར་དང་གཡོན་དུའང་རིམ་པ་གཅིག་གིས་འཁོད་དོ། །དེ་གཉིས་ཡོངས་སུ་གྱུར་པ་ལ་དཀར་ལ་དམར་བའི་ཟླ་དཀྱིལ་དུ་བསམ། ཨཱ་ལི་དང་དཀར་བའི་ཆ་མེ་ལོང་གི་ཡེ་ཤེས། ཀཱ་ལི་དང་དམར་བའི་ཆ་མཉམ་ཉིད་ཡེ་ཤེས། རང་ནཱ་དར་ཡོད་པ་དེར་ཞུགས་ཏེ་རིམ་གྱིས་ཧཱུྃ་ཡིག་ཏུ་གསལ་བ་སོར་རྟོག་ཡེ་ཤེས་སོ། །དེ་ལས་འོད་ཟེར་སྤྲོ་བསྡུ་བྱས་ཏེ་ཧཱུྃ་ཡིག་ལྷན་སྐྱེས་ཀྱི་རང་བཞིན་ཅན་བྱ་གྲུབ་ཡེ་ཤེས་སོ། །དེ་ནས་ཟླ་བ་དབྱངས་གསལ་དང་བཅས་པ་ལ་རྟེན་དང་བརྟེན་པའི་དཀྱིལ་འཁོར་ཡོངས་སུ་རྫོགས་པ་ནི་ཆོས་དབྱིངས་ཡེ་ཤེས་སོ། །དེ་ལ་རྟེན་གཞལ་ཡས་ཁང་གདན་དང་བཅས་པ་བརྟེན་པ་ལྷ་རང་ཉིད་བཅོམ་ལྡན་འདས་ཏེ་རུ་སྐུ་མདོག་མཐིང་ག་ཞལ་བཞི་ཕྱག་བཅུ་གཉིས་པ་གསལ་བར་བྱས་ནས། ཡུམ་རྡོ་རྗེ་ཕག་མོ་སྐུ་མདོག་དམར་པོ་ཞལ་གཅིག་ཕྱག་གཉིས་སྤྱན་གསུམ་ཅན་བསྐྱེད་དོ། །དེའི་ཤར་དུ་མཁའ་འགྲོ་མ་ནག་མོ་སོགས་ཕྱོགས་བཞིར་གསལ་ལ་ཕྱི་ལྷ་ལྔའི་དཀྱིལ་འཁོར་ཞེས་བྱ་སྟེ་སྤྲུལ་སྐུའི་ཉམས

ཡིན་ནོ། །དེ་ལྟར་སྦྱོང་གཞི་འཆི་བར་སྐྱེ་གསུམ་པོ་རྣམས་སྦྱོང་བྱེད་ཆོས་ལོངས་སྤྲུལ་གསུམ་གྱི་ཉམས་ལེན་ཚང་བའི་བསྐྱེད་རིམ་གྱི་རིམ་པ་དང་པོའི་ལམ་དེ་མངོན་དུ་འགྱུར་བར་ཞོག་ཅིག་པའོ། །

གཉིས་པ་ཟབ་པ་ནང་གི་བསྐྱེད་རིམ། ཕྱི་ནང་རང་ལུས་དཀྱིལ་འཁོར་ལྷ་ཡི་ཚོགས། །ནས། ཇོགས་རིམ་རྫོགས་པ་འདྲེན་པའི་རྒྱུ་སྨིན་བྱས། །ཞེས་ཤྭ་ལོ་ཀ་གཅིག་གིས་བསྟན། དེ་ལ་ཕྱི་དོན་སྣང་སྲིད་སྣོད་བཅུད་འཛིན་པ་དང་། ནང་རང་ལུས་ཕུང་ཁམས་སྐྱེ་མཆེད་དུ་ཞེན་པའི་འཁྲུལ་རྟོག་ཐམས་ཅད་དབྱིངས་ནས་རང་བཞིན་གྱིས་སངས་རྒྱས་པའི་གཙོ་བོ་དཀྱིལ། གཅིག་ཤོས་ནི་འཁོར་དུ་དག་པའི་ལྷ་ཡི་ཚོགས་དང་། གཞན་རྡོ་རྗེའི་ལུས་ཀྱི་དངོས་པོ་རྩ་ཡིག་དང་ཁམས་བདུད་རྩི་དཔའ་བོ་རྣལ་འབྱོར་མ་སྟེ། དེ་གཉིས་འཁྲིལ་སྦྱོར་གྱི་ཚུལ་ལས་བདེ་སྟོང་གི་མཆོད་པ་ཡིན་པ། གཞན་ལུས་དང་སྣོམས་འཇུག་གི་ཞུ་བདེའི་མཆོད་པའི་རྐྱེན་ལས་རླུང་དབུ་མར་ཞུགས་གནས་ཐིམ་གསུམ་འབྱུང་ཞིང་། དེ་ཡང་ཞུགས་པའི་རྟགས་སུ་སྣ་སྒོར་མཉམ་རྒྱུ། གནས་པའི་རྟགས་སུ་རྒྱུ་བ་རང་འགག །ཐིམ་པའི་རྟགས་སུ་མཁའ་སྣང་ས་ཆུ་མེ་རླུང་སྟེ་འབྱུང་བ་བཞི་པོ་གཅིག་ལ་གཅིག་ཤོས་ཐིམ་པའི་རྟག་པ་(རྟགས་སུ)། རིམ་པ་བཞིན་སྨིག་རྒྱུ་དུ་བ་མཁའ་སྣང་དང་། རླུང་སྣང་བ་ལ་ཐིམ་དུ་ཉེ་བ་ནི་མར་མེ་ཐིམ་པ་དངོས་ལྟར་དཀར་ལམ། སྣང་བ་མཆེད་པ་ལ་ཐིམ་པས་དམར་ལམ། མཆེད་པ་དེ་སྟེ་ཉེར་ཐོབ་ལ་ཐིམ་པས་ནག་ལམ། ཉེར་ཐོབ་འོད་གསལ་ལ་ཐིམ་པས་སྟོན་གནམ་གཡའ་དག་པ་ལྟ་བུ་སྟེ། ཐིམ་ལུགས་བཞིའི་བསྒོམ་པའི་ཡེ་ཤེས་བསྐྱེད་པ་སྟེ་དཔེ་དོན་གྱི་འོད་གསལ་ལ་ངེས་པ་འདྲེན་པས་ཡེ་ཤེས་སྐྱེད་པ་བྱེད་ཅིང་། འབྱུང་བཞི་ཐིམ་པའི་རྟགས་ནི། གྲུབ་ཆེན་ལཱུ་བ་པས། དང་པོའི་རི་དྭགས་སྨིག་བཞིན་སྣང་བ་སྟེ། །མཚན་མ་གཉིས་པ་དུད་ཁའི་རྣམ་པ་ཅན། །གསུམ་པ་སྲིན་བུ་མེ་ཁྱེར་དང་འདྲ་བ། །བཞི་པ་སྒྲོན་མེ་འབར་བ་(ལྷ་བུར)གསལ། །མཚན་མ་ལྔ་པོ་རྣམ་པར་མ་བརྟགས་པར། །སྤྲིན་བྲལ་ནམ་མཁའ་ལྟ་བུ་སྣང་བ་ཡིན། །ཞེས་གསུངས་སོ། །དེ་ལ་རི་དྭགས་སྲེད་ནི་སྨིག་རྒྱུའོ། །རྟགས་བཞི་པོ་འདི་སྡོམ་ལས། ཕྱི་མ་གསལ་དུ་སོང་བ་ལ་སྨིག་རྒྱུ་སོགས་དང་འདྲ་བར་གསུངས་ཀྱི། དེ་རྣམས་དང་འདྲ་བའི་སྣང་བ་འཆར་བ་ཡིན་ཞེས་པ་དང་། ཁ་ཅིག་རྟགས་ཅན་གྱི་ཤེས་པ་བརྟན་གཡོའི་ཚད་ཡིན་ཞེས་གསུངས་པ་དང་།

ཁ་ཅིག་དུ་བ་སོགས་དང་འདྲ་བའི་སྣང་བ་འཆར་བ་ལ་བཞེད་པ་དང་གསུམ་བྱུང་བ་ནི་ཕྱི་མ་ཉིད་ལེགས་པ་ཡིན་ནོ། །རླུང་འདུ་ཤུལ་ཆེ་ཆུང་སོགས་ཀྱི་གནད་ཀྱི་རྒྱུ་ཆེ་ཆུང་དང་བརྟན་མི་བརྟན་སོགས་སྣ་ཚོགས་ཤིག་འོང་བས། མཐའ་གཅིག་ཏུ་མ་ངེས་སོ། །དུ་བ་ལ་སོགས་པ་འདི་རྣམས་སྲོག་དབུ་མར་སྡུད་པའི་ཐབས་ཁྱད་པར་ཅན་གྱི་སེམས་འཛིན་པ་དང་། དེ་ལྟ་བུ་མིན་པའི་སེམས་མི་རྟོག་པར་འཛོག་པ་དང་བཅིངས་པ་རྣམས་ལའང་འབྱུང་གསུངས་སོ། །སྒྲ་བསྒྱུར་མར་པའི་ལུགས་ཀྱི་རིམ་ལྔའི་རྩ་ཚིག་བསྡུས་གསལ་ལས། དང་པོ་སྨིག་རྒྱུ་ལྟ་བུའི་ཉམས། །འོད་ཟེར་ལྔ་དང་བཅས་པ་འཆར། །གཉིས་པ་ཟླ་བ་ལྟ་བུ་དང་། །གསུམ་པ་ཉི་མའི་འོད་ཀྱིས་འཁྲིགས། །མཚམས་སྣང་ལས་ནི་ཐོབ་པ་སྟེ། །ཅེས་སོ། །སྨིག་རྒྱུ་ནས་ནམ་མཁའ་སྤྲིན་མེད་ཀྱི་བར་རྣམས་བར་མ་ཆད་དུ་འབྱུང་ངོ་། །དེ་ལྟར་བསྒོམ་པ་ནི་རྫོགས་རིམ་གྱི་རྟོགས་པ་རང་རྒྱུད་ལ་འདྲེན་པའི་རྒྱུད་སྨིན་པར་བྱས་ནས་ལམ་གྱི་རྟོགས་རྒྱུད་ལ་འཆར་བའོ། །བདེ་མཆོག་ལྟར་ན། བདེ་མཆོག་རྩ་རྒྱུད་ལས། ཇི་ལྟར་ཕྱི་རོལ་དེ་བཞིན་སྣང་། །སྡོམ་པའི་དེ་ཉིད་རབ་ཏུ་དབྱེ། །ཞེས་གསུངས་པ་ལྟར། ཕྱི་ལྷ་ལྷའི་དཀྱིལ་འཁོར་ལྟར་ལ། ནང་རྡོ་རྗེ་ལུས་ཀྱི་དཀྱིལ་འཁོར་ནི། རྡོ་རྗེ་དྲིལ་བུ་པས། འདི་དག་གནས་སུ་རྣལ་འབྱོར་མ། །རྩ་ཡིག་དཔའ་བོ་ཉི་ཤུ་བཞི། །ལུས་ཀྱི་ཁམས་སུ་བརྟག་པར་བྱ། །ཞེས་གསུངས་པ་དང་། མཁའ་འགྲོ་རྒྱ་མཚོ་ལས། ཡུལ་འདི་རྣམས་ཀྱི་བུ་མོ་གང་། །རྩ་ཡི་གཟུགས་ཀྱིས་གནས་སོ་ཞེས། །ཞེས་གསུངས་པ་ལྟར། ཕྱི་ལྷ་ལྷའི་དཀྱིལ་འཁོར་ལྟར་ན་རང་ལུས་རྟེན་དཀྱིལ་དང་། བརྟེན་པ་ལྷ་ཡི་ཚོགས་ཏེ་རྩ་ཡིག་རྣལ་འབྱོར་མ་ཉེར་བཞི་དང་། ཁམས་བདུད་རྩི་དཔའ་བོ་ཉེར་བཞི་གསལ་ལས། ཕྱིའི་ཡུལ་ཉེར་བཞིའི་དཔའ་བོ་དང་རྣལ་འབྱོར་མའི་སྤྲུལ་གཟིགས་པ་ཙམ་གྱིས་ཞུགས་གནས་ཐིམ་གསུམ་གྱི་རྟགས་འོང་ངོ་། །དེ་ཡང་ལུས་དཀྱིལ་བསྒོམ་པ་དངོས་ནི། རང་ལུས་ཀྱི་རགས་པ་རྟེན་གྱི་དཀྱིལ་འཁོར་དུ་བསྒོམ་པ་སྟེ། རྡོ་རྗེ་དྲིལ་བུ་པས། ཁང་པ་སུམ་མདོ་ལྟེ་བ་སྙིང་། །རླུང་དང་མེ་ཆུ་ས་ཡིན་ནོ། །སྒལ་ཚིགས་རི་རྒྱལ་དེ་བཞིན་ཏེ། །ལུས་ནི་མཉམ་པ་གྲུ་བཞི་པ། །རྒྱན་རྣམས་རབ་མཛེས་ཧེ་རུ་ཀའི། །ལུས་ཀྱི་དཀྱིལ་འཁོར་ཉིད་དུ་འདོད། །ཅེས་པ་ལྟར། ཁང་པ་གཉིས་བགྲད་པ་སུམ་མདོ་མེ། ལྟེ་བ་ཆུ། སྙིང་ག་ས་དཀྱིལ། སྒལ་ཚིགས་རི་རབ།

སྤྱི་བོའི་རྩ་སོ་གཉིས་པདྨ། ལུས་འདོམ་གང་གྲུ་བཞི་གཞལ་ཡས་ཁང་རྒྱན་བཀོད་སོགས་ཀྱིས་བརྒྱན་པ་རྐང་བརྒྱད་ཀ་བ་བརྒྱད་ཅེས་སོ། །ལུས་ཀྱི་ཚ་ཕྲ་བ་རྩ་དང་ཁམས་བརྟེན་པ་དཀྱིལ་འཁོར་དུ་བསྒོམ་པ་ནི་སྙིང་ག་ཆོས་ཀྱི་འཁོར་ལོའི་དབུས་ཀྱི་རྡུ་ཏིའི་ནང་གི་བྱང་སེམས་བ་མོ་འཛག་པ་ལྟ་བུ། ཡུངས་ཀར་འབམ་པའི་ཚད་ཀྱི་དབྱིད་ཧཱུྃ་ཡིག་ཡོངས་སུ་གྱུར་པ་ལས་བཅོམ་ལྡན་འདས་ཧེ་རུ་ཀ་སྐུ་མདོག་མཐིང་ཀ་སོགས་གསལ། ལྟེ་བའི་དམར་ཚ་མེའི་གཟུགས་ཀྱི་ཐིག་ལེ་ཡོངས་སུ་གྱུར་པ་ལས་བཅོམ་ལྡན་འདས་རྡོ་རྗེ་ཕག་མོ་སོགས་གསལ། སྙིང་གའི་ཤར་ལ་སོགས་པའི་འབྱུང་བཞིའི་རླུང་རྒྱུ་བའི་རྩ་འདབ་བཞི། ཤར་ནས་རིམ་བཞིན་གཡས་སྐོར་དུ་ལཱྃ་མཱྃ་པཱྃ་ཏཱྃ་བཞིའི་ཡི་གེ་དང་ངོ་བོ་དབྱེར་མེད་དུ་གནས་པ་ཡོངས་སུ་གྱུར་པ་ལས། ཤར་མཁའ་འགྲོ་མ་ནག་མོ་སོགས་གསལ། ཤར་ལྷོ་སོགས་ཀྱི་རྩ་འདབ་ལ་བདུད་རྩིའི་གང་བའི་ཐོད་པ་བཞིའོ། །སྤྱི་བོ་ལ་སོགས་པའི་གནས་ཉེར་བཞིར་པུ་ཛྷ་ཨོ་ཨ་སོགས་ཀྱི་ཡི་གེ་ཐིག་ལེས་བརྒྱན་པ་ཡོངས་སུ་གྱུར་པ་ལས་རྩེ་བས་ཁོང་སྟོང་རྩེ་བས་ཤུན་གྱི་རྣམ་པ་དང་ལྡན་པའི་འཁོར་ལོ་ཉེར་བཞིའི་རྣམ་པ་ཅན་ཕྱིའི་ཡུལ་ཉེར་བཞི་དངོས་སོ་སྐམ་དུ་བསམ་མོ། །དེ་ནས་གནས་ཉེར་བཞིའི་རྩ་དང་ཁམས་ངོ་བོ་དབྱེར་མེད་དུ་གནས་པ་ཡོངས་སུ་གྱུར་པ་ལས་དཔའ་བོ་དང་དཔའ་མོ་ཉེར་བཞིར་གྱུར་པ་ནི། སྐྲ་མཚམས་པུ་ལླི་ར་མ་ཛར་གནས་པའི་རྩ་ཡིག་དང་ཁམས་བདུད་རྩིའི་གཉིས་ཡོངས་སུ་གྱུར་པ་ལས་དཔའ་བོ་རྣལ་འབྱོར་མ་དང་། དཔའ་བོར་སྐྱེད་པའི་ལུས་དཀྱིལ་བསྒོམ་པས་ཕྱིའི་ཡུལ་ཉེར་བཞི་ན་དངོས་སུ་བཞུགས་པའི་དཔའ་བོ་རྣལ་འབྱོར་མ་སོགས་ཀྱིས་སྒྲུབ་པ་པོ་ཁྱད་པར་ཅན་དུ་མཐོང་ནས། སྤྱན་གཟིགས་པ་ཙམ་གྱིས་རླུང་དང་ཁམས་དབུ་མར་བསྡུས་ཏེ་ཞུགས་གནས་ཐིམ་ལུགས་བཞིའི་བསྒོམ་པའི་ཡེ་ཤེས་སྐྱེད་ཅིང་དེ་ལ་བརྟེན་ནས་སྔགས་སྐྱེས་ཞིང་སྐྱེས་སོགས་འདུ་བ་སྐྱེད་པས། དེ་དག་གི་གྲོགས་བྱས་པས་བདེ་སྟོང་རྣམ་པར་མི་རྟོག་པའི་ཡེ་ཤེས་ཁྱད་པར་ཅན་སྐྱེད་པར་བྱེད་ཅིང་དེ་དག་གིས་རྫོགས་རིམ་གྱི་རྟོགས་པ་ཡོངས་རྫོགས་རྒྱུད་ལ་འདྲེན་པའི་རྒྱུད་སྨིན་པར་བྱས་པའོ། །

གཉིས་པ་རྫོགས་རིམ་ནི། ཉི་ཟླའི་ལམ་ནས་དཀྱིལ་འཁོར་བཅུ་ཡི་རླུང་། །ནས། རྫོགས་རིམ་ཨ་ནུའི་ལམ་དུ་འཇུག་པར་ཤོག །ཅེས་ཤོ་ལོ་ཀ་གཉིས་དང་རྐང་པ་གཉིས་ཀྱིས་བསྟན་ལ། དེ་

ཡང་རྩ་རླུང་ཐིག་ལེའི་བྱེད་བཅིངས་ལ་བརྟེན་ནས་ལམ་ཉམས་སུ་ལེན་དགོས་པས། རྣམ་སྣང་ཆོས་བདུན་ལྡན་པས་རླུང་རོ་བསལ། སྟེང་འོག་རླུང་མནན་སྦྱོར་པར་རླུང་དགང་བ་སོགས་བྱས། མཐོ་རིས་རྩ་གསུམ་དཔྲལ་བ་སྨིན་དབུས་སྣ་སྟེང་རླུང་མཐུར་དུ་མནན་པས། གཟའ་ཆེན་བརྒྱད་བཅིངས། ངན་སོང་རྩ་གསུམ་མཚན་མ་གཤང་ལམ་རྐང་མཐིལ་རྩ་འཆིང་བྱེད་འོག་རླུང་གྱེན་དུ་བསྡོམས། གཙུག་ཏོར་ནམ་མཁའ་ལ་དྲང་པོར་གཏད་པས་སྒོ་འབྱེད་རླུང་དགང་བར་བྱེད་པ་སྟེ། རྒྱུད་ལས། མཐོ་རིས་རྩ་གསུམ་གཟའ་བརྒྱད་སྟེང་དུ་བཅིང་། །ངན་སོང་རྩ་གསུམ་ཡན་ལག་འོག་ཏུ་བསྡམས། །ནམ་མཁའི་སྒོ་འབྱེད་དབང་སྦྱོར་བར་རླུང་དགང་། །དེ་གསུམ་གཅིག་ཆར་སྔགས་ཀྱི་མྱུར་ལམ་སྟེ། །ཉི་ཁྲི་ཆིག་སྟོང་དྲུག་བརྒྱའི་དབུགས་རྟག་ནི། །སྟེང་འོག་ཆིངས་ཀྱིས་ཐུབ་པས་ཐུབ་པའི་ལམ། །བསྒོམ་པའི་བྱིང་རྒོད་གེགས་སོགས་སྐྱོན་མེད་པར། །རྩ་བའི་རླུང་ལྔ་ཡན་ལག་རླུང་ལ་འབབ། །ཅེས་དང་། དེ་ཡང་མི་འགྱུར་བའི་བདེ་བ་ཆེན་པོ་འགྲུབ་པའི་གཙོ་བོ་ནི་བྱང་ཆུབ་ཀྱི་སེམས་གྱེན་དུ་རྫོགས་པ་ལ་ལྟོས་ཤིང་། དེ་ཡང་སྲོག་རྩོལ་འགོག་པ་ལ་ལྟོས་པ་ཡིན་ཏེ། རྒྱུད་ལས། སྲོག་རྩོལ་དག་ཀྱང་ལམ་ནི་གཉིས་པོ་རྒྱལ་ཞིང་སྲོག་ནི་ཞུགས་པ་དག་ཏུ་འགྱུར། །ཞེས་གསུངས་པས། དེའི་ཐབས་སུ་གྱུར་པ་ནི་ཉི་ཟླའི་ལམ་སྟེ་རོ་རྐྱང་གཉིས་ནས་རྒྱུ་བ་བསྐྱེད་སྡུད་ཀྱི་རྣམ་པས་ཕྱེ་བའི། སྣ་བུག་གཡོན་པ་ནམ་མཁའི་རླུང་དང་༡། རླུང་གི་རླུང་དང་༢། ཆུའི་རླུང་དང་༣། སའི་རླུང་དང་༤། མེའི་རླུང་དང་༥། ལུགས་འབྱུང་དང་༦། གཡས་ནས་ས་༡མེ་༢ཆུ་༣རླུང་༤ནམ་མཁའི་རླུང་༥སོགས་ལུགས་ལྡོག་རྒྱུ་བ་དེ་དག་ཡན་ལག་གི་རླུང་བཅུ་ཞེས་བསྡོམ་པས་གཡས་གཡོན་གྱི་འབྱུང་ལྔའི་དཀྱིལ་འཁོར་ལུགས་འབྱུང་ལུགས་ལྡོག་བཅུ་ཡི་རླུང་དབུ་མ་སྦྲ་གཅན་གྱི་ལམ་དུ་འགོག་པའི་ཐབས་ལ་མཁས་པའི་རླུང་སྦྱོར་གྱི་ཚུལ་ལ་འབབ་པ་སྟེ། རི་ཁྲོད་ཞབས་ཀྱིས། རླུང་བཅུ་དབུ་མར་ཚུད་གྱུར་པས། །འཁོར་ལོ་བཞི་ཡི་ཐིག་ལེའི་ནང་། །རླུང་ཉིད་འགྲོ་འོང་བྱེད་པ་ནི། །སྲོག་རྩོལ་གྱི་ནི་ཡན་ལག་ཡིན། །ཞེས་པས། རོ་རྐྱང་གཅིག་ཏུ་སྦྱོར་བས། དབུ་མར་འགགས་ཏེ་གཞན་དུ་འགྲོ་འོང་མི་བྱེད་ལ། དབུ་མར་ནི་འགྲོ་བ་དང་འོང་བ། གནས་པའི་རྩོལ་བ་བྱེད་པས་སྲོག་རྩོལ་ངེས་ཚིག་གི་པྲ་ཎ་ཡཱ་མ་ཞེས་པས་སྲོག་ཀུན་ནས་འགོགས་པ་སྟེ། རོ་རྐྱང་གི་རྒྱུ་བ་འགོགས་པའོ། །དེ་ཡང་མུན་

པའི་ལམ་སྟེ། དབུ་མའི་མར་སྣ་ནས་འབར་བའི་ཙཎྜ་ལིའམ། གཏུམ་མོ་ཨ་ཤད་ཀྱི་མེ་འབར་བའི་མེས་དབུ་མའི་ཡར་སྣེའི་ཧཾ་ཡིག་རི་བོང་འཛིན་པ་སྟེ། ཧཾ་ལ་རེག་པས་ཟླ་བའི་རང་བཞིན་གྱི་ཁམས་ཞུ་ཞིང་འབབ་པའི་བདེ་བ་ལས། རིམ་བཞིན་འཁོར་ལོ་བཞིའི་གནས་ནས་ཡས་བབས་མས་བརྟན་གྱི་དགའ་བ་བཞི་དང་། ཁྱད་པར་ལྷན་ཅིག་སྐྱེས་པའི་བདེ་བ་ཆེན་པོས་མཉམ་གཞག་དྲངས་པའི་དེ་ཡི་ངང་དུ་འཁོར་འདས་ཀྱི་ཆོས་རྣམས་ཀུན་གྱི་རྫུན་ཕུག་རྡིབ་ཅིང་། སྐྱེ་འགག་གནས་གསུམ་བྲལ་བའི་གནས་ལུགས་གཅིག་དང་ཐ་དད་པའི་ཆོས་སུ་མ་གྲུབ་པ་ནས་བདེན་གཉིས་དབྱེར་མེད་དུ་གྱུར་བ་འདི་ནི་དཔེ་ཡིས་མཚོན་པས་དོན་ཇི་བཞིན་པ་མངོན་དུ་གྱུར་པས་ངོ་བོ་ཉིད་ཀྱི་ཡེ་ཤེས་ཡིན་ལ། དེ་ཉིད་ལས་གདུལ་བྱ་གང་ཡོད་པར་སྤྲུལ་པའི་སྐུ་ཅིག་ཆར་དུ་སྟོན་པའི་ཕྱིར་སྒྱུ་མ་ཡབ་འཕྲུལ་པ་ཡུམ་དྲྭ་བ་འབྲེལ་བ་སྟེ། རླུང་སེམས་ཙམ་ལས་གྲུབ་པའི་སྒྱུ་མའི་སྐུ་རུ་ལངས་ཤིང་ལྡང་བ་ལས། མ་དག་པ་འཁོར་བའི་གནས་སྐབས་ཀྱི་སྐྱེ་ཤི་བར་དོའི་འཕྲུང་ལས་མྱུར་དུ་གྲོལ་བ་བྱེད་པ་ཡི་མན་ངག་རྫོགས་རིམ་ཐམས་ཅད་ཀྱི་དོན་པོ་ཨ་ནུ་ཡོ་གའི་ལམ་དུ་འཇུག་པར་ཤོག་ཅིག་ཅེས་སྨོན་པའོ། །

དེ་ལ་སྤྱིར་རླུང་འཇུག་གནས་ལྔང་གསུམ་ལ་བརྟེན་ནས། དབུ་མར་འཇུག་པ་ལས་ལྡང་དུས་གཡས་སྒོར་དང་། འཇུག་དུས་གཡོན་སྒོར་དུ་གསལ་གདབ་པ་ཡིན་ཏེ། འདིར་ལྟར་གཡས་རོ་མའི་བྱེད་ལས་ནི་རླུང་ཕྱིར་སྤྲོ་བ་བསྐྱེད་པ་འཁོར་བའི་རླུང་དུ་ཡོད་པས་རྩ་ཁའང་སྟེང་དུ་ཕྱོགས་པ། གཡོན་རྐྱང་མའི་བྱེད་ལས་ནི་རླུང་ནང་དུ་འཇུག་པ་སྡུད་པ་མྱ་ངན་ལས་འདས་པའི་རླུང་དུ་ཡོད་པས་རྩ་ཁའང་འོག་ཏུ་འཕྱུར་བ་ཉིད་དེ། སྡོམ་འབྱུང་ལས། རླུང་ནི་འཁོར་བའི་སྟེང་དུ་བགྲོད། མྱ་ངན་འདས་པས་འོག་ཏུ་བགྲོད། ཅེས་པ་ལྟར་རོ། །

དེ་ལ་ཆོས་ཉིད་ཀྱི་དབུ་མ་ནི། ཡོད་ལ་རྫས་སུ་གྲུབ་པ་མ་ཡིན་པས་སྙམ་གཙན་ཏེ། ཕྱི་ལྟར་དུ་དེའི་གདང་མཛུག་གཉིས་ཀྱིས་ཉི་ཟླ་ཟ་བར་བྱེད་པས། ནང་ལྟར་དུ་ཁམས་དཀར་དམར་གྱི་རང་བཞིན་ཨ་ཧཾ་གཉིས་དབུ་མའི་ཡས་མར་གྱི་སྣ་རྩེར་གནས་པའི་འབར་འཛག་གི་ཏིང་ངེ་འཛིན་གོམས་པ་ལས། དབུ་མར་རླུང་ཞུགས་གནས་ཐིམ་གསུམ་གྱི་བྱ་བ་བྱེད་ཅིང་ཉི་མ་ཟླ་བའི་རང་བཞིན་ཁམས་དཀར་དམར་གཉིས། དབུ་མའི་ནང་དུ་རྒྱུན་མི་ཆད་དུ་འབབ་པར་བསྒོམ་པའི་བྱེད་པ་འཆིང་

བ་ལ་ནུས་པ་ཐོབ་ན་ཕྱི་རོལ་དུ་ཉི་ཟླ་གཟས་འཛིན་པར་མི་ནུས་ཤིང༌། ཉི་མ་གཏོད་ལ་གནོན་པ་ན་རླུང་ལྷེ་བར་འཛིན་པའོ། །གནས་སྐྱི་དང་བྱེ་བྲག་གི་འཁོར་ལོ་སོ་སོར་རླུང་ཟིན་པས་ཐིག་ལེ་ཟིན། ཐིག་ལེ་ཟིན་པས་མི་འགྱུར་བའི་བདེ་བ་ཟིན་ཞིང་འཕེལ་བ་ལས་འཁོར་ལོ་སོ་སོར་རླུང་སེམས་ལས་སུ་རུང༌། དུས་སྦྱོར་བཅུ་གཉིས་ཀྱི་རླུང་དག་པ་ལས་ཚོགས་སྦྱོར། མཐོང་སྒོམ་རྫོགས་དབུ་མ་ལ་རོ་རྐྱང་གི་མདུད་པ་ཉི་ཤུ་རྩ་གཅིག་ཡོད་པ་གྲོལ་ནས་ས་བཅུའི་རྒྱུན་མཐར་རྟོགས་པའི་ཡེ་ཤེས་མངོན་པར་བྱང་ཆུབ་ཆེན་པོའི་ཁུ་རྡུལ་རླུང་གསུམ་གྱི་བག་ཆགས་ཕྲ་མོ་ལྷག་མ་འགགས་པས་འཇིག་བདེའི་བག་ཆགས་སྤངས་ཏེ། སྐུ་གསུང་ཐུགས་ཡེ་ཤེས་རྡོ་རྗེ་དབྱེར་མེད་མི་ཕྱེད་པ་སློབ་ལམ་མཐར་ཕྱིན་ནས་མི་སློབ་པའི་ལམ་དུ་སྐུ་བཞིའི་བདག་ཉིད་ཅན་དུ་སངས་རྒྱས་པ་སྟེ། དེ་ཡང་སྙིང་སྟོབས་ཁུ་བ་དག་པ་ལས་མཚན་དཔེ་རྫོགས་ཤིང་ཁ་སྦྱོར་གྱི་སྐུ་ཞིང་དང་མཆོད་པར་བཅས་པ་སྐུ་རྡོ་རྗེ། རྡུལ་དེ་དམར་ཆ་དག་པས་བདེན་ཉིད་གཞོམ་མེད་ཀྱི་གསུང་རྣམ་པ་ཐམས་ཅད་པར་འཆར་བ་གསུང་རྡོ་རྗེ། མུན་པ་སྟེ་རླུང་དག་པས་བདེ་བ་ཆེན་པོའི་ཡེ་ཤེས་དེ་ཁོ་ནས་རྣམ་པར་མི་རྟོག་བཞིན་དུ་ཇི་ལྟ་ཇི་སྙེད་ཀྱི་ཆོས་ཐམས་ཅད་མཁྱེན་པ་ཐུགས་རྡོ་རྗེ། འགྱུར་བདེ་མྱོང་བའི་ཤེས་རིག་དག་པས་སེམས་ཉིད་མི་འགྱུར་བའི་བདེ་ཆེན་དུ་གྱུར་པ་ནི་བདེ་བ་ཆེན་པོའི་སྐུ་ཡེ་ཤེས་རྡོ་རྗེ། དེའི་ཚེ་སྦྱོར་བྲལ་གྱི་ཡེ་ཤེས་རང་བཞིན་རྣམ་དག་མངོན་དུ་གྱུར་པའི་ཆ་ཆོས་ཀྱི་སྐུ་རྣམ་པ་ཐམས་ཅད་པ་དང༌། དེ་གློ་བུར་རྣམ་དག་མཐར་ཐུག་པས་ཁྱད་པར་བྱས་པ་རླུང་དབུ་མར་ཐིམ་པའི་སྒྲ་ཆོས་སྒོ་སྣ་ཚོགས་པར་འཆར་བ་ལོངས་སྐུ་དང༌། བདེ་ཆེན་གྱི་ཐིག་ལེ་འགྱུར་མེད་ནི་ངོ་བོ་ཉིད་སྐུ་ཡིན་ལ། དེ་སེམས་ཅན་ལ་ཁྱབ་ཅིང་སྤྲོས་པའི་ཚུལ་གྱིས་གཞན་གྱི་སྡུག་བསྔལ་སེལ་བར་བྱེད་པའི་ཐུགས་རྗེ་ནི་གང་འདུལ་གྱི་སྤྲུལ་སྐུ་མཐའ་མེད་པར་སྟོན་པར་མཛད་ཅིང༌། རྩ་མདུད་གྲོལ་ནས་གཙུག་ཏོར་རྩེ་མོའི་ས་མཆོག་རྡོ་རྗེ་འཆང་གྲུབ་པའི་ཚུལ། ངེས་བརྗོད་རྩེ་མོ་ལས། རོ་མ་རྐྱང་མ་ཀུན་འདར་མ། །མདུད་པ་འཁོར་བའི་འཁྲུལ་སྣང་སྟེ། །གྲོལ་བར་ཡེ་ཤེས་མྱུ་ངན་འདའ། །ཞེས་སོ། །དེ་ཡང་རྡུལ་གྱི་དྭངས་མ་གཙུག་ཏོར་ནས་ནོར་བུའི་བར་ས་བཅུ་གཉིས་སུ་བསྟན་པའི་བདེན་དོན་རྣམ་པ་བཅུ་གཉིས་དང༌། དཀར་ཆའི་དྭངས་མ་ནོར་བུ་ནས་སྤྱི་བོའི་བར་དགའ་བ་བཅུ་དྲུག་གི་རིམ་པས་བརྟན

པའི་ཕྱིར་དེ་ཉིད་རྣམ་པ་བཅུ་དྲུག་ཟུང་དུ་འཇུག་པའི་ངོ་བོ་སའི་ཡོན་ཏན་ཐུན་མོང་མདོ་སྡེ་ལས་བྱུང་བ་ཟག་མེད་ཀྱི་ཡོན་ཏན་སྡེ་ཚན་ཉེར་གཅིག་སོགས་དང་། ཐུན་མོང་མ་ཡིན་པ་ཁ་སྦྱོར་བདུན་ལྡན་ལ་སོགས་པ་མངའ་ཞིང་། ཡེ་ཤེས་རྒྱ་མཚོ་ཟད་མི་ཤེས་པ་དང་། ཕྲིན་ལས་ནམ་མཁའ་དང་མཉམ་པ་རྒྱ་ཆེ་རྒྱུན་ཆད་མེད་པར་ལྷུན་གྱིས་གྲུབ་པའི་བདག་ཉིད་མངོན་དུ་གྱུར་པའི་མཐར་ཐུག་པ་ནི་མི་སློབ་པའི་ཟུང་འཇུག་ཡང་དག་རྫོགས་པའི་སངས་རྒྱས་ཉིད་ཀྱི་གོ་འཕང་ཐོབ་པའོ། །ལམ་གྱི་གནས་སྐབས་སུ། བྱང་སེམས་ཞུ་བ་ལ་བརྟེན་ནས་དགའ་བཞིའི་སྐྱེད་ཚུལ་ནི། བྱང་སེམས་ཞུ་བས་གནས་སོ་སོར་སླེབ་པ་ན་ཡས་བབས་ཀྱི་དགའ་བཞི་སྐྱེད་ཚུལ་ནི། རྒྱུད་རྡོ་རྗེ་ཕྲེང་བ་ལས། རྡོ་རྗེ་ལུགས་འབྱུང་བཤད་བྱ་སྟེ། །བདེ་ཆེན་འཁོར་ལོ་སྤྱི་བོ་ལ། །དེ་ནི་དགའ་བ་བཤད་པ་ཡིན། །ལོངས་སྤྱོད་འཁོར་ལོ་མཆོག་དགའ་དང་། །དགའ་བྲལ་ཆོས་ཀྱི་འཁོར་ལོར་གནས། །སྤྲུལ་པའི་འཁོར་ལོ་ལྷན་ཅིག་སྐྱེ། །དགའ་བ་ཉམས་སུ་མྱོང་བར་བྱེད། །ཅེས་གསུངས་ཏེ། བྱང་སེམས་སྤྱི་བོ་ནས་མགྲིན་པར་སླེབས་པ་ན་དགའ་བ་དང་། མགྲིན་པ་ནས་སྙིང་གར་སླེབས་པ་མཆོག་དགའ། སྙིང་ག་ནས་ལྟེ་བར་སླེབས་པ་དགའ་བྲལ་དང་། ལྟེ་བ་ནས་གསང་གནས་ནོར་བུའི་རྩེར་སླེབས་པ་ན་ལྷན་ཅིག་སྐྱེས་པའི་དགའ་བ་སྐྱེ་ལ། མས་བརྟན་གྱི་དགའ་བ་བཞིའི་སྐྱེ་ཚུལ་ཡང་། རྒྱུད་རྡོར་ཕྲེང་ལས། སྤྲུལ་པའི་འཁོར་ལོ་དགའ་བ་དང་། མཆོག་དགའ་ཆོས་ཀྱི་འཁོར་ལོ་གནས། །ལོངས་སྤྱོད་བྲལ་བའི་དགའ་བ་དང་། །ལྷན་ཅིག་སྐྱེས་པའི་དགའ་བ་ཆེ། །ལུགས་ལྡོག་རིམ་པ་ཞེས་ནི་གསུངས། །མས་བརྟན་གྱི་དུས་སུ་ལྡོག་པ་སྤྱི་བོར་མ་བརྟན་གྱི་བར་དུ་མི་བརྟན་ལ། སྤྱི་བོར་བརྟན་ན་བརྟན་པར་གསུངས་ཏེ། དེ་ཉིད་ལས། དེ་ནས་སྒྲོག་གི་སྟེང་དུ་ཡིད། །དེ་ཡི་མཐུན་པར་འབབ་པར་འགྱུར། །པདྨའི་ལྟེ་བའི་དབུས་གནས་པ། །གང་དེ་ཕྱི་ནས་བརྟན་གྱུར་པ། །དེ་ཚེ་མགོན་པོ་འགྲོ་མི་འགྱུར། །ཇི་ལྟར་བུ་ག་མེད་སྣོད་དུ། །ཆུ་རྣམས་ཟད་པར་མེད་གནས་ལྟར། །དེ་ཚེ་བདེ་བར་བརྟན་པར་འགྱུར། །བརྟན་པའི་ལྷན་ཅིག་སྐྱེས་པས་དགའ། །དེ་ཕྱིར་སངས་རྒྱས་མི་ཟད་པ། །རྣལ་འབྱོར་པ་ཡིས་ངེས་པར་འཐོབ། །ཅེས་སོ། །སྦྱོར་གཏུམ་མོ་བསྒོམ་པས་དྲོད་བསྐྱེད། དྲོད་ལ་བརྟེན་ནས་རྩ་ནང་གི་བྱང་སེམས་ཞུ། དེ་ཞུ་བས་བདེ་བ་སྐྱེ། བདེ་བར་བརྟེན་(བརྟན)ནས་མི་རྟོག་པ་སྐྱེ་བར་

གསུངས་ཀྱང་། ལམ་སྒོམ་སྐབས་ཀྱི་གཏུམ་མོ་འབར་བའི་དགོས་པ་ནི། ལྷན་ཅིག་སྐྱེས་པའི་ཡེ་ཤེས་སྐྱེད་པའི་ཆེད་ཡིན་ལ། དེ་སྐྱེ་བ་ལ་བྱང་སེམས་ཞུ་ནས་འབབ་པ། དེ་ཕྱིར་ལྡེ་བ་མན་ཆད་དུ་སླེབས་པ་ཞིག་དང་། ཁྱད་པར་ནོར་བུར་སླེབས་ནས་ཕྱིར་ལ་མ་འཕོས་པར་རེ་ཞིག་གི་བར་དུ་གནས་པ་ཞིག་མེད་ན་ལྷན་སྐྱེས་མཚན་ཉིད་པ་མི་སྐྱེའོ། །ལྷན་སྐྱེས་རྫོགས་རིམ་པའི་བདེ་ཆེན་དུ་འཇོག་པ་ལ་ནི་རླུང་ཐིམ་པའི་དབང་གིས་གནས་པ་ཞིག་དགོས་སོ། །མཉམ་གཞག་གི་སྐབས་སུ་བདེ་སྟོང་མི་རྟོག་པ་སྒོང་ལ་རྗེས་ཐོབ་ཏུ་ཕྱིར་ལྷན་ཅིག་སྐྱེས་པའི་དགའ་བ་སྐྱེས་ནས། དེ་ཡང་ལངས་པའི་དུས་སུ་རང་ཤུགས་ཀྱིས་ཀྱང་ཡུལ་སྣང་བདེ་བར་འཆར་བ་ཞིག་འོང་མོད་ཀྱང་། རྗེས་ཀྱི་སྐབས་སུ་མཉམ་གཞག་གི་བདེ་སྟོང་གི་ཡུལ་སྣང་གང་ཤར་ཐམས་ཅད་ལ་རྒྱས་བཏབ་ནས་བསྒོམས་ན་བདེ་བར་འབར་བས་ཁྱད་པར་དུ་འགྱུར་བས་དེ་ལྟར་བསྐྱང་ངོ་། །མ་རྒྱུད་བདེ་མཆོག་གི་རྫོགས་རིམ་ལ་ཟབ་ལམ་ནཱ་རོ་ཆོས་དྲུག་དང་། མ་རྒྱུད་ཕྱག་རྒྱ་བཞི་སོགས་སྟོན་དུ་ཙུང་ཟབ་རྫོགས་རིམ་སྤྱིའི་སྐབས་སུ་བསྟན་པ་ལྟར། འདི་ཚིག་ཟིན་གྱིས་ཉི་ཟླའི་སྒྲོན་མུན་ཧཾ་ཡིག་རི་བོང་ཞེས་པས་ལམ་གྱི་རྩ་བ་གཏུམ་མོའི་གདམས་པ་བསྟན། ལྷན་སྐྱེས་འཁོར་འདས་དབྱེར་མེད་ཅེས་པས་ལམ་གྱི་སྙིང་པོ་འོད་གསལ་གྱི་གདམས་པ་བསྟན། སྒྱུ་འཕྲུལ་དྲ་བའི་སྐུ་རུ་ཞེས་པས་ལམ་གྱི་གཞི་མ་སྒྱུ་ལུས་ཀྱི་གདམས་པ་བསྟན་ཅིང་། དེ་གསུམ་ནི་གཙོ་བོ་ལུས་ལྟ་བུ་དང་། དེའི་ཡན་ལག་ཏུ་གྲོང་ཚུད་རྨི་ལམ། སྲུན་མ་བར་དོ། གློ་ཆོད་འཕོ་བ་གསུམ། གཏུམ་མོ་སྒྱུ་ལུས་འོད་གསལ་གསུམ་དུ་འདུ་བའི་ཚུལ་སྟོན་དུ་བསྟན་པ་ལྟར་ཤེས་པར་བྱས་ཏེ་ཆོས་དྲུག་ཉམས་སུ་བླངས་པས་མ་དག་སྐྱེ་ཤིའི་འཕྲང་ལས་གྲོལ་བ་ཡིན་ནོ། །དུས་འཁོར་ལྟར་ན། ཀུན་མཁྱེན་པདྨ་རསྐྱིའི་ཞལ་ནས། སོར་སྡུད་བསམ་གཏན་སྟོང་གཟུགས་འཆར་བ་དང་། །སྲོག་རྩོལ་འཛིན་པས་སྲོག་གནས་འགོག་པར་བྱེད། །རྗེས་དྲན་ཏིང་འཛིན་བདེ་ཆེན་བསྐྱེད་པ་དེ། །སྦྱོར་དྲུག་ཆོས་ཀྱི་ཉམས་ལེན་གཙོ་བོ་ཡིན། །ཞེས་གསུངས་པ་ལྟར། དེ་ཡང་། དུས་འཁོར་རྩ་རྒྱུད་ལས། སོ་སོར་སྡུད་དང་བསམ་གཏན་དང་། །སྲོག་རྩོལ་དེ་བཞིན་འཛིན་པ་དང་། །རྗེས་སུ་དྲན་དང་ཏིང་ངེ་འཛིན། །སྦྱོར་བ་ཡན་ལག་དྲུག་ཏུ་འདོད། །ཅེས་པ་ལྟར། བསྒྲུབ་བྱ་ནི། དེ་བཞིན་གཤེགས་པའི་གསང་བ་གསུམ་དང་། སྒྲུབ་བྱེད་སྦྱོར་བ་ཡན་ལག་དྲུག་ཡིན་ལ།

ཇི་ལྟར་སྒྲུབ་ཚུལ་ནི། སོར་བསམ་གཉིས་ཀྱིས་དབུ་མ་སྤྱངས་ཤིང་རྡོ་རྗེའི་སྐུ་རྣམ་པ་ཐམས་ཅད་བསྒྲུབ། སྲོག་རྩོལ་གྱིས་དེར་རོ་རྐྱང་གི་རླུང་འཛུད་ཅིང་འཛིན་པས་དེ་བརྟན་པར་བྱས་པས་རྡོ་རྗེའི་གསུང་རྣམ་པ་ཐམས་ཅད་བསྒྲུབ། རྗེས་དྲན་གྱིས་ཕྱག་རྒྱ་ལ་བརྟེན་ནས་བྱང་སེམས་ཞུ་བ་དེ་ཟག་བྲལ་གྱིས་ནང་དུ་བཟུང་བའི་འགྱུར་མེད་ཀྱི་བདེ་བ་དང་། ཏིང་ངེ་འཛིན་གྱིས་དེ་ཉིད་ཁ་སྦྱོར་ཏེ་གཟུགས་ཀྱི་སྐུ་དང་དབྱེར་མེད་དུ་བྱས་པས་བདེ་སྟོང་ཟུང་འཇུག་རྡོ་རྗེའི་ཐུགས་རྣམ་པ་ཐམས་ཅད་པ་སྒྲུབ་པའོ། །གཞན་ཡང་སོར་བསམ་གཉིས། སྐུ་རྡོ་རྗེའི་རྣལ་འབྱོར་བསྙེན་པའི་ཡན་ལག །སྲོག་རྩོལ་འཛིན་པ་གཉིས་གསུང་རྡོ་རྗེའི་ཉེར་སྒྲུབ་ཀྱི་ཡན་ལག །རྗེས་དྲན་ཐུགས་རྡོ་རྗེའི་རྣལ་འབྱོར་སྒྲུབ་པའི་ཡན་ལག །ཏིང་འཛིན་ཡེ་ཤེས་རྡོ་རྗེའི་རྣལ་འབྱོར་སྒྲུབ་ཆེན་གྱི་ཡན་ལག །སོར་བསམ་གཉིས་གཟུགས་སྒྲུབ་ཀྱི་ཡན་ལག །སྲོག་འཛིན་སྲོག་སྒྲུབ་ཡན་ལག །རྗེས་དྲན་བདེ་བ་སྒྲུབ་པའི་ཡན་ལག །ཏིང་ངེ་འཛིན་བདེ་བ་གྲུབ་པའི་ཡན་ལག་ཅེས་ཀྱང་བྱའོ། །དེ་ཡང་། དུས་ཞབས་སྐན་རྒྱུད་ལས། ཀུན་ལ་དྲུག་དྲུག་ཤེས་བྱ་སྟེ། །ཞེས་གསུངས་པ་ལྟར། ཡན་ལག་དྲུག་པོ་རེ་རེ་ལའང་། །ངོ་བོ༡ངེས་ཚིག་༢དབྱེ་བ་༣དང་། །རིགས་བདག་༤བསྐྱང་ཐབས་༥འབྲས་བུའ༦། །ཞེས་དོན་ཚན་དྲུག་དྲུག་གི་སྒོ་ནས་གཏན་ལ་འབེབས་ཚུལ་ལ་སོགས་རྒྱས་པར་པདྨ་ཀར་པོས་མཛད་པའི་ཁྲིད་རིམ་སྣ་ཚོགས་སྐོར་བསྙེན་སྒྲུབ་ཡན་ལག་བཞི་ཡི་རྣམ་གཞག་ཏུ་རྒྱས་པར་གསུངས་པ་ལ་གཟིགས་འཚལ། བསྲུང་བྱའི་དམ་ཚིག་ལ། ཁྱད་པར་གྱི་དམ་ཚིག་ཉི་ཤུ་ནི། གཅན་གཟན་རྒྱལ་པོ་སེང་གེ་མི་བསད༡། ཅེས་སློབ་དཔོན་ལ་མི་བསྙོ། རིན་པོ་ཆེའི་ཟ་མ་ཏོག་གི་ནང་དུ་དུག་མི་གཡོ༢། ཅེས་སློབ་དཔོན་གྱི་ཡུམ་ལ་མི་སྤྱད། རིན་པོ་ཆེའི་ལྷུགས་ཕྲན་མི་བྲིགས༣། ཞེས་དད་པ་ཅན་གྱི་ཚོགས་དང་དུས་མཆོད་མི་བཅག །གངས་ཀྱི་ཞུན་ཆུ་ཁོལ་མ་མི་འཕྱང༤། ཞེས་པ་དཀོན་མཆོག་གི་དཀོར་དང་། བླ་མའི་དཀོར་རྫས་ལ་མི་སྤྱད། པདྨའི་ཟེའུ་འབྲུ་ཁ་མི་དབྱེ༥། ཞེས་མཆེད་ཀྱི་ཡུམ་ལ་མི་སྤྱད། སྟོད་བུག་རྡོལ་དུ་བཙུད་མི་གླུགས༦། ཞེས་གཟུང་མ་མཚན་ངན་ལ་མི་སྤྱད། མུ་སྟེགས་པའི་རྫས་མི་འཆང༧། ཞེས་སློབ་མ་ངན་པ་དང་བཀྲ་མི་ཤིས་པའི་རྫས་མི་འཆང་། ཤེལ་སྡོང་དཀར་པོ་འདམ་དུ་མི་འཇུག་༨ཅེས་པ་ཤེས་རབ་ཅན་གྱི་གང་ཟག་སྨོད་པར་མི་བྱེད། སེང་གེའི་འོ་མ་སྣོད་ངན་དུ

མི་༩བླུགས། ཅེས་སྔགས་ཀྱི་དབང་ཆོས་དམ་ཉམས་ལ་མི་བཤད། ཡིད་བཞིན་ནོར་བུ་མི་འབྲེག༡༠ ཞེས་གསང་སྔགས་ཀྱི་བཀའ་ལས་ལོག་སྟེ་ཐེག་དམན་དུ་མི་འཇུག །བྱ་ཁྱུང་གི་གཤོག་པ་མི་བཅག༡༡། ཅེས་ཐབས་ཤེས་བསྐྱེད་རྫོགས་ཡ་མི་བྲལ། གནམ་ལྕགས་ཨུར་མོ་ས་ལ་མི་བསྟེབ༡༢། ཅེས་རྣལ་འབྱོར་བའི་ནང་དུ་དམེ་མི་བྱ། སྟག་གཟིག་རོལ་བའི་ཟས་ལྤག་མི་ཟ༡༣། ཅེས་དམ་ཉམས་དང་ཡུགས་པའི་ཟས་མི་ཟ། རྡོ་རྗེའི་གཏམས་པའི་ཁྲག་མི་གཤགས༡༤། ཞེས་སློབ་དཔོན་གྱི་བཞུགས་གདན་མི་འགོང་། མུན་པ་སེལ་བའི་སྒྲོན་མེ་མི་བསད༡༥། ཅེས་བསྐྱེད་རྫོགས་བསྒོམ་དུས་ཁྲིད་རྨུགས་སྤྱངས། རྡོ་རྗེའི་ར་བའི་སྒོ་མི་རྡུལ༡༦། ཞེས་སྒྲུབ་པ་པོའི་མཚམས་མི་རྡུལ། རྡོ་རྗེའི་ལམ་བར་མི་གཅོད༡༧། ཅེས་སྔགས་ཀྱི་འཛབ་རྒྱུན་མི་བཅད། རྒྱལ་པོའི་བཀའ་རྟགས་ཀྱི་ཕྱག་རྒྱ་མི་སྦྱིན༡༨། ཞེས་སྒྲུབ་རྫས་མི་ལ་མི་སྦྱིན། རྡོ་རྗེའི་མཁའ་རྫོང་རྨངས་ནས་མི་བཤིགས༡༩། ཞེས་རྩ་བ་དང་ཡན་ལག་གི་དམ་ཚིག་ཉམས་པར་མི་བྱ། ནོར་བུ་རིན་པོ་ཆེ་རྒྱལ་མཚན་གྱི་རྩེ་མོ་ནས་མི་འབེབས༢༠། ཞེས་སློབ་དཔོན་ལ་མ་གུས་པ་སྤྱངས་ཤིང་སྤྱི་བོར་བསྒོམས་ལ་མོས་གུས་ཆེན་པོས་གསོལ་བ་འདེབས་པའོ། །དགྲ་བཞི་འདུལ་བ། བཅས་ཀ་འགྱུར་བའི་དགྲ༡། ནོར་བས་བར་ཆད་དགྲ༢། འབྲས་བུ་འཕྲོགས་པའི་དགྲ༣། ནོར་མཆོག་འཕྲོགས་པའི་དགྲ་དང་བཞིའོ༤། །

བདུད་ལྔ་སྤྱངས་པ་ནི། རྣམ་རྟོགས་འཁྲུགས་པའི་བདུད༡། བཏང་སྙོམ་ལེ་ལོའི་བདུད༢། ལོངས་སྤྱོད་འདུ་འཛིའི་བདུད༣། ཚིག་རྩུབ་མཚོན་ཆའི་བདུད༤། ཁྲོ་གཏུམ་དང་ཐུང་གི་བདུད༥དང་ལྔའོ། །ལྔ་བའི་དམ་ཚིག་ལ། ཁམས་གསུམ་ཞིང་དུ་བསྒྱུར༡། དུག་གསུམ་བདུད་རྩིར་བསྒྱུར༢། འཁོར་བ་གནས་བསྒྱུར།༣སྲིད་གསུམ་ཡོངས་གྲོལ་དུ་ལྔ་བའོ། །རྩ་ལྟུང་བཅུ་བཞི་ནི། སྡོམ་གསུམ་རྣམ་ངེས་ལས། སློབ་དཔོན་རྒྱུད་གྲོལ་དབང་མན་ངག །རྣམ་གསུམ་སྙིང་ནས་སྨོད་པ་དང་། །བརྙས་དང་ཐུགས་དཀྲུགས་ལྟུང་བའི་སྒོ་ཀུན་ལས། །ཤིན་ཏུ་ལྕི་ཕྱིར་འདི་ཉིད་དང་པོར་བཤད། །བླང་དོར་གནས་སྟོན་བདེ་བར་གཤེགས་པའི་བཀའ། །བླ་མས་གསུངས་ཤིང་རང་གིས་གོ་བཞིན་དུ། །ཁྲད་གསོད་མི་མཐུན་སྤྱོད་འབྲེལ་བཀའ་འདས་གཉིས། །སྤྱི་སེམས་ཅན་ཐམས་ཅད་རིང་བསྟན་ཞུགས་ཉེ་སྔགས་ཞུགས་དང་ནང་འདྲེས་བླ་མ་དང་དཀྱིལ་འཁོར་གཅིག་ལ་བརྟེན་སྤུན་ལ་ཁྲོས། འཁོན་འཛིན་ཕྲག་དོག་

བརྣས་སོགས་གསུམ་པའོ། །སེམས་ཅན་བདེ་བ་ཀུན་དང་བྲལ་ན་བསམ། །སྙིང་ནས་བྱམས་པ་བཏང་བ་བཞི་པའོ། །འདོད་ཆགས་སེམས་ཀྱི་གནས་སྐབས་མ་ཡིན་པར། །གསང་༡)ཤེར་དབང་༢རྫོ་མཉམ་༣ལྷ་མཆོད་༤བརྒྱུད་སྨིན་༥བདུད་རྩི་རིལ་བུ་༦འཆི་བརྟག་དང་བདུན་༧། བསམ་བཞིན་ཁུ་བ་འབྱིན་དང་སེམས་ཅན་ལ། །བྱང་ཆུབ་སེམས་བསྐྱེད་བཏང་བ་ལྔ་པ་ཡིན། །ལམ་འཚོལ་མུ་སྟེགས་ལམ་ཞུགས་ཉན་རང་དང་། །ལམ་ཆེན་ཐེག་ཆེན་གྲུབ་མཐར་སྨོད་ན་དྲུག །སྨོད་མི་ལོག་སྲེད་ཅན་དང་ཚོགས་མ་བྱས་བུམ་དབང་མ་ཐོབ་མ་རྫོགས་མཆོག་དབང་གསུམ་དང་། ཉམས་རྒྱ་ལྟུང་བྱུང་བ་དང་ཟབ་མོས་འཇིགས་ཉན་རང་ལྟར་གསང་སྒྲོགས་བདུན། །ཕུང་ལྔ་སངས་རྒྱས་ལྔ་ལ་བརྙས་པ་ཡིས། །སྨོད་དང་གདུང་བ་བསྐྱེད་ན་བརྒྱད་པ་ཡིན། །གཞི་ལམ་འབྲས་བུའི་རང་བཞིན་དག་པ་ལ། །དཀྲི་བར་ཐེ་ཚོམ་ཟ་བར་དགུ་པར་བཤད། །བསྒྲལ་བའི་ཞིང་བཅུ་ཚང་བ་ནུས་བཞིན་དུ། །མི་སྒྲོལ་བ་དང་བྱམས་པར་བྱེད་ན་བཅུ། །མིང་སོགས་བྲལ་དོན་དམ་བདེན་པ་ལ་དངོས་དང་དངོས་མེད་རྟོག །རྟོག་གེས་འཇལ་བར་བྱེད་པ་བཅུ་གཅིག་པའོ། །དད་དང་འདོད་ཡིད་ཆེས་གསུམ་ལྡན་པའི་སེམས་ཅན་དོན་མི་བྱེད། །སེམས་མི་བསྲུང་དང་བསླུ་བ་བཅུ་གཉིས་པ། །སྐབས་ཐུགས་སྤྱོད་སྐབས་བབས་ཡོ་བྱད་ལོངས་སྤྱོད་དམ་ཚིག་རྫས། །དུས་ཚོད་འབྲེལ་ཀྱང་མི་བསྟེན་བཅུ་གསུམ་པ། །སྤྱི་ཆབ་གཅིག་གམ་དང་བྱེ་བྲག་ལ་ལྟོས་ཤེས་རབ་མ། །ངོས་ལྐོག་སྙིང་ཚིམ་སྨད་གོ་བཅུ་བཞི་པ། །ཞེས་ཐུགས་བླ་མེད་ཀྱི་རྩ་ལྟུང་བཅུ་བཞི་པའོ། །རྣམ་ངེས་ལས། དུས་ཀྱི་འཁོར་ལོའི་བརྟུལ་ཞུགས་ཉེར་ལྔ་ནི། །གསོད་རྫུན་རྐུ་དང་འདོད་ལོག་ཆང་འཐུང་བ། །སྤང་བྱ་བསླབ་པའི་གཞི་ལྔ་ཞེས་སུ་བཤད། །ཚོ་ལོ་ཁ་ན་མ་ཐོའི་ཟས་ཟ་དང་། །ངན་ཚིག་འབྱུང་པོ་ལྷ་མིན་ཚོས་སྨོན་པ༔ །རྣམ་པ་ལྔ་ནི་བྱ་བ་མིན་ལྔའོ། །བ་ལང་བྱིས་པ་སྐྱེས་པ་བུད་མེད་དང་། །མཆོད་རྟེན་བསྟུན་པ་གསོད་པ་ལྔ་རུ་གྲགས། །དགེ་གྲོགས་རྗེ་བོ་སངས་རྒྱས་དགེ་འདུན་དང་། །བླ་མར་ཁོང་ཁྲོ་སྙོམ་རྣམས་འཁུ་བ་ལྔ། །གཟུགས་སྒྲ་དྲི་རོ་རེག་བྱ་ཡུལ་ལྔ་ལ། །མིག་དང་རྣ་བ་སྣ་ལྕེ་ལུས་དབང་ལྔ། །ཞེན་པར་མི་བྱེད་བརྟུལ་ཞུགས་ཉེར་ལྔའོ། །ཞེས་པས་ལེགས་པར་བསྟན་ཏོ། །

གསུམ་པ་རྫོགས་པ་ཆེན་པོ་ཨ་ཏི་ཡོ་གའི་ལམ་དུ་སྨིན་པ་ལ་སྨིན་གྲོལ་གཉིས་ལས། དང་པོ་ནི། དོན་གྱི་ལྷན་ཅིག་སྐྱེས་པའི་ཡེ་ཤེས་ནི། །ཞེས་རྐང་པ་གཅིག་གིས་བསྟན་ལ། དེ་ཡང་བསྐྱེད་

པ་མ་ཧཱུ་ཡོ་གའི་སྐབས་སུ་རིམ་པ་བཞི་པའི་དོན་གྱི་འོད་གསལ་རྫོགས་པ་ཨ་ནུ་ཡོ་གའི་སྐབས་སུ་བདེ་སྟོང་ལྷན་ཅིག་སྐྱེས་པའི་ཡེ་ཤེས་གང་ཡིན་དེ་ནི། ཨ་ཏི་ཡོ་ག་རྡོ་རྗེ་སྙིང་པོའི་སྐབས་སུ་ཡེ་གྲོལ་ཀ་དག་གི་ལྟ་བ་ཞེས་བྱ་སྟེ། སྤྱངས་པ་སྟོན་སོང་གི་དབང་པོ་རབ་ཏུ་གྱུར་པ་ལ། ལྟ་སྒོམ་གྱི་མཁྲེན་པ་དང་ལྡན་པའི་བླ་མ་རྡོ་རྗེ་སློབ་དཔོན་གྱི་དབང་གསུམ་པའི་དཔེའི་ཡེ་ཤེས་ལ་ལྟོས་མི་དགོས་པར་ཐོག་མ་ནས་དོན་དམ་བྱང་ཆུབ་སེམས་ཀྱི་དཀྱིལ་འཁོར་དུ་འཇུག་རུང་བའི་སྐལ་ལྡན་ལ་རྫོགས་པ་ཆེན་པོ་རིག་པའི་རྩལ་དབང་བསྐུར་བ་སྟེ། སློབ་དཔོན་འཇམ་དཔལ་བཤེས་གཉེན་གྱིས་མཛད་པའི་འཇམ་དཔལ་སྒྲ་དྲའི་ཁོག་དོན་ལས། ཟབ་པ་དོན་གྱི་དབང་མཆོག་ནི། །རིག་པའི་རྩལ་དབང་ཐོབ་པ་སྟེ། །ཆོས་ཉིད་རྟོགས་པས་དབང་ཞེས་བྱ། །ཡེ་ཤེས་དབང་བསྐུར་ཅོད་པན་ཅན། །ཞེས་གསུངས་པ་ལྟར། བླ་མ་རྡོ་རྗེ་སློབ་དཔོན་གྱིས་ཚིག་དབང་གི་སྐབས་སུ་ཚིག་གིས་ངོ་སྤྲོད་པ་ཉིད་ཡིན་ཏེ། འདི་ལྟར་སྣང་སྲིད་སྣོད་བཅུད་ཀྱི་སྣང་བ་ཐམས་ཅད་སེམས་ཉིད་རང་བྱུང་གི་ཡེ་ཤེས་བརྗོད་བྲལ་ཆོས་ཀྱི་སྐུར་གཏན་ལ་ཕབ་ནས་བསལ་བཞག་མེད་པར་སྐྱོང་བ་སེམས་སྡེ་ལ། སེམས་དོན་ཨ་དོན་བཅོ་བརྒྱད་ཀྱི་དབང་དང་། རང་བྱུང་གི་ཡེ་ཤེས་དང་དེ་ལས་ཤར་བའི་ཆོས་ཐམས་ཅད་ཡེ་གྲོལ་རང་དག་ཆོས་ཉིད་ཀུན་ཏུ་བཟང་མོའི་ཀློང་ལས་འགྲོ་ས་གཞན་མེད་པར་གཏན་ལ་ཕབ་ནས་ཆོས་ཉིད་དམིགས་མེད་བྱ་རྩོལ་དང་བྲལ་བའི་ངང་དུ་སྐྱོང་བ་ཀློང་སྡེ་ལ། ཀློང་སྡེ་རྡོ་རྗེ་ཟམ་པའི་དབང་དང་། སྣང་སྟོང་བྲལ་བ་ཟུང་འཇུག་གཉིས་སུ་མེད་པའི་ཡེ་ཤེས་ཀྱིས་འཁོར་འདས་ཀྱི་ཆོས་ཐམས་ཅད་ཆོས་ཉིད་སྟོང་འཛིན་དང་བྲལ་བའི་ངང་དུ་སྐྱིལ་བའི་གནད་ཀྱིས་རིག་པ་ཆོས་ཉིད་ཀྱི་ཡུལ་མངོན་སུམ་དུ་ཤར་ནས། རང་རིག་ལུ་གུ་རྒྱུད་ཀྱི་སྐུར་སྨིན་ཅིང་གྲོལ་བར་བྱེད་པ་སྟེ། མན་ངག་གི་སྡེའི་རྒྱུད་བཅུ་བདུན་གྱི་དབང་དང་ཁྱད་པར་མན་ངག་གི་སྡེ་ལ་ཕྱི་ནང་གསང་བ་ཡང་གསང་བཞི་ལས། ཡང་གསང་བླ་མེད་སྙིང་ཐིག་ལྟར། རྫོགས་པ་རང་བྱུང་ལས། སྤྲོས་བཅས་སྤྲོས་པ་མེད་པ་དང་། །ཤིན་ཏུ་སྤྲོས་མེད་རབ་སྤྲོས་མེད། །དབང་ནི་རྣམ་པ་བཞི་ཡིས་ཀྱང་། །སྐལ་བ་ལྡན་པ་སྨིན་པར་བྱ། །ཞེས་པའི་དབང་བཞིས་རིམ་པ་ལྟར། ལུས་ངག་ཡིད་གསུམ་དང་ཤེས་བྱ་ལ་རྨོངས་པའི་སྒྲིབ་པ་སྦྱོང་། སྐུ་གསུང་ཐུགས་དང་རང་བྱུང་འོད་གསལ་གྱི་ནུས་པ་འཇུག །བསྐྱེད་རིམ་དང

གཏུམ་མོ་བསྒོམ་པ། བདེ་སྟོང་ཟུང་འཇུག་བསྒོམ་ཞིང་ཀ་དག་གི་ཡེ་ཤེས་རྟོགས་པ་དང་། མངོན་སུམ་ལྷུན་གྲུབ་ཐོད་རྒལ་གྱི་དོན་ཉམས་སུ་ལེན་པ་བཞི་ལ་དབང་བ་ཡིན་ནོ། །འདི་ནི་དབང་གོང་མ་ཚིག་དབང་གིས་སྤྲོས་བཅས་སྤྲོས་མེད་རབ་ཏུ་སྤྲོས་མེད་ཤིན་ཏུ་སྤྲོས་མེད་ཅེས་ཕྱེ་བ་ཡིན་པས། བླ་མེད་ཐུན་མོང་བའི་དབང་བཞི་དང་གྲངས་འདྲ་ཡང་དོན་མི་འདྲ་བར་ཤེས་དགོས། སྤྲོས་བཅས་སྤྲོས་མེད་གཉིས་བླ་མེད་དང་ཕྱོགས་མཐུན་ལ། ཕྱི་མ་གཉིས་ལ་མི་འདྲ་བའི་ཁྱད་པར་ནི་ཤིན་ཏུ་སྤྲོས་མེད་ཀྱི་དབང་ལ་ཕྱི་ནང་གསང་བ་ཡོངས་རྫོགས་བཞི་སྟེ། དང་པོ་འཁོར་འདས་རུ་ཤན་འབྱེད་པ་དེ་ནི་ཕྱིའོ། །གཉིས་པ་ཡེ་ཤེས་ཉི་ཤུ་རྩ་ལྔ་ལ་སྦྱོད་པའི་དོན་དུ་མཛུལ་ཕྱུལ་ནས་གསོལ་བ་གདབ་པ་ལ་སོགས་དེ་ནི་ནང་དང་། གསུམ་པ་ནམ་མཁའ་ཕྱོགས་བཞི་ནས་སེམས་ཉིད་ཀྱི་སྒོར་འཇུག་པ་གསང་བ་དང་། བཞི་པ་ནམ་མཁའ་རྒྱ་ཆེ་བའི་སྒྲ་དབྱངས་ཀྱིས་མཐའ་དབུས་མེད་པར་མཚོན་པ་ཡོངས་རྫོགས་སོ། །དེ་ནི་རྒྱུད་ཐལ་འགྱུར་ལས། ཤིན་ཏུ་སྤྲོས་པ་མེད་པ་ལ། །འཁོར་འདས་རུ་ཤན་གོ་ཆས་དབྱེ། །དེ་ཚེ་ནམ་མཁའི་མཚན་ཉིད་ལས། །ལུས་ངག་ཡིད་ཀྱི་སྒྲིབ་པ་སྤྱངས། །མཚན་ཉིད་ཀྱི་ནི་ངེས་པར་བཏགས། །གལ་ཏེ་སྤྱོད་པ་མ་དག་ན། །རང་རང་མཐུན་པའི་དགེ་བས་སྦྱང་། །དབང་ནི་བརྡ་ལ་བརྟེན་པ་ཡི། །རང་རིག་གསལ་བའི་རང་ངོ་སྤྲད། །བརྡ་གྲོལ་མན་ངག་མཁས་པས་སྦྱད། །ཅེས་སོ། །རབ་ཏུ་སྤྲོས་པ་མེད་པ་ལ། །ཕྱི་ནི་སྐུ་གསུམ་གྱི་འདུག་སྟངས་སྟོན་པའོ། །ནང་ནི་ལྟ་སྟངས་གསུམ་སྟོན་པའོ། །གསང་བ་དེ་གཉིས་བསྟུན་ནས་སངས་རྒྱས་ཀྱི་ཞིང་དུ་སྦྱོད་པའོ། །ཡོངས་སུ་རྫོགས་པ་སོངས་ཤིག་ལ་སོགས་པའི་ཚིག་གིས་བརྡ་དོན་སྤྲད་པ་སྟེ། ཐལ་འགྱུར་ལས། རབ་ཏུ་སྤྲོས་པ་མེད་པ་ལ། །སེམས་ཀྱི་དཀྱིལ་འཁོར་སྒོ་ཕྱེ་ལ། །ལུས་ཀྱི་འདུག་སྟངས་ངེས་པར་བཅས་མས། །དེ་ལ་གོམས་ཏེ་གཟིགས་སྟངས་སྦྱངས། །མངོན་སུམ་རིག་པ་ལུང་གི་བརྡའོ། །ཞེས་པས་བསྟན་ཏོ། །

གཉིས་པ་གྲོལ་བྱེད་ཀྱི་གདམས་པ་ལ། ཕྱི་སེམས་སྡེའི་གདམས་ངག་ལ་སྟོན་པ་དང་། ནང་ཀློང་སྡེའི་གདམས་དག་ལ་སྟོན་པ་དང་། གསང་བ་མན་ངག་སྡེའི་གདམས་ངག་གི་དོན་ལ་སྟོན་པ་དང་། རྫོགས་ཆེན་རང་ལམ་གྱི་འབྲས་བུ་ལ་སྟོན་པ་དང་བཞི་ལས། དང་པོ་ནི། ཨ་ཏི་ཡེ་དག་རོ་

མཉམ་ཆེན་པོ་ཉིད། །ནས། ཨ་ཏིའི་དགོངས་དོན་ཚུལ་བཞིན་རྟོགས་པར་ཤོག །ཅེས་ཤྭ་ལོ་ཀ་གསུམ་དང་རྐང་པ་གཅིག་གིས་བསྟན་ལ། དེ་ཡང་ལྟ་བས་ཐག་བཅད་པ། སྒོམ་པས་ལ་བཟླ་བ། སྤྱོད་པས་འཕྲང་བསལ་བ། འབྲས་བུས་རེ་དོགས་སྤང་བའོ། །

དང་པོ་ཐེག་རྩེ་རང་བཞིན་རྫོགས་པ་ཆེན་པོ་ལ་དབང་པོ་ཡང་རབ་ལ་ནང་སེམས་ཀྱི་ཁྱད་པར་གྱིས་ནང་གསེས་གྲུབ་མཐའ་གསུམ་པའི་ཕྱི་སྐོར་ལུས་ལྟ་བུ་ཀུན་བྱེད་རྒྱལ་པོ་སོགས་སེམས་སྡེ་བཅོ་བརྒྱད་སོགས་ཀྱི་དགོངས་པ་ནི་ཕྱི་རོལ་གཟུང་བའི་ཡུལ་རྣམ་ལམ་ན་ཡུལ་སྣང་བ་ལྟར། རང་སེམས་ལས་གཞན་དུ་མེད་པར་རང་སེམས་ཀྱི་རྣལ་དུ་བལྟ་བ་དང་། འཛིན་པ་ཡང་དེ་ལ་གཞན་དུ་མེད་དེ། དབང་པོ་དྲུག་གི་འབྲུལ་ངོར་ཀུན་བརྟགས་ཀྱི་ཆོས་ཡིན་པས་བདེན་པ་མེད་པ་སྒྱུ་མའི་སྐྱེས་བུའི་དབང་པོ་མཚུངས་པ་བར་གྱི་རྣམ་ཤེས་ཡུལ་ལ་འཇུག་པ་དྲུག་ཀྱང་ཐོག་མར་སྐྱེ་དང་མཐར་འགག་པའི་ཡུལ། ད་ལྟ་གང་དུ་གནས་པར་བརྟགས་ཤིང་རྩད་བཅད་ན་གང་དུའང་གདགས་གཞི་བྲལ་བ་ནམ་མཁའ་དང་འདྲ་བས། ཐམས་ཅད་སེམས་ཉིད་རོལ་བ། གསང་བ་ཀུན་སེམས་ཀྱི་གཤིས་ལུགས་རང་བཞིན་གསལ་ལ་ངོ་བོ་རྣམ་པར་མི་རྟོག་རང་བྱུང་གི་ཡེ་ཤེས་བློ་འདས་ཆོས་ཉིད་ཀྱི་ངང་དུ་ཆོས་ཅན་ཐམས་ཅད་རྫོགས་པར་ལྟ་བ་སེམས་ཉིད་ཀུན་བྱེད་རྒྱལ་པོ་ཡོངས་གྲུབ་ལ་བློ་བཅོས་མས་མ་རེག་པའི་གཉུག་མ་བྱང་ཆུབ་སེམས་ཀྱི་རང་བཞིན་དུ་ཐག་བཅད་པ་སྟེ། ཀུན་བྱེད་ལས། སངས་རྒྱས་སྐུ་དང་ཡེ་ཤེས་ཡོན་ཏན་དང་། །སེམས་ཅན་ལས་དང་བག་ཆགས་ལ་སོགས་པ། །སྣང་སྲིད་སྣོད་བཅུད་བསྡུས་པ་ཐམས་ཅད་ཀུན། །བྱང་ཆུབ་སེམས་ཀྱི་ངོ་བོ་ཡེ་ནས་ཡིན། །ཞེས་པས་བསྟན།

གཉིས་པ་དེ་ལྟར་ལྟ་བས་ཐག་ཆོད་ནས་སྒོམ་པས་ཉམས་སུ་བླང་བ་ནི་དྭངས་ཤིང་མཐོ་བའི་གནས་དབེན་པར་ལུས་གནད་ཆོས་བདུན་དང་ལྡན་པས། ད་ལྟའི་སེམས་ཉིད་དྲི་མ་མེད་པ་ཡེ་སྟོང་ནམ་མཁའ་ལྟ་བུའི་ངང་དུ་སྒོ་གསུམ་བྱ་རྩོལ་བྲལ་བར། རང་བབ་བཅོས་བསྒྱུར་མེད་པར་ལྷོད་ཀྱིས་གློད་དེ་བཞག་པས་གཞི་རང་གྲོལ་བ་བློས་བྱས་ཀྱི་འཛིན་པ་ཡེ་གྲོལ། གང་ལྟར་ཤར་ཡང་བསྒྱུར་གྲོལ་གྱི་གཉེན་པོས་བཅོས་སུ་མེད་པ་སེམས་ཉིད་དང་དབྱེར་མེད་པར་མཉམ་པ་ཆེན་

པོར་ལ་བཟླ་སྟེ། ཀུན་བྱེད་ལས། ཇི་བཞིན་སྤྲོས་བྲལ་བདེ་བ་ཆེན་པོ་ལ། །སྒོ་གསུམ་མི་རྩོལ་བཅོས་ཤིང་དམིགས་མི་བྱེད། །ཡིད་ལ་མི་བྱེད་མཚན་མའི་རྗེས་མི་འབྲང་། །རང་བྱུང་ཡེ་ཤེས་བདེ་བའི་དོན་ལ་བཞག །ཅེས་སོ། །

གསུམ་པ་ནི། ཡུལ་གཟུགས་སྒྲ་དྲི་རོ་རེག་ཆོས་ཅིར་སྣང་ཡང་། ཡུལ་ཅན་ཆོས་ཉིད་རང་གྲོལ་གྱི་རྒྱན་དུ་བྱེད་ཅིང་། ཆགས་སྡང་སོགས་དུག་ལྔའི་ངོ་བོར་ཅེར་གྱིས་བལྟས་པས། དེ་དག་སྐྱེས་ཙམ་ནས། སྐད་ཅིག་མ་ལ་རང་སར་གྲོལ་ནས་ཡེ་ཤེས་སུ་ཤར་བ་ཉོན་མོངས་རང་གྲོལ་གྱི་སྤྱོད་པ། ཚོགས་དྲུག་གི་རྟོག་པ་ཐམས་ཅད་ཤར་ཙམ་ཉིད་ནས་མ་སྐྱེས་ལྷུན་གྲུབ་དཀྱིལ་འཁོར་གསུམ་དུ་རྫོགས་པར་ཤེས་པ་དྲུག་རང་གྲོལ་གྱི་སྤྱོད་པ་དགག་སྒྲུབ་ཞེན་ཡུལ་གྱི་འཛིན་ཞེན་དབྱིངས་སུ་སངས་ནས་རེ་དོགས་ཀྱི་འཕྲང་ལས་བརྒལ་ཞུགས་ལམ་སློང་གི་སྤྱོད་པ་གསུམ་ལམ་དུ་ཁྱེར་ནས་ལྟ་སྒོམ་ལ་བོགས་དབྱུང་ངོ་། །

བཞི་པ་ད་ལྟའི་སེམས་ཉིད་ཀྱི་དབྱིངས་ཡེ་གྲོལ་གཞི་དང་རྩ་བ་བྲལ་བའི་ངོ་བོ་ཉིད་སྐུ་ཡེ་ནས་འདུ་འབྲལ་མེད་པར་མ་བཙལ་རང་ལ་རྫོགས་པས། དེ་ལས་གཞན་དུ་སངས་རྒྱས་བསྒྲུབ་ཏུ་མེད་པས་དེ་ཉིད་ལྟ་སྒོམ་གྱིས་ཉམས་སུ་བླངས་ནས་མངོན་དུ་འགྱུར་བར་བྱ་སྟེ། ཀུན་བྱེད་ལས། ངོ་བོ་ཉིད་ལས་གཞན་དུ་མ་སྒྲུབ་ཤིག །རང་ཉིད་ཡིན་གྱི་གཞན་དུ་མ་ཚོལ་ཅིག །བཙལ་ཀྱང་རྒྱལ་བས་དབྱིངས་ནས་རྙེད་མི་འགྱུར། །ཅེས་སོ། །དེ་ཡང་ཨ་ཏི་ཡི་སྒྲ་ལས་དྲངས་ན་ཤིན་ཏུའམ། ཕུལ་དུ་བྱུང་བ་སྟེ་རྒྱུ་ལམ་དུ་བྱས་ནས་འབྲས་བུར་ད་གདོད་གྲོལ་དུ་འགྲོར་དགོས་པ་མིན་པ། གཤིས་ཡེ་ནས་དག་པས་ཡེ་དག་འཁོར་འདས་སྤང་བླང་དུ་མི་འབྱེད་པའི་རོ་མཉམ། རྟོགས་བྱ་དེ་ལས་ལྷག་པ་མེད་པས་ཆེན་པོ། ཆོས་ཐམས་ཅད་ཀྱི་ཆོས་ཉིད་ཡིན་པས་ཉིད། སྟོང་ཆ་ཀ་དག་གི་ངོས་ནས་གང་ཡང་གྲུབ་པ་མེད་པས་ཡོད་མིན། སྣང་ཆ་ལྷུན་གྲུབ་ཀྱི་ངོས་ནས་འཁོར་འདས་ཀྱི་འཆར་གཞི་བྱེད་པས་མེད་པ་མིན། བློས་བྱས་སྤྱོད་ཡུལ་ལས་འདས་པས་སྟོང་པ་མིན། རང་ངོ་ཀ་དག་ཏུ་གནས་པས་མི་སྟོང་བ་མིན། རང་བཞིན་གཉུག་མ་དོན་དམ་པའི་གཤིས་ལ་བློས་གཞལ་ན་གཞལ་བྱའི་ཡུལ་ལས་འདས་པས་ཐམས་ཅད་མིན། གཞི་ཡེ་གྲོལ་ཀ་དག་གི་དགོངས་པ་ཆོས་སྐུ་འགྲོ་བ་ཀུན་

ལ་གནས་པས་མེད་པ་མ་ཡིན། དེས་ན་མ་དག་འཁོར་བའི་གནས་སུ་འཕྲུལ་བཞིན་པའི་གནས་སྐབས་སུའང་། ཆོས་ཉིད་སངས་རྒྱས་སུ་གནས་པའི་འཁོར་འདས་གཉིས་མེད་ཟུང་འཇུག་ཆེན་པོར་གནས་སྟེ། དམིགས་བསམ་སྤྲོས་པ་ལ་འདས་ཤིང་དངོས་པོ་མེད་པས་རྟག་པ་མ་ཡིན་ཏེ་རྟག་པ་མིན། སོ་སོར་རང་རིག་གི་ཡེ་ཤེས་ཀྱི་སྤྱོད་ཡུལ་ཡིན་པས་ཆད་པ་མིན། ཚིག་གི་སྒྲ་ཞིང་བློས་བསམ་པའི་ཡུལ་དུ་མ་གྲུབ་པས་ངག་ཚིག་གི་བརྗོད་པ་ལས་འདས་པ་དེ་ཇི་ལྟར་ན། མིང་ཐམས་ཅད་སྒྲོ་འདོགས་པ་ཡིན་པས་སྒྲ་བའི་ཡུལ་ལས་འདས། རྟོག་པ་ཐམས་ཅད་འཁྲུལ་པ་ཡིན་པས་བསམ་པའི་ཡུལ་ལས་འདས། སྒྲ་ཚིག་ཐམས་ཅད་དངོས་པོར་མེད་པས་བརྗོད་པའི་ཡུལ་ལས་འདས། རྒྱུ་ཡིས་མ་བསྐྱེད་པའི་ངང་ལ་གནས་པས་ཡེ་ནས་རང་བཞིན་གྱི་གནས་པས་དང་གནས། རྐྱེན་ལས་མ་བྱུང་བས་སམ་ཐོག་མ་མེད་པའི་དུས་ནས་གནས་པས་ཡེ་གནས། སྣང་སྲིད་ཆོས་སྐུར་རྫོགས་པས་རྫོགས་པ་ཐེག་པ་ཐམས་ཅད་ཀྱི་རྩེ་རྒྱལ་ཡིན་པས་ཆེན་པོ་ནི། མཐའ་བརྒྱད་ཀྱི་སྤྲོས་པ་བྲལ་བས་ཀུན་མིན་སྣང་སྟོང་ཕྱོགས་རེ་ཙམ་ནས་གཞལ་ན་འཁོར་འདས་རང་སར་བདེན་པར་མ་གྲུབ་པས་ཐམས་ཅད་མིན། དོན་དམ་དཔྱོད་བྱེད་ཀྱི་བློ་ཡིས་གཞལ་ནས་རྣམ་པ་སྣ་ཚོགས་སུ་བཀོད་ཅིང་བརྟགས་ནའང་དྲན་བསམ་བརྗོད་པ་ལས་འདས་པ། རྣལ་མ་སྤྲོ་མ་བཅོས་པའི་དོན་ཡིན་ལ་ཆོས་ཉིད་ཀྱི་ངོས་ནས་དགག་སྒྲུབ་ཀྱི་མཐའ་ཀུན་མིང་ཙམ་བཏགས་པ་ཙམ་ཡིན་པས་དོན་ལ་མ་རེག །ཇི་ལྟར་སྣང་ཡང་ཞེན་པའི་འཁྲུལ་པའི་སྣང་བ་འདི་ཡང་སྒྱུ་མ་དང་རྨི་ལམ་ལྟར་ཤར་བས་དགག་སྒྲུབ་བྲལ་བའི་འཛིན་མེད་དུ་ཞ་ལེ་བ། ཚིག་གིས་མ་སྐྱེད་པར་ཡོངས་གྲུབ་ཆོས་ཉིད་ཀྱིས་ལྷ་སྔགས་ཡེ་ནས་ལྷུན་གྱིས་གྲུབ་པ། གང་དུ་ཇི་ལྟར་བརྟགས་ཀྱང་བསམ་བརྗོད་ཐམས་ཅད་ལས་འདས་པའི་གནས་ལུགས་རང་བཞིན་སྤྲོས་པ་ཐམས་ཅད་དང་བྲལ་བ་གཞོན་ནུ་མ་ལ་བྲ་ཕབ་པ་ལྟར་སོ་སོ་རང་རིག་པའི་ཡེ་ཤེས་ཀྱིས་མཐོང་མེད་ཀྱི་ཚུལ་གྱིས་མཐོང་བ་སྟེ། ཨ་ཧེའི་དགོངས་དོན་ཟབ་མོ་མཆོག་གཟིགས་བླ་མ་དམ་པས་ཇི་ལྟར་ངོ་སྤྲད་པ་ངོ་ཤེས་རྩལ་རྫོགས་བརྟན་པ་ཐོབ་ནས་མ་ནོར་བ། ཇི་བཞིན་པ་ཚུལ་བཞིན་རྟོགས་པར་ཤོག་ཅིག་ཅེས་སྨོན་པའོ། །

གཉིས་པ་ལ། ལྟ་བ་ངོ་སྤྲོད་པ་སྒོམ་པ་དང་བཞག་པ། སྤྱོད་པ་རང་གྲོལ་དུ་གཏོང་བ། འབྲས

བུ་མངོན་དུ་གྱུར་པ་དང་བཞིའོ། །དང་པོ་ནི། ཁྱད་པར་འོད་གསལ་རྡོ་རྗེ་སྙིང་པོའི་དོན། །རང་བཞིན་བབས་ཡིན་སྟོང་པས་ཕན་ཅི་ཡོད། །ཅེས་རྐང་པ་གཉིས་ཀྱི་བསྟན་ལ། ཁྱད་པར་འོད་གསལ་རྡོ་རྗེ་སྙིང་པོ་ཀློང་སྡེའི་དོན་བསྟན། དེ་ཡང་འཁོར་འདས་ཀྱི་ཆོས་ཐམས་ཅད་ཆོས་ཉིད་ཀུན་ཏུ་བཟང་མོའི་མཁའ་ཀློང་རྣམ་ཐར་གསུམ་ལྡན་གྱི་དབྱིངས་ནས་སངས་རྒྱས་པའི་དོན་ཁོང་དུ་ཆུད་ནས། དེ་གའི་ངང་ད་ལྟར་རང་བབས་ཀྱི་ཤེས་པ་ཕྱིར་མི་སྤྲོ། ནང་དུ་མི་བཟུང་། རང་བཞིན་རང་བབས་ཀྱི་ངང་དུ་ལྷོད་ཀྱིས་གློད་ནས་བཞག་པས་མིང་འདོགས་དཔྱོད་པ་ཐམས་ཅད་དང་བྲལ་བར་འཆར་བ། དེ་གཉུག་མའི་ཡེ་ཤེས་རྫོགས་པ་ཆེན་པོ་ཡིན་པས་དེ་ལ་བློས་བྱས་གསར་བྱུང་དུ་བསྒྲུབ་པས། སྟོང་པས་ཕན་ཅི་ཞིག་ཡོད་དེ་མེད་པས་བློས་བྱས་ཐ་སྙད་ཀྱིས་སྟོང་པས་ཕན་མ་བཏགས་པ་ཡེ་ཇི་བཞིན་གནས་ལུགས་རང་བཞག་ཏུ་མཐོང་བ་ཉིད་ལྟ་བའོ། །

གཉིས་པ་ནི། སོམ་རང་བཞག་མ་བཅོས་རང་ག་མ། །ཐ་མལ་ཤེས་པ་རང་གྲོལ་རྒྱལ་བའི་ལམ། །ཞེས་རྐང་པ་གཉིས། དེ་ལྟར་ལྟ་བས་གཏན་ལ་ཕབ་ནས་སྒོམ་པས་ཇི་ལྟར་ཉམས་སུ་ལེན་ཚུལ་ནི། དེ་ལྟར་རིག་པ་ཅེར་མཐོང་རང་གྲོལ་དུ་ཤེས་པའི་ངང་དེ་ཉིད་མ་ནོར་བར་སྐྱོང་བ་ནི་སོམ། རང་དངས་རྒྱ་མཚོར་དྭངས་པ་ལྟ་བུའི་ཡེ་ཤེས་ལ་རང་བབས་སུ་འཛོག་པ་ནི་ངང་བཞག་པ་གཉེན་པོའི་བཅོས་བསྒྱུར་མི་བྱེད་པ་ནི་མ་བཅོས། རང་བབས་ཀྱི་རྩལ་ལས་གང་ཤར་གཤིས་སུ་གྲོལ་ནས་གཉུག་མའི་ངང་དེ་ཉིད་དུ་གནས་པ་ནི་རང་ག་མ། ཡིན་ལུགས་རྗེན་པར་འཛོག་པ་ནི་ཐ་མལ་ཤེས་པ། དེ་ཉིད་རང་ཤར་རང་གྲོལ་དུ་གནས་པའི་རྒྱུན་བསྐྱངས་ནས་རྒྱལ་བའི་གོ་འཕངས་ཐོབ་ཅིང་། ས་ལམ་གཅིག་ཆོད་དུ་འགྱུར་བ་ནི་སྒོམ་པའོ། །

གསུམ་པ་ནི། རང་གིས་རང་གྲོལ་གཉེན་པོས་བཅོས་མི་དགོས། །ནས། ཤར་གྲོལ་དུས་མཉམ་ཡིན་ཏེ་སྔ་ཕྱི་མེད། །ཅེས་ཤླཽ་ཀ་གཅིག་དང་རྐང་བ་གཉིས་ཀྱིས་བསྟན། དེ་ལྟར་རང་གནས་རང་བཞག་གི་སྒོམ་པ་སྐྱོང་བའི་ཚེ། དགག་སྒྲུབ་དང་ཆགས་སྡང་གི་བློ་རྟོག་ཤར་ན། དེ་ཉིད་རང་གྲོལ་དུ་གཏོང་པ་ལ་གྲོལ་ལུགས་ཀྱི་གནད་དྲུག་སྟེ། རང་གྲོལ་གཉེན་པོ་མེད་པའི་གནད་ཀྱི་སྦྲུལ་གྱི་མདུད་པ་རང་གིས་རང་གྲོལ་བ་ལྟར། གྲོལ་བས་གཞན་གྱིས་གྲོལ་བྱེད་ཀྱི་གཉེན་པོས་བཅོས་མི་

དགོས། ཡེ་གྲོལ་བསྒྱུར་གཞི་མེད་པ་དེ། དེའི་གནད་ནམ་མཁའི་སྤྲིན་ཚོགས་རང་དེངས་པ་ལྟར་གདོད་མའི་ངང་ལ་གནས། ཅེར་གྲོལ་ངོ་བོ་མེད་པའི་གནད་དེ་ན་མི་ངོ་ཤེས་པ་དང་ངོ་ཤེས་འཕྲད་པ་ལྟར་གྲོལ་བས་བདེན་པའི་སྒྲོ་འདོགས་ཀྱིས་སྟོང་། རང་གྲོལ་སྙིང་པོ་མེད་པའི་གནད་ཁང་སྟོང་ཏུ་རྐུན་མ་ཞུགས་པ་ལྟར་གཉེན་པོ་གཞན་མེད་དེ་རྣམ་རྟོག་ལ་རྩིས་གདབ་མི་དགོ་བར་རང་གར་བཞག་པ་དེ་ཉིད་ཀྱིས་རྐུན་མ་དང་ཁང་སྟོང་ལྟར་ཐོབ་ཤོར་མེད་པའོ། །འཇུ་གྲོལ་རང་སར་དག་པའི་གནད་སྟོན་སྟེ་ཆུ་ལ་རི་མོ་བྲིས་པ་ལྟར་གྲོལ་བས་ལོག་རྟོག་གི་ཤེས་པ་སྐད་ཅིག་མའི་རྒྱུན་མི་མཐུད་པ་མ་བཅོས་རྒྱུན་གྱིས་སྐད་ཅིག་མས་ཟིན་ནས་གྲོལ་བས་སོ། །ཤར་གྲོལ་དུས་མཉམ་པ་ཡིན་ཏེ། དེའི་གནད་ཆུ་ལ་རལ་གྲི་བསྣུན་པ་ལྟར་གྲོལ་བས་སྔ་ཕྱི་ཁྱད་མེད་པའོ། །དེ་ཡང་། མུ་ཏིག་ཕྲེང་བ་ལས། འགག་པ་མེད་པའི་རིག་པ་ལ། །འཁྲུལ་རྒྱུ་མེད་པས་ལྡོག་པ་མེད། །ཡེ་གྲོལ་ཡིན་པས་གཏན་ནས་འཕགས། །རང་གྲོལ་ཡིན་པས་ཡུལ་རྐྱེན་ཟད། །ཅེར་གྲོལ་ཡིན་པས་སྣང་བ་དག །མཐའ་གྲོལ་ཡིན་པས་མུ་བཞི་འགགས། །གཅིག་གྲོལ་ཡིན་པས་དུ་མ་སྟོང་། །ཞེས་པས། དེ་ལྟར་སྤྱོད་པ་རང་གྲོལ་བསྟན་པའོ། །

བཞི་པ་ནི། མ་བཅོས་རང་བཞག་རང་བབས་ཀ་དག་ཀློང་། །ངོ་བོ་རང་བཞིན་ཐུགས་རྗེའི་དོན་རྟོགས་ཤོག །ཅེས་རྐང་པ་གཉིས་ཀྱིས་བསྟན་ལ། དེ་ལྟ་བ་མ་བཅོས་པར་རྟོགས། སྒོམ་པ་རང་བཞག །སྤྱོད་པ་རང་བབས་སུ་ལྷོད་པའི་གནས་སྐབས་ན་འབྲས་བུ་ཀ་དག་གི་ཀློང་དུ་གྲོལ་ཏེ། ངོ་བོ་སྟོང་བ་ཆོས་སྐུ། རང་བཞིན་གསལ་བ་ལོངས་སྐུ། ཐུགས་རྗེ་ཀུན་ཁྱབ་སྤྲུལ་བའི་སྐུ་སྟེ། སྐུ་གསུམ་རང་གནས་ཀྱི་ཡེ་ཤེས་མངོན་དུ་གྱུར་པས། གང་ཟག་མིའི་ལུས་ལ་དགོངས་པ་སངས་རྒྱས་སུ་དོན་རྟོགས་པ་འབྲས་བུའོ། །དེ་ལྟར་ལྟ་སྒོམ་སྤྱོད་འབྲས་བཞི་མཐར་ཕྱིན་པར་ཤོག་ཅེས་སྨོན་པའོ། །དེ་ལ་ཀློང་སྡེའི་སྒོམ་ཚུལ་བླ་མའི་དོན་བརྡ་བཞི་ཚང་བས་དབང་དང་གིས་ རྫོགས་པ། བརྡ་བཞིའི་དོན་གསལ་བ། བདེ་བ། མི་རྟོག་པ། དབྱེར་མེད་པ་བཞི་རྒྱུད་ལ་ཤར་བས། གསལ་བ་སྤྲུལ་སྐུ། བདེ་བ་ལོངས་སྐུ་མི་རྟོག་པ་ཆོས་སྐུ། དབྱེར་མི་ཕྱེད་པ་ངོ་བོ་ཉིད་སྐུ་སྟེ་སྐུ་བཞི་རང་ཆས་སུ་འགྲུབ་པའོ། །མདོར་ན། རྒྱུད་སྔ་མ་ལས། མ་ནོར་བ་ཡི་ཆོས་ཉིད་ལ། མ་བཅོས་གནས་ཤིང་མ

བྱུས་གསལ། མ་འགགས་པ་ཉིད་ཡེ་ཤེས་ཀློང་། ཞེས་པ་ལྟར། ལྟ་བ་མ་ནོར་བས་ཐག་བཅད། སྒོམ་པ་མ་བཅོས་པས་ཉམས་སུ་བླངས། སྤྱོད་པ་མ་བྱས་པས་བོགས་དབྱུང་། འབྲས་བུ་མ་འགགས་པས་ཉམས་སུ་སྨྱོང་བའི་ཀློང་ཆེན་པོ་བཞེས་བསྟུས་པ་སྟེ། དེ་བཞི་པོའང་ཐ་མལ་གྱི་ཤེས་པ། གཉུག་མ་སོ་མ་ལྷུག་པ་བཞི་སྟེ། ཐ་མལ་གྱི་ཤེས་པ་ནི། སེམས་དང་བློ་ལས་མ་བྱུང་བ་ལ་ཟེར་ཏེ། བཟང་ངན་གྱི་བློས་མ་བསླད་པ་དེའོ། །གཉུགས་མ་ནི་བསམ་ཤིང་མ་གཡོས་པ་ལ་ཟེར་ཏེ། ཡེ་གནས་ཀྱི་དོན་དེ་ལས་བྱས་པ་དང་བཅོས་པ་མེད་པའི་རང་ལུགས་མི་འགྱུར་བ་སྟོང་པའི་ངང་དེའོ། །སོ་མ་ནི་མ་བཅོས་ཤིང་མི་གཡོ་བའི་དོན་དུ་བསམ་དུ་མེད་ཅིང་རང་སོ་ལ་གནས་པ་ལ་ཟེར་ཏེ། ལུས་སེམས་ཡོད་དུ་མ་ཚོར་བའི་གནས་ལུགས་རང་སོ་ལས་མ་གཡོས་ཤིང་མི་འགྱུར་བ་དེས་སོ། །ལྷུག་པ་ནི་བསམ་དུ་མེད་པའི་ཡེ་ཤེས་རྒྱ་ཆད་ཕྱོགས་ལྷུང་མེད་པ་ལ་ཟེར་ཏེ་དེའང་མ་འགགས་གསལ་བས་རྒྱ་མ་ཆད། མི་དམིགས་པར་མི་རྟོག་པས་ཕྱོགས་སུ་མ་ལྷུང་། མ་ཞེན་པར་བདེ་བས་བདེ་གསལ་གཉིས་མེད་སྤྲོས་དང་བྲལ་བའོ། ལུང་ནི་ཡེ་ཤེས་གསང་བ་ལས། ཐ་མལ་ཤེས་པ་འདི་ཉིད་ལ། །བསམ་པའི་སེམས་མེད་རང་བཞག་ཡིན། །ཞེས་དང་། གཉུག་མ་ནི། དེ་ཉིད་ལས། མ་བྱས་མ་བཅོས་ཡེ་ཡིན་པས། །མི་འགྱུར་ཡེ་ཤེས་གཉུག་མའི་ངང་། །ཞེས་དང་། སོ་མ་ནི། དེ་ལས། བསམ་གྱིས་མི་ཁྱབ་དགོངས་པ་ནི། །ཤེས་པ་རང་བཞག་སོ་མ་ཉིད། །ཅེས་སོ། །ལྷུག་པ་ནི། དེ་ཉིད་ལས། གདོད་ནས་དག་གོ་ཆོས་ཀྱི་སྐུ། །བསམ་དུ་མེད་ཅིང་སྒོམ་དང་བྲལ། །མ་བསམ་རང་བཞིན་ལྷུག་པའོ། །ཞེས་བཤད་དོ། །སྣང་བའི་རྐྱེན་ལ་སྐྱེ་མཆེད་ཀྱི་རྐྱེན་བཞིའི་གོལ་སྒྲིབ་ཤན་འབྱེད་ན། དེ་ངའི་སེམས་དེ་རང་དུ་རིག་ཅིང་རང་དུ་གསལ་བ་ཅི་ཡིན་ཟེར་བས། རབ་རིབ་མེད་པ་གསལ་བའི་སྐྱེ་མཆེད་དུ་གོལ་ལོ། །དེར་གོལ་ན་ནམ་མཁའ་མཐའ་ཡས་སྐྱེ་མཆེད་ཀྱི་ལྟར་གོལ་ལོ། །ནམ་མཁའ་མཐའ་ཡས་སྐྱེ་མཆེད་ཀྱིས་ཀྱང་ཆོས་ཐམས་ཅད་ནམ་མཁའ་ལྟ་བུའི་ངང་དུ་རིག་པ་རང་བཞིན་དུ་གསལ་བ་ཡིན་ནོ་སྙམ་དུ་བསྒོམ་པས་གོམས་པ་དེ་ཡང་། དོ་ཧ་ལས། མདའ་བསྣུན་ན་རེ་ནམ་མཁའི་ཡིད་ཅན་ལ། །ཐར་བ་ནམ་ཡང་ཡོད་པ་མ་ཡིན་ཅེས་ཟེར། །ཞེས་སོ། །དེ་ཡང་རིག་ཅིང་གསལ་བ་ལ་ཆགས་པ་སེམས་ཙམ་པ་ལ་འོང་བའི་ཉེན་ཡོད་དོ། །རྡོ་རྗེ་ཟམ་པ་འདི་ཡི་དབང་

དུ་བྱས་ན་ཆོས་སྤྱི་དང་རང་གི་མཚན་ཉིད་ཀྱི་དོན་སེམས་ཉིད་དངོས་པོ་གཉིས་ཀྱི་གནས་ལུགས་དེ་གསལ་ལ་ངོས་བཟུང་མེད་པ་ནམ་མཁའ་ལྟ་བུ་རང་ཉིད་དུ་རིག་ཅིང་རང་ཉིད་དུ་གསལ་བ། ནམ་མཁའ་ལྟ་བུར་རིག་ཅིང་གསལ་བ་འདི་ཡིན་ནོ་སྙམ་དུ་འཛིན་པའི་བློ་མེད་པས། རབ་རིབ་གསལ་བར་འཛིན་པའི་བློ་དང་བྲལ་བས་ནམ་མཁའ་མཐའ་ཡས་སྐྱེ་མཆེད་ཀྱི་ལྟར་མ་གོལ་ལོ། །ཡེ་ཤེས་རྫོགས་པ་ལས། སེམས་ཉིད་ནམ་མཁའ་ལྟ་བུ་ལ། ནམ་མཁའ་ལྟ་བུར་བསམ་དུ་མེད། །ཅེས་བཤད་དོ། །ཡང་དའི་སེམས་ནི་མི་རྟོག་པ་གཅིག་ཡིན་ཟེར་ནས་མཐོང་ཐོས་མེད་པ་མི་རྟོག་པའི་སྐྱེ་མཆེད་དུ་གོལ། དེར་གོལ་ན་རྣམ་ཤེས་མཐའ་ཡས་སྐྱེ་མཆེད་ཀྱི་ལྟར་གོལ། རྣམ་ཤེས་མཐའ་ཡས་སྐྱེ་མཆེད་ཀྱི་ལྟ་དེས་ཀྱང་སེམས་རྣམ་པར་ཤེས་པ་དེ་ལ་མཐའ་མ་གྲུབ་པའི་སྟོང་པ་དེ་ལ་མཐོང་བ་དང་ཐོས་པ་མེད་པ་ཡིན་ནོ་སྙམ་དུ་བསྒོམ་པས་གོལ་ལ། མཐའ་མེད་དོ་སྙམ་པའི་འཛིན་ཞེན་དང་བཅས་པས་མཐའ་གང་ལའང་མི་གནས་པ་ཅིག་ཡིན་ནོ་སྙམ་དབུ་མ་པ་ལ་འོང་བའི་ཉེན་ཡོད་པ་ཡིན་སྐད། གདམས་ངག་འདིའི་དབང་དུ་བྱས་ན་ཤེས་པ་གསལ་ཡང་ཡིད་ཀྱི་འགྱུ་བ་ཆད་ནས། བློའི་རྟོག་པ་ཅི་ཡང་མ་གནས་པ་ལ་རྟོག་པ་ཅི་ཡང་མེད་པ་ཅིག་རེད་སྙམ་པའི་བློའི་རྒྱུན་དང་བྲལ་བ། སེམས་ཉིད་གང་ལ་ཡང་མི་གནས་པས་རྣམ་ཤེས་མཐའ་ཡས་སྐྱེ་མཆེད་ཀྱི་ལྟར་མ་གོལ་ལོ། །ཡེ་ཤེས་རྫོགས་པའི་ལེའུ་ལས། བྱང་ཆུབ་སེམས་ཀྱི་ཡེ་ཤེས་ནི། །རྣམ་ཤེས་དམིགས་པའི་ཡུལ་ལས་འདས། །བྱང་ཆུབ་སྙིང་པོར་གནས་པའི་ཚེ། །ངོ་བོ་ཉིད་ནི་དམིགས་སུ་མེད། །ཡེ་ཤེས་ཀུན་བཟང་རྣམ་པར་དག །ཅེས་གསུངས་སོ། །ཡང་དའི་སེམས་འདི་བདེ་བ་ཞིག་ཡིན་ཟེར་བས་ཟུག་རྔུ་མེད་པ་བདེ་བའི་སྐྱེ་མཆེད་དུ་གོལ་ལོ། །དེར་གོལ་ན་ཅི་ཡང་མེད་པའི་སྐྱེ་མཆེད་ཀྱི་ལྟར་གོལ་ལོ། །སྡུག་བསྔལ་ཐམས་ཅད་དང་བྲལ་བ་བདེ་བ་ཆེན་པོ་ཞིག་ཡིན་ནོ་སྙམ་པ་སྐྱེ། གསང་སྔགས་པ་ལ་འོང་བའི་ཉེན་ཡོད་པ་ཡིན་སྐད་དོ། །གདམས་ངག་འདི་ཡི་དབང་དུ་བྱས་ན་ལུས་ཡོད་དུ་མི་ཚོར་བའི་བདེ་བ་ལ་བདེའོ་སྙམ་དུ་འཛིན་པའི་བློ་མེད་དེ། ཟུག་རྔུ་མེད་པའི་བདེ་བའི་རྒྱུན་དང་བྲལ་བས་ཅི་ཡང་མེད་པའི་སྐྱེ་མཆེད་དུ་མ་གོལ་ལོ། །དགོངས་འདུས་ལས། ཅི་ཡང་ཡིད་ལ་མི་བྱེད་ན། །གོལ་སར་ལྷུང་བར་ཅི་སྟེ་རུང་། །ཞེས་དང་། ཡེ་ཤེས་རྫོགས་པའི་ལེའུ་དགུ་པ་ལས། ཡིད་ལ་མི་བྱེད་རང་

བཞག་ན། དྲི་མ་འཛིན་པ་རྣམ་པར་དག །ཅེས་སོ། །ཡང་དའི་སེམས་འདི་དབྱེར་མི་ཕྱེད་པ་ཞིག་ཡིན་ཟེར་ན་མི་ཕྱེད་པ་ཁྱབ་པའི་སྐྱེ་མཆེད་དུ་གོལ་ལོ། །དེར་གོལ་ན་ཡོད་མིན་མེད་མིན་སྐྱེ་མཆེད་ཀྱི་ལྷར་གོལ་ལོ། །གཉིས་སུ་མེད་པ་དབྱེར་མི་ཕྱེད་པ་རྒྱ་ཆད་ཕྱོགས་ལྷུང་མེད་པ་ཞིག་ཡིན་ནོ་སྙམ་པ་དེ། ཕ་རོལ་ཏུ་ཕྱིན་པའི་ཕྱག་རྒྱ་ཆེན་པོ་ལ་འོང་བའི་ཉེན་ཡོད་དོ། །གདམས་ངག་འདིའི་དབང་དུ་བྱས་ན་གསལ་ལ་མི་རྟོག་པ་བདེ་བ་གསུམ་ཚིག་ལ་ཐ་དད་ཀྱང་དོན་ལ་དབྱེར་མི་ཕྱེད། དབྱེར་མི་ཕྱེད་པའི་དུས་ན་དབྱེར་ཕྱེད་པའམ་མི་ཕྱེད་བྱ་བའི་བློའི་མཐའ་འམ་ཚིག་གི་མཐའ་ཟབ་ཅིང་ཕྲ་བ་ཙམ་མི་གནས་ཏེ་མ་ཞེན་པས་རྣམ་པར་དག་པས་ན་མི་ཕྱེད་པ་ཁྱབ་པའི་སྐྱེ་མཆེད་དུ་མ་གོལ་བའོ། །ཡེ་ཤེས་གསང་བ་འཁོར་ལོའི་རྒྱུད་ལས། རྣམ་དག་དོན་འདི་མ་རྟོགས་ན། །རྩོལ་སྒྲུབ་འཛིན་པ་ཅི་སྒྲུད་ཀྱང་། །འཁྲུལ་པའི་བློ་ལ་ཞེན་པ་ཡིན། །ཞེས་བཤད་དོ། །ཡང་ཞེན་འཛིན་གྱི་བློ་གང་ཡང་མེད་ཟེར་ནས། དོན་དམ་པ་སྟོང་པ་ཉིད་དུ་རིག་ཅིང་རྟོག་པའི་ཡེ་ཤེས་དང་ཡང་མི་ལྡན། ཀུན་རྫོབ་ཙམ་དུ་སྣང་བའི་དངོས་པོ་འདི་ཀུན་མ་འགགས་པར་ཡོད་པ་ཡང་། མེད་ངེས་པར་ཁྱད་དུ་བསད་ནས་ཁ་ལྟ་སྟོང་སྐད་ཅིག་བྱས་ནས། དོན་དམ་ཀུན་རྫོབ་གཉིས་ཀར་རིག་ཅིང་རྟོག་པའི་གསལ་ཆ་བཀག་པས་ཀུན་རྫོབ་ཀྱི་བདེན་པ་ཁྱད་དུ་བསད་པས་ངན་སོང་དུ་འགྲོ། དོན་དམ་པར་རིག་པའི་ཡེ་ཤེས་དང་མི་ལྡན་པས་ཐར་བ་མྱ་ངན་ལས་འདས་པ་མི་ཐོབ། བེམས་སྟོང་སྟོང་པ་ཕྱང་ཆད་དུ་གོལ་བའོ། །གདམས་ངག་འདིའི་དབང་དུ་བྱས་ན། ཡེ་ནས་སུས་ཀྱང་མ་བྱས་མ་བཅོས་པའི་དོན། སེམས་ཉིད་དངོས་པོའི་གནས་ལུགས་ཆོས་བཞི་དང་ལྡན་པ་དེ་རང་གི་སེམས་ཉིད་དུ་རིག་ཅིང་། རང་གི་སེམས་ཉིད་དུ་གསལ་བའི་ཡེ་ཤེས་རྒྱུན་མ་ཆད་པས་སྔ་ནས་མེད་པའི་སྟོང་པ་བེམས་སྟོང་ལུང་མ་བསྟན་ཕྱལ་ཆད་པར་མ་གོལ་ལོ། །རྡོ་རྗེ་ཟམ་པའི་རྒྱུད་ཡེ་ཤེས་གསང་བ་ལས། རང་གསལ་ཡེ་ནས་མ་བཅོས་པའི། །དོན་དམ་ཤེས་པས་ཡེ་ཤེས་ཡིན། །ཞེས་གསུངས་སོ། །

གསུམ་པ་ནི། ཤེས་རབ་རང་བྱུང་སྒྲོན་མའི་དབྱིངས་རུམ་ནས། །ནས། ཡིད་དཔྱོད་དང་བྲལ་མངོན་སུམ་མཐར་ཕྱིན་ཤོག །ཅེས་ཤློ་ཀ་གཉིས་ཀྱིས་བསྟན་ལ། དེ་ཡང་མན་ངག་གི་སྒོ་འདིར་ཡིད་དཔྱོད་ཀུན་ལས་འདས་ཤིང་། ཆོས་ཅན་གྱི་སྣང་བ་ཐམས་ཅད་ཆོས་ཉིད་ཀ་དག་ཡོངས

གྲོལ་ཆེན་པོར་སྟུད་པའི་ཁྱད་པར་དུ་འཕགས་པ་གནད་ཐོག་ཏུ་ཐེབས་པའི་མེ་བཙའ་ལྟ་བུ་གཞིར་གནས་རང་བཞིན་གྱི་འོད་གསལ། དབྱིངས་རིག་གཉིས་མེད་ཡེ་ཤེས་སྙིང་པོའི་རྩལ་མངོན་སུམ་ལམ་དུ་བྱེ་བ་ཁྱད་པར་འཕགས་པ་སྟེ། ཨ་ཏི་བཀོད་པ་ཆེན་པོ་ལས། དེ་ཕྱིར་ངེས་གསང་རྒྱལ་པོ་འདི། །མུན་པ་ལས་ནི་མར་མེ་འམ། །གཅན་གཟན་རྣམས་ལས་སེང་གེ་བཞིན། །ཀུན་གྱི་ནང་ནས་ཁྱད་པར་འཕགས། །ཞེས་གསུངས། དེ་ལ་སྤྱིར་དངོས་གཞི་ལེ་ལོ་ཅན་མ་བསྒོམ་པར་འཚང་རྒྱ་བའི་གནད་དབྱིངས་ལ་ལྟོས་ཏེ། སེམས་ཉིད་ཀ་དག་རྩ་བྲལ་དུ་ངོ་སྤྲད་པས་རིག་པ་རྗེན་ལ་ཕྱུང་སལ་སལ་བསྐྱངས་པས་འབད་མེད་དུ་གྲོལ་བའི་ལམ་མཆོག་ཁྲེགས་ཆོད་དེ། སྒྲ་ཐལ་འགྱུར་རྩ་བའི་རྒྱུད་ལས། ཤེས་རབ་ཕ་རོལ་ཕྱིན་པའི་མཐའ། །སྣང་བ་ཐད་ཀར་གཅོད་ལ་འདུས། །ཞེས་སྟོང་པ་ཉིད་མཚན་མ་མེད་པ་སྨོན་པ་མེད་པ་སྟེ། རྣམ་ཐར་སྒོ་གསུམ་གྱི་བདག་ཉིད་ཡུམ་ཆེན་མོ་ཤེས་རབ་ཀྱི་ཕ་རོལ་ཏུ་ཕྱིན་པ་མཐར་ཐུག་པ་སོ་སོ་རང་རིག་པའི་ཡེ་ཤེས་ཀྱི་ཡུལ་དུ་གྱུར་པ། མཚན་གཞན་རྫོགས་པ་ཆེན་པོའི་གནས་ལུགས་ཀྱི་དགོངས་དོན་མ་ནོར་བ་རང་རིག་སྟོང་གསལ་འདུས་མ་བྱས་པའི་ཡེ་ཤེས་སྐད་ཅིག་མ་རྗེན་པར་ངོ་འཕྲོད་ནས། བཅོས་བསྒྱུར་གང་ཡང་མ་བྱས་པ་རིག་པ་སོ་མ་འདི་སེམས་ལས་འདས་ཏེ། གཟུང་འཛིན་རང་དག་ལ་སོང་ནས། སྣང་བ་ཐད་ཀར་ཆོད་པ་སོར་བཞག་ཏུ་སྐྱོང་བ་ཁོ་ན་ཡིན་ནོ། །ཐོད་རྒལ་ནི། བརྩོན་འགྲུས་ཅན་གྱིས་བསྒོམ་པས་འཚང་རྒྱ་བའི་གནད་སྒོ་ཡུལ་རླུང་རིག་གི་གནད་གཙུན་པས། ལྷུན་གྲུབ་ཡེ་ཤེས་ཀྱི་རིག་གདངས་དབང་པོའི་མངོན་སུམ་དུ་ཤར་བ་ལ་གནད་དུ་གཟིར་བས་ལམ་ཐོད་རྒལ་དུ་བགྲོད་ནས། ཆོ་འདིའི་སྣང་ཞེན་གདོས་བཅས་ཨ་འཐས་འདི་བོར་ནས་སྐུ་དང་ཡེ་ཤེས་ཀྱི་སྣང་བ་སྐུ་གསུམ་གྱི་ལམ་སྣང་རྒྱས་པར་འགྱུར་བའོ། །དེ་ལྟར་རྒྱུད་ལས། སོར་བཞག་ཁྲེགས་ཆོད་ཏིང་ངེ་འཛིན་གྱིས། །གཟུང་འཛིན་འཁྲུལ་པ་ཟད་པར་བྱེད། །ལྷུན་གྲུབ་རིག་པའི་རྩལ་སྦྱངས་པས། །སྐུ་དང་ཡེ་ཤེས་ཐོད་རྒལ་རྒྱས། །ཞེས་དང་། ངོ་སྤྲོད་སྤྲོས་པའི་རྒྱུད་ལས། འབད་མེད་རང་གྲོལ་ཚད་འཛིན་པ། །ཁྲེགས་ཆོད་ཐོད་རྒལ་གཉིས་སུ་བརྟགས། །ཅེས་སོ། །དེ་ལ་སྔོན་འགྲོ་ཐུན་མོང་དང་ཐུན་མོང་མ་ཡིན་པ་དང་། རུ་ཤན་ཕྱི་ནང་ལུས་ངག་ཡིད་གསུམ་གྱི་སྔོན་འགྲོ་རྣལ་དབབ་སོར་གཞུག་སོགས་

གནད་དུ་འགྲོ་བ་གལ་ཆེ་སྟེ། ཀུན་མཁྱེན་ལྔ་བ་ཆེན་པོས། གྲོལ་བྱེད་ཁྲིད་ཀྱི་རིམ་པ་ཐུན་མོང་དང་། །ཐུན་མོང་མ་ཡིན་སྔོན་འགྲོ་མ་འཆུག་གནད། །ཅེས་སོ། །དངོས་གཞི་ཉམས་སུ་ལེན་པ་ལ། དེ་ཡང་འབད་རྩོལ་རྒྱུ་འབྲས་ཀྱི་ཆོས་ལ་མ་ལྟོས་པར་སྐུ་གསུམ་ལམ་དུ་བྱེད་པ་ངེས་གསང་ཨ་ཏི་ཡོ་གའི་རྣལ་འབྱོར་པ་རྣམས་ཀྱིས། དོན་དམ་པའི་ཡིན་ལུགས་ཉམས་སུ་ལེན་པ་དངོས་དང་འདྲ་མཚུངས་ཀྱི་ཁྱད་པར་ཤན་འབྱེད་པ་ལ། དེ་ཡང་དབྱིངས་རིག་གཉིས་སུ་འདུ་བས། དེ་ཡང་གཞི་ལམ་འབྲས་གསུམ་ཚུལ་གྱིས་འཆད་ན། གཞི་དབྱིངས་སྙིང་གා་ན་འོད་ལྔའི་ཕུང་པོ་ཡེ་ནས་རང་བཞིན་གྱི་གནས་པ་དང་། གཞིའི་རིག་པ་ནི་ལུ་གུ་རྒྱུད་ཀྱི་གདངས་འོད་རྩ་ལ་གནས་པ་དེའོ། །ལམ་གྱི་དབྱིངས་ནི་འོད་ལྔའི་དྲྭ་བ། ལམ་གྱི་རིག་པ་ནི་དབྱིངས་སྣང་ལྟར་སྐྱར་སྨིན་པའོ། །འབྲས་བུའི་དབྱིངས་ནི་ཀ་དག་གི་རང་སྣང་ནམ་མཁའ་སྤྲིན་མེད་པ་ལྟ་བུ་ལ་འབྲས་བུའི་རིག་པ་ནི་ནང་གསལ་ཐིམ་ལ་མ་རྨུགས་པ་འཆར་གཞི་ཙམ་དུ་གནས་པའོ། །དེ་ལྟར་གཞི་དེ་ལས་གཞི་སྣང་གཡོས་པའི་སྐད་ཅིག་ལ་མ་རིག་པ་རྒྱུ་ལ་རི་མོ་བྲིས་པ་ལྟར་གཞི་ཐོག་ཏུ་གྲོལ་བར་རྟོགས་པ་སངས་རྒྱས་དང་། མ་རིག་པ་ཆུ་མེར་བ་ལྟར་འཁྲུལ་རྐྱེན་གྱི་འབྱུང་ཁུངས་སུ་གྱུར་པ་མ་རྟོག་པ་སེམས་ཅན་ཞེས་གཞི་གཅིག་ལ་ལམ་གཉིས་བྱུས་པ་རིག་མ་རིག་གི་ཁྱད་པར་ཡིན། ལམ་ཉམས་སུ་ལེན་པའི་དུས། འདྲ་མཚུངས་ཀྱི་སྐྱོན་བསལ་བ་ལ། ངོ་བོ་དབྱིངས་གཅིག་ལས་མ་འདས་ཀྱང་རིག་པའི་ཡིན་ལུགས་ཆུ་དང་འདྲ་བའི་རྩལ་ལས་སེམས་ཀྱི་འཆར་ཚུལ་ཆུ་བུར་དང་འདྲ་བ་ཤར་དུས་སེམས་ལས་རིག་པ་མ་བྱུང་བས་རིག་པ་སེམས་ཀྱི་དབང་དུ་མ་གྱུར་པ་ཤེས་དགོས། རིག་པ་གཅིག་ལ་རང་རྩལ་ཤེས་རབ་ཕྱིན་ཅི་མ་ལོག་པ་གཟུང་འཛིན་ལས་གྲོལ་བ་ལ། ཡིད་ནི་རྩལ་ཕྱིན་ཅི་ལོག་གཟུང་འཛིན་དུ་སྐྱེས་པ་སྟེ་འདྲ་གཞི་མཚུངས་ལ་དོན་མི་མཚུངས་པའི་ཁྱད་པར་ཤེས་དགོས། དབྱིངས་གཅིག་ལ་ཀུན་གཞི་ལུང་མ་བསྟན་གྱི་རྟོག་མེད་དང་། ཆོས་སྐུ་ཡེ་ནས་སྤྲོས་པ་བྲལ་བའི་ངོ་བོ་གཉིས་ངོ་བོ་རྟོག་མེད་ཙམ་འདྲའོ་སྙམ་ཡང་འདྲ་བ་མ་ཡིན། ཀུན་གཞི་ལས་ཁྱད་ཆོས་དྲུག་གིས་གཞི་ལས་འཕགས་པ༡། རང་ངོར་སྣང་བ༢། རྟག་པར་གནས་པ༣། བྱེ་བྲག་ཕྱེད་པ༤། ཕྱེད་ཐོག་ཏུ་གྲོལ་བ༥། གཞན་ལས་མ་བྱུང་བ༦སྟེ ཀུན་བཟང་ཁྱད་ཆོས་དྲུག་གིས་འཕགས་སོ། །འཁྲུལ་གྲོལ་གཉིས་གཞི་རིག་པའི་ངང་དུ་གཅིག་ཀྱང་།

གཉིད་དུ་སོང་བ་དང་སད་པ་ལྟ་བུའི་ཁྱད་པར་ཤེས་དགོས། རྟོགས་མ་རྟོགས་གཉིས་རིག་པར་གཅིག་ཀྱང་། འཁྲུལ་པའི་ཞེན་འཛིན་སངས་མི་སངས་ཀྱི་ཁྱད་པར་ཤེས་དགོས། ཤེས་རབ་དང་བག་ཆགས་གཉིས་རིག་པའི་རྒྱལ་དུ་འདྲ་ཡང་སྤྱང་གཉེན་གྱི་ཁྱད་པར་རྒྱ་དང་མེ་ལྟ་བུར་ཤེས་དགོས། ཆོས་ཉིད་མ་བུ་ཞེས་པ་རིག་པ་མ་ལྟ་བུའི་གཞི་ལ་ཡེ་ཤེས་བུ་ལྟ་བུ་ཟུང་དུ་འཇུག་པ་སྟེ། དེ་ཡང་རིག་གདངས་སུ་གཅིག་ཀྱང་གཞི་ལ་གནས་ཚེ་ཡེ་ཤེས་དང་། རྒྱལ་དུ་ཤར་བ་ལ་འོད་ཅེས་རྗོད་བྱེད་ལ་ཁྱད་འཇུག་པའི་རྒྱུ་མཚན་ཤེས་དགོས། མཉམ་བཞག་གི་རིག་པ་སྟོང་གསལ་དུ་གནས་པ་དང་། སེམས་རང་སར་ལྷན་ནེར་གནས་པ་གཉིས་རང་བཞིན་གྱི་གནས་ཚུལ་འདྲ་ཡང་། རིག་པ་དངས་ལ་ཡུལ་མེད་དང་། སེམས་ཡུལ་ཅན་འཛིན་པས་བཅིངས་པའི་ཁྱད་པར་ཤེས་དགོས། སེམས་རིག་ཡུལ་ཐོག་ཏུ་བསྒོམ་པའི་རྗེས་ཐོབ་ལ་སེམས་རྟོག་མེད་དང་། རིག་པ་རྟོག་མེད་གཉིས་མི་རྟོག་པར་འདྲ་ཡང་། རིག་པ་ཟང་ཐལ་ཡུལ་ལ་འཇུག་པའི་རྒྱུ་མེད་པ་དང་། སེམས་ཡུལ་ཐོག་ཏུ་ལྷན་ནེར་སྡོད་པའི་ཁྱད་པར་ཤེས་དགོས། རིག་པ་རང་གནས་ཀྱི་བསམ་གཏན་དང་། རྩ་རླུང་འཛིན་རྩོལ་གྱི་བསྒོམ་པ་གཉིས་ཡིད་རྩེ་གཅིག་ཏུ་གནས་ཚུལ་འདྲ་ཡང་། རང་བབ་ཀྱི་བསམ་གཏན་ནི་ཆོས་ཉིད་ཀྱི་ཧྲན་དང་བཅས་བཏྲག་ཏུ་ཡོད་ལ། རྩ་རླུང་གི་སྒོམ་པ་ནི་བྱིང་རྒོད་ཤས་ཆེ་བ་རྩོལ་བའི་རྐྱེན་ཁ་ན་ཡོད་པའི་ཁྱད་པར་ཤེས་དགོས། རིག་པ་རང་ཤར་ཡུལ་ལ་སྣང་བ་དང་། རྣམ་རྟོག་རང་གར་ཤོར་བ་གཉིས་ཡུལ་ལ་འཕྲོ་ཚུལ་འདྲ་ཡང་རིག་པ་ཐལ་བྱུང་དུ་ཤར་ནས་འཛིན་མེད་དུ་གྲོལ་བ་དང་། རྣམ་རྟོག་གཟུང་འཛིན་དུ་ཞེན་ཅིང་ཡུལ་ཕྱིར་འབྲང་བའི་ཁྱད་པར་ཤེས་དགོས། རིག་པའི་སྣང་ཡུལ་རང་ཤར་དང་། འཁྲུལ་སྣང་སྣ་ཚོགས་སུ་ཤར་བ་གཉིས་མ་དག་པའི་དངོས་པོ་སྣང་ཚུལ་ཙམ་དུ་འདྲ་ཡང་། རྣལ་འབྱོར་པ་ལ་ཇ་ཟླ་དང་སྐྱི་ལམ་ལྟར་དང་གི་བདེན་མེད་དུ་ཤར་བས་མི་འཆིངས་ལ། ཕལ་པ་རྣམས་འཆིང་བའི་ཁྱད་པར་ཤེས་དགོས། འོད་གསལ་ཡེ་གདངས་ཀྱི་ཐིག་ལེ་དང་། རླུང་སེམས་བཟུང་བའི་འཇའ་འོད་ཀྱི་ཐིག་ལེ་གཉིས་སྟོང་གཟུགས་ཙམ་དུ་འདྲ་ཡང་རང་བཞིན་རྣམ་དག་གི་ཐིག་ལེ་དབྱིངས་རིག་གི་སྣང་བ་ཡིན་པས་རྩ་རླུང་འཛིན་རྩོལ་ལ་མ་ལྟོས་ཤིང་། རྟོག་བྲལ་དྭངས་ལ་རང་གནས་བསམ་གཏན་གྱིས་བརྒྱན་པ་དང་། རྩ་རླུང་གི་རྟགས་བཅུ་རྣམ་དག་ནི་རླུང་གི

རྩོལ་བས་རྗེས་སུ་བྱེད་པས་འཕེལ་འགྲིབ་མང་ཞིང་རྟོག་པ་དང་བཅས་པ་བསམ་གཏན་ལ་བརྟན་པ་མི་འཐོབ་པ་སོགས་ཁྱད་པར་ཤིན་ཏུ་ཆེ། ཕྱི་མ་ནི་ལམ་འབྲས་དང་གསང་འདུས་ཕྲ་ཐིག་སྦྱོར་དྲུག་སོགས་བསྒོམ་པའི་སྐབས་སུ་འཆར་ཡང་། སྙིང་ཐིག་གི་མངོན་སུམ་དང་ཁྱད་པར་ཤིན་ཏུ་ཆེ། རིག་པའི་སྐུ་དང་རྟོག་པའི་སྐུ་གཉིས་ལྷ་སྐུར་འཆར་བ་ཙམ་དུ་འདྲ་ཡང་། རྒྱ་ཆེ་ཆུང་དང་། རྟག་མི་རྟག་རྟོགས་པ་གོམས་རྗེས་སུ་བྱེད་མི་བྱེད་ཀྱི་ཁྱད་ཡོད་དོ། །ཐེག་པ་འོག་མའི་ཡིད་དཔྱོད་ཀྱི་ལྷ་སྒོམ་དང་། རིག་པ་མངོན་སུམ་གྱི་ལྷ་སྒོམ་གཉིས་མིང་དུ་འདྲ་ཡང་། དབང་པོ་དང་རིག་པ་ལ་སྣང་མི་སྣང་གི་ཁྱད་པར་ཡོད་པ་ཤེས་དགོས། རང་བཞིན་རྫོགས་པ་ཆེན་པོའི་སྣང་བ་བཞི་ལ་བརྟན་པ་ཐོབ་པས་རང་སྣང་ཆོས་ཉིད་ཀྱི་བར་དོ་དང་། རྟོག་བཅས་ལྷ་སྐུའི་སྒྱུ་ལུས་གཉིས་ལྷ་སྐུ་ཙམ་དུ་སྣང་བ་འདྲ་ཡང་། རང་སྣང་དུ་ཤེས་དུས་གྲོལ་མི་གྲོལ་དང་སྣང་བ་རྒྱ་ཆེ་ཆུང་གི་ཁྱད་པར་ཡོད་པ་ཤེས་དགོས། དེ་ཡང་ཆོས་ཉིད་རིག་གདངས་སུ་སྣང་བ་ལ། ལྷ་སྐུ་སྒྱུ་ལུས་རྟོག་གོམས་རྗེས་སུ་སྣང་བ་འདི་གཉིས་ཀྱི་ཁྱད་པར་ཡིན། ཕྱེད་སྤྲུལ་ལོངས་སྐུའམ། རང་བཞིན་སྤྲུལ་སྐུའི་ཞིང་སྣང་དང་། མས་བགྲོད་སངས་རྒྱས་ནས་དག་པའི་ཞིང་མཛད་པ་སྟོན་པ་གཉིས་ལོངས་སྐུའི་སྣང་ཆ་ལས་དག་པའི་ཞིང་ཁམས་འཆར་ཚུལ་འདྲ་ཡང་། རང་སྣང་གཞན་སྣང་གི་ཁྱད་པར་ཡོད་པ་ཤེས་དགོས། མཐར་ཐུག་གི་གྲོལ་ས་ཡེ་སྟོང་བསམ་གྱིས་མི་ཁྱབ་པའི་ཀ་དག་དང་། ངེས་མེད་གཞིའི་ལྷུན་གྲུབ་གཉིས་རིག་པའི་ཡོན་ཏན་ངོ་བོ་རང་བཞིན་ཐུགས་རྗེ་སོགས་འདྲ་ཡང་འཁྲུལ་གཞི་བྱེད་མི་བྱེད། དྲི་མ་དག་མ་དག་གི་ཁྱད་པར་ཤེས་དགོས། འདི་མ་ཤེས་ན་འབྲས་བུ་གཞི་ཐོག་ཏུ་གྲོལ་བ་ཡིན་ཞེས་བབ་ཅོལ་དུ་སྨྲ་བ་ལ་ཆ་མེད་པ་ཡིན། དེ་ལྟ་ན་ཀ་དག་ལ་གྲོལ་ས་དང་། ལྷུན་གྲུབ་ལ་གྲོལ་གཞིར་ཤེས་པ་གནད་ཡིན། ཡང་གྲོལ་སའི་དབྱིངས་ཀ་དག་དང་། ཉམས་སུ་ལེན་དུས་ཀྱི་ཕྱི་ནང་གི་དབྱིངས་ཀ་དག་གཉིས་རིག་པ་རྒྱ་ཆད་ཕྱོགས་ལྷུང་མེད་པ་དང་། ཡུལ་སྣང་དག་པ་ཙམ་འདྲ་ཡང་། ད་ལྟའི་ཀ་དག་ནི་རླུང་སེམས་མ་དག་པའི་རྐྱེན་དབང་རེས་འགའ་བ་དང་། དྲི་མ་དང་བཅས་པའི་མཉམ་རྗེས་རེས་འཛོག་ཅན་ཡིན་ཏེ། གྲོལ་ས་ལ་རླུང་སེམས་ཀྱི་ཆ་དང་བཅས་པ་དག་ཟིན་པས་འཁོར་འདས་ཀ་དག་ཏུ་གནས་པ་སྟེ། ཁྱད་ཤིན་ཏུ་ཆེ་བ་ཤེས་དགོས། རིག་པ་རང་གསལ་རྗེན་ལ་ཐུད་དུས་སྣང་

བ་མི་འགག་པ་སྣ་ཚོགས་སུ་སྣང་ཞིང་འཆར་བ་དང༌། སེམས་སེམས་བྱུང་གི་རྟོག་པ་སྣ་ཚོགས་སུ་འཕྲོ་བ་གཉིས་སྣང་སེམས་ཤར་ཚུལ་ཙམ་འདྲ་ཡང༌། རིག་པ་དང་དྭངས་ཟང་མ་ཐལ་བྱུང་ཤར་གྲོལ་རིས་མེད་དུ་གནས་པས་རྐྱེན་དབང་དུ་མི་འགྲོ་ལ། བྱུང་ཚོར་སེམས་ཀྱི་རང་བཞིན་ནི་རྟོག་པ་ཡུལ་ལ་ཡེངས་ནས་ཐ་མལ་རང་ཁར་འགྲོ་བའི་ཁྱད་ཡོད་པ་ཤེས་དགོས། སྒོམ་བྱུང་གི་ཤེས་རབ་རང་རྒྱལ་རྫོགས་པ་དང་ཀུན་རྟོག་ཡུལ་གྱི་སྟེང་དུ་འཕྲོ་བ་གཉིས་སྤྱིར་འཆར་ལུགས་ཙམ་འདྲ་ཡང༌། ཤེས་རབ་ནི་ཟང་ཐལ་ཐད་ཀར་ཞིག་ནས་ཕན་ཚུན་འཁོར་རྒྱུའི་རྟོག་པ་མ་གྲུབ་ལ། ཀུན་རྟོག་ནི་ཕྱི་རོལ་དུ་ཡུལ་འཛིན། ནང་ལོག་དུ་གཅིག་ལ་གཅིག་མཐུད་ཀྱིས་གཟུང་འཛིན་རང་ཁ་མར་འགྲོ་བའི་ཁྱད་ཡོད་པ་ཤེས་དགོས། འདི་མ་ཤེས་ན་སོ་སོར་རྟོག་པའི་ཤེས་རབ་ཡིད་ཀྱི་རྣམ་ཤེས་དང་ནོར་ནས་ལྟ་བ་ཐམས་ཅད་བཅོས་མར་འགྱུར་ཡང་ངོས་མི་ཟིན་པ་འདི་འོང་བ་ཡིན། ཞེས་དང༌། འོད་གསལ་རྡོ་རྗེ་སྙིང་པོའི་ལྟ་བ་རང་བྱུང་གི་ཡེ་ཤེས་ཡིད་དཔྱོད་ཚིག་གི་ལམ་གྱིས་མི་མཚོན་པ་མངོན་སུམ་དུ་བསྟན་པའི་ཁྱད་པར་ཤིན་ཏུ་ཆེ་བ་ཤེས་དགོས། འདི་མ་ཤེས་ན་ལམ་སྔགས་སུ་ཞུགས་ཀྱང་འབྲས་བུ་ཡེ་ཤེས་ལམ་དུ་བྱེད་པའི་རྒྱུས་མེད་པར་ལྟ་སྒོམ། རྒྱུ་ལམ་དུ་བྱེད་པ་ལས་ཐུན་ཟད་ཀྱང་འཕགས་མ་ནུས་ནས་ལུང་མ་བསྟན་བསྒྲུབ་ལོ་དང་རྟོགས་ལོ་ཡིན་ལོའི་ངང་དུ་མི་ཚེ་ཆུད་ཟ་བ་འདི་འོང་བ་ཡིན། ཞེས་ཡེ་ཤེས་རྡོ་རྗེ་དབང་ཆེན་བཞད་པ་རྩལ་གྱིས་གསུངས་སོ། །དེ་ལྟར་ཁྱད་པར་འཕགས་པའི་ཆོས་དེ་ཉིད་གྲོང་ཁྱེར་རྒྱུན་གཅོད་ཀྱི་ལྟ་བས་ཐག་བཅད། ཉིན་མཚན་ཁ་སྦྱོར་གྱི་སྒོམ་པས་ཉམས་སུ་བླངས། སྣང་བ་དབང་བསྒྱུར་གྱི་སྤྱོད་པས་བོགས་འབྱིན། བྲེ་བྲལ་ལྷུན་གྲུབ་ཀྱི་འབྲས་བུ་རང་ལས་སྐྱེད་ངེས་དང་བཞིར་འདུས།

དང་པོ་ལྟ་བས་ཐག་བཅད་པ་ནི། ཀློང་གསལ་ལས། ངོ་བོ་ཀ་དག་ཡེ་ཤེས་ནི། །མ་རིག་རྟོག་པ་ཀུན་དང་བྲལ། །རང་བཞིན་ལྷུན་གྲུབ་ཡེ་ཤེས་ནི། །སྟོང་གསལ་རང་གདངས་ཉིད་དུ་གནས། །ཐུགས་རྗེས་ཀུན་ཁྱབ་ཡེ་ཤེས་ནི། །འགགས་མེད་སྣང་སྟོང་ཉིད་དུ་གནས། །ཞེས་པས། ངོ་བོ་རིག་སྟོང་ཀ་ནས་དག་པའི་ཡེ་ཤེས། དངོས་མཚན་མ་གྲུབ་གཞི་མེད་རྩ་བྲལ་འདི་འོ་ཞེས་བརྗོད་དུ་མེད་པ། གོ་བའི་ཚིག་མཚོན་པའི་དཔེ་བསམ་པའི་བློ་ལས་འདས་པའི་གནས་ལུགས་བློའི་སྤྱོད་ཡུལ་མ་ཡིན།

ཡེ་གདོད་མ་ནས་རང་བཞིན་གྱིས་སྟོང་པའི་འཁྲུལ་གྲོལ་གཉིས་ཀ་ཡོད་མ་མྱོང་བས་ལྟོས་ནས་བཏགས་པ་ཙམ་ལས་དོན་ལ་མ་གྲུབ་པ། རང་བཞིན་གསལ་སྟོང་ལྷུན་གྱིས་གྲུབ་པའི་ཡེ་ཤེས་ནི། ངོ་བོ་ཀ་དག་བརྗོད་བྲལ་དེ་ཉིད་གསལ་མདངས་འགགས་པ་མེད་པའི་ཡེ་ཤེས་ཀྱི་རང་རྩལ་ནམ་མཁའི་དབྱིངས་ལས་ཉི་མའི་འོད་ཟེར་ཕྱོགས་མེད་དུ་ཁྱབ་པ་བཞིན་བརྟན་གཡོ་འཁོར་འདས་ཀུན། ནམ་མཁས་འབྱུང་བ་རྣམས་ལ་ཁྱབ་པ་བཞིན་མཐའ་གང་ལའང་མི་གནས་པར་ཀུན་དང་དབྱེར་མེད་པར་བཞུགས་པ་ཐུགས་རྗེ་སྣང་སྟོང་དབྱེར་མེད། ངོ་བོ་སྟོང་པ་དང་རང་བཞིན་གསལ་བ་དེ་གཉིས་ཀྱང་གཅིག་དང་དུ་མའི་སྤྲོས་པ་ཀུན་ལས་འདས་ཤིང་། གདོད་ནས་དབྱེར་མེད་པ་མར་མེ་དང་འོད་ལྟ་བུ་སུས་ཀྱང་མ་བཅོས་པ་མ་བྱས་པ་འདུས་མ་བྱས་པ་རང་བབས་ཀྱི་གནས་ལུགས་ཡུལ་དང་ཡུལ་ཅན་དུ་བརྟགས་ནས་བལྟར་མེད་པའི་ཕྱིར་བློ་ལས་འདས་པ་སྣང་སྟོང་མཐའ་བྲལ། རིག་པ་ཀ་དག་དྲི་མེད་ནམ་མཁའ་ལྟ་བུ། གྲོང་ཁྱེར་རྒྱུན་གཅོད་ཀྱི་ལྟ་བ་མན་ངག་རི་བོ་ཅོག་གཞག་གིས་ཐེག་དགུའི་དོན་མཐོང་ཞིང་གང་གིས་མི་གཡོ་བ་དགོངས་པ་ཆོས་ཉིད་ཀྱི་ངང་ལ་གནས་པས་ཡིད་ལ་བྱ་རྒྱུའི་ཆོས་གང་ཡང་མེད་པ་སྟེ། ཁྱུང་ཆེན་ལས། སྤྱོད་བྲལ་སྒོམ་བྲལ་བལྟ་རྒྱུ་མེད་པའི་དོན། །མ་བཅོས་སྣང་བ་རང་སར་བཞག་པས་གྲོལ། །ཅེས་སོ། །

གཉིས་པ་སྒོམ་པས་ཉམས་སུ་ལེན་པ་ལ། དེ་ལྟར་ལྟ་བས་ཡེ་གྲོལ་དུ་རྟོགས་པ་དེ་སྒོམ་པས་ཡིན་ཐོག་ཏུ་བཞག་སྟེ། རིག་པ་གཤིས་ཐོག་ཏུ་འབེབས་པར་ཉམས་སུ་བླངས་པས། སེམས་ཉིད་ངོ་བོ་ངོས་བཟུང་ལས་འདས་པ། རིག་པ་ཟང་ཐལ་མཚན་མར་མ་གྲུབ་པ། སྟོང་གསལ་རང་བྱུང་གི་ཡེ་ཤེས་དེ་གཉིས་ཡ་བྲལ་མ་ཡིན་པར་གདོད་ནས་ཟུང་དུ་འཇུག་པ་འདི་ལས་ཆོས་སྐུ་གཞན་དུ་མེད་པར་ངོ་བོ་རང་ཐོག་ཏུ་འཕྲོད་ནས་དྲན་བསམ་སྔ་མ་འགགས། ཕྱི་མ་མ་སྐྱེས་ཤིང་ད་ལྟའི་ཤེས་པ་སྐད་ཅིག་མ་ལ་བཟོ་བཅོས་མ་བྱས་པས་དུས་གསུམ་གྱི་རྣམ་པར་རྟོག་པས་མ་བསླད་པའི་ཀ་དག་བློ་འདས་ཀྱི་དགོངས་པ། བཞི་ཆ་གསུམ་བྲལ་ཐ་མལ་གྱི་ཤེས་པ་སོ་མ་དེ་ཉིད་རང་བབས་རྩལ་མར་བཞག་པ་ལས། གཞན་པའི་བསྒོམ་བྱ་རྡུལ་ཙམ་མེད་པ་ཐག་གཅིག་ཐོག་ཏུ་བཅད་པས། མངོན་སུམ་ཆོས་ཉིད་ཀྱི་རང་བབ་ལྷུག་པར་མཐོང་སྟེ། དང་དྭངས་སྤྲིན་བྲལ་མཁའ་ལྟར་གནས་པ་

ཡིན་ལ། དེའི་དུས་སུ་ཕྱི་ཆོས་ཅན་ཚོགས་དྲུག་གི་ཡུལ་གྱི་འཁྲུལ་སྣང་ལ་གཡེང་བའི་རྟོག་པ་ཤར་དུས་ནས་འཛིན་མེད་དུ་གློད་ནས་ཐ་རླབས་རྒྱུར་ཐིམ་པ་ལྟར། འགྱུར་རྟོག་རྗེས་མེད་དུ་ཞིག །ནང་ཆོས་ཉིད་མཉམ་པ་ཆེན་པོའི་ངང་དུ་ཡེངས་མེད་འཛིན་མེད་སྣང་ཤེས་ཀྱི་ཕྱོགས་སུ་མ་ལྷུང་བ་ཅིར་སྣང་ཆོས་སྐུའི་རང་བཞིན་རིག་སྟོང་བློ་བྲལ་རྗེན་པར་རྟོགས་པའི་གདིང་གྲོལ་ཐོག་ཏུ་བཅས་ཏེ་རིག་པ་རྒྱ་ཡན་ཏུ་གློད་ནས་བཞག་པས། རྫོགས་པ་ཆེན་པོ་རང་སྣང་རིས་མེད་ཀ་དག་གི་གཞི་རྫོགས། མན་ངག་རྒྱ་མཚོ་ཙོག་གཞག་གི་མཚོ་ལ་གཟའ་སྐར་ཤར་བ་ལྟར་སྣང་བས་ཤེས་པ་མ་འཕྲོག །ཤེས་པས་སྣང་བ་མ་བཀག་པར་རྟོག་མེད་རང་གསལ་ལས་དགོངས་པ་སྣང་སྲིད་གཞིར་བཞག་གི་སྦྱོར་བ་རང་སར་ཆོད་པས། གང་ཤར་ཆོས་ཉིད་མཉམ་པ་ཆེན་པོ་མངོན་དུ་འགྱུར་ཏེ། ཁྱུང་ཆེན་ལས། མ་བསྒོམ་བཞག་པ་དེ་ཉིད་རང་རིག་པ། །སྒྲ་དང་བློ་བྲལ་ཀུན་གྱི་ཕ་རོལ་ཕྱིན། །དམིགས་བཅས་རང་སོ་ཉིད་དེ་བཅོས་མི་དགོས། །གནས་པས་འགུགས་ལ་འགྱུ་བས་རང་སར་དག །ཅེས་སོ༔ ༔དེ་ཡང་ཡིན་པར་གྲུབ་པ་མེད་པ་ལྷ་བས་ཐག་བཅད་ནས། གང་ལྟར་གནས་ཀྱང་རིག་པའི་ཀློང་། །གང་ལྟར་ཤར་ཀྱང་རིག་པའི་གདངས། །ངང་དྭངས་འཛིན་མེད་ཆེན་པོ་སྒོམ་པ་འོད་གསལ་ཁོར་ཡུག་ཏུ་ཤར་ཏེ། གནས་དགའ་འགྱུ་སྤྲུག་གི་དགག་སྒྲུབ་མི་དགོས་ཏེ། ཁྲབ་བརྡལ་ནམ་མཁའི་ཁོར་ཡུག་ལ། །དྲན་པས་བཟུང་དང་མ་བཟུང་མེད། །དྲན་པས་སྒྲོགས་བཅིངས་མཐོལ་ལོ་བཤགས། །ཞེས་གྲོལ་ཐིག་ལས་གསུངས་པ་ལྟར་དེ་མཐུན། རིག་འཛིན་དགའ་རབ་རྡོ་རྗེས། ཡིན་པ་གྲུབ་པ་མེད་པའི་རིག་པ་འདི། །རང་གདངས་འཆར་ཚུལ་ཅིང་ཡང་མ་འགགས་པས། །སྣང་སྲིད་ཀུན་ཀྱང་ཆོས་སྐུའི་ཞིང་དུ་ཤར། ཤར་བ་དེ་ཉིད་རང་གི་ཐོག་ཏུ་གྲོལ། ཅེས་སོ། །

གསུམ་པ་སྣང་བ་ཟིལ་གྱིས་གནོན་ཅིང་དབང་བསྒྱུར་བ། མན་ངག་སྣང་བ་ཙོག་གཞག་གིས་གཟུང་འཛིན་ལས་གྲོལ་ཏེ་ཡེ་ཤེས་ཐོག་བབ་ཏུ་ངོ་འཕྲོད་ནས། སྣང་ཞེན་སྣང་ཐོག་ཏུ་ཅེར་བཞག་ཅེར་གྲོལ་ཏུ་སོང་ནས་སྣང་བཏགས་ཀྱི་ཆོས་ཇི་ལྟར་སྣང་རུང་རིག་པའི་ཀློང་ལས་གུད་ན་མེད་པས་འགྲོ་འཆགས་ཉལ་འདུག་ཐམས་ཅད་རང་བྱུང་གི་ཡེ་ཤེས་ཆེན་པོའི་རྩལ་ལམ་རོལ་པར་ཤུབ་རྒྱུབ་པར་ཐག་ཆོད་ནས་ཆོས་སྐུའི་དགོངས་པ་ལས་མ་གཡོས་བཞིན་དུ་ཆོས་ཉིད་ལ་ཆོས་ཉིད་

རོལ་བ་སྟེ། ཉི་ཟླ་ཁ་སྦྱོར་ལས། དམིགས་པས་སྣང་བའི་ཡུལ་རྣམས་ལ། །རང་བཞིན་མེད་པར་ཤུས་རྟོགས་པ། །འདི་ལ་སྣང་སྟོང་གཉིས་སུ་མེད། །ཅེས་སོ། །འབྲས་བུ་རྒྱལ་རིགས་སྤྱི་བོ་ནས་དབང་བསྐུར་བས་རྒྱལ་ས་ཟིན་ནས་མི་འགྱུར་བ་ལྟར་ཡང་དག་པའི་ས་མཁན་རྡོ་རྗེ་སློབ་དཔོན་གྱིས་ངོ་སྤྲོད་པས་གདོད་ནས་ཡེ་གྲོལ་གྱི་སྟོང་པ་བསྐྱེད་ཅིང་། ལྷུན་གྲུབ་རིག་པའི་སངས་རྒྱས་རང་ལ་གནས་པར་ངོ་སྤྲོད་དེ། གཞི་མ་ནོར་བའི་གནས་ལུགས་དེ་ཉིད་ལམ་མ་བཅོས་པ་གདོད་མའི་ངང་མདངས་རང་བབས་སུ་བསྐྱངས་པས། གཤིས་ཇི་བཞིན་པ་མངོན་དུ་གྱུར་པ་ལས། སེམས་ཅན་གྱི་ངན་པ་དང་། སངས་རྒྱས་ཀྱིས་བཟང་པོར་བཏང་ནས་གསར་ཐོབ་ཏུ་འཚོས་པར་མེད་པ་རྟོགས་པ། མན་ངག་རིག་པ་ཅིག་གཞག་གི་རིག་པ་ཟང་ཐལ་ངོས་བཟུང་མེད་པ་ལ་བློ་ཡིས་བཟོ་བཅོས་དང་འཛིན་ཞེན་གང་ཡང་མི་བྱ་བར། རང་གྲོལ་ཀློང་ཡངས་ཆེན་པོའི་དགོངས་པར་རང་གནས་སུ་བཞག་པས། སྒོ་ལྔའི་རྣམ་ཤེས་འཆར་གཞི་ཀུན་སྟོང་བའི་ཚུལ་གྱིས་ཆམ་ལ་ཕབ་པས་འཁོར་བ་མིང་མེད་དུ་བྱས་པ་རྒྱལ་པོས་དམངས་ཆམ་ལ་ཕབ་པ་ལྟ་བུ་དང་། རིག་པ་ལ་རང་དབང་ཐོབ་པས། ཡིད་ཀྱི་འགྱུ་བ་རྒྱུན་ཆད། བློན་པོ་བཙོན་དུ་ཟིན་ན་རྒྱལ་པོ་ཡང་ཉན་དགོས་པ་ལྟ་བུ་རིག་པ་ཅིག་གཞག་གིས་སྣང་འཛིན་རང་སར་གྲོལ། དགོངས་པ་སྲིད་གསུམ་ཀ་དག་སྐུ་གསུམ་རྫོགས་པའི་སངས་རྒྱས་ཀྱི་ས་ལ་རྒྱལ་སྲིད་ཟིན། ཆོས་སྐུ་རང་གནས་ཆེན་པོར་ལ་བཟླས་པ་ནི་ལྷུན་གྱིས་གྲུབ་པའི་འབྲས་བུའོ། །ནོར་བུ་ཕྲ་བཀོད་ལས། རྫོགས་སངས་རྒྱས་ནི་རང་རིག་ཉིད། །ངོ་བོ་དུས་གསུམ་འགྱུར་བ་མེད། །རང་བཞིན་རྟག་ཏུ་འགགས་པ་མེད། །ཐུགས་རྗེ་ཀུན་ལ་རབ་སྣང་ངོ་། །ཞེས་སོ། །སྒྲོན་མ་སྣང་བྱེད་ལས། རི་བོ་ཅིག་གཞག་ལྟ་བའི་ཚད། །རྒྱ་མཚོ་ཅིག་གཞག་སྒོམ་པའི་ཚད། །སྣང་བ་ཅིག་གཞག་སྤྱོད་པའི་ཚད། །རིག་པ་ཅིག་གཞག་འབྲས་བུའི་ཚད། །ཚད་བཞི་ལྡན་པའི་རྣལ་འབྱོར་དེ། །ངེས་པའི་དོན་ལ་བློ་འདྲིས་པའོ། །ཞེས་པས་བསྟན་ཏོ། །དེས་ཁྲེགས་ཆོད་བསྟན་ནས།

ཐོད་རྒལ་ནི། ཐེག་དགུ་འོག་མ་རྣམས་ལས་ཆེས་ཟབ་པའི་ཁྲེགས་ཆོད་ཀྱི་གདམས་པ་ལའང་། རིག་པ་ལུས་ལ་གནས་ཀྱང་། དེ་མངོན་དུ་སྟོན་པའི་གནད་མེད་པས། འདི་ར་དེ་ལས་ཀྱང་ཡང་ཟབ་ཀྱི་མན་ངག་སྟེ། གནད་ཀྱི་གདམས་པ་ཁྱད་པར་འཕགས་པ་སྟེ། ཕྱིའི་དབྱིངས་ནམ་མཁའ་སྟོང་པ་

ལ༔ ནང་གི་དབྱིངས་རིག་པ་རྡོ་རྗེ་ལུ་གུ་རྒྱུད་དངོས་སུ་ཅེར་མཐོང་དུ་སྟོན་པའི་ལག་ཁྲིད་ཀུན་བཟང་རྡོར་སེམས་དགའ་རབ་རྡོ་རྗེ་ནས་རྒྱ་བའི་བླ་མའི་བར་ཟམ་མ་ཆད་པ་ཡོད་པས་ཡིད་དཔྱོད་ཀྱི་རྟོག་པའི་ཤེས་རབ་ལ་རགས་མ་ལས་ཏེ། གདམས་པ་ལ་བསྲེ་བསླད་དང་རྟོག་བཟོས་ཟབ་མི་ཟབ་བྱུར་མེད་པས་ཆེས་འཕགས་ཏེ། ཡི་གེ་མེད་པ་ལས། རིག་པའི་རང་བཞིན་ཀུན་ལ་གནས་ཏེ་ཁྱབ་ཀྱང་ཆོས་ཀྱི་གདམས་ངག་ལ་ཐུག་གོ། །ཞེས་གསུངས་སོ། །ལུས་གནད་རྒྱ་ཡི་ཁྱད་པར་གནད་གསུམ་གྱི་འོད་རྒྱ་གཅུན་པས་རྣམ་རྟོག་དང་ལུས་ཀྱི་འབྲེལ་ཐག་ཆོད། སངས་རྒྱས་སྐུ་གསུམ་གྱི་དགོངས་པ་ཡོངས་སུ་རྫོགས་པས་ཁྱད་པར་འཕགས་ཏེ་སངས་རྒྱས་དགོངས་པ་རྫོགས་པའོ། །ཞེས་དང་། སྣང་བྱེད་སྒྲོའི་ཁྱད་པར། རིག་པ་རྟོག་མེད་འོད་གསལ་གྱི་གདངས་མིག་ནས། འཆར་བ་ངོས་འཛིན་པས་ཁྱད་པར་འཕགས་ཏེ། ཡེ་ཤེས་གནད་ནི་མིག་ནས་འབྱུང་། །ཞེས་གསུངས་སོ། །མཐོང་བ་དབང་པོས་ཁྱད་པར་འཕགས་ཏེ། འདིར་འོད་རྒྱ་དྭངས་བའི་དབང་པོས་ལུ་གུ་རྒྱུད་ཅེས་མཐོང་བས་རྟོག་པ་དུས་གཅིག་ལ་འགག་ཅིང་ཡེ་ཤེས་ཀྱི་སྣང་ཆ་དཔག་ཏུ་མེད་པ་འཆར་བས་ཁྱད་པར་འཕགས་ཏེ། གཞན་མེད་རིག་སྣང་རྣམ་དག་པས། །འཁྲུལ་བ་སྣང་བའི་རྒྱུ་རྐྱེན་ཟད། །ཅེས་གསུངས་སོ། །རང་གནད་མངོན་སུམ་གྱིས་ཁྱད་པར་འཕགས་ཏེ་འདིར་དག་པ་རྒྱང་ཞགས་ཀྱིས་དངོས་སུ་རིག་པ་ཀུན་ཏུ་བཟང་པོའི་སྐུ་དང་ཞིང་ཁམས་མཐོང་བས་འཁོར་བ་རིམ་སུ་བོར། ཕྱིའི་མངལ་གྱི་གྲོང་ཁྱེར་རྒྱུན་གཅོད་པས་ཁྱད་པར་འཕགས་ཏེ། སེམས་ཅན་ཐམས་ཅད་སངས་རྒྱས་ལས། །གཞན་དུ་གནས་པ་མ་ཡིན་ནོ། །ཞེས་གསུངས་སོ། །སྣང་བ་འོད་ཀྱིས་ཁྱད་པར་འཕགས་ཏེ༔ འདིར་རིག་པའི་ཡེ་ཤེས་ལ། འབྱུང་བ་དག་པས་འཁྲུལ་སྣང་གཏན་ནས་མི་སྣང་བར་རང་འོད་སྐུ་དང་ཞིང་ཁམས་ཁ་དོག་ལྔ་ལྡན་བཀྲག་འབར་དུ་སྣང་བས་ཁྱད་པར་འཕགས་ཏེ། རང་ཆས་སྒྲིབ་པ་མེད་པའོ། །ཞེས་གསུངས་སོ། །སྣང་ཉམས་གོང་འཕེལ་གྱིས་ཁྱད་པར་འཕགས་ཏེ། འདིར་སྣང་བ་རེ་ལ་ཉམས་མི་འདྲ་བ་དཔག་ཏུ་མེད་པ་ཁྱད་པར་ཅན་གོང་ནས་གོང་དུ་འཕེལ་བར་འཆར་བས་ཁྱད་པར་འཕགས་ཏེ། དྲོད་དང་ཚད་དང་རྟགས་ལས་ནི། །བདེན་གཉིས་ཟུང་འཇུག་རྟོག་མཐའ་ཟད། །ཅེས་གསུངས་པས་སོ། །ཁ་ཅིག་གིས་འདི་ལ་མུ་སྟེགས་ཉི་མར་ལྟ་བུའི་ལུགས་ཡིན་ཟེར་ན།

སྨྱུ་སྐྱེགས་ཉེ་མར་བལྟ་བའི་ལུགས་ལ་སྣང་བཞིའི་སྣང་བ་འཆར་རམ་མི་འཆར། མི་འཆར་ཟེར་ན། འོ་ན་ཁྱེད་ཀྱི་རྩོད་པ་དོན་མེད་པར་ཐལ། སྣང་བ་དེ་མི་འཆར་བའི་ཕྱིར། ཁྱད་པར་ཡོད་པར་ཐལ། འདིར་འཆར་བའི་ཕྱིར། འཆར་ཟེར་ན། འདིའི་ཚུལ་དང་མཐུན་པར་འཆར་རམ་མི་མཐུན་པར་འཆར། མཐུན་པར་འཆར་ཟེར་ན། འཇའ་ལུས་འཕོ་བ་ཆེན་པོའི་སྒོ་ནས་འགྲོ་དོན་རྒྱ་ཆེན་པོ་མཛད་པའི་ཕྱི་རོལ་སྨྱུ་སྐྱེགས་པ་ཡོད་པར་ཐལ། ཁྱོད་ཀྱི་དམ་བཅའ་འཐད་པའི་ཕྱིར། འདོད་ན་སྐུ་གསུམ་གྱི་གོ་འཕང་མྱུར་དུ་ཐོབ་པ་དང་སྒྲིབ་གཉིས་སྤྱང་བའི་ལམ་ཕྱི་རོལ་པ་ལ་ཡོད་པར་ཐལ། ཁྱོད་ཀྱིས་དམ་བཅའ་འཐད་པའི་ཕྱིར། དེ་འདོད་མི་ནུས་ཏེ་གནོད་བྱེད་མང་བའི་ཕྱིར་རོ། །མི་མཐུན་པར་འཆར་ཟེར་ན། འོ་ན་འཆར་བ་ཙམ་ཞིག་གིས་གྲོལ་དགོས་པར་ཐལ། འདོད་ན་སེམས་ཅན་ཐམས་ཅད་འཆི་བའི་དུས་སུ་གྲོལ་བར་ཐལ། འཆི་སྲིད་ཆོས་སྐུའི་འོད་གསལ་སེམས་ཅན་ཡོད་དོ་ཅོག་འཆི་བའི་དུས་སུ་ཐ་ན་སྐར་མདའ་ཙམ་ཡན་འཆར་བའི་ཕྱིར། འཁོར་གསུམ། འདོད་ན་འདོད་མི་ནུས་པར་ཐལ། ངོ་མ་ཤེས་ན་ཅི་ཙམ་ཤར་ཀྱང་ཕན་པ་མེད་པར་ཐལ། དེར་མ་གྲོལ་བ་འཁྲུལ་སྣང་གི་རང་དབང་མེད་པའི་སྐྱེ་བ་ལེན་པ་མངོན་སུམ་གསལ་བའི་ཕྱིར། འཁོར་གསུམ་ཞེས་པ་འདི་ནི་སྨྱོངས་པ་རྣམས་ཐེ་ཚོམ་སྐྱེས་ནས་ཆོས་སྤྱང་གི་ལས་བསགས་པ་འདུག་པས་དོགས་པ་བསལ་ཕྱིར་སྟོན་གྱི་མཁས་པ་དག་གིས་རྩོད་ལན་བྲིས་པ་ལགས་པས་རྩོད་པ་ཆོས་དབྱིངས་རྒྱ་མཚོ་ཆེན་པོར་ཞི་བར་སྨོན་པའོ། །དེ་ལྟར་ཐོད་རྒལ་ཉམས་སུ་ལེན་པ་ལ་ཕྱི་ནང་གི་བྱ་བ་དགུ་ཕྱུགས་སུ་བཏང་བར་བྱ་སྟེ། ལུས་ཀྱི་གསུམ་ནི་ཕྱི་འཇིག་རྟེན་འཁྲུལ་བའི་བྱ་བྱེད་རྣམ་གཡེངས་ཐམས་ཅད། ནང་ཕྱག་དང་བསྐོར་བ་སོགས་དམན་པའི་དགེ་བ་རྣམས། གསང་བ་གཡོ་འགུལ་ཙུང་ཟད་ཙམ་ཡང་སྤྱངས་ནས་གཅིག་ཕུར་འདུག །ངག་གི་གསུམ་ནི་ཕྱི་འཇིག་རྟེན་གྱི་འཁྲུལ་གཏམ་སྣ་ཚོགས། ནང་ཁ་ཏོན་དང་བཟླས་བརྗོད་ལ་སོགས། གསང་བ་རླུང་གི་འགྲོ་འོང་རང་སར་དལ་བར་བསླབ་པའོ། །ཡིད་ཀྱི་གསུམ་ནི་ཕྱི་འཇིག་རྟེན་འཁྲུལ་རྟོག་ཆགས་སྡང་ཐམས་ཅད། ནང་བསྐྱེད་རྫོགས་ཀྱི་སེམས་འཛིན་སྣ་ཚོགས། གསང་བ་རྣམ་རྟོག་འོག་འགྱུ་སོགས་སྤྱངས་ནས་རྟོག་མེད་དྭངས་སངས་ཕྱེད་པར་གནས་པར་བྱའོ། །དེ་ལྟར་དབེན་པར་བྱ་བ་བཏང་ནས་དབྱིངས་རིག་ལ་ས་ལེ་ཧྲིག་གེར་བལྟ་

བ་རི་བོ་ཙོག་གཞག །མིག་རྩ་དྭངས་པ་ལ་འཇའ་ཟེར་ཐིག་ལེ་ཀྱི་ཆེར་ཤར་བ་ལ་ཞེན་འཛིན་མེད་པར་རྒྱ་མཚོ་ཙོག་གཞག །སྒྲ་དང་ཐིག་ལེ་འོད་ལྔར་སྣང་བ་དེར་འཛིན་དམིགས་གཏད་བྲལ་བ་ཅེར་གྱིས་བཞག་པ་སྣང་བ་ཙོག་གཞག །ལུག་རྒྱུད་དབྱིངས་རིག་གི་ར་བར་བཙོན་དུ་འཛིན་པ་རིག་པ་ཙོག་གཞག་སྟེ། ཙོག་གཞག་བཞི་དང་སྒོ་ཡུལ་རླུང་རིག་གི་གནད་དང་ལྡན་པས་བཞུགས་སྟངས་གཟིགས་སྟངས་གནད་དུ་གཅུན་པ། ཤེས་རབ་རང་བྱུང་གི་སྒྲོན་མ་ནི་གཞུག་མའི་ཡེ་ཤེས་ཀ་དག་ཁྲིགས་ཆོད་ཀྱི་དགོངས་པ་རིག་པ་ཟང་ཐལ་སོ་སོར་རྟོག་པའི་ཤེས་རབ་ཡིན་ལ། དེའང་དབྱིངས་ཀ་དག་གི་རུམ་གློང་ཆེན་པོ་ཡངས་པའི་ནང་། དབྱིངས་ནས་འོད་གསལ་གྱི་སྣང་བ་དཔག་ཏུ་མེད་པ་འཆར་བའི་སྐབས་སུ། རྒྱང་ཞགས་ཆུའི་སྒྲོན་མ་སྙིང་ནས་མིག་ཏུ་འོད་རྩ་དར་དཀར་གྱི་སྦུད་པ་ལྟ་བུའི་སྒྲོན་མས་རིག་གདངས་འཆར་བའི་སྒོ་ཕྱེས་ནས། དག་པ་དབྱིངས་ཀྱི་སྒྲོན་མ་འཆར་བའི་ཡུལ་ནམ་མཁའ་རྗེན་བྲལ་ལ་མིག་ཡིད་གཏད་ནས་ཐིམ་འགྲོ་བ་ལྟར་བྱས་པས་ནང་གི་དབྱིངས་འཆར་བ་དག་པ་དབྱིངས་ཀྱི་སྒྲོན་མས་རང་གདངས་འོད་ལྔ་འཇའ་ཚོན་སྣ་ཚོགས་ཀྱི་སྣང་བ་ཞིང་ཁམས་དང་གཞལ་ཡས་ཀྱི་རྒྱན་བཀྲམ་སྟེ། ཐིག་ལེ་སྟོང་པའི་སྒྲོན་མ་འོད་ཁྱིམ་ཟླུམ་པོའི་རྣམ་པ་ལ་ཞི་ཁྲོའི་དཀྱིལ་འཁོར་ཡོངས་སུ་རྫོགས་པ། དེ་ཡང་དང་པོ་ཆོས་ཉིད་མངོན་སུམ་གྱི་སྐབས་སུ་རྒྱུ་ཡིས་མ་བསྐྱེད་པའི་འོད་ལྔ་འཇའ་ཚོན་གྱི་སྣང་བ་དབྱིངས་ལུས་མཁའ་རུ་ཤར། བར་དུ་ཉམས་གོང་འཕེལ་གྱི་སྐབས་སུ། དེ་ཉིད་ཆེར་མཆེད་ནས་ཐིག་ལེའི་ནང་གཙུག་ཏོར་ནས་སྤྱན་ཙམ་སྐུའི་དབྱིབས་འཆར། རིག་པ་ཚད་ཕེབས་ཀྱི་ཚེ་རྗེན་གྱིས་མ་བསྐྱེད་པའི་སྣང་ཉམས་རིག་ལྔ་ཡབ་ཡུམ་ཟུང་དུ་འབྲེལ་བའི་ཚོམ་བུར་གསལ་ལ་མ་འདྲེས་པའི་དཀྱིལ་འཁོར་བཀོད་ལེགས་པ་གྲུབ། ཐ་མར་ཆོས་ཉིད་ཟད་པའི་སྐབས་སུ་ལྟ་བས་གནས་དག་སྟེ། རིག་གདངས་ཚད་ཕེབས་ཀྱི་སྣང་ཆ་དབྱིངས་སུ་བསྡུས་ནས་དབྱིངས་རིག་དབྱེར་མེད་དུ་འདྲེས། ཤེས་ཉམས་ཡིད་དཔྱོད་དང་བྲལ་བའི་ཆོས་ཉིད་སྣང་ཉམས་དབང་པོས་མངོན་སུམ་དུ་མཐོང་བ་འོད་གསལ། ཐོན་རྐྱལ་གྱི་ཉམས་ལེན་མཐར་ཕྱིན་པར་ཤོག་ཅེས་སྨོན་པའོ། །དེ་ཡང་ཀུན་མཁྱེན་རྡོ་རྗེ་ཐོགས་མེད་རྩལ་ལམ་ངག་དབང་བློ་བཟང་རྒྱ་མཚོའི་ཞལ་ནས།

གཉིས་པ་ཐོད་རྒལ་ལམ་གྱི་རིམ་པ་ནི། །སྤྲུལ་སྐུ་དྲང་སྲོང་ཙོག་ཕུའི་བཞུགས་སྟངས་ཀྱིས། །
སྙིང་དབུས་ཡེ་ཤེས་སུམ་ལྡན་གདོད་མའི་མགོན། །རིག་གདངས་རྩ་སྒྲོན་ལམ་བརྒྱུད་ཆུ་སྒྲོན་ལམ། །
ཐོན་པ་ཡེ་ཤེས་སྒྲོན་མ་ཆོས་ཉིད་དེ། །དག་པ་དབྱིངས་ཀྱི་མཁའ་ལ་ཤར་བའི་ཚེ། །ཐིག་ལེ་སྟོང་
པའི་སྒྲོན་མ་ཞེས་བྱ་བ། །འོད་དང་འོད་ཁྲིམ་ཐིག་དང་ཐིག་ཕྲན་དང་། །སྦྲ་ཕུབ་རེ་ལྡི་མཐིང་ཕྲུར་མེ་
ལོང་སོགས། །གང་ཤར་དེ་ལ་རྩེ་གཅིག་བལྟས་པ་ན། །ཀ་དག་ལྷུན་གྲུབ་གཉིས་སུ་མེད་པ་ཡི། །
ཤེས་རབ་རང་བྱུང་སྒྲོན་མ་བཞིའི་སྣང་ལུགས། །ད་ལྟའི་སྣང་སེམས་འབྲས་བུར་ཡེ་གྲོལ་བའི། །
སྨིན་བྱེད་དོན་ལ་གོམས་པས་མངོན་སུམ་གྱི། །རང་སྣང་དབྱིངས་རིག་དབྱེར་མེད་དུ་འཆར་བས། །
འདི་མཐོང་ཙམ་གྱིས་འཁོར་བར་ཕྱིར་མི་ལྡོག །དེ་ལྟར་སྦྱངས་པས་ཕྱི་ཡི་དབྱིངས་ནང་དུ། །ལུག་
རྒྱུད་དབྱེར་མེད་གནས་པ་ཇི་ལྟ་བར། །ནང་དུ་ཀ་དག་སྟོང་ཉིད་དབྱིངས་ཀྱི་དང་། །རང་གདངས
རིག་པའི་དབྱིངས་ཀྱི་རྩལ་རྣམས་ཀུན། །དབྱེར་མེད་གནས་པས་འོད་གསལ་མ་བུ་འདྲེས། །ཆོས
ཉིད་མངོན་སུམ་ཉམས་སུ་བླངས་པའི་རྗེས། །ལོངས་སྐུ་གླང་ཆེན་ཉལ་བའི་འདུག་སྟངས་ཀྱིས། །
གོང་བཞིན་བལྟས་པས་ཁ་དོག་རྣམ་པ་ལྔའི། །འོད་ཕྲེང་ཐིག་ལེ་སྲན་མ་ཙམ་གྱི་ནང་། །ལུག་རྒྱུད་
སྐར་མདའ་ཇི་བཞིན་འཆར་ཞིང་མགྱོགས། །གྱེན་བསྐྲེང་རྩིབ་ཤར་གྲུ་ཕྱེད་རེ་ལྡི་དང་། །ཡུལ་གྲུ་ལ་
སོགས་མ་ངེས་ཅིར་ཡང་འཆར། །ཐིག་ལེ་མེ་ལོང་ཙམ་གྱི་ནང་དུ་ནི། །རིག་པ་འདབ་ཆགས་འཕུར་
སྐྱིན་བཞིན་དུ་འཆར། །དེ་ནུབ་ཡེ་ཤེས་ལྔ་དབྱིངས་སྣང་བ་ནི། །མིག་ཚགས་མིག་མང་དྲ་བ་དྲ་ཕྱེད་
དང་། །མེ་ཏོག་ཚོམ་བུ་རིགས་ལྔའི་ཕྲུག་མཚན་སོགས། །མཁར་ཐབ་ཟ་འོག་གུར་ཁྲིམ་ཐིག་ལེའི་
ཁྲོན། །ཁམ་ཕོར་ཙམ་ལ་རི་དྭགས་སྤྱང་རྒྱུག་འདྲ། །དེ་རྗེས་ཐིག་ལེ་བསེ་ཕུབ་ཙམ་གྱི་ནང་། །རིག་
པ་བུང་བས་རྩི་བཅུད་སྨྱོང་བ་འདྲ། །ལུག་རྒྱུད་གཅིག་འདུག་གཉིས་དང་ལྔར་འཕེལ་སོགས། །
སྣང་བ་དང་པོའི་ཐིག་ལེ་ལས་ཆེ་ཞིང་། །བར་དོ་ལས་གྲོལ་ཉམས་ནི་གོང་འཕེལ་ཚད། །འདི་ལ་
རྡོར་སེམས་སྐུ་ཀྲུང་འཆར་བ་སོགས། །སྙིང་ཐིག་གཞན་དུ་འབྱུང་བས་གང་ཟག་གི། །འཆར་སྒོའི་ནང་
ཚུལ་གཅིག་ཏུ་མཐའ་མ་བཀག །དེ་རྗེས་ཆོས་སྐུ་སེང་གེའི་བཞུག་སྟངས་ཀྱིས། །སྟེར་བཞིན་གཙུན་
ནས་དབྱིངས་རིག་བལྟས་པ་ཡི། །ཐིག་ལེ་རེ་རེའི་ནང་དུ་ཕྱེད་སྐུ་དང་། །སྐུ་ཀྲུང་སྤྲུལ་སྐུའི་སྣང

བ་ཡབ་ཡུམ་ལྟར། །ཤར་བ་ལོངས་སྐུའི་ཡེ་ཤེས་ཚད་དུ་ཕྱིན། །སྟེང་དང་ཕྱོགས་བཞིར་རིག་ལྔ་ཡབ་དང་ཡུམ། །གཙོར་བྱས་ཡབ་ཡུམ་ཟུང་འཇུག་ཚོམ་བུ་ཡི། །དཀྱིལ་འཁོར་བཀྲངས་ཡས་ཆོས་སྐུའི་སྣང་པ་དག །དབྱིངས་རིག་ཉིན་མཚན་མེད་པ་ཚད་ཕེབས་ཡིན། །དེ་ལྟར་གོམས་པས་ཚེ་འདིར་ཞིང་ཁམས་ཆོད། །ལོངས་སྤྱོད་རྫོགས་པའི་སྐུ་རུ་གྲོལ་བ་ཡིན། །སླར་ཡང་ཆོས་སྐུའི་བཞུགས་སྟངས་ངང་ཉིད་ལས། །སྙིང་དབུས་རིག་པ་ཨ་དཀར་ལས་འཕྲོས་པའི། །སྔོན་པོའི་འོད་ཀྱི་སྟོད་སྨད་ལུས་ཀུན་ཁྱབ། །མདུན་ནས་བརྩམས་ཏེ་དཀར་སེར་དམར་ལྗང་གིས། །ལུས་ནི་འོད་ཀྱི་ཕུང་པོ་ཆེན་པོར་གྱུར། །ལྔ་ལྡན་ཐིག་ལེ་ཨ་ཧཱུྃའི་ཡི་གེ་སོགས། །གྲངས་མེད་པ་སྤྱིའི་བུ་ག་ནས་ཐོན་ཏེ། །སྣང་སྲིད་ཐམས་ཅད་འོད་ཀྱི་གོང་བུར་གྱུར། །རགས་པའི་ལུས་ཟད་མཉམ་བཞག་ཕྱག་རྒྱ་ཅན། །འོད་ལུས་སྐྲ་མ་ཙམ་དུ་འཆར་བ་ཡིན། །གཞོན་ནུ་བུམ་སྐུ་འགྲུབ་ནས་སྐྲ་སེན་སོགས། །ཚུར་ཟད་བཞག་སྟེ་སྟོན་མེད་རྫོགས་སངས་རྒྱས། །དེ་ཕྱིར་ཆོས་ཉིད་ཟད་སར་འཁྱོལ་ཞེས་བརྗོད། །ཁྲིགས་ཆོད་ཐོད་རྒལ་ཉམས་ལེན་རབ་འབྲིང་མཐའ། །ཉམས་འོག་ཚུད་ན་བརྩོན་འགྲུས་འབྲིང་པོ་རྣམས། །བར་དོ་ཐ་མ་རང་བཞིན་སྤྲུལ་སྐུ་ཡི། །ཞིང་དུ་འཚང་རྒྱའི་གདམས་པར་མ་ལྟོས་ཤིང་། །སྤྲོ་ན་སྙིང་ཐིག་ཟབ་ཐལ་ཀློང་གསལ་དང་། །གསེར་ཞུན་ལ་སོགས་མང་པོར་རྒྱས་བཤད་ཅིང་། །དེ་དོན་ཆོས་འདི་སྟོན་པའི་མཁས་གྲུབ་ཀྱི། །ཞལ་ལུང་རྣམས་ལ་འབད་པས་བླང་བྱ་སྟེ། །ཡོད་པས་ཡི་གེ་ཚིགས་ཀྱིས་མ་བཀོད་ཀྱང་། །བློ་གསལ་རྣམས་ཀྱིས་ཐོས་བསམ་སྒོམ་པས་འགྲུབ། །ཅེས་གསུངས་པས་བསྟན་ཏོ། །

དེ་ལྟར་ཡང་། སྒྲ་ཐལ་འགྱུར་རྩ་བའི་རྒྱུད་ལས། ཆོས་ཉིད་མངོན་སུམ་སྣང་བ་ཡིས། །ཡིད་དཔྱོད་འཛིན་པའི་མཐའ་ལས་འདས། །གོང་དུ་འཕེལ་བའི་ཉམས་སྣང་གིས། །འཁྲུལ་པའི་སྣང་བ་ནུབ་པར་བྱེད། །རིག་པ་ཚད་ཕེབས་སྣང་བ་ཡིས། །སྐུ་གསུམ་རྫོགས་པའི་ལམ་སྣང་འདས། །ཆོས་ཉིད་ཟད་པའི་སྣང་བ་ཡིས། །ཁམས་གསུམ་འཁོར་བའི་རྒྱུན་ཐག་ཆོད། །ཅེས་སོ། །མཇུག་གི་བྱ་བ་ལ་འོད་གསལ་སྣང་བཞི་ཉམས་སུ་ལེན་པའི་ལམ་གྱི་ཡན་ལག་ཏུ་གལ་ཆེ་བ་ནི། ཀློང་གསལ་ལས། མཐའ་རྟེན་མན་ངག་རྣམ་པ་བཞི། །གོང་མའི་རྒྱབ་ཏུ་མེད་ཐབས་མེད། །ཅེས་གསུངས་པ་

ལྟར། དང་པོ་མི་འགྱུལ་བ་གསུམ་གྱི་གཞི་བཅའ་བ་ནི། ལུས་བཞུགས་སྟངས་གསུམ་ལས་མི་འགྱུལ་བ་དང་། མིག་གཟིགས་སྟངས་གསུམ་ལས་མི་འགྱུལ་བ་དང་། རིག་པ་འོད་གསལ་གྱི་སྣང་བ་མངོན་སུམ་མཐོང་བ་ལས་མི་འགྱུལ་བར་བྱའོ། །

གཉིས་པ་སྡོད་པ་གསུམ་གྱིས་ཚད་བཟུང་བ་ནི། དབྱིངས་རིག་བརྟན་པའི་ཆེད་དུ་འབྱུང་སྟེ༑ ཕྱི་སྣང་བ་སྐྱེད་བྱེད་ཀྱི་རླུང་ཟད་པས་དབྱིངས་རིག་འགྲོ་འོང་མེད་པར་སྡོད། ནང་ཕུང་པོ་སྐྱེད་བྱེད་ཀྱི་རླུང་ཟད་པས་ལུས་གཡོ་འགྱུལ་མེད་པར་སྡོད། གསང་བ་རྟོག་པ་སྐྱེད་བྱེད་ཀྱི་རླུང་ཟད་པས་རྣམ་རྟོག་འགྱུ་མི་སྲིད་པར་སྡོད་པའོ། །ཚད་རྨི་ལམ་གྱིས་འཛིན་པ་ནི། བརྩོན་འགྲུས་རབ་ཀྱི་རྨི་ལམ་དབྱིངས་སུ་ཐིམ། འབྲིང་གི་རྨི་ལམ་ངོ་ཤེས་གཉིས་རྟོགས་བྲལ། ཐ་མ་རྨི་ལམ་བཟང་པོ་གནས་འགྱུར་གསུམ། རྟགས་ནི་ལུས་ངག་ཡིད་ལ་འབྱུང་བ་སྟེ། དང་པོ་སྣང་བཞིའི་ལུས་རྟགས་བཞི་ནི། མཁར་གཞོང་འཛམ་པོར་རུས་སྦལ་བཙུག་པ་ལྟར། །བུམ་པའི་དབང་གི་གནས་པའི་རྩ་དལ་ནས། །གདོས་བཅས་ཡེ་ཤེས་མཆོག་ཏུ་མངོན་སུམ་འགྱུར། །སྐྱེས་བུ་ནད་ཀྱིས་ཟིན་པ་ཇི་བཞིན་དུ། །གསང་བའི་དབང་གི་དབུ་མར་རླུང་ཞུགས་ནས། །ལུས་དག་སྤྲོས་མེད་ལམ་ལ་རང་བྱིན་ཆུད། །གླང་ཆེན་འདམ་རྫབ་ཆེ་ལ་ཆུད་པ་ལྟར། །ཤེར་ཡེའི་དབང་གི་རྩ་རླུང་ལས་རུང་ནས། །ལུས་དག་ཤིན་ཏུ་སྤྲོས་མེད་ཡེ་ཤེས་འབྱུང་། །དུར་ཁྲོད་མི་རོ་གཤེད་མས་བསྐོར་བ་ལྟར། །བཞི་པའི་དབང་གི་སེམས་ཉིད་འོད་གསལ་གྲོལ། །ལུས་དག་རབ་ཏུ་སྤྲོས་མེད་ཡེ་ཤེས་འབྱུང་། །དེ་ནི་ལུས་ཀྱི་རྟགས་བཞི་ཞེས་བྱའོ། །ངག་གི་རྟགས་བཞི་ལྐུགས་པའི་ངག་ཇི་བཞིན། །རྩ་ནང་དག་རྣམས་ཞུགས་པའི་སྨྲ་མི་འདོན། །བརྗོད་པ་རང་དག་སྤྲོས་བྲལ་ཡེ་ཤེས་གསལ། །སྨྱོན་པའི་གཏམ་ལྟར་ཅ་ཅོ་སྨྲ་བ་ནི། །བརྗོད་རྐྱེན་རང་ངོ་དག་པའི་ཡེ་ཤེས་མཆོག །ངག་གང་སྤྲོས་མེད་ནང་དུ་གདངས་ཆོད་པ། །གྲུལ་བུམ་ཕྲུ་གུའི་སྐད་ལྟར་སྐན་པོ་ཡི། །ཅི་སྨྲས་གཞན་ལ་ཕན་པའི་མཆོག་ཏུ་འབྱུང་། །རྫོགས་པ་ཆེན་པོ་སྨྲ་བསམ་ལས་འདས་པ། །ཤིན་ཏུ་སྤྲོས་མེད་བརྗོད་བྱའི་ཡུལ་ལས་འདས། །བྲག་ཆ་ལྟ་བུ་རྗེས་བཟུང་བྱེད་པ་ནི། །རྩ་དང་ཡི་གེ་རླུང་གི་ཐིག་ལེ་ཆུད། །རྫོགས་ཆེན་བརྗོད་བྲལ་ངག་གི་གདངས་ལ་ཞུགས། །རབ་ཏུ་སྤྲོས་མེད་ངག་གི་རྟགས་བཞིའོ། །ཡིད་ཀྱི་བཞི་ནི་

འདབ་ཆགས་སྒྲོག་ཆུད་ལྟར། །རིག་པ་འོད་གསལ་འདྲེས་པའི་རྫོགས་པ་ཆེ། །སྤྲོས་མེད་འཁོར་བར་མི་ལྡོག་ཆོས་ཉིད་མཐོང་། །སྐྱེས་བུ་དུག་ཟིན་ཤེས་པ་མྱོས་པ་ལྟར། །དྲན་མེད་ཀློང་དུ་གྲོལ་བའི་རྫོགས་པ་ཆེ། །མཐའ་བྲལ་རང་ངོ་ཤེས་ནས་རང་སངས་རྒྱས། །སྐྱེས་བུ་འབྲུམ་ནད་བྱུང་ལྟར་ཡེ་གྲོལ་གྱི། །ངོ་བོ་སྐྱེ་མེད་རང་སྣང་དུ་གྲོལ་བས། །ཁམས་གསུམ་སླར་ལྡོག་མི་སྲིད་རྫོགས་པ་ཆེ། །བར་སྣང་ན་བུན་ཇི་བཞིན་བག་ཆགས་ཚོགས། །བློ་འདས་རྫོགས་ཆེན་ཀ་དག་ཆོས་ཉིད་ཀློང་། །འཚང་རྒྱ་ཡིད་ཀྱི་རྟགས་ཏེ་རྟགས་གསུམ་མོ། །

གསུམ་པ་ཐོབ་པ་གསུམ་གྱི་གཟེར་གདབ་པ་ནི། ཐོབ་པ་གསུམ་ནི་སྐྱེ་བར་དབང་ཐོབ་པས། །ཕུང་པོ་མི་སྣང་གདོས་བཅས་འགགས་པར་འགྱུར། །དེ་ཡི་ཡོན་ཏན་འགྲོ་ལ་སེམས་གཏད་པས། །འབྱུང་བ་རང་དག་མངོན་སངས་རྒྱས་པ་དང་། །ཁམས་པོར་རིག་པ་བཅུག་པས་འགྱུལ་བ་དང་། །ཆོས་ཀྱི་སྒྲ་སོགས་ཡོན་ཏན་དེ་ལྟར་འབྱུང་། །ཞེས་གསུངས་པ་ལྟར། སྐྱེ་བ་དང་། འཇུག་པ་དང་། རླུང་སེམས་ལ་རང་དབང་ཐོབ་པ་སྟེ། དེའང་ཀ་དག་ཁྲེགས་ཆོད་དུ་གྲོལ་བ་ནམ་མཁའ་དང་མཁའ་འགྲོའི་འཆི་ལུགས། ལྷུན་གྲུབ་ཐོད་རྒལ་དུ་གྲོལ་བ་མེ་ཕུང་དང་རིག་འཛིན་གྱིས་འཆི་ལུགས་རྣམས་ཀྱིས་སོ། །

བཞི་པ་གདེངས་བཞིའི་གྲོལ་ཚད་བསྟན་པ་ནི་ཡར་གྱི་གདེངས་གཉིས་ནི། མྱང་འདས་ཀྱི་ཡོན་ཏན་ཐོས་ཀྱང་ཐོབ་ཏུ་རེ་བ་དང་། མ་ཐོབ་ཀྱི་དོགས་པ་མེད་དེ། རང་རིག་ལས་གཞན་པའི་སངས་རྒྱས་མེད་པར་རྟོགས་པའི་ཕྱིར་རོ། །མར་གྱི་གདེངས་གཉིས་ནི། འཁོར་བའི་སྡུག་བསྔལ་ཐོས་ཀྱང་མི་ལྟུང་དུ་རེ་བ་དང་། ལྟུང་གིས་དོགས་པ་མེད་དེ་རང་རིག་ཡེ་ནས་འཁྲུལ་པ་མེད་པར་ཤེས་པས་འཁོར་བར་འཁྲུམས་མཁན་མ་གྲུབ་པར་ཐག་ཆོད་པའི་ཕྱིར་རོ། །དེ་ཡང་བརྩོན་འགྲུས་དང་སྐལ་བ་དམན་པས་སྐྱེ་གནས་རང་བཞིན་གྱི་བར་དོའི་ཚེ་དུས་འདིར་གདོད་མའི་ས་ལ་གདོས་བཅས་ཟད་པའི་རྣམ་པར་གྲོལ་བ་མ་ཐོབ་ན། དབང་པོ་རབ་འཆི་ཁ་མའི་བར་དོར་སྔར་ཤེས་པའི་གདམས་ངག་རྣམས་གསལ་བཏབ་སྟེ། འབྱུང་ལྔ་རིམ་གྱིས་ཐིམ་ནས་ནམ་མཁའ་དབྱིངས་རིག་ལ་ཐིམ་པའི་ཚེ་སྒྲོག་ལྔ་སྙིང་དབུས་རིག་པའི་སྐབས་སུ་འཇུག་པར་བྱེད་པས། རིག་པ་ཉིད་གཞི་ལས

ལྡོག་སྟེ། ཀ་དག་གི་ས་ལ་ཕྱིན་པས་ཟེམས་རིག་བྲལ་བ་དང་འཚང་རྒྱ་བ་དུས་མཉམ་པ། ཆོས་བཅོ་ལྔའི་ཟླ་བ་ནུབ་པ་དང་། ཉི་མའི་སྣང་བ་འཆར་བ་དུས་མཉམ་པ་བཞིན་ནོ། །དབང་པོ་འབྲིང་འཆི་ཁར་ཀ་དག་གི་གྲོལ་ས་མི་རྟོགས་ན་གཞི་ལས་འཕགས་པའི་ཆོས་ཉིད་དུ་སྣང་བའི་བར་དོ་འོད་དང་ཐིག་ལེ་ཞི་ཁྲོའི་ཚོམ་བུ་ཟེར་ཐག་སྒྲ་སྐད་སྣ་ཚོགས་སུ་ཤར་བ་ཐམས་ཅད་རང་སྣང་ལས་གཞན་དུ་མེད་པར་ཡིད་ཆེས་ནས་མ་པང་དུ་བུ་འཇུག་པ་ལྟར་ངེས་པའི་ཤེས་པ་བརྟན་པོར་གནས་པས། སྐད་ཅིག་དང་པོ་རང་ངོ་ཤེས། གཉིས་པར་ཤེས་ཐོག་ཏུ་གྲོལ། གསུམ་པར་གྲོལ་ཐོག་ནས་ཀ་དག་གི་དབྱིངས་སུ་ཐིམ་པར་འགྱུར་རོ། །དབང་པོ་ཐ་མ་ཡེ་ཤེས་བཞི་སྦྱོར་གྱི་རང་སྣང་དངོས་མ་ཟིན་པར་འཁྲུལ་པས་གཞན་དུ་རྟོག་ནས་སྣང་བ་དེ་དག་ཡལ་མ་ཐག་ཏུ་མིང་བཞི་འདུས་པའི་ཕུང་པོ་བརྟས་སྐྱེས་ཡིད་ཀྱི་ལུས་སུ་གྲུབ་ནས་འཁྲུལ་སྣང་གིས་སྲིད་པའི་བར་དོ་ལས་འཁྲུལ་བ་རྨི་ལམ་ཙམ་དུ་ཤར་ནའང་ཆོས་འདིའི་སྒོ་མཐོང་ནས། ཐེ་ཚོམ་མེད་པའི་མོས་པ་དང་། བརྒྱུད་པའི་བླ་མ་རྣམས་ཀྱི་ཐུགས་རྗེའི་སྟོབས་ལས། བར་དོར་རང་ངོ་ཤེས་པའི་ཚེ་རང་བཞིན་སྤྲུལ་པ་སྐུའི་ཞིང་ཡིད་ལ་བྱས་པས། རྨི་ལམ་སད་པའི་ཆ་ཙམ་ལ་དེ་དག་ཏུ་འགོད་ཅིང་པདྨོ་ལ་བརྫུས་ཏེ་སྐྱེས། སྲིད་མཐའི་བྱང་ཆུབ་སེམས་དཔར་གྱུར་ཏེ་སྟོན་པ་ལོངས་སྤྱོད་རྫོགས་སྐུ་ལས་ཆོས་ཉན་པས་བདེན་པ་མཐོང་བ་དང་། དབང་དང་ལུང་བསྟན་པ་ཐོབ་ནས་གདོད་མའི་ཞིང་དུ་འཚང་རྒྱ་བར་འགྱུར་རོ། །

བཞི་པ་དོན་བསྡུ་རང་ལམ་གྱི་འབྲས་བུ་ལ་སྨྲོན་པ་ནི། ཁྲིགས་ཆོད་ལྷུ་བས་སྲིད་ཁྱུངས་གདར་ཤ་བཅད། སོགས་ནས། ཐིག་ལེ་ཉག་གཅིག་ཡིད་ལ་གཡོ་མེད་ཤོག །ཅེས་ཤླ་ལོ་ཀ་གཅིག་དང་རྐང་པ་གསུམ་གྱིས་བསྟན་ལ། དེ་ཡང་ཀ་དག་ཁྲིགས་ཆོད་ཀྱི་ལྷུ་བས་འཁྲུལ་སྣང་སྲིད་པའི་འབྱུང་ཁུངས་བདག་འཛིན་གྱི་རྩ་བ་བཅད་དེ། རང་གནས་ཀྱི་ཡེ་ཤེས་ཆོས་ཉིད་ཀྱི་གདར་ཤ་བཅད། ལྷུན་གྲུབ་ཐོད་རྒལ་གྱི་སྣང་བཞི་ཇི་བཞིན་པ་འདྲིས་ཤིང་གོམས་ནས་བསྒོམས་པས་སྐུ་གསུམ་གྱི་ལམ་སྣང་རྩལ་རྫོགས་ཏེ། འབྲས་བུ་གྲོལ་བའི་ཀ་དག་ཡེ་སྟོང་བསམ་གྱིས་མི་ཁྱབ་པ་གདོད་ནས་རྣམ་པར་དག་པའི་དབྱིངས་ཆོས་ཉིད་ངོ་བོ་དབྱེར་མེད་པས་གདོད་མའི་མགོན་པོ་ཀུན་ཏུ་བཟང་པོ་དང་པོའི་སངས་རྒྱས་ཀྱི་ངོ་བོ་ཉིད། དགོངས་པ་འཁོར་འདས་དབྱེར་མེད་ཐིག་ལེ་ཉག་གཅིག་རྣམ་ཀུན་

མཆོག་ལྡན་གྱི་སྟོང་གཟུགས་སུ་གང་སྣང་བ་དེ་ལུས་སྒྲིབ་པའི་ཚེ་ན། སྐུ་གསུམ་དག་པའི་ཞིང་ཁམས་སྣོད་བཅུད་དང་བཅས་པ་མ་འདྲེས་པར་སྣང་ཞིང་། བསྡུས་ཚེ་སྟོང་ཉིད་སྙིང་རྗེ་དབྱེར་མེད་པའི་རང་བཞིན་ཡེ་ཤེས་ཆོས་ཀྱི་སྐུ་ཡི་བདག་ཉིད་སྒྲིབ་བྲལ། ཐིག་ལེ་ཉག་གཅིག་སྟེ། སེམས་འགག་པ་དེ་སྐུ་ཡི་མངོན་དུ་མཛད་ཅེས་པ་ལྟར། སེམས་སེམས་བྱུང་གི་གཡོ་བ་རྒྱུན་ཆད་ནས་ཆོས་སྐུ་ཐིག་ལེ་ཉག་གཅིག་གི་ངང་དེ་ལྟ་བུ་ལ་ཡིད་མི་གཡོ་བ་འཕོ་འགྱུར་མེད་པར་གནས་པར་ཤོག་ཅིག་ཅེས་སྨོན་པའོ། །བསྒྱུར་བྱའི་དམ་ཚིག་མེད་པ། ཕྱལ་བ། གཅིག་པུ། ལྷུན་གྱིས་གྲུབ་པ་བཞིར་སྟོན་ཏེ། ཐིག་ལེ་ཀུན་གསལ་ཆེན་པོའི་རྒྱུད་ལས། ང་ཡི་དམ་ཚིག་གསལ་བ་ནི། །རང་རིག་ཡེ་ཤེས་ཆེན་པོ་ལ། །བསྒྱུར་བྱ་སྒྱུར་བྱེད་གཉིས་མེད་པས། །ཉམས་དང་མི་ཉམས་གཉིས་སུ་མེད། །ཐིག་བརྒྱད་བཅོས་པའི་དམ་ཚིག་གྲངས། །ང་ཡི་བསྒྱུར་བ་མེད་ཅེས་བྱ། །འོག་མའི་དམ་ཚིག་ལས་གྲོལ་ཅིང་། །རང་གི་བསྒྱུར་སྒོ་ཡངས་པས་ན། །ཕྱལ་བ་ཞེས་སུ་གྲགས་པ་ཡིན། །བསྒྱུར་དུ་མེད་པའི་དམ་ཚིག་ལ། །འདའ་མི་སྲིད་པའི་བསྒྱུར་ཐབས་ནི། །རང་རིག་ཡེ་ཤེས་གཅིག་པུ་པས། །བྱ་རྩོལ་མེད་པར་ཡེ་བསྒྱུར་བས། །ལྷུན་གྲུབ་ཅེས་སུ་བཏགས་པ་ཡིན། །ཞེས་གསུངས་པས་དེ་ཡང་སྣང་སྲིད་འཁོར་འདས་ཀྱིས་བསྡུས་པའི་ཆོས་ཐམས་ཅད་མེད་བཞིན་སྣང་བ་སྒྱུ་མའི་དཔེ་བརྒྱད་ཀྱི་རང་བཞིན་དུ་སྣང་ནའང་། རང་རིག་སྟོང་གསལ་སྒྲིབ་པའི་མཐའ་ཐམས་ཅད་དང་བྲལ་བ་འདིའི་ངོས་ན་དམ་ཚིག་དང་བསྒྱུར་བྱ་སྒྱུར་བྱེད་ཐམས་ཅད་བློས་བཏགས་པ་ཙམ་ལས་དོན་དམ་པར་གང་ཡང་གྲུབ་པ་མེད་པའི་ཕྱིར་མེད་པ་ཞེས་བྱ་ལ། དེ་ལྟར་ནའང་སེམས་འཛུར་འཛིན་གྱིས་མ་བཅིངས་པར་གང་ཤར་གཏད་མེད་འཛིན་མེད་འདི་ཞེས་ཀྱི་ཚད་བཟུང་མེད་པས་ཕྱལ་བ་ཞེས་བྱ་ལ། རང་བྱུང་ཡེ་ཤེས་སྟོང་ལ་གོ་འབྱེད་པས་ཡེ་སངས་རྒྱས་པའི་རང་ངོ་འདི་ན་བསྒྱུར་རྒྱུ་དང་དོར་རྒྱུ་མི་འདུག་སྟེ་ཡེ་ནས་རང་ཆས་སུ་མ་བསྒྱུར་བའི་སྡོམ་པ་ཆེན་པོ་ལ་གནས་པས་བློས་འཛིན་ཞེན་གྱི་དམ་ཚིག་གིས་ཅི་བྱར་ཡོད་དེ་མེད་དོ། །རང་རིག་སོམ་གཉུག་མ་མ་བཅོས་མ་བསླད་པའི་ཤེས་པ་འདི་རང་ལས་མེད་པས་གཅིག་པུ་ཞེས་བརྗོད་ལ། འདིའི་ངོས་ནས་གཞི་ལམ་འབྲས་བུའི་ཆོས་ཉིད་ཀྱང་ཡེ་ནས་རང་ཆས་སུ་འདུག་ན། ད་གདོད་རྟོག་ཚོགས་ཀྱི་ཕྲེང་བས་རེ་དོགས་དང་སྤང་གཉེན་རྩོལ་བསྒྲུབ་བྱར་

མེད་དེ། མ་བསྲུངས་པར་ཡེ་བསྲུང་། མ་བསྒྲུབས་པར་ཡེ་གྲུབ། མ་བྱས་པ་ཡེ་ཟིན་དུ་ལྷུན་གྱིས་གྲུབ་པར་གནས་པས་ན་ལྷུན་གྲུབ་ཅེས་རྡོ་རྗེ་སྙིང་པོའི་གནད་ཀྱི་དམ་ཚིག་དམ་པའོ། །མདོར་བསྡུས་ན༔ སྣང་སྲིད་གཟུགས་སྣང་ཐམས་ཅད་སྣང་སྟོང་འཛིན་མེད་སྐུའི་རྡོ་རྗེ། ངག་སྒྲ་གྲགས་ཐམས་ཅད་གྲགས་སྟོང་འགག་མེད་གསུང་གི་རྡོ་རྗེ། ཡིད་དྲན་རྟོག་ཐམས་ཅད་གསལ་སྟོང་སྐྱེ་མེད་ཐུགས་ཀྱི་རྡོ་རྗེ་སྟེ། རྡོ་རྗེ་གསུམ་དུ་ཤེས་པས་ཐམས་ཅད་དེར་འདུ་བ་སྟེ། ཕྲ་རྒྱས་ལས། དེ་ལྟར་ས་ཡ་འབུམ་སྡེ་རྣམས། །བདག་ནི་རྡོ་རྗེ་མཆོག་གསུམ་པོ། །ལོག་པར་མི་གཏོང་སྡོམ་པ་དངོས། །ས་གཞི་ལྟ་བུར་གསུངས་པ་ཡིན། །ཅེས་དང་། རྡོ་རྗེ་གུར་ལས། ཕྱག་རྒྱ་ཆེན་པོ་རབ་སྦྱོར་བས། །རྡོ་རྗེའི་སྐུ་ནི་རབ་ཏུ་འགྲུབ། །རིན་ཆེན་བཟླས་པའི་ཁྱད་པར་གྱིས། །དྲི་མེད་རྡོ་རྗེའི་གསུང་དུ་འགྱུར། །བསམ་གཏན་རྡོ་རྗེ་རབ་བསམས་ན། རིན་ཆེན་གསུམ་པོ་རབ་ཏུ་འགྲུབ། །ཅེས་དང་། སྡོམ་གསུམ་རྣམ་ངེས་ལས། མདོར་ན་གནས་གསུམ་རྡོ་རྗེ་གསུམ་ཤེས་ན། །སྔགས་ཀྱི་དམ་ཚིག་ས་ཡ་འབུམ་སྡེ་འདུས། །ཞེས་གསུངས་པ་ལྟར་ལགས་པས། ཐ་མལ་མཚན་འཛིན་གྱི་འཁྲུལ་རྟོག་མཚན་མེད་ཡེ་ཤེས་ཆེན་པོར་སྡོམ་པ་ནི་སྔགས་ཀྱི་སྡོམ་པ་ཡིན་ནོ། །

གསུམ་པ་ལམ་དེས་གྲུབ་པའི་འབྲས་བུ་ཡན་ལག་དང་བཅས་པར་སྨོན་པ་ལ། འབྲས་བུ་སྐུ་གསུམ་དབྱེར་མེད་ལ་སྨོན་པ་དང་། འབྲས་བུ་དེ་འཐོབ་བྱེད་ལམ་ཡོངས་སུ་རྫོགས་པར་སྨོན་པ་གཉིས་ལས། དང་པོ་ནི། སླར་ཡང་རྡོ་རྗེ་ལྟ་བུའི་ཏིང་འཛིན་གྱིས། །ནས། སྤྲུལ་པའི་སྤྲིན་འཕྲོ་སྐུ་གསུམ་དབྱེར་མེད་ཤོག །ཅེས་ཤློ་ཀ་གསུམ་དང་རྐང་པ་གཅིག་གིས་བསྟན་ལ། དེ་ཡང་འཇུག་པ་ལ་དབང་ཐོབ་ནས་གདོད་མའི་ནང་དབྱིངས་སུ་འཇུག་པ་དེར་སླར་ཡང་རྡོ་རྗེ་ལྟ་བུའི་ཏིང་འཛིན་གཞུ་བདུངས་པ་ལྟ་བུ་གང་ལ་ཡང་ཐོགས་པ་མེད་པ་དེ་ཉིད་ཀྱིས་གཉིས་སུ་སྣང་བ་དང་། དེ་ལས་བྱུང་བའི་འཁྲུལ་བའི་བག་ཆགས་ཀྱི་ལྷག་མར་གྱུར་པ་གནས་ངན་ལེན་གྱི་ཤེས་སྒྲིབ་ཕྲ་ཞིང་ཕྲ་བ་ཀུན་མིང་མེད་དུ་བཅོམ་ནས། རིམ་པ་བཞི་པའི་དོན་གྱི་འོད་གསལ་དེ་ཉིད་སློབ་པའི་ཟུང་འཇུག་གི་སྒྲུབ་གཞི་ཡིན་པས། དེ་དང་ངོ་བོ་གཅིག་པའི་ཆ་ནས་དབྱེར་མེད་ལྷན་ཅིག་སྐྱེས་པའི་བདེ་བའི་དངོས་གཞིར་བཤད་ལ། དེ་ཉིད་ལས་མི་སློབ་པའི་ཟུང་འཇུག་ཁ་སྦྱོར་ཡན་ལག་བདུན་ལྡན་ལྷག

པའི་བདེན་གཉིས་ཟུང་དུ་འཇུག་པའི་ཧེ་རུ་ཀ་ཡི་སྐུར་བཞེངས་པ་སྟེ། ཁ་སྦྱོར་ཡན་ལག་བདུན་ནི། འོག་མིན་གྱི་གནས་སུ་སེམས་དཔའ་ཆེན་པོ་རྣམས་ལ་ཟབ་རྒྱས་གསང་སྔགས་ཀྱི་ཆོས་འཁོར་ལ་རྟག་པ་རྒྱུན་དུ་ལོངས་སྤྱོད་མཛད་པའི་ཕྱིར་ལོངས་སྤྱོད་ཀྱི་ཡན་ལག་དང་། མཚན་དཔེ་རྫོགས་པའི་ཡེ་ཤེས་ཀྱི་སྐུ་ཉིད་རང་འོད་ཀྱི་ཡུམ་དང་སྦྱོར་བ་ཁ་སྦྱོར་གྱི་ཡན་ལག་དང་། ཟག་མེད་བདེ་བ་ཆེན་པོ་རྒྱུན་ཆད་མེད་ཕྱིར་བདེ་བ་ཆེན་པོའི་ཡན་ལག་དང་། དམིགས་མེད་ཀྱི་ཐུགས་རྗེ་མཁའ་ལྟར་ཁྱབ་པ་ནི་སྙིང་རྗེས་ཡོངས་སུ་གང་བའི་ཡན་ལག་དང་། ཕྲིན་ལས་རྒྱ་ཆེན་པོ་འཁོར་བའི་མཐའ་མཉམ་དུ་རྟོག་མེད་ལྷུན་གྲུབ་ཏུ་འབྱུང་བ་ནི་རྒྱུན་མི་འཆད་པའི་ཡན་ལག་དང་། མྱང་འདས་ཞི་བའི་མཐའ་ལ་མི་གནས་པ་འགོགས་པ་མེད་པའི་ཡན་ལག་དང་། སྟོང་ཉིད་སྙིང་རྗེ་ཟུང་འཇུག་སྤྲོས་པ་དང་བྲལ་བ་ནི་རང་བཞིན་མེད་པའི་ཡན་ལག་དང་བདུན། དེ་ལས་ལོངས་སྤྱོད་རྫོགས་སྐུ་ཁ་སྦྱོར་བདེ་ཆེན་ལོངས་སྐུའི་ཡན་ལག་དང་། སྙིང་རྗེས་ཡོངས་གང་རྒྱུན་མི་ཆད་པ་འགོགས་པ་མེད་པ་སྤྲུལ་སྐུའི་ཡན་ལག་དང་། རང་བཞིན་མེད་པ་ཆོས་སྐུའི་ཡན་ལག་གི་ཁྱད་ཆོས་སུ་འདྲེན་པར་སྣང་ངོ་། །དེ་ནི་ཆོས་ཀྱི་དབྱིངས་ཀྱི་མཁའ་དབྱིངས་ལ་ཞེས་འཆར་གཞི་བསྟན་ལ། གང་འཆར་ན་ཡན་ལག་བདུན་ལྡན་བདེན་གཉིས་ཟུང་འཇུག་གི་དཔལ་ཆེན་པོ་ཧེ་རུ་ཀ་འཆར། ཚུལ་ཇི་ལྟར་ཤར་བའི་ཚུལ་ནི་དབང་པོའི་གཞུ་སྟེ་ནམ་མཁའ་ལ་འཇའ་ཚོན་ཤར་བ་བཞིན་དུ་གསལ་ཞིང་རྣམ་པར་དག་པའི་རང་མདངས་ཡེ་ཤེས་ལྔའི་འོད་ཟེར་དཀར་སེར་དམར་ལྗང་མཐིང་ག་ལྔ་ཡི་འོད་འཕྲོ་ཞིང་འཇའ་ཚོན་གྱི་དྲྭ་བ་མིག་མང་རིས་སུ་བྲིས་པའི་རྣམ་པ་ཅན་རྣམ་པར་དག་པའི་ཞིང་ཁམས། རྒྱ་ཚད་བྲལ་བའི་གཞལ་ཡས། གསལ་ཞིང་དག་པའི་འོད་ཟེར། ཁྱད་པར་འཕགས་པའི་གདན་ཁྲི། དགྱེས་ཀྱུར་རོལ་བའི་རྒྱན་དང་ལྷའི་ཡོན་ཏན་རྫོགས་པ་དེ་ན། ཆོས་སྐུའི་གདངས་ལོངས་སྤྲུལ་གྱི་རྣམ་པའི་གཟུགས་སྐུ་གཉིས་སུ་གྲུབ་པ་ལ། ཀུན་ལས་ཁྱད་པར་འཕགས་པའི་སྟོབས་བཅུ། འཇིགས་ཤིང་ཞུམ་པ་མི་མངའ་བའི་མི་འཇིགས་པ་བཞི་དང་། ཡང་དག་པའི་བློ་གྲོས་ཀྱིས་ཐོགས་མེད་དུ་མཁྱེན་པའི་སོ་སོར་ཡང་དག་པའི་རིག་པ་བཞི། སངས་རྒྱས་རང་གི་ཡོན་ཏན་གཞན་དང་མ་འདྲེས་པའི་ཆོས་བཅོ་བརྒྱད། དེ་རྣམས་མདོ་འགྲེལ་དུ་བསྟན་པ་ལྟར། ཡོན་ཏན་མཐའ་དག་རྫོགས་པའི་

སངས་རྒྱས་དང་། དེའི་གོང་ན་གཞན་མེད་པ་བླ་ན་མེད་པའི་ཡོན་ཏན་གྱི་རང་བཞིན་གང་གིས་གཞལ་དུ་མེད་པ་ཉིད་ལས། གཞོན་ནུ་མ་ལ་བྲ་ཕབ་པའི་སྣང་བ་ལྟར། རྣམ་པ་ཀུན་ཐམས་ཅད་མཁྱེན་པའི་མཆོག་དང་ལྡན་པའི་ངོ་བོ་ཆོས་ཀྱི་སྐུ་རྟག་པ་མ་ཡིན་ཏེ་དམིགས་བསམ་ལས་འདས་པའི་ཕྱིར་དང་། ཆད་པ་མ་ཡིན་ཏེ་སོ་སོ་རང་གིས་རིག་པའི་ཡེ་ཤེས་ཡིན་པའི་ཕྱིར་དང་། གཉིས་ག་དང་གཉིས་ག་མ་ཡིན་པའི་མུ་ལ་མ་ཐུག་སྟེ་རྟག་ཆད་མ་གྲུབ་པའི་ཕྱིར་རོ། །དེའི་ཕྱིར་དབྱིངས་ཀྱི་རང་བཞིན་མཐའ་དབུས་དང་བྲལ་བ་ནམ་མཁའ་ལྟ་བུའི་ཀློང་དུ་ཤིན་ཏུ་ཕྲ་བའི་ཡེ་ཤེས་རོ་གཅིག་ཏུ་འདྲེས་པ་གནམ་གང་གི་ཟླ་བ་ལྟར་མི་མངོན་པ་དང་ཆོས་མཚུངས་པར་བཞུགས་ཀྱང་། མཁྱེན་ཆ་མ་འགགས་པས་ཡེ་ཤེས་ཀྱི་མཉམ་བཞག་གི་ཆ་ལས་ཕྱིར་གསལ་གྱི་ཡེ་ཤེས་མཆེད་པའི་སྙིང་པོར་ཕྱེད་པས་རྒྱལ་སྲས་སར་གནས་རྣམས་དང་། སེམས་ཅན་གྱི་ཚོགས་ལ་གཟུགས་སྐུ་མིག་ལ་སྣང་བ་དང་། རྣ་བར་གསུང་ཐོས་པ་དང་། འཕགས་པའི་ཚུལ་ཁྲིམས་ཀྱི་དྲི་བསྣོམས་པ་དང་། ཆོས་ཀྱི་རོ་མྱོང་བ་དང་། ཏིང་ངེ་འཛིན་གྱི་བདེ་བའི་རེག་སྣང་བ་དང་། རྟོག་དཔྱོད་ཀྱི་ཤེས་རབ་ཀྱིས་ཆོས་ལ་འཇལ་བ་རྣམས་ཀྱི་རྒྱུ་བྱེད་པའི་ཐིམ་ལ་མ་རྨུགས་པའི་ཡེ་ཤེས་ཞེས་བྱ་སྟེ། དེ་ལྟ་ནའང་ཡུལ་དང་ཡུལ་ཅན་གཉིས་སུ་འཛིན་པ་ནི་མེད་དེ་བསམ་གྱིས་མི་ཁྱབ་པའི་ཡེ་ཤེས་སངས་རྒྱས་ཁོ་ན་ལས་གཞན་གྱི་སྤྱོད་ཡུལ་མ་ཡིན་ནོ། །དེ་སྐད་དུ་སྒྱུ་འཕྲུལ་ལས། ཆེས་ཕྲའི་ཡེ་ཤེས་ནང་དུ་གསལ། །དམིགས་མེད་འཆར་གཞི་ཆོས་ཀྱི་སྐུ། །ཞེས་སོ། །

དེའི་གདངས་ལོངས་སྐུ་ནི། སྒྱུ་འཕྲུལ་ལམ་རིམ་ལས། ལྷུན་རྫོགས་རིག་པ་རང་སྣང་བའི། །ཞིང་དང་གཞལ་ཡས་གདན་ཁྲི་རྒྱན། །འོད་ཟེར་དུ་མར་སྣང་བ་སྟེ། །ཅེས་པའི་དབྱིངས་ཆོས་ཉིད་ངང་ལས་མན་ཤེལ་འོད་ལྟ་ཉི་ཟེར་གྱི་རྐྱེན་གྱིས་གསལ་བ་ལྟར་ངེས་པ་ལྔ་ལྡན་གྱི་སྐུ་མཚན་དང་དཔེ་བྱད་རྒྱ་མཚོའི་བདག་ཉིད་དུ་རང་སྣང་བས་ན། རྒྱལ་ཚབ་རིགས་ལྔའི་སྟོན་པ་རྣམས་སངས་རྒྱས་ཉིད་ཀྱི་སྣང་བ་ལ་སྟོང་གཟུགས་ལྟར་སྣང་ཞིང་རྟག་པར་རྒྱུན་གྱི་འཁོར་ལོ་སྤྱོད་ལ་གཞན་དང་ཐུན་མོང་མ་ཡིན་པས་ས་བཅུ་ཐོབ་པ་དག་གིས་ཀྱང་མི་མཐོང་སྟེ། ཅིའི་ཕྱིར་ན་སྒྲིབ་པ་མཐའ་དག་མ་སྤངས་ཤིང་ཇི་ལྟ་བ་དང་ཇི་སྙེད་པའི་ཡོན་ཏན་མཐའ་དག་ལ་གཟིགས་པའི་བློ་མིག་མ་ཐོབ་པའི་

ཕྱིར་རོ། །དེ་སྐད་དུ། རྒྱུད་བླ་མ་ལས། ངག་ཡུལ་མིན་ཕྱིར་དོན་དམ་གྱིས་བསྡུས་ཕྱིར། །རྟོག་ཡུལ་མིན་ཕྱིར་དཔེ་ལས་འདས་པའི་ཕྱིར། །བླ་ན་མེད་ཕྱིར་སྲིད་ཞིས་མ་བསྡུས་ཕྱིར། །རྒྱལ་ཡུལ་འཕགས་པ་རྣམས་ཀྱང་བསམ་མི་ཁྱབ། །ཅེས་པ་སྟེ། དེའི་གཞལ་ཡས་ཁང་པ་ལ་སོགས་ཕུན་སུམ་ཚོགས་པའི་གནས་རྣམས་ཀྱང་རང་སྣང་གཞིའི་འོད་གསལ་ལས་གྲུབ་ཀྱི་དཔེ་རྨི་ལམ་དག་པར་ཤར་བ་དང་ཆོས་མཚུངས་པར་གང་དུ་སྐྲིབ་པ་མཐའ་དག་སྤངས་པ་དེར་སྣང་བ་ལས་ཕྱོགས་ག་ཤེད་ན་རང་མཚན་དུ་ཡོད་པར་མི་བལྟའོ། །འདི་ལྟར་རླུང་དབུ་མར་ཚུད་པའི་རྣལ་འབྱོར་པ་རྣམས་ཀྱི་སྣང་བའི་སྟོང་གཟུགས་གནས་ཁང་གཅིག་ཏུ་འཚོགས་པ་གཞན་དག་གིས་ཀྱང་ལྷན་ཅིག་ཏུ་མཐོང་བར་མི་ནུས་པ་བཞིན་ནོ། །འདི་དང་ནང་གསལ་གྱི་སྐུ་གསུམ་པོ་ཁྱད་པར་ཤེལ་འོད་ནང་དུ་ནུབ་ནས་འོད་ལྔའི་འཆར་གཞིར་གནས་པ་ཕྲ་བའི་ཡེ་ཤེས་དབྱིངས་ལ་བཞུགས་པ་དང་། ཉི་མའི་རྐྱེན་གྱིས་མན་ཤེལ་གྱི་འོད་ལྔ་ཕྱིར་གསལ་བ་ནི་རང་སྣང་ཡུལ་ལ་ཤར་ནས་ཕྱིར་གསལ་གྱི་ཡེ་ཤེས་མཚན་དང་དཔེ་བྱད་ཀྱི་སྐུ་འབར་བའི་དཔེས་ཤེས་སླ་བ་ཡིན་ནོ། །ནང་གསལ་གྱི་སྐུ་མི་འགྱུར་རྡོ་རྗེའི་སྐུ་ནི། རྒྱུད་ཡེ་ཤེས་དྲྭ་བ་ལས། དབྱིངས་ཀྱི་དག་པ་རྡོ་རྗེའི་སྐུ། །མི་འགྱུར་མི་ཤིགས་བསམ་ལས་འདས། །ཞེས་པས། གདོད་མའི་དབྱིངས་རང་བཞིན་གྱི་འོད་གསལ་བ་སངས་རྒྱས་ཐམས་ཅད་ཀྱི་ལམ་བགྲོད་པའི་མཐར་ཐུག་པ་དེའི་ཆོས་ཉིད་ལ་འཕོ་འགྱུར་མེད་ཅིང་རྡོ་རྗེའི་རང་བཞིན་དུ་འདུས་མ་བྱས་པར་རྟོགས་པས་ན་དེ་སྐད་དུ་བཏགས་ལ། ཡང་ཡེ་ནས་དྲི་མ་དང་བྲལ་བའི་རང་བཞིན་གྱི་རྣམ་པར་དག་པ་དང་། གློ་བུར་གྱི་དྲི་མ་ཆ་དང་བཅས་པའང་ཤིན་ཏུ་རྣམ་པར་དག་པས་ན་དག་པ་གཉིས་ལྡན་གྱི་སངས་རྒྱས་ཅེས་ཀྱང་བྱའོ། །

མངོན་པར་བྱང་ཆུབ་པའི་སྐུ་ནི། ཡེ་ཤེས་དྲ་བ་ལས། དྲི་མ་བྲལ་ཕྱིར་བྱང་བ་སྟེ། །ཡོན་ཏན་རྒྱས་པས་ཆུབ་པ་ཉིད། །གཉིས་མེད་འདྲེས་ཕྱིར་ཟུང་འཇུག་ཕྱིར། །མངོན་པར་བྱང་ཆུབ་སྐུར་བརྗོད་དོ༑ ༑ཞེས་པས། སེམས་ཉིད་འོད་དུ་གསལ་བ་མཐར་ཐུག་གི་ཚེ་དག་པ་གཉིས་ལྡན་གྱི་ཆ་ལ་གཏོགས་ཤིང་སྣང་ཆ་ལ་མ་འདྲེས་པའི་ཡོན་ཏན་སྟོབས་བཅུ། མི་འཇིགས་པ་བཞི། སངས་རྒྱས་ཀྱི་ཆོས་མ་འདྲེས་པ་བཅོ་བརྒྱད། ཐུགས་རྗེ་ཆེན་པོ་བྱང་ཆུབ་ཀྱི་ཆོས་སུམ་ཅུ་རྩ་བདུན་ལ་སོགས་པ

མདོར་ན་མཁྱེན་བརྩེ་ནུས་གསུམ་གྱི་ཡོན་ཏན་བསམ་གྱིས་མི་ཁྱབ་པའི་ཆ་ནས་མངོན་པར་རྫོགས་པར་བྱང་ཆུབ་པའི་སྐུ་ཞེས་བྱ་སྟེ། མ་འདྲེས་པ་ཐམས་ཅད་ཀྱི་འཆར་གཞིར་གནས་པའོ། །ཞི་བ་ཆོས་ཀྱི་སྐུ་ནི་སྟོང་རྒྱང་ལ་མི་འདོད་དེ་རིག་པའི་ཡེ་ཤེས་མ་ཡིན་པའི་ཕྱིར་རོ། །ཆོས་ཉིད་ལ་ཆོས་སྐུར་འདོད་པ་ལྟར་ན་ངོ་རྗེའི་སྐུ་ཡིན་ཏེ་བཤད་མ་ཐག་པས་ཁྱབ་བོ། །ཆོས་སྐུ་སྟོན་དུ་བསྟན་པ་ལྟར། ནང་གསལ་སྐུ་གསུམ་ལོངས་སྐུ། སྤྲུལ་སྐུ་དང་ལྔ་ཡིན་ནོ། །

དེ་ཡང་སྤྲུལ་པའི་སྐུ་ནི། རྒྱལ་སྲས་འཕགས་པ་ལ་སོགས་ཞི་བའི་གླིང་དུ་ཁྲིད་པའི་དེད་དཔོན་དམ་པའི་སྟོན་པ་ཞེས་གྲགས་ཏེ། དེ་ཡང་གདུལ་བྱ་མཆོག་ལ་སྣང་བ་གཟུགས་བརྙན་ལོངས་སྐུའི་སྟོན་པ་ནི་རང་སྣང་དབྱིངས་ཀྱི་ལོངས་སྐུ་ཆེན་པོ་དང་མཚུངས་པར་སྣང་ཡང་། དངོས་མ་ཡིན་པའི་དཔེ་བཞིན་དངོས་དང་དེའི་གཟུགས་བརྙན་མེ་ལོང་ལ་ཤར་བ་ལྟ་བུའི་ཁྱད་པར་དེ། གཟུགས་བརྙན་དུ་མཚན་དཔེ་ལ་སོགས་པའི་ལོངས་སྤྱོད་རྫོགས་པ་ལྟར་སྣང་ཡང་། ཞིང་ཁམས་དང་འཁོར་ལ་སོགས་པ་གཞན་དུ་སྣང་ཞིང་ས་བཅུ་པའི་སྣང་བས་བསྡུས་པ་ཡིན་ཕྱིར་ཕྱེད་སྤྲུལ་ལོངས་སྐུ་ཞེས། ཉི་ཟླ་ཁ་སྦྱོར་ནས་དབྱེ་བ་ཡིན་ལ། འདི་ལྟར་རང་སྣང་བའི་རང་བཞིན་འཕྲུལ་བས་ན། རང་བཞིན་སྤྲུལ་སྐུའི་ཞིང་ཁམས་སུ་གྲགས་པ་འོག་མིན་དང་། མངོན་དགའ་དང་། དཔལ་ལྡན་དང་། པདྨ་བརྩེགས་པའམ་བདེ་བ་ཅན་དང་། ལས་རབ་གྲུབ་པ་སྟེ་འཇིག་རྟེན་ལྟར་རྣམ་པར་སྣང་མཛད་ལ་སོགས་པ་རིགས་ལྔའི་སངས་རྒྱས་རྣམས་དག་པའི་འཁོར་ལ་ས་བཅུ་པོར་ རིགས་ལྔ་ཆོས་ལྔ་གནས་འགྱུར་ལྔའི་རང་བཞིན་དུ་བསྟན་ནས་འོད་ཟེར་ཆེན་པོའི་དབང་བསྐུར་ཏེ་སངས་རྒྱས་པའི་མཛད་པ་ཆེན་པོ་རྫོགས་པ་ཉིད་དེ། སྒྱུ་འཕྲུལ་ལས།དག་པ་ས་ཡི་དབང་ཉིད་ཕྱིར། །སྟོན་པ་ལྔ་དང་ཆོས་རབ་ལྔ། །ཡེ་ཤེས་ལྔ་ཡོངས་རྫོགས་པ་ལས། །རྫོགས་པའི་བྱང་ཆུབ་སྙིང་པོར་འགྲོ། །ཞེས་སོ། །

དེའི་ངང་ལས་འགྲོ་བ་འདུལ་བའི་སྤྲུལ་སྐུར་བཞེངས་པ་ནི། སེམས་ཅན་རྣམས་ཀྱི་དཀར་པོ་རྣམ་པར་འཕེལ་བའི་ས་བོན་ལས་བྱུང་བ་སྟེ། ཆུ་དང་ཟླ་གཟུགས་དང་ཟླ་བའི་དཀྱིལ་འཁོར་དངོས་གསུམ་དང་ཆོས་མཚུངས་པར་སྣང་ཞིང་ཟླ་བ་ལ་གཟུགས་བརྙན་འཇོག་པའི་ནུས་པ་ཡོད་པ་ལྟར། ཟླ་བ་ལྟ་བུའི་ལོངས་སྐུ་ལ་གདུལ་བྱའི་ངོར་སྤྲུལ་པ་འགྱེད་པའི་ནུས་པ་ཡོད་ལ། ཆུ་ལ་གཟུགས་

བསྐྱེན་འཛིན་པའི་རྟེན་འབྲེལ་གནས་པ་བཞིན། གདུལ་བྱ་ལ་སྤྲུལ་པ་སྣང་བའི་བསོད་ནམས་ཡོད་པས། དེ་གཉིས་འཛོམ་དུས་རྒྱུ་ནང་ལ་ཟླ་གཟུགས་རྩོལ་མེད་དུ་འཆར་བ་ལྟར་སྤྲུལ་པའི་སྣང་བརྙན་གང་ལ་གང་འདུལ་དུ་འབྱུང་བ་སྟེ། འགྲོ་བ་དྲུག་ཏུ་རང་རང་གི་སྣང་བ་དང་མཐུན་པའི་དོན་མཛད་ཕྱིར། རིག་པའི་སྐྱེས་བུ་ཐུབ་དྲུག་ཏུ་སྤྲུལ་ནས་དོན་མཛད། དེ་ཡང་ལ་ལར་སྐུ་བསོད་ནམས་ཆེན་པོའི་མཛད་པ་བཅུ་གཉིས་ལ་སོགས་པས་འདུལ། ལ་ལར་གསུང་སྒྲ་ཚིག་རང་མཚན་ལས་འདས་པའི་ཐེག་པ་སྣ་ཚོགས་པས་འདུལ། ལ་ལར་ཐུགས་ཀུན་ཏུ་བཟང་པོའི་སྤྱོད་པ་ཡོངས་སུ་རྫོགས་པའི་མངོན་ཤེས་དྲུག་གིས་འདུལ། ལ་ལར་དངོས་དང་བརྒྱུད་ཐམས་ཅད་ནས་མཛད་པའི་ཕྲིན་ལས་བསམ་གྱིས་མི་ཁྱབ་པས་འདུལ་བ་སྟེ། ཕལ་པོ་ཆེ་ལས། ཀྱེ་རིགས་ཀྱི་བུ་དེ་བཞིན་གཤེགས་པའི་སྤྲུལ་པ་ནི་ཚད་མེད་དོ། །འགྲོ་བ་གང་དང་གང་གིས་འདུལ་བ་དེ་དང་དེའི་གཟུགས་དང་ཁ་དོག་དང༌། མིང་གིས་དོན་མཛད་དོ། །ཞེས་བསྟན་ལ། དེ་དག་ལས་མཛད་པ་བཅུ་གཉིས་སྟོན་པ་ལ་མཆོག་གི་སྤྲུལ་པའི་སྐུ་ཞེས་བརྗོད་ལ། ཐུགས་རྗེའི་གདུལ་བ་གཞན་དག་ལ་སྣ་ཚོགས་སྤྲུལ་པའི་སྐུ་ཞེས་བྱ་སྟེ། འདི་ལྟར་སྐྱེ་བ་ནི་དངོས་སུ་སེམས་ཅན་ལ་ཕན་པ་དེའི་ལུས་སུ་སྤྲུལ་པ་སྟེ། མུ་གེའི་ཚེ་ཉ་བོ་ཆེ་དང༌། ནད་ཀྱི་ཚེ་སྲོག་ཆགས་དེས་པའམ་རོ་ཧི་ཏ་དང༌། སྲིན་མོའི་གླིང་དུ་ཅང་ཤེས་ཧ་ལ་ཧ་ལ་སོགས་པར་སྤྲུལ་ནས་དོན་མཛད་པའོ། །བཟོ་སྤྲུལ་པ་ནི་པེམས་པོ་ལྟར་སྣང་བ་རིས་སུ་བྲིས་པ་དང༌། འབུར་དུ་བྲིན་པ་དང༌། པདྨ་དང་དཔག་བསམ་གྱི་ཤིང་དང༌། སྐྱིད་མོའི་ཚལ་དང༌། ཀུན་དགའ་ར་བ་དང༌། ཁང་བཟང་དང་ནོར་བུ་དང༌། གྲུ་ཟམ་དང༌། ཟམ་པ་དང༌། སྒྲོན་མེ་ལ་སོགས་ཏེ་མདོར་ན་སེམས་ཅན་ལ་ཕན་པའི་དངོས་པོ་སྟེར་བ་ཐམས་ཅད་བྱིན་བརླབས་ཀྱི་སྤྲུལ་པ་སྟེ། དེ་དག་དབྱིངས་ལས་བྱུང་ཞིང་དབྱིངས་ལ་ཐིམ་པའི་ཚུལ་དུ་ཤིན་ཏུ་དཔྱད་བཟོད་པ། ཀུན་མཁྱེན་གྱིས། གདུལ་བྱ་མེད་ན་འདུལ་བྱེད་དབྱིངས་སུ་ནུབ། །རང་སྣང་ལོངས་སྐུ་ཆོས་སྐུའི་ངང་དུ་ཐིམ། །རྒྱུ་སྣོད་མེད་ན་ཟླ་གཟུགས་མཁའ་ལ་འཁྱིལ། །ཆོས་ཀྱི་དབང་གིས་ཟླ་བ་དབྱིངས་སུ་ནུབ། །གནམ་གང་ཟླ་བར་འཕེལ་འགྲིབ་མེད་པ་བཞིན། །གདུལ་བྱ་ཡོད་ན་སྟོན་བཞིན་རིམ་གྱིས་སྣང་། །འདི་ནི་འབྲས་བུ་ལྷུན་གྱིས་གྲུབ་པ་ཡིན། །ཞེས་པས། རྒྱུ་སྣོད་མེད་དུས་རྒྱུ་ཟླའི་

གཟུགས་བརྙན་ཟླ་བའི་དབྱིངས་སུ་རང་ཤར་བ་ལྟར། གདུལ་བྱ་མེད་ན་དེའི་ངོར་སྣང་བའི་སངས་རྒྱས་སྤྲུལ་སྐུའི་ཟླ་གཟུགས་རང་སྣང་ལོངས་སྐུའི་ངང་དུ་ཞི་བ་ཙམ་ལ་ཐིམ་པའི་དཔེས་བཏགས་ཀྱང་གཅིག་ནས་འོང་བ་གཅིག་ཤོས་སུ་ཐིམ་པ་ནི་ཅི་ཡང་མེད་དོ། །དེ་བཞིན་ལོངས་སྐུ་ཡང་ནང་གསལ་དག་པ་ཆོས་སྐུའི་དབྱིངས་སུ་ཐིམ་པའི་ཡེ་ཤེས་དབྱིངས་སུ་འཁྱིལ་བ་ཞེས་བྱ་སྟེ་གནམ་གང་གི་ཟླ་བ་ནང་གསལ་དུ་གནས་པ་ལྟ་བུའོ། །དབུ་མ་པས་དེའི་ཚེ་འཇུག་པ་ཆོས་ཀྱི་དབྱིངས་སུ་ཞི་བའི་འགོག་པ་དམ་པའི་ངང་ལ་མཉམ་པར་བཞག་པར་འདོད་ཅིང་། གཞན་སྣང་དུ་སྟོན་གྱི་སྨོན་ལམ་ལས་དོན་མཛད་དོ། །ཞེས་གླེང་ལ། རྒྱུད་བླ་མར། མཉམ་གཞག་གི་ཡེ་ཤེས་གཡོ་བ་མེད་ཀྱང་། རྗེས་ཐོབ་སེམས་ཅན་དཔག་ཏུ་མེད་པའི་དོན་མཛད་པར་འདོད་དེ། མི་རྟོག་པ་དང་། དེ་ཡིས་རྗེས་ཐོབ་དེ་ནི་ཡེ་ཤེས་འདོད་ཅེས་རྫོགས་ཆེན་པ་རང་བྱུང་རྡོ་རྗེས་གསུངས་སོ། །དེ་ལྟར་ཆོས་སྐུའི་དགོངས་པ་དབྱིངས་ནང་གསལ་ཆོས་ཉིད་ཀྱི་ངང་ལས་རྣམ་པ་ངེས་པ་ལྔ་ལྡན་དང་ཕྱེད་སྤྲུལ་ལོངས་སྐུ་རིགས་ལྔ་གངས་ཅན་མཚོ་བཞིན་ལག་གི་རྣམ་པ་ཅན་གྱི་ལོངས་སྤྱོད་ནི་མཚན་དང་དཔེ་བྱད་རྫོགས་པ་ནི་ཚང་བ་སྟེ། མཚན་དཔེ་ལྡན་པའི་སྐུ་གྲངས་མེད་ཀྱི་ཚུལ་བསམ་མི་ཁྱབ་པ་ལས། སྤྲུལ་པའི་སྐུ་མི་ཟད་རྒྱན་གྱི་འཁོར་ལོའི་སྤྲིན་རབ་འབྱམས་འགྲོ་བ་ཅན་གྱི་སྐུ་གསུམ་ངོ་བོ་དབྱེར་མེད་ཐོབ་པར་ཤོག་ཅིག་ཅེས་སྨོན་པའོ། །

གཉིས་པ་ལ་གཉིས། གཞན་དོན་དུ་ཆོས་སྟོན་པ་དང་། རང་དོན་དུ་ལམ་རྫོགས་པ་གཉིས། དང་པོ། མཁའ་ཁྱབ་གཟུགས་བཟུང་བགྲང་ཡས་སེམས་ཅན་ལ། །ནས། ལེགས་པར་སྟོན་ལ་སྒྱིད་ལུག་མེད་པར་ཤོག །ཅེས་ཤླཽ་ཀ་གཅིག་དང་རྐང་པ་གཅིག་གིས་བསྟན་ལ། དེ་ལྟར་རང་དོན་དུ་སྤངས་རྟོགས་མཐར་ཕྱིན་པའི་སངས་རྒྱས་སྐུ་གསུམ་གྱི་བདག་ཉིད་ཅན་དུ་བསྒྲུབ་པ་དང་། གཞན་དོན་སྙིང་རྗེ་ཆེན་པོའི་དབང་གིས། མཁའ་དབྱིངས་ནམ་མཁས་གར་ཁྱབ་ཏུ་རྣམ་སྨིན་གྱི་གཟུགས་སམ་ལུས་བཟུང་བའི་གྲངས་འདི་འོ་ཞེས་བློས་དཔག་ཅིང་ངག་ཚིག་གིས་བགྲང་བ་ལས་འདས་པའི་སེམས་ཅན་གྱི་ཁམས་རྒྱ་མཚོ་ལྟ་བུ་ལ་ཇི་སྙེད། དེ་ཡང་ཚིག་གི་སྒྲས་དེ་སྙེད་ཀྱི་སོ་སོའི་ཁམས་དང་བསམ་པའི་དབྱེ་བ་ཐ་དད་པ་བཞིན་རང་རང་སྐད་དུ་ཆོས་སྟོན་པ་སྟེ། ཕལ་པོ་ཆེ་ལས། ལྷ་ཡི་སྐད་

དང་གླུ་དང་གནོད་སྦྱིན་སྐད། །གྲུལ་བུམ་དག་དང་མི་ཡི་སྐད་དང་ནི། །འགྲོ་བ་ཀུན་གྱི་སྒྲ་སྐད་ཅི་ཙམ་པ། །ཐམས་ཅད་སྐད་དུ་བདག་གིས་ཆོས་སྟོན་ཏོ། །ཞེས་པ་ལྟར། རྒྱུ་མཚན་ཉིད་ཀྱི་ཐེག་པ་དང་། འབྲས་བུ་སྔགས་ཀྱི་ཚུལ་དེ་ཡི་ཐེག་པ་དང་གཉིས་ལས་བརྩམས་པའི་ཟབ་པ་དང་རྒྱ་ཆེ་བའི་མདོ་སྔགས་ཀྱི་ཆོས་ཀྱི་ཚུལ་རྒྱ་མཚོ་ལྟ་བུ་བརྗོད་བྱའི་དོན་རྗོད་བྱེད་ཀྱི་ཚིག་དྲི་མ་མེད་པས་ལེགས་པར་འཆད་ཅིང་ཚུལ་བཞིན་སྟོན་པ་ལ་སྐྱོ་དུབ་དང་། ངལ་བའི་གནས་མཐའ་དག་དེང་ནས་སྐྱེ་བའི་མཐར་ཐུག་པ་མེད་པར་དེ་སྲིད་དུ་བཟོད་པ་རྣམ་གསུམ་དང་ལྡན་ནས་བཟོད་དེ། བརྩོན་འགྲུས་རྣམ་གསུམ་གྱིས་བརྩོན་ཞིང་། ཤེས་རབ་གསུམ་གྱི་མིག་དང་ལྡན་ནས་ཆོས་ཚུལ་བཞིན་སྟོན་པར་ཤོག་ཅིག་ཅེས་སྨོན་པའོ། །

གཉིས་པ་ནི། འདི་དང་བར་དོར་མཆོག་གི་གོ་འཕང་ནི། །ནས། བསྐྱེད་རྫོགས་ལམ་གྱི་རིམ་པ་འཕྲོ་མཐུད་ཤོག །ཅེས་ཤྭ་ལོ་ཀ་གཅིག་དང་ཀྲང་པ་གཅིག་གིས་བསྟན་ལ། དེ་ལ་བསྐྱེད་རིམ་གྱི་སྒོ་ནས་རིག་འཛིན་བཞིའི་ལམ། རྫོགས་རིམ་གྱི་སྒོ་ནས་ཕ་རྒྱུད་རིམ་ལྔ། མ་རྒྱུད་ཆོས་དྲུག གཉིས་མེད་སྦྱོར་དྲུག །རྒྱུད་ལུང་མན་ངག་གི་གདམས་པ་ལེགས་པར་ཐོབ་ཀྱང་སྦྱངས་སྟོབས་དམན་པས། ཚེ་འདིའམ་བར་དོར་མཆོག་གི་གོ་འཕང་བགྲོད་པའི་ལམ་བཟང་གི་དངོས་གྲུབ་དམ་པ་ནི་རང་རྒྱུད་ལ་ལེགས་པར་གྲུབ་པར་བྱེད་པའི་བསྐྱེད་རྫོགས་ཀྱི་ལམ་བཟང་ལ་ངེས་པར་བརྟན་པ་ཐོབ་པའི་དྲོད་རྟགས་མ་སྐྱེད་ན། །ལམ་སྦྱངས་པ་དམན་ན་འཕོ་བས་བསུ་ཞེས་པ་ལྟར། མ་བསྒོམས་པར་འཚང་རྒྱ་བའི་ཟབ་ལམ་འཕོ་བའི་རྣལ་འབྱོར་ལ་སྦྱངས་ཤིང་གོམས་པར་བྱ་དགོས་པས། དེ་ཡང་སྒྱུ་འཕྲུལ་ལམ་རིམ་ལས། འདི་ཚེ་སྤྱོད་ཡུལ་འགྱུར་མཐོང་ན། །གཡེང་བསལ་སྟོང་ཉིད་ངང་ལ་འདུག །དྲན་བསམ་ལས་ཀྱི་རྒྱུན་བཅད་དེ། །འདོད་ཁམས་ལྷ་མིའི་ཐེག་ཆེན་སྦྱོར། །ཡང་ན་གསང་བའི་གསེར་སྦྲུམ་དུ། །ཚོན་གང་འོད་དང་ཟླ་བའི་ཧཱུྃ། །རིང་པོ་བརྩེགས་པའི་དམིགས་ཐོབ་ནས། །རླུང་གི་འཕྲོ་འདུས་འོད་བརྡལ་འདུག །ཅེས་གསུངས་པ་ལྟར།

དེ་ལ་མཚན་མེད་ཀྱི་འཕོ་བ་ནི། ལྟ་སྒོམ་ལྡན་པའི་གང་ཟག་ཡིན་ན་འཆི་བར་མཐོང་ན་མཚན་མའི་གཡེང་བ་སྟེ། ཕྱི་ནང་གི་འདུ་འཛི་དང་། ཉེ་འབྲེལ་གྱི་སྐྱེ་དགུ་ལ་སོགས་ཀུན་བསལ་

ནས། དངོས་པོ་ཡོ་བྱད་ལ་ཆགས་ཞེན་སྤངས་ཏེ། ཆོས་ཕྱོགས་སུ་འགྲོ་བའི་ཞལ་ཏ་བྱེད། བླ་མ་དང་གྲོགས་ཆོས་མཛད་བཞུགས་ན་འཆི་བ་ལ་གསལ་འདེབས་དགོས་ཞེས་པའི་ཞུ་བ་འབུལ། དེ་ནས་གཞན་ཅི་ཡང་ཡིད་ལ་མི་བྱེད་ནས་གནད་གཅོད་ནད་ཀྱི་ཟུག་གཟེར་དྲག་པོ་དེའང་། སྟོང་པ་ཆོས་ཉིད་དེ་བཞིན་ཉིད་ཀྱི་ངང་ལ་དབྱེར་མེད་དུ་གཟུན་ཅིང་། བློ་རྩེ་གཅིག་ཏུ་ལྷན་ནེར་འདུག་གོ། །དེ་ལྟ་བུའི་ཏིང་ངེ་འཛིན་དེ་དྲན་པས་སྔར་གྱི་ལས་ངན་གྱི་བག་ཆགས་རྒྱུན་བཅད་དེ། དེའི་ངང་ལ་ཚེ་འཕོས་ན། འབྲས་བུ་འདོད་ཁམས་ལྷ་མིའི་སྐྱེ་བ་ཁྱད་པར་ཅན་ཐོབ་ནས་སྔོན་གྱི་གདམས་ངག་དང་འཕྲད་ཅིང་། ཏིང་ངེ་འཛིན་འཕྲོ་མཐུད་པར་འགྱུར་རོ། །དེ་ནི་མཚན་མེད་ཀྱི་འཕོ་བའོ། །

མཚན་བཅས་ཀྱི་འཕོ་བ་ནི། གསང་བའི་གསེར་སྦྲམ་དུ་ཞེས་པ་སྙིང་ག་ཆོས་ཀྱི་འཁོར་ལོ། རྩ་འདབ་མ་བརྒྱད་ཀྱི་དབུས་སུ་ཀུན་གཞི་འོད་ཕུང་ཁ་དོག་ལྷའི་ངོ་བོ་ཟླུམ་པོ་ཚོན་གང་བ་གཅིག་ཏུ་བསམ་པ་དང་། དེའི་སྟེང་དུ་ཉོན་ཡིད་ཟླ་བའི་དཀྱིལ་འཁོར་དུ་བསམ། དེའི་སྟེང་དུ་ཡིད་ཤེས་ཧཱུྃ་རིང་པོ་ཞིག་བསྒོམས་ཞིང་། དེ་གསུམ་བརྩེགས་པའི་ཏིང་ངེ་འཛིན་ལ་དམིགས་པ་རྩེ་གཅིག་ཏུ་བརྟན་པ་ཐོབ་ནས། དབུགས་སམ་རླུང་གིས་ཕར་འཕྲོ་ཚུར་འདུས་ཧཱུྃ་ཡིག་ལ་ཐིམ། དེ་ཟླ་བ་ལ་ཐིམ། དེ་འོད་ཕུང་ཚོན་གང་བ་ལ་ཐིམ། མཐར་འོད་ཕུང་དེ་ཉིད་ཕྱོགས་བཅུའི་སྟོང་ཁམས་ཐམས་ཅད་ལ་ཁྱབ་པར་གདལ་ཏེ་སྣང་སྲིད་ཐམས་ཅད་འོད་ཀྱི་ངོ་བོས་ཁྱབ་ཅིང་སྟོང་པའི་ངང་ལ་འདུག་གོ། །འདི་ལ་ཡང་། མར་པ་ལོ་ཙཱ་ལ་ནཱ་རོ་པཎ་ཆེན་གྱིས། །སྒོ་བརྒྱད་འཁོར་བའི་སྐར་ཁུང་ཅན། སྒོ་གཅིག་ཕྱག་རྒྱ་ཆེན་པོའི་ལམ། །སྒོ་བརྒྱད་བཀག་ནས་སྒོ་གཅིག་ཕྱེ། །རྣམ་པར་ཤེས་པ་ཆོས་ཉིད་འདས། །མིང་ཡང་འཕོ་བའི་གདམས་ངག་ཟེར། །ལྷུང་དུས་སུ་ཁེགས་སམ་ལོ་ཙཱ་བ། །ཞེས་གསུངས་པ་དང་མཐུན་པའོ། །ཡང་ན་མཚན་བཅས་ཀྱི་འཕོ་བ་འདི་ལ། གསང་བའི་གསེར་སྦྲམ་རྩ་དབུ་མ་ཡིན། རྩ་འདིའི་ཡར་སྣ་ཚངས་པའི་བུ་ག་ལ་ཟུག །མར་སྣ་ལྟེ་འོག་སོར་བཞིའི་ས་ན་ཡོད། །ཚོན་གང་འོད་དང་། ཟླ་བ་ཧཱུྃ་ཞེས་པ་འདི་རྩ་དབུ་མའི་མར་སྣ་ན། ཟླ་བའི་དཀྱིལ་འཁོར་ཚོན་གང་བ། དེའི་སྟེང་དུ་རྣམ་ཤེས་ཀྱི་ངོ་བོ་ཡི་གེ་ཧཱུྃ་བསྒོམ། སྤྱི་བོ་མདའ་གང་ཙམ་གྱི་ས་ན། བླ་མ་རྡོ་རྗེ་འཆང་གི་རྣམ་པ། བླ་མའི་ཐུགས་རྗེ་རྣམ་པ་འོད་ཟེར། ལྕགས་ཀྱུ་ལྟ་བུ་ཚངས་བུག་ནས་མར་ལ་བྱུང་ནས

རང་སེམས་ཧཱུྃ་ཡིག་དེ་ལ་འཕྲུད། ཧཱུྃ་རང་སེམས་མོས་གུས་དང་ལྡན་པ་དེ། རླུང་རིང་པོས་བཏེགས་ནས་ན་ར་ར་སོང་ནས་བླ་མའི་ཐུགས་ཀར་ཐིམ། བླ་མ་དེ་ཉིད་ནམ་མཁའ་ལ་འཇའ་ཡལ་བ་བཞིན་སོང་ནས། སྟོང་ཉིད་སྤྲོས་བྲལ་གྱི་ངང་དུ་བཞག་པ་ལ། རླུང་གི་འཕྲོ་འདུས་འོད་བརྡལ་འདུག་ཅེས་ཟེར་རོ། །ཡང་སེམས་འཕོ་བའི་དཔེ་ཉི་མ་མ་གཡོས་པར་འོད་འཇིག་རྟེན་དུ་འབྱུང་བ་དང་། ལུས་འཕོ་བའི་དཔེ་ས་བོན་མ་གཡོས་པར་མྱུ་གུ་འབྱུང་བ་དང་། ངག་འཕོ་བའི་དཔེ་བྲག་ཆ་ལ་གཡོས་པ་མེད་པར་སྒྲ་ལྷང་ལྷང་བྱེད་པ་བཞིན་དུ། སྒྱུ་འཕྲུལ་ལམ་རིམ་ལས། ཉི་འོད་ས་བོན་བྲག་ཆ་བཞིན། །འཕོ་བ་མེད་ཅིང་འགྱུར་སྣང་ཆེ། །སྤྲུ་མར་བརྟན་བྱས་ལས་རྒྱུན་གཅོད། །ཅེས་སོ། །ཆོས་ཉིད་རང་བྱུང་གི་ཡེ་ཤེས་དུས་གསུམ་དུ་འགྱུ་འོང་མེད། གཞན་དུ་འཕོ་བ་མེད་ཀྱང་གོང་གི་དཔེ་བཞིན་འཕྲུལ་པའི་ངོ་ལ་འཕོ་འགྱུར་ལྟར་སྣང་སྟེ་འཆི་བའི་ཚེ། ཡེ་ཤེས་སྒྱུ་མ་ལྟ་བུའི་ཏིང་ངེ་འཛིན་ལ་བརྟན་པ་ཐོབ་པར་བྱས་པའི་ངང་ལས་ཚེ་དུས་འདས་ན་ལས་ཀྱི་རྒྱུན་ཐམས་ཅད་གཅོད་ཅིང་ངེས་ལྷ་མིའི་གོ་འཕང་ཐོབ་ནས། སྔར་གྱི་བག་ཆགས་བཟང་པོས་འབྲེལ་པས་ཡང་དག་པའི་ལམ་གསང་སྔགས་ཀྱི་ཐེག་པ་འདི་ཉིད་དང་མཇལ་ནས་གྲོལ་བར་འགྱུར་རོ། །འདི་ནི་ཡེ་ཤེས་སྒྱུ་མ་རང་གཞུང་གི་ལུགས་ཀྱི་འཕོ་བ་ཡིན། རྒྱུ་མཚན་ཉིད་ཐེག་པ་ལྟར་ན་དོན་དམ་སེམས་བསྐྱེད་དང་། ཀུན་རྫོབ་སེམས་བསྐྱེད་སྒོམ་པའི་ཞོར་ལ་འཕོ་ན། འདི་ལྟར་ཐེག་ཆེན་འཕོ་བའི་གདམས་ངག་ནི། །སྟོབས་ལྔ་ཉིད་དེ་སྤྱོད་ལམ་གཅེས། །ཞེས་སྒྱུ་འཕྲུལ་ལམ་རིམ་ལས་གསུངས་པ་ལྟར། ཆོས་འདི་ལ་སྦྱངས་པའི་གང་ཟག་དེ་འཆི་ངེས་པའི་ནད་ཀྱིས་ཐེབས་པའི་དུས་ན།

༡དང་པོར་དཀར་པོའི་ས་བོན་འཕེལ་བའི་སྟོབས་དེའི་ལག་ལེན་ནི། རང་གི་ཡོ་བྱད་ཅི་ཡོད་ཐམས་ཅད་བླ་མ་དཀོན་མཆོག་མཆོད་པ་ལ་སོགས་བསོད་ནམས་གང་ཆེ་བར་གཏོང་། དེ་རྣམས་ལ་ཆགས་ཞེན་མེད་པར་བྱས། དེའང་རང་གི་བློ་ལ་འདི་རང་བསོད་ནམས་ཆེ་སྙམ་པ་དེ་བྱའོ་གསུངས།

༢དེ་ནས་སྨོན་ལམ་གྱི་སྟོབས་ནི། བླ་མ་དཀོན་མཆོག་ལ་ཡན་ལག་བདུན་པ་འབུལ། བདག་བར་དོ་དང་ཚེ་རབས་ཕྱི་མ་ཐམས་ཅད་དུ་བྱང་ཆུབ་ཀྱི་སེམས་འབྱོངས་པར་བྱིན་གྱིས

བརླབས་ཏུ་གསོལ། ཆོས་འདི་སྟོན་པའི་བླ་མ་དང་མཇལ་བར་བྱིན་གྱིས་བརླབས་ཏུ་གསོལ། ཞེས་གསོལ་བ་དྲག་ཏུ་གདབ་ཅིང་། དེ་ལྟར་སློན་ལམ་ཡང་ཡང་གདབ་བོ། ༣ །དེ་ནས་སྨུན་འབྱིན་པའི་སྟོབས་ནི། བདག་གཅེས་འཛིན་རྣམ་རྟོག་འདིས་སྔར་ཡང་སྡུག་བསྔལ་དུ་བཅུག ད་རུང་འདི་དང་མ་བྲལ་ན་བདེ་བ་མི་སྟེར་བར་འདུག་ཅིང་། ད་ལྟ་ཡང་བདག་གིས་འདི་ལ་གཅེས་པར་བཟུང་བས་སྡུག་བསྔལ་བར་འདུག་པས། བརྟགས་ནས་ལུས་ལ་གཅེས་འཛིན་གྱི་རྣམ་རྟོག་སྤྲངས་ནས། སེམས་ལ་བདག་ཏུ་བཟུང་རྒྱུ་མི་འདུག་པས། ལུས་སེམས་གང་ལ་ཡང་བདག་འཛིན་སྤྲངས་ལ་བཞག་གོ།།༤།

དེ་ནས་འཕེན་པའི་སྟོབས་ནི། ངེས་པར་བར་དོ་ལ་ཡང་བྱང་ཆུབ་ཀྱི་སེམས་གཉིས་སྦྱང་བར་བྱ་སྙམ་པའི་འདུན་པ་དྲག་པོ་ཡང་བྱའོ། ༥།

དེ་ནས་གོམས་པའི་སྟོབས་ནི། སྔར་གྱི་བྱང་ཆུབ་ཀྱི་སེམས་གཉིས་སྦྱང་ཚུལ་དེ་ཡང་ཡང་དྲན་པ་རང་ཤུགས་ངམ་ངམ་འོང་བར་བྱའོ། །དེའི་དུས་སུ་སྤྱོད་ལམ་ནི། འཆི་ཁར་གློ་གཡས་པ་འོག་ཏུ་བཅུག །ལག་པ་གཡས་པས་འགྲམ་པར་བརྟེན། མྲིན་ལག་གིས་སྣ་བུག་གཡས་པ་བཀག་ལ༑ རླུང་གཡོན་ནས་རྒྱུ་བར་བྱའོ། །དེ་ནས་བྱམས་སྙིང་རྗེ་སྔོན་དུ་འགྲོ་བས་རླུང་གི་འགྲོ་འོང་ལ་བརྟེན་ནས་གཏོང་ལེན་གཉིས་པོ་སྦྱངས། དེའི་རྗེས་ལ་འཁོར་འདས་སྐྱེ་འཆི་ལ་སོགས་པ་ཐམས་ཅད་སེམས་སྣང་ཡིན། སེམས་ཉིད་ཅིར་ཡང་མ་གྲུབ་པའི་ངང་ནས་བློས་ཅིར་ཡང་མི་འཛིན་པར་བཞག་གོ། །དེ་ལྟར་བྱང་ཆུབ་ཀྱི་སེམས་གཉིས་པོ་དེ་སྦྱལ་ཞིང་བསྒོམ་པའི་འཕྲོ་ལ་འཆི་བར་བྱའོ། །འཆི་ཁ་མའི་གདམས་ངག་ལ་ འུད་ཆེ་བ་མང་སྟེ། འདི་ལས་ངོ་མཚར་ཆེ་བ་མེད་གསུངས་སོ། །དེ་ཡང་། ལམ་རིམ་ལས། རྐྱེན་གྱིས་འགྱུར་བའི་དུས་བྱུང་ན། །སྦྱོར་བ་གང་ཡིན་བཟུང་བ་ཡིས། །ལས་ངན་ལམ་ཞེན་རྒྱུན་བཅད་ནས། །བར་མའམ་ཕྱི་མར་གཉིས་སྦྱོར་འཛིན། །ཞེས། སྲིད་པ་བར་མའམ་སྐྱེ་བ་ཕྱི་མར་གཉིས་སྦྱོར་ནི་རྣམ་སྨིན་དང་ཚེ་དབང་རིག་འཛིན་ཐོབ་པའོ། །ཞེས་སོགས་ཀྱིས་བསྟན། ཕྱག་རྒྱ་གཅིག་པ་བསྒོམ་པ་ཡི་དམ་ལྷ་ལ་གསལ་སྣང་ཐོབ་པའི་རྣལ་འབྱོར་པ་འཆི་བ་བྱུང་ཚེ་འདི་ལྟར་བསྒོམ་པར་བྱ་སྟེ། ལམ་རིམ་ལས། གང་གིས་མི་རྟག་མཐོང་ན་ཡང་། །ཕྱག་རྒྱ་མ་ཉམས་གསལ་བཟུང་སྟེ། །ལས་ཀྱིས་མི་འཕོར་གང་འདོད་དུ། །ཨ་ཡཾ་སྟོབས་ཀྱིས་བསྐུལ་བར་

བྱ༔ ༔ཞེས་པས། ཕྱག་རྒྱ་གཅིག་པའི་རྣལ་འབྱོར་པ་གང་གིས་མི་རྟག་ཚེ་འཕོ་བའི་དུས་མཐོང་ན་ཡང་། ཡི་དམ་ལྷའི་སྐུ་ཕྱག་རྒྱ་མ་ཉམས་པ་ཏིང་འཛིན་གསལ་བར་ཡིད་ལ་བཟུང་སྟེ། སྔར་མི་དགེ་བ་བསགས་པའི་ལས་ཀྱིས་ངན་སོང་ལ་སོགས་པར་མི་ཁོམ་པར་མི་སྐྱེ་སྟེ། རང་ཉིད་གང་འདོད་པའི་སངས་རྒྱས་ཀྱི་ཞིང་ཁམས་ཁྱད་པར་ཅན་དུ་ཨ་ལས་ཟླ་བའི་དཀྱིལ་འཁོར་གྱི་སྟེང་དུ། ཡི་དམ་གྱི་ལྷ་གང་ཡིན་པ་དེའི་སྐུ་ཚོན་གང་བ་ཙམ་གསལ་བར་བྱས་ཏེ། དབུགས་ཀྱི་རྟ་ལ་བསྐྱོན་ནས། ཡཾ་ལས་རླུང་གི་སྟོབས་ཀྱིས་བསྐྱལ་བར་བྱས་ནས་སངས་རྒྱས་ཀྱི་ཞིང་ཁམས་སུ་འཕང་བར་བྱའོ། །ཡང་ན། ཨ་ཡཾ་སྟོབས་ཀྱིས་བསྐུར་བར་བྱ། །ཞེས་པ་འདི་ལ། རང་རིག་པ་ཡི་དམ་ལྷར་གསལ་བ་དེ། ཨ་ལས་ཟླ་བའི་དལ་གྱི་སྟེང་དུ་བཞག་ལ། ཡཾ་ལས་རླུང་གིས་བཏེགས་ཏེ། ཨ་ཡཾ་ཨུ་ཏི་ཕཊ་ཛ་ཞེས་བརྗོད་དེ། ཤར་ཕྱོགས་མངོན་པར་དགའ་བའི་ཞིང་ཁམས་སུ་མོས་ན་དེར་འཕངས། ནུབ་ཕྱོགས་བདེ་བ་ཅན་དུ་མོས་ན་དེར་འཕངས། དག་པ་མཁའ་སྤྱོད་པདྨ་འོད་སོགས་གང་མོས་ཀྱི་གནས་དེར་འཕངས་ནས་བསྒོམ་པའི་འཕྲོ་དེ་ལ་སྦྱངས་ནས་འཕྲོ་མཐུད་པར་བྱ་བ་དང་། གཞན་ཡང་འཁོར་བ་དང་འབྲེལ་བའི་སྒོ་བརྒྱད་ཡིག་འབྲུས་བཀག་ལ། གཙུག་ཏོར་རླུང་གི་འཁོར་ལོའི་སྒོ་ཕྱེས་ནས། རྣམ་པར་ཤེས་པ་ཨ་ཡིག་ལ་སོགས་པའི་རྣམ་པར་རྒྱལ་པོ་ཆེས་མདའ་འཕངས་པ་ལྟར། དག་པ་མཁའ་སྤྱོད་དང་། བདེ་བ་ཅན་དང་། མངོན་པར་དགའ་བ་ལ་སོགས་རང་བཞིན་སྤྲུལ་པའི་གནས་སུ་འཕོ་བར་བྱས་ཏེ། ཕྱི་དོན་སྣང་བའི་བདེན་ཞེན་འགོགས་པ་བསྐྱེད་རིམ་དང་། བདེ་སྟོང་ཕྱག་རྒྱ་ཆེན་པོའི་ཡེ་ཤེས་རྒྱུད་ལ་སྐྱེ་བར་བྱེད་པ་མཚན་བཅས་མཚན་མེད་ཀྱི་རྫོགས་རིམ་ཀ་དག་ཁྲེགས་ཆོད། ལྷུན་གྲུབ་ཐོད་རྒལ་གྱི་ལམ་གྱི་རིམ་པ་སྦྱང་པའི་འཕྲོ་མཐུད་ནས་མངོན་དུ་འགྱུར་བར་ཤོག་ཅིག་ཅེས་སྨོན་པའོ། །དེས་བར་དུ་དགེ་བ་གཞུང་གི་དོན་སོང་ནས།

༄། ཐ་མར་དགེ་བ་མཇུག་གི་དོན་ལ་གསུམ། དང་པོ་གཞུང་དོན་འབྲེད་པའི་བློ་གྲོས་ཐོབ་པར་སྨོན་པ་ནི། དེ་ལྟར་རྒྱུ་ལམ་འབྲས་བུའི་ཁྱད་པར་ལས། །ནས། སོ་སོར་འབྱེད་པའི་བློ་གྲོས་དང་ལྡན་ཤོག །ཅེས་ཤློ་ཀ་གཅིག་དང་རྐང་པ་གཅིག་གིས་བསྟན་ལ། དེ་ལྟར་རྒྱུ་ལམ་དུ་བྱས་ནས་འབྲས་བུ་ཕྱི་དུས་ན་སྨོན་པ་མཚན་ཉིད་སྡེ་སྣོད་གསུམ་གྱི་ལམ་དང་། འབྲས་བུའི་ཆོས་ལམ་དུ

བྱེད་པ་སྔགས་ཀྱི་ཐེག་པ་སྟེ། དེ་གཉིས་ཀྱི་ཁྱད་པར་ལས་འབྲས་བུ་ལམ་དུ་བྱེད་པ་དཔེར་ན་རང་གི་ལུས་ངག་ཡིད་གསུམ་ལྷའི་སྐུ་གསུང་ཐུགས་ཀྱི་རྣམ་པ་ལམ་བྱེད་དང་། དེ་བཞིན་སྣོད་ཀྱི་འཇིག་རྟེན་ཞིང་ཁམས་དང་གཞལ་ཡས་ཁང་གི་ལམ་བྱེད་དང་། བཅུད་ཀྱི་སེམས་ཅན་དག་པའི་འཁོར་ལྷ་དང་ལྷ་མོའི་རང་བཞིན་དུ་སྒྱུར་བ་དག་པའི་སྣོད་བཅུད་དང་། འོད་ཟེར་སྤྲོ་བསྡུས་སངས་རྒྱས་ཀྱི་ཕྲིན་ལས་རྣམ་བཞི་མཆོག་གི་ཕྲིན་ལས་དང་བཅས་པའི་མཛད་པ་ཡོངས་སུ་རྫོགས་པ་ནི་ད་ལྟ་ནས་ལམ་དུ་བྱེད་པ་སྟེ། དེ་བས་ན་སངས་རྒྱས་ཀྱི་སྐུ་དང་ཡེ་ཤེས་ཀྱི་ཁམས་ལ་ད་ལྟ་ནས་ཡོངས་སུ་དག་པའི་ཡེ་ཤེས་ཀྱི་ལམ་ཉིད་བྱེད་ནུས་པ་ནི་འབྲས་བུ་སྔགས་ཀྱི་ཐེག་པ། དེ་ལྟར་སྔགས་ཀྱི་ཐབས་མཁས་ཀྱི་གནད་དང་མི་ལྡན་པས་རྣམ་པར་དག་པ་ལམ་དུ་བྱེད་མི་ནུས་པ་ཕ་རོལ་ཏུ་ཕྱིན་པ་སྟེ། སྔགས་དང་ཕ་རོལ་ཕྱིན་པ་དེ་གཉིས་ཁྱད་པར་སོ་སོར་འབྱེད་ནུས་པའི་བློ་གྲོས་ས་བཅུའི་དབང་ཕྱུག་རྣམས་དང་། མགོན་པོ་ཀླུ་ཐོགས་གཉིས་ལྟ་བུའི་བློ་གྲོས་ཀྱི་སྟོབས་པ་ཁྱད་པར་ཅན་དང་ལྡན་པར་ཤོག་ཅིག་ཅེས་སྨོན་པའོ། །

གཉིས་པ་སྐྱེ་དང་ཚེ་རབས་ཐམས་ཅད་དུ་དཔལ་ལྡན་བླ་མ་དམ་པ་དང་མི་འབྲལ་བར་སྨོན་པ་ནི། བདག་ཀྱང་འདི་ནས་ཚེ་རབས་ཐམས་ཅད་དུ། །རྗེ་བཙུན་བླ་མ་མཆོག་དང་མི་འབྲལ་ཞིང་། །དེས་གསུངས་གསུང་གི་བདུད་རྩི་མྱོང་བ་དང་། །དེ་དོན་བསྒྲུབ་ལ་ཞུམ་པ་མེད་པ་ཡི། །ཚེ་རབས་ཀུན་ཏུ་ཡོངས་འཛིན་དམ་པ་དང་། །ནམ་ཡང་འབྲལ་མེད་རྗེས་སུ་འཛིན་གྱུར་ཅིག །

ཅེས་ཤྭ་ལོ་ཀ་གཅིག་དང་རྐང་པ་གཉིས་ཀྱིས་བསྟན་ལ། དེ་ཡང་དམ་པའི་ཆོས་ནི་རྫོགས་པའི་སངས་རྒྱས་ཀྱི་ཞལ་ནས་གསུངས། དེ་ནས་རིམ་པར་བརྒྱུད་ནས་ཡོངས་འཛིན་དགེ་བའི་བཤེས་གཉེན་རྣམས་ཀྱིས་ལེགས་པར་འཛིན་པར་མཛད་པ་སྟེ། དམ་པའི་ཆོས་ནི་སྦྱིར་ཊཧྲི་ཀ་འཛིན་པའི་བྱིངས་ལས་བསྒྲུབས་པའི་ཧྨའི་སྒྲ་ནི་ཤེས་བྱ་དང་ལམ་སོགས་བཅུ་ལ་འཇུག །ཆོས་ཞེས་ཤེས་བྱ་རང་གི་མཚན་ཉིད་འཛིན་པ་དང་དགེ་བ་བཅུ་སོགས་ངན་སོང་ལས་འཛིན་པ་དང་། ལམ་མཐའ་གཉིས་ལས་འཛིན་པ་སོགས་སྐབས་སོ་སོར་འཇུག །དམ་པའི་ཆོས་ཞེས་གཟུགས་ནས་རྣམ་མཁྱེན་གྱི་བར་གྱི་ཤེས་བྱའི་ཆོས་རྣམས་ཀྱི་ནང་ན་དམ་པ་དང་། རབ་དང་། ཕུལ་དང་། སྨད་དུ་གྱུར་བ་ནི།

རྒྱུ་ལམ་དང་། འབྲས་བུ་འགོག་པ་མྱང་འདས་ཀྱི་ཆོས་གཉིས་དང་། དེའི་རྒྱུ་མཐུན་ལུང་གི་ཆོས་སློབ་མི་སློབ་ཀྱི་ཐུགས་རྒྱུད་ཡོན་ཏན་རྟོགས་པའི་ཆོས་ཏེ་དམ་པའི་ཆོས་ཞེས་གྲགས་ལ། དེ་ནི་ཐོག་མར་ཐོས་པའི་དུས་སུ་ཡིད་ཆེས་ཀྱི་དད་པ་སྐྱེ་བས་ཐོག་མར་དགེ་བ་དང་། བར་དུ་བསམ་པའི་ཤེས་རབ་ཀྱིས་ཆོས་ཀྱི་ཚིག་དོན་གཞིག་འབྲེལ་བྱས་ནས་དོན་གྱི་རོ་མྱོང་ན་གཏན་བདེའི་ལམ་གྱི་དེ་ལྟ་བས་དགའ་བ་དང་སྤྲོ་བ་ཁྱད་པར་ཅན་སྐྱེ་བས་བར་དུ་དགེ་བ། མཐར་སྒོམ་ཞིང་གོམས་པ་མཐར་ཕྱིན་པའི་དུས་སུ། ཡང་དག་པའི་ཡེ་ཤེས་རྒྱུད་ལ་སྐྱེས་ནས་སྲིད་པ་གཏན་དུ་ལྡོག་ནས་ཞི་བའི་གྲོང་ཁྱེར་ལ་དབང་བསྒྱུར་བས་ཐ་མར་དགེ་བ་སྟེ། དགེ་བ་གསུམ་ལྡན་དེ་རང་རྒྱུད་ལ་སྟོན་པར་བྱེད་པའི་བདག་རྐྱེན་དགེ་བའི་བཤེས་གཉེན་གཅིག་པུ་ལ་རག་ལས་ན། བདག་ཀྱང་དུས་འདི་ནས་སྐྱེ་བ་ཚེ་རབས་ཀྱི་ཕྲེང་བ་ཐམས་ཅད་དུ། འགྲོ་བ་ལྷ་དང་བཅས་པའི་རྗེ་བོར་གྱུར་པ་ཐུགས་རྒྱུད་བསླབ་པ་གསུམ་གྱིས་བསྡམས་པའི་མཁས་བཙུན་བཟང་པོ་དམ་པའི་ཚུལ་དགུ་དང་། ཕྱི་ནང་གསང་བའི་དེ་ཉིད་བཅུ་ཕྲག་གསུམ་དང་ལྡན་པའི་བླ་མ་མཆོག་གསུམ་ཀུན་འདུས་དེ་དང་མཇལ་བའི་རྒྱུ་རྐྱེན་རྟེན་འབྲེལ་ཚོགས་པ་དང་མཇལ་ནས་སྐད་ཅིག་མི་འབྲལ་བར། ལུས་ངག་གི་ཞབས་ཏོག་དང་། ཟང་ཟིང་གི་འབུལ་བ་དང་། སྒྲུབ་པའི་རྒྱལ་མཚན་འཛུགས་པ་སྟེ་མཉེས་པ་གསུམ་གྱིས་བསྟེན་ནས། བླ་མ་དམ་པ་དེས་ཅི་གསུང་གི་བཀའ་ཟུར་ཙམ་ཡང་མི་བཅག་པ་ལེགས་པར་བསྒྲུབ་ཅིང་། ཁྱད་པར་གསུང་གི་བདུད་རྩི་དམ་པའི་ཆོས་ཀྱི་རོ་མྱོང་བ་དང་། དེའི་དོན་སྒྲུབ་པ་ལ་ལེ་ལོ་སྙོམ་ལས་དང་ཞུམ་པ་མེད་པའི་སྙིང་སྟོབས་ཚུལ་བཞིན་དུ་བསྐྱེད་པ་ཡིས། འདི་ཕྱི་གང་རུང་དུ་མཆོག་ཐུན་གྱི་དངོས་གྲུབ་ཐོབ་ཅིང་། གལ་ཏེ་ཅུང་ཟད་འགྱངས་ན་བྱེད་པ་རྒྱུ་མཐུན་གྱི་འབྲས་བུ་ལས་སྐྱེ་བ་ཕྱི་མར་གྱུར་བའི་ཚེ་རབས་ཀུན་ཏུ་འཁོར་བ་ངན་སོང་ཐེག་དམན་འཁྲུལ་སྣང་གི་གཡང་ས་ལས་ཐུགས་རྗེས་ཡོངས་སུ་འཛིན་པའི་དམ་པ་མཆོག་དེ་དང་། ནམ་དུ་ཡང་སྐད་ཅིག་ཙམ་ཡང་འབྲལ་བར་མེད་པར་ཐུགས་བརྩེ་བ་ཆེན་པོས་རྗེས་སུ་འཛིན་པར་གྱུར་ཅིག་ཅེས་སྨོན་པའོ། །

གསུམ་པ་ཇི་ལྟར་བརྩམས་པའི་མཛད་བྱང་ལ། གང་ཞིག་བརྩམ་བྱའི་བསྟན་བཅོས། ཅེས་པ་གསང་བ་སྔགས་ཀྱི་སྨོན་ལམ་འདོད་འཇོའི་དགའ་སྟོན་ཞེས་བྱ་བ་འདི་ཡང་། གང་གི་ཆེད་དུ

མཛད་ན། དགེ་བའི་སྣང་བ་ལྷུར་ལེན་པ་རབ་སྙུའི་མཚན་ཅན་དང་། སྐྱེས་ཐོབ་ཀྱི་བློ་གྲོས་དང་ལྡན་པའི་ཆོས་རྗེ་རྣམ་སྣང་དང་། ལས་དང་སྨོན་ལམ་གྱིས་འབྲེལ་བ་གྲུབ་མོ་ཡུམ་གྲུབ་སོགས་ཀྱི་གསུང་གིས་བསྐུལ་ངོར། གང་སྨྲ་བ་པོ་དེ་ཉིད་ནི། གཟོད་ནས་ཤིན་ཏུ་ཞི་བ་ཆོས་སྐུའི་རྒྱལ་སྲིད་ལ་རང་དབང་བསྒྱུར་བའི་བྱང་ཆུབ་ཆེན་པོ་མངོན་པར་མཛད་ཀྱང་། ལུས་ཅན་རྣམས་ལ་བརྩེ་བའི་སྨོན་ལམ་དང་སྙིང་རྗེའི་གཞན་དབང་ཁོ་ནས་རྣམ་པར་སྣང་མཛད་གངས་ཅན་མཚོའི་མཚན་དཔེའི་སྒྱུ་འཕྲུལ་རྒྱ་མཚོའི་སྤྲིན་བཀོད་ནས་སྤྲུལ་པའི་རྣམ་རོལ་ཚད་མེད་པས་འགྲོ་ཀུན་ཐར་པའི་གྲོང་ཁྱེར་དུ་འདྲེན་པར་མཛད་པའི་ཚུལ་བགྲང་ཡས་ཀྱང་། རེ་ཞིག་རྒྱ་གར་འཕགས་པའི་ཡུལ་དུ་བདག་ཅག་གི་སྟོན་མཆོག་ཉི་མའི་གཉེན་གྱི་སྤྱན་སྔར་ཉེ་གནས་ཀུན་དགའ་བོ། གངས་ཅན་བོད་ཀྱི་ལྗོངས་འདིར་མཁན་སློབ་ཆོས་གསུམ་གྱི་སྤྱན་སྔར་ལོ་ཆེན་བཻ་རོ་ཙ་ན། བསྟན་པ་ཕྱི་འགྱུར་སྐབས་རྔོག་ལོ་བློ་ལྡན་ཤེས་རབ་སོགས་སྤྲུལ་པའི་རྣོན་གར་བསམ་མི་ཁྱབ་པ་བསྟན་པའི་མཐར། བྱང་རྒྱུད་ནོར་འཛིན་གྱི་ཐིག་ལེར་སྤྲུལ་པའི་སྣང་བརྙན་ངོ་མཚར་བའི་རྣམ་པར་བསྟན། སྐུ་ཆུང་ངུ་ནས་སྐྱེས་སྦྱངས་ཀྱི་ཡོན་ཏན་མངོན་པར་མཐོ་བས། མཁས་མང་ཞེ་བས་བརྟེན་པའི་རིག་གྲྭར། ཀློག་པ་ཐོས་བསམ་གྱི་འཁོར་ལོས་བློ་གྲོས་ནམ་མཁའི་མཐོང་ཀྱི་སྣོ་བརྒྱ་ཅིག་ཆར་དུ་ཕྱེས། སུ་སྟོད་རྒྱུད་སྡེ་རྒྱ་མཚོའི་ཚིག་དོན་ལ་སྦྱོབས་པའི་གཏེར་ཆེན་པོ་བརྒྱུད་གྲོལ་ཏེ། འཛམ་གླིང་མཛེས་པའི་རྒྱན་དྲུག་མཆོག་གཉིས་ལ་སོགས་པའི་ཆོས་ཀྱི་འཁོར་ལོས་སྒྱུར་བའི་ཁྲི་ལ་རང་སྟོབས་ཀྱིས་འཛེགས་ནས་མཁྱེན་པའི་བློ་གྲོས་ཟླ་མེད་པར་གྱུར། སླར་ཡང་དབེན་པའི་གནས་རྣམས་སུ་ཏིང་འཛིན་རྩེ་གཅིག་ལ་མཉམ་པར་བཞག་པས་འཕགས་པའི་ཡེ་ཤེས་མངོན་སུམ་དུ་གཟིགས་པའི་ཚུལ་བསྟན་པ་ན། དུས་གསུམ་མཁྱེན་པ་དཔལ་ཨོ་རྒྱན་ཆོས་ཀྱི་རྒྱལ་པོས་ཀྱང་ངེས་པ་དོན་གྱི་རྒྱལ་ཚབ་ཏུ་དབང་བསྐུར་བ་གཏེར་ཆེན་ཆོས་ཀྱི་རྒྱལ་པོ་ཀུན་མཁྱེན་པདྨ་རསྨི་ཞེས་ཤེས་རབ་འོད་ཟེར་གྱིས་མཛད། གང་དུ་མཛད་པའི་གནས། ཐུབ་བསྟན་དོ་རྗེ་བྲག་ཏུ་སྦྱར་བའོ། །ཞེས་བསྟན་ཏོ། །དེ་ལྟར་མདོ་སྔགས་ཆོས་ཚུལ་རྒྱ་མཚོའི་མཛོད། །ཚིག་དོན་བཀོད་ལེགས་རིན་ཆེན་རྣམ་པར་བཀྲ། །རྨོངས་པའི་མུན་སེལ་སྨོན་ལམ་དབང་གི་རྒྱལ། །གང་དེའི་ཚིག་འགྲེལ་སྐལ་པོའི་ཆེད་དུ་བྲིས། །དེ་ཡང་རང་བློ་

སྨོངས་པའི་དབང་གྱུར་ནས། །བརྗོད་བྱའི་དོན་དང་རྗོད་བྱེད་ཚིག་ལ་སོགས། །འགལ་བའི་ནོངས་པ་རྩ་གསུམ་སྲུང་མ་དང་། །གཟུར་གནས་མཁས་པའི་ཚོགས་ལ་སྙིང་ནས་བཤགས། །འོན་ཀྱང་སྔོན་རབས་མཁས་པའི་གསུང་རབ་ལས། །བསྡུས་དང་དྲིན་ལྡན་སློབ་དཔོན་ཞལ་གསུང་གི། །ཟིན་བྲིས་རྣམས་དང་གཞན་ཡང་མཁས་པ་ཡི། །གསུང་རྒྱུན་གང་ལེགས་བཀོད་ལས་འགྲེལ་འདི་བརྩམས། །མཁས་ཁྱད་འདོད་དང་སྙན་གྲགས་འདོད་ཕྱིར་མིན། །རང་མཉམ་འགའ་ལ་བློ་ཡི་ནོར་གྱུར་ནས། །ཐེ་ཚོམ་ལོག་རྟོག་སེལ་ནས་བཤད་སྒྲུབ་ཀྱི། །བསྟན་ལ་གཅེས་སྤྲས་བྱ་བའི་ཆེད་དུ་བྲིས། །འདི་ལ་རྣམ་དཀར་དགེ་རྩ་ཙུང་སྲིད་ན། །དེའི་མཐུས་མདོ་སྔགས་བསྟན་པ་དར་བ་དང་། །བསྟན་འཛིན་ཞབས་པད་ལེགས་བརྟན་དགེ་འདུན་སྡེ། །རྒྱས་ནས་འགྲོ་ཀུན་ཕན་བདེ་འབྱུང་ཕྱིར་བསྔོ། །བདག་ཀྱང་དང་པོར་ཆོས་ལ་ཐོས་བསམ་བྱས། །བར་དུ་ཆོས་བརྒྱད་ཕྱེ་གཏོར་དགོར་ལ་འབྲུམས། །ད་ལྟ་གཉིས་མེད་སེང་གེ་བྲག་ཕུག་ཉལ། །བྱ་བ་དོན་ཡོད་འདི་ཉིད་ཙམ་ཡིན་སྙམ། །བརྒྱུད་གསུམ་བླ་མའི་བྱིན་རླབས་སྤྲིན་ཆེན་ལས། །མཆོག་ཐུན་དངོས་གྲུབ་བདུད་རྩིའི་ཆར་ཕབ་སྟེ། །འགྲོ་རྒྱུད་ཞིང་སར་སྐྱུ་བཞིའི་འབྲས་སྨིན་ནས། །ཁྲམ་གཅིག་མངོན་སངས་རྒྱས་པའི་བཀྲ་ཤིས་ཤོག །

ཅེས་མདོ་སྔགས་ཀྱི་སྨོན་ལམ་རིན་པོ་ཆེའི་འགྲེལ་བ་འདི། མཆོག་སྤྲུལ་དམ་པ་སིདྡྷིའི་མཚན་ཅན་དཔོན་སློབ་དང་། རང་དཔོན་ཨོ་ཏྲི་ཡུ་ན་སོགས་ཀྱིས་འདི་དག་གི་འགྲེལ་བ་དཔེ་ཆ་གཞན་ལ་ལྟོས་མི་དགོས་པ་སྙན་གྱི་བསྡུས་ར་ལྟ་བུ། གདམས་ངག་སྙིང་པོར་དྲིལ་ནས་ཟབ་དགུའི་བཅུད་འདུས་པ་ཞིག་ཁྱེད་ནས་བརྩམ་དགོས་ཞེས་ཡང་ཡང་བསྐུལ་ངོ་མི་ལྡོག་ཙམ་དུ། ཤཱཀྱའི་དགེ་སྦྱོང་སྤྲུལ་མིང་ཀུན་བཟང་ཐེག་མཆོག་རྡོ་རྗེས་ཁྲུ་མཆོག་ལོའི་ཁོངས་སུ་དབུ་བརྩམས་ནས། སྟོན་གསུམ་འབྲས་བུར་སྨིན་པའི་དུས་ཕུག་ལུག་ཧོར་ཟླ་བརྒྱད་པའི་ཚེས་བདུན་ཉིན་ལེགས་པར་གྲུབ་པར་བགྱིས་ནས། མ་དང་མཁའ་འགྲོ་འདུ་བའི་ཚོགས་ཁང་། རྒྱ་རོང་དཔལ་གྱི་རིའི་དབེན་ཁྲོད་བེ་རོའི་སྒྲུབ་ཕུག་ནས་བྲིས་པ་ཐོག་མཐའ་བར་གསུམ་དུ་དགེ་བར་གྱུར་ཅིག །དགེའོ། །དགེའོ། །དགེའོ། །

བསྟན་བཅོས་འདི་ཚར་འཕྲུལ་མཁན་རིན་པོ་ཆེ་པད་རྡོར་མདུན་རྩོམ་རྒྱུག་ཕུལ་ནས། རེད་ཡོད་མེད་ཞིབ་གཟིགས་ཀྱི་དོགས་གཅོད་ཞུས་པའི་ལན་འདི་ལྟར་ཚིགས་སུ་བཅད་པ།

ཨོཾ་སྭ་སྟི། གྲངས་མེད་བསྐལ་པར་གོམས་པའི་ཐུགས་བསྐྱེད་ཀྱིས། །དྲངས་པའི་མཚན་དཀྱིལ་ཉིན་མོར་བྱེད་པའི་དཔལ། །བཤད་སྒྲུབ་ཕྲིན་ལས་འོད་ཟེར་སྟོང་འབར་བ། །སྲིད་ན་མཚུངས་བྲལ་འཁོར་ལོའི་མགོན་དེའི་དྲུང་། །སྐྱེས་ཐོབ་མཁྱེན་གཉིས་དྭངས་ཤེལ་གཙང་མའི་ངོགས། །རྒྱལ་བའི་དགོངས་པ་རྫོགས་དཀའི་གཟུགས་བརྙན་འབུམ། །རྩོལ་མེད་གཅིག་ཆར་འཆར་བའི་མངོན་རྟོགས་འདིས། །དད་སྤྲོའི་དགའ་སྟོན་ལེགས་བྲིས་དཔལ་ལ་འབུལ། །དོན་ཟབ་རྒྱུ་འབྲས་ཐེག་པ་རྒྱ་མཚོའི་བཅུད། །སྟེང་ལེགས་གོ་བདེའི་གསུང་གིས་ལེགས་འདོམས་པའི། །སྐྱོར་མེད་ལེགས་བཤད་བདེ་འབྱུང་གཙུག་གི་རྒྱན། །ཐུབ་བསྟན་ཤར་རིའི་ཕྲག་ནས་འཆར་འདི་རྨད། །རྣམ་སྣང་ལོ་ཙྪའི་ཐུགས་བསྐྱེད་མཁྱེན་བརྩེའི་འཕྲུལ། །གངས་ལྗོངས་སྐྱིགས་མའི་འགྲོ་ལ་རྗེས་ཆགས་པའི། །ཀུན་མཁྱེན་པདྨ་རཤྨིའི་མཁྱེན་མཚོ་ལས། །བྱུང་བའི་མདོ་སྔགས་ལམ་རིམ་པྲ་ཀཱ་ཤ། །འཕགས་ཡུལ་པཎ་གྲུབ་རྒྱ་མཚོའི་བཞེད་གཞུང་དང་། །བོད་ཡུལ་གསར་རྙིང་མཁས་པའི་ལུགས་སོ་སོ། །མི་འགལ་དགོངས་པ་གཅིག་དྲིལ་གཟུ་བོའི་ངག །ཕྱོགས་ལྷུང་ཞལ་ལྕེ་གཅོད་ལ་ཆས་པ་བཞིན། །མཚན་ཉིད་ཐེག་རིམ་གསུམ་གྱི་ས་ལམ་དང་། །ལྟ་བའི་རྣམ་གཞག་སྤྱི་དང་ཁྱད་པར་དུ། །ཐལ་རང་རྣམ་གཉིས་གཞན་སྟོང་དབུ་མ་བཅས། །དགག་བཞག་སྤྱོད་པའི་བཤད་སྲོལ་མང་བྱུང་ཀྱང་། །སློབ་མ་བཀྲི་དང་མཐར་འཛིན་གཅོད་པ་དང་། །རྩོལ་ངན་རྩོད་པ་བཟློག་པའི་དགོས་ཆེད་དང་། །ཆོས་དབྱིངས་དྲི་བྲལ་རྣལ་མའི་གནས་ལུགས་རྣམས། །མཚོན་ཚུལ་ཙམ་ལས་དོན་ལ་ཁྱད་མེད་ཅེས། །གངས་ལྗོངས་སྨྲ་བའི་སེང་གེ་ཀློང་ཆེན་པས། །ལུང་རིག་ཚད་མས་ཤིང་རྟའི་སྲོལ་ཕྱེས་པའི། །དགོངས་དོན་ཇི་བཞིན་དམ་པ་འདིས་ཀྱང་ནི། །ཚད་མ་གསུམ་གྱིས་བརྒྱབས་ཏེ་ཡང་ཡང་བཤད། །རྡོ་རྗེའི་ཐེག་པའི་རྒྱུད་སྡེ་རྣམ་པ་བཞི། །ལམ་རིམ་སྤྱི་དང་ཁྱད་པར་བླ་མེད་ཀྱི། །ཐབས་ཤེས་གཉིས་མེད་སོ་སོའི་ལམ་རིམ་བཞིན། །བསྐྱེད་རྫོགས་རྫོགས་ཆེན་སྦྱོར་དང་སྦྱོར་མེད་ཀྱིས། །ཟུང་འཇུག་ཆེན་པོའི་གོ་འཕང་སྒྲུབ་པའི་ཚུལ། །གདུལ་བྱའི་བློ་དང་དབང་པོའི་འཇུག་རིམ་བཞིན། །ཁྱད་ཚུལ་མང་ཡང་དབང་བཞིའི་ཉམས་ལེན་དུ། །འདུ་བའི་ཚུལ་གྱིས་གསར་རྙིང་དགོངས་མཐུན་དུ། །བཤད་པ་གཞུང་འདིའི་དགོངས་པ་ཡིན་པར་གོ། །དེ་དོན་ཇི་བཞིན་འཁྲུལ་མེད་རབ་གསལ་

དུ༔ ༔བཀྲལ་བའི་འགྲེལ་གཞུང་ལུང་རིག་གཏེར་གྱི་མཛོད། །ཀུན་བཟང་དགོངས་པའི་ཀློང་ནས་རྫོལ་ལམ་སྣམ། །བཀའ་དྲིན་ཆེའོ་ཀུན་བཟང་ཆོས་སྐུའི་ཞལ། །མངོན་སུམ་སྟོན་པ་ཐེག་མཆོག་རྫོགས་པ་ཆེའི། །རང་ལུགས་ཇི་བཞིན་འཆད་ལ་ཟླ་བྲལ་བ། །རྡོ་རྗེ་འཆང་དབང་འཁོར་ལོའི་མགོན་པོ་ཀྱི། །གང་གི་གསང་གསུམ་མཚན་དཔེའི་དཀྱིལ་འཁོར་ནི། །ཚེ་དབང་གྲུབ་པ་པདྨ་ཀ་ར་བཞིན། །ཟབ་གསང་ཆོས་ཀྱི་འཁོར་ལོ་བསྐོར་བཞིན་དུ། །བསྐལ་བརྒྱར་ཞབས་པད་བརྟན་པའི་སྨོན་ལམ་ཞུ། །དེ་སྐད་ཞུ་མཆིད་སྨྲོ་བའི་ཚིགས་བཅད་འགའ། །ཉམས་དགའི་ཤུགས་ཀྱིས་བསྐྱད་པའི་པད་དཀར་ཕྲེང་། །དད་སྨྲོའི་སོར་རྩེས་བླངས་ཏེ་ཁྱོད་དྲུང་དུ། །ལྷ་གོས་དཀར་པོའི་ཁྱོགས་ལ་བཏེགས་ཏེ་ཕུལ། །ཟླ་༢ཚེས་༣ལ་སྐྱབས་འོག་པས་པདྨ་ཐང་ནས་གུས་པས་ཕུལ།། །།

ཨོཾ་སྭ་སྟི། ཇི་ལྟ་ཇི་སྙེད་རྣམ་འབྱེད་ཤེས་རབ་ཀྱིས། །ལེགས་བཤད་གསུང་གི་འོད་ཟེར་སྤྲོས་པ་ལས། །རྒྱུ་འབྲས་ཐེག་པའི་ལམ་གྱི་རིམ་པ་ཀུན། །མ་ནོར་གསལ་བར་མཛད་པའི་སྨོན་ལམ་ལ། །ཟབ་ཅིང་རྒྱ་ཆེའི་འགྲེལ་བཤད་རྒྱ་མཚོ་འདི་ར། །གསར་རྙིང་མཁས་པའི་ལེགས་བཤད་ཆུ་ཀླུང་འབུམ། །འདུ་ཞིང་ཀུན་མཁྱེན་བརྒྱུད་པའི་དགོངས་དོན་གྱི། །རྣམ་མང་རིན་ཆེན་ཚོགས་ཀྱང་གནས་མཐོང་ནས། །ལྷག་པར་དགའ་བ་རྒྱས་པའི་བློ་ཡི་ཤུགས། །མགྲིན་པའི་གདངས་སུ་འཕོས་པའི་རྣམ་འགྱུར་ངག །ངོ་བསྟོད་ཟོལ་མའི་ཚིག་གིས་མ་སྦྲགས་པར། །བསྟོད་པའི་སྒྲ་དབྱངས་ལན་བརྒྱར་སྒྲོགས་ལ་འདུན། །ཁྱབ་བདག་ཀུན་ཏུ་བཟང་པོའི་དགོངས་པའི་མཛོད། །ཐེག་མཆོག་སྙིང་པོའི་རིང་ལུགས་བླ་མེད་པ། །འཆད་ལ་འཛིགས་བྲལ་སྨྲ་བའི་སེང་གེ་ཉིད། །ཞབས་པད་རྡོ་རྗེའི་ཁམས་སུ་བརྟན་གྱུར་ཅིག །དེང་སང་ངེས་གསང་སྙིང་པོའི་རིང་ལུགས་གནད། །ཚུལ་བཞིན་སྨྲ་དང་ཡིད་ཆེས་ལྡན་པ་དཀོན། །དེ་ལྟ་ན་ཡང་ཀུན་མཁྱེན་བརྒྱུད་པའི་སྲོལ། །ཐོས་བསམ་སྣང་བ་དག་པའི་འོད་ཟེར་དང་། །ལྡན་ཅིག་འགྲོགས་པ་སྒྲུབ་པའི་ཉམས་ལེན་གྱིས། །ཡོངས་འཛིན་དགེ་བའི་བཤེས་ཁྱོད་བསྐལ་བ་བརྒྱར། །བསྟན་འགྲོའི་དཔལ་དུ་རྟག་པར་བཞུགས་ནས་ཀྱང་། །ལུང་རྟོགས་ཆོས་ཀྱི་སྣང་བ་གསལ་བར་མཛོད། །གཞོམ་མེད་ཡེ་ཤེས་མཆོག་གི་རང་བཞིན་སྐུ། །འཇམ་དཔལ་ཁྲོས་པའི་རྒྱལ་པོར་ལེགས་ཤར་ནས། །ཕྱོགས་ལས་རྣམ་པར་རྒྱལ་བའི་ཕྲིན་ལས

ཀྱིས། །ས་གསུམ་ངོ་མཚར་དཔལ་དང་ལྡན་གྱུར་ཅིག །

ཅེས་ པའང་ ལྷ་ རིག་ དང་ བཅས་ ཏེ་ ཀུས་ ཕྲན་ སྐྱབས་ འོག་ པ་ འཇམ་ དཔལ་ དགྱེས་ པས་ གསོལ་བ་བཏབ་པ་དགེ་ལེགས་སུ་གྱུར་ཅིག། ||